Caderno de Treino

CARTÓRIOS

TITULAR DE DELEGAÇÕES DE NOTAS E DE REGISTRO

Coleção
Edital Sistematizado

Baseado na metodologia
Questão vem primeiro

Leonardo Garcia
Roberval Rocha

Ighor Fernando Rocha Galvão
Coordenação e pesquisa de jurisprudência

Caderno de Treino

CARTÓRIOS

TITULAR DE DELEGAÇÕES DE NOTAS E DE REGISTRO

Edital Sistematizado com Questões e Jurisprudência

5ª edição
Revista, atualizada e ampliada

2023

EDITORA
JusPODIVM
www.editorajuspodivm.com.br

EDITORA *Jus*PODIVM
www.editorajuspodivm.com.br

Rua Canuto Saraiva, 131 – Mooca – CEP: 03113-010 – São Paulo – São Paulo
Tel: (11) 3582.5757
• Contato: https://www.editorajuspodivm.com.br/central-de-relacionamento

Capa e Diagramação: Marcelo S. Brandão *(santibrando@gmail.com)*

G182c Galvão, Ighor Fernando Rocha

Caderno de Treino para Cartórios: Titular de Delegações de Notas e de Registro – Edital Sistematizado com Questões e Jurisprudência / Ighor Fernando Rocha Galvão, Leonardo Garcia e Roberval Rocha – 5.ed., rev., atual. e ampl. - São Paulo: Editora JusPodivm, 2023.

668 p.
(Coleção Caderno de Treino - Edital Sistematizado)

Inclui Bibliografia
ISBN: 978-85-442-4258-2

1. Direito Notarial e Registral. 2. Cartórios. I. Galvão, Ighor Fernando Rocha. II. Garcia, Leonardo. III. Rocha, Roberval. IV. Título.

CDD 341.411

BIBLIOTECÁRIA RESPONSÁVEL

Ana Carolina Ribeiro Mois – CRB7 – RJ 007348/0

SOBRE OS ORGANIZADORES E COORDENADOR

ORGANIZADORES

LEONARDO GARCIA

- Procurador do Estado do Espírito Santo.
- Mestre em Direitos Difusos e Coletivos pela PUC/SP.
- Ex-Procurador Federal com exercício no Gabinete do Advogado-Geral da União (AGU) com atuação específica perante o STF.
- Especialista em "Derecho del Consumo y Economía" pela Universidad de Castilla la Mancha/Espanha.
- Assessor do Relator da Comissão Especial de Atualização do CDC no Senado Federal.
- Professor de diversos cursos jurídicos e de pós-graduação.
- Autor e coordenador de diversos livros jurídicos.

ROBERVAL ROCHA

- Mestre em Direito, Universidade Católica de Pernambuco.
- Bacharel em Direito, Universidade Federal de Pernambuco.
- Organizador das séries: Principais Julgamentos, Súmulas Organizadas por Assunto, Anotadas e Comentadas, Direito na Visão dos Tribunais – para Concursos, Editais Sistematizados, Coleção OAB e Treinando para Concursos.
- Autor dos livros *Sinopses Jurídicas – Direito Tributário* e *CTN para Concursos*.
- Coautor de diversos livros da Coleção Súmulas Organizadas por Assunto, Anotadas e Comentadas.

COORDENADOR E PESQUISA DE JURISPRUDÊNCIA

IGHOR FERNANDO ROCHA GALVÃO

- Advogado e parecerista.
- Pós-graduado em Direito Processual Civil pela Pontifícia Universidade Católica de Minas Gerais.
- Especialista em Direito Médico. Especialista em Direito Tributário.
- Assessor Jurídico na Procuradoria da Fazenda Municipal do Recife.
- Colaborador em diversas séries jurídicas, dentre elas: Editais Sistematizados, Súmulas Organizadas por Assunto, Principais Julgamentos do STF e do STJ.

SUMÁRIO

APRESENTAÇÃO

O objetivo do ***Caderno de Treino Cartórios (Titular de Delegações de Notas e de Registro)*** é fornecer ferramentas úteis, objetivas e sistemáticas para a preparação ao concurso, um dos certames mais difíceis e concorridos do país.

O livro condensa os tópicos previstos na maioria dos editais, separando-os por ramo do direito e por assunto, e os contempla com:

– questões objetivas e discursivas;

– súmulas (STF e STJ);

– enunciados da Jurisprudência em Teses (STJ);

– seleção de informativos resumidos e recentes (STF e STJ);

– temas de repercussão geral e de recursos repetitivos resumidos e recentes.

E, também, com uma exclusiva tabela que indica as alterações legislativas de interesse para concursos públicos ocorridas nos últimos dois anos.

Assim, de modo estruturado e pedagógico, o candidato terá a oportunidade de estudar minuciosamente a jurisprudência e as súmulas aplicáveis dos Tribunais Superiores referentes aos pontos dos editais, e, principalmente, detectar se, e como, os assuntos foram exigidos nas provas anteriores.

Os Informativos dos Tribunais foram selecionados dentre os noticiados nos últimos doze meses, com maior probabilidade de serem cobrados nas provas, assim como os temas de repercussão geral e de recursos repetitivos dos últimos três anos.

Em relação às questões de provas, foi elaborado um ***Raio-X*** da incidência nos pontos dos editais, demonstrando a frequência com que os tópicos de estudo são mais, ou menos, exigidos, possibilitando melhor estratégia de direcionamento e abordagem dos conteúdos. Já a ***Suma dos Temas*** indica exatamente as matérias mais abordadas e permite concentrar esforços e atenção sobre essas “preferidas” das bancas organizadoras, principalmente na “reta final” dos concursos.

As questões objetivas **não são comentadas** e visam estimular o leitor a **treinar para as provas**. As questões discursivas são apresentadas também com esse intuito e não possuem gabaritos oficiais das bancas (que normalmente não divulgam “espelhos” para esse tipo de teste).

Esperamos, assim, propiciar ao leitor melhores condições na árdua preparação para ocupar os tão almejados cargos nas carreiras mais prestigiadas do serviço público brasileiro.

Contem sempre conosco.

Leonardo Garcia & Roberval Rocha

METODOLOGIA "QUESTÃO VEM PRIMEIRO"

A Coleção Cadernos de Treino foi confeccionada com base na metodologia de estudo ***Questão Vem Primeiro***, criada pelo Prof. Leonardo Garcia e aprimorada nesta Coleção pelo Prof. Roberval Rocha. Consiste no método mais moderno e eficaz para a preparação de concursos públicos.

Quebrando o paradigma da utilização de questões de concursos "para treinar" o que foi estudado, a metodologia de estudo ***Questão Vem Primeiro*** propõe justamente o contrário do que muito estudante e candidato à concurso faz (utiliza as questões de concursos após o estudo de determinada matéria para verificar se o conteúdo foi apreendido e se o candidato consegue acertar as questões).

Antes de qualquer estudo (ainda que se trate de matérias que o candidato nunca estudou, nem mesmo na graduação), a metodologia propõe a leitura de questões anteriormente à leitura sobre o assunto. Uma leitura simples, verificando quais temas foram cobrados e como foram elaborados os enunciados das questões e suas alternativas, sem a ansiedade de ter que acertar a questão (até porque, como mencionado, muitas vezes sequer o candidato estudou a matéria).

Por isso, o objetivo desta coleção não foi comentar as questões. Com este propósito, a Editora possui outros livros e coleções. Como salientado, a metodologia ***Questão Vem Primeiro*** utiliza as questões para direcionar e ajudar o candidato à estudar focado para concursos.

Nada melhor do que as próprias questões de concursos para direcionar o estudo dos candidatos à concursos públicos. O erro na metodologia antiga era que o candidato estudava uma matéria sem saber ao certo o que deveria ser absorvido, quais os pontos mais importantes, quais as pegadinhas que precisam ser alertadas etc.

Lendo as questões anteriormente, o candidato naturalmente começa a perceber em seus estudos o que deve ser guardado, o que é importante e até mesmo começa a visualizar possíveis questões de concursos públicos futuras.

A Coleção Cadernos de Treino visa justamente contemplar um acervo relevante dos últimos certames das carreiras e das bancas examinadoras, separando as questões por tópicos constantes nos editais, ou seja, por assuntos cobrados. Além disso, facilitando ainda mais o estudo do candidato, a coleção contém gráficos e raio x dos pontos mais cobrados, já indicando o que deve ser priorizado nos estudos. A indicação das matérias e dos temas que devem ser priorizados no estudo é fundamental para um estudo focado e de sucesso.

Utilize a metodologia ***Questão Vem Primeiro*** em seus estudos e descubra como isso pode ser um grande aliado em sua preparação.

RAIO-X DOS CONCURSOS

1. TABELA DOS ÚLTIMOS CONCURSOS REALIZADOS

A tabela abaixo indica os concursos ocorridos nos últimos anos, por estado, e a respectiva organizadora do certame.

Tabela 01

	2022	2021	2020	2019	2018	2017	2016	2015	2014	2013
PR				UFPR					IBFC	
SC		FGV		Ieses						
RS				Vunesp				Faurgs		Ieses
ES										Cespe
MG				Consul.	Consul.	Consul.	Consul.	Consul.	Consul.	
RJ						Cetro				
SP	Vunesp				Vunesp		Vunesp		Vunesp	
DF				Cespe					Cespe	
GO		Vunesp								
MS		Consul.							Ieses	
MT									FMP	
AL				Vunesp						
BA										Cespe
CE					Ieses					
MA							Ieses			
PB									Ieses	
PE										FCC
PI										Cespe
RN										
SE									Cespe	
AC										
AM					Ieses					
AP										
PA							Ieses			
RO		Ieses				Ieses				
RR										Cespe
TO	Ieses									

2. QUANTITATIVO ANUAL DOS ÚLTIMOS CONCURSOS REALIZADOS

A distribuição abaixo indica quais foram os quantitativos de concursos da carreira, por ano, na última década.

Distribuição 01

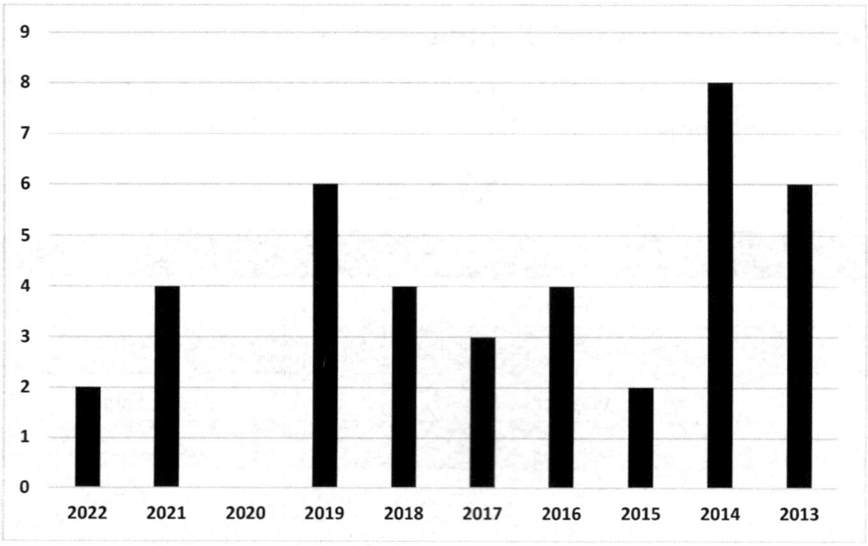

3. TABELA DOS ÚLTIMOS CONCURSOS POR ORGANIZADORA

A tabela abaixo indica quais foram as instituições que organizaram os últimos certames dessa carreira.

Tabela 02

ORGANIZADORA	CONCURSOS
Cespe	7
Cetro	1
Consulplan	7
Faurgs	1
FCC	1
FGV	1
FMP	1
IBFC	1
Ieses	11
UFPR	1
Vunesp	7
TOTAL	39

4. TABELA CRONOLÓGICA DOS ÚLTIMOS CONCURSOS REALIZADOS

A tabela abaixo indica qual foi o ano do último concurso da carreira e a respectiva organizadora, por unidade federativa.

Tabela 03

UF	ANO	ORGANIZADORA
SP	2022	Vunesp
TO	2022	Ieses
GO	2021	Vunesp
MS	2021	Consulplan
SC	2021	FGV
RO	2021	Ieses
PR	2019	UFPR
RS	2019	Vunesp
MG	2019	Consulplan
DF	2019	Cespe
AL	2019	Vunesp
AM	2018	Ieses
CE	2018	Ieses
RJ	2017	Cetro
MA	2016	Ieses
PA	2016	Ieses
MT	2014	FMP
PB	2014	Ieses
SE	2014	Cespe
BA	2013	Cespe
ES	2013	Cespe
PE	2013	FCC
PI	2013	Cespe
RR	2013	Cespe
RN	2012	Ieses
AP	2011	FCC
AC	2006	Cespe

5. MAPA CRONOLÓGICO DOS ÚLTIMOS CONCURSOS REALIZADOS

Neste mapa, o gradiente permite identificar quais os estados estão mais próximos de organizar concursos da carreira, tendo em vista o ano de realização do último certame, conforme visto na tabela acima.

Tabela 04

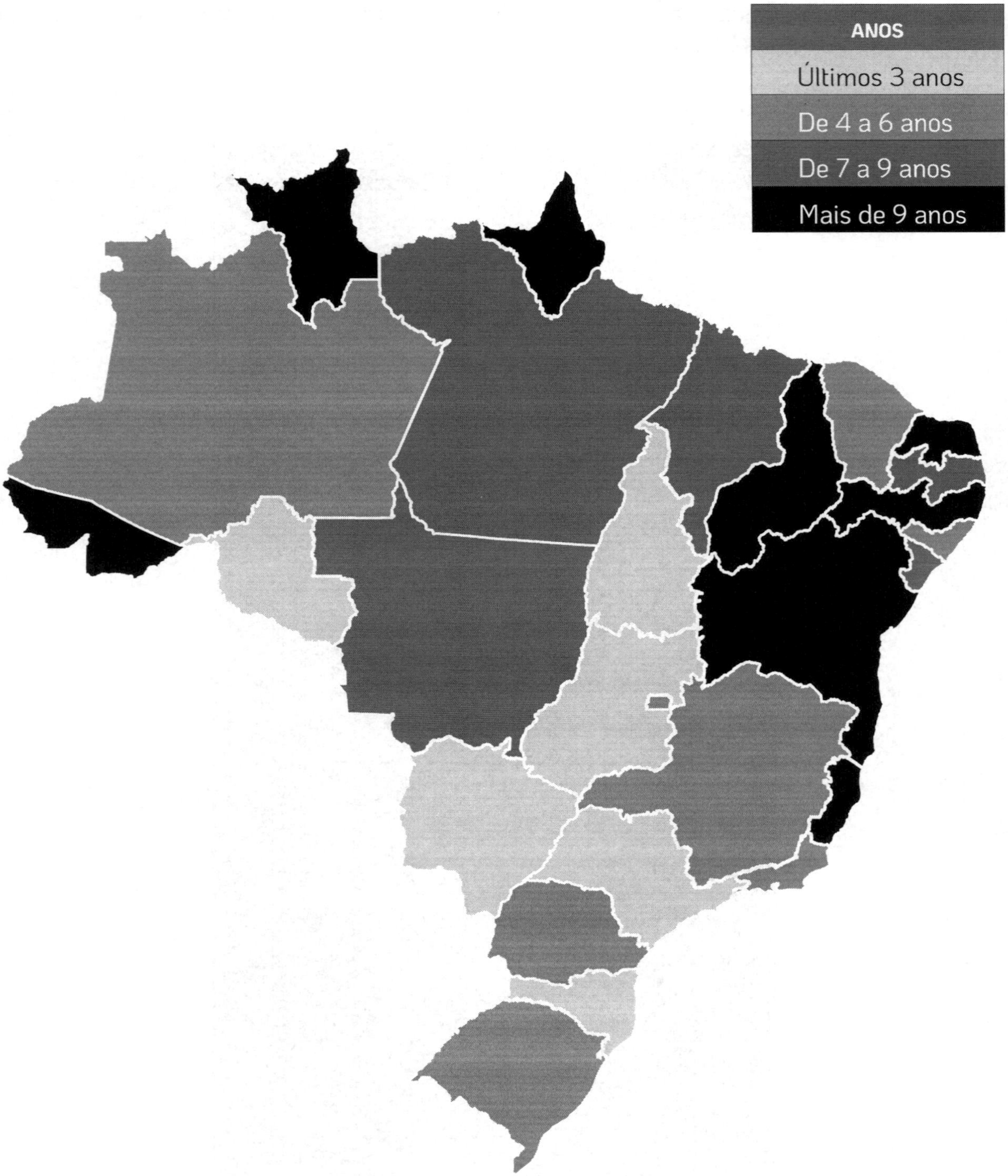

RAIO-X DAS QUESTÕES

1. QUESTÕES POR DISCIPLINA E TEMA

A seguir, são apresentadas as tabelas de **Raio-X**, que servem para orientar o estudo a ser desenvolvido, descortinando o grau de exigência e a frequência com que certos temas são explorados nos concursos públicos para ingresso nesta carreira jurídica.

As tabelas indicam o número total de questões objetivas e as respectivas percentagens de distribuição nas disciplinas abordadas nos concursos. Ao final, consta, também, a distribuição das questões discursivas.

Tabela 05

1. REGISTROS PÚBLICOS		
ASSUNTOS	**QUESTÕES**	**%**
1. Lei dos Registros Públicos	385	44,7%
2. Lei dos Cartórios	123	14,3%
3. Lei do Protesto de Títulos e Documentos	76	8,8%
4. Leis/Normas Especiais	242	28,1%
5. Teoria e Princípios	35	4,1%
TOTAL	**861**	**100%**
2. DIREITO ADMINISTRATIVO		
ASSUNTOS	**QUESTÕES**	**%**
1. Agentes Públicos	34	15,6%
2. Atos Administrativos	28	12,8%
3. Bens Públicos	19	8,7%
4. Controle da Administração Pública	12	5,5%
5. Entes da Administração	28	12,8%
6. Intervenção do Estado na Propriedade	19	8,7%
7. Licitações e Contratos	18	8,3%
8. Processo Administrativo	12	5,5%
9. Responsabilidade Civil do Estado	9	4,1%
10. Serviços Públicos	21	9,6%
11. Teoria, Poderes e Princípios	18	8,3%
TOTAL	**218**	**100%**

3. DIREITO CIVIL

ASSUNTOS	QUESTÕES	%
1. Das Pessoas	51	9,1%
2. Dos Bens	13	2,3%
3. Dos Fatos Jurídicos	59	10,6%
4. Do Direito das Obrigações	109	19,5%
5. Do Direito das Coisas	80	14,3%
6. Do Direito de Família	64	11,4%
7. Do Direito das Sucessões	73	13,1%
8. Das Disposições Finais e Transitórias	1	0,2%
9. Leis Especiais	109	19,5%
TOTAL	559	100%

4. DIREITO COMERCIAL

ASSUNTOS	QUESTÕES	%
1. Do Empresário	18	7,1%
2. Da Sociedade	77	30,6%
3. Do Estabelecimento	12	4,8%
4. Dos Institutos Complementares	9	3,6%
5. Contratos Mercantis/Bancários	8	3,2%
6. Lei de Recuperação e Falência	49	19,4%
7. Dos Títulos de Crédito	59	23,4%
8. Leis Especiais	19	7,5%
9. Teoria	1	0,4%
TOTAL	252	100%

5. DIREITO CONSTITUCIONAL

ASSUNTOS	QUESTÕES	%
1. Dos Princípios Fundamentais	15	6,0%
2. Dos Direitos e Garantias Fundamentais	42	16,8%
3. Da Organização do Estado	12	4,8%
4. Da Organização dos Poderes	50	20,0%
5. Da Defesa do Estado e das Instituições Democráticas	7	2,8%
6. Da Ordem Econômico e Financeira	18	7,2%
7. Da Ordem Social	24	9,6%

8. Disposições Constitucionais Gerais; ADCT	5	2,0%
9. Ações Constitucionais	22	8,8%
10. Controle de Constitucionalidade	25	10,0%
11. Teoria	30	12,0%
TOTAL	**250**	**100%**

6. DIREITO PENAL

ASSUNTOS	QUESTÕES	%
1. Da Aplicação da Lei Penal	11	7,1%
2. Do Crime	25	16,0%
3. Da Imputabilidade Penal	4	2,6%
4. Do Concurso de Pessoas	4	2,6%
5. Das Penas	17	10,9%
6. Das Medidas de Segurança	4	2,6%
7. Da Extinção da Punibilidade	5	3,2%
8. Dos Crimes c/ Pessoa	9	5,8%
9. Dos Crimes c/ Patrimônio	6	3,8%
10. Dos Crimes c/ Dignidade Sexual	1	0,6%
11. Dos Crimes c/ Família	2	1,3%
12. Dos Crimes c/ Paz Pública	2	1,3%
13. Dos Crimes c/ Fé Pública	6	3,8%
14. Dos Crimes c/ Administração Pública	15	9,6%
15. Leis Especiais	28	17,9%
16. Teoria e Princípios	17	10,9%
TOTAL	**156**	**100%**

7. DIREITO PROCESSUAL CIVIL

ASSUNTOS	QUESTÕES	%
1. Das Normas Processuais Civis	8	3,3%
2. Da Função Jurisdicional	13	5,4%
3. Dos Sujeitos do Processo	29	12,0%
4. Dos Atos Processuais	27	11,2%
5. Da Tutela Provisória	11	4,6%
6. Da Formação, da Suspensão e da Extinção...	2	0,8%

7. Do Processo de Conhecimento e do Cumprimento...	75	31,1%
8. Do Processo de Execução	20	8,3%
9. Dos Processos nos Tribunais e dos Meios...	28	11,6%
10. Lei Especiais	17	7,1%
11. Teoria e Princípios	11	4,6%
TOTAL	**241**	**100%**

8. DIREITO PROCESSUAL PENAL

ASSUNTOS	QUESTÕES	%
1. Disposições Preliminares	1	0,8%
2. Do Inquérito Policial	11	9,3%
3. Da Ação Penal/Civil	7	5,9%
4. Da Competência	9	7,6%
5. Das Questões e Processos Incidentes	7	5,9%
6. Da Prova	4	3,4%
7. Dos Sujeitos do Processo	2	1,7%
8. Da Prisão, das Medidas Cautelares e da Liberdade Provisória	11	9,3%
9. Das Citações e Intimações	3	2,5%
10. Da Sentença	4	3,4%
11. Do Processo Comum	7	5,9%
12. Dos Processos Especiais	0	0,0%
13. Das Nulidades e dos Recursos em Geral	7	5,9%
14. Disposições Gerais	1	0,8%
15. Teoria e Princípios	4	3,4%
16. Leis Especiais	40	33,9%
TOTAL	**118**	**100%**

9. DIREITO TRIBUTÁRIO

ASSUNTOS	QUESTÕES	%
1. Competência Tributária	14	5,8%
2. Espécies de Tributo	40	16,6%
3. Legislação Tributária	13	5,4%
4. Obrigação Tributária	30	12,4%

5. Crédito Tributário	41	17,0%
6. Administração Tributária	7	2,9%
7. Impostos Federais	14	5,8%
8. Impostos Estaduais	16	6,6%
9. Impostos Municipais	26	10,8%
10. Limitações do Poder de Tributar	40	16,6%
TOTAL	**241**	**100%**

10. CONHECIMENTOS GERAIS

ASSUNTOS	QUESTÕES	%
1. Artes, Cultura, Esportes	12	11,5%
2. Atualidades	44	42,3%
3. Economia	5	4,8%
4. Geografia	8	7,7%
5. História	20	19,2%
6. Informática	6	5,8%
7. Temas Laborais	9	8,7%
TOTAL	**104**	**100%**

11. TODAS AS DISCIPLINAS (OBJETIVAS)

ASSUNTOS	QUESTÕES	%
1. Registros Públicos	861	28,7%
2. Direito Administrativo	218	7,3%
3. Direito Civil	559	18,6%
4. Direito Comercial	252	8,4%
5. Direito Constitucional	250	8,3%
6. Direito Penal	156	5,2%
7. Direito Processual Civil	241	8,0%
8. Direito Processual Penal	118	3,9%
9. Direito Tributário	241	8,0%
10. Conhecimentos Gerais	104	3,5%
TOTAL	**3000**	**100%**

12. TODAS AS DISCIPLINAS (DISCURSIVAS)

ASSUNTOS	QUESTÕES	%
1. Registros Públicos	68	34,0%
2. Direito Administrativo	17	8,5%
3. Direito Civil	47	23,5%
4. Direito Comercial	16	8,0%
5. Direito Constitucional	7	3,5%
6. Direito Penal	10	5,0%
7. Direito Processual Civil	13	6,5%
8. Direito Processual Penal	5	2,5%
9. Direito Tributário	17	8,5%
10. Conhecimentos Gerais	0	0,0%
TOTAL	200	100%

2. ANÁLISE GRÁFICA DAS DISTRIBUIÇÕES

Adiante, é feita uma análise gráfica das informações contidas nas tabelas de **Raio-X** apresentadas no tópico anterior, objetivando traduzir visualmente a importância dos conteúdos mais explorados nas provas.

Os gráficos individualizam os dados de cada matéria, em relação às questões objetivas. Ao final, dois gráficos condensando todas as disciplinas: um, em relação às questões objetivas; outro, em relação às discursivas.

2.1. Registros Públicos

É a disciplina mais versada nos editais, verdadeiro cerne destes concursos, e envolve os três principais diplomas normativos da carreira: a "Lei dos Registros Públicos", a "Lei dos Cartórios" e a "Lei do Protesto de Títulos e Documentos", assim como teoria e leis especiais correlatas.

O conjunto dessas três leis centrais suporta **2/3** dos conteúdos das provas. Mas, o destaque absoluto é para a LRP, com **quase metade** das questões. Deve-se observar que os títulos "Do Registro de Pessoas Naturais" e "Do Registro de Imóveis", dessa lei, concentram a maior parte das matérias mais cobradas nas questões.

A teoria notarial e registral é o ponto menos abordado em concursos recentes.

Gráfico 01

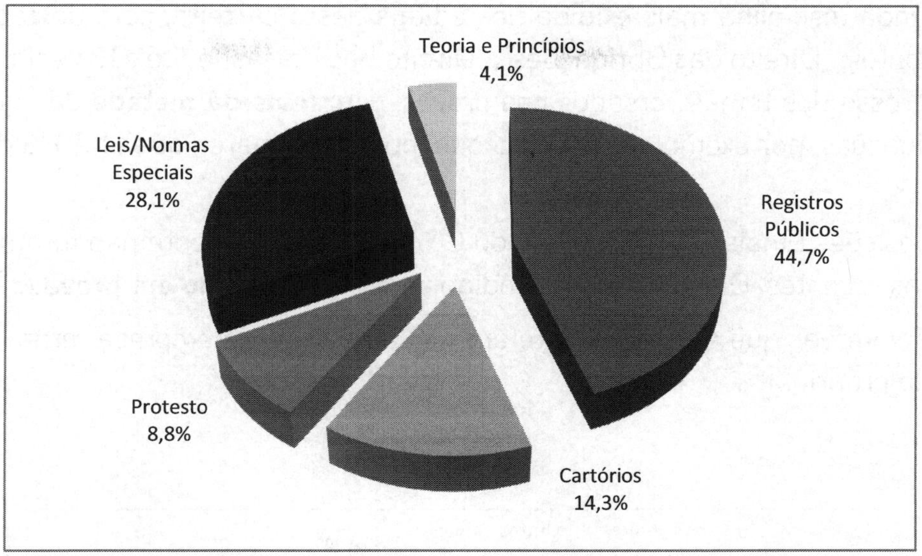

2.2. Direito Administrativo

Os conteúdos de direito administrativo encontram-se **equitativamente distribuídos**, sem concentrações expressivas em determinados assuntos.

Mesmo assim, merecem atenção os pontos referentes a "Agentes Públicos", "Atos Administrativos" e "Entes da Administração", que, juntos, respondem por **mais de 40%** das questões deste tópico.

Assuntos menos explorados: "Controle da Administração Pública", "Processo Administrativo" e "Responsabilidade Civil do Estado".

Gráfico 02

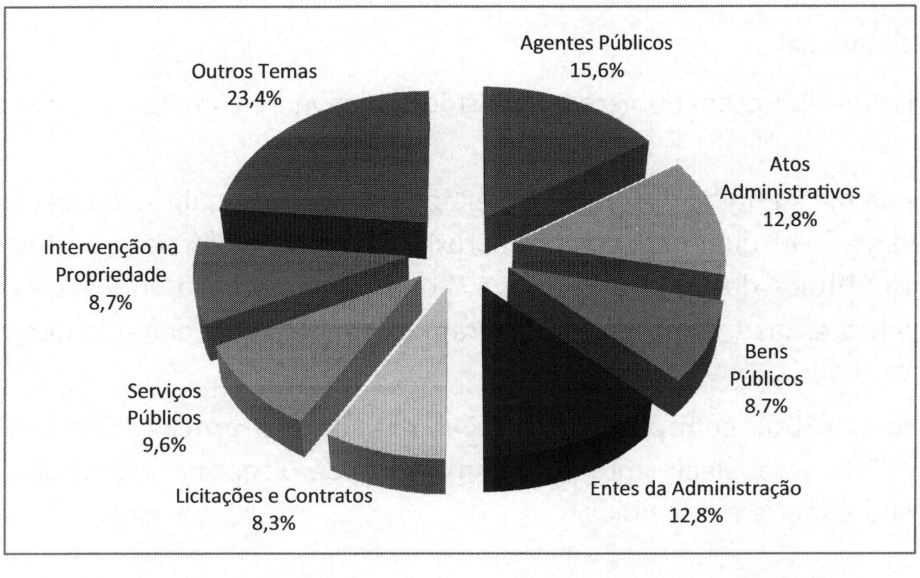

2.3. Direito Civil

É a segunda disciplina mais exigida nos editais desta carreira, com destaque para os seguintes pontos: "Direito das Obrigações", "Direito das Coisas" e "Leis Especiais", que concentram o grosso dos temas versados nas provas, com **mais da metade** das questões objetivas. Obrigações, por exemplo, é assunto que, por si só, abarca **quase 20%** do conteúdo das provas.

As "Disposições Finais e Transitórias" do CC/2002 praticamente não foram abordadas em concursos recentes. Outro tópico do código **raramente pedido em prova** é: "Dos Bens".

Convém observar que as questões referentes ao direito de empresa foram deslocadas para capítulo próprio.

Gráfico 03

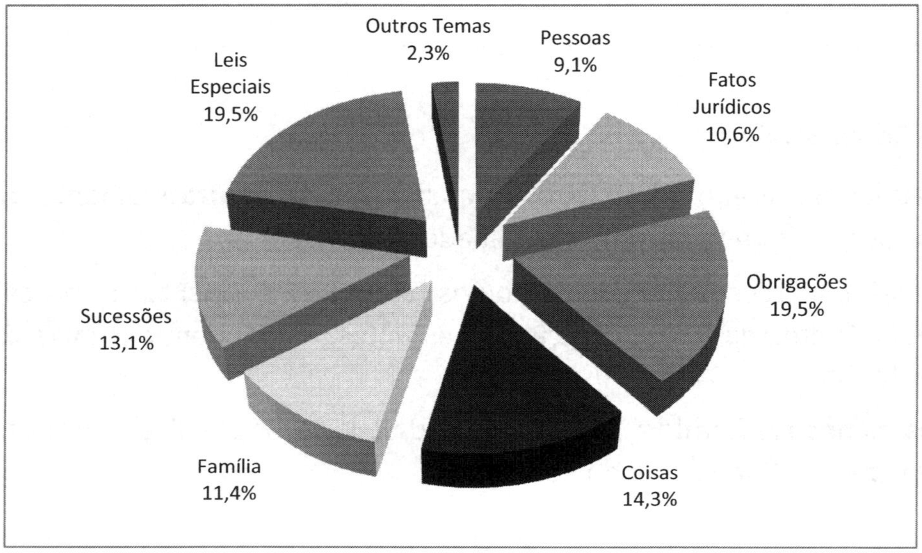

2.4. Direito Comercial

É a terceira disciplina em número de questões objetivas, e é muito concentrada em poucos tópicos.

Aqui, o tema mais exigido diz respeito aos tipos societários (subtópico de Direito de Empresa, do Código Civil), que responde por aproximadamente **30%** das questões. Destaque, também, para "Títulos de Crédito" e para a "Lei de Recuperação Judicial, Extrajudicial e Falência". Juntas, essas três partes concentram **quase 3/4** do conteúdo que cai nos concursos.

Tópicos do CC/2002 com **poucas questões nas últimas provas**: "Dos Institutos Complementares", "Do Estabelecimento". O mesmo se pode dizer sobre contratos mercantis/bancários e sobre teoria e princípios.

Gráfico 04

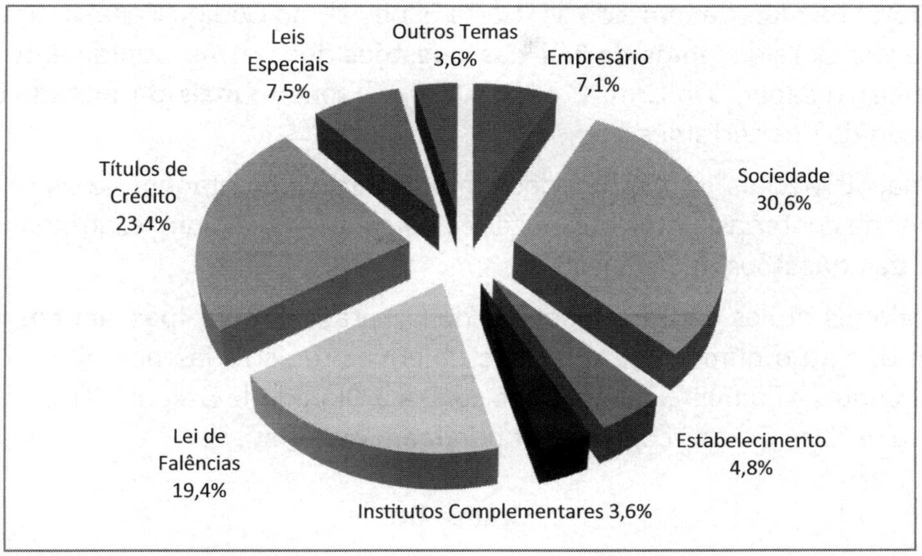

2.5. Direito Constitucional

Nas matérias constitucionais, importante ressaltar a exigência de muitos conhecimentos afetos ao capítulo "Da Organização dos Poderes", que abarca **1/5 do conteúdo**, e ao tópico "Direitos e Garantias Fundamentais". A teoria constitucional também é muito explorada pelas bancas organizadoras. Juntos, esses três pontos representam **quase a metade** do que vem nas provas.

Pontos da CF/88 **sem muita relevância em termos de número de questões**: "Da Defesa do Estado e das Instituições Democráticas", "Disposições Constitucionais Gerais" e ADCT.

As questões referentes a direito tributário encontram-se em capítulo próprio, e, por isso, não são contabilizadas nesse levantamento.

Gráfico 05

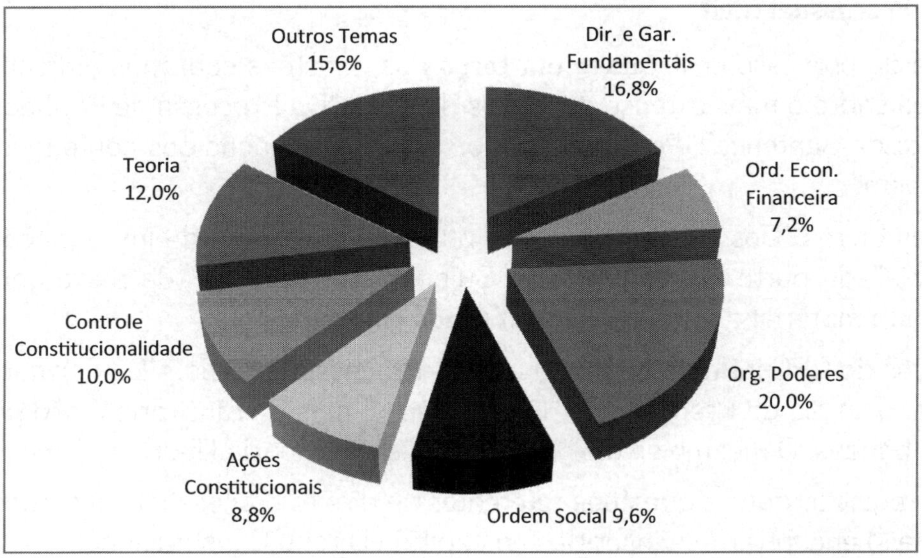

2.6. Direito Penal

O ponto forte na matéria tem sido as "Parte Especial" do Código Penal (crimes em espécie), de onde são extraídas **mais de 1/4 das questões** das provas. Juntamente com outros títulos do Códex, a saber, "Do Crime", e "Das Penas", somam **mais da metade** daquilo que vem sendo exigido nos certames.

"Leis Penais Especiais" também é peça importante na montagem da estratégia de estudos. Apesar de conter assuntos pulverizados em inúmeros diplomas, agrega uma **grande quantidade das questões** das provas.

Por fim, alguns títulos da Parte Especial do CP praticamente "**passam em branco**" nas provas, com diminuto número de questões objetivas registradas nos últimos concursos: "Dos Crimes contra a Família", "Dos Crimes contra a Dignidade Sexual", "Dos Crimes contra a Paz Pública" e "Dos Crimes contra a Propriedade Imaterial".

Gráfico 06

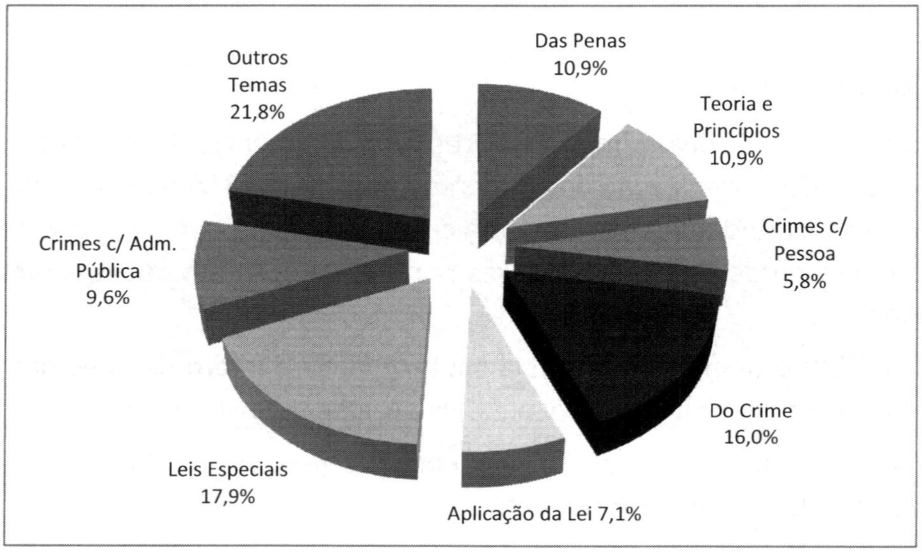

2.7. Direito Processual Civil

Em tema de processo civil, **quase um terço** das questões cobradas em concursos jurídicos versava sobre o mais extenso dos livros do CPC: "Do Processo de Conhecimento e do Cumprimento de Sentença". Portanto, o leitor deve dar atenção aos conteúdos dos títulos que o compõem.

Juntos, os Livros "Dos Processos nos Tribunais e dos Meios de Impugnação das Decisões Judiciais", da parte especial, e "Dos Sujeitos do Processo", da parte geral, também originam muito material de prova, quase **1/4 dos conteúdos**.

Já os livros do CPC intitulados "Das Normas Processuais Civis", "Da Formação, da Suspensão e da Extinção do Processo" e "Disposições Finais e Transitórias" são **pouco explorados** pelas bancas. O mesmo se diz da parte mais doutrinária (Teoria e Princípios).

Convém registrar que as questões referentes ao direito processual constitucional (ações constitucionais) encontram-se inseridas no capítulo Direito Constitucional.

Gráfico 07

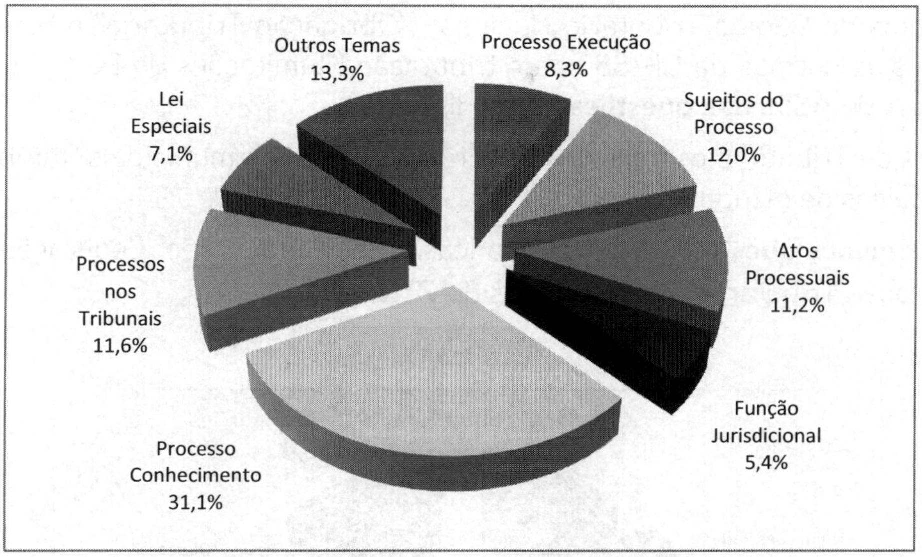

2.8. Direito Processual Penal

"Leis Especiais", com **mais de 1/3** das questões, é o ponto mais focado nos concursos. Ainda assim, basicamente tudo que se refere a esse ponto origina-se de apenas dois diplomas: "Lei de Execução Penal" e "Lei dos Juizados Especiais".

Os títulos principais do Código de Processo Penal são explorados de maneira mais ou menos homogênea nestes concursos, distribuindo as questões num largo espectro de assuntos. Mesmo assim, três pontos do CPP devem ser destacados: "Do Inquérito Policial", "Da Competência", "Da Prisão, das Medidas Cautelares e da Liberdade Provisória", que juntam **25% das questões**.

Tópicos do CPP que **não são muito abordados** nos concursos: "Dos Sujeitos do Processo", "Disposições Gerais", "Disposições Preliminares" e "Dos Processos Especiais".

Gráfico 08

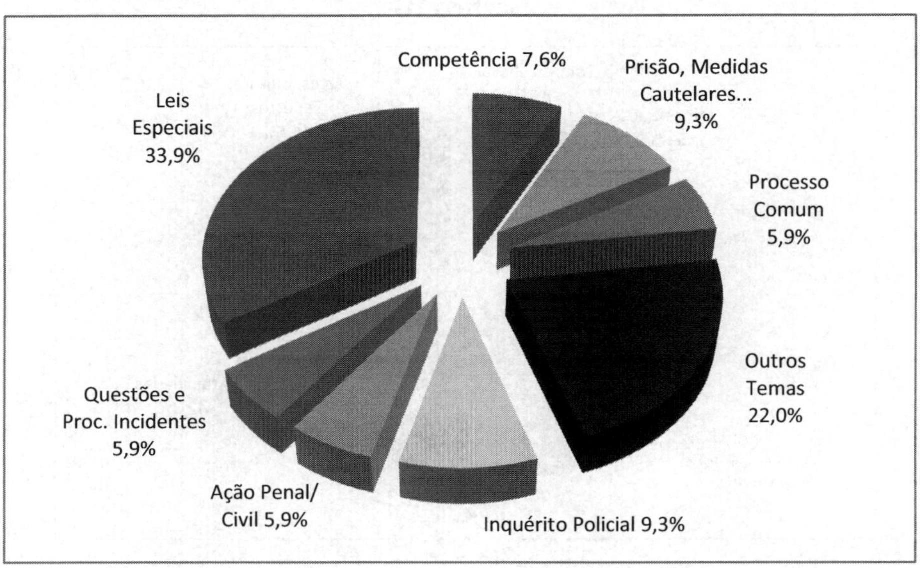

2.9. Direito Tributário

Dois pontos do Código Tributário Nacional ("Obrigação Tributária" e "Crédito Tributário), aliados às normas da CF/88 sobre tributação ("Limitações do Poder de Tributar"), abarcam **mais de 45% das questões** dessa disciplina.

"Espécies de Tributo" e os impostos (federais, estaduais e municipais) também são importantes tópicos de estudo.

Os temas **menos questionados** pelas bancas organizadoras são "Legislação Tributária" e "Administração Tributária", ambos, títulos do CTN.

Gráfico 09

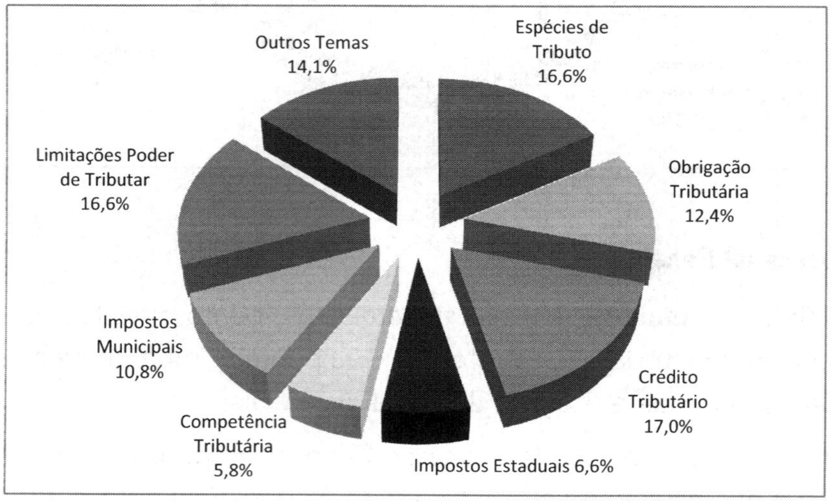

2.10. Conhecimentos Gerais

É matéria pouco abordada no que toca ao número de questões.

As "Atualidades" e o estudo de "História" dominam em quantidade: correspondem a **mais de 60%** do total dessa parte de estudo.

Pontos que **menos caem nas provas:** Informática e Economia.

Gráfico 10

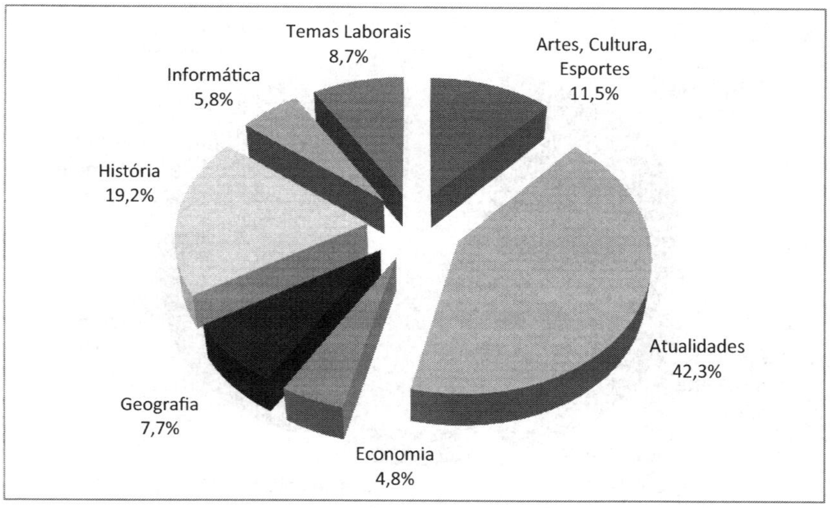

2.11. Todas as Disciplinas (Objetivas)

Dentre as disciplinas exigidas nos certames, nota-se, por óbvio, **preponderância absoluta** da temática registral e notarial, seguida das disciplinas Direito Civil, Direito Comercial e Direito Constitucional. Portanto, é um dos raros concursos em que o direito privado ultrapassa o direito público em termos percentuais de abordagem de conteúdo.

Direito Penal, Direito Processual Penal e Conhecimentos Gerais são os temas **menos cobrados** na primeira fase.

Gráfico 11

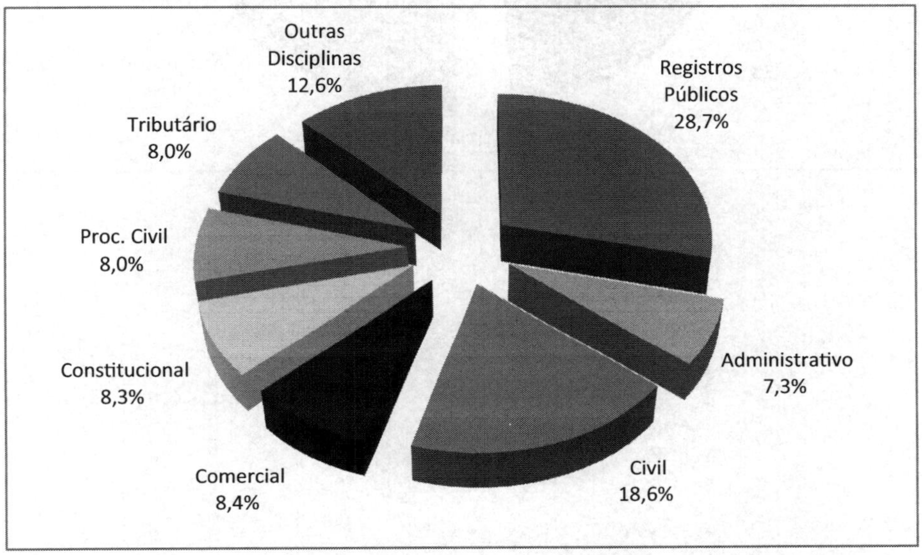

2.12. Todas as Disciplinas (Discursivas)

O livro traz questões discursivas para exemplificar ao leitor como elas exploram os conteúdos exigido nos editais.

Pela própria natureza desse concurso, o Direito Registral e Notarial domina a cena, com **mais de 1/3 das questões** discursivas na segunda fase. Outra disciplina que tem muito peso nas provas dissertativas é Direito Civil, com aproximadamente **um quarto das questões**.

Máxima atenção com Direito Comercial, Direito Tributário e Direito Administrativo, e, que, nessa ordem, são as outas disciplinas mais cobradas nestes tipos de teste, correspondendo a **outro quarto de questões.**

Por fim, as disciplinas que fornecem **pouco material** para a segunda fase do certame são: Direito Penal, Direito Constitucional e Direito Processual Penal. Conhecimentos Gerais é matéria abordada somente na primeira fase.

Gráfico 12

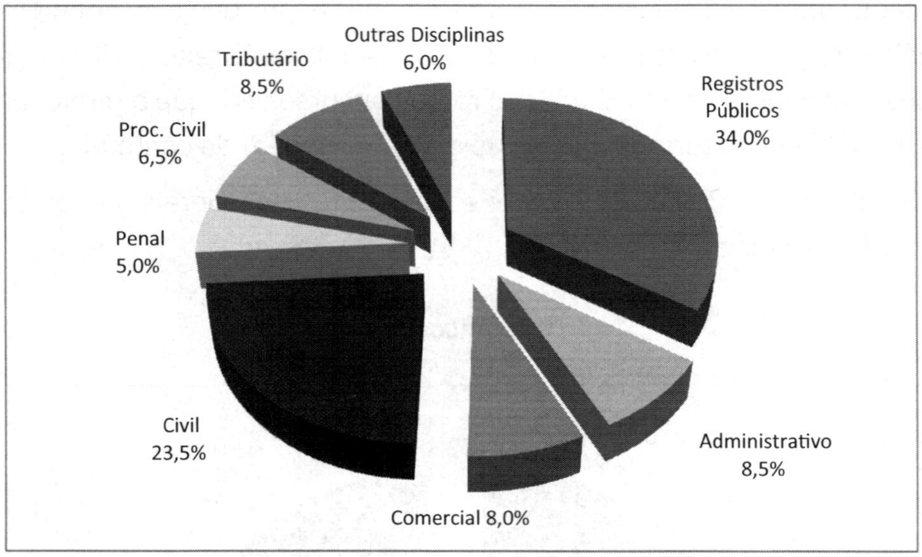
Outras Disciplinas
6,0%
Tributário
8,5%
Registros
Públicos
34,0%
Proc. Civil
6,5%
Penal
5,0%
Civil
23,5%
Administrativo
8,5%
Comercial 8,0%

SUMA DOS TEMAS

1. TEMAS DAS PROVAS OBJETIVAS

A tabela abaixo indica visualmente o **grau de exigência** dos tópicos de cada disciplina. As questões objetivas são totalizadas por símbolos. Cada um dos símbolos utilizados agrega um conjunto de até cinco questões.

O gradiente/simbologia indica o número acumulado de questões em cada item, evidenciando o perfil estatístico que as bancas organizadoras adotam na feitura das provas.

Tabela 06

CAPÍTULO / TÓPICOS	QUESTÕES
1. REGISTROS PÚBLICOS	
1. Lei dos Registros Públicos	◌◌○○●●⚡⚡💣💣☢☢☠☠...
2. Lei dos Cartórios	◌◌○○●●⚡⚡💣💣☢☢☠☠...
3. Lei do Protesto	◌◌○○●●⚡⚡💣💣☢☢☠☠...
4. Leis/Normas Especiais	◌◌○○●●⚡⚡💣💣☢☢☠☠...
5. Teoria	◌◌○○●●⚡
2. DIREITO ADMINISTRATIVO	
1. Agentes Públicos	◌◌○○●●⚡
2. Atos Administrativos	◌◌○○●●
3. Bens Públicos	◌◌○○
4. Controle da Administração Pública	◌◌○
5. Entes da Administração	◌◌○○●●
6. Intervenção do Estado na Propriedade	◌◌○○
7. Licitações e Contratos	◌◌○○
8. Processo Administrativo	◌◌○
9. Responsabilidade Civil do Estado	◌◌
10. Serviços Públicos	◌◌○○●
11. Teoria, Poderes e Princípios	◌◌○○
3. DIREITO CIVIL	
1. Das Pessoas	◌◌○○●●⚡⚡💣💣☢
2. Dos Bens	◌◌○

CAPÍTULO / TÓPICOS	QUESTÕES
3. Dos Fatos Jurídicos	◌◌○○●●ϟϟ💣💣☢☢
4. Do Direito das Obrigações	◌◌○○●●ϟϟ💣💣☢☢☠☠...
5. Do Direito das Coisas	◌◌○○●●ϟϟ💣💣☢☢☠☠...
6. Do Direito de Família	◌◌○○●●ϟϟ💣💣☢☢☠
7. Do Direito das Sucessões	◌◌○○●●ϟϟ💣💣☢☢☠☠...
8. Das Disposições Finais e Transitórias	◌
9. Leis Especiais	◌◌○○●●ϟϟ💣💣☢☢☠☠...
4. DIREITO COMERCIAL	
1. Do Empresário	◌◌○○
2. Da Sociedade	◌◌○○●●ϟϟ💣💣☢☢☠☠...
3. Do Estabelecimento	◌◌○
4. Dos Institutos Complementares	◌◌
5. Contratos Mercantis/Bancários	◌◌
6. Lei de Recuperação e Falência	◌◌○○●●ϟϟ💣💣
7. Dos Títulos de Crédito	◌◌○○●●ϟϟ💣💣☢☢
8. Leis Especiais	◌◌○○
9. Teoria	◌
5. DIREITO CONSTITUCIONAL	
1. Dos Princípios Fundamentais	◌◌○
2. Dos Direitos e Garantias Fundamentais	◌◌○○●●ϟϟ💣
3. Da Organização do Estado	◌◌○
4. Da Organização dos Poderes	◌◌○○●●ϟϟ💣💣
5. Da Defesa do Estado e das Instituições Democráticas	◌◌
6. Da Ordem Econômico e Financeira	◌◌○○
7. Da Ordem Social	◌◌○○●
8. Disposições Constitucionais Gerais; ADCT	◌
9. Ações Constitucionais	◌◌○○●
10. Controle de Constitucionalidade	◌◌○○●
11. Teoria	◌◌○○●●
6. DIREITO PENAL	
1. Da Aplicação da Lei Penal	◌◌○
2. Do Crime	◌◌○○●
3. Da Imputabilidade Penal	◌

CAPÍTULO / TÓPICOS	QUESTÕES
4. Do Concurso de Pessoas	○
5. Das Penas	○○○○
6. Das Medidas de Segurança	○
7. Da Extinção da Punibilidade	○
8. Dos Crimes c/ Pessoa	○○
9. Dos Crimes c/ Patrimônio	○○
10. Dos Crimes c/ Dignidade Sexual	○
11. Dos Crimes c/ Família	○
12. Dos Crimes c/ Paz Pública	○
13. Dos Crimes c/ Fé Pública	○○
14. Dos Crimes c/ Administração Pública	○○○
15. Leis Especiais	○○○○●●
16. Teoria e Princípios	○○○○
7. DIREITO PROCESSUAL CIVIL	
1. Das Normas Processuais Civis	○○
2. Da Função Jurisdicional	○○○
3. Dos Sujeitos do Processo	○○○○●●
4. Dos Atos Processuais	○○○○●●
5. Da Tutela Provisória	○○○
6. Da Formação, da Suspensão e da Extinção...	○
7. Do Processo de Conhecimento...	○○○○●●⚡⚡💣💣☢☢☠☠...
8. Do Processo de Execução	○○○○
9. Dos Processos nos Tribunais...	○○○○●●
10. Lei Especiais	○○○○
11. Teoria e Princípios	○○○
8. DIREITO PROCESSUAL PENAL	
1. Disposições Preliminares	○
2. Do Inquérito Policial	○○○
3. Da Ação Penal/Civil	○○
4. Da Competência	○○
5. Das Questões e Processos Incidentes	○○
6. Da Prova	○
7. Dos Sujeitos do Processo	○

CAPÍTULO / TÓPICOS	QUESTÕES
8. Da Prisão, das Medidas Cautelares...	○○○
9. Das Citações e Intimações	○
10. Da Sentença	○
11. Do Processo Comum	○○
12. Dos Processos Especiais	-
13. Das Nulidades e dos Recursos em Geral	○○
14. Disposições Gerais	○
15. Teoria e Princípios	○
16. Leis Especiais	○○○○●●⚡⚡
9. DIREITO TRIBUTÁRIO	
1. Competência Tributária	○○○
2. Espécies de Tributo	○○○○●●⚡⚡
3. Legislação Tributária	○○○
4. Obrigação Tributária	○○○○●●
5. Crédito Tributário	○○○○●●⚡⚡💣
6. Administração Tributária	○○
7. Impostos Federaiss	○○○
8. Impostos Estaduais	○○○○
9. Impostos Municipais	○○○○●●
10. Limitações do Poder de Tributar	○○○○●●⚡⚡
10. CONHECIMENTOS GERAIS	
1. Artes, Cultura, Esportes	○○○
2. Atualidades	○○○○●●⚡⚡💣
3. Economia	○
4. Geografia	○○
5. História	○○○○
6. Informática	○○
7. Temas Laborais	○○

2. TEMAS MAIS EXIGIDOS

No texto do livro foram ressaltados os **temas mais exigidos nas provas objetivas**. São verdadeiros pontos-chave de estudo que merecem toda atenção e análise do leitor. Todos sinalizados em realce:

ATENÇÃO: ESTE TEMA É MUITO EXIGIDO NOS CONCURSOS!

Abaixo, uma tabela-resumo desses verdadeiros "**temas sensíveis**" dos concursos organizados pela Banca. São **30** tópicos, que agregam **889** questões e, estatisticamente, representam **quase 30%** do conteúdo desses certames.

Tabela 07

CAPÍTULO / TÓPICOS	QUESTÕES
1. REGISTROS PÚBLICOS	
1. LRP... 1.2. Pessoas Naturais... 1.2.4. Do Nascimento	44
1. LRP... 1.3. Pessoas Jurídicas. 1.3.1. Da Escrituração	31
1. LRP... 1.4. Títulos e Documentos... 1.4.1. Das Atribuições	20
1. LRP... 1.5. Imóveis... 1.5.1. Das Atribuições	20
1. LRP... 1.5. Imóveis... 1.5.3. Do Processo do Registro	39
2. Lei dos Cartórios... 2.1.2. Dos Notários e Registradores	24
2. Lei dos Cartórios... 2.2.3. Da Resp. Civil e Criminal	27
4. Leis/Normas Especiais... 4.9. Lei de Parcelamento do Solo	28
4. Leis/Normas Especiais... 4.13. Lei do Sist. Fin. Imobiliário	20
4. Leis/Normas Especiais... 4.16. Provimentos/Resoluções CNJ	70
4. Leis/Normas Especiais... 4.17. Leis Esparsas	21
2. DIREITO ADMINISTRATIVO	
1. Agentes Públicos... 1.1. Disposições Gerais	20
3. DIREITO CIVIL	
1. Das Pessoas... 1.1. Das Pessoas Naturais	27
1. Das Pessoas... 1.2. Das Pessoas Jurídicas	20
3. Dos Fatos Jurídicos... 3.1.3. Dos Defeitos, Da Invalidade	25
3. Dos Fatos Jurídicos... 3.3. Da Prescrição e da Decadência	22
6. Do Direito de Família... 6.1.1. Do Casamento	21
7. Do Direito das Sucessões... 7.3. Da Sucessão Testamentária	33
9. Leis Especiais... 9.1. Código de Defesa do Consumidor	33
4. DIREITO COMERCIAL	
2. Da Sociedade... 2.3.2. Limitada, Anônima, Comandita p/ Ações	39
6. Lei de Recuperação e Falência... 6.1. Falência	32
7. Dos Títulos de Crédito... 7.4. Dos Títulos em Espécie	40
5. DIREITO CONSTITUCIONAL	
2. Dos Dir. e Gar. Fund... 2.1. Dos Dir. e Dev. Indiv. e Coletivos	22
6. DIREITO PENAL	
2. Do Crime	25

CAPÍTULO / TÓPICOS	QUESTÕES
7. DIREITO PROCESSUAL CIVIL	
7. Do Proc. de Conhecimento...7.3. Dos Procedimentos Especiais	22
9. DIREITO TRIBUTÁRIO	
2. Espécies de Tributo	40
4. Obrigação Tributária	30
9. Impostos Municipais	26
10. Limitações do Poder de Tributar... 10.2. Princípios	24
10. CONHECIMENTOS GERAIS	
2. Atualidades	44

3. GRUPOS DE TEMAS QUE MAIS CONCENTRAM QUESTÕES

Muitas vezes, revisões de véspera ou estudos focados para maximizar resultados exigem dos candidatos que procurem o "**mapa da mina**" das provas que vão enfrentar.

Pensando nisso, a tabela abaixo agrega os pontos de estudo mais relevantes de cada uma das disciplinas presentes no livro, indicando os temas principais que se deve abordar para resolver aquilo que "mais cai" nos concursos. Demonstra-se o percentual representativo do somatório das questões destes pontos principais na matéria em estudo e leva o leitor "direto ao que interessa" para atingir a maior pontuação possível nas provas.

Tabela 08

CAPÍTULO / TÓPICOS		%
1. REGISTROS PÚBLICOS		
1. Lei dos Registros Públicos	=	44,7%
2. DIREITO ADMINISTRATIVO		
1. Agentes Públicos + 2. Atos Administrativos + 5. Entes da Administração	=	41,3%
3. DIREITO CIVIL		
4. Do Direito das Obrigações + 9. Leis Especiais	=	39,0%
4. DIREITO COMERCIAL		
2. Da Sociedade + 7. Dos Títulos de Crédito	=	54,0%
5. DIREITO CONSTITUCIONAL		
2. Dos Direitos e Garantias Fundamentais + 4. Da Organização dos Poderes + 11. Teoria	=	48,8%

CAPÍTULO / TÓPICOS		%
6. DIREITO PENAL		
2. Do Crime + 5. Das Penas + 16. Leis Especiais	=	44,9%
7. DIREITO PROCESSUAL CIVIL		
3. Dos Sujeitos do Processo + 7. Do Processo de Conhecimento e do Cumprimento...	=	43,2%
8. DIREITO PROCESSUAL PENAL		
2. Do Inquérito Policial + 16. Leis Especiais	=	43,2%
9. DIREITO TRIBUTÁRIO		
2. Espécies de Tributo + 5. Crédito Tributário + 10. Limitações do Poder de Tributar	=	50,2%
10. CONHECIMENTOS GERAIS		
2. Atualidades	=	42,3%
11. TODAS AS DISCIPLINAS (OBJETIVAS)		
1. Registros Públicos + 3. Direito Civil	=	47,3%
12. TODAS AS DISCIPLINAS (DISCURSIVAS)		
1. Registros Públicos + 3. Direito Civil	=	57,5%

4. "TOP 5"

No texto do livro foram ressaltados os **conjuntos de temas mais exigidos nas provas objetivas**. São aglomerados de temas afins cujos conteúdos representam grandes porções daquilo que as provas exigem em determinadas disciplinas:

Tabela 09

ORDEM	CAPÍTULO	TÓPICOS	QUESTÕES
1º	Registros Públicos	1. Lei dos Registros Públicos	385
2º	Registros Públicos	4. Leis/Normas Especiais	242
3º	Registros Públicos	2. Lei dos Cartórios	123
4º	Direito Civil	4. Do Direito das Obrigações	109
5º	Direito Civil	9. Leis Especiais	109

Todos marcados em quadros de atenção:

TOP 5: 1º LUGAR ENTRE OS MAIORES AGREGADOS DE QUESTÕES DO LIVRO!

ATUALIZAÇÕES LEGISLATIVAS

A tabela de atualizações legislativas condensa quais artigos de leis, de códigos, da CF/88, foram alterados nos últimos dois anos, para que sirva de orientação ao direcionamento do seu estudo. Lembre-se: inovações legais são muito cobradas nas provas!

Atualizada até: **Lei 14.516/22, LC 195/22 e EC 128/22.**

Tabela 10

DIPLOMA	NÚMERO	ALTERAÇÕES (ARTS.)	FONTE
DIREITO ADMINISTRATIVO			
Estatuto Servidores Civis Federais	L 8.112/90	45	L 14.509/22
Estatuto Jur. Emp. Públ. e Soc. Econ. Mista	L 13.303/16	-	-
Lei da Parceria Público-Privada	L 11.079/04	8º, 10	Ls 14.227, 14.133/21
Lei da Prescrição Administrativa Punitiva	L 9.873/99	-	-
Lei da Prescrição Quinquenal	Dec. 20.910/32	-	-
Lei das OS	L 9.637/98	-	-
Lei das OSCIP	L 9.790/99	2º	L 13.999/20
Lei das Parcerias Voluntárias Org. Sociedade Civil	L 13.019/14	4º-A, 81-B	Ls 14.309, 14.345/22
Lei de Acesso à Informação	L 12.527/11	12	L 14.129/21
(...)	(...)	7º	L 14.345/22
Lei de Concessões e Permissões	L 8.987/95	6º	L 14.015/20
(...)	(...)	2º	L 14.133/21
Lei de Consórcios Públicos	L 11.107/05	1º, 8º, 11, 12, 13	L 14.026/20
Lei de Desapropriação p/ Interesse Social	L 4.132/62	-	-
Lei de Desapropriação p/ Utilidade Pública	DL 3.365/41	3º, 4º, 5º	L 14.273/21
(...)	(...)	34-A	L 14.421/22
Lei de Improbidade	L 8.429/92	inúmeras alterações	L 14.230/21
Lei de Licitações	L 8.666/93	inúmeras alterações	L 14.133/21
(...)	(...)	122	L 14.368/22
Lei de Licitações (nova)	L 14.133/21	nova lei	-

DIPLOMA	NÚMERO	ALTERAÇÕES (ARTS.)	FONTE
Lei de Organização da Administração Federal	DL 200/67	-	-
Lei de Outorga e Prorrogação das Concessões e Permissões	L 9.074/95	2º, 4º-E	Ls 14.182, 14.273/21
(...)	(...)	4º-E	L 14.299/22
Lei de Tombamento	DL 25/37	-	-
Lei do Contrato de Desempenho	L 13.934/19	nova lei	-
Lei do Pregão	L 10.520/02	revogação em 2023	L 14.133/21
Lei do Processo Administrativo Federal	L 9.784/99	49-A a 49-G	L 14.210/21
Lei do RDC	L 12.462/11	63	L 14.034/20
(...)	(...)	revogação parcial em 2023	L 14.133/21
DIREITO AGRÁRIO			
Estatuto da Terra	L 4.504/64	-	-
Lei de Aquisição de Imóvel Rural por Estrangeiro	L 5.709/71	1º	L 13.986/20
Lei de Registro Público de Imóveis Rurais	L 6.739/79	-	-
DIREITO AMBIENTAL			
Código Florestal	L 12.651/12	3º, 4º	L 14.285/21
(...)	(...)	39, 40	L 14.406/22
Lei da PNRH	L 9.433/97		
Lei de Pagamento por Serviços Ambientais	L 14.119/21	nova lei	
Lei da Política Nacional do Meio Ambiente	L 6.938/81	19, 54	L 14.026/20
Lei de Cooperação em Proteção Ambiental	LC 140/11	-	-
Lei de Gestão de Florestas Públicas	L 11.284/06	-	-
Lei do Bioma Mata Atlântica	L 11.428/06	-	-
Lei do SNUC	L 9.985/00	-	-
Lei dos Crimes Ambientais	L 9.605/98	32	L 14.064/20
DIREITO CIVIL			
Código Civil	L 10.406/02	1.080-A	L 14.030/20
(...)	(...)	inúmeras alterações	Ls 14.179, 14.193, 14.195/21
(...)	(...)	inúmeras alterações	Ls 14.309, 14.405, 14.382, 14.451/22

DIPLOMA	NÚMERO	ALTERAÇÕES (ARTS.)	FONTE
DIREITO CONSTITUCIONAL			
Constituição Federal	CF	37, 158, 163-A, 165, 167, 169, 193, 195, 206, 211, 212, 212-A	ECs 106 a 108/20
(...)	(...)	6º, 14, 17, 28, 29-A, 37, 49, 82, 84, 100, 159, 160, 163, 164-A, 165, 167, 167-A a 167-G, 168, 169, 203	ECs 109 a 114/21
(...)	(...)	5º, 17, 21, 22, 73, 101, 104, 105, 107, 111-A, 115, 123, 155, 156, 166, 167, 198, 225	ECs 115, 116, 117, 118, 120, 122 a 128/22
ADCT	CF	inúmeras alterações	EC 108/20
(...)	(...)	inúmeras alterações	ECs 109 a 114/21
(...)	(...)	inúmeras alterações	ECs 119, 123, 126, 127/22
DIREITO DA CRIANÇA E DO ADOLESCENTE			
Estatuto da Criança e do Adolescente	L 8.069/90	10	L 14.154/21
(...)	(...)	18-B, 70-A, 70-B, 136, 157, 201, 226	Ls 14.340, 14.344/22
Lei de Garantias c/ Violência	L 13.431 /17	4º	L 14.344/22
Lei de Violência Doméstica	L 14.344/22	nova lei	-
Lei do Sinase	L 12.594/12	-	
DIREITO DO CONSUMIDOR			
Código de Defesa do Consumidor	L 8.078/90	inúmeras alterações	L 14.181/21
Lei dos Planos/Seguros de Saúde	L 9.656/98	1º, 10, 10-D, 12	L 14.307, 14.454/22
DIREITO EMPRESARIAL			
Lei da Duplicata Escritural	L 13.775/18	-	-
Lei das Sociedades Anônimas	L 6.404/76	121, 124	L 14.030/20
(...)	(...)	inúmeras alterações	L 14.195/21, LC 182/21
(...)	(...)	293	L 14.430/22
Lei de Propriedade Industrial	L 9.279/96	71, 71-A	L 14.200/21
Lei de Recuperação Judicial, Extrajudicial e Falência	L 11.101/05	inúmeras alterações	L 14.112/20
DIREITO NOTARIAL E REGISTRAL			
Lei de Registros Públicos	L 6.015/73	167, 178	L 13.986/20

DIPLOMA	NÚMERO	ALTERAÇÕES (ARTS.)	FONTE
(...)	(...)	167, 176-A, 235	Ls 14.119, 14.273/21
(...)	(...)	inúmeras alterações	Ls 14.382, 14.421/22
Lei do Protesto de Títulos e Documentos	L 9.492/97	-	-
Lei dos Cartórios	L 8.935/94	7º, 30, 42-A	Ls 14.206/21, 14.382
Lei Geral de Emolumentos	L 10.169/00	2º, 3º	L 13.986/20
Lei do Sistema Eletrônico dos Registros Públicos	L 14.382/22	lei nova	
DIREITO PENAL			
Código Penal	DL 2.848/40	339	L 14.110/20
(...)	(...)	27, 129, 147-A, 147-B, 154-A, 155, 171, 286, 337-E a 337-P, 359-I a 359-T	Ls 14.132, 14.133, 14.155, 14.188, 14.197, 14.245/21
(...)	(...)	111, 121, 141, 171-A	Ls 14.344, 14.478/22
(...)	(...)	140	L 14.532/23
DIREITO PROCESSUAL CIVIL			
Código de Processo Civil	L 13.105/15	inúmeras alterações	Ls 14.133, 14.195/21
(...)	(...)	75, 85	Ls 14.341, 14.365/22
Lei das Cautelares contra o Poder Público	L 8.437/92	-	-
Lei de Execução Fiscal	L 6.830/80	-	-
Lei do Processo Eletrônico	L 11.419/06	11	L 14.318/22
Lei dos Juizados Especiais	L 9.099/95	22, 23	L 13.994/20
(...)	(...)	81	L 14.245/21
Lei dos Juizados Especiais da Fazenda Pública	L 12.153/09	-	-
Lei dos Juizados Especiais Federais	L 10.259/01	-	-
DIREITO PROCESSUAL CONSTITUCIONAL			
Lei da ADPF	L 9.882/99	-	-
Lei da Súmula Vinculante	L 11.417/06	-	-
Lei de Ação Civil Pública	L 7.347/85	-	-
Lei de Ação Popular	L 4.717/65	-	-
Lei de Procedimentos STF/STJ	L 8.038/90	-	-
Lei do "Habeas Data"	L 9.507/97	-	-
Lei do Mandado de Injunção	L 13.300/16	-	-
Lei do Mandado de Segurança	L 12.016/09	-	-
DIREITO PROCESSUAL PENAL			

DIPLOMA	NÚMERO	ALTERAÇÕES (ARTS.)	FONTE
Código de Processo Penal	DL 3.689/41	70, 400-A, 474-A	Ls 14.155, 14.245/21
(...)	(...)	798-A	L 14.365/22
DIREITO TRIBUTÁRIO			
Código Tributário Nacional	L 5.172/66	198	LC 187/21
(...)	(...)	18-A	LC 194/22
Estatuto da ME e da EPP	LC 123/06	2º, 18-A, 18-F, 61-A, 61-D, 65-A	LC 182, 188/21
Lei Complementar do ISSQN	LC 116/03	3º, 6º, Anexo	LC 175/20
(...)	(...)	6º, Anexo	LC 183/21
Lei Complementar do ICMS	LC 87/96	inúmeras alterações	LCs 190, 194/22
LEIS CIVIS ESPECIAIS			
Estatuto da Cidade	L 10.257/01	57-A	L 14.273/21
(...)	(...)	2º	L 14.489/22
Estatuto da OAB	L 8.906/94	3-A	L 14.039/20
(...)	(...)	6º	L 14.508/22
(...)	(...)	inúmeras alterações	L 14.365/22
Estatuto da Pessoa Idosa	L 10.741/03	96	L 14.181/21
(...)	(...)	inúmeras alterações	L 14.423/22
Lei de Alienação Fiduciária de Coisa Imóvel	L 9.514/97	6º ao 16	L 14.430/22
Lei de Direitos Autorais	L 9.610/98	-	-
Lei de Incorporações Imobiliárias	L 4.591/64	inúmeras alterações	L 14.382/22
Lei de Introdução às Normas do Direito Brasileiro	DL 4.657/42	-	-
Lei de Locações de Imóveis Urbanos	L 8.245/91	-	-
Lei de Parcelamento do Solo Urbano	L 6.766/79	2º-A, 4º	Ls 14.118, 14.285/21
(...)	(...)	18, 19	L 14.382/22
Lei Geral de Proteção de Dados	L 13.709/18	65	L 14.010/20
(...)	(...)	55-A, 55-B, 55-C, 55-M	L 14.460/22
Marco Civil da Internet	L 12.965/14	-	-
LEIS PENAIS ESPECIAIS			
Estatuto do Desarmamento	L 10.826/03	-	-
Lei da Interceptação Telefônica	L 9.296/96	-	-

DIPLOMA	NÚMERO	ALTERAÇÕES (ARTS.)	FONTE
Lei da Lavagem de Dinheiro	L 9.613/98	9º	L 14.183/21
(...)	(...)	1º, 9º, 10, 12-A	L 14.478/22
Lei da Prisão Temporária	L 7.960/89	-	-
Lei das Contravenções Penais	DL 3.688/41	39, 65	Ls 14.132, 14.197/21
Lei das Organizações Criminosas	L 12.850/13	-	-
Lei de Drogas	L 11.343/06	60, 61	L 14.322/22
Lei de Execução Penal	L 7.210/84	14, 152	L 14.326, 14.344/22
Lei de Identificação Criminal	L 12.037/09	-	-
Lei de Infrações de Reperc. Interest./Internac.	L 10.446/02	-	-
Lei de Investigação por Delegado	L 12.830/13	-	-
Lei de Proteção a Testemunhas	L 9.807/99	-	-
Lei do Abuso de Autoridade	L 13.869/19	15-A	L 14.321/22
Lei dos Crimes c/ Ordem Tributária	L 8.137/90	-	-
Lei dos Crimes c/ Sistema Financeiro Nacional	L 7.492/86	1º	L 14.478/22
Lei dos Crimes de Preconceito	L 7.716/89	2º-A, 20, 20-A, 20-B, 20-C, 20-D	L 14.532/23
Lei dos Crimes de Responsabilidade	DL 201/67	-	-
Lei dos Crimes de Tortura	L 9.455/97	-	-
Lei dos Crimes Hediondos	L 8.072/90	1º	L 14.344/22
Lei dos Juizados Especiais	L 9.099/95	22, 23	L 13.994/20
(...)	(...)	81	L 14.245/21
Lei Maria da Penha	L 11.340/06	22	L 13.984/20
(...)	(...)	12-C	L 14.188/21
(...)	(...)	38-A	L 14.310/22

1

REGISTROS PÚBLICOS

VOLUME DE QUESTÕES

MUITO ALTO

1. LEI DOS REGISTROS PÚBLICOS (LEI 6.015/73)

TOP 5: 1º LUGAR ENTRE OS MAIORES AGREGADOS DE QUESTÕES DO LIVRO!

1.1. Das Disposições Gerais (art. 1º a 28)

1.1.1. Das Atribuições (arts. 1º e 2º)

QUESTÕES DISCURSIVAS

1. (Vunesp/TJ/SP/Cartórios/2014) Discorra a respeito do conceito de autenticação.

2. (IBFC/TJ/PR/Cartórios/Remoção/2014) Fé pública: qual é o seu significado, a sua característica, a sua finalidade e o seu principal efeito?

QUESTÕES OBJETIVAS

1. (Ieses/TJ/RO/Cartórios/Ingresso/2017) Assinale a alternativa correta:

a) o Registro Torrens tem sua origem nas obras do publicista Andrés Bello Torrens, destinando-se (o registro) à regularização do grave problema urbano de falta de habitação digna à população carente, fenômeno ocorrido em vários países da América do Sul, inclusive o Brasil.

b) os serviços concernentes aos Registros Públicos, estabelecidos pela legislação civil para autenticidade, segurança e eficácia dos atos jurídicos, ficam sujeitos ao regime estabelecido na Lei n. 6.015/1973.

c) conforme definido na Lei n. 6.015/1973, é anulável o registro lavrado fora das horas regulamentares ou em dias em que não houver expediente, sendo civil e criminalmente responsável o oficial que der causa à anulabilidade.

d) consideram-se registráveis, na dicção da Lei n. 6.015/1973, exclusivamente os direitos reais reipersecutórios.

2. (Ieses/TJ/RO/Cartórios/Ingresso/2017) Assinale a alternativa correta:

a) notário, ou tabelião, e oficial de registro, ou registrador, são profissionais do direito, dotados de fé pública, a quem é concedido o exercício da atividade notarial e de registro.

b) aos notários compete, com exclusividade, reconhecer firmas.

c) aos notários compete, com exclusividade, autenticar cópias.

d) serviços notariais e de registro são os de organização técnica e administrativa destinados a garantir a publicidade, autenticidade, segurança e eficácia dos atos jurídicos.

3. (Ieses/TJ/MA/Cartórios/Remoção/2016) Analise as assertivas abaixo:

I. Os livros de escrituração serão abertos, numerados, autenticados e encerrados pelo oficial do registro, não podendo ser utilizado, para tal fim, processo mecânico de autenticação previamente aprovado pela autoridade judiciária competente.

II. Os livros notariais, nos modelos existentes, em folhas fixas ou soltas, serão também abertos, numerados, autenticados e encerrados pelo tabelião, que determinará a respectiva quantidade a ser utilizada, de acordo com a necessidade do serviço.

III. Os números de ordem dos registros não serão interrompidos no fim de cada livro, mas continuarão, indefinidamente, nos seguintes da mesma espécie.

IV. O serviço começará e terminará às mesmas horas em todos os dias úteis.

Assinale a alternativa que contém as assertivas corretas:

a) As assertivas I, III e IV estão corretas.

b) Apenas a assertiva IV está correta.

c) As assertivas II, III e IV estão corretas.

d) As assertivas II e IV estão corretas.

1.1.2. Da Escrituração (arts. 3º a 7º)

QUESTÕES OBJETIVAS

4. (Ieses/TJ/RO/Cartórios/Ingresso/2021) Francieli Schmoller em artigo publicado sobre a importância da escritura pública em face da segurança jurídica, define a escritura como um instrumento público lavrado no Tabelionato de Notas, que possui a finalidade de adquirir, resguardar, transferir, modificar ou extinguir ato, ato fato ou negócio jurídico, dotado de fé pública. Segundo ele, por meio desta, o Estado realiza a administração pública dos interesses privados que, necessária ou facultativamente adotam a forma da escritura pública. Sobre os requisitos legais deste importante documento, a escritura pública, assinale a alternativa correta:

a) O tabelião deverá fiscalizar o recolhimento dos impostos incidentes sobre os atos que devem praticar, inclusive na lavratura das escrituras públicas e em razão da sua fé pública, não há necessidade de consignar o documento comprobatório do pagamento do tributo e nem as certidões fiscais necessárias à lavratura do documento.
b) A escritura pública, lavrada em notas de tabelião, é documento dotado de fé pública, fazendo prova plena somente nos casos de sucessão testamentária e quando se tratar de testamento cerrado.
c) Não podem ser dispensados, na escritura pública de imóveis urbanos, sua descrição e caracterização, mesmo que constem, estes elementos, da certidão do Cartório do Registro de Imóveis.
d) O Código Civil estabelece que, salvo quando exigidos por lei outros requisitos, a escritura pública deve conter: data e local de sua realização; reconhecimento da identidade e capacidade das partes e de quantos hajam comparecido ao ato, por si, como representantes, intervenientes ou testemunhas; nome, nacionalidade, estado civil, profissão, domicílio e residência das partes e demais comparecentes, com a indicação, quando necessário, do regime de bens do casamento, nome do outro cônjuge e filiação; manifestação clara da vontade das partes e dos intervenientes; referência ao cumprimento das exigências legais e fiscais inerentes à legitimidade do ato; declaração de ter sido lida na presença das partes e demais comparecentes, ou de que todos a leram; assinatura das partes e dos demais comparecentes, bem como a do tabelião ou seu substituto legal, encerrando o ato.

5. (Ieses/TJ/CE/Cartórios/Remoção/2018) Sobre o procedimento de escrituração previsto na Lei dos Registros Públicos (Lei n. 6.015/73) pode-se afirmar:

I. a escrituração será feita em livros encadernados, que obedecerão aos modelos anexos a Lei n. 6.015/73, sujeitos à correição da autoridade judiciária competente.
II. para facilidade do serviço podem os livros ser escriturados mecanicamente, em folhas soltas, obedecidos os modelos aprovados pela autoridade judiciária competente.
III. considerando a quantidade dos registros o Juiz poderá autorizar a diminuição do número de páginas dos livros respectivos, até a terça parte do consignado na Lei n. 6.015/73.
IV. os números de ordem dos registros poderão ser interrompidos no fim de cada livro, reiniciando a numeração nos seguintes da mesma espécie.

A sequência correta é:

a) as assertivas I, II, III e IV estão corretas.
b) apenas a assertiva II está incorreta.
c) apenas as assertivas I, II e III estão corretas.
d) apenas as assertivas II e IV estão corretas.

6. (Ieses/TJ/RO/Cartórios/Remoção/2017) A Lei de Registros Públicos (Lei 6.015/73) não se aplica ao:

a) registro de títulos e documentos.
b) registro de imóveis.
c) registro de propriedade industrial.
d) registro civil de pessoas naturais e de pessoas jurídicas.

7. (Ieses/TJ/MA/Cartórios/Remoção/2016) No Capítulo II da Lei 6.015/73, a escrituração dos registros públicos obedecerá a uma ordem nos cadernos da seguinte forma:

a) Nos registros civis de pessoas naturais ou jurídicas existe uma sequência numérica por prazo vintenário, interrompendo-se ao fim deste período e reiniciando a ordenação em seguida.
b) Os números de ordem dos registros não serão interrompidos no fim de cada livro, mas continuarão, indefinidamente, nos seguintes da mesma espécie.
c) A cada abertura de novo livro uma nova numeração será reiniciada;
d) Nos registros públicos imobiliários, os livros possuirão uma ordem alfabética interrompida a cada 05(cinco) anos.

1.1.3. Da Ordem do Serviço (arts. 8º a 15)

QUESTÕES OBJETIVAS

8. (Ieses/TJ/TO/Cartórios/Remoção/2022) A contagem dos prazos nos registros públicos observará:

a) Os critérios estabelecidos na legislação estadual da territorialidade da serventia.
b) Os dias corridos, sem interrupção de feriados nacionais.
c) Os critérios estabelecidos na legislação processual civil.
d) Normativas próprias de cada serventia.

9. (Ieses/TJ/TO/Cartórios/Remoção/2022) Conforme dispõe a Lei de Registros Públicos nº 6.015/73, todos os títulos, apresentados no horário regulamentar e que não forem registrados até a hora do encerramento do serviço, aguardarão o dia seguinte, no qual serão registrados, preferencialmente, aos apresentados nesse dia. Qual dos registros descritos abaixo não poderá, entretanto, ser adiado:

a) o registro de emancipação.
b) o registro civil de pessoas naturais.
c) o registro de protesto.
d) o registro dos contratos sociais, atos constitutivos e estatutos.

10. (Ieses/TJ/TO/Cartórios/Ingresso/2022) Tendo em mente as atribuições legais e a escrituração dos atos no Registro Civil das Pessoas Naturais, escolha o item que qualifica corretamente cada uma das sentenças (I a IV), como Falsa (F) ou Verdadeira (V).

I. Todos os títulos, apresentados no horário regulamentar e que não forem registrados até a hora do encerramento do serviço, aguardarão o dia seguinte, no qual serão registrados, preferencialmente, aos apresentados nesse dia. O registro civil de pessoas naturais poderá, entretanto, ser adiado quando o nascimento ou o óbito ocorrer em feriados nacionais.
II. Os atos do registro civil somente serão praticados por ordem judicial, a requerimento do Ministério Público.
III. Quando o interessado no registro for o oficial encarregado de fazê-lo ou algum parente seu, em grau que determine impedimento, o ato deverá ser feito na comarca mais próxima ao domicílio de quem sofreu o impedimento legal.
IV. A certidão será lavrada em inteiro teor, em resumo, ou em relatório, conforme quesitos, e devidamente autenticada pelo oficial ou seus substitutos legais, não podendo ser retardada por mais de 15 (quinze) dias.

a) F, F, F, V.
b) V, V, V, F.
c) F, F, F, F.
d) F, F, F, V.

11. (Ieses/TJ/RO/Cartórios/Ingresso/2021) O Registro Civil das Pessoas Naturais – RCPN – é a função jurídica estatal que tem por finalidade constatar e inscrever em livros próprios os fatos e atos que atingem o estado civil das pessoas naturais, assim como afirma Marcelo Gonçalves Tiziani, em seu artigo sobre "A competência no registro civil das pessoas naturais". Tendo em mente as atribuições legais e a escrituração dos atos no RCPN, escolha o item que qualifica corretamente as sentenças como Falsas ou Verdadeiras.

I. Todos os títulos, apresentados no horário regulamentar e que não forem registrados até a hora do encerramento do serviço, aguardarão o dia seguinte, no qual serão registrados, preferencialmente, aos apresentados nesse dia. O registro civil de pessoas naturais não poderá, entretanto, ser adiado.

II. Salvo as anotações e as averbações obrigatórias, os atos do registro serão praticados: por ordem judicial; a requerimento verbal ou escrito dos interessados; a requerimento do Ministério Público, quando a lei autorizar.

III. Quando o interessado no registro for o oficial encarregado de fazê-lo ou algum parente seu, em grau que determine impedimento, o ato deverá ser feito na comarca mais próxima ao domicílio de quem sofreu o impedimento legal.

IV. A certidão será lavrada em inteiro teor, em resumo, ou em relatório, conforme quesitos, e devidamente autenticada pelo oficial ou seus substitutos legais, não podendo ser retardada por mais de 15 (quinze) dias.

a) F, F, V, V.
b) V, V, F, F.
c) V, V, V, F.
d) F, F, F, V.

12. (Ieses/TJ/RO/Cartórios/Remoção/2021) Salvo as anotações e as averbações obrigatórias, os atos do registro serão praticados:

I. A requerimento verbal ou escrito dos interessados.
II. A requerimento do Ministério Público, quando a lei autorizar.
III. Por ordem judicial.
IV. A requerimento da Procuradoria Geral, quando a lei autorizar.

A sequência correta é:

a) Apenas as assertivas I, III e IV estão corretas.
b) Apenas as assertivas I e II estão corretas.
c) Apenas a assertiva IV está incorreta.
d) As assertivas I, II, III e IV estão corretas.

13. (Ieses/TJ/CE/Cartórios/Remoção/2018) O registro lavrado fora das horas regulamentares ou em dias em que não houver expediente será:

a) anulável.
b) válido.
c) nulo.
d) considerado como registro parcial, devendo ser homologado em Juízo.

14. (Ieses/TJ/AM/Cartórios/Remoção/2018) Salvo as anotações e as averbações obrigatórias, os atos do registro serão praticados:

I. a requerimento do Ministério Público, quando a lei autorizar.
II. a requerimento verbal ou escrito dos interessados.
III. por ordem judicial.
IV. a requerimento da Ordem dos Advogados, quando a lei autorizar.

A sequência correta é:

a) apenas as assertivas II e IV estão corretas.
b) apenas a assertiva IV está incorreta.
c) apenas as assertivas II, III e IV estão corretas.
d) as assertivas I, II, III e IV estão corretas.

15. (Ieses/TJ/AM/Cartórios/Remoção/2018) O registro lavrado fora das horas regulamentares ou em dias em que não houver expediente será considerado:

a) nulo.
b) anulável.
c) validado.
d) ratificado.

16. (Vunesp/TJ/SP/Cartórios/Ingresso/2018) Tendo em vista as peculiaridades do Registro Civil das Pessoas Naturais, é correto afirmar, em relação ao expediente regulamentar, que:

a) os mandados atinentes às sentenças que constituírem vínculo de adoção, que não forem registrados até a hora de encerramento dos serviços, terão o seu cumprimento, obrigatoriamente, adiado para o dia útil seguinte, a fim de garantir a sua publicidade.
b) quando a celebração do casamento for em edifício particular, ficará este de portas abertas durante o ato, sendo defeso em lei a sua realização após às vinte e duas horas.
c) será nulo o ato lavrado em feriado, uma vez que a prática evidencia o desrespeito a uma das solenidades essenciais para sua validade.
d) se considera válido o ato lavrado fora das horas regulamentares ou em dias em que não houve expediente.

17. (Ieses/TJ/RO/Cartórios/Remoção/2017) O registro lavrado fora das horas regulamentares ou em dias em que não houver expediente será considerado:

a) válido.
b) nulo.
c) impróprio.
d) incompleto.

1.1.4. Da Publicidade (arts. 16 a 21)

QUESTÕES DISCURSIVAS

3. (IBFC/TJ/PR/Cartórios/Remoção/2014) Dissertar sobre o princípio da publicidade no registro de títulos e documentos, abordando o conceito, a finalidade, as espécies, a obrigatoriedade do registro e as consequências da ausência do registro e a sua exceção.

QUESTÕES OBJETIVAS

18. (Ieses/TJ/TO/Cartórios/Remoção/2022) Quanto ao requerimento de uma certidão do registro nos termos da Lei 6.015/73:

a) Qualquer pessoa pode requerer certidão do registro sem informar ao oficial ou ao funcionário o motivo ou interesse do pedido.
b) Apenas o titular constante na certidão do registro poderá requerê-la.
c) Apenas o titular constante na certidão do registro poderá requerê-la, ou terceiro munido de instrumento de procuração com fins específicos.
d) Qualquer pessoa pode requerer certidão do registro, porém deverá informar ao oficial ou ao funcionário o motivo ou interesse do pedido.

19. (Ieses/TJ/CE/Cartórios/Remoção/2018) No tocante a publicidade prevista na Lei dos Registros Públicos (Lei n. 6.015/73), relativamente à certidão do registro, está correto afirmar:

a) a certidão do registro somente será concedida a pessoa a que se refere o registro.

b) qualquer pessoa pode requerer certidão do registro desde que informe verbalmente ao oficial ou ao funcionário o motivo ou interesse do pedido.
c) qualquer pessoa pode requerer certidão do registro desde que informe por escrito ao oficial ou ao funcionário o motivo ou interesse do pedido.
d) qualquer pessoa pode requerer certidão do registro sem informar ao oficial ou ao funcionário o motivo ou interesse do pedido.

20. (Ieses/TJ/AM/Cartórios/Remoção/2018) De acordo com Lei 6.015/73, que dispõe sobre os registros públicos é correto afirmar, exceto:

a) a certidão de nascimento mencionará sempre à data em que foi lavrado o assento.
b) é facultado o fornecimento de certidão de inteiro teor, mediante reprodução por sistema autorizado em lei.
c) sempre que houver qualquer alteração posterior ao ato cuja certidão é pedida, deve o oficial mencioná-la, obrigatoriamente, não obstante as especificações do pedido, sob pena de responsabilidade civil e penal.
d) qualquer pessoa pode requerer certidão do registro, desde que informe ao oficial ou ao funcionário o motivo ou interesse do pedido.

21. (Ieses/TJ/RO/Cartórios/Remoção/2017) De acordo com a Lei de Registros Públicos (Lei 6.015/73) pode-se afirmar:

I. qualquer pessoa pode requerer certidão do registro sem informar ao oficial ou ao funcionário o motivo ou interesse do pedido.
II. quando o interessado no registro for o oficial encarregado de fazê-lo ou algum parente seu, em grau que determine impedimento, o ato incumbe ao substituto legal do oficial.
III. o acesso ou envio de informações aos registros públicos, quando forem realizados por meio da rede mundial de computadores (internet) deverão ser assinados com uso de certificado digital, que atenderá os requisitos da Infraestrutura de Chaves Públicas Brasileira – ICP.
IV. a certidão será lavrada em inteiro teor, em resumo, ou em relatório, conforme quesitos, e devidamente autenticada pelo oficial ou seus substitutos legais, não podendo ser retardada por mais de 15 (quinze) dias.

Pode-se afirmar que:

a) apenas as assertivas I e IV estão corretas.
b) as assertivas I, II, III e IV estão corretas.
c) apenas a assertiva II está correta.
d) a assertiva IV está incorreta.

22. (Ieses/TJ/RO/Cartórios/Remoção/2017) Nas certidões de registro civil, em especial certidões de nascimento, não mencionará:

a) a circunstância de ser legítima, ou não, a filiação, salvo a requerimento do próprio interessado, ou em virtude de determinação judicial.
b) a data em que foi feito a assento.
c) expressamente, o lugar onde o fato houver ocorrido.
d) a data, por extenso, do nascimento.

23. (Cetro/TJ/RJ/Cartórios/Remoção/2017) Plínio, 18 anos e filho adotivo, e Vitória, 16 anos e filha de relação extramarital, comparecem ao Cartório de Pessoas Naturais com o intuito de obter informações relativas à filiação. Tendo-se por base o texto constitucional e a legislação federal e estadual do Rio de Janeiro acerca do tema, assinale a alternativa correta:

a) no fornecimento de certidão do mandado que determinou o registro de concessão de adoção e da certidão de nascimento de Plínio, deve contar a origem do ato.
b) Plínio, já detendo certidão de nascimento com o registro dos nomes dos pais adotivos, quando movido por razões econômicas, somente poderá acessar informações sobre a paternidade biológica mediante consentimento expresso da mãe.
c) Plínio, filho adotado "à brasileira" por marido de sua mãe, ainda que detenha o nome do pai adotivo, não está impedido de saber a veracidade de sua paternidade biológica.
d) a certidão de teor de registro de nascimento de Vitória somente pode ser expedida em seu favor sem restrição de tempo e idade.
e) a certidão de nascimento de Vitória traz, conforme determinação legal, a identificação do reconhecimento de paternidade.

24. (Consulplan/TJ/MG/Cartórios/Ingresso/2017) João decidiu celebrar um contrato com Maria, contudo decidiram assinar o documento eletronicamente com uso de certificado digital, com a utilização de processo de certificação disponibilizado pela ICPBrasil. Após, o arquivo eletrônico foi diretamente apresentado na Serventia. Assinale a alternativa que contém o procedimento correto que José, oficial da serventia, deverá adotar:

a) José deverá recusar o documento, pois este não contém a imagem da assinatura física dos signatários.
b) José deverá aceitar o documento se as assinaturas eletrônicas forem válidas ao tempo de sua assinatura e tenham sido feitas por processo de certificação digital disponibilizada pela ICPBrasil.
c) José deverá recusar o documento, pois o recebimento de documento com assinatura por meio de certificado digital necessita de regulamentação.
d) José somente poderá aceitar o documento se as partes o imprimirem e apresentarem fisicamente na Serventia.

25. (Ieses/TJ/MA/Cartórios/Remoção/2016) Analise as afirmativas abaixo:

I. O acesso ou envio de informações aos registros públicos, quando forem realizados por meio da rede mundial de computadores (internet) deverão ser assinados com uso de certificado digital, que atenderá os requisitos da Infraestrutura de Chaves Públicas Brasileira - ICP.
II. As certidões extraídas dos registros públicos deverão ser fornecidas em papel e mediante escrita que permitam a sua reprodução por fotocópia, ou outro processo equivalente.
III. Para facilidade do serviço podem os livros ser escriturados mecanicamente, em folhas soltas, obedecidos os modelos aprovados pela autoridade judiciária competente.
IV. Os oficiais adotarão o melhor regime interno de modo a assegurar às partes a ordem de precedência na apresentação dos seus títulos, estabelecendo-se, sempre, o número de ordem geral.

Assinale a alternativa que contém as assertivas corretas:

a) As assertivas II e IV estão corretas.
b) As assertivas I, III e IV estão corretas.
c) Apenas a assertivas II e IV estão corretas.
d) As assertivas I, II, III e IV estão corretas.

26. (Consulplan/TJ/MG/Cartórios/Remoção/2016) Segundo o art. 19, da Lei n. 6.015/73, "A certidão será lavrada em inteiro teor, em resumo, ou em relatório conforme quesitos e devidamente autenticada pelo oficial ou seus substitutos legais, não podendo ser retardada por mais de (___) dias. Assinale a alternativa que completa corretamente o enunciado:

a) 10 (dez)

b) 5 (cinco)
c) 2 (dois)
d) 3 (três)

1.1.5. Da Conservação (arts. 22 a 27)

QUESTÕES OBJETIVAS

27. (Ieses/TJ/TO/Cartórios/Remoção/2022) Referente à guarda e à conservação dos livros de registro:

a) O titular da serventia poderá circular livremente com os livros de registro dentro da circunscrição estadual de atuação.
b) Jamais poderão ser retirados respectivo cartório.
c) O titular da serventia poderá circular livremente com os livros de registro dentro da circunscrição municipal de atuação.
d) Somente sairão do respectivo cartório mediante autorização judicial.

28. (Ieses/TJ/CE/Cartórios/Remoção/2018) Sobre a conservação dos livros de registro:

I. os livros de registro não sairão do respectivo cartório.
II. os livros de registro poderão sair do respectivo cartório por autorização judicial.
III. os livros de registro poderão sair do respectivo cartório sempre que o oficial entender, eis que são de livre circulação.
IV. os livros de registro poderão sair do respectivo cartório ocorrendo força maior.

A sequência correta é:

a) apenas as assertivas I, II e IV estão corretas.
b) apenas as assertivas III e IV estão corretas.
c) apenas a assertiva II está incorreta.
d) as assertivas I, II, III e IV estão corretas.

29. (Ieses/TJ/AM/Cartórios/Remoção/2018) No que se refere a conservação dos livros e documentos arquivados em cartório podemos afirmar que:

I. os papéis referentes ao serviço do registro serão arquivados em cartório mediante a utilização de processos racionais que facilitem as buscas, facultada a utilização de microfilmagem e de outros meios de reprodução autorizados em lei.
II. quando a lei criar novo cartório, e enquanto este não for instalado, os registros continuarão a ser feitos no cartório que sofreu o desmembramento, não sendo necessário repeti-los no novo ofício.
III. os livros e papéis pertencentes ao arquivo do cartório ali permanecerão por tempo determinado.
IV. os livros de registro não sairão do respectivo cartório, salvo por autorização judicial, ou ocorrendo força maior.

A sequência correta é:

a) as assertivas I, II, III e IV estão corretas.
b) apenas a assertiva IV está incorreta.
c) apenas as assertivas I, II e IV estão corretas.
d) apenas as assertivas I e IV estão corretas.

30. (Ieses/TJ/AM/Cartórios/Remoção/2018) No que diz respeito ao registro de imóveis é correto afirmar, exceto:

a) na designação genérica de registro, consideram-se englobadas a inscrição e a transcrição a que se referem as leis civis.
b) os atos relativos a vias férreas serão registrados na circunscrição imobiliária onde se situe o imóvel.
c) os registros relativos a imóveis situados em comarcas ou circunscrições limítrofes, que serão feitos em todas elas, devendo os Registros de Imóveis fazer constar dos registros tal ocorrência.
d) o desmembramento territorial posterior ao registro exige sua repetição no novo cartório.

31. (Ieses/TJ/RO/Cartórios/Remoção/2017) Os livros e papéis pertencentes ao arquivo do cartório:

a) ali permanecerão por trinta anos.
b) ali permanecerão indefinidamente.
c) ali permanecerão por um século.
d) ali permanecerão por cinquenta anos.

32. (Consulplan/TJ/MG/Cartórios/Remoção/2017) Acerca da gestão dos arquivos cartoriais, assinale a alternativa correta:

a) os arquivos das Serventias Extrajudiciais não são arquivos públicos, por não terem sido produzidos por órgãos públicos de âmbito federal, estadual do Distrito Federal e Municipal, mas são arquivos privados de interesse público e social, nos termos da Lei Federal n. 8.159/91.
b) quando a lei criar novo cartório, e enquanto este não for instalado, os registros continuarão a ser feitos no cartório que sofreu o desmembramento, não sendo necessário repeti-los no novo ofício. O arquivo do antigo cartório continuará a pertencer-lhe.
c) o Conselho Nacional de Justiça, por meio do Provimento n. 50, vedou, a qualquer tempo, o descarte de quaisquer documentos que tenham instruído registro em Serventia Extrajudicial.
d) é vedado que o arquivo da serventia, físico ou eletrônico, seja mantido fora da Serventia extrajudicial.

1.2. Do Registro de Pessoas Naturais (arts. 29 a 113)

1.2.1. Disposições Gerais (arts. 29 a 32)

QUESTÕES DISCURSIVAS

4. (Vunesp/TJ/SP/Cartórios/2021) As interfaces do registro civil das pessoas naturais com o princípio da dignidade da pessoa humana na contemporaneidade. Discorra sobre o tema contemplando, naquilo que for relacionado, as gratuidades, o nome, a filiação, o casamento e a união estável no âmbito do registro civil das pessoas naturais.

5. (Vunesp/TJ/SP/Cartórios/2014) Dissertação. Da função do registro civil das pessoas naturais: competência, prazos e requisitos na lavratura dos atos de: nascimento, casamento, óbito, averbação e anotação.

QUESTÕES OBJETIVAS

33. (Ieses/TJ/TO/Cartórios/Remoção/2022) O filho de brasileiro ou brasileira, nascido no estrangeiro, e cujos pais não estejam ali a serviço do Brasil, desde que registrado em consulado brasileiro ou não registrado, venha a residir no território nacional antes de atingir a maioridade, poderá requerer, no juízo de seu domicílio, se registre, o termo de nascimento:

a) No livro "E" do 1º Ofício do Registro Civil.
b) No livro "A" do 1º Ofício do Registro Civil.
c) No livro "D" do 2º Ofício do Registro Civil.
d) No livro "B" do 1º Ofício do Registro Civil.

34. (Ieses/TJ/TO/Cartórios/Remoção/2022) Os fatos concernentes ao registro civil, que se derem a bordo dos navios de guerra e mercantes, em viagem, e no exército, em campanha, serão imediatamente registrados e comunicados em tempo oportuno, por cópia autêntica, aos respectivos Ministérios, a fim de que, através do Ministério (___), sejam ordenados os assentamentos, notas ou averbações nos livros competentes das circunscrições a que se referirem.

a) da Cidadania.
b) das Relações Exteriores.
c) da Defesa.
d) da Justiça (da Justiça e Segurança Pública).

35. (Ieses/TJ/TO/Cartórios/Remoção/2022) As sentenças judiciais declaratórias de ausência deverão ser:

a) Registradas no registro civil de pessoas naturais.
b) Registradas no registro civil de pessoas jurídicas.
c) Registradas no registro de títulos e documentos.
d) Registradas no registro civil de pessoas naturais e no registro de títulos e documentos.

36. (Ieses/TJ/TO/Cartórios/Ingresso/2022) Os (___) de registros públicos deverão afixar, em local de grande visibilidade, que permita fácil leitura e acesso ao público, quadros contendo (___) atualizadas das custas e emolumentos, além de informações claras sobre a (___). É proibida a inserção nas (___) de expressões que indiquem condição de (___) ou semelhantes. Marque a alternativa que completa corretamente e sequencialmente os espaços do enunciado, conforme o texto legal.

a) serviços – mapas – legislação – escrituras – gênero.
b) cartórios – tabelas – atividade – escrituras – pobreza.
c) cartórios – tabelas – gratuidade – certidões – pobreza.
d) serviços – horas – competência – certidões – adoção.

37. (Ieses/TJ/RO/Cartórios/Ingresso/2021) Com base nos enunciados expostos, assinale a alternativa correta:

a) Os assentos de nascimento, óbito e de casamento de brasileiros em país estrangeiro serão considerados autênticos, nos termos da lei do lugar em que forem feitos, legalizadas as certidões pelos cônsules ou quando por estes tomados, nos termos do regulamento consular.
b) Os livros de registro serão divididos em duas partes, sendo na da esquerda lançado o número de ordem e ficando na da direita espaço para as notas, averbações e retificações.
c) As sentenças que decidirem a nulidade ou anulação do casamento, o desquite e o restabelecimento da sociedade conjugal devem ser registradas no registro civil de pessoas naturais.
d) Os reconhecidamente pobres são imunes à cobrança de valor por certidões oriundas dos cartórios de registo civil de pessoa natural e de pessoa jurídica.

38. (Vunesp/TJ/GO/Cartórios/Ingresso/2021) De acordo com a Lei nº 6.015/73, no tocante aos ofícios da cidadania, assinale a alternativa correta.

a) O convênio realizado no âmbito dos ofícios da cidadania será firmado entre Corregedoria Geral da Justiça e órgãos públicos.
b) Os ofícios de registro civil das pessoas naturais são considerados ofícios da cidadania e estão autorizados a prestar outros serviços gratuitos.
c) O convênio realizado no âmbito dos ofícios da cidadania será firmado entre CNJ e órgãos públicos.
d) Os ofícios de registro civil das pessoas naturais são considerados ofícios da cidadania e estão autorizados a prestar outros serviços remunerados.

39. (Cespe/TJ/DFT/Cartórios/Ingresso/2019) Em regra, as atividades dos ofícios notariais e de registro são definidas de modo objetivo e taxativo, o que significa que eles somente podem realizar os serviços que lhes são inerentes; todavia, são autorizados a prestar outros serviços remunerados, mediante o devido convênio, os cartórios:

a) de notas.
b) de protesto.
c) de registro civil de pessoas naturais.
d) de registro de títulos e documentos.
e) de registro de imóveis.

40. (Cespe/TJ/DFT/Cartórios/Remoção/2019) De acordo com a Lei de Registros Públicos, o estado de pobreza para fins de emissão da segunda via de certidão de casamento será comprovado por:

a) declaração do próprio interessado.
b) decisão judicial que assegure a gratuidade de justiça.
c) declaração de isento da receita federal.
d) carteira de trabalho que demonstre os proventos do interessado.
e) comprovação oficial de desempregado por mais de três meses.

41. (Vunesp/TJ/RS/Cartórios/Ingresso/2019) Sobre os atos praticados no Registro Civil, é correto afirmar que:

a) todos os livros de registro serão divididos em duas partes, sendo na da esquerda lançado o número de ordem e o assento, ficando na da direita espaço para as notas, averbações e retificações.
b) não permitem ressalvas, erros, adições ou emendas e, caso aconteçam, os atos deverão ser completamente inutilizados e feitos novamente.
c) cada Ofício terá como Livros principais obrigatórios: "A" (Nascimento), "B" (Casamento), "B Auxiliar" (Casamento religioso para efeitos civis e para conversão de união estável em casamento); "C" (óbitos), "D" (demais atos relativos ao estado civil).
d) quando o declarante não souber ou estiver impedido de assinar, outro assinará a rogo, devendo o ato, nesta hipótese, ser assistido e assinado por duas testemunhas maiores e capazes.
e) a testemunha para os assentos de registro deve satisfazer as condições exigidas pela lei civil, sendo admitido parente apenas até terceiro grau do registrado.

42. (UFPR/TJ/PR/Cartórios/Ingresso/2019) Após aprovação em concurso público, os oficiais de registro desempenham relevantes funções públicas. Entre elas estão aquelas desempenhadas em serviços de Registro Civil de Pessoas Naturais e de Registro Civil de Pessoas Jurídicas. Acerca desses serviços, assinale a alternativa correta.

a) A Constituição exige para preenchimento dos ofícios de Registro Civil de Pessoas Naturais a realização de concurso público .
b) Cabe ao Poder Judiciário a fiscalização dos ofícios de Registro Civil de Pessoas Naturais, e ao Poder Executivo a fiscalização dos ofícios de Registro Civil de Pessoas Jurídicas.
c) É competência do ofício de Registro Civil de Pessoas Naturais o registro de nascimentos, casamentos, óbitos, emancipações, interdições, sentenças declaratórias de ausência, de opções de nacionalidade e sentenças que deferirem a legitimação adotiva.

d) No Registro Civil de Pessoas Jurídicas, serão inscritos os contratos, os atos constitutivos, o estatuto ou compromissos das sociedades civis, das sociedades anônimas, das sociedades em comandita simples, das sociedades religiosas, pias, morais, científicas ou literárias, das fundações e das associações de utilidade pública, bem como os atos constitutivos e os estatutos dos partidos políticos.

e) Cabe ao oficial do Registro Civil de Pessoas Jurídicas negar o registro de atos constitutivos de partidos políticos, competência que desde a Constituição de 1988 é exclusiva do Tribunal Superior Eleitoral.

43. (Ieses/TJ/CE/Cartórios/Remoção/2018) Serão registrados no registro civil de pessoas naturais:

I. as interdições.

II. as sentenças declaratórias de ausência.

III. as opções de nacionalidade.

IV. as sentenças que deferirem a legitimação adotiva.

A sequência correta é:

a) apenas a assertiva II está incorreta.

b) as assertivas I, II, III e IV estão corretas.

c) apenas as assertivas III e IV estão corretas.

d) apenas as assertivas I, II e IV estão corretas.

44. (Ieses/TJ/CE/Cartórios/Remoção/2018) É competente para a inscrição da opção de nacionalidade:

a) exclusivamente cartório da residência do optante.

b) em todo e qualquer caso far-se-á o registro no Distrito Federal.

c) privativamente o cartório da residência de seus pais.

d) o cartório da residência do optante, ou de seus pais.

45. (Ieses/TJ/AM/Cartórios/Remoção/2018) Serão registrados no registro civil de pessoas naturais, entre outros:

I. as sentenças declaratórias de ausência.

II. os atos constitutivos e os estatutos dos partidos políticos.

III. os nascimentos, casamentos e óbitos.

IV. as emancipações e as interdições.

A sequência correta é:

a) apenas as assertivas II e IV estão corretas.

b) apenas a assertiva II está incorreta.

c) apenas as assertivas I, II e III estão corretas.

d) as assertivas I, II, III e IV estão corretas.

46. (Ieses/TJ/AM/Cartórios/Remoção/2018) No tocante ao Registro de Pessoas Naturais podemos afirmar que:

I. a testemunha para os assentos de registro deve satisfazer às condições exigidas pela lei civil, sendo admitido apenas parente, em qualquer grau, do registrado.

II. a certidão relativa ao nascimento de filho legitimado por subsequente matrimônio deverá ser fornecida sem o teor da declaração ou averbação a esse respeito, como se fosse legítimo; na certidão de casamento também será omitida a referência àquele filho, salvo havendo em qualquer dos casos, determinação judicial, deferida em favor de quem demonstre legítimo interesse em obtê-la.

III. antes da assinatura dos assentos, serão estes lidos às partes e às testemunhas, do que se fará menção.

IV. se os declarantes, ou as testemunhas não puderem, por quaisquer circunstâncias assinar, far-se-á declaração no assento, assinando a rogo outra pessoa e tomando-se a impressão dactiloscópica da que não assinar, à margem do assento.

A sequência correta é:

a) apenas a assertiva I está incorreta.

b) apenas as assertivas I, II e III estão corretas.

c) as assertivas I, II, III e IV estão corretas.

d) apenas as assertivas II e IV estão corretas.

47. (Vunesp/TJ/SP/Cartórios/Ingresso/2018) Considerando as particularidades entre os registros e as averbações, é correto afirmar que serão registrados no Registro Civil das Pessoas Naturais:

a) os casamentos, as sentenças declaratórias de ausência e morte presumida e a nomeação de tutor.

b) os óbitos, as opções de nacionalidade e os atos que reconhecerem a filiação.

c) as interdições, os traslados de assentos lavrados no estrangeiro e em consulados brasileiros e a sentença que determinar a extinção do poder familiar.

d) os nascimentos, as conversões das uniões estáveis em casamento e as emancipações.

48. (Ieses/TJ/RO/Cartórios/Ingresso/2017) Assinale a alternativa correta:

a) as retificações ao registro de nascimento podem ser feitas em qualquer tempo e momento, desde que autorizada pelo oficial competente.

b) os livros de registro serão divididos em quatro partes, sendo na da esquerda lançado o número de ordem e na central o assento, ficando na da direita e no verso espaço para as notas, averbações e retificações.

c) os cartórios de registros públicos deverão afixar, em local de grande visibilidade, que permita fácil leitura e acesso ao público, quadros contendo tabelas atualizadas das custas e emolumentos, além de informações claras sobre a gratuidade.

d) as declarações de nascimento feitas após o decurso do prazo legal serão registradas no lugar de escolha do interessado.

49. (Ieses/TJ/RO/Cartórios/Remoção/2017) Os fatos concernentes ao registro civil, que se derem a bordo dos navios de guerra e mercantes, em viagem, e no exército, em campanha, serão:

a) impreterivelmente registrados e comunicados no prazo de quinze dias úteis, por cópia autêntica, aos respectivos Ministérios, a fim de que, através do Ministério da Justiça, sejam ordenados os assentamentos, notas ou averbações nos livros competentes das circunscrições a que se referirem.

b) impreterivelmente registrados e comunicados no prazo de quinze dias, por cópia autêntica, aos respectivos Ministérios, a fim de que, através do Ministério da Justiça, sejam ordenados os assentamentos, notas ou averbações nos livros competentes das circunscrições a que se referirem.

c) impreterivelmente registrados e comunicados no prazo de trinta dias, por cópia autêntica, aos respectivos Ministérios, a fim de que, através do Ministério da Justiça, sejam ordenados os assentamentos, notas ou averbações nos livros competentes das circunscrições a que se referirem.

d) imediatamente registrados e comunicados em tempo oportuno, por cópia autêntica, aos respectivos Ministérios, a fim de que, através do Ministério da Justiça, sejam ordenados os assentamentos, notas ou averbações nos livros competentes das circunscrições a que se referirem.

50. (Ieses/TJ/RO/Cartórios/Ingresso/2017) Assinale a alternativa correta:

a) devem ser registrados no registro civil de pessoas naturais os casamentos, nascimentos e óbitos.

b) devem ser registrados no registro civil de pessoas naturais os nascimentos, casamentos e os atos constitutivos das pessoas jurídicas de direito privado.

c) devem ser registrados no registro civil de pessoas naturais os nascimentos, casamentos e os estatutos dos partidos políticos.
d) devem ser registrados no registro civil de pessoas naturais os nascimentos, óbitos e dissolução de sociedade empresarial.

51. (Ieses/TJ/RO/Cartórios/Ingresso/2017) Em relação ao Registro Civil de Pessoas Naturais é correto afirmar:

a) os estatutos das pessoas jurídicas de direito privado devem ser registrados no Registro civil de Pessoas Naturais.
b) os nascimentos devem ser averbados no Registro Civil de Pessoas Naturais.
c) não serão cobrados emolumentos pelo registro civil de nascimento e pelo assento de óbito, bem como pela primeira certidão respectiva.
d) o estado de pobreza será comprovado por declaração emitida pela Receita Federal.

1.2.2. Da Escrituração e Ordem de Serviço (arts. 33 a 45)

QUESTÕES DISCURSIVAS

6. (Consulplan/TJ/MS/Cartórios/2022) 1. Disserte sobre alteração do nome no serviço de registro civil das pessoas naturais. Aborde as hipóteses em que é possível a alteração. Fundamente e indique, em cada hipótese, se é prescindível ação judicial. 2. Explique o que são "apelidos de família". 3. O pai pode registrar o nascimento do filho dando-lhe sobrenome de um ascendente que ele, pai, não tem? 4. Se o sobrenome de um filho (ainda menor) fora grafado no assento de nascimento como "Brito", quando o de seu pai e demais ascendentes é "Britto", o pai poderá promover correção desse sobrenome? Prescindirá de processo judicial? Fundamente.

7. (Consulplan/TJ/MG/Cartórios/Ingresso/2019) Acerca da possibilidade de alteração do registro civil dos transgêneros, elabore uma dissertação abrangendo, necessariamente, os seguintes pontos: a) Requisitos para alteração de prenome e gênero conforme entendimento do STF na ADI nº 4275. (b) Requisitos para alteração de prenome e gênero conforme orientação do CNJ. (c) Possibilidade de alteração de prenome e gênero diretamente no cartório. É necessário o envio do procedimento ao Juiz Diretor do Foro ou Ministério Público? Em quais casos? (d) É necessária a comprovação de ter o requerente passado por cirurgia de transgenitalização ou que comprove a transexualidade através de laudo médico para alteração de prenome e gênero diretamente no cartório? Caso positivo, qual documentação deve ser apresentada? (e) Há possibilidade de menor de 18 anos, sendo assistido pelos pais, e menor de 16, sendo representado pelos pais, alterar prenome e gênero diretamente no cartório? (f) A averbação da alteração de prenome e gênero é publicizada? Como é expedida a certidão do registro? (g) Em caso de futuro casamento, pode o noivo/noiva pedir a certidão de inteiro teor do nascimento de seu noivo/noiva que teve seu prenome e gênero alterado? (h) É possível a averbação da alteração de prenome e gênero do pai/mãe no registro do filho? Em qual situação? (i) É possível a alteração de prenome e gênero de pessoa casada? Em caso afirmativo, como preceder?

8. (Cespe/TJ/DFT/Cartórios/Ingresso/2019) Jean ajuizou uma ação de alteração de registro público requerendo a supressão do seu patronímico paterno e o acréscimo do patronímico do seu padrasto, que concorda com a alteração pretendida, com base nos argumentos de que, durante toda a sua vida, seu pai havia sido ausente material e emocionalmente e de que seu padrasto o havia criado carinhosamente, como se fosse filho, desde que Jean tinha oito anos de idade. Considerando essa situação hipotética, redija um texto atendendo ao que se pede a seguir: (i) Discorra sobre os princípios que devem ser observados quanto à alteração de nome civil no Brasil, apontando os requisitos legais necessários para a alteração do registro público pretendida. (ii) Explique se os argumentos apresentados por Jean viabilizam o deferimento dos pedidos formulados. Fundamente sua resposta.

QUESTÕES OBJETIVAS

52. (Ieses/TJ/TO/Cartórios/Ingresso/2022) Os atos praticados no registro civil de pessoas naturais possuem sistemática estabelecida na Lei de Registros Públicos (LRP – Lei nº 6.015/73). Tratando sobre a Escrituração e Ordem de Serviço referente ao registro civil de pessoas naturais, assinale a alternativa falsa.

a) Tendo havido omissão ou erro de modo que seja necessário fazer adição ou emenda, estas serão feitas antes da assinatura ou ainda em seguida, mas antes de outro assento, sendo a ressalva novamente por todos assinada.
b) O oficial juntará, a cada um dos livros, índice alfabético dos assentos lavrados pelos nomes das pessoas a quem se referirem. O índice alfabético poderá, a critério do oficial, ser organizado pelo sistema de fichas, desde que preencham estas os requisitos de segurança, comodidade e pronta busca.
c) Tendo havido omissão ou erro de modo que seja necessário fazer adição ou emenda no registro civil praticado, será o assento sempre cancelado e realizado um novo assentamento correto.
d) A escrituração será feita seguidamente, em ordem cronológica de declarações, sem abreviaturas, nem algarismos; no fim de cada assento e antes da subscrição e das assinaturas, serão ressalvadas as emendas, entrelinhas ou outras circunstâncias que puderem ocasionar dúvidas. Entre um assento e outro, será traçada uma linha de intervalo, tendo cada um o seu número de ordem.

53. (Vunesp/TJ/AL/Cartórios/Ingresso/2019) O Livro B-Auxiliar do Registro Civil das Pessoas Naturais destina-se ao:

a) registro de casamento em iminente risco de vida.
b) registro de casamento religioso para efeitos civis.
c) registro de casamento urgente no caso de moléstia grave.
d) registro de casamento de pessoas do mesmo sexo.

54. (Cespe/TJ/DFT/Cartórios/Ingresso/2019) Depois do lançamento de um assento no registro civil, o oficial constatou erro em registro lançado antes deste. Para corrigir o erro, o oficial, por conta própria, promoveu emenda. Neste caso, de acordo com a norma de regência, o ato do oficial será considerado:

a) inexistente e sem efeito jurídico.
b) ineficaz.
c) passível de convalidação.
d) nulo e com efeito jurídico "ex nunc".
e) anulável, se alegado o vício pelo prejudicado.

55. (Ieses/TJ/CE/Cartórios/Remoção/2018) Os livros de registro serão divididos em três partes:

a) sendo na da central lançado o número de ordem e na esquerda o assento, ficando na da direita espaço para as notas, averbações e retificações.
b) sendo na da esquerda lançado o número de ordem e na central o assento, ficando na da direita espaço para as notas, averbações e retificações.
c) sendo na da direita lançado o número de ordem e na esquerda o assento, ficando na da esquerda espaço para as notas, averbações e retificações.

d) sendo na da direita lançado o número de ordem e na central o assento, ficando na da esquerda espaço para as notas, averbações e retificações.

56. (Ieses/TJ/AM/Cartórios/Ingresso/2018) Assinale a alternativa correta em relação aos livros do cartório de registro civil de pessoas naturais:

a) no Livro C deve ser feito o de registro de casamento.
b) no Livro A deve ser feito o registro de nascimento.
c) no Livro B deve ser feito registro de casamento Religioso para Efeitos Civis.
d) no Livro D "Auxiliar "deve ser feito o registro de proclama.

57. (Ieses/TJ/AM/Cartórios/Ingresso/2018) Assinale a alternativa correta:

a) o registro do edital de casamento não necessita conter todas as indicações quanto à época de publicação e aos documentos apresentados, bem como no caso de edital remetido por outro oficial processante.
b) o Livro C Auxiliar do cartório de registro civil é destinado ao registro de óbitos.
c) a testemunha para os assentos de registro civil deve satisfazer às condições exigidas pela lei civil, sendo vedado o parente, em qualquer grau, do registrado.
d) no cartório de registro civil os livros de registro serão divididos em três partes, sendo na da esquerda lançado o número de ordem e na central o assento, ficando na da direita espaço para as notas, averbações e retificações.

58. (Ieses/TJ/AM/Cartórios/Remoção/2018) Haverá em cada cartório de registro de pessoas naturais os seguintes livros, todos com trezentas (300) folhas cada um:

a) Livro A (registro de nascimento); Livro B (registro de proclama); Livro C (registro de casamento); Livro D (registro de óbitos).
b) Livro A (registro de nascimento); Livro B (registro de óbitos); Livro C (registro de casamento); Livro D (registro de proclama)
c) Livro A (registro de nascimento); Livro B (registro de casamento); Livro C (registro de óbitos); Livro D (registro de proclama).
d) Livro A (registro de nascimento); Livro B (registro de casamento); Livro C (registro de proclama); Livro D (registro de óbitos).

59. (Consulplan/TJ/MG/Cartórios/Remoção/2017) Segundo a Lei de Registros Públicos, em cada cartório do Registro Civil de Pessoas Naturais, haverá os seguintes livros:

a) "A" – de registro de nascimento; "B" – de registro de casamento; "B Auxiliar" – de registro de casamento religioso para efeitos civis; "C" – de registro de óbitos; "C Auxiliar" – de registro de natimortos; "D" – de registro de proclamas; "E" – de registro de atos relativos ao estado civil.
b) "A" – de registro de nascimento; "B" – de registro de adoção; "C" – de registro de casamento religioso para efeitos civil; "D" – de averbação de separação e divórcio.
c) "A" – de registro de nascimento; "B" – de registro de casamento; "B Auxiliar" – de registro de casamento religioso para efeitos civis; "C" – de registro de óbitos; "C Auxiliar" – de registro de natimortos; "D" – de registro de proclamas.
d) "A" – de registro de nascimento; "B" – de registro de casamento; "B Auxiliar" – de registro de casamento religioso para efeitos civis; "C" – de registro de óbitos; "D" – de registro de proclama; "E" – de registro de atos relativos ao estado civil.

60. (Ieses/TJ/RO/Cartórios/Remoção/2017) Para a escrituração cartorária, o livro "C Auxiliar", refere-se:

a) ao livro de registro de casamento de menor incapaz.
b) ao livro de registro de casamento religioso para efeitos civis.
c) ao livro de registro de natimortos.
d) ao livro de registro de proclama.

61. (Ieses/TJ/RO/Cartórios/Remoção/2017) Para a escrituração cartorária, o livro "A", refere-se:

a) ao livro de registro de proclama.
b) ao livro de registro de nascimento.
c) ao livro de registro de óbito.
d) ao livro de registro de casamento.

62. (Ieses/TJ/RO/Cartórios/Ingresso/2017) O Livro D do Registro Civil de Pessoas Naturais é destinado ao registro:

a) casamento.
b) nascimento.
c) proclamas.
d) registro de óbito.

63. (Ieses/TJ/RO/Cartórios/Remoção/2017) Serão averbados no registro civil de pessoas naturais, exceto:

a) os atos judiciais ou extrajudiciais de reconhecimento de filhos ilegítimos.
b) as escrituras de adoção e os atos que a dissolverem.
c) as sentenças que deferirem a legitimação adotiva.
d) os casamentos de que resultar a legitimação de filhos havidos ou concebidos anteriormente.

64. (Ieses/TJ/RO/Cartórios/Remoção/2017) Serão registrados no registro civil de pessoas naturais, exceto:

a) as interdições.
b) as emancipações.
c) as sentenças declaratórias de ausência.
d) as alterações ou abreviaturas de nomes.

1.2.3. Das Penalidades (arts. 46 a 49)

QUESTÕES OBJETIVAS

65. (Ieses/TJ/TO/Cartórios/Remoção/2022) Os oficiais do registro civil remeterão à Fundação Instituto Brasileiro de Geografia e Estatística, dentro dos primeiros (___) dos meses de janeiro, abril, julho e outubro de cada ano, um mapa dos nascimentos, casamentos e óbitos ocorridos no trimestre anterior.

a) 10 (dez) dias.
b) 15 (quinze) dias.
c) 8 (oito) dias.
d) 5 (cinco) dias.

66. (Cespe/TJ/DFT/Cartórios/Remoção/2019) De acordo com a Lei de Registros Públicos, caso seja injusta a recusa do oficial do registro civil em efetuar o registro de nascimento, o juiz, além de ordenar a prática do ato em determinado prazo legal, poderá aplicar a penalidade de:

a) prisão de trinta dias.
b) suspensão temporária por até noventa dias.
c) multa.
d) advertência escrita.
e) repreensão verbal, se não houver prática anterior análoga.

67. (Ieses/TJ/RO/Cartórios/Ingresso/2017) Assinale a alternativa incorreta:

a) se o oficial do registro civil recusar fazer ou retardar qualquer registro, averbação ou anotação, bem como o fornecimento de certidão, as partes prejudicadas poderão queixar-se à autoridade judiciária, a qual, ouvindo o acusado, decidirá dentro de cinco (5) dias.

b) o oficial do Registro Civil, se suspeitar da falsidade de declaração, poderá exigir manifestação da autoridade judicial sobre a suspeita de falsidade.

c) os pedidos de certidão feitos por via postal, telegráfica ou bancária serão obrigatoriamente atendidos pelo oficial do registro civil, satisfeitos os emolumentos devidos.

d) os oficiais do registro civil remeterão à Fundação Instituto Brasileiro de Geografia e Estatística, dentro dos primeiros oito dias dos meses de janeiro, abril, julho e outubro de cada ano, um mapa dos nascimentos, casamentos e óbitos ocorridos no trimestre anterior.

1.2.4. Do Nascimento (arts. 50 a 66)

ATENÇÃO: ESTE TEMA É MUITO EXIGIDO NOS CONCURSOS!

JURISPRUDÊNCIA EM TESES

STJ **JurisTese 80-5.** É possível a retificação do registro do nome civil em decorrência do direito à dupla nacionalidade, desde que não haja prejuízo a terceiros.

STJ **JurisTese 80-6.** A alteração do nome no assentamento do registro civil é admitida em caráter excepcional e deve ser motivada nos casos em que se constatar equívoco capaz de provocar conflito, insegurança ou violação ao princípio da veracidade.

STJ **JurisTese 80-7.** As pessoas que passarem por procedimento de redesignação sexual têm direito a alteração do prenome e do gênero no registro civil de nascimento.

QUESTÕES DISCURSIVAS

9. (Cespe/TJ/ES/Cartórios/Ingresso/2013) Joana namorava José, quando ficou grávida. Ao ser comunicado da gravidez, José rompeu o namoro. Três meses depois, Joana reconciliou-se com Antônio, seu antigo noivo, que lhe prometeu assumir o nascituro. No dia em que nasceu a criança, Antônio foi ao cartório de registro civil das pessoas naturais e, de posse da declaração de nascido vivo fornecida pela maternidade, declarou que o recém-nascido Vítor era seu filho e de Joana. O registro de nascimento foi lavrado nesses termos. Na maioridade, Vítor descobriu que José, e não Antônio, era seu pai biológico e, então, ajuizou ação de reconhecimento de paternidade. Com base na situação hipotética apresentada e no disposto na legislação de regência, disserte sobre os procedimentos de registro civil das pessoas naturais, esclarecendo, necessariamente, se houve alguma irregularidade no registro de Vítor a ser imputada ao oficial de registro civil e se a paternidade socioafetiva poderá ser alterada. Discorra, ainda, sobre as consequências da decisão tomada no âmbito da ação de reconhecimento de paternidade para o registro civil de Vítor.

QUESTÕES OBJETIVAS

68. (Ieses/TJ/TO/Cartórios/Remoção/2022) Não constituem motivo para recusa, devolução ou solicitação de retificação da declaração de nascido vivo por parte do registrador civil das pessoas naturais, entre outros:

I. Omissão do nome do recém-nascido ou do nome do pai.

II. Divergência parcial ou total entre o nome do pai constante da declaração e o verificado pelo registrador nos termos da legislação civil, prevalecendo este último.

III. Divergência parcial ou total entre o nome do recém-nascido constante da declaração e o escolhido em manifestação perante o registrador no momento do registro de nascimento, prevalecendo este último.

IV. Equívocos ou divergências que não comprometam a identificação da mãe.

A sequência correta é:

a) Apenas as assertivas I e IV estão corretas.

b) Apenas a assertiva III está incorreta.

c) Apenas as assertivas I e II estão corretas.

d) As assertivas I, II, III e IV estão corretas.

69. (Ieses/TJ/TO/Cartórios/Remoção/2022) Toda pessoa tem direito ao nome, nele compreendidos o prenome e o sobrenome, observado que ao prenome serão acrescidos os sobrenomes dos genitores ou de seus ascendentes:

a) sendo primeiro o paterno e por fim o materno.

b) em qualquer ordem.

c) sendo primeiro o materno e por fim o paterno.

d) em qualquer ordem, apenas no caso de reconhecimento de paternidade ou maternidade socioafetiva, de genitores homoafetivos.

70. (Ieses/TJ/TO/Cartórios/Ingresso/2022) A importância do registro civil de nascimento também pode ser visualizada para os pais, pois é por meio desse documento que a criança passa a ser reconhecida pelo Estado e com isso se garante seu acesso à cidadania. É um documento que irá acompanhar o indivíduo por toda sua vida, havendo previsão legal da possibilidade de sua retificação. Sobre registro civil de pessoas naturais e a retificação do registro de nascimento, assinale a alternativa que contém uma afirmação errada.

a) A averbação de alteração de prenome conterá, obrigatoriamente, o prenome anterior, os números de documento de identidade, de inscrição no Cadastro de Pessoas Físicas (CPF) da Secretaria Especial da Receita Federal do Brasil, de passaporte e de título de eleitor do registrado, dados esses que deverão constar expressamente de todas as certidões solicitadas.

b) Finalizado o procedimento de alteração no assento, o ofício de registro civil de pessoas naturais no qual se processou a alteração, a expensas do requerente, comunicará o ato oficialmente aos órgãos expedidores do documento de identidade, do CPF e do passaporte, bem como ao Tribunal Superior Eleitoral, preferencialmente por meio eletrônico.

c) A alteração imotivada de prenome e sua desconstituição poderá ser feita na via extrajudicial apenas 1 (uma) vez, independente de sentença judicial.

d) A pessoa registrada poderá, após ter atingido a maioridade civil, requerer pessoalmente e imotivadamente a alteração de seu prenome, independentemente de decisão judicial, e a alteração será averbada e publicada em meio eletrônico.

71. (Vunesp/TJ/SP/Cartórios/Ingresso/2022) Assinale a alternativa correta quanto ao registro de nascimento.

a) Poderão ser adotados sobrenomes do pai, da mãe ou de ambos, vedada a intercalação.

b) A naturalidade do registrando poderá ser do Município em que ocorreu o nascimento ou do Município de residência da mãe ou do pai do registrando na data do nascimento, desde que localizado em território nacional, e a opção caberá ao declarante no ato de registro do nascimento.

c) É vedado atribuir a irmãos gêmeos o mesmo prenome.

d) Constitui motivo para solicitação de retificação da DNV, por parte do Registrador Civil das Pessoas Naturais, a omissão do nome do recém-nascido.

72. (FGV/TJ/SC/Cartórios/Ingresso/2021) Yuri, criança de aproximadamente 6 anos de idade, foi encontrada, pelo Conselho Tutelar, perambulando pelas ruas da capital do Estado Alfa. Yuri foi encaminhado para o acolhimento institucional e, após sucessivas entrevistas, descobriu-se que teria nascido na rua, onde vivera desde então, vindo a ser abandonado por seus pais, que eram imigrantes e moradores de rua. Constatou-se, ademais, a inexistência de registro de nascimento de Yuri. À luz da sistemática legal, o oficial do Registro Civil das Pessoas Naturais:

a) pode realizar o registro de nascimento de Yuri mediante requisição do Conselho Municipal dos Direitos da Criança, que será confeccionado à luz dos elementos disponíveis.
b) pode realizar o registro de nascimento de Yuri, à luz dos elementos disponíveis, mediante requisição do Conselho Tutelar, do Ministério Público ou do juízo competente.
c) somente pode realizar o registro de nascimento de Yuri mediante requisição da autoridade judiciária, que será encaminhada ao fim da investigação de paternidade.
d) somente pode realizar o registro de nascimento de Yuri mediante requisição da autoridade judiciária, inserida na sentença de inserção em família substituta.
e) somente pode realizar o registro de nascimento de Yuri mediante requisição da autoridade judiciária, que será feita à vista dos elementos disponíveis.

73. (Ieses/TJ/RO/Cartórios/Ingresso/2021) Em relação investigação de paternidade dos filhos havidos fora do casamento, assinale a alternativa correta:

a) A recusa do réu em se submeter ao exame de código genético – DNA não gerará a presunção da paternidade.
b) No registro de nascimento não se fará qualquer referência à natureza da filiação, à sua ordem em relação a outros irmãos do mesmo prenome, exceto gêmeos, ao lugar e cartório do casamento dos pais e ao estado civil destes.
c) O suposto pai só poderá confirmar expressamente a paternidade em juízo.
d) É possível legitimar e reconhecer filho na ata do casamento.

74. (Ieses/TJ/RO/Cartórios/Remoção/2021) Segundo a Lei nº 6.015 de 1973, que dispõe sobre os registros públicos, o assento do nascimento deverá conter, entre outros:

I. O dia, mês, ano e lugar do nascimento e a hora certa, sendo possível determiná-la, ou aproximada.
II. A ordem de filiação de outros irmãos do mesmo prenome que existirem ou tiverem existido.
III. Os nomes e prenomes, a profissão e a residência das três testemunhas do assento, quando se tratar de parto ocorrido sem assistência médica em residência ou fora de unidade hospitalar ou casa de saúde.
IV. O sexo do registrando.

A sequência correta é:

a) As assertivas I, II, III e IV estão corretas.
b) Apenas as assertivas I e II estão corretas.
c) Apenas a assertiva III está incorreta.
d) Apenas as assertivas I, II e III estão corretas.

75. (Ieses/TJ/RO/Cartórios/Remoção/2021) O requerimento para o registro da declaração de nascimento fora do prazo legal deverá ser assinado por:

a) 3 (três) testemunhas.
b) 2 (duas) testemunhas.
c) 1 (uma) testemunha.
d) 4 (quarto) testemunhas.

76. (Consulplan/TJ/MS/Cartórios/Ingresso/2021) Assinale a afirmativa correta em relação ao Registro Civil das Pessoas Naturais.

a) As certidões de nascimento ou casamento, quando destinadas ao alistamento eleitoral e/ou militar, serão fornecidas gratuitamente, segundo a ordem dos pedidos apresentados em cartório pelos alistandos ou delegados de partido.
b) O oficial do registro civil das pessoas naturais encaminhará à Fundação Instituto Brasileiro de Geografia e Estatística – IBGE, por meio do sistema deste órgão, até o 8º (oitavo) dia dos meses de janeiro, de abril, de junho e de outubro de cada ano, mapa dos nascimentos, dos casamentos e dos óbitos ocorridos no trimestre anterior.
c) O filho de brasileiro ou brasileira, nascido no estrangeiro, e cujos pais estejam ali a serviço do Brasil, desde que registrado em consulado brasileiro ou se não registrado, venha a residir no território nacional antes de atingir a maioridade, poderá requerer, no juízo de seu domicílio, se registre, no livro "E" do 1º Ofício do Registro Civil, o termo de nascimento.
d) As serventias extrajudiciais funcionarão, nos dias úteis, das 8 (oito) às 17 (dezessete) horas, facultada a interrupção para o almoço das 11 (onze) às 13 (treze) horas. Nas comarcas do interior, as serventias extrajudiciais funcionarão, nos dias úteis, em horários regulados pelo Juiz Corregedor Permanente respectivo, atendidas as peculiaridades locais, garantido o mínimo de 7 (sete) horas diárias de atendimento ao público.

77. (Consulplan/TJ/MS/Cartórios/Remoção/2021) Em ação de reconhecimento de paternidade, movida pelo menor Eduardo Jheferson, representado por sua mãe, Maria de Lourdes, foi decidido que João das Dores é o pai do menor. Nesta ação específica, o Juiz limitou-se ao que foi requerido, qual seja, indicar a paternidade e mandar acrescentar o nome do pai no registro civil de nascimento de Eduardo Jheferson. Esta decisão que reconheceu a paternidade e ordenou o acréscimo do nome do pai no registro civil tem natureza jurídica:

a) executiva.
b) declaratória.
c) mandamental.
d) desconstitutiva.

78. (UFPR/TJ/PR/Cartórios/Remoção/2019) O oficial de registro, dois dias após registrar o nascimento de uma criança, é procurado pela mãe, que solicita alteração do prenome da criança, sob a justificativa de que o pai havia atribuído à filha o nome de uma amante. Nessa situação, o oficial:

a) alterará o prenome, caso a mãe comprove que ele lhe gerará constrangimento e humilhação.
b) alterará o prenome, caso a mãe comprove que ele gerará constrangimento e humilhação para filha.
c) alterará o prenome caso a mãe e o pai solicitem, conjuntamente, a alteração.
d) não alterará o prenome, devendo a mãe recorrer à via judicial para pleitear a alteração.
e) não alterará o prenome, pelo fato de que, uma vez feito o registro, o prenome jamais poderá ser alterado.

79. (Vunesp/TJ/AL/Cartórios/Ingresso/2019) Assinale a alternativa correta sobre as regras a serem observadas pelo oficial do registro civil em declarações de nascimento feitas após o discurso do prazo legal (registro tardio).

a) As declarações de nascimento feitas após o decurso do prazo legal semente serão registradas mediante despacho do juiz competente do lugar da residência do interessado, em requerimento formulado pelo próprio interessado. Será dispensado o despacho do juiz, se o registrando tiver menos de 12 (doze) anos de idade.

b) Se a declaração de nascimento se referir à pessoa que já tenha completado 12 (doze) anos de idade, o pedido deverá ser formulado ao juiz competente, por meio de advogado ou de Defensor Público, indicando 4 (quatro) testemunhas.

c) As declarações de nascimento serão apresentadas ao oficial do registro civil do lugar de residência do interessado. Não tendo o interessado moradia ou residência fixa, será considerado competente o do local onde se encontrar.

d) Se o registrando for menor de 12 (doze) anos de idade, o requerimento deverá ser dirigido ao Oficial do Registro Civil, e serão 4 (quatro) as testemunhas.

80. (Vunesp/TJ/AL/Cartórios/Ingresso/2019) No caso de ter a criança nascido morta, ou no de ter morrido na ocasião do parto, quanto ao procedimento do oficial do registro civil das pessoas naturais, assinale a alternativa correta.

a) Em caso de natimorto, o registo será efetuada no livro "C-Auxiliar" com o índice em nome do pai ou da mãe. dispensando-se o assento de nascimento.

b) Se a criança chegou a respirar, morrendo por ocasião do parto, o registro será efetuado no Livro C-Auxiliar, consignando-se a data e a hora do nascimento, dispensando-se o assento de nascimento.

c) Se a criança chegou a respirar, morrendo por ocasião do parto, o registro será efetuada no Livro C-Auxiliar, consignando-se a data e a hora do nascimento dispensando-se o assento de nascimento, a critério do declarante.

d) Em caso de natimorto, facultado o direito de atribuição de nome, serão feitos, necessariamente no mesmo Registo Civil das Pessoas Naturais, os dois assentos, o de nascimento e o de óbito, com os elementos cabíveis e remissões recíprocas.

81. (Vunesp/TJ/AL/Cartórios/Ingresso/2019) Sobre o reconhecimento dos filhos havidos fora do casamento ou da união estável, considere as seguintes afirmações:

I. Os genitores comparecem perante o oficial de registro, pessoalmente, ou por intermédio de procurador com poderes específicos, para efetuar o assento, do qual constará o nome dos genitores e dos respectivos avós.

II. Apenas a mãe comparece perante o oficial da registro com declaração de reconhecimento ou anuência do pai à efetivação do registro.

III. O reconhecimento do filho é irrevogável e poderá ser feito no registro de nascimento, não devendo constar o estado civil dos pais.

Está(ão) correta(s):

a) Somente I.

b) I, II e III.

c) Somente I e II.

d) Somente l e III.

82. (Cespe/TJ/DFT/Cartórios/Ingresso/2019) Maria, em trabalho de parto, foi hospitalizada, mas, apesar de toda assistência médica recebida, faleceu durante o parto. O pai da criança é pessoa desconhecida. Nessa situação hipotética, deverá fazer a declaração de nascimento, segundo a ordem de preferência legal:

a) o administrador do hospital.

b) o parente mais próximo que seja maior e esteja presente.

c) o médico que fez o parto.

d) qualquer pessoa idônea que estivesse acompanhando Maria.

e) o Ministério Público.

83. (UFPR/TJ/PR/Cartórios/Remoção/2019) Natalia e Cláudio, apaixonados por histórias em quadrinhos, resolveram atribuir ao seu primeiro filho o prenome de "X-Men". Diante dessa situação, assinale a alternativa correta.

a) O oficial registrará o prenome, e, considerando que o prenome é suscetível de causar constrangimento ou humilhação ao seu portador, deverá o oficial em seguida suscitar dúvida ao Juiz Corregedor da comarca, para que decida pela manutenção ou alteração do nome.

b) O oficial registrará o prenome, pois não lhe cabe avaliar se o prenome eleito é suscetível de causar constrangimento e humilhação ao seu portador.

c) O oficial não registrará o prenome se o considerar suscetível de causar constrangimento ou humilhação ao seu portador, exceto se, após ter suscitado dúvida ao Juiz Corregedor da comarca, este último tiver autorizado o registro.

d) O oficial registrará o prenome, e, considerando que o prenome é suscetível de causar constrangimento ou humilhação ao seu portador, oficiará o Ministério Público para que avalie a necessidade de ingressar com medida judicial para alteração do prenome.

e) O oficial deverá esclarecer aos pais que o prenome é suscetível de causar constrangimento ou humilhação ao seu portador, porém, se houver insistência dos interessados, deverá registrar o prenome.

84. (Ieses/TJ/SC/Cartórios/Ingresso/2019) No que concerne ao nome da pessoa natural:

a) A sentença de adoção pode alterar apenas os apelidos de família do adotado, sendo que o prenome, por integrar a individualidade da pessoa, não deve sofrer alteração.

b) Os casos de homonímia podem servir de fundamento para a alteração do nome, com a inclusão de patronímicos paternos, maternos ou mesmo avoenzos.

c) No reconhecimento socioafetivo de paternidade é facultada a substituição dos patronímicos dos genitores biológicos.

d) A mudança administrativa do prenome não é possível diretamente perante a Serventia de Registro de Imóveis, devendo ser sempre apreciada em procedimento administrativo instaurado perante o Juiz Corregedor Permanente.

85. (Cespe/TJ/DFT/Cartórios/Remoção/2019) Conforme a Lei de Registros Públicos, o oficial do registro que, motivadamente, duvidar da existência da criança cujo nascimento tenha sido declarado pelos pais dentro do prazo, poderá:

a) encaminhar a dúvida ao juízo competente.

b) ir à residência do suposto recém-nascido para confirmar a sua existência.

c) dar conhecimento da dúvida ao Ministério Público local a quem compete investigar o caso.

d) convocar o administrador do hospital onde nasceu a criança para firmar declaração na serventia.

e) dar conhecimento da dúvida ao conselho tutelar local para as devidas providências.

86. (Ieses/TJ/SC/Cartórios/Remoção/2019) Assinale a alternativa errada referente ao nome civil da pessoa natural:

a) A atribuição de nome à pessoa natural é obrigatória e integra o registro de nascimento, sendo fundamental para a sua individualização; serve para comprovar nacionalidade, filiação e naturalidade, além de possibilitar inúmeros atos da vida civil.

b) A Lei 6.015/79 reconhece expressamente o caráter absoluto do princípio da imutabilidade do prenome, podendo ser afastado apenas nos casos de erro material ou exposição à situação vexatória de seu portador.

c) A partir do registro civil realizado, o direito ao nome passa a também estar relacionado ao "direito a determinado nome" ou "direito ao seu próprio nome", integrando o rol dos direitos da personalidade.

d) O natimorto, embora não tenha chegado a adquirir personalidade, tem direito ao nome, em respeito à vontade dos genitores e ao Princípio da Dignidade da Pessoa Humana.

87. (UFPR/TJ/PR/Cartórios/Ingresso/2019) A identificação precisa dos indivíduos é matéria de relevância social. Além de direito da personalidade garantido a todos os seres humanos, a garantia e proteção do nome dos cidadãos é de interesse estatal. A segurança das relações jurídicas, sejam afetas ao direito privado, sejam ao Público, depende da preservação do nome registrado. Nesse sentido, assinale a alternativa correta.

a) Em caso de sujeitos nascidos gêmeos, será declarada no assento especial de cada um a ordem de nascimento, sendo vedada a escolha de prenomes iguais, ainda que escrito com duplo prenome, para que possam distinguir-se.

b) Entre os dados do assento de nascimento é necessário constar o dia, mês, ano e lugar do nascimento e a hora certa ou aproximada do nascimento, o nome e o prenome da criança e, a critério dos pais, o sexo do registrando e os nomes e prenomes dos avós.

c) Nascimento que ocorrer no território nacional deverá ser dado a registro no lugar em que tiver ocorrido o parto, dentro do prazo de quinze dias, que será ampliado pelo prazo de até três meses para os lugares declarados ermos pela Corregedoria Nacional de Justiça.

d) Desde que os pais sejam alertados por escrito, os oficiais de registro poderão registar nomes que exponham o nascido ao ridículo, devendo após o ato comunicar por ofício ao Juízo competente, às expensas dos pais do registrando.

e) As pessoas que passarem por procedimento de redesignação sexual têm direito a alteração do prenome e do gênero no registro civil de nascimento, evitando-se assim a exposição do titular ao ridículo.

88. (Ieses/TJ/SC/Cartórios/Remoção/2019) O registro de nascimento da pessoa natural:

a) representa a oficialização da existência do indivíduo, conferindo a ele os direitos inerentes à cidadania.

b) deve ser lavrado no local do nascimento obrigatoriamente.

c) não comporta lavratura tardia.

d) é gratuito para pessoas reconhecidamente pobres.

89. (Vunesp/TJ/RS/Cartórios/Remoção/2019) O Sr. Pileco, radialista famoso, tem 60 anos e é um personagem notório, muito conhecido em sua cidade e região do Vale do Paraíba. Assina, apresenta-se e preenche todos seus cadastros como João Pileco de Souza Fernandes. Todavia, ao solicitar a 2ª via de sua certidão de nascimento, descobre que o nome constante de seu assento de nascimento é apenas João de Souza Fernandes. Diante disso, solicita ao Oficial de RCPN que corrija o seu registro, já que entende estar errado. Qual a resposta que você, como Oficial, daria a ele?

a) O requerimento para a inclusão do prenome Pileco pode ser feito judicialmente, nos termos do art. 58 da LRP, por se tratar de apelido pelo qual ele é conhecido há anos, socialmente.

b) Não há erro a ser corrigido, pois Pileco é apenas um apelido de infância e não um nome que deva ser colocado no Livro de Registros de Nascimento, onde o nome escolhido pelos pais deve ser mantido.

c) O possível erro envolve maior indagação e produção de provas, o pedido deve ser feito com base no art. 109 da LRP, com oitiva do MP e autorização judicial, que deferirá, se concordar com os motivos apresentados por ele.

d) Trata-se de um erro evidente e, por esse motivo, o Oficial pode corrigi-lo de ofício, com base no requerimento do Sr. João, nos termos do art. 110 da LRP (Lei de Registros Públicos).

e) A retificação não pode ser deferida de forma alguma, pois o acréscimo do nome Pileco poderia expô-lo ao ridículo, contrariando o disposto no art. 55, parágrafo único da LRP.

90. (Vunesp/TJ/AL/Cartórios/Ingresso/2019) Sobre a naturalidade do registrando a ser consignada no assento da nascimento, assinale a alternativa correta.

a) A naturalidade poderá ser do Município da residência do pai do registrando na data do nascimento, desde que localizado em território nacional.

b) A naturalidade poderá ser a do Município em que ocorreu o nascimento ou do Município de residência da mãe do registrando na data do nascimento, desde que localizado em território nacional, e a opção caberá ao declarante no ato de registro rio nascimento.

c) A opção para escolha da naturalidade caberá ao declarante no ato de registro do nascimento, podendo escolher qualquer município, desde que localizado na mesma unidade federativa.

d) Se não houver indicação de naturalidade, o oficial de registro deverá lançar o município de sua localização.

91. (Vunesp/TJ/AL/Cartórios/Ingresso/2019) Considerando a lavratura do assento de nascimento, analise as seguintes afirmativas e assinale a correta.

a) Todo nascimento que ocorrer no território nacional deverá ser dado a registro, no lugar em que tiver ocorrido o parto ou no lugar da residência dos pais, dentro do prazo de 15 (quinze) dias, que será ampliado em até 3 (três) meses para os lugares distantes mais de 30 (trinta) quilômetros da sede do cartório.

b) Todo nascimento que ocorrer no território nacional deverá ser dado a registro, no lugar em que tiver ocorrido o parto ou no lugar da residência dos pais, dentro do prazo de 15 (quinze) dias, que será ampliado em até 45 (quarenta e cinco) dias para os lugares distantes mais de 30 (trinta) quilômetros da sede do cartório.

c) No caso de participação pessoal da mãe no ato do registro de nascimento, o prazo será de 90 (noventa) dias.

d) No caso de participação pessoal da mãe no ato do registro de nascimento, o prazo será de 45 (quarenta e cinco) dias.

92. (Consulplan/TJ/MG/Cartórios/Ingresso/2018) "João e Isabela nasceram em Teófilo Otoni/MG no ano 2000 e tiveram o ato de nascimento registrado em cartório daquela cidade. Aos 17 anos, domiciliado em Belo Horizonte/MG, ele foi emancipado por outorga dos pais. Depois, João e Isabela, ambos com 17 anos, casaram-se entre si (sem provimento jurisdicional algum acerca desse casamento) e migraram do Brasil para os Estados Unidos da América, onde passaram a trabalhar em empresa privada daquele país (nenhum deles a serviço do Brasil). Em razão da emigração, deixaram de ter domicílio no Brasil. Em 2018, tiveram um filho comum naquele país e registraram seu nascimento no Consulado Brasileiro na cidade de Boston. Isabela aproveitou o comparecimento ao consulado e firmou, perante o cônsul, procuração pública em que outorgou poderes para que o mandatário a representasse no Brasil em ato pelo qual o pai dela lhe doaria um imóvel na cidade de Teófilo Otoni/MG." Referido filho de João e Isabela:

a) é brasileiro nato, independentemente de ingressar no Brasil e fazer opção pela nacionalidade brasileira, e a certidão do registro de nascimento realizado no consulado deve ser trasladado no Livro "E" do 1º Ofício de Registro Civil de Pessoas Naturais do Distrito Federal, e do traslado e da respectiva certidão deverão constar a seguinte observação: "Brasileiro nato", conforme os termos da alínea c do inciso I do art. 12, in limine, da Constituição Federal.

b) é estadunidense, já que nascido em solo dos Estados Unidos da América e filho de brasileiros que não estavam a serviço do Brasil, mas pode vir a adquirir a nacionalidade brasileira nata, sob condição de vir a residir no Brasil e fazer a opção pela nacionalidade, mediante processo judicial, que terá curso na Justiça Federal. E uma vez obtida a nacionalidade brasileira, a sentença será trasladada no Livro "E" do 1º Ofício de Registro Civil de Pessoas Naturais da comarca de residência.

c) tem dupla nacionalidade nata, brasileira e estadunidense, e o registro de nascimento consular deverá ser trasladado no Livro "E" do 1º Ofício de Registro Civil de Pessoas Naturais do Distrito Federal, sendo imprescindível, para essa trasladação, o prévio apostilamento do documento nos Estados Unidos da América, por tratar-se de documento produzido no estrangeiro e em razão de aquele país ser signatário da Convenção sobre a Eliminação da Exigência de Legalização de Documentos Públicos Estrangeiros, celebrada na Haia, em 5 de outubro de 1961 (Convenção da Apostila).

d) pode adquirir a nacionalidade brasileira nata, subordinada à condição de residir no Brasil e realizar a opção mediante processo judicial na Justiça Federal, mas antes mesmo de ingressar no Brasil, o registro de nascimento consular pode ser trasladado no 1º Ofício de Registro Civil das Pessoas Naturais do Distrito Federal e deverá constar da respectiva certidão do traslado a seguinte observação: "Nos termos do artigo 12, inciso I, alínea "c", in fine, da Constituição Federal, a confirmação da nacionalidade brasileira depende de residência no Brasil e de opção, depois de atingida a maioridade, em qualquer tempo, pela nacionalidade brasileira, perante a Justiça Federal".

93. (Ieses/TJ/CE/Cartórios/Remoção/2018) As certidões de nascimento mencionarão:

a) a data em que foi feito o assento, a data, por extenso, do nascimento e, ainda, expressamente, a naturalidade.

b) a data, por extenso, do nascimento, sendo dispensada a data em que foi feito o assento.

c) a data em que foi feito o assento, a data, por extenso, do nascimento, sendo dispensada a naturalidade.

d) unicamente a data, por extenso, do nascimento.

94. (Ieses/TJ/AM/Cartórios/Ingresso/2018) Em relação ao nascimento, assinale a alternativa correta:

a) tratando-se de registro de nascimento fora do prazo legal o oficial, em caso de dúvida, poderá requerer ao Juiz as providências que forem cabíveis para esclarecimento do fato.

b) todo nascimento que ocorrer no território nacional deverá ser dado a registro, no lugar em que tiver ocorrido o parto ou no lugar da residência dos pais, dentro do prazo de vinte dias, que será ampliado em até três meses para os lugares distantes mais de cinquenta quilômetros da sede do cartório.

c) os menores de vinte e um anos e maiores de dezesseis anos poderão, pessoalmente e isentos de multa, requerer o registro de seu nascimento.

d) os índios, quando estiverem integrados, não estão obrigados a inscrição do nascimento.

95. (Ieses/TJ/AM/Cartórios/Remoção/2018) No que se refere ao registro de nascimento, é correto afirmar, exceto:

a) a naturalidade poderá ser do Município em que ocorreu o nascimento ou do Município de residência da mãe do registrando na data do nascimento, desde que localizado em território nacional, e a opção caberá ao declarante no ato de registro do nascimento.

b) o nome do pai constante da declaração de nascido vivo constitui prova ou presunção da paternidade.

c) o interessado, no primeiro ano após ter atingido a maioridade civil, poderá, pessoalmente ou por procurador bastante, alterar o nome, desde que não prejudique os apelidos de família, averbando-se a alteração que será publicada pela imprensa.

d) no caso de gêmeos, será declarada no assento especial de cada um a ordem de nascimento. Os gêmeos que tiverem o prenome igual deverão ser inscritos com duplo prenome ou nome completo diverso, de modo que possam distinguir-se.

96. (Ieses/TJ/AM/Cartórios/Remoção/2018) No livro de nascimento, serão averbados:

I. as sentenças que declararem legítima a filiação.

II. as sentenças que julgarem ilegítimos os filhos concebidos na constância do casamento; assim como, o reconhecimento judicial ou voluntário dos filhos ilegítimos.

III. as escrituras de adoção e os atos que a dissolverem.

IV. a perda de nacionalidade brasileira, quando comunicada pelo Ministério da Justiça.

A sequência correta é:

a) apenas a assertiva IV está incorreta.

b) as assertivas I, II, III e IV estão corretas.

c) apenas as assertivas I e IV estão corretas.

d) apenas as assertivas I, II e IV estão corretas.

97. (Vunesp/TJ/SP/Cartórios/Ingresso/2018) A respeito do procedimento de registro tardio de nascimento, deverá o Registrador Civil processante:

a) quando ausente a identificação dos genitores, indeferir a adoção do sobrenome indicado pelo registrando.

b) lavrar o assento de nascimento com o estabelecimento da filiação materna e paterna, na hipótese de requerimento formulado pelo próprio registrando, mesmo sem anuência dos apontados pais.

c) nos casos em que os genitores forem absolutamente desconhecidos, lançar no respectivo assento os nomes fictícios de pai e de mãe.

d) lavrar o assento de nascimento sem a indicação de filiação, nas hipóteses em que não se verificarem os reconhecimentos espontâneos por parte dos genitores.

98. (Vunesp/TJ/SP/Cartórios/Ingresso/2018) No assento de nascimento, far-se-á referência:

a) ao número de inscrição, perante o Cadastro de Pessoas Físicas da Secretaria da Receita Federal do Brasil, daquele cujo assento se lavra.

b) no caso de filhos havidos fora do casamento, ao estado civil dos pais.

c) no caso de não comparecimento do pai, à indicação minuciosa dos dados relativos ao casamento deste com a mãe, desde que a filiação se presuma concebida na constância do matrimônio.

d) no caso de irmãos bilaterais não gêmeos, mas registrados na mesma ocasião, à respectiva ordem de nascimento em cada um dos assentos.

99. (Vunesp/TJ/SP/Cartórios/Ingresso/2018) A respeito da Declaração de Nascido Vivo, assinale a alternativa correta:

a) o nome do pai constante da Declaração de Nascido Vivo representa uma das formas legais de presunção da paternidade, entretanto, será qualificada como ineficaz, diante de negativa expressa da mãe na oportunidade do registro.

b) no registro de nascimento de criança com menos de 03 (três) anos de idade, nascida de parto sem assistência de profissional da saúde ou parteira, a Declaração de Nascido Vivo será preenchida pelo oficial de registro Civil que lavrará o assento de nascimento e será assinada também pelo declarante, dispensada a comunicação do ato ao Ministério Público.

c) o assento de nascimento deverá conter o número de identificação da Declaração de Nascido Vivo.

d) constitui motivo para recusa, devolução ou solicitação de retificação da Declaração de Nascido Vivo por parte do Registrador Civil, a omissão do nome do recém-nascido ou do nome do pai.

100. (Vunesp/TJ/SP/Cartórios/Ingresso/2018) De acordo com a disciplina que envolve o registro de nascimento, é correto afirmar que:

a) as declarações de nascimento feitas após o decurso do prazo legal somente serão registradas mediante 0 implemento de despacho do juiz corregedor permanente.

b) em caráter de exceção, permite-se a lavratura do assento em local diverso da ocorrência do parto ou da residência dos pais, sob a conjuntura do evento morte do registrando com idade inferior a 01 (um) ano.

c) o evento morte do registrando com idade inferior a 01 (um) ano não faz operar a atração da competência do assento de nascimento para o mesmo Registro Civil das Pessoas Naturais com atribuição para lavrar o óbito.

d) poderão ser adotados sobrenomes do pai, da mãe ou de ambos, sendo que o sobrenome da família materna deverá anteceder ao da linha paterna.

101. (Consulplan/TJ/MG/Cartórios/Ingresso/2018) "João e Isabela nasceram em Teófilo Otoni/MG no ano 2000 e tiveram o ato de nascimento registrado em cartório daquela cidade. Aos 17 anos, domiciliado em Belo Horizonte/MG, ele foi emancipado por outorga dos pais. Depois, João e Isabela, ambos com 17 anos, casaram-se entre si (sem provimento jurisdicional algum acerca desse casamento) e migraram do Brasil para os Estados Unidos da América, onde passaram a trabalhar em empresa privada daquele país (nenhum deles a serviço do Brasil). Em razão da emigração, deixaram de ter domicílio no Brasil. Em 2018, tiveram um filho comum naquele país e registraram seu nascimento no Consulado Brasileiro na cidade de Boston. Isabela aproveitou o comparecimento ao consulado e firmou, perante o cônsul, procuração pública em que outorgou poderes para que o mandatário a representasse no Brasil em ato pelo qual o pai dela lhe doaria um imóvel na cidade de Teófilo Otoni/MG." Acerca da emancipação de João, tem-se que, para sua hígida e regular constituição:

a) fora outorgada por escritura pública, registrada no Livro "E" do 1º Subdistrito do Registro Civil das Pessoas Naturais de Belo Horizonte/MG e anotada no assento de nascimento de João.

b) pode haver sido outorgada pelos pais de João mediante escritura pública lavrada em cartório de notas de qualquer comarca do país, com obrigatória participação de João, e o ato de emancipação teve de ser registrado no Livro "E" do 1º Ofício de Registro Civil das Pessoas Naturais de Brasília – DF e anotado no assento de nascimento de João.

c) pode haver sido outorgada pelos pais de João, mediante escritura pública lavrada em cartório de notas de qualquer comarca do país, com obrigatória participação de João, e o ato de emancipação teve de ser registrado no Livro "E" do 1º Ofício de Registro Civil das Pessoas Naturais de Teófilo Otoni/MG e anotado no assento de nascimento de João, no Livro "A" do Cartório de Registro Civil das Pessoas Naturais de Teófilo Otoni/MG.

d) pode haver sido outorgada pelos pais de João, mediante escritura pública lavrada em cartório de notas de qualquer comarca do país, na qual fora prescindível a participação do próprio João (que também ficara dispensado de confirmar o ato em outra escritura pública), e o ato de emancipação deve ser levado a registro no Livro "E" do 1º Subdistrito do Registro Civil das Pessoas Naturais de Belo Horizonte/MG e a registro no Livro "A" do mesmo Ofício do Registro Civil das Pessoas Naturais de Teófilo Otoni/MG em que se registrara o nascimento de João.

102. (Consulplan/TJ/MG/Cartórios/Remoção/2018) No que tange ao assento de nascimento, nos termos da Lei nº 6.015/73, analise as afirmativas a seguir.

I. o nome do pai constante da Declaração de Nascido Vivo não constitui prova ou presunção da paternidade, somente podendo ser lançado no registro de nascimento quando verificado nos termos da legislação civil vigente.

II. nos nascimentos frutos de partos sem assistência de profissionais da saúde ou parteiras tradicionais, a Declaração de Nascido Vivo será emitida pelos Oficiais de Registro Civil que lavrarem o registro de nascimento, sempre que haja demanda das Secretarias Estaduais ou Municipais de Saúde para que realizem tais emissões.

III. quando o declarante não indicar o nome completo, o oficial lançará adiante do prenome escolhido sempre o nome do pai, e na falta, o da mãe, se forem conhecidos e não o impedir a condição de ilegitimidade, salvo reconhecimento no ato.

IV. a naturalidade poderá ser do Município em que ocorreu o nascimento ou do Município de residência do pai do registrando na data do nascimento, desde que localizado em território nacional, e a opção caberá ao declarante no ato de registro do nascimento.

Estão corretas as afirmativas:

a) I, II, III e IV.

b) I e II, apenas.

c) III e IV, apenas.

d) I, II e IV, apenas.

103. (Consulplan/TJ/MG/Cartórios/Remoção/2017) Quanto ao registro de nascimento, assinale a proposição correta:

a) todo nascimento que ocorrer no território nacional deverá ser dado a registro, no lugar em que tiver ocorrido o parto ou no lugar da residência dos pais, dentro do prazo de quinze dias, que será ampliado em até três meses para os lugares distantes mais de cinquenta quilômetros da sede do cartório.

b) os oficiais do registro civil não registrarão prenomes suscetíveis de expor ao ridículo os seus portadores. Quando os pais não se conformarem com a recusa do oficial, este submeterá por escrito o caso, mediante os emolumentos devidos, à decisão do Juiz competente.

c) quando o oficial tiver motivo para duvidar da declaração, poderá ir à casa do recém-nascido verificar a sua existência, ou exigir a atestação do médico ou da parteira que tiver assistido o parto, ou o testemunho de três pessoas que tiverem visto o recém-nascido.

d) os índios, enquanto não integrados, não estão obrigados a inscrição do nascimento. Este poderá ser feito em livro próprio do órgão federal de assistência aos índios.

104. (Ieses/TJ/RO/Cartórios/Remoção/2017) O assento do nascimento deverá conter:

I. os nomes e prenomes, a profissão e a residência das duas testemunhas do assento, quando se tratar de parto ocorrido sem assistência médica em residência ou fora de unidade hospitalar ou casa de saúde.
II. o sexo do registrando.
III. o nome e o prenome, que forem postos à criança.
IV. o fato de ser gêmeo, quando assim tiver acontecido.

A sequência correta é:

a) as assertivas I, II, III e IV estão corretas.
b) apenas a assertiva II está correta.
c) a assertiva IV está incorreta.
d) apenas as assertivas I e IV estão corretas.

105. (Ieses/TJ/RO/Cartórios/Remoção/2017) O nome do pai constante da Declaração de Nascido Vivo:

a) constitui prova incontestável da paternidade, podendo ser lançado no registro de nascimento nos termos da legislação civil vigente.
b) não constitui prova ou presunção da paternidade, somente podendo ser lançado no registro de nascimento quando verificado nos termos da legislação civil vigente.
c) constitui prova da paternidade, quando acompanhada de declaração verbal da genitora, podendo ser lançado no registro de nascimento nos termos da legislação civil vigente.
d) constitui presunção da paternidade, podendo ser lançado no registro de nascimento nos termos da legislação civil vigente.

106. (Ieses/TJ/RO/Cartórios/Remoção/2017) Em relação ao registro das pessoas naturais e o prenome, pode-se afirmar:

I. o prenome será definitivo, não sendo admitido a sua substituição por apelidos públicos notórios.
II. no caso de gêmeos, será declarada no assento especial de cada um a ordem de nascimento.
III. serão obrigados a duplo prenome, ou a nome completo diverso, os irmãos a que se pretender dar o mesmo prenome.
IV. os gêmeos que tiverem o prenome igual deverão ser inscritos com duplo prenome ou nome completo diverso, de modo que possam distinguir-se.

A sequência correta é:

a) as assertivas I, II, III e IV estão corretas.
b) apenas as assertivas I e IV estão corretas.
c) a assertiva I está incorreta.
d) apenas a assertiva IV está correta.

107. (Consulplan/TJ/MG/Cartórios/Ingresso/2017) Acerca do registro de nascimento, assinale a alternativa correta:

a) caso o produto da concepção tenha sido expulso ou extraído do ventre materno sem vida, serão lavrados o registro de nascimento e, a seguir, o de óbito, com os elementos cabíveis e as remissões recíprocas.
b) se a criança falecer logo após o parto, tendo, no entanto, manifestado qualquer sinal de vida, o registro será lavrado no Livro "C Auxiliar", de registro de natimortos.
c) se a criança falecer logo após o parto, tendo, no entanto, manifestado qualquer sinal de vida, serão lavrados o registro de nascimento e, a seguir, o de óbito, com os elementos cabíveis e as remissões recíprocas.
d) se a criança falecer logo após o parto, tendo, no entanto, manifestado qualquer sinal de vida, será lavrado apenas o registro de óbito, fazendo-se constar de suas margens referência a esta circunstância.

108. (Consulplan/TJ/MG/Cartórios/Remoção/2017) Acerca do Registro Civil das Pessoas Naturais, assinale a alternativa correta:

a) o nome do pai constante da Declaração de Nascido Vivo – DNV não constitui prova ou presunção de paternidade, somente podendo este ser lançado no registro de nascimento quando verificado nos termos da legislação civil vigente.
b) presumem-se concebidos na constância do casamento os filhos nascidos cento e oitenta dias, pelo menos, depois de estabelecida a convivência conjugal, mas a filiação materna ou paterna não pode resultar de casamento declarado nulo.
c) quando o declarante não informar o nome completo, o oficial de registro acrescerá, ao prenome escolhido, o sobrenome da mãe e após o do pai, nesta ordem, observada a necessidade de se evitarem combinações que exponham ao ridículo.
d) a omissão do nome do recém-nascido constitui motivo para recusa, devolução ou solicitação de retificação da Declaração de Nascido Vivo – DNV por parte do Registrador Civil das Pessoas Naturais.

109. (Consulplan/TJ/MG/Cartórios/Remoção/2017) Sobre o registro tardio de nascimento, assinale a alternativa correta:

a) em caso de impedimento do pai e da mãe, o parente mais próximo, sendo maior, achando-se presente, é obrigado a fazer declaração de nascimento em 45 dias da data de nascimento; após este prazo deverá ser observado o procedimento devido a registro tardio de nascimento.
b) é impeditivo para o registro tardio de nascimento a ausência de fotografia do registrando, mesmo que fundamentada a impossibilidade de sua prestação.
c) sendo o registrando menor de 12 (doze) anos de idade, ficará dispensado o requerimento escrito e o comparecimento das testemunhas se for apresentada pelo declarante a Declaração de Nascido Vivo – DNV instituída pela Lei n. 12.662, de 05 de junho de 2012.
d) o oficial, ou preposto que expressamente autorizar, realizará a entrevista das testemunhas em conjunto e reduzirá a termo as declarações colhidas.

110. (Ieses/TJ/RO/Cartórios/Ingresso/2017) Assinale a alternativa incorreta:

a) no caso de ter a criança nascido morta, será o registro feito no livro "C Auxiliar", com os elementos que couberem.
b) todo nascimento que ocorrer no território nacional deverá ser dado a registro, no lugar em que tiver ocorrido o parto ou no lugar da residência dos pais, dentro do prazo de quinze dias, que será ampliado em até três meses para os lugares distantes mais de trinta quilômetros da sede do cartório.
c) os índios, mesmo os não integrados, estão obrigados a inscrição do nascimento.
d) quando o oficial tiver motivo para duvidar da declaração, poderá ir à casa do recém-nascido verificar a sua existência, ou exigir a atestação do médico ou parteira que tiver assistido o parto, ou o testemunho de duas pessoas que não forem os pais e tiverem visto o recém-nascido.

111. (Ieses/TJ/RO/Cartórios/Ingresso/2017) Em relação ao natimorto, o livro correto para registro é:

a) Livro B Auxiliar.
b) Livro B.
c) Livro C.
d) Livro C Auxiliar.

1.2.5. Da Habilitação para o Casamento (arts. 67 a 69)

QUESTÕES OBJETIVAS

112. (Ieses/TJ/TO/Cartórios/Ingresso/2022) A Lei de Registros Públicos (LRP – Lei nº 6.015/73) estabelece vários atos que podem ser praticados no registro civil de pessoas naturais, dentre eles o casamento, que deve atender a vários requisitos legais. No que tange à habilitação para o casamento, é incorreto afirmar o seguinte:

a) A celebração do casamento poderá ser realizada, a requerimento dos nubentes, em meio eletrônico, por sistema de videoconferência em que se possa verificar a livre manifestação da vontade dos contraentes.

b) A eficácia da habilitação será de trinta dias, a contar da data em que foi extraído o certificado.

c) Se estiver em ordem a documentação, o oficial de registro dará publicidade, em meio eletrônico, à habilitação e extrairá, no prazo de até 5 (cinco) dias, o certificado de habilitação, podendo os nubentes contrair matrimônio perante qualquer serventia de registro civil de pessoas naturais, de sua livre escolha, observado o prazo de eficácia de noventa dias, a contar da data em que foi extraído o certificado.

d) Na habilitação para o casamento, os interessados, apresentando os documentos exigidos pela lei civil, requererão ao oficial do registro do distrito de residência de um dos nubentes, que lhes expeça certidão de que se acham habilitados para se casarem.

113. (Ieses/TJ/TO/Cartórios/Ingresso/2022) A ODS (Objetivos de Desenvolvimento Sustentável)16 da Agenda 2030 tem como principal objetivo promover inclusão social e justiça a todo cidadão em paridade e em todos os níveis. Um dos pontos é que, até 2030, haja fornecimento de identidade legal para todos, incluindo a certidão de nascimento que é uma das atribuições do Registro Civil das Pessoas Naturais – RCPN. Sobre as atribuições do RCPN de registro de nascimento, óbito e casamento é incorreto afirmar o seguinte:

a) O oficial do RCPN juntará, a cada um dos livros da serventia, índice alfabético dos assentos lavrados pelos nomes das pessoas a quem se referirem. O índice alfabético poderá, a critério do oficial, ser organizado pelo sistema de fichas, desde que preencham estas os requisitos de segurança, comodidade e pronta busca.

b) Na habilitação para o casamento, os interessados, apresentando os documentos exigidos pela lei civil, requererão ao oficial de registro de imóveis do distrito de residência de um dos nubentes, que lhes expeça certidão de que se acham habilitados para casar.

c) A testemunha para os assentos de registro deve satisfazer as condições exigidas pela lei civil, sendo admitido o parente, em qualquer grau, do registrado e quando a testemunha não for conhecida do oficial do registro, deverá apresentar documento hábil da sua identidade, do qual se fará, no assento, expressa menção.

d) Do matrimônio, logo depois de celebrado, será lavrado assento, assinado pelo presidente do ato, os cônjuges, as testemunhas e o oficial.

114. (Ieses/TJ/RO/Cartórios/Remoção/2021) Sobre a habilitação para o casamento é correto afirmar, exceto:

a) Na habilitação para o casamento, os interessados, apresentando os documentos exigidos pela lei civil, requererão ao oficial do registro do distrito de residência de um dos nubentes, que lhes expeça certidão de que se acham habilitados para se casarem.

b) Se o interessado quiser justificar fato necessário à habilitação para o casamento, deduzirá sua intenção perante o Juiz competente, em petição circunstanciada indicando testemunhas e apresentando documentos que comprovem as alegações.

c) Para a dispensa de proclamas, nos casos previstos em lei, os contraentes, em petição dirigida ao Juiz, deduzirão os motivos de urgência do casamento, provando-a, desde logo, com documentos ou indicando outras provas para demonstração do alegado.

d) Se os nubentes residirem em diferentes distritos do Registro Civil, em um ou em outro se publicará e se registrará o edital.

115. (Cespe/TJ/DFT/Cartórios/Remoção/2019) Na hipótese de existência de razão de urgência para a realização do casamento, o pedido de dispensa dos proclamas poderá ser feito pelos contraentes, por meio de petição, que será dirigida:

a) ao oficial de registro, que irá deferir o pedido se houver prova irrefutável da urgência e se o fato alegado não constituir crime.

b) ao oficial de registro, se houver quatro testemunhas capazes e idôneas para atestar o fato alegado como razão de urgência.

c) ao oficial do registro, que verificará a plausibilidade das provas apresentadas e encaminhará o pedido ao juiz competente.

d) ao juiz competente, que dispensará a oitiva do Ministério Público somente quando o fato alegado não configurar crime.

e) ao juiz competente, indicando as razões de urgência e juntando ou indicando provas do fato alegado.

116. (Vunesp/TJ/RS/Cartórios/Ingresso/2019) Caio e Sandra, ele francês e ela brasileira, ambos maiores, divorciados, pretendem se casar no Brasil em seu RCPN. Assumindo que ele tenha visto válido no País, assinale a alternativa que apresenta corretamente a documentação básica necessária para dar entrada na habilitação do casamento.

a) Dele: passaporte francês; certidão de casamento com averbação de divórcio ou equivalente, desde que registrada em RTD. Dela: cédula de identidade e certidão de nascimento com anotação do divórcio. As certidões de ambos deverão ter prazo máximo de expedição de 60 dias, na data de autuação da habilitação.

b) Dele: passaporte francês ou outra identidade válida em território nacional; certidão de casamento com averbação de divórcio ou equivalente, traduzida por tradutor juramentado e registrada em RTD (Registro de Títulos e Documentos). Dela: documento de identidade e certidão de casamento com averbação de divórcio (prazo máximo de expedição de 60 dias, na data de autuação da habilitação).

c) Dele: documento de identidade francês válido; certidão de casamento com averbação do divórcio ou equivalente, devidamente legalizada, registrada em RTD. Dela: documento de identidade e certidão de nascimento com anotação de divórcio ou de casamento, com averbação de divórcio (em qualquer caso, prazo máximo de expedição de 60 dias, na data de autuação da habilitação).

d) Dele: passaporte francês ou outra identidade válida em território nacional; certidão de nascimento ou casamento com averbação de divórcio, traduzida por tradutor público juramentado e registradas em RTD. Dela: documento de identidade e certidão de nascimento ou de casamento, com averbação de divórcio. As certidões de ambos deverão ter prazo máximo de expedição de 60 dias, na data de autuação da habilitação.

e) Dele: passaporte francês ou outra identidade válida em território nacional; atestado consular, certidão de nascimento ou casamento com averbação de divórcio, traduzida por tradutor público juramentado, devidamente legalizada, e registrada em RTD. Dela: cédula de identidade e certidão de casamento com averbação de divórcio (prazo máximo de expedição de 60 dias, na data de autuação da habilitação).

117. (Vunesp/TJ/AL/Cartórios/Ingresso/2019) Assinale a alternativa correta sobre o processo de habilitação para o casamento.

a) É dever do oficial do registro esclarecer os nubentes sobre os diversos regimes de bens que podem ser adotadas no casamento.
b) Para serem esclarecidos sobre os diversos regimes de bens que podem ser adotadas no casamento, o oficial de registro deverá orientar os nubentes para que consultem um advogado.
c) Para serem esclarecidos sobre os diversos regimes de bens que podem ser adotados no casamento, o oficial de registro deverá orientar os nubentes para que consultem um notário.
d) O oficial do registro deverá silenciar-se quanto à escolha do regime de bens pelos nubentes, pois não é de seu dever intrometer-se nessa questão.

118. (Ieses/TJ/CE/Cartórios/Ingresso/2018) Assinale a alternativa correta:

a) o Ministério Público não se manifesta sobre o pedido de habilitação para o casamento.
b) se os nubentes residirem em diferentes distritos do Registro Civil, se publicará e se registrará o edital no registro do nubente mais velho.
c) o princípio da rogação(instância) não é aplicado ao registro civil de pessoas naturais.
d) quando o casamento se der em circunscrição diferente daquela da habilitação, o oficial do registro comunicará ao da habilitação esse fato, com os elementos necessários às anotações nos respectivos autos.

119. (Vunesp/TJ/SP/Cartórios/Ingresso/2018) A propósito da conversão da união estável em casamento, assinale a alternativa correta:

a) a união estável poderá converter-se em casamento mediante pedido dos companheiros ao Juiz Corregedor Permanente, independentemente de prévia habilitação para o casamento.
b) não se admite, para fins de registro, a conversão de união estável em casamento de pessoas do mesmo sexo.
c) o processo de habilitação se desenvolve sob o mesmo rito previsto para o casamento, devendo constar dos editais que se trata de conversão, seguindo-se a lavratura do respectivo assento independentemente de autorização do Juiz Corregedor Permanente, prescindindo o registro da celebração do matrimônio.
d) o assento de conversão da união estável em casamento será lavrado imediatamente após a celebração do matrimônio, com expressa indicação da data do início de seu estabelecimento.

120. (Vunesp/TJ/SP/Cartórios/Ingresso/2018) Apresentado requerimento de habilitação para o casamento, constatou-se que o nubente contava com dezessete anos de idade, mas tinha sido emancipado, enquanto a nubente possuía dezessete anos, porém estava sob tutela. Nesse caso hipotético, no que concerne à autorização para contrair matrimônio, deve o oficial do cartório de Registro Civil exigir autorização:

a) dos genitores da nubente sob tutela ou ato judicial que a supra.
b) do tutor da nubente ou ato judicial que a supra.
c) dos genitores de ambos os nubentes ou ato judicial que a supra.
d) dos genitores do nubente emancipado, bem como de um curador especial nomeado para a nubente sob tutela ou ato judicial que a supra.

121. (Ieses/TJ/RO/Cartórios/Ingresso/2017) Em relação a habilitação para o casamento assinale a alternativa correta:

a) os autos da justificação serão encaminhados ao juízo competente para serem anexados ao processo da habilitação matrimonial.
b) se os nubentes residirem em diferentes distritos do Registro Civil, deverá ser escolhido o distrito no qual se publicará e se registrará o edital.
c) a dispensa de proclamas deve ser feita por meio de petição endereçada e fundamentada ao tabelião competente.
d) na habilitação para o casamento, os interessados, apresentando os documentos exigidos pela lei civil, requererão ao oficial do registro do distrito de residência de um dos nubentes, que lhes expeça certidão de que se acham habilitados para se casarem.

1.2.6. Do Casamento (art. 70)

QUESTÕES OBJETIVAS

122. (Ieses/TJ/TO/Cartórios/Remoção/2022) Sobre o casamento civil, pode-se afirmar:

I. A celebração poderá ser realizada, a requerimento dos nubentes, em meio eletrônico, por sistema de videoconferência em que se possa verificar a livre manifestação da vontade dos contraentes.
II. A lei não admite a conversão da união estável em casamento.
III. A celebração ocorrerá obrigatoriamente perante oficial de registro civil de pessoas naturais de modo presencial.
IV. A conversão da união estável em casamento deverá ser requerida pelos companheiros perante o oficial de registro civil de pessoas naturais de sua residência. A conversão da união estável dependerá da superação dos impedimentos legais para o casamento, sujeitando-se à adoção do regime patrimonial de bens, na forma dos preceitos da lei civil.

A sequência correta é:

a) Apenas as assertivas I e II estão corretas.
b) As assertivas I, II, III e IV estão corretas.
c) Apenas a assertiva IV está incorreta.
d) Apenas as assertivas I e IV estão corretas.

123. (Vunesp/TJ/AL/Cartórios/Ingresso/2019) Assinale a alternativa correta quanto ao nome civil da pessoa natural.

a) O oficial deverá evitar os registros suscetíveis de expor a ridículo seus portadores, e, se houver insistência do interessado, submeter o caso ao Conselho Nacional de Justiça (CNJ). independentemente da cobrança de quaisquer emolumentos.
b) Quando o declarante de nascimento não indicar a nome completo do registrando, o oficial suspenderá a lavratura do assento e assinalará prazo razoável para que ele retome com o nome completo.
c) O interessado, no primeiro ano após ter atingido 21 (vinte e um) anos, poderá, pessoalmente ou por procurador bastante, alterar o nome, desde que não prejudique os apelidos de família, averbando-se a alteração que será publicada pela imprensa.
d) No processamento do casamento, qualquer dos nubentes, querendo, poderá acrescer ao sou o sobrenome do outro, vedada a supressão total do sobrenome de solteiro.

124. (Vunesp/TJ/RS/Cartórios/Remoção/2019) Leia as assertivas a seguir a respeito do casamento civil e assinale a alternativa correta.

I. O contraente analfabeto, além da colheita de sua impressão digital, necessitará de alguém que assine, a rogo dele, e, além disso, mais quatro testemunhas. Por outro lado, o consentimento de pais analfabetos para que filhos menores se casem, poderá ser dado por colheita da impressão digital diretamente nos autos de habilitação; por meio de pessoa, a rogo, na presença de duas testemunhas ou por intermédio de procurador nomeado por instrumento público.

II. A transformação da união estável em casamento dependerá do pedido formulado perante o ORCPN e deferido pelo Juiz competente, mas não poderá nunca mencionar o prazo inicial da convivência, por se tratar de informação irrelevante e contrastante com a finalidade do casamento.

III. No regime da comunhão de aquestos, durante o casamento, cada consorte vive como se o regime fosse o da separação de bens e, com o fim da sociedade conjugal, apuram-se os bens que o casal possui naquele momento, a qualquer título, dividindo-se em metades iguais entre eles.

a) Apenas a assertiva II está correta.
b) Apenas a assertiva I está correta.
c) Todas as assertivas estão incorretas.
d) As assertivas II e III estão corretas.
e) As assertivas I e III estão corretas.

125. (Consulplan/TJ/MG/Cartórios/Ingresso/2018) "João e Isabela nasceram em Teófilo Otoni/MG no ano 2000 e tiveram o ato de nascimento registrado em cartório daquela cidade. Aos 17 anos, domiciliado em Belo Horizonte/MG, ele foi emancipado por outorga dos pais. Depois, João e Isabela, ambos com 17 anos, casaram-se entre si (sem provimento jurisdicional algum acerca desse casamento) e migraram do Brasil para os Estados Unidos da América, onde passaram a trabalhar em empresa privada daquele país (nenhum deles a serviço do Brasil). Em razão da emigração, deixaram de ter domicílio no Brasil. Em 2018, tiveram um filho comum naquele país e registraram seu nascimento no consulado brasileiro na cidade de Boston. Isabela aproveitou o comparecimento ao consulado e firmou, perante o cônsul, procuração pública em que outorgou poderes para que o mandatário a representasse no Brasil em ato pelo qual o pai dela lhe doaria um imóvel na cidade de Teófilo Otoni/MG." Para regular habilitação, celebração e registro do casamento entre João e Isabela:

a) dispensou-se autorização dos pais de Isabela, já que ela tinha idade núbil, mas o regime de bens teve de ser o da separação obrigatória de bens.
b) necessariamente, houve prévia autorização dos pais dela para casar-se, razão por que o casamento somente pode ter sido celebrado sob regime da separação obrigatória de bens.
c) dispensou-se autorização dos pais de Isabela, já que ela tinha idade núbil, e o regime de bens pode ter sido livremente escolhido, mediante lavratura de escritura pública de pacto antenupcial.
d) necessariamente, houve prévia autorização dos pais dela para casar-se e o casamento pode ter sido celebrado sob regime de bens livremente escolhido mediante lavratura de escritura pública de pacto antenupcial.

126. (Vunesp/TJ/SP/Cartórios/Ingresso/2018) Sobre o casamento, é correto afirmar que:

a) a escritura de pacto antenupcial deverá ser anexada aos autos da habilitação, devendo constar do respectivo assento de casamento somente a menção de sua existência, vedada a indicação do cartório em cujas notas foi lavrada.
b) qualquer dos nubentes, querendo, poderá acrescer ao seu o sobrenome do outro.
c) a dispensa dos proclamas, nos casos previstos em lei, será submetida à decisão do Registrador Civil processante, com a audiência obrigatória do Ministério Público.
d) o casamento pode celebrar-se mediante procuração com eficácia limitada ao prazo de 90 (noventa) dias, por instrumento público ou particular com firma reconhecida.

1.2.7. Do Registro do Casamento Religioso p/ Efeitos Civis (arts. 71 a 75)

QUESTÕES OBJETIVAS

127. (UFPR/TJ/PR/Cartórios/Remoção/2019) Pedro e Camila casaram-se no religioso, e, após 5 anos, resolveram realizar o casamento civil. Diante dessa situação, é correto afirmar:

a) O casamento religioso, celebrado sem a prévia habilitação perante o Oficial Registrador, poderá ser registrado, a requerimento dos nubentes, mediante apresentação da prova da celebração do ato religioso e dos documentos exigidos pela lei, suprindo eles eventual falta de requisitos nos termos de celebração.
b) O casamento religioso poderá ser registrado, a requerimento dos nubentes, para que lhe sejam atribuídos os efeitos do casamento civil, desde que ambos tenham realizado, à época do casamento religioso, prévia habilitação perante o Oficial Registrador.
c) O casamento religioso, celebrado sem a prévia habilitação perante o Oficial Registrador, poderá ser registrado, a requerimento do celebrante, mediante apresentação da prova da celebração do ato religioso e dos documentos exigidos pela lei, suprindo eles eventual falta de requisitos nos termos de celebração.
d) O casamento religioso poderá ser registrado, a requerimento dos nubentes, para que lhe sejam atribuídos os efeitos do casamento civil, somente se a cerimônia de celebração do casamento religioso tiver atendido aos mesmos requisitos da cerimônia de celebração do casamento civil.
e) O casamento religioso somente poderá ser registrado, a requerimento dos nubentes, para que lhe sejam atribuídos os efeitos do casamento civil, na ocorrência de prévia habilitação perante o Oficial Registrador e desde que o pedido de registro ocorra dentro do prazo de 90 dias após a celebração.

128. (Vunesp/TJ/SP/Cartórios/Ingresso/2018) Sobre o casamento religioso para efeitos civis, é correto afirmar que:

a) o registro no Livro B-Auxiliar produzirá efeitos jurídicos a contar da celebração do casamento.
b) o casamento religioso celebrado sem as formalidades exigidas pela lei civil jamais poderá ser registrado.
c) apresentado o termo do casamento religioso para fins de registro, o Registrador Civil deverá formalizar a lavratura do ato no prazo de 48 (quarenta e oito) horas.
d) o registro civil do casamento religioso deverá ser promovido dentro de 90 (noventa) dias de sua realização, desde que previamente certificada a habilitação. Expirado o prazo, ainda que se proceda a nova habilitação, o registro não poderá mais ser autorizado.

1.2.8. Do Casamento em Iminente Risco de Vida (art. 76)

QUESTÕES OBJETIVAS

129. (Ieses/TJ/TO/Cartórios/Remoção/2022) Ocorrendo iminente risco de vida de algum dos contraentes, e não sendo possível a presença da autoridade competente para presidir o ato, o casamento poderá realizar-se na presença de:

a) 2 (duas) testemunhas, que comparecerão, dentro de 7 (sete) dias, perante a autoridade judiciária mais próxima, a fim de que sejam reduzidas a termo suas declarações.
b) 6 (seis) testemunhas, que comparecerão, dentro de 5 (cinco) dias, perante a autoridade judiciária mais próxima, a fim de que sejam reduzidas a termo suas declarações.
c) 3 (três) testemunhas, que comparecerão, dentro de 7 (sete) dias, perante a autoridade judiciária mais próxima, a fim de que sejam reduzidas a termo suas declarações.
d) 5 (cinco) testemunhas, que comparecerão, dentro de 5 (cinco) dias, perante a autoridade judiciária mais próxima, a fim de que sejam reduzidas a termo suas declarações.

130. (Ieses/TJ/AM/Cartórios/Ingresso/2018) Em relação ao casamento, assinale a alternativa correta:

a) o assento ou termo somente conterá a data da celebração, o lugar, o culto religioso, o nome do celebrante, sua qualidade, o cartório que expediu a habilitação, sua data, os nomes, profissões, residências, nacionalidades dos cônjuges, não sendo a qualificação das testemunhas.
b) no casamento são necessárias cinco testemunhas para que o ato tenha validade.
c) o casamento religioso, celebrado sem a prévia habilitação, perante o oficial de registro público, não poderá ser registrado.
d) ocorrendo iminente risco de vida de algum dos contraentes, e não sendo possível a presença da autoridade competente para presidir o ato, o casamento poderá realizar-se na presença de seis testemunhas, que comparecerão, dentro de 5 (cinco) dias, perante a autoridade judiciária mais próxima, a fim de que sejam reduzidas a termo suas declarações.

131. (Ieses/TJ/RO/Cartórios/Remoção/2017) Ocorrendo iminente risco de vida de algum dos contraentes, e não sendo possível a presença da autoridade competente para presidir o ato, o casamento poderá realizar-se:

a) na presença de seis testemunhas, que comparecerão, dentro de quinze dias, perante a autoridade judiciária mais próxima, a fim de que sejam reduzidas a termo suas declarações.
b) na presença de três testemunhas, que comparecerão, dentro de cinco dias, perante a autoridade judiciária mais próxima, a fim de que sejam reduzidas a termo suas declarações.
c) na presença de seis testemunhas, que comparecerão, dentro de cinco dias, perante a autoridade judiciária mais próxima, a fim de que sejam reduzidas a termo suas declarações.
d) na presença de cinco testemunhas, que comparecerão, dentro de dez dias, perante a autoridade judiciária mais próxima, a fim de que sejam reduzidas a termo suas declarações.

132. (Ieses/TJ/RO/Cartórios/Ingresso/2017) Assinale a alternativa correta:

a) ocorrendo iminente risco de vida de algum dos contraentes, e não sendo possível a presença da autoridade competente para presidir o ato, o casamento poderá realizar-se na presença de seis testemunhas, que comparecerão, dentro de 5 (cinco) dias, perante a autoridade judiciária mais próxima, a fim de que sejam reduzidas a termo suas declarações.
b) os assentos de óbitos de pessoas falecidas a bordo de navio brasileiro serão lavrados no Distrito Federal.
c) a cremação de cadáver será feita daquele que houver manifestado a vontade de ser incinerado ou por manifestação de vontades dos parentes próximos e se o atestado de óbito houver sido firmado por 2 (dois) médicos ou por 1 (um) médico legista.
d) não é necessário a inclusão do prenome e da profissão no assento de óbito.

1.2.9. Do Óbito (arts. 77 a 88)

QUESTÕES OBJETIVAS

133. (Ieses/TJ/TO/Cartórios/Remoção/2022) No caso de a criança morrer na ocasião do parto, tendo, entretanto, respirado:

a) será dispensado o assento de nascimento.
b) será dispensado o assento de óbito.
c) será feito o assento do nascimento com os elementos que couberem e com remissão a este.
d) serão feitos dois assentos, o de nascimento e o de óbito, com os elementos cabíveis e com remissões recíprocas.

134. (Ieses/TJ/TO/Cartórios/Ingresso/2022) A certidão de óbito é um documento fundamental para comprovar o falecimento e indispensável no ato de solicitações de benefícios, como pensão por morte e seguro de vida. Além disso, ela é requerida para dar entrada em inventário ou acessar o direito de usufruto e possibilitar novo casamento à parte viúva. Além disso, durante a pandemia do Covid 19, os dados dos óbitos fornecidos pelo registro civil de pessoas naturais foram importantes para a formação de estatísticas necessárias ao planejamento de políticas públicas relacionadas ao combate da calamidade global. A Lei de Registros Públicos (LRP – Lei nº 6.015/73) estabelece as diretrizes para a prática de tal ato registral. Sobre a temática é correto afirmar:

a) São obrigados a fazer declaração de óbitos o chefe de família, a respeito de sua mulher, filhos, hóspedes, agregados e fâmulos; a viúva, a respeito de seu marido, e de cada uma das pessoas indicadas no número antecedente; o filho, a respeito do pai ou da mãe; o irmão, a respeito dos irmãos e demais pessoas de casa, indicadas no nº 1; o parente mais próximo maior e presente; o administrador, diretor ou gerente de qualquer estabelecimento público ou particular, a respeito dos que nele faleceram, salvo se estiver presente algum parente em grau acima indicado; na falta de pessoa competente, nos termos dos números anteriores, a que tiver assistido aos últimos momentos do finado, o médico, o sacerdote ou vizinho que do falecimento tiver notícia; a autoridade policial, a respeito de pessoas encontradas mortas. Podendo a declaração ser feita por meio de preposto, autorizando-o o declarante em escrito, de que constem os elementos necessários ao assento de óbito.
b) Antes de proceder ao assento de óbito de criança de menos de 2 (dois) anos e maior de 1 (um) ano, o oficial verificará se houve registro de nascimento, que, em caso de falta, será previamente feito.
c) A cremação de cadáver somente será feita daquele que houver manifestado a vontade de ser incinerado ou no interesse da saúde pública e se o atestado de óbito houver sido firmado por 1 (um) médicos ou por 1 (um) médico legista no caso de morte violenta.
d) O oficial de registro civil sempre comunicará o óbito à Receita Federal e à Secretaria de Segurança Pública e ao INSS.

135. (Ieses/TJ/TO/Cartórios/Remoção/2022) O assento de óbito deverá conter, entre outros:

I. Se era eleitor.
II. Se deixou bens e herdeiros menores ou interditos; se faleceu com testamento conhecido.
III. A hora, se possível, dia, mês e ano do falecimento; lugar do sepultamento.
IV. Se era casado, o nome do cônjuge sobrevivente, mesmo quando desquitado; se viúvo, o do cônjuge pré-defunto; e o cartório de casamento em ambos os casos.

A sequência correta é:

a) Apenas as assertivas I e II estão corretas.
b) Apenas as assertivas I e IV estão corretas.
c) Apenas a assertiva III está incorreta.
d) As assertivas I, II, III e IV estão corretas.

136. (Vunesp/TJ/GO/Cartórios/Remoção/2021) Sobre o registro de óbito, assinale a alternativa correta.

a) É vedado o encaminhamento de partes do cadáver ou sua transferência a diferentes instituições de ensino ou pesquisa.
b) No caso de a criança morrer na ocasião do parto, tendo respirado, o registro será feito no Livro C-auxiliar.
c) É competente para o registro do óbito apenas o oficial de registro civil de pessoas naturais da circunscrição da residência do falecido.
d) É competente para o registro do óbito apenas o oficial de registro civil de pessoas naturais da circunscrição do lugar do falecimento.

137. (Ieses/TJ/SC/Cartórios/Remoção/2019) Sobre a lavratura de registro de óbito, pode-se afirmar que:

a) O Registrador Civil competente para lavrar o óbito de criança de menos de 1 (um) ano de idade também o será para a lavratura do registro de nascimento, qualquer que tenha sido o local deste, verificada a sua falta.
b) Para o registro do natimorto, que se dará no Livro "C Auxiliar", deverão estar presentes ambos os genitores que pretendam integrar o ato, mesmo se forem casados.
c) Em caso de morte violenta, a comunicação do óbito feita pela autoridade policial depende de ratificação pelos familiares do falecido para a lavratura do assento.
d) Não é possível a lavratura do óbito de pessoa desconhecida, por falta de elementos essenciais à constituição do registro.

138. (Vunesp/TJ/RS/Cartórios/Remoção/2019) Na lavratura do registro de óbito, o Oficial de RCPN tem que fazer constar, obrigatoriamente, a seguinte informação:

a) a residência dos pais.
b) o nome do hospital que atendeu o de cujus, mesmo em caso de morte em outro local.
c) o número da CNH do falecido, caso fosse motorista.
d) a hora do falecimento.
e) a variável raça/cor.

139. (Cespe/TJ/DFT/Cartórios/Remoção/2019) A lavratura do assento do óbito, quando não tiver sido feita antes do enterro, e ausentes o atestado do médico ou o de duas pessoas qualificadas, poderá ser feita:

a) por autorização judicial, quando a morte não decorrer de crime.
b) por autorização do Ministério Público, quando a morte decorrer de crime.
c) após reconhecimento judicial da impossibilidade de o oficial ter promovido o registro a tempo.
d) pela pessoa declarante, acompanhada de duas testemunhas que assistiram ao falecimento ou ao funeral e que atestem a identidade do falecido.
e) pelo juiz, que emitirá declaração acerca da identidade do cadáver, posteriormente à oitiva do Ministério Público.

140. (Consulplan/TJ/MG/Cartórios/Ingresso/2018) Analise as afirmativas a seguir de acordo com a Lei nº 6.015/73.

I. nenhum sepultamento será feito sem certidão do oficial de registro do lugar do falecimento ou do lugar de residência do "de cujus", quando o falecimento ocorrer em local diverso do seu domicílio, extraída após a lavratura do assento de óbito, em vista do atestado de médico, se houver no lugar, ou em caso contrário, de duas pessoas qualificadas que tiverem presenciado ou verificado a morte.
II. a cremação de cadáver somente será feita daquele que houver manifestado a vontade de ser incinerado ou no interesse da saúde pública e se o atestado de óbito houver sido firmado por 2 (dois) médicos ou por 1 (um) médico legista e, no caso de morte violenta, depois de autorizada pela autoridade policial.
III. na impossibilidade de ser feito o registro dentro de 24 (vinte e quatro) horas do falecimento, pela distância ou qualquer outro motivo relevante, o assento será lavrado depois, com a maior urgência, e dentro do prazo de 15 (quinze) dias, que será ampliado em até 6 (seis) meses para os lugares distantes mais de 30 (trinta) quilômetros da sede do cartório.
IV. antes de proceder ao assento de óbito de criança de menos de 1 (um) ano, o oficial verificará se houve registro de nascimento, que, em caso de falta, será previamente feito.

Estão corretas as afirmativas:

a) I, II, III e IV.
b) I e II, apenas.
c) I e IV, apenas.
d) II e III, apenas.

141. (Ieses/TJ/CE/Cartórios/Remoção/2018) No caso de ter a criança nascido morta:

a) não será necessário o registro.
b) será o registro feito no livro "C Auxiliar".
c) a lei faculta o registro.
d) será o registro feito no livro "B".

142. (Ieses/TJ/CE/Cartórios/Remoção/2018) Dentre outros itens, o assento de óbito deverá conter obrigatoriamente:

I. a hora, se possível, dia, mês e ano do falecimento.
II. o prenome, nome, sexo, idade, cor, estado, profissão, naturalidade, domicílio e residência do morto.
III. a opção político partidária, se filiado em partido político.
IV. se a morte foi natural ou violenta e a causa conhecida, com o nome dos atestantes.

A sequência correta é:

a) apenas a assertiva III está incorreta.
b) as assertivas I, II, III e IV estão corretas.
c) apenas as assertivas III e IV estão corretas.
d) apenas as assertivas I, II e III estão corretas.

143. (Ieses/TJ/CE/Cartórios/Ingresso/2018) Assinale a alternativa correta:

a) o assento de óbito não pode ser realizado por analfabetos.
b) o assento de óbito deve conter a informação se a pessoa era filiada à partido político.
c) a cremação de cadáver somente será feita daquele que houver manifestado a vontade de ser incinerado ou no interesse da

saúde pública e se o atestado de óbito houver sido firmado por 2 (dois) médicos ou por 1 (um) médico legista e, no caso de morte violenta, depois de autorizada pela autoridade judiciária.

d) os emolumentos relativos aos registros de óbito são fixados por lei federal.

144. (Ieses/TJ/AM/Cartórios/Ingresso/2018) Em relação ao óbito, assinale a alternativa incorreta:

a) o assento de óbito deverá conter o prenome, nome, sexo, idade, cor, estado, profissão, naturalidade, domicílio e residência do morto.

b) são obrigados a fazer declaração de óbitos o chefe de família, a respeito de sua mulher, filhos, hóspedes, agregados e fâmulos.

c) quando o assento for posterior ao enterro, faltando atestado de médico ou de duas pessoas qualificadas, assinarão, com a que fizer a declaração, duas testemunhas que tiverem assistido ao falecimento ou ao funeral e puderem atestar, por conhecimento próprio ou por informação que tiverem colhido, a identidade do cadáver.

d) o assento óbito deverá ser assinado pela pessoa que fizer a comunicação não podendo outra pessoa a seu rogo faze-lo, sendo vedado o que analfabetos façam o assento.

145. (Vunesp/TJ/SP/Cartórios/Ingresso/2018) Em relação ao registro de óbito, assinale a proposição verdadeira:

a) a cremação de cadáver somente será feita daquele que houver manifestado a vontade de ser incinerado ou no interesse da saúde pública, sendo desnecessário que o atestado seja firmado por um médico legista.

b) em caso de natimorto, o registro será efetuado no Livro C-Auxiliar, vedada a atribuição de nome ao registrado.

c) o registro de óbito após o prazo legal e o registro de óbito de cadáver destinado ao estudo e pesquisa, por escola de medicina, dependem, obrigatoriamente, da autorização do Juiz Corregedor Permanente.

d) a competência para a lavratura do assento de óbito é exclusiva do Registro Civil do lugar do falecimento.

146. (Ieses/TJ/RO/Cartórios/Remoção/2017) No caso de a criança morrer na ocasião do parto, tendo, entretanto, respirado, serão feitos:

a) o assento de natimorto.

b) apenas o assento de óbito, com os elementos cabíveis e com remissões recíprocas.

c) o assento de nascituro.

d) os dois assentos, o de nascimento e o de óbito, com os elementos cabíveis e com remissões recíprocas.

147. (Ieses/TJ/RO/Cartórios/Remoção/2017) Dentre outras informações, o assento de óbito deverá conter:

I. se era eleitor.

II. o prenome, nome, sexo, idade, cor, estado, profissão, naturalidade, domicílio e residência do morto.

III. se deixou filhos, nome e idade de cada um.

IV. se era filhado a partido político, indicando qual o partido e data de filiação.

A sequência correta é:

a) apenas as assertivas I e IV estão corretas.

b) apenas a assertiva II está correta.

c) a assertiva IV está incorreta.

d) as assertivas I, II, III e IV estão corretas.

148. (Ieses/TJ/RO/Cartórios/Remoção/2017) Sendo o finado desconhecido, o assento de óbito deverá conter, quando possível, dentre outras informações:

I. a declaração de estatura ou medida e a cor da pele.

II. sinais aparentes.

III. idade presumida.

IV. vestuário e qualquer outra indicação que possa auxiliar de futuro o seu reconhecimento.

A sequência correta é:

a) apenas as assertivas I e IV estão corretas.

b) a assertiva IV está incorreta.

c) apenas a assertiva II está correta.

d) as assertivas I, II, III e IV estão corretas.

1.2.10. Da Emancipação, Interdição e Ausência (arts. 89 a 94)

QUESTÕES OBJETIVAS

149. (Ieses/TJ/TO/Cartórios/Remoção/2022) A emancipação concedida por sentença judicial será anotada:

a) Gratuitamente para o interessado, independentemente de sua hipossuficiência econômica.

b) Às expensas do interessado.

c) Às expensas dos Estados, em se tratando de sentença de Juiz Estadual.

d) Às expensas da União, em se tratando de sentença de Juiz Federal.

150. (Vunesp/TJ/GO/Cartórios/Remoção/2021) Assinale a alternativa correta.

a) A averbação da sentença de interdição será feita no Livro E do registro civil da sede da comarca do domicílio do interdito.

b) O registro da sentença de interdição será feito no Livro E do registro civil da sede da comarca do domicílio do interdito.

c) O registro da sentença de interdição será feito no Livro E do registro civil da sede da comarca do registro de nascimento do interdito.

d) A averbação da sentença de interdição será feita no Livro E do registro civil da sede da comarca do registro de nascimento do interdito.

151. (Ieses/TJ/SC/Cartórios/Ingresso/2019) Nos termos do art. 94, da Lei nº 6.015/73, o registro das sentenças declaratórias de ausência, que nomearem curador, será feita no cartório do domicílio anterior do ausente, com as mesmas cautelas e efeitos do registro de interdição. Assinale a alternativa que indica tudo o que deve ser declarado no registro nos termos do citado dispositivo legal:

a) Data da sentença, nome e vara do Juiz que a proferiu; nome, estado, profissão, domicílio e residência do curador e os limites da curatela.

b) Data do registro; nome, idade, estado civil, profissão e domicílio anterior do ausente, data e cartório em que foram registrados o nascimento e o casamento, bem como o nome do cônjuge, se for casado; tempo de ausência até a data da sentença; nome do promotor do processo; data da sentença, nome e vara do Juiz que a proferiu; nome, estado, profissão, domicílio e residência do curador e os limites da curatela.

c) Tempo de ausência até a data da sentença; nome do promotor do processo; data da sentença, nome e vara do Juiz que a proferiu; nome, estado, profissão, domicílio e residência do curador e os limites da curatela.

d) Somente a data do registro; nome, idade, estado civil, profissão e domicílio anterior do ausente, data e cartório em que foram registrados o nascimento e o casamento, bem como o nome do cônjuge, se for casado; tempo de ausência até a data da sentença.

152. (Ieses/TJ/CE/Cartórios/Remoção/2018) No que se refere à emancipação concedida por sentença judicial é correto afirmar:

a) não há necessidade de anotação cartorial.
b) será anotada às expensas do interessado.
c) será anotada às expensas do Poder Judiciário do Estado em questão.
d) sempre será anotada sem ônus ao interessado.

153. (Ieses/TJ/AM/Cartórios/Ingresso/2018) Assinale a alternativa incorreta:

a) não serão cobrados emolumentos pelo registro civil de nascimento e pelo assento de óbito, bem como pela primeira certidão respectiva.
b) as emancipações devem ser averbadas no cartório de registro civil, com o benefício da gratuidade.
c) os reconhecidamente pobres estão isentos de pagamento de emolumentos pelas demais certidões extraídas pelo cartório de registro civil, sendo que o estado de pobreza será comprovado por declaração do próprio interessado ou a rogo, tratando-se de analfabeto, neste caso, acompanhada da assinatura de duas testemunhas.
d) é competente para a inscrição da opção de nacionalidade o cartório da residência do optante, ou de seus pais e se forem residentes no estrangeiro, far-se-á o registro no Distrito Federal.

154. (Ieses/TJ/AM/Cartórios/Ingresso/2018) Assinale a alternativa incorreta:

a) antes de registrada a sentença de interdição, não poderá o curador assinar o respectivo termo.
b) no cartório do 1º Ofício ou da 1ª subdivisão judiciária de cada comarca serão registrados, em livro especial, as sentenças de emancipação, bem como os atos dos pais que a concederem, em relação aos menores nela domiciliados.
c) quando o juiz conceder emancipação, deverá comunicá-la, de ofício, ao oficial de registro, se não constar dos autos haver sido efetuado este dentro de cinco dias.
d) antes do registro no cartório de registro civil, a emancipação, em qualquer caso, não produzirá efeito.

155. (Consulplan/TJ/MG/Cartórios/Ingresso/2017) Acerca do registro civil, é correto afirmar:

a) o casamento emancipa o menor e se no futuro o matrimônio for desfeito, a incapacidade será retomada, caso o emancipado ainda não tenha completado 18 anos.
b) a única espécie de emancipação que necessita de sentença judicial é a do menor sob tutela que possua 16 anos completos.
c) o menor, uma vez emancipado, torna-se capaz.
d) serão registrados os atos judiciais ou extrajudiciais de reconhecimento de filhos ilegítimos e as escrituras de adoção.

156. (Ieses/TJ/RO/Cartórios/Remoção/2017) A emancipação concedida por sentença judicial será anotada:

a) às expensas do interessado.
b) sempre de forma gratuita.
c) custeada pelo Ministério Público.
d) custeada pelo cartório que efetuar o registro de emancipação.

1.2.11. Da Legitimação Adotiva (arts. 95 a 96)

QUESTÕES DISCURSIVAS

10. (Vunesp/TJ/SP/Cartórios/2014) Maria José Sá Borges, casada, com 20 anos de idade, está registrada somente em nome da mãe, Joana Sá, no Registro Civil de Cotia, Estado de São Paulo, onde também se casou, em 2013, com João Borges. Agora, comparece ao Registro Civil das Pessoas Naturais de Cotia, Estado de São Paulo, com seu pai biológico, Irineu Soares, que pretende reconhecê-la como filha; mas sem a presença da mãe. Quais são as providências que devem ser adotadas pelo Oficial do Registro Civil das Pessoas Naturais para regularizar os registros?

11. (Cespe/TJ/SE/Cartórios/Ingresso/2014) Tendo recebido o diagnóstico de que estava com câncer em fase terminal, Jeremias, com setenta anos de idade, empresário da cidade de Aracaju/SE, sem sucessores, decidiu reconhecer a paternidade de filho havido na adolescência, registrado como Godofredo, na cidade de Nossa Senhora das Dores/SE, apenas em nome da mãe. Para tanto, Jeremias dirigiu-se ao Tabelionato de Registro Civil de Pessoas Naturais de Aracaju para efetivar o reconhecimento do vínculo de filiação, com vistas a possibilitar a sucessão legítima de seu patrimônio. Em face da situação hipotética apresentada, discorra sobre o(s) ato(s) a ser(em) praticado(s) pelo titular do Cartório de Registro Civil de Pessoas Naturais de Nossa Senhora das Dores/SE, abordando, necessariamente, os seguintes aspectos: (i) possibilidade da anotação do nome do pai: administrativamente ou por ordem judicial; (ii) (des)necessidade da anuência do filho; (iii) ato de averbação: finalidade, hipóteses de cabimento, procedimento; (iv) cartório responsável pela averbação; (v) providências a serem adotadas pelo cartório responsável pela averbação.

QUESTÕES OBJETIVAS

157. (FGV/TJ/SC/Cartórios/Remoção/2021) Clara, criança de 4 anos de idade, foi vítima de severos abusos praticados por seus pais, o que ensejou o ajuizamento de ação de perda do poder familiar pelo Ministério Público, sendo o pedido julgado procedente pelo Poder Judiciário, com trânsito em julgado. Em momento posterior, João e Maria conheceram Clara em uma instituição de abrigo e decidiram adotá-la. Após trâmite regular do pedido de adoção no Juízo da Infância e da Juventude, é correto afirmar, em relação ao Registro Civil das Pessoas Naturais, que a adoção de Clara:

a) será promovida perante o oficial, o qual, a partir de autorização do juízo, colherá a manifestação de vontade de João e Maria.
b) foi constituída pela sentença, que será inscrita no Registro Civil mediante mandado, do qual somente pode ser fornecida certidão ao legítimo interessado.
c) foi constituída pela sentença, que será inscrita no Registro Civil mediante mandado, sendo que esse registro coexistirá com o registro original do adotado.
d) foi constituída pela sentença, que será inscrita no Registro Civil mediante mandado, do qual não pode ser fornecida certidão, e que acarretará o cancelamento do registro original.
e) decorre de um ato complexo, consistente da autorização da adoção mediante sentença e da realização do registro pelo oficial do Registro Civil.

158. (Vunesp/TJ/GO/Cartórios/Remoção/2021) No tocante à adoção, assinale a alternativa correta.

a) A sentença concessiva de adoção do maior é registrada no Livro A.

b) A sentença concessiva de adoção do maior é averbada no Livro A.
c) A sentença de adoção unilateral de criança ou adolescente é registrada no Livro A.
d) A sentença de adoção unilateral de criança ou adolescente é anotada no Livro A.

159. (Cespe/TJ/DFT/Cartórios/Ingresso/2019) O mandado judicial de adoção inscrito no registro civil será arquivado e implicará, quanto ao registro original do adotado:

a) ineficácia.
b) inexistência.
c) sigilo.
d) cancelamento.
e) nulidade.

160. (Ieses/TJ/AM/Cartórios/Ingresso/2018) Assinale a alternativa correta:

a) após proferida sentença de adoção já ocorre a produção de efeitos contra terceiros, independente da averbação no cartório.
b) feito o registro de adoção deverá ser feito processo judicial para o cancelamento do assento de nascimento original do menor.
c) serão registradas no registro de nascimentos as sentenças de legitimação adotiva, consignando-se nele os nomes dos pais adotivos como pais legítimos e os dos ascendentes dos mesmos, se já falecidos, ou sendo vivos, se houverem, em qualquer tempo, manifestada por escrito sua adesão ao ato.
d) no livro de nascimento serão averbados os registros de óbito e de opção de nacionalidade.

1.2.12. Da Averbação (arts. 97 a 105)

QUESTÕES OBJETIVAS

161. (Ieses/TJ/TO/Cartórios/Ingresso/2022) Existem Objetivos de Desenvolvimento Sustentável (ODS) que fazem parte da chamada "Agenda 2030", um pacto global assinado durante a Cúpula das Nações Unidas em 2015 pelos 193 países membros. A agenda é composta por 17 objetivos ambiciosos e interconectados, desdobrados em 169 metas, com foco em superar os principais desafios de desenvolvimento enfrentados por pessoas no Brasil e no mundo, promovendo o crescimento sustentável global até 2030. Neste contexto se insere o importante trabalho realizado pelos registradores civis. Sobre os atos a serem registrados e averbados no registro civil de pessoas naturais, assinale a alternativa que contêm a afirmação errada.

a) Serão averbadas no registro civil de pessoas naturais os atos judiciais ou extrajudiciais de reconhecimento de filhos ilegítimos; as escrituras de adoção e os atos que a dissolverem; as alterações ou abreviaturas de nomes.
b) As sentenças que decidirem a nulidade ou anulação do casamento serão averbadas no registro civil de pessoas naturais.
c) Os atos judiciais ou extrajudiciais de reconhecimento de filhos ilegítimos serão averbados no registro civil de pessoas naturais.
d) Serão averbados no registro civil de pessoas naturais os nascimentos; os casamentos; os óbitos; as emancipações; as interdições; as sentenças declaratórias de ausência; as opções de nacionalidade; as sentenças que deferirem a legitimação adotiva.

162. (Vunesp/TJ/RS/Cartórios/Ingresso/2019) Assinale a alternativa correta com relação às averbações no RCPN.

a) A sentença estrangeira de divórcio consensual poderá ser averbada diretamente e independerá de homologação do STJ, mesmo quando dispuser de guarda de filhos ou alimentos, sendo necessária apenas tradução juramentada e chancela consular.
b) O traslado da escritura pública de separação e divórcio consensuais será apresentado ao RCPN onde registrado o assento de casamento, para que seja realizada a respectiva averbação, sendo necessária prévia oitiva do Ministério Público e respectiva autorização judicial.
c) Serão averbados no Registro de Casamento: os registros de emancipação, de interdição, de ausência, de óbito e de morte presumida.
d) A mulher ou o homem poderá requerer ao Oficial do RCPN que defira a averbação no registro de nascimento, do patronímico do(a) seu(sua) companheiro(a), sem prejuízo dos apelidos próprios de família, havendo ou não impedimento legal para o casamento, e sem a necessidade de intervenção Judicial.
e) Para que sejam feitas, o interessado deverá apresentar carta de sentença; mandado; petição acompanhada de certidão ou documento legal e autêntico; ou ainda qualquer outro documento judicial com efeito de mandado.

163. (Cespe/TJ/DFT/Cartórios/Ingresso/2019) No caso de o pai confirmar expressamente a paternidade após o registro de nascimento do menor que tenha apenas a maternidade estabelecida, será lavrado termo de reconhecimento e a certidão será remetida ao oficial do registro, que irá:

a) retificar o registro.
b) emendar o registro.
c) averbar o registro.
d) lavrar novo registro, anulando o anterior.
e) lavrar novo registro, cancelando o anterior.

164. (Ieses/TJ/SC/Cartórios/Ingresso/2019) No âmbito do registro civil, as averbações:

a) São assentos acessórios que apontam modificações ou acréscimos no teor do registro.
b) A averbação não faz prova plena e não pode, por si só, ser objeto de certidão.
c) A tipicidade é da natureza da averbação, devendo estar prevista expressamente na lei.
d) As averbações têm natureza puramente declarativa.

165. (Ieses/TJ/SC/Cartórios/Remoção/2019) Nos termos do Art. 104, da Lei nº 6.015/73, no livro de emancipações, interdições e ausências, será feita a averbação das sentenças que puserem termo à interdição, das substituições dos curadores de interditos ou ausentes, das alterações dos limites de curatela, da cessação ou mudança de internação, bem como da cessação da ausência pelo aparecimento do ausente. Sobre o assunto, assinale a alternativa incorreta, nos termos da citada Lei:

a) A averbação será feita pelo oficial do cartório em que constar o assento à vista da carta de sentença, de mandado ou de petição acompanhada de certidão ou documento legal e autêntico.
b) Nas hipóteses em que o oficial suspeitar de fraude, falsidade ou má-fé nas declarações ou na documentação apresentada para fins de averbação, não praticará o ato pretendido e submeterá o caso ao representante do Ministério Público para manifestação, com a indicação, por escrito, dos motivos da suspeita.

c) Averbar-se-á, também, no assento de ausência, a sentença de abertura de sucessão provisória, após o trânsito em julgado, com referência especial ao testamento do ausente se houver e indicação de seus herdeiros habilitados.
d) A averbação não será feita mediante a indicação minuciosa da sentença ou ato que a determinar.

166. (Ieses/TJ/CE/Cartórios/Ingresso/2018) Assinale a alternativa correta:

a) no registro civil de pessoas naturais a averbação será feita pelo oficial do cartório em que constar o assento à vista da carta de sentença, de mandado ou de petição acompanhada de certidão ou documento legal e autêntico.
b) o reconhecimento judicial ou voluntário dos filhos ilegítimos será registrado no livro de nascimento.
c) as sentenças de nulidade ou anulação de casamento não serão registradas no registro civil de pessoas naturais enquanto sujeitas a recurso, qualquer que seja o seu efeito.
d) será também registrado, no registro civil das pessoas naturais, com as mesmas indicações e efeitos, o ato de restabelecimento de sociedade conjugal.

167. (Ieses/TJ/RO/Cartórios/Remoção/2017) Acerca das averbações, de acordo com a Lei de Registro Civil (Lei 6.015/73), afirma-se:

I. antes mesmo de averbadas, as sentenças relacionadas a registros civis produzirão efeito contra terceiros.
II. a averbação será feita à margem do assento e, quando não houver espaço, no livro corrente, com as notas e remissões recíprocas, que facilitem a busca.
III. a averbação será feita pelo oficial do cartório em que constar o assento à vista da carta de sentença, de mandado ou de petição acompanhada de certidão ou documento legal e autêntico, com audiência do Ministério Público.
IV. a averbação será feita mediante a indicação minuciosa da sentença ou ato que a determinar.

A sequência correta é:

a) apenas a assertiva III está correta.
b) as assertivas I, II, III e IV estão corretas.
c) apenas as assertivas I e IV estão corretas.
d) a assertiva I está incorreta.

168. (Consulplan/TJ/MG/Cartórios/Ingresso/2017) Quanto ao Registro Público, faz-se a averbação dos atos seguintes:

a) das sentenças que decretarem a nulidade ou anulação do casamento, o divórcio, a separação judicial e o restabelecimento da sociedade conjugal.
b) a emancipação por outorga dos pais ou por sentença do juiz.
c) a interdição por incapacidade absoluta ou relativa.
d) a sentença declaratória de ausência e de morte presumida.

169. (Ieses/TJ/RO/Cartórios/Ingresso/2017) Assinale a alternativa incorreta:

a) a averbação será feita mediante a indicação minuciosa da sentença ou ato que a determinar.
b) as sentenças de nulidade ou anulação de casamento serão averbadas mesmo enquanto sujeitas a recurso, qualquer que seja o seu efeito.
c) a averbação será feita à margem do assento e, quando não houver espaço, no livro corrente, com as notas e remissões recíprocas, que facilitem a busca.
d) no livro de casamento, será feita averbação da sentença de nulidade e anulação de casamento, bem como do desquite, declarando-se a data em que o Juiz a proferiu, a sua conclusão, os nomes das partes e o trânsito em julgado.

1.2.13. Das Anotações (arts. 106 a 108)

QUESTÕES OBJETIVAS

170. (Consulplan/TJ/MG/Cartórios/Remoção/2017) Analise as afirmativas e marque a alternativa correta:

a) o restabelecimento da sociedade conjugal poderá ser restabelecida com modificações.
b) são requisitos para a lavratura da escritura pública de separação. consensual: dois anos de casamento, ausência de filhos menores não emancipados ou incapazes do casal.
c) a averbação do restabelecimento da sociedade conjugal somente poderá ser efetivada depois da averbação da separação no registro civil, podendo ambas ser simultâneas.
d) a declaração dos cônjuges basta para a comprovação do implemento do lapso temporal da separação no divórcio direto.

1.2.14. Das Retificações, Restaurações e Suprimentos (arts. 109 a 113)

INFORMATIVOS

STJ Registro civil. Poder familiar. Nome de família. Alteração. Hipóteses excepcionais. Motivação. Imprescindibilidade. Titularidade da autoridade parental. Ambos os genitores. Separação ou divórcio. Mitigação. Inviabilidade. Não é cabível, sem motivação idônea, a alteração do nome de menor para exclusão do agnome "filho" e inclusão do sobrenome materno. *REsp 1731091, 4ª T, 14.12.2021. Inf 723.*

STJ Ação de retificação de nome. Duplicação de consoante inserta no apelido de família. Pretendida conciliação entre assinatura artística e nome registral. Princípio da imutabilidade relativa. Caráter excepcional e fundamentado em justo motivo. Não ocorrência. Prejuízo ao apelido familiar. A discrepância entre a assinatura artística e o nome registral não consubstancia situação excepcional e motivo justificado à alteração da grafia do apelido de família. *REsp 1729402, 4ª T, 1.2.2022. Inf 723.*

QUESTÕES OBJETIVAS

171. (Vunesp/TJ/SP/Cartórios/Ingresso/2022) Quanto às retificações de registros civis, é correto afirmar que:

a) podem ser realizadas extrajudicialmente nos casos envolvendo filiação, em que haja alteração dos genitores.
b) se realizadas judicialmente, se enquadram como procedimento de jurisdição contenciosa.
c) independem de prévia autorização judicial ou da manifestação do Ministério Público nos casos de erro na transposição dos elementos constantes em ordens e mandados judiciais, termos ou requerimentos, bem como outros títulos a serem registrados, averbados ou anotados.
d) se ensejarem alteração do nome do registrado no assento de nascimento, basta, em sendo o registrado casado, a comunicação para fins de anotação no assento de casamento, a qual gerará alteração do conteúdo registrário.

172. (Ieses/TJ/RO/Cartórios/Remoção/2021) O oficial retificará o registro, a averbação ou a anotação, de ofício ou a requerimento do interessado, mediante petição assinada pelo interessado, representante legal ou procurador, independentemente de prévia autorização judicial ou manifestação do Ministério Público, nos casos de:

I. Ausência de indicação do Município relativo ao nascimento ou naturalidade do registrado, nas hipóteses em que existir descrição precisa do endereço do local do nascimento.

II. Erros que não exijam qualquer indagação para a constatação imediata de necessidade de sua correção.

III. Inexatidão da ordem cronológica e sucessiva referente à numeração do livro, da folha, da página, do termo, bem como da data do registro.

IV. Erro na transposição dos elementos constantes em ordens e mandados judiciais, termos ou requerimentos, bem como outros títulos a serem registrados, averbados ou anotados, e o documento utilizado para a referida averbação e/ou retificação ficará arquivado no registro no cartório.

A sequência correta é:

a) As assertivas I, II, III e IV estão corretas.
b) Apenas as assertivas I e II estão corretas.
c) Apenas a assertiva III está incorreta.
d) Apenas as assertivas I, II e III estão corretas.

173. (Vunesp/TJ/AL/Cartórios/Ingresso/2019) Assinale a alternativa que reflete o entendimento atual do Supremo Tribunal Federal.

a) O transgênero tem direito fundamental subjetivo à alteração de seu prenome e de sua classificação de gênero no registro civil, por mera manifestação de vontade, o qual poderá exercer tal faculdade tanto pela via judicial quanto por via administrativa.
b) A Constituição assegura aos titulares dos Ofícios de Registro Civil das Pessoas Naturais de uma Comarca o direito de assumir, na mesma comarca o no caso de vacância, a titularidade dos Ofícios de Notas, Protestos, Registro de Titular, Documentos e Civil das Pessoas Jurídicas.
c) Deve ser gratuita toda expedição de certidão da registro civil de nascimento.
d) Por ser a atividade de registro civil análoga à empresarial, não é possível à lei isentar os reconhecidamente pobres do pagamento de certidão de óbito sem esbarrar em inconstitucionalidade.

174. (Cespe/TJ/DFT/Cartórios/Ingresso/2019) No caso de erro na transposição de elementos constantes em ordens e mandados judiciais, o oficial procederá:

a) ao suprimento do registro.
b) à emenda do registro.
c) à averbação do registro.
d) à retificação do registro.
e) à anotação à margem do registro.

175. (Vunesp/TJ/AL/Cartórios/Ingresso/2019) No caso de erro na transposição dos elementos constantes de ordens e mandados judiciais, o oficial do registro civil das pessoas naturais retificará o registro, a averbação ou a anotação.

a) o requerimento escrito do interessado, seu representante legal ou procurador, desde que haja manifestação favorável do Ministério Público.
b) o requerimento escrito do interessado, seu representante legal ou procurador, desde que haja autorização judicial, após parecer do Ministério Público.
c) de ofício, independentemente de prévia autorização judicial ou manifestação do Ministério Público.
d) caso não tenha decorrido mais de 1 (um) ano da lavratura do assento.

176. (Vunesp/TJ/SP/Cartórios/Ingresso/2018) Levando em conta a escrituração dos livros pertencentes ao Registro Civil das Pessoas Naturais, assinale a alternativa correta:

a) se as circunstâncias exigirem a presença de testemunhas nos assentos, estas devem satisfazer as condições exigidas pela lei civil, não sendo admitidos os parentes do registrando.
b) os assentos serão escriturados seguidamente, em sequência cronológica de declarações, não sendo obrigatória a utilização de número de ordem para cada um deles.
c) é vedada a utilização de transporte para as averbações destinadas aos reconhecimentos de filiação.
d) na hipótese de uso de livro próprio destinado ao transporte de anotações e averbações, deverá o Registrador Civil escriturar as respectivas remissões junto aos assentos originários.

177. (Consulplan/TJ/MG/Cartórios/Ingresso/2018) De acordo com a Lei nº 6.015/73, o oficial retificará o registro, a averbação ou a anotação, de ofício ou a requerimento do interessado, mediante petição assinada pelo interessado, representante legal ou procurador, independentemente de prévia autorização judicial ou manifestação do Ministério Público, nos casos de:

I. erros que não exijam qualquer indagação para a constatação imediata de necessidade de sua correção.

II. erro na transposição dos elementos constantes em ordens e mandados judiciais, termos ou requerimentos, bem como outros títulos a serem registrados, averbados ou anotados, e o documento utilizado para a referida averbação e/ou retificação ficará arquivado no registro no cartório.

III. ausência de indicação do Município relativo ao nascimento ou naturalidade do registrado, nas hipóteses em que existir descrição precisa do endereço do local do nascimento, bem como elevação de Distrito a Município ou alteração de suas nomenclaturas por força de lei.

IV. inexatidão da ordem cronológica e sucessiva referente à numeração do livro, da folha, da página, do termo, bem como da data do registro.

Estão corretas as afirmativas:

a) I, II, III e IV.
b) I e II, apenas.
c) I e IV, apenas.
d) II e III, apenas.

1.3. Do Registro Civil de Pessoas Jurídicas (arts. 114 a 126)

1.3.1. Da Escrituração, Da Pessoa Jurídica (arts. 114 a 121)

ATENÇÃO: ESTE TEMA É MUITO EXIGIDO NOS CONCURSOS!

QUESTÕES DISCURSIVAS

12. (Vunesp/TJ/SP/Cartórios/2016) É apresentada para averbação, perante o Registro Civil das Pessoas Jurídicas, ata de assembleia de eleição de presidente e ratificação de atos administrativos anteriores. Constatou o oficial que não havia averbação das atas de assembleia e eleição de presidente da associação nos últimos dez anos, quando, pelo estatuto original, o mandato do presidente seria bienal. O requerente da averbação esclareceu que a entidade estava inativa há alguns anos e que agora surgiu intenção de retomada das atividades, sendo realizada a assembleia que elegeu novo presidente e ratificou os atos praticados nos últimos anos. Indaga-se a respeito da admissibilidade dessa averbação e procedimento adequado.

QUESTÕES OBJETIVAS

178. (Ieses/TJ/TO/Cartórios/Ingresso/2022) A pessoa jurídica é uma entidade a quem a lei confere personalidade jurídica para atuar na ordem civil, tendo direitos e obrigações, como uma pessoa natural e possibilita a união de forças para desenvolver determinadas atividades, com ou sem finalidades lucrativas e no Direito brasileiro, a criação da pessoa jurídica segue regras fixadas na legislação, incluindo a publicidade no Registro Civil de Pessoa Jurídica (RCPJ). Sobre RCPJ que é uma das atribuições dos registradores assinale a alternativa incorreta.

a) Trata-se de um dos requisitos do ato constitutivo, a indicação dos nomes dos fundadores ou instituidores e dos membros da diretoria, provisória ou definitiva, com indicação da nacionalidade, estado civil e profissão de cada um, bem como o nome e residência do apresentante dos exemplares, bem como as condições de extinção da pessoa jurídica e nesse caso o destino do seu patrimônio.

b) O registro da pessoa jurídica será feito com base em uma via do estatuto, compromisso ou contrato, apresentada em papel ou em meio eletrônico, a requerimento do representante legal da pessoa jurídica, mesmo que o representante legal da pessoa jurídica tenha subscrito o estatuto, compromisso ou contrato.

c) O ato constitutivo deverá conter, além de outros requisitos previstos em lei, as condições de extinção da pessoa jurídica e nesse caso o destino do seu patrimônio, bem como se os membros respondem ou não, subsidiariamente, pelas obrigações sociais.

d) A denominação, o fundo social, quando houver, os fins e a sede da associação ou fundação, bem como o tempo de sua duração; se é reformável, no tocante à administração, e de que modo; o modo que se administra e representa a sociedade, ativa e passivamente, judicial e extrajudicialmente são alguns dos requisitos do ato constitutivo.

179. (Ieses/TJ/TO/Cartórios/Ingresso/2022) Um termo bastante ouvido no dia a dia das pessoas é a tal da "Pessoa Jurídica", ou PJ, como se usa comumente para simplificar. Pessoa jurídica é um cidadão ou um grupo de cidadãos detentores dos direitos e deveres de uma empresa, associação ou entidade, respondendo legalmente sobre ela sob as penas da legislação vigente. Assim como uma pessoa física, que deve ser registrada em cartório logo ao nascer, uma pessoa jurídica deve ter seu registro feito assim que a concepção da ideia que a criou seja formalizada. A Lei nº 6.015/73 estabelece as regras destinadas ao Registro Civil de Pessoas Jurídicas (RCPJ), que é uma das atribuições dos registradores. Sobre o assunto, escolha o item que qualifica corretamente cada uma das sentenças (I a IV), como Falsas (F) ou Verdadeiras (V).

I. No que concerne aos atos praticados para os fins previsto na Lei nº 6.015/73, no RCPJ haverá os livros A e B, cada um deles com conteúdo especificado na referida Lei.

II. Todos os exemplares de contratos, de atos, de estatuto e de publicações, registrados e arquivados serão encadernados por periódicos certos, acompanhados de índice que facilite a busca e o exame.

III. Os oficiais do RCPJ farão índices, pela ordem cronológica e alfabética, de todos os registros e arquivamentos, podendo adotar o sistema de fichas, mas ficando sempre responsáveis por qualquer erro ou omissão.

IV. A existência legal das pessoas jurídicas só começa com o registro de seus atos constitutivos e quando o funcionamento da sociedade depender de aprovação da autoridade, sem esta não poderá ser feito o registro.

a) F, F, F, V.

b) V, V, V, F.

c) F, F, F, V.

d) V, V, V, V.

180. (Ieses/TJ/TO/Cartórios/Ingresso/2022) Conforme artigo publicado por João Rodrigo Stinghen, o registro civil de pessoas jurídicas (RCPJ), uma das atribuições da atividade registral, é um dos tipos de serventias extrajudiciais mais relevantes do sistema cartorário brasileiro, pois nele se registram os atos constitutivos de associações, sociedades simples, fundações, organizações religiosas e partidos políticos, bem como as matrículas de jornais e periódicos. Sobre RCPJ assinale a alternativa incorreta.

a) As sociedades civis que revestirem as formas estabelecidas nas leis comerciais, salvo as anônimas, serão inscritas no Registro Civil de Pessoas Jurídicas.

b) Não poderão ser registrados os atos constitutivos de pessoas jurídicas, quando o seu objeto ou circunstâncias relevantes indiquem destino ou atividades ilícitos ou contrários, nocivos ou perigosos ao bem público, à segurança do Estado e da coletividade, à ordem pública ou social, à moral e aos bons costumes. Ocorrendo qualquer destes motivos, o oficial do registro sobrestará o processo de registro e suscitará dúvida, somente se ocorrer a devida provocação de autoridade competente, para que o Juiz decida.

c) Os atos constitutivos e os estatutos dos partidos políticos.

d) Os contratos, os atos constitutivos, o estatuto ou compromissos das sociedades civis, religiosas, pias, morais, científicas ou literárias, bem como o das fundações e das associações de utilidade pública serão inscritos no Registro Civil de Pessoas Jurídicas.

181. (Ieses/TJ/TO/Cartórios/Ingresso/2022) Assinale a alternativa correta:

a) É dispensada cópia autenticada dos documentos necessários ao protocolo do pedido de registro de partido político no cartório de registro civil de pessoas jurídicas.

b) Ao ser protocolo o pedido de registro do partido político no Registro civil de pessoas jurídicas devem constar as assinaturas de todos os cidadãos, residentes no território nacional, que apoiaram a criação do partido.

c) Para criação de um novo partido político, os fundadores devem realizar o registro junto ao cartório competente de Registro civil de Pessoas Jurídicas da capital do estado membro em que obtiver maior número de apoiadores.

d) No processo de criação de um novo partido político, os fundadores devem realizar o registro da entidade partidária junto ao cartório competente de Registro Civil de Pessoas Jurídicas.

182. (Vunesp/TJ/SP/Cartórios/Ingresso/2022) Das indicações seguintes, quais são obrigatórias para o registro dos atos constitutivos das fundações?

I. Prova da transferência da propriedade ou outro direito real sobre os bens dotados.

II. A denominação, os fins e a sede da fundação, bem como o tempo de sua duração.

III. Prévia aprovação do estatuto pelo Ministério Público.

IV. O nome completo dos administradores, com a indicação de sua nacionalidade, estado civil, profissão, endereço, identidade e CPF.

a) Apenas as indicações previstas nos itens II, III e IV estão corretas.

b) Apenas as indicações previstas nos itens I, III e IV estão corretas.

c) Todas as indicações estão corretas.

d) Apenas as indicações previstas nos itens I, II e III estão corretas.

183. (Ieses/TJ/RO/Cartórios/Ingresso/2021) A pessoa jurídica é uma entidade que pode ser constituída por um grupo de pessoas ou individualmente, a quem a lei confere personalidade jurídica para atuar na ordem civil, tendo direitos e obrigações, como uma pessoa natural. Historicamente a criação da pessoa jurídica é atribuída à necessidade do homem de se unir a outras pessoas com o intuito de unir forças para desenvolver determinadas atividades, com ou sem finalidades lucrativas. No Direito, a criação da pessoa jurídica segue regras fixadas na legislação pátria, incluindo a publicidade no Registro Civil de Pessoa Jurídica (RCPJ). O registro das sociedades e fundações consistirá na declaração, feita em livro, pelo oficial, do número de ordem, da data da apresentação e da espécie do ato constitutivo. Neste sentido, analise as afirmativas e veja quais podem ser consideradas requisitos do ato constitutivo.

I. Os nomes dos fundadores ou instituidores e dos membros da diretoria, provisória ou definitiva, com indicação da nacionalidade, estado civil e profissão de cada um, bem como o nome e residência do apresentante dos exemplares, bem como as condições de extinção da pessoa jurídica e nesse caso o destino do seu patrimônio.
II. A denominação, o fundo social, quando houver, os fins e a sede da associação ou fundação, bem como o tempo de sua duração.
III. Se o estatuto, o contrato ou o compromisso é reformável, no tocante à administração, e de que modo; se os membros respondem ou não, subsidiariamente, pelas obrigações sociais.
IV. O modo porque se administra e representa a sociedade, ativa e passivamente, judicial e extrajudicialmente.

a) Somente os itens II e III são requisitos do ato constitutivo.
b) Somente os itens I e IV são requisitos do ato constitutivo.
c) Nenhuma das alternativas é requisito do ato constitutivo.
d) Todas as afirmativas são requisitos do ato constitutivo.

184. (Vunesp/TJ/GO/Cartórios/Remoção/2021) Relativamente ao registro de partido político, o Registro Civil das Pessoas Jurídicas deverá atentar-se para o seguinte:

a) é assegurada, ao partido político, autonomia para definir sua estrutura interna, organização e funcionamento.
b) o requerimento do registro de partido político deve ser subscrito pelos seus fundadores, em número nunca inferior a 101, com domicílio eleitoral em, no mínimo, 1/4 dos Estados, e será acompanhado de documentos previstos em lei.
c) é vedada previsão estatutária a respeito dos critérios de distribuição dos recursos do Fundo Partidário entre os órgãos de nível municipal, estadual e nacional que compõem o partido.
d) o registro de diretório municipal pressupõe a existência de diretório estadual, o qual deverá ser registrado nos serviços de Registro Civil de Pessoas Jurídicas da Comarca de Goiânia.

185. (Vunesp/TJ/GO/Cartórios/Remoção/2021) Apresentados para registro, em Registro Civil de Pessoas Jurídicas, atos constitutivos de sociedade simples com designação, no respectivo estatuto, de administrador finlandês:

a) Deve ser formalizada a recusa do registro porque o administrador, que também é sócio, é casado no regime da comunhão parcial de bens com uma das sócias da sociedade.
b) Não haverá óbice ao registro desde que o estrangeiro apresente seu documento de identidade expedido em seu país de origem.
c) Deve ser formalizada a recusa, na hipótese de o administrador ter sido condenado criminalmente por crime contra as relações de consumo, perdurando os efeitos da condenação.
d) O registrador deverá recusar o registro na medida em que só brasileiros podem atuar como administradores de sociedades simples.

186. (Vunesp/TJ/AL/Cartórios/Ingresso/2019) Assinale a alternativa correta quanto à suscitação de dúvida relacionada com o registro dos atos constitutivos de pessoas jurídicas, quando o seu objeto ou circunstâncias relevantes indiquem destino ou atividades lícitos ou contrários, nocivos ou perigosos ao bem público, à segurança do Estado e da coletividade, à ordem pública ou social, à moral e aos bons costumes.

a) O oficial de registro, de ofício ou por provocação de qualquer autoridade, sobrestará no processo de registro e suscitará dúvida para o juiz, que a decidirá.
b) A suscitação de dúvida somente é facultada ao oficial do registro de imóveis.
c) O oficial do registro deverá indeferir do plano a registro e devolver os documentos ao interessado.
d) Não se permite suscitação de dúvida "ex officio" no registro civil de pessoas jurídicas.

187. (Cespe/TJ/DFT/Cartórios/Ingresso/2019) Luiz deseja inscrever, em cartório de registro civil de pessoas jurídicas, ato constitutivo de fundação destinada a manipular produtos químicos de uso não autorizado no Brasil, para fins de pesquisa científica. Nessa situação hipotética, à luz da legislação pertinente, é correto afirmar que a inscrição registral:

a) é passível de ocorrer, após a verificação de que a fundação preenche todos os requisitos de aquisição de personalidade jurídica, inclusive a finalidade de pesquisa científica.
b) não deve ocorrer, uma vez que a pesquisa científica não caracteriza finalidade apta a constituir fundação.
c) deve ocorrer, haja vista que a finalidade de pesquisa científica consta entre as hipóteses de constituição de fundação.
d) não deve ocorrer, pois o cartório de registro civil de pessoas jurídicas não é o órgão competente para registro da constituição de fundação.
e) não deve ocorrer, pois a manipulação de produtos químicos de uso não autorizado no Brasil configura hipótese de exercício de atividades ilícitas.

188. (Vunesp/TJ/AL/Cartórios/Ingresso/2019) A competência para registrar organizações religiosas é:

a) da Junta Comercial do Estado de Alagoas (JUCEAL).
b) do Registro Civil de Pessoas Jurídicas da sede da instituição.
c) da Secretaria do Estado da Assistência e Desenvolvimento Social (Seads).
d) do Registro Civil das Pessoas Naturais da sede da instituição.

189. (Cespe/TJ/DFT/Cartórios/Remoção/2019) De acordo com a Lei de Registros Públicos, é viável que:

a) o registro civil de pessoas naturais seja efetuado em cartórios de registro de títulos e documentos.
b) o registro civil de pessoas jurídicas seja efetuado em cartórios de registro de títulos e documentos.
c) o registro de títulos seja efetuado em cartórios de registro de imóveis.
d) o registro de documentos seja efetuado em cartórios de registro de imóveis.
e) o registro de imóveis seja efetuado em cartórios de registro de títulos e documentos.

190. (Cespe/TJ/DFT/Cartórios/Remoção/2019) Foi constituída determinada sociedade, que definiu como uma de suas finalidades a atividade de advocacia. Seus sócios pretendem registrá-la no cartório de registro civil de pessoas jurídicas. Nessa situação, é correto afirmar, à luz da Lei nº 8.906/1994, que o registro dessa sociedade:

a) somente seria possível se houvesse a anuência da Ordem dos Advogados do Brasil.
b) seria possível, a depender do capital social, conforme legislação específica.
c) não seria possível, em razão do fato de ela incluir, entre suas finalidades, a atividade de advocacia.
d) somente seria possível se a atividade de advocacia fosse a sua única finalidade.
e) seria possível se essa fosse uma sociedade individual de advocacia, sem outras finalidades.

191. (Cespe/TJ/DFT/Cartórios/Ingresso/2019) Considerando o disposto na Lei nº 6.015/1973 e levando em conta que não existe lei estadual específica em sentido diverso, assinale a opção correta.

a) O registro civil de pessoas jurídicas deve ser realizado nos ofícios privativos ou nos cartórios de registro de títulos e documentos.
b) O registro civil de pessoas naturais deve ser realizado nos ofícios privativos ou nos cartórios de registro de títulos e documentos.
c) O registro de propriedade literária, científica e artística deve ser realizado nos ofícios privativos ou nos cartórios de registro de títulos e documentos.
d) O registro de imóveis deve ser realizado nos ofícios privativos ou nos cartórios de registro de títulos e documentos.
e) O registro de títulos e documentos deve ser realizado nos ofícios privativos ou nos cartórios de registro de nascimentos, casamentos e óbitos.

192. (Ieses/TJ/SC/Cartórios/Ingresso/2019) "No Registro Civil de Pessoas Jurídicas serão inscritos: os (___), os atos constitutivos, o (___) ou compromissos das sociedades civis, religiosas, pias, morais, científicas ou literárias, bem como o das (___) e das associações de utilidade pública; as sociedades civis que revestirem as formas estabelecidas nas leis comerciais, salvo as anônimas; os atos constitutivos e os estatutos dos (___) e o registro dos jornais, periódicos, oficinas impressoras, empresas de radiodifusão e agências de notícias". Marque a alternativa que completa correta e sequencialmente os espaços do enunciado, conforme o texto legal:

a) escolas públicas; jornal digital; agremiações escolares; colégios.
b) contratos; estatuto; fundações; partidos políticos.
c) shoppings centers, registro eletrônico; sociedades anônimas; times de futebol.
d) contratos; estatuto; agremiações universitárias; centros cívicos.

193. (Vunesp/TJ/RS/Cartórios/Remoção/2019) A respeito do Registro Civil de Pessoas Jurídicas, é correto afirmar que:

a) tem efeito declarativo para as fundações.
b) não comporta matrícula de jornais publicados em língua estrangeira.
c) a empresa de radiodifusão não matriculada é considerada clandestina, sem que a lei não preveja punição para a clandestinidade.
d) é possível o registro de pessoas jurídicas com denominações semelhantes e com potencial de gerar confusão, desde que não idênticas.
e) poderão ser registrados, certificados e autenticados livros contábeis obrigatórios de pessoas jurídicas cujos atos constitutivos estejam registrados na mesma unidade.

194. (Vunesp/TJ/RS/Cartórios/Ingresso/2019) São registrados no Registro Civil de Pessoas Jurídicas:

a) os atos de criação de Administrações Apostólicas da Igreja Católica.
b) os estatutos das sociedades civis anônimas.
c) os estatutos de criação da Igreja Católica.
d) as fundações de direito público.
e) as sociedades de advogados.

195. (Consulplan/TJ/MG/Cartórios/Ingresso/2018) "A empresa Limpa Tudo S/S tem sede na comarca de Além Mundo e resolveu instalar uma filial na Comarca de Mais Perto, ambas no mesmo Estado." Qual a providência a ser tomada com relação ao contrato social:

a) inscrever a constituição da filial no serviço de registro civil das pessoas jurídicas da sede da filial.
b) inscrever a constituição da filial no serviço de registro civil das pessoas jurídicas da sede da filial, sem qualquer interação com o registro da matriz.
c) inscrever a constituição da filial no serviço de registro civil das pessoas jurídicas da sede da matriz, sem qualquer interação com o registro da empresa criada.
d) inscrever a constituição da filial no serviço de registro civil das pessoas jurídicas da sede da matriz, levando a inscrição ao serviço da sede da filial com a comprovação da inscrição originária.

196. (Consulplan/TJ/MG/Cartórios/Remoção/2018) De acordo como a Lei nº 6.015/73, no registro civil das pessoas jurídicas serão matriculados(as):

a) os jornais e revistas, excluindo as publicações nacionais e internacionais.
b) as empresas que tenham por objeto o agenciamento de oficinas impressoras.
c) as oficinas impressoras de qualquer natureza, pertencentes exclusivamente a pessoas jurídicas.
d) as empresas de radiodifusão que mantenham serviços de notícias, reportagens, comentários, debates e entrevistas.

197. (Ieses/TJ/AM/Cartórios/Remoção/2018) Os atos constitutivos e os estatutos dos partidos políticos serão inscritos no:

a) registro civil de pessoas naturais.
b) tabelionato de protesto.
c) registro civil de pessoas jurídicas.
d) registro de títulos e documentos.

198. (Ieses/TJ/CE/Cartórios/Remoção/2018) No Registro Civil de Pessoas Jurídicas serão inscritos

I. os contratos, os atos constitutivos, o estatuto ou compromissos das sociedades civis, religiosas, pias, morais, científicas ou literárias, bem como o das fundações e das associações de utilidade pública.
II. os imóveis cujo domínio pertencer às pessoas jurídicas de direito privado.
III. as sociedades civis que revestirem as formas estabelecidas nas leis comerciais, salvo as anônimas.
IV. os atos constitutivos e os estatutos dos partidos políticos.

A sequência correta é:

a) as assertivas I, II, III e IV estão corretas.
b) apenas a assertiva II está incorreta.
c) apenas as assertivas II e IV estão corretas.
d) apenas as assertivas I, II e III estão corretas.

199. (Ieses/TJ/CE/Cartórios/Ingresso/2018) Assinale a alternativa correta:

a) no registro civil de pessoas jurídicas serão inscritos os contratos sociais das sociedades anônimas.
b) no registro civil de pessoas jurídicas serão inscritos os estatutos das autarquias e empresas públicas.
c) no registro civil de pessoas jurídicas serão inscritos os contratos, os atos constitutivos, o estatuto ou compromissos das sociedades civis, religiosas, pias, morais, científicas ou literárias, bem como o das fundações e das associações de utilidade pública.
d) no registro civil de pessoas jurídicas serão inscritos os atos constitutivos das pessoas jurídicas de direito público interno.

200. (Ieses/TJ/AM/Cartórios/Ingresso/2018) Em relação ao registro civil de pessoas jurídicas assinale a alternativa correta:

a) no registro civil de pessoas jurídicas serão inscritos os atos constitutivos e os estatutos das pessoas jurídicas de direito público interno.
b) no registro civil de pessoas jurídicas serão inscritos as sociedades civis que revestirem as formas estabelecidas nas leis comerciais, inclusive as anônimas.
c) poderão ser registrados os atos constitutivos de pessoas jurídicas, quando o seu objeto ou circunstâncias relevantes indiquem destino ou atividades ilícitos ou contrários, nocivos ou perigosos ao bem público, à segurança do Estado e da coletividade, à ordem pública ou social, à moral e aos bons costumes, desde que exista ordem juridicial.
d) quando o funcionamento da sociedade depender de aprovação da autoridade, sem esta não poderá ser feito o registro.

201. (Vunesp/TJ/SP/Cartórios/Ingresso/2018) No Registro Civil das Pessoas Jurídicas, exige-se, em regra, visto de advogado nos atos constitutivos, contratos sociais e estatutos das pessoas jurídicas. Em determinadas hipóteses, no entanto, essa providência pode ser dispensada para:

a) sociedades simples.
b) organizações religiosas.
c) associações.
d) fundações de direito privado.

202. (Consulplan/TJ/MG/Cartórios/Ingresso/2017) Quanto ao Registro Civil de Pessoas Jurídicas, todas as assertivas estão corretas, exceto:

a) serão inscritos os contratos, os atos constitutivos, o estatuto ou compromissos das sociedades civis, religiosas, pias, morais, científicas ou literárias, bem como o das fundações e das associações de utilidade pública.
b) são registradas as sociedades civis que revestirem as formas estabelecidas nas leis comerciais, salvo as anônimas.
c) serão inscritos os atos constitutivos e os estatutos dos partidos políticos.
d) o registro civil de pessoa jurídica será feito no Livro A, Livro B e Livro C.

203. (Consulplan/TJ/MG/Cartórios/Ingresso/2017) Devem, por regra, fazer o registro de seus atos constitutivos no Cartório de Registro Civil de Pessoas Jurídicas, exceto:

a) sociedades empresárias cujo objeto for serviços.
b) associações, inclusive esportivas.
c) fundações privadas, inclusive educacionais.
d) sociedades simples, não se aplicando a sociedades dvocatícias, cujo registro é junto à OAB.

204. (Cetro/TJ/RJ/Cartórios/Ingresso/2017) No Registro Civil das Pessoas Jurídicas, é vedado o registro ou a averbação

I. de quaisquer atos relativos às associações, às organizações religiosas, aos sindicatos, às fundações e às sociedades simples se os atos constitutivos não estiverem registrados no Serviço.
II. de sociedades de advogados, salvo aquelas que tenham objetivo jurídico-profissional de consultoria.
III. de organizações não governamentais que incluam ou reproduzam, em sua composição, siglas ou denominações de órgãos públicos da Administração Direta, com exceção de organismos nacionais e internacionais reconhecidos pela sua notoriedade.
IV. de atos constitutivos e suas alterações, de entidade que inclua, em seu respectivo objeto, firma ou denominação social, as expressões "investimento", sem determinar o ramo da atividade econômica ou sem indicar atividade que exija manifestação favorável de órgãos competentes, e "financiamento".
V. dos serviços concernentes ao Registro de Empresas, por constituir atribuição exclusiva das Juntas Comerciais.
VI. de ato relativo à convenção do condomínio, salvo as atas das assembleias ordinárias ou extraordinárias.

É correto o que está contido em:

a) I, II e V, apenas.
b) II, III e VI, apenas.
c) I, IV e V, apenas.
d) II, V e VI, apenas.
e) I, III e V, apenas.

205. (Consulplan/TJ/MG/Cartórios/Ingresso/2017) Em relação à escrituração dos atos relativos ao Registro Civil das Pessoas Jurídicas, assinale a alternativa correta:

a) o Livro de Protocolo servirá para apontamento de todos os títulos apresentados a registro, sendo de uso obrigatório por todas as serventias.
b) o oficial de registro das pessoas jurídicas, que cumular as atribuições de registro de títulos e documentos, deverá adotar um livro para cada uma das especialidades.
c) o Livro A destina-se ao registro de contratos, atos constitutivos, estatuto ou compromissos das sociedades civis, religiosas, pias, morais, científicas ou literárias, fundações, associações de utilidade pública, sociedades simples ou empresárias, salvo as anônimas, bem como dos partidos políticos.
d) a transcrição dos Livros "A" e "B" poderá ser realizada em fichas, para cada pessoa jurídica, escrituradas manual ou eletronicamente, sendo cada lançamento associado às imagens dos documentos gravados digitalmente ou em microfilme, disponíveis para impressão.

206. (Consulplan/TJ/MG/Cartórios/Remoção/2017) Acerca da competência do oficial de registro civil das pessoas jurídicas, assinale a afirmativa correta:

a) compete-lhe registrar jornais, periódicos e oficinas impressoras, salvo as empresas de radiodifusão e agências de notícias.
b) compete-lhe averbar livros de associações, sociedades, organizações religiosas, fundações, condomínios e partidos políticos, arquivando fotocópias dos respectivos termos de abertura e de encerramento.
c) compete-lhe averbar os atos alterem a pessoa jurídica, mas não deve averbar atos que apenas afetem a pessoa jurídica.
d) compete-lhe o registro de sociedade simples, devendo obedecer às normas fixadas para Registro Público de Empresas Mercantis a cargo das Juntas Comerciais, se a sociedade simples adotar um dos tipos de sociedade empresária.

207. (Ieses/TJ/RO/Cartórios/Ingresso/2017) Assinale a alternativa correta:

a) o Livro B do Registro Civil de Pessoas Jurídicas deve conter 200 folhas e nele ser feita a matrícula dos jornais.
b) o Livro A do Registro Civil de Pessoas Jurídicas deve conter 200 folhas.
c) no Registro Civil de Pessoas Jurídicas serão inscritos os contratos, os atos constitutivos, o estatuto ou compromissos das sociedades civis.
d) quando o funcionamento da sociedade depender de aprovação da autoridade, mesmo sem essa aprovação poderá ser feito o registro.

208. (Ieses/TJ/RO/Cartórios/Ingresso/2017) Assinale a alternativa correta:

a) no Registro Civil de Pessoas Jurídicas havendo suspeita de atividades ilícitas só após concluído o processo é que o oficial poderá suscitar dúvida ao Juiz competente.
b) aos oficiais de Registro Civil de Pessoas Jurídicas é vedado a adoção do sistema de fichas.
c) a existência legal das pessoas jurídicas só começa com o registro de seus atos constitutivos.
d) as patentes, para obter proteção legal, devem ser registradas no Registro Civil de Pessoas Jurídicas.

1.3.2. Do Registro de Jornais, Oficinas Impressoras... (arts. 122 a 126)

QUESTÕES OBJETIVAS

209. (Ieses/TJ/TO/Cartórios/Ingresso/2022) Em ano eleitoral muito se fala em propagação de "fake news" e o direito à liberdade de expressão que é manifestado pela livre publicação e circulação no território nacional de jornais e outros periódicos. A Constituição Federal garante que a manifestação do pensamento, a criação, a expressão e a informação, sob qualquer forma, processo ou veículo, não sofrerão qualquer restrição. Todavia, para trazer para o mundo jurídico as empresas radiodifusoras e agências de notícias, a Lei de Registros Públicos (Lei nº 6.015/73) estabelece uma série de critérios. Sobre as empresas radiodifusoras e agências de notícias, é correto afirmar:

a) Pode ser considerado clandestino o jornal, ou outra publicação periódica, matriculado nos termos da Lei de Registros Públicos.
b) No caso de empresas noticiosas, o pedido de matrícula conterá a designação da emissora, sede de sua administração e local das instalações do estúdio.
c) O pedido de matrícula de empresas de radiodifusão, jornais ou outras publicações periódicas conterá unicamente a indicação da sede da administração, lugar, rua e número onde funcionam as oficinas impressoras e denominação destas.
d) O pedido de matrícula conterá as informações e será instruído com os documentos indicados na Lei nº 6.015/73 e as alterações de qualquer das declarações ou documentos elencados na citada lei deverão ser averbadas na matrícula, no prazo de oito dias. Devendo ainda, cada declaração a ser averbada corresponder a um requerimento.

210. (Vunesp/TJ/SP/Cartórios/Ingresso/2022) A matrícula de jornais e periódicos no Registro Civil de Pessoas Jurídicas conterá, dentre outras, as seguintes informações:

a) o nome, o estado civil, a profissão e o endereço residencial do diretor ou redator-chefe, e, sendo casado, o nome e qualificação do cônjuge e o regime de bens no casamento, bem como se este se realizou antes ou depois da Lei nº 6.515, de 26 de dezembro de 1977.
b) o estatuto ou contrato social e o nome, a idade, o endereço residencial e a prova de nacionalidade dos diretores, gerentes e sócios da pessoa jurídica proprietária das oficinas impressoras.
c) o título do jornal ou periódico, a sede da redação, a administração, o nome, a idade, o endereço residencial e a prova da nacionalidade do diretor ou redator-chefe.
d) no caso de publicações em papel, a sede das oficinas impressoras e o esclarecimento se estas são próprias ou de terceiros, sendo desnecessário, no último caso, revelar os respectivos proprietários.

211. (Ieses/TJ/RO/Cartórios/Remoção/2021) No Registro Civil das pessoas jurídicas serão matriculados:

I. As empresas de radiodifusão que mantenham serviços de notícias, reportagens, comentários, debates e entrevistas.
II. Os jornais e demais publicações periódicas.
III. As empresas que tenham por objeto o agenciamento de notícias.
IV. As oficinas impressoras de quaisquer natureza, pertencentes a pessoas naturais ou jurídicas.

A sequência correta é:

a) Apenas as assertivas I, II e III estão corretas.
b) As assertivas I, II, III e IV estão corretas.
c) Apenas as assertivas I e II estão corretas.
d) Apenas a assertiva III está incorreta.

212. (FGV/TJ/SC/Cartórios/Ingresso/2021) Rebeca e Marina, brasileiras natas, e a sociedade simples ZZ, constituída de acordo com as leis brasileiras e com sede no país, integrada por Maria e Antônia, brasileiras naturalizadas há oito anos, decidiram constituir a sociedade simples XX, com o objetivo de editar o jornal "Tudo, para todos, o tempo todo", que circularia exclusivamente no Município Delta. Para verificar a possibilidade de a sociedade ZZ participar da sociedade XX, bem como que providências deveriam ser adotadas em relação ao registro público, máxime pelo fato de os órgãos de registro terem o dever e a responsabilidade de não registrar os atos societários ilegais, procuraram o seu advogado, sendo informadas, corretamente, que a sociedade ZZ:

a) poderia participar, com no máximo 30% do capital total e votante, da sociedade XX, que deveria ser registrada no Registro Civil das Pessoas Jurídicas, devendo ser promovida a matrícula do jornal na mesma serventia.
b) poderia participar, com no máximo um terço do capital total e votante, da sociedade XX, que deveria ser registrada no Registro de Empresas Mercantis, enquanto o jornal não careceria de registro, pois independe de licença.
c) poderia participar, com percentual inferior a 50% do capital votante, da sociedade XX, que deveria ser matriculada no Registro Civil das Pessoas Jurídicas, o que permitiria a averbação do jornal na mesma matrícula.
d) não poderia participar da sociedade XX, que deveria ser registrada no Registro de Empresas Mercantis, enquanto o jornal deveria ser registrado, em momento posterior, no Registro Civil das Pessoas Jurídicas.
e) não poderia participar da sociedade XX, que deveria ser objeto de registro no Registro Civil das Pessoas Jurídicas, enquanto o jornal não careceria de registro, pois a sua publicação independe de licença.

213. (Ieses/TJ/RO/Cartórios/Ingresso/2021) Segundo a Constituição Federal, a manifestação do pensamento, a criação, a expressão e a informação, sob qualquer forma, processo ou veículo, não sofrerão qualquer restrição. Assim, o direito à liberdade de expressão é manifestado pela livre publicação e a circulação no território nacional de jornais e outros periódicos. Então, visando trazer para o mundo jurídico as empresas radiodifusoras e agências de notícias, a Lei de Registros Públicos (Lei nº 6.015/73) estabelece uma série de critérios. Sobre as empresas radiodifusoras e agências de notícias, é correto afirmar:

a) No caso de empresas noticiosas, o pedido de matrícula conterá a designação da emissora, sede de sua administração e local das instalações do estúdio.
b) Em se tratando de empresas de radiodifusão, o pedido de matrícula conterá a indicação da sede da administração, lugar, rua e número onde funcionam as oficinas impressoras e denominação destas.
c) O pedido de matrícula, no caso de jornais ou outras publicações periódicas, conterá a designação da emissora, sede de sua administração e local das instalações do estúdio.
d) Considera-se clandestino o jornal, ou outra publicação periódica, não matriculado nos termos da Lei de Registros Públicos ou de cuja matrícula não constem os nomes e as qualificações do diretor ou redator e do proprietário.

214. (Cespe/TJ/DFT/Cartórios/Remoção/2019) A respeito da matrícula de jornais e empresas de radiodifusão que mantenham serviços de notícias, reportagens, comentários, debates e entrevistas, assinale a opção correta, de acordo com a Lei nº 6.015/1973.

a) As empresas de radiodifusão deverão ser matriculadas no registro público de empresas mercantis.
b) Um documento exigido para a matrícula das empresas de radiodifusão é a declaração de nacionalidade do diretor que, de acordo com a Constituição Federal de 1988, deve ser brasileiro nato.
c) A falta de matrícula das declarações legalmente exigidas ensejará multa, judicialmente arbitrada, que determinará, ainda, o prazo para se realizar a devida matrícula no registro civil de pessoas jurídicas.
d) A omissão de matrícula de qualquer declaração legalmente exigida poderá ser suprida, a qualquer tempo, no registro público de empresas mercantis.
e) A omissão, na matrícula, do nome e qualificação do diretor ou redator de empresas de rádio difusão e de jornais não é suficiente para considerá-los como clandestinos.

215. (Cespe/TJ/DFT/Cartórios/Ingresso/2019) A matrícula de uma publicação periódica, realizada em registro civil de pessoas jurídicas, necessita ser alterada na informação referente à declaração de residência do diretor da publicação. A partir dessa situação, assinale a opção correta, de acordo com a Lei de Registros Públicos.

a) A alteração pretendida não poderá ser realizada, por ausência de previsão legal.
b) A alteração deverá ser averbada na matrícula da publicação no prazo máximo de um ano, cujo descumprimento gera multa.
c) A matrícula deverá ser cancelada para que, então, seja realizada nova matrícula com a alteração necessária.
d) A alteração deverá ser averbada na matrícula da publicação periódica no prazo de oito dias, com aplicação de multa em caso de descumprimento.
e) A alteração na declaração de residência poderá ser averbada na matrícula da publicação periódica a qualquer tempo.

216. (Ieses/TJ/SC/Cartórios/Ingresso/2019) Sobre o Registro de Jornais, Oficinas Impressoras, Empresas de Radiodifusão e Agências de Notícias, assinale a alternativa incorreta:

a) A falta de matrícula das declarações, exigidas na Lei nº 6.015/73, será punida com multa, fixada em sentença, a qual também fixará prazo, não inferior a trinta dias, para matrícula ou alteração das declarações e tal multa será aplicada pela autoridade judiciária em representação feita pelo oficial, e cobrada por processo executivo, mediante ação do órgão competente. Se a matrícula ou alteração não for efetivada no prazo, o Juiz poderá impor nova multa, agravando-a de 100% (cem por cento) toda vez que seja ultrapassado de vinte dias o prazo assinalado na sentença.
b) Para a matrícula de jornal serão apresentadas duas vias do estatuto, compromisso ou contrato, pelas quais far-se-á o registro mediante petição do representante legal da sociedade, lançando o oficial, nas duas vias, a competente certidão do registro, com o respectivo número de ordem, livro e folha. Uma das vias será entregue ao representante e a outra arquivada em cartório, rubricando o oficial as folhas em que estiver impresso o contrato, compromisso ou estatuto.
c) A falta de matrícula das declarações, exigidas na Lei nº 6.015/73, será punida com multa, fixada em sentença, a qual também fixará prazo, não inferior a vinte dias, para matrícula ou alteração das declarações e tal multa será aplicada pela autoridade judiciária em representação feita pelo oficial, e cobrada por processo executivo, mediante ação do órgão competente. Se a matrícula ou alteração não for efetivada no prazo, o Juiz poderá impor nova multa, agravando-a de 50% (cinquenta por cento) toda vez que seja ultrapassado de dez dias o prazo assinalado na sentença.
d) Considera-se clandestino o jornal, ou outra publicação periódica, não matriculado nos da Lei nº 6.015/73 ou de cuja matrícula não constem os nomes e as qualificações do diretor ou redator e do proprietário.

217. (Ieses/TJ/SC/Cartórios/Remoção/2019) Sobre o Registro de Jornais, Oficinas Impressoras, Empresas de Radiodifusão e Agências de Notícias, assinale a alternativa incorreta:

a) No caso de jornais ou outras publicações periódicas, o pedido de matrícula conterá as informações e será instruído com os documentos seguintes: título do jornal ou periódico, sede da redação, administração e oficinas impressoras, esclarecendo, quanto a estas, se são próprias ou de terceiros, e indicando, neste caso, os respectivos proprietários; nome, idade, residência e prova da nacionalidade do diretor ou redator-chefe; nome, idade, residência e prova da nacionalidade do proprietário; se propriedade de pessoa jurídica, exemplar do respectivo estatuto ou contrato social e nome, idade, residência e prova de nacionalidade dos diretores, gerentes e sócios da pessoa jurídica proprietária.
b) No registro civil das pessoas jurídicas serão matriculados os jornais e demais publicações periódicas; as oficinas impressoras de quaisquer natureza, pertencentes a pessoas naturais ou jurídicas; as empresas de radiodifusão que mantenham serviços de notícias, reportagens, comentários, debates e entrevistas; as empresas que tenham por objeto o agenciamento de notícias.
c) No caso de empresas noticiosas, o pedido de matrícula conterá as informações e será instruído com os documentos seguintes: nome, nacionalidade, idade e residência do gerente e do proprietário, se pessoa natural; sede da administração; exemplar do contrato ou estatuto social, se pessoa natural.
d) No caso de empresas de radiodifusão, o pedido de matrícula conterá as informações e será instruído com os documentos seguintes: designação da emissora, sede de sua administração e local das instalações do estúdio; nome, idade, residência e prova de nacionalidade do diretor ou redator-chefe responsável pelos serviços de notícias, reportagens, comentários, debates e entrevistas.

218. (Ieses/TJ/AM/Cartórios/Ingresso/2018) Assinale a alternativa correta:

a) não será considerado clandestino o jornal, ou outra publicação periódica, não matriculado de cuja matrícula não constem os nomes e as qualificações do proprietário.
b) no registro de partidos políticos não é necessário que na declaração conste se o estatuto é ou não reformável quanto a administração.
c) no pedido de matricula de jornas não é necessário apresentar documentos relativos a idade e residência do proprietário.
d) no registro civil das pessoas jurídicas serão matriculadas as oficinas impressoras de quaisquer naturezas, pertencentes a pessoas naturais ou jurídicas.

1.4. *Do Registro de Títulos e Documentos (arts. 127 a 166)*

1.4.1. Das Atribuições (arts. 127 a 131)

ATENÇÃO: ESTE TEMA É MUITO EXIGIDO NOS CONCURSOS!

QUESTÕES DISCURSIVAS

13. (FGV/TJ/SC/Cartórios/2021) Magritte, brasileiro, solteiro, magistrado titular da 1ª Vara Cível da cidade de Resende, Estado do Rio de Janeiro, mora há 10 anos na cidade de Areias, Estado de São Paulo, a 50 minutos do Fórum de Resende. Magritte pretende adquirir de Dali, brasileiro, advogado, nascido e criado na cidade do Rio de Janeiro, onde ainda reside, por via digital, um imóvel na cidade de Búzios, Estado do Rio de Janeiro, financiado, em parte, pelo Banco Louvre, cuja sede fica na cidade de São Paulo, mediante contrato de hipoteca. Indaga-se: (i) Dentre todas as cidades referidas na questão, considerando que cada uma delas possui um tabelionato de notas, qual(is) o(s) tabelionato(s) competente(s) para lavrar o ato notarial pela via eletrônica? Indique o fundamento legal. (ii) Qual seria a consequência jurídica caso o referido ato notarial eletrônico fosse lavrado na cidade de Florianópolis, Santa Catarina?

14. (Vunesp/TJ/SP/Cartórios/2018) Discorra sobre a possibilidade, ou não, de reconhecimento da firma do emitente: (i) no cheque; (ii) na nota promissória.

15. (Vunesp/TJ/SP/Cartórios/2014) É possível a lavratura de uma escritura pública de locação? Caso afirmativo, como calcular os emolumentos e custas?

16. (Vunesp/TJ/SP/Cartórios/2014) O que diferencia escritura pública de ata notarial?

17. (Vunesp/TJ/SP/Cartórios/2014) Discorra acerca da escritura pública de diretiva antecipada de vontade.

18. (Ieses/TJ/PB/Cartórios/2014) Marciliano Dias comparece perante o 1º Tabelião de Notas de João Pessoa e relata ter sido testemunha de um crime, ocorrido no dia anterior. Por estar prestes a se mudar do país, solicita que seja lavrado ato que traga o relato dos fatos por ele presenciados. Qual a orientação deverá ser dada pelo tabelião no presente caso? Redija eventual ato cabível na hipótese, complementando os dados faltantes, e diga qual o valor que poderá lhe ser atribuído.

19. (IBFC/TJ/PR/Cartórios/Ingresso/2014) Quais são as funções do Registro de Títulos e Documentos? Qual é a diferença entre as funções do Registro de Títulos e Documentos e as funções do Registro Imobiliário?

QUESTÕES OBJETIVAS

219. (Ieses/TJ/TO/Cartórios/Ingresso/2022) Uma forma de garantir autenticidade, conservação, publicidade e segurança de um documento original é fazer o seu registro na serventia competente, conforme a atribuição que lhe foi delegada. Para isso, o ordenamento jurídico pátrio, por meio das atribuições dos registradores constante na Lei nº 6.015/73, estabelece que os documentos podem ser registrados em Registro de Títulos e Documentos para garantir a integralidade do texto e comprovar a data, que servirá como um marco para gerar efeitos jurídicos. Sobre o assunto escolha o item que qualifica corretamente cada uma das sentenças (I a IV) a seguir, como Falsas (F) ou Verdadeiras (V).

I. O Registrador de Títulos e Documentos não tem nenhuma faculdade para a realização de registros não atribuídos expressamente por lei a outro ofício.
II. No Registro de Títulos e Documentos poderá ser feita a transcrição dos instrumentos particulares, para a prova das obrigações convencionais de qualquer valor.
III. O penhor comum sobre coisas móveis poderá ser tornado público no Registro de Títulos e Documentos.
IV. Mandados judiciais que tenham como objeto a renovação de contrato de arrendamento independem do Registro de Títulos e Documentos para sua vigência, quer entre as partes contratantes, quer em face de terceiros.

a) F, F, F, V.
b) F, F, V, V.
c) V, V, V, F.
d) F, V, V, F.

220. (Vunesp/TJ/GO/Cartórios/Remoção/2021) Atendendo a requerimento do apresentante, o oficial do Registro de Títulos e Documentos se dirige ao local designado para cumprimento da notificação extrajudicial, às 19h de uma segunda-feira e, para sua surpresa, constata se tratar de uma igreja católica e ainda o fato de estar sendo realizada, no mesmo instante, uma missa, cuja celebração está sendo feita pelo próprio interessado que figura no título (destinatário da notificação), na qualidade de padre. Diante do caso, assinale a alternativa correta.

a) A notificação poderá ser feita apenas mediante prévia autorização judicial.
b) A notificação não poderá ser feita porque diligências de notificação devem ocorrer diariamente entre 6 h e 18 h, exceto aos domingos e feriados.
c) A notificação poderá ser feita, cabendo ao oficial registrador se identificar como tal e cuidar para que seu ato não cause nenhum constrangimento ao interessado que figura no título.
d) A notificação não poderá ser feita, salvo para evitar o perecimento do direito.

221. (FGV/TJ/SC/Cartórios/Ingresso/2021) Eleonora, que reside nas proximidades de uma indústria de utensílios náuticos, estava muito incomodada com a intensidade dos ruídos produzidos. Por tal razão, solicitou ao Tabelionato de Notas da respectiva circunscrição que comparecesse ao local e lavrasse um "documento" descrevendo a intensidade dos ruídos. Com isso, almejava utilizar o "documento" como início de prova, de modo a constituir um advogado e ajuizar a ação cabível em face da sociedade empresária que explorava a referida indústria. Ao receber a solicitação de Eleonora, o tabelião de notas deve:

a) atendê-la, comparecendo ao local e lavrando ato formal no qual irá descrever a intensidade dos ruídos conforme os seus sentidos, entregando-o a Eleonora.

b) indeferi-la de plano, pois a sistemática legal vigente não permite que o tabelião lavre atos formais descrevendo aspectos da realidade, conforme a sua apreensão.
c) indeferi-la de plano, pois, apesar de o tabelião poder lavrar atos formais descrevendo aspectos da realidade, conforme os seus sentidos, não pode fazê-lo quando exigida perícia.
d) indeferi-la de plano, pois a lavratura de ato formal, descrevendo aspectos da realidade conforme a sua apreensão, pressupõe determinação do juízo competente.
e) atendê-la, comparecendo ao local e lavrando ato formal no qual irá descrever a intensidade dos ruídos conforme a sua percepção, lacrando-o e encaminhando ao juízo competente.

222. (Ieses/TJ/RO/Cartórios/Ingresso/2021) Assinale a alternativa correta:

a) As cartas de fiança, em geral, feitas por instrumento particular, seja qual for a natureza do compromisso por elas abonado, estão sujeitas a registro, no Registro de Títulos e Documentos, para surtir efeitos em relação a terceiros.
b) Caberá ao Registro de Títulos e Documentos a realização de quaisquer registros atribuídos a outro ofício.
c) No registro civil das pessoas jurídicas serão matriculadas as empresas de comunicação, radiodifusão e os sites/blogs de notícias.
d) O registro das sociedades, no registro civil de pessoas jurídicas, deve conter a informação se os membros respondem ações penais.

223. (Ieses/TJ/RO/Cartórios/Ingresso/2021) O registro de títulos e documentos é uma forma de garantir autenticidade, conservação, publicidade e segurança de um documento original. Desta forma, os documentos podem ser registrados em Registro de Títulos e Documentos para efeito de conservação, garantindo sua data e a integralidade do texto. Sobre o assunto escolha o item que qualifica corretamente as sentenças como Falsas ou Verdadeiras.

I. É correto afirmar que as cartas de fiança, em geral, feitas por instrumento particular, seja qual for a natureza do compromisso por elas abonado, estão sujeitas a registro, no Registro de Títulos e Documentos, para surtir efeitos em relação a terceiros.
II. Nenhum contrato de locação precisa de registro, no Registro de Títulos e Documentos, para surtir efeitos em relação a terceiros.
III. Os instrumentos de cessão de direitos e de créditos, de sub-rogação e de dação em pagamento, estão sujeitos a registro, no Registro de Títulos e Documentos, para surtir efeitos em relação a terceiros.
IV. Os registros no Registro de Títulos e Documentos serão feitos independentemente de prévia distribuição.

a) F, F, F, V.
b) F, F, V, V.
c) V, V, V, F.
d) V, F, V, V.

224. (Consulplan/TJ/MS/Cartórios/Remoção/2021) Em relação às atribuições dos Registros de Títulos e Documentos, é correto afirmar que:

a) Quando se tratar de transcrição facultativa de ato praticado no registro de títulos e documentos, não é necessária expressa menção a essa circunstância.
b) Nos contratos de parceria, será considerado credor, para fim de registro, o parceiro proprietário e devedor, o parceiro cultivador, criador ou de qualquer modo exercente da atividade produtiva.
c) O princípio da territorialidade se aplica ao registro facultativo de quaisquer documentos, para sua exclusiva guarda e conservação, que poderão ser feitos em bloco no formato físico, digitalizado, digital ou eletrônico.
d) Apresentado para registro título ou documento acompanhado de instrumentos que venham a complementá-lo, alterá-lo ou afetá-lo, será o principal registrado em ato único, em conjunto com os demais instrumentos.

225. (Cespe/TJ/DFT/Cartórios/Remoção/2019) Será feito no registro de títulos e documento o registro:

a) de penhora de imóveis.
b) em caráter obrigatório de documentos para fins de conservação.
c) de hipotecas convencionais.
d) de sentenças declaratórias de ausência.
e) de contrato de parceria agrícola.

226. (Vunesp/TJ/RS/Cartórios/Remoção/2019) Salvo exceção legal, o registro em Registro de Títulos e Documentos deve ser feito:

a) no domicílio de todas as partes contratantes e, sendo eles diversos, em todos eles.
b) no local indicado no título.
c) no domicílio de todas as partes contratantes e, sendo eles diversos, no do credor.
d) somente no domicílio do devedor.
e) somente no domicílio do credo.

227. (Ieses/TJ/SC/Cartórios/Remoção/2019) "No (___) será feita a (___) dos instrumentos particulares, para a prova das obrigações convencionais de qualquer valor; do (___) comum sobre coisas móveis; da caução (___) pessoal e da dívida pública federal, estadual ou municipal, ou de Bolsa ao portador; do contrato de (___) ou pecuária; do mandado judicial de renovação do contrato de arrendamento para sua vigência, quer entre as partes contratantes, quer em face de terceiros; facultativo, de quaisquer documentos, para sua conservação. Caberá ao (___) a realização de quaisquer registros não atribuídos expressamente a outro ofício". Marque a alternativa que completa correta e sequencialmente os espaços do enunciado, conforme o texto legal.

a) Registro de Títulos e Documentos; transcrição; penhor; títulos de crédito; parceria agrícola; Registro de Títulos e Documentos.
b) Registro de Títulos e Documentos; transcrição; penhor; títulos de crédito; parceria agrícola; Registro de Imóveis.
c) Registro de Títulos e Documentos; averbação; penhor; títulos de débito; parceria agrícola; Registro de imóveis.
d) Registro de Títulos e Documentos; averbação; penhor; títulos de crédito; parceria agrícola; Registro de Títulos e Documentos.

228. (Vunesp/TJ/RS/Cartórios/Ingresso/2019) Nos termos da lei, deve ser registrado em Títulos e Documentos o penhor:

a) rural.
b) industrial.
c) mercantil.
d) legal.
e) de direito.

229. (Consulplan/TJ/MG/Cartórios/Ingresso/2018) "João e Isabela nasceram em Teófilo Otoni/MG no ano 2000 e tiveram o ato de nascimento registrado em cartório daquela cidade. Aos 17 anos, domiciliado em Belo Horizonte/MG, ele foi emancipado por outorga dos pais. Depois, João e Isabela, ambos com 17 anos, casaram-se entre si (sem provimento jurisdicional algum acerca desse casamento) e migraram do Brasil para os Estados Unidos da América, onde passaram a trabalhar em empresa privada daquele país (nenhum deles a serviço do Brasil). Em razão da emigração, deixaram de ter domicílio no Brasil. Em 2018, tiveram um filho comum naquele país e registraram seu nascimento no Consulado Brasileiro na cidade de Boston. Isabela aproveitou o comparecimento ao consulado e firmou, perante o cônsul, procuração pública em que outorgou poderes para que o mandatário a representasse no Brasil em ato pelo qual o pai dela lhe doaria um imóvel na cidade de Teófilo Otoni/MG." "O pai e a mãe de Isabela e a pessoa nomeada procuradora comparecem a um cartório de notas de Teófilo Otoni/MG, pretendendo lavrar uma escritura pública por meio da qual os pais doariam um imóvel à filha Isabela. Eles apresentam ao tabelião a procuração lavrada no Consulado Brasileiro de Boston, tendo como outorgante exclusivamente Isabela." Na hipótese:

a) o traslado da procuração haverá de ser previamente registrado em ofício de títulos e documentos; após, poder-se-á lavrar a escritura pública de doação em que Isabela, representada pelo procurador, figure como donatária do imóvel.
b) a escritura pública de doação pode ser lavrada, sem participação de João no ato, fazendo-se constar como donatária Isabela, casada com João (com qualificação completa de ambos), independentemente do regime de bens do casamento de João e Isabela.
c) considerando que João e Isabela são casados, Isabela não pode ser a única a figurar na escritura pública como donatária do imóvel, sendo então necessária a participação de João no ato – pessoalmente ou mesmo por procuração passada em outro instrumento.
d) a escritura pública de doação pode ser lavrada, e os pais de Isabela poderão até mesmo prever a incomunicabilidade da propriedade do imóvel a João, ainda que Isabela e João sejam casados sob regime da comunhão universal de bens; todavia, caso os pais de Isabela tenham outros filhos vivos, será obrigatória a participação deles na escritura, na qualidade de anuentes à doação.

230. (Consulplan/TJ/MG/Cartórios/Ingresso/2018) A Lei nº 6.015/73 informa as atribuições do Registro de Títulos e Documentos, dentre elas a saber:

I. contrato de parceria agrícola ou pecuária.
II. penhor rural e comum sobre coisas móveis.
III. facultativo, de quaisquer documentos, para sua conservação.
IV. instrumentos particulares, para a prova das obrigações convencionais de qualquer valor.

Estão corretas as afirmativas:

a) I, II, III e IV.
b) I e IV, apenas.
c) II e III, apenas.
d) I, III e IV, apenas.

231. (Consulplan/TJ/MG/Cartórios/Remoção/2018) Assinale a alternativa correta acerca de jurisprudência envolvendo serviço de notas e registros públicos:

a) a convenção de condomínio aprovada, desde que lavrado e assinado o documento correspondente, tem eficácia erga omnes antes do registro no cartório devido.
b) o registro em cartório de imóveis do compromisso de compra e venda de imóvel, em relação ao qual não foi lavrada escritura pública "definitiva", é condição para ajuizamento de ação de adjudicação compulsória em face do promitente-vendedor.
c) a impugnação fundamentada e a dúvida sobre área de imóvel que requeiram produção de prova não impedirão retificação administrativa do registro, se o registrador de imóveis intimar o engenheiro que elaborou a planta e o memorial descritivo para esclarecer as objeções indicadas.
d) segundo decisão do Superior Tribunal de Justiça – STJ, em julgamento sob a sistemática de recursos repetitivos, é válida a notificação realizada por cartório de registro de títulos e documentos, mediante remessa do documento de notificação, pelos Correios, a endereço localizado em município diverso da sede do cartório.

232. (Ieses/TJ/CE/Cartórios/Ingresso/2018) Assinale a alternativa incorreta:

a) estão sujeitos a registro, no Registro de Títulos e Documentos, para surtir efeitos em relação a terceiros os contratos de locação de serviços não atribuídos a outras repartições.
b) estão sujeitos a registro, no Registro de Títulos e Documentos, para surtir efeitos em relação a terceiros as cartas de fiança, em geral, feitas por instrumento particular, seja qual for a natureza do compromisso por elas abonado.
c) no registro de títulos e documentos será feita a transcrição o penhor comum sobre coisas móveis.
d) no registro de títulos e documentos será feita a transcrição dos estatutos dos partidos políticos.

233. (Ieses/TJ/CE/Cartórios/Ingresso/2018) A empresa Bebidas Cearense Ltda., em processo de recuperação judicial, comparece perante o tabelião de notas para lavrar escritura pública de compra e venda de bem imóvel pertencente ao seu ativo circulante. Neste caso é correto afirmar:

a) é possível a alienação dos bens apenas se a parte alienante apresentar autorização judicial específica do juízo processante da recuperação. No ato notarial deverá ser mencionada a apresentação do alvará bem como deverão ser identificados os seus elementos essenciais, arquivando-se cópia na serventia.
b) como regra geral as empresas em recuperação judicial não sofrem restrições para a alienação de bens por escritura pública. Neste caso, considerando a natureza do bem e estando preenchidos os demais requisitos é possível a lavratura do ato notarial pretendido.
c) a condição jurídica da empresa em recuperação judicial impede, em qualquer hipótese, a alienação dos bens imóveis por instrumento particular.
d) deverá obrigatoriamente constar da escritura pública cláusula explicitando que o adquirente está ciente e concorda que, nos termos expressos da Lei 11.101 de 2005, poderá ser responsabilizado pelos débitos da alienante por sucessão quer seja no plano civil como também tributário.

234. (Ieses/TJ/AM/Cartórios/Remoção/2018) Estão sujeitos a registro, no registro de títulos e documentos, para surtir efeitos em relação a terceiros, entre outros:

I. os documentos decorrentes de depósitos, ou de cauções feitos em garantia de cumprimento de obrigações contratuais, ainda que em separado dos respectivos instrumentos.
II. os atos administrativos expedidos para cumprimento de decisões judiciais, sem trânsito em julgado, pelas quais for determinada a entrega, pelas alfândegas e mesas de renda, de bens e mercadorias procedentes do exterior.
III. as quitações, recibos e contratos de compra e venda de automóveis, bem como o penhor destes, qualquer que seja a forma que revistam.
IV. os contratos de locação de serviços não atribuídos a outras repartições.

A sequência correta é:

a) apenas as assertivas II e IV estão corretas.

b) apenas as assertivas I, II e III estão corretas.
c) as assertivas I, II, III e IV estão corretas.
d) apenas a assertiva II está incorreta.

235. (Consulplan/TJ/MG/Cartórios/Remoção/2018) O diploma expedido por universidade particular brasileira, para efeito de apostilamento, é considerado:

a) documento privado, que pode ser apostilado, mediante prévio ato de reconhecimento de firma dos signatários e apostilamento, propriamente, das assinaturas desses signatários.
b) documento privado, que pode ser apostilado, mediante prévio ato de reconhecimento de firma dos signatários e apostilamento, propriamente, da assinatura do tabelião ou escrevente que praticou o ato de reconhecimento de firma.
c) documento público, que pode ser apostilado, mediante prévio reconhecimento de firma e verificação da qualidade da autoridade (sendo obrigatória a certificação no documento de que houve esse reconhecimento de firma), e devendo ser apostilada, propriamente, a assinatura do escrevente ou tabelião que reconheceu as firmas.
d) documento público, que pode ser apostilado, mediante prévio reconhecimento de firma e verificação da qualidade da autoridade (sendo dispensável a certificação no documento de que houve esse reconhecimento de firma), devendo ser apostiladas, propriamente, as assinaturas dos signatários do documento e não do tabelião ou escrevente que lhes reconheceu as firmas.

236. (Consulplan/TJ/MG/Cartórios/Ingresso/2018) "Comparece a um cartório de notas do estado de Minas Gerais um portador de uma certidão expedida pela Receita Federal do Brasil. A certidão está impressa em papel tamanho A4, é colorida, legível, completa, não contém rasura e contém o endereço eletrônico da página na internet de que fora extraída. O comparecente requer que seja praticado ato notarial de autenticação daquela cópia." Na hipótese:

a) o tabelião não poderá autenticar o documento, já que se trata de um original e não se autentica documento original.
b) o tabelião deverá acessar o documento eletrônico, pela internet, valendo-se do endereço contido na certidão apresentada, imprimi-lo e autenticar essa cópia que imprimir.
c) o tabelião deverá orientar o comparecente que lance rubrica sobre aquele documento impresso (que então se tornará um original), extraia uma cópia xerográfica desse original e, em seguida, promova autenticação dessa cópia.
d) o tabelião não poderá autenticar a cópia e deverá orientar ao comparecente que lhe resta, para o fim pretendido, requerer tão somente que seja praticado o ato de lavratura de ata notarial, pela qual o cartório de notas certificará a existência de documento em meio eletrônico com aquele conteúdo.

237. (Consulplan/TJ/MG/Cartórios/Ingresso/2018) "Pessoa capaz requer a um tabelião no estado de Minas Gerais a realização de ata notarial para comprovar um fato e paga os emolumentos correspondentes. Ao verificar os fatos, o tabelião se depara com situação que, a seu juízo, constitui conduta comissiva de crime de ação penal pública incondicionada. Então, o tabelião realiza a diligência e prepara o ato, narrando os fatos segundo seus sentidos. Após lavrar a ata notarial, o requerente recusa-se a assiná-la e manifesta que 'o documento contém narrativa de fatos contrários a seu interesse; se soubesse que seria assim, não teria pedido'." Na hipótese:

a) o tabelião deverá promover suscitação de dúvida notarial.
b) o tabelião deverá promover cancelamento da ata notarial no juízo de registros públicos e devolver os emolumentos correspondentes.
c) o tabelião não deverá concluir o ato, ante a manifestação tempestiva de desistência da parte, mas serão devidos os emolumentos, que então não serão devolvidos, e deverá comunicar o fato criminoso à autoridade policial ou ao Ministério Público.
d) o tabelião deverá concluir a lavratura da ata notarial e anotará, no campo destinado à assinatura do requerente, a circunstância de que ele recusara-se a assiná-la e deverá comunicar o suposto crime à autoridade policial ou ao Ministério Público e não devolverá os emolumentos.

238. (Ieses/TJ/RO/Cartórios/Ingresso/2017) Assinale a alternativa correta:

a) no Registro de Títulos e Documentos será feita a transcrição do penhor comum sobre coisas móveis.
b) no registro de Títulos e Documentos haverá, obrigatoriamente, os livros A, B, C, D, E e F, todos com 300 folhas.
c) no registro de Títulos e Documentos haverá o Livro A é destinado para trasladação integral de títulos e documentos, sua conservação e validade contra terceiros, ainda que registrados por extratos em outros livros.
d) no Registro de Títulos e Documentos será feita a transcrição das empresas de radiodifusão que mantenham serviços de notícias.

1.4.2. Da Escrituração (arts. 132 a 141)

QUESTÕES DISCURSIVAS

20. (Cespe/TJ/PI/Cartórios/2013) Alex Marcos, brasileiro, solteiro, possuidor, de fato, do exercício pleno dos poderes inerentes à propriedade de um imóvel localizado no endereço X, em Teresina/PI, pretende transferir esse direito a Alexandre Silvério, brasileiro, solteiro, mediante o pagamento de R$ 100.000,00, a ser realizado à vista. Não existe contra Alex Marcos ou sobre o imóvel em questão qualquer ação judicial que possa viciar tal operação jurídica. Além disso, Alex afirma que se responsabiliza por eventuais débitos atrelados ao imóvel, como impostos, taxas ou tarifas. Com base nessa situação hipotética, redija, na qualidade de tabelião do cartório competente, da forma mais completa possível, a peça cartorial destinada à operação jurídica desejada pelos interessados, complementando o documento com os elementos legais exigíveis.

QUESTÕES OBJETIVAS

239. (Ieses/TJ/TO/Cartórios/Ingresso/2022) Assinale a alternativa incorreta:

a) Para surtir efeitos contra terceiros, os contratos de fiança devem ser registrados no registro de títulos e documentos.
b) Para surtir efeitos contra terceiros, os contratos de locação devem ser registrados no registro de títulos e documentos.
c) Para surtir efeitos contra terceiros, os contratos de depósito e caução devem ser registrados no registro de títulos e documentos.
d) Um boletim de ocorrência não poderá ser registrado no registro de títulos e documentos.

240. (Vunesp/TJ/SP/Cartórios/Ingresso/2022) Além dos livros obrigatórios e comuns a todas as serventias, na Serventia de Registro de Títulos e Documentos, haverá os seguintes livros:

a) Livro "A": para protocolo de todos os títulos, documentos e papéis apresentados diariamente para registro; Livro "B": para protocolo de todos os títulos, documentos e papéis apresentados diariamente para averbação nos documentos já registrados; Livro "C": para registro integral ou resumido de títulos e documentos, para fins de publicidade e eficácia em relação a terceiros; Livro "D": indicador pessoal; Livro "E": indicador Real; Livro "F": para registro integral de títulos e documentos exclusivamente para fins de conservação; e Livro "G": indicador pessoal de registro exclusivamente para fins de conservação.

b) Livro "A": para protocolo de todos os títulos, documentos e papéis apresentados diariamente para registro ou averbação; Livro "B": para registro de resumos ou extratos de títulos e documentos, para fins de publicidade e eficácia em relação a terceiros; Livro "C": para registro integral de títulos e documentos, visando assegurar sua autenticidade, publicidade e eficácia em relação a terceiros, ainda que registrados, por extratos, em outros livros; Livro "D": indicador pessoal; Livro "E": indicador Real; Livro "F": para registro Integral de títulos e documentos exclusivamente para fins de conservação; e Livro "G": indicador pessoal de registro exclusivamente para fins de conservação.

c) Livro "A": para protocolo de todos os títulos, documentos e papéis apresentados diariamente para registro ou averbação; Livro "B": para registro integral de títulos e documentos, visando assegurar sua autenticidade, publicidade e eficácia em relação a terceiros, ainda que registrados, por extratos, em outros livros; Livro "C": para registro de resumos ou extratos de títulos e documentos, para fins de publicidade e eficácia em relação a terceiros; Livro "D": para registro integral de títulos e documentos exclusivamente para fins de conservação; Livro "E": indicador pessoal; e Livro "F": indicador Real.

d) Livro "A": para protocolo de todos os títulos, documentos e papéis apresentados diariamente para registro ou averbação; Livro "B": para registro integral de títulos e documentos, visando assegurar sua autenticidade, publicidade e eficácia em relação a terceiros, ainda que registrados, por extratos, em outros livros; Livro "C": para registro de resumos ou extratos de títulos e documentos, para fins de publicidade e eficácia em relação a terceiros; Livro "D": indicador pessoal; Livro "E": indicador Real; Livro "F": para registro integral de títulos e documentos exclusivamente para fins de conservação; e Livro "G": indicador pessoal de registro exclusivamente para fins de conservação.

241. (Vunesp/TJ/RS/Cartórios/Ingresso/2019) Em relação ao Registro de Títulos e Documentos, é correto afirmar que:

a) não é possível o registro de um compromisso de compra e venda de imóvel, ainda que para efeitos meramente conservativos.

b) o registro de alienação fiduciária de coisa móvel infungível deve ser feito no Registro de Títulos e Documentos do domicílio do devedor.

c) a compra e venda a prazo de bem imóvel, com reserva de domínio, deve ser registrada no Registro de Títulos e Documentos do domicílio do devedor.

d) a qualificação do Oficial de Registro de Títulos e Documentos prescinde de análise formal e material do título.

e) os documentos de procedência estrangeira, para produzirem efeitos legais no País e valerem contra terceiros, devem ser registrados no domicílio das partes, dispensada a tradução se adotados os caracteres comuns.

242. (Ieses/TJ/CE/Cartórios/Ingresso/2018) Assinale a alternativa incorreta sobre o registro de títulos e documentos:

a) o Livro A de protocolo é destinado a trasladação integral de títulos e documentos.

b) na parte superior de cada página do livro do registro de títulos e documentos se escreverá o título, a letra com o número e o ano em que começar.

c) o Livro D – indicador pessoal, substituível pelo sistema de fichas, a critério e sob a responsabilidade do oficial, o qual é obrigado a fornecer, com presteza, as certidões pedidas pelos nomes das partes que figurarem, por qualquer modo, nos livros de registros.

d) o Juiz, em caso de afluência de serviço no registro de títulos e documentos, poderá autorizar o desdobramento dos livros de registro para escrituração das várias espécies de atos, sem prejuízo da unidade do protocolo e de sua numeração em ordem rigorosa.

243. (Ieses/TJ/AM/Cartórios/Ingresso/2018) Assinale a alternativa correta:

a) o testamento cerrado não precisa ser registrado nos livros do tabelionato de notas.

b) no tabelionato de notas os livros devem ter o termo de abertura, sendo uma faculdade do tabelião a existência ou não de termo de encerramento.

c) no tabelionato de notas, além dos livros obrigatórios, um dos livros que esta serventia deve conter é o livro de reconhecimento de firmas por autenticidade.

d) no tabelionato de notas o livro de protocolo não é obrigatório, sendo uma faculdade do tabelião sua existência na serventia.

244. (Consulplan/TJ/MG/Cartórios/Ingresso/2017) Quanto ao Registro de Títulos e Documentos, todas as assertivas estão corretas, exceto:

a) em tal serviço será feita a transcrição dos instrumentos particulares, para a prova das obrigações convencionais de qualquer valor.

b) será feito o registro do penhor comum sobre coisas móveis; da caução de títulos de crédito pessoal e da dívida pública federal, estadual ou municipal, ou de Bolsa ao portador.

c) será também feito o registro do contrato de parceria agrícola ou pecuária; do mandado judicial de renovação do contrato de arrendamento para sua vigência, quer entre as partes contratantes, quer em face de terceiros, sendo obrigatório o registro de quaisquer documentos, para sua conservação.

d) para surtir efeitos em relação a terceiros, deverão ser registrados os contratos de locação de prédios, sem prejuízo do disposto do artigo 167, I, n. 3, da Lei n. 6.015/73 e os documentos decorrentes de depósitos, ou de cauções feitos em garantia de cumprimento de obrigações contratuais, ainda que em separado dos respectivos instrumentos.

245. (Consulplan/TJ/MG/Cartórios/Remoção/2017) Assinale a alternativa incorreta, acerca dos livros que deverão ser mantidos nos tabelionatos de Notas:

a) livro de notas, para escrituras públicas em geral.

b) livro de testamentos, para lavratura de testamentos públicos e anotação da aprovação de testamentos cerrados.

c) livro de procurações, para lavratura de procurações e substabelecimentos.

d) indicador real, para repositório de todos os imóveis que figurarem nas escrituras públicas, em que foram objeto de alienação ou oneração.

1.4.3. Da Transcrição e da Averbação (arts. 142 a 145)

SÚMULAS

STF **Súm. 259.** Para produzir efeito em juízo não é necessária a inscrição, no registro público, de documentos de procedência estrangeira, autenticados por via consular.

STF Súm. 442. A inscrição do contrato de locação no registro de imóveis, para a validade da cláusula de vigência contra o adquirente do imóvel, ou perante terceiros, dispensa a transcrição no registro de títulos e documentos.

STF Súm. 489. A compra e venda de automóvel não prevalece contra terceiros, de boa-fé, se o contrato não foi transcrito no registro de títulos e documentos.

QUESTÕES DISCURSIVAS

21. (IBFC/TJ/PR/Cartórios/Remoção/2014) Em que consiste o ato de registro, o de averbação, o de retificação, o de extrato e o de traslado? Identifique em qual serviço é feita a escrituração por extrato e por trasladação.

QUESTÕES OBJETIVAS

246. (Vunesp/TJ/RS/Cartórios/Ingresso/2019) Assinale a alternativa correta em relação ao registro de um contrato de compra e venda.

a) Na medida em que o Código Civil, em seu art. 499, permite a venda entre cônjuges de bens que não se comuniquem, é certo afirmar que, em um casal cujo regime seja o da comunhão parcial de bens, pode o cônjuge A vender ao cônjuge B bem que tenha adquirido antes do casamento, ainda que os recursos para a aquisição não estejam excluídos da comunhão.
b) Uma compra e venda que contenha condição que estabeleça a resolução negocial em caso de certo time de futebol ser campeão brasileiro em determinado ano não pode ser registrada.
c) O exercício do direito de preferência convencional estabelecido em uma compra e venda é implementado registralmente através de um ato de averbação.
d) A compra e venda de coisa futura, permitida no art. 483 do Código Civil, pode ser registrada, ainda que não se trate de hipótese de futura unidade autônoma em que tenha havido prévio registro de incorporação imobiliária.
e) O exercício do direito potestativo decorrente da cláusula de retrovenda é implementado registralmente mediante ato de averbação.

247. (Ieses/TJ/AM/Cartórios/Ingresso/2018) Leia atentamente as proposições abaixo e assinale a que se apresentar correta:

a) cabe ao oficial do Registro de Títulos e documentos recusar sumariamente o registro de documento de que tenha suspeita de falsificação, embora revestido de todas as formalidades legais.
b) deve ser considerada inválida a notificação extrajudicial realizada e entregue no endereço do devedor, por via postal e com aviso de recebimento, quando realizada por Cartório de Títulos e Documentos de outra comarca.
c) segundo a Lei de Registros Públicos, desde que prolongado o expediente além da hora regulamentar para o encerramento de atividade iniciada no período normal, admite-se a apresentação de novos títulos a registro.
d) no Registro de Títulos e Documentos será feita, entre outras atividades, a transcrição dos instrumentos particulares, para a prova das obrigações convencionais de qualquer valor.

248. (Ieses/TJ/AM/Cartórios/Remoção/2018) No Registro de Títulos e Documentos será feita a transcrição:

I. do penhor comum sobre coisas móveis.
II. dos instrumentos particulares, para a prova das obrigações convencionais de qualquer valor.
III. do contrato de parceria agrícola ou pecuária.
IV. da caução de títulos de crédito pessoal e da dívida pública federal, estadual ou municipal, ou de Bolsa ao portador.

A sequência correta é:

a) apenas as assertivas I, II e III estão corretas.
b) apenas a assertiva II está incorreta.
c) apenas as assertivas II e IV estão corretas.
d) as assertivas I, II, III e IV estão corretas.

249. (Ieses/TJ/AM/Cartórios/Remoção/2018) A transcrição de contratos de parcerias agrícola ou pecuária será realizada no:

a) registro de imóveis.
b) registro de títulos e documentos.
c) tabelionato de notas.
d) registro civil de pessoas jurídicas.

250. (Ieses/TJ/RO/Cartórios/Remoção/2017) Não será objeto de transcrição junto ao Registro de Títulos e Documentos:

a) a matrícula de jornais e demais publicações periódicas.
b) o contrato de parceria agrícola ou pecuária.
c) os instrumentos particulares, para a prova das obrigações convencionais de qualquer valor.
d) o penhor comum sobre coisas móveis.

1.4.4. Da Ordem do Serviço (arts. 146 a 163)

QUESTÕES OBJETIVAS

251. (Vunesp/TJ/GO/Cartórios/Remoção/2021) Um atleta olímpico brasileiro que competiu nos Jogos Olímpicos de Tóquio 2020 recebeu um certificado de participação emitido pelo Governo do Japão, escrito na língua japonesa. Retornando ao Brasil e no intuito exclusivo de conservar o documento, o referido atleta apresenta o documento para registro, na via original e sem tradução, ao Registro de Títulos e Documentos. Diante dessa situação, assinale a alternativa correta.

a) O registro poderá ser feito, já que não é necessária a tradução para registros feitos exclusivamente para fins de conservação.
b) O registro não poderá ser feito sem que seja apresentada a tradução, já que na escrita do documento não foram adotados os caracteres comuns.
c) O registro não poderá ser feito porque documentos estrangeiros só podem ser registrados desde que a finalidade seja produzir efeito em repartições da União, dos Estados, do Distrito Federal, dos Territórios e dos Municípios, ou em qualquer juízo ou tribunal.
d) O registro poderá ser feito, não sendo necessária a tradução em virtude de tratado internacional, nesse sentido, celebrado entre Brasil e Japão.

252. (Consulplan/TJ/MG/Cartórios/Ingresso/2018) Segundo a Lei nº 6.015/73 analise as afirmativas a seguir.

I. apresentado o título ou o documento para registro ou averbação, serão anotados, no protocolo, a data de sua apresentação, sob o número de ordem que se seguir imediatamente, a natureza do instrumento, a espécie de lançamento a fazer (registro integral ou resumido, ou averbação), o nome do apresentante, reproduzindo-se as declarações relativas ao número de ordem, à data, e à espécie de lançamento a fazer no corpo do título, do documento ou do papel.
II. os títulos, documentos e papéis escritos em língua estrangeira, uma vez adotados os caracteres comuns, poderão ser registrados no original, para o efeito da sua conservação ou perpetuidade. Para produzirem efeitos legais no País e para valerem contra terceiros, deverão, entretanto, ser vertidos em vernáculo e registrada a tradução, o que, também, se observará em relação às procurações lavradas em língua estrangeira.

III. o apontamento do título, documento ou papel no protocolo será feito, seguida e imediatamente um depois do outro. Sem prejuízo da numeração individual de cada documento, se a mesma pessoa apresentar simultaneamente diversos documentos de idêntica natureza, para lançamentos da mesma espécie, serão eles lançados no protocolo separadamente.

IV. o oficial deverá recusar registro a título e a documento que não se revistam das formalidades legais. Se tiver suspeita de falsificação, poderá o oficial sobrestar no registro, depois de protocolado o documento, até notificar o apresentante dessa circunstância; se este insistir, o registro será feito com essa nota, podendo o oficial, entretanto, submeter a dúvida ao Juiz competente, ou notificar o signatário para assistir ao registro, mencionando também as alegações pelo último aduzidas.

Estão corretas apenas as afirmativas:

a) I e II.
b) II e III.
c) III e IV.
d) I, II e IV.

253. (Ieses/TJ/CE/Cartórios/Ingresso/2018) Assinale a alternativa correta:

a) o oficial do registro de títulos e documentos não deverá recusar registro a título e a documento que não se revistam das formalidades legais.
b) após registrado não poderá ser feito o cancelamento de documento junto ao registro de títulos e documentos.
c) o registro de títulos de documentos funciona no regime de plantão aos finais de semana e nos feriados.
d) os títulos, documentos e papéis escritos em língua estrangeira, uma vez adotados os caracteres comuns, poderão ser registrados no original, para o efeito da sua conservação ou perpetuidade e para produzirem efeitos legais no País e para valerem contra terceiros, deverão, entretanto, ser vertidos em vernáculo e registrada a tradução, o que, também, se observará em relação às procurações lavradas em língua estrangeira.

254. (Ieses/TJ/AM/Cartórios/Ingresso/2018) Leia atentamente as proposições abaixo e assinale a que se apresentar incorreta:

a) nos termos da lei, o oficial de registro de Títulos e documentos é obrigado, quando o apresentante do título o requerer, a notificar do registro ou da averbação os demais interessados que nele figurarem e quaisquer terceiros que lhes sejam indicados, devendo requisitar dos oficiais de registro em outros municípios, as notificações necessárias.
b) o negócio jurídico que envolve direito obrigacional para a transmissão de bens móveis pode ser considerado válido entre as partes contratantes independente do registro no órgão competente.
c) o registro de documentos, para fins de conservação, é facultativo e não produz nenhum efeito em relação a Terceiros.
d) como regra geral, há três modalidades de publicidade previstas no ordenamento jurídico: a notificação, a publicação e o registro. A notificação leva o fato direta e pessoalmente ao conhecimento do destinatário. A publicação e o registro, por sua vez, são modos de publicidade impessoal e geral. A publicação diz respeito a atos regulamentares, tais como leis e atos administrativos, enquanto o registro confere publicidade a certos atos e negócios jurídicos, seja para a sua validade, eficácia ou segurança jurídica.

1.4.5. Do Cancelamento (arts. 164 a 166)

QUESTÕES OBJETIVAS

255. (Cespe/TJ/DFT/Cartórios/Remoção/2019) No âmbito da serventia de registro de títulos e documentos, o cancelamento de registro de instrumento particular que comprove obrigação convencional:

a) será realizado exclusivamente em decorrência de sentença.
b) será realizado apenas mediante a entrega de documento autêntico de quitação ou de exoneração do título registrado.
c) será realizado em decorrência de sentença ou mediante entrega de documento autêntico de quitação ou de exoneração do título registrado.
d) será realizado mediante simples requerimento, dispensada a instrução com outros documentos.
e) não poderá ser realizado, tendo em vista que o registro é ato irrevogável e irretratável.

256. (Ieses/TJ/AM/Cartórios/Ingresso/2018) Leia atentamente as proposições abaixo e assinale a que se apresentar incorreta:

a) no que concerne ao documento eletrônico, deve-se ter em mente o 'equivalente funcional', que por sua vez orienta no sentido de que, para ser considerado prova literal, o documento eletrônico deve exercer funções equivalentes ao escrito sobre suporte papel.
b) para fins de conservação, podem ser registrados nos Títulos de Documentos contratos sociais de sociedades, atas societárias ou estatutos, desde que já exista registro no Serviço de Registro Civil de Pessoas Jurídicas.
c) os livros de registro de Títulos e Documentos podem ser desmembrados, mediante autorização do Juiz Corregedor Permanente, para a escrituração das várias espécies de atos, sem prejuízo, porém, da unidade de protocolo e de sua numeração, com referências recíprocas.
d) o cancelamento do registro encetado perante o Registro de Títulos e Documentos exige exclusivamente um documento autêntico de quitação ou de exoneração do título registrado, emitido pelo credor.

1.5. *Do Registro de Imóveis (arts. 167 a 288-G)*

1.5.1. Das Atribuições (arts. 167 a 171)

ATENÇÃO: ESTE TEMA É MUITO EXIGIDO NOS CONCURSOS!

SÚMULAS

STF Súm. 442. A inscrição do contrato de locação no registro de imóveis, para a validade da cláusula de vigência contra o adquirente do imóvel, ou perante terceiros, dispensa a transcrição no registro de títulos e documentos.

QUESTÕES DISCURSIVAS

22. (Ieses/TJ/PA/Cartórios/2016) A Lei Federal n. 11.441/2007 alterou substancialmente a lei processual civil brasileira. A questão versa sobre o falecimento do "de cujus", com grande patrimônio, herdeiros maiores e capazes, bem como herdeiros menores e incapazes, solteiros, também casados (vê regime de bens, se necessidade do pacto antenupcial), então responda: Qual o título a ser apresentado ao Registrador? No caso, esse título será trasladado na esfera judicial ou administrativa? Quais os atos a serem praticados pelo Registrador levando em consideração que os imóveis partilhados ainda são transcritos (transcrição – sistema anterior) no registro de imóveis? Quais as peças obrigatórias que devem compor o formal de partilha, quais os tributos a serem pagos e apresentados termo de quitação, quais as certidões inerentes ao ato obrigatórias de apresentação, por fim como serão qualificados os proprietários e herdeiros de forma a atender a Lei n. 6.015/73.

23. (Vunesp/TJ/SP/Cartórios/2016) É possível o registro da usucapião tendo por objeto parcela de imóvel situado em loteamento irregular?

24. (Cespe/TJ/DFT/Cartórios/Ingresso/2014) No que se refere às proibições de dispor e o registro de imóveis, discorra sobre as espécies listadas abaixo, segundo sua natureza e finalidade, e cite um exemplo de incidência de cada uma delas: (i) proibições legais; (ii) proibições judiciais e administrativas; (iii) proibições voluntárias.

QUESTÕES OBJETIVAS

257. (Ieses/TJ/TO/Cartórios/Remoção/2022) As convenções antenupciais deverão ser levadas para registro no:

a) Diário Oficial da União – D.O.U.
b) Registro de imóveis.
c) Registro de títulos e documentos.
d) Registro civil de pessoas jurídicas.

258. (Ieses/TJ/RO/Cartórios/Ingresso/2021) Assinale a alternativa que apresenta registro que não deverá ser praticado no cartório de registro de imóveis:

a) penhoras.
b) hipotecas legais.
c) servidões em geral.
d) instrumentos de cessão de direitos e de créditos.

259. (Vunesp/TJ/GO/Cartórios/Remoção/2021) O imóvel urbano da matrícula 15000 do Registro de Imóveis de Sertanejo, com a área de 500 m^2 e origem em transcrição de 1965, é de propriedade de Silvio e sua mulher Neide, e de Otávio e sua mulher Ivone, na proporção de 50% para cada casal. Seguidos os trâmites legais a partir da manifestação de vontade dos proprietários e atendidas as exigências mínimas de dimensionamento urbanístico vigentes na legislação municipal, o registrador de imóveis procedeu, dentre outros atos, à abertura de duas matrículas com o encerramento da primitiva, lançando-se na matrícula da parte A Silvio e sua mulher Neide como proprietários, e na matrícula da parte B Otávio e sua mulher Ivone como proprietários. Realizou-se, assim:

a) estremação.
b) desmembramento especial.
c) divisão.
d) desmembramento de pequena monta.

260. (FGV/TJ/SC/Cartórios/Remoção/2021) Pedro e João decidiram firmar contrato oneroso no qual restou estabelecido que o direito de utilizar o espaço aéreo relativo ao terreno de propriedade de Pedro seria utilizado exclusivamente por João durante dez anos, atendida a legislação urbanística. Seria igualmente estabelecido que o direito assegurado a João seria extinto pelo advento do termo ou pelo descumprimento das demais obrigações assumidas. Com base nessas premissas, compareceram ao Tabelionato de Notas e lavraram a respectiva escritura pública. Ato contínuo, a escritura foi registrada no Registro de Imóveis. Ao fim dos dez anos, a extinção do direito deveria ser averbada nesse último cartório. À luz da sistemática vigente, essa narrativa:

a) não apresenta nenhuma incorreção.
b) apresenta uma única incorreção, consistente na lavratura de escritura pública com objeto ilícito, o que não poderia ser feito pelo tabelião de notas.
c) apresenta uma única incorreção, consistente na pretensa necessidade de averbação da extinção do direito, quando isso já ocorrera com o termo final.
d) apresenta incorreção apenas em relação ao registro e à averbação no Registro de Imóveis, já que o contrato firmado somente vincula as partes, tendo natureza pessoal.
e) apresenta incorreções que principiam com a lavratura da escritura pública com objeto ilícito, avançam pelo seu registro no Registro de Imóveis e alcançam a exigência de averbação.

261. (FGV/TJ/SC/Cartórios/Ingresso/2021) Zulmira pretende firmar contrato de locação de imóvel urbano na capital, para nele fixar sua residência, mas teme que seu locador aliene o imóvel durante a vigência do negócio. Para assegurar que seu direito a residir no imóvel com base no contrato de locação seja oponível ao novo proprietário, é necessário somente que o contrato:

a) seja celebrado por instrumento público, tenha prazo determinado e esteja averbado junto à matrícula do imóvel.
b) tenha cláusula de vigência em caso de alienação e esteja averbado junto à matrícula do imóvel.
c) seja celebrado por instrumento público e tenha cláusula de vigência em caso de alienação.
d) tenha prazo determinado e seja celebrado por instrumento público.
e) tenha prazo determinado, cláusula de vigência em caso de alienação e esteja averbado junto à matrícula do imóvel.

262. (Ieses/TJ/SC/Cartórios/Remoção/2019) Sobre as atribuições do Registro de Imóveis nos termos da lei, podemos afirmar:

a) São as de registro e averbações dos títulos ou atos constitutivos, declaratórios, translativos e extintivos de direito, sobre imóveis reconhecidos em lei, quer para sua constituição, transferência e extinção, quer para sua validade em relação a terceiros, quer para a sua disponibilidade.
b) São as de registro e averbações dos títulos ou atos constitutivos, declaratórios, translativos e extintivos de direito, sobre moveis reconhecidos em lei, quer para sua constituição e transferência, quer para sua validade quando da venda.
c) A averbação de convenções antenupciais, desde que seja, "ex officio" decretadas pelo poder público.
d) Em nada difere das atribuições dos registradores cíveis das pessoas naturais.

263. (Vunesp/TJ/RS/Cartórios/Remoção/2019) Assinale a alternativa correta.

a) A cópia, autenticada por Tabelião, do instrumento particular, é título apto para o Registro de Imóveis.
b) A posse é situação fática que não pode ser publicizada na matrícula do imóvel.
c) O registro, no Registro de Imóveis, da cláusula de vigência em um contrato de locação de imóvel urbano, somente pode ser feito se os proprietários do imóvel coincidirem, em sua totalidade, com os locadores contratuais.
d) O arrendamento rural pode ser registrado no Registro de Imóveis.
e) Uma escritura pública de constituição de renda onerosa sobre certo imóvel não pode ser registrada no Registro Imobiliário.

264. (Vunesp/TJ/RS/Cartórios/Remoção/2019) No que diz respeito ao registro do usufruto deducto no Registro de Imóveis, é correto afirmar que:

a) deve ser registrado no Livro 3.

b) não deve ser registrado nem averbado, por falta de previsão legal.
c) não deve ser registrado nem averbado por decorrer do direito de família.
d) deve ser registrado no Livro 2.
e) deve ser averbado.

265. (Vunesp/TJ/AL/Cartórios/Ingresso/2019) Assinale a alternativa correta para a constituição do condomínio de lotes.

a) A convenção do condomínio de lotes será registrada no registro de títulos e documentos, e o instrumento da instituição e especificação, no registro de imóveis.
b) A convenção e o instrumento de instituição e especificação do condomínio de lotes serão registrados no registro de imóveis.
c) A convenção e o instrumento de instituição e especificação do condomínio de lotes serão registrados no registro de títulos e documentos.
d) A convenção do condomínio de lotes será registrada no registro de civil de pessoa jurídica, e o instrumento de instituição e especificação no registro de imóveis.

266. (Ieses/TJ/CE/Cartórios/Remoção/2018) Em se tratando de um imóvel pertencente a uma pessoa jurídica de direito privado, a servidão ambiental deverá ser averbada:

a) no Registro Civil de Pessoas Jurídicas.
b) no Registro de Títulos e Documentos.
c) no registro de imóveis.
d) no Registro civil de Pessoas Naturais.

267. (Ieses/TJ/CE/Cartórios/Remoção/2018) No Registro de Títulos e Documentos será feita a transcrição, exceto:

a) da perda de nacionalidade brasileira, quando comunicada pelo Ministério da Justiça.
b) do contrato de parceria agrícola ou pecuária.
c) do penhor comum sobre coisas móveis.
d) dos instrumentos particulares, para a prova das obrigações convencionais de qualquer valor.

268. (Ieses/TJ/CE/Cartórios/Remoção/2018) No registro de imóveis, além da matrícula, serão feitos os registros:

I. das hipotecas legais, judiciais e convencionais.
II. das penhoras, arrestos e sequestros de imóveis.
III. da instituição de bem de família.
IV. do penhor de máquinas e de aparelhos utilizados na indústria, instalados e em funcionamento, com os respectivos pertences ou sem eles.

A sequência correta é:

a) apenas as assertivas I, II e III estão corretas.
b) apenas a assertiva III está incorreta.
c) as assertivas I, II, III e IV estão corretas.
d) apenas as assertivas III e IV estão corretas.

269. (Ieses/TJ/CE/Cartórios/Remoção/2018) A enfiteuse e a anticrese serão levadas a registro:

a) no Registro de Títulos e Documentos.
b) no Registro Civil de Pessoas Jurídicas.
c) na Junta Comercial.
d) no registro de imóveis.

270. (Ieses/TJ/AM/Cartórios/Ingresso/2018) A respeito do tema "atribuições" no registro de imóveis, é correto afirmar:

a) no registro de imóveis, além da matrícula, serão feitos vários registros, como o registro, "ex offício", dos nomes dos logradouros, decretados pelo poder público.
b) no registro de imóveis, além da matrícula, serão feitos vários registros, como o registro das sentenças de separação judicial, de divórcio e de nulidade ou anulação de casamento, quando nas respectivas partilhas existirem imóveis ou direitos reais sujeitos a registro.
c) no registro de imóveis, além da matrícula, serão feitos vários registros, como o registro da instituição de bem de família.
d) no registro de imóveis, além da matrícula, serão feitas várias averbações, como a averbação das sentenças declaratórias de usucapião.

271. (Ieses/TJ/AM/Cartórios/Ingresso/2018) A respeito do tema "atribuições" no registro de imóveis, é correto afirmar:

a) no registro de imóveis, além da matrícula, serão feitas várias averbações, como a averbação da legitimação fundiária.
b) no registro de imóveis, além da matrícula, serão feitos vários registros, como o registro das hipotecas legais, judiciais e convencionais.
c) no registro de imóveis, além da matrícula, serão feitos vários registros, como o registro das servidões ambientais.
d) no registro de imóveis, além da matrícula, serão feitas várias averbações, como a averbação das servidões em geral.

272. (Ieses/TJ/AM/Cartórios/Remoção/2018) No registro de imóveis, além da matrícula, serão feitos o registro:

I. das rendas constituídas sobre imóveis ou a eles vinculadas por disposição de última vontade.
II. da instituição de bem de família.
III. das servidões em geral.
IV. dos instrumentos particulares, para a prova das obrigações convencionais de qualquer valor.

A sequência correta é:

a) as assertivas I, II, III e IV estão corretas.
b) apenas as assertivas I, II e IV estão corretas.
c) apenas a assertiva IV está incorreta.
d) apenas as assertivas I e II estão corretas.

273. (Ieses/TJ/RO/Cartórios/Ingresso/2017) Assinale a alternativa correta:

a) conforme o estabelecido pela Lei n. 6.015/1973, no registro de imóveis, além da matrícula, será feito o registro das cédulas hipotecárias, bem como doutros atos ali elencados.
b) conforme o estabelecido pela Lei n. 6.015/1973, no registro de imóveis, além da matrícula, será feita a averbação das incorporações, instituições e convenções de condomínio, bem como doutros atos ali elencados.
c) conforme o estabelecido pela Lei n. 6.015/1973, no registro de imóveis, além da matrícula, será feita a averbação da alienação fiduciária em garantia de coisa imóvel, bem como doutros atos ali elencados.
d) conforme o estabelecido pela Lei n. 6.015/1973, no registro de imóveis, além da matrícula, será feito o registro dos termos administrativos ou das sentenças declaratórias da concessão de uso especial para fins de moradia, bem como de outros atos ali elencados.

274. (Ieses/TJ/RO/Cartórios/Ingresso/2017) Assinale a alternativa correta:

a) conforme expressa dicção empregada pela Lei n. 6.015/1973, devem ser registradas, em igualdade de condições, primeiramente as escrituras públicas nas quais os vendedores ou compradores possuam idade igual ou superior a 65 (sessenta e cinco) anos de idade, em obediência ao princípio da prioridade.

b) conforme expressa dicção empregada pela Lei n. 6.015/1973, na designação genérica de registro, consideram-se englobadas a inscrição e a transcrição a que se referem as leis civis.
c) pelo princípio da instância ou derrogação, os procedimentos de registros públicos iniciam-se, via de regra, a pedido do interessado, mas excepcionalmente pode o Registrador agir de ofício, sem provocação da parte o que ocorre, por exemplo, quando envolvido bem de menor de 16 anos de idade.
d) prevalecerão, para efeito de prioridade de registro, quando apresentados no mesmo dia, os títulos prenotados no Protocolo sob número de ordem mais alto, protelando-se o registro dos apresentados posteriormente, pelo prazo correspondente a, pelo menos, cinco dias úteis.

275. (Ieses/TJ/RO/Cartórios/Ingresso/2017) Assinale a alternativa correta:

a) enfiteuse e anticrese não podem ser registrados no registro de imóveis, pois não constam do rol taxativo previsto no artigo 167 da Lei n. 6.015/1973.
b) o restabelecimento da sociedade conjugal pode ser registrado no registro de imóveis, pois consta do rol taxativo previsto no artigo 167 da Lei n. 6.015/1973.
c) a legitimação de posse pode ser registrada no registro de imóveis, pois consta do rol taxativo previsto no artigo 167 da Lei n. 6.015/1973.
d) penhoras, arrestos e sequestros de imóveis não podem ser registrados no registro de imóveis, pois não constam do rol taxativo previsto no artigo 167 da Lei n. 6.015/1973.

276. (Ieses/TJ/RO/Cartórios/Ingresso/2017) Assinale a alternativa correta:

a) no registro de imóveis, além da matrícula, serão feitos a averbação da rerratificação do contrato de mútuo com pacto adjeto de hipoteca em favor de entidade integrante do Sistema Financeiro da Habitação, ainda que importando elevação da dívida, desde que mantidas as mesmas partes e que inexista outra hipoteca registrada em favor de terceiros.
b) os emolumentos devidos pelos atos relacionados com as aquisições imobiliárias para fins residenciais e comerciais, financiada pelo Sistema Financeiro da Habitação, serão reduzidos em 90% (noventa por cento).
c) as interpelações judiciais decorrentes da mora havida em imóveis financiados pelo SFH – Sistema Financeiro da Habitação – serão providenciadas pelo respectivo CRI – cartório de registro de imóveis –, e serão expedidas com antecedência mínima de 15 (quinze) dias úteis.
d) conforme redação da Lei dos Registros Públicos hoje vigente, nenhum ato relativo ao SFH – Sistema Financeiro da Habitação – deverá ser levado a registro no cartório de registro de imóveis, uma vez que tal averbação será providenciada direta e eletronicamente pela CEF – Caixa Econômica Federal –, de acordo com convênio firmado entre as entidades envolvidas, sem prejuízo dos emolumentos devidos, na proporção de 50% (cinquenta por cento) do valor do ato conforme a tabela definida por cada unidade da federação.

1.5.2. Da Escrituração (arts. 172 a 181)

QUESTÕES OBJETIVAS

277. (Ieses/TJ/TO/Cartórios/Ingresso/2022) Um dos requisitos da escrituração do Livro 1 – Protocolo no registro de imóveis é:

a) A natureza formal do título.
b) O valor do negócio jurídico realizado.
c) A hora, em minutos e segundos, da apresentação.
d) A qualificação dos terceiros interessados.

278. (Vunesp/TJ/SP/Cartórios/Ingresso/2022) Das alternativas a seguir, assinale aquela que indica exclusivamente exemplos de Livros do Registro de Imóveis.

a) Livro nº 2 – Registro Geral; Livro no 4 – Indicador Real; Livro nº 5 – Indicador Pessoal; e Livro de Atos Normativos e Decisões da Corregedoria Geral da Justiça.
b) Livro nº 1 – Protocolo; Livro nº 2 – Registro Geral; e Livro de Registro dos documentos relativos à vida funcional do registrador e de seus prepostos.
c) Livro nº 1 – Protocolo; Livro nº 2 – Registro Geral; Livro nº 3 – Registro Auxiliar; e Livro de Registro de Aquisição de Imóveis Rurais por Estrangeiros.
d) Livro de Recepção de Títulos; Livro nº 4 – Indicador Real; Livro nº 5 – Indicador Pessoal; e Livro de Ofícios Recebidos.

279. (Ieses/TJ/TO/Cartórios/Ingresso/2022) Das opções abaixo, assinale a que não apresenta um livro da serventia de Registro de Imóveis:

a) Registro Auxiliar.
b) Protocolo.
c) Indicador Real.
d) Livro B Auxiliar.

280. (Consulplan/TJ/MS/Cartórios/Ingresso/2021) O Livro nº 3 será destinado ao registro dos atos que, sendo atribuídos ao Registro de Imóveis por disposição legal, não digam respeito diretamente a imóvel matriculado. Assinale, a seguir, a alternativa que não representa um ato registrado no Livro nº 3 do Registro de Imóveis.

a) Os contratos de penhor rural.
b) As instituições de condomínio edilício, condomínio geral voluntário e condomínio em multipropriedade.
c) As convenções antenupciais e as escrituras públicas que regulem regime de bens dos conviventes na união estável.
d) As cédulas de crédito industrial, de crédito à exportação e de crédito comercial, sem prejuízo do registro da hipoteca cedular.

281. (Ieses/TJ/RO/Cartórios/Remoção/2021) Haverá, no Registro de Imóveis, os seguintes livros:

I. Livro nº 1 – Protocolo; Livro nº 2 – Registro Geral.
II. Livro nº 3 – Indicador Real.
III. Livro nº 4 – Registro Auxiliar.
IV. Livro nº 5 – Indicador Pessoal.

A sequência correta é:

a) As assertivas I, II, III e IV estão corretas.
b) Apenas as assertivas I, II e III estão corretas.
c) Apenas as assertivas I e IV estão corretas.
d) Apenas a assertiva III está incorreta.

282. (Ieses/TJ/SC/Cartórios/Ingresso/2019) Fazendo uma análise dos livros obrigatórios para o Registro de Imóveis, podemos afirmar que são os seguintes:

a) Livro 1 – Protocolo, Livro 2 – de Protesto, Livro 3 – de Testamentos, Livro 4 – Indicador Real e Livro 5 – Indicador Pessoal.
b) Livro 1 – Protocolo, Livro 2 – Matrícula, Livro 3 – Auxiliar, Livro 4 – Indicador Real, Livro 5 – Indicador Pessoal, e, o Livro de Aquisição de Imóveis Rurais por Estrangeiros.
c) Livro 1 – Protocolo, Livro 2 – da Hipotecas, Livro 3 – Das transcrições/transmissões, Livro 4 – Indicador Real, Livro 5 – Indicador Pessoal.
d) Livro 1 – Protocolo, Livro 2 – de Nascimento, Livro 3 – de Óbito, Livro 4 – Indicador Real, e Livro 5 – Indicador Pessoal.

283. (Cespe/TJ/DFT/Cartórios/Remoção/2019) De acordo com a Lei de Registros Públicos, quanto a registro de imóveis, os contratos de penhor rural devem ser:

a) registrados no livro de registro auxiliar.
b) averbados no livro de registro auxiliar e registrados no indicador real.
c) registrados no livro de registro geral.
d) averbados no livro de registro geral.
e) averbados no livro de indicador real e assentados no registro geral.

284. (Cespe/TJ/DFT/Cartórios/Ingresso/2019) No Registro de Imóveis, o Livro nº 4, denominado Indicador Real, serve:

a) como repositório dos nomes de todas as pessoas que, individual ou coletivamente, ativa ou passivamente, direta ou indiretamente, figurarem nos demais livros, devendo-se fazer referência aos respectivos números de ordem.
b) como repositório de todos os imóveis que figurarem nos demais livros, devendo conter sua identificação, referência aos números de ordem dos outros livros e anotações necessárias.
c) para o apontamento de todos os títulos apresentados diariamente, devendo conter o número de ordem, o nome do apresentante e a natureza formal do título.
d) para o registro da matrícula dos imóveis e o registro ou a averbação dos atos correspondentes, quando não for matéria específica do livro de registro auxiliar.
e) para o registro da emissão de debêntures, das cédulas de crédito rural e de crédito industrial e das convenções de condomínio edilício.

285. (Ieses/TJ/CE/Cartórios/Ingresso/2018) Acerca do registro de Laje, assinale a alternativa correta:

a) a instituição do direito real de laje implica em atribuição de fração ideal de terreno ao titular da laje ou a participação proporcional em áreas já edificadas.
b) em caso de alienação de qualquer das unidades sobrepostas, terão direito de preferência, em igualdade de condições com terceiros, os titulares da construção-base e da laje, nessa ordem, que serão cientificados por escrito para que se manifestem no prazo de trinta dias, salvo se o contrato dispuser de modo diverso.
c) a ruína da construção-base implica extinção do direito real de laje e afasta o direito a eventual reparação civil contra o culpado.
d) se houver mais de uma laje, terá preferência, sucessivamente, o titular das lajes descendentes e o titular das lajes ascendentes, assegurada a prioridade para a laje mais próxima à unidade sobreposta a ser alienada.

286. (Ieses/TJ/AM/Cartórios/Ingresso/2018) A respeito do tema "Livros no registro de imóveis", é correto afirmar:

a) o Livro n. 5 – Registro Auxiliar – dividido alfabeticamente, será o repositório dos nomes de todas as pessoas que, individual ou coletivamente, ativa ou passivamente, direta ou indiretamente, figurarem nos demais livros, fazendo-se referência aos respectivos números de ordem.
b) será registrada no Livro n. 3 – Indicador Real – a penhora judicial de máquinas e de aparelhos utilizados na indústria, instalados e em funcionamento, com os respectivos pertences ou sem eles.
c) o Livro n. 1 – Protocolo – servirá para apontamento de todos os títulos apresentados diariamente, inclusive daqueles apresentados apenas para exame e cálculo dos respectivos emolumentos, conforme nova dicção legal.
d) o Livro n. 4 – Indicador Real – será o repositório de todos os imóveis que figurarem nos demais livros, devendo conter sua identificação, referência aos números de ordem dos outros livros e anotações necessárias.

287. (Ieses/TJ/AM/Cartórios/Remoção/2018) Livro, presente no registro de imóveis, no qual será realizado o apontamento de todos os títulos apresentados diariamente para "matrícula, registro ou averbação". Esse livro determinará a quantidade e qualidade dos títulos, bem como a data de sua apresentação, o nome de apresentante e o número de ordem, que seguirá, indefinidamente, sem interrupção, nos livros da mesma espécie. A sentença acima refere-se ao livro:

a) Livro n. 1 – Indicador Real.
b) Livro n. 1 – Auxiliar.
c) Livro n. 1 – Protocolo.
d) Livro n. 1 – Registro Geral.

288. (Ieses/TJ/AM/Cartórios/Remoção/2018) Haverá, no registro de imóveis, os seguintes livros:

a) Livro n. 1 (Protocolo); Livro n. 2 (Registro Geral); Livro n. 3 (Registro Auxiliar); Livro n. 4 (Indicador Real); Livro n. 5 (Indicador Pessoal).
b) Livro n. 1 (Protocolo); Livro n. 2 (Registro Geral); Livro n. 3 (Registro Auxiliar); Livro n. 4 (Indicador Pessoal); Livro n. 5 (Indicador Real).
c) Livro n. 1 (Registro Geral); Livro n. 2 (Protocolo); Livro n. 3 (Registro Auxiliar); Livro n. 4 (Indicador Real); Livro n. 5 (Indicador Pessoal).
d) Livro n. 1 (Protocolo); Livro n. 2 (Registro Geral); Livro n. 3 (Indicador Pessoal); Livro n. 4 (Indicador Real); Livro n. 5 (Registro Auxiliar).

289. (Ieses/TJ/AM/Cartórios/Remoção/2018) Serão registrados no Livro n. 3 (registro auxiliar), junto ao registro de imóveis:

I. as convenções antenupciais.
II. o penhor comum sobre coisas móveis.
III. as cédulas de crédito rural e de crédito industrial, sem prejuízo do registro da hipoteca cedular.
IV. as convenções de condomínio.

A sequência correta é:

a) apenas as assertivas I, III e IV estão corretas.
b) apenas a assertiva IV está incorreta.
c) apenas as assertivas I e II estão corretas.
d) as assertivas I, II, III e IV estão corretas.

290. (Ieses/TJ/RO/Cartórios/Ingresso/2017) Assinale a alternativa correta:

a) todos os atos enumerados no art. 167, da Lei n. 6.015/1973 (matrícula, registro e averbação) são obrigatórios e devem ser efetuados, sempre e sem exceções, no Cartório da situação do imóvel.
b) conforme a Lei n. 6.015/1973, o livro denominado Indicador Real serve como repositório de todos os imóveis que figurarem nos demais livros, devendo conter sua identificação, referência aos números de ordem dos outros livros e anotações necessárias.
c) pela nova redação dada à Lei n. 6.015/1973, 4 (quatro) são os Livros necessários ao registro de imóveis: n. 1, o Livro Protocolo; n. 2, o Livro de Registro Geral; n. 3, o Livro Indicador Real e, n. 4, o Livro Indicador Pessoal.
d) de acordo com a Lei n. 6.015/1973, o desmembramento territorial posterior ao registro exige sua repetição no novo cartório, o que deverá ser providenciado pelo interessado no prazo máximo de 01 (um) ano, a contar da data da publicação da lei que determinar o desmembramento, sob pena de multa.

291. (Ieses/TJ/RO/Cartórios/Ingresso/2017) Assinale a alternativa correta:

a) conforme previsto na Lei n. 6.015/1973, registrar-se-ão no Livro n. 4 – Indicador Real: a emissão de debêntures, sem prejuízo do registro eventual e definitivo, na matrícula do imóvel, da hipoteca, anticrese ou penhor que abonarem especialmente tais emissões, firmando-se pela ordem do registro a prioridade entre as séries de obrigações emitidas pela sociedade; as cédulas de crédito rural e de crédito industrial, sem prejuízo do registro da hipoteca cedular; as convenções de condomínio; o penhor de máquinas e de aparelhos utilizados na indústria, instalados e em funcionamento, com os respectivos pertences ou sem eles; as convenções antenupciais; os contratos de penhor rural; os títulos que, a requerimento do interessado, forem registrados no seu inteiro teor, sem prejuízo do ato, praticado no Livro n. 2.
b) conforme previsto na Lei n. 6.015/1973, somente as hipotecas legais e convencionais poderão ser levadas a registro, uma vez que a hipoteca judicial sujeita-se apenas à averbação.
c) conforme previsto na Lei n. 6.015/1973, as convenções de condomínio serão registradas no Livro n. 3 – Registro Auxiliar.
d) conforme previsto na Lei n. 6.015/1973 – no que toca ao Registro Imobiliário –, o Livro n. 1 (protocolo) possui os seguintes requisitos de escrituração: 1) a data; 2) o nome, domicílio e nacionalidade do transmitente, ou do devedor, e do adquirente, ou credor, bem como: a) tratando-se de pessoa física, o estado civil, a profissão e o número de inscrição no Cadastro de Pessoas Físicas do Ministério da Fazenda ou do Registro Geral da cédula de identidade, ou, à falta deste, sua filiação; b) tratando-se de pessoa jurídica, a sede social e o número de inscrição no Cadastro Geral de Contribuintes do Ministério da Fazenda; 3) o título da transmissão ou do ônus; 4) a forma do título, sua procedência e caracterização; 5) o valor do contrato, da coisa ou da dívida, prazo desta, condições e mais especificações, inclusive os juros, se houver.

292. (Ieses/TJ/RO/Cartórios/Ingresso/2017) Assinale a alternativa correta:

a) no registro de imóveis, o Livro Indicador Real não poderá ser substituído por fichas.
b) no registro de imóveis, o Livro Registro Auxiliar não poderá ser substituído por fichas.
c) no registro de imóveis, o Livro Registro Geral poderá ser substituído por fichas.
d) no registro de imóveis, o Livro Protocolo poderá ser substituído por fichas.

1.5.3. Do Processo do Registro (arts. 182 a 216-A)

ATENÇÃO: ESTE TEMA É MUITO EXIGIDO NOS CONCURSOS!

JURISPRUDÊNCIA EM TESES

STJ JurisTese 80-3. O procedimento de dúvida registral detém natureza administrativa, de modo que é inviável a impugnação por meio de recurso especial.

QUESTÕES DISCURSIVAS

25. (Vunesp/TJ/RS/Cartórios/2019) Foi apresentado ao Registrador de Imóveis, no dia 09.10.2019, pela pessoa jurídica "Terra Boa e Pasto Ltda", constituída sob as leis brasileiras na forma de sociedade limitada e com sede e administração no País, um requerimento para registro de usucapião extrajudicial, com fundamento no art. 216-A da Lei n. 6.015/73. Os documentos previstos nos incisos I a IV do art. 216-A da Lei no 6.015/73 demonstram que: i) o imóvel é rural, equivalente a 50 módulos de exploração indefinida (equivalente a 250 hectares); ii) a área era utilizada diretamente pela pessoa jurídica "Terra Boa e Pasto Ltda" para atividades rurais de cultivo de cana, pastagem e agropecuária; iii) o requerente adentrou inicialmente no imóvel em razão de um contrato de arredamento rural com o proprietário tabular, assinado em 01.01.2009; iv) o contrato de arrendamento deixou de ser pago após 01.11.2009; v) o proprietário nunca requereu o pagamento dos valores decorrentes do contrato, bem como não adotou qualquer medida para reaver a posse da área; vi) o requerente afirmou ter posse do imóvel há mais de 10 anos, contados a partir da assinatura do contrato de arrendamento; vii) todos os sócios da "Terra Boa e Pasto Ltda" são estrangeiros e residem fora no Brasil. A planta não continha a assinatura do titular do domínio registrado o qual foi regularmente notificado e permaneceu silente. a) Há, no presente caso, restrição à aquisição da propriedade pela usucapião do imóvel acima descrito pela pessoa jurídica "Terra Boa e Pasto Ltda"? Fundamente. b) Foram cumpridos os requisitos para a aquisição da propriedade pela usucapião, considerando o tempo e natureza da posse exercida pela "Terra Boa e Pasto Ltda"?

26. (Vunesp/TJ/SP/Cartórios/2018) No registro de escritura de venda e compra relativa à aquisição de bem imóvel por empresa individual de responsabilidade limitada, quem deve figurar no fólio real? Justifique.

27. (Consulplan/TJ/MG/Cartórios/Ingresso/2015) O Novo Código de Processo Civil alterou o artigo 216-A da Lei de Registros Públicos, introduzindo a nova forma procedimental de ingresso da usucapião pela via extrajudicial, com isso, a posse ganhou destaque nas serventias extrajudiciais, sendo objeto exaustivo de estudo. Disserte sobre o instituto jurídico "posse", definindo a natureza jurídica quanto às teorias subjetiva e objetiva, qual a teoria adotada no Brasil, as várias espécies e classificação. Aponte, ainda, as formas de aquisição, transmissão e perda da posse, bem como seus efeitos e meios judiciais de proteção.

QUESTÕES OBJETIVAS

293. (Ieses/TJ/TO/Cartórios/Remoção/2022) Sobre o processo do registro de imóveis, é correto afirmar, exceto:

a) A escrituração do protocolo incumbirá tanto ao oficial titular como ao seu substituto legal, podendo, ser feita, ainda, por escrevente auxiliar expressamente designado pelo oficial titular ou pelo seu substituto legal mediante autorização do juiz competente, ainda que os primeiros não estejam nem afastados nem impedidos.
b) O Protocolo será encerrado diariamente.
c) O oficial não poderá retificar o registro ou a averbação de ofício nos casos de reprodução de descrição de linha divisória de imóvel confrontante que já tenha sido objeto de retificação.
d) Não serão registrados, no mesmo dia, títulos pelos quais se constituam direitos reais contraditórios sobre o mesmo imóvel.

294. (Ieses/TJ/TO/Cartórios/Ingresso/2022) Francisco Machado Egito, em seu artigo intitulado "Princípios informadores do direito registral imobiliário" afirma que "O direito registral imobiliário brasileiro é regido por alguns princípios normativos, que orientam a aplicação dos dispositivos legais relativos ao registro de imóveis, a fim de que seja alcançado o objetivo institucional deste, qual seja, dar segurança, autenticidade e eficácia aos atos jurídicos imobiliários, por meio da publicidade registral." Sobre tais princípios e as normas neles inspiradas é incorreto afirmar:

a) Cada imóvel terá matrícula própria, que será aberta por ocasião do primeiro ato de registro ou de averbação caso a transcrição possua todos os requisitos elencados para a abertura de matrícula.
b) Se o imóvel não estiver matriculado ou registrado em nome do outorgante, o oficial exigirá a prévia matrícula e o registro do título anterior, qualquer que seja a sua natureza, para manter a continuidade do registro.
c) O número de ordem determinará a prioridade do título, e esta a preferência dos direitos reais, ainda que apresentados pela mesma pessoa mais de um título simultaneamente.
d) Prevalecerão, para efeito de prioridade de registro, quando apresentados no mesmo dia, os títulos prenotados no Protocolo sob número de ordem mais baixo, protelando-se o registro dos apresentados posteriormente, pelo prazo correspondente a, pelo menos, dois dias úteis.

295. (Ieses/TJ/TO/Cartórios/Remoção/2022) A respeito do pedido de reconhecimento extrajudicial de usucapião, é correto afirmar:

a) Será processado diretamente perante o cartório do registro de imóveis da comarca em que residir o interessado, a requerimento deste, dispensada a atuação de advogado.
b) Será processado diretamente perante o cartório do registro de títulos e documentos da comarca em que estiver situado o imóvel usucapiendo, a requerimento do interessado, representado por advogado.
c) Será processado diretamente perante o cartório do registro de imóveis da comarca em que estiver situado o imóvel usucapiendo, a requerimento do interessado, facultada a representação por advogado.
d) Será processado diretamente perante o cartório do registro de imóveis da comarca em que estiver situado o imóvel usucapiendo, a requerimento do interessado, representado por advogado.

296. (FGV/TJ/SC/Cartórios/Remoção/2021) Osvaldo levou título comprobatório da constituição de hipoteca, garantindo crédito em seu favor, para que fosse inscrito no Cartório de Registro de Imóveis. Ocorre que, naquele mesmo dia, fora registrada outra hipoteca sobre aquele mesmo imóvel, em favor de outro credor. Enquanto a escritura referente à hipoteca de Osvaldo indica que ela foi lavrada às 14h, a escritura da hipoteca já registrada naquele dia indicava que ela fora lavrada às 10h. Diante disso, a hipoteca trazida por Osvaldo:

a) não deve ser registrada, por ser nulo o título, já que proibidas múltiplas hipotecas sobre o mesmo bem.
b) não deve ser registrada, por não ser possível o registro de duas hipotecas no mesmo dia.
c) deve ser prenotada, mas sobrestada por trinta dias, até que Osvaldo comprove a compatibilidade entre as duas hipotecas.
d) deve ser prenotada, mas sobrestada por trinta dias, até que o titular da outra hipoteca se manifeste sobre a compatibilidade entre as duas hipotecas.
e) deve ser registrada, pois indicados os horários em que foram lavradas, permitindo aferir a prioridade entre elas.

297. (FGV/TJ/SC/Cartórios/Remoção/2021) As sociedades empresárias YY e XX, ambas sediadas no Estado Alfa, celebraram escritura pública de arrendamento mercantil. Com isso, ocorreu a transferência para o arrendatário, a sociedade XX, do direito de propriedade do imóvel adquirido pelo arrendador, a sociedade YY. Com base nesse ato, a sociedade XX apresentou a escritura para registro no dia 01/06, tendo o oficial do Registro de Imóveis detectado a ausência de comprovação do recolhimento do imposto de transmissão de bens imóveis inter vivos (ITBI) e expedido nota de diligência. O comprovante veio a ser apresentado trinta dias depois. O mesmo título, no entanto, foi objeto de uma segunda prenotação, promovida pela sociedade YY, devidamente acompanhado do comprovante de recolhimento do ITBI, em 25/06. Ocorre que, em 20/06, uma terceira sociedade empresária, ZZ, requerera o registro da penhora do imóvel, o qual, em razão de sua higidez formal, foi prontamente deferido em 29/06, preterindo as demais prenotações na ordem dos registros. À luz da sistemática legal, é correto afirmar que a narrativa acima, em relação à precedência dos registros:

a) não apresenta qualquer irregularidade, devendo o registro da penhora do imóvel, deferido em momento anterior, anteceder o da escritura pública.
b) apresenta irregularidade, pois a data da transcrição da escritura pública deve ser a da prenotação promovida pela sociedade XX, tendo precedência sobre a penhora.
c) apresenta irregularidade, pois a data da transcrição da escritura pública deve ser a da prenotação promovida pela sociedade YY, tendo precedência sobre a penhora.
d) não apresenta irregularidade, pois a dupla prenotação da escritura pública é ilegal, o que impede que o comprovante do ITBI anexado à segunda supra o defeito da primeira.
e) apresenta irregularidade, pois a dupla prenotação da escritura pública deve ser concebida como um ato unitário, de modo que o comprovante acostado à segunda aproveita a primeira.

298. (Ieses/TJ/RO/Cartórios/Remoção/2021) O pedido de reconhecimento extrajudicial de usucapião será processado diretamente perante o cartório do registro de imóveis da comarca em que estiver situado o imóvel usucapiendo, sendo que oficial de registro de imóveis dará ciência à União, ao Estado, ao Distrito Federal e ao Município, pessoalmente, por intermédio do oficial de registro de títulos e documentos, ou pelo correio com aviso de recebimento, para que se manifestem:

a) em 20 (vinte) dias.
b) em 15 (quinze) dias.
c) em 30 (trinta) dias.
d) em 10 (dez) dias.

299. (Ieses/TJ/RO/Cartórios/Remoção/2021) Sobre o reconhecimento extrajudicial de usucapião é correto afirmar:

I. A ata notarial lavrada pelo tabelião atestará o tempo de posse do requerente e seus antecessores, conforme o caso e suas circunstâncias.
II. Em qualquer caso, é lícito ao interessado suscitar o procedimento de dúvida, nos termos da Lei nº 13.105, de 2015.
III. A rejeição do pedido extrajudicial impede o ajuizamento de ação de usucapião.
IV. Ao final das diligências, se a documentação não estiver em ordem, o oficial de registro de imóveis rejeitará o pedido.

A sequência correta é:

a) Apenas a assertiva III está incorreta.
b) Apenas as assertivas III e IV estão corretas.
c) As assertivas I, II, III e IV estão corretas.
d) Apenas as assertivas I, II e III estão corretas.

300. (Ieses/TJ/RO/Cartórios/Ingresso/2021) Assinale a alternativa correta:

a) Ao optar pelo usucapião extrajudicial, o interessado, automaticamente, abre mão da via judicial.
b) A existência de ónus real ou gravame na matrícula do imóvel usucapiendo impedirá o reconhecimento extrajudicial do usucapião.
c) É vedado o reconhecimento de usucapião extrajudicial de bens públicos.
d) O requerimento de usucapião extrajudicial deve ser assinado pelo interessado, sendo facultada a presença de advogado ou defensor público.

301. (FGV/TJ/SC/Cartórios/Ingresso/2021) Naiara compareceu ao Cartório de Registro de Imóveis munida de título de hipoteca que lhe garante como credora e pretende o seu registro. Entretanto, o título faz menção a outra hipoteca preexistente sobre o mesmo imóvel, a qual, contudo, não foi registrada. Diante disso, a hipoteca apresentada por Naiara:

a) não deve ser registrada, por ser nulo o título, já que são proibidas múltiplas hipotecas sobre o mesmo bem.
b) deve ser registrada e terá preferência sobre a anterior, tendo em vista a prioridade do registro.
c) deve ser registrada, mas ficará subordinada à outra hipoteca que, ainda que não registrada, tem preferência em razão da anterioridade.
d) deve ser prenotada, e a hipoteca anterior perderá a validade, tendo em vista a impossibilidade de inscrição das duas na mesma matrícula.
e) deve ser prenotada, mas sobrestada por até trinta dias, para eventual inscrição da precedente, e somente se não ocorrida, registrar a hipoteca de Naiara, dando-lhe preferência.

302. (Vunesp/TJ/SP/Cartórios/Ingresso/2022) Assinale a alternativa correta sobre o procedimento de dúvida, previsto no art. 198 da Lei nº 6.015/73:

a) Por sua natureza administrativa, a decisão proferida no procedimento de dúvida faz coisa julgada material, não se admitindo a reiteração da dúvida nem mesmo quando a jurisprudência a respeito das questões tratadas tenha sido alterada.
b) O procedimento de dúvida que decidir sobre matéria registral não se sobrepõe às questões examinadas na esfera jurisdicional.
c) O procedimento de dúvida admite apenas dois resultados: a procedência, pela qual são afastadas as exigências e determinado o registro, ou a improcedência, por meio da qual são mantidas as exigências.
d) O procedimento de dúvida destina-se a solucionar dissenso envolvendo recusa na prática de ato de registro em sentido amplo, inclusive quando o registrador se recusar a praticar ato de averbação.

303. (FGV/TJ/SC/Cartórios/Ingresso/2021) Maria, oficial do Registro de Imóveis da circunscrição Alfa, recebeu um requerimento do Estado, no qual almejava a retificação da matrícula de determinado imóvel rural, sob o argumento de que ele fora incorretamente individualizado. Com isso, avançou sobre terras públicas pertencentes ao Estado, as quais terminaram por ser indevidamente transferidas a um particular. Ao receber o requerimento, a oficial, nos termos da sistemática legal aplicável ao caso, deve:

a) publicar os editais pertinentes e, haja, ou não, impugnação, decidi-lo no prazo legal.
b) decidi-lo no prazo legal e, caso o acolha, proceder à retificação, dando ciência ao proprietário.
c) remetê-lo imediatamente ao juízo competente, que franqueará a produção de provas aos interessados e decidirá.
d) intimar o proprietário, publicar editais e, uma vez instruído o processo administrativo, encaminhá-lo ao juízo competente.
e) indeferi-lo, pois a retificação, por gerar reflexos na esfera jurídica alheia, deve ser precedida de processo contencioso.

304. (FGV/TJ/SC/Cartórios/Remoção/2021) Maria e Joana, profundas estudiosas do direito notarial e registral, travaram intenso debate a respeito da presunção de domínio decorrente do registro de imóveis e da forma como pode ser retificado. Para Maria, o registro tem uma presunção meramente relativa de veracidade do domínio, já que dependente da validade do negócio jurídico que lhe deu origem. A retificação, por sua vez, somente poderia ser realizada pelo juízo competente, quer em processo judicial contencioso, quer a partir de processo administrativo, instaurado de ofício pelo oficial ou a partir de requerimento. Joana, defendia que o princípio da continuidade e a necessidade de assegurar a boa-fé dos interessados denotavam que o registro aponta para uma presunção absoluta de veracidade do domínio. A retificação, por sua vez, poderia ser realizada perante o juízo competente, em processo contencioso, ou no plano administrativo, instaurado de ofício ou mediante requerimento, sem o concurso do Poder Judiciário, salvo se houver impugnação. À luz da sistemática legal, é correto afirmar que:

a) Joana está completamente certa, sendo descabida a tese de Maria em relação à presunção relativa de domínio, pois essa presunção é absoluta enquanto o título subsistir.
b) Joana está parcialmente certa, pois, além de a retificação não poder ser realizada de ofício, mas apenas das demais formas que indicou, a presunção de domínio é, de fato, absoluta.
c) Maria está parcialmente certa, pois, apesar de o registro gerar uma presunção meramente relativa de domínio, a retificação deve ser realizada da forma alvitrada por Joana.
d) Maria está completamente certa, pois a possibilidade de retificação administrativa, preconizada por Joana, é vedada pela lei, sendo exigida a participação do juízo competente.
e) Joana está parcialmente certa, pois a retificação somente pode ser realizada na forma preconizada por Maria, já que é imprescindível a participação judicial, contenciosa, ou não.

305. (Ieses/TJ/SC/Cartórios/Remoção/2019) A ata notarial para instrução da usucapião extrajudicial:

a) É gratuita para os que firmarem declaração de pobreza.
b) Deve se ater ao princípio da territorialidade para a fixação da competência do tabelionato.
c) Não comporta desdobramento ou complementação realizada por outro notário.
d) Deve ser acompanhada por advogado no momento de sua lavratura.

306. (Vunesp/TJ/RS/Cartórios/Remoção/2019) No que diz respeito à usucapião extrajudicial, é correto asseverar que:

a) se tiver por objeto imóvel edificado, a abertura de matrícula independerá de apresentação do habite-se ou outro documento equivalente.
b) se deve fazer prova do recolhimento do ITBI.
c) somente pode ser utilizado para a aquisição do direito real de propriedade.
d) não é possível se abranger parte de vários imóveis.
e) a existência de ônus real sobre o imóvel impede o seu reconhecimento.

307. (Ieses/TJ/SC/Cartórios/Remoção/2019) Para a retificação administrativa consensual prevista na legislação brasileira que trata sobre a matéria, podemos afirmar a quem pertence a competência postulatória para requerer, e qual o limite desta postulação com relação a área total do imóvel (mudando para maior ou para menor)?

a) Somente o Registrador Imobiliário poderá designar o verdadeiro interessado na postulação e, quanto ao limite para a retificação imobiliária administrativa a legislação civil especificou o limite máximo de 30% (trinta por cento) para o aumento da área.
b) Tem competência postulatória a pessoa que mesmo não sendo a proprietária do imóvel demonstre interesse jurídico na retificação, poderá requerê-la, não sendo qualquer interesse que confere a pessoa o direito a solicitação do procedimento retificatório. Quanto ao limite para o aumento ou diminuição da área total do imóvel, a legislação civil que atribuiu a possibilidade de retificação de área no âmbito administrativo (Lei nº 10.931/2004) foi silente no que pertine a aplicação do "%" que o oficial deverá adotar.
c) Tem competência postulatória somente o proprietário do registro anterior e, quanto ao limite para a retificação imobiliária administrativa a legislação civil especificou o limite máximo de 25% (vinte e cinco por cento) para o aumento da área.
d) Tem competência postulatória qualquer pessoa independente do interesse jurídico na retificação e, quanto ao limite para a retificação imobiliária administrativa a legislação civil especificou o limite máximo de 20% (vinte por cento) para o aumento da área.

308. (Ieses/TJ/SC/Cartórios/Ingresso/2019) Foi recepcionado no direito brasileiro a possibilidade de se postular a aquisição de imóvel usando o instituto da usucapião na esfera administrativa, partindo dessa confirmação e de acordo com as legislações pertinentes ao caso, podemos afirmar que:

a) É defeso adquirir imóvel através do procedimento administrativo, onde o postulante detenha somente a posse mansa e pacífica, ou ainda, em imóvel objetos de matrícula, transcrição ou inscrição.
b) Ao postulante lhe é dado o direito de adquirir o imóvel através do procedimento administrativo, seja imóvel em que detenha a posse mansa e pacífica, bem como de imóvel objetos de matrícula e transcrição.
c) Ao imóvel objeto da usucapião administrativo além da obrigatoriedade do imóvel usucapido deva estar matriculado, os confinantes, também, devem ter seus imóveis devidamente matriculados, senão, inviabiliza a postulação administrativa.
d) Ao postulante lhe é dado o direito de adquirir o imóvel através do procedimento administrativo, desde que, este imóvel esteja devidamente matrícula no cartório de registro de imóveis competentes, senão, inviabiliza a postulação administrativa.

309. (Cespe/TJ/DFT/Cartórios/Remoção/2019) Em se tratando de procedimento de alteração de divisas entre imóveis contíguos por meio de escritura pública, não sendo o caso de procedimento de retificação, o condomínio geral não constituído como condomínio edilício será representado:

a) pelo síndico, apenas.
b) pelo síndico ou por comissão de representantes.
c) por qualquer dos condôminos.
d) por comissão especialmente designada em assembleia geral, ordinária ou extraordinária.
e) por quem estiver previsto na convenção condominial.

310. (Ieses/TJ/SC/Cartórios/Remoção/2019) A aplicabilidade do georreferenciamento nas retificações administrativas de imóveis RURAIS, observemos a seguinte situação: "Apresentada a escritura para registro no Ofício Imobiliário competente, lavrada antes da exigência do georreferenciamento do imóvel. Pode esta ser registrada mesmo após o imóvel ter sido georreferenciado, ou seria obrigatório uma rerratificação da escritura para se adequar à nova redação após o georreferenciamento?

a) É condição "sine qua non" a rerratificação da escritura para posteriormente ser feita nova retificação da descrição do imóvel e, somente após se perfectibilizado essas alterações a escritura poderá ter ingresso no registro imobiliário.
b) Não há exceção ao princípio da especialidade objetiva do registro de imóveis.
c) Exceção ao princípio da especialidade objetiva do registro de imóveis é relativa, então "Mesmo havendo dúvida quanto à identificação do imóvel, o título anterior à retificação poderá ser levado a registro desde que requerido pelo adquirente, promovendo-o o registro e conformidade com a nova descrição".
d) Exceção ao princípio da especialidade objetiva do registro de imóveis prevista na legislação brasileira que trata sobre a matéria, onde consta "Não havendo dúvida quanto à identificação do imóvel, o título anterior à retificação poderá ser levado a registro desde que requerido pelo adquirente, promovendo-o o registro e conformidade com a nova descrição".

311. (Vunesp/TJ/RS/Cartórios/Remoção/2019) Quanto ao prazo de validade da prenotação, é correto afirmar que não é prorrogado:

a) pela suscitação de dúvida.
b) pela determinação judicial expressa para que seja prorrogado tal prazo.
c) pela necessidade de o Oficial exigir depósito prévio em título judicial de mandado de averbação de protesto contra alienação de bens.
d) pelo processo extrajudicial de retificação de registro.
e) pelo processo extrajudicial de usucapião.

312. (Vunesp/TJ/RS/Cartórios/Ingresso/2019) Quanto à usucapião extrajudicial de um direito real de servidão de passagem aparente, é correto afirmar que:

a) não é direito usucapível, e, portanto, não pode ser reconhecido na esfera extrajudicial.
b) é direito usucapível, e sua aquisição pela usucapião pode ser reconhecida na esfera registral.
c) é direito usucapível, mas sua aquisição pela usucapião não pode ser reconhecida na esfera extrajudicial.
d) não é direito usucapível, salvo se adquirido pela usucapião extraordinária, caso em que pode a aquisição ser reconhecida registralmente.
e) é direito usucapível somente pela espécie extraordinária, devendo ser reconhecida a aquisição na esfera judicial.

313. (UFPR/TJ/PR/Cartórios/Ingresso/2019) O registro das propriedades imobiliárias é imprescindível ao controle da posse e propriedade em país no qual a questão da moradia consiste em problema sério. Nesse aspecto, entre os serviços concernentes aos registros públicos está o de registro de imóveis. Sobre esses serviços, assinale a alternativa correta.

a) No registro de imóveis não serão feitos registros de penhor de máquinas ou de aparelhos utilizados na indústria, instalados e em funcionamento, com os respectivos pertences ou sem eles.
b) Nos registros de imóveis haverá exclusivamente o Livro nº 1 (Protocolo), Livro nº 2 (Registro Geral) e Livro nº 3 (Registro auxiliar).
c) Aos Municípios é facultado solicitar ao cartório de registro de imóveis a abertura de matrícula de parte ou da totalidade de imóveis públicos oriundos de parcelamento do solo urbano implantado, ainda que não inscrito ou registrado.
d) A instituição do direito real de laje ocorrerá por meio da averbação simples na matrícula da construção-base.
e) Nas escrituras e nos atos relativos a imóveis, as partes serão identificadas pelos seus nomes corretos ou pelos nomes pelos quais são conhecidas, sendo neste último caso a alcunha precedida das expressões "também conhecido por" ou "que também assina".

314. (Consulplan/TJ/MG/Cartórios/Remoção/2019) Sobre a retificação no Registro de Imóveis, prevista no art. 213 da Lei nº 6.015/1973, analise as afirmativas a seguir.

I. O oficial retificará o registro ou a averbação, de ofício ou a requerimento do interessado, no caso de inserção ou alteração de medida perimetral de que resulte, ou não, alteração de área, instruído com planta e memorial descritivo assinado por profissional legalmente habilitado, com prova de anotação de responsabilidade técnica no competente Conselho Regional de Engenharia e Arquitetura – CREA, bem assim pelos confrontantes.
II. Independentemente de retificação, dois ou mais confrontantes poderão, por meio de escritura pública, alterar ou estabelecer as divisas entre si e, se houver transferência de área, com o recolhimento do devido imposto de transmissão e desde que preservadas, se rural o imóvel, a fração mínima de parcelamento e, quando urbano, a legislação urbanística.
III. Entendem-se como confrontantes não só os proprietários dos imóveis contíguos, mas, também, seus eventuais ocupantes; o condomínio geral, de que tratam os arts. 1.314 e seguintes do Código Civil, será representado por todos os condôminos e o condomínio edilício, de que tratam os arts. 1.331 e seguintes do Código Civil, será representado, conforme o caso, pelo síndico ou pela Comissão de Representantes.
IV. Nos casos de inserção ou alteração de medida perimetral de que resulte, ou não, alteração de área, serão considerados confrontantes somente os confinantes de divisas que forem alcançadas pela inserção ou alteração de medidas perimetrais.

Estão incorretas apenas as afirmativas:

a) I e III.
b) II e IV.
c) I, II e III.
d) I, III e IV.

315. (Ieses/TJ/CE/Cartórios/Remoção/2018) O pedido de reconhecimento extrajudicial de usucapião será processado diretamente perante:

a) o cartório do Registro Civil de Pessoas Jurídicas da comarca em que estiver situado o imóvel usucapiendo, a requerimento do interessado, representado por advogado.
b) o cartório do registro de imóveis da comarca em que estiver situado o imóvel usucapiendo, a requerimento do interessado, representado por advogado.
c) o cartório de Registro de Títulos e Documentos da comarca em que estiver situado o imóvel usucapiendo, a requerimento do interessado, dispensada a presença do advogado.
d) o cartório do registro de imóveis da comarca em que estiver situado o imóvel usucapiendo, a requerimento do interessado, dispensada a presença do advogado.

316. (Ieses/TJ/CE/Cartórios/Ingresso/2018) Quanto a usucapião extrajudicial ou administrativa assinale a alternativa correta:

a) o oficial do registro de imóveis exigirá, para o ato do registro da usucapião, o pagamento do Imposto de Transmissão de Bens Imóveis – ITBI ou certidão da Prefeitura dispensando o recolhimento do tributo.
b) o reconhecimento extrajudicial da usucapião de imóvel matriculado não extinguirá eventuais restrições administrativas nem gravames judiciais regularmente inscritos.
c) se a planta não contiver a assinatura de qualquer um dos titulares de direitos registrados ou averbados na matrícula do imóvel usucapiendo ou na matrícula dos imóveis confinantes, o titular será notificado pelo registrador competente, pessoalmente ou pelo correio com aviso de recebimento, para manifestar consentimento expresso em quinze dias, interpretado o silêncio como discordância.
d) o registro do reconhecimento extrajudicial da usucapião de imóvel sempre implica em abertura de nova matrícula.

317. (Ieses/TJ/CE/Cartórios/Ingresso/2018) Sobre o processo de registro nas serventias extrajudiciais de registro de imóveis assinale a alternativa correta:

a) se o imóvel não estiver matriculado ou registrado em nome do outorgante, o oficial exigirá a prévia transcrição e averbação do título anterior, qualquer que seja a sua natureza, para manter a continuidade do registro.
b) o número de ordem determinará a prioridade do título, e esta a preferência dos direitos reais, ainda que apresentados pela mesma pessoa mais de um título simultaneamente.
c) em caso de permuta, e pertencendo os imóveis à mesma circunscrição, serão feitos os registros nas matrículas correspondentes, sob dois números de ordem no Protocolo.
d) serão registrados, no mesmo dia, títulos pelos quais se constituam direitos reais contraditórios sobre o mesmo imóvel.

318. (Ieses/TJ/AM/Cartórios/Ingresso/2018) A respeito do tema "processo do registro" no registro de imóveis, é correto afirmar:

a) o número de ordem determinará a prioridade do título, e esta a preferência dos direitos reais, ainda que apresentados pela mesma pessoa mais de um título simultaneamente.
b) serão registrados, no mesmo dia, títulos pelos quais se constituam direitos reais, mesmo que contraditórios sobre o mesmo imóvel. Neste caso, deverá o Registrador ingressar com processo de dúvida.
c) o Protocolo será encerrado diariamente, exceto se houver prenotação pendente de análise pelo Registrador, hipótese na qual deverá o fato ser comunicado ao representante do Ministério Público do local onde localizado o imóvel, no prazo de 24 (vinte e quatro) horas.
d) em caso de permuta, e pertencendo os imóveis à mesma circunscrição, serão feitos os registros nas matrículas correspondentes, havendo um número de ordem no protocolo para cada imóvel, devendo ser registrado primeiro o imóvel de matrícula mais antiga.

319. (Ieses/TJ/AM/Cartórios/Ingresso/2018) A respeito do tema "processo de dúvida" no registro de imóveis, é correto afirmar:

a) é excepcionalmente dispensada a manifestação do Ministério Público quando a dúvida for impugnada por terceiro, pois aí se estabelece contraditório sobre bens disponíveis entre pessoas capazes, desaparecendo o interesse público a justificar a intervenção do "parquet".
b) a decisão da dúvida tem natureza administrativa e não impede o uso do processo contencioso competente.
c) no processo de dúvida sempre serão devidas custas judiciais, a serem pagas por aquele que as suscitar.
d) apenas o interessado e o Ministério Público poderão interpor recurso de apelação da sentença que decidir a dúvida.

320. (Ieses/TJ/AM/Cartórios/Remoção/2018) No que se refere ao processo de registro, realizado no registro de imóveis, é correto afirmar, exceto:

a) poderão ser registrados, no mesmo dia, títulos pelos quais se constituam direitos reais, contraditórios sobre o mesmo imóvel.
b) o título de natureza particular apresentado em uma só via será arquivado em cartório, fornecendo o oficial, a pedido, certidão do mesmo.
c) o número de ordem determinará a prioridade do título, e esta a preferência dos direitos reais, ainda que apresentados pela mesma pessoa mais de um título simultaneamente.
d) o registro será feito pela simples exibição do título, sem dependência de extratos.

321. (Vunesp/TJ/SP/Cartórios/Ingresso/2018) Na retificação extrajudicial da descrição do imóvel urbano, em que houver modificação das medidas perimetrais, em relação aos confrontantes que não manifestaram a anuência na planta:

a) independentemente de sua notificação, quando requerido pelo adquirente do imóvel, deverá ser notificado o proprietário tabular mesmo quando apresentado o título aquisitivo.
b) a necessidade de sua notificação deverá ser aferida pelo oficial, inclusive a municipalidade deverá ser sempre notificada na falta de seu consentimento na planta.
c) deverão todos ser notificados.
d) deverão ser notificados apenas aqueles das divisas alcançadas pelas alterações.

322. (Ieses/TJ/CE/Cartórios/Remoção/2018) No caso de reconhecimento extrajudicial de usucapião a existência de ônus real ou de gravame na matrícula do imóvel usucapiendo:

a) converterá o reconhecimento de usucapião em procedimento judicial.
b) não impedirá o reconhecimento extrajudicial da usucapião.
c) impedirá o reconhecimento extrajudicial da usucapião.
d) suspenderá o reconhecimento extrajudicial da usucapião até a efetiva baixa do ônus real ou do gravame.

323. (Consulplan/TJ/MG/Cartórios/Remoção/2018) No que se refere a usucapião extrajudicial, julgue as seguintes proposições, de acordo com a Lei nº 6.015/73.

I. é admitido o pedido de reconhecimento extrajudicial de usucapião, que será processado diretamente perante o cartório do registro de imóveis da comarca em que estiver situado o imóvel usucapiendo, a requerimento do interessado, representado por advogado.
II. no caso de o imóvel usucapiendo ser unidade autônoma de condomínio edilício, fica dispensado consentimento dos titulares de direitos reais e outros direitos registrados ou averbados na matrícula dos imóveis confinantes e bastará a notificação do síndico para manifestar consentimento expresso em quinze dias, interpretado o silêncio como concordância.
III. o oficial de registro de imóveis dará ciência à União, ao Estado, ao Distrito Federal e ao Município, pessoalmente, por intermédio do oficial de registro de títulos e documentos, ou pelo correio com aviso de recebimento, para que se manifestem, em 15 (quinze) dias, sobre o pedido, interpretado o silêncio como discordância.
IV. se o imóvel confinante contiver um condomínio edilício, bastará a notificação do síndico para manifestar consentimento expresso em 15 (quinze) dias, dispensada a notificação de todos os condôminos.

Estão corretas apenas as proposições:

a) I e IV.
b) I, II e III.
c) I, II e IV.
d) II, III e IV.

324. (Ieses/TJ/CE/Cartórios/Ingresso/2018) Sobre procedimento de suscitação de dúvida previsto no artigo 198 e seguintes da Lei n. 6.015/73 assinale a alternativa correta:

a) no processo, de dúvida, somente serão devidas custas, a serem pagas pelo interessado, quando a dúvida for julgada improcedente.
b) da sentença, poderão interpor apelação, com os efeitos devolutivo e suspensivo, o interessado, o registrador, o Ministério Público e o terceiro prejudicado.
c) se não forem requeridas diligências, o juiz proferirá decisão no prazo de dez dias, com base nos elementos constantes dos autos.
d) impugnada a dúvida com os documentos que o interessado apresentar, será ouvido o Ministério Público, no prazo de dez dias.

325. (Consulplan/TJ/MG/Cartórios/Remoção/2017) Quanto ao pedido de reconhecimento extrajudicial de usucapião, todas as assertivas estão corretas, exceto:

a) será processado diretamente perante o cartório do registro de imóveis da comarca em que estiver situado o imóvel usucapiendo, a requerimento do interessado, representado por advogado.
b) o pedido deve estar instruído com ata notarial lavrada pelo tabelião, atestando o tempo de posse do requerente e de seus antecessores, conforme o caso e suas circunstâncias.
c) o oficial de registro de imóveis promoverá a publicação de edital em jornal de grande circulação, onde houver, para a ciência de terceiros eventualmente interessados, que poderão se manifestar em 30 (trinta) dias.
d) deve-se instruir o pedido com o justo título ou quaisquer outros documentos que demonstrem a origem, a continuidade, a natureza e o tempo da posse, tais como o pagamento dos impostos e das taxas que incidirem sobre o imóvel.

326. (Consulplan/TJ/MG/Cartórios/Ingresso/2017) Quanto às retificações no registro de imóveis, todas as assertivas estão corretas, exceto:

a) a retificação administrativa deve ser feita diretamente no cartório de registro de imóveis, quando buscar a alteração de denominação de logradouro público, bem como alteração ou inserção que resulte de mero cálculo matemático feito a partir das medidas perimetrais constantes do registro.
b) se a planta não contiver a assinatura de qualquer um dos titulares de direitos reais e de outros direitos registrados ou averbados na matrícula do imóvel retificando ou na matrícula dos imóveis confinantes, esse será notificado pelo registrador

competente, pessoalmente, para manifestar o seu consentimento em 15 (quinze) dias, interpretado o seu silêncio como concordância.

c) a notificação será dirigida ao endereço do confrontante constante do registro de imóveis, podendo ser dirigida ao próprio imóvel contíguo ou àquele fornecido pelo requerente; não sendo encontrado o confrontante ou estando em lugar incerto e não sabido, tal fato será certificado pelo oficial encarregado da diligência, promovendo-se a notificação do confrontante mediante edital.

d) o oficial retificará o registro ou a averbação de ofício ou a requerimento do interessado, no caso de inserção ou alteração de medida perimetral de que resulte, ou não, alteração de área, instruído com planta e memorial descritivo assinado por profissional legalmente habilitado, com prova de anotação de responsabilidade técnica no competente Conselho Regional de Engenharia e Arquitetura – CREA, bem assim pelos confrontantes.

327. (Ieses/TJ/RO/Cartórios/Remoção/2017) Sem prejuízo da via jurisdicional, é admitido o pedido de reconhecimento extrajudicial de usucapião, que será processado diretamente perante o cartório do registro de imóveis da comarca em que estiver situado o imóvel usucapiendo, a requerimento do interessado, sendo que nesta situação, a representação por advogado será:

a) dispensada.
b) recomendada.
c) obrigatória.
d) facultativa.

328. (Consulplan/TJ/MG/Cartórios/Ingresso/2017) Quanto ao procedimento de dúvida nos termos da Lei n. 6.015/73, todas as assertivas estão corretas, exceto:

a) no procedimento de dúvida não se conformando o apresentante com a exigência do oficial, ou não a podendo satisfazer a exigência, será o título, a seu requerimento e com a declaração de dúvida, remetido ao juízo competente para dirimi-la.

b) se o interessado não impugnar a dúvida no prazo de 15 (quinze) dias, será ela, ainda assim, julgada por sentença, após ouvido o Ministério Público, no prazo de 10 (dez) dias.

c) no Protocolo, anotará o oficial, à margem da prenotação, a ocorrência da dúvida; após certificar, no título, a prenotação e a suscitação da dúvida, rubricará o oficial todas as suas folhas.

d) por fim, o oficial dará ciência dos termos da dúvida ao apresentante, fornecendo-lhe cópia da suscitação e notificando-o para impugná-la, perante o juízo competente.

329. (Ieses/TJ/RO/Cartórios/Ingresso/2017) Assinale a alternativa correta:

a) de acordo com a Lei n. 6.015/1973, a fim de preservar o princípio da prioridade, serão obrigatoriamente registrados, no mesmo dia, todos os títulos, mesmo quando constituam direitos reais contraditórios sobre o mesmo imóvel, devendo o tema, posteriormente ao registro, ser levado ao conhecimento da Corregedoria-Geral da Justiça, para sanar a contradição.

b) de acordo com a Lei n. 6.015/1973, o registro será feito pela simples exibição do título, mas sempre dependente da juntada contemporânea dos respectivos extratos, sob pela de nulidade.

c) de acordo com a Lei n. 6.015/1973 prevalecerão, para o efeito de prioridade de registro, quando apresentados no mesmo dia, os títulos prenotados no Protocolo sob número de ordem mais baixo, protelando-se o registro dos apresentados posteriormente, pelo prazo correspondente a, pelo menos, um dia útil.

d) conforme o disposto na Lei n. 6.015/1973, havendo exigência a ser satisfeita, o oficial indicá-la-á por escrito ou verbalmente, nesta última hipótese quando se tratar de imóvel de valor igual ou inferior a 100 (cem) salários mínimos nacionais. Não se conformando o apresentante com a exigência do oficial, ou não a podendo satisfazer, será o título, de ofício e com a declaração de dúvida firmada pelo Registrador, remetido ao juízo competente para dirimi-la.

330. (Ieses/TJ/RO/Cartórios/Ingresso/2017) Assinale a alternativa correta:

a) de acordo com o disposto na Lei n. 6.015/1973, a instituição do bem de família far-se-á por escritura pública ou declaração particular, afirmando o instituidor que determinado prédio se destina a domicílio de sua família e ficará isento de execução por dívida.

b) de acordo com o disposto na Lei n. 6.015/1973, a decisão judicial da dúvida possui natureza administrativa mas impede, nas hipóteses de denegação do pedido por absoluta impertinência, o uso do processo contencioso competente.

c) de acordo com o disposto na Lei n. 6.015/1973, para a inscrição do bem de família, o instituidor apresentará ao oficial do registro a escritura pública ou declaração particular de instituição, para que mande publicá-la na imprensa local em 3 (três) dias distintos, com intervalo de 15 (quinze) dias entre cada publicação e, à falta de imprensa local, na da Capital do Estado ou do Território.

d) de acordo com o disposto na Lei n. 6.015/1973, no processo de dúvida, somente serão devidas custas, a serem pagas pelo interessado, quando esta (a dúvida) for julgada procedente.

331. (Consulplan/TJ/MG/Cartórios/Ingresso/2017) Todas as assertivas estão corretas, exceto:

a) os Livros Registro Geral, Registro Auxiliar, Indicador Real e Indicador Pessoal poderão ser substituídos por fichas.

b) são disciplinados pela Lei 6.015/73 o registro civil de pessoas naturais, o registro civil de pessoas jurídicas, o registro de títulos e documentos e o registro de imóveis. Os demais registros reger-se-ão por leis próprias.

c) a decisão no procedimento da dúvida possui natureza administrativa e, portanto, suas sentenças ficam sujeitas aos efeitos da coisa julgada material.

d) qualquer pessoa pode requerer e obter certidão do registro sem informar ao oficial ou ao funcionário o motivo ou interesse do pedido, em todos os serviços registrais, ressalvadas hipóteses específicas no registro civil.

1.5.4. Das Pessoas (arts. 217 a 220)

QUESTÕES OBJETIVAS

332. (Ieses/TJ/AM/Cartórios/Ingresso/2018) A respeito do tema "das Pessoas" no registro de imóveis, é correto afirmar:

a) o registro do penhor rural independe do consentimento do credor hipotecário.

b) o registro e a averbação deverão ser provocados somente pela parte que demonstre verdadeiro interesse jurídico no ato, incumbindo-lhe as despesas respectivas.

c) na enfiteuse são considerados, para fins de escrituração, credores e devedores, respectivamente, o enfiteuta e o senhorio.

d) na anticrese são considerados, para fins de escrituração, credores e devedores, respectivamente, o mutuário e mutuante.

1.5.5. Dos Títulos (arts. 221 a 226)

QUESTÕES OBJETIVAS

333. (Ieses/TJ/TO/Cartórios/Remoção/2022) Segundo a Lei 6.015/73, que dispõe sobre registros públicos, somente são admitidos registros de:

I. Escrituras públicas, inclusive as lavradas em consulados brasileiros; cartas de sentença, formais de partilha, certidões e mandados extraídos de autos de processo.

II. Escritos particulares autorizados em lei, assinados pelas partes e testemunhas, com as firmas reconhecidas, inclusive quando o reconhecimento se tratar de atos praticados por entidades vinculadas ao Sistema Financeiro da Habitação.

III. Atos autênticos de países estrangeiros, com força de instrumento público, legalizados e traduzidos na forma da lei, e registrados no cartório do registro de títulos e documentos, assim como sentenças proferidas por tribunais estrangeiros após homologação pelo Supremo Tribunal Federal.

IV. Contratos ou termos administrativos, assinados com a União, Estados, Municípios ou o Distrito Federal, no âmbito de programas de regularização fundiária e de programas habitacionais de interesse social, dispensado o reconhecimento de firma.

A sequência correta é:

a) Apenas as assertivas I e II estão corretas.
b) Apenas as assertivas II e III estão incorretas.
c) Apenas a assertiva II está incorreta.
d) As assertivas I, II, III e IV estão corretas.

334. (Vunesp/TJ/GO/Cartórios/Remoção/2021) Foi apresentada ao Registro de Imóveis uma escritura pública de venda e compra e doação envolvendo dois imóveis. Nesse contexto, o registrador imobiliário providenciará o seguinte:

a) recusa do lançamento do título no protocolo (Livro 1), desde que constate a ausência de apresentação de guia de pagamento de imposto de transmissão.
b) a criação de apenas um protocolo (Livro 1), na medida em que há apenas um título (escritura pública – art. 221, I, Lei nº 6.015/73).
c) a criação de dois protocolos (Livro 1), um para a venda e compra e outro para a doação, já que cada um desses contratos deverá resultar, necessariamente, em um protocolo.
d) recusa do registro, elaborando a respectiva nota de devolução após o regular processo de qualificação registral, considerando que cada um dos contratos (venda e compra e doação) deverá ser instrumentalizado por títulos ou instrumentos distintos.

335. (Ieses/TJ/AM/Cartórios/Remoção/2018) Segundo a Lei 6.015/73, no que concerne ao capítulo de títulos, podemos afirmar que são admitidos a registro unicamente:

I. escritos particulares autorizado em lei, assinados pelas partes e testemunhas, com as firmas reconhecidas, exigindo-se o reconhecimento principalmente quando se tratar de atos praticados por entidades vinculadas ao Sistema Financeiro de Habitação.

II. escrituras públicas, exceto as lavradas em consulados brasileiros.

III. atos autênticos de países estrangeiros, com força de instrumento público, legalizados e traduzidos competentemente no idioma nacional e registrados no cartório de registro de títulos e documentos.

IV. cartas de sentença, mandados, formais de partilha e certidões extraídos de autos de processo.

A sequência correta é:

a) apenas a assertiva II está incorreta.
b) apenas as assertivas III e IV estão corretas.
c) as assertivas I, II, III e IV estão corretas.
d) apenas as assertivas I, II e III estão corretas.

336. (Ieses/TJ/AM/Cartórios/Ingresso/2018) A respeito do tema "normas referentes ao Sistema Financeiro da Habitação" no registro de imóveis, é correto afirmar:

a) no registro de imóveis, além da matrícula, será realizado o registro da re-ratificação do contrato de mútuo com pacto adjeto de hipoteca em favor de entidade integrante do Sistema Financeiro da Habitação, ainda que importando elevação da dívida, desde que mantidas as mesmas partes e que inexista outra hipoteca registrada em favor de terceiros.
b) serão admitidos a registro, dentre outras hipóteses previstas na legislação, os escritos particulares autorizados em lei, assinados pelas partes e testemunhas, com as firmas reconhecidas, dispensado o reconhecimento quando se tratar de atos praticados por entidades vinculadas ao Sistema Financeiro da Habitação.
c) os emolumentos devidos pelos atos relacionados com a primeira aquisição imobiliária para fins residenciais, financiada pelo Sistema Financeiro da Habitação, serão reduzidos em 90% (noventa por cento).
d) podem os tabeliães e oficiais de registro de imóveis lavrar ou registrar escritura ou escritos particulares autorizados por lei, mesmo que tenham por objeto imóvel hipotecado a entidade do Sistema Financeiro da Habitação, ou direitos a eles relativos, bastando para tanto comunicar o fato ao promotor de justiça da sede do local do imóvel.

337. (Consulplan/TJ/MG/Cartórios/Remoção/2017) Todas as assertivas estão certas, exceto. São admitidos no registro de imóveis:

a) escrituras públicas, inclusive as lavradas em consulados brasileiros.
b) escritos particulares autorizados em lei, assinados pelas partes e testemunhas, dispensado o reconhecimento de firma.
c) atos autênticos de países estrangeiros, com força de instrumento público, legalizados e traduzidos na forma da lei, e registrados no cartório do Registro de Títulos e Documentos, assim como sentenças proferidas por tribunais estrangeiros após homologação pelo Supremo Tribunal Federal; cartas de sentença, formais de partilha, certidões e mandados extraídos de autos de processo.
d) contratos ou termos administrativos, assinados com a União, Estados, Municípios ou o Distrito Federal, no âmbito de programas de regularização fundiária e de programas habitacionais de interesse social, dispensado o reconhecimento de firma.

1.5.6. Da Matrícula (arts. 227 a 235)

SÚMULAS

STJ **Súm. 449.** A vaga de garagem que possui matrícula própria no registro de imóveis não constitui bem de família para efeito de penhora.

QUESTÕES DISCURSIVAS

28. (Consulplan/TJ/MG/Cartórios/Remoção/2014) Como núcleo do registro imobiliário e principal inovação da Lei dos Registros Públicos, de 1973, cabe à matrícula, entre outros atributos, indicar a precisa individuação de cada imóvel, afastando qualquer dúvida em relação a outros imóveis, especialmente os vizinhos, com seus característicos e confrontações. Sua instituição visa permitir ao delegado do registro o efetivo controle da disponibilidade dos direitos reais, assim como outros, a esses equiparados. Disponibilidade quantitativa e qualitativa. Partindo desse ponto, discorra, fundamentadamente, sobre os seguintes aspectos: (i) esclareça o que se entende por repristinação do cancelamento da matrícula, seja quando o erro é proveniente do registro, seja quando oriundo do título. Aponte seus efeitos no assento propriamente dito; (ii) indique as diferenças jurídicas, seus efeitos e exemplos entre: cancelamento da matrícula e encerramento da matrícula. Tudo nas perspectivas da Lei 6.015/73 (especialmente diante de seu art. 252).

29. (Consulplan/TJ/MG/Cartórios/Ingresso/2014) Lei 6.015/73: "Art. 230. Se na certidão constar ônus, o oficial fará a matrícula, e, logo em seguida ao registro, averbará a existência do ônus, sua natureza e valor, certificando o fato no título que devolver à parte, o que ocorrerá, também, quando o ônus estiver lançado no próprio cartório". A propósito do dispositivo legal acima transcrito, discorra, fundamentadamente, sobre: (i) qual a razão de ser dessa norma e por que o registro no livro não é suficiente? (ii) a norma do art. 211 da Lei 6.015/73 é complementar ou representa ato de natureza jurídica distinta? (iii) existência de penhora registrada sobre imóvel impede sua alienação?

QUESTÕES OBJETIVAS

338. (Ieses/TJ/TO/Cartórios/Remoção/2022) Quando dois ou mais imóveis contíguos pertencentes ao mesmo proprietário, constarem de matrículas autônomas, pode ele requerer:

a) A fusão destas em uma só, de novo número, encerrando-se as primitivas.
b) A integração destas em uma só, de novo número, encerrando-se as primitivas.
c) A incorporação destas em uma só, de novo número, encerrando-se as primitivas.
d) A cisão destas em uma só, de novo número, encerrando-se as primitivas.

339. (Ieses/TJ/TO/Cartórios/Ingresso/2022) Sobre a abertura da matrícula, no registro de imóveis, assinale a alternativa correta:

a) A abertura da primeira matrícula do imóvel será sempre gratuita.
b) A matrícula só pode ser aberta após anuência do município, por previsão expressa do Estatuto da Cidades.
c) A abertura de matrícula pode ser feita de ofício pelo registrador, quando for provocado pelo Ministério Público.
d) A matrícula será feita à vista dos elementos constantes do título apresentado e do registro anterior que constar do próprio cartório. Quando o título anterior estiver registrado em outro cartório, o novo título será apresentado juntamente com certidão atualizada, comprobatória do registro anterior, e da existência ou inexistência de ônus.

340. (Ieses/TJ/AM/Cartórios/Ingresso/2018) A respeito do tema "matrícula" no registro de imóveis, é correto afirmar:

a) é expressamente vedada a unificação de matrículas de 2 (dois) ou mais imóveis contíguos tendo por objeto a imissão provisória na posse registrada em nome da União, Estado, Município ou Distrito Federal, justamente em razão da provisoriedade – precariedade da imissão e do consequente registro.
b) se na certidão constar ônus, o oficial mesmo assim promoverá a matrícula, sendo hoje desnecessária a averbação do ônus, pois já formado o Cadastro Nacional Registral de Ônus instituído pelo CNJ, devendo constar do título que o oficial devolver à parte a observação de que podem existir ônus incidentes sobre o imóvel.
c) a matrícula será cancelada: por decisão judicial; quando, em virtude de alienações parciais, o imóvel for inteiramente transferido a outros proprietários; pela fusão, observado o disposto na Lei dos Registros Públicos.
d) quando dois ou mais imóveis contíguos pertencentes a proprietários distintos constarem de matrículas autônomas, podem eles requerer a fusão destas em uma só, de novo número, encerrando-se as primitivas, desde que os proprietários sejam parentes em linha reta até o 2º (segundo grau) e haja expressa e prévia concordância do representante do Ministério Público.

341. (Ieses/TJ/AM/Cartórios/Remoção/2018) Todo imóvel objeto de título apresentado em cartório para registro, deve estar matriculado no livro:

a) Livro n. 4 de Indicador real.
b) Livro n. 2 de Registro geral.
c) Livro n. 1 de Registro geral.
d) Livro n. 3 de Registro auxiliar.

342. (Consulplan/TJ/MG/Cartórios/Ingresso/2018) Em 1970, um casal faleceu, deixando a seus cinco filhos um imóvel rural de 500 hectares no município de Curvelo/MG. Os filhos promoveram processo judicial de inventário e partilha e registraram a transmissão "causa mortis" do bem no Cartório de Imóveis de Curvelo/MG. Cada filho adquiriu fração ideal de 1/5 (um quinto) sobre o imóvel, sem se especializar a gleba de cada um. Então, desde os anos 70 até hoje, 2018, eles passaram a exercer posse direta, ininterruptamente, sobre gleba que correspondia a cada fração ideal. Cada um cercou com arame a gleba que lhe correspondia e cada um passou a explorá-la economicamente: uns plantando eucalipto, outros, roça de milho e outro com atividade pecuária leiteira. Agora, em 2018, três dos cinco irmãos comparecem a um cartório de notas do estado de Minas Gerais e dizem ao tabelião: "1. que o irmão que explora atividade pecuária no imóvel (um dos ora comparecentes) pretende vender seu imóvel e encontrou um comprador para sua gleba de terras; 2. que esse pretenso comprador exige, para concretizar o negócio, que o imóvel tenha matrícula autônoma no cartório de imóveis (distinta da matrícula do imóvel maior); 3. que essa gleba a ser especializada confronta apenas exatamente com as duas glebas pertencentes aos dois irmãos comparecentes (não divide com as outras duas glebas pertencentes aos dois irmãos que não comparecem nem divide com imóvel externo); 4. que os outros dois irmãos (não comparecentes) manifestaram não se opor a essa individualização, mas que também não assinariam nada em cartório, não fariam ato algum para concretizar ou ajudar a individualização". Na hipótese:

a) diante da recusa de dois irmãos em participar de escritura de extinção de condomínio, restará como único meio de obter-se matrícula autônoma para a gleba a promoção de ação judicial ou de extinção de condomínio ou de usucapião.
b) diante da recusa de dois irmãos em participar de escritura de extinção de condomínio, restará como único meio de obter-se matrícula autônoma para a gleba a promoção de ação judicial de extinção de condomínio, não sendo juridicamente possível ação de usucapião.
c) será possível a individualização da gleba, com a consequente obtenção de matrícula autônoma, mediante lavratura de escritura pública da qual participem os três irmãos comparecentes, sendo dispensada a participação (ou mesmo a intimação) dos outros dois irmãos condôminos.
d) será possível a individualização da gleba, com a consequente obtenção de matrícula autônoma, mediante lavratura de escritura pública da qual participem obrigatoriamente os cinco

irmãos, já que todos são condôminos no imóvel maior, e para extinguir-se um condomínio ou especializar-se a gleba de um dos coproprietários é indispensável a participação de todos, sob pena de ineficácia em face do que não participar.

343. (Ieses/TJ/CE/Cartórios/Remoção/2018) Segundo a Lei dos Registros Públicos (Lei n. 6.015/73), o C. N. M. significa:

a) código nacional de matrícula, o qual corresponde à numeração única de matrículas imobiliárias em âmbito nacional.
b) código numérico municipal, o qual corresponde à numeração única de matrículas imobiliárias em âmbito municipal.
c) código nacional municipal, o qual corresponde a uma sequência de numeração única de matrículas imobiliárias para cada comarca instituída.
d) controle numérico matricular, o qual corresponde à numeração única de matrículas imobiliárias em âmbito estadual.

344. (Ieses/TJ/RO/Cartórios/Ingresso/2017) Assinale a alternativa correta:

a) conforme definido pela Lei n. 6.015/1973, são considerados, para fins de escrituração, credores e devedores, respectivamente: na constituição de renda, o rendeiro censuário e o beneficiário.
b) a matrícula será efetuada por ocasião do primeiro registro a ser lançado na vigência da Lei n. 6.015/1973, mediante os elementos constantes do título apresentado e do registro anterior nele mencionado.
c) de acordo com a Lei n. 6.015/1973, a matrícula somente poderá ser cancelada por decisão judicial.
d) o registro e a averbação poderão ser provocados somente pelas pessoas indicadas na Lei n. 6.015/1973 e por aquelas que demonstrem, via judicial, jurídico interesse no ato, incumbindo-lhes as despesas respectivas.

345. (Ieses/TJ/RO/Cartórios/Remoção/2017) Quando dois ou mais imóveis contíguos pertencentes ao mesmo proprietário, constarem de matrículas autônomas, pode ele requerer a (___) destas em uma só de novo número, encerrando-se as primitivas:

a) cisão.
b) incorporação.
c) transformação.
d) fusão.

346. (Ieses/TJ/RO/Cartórios/Ingresso/2017) Assinale a alternativa correta:

a) em obediência ao princípio da continuidade, revela-se impossível a abertura de matrícula autônoma de vaga de garagem se ausente registro antecedente descrevendo-a (a vaga de garagem).
b) é possível o registro de escritura pública de venda e compra de imóvel adquirido na constância de casamento no qual adotado o regime de separação obrigatória de bens, em qualquer caso, uma vez inexistente presunção de comunicação dos aquestos, sendo tal posição unânime na doutrina e tribunais.
c) a aplicação do princípio da legalidade registral só tem cabimento em se tratando da chamada dúvida inversa.
d) quando a descrição do imóvel referida na escritura pública de venda e compra é diversa daquela constante da matrícula do bem, há evidente ofensa ao princípio da especialidade subjetiva.

1.5.7. Do Registro (arts. 236 a 245)

SÚMULAS

STF Súm. 158. Salvo estipulação contratual averbada no registro imobiliário, não responde o adquirente pelas benfeitorias do locatário.

STF Súm. 167. Não se aplica o regime do Dec.-Lei 58, de 10.12.1937, ao compromisso de compra e venda não inscrito no registro imobiliário, salvo se o promitente vendedor se obrigou a efetuar o registro.

STF Súm. 168. Para os efeitos do Dec.-Lei 58, de 10.12.1937, admite-se a inscrição imobiliária do compromisso de compra e venda no curso da ação.

STF Súm. 442. A inscrição do contrato de locação no registro de imóveis, para a validade da cláusula de vigência contra o adquirente do imóvel, ou perante terceiros, dispensa a transcrição no registro de títulos e documentos.

STJ Súm. 76. A falta de registro do compromisso de compra e venda de imóvel não dispensa a prévia interpelação para constituir em mora o devedor.

STJ Súm. 84. É admissível a oposição de embargos de terceiro fundados em alegação de posse advinda do compromisso de compra e venda de imóvel, ainda que desprovido do registro.

STJ Súm. 239. O direito à adjudicação compulsória não se condiciona ao registro do compromisso de compra e venda no cartório de imóveis.

STJ Súm. 375. O reconhecimento da fraude à execução depende do registro da penhora do bem alienado ou da prova de má-fé do terceiro adquirente.

STJ Súm. 449. A vaga de garagem que possui matrícula própria no registro de imóveis não constitui bem de família para efeito de penhora.

STJ Súm. 496. Os registros de propriedade particular de imóveis situados em terrenos de marinha não são oponíveis à União.

JURISPRUDÊNCIA EM TESES

STJ JurisTese 80-8. A exigência de registro do contrato de alienação fiduciária em garantia no cartório de título e documentos e a respectiva anotação do gravame no órgão de trânsito não constituem requisitos de validade do negócio, tendo apenas o condão de torná-lo eficaz perante terceiros.

STJ JurisTese 80-10. As restrições e obrigações constantes no contrato-padrão de loteamentos imobiliários se incorporam ao registro e vinculam os posteriores adquirentes, porquanto dotadas da publicidade inerente aos registros públicos.

STJ JurisTese 80-13. A inobservância do direito de preferência do locatário na aquisição do imóvel enseja o pedido de perdas e danos, que não se condiciona ao prévio registro do contrato de locação na matrícula imobiliária.

INFORMATIVOS

STF Requisitos para a ratificação pela União de registros imobiliários decorrentes de títulos expedidos pelos estados referentes a alienações e concessões de terras públicas situadas nas faixas de fronteira. É constitucional a ratificação de registros imobiliários prevista na Lei 13.178/15, desde que observados os requisitos e condições exigidos pela própria norma e os previstos pela CF concernentes à política agrícola, ao plano nacional de reforma agrária e à proteção dos bens imóveis que atendam a sua função social. *ADI 5623, Pleno, 25.11.2022. Inf 1077.*

STJ Ação demarcatória. Terras particulares. Fixação de limites. Divergência entre os marcos e o constante no registro imobiliário. Retificação. Via adequada. A ação demarcatória é a via adequada para dirimir a discrepância entre a realidade fática dos marcos divisórios e o constante no registro imobiliário. *REsp 1984013, 3ª T, 30.9.2022. Inf 752.*

STJ Procedimento de dúvida. Ente público federal. Competência. Juízo Federal. O processamento e julgamento de procedimento administrativo de dúvida suscitado por oficial de registro imobiliário relativamente a imóveis de autarquia pública federal compete ao juízo federal. *CC 180351, 1ª S, 3.10.2022. Inf 751.*

STJ Retificação de registro civil. Homônimo que responde a processo criminal. Situação vexatória, humilhante e constrangedora. Advogado atuante na área criminal e professor universitário. Justo motivo configurado. A existência de um homônimo que responde a processo criminal, ainda que em outro estado da federação, pode ensejar um constrangimento capaz de configurar o justo motivo para fundamentar a inclusão de patronímico. *REsp 1962674, 3ª T, 31.5.2022. Inf 748.*

STJ Retificação de registro civil. Inclusão do patronímico para fazer homenagem à avó materna. Impossibilidade. A simples pretensão de homenagear um ascendente não constitui fundamento bastante para configurar a excepcionalidade que propicia a modificação do registro. *REsp 1962674, 3ª T, 31.5.2022. Inf 748.*

STJ Adjudicação. Agravo de instrumento pela União (Fazenda Nacional). Ausência de efeito suspensivo "ope legis". Eficácia da decisão agravada. Recurso manejado após transferência de propriedade com o registro imobiliário da adjudicação.

Desconstituição. Necessidade de ação. Após a transferência da propriedade com o registro da adjudicação no cartório de registro de imóveis, o efeito suspensivo concedido posteriormente ao agravo de instrumento interposto pela União (Fazenda Nacional) não tem o condão de retroagir a fim de atingir a eficácia do registro, porquanto a desconstituição do ato não pode ser realizada nos autos da execução, sendo necessária ação anulatória. *AgInt no REsp 1838866, 4ª T, 31.8.2022. Inf 754.*

QUESTÕES DISCURSIVAS

30. (Vunesp/TJ/SP/Cartórios/2021) O Edifício Brasil-2000 incendiou-se, seguindo-se, à tragédia, a ruína completa do edifício. Passados alguns meses, os proprietários das unidades autônomas, não desejando a reconstrução do edifício e pretendendo dispor de suas frações, requereram ao Oficial do Registro a extinção da propriedade edilícia, com a indicação das frações ideais que correspondem a cada proprietário no terreno. Pede-se que: a) Apreciando o pedido e concluindo pela denegação do pleito, formule nota devolutiva, de modo articulado e fundamentado. Entendendo possível o atendimento, pratique os atos nas matrículas correspondentes, considerando-se apenas uma das unidades autônomas, indicando os documentos exigidos para a sua prática. b) Responda à seguinte indagação: A perda da propriedade pelo perecimento da coisa tem ingresso no Registro Imobiliário? Se entender que sim, indique se o ato se aperfeiçoa por mera averbação ou registro, declinando os fundamentos legais. Em caso negativo, dê os fundamentos que justificam e embasam o seu entendimento.

31. (Ieses/TJ/RO/Cartórios/2021) José Silva, brasileiro, solteiro, é proprietário originário possuindo uma casa de construção mista localizada na Av. XXXXXXXXXXXX, n. yy, no município de Porto Velho. O terreno possui uma área de 150,00 m², tendo 10,00 m de frente e 15,00 m de frente a fundos, sendo que confronta lateralmente com os terrenos de Mario Pereira e Joana Silveira. Aos fundos limita-se com a Travessa Alvorada. Após um período desocupada a casa passa a ser habitada por pelo casal André Machado e Heloisa Machado. Passados 15 anos de posse mansa e pacífica o casal procura advogado e ingressa com processo judicial de usucapião na vara cível da Comarca de Porto Velho. Transcorrido o devido processo legal o Mm. Juiz de Direito, Dr. Rodrigo Santos, profere sentença de mérito procedente no processo de n. xxxx.xxxx.xxxx.x.xx.xxxx, em 15.07.2021, sendo o mandado expedido em 10.08.2021. Com base no caso apresentado elabore o ato registral apto a contemplar o registro da situação originária e da decisão judicial proferida.

QUESTÕES OBJETIVAS

347. (Ieses/TJ/TO/Cartórios/Remoção/2022) No Registro de Imóveis, além da matrícula, serão feitos, entre outros, o registro:

I. do penhor de máquinas e de aparelhos utilizados na indústria, instalados e em funcionamento, com os respectivos pertences ou sem eles.

II. das servidões em geral.

III. do dote.

IV. da enfiteuse.

A sequência correta é:

a) Apenas as assertivas I e II estão corretas.
b) Apenas as assertivas I e IV estão corretas.
c) As assertivas I, II, III e IV estão corretas.
d) Apenas a assertiva III está incorreta.

348. (Ieses/TJ/TO/Cartórios/Remoção/2022) Acerca do registro de imóveis, é correto afirmar:

a) Após o registro do parcelamento do solo, na modalidade de loteamento ou na modalidade desmembramento, e da incorporação imobiliária, de condomínio edilício ou de condomínio de lotes, até que tenha sido averbada a conclusão das obras de infraestrutura ou da construção, as averbações e os registros relativos à pessoa do loteador ou do incorporador ou referentes a quaisquer direitos reais, inclusive de garantias, cessões ou demais negócios jurídicos que envolvam o empreendimento e suas unidades, bem como a própria averbação da conclusão do empreendimento, serão realizados na matrícula de origem do imóvel a ele destinado e replicados, com custo adicional, em cada uma das matrículas recipiendárias dos lotes ou das unidades autônomas eventualmente abertas.
b) O registro da instituição de condomínio ou da especificação do empreendimento constituirá ato separado para fins de cobrança de custas e emolumentos.
c) Nos registros decorrentes de processo de parcelamento do solo ou de incorporação imobiliária, o registrador deverá observar o prazo máximo de 15 (quinze) dias para o fornecimento do número do registro ao interessado ou a indicação das pendências a serem satisfeitas para sua efetivação.
d) É vedada a abertura de matrícula para cada lote ou fração ideal que corresponderá à determinada unidade autônoma, após o registro do loteamento ou da incorporação imobiliária.

349. (FGV/TJ/SC/Cartórios/Ingresso/2021) Em divórcio judicial, Maria e Antônio acordaram, perante o juízo competente, que os dois bens imóveis do casal, de valor superior a cem salários mínimos, ficariam com os seus filhos, Pedro e Joana, com usufruto dos pais. Após o trânsito em julgado da decisão, foi expedido alvará judicial e, ao tentar registrar o formal de partilha no Registro de Imóveis, Maria foi informada sobre a impossibilidade. Ao fundamentar o seu ato, o oficial argumentou que seria necessária a lavratura da escritura pública de doação, com o pagamento dos emolumentos correspondentes. Ato contínuo, a partir de provocação de Maria, suscitou dúvida perante o juízo competente. O entendimento do oficial do Registro de Imóveis está:

a) correto, pois o deliberado no divórcio tem a natureza de promessa de doação, sendo o formal de partilha insuscetível de ser registrado.
b) incorreto, pois a sentença de homologação do divórcio e da partilha de bens tem a eficácia de escritura pública, suscetível de ser registrada.
c) correto, pois a escritura pública é da essência do ato, não podendo ser substituída por um acordo dos proprietários, ainda que homologado em juízo.
d) incorreto, desde que a sentença de homologação do divórcio e da partilha de bens tenha sido previamente registrada no Registro de Títulos e Documentos.
e) correto, porque a previsão de usufruto constitui gravame, o que exige que a doação seja aceita pelos beneficiários, os quais não participaram da partilha dos bens.

350. (Vunesp/TJ/RS/Cartórios/Ingresso/2019) Quanto aos prazos no Registro de Imóveis, é correto afirmar:

a) os atos registrais relativos ao PMCMV devem ser realizados em até 5 dias úteis.
b) no registro de incorporação imobiliária, no prazo máximo de 15 dias, deverá ser fornecido ao interessado o número do registro, ou as pendências a serem satisfeitas.
c) o prazo de validade da prenotação é de 15 dias, quando então o Oficial deverá ter qualificado positiva ou negativamente o título e praticado os atos daí decorrentes.
d) o prazo de validade da prenotação nos procedimentos de regularização fundiária de interesse social é de 90 dias.
e) o prazo para o registro da cédula de crédito imobiliário é de 3 dias úteis.

351. (Cespe/TJ/DFT/Cartórios/Ingresso/2019) De acordo com a Lei nº 6.015/1973, são atos feitos por registro no Registro de Imóveis:

a) as rendas constituídas sobre imóveis por disposição de última vontade, a imissão provisória na posse concedida à União e a certidão de regularização fundiária (CRF).
b) as convenções antenupciais, as rendas constituídas sobre imóveis por disposição de última vontade e a extinção dos ônus e direitos reais por cancelamento.
c) as sentenças de separação judicial quando contiverem imóveis na respectiva partilha, a extinção dos ônus e direitos reais por cancelamento e a certidão de regularização fundiária (CRF).
d) as sentenças de separação judicial quando contiverem imóveis na respectiva partilha, o termo de securitização de créditos imobiliários submetidos a regime fiduciário e a anticrese.
e) as rendas constituídas sobre imóveis por disposição de última vontade, a anticrese e o termo de securitização de créditos imobiliários submetidos a regime fiduciário.

352. (Ieses/TJ/AM/Cartórios/Ingresso/2018) A respeito do tema "registro" no registro de imóveis, é correto afirmar:

a) a matrícula do imóvel promovida pelo titular do domínio direto aproveita ao titular do domínio útil, e vice-versa.
b) ainda que o imóvel esteja matriculado, não se fará registro que dependa da apresentação de título anterior, a fim de que se preserve a especialidade do registro.
c) o registro da penhora faz prova quanto à fraude de qualquer transação posterior, exceto se se tratar de terceiro de boa-fé, assim considerado aquele de pouca ou nenhuma instrução formal, a critério do representante do Ministério Público.
d) nenhum registro poderá ser feito sem que o imóvel a que se referir esteja matriculado, exceto se pendente processo de dúvida.

353. (Consulplan/TJ/MG/Cartórios/Remoção/2017) Caso seja efetuado um registro de pacto antenupcial no Registro Auxiliar – Livro 3, em conformidade com a Lei n. 6.015/1973, antes do casamento e este não vir a se realizar, o ato é considerado nulo. Entretanto, a sua extinção se dará:

a) a requerimento ao oficial por um dos nubentes.
b) a requerimento ao oficial por ambos os nubentes e 2 testemunhas.
c) somente por via judicial.
d) ex-officio pelo oficial, independente de requerimento.

354. (Ieses/TJ/RO/Cartórios/Ingresso/2017) Assinale a alternativa correta:

a) a reserva legal, para ser eficaz perante terceiros, necessita ser levada a registro no registro de imóveis onde localizado o imóvel ambientalmente protegido.
b) a instituição do bem de família deve ser anotada à margem da matrícula do imóvel, e tal anotação possui o mesmo valor jurídico de uma averbação, desde que anterior às dívidas contraídas pelo casal.
c) conforme o contido na Lei n. 6.015/1973, compete ao titular do registro de imóveis, além de promover a matrícula, registro e averbação, providenciar a interpelação extrajudicial de todos os proprietários dos imóveis cujas matrículas serão unificadas, em caso de desacordo entre eles.
d) no registro de imóveis serão feitos, nos termos da Lei n. 6.015/1973, o registro e a averbação dos títulos ou atos constitutivos, declaratórios, translativos e extintos de direitos reais sobre imóveis reconhecidos em lei, "intervivos" ou "mortis causa" quer para sua constituição, transferência e extinção, quer para sua validade em relação a terceiros, quer para a sua disponibilidade.

355. (Ieses/TJ/RO/Cartórios/Ingresso/2017) Assinale a alternativa correta:

a) de acordo com a Lei n. 6.015/1973, o registro de hipoteca convencional valerá pelo prazo de 30 (trinta) dias, findo o qual só será mantido o número anterior se reconstituída por novo título e novo registro.
b) de acordo com a Lei n. 6.015/1973, ainda que o imóvel esteja matriculado, não se fará registro que dependa da apresentação de título anterior, a fim de que se preserve a prioridade do registro.
c) de acordo com a Lei n. 6.015/1973, ainda que o imóvel esteja matriculado, não se fará registro que dependa da apresentação de título anterior, a fim de que se preserve a continuidade do registro.
d) de acordo com a Lei n. 6.015/1973, nenhum registro poderá ser feito sem que o imóvel a que se referir esteja matriculado, exceto quando se tratar de desapropriação de imóvel rural por interesse ou utilidade pública.

356. (Consulplan/TJ/MG/Cartórios/Ingresso/2017) Acerca do registro de imóveis, assinale a alternativa correta:

a) em caso de permuta, e pertencendo os imóveis à mesma circunscrição, serão feitos os registros nas matrículas correspondentes, sob números de ordem distintos e sucessivos no Protocolo.
b) os ônus sobre parte do imóvel, tais como servidão e superfície, serão registrados na matrícula do imóvel, vedada a abertura de matrícula para a parte onerada.
c) o ente público proprietário ou imitido na posse a partir de decisão proferida em processo judicial de desapropriação em curso poderá requerer a abertura de matrícula de parte de imóvel situado em área urbana ou de expansão urbana, salvo se o imóvel já estiver previamente matriculado, com base em planta e memorial descritivo, podendo a apuração de remanescente ocorrer em momento posterior.
d) o memorial descritivo de identificação de imóvel rural, nos termos do Decreto n. 4.449/02, que alterar a área do registro, resultará numa nova matrícula com encerramento da matrícula anterior no serviço de registro de imóveis competente; mas, se alterar o registro sem que esta alteração lhe afete a área registrada, será averbado na matrícula já existente.

357. (Consulplan/TJ/MG/Cartórios/Ingresso/2017) No registro de imóveis, além da matrícula, serão feitos o registro:

a) da alienação fiduciária em garantia de coisa imóvel e móvel.
b) dos contratos de compromisso de compra e venda de cessão deste e de promessa de cessão, com ou sem cláusula de arrependimento, sempre que tenham por objeto imóveis loteados ou não e cujo preço tenha sido pago no ato de sua celebração, ou deva sê-lo a prazo, de uma só vez ou em prestações.
c) da imissão provisória na posse, quando concedida à União, aos Estados, ao Distrito Federal, aos Municípios ou às suas entidades delegadas, e respectiva cessão e promessa de cessão.
d) dos julgados e atos jurídicos entre vivos que dividirem imóveis ou os demarcarem, ressalvados os casos de incorporação que resultarem em constituição de condomínio e atribuírem uma ou mais unidades aos incorporadores.

1.5.8. Da Averbação e do Cancelamento (arts. 246 a 259)

SÚMULAS

STF Súm. 158. Salvo estipulação contratual averbada no registro imobiliário, não responde o adquirente pelas benfeitorias do locatário.

REPERCUSSÃO & REPETITIVOS

STJ IAC 13. A) O direito de acesso à informação no Direito Ambiental brasileiro compreende: i) o dever de publicação, na internet, dos documentos ambientais detidos pela Administração não sujeitos a sigilo (transparência ativa); ii) o direito de qualquer pessoa e entidade de requerer acesso a informações ambientais específicas não publicadas (transparência passiva); e iii) direito a requerer a produção de informação ambiental não disponível para a Administração (transparência reativa); B) Presume-se a obrigação do Estado em favor da transparência ambiental, sendo ônus da Administração justificar seu descumprimento, sempre sujeita a controle judicial, nos seguintes termos: i) na transparência ativa, demonstrando razões administrativas adequadas para a opção de não publicar; ii) na transparência passiva, de enquadramento da informação nas razões legais e taxativas de sigilo; e iii) na transparência ambiental reativa, da irrazoabilidade da pretensão de produção da informação inexistente; C) O regime registral brasileiro admite a averbação de informações facultativas sobre o imóvel, de interesse público, inclusive as ambientais; D) O Ministério Público pode requisitar diretamente ao oficial de registro competente a averbação de informações alusivas a suas funções institucionais. *REsp 1.857098, 11.5.2022.*

JURISPRUDÊNCIA EM TESES

STJ JurisTese 80-12. A ausência de averbação do contrato de locação no competente cartório de registro de imóveis impede o exercício do direito de preferência pelo locatário.

QUESTÕES DISCURSIVAS

32. (Ieses/TJ/PB/Cartórios/2014) José da Silva, titular de domínio do imóvel objeto da matrícula 1234, do 1º Registro de Imóveis de João Pessoa, entabulou com Francisco de Souza locação comercial, sendo estipuladas cláusulas de vigência e de preferência. O bem em questão foi declarado indisponível por ordem expedida por Juiz do Trabalho, no bojo de reclamação trabalhista movida em face de José da Silva, tendo sido regularmente averbada na matrícula. O contrato de locação foi apresentado para registro. Na posição de Registrador, elabore o ato compatível com a situação apresentada, justificando.

QUESTÕES OBJETIVAS

358. (FGV/TJ/SC/Cartórios/Remoção/2021) A sociedade empresária XX decidiu desenvolver as atividades necessárias à promoção e à construção de uma edificação composta por unidades autônomas, com o objetivo de realizar a sua alienação total. O terreno a ser utilizado lhe pertencia e não era objeto de nenhum direito real por parte de terceiros. A partir dessa decisão, questionou seu advogado sobre a possibilidade de o terreno e as acessões objeto dessas atividades manterem-se apartados do patrimônio da sociedade XX, constituindo um patrimônio específico, de modo a tornar possível a consecução do fim último almejado, a entrega das unidades imobiliárias aos adquirentes, o que seria objeto de averbação no Registro de Imóveis. Em resposta, o advogado informou, corretamente, que:

a) o referido patrimônio pode ser constituído a qualquer tempo, mediante averbação, no Registro de Imóveis, de termo firmado pela sociedade XX.
b) o referido patrimônio só pode ser constituído antes da oferta pública das unidades, mediante averbação, no Registro de Imóveis, de termo firmado pela sociedade XX.
c) enquanto a sociedade XX for proprietária do terreno, sem a correlata alienação de suas frações ideais, não será possível a constituição do referido patrimônio e a sua averbação.
d) o referido patrimônio só pode ser constituído antes da oferta pública das unidades, mediante averbação, no Registro de Imóveis, de escritura pública firmada pela sociedade XX.
e) a constituição do referido patrimônio pode ser realizada com a abertura de matrícula própria, dissociada das unidades autônomas, que não serão acompanhadas de fração ideal.

359. (FGV/TJ/SC/Cartórios/Ingresso/2021) Joana ingressou com execução por quantia certa em face de Pedro. Ato contínuo à admissão da execução pelo juiz, Joana obteve certidão de inteiro teor do respectivo processo e requereu a sua averbação nos Registros de Imóveis de diversas circunscrições, nas quais se encontravam registrados imóveis de Pedro. À luz da sistemática legal vigente, o obrar de Joana foi:

a) correto, mas deve ser comunicado ao juízo competente no prazo legal, e a averbação deve ser cancelada em relação aos bens não penhorados.
b) incorreto, pois a averbação, embora possa ser realizada pela exequente, somente pode ser efetivada após a decretação da penhora pelo juízo competente.
c) correto, sendo que a averbação apresenta eficácia idêntica à penhora, impedindo a alienação do imóvel sem a aquiescência do exequente ou do juízo competente.
d) incorreto, pois a averbação, determinada de ofício pelo juízo competente ou a partir de requerimento do exequente, somente pode ser realizada após a avaliação dos imóveis.
e) incorreto, pois a averbação deve ser determinada pelo juízo competente e deve guardar estrita correspondência com os bens penhorados, suficientes para cobrir o valor da dívida.

360. (Consulplan/TJ/MS/Cartórios/Remoção/2021) De acordo com a Lei de Registros Públicos, é correto afirmar que:

a) Registrar-se-á na matrícula a declaração de indisponibilidade de bens, na forma prevista na Lei.
b) O foreiro poderá, nos termos da Lei, averbar a renúncia de seu direito, somente com consentimento do senhorio direto.
c) Se, cancelado o registro, subsistirem o título e os direitos dele decorrentes, poderá o credor promover novo registro, o qual produzirá efeitos desde a primeira prenotação.
d) É dispensado o "Habite-se" expedido pela prefeitura municipal para a averbação de construção residencial urbana unifamiliar de um só pavimento finalizada há mais de 5 (cinco) anos em área ocupada predominantemente por população de baixa renda, inclusive para o fim de registro ou averbação decorrente de financiamento à moradia.

361. (Vunesp/TJ/GO/Cartórios/Ingresso/2021) No Registro de Imóveis, são feitos o registro e a averbação, respectivamente, dos seguintes atos:

a) da transformação de sociedades, quando houver transmissão de imóveis; e do auto de demarcação urbanística.
b) das cédulas hipotecárias; e do contrato de locação, para fins do exercício do direito de preferência.
c) do instrumento ou do termo de instituição da servidão ambiental; e da legitimação fundiária.
d) da Certidão de Regularização Fundiária (CRF); e da legitimação de posse.

362. (Vunesp/TJ/GO/Cartórios/Ingresso/2021) Foi apresentado ao Registro de Imóveis mandado judicial com determinação para averbação em matrícula de modo a constar que Pedro – proprietário do imóvel – passou a ser Ana, em decorrência de ação judicial relativa à mudança de sexo. O registrador de imóveis procedeu à averbação de mudança na matrícula do imóvel, entretanto, para proteção da intimidade da interessada:

a) deverá requerer autorização do Juiz Corregedor Permanente para que possa ser aberta nova matrícula para o imóvel.
b) abrirá nova matrícula, independentemente de requerimento da interessada, mas deverá comunicar imediatamente o Juiz Corregedor Permanente para ciência.
c) nada poderá fazer em virtude da amplitude do princípio da publicidade do Registro de Imóveis.
d) abrirá nova matrícula diante de requerimento da interessada.

363. (Ieses/TJ/SC/Cartórios/Remoção/2019) O tombamento no âmbito do registrador imobiliário o ato a ser praticado em cartório será de registro ou de averbação e, em qual dos livros será feito a devida anotação?

a) Não será registrado e nem averbado, bastando o decreto de Tombamento pela municipalidade.
b) O ato a ser realizado será sempre de registro na transcrição do imóvel.
c) O ato é de averbação e será realizado na matrícula ou na transcrição, ou seja, onde o imóvel estiver registrado.
d) O ato a ser realizado será sempre de registro na matrícula do imóvel.

364. (Cespe/TJ/DFT/Cartórios/Remoção/2019) O construtor de uma incorporação imobiliária, tendo assumido a função de incorporador, firmou termo solicitando que a referida incorporação se submetesse ao regime de afetação. No momento da solicitação da averbação, o oficial de registro verificou a existência de ônus reais sobre o terreno objeto do empreendimento, constituídos para garantir o pagamento do preço de sua aquisição. Nesse caso, o oficial de registro deverá:

a) efetuar a averbação, uma vez que a existência de ônus reais constituídos para garantia do pagamento da aquisição do objeto da incorporação não obsta a constituição do patrimônio de afetação.
b) efetuar a averbação, uma vez que não cabe ao oficial de registro verificar a existência de ônus reais no caso de incorporação imobiliária.
c) recusar a averbação, uma vez que apenas o proprietário do terreno poderia solicitar sua submissão ao regime da afetação.
d) recusar a averbação, uma vez que o patrimônio de afetação somente poderá ser constituído sobre bens e direitos livres e desimpedidos de quaisquer ônus.
e) prenotar a averbação, a qual somente se tornará definitiva após a extinção dos ônus reais constituídos sobre o terreno ou a apresentação de prova da quitação do pagamento da aquisição do imóvel objeto da incorporação.

365. (Ieses/TJ/CE/Cartórios/Remoção/2018) Tratando-se de terra indígena com demarcação homologada:

a) a União promoverá o registro da área em seu nome.
b) o Município onde se encontra a terra indígena promoverá o registro da área em seu nome.
c) fica dispensado o registro da área.
d) a Unidade da Federação-UF onde se encontra a terra indígena promoverá o registro da área em seu nome.

366. (Ieses/TJ/CE/Cartórios/Ingresso/2018) Assinale a resposta correta sobre cancelamento de registro, conforme a Lei de Registros Públicos:

a) o cancelamento da servidão, quando o prédio dominante estiver hipotecado, independe da aquiescência do credor.
b) ao terceiro prejudicado é lícito, em juízo, fazer prova da extinção dos ônus, reais, e promover o cancelamento do seu registro.
c) a inscrição de incorporação ou loteamento só será cancelada a requerimento do incorporador ou loteador, enquanto nenhuma unidade ou lote for objeto de transação averbada, ou mediante o consentimento da maioria dos compromissários ou cessionários.
d) o cancelamento pode ser feito em virtude da sentença sujeita, ainda, a recurso.

367. (Ieses/TJ/AM/Cartórios/Ingresso/2018) A respeito do tema "averbação e cancelamento" no registro de imóveis, é correto afirmar:

a) o cancelamento poderá ser total ou parcial e referir-se a qualquer dos atos do registro.
b) o registro, enquanto não cancelado, produz todos os efeitos legais, exceto se restar provado que o título está desfeito, anulado, extinto ou rescindido.
c) far-se-á o cancelamento em cumprimento de decisão judicial, mesmo que não transitada em julgado, se a situação assim o exigir, com base na prudente análise do Registrador e após manifestação favorável do representante do Ministério Público.
d) ao terceiro prejudicado é lícito fazer prova da extinção dos ônus reais e promover o cancelamento do seu registro diretamente junto ao cartório de registro de imóveis da comarca onde localizado o bem, desde que haja expressa e prévia autorização do representante do Ministério Público para tanto.

368. (Ieses/TJ/RO/Cartórios/Ingresso/2017) Assinale a alternativa correta:

a) conforme estabelecido pela Lei n. 6.015/1973 pode o terceiro de boa-fé, perante juízo arbitral, desde que demonstre real prejuízo, fazer prova da extinção dos ônus reais e promover, portanto, o cancelamento do seu registro.
b) conforme estabelecido pela Lei n. 6.015/1973 o registro, enquanto não cancelado, produz todos os efeitos legais ainda que, por outra maneira, se prove que o título está desfeito, anulado, extinto ou rescindido.
c) conforme estabelecido pela Lei n. 6.015/1973, serão registradas na matrícula as sub-rogações e outras ocorrências que, por qualquer modo, alterem o registro, exceto se, a critério do Registrador, implicarem prejuízo a terceiros de boa-fé.
d) conforme estabelecido pela Lei n. 6.015/1973, o cancelamento do registro pode ser feito em virtude de sentença, mesmo que ainda sujeita a recurso, por força do princípio da segurança jurídica.

369. (Consulplan/TJ/MG/Cartórios/Remoção/2017) São atos de averbação no registro de imóveis, exceto:

a) os contratos de locação de prédios, nos quais tenha sido consignada cláusula de vigência no caso de alienação da coisa locada.
b) o Termo de Securitização de créditos imobiliários, quando submetidos a regime fiduciário.
c) a notificação para parcelamento, edificação ou utilização compulsórios de imóvel urbano.
d) das cédulas hipotecárias.

370. (Ieses/TJ/RO/Cartórios/Remoção/2017) O cancelamento da servidão, quando o prédio dominante estiver hipotecado:

a) poderá ser feito a pedido do devedor.
b) só poderá ser feito com aquiescência do credor, expressamente manifestada.
c) não ocorrerá em hipótese alguma.
d) apenas ocorrerá por sentença judicial.

371. (Cetro/TJ/RJ/Cartórios/Ingresso/2017) De acordo com a jurisprudência do Superior Tribunal de Justiça, assinale a alternativa incorreta em relação à penhora:

a) quando incidente sobre bens imóveis, deve-se proceder à averbação da penhora no registro de imóveis, a fim de dar publicidade à constrição realizada e gerar presunção absoluta de seu conhecimento em relação a terceiros. Mas tal providência não constitui requisito integrativo do ato de penhora e, portanto, não interfere na questão relativa à preferência temporal das penhoras realizadas que, para esse efeito, contam-se a partir da data da expedição do respectivo termo de penhora.
b) a averbação da penhora na matrícula do imóvel determina o direito de preferência entre os credores quirografários, independentemente da ordem das penhoras efetuadas por juízos diversos.
c) a impenhorabilidade dos bens entregues em garantia hipotecária tanto em Cédula de Crédito Rural como em Cédula de Crédito Industrial tem sido relativizada pelo Superior Tribunal de Justiça, com admissão da penhora em execuções de créditos tributários e trabalhistas.
d) a Lei n. 8.009/1990, que tutela o bem de família, prevê a impenhorabilidade do imóvel destinado à família, contudo o Superior Tribunal de Justiça já decidiu sobre a possibilidade de penhora sobre parte do imóvel que exceder o necessário à moradia do devedor e de sua família, quando o imóvel for desmembrável e desde que este desmembramento não prejudique ou inviabilize a residência da família.
e) a cláusula testamentária de inalienabilidade não impede a penhora em execução contra o espólio, porém, não admite a penhora para garantir o pagamento das dívidas contraídas pelos herdeiros.

372. (Cetro/TJ/RJ/Cartórios/Ingresso/2017) Acerca de tópicos a serem observados quando de averbação, no cartório de registro de imóveis, do chamado patrimônio de afetação, assinale a alternativa correta:

a) a incorporação poderá ser submetida ao regime da afetação – terreno e as acessões objeto de incorporação imobiliária –, mantendo-se apartado do patrimônio do incorporador, mediante critério definido pelos condôminos e apresentado ao incorporador.
b) obsta a averbação do patrimônio de afetação a existência de ônus real constituído sobre o imóvel objeto da incorporação, ainda que para garantia de pagamento de sua aquisição.
c) a extinção do patrimônio de afetação somente pode se dar por liquidação deliberada em assembleia geral.
d) os bens e direitos integrantes do patrimônio de afetação são objeto de garantia real em operação de crédito atrelada à edificação imobiliária, desvinculado da obrigatoriedade de entrega das unidades autônomas.
e) os efeitos da decretação da falência do incorporador não atingem o patrimônio de afetação constituído, excluindo, portanto, da massa concursal, o terreno, as acessões e demais bens, direitos creditórios, obrigações e encargos à incorporação.

1.5.9. Do Bem de Família (arts. 260 a 265)

SÚMULAS

STJ **Súm. 449.** A vaga de garagem que possui matrícula própria no registro de imóveis não constitui bem de família para efeito de penhora.

QUESTÕES OBJETIVAS

373. (Ieses/TJ/AM/Cartórios/Ingresso/2018) A respeito do tema "bem de família" no registro de imóveis, é correto afirmar:

a) para a inscrição do bem de família, deverá o instituidor ingressar em juízo com ação constitutiva específica para tal fim, competindo ao Juiz de Direito mandar publicar edital com prazo de 20 (vinte) dias na imprensa local e, à falta, na da Capital do Estado ou do Território, para ciência de terceiros interessados.
b) a instituição do bem de família far-se-á por escritura pública, declarando o instituidor que determinado prédio se destina a domicílio de sua família e ficará isento de execução por dívida.
c) quando o bem de família for instituído juntamente com a transmissão da propriedade (Decreto-Lei n. 3.200, de 19 de abril de 1941, art. 8º, § 5º), primeiramente far-se-á a inscrição da instituição para, após, promover o registro da transmissão ou, se for o caso, da matrícula.
d) a instituição do bem de família é insuscetível de dúvida perante o oficial do registro de imóveis, mas pode ser questionado diretamente perante o promotor de justiça, conforme estabelecido na Lei dos Registros Públicos.

374. (Ieses/TJ/AM/Cartórios/Remoção/2018) O ato realizado através escritura pública, onde declara o instituidor que determinado prédio se destina a domicílio de sua família e ficará isento de execução por dívida é denominado:

a) instituição do bem de família.
b) instituição de cláusula de inalienabilidade.
c) instituição de condição resolutiva.
d) instituição de condição suspensiva.

375. (Consulplan/TJ/MG/Cartórios/Ingresso/2017) Nos termos da Lei n. 6.015/73, todas as assertivas estão corretas, exceto:

a) o registro de incorporação ou loteamento só será cancelado a requerimento do incorporador ou loteador, enquanto nenhuma unidade ou lote for objeto de transação averbada, ou mediante o consentimento unanime dos compromissários ou cessionários.
b) a instituição do bem de família far-se-á por escritura pública ou testamento, declarando o instituidor que determinado prédio se destina a domicílio de sua família e ficará isento de execução por dívida.
c) requerida a inscrição de imóvel rural no Registro Torrens, em qualquer hipótese, será ouvido o órgão do Ministério Público, que poderá impugnar o registro por falta de prova completa do domínio ou preterição de outra formalidade legal.
d) na instituição do bem de família, em caso de reclamação, o despacho do Juiz será recorrível, podendo o reclamante recorrer à ação competente para anular a instituição.

376. (Consulplan/TJ/MG/Cartórios/Remoção/2017) Acerca do bem de família, assinale a alternativa correta:

a) a escritura de instituição de bem de família será registrada no Livro n. 2, sendo desnecessário seu registro no Livro n. 3, Registro Auxiliar.

b) na hipótese de o casal, ou entidade familiar, ser possuidor de vários imóveis utilizados como residência, a impenhorabilidade recairá sobre o de menor valor, salvo se outro tiver sido registrado, para esse fim, no registro de imóveis.
c) o terceiro não poderá igualmente instituir bem de família por testamento ou doação, ainda que haja aceitação expressa de ambos os cônjuges beneficiados ou da entidade familiar beneficiada.
d) o bem de família consistirá em prédio residencial urbano ou rural, com suas pertenças e acessórios, destinando-se em ambos os casos a domicílio familiar, mas não poderá abranger valores mobiliários.

1.5.10. Da Remição do Imóvel Hipotecado (arts. 266 a 276)

QUESTÕES OBJETIVAS

377. (Ieses/TJ/AM/Cartórios/Ingresso/2018) A respeito do tema "remição do imóvel hipotecado" no registro de imóveis, é correto afirmar:
a) se o devedor, citado, comparecer e impugnar o preço oferecido, o Juiz mandará promover a licitação entre os devedores hipotecários e os fiadores, autorizando a venda extrajudicial a quem oferecer o maior preço.
b) as expressões "remissão" e "remição" são sinônimas, sendo utilizadas indistintamente pelo legislador da Lei dos Registros Públicos com o sentido de perdão da dívida.
c) é necessária a remição mesmo quando o credor assinar, com o vendedor, escritura de venda do imóvel gravado, a fim de evitar fraude contra os demais credores.
d) se o credor, citado, não se opuser à remição, ou não comparecer, lavrar-se-á termo de pagamento e quitação e o Juiz ordenará, por sentença, o cancelamento de hipoteca.

378. (Consulplan/TJ/MG/Cartórios/Ingresso/2017) Nos termos da Lei n. 6.015/73, todas as assertivas estão corretas, exceto:
a) para remir o imóvel hipotecado, o adquirente requererá, no prazo legal, a citação dos credores hipotecários propondo, para a remição, no mínimo, o preço pelo qual adquiriu o imóvel.
b) na remição de hipoteca legal, em que haja interesse de incapaz, fica dispensada a intervenção do Ministério Público quando o incapaz for representado por seu responsável legal.
c) se, cancelado o registro, subsistirem o título e os direitos dele decorrentes, poderá o credor promover novo registro, o qual só produzirá efeitos a partir da nova data.
d) o cancelamento de hipoteca pode ser feito à vista de autorização expressa ou quitação outorgada pelo credor ou seu sucessor, em instrumento público ou particular.

379. (Ieses/TJ/RO/Cartórios/Ingresso/2017) Assinale a alternativa correta:
a) pelo princípio da unitariedade matricial, o registro deve obedecer à anterioridade lógico-disruptiva (objetiva e subjetiva), uma vez que o sistema registral brasileiro deriva da doutrina monista inspirada em Drago.
b) de acordo com a Lei n. 6.015/1973, na remição de hipoteca legal em que haja interesse de incapaz, não há necessidade de intervenção do Ministério Público, mas deve ser nomeado curador especial na hipótese de inexistir Defensoria Pública habilitada no local em que realizada a remição.
c) na licitação prevista na Lei n. 6.015/1973, no que se refere à remição do imóvel hipotecado, será preferido, em igualdade de condições, o lanço do adquirente.
d) de acordo com a Lei n. 6.015/1973, no que se refere à remissão do imóvel hipotecado, na falta de arrematante, o valor será o proposto pelo leiloeiro judicial.

1.5.11. Do Registro Torrens (arts. 277 a 288)

QUESTÕES OBJETIVAS

380. (FGV/TJ/SC/Cartórios/Remoção/2021) Mário compareceu ao Registro de Imóveis da cidade em que residia e solicitou a inscrição de um imóvel rural e de um imóvel urbano no Registro Torrens, tendo instruído o requerimento com os documentos referidos na Lei nº 6.015/1973. Após a protocolização dos requerimentos e dos respectivos documentos, o oficial do Registro de Imóveis deve:
a) considerar irregular o pedido em relação ao imóvel rural, em razão de sua impossibilidade jurídica, e decidir pela inclusão, ou não, do imóvel urbano no Registro Torrens.
b) considerar irregular o pedido em relação ao imóvel rural, em razão de sua impossibilidade jurídica, e, estando em termos o pedido quanto ao imóvel urbano, remetê-lo ao juízo.
c) considerar irregular o pedido em relação ao imóvel urbano, em razão de sua impossibilidade jurídica, e decidir pela inclusão, ou não, do imóvel rural no Registro Torrens.
d) analisar o pedido formulado em relação a ambos os imóveis e, constatando que os documentos justificam a propriedade de Mário, submetê-los ao juízo para despacho.
e) considerar irregular o pedido em relação ao imóvel urbano, em razão de sua impossibilidade jurídica, e, estando em termos o pedido quanto ao imóvel rural, remetê-lo ao juízo.

381. (Ieses/TJ/AM/Cartórios/Ingresso/2018) A respeito do tema "Registro Torrens", é correto afirmar:
a) regula o registro do título da propriedade urbana com até 60 m^2 (sessenta metros quadrados) e da pequena propriedade rural com área total de até um módulo rural, apta à reforma agrária, de conformidade com os critérios definidos em ato próprio a ser expedido pelo Presidente da República.
b) trata-se de instituto previsto no Código Civil brasileiro, criado pelo jurista Serpa Lopes em meados do século XX por conta dos problemas fundiários decorrentes da reforma agrária promovida pelo assim chamado Estado Novo. Por isso, prevê a lei ser o Registro Torrens obrigatório para imóveis, urbanos e rurais, que contenham área total superior a 1.000 (um mil) hectares.
c) da sentença que deferir, ou não, o pedido do Registro Torrens, cabe o recurso de apelação, com ambos os efeitos.
d) é dispensada decisão judicial determinando o Registro Torrens quando o parecer do Ministério Público for favorável à solicitação encaminhada pelo interessado, desde que acompanhada dos documentos necessários previstos em lei, conforme certidão expedida pelo registro de imóveis.

382. (Ieses/TJ/RO/Cartórios/Ingresso/2017) Assinale a alternativa correta:
a) nos termos da Lei n. 6.015/1973, se o credor, intimado, não se opuser à remissão, ou não comparecer, lavrar-se-á termo de pagamento e quitação. Somente neste caso o Registrador procederá ao cancelamento de hipoteca, independentemente de ordem judicial.
b) nos termos da Lei n. 6.015/1973, quanto à remissão de imóvel hipotecado, para remitir o bem, o adquirente requererá, no prazo legal, a citação dos credores hipotecários propondo, para a remissão, no máximo, o preço pelo qual adquiriu o imóvel.

c) nos termos da Lei n. 6.015/1973, no que se refere ao Registro Torrens, transitada em julgado a sentença que deferir o pedido, o oficial inscreverá, na matrícula, o julgado que determinou a submissão do imóvel aos efeitos do mencionado registro (Registro Torrens), arquivando em cartório a documentação autuada.

d) nos termos da Lei n. 6.015/1973, o Registro Torrens diz respeito somente a imóveis urbanos e possui natureza eminentemente constitutiva e, por isso, diz-se que tal registro possui presunção juris tantum.

1.5.12. Do Registro da Regularização Fundiária Urbana (arts. 288-A a 288-G)

QUESTÕES OBJETIVAS

383. (Ieses/TJ/RO/Cartórios/Remoção/2017) Nos procedimentos de regularização fundiária de interesse social, os efeitos da prenotação cessarão decorridos:

a) 30 (trinta) dias de seu lançamento no protocolo.
b) 90 (noventa) dias de seu lançamento no protocolo.
c) 45 (quarenta e cinco) dias de seu lançamento no protocolo.
d) 60 (sessenta) dias de seu lançamento no protocolo.

1.6. Das Disposições Finais e Transitórias (arts. 289 a 299)

QUESTÕES OBJETIVAS

384. (Ieses/TJ/SC/Cartórios/Remoção/2019) Quanto ao procedimento de suscitação de dúvida, examine o caso aqui apresentado baseado no exemplo seguinte: foi elaborada uma escritura pública, por notário público competente, pago todos os impostos, atendido todos os requisitos atribuídos ao Tabelionato de Notas e assinado pelas partes vendedores e compradores, com a finalização da escritura pelo notário. Ocorre que no dia seguinte os compradores verificaram imperfeição na descrição das declarações finais da escritura, retornaram ao tabelião que se negou a fazer qualquer alteração afirmando que não tinha nenhuma imperfeição da escritura lavrada por ele. Diante da recusa do tabelião os compradores resolveram suscitar dúvida ao MM. Juiz da Comarca, baseado no que foi exposto, podemos afirmar:

a) Que não cabe suscitação de dúvida, quanto aos atos praticados pelos tabeliães de notas por previsão legal.
b) Cabe suscitação de dúvida relativamente ao ato praticado pelo notário por força do art. 296 da Lei dos Registros Públicos.
c) Cabe suscitação de dúvida relativamente ao ato praticado pelo notário por força do art. 198 da Lei dos Registros Públicos.
d) Por analogia deve ser aplicado os artigos 198 e 296 da Lei dos Registros Públicos, em caso de suscitação de dúvida do ato praticado pelo notário.

385. (Ieses/TJ/CE/Cartórios/Ingresso/2018) Assinale a alternativa incorreta a respeito do registro no âmbito do SFH (Sistema Financeiro de Habitação):

a) é vedado aos tabeliães e aos oficiais de registro de imóveis, sob pena de responsabilidade, lavrar ou registrar escritura ou escritos particulares autorizados por lei, que tenham por objeto imóvel hipotecado a entidade do Sistema Financeiro da Habitação, ou direitos a eles relativos, sem que conste dos mesmos, expressamente, a menção ao ônus real e ao credor, bem como a comunicação ao credor, necessariamente feita pelo alienante, com antecedência de, no mínimo 30 (trinta) dias.
b) são admitidos a registro escritos particulares autorizados em lei, assinados pelas partes e testemunhas, com as firmas reconhecidas, dispensado o reconhecimento quando se tratar de atos praticados por entidades vinculadas ao Sistema Financeiro de Habitação.
c) os emolumentos devidos pelos atos relacionados com a primeira aquisição imobiliária para fins residenciais, financiada pelo Sistema Financeiro da Habitação, serão reduzidos em 50% (cinquenta por cento).
d) os contratos de que forem parte entidades que integrem o Sistema Financeiro de Habitação serão obrigatoriamente transcritos no cartório de registro de imóveis competente, dentro do prazo de 30 (trinta) dias.

2. LEI DOS CARTÓRIOS (LEI 8.935/94)

TOP 5: 3º LUGAR ENTRE OS MAIORES AGREGADOS DE QUESTÕES DO LIVRO!

2.1. Dos Serviços Notariais e de Registros (arts. 1º a 13)

2.1.1. Natureza e Fins (arts. 1º a 4º)

QUESTÕES DISCURSIVAS

33. (Consulplan/TJ/MG/Cartórios/Remoção/2019) A atividade notarial, conquanto secular, vem ganhando especial relevância nos últimos anos com o notário assumindo novas e importantes responsabilidades, com conhecimento jurídico de sua atividade, em virtude da sua aptidão para atuar como eficiente instrumento de desjudicialização. Considerando tais fatos e o ordenamento jurídico pátrio, disserte sobre o sistema notarial brasileiro, destacando suas características, bem como discorra sobre o objeto e os princípios do direito notarial, sempre fazendo menção aos dispositivos legais atinentes. Ademais, faça menção a pelo menos cinco novas atribuições recebidas pelos notários.

34. (Ieses/TJ/AM/Cartórios/2018) A Constituição de 1988 dispõe, no caput e §§ do seu art. 236, sobre os serviços notariais e de registro. Posteriormente ao advento da referida norma constitucional, tal dispositivo restou regulamentado pela Lei nº 8.935, de 18 de novembro de 1994 (Lei dos Notários e Registradores). Inclusive, o Supremo Tribunal Federal (STF) já discutiu sobre essa matéria em sede de controle concentrado de constitucionalidade (ADI 2415, Rel. min. Ayres Britto, julgada em 10.11.2011), quando restou assentado seu entendimento acerca dos serviços notariais e de registro. Anteriormente, o próprio STF já havia debatido acerca do tema, no julgamento da ADI nº 3.643, Rel. min. Ayres Britto, julgada em 08.11.2006. Levando em conta a ordem constitucional e infraconstitucional vigente, bem como o referido entendimento do STF, disserte sobre os seguintes temas: (i) Natureza e regime jurídico dos serviços notariais e de registro; (ii) Pontos essenciais acerca do regime de delegação previsto no caput do art. 236 da Constituição de 1988; (iii) Pontos essenciais sobre o regime de responsabilidade civil e criminal, bem como do regime de fiscalização a que são submetidos os serviços notariais e de registro; (iv) Regime de remuneração dos serviços notariais e de registro.

35. (Ieses/TJ/RO/Cartórios/2017) Os notários e registradores são dotados de fé pública, razão pela qual devem pautar-se pela correção em seu exercício profissional, cumprindo-lhes prestar os serviços a seu cargo de modo adequado, observando rigorosamente os deveres próprios da delegação pública de que estão investidos. Diante desta diretriz, responda quais princípios devem ser observados pelos notários e registradores, bem como o que deve ser entendido por "prestar os serviços a seu cargo de modo adequado".

36. (Consulplan/TJ/MG/Cartórios/Ingresso/2014) O Presidente do Tribunal de Justiça do Estado de Minas Gerais emitiu Portaria reorganizando de forma administrativa serviços registrais e notariais do Estado, previamente criados por Lei Estadual, mediante acumulação e desacumulação de seus serviços. Esta modificação específica criou novos serviços registrais e notariais, ampliou a abrangência de alguns e restringiu a de outros, inclusive no que se refere a serviços que já estavam ocupados. Considerando que a medida em questão é inconstitucional: (i) explique, indicando o dispositivo constitucional violado, a inconstitucionalidade que está presente no ato; (ii) qual o instrumento legal é hábil a ser utilizado para se alterar a organização dos serviços registrais e notariais, possibilitando, inclusive, a criação de novos serviços? (iii) quem tem a competência para propor, de forma constitucionalmente válida, pelo instrumento correto, alteração na organização dos serviços registrais e notariais?

QUESTÕES OBJETIVAS

386. (Ieses/TJ/TO/Cartórios/Remoção/2022) Nos termos da Lei dos Cartórios nº 8.935/94, pode-se afirmar que:

I. Notário, ou tabelião, e oficial de registro, ou registrador, são profissionais do direito, dotados de fé pública, a quem é delegado o exercício da atividade notarial e de registro.
II. O serviço de registro civil das pessoas naturais será prestado, também, nos sábados, domingos e feriados pelo sistema de plantão.
III. O atendimento ao público será, no mínimo, de oito horas diárias.
IV. Serviços notariais e de registro são os de organização técnica e administrativa destinados a garantir a publicidade, autenticidade, segurança e eficácia dos atos jurídicos.

A sequência correta é:

a) As assertivas I, II, III e IV estão corretas.
b) Apenas as assertivas II e III estão incorretas.
c) Apenas a assertiva III está incorreta.
d) Apenas as assertivas I e II estão corretas.

387. (Ieses/TJ/TO/Cartórios/Remoção/2022) A cerca da temática da "fé pública notarial", pode-se afirmar:

I. O Notário ou Tabelião e o Oficial de Registro ou Registrador são dotados de fé pública, aos quais é delegado o exercício, em caráter privado, da atividade notarial e registral, por força de lei.
II. Os serviços notariais e de registro tem amparo constitucional (CF 88, art. 236).
III. A fé pública notarial está prevista no artigo 3º da Lei nº 8.935, de 18 de novembro de 1994.
IV. Há mera construção doutrinária, não existindo previsão expressa em lei sobre a fé pública notarial.

A sequência correta é:

a) Apenas as assertivas I e II estão corretas.
b) Apenas a assertiva IV está incorreta.
c) As assertivas I, II, III e IV estão corretas.
d) Apenas as assertivas I e IV estão corretas.

388. (Consulplan/TJ/MG/Cartórios/Ingresso/2018) Considere o texto acerca da bibliografia de Leonardo da Vinci para responder à questão. "Leonardo da Vinci teve a boa sorte de nascer fora do casamento. Caso contrário, provavelmente teria se tornado tabelião, assim como todo primogênito legítimo de sua família havia pelo menos cinco gerações. As raízes de sua família remontam ao começo do século XIV, quando seu tataravô Michele atuava como tabelião no vilarejo de Vinci, nas colinas da Toscana, cerca de trinta quilômetros a oeste de Florença. Com o crescimento da economia mercantil italiana, os tabeliães cumpriam um importante papel ao legitimar acordos comerciais, vendas de terras, testamentos e elaborar outros documentos jurídicos em latim, frequentemente enfeitando o texto com referências históricas e floreios literários. (...) Embora algumas guildas aceitassem os filhos ilegítimos de seus integrantes, esse não era o caso da 'Arte dei Giudici e Notai', a venerável guilda de juízes e tabeliães fundada em 1197, que o pai de Leonardo integrava. 'O tabelião cumpria os papéis de testemunha certificada e escrivão, escreveu Thomas Kuehn em 'Illegitimacy in Renasissance Florence'. 'Sua confiabilidade devia estar acima de qualquer suspeita. Ele tinha de ser alguém totalmente em sintonia com as regras da sociedade'. (...) Uma semana depois, Piero da Vinci (pai de Leonardo da Vinci) abandonou Caterina e o filho pequeno e voltou para Florença, onde, já na segunda-feira, retornou ao escritório a fim de atestar a autenticidade de documentos para os clientes." (Fonte: ISAACSON, Walter. Leonardo da Vinci. Ed. Intrísica, 2017.) Coteje a Lei nº 8.935/1994 (Lei dos Notários e Registradores) com os trechos transcritos da obra citada e assinale a alternativa que contém algum princípio, norma, função ou competência do tabelião brasileiro consagrado na Lei e não mencionado nos trechos da obra:

a) compete ao tabelião de notas autenticar cópias.
b) compete ao tabelião de notas autenticar fatos e lavrar atas notariais.
c) compete ao tabelião de notas lavrar escrituras públicas e testamentos públicos.
d) é dever do tabelião de notas proceder de forma a dignificar a função exercida, tanto nas atividades profissionais quanto na vida privada.

389. (Ieses/TJ/AM/Cartórios/Remoção/2018) Conforme dispõe a Lei 8.935/94 (Lei dos Cartórios), em seu artigo 1º, os serviços notariais e de registro são os de organização técnica e administrativa destinados a garantir, exceto:

a) segurança e eficácia dos atos jurídicos.
b) publicidade.
c) autenticidade.
d) impessoalidade.

2.1.2. Dos Notários e Registradores (arts. 5º a 13)

ATENÇÃO: ESTE TEMA É MUITO EXIGIDO NOS CONCURSOS!

INFORMATIVOS

STJ Cartório de Registro de Imóveis. Interventor. Retenção de metade da renda líquida da serventia. Levantamento. Legalidade. Teto remuneratório. Art. 37, XI, da CF. Não aplicação. A remuneração do interventor de Cartório de Registro de Imóveis, com base no art. 36, §§ 2º e 3º, da Lei 8.935/94, não se submete ao teto previsto no art. 37, XI, da CF. *RMS 67503, 1ª T, 19.4.2022. Inf 733.*

QUESTÕES DISCURSIVAS

37. (Ieses/TJ/RO/Cartórios/2021) Marcia Cristina Cleópatra Silveira apresentou no competente Ofício de Registro de Imóveis de Boa Vista uma partilha proveniente de um inventário feito por escritura pública lavrada em 2010. Na partilha ficou estabelecido pelos herdeiros que o imóvel residencial situado na Av. Rui Baraúna, 1150, Caranã, Boa Vista, foi partilhado em percentuais iguais para os 4 (quatro) filhos/herdeiros (25% para cada um) e foi instituído usufruto (100%) em favor da viúva/meeira. Desde a época da partilha, a viúva/meeira nunca exerceu o usufruto sobre o referido bem. E agora os filhos/herdeiros pretendem alienar o imóvel. Pergunta-se: a) Disserte sobre a competência material do Tabelião de Notas e no caso relatado, posicione-se se o tabelião de notas agiu com amparo legal ao lavrar a escritura pública de inventário onde consta a partilha do bem imóvel atribuindo a propriedade de forma fracionada e estabelecendo a instituição de usufruto para pessoa diversa dos beneficiários da propriedade. E ainda, já que o usufruto nunca foi exercido pela viúva/meeira (beneficiária), caso a beneficiária deseje renunciar ao usufruto, será preciso praticar algum ato notarial? b) Ainda na dissertação, trate da competência territorial do tabelião de notas. Aplicando o assunto ao caso relatado, este eventual ato notarial da renúncia, teria que ser realizado no mesmo Ofício de Notas que lavrou a escritura pública de inventário? c) Por fim, trate na dissertação sobre a importância do dever do tabelião de notas de fiscalização dos tributos pelos atos que praticar e a responsabilidade que este dever acarreta. E, mais uma vez aplicando ao caso relatado, quais tributos o tabelião deverá fiscalizar no ato da lavratura da escritura pública de inventário? E caso a (viúva/meeira) beneficiária do usufruto deseje renunciar ao mesmo, haveria algum tributo a ser fiscalizado pelo tabelião na prática deste ato notarial?

QUESTÕES OBJETIVAS

390. (Ieses/TJ/TO/Cartórios/Remoção/2022) Aos tabeliães de notas compete com exclusividade:

I. Lavrar escrituras e procurações, públicas.
II. Protocolar de imediato os documentos de dívida, para prova do descumprimento de uma obrigação.
III. Lavrar testamentos públicos e aprovar os cerrados.
IV. Lavrar atas notariais, reconhecer firmas e autenticar cópias.

A sequência correta é:

a) As assertivas I, II, III e IV estão corretas.
b) Apenas a assertiva II está incorreta.
c) Apenas as assertivas I e II estão corretas.
d) Apenas as assertivas I e IV estão corretas.

391. (Ieses/TJ/RO/Cartórios/Ingresso/2021) A Lei nº 8.935/94, conhecida como Lei dos Cartórios, estabelece em seu Art. 1º que os "Serviços notariais e de registro são os de organização técnica e administrativa destinados a garantir a publicidade, autenticidade, segurança e eficácia dos atos jurídicos." Sobre os titulares destes serviços e suas atribuições, é correto afirmar que:

a) Notário ou tabelião possuem atribuições legais diferentes dos oficiais de registro ou registradores.
b) Todo notário é oficial de registro de imóveis, assim como todo tabelião de notas é oficial de registro.
c) Serviços Notarias e de registro são sinônimos, ou seja, possuem as mesmas atribuições e sempre são exercidos pelo mesmo delegado.
d) Serviços Notarias e de registro não são sinônimos, ou seja, possuem atribuições diferentes, e sempre são exercidos pelo mesmo delegado.

392. (FGV/TJ/SC/Cartórios/Ingresso/2021) Antônio e Maria, casados, decidiram celebrar o divórcio consensual. Para tanto, procuraram um tabelião de notas de circunscrição diversa daquela em que residiam. No respectivo ato notarial, também decidiram partilhar os dois imóveis de sua propriedade, ficando cada qual com um deles, título esse que pretendiam levar a registro no Registro de Imóveis. Embora tenham sido assistidos por advogado constituído, declararam que não possuíam condições de arcar com os emolumentos, entendendo fazer jus à gratuidade da escritura. À luz da ordem jurídica vigente, a narrativa acima:

a) não apresenta qualquer incorreção.
b) apresenta incorreção apenas em relação ao tabelião escolhido e à gratuidade, que não poderia ser deferida.
c) mostra-se incorreta quanto à escolha do tabelião, não podendo ser registrado o título ou deferida a gratuidade.
d) só apresenta incorreção quanto aos objetivos de registro do título e de gratuidade, que não poderiam ser alcançados.
e) apresenta incorreção apenas em relação ao tabelião escolhido e quanto ao título, que não pode ser registrado.

393. (Ieses/TJ/RO/Cartórios/Ingresso/2021) Com relação à competência exclusiva dos tabeliães, assinale a alternativa que não representa tal competência:

a) lavrar atas notarias.
b) autenticar cópias.
c) lavrar escrituras.
d) formalizar a vontade das partes.

394. (Ieses/TJ/RO/Cartórios/Remoção/2021) Aos tabeliães de notas compete com exclusividade:

a) Autenticar fatos.
b) Formalizar juridicamente a vontade das partes.
c) Intervir nos atos e negócios jurídicos a que as partes devam ou queiram dar forma legal ou autenticidade, autorizando a redação ou redigindo os instrumentos adequados, conservando os originais e expedindo cópias fidedignas de seu conteúdo.
d) Lavrar testamentos públicos e aprovar os cerrados.

395. (Vunesp/TJ/GO/Cartórios/Ingresso/2021) A respeito do regime jurídico dos serviços notariais e de registro, é correto afirmar que:

a) no serviço de que é titular, o notário e o registrador não poderão praticar, pessoalmente, qualquer ato de seu interesse, ou de interesse de seu cônjuge ou de parentes, na linha reta, ou na colateral, consanguíneos ou afins, até o quarto grau.
b) os substitutos poderão, simultaneamente com o notário ou o oficial de registro, praticar todos os atos que lhe sejam próprios, inclusive, nos tabelionatos de notas, lavrar testamentos.
c) quando, para a apuração de faltas imputadas a notários ou a oficiais de registro, for necessário o afastamento do titular do serviço, poderá ele ser suspenso, preventivamente, pelo prazo de noventa dias, prorrogável uma vez pelo mesmo prazo.
d) é livre a escolha do tabelião de notas, qualquer que seja o domicílio das partes ou o lugar de situação dos bens objeto do ato ou negócio.

396. (UFPR/TJ/PR/Cartórios/Remoção/2019) Os serviços notariais e de registro são organizados com fundamento no artigo 236 da Constituição Federal, em caráter privado, por delegação do Poder Público. Com relação ao tema da administração e gestão de cartórios, identifique como verdadeiras (V) ou falsas (F) as seguintes afirmativas:

I. O atendimento ao público será, no mínimo, de seis horas diárias.
II. Em cada serviço notarial ou de registro haverá tantos substitutos, escreventes e auxiliares quantos forem necessários, a critério de cada notário ou oficial de registro.
III. Os notários e os oficiais de registro poderão, para o desempenho de suas funções, contratar escreventes e auxiliares como empregados, com remuneração determinada pelo respectivo Tribunal de Justiça.
IV. Dentre os substitutos do notário ou do registrador, um deles será designado pelo Corregedor do Foro Extrajudicial para responder pelo respectivo serviço nas ausências e nos impedimentos do titular.

Assinale a alternativa que apresenta a sequência correta, de cima para baixo.

a) V, F, V, V.
b) F, V, V, F.
c) F, V, F, V.
d) V, F, F, V.
e) V, V, F, F.

397. (UFPR/TJ/PR/Cartórios/Remoção/2019) Com relação à lavratura de registros e expedição de certidões, identifique como verdadeiras (V) ou falsas (F) as seguintes afirmativas:

I. Os serviços relativos ao registro civil de pessoas naturais deverão funcionar todos os dias úteis, cabendo somente o adiamento, para o próximo dia útil, dos registros de nascimentos de pessoas naturais ocorridos em finais de semana ou feriados.
II. Os registros lavrados fora das horas regulamentares ou em dias em que não houver expediente são considerados nulos, cabendo a responsabilização civil e criminal do oficial que der ensejo à nulidade.
III. Os pedidos de certidão de registro devem ser motivados pelo requerente, sob pena de indeferimento.
IV. A recusa indevida na expedição de certidão pode ensejar a aplicação de pena disciplinar ao responsável.

Assinale a alternativa que apresenta a sequência correta, de cima para baixo.

a) V, F, V, V.
b) F, V, V, F.
c) F, V, F, V.
d) V, V, F, V.
e) V, F, V, F.

398. (Vunesp/TJ/AL/Cartórios/Ingresso/2019) Assinale a alternativa na qual constam apenas competências dos tabeliães de notas.

a) I – Reconhecer firmas; II – Autenticar cópias; III – Registrar as interdições.
b) I – Lavrar escrituras e procurações públicas; II – Reconhecer firmas; III – Lavrar atas notariais.
c) I – Inscrever os atos constitutivos e os estatutos dos partidos políticos; II – Lavrar atas notariais; III – Formalizar juridicamente a vontade das partes.
d) I – Lavrar atas notariais; II – Registrar as emancipações; III – Averbar as opções de nacionalidade.

399. (Cespe/TJ/DFT/Cartórios/Remoção/2019) Ana pretende dispor de seu patrimônio por meio de testamento. Nesse caso, é correto afirmar que:

a) o testamento, seja ele público ou cerrado, terá conteúdo público.
b) o testamento cerrado deverá ser aprovado pelo tabelionato de notas antes de ser cerrado.
c) o auto de aprovação pelo tabelião deverá ser lavrado quando for realizado testamento público.
d) o testamento será lavrado pelo tabelião, que, posteriormente, deverá comunicar o ato somente ao registro central de testamentos online.
e) é viável que o patrimônio de Ana seja disponibilizado por meio de testamento cerrado ainda que ela seja analfabeta.

400. (Ieses/TJ/SC/Cartórios/Remoção/2019) Com referência à ata notarial, pode-se afirmar que:

a) a ata notarial não constitui, segundo o código de processo civil, prova pré-constituída.
b) na ata notarial o oficial faz um juízo de valor sobre os fatos a ele apresentados.
c) a ata notarial pode ser lavrada pelo tabelião de notas ou por preposto por ele autorizado.
d) a ata notarial não comporta a inclusão de arquivos eletrônicos.

401. (Ieses/TJ/SC/Cartórios/Ingresso/2019) O tabelião de notas:

a) é de livre escolha para a lavratura de escrituras públicas, desde que dentro da mesma unidade da federação.
b) pode lavrar ata notarial para fins de usucapião administrativa de qualquer bem imóvel.
c) tem suas diligências adstritas à comarca que recebeu a delegação.
d) não responde disciplinarmente por atos de seus prepostos.

402. (Cespe/TJ/DFT/Cartórios/Remoção/2019) De acordo com a Lei nº 8.935/1994, é ato de competência exclusiva do tabelião de notas:

a) lavrar atas notariais.
b) formalizar juridicamente a vontade das partes.
c) averbar o cancelamento de protesto.
d) registrar nascimentos.
e) autenticar livros empresariais.

403. (Cespe/TJ/DFT/Cartórios/Remoção/2019) De acordo com a Lei nº 8.935/1994 – Lei dos Cartórios –, compete ao notário intervir em atos e negócios jurídicos:

a) quando as partes precisarem dar conteúdo ao ato ou ao negócio.
b) quando as partes desejarem dar conteúdo ao ato ou ao negócio.
c) para redigir instrumentos públicos e privados adequados.
d) para levar a termos todos os atos, o que, necessariamente, deve ocorrer por escritura.
e) para expedir cópias fidedignas de seu conteúdo.

404. (UFPR/TJ/PR/Cartórios/Ingresso/2019) Notário é o agente delegado incumbido de recepcionar, interpretar, formalizar e documentar a manifestação da vontade das partes, bem como a ela conferir autenticidade. Sobre os notários, assinale a alternativa correta.

a) A delegação para o exercício da atividade notarial e de registro depende de diploma de bacharel em direito ou de bacharel em administração.
b) Ao notário compete lavrar escrituras e procurações públicas, lavrar testamentos públicos e aprovar os cerrados, lavrar atas notariais, reconhecer firmas e autenticar cópias.
c) Cabe aos interessados diligenciar para atos de sua competência sempre perante o tabelião de notas de seu domicílio.
d) Apenas no caso em que não seja parte interessada no negócio jurídico firmado, incumbe ao notário guardar sigilo profissional sobre os fatos referentes ao negócio, bem como em relação às confidências feitas pelas demais partes do ajuste.
e) O exercício da atividade notarial e de registro é compatível com a advocacia privada e incompatível com qualquer cargo, emprego ou função públicos.

405. (Vunesp/TJ/AL/Cartórios/Ingresso/2019) De acordo com a Lei nº 8.935/1994, assinale a alternativa na qual consta, dentre outros, os titulares de serviços notariais e de registro.

a) Tabelião de notas; tabelião e oficiais de registro de contratos marítimos; oficiais de registro de imóveis.

b) Oficial de registro civil das pessoas naturais e de interdição e tutelas; oficial da Junta Comercial; tabelião de notas.
c) Tabelião de notas, oficial de registro de títulos e documentos; tradutor público juramentado.
d) Tabelião de protesto; leiloeiro público; oficial de registro de imóveis.

406. (Ieses/TJ/CE/Cartórios/Ingresso/2018) Quanto ao regime jurídico dos notários e registradores é correto afirmar:

a) a atividade notarial e registral é incompatível com a advocacia, exceto quando o notário ou registrador atuar em causa própria.
b) o ingresso na atividade notarial e registral possui como requisito a formação superior em direito e três anos de prática jurídica.
c) em nenhuma hipótese é admitido o ingresso na atividade notarial e registral de profissionais que não possuam formação superior em direito.
d) o titular concursado de serventia extrajudicial exerce efetiva função pública, devendo ser respeitada a regra constitucional que veda a cumulação de cargos, empregos e funções públicas.

407. (Ieses/TJ/AM/Cartórios/Remoção/2018) Aos tabeliães de notas compete com exclusividade:

a) intervir nos atos e negócios jurídicos a que as partes devam ou queiram dar forma legal ou autenticidade, autorizando a redação ou redigindo os instrumentos adequados, conservando os originais e expedindo cópias fidedignas de seu conteúdo.
b) autenticar fatos.
c) lavrar atas notariais.
d) formalizar juridicamente a vontade das partes.

408. (Ieses/TJ/RO/Cartórios/Ingresso/2017) Assinale a alternativa correta:

a) especificamente em relação aos notários e oficiais de registro, a responsabilidade civil só será discutida se comprovada a responsabilidade criminal, com sentença penal condenatória transitada em julgado.
b) de acordo com o disposto na Lei n. 8.935/1994, a responsabilidade criminal dos notários e oficiais de registro será individualizada, como ocorre quando da aplicação do Direito Penal aos demais agentes públicos, aplicando-se na integralidade a legislação relativa aos crimes contra a administração pública, por se tratar de atividade delegada.
c) é livre a escolha do tabelião de notas, qualquer que seja o domicílio das partes ou o lugar de situação dos bens objeto do ato ou negócio.
d) de acordo com o disposto na Lei n. 8.935/1994, a responsabilidade civil dos notários e oficiais de registro é subsidiária, não respondendo eles direta ou pessoalmente pelos prejuízos que causarem a terceiros, exceto nos casos de dolo direito.

409. (Ieses/TJ/RO/Cartórios/Ingresso/2017) Assinale a alternativa correta:

a) conforme dispõe a Lei n. 8.935/1994, aos notários compete intervir nos atos e negócios jurídicos a que as partes devam ou queiram dar forma legal ou autenticidade, autorizando a redação ou redigindo os instrumentos adequados, conservando os originais e expedindo cópias fidedignas de seu conteúdo.
b) conforme dispõe a Lei n. 8.935/1994, a autenticação de cópias por semelhança compete privativamente aos notários.
c) conforme dispõe a Lei n. 8.935/1994, a autenticação de cópias por autenticidade compete privativamente aos notários.
d) conforme dispõe a Lei n. 8.935/1994, lavrar testamentos públicos, dar fé dos testamentos particulares havendo interesse de menores, e aprovar os cerrados compete com exclusividade aos tabeliães de notas.

410. (Consulplan/TJ/MG/Cartórios/Ingresso/2017) Acerca da competência dos tabeliães, assinale a alternativa correta:

a) compete aos tabeliães, com exclusividade, lavrar escrituras públicas, procurações públicas e atas notariais, reconhecer firma e autenticar cópias.
b) compete aos tabeliães, com exclusividade, formalizar juridicamente a vontade das partes.
c) compete aos tabeliães, com exclusividade, formalizar os atos e negócios jurídicos que visem à constituição, transferência, modificação ou renúncia de direitos de valor superior a trinta vezes o maior salário mínimo vigente no País.
d) compete aos tabeliães, com exclusividade, autenticar fatos.

411. (Ieses/TJ/RO/Cartórios/Ingresso/2017) Assinale a alternativa correta:

a) aos tabeliães de notas compete, com exclusividade, intervir nos atos e negócios jurídicos a que as partes devam ou queiram dar forma legal ou autenticidade, autorizando a redação ou redigindo os instrumentos adequados, conservando os originais e expedindo cópias fidedignas de seu conteúdo.
b) aos notários compete formalizar juridicamente a vontade das partes.
c) aos tabeliães de notas compete, com exclusividade, autenticar fatos.
d) aos notários compete lavrar atas notariais.

412. (Ieses/TJ/RO/Cartórios/Remoção/2017) Aos tabeliães de notas compete com exclusividade, exceto:

a) lavrar testamentos públicos e aprovar os cerrados.
b) lavrar atas notariais.
c) lavrar o protesto, registrando o ato em livro próprio, em microfilme ou sob outra forma de documentação.
d) lavrar escrituras e procurações, públicas.

413. (Ieses/TJ/RO/Cartórios/Remoção/2017) No que se refere à definição do tabelião de notas competente:

a) o tabelião de notas sempre será o do lugar de situação dos bens objeto do ato ou negócio.
b) o tabelião de notas sempre será o do domicílio dos compradores, em se tratando de ato ou negócio que envolva bens imóveis.
c) o tabelião de notas sempre será o do domicílio das partes.
d) é livre a escolha do tabelião de notas, qualquer que seja o domicílio das partes ou o lugar de situação dos bens objeto do ato ou negócio.

2.2. Das Normas Comuns (arts. 14 a 40)

2.2.1. Do Ingresso na Atividade Notarial e de Registro (arts. 14 a 19)

JURISPRUDÊNCIA EM TESES

STJ **JurisTese 80-2.** O substituto do titular de serventia extrajudicial não possui direito adquirido à efetivação na titularidade de cartório se a vacância do cargo ocorreu após a vigência da Constituição Federal de 1988, que passou a exigir a realização de concurso público para o ingresso na atividade notarial e de registro.

INFORMATIVOS

STJ **Concurso de remoção para notários e registradores. Ocupantes de vagas de natureza específica. Inscrição para remoção a vagas de natureza mista.**

Possibilidade. Necessidade de titulação específica. Inexistência. Requisitos não previstos no edital nem na legislação vigente. Em concurso de remoção para notários e registradores, é possível que ocupantes de vagas de natureza específica concorram a vagas de natureza mista, não havendo necessidade de titulação específica. *RMS 50366, 1ª T, 10.11.2022. Inf 757.*

QUESTÕES OBJETIVAS

414. (Ieses/TJ/TO/Cartórios/Remoção/2022) Acerca do ingresso na atividade notarial e de registro, é correto afirmar, exceto:

a) Ao concurso público poderão concorrer candidatos não bacharéis em direito que tenham completado, até a data da primeira publicação do edital do concurso de provas e títulos, dez anos de exercício em serviço notarial ou de registro.
b) As vagas serão preenchidas alternadamente, duas terças partes por concurso público de provas e títulos e uma terça parte por meio de remoção, mediante concurso de títulos, não se permitindo que qualquer serventia notarial ou de registro fique vaga, sem abertura de concurso de provimento inicial ou de remoção, por mais de um ano.
c) Os concursos serão realizados pelo Poder Judiciário, com a participação, em todas as suas fases, da Ordem dos Advogados do Brasil, do Ministério Público, de um notário e de um registrador.
d) Ao concurso de remoção somente serão admitidos titulares que exerçam a atividade por mais de dois anos.

415. (Ieses/TJ/RO/Cartórios/Remoção/2021) No que se refere ao ingresso na atividade notarial e de registro, segundo dispõe a legislação específica, ao concurso de remoção somente serão admitidos titulares que exerçam a atividade por mais de:

a) 3 (três) anos.
b) 5 (cinco) anos.
c) 1 (um) ano.
d) 2 (dois) anos.

416. (Consulplan/TJ/MS/Cartórios/Ingresso/2021) Takashi IB é advogado e procura saber das funções públicas onde possa exercer os seus conhecimentos jurídicos. Com larga experiência nas áreas do Direito Civil e Processual, opta por realizar concurso para serviços notariais e de registro. Após obter aprovação, é indicado para atuar no município VB. Após os 5 (cinco) anos de atividade notarial verifica que o serviço notarial do município XB vagou, gerando seu interesse em mudar de local de exercício. Nos termos da Constituição Federal, vagando uma serventia, o concurso de provimento ou remoção deverá ocorrer até:

a) 6 (seis) meses.
b) 7 (sete) meses.
c) 8 (oito) meses.
d) 9 (nove) meses.

417. (Cespe/TJ/DFT/Cartórios/Remoção/2019) De acordo com a jurisprudência do STF, a delegação para o exercício da atividade notarial e registral depende de prévia:

a) habilitação.
b) concessão.
c) permissão.
d) autorização.
e) licitação.

418. (Vunesp/TJ/AL/Cartórios/Ingresso/2019) De acordo com a Lei nº 8.935/1994, sobre os concursos de provas e títulos para outorga de delegações, é correto afirmar que:

a) serão realizados pelo Poder Judiciário e deverão contar com a participação, em todas as fases, do Ministério Público, da Procuradoria Geral do Estado, de um notário e de um registrador.
b) será aberto com a publicação do edital, dele constando os critérios de desempate.
c) para o concurso de remoção serão admitidos titulares que exerçam a atividade por mais de 1 (um) ano.
d) para concurso de provimento, serão admitidos escreventes ou prepostos não bacharéis em direito que trabalhem na atividade notarial e de registro por mais de 5 (cinco) anos.

419. (UFPR/TJ/PR/Cartórios/Remoção/2019) Rodrigo foi aprovado em concurso público para o exercício das funções de tabelião no ano de 2004, assumindo no dia 10.12.2004 a titularidade de cartório situado no interior do Estado. Vinícius era substituto num cartório situado na capital desde 1978 e, com o falecimento do tabelião em 1989, foi efetivado no cargo de titular. Em 2013, ao receber a notícia de que Vinícius iria se aposentar do cargo de titular do cartório da capital, Rodrigo propôs realizar uma permuta, para que Vinícius se aposentasse no cartório do interior e ele, Rodrigo, assumisse a titularidade do cartório na capital. Vinícius aceitou a proposta e a permuta foi realizada no dia 13.12.2013. A respeito dessa situação, assinale a alternativa correta.

a) Caso Vinícius, assim como Rodrigo, tivesse sido nomeado para o cargo de titular do cartório da capital após aprovação em concurso público, a permuta realizada posteriormente entre eles seria válida.
b) De acordo com a jurisprudência do Supremo Tribunal Federal, embora a permuta realizada entre Vinícius e Rodrigo seja contrária ao ordenamento jurídico, a partir 13.12.2018 ela não poderá ser anulada.
c) A efetivação de Vinícius no cargo de titular do cartório da capital é válida perante o ordenamento jurídico brasileiro, considerando que ele exercia as funções de substituto antes do advento da Constituição de 1988.
d) Embora a efetivação de Vinícius no cargo de titular do cartório da capital seja inválida, a permuta realizada com Rodrigo é válida.
e) No âmbito das atividades notariais e de registro, tanto o ato de ingresso quanto o ato de remoção dependem de prévia aprovação em concurso público, razão pela qual a permuta realizada entre Vinícius e Rodrigo é inválida.

420. (Vunesp/TJ/AL/Cartórios/Ingresso/2019) De acordo com a Lei nº 8.935/1994 a delegação para o exercício da atividade notarial e de registro depende, entre outros, dos seguintes requisitos:

a) I – habilitação em concurso público de provas e títulos; II – capacidade civil; III – comprovação de serviços prestados à Justiça Eleitoral em 3 (três) eleições.
b) I – habilitação em concurso público de provas e títulos; II – doutorado ou mestrado reconhecidos ou revalidados em direito; III – nacionalidade brasileira.
c) I – habilitação em concurso público de provas e títulos; II – especialização em direito com carga horária mínima de 360 (trezentas e sessenta) horas-aula; III – verificação de conduta condigna para o exercício da profissão.
d) I – habilitação em concurso público do provas e títulos; II – nacionalidade brasileira; III – capacidade civil.

421. (Ieses/TJ/AM/Cartórios/Remoção/2018) A delegação para o exercício da atividade notarial e de registro depende dos seguintes requisitos:

I. diploma de bacharel em direito; habilitação em concurso público de provas e títulos.

II. nacionalidade brasileira; capacidade civil.
III. quitação com as obrigações eleitorais e militares.
IV. verificação de conduta condigna para o exercício da profissão.

A sequência correta é:

a) apenas as assertivas I, II e III estão corretas.
b) apenas a assertiva II está incorreta.
c) apenas as assertivas II e IV estão corretas.
d) as assertivas I, II, III e IV estão corretas.

422. (Ieses/TJ/AM/Cartórios/Remoção/2018) Ao concurso público poderão concorrer candidatos não bacharéis em direito que tenham completado, até a data da primeira publicação do edital do concurso de provas e títulos, quantos anos de exercício em serviço notarial ou de registro?

a) 25 (vinte e cinco) anos.
b) 15 (quinze) anos.
c) 20 (vinte) anos.
d) 10 (dez) anos.

423. (Ieses/TJ/AM/Cartórios/Remoção/2018) Ao concurso de remoção para outra serventia, somente serão admitidos titulares que exerçam a atividade por mais de:

a) 3 (três) anos.
b) 10 (dez) anos.
c) 5 (cinco) anos.
d) 2 (dois) anos.

424. (Ieses/TJ/RO/Cartórios/Remoção/2017) A delegação para o exercício da atividade notarial e de registro depende dos seguintes requisitos:

I. habilitação em concurso público de provas e títulos.
II. nacionalidade brasileira e capacidade civil.
III. quitação com as obrigações eleitorais e militares.
IV. diploma de bacharel em direito ou em economia.

A sequência correta é:

a) apenas as assertivas I e III estão corretas.
b) apenas as assertivas I e II estão corretas.
c) as assertivas I, II, III e IV estão corretas.
d) a assertiva IV está incorreta.

2.2.2. Dos Prepostos (arts. 20 a 21)

QUESTÕES OBJETIVAS

425. (Ieses/TJ/TO/Cartórios/Ingresso/2022) Os notários e os oficiais de registro são profissionais do direito, dotados de fé pública, a quem é delegado o exercício da atividade notarial e de registro e poderão, para o desempenho de suas funções, contratar escreventes, dentre eles escolhendo os substitutos, e auxiliares. Sobre o assunto, leia as afirmativas (I a IV) e as considere cada uma delas como Verdadeiras (V) ou Falsas (F).

I. Ao concurso público poderão concorrer candidatos não bacharéis em direito que tenham completado, até a data da primeira publicação do edital do concurso de provas e títulos, dez anos de exercício em serviço notarial ou de registro, na qualidade de substitutos.
II. Os prepostos da atividade registral ou notarial são contratados pelo titular da serventia, com remuneração livremente ajustada por ele e sob o regime da legislação do trabalho.
III. Dentre os substitutos, um deles será designado pelo notário ou oficial de registro para responder pelo respectivo serviço nas ausências e nos impedimentos do titular.
IV. Os notários e oficiais de registro são civilmente responsáveis por todos os prejuízos que causarem a terceiros, por culpa ou dolo, pessoalmente, pelos substitutos que designarem ou escreventes que autorizarem, assegurado o direito de regresso.

a) F, F, F, V.
b) F, F, F, V.
c) V, V, V, F.
d) F, V, V, V.

426. (Ieses/TJ/TO/Cartórios/Remoção/2022) Os notários e os oficiais de registro poderão, para o desempenho de suas funções, contratar escreventes, dentre eles escolhendo os substitutos, e auxiliares como empregados, com remuneração livremente ajustada e sob o regime da legislação do trabalho. Quanto aos prepostos, é correto afirmar:

I. Os substitutos poderão, simultaneamente com o notário ou o oficial de registro, praticar todos os atos que lhe sejam próprios incluindo, nos tabelionatos de notas, lavrar testamentos.
II. Dentre os substitutos, dois deles serão designados pelo notário ou oficial de registro para responder pelo respectivo serviço nas ausências e nos impedimentos do titular.
III. Os notários e os oficiais de registro encaminharão ao juízo competente os nomes dos substitutos.
IV. Em cada serviço notarial ou de registro haverá tantos substitutos, escreventes e auxiliares quantos forem necessários, a critério de cada notário ou oficial de registro.

A sequência correta é:

a) Apenas as assertivas I e II estão incorretas.
b) As assertivas I, II, III e IV estão corretas.
c) Apenas a assertiva IV está correta.
d) Apenas as assertivas II, III e IV estão corretas.

427. (Ieses/TJ/RO/Cartórios/Remoção/2021) Os notários e os oficiais de registro poderão, para o desempenho de suas funções, contratar escreventes, dentre eles escolhendo os substitutos, e auxiliares como empregados. Em cada serviço notarial ou de registro haverá:

a) Tantos substitutos, escreventes e auxiliares quantos forem necessários, a critério de cada notário ou oficial de registro.
b) No mínimo 10 (dez) contratados, entre substitutos, escreventes e auxiliares de notário ou de oficial de registro.
c) No máximo 10 (dez) contratados, entre substitutos, escreventes e auxiliares de notário ou de oficial de registro.
d) No máximo 25 (vinte e cinco) contratados, entre substitutos, escreventes e auxiliares de notário ou de oficial de registro.

428. (Ieses/TJ/RO/Cartórios/Ingresso/2021) Assinale a alternativa correta:

a) Ao concurso de remoção somente serão admitidos titulares que exerçam a atividade por mais de um ano.
b) Os concursos serão realizados pelo colégio notarial, com a participação, em todas as suas fases, do Poder Judiciário, da Ordem dos Advogados do Brasil, do Ministério Público, de um notário e de um registrador.
c) Os notários e os oficiais de registro poderão, para o desempenho de suas funções, contratar escreventes, dentre eles escolhendo os substitutos, e auxiliares como empregados, com remuneração livremente ajustada e sob o regime da legislação do trabalho.
d) Os estrangeiros residentes no Brasil podem realizar o concurso para ingresso na atividade notarial.

429. (Ieses/TJ/RO/Cartórios/Remoção/2021) Sobre o regime jurídico aplicável aos empregados de cartório é correto afirmar:

I. A partir da vigência da Constituição Federal de 1988, ficou implicitamente determinado, em seu artigo 236, que os trabalhadores contratados pelos cartórios extrajudiciais, para fins de prestação de serviços, encontram-se sujeitos ao regime jurídico da CLT, pois mantêm vínculo profissional diretamente com o tabelião, e não com o Estado.

II. Os Auxiliares e Escreventes de Cartório poderão optar pelo regime jurídico de sua contratação.

III. A jurisprudência majoritária da Corte superior é de que os empregados de cartório estão sujeitos ao regime jurídico da CLT, ainda que contratados em período anterior à vigência da Lei nº 8.935/94.

IV. Aos Auxiliares e Escreventes de Cartório aplica-se sempre o Regime Estatutário.

A sequência correta é:

a) Apenas as assertivas I e III estão corretas.
b) As assertivas I, II, III e IV estão corretas.
c) Apenas a assertiva II está incorreta.
d) Apenas as assertivas I, II e IV estão corretas.

430. (FGV/TJ/SC/Cartórios/Ingresso/2021) Joana, tabeliã de notas, decidiu contratar três escreventes para a sua serventia, e escolheu um deles, Pedro, para ser o seu substituto. À luz da sistemática legal vigente, Pedro:

a) pode praticar todos os atos da serventia, apenas em conjunto com Joana, e substituí-la em suas ausências e impedimentos.
b) pode praticar todos os atos da serventia, simultaneamente com Joana, desde que por ela autorizados.
c) pode praticar todos os atos da serventia autorizados por Joana, salvo lavrar escrituras públicas.
d) somente pode praticar os atos da serventia quando substituir Joana em suas faltas e impedimentos.
e) pode praticar simultaneamente com Joana os atos da serventia, salvo lavrar testamentos.

431. (Vunesp/TJ/GO/Cartórios/Remoção/2021) É possível a contratação, como preposto, de:

a) cônjuge, companheiro ou parente, natural, civil ou afim, na linha reta ou colateral até terceiro grau, de magistrado de qualquer modo incumbido da atividade correicional dos serviços notariais e registrais, desde que não seja o substituto.
b) cônjuge, companheiro ou parente, natural, civil ou afim, na linha reta ou colateral até terceiro grau do notário ou do oficial de registro.
c) cônjuge, companheiro ou parente, natural, civil ou afim, na linha reta ou colateral até terceiro grau, de desembargador integrante do Tribunal de Justiça do Estado de Goiás.
d) cônjuge, companheiro ou parente, natural, civil ou afim, na linha reta ou colateral até terceiro grau, de magistrado de qualquer modo incumbido da atividade correicional dos serviços notariais e registrais, desde que como auxiliar.

432. (UFPR/TJ/PR/Cartórios/Ingresso/2019) Conforme estabelece a Lei nº 8.935/1994, o gerenciamento administrativo e financeiro dos serviços notariais e de registro é da responsabilidade exclusiva do respectivo titular. Com relação ao tema, identifique como verdadeiras (V) ou falsas (F) as seguintes afirmativas:

I. Os escreventes poderão praticar somente os atos que o notário ou o oficial de registro autorizar.

II. Os substitutos poderão, simultaneamente com o notário ou o oficial de registro, praticar todos os atos que lhe sejam próprios, exceto, nos tabelionatos de notas, lavrar testamentos.

III. Os escreventes e auxiliares terão sua remuneração livremente ajustada com o titular da delegação, e serão contratados sob o regime da legislação do trabalho.

IV. O recrutamento de escreventes e auxiliares deverá ser executado por empresa especialmente contratada para tal finalidade, às expensas do titular da delegação, devendo ser observados os princípios da legalidade, da impessoalidade, da moralidade, da publicidade e da eficiência.

Assinale a alternativa que apresenta a sequência correta, de cima para baixo.

a) V, F, F, V.
b) F, V, F, V.
c) V, V, V, F.
d) V, F, F, F.
e) F, V, V, F.

433. (Ieses/TJ/AM/Cartórios/Remoção/2018) Os notários e os oficiais de registro poderão, para o desempenho de suas funções, contratar escreventes, dentre eles escolhendo os substitutos, e auxiliares como empregados. A respeito destes prepostos é correto afirmar:

I. dentre os substitutos, um deles será designado pelo notário ou oficial de registro para responder pelo respectivo serviço nas ausências e nos impedimentos do titular.

II. em cada serviço notarial ou de registro haverá tantos substitutos, escreventes e auxiliares quantos forem necessários, a critério de cada notário ou oficial de registro.

III. os escreventes poderão praticar quaisquer atos, independente de autorização do notário ou o oficial de registro.

IV. os notários e os oficiais de registro encaminharão ao juízo competente os nomes dos substitutos.

A sequência correta é:

a) apenas as assertivas II e IV estão corretas.
b) apenas as assertivas II, III e IV estão corretas.
c) as assertivas I, II, III e IV estão corretas.
d) apenas a assertiva III está incorreta.

434. (Consulplan/TJ/MG/Cartórios/Ingresso/2017) Nos termos da Lei n. 8.935/94, assinale a alternativa correta:

a) os notários e os oficiais de registro poderão, para o desempenho de suas funções, contratar escreventes, dentre eles escolhendo os substitutos, e auxiliares como empregados, com remuneração livremente ajustada e sob o regime da legislação do trabalho.
b) os notários e registradores têm direito de exercer opção, nos casos de desmembramento, desdobramento ou de extinção de sua serventia.
c) o exercício da atividade notarial e de registro é incompatível com o da advocacia, o da intermediação de seus serviços ou o de qualquer cargo, emprego ou função públicos, salvo se ocupante de cargo em comissão.
d) o gerenciamento administrativo e financeiro dos serviços notariais e de registro é da responsabilidade do titular e do respectivo substituto, inclusive no que diz respeito às despesas de custeio, investimento e pessoal, cabendo-lhe estabelecer normas, condições e obrigações relativas à atribuição de funções e de remuneração de seus prepostos de modo a obter a melhor qualidade na prestação dos serviços.

2.2.3. Da Responsabilidade Civil e Criminal (arts. 22 a 24)

ATENÇÃO: ESTE TEMA É MUITO EXIGIDO NOS CONCURSOS!

JURISPRUDÊNCIA EM TESES

STJ **JurisTese 80-1.** Os serviços de registros públicos, cartorários e notariais, não detêm personalidade jurídica, de modo que o titular do cartório à época dos fatos é o responsável pelos atos decorrentes da atividade desempenhada.

QUESTÕES DISCURSIVAS

38. (Consulplan/TJ/MG/Cartórios/Remoção/2017) A responsabilidade civil dos notários e registradores é um tema que tem sido marcado, entre nós, por visões divergentes e distintos ângulos de análise. As abordagens jurisprudenciais, nas últimas décadas, em relação à matéria, também não traçaram linhas claras, e por isso muitas foram as respostas doutrinárias para as perguntas postas acerca do problema. Nem mesmo a modificação do artigo 22 da Lei n. 8.935 pela Lei n. 13.286/2016, parece ter resolvido definitivamente a questão. À vista do exposto, disserte sobre a responsabilidade civil de notários e registradores, à luz das teorias objetiva e subjetiva e a eventual incidência do Código de Defesa do Consumidor em relação aos serviços ofertados.

39. (Ieses/TJ/CE/Cartórios/2018) Disserte acerca do "regime jurídico dos serviços notariais e de registro" abordando, inclusive, à luz do entendimento hoje sedimentado no Supremo Tribunal Federal, como se opera a responsabilidade civil dos titulares desses serviços por eventuais danos causados a terceiros no exercício da atividade e, ainda, qual o seu sistema remuneratório (natureza e limites, se existentes). Neste último tópico, esclareça acerca da remuneração devida ao responsável interino pela serventia extrajudicial, isto é, se está ela (a remuneração) submetida ou não ao teto constitucional. Por fim, comente se a aposentadoria compulsória por idade alcança o titular dos serviços notariais e de registro, fundamentando adequadamente a sua resposta.

QUESTÕES OBJETIVAS

435. (Ieses/TJ/TO/Cartórios/Ingresso/2022) Assinale a alternativa correta:

a) O Estado responde, objetivamente, pelos atos dos tabeliães e registradores oficiais que, no exercício de suas funções, causem danos a terceiros, assentado o dever de regresso contra o responsável nos casos de dolo específico.
b) De acordo com a nova normativa que disciplina a matéria, é vedada a subconcessão de serviços públicos, exceto em se tratando de serviços de grande vulto e desde que seja previsto o fracionamento no próprio edital licitatório.
c) A responsabilidade civil das pessoas jurídicas de direito privado prestadoras de serviço público, relativamente a terceiros, usuários ou não, será sempre subjetiva, em razão do princípio da primazia do interesse público.
d) Sabe-se que a delegação para o serviço notarial e de registro é feita de forma originária. Portanto, é correto afirmar que o novo titular não herda eventuais passivos (trabalhista, fiscal ou cível), uma vez que os serviços notariais e de registro não possuem personalidade jurídica. Assim, é legitimado para responder pelos danos causados por ato seu ou dos seus prepostos, o titular da serventia à época dos fatos.

436. (Ieses/TJ/TO/Cartórios/Ingresso/2022) A Lei de Notários e Registradores, Lei nº 8.935/94 estabelece que o gerenciamento administrativo e financeiro dos serviços notariais e de registro é da responsabilidade exclusiva do respectivo titular, inclusive no que diz respeito às despesas de custeio, investimento e pessoal, cabendo-lhe estabelecer normas, condições e obrigações relativas à atribuição de funções e de remuneração de seus prepostos de modo a obter a melhor qualidade na prestação dos serviços. Sobre estes serviços, é correto afirmar:

a) Serviços notariais e de registro são os de organização técnica e administrativa destinados a garantir a publicidade, autenticidade, segurança e eficácia dos atos jurídicos, com atendimento ao público de, no mínimo, de oito horas diárias, atendendo a legislação trabalhista.
b) Os serviços notariais e de registro serão prestados, de modo eficiente e adequado, em dias e horários estabelecidos a critério do titular da serventia, atendidas as peculiaridades locais, em local de fácil acesso ao público e que ofereça segurança para o arquivamento de livros e documentos.
c) Os notários e oficiais de registro são civilmente responsáveis por todos os prejuízos que causarem a terceiros, por culpa ou dolo, pessoalmente, pelos substitutos que designarem ou escreventes que autorizarem, assegurado o direito de regresso e a responsabilidade civil independe da criminal.
d) Notário ou registrador, são profissionais do direito, dotados de fé pública, a quem é delegado o exercício da atividade notarial e de registro, considerados servidores públicos em razão da forma de ingresso na atividade por meio de concurso público.

437. (Ieses/TJ/TO/Cartórios/Ingresso/2022) Nas palavras de Sergio Cavalieri Filho, a responsabilidade é um dever jurídico sucessivo que se originou da violação de dever jurídico originário. Notários e oficiais de registro possuem esse dever originário fixado na Lei nº 8.935/94 são civilmente responsáveis por todos os prejuízos que causarem a terceiros, no exercício das atribuições que lhe forem designadas. Sobre a responsabilidade de notários, registradores e seus prepostos, analise os itens I a IV, se possuem afirmações (I a IV) verdadeiras (V) ou falsas (F) e assinale a alternativa correta.

I. A responsabilidade civil independe da criminal e a criminal será individualizada, aplicando-se, no que couber, a legislação relativa aos crimes contra a administração pública.
II. A individualização da responsabilidade criminal não exime os notários e os oficiais de registro de sua responsabilidade civil.
III. Os notários e oficiais de registro não são civilmente responsáveis pelos prejuízos que seus substitutos causarem a terceiros, por culpa ou dolo.
IV. Não há prescrição para a pretensão de reparação civil, contado o prazo da data de lavratura do ato registral ou notarial.

a) Todos os itens contêm afirmações verdadeiras.
b) Os itens III e IV contêm afirmações falsas.
c) Os itens I e IV contêm afirmações falsas.
d) Todos os itens contêm afirmações falsas.

438. (FGV/TJ/SC/Cartórios/Ingresso/2021) Pedro ajuizou ação de reparação de danos em face do Estado Alfa, argumentando que o oficial do Registro de Imóveis teria averbado um gravame na matrícula de imóvel de sua propriedade, que não encontrava ressonância na realidade, o que teria inviabilizado a concretização de uma compra e venda, além de ter causado graves máculas à sua imagem. A petição não descreveu o elemento subjetivo da ação do oficial, o qual também não figurava no polo passivo da demanda. Em sua defesa, o Estado Alfa argumentou que a ação, nos moldes em que foi proposta, deveria ser ajuizada em face do oficial. Essa última linha argumentativa está:

a) correta, já que somente o oficial pode ser responsabilizado pelos danos decorrentes de atos praticados na serventia.
b) incorreta, pois o oficial não é pessoalmente responsabilizado pelos atos da serventia, apenas em caráter regressivo.
c) correta, pois, apesar de o Estado poder ser responsabilizado pelos atos do oficial, o é de modo subsidiário.
d) incorreta, pois tanto o Estado como o oficial deveriam integrar o polo passivo.
e) incorreta, já que o oficial não pode ser responsabilizado em caráter objetivo.

439. (FGV/TJ/SC/Cartórios/Remoção/2021) No curso deste ano, Mário, prestes a celebrar um negócio jurídico de grande valor econômico com uma conhecida sociedade empresária multinacional, foi surpreendido, no meio das tratativas, com a informação de que seu nome fora vetado pelo Departamento Interno de Ética e Relações Públicas. A decisão fora tomada com base em certidão fornecida pelo tabelião do Protesto de Títulos e Documentos. Na medida em que a certidão era manifestamente inverídica, já que foram vinculadas ao seu nome informações concernentes a outra pessoa, que sequer era homônima, Mário solicitou a seu advogado informações sobre a possibilidade de responsabilizar civilmente o tabelião pelo mau exercício da atividade da qual é delegatário. O advogado respondeu, corretamente, que tal poderia ocorrer com base na teoria:

a) da responsabilidade objetiva.
b) do risco administrativo.
c) da delegação responsiva.
d) civilista da culpa.
e) do risco integral.

440. (FGV/TJ/SC/Cartórios/Remoção/2021) Marcelo é escrevente no Tabelionato de Notas e de Protesto, escolhido como substituto pelo notário titular Mário. No exercício de suas funções, Marcelo, agindo de forma culposa, ao reconhecer firma em um documento no dia 01/06/2017, cometeu um erro que causou danos e prejuízos ao cidadão Carlos, usuário do serviço. Ao procurar advogado para ajuizar ação indenizatória, em novembro de 2020, Carlos foi informado de que, de acordo com a Lei nº 8.935/1994:

a) deve figurar como réu o escrevente Marcelo, por sua responsabilidade civil objetiva, e ainda não ocorreu a prescrição da pretensão de reparação civil, cujo prazo é de cinco anos contados da data da prática do ato ilícito.
b) deveria figurar como réu o escrevente Marcelo, por sua responsabilidade civil subjetiva, mas já ocorreu a prescrição da pretensão de reparação civil, pois se passaram mais de dois anos contados da data da lavratura do ato notarial.
c) deveria figurar como réu o notário Mário, por sua responsabilidade civil subjetiva, mas já ocorreu a prescrição da pretensão de reparação civil, pois se passaram mais de três anos contados da data da lavratura do ato notarial.
d) deve figurar como réu o notário Mário, por sua responsabilidade civil objetiva, e ainda não ocorreu a prescrição da pretensão de reparação civil, cujo prazo é de cinco anos contados da data da prática do ato ilícito.
e) deveria figurar como réu o Tabelionato de Notas e de Protesto, por sua responsabilidade civil objetiva, mas já ocorreu a prescrição da pretensão de reparação civil, pois se passaram mais de dois anos contados da data da prática do ato ilícito.

441. (Ieses/TJ/RO/Cartórios/Ingresso/2021) Os notários e oficiais de registro são civilmente responsáveis por todos os prejuízos que causarem a terceiros, no exercício das atribuições que lhe forem designadas. Sobre a responsabilidade de notários, registradores e seus prepostos, analise os itens I a IV, se possuem afirmações verdadeiras ou falsas e assinale a alternativa correta:

I. A individualização da responsabilidade civil não exime os notários e os oficiais de registro de sua responsabilidade civil.
II. Os notários e oficiais de registro são civilmente responsáveis por todos os prejuízos que causarem a terceiros, por culpa ou dolo, pessoalmente, pelos substitutos que designarem ou escreventes que autorizarem, assegurado o direito de regresso.
III. Prescreve em três anos a pretensão de reparação civil, contado o prazo da data de lavratura do ato registral ou notarial.

a) As assertivas I e II contém afirmações falsas.
b) Todas as assertivas contêm afirmações verdadeiras.
c) As assertivas II e III contém afirmações falsas.
d) Todas as assertivas contêm afirmações falsas.

442. (Ieses/TJ/RO/Cartórios/Ingresso/2021) Assinale a alternativa correta:

a) Os crimes praticados por oficiais de registro civil de pessoas naturais, no exercício da atividade, são imprescritíveis.
b) Prescreve em três anos a pretensão de reparação civil, contado o prazo da data de ciência pela Corregedoria de Justiça.
c) Para fins de responsabilização nas instâncias civil e criminal dos notários e registradores, vigora a previsão de que a responsabilização civil independe da criminal.
d) Os notários e registradores gozam de imunidade criminal em atos praticados com base em gratuidade prevista em lei.

443. (Ieses/TJ/RO/Cartórios/Remoção/2021) A pretensão de reparação civil por ato registral ou notarial:

a) Prescreve em dois anos, contado o prazo da data de lavratura do ato registral ou notarial.
b) Prescreve em cinco anos, contado o prazo da data de lavratura do ato registral ou notarial.
c) Não prescreverá.
d) Prescreve em três anos, contado o prazo da data de lavratura do ato registral ou notarial.

444. (Vunesp/TJ/GO/Cartórios/Ingresso/2021) Em relação à responsabilidade civil e criminal dos notários e registradores, é correto afirmar que:

a) prescreve em cinco anos a pretensão de reparação civil, contado o prazo da data de lavratura do ato registral ou notarial.
b) os notários e oficiais de registro são civilmente responsáveis por todos os prejuízos que causarem a terceiros, por culpa ou dolo, pessoalmente, pelos substitutos que designarem ou escreventes que autorizarem, assegurado o direito de regresso.
c) a responsabilidade civil depende da criminal.
d) a responsabilização criminal do preposto exime os notários e os oficiais de registro de sua responsabilidade civil.

445. (Cespe/TJ/DFT/Cartórios/Remoção/2019) De acordo com a legislação pertinente e com a jurisprudência pátria, na hipótese de um escrevente praticar, na serventia na qual trabalha e no exercício de suas funções, crime doloso que cause lesão a terceiro, deverá(ão) ser responsabilizado(s):

a) civilmente, o tabelião, sem direito de regresso contra o escrevente.
b) civilmente, o Estado, com direito de regresso contra o tabelião.
c) criminalmente, o tabelião, mas não o escrevente.
d) criminalmente, tanto o tabelião quanto o escrevente.
e) civilmente, o Estado, com direito de regresso contra o escrevente.

446. (Cespe/TJ/DFT/Cartórios/Remoção/2019) Pedro, tabelião, realizou, em sua serventia, um ato notarial que causou danos a terceiro e, por isso, foi condenado. Acerca da responsabilidade civil e criminal do tabelião, assinale a opção correta.

a) A responsabilidade criminal de Pedro, caso seja verificada, será estendida aos notários e aos oficiais de registro que prestem serviços na mesma serventia.
b) Prescreve em cinco anos a pretensão de reparação civil em desfavor de Pedro, contado o prazo a partir da data de lavratura do ato registral ou notarial.
c) A responsabilidade civil de Pedro estará configurada se for verificado que ele agiu com dolo, mas não com culpa.
d) A responsabilidade civil de Pedro é personalíssima, razão pela qual ele não responderá por ato realizado por substituto que tiver designado.
e) A responsabilidade criminal de Pedro deverá ser apurada em juízo próprio e não decorre automaticamente de condenação na esfera cível.

447. (Cespe/TJ/DFT/Cartórios/Ingresso/2019) Um tabelião lavrou escritura pública de doação de bens, mesmo ciente de que nela constavam informações falsas, o que causou prejuízos a Pedro. À luz da Lei nº 8.935/1994, o prazo para que Pedro exerça a sua pretensão de responsabilização cível do tabelião é de:

a) três anos, a contar da data de lavratura da escritura pública.
b) cinco anos, a contar da data de lavratura da escritura pública.
c) três anos, a contar da data da configuração do dano.
d) cinco anos, a contar da data do trânsito em julgado do processo criminal que responsabilizar o tabelião.
e) três anos, a contar da data do trânsito em julgado do processo criminal que responsabilizar o tabelião.

448. (Cespe/TJ/DFT/Cartórios/Ingresso/2019) De acordo com o entendimento do STJ, no caso de notários e oficiais de registro, nessa qualidade, causarem danos a um terceiro:

a) a responsabilidade civil do respectivo ente federativo estatal será regressiva, nos casos de dolo ou culpa dos agentes.
b) a responsabilidade civil do respectivo ente federativo estatal será objetiva, fundada na teoria do risco integral.
c) a responsabilidade civil do respectivo ente federativo estatal será subsidiária, porque tais agentes se responsabilizam diretamente pelos seus atos.
d) a responsabilidade civil do respectivo ente federativo estatal será solidária, porque o terceiro terá direito a exigir e receber do estado ou dos agentes o ressarcimento pelos danos sofridos.
e) não haverá responsabilidade civil do respectivo ente federativo estatal, pois o exercício das atividades desses agentes é feito por própria conta e risco.

449. (Vunesp/TJ/RS/Cartórios/Ingresso/2019) A responsabilidade civil dos notários e oficiais de registro prescreve em:

a) 5 (cinco) anos, contado o prazo da data da lavratura do ato registral ou notarial.
b) 3 (três) anos, contado o prazo da data em que o lesado ou interessado tomar conhecimento do ato registral ou notarial.
c) 3 (três) anos, se o ato foi praticado antes de 11 de maio de 2016 e 5 (cinco) anos se o ato foi praticado após esta data, sempre considerando como prazo inicial a data da lavratura do ato registral ou notarial.
d) 3 (três) anos, contado o prazo da data da lavratura do ato registral ou notarial.
e) 5 (cinco) anos, contado o prazo da data em que o lesado ou interessado tomar conhecimento do ato registral ou notarial.

450. (UFPR/TJ/PR/Cartórios/Remoção/2019) Viviane é escrevente contratada por Marcela, tabeliã de notas da capital do Estado. Lucas, amigo de Viviane, necessitava de uma ata notarial porque tinha a intenção de ajuizar ação de reparação de danos contra Rubens. Para tanto, foi até o tabelionato de notas para obter o serviço. Ao atendê-lo, Viviane, de forma dolosa e com o intuito de beneficiar Lucas em prejuízo de Rubens, lavrou a ata notarial inserindo informações falsas a respeito do comportamento de Rubens. Na ação judicial que Lucas moveu contra Rubens, utilizando como prova a ata notarial, Rubens conseguiu comprovar que as informações ali constantes eram falsas. A respeito dessa situação, assinale a alternativa correta.

a) Caso constatada a ocorrência de crime de falsidade ideológica em decorrência da lavratura da ata notarial com a inserção de informações falsas, Marcela é quem responderá criminalmente.
b) Se Rubens pretender obter a reparação civil dos danos que lhe foram causados, ele deverá ajuizar a ação em face de Viviane.
c) Embora Marcela não possa ser responsabilizada criminalmente pelos atos praticados por Viviane, ela será parte legítima para figurar no polo passivo de ação civil de reparação de danos proposta por Rubens com a finalidade de obter a reparação dos danos que lhe foram causados.
d) Se Rubens ajuizar uma ação civil de reparação de danos contra Marcela e ela for condenada, ela não terá direito de regresso em face de Viviane, devendo arcar pessoalmente pelo prejuízo.
e) A responsabilidade criminal de Marcela, na situação narrada, é objetiva e independe de dolo ou culpa de sua parte.

451. (UFPR/TJ/PR/Cartórios/Ingresso/2019) José, agente delegado designado para atuar no Cartório de Registro Civil de Pessoas Naturais do Município ABC, recebeu indevidamente quantias no exercício da função, provocando danos a cidadão hipossuficiente que buscava registrar filho recém-nascido gratuitamente. Assessorado de advogado, o cidadão lesado ajuizou ação indenizatória, apontando como legitimado passivo "ad causam" José, pessoa natural. Ao receber a ação, o Juízo cível determinou a emenda da inicial para que fosse substituído o réu José pelo Cartório de Registro Civil de Pessoas Naturais. A partir do caso, assinale a alternativa correta.

a) O Juízo cível agiu corretamente, pois, em ações indenizatórias em que se demanda ressarcimento de valores indevidamente cobrados pelo agente delegado ou seus prepostos, aplica-se o regime de responsabilização do art. 37, § 6º da Constituição.
b) O Juízo cível agiu equivocadamente, pois os serviços de registros públicos não detêm personalidade jurídica, de modo que o titular do cartório à época dos fatos é o responsável pelos atos decorrentes da atividade desempenhada.
c) O Juízo cível agiu corretamente, pois a legitimidade passiva "ad causam" recai sobre a pessoa jurídica que se beneficiou do dano, qual seja, o Cartório de Registro Civil de Pessoas Naturais do Município ABC.
d) O Juízo cível agiu equivocadamente, pois cabe ao autor da ação escolher entre demandar o cartório, seu titular ou ambos em regime de litisconsórcio.
e) O Juízo cível agiu equivocadamente, pois nesse caso caberia facultativamente à pessoa jurídica cartorial indicar em contestação o legitimado passivo, sob pena de preclusão caso tal argumento não fosse por ela suscitado.

452. (Ieses/TJ/SC/Cartórios/Remoção/2019) Sobre notários e registradores, tendo como base o texto da Lei nº 8.935/94, analise as alternativas e assinale a opção correta:

I. Os notários e oficiais de registro são civilmente responsáveis por todos os prejuízos que causarem a terceiros, por culpa ou dolo, pessoalmente, pelos substitutos que designarem ou escreventes que autorizarem, assegurado o direito de regresso.

II. Prescreve em três anos a pretensão de reparação civil, contado o prazo da data de lavratura do ato registral ou notarial.

III. A responsabilidade civil depende da criminal.

IV. A responsabilidade criminal será individualizada, aplicando-se, no que couber, a legislação relativa aos crimes contra a administração pública. A individualização não exime os notários e os oficiais de registro de sua responsabilidade civil.

A sequência correta é:

a) Apenas a assertiva III está incorreta.
b) Apenas as assertivas I, II e IV estão incorretas.
c) As assertivas I, II, III e IV estão incorretas.
d) Apenas a assertiva I está correta.

453. (Ieses/TJ/SC/Cartórios/Ingresso/2019) Quanto a Responsabilidade Civil dos Notários e Registradores e as normas de competência pública, não há dúvida sobre a natureza da atividade exercida junto aos serviços notariais e de registro. Apesar da Constituição Federal asseverar que são exercidos em caráter privado antes o são por delegação do Poder Público, o que significa dizer que se trata de função pública, cuida-se de serviço público, de atividade cuja titularidade pertence ao Estado não obstante a prestação (a execução) deva ser realizada por particulares. Neste sentido, se o Notário ou o Registrador causar prejuízo a terceiros, de acordo com a legislação brasileira e jurisprudência dos tribunais como é tratada esta questão?

a) A responsabilidade civil dos notários e registradores nem sempre vai depender da responsabilidade no âmbito criminal.
b) A responsabilidade criminal não será individualizada, aplicando-se, no que couber, a legislação relativa aos crimes contra a administração pública.
c) Os notários e oficiais de registro são civilmente responsáveis por todos os prejuízos que causarem a terceiros, por culpa ou dolo, pessoalmente, pelos substitutos que designarem ou escreventes que autorizarem, assegurado o direito de regresso. Prescreve em três anos a pretensão de reparação civil, contado o prazo da data de lavratura do ato registral ou notarial.
d) Quanto a responsabilidade civil a jurisprudência do Supremo Tribunal Federal é pacífica no reconhecimento da responsabilidade objetiva, de quem pratica o ato.

454. (Ieses/TJ/CE/Cartórios/Remoção/2018) Além dos casos expressamente consignados, os oficiais são civilmente responsáveis por todos os prejuízos que, pessoalmente, ou pelos prepostos ou substitutos que indicarem ou causarem aos interessados no registro. Esta responsabilização ocorre:

a) exclusivamente nos casos de dolo eventual.
b) apenas nos casos de culpa.
c) apenas nos casos de dolo.
d) tanto nos casos de culpa, quanto nos casos de dolo.

455. (Ieses/TJ/AM/Cartórios/Ingresso/2018) Assinale a alternativa correta:

a) os tabeliães de protesto de títulos são civilmente responsáveis por todos os prejuízos que causarem, por culpa ou dolo, pessoalmente, pelos substitutos que designarem ou Escreventes que autorizarem, assegurado o direito de regresso.
b) pelos atos que praticarem em decorrência da Lei, os tabeliães de protesto perceberão, diretamente do Tribunal de Justiça do respectivo Estado, a título de remuneração, os emolumentos fixados na forma da lei estadual e de seus decretos regulamentadores.
c) no tabelionato de protesto não poderá ser exigido depósito prévio dos emolumentos e demais despesas devidas.
d) no tabelionato de Protesto o ato de digitalização e gravação eletrônica dos títulos e outros documentos é gratuito.

456. (Ieses/TJ/AM/Cartórios/Remoção/2018) A respeito da responsabilidade civil e criminal atribuída a notários e oficiais de registro podemos afirmar:

I. a responsabilidade criminal será individualizada, aplicando-se, no que couber, a legislação relativa aos crimes contra a administração pública.

II. prescreve em cinco anos a pretensão de reparação civil, contado o prazo da data de lavratura do ato registral ou notarial.

III. a responsabilidade civil depende diretamente da criminal.

IV. os notários e oficiais de registro são civilmente responsáveis por todos os prejuízos que causarem a terceiros, por culpa ou dolo, pessoalmente, pelos substitutos que designarem ou escreventes que autorizarem, assegurado o direito de regresso.

A sequência correta é:

a) apenas a assertiva III está incorreta.
b) as assertivas I, II, III e IV estão corretas.
c) apenas as assertivas II, III e IV estão corretas.
d) apenas as assertivas I e IV estão corretas.

457. (Ieses/TJ/AM/Cartórios/Ingresso/2018) Assinale a alternativa incorreta:

a) os notários são civilmente responsáveis por todos os prejuízos que causarem a terceiros, por culpa ou dolo, pessoalmente, pelos substitutos que designarem ou escreventes que autorizarem, assegurado o direito de regresso.
b) a responsabilidade criminal do notário será individualizada, aplicando-se, a legislação relativa aos crimes comuns e contra a administração pública.
c) prescreve em três anos a pretensão de reparação civil, contado o prazo da data de lavratura do ato notarial.
d) aos notários a responsabilidade civil independe da criminal.

458. (Ieses/TJ/AM/Cartórios/Remoção/2018) No que concerne às infrações disciplinares e penalidades a que se sujeitam os notários e os oficiais de registro, é correto afirmar:

I. quando, para a apuração de faltas imputadas a notários ou a oficiais de registro, for necessário o afastamento do titular do serviço, poderá ele ser suspenso, preventivamente, pelo prazo de trinta dias, prorrogável por mais trinta.

II. quando o caso configurar a perda da delegação, o juízo competente suspenderá o notário ou oficial de registro, até a decisão final, e designará interventor.

III. durante o período de afastamento, o titular perceberá dois terços da renda líquida da serventia; o outro um terço, será depositado em conta bancária especial, com correção monetária.

IV. as penas serão impostas pelo juízo competente, independentemente da ordem de gradação, conforme a gravidade do fato.

A sequência correta é:

a) apenas as assertivas II e IV estão corretas.
b) as assertivas I, II, III e IV estão corretas.
c) apenas as assertivas II, III e IV estão corretas.
d) apenas a assertiva III está incorreta.

459. (Consulplan/TJ/MG/Cartórios/Ingresso/2017) A respeito da Lei Federal n. 8.935/94, todas as assertivas estão erradas, exceto:

a) os Notários e Oficiais de Registro são civilmente responsáveis por todos os prejuízos que causarem a terceiros, na hipótese de culpa ou dolo, pessoalmente, pelos substitutos que designarem ou escreventes que autorizarem, assegurado o direito de regresso.

b) considerando que o Registrador e o Notário são agentes públicos, exercendo em caráter privado, função pública delegado pelo Estado, o prazo para o ajuizamento de eventual ação de reparação civil contra tais profissionais do direito é de 2 (dois) anos, contados da data de lavratura do ato registral ou notarial.

c) os Notários e Oficiais de Registro são civilmente responsáveis, por todos os prejuízos que causarem a terceiros, somente, na hipótese de conduta dolosa, pessoalmente, pelos substitutos que designarem ou escreventes que autorizarem, assegurado o direito de regresso.

d) a responsabilidade criminal será individualizada, aplicando-se, no que couber, a legislação relativa aos crimes contra a administração pública. A absolvição criminal implica em improcedência de infração administrativa pelo mesmo fato.

460. (Ieses/TJ/RO/Cartórios/Ingresso/2017) Assinale a alternativa correta:

a) conforme disposto na Lei n. 6.015/1973, qualquer pessoa pode requerer certidão do registro, devendo informar ao oficial ou ao funcionário o motivo ou interesse do pedido nos casos em que solicitada e deferida a isenção de emolumentos.

b) conforme disposto na Lei n. 8.935/1994, em relação à atividade dos notários e oficiais de registro, prescreve em três anos a pretensão de reparação civil, contado o prazo da data de lavratura do ato registral ou notarial.

c) a escritura pública de compra e venda de imóvel urbano popular financiado pelo Governo Federal, de acordo com a nova lei dos registros públicos já em vigor, será dispensada na hipótese de a renda familiar do adquirente ser igual ou inferior a ¼ (uma quarta parte) do salário mínimo, o que será devidamente certificado pelo Registrador.

d) conforme disposto em lei, em relação ao tabelionato de Notas, há apenas um único livro obrigatório – o Livro Protocolo –, pois os demais são auxiliares/facultativos.

461. (Consulplan/TJ/MG/Cartórios/Remoção/2017) Acerca da responsabilidade dos Notários e Registradores, assinale a alternativa correta:

a) a individualização da responsabilidade criminal não exime os notários e os oficiais de registro de sua responsabilidade civil.

b) a responsabilidade criminal será sempre individualizada, mas é aplicável aos notários e registradores a legislação relativa aos crimes contra a administração pública.

c) os notários e oficiais de registro são civilmente responsáveis por todos os prejuízos que causarem a terceiros, independentemente de culpa ou dolo, pessoalmente, pelos substitutos que designarem ou escreventes que autorizarem, assegurado o direito de regresso.

d) prescreve em quatro anos a pretensão de reparação civil, contado o prazo da data de lavratura do ato registral ou notarial.

2.2.4. Das Incompatibilidades e dos Impedimentos (arts. 25 a 27)

QUESTÕES DISCURSIVAS

40. (FGV/TJ/SC/Cartórios/2021) João é registrador titular do X Ofício de Registro de Imóveis do Estado de Santa Catarina e acaba de se eleger vereador junto à Câmara do Município Alfa. Levando em consideração que, no caso concreto, haveria compatibilidade de horários para João exercer seu mandato eletivo de vereador sem prejuízo de suas atividades como registrador, João deseja acumular suas funções na serventia extrajudicial com o cargo de parlamentar municipal, assim como perceber cumulativamente ambas as remunerações. Fale sobre a pretensão de João, abordando todos os dispositivos constitucionais e legais envolvidos, assim como o atual entendimento do Supremo Tribunal Federal sobre a matéria.

41. (UFPR/TJ/PR /Cartórios/Remoção/2019) É possível a acumulação de cargos, ou empregos públicos, com a titularidade de cartório?

42. (Consulplan/TJ/MG/Cartórios/Ingresso/2018) Charlie Brown obteve a outorga de delegação para o Tabelionato de Protesto da Comarca de Brasília de Minas após regular aprovação no concurso para ingresso em atividade notarial e de registro. Charlie Brown, nesta ocasião, ocupava o cargo público efetivo de técnico administrativo junto ao TRT – Região, cujas atribuições do cargo estavam descritas em ato normativo como sendo: "Atividades de nível médio, de natureza repetitiva, permitem a seleção de alternativas já consagradas, envolvendo necessidade de contatos frequentes com outros setores da organização e eventuais com autoridades de nível intermediário e abrangendo: execução, sob supervisão e orientações diretas, administrativas, técnicas e frequentes de trabalhos". Em razão desse fato, o Tribunal Regional do Trabalho da Região notificou Charlie Brown para que, no prazo de 10 (dez) dias, fizesse opção entre o cargo efetivo ocupado junto àquele tribunal e a delegação para a qual foi aprovado. Charlie Brown intentou mandado de segurança, trazendo a seguinte argumentação em prol da acumulação: (i) Os titulares da função notarial e registral não se enquadram na conceituação de servidores públicos, de sorte que é possível a acumulação com um cargo técnico ou científico; (ii) Tão logo foi notificado, requereu o afastamento do cargo público, por meio de licença sem remuneração para trato de interesse particular, o que afasta eventual proibição. Estão corretos os argumentos i e ii, considerando a jurisprudência do Supremo Tribunal Federal sobre o tema?

QUESTÕES OBJETIVAS

462. (Ieses/TJ/TO/Cartórios/Remoção/2022) O exercício da atividade notarial e de registro é incompatível:

I. Com o exercício da advocacia.

II. Com o exercício da intermediação de seus serviços.

III. Com o exercício de qualquer cargo, emprego ou função públicos, ainda que em comissão.

IV. Com o exercício de qualquer função pública, exceto em comissão.

A sequência correta é:

a) Apenas as assertivas I e IV estão corretas.

b) Apenas as assertivas I e II estão corretas.

c) Apenas a assertiva IV está incorreta.

d) As assertivas I, II, III e IV estão corretas.

463. (Ieses/TJ/RO/Cartórios/Remoção/2021) Segundo preconiza a Lei 8.935/94 em seu artigo 25, o exercício da atividade notarial e de registro é incompatível com:

I. O emprego ou função públicos, ainda que em comissão.

II. A advocacia.

III. A intermediação de seus serviços ou o de qualquer cargo.

IV. A docência.

A sequência correta é:

a) Apenas as assertivas I e II estão corretas.

b) As assertivas I, II, III e IV estão corretas.

c) Apenas a assertiva IV está incorreta.

d) Apenas as assertivas I, II e IV estão corretas.

464. (Ieses/TJ/SC/Cartórios/Ingresso/2019) Sobre notários e registradores, tendo como base o texto da Lei nº 8.935/94, analise as alternativas e assinale a opção correta:

I. O exercício da atividade notarial e de registro é incompatível com o da advocacia, o da intermediação de seus serviços ou o de qualquer cargo, emprego ou função públicos, ainda que em comissão.

II. A diplomação, na hipótese de mandato eletivo, e a posse, nos demais casos, implicará no afastamento da atividade notarial ou registral.

III. No serviço de que é titular, o notário e o registrador não poderão praticar, pessoalmente, qualquer ato de seu interesse, ou de interesse de seu cônjuge ou de parentes, na linha reta, ou na colateral, consanguíneos ou afins, até o terceiro grau.

IV. Os notários e oficiais de registro são civilmente responsáveis por todos os prejuízos que causarem a terceiros, pessoalmente, pelos substitutos que designarem ou escreventes que autorizarem, assegurado o direito de regresso, quando os prepostos agirem com culpa ou dolo.

A sequência correta é:

a) As assertivas I, II, III e IV estão incorretas.
b) Apenas a assertiva I está correta.
c) Apenas as assertivas I, II e IV estão incorretas.
d) Apenas a assertiva IV está incorreta.

465. (Vunesp/TJ/RS/Cartórios/Remoção/2019) No exercício das atividades notariais e de registro, e de acordo com a Lei Federal nº 8.935/94, é correto afirmar:

a) Os notários e registradores estão sujeitos, pelas infrações que praticarem, assegurado amplo direito de defesa, às penas de advertência; repreensão; multa; suspensão por cento e vinte dias, prorrogáveis por mais trinta; e perda da delegação.
b) Em cada serviço notarial ou de registro haverá tantos substitutos, escreventes e auxiliares quanto forem necessários, a critério de cada notário ou oficial de registro. Os substitutos e os escreventes poderão, simultaneamente com o notário ou oficial de registro, praticar todos os atos que lhes sejam próprios, exceto, nos tabelionatos de notas, lavrar testamentos.
c) A delegação para o exercício da atividade notarial e de registro depende dos seguintes requisitos: habilitação em concurso público de provas e títulos; ser brasileiro nato; capacidade civil; quitação com as obrigações eleitorais e militares; diploma de bacharel em direito; e verificação de conduta condigna para o exercício da produção.
d) O exercício da atividade notarial e de registro é incompatível com a advocacia; o exercício da intermediação de seus serviços; ou o exercício de qualquer cargo, emprego ou função pública, ainda que em comissão. A diplomação, na hipótese de mandato eletivo, e a posse, nos demais casos, implicará o afastamento da atividade.
e) Extinguir-se-á a delegação a notário ou oficial de registro por: morte; aposentadoria facultativa; aposentadoria compulsória; invalidez; renúncia; perda nos termos do artigo 35 da Lei Federal nº 8.925/94; e descumprimento comprovado da gratuidade dos atos necessários ao exercício da cidadania – registro civil de nascimento e óbito, bem como a primeira certidão desses atos.

466. (Consulplan/TJ/MG/Cartórios/Remoção/2017) Consoante disposição da Lei n. 8.935/1994, quanto aos delegatários dos serviços extrajudiciais todas as assertivas estão corretas, exceto:

a) estão impedidos de praticar pessoalmente atos de seu interesse, ou de interesse de seu cônjuge ou seus parentes, em linha reta ou colateral, consanguíneos ou afins, até o terceiro grau.
b) o gerenciamento administrativo e financeiros dos serviços notariais e de registro é de responsabilidade exclusiva do respectivo titular, inclusive no que diz respeito às despesas de custeio, investimento e pessoal, cabendo-lhe estabelecer normas, condições e obrigações relativas à atribuição de funções e de remuneração de seus prepostos de modo a obter a melhor qualidade na prestação dos serviços.
c) os substitutos indicados poderão, simultaneamente com o notário ou o oficial de registro, praticar todo e qualquer ato que lhes sejam próprios, exceto no tabelionato de notas lavrar testamento.
d) não podem assumir cargo público, salvo se em comissão.

467. (Cetro/TJ/RJ/Cartórios/Remoção/2017) Getúlio, titular do registro das pessoas naturais de um pequeno município do interior, sem querer fugir de seu dever cívico, pensa seriamente em se lançar candidato a cargo eletivo, desde que, segundo ele, não fosse necessário se afastar de sua atividade. Quanto ao exposto, assinale a alternativa que apresenta o cargo eletivo que poderá ser pleiteado, com base no texto constitucional, na Lei n. 8.935/1994 e no entendimento do STJ acerca da matéria:

a) deputado federal ou estadual.
b) deputado federal, estadual e vereador.
c) deputado estadual e vereador, tão somente.
d) prefeito, tão somente.
e) vereador, tão somente.

468. (Consulplan/TJ/MG/Cartórios/Remoção/2017) São condutas vedadas ao tabelião de protesto, exceto:

a) reter o título ou documento de dívida ou dilatar o prazo para protesto a pedido das partes.
b) a recepção e protocolização de cheques quando estes tiverem sido devolvidos pelo estabelecimento bancário sacado por motivo de furto, roubo ou extravio das folhas ou dos talonários, nos casos dos motivos n. 20, n. 25, n. 28, n. 30 e n. 35 das normas expedidas pelo Banco Central do Brasil.
c) protocolizar título pagável ou indicado para aceite em praça não compreendida na circunscrição geográfica da respectiva serventia.
d) receber e protocolizar título ou documento de dívida, encaminhados pelo apresentante por via postal.

2.2.5. Dos Direitos e Deveres (arts. 28 a 30)

QUESTÕES OBJETIVAS

469. (Ieses/TJ/TO/Cartórios/Remoção/2022) São deveres dos notários e dos oficiais de registro:

I. Fiscalizar o recolhimento dos impostos incidentes sobre os atos que devem praticar.

II. Atender prioritariamente as requisições de papéis, documentos, informações ou providências que lhes forem solicitadas pelas autoridades judiciárias ou administrativas para a defesa das pessoas jurídicas de direito público em juízo.

III. Organizar associações ou sindicatos de classe e deles participar.

IV. Proceder de forma a dignificar a função exercida, tanto nas atividades profissionais como na vida privada.

A sequência correta é:

a) Apenas as assertivas I e IV estão corretas.
b) Apenas as assertivas I e II estão corretas.
c) As assertivas I, II, III e IV estão corretas.
d) Apenas a assertiva III está incorreta.

470. (Ieses/TJ/RO/Cartórios/Ingresso/2021) É quase unânime a ideia de que a importância da atividade notarial está ligada acima de tudo à paz social e à prevenção de litígios. Uma vez que o notário, detentor de fé pública e tecnicamente capacitado, formaliza a vontade das partes, lavrando os respectivos instrumentos, que gozam publicidade, autenticidade, segurança e eficácia. Sobre a atividade do tabelião de notas, marque a sentença incorreta.

a) Aos tabeliães de notas compete com exclusividade lavrar escrituras e procurações, públicas; lavrar testamentos públicos e aprovar os cerrados; lavrar atas notariais; reconhecer firmas; autenticar cópias.
b) É livre a escolha do tabelião de notas, qualquer que seja o domicílio das partes ou o lugar de situação dos bens objeto do ato ou negócio.
c) Não tem a obrigação de fiscalizar o recolhimento dos impostos incidentes sobre as escrituras públicas que lavrar.
d) O tabelião de notas não poderá praticar atos de seu ofício fora do Município para o qual recebeu delegação.

471. (Ieses/TJ/SC/Cartórios/Ingresso/2019) Sobre a atividade notarial e registral, marque a alternativa correta:

I. Os notários e oficiais de registro gozam de independência no exercício de suas atribuições, têm direito à percepção dos emolumentos integrais pelos atos praticados na serventia e só perderão a delegação nas hipóteses previstas em lei.
II. São direitos do notário e do registrador exercer opção, nos casos de desmembramento ou desdobramento de sua serventia e organizar associações ou sindicatos de classe e deles participar.
III. Os agentes fazendários têm o dever de fiscalizar o recolhimento dos impostos, não recaindo tal obrigação aos notários, referente aos tributos incidentes sobre os atos que devem praticar, sendo tal dever exclusivo dos registradores.
IV. Manter em ordem os livros, papéis e documentos de sua serventia, guardando-os em locais seguros e atender as partes com eficiência, urbanidade e presteza, são alguns dos deveres dos notários e dos oficiais de registro

A sequência correta é:

a) Apenas a assertiva I está correta.
b) Apenas as assertivas I, II e IV estão incorretas.
c) As assertivas I, II, III e IV estão incorretas.
d) Apenas a assertiva III está incorreta.

472. (Cespe/TJ/DFT/Cartórios/Remoção/2019) No caso de ser extinta delegação a notário ou a oficial de registro, a autoridade competente deverá declarar vago o respectivo serviço, designar o substituto mais antigo para responder pelo expediente e abrir concurso. Nesse caso, segundo entendimento do STF, os substitutos interinos das serventias extrajudiciais:

a) deverão submeter-se ao teto remuneratório constitucional, porque o interino não atua como delegado do serviço notarial e de registro, mas como preposto do poder público.
b) deverão submeter-se ao teto remuneratório constitucional, porque as receitas auferidas pela serventia, permanentes ou interinas são públicas e decorrem do caráter público dos serviços prestados.
c) não deverão se submeter ao teto remuneratório constitucional, porque as categorias de agentes delegados, permanentes ou interinos são particulares em colaboração com a administração pública.
d) não deverão se submeter ao teto remuneratório constitucional, porque os serviços prestados pelas serventias extrajudiciais são remunerados pelos particulares.
e) não deverão se submeter ao teto remuneratório constitucional, porque não é possível transpor a categoria de particulares em colaboração com o poder público para a de agentes públicos.

473. (Vunesp/TJ/RS/Cartórios/Remoção/2019) No tocante ao regime jurídico dos serviços notariais e de registro, conforme entendimento do Supremo Tribunal Federal, é correto afirmar que:

a) as atividades notariais e de registro se inscrevem no âmbito das remuneráveis por tarifa ou preço público.
b) as custas judiciais e os emolumentos concernentes aos serviços notariais e registrais, por não possuírem natureza tributária, não se submetem ao princípio da anterioridade.
c) fere o princípio da isonomia o concurso público para titular dos serviços notariais e de registros que confere pontuação ao tempo de prática da advocacia ou ao exercício da magistratura.
d) é inconstitucional a destinação do produto da arrecadação da taxa de fiscalização da atividade notarial e de registro a órgão público e ao próprio Poder Judiciário.
e) ao titular interino do serviço notarial e de registro não pode ser aplicado o regime remuneratório previsto para os delegados do serviço público extrajudicial.

474. (UFPR/TJ/PR/Cartórios/Ingresso/2019) Sobre os deveres dos notários e oficiais de registro, assinale a alternativa incorreta.

a) Entre os deveres dos notários e oficiais de registro está manter em ordem os livros, papéis e documentos de sua Serventia, guardando-os em locais seguros.
b) Entre os deveres dos notários está atender as partes com eficiência, urbanidade e presteza.
c) É dever de notários e oficiais de registro afixar, sempre em local visível, de fácil leitura e acesso ao público, as tabelas de emolumentos em vigor.
d) São deveres oficiais de registro dar recibo dos emolumentos percebidos, salvo quando pagos em dinheiro.
e) Está compreendido entre os deveres de notários o de encaminhar ao juízo competente as dúvidas levantadas pelos interessados.

475. (Vunesp/TJ/RS/Cartórios/Remoção/2019) A Lei Federal nº 8.935 de 1994 prevê que são direitos dos notários e registradores:

a) guardar sigilo sobre a documentação e os assuntos de natureza reservada de que tenham conhecimento em razão de exercício de sua profissão; e facilitar, por todos os meios, o acesso à documentação existente às pessoas legalmente habilitadas.
b) organizar associações ou sindicatos de classe e deles participar; e encaminhar ao juízo competente as dúvidas levantadas pelos interessados, obedecida a sistemática processual fixada pela legislação respectiva.
c) exercer opção, nos casos de desmembramento ou desdobramento de sua serventia; e organizar associações ou sindicatos de classe e deles participar.
d) proceder de forma a dignificar a função exercida, tanto nas atividades profissionais como na vida privada; e atender as partes com eficiência, urbanidade e presteza.
e) exercer opção, nos casos de desmembramento e desdobramento de sua serventia; e guardar sigilo sobre a documentação e os assuntos de natureza reservada de que tenham conhecimento em razão de exercício de sua profissão.

476. (Ieses/TJ/AM/Cartórios/Ingresso/2018) Não constitui dever do notário ou registrador:

a) atender prioritariamente as requisições de papéis, documentos, informações ou providências que lhes forem solicitadas pelas autoridades judiciárias ou administrativas para a defesa das pessoas jurídicas de direito público em juízo.

b) guardar sigilo sobre a documentação e os assuntos de natureza reservada de que tenham conhecimento em razão do exercício de sua profissão.

c) exercer opção, nos casos de desmembramento ou desdobramento de sua serventia.

d) fiscalizar o recolhimento dos impostos incidentes sobre os atos que devem praticar.

477. (Ieses/TJ/AM/Cartórios/Remoção/2018) São deveres dos notários e dos oficiais de registro, exceto:

a) afixar em local visível, de fácil leitura e acesso ao público, as tabelas de emolumentos em vigor.

b) manter em ordem os livros, papéis e documentos de sua serventia, guardando-os em locais seguros.

c) organizar associações ou sindicatos de classe e deles participar.

d) encaminhar ao juízo competente as dúvidas levantadas pelos interessados, obedecida à sistemática processual fixada pela legislação respectiva.

478. (Consulplan/TJ/MG/Cartórios/Ingresso/2017) Acerca dos direitos e deveres de notários e oficiais de registro, assinale a alternativa correta:

a) os notários e registradores têm direito de exercer opção, nos casos de desmembramento, extinção ou desdobramento de sua serventia.

b) o exercício da atividade notarial e de registro é incompatível com o da advocacia, o da intermediação de seus serviços ou o de qualquer cargo, emprego ou função públicos, salvo se ocupante de cargo em comissão.

c) o notário e o registrador têm o dever de observar as normas técnicas estabelecidas pelo juízo competente.

d) em cada serviço notarial ou de registro haverá tantos escreventes e auxiliares quantos forem necessários e poderão ter até dois substitutos, a critério de cada notário ou oficial de registro.

479. (Ieses/TJ/RO/Cartórios/Remoção/2017) São deveres dos notários e dos oficiais de registro, exceto:

a) organizar associações ou sindicatos de classe e deles participar.

b) dar recibo dos emolumentos percebidos.

c) manter em ordem os livros, papéis e documentos de sua serventia, guardando-os em locais seguros.

d) atender as partes com eficiência, urbanidade e presteza.

2.2.6. Das Infrações Disciplinares e das Penalidades (arts. 31 a 36)

QUESTÕES DISCURSIVAS

43. (UFPR/TJ/PR /Cartórios/Ingresso/2019) É possível a aplicação de penalidade administrativa ao agente delegado em sede de sindicância? Quais os requisitos?

44. (UFPR/TJ/PR /Cartórios/Remoção/2019) Em que hipóteses será permitida a veiculação de propaganda por parte de serventias extrajudiciais?

45. (IBFC/TJ/PR/Cartórios/Ingresso/2014) No caso de infrações disciplinares administrativas, previstas no artigo 31 da Lei 8.935/94, os notários e registradores estão sujeitos às penas previstas no artigo 32, da mesma lei. Indaga-se: (a) Quais são os parâmetros/critérios que devem ser observados para a aplicação das penas? (b) Especificamente, em relação à pena de multa, como é apurado o seu valor mínimo e máximo, indicando as fontes legais?

QUESTÕES OBJETIVAS

480. (Ieses/TJ/TO/Cartórios/Remoção/2022) Os notários e os oficiais de registro estão sujeitos, pelas infrações que praticarem, assegurado amplo direito de defesa, às seguintes penas:

I. Repreensão.

II. Multa.

III. Suspensão por 90 (noventa) dias, prorrogável por mais 30 (trinta).

IV. Perda da delegação.

A sequência correta é:

a) Apenas as assertivas I e IV estão corretas.

b) As assertivas I, II, III e IV estão corretas.

c) Apenas as assertivas I e II estão corretas.

d) Apenas a assertiva III está incorreta.

481. (FGV/TJ/SC/Cartórios/Ingresso/2021) Fernando, notário de determinado Ofício de Registros Civis de Pessoas Jurídicas e de Protesto de Títulos no Estado Alfa, em conluio com seu substituto, praticou ato tipificado como infração disciplinar. A autoridade judiciária competente responsável pela condução da apuração constatou ser necessário o afastamento de Fernando do tabelionato onde é titular, a fim de que provas materiais do ilícito não sejam destruídas. No caso em tela, consoante dispõe a Lei nº 8.935/1994, Fernando poderá ser:

a) removido, provisoriamente, para a serventia vaga mais próxima, até o término do processo administrativo, e a autoridade judiciária competente designará interventor para responder pela serventia.

b) removido, provisoriamente, para a serventia vaga mais próxima, pelo prazo de até noventa dias, e a autoridade judiciária competente designará substituto para responder pela serventia.

c) afastado, provisoriamente, até o término do processo administrativo, e a autoridade judiciária competente designará o notário tabelar para responder pela serventia.

d) suspenso, preventivamente, pelo prazo de noventa dias, prorrogável por mais trinta, e a autoridade judiciária competente designará interventor para responder pela serventia.

e) suspenso, preventivamente, até o término do processo administrativo, e a autoridade judiciária competente designará o notário tabelar para responder pela serventia.

482. (FGV/TJ/SC/Cartórios/Remoção/2021) No âmbito do Estado Alfa, o juízo competente recebeu representação de um popular, informando que Mário, oficial do Registro Civil das Pessoas Naturais da Circunscrição XX, vinha cobrando emolumentos de modo excessivo nos últimos dois anos. A representação veio instruída com farta prova documental, sendo evidente, pela sua análise, que Mário contava com o apoio de todos os seus empregados, bem como que o caso deveria ensejar a perda da delegação. À luz da sistemática legal vigente, o juízo competente, ao instaurar o processo administrativo para apurar a conduta dos envolvidos, no qual será assegurado o contraditório e a ampla defesa, deve:

a) suspender Mário preventivamente, pelo prazo de noventa dias, prorrogável por mais trinta, assumindo o seu substituto imediato.

b) suspender Mário preventivamente, até a decisão final do processo administrativo, com a correlata designação de interventor.

c) suspender Mário preventivamente, pelo prazo de noventa dias, prorrogável por igual período, com a correlata designação de interventor.
d) ouvir Mário no prazo de quinze dias e, sendo possível a reiteração na conduta ou a coação de testemunhas, afastá-lo até a decisão final, assumindo o seu substituto.
e) ouvir Mário no prazo de quinze dias e, sendo possível a reiteração na conduta ou a coação de testemunhas, afastá-lo até a decisão final, com a nomeação de interventor.

483. (Ieses/TJ/RO/Cartórios/Remoção/2021) São infrações disciplinares que sujeitam os notários e os oficiais de registro às penalidades previstas na Lei 8.935/94, entre outras:

I. A conduta atentatória às instituições notariais e de registro.
II. A violação do sigilo profissional.
III. A cobrança indevida ou excessiva de emolumentos, ainda que sob a alegação de urgência.
IV. A inobservância das prescrições legais ou normativas.

A sequência correta é:

a) Apenas as assertivas I, II e IV estão corretas.
b) As assertivas I, II, III e IV estão corretas.
c) Apenas a assertiva II está incorreta.
d) Apenas as assertivas I e III estão corretas.

484. (Cespe/TJ/DFT/Cartórios/Ingresso/2019) Oficial de registro que praticar infração de natureza leve e que, posteriormente, for reincidente em infração de mesma gravidade estará sujeito à penalidade de:

a) suspensão e multa.
b) repreensão e multa.
c) repreensão.
d) suspensão.
e) multa.

485. (UFPR/TJ/PR/Cartórios/Remoção/2019) Sobre a regulamentação das penalidades de natureza disciplinar dos agentes delegados e seus respectivos prazos prescricionais, assinale a alternativa correta.

a) Os Juízes e o Corregedor-Geral da Justiça só detêm competência para aplicar a pena de repreensão, cabendo ao Conselho da Magistratura a aplicação de todas as demais.
b) Os registros, nos assentos funcionais, relativos à aplicação da pena de repreensão serão cancelados após o transcurso do período de três anos, desde que o agente não haja incorrido em nova infração disciplinar durante tal período.
c) Para a aplicação da pena de repreensão, é dispensável assegurar o contraditório e a ampla defesa, por se tratar de pena leve.
d) O direito de punir as infrações sujeitas à pena de suspensão prescreve em quatro anos.
e) Caso seja necessário afastar o agente delegado para apuração de faltas a ele imputadas, ele continuará percebendo mensalmente a metade da renda líquida da delegação, ao passo que a outra metade será depositada em conta bancária remunerada à disposição do Juízo.

486. (Cespe/TJ/DFT/Cartórios/Remoção/2019) Em decorrência de processo administrativo que apura ato irregular praticado no exercício da função, o titular de ofício de tabelionato de protesto de títulos foi afastado da função. Nessa situação:

a) a renda líquida da serventia será integralmente depositada em conta específica por noventa dias.
b) o titular fará jus à metade da renda líquida da serventia durante o período de afastamento.
c) o titular fará jus a um terço da renda líquida da serventia durante o prazo prorrogável de noventa dias.
d) o titular continuará fazendo jus ao total da renda líquida da serventia até decisão judicial em contrário.
e) o titular fará jus a dois terços da renda líquida da serventia, devendo o restante ser depositado em conta bancária especial.

487. (Vunesp/TJ/RS/Cartórios/Ingresso/2019) A cobrança maior de emolumentos e despesas, com infração da legislação, será considerada falta punível e cumulada com:

a) a restituição da quantia cobrada em excesso.
b) a restituição em dobro da quantia cobrada em excesso.
c) a restituição em triplo da quantia cobrada em excesso.
d) a restituição em quádruplo da quantia cobrada em excesso.
e) a restituição em décuplo da quantia cobrada em excesso.

488. (Ieses/TJ/SC/Cartórios/Remoção/2019) Sobre infrações disciplinares e penalidades impostas aos titulares da atividade notarial e registral, previstas na Lei nº 8.935/94, marque a alternativa correta:

I. São infrações disciplinares que sujeitam os notários e os oficiais de registro às penalidades previstas na Lei 8.935/94: a inobservância das prescrições legais ou normativas; a conduta atentatória às instituições notariais e de registro; a cobrança indevida ou excessiva de emolumentos, ainda que sob a alegação de urgência; a violação do sigilo profissional; o descumprimento de quaisquer dos deveres descritos na referida Lei.
II. São infrações disciplinares que sujeitam os notários e os oficiais de registro às penalidades previstas na Lei 8.935/94, organizar associações ou sindicatos de classe e deles participar.
III. As penas disciplinares que poderão ser aplicadas no caso de infrações cometidas pelos notários e registradores serão de repreensão, de multa, suspensão e perda da delegação.
IV. As penas serão impostas pelo juízo competente, independentemente da ordem de gradação, conforme a gravidade do fato.

A sequência correta é:

a) As assertivas I, II, III e IV estão incorretas.
b) Apenas a assertiva I está correta.
c) Apenas as assertivas I, II e IV estão incorretas.
d) Apenas a assertiva II está incorreta.

489. (UFPR/TJ/PR/Cartórios/Remoção/2019) Bonifácio é tabelião de protesto de títulos em Pindamonhangabinha da Serra. Foi acusado por Berenice de ter fraudado um documento, com o propósito de beneficiar um estabelecimento comercial que estava cobrando dela uma dívida infundada. Berenice formulou representação no Tribunal de Justiça com o propósito de deflagrar uma investigação quanto a possível prática de infração ético-disciplinar por parte de Bonifácio. A respeito do assunto, assinale a alternativa correta.

a) Como a fraude de documentos se trata de uma falta leve, Bonifácio só poderá sofrer a pena de repreensão.
b) A aplicação de qualquer tipo de pena a Bonifácio dependerá de prévia sentença judicial transitada em julgado.
c) Em razão da gravidade dos fatos, se a existência de fraude for comprovada por meio de processo administrativo disciplinar, no qual sejam assegurados o contraditório e a ampla defesa a Bonifácio, ele poderá sofrer a pena de perda da delegação.
d) Caso a autoridade competente entenda ser aplicável ao caso a pena de suspensão, ela poderá ser aplicada por um prazo máximo de noventa dias, prorrogável por mais noventa.
e) Caso seja instaurado processo administrativo disciplinar para apurar a ocorrência da infração narrada por Berenice, Bonifácio não poderá ser afastado preventivamente de suas funções, em razão do princípio constitucional da presunção de inocência.

490. (Vunesp/TJ/AL/Cartórios/Ingresso/2019) De acordo com a Lei nº 8.935/1994, os notários e os oficiais de registro estão sujeitos, entre outras, às seguintes penas:

a) perda da delegação e multa.
b) expulsão e repreensão.
c) advertência e demissão.
d) suspensão por 180 (cento e oitenta) dias e repreensão.

491. (Ieses/TJ/AM/Cartórios/Remoção/2018) Segundo a Lei n. 8.935/94, são consideradas infrações disciplinares as seguintes condutas praticadas por notários e os oficiais de registro:

I. a violação do sigilo profissional.
II. a inobservância das prescrições legais ou normativas.
III. a cobrança indevida ou excessiva de emolumentos, ainda que sob a alegação de urgência.
IV. a conduta atentatória às instituições notariais e de registro.

A sequência correta é:

a) apenas as assertivas II, III e IV estão corretas.
b) as assertivas I, II, III e IV estão corretas.
c) apenas as assertivas I e IV estão corretas.
d) apenas a assertiva III está incorreta.

492. (Ieses/TJ/AM/Cartórios/Remoção/2018) Segundo a Lei 8.935/94, que dispõe sobre serviços notariais e de registro, os notários e os oficiais de registro estão sujeitos, pelas infrações que praticarem, assegurado amplo direito de defesa, às seguintes penas, exceto:

a) repreensão; multa.
b) prisão.
c) suspensão por noventa dias, prorrogável por mais trinta.
d) perda da delegação.

493. (Ieses/TJ/AM/Cartórios/Ingresso/2018) Leia atentamente as proposições abaixo e assinale a que se apresentar correta:

a) nos termos da lei de regência, é quinquenal o prazo para deduzir pretensão ressarcitória em juízo, contra o notário ou oficial de registro.
b) no que concerne às infrações disciplinares e penalidades aplicáveis aos notários e oficiais de registro, a pena de multa tem lugar em caso de reincidência ou de infração que não configure falta mais grave.
c) os substitutos dos oficiais poderão, simultaneamente com o notário ou o oficial de registro, praticar todos os atos que lhe sejam próprios, inclusive, nos tabelionatos de notas, lavrar testamentos.
d) os oficiais de registro poderão, para o desempenho de suas funções, contratar escreventes, dentre eles escolhendo os substitutos, e auxiliares como empregados, com remuneração estipulada pelos órgãos competentes e sob o regime da legislação do trabalho.

494. (Consulplan/TJ/MG/Cartórios/Remoção/2017) Acerca das infrações disciplinares e das penalidades a que estão sujeitos notários e registradores, assinale a opção correta:

a) quando for necessário, para a apuração de faltas imputadas a notário ou registrador, o afastamento do titular do serviço, poderá ele ser suspenso, preventivamente; caso o juízo competente designe interventor para responder pela serventia durante o período de afastamento do titular, este perceberá dez por cento da renda líquida da serventia, devendo o restante ser depositado em conta bancária especial, com correção monetária. Absolvido o titular, receberá ele o montante dessa conta; se condenado, caberá esse montante ao interventor.
b) as penas relativas a infração disciplinar cometida na titularidade da serventia serão impostas pelo juízo competente, independentemente da ordem de gradação, conforme a gravidade do fato e o tempo de serviço do notário ou do registrador.
c) a pena de multa será aplicada em caso de reincidência ou de infração que configure falta grave.
d) os notários e os oficiais de registro estão sujeitos, assegurado o amplo direito de defesa, às seguintes penas pelas infrações que praticarem: repreensão, multa, suspensão por noventa dias, prorrogável por mais trinta, e perda da delegação.

495. (Consulplan/TJ/MG/Cartórios/Remoção/2017) Assinale a alternativa incorreta, acerca das penas que os notários e os oficiais de registro estão sujeitos, pelas infrações que praticarem:

a) perda da delegação.
b) aposentadoria compulsória.
c) repreensão.
d) suspensão por noventa dias, prorrogável por mais trinta.

2.2.7. Da Fiscalização pelo Poder Judiciário (arts. 37 a 38)

QUESTÕES OBJETIVAS

496. (Cespe/TJ/DFT/Cartórios/Ingresso/2019) Atividades notariais e de registro estão sujeitas à fiscalização do:

a) Poder Judiciário, que se vale do seu poder hierárquico para estipular taxas de fiscalização dessas funções.
b) Poder Judiciário, que se vale do seu poder regulamentar para estipular taxas de fiscalização dessas funções.
c) Poder Judiciário, que se vale do seu poder de polícia administrativo para estipular taxas de fiscalização dessas funções.
d) Poder Executivo, que se vale do seu poder regulamentar para estipular taxas de fiscalização dessas funções.
e) Poder Executivo, que se vale do seu poder de polícia administrativo para estipular taxas de fiscalização dessas funções.

2.2.8. Da Extinção da Delegação (art. 39)

QUESTÕES OBJETIVAS

497. (Cespe/TJ/DFT/Cartórios/Remoção/2019) À luz da Lei nº 8.935/1994, a perda de delegação do oficial de registro de imóveis:

a) ocorrerá nos casos de morte, invalidez ou renúncia.
b) poderá decorrer de sentença judicial transitada em julgado.
c) poderá decorrer da extinção da delegação por meio de processo administrativo instaurado pelo juízo competente.
d) ocorrerá somente na hipótese de imposição dessa penalidade pelo juízo competente.
e) poderá ser decretada de forma preventiva para a apuração de faltas imputadas.

498. (Ieses/TJ/AM/Cartórios/Ingresso/2018) Não ocorre a perda da delegação do notário ou oficial de registro por:

a) sentença judicial recorrível.
b) invalidez.
c) aposentadoria facultativa.
d) descumprimento, comprovado, da gratuidade estabelecida na Lei n. 9.534, de 10 de dezembro de 1997.

499. (Consulplan/TJ/MG/Cartórios/Remoção/2017) Assinale a alternativa incorreta acerca dos fatos ensejadores da extinção da delegação ao tabelião de protesto de títulos e documentos de dívida:

a) invalidez.
b) descumprimento, comprovado, da gratuidade estabelecida na Lei nº 9.534, de 10 de dezembro de 1997.
c) renúncia.
d) morte.

500. (Cetro/TJ/RJ/Cartórios/Ingresso/2017) Jonas participou de todas as fases de concurso para outorga de delegação de serventia cartorária extrajudicial garantida por decisão de caráter liminar, tendo, ao final, garantido classificação suficiente para obter a delegação de Registro Civil do Município Boca de Peixe. Como delegatário, Jonas nomeou a competente Assíria como sua oficial substituta para atuar em suas ausências e impedimentos. Passados alguns anos, a decisão judicial que garantia a delegação a Jonas foi revogada e o Tribunal de Justiça designou um terceiro para substituí-lo em vez de Assíria, substituta mais antiga. Com base nesses fatos e no que determina a Lei n. 8.935/1994 acerca da extinção da delegação, marque V para verdadeiro ou F para falso e, em seguida, assinale a alternativa que apresenta a sequência correta.

I. a decisão do TJ é equivocada porque Assíria tem direito a assumir como substituta mais antiga, ainda que a delegação de Jonas não seja efetiva, de acordo com a Lei.
II. à Assíria se aproveita de forma derivada a "teoria do fato consumado", embora, in casu, inaplicável a Jonas, delegatário afastado.
III. é assegurada a designação de Assíria, desconsiderando-se eventual precariedade de sua situação, e considerando-se o largo transcurso temporal, de acordo com jurisprudência do STJ.

a) F, F, F.
b) V, V, V.
c) V, F, F.
d) V, F, V.
e) F, V, V.

2.3. Das Disposições Gerais/Transitórias (arts. 41 a 55)

QUESTÕES DISCURSIVAS

46. (UFPR/TJ/PR /Cartórios/Ingresso/2019) É possível o funcionamento de sucursais, ou postos de atendimento de serviços notariais e de registro?

QUESTÕES OBJETIVAS

501. (Ieses/TJ/TO/Cartórios/Ingresso/2022) Os livros, fichas, documentos, papéis, microfilmes e sistemas de computação deverão permanecer sempre sob a guarda e responsabilidade do (___) de serviço notarial ou de registro, que zelará por sua ordem, segurança e conservação. Se houver necessidade de serem (___), o exame deverá ocorrer (___), em dia e hora (___), com ciência do titular e autorização (___). Marque a alternativa que completa corretamente e sequencialmente os espaços do enunciado, conforme o texto legal.

a) escrevente – periciados – na sede do serviço originário – designados antecipadamente – do corregedor geral.
b) titular – lidos – na sede do serviço – designados pelo corregedor – do juízo competente.
c) titular – periciados – na sede do serviço – designados antecipadamente – do juízo competente.
d) substituto – analisados – na sede da comarca – designados pelo titular – do juízo competente.

502. (Ieses/TJ/TO/Cartórios/Ingresso/2022) Os serviços notariais e de registro são exercidos em caráter privado, por delegação do Poder Público, regulamentados pela Lei nº 8.935/94, que disciplina a responsabilidade civil e criminal dos notários, dos oficiais de registro e de seus prepostos, e define a fiscalização de seus atos pelo Poder Judiciário. Sobre estes importantes serviços, assinale a alternativa incorreta:

a) Em cada sede municipal haverá no mínimo um registrador civil das pessoas naturais.
b) São gratuitos os assentos do registro civil de nascimento e o de óbito, bem como todas as certidões relacionadas aos referidos atos.
c) Existe uma Lei federal que estabelece normas gerais para fixação de emolumentos relativos aos atos praticados pelos serviços notariais e de registro.
d) O ingresso na atividade notarial e de registro depende de concurso público de provas e títulos, não se permitindo que qualquer serventia fique vaga, sem abertura de concurso de provimento ou de remoção, por mais de seis meses.

503. (Ieses/TJ/TO/Cartórios/Ingresso/2022) A Lei nº 8.935/94 estabelece algumas diretrizes relacionadas à prestação serviços notariais e de registro, os quais devem ser prestados, de modo eficiente e adequado, em dias e horários estabelecidos pelo juízo competente, atendidas as peculiaridades locais, em local de fácil acesso ao público e que ofereça segurança para o arquivamento de livros e documentos. Tendo em mente as normas estabelecidas no referido diploma legal, assinale a alternativa correta sobre a prestação dos serviços.

a) É facultado ao juízo competente realizar todas as gestões e diligências necessárias ou convenientes ao preparo dos atos notariais, requerendo o que couber, devendo os requerentes arcarem como todos os ônus, inclusive os que forem provenientes de solicitação de urgência, além dos emolumentos devidos pelo ato.
b) Incumbe aos notários e aos oficiais de registro praticar, independentemente de autorização, todos os atos previstos em lei necessários à organização e execução dos serviços, podendo, ainda, adotar sistemas de computação, microfilmagem, disco ótico e outros meios de reprodução.
c) Verificada a absoluta impossibilidade de se prover, através de concurso público, a titularidade de serviço notarial ou de registro, por desinteresse ou inexistência de candidatos, o governado do estado poderá propor a extinção do serviço e a anexação de suas atribuições ao serviço mesmo que de natureza diversa, desde que seja o mais próximo, não podendo ser anexado ao localizado na sede do respectivo Município ou de Município contíguo.
d) É notória a necessidade de aplicação do Princípio da Eficiência à prestação dos serviços notariais e de registro o que fundamenta a possibilidade de uma mesma serventia prestar os serviços a ela delegados em diversas localidades, devendo o titular arcar com todas as despesas de funcionamento das sucursais que ele instalar.

504. (Ieses/TJ/RO/Cartórios/Remoção/2021) São gratuitos os assentos:

I. Do registro civil de nascimento, bem como a primeira certidão respectiva.
II. Da lavratura de ata notarial.

III. Do registro civil de óbito, bem como a primeira certidão respectiva.
IV. Do registro de testamento, bem como a primeira certidão respectiva.

A sequência correta é:

a) Apenas a assertiva II está incorreta.
b) Apenas as assertivas I e III estão corretas.
c) As assertivas I, II, III e IV estão corretas.
d) Apenas as assertivas I, II e IV estão corretas.

505. (Ieses/TJ/RO/Cartórios/Ingresso/2021) Os serviços notariais e de registro serão prestados, de modo eficiente e adequado, em dias e horários estabelecidos pelo juízo competente, atendidas as peculiaridades locais, em local de fácil acesso ao público e que ofereça segurança para o arquivamento de livros e documentos, assim estão estabelecidas as diretrizes gerais da prestação dos ditos serviços na Lei dos Cartórios (Lei nº 8.935/94, art. 4º). Ainda com base nas diretrizes da citada Lei, assinale a alternativa correta sobre a prestação dos serviços.

a) É facultado aos tabeliães de notas realizar todas as gestões e diligências necessárias ou convenientes ao preparo dos atos notariais, requerendo o que couber, devendo os requerentes arcarem como todos os ônus, inclusive os que forem provenientes de solicitação de urgência, além dos emolumentos devidos pelo ato.
b) O gerenciamento administrativo e financeiro dos serviços notariais e de registro é da responsabilidade exclusiva do Poder Judiciário, inclusive no que diz respeito às despesas de custeio, investimento e pessoal, cabendo-lhe estabelecer normas, condições e obrigações relativas à atribuição de funções e de remuneração de seus prepostos de modo a obter a melhor qualidade na prestação dos serviços.
c) Verificada a absoluta impossibilidade de se prover, através de concurso público, a titularidade de serviço notarial ou de registro, por desinteresse ou inexistência de candidatos, o juízo competente proporá à autoridade competente a extinção do serviço e a anexação de suas atribuições ao serviço da mesma natureza mais próximo ou àquele localizado na sede do respectivo Município ou de Município contíguo.
d) No intuito de cumprir o Princípio da Eficiência, os serviços notariais e de registro poderão ser prestados em diversas localidades, devendo o titular arcar com todas as despesas de funcionamento das sucursais.

506. (FGV/TJ/SC/Cartórios/Ingresso/2021) Antônio, atualmente desempregado e pessoa reconhecidamente pobre, compareceu ao cartório do Ofício de Registro Civil de Pessoas Naturais e de Interdição es e Tutelas de sua cidade e informou que perdeu a certidão de nascimento de seu filho Pedro, de 5 anos, e solicitou uma nova certidão de nascimento. Com base na Lei nº 8.935/1994, o escrevente que o atendeu informou que:

a) é gratuito o assento do registro civil de nascimento, bem como apenas a primeira certidão respectiva, razão pela qual Antônio deve arcar com o pagamento dos devidos emolumentos.
b) não lhe serão cobrados emolumentos pela certidão de nascimento solicitada, pois se trata de pessoa reconhecidamente pobre, devendo tal condição constar em observação ao final da certidão.
c) é gratuito o assento do registro civil de nascimento, bem como da nova certidão ora solicitada, desde que Antônio apresente decisão judicial declarando sua hipossuficiência econômica.
d) é gratuito o assento do registro civil de nascimento, bem como a emissão da nova certidão ora solicitada, desde que Antônio justifique relevante motivo do requerimento do novo documento.
e) não lhe serão cobrados emolumentos pela certidão de nascimento solicitada, pois se trata de pessoa reconhecidamente pobre e é proibida a inserção, em tal certidão, de expressões que indiquem condição de pobreza ou semelhantes.

507. (Vunesp/TJ/AL/Cartórios/Ingresso/2019) De acordo com a Lei nº 8.935/1594, assinale a alternativa correta.

a) O assento do registro civil de nascimento e o de óbito, bem como a primeira certidão respectiva, são gratuitos apenas para os reconhecidamente pobres.
b) Nas certidões expedidas gratuitamente deverá constar que foram expedidas sem cobrança de emolumentos por ser o interessado pessoa pobre e sem condições de arcar com as despesas.
c) Os papéis referentes aos serviços dos notários e dos oficiais de registro serão arquivados mediante utilização de processos que facilitem as buscas.
d) O direito do notário e do registrador de exercer opção nos casos de desmembramento ou desdobramento de sua serventia está subordinado ao deferimento pala Corregedoria Nacional da Justiça.

508. (Consulplan/TJ/MG/Cartórios/Remoção/2018) De acordo com a Lei nº 8.935/94, assinale a alternativa incorreta:

a) prescreve em 03 (três) anos a pretensão de reparação civil, contado o prazo da data de lavratura do ato registral ou notarial.
b) os notários e os oficiais de registro gozam de independência no exercício de suas atribuições, têm direito à percepção dos emolumentos integrais pelos atos praticados na serventia e só perderão a delegação nas hipóteses previstas em lei.
c) os notários e os oficiais de registro são civilmente responsáveis por todos os prejuízos que causarem a terceiros, por culpa ou dolo, pessoalmente, pelos substitutos que designarem ou escreventes que autorizarem, assegurado o direito de regresso.
d) incumbe aos notários e aos oficiais de registro praticar, com a aprovação da Corregedoria Geral de Justiça, todos os atos previstos em lei necessários à organização e execução dos serviços, podendo, ainda, adotar sistemas de computação, microfilmagem, disco ótico e outros meios de reprodução.

3. LEI DO PROTESTO DE TÍTULOS E DOCUMENTOS (LEI 9.492/97)

3.1. Da Competência e das Atribuições (arts. 1º a 3º)

JURISPRUDÊNCIA EM TESES

STJ JurisTese 56-14. O protesto indevido de título enseja indenização por dano moral que se configura "in re ipsa".

QUESTÕES DISCURSIVAS

47. (Vunesp/TJ/SP/Cartórios/2021) Disserte acerca dos seguintes temas: Prudência notarial e o tabelião de protesto. Qualificação notarial no protesto e os limites da atuação do notário. Títulos eletrônicos: conceito, formação, requisitos, fundamento legal e jurisprudencial. Espécies de assinatura eletrônica e sua aplicabilidade no protesto.

48. (Vunesp/TJ/SP/Cartórios/2016) É possível o protesto de decisão judicial interlocutória?

49. (Ieses/TJ/PA/Cartórios/2016) É possível considerar as sentenças arbitrais incluídas na expressão "cartas de sentença", prevista no inciso IV do artigo 221 da Lei n. 6.015, de 31 de dezembro de 1973? A sentença arbitral pode ser qualificada como "títulos e outros documentos de dívida" para fins de protesto, nos termos do artigo 1º da Lei n. 9.492, de 10 de setembro de 1997? Apresente os fundamentos legais que justificam sua resposta.

50. (Vunesp/TJ/SP/Cartórios/2016) Analise a protestabilidade do contrato de factoring em desfavor do faturizado.

51. (Vunesp/TJ/SP/Cartórios/2014) É possível o protesto de sentença arbitral? Fundamente sua resposta.

QUESTÕES OBJETIVAS

509. (FGV/TJ/SC/Cartórios/Ingresso/2021) O protesto de títulos e documentos de dívida é um ato extrajudicial, público, formal e solene privativo do tabelião de protesto, e não do credor. Além da lavratura e registro do protesto, ao tabelião de protesto compete privativamente, nos termos da Lei federal nº 9.492/1997:

a) sustar de ofício o protesto, protocolizar o título ou documento de dívida e fornecer certidões relativas aos atos praticados.
b) acolher a devolução ou o aceite do título, o recebimento do pagamento ou acatar a desistência do credor em relação ao título.
c) proceder às averbações, prestar informações e fornecer certidões relativas aos atos de sua competência, ou sustar o protesto mediante requerimento do devedor.
d) proceder à protocolização do documento, examinar o título tanto em seus caracteres formais quanto intrínsecos, e cancelar de ofício o protesto lavrado.
e) expedir a intimação ao devedor, fornecer certidões exclusivamente ao apresentante do título e investigar a ocorrência de prescrição ou caducidade.

510. (Vunesp/TJ/GO/Cartórios/Ingresso/2021) Paulo e Paula Ltda, sociedade empresária de responsabilidade limitada, com sede e único estabelecimento no Município de Goianésia, GO, contraiu empréstimo com a Fintech BCA, sediada no Município de Vitória, ES, no valor de R$ 100.000,00 (cem mil reais), representado por cinco notas promissórias de R$ 20.000,00 cada, nas quais constou como local de pagamento a cidade de Santo André, SP. Dessas, quatro foram pagas no dia do vencimento, e a última não foi paga. O Banco BCA deseja apontar a nota promissória a protesto especial para fins falimentares. Indique qual o Tabelião competente para a prática do ato.

a) Tabelião de Protesto de Goianésia/GO.
b) Tabelião de Protesto de Vitória/ES.
c) Tabelião de Protesto de Santo André/SP.
d) Qualquer um dos três, à escolha do credor, por se tratar de protesto especial para fins falimentares.

511. (Cespe/TJ/DFT/Cartórios/Ingresso/2019) A respeito da finalidade e do processamento do protesto, assinale a opção correta.

a) O protesto de um título tem por finalidade básica provar publicamente o atraso do devedor e resguardar o direito de crédito do credor.
b) O título parcialmente pago e vencido não pode ser protestado pelo saldo remanescente.
c) A retenção do título ou do documento de dívida, bem como a dilatação do prazo para protesto a pedido das partes ficam a critério do tabelião.
d) O protesto de título ou de outros documentos de dívida emitidos fora do Brasil e em moeda estrangeira não pode ser realizado, mesmo que acompanhados de tradução juramentada.
e) O pagamento de título ou de documento de dívida apresentado para protesto somente pode ser feito diretamente no tabelionato onde esteja o título.

512. (Ieses/TJ/SC/Cartórios/Ingresso/2019) Protesto é o ato formal e solene pelo qual se prova a inadimplência e o descumprimento de obrigação originada em títulos e outros documentos de dívida. Sobre o assunto, assinale a alternativa correta:

a) Não se incluem entre os títulos sujeitos a protesto as certidões de dívida ativa da União, dos Estados, do Distrito Federal, dos Municípios e das respectivas autarquias e fundações públicas.
b) Os serviços concernentes ao protesto, garantidores da autenticidade, publicidade, segurança e eficácia dos atos jurídicos, ficam sujeitos ao regime estabelecido na Lei nº 6.015/73.
c) Compete privativamente ao Tabelião de Protesto de Títulos, na tutela dos interesses públicos e privados, a protocolização, a intimação, o acolhimento da devolução ou do aceite, o recebimento do pagamento, do título e de outros documentos de dívida, bem como lavrar e registrar o protesto ou acatar a desistência do credor em relação ao mesmo, proceder às averbações, prestar informações e fornecer certidões relativas a todos os atos praticados, na forma da Lei 6.015/73.
d) Os serviços concernentes ao protesto, garantidores da autenticidade, publicidade, segurança e eficácia dos atos jurídicos, ficam sujeitos ao regime estabelecido na Lei nº 9.492/97

513. (Ieses/TJ/AM/Cartórios/Remoção/2018) O ato formal e solene pelo qual se prova a inadimplência e o descumprimento de obrigação originada em títulos e outros documentos de dívida é definido por lei como:

a) autenticação.
b) insolvência.
c) protesto.
d) endosso.

514. (Ieses/TJ/AM/Cartórios/Ingresso/2018) Assinale a alternativa correta:

a) não é possível o protesto das certidões de dívida ativa das autarquias municipais.
b) tratando-se de cheque, deverá o protesto ser lavrado no lugar do pagamento, devendo do referido cheque constar a prova de apresentação ao Banco sacado.
c) compete privativamente ao tabelião de protesto de títulos, na tutela dos interesses públicos e privados, a protocolização, a intimação, o acolhimento da devolução ou do aceite, o recebimento do pagamento, do título e de outros documentos de dívida, bem como lavrar e registrar o protesto ou acatar a desistência do credor em relação ao mesmo, proceder às averbações, prestar informações e fornecer certidões relativas a todos os atos praticados, na forma da Lei.
d) compete privativamente ao tabelião de protesto de títulos, na tutela dos interesses públicos e privados, a protocolização, a intimação, o acolhimento da devolução ou do aceite, o recebimento do pagamento, do título e de outros documentos de dívida, bem como lavrar e registrar o protesto e acatar a desistência do credor em relação ao mesmo, somente nos casos que fundamentada por decisão judicial.

515. (Consulplan/TJ/MG/Cartórios/Remoção/2018) Acerca do protesto de títulos e documentos de dívida, é correto afirmar:

a) o prazo de arquivamento é de 5 (cinco) anos para livros de protocolo e de 10 (dez) anos para os livros de registros de protesto e respectivos títulos.

b) o título do documento de dívida cujo protesto tiver sido sustado judicialmente só poderá ser pago, protestado ou retirado com autorização judicial. Revogada a ordem de sustação, é necessário se proceder a nova intimação do devedor.
c) a remessa da intimação poderá ser feita por portador do próprio tabelião, ou por qualquer outro meio, desde que o recebimento fique assegurado e comprovado através de protocolo, aviso de recepção (AR), email ou documento equivalente.
d) compete privativamente ao tabelião de protesto de títulos e aos seus respectivos serviços, eis que garantidores da autenticidade, publicidade, segurança e eficácia dos atos jurídicos, a protocolização, a intimação, o acolhimento da devolução ou do aceite, o recebimento do pagamento do título e de outros documentos de dívida.

516. (Consulplan/TJ/MG/Cartórios/Ingresso/2018) Acerca de protesto de títulos, é correto afirmar que:

a) a irregularidade substancial do título, a exemplo da prescrição, observada pelo tabelião, obstará o registro do protesto.
b) o protesto será tirado por falta de pagamento, de aceite ou de devolução. Porém em se tratando de letra de câmbio, poderá tirar protesto por falta de pagamento contra o sacado não aceitante.
c) tratando-se de títulos ou documentos de dívida sujeitos a qualquer tipo de correção, o pagamento será feito pela conversão vigorante no dia do pagamento, no valor indicado pelo apresentante.
d) protesto é o ato formal e solene pelo qual se prova a inadimplência e o descumprimento de obrigação originada em títulos e outros documentos de dívida, que podem ser expedidos por autarquias e fundações públicas.

517. (Consulplan/TJ/MG/Cartórios/Remoção/2017) Conforme dispõe a Lei Federal n. 9.492/1997, compete privativamente ao tabelião de protesto de títulos, na tutela dos interesses públicos e privados, exceto:

a) a protocolização de títulos e de outros documentos de dívida.
b) a intimação dos devedores.
c) lavrar e registrar o protesto.
d) a manutenção dos registros de protestos lavrados e cancelamentos averbados junto aos bancos de dados das entidades representativas da indústria e do comércio ou àquelas vinculadas à proteção do crédito.

518. (Ieses/TJ/RO/Cartórios/Remoção/2017) Considera-se como ato formal e solene pelo qual se prova a inadimplência e o descumprimento de obrigação originada em títulos e outros documentos de dívida:

a) execução.
b) escritura.
c) consignação.
d) protesto.

519. (Ieses/TJ/RO/Cartórios/Remoção/2017) Compete privativamente ao tabelião de protesto de títulos, na tutela dos interesses públicos e privados:

I. a protocolização, a intimação, o acolhimento da devolução ou do aceite e o recebimento do pagamento do título e de outros documentos de dívida.
II. lavrar e registrar o protesto.
III. o registro de ato constitutivo de pessoa jurídica de direito privado.
IV. acatar a desistência do credor em relação ao título.

A sequência correta é:

a) as assertivas I, II, III e IV estão corretas.
b) apenas a assertiva II está correta.
c) a assertiva III está incorreta.
d) apenas as assertivas I e IV estão corretas.

520. (Ieses/TJ/RO/Cartórios/Remoção/2017) Aos tabeliães de protesto de título compete privativamente:

I. autenticar cópias.
II. intimar os devedores dos títulos para aceitá-los, devolvê-los ou pagá-los, sob pena de protesto.
III. receber o pagamento dos títulos protocolizados, dando quitação.
IV. acatar o pedido de desistência do protesto formulado pelo apresentante.

A sequência correta é:

a) apenas as assertivas I e III estão corretas.
b) as assertivas II, III e IV estão corretas.
c) apenas a assertiva I está correta.
d) as assertivas I e II estão incorretas.

3.2. Da Ordem dos Serviços (arts. 4º a 6º)

QUESTÕES OBJETIVAS

521. (Consulplan/TJ/MS/Cartórios/Remoção/2021) Sobre a ordem dos serviços em Tabelionato de Protesto, é correto afirmar que:

a) O pagamento de títulos emitidos em moeda estrangeira será efetuado em moeda corrente nacional, cabendo ao devedor a conversão na data do pagamento.
b) Tratando-se de título expresso em obrigações reajustáveis ou sujeito à correção monetária, o pagamento será feito pela atualização vigente no dia do pagamento.
c) Os títulos emitidos em moeda estrangeira fora do Brasil serão apresentados com a devida tradução, por tradutor público juramentado, e, no instrumento, serão transcritos o documento e sua tradução.
d) Ao tabelião de protestos cumpre examinar as formalidades e os requisitos do título ou do documento de dívida, bem como a falsidade do documento, não lhe cabendo examinar a ocorrência de prescrição ou de caducidade.

522. (Ieses/TJ/SC/Cartórios/Remoção/2019) Protesto é o ato formal e solene pelo qual se prova a inadimplência e o descumprimento de obrigação originada em títulos e outros documentos de dívida. Sobre o assunto, assinale a alternativa correta:

a) Todos os títulos e documentos de dívida protocolizados serão examinados em seus caracteres formais e terão curso se não apresentarem vícios, cabendo ao Tabelião de Protesto investigar a ocorrência de prescrição ou caducidade.
b) Tratando-se de cheque, poderá o protesto ser lavrado no lugar do pagamento ou do domicílio do emitente, devendo o referido cheque constar a prova de apresentação ao Banco sacado, salvo se o protesto tenha por fim instruir medidas pleiteadas contra o estabelecimento de crédito.
c) Os títulos e documentos de dívida destinados a protesto não estarão sujeitos a prévia distribuição nas localidades onde houver mais de um Tabelionato de Protesto de Títulos.
d) Não poderão ser protestados títulos e outros documentos de dívida em moeda estrangeira, emitidos fora do Brasil, mesmo que acompanhados de tradução efetuada por tradutor público juramentado.

523. (Consulplan/TJ/MG/Cartórios/Remoção/2017) Acerca de protesto de títulos e outros documentos de dívida, assinale a alternativa correta:

a) todos os títulos e documentos de dívida protocolizados serão examinados em seus caracteres formais e terão curso se não apresentarem vícios e não estiverem prescritos.
b) não poderão ser protestados títulos e outros documentos de dívida em moeda estrangeira, emitidos fora do Brasil.
c) tratando-se de títulos ou documentos de dívida sujeitos a qualquer tipo de correção, o pagamento será feito pela conversão vigorante no dia do pagamento, calculada sobre valor indicado pelo apresentante.
d) tratando-se de cheque, poderá o protesto ser lavrado no lugar do pagamento ou do domicílio do emitente.

3.3. *Da Distribuição (arts. 7º a 8º)*

QUESTÕES OBJETIVAS

524. (Vunesp/TJ/GO/Cartórios/Ingresso/2021) Assinale a alternativa que contém uma afirmativa verdadeira.

a) Poderão ser recepcionadas as indicações a protestos das Duplicatas de Prestação de Serviços, por meio magnético ou de gravação eletrônica de dados, vedadas as Mercantis, que deverão ser apresentadas fisicamente.
b) Poderão ser recepcionadas as indicações a protestos das Duplicatas Mercantis e de Prestação de Serviços, por meio magnético ou de gravação eletrônica de dados.
c) Poderão ser recepcionadas as indicações a protestos das Duplicatas Mercantis, por meio magnético ou de gravação eletrônica de dados, vedadas as de Prestação de Serviços, que deverão ser apresentadas fisicamente.
d) Não é possível recepção de indicação a protesto de Duplicatas, Mercantis ou de Prestação de Serviços, por ofensa ao princípio da cartularidade dos títulos de crédito.

525. (Ieses/TJ/RO/Cartórios/Remoção/2021) Protesto é o ato formal e solene pelo qual se prova a inadimplência e o descumprimento de obrigação originada em títulos e outros documentos de dívida. No tocante ao tema é correto afirmar:

a) A averbação de retificação de erros materiais pelo serviço deverá ser efetuada de ofício, sob responsabilidade do Tabelião de Protesto de Títulos.
b) Os títulos e documentos de dívida destinados a protesto somente estarão sujeitos a prévia distribuição obrigatória nas localidades onde houver mais de um Tabelionato de Protesto de Títulos.
c) O protesto será registrado dentro de cinco dias úteis contados da protocolização do título ou documento de dívida.
d) Não poderão ser protestados títulos e outros documentos de dívida em moeda estrangeira, emitidos fora do Brasil, mesmo que acompanhados de tradução efetuada por tradutor público juramentado.

526. (Ieses/TJ/RO/Cartórios/Remoção/2017) Havendo mais de um tabelião de protestos na mesma localidade:

a) será competente o tabelião de protestos mais próximo do domicilio do credor.
b) a prioridade será do tabelião com maior idade ou tempo de atuação na localidade.
c) será obrigatória a prévia distribuição dos títulos.
d) será competente o tabelião de protestos mais próximo do domicilio do devedor.

3.4. *Da Apresentação e Protocolização (arts. 9º a 11)*

QUESTÕES DISCURSIVAS

52. (Vunesp/TJ/SP/Cartórios/2014) Em 25 de junho de 2014, Pablo Cesar comparece ao tabelionato e solicita o protesto do seguinte título de crédito: cheque n. 020, emitido por Ricardo dos Santos, datado de 8 de maio de 1994, no valor de CR$ 5.000,00 (cinco mil Cruzeiros Reais), e sacado contra o Banco do Brasil, nominal a Juan Diego, devidamente apresentado à compensação, devolvido por duas vezes, em 18 de maio e em 1º de junho de 1994, pelos motivos 11 e 12, respectivamente. O apresentante fez acompanhar uma declaração do banco sacado, com a comprovação do endereço do emitente em local diverso da comarca do tabelionato. Lavre o protesto do título ou redija a respectiva nota de devolução, fundamentando a razão de sua recusa.

QUESTÕES OBJETIVAS

527. (Ieses/TJ/TO/Cartórios/Ingresso/2022) Em relação ao protesto assinale a alternativa correta:

a) Poderão ser protestados títulos e outros documentos de dívida em moeda estrangeira, emitidos no Brasil, desde que acompanhados de tradução efetuada por tradutor público juramentado.
b) O deferimento do processamento de concordata impede o protesto.
c) Protesto é o ato formal e jurisdicional pelo qual se prova a inadimplência e o descumprimento de obrigação originada em títulos e outros documentos de dívida.
d) Protocolado o título ou documento de dívida, o Tabelião de Protesto expedirá a intimação ao devedor, no endereço fornecido pelo apresentante do título ou documento, considerando-se cumprida quando comprovada a sua entrega no mesmo endereço.

528. (UFPR/TJ/PR/Cartórios/Remoção/2019) No que tange aos Tabelionatos de Protesto de Títulos, identifique como verdadeiras (V) ou falsas (F) as seguintes afirmativas:

I. As certidões de dívida ativa da União, dos Estados, do Distrito Federal e dos Municípios não estão incluídas entre os títulos sujeitos a protesto.
II. O Tabelião de Protesto, além de verificar os aspectos formais do título, deverá examinar se já ocorreu a sua prescrição ou caducidade, situação que, se configurada, impedirá o registro do protesto.
III. Não se admite o protesto de títulos ou outros documentos de dívida de moeda estrangeira.
IV. A adoção, pelo Tabelionato, de sistema de microfilmagem, gravação eletrônica de imagem ou quaisquer outros meios de reprodução enseja o dever de informar tal fato ao Juiz Corregedor do Foro Extrajudicial.

Assinale a alternativa que apresenta a sequência correta, de cima para baixo.

a) V, V, V, F.
b) V, V, F, V.
c) F, V, V, F.
d) F, F, V, V.
e) F, F, F, V.

529. (Cespe/TJ/DFT/Cartórios/Remoção/2019) Se a dívida relativa ao título levado a registro estiver sujeita a correção monetária, o pagamento será feito pela conversão em vigor no dia:

a) da apresentação.
b) do registro.
c) da intimação do devedor.
d) da juntada da intimação do devedor.
e) da distribuição.

530. (Consulplan/TJ/MG/Cartórios/Remoção/2018) Apresentada a protesto nota promissória expedida na cidade de Las Vegas – Estados Unidos, com expressão monetária em dólar estadunidense, pagável em município do Brasil, em Minas Gerais, em domicílio do devedor brasileiro, na circunscrição do cartório de protestos:

a) o tabelião de protesto deve verificar se o título foi atingido pela prescrição ou pela decadência, qualificando, porém, apenas os aspectos formais do documento.
b) será possível o pagamento do título em cartório, no prazo legal, em moeda brasileira (Real) cabendo ao apresentante promover a conversão na data do pagamento.
c) será vedado o curso do título no tabelionato de protesto, porque presumidamente o negócio jurídico subjacente é dívida de jogo, vedado no sistema jurídico brasileiro.
d) será possível a lavratura do protesto, cabendo ao apresentante, entre outros procedimentos, expor a conversão para a moeda Real, na data de apresentação do título para protesto.

531. (Ieses/TJ/CE/Cartórios/Ingresso/2018) Assinale a alternativa incorreta:

a) tratando-se de cheque, poderá o protesto ser lavrado no lugar do pagamento ou do domicílio do emitente, devendo do referido cheque constar a prova de apresentação ao Banco sacado, salvo se o protesto tenha por fim instruir medidas pleiteadas contra o estabelecimento de crédito.
b) no tabelionato de protesto o atendimento ao público será de, no mínimo, seis horas diárias.
c) qualquer irregularidade formal observada pelo tabelião de protesto faz com ele suscite dúvida ao juiz corregedor.
d) todos os títulos e documentos de dívida protocolizados serão examinados em seus caracteres formais e terão curso se não apresentarem vícios, não cabendo ao tabelião de protesto investigar a ocorrência de prescrição ou caducidade.

532. (Consulplan/TJ/MG/Cartórios/Ingresso/2017) De acordo com a Lei n. 9.492, de 10 de setembro de 1997, que define competência, regulamenta os serviços concernentes ao protesto de títulos e outros documentos de dívida, assinale a alternativa correta:

a) o atendimento ao público, no tabelionato de protestos, será, no mínimo de cinco horas diárias.
b) o protesto será registrado dentro de três dias corridos contados da protocolização do título ou documento de dívida.
c) na contagem de prazo para o registro do protesto, inclui-se o dia da protocolização e exclui-se o do vencimento.
d) quando a intimação for efetivada excepcionalmente no último dia do prazo ou além dele, por motivo de força maior, o protesto será tirado no primeiro dia útil subsequente.

533. (Ieses/TJ/RO/Cartórios/Ingresso/2017) Em relação ao protesto, é correto afirmar:

a) não poderão ser protestados títulos e outros documentos de dívida em moeda estrangeira emitidos fora do Brasil.
b) o protesto será registrado dentro de cinco dias contados da protocolização do título ou documento de dívida.
c) o tabelião de protesto verificando a prescrição do título fará comunicação a autoridade judicial competente, para adoção das medidas judiciais cabíveis.
d) todos os títulos e documentos de dívida protocolizados para protesto serão examinados em seus caracteres formais e terão curso se não apresentarem vícios, não cabendo ao tabelião de protesto investigar a ocorrência de prescrição ou caducidade.

534. (Ieses/TJ/RO/Cartórios/Remoção/2017) Em relação aos documentos de dívida em moeda estrangeira emitidos fora do Brasil, pode-se afirmar:

a) poderão ser protestados, desde que acompanhados de tradução efetuada por tradutor público juramentado; e em caso de pagamento, este será efetuado em dólares americanos, admitido apenas o pagamento em espécie. Se o documento tiver sido emitido em moeda diversa, que não o Real, far-se-á a conversão em dólares americanos.
b) não poderão ser protestados.
c) poderão ser protestados, desde que acompanhados de tradução efetuada por tradutor público juramentado; e em caso de pagamento, este será efetuado em moeda corrente nacional, cumprindo ao apresentante a conversão na data de apresentação do documento para protesto.
d) poderão ser protestados, mesmo que desacompanhados de tradução; e em caso de pagamento, este será efetuado em moeda corrente nacional, cumprindo ao apresentante a conversão na data de apresentação do documento para protesto.

3.5. Do Prazo (arts. 12 a 13)

JURISPRUDÊNCIA EM TESES

STJ **JurisTese 56-11.** É indevido o protesto de título de crédito prescrito.

QUESTÕES OBJETIVAS

535. (Vunesp/TJ/GO/Cartórios/Ingresso/2021) De acordo com a Lei nº 9.492/97, assinale a alternativa correta em relação ao prazo do registro do protesto.

a) O protesto será registrado dentro de três dias, úteis ou não úteis, contados da protocolização do título ou documento de dívida. Na contagem do prazo, inclui-se o dia da protocolização e exclui-se o do vencimento.
b) O protesto será registrado dentro de três dias úteis contados da protocolização do título ou documento de dívida. Na contagem do prazo, inclui-se o dia da protocolização e exclui-se o do vencimento.
c) O protesto será registrado dentro de três dias, úteis ou não úteis, contados da protocolização do título ou documento de dívida. Na contagem do prazo, exclui-se o dia da protocolização e inclui-se o do vencimento.
d) O protesto será registrado dentro de três dias úteis contados da protocolização do título ou documento de dívida. Na contagem do prazo, exclui-se o dia da protocolização e inclui-se o do vencimento.

536. (Vunesp/TJ/GO/Cartórios/Ingresso/2021) De acordo com a Lei nº 9.492/97, assinale a alternativa correta em relação ao prazo do registro do protesto.

a) O protesto será registrado dentro de três dias, úteis ou não úteis, contados da protocolização do título ou documento de dívida. Na contagem do prazo, inclui-se o dia da protocolização e exclui-se o do vencimento.
b) O protesto será registrado dentro de três dias úteis contados da protocolização do título ou documento de dívida. Na contagem do prazo, inclui-se o dia da protocolização e exclui-se o do vencimento.

c) O protesto será registrado dentro de três dias, úteis ou não úteis, contados da protocolização do título ou documento de dívida. Na contagem do prazo, exclui-se o dia da protocolização e inclui-se o do vencimento.

d) O protesto será registrado dentro de três dias úteis contados da protocolização do título ou documento de dívida. Na contagem do prazo, exclui-se o dia da protocolização e inclui-se o do vencimento.

537. (UFPR/TJ/PR/Cartórios/Ingresso/2019) Protesto é o ato formal e solene pelo qual se prova a inadimplência e o descumprimento de obrigação originada em títulos e outros documentos de dívida. São de competência do Tabelião de Protesto de Títulos os atos relativos ao protesto. A respeito do regime jurídico dos protestos de títulos, assinale a alternativa correta.

a) O protesto será registrado dentro de três dias úteis contados do protocolo do título ou documento de dívida, ficando excluído da contagem o dia da protocolização e incluído o dia do vencimento.

b) Os títulos e documentos de dívida protocolizados no Tabelionato devem ser examinados em seus aspectos formais e terão curso se não apresentarem vícios, cabendo ao Tabelião de Protesto investigar previamente a ocorrência de prescrição ou decadência.

c) Cabe ao tabelião negar o protesto de títulos como certidões de dívida ativa da União, dos Estados, do Distrito Federal, dos Municípios e das respectivas autarquias e fundações públicas, bem como títulos executivos emitidos pelo Tribunal de Contas do Estado, assim como Termos de Ajustamento de Conduta.

d) O tabelião poderá realizar o protesto de títulos e outros documentos de dívida em moeda estrangeira, inclusive os emitidos fora do Brasil, desde que acompanhados de tradução juramentada, ou que, mesmo não traduzidos por tradutor público, sejam de fácil compreensão em português.

e) O cancelamento do registro do protesto será feito exclusivamente pelo Tabelião titular, sendo vedado o ato solene aos Substitutos ou aos Escreventes autorizados.

538. (Ieses/TJ/SC/Cartórios/Ingresso/2019) "O protesto será registrado dentro de (___) dias úteis contados da (___) do título ou documento de dívida. Nessa contagem do prazo (___) o dia da protocolização e (___) o do vencimento. Considera-se (___) o dia em que não houver expediente bancário para o público ou aquele em que este não obedecer ao horário normal. Quando a intimação for efetivada excepcionalmente no (___) dia do prazo ou além dele, por motivo de força maior, o protesto será tirado no (___) dia útil subsequente." Sobre os prazos no procedimento de protesto de títulos, marque a alternativa que completa correta e sequencialmente os espaços do enunciado, conforme o texto legal:

a) três; protocolização; exclui-se; inclui-se; útil; primeiro; primeiro.

b) cinco; protocolização; inclui-se; exclui-se; útil; último; primeiro.

c) cinco; protocolização; exclui-se; inclui-se; não útil; último; primeiro.

d) três; protocolização; exclui-se; inclui-se; não útil; último; primeiro.

539. (Consulplan/TJ/MG/Cartórios/Ingresso/2018) O prazo para protesto será contado:

a) excluindo o dia da protocolização e incluindo o dia do vencimento.

b) excluindo o dia da protocolização e excluindo o dia do vencimento.

c) incluindo o do dia da protocolização e incluindo o dia do vencimento.

d) incluindo o do dia da protocolização e excluindo o dia do vencimento.

540. (Ieses/TJ/RO/Cartórios/Remoção/2017) O protesto será registrado dentro de:

a) cinco dias contados da protocolização do título ou documento de dívida, excluindo-se o dia da protocolização e incluindo-se o do vencimento.

b) três dias úteis contados da protocolização do título ou documento de dívida, excluindo-se o dia da protocolização e incluindo-se o do vencimento.

c) cinco dias úteis contados da protocolização do título ou documento de dívida, excluindo-se o dia da protocolização e incluindo-se o do vencimento.

d) três dias úteis contados da protocolização do título ou documento de dívida, incluindo-se o dia da protocolização e excluindo-se o do vencimento.

3.6. Da Intimação (arts. 14 a 15)

SÚMULAS

STJ **Súm. 361.** A notificação do protesto, para requerimento de falência da empresa devedora, exige a identificação da pessoa que a recebeu.

JURISPRUDÊNCIA EM TESES

STJ **JurisTese 14-8.** É válido, para caracterização da mora, o protesto do título efetivado por edital, desde que comprovado nos autos que foram esgotadas todas as tentativas para a localização do devedor.

STJ **JurisTese 14-9.** É válida, para caracterização da mora, a notificação extrajudicial expedida por intermédio do Cartório de Títulos e Documentos e entregue no domicílio do devedor, dispensada sua notificação pessoal.

QUESTÕES DISCURSIVAS

53. (Vunesp/TJ/GO/Cartórios/2021) A Empresa Giz é credora de um título de crédito no valor equivalente a mil salários-mínimos, emitido pela Empresa Lisa Ltda. Chegada a data do vencimento, a Empresa Lisa Ltda. simplesmente não realiza o pagamento. A Empresa Giz decide realizar o protesto do título para fim falimentar. Ao receber os instrumentos de protesto, observa que foi recebido no endereço da Empresa Lisa Ltda. por pessoa que não a representa. Considerando a situação descrita, responda: a) Para fim falimentar, apresente quais são os requisitos que devem constar do protesto. A falta de assinatura da intimação do devedor pelo representante legal da Empresa Lisa Ltda. configura irregularidade formal do protesto? Fundamente suas respostas. b) Caso nenhum dos presentes no endereço da Empresa Lisa Ltda. se dispusesse a receber a intimação, explique, de maneira fundamentada, qual procedimento deveria ser adotado.

QUESTÕES OBJETIVAS

541. (FGV/TJ/SC/Cartórios/Remoção/2021) Após longo litígio, transitou em julgado a sentença judicial que condenou Maria a indenizar João, em quantia certa, pelos danos materiais que lhe causara. Pouco menos de um ano depois, na fase de cumprimento da sentença, após o decurso do prazo para o pagamento voluntário, Maria ingressou com ação rescisória da sentença. Ao tomar ciência desse fato, João obteve certidão de inteiro teor da referida sentença e a levou a protesto. À luz dessa narrativa, o tabelião de protesto de títulos, cumpridos os demais requisitos formais exigidos, deve:

a) expedir a intimação de Maria, de modo que possa pagar o valor devido, lavrando o protesto caso o pagamento não seja realizado.
b) reconhecer a impossibilidade de protesto do título caso Maria, ao ser intimada para pagá-lo, comprove o ajuizamento da ação rescisória.
c) promover o imediato protesto do título, já que Maria não realizara o pagamento do valor devido durante a fase de cumprimento da sentença.
d) reconhecer a impossibilidade de protesto do título por estar em curso a fase de cumprimento da sentença, o que retira o interesse de João na medida extrajudicial.
e) caso não seja realizado o pagamento voluntário, após a intimação, e realizado o protesto, suspendê-lo caso Maria comprove a propositura da ação rescisória.

542. (FGV/TJ/SC/Cartórios/Remoção/2021) Após a protocolização do título ou documento de dívida, mas antes da lavratura e registro do protesto, o tabelião deverá proceder à intimação do devedor. Acerca da intimação do devedor e sua realização, de acordo com a Lei nº 9.492/1997, é correto afirmar que:

a) quando a intimação for efetivada excepcionalmente no último dia do prazo ou além dele, por motivo de força maior, o protesto será tirado até o segundo dia útil subsequente.
b) o registro do protesto e seu instrumento deverão conter a certidão das intimações feitas e das respostas eventualmente oferecidas.
c) o tabelião de protesto providenciará a intimação ao devedor, no endereço fornecido pelo apresentante do título ou documento, considerando-se cumprida no momento da expedição.
d) a intimação deverá conter nome e endereço do devedor, elementos de identificação do título e prazo limite de três dias úteis para cumprimento da obrigação no tabelionato.
e) a intimação poderá ser feita por edital, a critério do tabelião, se a pessoa indicada para aceitar ou pagar for residente ou domiciliada no âmbito da competência territorial do tabelionato.

543. (Cespe/TJ/DFT/Cartórios/Remoção/2019) Considere que, protocolizado o documento representativo da dívida, o valor a ser pago não tenha sido consignado na intimação do devedor. Nesse caso, o ato será considerado:

a) válido, mesmo que não haja a indicação do nome completo e da qualificação do devedor, e a certeza do recebimento.
b) válido, porquanto o protesto se presta tão somente à prova da inadimplência.
c) válido, já que o valor não é elemento indispensável ao conhecimento do protesto.
d) viciado se não identificados, também, o número do protocolo e a qualificação completa do devedor.
e) viciado, porquanto a legislação determina a indicação do valor a ser pago pelo devedor.

544. (Ieses/TJ/SC/Cartórios/Remoção/2019) "Protocolizado o título ou documento de dívida, o (___) expedirá a intimação ao devedor, no endereço fornecido pelo apresentante do título ou documento, considerando-se cumprida quando comprovada a sua entrega no mesmo endereço. A remessa da intimação poderá ser feita por portador do próprio tabelião, ou por qualquer outro meio, desde que o recebimento fique assegurado e comprovado através de protocolo, aviso de recepção (AR) ou documento equivalente. A intimação deverá conter (___) e (___), elementos de identificação do título ou documento de dívida, e prazo limite para cumprimento da obrigação no Tabelionato, bem como número do protocolo e valor a ser pago. A intimação será feita por (___) se a pessoa indicada para aceitar ou pagar for desconhecida, sua localização incerta ou ignorada, for residente ou domiciliada fora da competência territorial do Tabelionato, ou, ainda, ninguém se dispuser a receber a intimação no endereço fornecido pelo apresentante. O edital será afixado no (___) e publicado pela imprensa local onde houver jornal de circulação diária." Sobre o procedimento de intimação no protesto de títulos marque a alternativa que completa correta e sequencialmente os espaços do enunciado, conforme o texto legal.

a) Tabelião de Protesto; nome; endereço do devedor; edital; Registrador de Imóveis.
b) Registrador de Imóveis; nome; endereço do devedor; anúncio de rádio; Tabelionato de Protesto.
c) Tabelião de Protesto; nome; endereço do devedor; edital; Tabelionato de Protesto.
d) Tabelião de Protesto; nome; estado civil; edital; Registrador de Imóveis.

545. (Consulplan/TJ/MG/Cartórios/Remoção/2017) Acerca da intimação de protesto, assinale a alternativa correta:

a) a intimação do protesto, para requerimento de falência da empresa devedora, não exige a identificação da pessoa que a recebeu.
b) quando previamente autorizado pelo devedor, a intimação poderá ser entregue em endereço diverso daquele informado pelo apresentante, ainda que situado em circunscrição territorial diversa da do tabelionato de Protesto.
c) se a pessoa indicada para aceitar, devolver ou pagar for desconhecida ou sua localização for incerta, ignorada ou inacessível, a intimação será feita por edital.
d) o edital será afixado no tabelionato de protesto ou publicado pela imprensa local onde houver jornal de circulação diária.

3.7. Da Desistência e Sustação do Protesto (arts. 16 a 18)

QUESTÕES DISCURSIVAS

54. (Cespe/TJ/PI/Cartórios/2013) Discorra sobre os procedimentos devidos em face da sustação judicial de um título, atendendo, necessariamente, ao que se pede a seguir. (i) Indique o local onde deve permanecer fisicamente o título e a finalidade de sua permanência nesse local. (ii) Esclareça se há necessidade de autorização judicial para o pagamento do título e para sua retirada. (iii) Esclareça se há necessidade de nova intimação para o pagamento do título, caso seja revogada a sustação judicial. (iv) Explique como deve proceder o tabelião no caso de a ordem de sustação se tornar definitiva.

QUESTÕES OBJETIVAS

546. (Vunesp/TJ/GO/Cartórios/Remoção/2021) O Tabelião de Protesto, ao receber um mandado judicial de revogação de ordem de sustação, deverá efetuar a:

a) lavratura e o registro do protesto após três dias úteis ao do recebimento da revogação, independentemente de nova intimação.
b) lavratura e o registro do protesto até o primeiro dia útil subsequente ao do recebimento da revogação, independentemente de nova intimação.
c) averbação da revogação da ordem de sustação no instrumento de protesto.
d) lavratura e o registro do protesto até o primeiro dia útil subsequente ao da nova intimação ao devedor.

547. (Cespe/TJ/DFT/Cartórios/Ingresso/2019) O apresentante poderá retirar título ou documento de dívida apresentado para protesto:

a) a qualquer tempo, pagos os emolumentos e demais despesas.
b) antes da juntada da intimação do devedor.
c) antes da intimação do devedor.
d) a qualquer tempo, mesmo sem o pagamento dos emolumentos e demais despesas.
e) antes da sua lavratura, pagos os emolumentos e demais despesas.

548. (Vunesp/TJ/RS/Cartórios/Ingresso/2019) Assinale a alternativa correta, de acordo com a Lei nº 9.492, de 10 de setembro de 1997.

a) Não se poderá tirar protesto por falta de aceite de letra de câmbio contra o sacado não aceitante.
b) Todos os documentos apresentados ou distribuídos no horário regulamentar serão protocolizados dentro de quarenta e oito horas, obedecendo à ordem cronológica de entrega.
c) O título ou documento de dívida cujo protesto tiver sido sustado judicialmente só poderá ser pago, protestado ou retirado com autorização judicial.
d) O Tabelião de Protesto expedirá as certidões solicitadas dentro de três dias úteis, no máximo, que abrangerão o período mínimo dos cinco anos anteriores, contados da data do pedido, salvo quando se referir a protesto específico.
e) O prazo de arquivamento é de cinco anos para livros de protocolo e de dez anos para os livros de registros de protesto e respectivos títulos.

549. (Ieses/TJ/RO/Cartórios/Ingresso/2017) Assinale a alternativa correta:

a) o protesto por falta de pagamento somente poderá ser efetuado antes do vencimento da obrigação e após o decurso do prazo legal para o aceite ou a devolução.
b) antes da lavratura do protesto, poderá o apresentante retirar o título ou documento de dívida, pagos os emolumentos e demais despesas.
c) o título do documento de dívida cujo protesto tiver sido sustado judicialmente poderá ser pago, protestado ou retirado sem autorização judicial.
d) poderá ser recusado pagamento oferecido dentro do prazo legal, mesmo que feito no tabelionato de protesto competente e no horário de funcionamento dos serviços.

3.8. Do Pagamento (art. 19)

QUESTÕES OBJETIVAS

550. (Vunesp/TJ/GO/Cartórios/Remoção/2021) Em relação ao pagamento de título ou documento de dívida, é correto afirmar que:

a) é facultado ao tabelião recusar o pagamento em espécie oferecido no último dia do prazo legal.
b) no ato do pagamento em espécie, o tabelião dará a respectiva quitação ao devedor e entregará o título ou documento de dívida ao credor.
c) quando do pagamento no Tabelionato ainda subsistirem parcelas vincendas, será dada quitação da parcela paga em apartado, devolvendo-se o original ao apresentante.
d) caso o pagamento seja feito por meio de cheque, a quitação dada pelo tabelião ficará condicionada à efetiva liquidação, salvo se de emissão de estabelecimento bancário.

551. (Vunesp/TJ/RS/Cartórios/Ingresso/2019) O pagamento do título em moeda corrente no tabelionato de protesto:

a) é vedado, salvo em relação aos emolumentos e ressarcimento das despesas.
b) é admitido até o limite de R$ 488,30 (quatrocentos e oitenta e oito reais e trinta centavos), para o ano de 2019.
c) é admitido até o limite de R$ 325,60 (trezentos e vinte e cinco reais e sessenta centavos), para o ano de 2019.
d) é admitido, independentemente do valor.
e) é admitido até o limite de R$ 813,70 (oitocentos e treze reais e setenta centavos), para o ano de 2019.

552. (Ieses/TJ/AM/Cartórios/Remoção/2018) O pagamento do título ou do documento de dívida apresentado para protesto será feito diretamente no tabelionato competente, no valor igual ao declarado pelo apresentante, acrescido dos emolumentos e demais despesas. No tocante a este pagamento é correto afirmar:

I. no ato do pagamento, o tabelionato de protesto dará a respectiva quitação, e o valor devido será colocado à disposição do apresentante no terceiro dia útil subsequente ao do recebimento.
II. quando do pagamento no tabelionato ainda subsistirem parcelas vincendas, será dada quitação da parcela paga em apartado, devolvendo-se o original ao apresentante.
III. não poderá ser recusado pagamento oferecido dentro do prazo legal, desde que feito no tabelionato de protesto competente e no horário de funcionamento dos serviços.
IV. quando for adotado sistema de recebimento do pagamento por meio de cheque, ainda que de emissão de estabelecimento bancário, a quitação dada pelo tabelionato fica condicionada à efetiva liquidação.

A sequência correta é:

a) apenas as assertivas II e IV estão corretas.
b) as assertivas I, II, III e IV estão corretas.
c) apenas a assertiva III está incorreta.
d) apenas as assertivas II, III e IV estão corretas.

553. (Ieses/TJ/RO/Cartórios/Remoção/2017) Quando do pagamento de uma dívida por título protestado, o tabelionato de protesto dará a respectiva quitação, e o valor devido será colocado à disposição do apresentante:

a) no primeiro dia útil subsequente ao do recebimento.
b) no dia do recebimento.
c) em cinco dias subsequentes ao do recebimento.
d) em dois dias úteis subsequentes ao do recebimento.

3.9. Do Registro do Protesto (arts. 20 a 24)

QUESTÕES DISCURSIVAS

55. (Cetro/TJ/RJ/Cartórios/Remoção/2017) Discorra sobre o protesto de título executivo judicial definitivo no Estado do Rio de Janeiro, abordando os seguintes itens: a) título hábil para o protesto extrajudicial; b) tabelionato de protesto competente para lavrar o protesto; c) O processo de execução terá curso normal após a entrega do título hábil a protesto e em que prazo?

56. (Ieses/TJ/RO/Cartórios/2017) 1. A empresa "Três Amigos EIRELI", emitiu duas notas fiscais-faturas relativas a aquisição de diversos equipamentos de informática, através do pedido de compra e venda realizado pela empresa "Só eu só da Silva Informática EI". Com a extração das mencionadas notas e a respectiva entrega das mercadorias para a empresa Só eu só, a empresa Três Amigos gerou "dois" boletos bancários com vencimentos respectivos de trinta (30) e sessenta (60) dias, os quais restaram inadimplidos.

Diante desse não pagamento e dos documentos aqui relatados o "Banco Banquinho Ltda.", através da autorização dada pela empresa Três amigos e do contrato bancário de prestação de serviços com ela firmado, protestou por indicação a empresa Só eu só, junto ao "tabelionato de Notas e Protestos de Títulos da Comarca de Não sei Aonde". Diante do caso acima narrado, pergunta-se: (a) Os protestos relatados estão corretos? Por quê? (b) Diante dos fatos e dos atos narrados qual é a responsabilidade das pessoas jurídicas e dos seus sócios ou membros, sob a óptica societária? (c) Explique de forma fundamentada.

57. (Consulplan/TJ/MG/Cartórios/Remoção/2014) Com base na Lei 9.492, de 10 de setembro de 1997, e considerando que o tabelião de protesto não conserva em seus arquivos gravação eletrônica da imagem, cópia reprográfica ou micrográfica do título ou documento de dívida, indique pelo menos quatro requisitos que o registro do protesto e seu instrumento deverão conter.

QUESTÕES OBJETIVAS

554. (Vunesp/TJ/AL/Cartórios/Ingresso/2019) De acordo com o Lei nº 9.492/1997, assinale a alternativa correta.

a) No tabelionato de protesto, haverá 3 (três) livros para o registro do protesto, sendo 1 (um) para os protestos tirados por falta de pagamento, 1 (um) para os protestos tirados por falta de aceite e 1 (um) para os protestos tirados por falta de devolução.
b) o protesto por falta de aceite somente poderá ser tirado após o vencimento da obrigação.
c) São devidos emolumentos pela averbação de retificação de erros materiais pelo serviço, a qual poderá ser efetuada de ofício ou a requerimento do interessado, sob responsabilidade do tabelião.
d) Não se poderá tirar protesto por falta de pagamento de letra de câmbio contra o sacado não aceitante.

555. (Cespe/TJ/DFT/Cartórios/Remoção/2019) Protocolado um título para protesto no dia 19/3/2019, terça-feira, o registro será feito até o dia:

a) 25/3/2019.
b) 27/3/2019.
c) 22/3/2019.
d) 29/3/2019.
e) 3/4/2019.

556. (Ieses/TJ/CE/Cartórios/Remoção/2018) De acordo com a Lei 9.492/1997 o protesto será registrado:

a) dentro de três dias úteis contados da protocolização do título ou documento de dívida.
b) dentro de vinte e quatro horas contadas da protocolização do título ou documento de dívida.
c) dentro de cinco dias contados da protocolização do título ou documento de dívida.
d) dentro de cinco dias úteis contados da protocolização do título ou documento de dívida.

557. (Consulplan/TJ/MG/Cartórios/Ingresso/2017) Dispõe a Lei Federal 9.492/97, que o registro do protesto e seu instrumento deverão conter, exceto:

a) nome do credor e endereço.
b) nome, número do documento de identificação do devedor e endereço.
c) a aquiescência do portador ao aceite por honra.
d) indicação dos intervenientes voluntários e das firmas por eles honradas.

558. (Cetro/TJ/RJ/Cartórios/Ingresso/2017) Acerca de temas relacionados ao protesto de títulos cambiais, assinale a alternativa correta:

a) com vista da economia processual, o tabelião pode, para efeito de protesto de título, se valer da intimação por edital, caso o devedor resida em município diverso do seu.
b) é possível o protesto de título executivo judicial, desde que a obrigação nele estampada se revista dos critérios de certeza, liquidez e exigibilidade, no entender do STJ.
c) é legítimo o protesto de título de cambial mesmo na hipótese de o pagamento ocorrer com atraso, de modo a proteger o direito do credor.
d) o protesto de Cédula de Crédito Bancário garantida por alienação fiduciária, de acordo com entendimento do STJ, deve ser efetuado na praça de pagamento indicada no título.
e) o cancelamento do protesto é ônus do credor quando este paga o título no próprio tabelionato de protesto de títulos, e do devedor, quando a este couber disponibilizar carta de anuência para ser apresentada perante o referido tabelionato.

559. (Consulplan/TJ/MG/Cartórios/Ingresso/2017) Acerca do Registro do Protesto, assinale a alternativa correta:

a) havendo aquiescência do portador ao aceite por honra, é desnecessário que esta conste do registro do protesto e de seu instrumento.
b) os devedores, assim compreendidos os emitentes de notas promissórias e cheques, os sacados nas letras de câmbio e duplicatas, bem como os indicados pelo apresentante ou credor como responsáveis pelo cumprimento da obrigação, não poderão deixar de figurar no termo de lavratura e registro de protesto.
c) o registro dos protestos lavrados será escriturado em um mesmo livro, independentemente do tipo de protesto, salvo se para fins falimentares.
d) o título do documento de dívida cujo protesto tiver sido sustado judicialmente só poderá ser pago, protestado ou retirado com autorização expressa do apresentante.

560. (Ieses/TJ/RO/Cartórios/Remoção/2017) Sobre o Registro do Protesto é incorreto afirmar:

a) o protesto por falta de aceite somente poderá ser efetuado antes do vencimento da obrigação e após o decurso do prazo legal para o aceite ou a devolução.
b) o deferimento do processamento de concordata impede o protesto.
c) não se poderá tirar protesto por falta de pagamento de letra de câmbio contra o sacado não aceitante.
d) os devedores, assim compreendidos os emitentes de notas promissórias e cheques, os sacados nas letras de câmbio e duplicatas, bem como os indicados pelo apresentante ou credor como responsáveis pelo cumprimento da obrigação, não poderão deixar de figurar no termo de lavratura e registro de protesto.

3.10. Das Averbações e do Cancelamento (arts. 25 a 26)

JURISPRUDÊNCIA EM TESES

STJ JurisTese 56-15. A prescrição da pretensão executória de título cambial não enseja o cancelamento automático de anterior protesto regularmente lavrado e registrado.

QUESTÕES OBJETIVAS

561. (Ieses/TJ/TO/Cartórios/Ingresso/2022) Sobre o cancelamento do protesto assinale a alternativa correta:

a) O cancelamento do registro do protesto, se fundado em outro motivo que não no pagamento do título ou documento de dívida, será efetivado por sentença arbitral, pagos os emolumentos devidos ao Tabelião.
b) O cancelamento do registro do protesto será solicitado diretamente no Tabelionato de Protesto de Títulos, somente pelo credor, mediante apresentação do documento protestado, cuja cópia ficará arquivada.
c) O cancelamento do registro do protesto somente será feito pelo Tabelião titular da serventia.
d) Quando o protesto lavrado for registrado sob forma de microfilme ou gravação eletrônica, o termo do cancelamento será lançado em documento apartado, que será arquivado juntamente com os documentos que instruíram o pedido, e anotado no índice respectivo.

562. (Vunesp/TJ/GO/Cartórios/Remoção/2021) Sobre o cancelamento do registro do protesto, é correto afirmar que:

a) na impossibilidade de apresentação do original do título, documento de dívida protestado ou respectivo instrumento de protesto, exigir-se-á do credor, originário ou por endosso translativo, declaração de anuência ao cancelamento, com identificação e firma reconhecida.
b) o tabelião de protesto, tratando-se de anuente pessoa jurídica, adotará medidas para se assegurar de que o signatário tem poderes para representar a pessoa jurídica anuente, cabendo ao devedor o pagamento de despesas, taxas ou emolumentos em razão das medidas acautelatórias eventualmente adotadas.
c) o cancelamento do registro do protesto fundado em motivo diverso do pagamento do título ou documento de dívida efetivar-se-á por determinação judicial, vedada a cobrança de despesas, taxas ou emolumentos nesse caso.
d) na hipótese de protesto em que tenha figurado apresentante por endosso-mandato a declaração de anuência deverá, necessariamente, ser passada em conjunto pelo credor endossante e pelo endossatário-mandatário.

563. (Cespe/TJ/DFT/Cartórios/Ingresso/2019) Constitui requisito essencial para que seja efetuado o cancelamento do registro do protesto a:

a) anuência do credor, na impossibilidade de apresentação do original do título, que pode ser transmitida por um sistema de certificação digital de documentos devidamente autorizado.
b) solicitação exclusiva do devedor, ou, se pessoa jurídica, do seu representante ou preposto.
c) anuência escrita da pessoa jurídica, sendo dispensada a apresentação de cópia do respectivo contrato social.
d) mera apresentação do documento protestado.
e) anuência do juízo da respectiva comarca.

564. (Cespe/TJ/DFT/Cartórios/Remoção/2019) Considerando o entendimento do STJ, julgue os itens a seguir, a respeito de protesto de título representativo de dívida pecuniária.

I. Salvo inequívoca pactuação em sentido contrário, incumbe ao devedor, após a quitação de dívida relativa a título protestado, providenciar o cancelamento do protesto.
II. O documento hábil a protesto extrajudicial é aquele que caracteriza prova escrita de obrigação pecuniária líquida, certa e exigível.
III. A sustação de protesto de título, por representar restrição a direito do credor, exige prévio oferecimento de contracautela, no valor fixado em regulamento legal.
IV. Como exceção à regra geral, em razão da natureza do débito, o protesto de cédula de crédito bancário garantida por alienação fiduciária deverá ser realizado no tabelionato em que se situar a praça de pagamento indicada no título.

Estão certos apenas os itens:

a) I e II.
b) I e III.
c) II e IV.
d) I, III e IV.
e) II, III e IV.

565. (Cespe/TJ/DFT/Cartórios/Ingresso/2019) Na hipótese de extravio do documento original de dívida protestado, o cancelamento do registro do protesto em razão do cumprimento da obrigação exigirá:

a) decisão judicial declaratória de inexistência de relação jurídica transitada em julgado.
b) decisão judicial declaratória de cumprimento da obrigação transitada em julgado.
c) declaração de anuência simples daquele que figurou no registro de protesto como credor.
d) declaração de anuência, com identificação e firma reconhecida, daquele que figurou no registro de protesto como credor.
e) declaração de anuência firmada por aquele que figurou no registro de protesto como credor, com as assinaturas de duas testemunhas.

566. (Ieses/TJ/CE/Cartórios/Ingresso/2018) Assinale a alternativa correta:

a) o cancelamento do registro do protesto, se fundado em outro motivo que não no pagamento do título ou documento de dívida, será efetivado por declaração de próprio punho firmada pelo apresentante, pagos os emolumentos devidos ao tabelião.
b) poderá ser tirado protesto por falta de pagamento de letra de câmbio contra o sacado não aceitante.
c) o cancelamento do registro do protesto será feito somente pelo tabelião titular, sendo vedado aos seus substitutos ou escrevente autorizado.
d) o cancelamento do registro do protesto será solicitado diretamente no tabelionato de protesto de títulos, por qualquer interessado, mediante apresentação do documento protestado, cuja cópia ficará arquivada.

567. (Ieses/TJ/AM/Cartórios/Ingresso/2018) Assinale a alternativa correta:

a) o cancelamento do registro do protesto, se fundado em outro motivo que não no pagamento do título ou documento de dívida, será efetivado de ofício ou por determinação judicial, isento do pagamento dos emolumentos devidos ao tabelião.
b) quando a extinção da obrigação decorrer de processo judicial, o cancelamento do registro do protesto poderá ser solicitado com a apresentação da certidão expedida pelo Juízo processante, com menção do trânsito em julgado, que substituirá o título ou o documento de dívida protestado.
c) o cancelamento do registro do protesto deverá feito pelo tabelião titular.
d) a averbação de retificação de erros materiais pelo serviço deverá ser a requerimento do interessado, sob responsabilidade do tabelião de protesto de títulos e com o pagamento dos emolumentos devidos.

568. (Ieses/TJ/AM/Cartórios/Ingresso/2018) Assinale a alternativa incorreta:

a) o cancelamento do protesto não poderá ser realizado pelo juiz corregedor permanente.
b) das certidões do tabelionato de protesto não constarão os registros cujos cancelamentos tiverem sido averbados, salvo por requerimento escrito do próprio devedor ou por ordem judicial.
c) é possível o protesto de contrato de honorários advocatícios.
d) o tabelião de protesto expedirá as certidões solicitadas dentro de cinco dias úteis, no máximo, que abrangerão o período mínimo dos cinco anos anteriores, contados da data do pedido, salvo quando se referir a protesto específico.

569. (Consulplan/TJ/MG/Cartórios/Remoção/2017) O cancelamento do protesto será solicitado ao tabelião por qualquer interessado. Assinale a alternativa correta, em relação aos documentos que, quando apresentados, permitem a efetivação do cancelamento:

a) cópia autenticada por tabelião de notas, do título de crédito ou documento de dívida protestado.
b) declaração de anuência firmada pelo credor, originário ou por endosso mandato.
c) declaração de anuência firmada pelo apresentante.
d) ordem judicial de cancelamento.

3.11. Das Certidões e Informações do Protesto (arts. 27 a 31)

QUESTÕES OBJETIVAS

570. (FGV/TJ/SC/Cartórios/Ingresso/2021) Os serviços concernentes ao protesto, garantidores da autenticidade, publicidade, segurança e eficácia dos atos jurídicos, devem ser prestados com observância das prescrições legais, sob pena de ficar caracterizada possível responsabilidade do tabelião de protesto de títulos. Analise as afirmativas a seguir.

I. Tratando-se de solicitação de protesto de cheque apresentado por credor do emitente para pleitear medidas judiciais contra este, não deve o tabelião verificar se do referido cheque consta a prova de apresentação ao banco sacado.
II. A recepção de indicações para protesto por extrato, emanadas de títulos e documentos de dívida mantidos sob a forma escritural nos sistemas eletrônicos de escrituração, será efetivada desde que atestado por seu emitente, sob as penas da lei, que as informações conferem com o que consta na origem.
III. Das certidões expedidas pelo tabelião não constarão informações quanto aos protestos cujos cancelamentos tiverem sido averbados, salvo por requerimento escrito do próprio devedor ou por ordem judicial.

Está correto o que se afirma em:

a) somente II.
b) somente III.
c) somente I e III.
d) somente II e III.
e) I, II e III.

571. (Vunesp/TJ/GO/Cartórios/Ingresso/2021) Analise as proposições acerca das certidões e informações do protesto e assinale a alternativa correta.

a) O Tabelião de Protesto expedirá as certidões solicitadas dentro de cinco dias úteis, no máximo, que abrangerão o período mínimo dos cinco anos anteriores, contados da data do pedido, salvo quando se referir a protesto específico.
b) O Tabelião de Protesto expedirá as certidões solicitadas dentro de vinte e quatro horas, no máximo, que abrangerão o período mínimo dos cinco anos anteriores, contados da data do pedido, salvo quando se referir a protesto específico.
c) O Tabelião de Protesto expedirá as certidões solicitadas dentro de vinte e quatro horas, no máximo, que abrangerão o período mínimo dos dez anos anteriores, contados da data do pedido, salvo quando se referir a protesto específico.
d) O Tabelião de Protesto expedirá as certidões solicitadas dentro de cinco dias úteis, no máximo, que abrangerão o período mínimo dos dez anos anteriores, contados da data do pedido, salvo quando se referir a protesto específico.

572. (Consulplan/TJ/MG/Cartórios/Remoção/2019) Com a finalidade de melhorar o ambiente comercial e creditório no Brasil estabelece a Lei nº 9.492/97 a interligação dos Tabelionatos de Protestos com as entidades representativas da indústria e do comércio ou àquelas vinculadas à proteção do crédito. Considerando esse assunto e, ainda, a legislação federal, bem como as normas ditadas pela Corregedoria-Geral de Justiça do Estado de Minas Gerais, é correto afirmar que:

a) As certidões enviadas às entidades de proteção ao crédito abrangerão os cancelamentos efetuados somente dos protestos lavrados nos últimos cinco anos.
b) Independentemente de solicitação, é dever do Tabelionato de Protesto informar, ao menos uma vez por semana, a relação dos protestos tirados e dos cancelamentos efetuados.
c) Constarão das certidões enviadas às entidades de proteção ao crédito as informações necessárias à identificação dos devedores e dos respectivos protestos e cancelamentos, bem como a identificação de apresentantes e credores.
d) As certidões somente serão enviadas às entidades de proteção ao crédito quando solicitadas. Ademais, terão periodicidade diária, em forma de relação, dos protestos tirados e dos cancelamentos efetuados, com a nota de se cuidar de informação reservada, da qual não se poderá dar publicidade pela imprensa, nem mesmo parcialmente.

573. (Vunesp/TJ/AL/Cartórios/Ingresso/2019) De acordo com a Lei nº 9.492/1997, assinale a alternativa correta acerca das certidões de protesto.

a) De protesto não cancelado poderá ser expedida certidão apenas a pedido do apresentante ou por ordem judicial.
b) O tabelião de protesto expedirá as certidões solicitadas que abrangerão o período mínimo dos 5 (cinco) anos anteriores, contados da data do pedido, salvo quando se referir a protesto específico.
c) A requerimento de qualquer interessado, o tabelião poderá expedir certidão cie protesto que já tenha sido cancelado.
d) O prazo para o tabelião de protesto expedir a certidão de protesto é de, no máximo, 10 (dez) dias úteis.

574. (Ieses/TJ/RO/Cartórios/Remoção/2017) As certidões expedidas pelos serviços de protesto de títulos, inclusive as relativas à prévia distribuição, no caso de pessoas físicas, deverão obrigatoriamente indicar:

I. nome do devedor e seu número no Registro Geral (R. G.) constante da Cédula de Identidade, ou seu número no Cadastro de Pessoas Físicas (C. P. F.).
II. endereço do credor.
III. endereço do devedor.
IV. endereço eletrônico e telefone de contato do devedor.

A sequência correta é:

a) apenas a assertiva I está correta.
b) apenas as assertivas I e IV estão corretas.

c) as assertivas I e II estão incorretas.
d) as assertivas I, II, III e IV estão corretas.

575. (Ieses/TJ/RO/Cartórios/Remoção/2017) Poderão ser fornecidas certidões de protestos não cancelados:

a) a quaisquer interessados, mediante solicitação oral em balcão de atendimento.
b) somente ao devedor.
c) somente ao credor.
d) a quaisquer interessados, desde que requeridas por escrito.

3.12. Dos Livros e Arquivos (arts. 32 a 36)

QUESTÕES OBJETIVAS

576. (Cespe/TJ/DFT/Cartórios/Ingresso/2019) Intimações e editais correspondentes a documentos protestados e ordens de cancelamento deverão ser conservados em arquivo por, pelo menos:

a) dois anos.
b) um ano.
c) seis meses.
d) três meses.
e) um mês.

577. (Ieses/TJ/CE/Cartórios/Remoção/2018) Os mandados judiciais de sustação de protesto deverão ser conservados, juntamente com os respectivos documentos, até:

a) a solução definitiva por parte do Juízo.
b) 05 (cinco) anos do recebimento do mandado judicial.
c) 30 (trinta) dias do recebimento do mandado judicial.
d) 120 (cento e vinte) dias do recebimento do mandado judicial.

578. (Ieses/TJ/CE/Cartórios/Ingresso/2018) Assinale a alternativa correta:

a) no tabelionato de protesto arquivos deverão ser conservados, pelo menos, durante o prazo de um ano, para as intimações e editais correspondentes a documentos pagos ou retirados além do tríduo legal.
b) no tabelionato de protesto os arquivos deverão ser conservados, pelo menos, durante o prazo de um ano, para as intimações e editais correspondentes a documentos protestados e ordens de cancelamento.
c) no tabelionato de protesto os arquivos deverão ser conservados, pelo menos, durante o prazo de seis, para os comprovantes de entrega de pagamento aos credores, para as solicitações de retirada dos apresentantes e para os comprovantes de devolução, por irregularidade, aos mesmos, dos títulos e documentos de dívidas.
d) no tabelionato de protesto os arquivos deverão ser conservados, pelo menos, durante o prazo de um ano para os mandados judiciais de sustação de protesto.

579. (Ieses/TJ/AM/Cartórios/Ingresso/2018) Assinale a alternativa incorreta:

a) no tabelionato de protesto o prazo de arquivamento é de três anos para livros de protocolo e de dez anos para os livros de registros de protesto e respectivos títulos.
b) no tabelionato de protesto o livro de Protocolo deverá ser escriturado mediante processo manual, em folhas soltas e com colunas destinadas às seguintes anotações: número de ordem, natureza do título ou documento de dívida, valor, apresentante, devedor e ocorrências.
c) os livros de Registros de Protesto serão abertos e encerrados pelo tabelião de protestos ou seus Substitutos, ou ainda por Escrevente autorizado, com suas folhas numeradas e rubricadas.
d) no tabelionato de protesto a escrituração do livro de protocolo será diária, constando do termo de encerramento o número de documentos apresentados no dia, sendo a data da protocolização a mesma do termo diário do encerramento.

580. (Ieses/TJ/RO/Cartórios/Remoção/2017) As intimações e editais correspondentes a documentos protestados e ordens de cancelamento deverão ser conservados em arquivo, pelo menos, durante o prazo de:

a) seis meses.
b) três anos.
c) cinco anos.
d) um ano.

3.13. Disposições Finais (arts. 38 a 43)

QUESTÕES OBJETIVAS

581. (Vunesp/TJ/AL/Cartórios/Ingresso/2019) De acordo com a Lei nº 9.492/1997, assinale a alternativa na qual constam apenas os serviços mínimos que deverão ser prestados pela Central Nacional de Serviços Eletrônicos Compartilhados, mantida pelos tabeliães de protesto.

a) I – Escrituração e emissão de duplicata sob a forma escritural, observando-se o disposto na legislação específica e os requisitos de autorização prévia impostos pelo órgão supervisor e os demais requisitos previstos na regulamentação por ela editada; II – Anuência eletrônica para o cancelamento de protestos; III – Concessão de empréstimos para que o devedor possa pagar o título.
b) I – Efetivação das intimações de protestos por e-mails em substituição às intimações expedidas pelos tabelionatos; II – Anuência eletrônica para o cancelamento de protestos; III – Prestação de assessoria jurídica aos apresentantes.
c) I – Confirmação da autenticidade dos instrumentos da protesto em meio eletrônico; II – Protocolização das ações de execução em nome dos credores; III – Efetivação das intimações de protestos por e-mails em substituição às intimações expedidas pelos tabelionatos.
d) I – Recepção e distribuição de títulos e documentos de dívida para protesto, desde que escriturais; II – Consulta gratuita quanto a devedores inadimplentes e aos protestos realizados; III – Confirmação da autenticidade dos instrumentos de protesto em meio eletrônico.

582. (Cespe/TJ/DFT/Cartórios/Ingresso/2019) No caso de protesto, não havendo prazo assinado no título ou no documento de dívida, considera-se o termo inicial da incidência de juros, das taxas e das atualizações monetárias sobre o valor da obrigação anteriormente assumida a data:

a) do registro do protesto.
b) da apresentação do título para protesto.
c) da intimação do devedor.
d) da juntada da notificação do devedor.
e) do dia útil seguinte à data da intimação do devedor.

583. (Ieses/TJ/CE/Cartórios/Remoção/2018) O termo inicial da incidência de juros, taxas e atualizações monetárias sobre o valor da obrigação contida no título ou documento de dívida protestado, será:

a) 30 (trinta) dias da data do registro do protesto.
b) 45 (quarenta e cinco) dias da data do registro do protesto.
c) sempre a data do registro do protesto.
d) não havendo prazo assinado, a data do registro do protesto.

584. (Ieses/TJ/RO/Cartórios/Ingresso/2017) Assinale a alternativa correta:

a) os tabeliães de protesto de títulos são civilmente responsáveis por todos os prejuízos que causarem, por culpa ou dolo, pessoalmente, pelos substitutos que designarem ou Escreventes que autorizarem, assegurado o direito de regresso.
b) os mandados judiciais de sustação de protesto deverão ser conservados, juntamente com os respectivos documentos, até prazo a ser ficado por parte do Juízo ou tabelião competente.
c) no tabelionato de protesto o prazo de arquivamento é de três anos para livros de protocolo e livros de registros de protesto e respectivos títulos.
d) todo e qualquer ato praticado pelo tabelião de protesto será cotado, exceto quando solicitado por pessoa reconhecidamente carente.

4. LEIS/NORMAS ESPECIAIS

TOP 5: 2º LUGAR ENTRE OS MAIORES AGREGADOS DE QUESTÕES DO LIVRO!

4.1. Código Florestal (Lei 12.651/12)

REPERCUSSÃO & REPETITIVOS

STJ **Repetitivo 1010.** Na vigência do novo Código Florestal (Lei n. 12.651/2012), a extensão não edificável nas Áreas de Preservação Permanente de qualquer curso d'água, perene ou intermitente, em trechos caracterizados como área urbana consolidada, deve respeitar o que disciplinado pelo seu art. 4º, caput, inciso I, alíneas a, b, c, d e e, a fim de assegurar a mais ampla garantia ambiental a esses espaços territoriais especialmente protegidos e, por conseguinte, à coletividade. *REsp 1770760, 28.4.2021.*

QUESTÕES OBJETIVAS

585. (FGV/TJ/SC/Cartórios/Ingresso/2021) O Novo Código Florestal criou o Cadastro Ambiental Rural (CAR), registro público eletrônico de âmbito nacional, obrigatório para todos os imóveis rurais, com a finalidade de integrar as informações ambientais das propriedades e posses rurais, compondo base de dados para controle, monitoramento, planejamento ambiental e econômico e combate ao desmatamento. De acordo com a Lei nº 12.651/2012, a Reserva Legal deve ser conservada com cobertura de vegetação nativa pelo proprietário do imóvel rural, possuidor ou ocupante a qualquer título. Nesse contexto, o citado diploma legal estabelece que:

a) o cadastramento do imóvel no CAR é considerado título para fins de reconhecimento do direito de propriedade ou posse.
b) a inscrição do imóvel rural no CAR deve ser feita, exclusivamente, por averbação do Registro de Imóveis.
c) o registro da Reserva Legal no CAR desobriga a averbação no Cartório de Registro de Imóveis.
d) a supressão de novas áreas de floresta ou outras formas de vegetação nativa, após a implantação do CAR e a sua averbação no RGI, apenas será autorizada pelo oficial de Registro de Imóveis.
e) a área de Reserva Legal deve ser registrada no CAR, por meio de averbação no RGI, sendo possível a alteração de sua destinação, nos casos de transmissão, a qualquer título, ou de desmembramento, desde que precedida de nova averbação.

586. (UFPR/TJ/PR/Cartórios/Ingresso/2019) A Constituição brasileira prevê no art. 225 o direito fundamental ao meio ambiente ecologicamente equilibrado, impondo-se ao Poder Público e à coletividade o dever de defendê-lo e preservá-lo para as presentes e futuras gerações. De modo a concretizar tal direito fundamental, o legislador infraconstitucional é competente para editar normas gerais sobre a proteção da vegetação, áreas de Preservação Permanente e áreas de Reserva Legal. Levando em consideração as informações apresentadas e a Lei Federal nº 12.651/2012, assinale a alternativa correta.

a) O registro de reserva legal de imóvel no Cadastro Ambiental Rural (CAR) não desobriga o proprietário de realizar a averbação no Cartório de Registro de Imóveis.
b) A Cota de Reserva Ambiental (CRA) é título nominativo representativo de área com vegetação nativa que será emitido após apresentação de proposta ao órgão competente, acompanhada de certidão atualizada da matrícula do imóvel expedida pelo registro de imóveis competente.
c) É desnecessária a averbação do vínculo de área à Cota de Reserva Ambiental (CRA) na matrícula do imóvel no registro de imóveis competente.
d) As servidões ambientais instituídas para limitar o uso total ou parcial de propriedade para fins de preservação, conservação ou recuperação dos recursos ambientais existentes poderão, mediante requerimento do Poder Público, sofrer averbação na matrícula do imóvel no registro de imóveis competente.
e) A inscrição de imóveis rurais no Cadastro Ambiental Rural (CAR) é obrigatória para todas as propriedades e posses rurais, sendo de incumbência dos oficiais de registro de imóveis, sob pena de responsabilização civil e funcional.

587. (Cespe/TJ/DFT/Cartórios/Ingresso/2019) Um cidadão que possua um imóvel rural e pretenda realizar o cadastro ambiental rural (CAR) desse bem deverá considerar, à luz do disposto na Lei nº 12.651/2012, que:

a) a informação da reserva legal do imóvel no CAR é indispensável, ainda que já tenha sido averbada na matrícula do imóvel.
b) o cadastro compõe base de dados para controle, planejamento ambiental e econômico e combate ao desmatamento.
c) o cadastramento será considerado título para fins do direito de propriedade do cidadão.
d) o cadastramento será considerado título para o reconhecimento do direito de posse do cidadão.
e) o cadastramento deverá ser feito, preferencialmente, no cartório de imóveis da localidade da propriedade.

588. (Ieses/TJ/SC/Cartórios/Remoção/2019) A Reserva Legal é disciplinada:

a) pelo art. 5º, da Constituição Federal e, pela Lei nº 4.771/65.
b) pelo art. 224, da Constituição Federal e, pela Lei nº 4.771/65.
c) somente pela Lei nº 4.771/65.
d) pelo art. 225, § 1º, III, da Constituição Federal e, pela Lei nº 12.651/2012.

4.2. Declaração de Operações Imobiliárias

QUESTÕES OBJETIVAS

589. (FGV/TJ/SC/Cartórios/Ingresso/2021) Em 2020, autarquia federal, após obtidas todas as autorizações exigidas em lei, doa por escritura pública a uma autarquia do Estado Alfa um imóvel para uso em suas finalidades essenciais. Lavrada a escritura pública, o tabelião apresenta à Secretaria da Receita Federal a Declaração sobre Operações Imobiliárias (DOI) referente a essa doação. Levada a escritura pública a registro, o registrador entende que ele não necessita mais apresentar a DOI. Diante desse cenário, o registrador:

a) não agiu corretamente, uma vez que seria necessária previsão em lei para a dispensa da apresentação da DOI.
b) agiu corretamente, uma vez que, sendo a entidade donatária integrante da Administração Pública Estadual, ente tributante do ITCMD, fica excepcionalmente dispensada a apresentação da DOI.
c) agiu corretamente, uma vez que a imunidade tributária dos participantes do negócio jurídico dispensa o registrador da apresentação da DOI.
d) não agiu corretamente, uma vez que a apresentação prévia da DOI pelo tabelião não o dispensa de também apresentar a DOI.
e) agiu corretamente, uma vez que, sendo a entidade doadora integrante da Administração Pública Federal, à qual também pertence a Secretaria da Receita Federal, fica excepcionalmente dispensada a apresentação da DOI.

590. (Vunesp/TJ/GO/Cartórios/Ingresso/2021) Assinale a alternativa correta no que se refere à Declaração de Operação Imobiliária (DOI).

a) Quando o documento tiver sido decorrente de arrematação em hasta pública, o preenchimento da DOI deverá ser feito pelo Serventuário da Justiça titular ou designado para o Cartório de Ofício de Notas.
b) A DOI deverá ser apresentada até o primeiro dia útil do mês subsequente ao da lavratura, anotação, averbação, matrícula ou registro do documento, por meio da Internet, utilizando-se a última versão do programa Receitanet.
c) O valor da operação imobiliária será o informado pelas partes ou, na ausência deste, o valor que servir de base para o cálculo do Imposto sobre a Transmissão de Bens Imóveis (ITBI) ou para o cálculo do Imposto sobre Transmissão Causa Mortis e Doação de Quaisquer Bens ou Direitos (ITCD).
d) No caso de falta de apresentação ou apresentação da declaração após o prazo fixado, o Serventuário da Justiça sujeitar-se-á à multa de 0,2% (dois décimos por cento) ao mês-calendário ou fração sobre o valor da operação, limitada a 2% (dois por cento), não admitida hipótese de redução.

591. (Cespe/TJ/DFT/Cartórios/Ingresso/2019) Oficial de registro de imóveis do Distrito Federal promoveu o registro de operação imobiliária de aquisição formalizada por meio de instrumento particular anteriormente lavrado por cartório de ofício de notas. Nesse caso, a apresentação de declaração sobre operações imobiliárias pelo oficial de registro de imóveis nessa transação é:

a) dispensável, pois cabe exclusivamente ao cartório de notas apresentar tal declaração.
b) dispensável, salvo no caso de o instrumento particular ter sido registrado com força de escritura pública.
c) necessária, e cabe exclusivamente ao cartório de registro de imóveis apresentar tal declaração.
d) necessária, e a declaração deverá ser apresentada à Secretaria de Fazenda do Distrito Federal.
e) necessária, independentemente do valor da aquisição e de a declaração ter sido lavrada anteriormente.

592. (Ieses/TJ/SC/Cartórios/Ingresso/2019) As obrigações acessórias, segundo o Código Tributário Nacional, decorrem da legislação tributária e têm por objeto as prestações, positivas ou negativas, nelas previstas no interesse da arrecadação ou da fiscalização dos tributos. Dentre as várias obrigações acessórias em vigor, possui grande relevância a Declaração sobre Operações Imobiliárias (DOI), que deve ser apresentada sempre que ocorrer operação imobiliária de aquisição ou alienação, realizada por pessoa física ou jurídica, independentemente de seu valor, cujos documentos sejam lavrados, anotados, averbados, matriculados ou registrados no respectivo cartório. Em relação à DOI, assinale a alternativa correta:

a) O Serventuário da Justiça titular ou designado para Cartório de Registro de Títulos e Documentos não é obrigado ao preenchimento da DOI, configurando um dever instrumental que alcança somente o Serventuário da Justiça titular ou designado para Cartório de Ofício de Notas e o Serventuário da Justiça titular ou designado para Cartório de Registro de Imóveis.
b) A cada operação imobiliária corresponderá uma DOI, que deverá ser apresentada até o último dia útil do bimestre subsequente ao da anotação, averbação, lavratura, matrícula ou registro da respectiva operação.
c) No caso de falta de apresentação da DOI, ou apresentação da declaração após o prazo fixado em Lei, o responsável fica sujeito à multa de um por cento ao mês-calendário ou fração, sobre o valor da operação, limitada a dez por cento. A penalidade será de, no mínimo, R$ 200,00 (duzentos reais).
d) O responsável que apresentar DOI com incorreções ou omissões será intimado a apresentar declaração retificadora, no prazo estabelecido pela Secretaria da Receita Federal, e sujeitar-se-á à multa de R$ 50,00 (cinquenta reais) por informação inexata, incompleta ou omitida, que será reduzida em cinquenta por cento, caso a retificadora seja apresentada no prazo fixado.

593. (Vunesp/TJ/RS/Cartórios/Ingresso/2019) A Declaração sobre Operações Imobiliárias (DOI) consiste em uma obrigação acessória constituída de prestação de informações à Receita Federal do Brasil sobre operações envolvendo imóveis. Considerando-se o mês em que ocorrer a lavratura, anotação, matrícula, registro ou averbação do ato, a DOI deve ser apresentada até o:

a) último dia do mês subsequente.
b) último dia do mês.
c) nonagésimo dia.
d) décimo quinto dia.
e) décimo dia.

4.3. *Estatuto da Cidade (Lei 10.257/01)*

QUESTÕES DISCURSIVAS

58. (Vunesp/TJ/SP/Cartórios/2021) Redija uma dissertação que contemple os tópicos a seguir: Da política urbana. Disciplina infraconstitucional federal. Conexão com princípios fundamentais: cidadania e dignidade da pessoa humana. Vinculação com a proteção ao meio ambiente. Regularização fundiária: previsão legal, atribuições e procedimentos no Registro de Imóveis. Atribuições do Operador Nacional do Registro (ONR) na regularização fundiária.

QUESTÕES OBJETIVAS

594. (Ieses/TJ/TO/Cartórios/Remoção/2022) Para fins do Estatuto da Cidade, Lei 10.257/01, serão utilizados, entre outros instrumentos, exceto:

a) Institutos jurídicos e políticos tais como o parcelamento, edificação ou utilização compulsórios.
b) Planos nacionais, regionais e estaduais de ordenação do território e de desenvolvimento econômico e social.

c) Estudo prévio de impacto ambiental (EIA) e estudo de viabilidade ambiental (EVA).
d) Planejamento das regiões metropolitanas, aglomerações urbanas e microrregiões.

595. (Ieses/TJ/TO/Cartórios/Ingresso/2022) Sobre o Estatuto da Cidade assinale a alternativa correta:

a) O proprietário urbano poderá conceder a outrem o direito de superfície do seu terreno, por tempo determinado ou indeterminado, mediante escritura pública registrada no cartório de registro de títulos e documentos.
b) Nos casos de programas e projetos habitacionais de interesse social, desenvolvidos por órgãos ou entidades da Administração Pública com atuação específica nessa área, a concessão de direito real de uso de imóveis públicos deverá ser contratada individualmente.
c) Lei municipal específica para área incluída no plano diretor poderá determinar o parcelamento, a edificação ou a utilização compulsórios do solo urbano não edificado, subutilizado ou não utilizado, devendo fixar as condições e os prazos para implementação da referida obrigação.
d) Aquele que possuir como sua área ou edificação urbana de até cem metros quadrados, por cinco anos, ininterruptamente e sem oposição, utilizando-a para sua moradia ou de sua família, adquirir-lhe-á o domínio, desde que não seja proprietário de outro imóvel urbano.

596. (FGV/TJ/SC/Cartórios/Ingresso/2021) O plano diretor do Município Delta dispôs sobre a utilização do solo urbano na Zona Residencial YY, ressaltando que isso deveria ocorrer no percentual máximo de 70% e no percentual mínimo de 30%. Em momento posterior, a Lei Municipal XX, especificamente direcionada à área incluída na referida Zona Residencial, determinou a utilização compulsória do solo urbano subutilizado, conforme as condições e os prazos ali estabelecidos. Nesse caso, a notificação do proprietário para cumprimento da obrigação deve ser:

a) pessoal ou, caso atendidos os requisitos exigidos, editalícia, realizada pelo Poder Executivo Municipal, com averbação no Registro de Imóveis.
b) sempre pessoal, realizada pelo Registro de Títulos e Documentos, a partir de provocação do Poder Executivo Municipal ou de qualquer interessado.
c) pessoal ou, caso atendidos os requisitos exigidos, editalícia, realizada pelo Registro de Títulos e Documentos, a partir de provocação do Poder Executivo Municipal.
d) pessoal ou, caso atendidos os requisitos exigidos, editalícia, realizada pelo Registro de Imóveis, a partir de provocação do Poder Executivo Municipal ou de qualquer interessado.
e) sempre pessoal, realizada pelo Registro de Títulos e Documentos, com a possibilidade de averbação no Registro de Imóveis por requerimento do Poder Executivo Municipal.

597. (FGV/TJ/SC/Cartórios/Ingresso/2021) Determinado Município no Estado de Santa Catarina, valendo-se do instrumento de política urbana previsto no Estatuto da Cidade (Lei nº 10.257/2001), publicou lei municipal específica para área incluída no seu plano diretor, determinando o parcelamento, a edificação ou a utilização compulsórios do solo urbano não edificado, subutilizado ou não utilizado, fixando as condições e os prazos para implementação da referida obrigação. Para que o proprietário particular seja obrigado a cumprir a obrigação prevista na lei:

a) basta que se aguarde por 1 (um) ano após a publicação da lei no Diário Oficial do Município e, findo tal prazo, caso o particular não tenha averbado no Cartório de Registro de Imóveis o parcelamento ou obras em seu imóvel, ser-lhe-á aplicado o imposto sobre a propriedade predial e territorial urbana progressivo no tempo.
b) basta que se aguarde por cinco anos após a publicação da lei no Diário Oficial do Município e, findo tal prazo, caso o particular não tenha averbado no Cartório de Registro de Imóveis o parcelamento ou obras em seu imóvel, ser-lhe-á aplicada a sanção da desapropriação especial urbana.
c) deve ser notificado pelo substituto que designar ou escrevente que autorizar o oficial de Registro de Imóveis para o cumprimento da obrigação, devendo a notificação ser averbada no Cartório de Registro de Imóveis; a partir da notificação, no prazo previsto na lei não inferior a três anos, o particular deve averbar no Cartório de Registro de Imóveis o parcelamento ou obras em seu imóvel, sob pena das sanções administrativas previstas em lei.
d) deve ser notificado pelo substituto que designar ou escrevente que autorizar o oficial de Registro de Imóveis para o cumprimento da obrigação, devendo a notificação ser averbada no Cartório de Registro de Imóveis; a partir da notificação, no prazo previsto na lei não inferior a dois anos, o particular deve protocolar o projeto no órgão municipal competente e, no prazo previsto na lei não inferior a cinco anos, a partir da aprovação do projeto, deve concluir as obras do empreendimento.
e) deve ser notificado pelo Poder Executivo municipal para o cumprimento da obrigação, devendo a notificação ser averbada no Cartório de Registro de Imóveis; a partir da notificação, no prazo previsto na lei não inferior a 1 (um) ano, o particular deve protocolar o projeto no órgão municipal competente e, no prazo previsto na lei não inferior a dois anos, a partir da aprovação do projeto, deve iniciar as obras do empreendimento.

598. (Ieses/TJ/RO/Cartórios/Ingresso/2021) Em relação ao Estatuto da Cidade, assinale a alternativa incorreta:

a) O direito de preempção confere ao Poder Público municipal preferência para aquisição de imóvel urbano objeto de alienação onerosa entre particulares.
b) O proprietário urbano poderá conceder a outrem o direito de superfície do seu terreno, por tempo determinado ou indeterminado, mediante escritura pública registrada no cartório de registro de imóveis.
c) O plano diretor poderá fixar áreas nas quais o direito de construir poderá ser exercido acima do coeficiente de aproveitamento básico adotado, mediante contrapartida a ser prestada pelo beneficiário.
d) O Estudo de Impacto de Vizinhança será executado de forma a contemplar os efeitos positivos e negativos do empreendimento ou atividade quanto à possibilidade de desapropriação do imóvel por interesse público.

599. (Ieses/TJ/RO/Cartórios/Remoção/2021) Nas alternativas abaixo, são reconhecidos como institutos jurídicos e políticos da política urbana fixada pela lei denominada Estatuto da Cidade, exceto:

a) Desapropriação.
b) Tombamento de imóveis ou de mobiliário urbano.
c) Servidão administrativa.
d) Incentivos e benefícios fiscais e financeiros.

600. (Ieses/TJ/RO/Cartórios/Remoção/2021) Acerca da desapropriação com pagamento em títulos, prevista na Lei n. 10.257/2001, que estabelece diretrizes gerais da política urbana, é correto afirmar:

a) O aproveitamento do imóvel poderá ser efetivado diretamente pelo Poder Público ou por meio de alienação ou concessão a terceiros, observando-se, nesses casos, o devido procedimento licitatório.

b) Decorridos três anos de cobrança do IPTU progressivo sem que o proprietário tenha cumprido a obrigação de parcelamento, edificação ou utilização, o Município poderá proceder à desapropriação do imóvel, com pagamento em títulos da dívida pública.

c) O valor real da indenização computará expectativas de ganhos, lucros cessantes e juros compensatórios.

d) Os títulos da dívida pública terão prévia aprovação pelo Congresso Nacional e serão resgatados no prazo de até dez anos, em prestações anuais, iguais e sucessivas, assegurados o valor real da indenização e os juros legais de seis por cento ao ano.

601. (Ieses/TJ/RO/Cartórios/Remoção/2021) O plano diretor é o instrumento básico da política de desenvolvimento e expansão urbana que visa assegurar o atendimento das necessidades dos cidadãos quanto à qualidade de vida, à justiça social e ao desenvolvimento das atividades econômicas, no tocante a este instrumento é correto afirmar:

I. O plano diretor é obrigatório para cidades com mais de quinze mil habitantes.

II. A lei que instituir o plano diretor deverá ser revista, pelo menos, a cada cinco anos.

III. O plano diretor deverá englobar o território do Município como um todo.

IV. O plano diretor é parte integrante do processo de planejamento municipal, devendo o plano plurianual, as diretrizes orçamentárias e o orçamento anual incorporar as diretrizes e as prioridades nele contidas.

A sequência correta é:

a) Apenas a assertiva IV está incorreta.

b) As assertivas I, II, III e IV estão corretas.

c) Apenas as assertivas III e IV estão corretas.

d) Apenas as assertivas I, III e IV estão corretas.

602. (Ieses/TJ/RO/Cartórios/Remoção/2021) Para o Estatuto da Cidade a sigla EIV significa:

a) Estudo de impacto do valor.

b) Estudo de implantação de vias.

c) Estudo da incidência de vetoriais.

d) Estudo de impacto de vizinhança.

603. (Consulplan/TJ/MG/Cartórios/Ingresso/2018) No que concerne à Lei nº 10.257/01, assinale a afirmativa correta:

a) decorridos 10 (dez) anos de cobrança do IPTU progressivo sem que o proprietário tenha cumprido a obrigação de parcelamento, edificação ou utilização, o Município poderá proceder à desapropriação do imóvel, com pagamento em títulos da dívida pública.

b) o proprietário urbano poderá conceder a outrem o direito de superfície do seu terreno, sempre por tempo determinado, mediante escritura pública registrada no cartório de registro de imóveis. O direito de superfície abrange o direito de utilizar o solo, o subsolo ou o espaço aéreo relativo ao terreno, na forma estabelecida no contrato respectivo, atendida a legislação urbanística.

c) considera-se consórcio imobiliário a forma de viabilização de planos de urbanização, de regularização fundiária ou de reforma, conservação ou construção de edificação por meio da qual o proprietário transfere ao poder público municipal seu imóvel e, após a realização das obras, recebe, como pagamento, unidades imobiliárias devidamente urbanizadas ou edificadas, ficando as demais unidades incorporadas ao patrimônio público.

d) lei municipal específica para área incluída no plano diretor poderá determinar o parcelamento, a edificação ou a utilização compulsórios do solo urbano não edificado, subutilizado ou não utilizado, devendo fixar as condições e os prazos para implementação da referida obrigação, sendo o proprietário notificado pelo Poder Executivo municipal para o cumprimento da obrigação, devendo a notificação ser registrada no cartório de registro de imóveis.

4.4. Estatuto da Terra (Lei 4.504/64)

QUESTÕES OBJETIVAS

604. (Consulplan/TJ/MS/Cartórios/Remoção/2021) O Estatuto da Terra regulamenta direitos e obrigações concernentes aos bens imóveis rurais, para os fins de execução da Reforma Agrária e promoção da Política Agrícola. Sob esse aspecto, uma série de conceitos são apresentados. Assinale a alternativa incorreta tendo em vista as definições concernentes aos bens imóveis disciplinados pela referida Lei.

a) Minifúndio é o imóvel rural de área e possibilidades inferiores às da propriedade familiar.

b) Imóvel rural é o prédio rústico, de área contínua, qualquer que seja a sua localização, que se destina à exploração extrativa agrícola, pecuária ou agroindustrial, exclusivamente por meio de planos públicos de valorização.

c) Não se considera latifúndio o imóvel rural, ainda que de domínio particular, cujo objeto de preservação florestal ou de outros recursos naturais, haja sido reconhecido para fins de tombamento, pelo órgão competente da administração pública.

d) Propriedade familiar é o imóvel rural que, direta e pessoalmente explorado pelo agricultor e sua família, lhes absorva toda a força de trabalho, garantindo-lhes a subsistência e o progresso social e econômico, com área máxima fixada para cada região e tipo de exploração, e eventualmente trabalho com a ajuda de terceiros.

605. (Consulplan/TJ/MG/Cartórios/Ingresso/2018) De acordo com a Lei nº 4.504/64 assinale a alternativa incorreta:

a) o arrendatário, para iniciar qualquer cultura cujos frutos não possam ser recolhidos antes de terminado o prazo de arrendamento, deverá ajustar, previamente, com o arrendador a forma de pagamento do uso da terra por esse prazo excedente.

b) os compradores e promitentes compradores de parcelas resultantes de colonização oficial ou particular ficam isentos do pagamento dos tributos federais que incidam diretamente sobre o imóvel durante o período de 10 (dez) anos, a contar da data da compra ou compromisso.

c) no arrendamento rural os prazos de arrendamento terminarão sempre depois de ultimada a colheita, inclusive a de plantas forrageiras temporárias cultiváveis. No caso de retardamento da colheita por motivo de força maior, considerar-se-ão esses prazos prorrogados nas mesmas condições, até sua ultimação.

d) as normas gerais para a fixação do imposto sobre a propriedade territorial rural obedecerão a critérios de progressividade e regressividade, levando-se em conta os seguintes fatores: o valor da terra nua; a área do imóvel rural; o grau de utilização da terra na exploração agrícola, pecuária e florestal; o grau de eficiência obtido nas diferentes explorações; a área total, no País, do conjunto de imóveis rurais de um mesmo proprietário.

606. (Consulplan/TJ/MG/Cartórios/Remoção/2018) Dispõe a Lei Federal nº 4.504, de 30 de novembro de 1964, que a propriedade da terra desempenha integralmente a sua função social quando, simultaneamente obedecer às seguintes disposições, exceto:

a) mantém níveis satisfatórios de produtividade.
b) assegura a conservação dos recursos naturais.
c) favorece o bem-estar dos proprietários e dos trabalhadores que nela labutam, assim como de suas famílias.
d) não observa, necessariamente, as disposições legais que regulam as justas relações de trabalho entre os que a possuem e a cultivem.

607. (Consulplan/TJ/MG/Cartórios/Remoção/2018) Nos termos das Leis nº 4.504/64, 5.868/72 e 9.393/96, assinale a alternativa correta:

a) o imóvel rural não é divisível em áreas de dimensão inferior à constitutiva do módulo de propriedade rural e em caso de sucessão "causa mortis" e nas partilhas judiciais ou amigáveis, se poderão dividir imóveis em áreas inferiores às da dimensão do módulo de propriedade rural.
b) para fins de transmissão, a qualquer título, nenhum imóvel rural poderá ser desmembrado ou dividido em área de tamanho inferior à do módulo calculado para o imóvel ou da fração mínima de parcelamento, exceto os imóveis rurais cujos proprietários sejam enquadrados como agricultor familiar.
c) é obrigatória a comprovação do pagamento do Imposto Territorial Rural, referente aos 10 (dez) últimos exercícios, para serem praticados quaisquer dos atos previstos nos arts. 167 e 168 da Lei nº 6.015, de 31 de dezembro de 1973 (Lei dos Registros Públicos), ressalvados os casos em que a exigibilidade do imposto esteja suspensa, ou em curso de cobrança executiva em que tenha sido efetivada a penhora.
d) o contribuinte ou o seu sucessor comunicará ao órgão local da Secretaria da Receita Federal (SRF), por meio do Documento de Informação e Atualização Cadastral do ITR – DIAC, as informações cadastrais correspondentes a cada imóvel, bem como qualquer alteração ocorrida, na forma estabelecida pela Secretaria da Receita Federal, sendo obrigatória, no prazo de 90 (noventa) dias, contado de sua ocorrência, a comunicação das alterações ocorridas em virtude sucessão "causa mortis".

4.5. Lei de Aquisição de Imóvel Rural por Estrangeiro (Lei 5.709/71)

QUESTÕES DISCURSIVAS

59. (Ieses/TJ/AM/Cartórios/2018) Da escritura relativa à aquisição de área rural, por pessoas físicas ou jurídicas estrangeiras, constará, obrigatoriamente: (...)?

QUESTÕES OBJETIVAS

608. (Ieses/TJ/TO/Cartórios/Ingresso/2022) Sobre a Lei nº 5.709/71, assinale a alternativa correta:

a) Nos loteamentos rurais efetuados por empresas particulares de colonização, a aquisição e ocupação de, no mínimo, 20% (vinte por cento) da área total serão feitas obrigatoriamente por brasileiros natos.
b) A aquisição de imóvel rural por pessoa física estrangeira não poderá exceder a 30 (trinta) módulos de exploração indefinida, em área contínua ou descontínua.
c) A aquisição de imóvel situado em área considerada indispensável à segurança nacional por pessoa estrangeira, física ou jurídica, depende de sentença judicial transitada em julgado.
d) Na aquisição de imóvel rural por pessoa estrangeira, física ou jurídica, é da essência do ato a escritura pública.

609. (Ieses/TJ/TO/Cartórios/Remoção/2022) A Lei 5.709/71, a qual regula a aquisição de imóvel rural por estrangeiro residente no país, determina que a aquisição de imóvel rural por pessoa física estrangeira não poderá exceder a:

a) 50 (cinquenta) módulos de exploração indefinida, em área contínua ou descontínua.
b) 100 (cem) módulos de exploração indefinida, em área contínua ou descontínua.
c) 40 (quarenta) módulos de exploração indefinida, em área contínua ou descontínua.
d) 20 (vinte) módulos de exploração indefinida, em área contínua ou descontínua.

610. (FGV/TJ/SC/Cartórios/Ingresso/2021) João, empregado no Registro de Imóveis da circunscrição XX, constatou o ingresso de requerimento de registro da escritura pública de venda de terra rural realizada por sociedade empresária brasileira à pessoa física estrangeira. Ao se inteirar sobre as providências a serem adotadas em situações dessa natureza, concluiu, corretamente, que o Registro de Imóveis, além das providências regulares, deve:

a) publicar edital e, inexistindo impugnação, transferir a matrícula do imóvel para livro próprio e proceder ao registro da propriedade em nome do estrangeiro, comunicando aquisições como essa, anualmente, ao Ministério da Justiça.
b) consultar a Corregedoria da Justiça sobre o atingimento do percentual máximo de propriedade de terras rurais pelo respectivo estrangeiro, registrar a aquisição na matrícula do imóvel e comunicar ao Ministério da Agricultura.
c) manter cadastro especial, em livro auxiliar, com aquisições dessa natureza, bem como remeter, trimestralmente, à Corregedoria da Justiça e ao Ministério da Agricultura, a relação das áreas adquiridas por estrangeiros.
d) instruir o expediente e encaminhá-lo ao juízo competente, que ouvirá o Ministério Público e, após constatar a regularidade da situação jurídica do estrangeiro, determinará o registro.
e) solicitar alvará do juízo competente, que ouvirá o Ministério da Justiça a respeito da situação do estrangeiro, e, uma vez concedido, proceder ao registro da escritura pública em livro auxiliar.

611. (Ieses/TJ/RO/Cartórios/Ingresso/2021) Assinale a alternativa correta:

a) A aquisição de imóvel rural situado em área considerada indispensável à segurança nacional por pessoa estrangeira, física ou jurídica, depende do assentimento prévio da Secretaria de Patrimônio da União.
b) Estrangeiros não podem adquirir imóveis urbanos.
c) Quando a aquisição de imóvel rural se der por pessoa jurídica estrangeira, constará da escritura a transcrição do ato que concedeu autorização para a aquisição da área rural, bem como dos documentos comprobatórios de sua constituição e de licença para seu funcionamento no Brasil.
d) No cartório de registro de imóveis, a aquisição de imóvel rural por estrangeiro é feita no livro de indicador real.

612. (Vunesp/TJ/GO/Cartórios/Ingresso/2021) A Lei nº 5.709/71 regula a aquisição de imóvel rural por estrangeiro, sujeitando-lhe a um regime próprio com direitos, deveres e restrições. Nesse sentido, é correto afirmar que:

a) não fica sujeita ao regime legal a pessoa jurídica brasileira da qual participem, a qualquer título, pessoas estrangeiras físicas ou jurídicas que tenham a totalidade do seu capital social e residam ou tenham sede no exterior.

b) as restrições estabelecidas na lei não se aplicam à transmissão da propriedade fiduciária em favor de pessoa jurídica, nacional ou estrangeira.

c) a soma das áreas rurais pertencentes a pessoas estrangeiras, físicas ou jurídicas, não poderá ultrapassar um terço da superfície dos municípios onde se situem.

d) a aquisição de imóvel rural por pessoa física estrangeira não poderá exceder a 3 módulos de exploração indefinida, em área contínua ou descontínua.

613. (Vunesp/TJ/GO/Cartórios/Ingresso/2021) Com relação à aquisição de imóvel rural no Brasil por estrangeiros, é correto firmar que:

a) a aquisição ou o arrendamento de imóvel rural com área contínua ou descontínua, compreendida entre 3 (três) e 50 (cinquenta) módulos de exploração indefinida, por pessoa natural estrangeira residente no Brasil, dependerá de autorização do Incra.

b) é vedada a venda, arrendamento ou qualquer tipo de alienação ou ocupação, a qualquer título, por estrangeiro de imóvel localizado em faixa de fronteira ou em área considerada indispensável à segurança nacional, independentemente da extensão de sua área.

c) os documentos obrigatórios para autorização de aquisição ou de arrendamento de imóvel rural por pessoa natural estrangeira deverão ser apresentados em seus originais, sendo vedada a apresentação de cópias, ainda que autenticadas por tabelião.

d) a pessoa natural estrangeira só poderá adquirir ou arrendar área superior a 50 (cinquenta) módulos de exploração indefinida, em área contínua ou descontínua, mediante autorização do Presidente da República Federativa do Brasil.

614. (Ieses/TJ/SC/Cartórios/Remoção/2019) O Livro de Aquisição de Imóveis Rurais por estrangeiros está previsto na legislação brasileira pertinente a matéria, neste sentido podemos afirmar que a função precípua deste livro corresponde a mesma função do Livro 2 – Matrícula que também tem previsão legal na Lei dos Registros Públicos?

a) Possui a mesma função do Livro 3-Auxiliar, pois é permitido também se registrar para constituir, transferir e extinguir direitos reais.

b) Possui a mesma função dos indicadores Real e Pessoal, podendo ainda de registrar constituição de direitos, transferência e extinção desses direitos.

c) Possui a mesma função do Livro 2-Matrícula, pois é permitido também se registrar para constituir, transferir e extinguir direitos reais.

d) Não possui a mesma função, pois é um livro auxiliar que não visa constituir, transferir ou extinguir direitos reais, destina-se apenas ao controle de aquisição de imóveis rurais por estrangeiros.

615. (Consulplan/TJ/MG/Cartórios/Remoção/2017) Quanto a aquisição de imóveis rurais por estrangeiro, todas as assertivas estão corretas, exceto:

a) a aquisição de imóvel rural por pessoa física estrangeira não poderá exceder a 50 (cinquenta) módulos de exploração indefinida, em área contínua ou descontínua.

b) quando se tratar de imóvel com área não superior a 3 (três) módulos, a aquisição será livre, independendo de qualquer autorização ou licença, ressalvadas as exigências gerais determinadas em lei.

c) o Poder Executivo baixará normas para a aquisição de área compreendida entre 3 (três) e 50 (cinquenta) módulos de exploração indefinida.

d) nos loteamentos rurais efetuados por empresas particulares de colonização, a aquisição e ocupação de, no mínimo, 40% (trinta por cento) da área total serão feitas obrigatoriamente por brasileiros.

616. (Cetro/TJ/RJ/Cartórios/Remoção/2017) Em fevereiro de 2017, a ABC Ltda., pessoa jurídica constituída no Brasil, cuja maioria do capital social é de titularidade da XYZ Ltda., pessoa jurídica com sede em Londres, está interessada em adquirir uma propriedade rural em um município do estado do Rio de Janeiro com o intuito de investir na atividade agrícola. Antes de fechar o negócio, o representante da empresa consultou um advogado especializado para melhor abalizar a compra. Com base no que determina a Constituição Federal de 1988, a legislação federal e estadual pertinentes, assinale a alternativa correta:

a) a ABC Ltda. é considerada pessoa jurídica estrangeira para efeito da compra, portanto, a aquisição, mediante autorização do Ministério da Agricultura, limita-se a imóvel rural entre 03 e 50 módulos; em sendo o único estrangeiro no município proprietário de imóvel rural, a soma da área da propriedade rural não poderá ultrapassar 25% (vinte e cinco por cento) da superfície do município, comprovada por certidão emitida pelo registro de imóveis; e a aquisição deverá ser efetuada por meio de escritura pública, necessariamente.

b) a ABC Ltda. é considerada pessoa jurídica estrangeira para efeito da compra, portanto, a aquisição, mediante autorização do Ministério da Agricultura, limita-se a imóvel rural entre 03 e 50 módulos; em sendo o único estrangeiro no município proprietário de imóvel rural, a soma da área da propriedade rural não poderá ultrapassar 50% (cinquenta por cento) da superfície do município, comprovada por certidão emitida pelo registro de imóveis; e a aquisição poderá ser efetuada por meio de escritura pública ou privada.

c) a ABC Ltda. é considerada pessoa jurídica estrangeira para efeito da compra, portanto, a aquisição, sem a necessidade de autorização do Ministério da Agricultura, limita-se a imóvel rural de 50 módulos; em sendo o único estrangeiro no município proprietário de imóvel rural, a soma da área da propriedade rural não poderá ultrapassar 25% (vinte e cinco por cento) da superfície do município, comprovada por certidão emitida pelo registro de imóveis; e a aquisição deverá ser efetuada por meio de escritura pública, necessariamente.

d) a ABC Ltda. é considerada pessoa jurídica brasileira para efeito da compra, portanto, a aquisição, mediante autorização do Ministério da Agricultura, limita-se a imóvel rural entre 03 e 50 módulos, cuja soma da área da propriedade rural não poderá ultrapassar 30% (trinta por cento) da superfície do município, comprovada por certidão emitida pelo registro de imóveis; e a aquisição deverá ser efetuada por meio de escritura pública ou privada.

e) a ABC Ltda. é considerada pessoa jurídica brasileira para efeito da compra, não havendo, portanto, a necessidade de autorização do Ministério da Agricultura acerca do limite de módulos do imóvel, cuja área total não poderá ultrapassar 25% (vinte e cinco por cento) da superfície do município, comprovada por certidão emitida pelo registro de imóveis; e a aquisição deverá ser efetuada por meio de escritura pública, necessariamente.

4.6. Lei de Condomínio em Edificações e Incorporações Imobiliárias (Lei 4.591/64)

INFORMATIVOS

STJ Incorporação imobiliária. Sociedade de propósito específico. Patrimônio de afetação. Ausência. Recuperação judicial. Compatibilidade. Consolidação substancial. Vedação. Destituição. Não ocorrência. Prerrogativa. As sociedades de propósito específico que atuam na atividade de incorporação imobiliária e que não administram patrimônio de afetação podem se valer dos benefícios da recuperação judicial, desde que não utilizem a consolidação substancial como forma de soerguimento e a incorporadora não tenha sido destituída pelos adquirentes na forma do art. 43, VI, da Lei 4.591/64. *REsp 1975067, 3ª T, 17.5.2022. Inf 737.*

STJ **Incorporação imobiliária. Necessidade de registro do memorial de incorporação. Validade dos contratos de compromisso de compra e venda. Destituição da incorporadora. Adjudicação do imóvel. Impossibilidade.** Não é cabível a adjudicação compulsória de imóvel pelos promitentes compradores de unidades autônomas adquiridas de incorporadora não titular do domínio do terreno e sem o devido registro do memorial de incorporação no cartório de registro de imóveis. *REsp 1770095, 3ª T, 10.5.2022. Inf 736.*

QUESTÕES OBJETIVAS

617. (Ieses/TJ/TO/Cartórios/Ingresso/2022) Com base na Lei nº 4.591/64 assinale a alternativa correta:

a) A renúncia de qualquer condômino aos seus direitos é válida como escusa para exonerá-lo de seus encargos.
b) O registro da Convenção de condomínio deve ser feito no Registro de Títulos e documentos, bem como a averbação das suas eventuais alterações.
c) Considera-se aprovada, e obrigatória para os proprietários de unidades, promitentes compradores, cessionários e promitentes cessionários, atuais e futuros, como para qualquer ocupante, a Convenção que reúna as assinaturas de titulares de direitos que representem, no mínimo, 2/3 das frações ideais que compõem o condomínio.
d) O condomínio por unidades autônomas instituir-se-á por ato entre vivos ou por testamento, com inscrição obrigatória no Registro de Títulos e documentos, dele constando: a individualização de cada unidade, sua identificação e discriminação, bem como a fração ideal sobre o terreno e partes comuns, atribuída a cada unidade, dispensando-se a descrição interna da unidade.

618. (Vunesp/TJ/SP/Cartórios/Ingresso/2022) A incorporação imobiliária é a atividade exercida com o intuito de promover e realizar a construção, para alienação total ou parcial, de edificações ou conjunto de edificações compostas de unidades autônomas. O incorporador somente poderá negociar as frações ideais de terrenos e as acessões que corresponderão às futuras unidades autônomas após o registro do memorial de incorporação no registro de imóveis competente. Assinale a alternativa que contenha exemplos de documentos que devem ser apresentados junto com o memorial de incorporação.

a) Título de propriedade do terreno, ou de promessa, ainda que revogável ou retratável, de compra e venda ou de cessão de direitos do qual conste cláusula de imissão na posse do imóvel e não haja estipulações impeditivas de sua alienação em frações ideais.
b) Certidões negativas de impostos federais, estaduais e municipais, de protesto de títulos de ações cíveis e criminais e de ônus reais relativas ao imóvel, ao incorporador e aos alienantes do terreno e seus antecessores pelo prazo de 10 anos.
c) Histórico dos títulos de propriedade do imóvel, abrangendo os últimos 20 anos, acompanhado de certidão dos respectivos registros e o projeto de construção protocolado para análise da autoridade competente.
d) Declaração, acompanhada de plantas elucidativas, sobre o número de veículos que a garagem comporta e os locais destinados à guarda dos mesmos; certidão negativa de débito para com a Previdência Social, quando o titular de direitos sobre o terreno for responsável pela arrecadação das respectivas contribuições.

619. (FGV/TJ/SC/Cartórios/Ingresso/2021) A sociedade empresária XX almejava promover a construção de um conjunto de edificações compostas de unidades autônomas, para fins de alienação parcial, em um terreno de sua propriedade, que estava gravado com ônus reais em favor de terceiro, mas que não impedia a alienação. Antes de proceder à negociação dessas unidades, consultou o seu departamento jurídico a respeito dos requisitos legais a serem preenchidos e sobre a possibilidade de continuação do empreendimento. O departamento jurídico respondeu, corretamente, que a realização do empreendimento:

a) seria vedada enquanto não fosse averbada, na matrícula do imóvel, a baixa dos ônus reais que o gravavam, salvo se oferecidas garantias idôneas, assim consideradas por decisão do juízo competente.
b) deveria ser antecedida de arquivamento, no Registro de Imóveis, dos documentos exigidos pela legislação, em momento anterior à construção, o que não seria afetado pela existência do gravame.
c) exige o arquivamento, no Registro de Imóveis, dos documentos previstos na legislação, em momento anterior à negociação das unidades, o que não seria afetado pela existência do gravame.
d) exige o arquivamento, no Registro de Imóveis, dos documentos previstos na legislação, em momento anterior à construção, o que seria feito sob condição, em razão da existência do gravame.
e) em razão do gravame existente, deveria ser previamente autorizada pelo juízo competente, mediante a apresentação de garantias idôneas, com posterior arquivamento dos documentos exigidos no Registro de Imóveis.

620. (Ieses/TJ/RO/Cartórios/Remoção/2021) Em se tratando de Condomínio de Lotes, para fins de incorporação imobiliária, a implantação de toda a infraestrutura, legalmente, ficará a cargo:

a) dos condôminos.
b) do município de localização do condomínio.
c) do condomínio.
d) do empreendedor.

621. (Consulplan/TJ/MS/Cartórios/Remoção/2021) Sobre as incorporações imobiliárias, assinale e alternativa incorreta.

a) A existência de ônus fiscais ou reais, salvo os impeditivos de alienação, não impedem o registro, que será feito com as devidas ressalvas, mencionando-se, em todos os documentos, extraídos do registro, a existência e a extensão dos ônus.
b) O incorporador somente poderá negociar sobre unidades autônomas após ter arquivado, no cartório competente de Registro de Imóveis, histórico dos títulos de propriedade do imóvel, abrangendo os últimos 20 (vinte) anos, acompanhado de certidão dos respectivos registros.
c) Os contratos de compra e venda, promessa de venda, cessão ou promessa de cessão de unidades autônomas são retratáveis e, uma vez registrados, conferem direito real oponível a terceiros, atribuindo direito à adjudicação compulsória perante o incorporador ou a quem o suceder.
d) O incorporador somente poderá negociar sobre unidades autônomas após ter arquivado, no cartório competente de Registro de Imóveis, certidões negativas de impostos federais, estaduais e municipais, de protesto de títulos de ações cíveis e criminais e de ônus relativamente ao imóvel, aos alienantes do terreno e ao incorporador.

622. (Vunesp/TJ/GO/Cartórios/Remoção/2021) A conduta de "promover incorporação, fazendo, em proposta, contratos, prospectos ou comunicação ao público ou aos interessados, afirmação falsa sobre a construção do condomínio, alienação das frações ideais do terreno ou sobre a construção das edificações", da Lei nº 4.591/64, constitui crime contra:

a) a economia popular.
b) os registros públicos.
c) as relações de consumo.
d) a Administração Pública.

623. (Ieses/TJ/SC/Cartórios/Ingresso/2019) O sistema de proteção do adquirente no Regime das Incorporações Imobiliárias, tal como tipificado no direito positivo de 1964, atende a nova concepção, submetendo a controle a manifestação de vontade para ajustá-la às atuais exigências sociais e econômicas e, assim, assegurar o cumprimento da função social do contrato, dos princípios citados, qual ou quais fixam diretrizes materiais e normas de conduta específicas?

a) princípios da rogação e da instância.
b) princípios da concentração e da territorialidade.
c) princípios da boa fé objetiva e do equilíbrio das relações contratuais.
d) princípios da especialidade objetiva e da especialidade subjetiva.

624. (Consulplan/TJ/MG/Cartórios/Ingresso/2018) A Lei nº 4.591/64 dispõe sobre o condomínio em edificações e as incorporações imobiliárias. Conforme o exposto, analise as proposições a seguir.

I. a critério do incorporador, a incorporação poderá ser submetida ao regime da afetação, pelo qual o terreno e as acessões objeto de incorporação imobiliária, bem como os demais bens e direitos a ela vinculados, manter-se-ão apartados do patrimônio do incorporador e constituirão patrimônio de afetação, destinado à consecução da incorporação correspondente e à entrega das unidades imobiliárias aos respectivos adquirentes.
II. considera-se constituído o patrimônio de afetação mediante averbação, a qualquer tempo, no registro de imóveis, de termo firmado pelo incorporador e, quando for o caso, também pelos titulares de direitos reais de aquisição sobre o terreno e esta averbação não será obstada pela existência de ônus reais que tenham sido constituídos sobre o imóvel objeto da incorporação para garantia do pagamento do preço de sua aquisição ou do cumprimento de obrigação de construir o empreendimento.
III. os proprietários, promitentes compradores, cessionários ou promitentes cessionários dos direitos pertinentes à aquisição de unidades autônomas, em edificações a serem construídas, em construção ou já construídas, elaborarão, por escrito, a Convenção de condomínio, e deverão, também, por contrato ou por deliberação em assembleia, aprovar o Regimento Interno da edificação ou conjunto de edificações. Far-se-á o registro da Convenção no registro de imóveis, bem como a averbação das suas eventuais alterações.
IV. considera-se incorporação imobiliária a atividade exercida com o intuito de promover e realizar a construção, para alienação total ou parcial, de edificações ou conjunto de edificações compostas de unidades autônomas.

Estão corretas as proposições:

a) I, II, III e IV.
b) I e II, apenas.
c) II e III, apenas.
d) I, II e III, apenas.

625. (Vunesp/TJ/SP/Cartórios/Ingresso/2018) Em relação à incorporação imobiliária, é correto afirmar que:

a) o registro da hipoteca do terreno vinculada ao financiamento das obras é fato que caracteriza a concretização da incorporação.
b) o prazo de carência, dentro do qual é permitido ao incorporador desistir do empreendimento, é de 180 (cento e oitenta) dias, prorrogável uma só vez por igual período.
c) uma vez averbada a desistência da incorporação no registro de imóveis, diante de sua publicidade, é facultativo ao incorporador comunicar o fato aos eventuais adquirentes.
d) havendo o registro de escritura definitiva de compra e venda de fração ideal de terreno vinculada à futura unidade autônoma, o incorporador não mais poderá desistir do empreendimento, mesmo estando ainda no período de carência.

626. (Consulplan/TJ/MG/Cartórios/Remoção/2018) Nos termos da Lei nº 4.591, de 16 de dezembro de 1964, assinale a afirmativa incorreta:

a) nos edifícios-garagem, às vagas não serão atribuídas frações ideais de terreno específicas.
b) cada unidade será assinalada por designação especial, numérica ou alfabética, para efeitos de identificação e discriminação.
c) a cada unidade caberá, como parte inseparável, uma fração ideal do terreno e coisas comuns, expressa sob forma decimal ou ordinária.
d) as edificações ou conjuntos de edificações, de um ou mais pavimentos, construídos sob a forma de unidades isoladas entre si, destinadas a fins residenciais ou não residenciais, poderão ser alienados, no todo ou em parte, objetivamente considerados, e constituirá, cada unidade, propriedade autônoma sujeita às limitações desta Lei.

627. (Consulplan/TJ/MG/Cartórios/Remoção/2017) Nos termos da Lei n. 4.591/1964, a iniciativa e a responsabilidade das incorporações imobiliárias caberão ao incorporador, que não poderá ser:

a) o proprietário do terreno, o promitente comprador, o cessionário deste ou promitente cessionário.
b) o construtor.
c) corretor de imóveis e o procurador com poderes especiais.
d) o ente da Federação imitido na posse a partir de decisão proferida em processo judicial de desapropriação em curso ou o cessionário deste, conforme comprovado mediante registro no registro de imóveis competente.

628. (Cetro/TJ/RJ/Cartórios/Ingresso/2017) Com relação ao patrimônio de afetação nas Incorporações Imobiliárias (Lei n. 4.591/1964), assinale a alternativa correta:

a) os bens e direitos integrantes do patrimônio de afetação poderão ser objeto de garantia real por créditos obtidos pela incorporadora para a efetivação dos empreendimentos que lançar no mercado imobiliário.
b) exclui-se do patrimônio de afetação o valor referente ao preço de alienação da fração ideal de terreno de cada unidade vendida, no caso de incorporação em que a construção seja contratada sob o regime por empreitada ou por administração.
c) é vedada a constituição de patrimônios de afetação separados para cada edifício de dois ou mais pavimentos, nos casos de empreendimentos que contenham mais de um deles.
d) configura-se óbice à averbação do patrimônio de afetação a existência de ônus reais que tenham sido constituídos sobre o imóvel objeto da incorporação para garantia do pagamento do preço de sua aquisição.
e) os efeitos da decretação de falência ou da insolvência civil do incorporador não atingem os patrimônios de afetação constituídos. Deste modo, havendo saldo positivo entre as

receitas da incorporação e o custo de sua conclusão, o valor correspondente será destinado às obras de valorização do empreendimento, de acordo com projeto aprovado pela Comissão de Representantes.

4.7. Lei de Normas Gerais sobre Emolumentos (Lei 10.169/00)

QUESTÕES DISCURSIVAS

60. (Consulplan/TJ/MG/Cartórios/Ingresso/2014) "A indiscutível relevância dos serviços cartorários exige esforços redobrados na compreensão do delineamento jurídico e do papel a ser desempenhado pelos emolumentos. A utilização dos emolumentos como contraprestação por um serviço prestado é facilmente percebida pela sistemática da Lei 8.935/94, que veda a imposição de novas despesas ao usuário em decorrência da realização das diligências necessárias ao preparo dos atos notariais; impõe aos notários e oficiais o dever de observar os emolumentos fixados para a prática dos atos do seu ofício; e veda a cobrança de emolumentos aos reconhecidamente pobres pelas certidões de nascimento e óbito." (Fonte: GARCIA, Emerson. Emolumentos Cartorários: delineamento de sua intangibilidade). Diante do exposto, responda: (i) os emolumentos relativos aos atos notariais e de serviço têm natureza jurídica de tributo? Qual espécie? Explique. (ii) qual a diferença entre a natureza jurídica dos emolumentos e da Taxa de Fiscalização Judiciária? Explique.

QUESTÕES OBJETIVAS

629. (Ieses/TJ/RO/Cartórios/Ingresso/2021) Assinale a alternativa correta:

a) O Distrito Federal não possui competência para fixação de emolumentos, cabendo a União regular emolumentos neste ente federado.
b) O valor dos emolumentos deve ter relação com os serviços prestados e com o salário-mínimo vigente.
c) É vedado cobrar emolumentos em decorrência da prática de ato de retificação ou que teve de ser refeito ou renovado em razão de erro imputável aos respectivos serviços notariais e de registro.
d) Os notários e os registradores não são obrigados a emitir recibo dos emolumentos percebidos, ficando a critério de cada serventia regular essa situação.

630. (Ieses/TJ/TO/Cartórios/Remoção/2022) No tocante à fixação de emolumentos relativos aos atos praticados pelos serviços notariais e de registro, é correto afirmar:

I. Os Estados e o Distrito Federal fixarão o valor dos emolumentos relativos aos atos praticados pelos respectivos serviços notariais e de registro, observadas as normas desta Lei.
II. Os Estados e o Distrito Federal deverão proceder à revisão das tabelas de emolumentos atualmente em vigor, a fim de adaptá-las ao disposto nesta Lei, no prazo de 60 (sessenta) dias contados da data de sua vigência.
III. É permitido fixar emolumentos em percentual incidente sobre o valor do negócio jurídico objeto dos serviços notariais e de registro.
IV. As tabelas de emolumentos serão publicadas nos órgãos oficiais das respectivas unidades da Federação, cabendo às autoridades competentes determinar a fiscalização do seu cumprimento e sua afixação obrigatória em local visível em cada serviço notarial e de registro.

A sequência correta é:

a) Apenas as assertivas II e III estão incorretas.
b) Apenas a assertiva III está incorreta.
c) Apenas as assertivas I e II estão corretas.
d) As assertivas I, II, III e IV estão corretas.

631. (Ieses/TJ/TO/Cartórios/Ingresso/2022) Em relação à Lei nº 10.169/00 (que estabelece normas gerais para fixação de emolumentos) assinale a alternativa correta:

a) É possível cobrar emolumentos em decorrência da prática de ato de retificação ou que teve de ser refeito ou renovado em razão de erro imputável aos respectivos serviços notariais e de registro.
b) As tabelas de emolumentos serão publicadas nos órgãos oficiais da União, cabendo às autoridades competentes determinar a fiscalização do seu cumprimento e sua afixação obrigatória em local visível em cada serviço notarial e de registro.
c) É vedado fixar emolumentos em percentual incidente sobre o valor do negócio jurídico objeto dos serviços notariais e de registro.
d) Os valores dos emolumentos constarão de tabelas e serão expressos em moeda corrente do País ou moeda estrangeira.

632. (FGV/TJ/SC/Cartórios/Remoção/2021) Resolução da Corregedoria-Geral da Justiça do Estado Beta, de 18/09/2020, estabeleceu que, a partir de 01/01/2021, os emolumentos referentes às atividades notariais e de registro sofreriam reajuste com base em atualização monetária por certo índice oficial. Diante desse cenário, é correto afirmar que tal reajuste:

a) necessitaria de lei em sentido estrito para poder ser implementado.
b) necessitaria de decreto do chefe do Poder Executivo para poder ser implementado.
c) não poderia ser implementado em 01/01/2021, por desobediência ao princípio tributário da anterioridade plena.
d) poderia ser implementado pela referida Resolução, por se tratar de mera atualização monetária, não exigindo lei em sentido estrito.
e) poderia ser implementado por ato infralegal, dada a natureza jurídica de tarifa ou preço público dos emolumentos.

633. (Ieses/TJ/RO/Cartórios/Remoção/2021) No que se refere a fixação de emolumentos relativos aos atos praticados pelos serviços notariais e de registro, estabelecidos no art. 3º da Lei Federal n. 10.169 de 2000, é vedado, exceto:

a) Fixar emolumentos em percentual incidente sobre o valor do negócio jurídico objeto dos serviços notariais e de registro.
b) Instituir taxa, contribuição, acréscimo ou percentual sobre os emolumentos, salvo se destinados a Fundo Especial de Reaparelhamento e Modernização, criados por lei, exclusivamente para as atividades jurisdicionais.
c) Cobrar das partes interessadas quaisquer outras quantias não expressamente previstas nas tabelas de emolumentos.
d) Cobrar emolumentos em decorrência da prática de ato de retificação ou que teve de ser refeito ou renovado em razão de erro imputável aos respectivos serviços notariais e de registro.

634. (Cespe/TJ/DFT/Cartórios/Remoção/2019) A lei que isenta as pessoas reconhecidamente pobres do pagamento dos emolumentos devidos para a expedição de registro civil de nascimento foi declarada constitucional pelo Poder Judiciário com fundamento:

a) no princípio da progressividade tributária.
b) no fato de que a atividade notarial decorre de uma delegação.
c) no fato de os serviços de natureza notarial atenderem a um regime de direito público.

d) na aplicação do princípio da proporcionalidade.
e) na função social da norma jurídica.

635. (Ieses/TJ/SC/Cartórios/Ingresso/2019) A Lei Federal 10.169/2000, que estabelece normas gerais para a fixação de emolumentos relativos aos atos praticados pelos serviços notariais e de registro, dispõe que:

a) Os notários e registradores passarão recibo dos emolumentos percebidos, sem prejuízo da indicação definitiva e obrigatória dos respectivos valores à margem do documento entregue ao interessado, em conformidade com a tabela vigente ao tempo da prática do ato.
b) Deverão os Estados e o Distrito Federal, no âmbito de sua competência, estabelecer forma de compensação aos Registros Civis das Pessoas Naturais pelos atos gratuitos por eles praticados, destinando parte da verba pública para este fim.
c) O valor dos emolumentos pode sofrer reajustes periódicos, para a recomposição de sua expressão econômica, sendo que a nova Tabela deverá obedecer a uma antecedência mínimo de 30 (trinta) dias, a partir de sua publicação, para adquirir validade.
d) Os atos relativos a situações jurídicas sem conteúdo financeiro deverão ser remunerados de maneira uniforme pelos Estados e o Distrito Federal, evitando-se variações decorrentes de peculiaridades regionais.

636. (UFPR/TJ/PR/Cartórios/Remoção/2019) A respeito da cobrança de emolumentos por notários e registradores, assinale a alternativa correta.

a) No caso de atos relativos à primeira compra de imóvel para fins de residência, adquirido por meio de financiamento do Sistema Financeiro da Habitação, o valor dos emolumentos devidos será reduzido em 50% (cinquenta por cento).
b) A competência legislativa para fixar os valores dos emolumentos pertence à União Federal.
c) Os valores dos emolumentos relativos aos atos praticados pelos serviços notariais e de registro do Distrito Federal são definidos por meio de lei federal.
d) Em caso de reajuste dos valores dos emolumentos, não se aplica o princípio da anterioridade, podendo-se publicar as novas tabelas e cobrar os respectivos valores no mesmo ano de sua publicação.
e) No caso da prática de atos gratuitos por notários e registradores em razão de exigência legal, como é o caso dos assentos do registro civil de nascimento e de óbito, não cabe ao Poder Público prover compensação aos agentes delegados, competindo a estes últimos arcar integralmente com os custos de tais atos.

4.8. Lei de Registro de Imóveis Rurais (Lei 6.739/79)

QUESTÕES OBJETIVAS

637. (Consulplan/TJ/MG/Cartórios/Ingresso/2017) Acerca do registro de imóveis, assinale a alternativa correta:

a) exigir-se-á, por ocasião da efetivação do registro do imóvel destacado de glebas públicas, a retificação do memorial descritivo da área remanescente.
b) prevalecerá para efeito de prioridade de registro a escritura pública prenotada no Protocolo sob número de ordem mais baixo, se duas escrituras forem apresentadas no mesmo dia; houverem sido lavradas na mesma data; constituírem direitos reais contraditórios sobre o mesmo imóvel; e, determinarem, taxativamente, a hora de sua lavratura.
c) o desmembramento territorial posterior ao registro exige sua repetição no novo cartório.
d) em se tratando de imóveis rurais, é obrigatória a apresentação do CCIR, transcrevendo-se na matrícula o código, o módulo rural e a fração mínima de parcelamento.

4.9. Lei de Parcelamento do Solo Urbano (Lei 6.766/79)

ATENÇÃO: ESTE TEMA É MUITO EXIGIDO NOS CONCURSOS!

QUESTÕES DISCURSIVAS

61. (Vunesp/TJ/SP/Cartórios/2018) Disserte ordenadamente sobre condomínio de lotes. Histórico. Definição. Constituição. Natureza da obrigação no rateio de despesas. Aspectos tributários. Comparação com o loteamento de acesso controlado.

QUESTÕES OBJETIVAS

638. (Ieses/TJ/TO/Cartórios/Remoção/2022) Somente será admitido o parcelamento do solo para fins urbanos em zonas urbanas, de expansão urbana ou de urbanização específica, assim definidas pelo plano diretor ou aprovadas por lei municipal, contudo, não será permitido o parcelamento do solo:

I. Em terrenos com declividade igual ou superior a 20% (vinte por cento), salvo se atendidas exigências específicas das autoridades competentes.
II. Em terrenos onde as condições geológicas não aconselham a edificação.
III. Em áreas de preservação ecológica ou naquelas onde a poluição impeça condições sanitárias suportáveis, até a sua correção.
IV. Em terrenos que tenham sido aterrados com material nocivo à saúde pública, mesmo que sejam previamente saneados.

A sequência correta é:

a) Apenas as assertivas I e IV estão incorretas.
b) Apenas as assertivas I e II estão corretas.
c) As assertivas I, II, III e IV estão corretas.
d) Apenas a assertiva III está incorreta.

639. (Ieses/TJ/TO/Cartórios/Ingresso/2022) Com base na Lei nº 6.766/79 assinale a alternativa incorreta:

a) Desmembramento é a subdivisão de gleba em lotes destinados à edificação, com aproveitamento do sistema viário existente, desde que não implique na abertura de novas vias e logradouros públicos, nem no prolongamento, modificação ou ampliação dos já existentes.
b) Loteamento é a subdivisão de gleba em lotes destinados à edificação, com abertura de novas vias de circulação, de logradouros públicos ou prolongamento, modificação ou ampliação das vias existentes.
c) Lote é o terreno servido de infraestrutura básica cujas dimensões atendam aos índices urbanísticos definidos pelo plano diretor ou lei municipal para a zona em que se situe.
d) Não é permitido o parcelamento do solo em terrenos alagadiços e sujeitos a inundações, antes de tomadas as providências para assegurar o escoamento das águas.

640. (FGV/TJ/SC/Cartórios/Ingresso/2021) Pouco mais de cento e oitenta dias após o registro do loteamento urbano "Canto das Andorinhas", promovido pela sociedade empresária ZZ, o oficial do Registro de Imóveis recebeu do loteador um pedido de cancelamento do registro. Em resposta, o oficial informou que:

I. o registro do loteamento somente poderia ser cancelado por decisão judicial, em processo contencioso, não mediante requerimento do loteador, ainda que houvesse a concordância do Município em que está localizado o loteamento.
II. deveria ser publicado edital do pedido de cancelamento.
III. o Ministério Público deveria ser ouvido antes da manifestação pelo juízo competente; e
IV. no caso de cancelamento, os adquirentes dos lotes que já estavam instalados no local deveriam ser indenizados, pois a sua discordância não impediria o fim do loteamento.

Em relação às informações fornecidas pelo oficial, está(ão) correta(s):

a) somente IV.
b) somente II e III.
c) somente I, II e III.
d) somente I, II e IV.
e) I, II, III e IV.

641. (FGV/TJ/SC/Cartórios/Remoção/2021) A sociedade empresária Alfa dividiu em lotes um terreno rural, com o objetivo de realizar a oferta pública para a venda em prestações, e depositou, no cartório do Registro de Imóveis da respectiva circunscrição, memorial, planta e demais documentos exigidos. Após serem observados os procedimentos previstos em lei, o oficial constatou que não houve impugnação e que os documentos estavam em ordem; logo, deve:

a) proceder ao registro do loteamento, dependendo de decisão judicial a autorização para oferta pública dos respectivos lotes.
b) proceder ao registro do loteamento, sendo que a inscrição torna inalienáveis as vias de comunicação e os espaços livres constantes da planta.
c) devolver o expediente ao requerente para que promova o registro do loteamento, com a publicação dos editais correlatos, junto ao juízo competente.
d) encaminhar os autos ao Ministério Público, com posterior decisão do juízo competente, autorizando a continuação do processo de registro no âmbito do Registro de Imóveis.
e) encaminhar os autos ao juízo competente para decidir sobre o pedido de registro do loteamento, o qual, sendo acolhido, permitirá a averbação dos instrumentos de compra e venda.

642. (Ieses/TJ/RO/Cartórios/Ingresso/2021) Assinale a alternativa correta:

a) É permitido ao interessado processar simultaneamente, perante diferentes circunscrições, pedidos de registro do mesmo loteamento.
b) O processo de loteamento e os contratos de depositados em Cartório poderão ser examinados por qualquer pessoa, a qualquer tempo, condicionados ao pagamento de custas ou emolumentos, ainda que a título de busca.
c) No Registro de Imóveis far-se-á o registro do loteamento, com uma indicação para cada lote, a averbação das alterações, a abertura de ruas e praças e as áreas destinadas a espaços livres ou a equipamentos urbanos.
d) O indeferimento do registro do loteamento em uma circunscrição determinará, automaticamente, o cancelamento do registro procedido em outra.

643. (FGV/TJ/SC/Cartórios/Ingresso/2021) A sociedade empresária XX pretendia promover o parcelamento de uma grande gleba urbana de sua propriedade, com a criação de um loteamento, sendo que a gleba está localizada em três circunscrições imobiliárias distintas. Após a aprovação do projeto de loteamento pelo órgão municipal competente, a sociedade empresária XX processou, simultaneamente, perante os três ofícios do Registro de Imóveis, o pedido de registro do loteamento, o qual, para sua surpresa, veio a ser indeferido de plano no primeiro deles. À luz dessa narrativa, a sociedade empresária XX deve:

a) requerer o encaminhamento dos autos ao juízo competente, para que aprecie apenas o pedido que fora indeferido de plano.
b) refazer os pedidos de registro, pois é vedado o seu processamento simultâneo perante diferentes circunscrições imobiliárias.
c) refazer os pedidos de registro, centralizando-os no juízo competente, que o remeterá a cada Registro de Imóveis, de modo a centralizar as avaliações realizadas.
d) requerer o encaminhamento dos autos ao juízo competente, para que aprecie, em conjunto, a integralidade dos pedidos de registro, considerando a sua influência recíproca.
e) aguardar a apreciação dos pedidos de registro nas demais circunscrições imobiliárias e, após a sua conclusão, requerer a remessa, ao juízo competente, dos que forem indeferidos.

644. (Consulplan/TJ/MS/Cartórios/Remoção/2021) De acordo com o Art. 69 do Decreto nº 9.310, de 15 de março de 2018, "Quando um mesmo imóvel contiver construções de casas ou cômodos, poderá ser instituído, inclusive para fins de Reurb, condomínio urbano simples, respeitados os parâmetros urbanísticos locais, e serão discriminadas, na matrícula, a parte do terreno ocupada pelas edificações, as partes de utilização exclusiva e as áreas que constituem passagem para as vias públicas ou para as unidades entre si". Assinale a alternativa correta sobre o condomínio urbano simples.

a) A gestão das partes comuns será feita de acordo com as normas estabelecidas na convenção de condomínio registrada no Livro nº 3.
b) Após o registro da instituição do condomínio urbano simples, será aberta uma matrícula para cada unidade autônoma, à qual caberá, como parte inseparável, uma fração ideal do solo e das outras partes comuns, se houver, representada na forma de percentual.
c) A instituição do condomínio urbano simples será registrada na matrícula do imóvel, na qual serão identificadas as partes comuns no nível do solo, as partes comuns internas à edificação, se houver, e as unidades autônomas, bem como a apresentação de convenção de condomínio.
d) Em caso de alienação de qualquer das unidades, terão direito de preferência, em igualdade de condições com terceiros, os titulares das demais unidades integrantes do condomínio urbano simples, que serão cientificados por escrito para que se manifestem no prazo de 30 (trinta) dias, salvo se a convenção dispuser de modo diverso.

645. (FGV/TJ/SC/Cartórios/Ingresso/2021) João, brasileiro nato, domiciliado no território brasileiro, proprietário de terras próprias para a lavoura, tinha interesse em loteá-las para a formação de sítios de recreio. Ao procurar orientação do seu advogado, foi informado, corretamente, de que:

a) deve ser requerido o registro do loteamento diretamente ao Registro de Imóveis, que publicará os editais necessários e, caso haja impugnação, submeterá a questão ao juízo competente.
b) o projeto, considerado de colonização particular, deve ser submetido à consulta pública e, uma vez apreciadas as impugnações pelo órgão federal competente, será nele registrado em livro próprio.
c) deve ser requerido o registro do loteamento diretamente no Registro de Imóveis, independentemente de autorização prévia, cabendo à serventia comunicar o pedido ao órgão federal competente, que pode impugná-lo, ou não.

d) o projeto deve ser previamente submetido à aprovação e fiscalização do órgão federal competente, com posterior registro no Registro de Imóveis, cabendo à serventia comunicar a sua realização ao referido órgão.

e) o loteamento pretendido é ilícito, tendo o oficial do Registro de Imóveis o dever funcional, sob pena de responsabilidade pessoal, de não registrá-lo, encaminhando os autos ao juízo competente caso requerido pelo interessado.

646. (FGV/TJ/SC/Cartórios/Remoção/2021) Maria, conhecida e abastada empresária do ramo têxtil, compareceu ao Registro de Imóveis do pequeno Município em que residia e informou que desejava examinar o processo do loteamento urbano "Viva Bem", constituído há cerca de vinte anos e no qual a quase totalidade dos lotes tinha sido vendida. Antes mesmo que o funcionário dissesse algo, Maria se adiantou e afirmou que não pagaria nada para ter acesso ao processo, pois se tratava de uma informação pública, que poderia ser acessada por qualquer do povo. À luz da sistemática legal vigente, Maria está:

a) certa, pois não podem ser cobrados emolumentos dos hipossuficientes.

b) errada, pois o referido processo pode ser examinado por qualquer pessoa, que deve arcar com os custos da busca.

c) errada, salvo se Maria tiver formulado o requerimento como representante de pessoa jurídica interessada no processo.

d) certa, pois os processos de loteamento podem ser examinados por qualquer pessoa, sem qualquer pagamento.

e) errada, pois o serviço enseja o pagamento de emolumentos, não por hipossuficientes, requisito não preenchido por Maria.

647. (FGV/TJ/SC/Cartórios/Remoção/2021) Determinado empreendedor obteve junto ao Executivo Municipal a aprovação de projeto de loteamento e, em seguida, de acordo com a Lei nº 6.766, que dispõe e sobre o parcelamento do solo urbano, o loteador deverá submetê-lo:

a) à averbação relativa a cada lote, à abertura de ruas e praças e às áreas destinadas a espaços livres ou a equipamentos urbanos, no registro imobiliário dentro de noventa dias, sob pena de multa, e, averbado o loteamento, o oficial de Registro de Imóveis comunicará, por certidão, o ato à prefeitura.

b) ao registro imobiliário dentro de noventa dias, sob pena de multa, permanecendo as áreas comuns, tais como as vias e praças, os espaços livres e as áreas destinadas a equipamentos urbanos constantes do projeto e do memorial descritivo, sob a propriedade privada em condomínio para os proprietários dos lotes.

c) ao registro imobiliário dentro de cento e oitenta dias, sob pena de caducidade da aprovação, acompanhado de diversos documentos, como, por exemplo, certidões de ações pessoais e penais relativas ao loteador, pelo período de dez anos.

d) a registro no Ofício de Registros Civis de Títulos e Documentos do projeto de vias de circulação do loteamento, demarcação dos lotes, quadras e logradouros e das obras de escoamento das águas pluviais e, executadas tais obras no prazo de dois anos, a registro no Ofício de Registro de Imóveis, sob pena de multa.

e) a registro no Ofício de Registros Civis de Títulos e Documentos do projeto de vias de circulação do loteamento, demarcação dos lotes, quadras e logradouros e das obras de escoamento das águas pluviais e, executadas tais obras no prazo de cinco anos, a registro no Ofício de Registro de Imóveis, sob pena de caducidade do projeto.

648. (Ieses/TJ/RO/Cartórios/Ingresso/2021) Sobre o loteamento urbano, assinale a alternativa correta:

a) O loteamento poderá ser dividido em etapas discriminadas, a critério do loteador, cada uma das quais constituirá um condomínio que poderá ser dissolvido quando da aceitação do loteamento pela União.

b) Considera-se desmembramento a subdivisão de área urbana em lotes para edificação na qual seja aproveitado o sistema viário oficial da cidade ou vila sem que se abram novas vias ou logradouros públicos e sem que se prolonguem ou se modifiquem os existentes.

c) Nas desapropriações, se indenizarão as benfeitorias ou construções realizadas em lotes ou loteamentos irregulares, e se considerarão como terrenos loteados ou loteáveis, para fins de indenização, as glebas não inscritas ou irregularmente inscritas como loteamentos urbanos ou para fins urbanos.

d) Somente após a venda integral dos lotes, estes passam a integrar o domínio público de Município, as vias e praças e as áreas destinadas a edifícios públicos e outros equipamentos urbanos.

649. (Consulplan/TJ/MS/Cartórios/Ingresso/2021) O parágrafo único do Art. 50 da Lei nº 6.766/79 (que dispõe sobre o parcelamento do solo urbano) prevê que o crime contra a Administração Pública (cujas condutas estão nele definidas) "será qualificado", se cometido: (I) "Por meio de venda, promessa de venda, reserva de lote ou quaisquer outros instrumentos que manifestem a intenção de vender lote em loteamento ou desmembramento não registrado no Registro de Imóveis competente." (II) "Com inexistência de título legítimo de propriedade do imóvel loteado ou desmembrado, ressalvado o disposto no Art. 18, §§ 4º e 5º, desta Lei, ou com omissão fraudulenta de fato a ele relativo, se o fato não constituir crime mais grave." Considerando que o legislador se valeu de terminologia técnica adequada, quanto à expressão "será qualificado", assinale a afirmativa correta.

a) Configuradas, concomitantemente, ambas as situações previstas nos incisos I e II, do parágrafo único do Art. 50, a pena será agravada, em patamar fixado pelo Juiz na sentença, na segunda fase de sua aplicação.

b) Configurada qualquer das situações previstas nos incisos I e II, do parágrafo único do Art. 50, a pena será aumentada em patamar correspondente a uma determinada fração, com incidência na terceira fase de aplicação da pena.

c) Configuradas, alternativamente, as situações previstas nos incisos I e II, do parágrafo único do Art. 50, a pena será majorada, em patamar fixado pelo Juiz na sentença, na quarta fase de sua aplicação, cujo regime inicial de cumprimento, em consequência do ilícito qualificado, será necessariamente fechado.

d) Configurada qualquer das situações previstas nos incisos I e II, do parágrafo único do Art. 50, a pena será fixada, desde a primeira fase em que se analisam as circunstâncias judiciais, considerando-se os limites abstratos, mínimo e máximo, previstos para o tipo qualificado de maneira autônoma e específica.

650. (Vunesp/TJ/GO/Cartórios/Ingresso/2021) Em matéria de loteamento, em conformidade com a Lei nº 6.766/79 e normatização correlata, é correto afirmar que:

a) a existência de ações pessoais impedirá o registro do loteamento, assim como as ações penais referentes a crime contra o patrimônio.

b) os compromissos de compra e venda, as cessões e as promessas de cessão valerão como título para o registro da propriedade do lote adquirido, quando acompanhados da respectiva prova de quitação e desde que tenham relação com imóveis de valor que não ultrapasse 30 vezes o maior salário mínimo vigente.

c) o registro de loteamento depende da apresentação de cópia do ato de aprovação do loteamento e comprovante do termo de verificação, pelo Município ou pelo Distrito Federal, da execução das obras exigidas pela legislação municipal, ou da aprovação de um cronograma, com a duração máxima de 4 anos, prorrogáveis por mais 4 anos, acompanhado de competente instrumento de garantia para a execução das obras.

d) aprovado o projeto de loteamento, o loteador deverá submetê-lo ao registro imobiliário dentro de 120 dias, sob pena de caducidade da aprovação.

651. (Vunesp/TJ/GO/Cartórios/Ingresso/2021) Em matéria de loteamento, em conformidade com a Lei nº 6.766/79 e normatização correlata, é correto afirmar que:

a) a existência de ações pessoais impedirá o registro do loteamento, assim como as ações penais referentes a crime contra o patrimônio.

b) os compromissos de compra e venda, as cessões e as promessas de cessão valerão como título para o registro da propriedade do lote adquirido, quando acompanhados da respectiva prova de quitação e desde que tenham relação com imóveis de valor que não ultrapasse 30 vezes o maior salário mínimo vigente.

c) o registro de loteamento depende da apresentação de cópia do ato de aprovação do loteamento e comprovante do termo de verificação, pelo Município ou pelo Distrito Federal, da execução das obras exigidas pela legislação municipal, ou da aprovação de um cronograma, com a duração máxima de 4 anos, prorrogáveis por mais 4 anos, acompanhado de competente instrumento de garantia para a execução das obras.

d) aprovado o projeto de loteamento, o loteador deverá submetê-lo ao registro imobiliário dentro de 120 dias, sob pena de caducidade da aprovação.

652. (Vunesp/TJ/GO/Cartórios/Ingresso/2021) O crime de "dar início, de qualquer modo, ou efetuar loteamento ou desmembramento do solo para fins urbanos, sem autorização do órgão público competente, ou em desacordo com as disposições desta Lei ou das normas pertinentes do Distrito Federal, Estados e Municípios", previsto no art. 50 da Lei de Parcelamento do Solo Urbano, é qualificado (parágrafo único) se cometido:

a) com intuito de lucro ou possibilidade de causar comoção social ou em circunstância de crise habitacional, de saúde ou sanitária.

b) em detrimento de pessoas hipossuficientes.

c) por promessa de venda que manifeste a intenção de vender lote em loteamento não registrado no Registro de Imóveis competente.

d) em área rural ou de preservação ambiental.

653. (Consulplan/TJ/MG/Cartórios/Ingresso/2019) Analise as afirmativas a seguir, de acordo com a Lei nº 6.766/79.

I. O contrato particular pode ser transferido por simples trespasse, lançado no verso das vias em poder das partes, ou por instrumento em separado, declarando-se o número do registro do loteamento, o valor da cessão e a qualificação do cessionário, para o devido registro.

II. A cessão independe da anuência do loteador mas, em relação a este, seus efeitos só se produzem depois de cientificado, por escrito, pelas partes ou quando registrada a cessão.

III. Uma vez registrada a cessão, feita sem anuência do loteador, o Oficial do Registro dar-lhe-á ciência, por escrito, dentro de dez dias.

IV. Vencida e não paga a prestação, o contrato será considerado rescindido quinze dias depois de constituído em mora o devedor.

Estão corretas apenas as afirmativas:

a) I e IV.

b) II e III.

c) I, II e III.

d) I, II e IV.

654. (Ieses/TJ/SC/Cartórios/Remoção/2019) O parcelamento do solo urbano poderá ser feito mediante loteamento ou desmembramento, nos termos da Lei nº 6.766/79. Sobre o assunto, assinale a alternativa incorreta:

a) Considera-se desmembramento a subdivisão de gleba em lotes destinados a edificação, com abertura de novas vias de circulação, de logradouros públicos ou prolongamento, modificação ou ampliação das vias existentes.

b) Considera-se desmembramento a subdivisão de gleba em lotes destinados a edificação, com aproveitamento do sistema viário existente, desde que não implique na abertura de novas vias e logradouros públicos, nem no prolongamento, modificação ou ampliação dos já existentes.

c) Considera-se lote o terreno servido de infraestrutura básica cujas dimensões atendam aos índices urbanísticos definidos pelo plano diretor ou lei municipal para a zona em que se situe.

d) Considera-se loteamento a subdivisão de gleba em lotes destinados a edificação, com abertura de novas vias de circulação, de logradouros públicos ou prolongamento, modificação ou ampliação das vias existentes.

655. (Ieses/TJ/SC/Cartórios/Ingresso/2019) O parcelamento do solo urbano poderá ser feito mediante loteamento ou desmembramento, nos termos da Lei nº 6.766/79. Sobre o assunto, assinale a alternativa incorreta:

a) Constitui loteamento de acesso controlado a modalidade de loteamento, cujo controle de acesso será regulamentado por ato do poder público Municipal, sendo vedado o impedimento de acesso a pedestres ou a condutores de veículos, não residentes, devidamente identificados ou cadastrados.

b) O lote não poderá ser constituído sob a forma de imóvel autônomo ou de unidade imobiliária integrante de condomínio de lotes.

c) A infraestrutura básica dos parcelamentos situados nas zonas habitacionais declaradas por lei como de interesse social (ZHIS) consistirá, no mínimo, de vias de circulação; escoamento das águas pluviais; rede para o abastecimento de água potável; e soluções para o esgotamento sanitário e para a energia elétrica domiciliar.

d) A infraestrutura básica dos parcelamentos é constituída pelos equipamentos urbanos de escoamento das águas pluviais, iluminação pública, esgotamento sanitário, abastecimento de água potável, energia elétrica pública e domiciliar e vias de circulação.

656. (Vunesp/TJ/RS/Cartórios/Ingresso/2019) De acordo com a Lei nº 6.766/1976, que dispõe sobre o parcelamento do solo urbano, assinale a alternativa correta.

a) A existência de quaisquer protestos e ações pessoais, em desfavor do loteador, impedirá o registro do loteamento, ressalvada a possibilidade de o loteador pleitear autorização judicial para prosseguir com o registro.

b) Após a aprovação do projeto de loteamento pela municipalidade, o loteador não terá prazo máximo para submetê-lo ao registro imobiliário, desde que não realize qualquer alteração no projeto aprovado.

c) O pedido de cancelamento do registro do loteamento poderá ser realizado pelo loteador, independentemente de anuência da prefeitura, desde que nenhum lote tenha sido objeto de contrato.

d) Examinada a documentação que acompanha o pedido de registro do loteamento, o Oficial do Registro de Imóveis poderá, a seu exclusivo critério, publicar edital do pedido de registro.

e) O pedido de registro do projeto de loteamento deverá estar acompanhado, dentre outros documentos, do exemplar do contrato padrão de promessa de venda.

657. (Vunesp/TJ/RS/Cartórios/Ingresso/2019) Assinale a alternativa correta sobre o compromisso de venda e compra, bem como sobre os direitos do promitente comprador.

a) O instrumento particular de compromisso de venda e compra de loteamento vale como título para o registro da propriedade do lote adquirido, desde que acompanhado da prova de quitação.

b) No compromisso de venda e compra de unidade autônoma integrante de incorporação imobiliária, deverão constar no instrumento o número de registro do memorial de incorporação, a matrícula do imóvel e a identificação do Cartório de Registro de Imóveis, sob pena de nulidade do compromisso.

c) Admite-se o registro do compromisso de venda e compra na matrícula do imóvel, salvo se houver cláusula de arrependimento.

d) No compromisso de venda e compra, o sinal (ou arras) não poderá ser retido pelo promitente vendedor em razão inadimplemento contratual por parte do comprador.

e) Qualifica-se como direito real o direito do promitente comprador à aquisição do imóvel, desde que celebrado por instrumento público devidamente registrado no Cartório de Registro de Imóveis.

658. (Cespe/TJ/DFT/Cartórios/Remoção/2019) Foi aprovado pelo órgão competente determinado projeto de loteamento a ser executado em área situada em mais de uma circunscrição imobiliária. Nessa situação, à luz da Lei nº 6.766/1979, quanto ao registro imobiliário:

a) o indeferimento do registro do loteamento em uma das circunscrições implicará automaticamente o cancelamento de todos os demais registros.

b) se o loteador tiver antecedentes criminais por ter cometido homicídio, não será possível o registro do loteamento.

c) o pedido de registro imobiliário deverá ser realizado simultaneamente em todas as circunscrições envolvidas no loteamento.

d) na área loteada, nenhum lote poderá estar localizado em mais de uma circunscrição envolvida.

e) após essa aprovação já ocorrida, o loteador terá o prazo de um ano para submeter o projeto ao registro imobiliário.

659. (Ieses/TJ/SC/Cartórios/Ingresso/2019) A evolução no direito positivo brasileiro relacionado a condomínio de lotes de terreno urbano, tem sido de muita relevância para o desenvolvimento de forma organizada a partir da introdução deste direito positivo, preservando o direito dos condôminos, da sociedade civil e das instituições públicas, garantindo o uso correto da propriedade tal como "função social", nessa perspectiva podemos considerar como assertivas correta:

a) Não poderá haver em terrenos, partes designadas de lotes que são propriedade exclusiva e partes que são propriedade comum dos condôminos.

b) A iniciativa e responsabilidade pela implantação da infraestrutura dos condomínios de lotes ficam a cargo do ente-público, não tendo o empreendedor responsabilidades na implantação ou perfectibilização dos serviços.

c) Poderão ser instituídas limitações administrativas e direitos reais sobre coisa alheia em benefício do poder público, da população em geral e da proteção da paisagem urbana, tai como servidões de passagem, usufrutos e restrições à construção de muros.

d) A divisão de glebas de terra sob forma de condomínio constituído por unidades autônomas, sempre foi matéria pacífica seu entendimento até então existente, tanto na doutrina, quanto na jurisprudência, mesmo antes do advento da Lei nº 13.465/2017.

660. (Vunesp/TJ/AL/Cartórios/Ingresso/2019) Para o registro da cessão de compromisso de compra e venda de imóvel oriundo do parcelamento do solo urbano (Lei nº 6.766/1979), formalizado o trespasse no verso das vias em poder das partes, ou por instrumento autônomo, o oficial, examinando a documentação e constatando que não houve a expressa anuência do loteador, deverá:

a) expedir Nota de Devolução consignando exigência para que o interessado apresente anuência do loteador no mesmo documento, ou em documento apartado.

b) expedir notificação ao loteador para que se manifeste sobre a cessão no prazo de 10 (dez) dias, interpretando o silêncio como concordância. Decorrido esse prazo e não havendo oposição, devidamente certificado o fato pelo oficial, praticará os atos que lhe competir para o registro da cessão.

c) promover o registro da cessão feita sem anuência da loteador, não havendo necessidade de dar-lhe ciência por escrito, visto que a cessão do compromisso de venda e compra celebrado com o loteador independe da anuência deste.

d) promover o registro da cessão feita sem anuência do loteador, cabendo ao oficial de registro dar-lhe ciência, por escrito, dentro de 10 (dez) dias.

661. (Ieses/TJ/AM/Cartórios/Ingresso/2018) Quanto às disposições da Lei n. 6.766/79: uma vez aprovado o projeto de loteamento ou de desmembramento, o loteador deverá submetê-lo ao registro imobiliário no prazo fixado no art. 18 da Lei de Parcelamento do Solo Urbano, acompanhado dos documentos e providências listados nos incisos e parágrafos desse artigo, sob pena de caducidade da aprovação. Quanto o prazo fixado na Lei e aqui referido, assinale a alternativa correta:

a) o loteador deverá submetê-lo ao registro imobiliário dentro de 180 (cento e oitenta) dias.

b) o loteador deverá submetê-lo ao registro imobiliário dentro de 90 (noventa) dias.

c) o loteador deverá submetê-lo ao registro imobiliário dentro de 120 (cento e vinte) dias.

d) o loteador deverá submetê-lo ao registro imobiliário dentro de 60 (sessenta) dias.

662. (Ieses/TJ/CE/Cartórios/Ingresso/2018) A respeito do registro de loteamento, assinale a alternativa correta:

a) é defeso ao interessado processar simultaneamente, perante diferentes circunscrições, pedidos de registro do mesmo loteamento, sendo nulos os atos praticados com infração a esta norma.

b) examinada a documentação e encontrada em ordem, o oficial do registro de imóveis encaminhará comunicação à Prefeitura e fará publicar, em resumo e com pequeno desenho de localização da área, edital do pedido de registro em 2 (dois) dias consecutivos, podendo este ser impugnado prazo de 15 (quinze) dias contados da data da última publicação.

c) o processamento de loteamento e os contratos de depositados em Cartório poderão ser examinados por qualquer pessoa, a qualquer tempo, mediante pagamento a título de busca.

d) a existência de protestos, de ações pessoais, de ações penais e as referentes a crime contra o patrimônio e contra a administração, não impedirão o registro do loteamento se o requerente comprovar que esses protestos ou ações não poderão prejudicar os adquirentes dos lotes. Se o oficial do registro de imóveis julgar insuficiente a comprovação feita, suscitará a dúvida perante o juiz competente.

663. (Consulplan/TJ/MG/Cartórios/Ingresso/2018) De acordo com a Lei nº 6.766/79, assinale a alternativa correta:

a) o lote poderá ser constituído sob a forma de imóvel autônomo ou de unidade imobiliária integrante de condomínio de lotes.

b) aprovado o projeto de loteamento ou de desmembramento, o loteador deverá submetê-lo ao registro imobiliário dentro de 120 (cento e vinte) dias, sob pena de caducidade da aprovação.

c) somente será admitido o parcelamento do solo para fins urbanos em zonas urbanas, de expansão urbana ou de urbanização específica, assim definidas pelo plano diretor ou aprovadas por lei federal.

d) no caso de lotes integrantes de condomínio de lotes, não poderão ser instituídas limitações administrativas e direitos reais sobre coisa alheia em benefício do poder público, da população em geral e da proteção da paisagem urbana, tais como servidões de passagem, usufrutos e restrições à construção de muros.

664. (Consulplan/TJ/MG/Cartórios/Remoção/2017) A respeito da Lei n. 6.766/1979, que trata do Parcelamento do Solo Urbano, todas as assertivas estão corretas, exceto:

a) desde a data de registro do loteamento, passam a integrar o domínio do Município as vias e praças constantes do projeto e do memorial descritivo.

b) quando a área loteada estiver situada em mais de uma circunscrição imobiliária, o registro deverá ser requerido primeiramente, indistintamente, em qualquer delas.

c) é possível o cancelamento do registro do loteamento a pedido do loteador, para o que será necessário que os adquirentes de lotes subscrevam também tal requerimento e que exista anuência do Poder Público afetado.

d) determina a lei em questão quanto aos contratos nela previstos, que são irretratáveis os compromissos de compra e venda, cessões e promessas cessão, os que atribuam direito a adjudicação compulsória e, estando registrados, confiram direito real oponível a terceiros.

665. (Cetro/TJ/RJ/Cartórios/Remoção/2017) Quanto ao cancelamento do registro do loteamento, analise as assertivas abaixo.

I. o registro do loteamento poderá ser cancelado a requerimento do loteador, com anuência da Prefeitura, ou do Distrito Federal quando for o caso, enquanto nenhum lote houver sido objeto de contrato.

II. a Prefeitura só poderá se opor ao pedido de cancelamento formulado pelo loteador se disto resultar inconveniente comprovado para o desenvolvimento urbano ou se já se tiver realizado qualquer melhoramento na área loteada ou adjacências.

III. diante do pedido de cancelamento formulado pelo loteador, após anuência da Prefeitura, ou do Distrito Federal quando for o caso, e desde que nenhum lote tenha sido objeto de contrato ou, se alienado, com a anuência do adquirente, o oficial do registro de imóveis fará publicar, em resumo, edital do pedido de cancelamento, podendo este ser impugnado no prazo de 30 (trinta) dias contados da data da última publicação. Findo esse prazo, com ou sem impugnação, o processo será remetido ao juiz competente para homologação do pedido de cancelamento, ouvido o Ministério Público.

IV. o pedido de cancelamento do registro do loteamento poderá ser feito a requerimento do loteador, com anuência da Prefeitura, ou do Distrito Federal quando for o caso, enquanto nenhum lote houver sido objeto de contrato. Ainda assim, será necessária a publicação do edital e homologação do juiz competente, ouvido o Ministério Público. A homologação do juiz será precedida de vistoria judicial destinada a comprovar a inexistência de adquirentes instalados na área loteada.

É correto o que se afirma em:

a) I e II, apenas.

b) III e IV, apenas.

c) I, III e IV, apenas.

d) II e III, apenas.

e) I, II, III e IV.

4.10. *Lei de Requisitos para Escrituras Públicas (Lei 7.433/85)*

QUESTÕES DISCURSIVAS

62. (Cespe/TJ/PI/Cartórios/2013) Com base no que dispõe o Decreto Federal n. 93.240/1986 acerca da escritura de compra e venda de imóvel urbano, responda aos seguintes questionamentos. (i) Que certidões relacionadas ao imóvel são exigidas para a lavratura dessa escritura? (ii) O que deve fazer o tabelião com as respectivas certidões? (iii) É possível a dispensa de alguma(s) dessas certidões? Justifique sua resposta, discorrendo, se for o caso, sobre os efeitos da dispensa.

QUESTÕES OBJETIVAS

666. (Ieses/TJ/TO/Cartórios/Ingresso/2022) De acordo com a Lei nº 7.433/85 assinale a alternativa correta:

a) É vedado ao tabelião manter os documentos necessários para lavratura de escrituras em forma de cópia autenticada, devendo sempre utilizar os originais.

b) O Tabelião consignará no ato notarial a apresentação do documento comprobatório do pagamento do Imposto de Transmissão "inter vivos", as certidões fiscais e as certidões de propriedade e de ônus reais, ficando dispensada sua transcrição.

c) Ficam dispensados, na escritura pública de imóveis urbanos e rurais, sua descrição e caracterização, desde que constem estes elementos da certidão do Cartório do Registro de Títulos e documentos.

d) Na lavratura de atos notariais, inclusive os relativos a imóveis, além dos documentos de identificação das partes, serão apresentados os documentos que o titular da serventia entender por necessários para prática do ato, mesmo que não previsto em lei.

667. (Ieses/TJ/RO/Cartórios/Ingresso/2021) Assinale a alternativa correta:

a) Ficam dispensados, na escritura pública de imóveis rurais, sua descrição e caracterização, desde que constem, estes elementos, da certidão do Cartório do Registro de Imóveis.

b) O tabelião não tem obrigação de manter e guardar documentos necessários à lavratura do ato notarial.
c) O tabelião consignará no ato notarial a apresentação do documento comprobatório do pagamento do Imposto de Transmissão intervivos, as certidões fiscais e as certidões de propriedade e de ônus reais, ficando dispensada sua transcrição.
d) Na lavratura de atos notariais, inclusive os relativos a imóveis, além dos documentos de identificação das partes, somente serão apresentados os documentos que o tabelião solicitar, conforme sua análise do caso concreto.

668. (FGV/TJ/SC/Cartórios/Remoção/2021) Mara, tabeliã de notas, foi procurada por Pedro e André, com o objetivo de lavrar uma escritura de compra e venda de determinado imóvel urbano, que se encontrava individualizado, em detalhes, nas certidões atualizadas do Registro de Imóveis que foram apresentadas, dispondo sobre propriedade e ônus reais. Por tal razão, Mara lhes explicou que a escritura poderia ser lavrada, sendo necessária

I. a descrição e a caracterização do imóvel e a apresentação, além das referidas certidões.
II. do comprovante de pagamento do imposto de transmissão inter vivos.
III. das certidões fiscais.
IV. da certidão de feitos ajuizados.

As observações corretas de Mara são aquelas referidas em:

a) somente II e III.
b) somente II e IV.
c) somente I, II e III.
d) somente I, III e IV.
e) I, II, III e IV.

669. (Vunesp/TJ/AL/Cartórios/Ingresso/2019) Assinale a alternativa correta:

a) Desde que presente ao ato representante do Ministério Público, a escritura pública, lavrada em notas do tabelião, é documento dotado de fé pública.
b) Por ser o Brasil um estado laico e multirreligioso, a lei veda que nas escrituras públicas haja referência ao nascimento de Jesus Cristo ao se inserir a data da lavratura.
c) Poderá ser lavrada escritura pública de emancipação de menor entre 14 (quatorze) e 16 (dezesseis) anos de idade, desde que compareça ao ato notarial o representante da Ministério Público.
d) A lei permite que a escritura pública de compra e venda pode ser lavrada pele tabelião de notas dispensando-se a descrição e a caracterização do imóvel, desde que urbano, bastando consignar o número do registro ou matrícula no registro da imóveis, sua completa localização, logradouro, número, bairro, cidade, Estado e os documentos e certidões pertinentes.

670. (UFPR/TJ/PR/Cartórios/Ingresso/2019) A lavratura, registro, arquivamento e publicidade de documentos são requisitos para a conclusão válida de negócios jurídicos. São todos requisitos de segurança jurídica, princípio básico do Estado de Direito. A escritura pública é exemplo de tal espécie documental, obrigatória para negócios jurídicos que visem à constituição, transferência, modificação ou renúncia de direitos reais sobre certos bens imóveis. Levando em consideração as informações apresentadas, assinale a alternativa correta.

a) Estão dispensadas, na escritura pública de imóveis urbanos, a descrição e a caracterização do bem, desde que tais elementos constem da certidão do Cartório do Registro de Imóveis, hipótese em que constará da escritura o número do registro ou matrícula no Registro de Imóveis e sua completa localização.
b) Ao lavrar a escritura pública para transmissão de imóveis, o tabelião é obrigado a consignar no ato notarial a apresentação do documento comprobatório do pagamento do imposto de transmissão intervivos, as certidões fiscais e as certidões de propriedade e de ônus reais, sendo obrigatória sua transcrição.
c) O tabelião é desobrigado de consignar na escritura pública relativa a imóveis urbanos aquelas certidões referentes aos tributos que incidam sobre a coisa.
d) Os tabeliães são responsáveis por fazer com que nas escrituras as partes indiquem, com precisão, os característicos, as confrontações e as localizações dos imóveis, mencionando os nomes dos confrontantes, sendo que, quando se tratar só de terreno, não demandará dos interessados certidão do registro imobiliário, salvo por ordem judicial.
e) A instituição de imóvel urbano como bem de família para isentá-lo de execução por dívida pode ser feita por instrumento particular ou por escritura pública, e de bens imóveis rurais exclusivamente por escritura pública.

671. (Cespe/TJ/DFT/Cartórios/Ingresso/2019) Mauro e Israel pretendem realizar escrituração pública de compra e venda de bem imóvel urbano no valor de trezentos salários mínimos. À luz do Decreto nº 93.240/1986, é correto afirmar que:

a) será necessário apresentar, entre outros documentos e certidões, certificado de cadastro emitido pelo Instituto Nacional de Colonização e Reforma Agrária (INCRA).
b) será necessário apresentar, entre outros documentos, certidão de ações reais e pessoais reipersecutórias, relativas ao imóvel, e certidão de ônus reais, ambas expedidas pelo Poder Judiciário e com prazo de validade de sessenta dias.
c) o tabelião ficará desobrigado de manter em cartório as cópias autenticadas das certidões entregues, que devem ser transcritas na escritura pública e depois devolvidas por ele aos órgãos emissores.
d) a apresentação das certidões fiscais referentes aos tributos que incidam sobre o imóvel poderá ser dispensada pelo adquirente que, nesse caso, responderá, nos termos da lei, pelo pagamento dos débitos fiscais existentes.
e) os documentos de identificação das partes e das demais pessoas que comparecerem à escritura pública são todos de apresentação obrigatória, não podendo ser dispensados pelo tabelião.

672. (Ieses/TJ/SC/Cartórios/Remoção/2019) A Lei nº 7.433/85, dispõe sobre os requisitos para a lavratura de escrituras públicas. Sobre o assunto, assinale a alternativa correta:

a) Não existe possibilidade de serem dispensados, na escritura pública de imóveis urbanos, sua descrição e caracterização.
b) Ficam dispensados, na escritura pública de imóveis urbanos, sua descrição e caracterização, desde que constem, estes elementos, da certidão do Cartório do Registro de Imóveis. Nesta hipótese, o instrumento consignará exclusivamente o número do registro ou matrícula no Registro de Imóveis, sua completa localização, logradouro, número, bairro, cidade, Estado.
c) Ficam dispensados, na escritura pública de imóveis urbanos, sua descrição e caracterização, desde que constem, estes elementos, da certidão do Cartório do Registro de Imóveis. Nesta hipótese, o instrumento consignará exclusivamente sua completa localização, logradouro, número, bairro, cidade, Estado.
d) Ficam dispensados, na escritura pública de imóveis urbanos, sua descrição e caracterização, desde que constem, estes elementos, da certidão do Cartório do Registro de Imóveis. Nesta hipótese, o instrumento consignará exclusivamente o número do registro ou matrícula no Registro de Imóveis.

4.11. Lei do Patrimônio de Afetação (Lei 10.931/04)

QUESTÕES OBJETIVAS

673. (Ieses/TJ/TO/Cartórios/Ingresso/2022) Com base no previsto na Lei nº 10.931/04 (cédula de crédito bancário) assinale a alternativa incorreta:

a) A averbação da emissão da Cédula de Crédito Imobiliário e o registro da garantia do crédito respectivo, quando solicitados simultaneamente, serão considerados como atos distintos para efeito de cobrança de emolumentos.
b) O credor da Cédula de Crédito Imobiliário deverá ser imediatamente intimado de constrição judicial que recaia sobre a garantia real do crédito imobiliário representado por aquele título.
c) O Conselho Monetário Nacional poderá estabelecer as condições para o registro e o depósito centralizado de Cédula de Crédito Imobiliário e a obrigatoriedade de depósito da Cédula de Crédito Imobiliário em entidade autorizada pelo Banco Central do Brasil a exercer a atividade de depósito centralizado de ativos financeiros.
d) A emissão da Cédula de Crédito Imobiliário sob a forma escritural ocorrerá por meio de escritura pública ou instrumento particular, que permanecerá custodiado em instituição financeira.

674. (Vunesp/TJ/SP/Cartórios/Ingresso/2022) Sobre o patrimônio de afetação em incorporação imobiliária, é correto afirmar que:

a) o patrimônio de afetação pode ser constituído a qualquer tempo, mediante averbação de termo firmado pelo incorporador no Registro de Imóveis.
b) a afetação do patrimônio visa primordialmente a facilitar a obtenção de crédito para a construção de empreendimentos imobiliários.
c) o patrimônio respectivo, feita a afetação, não pode ser dado em garantia em operação de crédito.
d) o regime de afetação é obrigatório no caso de incorporação destinada à moradia de população de baixa renda.

675. (Ieses/TJ/RO/Cartórios/Remoção/2021) Lei n. 10.931 de 2004, que dispõe sobre o patrimônio de afetação de incorporações imobiliárias, determina que para cada incorporação submetida ao regime especial de tributação, a incorporadora ficará sujeita ao pagamento equivalente a 4% (quatro por cento) da receita mensal recebida, o qual corresponderá ao pagamento mensal unificado do seguinte imposto e contribuições:

I. Imposto de Renda das Pessoas Jurídicas – IRPJ.
II. Contribuição para os Programas de Integração Social e de Formação do Patrimônio do Servidor Público – PIS/PASEP.
III. Imposto sobre Operações de Crédito, Câmbio e Seguro, e sobre Operações Relativas a Títulos e Valores Mobiliários – IOF.
IV. Contribuição Social sobre o Lucro Líquido – CSLL e Contribuição para Financiamento da Seguridade Social – COFINS.

A sequência correta é:

a) Apenas as assertivas I, II e IV estão corretas.
b) Apenas a assertiva I está incorreta.
c) Apenas as assertivas II e IV estão corretas.
d) As assertivas I, II, III e IV estão corretas.

676. (Ieses/TJ/RO/Cartórios/Remoção/2021) A critério do incorporador, a incorporação poderá ser submetida ao regime da afetação, pelo qual o terreno e as acessões objeto de incorporação imobiliária, bem como os demais bens e direitos a ela vinculados, manter-se-ão apartados do patrimônio do incorporador e constituirão patrimônio de afetação, destinado à consecução da incorporação correspondente e à entrega das unidades imobiliárias aos respectivos adquirentes. De acordo com o tema é correto afirmar:

I. O incorporador não responde pelos prejuízos que causar ao patrimônio de afetação.
II. O patrimônio de afetação não se comunica com os demais bens, direitos e obrigações do patrimônio geral do incorporador ou de outros patrimônios de afetação por ele constituídos e só responde por dívidas e obrigações vinculadas à incorporação respectiva.
III. Os recursos financeiros integrantes do patrimônio de afetação serão utilizados para pagamento ou reembolso das despesas inerentes à incorporação.
IV. Os bens e direitos integrantes do patrimônio de afetação não poderão ser objeto de garantia real em operação de crédito mesmo que o produto seja integralmente destinado à consecução da edificação correspondente e à entrega das unidades imobiliárias aos respectivos adquirentes.

A sequência correta é:

a) As assertivas I, II, III e IV estão corretas.
b) Apenas as assertivas II, III e IV estão corretas.
c) Apenas a assertiva IV está incorreta.
d) Apenas as assertivas II e III estão corretas.

677. (Cespe/TJ/DFT/Cartórios/Remoção/2019) A cédula de crédito imobiliário pode ser:

a) integral ou fracionária, devendo ser emitida com garantia real ou fidejussória e somente sob a forma de cártula.
b) integral ou fracionária, podendo ser emitida com ou sem garantia real ou fidejussória, sob a forma escritural ou cartular.
c) emitida com ou sem garantia real ou fidejussória, devendo a forma escritural ser utilizada apenas nos casos em que exista garantia real, vedada a sua emissão de forma fracionária.
d) emitida com ou sem garantia real ou fidejussória, sendo obrigatório que a cédula fracionária tenha a forma escritural.
e) escritural ou cartular, vedada a emissão de forma fracionária, devendo a forma escritural ser utilizada apenas nos casos em que exista garantia real ou fidejussória.

678. (Ieses/TJ/SC/Cartórios/Ingresso/2019) Patrimônio de Afetação (Lei nº 10.931/2004). Podemos afirmar que é o regime jurídico segundo o qual, a critério do incorporador, a incorporação poderá, a qualquer tempo, ser submetida ao regime da afetação, pelo qual o terreno e as acessões objeto de incorporação imobiliária, bem como os demais bens e direitos a ela vinculados, do patrimônio do incorporador. Neste sentido podemos ter como verdadeira a assertiva:

a) Não é uma faculdade do incorporador, depende de autorização expressa do(s) promitente(s) comprador(es) e da Prefeitura Municipal Local.
b) Mesmo com a averbação do "patrimônio de afetação" com relação ao empreendimento objeto da incorporação, sua contabilidade se evidencia por ser única, juntamente com outras construções da mesma incorporador, por ser a mesma pessoa jurídica detentora da propriedade imobiliária.
c) O patrimônio de afetação é incomunicável em relação ao patrimônio geral do incorporador e às demais incorporações, mantendo-se portanto apartados do patrimônio do incorporador, e só responde pelas suas próprias dívidas e obrigações.
d) A falência do incorporador interfere diretamente nas incorporações-patrimônios-de-afetação e, assim, os acervos das diversas incorporações são passíveis de arrecadação à massa.

679. (Vunesp/TJ/AL/Cartórios/Ingresso/2019) De acorda com a Lei nº 10.931/2004, que dispõe, dentre outros assuntos, sobre e cédula de crédito bancário, assinale a alternativa correta.

a) A cédula de crédito bancário poderá ser protestada por indicação, desde que o credor apresente declaração de posse da sua única via negociável.
b) A cédula de crédito bancário não é passível de ser protestada.
c) O protesto da cédula de crédito bancário é indispensável para garantir o direito de cobrança contra endossardes, seus avalistas e terceiros garantidores.
d) A cédula de crédito bancário não é transferível mediante endosso.

4.12. Lei do Registro Público de Empresas Mercantis (Lei 8.934/94)

QUESTÕES DISCURSIVAS

63. (FMP/TJ/MT/Cartórios/Ingresso/2014) O Departamento Nacional de Registro de Comércio (DNRC) e as Juntas Comerciais constituem um sistema registral para os empresários. Nessa perspectiva, responda, fundamentadamente, às seguintes questões: (i) O que distingue o papel do DNRC e o das Juntas? (ii) Quais os principais atos praticados pelas Juntas? (iii) Qual a natureza dos atos de registro praticados pelas Juntas?

QUESTÕES OBJETIVAS

680. (Vunesp/TJ/GO/Cartórios/Ingresso/2021) Caso o empresário institua filial em lugar sujeito à jurisdição de Registro Público de Empresas Mercantis diferente de sua sede:

a) deverá inscrever a filial no local onde se instalar com inscrição originária, caso seja a primeira estabelecida pelo empresário naquela a localidade, e averbá-la no Registro Público de Empresas Mercantis da respectiva sede.
b) deverá inscrever a filial no local onde se instalar com inscrição originária, caso seja a primeira estabelecida pelo empresário naquela a localidade.
c) deverá inscrever a filial no local onde se instalar, com a prova da inscrição originária, também devendo ser averbada no Registro Público de Empresas Mercantis da respectiva sede.
d) bastará inscrever a filial no local onde se instalar, com a prova da inscrição originária no Registro Público de Empresas Mercantis da respectiva sede.

681. (Ieses/TJ/SC/Cartórios/Remoção/2019) Os atos de registro das empresas compreendem a matrícula e seu cancelamento, o arquivamento e a autenticação, tendo por finalidade dar publicidade, segurança e eficácia aos atos jurídicos. Com relação ao assunto é correto afirmar:

a) A matrícula corresponde à inscrição do empresário e da sociedade empresária.
b) As sociedades empresárias que se enquadrem como microempresa ou empresa de pequeno porte encontram-se dispensadas de registro dos atos societários.
c) Os atos sujeitos a registro devem ser encaminhados ao órgão competente no prazo de 20 dias, contado da sua lavratura, para que os efeitos do registro retroajam.
d) Estão sujeitos ao arquivamento os documentos relativos à constituição, alteração, dissolução e extinção das firmas individuais, sociedades empresárias e cooperativas.

682. (Ieses/TJ/SC/Cartórios/Remoção/2019) Sobre os atos pertinentes ao registro público de empresas mercantis e atividades afins previstos da Lei nº 8.934/94 que não podem ser arquivados, assinale a alternativa incorreta:

a) Não podem ser arquivados os documentos que não obedecerem às prescrições legais ou regulamentares ou que contiverem matéria contrária aos bons costumes ou à ordem pública, bem como os que colidirem com o respectivo estatuto ou contrato não modificado anteriormente.
b) Não podem ser arquivados os documentos de constituição ou alteração de empresas mercantis de qualquer espécie ou modalidade em que figure como titular ou administrador pessoa que esteja condenada pela prática de crime cuja pena vede o acesso à atividade mercantil.
c) Não podem ser arquivados a prorrogação do contrato social, antes de findo o prazo nele fixado.
d) Não podem ser arquivados os atos constitutivos de empresas mercantis que, além das cláusulas exigidas em lei, não designarem o respectivo capital, bem como a declaração precisa de seu objeto, cuja indicação no nome empresarial é facultativa.

683. (Ieses/TJ/SC/Cartórios/Ingresso/2019) Sobre os atos pertinentes ao registro público de empresas mercantis e atividades afins, previstos da Lei nº 8.934/94, assinale a alternativa incorreta:

a) A proteção ao nome empresarial decorre automaticamente do arquivamento dos atos constitutivos de firma individual e de sociedades, ou de suas alterações.
b) Os atos pertinentes ao registro público de empresas mercantis e atividades afins são somente de arquivamento.
c) O nome empresarial obedecerá aos princípios da veracidade e da novidade.
d) O registro compreende a matrícula e seu cancelamento; o arquivamento dos documentos relativos à constituição, alteração, dissolução e extinção de firmas mercantis individuais, sociedades mercantis e cooperativas; arquivamento dos atos relativos a consórcio e grupo de sociedade de que trata a Lei nº 6.404, de 15 de dezembro de 1976; arquivamento dos atos concernentes a empresas mercantis estrangeiras autorizadas a funcionar no Brasil; arquivamento das declarações de microempresa; arquivamento de atos ou documentos que, por determinação legal, sejam atribuídos ao Registro Público de Empresas Mercantis e Atividades Afins ou daqueles que possam interessar ao empresário e às empresas mercantis e a autenticação dos instrumentos de escrituração das empresas mercantis registradas e dos agentes auxiliares do comércio.

684. (UFPR/TJ/PR/Cartórios/Ingresso/2019) Várias foram as alterações promovidas no âmbito da organização do registro do comércio, especialmente após a criação da Rede Nacional para a Simplificação do Registro e da Legalização de Empresas e Negócios (REDESIM) pela Lei nº 11.598/2007 e após as reformas ministeriais promovidas entre os anos de 2015 e 2018. Com relação ao assunto, identifique como verdadeiras (V) ou falsas (F) as seguintes afirmativas:

I. Os serviços do Registro Público de Empresas Mercantis e Atividades Afins serão exercidos, em todo o território nacional, de maneira uniforme, harmônica e interdependente, pelo Sistema Nacional de Registro de Empresas Mercantis, composto pelo Departamento Nacional de Registro do Comércio, como órgão central, e pelas Juntas Comerciais, como órgãos locais.
II. A competência de preparar e relatar os documentos submetidos à deliberação pelas Juntas Comerciais é da Procuradoria, sendo vedada a constituição de uma assessoria técnica para tal finalidade.
III. O Departamento Nacional de Registro Empresarial e Integração integra o Sistema Nacional de Registro de Empresas Mercantis, competindo-lhe, entre outras atribuições, propor

os planos de ação, políticas, diretrizes e normas relativas ao Registro Público de Empresas Mercantis e Atividades Afins.

IV. O mandato de Vogal, e respectivo suplente, será de 4 anos, permitida apenas uma recondução, sendo que o Vogal, ou seu suplente, perderá o mandato caso tenha mais de três faltas consecutivas às sessões, ou 12 alternadas no mesmo ano, sem justo motivo.

Assinale a alternativa que apresenta a sequência correta, de cima para baixo.

a) F, F, V, V.
b) V, V, F, F.
c) V, V, V, V.
d) F, V, F, F.
e) V, F, V, V.

685. (UFPR/TJ/PR/Cartórios/Remoção/2019) Compete aos vogais das Juntas Comerciais examinar o cumprimento das formalidades legais de todos os atos, documentos ou instrumentos apresentados a arquivamento. Com relação ao processo decisório e revisional, identifique como verdadeiras (V) ou falsas (F) as seguintes afirmativas:

I. A constituição de sociedades anônimas, de consórcios ou grupo de sociedades e de sociedades limitadas subordinam-se ao regime de decisão colegiada, por meio do Plenário.

II. Verificada a existência de vício sanável, será formulada pelo Vogal exigência com a correspondente fundamentação legal, a qual deverá ser cumprida em até 15 dias contados do dia subsequente à data da ciência pelo interessado ou da publicação do despacho, sendo que será considerado novo pedido de arquivamento caso o processo seja devolvido após o prazo de cumprimento, sujeito ao pagamento de novas custas.

III. Constituem meios de revisão do processo de decisão dos Vogais, Turmas ou Plenário o pedido de reconsideração e o recurso ao Plenário, sendo inafastável, em qualquer dos casos, a utilização dos meios judiciais cabíveis.

IV. O pedido de reconsideração terá por objeto obter a revisão de despachos singulares de Vogais ou de Turmas, sendo que será apreciado pela mesma autoridade que prolatou o despacho, suspendendo o prazo para o cumprimento de exigências formuladas e objeto da reconsideração.

Assinale a alternativa que apresenta a sequência correta, de cima para baixo.

a) F, F, V, V.
b) V, V, F, F.
c) V, V, V, V.
d) F, V, F, F.
e) F, F, F, V.

686. (Ieses/TJ/AM/Cartórios/Remoção/2018) Segundo dispõe a Lei n. 8.934, que concerne a juntas comerciais é correto afirmar, exceto:

a) a Junta Comercial do Distrito Federal é subordinada administrativa e tecnicamente ao governo da unidade federativa de sua jurisdição.
b) haverá uma junta comercial em cada unidade federativa, com sede na capital e jurisdição na área da circunscrição territorial respectiva.
c) as juntas comerciais poderão desconcentrar os seus serviços, mediante convênios com órgãos públicos e entidades privadas sem fins lucrativos, preservada a competência das atuais delegacias.
d) as juntas comerciais subordinam-se administrativamente ao governo da unidade federativa de sua jurisdição e, tecnicamente, ao Departamento Nacional de Registro do Comércio.

687. (Vunesp/TJ/SP/Cartórios/Ingresso/2018) No Registro Público Empresarial:

a) a sociedade que não proceder a qualquer arquivamento no período de 05 (cinco) anos consecutivos, deverá comunicar à Junta Comercial que deseja se manter em funcionamento.
b) as procurações e os atos levados a arquivamento nas Juntas Comerciais são dispensados de reconhecimento de firma.
c) expirado o prazo da sociedade celebrada por tempo determinado, a proteção ao nome empresarial caducará no prazo de 05 (cinco) anos.
d) as alterações contratuais poderão ser efetuadas por escritura pública ou instrumento particular, independentemente da forma adotada no ato constitutivo.

688. (Ieses/TJ/CE/Cartórios/Remoção/2018) O registro da matrícula e seu cancelamento, para os leiloeiros, tradutores públicos e intérpretes comerciais, trapicheiros e administradores de armazéns-gerais deve ser:

a) na Junta Comercial.
b) no Registro de Títulos e Documentos.
c) no Registro Civil de Pessoas Naturais.
d) no Registro Civil de Pessoas Jurídicas.

689. (Ieses/TJ/CE/Cartórios/Remoção/2018) As exigências formuladas pela Junta Comercial deverão ser cumpridas em até:

a) 45 (quarenta e cinco) dias, contados da data da ciência pelo interessado ou da publicação do despacho.
b) 20 (vinte) dias, contados da data da publicação do despacho.
c) 60 (sessenta) dias, contados da data da publicação do despacho.
d) 30 (trinta) dias, contados da data da ciência pelo interessado ou da publicação do despacho.

690. (Ieses/TJ/CE/Cartórios/Ingresso/2018) A respeito da competência das Juntas Comerciais para as autenticações, podemos afirmar:

I. as juntas comerciais autenticarão os instrumentos de escrituração das empresas mercantis e dos agentes auxiliares do comércio.
II. a autenticação dos documentos de empresas de qualquer porte realizada por meio de sistemas públicos eletrônicos dispensa qualquer outra.
III. os instrumentos autenticados, não retirados no prazo de 15 (quinze) dias, contados da sua apresentação, poderão ser eliminados.
IV. as juntas comerciais autenticarão as cópias dos documentos assentados.

A sequência correta é:

a) apenas a assertiva III está incorreta.
b) apenas as assertivas III e IV estão corretas.
c) apenas as assertivas I, II e III estão corretas.
d) as assertivas I, II, III e IV estão corretas.

691. (Ieses/TJ/AM/Cartórios/Remoção/2018) Os serviços do Registro Público de Empresas Mercantis e Atividades Afins serão exercidos, em todo o território nacional, de maneira uniforme, harmônica e interdependente, pelo Sistema Nacional de Registro de Empresas Mercantis (Sinrem), composto pelos seguintes órgãos:

I. juntas comerciais.
II. tabelionatos.
III. Departamento Nacional de Registro do Comércio.
IV. serventias.

A sequência correta é:

a) as assertivas I, II, III e IV estão corretas.
b) apenas as assertivas I e III estão corretas.
c) apenas a assertiva III está incorreta.
d) apenas as assertivas I, II e III estão corretas.

692. (Ieses/TJ/AM/Cartórios/Remoção/2018) Às Juntas Comerciais incumbe, entre outros:

I. estabelecer e consolidar, com exclusividade, as normas e diretrizes gerais do Registro Público de Empresas Mercantis e Atividades Afins.
II. estabelecer normas procedimentais de arquivamento de atos de firmas mercantis individuais e sociedades mercantis de qualquer natureza.
III. elaborar a tabela de preços de seus serviços, observadas as normas legais pertinentes.
IV. processar a habilitação e a nomeação dos tradutores públicos e intérpretes comerciais.

A sequência correta é:

a) apenas as assertivas III e IV estão corretas.
b) apenas a assertiva II está incorreta.
c) as assertivas I, II, III e IV estão corretas.
d) apenas as assertivas I, II e IV estão corretas.

693. (Ieses/TJ/AM/Cartórios/Remoção/2018) As juntas comerciais poderão ter uma assessoria técnica, com a competência de preparar e relatar os documentos a serem submetidos à sua deliberação, cujos membros deverão ser:

a) economistas, contadores, administradores ou bacharéis em direito.
b) economistas, contadores, bacharéis em direito ou bacharéis em ciências sociais.
c) administradores, economistas, bacharéis em direito ou bacharéis em ciências políticas.
d) economistas, contadores, administradores ou bacharéis em ciências políticas.

694. (Ieses/TJ/RO/Cartórios/Ingresso/2017) Assinale a alternativa correta:

a) as juntas comerciais autenticarão os instrumentos de escrituração das empresas mercantis e dos agentes auxiliares do comércio.
b) as juntas comerciais autenticarão as sentenças que declararem legítima a filiação.
c) as juntas comerciais autenticarão os estatutos jurídicos dos partidos políticos.
d) as juntas comerciais autenticarão a perda e a suspensão do pátrio poder.

695. (Ieses/TJ/RO/Cartórios/Remoção/2017) As juntas comerciais poderão ter uma assessoria técnica, com a competência de preparar e relatar os documentos a serem submetidos à sua deliberação, cujos membros deverão ser bacharéis em:

I. bacharéis em Direito.
II. economistas.
III. contadores.
IV. administradores.

A sequência correta é:

a) apenas as assertivas I e III estão corretas.
b) as assertivas I, II, III e IV estão corretas.
c) apenas a assertiva I está correta.
d) as assertivas I e II estão incorretas.

696. (Consulplan/TJ/MG/Cartórios/Ingresso/2017) De acordo com a Lei n. 8.934, de 18 de novembro de 1994, que dispõe sobre o Registro Público de Empresas Mercantis e atividades afins, assinale a alternativa incorreta:

a) são finalidades do registro público das empresas mercantis, dar garantia, publicidade, autenticidade, segurança e eficácia aos atos jurídicos das empresas mercantis.
b) haverá uma junta comercial em cada unidade federativa, com sede na capital e jurisdição na área da circunscrição territorial respectiva.
c) o Departamento Nacional de Registro do Comércio tem como uma de suas finalidades, solucionar dúvidas ocorrentes na interpretação das leis, regulamentos e demais normas relacionadas com o registro de empresas mercantis, baixando instruções para esse fim.
d) qualquer pessoa, desde que comprove interesse, poderá consultar os assentamentos existentes nas juntas comerciais e obter certidões, que serão fornecidas gratuitamente.

697. (Ieses/TJ/RO/Cartórios/Remoção/2017) De acordo com Lei n. 8.934/1994, a qual dispõe sobre o Registro Público de Empresas Mercantis e Atividades Afins, o nome empresarial obedecerá aos princípios:

a) da motivação e eficiência.
b) da veracidade e da novidade.
c) da legalidade e impessoalidade.
d) da razoabilidade e economicidade.

698. (Ieses/TJ/RO/Cartórios/Remoção/2017) Quem poderá consultar os assentamentos existentes nas juntas comerciais e obter certidões?

a) a consulta é ato privativo do Ministério Público.
b) qualquer pessoa, sem necessidade de provar interesse, mediante pagamento do preço devido.
c) apenas os sócios das Empresas Mercantis registradas.
d) qualquer pessoa, desde que comprove formalmente a necessidade e ou interesse, mediante pagamento do preço devido.

4.13. Lei do Sistema de Financiamento Imobiliário (Lei 9.514/97)

ATENÇÃO: ESTE TEMA É MUITO EXIGIDO NOS CONCURSOS!

REPERCUSSÃO & REPETITIVOS

STJ Repetitivo 1095. Em contrato de compra e venda de imóvel com garantia de alienação fiduciária devidamente registrado em cartório, a resolução do pacto, na hipótese de inadimplemento do devedor, devidamente constituído em mora, deverá observar a forma prevista na Lei n. 9.514/1997, por se tratar de legislação específica, afastando-se, por conseguinte, a aplicação do Código de Defesa do Consumidor. *REsp 1891498, 26.10.2022.*

INFORMATIVOS

STJ Contrato de alienação fiduciária. Ingresso da ação monitória. Início do prazo prescricional. Transferência definitiva da propriedade do imóvel. No contrato de mútuo com alienação fiduciária, o prazo quinquenal de prescrição é contado da data em que consolidada a propriedade do imóvel em nome da instituição financeira (transferência definitiva da propriedade do imóvel), e não da data em que instituída a garantia da alienação fiduciária. *REsp 2018619, 4ª T, 4.10.2022. Inf 752.*

STJ Contrato particular de compra e venda de bem imóvel. Alienação fiduciária. Ausência de registro. Inadimplemento. Leilão público para a alienação do imóvel. Prescindibilidade. Na ausência de registro do contrato que serve de título à propriedade fiduciária no competente registro de imóveis, como determina o art. 23 da Lei 9.514/97, não é exigível do adquirente que se submeta ao procedimento de venda extrajudicial do bem para só então receber eventuais diferenças do vendedor. *REsp 1976082, 3ª T, 12.8.2022. Inf 746.*

STJ Execução judicial lastreada em cédula de crédito bancário. Alienação fiduciária. Lei 9.514/97. Pacto adjeto. Possibilidade de execução. Ao credor fiduciário é dada a faculdade de executar a integralidade de seu crédito judicialmente, desde que o título que dá lastro à execução esteja dotado de todos os atributos necessários. *REsp 1965973, 3ª T, 15.2.2022. Inf 725.*

QUESTÕES OBJETIVAS

699. (Ieses/TJ/TO/Cartórios/Ingresso/2022) Em relação à alienação fiduciária, assinale a alternativa correta:

a) A alienação fiduciária de coisa imóvel poderá ser contratada somente por pessoa física.

b) A alienação fiduciária de coisa imóvel é o negócio jurídico pelo qual o devedor, ou fiduciante, com o escopo de garantia, contrata a transferência ao credor, ou fiduciário, da propriedade resolúvel de coisa imóvel.

c) Constitui-se a propriedade fiduciária de coisa imóvel mediante registro, no competente Tabelionato de Notas, do contrato que lhe serve de título.

d) Se vencida e não paga a alienação a intimação far-se-á pessoalmente ao fiduciante, ou ao seu representante legal ou ao procurador regularmente constituído, podendo ser promovida, por solicitação do oficial do Registro de Imóveis, por oficial de Registro de Protesto da comarca da situação do imóvel ou do domicílio de quem deva recebê-la, ou pelo correio, com aviso de recebimento.

700. (Vunesp/TJ/SP/Cartórios/Ingresso/2022) A Cédula de Crédito Imobiliário – CCI – foi instituída para representar créditos imobiliários. À sua emissão e inscrição no cartório de registro de imóveis aplicam-se, respectivamente, as seguintes regras:

a) a CCI será emitida pelo devedor do crédito imobiliário e, caso seja garantida por direito real, será averbada no Registro de Imóveis da situação do imóvel, na respectiva matrícula, devendo dela constar, exclusivamente, o número, a série e a instituição custodiante.

b) a cessão de crédito garantido por direito real, quando representado por CCI emitida sob a forma escritural, deve ser obrigatoriamente averbada no Registro de Imóveis, sob pena de ineficácia perante terceiros.

c) a CCI será emitida pelo credor do crédito imobiliário e, caso seja garantida por direito real, será averbada no Registro de Imóveis da situação do imóvel, na respectiva matrícula, devendo dela constar, exclusivamente, o número, a série e a instituição custodiante.

d) a CCI será emitida pelo credor do crédito imobiliário e, caso seja garantida por direito real, será averbada no Registro de Imóveis da situação do imóvel, na respectiva matrícula, devendo dela constar o número, a série, a instituição custodiante, e a expressa autorização do devedor do crédito que ela representa.

701. (Vunesp/TJ/SP/Cartórios/Ingresso/2022) O art. 27 da Lei nº 9.514/97 impõe ao fiduciário o dever de promover leilões para a alienação do bem no caso da consolidação da propriedade fiduciária. Seguindo o entendimento da E. Corregedoria Geral da Justiça do Tribunal de Justiça do Estado de São Paulo, pode-se afirmar corretamente que tal obrigação:

a) não gera nenhuma repercussão na esfera registral, porque é uma questão meramente obrigacional, e a Lei nº 9.514/97 não dispõe de forma específica sobre os procedimentos para a realização dos leilões.

b) repercute na qualificação registral, pois o registro da venda realizada no referido leilão ou a averbação da inexistência de licitantes dependem da notícia de que o devedor foi comunicado sobre as datas, horários e locais dos leilões, ainda que mediante correspondência dirigida aos endereços constantes do contrato, inclusive ao endereço eletrônico.

c) repercute diretamente no registro imobiliário, pois a inscrição da alienação realizada em leilão depende de prova de que o fiduciante foi intimado pessoalmente sobre as datas, horários e locais dos leilões.

d) não repercute no registro imobiliário porque, até a data da averbação da consolidação da propriedade fiduciária no patrimônio do credor fiduciário, é assegurado ao devedor fiduciante o direito de preferência para adquirir o imóvel por preço correspondente ao valor da dívida, somado aos encargos, despesas, custo com o imposto de transmissão e às despesas inerentes ao procedimento de cobrança e leilão, incumbindo, também, ao devedor fiduciante o pagamento dos encargos tributários e despesas exigíveis para a nova aquisição do imóvel, inclusive custas e emolumentos.

702. (Ieses/TJ/RO/Cartórios/Ingresso/2021) Assinale a alternativa correta:

a) O sistema financeiro da habitação (SFH) visa possibilitar acesso ao financiamento imobiliário.

b) Os contratos das operações de financiamento imobiliário podem ter cláusula de atualização do saldo devedor por índice de preços, de conhecimento público e regularmente calculado, ou pela remuneração básica aplicável aos depósitos de poupança.

c) Nas operações para financiamento de imóvel residencial, o percentual máximo a ser financiado é de 60 por cento do valor total do bem.

d) O sistema financeiro imobiliário (SFI) é aquele no qual o governo estabelece as regras para a aquisição de imóveis.

703. (FGV/TJ/SC/Cartórios/Remoção/2021) A Companhia Securitizadora XX almejava realizar operação na qual certos créditos imobiliários seriam expressamente vinculados à emissão de uma série de títulos de crédito, o que foi lavrado em termo próprio. Além disso, desejava saber se poderia instituir regime fiduciário sobre esses créditos, de modo a lastrear a emissão de Certificados de Recebíveis Imobiliários, no contexto do referido termo. Por fim, ainda eram necessários esclarecimentos sobre a relação dessas operações com o registro público. Ao se deparar com os questionamentos acima, o advogado da Companhia XX respondeu, corretamente, que a securitização dos créditos imobiliários:

a) consubstancia ato posterior à instituição do regime fiduciário, sendo lavrados em termos distintos, a serem registrados no Registro de Títulos e Documentos e averbados no Registro de Imóveis.

b) pode lastrear a instituição do regime fiduciário dos créditos imobiliários e deve ser averbada no Registro de Imóveis, mas não pode lastrear a emissão de Certificados de Recebíveis Imobiliários.

c) consubstancia operação distinta da instituição do regime fiduciário, as quais não podem estar previstas no mesmo termo, sendo ainda necessário que ambas sejam averbadas no Registro de Imóveis.

d) constitui operação independente, cujo termo somente será averbado no Registro de Imóveis caso, no mesmo contexto, seja instituído regime fiduciário sobre os créditos imobiliários.

e) não possui individualidade própria, não subsistindo sozinha, sendo mero ato preparatório do regime fiduciário, que deve ser matriculado no Registro de Imóveis.

704. (Ieses/TJ/RO/Cartórios/Ingresso/2021) Analise as assertivas abaixo e assinale a alternativa correta, de acordo com a legislação vigente sobre Alienação Fiduciária de Coisa Imóvel (Lei 9.514/97):

I. A contratação de alienação fiduciária é privativa de entidades que operam no Sistema Financeiro Imobiliário.
II. A alienação fiduciária poderá ter como objeto o direito especial de uso para fins de moradia.
III. A propriedade fiduciária é constituída com a assinatura do respectivo contrato, servindo o registro do contrato no Registro de Imóveis competente apenas para a produção de efeitos perante terceiros.
IV. Uma vez consolidada a propriedade, o fiduciário poderá, a seu critério, exercer a propriedade plena do imóvel ou promover, nos termos da lei, público leilão para a venda do bem.

a) Apenas a assertiva II está correta.
b) Todas as assertivas estão corretas.
c) Todas as assertivas estão incorretas.
d) Apenas a assertiva I está correta.

705. (FGV/TJ/SC/Cartórios/Ingresso/2021) João, com o objetivo de garantir certa operação que fizera com uma instituição financeira, contratou, nos termos do Art. 22 da Lei nº 9.514/1997, a transferência ao credor da propriedade resolúvel de um imóvel, o que foi objeto de registro no Registro de Imóveis. Como João não pagou o débito, foi necessário intimá-lo, a requerimento do credor. À luz da sistemática vigente, essa intimação será feita:

a) exclusivamente pelo oficial do competente Registro de Imóveis.
b) exclusivamente pelo oficial do Registro de Títulos e Documentos.
c) diretamente pelo credor, com posterior averbação no Registro de Imóveis.
d) diretamente pelo credor, com posterior averbação, no Registro de Imóveis, da propriedade definitiva.
e) pelo oficial do Registro de Imóveis ou, por solicitação sua, pelo oficial do Registro de Títulos e Documentos.

706. (FGV/TJ/SC/Cartórios/Remoção/2021) Nas alienações fiduciárias de imóveis, disciplinadas pela Lei nº 9.514/1997, é patente a participação do oficial do Registro de Imóveis em vários dos procedimentos previstos, com o estrito cumprimento das exigências legais. Encontra-se em conformidade com a referida lei o seguinte procedimento:

a) à vista do termo de quitação ou termo de novação fornecido pelo fiduciário ao fiduciante, o oficial do competente Registro de Imóveis efetuará o cancelamento do registro da propriedade fiduciária na matrícula do imóvel.
b) para os fins de consolidação da propriedade do imóvel, o fiduciante, representante legal ou procurador regularmente constituído, será intimado, de ofício, pelo oficial do Registro de Imóveis, a satisfazer, no prazo de cinco dias, a dívida com os acréscimos e encargos legais e contratuais.
c) o oficial do Registro de Imóveis, nos três dias seguintes à purgação da mora por parte do fiduciante, entregará ao fiduciário as importâncias recebidas, deduzidas as despesas de cobrança e de intimação.
d) na primeira vez em que o oficial do Registro de Imóveis houver procurado o fiduciante em seu domicílio ou residência sem o encontrar, deverá, havendo suspeita motivada de ocultação, intimar qualquer pessoa da família ou, em sua falta, qualquer vizinho de que, no dia útil imediato, retornará ao imóvel, a fim de efetuar a intimação, na hora que designar.
e) decorrido o prazo legal sem a purgação da mora por parte do fiduciante, o oficial do Registro de Imóveis, certificando esse fato, promoverá a averbação, na matrícula do imóvel, da consolidação da propriedade, dispensada a prova do pagamento pelo fiduciário do imposto de transmissão inter vivos e, se for o caso, do laudêmio.

707. (Ieses/TJ/RO/Cartórios/Ingresso/2021) Assinale a alternativa incorreta:

a) O agente fiduciário responderá pelos prejuízos que causar por descumprimento de disposição legal ou regulamentar, por negligência ou administração temerária.
b) Os créditos objeto do regime fiduciário constituem patrimônio separado, que não se confunde com o da companhia securitizadora.
c) O fiduciante, independente de anuência do fiduciário, poderá transmitir os direitos de que seja titular sobre o imóvel objeto da alienação fiduciária em garantia, assumindo o adquirente as respectivas obrigações.
d) São suscetíveis de caução, desde que transmissíveis, os direitos aquisitivos sobre imóvel, ainda que em construção.

708. (Ieses/TJ/RO/Cartórios/Remoção/2021) Segundo a Lei n. 9.514/2001, que dispõe sobre o Sistema de Financiamento Imobiliário, ao credor fiduciário compete o direito de:

I. Conservar e recuperar a posse dos títulos representativos dos créditos cedidos, contra qualquer detentor, inclusive o próprio cedente.
II. Promover a intimação dos devedores que não paguem ao cedente, enquanto durar a cessão fiduciária.
III. Usar das ações, recursos e execuções, judiciais e extrajudiciais, para receber os créditos cedidos e exercer os demais direitos conferidos ao cedente no contrato de alienação do imóvel.
IV. Receber diretamente dos devedores os créditos cedidos fiduciariamente.

A sequência correta é:

a) Apenas as assertivas III e IV estão corretas.
b) As assertivas I, II, III e IV estão corretas.
c) Apenas as assertivas I, III e IV estão corretas.
d) Apenas a assertiva IV está incorreta.

709. (Consulplan/TJ/MS/Cartórios/Remoção/2021) Em relação aos créditos que são objeto do regime fiduciário, assinale a alternativa correta.

a) Constituem patrimônio integrado, que se confunde com o da companhia securitizadora.
b) São passíveis de constituição de garantias ou de excussão por quaisquer dos credores da companhia securitizadora.
c) Manter-se-ão integrados ao patrimônio da companhia securitizadora até que se complete o resgate de todos os títulos da série a que estejam afetados.
d) Destinam-se exclusivamente à liquidação dos títulos a que estiverem afetados, bem como ao pagamento dos respectivos custos de administração e de obrigações fiscais.

710. (Vunesp/TJ/GO/Cartórios/Ingresso/2021) Assinale a alternativa que constitui ônus impeditivo de alienação de imóvel.

a) Servidão.
b) Indisponibilidade em imóvel garantidor de reservas técnicas, provisões e fundos de entidades de previdência.
c) Usufruto.
d) Hipoteca do Sistema de Financiamento Imobiliário (SFI).

711. (Vunesp/TJ/GO/Cartórios/Remoção/2021) Quanto à alienação fiduciária em garantia de bem imóvel, assinale a alternativa correta.

a) A alienação fiduciária em garantia de bem móvel ou imóvel confere direito real de aquisição apenas ao fiduciante.
b) O terceiro, interessado ou não, que pagar a dívida, se sub-rogará de pleno direito no crédito, mas não na propriedade fiduciária.

c) Verifica-se que a garantia se constitui independentemente do registro do contrato que lhe serve de título no registro imobiliário do local onde o bem se situa.
d) Na ausência de registro do contrato, não é exigível do adquirente que se submeta ao procedimento de venda extrajudicial do bem.

712. (Consulplan/TJ/MG/Cartórios/Remoção/2019) O art. 3º, da Lei nº 9.514/1997, estabeleceu as condições para o funcionamento das companhias securitizadoras de crédito imobiliário e como ferramenta de sua atuação criou o Certificado de Recebíveis Imobiliários – CRI em seu art. 6º. Quanto às características do Certificado de Recebíveis Imobiliários, assinale a correta.

a) é título de crédito ao portador.
b) constitui ordem de pagamento à vista.
c) constitui promessa de pagamento em dinheiro.
d) é título de crédito de circulação vedada, em virtude de suas especificidades.

713. (Vunesp/TJ/RS/Cartórios/Remoção/2019) A respeito da alienação fiduciária em garantia de bem imóvel, é correto asseverar que:

a) após consolidada a propriedade pelo credor fiduciário, em razão da constituição em mora do devedor, é possível o registro de qualquer negócio jurídico de alienação do imóvel, independentemente de ter sido ou não realizada em público leilão, uma vez que não há o estabelecimento legal de pena para o credor que não realiza os leilões estipulados na Lei nº 9.514/97.
b) a propriedade fiduciária constitui um direito real sobre coisa alheia, de modo que uma certidão que responda ao quesito sobre quem seja o proprietário do imóvel deverá informar o nome do devedor fiduciante.
c) não pode a nua-propriedade ser alienada fiduciariamente, devendo o seu registro ser negado.
d) o domínio útil pode ser alienado fiduciariamente, sendo possível o seu registro.
e) não é possível alienar fiduciariamente imóvel locado com cláusula de vigência registrada.

714. (Ieses/TJ/SC/Cartórios/Remoção/2019) No tocante à Lei Federal 9.514/97, que instituiu a alienação fiduciária em garantia de bem imóvel, é correto dizer que:

a) Não é possível a apropriação do imóvel pelo antigo fiduciário, caso não haja lance que cubra o valor da dívida nos dois leilões extrajudiciais realizados.
b) A extinção forçada da alienação fiduciária em garantia imóvel se dá pelo inadimplemento da obrigação, consolidando de pronto a propriedade no patrimônio do credor, seguida de excussão do bem.
c) O termo de quitação da dívida opera o cancelamento da propriedade fiduciária, possibilitando a realização de novo registro.
d) Após o pagamento da dívida com garantia fiduciária de bem imóvel, o ato que restaura a propriedade plena no patrimônio do fiduciante é de mera averbação.

715. (Ieses/TJ/CE/Cartórios/Remoção/2018) As operações de financiamento imobiliário em geral, no âmbito do sistema financeiro imobiliário, serão livremente pactuadas pelas partes, observadas as seguintes condições essenciais:

I. contratação, pelos prestadores de financiamento, de seguros contra os riscos de morte e invalidez permanente.
II. reposição integral do valor emprestado e respectivo reajuste.
III. capitalização dos juros.
IV. remuneração do capital emprestado às taxas convencionadas no contrato.

A sequência correta é:

a) apenas as assertivas II e III estão corretas.
b) as assertivas I, II, III e IV estão corretas.
c) apenas as assertivas II, III e IV estão corretas.
d) apenas a assertiva III está incorreta.

716. (Ieses/TJ/AM/Cartórios/Ingresso/2018) Segundo a Lei n. 9.514/97, as operações de financiamento imobiliário em geral poderão ser garantidas por:

a) hipoteca; caução fidejussória; caução de direitos creditórios ou aquisitivos decorrentes de contratos de venda ou promessa de venda de imóveis; alienação fiduciária de coisa imóvel.
b) nenhuma das alternativas.
c) hipoteca; cessão fiduciária de direitos creditórios decorrentes de contratos de alienação de imóveis; caução de direitos creditórios ou aquisitivos decorrentes de contratos de venda ou promessa de venda de imóveis; alienação fiduciária de coisa imóvel.
d) hipoteca; cessão fiduciária de direitos creditórios decorrentes de contratos de alienação de imóveis; penhor; alienação fiduciária de coisa imóvel.

717. (Consulplan/TJ/MG/Cartórios/Ingresso/2018) Segundo a Lei Federal nº 9.514/97, que dispõe sobre o Sistema de Financiamento Imobiliário, institui a alienação fiduciária de coisa imóvel e dá outras providências, vencida e não paga, no todo ou em parte, a dívida e constituído em mora o fiduciante, consolidar-se-á, nos termos da lei, a propriedade do imóvel em nome do fiduciário quando intimado pessoalmente o fiduciante ou seu representante legal ou procurador regularmente constituído, pelo oficial do registro de títulos e documentos:

a) não satisfizer, no prazo de 30 (trinta) dias, a prestação vencida e as que se vencerem até a data do pagamento, os juros convencionais, as penalidades e os demais encargos contratuais, os encargos legais, inclusive tributos, as contribuições condominiais imputáveis ao imóvel.
b) não satisfizer, no prazo de 20 (vinte) dias, a prestação vencida e as que se vencerem até a data do pagamento, os juros convencionais, os encargos legais, inclusive tributos, as contribuições condominiais imputáveis ao imóvel, além das despesas de cobrança e de intimação.
c) não satisfizer, no prazo de 10 (dez) dias, a prestação vencida e as que se vencerem até a data do pagamento, os juros convencionais, as penalidades e os demais encargos contratuais, os encargos legais, inclusive tributos, as contribuições condominiais imputáveis ao imóvel, além das despesas de cobrança e de intimação.
d) não satisfizer, no prazo de 15 (quinze) dias, a prestação vencida e as que se vencerem até a data do pagamento, os juros convencionais, as penalidades e os demais encargos contratuais, os encargos legais, inclusive tributos, as contribuições condominiais imputáveis ao imóvel, além das despesas de cobrança e de intimação.

718. (Vunesp/TJ/SP/Cartórios/Ingresso/2018) Com referência ao crédito imobiliário, tendo como garantia a alienação fiduciária de um determinado imóvel, assinale a alternativa correta:

a) o credor fiduciário, mesmo não sendo instituição financeira, poderá emitir Cédula de Crédito Imobiliário (CCI) representativa desse crédito.
b) a Cédula de Crédito Imobiliário, quando não escritural, deverá ser emitida concomitantemente ao contrato de alienação fiduciária, devendo ainda ser subscrita pelo devedor fiduciante.

c) sendo o credor fiduciário uma instituição financeira autorizada pelo Banco Central do Brasil, poderá optar pela emissão de Letra de Crédito Imobiliário ou de Cédula de Crédito Imobiliário representativa desse crédito, implicando a transferência de qualquer um deles na automática transmissão da respectiva garantia ao cessionário, que ficará sub-rogado em todos os direitos decorrentes do referido crédito.
d) na hipótese de emissão de Cédula de Crédito Imobiliário, quando em forma escritural, todas as transferências deverão ser averbadas na matrícula, com a finalidade de se manter a continuidade nas sucessões dos direitos.

4.14. Lei do Inventário/Partilha/Separação/Divórcio Consensual (Lei 11.441/07)

QUESTÕES DISCURSIVAS

64. (UFPR/TJ/PR /Cartórios/Ingresso/2019) Discorra sobre a possibilidade de celebração de separação consensual e de divórcio consensual por autoridades consulares brasileiras, elencando os requisitos a serem observados na prática do ato.

65. (Vunesp/TJ/SP/Cartórios/2014) Dissertação. Da partilha extrajudicial: conceito, requisitos, competência do tabelionato, critérios de cobrança, da nomeação de inventariante, inventário negativo, da sobrepartilha.

QUESTÕES OBJETIVAS

719. (Consulplan/TJ/MS/Cartórios/Remoção/2021) Considerando que a Resolução nº 35 de 24/04/2007 disciplina a aplicação da Lei nº 11.441/07 pelos serviços notariais e de registro, assinale a alternativa que retrata situação inaplicável ao procedimento em questão.

a) A existência de credores do espólio impedirá a realização do inventário e partilha por escritura pública.
b) Não é admitida a lavratura de escritura pública de inventário e partilha referente a bens localizados no exterior.
c) No procedimento de inventário extrajudicial, o recolhimento dos tributos incidentes deve anteceder a lavratura da escritura.
d) Para a realização do inventário extrajudicial a presença do advogado ou defensor, ainda que sem procuração, é indispensável.

720. (Ieses/TJ/RO/Cartórios/Remoção/2021) A separação consensual e o divórcio consensual, não havendo filhos menores ou incapazes do casal e observados os requisitos legais quanto aos prazos, poderão ser realizados por escritura pública, conforme dispõe a Lei 11.441/07, que alterou alguns dispositivos do Código de Processo Civil. Em relação a esta temática é correto afirmar:

I. O tabelião somente lavrará a escritura se os contratantes estiverem assistidos por advogado comum ou advogados de cada um deles, cuja qualificação e assinatura constarão do ato notarial.
II. Na escritura pública deverão constarão as disposições relativas à descrição e à partilha dos bens comuns e à pensão alimentícia e, ainda, ao acordo quanto à retomada pelo cônjuge de seu nome de solteiro ou à manutenção do nome adotado quando se deu o casamento.
III. A escritura não depende de homologação judicial e constitui título hábil para o registro civil e o registro de imóveis.
IV. A escritura e demais atos notariais serão gratuitos.

A sequência correta é:

a) As assertivas I, II, III e IV estão corretas.
b) Apenas a assertiva III está incorreta.
c) Apenas as assertivas I, II e III estão corretas.
d) Apenas as assertivas II e IV estão corretas.

721. (Cespe/TJ/DFT/Cartórios/Ingresso/2019) Paulo e Maria, pais de um jovem de 22 anos de idade e de outro de 10 anos de idade, decidiram se divorciar consensualmente. Para tanto, eles pretendem realizar o procedimento pela via administrativa. Paulo irá acompanhado pelo seu advogado, ao passo que Maria não será assistida por um patrono, por ter sido orientada para o fato de que, por ser o procedimento extrajudicial, não haveria a necessidade de assistência jurídica. De acordo com a legislação pertinente, nessa situação hipotética:

a) é cabível o divórcio consensual pela via administrativa, e constará na escritura a pensão alimentícia e a partilha de bens.
b) não é cabível o divórcio consensual pela via administrativa porque o casal tem um filho menor.
c) é cabível o divórcio consensual pela via administrativa, mas não é possível que na escritura pública Maria retome seu nome de solteira.
d) não é cabível o divórcio consensual pela via administrativa porque Paulo e Maria devem necessariamente estar assistidos por advogados distintos.
e) é cabível o divórcio consensual pela via administrativa, embora a escritura pública não constitua título hábil para o registro civil.

722. (Ieses/TJ/SC/Cartórios/Ingresso/2019) Quanto à escritura de inventário e partilha extrajudicial:

a) A existência de testamento, mesmo caduco ou inválido, excluiu a opção extrajudicial do inventário.
b) O Tabelião pode deixar de lavrar a escritura de inventário se entender presentes fundados indícios de fraude ou dúvida em relação à capacidade jurídica ou declaração de vontade dos herdeiros.
c) A partilha, que envolva bem imóvel, feita por escritura pública, depende de homologação judicial para a transmissão da propriedade e ingresso no registro imobiliário.
d) Em atenção ao movimento de "desjudicialização", a via extrajudicial é obrigatória para a realização de inventários que envolvam herdeiros concordes, maiores e capazes, sem testamento.

723. (UFPR/TJ/PR/Cartórios/Remoção/2019) No que diz respeito à realização de inventário, partilha, separação consensual e divórcio consensual por via administrativa, assinale a alternativa correta.

a) Para fins de realização de inventário e partilha, é vedada a escolha do tabelionato pelos interessados, devendo-se aplicar a essas situações as regras de competência do Código de Processo Civil.
b) Havendo interessado incapaz, o inventário poderá ser feito pela via administrativa se houver autorização do tutor ou curador.
c) A validade das escrituras públicas de inventário e partilha, separação e divórcio consensuais está sujeita à prévia homologação judicial, não constituindo títulos hábeis para o registro civil e o registro imobiliário.
d) As escrituras públicas de inventário e partilha, separação e divórcio consensuais não necessitam de homologação judicial para produzirem seus efeitos, porém não podem ser utilizadas como títulos para a transferência de bens e direitos.
e) Quando há filhos menores ou incapazes, o divórcio, ainda que consensual, não poderá ser feito por escritura pública.

724. (Ieses/TJ/SC/Cartórios/Remoção/2019) Quanto à escritura de inventário e partilha extrajudicial:

a) O prazo de 60 dias para a realização do inventário, contados da abertura da sucessão, não é considerado no âmbito extrajudicial, possuindo, neste caso, apenas relevância na órbita fiscal.
b) Não existe a necessidade de nomeação de inventariante no inventário e partilha extrajudicial, já que se perfaz em um só ato.
c) Não há necessidade de constituição de advogado para a lavratura de escritura de inventário e partilha extrajudicial, diante da função de aconselhamento jurídico e fé pública do tabelião.
d) A meação de companheiro, sem prévio reconhecimento judicial, não pode ser considerada se o inventário se der na via extrajudicial.

725. (Consulplan/TJ/MG/Cartórios/Remoção/2019) Atendidos os requisitos legais (art. 610 do CPC e Resolução 35/2007 do CNJ), pode-se realizar o inventário extrajudicial mediante partilha amigável. Todas as partes devem ser capazes e concordes. O inventário extrajudicial realiza-se por escritura pública a qual consistirá em título hábil para o registro civil, para o registro imobiliário, para a transferência de bens e direitos, bem como para a promoção de todos os atos necessários à materialização e notícia das transferências de bens e levantamentos de valores. Com base em tal afirmação, assinale a alternativa correta.

a) Não é nula a partilha amigável realizada sem a participação de advogado ou defensor público, sendo vício sanável.
b) É da substância do ato que as partes estejam assistidas por advogado, sendo a procuração indispensável ao exercício do Múnus pelo profissional.
c) O tabelião somente lavrará a escritura pública se todas as partes interessadas estiverem assistidas por advogado ou defensor público, cujas qualificação e assinatura constarão do ato notarial, dispensada a procuração.
d) O tabelião somente lavrará a escritura pública se todas as partes interessadas estiverem assistidas por advogado ou defensor público, cujas qualificação, procuração e assinatura constarão do ato notarial, obrigatoriamente.

726. (Consulplan/TJ/MG/Cartórios/Remoção/2017) Acerca da possibilidade de o inventário e partilha poderem ser feitos por escritura pública, assinale a alternativa correta:

a) não há sigilo nas escrituras públicas de separação e divórcio consensuais.
b) é necessário o registro de escritura pública separação consensual e o divórcio consensual no Livro "E" de Ofício de Registro Civil das Pessoas Naturais.
c) é inadmissível inventário negativo por escritura pública.
d) é permitida a lavratura de escritura pública de inventário e partilha referente a bens localizados no exterior.

727. (Cetro/TJ/RJ/Cartórios/Remoção/2017) Sobre as escrituras públicas de inventário e partilha de que trata a Lei n. 11.441/2007, considerando as regras contidas na Resolução n. 35 do Conselho Nacional de Justiça, assinale a alternativa correta:

a) a meação de companheiro(a) pode ser reconhecida na escritura pública, pela maioria dos herdeiros, desde que todos, herdeiros e interessados na herança, sejam absolutamente capazes.
b) pode ser lavrada a escritura de inventário e partilha de todos os bens do "de cujus", ainda que situados no exterior, mas os tributos deverão ser recolhidos antes da lavratura da escritura.
c) o cessionário de direitos hereditários de determinado imóvel pode promover o inventário extrajudicial, dispensada a participação dos demais herdeiros, desde que o cessionário apresente ao tabelião de notas a escritura pública de cessão desses direitos.
d) é admissível a sobrepartilha por escritura pública, ainda que referente a inventário e partilha judiciais já findos, mesmo que o herdeiro, hoje maior e capaz, fosse menor ou incapaz ao tempo do óbito ou do processo judicial.
e) se as partes optaram pela via judicial, não será admitida a suspensão do prazo para a promoção do inventário e partilha pela via extrajudicial, mas se as partes desistirem da ação, poderão se valer da via extrajudicial (artigo 2º).

728. (Cetro/TJ/RJ/Cartórios/Remoção/2017) No que se refere ao divórcio direto consensual por meio de serventia extrajudicial no estado do Rio de Janeiro, analise as assertivas abaixo.

I. na ocorrência de dúvida a respeito do cabimento da escritura, diante da existência de filho menor, o tabelião deverá suscitá-la diretamente ao Juízo competente em matéria de família.
II. havendo nascituro, será permitida a lavratura da escritura, desde que devidamente comprovada a prévia resolução judicial referente à guarda, à visitação e a alimentos, o que deverá ficar consignado no corpo da escritura.
III. a escritura pública de separação e divórcio consensual é coberta pela regra do segredo de justiça, válida para os casos "sub judice".

É correto o que se afirma em:

a) II, apenas.
b) II e III, apenas.
c) I, apenas.
d) I e II, apenas.
e) I e III, apenas.

4.15. *Programa Minha Casa Minha Vida (Lei 11.977/09)*

QUESTÕES OBJETIVAS

729. (Ieses/TJ/RO/Cartórios/Remoção/2021) Para o programa "Minha Casa, Minha Vida" instituído pela Lei Federal 11.977/2009, considera-se imóvel novo:

a) A unidade habitacional com até 365 (trezentos e sessenta e cinco) dias de "habite-se".
b) A unidade habitacional com até 90 (noventa) dias de "habite-se".
c) A unidade habitacional com até 180 (cento e oitenta) dias de "habite-se".
d) A unidade habitacional com até 120 (cento e vinte) dias de "habite-se".

730. (Ieses/TJ/RO/Cartórios/Remoção/2021) Os documentos eletrônicos apresentados aos serviços de registros públicos ou por eles expedidos deverão atender:

a) Aos requisitos da Infraestrutura de Chaves Públicas Brasileira – ICP e à arquitetura e-PING (Padrões de Interoperabilidade de Governo Eletrônico).
b) Aos requisitos da Infraestrutura de Chaves Públicas Internacionais – CPI e à arquitetura e-PING (Padrões de Interoperabilidade de Governo Eletrônico).
c) Aos requisitos da Infraestrutura de Chaves Eletrônicas do Brasil – CEB e à arquitetura e-POING (Padrões de Orientação para a Interoperabilidade de Governo Federal).

d) Aos requisitos da Infraestrutura de Chaves Privadas Brasileira – ICP e à arquitetura e-PING (Padrões de Inoperabilidade de Governo Eletrônico).

731. (Ieses/TJ/RO/Cartórios/Remoção/2021) A autorização de concessão de subvenção econômica ao BNDES, sob a modalidade de equalização de taxas de juros e outros encargos financeiros, especificamente nas operações de financiamento de linha especial para infraestrutura em projetos de habitação popular, fica a cargo:

a) das Unidades Federativas.
b) da União.
c) da Caixa Econômica Federal.
d) dos Municípios.

732. (Consulplan/TJ/MS/Cartórios/Ingresso/2021) Assinale, dentre as alternativas a seguir, a única que contém uma incorreção em relação a requisitos legais a serem observados para a indicação dos beneficiários do Programa Minha Casa Minha Vida:

a) Prioridade de atendimento às famílias com mulheres responsáveis pela unidade familiar.
b) Faixas de renda definidas pelo Poder Executivo Federal para cada uma das modalidades de operações.
c) Comprovação de que o interessado integra família com renda mensal de até R$ 4.650,00 (quatro mil, seiscentos e cinquenta reais).
d) Prioridade de atendimento às famílias com mais de 5 (cinco) integrantes, residentes em áreas de risco ou insalubres ou que estejam desabrigadas em razão de quaisquer tragédias naturais de grandes proporções.

733. (Cespe/TJ/DFT/Cartórios/Ingresso/2019) No ato do registro de incorporação, o interessado declarou que a construção de determinado empreendimento imobiliário estaria enquadrada no programa Minha Casa, Minha Vida, razão pela qual os emolumentos decorrentes foram cobrados de forma reduzida, conforme legislação pertinente. Posteriormente, parte das unidades habitacionais desse empreendimento foi desenquadrada do programa em questão por ato do poder público. Nesse caso, o interessado deverá:

a) pagar uma multa correspondente ao dobro do valor total da redução auferida, a ser recolhida em favor da serventia que registrou o empreendimento.
b) pagar uma multa correspondente ao dobro do valor total da redução que tenha sido aplicada às unidades desenquadradas, a ser recolhida em favor do poder público.
c) complementar o pagamento dos emolumentos apenas em relação às unidades habitacionais que foram desenquadradas.
d) complementar o pagamento dos emolumentos em relação à totalidade das unidades habitacionais do empreendimento.
e) restituir aos cofres públicos o valor total da redução, acrescido de juros, correção monetária e multa moratória.

734. (Consulplan/TJ/MG/Cartórios/Remoção/2017) No âmbito do Programa Minha Casa Minha Vida PMCMV (Lei n. 11.977/2009), todas as assertivas são verdadeiras, exceto:

a) as condições de acessibilidade a todas as áreas públicas e de uso comum.
b) na ausência de legislação que estabeleça regra específica, será assegurado que do total de unidades habitacionais construídas no âmbito do PMCMV, em cada município, no mínimo 10% sejam adaptadas ao uso com pessoas com deficiência.
c) as condições de sustentabilidade das construções.
d) o uso de novas tecnologias construtivas.

735. (Consulplan/TJ/MG/Cartórios/Remoção/2017) Acerca da competência do Registro de Títulos e Documentos, assinale a alternativa correta:

a) nos termos da Lei n. 11.795/2008, a anotação da alienação fiduciária de veículo automotor ofertado em garantia ao grupo de consórcio para produzir efeitos probatórios contra terceiros deve ser registrada no Ofício de Registro de Títulos e Documentos do domicílio do consorciado.
b) a constituição do patrimônio de afetação será feita por registro em cartório de registro de títulos e documentos, na hipótese de o mesmo vir a ser constituído para assumir o saldo devedor do financiamento imobiliário nas hipóteses de que trata a Lei Federal n. 11.977/09.
c) constitui-se o penhor de direito, ou o mercantil, mediante instrumento público ou particular, registrado no Registro de Títulos e Documentos.
d) constitui-se a propriedade fiduciária com o registro do contrato, inclusive se se tratar de veículo, celebrado por instrumento público ou particular, que lhe serve de título, no Registro de Títulos e Documentos do domicílio do devedor.

4.16. Provimentos/Resoluções do CNJ

ATENÇÃO: ESTE TEMA É MUITO EXIGIDO NOS CONCURSOS!

QUESTÕES OBJETIVAS

736. (Vunesp/TJ/SP/Cartórios/Ingresso/2022) As sentenças declaratórias de reconhecimento, dissolução e extinção de união estável, bem como as escrituras públicas de contrato e distrato envolvendo união estável:

a) são registradas no Livro "B".
b) são registradas no Livro "B Auxiliar".
c) são registradas no Livro "E".
d) não são inscritas no Registro Civil das Pessoas Naturais.

737. (Ieses/TJ/TO/Cartórios/Remoção/2022) Para os fins de enquadramento do cliente como pessoa exposta politicamente, o notário e o registrador deverão:

a) Consultar o cadastro eletrônico de Pessoas Expostas Politicamente, por intermédio do Siscoaf, sendo vedado colher a declaração das próprias partes sobre essa condição, ressalvados os casos em que seja expressamente prevista uma destas formas de identificação como obrigatória.
b) Consultar o cadastro eletrônico de Pessoas Expostas Politicamente, por intermédio do Siscoaf, ou colher a declaração das próprias partes sobre essa condição, ressalvados os casos em que seja expressamente prevista uma destas formas de identificação como obrigatória.
c) Consultar o cadastro eletrônico de Pessoas Expostas Politicamente, por meio do portal de transparência do Governo Federal, e uma vez confirmado se tratar de pessoa exposta politicamente, recusar o atendimento notarial ou registral.
d) Consultar o cadastro eletrônico de Pessoas Expostas Politicamente, por intermédio do Sicaf, ou colher a declaração das próprias partes sobre essa condição, ressalvados os casos em que seja expressamente prevista uma destas formas de identificação como obrigatória.

738. (Ieses/TJ/TO/Cartórios/Remoção/2022) O notário ou registrador, ou seu oficial de cumprimento, informará à Corregedoria-Geral de Justiça estadual ou do Distrito Federal, até o dia (___) dos meses (___), a inexistência, nos seis meses anteriores, de operação ou proposta suspeita passível de comunicação à Unidade de Inteligência Financeira – UIF.

a) 10 – de janeiro e julho.
b) 31 – de julho e dezembro.
c) 10 – de fevereiro e junho.
d) 05 – de janeiro e junho.

739. (Ieses/TJ/TO/Cartórios/Remoção/2022) A pessoa natural em nome da qual uma transação é conduzida ou que, em última instância, de forma direta ou indireta, possui, controla ou influencia significativamente uma pessoa jurídica, conforme definição da Receita Federal do Brasil (RFB), dentro do serviço notarial e de registro, será tida como:

a) terceiro interessado.
b) interventor necessário.
c) interveniente legal.
d) beneficiário final.

740. (Ieses/TJ/TO/Cartórios/Remoção/2022) Dentre o conjunto de direitos e deveres perante o Conselho Nacional de Justiça – CNJ, emerge a política de prevenção à lavagem de dinheiro e ao financiamento do terrorismo; sendo que esta deverá ser formalizada expressamente por notários e registradores, abrangendo, também, procedimentos para:

I. Treinamento dos notários, dos registradores, oficiais de cumprimento e empregados contratados.
II. Disseminação do seu conteúdo ao quadro de pessoal por processos institucionalizados de caráter contínuo.
III. Monitoramento das atividades desenvolvidas pelos empregados.
IV. Prevenção de conflitos entre os interesses comerciais/empresariais e os mecanismos de prevenção à lavagem de dinheiro e ao financiamento do terrorismo.

A sequência correta é:

a) Apenas a assertiva IV está incorreta.
b) Apenas as assertivas I e IV estão corretas.
c) As assertivas I, II, III e IV estão corretas.
d) Apenas as assertivas I e II estão corretas.

741. (Ieses/TJ/TO/Cartórios/Remoção/2022) Todo o usuário que comparecer perante um notário como parte direta ou indiretamente interessada em um ato notarial, ainda que por meio de representantes, independentemente de ter sido o notário escolhido pela parte outorgante, outorgada ou por um terceiro, será considerado como:

a) cliente do registro imobiliário.
b) cliente do serviço notarial.
c) beneficiário final do serviço notarial.
d) tomador notarial.

742. (Ieses/TJ/TO/Cartórios/Remoção/2022) O tabelião de protesto de títulos e outros documentos de dívida, ou seu oficial de cumprimento, comunicará obrigatoriamente à Unidade de Inteligência Financeira – UIF, independentemente de análise ou de qualquer outra consideração, qualquer operação que envolva o pagamento ou recebimento de valor em espécie, igual ou superior a:

a) R$ 20.000,00 (vinte mil reais) ou equivalente em outra moeda, desde que perante o tabelião.
b) R$ 50.000,00 (cinquenta mil reais) ou equivalente em outra moeda, desde que perante o tabelião.
c) R$ 30.000,00 (trinta mil reais) ou equivalente em outra moeda, desde que perante o tabelião.
d) R$ 100.000,00 (cem mil reais) ou equivalente em outra moeda, desde que perante o tabelião.

743. (Ieses/TJ/TO/Cartórios/Ingresso/2022) Podemos considerar que a possibilidade de realização de ato notarial eletrônico reflete a relação dos serviços notarias e registrais com o impulso econômico, tendo em vista que agilizam o trâmite na documentação evitando o deslocamento do usuário até o cartório, culminando na redução de custos e de tempo. Sobre esta inovação e modernização dos serviços notariais, que garantem mais praticidade, mas sem colocar em risco a segurança jurídica, é incorreto afirmar:

a) Um dos requisitos da prática do ato notarial eletrônico é a realização de videoconferência notarial para captação do consentimento das partes sobre os termos do ato jurídico.
b) A gravação da videoconferência notarial deverá conter, no mínimo: a identificação, a demonstração da capacidade e a livre manifestação das partes atestadas pelo tabelião de notas; o consentimento das partes e a concordância com a escritura pública; o objeto e o preço do negócio pactuado; a declaração da data e horário da prática do ato notarial; e a declaração acerca da indicação do livro, da página e do tabelionato onde será lavrado o ato notarial.
c) A assinatura digital pelas partes, exclusivamente através do e-Notariado e a assinatura do Tabelião de Notas com a utilização de certificado digital ICPBrasil, são alguns dos requisitos da prática do ato notarial eletrônico.
d) Para a lavratura do ato notarial eletrônico, o notário utilizará qualquer plataforma autorizada pela Anoreg do Estado a que pertencer o cartório responsável pela lavratura do ato, atendendo as peculiaridades locais.

744. (Ieses/TJ/TO/Cartórios/Ingresso/2022) Considerando o poder de fiscalização e de normatização do Poder Judiciário dos atos praticados por seus órgãos, e ainda, a competência do Poder Judiciário de fiscalizar os serviços extrajudiciais, estabelecidos na Constituição Federal, o Conselho Nacional de Justiça – CNJ editou provimentos e outros atos normativos destinados ao aperfeiçoamento das atividades dos serviços extrajudiciais, levando em consideração a prerrogativa do sistema notarial de atribuição de fé pública e a possibilidade de exercício dessa prerrogativa em meio eletrônico. Tendo em mente a obrigação dos serviços extrajudiciais de cumprir as normas técnicas estabelecidas pelo Poder Judiciário leia as afirmações e assinale a incorreta:

a) Os atos notariais eletrônicos, cuja autenticidade seja conferida pela internet por meio do e-Notariado, constituem instrumentos públicos para todos os efeitos legais e são eficazes para os registros públicos, instituições financeiras, juntas comerciais, Detrans e para a produção de efeitos jurídicos perante a administração pública e entre particulares.
b) Ainda não é possível a realização de ato notarial híbrido, com uma das partes assinando fisicamente o ato notarial e a outra, a distância.
c) Deverá ser consignado em todo ato notarial eletrônico de reconhecimento de firma por autenticidade que a assinatura foi aposta no documento, perante o tabelião, seu substituto ou escrevente, em procedimento de videoconferência.
d) O notário fornecerá, gratuitamente, aos clientes do serviço notarial certificado digital notarizado, para uso exclusivo e por tempo determinado, na plataforma eNotariado e demais plataformas autorizadas pelo Colégio Notarial Brasil-CF.

745. (Vunesp/TJ/SP/Cartórios/Ingresso/2022) Sobre o registro de nascimento decorrente de reprodução assistida, conforme normativa vigente do Conselho Nacional de Justiça, é correto afirmar:

a) na hipótese de gestação por substituição, poderá eventualmente constar do registro o nome da parturiente, informado na DNV.
b) em se tratando de reprodução assistida post mortem, deverá ser apresentado termo de autorização prévia da pessoa falecida para uso do material biológico preservado, lavrado por instrumento público ou particular com firma reconhecida.
c) exige tal registro a prévia autorização do Juiz Corregedor Permanente.
d) o conhecimento da ascendência biológica poderá ensejar reconhecimento do vínculo de parentesco e dos respectivos efeitos jurídicos entre o doador ou a doadora e o filho gerado por meio da reprodução assistida.

746. (Ieses/TJ/RO/Cartórios/Ingresso/2021) A usucapião é o modo originário de aquisição da propriedade de bens móveis, imóveis e outros direitos reais pelo transcurso do tempo desde que atendidos os requisitos legais. É originária porque não tem relação entre o antigo e novo proprietário. Atualmente a legislação admite a possibilidade da modalidade administrativa deste procedimento. Entre os documentos legalmente exigidos para instruir o procedimento administrativo, está a ata notarial, que a requerimento do interessado pode atestar a existência e o modo de existir de algum fato. Sobre tal documento não se pode afirmar que:

a) O tabelião de notas poderá comparecer pessoalmente ao imóvel usucapiendo para realizar diligências necessárias à lavratura da ata notarial.
b) Não podem constar da ata notarial imagens, documentos, sons gravados em arquivos eletrônicos, mas somente o depoimento de testemunhas e as declarações do requerente.
c) No usucapião extrajudicial, a ata notarial será lavrada pelo tabelião de notas do município em que estiver localizado o imóvel usucapiendo ou a maior parte dele, a quem caberá alertar o requerente e as testemunhas de que a prestação de declaração falsa no referido instrumento configurará crime de falsidade, sujeito às penas da lei.
d) A ata notarial lavrada pelo tabelião, atestando o tempo de posse do requerente e seus antecessores, conforme o caso e suas circunstâncias, é documento necessário para instruir o pedido de reconhecimento extrajudicial de usucapião, a requerimento do interessado, representado por advogado.

747. (FGV/TJ/SC/Cartórios/Remoção/2021) João e Antônio viviam em união estável homoafetiva há muitos anos, devidamente documentada em escritura pública, e decidiram ter um filho com o auxílio de técnicas de reprodução assistida. A gestação deu-se por substituição, o que foi detalhado em termo de compromisso específico, sendo Maria, doadora temporária do útero, a parturiente de Marta. Com o objetivo de proteger a esfera jurídica de Marta, João solicitou a opinião de um amigo a respeito de como deveria proceder no registro civil do nascimento, sendo-lhe informado que:

I. é obrigatória a presença de João e Antônio ao Registro Civil das Pessoas Naturais.
II. serão indicados os ascendentes paternos e maternos, conforme João e Antônio, por mútuo acordo, sejam enquadrados em uma ou outra categoria.
III. o nome de Maria, referido na declaração de nascido vivo, não constará do registro.
IV. o oficial do Registro Civil das Pessoas Naturais processará o pedido e o encaminhará, para decisão, ao juízo competente.

À luz da sistemática legal e regulamentar vigente, em relação às informações fornecidas pelo amigo de João, está(ão) correta(s):

a) somente III.
b) somente IV.
c) somente I e IV.
d) somente I, II e III.
e) I, II, III e IV.

748. (FGV/TJ/SC/Cartórios/Ingresso/2021) Maria, oficial do Registro Civil das Pessoas Naturais, atendeu Joana, que desejava proceder ao registro de nascimento de Pedro, então com 15 anos de idade. Na ocasião, não foi apresentada a declaração de nascido vivo, tendo Joana informado que o parto fora feito em casa, por sua mãe. À luz da sistemática vigente, Maria deve:

a) negar-se a proceder ao registro, salvo se apresentado exame de DNA e declaração de duas testemunhas corroborando as informações de Joana.
b) orientar Joana a redigir requerimento nos termos regulamentares, proceder à entrevista dos envolvidos e decidir pelo registro ou pela suspeita.
c) lavrar termo do requerimento formulado, ouvir as testemunhas apresentadas, bem como a Pedro, e encaminhar os autos ao juízo competente para que decida.
d) entrevistar Pedro, instruir o requerimento com as demais informações apresentadas por Joana, solicitar a manifestação do Ministério Público e decidir pelo registro ou pela suspeita.
e) orientar Joana a obter justificativa judicial da prova testemunhal, apresentando os demais elementos de que disponha, decidindo pelo registro ou pela suspeita após a oitiva do Ministério Público.

749. (Ieses/TJ/RO/Cartórios/Ingresso/2021) O Conselho Nacional de Justiça – CNJ, considerando a prerrogativa do sistema notarial de atribuição de fé pública e a possibilidade de exercício dessa prerrogativa em meio eletrônico, editou provimento estabelecendo normas gerais sobre a prática de atos notariais eletrônicos em todos os tabelionatos de notas do País. Nesta regulamentação, o CNJ fixou algumas definições. Sobre o assunto, leia as afirmativas abaixo e as considere como Verdadeiras ou Falsas.

I. Documento eletrônico é a identidade digital de uma pessoa física ou jurídica, identificada presencialmente por um notário a quem se atribui fé pública.
II. Assinatura eletrônica notarizada é qualquer forma de verificação de autoria, integridade e autenticidade de um documento eletrônico realizada por um notário, atribuindo fé pública.
III. Ato notarial eletrônico é conjunto de metadados, gravações de declarações de anuência das partes por videoconferência notarial e documento eletrônico, correspondentes a um ato notarial.
IV. Certificado digital notarizado é qualquer arquivo em formato digital que ofereça prova ou informação sobre um ato, fato ou negócio, emitido na forma que lhe for própria, inclusive aquele cuja autoria seja verificável pela internet.

a) F, F, V, V.
b) V, V, V, F.
c) F, F, F, V.
d) F, V, V, F.

750. (Ieses/TJ/RO/Cartórios/Ingresso/2021) Segundo regulamentação do Conselho Nacional de Justiça – CNJ, o ato notarial eletrônico é conjunto de metadados, gravações de declarações de anuência das partes por videoconferência notarial e documento eletrônico, correspondentes a um ato notarial. São requisitos da prática do ato notarial eletrônico:

I. Videoconferência notarial para captação do consentimento das partes sobre os termos do ato jurídico.
II. Concordância expressada pelas partes com os termos do ato notarial eletrônico.

III. Assinatura digital pelas partes, exclusivamente através do e-Notariado e a assinatura do Tabelião de Notas com a utilização de certificado digital ICPBrasil.

IV. Uso de formatos de documentos de longa duração com assinatura digital.

a) Todas as afirmativas contêm requisitos da prática do ato notarial eletrônico.
b) Apenas os itens I e IV contém requisitos da prática do ato notarial eletrônico.
c) Somente os itens I, II e III contém requisitos da prática do ato notarial eletrônico.
d) Nenhuma das alternativas contém requisitos da prática do ato notarial eletrônico.

751. (Vunesp/TJ/GO/Cartórios/Ingresso/2021) O que é assinatura eletrônica notarizada?

a) É qualquer forma de verificação de autoria, integridade e autenticidade de um documento eletrônico realizada por um notário, atribuindo fé pública.
b) É o reconhecimento de firma por autenticidade feito na presença do Tabelião em documento impresso da internet.
c) É um conjunto de metadados, gravações de declarações de anuência das partes por videoconferência notarial e documento eletrônico, correspondentes a um ato notarial.
d) É um conjunto de informações biológicas de uma pessoa que possibilite ao tabelião confirmar a identidade e a sua presença, em ato notarial.

752. (Ieses/TJ/RO/Cartórios/Remoção/2021) De acordo com o Provimento da Corregedoria Nacional de Justiça – CNJ nº 65, de 14.12.2017 é correto afirmar:

a) O tabelião de notas, obrigatoriamente, comparecerá pessoalmente ao imóvel usucapiendo para realizar diligências necessárias à lavratura da ata notarial, sendo dispensada a diligência quando o imóvel usucapiendo ficar a mais de 30 (trinta) quilômetros de distância da sede do cartório.
b) O tabelião de notas poderá comparecer pessoalmente ao imóvel usucapiendo para realizar diligências necessárias à lavratura da ata notarial.
c) Não há previsão legal que sustente o comparecimento pessoal do tabelião de notas no imóvel usucapiendo.
d) O tabelião de notas, obrigatoriamente, comparecerá pessoalmente ao imóvel usucapiendo para realizar diligências necessárias à lavratura da ata notarial, sendo dispensada a diligência quando o imóvel usucapiendo ficar a mais de 50 (cinquenta) quilômetros de distância da sede do cartório.

753. (FGV/TJ/SC/Cartórios/Remoção/2021) Maria e João, casados, decidiram celebrar o divórcio consensual. Na lavratura da escritura, fizeram-se representar por mandatários, que foram constituídos por instrumento público, com poderes especiais, descrição das cláusulas essenciais e firmado há quarenta e cinco dias. Não foi imposto qualquer sigilo sobre a escritura pública, sendo o seu traslado apresentado ao oficial do Registro Civil das Pessoas Naturais do respectivo assento de casamento, o qual o averbou, não sendo ouvido o Ministério Público ou solicitada autorização judicial. À luz da sistemática vigente, a narrativa:

a) não apresenta qualquer incorreção.
b) somente apresenta incorreção em relação à ausência de sigilo da escritura.
c) somente apresenta incorreção em relação ao momento em que foi lavrada a procuração.
d) somente apresenta incorreção quanto à averbação realizada pelo oficial do Registro Civil sem a oitiva do Ministério Público.
e) somente apresenta incorreção em relação ao não comparecimento pessoal das partes à lavratura da escritura.

754. (Consulplan/TJ/MS/Cartórios/Ingresso/2021) Assinale a afirmativa correta, de acordo com o Provimento 65, de 14 de dezembro de 2017, do Conselho Nacional de Justiça, que estabelece diretrizes para o procedimento da usucapião extrajudicial nos serviços notariais e de registro de imóveis.

a) O consentimento expresso poderá ser manifestado pelos confrontantes e titulares de direitos reais a qualquer momento, por documento particular com firma reconhecida ou por instrumento público, sendo imprescindível a assistência de advogado ou defensor público.
b) Na hipótese de algum titular de direitos reais e de outros direitos registrados na matrícula do imóvel usucapiendo e na matrícula do imóvel confinante ter falecido, poderão assinar a planta e memorial descritivo os herdeiros legais, desde que apresentem escritura pública declaratória de únicos herdeiros com nomeação do inventariante.
c) Infrutíferas as notificações mencionadas no Provimento 65 do CNJ, estando o notificando em lugar incerto, não sabido ou inacessível, o oficial de registro de imóveis certificará o ocorrido e promoverá a notificação por edital publicado, por uma única vez, em jornal local de grande circulação, interpretando o silêncio do notificando como concordância.
d) Se a planta e o memorial descritivo assinados por profissional legalmente habilitado e com prova da Anotação da Responsabilidade Técnica – ART ou do Registro de Responsabilidade Técnica – RRT no respectivo conselho de fiscalização profissional não estiver assinada pelos titulares dos direitos registrados ou averbados na matrícula do imóvel usucapiendo ou na matrícula dos imóveis confinantes ou ocupantes a qualquer título e não for apresentado documento autônomo de anuência expressa, eles serão notificados pelo oficial de registro de imóveis ou por intermédio do oficial de registro de títulos e documentos para que manifestem consentimento no prazo de 15 (quinze) dias, considerando-se sua inércia como discordância.

755. (Consulplan/TJ/MS/Cartórios/Ingresso/2021) Em relação ao Registro de Títulos e Documentos, e de acordo com o Provimento 48, de 16 de março de 2016, do Conselho Nacional de Justiça, que "Estabelece diretrizes gerais para o sistema de registro eletrônico de títulos e documentos e civil de pessoas jurídicas", assinale a alternativa incorreta.

a) Aos ofícios de registro de títulos e documentos e civil de pessoas jurídicas é permitido recepcionar ou expedir documentos eletrônicos por e-mail ou serviços postais ou de entrega.
b) Todas as solicitações feitas por meio das centrais de serviços eletrônicos compartilhados serão enviadas ao ofício de registro de títulos e documentos e civil de pessoas jurídicas competente, que será o único responsável pelo processamento e atendimento.
c) Os títulos e documentos eletrônicos, devidamente assinados com o uso de certificado digital, segundo a Infraestrutura de Chaves Públicas Brasileira – ICP, e observada a arquitetura dos Padrões de Interoperabilidade de Governo Eletrônico (e-Ping), podem ser recepcionados diretamente no cartório, caso o usuário assim requeira e compareça na serventia com a devida mídia eletrônica.
d) Os livros do registro de títulos e documentos e civil de pessoas jurídicas serão escriturados e mantidos segundo a Lei nº 6.015, de 31 de dezembro de 1973, podendo, para este fim, ser adotados os sistemas de computação, microfilmagem, disco óptico e outros meios de reprodução, nos termos do Art. 41 da Lei nº 8.935, de 18 de novembro de 1994, e conforme

as normas editadas pelas Corregedorias-Gerais de Justiça dos Estados e do Distrito Federal, sem prejuízo da escrituração eletrônica em repositórios registrais eletrônicos.

756. (Consulplan/TJ/MS/Cartórios/Ingresso/2021) De acordo com o Provimento 82, de 3 de julho de 2019, do Conselho Nacional de Justiça, que padronizou nacionalmente os procedimentos de alteração do nome do genitor nos registros de nascimento e casamento dos filhos, assinale a afirmativa correta.

a) Se o filho for maior de 12 (doze) anos, o acréscimo do patronímico do genitor exigirá o seu consentimento.
b) Somente poderá ser averbado o acréscimo do patronímico ao nome do filho menor de idade, quando o nome do genitor for alterado no registro de nascimento.
c) Poderá ser requerido, perante o Oficial de Registro Civil competente, a averbação do acréscimo do patronímico de genitor ao nome do filho menor de idade, quando houver alteração do nome do genitor em decorrência de separação e divórcio, exceto nos casos de viuvez.
d) Poderá ser requerida, perante o Oficial de Registro Civil competente, a averbação no registro de nascimento e no de casamento das alterações de patronímico dos genitores em decorrência de casamento, separação e divórcio, mediante a apresentação da certidão respectiva. Nesses casos, a certidão de nascimento e a de casamento serão emitidas com o nome anterior, fazendo-se menção, no campo 'observações' sobre a alteração ou o seu motivo.

757. (Consulplan/TJ/MS/Cartórios/Remoção/2021) Assinale a alternativa correta sobre o Provimento 88, de 1º de outubro de 2019, do Conselho Nacional de Justiça, que dispõe sobre a política, os procedimentos e os controles a serem adotados pelos notários e registradores visando à prevenção dos crimes de lavagem de dinheiro.

a) Podem configurar indícios da ocorrência dos crimes de lavagem de dinheiro ou de financiamento do terrorismo, ou com eles relacionar-se, a concessão de empréstimos hipotecários ou com alienação fiduciária entre particulares.
b) Podem configurar indícios da ocorrência dos crimes de lavagem de dinheiro ou de financiamento ao terrorismo, ou com eles relacionar-se, pagamentos ou cancelamentos de títulos protestados em valor igual ou superior a R$ 500.000,00 (quinhentos mil reais), não relacionados ao mercado financeiro, mercado de capitais ou entes públicos.
c) Além do definido em regulamentos especiais, os notários devem manter o registro físico e eletrônico de todos os atos notariais protocolares que lavrarem, independentemente da sua natureza ou objeto, e remeter seus dados essenciais ao CNB/CF por meio eletrônico, de forma sincronizada ou com periodicidade, no máximo, quinzenal.
d) O oficial de registro de imóveis, ou seu oficial de cumprimento, comunicará obrigatoriamente à Unidade de Inteligência Financeira – UIF, independentemente de análise ou de qualquer outra consideração, a ocorrência de registro de transmissões sucessivas do mesmo bem, em período não superior a 6 (seis) meses, se a diferença entre os valores declarados for superior a 100%.

758. (Consulplan/TJ/MS/Cartórios/Remoção/2021) Assinale a afirmativa correta de acordo com o Provimento 73, de 28 de junho de 2018, do Conselho Nacional de Justiça, que regulamenta a alteração de prenome e gênero no Registro Civil das Pessoas Naturais.

a) A subsequente averbação da alteração do prenome e do gênero no registro de casamento não dependerá da anuência do cônjuge.
b) A averbação da alteração do prenome e do gênero do pai ou da mãe no registro de nascimento dos descendentes dependerá da anuência deles, somente após atingirem a maioridade, bem como da de ambos os pais.
c) Somente pessoa maior de 18 (dezoito) anos completos habilitada à prática de todos os atos da vida civil poderá requerer ao ofício do RCPN a alteração e a averbação do prenome e do gênero, a fim de adequá-los à identidade autopercebida.
d) O procedimento de alteração de prenome e gênero será realizado com base na autonomia da pessoa requerente, que deverá declarar, perante o registrador do RCPN, a vontade de proceder à adequação da identidade mediante a averbação do prenome, do gênero ou de ambos. O atendimento do pedido apresentado ao registrador deverá ser instruído com comprovação de realização de cirurgia de redesignação sexual e/ou de tratamento hormonal ou patologizante, assim como de apresentação de laudo médico ou psicológico.

759. (Consulplan/TJ/MS/Cartórios/Remoção/2021) Assinale a afirmativa correta, de acordo com o Provimento 65, de 14 de dezembro de 2017, do Conselho Nacional de Justiça, que estabelece diretrizes para o procedimento da usucapião extrajudicial nos serviços notariais e de registro de imóveis.

a) A existência de ônus real ou de gravame na matrícula do imóvel usucapiendo impedirá o reconhecimento extrajudicial da usucapião.
b) Na hipótese de a unidade usucapienda localizar-se em condomínio edilício constituído de fato, ou seja, sem o respectivo registro do ato de incorporação, ou sem a devida averbação de construção, bastará a anuência do síndico do condomínio.
c) Se o imóvel usucapiendo for matriculado com descrição precisa e houver perfeita identidade entre a descrição tabular e a área objeto do requerimento da usucapião extrajudicial, fica dispensada a intimação dos confrontantes do imóvel, devendo o registro da aquisição originária ser realizado na matrícula existente.
d) Considera-se outorgado o consentimento pelos titulares dos direitos registrados ou averbados na matrícula do imóvel usucapiendo, dispensada a notificação, quando for apresentado pelo requerente justo título ou instrumento que demonstre a existência de relação jurídica com o titular registral, acompanhado de prova da quitação das obrigações ou de certidão do distribuidor cível expedida até 30 (trinta) dias antes do requerimento que demonstre a inexistência de ação judicial contra o requerente ou contra seus cessionários envolvendo o imóvel usucapiendo.

760. (Vunesp/TJ/GO/Cartórios/Ingresso/2021) De acordo com o Provimento nº 100/2020 do Conselho Nacional de Justiça, a matrícula notarial eletrônica é:

a) um dado ou conjunto de informações biológicas de uma pessoa, que possibilita ao tabelião confirmar a identidade e a sua presença, em ato notarial ou autenticação em ato particular.
b) um ambiente de armazenamento ou tráfego de informações digitais.
c) uma chave de identificação individualizada, facilitando a unicidade e rastreabilidade da operação eletrônica praticada.
d) a identidade digital de uma pessoa física ou jurídica, identificada presencialmente por um notário a quem se atribui fé pública.

761. (Vunesp/TJ/GO/Cartórios/Ingresso/2021) De acordo com o Provimento nº 103/2020 do Conselho Nacional de Justiça, assinale a alternativa correta.

a) É competente para a lavratura da autorização de viagem eletrônica o tabelião de notas do domicílio dos pais ou dos responsáveis pela criança ou pelo adolescente.
b) Os pais ou responsáveis, nas hipóteses em que não seja necessária a autorização judicial, poderão autorizar a viagem da criança e do adolescente por instrumento particular eletrônico, com firma reconhecida por semelhança por um tabelião de notas.
c) O requerimento eletrônico de autorização de viagem será efetuado com a utilização facultativa de eventuais modelos ou formulários produzidos, divulgados e disponibilizados por meio de links pelo Poder Judiciário ou órgãos governamentais.
d) A emissão de Autorização Eletrônica de Viagem – AEV é indispensável, sendo ineficazes as autorizações de viagens emitidas em meio físico.

762. (Vunesp/TJ/GO/Cartórios/Ingresso/2021) No tocante à disciplina normativa do Conselho Nacional de Justiça, o apostilamento poderá ser executado por qualquer notário ou registrador cadastrado:

a) independentemente da especialização do serviço ou da circunscrição territorial.
b) observando-se a especialização do serviço e a circunscrição territorial.
c) observando-se a especialização do serviço, independentemente da circunscrição territorial.
d) independentemente da especialização do serviço, observando-se, porém, a circunscrição territorial.

763. (Vunesp/TJ/GO/Cartórios/Ingresso/2021) Em conformidade com o Provimento nº 122/2021 do Conselho Nacional de Justiça, verificado que, na Declaração de Nascido Vivo (DNV), o campo sexo foi preenchido como ignorado, o assento de nascimento:

a) será lavrado sem o nome do registrando, o qual será escolhido após laudo complementar que esclareça a situação.
b) será lavrado registrando o sexo como ignorado.
c) não será lavrado, devendo-se aguardar laudo complementar que esclareça a situação.
d) será lavrado, desde que autorizado pelo Juízo Corregedor Permanente.

764. (Vunesp/TJ/GO/Cartórios/Ingresso/2021) De acordo com a disciplina normativa do Conselho Nacional de Justiça, referente à paternidade socioafetiva, assinale a alternativa correta.

a) Poderão requerer o reconhecimento da paternidade ou maternidade socioafetiva de filho os pretensos pais maiores de dezesseis anos de idade, independentemente do estado civil.
b) O reconhecimento voluntário da paternidade ou maternidade será revogável, mediante procedimento administrativo e averbação no próprio cartório.
c) É autorizado o reconhecimento voluntário da paternidade ou da maternidade socioafetiva de pessoas acima de 12 anos perante os oficiais de registro civil das pessoas naturais.
d) O pretenso pai ou mãe será, pelo menos, doze anos mais velho que o filho a ser reconhecido.

765. (Vunesp/TJ/GO/Cartórios/Ingresso/2021) Segundo o Provimento nº 122/2021 do Conselho Nacional de Justiça, no tocante aos casos em que o campo sexo da DNV tenha sido preenchido como ignorado, assinale a alternativa correta.

a) Não há possibilidade de se realizar a opção de designação de sexo após a morte da pessoa.
b) A designação de sexo será feita por opção, a ser realizada a qualquer tempo e averbada no registro civil de pessoas naturais, independentemente de autorização judicial.
c) É obrigatória a mudança do prenome quando ocorrer a opção pela designação de sexo. Caso seja um prenome neutro, este poderá ser mantido.
d) Para a opção de designação de sexo, é necessário o consentimento da pessoa optante quando esta tiver mais de 10 anos de idade.

766. (Vunesp/TJ/GO/Cartórios/Remoção/2021) De acordo com o Provimento nº 100 do Conselho Nacional de Justiça, é correto afirmar que:

a) é facultativa a utilização do e-Notariado para a prática de atos notariais eletrônicos ou remotos com recepção de assinaturas eletrônicas a distância, podendo-se optar por plataforma diversa.
b) a lavratura de procuração pública eletrônica caberá ao tabelião do domicílio do outorgado ou do local do imóvel, se for o caso.
c) é vedada a realização de ato notarial híbrido.
d) estando o imóvel localizado no mesmo Estado da federação do domicílio do adquirente, este poderá escolher qualquer tabelionato de notas da unidade federativa para a lavratura do ato.

767. (Vunesp/TJ/GO/Cartórios/Remoção/2021) Assinale a alternativa que corresponda a um serviço prestado pela central nacional de serviços eletrônicos compartilhados mantida pelos tabeliães de protesto, em âmbito nacional.

a) Recepção e distribuição de títulos e documentos de dívida para protesto, ainda que os respectivos títulos e documentos de dívida não sejam escriturais.
b) Recepção de declaração eletrônica de anuência para fins de cancelamento de protesto.
c) Consulta quanto a devedores inadimplentes e aos protestos realizados, aos dados desses protestos e dos tabelionatos aos quais foram distribuídos, ainda que os respectivos títulos e documentos de dívida não sejam escriturais, garantida ao Tabelião de protesto a percepção de emolumentos pela consulta.
d) Consulta gratuita quanto a devedores inadimplentes e aos protestos realizados, aos dados desses protestos e dos tabelionatos aos quais foram distribuídos, desde que de títulos escriturais.

768. (Vunesp/TJ/GO/Cartórios/Remoção/2021) Em relação às medidas de incentivo à quitação ou à renegociação de dívidas protestadas, é correto afirmar que terá início:

a) mediante requerimento do credor ou do devedor, pessoalmente no tabelionato onde foi lavrado o protesto; por meio eletrônico; ou por intermédio da central eletrônica mantida pelas entidades representativas de classe e poderá ser adotado mesmo se o protesto tiver sido sustado ou cancelado.
b) exclusivamente mediante requerimento do devedor, pessoalmente no tabelionato onde foi lavrado o protesto; por meio eletrônico; ou por intermédio da central eletrônica mantida pelas entidades representativas de classe e não poderá ser adotado se o protesto tiver sido sustado ou cancelado.
c) exclusivamente mediante requerimento do devedor, pessoalmente no tabelionato onde foi lavrado o protesto; por meio eletrônico; ou por intermédio da central eletrônica mantida pelas entidades representativas de classe e poderá ser adotado mesmo se o protesto tiver sido sustado ou cancelado.
d) mediante requerimento do credor ou do devedor, pessoalmente no tabelionato onde foi lavrado o protesto; por meio

eletrônico; ou por intermédio da central eletrônica mantida pelas entidades representativas de classe e não poderá ser adotado se o protesto tiver sido sustado ou cancelado.

769. (Vunesp/TJ/GO/Cartórios/Remoção/2021) É dispensado o habite-se expedido pela prefeitura municipal em se tratando de:

a) Reurb-E, ocasião em que a averbação das edificações poderá ser efetivada a partir de mera notícia, a requerimento do interessado, da qual constem a área construída e o número da unidade imobiliária.
b) imóvel integrante de programa habitacional de interesse social localizado em Zona Especial de Interesse Social – ZEIS.
c) abertura de matrícula de imóvel edificado em decorrência de reconhecimento extrajudicial de usucapião.
d) construção residencial urbana unifamiliar de um só pavimento finalizada há mais de 2 anos em área ocupada predominantemente por população de baixa renda, inclusive para o fim de registro ou averbação decorrente de financiamento à moradia.

770. (Vunesp/TJ/GO/Cartórios/Remoção/2021) De acordo com o Provimento nº 46/2015 do Conselho Nacional de Justiça, no tocante à Central de Informações de Registro Civil das Pessoas Naturais – CRC, é correto afirmar que:

a) a CRC será integrada, facultativamente, por todos os registradores civis das pessoas naturais do Brasil, que poderão acessá-la para incluir os dados específicos.
b) o sistema conta com módulo de geração de relatórios para efeito de contínuo acompanhamento, controle e fiscalização pelas Corregedorias Gerais da Justiça e pelo Conselho Nacional de Justiça.
c) as comunicações previstas nos artigos 106 e 107 da Lei nº 6.015/73 poderão ser enviadas facultativamente pela CRC.
d) a emissão de certidão negativa pelos registradores civis das pessoas naturais deverá ser precedida de consulta à CRC, podendo, a critério do Oficial, ser consignado na certidão o código da consulta gerado (hash).

771. (Vunesp/TJ/GO/Cartórios/Remoção/2021) No tocante ao registro de nascimento de filho havido por técnicas de reprodução assistida, normatizado pelo Provimento nº 63/2017 do Conselho Nacional de Justiça, é correto afirmar que:

a) mesmo que casados os pais ou convivam em união estável, ambos deverão comparecer ao ato de registro.
b) no caso de filhos de casais homoafetivos, o assento de nascimento deverá ser adequado para que constem os nomes dos ascendentes, sem referência a distinção quanto à ascendência paterna ou materna.
c) o conhecimento da ascendência biológica importará no reconhecimento do vínculo de parentesco e dos respectivos efeitos jurídicos entre o doador ou a doadora e o filho gerado por meio da reprodução assistida.
d) em caso de gestação por substituição, constará do registro o nome da parturiente, informado na declaração de nascido vivo.

772. (Vunesp/TJ/GO/Cartórios/Remoção/2021) Assinale a alternativa correta no tocante ao registro de indígena.

a) Em caso de dúvida fundada acerca do pedido de registro, não cabe ao Oficial exigir a presença de representante da Fundação Nacional do Índio – FUNAI.
b) Havendo fundada suspeita de fraude ou falsidade, o oficial de registro submeterá o caso ao Juiz Federal competente, comunicando-lhe os motivos da suspeita.
c) A pedido do interessado, poderão constar no assento de nascimento do registrando informações sobre sua naturalidade, como a aldeia de origem, o município de nascimento, declaração do registrando como indígena e a indicação da respectiva etnia.
d) É vedado constar, mesmo que a pedido do interessado, a etnia do registrando como seu sobrenome.

773. (Vunesp/TJ/GO/Cartórios/Remoção/2021) Assinale a alternativa correta.

a) A alteração necessária do patronímico familiar por subsequente matrimônio dos pais será processada a requerimento do interessado, com audiência do Ministério Público.
b) A alteração necessária do patronímico familiar por subsequente matrimônio dos pais será processada a requerimento do interessado, mediante autorização do Juiz Corregedor Permanente.
c) Será dispensada a audiência do Ministério Público e a autorização judicial nos casos de averbação de reconhecimento de filho, sendo necessárias na alteração de patronímico.
d) A alteração necessária do patronímico familiar por subsequente matrimônio dos pais será processada a requerimento do interessado, independentemente de procedimento de retificação.

774. (Vunesp/TJ/GO/Cartórios/Remoção/2021) Com relação à alteração de nome e de gênero de pessoa transgênero, assinale a alternativa correta.

a) O procedimento e a alteração de prenome e sexo de transgênero têm natureza pública, e a informação a seu respeito constará obrigatoriamente de todas as certidões dos assentos atingidos.
b) A averbação da alteração do prenome e do gênero no registro de nascimento da pessoa requerente dependerá da anuência do cônjuge.
c) Para a alteração de prenome e sexo de transgênero pela via administrativa é necessário comprovar o arquivamento de processo judicial que tenha a mesma finalidade.
d) No procedimento de alteração de prenome e sexo de transgênero é necessário apresentar laudo médico que ateste a transexualidade.

775. (Vunesp/TJ/RS/Cartórios/Remoção/2019) A opção de nacionalidade deve ser registrada no (___). Assinale a alternativa que completa, corretamente, a frase.

a) Livro A, perante o RCPN onde está localizado o assento de nascimento de um de seus pais, depois de atingida a maioridade, mediante a apresentação do mandado expedido pela Justiça Federal, a qualquer tempo.
b) Livro E, perante o RCPN do 1º Ofício do domicílio do optante, depois de atingida a maioridade, mediante a apresentação do mandado expedido pela Justiça Federal, até o prazo máximo de 4(quatro) anos.
c) Livro E, no RCPN do 1º Ofício da residência do optante, depois de atingida a maioridade, mediante requerimento, diretamente ao Oficial, a qualquer tempo.
d) Livro E, perante o RCPN do 1º Ofício da residência do optante, depois de atingida a maioridade, mediante a apresentação, a qualquer tempo, do mandado expedido pela Justiça Federal.
e) Livro A, perante o RCPN do 1º Ofício do domicílio do interessado, antes de atingida a maioridade, mediante requerimento feito diretamente pelos pais do interessado ao Oficial, através de advogado regularmente constituído por procuração com finalidade específica.

776. (UFPR/TJ/PR/Cartórios/Remoção/2019) A propósito da Central Notarial de Serviços Eletrônicos Compartilhados (CENSEC), assinale a alternativa incorreta.

a) Um dos objetivos da Central Notarial de Serviços Eletrônicos Compartilhados (CENSEC) é incentivar o desenvolvimento tecnológico do sistema notarial brasileiro, facilitando o acesso às informações, com o devido respeito às hipóteses de acesso restrito nos casos de sigilo.
b) Um dos módulos operacionais da CENSEC consiste na Central Nacional de Sinal Público (CNSIP), a qual tem por finalidade o arquivamento digital de sinal público de notários e registradores e respectiva pesquisa.
c) A Presidência do Conselho Nacional de Justiça e a Corregedoria Nacional de Justiça possuem livre acesso às informações referentes aos módulos operacionais da CENSEC.
d) Os Tabeliães de Notas e Oficiais de Registro que detenham atribuição notarial poderão consultar a Central Nacional de Sinal Público (CNSIP) mediante o pagamento de taxa fixada pela Corregedoria Nacional de Justiça.
e) Um dos módulos operacionais da CENSEC consiste no Registro Central de Testamentos On-Line (RCTO), que tem por finalidade servir para a pesquisa de testamentos públicos e de instrumentos de aprovação de testamentos cerrados, lavrados no país.

777. (UFPR/TJ/PR/Cartórios/Ingresso/2019) Acerca dos reflexos do fato jurídico morte e sua relação com as competências do agente delegado do Tabelionato de Notas, identifique como verdadeiras (V) ou falsas (F) as seguintes afirmativas:

I. Na lavratura da escritura nos casos de inventário e partilha, é obrigatória a indicação de um ou mais herdeiros, com os mesmos poderes de um inventariante, para representação do espólio no cumprimento de obrigações ativas ou passivas pendentes.
II. Apresentado testamento cerrado ao notário, se o testador não puder ou não souber assinar, marcará o documento com suas impressões digitais.
III. Na escritura de inventário e partilha, é devido o recolhimento do imposto de transmissão causa mortis e doação antes da lavratura, sendo obrigatória a transcrição resumida da respectiva guia de recolhimento do imposto sobre a partilha amigável de bens feita em inventário por escritura pública.
IV. Independentemente de autorização do juízo sucessório, nos autos de procedimento de abertura e cumprimento de testamento, sendo todos os interessados capazes e concordes, poderão ser feitos o inventário e a partilha por escritura pública.

Assinale a alternativa que apresenta a sequência correta, de cima para baixo.

a) V, F, V, F.
b) V, F, F, V.
c) V, V, F, V.
d) F, F, V, V.
e) F, V, F, F.

778. (Vunesp/TJ/RS/Cartórios/Ingresso/2019) Os assentos de nascimento lavrados no exterior para serem trasladados em território brasileiro:

a) dependerão de tradução por tradutor público juramentado, inscrito em Junta Comercial Brasileira, se não escritos em vernáculo, e legalização no país de origem, caso não tenham sido realizados por autoridade consular brasileira.
b) deverão ser registrados no Livro A do 1º Ofício de Registro Civil das Pessoas Naturais da comarca do domicílio do interessado ou do 1º Ofício do RCPN do DF.
c) mesmo que tenham sido previamente registrados em repartição consular brasileira, dependerão da legalização do documento no país de origem.
d) caso tenham sido feitos por autoridade consular brasileira, serão lavrados no Livro E do 1º Ofício de RCPN da comarca de domicílio do interessado ou do DF, desde que haja autorização judicial prévia.
e) serão realizados no Livro E, dependendo da exatidão dos dados neles contidos, já que não poderão ser realizados caso o requerente relate eventual necessidade de retificação do seu conteúdo.

779. (Vunesp/TJ/RS/Cartórios/Ingresso/2019) Sobre o reconhecimento espontâneo de filhos na via extrajudicial, é correto afirmar que ele poderá ser realizado:

a) nunca, quando se tratar de filiação socioafetiva, pois se admite apenas a via Judicial.
b) nunca por testamento ou declaração particular.
c) em qualquer RCPN do Brasil, independentemente de onde se encontra lavrado o assento de nascimento do reconhecido.
d) por meio da legitimação do casamento.
e) sem o consentimento do filho maior, por se tratar de ato personalíssimo.

780. (Vunesp/TJ/AL/Cartórios/Ingresso/2019) Em conformidade com o disposto na Resolução nº 35/2007 do Conselho Nacional de Justiça, assinale a alternativa correta.

a) Das escrituras públicas de separações o divórcios consensuais não poderão ser expedidas certidões, a não ser a pedido das partes envolvidas no ato, ou por determinação judicial.
b) Poderá o tabelião de notas indicar advogado para assistência jurídica às partes por ocasião da lavratura das escrituras públicas de separações e divórcios consensuais, inventários e partilhas.
c) Permite-se a lavratura de escritura pública de inventário e partilha referente a bens localizados no exterior.
d) Na escritura pública de separação e divórcio consensuais. os separandos ou divorciandos poderão ser representados por mandatários constituídos por instrumento público com poderes especiais, descrição das cláusulas essenciais e prazo de validade de 30 (trinta) dias.

781. (Consulplan/TJ/MG/Cartórios/Remoção/2019) De acordo com o Provimento nº 63/2017 do Conselho Nacional de Justiça, é correto afirmar que:

a) Poderão requerer o reconhecimento da paternidade ou maternidade socioafetiva de filho os maiores de dezesseis anos, independentemente do estado civil.
b) A coleta da anuência tanto do pai quanto da mãe e do filho maior de doze anos deverá ser feita pessoalmente perante o oficial de registro civil das pessoas naturais ou escrevente autorizado.
c) A discussão judicial sobre o reconhecimento da paternidade ou de procedimento de adoção não obstará o reconhecimento da filiação pela sistemática estabelecida neste provimento.
d) O reconhecimento voluntário da paternidade ou maternidade será irrevogável, podendo ser desconstituído pela via judicial ou extrajudicial, nas hipóteses de vício de vontade, fraude ou simulação.

782. (Consulplan/TJ/MG/Cartórios/Remoção/2019) Analise as afirmativas de acordo com o Provimento nº 62/2017 do Conselho Nacional de Justiça, que dispõe sobre a uniformização dos procedimentos para a aposição de apostila.

I. Os titulares dos serviços notariais e de registro poderão solicitar à Corregedoria Nacional de Justiça autorização específica para que o serviço de apostilamento seja prestado, sob sua supervisão, por no máximo três escreventes habilitados.
II. O serviço de notas e de registro poderão apostilar documentos estranhos a sua atribuição mesmo que exista na localidade serviço autorizado para o ato de apostilamento.
III. A apostila será emitida mediante solicitação do portador do documento, sendo dispensado requerimento escrito. As autoridades apostilantes darão recibo de protocolo no momento do requerimento, estipulando prazo para entrega, que não poderá ultrapassar cinco dias.
IV. A apostila será emitida por documento, não importando a quantidade de páginas que possuir. Será de forma diversa se o solicitante do serviço assim o requerer.

Está correto o que se afirma em:

a) I, II, III e IV.
b) I e II, apenas.
c) III e IV, apenas.
d) I, III e IV, apenas.

783. (Consulplan/TJ/MG/Cartórios/Remoção/2019) Em relação ao Apostilamento, levando em consideração as normas editas pelo Conselho Nacional de Justiça, é correto afirmar que:

a) Os notários e registradores, ao apostilar documentos emitidos por serviço notarial sediado em ente da Federação diverso, deverão verificar a autenticidade da assinatura mediante consulta à Central Notarial de Serviços Eletrônicos Compartilhados (CENSEC).
b) O apostilamento de reconhecimento de firma ou de cópia autenticada é ato ordinário, caso em que a assinatura, a função ou o cargo exercido a serem lançados na apostila serão do signatário e não do tabelião ou do seu preposto que após a fé pública no documento.
c) A aposição de apostila em tradução de documento público produzido no território nacional será admitida em tradução realizada por tradutor público ou nomeado "ad hoc" pela junta comercial, bem como realizadas por pessoas de confiança do notário ou registrador que vierem a realizar o ato de apostilamento.
d) O documento eletrônico apresentado à autoridade apostilante ou por ela expedido poderá ser apostilado independentemente de impressão em papel, desde que esteja emitido em formato compatível para upload no sistema do CNJ e assinado mediante certificado digital, segundo a Infraestrutura de Chaves Públicas Brasileira (ICP), observada a arquitetura dos Padrões de Interoperabilidade de Governo Eletrônico (e-Ping).

784. (Consulplan/TJ/MG/Cartórios/Remoção/2019) Com base nas disposições da Resolução nº 35, de 2007, do CNJ, analise as afirmativas sobre separações e divórcios consensuais pela via extrajudicial.

I. Para a lavratura das escrituras públicas de separação e divórcio consensuais, a escolha do tabelião de notas atenderá às regras de competência do Código de Processo Civil.
II. O comparecimento pessoal das partes é dispensável à lavratura da escritura pública de separação e divórcio consensuais, sendo admissível a representação por mandatário constituído por instrumento público com poderes especiais e prazo de validade de noventa dias.
III. As partes devem declarar ao tabelião, no ato da lavratura da escritura que não têm filhos comuns, ou havendo, que são absolutamente capazes. Devem, ainda, declarar que o cônjuge virago não se encontra em estado gravídico ou, ao menos, que não tenha conhecimento sobre esta condição.
IV. A retificação das cláusulas de obrigações alimentares ajustadas na separação e no divórcio consensuais é admitida por escritura pública, havendo consenso entre as partes.

Estão corretas as afirmativas:

a) I, II, III e IV.
b) III e IV, apenas.
c) I, II e III, apenas.
d) I, II e IV, apenas.

785. (Consulplan/TJ/MG/Cartórios/Ingresso/2019) O Provimento nº 39/2014 do CNJ dispõe sobre a instituição e funcionamento da Central Nacional de Indisponibilidade de Bens – CNIB, destinada a recepcionar comunicações de indisponibilidade de bens imóveis não individualizados. De acordo com esse ato normativo, assinale a afirmativa correta.

a) Verificada a existência de bens no nome cadastrado, a indisponibilidade será prenotada e averbada na matrícula ou transcrição do imóvel, ainda que este tenha passado para outra circunscrição.
b) Em caso de aquisição de imóvel por pessoa cujos bens foram atingidos por ordem de indisponibilidade deverá o Oficial de Registro de Imóveis, imediatamente após o lançamento do registro do título aquisitivo na matrícula do imóvel, promover a averbação da indisponibilidade, após prévia consulta ao adquirente.
c) Consistindo eventual exigência para o registro de alienação judicial de imóvel atingido por ordem de indisponibilidade na falta de indicação, no título, da prevalência da alienação judicial em relação à restrição oriunda de outro juízo ou autoridade administrativa a que foi dada ciência da execução, será o fato comunicado ao Juízo que expediu o título de alienação, visando sua complementação, ficando prorrogada a prenotação por trinta dias contados da expedição dessa comunicação.
d) As indisponibilidades averbadas nos termos do Provimento nº 39/2014 do CNJ impedem a inscrição de constrições judiciais, mas não impedem o registro da alienação judicial do imóvel desde que a alienação seja oriunda do juízo que determinou a indisponibilidade, ou a que distribuído o inquérito civil público e a posterior ação desse decorrente, ou que consignado no título judicial a prevalência da alienação judicial em relação à restrição oriunda de outro juízo ou autoridade administrativa a que foi dada ciência da execução.

786. (Consulplan/TJ/MG/Cartórios/Ingresso/2019) De acordo com o Provimento nº 45/2015 do CNJ, que consolidou as normas relativas à manutenção e escrituração dos livros Diário Auxiliar, Visitas e Correições e Controle de Depósito Prévio pelos titulares de delegações e responsáveis interinos do serviço extrajudicial de notas e registros públicos, é correto afirmar que:

a) A responsabilidade pela escrituração dos livros Diário Auxiliar, Visitas e Correições e Controle de Depósito Prévio, referidos no provimento 45, são de responsabilidade direta do delegatário, ainda quando escriturado por um seu preposto.
b) Anualmente, até o décimo dia útil do mês de março, o Livro Diário Auxiliar será visado pela autoridade judiciária competente, que determinará, sendo o caso, as glosas necessárias, podendo, ainda, ordenar sua apresentação sempre que entender conveniente.
c) Nos Estados em que o pagamento dos emolumentos para o serviço de protesto de título for diferido em virtude de previsão legal, será considerado como dia da prática do ato o da lavratura do termo de cancelamento, o do acatamento do pedido de desistência e o do pagamento do título, se outra data não decorrer de norma estadual específica.

d) A receita será lançada no Livro Diário Auxiliar separadamente, por especialidade, de forma individualizada, no dia da prática do ato, somente quando haja recebimento de emolumentos, devendo discriminar-se sucintamente, de modo a possibilitar-lhe identificação com a indicação, quando existente, do número do ato, ou do livro e da folha em que praticado, ou ainda o do protocolo.

787. (Consulplan/TJ/MG/Cartórios/Ingresso/2019) Conforme estabelecido pelo Provimento nº 53/2016 do CNJ, em seu art. 1º, caput, "a averbação direta no assento de casamento da sentença estrangeira de divórcio consensual simples ou puro, bem como da decisão não judicial de divórcio, que pela lei brasileira tem natureza jurisdicional, deverá ser realizada perante o Oficial de Registro Civil das Pessoas Naturais". Sobre o tema, analise as afirmativas a seguir.

I. A averbação direta no assento de casamento da sentença estrangeira de divórcio consensual simples e puro, bem como da decisão não judicial de divórcio, que pela lei brasileira tem natureza jurisdicional, depende de prévia homologação da sentença estrangeira pelo Superior Tribunal de Justiça e/ou de prévia manifestação de qualquer outra autoridade judicial brasileira.
II. A averbação direta dispensa a assistência de advogado ou defensor público.
III. A averbação da sentença estrangeira de divórcio consensual, que, além da dissolução do matrimônio, envolva disposição sobre guarda de filhos, alimentos e/ou partilha de bens – denominado divórcio consensual qualificado – dependerá de prévia homologação pelo Superior Tribunal de Justiça.
IV. Para averbação direta, o interessado deverá apresentar, no Registro Civil de Pessoas Naturais junto ao assento de seu casamento, apenas a cópia integral da sentença estrangeira, acompanhada de tradução oficial.

Está correto o que se afirma em:

a) I e II, apenas.
b) II e III, apenas.
c) I, II e III, apenas.
d) Todas as afirmativas estão incorretas.

788. (Vunesp/TJ/AL/Cartórios/Ingresso/2019) De acordo com o Provimento nº 18/2012, da Corregedoria Nacional de Justiça, assinale a alternativa na qual constam apenas módulos operacionais da Central Notarial de Serviços Eletrônicos Compartilhados (CENSEC).

a) I – Registro Central de Testamentos On line (RCTO); II – Central de Escrituras de Separações, Divórcios e Inventários (CESDI); III – Central de Escrituras e Procurações (CEP).
b) I – Central Nacional de Sinal Público (CNSIP); II – Central de Remessa de Arquivos (CRA); III – Registro Central de Testamentos On line (RCTO).
c) I – Central de Escrituras de Separações, Divórcios e Inventários (CESDI); II – Operador Nacional do Registro Eletrônico de Imóveis (ONR); III – Central de Escrituras e Procurações (CEP).
d) I – Central de Remessa de Arquivos (CRA); II – Central Nacional de Serviços Compartilhados do Protesto (CENPROT); III – Central Nacional de Sinal Público (CNSIP).

789. (Vunesp/TJ/AL/Cartórios/Ingresso/2019) Segundo o Provimento nº 63/2017, da Corregedoria Nacional de Justiça, assinale a alternativa correta sobre a averbação do número do CPF nos assentos de nascimento, casamento e óbito.

a) A averbação do número do CPF nos assentos de nascimento, casamento e óbito deverá ser feita em cumprimento de determinação judicial.
b) A averbação do número do CPF será considerada, para fins de cobrança de emolumentos, como averbação sem valor declarado.
c) A averbação do número do CPF será feita apenas nos assentos de nascimento.
d) Nos assentes de nascimento, casamento e óbito lavrados em data anterior à vigência do provimento, poderá ser averbado o número de CPF, bem como anotados o número do DNI ou RG, título de eleitor a outros dados cadastrais públicos relativos à pessoa natural, mediante conferência.

790. (Vunesp/TJ/AL/Cartórios/Ingresso/2019) De acordo com o Provimento nº 82/2019, da Corregedoria Nacional de Justiça, assinale a alternativa correta sobre a averbação no registro de nascimento e no de casamento das alterações de patronímico dos genitores em decorrência de casamento separação e divórcio.

a) O procedimento administrativo para alteração será processado pelo oficial do registro civil das pessoas naturais, mediante apresentação da certidão respectiva, a não depende de autorização judicial.
b) O procedimento administrativo para alteração dependerá de expressa autorização judicial.
c) Em nenhuma hipótese, será exigido o consentimento do filho para a averbação, bastando o requerimento dos genitores.
d) A averbação do acréscimo do patronímico do genitor ao nome do filho menor de idade somente poderá ser feita se este tiver sido registrado apenas com o nome da mãe.

791. (Vunesp/TJ/AL/Cartórios/Ingresso/2019) De acordo com os Provimentos nº 63/2017 e nº 63/2019, da Corregedoria Nacional de Justiça, assinala a alternativa correta sobre o reconhecimento voluntário da paternidade ou da maternidade socioafetiva de pessoa acima de 12 (doze) anos.

a) O registro da paternidade ou maternidade socioafetiva será realizado peio registrador independentemente de parecer favorável do Ministério Público.
b) Pela via administrativa, é permitida a inclusão de até 3 (três) ascendentes socioafetivos.
c) Será processado perante o oficial de registro civil das pessoas naturais, ainda que diverso daquele em que foi lavrada o assento de nascimento.
d) Deverá ser feito necessariamente por instrumento público.

792. (Vunesp/TJ/AL/Cartórios/Ingresso/2019) De acordo com o Provimento nº 30/2013 da Corregedoria Nacional de Justiça, considere as seguintes afirmativas sobre a recepção e o protesto de cheques:

I. É vedado o protesto de cheques devolvidos pelo banco sacado por motivo de furto, roubo ou extravio de folhas ou talonários, desde que não tenham circulado por meio de endosso, nem estejam garantidos por aval.
II. Quando o cheque for apresentado para protesto mais de 1 (um) ano após sua emissão, será obrigatória a comprovação, pelo apresentante, do endereço do emitente.
III. O cheque somente poderá ser protestado no lugar do pagamento, não se admitindo o protesto no local do domicílio do emitente.

Está(ão) correta(s) somente:

a) I e III.
b) II e III.
c) II.
d) I e II.

793. (Vunesp/TJ/AL/Cartórios/Ingresso/2019) O Oficial de Registro de imóveis, ao constatar a existência de matrículas para imóveis distintos, com uso do mesmo número de ordem, deverá:

a) complementar os números que foram repetidos mediante aposição de letra do alfabeto, em sequência a cada número repetido (ex.: matrícula 1, matrícula 1-A. matrícula 1-B, matrícula 1-C etc.).
b) manter a matrícula mais antiga com o mesmo número, encerrar as posteriores e abrir novas matrículas para os respectivos imóveis, observada a numeração sequencial atual, trasladando para estas os atas das matrículas encerradas.
c) comunicar o fato à Corregedoria Geral da Justiça, com identificação expressa de cada uma dessas matrículas e do imóvel a que se refere, para a adoção das providências cabíveis.
d) bloquear todas as matrículas e comunicar o fato ao Juiz Corregedor da Comarca, para a adoção das providências cabíveis.

794. (Vunesp/TJ/AL/Cartórios/Ingresso/2019) Sobra o Provimento nº 74/2018, da Corregedoria Nacional de Justiça, é correto afirmar que:

a) os livros e atos eletrônicos do acervo dos serviços notariais e de registro deverão ser arquivados mediante cópia de segurança (backup), realizada em intervalos não superiores a 30 (trinta) dias, feita em mídia eletrônica, não havendo necessidade de ser arquivada na internet (backup em nuvem).
b) para as serventias com arrecadação de até RS 100 mil, por semestre, não haverá necessidade de adoção de padrões mínimos de proteção da base de dados.
c) os serviços notariais e de registro deverão adotar políticas de segurança da informação com relação a confidencialidade, disponibilidade, autenticidade e integridade e a mecanismos preventivos de controle físico e lógico, sendo que, dentre essas políticas, os notários e registradoras deverão ter um plano de continuidade de negócios que preveja ocorrências nocivas ao regular funcionamento dos serviços.
d) é permitida a adoção de livros e atos eletrônicos somente para as serventias com arrecadação de até R$ 60 mil por semestre.

795. (Vunesp/TJ/AL/Cartórios/Ingresso/2019) De acordo com o Provimento nº 45/2015 da Corregedoria Nacional de Justiça, assinale a alternativa correta sobre o Livro Diário Auxiliar de Receita e da Despesa.

a) Nele não poderá ser lançado como despesa o valor recolhido a título de imposto sobre serviço – ISS devido pela prestação do serviço extrajudicial.
b) A receita será lançada no livro no dia do recebimento dos emolumentos, ainda que a prática do ato tenha ocorrido em outro dia.
c) Deverá ser visado anualmente pela autoridade judiciária competente, que determinará, sendo o caso, as glosas necessárias, podendo, ainda, ordenar sua apresentação sempre que entender conveniente.
d) Os lançamentos relativos a receitas compreenderão todos os valores recebidos na serventia, inclusive os tributos recebidos a título de substituição tributária.

796. (Consulplan/TJ/MG/Cartórios/Ingresso/2019) Em 27 de junho de 2018, foi publicado, pelo Conselho Nacional de Justiça, o Provimento nº 72, o qual trata de medidas de incentivo à quitação ou à renegociação de dívidas protestadas nos tabelionatos de protesto do Brasil. Acerca desse ato normativo, analise as afirmativas a seguir.

I. As medidas de incentivo à quitação ou à renegociação de dívidas protestadas nos tabelionatos de protesto serão medidas prévias e obrigatórias aos procedimentos de conciliação e mediação e deverão observar os requisitos previstos no Provimento nº 72/2018/CNJ.
II. A qualquer tempo, o devedor poderá formular proposta de pagamento ao credor, caso em que será expedido aviso ao credor acerca das condições da proposta, arcando o interessado com a eventual despesa respectiva.
III. Apenas o devedor poderá requerer a designação de sessão de conciliação ou de mediação, aplicando-se as disposições previstas no Provimento CN-CNJ nº 67/2018.
IV. Será vedado aos tabelionatos de protesto estabelecer, em documentos por eles expedidos, cláusula compromissória de conciliação ou de mediação extrajudicial.
V. As medidas de incentivo à quitação ou à renegociação de dívidas protestadas nos tabelionatos de protesto serão consideradas a primeira fase do procedimento de conciliação ou de mediação.

Estão corretas apenas as afirmativas.

a) II e IV.
b) II, IV e V.
c) III, IV e V.
d) II, III, IV e V.

797. (Consulplan/TJ/MG/Cartórios/Ingresso/2019) O Conselho Nacional de Justiça editou diversos provimentos no ano de 2018 relativos à atividade notarial e registral. Entre eles, destaca-se o nº 78, de 7 de novembro de 2018, o qual dispõe sobre a compatibilidade da atividade notarial com o exercício simultâneo de mandato eletivo. Acerca desse ato normativo, é correto afirmar que:

a) O notário e/ou o registrador que desejarem exercer mandato eletivo não deverão se afastar do exercício do serviço público delegado desde a sua diplomação.
b) O notário e/ou o registrador poderão exercer, cumulativamente, a vereança com a atividade notarial e/ou de registro, havendo compatibilidade de horários, e nos demais tipos de mandatos eletivos deverão se afastar da atividade.
c) O notário e/ou o registrador que exercerem mandato eletivo não terão o direito à percepção integral dos emolumentos gerados em decorrência da atividade notarial e/ou registral que lhe foi delegada, limitando seus ganhos a 90,25% do teto constitucional.
d) Tendo em vista a proibição do Nepotismo no âmbito da atividade notarial e registral, no caso de haver a necessidade de o notário e/ou o registrador se afastarem para o exercício de mandato eletivo, a atividade será conduzida por preposto escolhido pela Corregedoria Geral de Justiça.

798. (Vunesp/TJ/SP/Cartórios/Ingresso/2018) De acordo com o Provimento n. 62/2017, da Corregedoria Nacional da Justiça, o cadastramento e a prestação de serviços de apostilamento pelas serventias notariais e de registro são obrigatórios:

a) em todas as serventias.
b) em todas as serventias, com possibilidade de dispensa por motivos justificados.
c) nas Capitais dos Estados e no Distrito Federal, com possibilidade de dispensa por motivos justificados, e facultativos no interior.
d) nas Capitais dos Estados e no Distrito Federal e facultativos no interior.

799. (Consulplan/TJ/MG/Cartórios/Ingresso/2018) O Conselho Nacional de Justiça (CNJ) foi o responsável por coordenar e regulamentar a aplicação da Convenção da Apostila da Haia no Brasil. O tratado assinado pelo Brasil tem o objetivo de agilizar e simplificar a legalização de documentos entre os 112 países signatários, permitindo o reconhecimento mútuo de documentos brasileiros no exterior e de documentos estrangeiros no Brasil. Tal tratado entrou em vigor em:

a) agosto de 2014.
b) agosto de 2015.
c) agosto de 2016.
d) agosto de 2017.

800. (Cetro/TJ/RJ/Cartórios/Remoção/2017) Quanto à indisponibilidade, conforme dispõe o Provimento n. 39/2014 do Conselho Nacional de Justiça (CNJ), assinale a alternativa correta:

a) antes da prática de qualquer ato notarial que tenha por objeto bens imóveis ou direitos a eles relativos, o tabelião de notas deverá consultar a base de dados da Central Nacional de Indisponibilidade de Bens (CNIB) e, se constatar ordem de indisponibilidade sobre a pessoa titular da propriedade ou outro direito real sobre imóvel que se pretende transmitir, não poderá lavrar a escritura pública.
b) em se tratando de escritura pública de procuração representativa de negócio jurídico que tenha por objeto a propriedade ou outro direito real sobre imóvel, não se faz necessária prévia consulta pelo tabelião de notas à base de dados da Central Nacional de Indisponibilidade de Bens (CNIB), pois a existência de indisponibilidade sobre os bens e direitos do outorgante não impede a lavratura da procuração.
c) o tabelião de notas, antes da prática de qualquer ato notarial que tenha por objeto bens imóveis ou direitos a eles relativos, nessa incluída a escritura pública de procuração e de testamento, deverá promover prévia consulta à base de dados da Central Nacional de Indisponibilidade de Bens (CNIB), consignando no ato notarial o resultado da pesquisa e o respectivo código gerado (hash), dispensado o arquivamento do resultado da pesquisa em meio físico ou digital.
d) antes da prática de qualquer ato notarial que tenha por objeto bens imóveis ou direitos a eles relativos, o tabelião de notas deverá orientar as partes sobre a possibilidade da dispensa à consulta na base de dados da Central Nacional de Indisponibilidade de Bens (CNIB) e, se as partes optarem por dispensar a prévia consulta, o tabelião de notas deverá consignar na escritura pública que as partes do negócio jurídico foram expressamente comunicadas que eventual existência da ordem de indisponibilidade poderá ter como consequência a impossibilidade de registro do direito no registro de imóveis, enquanto vigente a restrição.
e) o tabelião de notas, antes da prática de qualquer ato notarial que tenha por objeto bens imóveis ou direitos a eles relativos, exceto lavratura de testamento, deverá promover prévia consulta à base de dados da Central Nacional de Indisponibilidade de Bens (CNIB), consignando no ato notarial o resultado da pesquisa e o respectivo código gerado ("hash"), dispensado o arquivamento do resultado da pesquisa em meio físico ou digital.

801. (Cetro/TJ/RJ/Cartórios/Ingresso/2017) O Provimento n. 53/2016 do Conselho Nacional de Justiça (CNJ) dispõe sobre a averbação direta por oficial de registro Civil das Pessoas Naturais da sentença estrangeira de divórcio consensual. Assinale a alternativa incorreta sobre a averbação dessa sentença:

a) depende de homologação pelo Superior Tribunal de Justiça a sentença estrangeira que tenha por objeto divórcio consensual qualificado, denominado como aquele que, além da dissolução do matrimônio, envolva disposição sobre guarda de filhos, alimentos e/ou partilha de bens.
b) independe de homologação pelo Superior Tribunal de Justiça a sentença estrangeira de divórcio consensual que homologue acordo dos cônjuges sobre partilha de bens, cujo casal declare que não tem filhos comuns ou, havendo, são absolutamente capazes.
c) independe de homologação pelo Superior Tribunal de Justiça a sentença estrangeira que tenha por objeto divórcio consensual simples ou puro, ou seja, aquele que envolva somente a dissolução do matrimônio e que não disponha sobre partilha de bens, guarda de filhos ou alimentos.
d) para averbação direta, o interessado deverá apresentar, no Registro Civil de Pessoas Naturais, junto ao assento de seu casamento, cópia integral da sentença estrangeira, bem como comprovação do trânsito em julgado, acompanhada de tradução oficial juramentada e de chancela consular.
e) havendo interesse em retomar o nome de solteiro, o interessado na averbação direta deverá demonstrar a existência de disposição expressa na sentença estrangeira, exceto quando a legislação estrangeira permitir a retomada, ou quando o interessado comprovar por documento do registro civil estrangeiro a alteração do nome.

802. (Consulplan/TJ/MG/Cartórios/Ingresso/2017) O Provimento 39/2014 do Conselho Nacional de Justiça dispõe sobre a instituição e funcionamento da Central Nacional de Indisponibilidade de Bens – CNIB, sobre esta Central é correto afirmar:

a) os tabeliães de notas, os oficiais de registro civil com atribuição notarial, os registradores de títulos e documentos e os de imóveis, antes da prática de qualquer ato notarial ou registral que tenha por objeto bens imóveis ou direitos a eles relativos, exceto a lavratura de testamento, deverão consultar a base de dados da Central Nacional de Indisponibilidade de Bens – CNIB.
b) os tabeliães de notas e os oficiais de registro civil com atribuição notarial deverão consignar no ato notarial o resultado da pesquisa realizada no CNIB e o respectivo código gerado ("hash"), devendo ser arquivado o resultado da pesquisa em meio físico.
c) em caso de aquisição de imóvel por pessoa cujos bens foram atingidos por ordem de indisponibilidade deverá o oficial de registro de imóveis, imediatamente após o lançamento do registro do título aquisitivo na matrícula do imóvel, promover a averbação da indisponibilidade, devendo para tal consultar previamente o adquirente.
d) a existência de comunicação de indisponibilidade não impede a lavratura de escritura pública representativa de negócio jurídico tendo por objeto a propriedade ou outro direito real sobre imóvel de que seja titular a pessoa atingida pela restrição, nessa incluída a escritura pública de procuração, devendo constar na escritura pública, porém, que as partes do negócio jurídico foram expressamente comunicadas da existência da ordem de indisponibilidade que poderá ter como consequência a impossibilidade de registro do direito no registro de imóveis enquanto vigente a restrição.

803. (Cetro/TJ/RJ/Cartórios/Ingresso/2017) Com base na legislação civil e nos provimentos do Conselho Nacional de Justiça, assinale a alternativa que está de acordo com as regras de competência territorial do Serviço de Registro de Títulos e Documentos:

a) o registro de penhor de veículo deverá ser feito apenas no Cartório de Títulos e Documentos do domicílio do credor.
b) o registro de locação de coisas móveis, para fins de cláusula de vigência, deverá ser registrado no Cartório de Títulos e Documentos onde está situada a coisa locada.
c) a compra e venda com reserva de domínio deverá ser registrada no Cartório de Títulos e Documentos do domicílio do vendedor ou do comprador, a critério das partes contratantes.

d) a alienação fiduciária de bem móvel infungível deverá ser registrada apenas no Cartório de Títulos e Documentos do domicílio do credor fiduciário.
e) o registro facultativo para conservação ou eficácia do contrato de alienação fiduciária de veículo deverá ser registrado no domicílio das partes contratantes.

804. (Consulplan/TJ/MG/Cartórios/Remoção/2017) O Brasil aderiu à Convenção sobre a Eliminação da Exigência de Legalização de Documentos Públicos Estrangeiros, celebrada em Haia, em 5 de outubro de 1961. É a denominada convenção da Apostila que foi aprovada pelo Congresso Nacional, conforme Decreto Legislativo n. 148/2015; depositada perante o Ministério dos Negócios Estrangeiros do Reino dos Países Baixos, em 2 de dezembro de 2015; e, por fim, promulgada no plano interno conforme Decreto n. 8.660/2016. Neste contexto, o Conselho Nacional de Justiça expediu a Resolução 228. Sobre as normas citadas, assinale a alternativa correta:

a) as apostilas emitidas por países partes da Convenção da Apostila, excetuadas aquelas emitidas em data anterior à vigência referida Convenção no Brasil, serão aceitas em todo o território nacional a partir de 14 de agosto de 2016, em substituição à legalização diplomática ou consular.
b) as disposições de tratado, convenção ou acordo de que a República Federativa do Brasil seja parte e que tratem da simplificação ou dispensa do processo de legalização diplomática ou consular de documentos prevalecem sobre as disposições da Convenção da Apostila, mesmo que tais exigências sejam mais rigorosas que dispostas na referida convenção.
c) a apostila será emitida em meio eletrônico, mediante solicitação do signatário do documento ou de qualquer portador, atestando a autenticidade da assinatura, da função ou do cargo exercido pelo signatário do documento e, quando cabível, a autenticidade do selo ou do carimbo nele aposto.
d) no âmbito da Convenção de Haia, são considerados documentos públicos os documentos administrativos diretamente relacionados a operações comerciais ou aduaneiras.

805. (Consulplan/TJ/MG/Cartórios/Remoção/2017) Acerca das normas relativas à manutenção e escrituração dos livros Diário Auxiliar, Visitas e Correições e Controle de Depósito Prévio, conforme disciplinado pelo Conselho Nacional de Justiça por meio do Provimento n. 45/2015, assinale a alternativa correta:

a) é responsabilidade direta do delegatário a escrituração dos livros Diário Auxiliar, Visitas e Correições e Controle de Depósito Prévio.
b) todos os delegatários deverão manter livro de Controle de Depósito Prévio, especialmente aberto para o controle das importâncias recebidas a título de depósito prévio, mesmo que não admitam o depósito prévio de emolumentos.
c) no Livro Diário Auxiliar, os lançamentos relativos a receitas compreenderão os emolumentos brutos recebidos em razão dos atos efetivamente praticados, incluídos valores que constituam receita devida diretamente ao Estado, ao Distrito Federal, ao Tribunal de Justiça, a outras entidades de direito, e aos fundos de renda mínima e de custeio de atos gratuitos, conforme previsão legal específica.
d) as despesas serão lançadas no dia em que se efetivarem e sempre deverão resultar da prestação do serviço delegado, sendo passíveis de lançamento no Livro Diário Auxiliar todas as despesas relativas a investimentos, custeio e pessoal, promovidas a critério do delegatário.

4.17. Leis Esparsas

ATENÇÃO: ESTE TEMA É MUITO EXIGIDO NOS CONCURSOS!

REPERCUSSÃO & REPETITIVOS

STF Rep. Geral 492. É inconstitucional a cobrança por parte de associação de taxa de manutenção e conservação de loteamento imobiliário urbano de proprietário não associado até o advento da Lei nº 13.465/17, ou de anterior lei municipal que discipline a questão, a partir da qual se torna possível a cotização dos proprietários de imóveis, titulares de direitos ou moradores em loteamentos de acesso controlado, que i) já possuindo lote, adiram ao ato constitutivo das entidades equiparadas a administradoras de imóveis ou (ii) sendo novos adquirentes de lotes, o ato constitutivo da obrigação esteja registrado no competente Registro de Imóveis. *RE 695911, 18.12.2020.*

QUESTÕES OBJETIVAS

806. (Ieses/TJ/TO/Cartórios/Ingresso/2022) A propriedade privada pode ser considerada como direito fundamental e como um princípio de desenvolvimento econômico do país, conforme estabelecido nos arts. 5º e 170 da Constituição Federal e os serviços notariais e registrais podem ser considerados como ferramenta concretização deste direito, bem como de efetivação de tal princípio. Por tal razão, tais serviços estão em constante evolução para acompanhar a dinâmica dos fatos sociais e poder colaborar cada vez mais com a prosperidade econômica do país. Tendo em mente a legislação que a modernização dos serviços notariais e de registro, podemos considerar como incorreta a seguinte afirmação:

a) A certidão digital pode ser expedida no formato eletrônico pelo Oficial do Registro de Imóveis, por meio de um aplicativo e ferramentas desenvolvidas especialmente para essa finalidade, devidamente assinada com Certificado Digital ICP-Brasil.
b) A Certidão Digital tem a mesma fé pública e validade jurídica da certidão tradicional em papel e faz prova em Juízo ou fora dele e pode ser utilizada para lavratura de escrituras públicas, contratos de financiamento imobiliário e quaisquer outros documentos públicos e particulares em geral.
c) É necessária a formulação do pedido presencialmente, comparecendo pessoalmente no cartório que deseja colher informação, porque ainda não é possível solicitar certidão em sitio eletrônico em nenhum estado do Brasil.
d) Conforme definição atribuída pelo CNJ, ato notarial eletrônico é o conjunto de metadados, gravações de declarações de anuência das partes por videoconferência notarial e documento eletrônico, correspondentes a um ato notarial;

807. (Ieses/TJ/TO/Cartórios/Remoção/2022) O reconhecimento dos filhos havidos fora do casamento é irrevogável e será feito:

I. No registro de nascimento.
II. Por testamento, desde que expressamente manifestado.
III. Por escritura pública ou escrito particular, a ser arquivado em cartório.
IV. Por manifestação expressa e direta perante o juiz, desde que o reconhecimento haja sido o objeto único e principal do ato que o contém.

A sequência correta é:

a) Apenas a assertiva IV está incorreta.
b) Apenas as assertivas I e II estão corretas.
c) As assertivas I, II, III e IV estão corretas.
d) Apenas as assertivas II e IV estão incorretas.

808. (Ieses/TJ/TO/Cartórios/Ingresso/2022) Sobre o Código de Águas assinale a alternativa correta:

a) Um exemplo de águas públicas de uso comum são as correntes, canais, lagos e lagoas navegáveis ou flutuáveis.
b) Os mares territoriais não são considerados águas públicas.
c) As águas públicas de uso comum, bem como o seu álveo, pertencem somente à União e aos estados-membros.
d) As águas situadas nas zonas periodicamente assoladas pelas secas não são consideradas águas públicas.

809. (FGV/TJ/SC/Cartórios/Ingresso/2021) Maria, renomada estudiosa do direito notarial e registral, foi consultada a respeito da possibilidade de o financiamento concedido à pessoa física, que se dedica à atividade industrial, ser efetuado por meio de cédula de crédito industrial. As dúvidas diziam respeito a quem seria o emitente da cédula, à possibilidade de ser garantida por alienação fiduciária e à existência, ou não, de livro próprio para registrá-la. Maria respondeu, corretamente, que a cédula de crédito industrial deve ser emitida:

a) pela instituição financeira, pode ser garantida da forma alvitrada e será registrada em livro próprio tanto no Registro de Títulos e Documentos como no Registro de Imóveis.
b) pelo destinatário do financiamento, não pode ser garantida da forma alvitrada e será registrada no Registro de Títulos e Documentos, não havendo livro próprio.
c) pela instituição financeira, não pode ser garantida da forma alvitrada e deve ser registrada em livro próprio no Registro de Títulos e Documentos.
d) pelo destinatário do financiamento, pode ser garantida da forma alvitrada e será registrada em livro próprio no Registro de Imóveis.
e) pela instituição financeira, pode ser garantida da forma alvitrada e deve ser averbada na matrícula do imóvel no Registro de Imóveis.

810. (FGV/TJ/SC/Cartórios/Remoção/2021) João pretendia vender um imóvel rural a Antônio, já tendo negociado o preço e as condições de pagamento e imissão na posse. Ao comparecerem ao Tabelionato de Notas, foram informados de que, para a lavratura da escritura, por se tratar de imóvel rural, seria preciso apresentar, por determinação legal, um documento específico, cujos dados seriam inseridos no ato a ser lavrado. O documento referido, que não é exigido em relação aos imóveis urbanos, é:

a) a Certidão de Aprovação do Incra, reconhecendo que o imóvel e o seu uso observam os balizamentos do direito agrário.
b) o Certificado de Cadastro de Imóvel Rural, acompanhado do comprovante de quitação do imposto de transmissão de bens imóveis inter vivos.
c) o Certificado de Cadastro de Imóvel Rural, que deve estar acompanhado de quitação do imposto sobre a propriedade territorial rural dos últimos cinco anos, salvo as exceções legais.
d) a Certidão de Regularidade de Colonização Agrária, emitida pelo Ibra, com o nada a opor do Incra, informando que a propriedade não integra projetos de reforma agrária.
e) a Certidão de Aprovação do Incra, acompanhada do comprovante de quitação dos impostos sobre a propriedade territorial rural e de transmissão inter vivos do exercício.

811. (Ieses/TJ/RO/Cartórios/Ingresso/2021) A Constituição Federal estabelece a propriedade privada como um dos princípios de desenvolvimento econômico do país e os serviços notariais e registrais podem ser considerados como ferramenta de efetivação de tal princípio. Desta forma, estes serviços estão em constante evolução para colaborar cada vez mais com a prosperidade econômica pátria. Neste sentido, podemos considerar que a possibilidade de emissão de certidão em meio digital e o ato notarial eletrônico refletem essa relação dos serviços notarias e registrais com o impulso econômico, tendo em vista que agilizam o trâmite na documentação evitando o deslocamento do usuário até o cartório, culminando na redução de custos e de tempo. Sobre esta inovação é incorreto afirmar:

a) Os atos notariais eletrônicos, cuja autenticidade seja conferida pela internet por meio do e-Notariado, constituem instrumentos públicos para todos os efeitos legais e são eficazes para os registros públicos, instituições financeiras, juntas comerciais, Detrans e para a produção de efeitos jurídicos perante a administração pública e entre particulares.
b) A certidão digital pode ser expedida no formato eletrônico pelo Oficial do Registro de Imóveis, por meio de um aplicativo e ferramentas desenvolvidas especialmente para essa finalidade, devidamente assinada com Certificado Digital ICP-Brasil.
c) Ainda não há autorização do Conselho Nacional de Justiça para a realização de ato notarial híbrido, com uma das partes assinando fisicamente o ato notarial e a outra, a distância.
d) A Certidão Digital tem a mesma fé pública e validade jurídica da certidão tradicional em papel e faz prova em Juízo ou fora dele e pode ser utilizada para lavratura de escrituras públicas, contratos de financiamento imobiliário e quaisquer outros documentos públicos e particulares em geral.

812. (FGV/TJ/SC/Cartórios/Ingresso/2021) Rosália compareceu ao Ofício do Registro Civil de Pessoas Naturais para registrar o nascimento de seu filho, Isaías. O pai indicado por ela, Paulo, não é seu marido, não a acompanhou ao cartório e não há qualquer documento que indique ter reconhecido a criança como seu filho. Diante disso, o oficial deve:

a) se recusar a realizar qualquer registro do nascimento da criança, em razão da ausência de perfilhação ou de qualquer prova da paternidade de Paulo.
b) realizar o registro com base na declaração de Rosália, que será eventualmente responsabilizada se Paulo não for efetivamente o pai.
c) intimar Paulo a comparecer ao cartório para se manifestar em procedimento extrajudicial de investigação de paternidade.
d) notificar Paulo para se manifestar sobre a paternidade que lhe é atribuída e, se ele não assumir a paternidade, encaminhar certidão integral do registro ao Ministério Público.
e) colher os dados de Paulo e remeter a certidão integral do registro ao juiz, para que o notifique para se manifestar sobre a paternidade que lhe é atribuída, em averiguação oficiosa de paternidade.

813. (Ieses/TJ/RO/Cartórios/Ingresso/2021) Sobre o Código de Águas, assinale a alternativa correta:

a) A concessão para o aproveitamento das águas que se destinem a um serviço público será feita mediante permissão ou delegação do poder público.
b) As águas públicas de uso comum, bem como o seu álveo, pertencem ao proprietário particular que tiver o devido registro.
c) São águas públicas de uso comum os mares territoriais, excluídos os golfos.
d) São públicas dominicais todas as águas situadas em terrenos que também o sejam, quando as mesmas não forem do domínio público de uso comum, ou não forem comuns.

814. (Ieses/TJ/RO/Cartórios/Ingresso/2021) Assinale a alternativa correta:

a) O servidor público poderá, de ofício, dispensar a exigência de firma reconhecida, mesmo que prevista em lei, bastando apenas fundamentar seu ato.
b) É exigida a autenticação de cópia de documento, cabendo ao agente administrativo solicitar referida cópia no ato de apresentação do documento.
c) Em relação aos órgãos e entidades da União é dispensada a exigência do reconhecimento de firma, devendo o agente administrativo, confrontando a assinatura com aquela constante do documento de identidade do signatário, ou estando este presente e assinando o documento diante do agente, lavrar sua autenticidade no próprio documento.
d) É obrigatória a exigência de prova relativa a fato que já houver sido comprovado pela apresentação de outro documento válido.

815. (Ieses/TJ/RO/Cartórios/Remoção/2021) A Lei nº 13.726, publicada em 2018, com o objetivo de racionalizar atos e procedimentos administrativos dos Poderes da União, dos Estados, do Distrito Federal e dos Municípios institui o:

a) procedimento padrão operacional.
b) selo de celeridade procedimental.
c) sistema de gestão da qualidade.
d) selo de desburocratização e simplificação.

816. (Ieses/TJ/RO/Cartórios/Remoção/2021) De acordo com a Lei nº 13.465/2017, não poderá ser selecionado como beneficiário dos projetos de assentamento quem:

I. Auferir renda familiar proveniente de atividade não agrária superior a dois salários-mínimos mensais ou superior a um salário-mínimo per capita.
II. For menor de vinte e um anos.
III. For ocupante de cargo, emprego ou função pública remunerada.
IV. For proprietário rural, exceto o desapropriado do imóvel e o agricultor cuja propriedade seja insuficiente para o sustento próprio e o de sua família.

A sequência correta é:

a) Apenas as assertivas III e IV estão corretas.
b) Apenas a assertiva II está incorreta.
c) As assertivas I, II, III e IV estão corretas.
d) Apenas as assertivas I, II e IV estão corretas.

817. (Ieses/TJ/RO/Cartórios/Remoção/2021) Será considerado critério para classificar os candidatos a beneficiários do Programa Nacional de Reforma Agrária:

I. Família mais numerosa cujos membros se proponham a exercer a atividade agrícola na área objeto do projeto de assentamento.
II. Família ou indivíduo que resida há mais tempo no Município em que se localize a área objeto do projeto de assentamento para o qual se destine a seleção, ou nos Municípios limítrofes.
III. Família chefiada por mulher.
IV. Filhos que tenham entre dezoito e vinte e nove anos idade de pais assentados que residam na área objeto do mesmo projeto de assentamento.

A sequência correta é:

a) Apenas as assertivas I, II e III estão corretas.
b) Apenas a assertiva II está incorreta.
c) As assertivas I, II, III e IV estão corretas.
d) Apenas as assertivas III e IV estão corretas.

818. (Ieses/TJ/RO/Cartórios/Remoção/2021) Não poderá ser selecionado como beneficiário dos projetos de assentamento a que se refere a Lei 13.465, de 11 de julho de 2017, exceto:

a) O cidadão trabalhador rural vítima de trabalho em condição análoga à de escravo.
b) O cidadão ocupante de cargo, emprego ou função pública remunerada.
c) O cidadão proprietário rural.
d) O cidadão menor de dezoito anos não emancipado na forma da lei civil.

819. (Ieses/TJ/RO/Cartórios/Remoção/2021) Caso, ao classificar os candidatos a beneficiários do Programa Nacional de Reforma Agrária, ocorra um empate, terá preferência:

a) O candidato cuja família for mais numerosa.
b) O candidato que tenha a maior escolaridade.
c) O candidato de maior idade.
d) O candidato que tenha a menor escolaridade.

820. (UFPR/TJ/PR/Cartórios/Ingresso/2019) A respeito da Convenção sobre a Eliminação da Exigência de Legalização de Documentos Públicos Estrangeiros (Decreto Executivo nº 8.660/2016), considere as seguintes afirmativas:

I. A Convenção sobre a Eliminação da Exigência de Legalização de Documentos Públicos Estrangeiros é tratado internacional firmado em Haia, em 1961, e sua incorporação ao ordenamento jurídico brasileiro foi aprovada pelo Congresso Nacional por meio de Decreto Legislativo apenas em 2015.
II. A apostila prevista na Convenção atesta a autenticidade da assinatura, a função ou o cargo exercido pelo signatário do documento e, quando cabível, a autenticidade do selo ou carimbo nele aposto.
III. Para fins da Convenção da Apostila de Haia, os atos notariais são considerados documentos públicos, assim como as declarações oficiais apostas em documentos de natureza privada, tais como certidões que comprovem o registro de um documento ou a sua existência em determinada data e reconhecimentos de assinatura.
IV. Em virtude da reserva feita ao tratado pelo Brasil, os cartórios extrajudiciais competentes para emissão do documento do Anexo da Convenção não necessitarão registrá-lo ou arquivá-lo especificando o número e data da apostila.

Assinale a alternativa correta.

a) Somente a afirmativa III é verdadeira.
b) Somente as afirmativas I e IV são verdadeiras.
c) Somente as afirmativas II e IV são verdadeiras.
d) Somente as afirmativas I, II e III são verdadeiras.
e) As afirmativas I, II, III e IV são verdadeiras.

821. (Cespe/TJ/DFT/Cartórios/Ingresso/2019) Oficial de registro de imóveis, ao realizar alienação de imóvel submetido ao regime de enfiteuse, verificou que o laudêmio não havia sido recolhido. Nessa situação hipotética, o laudêmio:

a) dispensa o pagamento do imposto sobre transmissão de bens imóveis e de direitos a eles relativos (ITBI).
b) é condição para o registro do imóvel, mediante apresentação de certidão de sua quitação.
c) pode ser incluído na dívida ativa tributária da União, uma vez que possui natureza tributária.
d) não pode integrar a dívida ativa não tributária da União, uma vez que não possui natureza tributária.
e) ensejará responsabilidade tributária solidária ao oficial em caso de inadimplemento da obrigação principal.

822. (Consulplan/TJ/MG/Cartórios/Ingresso/2019) De acordo com a Lei nº 13.097/2015, os negócios jurídicos que tenham por fim constituir, transferir ou modificar direitos reais sobre imóveis são eficazes em relação a atos jurídicos precedentes, nas hipóteses em que não tenham sido registradas ou averbadas na matrícula do imóvel as seguintes informações:

I. Averbação de ações reais ou pessoais reipersecutórias.

II. Averbação, por solicitação do interessado, de constrição judicial, do ajuizamento de ação de execução ou de fase de cumprimento de sentença, procedendo-se nos termos previstos do art. 615-A da Lei nº 5.869, de 11 de janeiro de 1973 – Código de Processo Civil.

III. Averbação de restrição administrativa ou convencional ao gozo de direitos registrados, de indisponibilidade ou de outros ônus quando previstos em lei.

IV. Averbação, independentemente de decisão judicial, da existência de outro tipo de ação cujos resultados ou responsabilidade patrimonial possam reduzir seu proprietário à insolvência, nos termos do inciso II do art. 593 da Lei nº 5.869, de 11 de janeiro de 1973 – Código de Processo Civil.

Estão corretas as afirmativas:

a) I, II, III e IV.
b) II e III, apenas.
c) I, II e III, apenas.
d) II, III e IV, apenas.

823. (UFPR/TJ/PR/Cartórios/Remoção/2019) No que diz respeito à Convenção da Apostila de Haia e sua regulamentação interna no ordenamento jurídico brasileiro, assinale a alternativa correta.

a) A emissão de apostila poderá ser realizada pelo sistema eletrônico ou físico de preferência do titular do cartório.
b) Quando órgãos do Poder Executivo Federal necessitarem de emissão de apostila em documentos a serem utilizados no exterior, no interesse do serviço público, haverá isenção da cobrança de emolumentos.
c) O cadastramento e a prestação do serviço de apostilamento pelos serviços de notas e de registro são atualmente obrigatórios tanto nas capitais dos Estados e do Distrito Federal quanto nos Municípios do interior.
d) A competência para a aposição de apostila, no ordenamento jurídico brasileiro, é reservada com exclusividade aos titulares de cartórios extrajudiciais.
e) A Convenção da Apostila de Haia se aplica aos documentos emitidos por agentes diplomáticos ou consulares, mas não se aplica aos documentos administrativos diretamente relacionados a operações comerciais ou aduaneiras.

824. (Consulplan/TJ/MG/Cartórios/Remoção/2019) A Lei nº 8.159/91 dispõe sobre a política nacional de arquivos públicos e privados e dá outras providências. De acordo com o referido diploma legal, é correto afirmar que:

a) Os documentos de valor permanente são inalienáveis e prescritíveis.
b) Os documentos públicos são identificados como dispensáveis, correntes, intermediários e permanentes.
c) Os arquivos privados identificados como de interesse público e social poderão ser depositados a título revogável, ou doados a instituições arquivísticas públicas.
d) Não ficará sujeito à responsabilidade penal, civil e administrativa, na forma da legislação em vigor, aquele que desfigurar ou destruir documentos de valor permanente ou considerado como de interesse público e social.

825. (Cespe/TJ/DFT/Cartórios/Ingresso/2019) De acordo com o Código de Águas – Decreto nº 24.643/1934 –, denomina-se álveo:

a) o acréscimo que decorre da força súbita da corrente quando esta arranca uma parte considerável e reconhecível de um prédio, arrojando-a sobre o solo natural e ordinariamente enxuto.
b) o acréscimo que sucessiva e imperceptivelmente se forma para a parte do rio e dos lagos que transbordem para o solo natural e ordinariamente enxuto.
c) o acréscimo que sucessiva e imperceptivelmente se forma para a parte do mar e das correntes aquém do ponto a que chega a preamar média.
d) a superfície que as águas cobrem quando transbordam do ponto a que chega a preamar média.
e) a superfície que as águas cobrem sem transbordar para o solo natural e ordinariamente enxuto.

826. (Vunesp/TJ/AL/Cartórios/Ingresso/2019) Quanto ao Operador Nacional do Sistema de Registro Eletrônico de Imóveis (ONR), é correto afirmar que:

a) as unidades do serviço de registro de imóveis dos Estados e do Distrito Federal integram o SREI e ficam vinculadas ao ONR, exceto aquelas em que os respectivos titulares se opuserem a esse vínculo.
b) o ONR será organizado como empresa pública.
c) caberá ao Ministério da Justiça e Segurança Pública exercer a função de agente regulador do ONR e zelar peto cumprimento do seu estatuto.
d) se destina a implementar e operar, em âmbito nacional, o Sistema de Registro Eletrônico de Imóveis (SREI).

5. TEORIA

5.1. Princípios

QUESTÕES DISCURSIVAS

66. (FGV/TJ/SC/Cartórios/2021) Em relação à eficácia produzida pelo registro da aquisição de bens imóveis, discorra sobre: A) os efeitos de eventuais nulidades de títulos anteriormente registrados na matrícula em relação ao adquirente de boa-fé: (i) se adotado o princípio da legitimação registral; (ii) se adotado o princípio da fé pública registral. B) a corrente que defende: (i) que foi adotado no Brasil o princípio da fé pública registral a partir da Lei nº 13.097/2015; (ii) que continua sendo adotado no Brasil o princípio da legitimação registral. C) segurança jurídica dinâmica e segurança jurídica estática, indicando e justificando qual dessas é mais bem protegida pelo princípio da fé pública registral.

67. (Cespe/TJ/DFT/Cartórios/Remoção/2014) "A atividade desempenhada pelos cartórios de registro de imóveis é de grande importância para garantir a segurança dos registros quanto à existência do imóvel, sua descrição e características, seu proprietário e possíveis ônus e gravames que limitem o direito de disposição sobre o bem, para conhecimento de terceiros. Os procedimentos do registro imobiliário são orientados por princípios jurídicos que devem ser observados em todos os atos de sua competência, de modo a assegurar o cumprimento da sua finalidade legal". (Ivanildo Figueiredo. Direito imobiliário. São Paulo: Atlas, 2010, p. 162, com adaptações). Considerando o texto acima como meramente motivador, disserte sobre os princípios – da legalidade, da continuidade, da especialidade, da instância, da prioridade, da legitimação registral e da unitariedade – que norteiam o registro imobiliário.

QUESTÕES OBJETIVAS

827. (Ieses/TJ/TO/Cartórios/Ingresso/2022) No registro de imóveis, o princípio que estabelece que todo imóvel deve possuir uma única matrícula e que cada matrícula deve conter um único imóvel é:

a) segurança jurídica.
b) inscrição.
c) unitariedade da matrícula.
d) continuidade.

828. (Ieses/TJ/TO/Cartórios/Ingresso/2022) Em relação aos princípios aplicáveis ao Registro de Títulos e documentos assinale a alternativa correta:

a) O princípio da concentração, aplicável ao registro de títulos e documentos, significa que todos os atos registrais devem ser concentrados em uma única serventia por município.
b) O princípio da publicidade dos registros de títulos e documentos se materializa por meio de publicação de edital que detalhe os atos praticados na serventia.
c) As serventias de títulos e documentos não ficam vinculadas ao princípio da legalidade dos atos registrais.
d) O princípio da instância (ou rogação) estabelece que o registrador só pode agir por meio de provocação de interessado ou de outro legitimado, conforme a previsão da lei.

829. (Vunesp/TJ/SP/Cartórios/Ingresso/2022) O princípio da continuidade é um dos mais importantes do sistema registral brasileiro. O ato que será praticado deve ter como uma das partes pessoa cujo nome já consta do registro. Todavia, existem negócios que excepcionam essa regra. São exceções ao princípio da continuidade:

a) a usucapião reconhecida extrajudicialmente. Ainda que a decisão administrativa do Oficial de Registro de Imóveis não faça coisa julgada material, a usucapião pode ser reconhecida extrajudicialmente ainda que inexista registro anterior ou este não seja localizado.
b) a arrematação em hasta pública no processo de execução judicial. Considerada maneira originária de aquisição, o registro da carta de arrematação pode ser feito ainda que o titular dominial não seja de qualquer forma parte na execução.
c) a desapropriação amigável, celebrada por meio de escritura pública. Ainda que as partes acordem com relação ao valor da indenização, a perda da propriedade é compulsória, revelando-se modo originário de aquisição, na qual inexiste nexo causal entre a situação jurídica dominial e a situação atual.
d) o sequestro de bens imóveis adquiridos pelo indiciado com os proventos de infração penal. O sequestro pode ser determinado em qualquer fase do processo penal, bastando a existência de indícios veementes da proveniência ilícita dos bens e ainda que estes já tenham sido transferidos a terceiros.

830. (Ieses/TJ/RO/Cartórios/Ingresso/2021) O princípio do Registro de imóveis que considera que tanto o objeto do negócio – o imóvel, como os contratantes devem estar perfeitamente determinados e identificados é:

a) especialidade.
b) continuidade.
c) disponibilidade.
d) prioridade.

831. (Vunesp/TJ/AL/Cartórios/Ingresso/2019) Assinale a afirmação correta sobre a competência registral em decorrência da aplicação do princípio do territorialidade.

a) os atos relativos a vias férreas constituem exceção, pois serão registrados no cartório de registro de imóveis correspondentes à estação inicial da respectiva linha.
b) os atos relativos a vias férreas serão registrados na circunscrição imobiliária onde se situe o imóvel.
c) as escrituras de pactos antenupciais serão registradas no cartório ao lugar da situação dos imóveis de propriedade do casal, ou dos que forem sendo adquiridos.
d) quando um imóvel estiver localizado em comarcas ou circunscrições limítrofes, o registro será feito naquela onde o imóvel tiver maior área.

832. (UFPR/TJ/PR/Cartórios/Remoção/2019) Em relação à fé pública, assinale a alternativa correta.

a) A fé pública é reconhecida pela lei aos atos praticados pelos notários, mas não àqueles praticados pelos oficiais de registro.
b) Os atos de autenticação de fatos e negócios jurídicos praticados por notários e registradores, embora gozem de presunção de veracidade por conta da fé pública conferida pela lei aos agentes delegados, podem ter essa presunção afastada pelo Poder Judiciário.
c) No ordenamento jurídico brasileiro, os atos praticados por notários e registradores gozam de presunção absoluta (iuris et de iure) de veracidade, a qual não pode ser infirmada por outros agentes públicos.
d) A fé pública é reconhecida pela lei aos atos praticados pelos oficiais de registro, mas não àqueles praticados pelos notários.
e) No Brasil, a fé pública é um atributo conferido apenas aos atos praticados por notários e registradores, não sendo conferido a outras espécies de agentes públicos.

833. (Ieses/TJ/SC/Cartórios/Remoção/2019) A assertiva "define o ato registral como de iniciativa exclusiva do interessado, ou por determinação da autoridade judiciária, vedada a prática de atos de averbação e de registro "ex officio", com exceção das hipóteses previstas em lei", podemos afirmar que se relaciona a qual princípio da Atividade Registraria de Imóveis?

a) princípio da rogação e da instância.
b) princípio da continuidade e disponibilidade.
c) princípio da prioridade e preferência.
d) princípio da especialidade objetiva e subjetiva.

834. (Ieses/TJ/SC/Cartórios/Remoção/2019) A assertiva "o contrato faz lei entre as partes e dá segurança às relações contratuais e que, portanto, proíbe a retratabilidade pura e simples de uma das partes, e mesmo a revogação unilateral das obrigações contraídas nas cláusulas estipuladas", podemos afirmar que se relaciona a qual princípio da Atividade Notarial?

a) princípio da ordem pública.
b) princípio da probidade e boa-fé.
c) princípio da obrigatoriedade – pacta sunt servanda.
d) princípio de contratar ou autonomia da vontade.

835. (Vunesp/TJ/RS/Cartórios/Ingresso/2019) Assinale a alternativa correta, a respeito dos princípios registrais imobiliários.

a) As aquisições originárias da propriedade não estão sujeitas à continuidade registral.
b) O princípio da reserva de iniciativa aplica-se somente aos títulos, não se aplicando aos processos administrativo-registrais.
c) Como decorrência do princípio da tipicidade, apenas os atos previstos no art. 167, I, da Lei nº 6.015/73 podem ser registrados no Registro de Imóveis.
d) A concentração não é um princípio registral imobiliário.
e) O princípio da continuidade não é sinônimo de princípio do trato sucessivo.

836. (Ieses/TJ/CE/Cartórios/Ingresso/2018) Em relação à principiologia notarial é incorreto afirmar:

a) o princípio da unicidade do ato ou unicidade instrumental, segundo o qual a lavratura do documento notarial não pode sofrer interrupções, tampouco mostrar-se descontínuo, impede que em qualquer escritura pública a assinatura das partes ou intervenientes ocorra em momentos temporais distintos.
b) aplicam-se também ao notário os princípios da segurança jurídica, eficácia, autenticidade e o da profilaxia jurídica.
c) o princípio da publicidade orienta a atividade notarial e é aplicado inclusive nos casos envolvendo escrituras de separação e divórcio extrajudicial de acordo com o previsto na Resolução 35 do Conselho Nacional de Justiça.
d) o princípio rogatório contribuiu com a garantia da imparcialidade do notário e também veda práticas mercadológicas de captação de clientes.

837. (Ieses/TJ/CE/Cartórios/Ingresso/2018) É exceção ao princípio da rogação:

a) da transferência, de imóvel a sociedade, quando integrar quota social.
b) do contrato de locação, para os fins de exercício de direito de preferência.
c) indicação ou atualização de confrontação.
d) reestabelecimento de sociedade conjugal.

838. (Ieses/TJ/AM/Cartórios/Remoção/2018) O princípio que afirma que cada assento registral deve apoiar-se no anterior, formando um encadeamento histórico ininterrupto das titularidades jurídicas de cada imóvel, numa concatenação causal sucessiva na transmissão dos direitos imobiliários é intitulado de:

a) princípio da continuidade.
b) princípio da fé pública.
c) princípio da especialidade.
d) princípio da legalidade.

839. (Ieses/TJ/AM/Cartórios/Ingresso/2018) A respeito do tema "princípios aplicáveis" ao registro de imóveis, é correto afirmar:

a) via de regra, o ato registral é de iniciativa exclusiva do interessado, vedado o ato "ex officio". A isso se denomina princípio da legalidade.
b) o sistema registral brasileiro adota a regra da presunção absoluta ("juris et de jure") do registro imobiliário, isto é, não pode o registro regularmente efetuado ser impugnado por quem quer que seja, judicial ou extrajudicialmente.
c) pelo princípio da instância, é exigida a plena e perfeita identificação do imóvel (urbano ou rural) e do titular do direito real nos documentos, através da indicação precisa das medidas, características e confrontações (requisito objetivo), bem como da qualificação completa dos interessados (requisito subjetivo).
d) pelo princípio da prioridade, num concurso de direitos reais sobre um mesmo imóvel, estes não ocupam o mesmo posto, mas se graduam ou classificam por uma relação de precedência fundada na ordem cronológica do seu aparecimento.

840. (Ieses/TJ/AM/Cartórios/Ingresso/2018) No tocante aos princípios específicos que informam a atividade do Registro de Títulos e documentos, assinale a opção que ensejou larga controvérsia jurídica quanto à aplicação:

a) princípio da conservação.
b) princípio da territorialidade.
c) princípio da autenticidade da data.
d) princípio do valor probante de original.

841. (Ieses/TJ/AM/Cartórios/Ingresso/2018) A respeito do tema "princípios aplicáveis" ao registro de imóveis, é correto afirmar:

a) o princípio da continuidade, também denominado por alguns juristas de princípio da individualização, corresponde à necessidade de determinar o imóvel como unidade registral do sistema em suas circunstâncias físicas e com os dados exigíveis para distingui-lo de qualquer outro.
b) o princípio da prioridade não mais vigora no direito registral brasileiro, sendo preferencial somente o registro dos direitos reais de bens imóveis pertencentes a cidadãos com mais de 80 (oitenta) anos de idade.
c) pelo princípio da especialidade, nenhum registro pode ser efetuado sem a prévia menção ao título anterior, pois legalmente imprescindível mostra-se o encadeamento entre assentos pertinentes a um dado imóvel e às partes nele interessadas.
d) ainda que o imóvel esteja matriculado, não se fará registro que dependa da apresentação de título anterior, a fim de que se preserve a continuidade do registro.

842. (Ieses/TJ/AM/Cartórios/Remoção/2018) Por força de lei os notários ou tabeliões, assim como os oficiais de registro ou registradores possuem o poder de conferir a expressão da verdade, afirmando a certeza e a veracidade dos assentamentos que pratica e das certidões que expede. A esse princípio do direito registral é dado o nome de:

a) princípio da especialidade.
b) princípio da especialidade..
c) princípio da legalidade.
d) princípio da fé pública.

5.2. *Temas Esparsos*

QUESTÕES DISCURSIVAS

68. (Vunesp/TJ/SP/Cartórios/2014) Discorra a respeito da importância da intervenção notarial na prevenção de litígios.

QUESTÕES OBJETIVAS

843. (Ieses/TJ/TO/Cartórios/Ingresso/2022) Sobre a autenticação de documentos assinale a alternativa correta:

a) A autenticação de cópias é o ato notarial por meio do qual o tabelião de notas certifica a fiel correspondência entre o documento original e sua cópia.
b) Uma cópia autenticada de documento permite ao tabelião fazer uma nova cópia autenticada (baseada na apresentação física da primeira cópia)
c) A lei veda a autenticação de cópias para documentos escritos em língua estrangeira.
d) A autenticação de cópias pode ser realizada no Tabelionato de Notas ou no Registro de títulos e documentos.

844. (Consulplan/TJ/MS/Cartórios/Remoção/2021) Bao Kong, advogado, com mestrado em direito público, pretende candidatar-se ao processo de escolha para integrar o serviço notarial. Ao estudar o tema, verifica que a Jurisprudência do Supremo Tribunal Federal estabelece diversos parâmetros para o regime jurídico dessa atividade, dentre os quais pode ser indicado que a atividade notarial:

a) é exercida por cargo público.
b) é fiscalizada pelo Poder Judiciário.
c) decorre do procedimento licitatório.
d) pode ser exercida por pessoa jurídica.

845. (Cespe/TJ/DFT/Cartórios/Ingresso/2019) Consoante jurisprudência dominante, a transformação de serventias notariais e registrais, no âmbito dos estados, depende de:

a) lei estadual, de iniciativa concorrente do Poder Executivo e do Poder Judiciário.
b) lei estadual, de iniciativa exclusiva do Poder Executivo.
c) lei estadual, de iniciativa exclusiva do Poder Judiciário.
d) decreto estadual do Poder Executivo.
e) resolução do tribunal de justiça do estado.

846. (UFPR/TJ/PR/Cartórios/Remoção/2019) Com relação às atas notariais, identifique como verdadeiras (V) ou falsas (F) as seguintes afirmativas:

I. A formalização de ata notarial deverá necessariamente ser realizada dentro do horário de funcionamento da Serventia.
II. A formalização de ata notarial deverá necessariamente ser realizada dentro dos limites territoriais da delegação notarial.
III. A formalização da ata notarial deverá ser realizada pelo Oficial sozinho, o qual não poderá lançar mão do auxílio de outros profissionais, tais como peritos.
IV. A ata deverá limitar-se a um texto escrito, não podendo conter imagens, vídeos ou gravações digitais em arquivos eletrônicos.

Assinale a alternativa que apresenta a sequência correta, de cima para baixo.

a) V, V, F, V.
b) F, V, F, F.
c) V, V, V, F.
d) V, F, V, V.
e) F, F, F, V.

847. (Vunesp/TJ/AL/Cartórios/Ingresso/2019) Assinale a alternativa correta sobre a autenticação de cópias.

a) De acordo com o Código Civil, a cópia fotográfica de documento autenticada polo tabelião de notas valerá como prova de declaração de vontade, não se admitindo a impugnação da sua autenticidade, tendo em vista a fé pública notarial.
b) De acordo com a Tabela de Custas e Emolumentos do Estado de Alagoas, o valor cobrado pela autenticação de documentos reprográficos deverá ser único para qualquer documento, independentemente do número de folhas.
c) A autenticação notarial de uma cópia significa a atestação de que ela é reprodução fiel e idêntica de determinado documento original.
d) Devido ao princípio da cartularidade inerente aos títulos de crédito, a lei veda expressamente que o tabelião de notas autentique cópias reprográficas da cheques e notas promissórias.

848. (Vunesp/TJ/AL/Cartórios/Ingresso/2019) Sobre o reconhecimento de firma, assinale a alternativa correta.

a) O reconhecimento de firma por autenticidade somente poderá ser feito peto tabelião em virtude de determinação judiciar.
b) O ato notarial de reconhecimento de firma poderá ser feito pelo tabelião de notas com data anterior à da efetiva prática do ato desde que requerido pelo interessado, sendo vedada a inserção de data futura.
c) Ao reconhecer firma, o tabelião de notas também reconhece a legalidade e veracidade do conteúdo do próprio documento, convalidando-o nos seus aspectos intrínsecos a extrínsecos.
d) É o ato notarial pelo meio do qual o tabelião certifica a autoria de determinada assinatura. Essa certificação pode ser feita ou por semelhança (verificação da coincidência gráfica entre a assinatura constante na ficha-padrão ou cartão de assinaturas existente no tabelionato com a existente no documento apresentado) ou por autenticidade, também conhecido por verdadeiro ou presencial (o interessado assina o documento na presença do tabelião de notas ou do preposto).

849. (Vunesp/TJ/RS/Cartórios/Ingresso/2019) Hércules da Silva, desde o ano de 2010, estava respondendo, regular e interinamente, pelo 1º Tabelião de Notas do Município X, mas, com base em Lei Estadual que disciplinava o instituto da remoção, obteve do Tribunal de Justiça local autorização para ser removido, em 2012, sem necessidade de concurso público, ao Cartório de Registro de Imóveis do mesmo Município. Neste outro cartório exerceu suas funções, interinamente, por dois anos. No ano de 2017, a referida lei estadual foi declarada inconstitucional e o cargo de Hércules foi ocupado pelo titular aprovado por concurso público. Considerando essa situação hipotética, assinale a alternativa correta.

a) Durante a sua regular interinidade no Tabelião de Notas, Hércules tinha direito ao percebimento de seus vencimentos pelo regime remuneratório dos delegados dos serviços públicos extrajudiciais, sendo seus atos considerados legais e perfeitos.
b) Os atos praticados por Hércules durante o exercício de sua interinidade no Cartório de Registro de Imóveis devem ser considerados nulos, e ele deverá responder civilmente por eventuais prejuízos causados em decorrência desses atos.
c) Os efeitos dos atos praticados por Hércules, com aparência de legalidade, durante a sua interinidade no Cartório de Registro de Imóveis poderão ser aproveitados na medida em que atingiram terceiros de boa-fé, sendo os seus vencimentos sujeitos ao limite remuneratório dos agentes estatais.
d) Hércules, que não tinha direito ao percebimento de vencimentos pelo regime remuneratório dos delegados dos serviços públicos extrajudiciais, não terá seus atos anulados em razão da prescrição, mas deverá ressarcir os cofres públicos pelos vencimentos percebidos desde 2012.
e) Hércules, quando ocupou o cargo no Cartório de Registro de Imóveis, tinha direito ao percebimento de seus vencimentos pelo regime remuneratório dos delegados dos serviços públicos extrajudiciais, e seus atos devem ser mantidos em razão da prescrição.

850. (UFPR/TJ/PR/Cartórios/Ingresso/2019) Com relação ao entendimento sumulado dos Tribunais Superiores em matéria de direito registral e notarial, identifique como verdadeiras (V) ou falsas (F) as seguintes afirmativas:

I. Os registros de propriedade particular de imóveis situados em terrenos de marinha são oponíveis à União.
II. A vaga de garagem que possui matrícula própria no registro de imóveis não constitui bem de família para efeito de penhora.
III. O reconhecimento da fraude à execução depende do registro da penhora do bem alienado ou da prova de má-fé do terceiro adquirente.
IV. Salvo estipulação contratual averbada no registro imobiliário, responde o adquirente pelas benfeitorias do locatário.

Assinale a alternativa que apresenta a sequência correta, de cima para baixo.

a) V, V, F, F.
b) F, F, V, V.
c) V, F, F, V.
d) F, V, V, F.
e) V, V, F, V.

851. (Consulplan/TJ/MG/Cartórios/Ingresso/2018) Em relação aos serviços notariais e de registro, é correto afirmar que:

a) os notários e registradores se incluem como órgãos do Poder Judiciário, na qualidade de delegados para a prática de serviço privado.
b) ao Conselho Nacional de Justiça cabe fixar as normas gerais e estabelecer os emolumentos relativos aos atos praticados pelos serviços notariais e de registro.
c) a delegação para o exercício dos serviços notariais e de registro pode recair sobre empresa ou pessoa mercantil, neste caso sendo necessária a adjudicação em processo licitatório.
d) a fiscalização judiciária dos atos notariais e de registro será exercida pelo Conselho Nacional de Justiça, sem prejuízo da competência correcional dos tribunais, sempre que necessário, ou mediante representação de qualquer interessado, quando da inobservância de obrigação legal por parte de notário ou de oficial de registro, ou de seus prepostos.

852. (Ieses/TJ/CE/Cartórios/Ingresso/2018) A conduta do tabelião de Protesto que, de forma dolosa e reiterada, recebe e deixa de repassar, no prazo legal e em caráter definitivo, valores pertencentes aos apresentantes dos títulos (titulares do crédito) pode caracterizar:

a) apenas infração administrativa na hipótese de reparação integral dos danos às vítimas.
b) infração civil, penal, administrativa e até ato de improbidade.
c) infração penal e administrativa exclusivamente.
d) apenas crime de apropriação indébita.

853. (Ieses/TJ/CE/Cartórios/Ingresso/2018) Assinale a alternativa correta:

a) conforme entendimento do STJ, a sentença que homologa acordo em separação ou divórcio e que contemple doação de imóvel não possui nessa parte eficácia de escritura pública.
b) a renúncia de direitos hereditários pode ser realizada sem escritura pública quando a herança for composta apenas por bens móveis.
c) o testamento vidual é uma espécie de testamento expressamente prevista no Código Civil e a sua eficácia é alcançada apenas após a morte do testador.
d) a fé pública notarial evidencia a força probante atribuída pela ordem jurídica aos atos praticados com intervenção do notário e garante certeza e autenticidade; trata-se de uma das características do sistema de notariado de tipo latino. A fé pública registral, por sua vez, representa existência e certeza de um direito real, bem como inexistência de fatos impeditivos ou proibitivos de disponibilidade.

854. (Ieses/TJ/CE/Cartórios/Ingresso/2018) Acerca dos atos notariais é correto afirmar:

a) o testamento público não pode ser celebrado por relativamente incapaz maior de 16 e menor de 18 anos, sem a participação de assistente.
b) não é possível a lavratura de pacto antenupcial no regime da separação parcial de bens, mesmo quando os noivos pretendam alterar ou disciplinar algum aspecto específico do regime de bens, pois esta avença descaracterizaria preceito de ordem pública.
c) o aspecto temporal da emissão do documento é o critério essencial na diferenciação entre traslado e certidão.
d) os requisitos formais a serem observados pelo tabelião nas escrituras públicas e nas atas notariais são exatamente os mesmos, pois não há diferenças extrínsecas entre estes instrumentos públicos.

855. (Ieses/TJ/AM/Cartórios/Ingresso/2018) Sobre o regime jurídico dos serviços notariais e de registro previsto na Constituição Federal, é correto afirmar:

a) os serviços notariais e de registro são serviços públicos, prestados ou diretamente pelo Estado ou indiretamente pelo regime de delegação (concessão ou permissão de serviço público), em quaisquer dos casos sempre exercidos em caráter público.
b) lei regulará as atividades, disciplinará a responsabilidade civil e criminal dos notários, dos oficiais de registro e de seus prepostos, e definirá a fiscalização de seus atos pelo Poder Judiciário.
c) lei complementar específica de cada Estado estabelecerá normas gerais para fixação de emolumentos relativos aos atos praticados pelos serviços notariais e de registro.
d) o ingresso na atividade notarial e de registro depende de concurso público de provas ou provas e títulos, vedado que qualquer serventia fique vaga, sem abertura de concurso de provimento ou de remoção, por mais de dois anos.

856. (Consulplan/TJ/MG/Cartórios/Remoção/2018) Nos termos do art. 1º da Lei nº 6.858/1980, "os valores devidos pelos empregadores aos empregados e os montantes das contas individuais do Fundo de Garantia do Tempo de Serviço e do Fundo de Participação PIS-Pasep, não recebidos em vida pelos respectivos titulares, serão pagos, em quotas iguais, aos dependentes habilitados perante a Previdência Social ou na forma da legislação específica dos servidores civis e militares, e, na sua falta, aos sucessores previstos na lei civil, indicados em alvará judicial, independentemente de inventário ou arrolamento". Considerando tal dispositivo e os demais dispositivos legais de promoção de inventário e partilha extrajudicial, assinale a alternativa correta:

a) a escritura pública de inventário e partilha é juridicamente válida para o recebimento do FGTS – Fundo de Garantia por Tempo de Serviço, por herdeiros ou dependentes.
b) o fato de haver herdeiro com idade de 17 (dezessete) anos, mas emancipado, impede a realização de inventário e partilha por meio de escritura pública, restando às partes a via judicial.
c) em escritura de inventário e partilha, a divisão dos bens deixados pelo autor da herança terá de obedecer estritamente à ordem e forma de partilha previstas em leis que regulam a sucessão por morte, não podendo as partes dispor de forma diversa à prevista em lei.
d) se os herdeiros ou dependentes, maiores e capazes, não tiverem como demonstrar o saldo da conta de FGTS do autor da herança para promover escritura de inventário e partilha, restar-lhes-á, como meio de obter a informação acerca desse saldo (emissão de um extrato, por exemplo), o ajuizamento de ação em que requererão ordem judicial de entrega do extrato, já que não é juridicamente possível lavrar escritura prévia à própria escritura de inventário e partilha, por meio da qual se nomeie inventariante que, exibindo-a, requeira a emissão do extrato à Caixa Econômica Federal.

857. (Consulplan/TJ/MG/Cartórios/Remoção/2018) Acerca do ato de reconhecimento de firma, é correto afirmar que:

a) no instrumento de contrato de fiança, é obrigatório o reconhecimento na modalidade "por autenticidade".
b) o tabelião, além de confrontar as assinaturas (a do documento com a do cartão), deve analisar se o signatário possui de fato poderes de presentar a pessoa jurídica em cujo nome firma o documento.
c) mesmo para praticar o ato na modalidade "por autenticidade", pode ser dispensado que o vendedor assine novamente o documento, quando ele comparece ao cartório portando esse documento já previamente assinado.

d) pode ser reconhecida firma de menor, com 17 (dezessete) anos, não emancipado, não assistido, já que, no ato do reconhecimento de firma, o tabelião de notas é responsável unicamente pela análise da assinatura constante do documento a ele apresentado.

858. (Ieses/TJ/AM/Cartórios/Ingresso/2018) Leia atentamente as proposições abaixo e assinale a que se apresentar correta:

a) embora tenha havido alguma controvérsia jurídica, entende a doutrina ser possível que o contrato de alienação fiduciária seja levado a registro perante o oficial do Registro de Títulos e Documentos competente, desde que, depois, este órgão encaminhe comunicação ao Detran respectivo.

b) consoante a moderna orientação jurídica a respeito do Registro de Títulos e Documentos, é possível nele observar os influxos do princípio da segurança jurídica, notadamente porque são aceitos a registro apenas os seguintes documentos: contratos de locação de prédios, ressalvado o registro, no registro de imóveis, dos contratos de locação que contenham cláusula de vigência na alienação da coisa locada; os documentos decorrentes de depósitos ou de cauções feitos em garantia de obrigações contratuais; cartas de fiança, em geral; contratos de compra e venda em prestações, com ou sem reserva de domínio, entre outros documentos exaustivamente previstos na Lei n. 6.015/73.

c) tendo em conta a competência atribuída ao oficial do Registro de Títulos e documentos, não lhe incumbe, por exemplo, a averbação da certidão de existência de ação ou fase executiva relativa a bens móveis de que é titular o devedor.

d) com exceção do cônjuge, não há impedimento para que o registrador pratique, pessoalmente, no serviço de que é titular, ato do interesse de parentes, na linha reta, ou na colateral, consanguíneos ou afins, até o terceiro grau.

859. (Ieses/TJ/RO/Cartórios/Ingresso/2017) Assinale a alternativa correta:

a) de acordo com a Lei n. 6.015/1973, poderá o tabelião de notas, excepcionalmente e apenas nas hipóteses previstas nos respectivos Código de Normas Estaduais, praticar atos de seu ofício fora do Município para o qual recebeu a concessão.

b) é expressamente vedado o uso da ata notarial com o fim de perpetuar conteúdo de páginas da internet.

c) dá-se o reconhecimento de firma por semelhança quando o tabelião afirma que a assinatura é de determinada pessoa, pois o ato foi assinado na sua presença, após a pessoa ter sido identificada por ele.

d) diz-se que o notariado brasileiro é do tipo latino, exercendo ele (o tabelião) função pública em caráter privado, com remuneração direta pelos interessados, que se verifica com o pagamento dos emolumentos.

860. (Ieses/TJ/RO/Cartórios/Ingresso/2017) Assinale a alternativa correta:

a) denomina-se traslado ou translado de escritura pública a via original deste documento que fica arquivada em livro próprio no cartório.

b) em razão do princípio da boa-fé, as certidões expedidas por tabeliães revestem-se de presunção absoluta, também chamada de "juris et de jure".

c) atualmente, coincidem os conceitos de certidão e traslado, pois ambas se destinam a documentar situação fática controvertida.

d) ata notarial possui várias acepções admitidas pela doutrina brasileira, podendo-se também afirmar como correta, dentre tantas outras, a seguinte: "ata notarial é registro de ato ou fato solicitado ao tabelião de notas por interessado, para que os transponha fielmente em palavras, indicando pessoas e ações que os caracterizam".

861. (Ieses/TJ/RO/Cartórios/Ingresso/2017) Assinale a alternativa correta:

a) debate-se, ainda hoje, quanto à taxatividade ou não do elenco contido no artigo 167, inciso I, da Lei dos Registros Públicos (Lei n. 6.015/1973), mas a quase totalidade dos doutrinadores e dos Tribunais brasileiros entende que o rol ali contido é meramente exemplificativo, cabendo ao Registrador avaliar caso a caso se tal direito é ou não registrável. Em não havendo plena certeza, deverá o Registrador submeter a questão ao Poder Judiciário, pelo instrumento da dúvida.

b) as promessas de doação de bem imóvel, regra geral, não se submetem ao registro imobiliário, exceção feita exclusivamente à doação modal (ou com encargo), esta sim, registrável.

c) os direitos registráveis, na lição de vários doutrinadores, são taxativamente fixados pela lei e, pois, constituem "numerus clausus". Tal posição não é, entretanto, pacífica.

d) é unânime na doutrina e jurisprudência a não taxatividade legal dos direitos registráveis, ou seja, todo e qualquer direito (por exemplo o direito pessoal, real, coletivo, difuso, futuro) pode ser levado a registro junto ao CRI – cartório de registro de imóveis, desde que obedecidos os princípios informadores e pagos os emolumentos respectivos.

2

DIREITO ADMINISTRATIVO

VOLUME DE QUESTÕES

MÉDIO-BAIXO

1. AGENTES PÚBLICOS

1.1. Disposições Gerais

ATENÇÃO: ESTE TEMA É MUITO EXIGIDO NOS CONCURSOS!

SÚMULAS

STF Súm. 22. O estágio probatório não protege o funcionário contra a extinção do cargo.

STF Súm. 36. Servidor vitalício está sujeito a aposentadoria compulsória, em razão da idade.

STF Súm. 39. À falta de lei, funcionário em disponibilidade não pode exigir, judicialmente, o seu aproveitamento, que fica subordinado ao critério de conveniência da Administração.

STF Súm. 46. Desmembramento de serventia de justiça não viola o princípio de vitaliciedade do serventuário.

STF Súm. 47. Reitor de universidade não é livremente demissível pelo Presidente da República durante o prazo de sua investidura.

STJ Súm. 137. Compete à justiça comum estadual processar e julgar ação de servidor público municipal, pleiteando direitos relativos ao vínculo estatutário.

STJ Súm. 173. Compete à justiça federal processar e julgar o pedido de reintegração em cargo público federal, ainda que o servidor tenha sido dispensado antes da instituição do Regime Jurídico Único.

STJ Súm. 346. É vedada aos militares temporários, para aquisição de estabilidade, a contagem em dobro de férias e licenças não gozadas.

REPERCUSSÃO & REPETITIVOS

STF Rep. Geral 221. No exercício da autonomia legislativa municipal, não pode o Município, ao disciplinar o regime jurídico de seus servidores, restringir o direito de férias a servidor em licença saúde de maneira a inviabilizar o gozo de férias anuais previsto no art. 7º, XVII da Constituição Federal de 1988. *RE 593448, 2.12.2022.*

STF Rep. Geral 697. É inconstitucional o aproveitamento de servidor, aprovado em concurso público a exigir formação de nível médio, em cargo que pressuponha escolaridade superior. *RE 740008, 19.12.2020.*

STF Rep. Geral 1021. Nos termos do artigo 5º, VIII, da Constituição Federal é possível à Administração Pública, inclusive durante o estágio probatório, estabelecer critérios alternativos para o regular exercício dos deveres funcionais inerentes aos cargos públicos, em face de servidores que invocam escusa de consciência por motivos de crença religiosa, desde que presentes a razoabilidade da alteração, não se caracterize o desvirtuamento do exercício de suas funções e não acarrete ônus desproporcional à Administração Pública, que deverá decidir de maneira fundamentada. *ARE 1099099, 26.11.2020.*

STF Rep. Geral 1081. As hipóteses excepcionais autorizadoras de acumulação de cargos públicos previstas na Constituição Federal sujeitam-se, unicamente, a existência de compatibilidade de horários, verificada no caso concreto, ainda que haja norma infraconstitucional que limite a jornada semanal. *ARE 1246685, 20.3.2020.*

STF Rep. Geral 1150. O servidor público aposentado pelo Regime Geral de Previdência Social, com previsão de vacância do cargo em lei local, não tem direito a ser reintegrado ao mesmo cargo no qual se aposentou ou nele manter-se, por violação à regra do concurso público e à impossibilidade de acumulação de proventos e remuneração não acumuláveis em atividade. *RE 1302501, 18.6.2021.*

STF Rep. Geral 1182. À luz do art. 227 da CF, que confere proteção integral da criança com absoluta prioridade e do princípio da paternidade responsável, a licença maternidade, prevista no art. 7º, XVIII, da CF e regulamentada pelo art. 207 da Lei 8.112/90, estende-se ao pai genitor monoparental. *RE 1348854, 12.5.2022.*

STJ Repetitivo 1075. É ilegal o ato de não concessão de progressão funcional de servidor público, quando atendidos todos os requisitos legais, a despeito de superados os limites orçamentários previstos na Lei de Responsabilidade Fiscal, referentes a gastos com pessoal de ente público, tendo em vista que a progressão é direito subjetivo do servidor público, decorrente de determinação legal, estando compreendida na exceção prevista no inciso I do parágrafo único do art. 22 da Lei Complementar 101/2000. *REsp 1878849, 1ª S, 24.2.2022.*

STJ Repetitivo 1135. É possível ao servidor que já usufruiu o primeiro período de férias, após cumprida a exigência de 12 (doze) meses de exercício, usufruir as férias seguintes no mesmo ano civil, dentro do período aquisitivo ainda em curso, nos termos do § 1º do art. 77 da Lei 8.112/1990. *REsp 1954503, 26.10.2022.*

JURISPRUDÊNCIA EM TESES

STJ JurisTese 15-8. O provimento originário de cargos públicos deve se dar na classe e padrão iniciais da carreira, conforme a legislação vigente na data da nomeação do servidor.

STJ JurisTese 76-2. É vedado o cômputo do tempo do curso de formação para efeito de promoção do servidor público, sendo, contudo, considerado tal período para fins de progressão na carreira.

STJ JurisTese 76-3. O tempo de serviço prestado às empresas públicas e sociedades de economia mista somente pode ser computado para efeitos de aposentadoria e disponibilidade.

STJ JurisTese 76-4. O direito de transferência "ex officio" entre instituições de ensino congêneres conferido a servidor público federal da administração direta se estende aos empregados públicos integrantes da administração indireta.

STJ JurisTese 76-5. Os efeitos da sentença trabalhista têm por limite temporal a Lei n. 8.112/90, que promoveu a transposição do regime celetista para o estatutário, inexistindo violação à coisa julgada, ao direito adquirido ou ao princípio da irredutibilidade de vencimentos.

STJ **JurisTese 76-8.** A abertura de concurso de remoção pela administração revela que a existência de vaga a ser preenchida pelo servidor aprovado é de interesse público.

STJ **JurisTese 76-9.** A investidura originária não se enquadra no conceito de deslocamento para fins da concessão da licença para acompanhar cônjuge com exercício provisório.

QUESTÕES OBJETIVAS

1. (Ieses/TJ/TO/Cartórios/Ingresso/2022) Assinale a alternativa correta:

a) Atos administrativos normativos são aqueles praticados pela Administração Pública para o estabelecimento de normas abstratas e gerais, sendo exemplo as Portarias editadas pelo Governo do Estado de Tocantins.
b) A concessão de licença para capacitação de servidores públicos constitui-se em ato discricionário, sujeito a juízo do Administrador Público, acerca da conveniência e oportunidade, de acordo com o interesse público, não sendo obrigatório o seu acolhimento mesmo que preenchidos os demais requisitos legais à concessão.
c) À Comissão de Jurisprudência, Documentação e Memória do Tribunal de Justiça do Estado de Tocantins compete, dentre outras atribuições, orientar os serviços de guarda e conservação dos sistemas eletrônicos, bancos de dados e arquivos digitais, assim como os processos físicos, livros e documentos do Tribunal.
d) O Tribunal Pleno (TJTO) não tem área de especialização, competindo-lhe, dentre outras atribuições, processar e julgar administrativamente o processo instaurado contra titulares de delegações notariais e de registro, cuja penalidade aplicada decorra de falta grave.

2. (Ieses/TJ/RO/Cartórios/Remoção/2021) São requisitos básicos para investidura em cargo público, entre outros:

I. Ser brasileiro nato.
II. O gozo dos direitos políticos.
III. A quitação com as obrigações militares e eleitorais.
IV. A idade mínima de dezoito anos.

A sequência correta é:

a) Apenas a assertiva IV está incorreta.
b) Apenas as assertivas II, III e IV estão corretas.
c) Apenas as assertivas I e IV estão corretas.
d) As assertivas I, II, III e IV estão corretas.

3. (Consulplan/TJ/MS/Cartórios/Ingresso/2021) A Constituição da República Federativa do Brasil trata, dentre outros assuntos, da administração pública e seus servidores. Analise as situações fictícias a seguir.

I. "Huguinho é professor da rede estadual de ensino e foi aprovado em concurso público para o cargo de Analista Judiciário do Tribunal Regional Federal."
II. "Zezinho é Analista Judiciário com função de Oficial de Justiça do Tribunal Regional Federal e foi aprovado em concurso público para o cargo de Juiz Substituto no Tribunal Estadual."
III. "Luisinho é professor universitário em uma Universidade Federal e foi aprovado em concurso público para o cargo de Juiz Substituto em Tribunal Regional Federal."
IV. "Lalá, médica em um Hospital Estadual, foi aprovada em concurso público para outro cargo de médico junto ao Programa Saúde da Família do município."

Considerando que todos têm compatibilidade de horários para assumir o outro cargo, quais poderão assumir, cumulativamente, o novo cargo, nos termos da Constituição?

a) Zezinho e Lalá.
b) Huguinho e Luisinho.
c) Huguinho, Luisinho e Lalá.
d) Huguinho, Zezinho, Luisinho e Lalá.

4. (Consulplan/TJ/MS/Cartórios/Remoção/2021) A Constituição da República Federativa do Brasil trata, dentre outros assuntos, da administração pública e seus servidores. Acerca da estabilidade dos servidores públicos, analise as afirmativas a seguir.

I. São estáveis após 3 (três) anos de efetivo exercício os servidores nomeados para cargo de provimento efetivo em virtude de concurso público, sendo obrigatória a avaliação especial de desempenho por comissão instituída para essa finalidade.
II. Extinto o cargo ou declarada a sua desnecessidade, o servidor estável ficará em disponibilidade, com remuneração proporcional ao tempo de serviço, até seu adequado aproveitamento em outro cargo.
III. Invalidada por sentença judicial a demissão do servidor estável, será ele reintegrado, e o eventual ocupante da vaga, se estável, reconduzido ao cargo de origem, sem direito à indenização, aproveitado em outro cargo ou posto em disponibilidade com remuneração proporcional ao tempo de serviço.
IV. O servidor público estável só perderá o cargo: em virtude de sentença judicial transitada em julgado; mediante processo administrativo em que lhe seja assegurada ampla defesa; mediante procedimento de avaliação periódica de desempenho, na forma de Lei Complementar, assegurada ampla defesa.

Está correto o que se afirma em:

a) I, II, III e IV.
b) I e IV, apenas.
c) II e III, apenas.
d) II, III e IV, apenas.

5. (Vunesp/TJ/GO/Cartórios/Remoção/2021) Apolo é servidor público, ocupante de cargo efetivo, e veio a sofrer acidente que gerou seu afastamento por motivo de licença médica, mas tendo sido liberado posteriormente para retornar ao trabalho, não obstante tenha ficado com incapacidade mental. Nessa situação hipotética, segundo o disposto na Constituição Federal, é correto afirmar que, atendidas as demais exigências do texto constitucional para o caso, Apolo:

a) terá direito à readaptação para o exercício de um outro cargo, compatível com sua limitação, enquanto permanecer nessa condição, com a remuneração do novo cargo.
b) não poderá retornar ao cargo público, uma vez que a readaptação é aplicável apenas a caso de limitação física, devendo ser colocado em disponibilidade, com vencimentos proporcionais.
c) poderá ser readaptado para o exercício de um novo cargo, compatível com sua limitação, enquanto permanecer nessa condição, mantida a remuneração do cargo de origem.
d) deverá retornar ao mesmo cargo que ocupava, devidamente readaptado para a condição de limitação que possui, mantida a mesma remuneração que já percebia.

6. (Ieses/TJ/SC/Cartórios/Remoção/2019) Encerra hipótese de provimento originário:

a) a promoção.
b) a nomeação.
c) a reversão.
d) a readaptação.

7. (Consulplan/TJ/MG/Cartórios/Ingresso/2019) O servidor A foi demitido, por decisão da administração pública proferida em procedimento administrativo, já transitada em julgado. Todavia, o servidor A recorreu ao Poder Judiciário e a demissão foi invalidada, tendo a decisão judicial transitado em julgado quatro anos depois da efetivação da demissão administrativa. Todavia, nesse ínterim, o servidor B foi convocado na lista de aprovados em concurso público e nomeado para o cargo vago em razão da demissão do servidor A, tendo também alcançado a estabilidade constitucional, ao decurso de três anos. Por ocasião do cumprimento da sentença que invalidou a demissão do servidor A, foi determinada a sua imediata reintegração ao cargo que ocupava. Diante da situação exposta acima e à luz do texto constitucional, a Administração Pública deverá proceder da seguinte forma:

a) O servidor B será aproveitado em outro cargo vago, sendo-lhe assegurada indenização em caso de o novo cargo corresponder a uma remuneração inferior.
b) O servidor A será reintegrado ao cargo que ocupava, enquanto o servidor B será aproveitado em outro cargo ou colocado em disponibilidade, com remuneração proporcional ao tempo de serviço, sem direito a indenização alguma em razão deste fato.
c) O servidor A será reintegrado ao cargo que ocupava, enquanto o servidor B, em razão dos efeitos "ex tunc" da sentença que invalidou a demissão e diante da ausência de outro cargo vago, será reconduzido à lista de aprovados até nova nomeação, já que não ocupava nenhum outro cargo antes da demissão de A.
d) O servidor A será aproveitado em outro cargo equivalente ou colocado em disponibilidade, até que surja vaga em tal cargo, assegurando-lhe remuneração integral, uma vez que o servidor B já ocupava o cargo e adquiriu a estabilidade constitucional, não podendo ter seu direito subjetivo violado pelos efeitos de sentença judicial proferida em processo do qual não foi parte.

8. (Ieses/TJ/SC/Cartórios/Ingresso/2019) O servidor público da administração direta, autárquica e fundacional, no exercício de mandato eletivo de Vereador:

a) Perceberá as vantagens de seu cargo, emprego ou função, sem prejuízo da remuneração do cargo eletivo, havendo compatibilidade de horários e possuir mais de cinco anos de exercício no cargo, emprego ou função pública.
b) Ocorrendo afastamento do cargo, emprego ou função, para o exercício do mandato eletivo de Vereador, seu tempo de serviço será contato para todos os efeitos legais, inclusive para promoção por merecimento em seu cargo, emprego ou função pública.
c) Em nenhuma hipótese poderá exercer de modo simultâneo seu cargo, emprego ou função com o mandato de Vereador.
d) Perceberá as vantagens de seu cargo, emprego ou função, sem prejuízo da remuneração do cargo eletivo, havendo compatibilidade de horários.

9. (Consulplan/TJ/MG/Cartórios/Ingresso/2018) Sobre os servidores públicos, assinale a afirmativa incorreta:

a) a alteração do regime jurídico adotado de celetista para estatutário dos municípios é defeso, ante o princípio de simetria a reger os entes da federação.
b) aos servidores públicos ocupantes de cargos comissionados de livre nomeação e exoneração vinculam-se ao regime geral de previdência social dos trabalhadores da iniciativa privada.
c) permanecem em vigência no ordenamento pátrio regra do regime jurídico único e planos de carreira para os servidores da administração pública direta, das autarquias e das fundações públicas, sendo vedada a adoção de sistema híbrido.
d) os empregados públicos estão submetidos ao regime jurídico celetista. Contudo, em virtude da atividade estatal por eles desempenhada e dos princípios inerentes à Administração Pública, não é possível que eles se submetam integralmente às regras aplicáveis aos trabalhadores da iniciativa privada.

10. (Consulplan/TJ/MG/Cartórios/Ingresso/2018) No que se refere ao servidor público, assinale a afirmativa incorreta:

a) a reintegração é a reinvestidura do servidor ao mesmo cargo de que fora demitido, uma vez reconhecida a ilegalidade da demissão.
b) o aproveitamento é o retorno obrigatório à atividade de servidor em disponibilidade em cargo de atribuições e vencimentos compatíveis com o anteriormente ocupado.
c) a recondução é o retorno do servidor estável ao cargo anteriormente ocupado em decorrência de inabilitação em estágio probatório relativo a outro cargo ou de reintegração do anterior ocupante.
d) a reversão é o retorno do servidor aposentado por invalidez em algum cargo vago existente na Administração Pública quando a junta médica concluir não perdurarem os motivos que ensejaram o afastamento para a inatividade.

11. (Ieses/TJ/CE/Cartórios/Remoção/2018) Ao servidor público da administração direta, autárquica e fundacional, no exercício de mandato eletivo, aplicam-se as seguintes disposições:

I. investido no mandato de Prefeito, será afastado do cargo, emprego ou função, sendo-lhe permitido perceber a soma de ambas as remunerações.
II. tratando-se de mandato eletivo federal, estadual ou distrital, ficará afastado de seu cargo, emprego ou função.
III. investido no mandato de Vereador, havendo compatibilidade de horários, perceberá as vantagens de seu cargo, emprego ou função, sem prejuízo da remuneração do cargo eletivo.
IV. para efeito de benefício previdenciário, no caso de afastamento, os valores serão determinados como se no exercício estivesse.

A sequência correta é:

a) apenas as assertivas I, II e III estão corretas.
b) as assertivas I, II, III e IV estão corretas.
c) apenas as assertivas I e II estão corretas.
d) apenas a assertiva I está incorreta.

12. (Ieses/TJ/CE/Cartórios/Ingresso/2018) Assinale a única alternativa incorreta:

a) servidores públicos, em sentido amplo, são as pessoas físicas ou jurídicas que prestam serviços ao Estado e às entidades da Administração Indireta, com ou sem vínculo empregatício, mas sempre mediante remuneração paga pelos cofres públicos.
b) retrocessão é o direito que tem o expropriado de exigir de volta o seu imóvel caso o mesmo não tenha o destino para que se desapropriou.
c) servidão administrativa é o direito real de gozo, de natureza pública, instituído sobre imóvel de propriedade alheia, com base em lei, por entidade pública ou por seus delegados, em favor de um serviço público ou de um bem afetado a fim de utilidade pública.
d) ato administrativo é a declaração do Estado ou de quem o represente, que produz efeitos jurídicos imediatos, com observância da lei, sob regime jurídico de direito público e sujeita a controle pelo Poder Judiciário.

13. (Ieses/TJ/CE/Cartórios/Ingresso/2018) Assinale a única alternativa incorreta:

a) o conceito moderno de poder de polícia adotado no direito brasileiro afirma ser ele uma atividade do Estado, consistente em limitar o exercício dos direitos individuais em benefício do interesse público.

b) prescreve em cinco anos a ação punitiva da Administração Pública Federal, direta e indireta, no exercício do poder de polícia, objetivando apurar infração à legislação em vigor, contados da data da prática do ato ou, no caso de infração permanente ou continuada, do dia em que tiver cessado.

c) ao contrário do que ocorre no direito penal, em que a tipicidade é um dos princípios fundamentais, decorrente do postulado segundo o qual não há crime sem lei anterior que o preveja, no direito administrativo prevalece a atipicidade. Aqui, são muito poucas as infrações descritas na lei, como ocorre com o abandono do cargo. A maior parte delas fica sujeita à discricionariedade administrativa diante de cada caso concreto. É a autoridade julgadora que vai enquadrar o ilícito como "falta grave", "procedimento irregular", "ineficiência no serviço" etc.

d) o servidor público comissionado só perderá o cargo em virtude de sentença judicial transitada em julgado ou de processo administrativo disciplinar no qual lhe seja assegurada ampla defesa.

14. (Ieses/TJ/AM/Cartórios/Ingresso/2018) Conforme o disposto na Constituição Federal no Capítulo "Da Administração Pública", é incorreto afirmar:

a) a lei reservará percentual dos cargos e empregos públicos para as pessoas portadoras de deficiência e definirá os critérios de sua admissão.

b) o servidor público da administração direta, autárquica e fundacional, se investido no mandato de Prefeito, será afastado do cargo, emprego ou função, sendo-lhe facultado optar pela sua remuneração.

c) o servidor público estável somente perderá o cargo público em virtude de sentença judicial transitada em julgado, desde que assegurados o contraditório e a ampla defesa.

d) os atos de improbidade administrativa importarão a suspensão dos direitos políticos, a perda da função pública, a indisponibilidade dos bens e o ressarcimento ao erário, na forma e gradação previstas em lei, sem prejuízo da ação penal cabível.

15. (Ieses/TJ/AM/Cartórios/Remoção/2018) O servidor habilitado em concurso público e empossado em cargo de provimento efetivo adquirirá estabilidade no serviço público ao completar:

a) 2 (dois) anos de efetivo exercício.

b) 1 (um) ano de efetivo exercício.

c) 5 (cinco) anos de efetivo exercício.

d) 3 (três) anos de efetivo exercício.

16. (Vunesp/TJ/SP/Cartórios/Ingresso/2018) De acordo com a Constituição Federal, a respeito da Administração Pública direta e indireta de qualquer dos Poderes da União, dos Estados, do Distrito Federal e dos Municípios, assinale a alternativa correta:

a) a investidura em cargo ou emprego público se dá exclusivamente por aprovação prévia em concursos públicos de provas ou de provas e títulos.

b) para efeito de remuneração de pessoal do serviço público, é garantida a vinculação e equiparação dos cargos do Poder Executivo, do Poder Judiciário e do Poder Legislativo para quaisquer espécies remuneratórias.

c) o prazo de validade do concurso público é de dois anos, podendo ser prorrogado, pelo mesmo período, por duas vezes.

d) a vedação de acumulação de cargo público, bem como suas exceções, estende-se a empregos e funções e abrange autarquias, fundações, empresas públicas, sociedades de economia mista, suas subsidiárias e sociedades controladas, direta e indiretamente, pelo poder público.

17. (Vunesp/TJ/SP/Cartórios/Ingresso/2018) Com relação aos agentes públicos, é correto afirmar:

a) os servidores da administração pública direta, das autarquias e das fundações públicas são agentes públicos.

b) todos os agentes públicos são regidos pelo regime estatutário.

c) as pessoas jurídicas podem ser agentes públicos.

d) a regência pela legislação trabalhista exclui a situação jurídica de agente público.

18. (Vunesp/TJ/SP/Cartórios/Ingresso/2018) São agentes administrativos os:

a) senadores, os deputados e os juízes.

b) servidores investidos em cargos, empregos e funções públicas e os servidores contratados por tempo determinado.

c) militares e os vereadores municipais.

d) servidores investidos em cargos, empregos e funções públicas, os ministros e os secretários de estado.

19. (Consulplan/TJ/MG/Cartórios/Remoção/2017) A respeito dos servidores públicos, assinale a afirmativa correta:

a) é garantido aos servidores públicos civis e militares o direito à associação sindical.

b) a adesão de servidor público em estagiário probatório à greve, por mais de 30 (trinta) dias, constitui falta grave ou fato desabonador da conduta no serviço público a ensejar a sua imediata exoneração, após regular processo administrativo.

c) o ato de exoneração do servidor é meramente declaratório, podendo ocorrer após o prazo de três anos fixados para o estágio probatório, desde que as avaliações de desempenho sejam realizadas dentro do prazo constitucional.

d) a obrigatoriedade da realização de concurso público prevista na Constituição da República não se aplica para o provimento de cargos nas autarquias e sociedade de economia mista destinada a explorar atividade econômica.

20. (Consulplan/TJ/MG/Cartórios/Remoção/2017) Em relação à acumulação de cargos, funções ou empregos na Administração Pública, assinale a alternativa correta:

a) aos mesários e aos jurados aplicam-se as proibições de acumulação de cargos, funções ou empregos, sob pena de ser violado o princípio da eficiência do serviço público.

b) é vedada a cumulação do cargo de médico de Secretaria Municipal de Saúde com o cargo de perita criminal do quadro da Polícia Civil, com especialidade em medicina veterinária, ambos obtidos mediante concurso público.

c) juízes e membros do Ministério Público, quando em disponibilidade, podem acumular seus cargos com qualquer outra função pública, além de uma de magistério em instituição pública ou privada.

d) é permitida a cumulação de emprego em duas sociedades de economia mista ou em duas empresas públicas ou em uma sociedade de economia mista e em uma empresa pública, desde que haja compatibilidade de horários.

1.2. Cargo em Comissão/Função de Confiança

SÚMULAS

STF **Súm. Vinculante 13.** A nomeação de cônjuge, companheiro ou parente em linha reta, colateral ou por afinidade, até o terceiro grau, inclusive, da autoridade nomeante ou de servidor da mesma pessoa jurídica, investido em cargo de direção, chefia ou assessoramento, para o exercício de cargo em comissão ou de confiança, ou, ainda, de função gratificada na Administração Pública direta e indireta, em qualquer dos Poderes da União, dos Estados, do Distrito Federal e dos municípios, compreendido o ajuste mediante designações recíprocas, viola a Constituição Federal.

STF **Súm. 8.** Diretor de sociedade de economia mista pode ser destituído no curso do mandato.

STF **Súm. 25.** A nomeação a termo não impede a livre demissão, pelo Presidente da República, de ocupante de cargo dirigente de autarquia.

STJ **Súm. 218.** Compete à justiça dos estados processar e julgar ação de servidor estadual decorrente de direitos e vantagens estatutárias no exercício de cargo em comissão.

REPERCUSSÃO & REPETITIVOS

STF **Rep. Geral 670.** I. No julgamento de ação direta de inconstitucionalidade proposta para questionar a validade de leis que criam cargos em comissão, ao fundamento de que não se destinam a funções de direção, chefia e assessoramento, o Tribunal deve analisar as atribuições previstas para os cargos; II. Na fundamentação do julgamento, o Tribunal não está obrigado se pronunciar sobre a constitucionalidade de cada cargo criado, individualmente. *RE 719870, 13.10.2020.*

INFORMATIVOS

STF **Tribunal de Contas estadual: requisitos constitucionais para a criação de cargos em comissão.** É inconstitucional a criação de cargos em comissão sem a devida observância dos requisitos indispensáveis fixados pelo STF no julgamento do RE 1041210 (Tema 1010 RG). *ADI 6655, 6.5.2022. Pleno. Inf 1053.*

QUESTÕES OBJETIVAS

21. (Consulplan/TJ/MG/Cartórios/Ingresso/2017) Quanto à criação, transformação e extinção de cargos públicos, é correto afirmar:

a) as funções de confiança são reservadas exclusivamente aos servidores ocupantes de cargo efetivo enquanto os cargos em comissão podem ser ocupados por pessoas que não pertencem aos quadros funcionais da Administração.

b) é constitucional a lei de iniciativa parlamentar que prevê a modificação da estrutura organizacional do quadro de cargos de apoio administrativo do Tribunal de Contas Estadual.

c) lei municipal pode autorizar o Prefeito a, por meio de decreto, criar cargos em comissão.

d) os empregos públicos da Administração Direta, autarquias, fundações de direito público, empresas públicas e sociedades de economia mista exigem a criação por meio de lei de iniciativa do Chefe do Poder Executivo.

1.3. Concurso Público

SÚMULAS

STF **Súm. Vinculante 43.** É inconstitucional toda modalidade de provimento que propicie ao servidor investir-se, sem prévia aprovação em concurso público destinado ao seu provimento, em cargo que não integra a carreira na qual anteriormente investido.

STF **Súm. Vinculante 44.** Só por lei se pode sujeitar a exame psicotécnico a habilitação de candidato a cargo público.

STF **Súm. 15.** Dentro do prazo de validade do concurso, o candidato aprovado tem o direito a nomeação, quando o cargo for preenchido sem observância da classificação.

STF **Súm. 16.** Funcionário nomeado por concurso tem direito a posse.

STF **Súm. 17.** A nomeação de funcionário sem concurso pode ser desfeita antes da posse.

STF **Súm. 683.** O limite de idade para a inscrição em concurso público só se legitima em face do art. 7º, XXX, da Constituição, quando possa ser justificado pela natureza das atribuições do cargo a ser preenchido.

STF **Súm. 684.** É inconstitucional o veto não motivado à participação de candidato a concurso público.

STJ **Súm. 266.** O diploma ou habilitação legal para o exercício do cargo deve ser exigido na posse e não na inscrição para o concurso público.

STJ **Súm. 377.** O portador de visão monocular tem direito de concorrer, em concurso público, às vagas reservadas aos deficientes.

STJ **Súm. 552.** O portador de surdez unilateral não se qualifica como pessoa com deficiência para o fim de disputar as vagas reservadas em concursos públicos.

REPERCUSSÃO & REPETITIVOS

STF **Rep. Geral 22.** Sem previsão constitucionalmente adequada e instituída por lei, não é legítima a cláusula de edital de concurso público que restrinja a participação de candidato pelo simples fato de responder a inquérito ou ação penal. *RE 560900, 5.2.2020.*

STF **Rep. Geral 386.** Nos termos do artigo 5º, VIII, da Constituição Federal é possível a realização de etapas de concurso público em datas e horários distintos dos previstos em edital, por candidato que invoca escusa de consciência por motivo de crença religiosa, desde que presentes a razoabilidade da alteração, a preservação da igualdade entre todos os candidatos e que não acarrete ônus desproporcional à Administração Pública, que deverá decidir de maneira fundamentada. *RE 611874, 26.11.2020.*

STF **Rep. Geral 667.** É inconstitucional, por dispensar o concurso público, a reestruturação de quadro funcional por meio de aglutinação, em uma única carreira, de cargos diversos, quando a nova carreira tiver atribuições e responsabilidades diferentes dos cargos originais. *RE 642895, 15.5.2020.*

STF **Rep. Geral 1157.** É vedado o reenquadramento, em novo plano de cargos, carreiras e remuneração, de servidor admitido sem concurso público antes da promulgação da Constituição Federal de 1988, mesmo que beneficiado pela estabilidade excepcional do artigo 19 do ADCT, haja vista que esta regra transitória não prevê o direito à efetividade, nos termos do artigo 37, II, da Constituição Federal e decisão proferida na ADI 3609. *ARE 1306505, 28.3.2022.*

STJ **Repetitivo 1094.** O candidato aprovado em concurso público pode assumir cargo que, segundo o edital, exige título de ensino médio profissionalizante ou completo com curso técnico em área específica, caso não seja portador desse título, mas detenha diploma de nível superior na mesma área profissional. *REsp 1888049, 22.9.2021.*

JURISPRUDÊNCIA EM TESES

1) Critérios de Correção de Provas

STJ **JurisTese 103-1.** O Poder Judiciário não pode substituir a banca examinadora do certame e tampouco se imiscuir nos critérios de atribuição de notas e de correção de provas, visto que sua atuação se restringe ao controle jurisdicional da legalidade do concurso público e da observância do princípio da vinculação ao edital.

STJ **JurisTese 103-2.** A divulgação, ainda que "a posteriori", dos critérios de correção das provas dissertativas ou orais não viola, por si só, o princípio da igualdade, desde que os mesmos parâmetros sejam aplicados uniforme e indistintamente a todos os candidatos.

2) Direito a Indenização

STJ **JurisTese 15-5.** A nomeação tardia do candidato por força de decisão judicial não gera direito à indenização.

STJ **JurisTese 15-6.** O servidor não tem direito à indenização por danos morais em face da anulação de concurso público eivado de vícios.

STJ **JurisTese 103-8.** A nomeação tardia de candidatos aprovados em concurso público, por meio de decisão judicial, à qual atribuída eficácia retroativa, não gera direito às promoções e às progressões funcionais que alcançariam caso a nomeação houvesse ocorrido a tempo e a modo.

3) Direito a Nomeação

STJ **JurisTese 11-1.** O candidato aprovado dentro do número de vagas previsto no edital tem direito subjetivo a ser nomeado no prazo de validade do concurso.

STJ **JurisTese 11-2.** A desistência de candidatos convocados, dentro do prazo de validade do concurso, gera direito subjetivo à nomeação para os seguintes, observada a ordem de classificação e a quantidade de vagas disponibilizadas.

STJ **JurisTese 11-3.** A abertura de novo concurso, enquanto vigente a validade do certame anterior, confere direito líquido e certo a eventuais candidatos cuja classificação seja alcançada pela divulgação das novas vagas.

STJ **JurisTese 11-4.** O candidato aprovado fora do número de vagas previsto no edital possui mera expectativa de direito à nomeação, que se convola em direito subjetivo caso haja preterição na convocação, observada a ordem classificatória.

STJ **JurisTese 11-5.** A simples requisição ou a cessão de servidores públicos não é suficiente para transformar a expectativa de direito do candidato aprovado fora do número de vagas em direito subjetivo à nomeação, porquanto imprescindível a comprovação da existência de cargos vagos.

STJ **JurisTese 11-6.** O candidato aprovado fora do número de vagas previsto no edital possui mera expectativa de direito à nomeação, que se convola em direito subjetivo caso haja preterição em virtude de contratações precárias e comprovação da existência de cargos vagos.

STJ **JurisTese 11-10.** O candidato "sub judice" não possui direito subjetivo à nomeação e à posse, mas à reserva da respectiva vaga até que ocorra o trânsito em julgado da decisão que o beneficiou.

STJ **JurisTese 15-11.** O candidato aprovado dentro do número de vagas que requer transferência para o final da lista de classificados passa a ter mera expectativa de direito à nomeação.

4) Exame de Aptidão Física

STJ **JurisTese 9-10.** A exigência de teste de aptidão física é legítima quando prevista em lei, guardar relação de pertinência com as atividades a serem desenvolvidas, estiver pautada em critérios objetivos e for passível de recurso.

STJ **JurisTese 9-11.** É vedada a realização de novo teste de aptidão física em concurso público no caso de incapacidade temporária, salvo previsão expressa no edital.

STJ **JurisTese 9-12.** É possível a realização de novo teste de aptidão física em concurso público no caso de gravidez, sem que isso caracterize violação do edital ou do princípio da isonomia.

5) Exame Psicotécnico

STJ **JurisTese 9-8.** A exigência de exame psicotécnico é legítima quando prevista em lei e no edital, a avaliação estiver pautada em critérios objetivos e o resultado for público e passível de recurso.

STJ **JurisTese 9-9.** Constatada a ilegalidade do exame psicotécnico, o candidato deve ser submetido a nova avaliação, pautada por critérios objetivos e assegurada a ampla defesa.

STJ **JurisTese 115-11.** Em concursos públicos, a inaptidão na avaliação psicológica ou no exame médico exige a devida fundamentação.

6) Investigação Social

STJ **JurisTese 9-13.** O candidato não pode ser eliminado de concurso público, na fase de investigação social, em virtude da existência de termo circunstanciado, inquérito policial ou ação penal sem trânsito em julgado ou extinta pela prescrição da pretensão punitiva.

STJ **JurisTese 9-14.** O entendimento de que o candidato não pode ser eliminado de concurso público, na fase de investigação social, em virtude da existência de termo circunstanciado, inquérito policial ou ação penal sem trânsito em julgado ou extinta pela prescrição da pretensão punitiva não se aplica aos cargos cujos ocupantes agem stricto sensu em nome do Estado, como o de delegado de polícia.

STJ **JurisTese 9-15.** O candidato não pode ser eliminado de concurso público, na fase de investigação social, em virtude da existência de registro em órgãos de proteção ao crédito.

STJ **JurisTese 9-16.** O candidato pode ser eliminado de concurso público quando omitir informações relevantes na fase de investigação social.

STJ **JurisTese 115-10.** A investigação social em concursos públicos, além de servir à apuração de infrações criminais, presta-se a avaliar idoneidade moral e lisura daqueles que desejam ingressar nos quadros da administração pública.

7) Limitação de Idade, Sexo e Altura

STJ **JurisTese 9-3.** A limitação de idade, sexo e altura para o ingresso na carreira militar é válida desde que haja previsão em lei específica e no edital do concurso público.

STJ **JurisTese 9-4.** Somente a lei pode estabelecer limites de idade nos concursos das Forças Armadas, sendo vedado, diante do princípio constitucional da reserva legal, que a lei faculte tal regulamentação a atos administrativos expedidos pela Marinha, Exército ou Aeronáutica.

STJ **JurisTese 9-5.** A aferição do cumprimento do requisito de idade deve se dar no momento da posse no cargo público e não no momento da inscrição.

8) Mandado de Segurança

STJ **JurisTese 9-17.** O termo inicial do prazo decadencial para a impetração de mandado de segurança, na hipótese de exclusão do candidato do concurso público, é o ato administrativo de efeitos concretos e não a publicação do edital, ainda que a causa de pedir envolva questionamento de critério do edital.

STJ **JurisTese 9-18.** O termo inicial do prazo decadencial para a impetração de mandado segurança, na hipótese em que o candidato aprovado em concurso público não é nomeado, é o término do prazo de validade do concurso.

STJ **JurisTese 9-19.** O encerramento do concurso público não conduz à perda do objeto do mandado de segurança que busca aferir suposta ilegalidade praticada em alguma das etapas do processo seletivo.

STJ **JurisTese 103-6.** Na hipótese de abertura de novo concurso público dentro do prazo de validade do certame anterior, o termo inicial do prazo decadencial para a impetração do mandado de segurança por candidatos remanescentes é a data da publicação do novo edital.

9) Portadores de Deficiência

STJ **JurisTese 11-8.** A surdez unilateral não autoriza o candidato a concorrer às vagas reservadas às pessoas com deficiência.

STJ **JurisTese 11-9.** Deverão ser reservadas, no mínimo, 5% das vagas ofertadas em concurso público às pessoas com deficiência e, caso a aplicação do referido percentual resulte em número fracionado, este deverá ser elevado até o primeiro número inteiro subsequente, desde que respeitado o limite máximo de 20% das vagas ofertadas, conforme art. 37, §§ 1º e 2º, do Decreto n. 3.298/99, e art. 5º, § 2º, da Lei n. 8.112/90.

10) Prazo de Validade

STJ **JurisTese 11-17.** A prorrogação do prazo de validade de concurso público é ato discricionário da Administração, sendo vedado ao Poder Judiciário o reexame dos critérios de conveniência e oportunidade adotados.

11) Preterição de Candidato

STJ **JurisTese 11-7.** Não ocorre preterição na ordem classificatória quando a convocação para próxima fase ou a nomeação de candidatos com posição inferior se dá por força de cumprimento de ordem judicial.

STJ **JurisTese 15-9.** A Administração Pública pode promover a remoção de servidores concursados, sem que isso caracterize, por si só, preterição aos candidatos aprovados em novo concurso público.

STJ **JurisTese 15-10.** Há preterição de candidatos aprovados se as vagas regionalizadas estabelecidas no edital de concurso público forem preenchidas por remoção lançada posteriormente ao início do certame.

STJ **JurisTese 103-7.** A nomeação ou a posse tardia de candidato aprovado em concurso público, por força de decisão judicial, não configura preterição ou ato ilegítimo da Administração Pública a justificar uma contrapartida indenizatória, salvo situação de arbitrariedade flagrante.

STJ **JurisTese 115-6.** A contratação de servidores temporários ou o emprego de servidores comissionados, terceirizados ou estagiários, por si sós, não caracterizam preterição na convocação e na nomeação de candidatos advindos de concurso público, tampouco autorizam a conclusão de que tenham automaticamente surgido vagas correlatas no quadro efetivo, a ensejar o chamamento de candidatos aprovados em cadastro de reserva ou fora do número de vagas previstas no edital.

12) Regras do Edital

STJ **JurisTese 9-1.** A banca examinadora pode exigir conhecimento sobre legislação superveniente à publicação do edital, desde que vinculada às matérias nele previstas.

STJ **JurisTese 9-2.** O Poder Judiciário não analisa critérios de formulação e correção de provas em concursos públicos, salvo nos casos de ilegalidade ou inobservância das regras do edital.

STJ **JurisTese 9-6.** O edital é a lei do concurso e suas regras vinculam tanto a Administração Pública quanto os candidatos.

STJ **JurisTese 11-13.** É legítimo estabelecer no edital de concurso público critério de regionalização.

STJ **JurisTese 11-14.** É legítimo estabelecer no edital de concurso público limite de candidatos que serão convocados para as próximas etapas do certame (cláusula de barreira).

STJ **JurisTese 15-1.** A Administração atua com discricionariedade na escolha das regras do edital de concurso público, desde que observados os preceitos legais e constitucionais.

STJ **JurisTese 115-9.** É ilegítima a previsão de edital de concurso público que exige o prévio registro na Delegacia Regional do Trabalho como condição para que os graduados em letras ou em secretariado bilíngue exerçam a atividade de secretário-executivo.

13) Outros Temas

STJ **JurisTese 11-11.** A nomeação ou a convocação para determinada fase de concurso público após considerável lapso temporal entre uma fase e outra, sem a notificação pessoal do interessado, viola os princípios da publicidade e da razoabilidade, não sendo suficiente a publicação no Diário Oficial.

STJ **JurisTese 11-12.** Não se aplica a teoria do fato consumado na hipótese em que o candidato toma posse em virtude de decisão liminar, salvo situações fáticas excepcionais.

STJ **JurisTese 11-16.** Nos concursos públicos para ingresso na Magistratura ou no Ministério Público a comprovação dos requisitos exigidos deve ser feita na inscrição definitiva e não na posse.

STJ **JurisTese 15-2.** A exoneração de servidor público em razão da anulação do concurso pressupõe a observância do devido processo legal, do contraditório e da ampla defesa.

STJ **JurisTese 15-3.** O candidato que possui qualificação superior à exigida no edital está habilitado a exercer o cargo a que prestou concurso público, nos casos em que a área de formação guardar identidade.

STJ **JurisTese 15-4.** O Ministério Público possui legitimidade para propor ação civil pública com o objetivo de anular concurso realizado sem a observância dos princípios estabelecidos na Constituição Federal.

STJ **JurisTese 15-7.** O militar aprovado em concurso público e convocado para a realização de curso de formação tem direito ao afastamento temporário do serviço ativo na qualidade de agregado.

STJ **JurisTese 103-3.** O provimento originário em concurso público não permite a invocação do instituto da remoção para acompanhamento de cônjuge ou companheiro, em razão do prévio conhecimento das normas expressas no edital do certame.

STJ **JurisTese 103-4.** A administração pública pode anular, a qualquer tempo, o ato de provimento efetivo flagrantemente inconstitucional, pois o decurso do tempo não possui o condão de convalidar os atos administrativos que afrontem a regra do concurso público.

STJ **JurisTese 103-5.** A investidura em cargo público efetivo submete-se a exigência de prévio concurso público, sendo vedado o provimento mediante transposição, ascensão funcional, acesso ou progressão.

STJ **JurisTese 103-9.** A vedação de execução provisória de sentença contra a Fazenda Pública inserida no art. 2º-B da Lei n. 9.494/1997 não incide na hipótese de nomeação e de posse em razão de aprovação em concurso público.

STJ **JurisTese 115-3.** As contratações temporárias celebradas pela administração pública, na vigência da Constituição Federal de 1988, ostentam caráter precário e submetem-se à regra do art. 37, inciso IX, não sendo passíveis de transmutação de sua natureza eventual pelo decurso do tempo.

STJ **JurisTese 115-8.** O direito à liberdade de crença, assegurado pela Constituição, não pode criar situações que importem tratamento diferenciado – seja de favoritismo, seja de perseguição – em relação a outros candidatos de concurso público que não professam a mesma crença religiosa.

INFORMATIVOS

STF **Contratação temporária: vacância de cargo público efetivo e educação pública.** É inconstitucional norma estadual que, de maneira genérica e abrangente, permite a convocação temporária de profissionais da área da educação sem prévio vínculo com a Administração Pública para suprir vacância de cargo público efetivo. A medida viola a regra do concurso público, ao permitir a contratação para atividades absolutamente previsíveis, permanentes e ordinárias do Estado, autorizando que sucessivas contratações temporárias perpetuem indefinidamente a precarização de relações trabalhistas no âmbito da Administração Pública. *ADPF 915, 20.5.2022. Pleno. Inf 1055.*

STF **Alteração de escolaridade para o cargo de perito técnico de polícia por meio de lei estadual.** A exigência de diploma de nível superior, promovida por legislação estadual, para o cargo de perito técnico de polícia – que anteriormente tinha o nível médio como requisito de escolaridade – não viola o princípio do concurso público nem as normas constitucionais sobre competência legislativa (CF, arts. 22, I; 24, XVI e § 4º), pois se trata de reestruturação da Administração, e não provimento derivado por ascensão. *ADI 7081, Pleno, 21.9.2022. Pleno. Inf 1074.*

STJ **Concurso público. Reclassificação. Decisão judicial. Mandado de segurança. Prazo decadencial. Termo inicial. Último ato administrativo.** A data do último ato administrativo reputado ilegal é o termo inicial do prazo decadencial para impetração de mandado de segurança com objetivo de reclassificação em concurso público em virtude de anulação de questões por decisão judicial após o encerramento do prazo de validade do certame. *RMS 64025, 2ª T, 10.10.2022. Inf 752.*

STJ **Concurso público. Nomeação em cargo público. Exigibilidade de habilitação em nível superior (bacharelado). Superveniência de lei estadual. Alteração da legislação aplicável para permissão de tecnólogo. Inaplicabilidade. Observância das exigências previstas no edital.** A exigência dos requisitos previstos em edital para nomeação em cargo público não pode ser afastada por legislação posterior mais benéfica ao candidato. *AgInt no RMS 61658, 2ª T, 27.5.2022. Inf 748.*

STJ **Concurso público. Cotas. Candidato autodeclarado pardo. Posterior recusa pela comissão especial. Caso concreto. Dilação probatória. Inadequação da via mandamental.** É inadequado o manejo de mandado de segurança com vistas à defesa do direito de candidato em concurso público a continuar concorrendo às vagas reservadas às pessoas pretas ou pardas, quando a comissão examinadora de heteroidentificação não confirma a sua autodeclaração. *RMS 58785, 1ª T, 23.8.2022. Inf 746.*

STJ **Concurso público. Cláusula de barreira. Eliminação de candidatos fora das vagas. Revogação da regra. Benefícios em favor do candidato. Reclassificação dentro das vagas oferecidas. Posterior restauração da cláusula de barreira. Impossibilidade.** A reclassificação do candidato para dentro do número de vagas oferecidas no edital de abertura de concurso público, operada em razão de ato praticado pela Administração Pública, confere-lhe o direito público subjetivo ao provimento no cargo público, ainda que durante a vigência do ato não tenha sido providenciada a sua nomeação e que, em seguida, o ato de que derivada a reclassificação tenha sido posteriormente anulado. *RMS 62093, 2ª T, 24.5.2022. Inf 738.*

QUESTÕES DISCURSIVAS

1. (Consulplan/TJ/MG/Cartórios/Ingresso/2016) O inciso IX do art. 37 da Constituição da República dispõe "in verbis": "(...) IX – a lei estabelecerá os casos de contratação por tempo determinado para atender a necessidade temporária de excepcional interesse público". Abalizada doutrina e o Supremo Tribunal Federal assentam que a contratação nessa hipótese deverá atender a determinados pressupostos essenciais. Quais são eles? Indique-os e discorra fundamentadamente sobre o tema.

QUESTÕES OBJETIVAS

22. (Vunesp/TJ/RS/Cartórios/Ingresso/2019) A respeito dos agentes públicos, assinale a alternativa correta.

a) A previsão constante exclusivamente no Edital pode sujeitar a exame psicotécnico a habilitação de candidato a cargo público, desde que compatível com as atribuições do cargo e atendam ao interesse público.
b) É constitucional a remarcação do teste de aptidão física de candidata que esteja grávida à época de sua realização,

independentemente da previsão expressa em edital do concurso público.

c) O surgimento de novas vagas ou a abertura de novo concurso para o mesmo cargo, durante o prazo de validade do certame anterior, gera automaticamente o direito à nomeação dos candidatos aprovados fora das vagas previstas no edital.

d) A nomeação tardia de candidatos aprovados em concurso público, por meio de ato judicial, à qual atribuída eficácia retroativa, gera direito às promoções ou progressões funcionais que alcançariam houvesse ocorrido, a tempo e modo, a nomeação.

e) Os empregados públicos celetistas não gozam de estabilidade e podem ser demitidos por decisão imotivada.

23. (Ieses/TJ/AM/Cartórios/Remoção/2018) Os concursos para ingresso na atividade notarial e de registro serão realizados pelo Poder Judiciário, com a participação, em todas as suas fases dos seguintes representantes, exceto:

a) Ordem dos Advogados do Brasil.

b) Presidente do Tribunal de Justiça.

c) 1 (um) notário e de 1 (um) registrador.

d) Ministério Público.

24. (Consulplan/TJ/MG/Cartórios/Ingresso/2017) Com relação à acessibilidade aos cargos públicos, é correto afirmar que:

a) os cargos de Presidente e Vice-Presidente da República, de Presidente do Senado Federal, de Presidente da Câmara dos Deputados, da carreira diplomática, de oficial das Forças Armadas e de Ministro do Supremo Tribunal podem ser preenchidos por brasileiros natos e naturalizados.

b) a Administração Pública, no uso do poder discricionário, pode estabelecer em edital os limites mínimo e máximo de idade para a inscrição em concurso público para quaisquer cargos.

c) o preenchimento dos cargos de agentes comunitários de saúde e agentes de combates às endemias pressupõe a submissão a concurso público de provas e títulos.

d) é facultada às universidades, às instituições de pesquisa científica e tecnológica a admissão de professores, técnicos e cientistas estrangeiros, na forma da lei.

25. (Cetro/TJ/RJ/Cartórios/Ingresso/2017) Acerca da fiscalização e regulação incidente sobre os concursos públicos para outorga de delegações de serventias extrajudiciais, marque V para verdadeiro ou F para falso e, em seguida, assinale a alternativa que apresenta a sequência correta.

I. questionamento judicial de uma serventia afasta automaticamente a oferta desta em concurso público, sem necessidade de decisão expressa de exclusão.

II. a condução é de responsabilidade do Tribunal de Justiça, por meio da Comissão de Concurso, não cabendo ao CNJ fiscalizar seus atos, pelo viés disciplinar, por conta de inconsistências do Edital, sem indício de dolo por parte dos integrantes da referida Comissão.

III. o fato de uma serventia exibir o status de inativa não obstaculariza o seu oferecimento em concurso público "per se":

a) F, V, V.

b) V, F, F.

c) F, V, F.

d) V, F, V.

e) F, F, F.

1.4. Regras Previdenciárias

SÚMULAS

STF Súm. Vinculante 3. Nos processos perante o Tribunal de Contas da União asseguram-se o contraditório e a ampla defesa quando da decisão puder resultar anulação ou revogação de ato administrativo que beneficie o interessado, excetuada a apreciação da legalidade do ato de concessão inicial de aposentadoria, reforma e pensão.

STF Súm. Vinculante 33. Aplicam-se ao servidor público, no que couber, as regras do regime geral da previdência social sobre aposentadoria especial de que trata o artigo 40, § 4º, inciso III da Constituição Federal, até a edição de lei complementar específica.

STF Súm. Vinculante 55. O direito ao auxílio-alimentação não se estende aos servidores inativos.

STF Súm. 6. A revogação ou anulação, pelo Poder Executivo, de aposentadoria, ou qualquer outro ato aprovado pelo Tribunal de Contas, não produz efeitos antes de aprovada por aquele tribunal, ressalvada a competência revisora do Judiciário.

STF Súm. 10. O tempo de serviço militar conta-se para efeito de disponibilidade e aposentadoria do servidor público estadual.

STF Súm. 359. Ressalvada a revisão prevista em lei, os proventos da inatividade regulam-se pela lei vigente ao tempo em que o militar, ou o servidor civil, reuniu os requisitos necessários.

STF Súm. 567. A Constituição, ao assegurar, no § 3º, do art. 102, a contagem integral do tempo de serviço público federal, estadual ou municipal para os efeitos de aposentadoria e disponibilidade não proíbe à União, aos Estados e aos Municípios mandarem contar, mediante lei, para efeito diverso, tempo de serviço prestado a outra pessoa de direito público interno.

STJ Súm. 242. Cabe ação declaratória para reconhecimento de tempo de serviço para fins previdenciários.

REPERCUSSÃO & REPETITIVOS

STF Rep. Geral 160. É constitucional a cobrança de contribuições sobre os proventos dos militares inativos, aqui compreendidos os Policiais Militares e o Corpo de Bombeiros dos Estados e do Distrito Federal e os integrantes das Forças Armadas, entre o período de vigência da Emenda Constitucional 20/98 e da Emenda Constitucional 41/03, por serem titulares de regimes jurídicos distintos dos servidores públicos civis e porque a eles não se estende a interpretação integrativa dos textos dos artigos 40, §§ 8º e 12, e artigo 195, II, da Constituição da República. *RE 596701, 20.4.2020.*

STF Rep. Geral 457. É inconstitucional, por transgressão ao princípio da isonomia entre homens e mulheres (CF, art. 5º, I), a exigência de requisitos legais diferenciados para efeito de outorga de pensão por morte de ex-servidores públicos em relação a seus respectivos cônjuges ou companheiros/companheiras (CF, art. 201, V). *RE 659424, 13.10.2020.*

STF Rep. Geral 578. (i) Ressalvado o direito de opção, a regra de transição do art. 8º, inciso II da Emenda Constitucional n. 20/98, somente se aplica aos servidores que, quando da sua publicação, ainda não reuniam os requisitos necessários para a aposentadoria; (ii) em se tratando de carreira pública escalonada em classes, a exigência instituída pelo art. 8º, inciso II da Emenda Constitucional n. 20/98, de cinco anos de efetivo exercício no cargo no qual se dará a aposentadoria, deverá ser compreendida como cinco anos de efetivo exercício na carreira a que pertencente o servidor. *RE 662423, 25.8.2020.*

STF Rep. Geral 606. A concessão de aposentadoria aos empregados públicos inviabiliza a permanência no emprego, nos termos do art. 37, § 14, da Constituição Federal, salvo para as aposentadorias concedidas pelo Regime Geral de Previdência Social até a data de entrada em vigor da Emenda Constitucional 103/09, nos termos do que dispõe seu art. 6º. *RE 655283, 16.6.2021.*

STF Rep. Geral 756. I. O legislador ordinário possui autonomia para disciplinar a não cumulatividade a que se refere o art. 195, § 12, da CF/1988, respeitados os demais preceitos constitucionais, como a matriz constitucional das contribuições ao PIS e Cofins e os princípios da razoabilidade, da isonomia, da livre concorrência e da proteção à confiança; II. É infraconstitucional, a ela se aplicando os efeitos da ausência de repercussão geral, a discussão sobre a expressão 'insumo' presente no art. 3º, II, das Leis 10.637/2002 e 10.833/2003 e sobre a compatibilidade, com essas leis, das IN/SRF 247/2002 (considerada a atualização pela IN/SRF 358/2003) e 404/2004; III. É constitucional o § 3º do art. 31 da Lei 10.865/2004. *RE 841979, Pleno, 25.11.2022.*

STF Rep. Geral 942. Até a edição da Emenda Constitucional n. 103/2019, o direito à conversão, em tempo comum, do prestado sob condições especiais que prejudiquem a saúde ou a integridade física de servidor público decorre da previsão de adoção de requisitos e critérios diferenciados para a jubilação daquele enquadrado na hipótese prevista no então vigente inciso III do § 4º do art. 40 da Constituição da República, devendo ser aplicadas as normas do regime geral de previdência social relativas à aposentadoria especial contidas na Lei 8.213/1991 para viabilizar sua concretização enquanto não sobrevier lei complementar disciplinadora da matéria. Após a vigência da EC n. 103/2019, o direito à conversão em tempo comum, do prestado sob condições especiais pelos servidores obedecerá à legislação complementar dos entes federados, nos termos da competência conferida pelo art. 40, § 4º-C, da Constituição da República. *RE 1014286, 31.8.2020.*

STF Rep. Geral 1177. A competência privativa da União para a edição de normas gerais sobre inatividades e pensões das polícias militares e dos corpos de bombeiros militares (artigo 22, XXI, da Constituição, na redação da Emenda Constitucional 103/2019) não exclui a competência legislativa dos Estados para a fixação das alíquotas da contribuição previdenciária incidente sobre os proventos de seus próprios militares inativos e pensionistas, tendo a Lei Federal 13.954/2019, no ponto, incorrido em inconstitucionalidade. *RE 1338750, 22.10.2021.*

STF Rep. Geral 1207. A promoção por acesso de servidor a classe distinta na carreira não representa ascensão a cargo diverso daquele em que já estava efetivado, de modo que, para fins de aposentadoria, o prazo mínimo de cinco anos no cargo efetivo, exigido pelo artigo 40, § 1º, inciso III, da Constituição Federal, na redação da Emenda Constitucional 20/1998, e pelos artigos 6º da Emenda Constitucional 41/2003 e 3º da Emenda Constitucional 47/2005, não recomeça a contar pela alteração de classe. *RE 1322195, 1.4.2022.*

JURISPRUDÊNCIA EM TESES

STJ JurisTese 76-3. O tempo de serviço prestado às empresas públicas e sociedades de economia mista somente pode ser computado para efeitos de aposentadoria e disponibilidade.

STJ JurisTese 76-6. A pensão por morte do servidor público federal é devida até a idade limite de 21 (vinte e um) anos do dependente, salvo se inválido, não cabendo postergar o benefício para os universitários com idade até 24 (vinte e quatro) anos, ante a ausência de previsão normativa.

STJ JurisTese 76-11. O termo inicial para o pagamento dos proventos integrais devidos na conversão da aposentadoria proporcional por tempo de serviço em aposentadoria integral por invalidez é a data do requerimento administrativo.

STJ JurisTese 76-12. A concessão de aposentadoria especial aos servidores públicos será regulada pela Lei n. 8.213/91, enquanto não editada a lei complementar prevista no art. 40, § 4º, da CF/88.

INFORMATIVOS

STF Pensão mensal vitalícia a viúvas de ex-prefeitos. É inconstitucional, por violação aos princípios republicano, democrático, da moralidade, da impessoalidade e da igualdade, lei municipal que concede pensão especial mensal e vitalícia a viúvas de ex-prefeitos. Os cargos políticos de chefia do Poder Executivo são exercidos por mandatos temporários e os seus ocupantes são transitórios, motivo pelo qual a jurisprudência desta Corte é no sentido da inexistência de qualquer direito ao recebimento de pensão vitalícia por seus ex-ocupantes, nas esferas estadual e municipal, e por seus respectivos dependentes. *ADPF 975, 7.10.2022. Pleno. Inf 1071.*

STF Lei federal e reajuste da previdência social nos estados e no Distrito Federal de forma simultânea com o regime geral. É formalmente inconstitucional lei federal que determina a todos os entes federados mantenedores de regimes próprios da previdência social a realização de reajustes, na mesma data e índice em que se der o reacerto dos benefícios do regime geral, excetuados os beneficiados pela garantia da paridade. Nos termos da CF, art. 24, XII e § 1º, a regência federal deve ficar restrita ao estabelecimento de normas gerais, que não alcançam a revisão dos proventos. *ADI 4582, 28.10.2022. Pleno. Inf 1074.*

STF Criação de regime previdenciário específico para os agentes públicos não titulares de cargos efetivos por lei estadual. Viola o art. 40, caput e § 13, da CF, a instituição, por meio de lei estadual, de um regime previdenciário específico para os agentes públicos não titulares de cargos efetivos. A competência legislativa dos estados e do Distrito Federal em matéria previdenciária restringe-se à competência suplementar para o respectivo regime próprio (CF, art. 24, § 2º) e à instituição da contribuição previdenciária para o regime próprio (CF, art. 149, § 1º). Em qualquer hipótese, o exercício dessa competência legislativa é sempre limitada aos servidores titulares de cargo efetivo. Não há, pois, espaço para que os entes subnacionais criem regime próprio de previdência para agentes públicos não titulares de cargos efetivos. *ADI 7198, 28.10.2022. Pleno. Inf 1074.*

STJ Aposentadoria. Conversão de tempo especial em comum. Certidão do tempo de contribuição do RGPS. Servidor público. Contagem recíproca. Regime próprio de previdência. Até a EC 103/19. Possibilidade. Tema 942/STF. Juízo de retratação. Até a edição da EC 103/19, é admissível, aos servidores públicos, a conversão do tempo de serviço especial em comum objetivando a contagem recíproca de tempo de serviço. *REsp 1592380, 2ª T, 10.2.2022. Inf 724.*

QUESTÕES DISCURSIVAS

2. (Cespe/TJ/SE/Cartórios/Ingresso/2014) Considere que tenha sido ajuizada no Supremo Tribunal Federal (STF) ação direta de inconstitucionalidade (ADI) contra ato normativo estadual em que tenham sido determinadas a contribuição e a vinculação dos tabeliães de notas e oficiais registradores ao regime próprio dos servidores públicos para fins de aposentadoria, bem como a aposentadoria compulsória desses profissionais aos setenta anos de idade. Com base nessa situação hipotética, discorra, com fundamento na Constituição Federal e na jurisprudência do STF, sobre a constitucionalidade (ou inconstitucionalidade) das regras estabelecidas pela referida norma e sobre a atuação do Advogado-Geral da União no processamento e julgamento da ADI.

3. (FMP/TJ/MT/Cartórios/Ingresso/2014) "Art. 40. Aos servidores titulares de cargos efetivos da União, dos Estados, do Distrito Federal e dos Municípios, incluídas suas autarquias e fundações, é assegurado regime de previdência de caráter contributivo e solidário, mediante contribuição do respectivo ente público, dos servidores ativos e inativos e dos pensionistas, observados critérios que preservem o equilíbrio financeiro e atuarial e o disposto neste artigo. (Redação da EC 41/2003) § 1º Os servidores abrangidos pelo regime de previdência de que trata este artigo serão aposentados, calculados os seus proventos a partir dos valores fixados na forma dos §§ 3º e 17: (Redação da EC 41/2003) II – compulsoriamente, aos setenta anos de idade, com proventos proporcionais ao tempo de contribuição; (Redação da EC 20/1998)". O disposto no artigo 40, § 1º, inciso II, da Constituição Federal acima reproduzido é aplicável aos notários e registradores, segundo o entendimento do STF?

QUESTÕES OBJETIVAS

26. (Consulplan/TJ/MG/Cartórios/Ingresso/2018) Sobre o regime previdenciário do servidor público, assinale a afirmativa incorreta:

a) o tempo de serviço sem a efetiva ocorrência de contribuição não é computável, a não ser no caso de eventual direito adquirido.
b) é admitido que o servidor permaneça em cargo comissionado mesmo após atingida a data para a aposentadoria compulsória.
c) aos servidores públicos que estivessem no serviço público na data da promulgação da EC 41/2003 foram asseguradas a paridade e a integralidade.
d) a constituição consagra a chamada contagem recíproca entre os entes federativos de tempo de contribuição para fins de aposentadoria e adicionais.

1.5. Regras Remuneratórias

SÚMULAS

STF Súm. Vinculante 4. Salvo os casos previstos na Constituição Federal, o salário mínimo não pode ser usado como indexador de base de cálculo de vantagem de servidor público ou de empregado, nem ser substituído por decisão judicial.

STF Súm. Vinculante 15. O cálculo de gratificações e outras vantagens do servidor público não incide sobre o abono utilizado para se atingir o salário mínimo.

STF Súm. Vinculante 16. Os artigos 7º, IV, e 39, § 3º (redação da EC 19/98), da Constituição, referem-se ao total da remuneração percebida pelo servidor público.

STF Súm. Vinculante 37. Não cabe ao Poder Judiciário, que não tem função legislativa, aumentar vencimentos de servidores públicos sob o fundamento de isonomia.

STF Súm. Vinculante 42. É inconstitucional a vinculação do reajuste de vencimentos de servidores estaduais ou municipais a índices federais de correção monetária.

STF Súm. Vinculante 55. O direito ao auxílio-alimentação não se estende aos servidores inativos.

STF Súm. 567. A Constituição, ao assegurar, no § 3º, do art. 102, a contagem integral do tempo de serviço público federal, estadual ou municipal para os efeitos de aposentadoria e disponibilidade não proíbe à União, aos Estados e aos Municípios mandarem contar, mediante lei, para efeito diverso, tempo de serviço prestado a outra pessoa de direito público interno.

STF Súm. 678. São inconstitucionais os incisos I e III do art. 7º da Lei 8.162/91, que afastam, para efeito de anuênio e de licença-prêmio, a contagem do tempo de serviço regido pela CLT dos servidores que passaram a submeter-se ao regime jurídico único.

STF Súm. 679. A fixação de vencimentos dos servidores públicos não pode ser objeto de convenção coletiva.

STF Súm. 682. Não ofende a Constituição a correção monetária no pagamento com atraso dos vencimentos de servidores públicos.

STJ Súm. 97. Compete à justiça do trabalho processar e julgar reclamação de servidor público relativamente a vantagens trabalhistas anteriores à instituição do Regime Jurídico Único.

STJ Súm. 137. Compete à justiça comum estadual processar e julgar ação de servidor público municipal, pleiteando direitos relativos ao vínculo estatutário.

STJ Súm. 170. Compete ao juízo onde primeiro for intentada a ação envolvendo acumulação de pedidos, trabalhista e estatutário, decidi-la nos limites da sua jurisdição, sem prejuízo do ajuizamento de nova causa, com o pedido remanescente, no juízo próprio.

STJ Súm. 218. Compete à justiça dos estados processar e julgar ação de servidor estadual decorrente de direitos e vantagens estatutárias no exercício de cargo em comissão.

STJ Súm. 378. Reconhecido o desvio de função, o servidor faz jus às diferenças salariais decorrentes.

REPERCUSSÃO & REPETITIVOS

STF Rep. Geral 359. Ocorrida a morte do instituidor da pensão em momento posterior ao da Emenda Constitucional n. 19/1998, o teto constitucional previsto no inciso XI do artigo 37 da Constituição Federal incide sobre o somatório de remuneração ou provento e pensão percebida por servidor. *RE 602584, 6.8.2020.*

STF Rep. Geral 551. Servidores temporários não fazem jus a décimo terceiro salário e férias remuneradas acrescidas do terço constitucional, salvo (I) expressa previsão legal e/ou contratual em sentido contrário, ou (II) comprovado desvirtuamento da contratação temporária pela Administração Pública, em razão de sucessivas e reiteradas renovações e/ou prorrogações. *RE 1066677, 22.5.2020.*

STF Rep. Geral 600. Não cabe ao Poder Judiciário, que não tem função legislativa, aumentar qualquer verba de servidores públicos de carreiras distintas sob o fundamento de isonomia, tenham elas caráter remuneratório ou indenizatório. *RE 710293, 16.9.2020.*

STF Rep. Geral 624. O Poder Judiciário não possui competência para determinar ao Poder Executivo a apresentação de projeto de lei que vise a promover a revisão geral anual da remuneração dos servidores públicos, tampouco para fixar o respectivo índice de correção. *RE 843112, 22.9.2020.*

STF Rep. Geral 779. Os substitutos ou interinos designados para o exercício de função delegada não se equiparam aos titulares de serventias extrajudiciais, visto não atenderem aos requisitos estabelecidos nos arts. 37, inciso II, e 236, § 3º, da Constituição Federal para o provimento originário da função, inserindo-se na categoria dos agentes estatais, razão pela qual se aplica a eles o teto remuneratório do art. 37, inciso XI, da Carta da República. *RE 808202, 24.8.2020.*

STF Rep. Geral 900. É defeso o pagamento de remuneração em valor inferior ao salário mínimo ao servidor público, ainda que labore em jornada reduzida de trabalho. *RE 964659, 5.8.2022.*

STF Rep. Geral 1038. I. A Constituição Federal não prevê adicional noturno aos militares estaduais ou distritais. II. Mandado de injunção será cabível para que se apliquem, aos militares estaduais, as normas que regulamentam o adicional noturno dos servidores públicos civis, desde que o direito a tal parcela remuneratória esteja expressamente previsto na Constituição Estadual ou na Lei Orgânica do Distrito Federal. *RE 970823, 18.8.2020.*

STF Rep. Geral 1082. As gratificações de natureza "pro labore faciendo" são incorporadas à aposentadoria conforme as normas de regência de cada uma delas, não caracterizando ofensa ao direito à integralidade a incorporação em valor inferior ao da última remuneração recebida em atividade por servidor que se aposentou nos termos do art. 3º da Emenda Constitucional n. 47/2005. *RE 1225330, 20.3.2020.*

STJ Repetitivo 1009. Os pagamentos indevidos aos servidores públicos decorrentes de erro administrativo (operacional ou de cálculo), não embasado em interpretação errônea ou equivocada da lei pela Administração, estão sujeitos à devolução, ressalvadas as hipóteses em que o servidor, diante do caso concreto, comprova sua boa-fé objetiva, sobretudo com demonstração de que não lhe era possível constatar o pagamento indevido. *REsp 1769306, 19.5.2021.*

STJ Repetitivo 1086. Presente a redação original do art. 87, § 2º, da Lei n. 8.112/1990, bem como a dicção do art. 7º da Lei n. 9.527/1997, o servidor federal inativo, sob pena de enriquecimento ilícito da Administração e independentemente de prévio requerimento administrativo, faz jus à conversão em pecúnia de licença-prêmio por ele não fruída durante sua atividade funcional, nem contada em dobro para a aposentadoria, revelando-se prescindível, a tal desiderato, a comprovação de que a licença-prêmio não foi gozada por necessidade do serviço. *REsp 1854662, 22.6.2022.*

JURISPRUDÊNCIA EM TESES

STJ JurisTese 73-1. A questão relativa à indenização por omissão legislativa, decorrente da falta de encaminhamento de lei que garanta aos servidores públicos o direito à revisão geral anual dos seus vencimentos (art. 37, X, da Constituição Federal), tem natureza constitucional, razão pela qual não pode ser apreciada em sede de recurso especial.

STJ JurisTese 73-2. Não compete ao Poder Judiciário equiparar ou reajustar os valores do auxílio-alimentação dos servidores públicos.

STJ JurisTese 73-4. É de 200 horas mensais o divisor adotado como parâmetro para o pagamento de horas extras aos servidores públicos federais, cujo cálculo é obtido dividindo-se as 40 horas semanais (art. 19 da Lei n. 8.112/90) por 6 dias úteis e multiplicando-se o resultado por 30 (total de dias do mês).

STJ JurisTese 73-5. O pagamento do adicional de penosidade (art. 71 da Lei n. 8.112/90) depende de regulamentação do Executivo Federal.

STJ JurisTese 73-9. A lei que cria nova gratificação ao servidor sem promover reestruturação ou reorganização da carreira não tem aptidão para absorver índice de reajuste geral.

STJ JurisTese 73-10. A fixação ou alteração do sistema remuneratório e a supressão de vantagem pecuniária são atos comissivos únicos e de efeitos permanentes, que modificam a situação jurídica do servidor e não se renovam mensalmente.

STJ JurisTese 73-11. A contagem do prazo decadencial para a impetração de mandado de segurança contra ato que fixa ou altera sistema remuneratório ou suprime vantagem pecuniária de servidor público inicia-se com a ciência do ato impugnado.

STJ JurisTese 73-12. Não cabe o pagamento da ajuda de custo prevista no art. 53 da Lei n. 8.112/90 ao servidor público que participou de concurso de remoção.

STJ JurisTese 73-13. É devida ao servidor público aposentado a conversão em pecúnia da licença-prêmio não gozada, ou não contada em dobro para aposentadoria, sob pena de enriquecimento ilícito da administração.

STJ JurisTese 73-14. O prazo prescricional de cinco anos para converter em pecúnia licença-prêmio não gozada ou utilizada como lapso temporal para jubilamento tem início no dia posterior ao ato de registro da aposentadoria pelo Tribunal de Contas.

STJ JurisTese 73-16. O termo inicial da prescrição do direito de pleitear a indenização por férias não gozadas é o ato de aposentadoria do servidor.

STJ JurisTese 76-1. É legítimo o ato da Administração que promove o desconto dos dias não trabalhados pelos servidores públicos participantes de movimento grevista.

STJ JurisTese 79-2. Inexiste direito à incorporação de vantagens decorrentes do exercício de cargo em comissão ou função de confiança na administração pública indireta.

STJ JurisTese 115-12. É indevida a acumulação de proventos de duas aposentadorias, de cargos públicos não acumuláveis na atividade, ainda que uma delas seja proveniente do reingresso no serviço público mediante aprovação em concurso, antes da Emenda Constitucional n. 20/98.

INFORMATIVOS

STJ Servidor público. Valores recebidos. Decisão judicial precária. Reforma posterior. Restituição. Possibilidade. Valores recebidos por servidores públicos por força de decisão judicial precária, posteriormente reformada, devem ser restituídos ao erário. *AREsp 1711065, 2ª T, 5.5.2022. Inf 735.*

STJ Servidor público. Demissão. Anulação administrativa do ato. Reintegração ao cargo. Recebimento das rubricas concernentes ao auxílio-transporte e ao adicional de insalubridade. Exercício ficto. Impossibilidade. O servidor público reintegrado não faz jus ao recebimento das parcelas remuneratórias referentes ao auxílio-transporte e ao adicional de insalubridade pelo período em que esteve indevidamente afastado do cargo público. *REsp 1941987, 1ª T, 10.12.2021. Inf 722.*

STJ Bolsa desempenho. Caráter "propter laborem". Servidores Inativos. Impossibilidade. A bolsa de desempenho instituída pela Lei 9.383/11 do Estado da Paraíba possui natureza "propter laborem" não sendo, portanto, devida aos servidores inativos. *RMS 68357, 2ª T, 22.3.2022. Inf 729.*

QUESTÕES OBJETIVAS

27. (Ieses/TJ/RO/Cartórios/Ingresso/2021) A Administração Pública pode praticar certos atos administrativos, colocando-os em imediata execução, sem autorização de qualquer outro poder, o que caracteriza a chamada autoexecutoriedade dos atos administrativos. Pode fazê-lo quando impõe certas restrições de caráter geral, ou quando se dirige a um indivíduo que cometeu infrações administrativas. Exemplo dessa autoexecutoriedade é a cobrança das multas administrativas impostas àquele que cometeu infração administrativa.

a) A Administração Pública pode praticar certos atos administrativos, colocando-os em imediata execução, sem autorização de qualquer outro poder, o que caracteriza a chamada autoexecutoriedade dos atos administrativos. Pode fazê-lo quando impõe certas restrições de caráter geral, ou quando se dirige a um indivíduo que cometeu infrações administrativas. Exemplo dessa autoexecutoriedade é a cobrança das multas administrativas impostas àquele que cometeu infração administrativa.

b) Acerca do sistema remuneratório dos servidores públicos, a jurisprudência do STF é no sentido de que a Constituição não estabelece um dever específico de que a remuneração dos servidores seja objeto de aumentos anuais, menos ainda em percentual que corresponda, obrigatoriamente, à inflação apurada no período, embora do artigo 37, X, da Constituição decorra o dever de pronunciamento fundamentado a respeito da impossibilidade de reposição da remuneração dos servidores públicos em dado ano, com demonstração técnica embasada em dados fáticos da conjuntura econômica.

c) A Administração Pública não pode simplesmente anular seus próprios atos eivados de vícios que os tornam ilegais se deles se originarem direitos; mas pode revogá-los, por motivo de conveniência ou oportunidade, respeitados os direitos adquiridos, e ressalvada, em certos casos, a apreciação judicial.

d) Compete privativamente ao Presidente da República dispor, mediante decreto, sobre a organização e funcionamento da administração federal, quando não implicar aumento de despesa e ainda que importe na criação ou extinção de órgãos públicos.

28. (Ieses/TJ/RO/Cartórios/Ingresso/2021) Leia atentamente as proposições abaixo e assinale a que se apresentar correta:

a) O membro de Poder, o detentor de mandato eletivo, os Ministros de Estado e os Secretários Estaduais e Municipais serão remunerados exclusivamente por subsídio fixado em parcela única, vedado o acréscimo de qualquer gratificação, adicional, abono, prêmio, verba de representação ou outra espécie remuneratória, obedecido, em qualquer caso, o disposto no art. 37, X e XI. Não se incluem, porém, na vedação, as verbas de natureza indenizatória.

b) As agências reguladoras federais, que são autarquias da União, possuem em seus quadros pessoal cuja relação jurídica com o Poder Público é caracterizada pelo regime de emprego público.

c) As empresas públicas, as sociedades de economia mista e as fundações de direito privado instituídas pelo Poder Público poderão adotar o regime estatutário para os ocupantes dos seus cargos públicos e, também assim as entidades estatais exploradoras de atividades econômicas.

d) No que concerne aos delegados de função ou ofício público, tem-se que a extinção da delegação implica a extinção da serventia, necessariamente.

29. (Consulplan/TJ/MS/Cartórios/Ingresso/2021) Cibele ER, servidora pública efetiva do Ministério da Justiça, ocupando cargo de nível superior, veio a ser convidada para atuar em função de confiança, chefiando determinado setor e recebendo a referida contraprestação financeira. Após um período, recebe convite para trabalhar no Ministério da Defesa, ocupando outra função de confiança. Nos termos da Constituição Federal, pode-se afirmar que:

a) A incorporação à remuneração dos valores decorrentes da função de confiança não ocorrerá.

b) Haverá incorporação de metade do valor da função de confiança na remuneração do servidor.

c) Haverá incorporação da totalidade do valor da função de confiança na remuneração do servidor.

d) A incorporação à remuneração dos valores decorrentes da função de confiança está limitada ao teto.

30. (Consulplan/TJ/MG/Cartórios/Ingresso/2019) A respeito do tratamento constitucional conferido aos servidores públicos, é correto afirmar que:

a) O direito de greve será exercido nos termos e nos limites definidos em lei complementar.

b) É vedada a vinculação ou equiparação de quaisquer espécies remuneratórias para o efeito de remuneração de pessoal do serviço público.

c) A proibição de acumulação de cargos públicos está adstrita à administração direta, uma vez que as empresas públicas e as sociedades de economia mista têm suas relações contratuais reguladas pelo direito privado.

d) Os atos de improbidade administrativa importarão a perda dos direitos políticos e da função pública, a indisponibilidade dos bens e o ressarcimento ao erário, na forma e gradação previstas em lei, sem prejuízo da ação penal cabível.

31. (Consulplan/TJ/MG/Cartórios/Remoção/2019) A Administração Pública está regulamentada no texto constitucional, que estabelece como princípios elementares a legalidade, a impessoalidade, a moralidade, a publicidade e a eficiência. De acordo com os princípios que regem a Administração Pública e com o texto da Constituição, assinale a alternativa correta.

a) As funções de confiança e os cargos em comissão se destinam às atribuições de direção, chefia, assessoramento e consultoria.

b) A lei estabelecerá a precedência dos servidores relacionados à administração fazendária e à educação, dentro de suas áreas de competência, sobre os demais.

c) A Constituição não estabelece critério de convocação para candidatos aprovados, durante o prazo de vigência do concurso, sendo esta matéria reservada à legislação ordinária.

d) Sempre na mesma data e sem distinção de índices, a remuneração dos servidores públicos e o subsídio de que trata o § 4º do art. 39, serão anualmente revisados e podem ser alterados por lei específica.

32. (Vunesp/TJ/RS/Cartórios/Remoção/2019) Suponha que determinado servidor ocupe um cargo de juiz de direito e um cargo de professor universitário. Embora haja a compatibilidade de horários para a prestação dos serviços, a carga horária relativa a cada cargo é de 40 horas semanais e as remunerações, quando cumuladas, ultrapassam o subsídio dos Ministros do Supremo Tribunal Federal (STF). Com base na jurisprudência do STF e na Constituição Federal, assinale a alternativa correta.

a) A cumulação de cargos e de remunerações é válida, pois o teto constitucional deve ser avaliado em relação a cada vínculo e a Constituição não fixa carga horária limite para os casos de cumulação.

b) Embora cumulação de cargos seja possível, dada a compatibilidade de horários, o teto de remuneração deverá ser aplicado considerando a soma das remunerações.

c) A cumulação dos cargos não será possível, pois é necessário que as cargas horárias semanais, quando somadas, não ultrapassem 60 (sessenta) horas.

d) A Constituição Federal não admite a cumulação do cargo de juiz com outra função pública, devendo a atividade ser prestada em regime de exclusividade.

e) O teto constitucional não deverá ser aplicado caso o vínculo relativo ao cargo de professor seja celetista.

33. (UFPR/TJ/PR/Cartórios/Remoção/2019) As entidades federativas brasileiras são competentes, segundo a Constituição da República, para a instituição de regime jurídico para os seus servidores. Sobre o assunto, assinale a alternativa correta.

a) Tal regime, que deve ser único segundo a Constituição, abrange toda a Administração Pública direta e indireta.

b) É proibido constitucionalmente a observação das peculiaridades dos cargos para fins remuneratórios.

c) Em que pese ausência de previsão constitucional, a legislação brasileira prevê a participação em cursos como sendo um dos requisitos para a promoção na carreira.

d) É vedado constitucionalmente o estabelecimento por lei de requisitos diferenciados de admissão de servidores.

e) Os ministros de Estado, os secretários estaduais e os municipais devem ser remunerados mediante uma modalidade específica denominada subsídio, vedado o acréscimo de qualquer gratificação.

34. (Cespe/TJ/DFT/Cartórios/Ingresso/2019) Servidor público federal em período de licença para tratar de interesse particular requereu a acumulação do seu cargo público com uma função pública de titularidade de serventia extrajudicial. Com base no entendimento do STF, é correto afirmar que, nessa situação hipotética:

a) é viável a acumulação, desde que haja compatibilidade de horário.

b) é viável a acumulação, pois o servidor a requereu enquanto estava licenciado.

c) é viável a acumulação, pois a vedação constitucional a acumulação se aplica somente a cargos e empregos públicos.

d) não é viável a acumulação, porque a referida licença é remunerada.

e) não é viável a acumulação, porque a vedação constitucional à acumulação se aplica a cargos, funções e empregos públicos.

2. ATOS ADMINISTRATIVOS

2.1. *Atributos/Elementos*

QUESTÕES OBJETIVAS

35. (Ieses/TJ/TO/Cartórios/Ingresso/2022) Assinale a alternativa correta:

a) De acordo com a teoria dos motivos determinantes, a validade do ato administrativo está vinculada à existência e à veracidade dos motivos apontados como fundamentos para a sua adoção, a sujeitar o ente público aos seus termos.

b) Em face do princípio da autotutela, deve a Administração Pública anular os atos administrativos reputados inconvenientes ou inoportunos, a fim de preservar o erário público e prestigiar a aplicação dos princípios da eficiência e economicidade.

c) Na esfera da Administração Pública, os costumes "praeter legem" têm o poder de afastar a aplicação do princípio da legalidade, sendo admitida sua incidência nas modernas ações ditas estruturais, nas quais sobrelevam os interesses comum e coletivo.

d) Atualmente, com o advento das alterações havidas na lei de improbidade administrativa no ano de 2021, tem-se decidido que o princípio da moralidade administrativa sofreu modificações, aproximando-se daquilo que se entende por moral praticada pelo homem médio, comum, moral essa baseada na experiência quotidiana do próprio administrador público.

36. (UFPR/TJ/PR/Cartórios/Ingresso/2019) A doutrina brasileira considera de grande importância o tema dos elementos e requisitos de validade dos atos administrativos. Sobre o assunto, assinale a alternativa correta.

a) Os elementos dos atos administrativos estão previstos na chamada Lei de Improbidade Administrativa.

b) O elemento sujeito refere-se ao reconhecimento de competência para a prática do ato administrativo.

c) O objeto refere-se ao motivo ou causa do ato administrativo.

d) Segundo a legislação brasileira, a finalidade não é um elemento dos atos administrativos, apesar de seu reconhecimento doutrinário.

e) Forma é o modo de exteriorização dos atos administrativos que decorre de decisões discricionárias do administrador vinculadas ao princípio da constitucionalidade.

37. (Ieses/TJ/SC/Cartórios/Remoção/2019) A realização de atos concretos pela Administração Pública para o cumprimento de suas determinações, encerra a seguinte característica ou atributo do ato administrativo:

a) autoexecutoriedade.

b) imperatividade.

c) presunção de legitimidade.

d) tipicidade ou legalidade.

38. (Vunesp/TJ/AL/Cartórios/Ingresso/2019) Em relação aos atos administrativos, assinale a alternativa correta.

a) Mesmo que o ato administrativo seja anulado, por vicio de ilegalidade, subsistem os direitos gerados no período que antecede sua invalidação.

b) A anulação de ato administrativo depende de determinação do Poder Judiciário.
c) A presunção de veracidade, por ser absoluta, não pode ser elidida por outras provas.
d) A presunção do veracidade significa que todo ato editado pela Administração Pública é presumivelmente verdadeiro, seja na forma, seja no conteúdo.

39. (Vunesp/TJ/AL/Cartórios/Ingresso/2019) Considerados os elementos do ato administrativo, a motivação, ou seja, a exposição dos fatos e do direito que serviram de fundamenta para a prática do ato, integra o conceito de:

a) forma.
b) objeto.
c) motivo.
d) finalidade.

40. (Vunesp/TJ/AL/Cartórios/Ingresso/2019) No que tange aos atributos do ato administrativo, assinale a alternativa correta.

a) Em atos praticados por particulares, no exercício da função administrativa, verifica-se o atributo da imperatividade.
b) Quando dotado de autoexecutoriedade não pode o ato administrativo ser objeto de exame pelo Poder Judiciário.
c) A presunção de legitimidade não está presente em todos as atos administrativos.
d) A imperatividade nem sempre é atributo do ato administrativo.

41. (Consulplan/TJ/MG/Cartórios/Remoção/2018) Sobre o ato administrativo assinale a afirmativa incorreta:

a) a competência é elemento do ato administrativo e advém diretamente da lei, sendo intransferível e improrrogável, salvo a previsão legal de delegação ou avocação.
b) o silêncio continuado da Administração Pública tem um sentido específico interpretativo de indeferimento do pleito do particular, passível de aplicação no que se refere aos atos discricionários do Poder Público.
c) a competência resulta da lei e por ela é delimitada, muito embora a outorga de competência expressa a determinado agente importe deferimento a este último de poderes implícitos a ele dos meios necessários à realização dos fins previstos pela norma, sem que caracterize abuso de poder.
d) no elemento relativo à forma do ato, o silêncio da Administração Pública pode importar uma aceitação tácita, como na hipótese da ausência de aceite ou rejeição expressa de fatura por parte do parceiro público no prazo de 40 (quarenta) dias contado da data de vencimento, nos contratos de parcerias público-privadas.

42. (Consulplan/TJ/MG/Cartórios/Ingresso/2017) As hipóteses a seguir revelam exemplos de ato administrativo perpetrado pela Administração Pública, no exercício do poder de polícia, em que se evidencia o atributo da autoexecutoriedade, exceto:

a) execução de multa aplicada pelo Procon estadual à empresa fornecedora, por ela não adimplida, em razão de infração consumerista.
b) apreensão de alimentos impróprios para o consumo feita pela vigilância sanitária municipal em um estabelecimento comercial que funciona em imóvel locado pelo poder público municipal.
c) demolição de galpão construído para fins comerciais, edificado em área de risco, sujeita a desabamento.
d) interdição de estabelecimento fabril, localizado em distrito industrial, mas instalado sem o devido licenciamento.

2.2. Controle

SÚMULAS

STF Súm. Vinculante 3. Nos processos perante o Tribunal de Contas da União asseguram-se o contraditório e a ampla defesa quando da decisão puder resultar anulação ou revogação de ato administrativo que beneficie o interessado, excetuada a apreciação da legalidade do ato de concessão inicial de aposentadoria, reforma e pensão.

STF Súm. 346. A Administração Pública pode declarar a nulidade dos seus próprios atos.

STF Súm. 473. A administração pode anular seus próprios atos, quando eivados de vícios que os tornam ilegais, porque deles não se originam direitos; ou revogá-los, por motivo de conveniência ou oportunidade, respeitados os direitos adquiridos, e ressalvada, em todos os casos, a apreciação judicial.

QUESTÕES OBJETIVAS

43. (Ieses/TJ/TO/Cartórios/Ingresso/2022) Assinale a alternativa correta:

a) Caducidade é uma das formas de extinção do ato administrativo, e ocorre quando se verifica o surgimento de um ato superveniente incompatível com o anterior.
b) A alienação de um bem público para atendimento de despesas destinadas à saúde emergencial da população, caracteriza-se como ato de império.
c) No direito brasileiro, em face de construção jurisprudencial, admite-se pacificamente que o chamado "silêncio administrativo" seja interpretado como deferimento do pedido de expedição de licença ambiental, desde que o pedido tenha sido protocolado adequadamente.
d) O ato concessivo de aposentadoria de servidor público classifica-se como ato administrativo composto.

44. (Ieses/TJ/TO/Cartórios/Remoção/2022) O direito da Administração de anular os atos administrativos de que decorram efeitos favoráveis para os destinatários decai em:

a) 3 (três) anos, contados da data em que foram praticados, salvo comprovada má-fé.
b) 1 (um) ano, contado da data em que foram praticados, salvo comprovada má-fé.
c) 10 (dez) anos, contados da data em que foram praticados, salvo comprovada má-fé.
d) 5 (cinco) anos, contados da data em que foram praticados, salvo comprovada má-fé.

45. (Ieses/TJ/RO/Cartórios/Remoção/2021) O direito da Administração de anular os atos administrativos de que decorram efeitos favoráveis para os destinatários, salvo comprovada má-fé, contados da data em que foram praticados, decai em:

a) 3 (três) anos.
b) 5 (cinco) anos.
c) 1 (um) ano.
d) 10 (dez) anos.

46. (Ieses/TJ/SC/Cartórios/Ingresso/2019) No ato administrativo a teoria dos motivos determinantes significa:

a) A busca da realização do interesse público primário.
b) A conformidade da exteriorização da vontade do administrador aos termos previstos em lei.
c) A vinculação da validade do ato administrativo à situação de fato externada pelo administrador público como fundamento da emanação de vontade à prática do ato administrativo.

d) A atribuição legislativa concernente à competência para a prática do ato administrativo.

47. (UFPR/TJ/PR/Cartórios/Ingresso/2019) "A juridicidade do conceito de interesse público faz com que a Administração, ao identificar no mundo dos fatos uma situação como de interesse público, esteja a aplicar um conceito jurídico, ainda que indeterminado. Isso permite o posterior controle judicial, uma vez que, por se tratar de um conceito jurídico, é possível a apreciação da legitimidade jurídica do ato que considerou um interesse como público" (HACHEM, 2011). Com base no exposto, assinale a alternativa correta.

a) O interesse público, no Brasil, é estabelecido por uma decisão não da Administração Pública, mas sim do Poder Judiciário.
b) O posterior controle judicial dos atos administrativos não retira da Administração Pública a sua responsabilidade pela decisão a respeito do significado do interesse público no caso concreto.
c) O interesse público não é um conceito jurídico propriamente dito e sim um conceito inerente ao mundo dos fatos.
d) O Poder Judiciário, no Brasil, somente pode fazer o controle dos atos administrativos que se utilizem de conceitos jurídicos indeterminados.
e) A legitimidade do ato que considerou uma situação de interesse público é passível de apreciação judicial, tratando-se ou não de um conceito jurídico, pois a indeterminação do mérito dos atos administrativos também é controlável judicialmente, mesmo em relação a situações exclusivamente fáticas.

48. (Ieses/TJ/SC/Cartórios/Remoção/2019) A Súmula 346 do Supremo Tribunal Federal ao estabelecer que "A Administração Pública pode declarar a nulidade dos seus próprios atos", trata:

a) do controle jurisdicional da administração pública.
b) do controle judicial da administração pública.
c) do controle administrativo da administração pública.
d) do controle legislativo da administração pública.

49. (Cespe/TJ/DFT/Cartórios/Remoção/2019) Após fiscalização da execução de contrato de concessão de serviço público, a administração pública constatou que o serviço estava sendo prestado de forma inadequada. Ato contínuo, a administração extinguiu o contrato, por meio de portaria do poder cedente, sob o fundamento de caducidade. Considerando-se essa situação hipotética, é correto afirmar que o ato administrativo que declarou a caducidade encontra-se eivado de vício quanto:

a) ao objeto.
b) à forma.
c) ao motivo.
d) à finalidade.
e) à competência.

50. (Ieses/TJ/SC/Cartórios/Remoção/2019) Com relação à convalidação do ato administrativo é correto afirmar:

a) Qualquer ato administrativo é passível de convalidação.
b) Encerra meio de suprimento de vício existente em ato ilegal, passível de saneamento.
c) Os efeitos da convalidação não retroagem.
d) Envolve a retirada de um ato administrativo por razões de conveniência e oportunidade.

51. (Cespe/TJ/DFT/Cartórios/Ingresso/2019) Indivíduo que possui licença para dirigir veículo automotor foi acometido por doença que o tornou incapacitado para conduzir o tipo de veículo para o qual era habilitado. Nessa situação hipotética, caberá ao órgão administrativo competente extinguir o ato administrativo concessivo da licença para dirigir por meio de:

a) anulação.
b) revogação.
c) cassação.
d) convalidação.
e) decadência.

52. (Ieses/TJ/CE/Cartórios/Remoção/2018) Conforme dispõe a legislação que regula o processo administrativo, o direito da administração pública de anular os atos administrativos de que decorram efeitos favoráveis para os destinatários decai em:

a) 5 (cinco) anos.
b) 1 (um) ano.
c) 2 (dois) anos.
d) 3 (três) anos.

53. (Vunesp/TJ/SP/Cartórios/Ingresso/2018) Quanto à revogação do ato administrativo, é correto afirmar:

a) ocorre diante de razões de ilegalidade do ato administrativo.
b) encerra a extinção de um ato administrativo válido por razões de conveniência e oportunidade.
c) seus efeitos são retroativos.
d) pode envolver atos administrativos que já produziram todos os seus efeitos.

54. (Cetro/TJ/RJ/Cartórios/Remoção/2017) Não cabe a revogação de ato administrativo pela própria Administração Pública para os casos indicados em uma das alternativas abaixo. Assinale-a:

a) quando o agente subordinado determina embargo da obra, ainda que a competência seja de superior hierárquico; e decreto expropriatório sem a indicação do bem a ser desapropriado.
b) punição sumária de servidor público, sem que se tenha instaurado o regular processo disciplinar; e deferimento de férias de funcionário quando este já as gozou.
c) deferimento de férias de funcionário quando este já as gozou; e adjudicação na licitação após celebrado o respectivo contrato.
d) decreto expropriatório sem a indicação do bem a ser desapropriado; e punição sumária de servidor público, sem que se tenha instaurado o regular processo disciplinar.
e) licença para construção, a qualquer tempo, não importando se a obra foi iniciada ou não; e deferimento de férias de funcionário quando este já as gozou.

55. (Consulplan/TJ/MG/Cartórios/Remoção/2017) Em se tratando de ato administrativo, é correto afirmar que:

a) todo ato administrativo eficaz possui exequibilidade.
b) a ausência de motivação do ato administrativo configura vício insanável, uma vez que atinge o elemento motivo, indispensável às ações da administração pública.
c) são atributos de todos os atos administrativos a imperatividade e a presunção de legitimidade.
d) a aprovação e a homologação são atos de controle do ato administrativo; a primeira se realiza "a priori" ou "a posteriori" do ato administrativo e segunda, sempre "a posteriori" do ato administrativo.

2.3. Espécies

QUESTÕES DISCURSIVAS

4. (Cetro/TJ/RJ/Cartórios/Ingresso/2017) Marcos assinou instrumento particular de compromisso de venda e compra para aquisição de um lote localizado no Município. Posteriormente, para sua surpresa, verificou que o respectivo loteamento não se encontra licenciado perante a Prefeitura tampouco possui registro imobiliário. A Prefeitura Municipal, ao tomar conhecimento da existência das obras de execução do mencionado loteamento, embargou referidas obras, multou o respectivo loteador e o notificou para que regularize seu loteamento. No entanto, o loteador quedou-se inerte e não cumpriu a notificação. Uma vez que o loteador desatendeu a notificação para regularização de seu loteamento, qual medida deve ser adotada pela Prefeitura na defesa dos direitos dos adquirentes dos lotes, tal como Marcos? Justifique. Tal medida pode ser classificada como ato administrativo vinculado ou discricionário? Explique a diferença da classificação.

QUESTÕES OBJETIVAS

56. (Ieses/TJ/TO/Cartórios/Ingresso/2022) Assinale a alternativa correta:

a) No Direito Administrativo Brasileiro, a licença de construir, apesar de ser ato vinculado com caráter de definitividade, submete-se à: a) revogação pura e simples, garantindo-se ao prejudicado o direito à indenização pelos prejuízos eventualmente causados, enquanto não iniciada a obra; b) cassação caso deixem de ser atendidas as condições legais exigidas para sua manutenção e c) anulação diante de ilegalidade na sua edição.
b) Conforme disposto no Regimento Interno do TJTO, nos processos disciplinares relativos a Magistrados que resultem em advertência, censura, remoção compulsória, disponibilidade, aposentadoria compulsória e demissão, além do que estabelecem a Constituição Federal, a Lei Orgânica da Magistratura Nacional, o Código de Organização Judiciária e os Atos Normativos do Conselho Nacional de Justiça, atender-se-ão as seguintes normas: caberá ao Tribunal, por meio do Pleno, o processo e julgamento dessas matérias; qualquer punição ali prevista somente será aplicada se fundada em decisão de maioria qualificada de 2/3 dos membros do Tribunal; o processo tramitará em sigilo, garantindo-se ao Magistrado o direito ao contraditório e à ampla defesa.
c) Das decisões do Conselho da Magistratura (TJTO), caberá recurso voluntário ao Tribunal Pleno (TJTO), no prazo de trinta dias, contados da intimação, quando aplicada a pena de perda de delegação contra titular de serventia extrajudicial.
d) A concessão de serviço público se formaliza mediante contrato de adesão. Já a permissão, porém, por se tratar de ato administrativo unilateral, sempre vinculado e definitivo, dispensa a forma contratual.

57. (Consulplan/TJ/MG/Cartórios/Remoção/2019) Os atos administrativos são meios do exercício da atividade administrativa, os quais se prestam à consecução de seus fins, nos moldes em lei contemplados, requerendo para sua existência e validade: competência, finalidade, forma, motivo e objeto. Assinale a alternativa correta em relação às espécies de atos administrativos.

a) Prestam-se as instruções normativas para viabilizar/normatizar a execução de Leis, Decretos e Regulamentos, sendo sua expedição de competência dos Ministros de Estado.
b) A Dispensa é ato administrativo pelo qual o particular é eximido da prática de determinada imposição legal, pelo que não prescinde do atendimento de requisitos objetivos, afastando a discricionariedade.
c) O Chefe do Executivo pode expedir Decretos e Resoluções, pelos quais se explicitam comandos constantes na legislação, sendo-lhe equivalente na força normativa, sob a modalidade geral ou regulamentar.
d) Ao conceder autorização, o Poder Público pratica ato administrativo que viabiliza determinada atividade, uso de bem ou serviço, dentre outras consecuções, que se atrelam à evidência da subsunção fática aos termos da lei que o regulem, de onde se extrai seu caráter vinculado.

58. (Vunesp/TJ/RS/Cartórios/Remoção/2019) O ato que decorre da manifestação de vontade de um órgão, mas depende da verificação por parte de outro, para se tornar exequível, é classificado como ato:

a) complexo.
b) composto.
c) válido.
d) perfeito.
e) de império.

59. (Vunesp/TJ/RS/Cartórios/Ingresso/2019) O ato que, visando restabelecer o equilíbrio contratual, é praticado quando ocorridos fatos supervenientes e imprevisíveis ou previsíveis, mas de consequências incalculáveis, denomina-se:

a) revisão.
b) repactuação.
c) atualização financeira.
d) apostila contratual.
e) reajuste.

60. (UFPR/TJ/PR/Cartórios/Remoção/2019) Os atos administrativos costumam ser classificados segundo sua formação de vontade e produção de efeitos jurídicos, bem como podem ser de diferentes espécies. Sobre o assunto, assinale a alternativa correta.

a) Atos complexos implicam duas vontades que se fundem em um único ato.
b) Atos compostos são aqueles que exigem a presença de pelo menos três partícipes.
c) Atos negociais são aqueles realizados segundo o regime jurídico de direito privado.
d) Atos enunciativos são atos administrativos que criam ou modificam direitos.
e) Atos pendentes diferenciam-se dos consumados, pois ao contrário destes não completaram seu ciclo de formação com condição de produzir quaisquer efeitos.

61. (Consulplan/TJ/MG/Cartórios/Ingresso/2017) O ato administrativo que, ao apreciar requerimento de particular para porte de arma, o defere é:

a) licença.
b) permissão.
c) autorização.
d) alvará.

2.4. Prescrição/Decadência

SÚMULAS

STF Súm. 383. A prescrição em favor da Fazenda Pública recomeça a correr, por dois anos e meio, a partir do ato interruptivo, mas não fica reduzida aquém de cinco anos, embora o titular do direito a interrompa durante a primeira metade do prazo.

STF Súm. 443. A prescrição das prestações anteriores ao período previsto em lei não ocorre, quando não tiver sido negado, antes daquele prazo, o próprio direito reclamado, ou a situação jurídica de que ele resulta.

STJ Súm. 85. Nas relações jurídicas de trato sucessivo em que a Fazenda Pública figure como devedora, quando não tiver sido negado o próprio direito reclamado, a prescrição atinge apenas as prestações vencidas antes do quinquênio anterior à propositura da ação.

STJ Súm. 467. Prescreve em cinco anos, contados do término do processo administrativo, a pretensão da Administração Pública de promover a execução da multa por infração ambiental.

STJ Súm. 633. A Lei n. 9.784/1999, especialmente no que diz respeito ao prazo decadencial para a revisão de atos administrativos no âmbito da Administração Pública federal, pode ser aplicada, de forma subsidiária, aos estados e municípios, se inexistente norma local e específica que regule a matéria.

STJ Súm. 634. Ao particular aplica-se o mesmo regime prescricional previsto na Lei de Improbidade Administrativa para o agente público.

REPERCUSSÃO & REPETITIVOS

STF Rep. Geral 899. É prescritível a pretensão de ressarcimento ao erário fundada em decisão de Tribunal de Contas. *RE 636886, 20.4.2020.*

STJ Repetitivo 1017. O ato administrativo de aposentadoria de servidor público não configura, por si só, para fins do art. 1º do Decreto 20.910/1932 e da Súmula 85/STJ, expressa negativa do direito ao reconhecimento e ao cômputo de verbas não concedidas enquanto ele estava em atividade, salvo quando houver, no mesmo ato, inequívoco indeferimento pela Administração, situação essa que culminará na prescrição do fundo de direito se decorrido o prazo prescricional. *REsp 1783975, 1.7.2021.*

JURISPRUDÊNCIA EM TESES

STJ JurisTese 82-2. O prazo prescricional para as ações administrativas punitivas desenvolvidas por Estados e Municípios, quando não existir legislação local específica, é quinquenal, conforme previsto no art. 1º do Decreto n. 20.910/32, sendo inaplicáveis as disposições contidas na Lei n. 9.873/99, cuja incidência limita-se à Administração Pública Federal Direta e Indireta.

INFORMATIVOS

STJ Ato administrativo. Revisão. Prazo decadencial quinquenal previsto na Lei 9.784/99. Termo "a quo". Ato não submetido a controle de legalidade de Tribunal de Contas. Data da edição do ato pela Administração. Nas hipóteses em que não haja exercício do controle de legalidade por Tribunal de Contas, o prazo decadencial quinquenal previsto no art. 54 da Lei 9.784/99 transcorre a partir da edição do ato pela Administração. *AgInt no AREsp 1761417, 1ª T, 23.6.2022. Inf 750.*

STJ Sociedade de economia mista prestadora de serviços públicos essenciais, sem finalidade lucrativa e natureza concorrencial. Prescrição quinquenal. Dec. 20.910/32. Aplicabilidade. Aplica-se a prescrição quinquenal do Dec. 20.910/32 às empresas estatais prestadoras de serviços públicos essenciais, não dedicadas à exploração de atividade econômica com finalidade lucrativa e natureza concorrencial. *REsp 1635716, 1ª T, 11.10.2022. Inf 753.*

QUESTÕES DISCURSIVAS

5. (Consulplan/TJ/MG/Cartórios/Remoção/2018) Um servidor público estadual aposentou-se em 05.12.1999 com a incorporação de uma gratificação de desempenho. O ato inicial de aposentadoria foi enviado à Corte de Contas em 04.11.2003, tendo sido apreciado em 30.05.2006, data em que foi proferido julgamento pela rejeição da aposentadoria, determinando o decote da gratificação que teria sido indevidamente incorporada aos proventos. Foi interposto mandado de segurança, aduzindo: (i) Entre o ato inicial de aposentadoria, perpassando pelo ingresso do processo administrativo no TCE e o indeferimento do registro do benefício, transcorreu período de tempo superior a cinco anos, tendo a Administração Pública decaído de seu poder de rever a aposentadoria; (ii) O TCE violou o direito do impetrante de ver assegurada a observância do princípio do devido processo legal e do contraditório, considerando não ter sido o impetrante intimado para se manifestar nos autos do processo administrativo, ainda mais que no caso houve redução de seus proventos. Estão corretas as teses i e ii, considerando a jurisprudência firmada pelo Supremo Tribunal Federal sobre os temas?

6. (Consulplan/TJ/MG/Cartórios/Ingresso/2015) Em recente julgado, o Supremo Tribunal Federal entendeu que: "é prescritível a ação de reparação de danos à Fazenda Pública decorrente de ilícito civil". Como fundamento, distinguiu-se o ilícito civil dos demais danos decorrentes de infrações ao direito público. Assim sendo, em comparação com os danos provocados por atos de improbidade, como fica a sistemática de reparação ao Erário no ordenamento jurídico pátrio?

QUESTÕES OBJETIVAS

62. (Ieses/TJ/RO/Cartórios/Remoção/2017) O direito da Administração de anular os atos administrativos de que decorram efeitos favoráveis para os destinatários decai em (___), contados da data em que foram praticados, salvo comprovada má-fé:

a) 3 (três) anos.
b) 5 (cinco) anos.
c) 1 (um) ano.
d) 2 (dois) anos.

3. BENS PÚBLICOS

SÚMULAS

STF Súm. 340. Desde a vigência do Código Civil, os bens dominicais, como os demais bens públicos, não podem ser adquiridos por usucapião.

STF Súm. 477. As concessões de terras devolutas situadas na faixa de fronteira, feitas pelos Estados, autorizam, apenas, o uso, permanecendo o domínio com a União, ainda que se mantenha inerte ou tolerante, em relação aos possuidores.

STF Súm. 479. As margens dos rios navegáveis são domínio público, insuscetíveis de expropriação e, por isso mesmo, excluídas de indenização.

STF Súm. 480. Pertencem ao domínio e administração da União, nos termos dos artigos 4º, IV, e 186, da Constituição Federal de 1967, as terras ocupadas por silvícolas.

STF Súm. 650. Os incisos I e XI do art. 20 da Constituição Federal não alcançam terras de aldeamentos extintos, ainda que ocupadas por indígenas em passado remoto.

STJ Súm. 103. Incluem-se entre os imóveis funcionais que podem ser vendidos os administrados pelas Forças Armadas e ocupados pelos servidores civis.

STJ Súm. 238. A avaliação da indenização devida ao proprietário do solo, em razão de alvará de pesquisa mineral, é processada no juízo estadual da situação do imóvel.

STJ Súm. 619. A ocupação indevida de bem público configura mera detenção, de natureza precária, insuscetível de retenção ou indenização por acessões e benfeitorias.

STJ Súm. 637. O ente público detém legitimidade e interesse para intervir, incidentalmente, na ação possessória entre particulares, podendo deduzir qualquer matéria defensiva, inclusive, se for o caso, o domínio.

REPERCUSSÃO & REPETITIVOS

STJ IAC 8. É indevida a cobrança promovida por concessionária de rodovia, em face de autarquia prestadora de serviços de saneamento básico, pelo uso da faixa de domínio da via pública concedida. *REsp 1817302, 8.6.2022.*

JURISPRUDÊNCIA EM TESES

STJ JurisTese 124-1. Os bens integrantes do acervo patrimonial de sociedades de economia mista sujeitos a uma destinação pública equiparam-se a bens públicos, sendo, portanto, insuscetíveis de serem adquiridos por meio de usucapião.

STJ JurisTese 124-2. Os imóveis administrados pela Companhia Imobiliária de Brasília - Terracap são públicos e, portanto, insuscetíveis de aquisição por meio de usucapião.

STJ JurisTese 124-3. O imóvel vinculado ao Sistema Financeiro de Habitação – SFH, porque afetado à prestação de serviço público, deve ser tratado como bem público, não podendo, pois, ser objeto de usucapião.

STJ JurisTese 124-4. É possível reconhecer a usucapião do domínio útil de bem público sobre o qual tinha sido, anteriormente, instituída enfiteuse, pois, nessa circunstância, existe apenas a substituição do enfiteuta pelo usucapiente, não havendo qualquer prejuízo ao Estado.

STJ JurisTese 124-5. É incabível a modificação unilateral pela União do valor do domínio pleno de imóvel aforado, incidindo somente a correção monetária na atualização anual do pagamento do foro na enfiteuse de seus bens (art. 101 do Decreto-Lei n. 9.760/1946).

STJ JurisTese 124-7. Terras em faixas de fronteira e aquelas sem registro imobiliário não são, por si só, terras devolutas, cabendo ao ente federativo comprovar a titularidade desses terrenos.

STJ JurisTese 124-8. O descumprimento de encargo estabelecido em lei que determinara a doação de bem público enseja, por si só, a sua desconstituição.

STJ JurisTese 124-10. Construção ou atividade irregular em bem de uso comum do povo revela dano presumido à coletividade, dispensada prova de prejuízo em concreto.

INFORMATIVOS

STJ Terreno de marinha. Laudêmio. Fato gerador. Registro do imóvel em cartório. Efetiva transmissão de domínio útil. Art. 1.227 do CC. O fato gerador do laudêmio é o registro do imóvel em cartório de registro de imóveis, que é o momento em que ocorre a transferência do domínio útil do aludido direito real. *REsp 1833609, 1ª T, 11.11.2022. Inf 757.*

QUESTÕES DISCURSIVAS

7. (Vunesp/TJ/RS/Cartórios/2019) Considere o seguinte caso hipotético: sem expor as razões de fato e de direito que fundamentaram sua decisão, o Prefeito de um Município invalidou, em julho de 2019, ato produzido em fevereiro de 2017 pelo Secretário Municipal de Saúde, que autorizou o uso privativo de um bem imóvel municipal em favor de uma associação civil sem fins lucrativos, pelo prazo de dez anos, sem realização de chamamento público e sem finalidade específica para o uso. No imóvel em questão, administrado pela Secretaria Municipal de Saúde desde 2010, funcionava um posto de vacinação e dispensação de medicamento à população. Agora, a associação civil ocupa o imóvel desde março de 2017, ali exercendo suas atividades administrativas. Nesse cenário, à luz da Lei federal no 9.784/99, responda justificadamente: a) Os dois atos administrativos descritos nesse caso hipotético, praticados pelo Prefeito e pelo Secretário Municipal de Saúde, são válidos? Por quê? b) O ato que autorizou o uso privativo de bem público poderia ser retirado do ordenamento jurídico pela própria Administração Pública? De que forma? Quais efeitos seriam produzidos pela retirada? Seria possível revogar esse ato? Caberia convalidação desse ato?

8. (Cespe/TJ/SE/Cartórios/Remoção/2014) Com base em documento falsificado, J. S. adquiriu imóvel foreiro localizado em terreno acrescido de marinha, julgando que comprava bem de particular. No cartório onde foi feito o registro do imóvel, o notário não se deu conta da situação real do imóvel e seguiu normalmente os procedimentos de compra e venda de bens imóveis. Certo da situação regular do bem que pensava ter adquirido, J. S. passou a exercer posse sobre o imóvel. Considerando essa situação hipotética, analise o caso apresentado, abordando, com base no disposto na Constituição Federal, na legislação pertinente e na jurisprudência do STF, os seguintes aspectos: (i) responsabilidade civil do Estado em razão da falha na atuação notarial; (ii) regime jurídico/classificação do imóvel segundo a ordem jurídica vigente; (iii) possibilidade de usucapião de bens como o citado no caso concreto.

QUESTÕES OBJETIVAS

63. (Ieses/TJ/RO/Cartórios/Remoção/2021) As avaliações para fins de alienação onerosa dos domínios pleno, útil ou direto de imóveis da União, permitida a contratação da Caixa Econômica Federal ou de empresas públicas, órgãos ou entidades da administração pública direta ou indireta da União, do Distrito Federal, dos Estados ou dos Municípios cuja atividade-fim seja o desenvolvimento urbano ou imobiliário, com dispensa de licitação, ou de empresa privada, por meio de licitação, serão realizadas:

a) Pela Secretaria de Coordenação e Governança do Patrimônio da União; ou pelo órgão ou entidade pública gestora responsável pelo imóvel.
b) Somente pelo órgão ou entidade pública gestora responsável pelo imóvel.
c) Exclusivamente pela Secretaria de Coordenação e Governança do Patrimônio da União.
d) Conjuntamente pela Secretaria de Coordenação e Governança do Patrimônio da União e pelo órgão ou entidade pública gestora responsável pelo imóvel.

64. (Consulplan/TJ/MS/Cartórios/Remoção/2021) A Constituição da República Federativa do Brasil dispõe, dentre outros assuntos, dos bens públicos. São considerados bens da União, exceto:

a) As cavidades naturais subterrâneas e os sítios arqueológicos e pré-históricos.
b) A faixa de até 150 (cento e cinquenta) quilômetros de largura, ao longo das fronteiras terrestres, designada como faixa de fronteira.
c) As terras devolutas indispensáveis à defesa das fronteiras, das fortificações e construções militares, das vias federais de comunicação e à preservação ambiental, definidas em Lei.
d) Os lagos, rios e quaisquer correntes de água em terrenos de seu domínio, ou que banhem mais de um Estado, sirvam de limites com outros países, ou se estendam a território estrangeiro ou dele provenham, bem como os terrenos marginais e as praias fluviais.

65. (FGV/TJ/SC/Cartórios/Ingresso/2021) José ofereceu a João, por um bom preço, um terreno inserido na faixa de 33 metros, medidos a partir da linha da preamar-média de 1831, em direção à terra, em área banhada por águas sujeita à influência das marés. Precavido, João compareceu ao Registro de Imóveis da circunscrição e constatou que o terreno, em sua integralidade, possuía matrícula, e José figurava como seu proprietário. Caso João adquira o imóvel e promova o registro da respectiva escritura de compra e venda, a sua propriedade:

a) será oponível a todos, pessoas naturais ou jurídicas, públicas ou privadas, o que decorre do princípio da continuidade do registro.
b) será oponível a todos, pessoas naturais ou jurídicas, públicas ou privadas, salvo se constar, na matrícula do imóvel, averbação de que se trata de terreno de marinha.
c) será oponível a todos, pessoas naturais ou jurídicas, públicas ou privadas, até que a sua nulidade seja reconhecida pelo Poder Judiciário em sentença transitada em julgado.
d) não será oponível à União, considerando tratar-se de bem público, bem como pelo fato de o registro de imóveis indicar mera presunção relativa de propriedade do particular.
e) não será oponível ao Estado, considerando tratar-se de terra devoluta, bem como pelo fato de o registro de imóveis indicar mera presunção relativa de propriedade do particular.

66. (FGV/TJ/SC/Cartórios/Remoção/2021) Maria recebeu a cobrança de uma taxa de ocupação devida à União com base na alegação de que sua casa fora construída em um terreno de marinha, o que era faticamente verdadeiro, já que demonstrado em procedimento próprio. Em razão do ocorrido, solicitou certidão de inteiro teor do Registro de Imóveis, no qual figurava como proprietária do imóvel e se constatava inexistir qualquer averbação que vinculasse o imóvel à União. Com base nessa certidão, formulou requerimento administrativo de anulação da referida cobrança. À luz dessa narrativa, o requerimento administrativo de Maria deve ser:

a) indeferido, pois o terreno de marinha se sobrepõe à praia, com ela se identificando; logo, trata-se de bem de uso comum do povo.
b) indeferido, pois o terreno de marinha referido na narrativa consubstancia bem dominial da União, não lhe sendo oponível o registro de imóvel.
c) indeferido, desde que a União tenha ingressado com ação judicial para a anulação do registro de imóveis e obtido provimento cautelar para suspender a sua eficácia.
d) deferido, já que o registro de imóveis faz prova absoluta da propriedade, sendo oponível à União enquanto não determinado o seu cancelamento por decisão judicial.
e) deferido, pois, apesar de o registro de imóveis fazer prova relativa da propriedade, prepondera a sua presunção de veracidade enquanto não for anulado por decisão judicial.

67. (FGV/TJ/SC/Cartórios/Remoção/2021) Os bens públicos gozam de determinadas prerrogativas decorrentes do regime jurídico de direito público que lhes é peculiar. Nesse sentido, a doutrina de Direito Administrativo indica algumas garantias, via de regra, de um bem público imóvel, como a:

a) penhorabilidade, segundo a qual o bem público pode ser penhorado em juízo, para garantia de uma execução contra a fazenda pública, por exemplo.
b) onerabilidade, segundo a qual o bem público pode ser objeto de direito real de garantia, como a instituição de penhor, anticrese e hipoteca para garantir débitos do ente estatal.
c) imprescritibilidade, segundo a qual o bem público não pode ser adquirido pela posse mansa e pacífica por determinado período de tempo continuado, exceto se se tratar de bem dominical que se sujeita à prescrição aquisitiva.
d) inalienabilidade, segundo a qual o bem público não pode ser vendido, senão para outros entes federativos, desde que demonstrado o interesse público para ambos os entes envolvidos no negócio, mediante a realização de prévia audiência pública.
e) alienabilidade condicionada, segundo a qual o bem público pode ser alienado, desde que esteja desafetado da destinação pública, haja prévias avaliação, licitação e autorização legislativa, assim como seja demonstrado o interesse público.

68. (Ieses/TJ/RO/Cartórios/Ingresso/2021) Em relação aos terrenos de marinha, assinale a alternativa correta:

a) Os terrenos de Marinha são aqueles medidos da preamar até 50 metros.
b) Os terrenos de Marinha são de propriedade da União, sendo a Marinha a responsável pela sua definição e fiscalização.
c) A definição de um imóvel como sendo terreno de marinha só pode ser questionada por via judicial.
d) Em um terreno de marinha, a taxa de ocupação é o valor devido anualmente pela ocupação regular de imóvel da União.

69. (Vunesp/TJ/GO/Cartórios/Remoção/2021) Sobre a desafetação de bens públicos, assinale a alternativa correta.

a) É imprescindível a lavratura de ato administrativo para formalizar a desafetação de bem público de uso especial.
b) Para caracterizar a desafetação de bem público dominical, é indispensável a análise da forma do fato da administração.
c) A desafetação exige a observância de procedimento formal por parte da Administração.
d) Bens de uso comum do povo podem sofrer desafetação parcial.

70. (Consulplan/TJ/MG/Cartórios/Ingresso/2019) Os bens públicos assumem modalidades diversas, de acordo com a legislação civil, a saber, de uso comum, especial e dominical, cujo uso, observadas as normas de regência própria, não se limita à pessoa jurídica detentora. Acerca dos bens públicos, é correto afirmar que:

a) A permuta de bens públicos requer lei autorizativa, avaliação prévia e licitação, sob pena de nulidade do ato pelo qual se concretize.
b) A desapropriação de bens tombados pode ser realizada somente com a finalidade de manutenção do tombamento, sendo permitida, contudo, a expropriação pela União de bens tombados pelo Estado e Município, independente de cancelamento do tombamento.
c) A doação, como modalidade de alienação dos bens públicos, pode ser realizada, com a necessária precedência de lei autorizativa, quanto a bens desafetados do uso público, com ou sem encargos, sendo que, nesta hipótese, é indispensável a cláusula de reversibilidade.
d) A utilização anormal do bem público não dispensa concessão por ato administrativo, devendo ser observada, de forma antecedente, a preservação da compatibilidade do uso anormal com o fim principal que afete o bem, já que uma vez concedido não poderá ser revogado até que seja exaurido o período estipulado no ato concessivo.

71. (Vunesp/TJ/RS/Cartórios/Remoção/2019) A respeito dos bens públicos, assinale a alternativa correta.

a) As hipóteses de dispensa de licitação para a alienação de bens imóveis estão previstas na Lei nº 8.666/93, devendo o rol ser observado por Estados e Municípios.
b) São características da autorização para o uso privativo de bem público a precariedade, a discricionariedade e a prevalência do interesse do Estado em face do interesse do particular.
c) Os bens dominicais, em regra, podem ser concedidos em garantia pelo Estado, sendo dispensada a autorização legal.
d) O domínio eminente refere-se ao direito de propriedade do Estado, compreendendo os bens das pessoas jurídicas de direito público, submetidos ao regime jurídico especial de Direito Administrativo.
e) Os bens das concessionárias de serviços públicos, que estejam afetados à execução da atividade estatal, são impenhoráveis.

72. (Vunesp/TJ/RS/Cartórios/Ingresso/2019) Suponha que determinado indivíduo, por onze anos, tenha ocupado um terreno de propriedade do Município, construído nele a sua residência e um galpão, em que funciona uma oficina mecânica, local onde exerce a sua profissão de mecânico e retira os recursos necessários a sua subsistência. A Administração, após notar o uso do espaço pelo particular sem seu consentimento, notifica-o, solicitando a desocupação da área. Diante da situação hipotética, assinale a alternativa correta.

a) O particular tem o direito à propriedade do local, dado que o bem é dominical, não estando afetado a uma finalidade pública específica.

b) O particular deve desocupar o espaço, tendo o direito de ser indenizado pelas benfeitorias úteis, necessárias e fundo de comércio.
c) O particular tem o direito real de uso do imóvel, caso o terreno ocupado não seja superior a 1000 m² (mil metros quadrados).
d) O particular tem o direito de permanecer na posse do local, por estar dando ao espaço uma finalidade socialmente útil.
e) O particular não tem o direito de permanecer no imóvel e não possui o direito de ser indenizado pelas benfeitorias existentes no local.

73. (UFPR/TJ/PR/Cartórios/Ingresso/2019) A professora Maria Sylvia Zanella di Pietro afirma que, sob o aspecto do regime jurídico, pode haver apenas duas modalidades de bens públicos (PIETRO, 2018). Levando em consideração a posição da autora, assinale a alternativa correta.
a) Há um erro na classificação do Código Civil, que estabelece a existência de seis modalidades distintas de bens públicos.
b) Os bens de uso comum do povo não são bens públicos, mas sim retratam apenas um domínio público em que o Estado exerce sua soberania sem caráter patrimonial.
c) Os bens dominicais são regidos pelo regime jurídico de direito público, apesar de disposição em contrário do Código Civil.
d) A afetação é a característica comum entre todos os bens públicos classificados segundo o Código Civil.
e) Existem bens de domínio privado do Estado e bens de domínio público do Estado.

74. (Cespe/TJ/DFT/Cartórios/Remoção/2019) Os terrenos de marinha são bens imóveis:
a) privados e estão sujeitos à servidão administrativa referente ao pagamento do foro e do laudêmio.
b) privados sujeitos à enfiteuse e seu domínio útil pertence à União.
c) dominicais da União sujeitos ao regime da anticrese, e seu domínio útil pertence à União.
d) da União sujeitos ao regime da anticrese, sujeitando o foreiro ao pagamento do foro e do laudêmio.
e) da União sujeitos ao regime da enfiteuse e seu domínio útil pertence ao foreiro.

75. (Ieses/TJ/SC/Cartórios/Remoção/2019) O prédio ocupado como sede de uma Câmara Municipal, considerada a destinação dos bens públicos, é:
a) bem predial.
b) bem de uso comum do povo.
c) bem de uso especial.
d) bem dominical.

76. (Vunesp/TJ/AL/Cartórios/Ingresso/2019) Segundo a Constituição Federal incluem-se entre os bens dos Estados:
a) os potenciais de energia hidráulica.
b) as áreas, nas ilhas oceânicas e costeiras, que estiveram no seu domínio, excluídas aquelas sob domínio da União, municípios ou terceiros.
c) os terrenos de marinha e seus acrescidos.
d) todas as terras devolutas.

77. (Vunesp/TJ/SP/Cartórios/Ingresso/2018) Com relação aos bens públicos, assinale a alternativa correta:
a) os móveis das instalações físicas destinadas à prestação do serviço delegado extrajudicial de notas e registro são bens públicos.
b) os bens públicos não comportam a possibilidade de uso privativo por particulares.
c) a inalienabilidade do bem público é absoluta.
d) os bens públicos de uso especial não permitem oneração por meio de hipoteca.

78. (Consulplan/TJ/MG/Cartórios/Remoção/2018) Sobre o processo discriminatório judicial, assinale a afirmativa incorreta:
a) é direcionado contra aqueles que não atenderem ao edital de convocação ou notificação.
b) é promovido quando o processo administrativo for dispensado ou interrompido por absoluta ineficácia.
c) a demarcação da área será procedida, em execução definitiva da sentença, valendo esta, para efeitos de registro, como título de propriedade.
d) é acionado quando ocorrer alteração de divisas, ou transferências de benfeitorias a qualquer título, sem assentimento de algum dos entes federativos.

79. (Consulplan/TJ/MG/Cartórios/Remoção/2017) Com relação aos bens públicos, é correto afirmar que:
a) os bens dominicais, não estando afetados à finalidade pública específica, podem ser alienados por meio de institutos do direito privado (compra e venda, doação, permuta) ou do direito público (investidura, legitimação de posse e retrocessão).
b) a concessão de uso de bem público dispensa licitação.
c) compra, permuta ou doação com encargo de bens imóveis dependerá de interesse público devidamente justificado, prévia avaliação e de licitação na modalidade concorrência.
d) são classificados como bens de uso comum do povo aqueles de utilização pública a exemplo dos imóveis onde se encontram instaladas as repartições públicas da Administração municipal, estadual ou federal e os museus.

80. (Cetro/TJ/RJ/Cartórios/Ingresso/2017) Sobre o laudêmio, marque V para verdadeiro ou F para falso e, em seguida, assinale a alternativa que apresenta a sequência correta.
I. a transferência de domínio útil para integralização de capital social da empresa, em que pese ser ato oneroso, não é alcançado pela cobrança de laudêmio, de acordo com o entendimento jurisprudencial.
II. Na transferência do aforamento, a obrigação pelo recolhimento do laudêmio é do enfiteuta, podendo ser ajustada contratualmente, na relação de direito privado, a transferência do referido encargo.
III. A ausência de recolhimento de laudêmio configura irregularidade formal do contrato, não podendo atingir a essência do ato de compra e venda, dado que pode ser cobrado posteriormente por meio de ação executória própria:
a) V, F, F.
b) V, V, V.
c) V, F, V.
d) F, V, F.
e) F, F, V.

81. (Cetro/TJ/RJ/Cartórios/Remoção/2017) Acerca do instituto da desafetação de bens públicos, assinale a alternativa correta:
a) a desafetação de uma praça pública considerada como em estado de abandono é admitida desde que a alteração para dominial esteja vinculada à construção de edifício vinculado, necessariamente, à atividade governamental.

b) em ocorrendo a desafetação, admissível se faz a abertura de matrícula do imóvel que se torne dominial.
c) a desafetação para efeito de usucapião de escola pública desativada não depende de lei ou ato administrativo.
d) o tempo de posse de ocupante de terra pública exercido após a desafetação não o legitima a transferi-la a terceiro por meio de contrato de locação, dado que se trata de direito personalíssimo.
e) a desafetação, embora ato de mera administração, depende de autorização do Legislativo local para alienação do imóvel.

4. CONTROLE DA ADMINISTRAÇÃO PÚBLICA

4.1. Disposições Gerais

QUESTÕES OBJETIVAS

82. (UFPR/TJ/PR/Cartórios/Ingresso/2019) A Lei nº 13.655/18 alterou dispositivos da Lei de Introdução às Normas do Direito Brasileiro no tocante às regras incidentes sobre segurança jurídica e eficiência na criação e na aplicação do direito público. Essa nova legislação impacta diretamente o controle da Administração Pública. Sobre essa nova redação, assinale a alternativa correta.

a) A decisão administrativa, controladora ou judicial que estabelecer interpretação nova sobre norma de conteúdo indeterminado, impondo dever ou novo condicionamento de direito, deverá prever regime de transição quando indispensável para que o novo dever ou condicionamento seja cumprido adequadamente.
b) A revisão de jurisprudência, nas esferas administrativa, controladora ou judicial não poderá implicar a adoção de nova orientação administrativa geral sem mudança expressa da lei.
c) É vedada a realização de métodos consensuais de composição de conflitos envolvendo entes da Administração direta que não estiverem expressamente previstos na Constituição.
d) A decisão do processo, nas esferas administrativa, controladora ou judicial, poderá impor compensação por benefícios devidos ou indevidos, normais ou anormais, justos ou injustos, resultantes do processo ou conduta dos envolvidos.
e) A nova legislação prevê que os agentes públicos passam a responder direta e pessoalmente por seus atos, civil e administrativamente, em caso de dolo ou culpa grave.

83. (Consulplan/TJ/MG/Cartórios/Ingresso/2018) Considerando o tema relativo à aplicação da teoria do fato consumado perante a Administração Pública, analise as afirmativas a seguir.

I. para a Corte Especial do STJ não pode ser aplicada a teoria para consolidar remoção de servidor público destinada a acompanhamento de cônjuge, em hipótese que não se adequa à legalidade estrita, ainda que tal situação haja perdurado por vários anos em virtude de decisão liminar não confirmada por ocasião do julgamento de mérito.
II. o comportamento das partes pode influenciar na aplicação da teoria, de sorte que se o ato contrário à lei é praticado sem dolo e sem contestação de ninguém, vigorando por anos com aparência de legalidade, o ato deverá ser preservado em homenagem à segurança jurídica.
III. o comportamento das partes pode influenciar na aplicação da teoria, de forma que se o ato praticado é questionado pela Administração Pública, que, desde o início, defende ser irregular não se deve aplicar a teoria do fato consumado, mesmo que tenha transcorrido muitos anos.
IV. a aplicação dessa teoria para confirmar nomeações precárias, concedidas em sede liminar, quando é verificado ao fim do processo que o candidato não tinha o direito à nomeação, prejudica os demais concorrentes ao cargo público que superaram todas as fases, mas não foram nomeados por falta de vagas.

Estão corretas as afirmativas:
a) I, II, III e IV.
b) I e IV, apenas.
c) I, II e III, apenas.
d) II, III e IV, apenas.

84. (Consulplan/TJ/MG/Cartórios/Remoção/2018) Sobre o procedimento administrativo que dispõe sobre a mediação entre particulares como meio de solução de controvérsias e sobre a autocomposição de conflitos no âmbito da administração pública, é incorreto afirmar que:

a) pode ser objeto de mediação o conflito que verse sobre direitos disponíveis ou sobre direitos indisponíveis que admitam transação que deverá ser objeto de homologação pelo conciliador ou mediador indicado pelo Tribunal ou pelas partes.
b) ainda que haja processo arbitral ou judicial em curso, as partes poderão submeter-se à mediação, hipótese em que requererão ao juiz ou árbitro a suspensão do processo por prazo suficiente para a solução consensual do litígio, não cabendo recurso dessa decisão que suspende o processo.
c) as controvérsias jurídicas que envolvam a administração pública federal direta, suas autarquias e fundações poderão ser objeto de transação por adesão e implicará renúncia do interessado ao direito sobre o qual se fundamenta a ação ou o recurso, eventualmente pendentes, no que tange aos pontos compreendidos pelo objeto da resolução administrativa.
d) não havendo previsão contratual completa, deverão ser observados os critérios legais para a realização da primeira reunião de mediação dentre eles o aviso de que o não comparecimento da parte convidada à primeira reunião de mediação acarretará a assunção por parte desta de 50% (cinquenta por cento) das custas e honorários sucumbenciais caso venha a ser vencedora em procedimento arbitral ou judicial posterior, que envolva o escopo da mediação para a qual foi convidada.

85. (Vunesp/TJ/SP/Cartórios/Ingresso/2018) Quanto ao controle da Administração Pública, é correto afirmar:

a) ao Poder Legislativo é vedado o controle sobre atos normativos do Poder Executivo que exorbitem do poder regulamentar ou dos limites de delegação legislativa.
b) o recurso administrativo não integra o controle administrativo da Administração.
c) não há previsão legal de controle administrativo financeiro do Poder Judiciário pelo Poder Legislativo.
d) o mandado de segurança e a ação popular são meios de controle judicial da Administração.

4.2. Lei de Improbidade (Lei 8.429/92)

SÚMULAS

STJ Súm. 634. Ao particular aplica-se o mesmo regime prescricional previsto na Lei de Improbidade Administrativa para o agente público.

STJ Súm. 651. Compete à autoridade administrativa aplicar a servidor público a pena de demissão em razão da prática de improbidade administrativa, independentemente de prévia condenação, por autoridade judiciária, à perda da função pública.

REPERCUSSÃO & REPETITIVOS

STF Rep. Geral 1199. 1) É necessária a comprovação de responsabilidade subjetiva para a tipificação dos atos de improbidade administrativa, exigindo-se – nos artigos 9º, 10 e 11 da LIA – a presença do elemento subjetivo – dolo; 2) A norma benéfica da Lei 14.230/2021 – revogação da modalidade culposa do ato de improbidade administrativa –, é irretroativa, em virtude do artigo 5º, inciso XXXVI, da Constituição Federal, não tendo incidência em relação à eficácia da coisa julgada; nem tampouco durante o processo de execução das penas e seus incidentes; 3) A nova Lei 14.230/2021 aplica-se aos atos de improbidade administrativa culposos praticados na vigência do texto anterior da lei, porém sem condenação transitada em julgado, em virtude da revogação expressa do texto anterior; devendo o juízo competente analisar eventual dolo por parte do agente; 4) O novo regime prescricional previsto na Lei 14.230/2021 é irretroativo, aplicando-se os novos marcos temporais a partir da publicação da lei. *ARE 843989, 25.2.2022.*

STJ **Repetitivo 1055.** É possível a inclusão do valor de eventual multa civil na medida de indisponibilidade de bens decretada em ação de improbidade administrativa, inclusive nas demandas ajuizadas com esteio na prática de conduta prevista no art. 11 da Lei n. 8.429/1992, tipificador da ofensa aos princípios nucleares administrativos. *REsp 1862792, 25.8.2021.*

STJ **Repetitivo 1089.** Na ação civil pública por ato de improbidade administrativa é possível o prosseguimento da demanda para pleitear o ressarcimento do dano ao erário, ainda que sejam declaradas prescritas as demais sanções previstas no art. 12 da Lei n. 8.429/1992. *REsp 1899455, 22.9.2021.*

STJ **Repetitivo 1108.** A contratação de servidores públicos temporários sem concurso público, mas baseada em legislação local, não configura a improbidade administrativa prevista no art. 11 da Lei n. 8.429/1992, por estar ausente o elemento subjetivo (dolo), necessário para a configuração do ato de improbidade violador dos princípios da administração pública. *REsp 1913638, 11.5.2022.*

JURISPRUDÊNCIA EM TESES

1) Agente Público/Político e Equiparados (arts. 2º e 3º)

STJ **JurisTese 38-8.** É inviável a propositura de ação civil de improbidade administrativa exclusivamente contra o particular, sem a concomitante presença de agente público no polo passivo da demanda.

STJ **JurisTese 38-9.** Nas ações de improbidade administrativa, não há litisconsórcio passivo necessário entre o agente público e os terceiros beneficiados com o ato ímprobo.

STJ **JurisTese 49-1.** Os agentes políticos sujeitos a crime de responsabilidade, ressalvados os atos ímprobos cometidos pelo Presidente da República (art. 86 da CF) e pelos Ministros do Supremo Tribunal Federal, não são imunes às sanções por ato de improbidade previstas no art. 37, § 4º, da CF.

STJ **JurisTese 49-2.** Os agentes políticos municipais se submetem aos ditames da Lei de Improbidade Administrativa – LIA, sem prejuízo da responsabilização política e criminal estabelecida no Decreto-Lei n. 201/1967.

STJ **JurisTese 186-5.** É viável o prosseguimento de ação de improbidade administrativa exclusivamente contra particular quando há pretensão de responsabilizar agentes públicos pelos mesmos fatos em outra demanda conexa.

STJ **JurisTese 187-2.** É possível o enquadramento de estagiário no conceito de agente público para fins de responsabilização por ato de improbidade administrativa.

2) Responsabilidade Sucessória (arts. 8º e 8º-A)

STJ **JurisTese 186-7.** Nas ações de improbidade administrativa com base nos arts. 9º e/ou 10 da Lei n. 8.429/1992 (dano ao patrimônio público ou enriquecimento ilícito), somente os sucessores do réu estão legitimados a prosseguir no polo passivo, nos limites da herança, para fins de ressarcimento e pagamento da multa civil.

3) Dos Atos de Improbidade (arts. 9º a 11)

STJ **JurisTese 38-1.** É inadmissível a responsabilidade objetiva na aplicação da Lei 8.429/1992, exigindo-se a presença de dolo nos casos dos arts. 9º e 11 (que coíbem o enriquecimento ilícito e o atentado aos princípios administrativos, respectivamente) e ao menos de culpa nos termos do art. 10, que censura os atos de improbidade por dano ao Erário.

STJ **JurisTese 49-9.** O ato de improbidade administrativa previsto no art. 11 da Lei n. 8.429/92 não requer a demonstração de dano ao erário ou de enriquecimento ilícito, mas exige a demonstração de dolo, o qual, contudo, não necessita ser específico, sendo suficiente o dolo genérico.

STJ **JurisTese 103-10.** A contratação de servidores sem concurso público, quando realizada com base em lei municipal autorizadora, descaracteriza o ato de improbidade administrativa, em razão da ausência de dolo genérico do gestor público.

STJ **JurisTese 186-6.** Não há falar em julgamento "extra petita" nem em violação ao princípio da congruência na hipótese de decisão que enquadra o ato de improbidade administrativa em dispositivo diverso do indicado na inicial, pois a defesa atém-se aos fatos e o juiz define a sua qualificação jurídica.

STJ **JurisTese 187-3.** É possível responsabilizar o parecerista por ato de improbidade administrativa quando demonstrados indícios de que a peça jurídica teria sido redigida com erro grosseiro ou má-fé.

4) Das Penas (art. 12)

STJ **JurisTese 49-4.** A aplicação da pena de demissão por improbidade administrativa não é exclusividade do Judiciário, sendo passível a sua incidência no âmbito do processo administrativo disciplinar.

STJ **JurisTese 49-11.** O magistrado não está obrigado a aplicar cumulativamente todas as penas previstas no art. 12 da Lei n. 8.429/92, podendo, mediante adequada fundamentação, fixá-las e dosá-las segundo a natureza, a gravidade e as consequências da infração.

STJ **JurisTese 188-5.** Incabível aplicar a pena de cassação de aposentadoria – não prevista no rol taxativo do art. 12 da Lei 8.429/1992 – em processo judicial em que se apura a prática de atos de improbidade administrativa, em virtude do princípio da legalidade estrita, que impede o uso de interpretação extensiva no âmbito do direito sancionador.

STJ **JurisTese 188-6.** Viola a coisa julgada a decisão que, em cumprimento de sentença de ação de improbidade administrativa, determina conversão da pena de perda da função pública em cassação de aposentadoria.

STJ **JurisTese 188-10.** A aplicação da pena de suspensão dos direitos políticos por ato de improbidade administrativa, prevista no art. 12 da Lei n. 8.429/1992, pode ser mitigada, hipótese em que se deve considerar a gravidade do caso e não a função do acusado.

5) Do Procedimento e do Processo (arts. 14 a 18)

5.1) Indisponibilidade de Bens (art. 16)

STJ **JurisTese 38-11.** É possível o deferimento da medida acautelatória de indisponibilidade de bens em ação de improbidade administrativa nos autos da ação principal sem audiência da parte adversa e, portanto, antes da notificação a que se refere o art. 17, § 7º, da Lei n. 8.429/92.

STJ **JurisTese 38-12.** É possível a decretação da indisponibilidade de bens do promovido em ação civil Pública por ato de improbidade administrativa, quando ausente (ou não demonstrada) a prática de atos (ou a sua tentativa) que induzam a conclusão de risco de alienação, oneração ou dilapidação patrimonial de bens do acionado, dificultando ou impossibilitando o eventual ressarcimento futuro.

STJ **JurisTese 186-8.** É possível a decretação de indisponibilidade de bens sobre ativos financeiros nas ações de improbidade administrativa.

STJ **JurisTese 187-7.** É desnecessária a individualização de bens sobre os quais se pretende fazer recair a cautelar de indisponibilidade requerida pelo Ministério Público nas ações de improbidade administrativa.

STJ **JurisTese 187-8.** A medida constritiva de indisponibilidade de bens não incide sobre valores inferiores a 40 salários mínimos depositados em caderneta de poupança, em aplicações financeiras ou em conta-corrente, ressalvadas as hipóteses de comprovada má-fé, de abuso de direito, de fraude ou de os valores serem produto da conduta ímproba.

STJ **JurisTese 187-9.** Na ação de improbidade administrativa é cabível decretação de indisponibilidade de bens sobre verbas provenientes do Fundo de Garantia por Tempo de Serviço – FGTS quando o valor resgatado da conta vinculada passa a integrar o patrimônio do réu, ressalvada proteção prevista no art. 833, X, do Código de Processo Civil.

5.2) Ação Judicial (art. 17)

STJ **JurisTese 38-2.** O Ministério Público tem legitimidade "ad causam" para a propositura de ação civil pública objetivando o ressarcimento de danos ao erário, decorrentes de atos de improbidade.

STJ **JurisTese 38-5.** A presença de indícios de cometimento de atos ímprobos autoriza o recebimento fundamentado da petição inicial nos termos do art. 17, §§

7º, 8º e 9º, da Lei n. 8.429/92, devendo prevalecer, no juízo preliminar, o princípio do "in dubio pro societate".

STJ JurisTese 49-3. A ação de improbidade administrativa deve ser processada e julgada nas instâncias ordinárias, ainda que proposta contra agente político que tenha foro privilegiado.

STJ JurisTese 49-5. Havendo indícios de improbidade administrativa, as instâncias ordinárias poderão decretar a quebra do sigilo bancário.

STJ JurisTese 49-10. Nas ações de improbidade administrativa é admissível a utilização da prova emprestada, colhida na persecução penal, desde que assegurado o contraditório e a ampla defesa.

STJ JurisTese 186-1. É lícita a cumulação de pedidos de natureza condenatória, declaratória e constitutiva na ação civil pública por ato de improbidade administrativa.

STJ JurisTese 186-2. Na ação civil pública por ato de improbidade administrativa, é cabível a compensação por danos morais na defesa de interesse difuso ou coletivo.

STJ JurisTese 187-1. Nas ações de improbidade administrativa, a competência cível da justiça federal é definida em razão da presença das pessoas jurídicas de direito público na relação processual e não em razão da natureza da verba em discussão, afasta-se, assim, a incidência das súmulas n. 208 e 209 do Superior Tribunal de Justiça, por versarem sobre a fixação de competência em matéria penal.

STJ JurisTese 187-4. O Ministério Público possui legitimidade para propor ação civil pública por improbidade administrativa contra dirigentes das entidades que compõem os chamados serviços sociais autônomos – Sistema S.

STJ JurisTese 187-5. É necessária a intimação do membro do Ministério Público que atua perante a segunda instância para acompanhar os processos de improbidade administrativa ajuizados pelo Parquet na primeira instância, pois o MP que oficia em primeiro grau de jurisdição não atua perante o tribunal "ad quem".

5.3) Acordo de não Persecução Civil (art. 17-B)

STJ JurisTese 185-5. Após a vigência do Pacote Anticrime, é possível celebrar acordo de não persecução cível em fase recursal no âmbito da ação de improbidade administrativa.

5.4) Sentença (art. 17-C)

STJ JurisTese 186-10. No cumprimento de sentença proferida em ação de improbidade administrativa podem ser adotadas subsidiariamente medidas executivas atípicas de cunho não patrimonial, se houver indícios de que o devedor possui patrimônio expropriável e se a decisão for fundamentada, observados os princípios do contraditório e da proporcionalidade.

5.5) Ressarcimento de Dano e Reversão de Bens (art. 18)

STJ JurisTese 186-9. Nas ações de improbidade administrativa, é indevido o ressarcimento ao erário de valores gastos com contratações, ainda que ilegais, quando efetivamente houve contraprestação dos serviços, sob pena de enriquecimento ilícito da Administração.

STJ JurisTese 187-10. Eventual ressarcimento ou restituição dos bens à administração pública não afasta a prática de ato de improbidade administrativa, pois tal recomposição não implica anistia ou exclusão deste ato.

STJ JurisTese 187-11. Caracterizada a improbidade administrativa por dano ao erário, a devolução dos valores é imperiosa e deve vir acompanhada de pelo menos uma das sanções legais que visam a reprimir a conduta ímproba, pois o ressarcimento não constitui penalidade propriamente dita, mas sim consequência imediata e necessária do prejuízo causado.

STJ JurisTese 188-1. No ato de improbidade administrativa do qual resulta prejuízo, a responsabilidade dos agentes em concurso é solidaria.

STJ JurisTese 188-2. Nas ações de improbidade administrativa com pluralidade de réus, a responsabilidade entre eles é solidária até, ao menos, a instrução final do feito, momento em que se delimita a quota de responsabilidade de cada agente para fins de ressarcimento ao erário.

STJ JurisTese 188-3. Na hipótese de não delimitação da cota de responsabilidade solidária dos corréus pelo ressarcimento ao erário na fase instrutória da ação de improbidade, é possível a discussão a respeito da individualização do dano no momento da liquidação de sentença.

STJ JurisTese 188-4. Na hipótese de solidariedade entre os corréus na ação de improbidade administrativa, o bloqueio do valor total determinado pelo juiz para assegurar o ressarcimento ao erário poderá recair sobre o patrimônio de qualquer um deles, vedado o bloqueio do débito total em relação a cada um dos coobrigados, tendo em vista a proibição do excesso na cautela.

6) Das Disposições Penais (arts. 19 a 22)

STJ JurisTese 49-6. O afastamento cautelar do agente público de seu cargo, previsto no parágrafo único do art. 20 da Lei n. 8.429/92, é medida excepcional que pode perdurar por até 180 dias.

STJ JurisTese 187-6. O afastamento cautelar de agente público durante a apuração dos atos de improbidade administrativa se legitima como medida excepcional se configurado risco à instrução processual, não é, portanto, lícito invocar relevância, hierarquia ou posição do cargo para a imposição da medida.

STJ JurisTese 188-11. O agente político eleito tem legitimidade ativa para ajuizar pedido de suspensão com o objetivo de sustar efeitos de decisão que o afastou cautelarmente do cargo para apuração de atos de improbidade administrativa.

7) Da Prescrição (art. 23)

STJ JurisTese 38-6. O termo inicial da prescrição em improbidade administrativa em relação a particulares que se beneficiam de ato ímprobo é idêntico ao do agente público que praticou a ilicitude.

STJ JurisTese 38-7. A eventual prescrição das sanções decorrentes dos atos de improbidade administrativa não obsta o prosseguimento da demanda quanto ao pleito de ressarcimento dos danos causados ao erário, que é imprescritível (art. 37, § 5º da CF).

STJ JurisTese 38-14. No caso de agentes políticos reeleitos, o termo inicial do prazo prescricional nas ações de improbidade administrativa deve ser contado a partir do término do último mandato.

8) Disposições Finais (arts. 23-A a 25)

STJ JurisTese 188-7. Na ação civil pública por improbidade administrativa, por critério de simetria, é incabível a condenação da parte vencida ao pagamento de honorários advocatícios sucumbenciais em favor do Ministério Público, salvo comprovada má-fé.

9) Temas Esparsos

STJ JurisTese 38-3. O Ministério Público estadual possui legitimidade recursal para atuar como parte no Superior Tribunal de Justiça nas ações de improbidade administrativa, reservando-se ao Ministério Público Federal a atuação como fiscal da lei.

STJ JurisTese 38-10. A revisão da dosimetria das sanções aplicadas em ação de improbidade administrativa implica reexame do conjunto fático-probatório dos autos, encontrando óbice na Súmula 7/STJ, salvo se da leitura do acórdão recorrido verificar-se a desproporcionalidade entre os atos praticados e as sanções impostas.

STJ JurisTese 188-8. Por se tratar de instâncias independentes, eventual sanção imposta a agente no âmbito da justiça eleitoral não inviabiliza nova condenação, ainda que pelos mesmos fatos, por violação da Lei de Improbidade Administrativa, pois não há falar em "bis in idem".

STJ JurisTese 188-9. Não configura "bis in idem" a coexistência de acórdão condenatório do Tribunal de Contas ao ressarcimento ao erário e de sentença condenatória em ação civil pública por improbidade administrativa.

INFORMATIVOS

STF Nova Lei de Improbidade Administrativa e eficácia temporal. 1) É necessária a comprovação de responsabilidade subjetiva para a tipificação dos atos de improbidade administrativa, exigindo-se – nos arts. 9º, 10 e 11 da LIA – a presença do elemento subjetivo – dolo; 2) A norma benéfica da Lei 14.230/2021 – revogação da modalidade culposa do ato de improbidade administrativa –, é irretroativa, em virtude do artigo 5º, inciso XXXVI, da Constituição Federal, não tendo incidência em relação à eficácia da coisa julgada; nem tampouco durante o processo de execução das penas e seus incidentes; 3) A nova Lei 14.230/2021 aplica-se aos atos de improbidade administrativa culposos praticados na vigência do texto anterior da lei, porém sem condenação transitada em julgado, em virtude da revogação expressa do texto anterior; devendo o juízo competente analisar eventual dolo por parte do agente; 4) O novo regime prescricional previsto na Lei 14.230/2021 é irretroativo, aplicando-se os novos marcos temporais a partir da publicação da lei. A partir do advento da Lei 14.230/2021 (nova Lei de Improbidade Administrativa) – cuja publicação e entrada em vigor ocorreu em 26.10.2021 –, deixou de existir, no ordenamento jurídico, a tipificação para atos culposos de improbidade administrativa. *ARE 843989, 18.8.2022. Pleno. Inf 1065.*

STF Ação de improbidade administrativa: legitimidade ativa concorrente. Os entes públicos que sofreram prejuízos em razão de atos de improbidade também estão autorizados, de forma concorrente com o Ministério Público, a propor ação e a celebrar acordos de não persecução civil em relação a esses atos. *ADI 7043, 31.8.2022. Pleno. Inf 1066.*

STJ Improbidade administrativa. Fase recursal. Acordo. Não persecução cível. Possibilidade. Art. 17, § 1º da Lei 8.429/92. Alterado pela Lei 13.964/19 (Pacote Anticrime). É possível a homologação judicial de acordo de não persecução cível no âmbito da ação de improbidade administrativa em fase recursal. *EAREsp 102585, 1ª S, 9.3.2022. Inf 728.*

STJ Conflito negativo de competência. Juízos estadual e federal. Ação de improbidade administrativa ajuizada por ente municipal. Prestação de contas de verbas federais. Mitigação das súmulas 208/STJ e 209/STJ. Competência cível da Justiça Federal absoluta em razão da pessoa. Art. 109, I, da CF. Ausência de ente federal em qualquer dos polos da relação processual. Competência da Justiça Estadual. Nas ações de improbidade administrativa, a competência da Justiça Federal é definida em razão da presença das pessoas jurídicas de direito público previstas no art. 109, I, da CF na relação processual, e não em razão da natureza da verba federal sujeita à fiscalização da TCU. *CC 174764, 1ª S, 9.2.2022. Inf 724.*

QUESTÕES DISCURSIVAS

9. (Consulplan/TJ/MG/Cartórios/Remoção/2016) Explique, justificadamente, a hipótese de reconhecimento do ato de improbidade praticado mediante culpa "stricto sensu", em face dos preceitos da Lei n. 8.429, de 02/06/1992.

10. (Cespe/TJ/DFT/Cartórios/Ingresso/2014) O Ministério Público Federal (MPF) ajuizou ação de improbidade administrativa contra determinados agentes públicos de autarquia federal e contra empresários que, embora não tivessem concorrido diretamente para a prática do ato de improbidade, teriam obtido benefício indireto dele. Na avaliação do MPF, mesmo não tendo auferido vantagens que caracterizassem enriquecimento ilícito nem praticado ato capaz de gerar lesão ao erário, os agentes públicos e os empresários envolvidos teriam agido de forma omissiva, violando os deveres de honestidade, imparcialidade e lealdade às instituições. Com base nessa situação hipotética, responda, com fundamento na legislação de regência, aos seguintes questionamentos: (i) O MPF tem legitimidade ativa para propor ação de improbidade, ou a competência pertence, no caso, apenas à autarquia federal lesada? (ii) Pessoas físicas que não se qualificam como agentes públicos podem ser considerados sujeitos ativos do ato de improbidade administrativa, mesmo tendo sido somente indiretamente beneficiadas? (iii) A omissão que viola os deveres de honestidade, imparcialidade e lealdade às instituições caracteriza ato de improbidade administrativa?

QUESTÕES OBJETIVAS

86. (Ieses/TJ/TO/Cartórios/Ingresso/2022) A norma conhecida como "Lei de Improbidade Administrativa" (Lei Federal n. 8.429/1992) restou substancialmente alterada pela Lei Federal n. 14.230/2021. Com base nessa informação, assinale a alternativa correta:

a) A ação para a aplicação das sanções de que trata a Lei de Improbidade será proposta pelo Ministério Público ou pela pessoa jurídica interessada, e seguirá o procedimento comum previsto na Lei nº 13.105, de 16 de março de 2015 (Código de Processo Civil).

b) A ação para a aplicação das sanções previstas na Lei de Improbidade prescreve em 8 (oito) anos, contados a partir da ocorrência do fato ou, no caso de infrações permanentes, do dia em que cessou a permanência.

c) As sanções previstas no artigo 12 da Lei (das penas) poderão ser executadas provisoriamente, desde que ponderados, em decisão fundamentada, os impactos econômicos e sociais das sanções, de forma a preservar a função social da pessoa jurídica.

d) A ordem de indisponibilidade de bens dos réus na ação de improbidade é a seguinte: dinheiro, em espécie ou em depósito ou aplicação em instituição financeira; títulos da dívida pública da União, dos Estados e do Distrito Federal com cotação em mercado; títulos e valores mobiliários com cotação em mercado; veículos de via terrestre; bens imóveis; bens móveis em geral; semoventes; navios e aeronaves; ações e quotas de sociedades simples e empresárias; percentual do faturamento de empresa devedora; pedras e metais preciosos; direitos aquisitivos derivados de promessa de compra e venda e de alienação fiduciária em garantia; outros direitos.

87. (Ieses/TJ/TO/Cartórios/Remoção/2022) Segundo a Lei nº 8.429/92 que dispõe sobre as sanções aplicáveis em virtude da prática de atos de improbidade administrativa, é correto afirmar, exceto:

a) Constitui crime a representação por ato de improbidade contra agente público ou terceiro beneficiário, quando o autor da denúncia o sabe inocente.

b) Constitui ato de improbidade administrativa celebrar contrato de rateio de consórcio público sem suficiente e prévia dotação orçamentária, ou sem observar as formalidades previstas na lei.

c) Será anulável a decisão de mérito total ou parcial da ação de improbidade administrativa que condenar o requerido sem a produção das provas por ele tempestivamente especificadas.

d) A posse e o exercício de agente público ficam condicionados à apresentação de declaração de imposto de renda e proventos de qualquer natureza, que tenha sido apresentada à Secretaria Especial da Receita Federal do Brasil, a fim de ser arquivada no serviço de pessoal competente.

88. (FGV/TJ/SC/Cartórios/Ingresso/2021) Mário, escrevente de uma serventia de Ofício de Registro de móveis, recebeu, para si, a quantia de dez mil reais em dinheiro, a título de comissão e presente de João, pessoa que tinha interesse direto que foi atingido por ação decorrente das atribuições de Mário como escrevente. João figurava como vendedor em um contrato de compra e venda de imóvel e, para agilizar a averbação da escritura pública de compra e venda na matrícula do imóvel, entregou o valor citado a Mário, que providenciou a imediata averbação, exigindo alguns documentos obrigatórios para o ato e passando a frente de outros requerimentos anteriores que aguardavam andamento. No caso em tela, de acordo com a Lei nº 8.429/1992:

a) Mário e João praticaram ato de improbidade administrativa que importou enriquecimento ilícito do primeiro, que é considerado agente público para os efeitos da Lei de Improbidade, e o segundo também deve ser responsabilizado porque, apesar de ser particular, induziu e concorreu para a prática do ato ilícito e dele se beneficiou.

b) Mário e João não praticaram ato de improbidade administrativa porque não são considerados agentes públicos, eis que o primeiro é empregado sob o regime da legislação do trabalho e o segundo é particular, mas ambos devem ser responsabilizados na esfera cível, além de Mário dever ser sancionado na esfera disciplinar.

c) Mário, que é considerado agente público para os efeitos da Lei de Improbidade, praticou ato de improbidade administrativa que atentou contra os princípios da Administração

Pública, e João não pode ser responsabilizado por ato de improbidade porque é particular, mas responde nas esferas cível e criminal.

d) João não pode ser responsabilizado por ato de improbidade porque é particular, mas responde na esfera cível, e Mário também não praticou ato de improbidade administrativa porque não é considerado agente público, e sim empregado sob o regime da legislação do trabalho, mas responde nas esferas administrativa e criminal.

e) João e Mário não praticaram ato de improbidade administrativa porque não houve efetivo prejuízo ao erário, mas ambos devem ser responsabilizados nas esferas administrativa, criminal e cível, inclusive nesta última com pedido de reparação por dano moral coletivo.

89. (Cespe/TJ/DFT/Cartórios/Ingresso/2019) Um notário de determinado cartório de ofício de notas deixou, de forma não intencional, de realizar o devido repasse de quantias referentes a taxas judiciárias e incorporou ao seu patrimônio os valores integrantes do acervo patrimonial pertencente ao Poder Judiciário estadual. Considerando-se essa situação hipotética, é correto afirmar, à luz do entendimento do STJ, que o notário:

a) praticou ato de improbidade administrativa que causou lesão ao erário.

b) praticou ato de improbidade administrativa que importou seu enriquecimento ilícito.

c) praticou ato de improbidade administrativa que atenta contra os princípios da administração pública.

d) não praticou ato de improbidade porque o ato praticado não foi intencional.

e) não se submete à Lei de Improbidade por não estar abrangido no conceito agente público.

90. (UFPR/TJ/PR/Cartórios/Ingresso/2019) O Supremo Tribunal Federal recentemente deliberou a respeito da prescritibilidade das ações de ressarcimento ao erário por ato de improbidade administrativa. A respeito do assunto, considere as seguintes afirmativas:

I. A Constituição brasileira prevê a prescritibilidade das ações ilícitas dos agentes públicos, sem quaisquer ressalvas ao ressarcimento ao erário no caso de existência de dano.

II. O STF deliberou que as ações de ressarcimento ao erário são prescritíveis no caso de ilícitos cíveis, ou seja, desde que não configurem improbidade.

III. Segundo a posição mais recente do STF, são imprescritíveis as ações de ressarcimento fundadas em ato doloso.

IV. A matéria relativa à prescritibilidade das ações de ressarcimento não é autoaplicável, por ausência de legislação regulamentadora.

Assinale a alternativa correta.

a) Somente a afirmativa IV é verdadeira.

b) Somente as afirmativas I e II são verdadeiras.

c) Somente as afirmativas II e III são verdadeiras.

d) Somente as afirmativas I, III e IV são verdadeiras.

e) As afirmativas I, II, III e IV são verdadeiras.

91. (Ieses/TJ/SC/Cartórios/Ingresso/2019) Relativamente à Lei de Improbidade Administrativa (Lei n. 8.429/92) é correto afirmar:

a) Não há previsão da cominação de suspensão de direitos políticos pela prática de ato de improbidade administrativa.

b) O ato de improbidade administrativa que importe enriquecimento ilícito admite conduta culposa.

c) Os sujeitos ativos que praticam os atos de improbidade administrativa podem ser agentes públicos ou terceiros.

d) Somente o Ministério Público tem legitimidade para a propositura de ação judicial de improbidade administrativa.

92. (Vunesp/TJ/AL/Cartórios/Ingresso/2019) A Lei da Improbidade Administrativa elenca atos praticados por qualquer agente público e as respectivas sanções, sendo correto afirmar:

a) a conduta culposa do agente público, que ocasiona prejuízo ao erário, não dá ensejo à responsabilização por improbidade administrativa.

b) pessoa jurídica de direito público, mesmo que interessada, não tem legitimidade para propor ação de improbidade administrativa.

c) àquele que concorra para a prática do ato de improbidade administrativa ou dele se beneficie, mesmo não sendo agente público, são aplicadas as disposições da Lei da Improbidade Administrativa.

d) em nenhuma hipótese poderá o sucessor ser alcançado por sanções previstas na Lei de improbidade Administrativa, por ser tratar de penalidades personalíssimas.

93. (Cetro/TJ/RJ/Cartórios/Remoção/2017) Em uma situação isolada, César, tabelião de ofício de notas, dolosamente deixou de recolher taxa judiciária incidente sobre a atividade notarial e registral, sendo tal situação descoberta por meio de correição realizada pela corregedoria. Após a correição, adveio condenação com perda da delegação, bem como ações civis de natureza civil e penal em face de César. Com base no caso e em observância dos controles administrativo e judicial incidentes sobre a atividade notarial e registral de acordo com o entendimento do STJ, assinale a alternativa correta:

a) A denúncia espontânea por parte de César, após correição realizada pela corregedoria, porém antes de ajuizamento da ação de improbidade administrativa, afasta, de imediato, a punibilidade penal e civil.

b) Uma vez que César exerce atividade pública em caráter privado, por delegação, afastada está a possibilidade jurídica de figurar no polo passivo da ação de improbidade administrativa, nos termos da Lei de Improbidade Administrativa (Lei n. 8.429/1992).

c) O fato de a fiscalização e de o procedimento de correição serem de competência da Corregedoria do Tribunal de Justiça afasta a eventual possibilidade de ajuizamento da ação em face de César perante juízo de primeiro grau jurisdicional.

d) Ainda que César possa figurar no polo passivo de ação contra atos de improbidade administrativa, a perda da delegação independe de prévia ação judicial, dada a independência existente entre as esferas administrativa, cível e penal.

e) Em havendo qualquer tipo de improcedência dos pedidos em face de César nas ações cível e penal, afastada estará, também, e de imediato, a imposição da sanção imposta em âmbito administrativo.

5. ENTES DA ADMINISTRAÇÃO

5.1. Disposições Gerais

QUESTÕES OBJETIVAS

94. (Ieses/TJ/TO/Cartórios/Remoção/2022) A estrutura da Administração Indireta compreende as seguintes categorias de entidades, dotadas de personalidade jurídica própria:

I. Autarquias.

II. Empresas Públicas.

III. Sociedades de Economia Mista.

IV. Fundações públicas.

A sequência correta é:

a) As assertivas I, II, III e IV estão corretas.
b) Apenas as assertivas I, II e IV estão corretas.
c) Apenas as assertivas I e II estão corretas.
d) Apenas a assertiva IV está incorreta.

95. (Consulplan/TJ/MS/Cartórios/Remoção/2021) Nos termos do Art. 37, caput, da Constituição da República, "a administração pública direta e indireta de qualquer dos Poderes da União, dos Estados, do Distrito Federal e dos Municípios obedecerá aos princípios de legalidade, impessoalidade, moralidade, publicidade e eficiência e, também, ao seguinte (...)" Fazem parte da administração pública indireta, exceto:

a) Empresa Pública.
b) Fundações Públicas.
c) Secretaria de Estado.
d) Sociedades de Economia Mista.

96. (UFPR/TJ/PR/Cartórios/Remoção/2019) Segundo Romeu Felipe Bacellar Filho, "à medida que é possível diferenciar Governo de Administração Pública pelas atribuições diversas a que se propõem, tais instituições assumem estruturas próprias, voltadas ao cumprimento de suas funções" (BACELLAR FILHO, 2008). Levando em consideração a posição do autor, assinale a alternativa correta.

a) Para o autor, o critério que condiciona a distinção entre Governo e Administração possui natureza orgânica, também chamada de subjetiva ou formal.
b) Governo pode ser definido como a instituição cuja atividade é voltada à tomada de decisões discricionárias.
c) Administração pode ser definida como a instituição voltada à tomada de decisões vinculadas.
d) No Brasil, ao contrário de outros países, o Poder Judiciário também compõe o Governo do ponto de vista constitucional, exercendo tais prerrogativas como sua função típica.
e) A Administração Pública brasileira é composta de entes políticos e entes administrativos, que, por sua vez, são compostos por órgãos públicos.

97. (UFPR/TJ/PR/Cartórios/Ingresso/2019) Segundo Romeu Felipe Bacellar Filho, "a Administração Pública indireta surge com o escopo de atender uma necessidade prática, verificada principalmente a partir do advento do Estado Social" (BACELLAR FILHO, 2008). Acerca do tema, assinale a alternativa correta.

a) A Administração indireta equivale aos órgãos públicos integrantes das estruturas dos Poderes Executivo, Legislativo e Judiciário.
b) A Administração direta do Poder Executivo é composta pelas Autarquias e Fundações Públicas, enquanto a indireta é composta pelas empresas públicas e sociedades de economia mista.
c) Os consórcios públicos também são exemplos de entes que compõem a Administração indireta.
d) Os serviços sociais autônomos são exemplos de entidades organicamente estatais, mas que compõem o terceiro setor.
e) As organizações sociais são exemplos de entes que compõem a Administração indireta a partir do momento em que firmam o contrato de gestão.

98. (UFPR/TJ/PR/Cartórios/Ingresso/2019) O Estado brasileiro pode transferir o exercício de certas atividades que lhe são próprias por meio da desconcentração administrativa. Sobre o assunto, assinale a alternativa correta.

a) A desconcentração é um instrumento exclusivo previsto para ser utilizado por Estados e Municípios.
b) A desconcentração também pode ser denominada de delegação.
c) A desconcentração não implica a criação de um novo ente com personalidade jurídica.
d) A transferência de atividades para o terceiro setor é um exemplo clássico de desconcentração administrativa.
e) A transferência de atividades pela desconcentração administrativa se dá por meio de contratos públicos previstos na legislação de parcerias público-privadas.

99. (Ieses/TJ/SC/Cartórios/Ingresso/2019) O consórcio público:

a) Pode ser contratado pela administração direta ou indireta dos entes da Federação consorciados, mediante licitação.
b) Tem personalidade jurídica de direito público.
c) Integra a administração direta de todos os entes federados participantes do consórcio público.
d) Pode possuir personalidade jurídica de direito público ou de direito privado.

100. (UFPR/TJ/PR/Cartórios/Remoção/2019) O Estado pode transferir o exercício de certas atividades que lhe são próprias por meio da descentralização administrativa. Sobre o assunto, assinale a alternativa correta.

a) A descentralização é um instrumento vedado para Estados e Municípios, considerando que sua previsão legal é apenas para a União.
b) A transferência de atividades por meio da descentralização implica a criação de um ente com personalidade jurídica.
c) A descentralização destina-se à criação de empresas estatais.
d) A descentralização pode ser denominada de desconcentração.
e) A descentralização implica a delegação de serviços públicos no interior das próprias entidades administrativas.

101. (Ieses/TJ/SC/Cartórios/Ingresso/2019) A administração pública em sentido subjetivo encerra:

a) os servidores públicos.
b) as pessoas jurídicas de direito público e de direito privado que a integram.
c) o conjunto de agentes, órgãos e pessoas jurídicas que executam as funções administrativas estatais.
d) as pessoas jurídicas de direito público que a integram.

102. (Vunesp/TJ/AL/Cartórios/Ingresso/2019) Considerada a organização administrativa do estado e a distribuição de atribuições entre a administração direta e a administração indireta, é correto afirmar que:

a) a distribuição de competências entre os órgãos da Administração Direta é definida pela descentralização.
b) enquanto a hierarquia e o controle se apresentam como características da Administração Direta, a descentralização e a descontração informam a Administração indireta.
c) a Administração Direta é regrada por hierarquia e desconcentração, enquanto a Administração indireta orienta-se por controle e descentralização.
d) a Administração Indireta tem como principal atributo a organização hierárquica e a desconcentração dos órgãos que a integram.

103. (Consulplan/TJ/MG/Cartórios/Remoção/2018) Sobre os tipos de atividade administrativa, no âmbito da intervenção econômica estatal, é incorreto afirmar:

a) o monopólio estatal não se confunde com o serviço público, porque não se destina a satisfazer de modo direito e imediatos direitos fundamentais.
b) a utilização da cláusula do relevante interesse coletivo abriga decisões políticas, cuja satisfação possa ser proporcionada pela atuação direta do Estado.
c) a União é titular das competências políticas e administrativas relacionadas com a promoção da segurança nacional, para fins de intervenção no domínio econômico.
d) a administração pública ante o princípio da eficiência não pode participar como sócia, ainda que de modo indireto de sociedade privada, a não ser que detenha seu controle.

104. (Vunesp/TJ/SP/Cartórios/Ingresso/2018) A promulgação de uma lei que estabelece a criação de uma autarquia com transferência de parte da competência da União para a pessoa jurídica criada envolve:
a) unificação de competências.
b) reunião de competências.
c) descentralização do poder.
d) desconcentração do poder.

5.2. Autarquias e Fundações

SÚMULAS

1) Agências Executivas/Reguladoras

STJ Súm. 506. A Anatel não é parte legítima nas demandas entre a concessionária e o usuário de telefonia decorrentes de relação contratual.

2) Autarquias

STF Súm. 25. A nomeação a termo não impede a livre demissão, pelo Presidente da República, de ocupante de cargo dirigente de autarquia.

3) Conselhos de Fiscalização Profissional

STJ Súm. 66. Compete à justiça federal processar e julgar execução fiscal promovida por conselho de fiscalização profissional.

STJ Súm. 79. Os bancos comerciais não estão sujeitos a registro nos conselhos regionais de economia.

STJ Súm. 120. O oficial de farmácia, inscrito no Conselho Regional de Farmácia, pode ser responsável técnico por drogaria.

STJ Súm. 275. O auxiliar de farmácia não pode ser responsável técnico por farmácia ou drogaria.

STJ Súm. 413. O farmacêutico pode acumular a responsabilidade técnica por uma farmácia e uma drogaria ou por duas drogarias.

STJ Súm. 561. Os conselhos regionais de farmácia possuem atribuição para fiscalizar e autuar as farmácias e drogarias quanto ao cumprimento da exigência de manter profissional legalmente habilitado (farmacêutico) durante todo o período de funcionamento dos respectivos estabelecimentos.

4) Temas Esparsos

STJ Súm. 324. Compete à justiça federal processar e julgar ações de que participa a Fundação Habitacional do Exército, equiparada à entidade autárquica federal, supervisionada pelo Ministério do Exército.

STJ Súm. 483. O INSS não está obrigado a efetuar depósito prévio do preparo por gozar das prerrogativas e privilégios da Fazenda Pública.

REPERCUSSÃO & REPETITIVOS

STF Rep. Geral 732. É inconstitucional a suspensão realizada por conselho de fiscalização profissional do exercício laboral de seus inscritos por inadimplência de anuidades, pois a medida consiste em sanção política em matéria tributária. *RE 647885, 27.4.2020.*

JURISPRUDÊNCIA EM TESES

1) Agências Executivas/Reguladoras

STJ JurisTese 79-10. As agências reguladoras podem editar normas e regulamentos no seu âmbito de atuação quando autorizadas por lei.

2) Autarquias

STJ JurisTese 79-3. As autarquias possuem autonomia administrativa, financeira e personalidade jurídica própria, distinta da entidade política à qual estão vinculadas, razão pela qual seus dirigentes têm legitimidade passiva para figurar como autoridades coatoras em mandados de segurança.

STJ JurisTese 79-5. A universidade federal, organizada sob o regime autárquico, não possui legitimidade para figurar no polo passivo de demanda que visa à repetição de indébito de valores relativos à contribuição previdenciária por ela recolhidos e repassados à União.

STJ JurisTese 79-6. Os Conselhos de Fiscalização Profissionais possuem natureza jurídica de autarquia, sujeitando-se, portanto, ao regime jurídico de direito público.

3) Conselhos de Fiscalização Profissional

STJ JurisTese 135-1. Os conselhos de fiscalização profissionais possuem natureza jurídica de autarquia, sujeitando-se, portanto, ao regime jurídico de direito público.

STJ JurisTese 135-2. Com a suspensão da redação dada pela Emenda Constitucional n. 19/1998 ao caput do art. 39 da Constituição Federal de 1988, no julgamento da Medida Cautelar em Ação Direta de Inconstitucionalidade n. 2.135/DF, o regime jurídico dos conselhos profissionais deve ser, obrigatoriamente, o estatutário.

STJ JurisTese 135-3. Os servidores dos conselhos de fiscalização profissional submetem-se ao regime jurídico único, de modo que a aposentadoria ocorrida após a publicação das decisões proferidas nas ADI n. 1.717/DF e ADI n. 2.135/DF, esta última em sede de liminar, segue o regime estatutário.

STJ JurisTese 135-4. Os conselhos de fiscalização profissionais não podem registrar seus veículos como oficiais porque compõem a administração pública indireta e o § 1º do art. 120 do Código de Trânsito Brasileiro – CTB autoriza apenas o registro de veículos oficiais da administração direta.

STJ JurisTese 135-5. Os conselhos profissionais têm poder de polícia para fiscalizar as profissões regulamentadas, inclusive no que concerne à cobrança de anuidades e à aplicação de sanções.

STJ JurisTese 135-6. A partir da vigência da Lei n. 12.514/2011, o fato gerador para a cobrança de anuidades de órgão de fiscalização profissional é o registro no conselho e não mais o efetivo exercício da profissão.

STJ JurisTese 135-7. As anuidades devidas aos conselhos profissionais constituem contribuição de interesse das categorias profissionais, de natureza tributária, sujeita a lançamento de ofício.

STJ JurisTese 135-8. O prazo prescricional para cobrança de anuidades pagas aos conselhos profissionais tem início somente quando o total da dívida inscrita atingir o valor mínimo correspondente a 4 (quatro) anuidades, conforme disposto no art. 8º da Lei n. 12.514/2011.

STJ JurisTese 135-9. A Ordem dos Advogados do Brasil – OAB, embora possua natureza jurídica especialíssima, submete-se ao disposto no art. 8º da Lei n. 12.514/2011, que determina que os conselhos de classe somente executarão dívida de anuidade quando o total do valor inscrito atingir o montante mínimo correspondente a 4 (quatro) anuidades.

STJ JurisTese 135-11. Não se aplica o art. 20 da Lei n. 10.552/2002, que determina o arquivamento provisório das execuções de pequeno valor, às execuções fiscais propostas pelos conselhos regionais de fiscalização profissional.

STJ JurisTese 136-1. O registro no conselho de fiscalização profissional está vinculado à atividade básica ou à natureza dos serviços prestados pela empresa, por força do que dispõe o art. 1º da Lei n. 6.839/1980.

STJ JurisTese 136-2. A atividade fiscalizatória exercida pelos conselhos profissionais, decorrente da delegação do poder de polícia, está inserida no âmbito do direito administrativo, não podendo ser considerada relação de trabalho e, de consequência, não está incluída na esfera de competência da Justiça Trabalhista.

STJ JurisTese 136-4. A atividade de músico é manifestação artística protegida pela garantia da liberdade de expressão, de modo que a exigência de inscrição na

Ordem dos Músicos do Brasil – OMB, bem como de pagamento de anuidade para o exercício de tal profissão, torna-se incompatível com a Constituição Federal de 1988.

STJ JurisTese 136-5. As empresas de factoring convencional não precisam ser registradas nos conselhos regionais de administração, visto que suas atividades são de natureza eminentemente mercantil, ou seja, não envolvem gestões estratégicas, técnicas e programas de execução voltados a um objetivo e ao desenvolvimento de empresa.

STJ JurisTese 136-6. O exame de suficiência instituído pela Lei n. 12.249/2010, que alterou o art. 12, § 2º, do Decreto-Lei n. 9.295/1946, será exigido de contadores e de técnicos em contabilidade que completarem o curso após a vigência daquela lei.

STJ JurisTese 136-7. O ato do Conselho de Contabilidade, que requisita dos contadores e dos técnicos livros e fichas contábeis de seus clientes, não viola os princípios da privacidade e do sigilo profissional, já que visa à fiscalização da atividade contábil dos profissionais nele inscritos.

STJ JurisTese 136-10. Não estão sujeitas a registro perante o respectivo Conselho Regional de Medicina Veterinária, nem à contratação de profissionais nele inscritos como responsáveis técnicos, as pessoas jurídicas que explorem as atividades de comercialização de animais vivos e de venda de medicamentos veterinários, pois não são atividades reservadas à atuação privativa de médico veterinário.

STJ JurisTese 136-11. Não há comando normativo que obrigue a inscrição de professores e de mestres de artes marciais, ou mesmo de danças, de capoeira e de ioga, nos Conselhos de Educação Física, porquanto, à luz do que dispõe o art. 3º da Lei n. 9.696/1998, essas atividades não são próprias dos profissionais de educação física.

STJ JurisTese 136-12. O registro de restaurantes e de bares no Conselho Regional de Nutrição e a presença de profissional técnico (nutricionista) não são obrigatórios, pois a atividade básica desses estabelecimentos não é a fabricação de alimentos destinados ao consumo humano (art. 18 do Decreto n. 84. 444/1980), nem se aproxima do conceito de saúde trazido pela legislação específica.

INFORMATIVOS

STF Fundo de Fiscalização das Telecomunicações e poder de polícia. É legítimo o poder de polícia conferido à Anatel para fiscalizar as atividades de radiodifusão. *ADI 4039, 24.6.2022. Pleno. Inf 1060.*

STF ANP e poder normativo de regulação. É constitucional a instituição do Programa de Monitoramento da Qualidade dos Combustíveis (PMQC) por normativo da Agência Nacional do Petróleo (ANP), na medida em que o ato regulatório apresenta correspondência direta com as diretrizes e os propósitos conferidos por sua lei instituidora. *ADI 7031, 5.8.2022. Pleno. Inf 1062.*

STJ Agência reguladora. Poderes Administrativos. ANAC. Recuperação judicial. Slots e Hotrans (horários de transporte). Realocação. Incorporação de ativos de empresa aérea. Análise da matéria pelo Poder Judiciário. Excepcionalidade. Vícios objetivos na decisão administrativa. Ao Poder Judiciário não cabe se imiscuir na decisão administrativa da ANAC acerca da realocação de "slots" e "hotrans" (horários de transporte), serviço prestado por empresa aérea em recuperação judicial, a ponto de impor a observação absoluta do princípio da preservação da empresa, quando inexistirem vícios objetivos na decisão, mesmo em prejuízos à concorrência do setor e aos usuários do serviço público concedido. *REsp 1287461, 2ª T, 30.6.2022. Inf 745.*

STJ Agência reguladora. Auto de infração. Processo administrativo. Multa. Aplicação. Termo inicial. Interposição de recurso administrativo. Juros de mora. Não afastamento. A interposição de recurso administrativo não afasta a incidência dos juros moratórios sobre multa aplicada por agência reguladora. *AREsp 1574873, 1ª T, 18.10.2022. Inf 754.*

QUESTÕES OBJETIVAS

105. (Ieses/TJ/RO/Cartórios/Remoção/2021) Entidade autônoma, criada por lei, com personalidade jurídica, patrimônio e receita próprios, para executar atividades típicas da Administração Pública, que requeiram, para seu melhor funcionamento, gestão administrativa e financeira descentralizada é designada de:

a) Sociedades de Economia Mista.
b) Fundação Pública.
c) Empresa Pública.
d) Autarquia.

106. (Consulplan/TJ/MS/Cartórios/Ingresso/2021) Nos termos do Art. 37, caput, da Constituição da República, "a administração pública direta e indireta de qualquer dos Poderes da União, dos Estados, do Distrito Federal e dos Municípios obedecerá aos princípios de legalidade, impessoalidade, moralidade, publicidade e eficiência e, também, ao seguinte (...)". Diante do exposto, analise as afirmativas a seguir.

I. Caso haja o aumento do número de Secretarias de Estado, podemos afirmar que se trata de reorganização da estrutura administrativa que importa em desconcentração; a nova Secretaria pertence à administração direta do Estado.
II. A criação de uma fundação pública estadual, nos termos da legislação estadual, se trata de reorganização da estrutura administrativa que importa em descentralização; as fundações públicas estaduais pertencem à administração indireta do Estado.
III. Em caso de extinção de uma Autarquia do Estado, poderíamos falar que se trata de ato de concentração e que as autarquias pertencem à administração direta de determinada pessoa jurídica de direito público.
IV. Empresas públicas e sociedades de economia mista pertencem à administração indireta de determinada pessoa jurídica de direito público; podem ser encaradas como forma de descentralização.

Está correto o que se afirma em:

a) I, II, III e IV.
b) III, apenas.
c) II e IV, apenas.
d) I, II e IV, apenas.

107. (Ieses/TJ/SC/Cartórios/Remoção/2019) Com relação à autarquia é correto afirmar:

a) A criação de uma autarquia envolve desconcentração de poder.
b) A situação da autarquia ser uma pessoa jurídica de direito privado facilita o cumprimento de suas funções próprias.
c) A autarquia tem competências e atribuições próprias do Estado em razão do regime jurídico-administrativo ao qual está sujeita.
d) A autarquia pode ser criada por testamento, havendo designação específica de seu patrimônio.

108. (Consulplan/TJ/MG/Cartórios/Ingresso/2019) A descentralização da atividade estatal explana-se na administração indireta, na qual se inserem as autarquias, sendo estas pessoas jurídicas, com função própria e típica outorgada pelo Estado. Considerando a natureza jurídica e a finalidade das autarquias, é correto afirmar que:

a) A direção da autarquia é exercida por quem nesta condição for investido nos termos da Lei ou de seu Estatuto.
b) A criação da autarquia decorre de lei, sendo este o mesmo instrumento que deve reger sua organização, a qual promove a aprovação do regulamento ou estatuto, mediante os competentes registros públicos.
c) A natureza especial e típica da autarquia não retira o qualitativo público de seu patrimônio, embora este possa ser alienado, onerado e utilizado para os fins da entidade, bastando a prévia autorização do legislativo.
d) O patrimônio da autarquia é de livre disposição pela mesma, o que lhe confere caráter privado, uma vez que seus produtos devam ser aplicados em seus próprios fins, dispensando-se a prévia autorização do legislativo, excetuada a negociação de bens imóveis.

109. (Vunesp/TJ/AL/Cartórios/Ingresso/2019) Assinale, dentre as pessoas jurídicas de direito público e de direito privado que integram a Administração Indireta listadas, a que se apresenta com maior grau de regime jurídico administrativo e mais distante do regime privado.

a) OSCIP – organização da sociedade civil de interesse público.
b) empresa pública.
c) sociedade de economia mista.
d) autarquia.

110. (Ieses/TJ/CE/Cartórios/Remoção/2018) A entidade dotada de personalidade jurídica de direito privado, sem fins lucrativos, criada em virtude de autorização legislativa, para o desenvolvimento de atividades que não exijam execução por órgãos ou entidades de direito público, com autonomia administrativa, patrimônio próprio gerido pelos respectivos órgãos de direção, e funcionamento custeado por recursos da União e de outras fontes é denominada de:

a) fundação pública.
b) sociedade de economia mista.
c) autarquia.
d) empresa pública.

111. (Ieses/TJ/CE/Cartórios/Ingresso/2018) Assinale a única alternativa correta:

a) o capital das autarquias é, regra geral, exclusivamente público, exceto nas hipóteses de autarquias sujeitas a regime especial por conta da Lei de Segurança Nacional, instituídas por lei complementar de iniciativa exclusiva do Presidente da República.
b) empresas públicas são pessoas jurídicas de direito público criadas por autorização legislativa específica, com capital predominante, mas não exclusivamente público, que têm por finalidade a execução de atividades econômicas ou serviços públicos de interesse da administração instituidora, devendo revestir a forma de sociedade anônima.
c) são características das sociedades de economia mista, dentre outras, a personalidade jurídica de direito privado e capital integralmente privado, admitindo qualquer forma societária prevista pelo direito brasileiro, sendo atualmente desnecessário que sua criação se dê por autorização legislativa específica, bastando sua previsão genérica no PPA – plano plurianual.
d) pode-se definir a fundação instituída pelo poder público como o patrimônio, total ou parcialmente público, dotado de personalidade jurídica, de direito público ou privado, e destinado, por lei, ao desempenho de atividades do Estado na ordem social, com capacidade de autoadministração e mediante controle da Administração Pública, nos limites da lei.

112. (Consulplan/TJ/MG/Cartórios/Ingresso/2017) No que se refere às agências reguladoras, é correto afirmar:

a) o regime jurídico dos servidores das agências reguladoras é o celetista.
b) aos Estados e Municípios é vedada a criação de suas próprias agências reguladoras.
c) a criação das agências reguladoras pode se dar mediante decreto do Presidente da República.
d) os dirigentes das agências reguladoras são nomeados pelo Presidente da República, após aprovação prévia do Senado Federal, para cumprir mandato com prazo certo.

113. (Consulplan/TJ/MG/Cartórios/Remoção/2017) As agências reguladoras, como, por exemplo, a ANP – Agência Nacional do Petróleo e a ANATEL – Agência Nacional de Telecomunicações, vêm sendo criadas por leis esparsas e são classificadas como:

a) autarquias comuns.
b) autarquias de regime especial.
c) empresas públicas.
d) entidades paraestatais.

114. (Ieses/TJ/RO/Cartórios/Remoção/2017) As autarquias são criadas para executar atividades típicas da Administração Pública, que requeiram, para seu melhor funcionamento, gestão administrativa e financeira descentralizada. Esta criação destas entidades se dá através de:

a) decreto.
b) portaria.
c) lei.
d) resolução.

115. (Consulplan/TJ/MG/Cartórios/Ingresso/2017) José ingressou com ação de reparação de dano decorrente de acidente de trânsito contra a Fundação Palácio das Artes, entidade autorizada e criada pela Lei estadual/MG n. 5.455/70, e o processo foi distribuído para a 30ª Vara Cível da capital. A defesa da Fundação alegou em preliminar que o juízo cível era incompetente, já que se tratava de Fundação de Direito Público e deveria o processo ser remetido para a Vara da Fazenda Pública estadual. Diante do fato narrado, sobre a natureza jurídica da Fundação, é correto afirmar que:

a) deve ser declinada a competência para a Vara da Fazenda Pública estadual da capital já que se trata de uma Fundação de Direito Público, autorizada e criada pelo poder público estadual.
b) deve ser mantida a competência da 30ª Vara Cível de direito privado, já que não existe Fundação de Direito Público e tal ente não se confunde com as autarquias ou com as associações públicas.
c) pelo artigo 44 do Código Civil, são pessoas jurídicas de Direito Privado as sociedades e as fundações, de forma que este rol de entidades não permite criação de fundação de direito público, portanto competente o juízo da vara cível.
d) somente a União Federal pode instituir e manter Fundação de Direito Público, de forma que é ineficaz eventual Lei estadual que criou a Fundação estadual tida como de Direito Público, portanto competente para o processo o juízo da 30ª Vara Cível.

5.3. *Empresas Públicas e Sociedades de Economia Mista*

SÚMULAS

STF Súm. 8. Diretor de sociedade de economia mista pode ser destituído no curso do mandato.

STF Súm. 508. Compete à justiça estadual, em ambas as instâncias, processar e julgar as causas em que for parte o Banco do Brasil, S. A.

STF Súm. 517. As sociedades de economia mista só têm foro na justiça federal, quando a União intervém como assistente ou opoente.

STF Súm. 556. É competente a justiça comum para julgar as causas em que é parte sociedade de economia mista.

STJ Súm. 42. Compete à justiça comum estadual processar e julgar as causas cíveis em que é parte sociedade de economia mista e os crimes praticados em seu detrimento.

STJ Súm. 333. Cabe mandado de segurança contra ato praticado em licitação promovida por sociedade de economia mista ou empresa pública.

JURISPRUDÊNCIA EM TESES

STJ JurisTese 79-1. Aplica-se a prescrição quinquenal do Decreto n. 20.910/32 às empresas públicas e às sociedades de economia mista responsáveis pela prestação de serviços públicos próprios do Estado e que não exploram atividade econômica.

STJ JurisTese 79-4. As empresas públicas e as sociedades de economia mista prestadoras de serviços públicos possuem legitimidade ativa "ad causam" para a propositura de pedido de suspensão, quando na defesa de interesse público primário.

STJ JurisTese 79-11. Não é possível a aplicação de sanções pecuniárias por sociedade de economia mista, facultado o exercício do poder de polícia fiscalizatório.

INFORMATIVOS

STF Empresas estatais e transferência do controle técnico, administrativo ou de gestão compartilhada. É inconstitucional lei estadual que veda ao Poder Executivo e às empresas públicas e de economia mista, cujo controle acionário pertença ao estado, de assinarem contratos ou outros instrumentos legais congêneres que viabilizem a transferência do controle técnico, administrativo ou de gestão compartilhada. A norma desobedece ao disposto no art. 173, § 1º, I a V, da CF, no ponto em que preconiza caber a lei federal disciplinar o "Estatuto da Empresa Pública", observado o regime jurídico próprio das empresas privadas, quanto a obrigações civis, comerciais, trabalhistas e tributárias. Assim, a celebração de negócios jurídicos deve ser analisada individualmente e à luz da Lei 13.303/16, sendo inviável que, por meio de lei estadual, de iniciativa parlamentar, se objetive proibir a celebração de contratos com específicas disposições às empresas públicas e sociedades de economia mista, cujo regime jurídico é único, de âmbito nacional. *ADI 1846, 21.10.2022. Pleno. Inf 1073.*

QUESTÕES OBJETIVAS

116. (Ieses/TJ/AM/Cartórios/Ingresso/2018) Sobre a Administração Pública na Constituição Federal, é incorreto afirmar:

a) somente por lei específica poderão ser criadas autarquias, empresas públicas, sociedades de economia mista e fundações, cabendo à lei complementar definir suas respectivas áreas de atuação.
b) as funções de confiança e os cargos em comissão destinam-se apenas às atribuições de direção, chefia e assessoramento.
c) a lei estabelecerá os casos de contratação por tempo determinado para atender à necessidade temporária de excepcional interesse público.
d) a publicidade dos atos, programas, obras, serviços e campanhas dos órgãos públicos deverá ter caráter educativo, informativo ou de orientação social, dela não podendo constar nomes, símbolos ou imagens que caracterizem promoção pessoal de autoridades ou servidores públicos.

117. (Ieses/TJ/AM/Cartórios/Ingresso/2018) Conforme a Lei n. 13.303/2016, que dispõe acerca do estatuto jurídico da empresa pública, da sociedade de economia mista e suas subsidiárias, é correto afirmar:

a) empresa pública é a entidade dotada de personalidade jurídica de direito privado, com criação autorizada por lei, sob a forma de sociedade anônima, cujas ações com direito a voto pertençam em sua maioria à União, aos Estados, ao Distrito Federal, aos Municípios ou a entidade da administração indireta.
b) o estatuto da empresa pública, da sociedade de economia mista e de suas subsidiárias deverá observar regras de governança corporativa, de transparência e de estruturas, práticas de gestão de riscos e de controle interno, composição da administração e, havendo acionistas, mecanismos para sua proteção, todos constantes da respectiva legislação.
c) é inexigível a realização de licitação por empresas públicas e sociedades de economia mista, para obras e serviços de engenharia de valor até R$ 100.000,00 (cem mil reais), desde que não se refiram a parcelas de uma mesma obra ou serviço ou ainda a obras e serviços de mesma natureza e no mesmo local que possam ser realizadas conjunta e concomitantemente.
d) sociedade de economia mista é a entidade dotada de personalidade jurídica de direito privado, com criação autorizada por lei e com patrimônio próprio, cujo capital social é integralmente detido pela União, pelos Estados, pelo Distrito Federal ou pelos Municípios.

118. (Ieses/TJ/AM/Cartórios/Remoção/2018) A entidade dotada de personalidade jurídica de direito privado, com patrimônio próprio e capital exclusivo da União, criado por lei para a exploração de atividade econômica que o governo seja levado a exercer por força de contingência ou de conveniência administrativa podendo revestir-se de qualquer das formas admitidas em direito é denominada de:

a) fundação pública.
b) sociedade de economia mista.
c) empresa pública.
d) autarquia.

119. (Ieses/TJ/RO/Cartórios/Ingresso/2017) Sobre a Administração Pública na Constituição Federal, é correto afirmar:

a) as funções de confiança e os cargos em comissão destinam-se, preferencialmente, às atribuições de direção, chefia e assessoramento, bem como demais atribuições previstas em lei.
b) somente por lei específica poderá ser criada autarquia e autorizada a instituição de empresa pública, de sociedade de economia mista e de fundação, cabendo à lei complementar, neste último caso, definir as áreas de sua atuação.
c) todas as entidades da Administração Pública direta e indireta das diferentes esferas da Federação responderão pelos danos que seus agentes, nessa qualidade, causarem a terceiros, assegurado o direito de regresso contra o responsável nos casos de dolo ou culpa.
d) é vedada a contratação de pessoal, por tempo determinado, para atuação na Administração Pública, ainda que para atender a necessidade temporária de excepcional interesse público.

5.4. Entes Paraestatais

SÚMULAS

STF Súm. 516. O Serviço Social da Indústria (Sesi) está sujeito à jurisdição da justiça estadual.

QUESTÕES OBJETIVAS

120. (Cespe/TJ/DFT/Cartórios/Remoção/2019) Determinado município pretende formalizar parceria com uma organização da sociedade civil para a consecução de finalidades de interesse público e recíproco que não envolvam a transferência de recurso financeiro. Nessa situação, o instrumento a ser firmado entre as partes deverá ser o:

a) contrato de gestão.
b) termo de parceria.
c) termo de colaboração.
d) acordo de cooperação.
e) chamamento público.

121. (Consulplan/TJ/MG/Cartórios/Ingresso/2018) Segundo as regras que regem as organizações da sociedade civil de interesse público é incorreto afirmar que:

a) são entidades que não integram a administração direta ou indireta do Estado.

b) são pessoas jurídicas de direito privado sem fins lucrativos instituídas para desempenhar serviços sociais não exclusivos do Estado.
c) não são passíveis de qualificação como Organizações da Sociedade Civil de Interesse Público as fundações, as sociedades civis ou as associações de direito privado criadas por órgão público ou por fundações públicas.
d) observado o princípio da universalização dos serviços e o respectivo âmbito de atuação, as organizações sociais que tenham por finalidade a promoção da assistência social poderão qualificar-se como Organizações da Sociedade Civil de Interesse Público.

6. INTERVENÇÃO DO ESTADO NA PROPRIEDADE

6.1. Desapropriação

SÚMULAS

1) Correção Monetária

STF Súm. 561. Em desapropriação, é devida a correção monetária até a data do efetivo pagamento da indenização, devendo proceder-se à atualização do cálculo, ainda que por mais de uma vez.

STJ Súm. 67. Na desapropriação, cabe a atualização monetária, ainda que por mais de uma vez, independente do decurso de prazo superior a um ano entre o cálculo e o efetivo pagamento da indenização.

2) Honorários

STF Súm. 378. Na indenização por desapropriação incluem-se honorários do advogado do expropriado.

STF Súm. 617. A base de cálculo dos honorários de advogado em desapropriação é a diferença entre a oferta e a indenização, corrigidas ambas monetariamente.

STJ Súm. 131. Nas ações de desapropriação incluem-se no cálculo da verba advocatícia as parcelas relativas aos juros compensatórios e moratórios, devidamente corrigidas.

STJ Súm. 141. Os honorários de advogado em desapropriação direta são calculados sobre a diferença entre a indenização e a oferta, corrigidas monetariamente.

3) Juros

STF Súm. 164. No processo de desapropriação, são devidos juros compensatórios desde a antecipada imissão de posse, ordenada pelo juiz, por motivo de urgência.

STF Súm. 416. Pela demora no pagamento do preço da desapropriação não cabe indenização complementar além dos juros.

STF Súm. 618. Na desapropriação, direta ou indireta, a taxa dos juros compensatórios é de 12% (doze por cento) ao ano.

STJ Súm. 12. Em desapropriação, são cumuláveis juros compensatórios e moratórios.

STJ Súm. 56. Na desapropriação para instituir servidão administrativa são devidos os juros compensatórios pela limitação de uso da propriedade.

STJ Súm. 69. Na desapropriação direta, os juros compensatórios são devidos desde a antecipada imissão na posse e, na desapropriação indireta, a partir da efetiva ocupação do imóvel.

STJ Súm. 70. Os juros moratórios, na desapropriação direta ou indireta, contam-se desde o trânsito em julgado da sentença.

STJ Súm. 102. A incidência dos juros moratórios sobre os compensatórios, nas ações expropriatórias, não constitui anatocismo vedado em lei.

STJ Súm. 113. Os juros compensatórios, na desapropriação direta, incidem a partir da imissão na posse, calculados sobre o valor da indenização, corrigido monetariamente.

STJ Súm. 114. Os juros compensatórios, na desapropriação indireta, incidem a partir da ocupação, calculados sobre o valor da indenização, corrigido monetariamente.

STJ Súm. 131. Nas ações de desapropriação incluem-se no cálculo da verba advocatícia as parcelas relativas aos juros compensatórios e moratórios, devidamente corrigidas.

4) Temas Esparsos

STF Súm. 23. Verificados os pressupostos legais para o licenciamento da obra, não o impede a declaração de utilidade pública para desapropriação do imóvel, mas o valor da obra não se incluirá na indenização, quando a desapropriação for efetivada.

STF Súm. 157. É necessária prévia autorização do Presidente da República para desapropriação, pelos Estados, de empresa de energia elétrica.

STF Súm. 476. Desapropriadas as ações de uma sociedade, o poder desapropriante, imitido na posse, pode exercer, desde logo, todos os direitos inerentes aos respectivos títulos.

STF Súm. 652. Não contraria a Constituição o art. 15, § 1º, do DL. 3.365/41 (Lei da Desapropriação por Utilidade Pública).

STJ Súm. 354. A invasão do imóvel é causa de suspensão do processo expropriatório para fins de reforma agrária.

REPERCUSSÃO & REPETITIVOS

STF Rep. Geral 858. I. O trânsito em julgado de sentença condenatória proferida em sede de ação desapropriatória não obsta a propositura de ação civil pública em defesa do patrimônio público, para discutir a dominialidade do bem expropriado, ainda que já se tenha expirado o prazo para a ação rescisória; II. Em sede de ação de desapropriação, os honorários sucumbenciais só serão devidos caso haja devido pagamento da indenização aos expropriados. *RE 1010819, 26.5.2021.*

STJ Repetitivo 126. O índice de juros compensatórios na desapropriação direta ou indireta é de 12% até 11.6.1997, data anterior à vigência da MP 1577/97. *Pet 12344, 28.10.2020.*

STJ Repetitivo 184. O valor dos honorários advocatícios em sede de desapropriação deve respeitar os limites impostos pelo artigo 27, § 1º, do Decreto-lei 3.365/41 – qual seja: entre 0,5% e 5% da diferença entre o valor proposto inicialmente pelo imóvel e a indenização imposta judicialmente. *Pet 12344, 13.11.2020.*

STJ Repetitivo 280. Até 26.9.1999, data anterior à edição da MP 1901-30/99, são devidos juros compensatórios nas desapropriações de imóveis improdutivos. *Pet 12344, 13.11.2020.*

STJ Repetitivo 281. Mesmo antes da MP 1901-30/99, são indevidos juros compensatórios quando a propriedade se mostrar impassível de qualquer espécie de exploração econômica atual ou futura, em decorrência de limitações legais ou fáticas. *Pet 12344, 13.11.2020.*

STJ Repetitivo 282. I. A partir de 27.9.99, data de edição da MP 1901-30/99, exige-se a prova pelo expropriado da efetiva perda de renda para incidência de juros compensatórios (art. 15-A, § 1º, do Decreto-Lei 3.365/41); ii) Desde 5.5.2000, data de edição da MP 2027-38/00, veda-se a incidência dos juros em imóveis com índice de produtividade zero (art. 15-A, § 2º, do Decreto-Lei 3.365/41). *Pet 12344, 13.11.2020.*

STJ Repetitivo 1004. Reconhecida a incidência do princípio da boa-fé objetiva em ação de desapropriação indireta, se a aquisição do bem ou de direitos sobre ele ocorrer quando já existente restrição administrativa, fica subentendido que tal ônus foi considerado na fixação do preço. Nesses casos, o adquirente não faz jus a qualquer indenização do órgão expropriante por eventual apossamento anterior. Excetuam-se da tese hipóteses em que patente a boa-fé objetiva do sucessor, como em situações de negócio jurídico gratuito ou de vulnerabilidade econômica do adquirente. *REsp 1750624, 23.6.2021.*

STJ Repetitivo 1019. O prazo prescricional aplicável à desapropriação indireta, na hipótese em que o Poder Público tenha realizado obras no local ou atribuído natureza de utilidade pública ou de interesse social ao imóvel, é de 10 anos, conforme parágrafo único do art. 1.238 do CC. *REsp 1757352, 7.5.2020.*

STJ Repetitivo 1072. Os juros compensatórios observam o percentual vigente no momento de sua incidência. *Pet 12344, 13.11.2020.*

STJ Repetitivo 1073. As súmulas 12/STJ ("Em desapropriação, são cumuláveis juros compensatórios e moratórios"), 70/STJ ("Os juros moratórios, na desapropriação direta ou indireta, contam-se desde o trânsito em julgado da sentença") e 102/STJ ("A incidência dos juros moratórios sobre compensatórios, nas ações expropriatórias, não constitui anatocismo vedado em lei") somente se aplicam às situações havidas até 12.01.2000, data anterior à vigência da MP 1.997-34. *Pet 12344, 13.11.2020.*

JURISPRUDÊNCIA EM TESES

1) Avaliação

STJ JurisTese 46-6. A imissão provisória na posse do imóvel objeto de desapropriação, caracterizada pela urgência, prescinde de avaliação prévia ou de pagamento integral, exigindo apenas o depósito judicial nos termos do art. 15, § 1º, do Decreto-Lei n. 3.365/1941.

STJ **JurisTese 49-4.** A revelia do desapropriado não implica aceitação tácita da oferta, não autorizando a dispensa da avaliação, conforme Súmula 118 do extinto Tribunal Federal de Recursos.

2) Honorários

STJ **JurisTese 46-2.** As regras dispostas nos arts. 19 e 33 do CPC, quanto à responsabilidade pelo adiantamento dos honorários periciais, se aplicam às demandas indenizatórias por desapropriação indireta, eis que regidas pelo procedimento comum.

STJ **JurisTese 49-11.** O pedido de desistência na ação expropriatória afasta a limitação dos honorários estabelecida no art. 27, § 1º, do Decreto-lei n. 3.365/41.

STJ **JurisTese 49-12.** São aplicáveis às desapropriações indiretas os limites percentuais de honorários advocatícios constantes do art. 27, § 1º, do Decreto-Lei n. 3.365/1941.

3) Imissão Provisória

STJ **JurisTese 49-7.** A imissão provisória na posse não deve ser condicionada ao depósito prévio do valor relativo ao fundo de comércio eventualmente devido.

STJ **JurisTese 49-13.** O prazo para resgate dos Títulos da Dívida Agrária – TDAs complementares expedidos para o pagamento de diferença apurada entre o preço do imóvel fixado na sentença e o valor ofertado na inicial pelo expropriante tem como termo a quo a data da imissão provisória na posse, de acordo com o prazo máximo de vinte anos para pagamento da indenização estabelecido pelo art. 184 da CF/88.

4) Indenização

STJ **JurisTese 46-1.** A indenização referente à cobertura vegetal deve ser calculada em separado do valor da terra nua quando comprovada a exploração dos recursos vegetais de forma lícita e anterior ao processo expropriatório.

STJ **JurisTese 49-1.** O valor da indenização por desapropriação deve ser contemporâneo à data da avaliação do perito judicial.

STJ **JurisTese 49-5.** Se, em procedimento de desapropriação por interesse social, constatar-se que a área medida do bem é maior do que a escriturada no Registro de Imóveis, o expropriado receberá indenização correspondente à área registrada, ficando a diferença depositada em juízo até que, posteriormente, se complemente o registro ou se defina a titularidade para o pagamento a quem de direito.

STJ **JurisTese 49-6.** Na desapropriação é devida a indenização correspondente aos danos relativos ao fundo de comércio.

STJ **JurisTese 49-14.** O promitente comprador tem legitimidade ativa para propor ação cujo objetivo é o recebimento de verba indenizatória decorrente de ação desapropriatória, ainda que a transferência de sua titularidade não tenha sido efetuada perante o registro geral de imóveis.

STJ **JurisTese 49-15.** O possuidor titular do imóvel desapropriado tem direito ao levantamento da indenização pela perda do seu direito possessório.

5) Intervenção do Ministério Público

STJ **JurisTese 46-4.** A intervenção do Ministério Público nas ações de desapropriação de imóvel rural para fins de reforma agrária é obrigatória, porquanto presente o interesse público.

STJ **JurisTese 46-5.** A ação de desapropriação direta ou indireta, em regra, não pressupõe automática intervenção do Ministério Público, exceto quando envolver, frontal ou reflexamente, proteção ao meio ambiente, interesse urbanístico ou improbidade administrativa.

6) Juros

STJ **JurisTese 46-10.** Na desapropriação direta, os juros compensatórios são devidos desde a antecipada imissão na posse e, na desapropriação indireta, a partir da efetiva ocupação do imóvel, calculados, nos dois casos, sobre o valor da indenização corrigido monetariamente.

STJ **JurisTese 46-11.** Na desapropriação, a base de cálculo dos juros compensatórios é a diferença entre os 80% do preço ofertado e o valor do bem definido judicialmente.

STJ **JurisTese 46-12.** Nas hipóteses em que o valor da indenização fixada judicialmente for igual ou inferior ao valor ofertado inicialmente, a base de cálculo para os juros compensatórios e moratórios deve ser os 20% (vinte por cento) que ficaram indisponíveis para o expropriado.

STJ **JurisTese 49-16.** Nas desapropriações realizadas por concessionária de serviço público, não sujeita a regime de precatório, a regra contida no art. 15-B do Decreto-Lei n. 3.365/41 é inaplicável, devendo os juros moratórios incidir a partir do trânsito em julgado da sentença.

7) Perícia

STJ **JurisTese 49-2.** Em se tratando de desapropriação, a prova pericial para a fixação do justo preço somente é dispensável quando há expressa concordância do expropriado com o valor da oferta inicial.

STJ **JurisTese 49-3.** Em ação de desapropriação, é possível ao juiz determinar a realização de perícia avaliatória, ainda que os réus tenham concordado com o valor oferecido pelo Estado.

INFORMATIVOS

STJ **Desapropriação. Extensão. Área contígua. Impossibilidade. Atualização monetária. Parâmetro. Último laudo judicial. Juros compensatórios. Incidência sobre o imóvel efetivamente expropriado. Cabimento.** Há violação aos limites das matérias que podem ser discutidas em ação de desapropriação direta quando se admite o debate – e até mesmo indenização – de área diferente da verdadeiramente expropriada, ainda que vizinha. *REsp 1577047, 1ª T, 25.5.2022. Inf 738.*

STJ **Ação de desapropriação por utilidade pública. Desistência. Honorários advocatícios. Parâmetro. Inexistência de condenação e de proveito econômico. Valor atualizado da causa. Limites da Lei das Desapropriações.** Na hipótese de desistência da ação de desapropriação por utilidade pública, face a inexistência de condenação e de proveito econômico, os honorários advocatícios sucumbenciais observam o valor atualizado da causa, assim como os limites da Lei das Desapropriações. *REsp 1834024, 2ª T, 10.5.2022. Inf 736.*

QUESTÕES OBJETIVAS

122. (Consulplan/TJ/MS/Cartórios/Remoção/2021) De acordo com a CRFB, sobre a desapropriação, estão corretas as seguintes informações, exceto:

a) É de competência privativa da União, legislar sobre desapropriação.
b) É insuscetível de desapropriação para fins de reforma agrária a pequena e média propriedade rural, assim definida em lei, desde que seu proprietário não possua outra.
c) Compete à União desapropriar por interesse social, para fins de reforma agrária, o imóvel rural que não esteja cumprindo sua função social, mediante prévia e justa indenização em títulos da dívida agrária, com cláusula de preservação do valor real, resgatáveis no prazo de até 20 (vinte) anos, a partir do segundo ano de sua emissão, e cuja utilização será definida em lei.
d) É facultado ao Poder Público municipal, mediante lei específica para área incluída no plano diretor, exigir, nos termos da Lei Federal, do proprietário do solo urbano não edificado, subutilizado ou não utilizado, que promova seu adequado aproveitamento, sob pena exclusiva de desapropriação com pagamento mediante títulos da dívida pública de emissão previamente aprovada pelo Senado Federal, com prazo de resgate de até 10 (dez) anos, em parcelas anuais, iguais e sucessivas, assegurados o valor real da indenização e os juros legais.

123. (Ieses/TJ/SC/Cartórios/Remoção/2019) A desapropriação de área contígua necessária ao desenvolvimento da obra a que se destina, caracteriza:

a) desapropriação por zona.
b) desapropriação por interesse social.
c) desapropriação urbanística.
d) desapropriação indireta.

124. (Consulplan/TJ/MG/Cartórios/Ingresso/2019) A interferência do Estado na propriedade privada por meio de ato compulsório pautado em lei que extirpa ou limita direitos sobre o mesmo pelo particular, inclusive pela destinação do uso do mesmo, caracteriza a intervenção na propriedade. No que diz respeito à desapropriação, assinale a alternativa correta.

a) Os bens públicos não se sujeitam à desapropriação tendo em vista a impossibilidade de sobreposição de interesse de um ente ao outro pelo dever geral de preservação do interesse público.
b) A utilidade pública que justifica a expropriação pauta-se na transferência de bens para a Administração por conveniência e imprescindibilidade, dada a ocorrência de situação emergencial.
c) Tem a expropriação o atributo de meio de aquisição originário da propriedade, razão de restar o bem liberado de anteriores ônus, com a sub-rogação de eventuais credores no preço da indenização.
d) A desapropriação opera-se mediante o devido procedimento legal, tendo por fundamentos a necessidade ou a utilidade pública, bem como por interesse social, o que justifica à discricionariedade do Poder Público, a excepcional dispensa de indenização ou de pagamento por títulos da dívida pública ou agrária.

125. (Vunesp/TJ/RS/Cartórios/Remoção/2019) A desapropriação consiste em modalidade de intervenção do Estado na propriedade, por meio da qual o poder público, por motivo de necessidade ou utilidade pública, adquire determinado bem considerado relevante para o desempenho das funções estatais. A respeito do instituto, assinale a alternativa correta.

a) Em caso de desapropriação judicial, a diferença entre o valor depositado pela Administração e o arbitrado na sentença não se sujeita ao regime de precatórios, devendo a entidade pública efetuar o pagamento em dinheiro.
b) Os bens expropriados, uma vez incorporados à Fazenda Pública, podem ser objeto de reivindicação, caso o bem seja empregado em atividade diversa da finalidade pública que justificou a desapropriação.
c) Se houver concordância, reduzida a termo, do expropriado, a decisão concessiva da imissão provisória na posse implicará a aquisição da propriedade pelo expropriante com o consequente registro da propriedade na matrícula do imóvel.
d) A imissão provisória na posse, realizada em função da desapropriação, pressupõe a citação do desapropriado e o pagamento de indenização prévia e justa em dinheiro, nos termos do art. 5º , XXIV, da Constituição Federal.
e) A desapropriação, que conte com a concordância do particular, equivale a um contrato de compra e venda, o que implicará na manutenção dos ônus reais incidentes sobre o bem após a transferência da propriedade para o Estado.

126. (UFPR/TJ/PR/Cartórios/Ingresso/2019) Desde pelo menos o advento da República, mas mesmo antes disso, "foram sendo estabelecidas as condições para que o Brasil se tornasse um dos países do mundo com os maiores índices de concentração privada da posse da terra. Esse fato foi documentado pelo último Censo Agropecuário (IBGE, 2006), quando se constatou que a desigualdade na distribuição da terra revela, a um só tempo, processos pretéritos e contemporâneos do modo como os recursos naturais são apropriados no Brasil" (MATTEI, 2016). Levando em consideração o enunciado, bem como a regulamentação do processo de desapropriação de imóvel rural por interesse social, assinale a alternativa correta.

a) A desapropriação de imóvel rural por interesse social e para fins de reforma agrária é de competência da União, Estados e Distrito Federal, e será precedida de decreto declarando o imóvel de interesse social.
b) Os imóveis rurais desapropriados, uma vez registrados em nome do expropriante, poderão ser objeto de ação reivindicatória.
c) Na ação de desapropriação, efetuado ou não o levantamento, ainda que parcial, da indenização ou do depósito judicial, será expedido em favor do sujeito expropriante mandado translativo do domínio para o Cartório do Registro de Imóveis competente.
d) As demandas de desapropriação de imóvel rural por interesse social serão averbadas no registro do imóvel expropriado pelo oficial competente, após a certificação do trânsito em julgado da ação no processo.
e) A partir da juntada do comprovante de pagamento de preparo e emolumentos nos autos, as ações concernentes à desapropriação de imóvel rural por interesse social, para fins de reforma agrária, têm caráter preferencial e prejudicial em relação a outras ações referentes ao imóvel expropriando.

127. (Vunesp/TJ/AL/Cartórios/Ingresso/2019) A desapropriação por necessidade pública, utilidade pública ou interesse social, assegurada prévia a justa indenização em dinheiro, prevista no inciso XXIV do art. 5º da Constituição Federal.

a) constitui sanção pelo descumprimento da função social da propriedade urbana.
b) pode ter por objeto imóvel que cumpre a função social da propriedade.
c) trata do confisco de imóvel utilizado para o cultivo de plantas psicotrópicas.
d) caracteriza sanção pelo descumprimento à função social da propriedade rural.

128. (Consulplan/TJ/MG/Cartórios/Remoção/2018) Sobre o instituto da desapropriação, assinale a afirmativa correta:

a) a desapropriação por interesse social é aquela decretada para condicionar o uso da propriedade voltada ao bem-estar social, sendo da competência exclusiva da União.
b) a desapropriação por zona de área contígua necessária ao desenvolvimento da obra se destina a ampliar a área expropriada remanescente que, em razão da desvalorização e subaproveitamento, deve ser abrangida na indenização ao expropriado.
c) o pagamento da indenização na ação de desapropriação, uma vez julgada favorável ao expropriado quanto ao valor justo a ser pago, deixa de ser prévia, na medida em que será feito na ordem de apresentação da requisição do precatório e à conta dos créditos respectivos.
d) a desapropriação decorrente do não cumprimento da função social do imóvel urbano é da competência dos municípios mediante pagamento de justa e prévia indenização, após a tentativa de que o proprietário regularize o imóvel e de instituição do imposto de propriedade territorial urbano progressivo.

129. (Ieses/TJ/CE/Cartórios/Remoção/2018) Consideram-se casos de utilidade pública, para fins de desapropriação pela União, pelos Estados, Municípios, Distrito Federal e Territórios as seguintes situações:

I. a defesa do Estado.
II. o aproveitamento industrial das minas e das jazidas minerais, das águas e da energia hidráulica.
III. a segurança nacional.
IV. o funcionamento dos meios de transporte coletivo.

A sequência correta é:

a) apenas a assertiva II está incorreta.

b) apenas as assertivas I, II e III estão corretas.
c) as assertivas I, II, III e IV estão corretas.
d) apenas as assertivas II e IV estão corretas.

130. (Ieses/TJ/AM/Cartórios/Ingresso/2018) Sobre a intervenção administrativa na propriedade, é correto:

a) o tombamento é imposto por ato administrativo unilateral, de cunho singular, incidente sobre bens imóveis particulares, que uma vez tombados não poderão ser alienados pelo respectivo proprietário, ressalvada a hipótese de reversão administrativa ou judicial do ato de tombamento.
b) no caso do parcelamento e edificação compulsórios, esses institutos podem ser usados pelo Poder Público municipal e estadual na hipótese de o proprietário do imóvel não utilizado ou subutilizado questionar a aplicação do IPTU com alíquota progressiva no tempo ou a desapropriação para fins de reforma urbana.
c) a desapropriação indireta ocorre nos casos em que o Poder Público apreende bens ilegalmente comercializados, e também nos casos de expropriações de terras utilizadas para o cultivo de substâncias ilegais, situações em que a respectiva indenização ocorrerá mediante títulos da dívida pública.
d) compete à União desapropriar por interesse social, para fins de reforma agrária, o imóvel rural que não esteja cumprindo sua função social, mediante prévia e justa indenização em títulos da dívida agrária, com cláusula de preservação do valor real, resgatáveis no prazo de até vinte anos, a partir do segundo ano de sua emissão, e cuja utilização será definida em lei.

6.2. Outros Tipos de Intervenção

SÚMULAS

STJ Súm. 56. Na desapropriação para instituir servidão administrativa são devidos os juros compensatórios pela limitação de uso da propriedade.

JURISPRUDÊNCIA EM TESES

1) Indenização

STJ JurisTese 127-7. A indenização referente à cobertura vegetal deve ser calculada em separado do valor da terra nua quando comprovada a exploração dos recursos vegetais de forma lícita e anterior ao processo interventivo na propriedade.

2) Limitação Administrativa

STJ JurisTese 127-4. A indenização pela limitação administrativa ao direito de edificar, advinda da criação de área "non aedificandi", somente é devida se imposta sobre imóvel urbano e desde que fique demonstrado o prejuízo causado ao proprietário da área.

STJ JurisTese 127-5. É indevido o direito à indenização se o imóvel expropriado foi adquirido após a imposição de limitação administrativa, porque se supõe que as restrições de uso e gozo da propriedade já foram consideradas na fixação do preço do imóvel.

STJ JurisTese 127-6. As restrições relativas à exploração da mata atlântica estabelecidas pelo Decreto n. 750/1993 constituem mera limitação administrativa, e não desapropriação indireta, sujeitando-se, portanto, à prescrição quinquenal.

3) Servidão

STJ JurisTese 127-8. Nas hipóteses em que ficar demonstrado que a servidão de passagem abrange área superior àquela prevista na escritura pública, impõe-se o dever de indenizar, sob pena de violação do princípio do justo preço.

STJ JurisTese 127-9. Os juros compensatórios incidem pela simples perda antecipada da posse, no caso de desapropriação, e pela limitação da propriedade, no caso de servidão administrativa nos termos da Súmula n. 56/STJ.

STJ JurisTese 127-10. Não incide imposto de renda sobre os valores indenizatórios recebidos pelo particular em razão de servidão administrativa instituída pelo Poder Público.

STJ JurisTese 127-11. Admite-se a possibilidade de construções que não afetem a prestação de serviço público na faixa de servidão (art. 3º do Decreto n. 35.851/1954).

4) Tombamento

STJ JurisTese 127-1. O ato de tombamento geral não precisa individualizar os bens abarcados pelo tombo, pois as restrições impostas pelo Decreto-Lei n. 25/1937 se estendem à totalidade dos imóveis pertencentes à área tombada.

STJ JurisTese 127-2. Inexistindo ofensa à harmonia estética de conjunto arquitetônico tombado, não há falar em demolição de construção acrescida.

STJ JurisTese 127-3. O tombamento do Plano Piloto de Brasília abrange o seu singular conceito urbanístico e paisagístico, que expressa e forma a própria identidade da capital federal.

INFORMATIVOS

STF Requisição administrativa de bens ou serviços públicos. A requisição administrativa "para atendimento de necessidades coletivas, urgentes e transitórias, decorrentes de situações de perigo iminente, de calamidade pública ou de irrupção de epidemias" – prevista na Lei Orgânica do Sistema Único de Saúde (Lei 8.080/90) – não recai sobre bens e/ou serviços públicos de outro ente federativo. *ADI 3454, 20.6.2022. Pleno. Inf 1059.*

STJ Servidão administrativa. Imissão na posse. Valor apurado unilateralmente. Violação ao art. 15 do DL 3.365/41. É cabível a avaliação pericial provisória como condição à imissão na posse nas ações regidas pelo DL 3.365/41, quando não observados os requisitos previstos no art. 15, § 1.º, do referido diploma. *AREsp 1674697, 2ª T, 8.11.2022. Inf 756.*

QUESTÕES DISCURSIVAS

11. (Ieses/TJ/RO/Cartórios/2021) Um determinado empreendedor, em busca de imóvel para a construção de seu mais novo empreendimento no ramo imobiliário, é contatado por corretores de um dado Município, localizado no interior de um dos Estados da Federação. Ao visitá-lo a convite dos aludidos corretores de imóveis, depara-se o interessado com uma casa localizada no centro histórico da aludida cidade, apresentando, a exemplo dos imóveis circunvizinhos, traços culturais, históricos e arquitetônicos marcantes, representativos da formação daquele povo e de sua cultura. Todavia, diversamente do que ocorrera com imóveis adjacentes, o bem pelo qual o empreendedor se interessara não fora tombado por ato administrativo, embora gozasse de isenção de Imposto Predial e Territorial Urbano – IPTU, por se tratar de bem de interesse histórico inventariado, assim considerado pela municipalidade para efeitos de isenção do aludido tributo. Desperto por interesses lucrativos, o empreendedor consumou a aquisição do bem e solicitou licença de demolição. O Município, ao receber o pedido, negou-o, sob alegação de que o imóvel em testilha, uma casa típica construída há mais de um século, guardava características culturais e históricas pertencentes ao acervo de bens dignos de conservação, tendo inclusive pertencido a um dos fundadores da cidade. Irresignado com a negativa, o empreendedor ignorou-a de pronto, promovendo a demolição do bem, doando, contudo, os bens móveis de igual valor histórico ao museu municipal. O Município, antes de completada a demolição, embargou administrativamente a obra, cuja ordem foi, mais uma vez, ignorada pelo comprador. Por conta dessa circunstância, servindo- se de sua Procuradoria-Geral, deflagrou ação civil pública visando à reconstrução do bem ou, subsidiariamente, à reparação dos danos morais e coletivos causados. Citado, o réu alegou que promoveu a demolição do imóvel pois este não se encontrava tombado e, assim, a seu sentir, estava disponível, inclusive para a demolição. Considerando esse imbróglio, responda aos seguintes questionamentos: a) Há, na Constituição da República de 1988, previsão de proteção ao patrimônio cultural brasileiro? Em caso positivo, cite-o, indicando expressamente os meios de proteção existentes; b) No tocante à conduta do empreendedor e seu argumento de defesa em juízo, a ausência de tombamento formal, por ato administrativo, era capaz, por si, de permitir considerar que a propriedade em tela estava disponível, especialmente para a demolição? Justifique objetivamente a sua resposta; c) O tombamento tem prazo de duração? Justifique sua resposta; d) No caso acima, considere que o imóvel foi tombado e ainda não foi demolido, e que o proprietário não é um empreendedor e não dispõe de recursos para promover a sua conservação. Que postura deve ele tomar, segundo as normas de regência? Fundamente sua resposta.

12. (FGV/TJ/SC/Cartórios/2021) O prefeito de um Município brasileiro decide tombar um imóvel de propriedade da União localizado no centro urbano e que foi moradia de um poeta famoso da cidade. No decreto de tombamento do imóvel, o prefeito menciona que o imóvel terá de se tornar um centro cultural em homenagem ao poeta já falecido. O imóvel, por sua vez, está sendo ocupado irregularmente por Tício, há mais de vinte anos, que pretende defender sua posse contra o Município e a União. A União, em suas razões, alega que: i. o Município não poderia tombar um bem imóvel de sua propriedade, nos termos do previsto no Art. 2º do Decreto-Lei nº 3.365/1941; ii. o tombamento não poderia obrigar o proprietário a dar uma destinação específica ao bem; e iii. caso se entenda pela validade do tombamento, o Município deveria indenizar a União pelos prejuízos que terá em razão da referida intervenção. Considerando a situação acima narrada, esclareça o seguinte: (1º) Qual o nome atribuído por lei ao tombamento de bem público? (2º) O Município pode tombar bem da União? Qual o entendimento do STF e do STJ sobre o tema? (3º) Tício deve ter êxito em eventual ação possessória movida em face do Município ou da União? (4º) O tombamento pode obrigar o proprietário a dar uma destinação específica ao bem? (5º) Se, hipoteticamente, o tombamento causar prejuízo ao proprietário de um bem, qual seria o prazo prescricional para ele pleitear uma indenização?

QUESTÕES OBJETIVAS

131. (Ieses/TJ/TO/Cartórios/Remoção/2022) Constitui o patrimônio histórico e artístico nacional o conjunto dos bens móveis e imóveis existentes no país e cuja conservação seja de interesse público, quer por sua vinculação a fatos memoráveis da história do Brasil, quer por seu excepcional valor arqueológico ou etnográfico, bibliográfico ou artístico. Acerca da organização e da proteção do patrimônio histórico e artístico nacional é correto afirmar, exceto:

a) Proceder-se-á ao tombamento compulsório quando o proprietário se recusar a anuir à inscrição da coisa.
b) As coisas tombadas, que pertençam à União, aos Estados ou aos Municípios, inalienáveis por natureza, só poderão ser transferidas de uma a outra das referidas entidades.
c) No livro do tombo das belas artes serão inscritas as obras que se incluírem na categoria das artes aplicadas, nacionais ou estrangeiras.
d) Coisa tombada não poderá sair do país, senão por curto prazo, sem transferência de domínio e para fim de intercâmbio cultural, a juízo do Conselho Consultivo do Serviço do Patrimônio Histórico e Artístico Nacional.

132. (Ieses/TJ/TO/Cartórios/Ingresso/2022) Sobre a previsão do Tombamento (Decreto-lei 25/37), assinale a alternativa correta:

a) Após o tombamento de um imóvel deve ser feita nova matrícula, na serventia competente, e anulada a matrícula anterior.
b) Os imóveis tombados só podem ser alienados mediante sentença judicial transitada em julgado.
c) O tombamento de coisa pertencente à pessoa natural ou à pessoa jurídica de direito privado somete se fará voluntariamente.
d) As coisas tombadas não poderão, em caso nenhum ser destruídas, demolidas ou mutiladas, nem, sem prévia autorização especial do Serviço do Patrimônio Histórico e Artístico Nacional, ser reparadas, pintadas ou restauradas, sob pena de multa de cinquenta por cento do dano causado.

133. (Ieses/TJ/RO/Cartórios/Ingresso/2021) Assinale a alternativa correta:

a) É vedada locação ou venda de imóvel tombado.
b) Apenas o proprietário pode solicitar a abertura de um processo de tombamento.
c) O tombamento pode ser realizado em bens móveis e imóveis de interesse cultural/ambiental, buscando a preservação da memória e de referenciais coletivos.
d) Para que um imóvel seja tombado é necessário um processo de desapropriação, com justa e prévia indenização.

134. (Consulplan/TJ/MS/Cartórios/Ingresso/2021) O direito de propriedade, garantido no Art. 5º, XXII, da Constituição, não é absoluto, podendo o Estado intervir na propriedade do particular, principalmente para a garantia de sua função social. Sobre a intervenção do Estado na propriedade do particular, assinale a afirmativa incorreta.

a) Tombamento é modalidade de intervenção do Estado na propriedade por meio da qual procura proteger o patrimônio cultural brasileiro.
b) A ocupação temporária é o direito real público que permite ao Estado a utilização de propriedade do particular para a execução de obras e serviços de interesse coletivo.
c) Desapropriação é o procedimento de direito público pelo qual o Poder Público transfere para si a propriedade de terceiro, por razões de utilidade pública, de necessidade pública, ou de interesse social, mediante o pagamento, em regra, de justa e prévia indenização.
d) O Art. 5º, XXV, da Constituição, ao dispor que "no caso de iminente perigo público, a autoridade competente poderá usar de propriedade particular, assegurada ao proprietário indenização ulterior, se houver dano", traz importante fundamento para a modalidade de intervenção na propriedade chamada Requisição.

135. (Ieses/TJ/SC/Cartórios/Ingresso/2019) A passagem de redes transmissão elétrica ou implantação de oleodutos em pequena parcela de propriedade privada, encerra a intervenção do Estado na propriedade na seguinte modalidade:

a) limitação administrativa.
b) servidão administrativa.
c) requisição.
d) desapropriação.

136. (Cespe/TJ/DFT/Cartórios/Ingresso/2019) Em se tratando de bens de propriedade particular integrantes do patrimônio histórico e artístico nacional, o Decreto-lei nº 25/1937 prevê que o tombamento definitivo deve ser transcrito:

a) no registro de imóveis, se o bem tombado for imóvel, ou no registro de títulos e documentos, se bem móvel, devendo ser averbado ao lado da transcrição do domínio.
b) no registro de imóveis, se o bem tombado for imóvel, ou no Instituto do Patrimônio Histórico e Artístico Nacional

(IPHAN), se bem móvel, não sendo necessária qualquer averbação na transcrição do domínio.

c) no registro de imóveis, em livro próprio, não devendo ser feita a averbação na transcrição do domínio.

d) no registro de imóveis, devendo ser averbado ao lado da transcrição do domínio.

e) no Instituto do Patrimônio Histórico e Artístico Nacional (IPHAN) e no registro de títulos e documentos, não sendo necessária qualquer averbação na transcrição do domínio do registro de imóveis.

137. (Vunesp/TJ/RS/Cartórios/Ingresso/2019) A respeito da intervenção do Estado na propriedade, assinale a alternativa correta.

a) É inconstitucional o tombamento de bens da União pelos Estados, ainda que haja autorização legislativa.

b) As requisições administrativas são limitações impostas por atos normativos à propriedade, que impõe ao proprietário obrigações de ordem positiva ou negativa, a fim de atender o interesse público.

c) A servidão administrativa pode não precisar da existência de um prédio dominante, pois a restrição imposta ao prédio serviente pode se fundar exclusivamente pela necessidade de serviços de utilidade pública.

d) As servidões administrativas podem ser realizadas sobre bens móveis e imóveis, sendo devida a indenização somente se houver comprovação de dano pelo particular.

e) Segundo o Superior Tribunal de Justiça, por envolver a prática de atos de império, os concessionários de serviços público, mesmo que autorizados por contrato, não podem promover desapropriações.

138. (Ieses/TJ/RO/Cartórios/Remoção/2017) Modalidade de intervenção estatal através da qual o Estado utiliza bens móveis, imóveis e serviços particulares em situação de perigo público iminente. O conceito acima descrito refere-se a:

a) tombamento.

b) servidão administrativa.

c) desapropriação.

d) requisição administrativa.

139. (Consulplan/TJ/MG/Cartórios/Ingresso/2017) Analise as seguintes assertivas sobre o tombamento e assinale a alternativa correta:

a) o proprietário do bem imóvel tombado, que desejar aliená-lo onerosamente, deverá oferecê-lo pelo mesmo preço à União, ao Estado e ao Município em que o bem se encontrar, propiciando que esses exerçam, dentro do prazo de trinta dias, o direito de preferência.

b) o tombamento consiste em restrição parcial ao direito de propriedade, na medida em que não impede ao proprietário o exercício dos direitos inerentes ao domínio e, em regra, não gera direito à indenização.

c) o tombamento é uma das formas de intervenção na propriedade por meio da qual o Poder Público visa proteger o patrimônio cultural brasileiro e incide apenas sobre bens imóveis e particulares.

d) o tombamento não gera restrições à vizinhança do imóvel tombado, uma vez que a limitação imposta pelo Poder Público é pessoal e intransferível.

140. (Consulplan/TJ/MG/Cartórios/Ingresso/2017) Em virtude da construção de um túnel subterrâneo para a passagem de dutos de cabeamento na cidade de Belo Horizonte, a Prefeitura Municipal se viu obrigada a usar terreno não edificado, particular e contíguo ao local de execução da obra, pelo período de noventa dias, para fins de movimentação de máquinas, equipamentos e materiais diversos, imprescindíveis ao andamento dos trabalhos. Para tal finalidade, a Prefeitura de Belo Horizonte, lançou mão do instituto:

a) da servidão administrativa.

b) do tombamento.

c) da ocupação temporária.

d) da requisição.

7. LICITAÇÕES E CONTRATOS

7.1. Contratos

INFORMATIVOS

STJ Honorários advocatícios. Contrato administrativo. Licitação para contratação de serviços de advocacia. Cláusula de renúncia aos honorários de sucumbência. Lei 8.666/93. Nos contratos administrativos, é válida a cláusula que prevê renúncia do direito aos honorários de sucumbência por parte de advogado contratado. *AREsp 1825800, 1ª T, 11.4.2022. Inf 733.*

QUESTÕES DISCURSIVAS

13. (Vunesp/TJ/GO/Cartórios/2021) Os contratos são instrumentos jurídicos por meio dos quais as partes modelam, do ponto de vista jurídico, relações econômicas. Os contratos administrativos são encarados por parte da doutrina como categorias especiais de negócio jurídico, por se submeterem a um regime jurídico especial, dada a ausência de horizontalidade entre as partes. O movimento de constitucionalização do Direito Administrativo tem provocado uma rediscussão sobre as bases dogmáticas desse ramo do direito, com reflexo nas contratações públicas. Com relação ao tema, responda, de forma fundamentada: i) o que representa a constitucionalização do direito administrativo e os reflexos que ela produz nas contratações públicas; ii) trate dos impactos concretos que essa revisitação das bases dogmáticas produziu no regime de contratação previsto na Lei n. 14.133/21.

QUESTÕES OBJETIVAS

141. (Consulplan/TJ/MS/Cartórios/Remoção/2021) Contratos são acordos de vontade com a finalidade de criar, modificar, extinguir e conservar direitos. Os contratos administrativos são os realizados com a participação de pessoa jurídica de direito público. Sobre a duração dos contratos administrativos tratados pela Lei nº 8.666/93, analise as afirmativas a seguir.

I. Como regra, a duração dos contratos administrativos ficará adstrita à vigência dos respectivos créditos orçamentários.

II. Os contratos para as compras de material de uso pelas Forças Armadas, com exceção de materiais de uso pessoal e administrativo, quando houver necessidade de manter a padronização requerida pela estrutura de apoio logístico dos meios navais, aéreos e terrestres, mediante parecer de comissão instituída por decreto, poderão ter vigência por até 120 (cento e vinte) meses, caso haja interesse da administração.

III. A duração dos contratos relativos ao aluguel de equipamentos e à utilização de programas de informática pode estender-se pelo prazo de até 48 (quarenta e oito) meses após o início da vigência do contrato.

IV. Os contratos para o fornecimento de bens e serviços, produzidos ou prestados no País, que envolvam, cumulativamente, alta complexidade tecnológica e defesa nacional, mediante parecer de comissão especialmente designada pela autoridade máxima do órgão. Poderão ter vigência por até 60 (sessenta) meses, caso haja interesse da administração.

Está correto o que se afirma em:

a) I, II, III e IV.
b) I e IV, apenas.
c) II e III, apenas.
d) I, II e III, apenas.

142. (Vunesp/TJ/GO/Cartórios/Remoção/2021) A respeito dos contratos administrativos, tendo por base a Lei nº 8.666/93, é correto afirmar que:

a) é possível a rescisão amigável de contrato administrativo e, para isso, o instrumento rescisório deve ser formalizado por termo no processo de licitação.
b) a partir de 60 (sessenta) dias no atraso dos pagamentos devidos pela Administração, o particular pode recorrer à via judicial para utilizar-se da cláusula de exceção de contrato não cumprido.
c) na revisão do preço, a recomposição é efetivada com base na variação de custos de insumos previstos em documento previamente elaborado.
d) é condição de validade do contrato administrativo sua publicação na imprensa oficial antes da sua celebração.

143. (Ieses/TJ/SC/Cartórios/Ingresso/2019) Com relação ao contrato administrativo é correto afirmar:

a) É possível sua alteração, de modo justificado, em decorrência de acordo entre as partes.
b) É cabível sua rescisão unilateral pela Administração Pública por fundadas razões de interesse público, sem a necessidade de qualquer pagamento ao particular contratado.
c) A Administração pode impor sanções ao particular inadimplente desde que expressamente previstas no instrumento contratual.
d) A Administração poderá, observado o devido processo legal, impor a sanção de suspensão temporária de participação em licitação e impedimento de contratar com a Administração, por prazo não superior a cinco anos.

144. (Vunesp/TJ/RS/Cartórios/Remoção/2019) Suponha que a Administração tenha realizado licitação e celebrado contrato para a execução do serviço de limpeza, asseio e conservação predial. O Edital do certame e o contrato preveem que caberá à empresa vencedora fornecer mão de obra para a execução do serviço de asseio e os produtos empregados na atividade. Restou estipulado também que o contrato será celebrado por um prazo inicial de 12 (doze) meses, ficando admitida a prorrogação. Após a primeira prorrogação e passados 13 (treze) meses de execução do contrato, a empresa apresenta pedido de reajuste contratual, no qual pede que a sua contraprestação financeira seja corrigida pela inflação do período. Informa que, apesar de não ter constado da sua proposta e do Edital a possibilidade de reajuste com base na inflação, a legislação reconhece a necessidade de o contrato administrativo preservar o equilíbrio econômico-financeiro ao longo da sua execução. Considerando a situação hipotética, assinale a alternativa correta.

a) O pedido de reajuste da contraprestação deve ser acolhido, pois a garantia do equilíbrio econômico-financeiro impõe que seja preservada, durante a execução do contrato, a equação entre os custos dos serviços e os valores constantes na proposta.
b) O pedido de reajuste da contraprestação deve ser negado, pois a empresa aquiesceu com os termos do Edital e do contrato, inserindo na sua proposta os custos da ausência do reajuste.
c) A Administração tem o direito de prorrogar unilateralmente o contrato, dispensada a concordância do contratado, devendo a prorrogação ser limitada, em regra, ao prazo de 60 (sessenta) meses.
d) Dado que os índices de inflação não são conhecidos no momento da celebração do contrato, a Administração poderá realizar a revisão do valor da contraprestação, com base na teoria da imprevisão.
e) O serviço descrito não se enquadra no conceito de serviço de natureza continuada, o que torna inválida a prorrogação contratual.

145. (Cespe/TJ/DFT/Cartórios/Remoção/2019) Constatada inexecução total ou parcial de um contrato administrativo, a administração pública poderá aplicar ao contratado a sanção de:

a) advertência, independentemente da apresentação de prévia defesa.
b) multa, cujo valor poderá ser superior ao valor da garantia contratual prestada.
c) suspensão temporária de participação em licitação, por prazo de até cinco anos.
d) impedimento de celebrar contratos com a administração, que deve ser determinado exclusivamente por ministro de Estado ou secretário estadual ou municipal.
e) declaração de inidoneidade para licitar ou celebrar contratos com a administração pública, o que veda a reabilitação do inadimplente.

146. (Consulplan/TJ/MG/Cartórios/Remoção/2018) Analise as seguintes afirmativas sobre o regime de direito utilizado pela Administração Pública.

I. nas relações entre pessoas jurídicas de direito público, as prerrogativas e privilégios se presumem independentemente de previsão legal, diferentemente do direito comum de que a Administração participa aonde, no silêncio da lei, inexistem prerrogativas.
II. as derrogações do direito comum podem ter tal monta nas relações em que a Administração participa que o instituto pode assumir feição diversa mais próxima do direito público do que do direito privado.
III. não há limites para as derrogações do direito comum nas relações em que a Administração participa salvo se o regime jurídico privado seja imposto pela Constituição Federal.
IV. os serviços de telecomunicações são exemplos de serviços cujo regime jurídico é o de direito público a ser observado pela Administração Pública, cuja determinação vem da Constituição.

Estão corretas as afirmativas:

a) I, II, III e IV.
b) I e IV, apenas.
c) I, II e III, apenas.
d) II, III e IV, apenas.

147. (Consulplan/TJ/MG/Cartórios/Ingresso/2018) Sobre os contratos administrativos regidos pela Lei nº 8.666/93, é incorreto afirmar que:

a) o restabelecimento da equação econômico-financeira depende da concretização de um evento anterior à proposta formulada, não culposo do contratado, identificável como causa do agravamento da posição do particular.
b) a majoração da carga tributária incidente diretamente na fase de execução da prestação objeto do contrato é causa apta a gerar efeitos jurídicos sobre o equilíbrio econômico-financeiro da contratação, a justificar o restabelecimento desta equação.
c) podem ser modificados por consenso entre as partes para restabelecer a relação econômico-financeira, quando sobrevirem

fatos imprevisíveis, força maior, caso fortuito, fato príncipe e mesmo em casos previsíveis que tenham consequências incalculáveis.

d) podem ser modificados unilateralmente quando necessária a alteração do valor contratual em decorrência de acréscimo ou diminuição quantitativa do objeto, em até 25% (vinte e cinco por cento) do valor inicial atualizado do contrato no caso de serviços, compras ou obras, ficando o contratado obrigado a aceitá-la nas mesmas condições contratuais.

148. (Ieses/TJ/AM/Cartórios/Remoção/2018) Em conformidade com a Lei 8.666 que institui normas para licitações e contratos da Administração Pública, é correto afirmar:

I. obra – toda construção, reforma, fabricação, recuperação ou ampliação, realizada por execução direta ou indireta.

II. o contratado é responsável pelos encargos trabalhistas, previdenciários, fiscais e comerciais resultantes da execução do contrato.

III. concurso, leilão e concorrência são alguns exemplos de modalidade de licitação.

IV. a Administração Pública responde subsidiariamente com o contratado pelos encargos previdenciários resultantes da execução do contrato.

A sequência correta é:

a) apenas as assertivas II e IV estão corretas.
b) apenas a assertiva II está incorreta.
c) as assertivas I, II, III e IV estão corretas.
d) apenas as assertivas I, II e III estão corretas.

7.2. Licitações

7.2.1. Disposições Gerais

SÚMULAS

STJ Súm. 333. Cabe mandado de segurança contra ato praticado em licitação promovida por sociedade de economia mista ou empresa pública.

REPERCUSSÃO & REPETITIVOS

STF Rep. Geral 854. Salvo em situações excepcionais devidamente comprovadas, serviço público de transporte coletivo pressupõe prévia licitação. *RE 1001104, 15.5.2020.*

STJ Repetitivo 1038.. Os editais de licitação ou pregão não podem conter cláusula prevendo percentual mínimo referente à taxa de administração, sob pena de ofensa ao artigo 40, inciso X, da Lei n. 8.666/1993. *REsp 1840113, 23.10.2020.*

JURISPRUDÊNCIA EM TESES

STJ JurisTese 97-1. A Lei n. 8.666/1993, que estabelece normas gerais sobre licitações e contratos administrativos pertinentes a obras, serviços, inclusive de publicidade, compras, alienações e locações no âmbito dos poderes da União, dos estados, do Distrito Federal e dos municípios, não guarda pertinência com as questões envolvendo concursos para preenchimento de cargos públicos efetivos.

STJ JurisTese 97-2. Ainda que o servidor esteja de licença à época do certame, não é possível a participação de empresa que possua no seu quadro de pessoal servidor público, efetivo ou ocupante de cargo em comissão/função gratificada, ou dirigente do órgão contratante ou responsável pela licitação.

STJ JurisTese 97-7. A contratação de advogados pela administração pública, mediante procedimento de inexigibilidade de licitação, deve ser devidamente justificada com a demonstração de que os serviços possuem natureza singular e com a indicação dos motivos pelos quais se entende que o profissional detém notória especialização.

STJ JurisTese 97-8. A contratação direta, quando não caracterizada situação de dispensa ou de inexigibilidade de licitação, gera lesão ao erário (dano "in re ipsa"), na medida em que o Poder Público perde a oportunidade de contratar melhor proposta.

STJ JurisTese 97-9. A alegação de nulidade contratual fundamentada na ausência de licitação não exime o dever de a administração pública pagar pelos serviços efetivamente prestados ou pelos prejuízos decorrentes da administração, quando comprovados, ressalvadas as hipóteses de má-fé ou de haver o contratado concorrido para a nulidade.

STJ JurisTese 97-10. A superveniente homologação/adjudicação do objeto licitado não implica a perda do interesse processual na ação em que se alegam nulidades no procedimento licitatório.

QUESTÕES OBJETIVAS

149. (Vunesp/TJ/SP/Cartórios/Ingresso/2022) A pré-qualificação no processo licitatório, instituído pela Lei Federal nº 14.133, de 1º de abril de 2021, é:

a) um procedimento obrigatório, regido pelo princípio da publicidade e corolário dos princípios da eficiência e da economicidade.
b) um procedimento auxiliar que, nos casos de indeferimento de interessado, poderá ensejar a apresentação de recurso no prazo de 5 (cinco) dias úteis, contados da data de intimação.
c) um procedimento auxiliar, de natureza técnico-administrativa, convocado por meio de edital, de caráter facultativo.
d) um procedimento auxiliar, de natureza técnico-administrativa, com validade de 1 (um) ano, prorrogável por igual período, que, uma vez adotada, deverá ser restrita a licitantes ou bens pré-qualificados.

150. (Consulplan/TJ/MG/Cartórios/Ingresso/2019) A Constituição Federal previu no inciso XXVII, do art. 22, a competência privativa da União para legislar acerca de normas gerais de licitação e contratação em todas as modalidades na Administração Pública Direta e Indireta. Assim, a Lei nº 8.666/93 presta-se a cumprir tal finalidade. Considerando as regras pertinentes aos contratos públicos e à Lei de Licitações, assinale a alternativa correta.

a) O contrato administrativo tem natureza comutativa, embora não consensual, sendo o caráter formal indispensável à concretização da transparência e viabilizador da plena execução de seus termos.
b) À Administração Pública é facultada a exigência de garantia do vencedor de certame licitatório, a qual somente pode ser exigida do licitante vencedor, a quem compete optar por uma das modalidades estabelecidas em Lei.
c) Na modalidade de licitação Convite, remete-se pelo ente licitante carta convite a possíveis proponentes à escolha da Administração, a qual deve ser concomitante à publicação de edital, como corolário do princípio da publicidade.
d) Em razão da natureza não consensual do contrato administrativo atribui-se à Administração Pública a prerrogativa de aplicar penalidades ao contratado, quando do cometimento de infrações, sendo, portanto, consequência do princípio da autoexecutoriedade dos atos administrativos.

151. (Cespe/TJ/DFT/Cartórios/Ingresso/2019) Com relação a licitações, julgue os seguintes itens.

I. Subordinam-se ao regime da Lei nº 8.666/1993, além dos órgãos da administração direta e indireta, os fundos especiais, os cartórios notariais e de registro e as demais entidades controladas direta ou indiretamente pela União, pelos estados, pelo Distrito Federal e pelos municípios.

II. Os contratos administrativos relativos a direitos reais sobre imóveis são formalizados por meio de instrumento lavrado em cartório de notas.

III. Os bens imóveis da administração pública poderão ser alienados por ato da autoridade competente mediante adoção de procedimento licitatório sob a modalidade de concorrência ou pregão eletrônico.

IV. Qualquer cidadão é parte legítima para impugnar edital de licitação por irregularidade na aplicação da Lei nº 8.666/1993, devendo protocolar o pedido até cinco dias úteis antes da data prevista para a abertura dos envelopes de habilitação.

Estão certos apenas os itens:

a) I e II.
b) I e III.
c) II e IV.
d) I, III e IV.
e) II, III e IV.

7.2.2. Dispensa/Inexigibilidade

QUESTÕES OBJETIVAS

152. (Consulplan/TJ/MS/Cartórios/Ingresso/2021) O art. 25, caput, da Lei nº 8.666/93, informa que é inexigível a licitação quando houver inviabilidade de competição. A contratação com profissionais ou empresas de notória especialização dos serviços técnicos de natureza singular indicados a seguir é inexigível, de acordo com a Lei nº 8.666/93, exceto:

a) Serviços de publicidade e divulgação.
b) Pareceres, perícias e avaliações em geral.
c) Restauração de obras de arte e bens de valor histórico.
d) Patrocínio ou defesa de causas judiciais ou administrativas.

153. (Consulplan/TJ/MS/Cartórios/Remoção/2021) De acordo com a Lei nº 8.666/93, pode-se dispensar a licitação nas seguintes situações, exceto:

a) Nos casos de guerra ou grave perturbação da ordem.
b) Quando a União tiver que intervir no domínio econômico para regular preços ou normalizar o abastecimento.
c) Para a construção, a ampliação, a reforma e o aprimoramento de estabelecimentos penais, desde que configurada situação de grave e iminente risco à segurança pública.
d) Para contratação de profissional de qualquer setor artístico, diretamente ou através de empresário exclusivo, desde que consagrado pela crítica especializada ou pela opinião pública.

154. (Ieses/TJ/SC/Cartórios/Remoção/2019) É caso de inexigibilidade de licitação para aquisição de materiais, equipamentos ou gêneros:

a) Na situação que somente possam ser fornecidos por produtor, empresa ou representante comercial exclusivo, vedada a preferência de marca.
b) Nos casos de guerra ou grave perturbação da ordem.
c) Nos casos de emergência ou de calamidade pública, quando caracterizada urgência no atendimento de situação que possa comprometer a segurança de pessoas.
d) Quando não acudirem interessados à licitação anterior e esta, justificadamente, não puder ser repetida sem prejuízo para a Administração.

155. (Consulplan/TJ/MG/Cartórios/Ingresso/2018) Nos termos da Lei nº 8.666/93, há hipóteses em que é dispensável a licitação, situação que não está inserida em:

a) para a aquisição ou restauração de obras de arte e objetos históricos, de autenticidade certificada, desde que compatíveis ou inerentes às finalidades do órgão ou entidade.
b) para contratação de profissional de qualquer setor artístico, diretamente ou através de empresário exclusivo, desde que consagrado pela crítica especializada ou pela opinião pública.
c) quando não acudirem interessados à licitação anterior e esta, justificadamente, não puder ser repetida sem prejuízo para a Administração, mantidas, neste caso, todas as condições preestabelecidas.
d) para obras e serviços de engenharia de valor até 10% (dez por cento) do limite previsto na lei de licitações, desde que não se refiram a parcelas de uma mesma obra ou serviço ou ainda para obras e serviços da mesma natureza e no mesmo local que possam ser realizadas conjunta e concomitantemente.

156. (Ieses/TJ/AM/Cartórios/Ingresso/2018) Sobre as licitações e contratos administrativos, é correto afirmar:

a) segundo a Lei n. 8.666/1993, o instrumento de contrato é obrigatório nos casos de concorrência e de tomada de preços, bem como nas dispensas e inexigibilidades cujos preços estejam compreendidos nos limites destas duas modalidades de licitação, e facultativo nos demais em que a Administração puder substituí-lo por outros instrumentos hábeis, tais como carta-contrato, nota de empenho de despesa, autorização de compra ou ordem de execução de serviço.
b) no caso de atrasos de pagamento pela Administração Pública superiores a 90 (noventa) dias, o contratado poderá suspender o cumprimento do contrato, ainda que em casos de calamidade pública, grave perturbação da ordem interna ou guerra.
c) não se pode confundir a revisão do contrato administrativo com o seu reajuste, já que aquela somente é devida nos casos de contratações com prestações continuadas e nos termos previstos no edital e no contrato, segundo os prazos e índices lá estabelecidos.
d) segundo a Lei n. 8.666/1993, a concorrência, a tomada de preços, o convite, o concurso, o leilão e o pregão são tipos de licitação pública, cada um com suas peculiaridades e âmbitos de aplicação.

7.2.3. Modalidades

QUESTÕES OBJETIVAS

157. (Ieses/TJ/TO/Cartórios/Remoção/2022) A modalidade de licitação entre quaisquer interessados para escolha de trabalho técnico, científico ou artístico, mediante a instituição de prêmios ou remuneração aos vencedores, conforme critérios constantes de edital publicado na imprensa oficial com antecedência mínima de 45 (quarenta e cinco) dias, denomina-se:

a) leilão.
b) concurso.
c) convite.
d) concorrência.

158. (Cetro/TJ/RJ/Cartórios/Remoção/2017) Célio, que era funcionário de um oficialato, tornou-se pregoeiro de pregões eletrônicos (Lei n. 10.520/2002). No exercício de sua nova função, quando do julgamento de propostas apresentadas, deve observar uma série de pontos, inclusive o que corretamente consta de uma das alternativas abaixo. Assinale-a:

a) célio deve ter como critério seletivo o melhor preço, sem necessidade de observância de qualquer outro critério.
b) em tendo sido escolhido o vencedor do pregão, Célio não é mais autorizado a negociar diretamente, a fim de obter um preço ainda melhor.
c) uma vez abertos os envelopes das propostas, Célio tem o prazo de 3 (três) dias úteis para verificar se estão em conformidade com os requisitos do edital.

d) célio deve observar, como expressamente conceitua a lei, aceitabilidade como permissão de desclassificação apenas quando se verificar a inexequibilidade do preço ofertado.

e) sob orientação de Célio, após verificadas as propostas formais, oralmente, o participante da oferta com valor mais baixo e os de propostas com preço até 10% (dez por cento) superiores poderão fazer novos e sucessivos lances para se chegar ao vencedor final.

8. PROCESSO ADMINISTRATIVO

8.1. Processo Comum

SÚMULAS

STF Súm. Vinculante 21. É inconstitucional a exigência de depósito ou arrolamento prévios de dinheiro ou bens para admissibilidade de recurso administrativo.

STF Súm. 271. Concessão de mandado de segurança não produz efeitos patrimoniais, em relação a período pretérito, os quais devem ser reclamados administrativamente ou pela via judicial própria.

STF Súm. 346. A Administração Pública pode declarar a nulidade dos seus próprios atos.

STF Súm. 429. A existência de recurso administrativo com efeito suspensivo não impede o uso do mandado de segurança contra omissão da autoridade.

STF Súm. 430. Pedido de reconsideração na via administrativa não interrompe o prazo para o mandado de segurança.

STF Súm. 473. A administração pode anular seus próprios atos, quando eivados de vícios que os tornam ilegais, porque deles não se originam direitos; ou revogá-los, por motivo de conveniência ou oportunidade, respeitados os direitos adquiridos, e ressalvada, em todos os casos, a apreciação judicial.

STJ Súm. 633. A Lei n. 9.784/1999, especialmente no que diz respeito ao prazo decadencial para a revisão de atos administrativos no âmbito da Administração Pública federal, pode ser aplicada, de forma subsidiária, aos estados e municípios, se inexistente norma local e específica que regule a matéria.

JURISPRUDÊNCIA EM TESES

STJ JurisTese 115-4. Não ocorre a decadência administrativa prevista no art. 54 da Lei n. 9.784/1999 em situações de evidente inconstitucionalidade, como é o caso de admissão de servidores sem concurso público.

STJ JurisTese 132-1. No âmbito de recurso ordinário, a decadência administrativa prevista no art. 54 da Lei n. 9.784/1999 pode ser reconhecida a qualquer tempo e "ex officio", por se tratar de matéria de ordem pública, sendo indispensável seu prequestionamento nas instâncias especiais.

STJ JurisTese 132-2. Diante da ausência de previsão legal, o prazo decadencial de cinco anos do art. 54, caput, da Lei n. 9.784/1999 é insuscetível de suspensão ou de interrupção, devendo ser observada a regra do art. 207 do Código Civil.

STJ JurisTese 132-4. O prazo decadencial para que a administração promova a autotutela, previsto no art. 54 da Lei n. 9.784/1999, aplica-se tanto aos atos nulos, quanto aos anuláveis.

STJ JurisTese 132-5. As situações flagrantemente inconstitucionais não se submetem ao prazo decadencial de 5 anos previsto no art. 54 da Lei n. 9.784/1999, não havendo que se falar em convalidação pelo mero decurso do tempo.

STJ JurisTese 132-6. O prazo previsto no art. 54 da Lei n. 9.784/1999 para a administração rever seus atos não pode ser aplicado de forma retroativa, devendo incidir somente após a vigência do referido diploma legal.

STJ JurisTese 132-8. Em se tratando de atos de que decorram efeitos patrimoniais contínuos, como aqueles decorrentes de pagamentos de vencimentos e de pensões, ocorridos após a entrada em vigor da Lei n. 9.784/1999, nos quais haja pagamento de vantagem considerada irregular pela administração, o prazo decadencial de cinco anos é contado a partir da percepção do primeiro pagamento indevido, consoante o § 1º do art. 54 da Lei n. 9.784/1999.

STJ JurisTese 132-9. É possível interromper o prazo decadencial com base no art. 54, § 2º, da Lei n. 9.784/1999 desde que haja ato concreto, produzido por autoridade competente, em prol da revisão do ato administrativo identificado como ilegal, cujo prazo será fixado a partir da cientificação do interessado.

STJ JurisTese 132-10. Os atos administrativos abstratos, como as notas e os pareceres da Advocacia-Geral da União – AGU, não configuram atos de autoridade tendentes à revisão das anistias e são, portanto, ineficazes para, por si sós, interromper o fluxo decadencial, nos moldes do art. 54, § 2º, da Lei n. 9.784/1999.

STJ JurisTese 132-12. O prazo previsto no art. 49 da Lei n. 9.784/1999 é impróprio, visto que ausente qualquer penalidade ante o seu descumprimento.

REPERCUSSÃO & REPETITIVOS

STF Rep. Geral 1238. São inadmissíveis, em processos administrativos de qualquer espécie, provas consideradas ilícitas pelo Poder Judiciário. *ARE 1316369, 9.12.2022.*

INFORMATIVOS

STF Processo administrativo e princípio da publicidade. Os processos administrativos sancionadores instaurados por agências reguladoras contra concessionárias de serviço público devem obedecer ao princípio da publicidade durante toda a sua tramitação, ressalvados eventuais atos que se enquadrem nas hipóteses de sigilo previstas em lei e na Constituição. Em regra, a imposição de sigilo a processos administrativos sancionadores, instaurados por agências reguladoras contra concessionárias de serviço público, é incompatível com a Constituição. *ADI 5371, Pleno, 25.2.2022. Inf 1045.*

QUESTÕES OBJETIVAS

159. (Vunesp/TJ/GO/Cartórios/Ingresso/2021) Considerando a doutrina e legislação pátrias a respeito do processo administrativo, assinale a alternativa correta.

a) Se um parecer obrigatório e vinculante deixar de ser emitido no prazo fixado, o processo poderá ter prosseguimento e ser decidido com sua dispensa, sem prejuízo das responsabilidades civis, criminais e administrativas de quem se omitiu no atendimento.

b) O direito da Administração de anular os atos de que decorram efeitos favoráveis para os destinatários decai em cinco anos, contados da data em que foram praticados, sendo que no caso de efeitos patrimoniais contínuos, o prazo contar-se-á da percepção do último pagamento.

c) É impedido de atuar em processo administrativo o servidor ou a autoridade que tenha interesse direto ou indireto na matéria; tenha participado ou venha a participar como perito, testemunha ou representante, ou se tais situações ocorrem quanto ao cônjuge, companheiro ou parente e afins até o terceiro grau.

d) Não podem ser objeto de delegação: a edição de atos de caráter normativo; os atos administrativos de competência irrenunciável; a decisão de recursos administrativos; e as matérias de competência exclusiva do órgão ou autoridade.

160. (Consulplan/TJ/MG/Cartórios/Remoção/2019) Reconhecida a existência de dois sistemas administrativos, quais sejam, francês e inglês, têm-se consolidados os moldes de um sistema de unicidade de jurisdição e outro de dualidade de jurisdição. No que diz respeito aos sistemas anteriormente mencionados, é correto afirmar que:

a) O ordenamento jurídico pátrio veda a imposição de acesso a qualquer instância/órgão administrativo como pressuposto a pleitos judiciais.

b) O sistema adotado no Brasil é o de dualidade de jurisdição, pelo qual se viabiliza o acesso a decisões administrativas não suscetíveis de revisão na esfera judiciária.

c) Por corolário da unicidade de jurisdição, as decisões proferidas por órgãos administrativos fazem coisa julgada desde que alcançada a última instância de referida esfera.

d) Pelo sistema de unicidade de jurisdição, todas as questões, inclusive de cunho administrativo, podem ser apreciadas pelo

Judiciário, o que não impede que a própria Administração Pública solucione determinadas questões de natureza administrativa.

161. (Consulplan/TJ/MG/Cartórios/Remoção/2019) O processo administrativo rege-se por normas de cunho constitucional, sendo balizado, ainda, por normativos infra, aplicáveis ao órgão e esfera respectivos. No que se refere aos princípios e normas aplicáveis ao processo administrativo, é correto concluir que:

a) A ocorrência de coisa julgada formal no processo administrativo não implica a existência de coisa julgada material.
b) A desistência do interessado do pedido formulado, após iniciada a prática de atos processuais, é vedada quando houver outros interessados, tendo em vista a extensão de seus efeitos.
c) A atuação da Administração Pública nos processos internos implica a mitigação do princípio da Impessoalidade, previsto no artigo 37 da Constituição Federal, situação diametralmente oposta do que ocorre no processo administrativo externo, no qual o ente sequer está diretamente envolvido no conflito sobre o qual decide.
d) De acordo com a lei que regula o processo administrativo, o princípio da motivação da decisão implica que o julgador aponte os fundamentos legais e normativos que lastreiam sua decisão, atrelando-os aos fatos apreciados, sendo insuficiente mera menção a textos legais, exceto quando se tratar de rejeição implícita, esta compreendida quanto a pedidos que impliquem evidente prejuízo à Administração Pública.

162. (Cespe/TJ/DFT/Cartórios/Remoção/2019) Considerando as disposições da Lei nº 9.784/1999, julgue os itens a seguir, a respeito de processo administrativo.

I. O reconhecimento de firma somente será exigido quando houver dúvida de autenticidade, não podendo ser feita pelo órgão administrativo a autenticação de documentos exigidos em cópia.
II. Caso interessado desista de pedido formulado em processo administrativo, a administração deverá automaticamente extinguir o referido processo e determinar o seu arquivamento.
III. Procedimento administrativo em que figure como parte ou interessado pessoa com deficiência física tem prioridade na tramitação em qualquer órgão ou instância.

Assinale a opção correta.

a) Apenas o item I está certo.
b) Apenas o item III está certo.
c) Apenas os itens I e II estão certos.
d) Apenas os itens II e III estão certos.
e) Todos os itens estão certos.

163. (Cespe/TJ/DFT/Cartórios/Ingresso/2019) Conforme dispõe a lei que rege o processo administrativo no âmbito da administração pública federal, na hipótese de interposição de recurso administrativo junto a órgão incompetente, deverá ser:

a) não conhecido o recurso, e o processo deverá ser julgado extinto imediatamente, com resolução de mérito.
b) declarado totalmente improcedente o recurso.
c) não conhecido o recurso, e o processo deverá ser julgado extinto imediatamente, sem resolução de mérito.
d) indicada ao recorrente a autoridade competente, sendo-lhe devolvido o prazo recursal.
e) indicada ao recorrente a autoridade competente, sendo-lhe concedido prazo de cinco dias úteis para retificação do endereçamento.

164. (Ieses/TJ/SC/Cartórios/Remoção/2019) Acerca do processo administrativo é correto afirmar:

a) O processo administrativo não pode ser instaurado e impulsionado de ofício pela Administração.
b) No processo administrativo é possível ao administrador a busca de prova e documentos, em regra, para obter a verdade material ou real em conformidade ao interesse público.
c) No processo administrativo não está sujeito ao princípio do contraditório.
d) O processo administrativo, em regra, não permite o acesso de interessados e terceiros por não lhe ser aplicável o princípio da publicidade.

165. (Vunesp/TJ/AL/Cartórios/Ingresso/2019) Segundo o regramento do processo administrativo previsto na Lei Federal nº 9.784/99, assinale a alternativa correta.

a) A decisão de recursos administrativos pode ser objeto de delegação, em prol da celeridade processual.
b) As pessoas ou as associações legalmente constituídas quanto a direitos ou interesses difusos são legitimadas como interessadas no processo administrativo.
c) O Processo Administrativo não pode ser iniciado da ofício, em virtude do princípio da inércia.
d) A Administração Pública pode se recusar a receber documentos, quando reputá-los ilegais, sem obrigação de motivar a decisão de recusa.

166. (Vunesp/TJ/AL/Cartórios/Ingresso/2019) Para os atos que apresentarem defeitos sanáveis, por decisão na qual se evidencie não acarretarem lesão ao interesse público nem prejuízo a terceiros, o art. 55 da Lei Federai nº 9.784/99 indica como solução a:

a) anulação.
b) revogação.
c) convalidação.
d) tredestinação.

8.2. Processo Disciplinar

SÚMULAS

STF Súm. Vinculante 5. A falta de defesa técnica por advogado no processo administrativo disciplinar não ofende a Constituição.

STF Súm. 18. Pela falta residual, não compreendida na absolvição pelo juízo criminal, é admissível a punição administrativa do servidor público.

STF Súm. 19. É inadmissível segunda punição de servidor público, baseada no mesmo processo em que se fundou a primeira.

STF Súm. 20. É necessário processo administrativo, com ampla defesa, para demissão de funcionário admitido por concurso.

STF Súm. 21. Funcionário em estágio probatório não pode ser exonerado nem demitido sem inquérito ou sem as formalidades legais de apuração de sua capacidade.

STF Súm. 55. Militar da reserva está sujeito a pena disciplinar.

STF Súm. 673. O art. 125, § 4º, da Constituição, não impede a perda da graduação de militar mediante procedimento administrativo.

STJ Súm. 591. É permitida a "prova emprestada" no processo administrativo disciplinar, desde que devidamente autorizada pelo juízo competente e respeitados o contraditório e a ampla defesa.

STJ Súm. 592. O excesso de prazo para a conclusão do processo administrativo disciplinar só causa nulidade se houver demonstração de prejuízo à defesa.

STJ Súm. 611. Desde que devidamente motivada e com amparo em investigação ou sindicância, é permitida a instauração de processo administrativo disciplinar com base em denúncia anônima, em face do poder-dever de autotutela imposto à Administração.

STJ Súm. 635. Os prazos prescricionais previstos no art. 142 da Lei n. 8.112/1990 iniciam-se na data em que a autoridade competente para a abertura do procedimento administrativo toma conhecimento do fato, interrompem-se com o primeiro ato de instauração válido – sindicância de caráter punitivo ou processo disciplinar – e voltam a fluir por inteiro, após decorridos 140 dias desde a interrupção.

STJ Súm. 641. A portaria de instauração do processo administrativo disciplinar prescinde da exposição detalhada dos fatos a serem apurados.

STJ Súm. 650. A autoridade administrativa não dispõe de discricionariedade para aplicar ao servidor pena diversa de demissão quando caraterizadas as hipóteses previstas no art. 132 da Lei n. 8.112/1990.

JURISPRUDÊNCIA EM TESES

1) Do Regime Disciplinar (Lei 8.112/90, arts. 116 a 142)

1.1) Das Responsabilidades (arts. 121 a 126)

STJ JurisTese 154-29. As instâncias administrativa e penal são independentes entre si, salvo quando reconhecida a inexistência do fato ou a negativa de autoria na esfera criminal.

1.2) Das Penalidades (arts. 127 a 142)

STJ JurisTese 76-10. É lícita a cassação de aposentadoria de servidor público, não obstante o caráter contributivo do benefício previdenciário.

STJ JurisTese 154-45. Reconhecida a nulidade de PAD pela existência de vício insanável, antes do seu julgamento, não há que se falar em "reformatio in pejus" quando a segunda comissão processante opina por penalidade mais gravosa.

STJ JurisTese 154-32. Não há falar em ofensa ao princípio da proporcionalidade e da razoabilidade quando a única reprimenda prevista para a infração disciplinar apurada é a pena de demissão.

STJ JurisTese 154-33. A autoridade administrativa pode aplicar a pena de demissão quando, em processo administrativo disciplinar, é apurada a prática de ato de improbidade por servidor público, tendo em vista a independência das instâncias civil, penal e administrativa.

STJ JurisTese 154-35. É possível utilizar a Lei de Improbidade Administrativa (Lei n. 8.492/1992), em interpretação sistemática, para definir o tipo previsto no art. 132, IV, da Lei n. 8.112/1990 e justificar a aplicação de pena de demissão a servidor.

STJ JurisTese 154-36. Na esfera administrativa, o proveito econômico auferido pelo servidor é irrelevante para a aplicação da penalidade no processo disciplinar, pois o ato de demissão é vinculado (art. 117 c/c art. 132 da Lei n. 8.112/1990), razão pela qual é despiciendo falar em razoabilidade ou proporcionalidade da pena.

STJ JurisTese 154-37. A demonstração do ânimo específico de abandonar o cargo público que ocupa ("animus abandonandi") é necessária para tipificar conduta de servidor como prática de infração administrativa de abandono de cargo.

STJ JurisTese 154-38. A pena de cassação de aposentadoria prevista nos art. 127, IV, e art. 134 da Lei n. 8.112/1990 é constitucional e legal, inobstante o caráter contributivo do regime previdenciário.

STJ JurisTese 154-42. O deferimento de provimento judicial que determine à autoridade administrativa que se abstenha de concluir procedimento administrativo disciplinar suspende o curso do prazo prescricional da pretensão punitiva administrativa.

STJ JurisTese 154-41. Quando o fato objeto da ação punitiva da administração também constituir crime, o prazo prescricional no âmbito administrativo disciplinar será regido pela pena cominada em abstrato (art. 109 do Código Penal – CP), enquanto não houver sentença penal condenatória, e pela pena aplicada em concreto, após o trânsito em julgado ou o não provimento do recurso da acusação (art. 110, § 1º, c/c art. 109 do CP).

STJ JurisTese 154-43. É possível o imediato cumprimento da penalidade aplicada na conclusão de processo administrativo disciplinar, uma vez que os recursos administrativos e os pedidos de reconsideração, em regra, não possuem efeito suspensivo automático.

2) Do Processo Administrativo Disciplinar (arts. 143 a 182)

2.1) Disposições Gerais (arts. 143 a 146)

STJ JurisTese 154-6. Instaurado o competente processo administrativo disciplinar, fica superado o exame de eventuais irregularidades ocorridas durante a sindicância.

STJ JurisTese 154-8. No PAD, a alteração da capitulação legal imputada ao acusado não enseja nulidade, uma vez que o indiciado se defende dos fatos nele descritos e não dos enquadramentos legais.

STJ JurisTese 154-17. Em regra, a instauração de processo administrativo disciplinar contra servidor efetivo cedido dar-se-á no órgão em que tenha sido praticada a suposta irregularidade (cessionário), devendo o julgamento e a eventual aplicação de sanção ocorrer no órgão ao qual o servidor efetivo estiver vinculado (cedente).

STJ JurisTese 154-34. A Lei de Improbidade Administrativa (Lei n. 8.429/1992) não revogou, de forma tácita ou expressa, os dispositivos da Lei n. 8.112/1990, em relação aos processos administrativos disciplinares.

STJ JurisTese 154-39. O fato de o acusado estar em licença para tratamento de saúde não impede a instauração de processo administrativo disciplinar, nem mesmo a aplicação de pena de demissão.

STJ JurisTese 154-40. Em caso de inobservância de prazo razoável para a conclusão de processo administrativo disciplinar, não há falar em ilegalidade na concessão de aposentadoria ao servidor investigado.

2.2) Do Processo Disciplinar (arts. 148 a 182)

2.2.1) Da Comissão (art. 149)

STJ JurisTese 154-10. A ausência de termo de compromisso de membro de comissão processante não implica nulidade do PAD, uma vez que tal designação decorre de lei e recai, necessariamente, sobre servidor público, cujos atos funcionais gozam de presunção de legitimidade e de veracidade.

STJ JurisTese 154-11. É possível a substituição de membros da comissão processante, desde que respeitados, quanto aos membros designados, os requisitos insculpidos no art. 149 da Lei n. 8.112/1990.

STJ JurisTese 154-12. As alegações de imparcialidade e de suspeição de membro da comissão processante devem estar fundadas em provas, não bastando meras conjecturas ou suposições desprovidas de qualquer comprovação.

STJ JurisTese 154-13. A imparcialidade de membro de comissão não fica prejudicada tão somente por este compor mais de uma comissão processante instituída para apuração de fatos distintos que envolvam o mesmo servidor.

STJ JurisTese 154-15. A simples oitiva de membro da comissão processante, da autoridade julgadora ou da autoridade instauradora como testemunha ou informante no bojo de outro processo administrativo ou até mesmo penal que envolva o investigado não enseja, por si só, o reconhecimento da quebra da imparcialidade.

STJ JurisTese 154-16. Na composição de comissão de processo administrativo disciplinar, é possível a designação de servidores lotados em órgão diverso daquele em que atua o servidor investigado, não existindo óbice nas legislações que disciplinam a apuração das infrações funcionais.

STJ JurisTese 154-19. A participação de membro do Ministério Público em conselho da polícia civil torna nulo o procedimento administrativo disciplinar instaurado para processar e para julgar servidor público estadual, por prática de ato infracional.

STJ JurisTese 154-20. A convalidação de atos, determinada pelo Supremo Tribunal Federal – STF na ADPF n. 388, não alcança aqueles produzidos no âmbito de processo administrativo disciplinar declarado nulo em razão da participação de membro do Ministério Público em conselho da polícia civil estadual.

STJ JurisTese 154-22. A designação de comissão temporária para promover processo administrativo disciplinar é legítima, nos termos da Lei n. 8.112/1990, já que a existência de comissão permanente para a apuração de faltas funcionais só é exigida para os casos determinados em lei.

2.2.2) Do Julgamento (arts. 167 a 173)

STJ JurisTese 76-7. Não é possível o registro de penas nos assentamentos funcionais dos servidores públicos quando verificada a ocorrência da prescrição da pretensão punitiva do Estado, por força do entendimento do Supremo Tribunal Federal de que o art. 170 da Lei n. 8.112/90 viola a Constituição Federal.

STJ JurisTese 154-30. É possível haver discrepância entre a penalidade sugerida pela comissão disciplinar e a aplicada pela autoridade julgadora desde que a conclusão lançada no relatório final não guarde sintonia com as provas dos autos e a sanção imposta esteja devidamente motivada.

STJ JurisTese 154-31. A Administração Pública, quando se depara com situação em que a conduta do investigado se amolda às hipóteses de demissão ou de cassação de aposentadoria, não dispõe de discricionariedade para aplicar pena menos gravosa por se tratar de ato vinculado.

2.2.3) Da Revisão do Processo (arts. 174 a 182)

STJ JurisTese 154-14. Declarações prestadas à mídia por autoridade pública, acerca de irregularidades cometidas por servidores públicos a ela subordinados, não ensejam, por si só, a nulidade do PAD.

STJ JurisTese 154-27. A decretação de nulidade no processo administrativo depende da demonstração do efetivo prejuízo para as partes, à luz do princípio "pas de nullité sans grief".

STJ JurisTese 154-46. Meras alegações de que existe fato novo não têm o condão de abrir a via da revisão do processo administrativo disciplinar, sendo indispensável a comprovação da existência de fatos novos, desconhecidos ao tempo do PAD.

STJ JurisTese 154-47. Da revisão do PAD não poderá resultar agravamento da sanção aplicada, em virtude da proibição do "bis in idem" e da "reformatio in pejus".

STJ JurisTese 154-48. É cabível recurso administrativo hierárquico em face de decisão prolatada em Processo Administrativo Disciplinar – PAD.

3) Mandado de Segurança

STJ JurisTese 154-2. Na via do mandado de segurança, é possível valorar a congruência entre a conduta apurada e a capitulação da pena de demissão aplicada no processo administrativo disciplinar.

STJ JurisTese 154-3. O mandado de segurança não é a via adequada para o exame da suficiência do conjunto fático-probatório constante do processo administrativo disciplinar – PAD.

4) Outros Temas

STJ JurisTese 154-1. O controle judicial no processo administrativo disciplinar – PAD restringe-se ao exame da regularidade do procedimento e da legalidade do ato, à luz dos princípios do contraditório, da ampla defesa e do devido processo legal, não sendo possível nenhuma incursão no mérito administrativo.

STJ JurisTese 154-4. A Lei n. 8.112/1990 pode ser aplicada de modo supletivo aos procedimentos administrativos disciplinares estaduais, nas hipóteses em que existam lacunas nas leis locais que regem os servidores públicos.

INFORMATIVOS

STJ Servidor público. Processo administrativo disciplinar. Suspensão de aposentadoria. Lacuna em direito local. Aplicação subsidiária da Lei 8.112/90. Possibilidade. A lacuna em lei complementar estadual acerca da possibilidade de suspender processo de concessão de aposentadoria enquanto tramita processo administrativo disciplinar deve ser suprida com a aplicação subsidiária da Lei 8.112/90. *AgInt no AgInt no RMS 61130, 2ª T, 27.9.2022. Inf 751.*

STJ Objeção à utilização de provas colhidas de maneira independente em Processo Administrativo Disciplinar (PAD). Não ocorrência. Remanescência de conjunto probatório robusto produzido na esfera administrativa. Não contaminação. Teoria da fonte independente e descoberta inevitável da prova. A decisão que determina exclusão de elementos probatórios obtidos mediante o acesso ao e-mail funcional de servidor investigado não contamina a legalidade da utilização de provas produzidas de forma independente por comissão disciplinar de PAD, em observância à teoria da fonte independente e da descoberta inevitável da prova. *AgRg na Rcl 42292, 3ª S, 26.8.2022. Inf 747.*

STJ Processo administrativo. Autoridade julgadora. Autoridade legalmente obrigada a oferecer denúncia criminal. Comprometimento da imparcialidade. Não configuração. Nulidade. Inocorrência. O oferecimento de denúncia criminal por autoridade que, em razão de suas atribuições legais, seja obrigada a fazê-lo não a inabilita, só por isso, a desempenhar suas funções como autoridade julgadora no processo administrativo. *RMS 54717, 1ª T, 9.8.2022. Inf 744.*

QUESTÕES DISCURSIVAS

14. (Cespe/TJ/DFT/Cartórios/Remoção/2014) Após processo administrativo no qual lhe foi aplicada sanção disciplinar, determinado servidor ajuizou ação, sustentando a nulidade do processo em razão de não ter sido formalmente intimado, não ter tido o direito de apresentar alegações finais antes da decisão e não ter sido assistido por advogado em todas as fases processuais. A administração, por sua vez, argumentou que o servidor comparecera espontaneamente e tomara ciência do processo, embora tenha se recusado a assinar a intimação, e que a falta de defesa técnica por advogado fora de sua livre opção, não tendo havido, portanto, ofensa aos princípios do contraditório e da ampla defesa. A administração argumentou, ainda, que, ao se ter recusado a assinar a intimação, o servidor reconhecera implicitamente a verdade dos fatos e perdera o direito de formular alegações finais. Em face da situação hipotética acima apresentada, redija, à luz do disposto na legislação pertinente, texto dissertativo, respondendo, necessariamente, às seguintes indagações: (i) A ausência de intimação formal, em que pese o servidor ter comparecido espontaneamente, é causa de nulidade do processo? (ii) O fato de o servidor ter desatendido à intimação importa em reconhecimento da verdade dos fatos e em renúncia ao direito de formular alegações? (iii) A falta de defesa técnica por advogado no processo administrativo disciplinar ofende a Constituição Federal?

QUESTÕES OBJETIVAS

167. (Consulplan/TJ/MG/Cartórios/Remoção/2019) Os servidores públicos podem, em sua atuação, cometer infrações de natureza administrativa, civil, criminal e de improbidade. Tais práticas invocam a sujeição à responsabilização do agente, não se furtando a Administração à sua responsabilidade objetiva quanto a danos a terceiros. Diante da prática de atos pelos quais possa ser o servidor responsabilizado, assinale a alternativa correta.

a) O exercício de clemência administrativa, ou anistia administrativa, por ato do legislativo, deve ser conferido em caráter geral, sob pena de ser declarado nulo.
b) De acordo com a norma do art. 37 da Constituição Federal, o direito de postular regresso em face do agente que causar danos a terceiros, compete à Administração Pública somente nas hipóteses em que restar atestado o dolo ou culpa.
c) A responsabilização do servidor por infrações que configurem ilícito penal atrai a exclusiva atuação da esfera judicial, sendo vedada a dupla penalização pela cumulação de processo administrativo e judicial, em atenção à presunção de não culpabilidade.
d) Em decorrência da prática de determinado ato, quando apurada administrativamente a responsabilidade criminal, necessariamente resta reconhecida a prática de ilícito civil e administrativo, sendo que o inverso, qual seja, a apuração de ilícito civil e administrativo, não implica reconhecimento inerente da responsabilidade penal.

168. (UFPR/TJ/PR/Cartórios/Ingresso/2019) "O direito à ampla defesa toca na licitude e moralidade dos meios de prova. Para Cordeiro, deve ser afastada do processo a ideia de que este tem por finalidade a verdade a qualquer preço. Essa afirmação conduz à possibilidade de tortura. O contraditório constitui medida útil, do ponto de vista técnico e moral, como único modo de garantir ao imputado uma defesa efetiva" (BACELLAR FILHO, 2013). Sobre o tema levantado pelo autor, assinale a alternativa correta segundo o sistema jurídico brasileiro atual.

a) O raciocínio acima conduz à interpretação de que são inadmitidas as provas ilícitas no processo administrativo disciplinar por razões também morais, para além da questão da legalidade formal.
b) O texto citado está desatualizado, considerando a atual jurisprudência brasileira predominante, que permite a consideração de provas ilícitas no processo administrativo, desde que exista uma formal solicitação de desculpas realizada pela autoridade respectiva a posteriori.
c) As provas não podem ser consideradas ilícitas se forem indispensáveis à verificação pragmática da verdade material, e

desde que sejam submetidas ao contraditório, exceto para o caso da tortura.

d) A mera inversão do ônus da prova, no processo administrativo disciplinar, não implica afetação ao princípio da presunção de inocência, podendo ser realizada em caso de ser caracterizado o dolo do agente.

e) O processo administrativo disciplinar, pela sua própria natureza, não admite a possibilidade de medidas cautelares, seja por razões de interesse público, seja por razões de ampla defesa.

169. (UFPR/TJ/PR/Cartórios/Remoção/2019) No tema processo administrativo disciplinar, o jurista Romeu Felipe Bacellar Filho concorda com o mestre italiano: "O regime jurídico de presunções legais também é matéria de preocupação de Fazallari. O autor suscita como princípio, inerente a todo processo (jurisdicional e administrativo), aquele segundo o qual nenhuma presunção deve militar em favor do órgão público sem expressa previsão legal" (BACELLAR FILHO, 2013). Sobre o tema levantado pelo autor e segundo o sistema jurídico brasileiro atual, assinale a alternativa correta.

a) Esse raciocínio do autor não está mais em vigor no sistema positivo brasileiro, que admite presunções de toda a espécie para o fim de possibilitar o combate à corrupção.

b) A presunção de culpa ou dolo sem previsão legal na esfera administrativa é permitida desde que autorizada pela instância do Supremo Tribunal Federal.

c) O raciocínio acima justifica a existência de disposição que afirma estar a Administração Pública proibida de interpretar o silêncio do acusado em seu desfavor.

d) No Brasil, ao contrário da Itália, em processos disciplinares que visem o combate à corrupção, cabe ao agente público provar a sua inocência.

e) O processo administrativo disciplinar é regido atualmente pelo princípio do contraditório moderado e da ampla defesa mitigada.

170. (Consulplan/TJ/MG/Cartórios/Ingresso/2017) Foi instaurado processo disciplinar administrativo em desfavor de Tício, funcionário público, em razão de determinada conduta infrativa a ele atribuída. Ao ser instaurado o feito, considerando a possibilidade de o fato também caracterizar ilícito penal, a autoridade processante remeteu cópia ao Ministério Público, o qual ajuizou ação penal em face de Tício. No processo penal, ainda em curso o processo administrativo, Tício foi absolvido pelo Juízo Criminal, ao fundamento de insuficiência de provas quanto à concorrência do réu para a infração penal imputada. Essa decisão judicial:

a) deve prevalecer na esfera administrativa, acarretando o arquivamento do processo administrativo disciplinar por falta de justa causa, sem análise de mérito.

b) não impede o prosseguimento e julgamento do processo administrativo.

c) após transitar em julgado, acarreta a conclusão do processo administrativo disciplinar, que será decidido no mérito em favor do acusado.

d) uma vez transitada em julgado, deve prevalecer na esfera administrativa, acarretando o arquivamento do processo administrativo disciplinar por perda do objeto, sem análise de mérito.

9. RESPONSABILIDADE CIVIL DO ESTADO

SÚMULAS

STJ **Súm. 647.** São imprescritíveis as ações indenizatórias por danos morais e materiais decorrentes de atos de perseguição política com violação de direitos fundamentais ocorridos durante o regime militar.

REPERCUSSÃO & REPETITIVOS

STF **Rep. Geral 362.** Nos termos do artigo 37, § 6º, da Constituição Federal, não se caracteriza a responsabilidade civil objetiva do Estado por danos decorrentes de crime praticado por pessoa foragida do sistema prisional, quando não demonstrado o nexo causal direto entre o momento da fuga e a conduta praticada. *RE 608880, 8.9.2020.*

STF **Rep. Geral 366.** Para que fique caracterizada a responsabilidade civil do Estado por danos decorrentes do comércio de fogos de artifício, é necessário que exista a violação de um dever jurídico específico de agir, que ocorrerá quando for concedida a licença para funcionamento sem as cautelas legais ou quando for de conhecimento do poder público eventuais irregularidades praticadas pelo particular. *RE 136861, 11.3.2020.*

STF **Rep. Geral 512.** O Estado responde subsidiariamente por danos materiais causados a candidatos em concurso público organizado por pessoa jurídica de direito privado (art. 37, § 6º, da CRFB/88), quando os exames são cancelados por indícios de fraude. *RE 662405, 29.6.2020.*

STF **Rep. Geral 826.** É imprescindível para o reconhecimento da responsabilidade civil do Estado em decorrência da fixação de preços no setor sucroalcooleiro a comprovação de efetivo prejuízo econômico, mediante perícia técnica em cada caso concreto. *ARE 884325, 18.8.2020.*

STF **Rep. Geral 1055.** É objetiva a responsabilidade civil do Estado em relação a profissional da imprensa ferido por agentes policiais durante cobertura jornalística, em manifestações em que haja tumulto ou conflitos entre policiais e manifestantes. Cabe a excludente da responsabilidade da culpa exclusiva da vítima, nas hipóteses em que o profissional de imprensa descumprir ostensiva e clara advertência sobre acesso a áreas delimitadas, em que haja grave risco à sua integridade física. *RE 1209429, 10.6.2021.*

JURISPRUDÊNCIA EM TESES

STJ **JurisTese 61-1.** Os danos morais decorrentes da responsabilidade civil do Estado somente podem ser revistos em sede de recurso especial quando o valor arbitrado é exorbitante ou irrisório, afrontando os princípios da proporcionalidade e da razoabilidade.

STJ **JurisTese 61-2.** O termo inicial da prescrição para o ajuizamento de ações de responsabilidade civil em face do Estado por ilícitos praticados por seus agentes é a data do trânsito em julgado da sentença penal condenatória.

STJ **JurisTese 61-3.** As ações indenizatórias decorrentes de violação a direitos fundamentais ocorridas durante o regime militar são imprescritíveis, não se aplicando o prazo quinquenal previsto no art. 1º do Decreto n. 20.910/1932.

STJ **JurisTese 61-5.** A responsabilidade civil do Estado por condutas omissivas é subjetiva, devendo ser comprovados a negligência na atuação estatal, o dano e o nexo de causalidade.

STJ **JurisTese 61-6.** Há responsabilidade civil do Estado nas hipóteses em que a omissão de seu dever de fiscalizar for determinante para a concretização ou o agravamento de danos ambientais.

STJ **JurisTese 61-7.** A Administração Pública pode responder civilmente pelos danos causados por seus agentes, ainda que estes estejam amparados por causa excludente de ilicitude penal.

STJ **JurisTese 61-8.** É objetiva a responsabilidade civil do Estado pelas lesões sofridas por vítima baleada em razão de tiroteio ocorrido entre policiais e assaltantes.

STJ **JurisTese 61-9.** O Estado possui responsabilidade objetiva nos casos de morte de custodiado em unidade prisional.

STJ **JurisTese 61-10.** O Estado responde objetivamente pelo suicídio de preso ocorrido no interior de estabelecimento prisional.

STJ **JurisTese 61-11.** O Estado não responde civilmente por atos ilícitos praticados por foragidos do sistema penitenciário, salvo quando os danos decorrem direta ou imediatamente do ato de fuga.

STJ JurisTese 61-14. Não há nexo de causalidade entre o prejuízo sofrido por investidores em decorrência de quebra de instituição financeira e a suposta ausência ou falha na fiscalização realizada pelo Banco Central no mercado de capitais.

STJ JurisTese 61-15. A existência de lei específica que rege a atividade militar (Lei n. 6.880/1980) não isenta a responsabilidade do Estado pelos danos morais causados em decorrência de acidente sofrido durante as atividades militares.

STJ JurisTese 61-16. Em se tratando de responsabilidade civil do Estado por rompimento de barragem, é possível a comprovação de prejuízos de ordem material por prova exclusivamente testemunhal, diante da impossibilidade de produção ou utilização de outro meio probatório.

STJ JurisTese 61-17. É possível a cumulação de benefício previdenciário com indenização decorrente de responsabilização civil do Estado por danos oriundos do mesmo ato ilícito.

STJ JurisTese 61-18. Nas ações de responsabilidade civil do Estado, é desnecessária a denunciação da lide ao suposto agente público causador do ato lesivo.

INFORMATIVOS

STJ Roubo com emprego de arma de fogo. Fila de pedágio. Responsabilidade civil da concessionária de rodovia. Inexistência. Excludente de ilicitude. Fortuito externo. Fato de terceiro. Rompimento do nexo de causalidade. A concessionária de rodovia não deve ser responsabilizada por roubo com emprego de arma de fogo cometido contra seus usuários em posto de pedágio. *REsp 1872260, 3ª T, 7.10.2022. Inf 752.*

STJ Fundação Privada de apoio à universidade. Prestação de serviço público. Terceiro prejudicado. Responsabilidade objetiva civil extracontratual. Prescrição quinquenal. Lei 9.494/97. A fundação privada de apoio à universidade pública presta serviço público, razão pela qual responde objetivamente pelos prejuízos causados a terceiros, submetendo-se a pretensão indenizatória ao prazo prescricional quinquenal previsto no art. 1º-C da Lei 9.494/97. *AREsp 1893472, 2ª T, 28.6.2022. Inf 744.*

STJ Responsabilidade civil objetiva. Concessionária de serviços públicos de transporte. Queda de passageiro em via férrea de metrô, por decorrência de mal súbito. Nexo de causalidade entre a conduta da concessionária e o evento danoso. Inexistência. Não adoção de tecnologia moderna "portas de plataforma" ("platform screen doors" - PSD). Irrelevância. Caso fortuito externo caracterizado. Considera-se fortuito externo a queda de passageiro em via férrea de metrô, por decorrência de mal súbito, não ensejando o dever de reparação do dano por parte da concessionária de serviço público, mesmo considerando que não houve adoção, por parte do transportador, de tecnologia moderna para impedir o trágico evento. *REsp 1936743, 4ª T, 14.6.2022. Inf 741.*

STJ Responsabilidade civil do Estado por omissão. Morte em decorrência de disparo de arma de fogo no interior de hospital público. Ausência de vigilância. Falha específica no dever de agir. Excludente de ilicitude. Fato de terceiro. Não ocorrência. O hospital que deixa de fornecer o mínimo serviço de segurança, contribuindo de forma determinante e específica para homicídio praticado em suas dependências, responde objetivamente pela conduta omissiva. *REsp 1708325, 2ª T, 24.5.2022. Inf 740.*

STJ Responsabilidade civil do Estado. Acidente de trânsito em rodovia estadual. Óbito da vítima. Omissão estatal quanto ao dever de conservação e sinalização da via pública. Danos materiais devidos. Reconhecida a responsabilidade estatal por acidente com evento morte em rodovia, é devida a indenização por danos materiais aos filhos menores e ao cônjuge do "de cujus". *REsp 1709727, 1ª T, 11.4.2022. Inf 733.*

QUESTÕES DISCURSIVAS

15. (Consulplan/TJ/MG/Cartórios/Remoção/2019) No dia 29 de dezembro de 2018, um caminhão caçamba da empresa Descarta Bem, responsável pela coleta de lixo no Município de Poté/MG, realizava o percurso de recolhimento no bairro Sucanga, quando, em velocidade superior à média permitida, ao desviar de um animal de grande porte na via, atingiu frontalmente uma motocicleta que subia na direção contrária. Da colisão resultaram avarias diversas na motocicleta bem como ferimentos graves e fratura exposta em braço e perna do motociclista. Diante da situação exposta, responda: (a) Na hipótese de ajuizamento de ação de reparação pelo motociclista, tão somente em desfavor do motorista do caminhão, é possível a aplicação da teoria da responsabilidade objetiva? (b) O motociclista poderá acionar o Município, mesmo se constatado ato imprudente do motorista da empresa privada?

QUESTÕES OBJETIVAS

171. (Ieses/TJ/TO/Cartórios/Ingresso/2022) Assinale a alternativa correta:

a) O espólio de policial militar morto em serviço pode ajuizar ação autônoma buscando a reparação dos danos sofridos pelo falecido, inclusive aqueles que levaram à sua própria morte. Trata-se de direito autônomo do de cujus, cujo direito de ação, de caráter patrimonial, transfere-se aos herdeiros. Entretanto, ao optarem por esse tipo de reparação, não podem os herdeiros cumulá-lo com o pedido indenizatório fulcrado no dano reflexo ou por ricochete pois, em que pese a autonomia dos tipos indenizatórios, a cumulação implicaria enriquecimento sem causa dos familiares, já que derivados do mesmo evento morte.

b) O atual Direito Administrativo Brasileiro, no que se refere à responsabilidade civil do Estado, adota a teoria do risco integral mitigada, de acordo com a qual basta a comprovação do ato, do dano e do nexo de causalidade para a condenação do ente estatal.

c) A responsabilidade civil do Estado pela morte de detento em delegacia, presídio ou cadeia pública que comete suicídio é subjetiva, devendo-se apurar, para que reste configurado o dever de reparar, se a vigilância e segurança prestadas aos custodiados no estabelecimento eram as exigidas pelas normas vigentes.

d) Nas relações de consumo que envolvam serviço público, o art. 37, § 6º, da Constituição Federal prevê a responsabilidade civil do Estado e das concessionárias de serviço público, sob a modalidade do risco administrativo. Malgrado se trate de responsabilidade civil objetiva, apenas pela teoria do risco integral – adotada no ordenamento jurídico brasileiro em casos excepcionais, como na responsabilidade civil acidentária ou infortunística, coberta pelo seguro social; no seguro obrigatório para os proprietários de veículos automotores (DPVAT); e no dano nuclear –, não há necessidade de exame da relação de causa e efeito entre o dano e a conduta/atividade omissiva ou comissiva daquele tido por causador.

172. (FGV/TJ/SC/Cartórios/Ingresso/2021) João, titular de certo Ofício de Registro Civil de Pessoas Naturais e de Interdições e Tutelas no Estado Alfa, ao registrar o óbito de determinada pessoa que era seu desafeto, agindo por motivos e em circunstâncias ainda não esclarecidas, fez constar nome do falecido com grafia incorreta. Em virtude de tal fato, a viúva Joana não conseguiu obter imediatamente a pensão por morte a que fazia jus junto ao instituto de previdência no Município em que seu esposo era servidor público. Joana somente começou a receber a pensão dois anos depois, quando finalmente conseguiu retificar o registro e obter nova certidão de óbito de seu esposo. No caso em tela, em matéria de ação indenizatória a ser manejada por Joana, de acordo com a atual jurisprudência do Supremo Tribunal Federal, incide a responsabilidade civil:

a) direta e objetiva do Estado Alfa, assentado o dever de regresso contra João, caso fique comprovado que agiu com dolo ou culpa, sob pena de improbidade administrativa dos agentes públicos que deveriam ser responsáveis pela ação regressiva.

b) direta e objetiva da pessoa natural João, que também responde por ato de improbidade administrativa, caso fique comprovado que agiu com dolo ou culpa, por violação de princípios constitucionais da administração pública.

c) subsidiária e subjetiva do Estado Alfa, assentado o dever de regresso contra João, caso fique comprovado que agiu com dolo ou culpa, e de imputação por ato de improbidade administrativa ao mesmo agente no caso de dolo.

d) solidária e subjetiva entre o Cartório do Registro Civil de Pessoas Naturais e o Estado Alfa, devendo o cumprimento de eventual sentença condenatória de reparação de danos seguir as regras da execução comum.

e) solidária e objetiva entre João e o Estado Alfa, devendo o cumprimento de eventual sentença condenatória de reparação de danos seguir as regras do regime de precatório para quaisquer dos demandados que seja condenado.

173. (Vunesp/TJ/GO/Cartórios/Ingresso/2021) Assinale a alternativa correta sobre a responsabilidade civil extracontratual do Estado pelos atos dos tabeliães e registradores, que, no exercício de suas funções, causem danos a terceiros, segundo tese firmada pelo Supremo Tribunal Federal no julgamento do Tema 777.

a) o Estado responde, objetivamente, assentado o dever de regresso contra o responsável, nos casos de dolo ou culpa, sob pena de improbidade administrativa.

b) o Estado responde, subjetivamente, assegurado o direito de regresso contra o responsável, nos casos de dolo ou culpa.

c) o Estado responde, subsidiariamente, pelos danos, uma vez comprovada a impossibilidade de pagamento do Cartório, com o direito de regresso contra o responsável, nos casos de dolo ou culpa.

d) o Estado responde, objetivamente, facultado ao poder público exercer o direito de regresso contra o responsável, nos casos de dolo ou culpa.

174. (Vunesp/TJ/GO/Cartórios/Remoção/2021) Suponha que Maurício ajuizou uma ação com o objetivo de que o Estado X o indenizasse pelos danos materiais causados pelo 1º Cartório de Registro Civil das Pessoas Naturais da Comarca ABC, em virtude de erro na elaboração de certidão de nascimento do seu filho, o que lhe causou prejuízos financeiros. Com base na situação hipotética apresentada e na jurisprudência recente do Supremo Tribunal Federal, é correto afirmar que:

a) por se aplicar exclusivamente às normas do Código de Defesa do Consumidor, o delegado do serviço público não pode alegar a ocorrência de caso fortuito e de força maior.

b) Maurício errou ao ajuizar a ação indenizatória em face do Estado X, pois apenas o delegado do serviço público é quem detém legitimidade passiva para figurar nesta ação.

c) o Estado X responde, objetivamente, pelos atos do delegado do serviço público, que no exercício de suas funções, tenha causado danos a Maurício, sendo necessário observar o dever de regresso contra o responsável, nos casos de dolo ou culpa, sob pena de improbidade administrativa.

d) já que os serviços notariais e de registro são exercidos em caráter privado, com intuito lucrativo, o Estado X apenas pode ser responsabilizado subsidiariamente pelas ações do delegado do serviço público.

175. (Consulplan/TJ/MG/Cartórios/Ingresso/2019) A responsabilização objetiva do Estado torna a culpa como não pressuposto para sua caracterização, o que desonera, neste aspecto, o lesado quanto a tal evidência. No que diz respeito ao direito de regresso pela Administração Pública, é correto afirmar que:

a) A solução do intento de reparação regressiva pelo Estado pode operar-se pela via administrativa mediante acordo entre as partes – o que não macula o dever de guarda do interesse público – ou pela via judicial.

b) O ingresso judicial de pedido de indenização em caráter regressivo pelo Estado somente ocorrerá nas hipóteses em que não haja logrado êxito na reparação pelas vias administrativas coercitivas, a exemplo de constatada insuficiência patrimonial.

c) A lei ordinária delegou a Constituição Federal competência para legislar acerca dos prazos prescricionais para ilícitos praticados por qualquer agente, servidor ou não, que provoquem prejuízos ao erário, bem como para seu respectivo ressarcimento.

d) Quando necessário o manejo de ação judicial pelo Estado para obtenção da reparação, pela via do regresso, opera-se a inversão do ônus probatório, face ao interesse público do Estado na reconstituição do erário no quantitativo despendido pela sua responsabilização objetiva.

176. (Vunesp/TJ/RS/Cartórios/Remoção/2019) Com a instituição do Estado de Direito e a consequente submissão da ação estatal aos limites impostos pelo ordenamento jurídico, os sistemas passaram a disciplinar o regime de responsabilização dos atos que, praticados pela Administração, causam danos a terceiros. A respeito da responsabilidade civil do Estado, assinale a alternativa correta.

a) O sistema jurídico brasileiro não admite a responsabilização civil do Estado pela prática de ato jurisdicional.

b) Segundo o Superior Tribunal de Justiça, o notário responde exclusivamente pelos danos que, no exercício da função pública, causem a terceiros.

c) A responsabilidade civil das pessoas jurídicas privadas prestadoras de serviços públicos será subjetiva, quando o dano for causado a terceiro não usuário do serviço.

d) A responsabilidade civil extracontratual do Estado por atos lícitos ocorrerá quando expressamente prevista em lei ou a conduta estatal cause sacrifício desproporcional ao particular.

e) A responsabilidade civil do Estado por danos de natureza contratual é da modalidade objetiva, baseada na teoria do risco administrativo.

177. (Vunesp/TJ/RS/Cartórios/Ingresso/2019) A respeito da responsabilidade civil extracontratual do Estado, assinale a alternativa correta.

a) Em casos de danos causados por má execução de obras públicas por empresas a terceiros, a empreiteira responderá primariamente e de maneira subjetiva, havendo, contudo, a responsabilidade subsidiária do Estado.

b) A pretensão de responsabilização do Estado por dano extrapatrimonial prescreve em 03 (três) anos.

c) O Supremo Tribunal Federal pacificou entendimento no sentido de reconhecer a responsabilidade subsidiária e subjetiva do Estado pelos danos causados pelos notários e registradores.

d) Responsabilizado o Estado por ato culposo de servidor público, surge para Administração o direito de regresso a partir da sentença condenatória, sendo a pretensão de ressarcimento imprescritível.

e) Segundo a legislação, é objetiva a responsabilidade civil dos Tabeliães de Protestos de Títulos por danos causados a terceiros, assegurado o direito de regresso.

178. (Ieses/TJ/SC/Cartórios/Ingresso/2019) Com relação à responsabilidade civil do Estado é correto afirmar:

a) A responsabilidade civil do Estado somente se configura no caso de conduta culposa do Estado.

b) O Estado tem responsabilidade civil pelos danos que seus servidores públicos, nessa qualidade, causarem a terceiros.

c) No caso de responsabilidade civil do Estado, este poderá promover ação de regresso em face do servidor público responsável pelo dano, cuja responsabilidade civil será objetiva, independentemente de culpa, perante o Estado.

d) O caso fortuito ou de força maior não permitem a exclusão da responsabilidade civil do Estado em nenhuma hipótese.

179. (Consulplan/TJ/MG/Cartórios/Remoção/2017) A administração pública estatal foi condenada judicialmente por dano provocado a particular em razão de ato praticado por seu agente público (agindo nessa qualidade), ficando na hipótese evidenciado o seu direito de regresso. Quanto à ação regressiva, assinale a alternativa correta:

a) em caso de dolo do agente, a ação é imprescritível, podendo ser ajuizada a qualquer tempo.
b) em regra ela deve ser ajuizada, em atenção ao princípio da indisponibilidade.
c) deve ser ajuizada no prazo máximo de 2 anos a contar do trânsito em julgado da decisão condenatória.
d) é facultativo seu ajuizamento, uma vez que o direito de regresso pode ser exercido administrativamente, mediante desconto em folha do montante equivalente ao da condenação, incluindo custas e despesas processuais, em parcelas não superiores a 30% (trinta por cento) da remuneração do agente.

10. SERVIÇOS PÚBLICOS

10.1. Disposições Gerais

SÚMULAS

STJ **Súm. 356.** É legítima a cobrança da tarifa básica pelo uso dos serviços de telefonia fixa.

STJ **Súm. 407.** É legítima a cobrança da tarifa de água, fixada de acordo com as categorias de usuários e as faixas de consumo.

STJ **Súm. 412.** A ação de repetição de indébito de tarifas de água e esgoto sujeita-se ao prazo prescricional estabelecido no Código Civil.

JURISPRUDÊNCIA EM TESES

STJ **JurisTese 13-1.** É legítimo o corte no fornecimento de serviços públicos essenciais quando inadimplente o usuário, desde que precedido de notificação.

STJ **JurisTese 13-2.** É legítimo o corte no fornecimento de serviços públicos essenciais por razões de ordem técnica ou de segurança das instalações, desde que precedido de notificação.

STJ **JurisTese 13-3.** É ilegítimo o corte no fornecimento de energia elétrica quando puder afetar o direito à saúde e à integridade física do usuário.

STJ **JurisTese 13-4.** É legítimo o corte no fornecimento de serviços públicos essenciais quando inadimplente pessoa jurídica de direito público, desde que precedido de notificação e a interrupção não atinja as unidades prestadoras de serviços indispensáveis à população.

STJ **JurisTese 13-5.** É ilegítimo o corte no fornecimento de serviços públicos essenciais quando inadimplente unidade de saúde, uma vez que prevalecem os interesses de proteção à vida e à saúde.

STJ **JurisTese 13-6.** É ilegítimo o corte no fornecimento de serviços públicos essenciais quando a inadimplência do usuário decorrer de débitos pretéritos, uma vez que a interrupção pressupõe o inadimplemento de conta regular, relativa ao mês do consumo.

STJ **JurisTese 13-7.** É ilegítimo o corte no fornecimento de serviços públicos essenciais por débitos de usuário anterior, em razão da natureza pessoal da dívida.

STJ **JurisTese 13-8.** É ilegítimo o corte no fornecimento de energia elétrica em razão de débito irrisório, por configurar abuso de direito e ofensa aos princípios da proporcionalidade e razoabilidade, sendo cabível a indenização ao consumidor por danos morais.

STJ **JurisTese 13-9.** É ilegítimo o corte no fornecimento de serviços públicos essenciais quando o débito decorrer de irregularidade no hidrômetro ou no medidor de energia elétrica, apurada unilateralmente pela concessionária.

STJ **JurisTese 13-10.** O corte no fornecimento de energia elétrica somente pode recair sobre o imóvel que originou o débito, e não sobre outra unidade de consumo do usuário inadimplente.

INFORMATIVOS

STF **Medidas para garantir a continuidade de serviços públicos essenciais e direito de greve.** São constitucionais o compartilhamento, mediante convênio, com estados, Distrito Federal ou municípios, da execução de atividades e serviços públicos federais essenciais, e a adoção de procedimentos simplificados para a garantia de sua continuidade em situações de greve, paralisação ou operação de retardamento promovidas por servidores públicos federais. Nessa hipótese, não se criam cargos, nem se autoriza contratação temporária. Tampouco delegam-se atribuições de servidores públicos federais a servidores públicos estaduais, ou autoriza-se a investidura em cargo público federal sem a aprovação prévia em concurso público. *ADI 4857, 11.3.2022. Inf 1046.*

STJ **Suspensão de liminar. Parceria Público-Privada (PPP). Redução do preço do barril do petróleo no mercado internacional. Queda de arrecadação fiscal. Configuração de lesão à ordem pública e econômica. Continuidade do serviço. Desequilíbrio econômico-financeiro evidenciado.** A queda de arrecadação fiscal de município contratante advinda da redução do preço do barril de petróleo no mercado internacional não constitui motivo suficiente para redução da contraprestação devida à concessionária de serviços públicos se essa contraprestação não estiver vinculada contratualmente à variação do preço do petróleo. *AgInt na SLS 2779, Corte Especial, 16.8.2022. Inf 748.*

STJ **Energia elétrica. Interferência do Poder Judiciário em regras de elevada especificidade técnica por meio de liminar. Grave lesão à ordem e à economia pública. Demonstração.** A interferência do Poder Judiciário em regras de elevada especificidade técnica do setor elétrico por meio de liminar configura grave lesão à ordem e à economia pública. *SLS 2162, Corte Especial, 2.5.2022. Inf 739.*

QUESTÕES DISCURSIVAS

16. (Consulplan/TJ/MG/Cartórios/Remoção/2017) A prestação de serviços públicos pode ser interrompida ou suspensa? Justifique e fundamente sua resposta à luz da doutrina e da jurisprudência atual.

QUESTÕES OBJETIVAS

180. (UFPR/TJ/PR/Cartórios/Ingresso/2019) "Ou seja, se o Poder Público quiser oferecer em regime de oferta e procura um bem econômico qualificado juridicamente como serviço público, deve fazê-lo por intermédio de entidades empresariais" (GABARDO, 2009). Levando em consideração o exposto, assinale a alternativa correta.

a) O autor refere-se, nesse trecho, aos serviços públicos não privativos do Estado.
b) Os serviços públicos privativos de Estado são aqueles obrigatoriamente delegados para entidades empresariais segundo a Constituição da República.
c) A qualificação de um bem econômico como serviço público não implica a sua prestação estatal direta.
d) São equiparáveis às entidades empresariais as organizações sociais prestadoras de serviços públicos.
e) As entidades empresariais referidas são as empresas públicas.

181. (Vunesp/TJ/RS/Cartórios/Remoção/2019) A respeito do serviço público, assinale a alternativa correta.

a) O serviço público é de titularidade do Estado, podendo a sua prestação ser transferida à iniciativa privada e realizada em regime de competição.
b) Os serviços públicos "uti universi" são serviços prestados a usuários determinados, sendo possível mensurar a sua utilização por cada um deles.
c) O princípio da continuidade do serviço público impõe, necessariamente, que todos os serviços públicos sejam prestados diariamente e em período integral.

d) Em razão dos princípios constitucionais da livre iniciativa e da livre concorrência, a caracterização de atividade como serviço público exige prévia autorização constitucional.

e) As atividades que tenham como resultado a promoção de direitos fundamentais devem ser consideradas como serviço público.

182. (UFPR/TJ/PR/Cartórios/Remoção/2019) "De pronto é preciso reafirmar que o serviço público nada mais é do que uma atividade econômica em sentido estrito que teve o seu regime jurídico alterado, mediante uma ação imperativa do Estado ao torná-lo típico" (GABARDO, 2009). Sobre o tema, assinale a alternativa correta.

a) Não existe distinção entre serviços públicos e atividades econômicas em sentido estrito.

b) Os serviços públicos, ainda que sejam atividades econômicas do ponto de vista material, acabam adquirindo regime jurídico distinto mediante a ação imperativa do Estado.

c) As atividades econômicas em sentido estrito também são atividades típicas do Estado, ainda que não sejam elevadas a um regime especial.

d) A tipicidade dos serviços públicos não implica um dever estatal de prestação, seja direta ou indireta.

e) O regime jurídico aplicável aos serviços públicos depende de imposição estatal por lei complementar.

183. (Consulplan/TJ/MG/Cartórios/Remoção/2018) Em relação aos serviços notariais e de registro, assinale a alternativa correta:

a) são exercidos em caráter público, por delegação do Poder Judiciário.

b) se inscrevem no âmbito das remuneráveis por tarifa ou preço público.

c) são atividades paraestatais cujo exercício privado jaz sob a exclusiva fiscalização do Poder Executivo.

d) o Estado responde objetivamente pelos danos causados a terceiros em decorrência da atividade notarial, cabendo direito de regresso contra o causador do dano em caso de dolo ou culpa.

184. (Ieses/TJ/CE/Cartórios/Ingresso/2018) Assinale a única alternativa correta:

a) a partir da vigência da lei das empresas públicas, sociedades de economia mista e de suas subsidiárias, desapareceram os institutos da descentralização e desconcentração, sendo vedada a transferência de competência de um órgão para outro, mesmo que pertencentes à mesma estrutura administrativa.

b) nos termos da Lei n. 8.987/1995, considera-se serviço público adequado aquele que satisfaz as condições de regularidade, continuidade, eficiência, segurança, atualidade, generalidade, cortesia na sua prestação e modicidade das tarifas.

c) o princípio da modicidade das tarifas públicas significa que todos os serviços públicos serão gratuitos e universais se não plenamente justificada a cobrança tarifária.

d) o princípio da mutabilidade não mais se aplica aos serviços públicos, daí serem atualmente vedadas por lei as chamadas "cláusulas exorbitantes".

185. (Consulplan/TJ/MG/Cartórios/Ingresso/2018) Sobre o instituto das parcerias público-privadas, assinale a afirmativa correta:

a) a constituição de sociedade de propósitos específicos é de caráter obrigatório, ressalvada a hipótese em que a Administração Pública seja titular da maioria do capital votante destas sociedades.

b) a previsão de contraprestação pecuniária do parceiro público ao parceiro privado é a diferenciação entre a concessão administrativa e a concessão patrocinada, ambas previstas como formas de parcerias público privadas.

c) a garantia do equilíbrio econômico-financeiro não é prevista expressamente na lei que rege o instituto; contudo é de ser admitida, na medida em que dentre as cláusulas que devem ser incluídas no contrato de parceria, estão aquelas relativas à repartição de riscos entre as partes e à forma de remuneração e de atualização dos valores contratuais.

d) a parceria público-privada é o contrato administrativo de concessão que tem por objetivo a execução de serviço público, precedida ou não de obra pública, remunerada mediante taxa paga pelo usuário e contraprestação pecuniária do parceiro público, ou a prestação de serviço de que a Administração Pública seja a usuária direta ou indireta, com ou sem execução de obra e fornecimento e instalação de bens, mediante contratação do parceiro público.

10.2. Autorização, Concessão, Delegação e Permissão

SÚMULAS

STF Súm. 510. Praticado o ato por autoridade, no exercício de competência delegada, contra ela cabe o mandado de segurança ou a medida judicial.

REPERCUSSÃO & REPETITIVOS

STF Rep. Geral 774. A norma estadual que impõe à concessionária de geração de energia elétrica a promoção de investimentos, com recursos identificados como parcela da receita que aufere, voltados à proteção e à preservação de mananciais hídricos é inconstitucional por configurar intervenção indevida do Estado no contrato de concessão da exploração do aproveitamento energético dos cursos de água, atividade de competência da União, conforme art. 21, XII, "b", da Constituição Federal. *RE 827538, 12.5.2020.*

STF Rep. Geral 854. Salvo em situações excepcionais devidamente comprovadas, serviço público de transporte coletivo pressupõe prévia licitação. *RE 1001104, 15.5.2020.*

STF Rep. Geral 991. Afronta o princípio da separação dos Poderes a anulação judicial de cláusula de contrato de concessão firmado por agência reguladora e prestadora de serviço de telefonia que, em observância aos marcos regulatórios estabelecidos pelo Legislador, autoriza a incidência de reajuste de alguns itens tarifários em percentual superior ao do índice inflacionário fixado, quando este não é superado pela média ponderada de todos os itens. *RE 1059819, 18.2.2022.*

STJ IAC 8. É indevida a cobrança promovida por concessionária de rodovia, em face de autarquia prestadora de serviços de saneamento básico, pelo uso da faixa de domínio da via pública concedida. *REsp 1817302, 8.6.2022.*

JURISPRUDÊNCIA EM TESES

STJ JurisTese 97-3. A previsão indenizatória do art. 42, § 2º, da Lei n. 8.987/1995 não se aplica às hipóteses de permissão, mas apenas aos casos de concessão de serviço público.

STJ JurisTese 97-4. Não é devida indenização a permissionário de serviço público de transporte coletivo por prejuízos suportados em face de déficit nas tarifas quando ausente procedimento licitatório prévio.

STJ JurisTese 97-5. Nos termos do § 2º do art. 42 da Lei n. 8.987/1995, a administração deve promover certame licitatório para novas concessões de serviços públicos, não sendo razoável a prorrogação indefinida de contratos de caráter precário.

STJ JurisTese 97-6. Extinto o contrato de concessão por decurso do prazo de vigência, cabe ao Poder Público a retomada imediata da prestação do serviço até a realização de nova licitação, independentemente de prévia indenização, assegurando a observância do princípio da continuidade do serviço público.

INFORMATIVOS

STF Transferência da concessão e do controle societário das concessionárias de serviços públicos. É constitucional a transferência da concessão e do controle societário das concessionárias de serviços públicos, mediante anuência do poder concedente (Lei 8.987/95, art. 27). *ADI 2946, 8.3.2022. Inf 1046.*

STJ Serviço público. Contrato de concessão. Intervenção. Contraditório prévio. Desnecessidade. Não se exige contraditório prévio à decretação de intervenção em contrato de concessão com concessionária de serviço público. *RMS 66794, 2ª T, 22.2.2022. Inf 727.*

STJ Faixa de domínio. Concessionária de serviço público. Cobrança pelo ente federado. Não cabimento. RE 581947. Distinguishing. Art. 11 da Lei 8.987/95. Conflito entre concessionárias. Exigência de contraprestação. Possibilidade. ERESP 985695. As concessionárias de serviço público podem efetuar a cobrança pela utilização de faixas de domínio de rodovia, mesmo em face de outra concessionária, desde que haja previsão editalícia e contratual. *REsp 1677414, 1ª T, 14.12.2021. Inf 722.*

STJ Concessionária de serviço público. Faixa de domínio. Cobrança pelo uso da faixa de domínio por outra concessionária que explora serviço público diverso. Possibilidade. Previsão no contrato de concessão. Imprescindibilidade. As concessionárias de serviço público podem efetuar a cobrança pela utilização de faixas de domínio por outra concessionária que explora serviço público diverso, desde que haja previsão no contrato de concessão. *AREsp 1510988, 2ª T, 10.2.2022. Inf 724.*

QUESTÕES OBJETIVAS

186. (Ieses/TJ/TO/Cartórios/Ingresso/2022) Assinale a alternativa correta:

a) A transferência de concessão ou do controle societário da concessionária sem prévia anuência do poder concedente implicará a caducidade da concessão.
b) A constante busca pelas melhores técnicas administrativas e consequente melhoria do serviço público configura o denominado princípio da "continuidade do serviço público".
c) A "autorização" difere da "licença", uma vez que a primeira ("autorização") é ato administrativo bilateral (pedido-concessão) e vinculado, não se sujeitando, portanto, à revogação.
d) Atos de gestão e atos de caráter normativo podem ser objeto de delegação, desde que seja ela justificada pela urgência e interesse público.

187. (Ieses/TJ/RO/Cartórios/Ingresso/2021) Leia atentamente as proposições abaixo e assinale a que se apresentar incorreta:

a) Na concessão, o poder de alteração unilateral das cláusulas regulamentares confere à administração a possibilidade de alterar as condições do funcionamento do serviço, podendo o concessionário se opor às alterações exigidas, desde que o objeto da concessão não tenha sido desnaturado.
b) Para o STJ, há necessidade do efetivo desapossamento para a caracterização da desapropriação indireta.
c) O prazo prescricional aplicável à desapropriação indireta, na hipótese em que o Poder Público tenha realizado obras no local ou atribuído natureza de utilidade pública ou de interesse social ao imóvel, é de 10 anos, conforme parágrafo único do art. 1.238 do CC.
d) É quinquenal o prazo prescricional para pleitear reparação decorrente de limitação administrativa.

188. (Ieses/TJ/RO/Cartórios/Remoção/2021) Parceria público-privada é o contrato administrativo de concessão, na modalidade patrocinada ou administrativa. Em relação a este tipo de contratação é correto afirmar:

I. É vedada a celebração de contrato de parceria público-privada que tenha como objeto único o fornecimento de mão-de-obra, o fornecimento e instalação de equipamentos ou a execução de obra pública.
II. A contraprestação da Administração Pública nos contratos de parceria público-privada não poderá ser feita por outorga de direitos sobre bens públicos dominicais.
III. A contratação de parceria público-privada será precedida de licitação na modalidade de tomada de preço.
IV. É vedada a celebração de contrato de parceria público-privada cujo período de prestação do serviço seja inferior a 5 (cinco) anos.

A sequência correta é:

a) Apenas as assertivas I e IV estão corretas.
b) Apenas as assertivas I, II e III estão corretas.
c) As assertivas I, II, III e IV estão corretas.
d) Apenas a assertiva III está incorreta.

189. (Consulplan/TJ/MS/Cartórios/Ingresso/2021) Considerando a Lei nº 11.079/04, "parceria público-privada é o contrato administrativo de concessão, na modalidade patrocinada ou administrativa". Sobre as parcerias público-privadas, é incorreto afirmar que:

a) É vedada a celebração de contrato de parceria público-privada cujo período de prestação do serviço seja inferior a 5 (cinco) anos.
b) A contraprestação da Administração Pública nos contratos de parceria público-privada poderá ser feita por outorga de direitos sobre bens públicos dominicais.
c) As obrigações pecuniárias contraídas pela Administração Pública em contrato de parceria público-privada poderão ser garantidas mediante contratação de seguro-garantia com as companhias seguradoras, inclusive as controladas pelo Poder Público.
d) As cláusulas dos contratos de parceria público-privada devem prever as penalidades aplicáveis à Administração Pública e ao parceiro privado em caso de inadimplemento contratual, fixadas sempre de forma proporcional à gravidade da falta cometida, e às obrigações assumidas.

190. (Consulplan/TJ/MS/Cartórios/Remoção/2021) De acordo com a Lei nº 11.079/04, "parceria público-privada é o contrato administrativo de concessão, na modalidade patrocinada ou administrativa". Acerca das parcerias público-privadas, é incorreto afirmar que:

a) É vedada a celebração de contrato de parceria público-privada cujo valor do contrato seja inferior a R$ 20.000.000,00 (vinte milhões de reais).
b) As obrigações pecuniárias contraídas pela Administração Pública em contrato de parceria público-privada poderão ser garantidas mediante vinculação de receitas.
c) A contraprestação da Administração Pública nos contratos de parceria público-privada poderá ser feita por ordem bancária ou cessão de créditos não tributários, dentre outros meios indicados na Lei.
d) As cláusulas dos contratos de parceria público-privada devem prever prazo de vigência do contrato, compatível com a amortização dos investimentos realizados, não inferior a 5 (cinco), nem superior a 35 (trinta e cinco) anos, incluindo eventual prorrogação.

191. (Ieses/TJ/SC/Cartórios/Ingresso/2019) Com relação à concessão de serviço público é correto afirmar:

a) o concessionário somente pode ser pessoa física ou jurídica.
b) o concessionário somente pode ser pessoa física, pessoa jurídica ou consócio de empresas.
c) o concessionário somente pode ser um consorcio de empresas.
d) o concessionário somente pode ser pessoa jurídica ou consórcio de empresas.

192. (Consulplan/TJ/MG/Cartórios/Remoção/2019) Os serviços públicos podem ser descentralizados pela Administração Pública, não se afastando, mas assim se justificando, no interesse público, na busca do bem comum. Para tal exercício, opera-se a delegação legal ou a delegação negocial. Considere as regras de concessão e permissão de serviços públicos e assinale a alternativa correta.

a) À permissão veda-se a encampação, distintamente do que ocorre na concessão, tendo em vista o caráter precário típico daquela modalidade de delegação/contratação.
b) Os contratos de concessão submetem-se à regra de prévio procedimento licitatório, sendo admitida apenas fora dos termos da contratação em certame, a prorrogação contratual prevista antecipadamente, quando a natureza do serviço delegado a justifique.
c) Caracteriza-se o contrato de concessão pela bilateralidade, observado o caráter intuitu personae, comutatividade e formalidade, os quais, sob nenhum aspecto podem afastar o poder de fiscalização da Administração Pública da prestação do serviço e da própria concedente.
d) A permissão lotérica é outorga precária mediante procedimento licitatório que não constitui impeditivo ao exercício de atividades complementares e comerciais pelo permissionário, sendo este remunerado por comissão sobre preço de vendas e apostas, com as deduções legais, vedada a renovação automática do prazo vintenário.

193. (Consulplan/TJ/MG/Cartórios/Ingresso/2019) A Administração Pública pode celebrar contrato de concessão de Parceria Público-Privada (PPP), a qual se rege pela Lei nº 11.079/2004. A modalidade contratual em questão difere-se das concessões regulares, pois agasalha participação financeira do ente público. Diante do regramento pertinente às Parcerias Público-Privadas, assinale a alternativa correta.

a) A constituição de Sociedade de Propósito Específico deve coincidir com a celebração do contrato de PPP, prestando-se à implantação e gestão do objeto da parceria.
b) O contrato de PPP contempla a repartição de riscos entre as partes, inclusive os pertinentes a caso fortuito, força maior, fato príncipe e álea econômica extraordinária.
c) O contrato de PPP poderá conter previsão de aporte de recursos em favor do parceiro privado para realização de obras e aquisição de bens reversíveis, ainda que não previsto no edital de licitação ou lei, desde que comprovada a reversibilidade dos mesmos.
d) A legislação aplicável às PPPs veda tal modalidade de contratação quando não se observa o quantitativo mínimo de R$ 20.000.000,00, o período de prestação de serviços seja inferior a cinco anos e o único objeto seja o fornecimento de mão de obra, o fornecimento e a instalação de equipamentos ou a execução de obra pública.

194. (UFPR/TJ/PR/Cartórios/Ingresso/2019) "As Parcerias Público-Privadas (PPPs) foram instituídas, em caráter nacional, com o advento da Lei nº 11.079/04, sob a alegação de que o Estado não possui condições de realizar investimentos, em especial na área de infraestrutura, necessários ao crescimento do país" (FORTINI, 2009). Com relação ao assunto, identifique como verdadeiras (V) ou falsas (F) as seguintes afirmativas:

I. Os serviços notariais e de registro não são enquadráveis tecnicamente como parcerias público-privadas, apesar de serem exercidos em caráter privado, sob delegação do Poder Público.
II. As PPPs são formalizadas por meio de contratos administrativos que seguem regime licitatório próprio.
III. Existem duas espécies de PPPs: a concessão administrativa e a concessão patrocinada.
IV. Nem sempre será objeto de uma PPP a prestação de um serviço público em sentido estrito diretamente ofertada ao usuário.

Assinale a alternativa que apresenta a sequência correta, de cima para baixo.

a) V, V, V, V.
b) V, V, F, F.
c) V, F, V, F.
d) F, V, F, V.
e) F, F, F, F.

195. (UFPR/TJ/PR/Cartórios/Remoção/2019) Segundo Cristiana Fortini, "as concessões de serviço público são espécies de contratos administrativos, embora o conceito presente no art. 2º, inciso II, da Lei nº 8.987 assim não diga. Por meio deles, transfere-se a empresa particular ou a consórcio de empresas a execução e a exploração de certo serviço" (FORTINI, 2009). Com relação ao assunto, identifique como verdadeiras (V) ou falsas (F) as seguintes afirmativas:

I. Os serviços de notário e registrador não podem ser enquadrados no conceito acima de concessões de serviço público delegadas a particular.
II. Os consórcios mencionados pela autora também podem ser formados por pessoas jurídicas de direito público, que constituirão nova pessoa jurídica de direito público para a finalidade de receber a concessão.
III. Os convênios administrativos seguem o mesmo regime dos contratos administrativos no caso de concessão de serviço público.
IV. As concessões de serviços a que se refere a autora se direcionam ao terceiro setor, conforme redação expressa da Lei nº 8.987/95.

Assinale a alternativa que apresenta a sequência correta, de cima para baixo.

a) F, V, V, V.
b) V, V, F, F.
c) V, F, V, V.
d) F, V, F, V.
e) V, F, F, F.

196. (Ieses/TJ/CE/Cartórios/Ingresso/2018) Assinale a única alternativa correta:

a) é dispensável a licitação para a construção, a ampliação, a reforma e o aprimoramento de estabelecimentos penais, desde que sejam situados em áreas de grande concentração populacional, nos termos da lei instituidora do Estatuto das Cidades.
b) nos termos da atual legislação, não é mais admitida a subconcessão, mesmo que prevista no contrato de concessão original então firmado mantendo-se, porém, aquelas contratadas anteriormente à vigência da lei proibitiva.
c) o regime jurídico dos contratos administrativos instituído pela Lei das Licitações confere à Administração, quando da rescisão do contrato, a prerrogativa de, em todos os casos, ocupar provisoriamente bens móveis, imóveis, pessoal e serviços vinculados ao objeto pactuado.
d) permissão de serviço público é a delegação, a título precário, mediante licitação, da prestação de serviços públicos, feita pelo poder concedente à pessoa física ou jurídica que demonstre capacidade para seu desempenho, por sua conta e risco.

197. (Ieses/TJ/AM/Cartórios/Ingresso/2018) Sobre o regime de concessão de serviço público previsto na Lei n. 8.987/1995, é incorreto afirmar:

a) ocorre a encampação do serviço público delegado quando o poder concedente, por motivo de interesse público, mediante autorização legislativa específica e após prévio pagamento de indenização, decide pela retomada do serviço público, durante o prazo da concessão.

b) a reversão no advento do termo contratual far-se-á com a indenização das parcelas dos investimentos vinculados a bens reversíveis, ainda não amortizados ou depreciados, que tenham sido realizados com o objetivo de garantir a continuidade e atualidade do serviço concedido.

c) poderá ocorrer a rescisão do contrato de concessão por iniciativa da concessionária, no caso de descumprimento das normas contratuais pelo poder concedente, mediante ação judicial especialmente intentada para esse fim.

d) no caso da delegação de serviço público, por meio de concessão, a caducidade consiste no retorno dos bens e serviços ao poder concedente, por conta do termo final do contrato.

198. (Consulplan/TJ/MG/Cartórios/Remoção/2017) A Parceria Público Privada – PPP – é uma das principais ferramentas utilizadas pelo Governo para a realização de investimentos na área de infraestrutura. Por meio de uma PPP, a União, os Estados ou Municípios podem escolher e contratar empresas privadas, as quais serão responsáveis pela prestação de serviços de interesse público por prazo estabelecido. As cláusulas dos contratos de Parceria Público-Privada atenderão ao disposto no art. 23 da Lei n. 8.987, de 13 de fevereiro de 1995, no que couber, devendo também prever:

a) as penalidades aplicáveis à Administração Pública e ao parceiro privado em caso de inadimplemento contratual, fixadas sempre de forma proporcional à gravidade da falta cometida, e às obrigações assumidas.

b) o prazo de vigência do contrato, compatível com a amortização dos investimentos realizados, não inferior a 10 (dez), nem superior a 30 (trinta) anos, incluída eventual prorrogação.

c) os critérios intrínsecos e subjetivos de avaliação do desempenho do parceiro privado.

d) a vedação de realização de vistoria nos bens reversíveis, bem como o cronograma para o repasse ao parceiro privado das parcelas do aporte de recursos, cujo termo inicial será a disponibilização dos serviços.

199. (Ieses/TJ/RO/Cartórios/Remoção/2017) São motivos que autorizam a extinção do contrato de concessão segundo a Lei n. 8.987, de 13 de fevereiro de 1995:

I. rescisão, anulação.

II. falência ou extinção da empresa concessionária e falecimento ou incapacidade do titular, no caso de empresa individual.

III. encampação, caducidade.

IV. advento do termo contratual.

A sequência correta é:

a) apenas a assertiva IV está correta.

b) apenas as assertivas II, III, IV estão corretas.

c) apenas as assertivas II e IV estão corretas.

d) as assertivas I, II, III e IV estão corretas.

200. (Consulplan/TJ/MG/Cartórios/Ingresso/2017) Considere as assertivas abaixo:

I. a contraprestação da Administração Pública nos contratos de parceria público-privada poderá ser feita por outorga de direitos sobre bens públicos dominicais.

II. o prazo de vigência do contrato de parceria público-privada somente poderá ser estipulado em período inferior a 2 (dois) anos, se tiver por objeto obra certa, cujo valor global não ultrapasse R$ 20.000.000,00 (vinte milhões de reais).

III. incumbe ao poder concedente zelar pela boa qualidade do serviço, receber, apurar e solucionar queixas e reclamações dos usuários, que serão cientificados, em até trinta dias, das providências tomadas.

IV. a transferência de concessão ou do controle societário da concessionária, ainda que sem a prévia anuência do poder concedente, não implicará a caducidade da concessão.

Estão corretas:

a) somente I e II.

b) somente II e III.

c) somente I e III.

d) todas.

11. TEORIA, PODERES E PRINCÍPIOS

11.1. Poderes

SÚMULAS

STF Súm. Vinculante 38. É competente o município para fixar o horário de funcionamento de estabelecimento comercial.

STF Súm. Vinculante 49. Ofende o princípio da livre concorrência lei municipal que impede a instalação de estabelecimentos comerciais do mesmo ramo em determinada área.

STF Súm. 397. O poder de polícia da Câmara dos Deputados e do Senado Federal, em caso de crime cometido nas suas dependências, compreende, consoante o regimento, a prisão em flagrante do acusado e a realização do inquérito.

STF Súm. 419. Os municípios têm competência para regular o horário do comércio local, desde que não infrinjam leis estaduais ou federais válidas.

REPERCUSSÃO & REPETITIVOS

STF Rep. Geral 532. É constitucional a delegação do poder de polícia, por meio de lei, a pessoas jurídicas de direito privado integrantes da Administração Pública indireta de capital social majoritariamente público que prestem exclusivamente serviço público de atuação própria do Estado e em regime não concorrencial. *RE 633782, 26.10.2020.*

JURISPRUDÊNCIA EM TESES

STJ JurisTese 82-1. A administração pública possui interesse de agir para tutelar em juízo atos em que ela poderia atuar com base em seu poder de polícia, em razão da inafastabilidade do controle jurisdicional.

STJ JurisTese 82-9. Não é possível a aplicação de sanções pecuniárias por sociedade de economia mista, facultado o exercício do poder de polícia fiscalizatório.

INFORMATIVOS

STJ Rádio comunitária. Autorização de funcionamento. Demora na apreciação do pedido. Concessão pelo judiciário em caráter precário. Impossibilidade. Princípio da separação dos poderes. A demora da Administração para apreciar o pedido de autorização para funcionamento de rádio comunitária não legitima o Poder Judiciário a conceder, ainda que em caráter precário, o direito de continuidade das atividades. *EDv nos EREsp 1797663, 1ª S, 10.8.2022. Inf 748.*

STJ Servidor público estadual. Decreto Estadual. Bens e evolução patrimonial. Disponibilização de informações. Obrigatoriedade. Poder regulamentar da Administração Pública. Não extrapola o poder regulamentar da Administração Pública, ou os princípios que a regem, Decreto Estadual que dispõe sobre o dever de agentes públicos disponibilizarem informações sobre seus bens e evolução patrimonial. *AgInt nos EDcl no RMS 55819, 1ª T, 17.8.2022. Inf 747.*

QUESTÕES OBJETIVAS

201. (Consulplan/TJ/MG/Cartórios/Remoção/2019) A atuação do Estado na defesa do interesse Público comporta a adoção de providências que coíbam ou limitem determinadas atividades privadas. A este proceder que tenha o fim de proteção ao bem supremo do interesse público nomina-se Poder de Polícia. O exercício do Poder de Polícia deve ser concretizado no intento de se fazer cessar ou impedir atos privados danosos. Acerca do Poder em questão, assinale a alternativa correta.

a) O exercício do Poder de Polícia compete ao ente que tenha recebido o múnus constitucional de regulação da matéria, tendo por atributos a discricionariedade, a autoexecutoriedade e a coercibilidade.
b) Tanto a Polícia Administrativa quanto a Polícia Judiciária contemplam atividades cujo ciclo completo se dá na própria seara interna da administração, sendo ambas as atuações de funções administrativas em defesa do interesse público.
c) O atributo da autoexecutoriedade informa que os atos decorrentes do Poder de Polícia prescindem de previsão legal que lhes assegure a adoção de medidas que tornem efetivos seus comandos à independência da atuação de outro poder da administração.
d) No exercício do Poder de Polícia, a Administração Pública pode expedir atos concretos, os quais contemplam destinatários determináveis, de acordo com a subsunção fática ao instrumento normativo que o rege, a exemplo de Decretos, Portarias e Resoluções.

202. (Vunesp/TJ/RS/Cartórios/Ingresso/2019) A respeito do poder de polícia, assinale a alternativa correta.

a) A existência de autonomia entre as entidades federativas impede que um Município exerça poder de polícia sobre atividade realizada pela União.
b) Segundo o Superior Tribunal de Justiça, a indelegabilidade do poder de polícia impede que as atividades materiais de verificação do cometimento de infrações sejam executadas por pessoas jurídicas de direito privado.
c) As penas de multa, quando forem resultado do exercício do poder de polícia, são autoexecutáveis.
d) O poder de polícia tem como destinatários todos os particulares submetidos à autoridade do Estado, não se aplicando aos vínculos formados em relação de sujeição especial com o poder público.
e) Poder de polícia, em sentido amplo, representa o exercício de função administrativa que, fundada em lei, restringe e condiciona o exercício de direitos e atividades privadas.

203. (Ieses/TJ/CE/Cartórios/Remoção/2018) A atividade da administração pública que, limitando ou disciplinando direito, interesse ou liberdade, regula a prática de ato ou abstenção de fato, em razão de interesse público é denominada de:

a) poder de polícia.
b) poder discricionário.
c) poder disciplinar.
d) poder hierárquico.

204. (Consulplan/TJ/MG/Cartórios/Remoção/2017) Quanto ao poder de polícia, é correto afirmar que:

a) seu exercício não pode configurar fato gerador para cobrança de tributo.
b) seu exercício se dá a partir da ocorrência de um ilícito penal.
c) a coercibilidade é considerada pela doutrina como sendo um de seus atributos.
d) é caracterizado pela imprescritibilidade das sanções dele decorrentes.

11.2. Princípios

SÚMULAS

STF Súm. Vinculante 13. A nomeação de cônjuge, companheiro ou parente em linha reta, colateral ou por afinidade, até o terceiro grau, inclusive, da autoridade nomeante ou de servidor da mesma pessoa jurídica, investido em cargo de direção, chefia ou assessoramento, para o exercício de cargo em comissão ou de confiança, ou, ainda, de função gratificada na Administração Pública direta e indireta, em qualquer dos Poderes da União, dos Estados, do Distrito Federal e dos municípios, compreendido o ajuste mediante designações recíprocas, viola a Constituição Federal.

QUESTÕES DISCURSIVAS

17. (Cespe/TJ/RR/Cartórios/Ingresso/2013) Disserte sobre os princípios da administração pública, abordando, especificamente, o princípio da boa-fé objetiva. Estabeleça a distinção entre boa-fé objetiva e boa-fé subjetiva e discorra sobre a aplicação do princípio da boa-fé objetiva na administração pública.

QUESTÕES OBJETIVAS

205. (Ieses/TJ/TO/Cartórios/Remoção/2022) A administração pública direta e indireta de qualquer dos Poderes da União, dos Estados, do Distrito Federal e dos Municípios obedecerá aos princípios de:

a) Legitimidade, impessoalidade, moralidade, informação e eficiência.
b) Legalidade, legítima defesa e contraditório, pessoalidade e eficiência.
c) Conformidade, isonomia, honestidade e devido processo legal.
d) Legalidade, impessoalidade, moralidade, publicidade e eficiência.

206. (UFPR/TJ/PR/Cartórios/Remoção/2019) "Não são poucas nem simples as interpretações dadas ao princípio da moralidade, insculpido na Constituição da República de 1988 como um princípio geral de direito administrativo. As dificuldades interpretativas que circundam o tema decorrem, primariamente, da abertura semântica dos vocábulos envolvidos na expressão e, ainda, da ausência de vínculos juspositivos evidentes entre o princípio geral e seus mecanismos de densificação" (MARRARA, 2012). Levando em consideração a posição do autor, assinale a alternativa correta.

a) Não é possível a concretização do princípio da moralidade no Brasil sem lei que o regulamente.
b) Apesar das dificuldades hermenêuticas, resta indiscutível a vinculação da moralidade administrativa com o dever de probidade dos agentes públicos e também dos particulares em colaboração ou parceria com o Estado.
c) Moralidade administrativa é um princípio expresso da Administração Pública na Constituição brasileira, ainda que não esteja previsto em outros diplomas legais infraconstitucionais que tratam da matéria.
d) Moralidade administrativa não é um conceito jurídico, e sim um valor prático, que varia conforme a aspectos subjetivos do intérprete.
e) Moralidade administrativa é o princípio constitucional de maior hierarquia no sistema constitucional vigente.

207. (Consulplan/TJ/MG/Cartórios/Remoção/2019) Os institutos de Direito Administrativo decorrem de normas que se pautam em seus princípios, sem os quais restariam maculados em sua essência. Desta forma, os atos administrativos do Estado são regidos por valores que, se necessário, devem ser ponderados, mas não excluídos na aplicação a determinado contexto fático. De acordo com o estudo dos princípios administrativos, é correto afirmar que:

a) A vedação à prática administrativa sob a inexistência de interesse público ou conveniência da Administração com vistas exclusivas ao atendimento de interesse privado emerge do Princípio da Impessoalidade, cujo desvio macula o fim legal.
b) Aos atos da Administração se confere publicidade, nos moldes do que prescreve o caput do art. 37 da Constituição Federal, sendo este proceder abrangente a todo ato que tenha efeito externo, e, por força de tal princípio, o sigilo somente se aplicará a questões de segurança nacional.
c) A imoralidade na prática administrativa encontra trato e reparo em legislação ordinária, a exemplo da Lei de Improbidade Administrativa, em que se apura prejuízo ao erário, bem como a Ação Popular, sendo o princípio da moralidade aferido pela lesividade patrimonial sem cunho de validação do ato.
d) À Administração Pública impõe-se o dever de observância incondicional aos termos de lei para prática de todo e qualquer ato, de forma que à ausência de previsão legal, tem-se por inválido, a menos que a subjetividade do agente se assente no atendimento do interesse do bem comum, em que se pauta a atividade administrativa.

208. (Vunesp/TJ/RS/Cartórios/Ingresso/2019) A respeito dos princípios do Direito Administrativo, assinale a alternativa correta.

a) Em respeito ao princípio da legalidade, mostra-se inválida a conduta do Estado que, desconsiderando as formalidades legais, passe a se preocupar com os efeitos concretos da ação administrativa.
b) O princípio da legalidade, no contexto jurídico/político atual, impõe que todas as condutas praticadas pelo Administrador tenham por base direta norma produzida pelo Poder Legislativo.
c) O princípio da supremacia do interesse público autoriza que a Administração pratique ato atentatório a direito fundamental, sempre que esse esteja em contraposição à ideia de interesse público definida pelo gestor público.
d) O princípio da continuidade do serviço público impede a interrupção do fornecimento de serviço em favor do cidadão, ainda que fundado no inadimplemento do usuário.
e) Com a constitucionalização do Direito Administrativo, deve se compreender o princípio da legalidade sob a perspectiva da juridicidade, que representa o dever da Administração Pública se vincular ao conjunto de normas constitucionais e infraconstitucionais que compõe o sistema.

209. (UFPR/TJ/PR/Cartórios/Ingresso/2019) "Moralidade, de um lado, é vocábulo que traz uma plurissignificação incontestável cuja causa se encontra no seu uso tanto frequente quanto amplíssimo em incontáveis campos das ciências sociais e humanas, inclusive na ciência jurídica. A essa plurissignificação se soma uma multiplicidade de modelos que pretendem explicar a relação entre direito e moral" (MARRARA, 2012). Sobre o tema, assinale a alternativa correta.

a) A moral acaba por ser um subcampo do Direito, a partir do momento em que há a constitucionalização formal do princípio.
b) No Brasil, as hipóteses de improbidade administrativa estão tipificadas como numerus clausus, mas não os demais vícios de imoralidade.
c) A moralidade administrativa é um vocábulo de difícil concretização, mas já existem no ordenamento brasileiro mecanismos para a sua aplicação, como, por exemplo, a Súmula Vinculante 13 do STF, que trata do nepotismo.
d) Um ato administrativo não pode ser imoral se for legal.
e) O respeito à moralidade administrativa, atualmente, justifica a inversão do ônus da prova contra o acusado e em favor da persecução judicial das ações danosas ao interesse público, desde que autorizada pelo Poder Judiciário.

210. (Cespe/TJ/DFT/Cartórios/Remoção/2019) No âmbito da atuação pública, faz-se necessário que a administração pública mantenha os atos administrativos, ainda que estes sejam qualificados como antijurídicos, quando verificada a expectativa legítima, por parte do administrado, de estabilização dos efeitos decorrentes da conduta administrativa. A interrupção dessa expectativa violará o princípio da:

a) legalidade.
b) confiança.
c) finalidade.
d) continuidade.
e) presunção de legitimidade.

211. (UFPR/TJ/PR/Cartórios/Remoção/2019) "De todo modo, mesmo que se discorde da fundamentação normativa expressa (art. 3º, IV, e art. 66, § 1º, da CF), a inexistência de um dispositivo expresso e específico na Constituição brasileira de 1988 que se refira ao dever da Administração Pública de servir ao "interesse público" jamais poderia significar ausência de amparo normativo ao princípio da supremacia do interesse público" (HACHEM, 2011). Levando em consideração a posição do autor, assinale a alternativa correta.

a) A supremacia do interesse público é um princípio da Administração Pública explícito na Constituição da República de 1988, ainda que possa haver discordâncias sobre essa afirmação por parte de intérpretes.
b) A supremacia do interesse público é na realidade uma regra implícita no sistema constitucional brasileiro que, por vezes, é considerada regra expressa pelos intérpretes.
c) O princípio da supremacia do interesse público é inexoravelmente um princípio expresso da Administração Pública brasileira na Constituição da República.
d) O princípio da supremacia do interesse público pode ser considerado ou não um princípio regente do regime jurídico administrativo, dependendo da interpretação dos operadores jurídicos.
e) Não há como saber ao certo no Brasil se o princípio da supremacia do interesse público é um princípio constitucional.

212. (Ieses/TJ/SC/Cartórios/Remoção/2019) Em consideração aos Princípios da Administração Pública, assinale a alternativa correta:

a) O princípio da moralidade somente pode ser verificado frente a lei específica, não sendo passível de consideração desde elementos éticos e da moral comum.
b) Pelo princípio da impessoalidade a Administração Pública apenas pode fazer o que lei permite.
c) O princípio da eficiência proíbe que conste o nome de servidor público em publicidade de atos, programas e obras dos órgãos públicos.
d) O princípio da publicidade, diante de situações excepcionais e justificadas, pode ser limitado em relação a alguns atos da administração pública.

213. (Ieses/TJ/CE/Cartórios/Remoção/2018) Princípio inerente ao Estado democrático de direito e que está intimamente ligado à perspectiva de transparência, dever da administração pública e direito da sociedade. A sentença acima descreve qual princípio da administração pública?

a) princípio da razoabilidade.
b) princípio da publicidade.
c) princípio da impessoalidade.
d) princípio da eficiência.

214. (Vunesp/TJ/SP/Cartórios/Ingresso/2018) A Administração tem o dever de realizar o interesse público sem a promoção do servidor público ou autoridade que realizou o ato. Essa previsão, concernente ao regime jurídico administrativo, é conforme ao princípio da:

a) motivação.
b) publicidade.
c) supremacia do interesse público.
d) impessoalidade.

215. (Vunesp/TJ/SP/Cartórios/Ingresso/2018) Assinale a alternativa que é conforme ao regime jurídico administrativo:

a) para a satisfação de interesses coletivos, a Administração é impedida de limitar o exercício de direitos individuais.
b) o regime jurídico administrativo concede prerrogativas à Administração similares às existentes no regime de direito privado.
c) a Administração pode renunciar ao exercício de competências concedidas por lei.
d) a lei encerra o pressuposto, fundamento e limite da atividade administrativa.

216. (Consulplan/TJ/MG/Cartórios/Ingresso/2017) Quanto aos princípios do direito administrativo, assinale a alternativa correta:

a) o princípio da presunção de legitimidade dos atos administrativos envolve apenas os seus aspectos jurídicos, não alcançando os fatos nos quais esses atos se basearam.
b) apesar da existência do princípio da publicidade e do direito de acesso do cidadão a dados a seu respeito, nem toda informação pode ser transmitida ao interessado, mesmo que se relacione com sua pessoa.
c) a autotutela administrativa é considerada um princípio onivalente, uma vez que decorre da bipolaridade do Direito Administrativo.
d) pelo princípio da hierarquia, o direito de um cidadão individualmente considerado deve ceder aos interesses da coletividade, representada pela administração pública.

217. (Ieses/TJ/RO/Cartórios/Remoção/2017) A Administração Pública obedecerá, dentre outros, aos princípios da:

I. razoabilidade, proporcionalidade.
II. ampla defesa, contraditório.
III. legalidade, finalidade, motivação.
IV. insegurança jurídica, interesse público e eficiência.

A sequência correta é:

a) apenas a assertiva III está correta.
b) apenas as assertivas I, II e III, estão corretas.
c) as assertivas I, II, III e IV estão corretas.
d) apenas as assertivas II e IV estão corretas.

218. (Ieses/TJ/RO/Cartórios/Ingresso/2017) Sobre a Administração Pública na Constituição Federal, é correto afirmar:

a) a vedação à acumulação remunerada de cargos públicos, ressalvadas as exceções constitucionais e a situação da compatibilidade de horários, não se estende aos empregos e funções públicas, vez que se trata de norma legal restritiva de direitos e deve ser interpretada restritivamente.
b) é garantido a todos os servidores públicos o direito à livre associação sindical, sendo que o direito de greve será exercido nos termos e nos limites definidos em lei específica.
c) a publicidade dos atos, programas, obras, serviços e campanhas dos órgãos públicos deverá ter caráter educativo, informativo ou de orientação social, dela não podendo constar nomes, símbolos ou imagens que caracterizem promoção pessoal de autoridades ou servidores públicos.
d) o prazo de validade do concurso público será sempre de dois anos, prorrogável uma vez, por igual período, nos termos previstos pelo respectivo edital.

3

DIREITO CIVIL

VOLUME DE QUESTÕES

ALTO

1. DAS PESSOAS

1.1. Das Pessoas Naturais

ATENÇÃO: ESTE TEMA É MUITO EXIGIDO NOS CONCURSOS!

SÚMULAS

STJ Súm. 387. É lícita a cumulação das indenizações de dano estético e dano moral.

STJ Súm. 403. Independe de prova do prejuízo a indenização pela publicação não autorizada de imagem de pessoa com fins econômicos ou comerciais.

REPERCUSSÃO & REPETITIVOS

STF Rep. Geral 786. É incompatível com a Constituição a ideia de um direito ao esquecimento, assim entendido como o poder de obstar, em razão da passagem do tempo, a divulgação de fatos ou dados verídicos e licitamente obtidos e publicados em meios de comunicação social analógicos ou digitais. Eventuais excessos ou abusos no exercício da liberdade de expressão e de informação devem ser analisados caso a caso, a partir dos parâmetros constitucionais – especialmente os relativos à proteção da honra, da imagem, da privacidade e da personalidade em geral – e as expressas e específicas previsões legais nos âmbitos penal e cível. *RE 1010606, 11.2.2021.*

JURISPRUDÊNCIA EM TESES

1) Estado de Filiação

STJ JurisTese 138-4. O reconhecimento do estado de filiação é direito personalíssimo, indisponível e imprescritível, assentado no princípio da dignidade da pessoa humana.

2) Imagem

STJ JurisTese 137-2. A pretensão de reconhecimento de ofensa a direito da personalidade é imprescritível.

STJ JurisTese 137-4. No tocante às pessoas públicas, apesar de o grau de resguardo e de tutela da imagem não ter a mesma extensão daquela conferida aos particulares, já que comprometidos com a publicidade, restará configurado o abuso do direito de uso da imagem quando se constatar a vulneração da intimidade ou da vida privada.

STJ JurisTese 137-6. A divulgação de fotografia em periódico (impresso ou digital) para ilustrar matéria acerca de manifestação popular de cunho político-ideológico ocorrida em local público não tem intuito econômico ou comercial, mas tão-somente informativo, ainda que se trate de sociedade empresária, não sendo o caso de aplicação da Súmula n. 403/STJ.

STJ JurisTese 137-7. A publicidade que divulgar, sem autorização, qualidades inerentes a determinada pessoa, ainda que sem mencionar seu nome, mas sendo capaz de identificá-la, constitui violação a direito da personalidade. (Enunciado n. 278 da IV Jornada de Direito Civil do CJF)

STJ JurisTese 137-8. O uso e a divulgação, por sociedade empresária, de imagem de pessoa física fotografada isoladamente em local público, em meio a cenário destacado, sem nenhuma conotação ofensiva ou vexaminosa, configuram dano moral decorrente de violação do direito à imagem por ausência de autorização do titular.

STJ JurisTese 137-9. O uso não autorizado da imagem de menores de idade gera dano moral "in re ipsa".

STJ JurisTese 138-11. Não se exige a prova inequívoca da má-fé da publicação ("actual malice"), para ensejar a indenização pela ofensa ao nome ou à imagem de alguém.

3) Limitações

STJ JurisTese 137-1. O exercício dos direitos da personalidade pode sofrer limitação voluntária, desde que não seja permanente nem geral. (Enunciado n. 4 da I Jornada de Direito Civil do CJF)

STJ JurisTese 137-3. A ampla liberdade de informação, opinião e crítica jornalística reconhecida constitucionalmente à imprensa não é um direito absoluto, encontrando limitações, tais como a preservação dos direitos da personalidade.

4) Nome

STJ JurisTese 138-5. A regra no ordenamento jurídico é a imutabilidade do prenome, um direito da personalidade que designa o indivíduo e o identifica perante a sociedade, cuja modificação revela-se possível, no entanto, nas hipóteses previstas em lei, bem como em determinados casos admitidos pela jurisprudência.

STJ JurisTese 138-6. O transgênero tem direito fundamental subjetivo à alteração de seu prenome e de sua classificação de gênero no registro civil, exigindo-se, para tanto, nada além da manifestação de vontade do indivíduo, em respeito aos princípios da identidade e da dignidade da pessoa humana, inerentes à personalidade.

STJ JurisTese 138-7. É possível a modificação do nome civil em decorrência do direito à dupla cidadania, de forma a unificar os registros à luz dos princípios da verdade real e da simetria.

STJ JurisTese 138-8. A continuidade do uso do sobrenome do ex-cônjuge, à exceção dos impedimentos elencados pela legislação civil, afirma-se como direito inerente à personalidade, integrando-se à identidade civil da pessoa e identificando-a em seu entorno social e familiar.

STJ JurisTese 138-9. O direito ao nome, enquanto atributo dos direitos da personalidade, torna possível o restabelecimento do nome de solteiro após a dissolução do vínculo conjugal em decorrência da morte.

STJ JurisTese 138-10. Em caso de uso indevido do nome da pessoa com intuito comercial, o dano moral é "in re ipsa".

5) Outros Temas

STJ JurisTese 138-1. O dano moral extrapatrimonial atinge direitos de personalidade do grupo ou da coletividade como realidade massificada, não sendo necessária a demonstração da dor, da repulsa, da indignação, tal qual fosse um indivíduo isolado.

STJ JurisTese 138-2. A imunidade conferida ao advogado para o pleno exercício de suas funções não possui caráter absoluto, devendo observar os parâmetros da legalidade e da razoabilidade, não abarcando violações de direitos da personalidade, notadamente da honra e da imagem de outras partes ou de profissionais que atuem no processo.

STJ JurisTese 138-3. A voz humana encontra proteção nos direitos da personalidade, seja como direito autônomo ou como parte integrante do direito à imagem ou do direito à identidade pessoal.

STJ JurisTese 138-12. Os pedidos de remoção de conteúdo de natureza ofensiva a direitos da personalidade das páginas de internet, seja por meio de notificação do particular ou de ordem judicial, dependem da localização inequívoca da publicação ("Universal Resource Locator" – URL), correspondente ao material que se pretende remover.

INFORMATIVOS

STJ Responsabilidade civil. Ação de indenização por danos morais. Direito de informação, expressão e liberdade de imprensa. Ausência de configuração do dano moral. Exercício regular do direito de informação. A utilização de fotografias que servirem tão somente para ilustrar matéria jornalística sobre fato ocorrido e narrado pelo ponto de vista do repórter não constitui, per se, violação ao direito de preservação de imagem ou de vida íntima e privada de outrem, não havendo que se falar em causa para indenização por danos morais. *Proc. segredo justiça, 4ª T, 31.8.2022. Inf 748.*

STJ Juízo de retratação. Direito ao esquecimento. Tese fixada pelo STF (Tema 786). Acórdão da 3ª Turma do STJ. Ausência de determinação de exclusão da pesquisa. Determinação da desvinculação do nome da autora, sem qualquer outro termo, com a matéria desabonadora referente à fraude em concurso público. Preservação do conteúdo. Conciliação entre o direito individual à intimidade e à privacidade e o direito coletivo à informação. Juízo de retratação não exercido. A determinação para que os provedores de busca na internet procedam a desvinculação do nome de determinada pessoa, sem qualquer outro termo empregado, com fato desabonador a seu respeito dos resultados de pesquisa não se confunde com o direito ao esquecimento, objeto da tese de repercussão geral 786/STF. *Proc. segredo justiça, 3ª T, 30.6.2022. Inf 743.*

QUESTÕES DISCURSIVAS

1. (Consulplan/TJ/MG/Cartórios/Remoção/2014) Uma grande inovação no Código Civil de 2002 foi, sem nenhuma dúvida, a inclusão de um capítulo específico sobre os direitos da personalidade. Diferentemente do Código Civil de 1916, a nova legislação busca a preservação do indivíduo, em sintonia com a Constituição da República, e não apenas do patrimônio. Os artigos 11 a 21 tratam dos "Direitos da Personalidade", consagrando-os como intransmissíveis e irrenunciáveis, salvo exceções da lei. Cite quatro outras características desses direitos da personalidade. Explique, também, qual foi a teoria adotada pelo Código Civil brasileiro para sua tipificação.

2. (Vunesp/TJ/SP/Cartórios/2016) Dissertação. Fim da existência da pessoa natural. Conceito, efeitos jurídicos e publicidade. Morte certa. Morte presumida. Morte presumida sem decretação de ausência. Morte presumida com decretação de ausência.

QUESTÕES OBJETIVAS

1. (Ieses/TJ/TO/Cartórios/Ingresso/2022) A morte põe fim à personalidade da pessoa natural, podendo ser presumida legalmente nas situações em que o indivíduo desaparece, sem deixar notícias. Considerando isso, leia as assertivas:

I. A morte presumida independe de decretação de ausência quando for extremamente provável a morte de quem estava em perigo de vida.
II. Em estando ausente a pessoa sem deixar procurador ou representante, é possível requerer a sucessão provisória dos seus bens após um ano da sua arrecadação judicial.
III. Caso o ausente tenha deixado procurador ou representante, é possível requerer a sucessão provisória após três anos, requerendo a declaração de ausência e abrindo provisoriamente a sucessão.
IV. Na sucessão provisória, os frutos e rendimentos dos bens pertencerão integralmente aos sucessores do ausente, sejam eles herdeiros necessários ou não.

Com base nas assertivas acima, assinale a alternativa correta:

a) Estão corretas apenas as assertivas I, II e III.
b) Todas as assertivas estão corretas.
c) Somente a assertiva I está correta.
d) Apenas as assertiva I e IV estão corretas.

2. (Vunesp/TJ/SP/Cartórios/Ingresso/2022) Sobre o instituto da emancipação, pode-se afirmar que:

a) o filho reconhecido, sem seu próprio consentimento, somente poderá impugnar o reconhecimento até um ano após a maioridade civil, não havendo prazo para os emancipados.
b) o filho reconhecido, sem seu próprio consentimento, pode impugnar o reconhecimento até quatro anos após a emancipação.
c) a pessoa emancipada necessitará do consentimento de seu tutor para impugnar reconhecimento de filiação.
d) vige a tutela até a maioridade, independentemente da emancipação do tutelado.

3. (FGV/TJ/SC/Cartórios/Ingresso/2021) Arnaldo saiu de casa em 2004 e desde então não houve mais notícias dele. Em 2005, seus filhos pleitearam a declaração de sua ausência, que foi deferida no mesmo ano, com a arrecadação dos bens de Arnaldo e a nomeação de um dos filhos como curador. Em 2006, a pedido do curador, foi aberta a sucessão provisória de Arnaldo, e os filhos foram imitidos na posse dos bens. Em 2017, a requerimento dos filhos, a sucessão provisória foi convertida em definitiva. O advogado dos filhos, contudo, os alertou que, reaparecendo Arnaldo até 2027, poderia exigir de volta os bens, no estado em que se encontrarem. Arnaldo presume-se morto desde:

a) 2004.
b) 2005.
c) 2006.
d) 2017.
e) 2027.

4. (FGV/TJ/SC/Cartórios/Remoção/2021) Ricardo, 16 anos completos, recebeu autorização dos pais para se casar civilmente, o que ocorreu dois meses após a autorização. Juliana tem 17 anos completos e é contratada pela Companhia de Papéis Brasileira e, com seu salário, já possui economia própria. Estevão tem 17 anos completos e estuda medicina. De acordo com as informações prestadas, são considerados emancipados apenas:

a) Juliana.
b) Juliana e Estevão.
c) Ricardo e Estevão.
d) Ricardo e Juliana.
e) Estevão.

5. (Consulplan/TJ/MS/Cartórios/Ingresso/2021) A personalidade possui certos atributos, dentre eles se encontra a capacidade, além do nome e do estado. É certo que, no que tange à capacidade de fato, podemos classificar as pessoas naturais em absolutamente incapazes, relativamente incapazes e capazes. São considerados absolutamente incapazes de exercer pessoalmente os atos da vida civil:

a) Os pródigos.
b) Os menores de 16 (dezesseis) anos.
c) Os excepcionais, sem desenvolvimento mental completo.
d) Os ébrios habituais, os viciados em tóxicos, e os que, por deficiência mental, tenham o discernimento reduzido.

6. (Consulplan/TJ/MS/Cartórios/Remoção/2021) A legislação civil reconhece a integridade física como um direito de personalidade, razão pela qual se reveste do caráter de indisponibilidade. Nesta esteira, o Art. 13 do Código Civil contempla norma que proíbe, salvo exigência médica, a autodisposição do corpo quando esta importe em diminuição permanente da integridade física ou seja contrária aos bons costumes, sequenciado pelo Art. 14 que trata da disposição do corpo para depois da morte. Em consonância com a interpretação conferida às disposições dos supracitados artigos, assinale a afirmativa correta.

a) Sendo os direitos de personalidade intransmissíveis e irrenunciáveis, a disposição do corpo para depois da morte é irrevogável.
b) Ainda que sob o caráter altruístico, a doação de sangue requer a plena capacidade para o ato, ou a autorização de seu responsável legal a partir dos 16 (dezesseis) anos.
c) Objetivando a proteção da integridade física, a justificativa de resguardo do bem-estar psicológico não constitui fundamento à autorização de qualquer ato de disposição do corpo que implique em diminuição permanente da integridade física da pessoa.
d) A previsão do Art. 13 do Código Civil veda a realização de cirurgia de transgenitalização/mudança de sexo do masculino para o feminino por escolha do paciente, tendo em vista a categórica redação quanto à necessidade de exigência médica para a autodisposição do corpo.

7. (Consulplan/TJ/MG/Cartórios/Remoção/2019) Em relação à gestão e à alienação dos bens do ausente disciplinadas pelo Código Civil, assinale a alternativa correta.

a) O parente na linha colateral que for sucessor provisório do ausente poderá se apropriar de todos os frutos e rendimentos dos bens que a este couber.
b) Retornando no prazo de dez anos após a abertura da sucessão definitiva, o ausente receberá os bens ainda existentes e os sub-rogados em seu lugar.
c) Os ascendentes, os descendentes e o cônjuge, uma vez provada a sua qualidade de herdeiros, poderão entrar na posse dos bens do ausente, desde que prestem garantia real ou fidejussória.
d) Cinco anos depois de passada em julgado a sentença que concede a abertura da sucessão provisória poderão os interessados requerer a sucessão definitiva e o levantamento das cauções prestadas.

8. (Consulplan/TJ/MG/Cartórios/Remoção/2019) Em relação aos direitos da personalidade tutelados pelo Código Civil, é correto afirmar que:

a) O ato de disposição altruísta do próprio corpo para depois da morte, no todo ou em parte é válido, mas o ato jurídico que a consagrou é irrevogável.
b) O pseudônimo adotado para atividades lícitas, desde que averbado à margem do nome no cartório do registro civil, goza da mesma proteção que se concede ao nome.
c) O nome da pessoa não pode ser empregado por outrem em publicações ou representações que a exponham ao desprezo público, salvo nas hipóteses de interesse científico ou literário e sem que haja intenção difamatória.
d) A divulgação de escritos, a exposição ou a utilização da imagem de uma pessoa poderão ser proibidas, a seu requerimento, salvo se autorizadas, ou necessárias à administração da justiça ou à manutenção da ordem pública.

9. (Consulplan/TJ/MG/Cartórios/Ingresso/2019) De acordo com as hipóteses de atos que demandam averbação em registro público contempladas pelo art. 10, do Código Civil, assinale a alternativa que se insere nesse rol.

a) os atos extrajudiciais que reconhecerem a filiação.
b) a interdição por incapacidade absoluta ou relativa.
c) a sentença declaratória de ausência e de morte presumida.
d) a emancipação por outorga dos pais ou por sentença do juiz.

10. (Cespe/TJ/DFT/Cartórios/Ingresso/2019) De acordo com o Código Civil, consiste(m) em objeto de averbação em registro público:

a) a sentença declaratória de ausência e de morte presumida.
b) os nascimentos, casamentos e óbitos.
c) os atos judiciais ou extrajudiciais de adoção.
d) a emancipação por outorga dos pais ou por sentença do juiz.
e) os atos judiciais ou extrajudiciais que declararem ou reconhecerem a filiação.

11. (Ieses/TJ/SC/Cartórios/Remoção/2019) Assinale a alternativa correta. Comoriência é:

a) Morte justificada.
b) Presunção de mortes simultâneas, se, num mesmo evento, falecerem duas ou mais pessoas e não se puder precisar quem precedeu o outro na morte.
c) Morte presumida em virtude da ausência.
d) Método utilizado para se saber se a criança nasceu morta ou com vida.

12. (Ieses/TJ/SC/Cartórios/Ingresso/2019) Em relação à morte presumida:

I. A morte é presumida nos casos em que a lei autoriza a abertura da sucessão definitiva do ausente.
II. A morte é presumida nas hipóteses de catástrofes, desastres, devidamente provada perante um juiz togado, de acordo com o que reconhece o art. 88, da Lei nº 6.015, de 31.12.1993 (Lei de Registros Públicos).
III. É considerada presumida a morte, se esta for extremamente provável de quem estava em perigo de vida.
IV. Presume-se a morte de alguém que não for encontrado até dois meses após o término da guerra.

Com fundamento nas afirmativas, aponte a alternativa que corresponda à afirmativa falsa ou às afirmativas falsas:

a) II e III.
b) III.
c) I e III.
d) II e IV.

13. (UFPR/TJ/PR/Cartórios/Ingresso/2019) Afrânio, renomado cientista, ofereceu seu corpo para estudo após a sua morte. Para tanto, registrou sua vontade em cartório. Todavia, três anos após o registro em cartório, se arrependeu do ato de disposição de seu próprio corpo, por questões religiosas. Sobre o ato de revogação, é correto afirmar:

a) O ato de disposição pode ser revogado a qualquer tempo.
b) Afrânio tem o prazo de 5 (cinco) anos após a lavratura em cartório para revogar o ato de disposição.
c) Afrânio tem o prazo de 10 (dez) anos após a lavratura em cartório para revogar o ato de disposição.
d) Afrânio tem o prazo de 15 (quinze) anos após a lavratura em cartório para revogar o ato de disposição.
e) Afrânio tem o prazo de 20 (vinte) anos após a lavratura em cartório para revogar o ato de disposição.

14. (UFPR/TJ/PR/Cartórios/Ingresso/2019) Júlio de Almeida, famoso ator de teatro, usa como pseudônimo Hélio das Dores. Tendo atuado em vários palcos pelo mundo a fora, sua fama é internacional. Sabendo disso, a empresa "X" usa o pseudônimo de Júlio em propaganda comercial. Levando em consideração os dados apresentados, assinale a alternativa correta.

a) O pseudônimo goza de proteção diferente daquela reservada ao nome civil da pessoa.
b) Júlio de Almeida deve autorizar o uso do pseudônimo.
c) A empresa "X" pode usar o pseudônimo de Júlio de Almeida livremente.
d) Como se trata de nome fictício, a proteção do pseudônimo encontra proteção apenas na legislação trabalhista.
e) Para que seja possível a utilização do pseudônimo de Júlio de Almeida, é necessário registro público da autorização.

15. (Vunesp/TJ/AL/Cartórios/Ingresso/2019) Com relação à capacidade civil, é correto afirmar:

a) todo ser humano tem capacidade de direito ou de gozo.
b) todo ser humano tem capacidade de fato ou da exercício.
c) o ser humano adquire a capacidade civil a partir do registro civil do nascimento.
d) os menores de dezesseis anos não têm capacidade de direito ou de gozo.

16. (Consulplan/TJ/MG/Cartórios/Ingresso/2018) A emancipação produz o efeito de:

a) início da maioridade civil.
b) início da personalidade jurídica.
c) antecipação da aquisição da capacidade de fato.
d) suprir a autorização dos representantes legais dos menores para o casamento.

17. (Consulplan/TJ/MG/Cartórios/Ingresso/2018) Nos termos do Código Civil – Lei nº 10.406, de 10 de janeiro de 2002 – são absolutamente incapazes de exercer pessoalmente os atos da vida civil os menores de:

a) 16 anos.
b) 17 anos.
c) 18 anos.
d) 20 anos.

18. (Consulplan/TJ/MG/Cartórios/Ingresso/2018) Somente não são incapazes, relativamente a certos atos ou à maneira de os exercer:

a) os pródigos.
b) os ébrios habituais e os viciados em tóxico.
c) os maiores de 16 (dezesseis) e menores de 18 (dezoito) anos.
d) aqueles que, por causa apenas permanente, não puderem exprimir sua vontade.

19. (Consulplan/TJ/MG/Cartórios/Remoção/2018) Em relação aos direitos da personalidade, assinale a afirmativa incorreta:

a) o pseudônimo adotado para atividades lícitas não goza da proteção que se dá ao nome.
b) ninguém pode ser constrangido a submeter-se, com risco de vida, a tratamento médico ou a intervenção cirúrgica.
c) é válida, com objetivo científico, ou altruístico, a disposição gratuita do próprio corpo, no todo ou em parte, para depois da morte.
d) com exceção dos casos previstos em lei, os direitos da personalidade são intransmissíveis e irrenunciáveis, não podendo o seu exercício sofrer limitação voluntária.

20. (Ieses/TJ/CE/Cartórios/Remoção/2018) São incapazes, relativamente a certos atos ou à maneira de os exercer:

I. os pródigos.
II. os menores de 16 (dezesseis) anos.
III. os ébrios habituais e os viciados em tóxico.
IV. aqueles que, por causa transitória ou permanente, não puderem exprimir sua vontade.

A sequência correta é:

a) apenas a assertiva II está incorreta.
b) apenas as assertivas I e IV estão corretas.
c) apenas as assertivas I, II e IV estão corretas.
d) as assertivas I, II, III e IV estão corretas.

21. (Ieses/TJ/CE/Cartórios/Remoção/2018) A menoridade cessa aos dezoito anos completos, quando a pessoa fica habilitada à prática de todos os atos da vida civil, contudo, a incapacidade cessará, para os menores pelo(a):

I. exercício de emprego público efetivo.
II. concessão dos pais, ou de um deles na falta do outro, mediante instrumento público, independentemente de homologação judicial, ou por sentença do juiz, ouvido o tutor, se o menor tiver dezesseis anos completos.
III. colação de grau em curso de ensino superior.
IV. casamento.

A sequência correta é:

a) apenas as assertivas I e IV estão corretas.
b) apenas as assertivas I, II e IV estão corretas.
c) apenas a assertiva II está incorreta.
d) as assertivas I, II, III e IV estão corretas.

22. (Ieses/TJ/CE/Cartórios/Remoção/2018) No tocante aos direitos da personalidade, segundo o Código Civil, é correto afirmar, exceto:

a) em se tratando de morto, terá legitimação para requerer que cesse a ameaça, ou a lesão, a direito da personalidade, e reclamar perdas e danos o cônjuge sobrevivente, ou qualquer parente em linha reta, ou colateral até o segundo grau.
b) o pseudônimo adotado para atividades lícitas goza da proteção que se dá ao nome.
c) sem autorização, não se pode usar o nome alheio em propaganda comercial.
d) é válida, com objetivo científico, ou altruístico, a disposição gratuita do próprio corpo, no todo ou em parte, para depois da morte.

23. (Ieses/TJ/CE/Cartórios/Ingresso/2018) Em relação à ausência, responda:

I. decorrido um ano da arrecadação dos bens do ausente, ou, se ele deixou representante ou procurador, em se passando três anos, poderão os interessados requerer que se declare a ausência e se abra provisoriamente a sucessão.

II. dez anos depois de passada em julgado a sentença que concede a abertura da sucessão provisória, poderão os interessados requerer a sucessão definitiva.

III. pode-se requerer a sucessão definitiva, também, provando-se que o ausente conta oitenta anos de idade, e que de cinco datam as últimas notícias dele.

Assinale a correta:

a) todas as assertivas são verdadeiras.
b) apenas as assertivas I e III são verdadeiras.
c) apenas a assertiva I é verdadeira.
d) apenas a assertiva II é verdadeira.

24. (Consulplan/TJ/MG/Cartórios/Remoção/2017) São relativamente incapazes, exceto:

a) os ébrios habituais.
b) os maiores de 16 (dezesseis) anos e menores de 18 (dezoito) anos estabelecidos comercialmente com economia própria.
c) os pródigos.
d) os viciados em tóxicos.

25. (Ieses/TJ/RO/Cartórios/Remoção/2017) Conforme preconiza o Código Civil brasileiro, no que se refere à curadoria dos bens do ausente é correto afirmar:

I. o juiz, que nomear o curador, fixar-lhe-á os poderes e obrigações, conforme as circunstâncias, observando, no que for aplicável, o disposto a respeito dos tutores e curadores.

II. o cônjuge do ausente, sempre que não esteja separado judicialmente, ou de fato por mais de três anos antes da declaração da ausência, será o seu legítimo curador.

III. também se declarará à ausência, e se nomeará curador, quando o ausente deixar mandatário que não queira ou não possa exercer ou continuar o mandato, ou se os seus poderes forem insuficientes.

IV. desaparecendo uma pessoa do seu domicílio sem dela haver notícia, se não houver deixado representante ou procurador a quem caiba administrar-lhe os bens, o juiz, a requerimento de qualquer interessado ou do Ministério Público, declarará a ausência, e nomear-lhe-á curador.

A sequência correta é:

a) apenas a assertiva III está correta.
b) apenas as assertivas I e IV estão corretas.
c) as assertivas I, II, III e IV estão corretas.
d) a assertiva II está incorreta.

26. (Ieses/TJ/RO/Cartórios/Ingresso/2017) Sobre as pessoas naturais, responda de acordo com o Código Civil:

I. há comoriência quando dois ou mais indivíduos falecerem na mesma ocasião, não se podendo averiguar quem faleceu primeiro, presumindo simultaneamente mortos

II. os ébrios habituais e os viciados em tóxico são incapazes relativamente a certos atos, ou a maneira de os exercer.

III. a personalidade inicia no nascimento com vida, sendo resguardados os direitos do nascituro desde a concepção, e termina com a morte.

Assinale a alternativa correta:

a) apenas a assertiva II é verdadeira.
b) todas as assertivas são verdadeiras.
c) apenas as assertivas I e III são verdadeiras.
d) apenas a assertiva I é verdadeira.

27. (Consulplan/TJ/MG/Cartórios/Ingresso/2017) Comoriência ocorre quando:

a) pessoas tomam ciência de uma dívida após notificação.
b) pessoas falecem no mesmo momento.
c) pessoas herdam com o mesmo percentual.
d) pessoas nascem no mesmo momento.

1.2. Das Pessoas Jurídicas

ATENÇÃO: ESTE TEMA É MUITO EXIGIDO NOS CONCURSOS!

SÚMULAS

STJ **Súm. 227.** A pessoa jurídica pode sofrer dano moral.

STJ **Súm. 525.** A Câmara de vereadores não possui personalidade jurídica, apenas personalidade judiciária, somente podendo demandar em juízo para defender os seus direitos institucionais.

QUESTÕES OBJETIVAS

28. (FGV/TJ/SC/Cartórios/Remoção/2021) A aplicação da desconsideração da personalidade jurídica em processos judiciais está vinculada à presença de situações que configurem abuso da personalidade jurídica e somente pode atingir bens particulares de administradores ou de sócios da pessoa jurídica beneficiados direta ou indiretamente pelo abuso. Nesse sentido, o Código Civil, para resguardar a autonomia patrimonial das pessoas jurídicas em casos de desconsideração, prescreve que:

a) constitui desvio de finalidade a mera expansão ou a alteração da finalidade original da atividade econômica específica da pessoa jurídica.
b) a mera existência de grupo econômico sem a presença dos requisitos de desvio de finalidade ou confusão patrimonial autoriza a desconsideração da personalidade da pessoa jurídica.
c) para efeito de aplicação da desconsideração da personalidade jurídica, desvio de finalidade é a utilização da pessoa jurídica com o propósito de lesar credores e para a prática de atos ilícitos de qualquer natureza.
d) existe confusão patrimonial quando não há separação de fato entre os patrimônios da pessoa jurídica e dos sócios, como a transferência de ativos sem efetivas contraprestações, inclusive os de valor proporcionalmente insignificante.
e) é admitida a aplicação da desconsideração inversa da personalidade jurídica, consistente na extensão das obrigações de sócios à pessoa jurídica, porém sem necessidade de prova do abuso da personalidade jurídica (teoria objetiva ou menor).

29. (Consulplan/TJ/MS/Cartórios/Ingresso/2021) A legislação civil classifica as pessoas jurídicas como de direito público, interno ou externo e de direito privado. Observando as características das espécies de pessoa jurídica anteriormente mencionadas, assinale a afirmativa que corresponda à escorreita interpretação da lei vigente em nosso ordenamento.

a) As pessoas jurídicas de direito público externo contemplam os estados soberanos e entidades internacionais.
b) Regendo as fundações, o Código Civil estabelece que seu instituidor deverá fazer constar do instrumento público de sua criação a maneira de administrá-la sob pena de nulidade do ato.
c) Pela liberdade de se congregar em sociedade, a inscrição do ato constitutivo no respectivo registro não requer autorização ou aprovação do Poder Executivo, excetuadas as organizações religiosas, averbando-se no registro todas as alterações por que passar o ato constitutivo.
d) Às pessoas jurídicas de direito público interno aplica-se a teoria da responsabilidade civil objetiva, à luz da previsão da Constituição Federal, em seu Art. 37, § 6º, de modo que respondem ainda pelos atos de seus agentes que, ainda que não nessa qualidade, causem danos a terceiros, ressalvado o direito de regresso, quando verificada culpa ou dolo.

30. (Consulplan/TJ/MG/Cartórios/Remoção/2019) À vista das disposições do Código Civil que regulamentam as fundações, assinale a alternativa correta.

a) Os associados devem ter direitos iguais, mas o estatuto pode estabelecer categorias com vantagens especiais.

b) No silêncio do estatuto a esse respeito, a qualidade de associado é transmissível ao talante dos interessados no câmbio.

c) As associações constituem-se pela união de pessoas que se organizam para fins econômicos, forjando entre os associados direitos e obrigações recíprocos.

d) É da competência privativa da assembleia geral a destituição dos administradores da associação. Em caso de negativa da diretoria em convocar a assembleia geral para debater e deliberar sobre a matéria, é garantido a 1/6 dos associados o direito de promovê-la.

31. (Vunesp/TJ/AL/Cartórios/Ingresso/2019) São livres a criação, a organização, a estruturação interna e o funcionamento das organizações religiosas, sendo vedado ao poder público negar-lhes reconhecimento ou registro dos atos constitutivos e necessários ao seu funcionamento. Em relação ao enunciado, pode-se afirmar que:

a) os estatutos sociais das organizações religiosas não se submetem à qualificação registral por representar ingerência indevida do Estado em afronta à liberdade de consciência e de crença e ao livre exercício dos cultos religiosos e suas liturgias.

b) embora possam ser criadas livremente, seus estatutos sociais devem ser previamente aprovados pela organização religiosa hierarquicamente superior.

c) o exercido das liberdades de autodeterminação das organizações religiosas deve obedecer à legalidade. Assim, é de rigor a qualificação registral de suas cláusulas estatutárias pelo oficial de registro competente.

d) em decorrência de garantias constitucionais, as organizações religiosas não estão sujeitas à inscrição do registro civil de pessoas jurídicas, para terem existência legal.

32. (Consulplan/TJ/MG/Cartórios/Ingresso/2019) Considerando as prescrições do Código Civil acerca das pessoas jurídicas, assinale a alternativa correta.

a) Nos casos de dissolução da pessoa jurídica ou cassada, a autorização para seu funcionamento, subsistirá para fins de liquidação pelo prazo de dois anos.

b) Decai em dois anos o direito de anular as decisões tomadas pela administração coletiva da pessoa jurídica, quando violarem o estatuto, ou forem eivadas de erro, dolo, simulação ou fraude.

c) São livres a criação, a organização, a estruturação interna e o funcionamento das organizações religiosas, sendo vedado ao poder público negar-lhes reconhecimento ou registro dos atos constitutivos.

d) As pessoas jurídicas de direito público interno são civilmente responsáveis por atos dos seus agentes que nessa qualidade causem danos a terceiros, ressalvado o direito de regresso contra os causadores do dano em qualquer hipótese.

33. (Cespe/TJ/DFT/Cartórios/Remoção/2019) A eventual dissolução de uma associação deve ser registrada:

a) em qualquer serventia da circunscrição.

b) no registro público de empresas mercantis da circunscrição.

c) no registro de títulos e documentos onde foi inscrito o ato constitutivo da associação.

d) no registro civil de pessoas jurídicas onde foi inscrito o ato constitutivo da associação.

e) em qualquer registro civil de pessoas jurídicas.

34. (Cespe/TJ/DFT/Cartórios/Ingresso/2019) Para a criação de uma associação, o ato constitutivo da pessoa jurídica foi inscrito no adequado cartório de registro. Entretanto, constatou-se defeito no referido ato constitutivo. Com referência a essa situação hipotética, assinale a opção correta, nos termos do Código Civil.

a) Permanece válida a constituição da pessoa jurídica, uma vez que o ato constitutivo já foi registrado.

b) Decai em três anos o direito de anular a constituição da pessoa jurídica, contado o prazo a partir da publicação da inscrição no registro.

c) O ato constitutivo da pessoa jurídica pode ser emendado a qualquer tempo.

d) O ato constitutivo da pessoa jurídica pode ser anulado somente de ofício pelo próprio oficial do registro.

e) Decai em dez anos o direito de anular a constituição da pessoa jurídica, contado o prazo a partir da data da inscrição no registro.

35. (Vunesp/TJ/RS/Cartórios/Remoção/2019) Numa associação composta de 75 associados, um grupo de 10 associados pretende convocar os órgãos deliberativos para decidir as seguintes propostas: (i) destituir os administradores; (ii) alterar o estatuto social para instituir categorias especiais de associados; (iii) alterar o estatuto para que não mais seja permitida a transmissão da condição de associado. Considerando a situação acima relatada, bem como a disciplina das associações constante do Código Civil, pode-se corretamente afirmar que:

a) não poderia o estatuto vedar a transmissão da condição de associado.

b) a lei veda a instituição de categorias de associados com vantagens especiais.

c) a alteração do estatuto, de competência da assembleia geral, pode ser realizada em assembleia ordinária, desde que aprovada pela unanimidade dos associados.

d) a destituição dos administradores, de competência da assembleia geral, pode ser realizada em assembleia especial, desde que aprovada por 2/3 dos associados.

e) os 10 associados não têm o direito de promover a convocação dos órgãos deliberativos para deliberar as propostas.

36. (Vunesp/TJ/RS/Cartórios/Ingresso/2019) Assinale a alternativa correta sobre as associações civis.

a) A qualidade de associado é, em regra, transmissível, salvo se o estatuto dispuser o contrário.

b) O registro das associações será realizado perante a junta comercial existente na unidade federativa em que a associação atuar.

c) A alteração do estatuto da associação e a destituição dos administradores exigem deliberação em assembleia geral especialmente convocada para esse fim.

d) O estatuto das associações deverá conter, sob pena de nulidade, a indicação da entidade de fins não econômicos para a qual será destinado o seu patrimônio líquido, em caso de sua dissolução.

e) As associações somente poderão constituir-se para os fins especificados em lei, tais como: assistência social; cultura, defesa e conservação do patrimônio histórico e artístico; educação; saúde; dentre outros.

37. (Vunesp/TJ/RS/Cartórios/Ingresso/2019) É correto afirmar que a criação de uma fundação poderá se dar:

a) por escritura pública ou instrumento particular, desde que haja reconhecimento de firma, por autenticidade, e seja assinado por 2 (duas) testemunhas.

b) por escritura pública ou testamento.

c) somente por escritura pública.
d) por escritura pública, testamento ou instrumento particular, desde que assinado por 2 (duas) testemunhas.
e) por escritura pública, testamento ou instrumento particular, desde que haja reconhecimento de firma, por autenticidade, e seja assinado por 2 (duas) testemunhas.

38. (UFPR/TJ/PR/Cartórios/Remoção/2019) Várias são as formas possíveis de reunião de pessoas no Direito brasileiro, sejam com fins econômicos ou apenas sociais. Em particular, as associações e as fundações são regidas pelo Código Civil brasileiro, instituído pela Lei nº 10.406/02. Em relação ao tema e com base no estudo da legislação civil, assinale a alternativa correta.
a) Constituem-se as associações pela união de pessoas que se organizem com fins econômicos.
b) A exclusão do associado só é admissível havendo justa causa, assim reconhecida em procedimento que assegure direito de defesa e de recurso, nos termos previstos no estatuto da respectiva associação.
c) São dispensáveis a forma de gestão administrativa e de aprovação das respectivas contas nas associações que não visam o lucro.
d) A criação de uma fundação que vise a defesa, a preservação e a conservação do meio ambiente e promoção do desenvolvimento sustentável é vedada, por se tratar de tema afeto ao direito federal.
e) Tornando-se lícita, possível ou útil a finalidade a que visa a fundação, ou vencido o prazo de sua existência, o órgão do Ministério Público, ou qualquer interessado, lhe promoverá a extinção, incorporando-se o seu patrimônio, salvo disposição em contrário no ato constitutivo, ou no estatuto, em outra fundação, designada pelo juiz, que se proponha a fim igual ou semelhante.

39. (Vunesp/TJ/AL/Cartórios/Ingresso/2019) Determinada organização religiosa estabelece, em seu estatuto, a exclusão de modo automático de associado que se declarar agnóstico, sem necessidade de qualquer notificação ou procedimento Diante disso.
a) a previsão estatutária é nula por não prever um procedimento que assegure direito de defesa e recurso.
b) a previsão estatutária é válida ante à ciência do associado ao ingressar no quadro associativo.
c) a previsão estatutária terá validade desde que estivesse grafada em letras maiores e em destaque na estatuto.
d) a previsão é inválida por não ser admissível, em nenhuma hipótese, a exclusão de associado de organização religiosa.

40. (Consulplan/TJ/MG/Cartórios/Ingresso/2018) São pessoas jurídicas de direito privado:
a) as associações; as sociedades; as fundações; as agências reguladoras; os partidos políticos; as empresas individuais de responsabilidade limitada.
b) as associações; as sociedades; as autarquias; as organizações religiosas; os partidos políticos; as empresas individuais de responsabilidade limitada.
c) as associações; as sociedades; as fundações; as organizações religiosas; os partidos políticos; as empresas individuais de responsabilidade limitada.
d) as associações; as sociedades; as fundações; as organizações religiosas; os estados estrangeiros; as empresas individuais de responsabilidade limitada.

41. (Consulplan/TJ/MG/Cartórios/Ingresso/2018) A anulação da constituição das pessoas jurídicas de direito privado, por defeito do ato respectivo, tem prazo de:
a) prescrição de 3 (três) anos.
b) prescrição de 5 (cinco) anos.
c) decadência de 3 (três) anos.
d) decadência de 5 (cinco) anos.

42. (Consulplan/TJ/MG/Cartórios/Ingresso/2018) Assinale a alternativa correta:
a) podem testar somente os maiores de 18 (dezoito) anos.
b) o Juiz poderá reconhecer, de ofício, da prescrição, bem como da decadência.
c) para os negócios jurídicos são irrelevantes a boa-fé e os usos do lugar de sua realização.
d) constituem-se as associações pela união de pessoas que se organizem para fins não econômicos.

43. (Ieses/TJ/CE/Cartórios/Remoção/2018) São pessoas jurídicas de direito público interno:
a) as associações.
b) as autarquias, inclusive as associações públicas.
c) as fundações.
d) os partidos políticos.

44. (Consulplan/TJ/MG/Cartórios/Ingresso/2018) O início da existência legal das pessoas jurídicas de direito privado se dá com:
a) a publicação da lei que a institui.
b) a promulgação da lei que a institui.
c) a celebração formal do ato constitutivo.
d) a inscrição do ato constitutivo no registro respectivo, precedida quando necessário, de autorização ou aprovação do Poder Executivo, averbando-se no registro todas as alterações por que passar o ato constitutivo.

45. (Consulplan/TJ/MG/Cartórios/Ingresso/2017) Em relação às Associações, assinale a alternativa correta:
a) com o registro do estatuto social no Registro Civil das Pessoas Jurídicas criam-se direitos e obrigações recíprocas entre os associados.
b) se o associado for titular de quota ou fração ideal do patrimônio da associação, a transferência daquela não importará, de per si, na atribuição da qualidade de associado ao adquirente ou ao herdeiro, salvo disposição diversa do estatuto.
c) o estatuto social deverá prever que os associados têm direitos iguais, não se admitindo a instituição de categorias com vantagens especiais.
d) a destituição dos administradores de associação depende decisão tomada em assembleia geral, especialmente convocada para esse fim, cujo quórum será de três quartos dos associados.

46. (Consulplan/TJ/MG/Cartórios/Ingresso/2017) Para a constituição de uma associação são necessários, por regra, o mínimo de quantos associados e em quais condições?
a) 1 associado, obrigatoriamente pessoa física.
b) 2 associados, com direitos iguais, embora o estatuto possa instituir categorias de associados com vantagens especiais.
c) 1 associado, podendo ser pessoa física ou jurídica.
d) 2 associados, com direitos iguais, sendo vedado ao estatuto instituir qualquer forma de vantagem especial para categorias de associados.

47. (Consulplan/TJ/MG/Cartórios/Remoção/2017) Em relação às Fundações, é correto afirmar:
a) para criar uma fundação, o seu instituidor fará, por escritura pública ou testamento, dotação especial de bens livres,

especificando o fim a que se destina, e declarando, necessariamente, a maneira de administrá-la.

b) constituída a fundação por negócio jurídico entre vivos, o instituidor é obrigado a transferir-lhe a propriedade, ou outro direito real, sobre os bens dotados, salvo se vier a revogar a escritura pública que a instituíra.

c) para que se possa alterar o estatuto da fundação é mister que a reforma: seja deliberada por dois terços dos competentes para gerir e representar a fundação; não contrarie ou desvirtue o fim desta; seja aprovada pelo órgão do Ministério Público no prazo máximo de 45 (quarenta e cinco) dias, findo o qual ou no caso de o Ministério Público a denegar, poderá o juiz supri-la, a requerimento do interessado.

d) quando insuficientes para constituir a fundação, os bens a ela destinados serão, se de outro modo não dispuser o instituidor, incorporados a pessoa jurídica sem fins lucrativos que se proponha a fim igual ou semelhante.

1.3. Do Domicílio

SÚMULAS

STF Súm. 363. A pessoa jurídica de direito privado pode ser demandada no domicílio da agência, ou estabelecimento, em que se praticou o ato.

QUESTÕES OBJETIVAS

48. (UFPR/TJ/PR/Cartórios/Ingresso/2019) Joaquim é agente diplomático do Brasil e foi citado no estrangeiro. Ele alega extraterritorialidade sem designar onde tem o seu domicílio no Brasil. A respeito do assunto, considere as seguintes afirmativas:

I. Joaquim poderá ser demandado no último ponto do território brasileiro onde teve domicílio.

II. Joaquim poderá ser demandado no local onde está lotado no estrangeiro.

III. Joaquim poderá ser demandado no Distrito Federal.

IV. Joaquim poderá ser demandado no último ponto mais próximo do Brasil, onde prestou serviço diplomático.

Assinale a alternativa correta.

a) Somente a afirmativa IV é verdadeira.

b) Somente as afirmativas I e II são verdadeiras.

c) Somente as afirmativas I e III são verdadeiras.

d) Somente as afirmativas I, II e III são verdadeiras.

e) Somente as afirmativas II, III e IV são verdadeiras.

49. (Consulplan/TJ/MG/Cartórios/Ingresso/2018) Conforme o Código Civil em vigência, é considerado como domicílio necessário do incapaz:

a) o lugar onde for encontrado.

b) o lugar designado judicialmente.

c) o domicílio do seu representante ou assistente.

d) o lugar onde estabelece a sua residência com ânimo definitivo.

50. (Consulplan/TJ/MG/Cartórios/Ingresso/2018) Assinale a alternativa incorreta:

a) o domicílio do itinerante é o local onde for encontrado.

b) tem domicílio necessário o incapaz, o servidor público, o militar, o marítimo e o preso.

c) domicílio de eleição é o local onde a pessoa escolhe para exercer o seu direito de voto, normalmente coincidente com o local de residência da pessoa física.

d) o domicílio compõe-se de dois elementos: o elemento objetivo, que é o local onde a pessoa se fixa, e o subjetivo, consistente na vontade de permanecer com ânimo definitivo.

51. (Consulplan/TJ/MG/Cartórios/Ingresso/2018) Tendo a pessoa natural diversas residências onde, por mera liberalidade, alternadamente viva, considerar-se-á:

a) que ela não tem domicílio.

b) seu domicílio qualquer uma delas.

c) seu domicílio apenas o local onde exerce sua profissão.

d) seu domicílio apenas a última residência estabelecida em ordem cronológica, independentemente de sua vontade.

2. DOS BENS

SÚMULAS

1) Bens Públicos

STF Súm. 340. Desde a vigência do Código Civil, os bens dominicais, como os demais bens públicos, não podem ser adquiridos por usucapião.

STF Súm. 477. As concessões de terras devolutas situadas na faixa de fronteira, feitas pelos Estados, autorizam, apenas, o uso, permanecendo o domínio com a União, ainda que se mantenha inerte ou tolerante, em relação aos possuidores.

STF Súm. 479. As margens dos rios navegáveis são domínio público, insuscetíveis de expropriação e, por isso mesmo, excluídas de indenização.

STF Súm. 480. Pertencem ao domínio e administração da União, nos termos dos artigos 4º, IV, e 186, da Constituição Federal de 1967, as terras ocupadas por silvícolas.

STF Súm. 650. Os incisos I e XI do art. 20 da Constituição Federal não alcançam terras de aldeamentos extintos, ainda que ocupadas por indígenas em passado remoto.

STJ Súm. 496. Os registros de propriedade particular de imóveis situados em terrenos de marinha não são oponíveis à União.

STJ Súm. 619. A ocupação indevida de bem público configura mera detenção, de natureza precária, insuscetível de retenção ou indenização por acessões e benfeitorias.

2) Cláusula de Inalienabilidade/Incomunicabilidade

STF Súm. 49. A cláusula de inalienabilidade inclui a incomunicabilidade dos bens.

QUESTÕES DISCURSIVAS

3. (Vunesp/TJ/SP/Cartórios/2021) Qual a definição de bem imóvel indivisível? No caso de a fração ideal de bem imóvel indivisível, pertencente a um dos coproprietários, vir a ser penhorado por dívida dele, a integralidade do bem é levada à praça, ou apenas a fração ideal a ele pertencente? Quais direitos são assegurados ao coproprietário "não devedor"?

QUESTÕES OBJETIVAS

52. (Consulplan/TJ/MS/Cartórios/Ingresso/2021) De acordo com o Código Civil (Lei nº 10.406/02), são públicos os bens do domínio nacional pertencentes às pessoas jurídicas de direito público interno; todos os outros são particulares, seja qual for a pessoa a que pertencerem. Nos termos do que dispõe o Código Civil sobre os bens públicos, assinale a afirmativa incorreta.

a) Os bens públicos não estão sujeitos a usucapião.

b) Bens públicos dominicais não podem ser alienados.

c) A governadoria do Estado do Mato Grosso do Sul, localizada no parque dos Poderes, é considerada um bem público de uso específico.

d) A praça Ary Coelho, em homenagem ao ex-prefeito Ary Coelho de Azevedo, que já abrigou um cemitério, é considerada um bem público de uso comum.

53. (Consulplan/TJ/MG/Cartórios/Ingresso/2019) Tendo em mira a classificação dos bens feita pelo Código Civil, assinale a alternativa correta.

a) Os direitos pessoais de caráter patrimonial e respectivas ações são considerados bens imóveis para os efeitos legais.
b) Constitui universalidade de direito a pluralidade de bens singulares que, pertencentes à mesma pessoa, tenham destinação unitária.
c) Os tijolos adquiridos para emprego futuro na construção de uma casa são considerados bens imóveis por acessão intelectual desde o momento da aquisição.
d) As janelas retiradas de uma casa para a realização de obras de expansão, com a intenção de reposição em outro local do mesmo imóvel, não perdem a qualidade de bens imóveis.

54. (UFPR/TJ/PR/Cartórios/Ingresso/2019) São bens imóveis o solo e tudo quanto se lhe incorporar natural ou artificialmente. De outro lado, são móveis os bens suscetíveis de movimento próprio, ou de remoção por força alheia, sem alteração da substância ou da destinação econômico-social. Com relação ao assunto, identifique como verdadeiras (V) ou falsas (F) as seguintes afirmativas:

I. Consideram-se imóveis para os efeitos legais os direitos reais sobre imóveis e as ações que os asseguram.
II. Consideram-se móveis para os efeitos legais o direito à sucessão aberta.
III. Consideram-se imóveis para os efeitos legais os materiais provenientes da demolição de algum prédio.
IV. Consideram-se móveis para os efeitos legais os direitos pessoais de caráter patrimonial e respectivas ações.

Assinale a alternativa que apresenta a sequência correta, de cima para baixo.

a) V, V, F, F.
b) V, F, V, F.
c) F, V, F, V.
d) V, F, F, V.
e) F, V, V, F.

55. (UFPR/TJ/PR/Cartórios/Remoção/2019) Tratando do regime jurídico do domínio público, a professora Maria Sylvia Zanella Di Pietro assevera que "embora a classificação adotada pelo Código Civil abranja três modalidades de bens, quanto ao regime jurídico existem apenas duas" (PIETRO, 2018). Levando em consideração o exposto, assinale a alternativa correta.

a) São bens públicos, segundo a redação do Código Civil brasileiro, os bens patrimoniais disponíveis, os bens patrimoniais indisponíveis e os bens não patrimoniais.
b) Os bens não patrimoniais equivalem aos bens de uso especial.
c) Os bens de uso especial e de uso comum do povo possuem regime jurídico distinto, considerando a sua discrepante finalidade em relação ao interesse público.
d) Os bens patrimoniais disponíveis possuem um regime que lhes é peculiar e que se diferencia do das duas outras modalidades.
e) A presença da afetação tipicamente incidente nos bens dominicais é um elemento que os diferencia face aos bens patrimoniais indisponíveis.

56. (Consulplan/TJ/MG/Cartórios/Ingresso/2018) Uma casa modular, que pode ser retirada de seus alicerces, para ser fixada em local diferente do original, sem perder sua natureza e finalidade é considerada:

a) bem imóvel.
b) bem semovente.
c) bem móvel por natureza.
d) bem móvel por antecipação.

57. (Consulplan/TJ/MG/Cartórios/Ingresso/2018) Os bens naturalmente divisíveis podem tornar-se indivisíveis:

a) apenas por decisão judicial.
b) por vontade das partes, não podendo exceder de 5 (cinco) anos a indivisão estabelecida pelo doador ou pelo testador.
c) por vontade das partes, que não poderão acordá-la por prazo maior de 5 (cinco) anos, insuscetível de prorrogação ulterior.
d) por disposição expressa de lei ou pela vontade das partes, desde que, neste caso, o prazo de obrigatoriedade da indivisão não ultrapasse 10 (dez) anos.

58. (Ieses/TJ/CE/Cartórios/Remoção/2018) Bens móveis que podem substituir-se por outros da mesma espécie, qualidade e quantidade são classificados como:

a) bens fungíveis.
b) bens divisíveis.
c) bens consumíveis.
d) bens singulares.

59. (Ieses/TJ/CE/Cartórios/Remoção/2018) Consideram-se bens imóveis para os efeitos legais:

I. as energias que tenham valor econômico.
II. os direitos pessoais de caráter patrimonial e respectivas ações.
III. o direito à sucessão aberta.
IV. as edificações que, separadas do solo, mas conservando a sua unidade, forem removidas para outro local.

A sequência correta é:

a) as assertivas I, II, III e IV estão corretas.
b) apenas a assertiva II está incorreta.
c) apenas as assertivas I, II e IV estão corretas.
d) apenas as assertivas III e IV estão corretas.

60. (Ieses/TJ/AM/Cartórios/Remoção/2018) São móveis os bens suscetíveis de movimento próprio, ou de remoção por força alheia, sem alteração da substância ou da destinação econômico-social. São exemplos de bem móveis, exceto:

a) os direitos pessoais de caráter patrimonial e respectivas ações.
b) o direito à sucessão aberta.
c) as energias que tenham valor econômico.
d) os direitos reais sobre objetos móveis e as ações correspondentes.

61. (Ieses/TJ/AM/Cartórios/Ingresso/2018) Em relação aos bens, responda as questões:

I. são benfeitorias os melhoramentos ou acréscimos sobrevindos ao bem, com ou sem a intervenção do proprietário, possuidor ou detentor.
II. somente após separados do bem principal, os frutos e produtos podem ser objeto de negócio jurídico.
III. os negócios jurídicos que dizem respeito ao bem principal abrangem as pertenças, salvo se o contrário resultar da lei, da manifestação de vontade, ou das circunstâncias do caso.

Assinale a correta:

a) todas as assertivas são falsas.
b) apenas as assertivas I e III são verdadeiras.
c) apenas a assertiva I é verdadeira.
d) todas as assertivas são verdadeiras.

62. (Consulplan/TJ/MG/Cartórios/Ingresso/2017) Uma caixa de pregos e uma caixa de bombons são bens:

a) fungíveis e infungíveis, respectivamente.
b) infungíveis e fungíveis, respectivamente.
c) infungíveis.
d) fungíveis.

63. (Ieses/TJ/RO/Cartórios/Ingresso/2017) Em relação aos bens, responda de acordo com o Código Civil:

I. os bens infungíveis são aqueles móveis ou imóveis que podem substituir-se por outros da mesma espécie, qualidade e quantidade.
II. os bens naturalmente divisíveis não podem tornar-se indivisíveis por vontade das partes.
III. o direito à sucessão aberta é considerado bem imóvel para os efeitos legais.

Assinale a alternativa correta:

a) todas as assertivas são verdadeiras.
b) apenas as assertivas I e III são verdadeiras.
c) apenas a assertiva III é verdadeira.
d) apenas as assertivas I e II são verdadeiras.

64. (Ieses/TJ/RO/Cartórios/Remoção/2017) Consideram-se bens imóveis para os efeitos legais:

I. o direito à sucessão aberta.
II. os direitos pessoais de caráter patrimonial e respectivas ações.
III. as energias que tenham valor econômico.
IV. os direitos reais sobre imóveis e as ações que os asseguram.

A sequência correta é:

a) apenas a assertiva III está incorreta.
b) as assertivas I, II, III e IV estão corretas.
c) apenas as assertivas I e IV estão corretas.
d) apenas a assertiva II está correta.

3. DOS FATOS JURÍDICOS

3.1. Do Negócio Jurídico

3.1.1. Disposições Gerais

QUESTÕES DISCURSIVAS

4. (Faurgs/TJ/RS/Cartórios/2015) Conceitue a conversão do negócio jurídico e explique os seus requisitos.

QUESTÕES OBJETIVAS

65. (Consulplan/TJ/MG/Cartórios/Remoção/2019) Considerando as disposições do Código Civil acerca dos negócios jurídicos, assinale a alternativa correta.

a) A disposição contida no art. 113, do Código Civil, estabelece regra hermenêutica centrada na boa-fé subjetiva.
b) A impossibilidade inicial do objeto invalida o negócio jurídico se for relativa, ainda que cesse antes de realizada a condição a que ele estiver subordinado.
c) A manifestação de vontade subsiste, ainda que o seu autor haja feito a reserva mental de não querer o que manifestou, salvo se dela o destinatário tinha conhecimento.
d) O Código Civil concede ao silêncio o status de declaração de vontade, possível quando as circunstâncias ou os usos o autorizarem, ainda que a hipótese verse sobre negócio jurídico solene.

66. (UFPR/TJ/PR/Cartórios/Ingresso/2019) Pedro e Paulo celebram contrato de compra e venda de um apartamento localizado em Curitiba. Sendo Pedro o comprador do imóvel, faz o pagamento à vista a Paulo. Paulo deve promover a transferência do imóvel para Pedro. Segundo o Código Civil brasileiro, a escritura pública é essencial à validade dos negócios jurídicos que visem à constituição, transferência, modificação ou renúncia de direitos reais sobre imóveis, não dispondo a lei em contrário. Nesse sentido, a escritura pública é essencial à validade dos negócios jurídicos que visem à transferência de direitos reais sobre imóveis de valor a partir de:

a) vinte vezes o maior salário mínimo vigente no país.
b) trinta vezes o maior salário mínimo vigente no país.
c) quarenta vezes o maior salário mínimo vigente no país.
d) cinquenta vezes o maior salário mínimo vigente no país.
e) sessenta vezes o maior salário mínimo vigente no país.

67. (Vunesp/TJ/SP/Cartórios/Ingresso/2018) O silêncio circunstanciado:

a) é vedado no ordenamento jurídico pátrio.
b) implica na ausência de vontade e, por via de consequência, na inexistência do negócio jurídico.
c) pode produzir efeitos jurídicos.
d) ocorre quando o declarante omite sua vontade real ao celebrar um negócio jurídico.

3.1.2. Da Representação, da Condição, do Termo e do Encargo

SÚMULAS

STJ **Súm. 35.** Incide correção monetária sobre as prestações pagas, quando de sua restituição, em virtude da retirada ou exclusão do participante de plano de consórcio.

STJ **Súm. 176.** É nula a cláusula contratual que sujeita o devedor à taxa de juros divulgada pela Anbid/Cetip.

INFORMATIVOS

STJ **Contratos. Condição meramente potestativa. Cláusula que subordina a eficácia do negócio jurídico à vontade do credor. Validade.** É válida a condição suspensiva que subordina a eficácia do ato jurídico à vontade do credor, em função de um interesse juridicamente relevante no resultado de uma determinada ação judicial. *REsp 1990221, 3ª T, 13.5.2022. Inf 745.*

STJ **Condição meramente potestativa. Interesse do credor. Possibilidade. Transferência da propriedade de imóvel. Estipulação "tão logo fosse de seu interesse" em favor do credor. Termo incerto ou indeterminado. Validade.** Pode ser válida a estipulação que confira ao credor a possibilidade de exigir, "tão logo fosse de seu interesse", a transferência da propriedade de imóvel. *REsp 1990221, 3ª T, 3.5.2022. Inf 735.*

QUESTÕES OBJETIVAS

68. (Ieses/TJ/TO/Cartórios/Remoção/2022) A cláusula que, derivada exclusivamente da vontade das partes, subordina o efeito do negócio jurídico a evento futuro e incerto é denominada de:

a) condição.
b) premissa.
c) termo.
d) encargo.

69. (Ieses/TJ/RO/Cartórios/Remoção/2021) A cláusula que, derivando exclusivamente da vontade das partes, subordina o efeito do negócio jurídico a evento futuro e incerto é chamada de:

a) condição.
b) termo.
c) compromisso.
d) encargo.

70. (Vunesp/TJ/SP/Cartórios/Ingresso/2018) Com relação ao instituto da representação, assinale a alternativa correta:

a) a representação pode ter origem na lei ou na manifestação de vontade do representado.

b) a representação também ocorre no caso da entrega de um documento por um colaborador, no qual o interessado haja declarado sua vontade.
c) a representação legal pressupõe uma declaração de vontade unilateral do representado.
d) a extinção da representação voluntária ou convencional por ato unilateral do representante é denominada revogação.

71. (Ieses/TJ/CE/Cartórios/Remoção/2018) A cláusula que, derivando exclusivamente da vontade das partes, subordina o efeito do negócio jurídico a evento futuro e incerto é intitulada de:

a) condição.
b) cláusula leonina.
c) termo.
d) encargo.

3.1.3. Dos Defeitos, da Invalidade

ATENÇÃO: ESTE TEMA É MUITO EXIGIDO NOS CONCURSOS!

SÚMULAS

STJ **Súm. 195.** Em embargos de terceiro não se anula ato jurídico, por fraude contra credores.

QUESTÕES DISCURSIVAS

5. (Vunesp/TJ/SP/Cartórios/2016) Distinção entre incapacidade e falta de legitimação nos negócios jurídicos.

QUESTÕES OBJETIVAS

72. (Vunesp/TJ/SP/Cartórios/Ingresso/2022) Sobre os negócios nulos e anuláveis, assinale a alternativa correta.

a) o menor de dezesseis anos não pode, para eximir-se de uma obrigação, invocar a sua idade, se dolosamente a ocultou quando inquirido pela outra parte, ou se, no ato de obrigar-se, declarou-se maior.
b) sendo nulo o negócio jurídico simulado, não há direitos a ressalvar, mesmo quanto aos terceiros de boa-fé em face dos contraentes originários.
c) o negócio jurídico de consumo também é nulo quando celebrado por agente absolutamente incapaz.
d) quando a lei dispuser que determinado ato é anulável, sem estabelecer prazo para pleitear-se a anulação, será esse de dois anos, a contar da data da conclusão do ato.

73. (Vunesp/TJ/SP/Cartórios/Ingresso/2022) Estabelecia o Código Civil/16 (CC/16) que: "tendo havido intuito de prejudicar a terceiros, ou infringir preceito de lei, nada poderão alegar, ou requerer os contraentes em juízo quanto à simulação do ato, em litígio de um contra o outro, ou contra terceiros" (art. 104). Tal regra, contudo, não foi reproduzida no CC/02. Assinale o dispositivo que, no novo sistema, mais se aproxima do princípio geral de direito contido no artigo revogado.

a) Vicia o negócio jurídico a coação exercida por terceiro, se dela tivesse ou devesse ter conhecimento a parte a que aproveite, e esta responderá solidariamente com aquele por perdas e danos (art. 154).
b) O erro não prejudica a validade do negócio jurídico quando a pessoa, a quem a manifestação de vontade se dirige, se oferecer para executá-la na conformidade da vontade real do manifestante (art. 144).
c) Se ambas as partes procederem com dolo, nenhuma pode alegá-lo para anular o negócio ou para reclamar indenização (art. 150).
d) Na lesão, não se decretará a anulação do negócio, se for oferecido suplemento suficiente, ou se a parte favorecida concordar com a redução do proveito (art. 157, § 2º).

74. (Consulplan/TJ/MS/Cartórios/Remoção/2021) Os negócios jurídicos requerem para sua validade: agente capaz, objeto lícito, possível, determinado ou determinável e forma prescrita ou não defesa em Lei. Desta feita, o Código Civil prevê, ainda, hipóteses em que se reputará defeituoso o negócio jurídico. Atentando-se às normas aplicáveis à temática em questão, assinale a alternativa contrária à previsão legal quanto aos efeitos do negócio jurídico.

a) A declaração de vontade é viciada sempre que decorrente de falso motivo.
b) O dolo praticado por ambas as partes impede sua invocação para anulação do negócio ou para fins de indenização.
c) A anulação do ato não requer que o erro emane da expressão de vontade de ambas as partes, sendo suficiente que decorra de somente um envolvido.
d) O ato é anulável quando praticado por erro de caráter essencial, ou seja, que verse sobre o objeto principal ou qualidades substanciais do objeto ou essenciais quanto à pessoa referida na declaração.

75. (FGV/TJ/SC/Cartórios/Ingresso/2021) Ademir queria doar um de seus terrenos a seu sobrinho João, mas sabia que sua esposa Delma não concordaria com isso. Assim, doou o terreno para seu amigo Cleber que, após alguns meses, repassou o imóvel a João, conforme previamente acertado entre Ademir e Cleber. Nesse caso, ocorreu:

a) dolo.
b) fraude contra credores.
c) lesão.
d) simulação.
e) erro.

76. (FGV/TJ/SC/Cartórios/Ingresso/2021) Silvio vendeu dois automóveis no mesmo dia: o primeiro foi comprado por Cláudia, 15 anos, estudante; e o segundo por José, 17 anos, casado civilmente com autorização dos pais. Tais atos serão considerados, respectivamente:

a) nulo e válido.
b) nulo e anulável.
c) anulável e válido.
d) anulável e anulável.
e) válido e válido.

77. (FGV/TJ/SC/Cartórios/Remoção/2021) Célio deseja vender uma sala comercial na cidade de Florianópolis. Clara se interessou pelo imóvel e foi visitá-lo. Com receio de que Clara não fizesse uma proposta de compra, Célio omitiu o fato de que o imóvel não tinha a instalação elétrica adequada para a atividade comercial que sabia que Clara pretendia exercer naquele local. Celebrada a compra e venda, posteriormente Clara descobre a verdade. Nesse caso, é possível invalidar o negócio com base em:

a) erro.
b) lesão.
c) simulação.
d) dolo.
e) estado de perigo.

78. (Consulplan/TJ/MG/Cartórios/Ingresso/2019) De acordo com a estrutura traçada pelo Código Civil para os defeitos do negócio jurídico, assinale a alternativa correta.

a) Dentre os elementos subjetivos que tipificam a lesão, não figura a inexperiência.
b) Para que a lesão fique configurada, a desproporção manifesta das prestações pode ocorrer no mesmo momento da contratação ou em momento superveniente.
c) Os negócios jurídicos podem ser anulados por fraude contra credores na forma do art. 171, II, do Código Civil, independentemente de boa-fé do terceiro adquirente.
d) A alienação gratuita de bens do devedor pode ser anulada por fraude contra credores, conforme disposto no art. 158, do Código Civil, independentemente de boa-fé do devedor alienante.

79. (Vunesp/TJ/RS/Cartórios/Remoção/2019) Acerca dos vícios do negócio jurídico, é correto afirmar que:

a) o negócio realizado sob a vis absoluta é anulável por vício de consentimento em razão de coação.
b) o estado de perigo não pressupõe o dolo de aproveitamento da outra parte contratante.
c) o erro somente é causa de anulação se a parte que recebeu a declaração viciada o percebeu ou poderia tê-lo percebido.
d) a lesão é subjetiva, configurando-se, apenas, se presente o dolo de aproveitamento da outra parte.
e) o "dolus bonus" ocasiona, em qualquer hipótese, a anulabilidade do negócio jurídico.

80. (UFPR/TJ/PR/Cartórios/Remoção/2019) Após herdar uma sociedade empresária de seu pai, determinado sucessor começou a tomar contato com a administração de um hospital. O empreendimento era tido como referência no tratamento da leucemia e recebia, mensalmente, inúmeros pacientes de todo o Brasil, a fim de serem submetidos a um tratamento avançado, realizado por médicos experientes e com formação específica. Passados os anos, o jovem herdeiro se tornou diretor do hospital e passou a celebrar uma gama de contratos, todos ligados à atividade do hospital. Entretanto, movido por um espírito aventureiro, e muito inexperiente, diferente do pai, o jovem passou a tomar decisões que levaram a sociedade a uma série de prejuízos, além de denegrir a imagem e a reputação construídas ao longo de décadas. Ainda, demitiu os médicos mais velhos e contratou outros, muito mais jovens e no início da carreira, com o único intuito de aumentar a lucratividade do estabelecimento. Levando em consideração o enunciado acima, os vícios do consentimento e demais defeitos do negócio jurídico, assinale a alternativa correta.

a) A inexperiência para a celebração de negócio jurídico certo e determinado não pode ser causa de anulabilidade do pacto ou da convenção, se não for oferecido suplemento suficiente ou se a parte favorecida não concordar com a redução do proveito.
b) A fim de impedir que o hospital experimente maiores prejuízos, o jovem sucessor pode alegar inexperiência, demonstrando que se obrigou a prestação manifestamente desproporcional ao valor da prestação oposta, e pedir, assim, a anulação do negócio jurídico.
c) O Código de Defesa do Consumidor não poderá ser invocado pelo sucessor como fundamento de contratos celebrados pelo hospital para o hospital, desconexos com a atividade fim.
d) Aprecia-se a desproporção das prestações segundo os valores vigentes ao tempo em que foi questionado liminarmente em juízo acerca do negócio jurídico.
e) A inexperiência como causa da anulabilidade do negócio jurídico impede a alegação de preeminente necessidade.

81. (UFPR/TJ/PR/Cartórios/Ingresso/2019) Os negócios de transmissão gratuita de bens ou remissão de dívida poderão ser anulados se os praticar o devedor já insolvente ou por eles reduzido à insolvência. Com relação ao assunto, identifique como verdadeiras (V) ou falsas (F) as seguintes afirmativas:

I. Tais negócios podem ser anulados pelos credores quirografários, como lesivos dos seus direitos.
II. Para a anulação de tais atos, é necessária a comprovação de má-fé.
III. Só os credores que já o eram ao tempo daqueles atos podem pleitear a anulação deles.
IV. Tais negócios podem ser anulados pelos credores hipotecários, como lesivos dos seus direitos, ainda que a hipoteca seja suficiente.

Assinale a alternativa que apresenta a sequência correta, de cima para baixo.

a) V, V, F, F.
b) V, F, V, F.
c) F, V, F, V.
d) V, F, F, V.
e) F, V, V, F.

82. (Vunesp/TJ/AL/Cartórios/Ingresso/2019) Em uma escritura pública de compra e venda houve a utilização de documentos falsos do vendedor por um fraudador. Nesse caso, o negócio jurídico em relação ao vendedor é:

a) ineficaz.
b) nulo.
c) anulável.
d) inexistente.

83. (Vunesp/TJ/AL/Cartórios/Ingresso/2019) Representa a hipótese de nulidade dos negócios jurídicos previsto em nosso ordenamento jurídico:

a) simulação.
b) erro.
c) coação.
d) fraude contra credores.

84. (UFPR/TJ/PR/Cartórios/Ingresso/2019) Amâncio deve quantia em dinheiro para Patrícia. Como Amâncio não quita a dívida no prazo estipulado, Patrícia ameaça de morte o seu filho. Diante disso, Amâncio transfere para Patrícia a propriedade de seu automóvel. Levando em consideração os dados apresentados, a transferência do automóvel é anulável pelo vício:

a) da lesão.
b) do dolo.
c) da coação.
d) do erro.
e) da simulação.

85. (Ieses/TJ/SC/Cartórios/Ingresso/2019) A propósito dos defeitos que, segundo o Código Civil, tornam anuláveis os negócios jurídicos, analise as seguintes relações:

I. O erro, a coação e o estado de perigo.
II. A lesão, a fraude contra credores e a coação.
III. O estado de perigo, a lesão e o dolo.
IV. O dolo, o erro e a simulação.

Pode-se afirmar que são integralmente verdadeiras as relações:

a) I e II.
b) I, II e III.
c) II e IV.
d) I e IV.

86. (Consulplan/TJ/MG/Cartórios/Ingresso/2019) Analise as proposições destacadas a seguir e assinale a correta.

a) A declaração de vontade dependerá de forma especial para sua validade, salvo quando a lei expressamente dispensá-la.
b) Salvo se o permitir a lei ou o representado, é anulável o negócio jurídico que o representante, no seu interesse ou por conta de outrem, celebrar consigo mesmo.
c) É nulo o negócio jurídico concluído pelo representante em conflito de interesses com o representado, se tal fato era ou devia ser do conhecimento de quem com aquele contratou.
d) Dentre os bens públicos discriminados pelo art. 99, do Código Civil, os de uso comum e os de uso especial são inalienáveis enquanto não desafetados, mas os dominicais são alienáveis independentemente de qualquer outra exigência legal.

87. (Consulplan/TJ/MG/Cartórios/Remoção/2019) De acordo com a disciplina traçada pelo Código Civil acerca dos defeitos dos negócios jurídicos, assinale a alternativa correta.

a) O dolo acidental é causa de anulação do negócio jurídico, na forma do art. 171, II, do Código Civil.
b) A coação contemplada no art. 171, II, do Código Civil, como causa de anulação do negócio jurídico, pode ser tanto a absoluta quanto a relativa.
c) O negócio jurídico simulado é nulo; a despeito dos efeitos "ex tunc" da declaração que reconhece a nulidade, os terceiros de boa-fé terão os seus direitos ressalvados em face do negócio jurídico simulado.
d) O estado de perigo disciplinado pelo art. 156, do Código Civil, tem como um de seus elementos a ameaça séria de provocar grave dano ao patrimônio daquele que alega o vício do consentimento em seu favor.

88. (UFPR/TJ/PR/Cartórios/Ingresso/2019) Agostinho pretende vender seu apartamento e para tanto nomeia Leôncio como seu representante. Betânia demonstra interesse na aquisição de dito imóvel e acaba por celebrar contrato de compra e venda com Leôncio, que ostenta a qualidade de procurador de Agostinho. Ocorre que o negócio jurídico concluído pelo representante mostra-se em conflito de interesses com o representado. Diante disso, Agostinho pretende sua invalidação. Levando em consideração os dados apresentados, o negócio jurídico é:

a) anulável, e é de noventa dias, a contar da conclusão do negócio, o prazo de decadência para se pleitear a anulação.
b) nulo, e é de noventa dias, a contar da conclusão do negócio, o prazo de decadência para se pleitear a nulidade.
c) anulável, e é de cento e vinte dias, a contar da conclusão do negócio, o prazo de decadência para se pleitear a anulação.
d) nulo, e é de cento e oitenta dias, a contar da conclusão do negócio, o prazo de decadência para se pleitear a nulidade.
e) anulável, e é de cento e oitenta dias, a contar da conclusão do negócio, o prazo de decadência para se pleitear a anulação.

89. (Vunesp/TJ/RS/Cartórios/Ingresso/2019) Gustavo e Henrique celebraram compromisso particular de venda e compra de um imóvel, em fevereiro de 2019. Ajustaram, no entanto, que no instrumento contratual referente ao compromisso constaria outra data: maio de 2018. Isso porque Gustavo pretendia apresentar o documento para um credor seu, justificando que já havia se comprometido a alienar o imóvel. De acordo com o Código Civil de 2002, é correto afirmar que o negócio jurídico:

a) é anulável, em razão do dolo existente.
b) é anulável, em razão da simulação existente.
c) é nulo, em razão do dolo existente.
d) é anulável, pois o motivo determinante, comum a ambas as partes, foi ilícito.
e) é nulo, em razão da simulação existente.

90. (Consulplan/TJ/MG/Cartórios/Ingresso/2018) Assinale a alternativa incorreta:

a) a fundação pode ser criada por testamento particular.
b) não vicia o negócio jurídico a coação exercida por terceiro.
c) o negócio jurídico nulo não pode ser ratificado pelas partes.
d) a simulação é causa de anulabilidade do negócio jurídico no Código Civil de 1916 e de nulidade no de 2002.

91. (Ieses/TJ/CE/Cartórios/Remoção/2018) O vício de consentimento configurado quando alguém, sob premente necessidade, ou por inexperiência, se obriga a prestação manifestamente desproporcional ao valor da prestação oposta estamos é intitulado de:

a) dolo.
b) lesão.
c) estado de perigo.
d) coação.

92. (Ieses/TJ/CE/Cartórios/Ingresso/2018) A respeito dos defeitos do negócio jurídico, responda:

I. o dolo acidental ocorre quando, a seu despeito, o negócio seria realizado, embora por outro modo, e não anula o negócio, nem obriga a perdas e danos.
II. em relação ao erro, o falso motivo só vicia a declaração de vontade quando expresso como razão determinante.
III. configura-se a lesão quando alguém, premido da necessidade de salvar-se, ou a pessoa de sua família, de grave dano conhecido pela outra parte, assume obrigação excessivamente onerosa.

Assinale a correta:

a) todas as assertivas são falsas.
b) todas as assertivas são verdadeiras.
c) apenas a assertiva II é verdadeira.
d) apenas as assertivas I e II são verdadeiras.

93. (Consulplan/TJ/MG/Cartórios/Remoção/2018) Nos negócios jurídicos em geral, o dolo acidental:

a) gera a nulidade do negócio jurídico.
b) gera a inexistência do negócio jurídico.
c) gera a anulabilidade do negócio jurídico.
d) apenas obriga à satisfação das perdas e danos.

94. (Consulplan/TJ/MG/Cartórios/Ingresso/2018) Assinale a alternativa correta:

a) admite-se a nomeação conjunta de tutor, para filhos menores, pelo casal, em cédula testamentária única.
b) um imóvel instituído convencionalmente como bem de família isenta o prédio da execução de qualquer dívida posterior ao ato da instituição do bem.
c) a anulação do negócio jurídico poderá ser evitada se a parte favorecida oferecer suplemento suficiente à outra parte ou se a parte favorecida concordar com a redução do proveito obtido.
d) em relação ao contrato de locação de imóvel não residencial, dissolvida a sociedade locatária por morte de um dos sócios, não há previsão legal para o exercício do direito de renovação do contrato de locação do imóvel para os sócios restantes.

95. (Consulplan/TJ/MG/Cartórios/Remoção/2018) Nos termos do Código Civil em vigência, a validade dos negócios jurídicos:

a) não exige agente capaz.
b) independe, via de regra, de sua forma.
c) somente se verifica se a manifestação de vontade for formal.
d) de regra se verifica se a manifestação de vontade for feita por escrito.

96. (Ieses/TJ/RO/Cartórios/Ingresso/2017) Sobre os defeitos do negócio jurídico, responda de acordo com o Código Civil:

I. o erro de cálculo em um negócio jurídico não autoriza a sua anulação, mas tão somente a retificação da declaração da vontade.
II. os negócios jurídicos podem ser anulados em razão do dolo de uma das partes, ainda que o dolo não tenha sido a causa do negócio.
III. o negócio jurídico celebrado com coação pode ser anulado, se tal coação incutir ao paciente fundado temor de dano iminente e considerável à sua pessoa, à sua família ou aos seus bens, ou mesmo a pessoa não pertencente à família, caso em que o juiz decidirá se houve coação conforme as circunstâncias.

Assinale a alternativa correta:

a) apenas as assertivas I e III são verdadeiras.
b) apenas as assertivas I e II são verdadeiras.
c) apenas a assertiva II é verdadeira.
d) todas as assertivas são verdadeiras.

3.2. Dos Atos Jurídicos Lícitos, dos Atos Ilícitos

SÚMULAS

STJ Súm. 43. Incide correção monetária sobre dívida por ato ilícito a partir da data do efetivo prejuízo.

QUESTÕES OBJETIVAS

97. (Consulplan/TJ/MS/Cartórios/Ingresso/2021) Pedro, curador de João, joalheiro interditado, agindo dolosamente, vende a Maria um anel de rubilita, pedra sem valor comercial, como se fosse rubi. Acerca do negócio jurídico formado entre Pedro, João e Maria e a responsabilidade a ser imputada a cada um dos personagens, assinale a alternativa correta.

a) Pedro e João responderão, obrigatoriamente, de forma solidária, por todos os prejuízos gerados a Maria.
b) João responderá até o proveito que teve, ainda que não tenha conhecimento do dolo de seu representante legal.
c) Apenas João, curatelado, responderá civilmente pelos prejuízos gerados a Maria, uma vez que o negócio lhe trouxe benefícios.
d) Ainda que o negócio tenha gerado proveitos para João, apenas Pedro, por ter atuado dolosamente, responderá civilmente pelos prejuízos causados a Maria.

98. (Vunesp/TJ/GO/Cartórios/Remoção/2021) A venda de bem entre ascendente e descendente, por meio de interposta pessoa, é:

a) ato jurídico nulo, aplicando-se o prazo decadencial de 2 anos.
b) ato jurídico anulável, aplicando-se o prazo decadencial de 2 anos.
c) ato jurídico anulável, aplicando-se o prazo prescricional de 4 anos.
d) ato jurídico nulo, aplicando-se o prazo decadencial de 4 anos.

99. (Vunesp/TJ/AL/Cartórios/Ingresso/2019) De acordo com o Código Civil (Lei nº 10.406/2002), é indispensável que sejam instrumentalizados sob a forma de escritura pública os seguintes atos e negócios jurídicos:

a) I – concessão de emancipação pelos pais; II – pacto antenupcial; III – renúncia de herança, caso não seja feita por termo judicial.
b) I – pacto antenupcial; II – compromisso de compra e venda; III – constituição do direito de superfície.
c) I – contrato de constituição de renda; II – contrato de locação; III – pacto antenupcial.
d) I – constituição e transferência de direitas reais sobre Imóveis de qualquer valor; II – concessão de emancipação pelos pais; III – convenção de condomínio edilício.

100. (Cespe/TJ/DFT/Cartórios/Ingresso/2019) A propósito do abuso do direito, segundo o Código Civil e o entendimento doutrinário sobre o tema, assinale a opção correta.

a) O abuso do direito é um ato lícito, porém indenizável.
b) Para a caracterização do abuso do direito, basta o critério objetivo finalístico.
c) O abuso do direito prescinde da discussão sobre a boa-fé objetiva.
d) Para a configuração do abuso do direito, é suficiente o reconhecimento da culpa em sentido estrito.
e) Para a caracterização do abuso do direito, há a necessidade da demonstração da existência de dolo por parte do agente.

3.3. Da Prescrição e da Decadência

ATENÇÃO: ESTE TEMA É MUITO EXIGIDO NOS CONCURSOS!

SÚMULAS

STF Súm. 149. É imprescritível a ação de investigação de paternidade, mas não o é a de petição de herança.

STF Súm. 150. Prescreve a execução no mesmo prazo de prescrição da ação.

STF Súm. 154. Simples vistoria não interrompe a prescrição.

STF Súm. 383. A prescrição em favor da Fazenda Pública recomeça a correr, por dois anos e meio, a partir do ato interruptivo, mas não fica reduzida aquém de cinco anos, embora o titular do direito a interrompa durante a primeira metade do prazo.

STF Súm. 443. A prescrição das prestações anteriores ao período previsto em lei não ocorre, quando não tiver sido negado, antes daquele prazo, o próprio direito reclamado, ou a situação jurídica de que ele resulta.

STJ Súm. 85. Nas relações jurídicas de trato sucessivo em que a Fazenda Pública figure como devedora, quando não tiver sido negado o próprio direito reclamado, a prescrição atinge apenas as prestações vencidas antes do quinquênio anterior à propositura da ação.

STJ Súm. 101. A ação de indenização do segurado em grupo contra a seguradora prescreve em um ano.

STJ Súm. 106. Proposta a ação no prazo fixado para o seu exercício, a demora na citação, por motivos inerentes ao mecanismo da Justiça, não justifica o acolhimento da arguição de prescrição ou decadência.

STJ Súm. 229. O pedido do pagamento de indenização à seguradora suspende o prazo de prescrição até que o segurado tenha ciência da decisão.

STJ Súm. 278. O termo inicial do prazo prescricional, na ação de indenização, é a data em que o segurado teve ciência inequívoca da incapacidade laboral.

STJ Súm. 412. A ação de repetição de indébito de tarifas de água e esgoto sujeita-se ao prazo prescricional estabelecido no Código Civil.

STJ Súm. 547. Nas ações em que se pleiteia o ressarcimento dos valores pagos a título de participação financeira do consumidor no custeio de construção de rede elétrica, o prazo prescricional é de vinte anos na vigência do Código Civil de 1916. Na vigência do Código Civil de 2002, o prazo é de cinco anos se houver previsão contratual de ressarcimento e de três anos na ausência de cláusula nesse sentido, observada a regra de transição disciplinada em seu art. 2.028.

REPERCUSSÃO & REPETITIVOS

STJ **IAC 2.** É ânuo o prazo prescricional para exercício de qualquer pretensão do segurado em face do segurador – e vice-versa – baseada em suposto inadimplemento de deveres (principais, secundários ou anexos) derivados do contrato de seguro, "ex vi" do disposto no artigo 206, § 1º, II, "b", do Código Civil de 2002 (artigo 178, § 6º, II, do Código Civil de 1916). *REsp 1303374, 16.12.2021.*

STJ **Repetitivo 1019.** O prazo prescricional aplicável à desapropriação indireta, na hipótese em que o Poder Público tenha realizado obras no local ou atribuído natureza de utilidade pública ou de interesse social ao imóvel, é de 10 anos, conforme parágrafo único do art. 1.238 do CC. *REsp 1757352, 7.5.2020.*

JURISPRUDÊNCIA EM TESES

STJ **JurisTese 59-18.** A ação de indenização por danos morais decorrente da inscrição indevida em cadastro de inadimplentes não se sujeita ao prazo quinquenal do art. 27 do CDC, mas ao prazo de 3 (três) anos previsto no art. 206, § 3º, V, do CC/2002.

INFORMATIVOS

STJ **Honorários advocatícios contratuais. Rescisão unilateral. Prescrição. Termo inicial. Remuneração "ad exitum". Condição suspensiva.** O termo inicial do prazo de prescrição da pretensão ao recebimento de honorários advocatícios contratados sob a condição de êxito da demanda judicial, no caso em que o mandato foi revogado por ato unilateral do mandante antes do término do litígio, é a data do êxito da demanda, e não a da revogação do mandato. *REsp 1777499, 4ª T, 22.11.2022. Inf 759.*

STJ **Condutas anticompetitivas. Infração contra a ordem econômica. Lei 12.529/11. Cartel. Ação de indenização por danos morais e materiais. Responsabilidade extracontratual. Não reconhecimento do cartel pelo CADE. Prescrição. Termo inicial. Ciência da conduta causadora dos danos alegados. Princípio da actio nata. Art. 206, § 3º, V, do CC.** Em ação indenizatória que se origina de alegado ilícito concorrencial, uma vez verificada inexistência de decisão do CADE sobre a formação de cartel, o prazo prescricional é de três anos – art. 206, § 3º, V, CC – e o termo inicial para sua contagem é a data da ciência do fato danoso. *REsp 1971316, 4ª T, 25.10.2022. Inf 756.*

STJ **Prescrição. Ação revisional. Devedor. Ajuizamento da ação executiva. Prazo. Interrupção.** A propositura da ação revisional pelo devedor interrompe o prazo prescricional para o ajuizamento da ação executiva. *REsp 1956817, 3ª T, 17.6.2022. Inf 743.*

STJ **Prescrição. Execução. Dupla interrupção do prazo. Protesto de título (extrajudicial) e citação processual. Impossibilidade. Princípio da unicidade da interrupção prescricional.** Em razão do princípio da unicidade da interrupção prescricional, mesmo diante de uma hipótese interruptiva extrajudicial (protesto de título) e outra em decorrência de ação judicial de cancelamento de protesto e título executivo, apenas admite-se a interrupção do prazo pelo primeiro dos eventos. *REsp 1786266, 4ª T, 11.10.2022. Inf 754.*

STJ **Contrato de TV por assinatura. Cobrança indevida. Serviços não contratados. Ponto extra. Taxas de licenciamento de software e segurança de acesso. Prescrição decenal. Art. 202 do CC.** A pretensão de repetição de indébito por cobrança indevida de valores referentes a serviços de TV por assinatura não previstos no contrato sujeita-se à norma geral do lapso prescricional de dez anos. *REsp 1951988, 4ª T, 16.5.2022. Inf 737.*

STJ **Responsabilidade civil. Indenização por danos materiais e morais. Prescrição. Termo inicial. Ciência inequívoca dos efeitos do ato lesivo. Teoria da "actio nata". Viés subjetivo.** O termo inicial do prazo prescricional para o ajuizamento de ação de indenização, por dano moral e material, conta-se da ciência inequívoca dos efeitos decorrentes do ato lesivo. *REsp 1836016, 3ª T, 10.5.2022. Inf 736.*

STJ **Prescrição. Termo inicial. Trânsito em julgado da ação penal. Relação de prejudicialidade. CC, art. 200. Causa suspensiva. Incidência.** O art. 200 assegura que o prazo prescricional não comece a fluir antes do trânsito em julgado da sentença penal, independentemente do resultado da ação na esfera criminal. *REsp 1987108, 3ª T, 1.4.2022. Inf 732.*

STJ **Contratos de seguro em geral. Pretensão do segurado em face da seguradora. Prazo prescricional. Termo inicial. Ciência do segurado acerca da recusa da cobertura securitária.** Nos contratos de seguro em geral, a ciência do segurado acerca da recusa da cobertura securitária é o termo inicial do prazo prescricional da pretensão do segurado em face da seguradora. *REsp 1970111, 3ª T, 15.3.2022. Inf 730.*

STJ **Contrato de Locação. Restituição de caução. Prazo prescricional trienal. Art. 206, § 3º, I, do CC.** É trienal o prazo prescricional aplicável à pretensão de restituição da caução prestada em contrato de locação. *REsp 1967725, 3ª T, 15.2.2022. Inf 725.*

STJ **Anterior coexistência de dívidas. Prescrição. Compensação espontânea. Possibilidade. Negativa de prova pericial. Cerceamento de defesa.** A prescrição somente obsta a compensação se for anterior ao momento da coexistência das dívidas. *REsp 1969468, 3ª T, 24.2.2022. Inf 726.*

QUESTÕES DISCURSIVAS

6. (FMP/TJ/MT/Cartórios/Ingresso/2014) Explique a diferença entre prescrição e decadência.

QUESTÕES OBJETIVAS

101. (FGV/TJ/SC/Cartórios/Remoção/2021) Diante do receio de ser despejado, em virtude do atraso de três meses de aluguel, José escreveu uma carta ao seu locador narrando dificuldades em sua vida pessoal, reconhecendo as dívidas atrasadas e pedindo o seu parcelamento. Nesse caso, ocorreu:

a) renúncia à prescrição.
b) suspensão da prescrição.
c) interrupção da prescrição.
d) impedimento da prescrição.
e) purgação da prescrição.

102. (Consulplan/TJ/MS/Cartórios/Ingresso/2021) Nayara locou imóvel residencial urbano de sua propriedade para Paulo, estabelecendo-se no pacto firmado entre as partes o valor mensal de R$ 2.570,00 (dois mil, quinhentos e setenta reais), com vencimento a todo dia 5 (cinco), vencendo-se a primeira renda em 05/05/2006. Transcorridos 6 (seis) meses de relação contratual, ou seja, a partir de novembro, Paulo deixou de adimplir os aluguéis. Considerando a situação hipotética, assinale a alternativa que corresponde ao prazo prescricional para que Nayara deduza sua pretensão relativa aos aluguéis em questão.

a) 1 ano.
b) 3 anos.
c) 4 anos.
d) 5 anos.

103. (Ieses/TJ/RO/Cartórios/Ingresso/2021) A respeito de prescrição e decadência prevista no Código Civil, assinale a alternativa correta:

a) A interrupção da prescrição por um credor aproveita aos outros.
b) Os prazos de prescrição podem ser alterados por acordo das partes.
c) A prescrição iniciada contra uma pessoa continua a correr contra o seu sucessor.
d) É válida a renúncia à decadência fixada em lei.

104. (Ieses/TJ/RO/Cartórios/Remoção/2021) Não corre a prescrição:

I. Entre os cônjuges, na constância da sociedade conjugal.
II. Pendendo condição suspensiva.
III. Contra os ausentes do país em serviço público da União, dos Estados ou dos Municípios.
IV. Pendendo ação de evicção.

A sequência correta é:

a) As assertivas I, II, III e IV estão corretas.
b) Apenas as assertivas I, II e III estão corretas.
c) Apenas a assertiva II está incorreta.
d) Apenas as assertivas II e IV estão corretas.

105. (Ieses/TJ/RO/Cartórios/Remoção/2021) Segundo o § 3º do artigo 206 do Código Civil vigente, prescreve em 3 anos, exceto:

a) A pretensão dos profissionais liberais em geral, procuradores judiciais, curadores e professores pelos seus honorários, contado o prazo da conclusão dos serviços, da cessação dos respectivos contratos ou mandato.
b) A pretensão relativa a aluguéis de prédios urbanos ou rústicos.
c) A pretensão de reparação civil.
d) A pretensão de ressarcimento de enriquecimento sem causa.

106. (Consulplan/TJ/MS/Cartórios/Ingresso/2021) João e Manoel devem, solidariamente, R$ 500,00 (quinhentos reais) a Pedro. Imaginemos que, antes do pagamento da dívida, João, que possui 2 (dois) filhos maiores e capazes, venha a falecer. Suponhamos, ainda, que um dos seus herdeiros reconheça a dívida por meio da assinatura de um documento de confissão de dívida. Considerando a situação descrita, assinale a alternativa correta.

a) Com a assinatura do termo de confissão de dívida, a contagem do prazo prescricional se interrompe para o herdeiro que fez a assinatura da confissão, para o outro filho de João e para Manoel.
b) Com a assinatura do termo de confissão de dívida, a contagem do prazo prescricional se interrompe para o herdeiro que fez a assinatura da confissão e para o outro filho de João; mas, em relação a Manoel, a prescrição continua a correr normalmente.
c) Com a assinatura do termo de confissão de dívida, a contagem do prazo prescricional se interrompe para o herdeiro que fez a assinatura da confissão; mas, em relação ao outro herdeiro de João e a Manoel, a prescrição continua a correr normalmente.
d) A assinatura do termo de confissão de dívida não tem o condão de interromper, para nenhum dos personagens envolvidos na hipótese apresentada, a prescrição, de forma que ela continua a correr normalmente para ambos os filhos de João e para Manoel.

107. (Consulplan/TJ/MS/Cartórios/Remoção/2021) A decadência é instituto que, quando de sua ocorrência, fulmina o próprio direito, cuidando o Código Civil de contemplar previsões genéricas a seu respeito a partir do Art. 207 de referido diploma legal. Acerca da decadência, tem-se por oposta à previsão legal:

a) Após consumada, não se admite a renúncia à decadência.
b) À decadência convencional pode ser alegada qualquer grau de jurisdição.
c) Decorrendo de previsão legal à decadência, deve o Juiz conhecê-la de ofício.
d) À decadência aplica-se, a rigor, as regras que impedem, suspendem ou interrompem a prescrição.

108. (Vunesp/TJ/GO/Cartórios/Remoção/2021) O prazo de prescrição da pretensão de ressarcimento de danos sofridos pelos moradores de casas atingidas pela queda, em 1996, de aeronave pertencente à pessoa jurídica nacional e de direito privado prestadora de serviço de transporte aéreo é de:

a) 15 anos.
b) 5 anos.
c) 10 anos.
d) 20 anos.

109. (Consulplan/TJ/MG/Cartórios/Remoção/2019) Considerando os prazos prescricionais previstos no Código Civil, assinale a alternativa correta.

a) Prescreve em três anos a pretensão do vencedor para haver do vencido o que despendeu em juízo.
b) Prescreve em cinco anos a pretensão de restituição dos lucros ou dividendos recebidos de má-fé, correndo o prazo da data em que foi deliberada a distribuição.
c) Prescreve em um ano a pretensão para haver juros, dividendos ou quaisquer prestações acessórias, pagáveis, em períodos não maiores de um ano, com capitalização ou sem ela.
d) Prescreve em um ano a pretensão dos credores não pagos contra os sócios ou acionistas e os liquidantes, contado o prazo da publicação da ata de encerramento da liquidação da sociedade.

110. (Consulplan/TJ/MG/Cartórios/Ingresso/2019) Dentre as hipóteses declinadas a seguir, assinale aquela que corresponde a uma causa interruptiva da prescrição prevista no art. 202, do Código Civil.

a) A vigência da sociedade conjugal.
b) A incapacidade decorrente da hipótese prevista no art. 3º, do Código Civil.
c) O serviço militar das forças armadas dos que estiverem fora do país, em tempo de guerra.
d) A prática de ato inequívoco, ainda que extrajudicial, que importe reconhecimento do direito pelo devedor.

111. (Consulplan/TJ/MG/Cartórios/Ingresso/2019) Considerando os prazos prescricionais previstos no Código Civil, assinale a proposição correta dentre as destacadas a seguir.

a) É de cinco anos o prazo prescricional da pretensão relativa à tutela, a contar da data da aprovação das contas.
b) É de dois anos o prazo prescricional da pretensão para haver prestações alimentares, a partir da data em que se vencerem.
c) É de um ano o prazo prescricional da pretensão do beneficiário contra o segurador, e a do terceiro prejudicado, no caso de seguro de responsabilidade civil obrigatório.
d) É de três anos o prazo prescricional da pretensão contra os peritos, pela avaliação dos bens que entraram para a formação do capital de sociedade anônima, contado da publicação da ata da assembleia que aprovar o laudo.

112. (Ieses/TJ/SC/Cartórios/Remoção/2019) A respeito da prescrição:

I. Não corre a prescrição entre ascendentes e descendentes, durante o poder familiar.
II. Os prazos de prescrição podem ser alterados por acordo das partes.
III. A prescrição pode ser alegada somente até o segundo grau de jurisdição, pela parte a quem aproveita.
IV. A interrupção da prescrição, que somente poderá ocorrer uma vez, dar-se-á por despacho do juiz, mesmo incompetente, que ordenar a citação, se o interessado a promover no prazo e na forma da lei processual.

Assinale a alternativa que se refira às afirmativas corretas:

a) III e IV.
b) II e III.
c) I e II.
d) I e IV.

113. (UFPR/TJ/PR/Cartórios/Remoção/2019) Determinado advogado tinha por hábito celebrar contratos de honorários com seus clientes inserindo uma cláusula explicativa da inadimplência. Naquele instrumento, as partes (advogado e cliente) pactuavam que, caso o pagamento dos serviços de advogado fosse interrompidos ou houvesse o pagamento parcial, mesmo após findo os serviços, o patrono dos autos faria uma ação de execução, nos termos previstos pela legislação civil, aplicáveis aos profissionais liberais. Levando em consideração a situação acima relatada e os prazos de prescrição e decadência, assinale a alternativa correta.

a) Prescreve em quatro anos a pretensão dos profissionais liberais em geral, procuradores judiciais, curadores e professores pelos seus honorários, contado o prazo da conclusão dos serviços, da cessação dos respectivos contratos ou do mandato.
b) O advogado e seu cliente podem convencionar prazos prescricionais ainda que se tornem diversos daqueles prescritos pela lei.
c) Decai em cinco anos a pretensão dos profissionais liberais em geral, procuradores judiciais, curadores e professores pelos seus honorários, contado o prazo da conclusão dos serviços, da cessação dos respectivos contratos ou do mandato.
d) Prescreve em três anos a pretensão para a reparação civil, caso as partes venham a sofrer um dano decorrente de ato abusivo de direito ou de algum ilícito que se originou com a prestação de serviços de natureza advocatícia.
e) Se a decadência for convencional, a parte a quem aproveita pode alegá-la em qualquer grau de jurisdição, podendo o juiz suprir a alegação.

114. (Vunesp/TJ/RS/Cartórios/Remoção/2019) João, José e Joaquim são devedores solidários de Manuel. A dívida, em dinheiro, decorrente de instrumento particular, venceu em 09.02.2014. Manuel está fora do país, desde o início do ano de 2014, por ter assumido o cargo de diretor de uma empresa privada multinacional. Em 08.01.2019, temendo que a dívida prescrevesse, Manuel enviou uma notificação extrajudicial para todos os devedores, exigindo o pagamento da dívida. Joaquim, no dia 01.02.2019, enviou uma carta para Manuel, solicitando a dilação do prazo do pagamento, bem como o parcelamento da dívida em 5 parcelas. Em 25.03.2019, Manuel procurou um advogado, propondo executar a dívida. É correto afirmar que:

a) a prescrição não foi consumada para nenhum dos devedores, tendo em vista que a notificação extrajudicial suspendeu a prescrição para todos os devedores.
b) a prescrição foi consumada em relação a João e José, mas não em relação a Joaquim.
c) a prescrição está consumada em relação a todos os devedores.
d) a prescrição não está consumada, tendo em vista que ela está suspensa por estar o credor fora do Brasil.
e) a prescrição não foi consumada para nenhum dos devedores, tendo em vista que o ato de Joaquim ocasionou a interrupção da prescrição para si e para os demais devedores.

115. (Cespe/TJ/DFT/Cartórios/Ingresso/2019) A prescrição da pretensão de reparação de dano sofrido em decorrência de erro inescusável quando da lavratura de ato registral ocorre em:

a) um ano.
b) dois anos.
c) três anos.
d) cinco anos.
e) dez anos.

116. (UFPR/TJ/PR/Cartórios/Remoção/2019) Sobre a prescrição e decadência na Lei nº 10.406/2002, identifique como verdadeiras (V) ou falsas (F) as seguintes afirmativas:

I. Violada a pretensão, nasce para o titular o direito, o qual se extingue em prazos determinados pela lei civil.
II. A exceção prescreve no mesmo prazo em que a pretensão.
III. Não se renuncia a prescrição de forma tácita, devendo sempre ser expressa, por se tratar de renúncia de pretensão.
IV. A prescrição iniciada contra uma pessoa continua a correr contra o seu sucessor.

Assinale a alternativa que apresenta a sequência correta, de cima para baixo.

a) F, F, V, V.
b) V, V, V, V.
c) V, F, V, F.
d) F, V, F, V.
e) V, V, F, F.

117. (Ieses/TJ/CE/Cartórios/Ingresso/2018) Em relação à prescrição, assinale a correta:

a) a renúncia da prescrição pode ser expressa ou tácita, e só valerá, sendo feita, sem prejuízo de terceiro, antes que a prescrição se consumar.
b) a renúncia da prescrição pode ser expressa ou tácita, e só valerá, sendo feita, sem prejuízo de terceiro, depois que a prescrição se consumar.
c) a renúncia da prescrição somente pode ser expressa, e só valerá, sendo feita, sem prejuízo de terceiro, depois que a prescrição se consumar.
d) a renúncia da prescrição somente pode ser expressa, e só valerá, sendo feita, sem prejuízo de terceiro, antes que a prescrição se consumar.

118. (Vunesp/TJ/SP/Cartórios/Ingresso/2018) É causa impeditiva da prescrição:

a) o início ou continuação do cumprimento da pena.
b) a reincidência.
c) o recebimento da denúncia ou da queixa.
d) o cumprimento da pena, pelo agente, no estrangeiro.

119. (Consulplan/TJ/MG/Cartórios/Remoção/2017) Prescreve em 03 (três) anos, exceto:

a) a pretensão de haver prestações alimentares, a partir da data em que vencer cada uma delas.
b) a pretensão de reparação civil.
c) a pretensão de ressarcimento de enriquecimento sem causa.
d) a pretensão relativa a aluguéis de prédios urbanos e rústicos.

120. (Ieses/TJ/RO/Cartórios/Ingresso/2017) Em relação à prescrição e decadência, responda de acordo com o Código Civil:

I. a interrupção da prescrição e da decadência pode ocorrer mais de uma vez no curso do prazo.
II. a interrupção do prazo prescricional por um dos credores solidários aproveita aos outros.
III. a interrupção da prescrição produzida contra o principal devedor não prejudica o fiador.

Assinale a alternativa correta:

a) apenas as assertivas I e III são verdadeiras.
b) apenas as assertivas I e II são verdadeiras.
c) apenas a assertiva II é verdadeira.
d) todas as assertivas são verdadeiras.

121. (Ieses/TJ/RO/Cartórios/Remoção/2017) De acordo com as disposições gerais do capítulo do Código civil que trata da prescrição é correto afirmar exceto:

a) a prescrição iniciada contra uma pessoa continua a correr contra o seu sucessor.
b) a renúncia da prescrição pode ser expressa ou tácita, e só valerá, sendo feita, sem prejuízo de terceiro, depois que a prescrição se consumar; tácita é a renúncia quando se presume de fatos do interessado, incompatíveis com a prescrição.
c) os prazos de prescrição podem ser alterados por acordo das partes.

d) a prescrição pode ser alegada em qualquer grau de jurisdição, pela parte a quem aproveita.

122. (Cetro/TJ/RJ/Cartórios/Remoção/2017) De acordo com o que dispõe o Código Civil e o entendimento jurisprudencial do STJ acerca do instituto da prescrição, assinale a alternativa correta:

a) a pretensão condenatória decorrente de declaração de nulidade de cláusula de reajuste em contrato de plano ou de seguro de assistência à saúde é de 5 (cinco) anos.
b) o prazo prescricional para condomínio cobrar dívida líquida constante de instrumento público ou particular é de 5 (cinco) anos, a contar do dia seguinte ao vencimento da prestação.
c) é de 5 (cinco) anos o prazo prescricional para repetição de indébito de contrato de Cédula de Crédito Rural, conforme entendimento do STJ.
d) o prazo para ajuizamento de ação monitória em face de emitente de nota promissória com ou sem força executiva é de 3 (três) anos, a contar do dia seguinte ao vencimento do título.
e) em havendo instrumento de confissão de dívida, o prazo prescricional envolvido é de 3 (três) anos.

3.4. Da Prova

SÚMULAS

STF Súm. 259. Para produzir efeito em juízo não é necessária a inscrição, no registro público, de documentos de procedência estrangeira, autenticados por via consular.

STF Súm. 261. Para a ação de indenização, em caso de avaria, é dispensável que a vistoria se faça judicialmente.

QUESTÕES OBJETIVAS

123. (Cespe/TJ/DFT/Cartórios/Remoção/2019) Conforme as disposições sobre provas constantes no Código Civil, o instrumento particular assinado por quem esteja em livre disposição e administração de seus próprios bens:

a) não prova obrigações convencionais; logo, não ocorrem efeitos em relação a terceiros.
b) prova obrigações convencionais e é condição suficiente para a ocorrência de efeitos em relação a terceiros.
c) prova obrigações convencionais, mas eventuais efeitos em relação a terceiros ocorrerão somente após registro em registro público.
d) não prova obrigações convencionais, pois tal efeito depende da efetivação do assento em registro público.
e) prova obrigações convencionais, mas essa prova não pode ser suprida por outra de caráter legal.

4. DO DIREITO DAS OBRIGAÇÕES

TOP 5: 4º LUGAR ENTRE OS MAIORES AGREGADOS DE QUESTÕES DO LIVRO!

4.1. Das Modalidades

INFORMATIVOS

STJ Litisconsortes vencidos na demanda. Sentença que não distribuiu, de forma expressa, a responsabilidade proporcional das verbas de sucumbência. Reconhecimento da solidariedade. Art. 87, §§ 1º e 2º, do CPC. Benefício da justiça gratuita concedida a dois dos três litisconsortes. Irrelevância. Reconhecida a solidariedade na condenação da verba honorária sucumbencial, aplica-se a norma do art. 275 do CC, que permite ao credor exigir de um ou de alguns dos devedores, parcial ou totalmente, a dívida comum, mesmo que algum dos vencidos goze da gratuidade judiciária e o outro não. *REsp 2005691, 3ª T, 29.9.2022. Inf 751.*

QUESTÕES DISCURSIVAS

7. (Cespe/TJ/DFT/Cartórios/Ingresso/2019) Redija um texto dissertativo acerca da teoria geral das obrigações, na perspectiva do direito civil-constitucional. Em seu texto, aborde os seguintes aspectos: (i) os elementos estruturais das obrigações civis; (ii) a teoria monista e a dualista acerca do vínculo jurídico existente nas obrigações civis; (iii) a aplicação da boa-fé objetiva na relação obrigacional, com ênfase nos seus efeitos limitadores em pelo menos dois institutos existentes na teoria do adimplemento; (iv) o pagamento de obrigação realizado por terceiros e a relação dessa prática com a legitimidade para a consignação em pagamento e com a ocorrência da sub-rogação legal; (v) os efeitos do inadimplemento culposo da obrigação, com enfoque na possibilidade de cumulação de cláusula penal e arras, de acordo com o entendimento do Superior Tribunal de Justiça.

QUESTÕES OBJETIVAS

124. (Ieses/TJ/TO/Cartórios/Ingresso/2022) Em relação à obrigação de dar coisa certa, assinale que corresponde às regras gerais previstas no Código Civil sobre o assunto:

a) Até a tradição pertence ao devedor a coisa, com os seus melhoramentos e acrescidos, pelos quais poderá exigir do credor aumento no preço.
b) Na obrigação de dar coisa certa, caso a coisa se deteriore antes da tradição sem culpa do devedor, o credor é obrigado a aceitar a coisa no estado em que se encontra, abatendo do seu preço o valor que perdeu.
c) Os frutos percebidos pela coisa antes da tradição são do devedor, bem como os frutos pendentes.
d) Na obrigação de dar coisa certa, caso a coisa se perder sem culpa do devedor antes da tradição, o devedor responderá apenas por perdas e danos.

125. (Ieses/TJ/RO/Cartórios/Remoção/2021) Conforme dispõe a norma civilista brasileira a respeito das obrigações alternativas, é correto afirmar:

I. No caso de pluralidade de optantes, não havendo acordo unânime entre eles, decidirá o juiz, findo o prazo por este assinado para a deliberação.
II. Pode o devedor obrigar o credor a receber parte em uma prestação e parte em outra.
III. A escolha cabe ao devedor, se outra coisa não se estipulou.
IV. Quando a obrigação for de prestações periódicas, a faculdade de opção poderá ser exercida em cada período.

A sequência correta é:

a) Apenas as assertivas II e IV estão corretas.
b) Apenas a assertiva II está incorreta.
c) Apenas as assertivas I, II e III estão corretas.
d) As assertivas I, II, III e IV estão corretas.

126. (Consulplan/TJ/MG/Cartórios/Remoção/2019) Sobre as obrigações solidárias, é correto afirmar que:

a) Nos casos de solidariedade no polo ativo da relação obrigacional, o devedor pode opor aos demais credores a exceção pessoal que tiver contra um deles.
b) Se a prestação restar impossível por culpa de um dos coobrigados solidários, subsistirá para todos o encargo de pagar o equivalente, inclusive as perdas e danos.
c) O herdeiro do credor solidário tem o direito de exigir a receber somente o correspondente ao seu quinhão hereditário, salvante a hipótese de obrigação indivisível.

d) Tanto na hipótese de julgamento favorável quanto no julgamento contrário a um dos credores solidários, os demais credores são alcançados pelos efeitos da decisão.

127. (Consulplan/TJ/MG/Cartórios/Ingresso/2019) Assinale as afirmativas sobre obrigações de dar coisa certa ou incerta e assinale aquela que espelha a hipótese correta.

a) Se o bem, objeto da obrigação de dar coisa certa se deteriorar, sem culpa do devedor, ficar-lhe-á assegurada a faculdade de resolver a obrigação.
b) Nas obrigações de dar coisa determinada pelo gênero e pela quantidade, a escolha pertence ao credor, se o contrário não resultar do título da obrigação.
c) Na obrigação de restituir coisa certa, a deterioração do bem sem culpa do devedor impõe ao credor o seu recebimento no estado em que se encontre, mas o credor tem direito à indenização por perdas e danos.
d) Nas obrigações de restituir coisa certa, o credor sofrerá a perda do bem que ocorrer antes da tradição sem culpa do devedor, com o que a obrigação ficará resolvida, ressalvados os direitos do credor até o dia da perda.

128. (UFPR/TJ/PR/Cartórios/Ingresso/2019) Jocevaldo celebra contrato de compra e venda de um automóvel com Quitéria. Quitéria é a compradora e faz depósito bancário da quantia integral do bem em favor de Jocevaldo, que combina com ela a entrega do bem em 15 dias depois de efetivada a operação bancária. Todavia, o automóvel sofreu deterioração antes da entrega por Jocevaldo. Com relação ao assunto, identifique como verdadeiras (V) ou falsas (F) as seguintes afirmativas:

I. Não sendo o devedor o culpado pela deterioração, poderá o credor resolver a obrigação, ou aceitar a coisa, abatido de seu preço o valor que perdeu.
II. Sendo culpado o devedor pela deterioração, poderá o credor exigir o equivalente, ou aceitar a coisa no estado em que se acha, com direito a reclamar, em um ou em outro caso, indenização das perdas e danos.
III. O credor fica obrigado a aceitar o bem no estado em que ele se encontra, ainda que culpado o devedor.
IV. Independentemente de culpa, o devedor deve indenizar o credor.

Assinale a alternativa que apresenta a sequência correta, de cima para baixo.

a) V, V, F, F.
b) V, F, V, F.
c) F, V, F, V.
d) V, F, V, V.
e) F, V, V, F.

129. (Ieses/TJ/AM/Cartórios/Remoção/2018) Conforme preconiza o Código Civil brasileiro, no que se refere a obrigações solidárias, é correto afirmar:

I. há solidariedade, quando na mesma obrigação concorre mais de um credor, ou mais de um devedor, cada um com direito, ou obrigado, à dívida toda.
II. importará renúncia da solidariedade à propositura de ação pelo credor contra um ou alguns dos devedores.
III. cada um dos credores solidários tem direito a exigir do devedor o cumprimento da prestação por inteiro.
IV. o credor não pode renunciar à solidariedade em favor de um, de alguns ou de todos os devedores.

A sequência correta é:

a) apenas as assertivas II e IV estão incorretas.
b) apenas as assertivas I e II estão corretas.
c) apenas a assertiva IV está correta.
d) as assertivas I, II, III e IV estão corretas.

130. (Consulplan/TJ/MG/Cartórios/Remoção/2017) As obrigações solidárias, não podem:

a) ser solidárias ativas.
b) ser solidárias passivas.
c) ser presumidas.
d) ser renunciadas.

4.2. Da Transmissão

QUESTÕES OBJETIVAS

131. (FGV/TJ/SC/Cartórios/Ingresso/2021) Bianca pretende adquirir imóvel que pertence a Carla, mas que está gravado com hipoteca que garante crédito de Daniel contra a proprietária. Diante disso, Bianca faz acordo com Carla para, na compra e venda, pagar preço inferior ao valor de mercado do imóvel, mas, ao mesmo tempo, assumir a dívida de Carla perante Daniel, que é garantida pelo bem. Em seguida, elas notificam Daniel acerca da venda do imóvel com a assunção da dívida. Nesse caso, a assunção da dívida por Bianca:

a) só ocorrerá se Daniel aceitar expressamente a substituição da devedora.
b) ocorrerá se Daniel não impugnar em trinta dias a transferência do débito.
c) ocorrerá independentemente da concordância de Daniel, por se tratar de acessório do imóvel.
d) não ocorrerá, pois não é possível a transmissão de débitos garantidos por hipoteca.
e) não ocorrerá, pois o acordo entre Bianca e Carla não é válido.

132. (Consulplan/TJ/MG/Cartórios/Remoção/2019) Dentre as hipóteses descritas a seguir, assinale aquela que encerra espécie de sub-rogação convencional.

a) Do credor que paga a dívida do devedor comum.
b) Do terceiro interessado que paga a dívida pela qual era ou podia ser obrigado, no todo ou em parte.
c) Do adquirente do imóvel hipotecado, que paga ao credor hipotecário, bem como do terceiro que efetiva o pagamento para não ser privado do direito sobre o imóvel.
d) Quando terceira pessoa empresta ao devedor a quantia precisa para solver a dívida, sob condição expressa de ficar o mutuante sub-rogado nos direitos do credor satisfeito.

133. (Ieses/TJ/AM/Cartórios/Ingresso/2018) Sobre a transmissão das obrigações, assinale a correta:

a) na cessão de crédito, o cedente não responde pela solvência do devedor, salvo estipulação em contrário.
b) na cessão de crédito não se abrangem os seus acessórios, salvo disposição em contrário.
c) na assunção de dívida, o novo devedor pode opor ao credor as exceções pessoais que competiam ao devedor primitivo.
d) o cessionário somente poderá exercer os atos conservatórios do direito após o conhecimento da cessão de crédito pelo devedor.

4.3. Do Adimplemento e Extinção

QUESTÕES OBJETIVAS

134. (Ieses/TJ/TO/Cartórios/Remoção/2022) No tocante ao tema adimplemento e extinção das obrigações, é correto afirmar, exceto:

a) O pagamento feito por terceiro, com desconhecimento ou oposição do devedor, não obriga a reembolsar aquele que pagou, se o devedor tinha meios para ilidir a ação.
b) Qualquer interessado na extinção da dívida pode pagá-la, usando, se o credor se opuser, dos meios conducentes à exoneração do devedor.
c) Só terá eficácia o pagamento que importar transmissão da propriedade, quando feito por quem possa alienar o objeto em que ele consistiu.
d) O terceiro não interessado, que paga a dívida em seu próprio nome, tem direito a reembolsar-se do que pagar, sub-rogando-se nos direitos do credor.

135. (Vunesp/TJ/SP/Cartórios/Ingresso/2022) Sobre a disciplina do pagamento, assinale a alternativa correta.

a) quanto ao seu local, a regra é que o pagamento se efetive no domicílio do credor (dívida "portable").
b) mesmo no caso de falência do devedor, não pode o credor cobrar a dívida antes de vencido o prazo estipulado no contrato para o pagamento.
c) o pagamento deve ser feito ao credor ou a quem de direito o represente, sob pena de só valer depois de por ele ratificado, ou tanto quanto reverter em seu proveito.
d) o credor é obrigado a receber prestação diversa da que lhe é devida, não podendo recusá-la se mais valiosa.

136. (Ieses/TJ/RO/Cartórios/Ingresso/2021) Em relação ao adimplemento das obrigações, assinale a alternativa correta:

a) Efetuar-se-á o pagamento no domicílio do credor, salvo se as partes convencionarem diversamente, ou se o contrário resultar da lei, da natureza da obrigação ou das circunstâncias.
b) É lícito convencionar o aumento progressivo de prestações sucessivas.
c) Se a obrigação tem por objeto prestação divisível, o devedor pode ser obrigado a pagar por partes, independente de ajuste prévio entre as partes.
d) O pagamento feito por terceiro obriga a reembolsar aquele que pagou, ainda que o devedor tenha meios para ilidir a ação e se oponha ao pagamento.

137. (Consulplan/TJ/MS/Cartórios/Ingresso/2021) Ariel compra o carro de Plínio após amplo período de tratativas. Plínio, após receber o dinheiro e antes de entregar o carro adquirido à Ariel, vem a ser assaltado numa famosa via da cidade em que residem. Por ocasião da violência sofrida, o automóvel é roubado. Considerando a situação descrita, é correto afirmar que, como não houve a perda do veículo por culpa de Plínio, ocorrerá:

a) Simples resolução da obrigação, não cabendo a devolução de valores.
b) Resolução da obrigação, cabendo a restituição do preço recebido sem correção monetária.
c) Resolução da obrigação, cabendo a restituição do preço recebido mais correção monetária.
d) Resolução da obrigação, cabendo a restituição do preço recebido mais perdas e danos que Ariel consiga demonstrar ter sofrido por força do não recebimento do automóvel.

138. (Consulplan/TJ/MS/Cartórios/Ingresso/2021) Íris vende uma geladeira para sua melhor amiga, Salete. A entrega fica agendada para a segunda-feira subsequente à celebração do contrato de compra e venda entre Íris e Salete, às 10 h. No dia e hora combinados, Íris tenta fazer a entrega da geladeira para Salete, mas, sem justo motivo, Salete não estava no endereço combinado para entrega a fim de receber a geladeira. Íris, então, retorna com a geladeira para a loja onde ela estava guardada e, no mesmo dia, na parte da noite, um incêndio destrói todo o espaço e os itens que lá se encontravam. Diante dessa situação, é correto afirmar que:

a) Salete nada terá direito a receber de Íris, arcando, sozinha, com os prejuízos ocorridos.
b) Íris terá que indenizar Salete, entregando-lhe quantia equivalente ao valor da geladeira, mais perdas e danos.
c) Íris terá que indenizar Salete, entregando-lhe quantia equivalente ao valor da geladeira ou uma geladeira nova, similar a que pereceu.
d) Salete e Íris terão que repartir o prejuízo ocorrido, calculado de forma proporcional ao preço que havia sido estipulado pela venda da geladeira.

139. (Consulplan/TJ/MG/Cartórios/Ingresso/2019) Tendo em vista os preceitos do Código Civil a respeito da novação, assinale a alternativa correta.

a) É imprescindível o consentimento do devedor nas hipóteses de novação que tenham por fim a sua substituição.
b) Não podem ser objeto de novação as obrigações anuláveis, tal como ocorre com as obrigações nulas e as extintas.
c) A novação feita sem o consenso do fiador com o devedor principal importa exoneração daquele que prestou a garantia fidejussória.
d) Se em consequência da novação o credor vê a expectativa de receber o seu crédito debalde porque o novo devedor tornou-se insolvente, o credor frustrado terá ação regressiva contra o devedor primitivo, ainda que de boa-fé esse último.

140. (Consulplan/TJ/MG/Cartórios/Remoção/2019) Assinale a alternativa correta relativa ao pagamento.

a) As despesas com o pagamento e a quitação presumem-se a cargo do credor.
b) O pagamento feito ao credor incapaz de quitar é válido, ainda que ciente o devedor da incapacidade, desde que fique provado que o pagamento reverteu em benefício do credor.
c) O pai que não fez parte da relação jurídica obrigacional na qual o filho figurou como devedor pode, em nome próprio, saldar o débito do filho, sub-rogando-se nos direitos do credor.
d) Considere que Mévio deu em pagamento a Glaucius por dívida regular, vencida e preexistente, duas sacas de café que o credor de boa-fé consumiu. Posteriormente descobriu-se que as sacas de café foram alienadas a "non domino", por isso que pertencentes a Adriano. Nesse caso, Adriano poderá cobrar as duas sacas de café de Glaucius.

141. (Consulplan/TJ/MG/Cartórios/Remoção/2018) Quitação – no contrato de compra e venda de imóvel, mediante pagamento do preço a prazo – é:

a) a forma pela qual o devedor paga o preço, por exemplo, mediante emissão de TED – Transferência Eletrônica Disponível.
b) o próprio adimplemento de uma obrigação: ou pelo comprador, de pagar o preço, ou pelo vendedor, de transferir a propriedade do imóvel.

c) a declaração firmada por uma parte de que recebeu a prestação da outra, por exemplo: do vendedor de que recebeu o pagamento do preço devido pelo comprador.

d) o pagamento das parcelas do preço da compra e venda devidas pelo comprador ao vendedor, e pode ser integral (ato de pagar todo o preço devido) ou parcial (ato de pagar parte do preço devido).

142. (Ieses/TJ/AM/Cartórios/Remoção/2018) Quando duas pessoas forem ao mesmo tempo credoras e devedoras uma da outra, as duas obrigações extinguem-se, até onde se igualarem. A este instituto do direito civil damos o nome de:

a) imputação do pagamento.
b) novação.
c) dação em pagamento.
d) compensação.

143. (Vunesp/TJ/SP/Cartórios/Ingresso/2018) O ato da criação de uma obrigação com a finalidade de extinguir uma obrigação antiga encerra:

a) novação.
b) transação.
c) imputação em pagamento.
d) compensação.

144. (Consulplan/TJ/MG/Cartórios/Ingresso/2017) José deve a João a importância de R$100,00 (cem reais). Pedro, pai de José, procura João e paga o referido débito. Considerando que todos são maiores e capazes, marque a alternativa correta:

a) José continua devedor de João, pois Pedro é terceiro não interessado.
b) João não poderia receber o pagamento de Pedro.
c) José não é mais devedor de João.
d) Pedro, como terceiro não interessado, não poderia pagar a dívida.

4.4. Do Inadimplemento

SÚMULAS

1) Da Mora na Alienação Fiduciária

STJ **Súm. 72.** A comprovação da mora é imprescindível à busca e apreensão do bem alienado fiduciariamente.

STJ **Súm. 245.** A notificação destinada a comprovar a mora nas dívidas garantidas por alienação fiduciária dispensa a indicação do valor do débito.

2) Correção Monetária

STJ **Súm. 43.** Incide correção monetária sobre dívida por ato ilícito a partir da data do efetivo prejuízo.

STJ **Súm. 362.** A correção monetária do valor da indenização do dano moral incide desde a data do arbitramento.

3) Juros Moratórios

STF **Súm. 163.** Salvo contra a Fazenda Pública, sendo a obrigação ilíquida, contam-se os juros moratórios desde a citação inicial para a ação.

STF **Súm. 254.** Incluem-se os juros moratórios na liquidação, embora omisso o pedido inicial ou a condenação.

STF **Súm. 412.** No compromisso de compra e venda com cláusula de arrependimento, a devolução do sinal, por quem o deu, ou a sua restituição em dobro, por quem o recebeu, exclui indenização maior a título de perdas e danos, salvo os juros moratórios e os encargos do processo.

STJ **Súm. 54.** Os juros moratórios fluem a partir do evento danoso, em caso de responsabilidade extracontratual.

STJ **Súm. 379.** Nos contratos bancários não regidos por legislação específica, os juros moratórios poderão ser convencionados até o limite de 1% ao mês.

4) Temas Esparsos

STJ **Súm. 76.** A falta de registro do compromisso de compra e venda de imóvel não dispensa a prévia interpelação para constituir em mora o devedor.

STJ **Súm. 380.** A simples propositura da ação de revisão de contrato não inibe a caracterização da mora do autor.

QUESTÕES OBJETIVAS

145. (Consulplan/TJ/MS/Cartórios/Ingresso/2021) Elias pactuou com Julieta a compra do carro dela. O valor total do veículo é R$ 30.000,00 (trinta mil reais). Elias entregou, como sinal confirmatório da transação a quantia de R$ 5.000,00 (cinco mil reais). Ocorre que, 2 (dois) dias antes de fazer a entrega do veículo a Elias, Julieta bate com o carro, por ato de negligência. Diante do caso apresentado, é correto afirmar que:

a) A única obrigação que pode ser imputada a Julieta é a devolução da quantia dada como sinal por Elias acrescida de juros.
b) A única obrigação que pode ser imputada a Julieta é a devolução do dobro da quantia dada como sinal por Elias (R$ 5.000,00) sem incidência de juros.
c) Elias só poderá pleitear indenização complementar, caso decida abrir mão do recebimento do dobro do valor dado como arras corrigido e acrescido de juros.
d) Elias poderá pleitear indenização suplementar, se demonstrar que a restituição das arras em dobro, corrigidas e acrescidas de juros, não é suficiente para ressarcir-lhe os prejuízos.

146. (Cespe/TJ/DFT/Cartórios/Ingresso/2019) Em ação de busca e apreensão, notificação extrajudicial foi enviada e entregue no domicílio do devedor por intermédio de cartório de títulos e documentos. À luz do entendimento jurisprudencial firmado pelo STJ, essa notificação:

a) não é válida para fins de comprovação da mora.
b) não é válida, pois seria necessária a comunicação pessoal do devedor para surtir efeitos jurídicos.
c) é válida para fins de comprovação da mora.
d) não é válida, pois configura omissão de prestação jurisdicional.
e) é válida, desde que seja recebida pessoalmente pelo devedor.

147. (Vunesp/TJ/AL/Cartórios/Ingresso/2019) "A" contratou "B" para cantar em sua festa de casamento. "B" não compareceu à comemoração do casamento na data estipulada. A hipótese é de:

a) inadimplemento relativo.
b) inadimplemento absoluto.
c) mora.
d) inadimplemento antecipado.

148. (Vunesp/TJ/RS/Cartórios/Remoção/2019) A respeito da cláusula penal e as arras, assinale a alternativa correta.

a) Sempre que o prejuízo exceder ao previsto na cláusula penal, pode o credor exigir indenização suplementar.
b) Se o contrato previu arras penitenciais, não haverá direito a indenização complementar.
c) A parte inocente não pode pedir indenização complementar às arras confirmatórias.
d) O valor da cominação imposta na cláusula penal pode exceder o da obrigação principal.
e) Para exigir a pena convencional, é necessário que o credor alegue prejuízo.

149. (UFPR/TJ/PR/Cartórios/Remoção/2019) As arras negociais são típicas entre as relações travadas no circuito econômico. Pelo seu uso, as arras representam uma garantia às partes, a fim de providenciar certa estabilidade nos negócios jurídicos celebrados, vez que elas se ligam aos comportamentos pessoais dos sujeitos, ainda que possam envolver algum bem móvel dado em funcionalidade econômica. Com base no exposto, assinale a alternativa correta.

a) Se, por ocasião da conclusão do contrato, uma parte der à outra, a título de arras, dinheiro ou outro bem móvel, deverão as arras, em caso de execução, ser restituídas ou computadas na prestação devida, ainda que de gênero diverso da principal.
b) Se a parte que deu as arras não executar o contrato, poderá a outra tê-lo por desfeito, retendo-as; se a inexecução for de quem ofertou as arras, poderá quem as recebeu haver o contrato por desfeito e exigir sua devolução mais o equivalente, com atualização monetária segundo índices oficiais regularmente estabelecidos, juros e honorários de advogado.
c) A parte inocente pode pedir indenização suplementar, se provar maior prejuízo, valendo as arras como taxa mínima, podendo a parte inocente exigir a execução do contrato, com as perdas e danos, valendo as arras como o mínimo da indenização.
d) Se no contrato não for estipulado o direito de arrependimento para qualquer das partes, as arras ou sinal terão função unicamente indenizatória.
e) Não existem arras indenizatórias em contratos comutativos.

150. (Ieses/TJ/CE/Cartórios/Ingresso/2018) Em relação a clausula penal, assinale a correta:

a) não é possível instituir cláusula penal em ato posterior ao da obrigação.
b) a clausula penal instituída em ato posterior à obrigação não pode referir-se à simplesmente à mora, mas pode referir-se inexecução completa.
c) a clausula penal instituída em ato posterior à obrigação pode referir-se à inexecução completa, ou simplesmente à mora.
d) a clausula penal instituída em ato posterior à obrigação não pode referir-se à inexecução completa, mas pode referir-se simplesmente à mora.

151. (Vunesp/TJ/SP/Cartórios/Ingresso/2018) Com relação à mora, é correto afirmar:

a) havendo retardo no cumprimento da obrigação, sempre estará caracterizada a mora.
b) o cumprimento integral e tempestivo da obrigação pode configurar mora na hipótese de o devedor, culposamente, cumprir a obrigação fora do lugar ou de forma diversa do estabelecido.
c) por regra de boa-fé objetiva, a purgação da mora sempre é possível, ainda que a prestação seja inútil ao credor.
d) o instituto da mora não se aplica ao credor.

152. (Consulplan/TJ/MG/Cartórios/Remoção/2017) João Silva contratou com a Construtora Alfa a promessa de compra e venda de um imóvel, na planta, pelo valor de R$ 350.000,00, sendo paga a entrada de R$ 50.000,00 e mais 30 parcelas mensais R$ 10.000,00. O imóvel deveria ser entregue em 30 meses, após assinatura do contrato, sem nenhum prazo de carência. Convencionou-se, ainda, que, em caso de atraso na entrega do imóvel, a construtora pagaria uma pena/multa mensal de 0,5% (meio por cento) do valor do contrato até que se efetivasse a entrega das chaves. O promitente comprador pagou todas as parcelas nas respectivas datas de vencimento. No entanto, vencido o prazo, a construtora não entregou o imóvel, deixando o comprador sem a sonhada moradia. Então, João Silva, após notificar a construtora, e, sem resposta, ingressou em juízo com ação pedindo lucros cessantes em valor de aluguel de 1% do valor do contrato e mais perdas e danos. Neste caso, é correto afirmar que:

a) os pedidos de lucros cessantes e perdas e danos podem ser acolhidos, já que a pena convencional contratada não suprime outros direitos do comprador lesado.
b) o comprador lesado tem direito não só às parcelas de lucros cessantes e perdas e danos, mas também à pena convencional, de forma cumulada, vez que a reparação deve ser da forma mais ampla possível em favor da parte inocente.
c) não tem direito às parcelas reclamadas, já que houve antes entre as partes o arbitramento prévio e expresso de pena convencional para o caso de mora da construtora.
d) o comprador lesado não tem direito às parcelas reclamadas de perdas e danos e lucros cessantes, mas tem direito de pedir que a pena convencional lhe seja paga em dobro, porque se trata de relação de consumo e notificou a parte ré, constituindo esta em mora.

153. (Consulplan/TJ/MG/Cartórios/Ingresso/2017) José da Silva firmou contrato de promessa de compra e venda de imóvel na planta com a construtora Alfa, onde seria edificado um prédio de 10 andares, com 20 unidades de apartamentos. Foi fixado valor total do imóvel em R$ 200.000,00, com pagamento de entrada R$ 10.000,00 e o saldo devedor em 36 parcelas iguais e mensais e previsto para 3 anos a entrega da posse do imóvel ao promitente comprador, após aquela contratação. Não havia no contrato cláusula sobre desistência ou arrependimento. Dezoito meses após assinar o contrato, por questão de foro íntimo, José da Silva notificou a construtora, dizendo que estava desistindo da compra e venda e pediu a devolução do que já havia pago, ressalvando que concordava em pagar uma multa de 10% sobre o valor contratado pela rescisão de sua iniciativa. A construtora o contranotificou, dizendo que o contrato não tinha cláusula prévia de desistência, portanto não concordava com aquele ato, e frisou que já havia feito muitos investimentos, e que a saída de um comprador desequilibraria o seu orçamento, e isso ainda prejudicaria outros compradores, portanto era ato que não cabia retratação, sob pena de insegurança jurídica e prejuízo à parte inocente. Diante dessa situação, é correto afirmar:

a) a desistência não pode prevalecer, porque as partes não contrataram cláusula expressa nesse sentido, e a forma de agir do promitente comprador gera insegurança jurídica, podendo ele apenas transferir os direitos do contrato para outro interessado, nas mesmas condições, para não prejudicar o promitente vendedor.
b) não pode no caso prevalecer a desistência, porque ela colide com o princípio do "pacta sunt servenda", não há um motivo razoável para o ato, e fere de boa-fé objetiva, sendo que a parte contrária nada concorreu para o evento.
c) a desistência do negócio é um direito potestativo do promitente comprador, que não depende de concordância da parte contrária, arcando apenas o desistente com as consequências de seu ato, como multa ou outros encargos.
d) se não foi contratado o direito de desistência do negócio jurídico, e já transcorrido longo período, no caso 18 meses, não cabe denúncia do contrato, até porque ainda que seja evento em relação de consumo, não se trata de venda de fornecimento de produtos e serviços ocorrida fora do estabelecimento comercial, especialmente por telefone ou a domicílio.

4.5. Dos Contratos em Geral

SÚMULAS

STF Súm. 335. É válida a cláusula de eleição do foro para os processos oriundos do contrato.

STJ Súm. 181. É admissível ação declaratória, visando a obter certeza quanto à exata interpretação de cláusula contratual.

STJ Súm. 286. A renegociação de contrato bancário ou a confissão da dívida não impede a possibilidade de discussão sobre eventuais ilegalidades dos contratos anteriores.

INFORMATIVOS

STJ Contrato paritário. Cláusula expressa afastando a cobrança ou indenização em caso de ruptura antecipada. Equilíbrio econômico. Autonomia privada. Legislação específica. Boa-fé. Função social do contrato. Expectativa das partes. Cláusula abusiva. Não demonstrada. A cláusula que desobriga uma das partes a remunerar a outra por serviços prestados na hipótese de rescisão contratual não viola a boa-fé e a função social do contrato quando presente equilíbrio entre as partes contratantes no momento da estipulação. *REsp 1799039, 3ª T, 7.10.2022. Inf 754.*

QUESTÕES DISCURSIVAS

8. (Ieses/TJ/RO/Cartórios/2021) A empresa X firmou um contrato de financiamento com uma instituição financeira, para a aquisição de um equipamento industrial. O contrato foi firmado mediante a utilização de assinatura eletrônica digital por ambas as partes, sem a presença de testemunhas. Após o atraso no pagamento de algumas parcelas, a instituição financeira iniciou a execução judicial embasada no contrato assinado. A empresa X, em sua defesa, alega exclusivamente que o mencionado contrato não poderia ser considerado um título executivo extrajudicial, uma vez que se trata de "contrato eletrônico" e não há a assinatura de testemunhas. Considerando o contexto apresentado e que as mencionadas assinaturas eletrônicas foram realizadas por meio dos protocolos de certificação chancelado pela autoridade da Infraestrutura de Chaves Públicas Brasileira (ICP-Brasil), responda, em um único texto, aos seguintes questionamentos: a) Quais os requisitos legais objetivos para a validade de um negócio jurídico desta espécie, com base na teoria geral dos contratos? Estes requisitos estão presentes no presente caso? b) Nos termos do entendimento mais recente do Superior Tribunal de Justiça, o contrato assinado eletronicamente e sem testemunhas pode ser considerado como válido para fins de exigibilidade de suas obrigações e execução? Quais os requisitos para esta análise?

9. (Consulplan/TJ/MG/Cartórios/Ingresso/2014) O Código Civil brasileiro consagra em seus artigos 436/438 a "Estipulação em Favor de Terceiro". Responda qual a natureza jurídica desse ato negocial e quais são seus requisitos: subjetivo e objetivo.

QUESTÕES OBJETIVAS

154. (Ieses/TJ/TO/Cartórios/Remoção/2022) A respeito do instituto da evicção e seus efeitos, é correto afirmar:

I. Nos contratos onerosos, o alienante responde pela evicção. Subsiste esta garantia ainda que a aquisição se tenha realizado em hasta pública.
II. As benfeitorias necessárias ou úteis, não abonadas ao que sofreu a evicção, serão pagas pelo alienante.
III. Não pode o adquirente demandar pela evicção, se sabia que a coisa era alheia ou litigiosa.
IV. Não podem as partes, por cláusula expressa, reforçar, diminuir ou excluir a responsabilidade pela evicção.

A sequência correta é:

a) Apenas a assertiva II está incorreta.
b) As assertivas I, II, III e IV estão corretas.
c) Apenas as assertivas II e IV estão corretas.
d) Apenas as assertivas I, II e III estão corretas.

155. (Vunesp/TJ/SP/Cartórios/Ingresso/2022) Sobre os contratos em geral, assinale a alternativa correta.

a) Não tem o evicto direito de receber o preço que pagou pela coisa evicta, mesmo não sabendo do risco da evicção, se houver cláusula que exclui a garantia contra a evicção.
b) No caso de vício redibitório, o adquirente decai do direito de obter a redibição ou abatimento no preço, no prazo de trinta dias, se a coisa for móvel, e de um ano se for imóvel, contado da entrega efetiva; se já estava na posse, o prazo conta-se a partir da alienação, reduzido a um terço.
c) No contrato com pessoa a declarar, a pessoa nomeada adquire os direitos e assume as obrigações decorrentes de tal contrato a partir do momento em que houve sua aceitação.
d) Na estipulação em favor de terceiro, o estipulante pode reservar-se o direito de substituir o terceiro designado no contrato, independentemente da sua anuência e da do outro contratante.

156. (Vunesp/TJ/GO/Cartórios/Remoção/2021) É válida a contratação de empréstimo consignado por analfabeto?

a) Sim, mediante a assinatura a rogo.
b) Não, o analfabeto não tem capacidade negocial.
c) Sim, desde que oponha sua digital.
d) Não, o analfabeto deve ser interditado.

157. (FGV/TJ/SC/Cartórios/Ingresso/2021) Fernando e Gabriela celebraram contrato de locação de automóvel por instrumento particular, cuja vigência se iniciaria dali a um mês. Contudo, nesse ínterim mudaram de ideia, e resolveram desfazer o compromisso firmado antes que ele começasse a produzir efeitos. Nesse caso, a forma a ser adotada para o acordo extintivo ser válido é:

a) livre, pois não havia forma exigida para o contrato.
b) o instrumento particular, pois deve revestir a mesma forma do contrato.
c) o instrumento particular, em razão do bem cuja posse seria cedida.
d) o instrumento público, por se tratar de distrato.
e) o instrumento público, em razão de ter por objeto transmissão de automóvel.

158. (FGV/TJ/SC/Cartórios/Ingresso/2021) X Ltda. e Y Ltda. celebraram contrato pelo qual a primeira se obrigava a fornecer à segunda equipamentos para sua fábrica, bem como a prestar serviços de manutenção e reparo dos referidos equipamentos, mediante remuneração, pelo prazo de cinco anos. O contrato continha ainda cláusula expressa segundo a qual o descumprimento da obrigação de manutenção e reparo das máquinas por X geraria a Y o direito à resolução do contrato. Ocorre que uma das máquinas quebrou e, a despeito das interpelações feitas por Y, X se recusou a fazer o conserto no prazo previsto no contrato sob a alegação de que se encontrava assoberbada de demandas. Diante disso, Y notificou extrajudicialmente X, para informar sua opção pela extinção do contrato e, diante da resistência de X, ajuizou ação judicial, na qual se reconheceu o inadimplemento de X e a resolução do contrato. Nesse caso, o contrato foi extinto:

a) automaticamente, no momento do inadimplemento de X.
b) por causa da notificação extrajudicial feita por Y a X, sendo a decisão judicial meramente declaratória.

c) por causa da notificação extrajudicial feita por Y a X, sendo a decisão judicial constitutiva.
d) pela decisão judicial, que resolve o vínculo entre as partes.
e) quando transitada em julgado a decisão judicial.

159. (FGV/TJ/SC/Cartórios/Remoção/2021) No pequeno município de Traziburgo, as contratações a distância ainda são feitas por correspondência física. O mercado situado na capital envia ao pequeno agricultor já cadastrado no seu banco de dados um pedido, informando a quantidade e a qualidade das frutas e dos legumes que demanda, o preço que está disposto a pagar por eles e o prazo para a entrega. Como o correio leva até dois dias entre a capital e o interior, o agricultor deve responder imediatamente, por meio de nova carta, concordando com os termos do pedido. Nesses casos, se não houver retratação, atraso no correio ou estipulação em contrário, considera-se celebrado o contrato entre o mercado e o agricultor quando:

a) o mercado envia o pedido.
b) o agricultor recebe o pedido.
c) o agricultor envia o aceite.
d) o aceite é entregue pelo correio ao mercado.
e) o responsável pelo mercado lê o aceite.

160. (Consulplan/TJ/MS/Cartórios/Remoção/2021) A legislação civil aborda os contratos sob a ótica da obrigação como instrumento de circulação de riquezas, dentre outras finalidades privadas, mas também sob o viés constitucional, não se sobrepondo os interesses das partes aos ditames constitucionais. Assim é que se estabelece o limite da liberdade de contratar na função social do contrato. Considerando as disposições da legislação civil acerca do contrato, assinale a alternativa que contemple assertiva contrária ao texto de Lei.

a) A herança de pessoa viva só pode ser objeto de contrato mediante instrumento público.
b) A interpretação mais favorável ao aderente deve ser adotada quando do contrato se observar a existência de cláusulas ambíguas.
c) A interpretação mais favorável ao aderente deve ser adotada quando do contrato se observar a existência de cláusulas contraditórias.
d) As partes não se vinculam somente aos contratos previstos no Código Civil, podendo estipular contratos atípicos, desde que as regras gerais do diploma em questão sejam observadas.

161. (Vunesp/TJ/GO/Cartórios/Remoção/2021) Quanto aos vícios redibitórios, assine a alternativa correta.

a) Tratando-se de venda de animais, não se aplicam as regras quanto aos vícios ocultos.
b) O direito de obter a redibição prescreve no prazo de trinta dias se a coisa for móvel.
c) Aplicam-se as regras dos vícios redibitórios às doações onerosas.
d) Sendo o caso, o adquirente deve reclamar abatimento no preço.

162. (Vunesp/TJ/GO/Cartórios/Remoção/2021) Quanto ao contrato com pessoa a declarar:

a) produz eficácia ao final da nomeação.
b) caso a nomeação não seja feita, rompe-se o contrato original.
c) não é válido no sistema jurídico brasileiro.
d) nem a incapacidade nem a insolvência do nomeado gera a anulabilidade do contrato.

163. (Consulplan/TJ/MG/Cartórios/Remoção/2019) De acordo com as disposições do Código Civil, analise as afirmativas a respeito dos contratos em geral.

I. O contrato preliminar, inclusive quanto à forma, deve conter todos os requisitos essenciais ao contrato a ser celebrado.
II. Nos contratos bilaterais, pode qualquer dos contratantes alegar em defesa a exceção do contrato não cumprido.
III. Nos contratos de adesão, havendo cláusulas que gerem dúvida na sua interpretação, será adotada a mais favorável ao aderente.
IV. São alguns dos requisitos para a aplicação da cláusula rebus sic stantibus: a ocorrência de acontecimentos extraordinários e imprevisíveis e que tenham tornado a prestação de uma das partes excessivamente onerosa, com extrema vantagem para a outra.

Estão corretas as afirmativas:

a) I, II, III e IV.
b) I e IV, apenas.
c) I, II e III, apenas.
d) II, III e IV, apenas.

164. (Ieses/TJ/SC/Cartórios/Ingresso/2019) A respeito da evicção:

I. Não podem os contratantes, ainda que diante de cláusula expressa, reforçar, diminuir ou excluir a responsabilidade pela evicção.
II. Se parcial, mas considerável, for a evicção, não é lícito ao evicto optar entre a rescisão do contrato e a restituição da parte do preço correspondente ao desfalque sofrido.
III. Nos contratos de natureza onerosa, o alienante responde pela evicção, persistindo esta garantia, pouco importando que a aquisição, por exemplo, tenha se dado em hasta pública.

Com base nessas afirmativas, pode-se dizer que:

a) II somente é verdadeira.
b) I e II são verdadeiras.
c) I somente é verdadeira.
d) III somente é verdadeira.

165. (Vunesp/TJ/RS/Cartórios/Remoção/2019) Caio, maior de idade e capaz, juntamente com seu sobrinho Mélvio, com idade de 17 anos, receberam, em comodato, um cavalo de propriedade de Tício. Mélvio se declarou maior de idade quando da assinatura do contrato, mas não é emancipado e não houve qualquer assistência de seus pais. Durante um dia de tempestade, o cavalo objeto do comodato estava, juntamente com outros cavalos, no pasto da Fazenda de Caio e Mélvio, de propriedade destes, que começaram a retirar os cavalos do pasto, começando pelos cavalos de sua propriedade. Entretanto, antes de retirarem o cavalo objeto do comodato, este foi morto por um raio. Tendo em vista a situação hipotética narrada, é possível afirmar que:

a) o contrato é anulável, mas somente Caio pode ser condenado a indenizar Tício por até metade do valor das perdas e danos decorrentes da morte do cavalo.
b) o contrato é válido e eficaz, podendo Mélvio demandar Caio por até metade do valor das perdas e danos decorrentes da morte do cavalo, e Mélvio pela outra metade.
c) não há o dever de indenizar Tício, tendo em vista que a morte do cavalo objeto do contrato de comodato decorreu de força maior.
d) o contrato é válido e eficaz, podendo Tício demandar Caio ou Mélvio, isolada ou conjuntamente, pela totalidade do valor das perdas e danos decorrentes da morte do cavalo.

e) o contrato é anulável, pois firmado por relativamente incapaz, sendo que tal circunstância beneficia Caio, em razão da indivisibilidade do objeto.

166. (UFPR/TJ/PR/Cartórios/Remoção/2019) A teoria geral dos contratos, para o direito civil, representa um marco teórico, principio lógico e normativo. Dela nascem muitas outras espécies de contratos, regrados algumas vezes por legislações específicas e até resoluções. Vários são os exemplos dessa constatação, a saber, o contrato de seguro de vida, que decorre do gênero estipulação em favor de terceiros, e o contrato de shows artísticos, que decorre da promessa de fato de terceiro. Em relação a essas duas bases contratuais e com fundamento no Código Civil brasileiro, assinale a alternativa correta.

a) O que estipula em favor de terceiro não pode exigir o cumprimento da obrigação.
b) Se ao terceiro, em favor de quem se fez o contrato, se deixar o direito de reclamar-lhe a execução, poderá o estipulante exonerar o devedor.
c) Aquele que tiver prometido fato de terceiro responderá por perdas e danos quando este o não executar.
d) Na estipulação em favor de terceiros, a substituição pode ser feita por ato entre vivos, ressalvados os casos de disposição de última vontade, os quais são vedados.
e) O estipulante pode reservar-se o direito de substituir o terceiro designado no contrato, dependendo da sua anuência e da do outro contratante.

167. (UFPR/TJ/PR/Cartórios/Remoção/2019) Numa conversa amistosa, João oferece seu carro a Pedro que, imediatamente, demonstra interesse em comprar o veículo do amigo. Sabendo que João é muito cuidadoso com seus bens, Pedro oferece um valor mais do que razoável ao veículo ofertado por João, que aceita a contraproposta, sendo o contrato celebrado imediatamente. Entretanto, ainda de posse do carro, passados dois dias da negociação, João oferta o mesmo veículo a Maria, e esta oferece o dobro do valor sugerido por Pedro. Levando em consideração o caso acima, assinale a alternativa correta.

a) O contrato celebrado entre João e Pedro é perfeito, não podendo mais João vender o carro a Maria, sem que com isso deva arcar com os prejuízos sofridos por Pedro, ante a instantaneidade do aceite, que torna obrigatória a proposta entre presentes.
b) João deve indenizar Pedro nos termos do Código de Defesa do Consumidor, pois Pedro é presumivelmente vulnerável e João é presumivelmente um fornecedor.
c) Se João e Pedro houvessem negociado entre ausentes, ou seja, não estivessem em uma amistosa conversa, um de frente para o outro, permaneceria obrigatória a proposta se, antes dela, ou simultaneamente, chegasse ao conhecimento de Pedro a retratação de João.
d) João pode negociar com Maria, pois a lei da oferta e da demanda dirige o cenário econômico num contrato dessa natureza, bastando, para tanto, que João indenize Pedro em eventuais prejuízos. Pedro deverá devolver o carro a João ainda que posteriormente à celebração (aceitação) do contrato.
e) Em nenhuma circunstância, ainda que imprevista, poderá João responder por perdas e danos se negociar com Maria em detrimento dos interesses econômicos de Pedro.

168. (UFPR/TJ/PR/Cartórios/Ingresso/2019) A dinâmica do circuito econômico é marcada por relações de transferência de patrimônio de uma pessoa para outra, e assim se dá com os contratos empresariais. A respeito do assunto, considere as seguintes afirmativas:

I. Os contratantes são obrigados a guardar, assim na conclusão do contrato como em sua execução, os princípios de probidade e boa-fé.
II. Deixa de ser obrigatória a proposta se, antes dela, ou simultaneamente, chegar ao conhecimento da outra parte a retratação do proponente.
III. A aceitação fora do prazo, com adições, restrições ou modificações, importará nova proposta.
IV. Reputar-se-á celebrado o contrato no lugar em que foi proposto.

Assinale a alternativa correta.

a) Somente a afirmativa IV é verdadeira.
b) Somente as afirmativas I e IV são verdadeiras.
c) Somente as afirmativas I, II e III são verdadeiras.
d) Somente as afirmativas II, III e IV são verdadeiras.
e) As afirmativas I, II, III e IV são verdadeiras.

169. (Ieses/TJ/RO/Cartórios/Ingresso/2017) É certo afirmar:

I. aleatório é o contrato quando os contratantes celebram uma relação em que recebem a vantagem e prestam a obrigação, consistente em coisa certa e determinada, embora sem escapar aos riscos relativos à mesma, nem à oscilação sobre o seu valor.
II. os contratos coligados também são chamados de "união de contratos", mas não surge a unidade em uma única figura, ou seja, em um único instrumento, permanecendo autônomos quanto aos seus efeitos, mas com dependência recíproca.
III. o contrato comutativo pode ser definido como aquele no qual uma ou ambas as prestações apresentam-se incertas, porquanto a sua quantidade ou extensão fica na dependência de um fato futuro e imprevisível, o que torna viável venha ocorrer uma perda, ou um lucro para uma das partes.
IV. o contrato misto resulta da combinação de elementos de diferentes contratos, formando nova espécie contratual não esquematizada na lei.

Analisando as proposições, pode-se afirmar:

a) somente as proposições III e IV estão corretas.
b) somente as proposições II e IV estão corretas.
c) somente as proposições I e III estão corretas.
d) somente as proposições I e II estão corretas.

170. (Consulplan/TJ/MG/Cartórios/Remoção/2017) Pedro Bento, comprador, firmou escritura de compra e venda de um lote urbano com José da Silva, vendedor, com valor de R$ 100.000,00, a ser pago em 50 parcelas mensais e sucessivas e reajustáveis com base na variação anual do salário mínimo. O contrato tem cláusula de objeto, valor, parcelas, foro, entrega da posse no ato, proibição de arrependimento, valor de cada parcela e forma de reajuste. Depois, Pedro Bento entrou em juízo pedindo a revisão da forma de reajuste do contrato, porque viola o artigo 7º, IV da Constituição Federal, sugerindo ao Juiz da causa a substituição da correção das parcelas pelo índice do IPCA, frisando que quer manter as demais cláusulas do contrato, inclusive já está na posse do imóvel e que discute apenas a incidência de reajuste com base em salário mínimo. José da Silva contestou, dizendo ou vale todo contrato ou então tudo é nulo, não concordando com apenas a mudança de uma cláusula. No caso, a solução adequada é:

a) deferir o pedido do autor, alterando a cláusula do reajuste de vinculação a salário mínimo para o IPCA e mantendo-se todas as demais cláusulas.
b) deferir o pedido do autor, mantendo cláusula do reajuste de vinculação a salário mínimo para o IPCA e alterando-se as demais cláusulas.
c) indeferir todo o pedido do autor, não por nulidade e, sim, porque embora a Constituição Federal proíba a vinculação

em contrato de compra e venda a salário mínimo, no caso, o documento foi assinado em ato bilateral, na autonomia da vontade, não cabendo ao juiz interferir na pendência.

d) indeferir o pedido, já que o ato foi firmado mediante Escritura Pública, não pode haver mais discussão entre os firmatários do documento ou fracionamento de cláusula, e ambas as partes agiram de boa-fé, que, no caso, é presumida.

171. (Ieses/TJ/RO/Cartórios/Remoção/2017) Segundo o Código Civil vigente a liberdade de contratar será exercida em razão e nos limites da função social do contrato. A respeito do tema podemos afirmar:

I. nos contratos de adesão, são anuláveis as cláusulas que estipulem a renúncia antecipada do aderente a direito resultante da natureza do negócio.
II. é defeso às partes estipular contratos atípicos, mesmo que observadas as normas gerais fixadas no Código Civil.
III. não pode ser objeto de contrato a herança de pessoa viva.
IV. quando houver no contrato de adesão cláusulas ambíguas ou contraditórias, dever-se-á adotar a interpretação mais favorável ao aderente.

A sequência correta é:

a) apenas as assertivas II, III, IV estão corretas.
b) apenas as assertivas III e IV estão corretas.
c) as assertivas I, II, III e IV estão corretas.
d) apenas a assertiva IV está correta.

172. (Ieses/TJ/RO/Cartórios/Ingresso/2017) É certo afirmar:

I. de regra a declaração da vontade depende de forma especial.
II. unilaterais ou benéficos são os contratos em que apenas uma das partes se obriga em face da outra.
III. o Código Civil prevê que o mero silêncio da parte ao contratar sempre importará em consentimento.
IV. a validade do negócio jurídico requer agente capaz, objeto lícito, possível, determinado ou determinável e forma prescrita ou não defesa em lei.

Analisando as proposições, pode-se afirmar:

a) somente as proposições I e III estão corretas.
b) somente as proposições II e IV estão corretas.
c) somente as proposições I e II estão corretas.
d) somente as proposições III e IV estão corretas.

4.6. *Das Várias Espécies de Contrato*

4.6.1. Compra e Venda; Troca ou Permuta; Contrato Estimatório

SÚMULAS

STF **Súm. 412.** No compromisso de compra e venda com cláusula de arrependimento, a devolução do sinal, por quem o deu, ou a sua restituição em dobro, por quem o recebeu, exclui indenização maior a título de perdas e danos, salvo os juros moratórios e os encargos do processo.

STF **Súm. 413.** O compromisso de compra e venda de imóveis, ainda que não loteados, dá direito à execução compulsória, quando reunidos os requisitos legais.

STF **Súm. 489.** A compra e venda de automóvel não prevalece contra terceiros, de boa-fé, se o contrato não foi transcrito no registro de títulos e documentos.

STJ **Súm. 76.** A falta de registro do compromisso de compra e venda de imóvel não dispensa a prévia interpelação para constituir em mora o devedor.

STJ **Súm. 308.** A hipoteca firmada entre a construtora e o agente financeiro, anterior ou posterior à celebração da promessa de compra e venda, não tem eficácia perante os adquirentes do imóvel.

JURISPRUDÊNCIA EM TESES

1) Da Promessa de Compra e Venda

STJ **JurisTese 107-1.** Na hipótese de descumprimento do prazo de entrega de imóvel objeto de contrato de compromisso de compra e venda ou de compra e venda, é possível cumular a cláusula penal decorrente da mora com a indenização por lucros cessantes pela não fruição do imóvel, pois aquela tem natureza moratória, enquanto esta tem natureza compensatória.

STJ **JurisTese 107-2.** A inexecução do contrato de promessa de compra e venda ou de compra e venda, consubstanciada na ausência de entrega do imóvel na data acordada, acarreta, além da indenização correspondente à cláusula penal moratória, o pagamento de indenização por lucros cessantes.

STJ **JurisTese 107-3.** É possível a inversão da cláusula penal moratória em favor do consumidor, na hipótese de inadimplemento do promitente vendedor, consubstanciado na ausência de entrega do imóvel no prazo pactuado.

STJ **JurisTese 107-4.** Há presunção de prejuízo do promitente comprador a viabilizar a condenação por lucros cessantes pelo descumprimento do prazo para entrega de imóvel objeto de contrato de compromisso de compra e venda ou de compra e venda.

STJ **JurisTese 107-5.** Em caso de rescisão de contrato de compra e venda de imóvel, a correção monetária do valor correspondente às parcelas pagas, para efeitos de restituição, incide a partir de cada desembolso.

STJ **JurisTese 107-6.** Não é abusiva a cláusula de cobrança de juros compensatórios incidente em período anterior à entrega das chaves no contrato de promessa de compra e venda ou de compra e venda de imóveis em construção sob o regime de incorporação imobiliária.

STJ **JurisTese 107-7.** Decretada a resolução do contrato de compra e venda de imóvel, com a restituição das parcelas pagas pelo comprador, o retorno das partes ao estado anterior implica o pagamento de indenização pelo tempo em que o comprador ocupou o bem, desde a data em que a posse lhe foi transferida.

STJ **JurisTese 110-2.** Não é aplicável a Súmula n. 308/STJ nos casos envolvendo contratos de aquisição de imóveis não submetidos ao Sistema Financeiro de Habitação – SFH.

STJ **JurisTese 110-3.** A indenização deferida a título de lucros cessantes em decorrência do atraso na entrega de imóvel, objeto de contrato de compra e venda, será o montante equivalente ao aluguel que o comprador deixaria de pagar ou que auferiria caso recebesse a obra no prazo.

STJ **JurisTese 110-4.** A pretensão ao recebimento de valores pagos, que não foram restituídos diante de rescisão de contrato de compra e venda de imóvel, submete-se ao prazo prescricional decenal previsto no art. 205 do Código Civil/2002.

STJ **JurisTese 110-5.** Na hipótese de rescisão do contrato de promessa de compra e venda de imóvel por iniciativa do comprador, os juros de mora devem incidir a partir do trânsito em julgado, visto que inexiste mora anterior do promitente vendedor.

STJ **JurisTese 110-6.** No caso de rescisão de contratos envolvendo compra e venda de imóveis por culpa do comprador, é razoável ao vendedor que a retenção seja arbitrada entre 10% e 25% dos valores pagos, conforme as circunstâncias de cada caso, avaliando-se os prejuízos suportados.

STJ **JurisTese 110-10.** A posse decorrente do contrato de promessa de compra e venda de imóvel não induz usucapião, exceto se verificada a conversão da posse não própria em própria, momento a partir do qual o possuidor passa a se comportar como se dono fosse.

STJ **JurisTese 110-11.** A cobrança de resíduos inflacionários, em contrato de promessa de compra e venda firmado com construtora, só é possível na periodicidade anual e desde que expressamente pactuada.

QUESTÕES DISCURSIVAS

10. (Consulplan/TJ/MG/Cartórios/Ingresso/2018) A Lei nº 10.406, de 10 de janeiro de 2002, dispõe no Título VI "Das Várias Espécies de Contrato". Disserte sobre o disposto no Capítulo I – Da Compra e Venda, de forma fundamentada, em até 60 (sessenta) linhas, abordando: (i) conceito e características do contrato de compra e venda; (ii) natureza jurídica da compra e venda; (iii) elementos da compra e venda; (iv) efeitos da compra e venda; (v) limitações à compra e venda; (vi) venda "ad corpus" e venda "ad mensuram".

11. (Cespe/TJ/SE/Cartórios/Remoção/2014) Paulo prometeu a João a venda de imóvel urbano não loteado, com direito de arrependimento, mediante o pagamento de 50% do valor do bem a título de entrada e o restante em sessenta parcelas mensais fixas. Com o pagamento da entrada, João foi imitido na posse do imóvel e tomou a providência de efetuar, na matrícula do imóvel, o registro do instrumento particular que materializara a intenção das partes. O ajuste entre os dois vinha sendo normalmente cumprido até que João, em razão de dificuldade financeira superveniente, deixou de pagar as duas últimas parcelas acordadas. Já quando houve atraso do pagamento da primeira delas, Paulo apresentou notificação extrajudicial a João, cientificando-lhe da pronta resilição contratual. Diante dessa situação hipotética, redija texto dissertativo acerca do acordo entre Paulo e João, com base na legislação e na doutrina relativa aos contratos. Em seu texto, aborde, necessariamente (e, preferencialmente, na ordem estabelecida), os seguintes aspectos: (i) possibilidade da resilição contratual desejada por Paulo; (ii) promessa de compra e venda como espécie de contrato preliminar; (iii) eficácia obrigacional e eficácia real da promessa de compra e venda no caso em tela; (iv) princípios da função social dos contratos e da boa-fé objetiva aplicados à situação.

QUESTÕES OBJETIVAS

173. (FGV/TJ/SC/Cartórios/Remoção/2021) João, proprietário rural, celebrou contrato tácito, sob a forma de arrendamento rural, com Pedro, responsável por exercer atividade agrícola na respectiva área. Com isso, João garantiu a Pedro o uso e o gozo do imóvel rural arrendado. Após algum tempo, Pedro foi notificado por Manoel, que se apresentou como novo proprietário do imóvel e informou que o arrendamento seria considerado extinto dentro de trinta dias. Na ocasião, Manoel encaminhou-lhe cópia da escritura pública de compra e venda devidamente registrada no Registro de Imóveis. Irresignado com essa situação, já que se sentia "traído" por João, Pedro procurou um advogado e perguntou se havia alguma possibilidade de adquirir a propriedade do imóvel, já que não fora avisado da venda. O advogado respondeu, corretamente, que Pedro:

a) deveria sair do imóvel, já que o contrato de arrendamento não fora averbado na matrícula do imóvel junto ao Registro de Imóveis.
b) deveria sair do imóvel, já que o arrendamento não estava alicerçado em contrato expresso, o que afastava o direito de preferência na compra do imóvel.
c) poderia adquirir o imóvel caso depositasse o preço, pago por Manoel, no prazo de seis meses, a contar da transcrição do ato de alienação no Registro de Imóveis.
d) não poderia adquirir o imóvel contra a vontade de João ou Manoel, mas seria possível anular a compra e venda, no prazo de um ano, por afronta ao direito de preempção.
e) poderia adquirir o imóvel, caso fosse judicialmente anulada a compra do imóvel, por inobservância ao seu direito de preempção, e posteriormente depositasse o preço devido.

174. (FGV/TJ/SC/Cartórios/Remoção/2021) Quando seu pai faleceu, Mariana herdou a fração ideal de um terço de uma casa que ele possuía na serra catarinense, ficando o imóvel em condomínio com suas duas irmãs, Andréa e Lúcia. Agora Mariana toma ciência de que Lúcia vendeu sua parte para outra pessoa sem consultá-la. Nesse caso, Mariana:

a) não tem qualquer direito em face de Lúcia, por se tratar de condomínio indivisível, envolvendo mais de dois condôminos, o que não assegura direito de preferência em caso de alienação a estranhos.
b) terá direito a exigir indenização de Lúcia, por violação ao direito de preferência, se requerer no prazo prescricional de três anos, contados do registro da venda no Cartório do Registro de Imóveis.
c) terá direito a exigir indenização de Lúcia, por violação ao direito de preferência, se requerer no prazo decadencial de 180 dias, contados do registro da venda no Cartório do Registro de Imóveis.
d) terá direito de haver para si a parte vendida, depositando o preço, se requerer no prazo prescricional de três anos, contados da celebração da escritura no Cartório de Títulos e Documentos.
e) terá direito de haver para si a parte vendida, depositando o preço, se requerer no prazo decadencial de 180 dias, contados do registro da venda no Cartório do Registro de Imóveis.

175. (FGV/TJ/SC/Cartórios/Remoção/2021) A ZW Empreendimentos Ltda. comprou da ZTC Ltda. um apartamento na cidade de Londrina pelo preço de R$ 800.000,00. O contrato foi celebrado mediante instrumento particular. Perante o Registro de Imóveis, houve a exigência do instrumento público. Diante disso:

a) o Cartório do Registro de Imóveis deve aceitar o instrumento particular porque no ordenamento jurídico brasileiro vige o princípio da liberdade de forma.
b) é possível ao Poder Judiciário converter o contrato em promessa de compra e venda, pelo princípio da conservação dos negócios jurídicos.
c) o negócio jurídico não produzirá efeitos por se tratar de imóvel de valor superior a dez salários mínimos, configurando exceção ao princípio da liberdade de forma.
d) o contrato poderá produzir efeitos se ultrapassado o prazo para arguição de seu vício, operando-se a decadência do direito à sua impugnação.
e) a compra e venda de imóvel no valor estipulado é reputada inexistente ante à violação da forma prescrita em lei para transferência de direitos reais sobre imóveis.

176. (Consulplan/TJ/MS/Cartórios/Ingresso/2021) Pietro negociou com Antony a compra de um imóvel urbano na cidade de Matipó-MG pelo valor de R$ 1.500.000,00 (um milhão e quinhentos mil reais), dando-lhe a título de arras um automóvel popular modelo 2020/2020 no valor de R$ 82.000,00 (oitenta e dois mil reais), havendo estabelecido cláusula contratual com direito de arrependimento. Acerca da situação hipotética, considerando a desistência do negócio por Pietro, assinale a afirmativa correta.

a) Antony deve devolver o valor recebido a título de arras.
b) Pietro perde em favor de Antony o valor pago a título de arras, que assume função indenizatória.
c) Antony deve devolver o valor recebido a título de arras, tendo em vista o caráter punitivo do mesmo e a expressa previsão do direito de arrependimento.
d) Antony deve devolver o valor recebido a título de arras, tendo em vista o caráter não punitivo do mesmo e a expressa previsão do direito de arrependimento.

177. (Consulplan/TJ/MG/Cartórios/Ingresso/2019) De acordo com o Código Civil brasileiro, analise as seguintes afirmativas a respeito do contrato de compra e venda.

I. A compra e venda é contrato consensual, que gera efeitos reais, transmitindo, por si só, a propriedade da coisa alienada.
II. No contrato de compra e venda, pode-se deixar ao arbítrio exclusivo de uma das partes a fixação do preço.

III. A venda de ascendente a descendente é anulável, salvo se os outros descendentes e o cônjuge do alienante expressamente houverem consentido.

IV. Na venda "ad corpus", que é aquela em que o imóvel é transferido como coisa certa e discriminada, tendo sido apenas enunciativa a referência às suas dimensões, não haverá complemento de área, nem devolução do excesso.

Estão corretas as afirmativas:

a) I, II, III e IV.
b) III e IV, apenas.
c) I, II e III, apenas.
d) I, II e IV, apenas.

178. (Ieses/TJ/SC/Cartórios/Remoção/2019) O contrato de compra e venda é apontado como o tipo contratual mais importante para a maioria das atividades empresariais. No que diz respeito ao seu regime jurídico, é correto afirmar que:

a) A venda feita a contento do comprador entende-se realizada sob condição resolutiva.
b) Até o momento da tradição, os riscos da coisa correm por conta do comprador, e os do preço por conta do vendedor.
c) Salvo cláusula em contrário, ficarão as despesas de escritura e registro a cargo do comprador, e a cargo do vendedor as da tradição.
d) Mesmo em se tratando de venda a crédito, não é o vendedor obrigado a entregar a coisa antes de receber o preço.

179. (Vunesp/TJ/AL/Cartórios/Ingresso/2019) Sobre o contrato de permuta, de acordo com o Código Civil (Lei nº 10.406/2002), é correto afirmar que:

a) no contrato de permuta de imóveis da valores iguais, o alienante não responde pela evicção, em nenhuma hipótese.
b) cada um dos contratantes deverá pagar por metade as despesas com o instrumento da permuta, não se admitindo disposição em contrário.
c) é anulável a permuta de imóveis de valores desiguais entre ascendente e descendente, sem o consentimento dos outros descendentes e do cônjuge do alienando.
d) o tabelião não poderá lavrar escritura de permuta de bem imóvel por bem móvel.

180. (Vunesp/TJ/AL/Cartórios/Ingresso/2019) "A" celebrou contrato de compra e venda do cavalo "X", devidamente individualizado, com "B", recebendo o preço e avençada a entrega do animal para a dia 22.07.2019. No dia anterior a entrega, houve uma inundação, inevitável e imprevisível, a qual redundou na morte do cavalo "X". Nessa situação.

a) o comprador e o vendedor dividirão o prejuízo decorrente da morte do animal.
b) como o gênero não perece, o vendedor deverá entregar outro animal.
c) o vendedor suportará o prejuízo do valor do animal.
d) o prejuízo decorrente da morte do animal será suportado pelo comprador.

181. (Consulplan/TJ/MG/Cartórios/Ingresso/2018) Em relação à compra e venda, assinale a alternativa correta:

a) só pode ter por objeto coisa atual, proibido a transação sobre coisas futuras.
b) é válido o contrato se for deixada ao arbítrio exclusivo de uma das partes a fixação do preço, desde que as partes sejam maiores e capazes.
c) quando pura, o contrato respectivo considerar-se-á consumado, obrigatório e perfeito, desde que as partes acordarem no objeto e no preço.
d) uma vez estabelecida, automaticamente transfere o domínio da coisa ao comprador, que se obriga ao pagamento do preço em dinheiro, independentemente de qualquer outra providência.

182. (Ieses/TJ/RO/Cartórios/Ingresso/2017) É certo afirmar:

I. nos contratos de compra e venda de bens móveis e imóveis, admite-se que a venda ocorra de forma "ad mensuram" ou "ad corpus".

II. são características do contrato de compra e venda: a bilateralidade; a consensualidade; a onerosidade; geralmente, a comutatividade; e a instantaneidade.

III. a venda com reserva de domínio é cláusula especial do contrato de compra e venda pela qual o comprador assume a posse da coisa, mas só se torna seu proprietário após pagar o preço integral.

IV. as cláusulas especiais do contrato de compra e venda previstas no Código Civil são cláusulas obrigatórias por rigor legal, sendo, opcionais, somente naqueles negócios que a própria lei criar a exceção.

Analisando as proposições, pode-se afirmar:

a) somente as proposições I e III estão corretas.
b) somente as proposições II e IV estão corretas.
c) somente as proposições I e IV estão corretas.
d) somente as proposições II e III estão corretas.

183. (Consulplan/TJ/MG/Cartórios/Ingresso/2017) José da Silva firmou um contrato de promessa de compra e venda de uma área rural de 500 hectares com Geraldo Coelho. Meses depois, feita a quitação, foi lavrada e devidamente assinada e registrada a Escritura Pública de compra e venda. Seis meses depois, José da Silva descobriu que aquele imóvel estava sendo avaliado pela Incra para fins de desapropriação já há mais de um ano e que isso lhe foi omitido pelo vendedor. Diante disso, ingressou com uma ação de rescisão (resolução) do contrato de promessa de compra e venda contra Geraldo Coelho, alegando que houve vício no negócio e que queria devolver o imóvel e receber o seu dinheiro de volta. Diante dessa situação, é correto afirmar que:

a) é possível a resolução (rescisão) do contrato pelo princípio da boa-fé objetiva, uma vez que, nos termos do artigo 422 do CC, "Os contratantes são obrigados a guardar, assim na conclusão do contrato, como em sua execução, os princípios de probidade e boa-fé" e isso faltou ao vendedor.
b) não é caso de rescisão do contrato de promessa de compra e venda, pois foi substituído pela escritura de venda e compra, aquele contrato está resolvido, pois atingiu o seu objetivo, que era justamente a transferência de propriedade imóvel, com o registro de escritura de venda e compra no cartório competente.
c) é viável a rescisão, já que a lavratura e assinatura com registro da escritura pública não elimina os efeitos do contrato de promessa de compra e venda, pelo contrário, é um ato derivado deste que foi o primeiro documento firmado entre as partes, portanto prevalece como meio legal de se restabelecer o estado anterior.
d) tem direito à rescisão contratual e a devolução do valor pago, porque foi induzido a erro e, assim, deve prevalecer o princípio de acesso à justiça e nenhuma lesão de direito está imune à apreciação do poder judiciário.

4.6.2. Doação; Locação de Coisas; Empréstimo

SÚMULAS

STF Súm. 492. A empresa locadora de veículos responde, civil e solidariamente com o locatário, pelos danos por este causados a terceiro, no uso do carro locado.

STJ Súm. 26. O avalista do título de crédito vinculado a contrato de mútuo também responde pelas obrigações pactuadas, quando no contrato figurar como devedor solidário.

INFORMATIVOS

STJ Comodato. Extinção. Ocupação exclusiva de parcela dos condôminos. Indenização. Aluguéis. Possibilidade. Vedação ao enriquecimento sem causa. Mora. Citação. Cessado o comodato, o condômino privado da posse do imóvel tem direito ao recebimento de indenização equivalente aos aluguéis proporcionais ao seu quinhão, dos proprietários que permaneceram na posse exclusiva do bem, os quais, caso não notificados extrajudicialmente, podem ser constituídos em mora por meio da citação nos autos da ação de arbitramento dos aluguéis. *REsp 1953347, 4ª T, 9.8.2022. Inf 745.*

STJ Doação entre pai e filho. Cláusula resolutiva. Contrato verbal. Força obrigatória. Partes anuentes. A condição resolutiva de doação verbal estabelecida entre pai e filho e desconhecida por terceiros não produz efeitos jurídicos contra estes. *REsp 1905612, 3ª T, 29.3.2022. Inf 731.*

STJ Doação inoficiosa. Ação de nulidade. Prazo prescricional. Termo inicial. Regra geral. Data do registro do ato jurídico. Flexibilização. Ciência inequívoca anterior ao registro. Na ação de nulidade de doação inoficiosa, o prazo prescricional é contado a partir do registro do ato jurídico que se pretende anular, salvo se houver anterior ciência inequívoca do suposto prejudicado. *REsp 1933685, 3ª T, 15.3.2022. Inf 730.*

QUESTÕES DISCURSIVAS

12. (Ieses/TJ/CE/Cartórios/2018) Marcelo, viúvo, deseja realizar a doação de um imóvel para seu filho Fernando, solteiro. Este imóvel representa 45% do seu patrimônio total. Além de Fernando, Marcelo é pai de Julia e André. Responda os questionamentos de Marcelo, indicando a possibilidade de realização da vontade do doador nos limites legais, e nominando o instituto jurídico aplicável: (i) Marcelo pode doar este imóvel na integralidade para Fernando? (ii) Os demais filhos, Julia e André, devem obrigatoriamente anuir no ato? (iii) Fernando terá que apresentar à colação este bem quando do falecimento de Marcelo? Tem como afastar esta obrigação? (iv) Marcelo ouviu falar sobre a clausula de reversão. Explique o que é, e se pode ser incluída nesta doação.

13. (Faurgs/TJ/RS/Cartórios/2015) Alice, viúva, possuía R$ 60.000,00 de patrimônio e realizou duas doações sucessivas a amigos, por instrumento particular. A primeira doação foi feita a Pedro, no montante de R$ 10.000,00, e a segunda, a Carlos, no valor de R$ 40.000,00. Ela realizou as doações depois de nascido o seu único herdeiro necessário, o filho Eduardo. (a) No caso enunciado, a liberdade de doar de Alice deve ser restringida? (b) Em caso afirmativo, denomine a restrição específica aplicável, apresentando o conceito desta e a consequência legal prevista. (c) Em caso negativo, fundamente a sua resposta.

14. (Cespe/TJ/RR/Cartórios/Ingresso/2013) Paulo é divorciado e tem dois filhos, Pedro e José, maiores de idade e solteiros. José, o filho mais novo, servidor público, adquiriu o seu próprio imóvel e Pedro, o mais velho, mora de aluguel e ainda não conseguiu constituir patrimônio algum. Paulo, preocupado com o futuro de Pedro, pretende doar-lhe o imóvel em que mora, almejando, contudo, a garantia de que o beneficiado não venderá o bem, pelo menos, enquanto ele, Paulo, estiver vivo. Contando com o apoio de José às suas pretensões, Paulo e Pedro procuraram o titular do tabelionato de Notas da Comarca de Boa Vista/RR e lhe expuseram a pretensão de celebrar um ato notarial. Com base nessa situação hipotética, redija, da forma mais completa possível, o documento adequado à pretensão das partes, complementando-o com os elementos legalmente exigíveis.

QUESTÕES OBJETIVAS

184. (Ieses/TJ/TO/Cartórios/Ingresso/2022) A doação é ato de liberalidade na qual o doador transmite ao donatário patrimônio. No entanto, a doação pode ser revogada por ingratidão, nos termos legais. Sobre esse assunto, assinale a alternativa correta:

a) O direito a pedir a revogação da doação por ingratidão não está sujeita a prazo prescricional ou decadencial.
b) O direito de revogar a doação se transmite aos herdeiros do doador.
c) É possível a revogação da doação por ingratidão caso o donatário atente contra a vida do irmão do doador.
d) O direito à revogação da doação por ingratidão pode ser renunciado antecipadamente, no próprio ato da liberalidade.

185. (Vunesp/TJ/SP/Cartórios/Ingresso/2022) Sobre a doação, é correto afirmar que:

a) é anulável a doação quanto à parte que exceder à de que o doador, no momento da liberalidade, poderia dispor em testamento.
b) é anulável a doação de ascendente a descendente, salvo se os outros descendentes e o cônjuge do doador expressamente houverem consentido.
c) a doação feita em contemplação do merecimento do donatário perde o caráter de liberalidade.
d) dispensa-se a aceitação, se o donatário for absolutamente incapaz, desde que se trate de doação pura.

186. (FGV/TJ/SC/Cartórios/Remoção/2021) Quando Henrique faleceu, suas duas filhas, Isabela e Isadora, entraram em litígio, pois a primeira sempre se sentiu preterida pelo pai frente à segunda. Durante o inventário, apesar do vasto patrimônio deixado por Henrique, Isabela buscou impugnar a doação que o pai fez a Isadora de uma joia de pequeno valor econômico, que pertencera à avó de ambas. Henrique entregara a joia a Isadora no momento da doação e Isabela agora alega que a doação deveria ter sido formalizada por escrito. A alegação de Isabela:

a) procede, pois a doação é contrato formal, que deve ser feito por escritura pública.
b) procede, pois a doação é contrato formal, que deve ser feito por escritura pública ou instrumento particular.
c) não procede, pois a doação é contrato consensual, que pode revestir qualquer forma, salvo se tiver por objeto bem imóvel.
d) não procede, pois a doação verbal é válida se tiver por objeto bem móvel de pequeno valor e se lhe seguir incontinenti a tradição.
e) procede, pois a doação é contrato formal, que deve ser feito por escritura pública, se envolver transmissão de imóvel, ou instrumento particular, se tiver por objeto bem móvel.

187. (Ieses/TJ/RO/Cartórios/Remoção/2021) O contrato em que uma pessoa, por liberalidade, transfere do seu patrimônio bens ou vantagens para o de outra é denominado de:

a) compra e venda.
b) estimatório.
c) permuta.
d) doação.

188. (Consulplan/TJ/MS/Cartórios/Ingresso/2021) Sob a precisa dicção legal, "considera-se doação o contrato em que uma pessoa, por liberalidade, transfere do seu patrimônio bens ou vantagens para o de outra". Assinale a afirmativa que contenha previsão que macule a validade do contrato de doação.

a) A doação de bens móveis e de pequeno valor, seguida da tradição, pode ser realizada verbalmente.
b) A doação feita à entidade futura caduca caso esta não seja regularmente constituída no prazo de 2 (dois) anos.
c) A doação quanto à parte que exceda à de que o doador, no momento da liberalidade, poderia dispor em testamento é nula.
d) Gozando de plena capacidade, é válida a doação de todos os bens de pessoa que comprovadamente subsista à dependência de terceiro.

189. (Consulplan/TJ/MG/Cartórios/Remoção/2019) De acordo com o Código Civil brasileiro, analise as afirmativas sobre o contrato de doação.

I. O contrato de doação, por si só, não opera a transferência da propriedade.
II. Na doação, a cláusula de reversão por premoriência do donatário pode ser estipulada em favor de terceiro a quem o doador designar.
III. É nula a doação de todos os bens do doador, sem reserva de parte, ou renda suficiente para a sua subsistência.
IV. Só o doador tem legitimidade para propor a ação de revogação da doação, mas os herdeiros podem prosseguir na ação iniciada pelo doador.

Estão corretas as afirmativas:

a) I, II, III e IV.
b) II e III, apenas.
c) I, II e IV, apenas.
d) I, III e IV, apenas.

190. (Vunesp/TJ/RS/Cartórios/Ingresso/2019) A doa certo imóvel para B e C, casados pelo regime da separação de bens, sendo a doação registrada no Registro de Imóveis. Pode-se afirmar que a doação:

a) não é conjuntiva e, em caso de morte de um dos donatários, a sua fração ideal deverá ser partilhada, e a partilha registrada.
b) não é conjuntiva e, em caso de morte de um dos donatários, o bem não deverá ser partilhado, ficando na totalidade para o donatário sobrevivente, bastando para tanto um ato de averbação.
c) é conjuntiva e, em caso de morte de um dos donatários, o bem não deverá ser partilhado, ficando na totalidade para o donatário sobrevivente, bastando para tanto um ato de averbação.
d) é conjuntiva e, em caso de morte de um dos donatários, o bem ficará na totalidade para o cônjuge sobrevivente, independentemente de partilha, devendo haver ato de registro stricto sensu.
e) é conjuntiva e, em caso de morte de um dos donatários, a sua fração ideal deverá ser partilhada, e a partilha registrada.

191. (Vunesp/TJ/RS/Cartórios/Ingresso/2019) Assinale a alternativa correta sobre a locação de coisas, conforme as disposições do Código Civil de 2002.

a) Se a coisa for alienada durante a locação, o adquirente ficará obrigado a respeitar o contrato, independentemente das condições contratuais e do registro do instrumento contratual em cartório.
b) A realização de benfeitorias úteis no bem alugado gera direito de retenção ao locatário, independentemente da existência de consentimento do locador em relação à realização das benfeitorias.
c) Se, durante a locação, se deteriorar a coisa alugada, sem culpa do locatário, poderá o locador optar entre a redução proporcional do aluguel, caso a coisa ainda sirva para o fim a que se destinava, ou resolver o contrato.
d) Na locação cujo prazo houver sido prorrogado, de forma indeterminada, o locador poderá notificar o locatário para restituição do bem, facultando-se ao locador arbitrar novo valor de locação, caso o bem não seja restituído.
e) Na locação por prazo determinado, caso o locador exija a devolução do bem antecipadamente, deverá indenizar o locatário pelas perdas e danos suportados, mas o locatário não gozará do direito de retenção enquanto não for ressarcido.

192. (Vunesp/TJ/AL/Cartórios/Ingresso/2019) Sobre a escritura pública de doação de imóvel, é correto afirmar que, segundo o Código Civil.

a) poderá ser lavrada por tabelião de notas apenas se o donatário tiver algum vínculo de parentesco com o doador.
b) não é possível ser lavrada por tabelião de notas se o donatário for nascituro.
c) é possível a convenção da cláusula de reversão segundo a qual os bens doados voltem ao patrimônio do doador, se este sobreviver ao donatário.
d) caso a doação seja de ascendente para descendente, somente poderá ser lavrada pelo tabelião de notas se os doadores estipularem que o ato de liberalidade importará adiantamento da parte da legítima.

193. (Vunesp/TJ/AL/Cartórios/Ingresso/2019) O engenheiro "A" planejou e executou a construção de um imóvel de propriedade de seu amigo "B" sem a cobrança de honorários profissionais. "B" efetuou a doação de um terreno em favor de 'A" unicamente a título de recompensa pelos serviços de engenharia. Dois meses após a doação, "A" caluniou e injuriou gravemente "B". Nessa situação, a doação:

a) não podará ser revogada por ingratidão do donatário.
b) poderá ser revogada por ingratidão do donatário.
c) não poderá ser revogada somente caso tenha havido a renúncia antecipada ao direito da revogar a liberalidade por ingratidão do donatário.
d) não poderá ser revogada por ingratidão apenas se o donatário for ascendente do doador.

194. (Consulplan/TJ/MG/Cartórios/Remoção/2018) Para que um pai, casado sob regime da comunhão parcial de bens, doe um imóvel exclusivo seu, a um de seus 3 (três) filhos, sendo certo que esse imóvel sairá de sua metade disponível:

a) é dispensável a anuência do cônjuge do pai e dos irmãos do donatário.
b) é indispensável a anuência do cônjuge do pai, mas dispensável a dos irmãos do donatário.
c) é necessária a anuência do cônjuge do pai e dos irmãos do donatário e do cônjuge de cada um dos irmãos.
d) é dispensável a anuência do cônjuge do pai, mas indispensável a dos irmãos e do cônjuge de cada um dos irmãos.

195. (Consulplan/TJ/MG/Cartórios/Remoção/2018) "Augusto comparece a um cartório de notas do estado de Minas Gerais e diz pretender doar sua casa ao filho recém-nascido de um professor seu, muito querido. Augusto é solteiro, nunca teve filho e não tem nenhum ascendente vivo." Considerando essa situação, assinale a alternativa correta:

a) mesmo que se trate de doação pura, haverá requisito essencial de validade que o filho do professor manifeste aceitação por meio de quem lhe detém o poder familiar (no caso, seu pai).
b) doação de uma casa é contrato de transmissão de bem imóvel que somente pode ser realizado (formalizado,

instrumentalizado) por meio de escritura pública, independentemente do valor desse imóvel.

c) a doação será inoficiosa (doação universal) e, portanto, nula em relação à metade do imóvel, tanto que excede o que Augusto poderia dispor mediante testamento no momento da lavratura da escritura de doação.

d) é juridicamente possível que Augusto estabeleça na escritura de doação que, em caso de morte do filho do professor (beneficiário da doação) antes da morte dele (Augusto), a casa volte a pertencer ao doador; a essa disposição dá-se o nome de cláusula de reversão, que não pode ser instituída em favor de terceiro.

196. (Consulplan/TJ/MG/Cartórios/Remoção/2017) As doações podem ser revogadas por ingratidão, exceto:

a) as feitas para determinado casamento.

b) se cometeu contra o doador ofensa física.

c) se injuriou ou caluniou gravemente o doador.

d) se, podendo ministrá-los, recusou ao doador os alimentos de que este necessitava.

197. (Cetro/TJ/RJ/Cartórios/Ingresso/2017) No que se refere ao instituto da doação, assinale a alternativa correta:

a) somente pode ser considerado fraude de execução a doação de imóvel ao descendente quando já há sentença judicial em demanda capaz de reduzir o devedor e seu descendente à insolvência.

b) não configura mero ato de liberalidade a promessa de doação aos filhos como condição para realização de acordo de bens homologado por sentença nos autos do divórcio consensual dos pais, detendo, ele, a mesma eficácia da escritura pública de doação.

c) o prazo decadencial para que o cônjuge exerça o direito potestativo de invalidar a doação realizada pelo outro sem a sua autorização, quando esta era necessária, é de 2 (dois) anos a contar da separação de fato da sociedade conjugal.

d) a revogação de doação por ingratidão obedece a rol taxativo indicado no Código Civil, conforme jurisprudência do STJ.

e) bem imóvel gravado com cláusula de incomunicabilidade e recebido por doação pelo "de cujus" afeta a vocação hereditária do cônjuge sobrevivente.

198. (Ieses/TJ/RO/Cartórios/Remoção/2017) Considera-se doação o contrato em que uma pessoa, por liberalidade, transfere do seu patrimônio bens ou vantagens para o de outra. São corretas as sentenças abaixo exceto:

a) o doador pode estipular que os bens doados voltem ao seu patrimônio, se sobreviver ao donatário.

b) a doação far-se-á por escritura pública ou instrumento particular.

c) a doação do cônjuge adúltero ao seu cúmplice pode ser anulada pelo outro cônjuge, ou por seus herdeiros necessários, até cinco anos depois de dissolvida a sociedade conjugal.

d) o doador pode fixar prazo ao donatário, para declarar se aceita ou não a liberalidade. Desde que o donatário, ciente do prazo, não faça, dentro dele, a declaração, entender-se-á que aceitou, se a doação não for sujeita a encargo.

199. (Ieses/TJ/RO/Cartórios/Ingresso/2017) É certo afirmar:

I. as pessoas capazes de contratar poderão valer-se da arbitragem para dirimir litígios relativos a direitos patrimoniais disponíveis e indisponíveis.

II. se, durante a locação, se deteriorar a coisa alugada, sem culpa do locatário, a este caberá pedir redução proporcional do aluguel, ou resolver o contrato, caso já não sirva a coisa para o fim a que se destinava.

III. por regra geral prevista no Código Civil, o aval posterior ao vencimento do título de crédito produz os mesmos efeitos do anteriormente dado.

IV. consideram-se imóveis para os efeitos legais: os direitos reais e pessoais sobre imóveis e as ações que os asseguram; o direito à sucessão aberta.

Analisando as proposições, pode-se afirmar:

a) somente as proposições II e III estão corretas.

b) somente as proposições I e IV estão corretas.

c) somente as proposições II e IV estão corretas.

d) somente as proposições I e III estão corretas.

4.6.3. Prestação de Serviço; Empreitada; Depósito

SÚMULAS

STF Súm. Vinculante 25. É ilícita a prisão civil de depositário infiel, qualquer que seja a modalidade do depósito.

STJ Súm. 130. A empresa responde, perante o cliente, pela reparação de dano ou furto de veículo ocorridos em seu estacionamento.

INFORMATIVOS

STJ Inadimplemento contratual. Direito subjetivo da revisão contratual diante dos efeitos advindos da pandemia da Covid-19. Redução proporcional do valor das mensalidades escolares. Continuidade da prestação dos serviços. Equilíbrio econômico e financeiro. Inviabilidade na redução do valor da mensalidade. A situação decorrente da pandemia pela Covid-19 não constitui fato superveniente apto a viabilizar a revisão judicial de contrato de prestação de serviços educacionais com a redução proporcional do valor das mensalidades. *REsp 1998206, 4ª T, 14.6.2022. Inf 741.*

QUESTÕES OBJETIVAS

200. (Consulplan/TJ/MG/Cartórios/Ingresso/2017) José da Silva contratou a Construtora Beta para edificar sua casa em um lote de terreno urbano. Foi feito contrato escrito, fixando o preço do serviço, mão de obra e materiais por responsabilidade da construtora e prazo de sua conclusão e providências junto à Prefeitura, para fins de documentação, sem nada dispor sobre responsabilidade técnica, segurança ou qualidade da obra ou seus materiais. Terminada a obra, aprovada com "habite-se" pela Prefeitura e entregue a casa ao contratante José da Silva sem nenhuma ressalva ou reclamação. Quinze meses depois daquele ato de conclusão e entrega da obra, o imóvel começou a dar defeito, com rachaduras em paredes e piso cedendo, ficando a casa insegura para fins de moradia. Diante desses fatos, é correto afirmar que:

a) o empreiteiro é responsável pela solidez e segurança das construções, ainda que não conste cláusula contratual neste sentido.

b) não responde o construtor pelos danos que apareceram no imóvel, porque foi feita a entrega ao contratante, e sem nenhuma ressalva ou reclamação, além do que a Prefeitura emitiu o habite-se, com efetiva presunção de observância de todas as normas técnicas que regem a segurança de edificações.

c) está prescrito o direito de reclamar, porque passaram mais de 12 meses entre entrega do imóvel ao contratante e a reclamação sobre os alegados danos.

d) não responde o construtor porque não contratou nenhuma responsabilidade civil após a entrega da obra ao contratante, sendo ato jurídico perfeito, que não pode ser revisto, sob pena de se criar insegurança jurídica.

4.6.4. Mandato; Comissão; Agência e Distribuição

SÚMULAS

STJ Súm. 60. É nula a obrigação cambial assumida por procurador do mutuário vinculado ao mutuante, no exclusivo interesse deste.

STJ Súm. 476. O endossatário de título de crédito por endosso-mandato só responde por danos decorrentes de protesto indevido se extrapolar os poderes de mandatário.

QUESTÕES DISCURSIVAS

15. (Vunesp/TJ/SP/Cartórios/2021) Em face do contido no art. 653 do Código Civil é possível inferir que mandato e procuração são sinônimos? Explique.

QUESTÕES OBJETIVAS

201. (FGV/TJ/SC/Cartórios/Ingresso/2021) Isaías celebrou contrato de mandato com José, pelo qual deu procuração a este último, outorgando-lhe poderes especiais para a realização de atos extrajudiciais em seu nome. Entretanto, em razão da progressiva evolução da doença neurológica que o aflige, Isaías veio a ser interditado por um de seus filhos. Diante disso:

a) o mandato se extingue, e José não pode mais praticar qualquer ato em nome de Isaías.
b) o mandato se extingue, mas José ainda pode concluir negócios iniciados, se houver perigo na demora.
c) José mantém os poderes que lhe foram atribuídos, pois o mandato somente se extinguirá com a morte de Isaías, revogação ou renúncia.
d) os atos praticados por José no exercício do mandato podem ser anulados pelos herdeiros ou pelo curador de Isaías, se desviados de seu interesse e vontade presumíveis.
e) os atos praticados por José no exercício do mandato são eficazes quanto ao mandante, mas o mandatário pode ser responsabilizado se não atender às orientações do curador de Isaías.

202. (FGV/TJ/SC/Cartórios/Remoção/2021) Em razão de contrato de mandato, Ernesto recebeu procuração de Fernando, firmada em instrumento público, para praticar atos administrativos em seu nome. Apesar da omissão da procuração sobre poderes para substabelecer, Ernesto substabeleceu para seu colega de escritório Guilherme, por instrumento particular. Os atos praticados por Guilherme no exercício dos poderes substabelecidos:

a) só vinculam Fernando se ele ratificar expressamente todos os atos praticados por Guilherme.
b) vinculam Fernando, mas ele poderá responsabilizar Ernesto se Guilherme agir culposamente.
c) não vinculam Fernando, pois o substabelecimento também deveria ocorrer por instrumento público.
d) não vinculam Fernando, pois a procuração por ele outorgada não dava poderes para substabelecer.
e) vinculam Fernando, e ele só poderá responsabilizar Ernesto se este agiu culposamente ao escolher Guilherme ou ao lhe dar instruções.

203. (Cespe/TJ/DFT/Cartórios/Remoção/2019) Paulo outorgou poderes, por meio de procuração feita por escritura pública, a Marcos, para ser por este representado na venda a terceiros de seu imóvel, que vale cem salários mínimos. Nesse caso, é correto afirmar que:

a) a descrição do bem a ser alienado deverá constar da lavratura da procuração.
b) a outorga do poder de alienar o bem imóvel abrange o poder de hipotecá-lo.
c) a referida procuração teria a mesma validade caso fosse celebrada por instrumento particular.
d) a natureza da espécie contratual impede que Paulo vede o substabelecimento.
e) caso o imóvel seja vendido por valor superior ao esperado por Paulo, Marcos poderá reter a diferença.

204. (Ieses/TJ/SC/Cartórios/Remoção/2019) No que se refere à procuração pública:

a) O ato de revogação, ainda que não levado a conhecimento do procurador, terá sua existência reconhecida e será válida e eficaz.
b) Não é possível a lavratura de escritura de revogação da procuração por aquele que perdeu a capacidade jurídica para a prática do ato.
c) Apenas o mandato gratuito comporta a revogação da procuração por interesse unilateral do mandante.
d) Não é possível a revogação unilateral de procuração de mandato instituído por prazo determinado antes de seu termo.

205. (Ieses/TJ/SC/Cartórios/Ingresso/2019) Relativamente ao contrato de mandato:

I. O mandato presume-se gratuito quando não houver sido estipulada retribuição, exceto se o seu objeto corresponder ao daqueles que o mandatário trata por ofício ou profissão lucrativa.
II. O mandatário deve aplicar toda a sua diligência habitual.
III. São inválidos, a respeito dos contratantes de boa-fé, os atos com estes ajustados em nome do mandante pelo mandatário, enquanto este ignorar a morte daquele ou a extinção do mandato, por qualquer outra causa.

Considerando as afirmativas acima, aponte a alternativa que corresponda à afirmativa falsa ou às afirmativas falsas:

a) III.
b) I e III.
c) I e II.
d) II e III.

206. (Consulplan/TJ/MG/Cartórios/Ingresso/2018) Em relação ao mandato, assinale a alternativa correta:

a) quando o mandato for outorgado por instrumento público, não se poderá substabelecer por instrumento particular.
b) a morte do mandante não faz cessar imediatamente o mandato quando o negócio já houver começado e houver perigo na demora.
c) o terceiro com quem o mandatário tratar os negócios do mandante não poderá exigir que a procuração traga a firma reconhecida.
d) a conclusão do negócio atribuído ao mandatário não é causa determinante para a cessação do mandato, em razão da relação de imputação.

207. (Consulplan/TJ/MG/Cartórios/Ingresso/2018) A procuração lavrada em cartório de notas:

a) jamais poderá conter outorga de poderes para o representante celebrar negócio jurídico consigo, que seria negócio nulo.
b) dispensa a prova dos poderes outorgados ao representante, uma vez que lavrada em instrumento público, o que leva à presunção absoluta de conhecimento dos poderes.
c) tem por efeito que as declarações do representante, ainda que excedam os poderes outorgados, vincularão o representado,

pois o terceiro terá sempre condições de extrair certidão da procuração pública.

d) poderá levar à anulação do negócio jurídico celebrado pelo representante, caso se prove que ele agiu em conflito de interesses com o outorgante, se tal fato era ou deveria ser do conhecimento de terceiro que com aquele contratou.

208. (Consulplan/TJ/MG/Cartórios/Remoção/2018) Assinale a alternativa correta acerca das procurações:

a) em regra, a procuração em causa própria extingue-se com a morte do mandante.

b) silente o instrumento de procuração sobre a possibilidade de substabelecimento, a presunção é de sua vedação.

c) cartório de notas – por ser válida, eficaz e legítima – deve lavrar uma procuração em que o mandante confira ao mandatário poderes para doar imóvel a pessoa livremente escolhida pelo procurador.

d) a procuração para venda de imóvel não será classificada como procuração em causa própria, ainda que por meio dela sejam outorgados poderes para transferência do bem para o próprio outorgado ou para terceiros por ele indicados, se não contiver o preço da compra e venda.

209. (Ieses/TJ/AM/Cartórios/Ingresso/2018) Sobre o contrato de mandato, responda as questões:

I. o mandato pode ser conferido com clausula de irrevogabilidade.

II. conferido o mandato com a cláusula "em causa própria", a sua revogação não terá eficácia, nem se extinguirá pela morte de qualquer das partes, ficando o mandatário dispensado de prestar contas, e podendo transferir para si os bens móveis ou imóveis objeto do mandato, obedecidas as formalidades legais.

III. se o mandato for outorgado por duas ou mais pessoas, e para negócio comum, cada uma ficará solidariamente responsável ao mandatário por todos os compromissos e efeitos do mandato, salvo direito regressivo, pelas quantias que pagar, contra os outros mandantes.

Assinale a correta:

a) apenas a assertiva II é verdadeira.

b) apenas as assertivas I e II são verdadeiras.

c) todas as assertivas são verdadeiras.

d) todas as assertivas são falsas.

4.6.5. Corretagem; Transporte; Seguro; Constituição de Renda

SÚMULAS

1) Do Seguro

STF **Súm. 188.** O segurador tem ação regressiva contra o causador do dano, pelo que efetivamente pagou, até o limite previsto no contrato de seguro.

STF **Súm. 257.** São cabíveis honorários de advogado na ação regressiva do segurador contra o causador do dano.

STJ **Súm. 101.** A ação de indenização do segurado em grupo contra a seguradora prescreve em um ano.

STJ **Súm. 229.** O pedido do pagamento de indenização à seguradora suspende o prazo de prescrição até que o segurado tenha ciência da decisão.

STJ **Súm. 246.** O valor do seguro obrigatório deve ser deduzido da indenização judicialmente fixada.

STJ **Súm. 278.** O termo inicial do prazo prescricional, na ação de indenização, é a data em que o segurado teve ciência inequívoca da incapacidade laboral.

STJ **Súm. 402.** O contrato de seguro por danos pessoais compreende os danos morais, salvo cláusula expressa de exclusão.

STJ **Súm. 465.** Ressalvada a hipótese de efetivo agravamento do risco, a seguradora não se exime do dever de indenizar em razão da transferência do veículo sem a sua prévia comunicação.

STJ **Súm. 529.** No seguro de responsabilidade civil facultativo, não cabe o ajuizamento de ação pelo terceiro prejudicado direta e exclusivamente em face da seguradora do apontado causador do dano.

STJ **Súm. 537.** Em ação de reparação de danos, a seguradora denunciada, se aceitar a denunciação ou contestar o pedido do autor, pode ser condenada, direta e solidariamente junto com o segurado, ao pagamento da indenização devida à vítima, nos limites contratados na apólice.

STJ **Súm. 610.** O suicídio não é coberto nos dois primeiros anos de vigência do contrato de seguro de vida, ressalvado o direito do beneficiário à devolução do montante da reserva técnica formada.

STJ **Súm. 616.** A indenização securitária é devida quando ausente a comunicação prévia do segurado acerca do atraso no pagamento do prêmio, por constituir requisito essencial para a suspensão ou resolução do contrato de seguro.

STJ **Súm. 620.** A embriaguez do segurado não exime a seguradora do pagamento da indenização prevista em contrato de seguro de vida.

STJ **Súm. 632.** Nos contratos de seguro regidos pelo Código Civil, a correção monetária sobre a indenização securitária incide a partir da contratação até o efetivo pagamento.

2) Do Transporte

STF **Súm. 161.** Em contrato de transporte, é inoperante a cláusula de não indenizar.

STF **Súm. 187.** A responsabilidade contratual do transportador, pelo acidente com o passageiro, não é elidida por culpa de terceiro, contra o qual tem ação regressiva.

STJ **Súm. 145.** No transporte desinteressado, de simples cortesia, o transportador só será civilmente responsável por danos causados ao transportado quando incorrer em dolo ou culpa grave.

REPERCUSSÃO & REPETITIVOS

STJ **Repetitivo 1068.** Não é ilegal ou abusiva a cláusula que prevê a cobertura adicional de invalidez funcional permanente total por doença (IFPD) em contrato de seguro de vida em grupo, condicionando o pagamento da indenização securitária à perda da existência independente do segurado, comprovada por declaração médica. *REsp 1867199, 18.10.2021.*

JURISPRUDÊNCIA EM TESES

1) Do Seguro em Geral

STJ **JurisTese 10-1.** A seguradora não pode se eximir do dever de indenizar, alegando omissão de doenças preexistentes por parte do segurado, se dele não exigiu exames clínicos prévios, salvo quando restar comprovado que ele agiu de má-fé.

STJ **JurisTese 10-2.** O simples atraso no pagamento de prestação do prêmio do seguro não importa em desfazimento automático do contrato, sendo necessária, ao menos, a prévia constituição em mora do contratante pela seguradora, mediante interpelação.

STJ **JurisTese 10-3.** A ocorrência do suicídio antes do prazo bienal previsto no art. 798, caput, do CC/2002 não exime, por si só, a seguradora do dever de indenizar, sendo imprescindível a comprovação da premeditação por parte do segurado, ônus que recai sobre a seguradora.

STJ **JurisTese 10-6.** O pedido dirigido à seguradora para que reconsidere indenização securitária não suspende o prazo prescricional de ação em que se pleiteia a indenização denegada.

STJ **JurisTese 10-7.** O conceito de acidente pessoal delimitado em cláusula de contrato de seguro não pode ser interpretado em sede de recurso especial tendo em vista o óbice da Súmula 5/STJ.

STJ **JurisTese 10-9.** É abusiva a negativa de renovação ou a modificação súbita do contrato de seguro de vida, mantido sem alterações ao longo dos anos, por ofensa aos princípios da boa-fé objetiva, da cooperação, da confiança e da lealdade.

STJ **JurisTese 10-10.** Em ação de reparação de danos, a seguradora possui legitimidade para figurar no polo passivo da demanda em litisconsórcio com o segurado, apontado causador do dano.

2) Do Seguro de Pessoa

STJ **JurisTese 95-1.** É desnecessário o prévio requerimento administrativo para liquidação de sinistro no contrato de seguro de vida.

STJ **JurisTese 95-2.** Para fins de cobertura contratual, há clara diferenciação entre cobertura por invalidez funcional (Invalidez Funcional Permanente Total por Doença – IFPD) e por invalidez laboral (Invalidez Laborativa Permanente Total por Doença – ILPD).

STJ **JurisTese 95-3.** O suicídio cometido nos dois primeiros anos de vigência do contrato de seguro de vida é risco não coberto, ressalvado o direito do beneficiário ao ressarcimento do montante da reserva técnica já formada.

STJ **JurisTese 95-4.** Nas indenizações securitárias, a correção monetária incide desde a data da celebração do contrato até o dia do efetivo pagamento do seguro.

STJ **JurisTese 95-5.** O simples atraso no pagamento das prestações do contrato de seguro de vida não determina a suspensão ou a resolução automática da cobertura, exigindo-se a prévia constituição do segurado em mora pela seguradora, mediante notificação ou interpelação, mostrando-se indevida a negativa de pagamento da indenização correspondente.

STJ **JurisTese 95-6.** A concessão de aposentadoria por invalidez pelo Instituto Nacional do Seguro Social – INSS não comprova, de forma absoluta, a incapacidade total e permanente para efeito de concessão de indenização de seguro privado, sendo permitido à seguradora requerer a realização de perícia para atestar a real incapacidade do segurado.

STJ **JurisTese 95-7.** O fato de o militar beneficiário de seguro privado ter sido reformado em razão de incapacidade total e permanente para o serviço militar não implica, necessariamente, o direito à percepção de indenização securitária decorrente de contrato de seguro.

STJ **JurisTese 95-8.** É devida a indenização do seguro de vida aos beneficiários do policial (militar, civil ou federal) que falece, dentro ou fora do horário ou do local de serviço, desde que no estrito cumprimento de suas obrigações legais.

STJ **JurisTese 95-9.** A embriaguez do segurado, por si só, não exime o segurador do pagamento de indenização prevista em contrato de seguro de vida, sendo necessária a prova de que o agravamento de risco dela decorrente influiu decisivamente na ocorrência do sinistro.

STJ **JurisTese 95-10.** A ausência de habilitação para dirigir caracteriza-se como mera infração administrativa, não configurando, por si só, o agravamento intencional do risco por parte do segurado, apto a afastar a obrigação de indenizar da seguradora.

STJ **JurisTese 95-11.** A oferta de seguro de vida por companhia seguradora vinculada à instituição financeira, dentro de agência bancária, implica responsabilidade solidária da empresa de seguros e do banco perante o consumidor.

STJ **JurisTese 95-12.** É possível, excepcionalmente, atribuir ao estipulante a responsabilidade pelo pagamento da indenização securitária, como nas hipóteses de mau cumprimento de suas obrigações contratuais ou de criação nos segurados de legítima expectativa de ser ele o responsável por esse pagamento.

STJ **JurisTese 98-1.** No contrato de seguro de vida, o segurado tem livre escolha para designar o beneficiário da apólice, devendo referida opção ser observada no momento do pagamento da indenização securitária.

STJ **JurisTese 98-2.** A má-fé do segurado na contratação do seguro necessita ser comprovada, não podendo a seguradora se eximir do dever de indenizar, alegando omissão de informações sobre doenças preexistentes, se não exigiu do segurado a realização de exames clínicos antes da contratação.

STJ **JurisTese 98-3.** Em decorrência da aplicação analógica do parágrafo único do art. 15 da Lei n. 9.656/1998, que dispõe sobre os planos e seguros privados de assistência à saúde, é abusiva a cláusula que estabelece fatores de aumento do prêmio do seguro de vida de acordo com a faixa etária após o segurado completar 60 anos de idade e ter mais de 10 anos de vínculo contratual.

STJ **JurisTese 98-4.** É de 1 (um) ano o prazo prescricional para a propositura de ação objetivando a revisão de cláusulas contratuais, a restituição de prêmios e a indenização por danos morais em virtude de conduta supostamente abusiva da seguradora que se recusou a renovar seguro de vida em grupo, nos termos do art. 206, § 1º, II, "b", do Código Civil de 2002.

STJ **JurisTese 98-6.** Na hipótese de seguro de vida em grupo contratado pela empregadora, a situação do empregado é a de segurado e não de beneficiário, portanto, a prescrição do direito de vindicar a cobertura é de um ano, ao teor do art. 178, § 6º, II, do Código Civil de 1916 e da Súmula n. 101 do STJ.

STJ **JurisTese 98-7.** É de 10 (dez) anos o prazo prescricional para a propositura da ação pelo terceiro beneficiário em desfavor da seguradora, nos termos do art. 205 do Código Civil de 2002.

STJ **JurisTese 98-8.** A medida cautelar de exibição de documentos interrompe a prescrição ânua da ação que postula a restituição de prêmios pagos pelo segurado participante de apólice de seguro de vida em grupo.

STJ **JurisTese 98-9.** Não é abusiva a cláusula contratual que prevê a possibilidade de não renovação automática do seguro de vida em grupo por qualquer dos contratantes, desde que haja prévia notificação da outra parte em prazo razoável.

STJ **JurisTese 98-10.** É abusiva a negativa de renovação ou a modificação súbita do contrato de seguro de vida, mantido sem alterações ao longo dos anos, por ofensa aos princípios da boa-fé objetiva, da cooperação, da confiança e da lealdade.

STJ **JurisTese 98-11.** No seguro de vida em grupo, em regra, a estipulante qualifica-se como mera mandatária dos segurados, e não como terceira para fins da relação securitária.

3) Do Seguro de Dano

STJ **JurisTese 116-1.** Em caso de perda total decorrente de incêndio, sem que se possa precisar o valor dos prejuízos no imóvel segurado, será devido o valor integral da apólice.

STJ **JurisTese 116-2.** O simples atraso no pagamento de prestação do prêmio do seguro não importa em desfazimento automático do contrato, sendo necessária, ao menos, a prévia constituição em mora do contratante pela seguradora, mediante interpelação.

STJ **JurisTese 116-3.** A seguradora tem direito de demandar o ressarcimento dos danos sofridos pelo segurado depois de realizada a cobertura do sinistro, sub-rogando-se nos direitos anteriormente titularizados pelo segurado, nos termos do art. 786 do Código Civil e da Súmula n. 188/STF.

STJ **JurisTese 116-4.** Ao efetuar o pagamento da indenização em decorrência de danos causados pela companhia aérea por extravio de bagagem ou de mercadoria, a seguradora sub-roga-se nos direitos do segurado, podendo, dentro do prazo prescricional aplicável à relação jurídica originária, buscar o ressarcimento do que despendeu, nos mesmos termos e limites que assistiam ao segurado.

STJ **JurisTese 116-5.** Nas ações regressivas, propostas pela seguradora contra o causador do dano, os juros de mora devem fluir a partir do efetivo desembolso da indenização securitária paga e não da citação.

STJ **JurisTese 116-6.** Nos contratos de seguro de veículo, a correção monetária dos valores acobertados pela proteção securitária incide desde a data da celebração do pacto até o dia do efetivo pagamento do seguro.

STJ **JurisTese 116-7.** Não é abusiva a cláusula dos contratos de seguro que preveja que a seguradora de veículos, nos casos de perda total ou de furto do bem, indenize o segurado pelo valor de mercado na data do sinistro.

STJ **JurisTese 116-9.** No seguro de automóvel, é lícita a cláusula contratual que prevê a exclusão da cobertura securitária quando comprovado pela seguradora que o veículo sinistrado foi conduzido por pessoa embriagada ou drogada.

STJ **JurisTese 116-10.** No contrato de seguro que possui cláusula de cobertura para furto ou roubo, descabe o dever de indenizar em casos de estelionato ou de apropriação indébita, uma vez que tais disposições devem ter interpretação restritiva.

INFORMATIVOS

STJ **Seguro de vida. Acidente de trânsito. Embriaguez do segurado. Negativa de cobertura. Impossibilidade. Estado mental do segurado. Irrelevante. Súmula 620 do STJ.** Nos seguros de pessoas, é vedada a exclusão de cobertura na hipótese de sinistros ou acidentes decorrentes de atos praticados pelo segurado em estado de insanidade mental, de alcoolismo ou sob efeito de substâncias tóxicas. *REsp 1999624, 2ª S, 28.9.2022. Inf 751.*

STJ **Transporte rodoviário. Roubo de carga. Adoção de todas as cautelas assecuratórias pela transportadora. Agravamento do risco pelo segurado. Ato culposo ou doloso. Responsabilidade Civil. Dever de indenização da seguradora. Exoneração.** O roubo de carga em transporte rodoviário, mediante uso de arma de fogo, exclui a responsabilidade da transportadora perante a seguradora do proprietário da mercadoria transportada, quando adotadas todas as cautelas que razoavelmente dela se poderia esperar, assim como a conduta direta do segurado que agravar o risco da cobertura contratada, por ato culposo ou doloso, acarreta a exoneração do dever da seguradora do pagamento da indenização. *EREsp 1577162, 2ª S, 10.8.2022. Inf 744.*

STJ Seguro de dano. Incêndio. Perda total de imóvel. Valor da indenização. Efetivo prejuízo. Momento do sinistro. Princípio indenitário. CC. Em caso de perda total do bem segurado, a indenização securitária deve corresponder ao valor do efetivo prejuízo experimentado no momento do sinistro, observado, contudo, o valor máximo previsto na apólice do seguro de dano, nos termos dos arts. 778 e 781 do CC. *REsp 1955422, 4ª T, 14.6.2022. Inf 742.*

STJ Seguro de vida coletivo. Recusa indenizatória. Alegação de descumprimento de deveres contratuais. Empresa estipulante. Favor de terceiro. Legitimidade de agir. Cabimento. Apesar de, em princípio, a empresa estipulante de contrato de seguro de vida coletivo não possuir legitimidade passiva em ações nas quais pleiteia-se o pagamento de indenizações securitárias, em se tratando de ação que questiona o cumprimento das obrigações firmadas entre as partes contratantes, pode ser reconhecida a legitimidade ativa da mandatária, sem prejudicar os beneficiários do segurado a fazer jus ao recebimento da indenização. *REsp 2004461, 3ª T, 30.9.2022. Inf 753.*

STJ Contrato de seguro de vida. Administração de bens ou interesses de terceiros. Não ocorrência. Ausência de interesse processual. Nos contratos de seguro, o valor de indenização a ser recebido na hipótese de ocorrência do evento segurado é estabelecido previamente no contrato e, por isso, não há a "guarda" dos prêmios. *REsp 1738657, 3ª T, 14.6.2022. Inf 741.*

STJ Seguro. Sub-rogação. Ação regressiva de ressarcimento. Cláusula de eleição de foro firmada entre a autora do dano e o segurado. Inoponibilidade à seguradora. A cláusula de eleição de foro firmada entre a autora do dano e o segurado não é oponível à seguradora sub-rogada em ação regressiva na qual pleiteia o ressarcimento do valor pago ao segurado. *REsp 1962113, 3ª T, 25.3.2022. Inf 729.*

STJ Seguro empresarial contra incêndio. Seguro de dano. Perda total do bem segurado. Limitação da indenização ao prejuízo efetivamente experimentado. Na hipótese de perda total do bem segurado, o valor da indenização só corresponderá ao montante integral da apólice se o valor segurado, no momento do sinistro, não for menor. *REsp 1943335, 3ª T, 17.12.2021. Inf 722.*

STJ Seguro de vida. Instituidor casado não separado de fato ou judicialmente. Concubina beneficiária. Impossibilidade. Expressa vedação legal. Art. 793 do CC. O seguro de vida não pode ser instituído por pessoa casada em benefício de parceiro em relação concubinária. *REsp 1391954, 4ª T, 22.3.2022. Inf 731.*

STJ Compra e venda de imóvel. Promitente comprador. Promitente vendedor. Corretagem. Relações jurídicas diversas. Responsabilidade da corretora. Limitação à eventual falha na prestação do serviço de corretagem. A relação jurídica estabelecida no contrato de corretagem é diversa daquela firmada entre o promitente comprador e o promitente vendedor do imóvel, de modo que a responsabilidade da corretora está limitada a eventual falha na prestação do serviço de corretagem. *REsp 1811153, 3ª T, 15.2.2022. Inf 725.*

QUESTÕES OBJETIVAS

210. (Vunesp/TJ/SP/Cartórios/Ingresso/2022) Marque a alternativa verdadeira acerca do contrato de seguro.

a) Nulo será o contrato para garantia de risco proveniente de ato doloso ou culposo do segurado, do beneficiário, ou de representante de um ou de outro.
b) Nos seguros de pessoas, o segurador não pode sub-rogar-se nos direitos e ações do segurado ou do beneficiário, contra o causador do sinistro.
c) A embriaguez do segurado exime a seguradora do pagamento da indenização prevista em contrato de seguro de vida.
d) No seguro de responsabilidade civil facultativo, cabe o ajuizamento de ação pelo terceiro prejudicado direta e exclusivamente em face da seguradora do apontado causador do dano.

211. (Cespe/TJ/DFT/Cartórios/Remoção/2019) Helena obrigou-se, a título gratuito, mediante contrato que exige escritura pública para ter validade, ao pagamento, pelo período determinado de um ano, de uma prestação mensal a Ana. A respeito dessa situação hipotética, assinale a opção que apresenta a denominação do contrato celebrado entre Helena e Ana.

a) contrato de constituição de renda.
b) contrato de agência e distribuição.
c) contrato de depósito necessário.
d) contrato de doação.
e) contrato estimatório.

212. (Cespe/TJ/DFT/Cartórios/Ingresso/2019) De acordo com o Código Civil e o entendimento jurisprudencial do STJ, assinale a opção correta no que tange a contrato de seguro.

a) É válida a exclusão de cobertura de seguro de vida na hipótese de sinistro decorrente de conduta do segurado praticada em estado de embriaguez.
b) Na hipótese de pagamento do valor da apólice ao segurado pela seguradora, esta poderá acionar em regresso o autor do dano, mas não se sub-roga nos direitos e nas ações que competirem ao segurado.
c) Em caso de morte do segurado por suicídio no transcurso do primeiro ano de vigência do contrato de seguro de vida, o beneficiário terá direito à indenização.
d) O suicídio não premeditado, se ocorrido no transcurso do segundo ano de vigência do contrato de seguro de vida, é hipótese de pagamento ao beneficiário da indenização decorrente do contrato.
e) O capital estipulado no seguro de vida não é considerado como herança para todos os efeitos de direito.

213. (Vunesp/TJ/RS/Cartórios/Remoção/2019) Sobre o contrato de seguro, pode-se corretamente afirmar que:

a) o simples atraso no pagamento de prestação do prêmio do seguro importa em desfazimento automático do contrato, não sendo necessária a prévia constituição em mora do contratante pela seguradora, mediante interpelação.
b) a ocorrência do suicídio, premeditado ou não, antes dos primeiros dois anos de vigência inicial do contrato exime, por si só, a seguradora do dever de indenizar.
c) o pedido dirigido à seguradora para que reconsidere indenização securitária suspende o prazo prescricional de ação em que se pleiteia a indenização denegada.
d) é abusiva a negativa de renovação ou a modificação súbita do contrato de seguro de vida, mantido sem alterações ao longo dos anos, por ofensa aos princípios da boa-fé objetiva, da cooperação, da confiança e da lealdade.
e) a seguradora não pode se eximir do dever de indenizar, alegando omissão de doenças preexistentes por parte do segurado, se dele não exigiu exames clínicos prévios, mesmo se restar comprovado que ele agiu de má-fé.

214. (Consulplan/TJ/MG/Cartórios/Ingresso/2017) José da Silva colocou uma casa de sua propriedade à venda. Antônio Pedro e Paulo Nogueira, corretores autônomos, passando pelo local viram a placa de "vende-se" e procuraram individualmente o dono José da Silva e ofereceram os serviços de intermediação. José Silva concordou, mas não deu exclusividade para nenhum deles, combinando percentual de 4% sobre valor, em caso de venda, como remuneração. Então ambos os corretores colocam os números de seus telefones ao lado da placa "vende-se". Maria Pia passou pelo local, viu os números de telefones e ligou para Antônio Pedro, agendando visita ao imóvel. Foi ao local, tirou fotos, gostou muito, perguntou preço, fez proposta de compra, mas não fechou o negócio no ato, porque o corretor ficou de conversar com o proprietário. Passados 15 dias, Maria Pia ligou para Antônio Pedro para saber notícia do imóvel, mas não conseguiu o contato com o corretor, pois todas as ligações davam ocupadas ou fora de área. Então, como tinha outro telefone na placa, ligou para Paulo Nogueira, que passou as informações complementares e tirou as dúvidas que Maria Pia tinha, mostrou-lhe a documentação, tudo legal, dispensando nova visita ao imóvel, porque já o conhecia. Então, fechou o negócio de compra e venda, assinou contrato e pagou ao proprietário o valor e entrou na posse do imóvel. A comissão de corretagem foi paga a Paulo Nogueira. Antônio Pedro, posteriormente, viu que a placa "vende-se" foi retirada do local e que havia nova moradora no imóvel. Ela lhe contou o ocorrido e Antônio Pedro entende que tem direito à comissão de corretagem. A esse respeito, marque a afirmativa correta:

a) Antônio Pedro não tem nenhum direito à comissão de corretagem porque quando foi procurado pela compradora não foi encontrado, deixando de dar assistência à cliente, portanto, por sua culpa exclusiva, não foi fechado o negócio com sua intermediação e pelo Código Civil a remuneração é devida ao corretor que, efetivamente, tenha conseguido o resultado previsto no contrato de mediação.
b) Antônio Pedro não tem direito à corretagem, já que não tinha cláusula de exclusividade com o proprietário e isso ficou muito claro no documento que assinou, e sendo pessoa do ramo, presume-se conhecer sua atividade e o risco de não estar sempre à disposição do cliente interessado na compra do imóvel.
c) Antônio Pedro tem direito à comissão de corretagem, mas apenas parcialmente, pelo serviço que prestou na venda do imóvel, sendo o contato inicial na aproximação das partes compradora e vendedor do bem.
d) Antônio Pedro tem direito de receber todo o valor da corretagem porque, sem sua participação, o negócio não teria ocorrido e a entrada de Paulo Nogueira no negócio foi sem ética profissional e a lei não pode tutelar quem usurpa a clientela de outrem, porque isso gera concorrência desleal, ferindo a boa-fé objetiva.

215. (Consulplan/TJ/MG/Cartórios/Remoção/2017) De acordo com a legislação, pelo contrato de corretagem, uma pessoa, não ligada a outra em virtude de mandato, de prestação de serviços ou por qualquer relação de dependência, obriga-se a obter para a segunda um ou mais negócios, conforme as instruções recebidas. E para efeito de remuneração do corretor, é correto dizer que a remuneração do corretor:

a) será sempre fixada em lei, já que se trata de uma profissão devidamente regulamentada, e tem suas normas próprias e como toda remuneração é de ordem pública, portanto devem se seguidas.
b) se não estiver fixada em lei, nem ajustada entre as partes, será arbitrada segundo a natureza do negócio e os usos locais.
c) será sempre contratual, já que a lei não cuidou de sua remuneração, sendo profissão autônoma, exercida de forma livre, como todo profissional liberal.
d) é contratual, e se não se chegar a um acordo sobre o seu valor ou se divergirem as partes após conclusão do serviço contratado, deve-se pedir o arbitramento em juízo ou em Câmaras Arbitrais.

216. (Consulplan/TJ/MG/Cartórios/Remoção/2017) José Silva contratou com a Construtora Beta a compra de imóvel "na planta", unidade 201, do Edifício Urandi, que estava sendo lançado nesta capital com ampla divulgação. Dentre as cláusulas do contrato padrão já impresso, constou que José Silva pagaria uma entrada de R$ 10.000,00, mais 6 parcelas intermediárias de R$ 3.000,00 e o saldo de R$ 100.000,00 seria financiado junto ao SFH. Continha, ainda, uma cláusula no mesmo contrato, mas separada e destacada, de que pagaria, ainda, José Silva o valor fixo de R$ 1.500,00 a título de corretagem, sendo que a Corretora Alfa estava instalada no canteiro de obras do local, onde seria erigida a edificação, a qual foi efetivamente paga naquele ato ao corretor, que se apresentou como preposto da Alfa. No entanto, José Silva sentiu-se lesado em pagar aquela comissão de corretagem, que chamou de abusiva e colidente com o Código de Defesa do Consumidor, e ingressou em juízo com pedido de sua nulidade e devolução do valor pago. Para o caso, assinale a afirmativa correta:

a) é válida a cláusula que transfere ao consumidor o pagamento da comissão de corretagem, já que expressamente contratada e de forma destacada.
b) é nula a cláusula de comissão de corretagem, já que camuflada para onerar o comprador, vez que o serviço foi prestado no próprio canteiro de obras, portanto obrigação seria da Construtora.
c) a cláusula relativa à comissão de corretagem somente seria válida se lançada em outro instrumento de contrato, o que naquele caso não ocorreu, portanto nula, já que constituiu em "venda casada", o que é vedado pelo Código de Defesa do Consumidor.
d) é nula de pleno direito a cláusula relativa à comissão de corretagem já que lançada em contrato de adesão, estava impressa quando na negociação, sem margem para discussão, o que colide com as normas protetivas do Código de Defesa do Consumidor.

217. (Cetro/TJ/RJ/Cartórios/Remoção/2017) Átila e Doroteia, planejando a vida a dois, visitam um estande de vendas de unidades autônomas de uma planta predial vinculada a uma incorporação imobiliária. Por gostarem do projeto arquitetônico e da vizinhança, firmaram contrato de promessa de compra e venda, o qual previa, dentre outros pontos, que a obrigação de pagar a comissão de corretagem é do promitente-comprador, bem como estaria embutido no valor do contrato a cobrança de Serviço de Assessoria Técnico-Imobiliária (SATI). Considerando o caso acima, marque V para verdadeiro ou F para falso e, em seguida, assinale a alternativa que apresenta a sequência correta.

I. é válida a obrigação de pagar a comissão de corretagem pelo promitente-comprador referente à unidade autônoma vinculada à incorporação imobiliária, desde que previamente informado.
II. dado que o contrato de corretagem configura vínculo jurídico acessório e direto do contrato de compra e venda da unidade autônoma, necessariamente, devem participar do contrato de corretagem o comitente-comprador, o corretor e o terceiro, o vendedor.
III. a cobrança de SATI em alienação de unidades autônomas em regime de incorporação imobiliária somente pode ser considerada abusiva na hipótese de o serviço ser desvinculado do contrato celebrado:

a) F, V, F.
b) F, V, V.
c) V, F, F.
d) F, F, V.
e) V, F, V.

218. (Consulplan/TJ/MG/Cartórios/Remoção/2017) No contrato de seguro (artigos 757 e 758 do CC), quando se usa o termo "prêmio", tem-se a exegese ou significado de que:

a) é a indenização ou reparação que o segurado tem direito em caso de sinistro.
b) é o valor ou prestação paga pelo segurado para ter a proteção da seguradora.
c) é a indenização que o segurado tem com base no que consta da apólice, e a esta vinculando os riscos contratados.
d) é um bônus que a seguradora concede ao segurado, quando se renova o contrato, em que o cliente não fez uso do seguro no ano anterior.

4.6.6. Jogo e Aposta; Fiança; Transação

SÚMULAS

1) Da Fiança

STJ **Súm. 214.** O fiador na locação não responde por obrigações resultantes de aditamento ao qual não anuiu.

STJ **Súm. 268.** O fiador que não integrou a relação processual na ação de despejo não responde pela execução do julgado.

STJ **Súm. 332.** A fiança prestada sem autorização de um dos cônjuges implica a ineficácia total da garantia.

STJ **Súm. 656.** É válida a cláusula de prorrogação automática de fiança na renovação do contrato principal. A exoneração do fiador depende da notificação prevista no art. 835 do Código Civil.

JURISPRUDÊNCIA EM TESES

1) Da Fiança

STJ **JurisTese 101-1.** O contrato de fiança deve ser interpretado restritivamente, de modo que a responsabilidade dos fiadores se resume aos termos do pactuado no ajuste original, com o qual expressamente consentiram.

STJ **JurisTese 101-2.** Existindo, no contrato de locação, cláusula expressa prevendo que os fiadores respondam pelos débitos locativos até a efetiva entrega do imóvel, subsiste a fiança no período em que referido contrato foi prorrogado, ressalvada a hipótese de exoneração do encargo.

STJ **JurisTese 101-4.** Havendo mais de um locatário, é válida a fiança prestada por um deles em relação aos demais, o que caracteriza fiança recíproca.

STJ **JurisTese 101-6.** A fiança prestada sem autorização de um dos cônjuges implica a ineficácia total da garantia (Súmula n. 332/STJ).

STJ **JurisTese 101-7.** A fiança prestada sem autorização de um dos cônjuges implica a ineficácia total da garantia (Súmula n. 332/STJ), salvo se o fiador emitir declaração falsa, ocultando seu estado civil de casado.

STJ **JurisTese 101-8.** A fiança prestada por fiador convivente em união estável, sem a outorga uxória do outro companheiro, não é nula, nem anulável.

STJ **JurisTese 101-9.** A nulidade da fiança só pode ser demandada pelo cônjuge que não a subscreveu ou por seus respectivos herdeiros.

STJ **JurisTese 101-10.** A retirada dos sócios-fiadores, per si, não induz à exoneração automática da fiança, impondo-se, além da comunicação da alteração do quadro societário, a formulação de pedido de exoneração das garantias mediante notificação extrajudicial ou ação judicial própria.

STJ **JurisTese 101-11.** A decretação de falência do locatário, sem a denúncia da locação, nos termos do art. 119, VII, da Lei n. 11.101/2005, não altera a responsabilidade dos fiadores junto ao locador.

STJ **JurisTese 104-2.** Admite-se a substituição da garantia em dinheiro por outro bem ou por fiança bancária, na fase de execução ou de cumprimento de sentença, em hipóteses excepcionais e desde que não ocasione prejuízo ao exequente.

STJ **JurisTese 104-3.** É legal a exigência de prestação de garantia pessoal e de comprovação da idoneidade cadastral do estudante e do respectivo fiador, para a celebração de contrato de financiamento estudantil vinculado ao Fundo de Financiamento Estudantil – FIES.

STJ **JurisTese 104-4.** Se o fiador não participou da ação de despejo, a interrupção da prescrição para a cobrança dos aluguéis e acessórios não o atinge.

STJ **JurisTese 104-6.** É possível a expedição de Certidão Positiva com Efeitos de Negativa – CPEN, desde que a carta de fiança seja suficiente para garantir o juízo da execução.

STJ **JurisTese 104-7.** A substituição do depósito em dinheiro por fiança bancária na execução fiscal sujeita-se à anuência da Fazenda Pública, ressalvada a comprovação de necessidade de aplicação do princípio da menor onerosidade.

STJ **JurisTese 104-8.** O levantamento da fiança bancária oferecida como garantia da execução fiscal fica condicionado ao trânsito em julgado da respectiva ação.

STJ **JurisTese 104-9.** É impossível a substituição da carta-fiança por seguro-garantia com prazo de validade determinado.

STJ **JurisTese 104-10.** A falta de citação do fiador para a ação de despejo isenta o garante da responsabilidade pelas custas e pelas demais despesas judiciais decorrentes daquele processo, sem, entretanto, desobrigá-lo dos encargos decorrentes do contrato de fiança.

STJ **JurisTese 104-11.** É válida a cláusula do contrato bancário que estabelece a prorrogação automática da fiança com a renovação do contrato principal.

INFORMATIVOS

STJ **Fiança. Necessidade de outorga conjugal. Fiador empresário ou comerciante. Irrelevância. Segurança econômica familiar. Nulidade do contrato de fiança. Aplicação da Súmula 322/STJ.** É necessária a exigência geral de outorga do cônjuge para prestar fiança, sendo indiferente o fato de o fiador prestá-la na condição de comerciante ou empresário, considerando a necessidade de proteção da segurança econômica familiar. *REsp 1525638, 4ª T, 14.6.2022. Inf 742.*

QUESTÕES DISCURSIVAS

16. (Cetro/TJ/RJ/Cartórios/Ingresso/2017) João e Maria, casados sob o regime de comunhão parcial de bens, assinam contrato de locação de imóvel, ele na condição de fiador, que renuncia o benefício de ordem, e ela na condição de testemunha. No referido contrato, o único imóvel de propriedade do casal, onde João e Maria residem com seus filhos, é dado como como garantia da fiança prestada. A assinatura de Maria como testemunha pode ser considerada como sua autorização à fiança prestada por João? Justifique.

QUESTÕES OBJETIVAS

219. (Vunesp/TJ/RS/Cartórios/Remoção/2019) Acerca do contrato de fiança, pode-se corretamente afirmar que:

a) a fiança prestada por fiador convivente em união estável, sem a outorga uxória do outro companheiro, não é nula, nem anulável.
b) salvo disposição contratual em contrário, qualquer das garantias da locação se estende até a efetiva devolução do imóvel, mesmo se prorrogada a locação por prazo indeterminado.
c) o contrato de fiança deve ser interpretado finalisticamente, de modo que a responsabilidade dos fiadores abrange os termos com os quais expressamente consentiram, bem como os que dela decorram, mesmo sem consentimento expresso.
d) a fiança prestada sem autorização de um dos cônjuges implica a ineficácia total da garantia, mesmo se o fiador emitir declaração falsa, ocultando seu estado civil de casado.
e) havendo mais de um locatário, não é válida a fiança prestada por um deles em relação aos demais.

220. (Ieses/TJ/AM/Cartórios/Remoção/2018) Pelo contrato de fiança, uma pessoa garante satisfazer ao credor uma obrigação assumida pelo devedor, caso este não a cumpra. Em relação a esta matéria é correto afirmar:

a) não se pode estipular a fiança sem consentimento do devedor ou contra a sua vontade.
b) não sendo limitada, a fiança compreenderá todos os acessórios da dívida principal, excluindo-se apenas as despesas judiciais, desde a citação do fiador.
c) se o fiador se tornar insolvente ou incapaz, não poderá o credor exigir que seja substituído.
d) a fiança dar-se-á por escrito, e não admite interpretação extensiva.

4.7. Dos Atos Unilaterais

SÚMULAS

STJ Súm. 322. Para a repetição de indébito, nos contratos de abertura de crédito em conta corrente, não se exige a prova do erro.

QUESTÕES OBJETIVAS

221. (Cespe/TJ/DFT/Cartórios/Ingresso/2019) Joana, em crise de depressão, contratou Jacinto para matá-la no dia 21/4/2018. Para tanto, foi convencionado como forma de pagamento o veículo de propriedade de Joana, o qual foi entregue a Jacinto em 15/4/2018. No dia da obrigação pactuada, Jacinto desistiu da tarefa e comunicou a decisão a Joana. Inconformada, ela propôs ação de repetição do indébito contra Jacinto e requereu a restituição de R$ 30.000, valor correspondente ao veículo entregue como forma de pagamento, ou a destinação do valor a entidade de beneficência. Com relação a essa situação hipotética, assinale a opção correta.

a) O objeto imediato da obrigação pactuada entre as partes é lícito, mas está impedida a produção de efeitos.
b) No caso, uma vez que foi dada coisa para obtenção de fim ilícito, o juiz reverterá o valor pago por Joana em proveito de uma entidade de beneficência, a seu critério.
c) A situação retrata a prática de promessa de recompensa por Joana.
d) Joana terá direito à repetição do que pagou, pois o ordenamento jurídico brasileiro veda o enriquecimento ilícito.
e) Joana deverá demonstrar o erro pelo pagamento indevido para que lhe seja restituído o pagamento efetuado.

4.8. Da Responsabilidade Civil

SÚMULAS

1) Acidente de Trabalho

STF Súm. 35. Em caso de acidente do trabalho ou de transporte, a concubina tem direito de ser indenizada pela morte do amásio, se entre eles não havia impedimento para o matrimônio.

STF Súm. 314. Na composição do dano por acidente do trabalho, ou de transporte, não é contrário à lei tomar para base da indenização o salário do tempo da perícia ou da sentença.

2) Acidente de Trânsito

STJ Súm. 132. A ausência de registro da transferência não implica a responsabilidade do antigo proprietário por dano resultante de acidente que envolva o veículo alienado.

STJ Súm. 145. No transporte desinteressado, de simples cortesia, o transportador só será civilmente responsável por danos causados ao transportado quando incorrer em dolo ou culpa grave.

3) Cálculo da Indenização

STF Súm. 314. Na composição do dano por acidente do trabalho, ou de transporte, não é contrário à lei tomar para base da indenização o salário do tempo da perícia ou da sentença.

STF Súm. 490. A pensão correspondente à indenização oriunda de responsabilidade civil deve ser calculada com base no salário-mínimo vigente ao tempo da sentença e ajustar-se-á às variações ulteriores.

STF Súm. 562. Na indenização de danos materiais decorrentes de ato ilícito cabe a atualização de seu valor, utilizando-se, para esse fim, dentre outros critérios, os índices de correção monetária.

STJ Súm. 43. Incide correção monetária sobre dívida por ato ilícito a partir da data do efetivo prejuízo.

STJ Súm. 54. Os juros moratórios fluem a partir do evento danoso, em caso de responsabilidade extracontratual.

STJ Súm. 246. O valor do seguro obrigatório deve ser deduzido da indenização judicialmente fixada.

STJ Súm. 313. Em ação de indenização, procedente o pedido, é necessária a constituição de capital ou caução fidejussória para a garantia de pagamento da pensão, independentemente da situação financeira do demandado.

STJ Súm. 362. A correção monetária do valor da indenização do dano moral incide desde a data do arbitramento.

4) Contratos de Locação/Seguro/Transporte

STF Súm. 35. Em caso de acidente do trabalho ou de transporte, a concubina tem direito de ser indenizada pela morte do amásio, se entre eles não havia impedimento para o matrimônio.

STF Súm. 161. Em contrato de transporte, é inoperante a cláusula de não indenizar.

STF Súm. 187. A responsabilidade contratual do transportador, pelo acidente com o passageiro, não é elidida por culpa de terceiro, contra o qual tem ação regressiva.

STF Súm. 188. O segurador tem ação regressiva contra o causador do dano, pelo que efetivamente pagou, até o limite previsto no contrato de seguro.

STF Súm. 492. A empresa locadora de veículos responde, civil e solidariamente com o locatário, pelos danos por este causados a terceiro, no uso do carro locado.

5) Dano Moral

STJ Súm. 37. São cumuláveis as indenizações por dano material e dano moral oriundos do mesmo fato.

STJ Súm. 227. A pessoa jurídica pode sofrer dano moral.

STJ Súm. 281. A indenização por dano moral não está sujeita à tarifação prevista na Lei de Imprensa.

STJ Súm. 326. Na ação de indenização por dano moral, a condenação em montante inferior ao postulado na inicial não implica sucumbência recíproca.

STJ Súm. 362. A correção monetária do valor da indenização do dano moral incide desde a data do arbitramento.

STJ Súm. 370. Caracteriza dano moral a apresentação antecipada de cheque pré-datado.

STJ Súm. 385. Da anotação irregular em cadastro de proteção ao crédito, não cabe indenização por dano moral, quando preexistente legítima inscrição, ressalvado o direito ao cancelamento.

STJ Súm. 387. É lícita a cumulação das indenizações de dano estético e dano moral.

STJ Súm. 388. A simples devolução indevida de cheque caracteriza dano moral.

STJ Súm. 402. O contrato de seguro por danos pessoais compreende os danos morais, salvo cláusula expressa de exclusão.

STJ Súm. 403. Independe de prova do prejuízo a indenização pela publicação não autorizada de imagem de pessoa com fins econômicos ou comerciais.

STJ Súm. 420. Incabível, em embargos de divergência, discutir o valor de indenização por danos morais.

STJ Súm. 624. É possível cumular a indenização do dano moral com a reparação econômica da Lei n. 10.559/2002 (Lei da Anistia Política).

STJ Súm. 642. O direito à indenização por danos morais transmite com o falecimento do titular, possuindo os herdeiros da vítima legitimidade ativa para ajuizar ou prosseguir na ação indenizatória

6) Instituições Financeiras

STF Súm. 28. O estabelecimento bancário é responsável pelo pagamento de cheque falso, ressalvadas as hipóteses de culpa exclusiva ou concorrente do correntista.

STJ Súm. 479. As instituições financeiras respondem objetivamente pelos danos gerados por fortuito interno relativo a fraudes e delitos praticados por terceiros no âmbito de operações bancárias.

7) Lei de Imprensa

STJ **Súm. 221.** São civilmente responsáveis pelo ressarcimento de dano, decorrente de publicação pela imprensa, tanto o autor do escrito quanto o proprietário do veículo de divulgação.

STJ **Súm. 281.** A indenização por dano moral não está sujeita à tarifação prevista na Lei de Imprensa.

8) Título de Crédito

STJ **Súm. 475.** Responde pelos danos decorrentes de protesto indevido o endossatário que recebe por endosso translativo título de crédito contendo vício formal extrínseco ou intrínseco, ficando ressalvado seu direito de regresso contra os endossantes e avalistas.

STJ **Súm. 476.** O endossatário de título de crédito por endosso-mandato só responde por danos decorrentes de protesto indevido se extrapolar os poderes de mandatário.

9) Temas Esparsos

STF **Súm. 159.** Cobrança excessiva, mas de boa-fé, não dá lugar às sanções do art. 1.531 do Código Civil.

STF **Súm. 491.** É indenizável o acidente que cause a morte de filho menor, ainda que não exerça trabalho remunerado.

STJ **Súm. 130.** A empresa responde, perante o cliente, pela reparação de dano ou furto de veículo ocorridos em seu estacionamento.

STJ **Súm. 529.** No seguro de responsabilidade civil facultativo, não cabe o ajuizamento de ação pelo terceiro prejudicado direta e exclusivamente em face da seguradora do apontado causador do dano.

REPERCUSSÃO & REPETITIVOS

STF **Rep. Geral 932.** O artigo 927, parágrafo único, do Código Civil é compatível com o artigo 7º, XXVIII, da Constituição Federal, sendo constitucional a responsabilização objetiva do empregador por danos decorrentes de acidentes de trabalho, nos casos especificados em lei, ou quando a atividade normalmente desenvolvida, por sua natureza, apresentar exposição habitual a risco especial, com potencialidade lesiva e implicar ao trabalhador ônus maior do que aos demais membros da coletividade. *RE 828040, 12.3.2020.*

STJ **Repetitivo 1078.** O atraso, por parte de instituição financeira, na baixa de gravame de alienação fiduciária no registro de veículo não caracteriza, por si só, dano moral "in re ipsa". *REsp 1881453, 7.12.2021.*

JURISPRUDÊNCIA EM TESES

1) Do Dano Moral

STJ **JurisTese 125-1.** A fixação do valor devido à título de indenização por danos morais deve considerar o método bifásico, que conjuga os critérios da valorização das circunstâncias do caso e do interesse jurídico lesado, e minimiza eventual arbitrariedade ao se adotar critérios unicamente subjetivos do julgador, além de afastar eventual tarifação do dano.

STJ **JurisTese 125-2.** O dano moral coletivo, aferível "in re ipsa", é categoria autônoma de dano relacionado à violação injusta e intolerável de valores fundamentais da coletividade.

STJ **JurisTese 125-4.** A legitimidade para pleitear a reparação por danos morais é, em regra, do próprio ofendido, no entanto, em certas situações, são colegitimadas também aquelas pessoas que, sendo muito próximas afetivamente à vítima, são atingidas indiretamente pelo evento danoso, reconhecendo-se, em tais casos, o chamado dano moral reflexo ou em ricochete.

STJ **JurisTese 125-5.** Embora a violação moral atinja apenas os direitos subjetivos do falecido, o espólio e os herdeiros têm legitimidade ativa "ad causam" para pleitear a reparação dos danos morais suportados pelo "de cujus".

STJ **JurisTese 125-6.** Os sucessores possuem legitimidade para ajuizar ação de reparação de danos morais em decorrência de perseguição, tortura e prisão, sofridos durante a época do regime militar.

STJ **JurisTese 125-7.** O abandono afetivo de filho, em regra, não gera dano moral indenizável, podendo, em hipóteses excepcionais, se comprovada a ocorrência de ilícito civil que ultrapasse o mero dissabor, ser reconhecida a existência do dever de indenizar.

STJ **JurisTese 125-8.** Não há responsabilidade por dano moral decorrente de abandono afetivo antes do reconhecimento da paternidade.

STJ **JurisTese 125-9.** O prazo prescricional da pretensão reparatória de abandono afetivo começa a fluir a partir da maioridade do autor.

STJ **JurisTese 125-10.** A pessoa jurídica pode sofrer dano moral, desde que demonstrada ofensa à sua honra objetiva.

STJ **JurisTese 125-11.** A pessoa jurídica de direito público não é titular de direito à indenização por dano moral relacionado à ofensa de sua honra ou imagem, porquanto, tratando-se de direito fundamental, seu titular imediato é o particular e o reconhecimento desse direito ao Estado acarreta a subversão da ordem natural dos direitos fundamentais.

INFORMATIVOS

STJ **Valor da indenização por danos morais. Condenação. "Quantum debeatur" inferior ao pedido. Sucumbência recíproca. Não ocorrência. Súm. 326/STJ. Subsistência no CPC.** Incide a Súm. 326/STJ, no caso de discrepância entre o valor indicado no pedido e o quantum arbitrado na condenação, não havendo falar em sucumbência dos autores da demanda, vencedores em seu pedido indenizatório. *REsp 1837386, 4ª T, 16.8.2022. Inf 746.*

STJ **Direito de imagem. Violação. Exposição da parte nua em rede nacional. Praia de naturismo. Ausência de autorização. Vedação expressa de captação de imagem. Apelidos de conotação vexatória. Dano moral. Configuração.** Configura dano moral, sujeito à indenização, a veiculação, em rede nacional de TV, de imagem de pessoa nua em praia de naturismo, sem autorização e com atribuição de conotação pejorativa. *Proc. segredo justiça, 4ª T, 23.8.2022. Inf 746.*

STJ **Transporte aéreo. Acidente aeroviário. Queda de aeronave. Indenização. Teoria objetiva. Risco da atividade. Danos causados em superfície. Consumidor por equiparação. Posse da aeronave. Cessão de direitos do arrendamento. Responsabilidade do explorador.** O possuidor de aeronave acidentada é considerado explorador e, nessa condição, responsável pelos danos provocados aos a terceiros em superfície advindos de sua queda. *REsp 1984282, 4ª T, 16.8.2022. Inf 745.*

STJ **Transporte aéreo. Acidente aeroviário. Queda de aeronave. Indenização. Teoria objetiva. Risco da atividade. Danos causados em superfície. Consumidor por equiparação. Arrendamento e posse indireta. Responsabilidade do explorador.** A empresa arrendatária e possuidora indireta de aeronave acidentada é considerada responsável pelos danos provocados a terceiros em superfície advindos de sua queda. *REsp 1785404, 4ª T, 16.8.2022. Inf 745.*

STJ **Proibição de funcionamento de imóvel comercial locado com acesso autônomo e independente. Cumprimento das normas de restrição sanitária pela Covid-19. Descabimento. Locador que age com excesso aos poderes legais e contratuais. Ato ilícito. Arts. 186, 187 e 188 do CC. Configuração. Excludente de responsabilidade civil. Inocorrência. Indenização. Arts. 927 c/c 402, CC. Obrigação.** Pratica ato ilícito apto à indenização, o locador que proíbe o funcionamento de imóvel comercial locado, cujo acesso é autônomo e independente, sob a justificativa de cumprimento às normas de restrição sanitária pela Covid-19. *REsp 1997050, 4ª T, 2.8.2022. Inf 743.*

STJ **Responsabilidade civil. Doações inoficiosas. Ação declaratória de nulidade. Extravio de elementos probatórios. Ação de indenização por danos morais e materiais. Ausência de nexo causal. Teoria da perda de uma chance. Não cabimento.** Não se aplica a teoria da perda de uma chance para responsabilizar empresa que deixou de apresentar seus livros societários em prazo hábil para subsidiar impugnação de alegada doação inoficiosa por um de seus sócios, na hipótese de não restar comprovado o nexo de causalidade entre o extravio dos livros e as chances de vitória na demanda judicial. *REsp 1929450, 3ª T, 18.10.2022. Inf 754.*

STJ **Responsabilidade civil. Eficácia transubjetiva das obrigações. Envio de carta desabonadora a patrocinadora de jogador de futebol. Teoria do terceiro cúmplice. Danos morais. Ocorrência.** Terceiro ofensor também está sujeito à eficácia transubjetiva das obrigações, haja vista que seu comportamento não pode interferir indevidamente na relação, perturbando o normal desempenho da prestação pelas partes, sob pena de se responsabilizar pelos danos decorrentes de sua conduta. *Processo sob segredo de justiça, 3ª T, 29.4.2022. Inf 734.*

STJ **Convite para cobertura jornalística. Benefício econômico para empresa. Fornecimento de transporte e hospedagem. Acidente automobilístico. Falecimento de jornalista. Responsabilidade civil objetiva. Teoria do risco. Incidência. Art. 927 do CC.** A empresa que expede convites a jornalistas para a cobertura e divulgação de seu evento, ou seja, em benefício de sua atividade econômica, e se compromete a prestar o serviço de transporte destes, responde objetivamente pelos prejuízos advindos de acidente automobilístico ocorrido quando de sua prestação. *REsp 1717114, 3ª T, 29.3.2022. Inf 731.*

STJ Oferecimento de denúncia. Divulgação de termos da denúncia. Excesso no exercício do direito de informar. Agir midiático. Abuso cometido por membro do Ministério Público. Indenização por dano moral. Possibilidade. O excesso no exercício do direito de informar é capaz de gerar dano moral ao denunciado quando o membro do Ministério Público comete abusos ao divulgar, na mídia, o oferecimento da denúncia criminal. *REsp 1842613, 4ª T, 22.3.2022. Inf 729.*

QUESTÕES OBJETIVAS

222. (Vunesp/TJ/SP/Cartórios/Ingresso/2022) Assinale a alternativa correta.

a) O incapaz responde pelos prejuízos que causar, se as pessoas por ele responsáveis não tiverem obrigação de fazê-lo ou não dispuserem de meios suficientes.
b) O empregador é solidariamente responsável pelos prejuízos causados por seus empregados e prepostos, no exercício do trabalho que lhes competir, ou em razão dele, desde que haja culpa ou dolo do empregador.
c) Se a ofensa tiver mais de um autor, a responsabilidade civil pela reparação será divisível.
d) O direito de exigir reparação não se transmite com a herança.

223. (Consulplan/TJ/MS/Cartórios/Remoção/2021) Em relação ao funcionamento da responsabilização civil no ordenamento jurídico vigente, assinale a alternativa correta.

a) Nos contratos benéficos, responde por simples culpa o contratante, a quem o contrato aproveite.
b) Nos contratos onerosos, responde cada uma das partes por dolo, salvo as exceções previstas em Lei.
c) O devedor responde pelos prejuízos resultantes de caso fortuito ou força maior, se expressamente não houver por eles se isentado.
d) Aquele que, por ação ou omissão voluntária, negligência ou imprudência, violar direito e causar dano a outrem, comete ato ilícito, salvo se o dano for exclusivamente moral.

224. (Vunesp/TJ/GO/Cartórios/Remoção/2021) É cabível dano moral "in re ipsa" para vítima que foi atropelada e seu atropelador tenha se evadido do local sem prestar socorro?

a) A omissão de socorro, por si, não configura hipótese de dano moral "in re ipsa".
b) O dano é presumido, de modo que não há necessidade de produção probatória.
c) Presume-se o dano, na medida em que houve o crime de omissão de socorro.
d) A indenização deve somente reparar o prejuízo suportado, mesmo que presumido.

225. (Vunesp/TJ/GO/Cartórios/Remoção/2021) A Empresa Delta está em tratativas para a venda de mercadorias para a Escola Mil Pontinhos. Por divergência entre as partes, a compra e venda não se concretiza. Ainda assim, a Empresa Delta emite duplicata como se o contrato de compra e venda tivesse sido realizado e transfere o título por endosso próprio à Empresa Alfa. A Escola Mil Pontinhos, ao ser procurada pela Empresa Alfa para aceitar a duplicata, recusa-se a fazê-lo. Diante disso, a Empresa Alfa protesta o título causando danos à Escola Mil Pontinhos. Diante do exposto, é correto afirmar que a Empresa Alfa:

a) responde pelos danos causados à Escola Mil Pontinhos, ficando ressalvado seu direito de regresso contra a Empresa Delta.
b) não responde pelos danos causados à Escola Mil Pontinhos, pois somente tomou conhecimento da falta de lastro posteriormente ao endosso.
c) responde subsidiariamente pelos danos causados à Escola Mil Pontinhos.
d) não responde pelos danos causados à Escola Mil Pontinhos, pois não é credor original do título.

226. (Ieses/TJ/SC/Cartórios/Remoção/2019) A respeito da indenização:

I. Em hipótese de homicídio, não haverá pagamento de indenização.
II. Em caso de ofensa à liberdade pessoal, a indenização consistirá no pagamento das perdas e danos que sobrevierem ao ofendido.
III. Ocorrendo usurpação ou esbulho do alheio, a indenização consistirá em pagar o valor das suas deteriorações e o devido a título de lucros cessantes, sem prejuízo da restituição da coisa.

Assinale a alternativa que se refira à assertiva verdadeira ou às assertivas verdadeiras:

a) I.
b) II e III.
c) II.
d) III.

227. (Consulplan/TJ/MG/Cartórios/Ingresso/2019) Analise as seguintes afirmativas a respeito da responsabilidade civil.

I. É objetiva a responsabilidade civil dos notários e oficiais de registros por todos os prejuízos que causarem a terceiros, pessoalmente, pelos substitutos que designarem ou escreventes que autorizarem, assegurado o direito de regresso.
II. Independe de culpa a responsabilidade civil do empregador ou comitente, por seus empregados, serviçais e prepostos, no exercício do trabalho que lhes competir, ou em razão dele.
III. É objetiva a responsabilidade civil do fornecedor de bens ou serviços pelos danos decorrentes do fato do produto ou serviço.
IV. A responsabilidade contratual do transportador por acidente com o passageiro é objetiva, sendo excluída por motivo de força maior ou por culpa de terceiro.

Estão corretas as afirmativas:

a) I, II, III e IV.
b) I e IV, apenas.
c) II e III, apenas.
d) I, II e III, apenas.

228. (Cespe/TJ/DFT/Cartórios/Ingresso/2019) Mário dirigia seu veículo em velocidade compatível com a via em que trafegava e foi surpreendido pela travessia de Pedro, que caminhava fora da faixa destinada aos pedestres. Naquele momento, Pedro utilizava o telefone móvel para o envio de uma mensagem de texto e não observou a aproximação do veículo conduzido por Mário. Para evitar o atropelamento, Mário teve de efetuar uma manobra brusca, o que culminou na colisão com o veículo de Ana, que estava regularmente estacionado. A respeito dessa situação hipotética, assinale a opção correta.

a) A conduta de Mário foi ilícita, razão pela qual surge a obrigação de indenizar Ana.
b) A responsabilidade civil pelo acidente deve ser imputada diretamente a Pedro.
c) A excludente de responsabilidade do fortuito incide em favor de Pedro.
d) A conduta de Mário foi lícita; contudo, nessa situação, há obrigação de indenizar Ana.
e) Mário agiu no exercício regular do direito, razão pela qual não será obrigado a indenizar Ana.

229. (Vunesp/TJ/AL/Cartórios/Ingresso/2019) Na tocante ao dano moral, assinale a assertiva correta.

a) A capacidade econômica do ofendido não pode ser utilizada como parâmetro para arbitramento do dano moral.
b) A reparação por danos morais exige prova de que a imagem pública da autoridade identificada como coatora fora atingida.
c) A absolvição criminal por insuficiência de prova enseja indenização por danos morais.
d) O dano estético insere-se na categoria de dano moral e é passível de indenização em separado.

230. (UFPR/TJ/PR/Cartórios/Remoção/2019) Sobre a responsabilidade civil subjetiva e objetiva no Direito Civil brasileiro, identifique como verdadeiras (V) ou falsas (F) as seguintes afirmativas:

I. Também comete ato ilícito o titular de um direito que, ao exercê-lo, excede manifestamente os limites impostos pelo seu fim econômico ou social, pela boa-fé ou pelos bons costumes.
II. Somente gera direito a indenização o ato que transgrediu uma norma jurídica, sendo, portanto, o ato ilícito.
III. Haverá obrigação de reparar o dano, independentemente de culpa, nos casos especificados em lei, ou quando a atividade normalmente desenvolvida pelo autor do dano implicar, por sua natureza, risco para os direitos de outrem.
IV. São também responsáveis pela reparação civil o empregador, por seus empregados, serviçais e prepostos, no exercício do trabalho que lhes competir, ou em razão dele, ressalvado o comitente.

Assinale a alternativa que apresenta a sequência correta, de cima para baixo.

a) V, F, F, F.
b) V, F, V, F.
c) V, V, V, V.
d) F, V, F, V.
e) F, F, V, V.

231. (Consulplan/TJ/MG/Cartórios/Ingresso/2018) Durante o parto, o recém-nascido sofreu lesões físicas decorrentes da atuação médica. Nesse caso, é correto afirmar que é responsabilidade civil do médico:

a) inexiste.
b) é subjetiva.
c) é sempre objetiva, por tratar-se de uma atividade de risco.
d) é de regra objetiva, por se tratar de uma relação de consumo.

232. (Ieses/TJ/RO/Cartórios/Ingresso/2017) É certo afirmar:

I. salvo as exceções expressamente previstas em lei, as perdas e danos devidos ao credor abrangem, além do que ele efetivamente perdeu, o que razoavelmente deixou de lucrar.
II. a cláusula penal deve ser estipulada conjuntamente com a obrigação e nunca em ato posterior, devendo referir-se à inexecução completa da obrigação, à de alguma cláusula especial ou simplesmente à mora.
III. diante da responsabilidade civil, o direito de exigir reparação e a obrigação de prestá-la não se transmitem com a herança.
IV. ressalvados os casos previstos em lei especial, os empresários individuais e as empresas respondem independentemente de culpa pelos danos causados pelos produtos postos em circulação.

Analisando as proposições, pode-se afirmar:

a) somente as proposições I e IV estão corretas.
b) somente as proposições I e III estão corretas.
c) somente as proposições II e III estão corretas.
d) somente as proposições II e IV estão corretas.

5. DO DIREITO DAS COISAS

5.1. Da Posse

SÚMULAS

STF **Súm. 415.** Servidão de trânsito não titulada, mas tomada permanente, sobretudo pela natureza das obras realizadas, considera-se aparente, conferindo direito a proteção possessória.

STF **Súm. 487.** Será deferida a posse a quem, evidentemente, tiver o domínio, se com base neste for ela disputada.

STJ **Súm. 619.** A ocupação indevida de bem público configura mera detenção, de natureza precária, insuscetível de retenção ou indenização por acessões e benfeitorias.

INFORMATIVOS

STJ **Imóvel financiado. Hipoteca. Posse. Modificação da natureza jurídica. Benfeitorias. Indenização. Possibilidade. Direito de retenção. Inexistência.** Promovido o leilão do bem pelo credor hipotecário, a permanência do mutuário no imóvel caracteriza posse de má-fé. *AREsp 1013333, 1ª T, 3.5.2022. Inf 735.*

QUESTÕES DISCURSIVAS

17. (Consulplan/TJ/MS/Cartórios/2022) O Código Civil trata da posse justa/injusta e de boa-fé/má-fé, estabelecendo o art. 1.203 que, salvo prova em contrário, manterá a posse o mesmo caráter da aquisição. Sobre o tema, pergunta-se: admite-se a interversão da posse? Explique fundamentadamente.

18. (Vunesp/TJ/SP/Cartórios/2014) O que é interversão do título de posse?

19. (FMP/TJ/MT/Cartórios/Ingresso/2014) Posse e detenção. (i) De acordo com a teoria objetiva da posse, consagrada no atual Código Civil, existe diferença ontológica entre posse e detenção? (ii) Pode o detentor exercer autotutela da posse? Explique. (iii) Quais são os efeitos do desdobramento da posse? (iv) O que é posse jurídica e qual é o seu efeito substancial?

QUESTÕES OBJETIVAS

233. (Vunesp/TJ/SP/Cartórios/Ingresso/2022) De acordo com o Código Civil, é correto afirmar, sobre a posse, que:

a) o possuidor do imóvel é também considerado possuidor dos bens móveis que nele estiverem, até prova em contrário.
b) terceiro sem mandato não pode adquirir a posse em nome de outrem, por depender do exercício de poderes inerentes à propriedade.
c) a posse é direito real.
d) a existência de justo título traz presunção absoluta de que a posse é de boa-fé.

234. (Consulplan/TJ/MG/Cartórios/Remoção/2019) De acordo com o Código Civil brasileiro, analise as afirmativas a respeito dos efeitos da posse.

I. A autodefesa da posse, para ser legítima, exige que o desforço ocorra em ato imediato e que não vá além do indispensável à manutenção, ou restituição da posse.
II. A alegação da exceção de propriedade no juízo possessório obsta à manutenção ou reintegração na posse.
III. O direito de retenção consiste em poder o possuidor de boa-fé conservar a coisa em seu poder, até ser reembolsado do valor das benfeitorias necessárias e úteis.

IV. Ao possuidor de má-fé serão ressarcidas somente as benfeitorias necessárias e não lhe assiste direito de retenção pela importância destas benfeitorias.

Estão corretas as afirmativas:

a) I, II, III e IV.
b) II e IV, apenas.
c) I, II e III, apenas.
d) I, III e IV, apenas.

235. (Consulplan/TJ/MG/Cartórios/Ingresso/2019) Conforme as disposições do Código Civil, analise as seguintes afirmativas sobre a posse.

I. A posse direta e indireta são coexistentes e não colidem nem se excluem.
II. O locatário, o arrendatário e o comodatário gozam da proteção possessória.
III. É justa a posse que não for violenta, clandestina ou precária. A posse precária é a que se origina do abuso de confiança daquele que recebeu a coisa, para restituir, e se recusa a fazê-lo.
IV. Salvo prova em contrário, entende-se manter a posse o mesmo caráter com que foi adquirida. Pode, porém, o possuidor mudar o título da posse, por um fundamento jurídico.

Estão corretas as afirmativas:

a) I, II, III e IV.
b) II e IV, apenas.
c) I, II e III, apenas.
d) I, III e IV, apenas.

236. (Ieses/TJ/SC/Cartórios/Remoção/2019) Relativamente à posse, assinale a alternativa que corresponda às afirmativas verdadeiras:

I. É justa a posse que não for violenta, clandestina ou precária.
II. É de boa-fé a posse, se o possuidor ignora o vício, ou o obstáculo que impede a aquisição da coisa.
III. Induzem posse os atos de mera permissão ou tolerância assim como não autorizam a sua aquisição os atos violentos, ou clandestinos, senão depois de cessar a violência ou a clandestinidade.
IV. O possuidor de boa-fé não tem direito, enquanto a posse durar, aos frutos percebidos.

a) I e III.
b) I e II.
c) II e III.
d) II e IV.

237. (UFPR/TJ/PR/Cartórios/Remoção/2019) O exercício possessório forma a relação de causalidade real que origina, por sua vez, os efeitos da posse. Em relação aos efeitos possessórios, tem-se os interditos possessórios e a usucapião. Em relação a esses temas, identifique como verdadeiras (V) ou falsas (F) as seguintes afirmativas:

I. O possuidor tem direito a ser mantido na posse em caso de turbação, restituído no de esbulho, e segurado de violência iminente, se tiver justo receio de ser molestado.
II. O possuidor turbado, ou esbulhado, poderá manter-se ou restituir-se por sua própria força, contanto que requeira o auxílio policial.
III. O possuidor de boa-fé tem direito, enquanto durar sua posse, aos frutos percebidos, ressalvados os artificiais.
IV. Os frutos naturais e industriais reputam-se colhidos e percebidos logo que são separados; os civis reputam-se percebidos mês a mês.

Assinale a alternativa que apresenta a sequência correta, de cima para baixo.

a) V, F, V, F.
b) F, V, F, V.
c) V, V, V, V.
d) F, F, V, V.
e) V, F, F, F.

238. (Vunesp/TJ/AL/Cartórios/Ingresso/2019) "A" exerce a atividade de caseiro em uma chácara rural mediante remuneração mensal e ordens do proprietário. Nesse caso.

a) "A" é titular da posse direta do imóvel.
b) "A" é titular da posse indireta do imóvel.
c) "A" exerce situação jurídica da detenção do imóvel.
d) "A" é titular da posse do imóvel.

239. (Consulplan/TJ/MG/Cartórios/Ingresso/2018) Assinale a afirmativa incorreta:

a) o possuidor de má-fé tem direito a ser ressarcido pelas benfeitorias necessárias.
b) ao sucessor singular não é facultado unir sua posse à do antecessor para os efeitos legais.
c) a aquisição originária da propriedade decorre de um fato jurídico, livre de ônus ou gravame.
d) a aquisição derivada é aquela pela qual a autonomia das partes transfere a propriedade de uma pessoa para outra, através de certas formalidades e solenidades exigidas por lei.

240. (Consulplan/TJ/MG/Cartórios/Ingresso/2018) Considera-se possuidor de boa-fé:

a) o que se mantiver na posse a qualquer título.
b) apenas aquele que ostenta título de domínio.
c) aquele que ignora o vício, ou o obstáculo que impede a aquisição da coisa.
d) todo aquele que a obteve sem violência ou que não a exerce de modo clandestino.

241. (Ieses/TJ/AM/Cartórios/Remoção/2018) Todo aquele que, não sendo proprietário rural nem urbano, possuir como sua, por (___) anos ininterruptos, sem oposição, área rural contínua, não excedente de 25 (vinte e cinco) hectares, e a houver tornado produtiva com seu trabalho e nela tiver sua morada, adquirir-lhe-á o domínio, independentemente de justo título e boa-fé, podendo requerer ao juiz que assim o declare por sentença, a qual servirá de título para transcrição no registro de imóveis:

a) 5 (cinco) anos.
b) 10 (dez) anos.
c) 25 (vinte e cinco) anos.
d) 15 (quinze) anos.

242. (Vunesp/TJ/SP/Cartórios/Ingresso/2018) Com relação à posse, é correto afirmar:

a) a posse não pode ser adquirida por representante do possuidor ante a necessidade de atos materiais de apreensão da coisa.
b) posse precária é a exercida de forma velada, sem publicidade, não ostensiva.
c) mesmo tendo o possuidor de boa-fé tomado conhecimento inequívoco da existência de vício na aquisição de sua posse, esta permanece de boa-fé, em consideração ao momento de sua aquisição.
d) a denominada posse violenta tem natureza jurídica de detenção.

243. (Consulplan/TJ/MG/Cartórios/Remoção/2018) Sobre a aquisição da posse, assinale a alternativa incorreta:

a) a posse transmite-se aos herdeiros ou legatários do possuidor com os mesmos caracteres.

b) induzem posse os atos de mera permissão ou tolerância assim como autorizam a sua aquisição os atos violentos, ou clandestinos.

c) adquire-se a posse desde o momento em que se torna possível o exercício, em nome próprio, de qualquer dos poderes inerentes à propriedade.

d) posse pode ser adquirida pela própria pessoa que a pretende ou por seu representante; por terceiro sem mandato, dependendo de ratificação.

244. (Consulplan/TJ/MG/Cartórios/Ingresso/2017) A lesão à posse pode se dar pela turbação ou pelo esbulho, a que correspondem as ações de manutenção e ou reintegração, respectivamente. A esse respeito, é correto afirmar:

a) a ação de interdito proibitório é cabível em caso de ameaça de lesão à posse, seja por esbulho ou por turbação.

b) no esbulho há mais que mera ameaça, o que justificaria o interdito proibitório, mas não chega haver a perda da posse.

c) as ações possessórias visam à tutela jurisdicional da posse, sendo classificadas conforme a intensidade da agressão: a ação de reintegração de posse é cabível em caso de turbação, entendida como incômodo ao exercício da posse.

d) a ação de manutenção de posse é cabível em caso de esbulho, que pressupõe a perda da posse.

245. (Consulplan/TJ/MG/Cartórios/Ingresso/2017) João Silva é detentor, como fâmulo da posse de seu primo José Silva, de um imóvel rural (sítio de 5 hectares) há mais 20 anos, e quando foi notificado pelo proprietário que lhe pedia para devolver o imóvel, ingressou com uma ação de usucapião, alegando posse vintenária, ininterrupta e pacífica, portanto, segundo ele, com requisitos para fins da prescrição aquisitiva. Em relação a esse caso hipotético, é correto afirmar:

a) tendo ficado na posse pacífica e sem interrupção do imóvel por mais de 20 anos, é perfeitamente possível pedir a declaração de domínio via usucapião, quer por ação direita quer por via de exceção.

b) pelo princípio da função social da propriedade, ao ficar na posse do imóvel de forma pacífica e sem interrupção por mais de 20 anos, é viável arguir com êxito em ação direta ou em defesa a exceção de usucapião.

c) como fâmulo da posse, tem mera detenção, de forma que não pode arguir usucapião, independentemente do lapso temporal da posse.

d) desde que não tenha João Silva nenhum outro imóvel em seu nome, tem ele o direito de usucapir o imóvel em questão em face da posse pacífica e sem interrupção.

246. (Consulplan/TJ/MG/Cartórios/Ingresso/2017) Acerca da posse, nos termos do Código Civil, é correto afirmar:

a) o possuidor de má-fé responde pela perda, ou deterioração da coisa, ainda que acidentais, salvo se provar que de igual modo se teriam dado, estando ela na posse do reivindicante.

b) ao possuidor de má-fé não serão ressarcidas as benfeitorias necessárias; mas lhe assiste o direito de retenção pela importância destas, e pode levantar as voluptuárias.

c) as benfeitorias não se compensam com os danos, e só obrigam ao ressarcimento se ao tempo da evicção ainda existirem.

d) o reivindicante, obrigado a indenizar as benfeitorias ao possuidor de má-fé, tem o direito de optar entre o seu valor atual e o seu custo; ao possuidor de boa-fé indenizará pelo valor da data da turbação ou esbulho.

247. (Consulplan/TJ/MG/Cartórios/Remoção/2017) De acordo com o Código Civil, são direitos reais, exceto:

a) o uso.

b) a concessão de uso especial para fins de moradia.

c) o penhor.

d) a posse.

248. (Consulplan/TJ/MG/Cartórios/Ingresso/2017) Nos termos do Código Civil, a posse pode ser adquirida:

a) somente pela própria pessoa, já que se trata de direito pessoal próprio e fático.

b) somente pela própria pessoa que a pretende ou por seu representante.

c) pela própria pessoa que a pretende ou por seu representante e, ainda, por terceiro sem mandato, e sem maior formalidade, porque trata-se de questão eminentemente fática.

d) pela própria pessoa que a pretende ou por seu representante e por terceiro sem mandato, dependendo de ratificação.

249. (Ieses/TJ/RO/Cartórios/Ingresso/2017) É certo afirmar:

I. a posse somente pode ser adquirida pela própria pessoa que a pretende ou por seu representante.

II. considera-se possuidor todo aquele que tem de fato o exercício, pleno ou não, de algum dos poderes inerentes à propriedade.

III. o título de domínio e a concessão de uso serão conferidos ao homem ou à mulher, ou a ambos, devendo ser considerado o seu estado civil.

IV. a propriedade do solo abrange a do espaço aéreo e subsolo correspondentes, em altura e profundidade úteis ao seu exercício, não podendo o proprietário opor-se a atividades que sejam realizadas, por terceiros, a uma altura ou profundidade tais, que não tenha ele interesse legítimo em impedi-las.

Analisando as proposições, pode-se afirmar:

a) somente as proposições I e II estão corretas.

b) somente as proposições II e IV estão corretas.

c) somente as proposições III e IV estão corretas.

d) somente as proposições I e III estão corretas.

5.2. *Da Propriedade*

5.2.1. Da Propriedade em Geral

QUESTÕES OBJETIVAS

250. (Ieses/TJ/TO/Cartórios/Ingresso/2022) A respeito da propriedade em geral regulamentada no Código Civil, sem prejuízo a outras previsões em leis especiais, leia as assertivas:

I. A propriedade do solo não abrange as jazidas, minas e demais recursos minerais.

II. A propriedade do solo abrange os potenciais de energia hidráulica.

III. A propriedade do solo não abrange os monumentos arqueológicos.

IV. A propriedade do solo abrange a do subsolo correspondente, em profundidade útil ao seu exercício, não podendo o proprietário opor-se a atividades que sejam realizadas por terceiros, a uma profundidade tal, que não tenha ele interesse legítimo em impedi-las.

Com base nas assertivas acima, assinale a alternativa correta:

a) Todas as assertivas estão corretas.

b) Estão corretas apenas as assertivas I, II e III.

c) Apenas a assertiva II está correta.

d) Estão corretas apenas as assertivas I, III e IV.

251. (UFPR/TJ/PR/Cartórios/Remoção/2019) João não era proprietário de um bem, embora tenha conseguido apor sobre ele uma garantia real. Levando em consideração a afirmação, assinale a alternativa correta.

a) A propriedade superveniente torna eficaz, desde o registro, as garantias reais estabelecidas por quem não era dono.
b) Aquele que não tem o poder de alienar a coisa, mesmo assim poderá ter reconhecido o direito de ofertá-la em hipoteca, se a lei assim o garantir.
c) A coisa comum a dois ou mais proprietários não pode ser dada em garantia real por um deles isoladamente, mesmo em relação à sua parte.
d) Nas dívidas garantidas por penhor, anticrese ou hipoteca, o bem dado em garantia fica sujeito, por vínculo pessoal, ao cumprimento da obrigação.
e) Os sucessores de João podem remir parcialmente o penhor ou a hipoteca na proporção dos seus quinhões.

5.2.2. Da Aquisição/Perda da Propriedade

SÚMULAS

STF Súm. 237. O usucapião pode ser arguido em defesa.

STF Súm. 340. Desde a vigência do Código Civil, os bens dominicais, como os demais bens públicos, não podem ser adquiridos por usucapião.

STF Súm. 391. O confinante certo deve ser citado pessoalmente para a ação de usucapião.

STJ Súm. 11. A presença da União ou de qualquer de seus entes, na ação de usucapião especial, não afasta a competência do foro da situação do imóvel.

STJ Súm. 193. O direito de uso de linha telefônica pode ser adquirido por usucapião.

REPERCUSSÃO & REPETITIVOS

STJ Repetitivo 985. O reconhecimento da usucapião extraordinária, mediante o preenchimento dos requisitos específicos, não pode ser obstado em razão de a área usucapienda ser inferior ao módulo estabelecido em lei municipal. *REsp 1667842, 5.4.2021.*

JURISPRUDÊNCIA EM TESES

STJ JurisTese 133-6. O contrato de promessa de compra e venda constitui justo título apto a ensejar a aquisição da propriedade por usucapião.

STJ JurisTese 133-7. A inexistência de registro imobiliário de imóvel objeto de ação de usucapião não induz presunção de que o bem seja público (terras devolutas), cabendo ao Estado provar a titularidade do terreno como óbice ao reconhecimento da prescrição aquisitiva.

STJ JurisTese 133-8. A usucapião é forma de aquisição originária da propriedade, de modo que não permanecem os ônus reais que gravavam o imóvel antes da sua declaração.

STJ JurisTese 133-9. A citação na ação possessória julgada improcedente não interrompe o prazo para aquisição da propriedade por usucapião.

INFORMATIVOS

STJ Condomínio "pro indiviso" entre particulares e a Terracap. Gleba não demarcada. Aquisição parcial por usucapião via judicial. Possibilidade. A existência de bem público não demarcado em condomínio "pro indiviso" com particulares não impede ação de usucapião parcial. *REsp 1504916, 4ª T, 27.9.2022. Inf 752.*

STJ Usucapião constitucional. Propriedade da metade do imóvel. Alteração fática substancial. Transmudação da posse. Animus domini. Caracterização. Usucapião reconhecido. O fato de os possuidores serem proprietários de metade do imóvel usucapiendo não faz incidir a vedação de não possuir "outro imóvel" urbano, contida no artigo 1.240 do CC. *REsp 1909276, 3ª T, 30.9.2022. Inf 753.*

STJ Dissolução do matrimônio, sem a realização de partilha. Bens que se regem pelo instituto do condomínio. Posse indireta e exclusiva da ex-esposa sobre a fração ideal pertencente ao casal dos imóveis. Percebimento de aluguéis com exclusividade pela ex-esposa. Ausência de oposição do seu ex-cônjuge e de reivindicação de qualquer dos frutos que lhe eram devidos. Lapso temporal transcorrido suficiente à aquisição da propriedade. Usucapião extraordinária. Dissolvida a sociedade conjugal, o bem imóvel comum do casal rege-se pelas regras relativas ao condomínio, ainda que não realizada a partilha de bens, possuindo legitimidade para usucapir em nome próprio o condômino que exerça a posse por si mesmo, sem nenhuma oposição dos demais coproprietários. *REsp 1840561, 3ª T, 17.5.2022. Inf 739.*

STJ Bem imóvel. Presunção legal "juris tantum" de realização acessões/benfeitorias pelo cônjuge varão. Interrupção da união conjugal. Comunhão parcial de bens. Deslocamento do ônus probatório. Teoria da carga dinâmica. A atribuição dinâmica do ônus probatório acerca da realização de acessões/benfeitorias em imóvel de propriedade do cônjuge varão, objeto de eventual partilha em ação de divórcio, pode afastar a presunção do art. 1.253 do CC. *Processo sob segredo judicial, 3ª T, 31.3.2022. Inf 731.*

QUESTÕES DISCURSIVAS

20. (FMP/TJ/MT/Cartórios/Remoção/2014) Usucapião familiar: discorrer sobre os elementos estruturais desse novel suporte fático, em especial a referência à posse direta, além da questão da propriedade condominial.

QUESTÕES OBJETIVAS

252. (Consulplan/TJ/MS/Cartórios/Ingresso/2021) O Código Civil trouxe em seu Art. 1.368-B a previsão da forma de aquisição de propriedade na hipótese de alienação fiduciária em garantia. A obrigação do credor fiduciário que adquira a propriedade do bem mediante a consolidação da propriedade, adjudicação, dação ou outra forma pela qual lhe tenha sido transmitida a propriedade plena, pelo pagamento dos tributos sobre a propriedade e a posse, taxas, despesas condominiais e quaisquer outros encargos, tributários ou não, incidentes sobre o bem objeto da garantia inicia-se:

a) A partir da imissão na posse direta do bem.
b) A partir da contratação a que se garante com o bem.
c) No prazo de 30 (trinta) dias da consolidação da propriedade.
d) A partir da notificação dos credores das obrigações em questão da contratação a que se garante com o bem.

253. (Vunesp/TJ/RS/Cartórios/Remoção/2019) Os atos de registro "stricto sensu" imobiliários produzem efeitos a partir da data da:

a) realização do ato.
b) assinatura do registro, pelo Oficial ou seu preposto.
c) autorização, pelo Oficial de Registro, para a prática do ato.
d) retirada do título pelo apresentante.
e) prenotação.

254. (Consulplan/TJ/MG/Cartórios/Ingresso/2019) De acordo com o Código Civil brasileiro, analise as afirmativas sobre a usucapião.

a) A posse "ad usucapionem" é a posse mansa, pacífica e contínua, por certo lapso de tempo.
b) A usucapião pode ser arguida em defesa.
c) O justo título e a boa-fé são alguns dos requisitos da usucapião ordinária. Diz-se justo o título hábil, em tese, para transferir a propriedade.
d) Na usucapião extraordinária, o prazo de quinze anos reduzir-se-á a dez anos, se o possuidor houver estabelecido no imóvel a sua moradia habitual, ou nele realizado obras ou serviços de caráter produtivo.

Estão corretas as afirmativas:

a) I, II, III e IV.
b) I e III, apenas.

c) I, II e IV, apenas.
d) II, III e IV, apenas.

255. (Ieses/TJ/SC/Cartórios/Remoção/2019) Assinale a alternativa que corresponda à afirmativa falsa:

I. A árvore, cujo tronco estiver na linha divisória, presume-se pertencer em comum aos donos dos prédios confinantes.
II. O álveo abandonado de corrente pertence aos proprietários ribeirinhos das duas margens, sem que tenham indenização os donos dos terrenos por onde as águas abrirem novo curso, entendendo-se que os prédios marginais se estendem até o meio do álveo.
III. Aquele que semeia, planta ou edifica em terreno alheio perde, em proveito do proprietário, as sementes, plantas e construções; se procedeu de boa-fé, terá direito a indenização.
IV. O aluvião consiste em uma porção de terra que se destaca de um prédio e se junta a outro, por força natural violenta, sendo certo que o dono deste adquirirá a propriedade do acréscimo, se indenizar o dono do primeiro ou, sem indenização, se, em um ano, ninguém houver reclamado.

a) IV.
b) I.
c) III.
d) II.

256. (Vunesp/TJ/RS/Cartórios/Ingresso/2019) Caroline é proprietária de um terreno localizado em área urbana, em zona periférica e muito violenta da cidade. Caroline não consegue alienar o imóvel para terceiros, de modo que o bem apenas lhe traz ônus, tais como despesas para evitar a invasão e tributos imobiliários. Desse modo, não deseja mais preservar o imóvel em seu patrimônio. Nesse cenário, Caroline procurou um advogado que a orientou a renunciar à propriedade. Os efeitos da renúncia à propriedade do terreno estão subordinados:

a) à comprovação, por qualquer ato ou documento inequívoco, de que Caroline tentou alienar o imóvel.
b) ao registro do ato renunciativo no Cartório de Registro de Imóveis.
c) à lavratura do ato renunciativo ao direito de propriedade.
d) à apresentação do ato renunciativo perante a municipalidade, em se tratando de imóvel urbano.
e) à cessação dos atos de posse, deixando Caroline de satisfazer os ônus fiscais.

257. (Vunesp/TJ/AL/Cartórios/Ingresso/2019) "A" efetuou a venda com o recebimento do preço a entrega do veículo "X" a "B", o qual não efetuou o registro da compra e venda no Departamento de Trânsito. Nesse caso.

a) houve a transmissão da propriedade do veículo para "B".
b) a transmissão da propriedade somente ocorrerá com o registro da venda na repartição de trânsito com efeito retroativo à data da entrega.
c) a transmissão da propriedade somente acorrerá a partir do registro da venda na repartição de trânsito.
d) a transmissão da propriedade do veículo dependerá do registro do contrato de compra e venda no registro de títulos e documentos.

258. (Consulplan/TJ/MG/Cartórios/Ingresso/2018) Assinale a alternativa incorreta:

a) aquele que, contínua e incontestadamente, com justo título e boa-fé, o possuir por 10 (dez) anos adquire a propriedade do imóvel.
b) os direitos reais sobre coisas imóveis, quando constituídos, ou transmitidos por atos entre vivos, só se adquirem com a tradição.
c) a posse é adquirida desde o momento em que se torna possível o exercício, em nome próprio, de qualquer dos poderes inerentes à propriedade.
d) aquele que, por 15 (quinze) anos, sem interrupção nem oposição, possuir como seu um imóvel, adquire-lhe a propriedade, independentemente de títulos e boa-fé.

259. (Vunesp/TJ/SP/Cartórios/Ingresso/2018) Configurado o inequívoco abandono pelo proprietário de bem imóvel com valor superior a trinta salários-mínimos, nos termos do Código Civil, é correto afirmar:

a) a perda da propriedade por abandono não tem aplicação com relação aos imóveis com valor superior a trinta salários-mínimos.
b) a perda da propriedade imóvel somente ocorrerá após o registro do abandono no registro de imóveis.
c) a eficácia do abandono dependerá da concordância do Município, do Distrito Federal ou da União, conforme a localização do imóvel.
d) há perda da propriedade.

5.2.3. Dos Direitos de Vizinhança

SÚMULAS

STF Súm. 120. Parede de tijolos de vidro translúcido pode ser levantada a menos de metro e meio do prédio vizinho, não importando servidão sobre ele.

QUESTÕES OBJETIVAS

260. (UFPR/TJ/PR/Cartórios/Remoção/2019) Sobre os direitos de vizinhança, considere as seguintes afirmativas:

I. Quando as águas, artificialmente levadas ao prédio superior, ou aí colhidas, correrem dele para o inferior, poderá o dono deste reclamar que se desviem, ou se lhe indenize o prejuízo que sofrer.
II. O proprietário de nascente, ou do solo onde caem águas pluviais, satisfeitas as necessidades de seu consumo, poderá impedir, ou desviar o curso natural das águas remanescentes pelos prédios inferiores.
III. O dono ou o possuidor do prédio inferior é obrigado a receber as águas que correm naturalmente do superior, não podendo realizar obras que embaracem o seu fluxo.
IV. O proprietário ou o possuidor de um prédio tem o direito de fazer cessar as interferências prejudiciais à segurança, ao sossego e à saúde dos que o habitam, provocadas pela utilização de propriedade vizinha.

Assinale a alternativa correta.

a) Somente a afirmativa I é verdadeira.
b) Somente as afirmativas II e III são verdadeiras.
c) Somente as afirmativas I, II e IV são verdadeiras.
d) Somente as afirmativas I, III e IV são verdadeiras.
e) Somente as afirmativas II, III e IV são verdadeiras.

261. (Consulplan/TJ/MG/Cartórios/Remoção/2019) De acordo com o CCB, a respeito dos direitos de vizinhança, analise as afirmativas a seguir.

I. As limitações ou restrições de vizinhança independem de reconhecimento convencional.
II. O proprietário ou o possuidor tem direito de exigir do dono do prédio vizinho a demolição ou a reparação deste, quando

ameace ruína, bem como lhe preste caução pelo dano iminente.

III. O mau uso da propriedade deve ser analisado, em regra, pelo critério de normalidade ou anormalidade de sua utilização.

IV. A passagem forçada é o direito que tem o dono de prédio rústico ou urbano, que se encontra encravado, de constranger o vizinho a lhe dar passagem, mediante o pagamento de indenização cabal, cujo rumo será judicialmente fixado, se necessário.

Estão corretas as afirmativas:

a) I, II, III e IV.
b) II e IV, apenas.
c) I, II e III, apenas.
d) I, III e IV, apenas.

262. (Consulplan/TJ/MG/Cartórios/Ingresso/2017) José da Silva, morador e possuidor do imóvel da Rua Espinosa, 55 é "vizinho de muro" de Pedro Souza, que é dono/proprietário de imóvel na mesma rua no n. 57. A casa de Pedro está sem cuidados, com escoras na parede e na laje, e ele de lá mudou-se por recomendação do corpo de bombeiros, que fez vistoria e concluiu não ter o imóvel "segurança para moradia". Ocorre que não deu nenhuma satisfação ao vizinho José da Silva e simplesmente afastou-se do endereço. Nesse caso, é correto afirmar:

a) José da Silva não tem direito a exigir de Pedro a demolição, ou a reparação do imóvel vizinho e nem que lhe preste caução pelo dano iminente, já que são imóveis separados por muro, cada um tem a sua escritura e respectiva matrícula, não se comunicando as propriedades.
b) José da Silva tem direito apenas de exigir a reparação do imóvel vizinho, já que não lhe é dado juridicamente interferir sobre demolição de bem alheio e somente o Poder Público Municipal tem Poder de Polícia para impor esse sanção.
c) José da Silva tem direito a exigir de Pedro a demolição, ou a reparação do imóvel vizinho ou, então, que lhe preste caução pelo dano iminente.
d) José da Silva somente teria direito a exigir de Pedro a demolição, ou a reparação do imóvel vizinho ou então que lhe preste caução pelo dano iminente do bem, se comprovasse que o vizinho agiu com dolo ou culpa nos danos e avarias que o imóvel apresenta.

5.2.4. Do Condomínio

SÚMULAS

STJ **Súm. 260.** A convenção de condomínio aprovada, ainda que sem registro, é eficaz para regular as relações entre os condôminos.

STJ **Súm. 478.** Na execução de crédito relativo a cotas condominiais, este tem preferência sobre o hipotecário.

JURISPRUDÊNCIA EM TESES

STJ **JurisTese 68-1.** É possível a penhora do bem de família para assegurar o pagamento de dívidas oriundas de despesas condominiais do próprio bem.

STJ **JurisTese 68-3.** As cotas condominiais possuem natureza "proptem rem", razão pela qual os compradores de imóveis respondem pelos débitos anteriores à aquisição.

STJ **JurisTese 68-5.** O arrematante só responde pelo saldo remanescente do débito condominial se constar no edital da hasta pública a informação referente ao ônus incidente sobre o imóvel.

STJ **JurisTese 68-6.** É indevida a inclusão do arrematante de bem imóvel no cumprimento de sentença proferida em ação de cobrança de cota condominial, tendo em vista que não participou da fase processual em que constituído o título executivo.

STJ **JurisTese 68-7.** O prazo prescricional aplicável à pretensão de cobrança de taxas condominiais é de cinco anos, de acordo com art. 206, § 5º, I, do Código Civil.

STJ **JurisTese 68-9.** A convenção do condomínio pode fixar o rateio das contribuições condominiais de maneira diversa da regra da fração ideal pertencente a cada unidade.

STJ **JurisTese 68-10.** Nas relações jurídicas estabelecidas entre condomínio e condôminos não incide o Código de Defesa do Consumidor – CDC.

STJ **JurisTese 68-11.** O condomínio não é responsável pelo pagamento do IPTU incidente sobre as áreas comuns e de terceiros, pois não é sua a titularidade do domínio útil, tampouco exerce posse com animus domini.

STJ **JurisTese 68-14.** A legitimidade passiva na ação cautelar de exibição de documentos é do síndico e não do condomínio.

STJ **JurisTese 68-15.** O condomínio tem legitimidade ativa para ajuizar ação objetivando o cumprimento de obrigações e/ou o reconhecimento de vícios de construção nas partes comuns e em unidades autônomas.

STJ **JurisTese 68-16.** É possível a reforma ou a utilização exclusiva de área comum de condomínio desde que exista autorização da assembleia geral.

STJ **JurisTese 68-17.** A loja térrea, com acesso próprio à via pública, não concorre com gastos relacionados a serviços que não lhe sejam úteis, salvo disposição condominial em contrário.

STJ **JurisTese 133-5.** O promitente vendedor que readquire a titularidade do direito real sobre o bem imóvel anteriormente alienado pode ser responsabilizado pelos débitos condominiais posteriores à alienação e contemporâneos à posse do promissário comprador, sem prejuízo de ulterior direito de regresso.

INFORMATIVOS

STJ **Execução fiscal. Penhora de vaga de garagem. Art. 1.331, § 1º, do CC. Alienação a pessoas estranhas ao condomínio. Convenção de condomínio. Ausência de autorização expressa. Impossibilidade. Hasta restrita a condôminos.** A hasta pública para alienação de vaga de garagem em condomínio se restringe aos demais condôminos, salvo autorização expressa na convenção condominial. *REsp 2008627, 2ª T, 13.9.2022. Inf 749.*

STJ **Despesas condominiais. Posse do imóvel. Entrega das chaves. Recusa ilegítima ao recebimento das chaves. Responsabilidade pelas taxas de condomínio. Adquirente do imóvel.** O adquirente de imóvel deve pagar as taxas condominiais desde o recebimento das chaves ou, em caso de recusa ilegítima, a partir do momento no qual as chaves estavam à sua disposição. *REsp 1847734, 3ª T, 31.3.2022. Inf 731.*

STJ **Condomínio. Assembleia ordinária ou extraordinária. Promitente comprador. Ciência da alienação. Imissão na posse do imóvel. Direito a voto. Legitimidade.** Os promissários compradores têm legitimidade para participar das assembleias, ordinária ou extraordinária, desde que tenha havido a imissão na posse da unidade imobiliária e a cientificação do condomínio acerca da transação. *REsp 1918949, 3ª T, 13.12.2021. Inf 722.*

QUESTÕES OBJETIVAS

263. (Vunesp/TJ/SP/Cartórios/Ingresso/2022) Pode-se afirmar, acerca do condomínio edilício, que:

a) qualquer condômino, sozinho, pode convocar assembleia extraordinária.
b) a constituição de conselho fiscal é obrigatória em condomínios edilícios com mais de dez unidades autônomas.
c) as obras e reparações necessárias somente podem ser realizadas pelo síndico mediante autorização prévia da assembleia dos condôminos.
d) o regime de multipropriedade pode ser adotado em condomínio edilício por meio da deliberação da maioria absoluta dos condôminos, mesmo sem previsão na instituição.

264. (FGV/TJ/SC/Cartórios/Ingresso/2021) Marcelo é usufrutuário de uma das unidades de um condomínio edilício. Ele é obrigado a obedecer a convenção condominial desde que ela tenha sido subscrita:

a) pela maioria das frações ideais.
b) por dois terços das frações ideais.

c) pela totalidade das frações ideais.
d) pela maioria das frações ideais e registrada no Cartório de Registro de Imóveis.
e) por dois terços das frações ideais e registrada no Cartório de Registro de Imóveis.

265. (Ieses/TJ/RO/Cartórios/Ingresso/2021) Em relação ao condomínio em edificações e as incorporações imobiliárias, assinale a alternativa incorreta:

a) Considera-se aprovada, e obrigatória para os proprietários de unidades, promitentes compradores, cessionários e promitentes cessionários, atuais e futuros, como para qualquer ocupante, a Convenção que reúna as assinaturas de titulares de direitos que representem, no mínimo, 3/5 das frações ideais que compõem o condomínio.
b) A cada unidade caberá, como parte inseparável, uma fração ideal do terreno e coisas comuns, expressa sob forma decimal ou ordinária.
c) O condomínio por unidades autônomas instituir-se-á por ato entre vivos ou por testamento, com inscrição obrigatória no Registro de Imóvel, dele constando; a individualização de cada unidade, sua identificação e discriminação, bem como a fração ideal sobre o terreno e partes comuns atribuída a cada unidade, dispensando-se a descrição interna da unidade.
d) Cada condômino concorrerá nas despesas do condomínio, recolhendo, nos prazos previstos na Convenção, a quota-parte que lhe couber em rateio.

266. (Ieses/TJ/RO/Cartórios/Remoção/2021) Sobre o condomínio urbano simples é correto afirmar:

I. Quando um mesmo imóvel contiver construções de casas ou cômodos, poderá ser instituído, inclusive para fins de Regularização Fundiária Urbana – Reurb, um condomínio urbano simples.
II. Na matrícula de condomínio urbano simples serão discriminadas a parte do terreno ocupada pelas edificações, as partes de utilização exclusiva e as áreas que constituem passagem para as vias públicas ou para as unidades entre si.
III. Após o registro da instituição do condomínio urbano simples, deverá ser aberta uma matrícula para cada unidade autônoma, à qual caberá, como parte inseparável, uma fração ideal do solo e das outras partes comuns, se houver, representada na forma de percentual.
IV. As unidades autônomas constituídas em matrícula própria não poderão ser alienadas e gravadas livremente por seus titulares, somente em comum acordo entre os condôminos, podendo ser formalizada a autorização por meio de instrumento particular.

A sequência correta é:

a) Apenas as assertivas II e III estão corretas.
b) Apenas as assertivas I, II e IV estão corretas.
c) As assertivas I, II, III e IV estão corretas.
d) Apenas a assertiva IV está incorreta.

267. (Vunesp/TJ/RS/Cartórios/Remoção/2019) Acerca do condomínio em multipropriedade, é correto afirmar que:

a) o instrumento de instituição da multipropriedade poderá estabelecer o limite máximo de frações de tempo no mesmo imóvel que poderão ser detidas pela mesma pessoa natural ou jurídica.
b) a multipropriedade se extinguirá automaticamente, se todas as frações de tempo forem do mesmo multiproprietário.
c) o imóvel objeto da multipropriedade é indivisível, não se sujeitando à ação de divisão ou de extinção de condomínio, mas não inclui as instalações, os equipamentos e o mobiliário destinados a seu uso e gozo.
d) o período correspondente a cada fração de tempo será de, no mínimo, 30 (trinta) dias, seguidos ou intercalados, e poderá ser fixo e determinado, no mesmo período de cada ano ou flutuante.
e) a transferência do direito de multipropriedade e a sua produção de efeitos perante terceiros dar-se-ão na forma da lei civil e não dependerão da anuência dos demais multiproprietários que têm, salvo disposição em sentido contrário, direito de preferência na aquisição de fração de tempo.

268. (UFPR/TJ/PR/Cartórios/Remoção/2019) Marta, síndica do Condomínio Portal da Luz, tornou-se conhecida entre os moradores por aplicar multas infundadas e exigir obrigações não previstas em Convenção de Condomínio, tampouco em Regimento Interno. O caso mais emblemático surgiu quando Marta proibiu os moradores de receberem visitantes entre o período de Natal e Ano Novo, sob o pretexto de que haveria muito barulho e poderia, assim, haver reclamações dos moradores das unidades autônomas. Levando em consideração o caso acima e com base no Código Civil brasileiro, assinale a alternativa correta.

a) Não poderá a assembleia extraordinária investir outra pessoa, em lugar da síndica, em poderes de representação, restando aos moradores ajuizar ação competente a fim de resguardar os seus interesses individuais.
b) Mesmo que Marta decida colaborar com a administração do condomínio e com o sossego dos moradores desistindo da gestão do condomínio, ainda assim somente poderá ser destituída por meio de ação autônoma, não podendo transferir a outrem, total ou parcialmente, os poderes de representação que lhe foram outorgados por meio de votação em assembleia específica.
c) Marta somente poderá ser destituída do cargo de síndica após ouvidos o Ministério Público, em se tratando de Condomínio Edilício.
d) Marta pode ser destituída da administração do condomínio pelo voto de um terço (1/3) dos membros da assembleia extraordinária, constituída para o fim específico de sanar os abusos da síndica.
e) Marta pode ser destituída da administração do condomínio pelo voto da maioria absoluta dos membros da assembleia extraordinária, constituída para o fim específico de sanar os abusos da síndica.

269. (Vunesp/TJ/RS/Cartórios/Ingresso/2019) Assinale a alternativa correta sobre o condomínio em multipropriedade.

a) A instituição da multipropriedade independe de registro do ato no Cartório de Registro de Imóveis.
b) A multipropriedade se extinguirá automaticamente se todas as frações de tempo forem do mesmo multiproprietário.
c) O imóvel objeto da multipropriedade não se sujeita à ação de extinção de condomínio.
d) A transferência do direito de multipropriedade dependerá da cientificação dos demais multiproprietários, devendo ser respeitado o direito de preferência destes.
e) Ao condomínio edilício é vedado adotar o regime de multipropriedade apenas em parte de suas unidades autônomas.

270. (Vunesp/TJ/AL/Cartórios/Ingresso/2019) Com relação ao condomínio em multipropriedade, é correto afirmar:

a) a multipropriedade não pode ser instituída por testamento.
b) o multiproprietário não poderá ceder sua fração de tempo em comodato.

c) o período correspondente a cada fração de tempo será de, no mínimo, sete dias.
d) em nenhuma hipótese, haverá direito de preferência na alienação da fração de tempo na multipropriedade.

271. (Ieses/TJ/AM/Cartórios/Ingresso/2018) Em relação ao condomínio, assinale a correta:

a) não pode o condômino eximir-se do pagamento das despesas e dívidas, renunciando à parte ideal.
b) não podem os condôminos acordar que fique indivisa a coisa comum por prazo determinado, sendo lícito exigir a divisão da coisa comum a qualquer tempo.
c) o condomínio de coisa indivisível não pode vender a sua parte a estranhos, se outro consorte a quiser, tanto por tanto. Sendo muitos os condôminos, preferirá o que tiver benfeitorias de maior valor e, na falta de benfeitorias, o de quinhão maior.
d) cada condômino pode usar da coisa conforme sua destinação, sobre ela exercer todos os direitos compatíveis com a indivisão, reivindicá-la de terceiro, defender a sua posse e alhear a respectiva parte ideal, ou gravá-la., bem como dar posse, uso ou gozo dela a estranhos, independente do consenso dos outros.

272. (Consulplan/TJ/MG/Cartórios/Ingresso/2017) No condomínio edilício, são direitos dos condôminos, exceto:

a) em dar a sua unidade destinação diversa da estipulada.
b) fruir livremente das suas unidades.
c) usar as partes comuns, conforme sua destinação, desde que não exclua a utilização dos demais possuidores.
d) participar das assembleias e votar nas deliberações, desde que estejam quites com as contribuições para as despesas.

273. (Consulplan/TJ/MG/Cartórios/Remoção/2017) Acerca do condomínio edilício, assinale a alterativa correta:

a) depende da aprovação de 2/3 (dois terços) dos votos dos condôminos a alteração da convenção; a mudança da destinação do edifício, ou da unidade imobiliária, depende da aprovação pela unanimidade dos condôminos.
b) a convenção que constitui o condomínio edilício deve ser subscrita pelos titulares de, no mínimo, cinquenta por cento das frações ideais e torna-se, desde logo, obrigatória para os titulares de direito sobre as unidades, ou para quantos sobre elas tenham posse ou detenção.
c) institui-se o condomínio edilício por ato entre vivos, registrado no cartório de registro de imóveis, não podendo ser constituído por testamento.
d) as partes suscetíveis de utilização independente sujeitam-se a propriedade exclusiva, podendo ser alienadas e gravadas livremente por seus proprietários a quem quer que seja, inclusive os abrigos para veículos, se silente a convenção de condomínio.

274. (Consulplan/TJ/MG/Cartórios/Remoção/2017) Quanto às despesas de condomínio e deveres dos condôminos, na forma do artigo 1.336 do Código Civil, é correto afirmar que:

a) o condômino que não pagar a sua contribuição ficará sujeito aos juros moratórios de 1% ao mês, já que não pode convenção de condomínio impor taxa de juros para caso de mora, sob pena de estar legislando, e mais a multa de 2% sobre o débito.
b) o condômino que não pagar a sua contribuição ficará sujeito aos juros moratórios de um por cento ao mês e multa de até 10% sobre o débito, multa esta se prevista na Convenção de Condomínio.
c) o condômino que não pagar a sua contribuição ficará sujeito aos juros moratórios convencionados ou, não sendo previstos, os de um por cento ao mês e multa de até 10% sobre o débito, já que não se trata de relação de consumo e, sim, de legislação específica sobre condomínio.
d) o condômino que não pagar a sua contribuição ficará sujeito aos juros moratórios convencionados, se previstos na Convenção de Condomínio, se aprovada esta com as formalidades e requisitos legais, e mais multa de até dois por cento sobre o débito.

275. (Ieses/TJ/RO/Cartórios/Remoção/2017) São atribuições dos síndicos de condomínios edilícios, entre outras:

I. realizar o seguro da edificação.
II. elaborar o orçamento da receita e da despesa relativa a cada ano.
III. convocar a assembleia dos condôminos.
IV. cobrar dos condôminos as suas contribuições, bem como impor e cobrar as multas devidas.

A sequência correta é:

a) apenas as assertivas II, III, IV estão corretas.
b) apenas as assertivas II e IV estão corretas.
c) as assertivas I, II, III e IV estão corretas.
d) apenas a assertiva IV está correta.

276. (Consulplan/TJ/MG/Cartórios/Ingresso/2017) Nos termos do Código Civil, relativamente ao condomínio, não constituem direitos do condômino:

a) usar, fruir e livremente dispor das suas unidades.
b) usar das partes comuns, conforme a sua destinação, e contanto que não exclua a utilização dos demais compossuidores.
c) votar nas deliberações da assembleia e delas participar, estando quite.
d) contribuir para as despesas do condomínio na proporção das suas frações ideais, salvo disposição em contrário na convenção.

277. (Consulplan/TJ/MG/Cartórios/Remoção/2017) Nos termos do Código Civil, relativamente a condomínio, não constituem deveres do condômino:

a) não realizar obras que comprometam a segurança da edificação.
b) não alterar a forma e a cor da fachada, das partes e esquadrias externas.
c) contribuir para as despesas do condomínio e apenas na proporção das suas frações ideais.
d) dar às suas partes a mesma destinação que tem a edificação, e não as utilizar de maneira prejudicial ao sossego, salubridade e segurança dos possuidores, ou aos bons costumes.

278. (Cetro/TJ/RJ/Cartórios/Remoção/2017) A presença da filha de Aurélio foi restringida no playground do condomínio onde moram por conta de imposição decorrente da convenção condominial contra reiterada inadimplência das despesas condominiais, situação vivenciada por Aurélio. Com base nisso e no que dispõe a legislação acerca do instituto do condomínio, analise as assertivas abaixo.

I. as quotas condominiais detêm força de título extrajudicial no eventual manejo de ação executiva contra Aurélio, bem como a própria unidade condominial de Aurélio pode ser objeto de constrição judicial, sem possibilidade de alegar a impenhorabilidade de bem de família.
II. na instauração de permanente situação de inadimplência por parte de Aurélio, o condomínio, mediante deliberação de 3/4 (três quartos) dos condôminos restantes, pode impor a ele, com base na gravidade e repetição da conduta, multa

pecuniária correspondente até o quíntuplo ou até o décuplo do valor da respectiva quota condominial.

III. o uso das partes comuns do condomínio não decorre da situação de adimplência das despesas condominiais por parte dos condôminos.

É correto o que se afirma em:

a) I e II, apenas.
b) II e III, apenas.
c) I, apenas.
d) II, apenas.
e) I, II e III.

5.2.5. Da Propriedade Resolúvel/Fiduciária

SÚMULAS

STJ Súm. 28. O contrato de alienação fiduciária em garantia pode ter por objeto bem que já integrava o patrimônio do devedor.

STJ Súm. 72. A comprovação da mora é imprescindível à busca e apreensão do bem alienado fiduciariamente.

STJ Súm. 92. A terceiro de boa-fé não é oponível a alienação fiduciária não anotada no certificado de registro do veículo automotor.

STJ Súm. 245. A notificação destinada a comprovar a mora nas dívidas garantidas por alienação fiduciária dispensa a indicação do valor do débito.

STJ Súm. 384. Cabe ação monitória para haver saldo remanescente oriundo de venda extrajudicial de bem alienado fiduciariamente em garantia.

QUESTÕES DISCURSIVAS

21. (Consulplan/TJ/MS/Cartórios/2022) Maria, interessada em adquirir imóvel, procura instituições bancárias para informações acerca de financiamento (contrato de mútuo). Percebe que a maioria delas utiliza modalidade de garantia na qual o bem adquirido é transferido para a titularidade da instituição financeira até o pagamento final do financiamento, sendo, a partir deste momento, em regra, transferido ao adquirente do imóvel. Qual a modalidade de garantia utilizada e qual o seu conceito? Quais seus normativos de regência? Em que difere de uma hipoteca quanto à propriedade do bem durante o mútuo? Em caso de não pagamento pelo devedor, o que acontecerá com o bem?

22. (Cetro/TJ/RJ/Cartórios/Remoção/2017) (a) Qual o escopo e efeitos do registro da alienação fiduciária de bem imóvel? (b) explique a titularidade da posse do bem imóvel alienado fiduciariamente. (c) Como se constitui a alienação fiduciária de bem imóvel? (d) O fiduciante pode transmitir os direitos de que seja titular sobre o imóvel objeto da alienação fiduciária?

23. (Vunesp/TJ/SP/Cartórios/2016) Propriedade resolúvel: (i) conceito e características; (ii) propriedade fiduciária no Código Civil e legislação especial; (iii) propriedade aparente; (iv) efeitos da resolução da propriedade quanto ao proprietário e terceiros.

QUESTÕES OBJETIVAS

279. (UFPR/TJ/PR/Cartórios/Remoção/2019) Sobre a propriedade fiduciária e os créditos objeto do regime, identifique como verdadeiras (V) ou falsas (F) as seguintes afirmativas:

I. Os créditos objeto do regime fiduciário constituem patrimônio separado, que não se confunde com o da companhia securitizadora.

II. Os créditos objeto do regime fiduciário manter-se-ão apartados do patrimônio da companhia securitizadora até que se complete o resgate de todos os títulos da série a que estejam afetados.

III. Os créditos objeto do regime fiduciário destinam-se exclusivamente à liquidação dos títulos a que estiverem afetados, bem como ao pagamento dos respectivos custos de administração e de obrigações fiscais.

IV. Os créditos objeto do regime fiduciário estão isentos de qualquer ação ou execução pelos credores da companhia securitizadora.

Assinale a alternativa que apresenta a sequência correta, de cima para baixo.

a) V, F, V, F.
b) F, V, F, V.
c) F, F, V, V.
d) V, V, V, V.
e) V, F, F, F.

5.3. Da Superfície, das Servidões

SÚMULAS

STF Súm. 120. Parede de tijolos de vidro translúcido pode ser levantada a menos de metro e meio do prédio vizinho, não importando servidão sobre ele.

STF Súm. 415. Servidão de trânsito não titulada, mas tomada permanente, sobretudo pela natureza das obras realizadas, considera-se aparente, conferindo direito a proteção possessória.

QUESTÕES OBJETIVAS

280. (Ieses/TJ/RO/Cartórios/Ingresso/2021) Por meio do direito de superfície, o proprietário pode conceder a outrem o direito de construir ou de plantar em seu terreno, por tempo determinado, mediante escritura pública devidamente registrada no Cartório de Registro de Imóveis. A respeito do assunto, leia as assertivas a seguir e responda:

I. O direito de superfície não autoriza obra no subsolo, salvo se for inerente ao objeto da concessão.

II. O superficiário não responderá pelos encargos e tributos que incidirem sobre o imóvel.

III. A concessão da superfície será sempre onerosa, podendo as partes estipularem se o pagamento será feito de uma só vez, ou parceladamente.

IV. O direito de superfície não pode se transferir a terceiros.

Considerando as assertivas acima, assinale a alternativa correta:

a) Estão corretas as assertivas I, II, III e IV.
b) Apenas estão corretas as assertivas I, II e III.
c) Apenas estão corretas as assertivas II e IV.
d) Apenas a assertiva I está correta.

281. (Ieses/TJ/RO/Cartórios/Remoção/2021) Acerca do direito de superfície é correto afirmar:

I. A concessão do direito de superfície sempre será onerosa.

II. O direito de superfície abrange o direito de utilizar o solo, o subsolo ou o espaço aéreo relativo ao terreno, na forma estabelecida no contrato respectivo, atendida a legislação urbanística.

III. O direito de superfície pode ser transferido a terceiros, obedecidos os termos do contrato respectivo.

IV. Em caso de morte do superficiário, os seus direitos não serão transmitidos a seus herdeiros.

A sequência correta é:

a) Apenas as assertivas I, II e IV estão corretas.
b) Apenas as assertivas II e III estão corretas.
c) Apenas a assertiva II está incorreta.
d) As assertivas I, II, III e IV estão corretas.

282. (Consulplan/TJ/MS/Cartórios/Remoção/2021) Compreende-se a servidão como a restrição imposta a um prédio para uso e utilidade do outro. Assinale a alternativa que diverge das previsões legais do Código Civil a respeito das servidões.

a) Na servidão de trânsito, a de maior inclui a de menor ônus.
b) É vedado ao dono do prédio serviente embaraçar o exercício legítimo da servidão.
c) Quando a servidão alcançar mais de um prédio, seus donos devem ratear as despesas de obras necessárias, assim como as manutenções.
d) A finalidade da servidão constituída para fins específicos pode ser ampliada mediante manifestação de vontade do dono do prédio dominante.

283. (Consulplan/TJ/MG/Cartórios/Ingresso/2019) De acordo com o Código Civil brasileiro, analise as seguintes afirmativas sobre o direito real de superfície.

I. O direito real de superfície concede ao seu titular o direito de construir ou plantar em terreno alheio, perpétua ou temporariamente.
II. O contrato que institui a superfície pode ser gratuito ou oneroso. No oneroso, o proprietário da terra tem direito a pagamento, que poderá ser feito de uma só vez ou parceladamente.
III. O direito de superfície pode transferir-se a terceiros e, por morte do superficiário, aos seus concedente cobrar um pagamento pela transferência, a que título for.
IV. O direito real de superfície somente se constitui mediante escritura pública, devidamente Registro de Imóveis.

Estão corretas as afirmativas:

a) I, II, III e IV.
b) II e IV, apenas.
c) I, II e III, apenas.
d) I, III e IV, apenas.

284. (Consulplan/TJ/MG/Cartórios/Remoção/2019) De acordo com o Código Civil brasileiro, analise as afirmativas sobre a servidão.

I. A servidão proporciona utilidade para o prédio dominante e grava o prédio serviente, que deve sempre pertencer a dono diverso.
II. A servidão não aparente pode ser adquirida por usucapião, atendidos os requisitos legais para o seu reconhecimento.
III. As obras necessárias à conservação e uso da servidão devem ser feitas pelo dono do prédio dominante, se o contrário não dispuser expressamente o título.
IV. A servidão não se presume. Na dúvida, interpreta-se contra a servidão.

Estão corretas as afirmativas:

a) I, II, III e IV.
b) II e IV, apenas.
c) I, II e III, apenas.
d) I, III e IV, apenas.

285. (Consulplan/TJ/MG/Cartórios/Ingresso/2018) A servidão aparente, sem título:

a) não pode ser adquirida por usucapião.
b) pode ser adquirida por usucapião, desde que a posse seja exercida pelo prazo de 10 (dez) anos.
c) pode ser adquirida por usucapião, desde que a posse seja exercida pelo prazo de 5 (cinco) anos.
d) pode ser adquirida por usucapião, desde que a posse seja exercida pelo prazo de 20 (vinte) anos.

5.4. Do Usufruto, do Uso, da Habitação

JURISPRUDÊNCIA EM TESES

STJ **JurisTese 50-8.** O companheiro sobrevivente tem direito real de habitação sobre o imóvel no qual convivia com o falecido, ainda que silente o art. 1.831 do atual Código Civil.

STJ **JurisTese 50-9.** O direito real de habitação poder ser invocado em demanda possessória pelo companheiro sobrevivente, ainda que não se tenha buscado em ação declaratória própria o reconhecimento de união estável.

STJ **JurisTese 50-10.** Não subsiste o direito real de habitação se houver copropriedade sobre o imóvel antes da abertura da sucessão ou se, àquele tempo, o falecido era mero usufrutuário do bem.

STJ **JurisTese 133-10.** A inexistência de outros bens imóveis no patrimônio de cônjuge/companheiro sobrevivente não é requisito para o reconhecimento do direito real de habitação.

STJ **JurisTese 133-11.** O direito real de habitação pode ser exercido tanto pelo cônjuge como pelo companheiro supérstites.

INFORMATIVOS

STJ **Direito real de habitação. Cônjuge supérstite. Inoponibilidade. Copropriedade preexistente da filha exclusiva do "de cujus". Arbitramento de aluguéis. Cabimento.** Tem direito ao recebimento de aluguéis a parte que, sem vínculo de parentalidade com a cônjuge supérstite, possuía imóvel em copropriedade com o "de cujus". *REsp 1830080, 3ª T, 29.4.2022. Inf 734.*

QUESTÕES OBJETIVAS

286. (FGV/TJ/SC/Cartórios/Remoção/2021) Rose pretende doar seu apartamento à sua irmã, reservando para si o usufruto desse imóvel. No cartório, elas informaram algumas disposições que pretendiam fazer constar do usufruto: a possibilidade de a usufrutuária ceder onerosamente o exercício do usufruto a terceiros; a transmissão do usufruto aos seus herdeiros quando do seu falecimento; o prazo de dez anos de duração do usufruto; a possibilidade de a usufrutuária alterar a finalidade residencial do imóvel para nele realizar atividade comercial; a dispensa de a usufrutuária prestar caução. É inválida a disposição que:

a) prevê a transmissão do usufruto aos herdeiros em caso de morte da usufrutuária.
b) permite cessão onerosa do exercício do usufruto.
c) prevê o prazo de dez anos de duração do usufruto.
d) permite a alteração da finalidade do imóvel.
e) dispensa a caução.

287. (Ieses/TJ/RO/Cartórios/Remoção/2021) O usufruto extingue-se, cancelando-se o registro no cartório de Registro de Imóveis:

I. Pela renúncia ou morte do usufrutuário.
II. Pela cessação do motivo de que se origina.
III. Pelo termo de sua duração.
IV. Pela extinção da pessoa jurídica, em favor de quem o usufruto foi constituído, ou, se ela perdurar, pelo decurso de vinte anos da data em que se começou a exercer.

A sequência correta é:

a) Apenas as assertivas II e IV estão corretas.
b) As assertivas I, II, III e IV estão corretas.
c) Apenas as assertivas I, II e III estão corretas.
d) Apenas a assertiva II está incorreta.

288. (Consulplan/TJ/MS/Cartórios/Remoção/2021) Em relação aos direitos e deveres dos usufrutuários, tomando por base a legislação vigente, assinale a alternativa incorreta.

a) O usufrutuário não é obrigado a pagar as deteriorações resultantes do exercício regular do usufruto.

b) Se o usufruto recair num patrimônio, ou parte deste, será o usufrutuário obrigado aos juros da dívida que onerar o patrimônio ou a parte dele.
c) Quando o usufruto recai em títulos de crédito, o usufrutuário tem direito a perceber os frutos, sendo-lhe vedada a cobrança pessoal das respectivas dívidas.
d) Salvo direito adquirido por outrem, o usufrutuário faz seus os frutos naturais, pendentes ao começar o usufruto, sem encargo de pagar as despesas de produção.

289. (Vunesp/TJ/AL/Cartórios/Ingresso/2019) Do acordo com o Código Civil (Lei nº 10.406/2002), em relação ao usufruto sobre bem imóvel, assinale a alternativa correta.

a) Ocorrendo a morte do usufrutuário, os direitos reais de usufruto serão partilhados entre os herdeiros do "de cujus".
b) Constituído por escritura pública em favor de duas ou mais pessoas, poderá ser estipulado que, com a morte de uma delas, a parte ideal cabente ao usufrutuário falecido será acrescida à parte do(s) usufrutuário(s) sobrevivente(s).
c) Somente se extingue pela renúncia do usufrutuário lavrada por escritura pública perante tabelião de notas.
d) É um direito real de garantia.

290. (Consulplan/TJ/MG/Cartórios/Remoção/2019) A respeito do direito real de usufruto, tratado no Código Civil brasileiro, analise as afirmativas a seguir.

I. O usufruto é sempre temporário. Poderá ser constituído em caráter vitalício, por certo prazo ou sob condição resolutiva.
II. Salvo disposição em contrário, o usufruto não se estende aos acessórios da coisa e seus acrescidos.
III. O direito de usufruto pode ser transferido por alienação.
IV. O usufruto constituído em favor de duas ou mais pessoas extingue-se parte a parte em relação a cada uma das que falecerem, salvo estipulação expressa do direito de acrescer aos usufrutuários sobreviventes.

Estão corretas as afirmativas:

a) I, II, III e IV.
b) I e IV, apenas.
c) I, II e III, apenas.
d) II, III e IV, apenas.

291. (Vunesp/TJ/RS/Cartórios/Ingresso/2019) Assinale a alternativa correta sobre o direito real de usufruto.

a) É permita a constituição de usufruto em benefício de pessoa jurídica.
b) No usufruto por prazo determinado, este não poderá se dar por prazo maior que 10 (dez) anos, sujeito a sucessivas renovações, desde que expressas.
c) O usufruto de bem imóvel não pode ser adquirido por meio de prescrição aquisitiva.
d) O não uso, ou a não fruição, do objeto sobre o qual o usufruto recai, não constitui hipótese, por si, de extinção do usufruto.
e) É vedada a transmissão do usufruto por alienação e sua cessão é permita tão somente a título gratuito.

292. (UFPR/TJ/PR/Cartórios/Ingresso/2019) Terezinha é viúva e resolve doar a casa em que reside aos seus filhos. Para tanto, é instituído sobre tal imóvel usufruto vitalício em seu favor. Sobre o assunto, assinale a alternativa correta.

a) O usufrutuário é obrigado a pagar as deteriorações resultantes do exercício regular do usufruto.
b) As prestações e os tributos devidos pela posse ou rendimento da coisa usufruída incumbem ao usufrutuário.
c) Se a coisa estiver segurada, incumbe aos proprietários pagar as contribuições do seguro durante o usufruto.
d) Se o usufrutuário fizer o seguro, caber-lhe-á o direito resultante do seguro contra o segurador.
e) Incumbem ao usufrutuário as reparações extraordinárias e as que não forem de custo módico.

293. (Vunesp/TJ/SP/Cartórios/Ingresso/2018) Com relação ao usufruto, é correto afirmar:

a) o usufruto não pode ter por objeto bens consumíveis ou fungíveis.
b) o direito de usufruto não pode ser adquirido por usucapião.
c) no usufruto simultâneo ou conjuntivo, o direito de acrescer entre os usufrutuários, ocorrendo o falecimento de um deles, depende de estipulação expressa.
d) o exercício do usufruto é impenhorável.

5.6. Do Direito do Promitente Comprador

SÚMULAS

STJ Súm. 239. O direito à adjudicação compulsória não se condiciona ao registro do compromisso de compra e venda no cartório de imóveis.

5.7. Do Penhor, da Hipoteca e da Anticrese

SÚMULAS

STJ Súm. 308. A hipoteca firmada entre a construtora e o agente financeiro, anterior ou posterior à celebração da promessa de compra e venda, não tem eficácia perante os adquirentes do imóvel.

STJ Súm. 478. Na execução de crédito relativo a cotas condominiais, este tem preferência sobre o hipotecário.

QUESTÕES DISCURSIVAS

24. (FGV/TJ/SC/Cartórios/2021) João e Maria, casal de professores universitários aposentados, resolvem celebrar com o Banco C pacto de hipoteca reversa, sobre seu único imóvel residencial, sob a promessa de constituírem fundos para o futuro. Diante da hipótese apresentada, responda aos itens a seguir: (a) Em que consiste a hipoteca reversa? Qual a sua qualificação jurídica? (b) Comente todas as possíveis repercussões de tal pacto no ordenamento civil-constitucional brasileiro, sob o ponto de vista da proteção dos vulneráveis.

25. (Consulplan/TJ/MG/Cartórios/Remoção/2019) Espécie de direito real de garantia, a hipoteca apresenta, como um dos seus requisitos formais, a especialização. Por outro lado, a hipoteca produz diversos efeitos, mas dois deles assumem especial relevância, a saber: a preferência e a sequela. A esse respeito, responda: (a) É possível a instituição de hipoteca geral e ilimitada? (b) No que consiste o fenômeno da especialização na hipoteca convencional? (c) Na qualidade de importantes efeitos da hipoteca, no que consiste o direito de preferência e o direito de sequela?

26. (Vunesp/TJ/SP/Cartórios/2014) Dissertação. Direitos reais de garantia: características, hipoteca, anticrese, penhor, conceito, modalidades, constituição, extinção.

QUESTÕES OBJETIVAS

294. (Ieses/TJ/TO/Cartórios/Remoção/2022) Quanto à remição do imóvel hipotecado, é correto afirmar, exceto:

a) Se o credor, citado, comparecer e impugnar o preço oferecido, o juiz mandará promover a licitação entre os credores hipotecários, os fiadores e o próprio adquirente, autorizando a venda judicial a quem oferecer maior preço.

b) Mesmo que o credor assine, juntamente com o vendedor, a escritura de venda do imóvel gravado, ainda assim será necessária a remição.

c) Para remir o imóvel hipotecado, o adquirente requererá, no prazo legal, a citação dos credores hipotecários propondo, para a remição, no mínimo, o preço porque adquiriu o imóvel.

d) Se o credor, citado, não se opuser à remição, ou não comparecer, lavrar-se-á termo de pagamento e quitação e o Juiz ordenará, por sentença, o cancelamento de hipoteca.

295. (Ieses/TJ/TO/Cartórios/Ingresso/2022) Sobre a remição do imóvel hipotecado assinale a alternativa correta:

a) A remição do imóvel hipotecado terá sempre o efeito de liberar o imóvel, não se admitindo remição que tenha por efeito sub-rogar e substituir o devedor.

b) A remição do imóvel hipotecado só pode ser feita por meio de decisão judicial transitada em julgado.

c) A remissão da hipoteca é a previsão legal assegurada a certas pessoas para que possam livrar o imóvel de ônus hipotecário.

d) A remição do imóvel hipotecado compete apenas ao próprio devedor.

296. (FGV/TJ/SC/Cartórios/Remoção/2021) Sociedade empresária do ramo da indústria pretende dar em garantia de um mútuo, contraído junto a uma instituição financeira, máquinas, aparelhos, instrumentos, instalados e em funcionamento, com os acessórios, todos situados num de seus estabelecimentos, que não o da sede da pessoa jurídica. A constituição do penhor industrial ocorre mediante instrumento:

a) público, registrado no Cartório de Registro de Imóveis da circunscrição da sede da pessoa jurídica.

b) particular, registrado no Cartório de Registro de Títulos e Documentos da circunscrição onde se localiza o imóvel ao qual será aplicado o valor mutuado.

c) particular, registrado no Cartório de Registro de Imóveis da circunscrição onde estiverem situadas as coisas empenhadas.

d) público ou particular, registrado no Cartório de Registro de Imóveis da circunscrição onde estiverem situadas as coisas empenhadas.

e) público ou particular, registrado no Cartório de Registro de Títulos e Documentos da circunscrição da sede da pessoa jurídica.

297. (Consulplan/TJ/MS/Cartórios/Ingresso/2021) Acerca do instituto da anticrese, assinale a alternativa correta.

a) O credor anticrético terá preferência sobre a indenização do seguro, quando o prédio seja destruído.

b) O credor anticrético pode vindicar os seus direitos contra o adquirente dos bens, os redores quirografários e os hipotecários anteriores ao registro da anticrese.

c) O credor anticrético pode administrar os bens dados em anticrese e fruir seus frutos e utilidades, mas terá que apresentar semestralmente balanço, exato e fiel, de sua administração.

d) Se o devedor anticrético não concordar com o que se tem no balanço, por ser inexato, poderá impugná-lo e, se assim desejar, requerer a transformação em arrendamento, fixando o Juiz o valor mensal do aluguel.

298. (Consulplan/TJ/MG/Cartórios/Ingresso/2019) A respeito dos direitos reais de garantia, regulados no Código Civil brasileiro, analise as afirmativas a seguir.

I. No ato constitutivo dos direitos reais de garantia, é nula a cláusula que confira ao credor a faculdade de se apoderar da coisa dada em garantia.

II. O pagamento de uma ou mais prestações da dívida importa a exoneração correspondente da garantia real.

III. Enquanto não registrada, a hipoteca não se constitui direito real.

IV. Na instituição da hipoteca, pode convencionar-se que o proprietário fica proibido de alienar o imóvel hipotecado.

Estão corretas as afirmativas:

a) I, II, III e IV.

b) I e III, apenas.

c) I, II e IV, apenas.

d) II, III e IV, apenas.

299. (Vunesp/TJ/RS/Cartórios/Remoção/2019) Num contrato de hipoteca, constam as seguintes cláusulas:

I. ao proprietário do bem dado em garantia é vedada a alienação do imóvel.

II. a garantia refere-se à dívida futura, com o valor máximo de R$ 500.000,00 (quinhentos mil reais).

III. fica autorizado o credor tornar-se proprietário da coisa objeto da garantia mediante aferição de seu justo valor e restituição ao devedor do valor do bem em garantia que excede o da dívida.

É possível afirmar que:

a) apenas a cláusula "II" é válida.

b) todas as cláusulas são nulas.

c) apenas a cláusula "I" é nula.

d) todas as cláusulas são válidas.

e) as cláusulas "I" e "III" são nulas.

300. (UFPR/TJ/PR/Cartórios/Ingresso/2019) João oferta um bem móvel em penhor, como garantia de uma dívida. Caso ele venha a se tornar inadimplente, levando-se em consideração o caso sintetizado, assinale a alternativa correta.

a) A obrigação garantida recairá sobre o bem dado em garantia, admitindo-se a sua atualização monetária, mas não a incidência de juros.

b) É facultativa a descrição do bem ofertado em penhor se disser respeito a bem agrícola.

c) É nula a cláusula que autoriza o credor pignoratício a ficar com o objeto da garantia, se a dívida não for paga no vencimento.

d) No penhor rural, industrial, mercantil e de veículos, as coisas empenhadas ficarão em poder do credor, que as deve guardar e conservar.

e) Aquele que contribuiu economicamente por 50% ou mais do valor de aquisição da coisa é o único habilitado à realização dos registros necessários.

301. (Vunesp/TJ/RS/Cartórios/Ingresso/2019) De acordo com as disposições do Código Civil de 2002, o prazo máximo de validade de uma hipoteca convencional é de 30 (trinta) anos, da data do contrato que constituí-la. Após este prazo:

a) um novo contrato de hipoteca, tendo por objeto o mesmo bem e as mesmas partes, poderá ser celebrado somente após decorrido o prazo de 1 (um) ano.

b) não poderá subsistir a hipoteca sobre o bem, facultando-se às partes contratar alienação fiduciária em garantia, tendo por objeto o bem imóvel.

c) não poderá subsistir a hipoteca sobre o bem, vencendo-se antecipadamente a dívida que deu origem ao contrato de hipoteca, conforme expressa previsão legal.

d) um novo contrato de hipoteca, tendo por objeto o mesmo bem e as mesmas partes, poderá ser celebrado somente após decorrido o prazo de 2 (dois) anos.
e) poderá subsistir o contrato de hipoteca, desde que seja reconstituída a garantia por novo título e novo registro.

302. (UFPR/TJ/PR/Cartórios/Ingresso/2019) João e Maria são casados e estão em difícil situação financeira. Procuram Pedro, pedindo-lhe dinheiro emprestado. Pedro concorda com o empréstimo, mas exige que seja gravada hipoteca sobre o apartamento de propriedade do casal, situado no litoral do Paraná. Acerca do tema, assinale a alternativa correta.

a) É anulável a cláusula que proíbe ao proprietário alienar imóvel hipotecado.
b) O dono do imóvel hipotecado pode constituir outra hipoteca sobre ele, mediante novo título, desde que em favor de outro credor.
c) Havendo duas hipotecas sobre o mesmo imóvel de devedor solvente, se a segunda hipoteca estiver vencida, o credor da segunda hipoteca poderá executar o imóvel antes de vencida a primeira.
d) Com a hipoteca, restam afastados os ônus reais constituídos e registrados anteriormente sobre o imóvel hipotecado.
e) O adquirente do imóvel hipotecado poderá exonerar-se da hipoteca abandonando o imóvel aos credores hipotecários, desde que não se tenha obrigado pessoalmente a pagar-lhes as dívidas hipotecárias.

303. (Ieses/TJ/AM/Cartórios/Ingresso/2018) Em relação ao penhor, assinale a correta:

a) os sucessores do devedor podem remir parcialmente o penhor ou a hipoteca na proporção dos seus quinhões.
b) o credor pignoratício tem direito a apropriar-se dos frutos da coisa empenhada que se encontra em seu poder.
c) a propriedade superveniente não torna eficaz as garantias reais estabelecidas por quem não era dono.
d) caso excutido o penhor, e o produto não bastar para pagamento da dívida e despesas judiciais, não continuará o devedor obrigado pelo restante.

304. (Vunesp/TJ/SP/Cartórios/Ingresso/2018) No âmbito dos direitos reais de garantia previstos no Código Civil, é correto afirmar que o direito de preferência:

a) é absoluto, não sofrendo exceções por outras leis.
b) não é uma característica presente em todos os direitos reais de garantia.
c) é extinto, caso o devedor venha a cair em insolvência ou falir.
d) encerra a noção do vínculo real a que se prende.

305. (Consulplan/TJ/MG/Cartórios/Ingresso/2018) Assinale a afirmativa correta:

a) a utilização do solo e do espaço aéreo é ilimitada pelo proprietário.
b) adquire-se a propriedade móvel com o título translativo respectivo.
c) o usufruto é transmissível "causa mortis" e isenta de tributação a transmissão.
d) na hipoteca, garante a obrigação principal tudo que possa ser extraível da coisa hipotecada, como valor econômico.

306. (Consulplan/TJ/MG/Cartórios/Remoção/2018) O penhor que recai sobre título de crédito constitui-se mediante:

a) instrumento público ou endosso pignoratício, com a tradição do título ao credor.
b) instrumento particular ou endosso pignoratício, com a tradição do título ao credor.
c) instrumento público ou particular ou endosso pignoratício, com a tradição do título ao credor.
d) instrumento público ou particular ou endosso pignoratício, sem a tradição do título ao credor.

307. (Consulplan/TJ/MG/Cartórios/Remoção/2017) São direitos do credor pignoratício, exceto:

a) reter a coisa empenhada, até que o indenizem das despesas devidamente justificadas.
b) ser ressarcido do prejuízo que houver sofrido por vício da coisa empenhada.
c) vender a coisa empenhada, independentemente de autorização judicial.
d) apropriar-se dos frutos da coisa empenhada que se encontra em seu poder.

308. (Consulplan/TJ/MG/Cartórios/Ingresso/2017) Os contratos de penhor, anticrese ou hipoteca declararão, sob pena de não terem eficácia, os requisitos abaixo, exceto:

a) o valor do crédito, sua estimação, ou valor máximo.
b) cláusula expressa de impenhorabilidade e inalienabilidade.
c) o prazo fixado para pagamento e a taxa dos juros, se houver.
d) o bem dado em garantia com as suas especificações.

5.8. Da Laje

QUESTÕES DISCURSIVAS

27. (Vunesp/TJ/SP/Cartórios/2021) O direito real de laje foi incluído no rol de direitos reais do Código Civil pela Lei n. 13.465/2017. Em relação a essa modalidade de direito real, responda: (i) trata-se de direito real sobre coisa própria ou direito real sobre coisa alheia? Justifique. (ii) Quais as diferenças do direito real de laje em relação ao direito de superfície? (iii) Ocorre ou não a extinção do direito real de laje (consolidação) no caso de o proprietário do imóvel base se tornar titular de domínio da laje? Justifique.

QUESTÕES OBJETIVAS

309. (Vunesp/TJ/SP/Cartórios/Ingresso/2022) É correto dizer, sobre o direito de laje, que:

a) o titular do direito de laje não pode ceder a superfície de sua construção para a instituição de um novo direito real de laje.
b) o titular do direito real de laje somente pode dispor de sua unidade com autorização do titular da construção-base.
c) o direito real de laje pode ter como objeto tanto a superfície superior como a superfície inferior de uma construção.
d) a instituição do direito real de laje implica a atribuição de fração ideal de terreno ao titular da laje.

310. (Ieses/TJ/RO/Cartórios/Ingresso/2021) Sobre o direito de laje, assinale a alternativa correta:

a) Os Estados, Municípios e o Distrito Federal não poderão dispor sobre posturas edilícias e urbanísticas associadas ao direito real de laje.
b) A instituição do direito real de laje implica a atribuição de fração ideal de terreno ao titular da laje ou a participação proporcional em áreas já edificadas.
c) O direito de laje é semelhante ao condomínio edilício e ao condomínio tradicional.

d) O direito real de laje contempla o espaço aéreo ou o subsolo de terrenos públicos ou privados, tomados em projeção vertical, como unidade imobiliária autônoma, não contemplando as demais áreas edificadas ou não pertencentes ao proprietário da construção-base.

311. (Ieses/TJ/RO/Cartórios/Remoção/2021) O proprietário de uma construção-base poderá ceder a superfície de sua construção a fim de que o titular da laje mantenha unidade distinta daquela originalmente construída sobre o solo. Essa superfície poderá ser:

a) Apenas superior de sua construção.
b) Apenas inferior de sua construção.
c) Não há previsão legal do direito real de laje no direito brasileiro.
d) Superior ou inferior de sua construção.

312. (Vunesp/TJ/RS/Cartórios/Remoção/2019) Acerca do direito real de laje, é correto afirmar:

a) O titular da construção-base ou da laje a quem não se der conhecimento da alienação poderá, mediante depósito do respectivo preço, haver para si a parte alienada a terceiros, se o requerer no prazo decadencial de um ano, contado da data de alienação.
b) Em caso de alienação de qualquer das unidades sobrepostas, terão direito de preferência, em igualdade de condições com terceiros, os titulares da construção-base e da laje, nessa ordem, e havendo mais de uma laje, terá preferência, sucessivamente, o titular das lajes descendentes e o titular das lajes ascendentes, assegurada a prioridade para a laje mais próxima à unidade sobreposta a ser alienada.
c) O Direito de Laje contempla o espaço aéreo ou o subsolo de terrenos públicos ou privados, tomados em projeção vertical; a ruína da construção-base não implica extinção do direito real de laje, se reconstruída no prazo de cinco anos.
d) Os titulares da laje, unidade imobiliária autônoma constituída em matrícula própria, não têm direito à fração ideal de terreno onde está inserida a construção base, tendo, entretanto, direito à participação proporcional das áreas anteriormente edificadas.
e) O titular da laje poderá ceder a superfície de sua construção para a instituição de um sucessivo direito real de laje, desde que haja autorização expressa ou tácita dos titulares da construção-base e das demais lajes, respeitadas as posturas edilícias e urbanísticas vigentes.

6. DO DIREITO DE FAMÍLIA

6.1. Do Direito Pessoal

SÚMULAS

STF **Súm. 149.** É imprescritível a ação de investigação de paternidade, mas não o é a de petição de herança.

STF **Súm. 305.** Acordo de desquite ratificado por ambos os cônjuges não é retratável unilateralmente.

STJ **Súm. 277.** Julgada procedente a investigação de paternidade, os alimentos são devidos a partir da citação.

STJ **Súm. 301.** Em ação investigatória, a recusa do suposto pai a submeter-se ao exame de DNA induz presunção "juris tantum" de paternidade.

JURISPRUDÊNCIA EM TESES

1) Da Dissolução da Sociedade e do Vínculo Conjugal

STJ **JurisTese 113-2.** É de quatro anos o prazo decadencial para anular partilha de bens em dissolução de sociedade conjugal ou de união estável, nos termos do art. 178 do Código Civil.

STJ **JurisTese 113-3.** As verbas de natureza trabalhista nascidas e pleiteadas na constância da união estável ou do casamento celebrado sob o regime da comunhão parcial ou universal de bens integram o patrimônio comum do casal e, portanto, devem ser objeto da partilha no momento da separação.

STJ **JurisTese 113-4.** Deve ser reconhecido o direito à meação dos valores depositados em conta vinculada ao Fundo de Garantia de Tempo de Serviço – FGTS auferidos durante a constância da união estável ou do casamento celebrado sob o regime da comunhão parcial ou universal de bens, ainda que não sejam sacados imediatamente após a separação do casal ou que tenham sido utilizados para aquisição de imóvel pelo casal durante a vigência da relação.

STJ **JurisTese 113-5.** A valorização patrimonial dos imóveis ou das cotas sociais de sociedade limitada, adquiridos antes do casamento ou da união estável, não deve integrar o patrimônio comum a ser partilhado quando do término do relacionamento, visto que essa valorização é decorrência de um fenômeno econômico que dispensa a comunhão de esforços do casal.

STJ **JurisTese 113-6.** Os valores investidos em previdência privada fechada se inserem, por analogia, na exceção prevista no art. 1.659, VII, do Código Civil de 2002, consequentemente, não integram o patrimônio comum do casal e, portanto, não devem ser objeto da partilha.

STJ **JurisTese 113-7.** Após a separação de fato ou de corpos, o cônjuge que estiver na posse ou na administração do patrimônio partilhável – seja na condição de administrador provisório, seja na de inventariante – terá o dever de prestar contas ao ex-consorte, enquanto perdurar o estado de mancomunhão.

STJ **JurisTese 113-8.** Na separação e no divórcio, o fato de certo bem ainda pertencer indistintamente aos ex-cônjuges, por ausência de formalização da partilha, não representa automático empecilho ao pagamento de indenização pelo uso exclusivo do bem por um deles, desde que a parte que toca a cada um tenha sido definida por qualquer meio inequívoco, visto que medida diversa poderia importar enriquecimento sem causa.

STJ **JurisTese 113-9.** Admite-se o arbitramento de aluguel a um dos cônjuges por uso exclusivo de bem imóvel comum do casal somente na hipótese em que, efetuada a partilha do bem, um dos cônjuges permaneça residindo no imóvel.

6.1.1. Do Casamento

ATENÇÃO: ESTE TEMA É MUITO EXIGIDO NOS CONCURSOS!

INFORMATIVOS

STJ **Casamento nuncupativo. Art. 1.541, caput, do CC. Formalização do ato. Prazo de 10 dias. Flexibilização. Possibilidade.** Para formalização do casamento nuncupativo, é admissível a flexibilização do prazo de 10 dias para as testemunhas comparecerem perante a autoridade judicial. *Processo sob segredo judicial, 3ª T, 22.3.2022. Inf 729.*

QUESTÕES DISCURSIVAS

28. (Cetro/TJ/RJ/Cartórios/Remoção/2017) Felipe Silva foi casado com Mariana Silva por vinte anos e teve um filho Bernardo Silva, hoje com 18 (dezoito) anos. Felipe Silva, já divorciado, casou-se com Fernanda Souza, também divorciada de Pedro Souza, mãe de Isabela Souza com 17 (dezessete) anos, de seu primeiro casamento. Bernardo e Isabela vivem na mesma casa de seu pai e mãe, respectivamente, sendo criados como se fossem irmãos. Entretanto, mantiveram relacionamento afetivo e pretendem se casar. Contudo, Felipe Silva discorda do casamento, por Isabela Souza ser sua enteada. Indaga-se: (i) Felipe Silva poderá apresentar impugnação ao casamento de seu filho Bernardo Silva, ao fundamento de ser Isabela Souza sua enteada? (ii) Bernardo Silva e Isabela Souza poderão se casar sem a anuência de seus pais? (iii) Bernardo Silva, como pai afetivo de fato, poderá impedir que Fernanda Souza consinta com o casamento?

QUESTÕES OBJETIVAS

313. (Ieses/TJ/TO/Cartórios/Remoção/2022) O homem e a mulher com (___) anos podem casar, exigindo-se autorização de ambos os pais, ou de seus representantes legais, enquanto não atingida a maioridade civil. Assinale a alternativa que preenche corretamente a lacuna do texto.

a) (15) quinze anos.
b) (17) dezessete anos.
c) (16) dezesseis anos.
d) (14) quatorze anos.

314. (Ieses/TJ/TO/Cartórios/Ingresso/2022) A respeito do casamento, leia as assertivas:

I. O casamento de menores de 16 anos poderá ser autorizado judicialmente em caso de gravidez.
II. Estando presentes os pressupostos legais para o casamento nuncupativo, o nubente que não estiver em iminente risco de vida poderá ser representado por procurador, nos termos legais.
III. Caso um dos nubentes recuse a solene afirmação da vontade na celebração do casamento, esta será imediatamente suspensa, não podendo retornar no mesmo dia.
IV. A eficácia da habilitação para o casamento é de noventa dias a contar da data que foi extraído o certificado.

Com base nas assertivas acima e no código civil, assinale a alternativa correta:

a) Apenas a assertiva II está correta.
b) Todas as assertivas estão corretas.
c) Estão corretas apenas as assertivas I, II e III.
d) Estão corretas apenas as assertivas I, III e IV.

315. (FGV/TJ/SC/Cartórios/Ingresso/2021) Joana e Cássio são casados civilmente há dez anos. Recentemente, o Ministério Público tomou ciência de que eles são irmãos biológicos e que decidiram se casar mesmo tendo conhecimento desse fato. Nesse caso, o casamento será considerado:

a) anulável, em razão do parentesco natural, em linha reta, entre Joana e Cássio.
b) nulo, em razão do parentesco natural, em linha colateral, entre Joana e Cássio.
c) ineficaz, em razão do parentesco por afinidade, na linha colateral, entre Joana e Cássio.
d) inexistente, em razão do parentesco civil, entre Joana e Cássio.
e) válido, em razão de o parentesco natural, na linha colateral, não ser impedimento ao casamento.

316. (FGV/TJ/SC/Cartórios/Remoção/2021) Na pequena Ilha do Campeche, há uma comunidade bastante fechada, em que a maior parte dos residentes são parentes entre si e não costumam se relacionar com estranhos, o que dificulta a validade dos casamentos existentes. Os patriarcas do grupo são Altamira e Berílio, pais de Diadema e Carlito. Diadema é casada com Eduardo. Carlito foi casado com Gisela, e adotaram Hugo, mas o relacionamento não deu certo e se divorciaram. Carlito casou-se ainda com Isabel, com quem teve a filha Joana, mas acabaram se divorciando. Nesse grupo, podem se casar:

a) Berílio e Gisela.
b) Isabel e Hugo.
c) Hugo e Joana.
d) Eduardo e Altamira.
e) Gisela e Isabel.

317. (FGV/TJ/SC/Cartórios/Remoção/2021) Cristiano, 55 anos, e Célia, 60 anos, desejam se casar civilmente. Cristiano, separado judicialmente de sua primeira esposa, compareceu ao cartório para iniciar o competente procedimento de habilitação. O novo casamento pretendido por Cristiano:

a) é possível, pois a separação judicial extingue a sociedade conjugal.
b) não é possível, pois Cristiano deverá aguardar um ano após a separação judicial para obter o divórcio.
c) é possível, pois embora a separação judicial não ponha termo ao vínculo matrimonial, põe termo ao dever de fidelidade.
d) é possível, pois a separação judicial põe termo aos deveres de coabitação, fidelidade, ao regime de bens e ao vínculo matrimonial.
e) não é possível, pois embora a separação judicial coloque termo aos deveres de coabitação, fidelidade e ao regime de bens, não extingue o vínculo matrimonial.

318. (Ieses/TJ/RO/Cartórios/Remoção/2021) Conforme diretrizes preconizadas pelo Código Civil brasileiro não podem casar, exceto:

a) Os irmãos, unilaterais ou bilaterais, e demais colaterais, até o terceiro grau inclusive.
b) A viúva, ou a mulher cujo casamento se desfez por ser nulo ou ter sido anulado, até dez meses depois do começo da viuvez, ou da dissolução da sociedade conjugal.
c) O adotado com o filho do adotante.
d) Os ascendentes com os descendentes, seja o parentesco natural ou civil.

319. (Consulplan/TJ/MS/Cartórios/Ingresso/2021) Dentre as hipóteses a seguir elencadas, não representa uma hipótese de erro essencial sobre a pessoa do outro cônjuge:

a) A ignorância de crime, anterior ao casamento, que, por sua natureza, torne insuportável a vida em comum ao cônjuge enganado.
b) A ignorância, anterior ao casamento, de doença mental grave que, por sua natureza, torne insuportável a vida em comum ao cônjuge enganado.
c) O que diz respeito à sua identidade, sua honra e boa fama, sendo esse erro tal que o seu conhecimento ulterior torne insuportável a vida em comum ao cônjuge enganado.
d) A ignorância, anterior ao casamento, de defeito físico irremediável que não caracterize deficiência ou de moléstia grave e transmissível, por contágio ou por herança, capaz de pôr em risco a saúde do outro cônjuge ou de sua descendência.

320. (Vunesp/TJ/GO/Cartórios/Remoção/2021) Com relação ao casamento, assinale a alternativa correta.

a) O falecimento da parte no curso do processo de habilitação impede a lavratura do assento de conversão de união estável em casamento, mesmo que em termos o pedido.
b) A celebração de casamento de pessoas que se declarem hipossuficientes será realizada singularmente, salvo a hipótese de casamento coletivo previamente autorizado pelo Juiz Corregedor Permanente.
c) O procedimento de modificação do regime de bens é de competência do Juízo Corregedor do cartório no qual foi registrado o casamento.
d) Aplicar-se-á ao casamento ou à conversão de união estável em casamento de pessoas do mesmo sexo as mesmas regras de todos os casamentos, vedada às autoridades competentes a recusa de habilitação, celebração ou de conversão de união estável em casamento sobre esta condição.

321. (Consulplan/TJ/MG/Cartórios/Ingresso/2019) De acordo com as normas do Código Civil brasileiro, analise as seguintes afirmativas sobre o casamento.

I. Não será permitido, em qualquer caso, o casamento de quem não atingiu a idade de dezesseis anos.
II. O oficial do cartório do registro civil está obrigado a declarar qualquer impedimento de cuja existência tiver conhecimento.

III. O casamento realizado no Brasil prova-se pela certidão de registro, não se admitindo, em qualquer hipótese, outra espécie de prova.
IV. É pressuposto para o reconhecimento da putatividade do casamento que tenha sido contraído de boa-fé por ambos os cônjuges ou apenas por um deles.

Estão corretas as afirmativas:

a) I, II, III e IV.
b) II e IV, apenas.
c) I, II e IV, apenas.
d) I, III e IV, apenas.

322. (UFPR/TJ/PR/Cartórios/Ingresso/2019) Romário e Flávia estão noivos e desejam celebrar casamento. Para tanto, resolvem fazer um pacto antenupcial. Levando em consideração o assunto, assinale a alternativa correta.

a) É anulável o pacto antenupcial se não for feito por escritura pública, e ineficaz se não lhe seguir o casamento.
b) Não é dada a possibilidade de realização de pacto antenupcial a menor não emancipado.
c) É anulável a convenção ou cláusula do pacto antenupcial que contravenha disposição absoluta de lei.
d) As convenções antenupciais não terão efeito perante terceiros senão depois de registradas, em livro especial, pelo oficial do Registro de Imóveis do domicílio dos cônjuges.
e) Anulado o casamento por culpa de um dos cônjuges, ficam ambos desobrigados de cumprir as promessas assentadas no contrato antenupcial.

323. (UFPR/TJ/PR/Cartórios/Remoção/2019) Recentemente, no Brasil, o processo eleitoral foi marcado por opiniões muito divergentes sobre os mais variados assuntos, sendo um deles o casamento civil de pessoas do mesmo sexo. Para um determinado grupo da sociedade, o casamento deveria, em tese, ocorrer somente entre homem e mulher, tendo em vista a literalidade da legislação a esse respeito, enquanto outra parcela considerável da população opinou por estender os efeitos do casamento à união homoafetiva, sob as premissas já decididas pelo Supremo Tribunal Federal (STF), bem como em homenagem aos princípios da dignidade da pessoa humana e da igualdade entre os cidadãos. Considerando o exposto e com base no Código Civil brasileiro, assinale a alternativa correta.

a) O casamento estabelece comunhão plena de vida, com base na igualdade de direitos e deveres dos cônjuges, ficando a cargo da mulher a educação dos filhos, e do marido, o sustento da família.
b) O casamento é civil e gratuita a sua celebração, embora as taxas recolhidas em cartório tenham natureza extrafiscal.
c) O registro do casamento religioso submete-se a requisitos diversos dos exigidos para o casamento civil.
d) O casamento se realiza no momento em que o homem e a mulher manifestam, perante o juiz, a sua vontade de estabelecer vínculo conjugal, e o juiz os declara casados.
e) Será eficaz o registro civil do casamento religioso se, antes dele, qualquer dos consorciados houver contraído com outrem casamento civil.

324. (Ieses/TJ/SC/Cartórios/Remoção/2019) A respeito do casamento:

I. Pode ocorrer entre duas pessoas do mesmo sexo.
II. Em caso de moléstia grave de um dos nubentes, o juiz de casamento irá celebrá-lo no local onde se encontrar o enfermo.
III. Haverá a presença de 6 (seis) testemunhas, na hipótese de um dos contraentes não souber ou não puder escrever.
IV. Poderá celebrar-se mediante procuração pública com poderes especiais.

Com base nessas assertivas, assinale a alternativa que corresponda à assertiva falsa ou às assertivas falsas:

a) III.
b) II e III.
c) I e II.
d) II e IV.

325. (Cespe/TJ/DFT/Cartórios/Remoção/2019) Um casamento entre duas pessoas legalmente habilitadas foi devidamente levado a registro por celebrante que, embora não possuísse a competência exigida na lei, exercia publicamente a função de juiz de casamento. Nessa situação hipotética, de acordo com o Código Civil, esse casamento é considerado:

a) válido.
b) inexistente.
c) ineficaz.
d) nulo.
e) anulável.

326. (Vunesp/TJ/RS/Cartórios/Ingresso/2019) Assinale a alternativa correta sobre o casamento, de acordo com as disposições do Código Civil de 2002.

a) A idade núbil é, em regra, 14 (quatorze) anos completos, ressalvada a possibilidade do casamento por quem ainda não alcançou tal idade para evitar imposição ao cumprimento de pena criminal ou em caso de gravidez.
b) O requerimento de habilitação para o casamento pode ser realizado por procurador.
c) Quando a solenidade de celebração do casamento for realizada na sede do cartório, dispensa-se a presença de testemunhas.
d) A eficácia da habilitação para o casamento é de 180 (cento e oitenta) dias, a contar da data em que for extraído o certificado de habilitação.
e) Não podem casar os colaterais de quarto grau.

327. (Vunesp/TJ/AL/Cartórios/Ingresso/2019) Havendo a suspensão da celebração do casamento em decorrência de um dos contraentes manifestar-se arrependido, o qual, uma hora depois, retratou sua declaração e requereu a continuação da celebração, é correto afirmar:

a) a autoridade celebrante deverá certificar-se da livre vontade do contraente e prosseguir com a cerimônia.
b) não será possível a continuidade da celebração no mesmo dia, devendo a autoridade celebrante designar nova data.
c) haverá o encerramento do ato, sem a celebração do casamento, competindo a realização de nova habilitação de casamento, ainda que a habilitação tenha eficácia.
d) somente será possível a celebração do casamento na mesma data, no caso de duas testemunhas atestarem a vontade inequívoca do contraente quanto à intenção de se casar.

328. (Consulplan/TJ/MG/Cartórios/Ingresso/2018) São impedidos de casar-se:

a) os parentes colaterais até o quarto grau.
b) os afins em linha reta e em linha colateral.
c) o adotante com quem foi cônjuge do adotado e o adotado com quem o foi do adotante.
d) o divorciado, enquanto não houver sido homologada ou decidida a partilha dos bens do casal.

329. (Ieses/TJ/CE/Cartórios/Remoção/2018) Em relação ao tema pacto antenupcial, podemos afirmar, exceto:

a) as convenções antenupciais não terão efeito perante terceiros, senão depois de registradas, em livro especial, pelo oficial do registro de imóveis do domicílio dos cônjuges.

b) é anulável o pacto antenupcial se não for feito por escritura pública, e ineficaz se não lhe seguir o casamento.
c) no pacto antenupcial, que adotar o regime de participação final nos aquestos, poder-se-á convencionar a livre disposição dos bens imóveis, desde que particulares.
d) a eficácia do pacto antenupcial, realizado por menor, fica condicionada à aprovação de seu representante legal, salvo as hipóteses de regime obrigatório de separação de bens.

330. (Ieses/TJ/AM/Cartórios/Ingresso/2018) Sobre o casamento, responda as questões:

I. a eficácia da habilitação será de noventa dias, a contar da data em que foi realizado o requerimento.
II. o nubente que não estiver em iminente risco de vida poderá fazer-se representar no casamento nuncupativo.
III. caso a celebração do casamento seja suspensa ante a recusa solene da vontade de um dos contraentes, não é possível a retratação no mesmo dia.

Assinale a correta:

a) apenas a assertiva II é verdadeira.
b) todas as assertivas são falsas.
c) apenas as assertivas II e III são verdadeiras.
d) todas as assertivas são verdadeiras.

331. (Consulplan/TJ/MG/Cartórios/Remoção/2017) É anulável o casamento, exceto:

a) do incapaz de consentir ou manifestar, de modo inequívoco, o consentimento.
b) por infringência de impedimento.
c) por incompetência da autoridade celebrante.
d) de quem não completou a idade mínima para se casar.

332. (Ieses/TJ/RO/Cartórios/Ingresso/2017) São impedidos de contrair casamento, de acordo com o Código Civil:

I. os parentes por afinidade em linha reta entre si, independente do limite de grau
II. os irmãos, bilaterais ou unilaterais entre si.
III. as pessoas divorciadas que ainda não realizaram a partilha dos bens do casamento anterior.

Assinale a alternativa correta:

a) apenas as assertivas I e II são verdadeiras.
b) todas as assertivas são verdadeiras.
c) apenas a assertiva II é verdadeira.
d) apenas as assertivas I e III são verdadeiras.

333. (Ieses/TJ/RO/Cartórios/Remoção/2017) Segundo a legislação civilista brasileira, no que corresponde ao instituto do casamento podemos afirmar, exceto:

a) o casamento religioso, que atender às exigências da lei para a validade do casamento civil, equipara-se a este, desde que registrado no registro próprio, produzindo efeitos a partir da data de sua celebração.
b) o casamento é civil e sua celebração é onerosa.
c) é defeso a qualquer pessoa, de direito público ou privado, interferir na comunhão de vida instituída pela família.
d) o casamento estabelece comunhão plena de vida, com base na igualdade de direitos e deveres dos cônjuges.

6.1.2. Das Relações de Parentesco

INFORMATIVOS

STJ **Investigação paternidade "post mortem". Busca da verdade real. Dignidade da pessoa. Recusa dos descendentes do de cujus para realização de exame DNA. Exumação de restos mortais. Possibilidade de realização de exame.** É legal a ordem judicial de exumação de restos mortais do "de cujus", a fim de subsidiar exame de DNA para averiguação de vínculo de paternidade, diante de tentativas frustradas de realizar-se o exame em parentes vivos do investigado, bem como de completa impossibilidade de elucidação dos fatos por intermédio de outros meios de prova. *Proc. segredo justiça, 3ª T, 4.10.2022. Inf 752.*

STJ **Reconhecimento de parentesco colateral em segundo grau socioafetivo (fraternidade socioafetiva) "post mortem". Condições da ação. Teoria da asserção. Pretensão abstratamente compatível com o ordenamento pátrio. Possibilidade jurídica do pedido.** Inexiste qualquer vedação legal ao reconhecimento da fraternidade/irmandade socioafetiva, ainda que "post mortem", pois a declaração da existência de relação de parentesco de segundo grau na linha colateral é admissível no ordenamento jurídico pátrio, merecendo a apreciação do Poder Judiciário. *Proc. segredo justiça, 4ª T, 4.10.2022. Inf 753.*

STJ **Investigação de paternidade. Anulatória de registro civil. Independência. Possibilidade jurídica do pedido.** Independentemente do desfecho da ação anulatória de registro civil, não há que se falar em impossibilidade jurídica de pedido investigatório de paternidade. *Proc. segredo justiça, 3ª T, 23.6.2022. Inf 742.*

QUESTÕES DISCURSIVAS

29. (Vunesp/TJ/SP/Cartórios/2018) Disserte ordenadamente sobre filiação. Conceito. Presunção legal da paternidade. Ação negatória de paternidade e maternidade. Reconhecimento de filhos.

QUESTÕES OBJETIVAS

334. (Ieses/TJ/RO/Cartórios/Ingresso/2021) O Código Civil brasileiro regulamenta as relações de parentesco, consanguíneo e por afinidade, em linha reta e colateral. A respeito do assunto, leia as assertivas a seguir e responda:

I. O parentesco por afinidade limita-se aos ascendentes e descendentes do cônjuge ou companheiro, sem incluir colaterais.
II. O parentesco por afinidade sempre se extingue com o fim do casamento ou união estável.
III. São parentes em linha colateral ou transversal, até o terceiro grau, as pessoas provenientes de um só tronco, sem descenderem uma da outra.
IV. São parentes em linha reta as pessoas que estão umas para com as outras na relação de ascendentes e descendentes.

Considerando as assertivas acima, assinale a alternativa correta:

a) Estão corretas as assertivas I, II, III e IV.
b) Apenas estão corretas as assertivas I, II e III.
c) Apenas a assertiva IV está correta.
d) Apenas estão corretas as assertivas II e IV.

335. (Vunesp/TJ/GO/Cartórios/Remoção/2021) Contrariando o acordo que havia feito com a mulher, mãe da criança, o genitor escolheu um nome duplo, magoando profundamente sua mulher. Diante desse fato, assinale a alternativa correta.

a) A criança somente poderá alterar o nome no primeiro ano após ter atingido a maioridade civil.
b) A modificação do nome é qualificada como excepcional e as hipóteses em que se admite a alteração são restritivas, de modo que não haverá alteração.
c) Exercício abusivo do poder de família pelo pai. Há possibilidade de exclusão do prenome indevidamente acrescido.
d) Trata-se de ato ilícito, na medida em que o pai feriu os deveres de lealdade e boa-fé, porém o prenome é imutável.

336. (FGV/TJ/SC/Cartórios/Ingresso/2021) Mário reconheceu voluntariamente a paternidade socioafetiva de Joana, que somente fora registrada por sua mãe. Apesar de conviverem em família e de terem sólidos laços afetivos, Joana, depois de atingir a maioridade e cerca de trinta anos após o reconhecimento, ingressou com ação de investigação de paternidade em face de Cícero, alegando ser ele o seu pai biológico, o que era verdadeiro e estava cabalmente provado, embora não existisse qualquer laço afetivo entre ambos. Considerando a narrativa acima e a plena veracidade dos fatos descritos, o pedido formulado por Joana, no sentido de que fosse reconhecido que Cícero era seu pai, deve ser julgado:

a) improcedente, já que a paternidade socioafetiva se sobrepõe à biológica.
b) improcedente, pois a paternidade socioafetiva, a exemplo da adoção, faz surgir nova relação parental, cessando a anterior.
c) procedente, pois Joana não concorreu para o reconhecimento inverídico da paternidade por Mário.
d) procedente, desde que Joana tenha averbado, no registro civil, ao atingir a maioridade, a sua divergência.
e) improcedente, considerando a ausência de afetividade entre Joana e Cícero e o decurso do tempo.

337. (Cespe/TJ/DFT/Cartórios/Remoção/2019) A adoção de pessoas maiores de dezoito anos de idade deverá ser realizada, necessariamente:

a) por ato extrajudicial, mediante registro em registro público, sem necessidade de consentimento dos pais biológicos, ainda que estes sejam conhecidos.
b) por ato extrajudicial, mediante averbação em registro público, sem necessidade de consentimento dos pais biológicos, ainda que estes sejam conhecidos.
c) por sentença judicial, não sendo admissível a adoção por ato extrajudicial.
d) por ato extrajudicial, mediante registro em registro público, se houver consentimento dos pais biológicos, caso estes sejam conhecidos.
e) tanto por sentença judicial como por ato extrajudicial, mediante escritura em registro público, se houver consentimento dos pais biológicos, caso estes sejam conhecidos.

338. (Cespe/TJ/DFT/Cartórios/Ingresso/2019) Acerca dos novos arranjos familiares e da separação judicial, assinale a opção correta à luz do entendimento dos tribunais superiores e da doutrina.

a) Embora decorram da união homoafetiva todos os direitos e deveres que emanam da união estável entre homem e mulher, essa união não é considerada uma entidade familiar.
b) É constitucional a diferenciação de regimes sucessórios entre cônjuges e companheiros, tal como o previsto no Código Civil.
c) A emenda constitucional que suprimiu a necessidade de prazo para o divórcio e o sistema bifásico incorreu na revogação tácita da legislação infraconstitucional que versa sobre a separação judicial.
d) É juridicamente impossível que uma pessoa tenha dois pais, um biológico e outro socioafetivo, e receba de ambos os direitos relacionados a essa filiação.
e) A família eudemonista resulta do arranjo familiar que busque a felicidade individual com o propósito de emancipação de seus membros.

339. (Ieses/TJ/AM/Cartórios/Ingresso/2018) A respeito do reconhecimento de filhos, responda:

I. o reconhecimento pode preceder o nascimento do filho ou ser posterior ao seu falecimento, se ele deixar descendentes.
II. o filho maior pode ser reconhecido independentemente do seu consentimento.
III. o reconhecimento não pode ser revogado, exceto quando feito em testamento.

Assinale a correta:

a) apenas a assertiva II é verdadeira.
b) apenas a assertiva I é verdadeira.
c) apenas as assertivas I e III são verdadeiras.
d) todas as assertivas são verdadeiras.

340. (Vunesp/TJ/SP/Cartórios/Ingresso/2018) A presunção de paternidade dos filhos concebidos na constância do casamento, prevista no artigo 1.597 do Código Civil:

a) tem caráter absoluto em relação ao pai e relativo em relação a terceiros.
b) configura-se para os havidos a qualquer tempo, quando se tratar de embriões excedentários decorrentes de concepção artificial heteróloga.
c) é estabelecida para os havidos por fecundação artificial homóloga, mesmo que falecido o marido.
d) é estabelecida para os havidos por inseminação artificial heteróloga, desde que haja prévia autorização do marido e mediante comprovação de que esse seja incapaz de procriar.

341. (Consulplan/TJ/MG/Cartórios/Remoção/2017) Francisco é filho do irmão do pai de Manoel e o Alair é irmão do avô de Manoel, logo, o Francisco e o Alair são parentes de Manoel, respectivamente, de:

a) terceiro e quarto graus.
b) terceiro e terceiro graus.
c) quarto e terceiro graus.
d) quarto e quarto graus.

342. (Consulplan/TJ/MG/Cartórios/Ingresso/2017) O reconhecimento de filho é ato personalíssimo. Sobre o tema marque a alternativa correta:

a) o reconhecimento dos filhos havidos fora do casamento poderá ser feito por escritura pública ou escrito particular, a ser arquivado em cartório; mas, este reconhecimento não pode preceder o nascimento do filho.
b) o reconhecimento de filho não pode ser revogado, salvo quando feito em testamento.
c) o reconhecimento de filho, sendo irrevogável, independe de consentimento do filho maior.
d) o reconhecimento de filho por pessoa relativamente incapaz independe de assistência de seus pais, tutor ou curador.

343. (Ieses/TJ/RO/Cartórios/Ingresso/2017) Presumem-se do marido de acordo com o Código Civil, os filhos:

I. nascidos 180 dias, pelo menos, após o estabelecimento da sociedade conjugal
II. havidos, a qualquer tempo, quando se tratar de embriões excedentários, decorrentes de concepção artificial homóloga
III. havidos por inseminação artificial heteróloga, desde que tenha prévia autorização do marido.

Assinale a alternativa correta:

a) apenas a assertiva I é verdadeira.
b) apenas as assertivas I e III são verdadeiras.
c) apenas as assertivas I e II são verdadeiras.
d) todas as assertivas são verdadeiras.

344. (Consulplan/TJ/MG/Cartórios/Remoção/2017) Em decorrência da evolução histórica nas relações familiares, o pátrio poder perdeu força e foi substituído pelo poder familiar que constitui um conjunto de direitos e deveres exercidos igualmente pelos pais. Dentre os efeitos do poder familiar, está o da guarda dos filhos menores ou maiores incapazes. Com relação à guarda dos filhos, está correto afirmar:

a) a guarda unilateral é atribuída somente à mãe ou quem a substitua e pode ser requerida ou determinada pelo juiz.
b) a guarda alternada consiste naquela em que há revezamento dos genitores, por períodos determinados e equânimes, na guarda exclusiva da prole e está expressamente previsto em nosso ordenamento jurídico.
c) a guarda compartilhada caracteriza-se pela responsabilização conjunta e o exercício de direitos e deveres do pai e da mãe que não vivam sob o mesmo teto, sobre os filhos menores ou incapazes.
d) a guarda pode ser exercida por terceiro, por determinação judicial, isentando os pais de prestar assistência, uma vez que o poder familiar não continua presente, ainda que tenha ocorrido sua destituição.

345. (Ieses/TJ/RO/Cartórios/Ingresso/2017) Em relação poder familiar, responda de acordo com o Código Civil:

I. o consentimento para mudar a residência permanente dos filhos menores para outro município deve ser dado por ambos os pais, na constância do poder familiar
II. o consentimento para viajar ao exterior pode ser dado pelo genitor que detiver a guarda, não sendo exercida de maneira compartilhada.
III. o poder familiar não se extingue caso o filho seja emancipado antes dos 18 anos.

Assinale a alternativa correta:

a) todas as assertivas são verdadeiras.
b) apenas a assertiva I é verdadeira.
c) apenas as assertivas I e II são verdadeiras.
d) apenas as assertivas I e III são verdadeiras.

6.2. Do Direito Patrimonial

SÚMULAS

1) Do Regime de Bens

STF Súm. 377. No regime de separação legal de bens, comunicam-se os adquiridos na constância do casamento.

STJ Súm. 134. Embora intimado da penhora em imóvel do casal, o cônjuge do executado pode opor embargos de terceiro para defesa de sua meação.

STJ Súm. 197. O divórcio direto pode ser concedido sem que haja prévia partilha dos bens.

STJ Súm. 332. A fiança prestada sem autorização de um dos cônjuges implica a ineficácia total da garantia.

STJ Súm. 655. Aplica-se à união estável contraída por septuagenário o regime da separação obrigatória de bens, comunicando-se os adquiridos na constância, quando comprovado o esforço comum.

2) Dos Alimentos

STF Súm. 226. Na ação de desquite, os alimentos são devidos desde a inicial e não da data da decisão que os concede.

STJ Súm. 1. O foro do domicílio ou da residência do alimentando é o competente para a ação de investigação de paternidade, quando cumulada com a de alimentos.

STJ Súm. 277. Julgada procedente a investigação de paternidade, os alimentos são devidos a partir da citação.

STJ Súm. 309. O débito alimentar que autoriza a prisão civil do alimentante é o que compreende as três prestações anteriores ao ajuizamento da execução e as que se vencerem no curso do processo.

STJ Súm. 358. O cancelamento de pensão alimentícia de filho que atingiu a maioridade está sujeito à decisão judicial, mediante contraditório, ainda que nos próprios autos.

STJ Súm. 596. A obrigação alimentar dos avós tem natureza complementar e subsidiária, somente se configurando no caso de impossibilidade total ou parcial de seu cumprimento pelos pais.

STJ Súm. 621. Os efeitos da sentença que reduz, majora ou exonera o alimentante do pagamento retroagem à data da citação, vedadas a compensação e a repetibilidade.

JURISPRUDÊNCIA EM TESES

1) Do Regime de Bens

STJ JurisTese 50-6. Na união estável de pessoa maior de setenta anos (art. 1.641, II, do CC/02), impõe-se o regime da separação obrigatória, sendo possível a partilha de bens adquiridos na constância da relação, desde que comprovado o esforço comum.

STJ JurisTese 50-12. A incomunicabilidade do produto dos bens adquiridos anteriormente ao início da união estável (art. 5º, § 1º, da Lei n. 9.278/96) não afeta a comunicabilidade dos frutos, conforme previsão do art. 1.660, V, do Código Civil de 2002.

2) Dos Alimentos

STJ JurisTese 65-2. Na execução de alimentos, é possível o protesto (art. 526, § 3º do NCPC) e a inscrição do nome do devedor nos cadastros de proteção ao crédito.

STJ JurisTese 65-4. É devido alimentos ao filho maior quando comprovada a frequência em curso universitário ou técnico, por força da obrigação parental de promover adequada formação profissional.

STJ JurisTese 65-6. O atraso de uma só prestação alimentícia, compreendida entre as três últimas atuais devidas, já é hábil a autorizar o pedido de prisão do devedor, nos termos do artigo 528, § 3º do NCPC (art. 733, § 10 do CPC/73).

STJ JurisTese 65-7. É possível a modificação da forma da prestação alimentar (em espécie ou in natura), desde que demonstrada a razão pela qual a modalidade anterior não mais atende à finalidade da obrigação, ainda que não haja alteração na condição financeira das partes nem pretensão de modificação do valor da pensão.

STJ JurisTese 65-9. O pagamento parcial da obrigação alimentar não impede a prisão civil do devedor.

STJ JurisTese 65-11. Cabe ao credor de prestação alimentícia a escolha pelo rito processual de execução a ser seguido.

STJ JurisTese 65-12. A real capacidade econômico-financeira do alimentante não pode ser aferida por meio de "habeas corpus".

STJ JurisTese 65-13. A constituição de nova família pelo alimentante não acarreta a revisão automática da quantia estabelecida em favor dos filhos advindos de união anterior.

STJ JurisTese 65-14. Os alimentos devidos entre ex-cônjuges devem ter caráter excepcional, transitório e devem ser fixados por prazo determinado, exceto quando um dos cônjuges não possua mais condições de reinserção no mercado do trabalho ou de readquirir sua autonomia financeira.

STJ JurisTese 65-15. A responsabilidade dos avós de prestar alimentos aos netos apresenta natureza complementar e subsidiária, somente se configurando quando demonstrada a insuficiência de recursos do genitor.

STJ JurisTese 65-16. Não é possível a compensação dos alimentos fixados em pecúnia com parcelas pagas in natura.

STJ JurisTese 65-17. É possível a fixação da pensão alimentícia com base em determinado número de salários-mínimos.

STJ JurisTese 65-18. A fixação da verba alimentar tem como parâmetro o binômio necessidade do alimentando e possibilidade do alimentante, insusceptível de análise em sede de recurso especial por óbice da Súmula n. 7/STJ.

STJ JurisTese 77-1. Os efeitos da sentença proferida em ação de revisão de alimentos – seja em caso de redução, majoração ou exoneração – retroagem à data da citação (Lei n. 5.478/68, art. 13, § 2º), ressalvada a irrepetibilidade dos valores adimplidos e a impossibilidade de compensação do excesso pago com prestações vincendas.

STJ JurisTese 77-2. A pretensão creditícia ao reembolso de despesas alimentícias efetuadas por terceiro, no lugar de quem tinha a obrigação de prestar alimentos, por equiparar-se à gestão de negócios, é de direito comum e prescreve em 10 anos.

STJ JurisTese 77-3. O descumprimento de acordo celebrado em ação de execução de prestação alimentícia pode ensejar o decreto de prisão civil do devedor.

STJ **JurisTese 77-4.** O cumprimento da prisão civil em regime semiaberto ou em prisão domiciliar é excepcionalmente autorizado quando demonstrada a idade avançada do devedor de alimentos ou a fragilidade de sua saúde.

STJ **JurisTese 77-5.** O advogado que tenha contra si decretada prisão civil por inadimplemento de obrigação alimentícia não tem direito de cumprir a restrição em sala de Estado Maior ou em prisão domiciliar.

STJ **JurisTese 77-6.** Não cabe prisão civil do inventariante em virtude do descumprimento pelo espólio do dever de prestar alimentos.

STJ **JurisTese 77-7.** A obrigação de prestar alimentos é personalíssima, intransmissível e extingue-se com o óbito do alimentante, cabendo ao espólio saldar, tão somente, os débitos alimentares preestabelecidos mediante acordo ou sentença não adimplidos pelo devedor em vida, ressalvados os casos em que o alimentado seja herdeiro, hipóteses nas quais a prestação perdurará ao longo do inventário.

STJ **JurisTese 77-8.** Ante a natureza alimentar do salário e o princípio da razoabilidade, os empréstimos com desconto em folha de pagamento (consignação facultativa/voluntária) devem limitar-se a 30% (trinta por cento) dos vencimentos do trabalhador.

STJ **JurisTese 77-9.** Excepcionalmente, é possível penhorar parte dos honorários advocatícios – contratuais ou sucumbenciais – quando a verba devida ao advogado ultrapassar o razoável para o seu sustento e o de sua família.

STJ **JurisTese 77-11.** As parcelas percebidas a título de participação nos lucros e resultados das empresas integram a base de cálculo da pensão alimentícia quando esta é fixada em percentual sobre os rendimentos, desde que não haja disposição transacional ou judicial em sentido contrário.

STJ **JurisTese 77-12.** Admite-se, na execução de alimentos, a penhora de valores decorrentes do Fundo de Garantia por Tempo de Serviço – FGTS, bem como do Programa de Integração Social – PIS.

STJ **JurisTese 77-13.** Os valores pagos a título de alimentos são insuscetíveis de compensação, salvo quando configurado o enriquecimento sem causa do alimentando.

STJ **JurisTese 77-15.** A natureza do crédito alimentar não se altera com o mero decurso do tempo.

6.2.1. Do Regime de Bens

INFORMATIVOS

STJ **Regime da comunhão universal de bens. Divórcio. Imóvel doado com cláusula temporária de inalienabilidade. Bem incomunicável. Separação de fato. Termo do regime de bens.** Nas hipóteses em que encerrada a convivência "more uxorio", mas ainda não decretado o divórcio, o bem gravado com cláusula de inalienabilidade temporária não integra o patrimônio partilhável. *Proc. segredo justiça, 3ª T, 31.5.2022. Inf 748.*

STJ **Plano de benefício administrado por entidade aberta de previdência complementar. Contribuições vertidas na constância do casamento. Regime da comunhão universal de bens. Proveito do casal. Comunicabilidade. Partilha. Possibilidade.** Os valores depositados em planos abertos de previdência privada durante a vida em comum do casal, integram o patrimônio comum e devem ser partilhados. *REsp 1545217, 4ª T, 7.12.2021. Inf 723.*

QUESTÕES DISCURSIVAS

30. (Vunesp/TJ/SP/Cartórios/2018) Nas hipóteses em que se impõe o regime de separação obrigatória de bens, podem os nubentes, por pacto antenupcial, fixar a incomunicabilidade absoluta dos aquestos, afastando a incidência da Súmula 377 do STF? Explique.

31. (Ieses/TJ/PB/Cartórios/2014) O pacto antenupcial é importante instrumento regulamentador dos efeitos patrimoniais do casamento. Sobre o pacto, responda: (i) Ao elaborar o pacto, podem os nubentes optar por mesclar regras dos regimes de bens expressamente tipificados no Código Civil, de forma a optar por regime misto? (ii) É possível modificar o regime de bens eleito pelo pacto antenupcial na constância do casamento? Indique o procedimento para tal alteração, e se os efeitos da modificação serão "ex tunc" ou "ex nunc", fundamentando.

QUESTÕES OBJETIVAS

346. (Ieses/TJ/TO/Cartórios/Ingresso/2022) Na constância do poder familiar, os pais detêm o usufruto e a administração dos bens dos filhos menores. A respeito deste assunto, leia as assertivas:

I. Os bens adquiridos pelo filho havido fora do casamento antes do seu reconhecimento estão excluídos do usufruto e administração daquele que o reconheceu.
II. Os pais podem gravar de ônus real os imóveis dos filhos quando houver necessidade ou interesse da prole, independente de autorização judicial.
III. É possível deixar bens em testamento ao menor de idade e excluir o usufruto e administração dos pais sobre estes bens, nomeando curador especial.
IV. Os valores auferidos pelo filho maior de dezesseis anos, e menor de dezoito anos, no exercício de atividade profissional, excluem-se do usufruto e administração dos pais.

Com base nas assertivas acima, assinale a alternativa correta:

a) Estão corretas apenas as assertivas I, III e IV.
b) Todas as assertivas estão corretas.
c) Apenas a assertiva II está correta.
d) Estão corretas apenas as assertivas I, II e III.

347. (FGV/TJ/SC/Cartórios/Ingresso/2021) Sandro, 22 anos, e Isabela, 23 anos, desejam se casar civilmente. No pacto antenupcial, querem optar pelo regime da participação final nos aquestos e que conste cláusula segundo a qual os bens particulares imóveis de cada cônjuge podem ser objeto de livre disposição. Essa cláusula será considerada:

a) válida, porque, no regime de participação final nos aquestos, é possível convencionar, no pacto antenupcial, a livre disposição dos bens imóveis particulares.
b) anulável, porque, no regime de participação final nos aquestos, os atos de disposição dos bens particulares imóveis dependem de vênia conjugal.
c) nula, porque os bens imóveis particulares sempre dependem da vênia conjugal para a sua disposição.
d) nula, porque a cláusula só é permitida no regime de separação absoluta de bens.
e) inexistente, por contrariar disposição de lei cogente.

348. (FGV/TJ/SC/Cartórios/Remoção/2021) Hamilton, 35 anos, e Vivian, 26 anos, celebraram pacto antenupcial por instrumento particular, adotando o regime de separação de bens. Após casados civilmente, Hamilton passou a trabalhar fora e Vivian cuidava do lar. Depois de sete anos, eles se divorciaram e passaram a disputar os seguintes bens adquiridos na constância do casamento: o automóvel que Hamilton comprara e o apartamento que ele herdara de sua mãe. Nesse caso:

a) os dois bens cabem a Hamilton, em razão do pacto antenupcial de separação de bens ser válido.
b) os dois bens cabem a Hamilton, em razão de Vivian não ter trabalhado para sua aquisição.
c) cada um tem direito à metade do automóvel e à metade do apartamento, pois o pacto antenupcial é nulo.
d) Vivian somente terá direito à metade do automóvel, enquanto o apartamento cabe a Hamilton, pois o pacto antenupcial é nulo.

e) Vivian somente terá direito à metade do automóvel, enquanto o apartamento cabe a Hamilton, em razão do pacto antenupcial de separação de bens ser válido.

349. (FGV/TJ/SC/Cartórios/Remoção/2021) Getúlio, 65 anos, dois filhos, se divorciou, mas optou por deixar a partilha de bens do casal para depois, o que nunca aconteceu. Agora ele deseja se casar com Beth, 67 anos, viúva, três filhos, cujo inventário de bens do falecido marido ainda não se ultimou. Getúlio e Beth celebraram pacto antenupcial, optando pelo regime da comunhão universal de bens. Nesse caso, Getúlio e Beth:

a) poderiam optar por qualquer regime de bens.
b) devem se submeter ao regime supletivo da comunhão parcial de bens.
c) devem se submeter ao regime de separação obrigatória de bens em virtude da idade de ambos.
d) devem se submeter ao regime de separação obrigatória de bens em virtude da existência de causa suspensiva.
e) não podem se casar, porque estão impedidos para o casamento pelo fato de as partilhas ainda não terem terminado. Consequentemente, o pacto antenupcial é ineficaz.

350. (Consulplan/TJ/MG/Cartórios/Remoção/2019) Conforme o Código Civil brasileiro, analise as afirmativas sobre o regime de bens entre os cônjuges.

I. No regime de comunhão parcial de bens, entram na comunhão os bens adquiridos na constância do casamento por título oneroso, ainda que só em nome de um dos cônjuges.
II. O regime de comunhão universal importa a comunicação de todos os bens presentes e futuros dos cônjuges, mas os proventos do trabalho pessoal de cada consorte estão excluídos da comunhão.
III. No regime de participação final nos aquestos, integram o patrimônio próprio os bens que cada cônjuge possuía ao casar e os por ele adquiridos, a qualquer título, na constância do casamento.
IV. Qualquer que seja o regime de bens do casamento, nenhum dos cônjuges pode, sem o consentimento do outro, alienar ou gravar de ônus real os bens imóveis.

Estão corretas as afirmativas:

a) I, II, III e IV.
b) I e IV, apenas.
c) I, II e III, apenas.
d) II, III e IV, apenas.

351. (Ieses/TJ/SC/Cartórios/Ingresso/2019) No tocante ao regime de bens no casamento:

I. Durante a vigência do regime da participação final nos aquestos, o direito à meação é renunciável, cessível ou penhorável.
II. No regime da separação de bens, ambos os cônjuges são obrigados a contribuir para as despesas do casal na proporção dos rendimentos de seu trabalho e de seus bens, salvo estipulação em contrário no pacto antenupcial.
III. É anulável o pacto antenupcial se não for feito por escritura pública, e nulo se não lhe seguir o casamento.
IV. A eficácia do pacto antenupcial, realizado por menor, fica condicionada à aprovação de seu representante legal, salvo as hipóteses de regime obrigatório de separação de bens.

Aponte as afirmativas falsas:

a) I e III.
b) I e II.
c) III e IV.
d) II e IV.

352. (Vunesp/TJ/RS/Cartórios/Ingresso/2019) Assinale a alternativa correta sobre os regimes de bens entre os cônjuges e companheiros.

a) Para as pessoas que se casarem com inobservância das causas suspensivas da celebração do casamento, é obrigatório o regime da separação de bens.
b) No regime da comunhão universal de bens, integram a comunhão os bens recebidos por um dos cônjuges por sucessão, sendo ineficaz a oposição de cláusula de incomunicabilidade.
c) No regime da comunhão parcial de bens, além dos bens adquiridos na constância do casamento, também integram a comunhão os bens recebidos por um dos cônjuges por sucessão.
d) Na união estável os companheiros podem eleger livremente o regime de bens, desde que o façam por instrumento público.
e) O pacto antenupcial poderá ser feito por instrumento particular, desde que seja subscrito por 3 (três) testemunhas.

353. (Ieses/TJ/CE/Cartórios/Remoção/2018) No regime de comunhão parcial, comunicam-se os bens que sobrevierem ao casal, na constância do casamento, contudo, excluem-se da comunhão:

I. os bens adquiridos com valores exclusivamente pertencentes a um dos cônjuges em sub-rogação dos bens particulares.
II. as pensões, meios-soldos, montepios e outras rendas semelhantes.
III. as benfeitorias em bens particulares de cada cônjuge.
IV. os proventos do trabalho pessoal de cada cônjuge.

A sequência correta é:

a) as assertivas I, II, III e IV estão corretas.
b) apenas as assertivas I, II e IV estão corretas.
c) apenas as assertivas I e IV estão corretas.
d) apenas a assertiva I está incorreta.

354. (Ieses/TJ/CE/Cartórios/Ingresso/2018) Sobre o regime de bens no casamento, responda as questões:

I. as pessoas divorciadas, que ainda não realizaram a partilha dos bens do casamento anterior, estão sujeitas ao regime de separação legal de bens.
II. no regime de comunhão universal não se comunicam os bens doados com cláusula de incomunicabilidade, nem os frutos destes bens.
III. no regime de separação de bens, ambos os cônjuges são obrigados a contribuir para as despesas do casal na proporção dos rendimentos de seu trabalho e de seus bens, salvo estipulação em contrário no pacto antenupcial.

Assinale a correta:

a) todas as assertivas são verdadeiras.
b) todas as assertivas são falsas.
c) apenas as assertivas I e III são verdadeiras.
d) apenas a assertiva II é verdadeira.

355. (Ieses/TJ/AM/Cartórios/Remoção/2018) É obrigatório o regime da separação de bens no casamento:

I. de todos os que dependerem, para se casar, de suprimento judicial.
II. da pessoa maior de 70 (setenta) anos.
III. das pessoas que o contraírem com inobservância das causas suspensivas da celebração do casamento.
IV. de pessoas maiores de dezesseis e menores de dezoito anos, em que os pais não autorizem o casamento.

A sequência correta é:

a) apenas as assertivas I e II estão corretas.

b) as assertivas I, II, III e IV estão corretas.
c) apenas as assertivas II e IV estão incorretas.
d) apenas a assertiva IV está correta.

356. (Vunesp/TJ/SP/Cartórios/Ingresso/2018) Tulio e Lívia possuem, respectivamente, sessenta e cinquenta e quatro anos de idade e celebraram pacto antenupcial, no qual adotaram o regime da participação final nos aquestos. Convencionaram, nesse pacto, a dispensa da autorização conjugal para a livre disposição dos bens imóveis particulares. O referido pacto antenupcial é:

a) válido.
b) ineficaz.
c) nulo.
d) anulável.

357. (Ieses/TJ/CE/Cartórios/Remoção/2018) Podem os cônjuges, independentemente de autorização um do outro:

I. comprar, ainda a crédito, as coisas necessárias à economia doméstica.
II. prestar fiança ou aval.
III. obter, por empréstimo, as quantias que a aquisição de coisas necessárias à economia doméstica, possam exigir.
IV. alienar ou gravar de ônus real os bens imóveis.

A sequência correta é:

a) apenas a assertiva IV está incorreta.
b) as assertivas I, II, III e IV estão corretas.
c) apenas as assertivas I e III estão corretas.
d) apenas as assertivas I, II e IV estão corretas.

358. (Consulplan/TJ/MG/Cartórios/Ingresso/2017) Nos termos do Código Civil, é correto afirmar:

a) as relações na União estável e concubinato são eventuais.
b) apenas na União Estável é aplicável, no que couber, o regime de comunhão parcial de bens.
c) apenas no Concubinato é aplicável, no que couber, o regime de comunhão parcial de bens.
d) união estável e concubinato são consideradas entidades familiares.

359. (Consulplan/TJ/MG/Cartórios/Ingresso/2017) José casou-se com Maria, adotando o casal regime de comunhão parcial de bens e, já casados, Maria comprou e quitou um veículo. Na constância do casamento, José veio a ser condenado civilmente em danos morais por agressão física a terceira pessoa. A vítima da agressão, na execução da sentença, pediu a penhora de 50% do carro de Maria, já que não encontrou nenhum bem em nome de José para garantir a condenação. É correto afirmar que:

a) como o ato ilícito foi cometido na constância do casamento e da mesma forma a compra do carro, o veículo de Maria pode ter 50% penhorado para satisfazer a dívida de seu marido.
b) a penhora deve ser indeferida, já que a obrigação é proveniente de ato ilícito e não foi em proveito do casal.
c) a comunhão de bens do casal adquiridos na constância do casamento somente é aplicada para casos que envolvam imóveis, de forma que não pode ser a penhora realizada.
d) a penhora pode ser efetuada nos 50% que seria a meação do marido, em razão do regime de casamento e da data da aquisição do bem, já que se trata de obrigação decorrente de sentença judicial e a questão de bens entre marido e mulher não pode prejudicar direito do credor.

6.2.2. Dos Alimentos

INFORMATIVOS

STJ Ação de alimentos. Cumprimento de sentença. Medidas executivas. Coerção pessoal (prisão) e patrimonial (penhora). Possibilidade de cumulação. Prejuízo comprovadamente demonstrado pelo devedor. Tumulto Processual. Exceções. Análise do caso concreto pelo magistrado. Na cobrança de obrigação alimentar, é cabível a cumulação das medidas executivas de coerção pessoal e de expropriação no âmbito do mesmo procedimento executivo, desde que não haja prejuízo ao devedor nem ocorra qualquer tumulto processual. *Proc. segredo justiça, 4ª T, 9.8.2022. Inf 744.*

QUESTÕES OBJETIVAS

360. (Consulplan/TJ/MS/Cartórios/Ingresso/2021) O Código Civil traz disposições expressas acerca dos alimentos. Considerando as disposições em questão, assinale a afirmativa que contenha previsão diversa do procedimento previsto na legislação civil.

a) Aos herdeiros do devedor transmite-se a obrigação de prestar alimentos.
b) Ao credor capaz é facultada a renúncia ao direito a alimentos, sendo o respectivo crédito passível de compensação ou penhora.
c) A mudança da situação financeira do devedor ou do credor de alimentos autoriza o pleito de redução, majoração ou exoneração da obrigação.
d) O direito à prestação de alimentos é recíproco entre pais e filhos, e extensivo a todos os ascendentes, recaindo a obrigação nos mais próximos em grau, uns em falta de outros.

361. (Consulplan/TJ/MS/Cartórios/Remoção/2021) Luara, moça simples que não tem recursos financeiros por se encontrar desempregada há 2 (dois) anos, estabelece relacionamento afetivo, durante alguns meses do ano de 2021 com Caíque. Pouco tempo depois do final da relação, Luara descobre estar grávida e procura Caíque, pedindo auxílio financeiro para que a criança possa nascer em bom estado de saúde, recusando-se Caíque a prestar a ajuda solicitada por entender que não há evidências de que a criança que Luara está esperando seja, efetivamente, seu filho. Luara procura um advogado que recomenda, dentre outras providências, que seja feito o ajuizamento de ação para pleito de alimentos gravídicos. Acerca desse tipo de ação, assinale a alternativa correta.

a) Ajuizada essa ação, será o réu citado para contestar em 10 (dez) dias úteis.
b) Os alimentos gravídicos porventura fixados ficam automaticamente convertidos em pensão alimentícia em favor da mãe, após o nascimento com vida da criança, pelo prazo de 2 (dois) anos.
c) A fixação de alimentos gravídicos, comprovada a extrema necessidade de obtenção por parte da requerente, autoriza sua concessão, excepcionalmente, ainda que não tenham sido juntados aos autos indícios da existência da paternidade.
d) Os alimentos gravídicos compreendem valores relacionados à especial alimentação da gestante, assistência psicológica, exames complementares, parto e prescrições preventivas e terapêuticas, a juízo do médico, além de outras que o magistrado considere pertinentes.

362. (Consulplan/TJ/MG/Cartórios/Ingresso/2019) Com base nas disposições da Constituição Federal e do Código Civil, analise as seguintes afirmações sobre a guarda dos filhos e alimentos.

I. Na fixação da guarda dos filhos, deve preponderar o princípio do melhor interesse da criança ou adolescente.
II. A aplicação da guarda compartilhada dos filhos depende da existência de consenso entre os genitores.

III. O direito à prestação de alimentos entre os parentes, cônjuges ou companheiros é recíproco. Entre parentes, na linha reta, é extensivo a todos os ascendentes, recaindo a obrigação nos mais próximos em grau, uns em falta dos outros.
IV. A maioridade dos filhos não acarreta a exoneração automática da obrigação de prestar alimentos.

Estão corretas as afirmativas:

a) I, II, III e IV.
b) II e IV, apenas.
c) I, II e III, apenas.
d) I, III e IV, apenas.

363. (Ieses/TJ/CE/Cartórios/Ingresso/2018) Sobre alimentos, responda:

I. com relação ao credor cessa o direito a alimentos, se tiver procedimento indigno em relação ao devedor.
II. com o casamento, a união estável ou o concubinato do credor, cessa o dever de prestar alimentos.
III. os alimentos serão apenas os indispensáveis à subsistência, quando a situação de necessidade resultar de culpa de quem os pleiteia.

Assinale a correta:

a) todas as assertivas são verdadeiras.
b) apenas a assertiva II é verdadeira.
c) apenas a assertiva I é verdadeira.
d) apenas as assertivas I e III são verdadeiras.

6.3. Da União Estável

SÚMULAS

STF Súm. 382. A vida em comum sob o mesmo teto, "more uxorio", não é indispensável à caracterização do concubinato.

STJ Súm. 655. Aplica-se à união estável contraída por septuagenário o regime da separação obrigatória de bens, comunicando-se os adquiridos na constância, quando comprovado o esforço comum.

REPERCUSSÃO & REPETITIVOS

STF Rep. Geral 529. A preexistência de casamento ou de união estável de um dos conviventes, ressalvada a exceção do artigo 1.723, § 1º, do Código Civil, impede o reconhecimento de novo vínculo referente ao mesmo período, inclusive para fins previdenciários, em virtude da consagração do dever de fidelidade e da monogamia pelo ordenamento jurídico-constitucional brasileiro. *RE 1045273, 19.12.2020.*

JURISPRUDÊNCIA EM TESES

STJ JurisTese 50-2. A coabitação não é elemento indispensável à caracterização da união estável.

STJ JurisTese 50-3. A vara de família é a competente para apreciar e julgar pedido de reconhecimento e dissolução de união estável homoafetiva.

STJ JurisTese 50-4. Não é possível o reconhecimento de uniões estáveis simultâneas.

STJ JurisTese 50-5. A existência de casamento válido não obsta o reconhecimento da união estável, desde que haja separação de fato ou judicial entre os casados.

STJ JurisTese 50-7. São incomunicáveis os bens particulares adquiridos anteriormente à união estável ou ao casamento sob o regime de comunhão parcial, ainda que a transcrição no registro imobiliário ocorra na constância da relação.

STJ JurisTese 50-11. A valorização patrimonial dos imóveis ou das cotas sociais de sociedade limitada, adquiridos antes do início do período de convivência, não se comunica, pois não decorre do esforço comum dos companheiros, mas de mero fator econômico.

STJ JurisTese 50-14. É inviável a concessão de indenização à concubina, que mantivera relacionamento com homem casado, uma vez que tal providência daria ao concubinato maior proteção do que aquela conferida ao casamento e à união estável.

STJ JurisTese 50-16. A presunção legal de esforço comum quanto aos bens adquiridos onerosamente prevista no art. 5º da Lei 9.278/1996, não se aplica à partilha do patrimônio formado pelos conviventes antes da vigência da referida legislação.

STJ JurisTese 113-11. Comprovada a separação de fato ou judicial entre os casados, a existência de casamento válido não obsta o reconhecimento da união estável.

INFORMATIVOS

STJ União estável. Separação obrigatória de bens. Companheiro maior de 70 anos. Pacto antenupcial afastando a incidência da Súmula 377/STF, impedindo comunhão de aquestos adquiridos onerosamente na constância da convivência. Possibilidade. Meação de bens da companheira. Inocorrência. Sucessão de bens. Companheira na condição de herdeira. Impossibilidade. No casamento ou na união estável regidos pelo regime da separação obrigatória de bens, é possível que os nubentes/companheiros, em exercício da autonomia privada, estipulando o que melhor lhes aprouver em relação aos bens futuros, pactuem cláusula mais protetiva ao regime legal, com o afastamento da Súmula 377/STF, impedindo a comunhão dos aquestos. *REsp 1922347, 4ª T, 1.2.2022. Inf 723.*

QUESTÕES DISCURSIVAS

32. (Vunesp/TJ/RS/Cartórios/2019) Duas mulheres, que vivem uma relação duradoura, mas não coabitam e nem pretendem coabitar, solicitam que o Tabelião elabore uma escritura pública para formalizar sua união estável e regularizar seus direitos, requerendo que se estabeleça um regime misto de bens, ou seja, separação total em caso de dissolução da união, comunhão universal em caso de a união permanecer até a morte de um dos conviventes. Também anseiam que o regime de bens produza efeitos retroativos ao início da relação amorosa, assim como ambas possam modificar o patronímico de família, para que tenham o mesmo nome. Diante desta situação, indique e justifique se é possível atender aos pedidos do casal.

33. (Cespe/TJ/SE/Cartórios/Remoção/2014) Carlos e Maria ajuizaram pedido de conversão de união estável em casamento. Em seu pedido, declararam o início da convivência em 1999, que comprovaram mediante apresentação de escritura pública lavrada no ano de 2007, na qual não havia nenhuma disposição de cunho patrimonial. Tendo em vista que a convivência perdura até o momento, os dois almejam a procedência do pedido com atribuição de efeitos "ex tunc" à sentença. Com base na situação hipotética descrita, discorra sobre a conversão da união estável em casamento, abordando, necessariamente, os seguintes aspectos: (i) tratamento dado à conversão da união estável em casamento pelo Código Civil de 2002; (ii) efeitos patrimoniais da conversão; (iii) correntes doutrinárias aplicáveis ao caso.

34. (Cespe/TJ/ES/Cartórios/Remoção/2013) Quando faleceu, Joaquim vivia com Mara. O casal, que teve dois filhos, nunca se casou nem lavrou escritura de união estável. Os dois filhos eram maiores de idade à época do óbito. Joaquim registrou em cartório testamento deixando 50% de seu patrimônio a Mara. Diante dessa situação hipotética, redija um texto dissertativo respondendo, de forma fundamentada, aos seguintes questionamentos: (1º) É possível fazerem-se o inventário e o reconhecimento de união estável em cartório extrajudicial? (2º) O reconhecimento da união estável resultará em vantagem patrimonial para Mara?

QUESTÕES OBJETIVAS

364. (Consulplan/TJ/MS/Cartórios/Remoção/2021) A união estável tem previsões expressas acerca de sua configuração e consequências jurídicas pelos arts. 1.723 a 1.727 do Código Civil, bem como outras delimitações esparsas pelo mesmo diploma. Diante da proteção jurídica conferida à relação, assinale a alternativa que contenha procedimento inaplicável à união estável.

a) A união estável pode ser convertida em casamento.
b) As relações pessoais entre os companheiros obedecerão aos deveres de lealdade, respeito e assistência, e de guarda, sustento e educação dos filhos.
c) Na união estável, ainda que existente contrato escrito entre os companheiros, aplica-se às relações patrimoniais, no que couber, o regime da comunhão parcial de bens.
d) Caracteriza-se união estável a relação entre o viúvo ou a viúva que tiver filho do cônjuge falecido, enquanto não fizer inventário dos bens do casal e der partilha aos herdeiros, se adjetivada pela convivência pública, contínua e duradoura e estabelecida com o objetivo de constituição de família.

365. (Consulplan/TJ/MG/Cartórios/Ingresso/2019) Conforme a Constituição da República e Código Civil brasileiro, observada a supremacia da norma constitucional, analise as seguintes afirmativas a respeito da união estável.

I. A união estável configura-se na convivência pública, contínua e duradoura, com o ânimo dos companheiros de constituir família.
II. Para a caracterização da união estável não se exige um prazo mínimo de convivência dos companheiros, nem que tenham habitação comum.
III. Na união estável, aplica-se às relações patrimoniais, no que couber, o regime de comunhão parcial de bens, salvo contrato escrito entre os companheiros.
IV. A união estável não se constituirá se ocorrer algum dos impedimentos matrimoniais, mas a pessoa casada, achando-se separada de fato ou judicialmente, pode ser partícipe de união estável.

Estão corretas as afirmativas:

a) I, II, III e IV.
b) I e IV, apenas.
c) I, II e III, apenas.
d) II, III e IV, apenas.

366. (Ieses/TJ/SC/Cartórios/Remoção/2019) Assinale a alternativa correta. União estável:

a) É a união informal entre duas pessoas do mesmo sexo ou entre duas pessoas de sexo diferente, configurada na convivência pública, contínua e duradoura e estabelecida com o objetivo de constituição de família.
b) Poderá ser convertida automaticamente em casamento somente após o transcurso de dois anos de convivência.
c) Não exige deveres entre os conviventes.
d) É a união informal entre duas pessoas de sexo diferente, configurada na convivência pública, contínua e duradoura e estabelecida com o objetivo de constituição de família.

367. (Ieses/TJ/SC/Cartórios/Remoção/2019) Considerando o instituto da união estável:

a) A lei determina que a união estável deva ser estabelecida obrigatoriamente por escritura pública.
b) Ao lavrar uma escritura pública de união estável, deve o Notário averiguar a real existência da situação relatada e especificar o regime de bens, bem como de sua administração, além de outras obrigações decorrentes da situação de convivência.
c) Ao notário é permitido, conforme sua apreensão dos fatos, lavrar escritura de união estável embasado em declaração unilateral.
d) Para que tenham validade, as escrituras de união estável devem ser registradas no Livro "E", por Oficial de Registro Civil das Pessoas Naturais.

368. (Vunesp/TJ/RS/Cartórios/Remoção/2019) Sobre a união estável, pode-se corretamente afirmar que:

a) a existência de casamento válido obsta o reconhecimento da união estável, mesmo havendo separação de fato entre os casados.
b) na união estável de pessoa maior de setenta anos, impõe-se o regime da separação obrigatória, sendo possível a partilha de bens adquiridos na constância da relação, desde que comprovado o esforço comum.
c) são comunicáveis os bens particulares adquiridos anteriormente à união estável ou ao casamento sob o regime de comunhão parcial, desde que a transcrição no registro imobiliário ocorra na constância da relação.
d) a coabitação é elemento indispensável à caracterização da união estável.
e) é possível o reconhecimento de uniões estáveis simultâneas, mesmo entre pessoas casadas.

369. (Cetro/TJ/RJ/Cartórios/Ingresso/2017) Sobre temas relacionados à união estável, ao matrimônio e aos reflexos patrimoniais decorrentes, assinale a alternativa correta.

I. a jurisprudência dos tribunais superiores reconhece a relação concubinária não eventual, simultânea ao casamento, independentemente da existência de prova da separação de fato.
II. o namoro qualificado havido antes da celebração do matrimônio se confunde com o instituto da união estável com a mera coabitabilidade, não havendo a necessidade de o relacionamento projetar para o futuro o propósito de constituir uma entidade familiar, no entender do STJ.
III. as verbas percebidas por um dos cônjuges na constância do matrimônio, sob o regime de comunhão parcial, transmutam-se em bem comum, mesmo que não tenham sido utilizadas na aquisição de qualquer bem móvel ou imóvel.
IV. é válida a cláusula que atribui eficácia retroativa ao regime de bens pactuado em escritura pública de reconhecimento de união estável quando de seu rompimento.

É correto o que se afirma em:

a) I e II, apenas.
b) III e IV, apenas.
c) III, apenas.
d) IV, apenas.
e) II e III, apenas.

370. (Cetro/TJ/RJ/Cartórios/Remoção/2017) Com a morte de seu companheiro Otaviano, Olívia é convidada pelos herdeiros a se retirar da casa onde reside, em município do estado do Rio de Janeiro, e que era de propriedade do "de cujus". Com base no caso, à Olívia, na qualidade de companheira do "de cujus", é correto afirmar que:

a) não confere o direito real de habitação, dado que a este somente poderá se valer o cônjuge supérstite e para os casos para os quais ainda se aplicam o antigo Código Civil.
b) se confere o direito real de habitação nos moldes do estabelecido no Código Civil, não podendo, no entanto, tal direito ser lançado na matrícula do imóvel perante a serventia extrajudicial competente.
c) não se confere o direito real de habitação, dado que a este somente poderá se valer o cônjuge supérstite, ainda que não exista revogação do que dispõe a Lei da União Estável (Lei n. 9.278/1996) pelo Código Civil, prevalecendo o disposto neste último.
d) se confere o direito real de habitação apenas para os casos constituídos sob vigência da Lei da União Estável (Lei n. 9.278/1996), qual seja, até a superveniência do Código Civil, independentemente da necessidade de ser lançado na matrícula do imóvel perante a serventia extrajudicial competente.

e) se confere o direito real de habitação, dado que não existe revogação do que dispõe a Lei da União Estável (Lei n. 9.278/1996) pelo Código Civil e, na omissão deste último acerca da matéria, prevalece o princípio da especialidade; tal direito pode ser lançado na matrícula do imóvel perante a serventia extrajudicial competente.

6.4. *Da Tutela e da Curatela e da Tomada de Decisão Apoiada*

QUESTÕES OBJETIVAS

371. (Vunesp/TJ/RS/Cartórios/Remoção/2019) José desapareceu, sem deixar procurador ou representante que pudesse administrar-lhe os bens. João e Joaquim são filhos de José. Maria é casada com José, mas separada de fato deste há mais de dois anos. Os pais de José são Joaquina e Pedro. Foi requerida a declaração de ausência de José. Pode-se corretamente afirmar que:

a) a curadoria de José deve ser atribuída a seus pais, Joaquina e Pedro.
b) a curadoria pode ser atribuída a qualquer dos descendentes ou ascendentes de José, mediante escolha discricionária do juiz.
c) a curadoria de José deve ser atribuída aos seus filhos, João e Joaquim.
d) para entrar na posse dos bens do ausente, João e Joaquim devem apresentar garantia.
e) Maria, por ser casada com José, é sua legítima curadora.

372. (UFPR/TJ/PR/Cartórios/Ingresso/2019) Alfredo, por ter desaparecido de seu domicílio há tempos, teve sua ausência declarada judicialmente. Sabe-se que ele tem dois filhos com Joana, com quem tem matrimônio, mas que dela estava separado de fato havia um ano antes da declaração de sua ausência. Os pais de Alfredo estão vivos. Alfredo não deixou representante ou procurador. Levando em consideração os dados apresentados, é correto afirmar:

a) A legítima curadora de Alfredo deve ser sua cônjuge, Joana.
b) Os pais de Alfredo devem ser seus curadores, tendo em vista a separação de fato do casal Alfredo e Joana.
c) Com a separação de fato do casal Alfredo e Joana, o filho mais velho do casal deve ser o curador de Alfredo.
d) O juiz pode nomear livremente um curador para Alfredo, pois ele não deixou representante ou procurador.
e) Os filhos de Alfredo devem ser seus curadores, tendo em vista a separação de fato do casal Alfredo e Joana.

373. (Ieses/TJ/AM/Cartórios/Ingresso/2018) A respeito da curatela, responda:

I. não corre prescrição entre curatelados e seus curadores, durante a curatela.
II. há impedimento matrimonial entre o tutor e os seus descendentes, ascendentes, irmãos, cunhados ou sobrinhos, com a pessoa curatelada, enquanto não cessar a curatela, e não estiverem saldadas as respectivas contas.
III. quando o curador for o cônjuge e o regime de bens do casamento for de comunhão universal, não será obrigado à prestação de contas, salvo determinação judicial.

Assinale a correta:

a) apenas as assertivas I e III são verdadeiras.
b) apenas a assertiva II é verdadeira.
c) todas as assertivas são verdadeiras.
d) apenas as assertivas I e II são verdadeiras.

374. (Vunesp/TJ/SP/Cartórios/Ingresso/2018) Assinale a alternativa correta a respeito da tomada de decisão apoiada:

a) terceiro com quem a pessoa apoiada mantenha relação negocial pode solicitar aos apoiadores que contra-assinem o contrato, especificando, por escrito, suas respectivas funções em relação ao apoiado.
b) antes da apreciação do pedido de tomada de decisão apoiada, é imprescindível a realização de perícia por equipe multidisciplinar, podendo ser dispensada, a critério do magistrado, a oitiva pessoal do requerente e das pessoas que lhe prestarão apoio.
c) é um procedimento que implica em uma restrição da capacidade civil do autor do pedido, seja com relação à sua pessoa, seja com relação aos seus bens.
d) os apoiadores da pessoa com deficiência serão por ela indicados, com observância do rol previsto no artigo 1.775 do Código Civil e passarão a representá-la nos atos da vida civil.

375. (Consulplan/TJ/MG/Cartórios/Ingresso/2017) Marque a opção que foi inovada com o advento da Lei n. 13.105/2015:

a) o tutor ou curador deve prestar o compromisso por termo em livro rubricado pelo juiz e a assunção da administração dos bens do incapaz, a partir de então, pelo tutor/curador.
b) a prestação de compromisso poderá ser procedida através de registro eletrônico, desde que adotado de autenticação perante o tribunal ao qual subordinado o juízo.
c) o juiz terá de decidir, de plano, acerca do pedido de escusa apresentado pelo tutor ou curador no desígnio de eximirem-se do encargo. Não o admitindo, impõe-se o exercício até que sobrevenha a dispensa por sentença transitada em julgado.
d) tanto o tutor quanto o curador têm a obrigação de prestar contas relativas ao exercício do seu múnus, o que deve ser procedido nos próprios autos em que nomeados. A não prestação das contas sujeita-os à remoção do encargo.

376. (Ieses/TJ/RO/Cartórios/Remoção/2017) Tutela é o encargo atribuído pela Justiça a um adulto capaz, para que proteja, zele, guarde, oriente, responsabilize-se e administre os bens de crianças e adolescentes cujos pais são falecidos ou estejam ausentes até que completem 18 anos de idade. A este respeito é correto afirmar:

a) o direito de nomear tutor compete a qualquer um dos pais, separadamente.
b) aos irmãos órfãos dar-se-ão tantos tutores quanto bastarem.
c) é anulável a nomeação de tutor pelo pai ou pela mãe que, ao tempo de sua morte, não tinha o poder familiar.
d) as crianças e os adolescentes cujos pais forem desconhecidos, falecidos ou que tiverem sido suspensos ou destituídos do poder familiar terão tutores nomeados pelo Juiz ou serão incluídos em programa de colocação familiar.

7. DO DIREITO DAS SUCESSÕES

7.1. *Da Sucessão em Geral*

SÚMULAS

STF Súm. 149. É imprescritível a ação de investigação de paternidade, mas não o é a de petição de herança.

STJ Súm. 642. O direito à indenização por danos morais transmite com o falecimento do titular, possuindo os herdeiros da vítima legitimidade ativa para ajuizar ou prosseguir na ação indenizatória

JURISPRUDÊNCIA EM TESES

STJ **JurisTese 50-1.** Os princípios legais que regem a sucessão e a partilha não se confundem: a sucessão é disciplinada pela lei em vigor na data do óbito; a partilha deve observar o regime de bens e o ordenamento jurídico vigente ao tempo da aquisição de cada bem a partilhar.

STJ **JurisTese 50-13.** Comprovada a existência de união homoafetiva, é de se reconhecer o direito do companheiro sobrevivente à meação dos bens adquiridos a título oneroso ao longo do relacionamento.

INFORMATIVOS

STJ **Pena de sonegados. Ausência de interpelação pessoal dos herdeiros. Conhecimento acerca da ocultação de bens da herança. Má-fé. Comprovação. Aplicação. Possibilidade.** É possível aplicar a pena de perdimento da herança aos herdeiros, ainda que estes não tenham sido interpelados pessoalmente, quando comprovados o conhecimento acerca da ocultação de bens da herança e o dolo existente na conduta de sonegação desses bens. *EDcl no REsp 1567276, 4ª T, 22.11.2022. Inf 758.*

STJ **Petição de herança. Prescrição. Termo inicial. Abertura da sucessão. Princípio da "actio nata". Aplicação da corrente objetiva.** O prazo prescricional para propor ação de petição de herança conta-se da abertura da sucessão. *Proc. segredo justiça, 2ª S, 26.10.2022. Inf 757.*

STJ **Ato infracional análogo a homicídio contra ascendentes. Ato doloso, consumado ou tentado. Reconhecimento de indignidade. Exclusão de herdeiro. Cabimento. Art. 1.814 do CC. Rol taxativo. Diferença técnico-jurídica com homicídio. Irrelevância para fins civis.** O herdeiro que seja autor, coautor ou partícipe de ato infracional análogo ao homicídio doloso praticado contra os ascendentes fica excluído da sucessão. *REsp 1943848, 3ª T, 18.2.2022. Inf 725.*

STJ **Ação declaratória de reconhecimento de indignidade com pedido de exclusão de herdeiro. Possibilidade jurídica do pedido. Condição da ação no CPC/73. Questão de mérito no CPC/15. Resolução do processo com mérito. Aptidão para formar coisa julgada material. Divergência sobre a natureza do rol do art. 1.814 do CC e sobre as técnicas hermenêuticas admissíveis para a sua interpretação. Pedido juridicamente possível. Vedado o julgamento de improcedência liminar.** É juridicamente possível o pedido de exclusão do herdeiro em virtude da prática de ato infracional análogo ao homicídio, doloso e consumado, contra os pais, à luz da regra do art. 1.814, I, do CC. *REsp 1938984, 3ª T, 18.2.2022. Inf 725.*

QUESTÕES DISCURSIVAS

35. (Ieses/TJ/AM/Cartórios/2018) No tocante a crescente evolução do direito brasileiro nas relações de parentesco, em especial, sobre a temática da adoção e, ainda, acerca das diretrizes legais que regulamentam as sucessões, julgue e fundamente conforme a legislação vigente, (correto ou errado), os questionamentos abaixo arrolados: (i) É permitida a adoção de maior de 18 (dezoito) anos, mediante escritura pública, legalmente reconhecida nesse caso como "adoção simples", restando assim, desnecessário processo judicial e sentença constitutiva; (ii) É vedado ao testador, independentemente de justa causa, a aposição de cláusulas restritivas como: inalienabilidade, impenhorabilidade e incomunicabilidade, nos bens da legítima.

QUESTÕES OBJETIVAS

377. (Ieses/TJ/TO/Cartórios/Ingresso/2022) Conforme disposto no Código Civil, é possível a cessão de direitos hereditários, mediante escritura pública. A respeito desse assunto, leia as assertivas:

I. É ineficaz a cessão de direitos hereditários em relação a qualquer bem da herança considerado singularmente.

II. Os direitos conferidos ao herdeiro em razão de direito de acrescer presumem-se abrangidos pela cessão de direitos hereditárias feita anteriormente.

III. O coerdeiro poderá ceder onerosamente seus direitos hereditários à pessoa estranha à sucessão independentemente de direito de preferência dos demais coerdeiros.

IV. A cessão de direitos hereditários pode ser total ou parcial, bem como onerosa ou gratuita.

Com base nas assertivas acima, assinale a alternativa correta:

a) Apenas a assertiva II está correta.
b) Todas as assertivas estão corretas.
c) Estão corretas as assertivas I e IV.
d) Estão corretas apenas as assertivas I, II e IV.

378. (Ieses/TJ/RO/Cartórios/Ingresso/2021) A herança e sua administração são objeto de regulamentação na Sucessão em Geral, do Código Civil Brasileiro. A respeito do assunto, leia as assertivas a seguir e responda:

I. Até a partilha, o direito dos coerdeiros, quanto à propriedade e posse da herança, será indivisível, e regular-se-á pelas normas relativas ao condomínio

II. O direito à sucessão aberta considera-se imóvel para os efeitos legais.

III. É eficaz a cessão, pelo coerdeiro, de seu direito hereditário sobre qualquer bem da herança considerado singularmente.

IV. O coerdeiro não poderá ceder a sua quota hereditária a pessoa estranha à sucessão, se outro coerdeiro a quiser, tanto por tanto.

Considerando as assertivas acima, assinale a alternativa correta:

a) Estão corretas as assertivas I, II, III e IV.
b) Apenas estão corretas as assertivas II, III e IV.
c) Apenas estão corretas as assertivas I, II e IV.
d) Apenas a assertiva I está correta.

379. (Consulplan/TJ/MS/Cartórios/Remoção/2021) Aos herdeiros não se impõe a aceitação da renúncia de forma indiscriminada, admitindo-se, desta feita, a renúncia à mesma. Não corresponde às disposições legais pertinentes à temática:

a) A renúncia praticada com a finalidade de esvaziamento patrimonial pode ser anulada mediante prova do credor.
b) Para validação da renúncia da herança, esta deve constar expressamente de instrumento público ou termo judicial.
c) A aceitação ou renúncia da herança em parte, sob condição ou a termo, requer formalização por instrumento público.
d) Havendo prejuízo aos credores pela renúncia da herança, podem aqueles, com autorização do Juiz, aceitá-la em nome do renunciante.

380. (Consulplan/TJ/MG/Cartórios/Remoção/2019) De acordo com o Código Civil brasileiro, analise as afirmativas sobre direito de sucessões.

I. A aceitação da herança pode ser tácita e há de resultar, tão somente, de atos próprios da qualidade de herdeiro. A renúncia da herança depende de ato solene, manifestada por meio de escritura pública, ou por termo nos autos do inventário.

II. Havendo renúncia, os herdeiros do renunciante não podem exercer o direito de representação.

III. Os descendentes do herdeiro excluído, seja por indignidade, seja por deserdação sucedem, como se ele morto fosse antes da abertura da sucessão.

IV. Qualquer sucessor pode ser excluído da sucessão por indignidade, mas somente o herdeiro necessário pode ser deserdado.

Estão corretas as afirmativas:

a) I, II, III e IV.
b) I e III, apenas.
c) I, II e IV, apenas.
d) II, III e IV, apenas.

381. (Consulplan/TJ/MG/Cartórios/Ingresso/2019) Conforme o Código Civil brasileiro, analise as seguintes afirmativas sobre o direito das sucessões.

I. Aberta a sucessão, a herança transmite-se automática e imediatamente aos herdeiros legítimos e testamentários, independentemente de qualquer ato dos sucessores.

II. O inventário extrajudicial será lavrado, por escritura pública, no lugar do último domicílio do autor da herança.

III. O nascituro possui legitimidade para suceder, mas a transmissão da herança está condicionada ao nascimento com vida.

IV. A aceitação da herança sob benefício de inventário consiste no princípio de que o herdeiro não responde por encargos superiores às forças da herança, cabendo-lhe, porém, a prova do excesso.

Estão corretas as afirmativas:

a) I, II, III e IV.
b) II e III, apenas.
c) I, II e IV, apenas.
d) I, III e IV, apenas.

382. (Cespe/TJ/DFT/Cartórios/Remoção/2019) Passado um ano da arrecadação de bens de ausente com menos de oitenta anos de idade, um interessado requereu a abertura de sucessão definitiva. Nessa situação hipotética, de acordo com o disposto no Código Civil, esse pedido deverá ser:

a) indeferido, porque a hipótese apresentada constitui caso de abertura de sucessão provisória.
b) indeferido, porque a abertura de sucessão definitiva só deve ocorrer dez anos após a arrecadação de bens do ausente.
c) deferido, procedendo-se imediatamente à abertura do inventário.
d) deferido, mas a sentença só produzirá efeitos cento e oitenta dias após seu trânsito em julgado.
e) deferido, devendo o interessado requerer a abertura do inventário em até trinta dias após o trânsito em julgado da sentença.

383. (UFPR/TJ/PR/Cartórios/Ingresso/2019) Leonel faleceu em decorrência de acidente automobilístico. Deixou cinco filhos e cônjuge. Tendo em vista o relacionamento muito difícil com o pai falecido, um de seus filhos resolve renunciar à herança. Os demais filhos desejam aceitá-la. A cônjuge supérstite impõe como condição ao seu aceite à herança que todos os filhos também aceitem. A respeito do assunto, assinale a alternativa correta.

a) Exprimem aceitação de herança os atos oficiosos, como o funeral do finado.
b) Importa em aceitação a cessão gratuita, pura e simples, da herança, aos demais coerdeiros.
c) A renúncia da herança deve constar expressamente de instrumento público ou particular.
d) Não se pode aceitar ou renunciar a herança em parte, sob condição ou a termo.
e) São revogáveis os atos de aceitação ou de renúncia da herança.

384. (Consulplan/TJ/MG/Cartórios/Remoção/2018) A escritura pública de cessão de direitos hereditários:

a) terá por objeto ato jurídico unilateral quando contiver renúncia a direito hereditário em favor de pessoa específica.
b) pode ter por objeto a cessão, gratuita ou onerosa, de direitos hereditários sobre um veículo automotor que era de propriedade do autor da herança, se feita, em conjunto, por todos os herdeiros e pelo cônjuge meeiro.
c) pode ter por objeto a cessão, gratuita ou onerosa, de direitos hereditários sobre um veículo automotor que era de propriedade do autor da herança, ainda que feita apenas por um dos herdeiros, já que, pelo sistema brasileiro, transmite-se a propriedade aos herdeiros no momento da morte (princípio da saisine) e em consagração de um dos elementos da propriedade: o direito de dispor do bem.
d) não pode ter por objeto a cessão de direitos hereditários sobre um veículo automotor que era de propriedade do autor da herança, mesmo que feita em conjunto por todos os herdeiros e pelo cônjuge meeiro, em razão de disposição normativa da Corregedoria-Geral de Justiça de Minas Gerais de que é ineficaz a cessão, pelo coerdeiro, de seu direito hereditário sobre qualquer bem da herança considerado singularmente.

385. (Consulplan/TJ/MG/Cartórios/Ingresso/2018) O companheiro sobrevivente:

a) é herdeiro necessário.
b) é herdeiro, aplicando-se-lhe a regra própria de sucessão do companheiro, distinta da sucessão entre cônjuges.
c) não é herdeiro necessário, portanto, não tendo o autor da herança deixado descendente nem ascendente vivo, a herança será deferida ao colateral de até quarto grau, em prejuízo do companheiro sobrevivente.
d) é herdeiro, mas não necessário, e, portanto, serão válidas e eficazes as disposições testamentárias do autor da herança que, mesmo não tendo deixado descendente nem ascendente, haja excluído o companheiro, por inteiro, da herança.

386. (Consulplan/TJ/MG/Cartórios/Remoção/2018) Em relação à sucessão provisória, assinale a afirmação incorreta:

a) findo o prazo a que se refere o art. 26, do Código Civil, e não havendo interessados na sucessão provisória, cumpre ao Ministério Público requerê-la ao juízo competente.
b) os herdeiros, para se imitirem na posse dos bens do ausente, não darão garantias da restituição deles, mediante penhores ou hipotecas equivalentes aos quinhões respectivos.
c) não comparecendo herdeiro ou interessado para requerer o inventário até 30 (trinta) dias depois de passar em julgado a sentença que mandar abrir a sucessão provisória, proceder-se-á à arrecadação dos bens do ausente pela forma estabelecida nos arts. 1.819 a 1.823 do Código Civil.
d) a sentença que determinar a abertura da sucessão provisória só produzirá efeito 180 (cento e oitenta) dias depois de publicada pela imprensa; mas, logo que passe em julgado, proceder-se-á à abertura do testamento, se houver, e ao inventário e partilha dos bens, como se o ausente fosse falecido.

387. (Consulplan/TJ/MG/Cartórios/Remoção/2018) Assinale a alternativa incorreta:

a) o direito de representação dá-se na linha reta descendente, mas nunca na ascendente.
b) o renunciante à herança de uma pessoa não poderá representá-la na sucessão de outra.
c) na linha transversal, somente se dá o direito de representação em favor dos filhos de irmãos do falecido, quando com irmãos deste concorrerem.
d) dá-se o direito de representação, quando a lei chama certos parentes do falecido a suceder em todos os direitos, em que ele sucederia, se vivo fosse.

388. (Vunesp/TJ/SP/Cartórios/Ingresso/2018) No que concerne à deserdação e à exclusão por indignidade, é correto afirmar:

a) na exclusão por indignidade, os fatos que a fundamentam não podem ser posteriores à morte do autor da herança.
b) se a deserdação não se concretizar por ser nulo o testamento que a contempla, e a causa invocada pelo testador for causa,

também, de exclusão por indignidade, poderá ser proposta ação para exclusão do herdeiro indigno.

c) a deserdação e a exclusão por indignidade atingem herdeiros necessários e testamentários.

d) todos os motivos que ensejam a deserdação configuram causas que servem de fundamento para a exclusão por indignidade.

389. (Consulplan/TJ/MG/Cartórios/Remoção/2018) É incorreto afirmar que são excluídos da sucessão os herdeiros ou legatários:

a) em qualquer dos casos de indignidade, não sendo necessária a declaração por sentença.

b) que, por violência ou meios fraudulentos, inibirem ou obstarem o autor da herança de dispor livremente de seus bens por ato de última vontade.

c) que houverem acusado caluniosamente em juízo o autor da herança ou incorrerem em crime contra a sua honra, ou de seu cônjuge ou companheiro.

d) que houverem sido autores, coautores ou partícipes de homicídio doloso, ou tentativa deste, contra a pessoa de cuja sucessão se tratar, seu cônjuge, companheiro, ascendente ou descendente.

390. (Consulplan/TJ/MG/Cartórios/Ingresso/2017) Em relação à renúncia da herança, não é correto afirmar que:

a) pode ser prévia à abertura da sucessão.

b) é irrevogável.

c) somente pode ser feita por instrumento público ou termo judicial.

d) não é admitida parcialmente.

391. (Ieses/TJ/RO/Cartórios/Remoção/2017) São excluídos da sucessão os herdeiros ou legatários:

I. que houverem acusado caluniosamente em juízo o autor da herança.

II. que, por violência ou meios fraudulentos, inibirem ou obstarem o autor da herança de dispor livremente de seus bens por ato de última vontade.

III. que houverem sido autores, coautores ou partícipes de homicídio culposo, ou tentativa deste, contra a pessoa de cuja sucessão se tratar, seu cônjuge, companheiro, ascendente ou descendente.

IV. que incorrerem em crime contra honra do autor da herança, ou de seu cônjuge ou companheiro.

A sequência correta é:

a) as assertivas I, II, III e IV estão corretas.

b) apenas a assertiva II está correta.

c) apenas as assertivas I e IV estão corretas.

d) a assertiva III está incorreta.

7.2. Da Sucessão Legítima

QUESTÕES DISCURSIVAS

36. (Ieses/TJ/RO/Cartórios/2021) A Sra. Clotilde faleceu em 16 de outubro de 2021, sem deixar testamento. Não tinha descendentes, nem ascendentes vivos, não era casada e não mantinha união estável. A Sra. Clotilde tinha três irmãos bilaterais, Pedro, João e Ricardo, e uma irmã unilateral Maristela. Todos os seus irmãos já estavam falecidos quando da abertura da sucessão de Clotilde. Estavam vivos na abertura da sucessão de Clotilde os sobrinhos: Ana e Joana, filhas, de Pedro (falecido em 2017); Maria, filha de João (falecido em 2010); Rita, Roberta e Rute, filhas de Ricardo (falecido em 2015); Renato, filho de Maristela (falecida em 2018). Maristela também teve outro filho, Guilherme, falecido em 2019, e que deixou uma filha, Emilia, também viva quando da abertura da sucessão de Clodilde. Responda, utilizando de 10 a 15 linhas, quem são os herdeiros legítimos de Clotilde, e qual o quinhão devido a cada um, justificando e indicando o respectivo fundamento no Código Civil.

37. (Ieses/TJ/CE/Cartórios/2018) O Sr. Carlos faleceu, no dia 30 de maio de 2018, deixando bens, e sem testamento. O Sr. Carlos era casado com a Sra. Sônia no regime de separação absoluta de bens. O Sr. Carlos deixou cinco filhos: Ana, Ricardo e Pedro, filhos do casamento anterior, com a Sra. Joana; e Paula e Carla, filhas havidas do casamento com a Sra. Sônia, com quem viveu até sua morte. Todos os filhos são maiores e capazes. O filho Ricardo, no entanto, faleceu em dezembro de 2017, já tendo sido finalizado o seu inventário. Ricardo era casado em comunhão universal com Helena, e não deixou filhos. A mãe de Ricardo, Sra. Joana, ainda é viva. Com base nisto, responda como será a sucessão, fundamentando: (i) A Sra. Sônia é herdeira ou meeira do patrimônio? (ii) Como será a divisão entre os herdeiros do Sr. Carlos? Indique o quinhão devido. (iii) Em relação ao filho Ricardo, o que acontece com o seu quinhão?

38. (Ieses/TJ/RO/Cartórios/2017) O Sr. André faleceu em 12 de agosto de 2017, abrindo a sua sucessão. Não tinha descendentes, nem ascendentes vivos, não era casado e não vivia em união estável. Seus únicos parentes eram Ana, Joana e Catarina, irmãs de sua mãe, e Roberto, irmão de seu pai. Ana e Joana são solteiras e não têm filhos; Catarina faleceu em 2016, deixando três filhos maiores e solteiros, Pedro, Ricardo e Sandro, e o viúvo Gentil, com quem foi casada em comunhão universal. Roberto é casado com Sandra em separação total de bens. Com base nisso, identifique os herdeiros de André, indicando a classe, título e grau e o quinhão de cada um respondendo de maneira fundamentada a participação ou não de cada uma das pessoas indicadas nesta questão.

39. (Vunesp/TJ/SP/Cartórios/2016) Em tema de sucessão hereditária, o nosso ordenamento jurídico admite a imposição de cláusula de inalienabilidade perpétua? Justifique.

QUESTÕES OBJETIVAS

392. (Vunesp/TJ/SP/Cartórios/Ingresso/2022) Em relação ao direito de representação, pode-se afirmar, segundo os art. 1852 e 1836 do Código Civil, que:

a) falecido Luciano, na idade de 9 anos, órfão de pai e mãe desde os 2 anos, seus avós paternos e maternos herdam por representação.

b) falecido Luciano, na idade de 9 anos, órfão de pai e mãe desde os 2 anos, será nomeado curador à herança para realizar a partilha igualmente entre os sucessores.

c) falecido Luciano, na idade de 9 anos, órfão de pai e mãe desde os 2 anos, seus avós paternos e um avô materno viúvo dividirão seus bens em 1/3 por cabeça.

d) falecido Luciano, na idade de 9 anos, órfão de pai e mãe desde os 2 anos de idade, seus avós paternos e maternos herdarão seus bens na base de 50% cada linha.

393. (Ieses/TJ/RO/Cartórios/Remoção/2021) Segundo o Código Civil Brasileiro no que concerne ao direito das sucessões, é correto afirmar:

I. A sucessão abre-se no lugar do último domicílio do falecido.

II. O coerdeiro poderá ceder a sua quota hereditária a pessoa estranha à sucessão, mesmo se outro coerdeiro a quiser, tanto por tanto.

III. Regula a sucessão e a legitimação para suceder a lei vigente ao tempo da abertura daquela.
IV. Havendo herdeiros necessários, o testador só poderá dispor de um terço da herança.

A sequência correta é:

a) As assertivas I, II, III e IV estão corretas.
b) Apenas a assertiva II está incorreta.
c) Apenas as assertivas I, II e III estão corretas.
d) Apenas as assertivas I e III estão corretas.

394. (Consulplan/TJ/MS/Cartórios/Ingresso/2021) "Conforme disposição expressa da legislação civil, os herdeiros necessários podem ser privados de sua legítima, ou deserdados, em todos os casos em que podem ser excluídos da sucessão." Observada a disposição, viola a lei civil afirmar que:

a) A deserdação em testamento requer expressa declaração de causa.
b) O ascendente que desampare o neto com grave enfermidade pode ser deserdado.
c) É causa de deserção a prática de tentativa de homicídio contra companheiro da pessoa de cuja sucessão se tratar.
d) A exclusão do herdeiro ou legatário, em qualquer desses casos de indignidade, será declarada por qualquer meio idôneo.

395. (Consulplan/TJ/MS/Cartórios/Ingresso/2021) Joana falece e deixa três filhos: Lina, Pietro e Horácio. Após a morte de Joana e aberta a sua sucessão, Lina vem a falecer, deixando dois filhos: Marcone e Nívea. Diante dessa situação, assinale a alternativa que indica, corretamente, como será distribuída a herança de Joana.

a) Metade do patrimônio deve ser dividida entre Pietro e Horácio e a outra metade dividida entre Marcone e Nívea, herdando todos os personagens por estirpe.
b) Metade do patrimônio deve ser dividida entre Pietro e Horácio e a outra metade dividida entre Marcone e Nívea, herdando todos os personagens por direito de representação.
c) Dois terços do patrimônio serão entregues a Pietro e Horácio e um terço do patrimônio será dividido entre Marcone e Nívea, herdando todos os personagens por direito de transmissão.
d) Um terço do patrimônio deve ser entregue a Pietro, um terço do patrimônio deve ser entregue a Horácio e um terço do patrimônio deve ser dividido entre Marcone e Nívea, que herdam por estirpe e por direito de transmissão.

396. (Vunesp/TJ/RS/Cartórios/Ingresso/2019) São herdeiros necessários, além dos descendentes, apenas:

a) os ascendentes.
b) o cônjuge.
c) os ascendentes e o cônjuge.
d) os ascendentes, o cônjuge e os colaterais até o terceiro grau.
e) o cônjuge e os colaterais até o quarto grau.

397. (Vunesp/TJ/RS/Cartórios/Remoção/2019) João vivia com José em união estável homoafetiva. João faleceu, deixando, como único bem, um apartamento adquirido antes do início da união estável com José. Maria e Joana são filhas de João. Sobre a partilha dos bens de João, assinale a alternativa correta.

a) José tem direito a receber um quarto da herança.
b) José tem direito a receber 50% do valor da herança.
c) José, Maria e Joana irão receber o mesmo quinhão da herança deixada por João.
d) José receberá metade do valor atribuído aos filhos de João.
e) José não participará da sucessão de João, tendo em vista a inexistência de bens adquiridos durante a união estável.

398. (UFPR/TJ/PR/Cartórios/Ingresso/2019) Mário e Leonardo, pai e filho, respectivamente, são fãs de montanhismo. Numa tentativa de escalada, sofrem um grave acidente, vindo ambos a falecer. Não foi possível estabelecer qual deles veio a falecer antes. A respeito da sucessão, é correto afirmar:

a) Leonardo sucede seu pai, por ser seu descendente em linha direta.
b) Leonardo sucede seu pai, por conta da ordem natural.
c) Mário sucede Leonardo, pois este não deixou herdeiros.
d) Mário sucede Leonardo, por ter preferência legal.
e) Não há sucessão entre eles.

399. (Ieses/TJ/SC/Cartórios/Ingresso/2019) A respeito da sucessão legítima:

I. Concorrendo com ascendentes, ao cônjuge caberá a metade da herança.
II. Em concorrência com os descendentes, caberá ao cônjuge quinhão igual ao dos que sucederem por cabeça, não podendo a sua quota ser inferior à quarta parte da herança, se for ascendente dos herdeiros com que concorrer.
III. Se concorrerem à herança sobrinhos e tios (parentes consanguíneos, na linha colateral, do terceiro grau), todos herdarão em partes iguais.
IV. Concorrendo à herança do falecido irmãos bilaterais com irmãos unilaterais, cada um destes herdará a metade do que cada um daqueles herdar.

Com base nessas assertivas, assinale a alternativa que corresponda às afirmativas verdadeiras:

a) I e IV.
b) II e III.
c) I e II.
d) II e IV.

400. (Vunesp/TJ/AL/Cartórios/Ingresso/2019) Caio faleceu sem deixar testamento e sem deixar cônjuge ou companheira(o). Deixou bens superiores a 1,000 (mil) salários mínimos Fábio, pai de Caio, está vivo. Caio deixou os seguintes descendentes: o filho Túlio e os netos Octávio e Petrônio, todos maiores e capazes. Os netos são filhos de Tício, falecido antes de Caio. Os herdeiros não desejam ceder seus direitos hereditários para ninguém, nem total nem parcialmente Ninguém deseja renunciar à herança. Na escritura pública de inventário e partilha dos bens deixados por Caio, o tabelião de notas fará constar que o acervo hereditário será partilhado da seguinte forma:

a) para o filho Túlio e para os netos Octávio a Petrônio, em partes iguais, ou seja. uma terça parte ideal para cada um.
b) para o pai Fábio e para o filho Túlio, na proporção de metade ideal para cada um.
c) para o filho Túlio, que receberá a metade ideal; e para os netos Octávio e Petrônio que receberão uma quarta parte ideal, cada um.
d) para o pai Fábio, para o filho Túlio e para os netos Octávio e Petrônio, em partes iguais, ou seja, uma quarta parte ideal para cada um.

401. (Vunesp/TJ/AL/Cartórios/Ingresso/2019) Quanto ao direito de representação na sucessão, compete afirmar:

a) havendo renúncia à herança, os descendentes do renunciante podem substitui-lo por representação na sucessão a qual renunciou.
b) a representação ocorre apenas na linha reta descendente ou ascendente.
c) o renunciante à herança de uma pessoa não poderá representá-la na sucessão de outra.
d) o instituto da representação somente se aplica à sucessão legítima.

402. (Consulplan/TJ/MG/Cartórios/Remoção/2018) Assinale a afirmativa correta:

a) na linha descendente, os filhos sucedem por cabeça, e os outros descendentes, por cabeça ou por estirpe, se estiverem no mesmo grau.

b) concorrendo à herança do falecido irmãos bilaterais com irmãos unilaterais, cada um destes herdará um terço do que cada um daqueles herdar.

c) em concorrência com os descendentes (art. 1.829, inciso I) caberá ao cônjuge quinhão igual ao dos que sucederem por cabeça, podendo a sua quota ser inferior à quarta parte da herança, se for ascendente dos herdeiros com que concorrer.

d) ao cônjuge sobrevivente, qualquer que seja o regime de bens, será assegurado, sem prejuízo da participação que lhe caiba na herança, o direito real de habitação relativamente ao imóvel destinado à residência da família, desde que seja o único daquela natureza a inventariar.

403. (Ieses/TJ/CE/Cartórios/Ingresso/2018) Sr. José faleceu hoje. Era viúvo, e não vivia em união estável. Ele teve três filhos: Ricardo, já falecido em 2015; André e Rita. Ricardo foi casado em comunhão universal com Ana, e teve dois filhos, atualmente maiores de idade. André é divorciado, e tem três filhos, todos maiores. Rita é solteira. Com base neste problema, responda:

I. por se tratar de sucessão de descendentes, é possível a representação do filho Ricardo, pré-morto. Neste caso, seus representantes serão a viúva Ana, e os seus dois filhos.

II. caso André decida não aceitar a herança, seus filhos irão receber por representação.

III. Rita é irmã unilateral de Ricardo e André. Neste caso, ela deve receber metade do que couber a cada um deles.

IV. por serem representantes do herdeiro Ricardo, seus filhos não podem renunciar a herança.

Assinale a correta:

a) apenas as assertivas II, III e IV são verdadeiras.

b) apenas as assertivas I, II e IV são verdadeiras.

c) todas as assertivas são falsas.

d) apenas as assertivas I, II e III são verdadeiras.

404. (Ieses/TJ/AM/Cartórios/Ingresso/2018) A respeito da sucessão legítima, assinale a incorreta:

a) na sucessão colateral, se concorrem filhos de irmãos bilaterais com filhos de irmãos unilaterais, cada um destes herdará a metade do que herdar cada um daqueles.

b) o direito de representação dá-se na linha reta descendente, mas nunca na ascendente.

c) ao cônjuge sobrevivente, exceto no regime de separação de bens, será assegurado, sem prejuízo da participação que lhe caiba na herança, o direito real de habitação relativamente ao imóvel destinado à residência da família, desde que seja o único daquela natureza a inventariar.

d) entre os ascendentes, havendo igualdade em grau e diversidade em linha, os ascendentes da linha paterna herdam a metade, cabendo a outra aos da linha materna.

405. (Vunesp/TJ/SP/Cartórios/Ingresso/2018) Pompeu era solteiro, não vivia em união estável e faleceu sem deixar ascendentes ou descendentes e testamento. Entretanto, deixou um tio materno, dois irmãos germanos, um irmão unilateral e um sobrinho – filho de um irmão unilateral premorto. O acervo hereditário corresponde ao montante em pecúnia de R$ 300.000,00 (trezentos mil reais). Nesse caso, assinale a alternativa correta referente à divisão do acervo hereditário:

a) cada um dos irmãos germanos receberá R$ 100.000,00 (cem mil reais), o irmão unilateral receberá R$ 50.000,00 (cinquenta mil reais) e o sobrinho R$ 50.000,00 (cinquenta mil reais).

b) cada um dos irmãos e o tio materno receberão, respectivamente, R$ 75.000,00 (setenta e cinco mil reais).

c) cada um dos irmãos receberá um quinhão de R$ 100.000,00 (cem mil reais).

d) cada um dos irmãos germanos receberá R$ 100.000,00 (cem mil reais), o irmão unilateral r eceberá R$ 50.000,00 (cinquenta mil reais), o tio materno e o sobrinho receberão, respectivamente, R$ 25.000,00 (vinte e cinco mil reais) cada um.

406. (Consulplan/TJ/MG/Cartórios/Remoção/2017) Joana é casada com Paulo sob o regime de separação obrigatória de bens e está grávida de 08 (oito) meses do primeiro filho do casal, que se chamará Francisco. Joana não tem pais vivos e Roberto e Carla são os pais do Paulo. Poucos dias antes do nascimento da criança, o Paulo falece. A criança nasceu morta. Em relação ao patrimônio do Paulo, assinale a alternativa correta:

a) Joana herdará sozinha.

b) apenas Roberto e Carla herdarão.

c) os pais de Paulo herdarão 2/3 (dois terços) e Joana herdará 1/3 (um terço).

d) os pais de Paulo herdarão 1/3 (um terço) e Joana herdará 2/3 (dois terços).

7.3. Da Sucessão Testamentária

ATENÇÃO: ESTE TEMA É MUITO EXIGIDO NOS CONCURSOS!

QUESTÕES DISCURSIVAS

40. (Ieses/TJ/PA/Cartórios/2016) O Sr. Pedro, nascido em 1945, pretende elaborar um testamento público para disposição de seu patrimônio e outros direitos após a morte. Apresenta declaração médica de sanidade física e mental. Sr. Pedro é viúvo, e não possui nenhum descendente reconhecido até então, mas desconfia ter um filho, que jamais o procurou para reconhecimento e registro. Seus ascendentes já estão falecidos, e Pedro tem três irmãos bilaterais, todos vivos. Pretende deixar todo seu patrimônio a dois sobrinhos (filhos de um de seus irmãos), Ronaldo e Ricardo. Afirma que tem os sobrinhos como filhos, e gostaria que, na falta de um dos sobrinhos, o outro recebesse a totalidade dos bens. Com base nestes fatos, responda os questionamentos do Sr. Pedro, indicando o fundamento jurídico-legal: (a) Pedro pode dispor da totalidade do patrimônio para os sobrinhos? (b) Ao nomear os sobrinhos, Pedro deve indicar os bens que são destinados a cada um, ou quinhão de cada um? (c) Como deve ser redigida a cláusula para que haja o direito de acrescer entre os sobrinhos? (d) Se após a morte o suposto filho de Pedro entrar com pedido de reconhecimento, e tal pedido for reconhecido judicialmente, qual os efeitos sobre as disposições testamentárias? Há algo que Pedro possa fazer para evitar este efeito?

41. (Vunesp/TJ/SP/Cartórios/2016) Do testamento público: (i) conceito; (ii) efeitos; (iii) natureza jurídica; (iv) capacidade ativa e elaborativa; (v) limites à liberdade de testar; (vi) testamentaria; (vii) pactos sucessórios; (viii) direito de acrescer e justa causa nas cláusulas restritivas.

QUESTÕES OBJETIVAS

407. (FGV/TJ/SC/Cartórios/Ingresso/2021) Ygor estabeleceu diversas disposições em seu testamento. Entre elas, é nula a disposição pela qual deixava:

a) seu automóvel para Abreu, sob a condição de o veículo não ter atingido valor de mercado superior a vinte salários mínimos no momento de sua morte.
b) sua casa de campo para Benedito, com o encargo de ele permitir direito de passagem ao vizinho de fundos.
c) seu apartamento para Cristiano, por ter cuidado de Ygor na parte final da vida.
d) suas ações da sociedade X S.A. para um de seus três netos, a ser escolhido pela sua esposa, avó dos três.
e) seu relógio de ouro para seu amigo Zafir, contanto que ele, também por testamento, deixe uma joia de família para a esposa de Ygor.

408. (FGV/TJ/SC/Cartórios/Ingresso/2021) Leonardo comparece com uma de suas filhas, Karina, ao cartório, com o objetivo de celebrar em favor dela contrato de doação de dois apartamentos de igual valor, que são os únicos bens que possui, reservando para si somente o usufruto do imóvel em que atualmente reside. O contrato em questão será:

a) totalmente válido, por não estar inquinado por vício nem violar disposição de lei.
b) parcialmente inválido, na parte em que excede aquilo de que Leonardo poderia dispor em testamento.
c) parcialmente inválido, por configurar doação de todos os bens do doador (doação universal).
d) totalmente inválido, por configurar doação de todos os bens do doador (doação universal).
e) totalmente inválido, pela ausência de consentimento das outras filhas.

409. (FGV/TJ/SC/Cartórios/Remoção/2021) No testamento de Vanderlei, foram agraciados com alguns de seus bens: o filho de sua prima, que ainda se encontrava no ventre materno quando do seu falecimento, e que só deve vir a nascer daqui a dois meses; a associação de moradores da qual ele foi presidente durante dez anos; seu sobrinho, nascido poucos dias antes do seu falecimento; uma fundação que viria a ser criada após a sua morte, para incentivar pesquisas para a cura do câncer; o seu primeiro bisneto, embora sequer tivesse netos quando faleceu. É inválida a disposição testamentária que beneficia:

a) o filho de sua prima.
b) a associação de moradores.
c) seu sobrinho.
d) a fundação a ser criada.
e) seu primeiro bisneto.

410. (Consulplan/TJ/MS/Cartórios/Ingresso/2021) Toda pessoa capaz pode dispor, por testamento, da totalidade dos seus bens, ou de parte deles, para depois de sua morte. Em relação aos testamentos, assinale a alternativa correta.

a) O indivíduo inteiramente surdo, sabendo ler, lerá o seu testamento e, se o não souber, designará quem o leia em seu lugar, em presença de pelo menos uma testemunha.
b) Ao cego só se permitem o testamento público e o cerrado, que lhe será lido, em alta voz, duas vezes: uma, pelo oficial ou seu substituto, e a outra, por uma das testemunhas, designada pelo testador. Far-se-á de tudo circunstanciada menção no testamento.
c) Pode fazer testamento cerrado o surdo-mudo, contanto que o escreva todo e o assine de sua mão, e que, ao entregá-lo ao oficial público ou seu substituto, diante das 5 (cinco) testemunhas, escreva, na face externa do papel ou do envoltório, que aquele é o seu testamento, cuja aprovação lhe pede.
d) Em caso de testamento cerrado, o tabelião ou seu substituto, na presença de 3 (três) testemunhas, depois de ouvir do testador que aquele é o seu testamento, que o dá por bom, firme e valioso e quer que seja aprovado, iniciará, imediatamente, após a última palavra, o instrumento de aprovação, manuscrito ou impresso.

411. (Consulplan/TJ/MS/Cartórios/Remoção/2021) Em relação aos testamentos, assinale a alternativa correta.

a) Somente pessoas maiores de 18 (dezoito) anos podem dispor, por testamento, da totalidade dos seus bens disponíveis, ou de parte deles, para depois de sua morte.
b) O testamento particular e o cerrado poderão ser escritos em idioma estrangeiro. Neste caso, o tabelião solicitará a presença de um tradutor habilitado para servir de intérprete e assinar o instrumento público.
c) Para efeitos de testamento, considera-se capaz a pessoa que possa expressar, perante o tabelião de notas, sua vontade de forma clara e consciente, sendo que para os maiores de 80 (oitenta) anos exige-se prova de capacidade clínica ou de atestado médico.
d) São requisitos essenciais do testamento público: ser escrito por tabelião de notas ou por substituto legal em seu livro de notas, de acordo com as declarações do testador, não podendo este servir-se de minuta, notas ou apontamentos; lavrado o instrumento, ser lido em voz alta pelo tabelião de notas ou por substituto legal ao testador e a duas testemunhas, a um só tempo; ou pelo testador, se o quiser, na presença destas e do tabelião de notas; e, ser o instrumento, em seguida à leitura, assinado pelo testador, pelas testemunhas e pelo tabelião de notas ou por seu substituto legal.

412. (Consulplan/TJ/MS/Cartórios/Remoção/2021) Sobre o fideicomisso, assinale a alternativa correta.

a) O fideicomissário jamais poderá renunciar a herança ou o legado.
b) Ao sobreviver a sucessão, o fideicomissário responde pelos encargos da herança que ainda restarem.
c) Caduca o fideicomisso se o fiduciário morrer antes do fideicomissário, ou antes de realizar-se a condição resolutória do direito deste último.
d) O fiduciário é obrigado a proceder ao inventário dos bens gravados, não podendo o fideicomissário, contudo, exigir prestação de caução referente à restituição desses bens.

413. (Vunesp/TJ/GO/Cartórios/Remoção/2021) O testamento foi elaborado apenas para que os bens imóveis herdados pelos filhos do testador fossem gravados com cláusula de incomunicabilidade. Desse modo, é correto afirmar que:

a) o herdeiro ou o legatário nomeado testamenteiro não poderá preferir o prêmio à herança ou ao legado, exceto se o testador tiver distribuído toda a herança em legados.
b) o testador pode conceder ao testamenteiro a posse e a administração da herança gravada, ou de parte dela, mesmo havendo cônjuge ou herdeiros necessários beneficiários com a cláusula de incomunicabilidade.
c) não ocasiona a perda do direito do testamenteiro de receber um prêmio pelo exercício de seu encargo, caso a execução da disposição testamentária só tenha sido obstada em razão de omissão do próprio testador.

d) com a vigência do CC/2002, passou-se a exigir a indicação de justa causa para que o testador imponha cláusula de incomunicabilidade sobre os bens da legítima, sendo tarefa do testamenteiro essa demonstração.

414. (Ieses/TJ/SC/Cartórios/Remoção/2019) O "testamento vital" ou "diretiva antecipada de vontade":

a) Deve se limitar a assuntos relacionados a tratamento médico e disposições de última vontade, não sendo possível englobar, por exemplo, cláusula de representação empresarial.
b) Ainda não possui previsão legal em nosso País, mas é juridicamente possível diante dos princípios da autonomia da vontade e da dignidade da pessoa humana, desde que tenha objeto lícito e não contrarie a ordem pública.
c) Consubstancia-se, perante o Notário, na forma de Ata Notarial.
d) Tem sua eficácia suspensa, passando a surtir efeitos após a morte do estipulante.

415. (Vunesp/TJ/RS/Cartórios/Ingresso/2019) Em relação ao testamento cerrado, de acordo com o Código Civil brasileiro em vigor, assinale a alternativa correta.

a) O testamento pode ser escrito em língua estrangeira somente se escrito manualmente pelo próprio testador.
b) Pode fazer testamento cerrado o surdo-mudo, contanto que o escreva todo e o assine de sua mão, e que, ao entregá-lo ao oficial público, ante quatro testemunhas, escreva na face externa do papel que aquele é seu testamento, cuja aprovação lhe pede.
c) Pode dispor de seus bens em testamento cerrado quem não saiba ou não possa ler, desde que o testamento seja escrito por outrem ou pelo tabelião a seu rogo.
d) O tabelião de notas deve começar o auto de aprovação imediatamente depois da última palavra do testador, declarando, sob a sua fé, que o testador lhe entregou o seu testamento para ser aprovado na presença das duas testemunhas, passando a cerrar e cozer o instrumento aprovado.
e) O auto de aprovação do testamento cerrado deverá ser assinado apenas pelo testador e pelo tabelião.

416. (Vunesp/TJ/RS/Cartórios/Ingresso/2019) Assinale a alternativa correta sobre a sucessão testamentária, de acordo com as disposições do Código Civil de 2002.

a) Na lavratura de testamento público, é dispensada a presença de testemunhas na leitura do instrumento.
b) É nula a disposição testamentária que favoreça as testemunhas do testamento.
c) Os relativamente incapazes, em razão da idade, não possuem capacidade para testar.
d) O testador não poderá nomear mais de um testamenteiro para exercer, em conjunto, as funções inerentes ao cargo.
e) É inválido o legado de usufruto quando não houve expressa fixação de tempo.

417. (Vunesp/TJ/RS/Cartórios/Remoção/2019) A respeito do testamento público, o Código Civil brasileiro em vigor prevê:

a) O indivíduo inteiramente surdo, sabendo ler, lerá seu testamento e, se não o souber, designará uma das duas testemunhas, que o lerá em seu lugar.
b) Ao cego só se permite o testamento público, que lhe será lido em voz alta duas vezes pelo tabelião ou seu substituto legal, e uma vez por uma das testemunhas designadas pelo testador para o ato, fazendo-se de tudo circunstanciada menção no testamento.
c) O testamento deve ser escrito mecanicamente, e, também, pela inserção da declaração de vontade em partes impressas de Livro de Notas, dispensada a rubrica das páginas pelo testador, se mais de uma.
d) O testamento deve ser escrito pelo tabelião ou por seu substituto legal, em seu Livro de Notas, de acordo com as declarações do testador, podendo este servir-se de minuta, notas ou apontamentos.
e) O testamento deve ser lido pelo tabelião e pelo testador em voz alta, perante as duas testemunhas.

418. (Vunesp/TJ/RS/Cartórios/Remoção/2019) Imagine a seguinte situação hipotética: alguém faz um testamento público, onde dispõe de toda a sua parte disponível para terceiros, com a intenção manifesta de não proporcionar a seus filhos a totalidade de seu patrimônio, porém respeitando a legítima dos herdeiros necessários. Posteriormente à lavratura do testamento, descobre e reconhece a paternidade de outro filho; porém, de forma proposital, não altera o testamento anteriormente lavrado. Então ocorre a morte do testador. É correto afirmar que o testamento:

a) é um ato válido, tendo em vista que foi respeitada a legítima dos herdeiros necessários.
b) é um ato nulo de pleno direito, podendo ser revisto a qualquer momento.
c) não tem efeitos, em razão do rompimento.
d) é um ato anulável, podendo os herdeiros pleitearem seu desfazimento em até três anos.
e) apenas o filho reconhecido após a lavratura do testamento tem legitimidade para pleitear o desfazimento do testamento.

419. (Consulplan/TJ/MG/Cartórios/Remoção/2019) De acordo com as disposições do Código Civil brasileiro, analise as afirmativas a respeito da sucessão testamentária.

I. A cláusula de inalienabilidade, gravada sobre bens no testamento, implica, necessariamente, as de impenhorabilidade e incomunicabilidade.
II. A redução das disposições testamentárias visa garantir a preservação da legítima.
III. Quando o testador fixa a cota ou o objeto de cada sucessor, não há direito de acrescer entre os demais herdeiros ou legatários.
IV. O legatário sucede o autor da herança a título universal.

Estão corretas as afirmativas.

a) I, II, III e IV.
b) II e IV, apenas.
c) I, II e III, apenas.
d) I, III e IV, apenas.

420. (Ieses/TJ/SC/Cartórios/Remoção/2019) Relativamente ao testamento:

I. Só podem testar os maiores de dezesseis anos de idade.
II. Ao cego são permitidos os testamentos público e o cerrado.
III. O testamento cerrado pode ser escrito em língua nacional ou estrangeira, pelo próprio testador, ou por outrem, a seu rogo.
IV. O testamento particular pode ser escrito de próprio punho pelo testador, proibido o processo mecânico, assinado pelo testador na presença de três testemunhas.

Com base nessas assertivas, assinale a alternativa que corresponda às assertivas verdadeiras:

a) III e IV.
b) II e IV.
c) I e II.
d) I e III.

421. (Consulplan/TJ/MG/Cartórios/Ingresso/2019) De acordo com as disposições do Código Civil brasileiro, analise as seguintes afirmativas a respeito da sucessão testamentária.

I. Havendo herdeiros necessários, a sucessão testamentária e a sucessão legítima podem coexistir.
II. As pessoas casadas entre si podem fazer um testamento simultâneo, em um só ato, instituindo benefícios mútuos.
III. Admite-se cláusula testamentária que proíba, total ou parcialmente, a revogação do testamento (cláusula derrogatória).
IV. O testamento público exige, sob pena de nulidade, que seja escrito por tabelião ou seu substituto legal em seu livro de notas, de acordo com as declarações do testador.

Estão corretas as afirmativas:

a) I, II, III e IV.
b) I e IV, apenas.
c) I, II e III, apenas.
d) II, III e IV, apenas.

422. (Vunesp/TJ/AL/Cartórios/Ingresso/2019) Sobre o testamento público, é correto afirmar que:

a) após a sua lavratura, deve ser lido em voz alta pelo tabelião ao testador e às testemunhas a um só tempo; ou peto próprio testador, se o quiser, na presença das testemunhas e do tabelião.
b) é irrevogável.
c) não precisa ser assinado pelo testador, bastando as assinaturas do tabelião e das testemunhas.
d) pode ser lavrado fora do Município para o qual o tabelião de notas recebeu a delegação.

423. (Vunesp/TJ/AL/Cartórios/Ingresso/2019) Ocorrendo o reconhecimento de filho em testamento de modo incidental, a posterior revogação do testamento:

a) revoga o reconhecimento do filho.
b) não afasta o reconhecimento do filho diante do caráter irrevogável do ato.
c) somente não revogará o reconhecimento de filiação se houver essa ressalva quando da revogação do testamento.
d) revoga o reconhecimento do filho ante a perda da eficácia do testamento.

424. (Vunesp/TJ/AL/Cartórios/Ingresso/2019) "A" efetuou um testamento público em 01.10.2012. quando não tinha filhos, dispondo da totalidade de seus bens; em 23.04.2017, houve a nascimento de "B", filho de "A". Nesse caso.

a) o testamento permanece eficaz.
b) o rompimento do testamento depende da manifestação da vontade expressa do testador.
c) há o rompimento do testamento independentemente da vontade do testador.
d) haverá a nulidade do testamento.

425. (Consulplan/TJ/MG/Cartórios/Remoção/2018) São testamentos ordinários, exceto:

a) o militar.
b) o público.
c) o cerrado.
d) o particular.

426. (Consulplan/TJ/MG/Cartórios/Remoção/2018) São requisitos essenciais do testamento público, exceto:

a) ser escrito apenas manualmente.
b) ser o instrumento, em seguida à leitura, assinado pelo testador, pelas testemunhas e pelo tabelião.
c) lavrado o instrumento, ser lido em voz alta pelo tabelião ao testador e a duas testemunhas, a um só tempo; ou pelo testador, se o quiser, na presença destas e do oficial.
d) ser escrito por tabelião ou por seu substituto legal em seu livro de notas, de acordo com as declarações do testador, podendo este servir-se de minuta, notas ou apontamentos.

427. (Consulplan/TJ/MG/Cartórios/Remoção/2018) Em relação às disposições testamentárias, é nula a disposição, exceto:

a) que se refira a pessoa incerta, cuja identidade não se possa averiguar.
b) que deixe a arbítrio do herdeiro, ou de outrem, fixar o valor do legado.
c) que institua herdeiro ou legatário sob a condição captatória de que este disponha, também por testamento, em benefício do testador, ou de terceiro.
d) em favor de pessoa incerta que deva ser determinada por terceiro, dentre duas ou mais pessoas mencionadas pelo testador, ou pertencentes a uma família, ou a um corpo coletivo, ou a um estabelecimento por ele designado.

428. (Consulplan/TJ/MG/Cartórios/Remoção/2018) Assinale a alternativa incorreta:

a) podem testar somente os maiores de 18 (dezoito) anos.
b) a incapacidade superveniente do testador não invalida o testamento.
c) o testamento do incapaz não se valida com a superveniência da capacidade.
d) além dos incapazes, não podem testar os que, no ato de fazê-lo, não tiverem pleno discernimento.

429. (Consulplan/TJ/MG/Cartórios/Remoção/2018) Assinale a alternativa correta:

a) a legítima dos herdeiros necessários poderá ser incluída no testamento.
b) o testamento é ato personalíssimo, não podendo ser mudado a nenhum tempo.
c) toda pessoa capaz pode dispor, por testamento, da totalidade dos seus bens, ou de parte deles, para depois de sua morte.
d) não são válidas as disposições testamentárias de caráter não patrimonial, ainda que o testamento somente a elas se tenha limitado.

430. (Ieses/TJ/CE/Cartórios/Remoção/2018) Toda pessoa capaz pode dispor, por testamento, da totalidade dos seus bens, ou de parte deles, para depois de sua morte. Em relação a matéria testamento, podemos afirmar:

I. extingue-se em três anos o direito de impugnar a validade do testamento, contado o prazo da data do seu registro.
II. o testamento é ato personalíssimo, podendo ser mudado a qualquer tempo.
III. são válidas as disposições testamentárias de caráter não patrimonial, ainda que o testador somente a elas se tenha limitado.
IV. a legítima dos herdeiros necessários poderá ser incluída no testamento.

A sequência correta é:

a) apenas as assertivas I, II e III estão corretas.
b) as assertivas I, II, III e IV estão corretas.
c) apenas a assertiva III está incorreta.
d) apenas as assertivas II e III estão corretas.

431. (Ieses/TJ/AM/Cartórios/Ingresso/2018) Sobre testamento, responda:

I. por meio de testamento é possível instituir legado de usufruto em favor de pessoa indicada pelo testador.

II. no caso de instituição de legado de usufruto sem fixação de tempo, entende-se deixado ao legatário por toda a sua vida.
III. se o legado for de coisa que se determine pelo gênero, será o mesmo cumprido, ainda que tal coisa não exista entre os bens deixados pelo testador.
IV. as despesas e os riscos da entrega do legado correm à conta do legatário, se não dispuser diversamente o testador.

Assinale a correta:

a) todas as assertivas são verdadeiras.
b) apenas as assertivas I, II e III são verdadeiras.
c) apenas as assertivas II, III e IV são verdadeiras.
d) apenas as assertivas I, II e IV são verdadeiras.

432. (Ieses/TJ/AM/Cartórios/Remoção/2018) Segundo a legislação civilista brasileira, no que corresponde ao instituto da sucessão testamentária podemos afirmar, exceto:

a) toda pessoa capaz pode dispor, por testamento, da totalidade dos seus bens, ou de parte deles, para depois de sua morte.
b) extingue-se em cinco anos o direito de impugnar a validade do testamento, contado o prazo da data do seu registro.
c) a legítima dos herdeiros necessários poderá ser incluída no testamento.
d) o testamento é ato personalíssimo, podendo ser mudado a qualquer tempo.

433. (Vunesp/TJ/SP/Cartórios/Ingresso/2018) A substituição compendiosa é:

a) a concorrência da substituição ordinária e da substituição recíproca.
b) aquela em que o testador determina que certa parte de seu patrimônio ou um ou mais bens dele destacado fiquem sob a confiança de um herdeiro instituído, sobre o qual pesará a obrigação de transmitir o conteúdo da deixa testamentária a um outro herdeiro ou legatário.
c) aquela em que o testador designa vários substitutos simultâneos ao herdeiro instituído.
d) a concorrência da substituição vulgar e da substituição fideicomissária.

434. (Consulplan/TJ/MG/Cartórios/Remoção/2018) Acerca de testamento, assinale a alternativa correta:

a) segundo jurisprudência do STJ, não se pode mitigar a cláusula de inalienabilidade, mediante, por exemplo, autorização de venda do imóvel gravado, sob pena de afronta à vontade do testador.
b) tendo três filhos, o testador pode dispor que deixa metade da herança a um desses filhos e pode gravá-la com cláusula de inalienabilidade, hipótese em que estará dispensado de declarar a justa causa para tanto.
c) o cego pode testar sob duas formas de testamento público: o testamento público propriamente (estritamente público); o testamento cerrado (forma de testamento público, em sentido lato, já que aprovado em cartório de notas).
d) segundo jurisprudência do STJ, na hipótese de um testador que já tenha filho no momento do testamento e venha a ter outro filho, após o testamento, reconhecido por ele, essa superveniência de filho (sobrevivente ao autor da herança) deverá implicar rompimento geral do testamento, por disposição legal, espécie de revogação tácita pela superveniência de fato que retira a eficácia da disposição patrimonial.

435. (Consulplan/TJ/MG/Cartórios/Remoção/2017) São requisitos essenciais de testamento cerrado, exceto:

a) o testador deve saber ler e escrever.
b) o testador dever entregar o testamento (a cédula) pessoalmente ao tabelião ou ao substituto legal deste.
c) o testamento deve ser escrito exclusivamente em língua nacional.
d) o testador pode ser surdo-mudo.

436. (Consulplan/TJ/MG/Cartórios/Ingresso/2017) São testamentos ordinários, exceto:

a) o cerrado.
b) o conjuntivo.
c) o público.
d) o particular.

437. (Consulplan/TJ/MG/Cartórios/Ingresso/2017) Recebendo testamento cerrado, o juiz, se não achar vício externo que o torne suspeito de nulidade ou falsidade, o abrirá e mandará que o escrivão o leia em presença do apresentante. Todas as opções estão corretas, exceto:

a) do termo de abertura constarão o nome do apresentante e como ele obteve o testamento, a data e o lugar do falecimento do testador, com as respectivas provas, e qualquer circunstância digna de nota.
b) depois de ouvido o Ministério Público, não havendo dúvidas a serem esclarecidas, o juiz mandará registrar, arquivar e cumprir o testamento.
c) se não houver testamenteiro nomeado ou se ele estiver ausente ou não aceitar o encargo, o juiz nomeará testamenteiro dativo, observando-se a preferência legal.
d) o testamenteiro se desincumbe de prestar contas em juízo do que recebeu e despendeu, após lavratura do termo.

438. (Cetro/TJ/RJ/Cartórios/Ingresso/2017) No tocante ao instituto do testamento, marque V para verdadeiro ou F para falso e, em seguida, assinale a alternativa que apresenta a sequência correta.

I. a elaboração do testamento particular, no entendimento do STJ, deve se revestir inteiramente das formalidades prescritas na lei civil, inclusive assinatura do testador e testemunhas idôneas.
II. a morte prévia de irmão do testador, sem a existência de cláusula de reversão do quinhão no bojo do testamento e ausência de herdeiros necessários, por si só, determina que tal parcela do patrimônio deva ser arrecadada como herança jacente, sem necessidade de apreciação das demais disposições testamentárias.
III. não há prejuízo o fato de o pai socioafetivo não ter interesse em figurar da certidão de nascimento da criança, uma vez que tal fato não afeta a possibilidade de ele, a qualquer tempo, dispor de seu patrimônio, na forma da lei, por meio de testamento em favor do menor:

a) V, F, F.
b) V, V, F.
c) V, V, V.
d) F, V, F.
e) F, F, V.

439. (Consulplan/TJ/MG/Cartórios/Remoção/2017) Acerca do testamento, assinale a alternativa correta:

a) se o testador não souber, ou não puder assinar, o tabelião ou seu substituto legal assim o declarará, assinando, neste caso, pelo testador, e, a seu rogo, um dos herdeiros.
b) o erro na designação da pessoa do herdeiro, do legatário, ou da coisa legada anula a disposição, ainda que pelo contexto do testamento, por outros documentos, ou por fatos

inequívocos, se puder identificar a pessoa ou coisa a que o testador queria referir-se.

c) a revogação do testamento poderá ser lavrada por qualquer tabelionato de Notas, de livre escolha do testador, sem qualquer vinculação à serventia em que tenha praticado o ato a ser revogado.

d) o testamento cerrado não pode ser escrito em língua estrangeira.

7.4. Do Inventário e da Partilha

JURISPRUDÊNCIA EM TESES

STJ **JurisTese 133-3.** Os herdeiros possuem legitimidade ativa para atuarem diretamente em juízo em ações de direito real, enquanto não aberto o inventário, por aplicação do princípio de saisine.

QUESTÕES OBJETIVAS

440. (Ieses/TJ/TO/Cartórios/Ingresso/2022) O Código Civil, ao tratar sobre inventário, dispõe sobre a colação de bens. Com base nestas regras, lei as assertivas:

I. A dispensa de colação de bens doados deve constar no ato da liberalidade, não sendo possível dispensar mediante testamento.

II. O testamento cerrado que o testador abrir ou dilacerar será considerado revogado.

III. A revogação de testamento somente pode ser total, não se admitindo revogação parcial.

IV. Ainda que se declare a causa legal, não é possível inserir em testamento disposição para deserdar herdeiros necessários.

Com base nas assertivas acima, assinale a alternativa correta:

a) Estão corretas apenas as assertivas I e III.

b) Estão corretas apenas as assertivas I, II e IV.

c) Todas as assertivas estão corretas.

d) Apenas a assertiva II está correta.

441. (FGV/TJ/SC/Cartórios/Ingresso/2021) Os herdeiros de João, que fizera testamento quando em vida, dando destinação aos seus bens com estrita observância dos balizamentos legais, procuraram determinado Tabelionato de Notas e informaram que desejavam realizar o inventário por escritura pública na via extrajudicial. À luz da sistemática vigente, nesse caso:

a) não há óbice à realização do inventário, devendo o tabelião zelar pelo cumprimento das disposições testamentárias.

b) o inventário somente pode ser realizado caso tenha sido esta a vontade do de cujus, expressa de modo inequívoco no testamento.

c) o inventário pode ser realizado caso tenha ocorrido a abertura do testamento em juízo e o cumprimento de todas as disposições testamentárias.

d) só será possível a realização do inventário se o testamento tiver sido revogado por expressa manifestação de vontade de João, sendo apresentada prova nesse sentido.

e) só será possível a realização do inventário se o testamento tiver sido invalidado por decisão judicial transitada em julgado, sendo apresentada certidão do testamento.

442. (FGV/TJ/SC/Cartórios/Remoção/2021) Os herdeiros de João, falecido há pouco menos de um ano, todos maiores e capazes, sendo um deles emancipado, compareceram perante o Tabelionato da circunscrição em que residiam e requereram a lavratura de escritura pública de inventário e partilha. Os bens deixados pelo de cujus foram divididos igualmente, incluindo o valor da restituição relativa ao imposto sobre a renda que recolhera a maior. Além disso, como a escritura pública foi simultaneamente assinada por todos e inexistiam obrigações futuras a serem cumpridas, não foi nomeado inventariante. O tributo devido pela transmissão de bens foi recolhido nos dez dias subsequentes à lavratura da escritura, sendo o comprovante arquivado pelo tabelião. À luz da ordem jurídica vigente, a narrativa acima:

a) não apresenta qualquer incorreção.

b) somente apresenta incorreção em relação à inserção, na escritura, do valor referente à restituição do imposto de renda.

c) somente apresenta incorreção em relação à não nomeação de inventariante e ao momento de recolhimento do tributo.

d) somente apresenta incorreção em relação à celebração do ato por herdeiro emancipado e à ausência de inventariante.

e) somente apresenta incorreção quanto à partilha da restituição relativa ao imposto de renda e ao momento de recolhimento do tributo.

443. (Consulplan/TJ/MS/Cartórios/Ingresso/2021) Assinale a alternativa incorreta em relação às escrituras de inventário e partilha.

a) É inadmissível o inventário com partilha parcial, pois configura sonegação de bens no rol inventariado.

b) Os documentos apresentados serão arquivados em pasta própria, devendo ser consignado no ato notarial lavrado em qual pasta ou caixa estes ficarão arquivados.

c) O traslado da escritura pública deverá ser instruído com o documento comprobatório do recolhimento do ITCD, e com eventuais guias de recolhimentos de outros tributos, se houver.

d) Não há restrição na aquisição, por sucessão legítima, de imóvel rural por estrangeiro e, portanto, desnecessária autorização do INCRA para lavratura de escritura pública de inventário e partilha, salvo quando o imóvel estiver situado em área considerada indispensável à segurança nacional, que depende do assentimento prévio da Secretaria-Geral do Conselho de Segurança Nacional.

444. (Consulplan/TJ/MS/Cartórios/Ingresso/2021) Em relação ao inventário feito por escritura pública, assinale a afirmativa correta.

a) É documento hábil para qualquer ato de registro, exceto o registro imobiliário.

b) É documento hábil para levantamento de importâncias depositadas em instituições financeiras.

c) É documento válido para a realização do inventário, mesmo que existam herdeiros menores e incapazes.

d) É documento que deve ser assinado por todos os herdeiros e pelo tabelião, não sendo necessária a intervenção, assistência ou assinatura de advogado no ato notarial.

445. (Vunesp/TJ/GO/Cartórios/Remoção/2021) Assinale a alternativa correta, no tocante às escrituras de inventário e partilha.

a) Não é possível a escolha do tabelião de notas, aplicando-se as regras de competência do Código de Processo Civil.

b) É vedada a simultaneidade da via judicial e administrativa.

c) O inventário negativo pode ser realizado somente na via judicial.

d) A lavratura de escritura é compulsória, se preenchidos os requisitos para tanto, não sendo possível aos interessados optar pela via judicial.

446. (Consulplan/TJ/MG/Cartórios/Remoção/2018) Assinale a alternativa correta:

a) a sentença que se proferir na ação de sonegados aproveita apenas aos herdeiros.

b) a pena de sonegados só se pode requerer e impor em ação movida pelos herdeiros, exclusivamente.
c) desde a assinatura do compromisso até a homologação da partilha, a administração da herança será exercida pelo inventariante.
d) se não se restituírem os bens sonegados, por já não os ter o sonegador em seu poder, não pagará ele a importância dos valores que ocultou, nem perdas e danos.

447. (Ieses/TJ/CE/Cartórios/Ingresso/2018) Em relação a sonegação, responda:

I. só se pode arguir de sonegação o inventariante depois de encerrada a descrição dos bens, com a declaração, por ele feita, de não existirem outros por inventariar e partir.
II. a pena de sonegadas independe de ação própria, podendo ser aplicada no inventário mediante requerimento fundamentado formulado pelos herdeiros.
III. está sujeito à pena de sonegação o herdeiro que deixar de apresentar bens que deveria colacionar.

Assinale a correta:

a) apenas as assertivas I e III são verdadeiras.
b) apenas as assertivas I e II são verdadeiras.
c) apenas a assertiva II é verdadeira.
d) todas as assertivas são verdadeiras.

448. (Consulplan/TJ/MG/Cartórios/Remoção/2018) Assinale a alternativa incorreta:

a) será sempre judicial a partilha, se os herdeiros divergirem, assim como se algum deles for incapaz.
b) no partilhar os bens, não será observada a maior igualdade possível quanto ao seu valor, natureza e qualidade.
c) é válida a partilha feita por ascendente, por ato entre vivos ou de última vontade, contanto que não prejudique a legítima dos herdeiros necessários.
d) se os herdeiros forem capazes, poderão fazer partilha amigável, por escritura pública, termo nos autos do inventário, ou escrito particular, homologado pelo juiz.

449. (Consulplan/TJ/MG/Cartórios/Ingresso/2017) O requerimento de inventário e de partilha incumbe a quem estiver na posse e na administração do espólio. O requerimento será instruído com a certidão de óbito do autor da herança. Têm, contudo, legitimidade concorrente, exceto:

a) o cônjuge ou companheiro supérstite.
b) o herdeiro.
c) o testamenteiro.
d) de ofício pelo juiz.

8. DAS DISPOSIÇÕES FINAIS E TRANSITÓRIAS

SÚMULAS

STF Súm. 122. O enfiteuta pode purgar a mora enquanto não decretado o comisso por sentença.

STF Súm. 169. Depende de sentença a aplicação da pena de comisso.

STF Súm. 170. É resgatável a enfiteuse instituída anteriormente à vigência do Código Civil.

QUESTÕES OBJETIVAS

450. (Cetro/TJ/RJ/Cartórios/Ingresso/2017) Um casal de idosos, casados sob o regime de comunhão universal de bens, procura o Cartório de Notas com o intuito de obter cópias autenticadas do contrato social de uma empresa limitada em que constam como sócios, esta constituída ainda na década de 1990. Acerca do tema, assinale a alternativa correta:

a) o contrato social apresentado pelos idosos, casados sob o regime de comunhão universal de bens, configura ato jurídico perfeito, uma vez que foi constituído antes do Código Civil de 2002, portanto, válido, ajustando-se às normas deste último no que se refere às formalidades contábeis, por exemplo.
b) o contrato social apresentado pelos idosos, casados sob o regime de comunhão universal de bens, configura ato jurídico perfeito, uma vez que foi constituído antes do Código Civil de 2002; com isso, tanto para a constituição da sociedade quanto para as formalidades contábeis, por exemplo, continuam a obedecer à legislação anterior em sua integralidade.
c) o contrato social apresentado pelos idosos, constituído antes do Código Civil de 2002, somente seria considerado ato jurídico perfeito se eles fossem casados sob a modalidade de separação obrigatória de bens.
d) o contrato social é irregular, dado que, com o advento do Código Civil de 2002, o casal tinha de ter alterado o seu regime de bens para o regime de comunhão parcial de bens.
e) o contrato social é nulo, uma vez que com o Código Civil de 2002, a empresa deveria ter sido dissolvida.

9. LEIS ESPECIAIS

TOP 5: 5º LUGAR ENTRE OS MAIORES AGREGADOS DE QUESTÕES DO LIVRO!

9.1. *Código de Defesa do Consumidor (Lei 8.078/90)*

ATENÇÃO: ESTE TEMA É MUITO EXIGIDO NOS CONCURSOS!

SÚMULAS

1) Disposições Gerais (arts. 1º a 3º)

STJ Súm. 297. O Código de Defesa do Consumidor é aplicável às instituições financeiras.

STJ Súm. 506. A Anatel não é parte legítima nas demandas entre a concessionária e o usuário de telefonia decorrentes de relação contratual.

STJ Súm. 563. O Código de Defesa do Consumidor é aplicável às entidades abertas de previdência complementar, não incidindo nos contratos previdenciários celebrados com entidades fechadas.

STJ Súm. 602. O Código de Defesa do Consumidor é aplicável aos empreendimentos habitacionais promovidos pelas sociedades cooperativas.

STJ Súm. 608. Aplica-se o Código de Defesa do Consumidor aos contratos de plano de saúde, salvo os administrados por entidades de autogestão.

2) Da Qualidade de Produtos e Serviços, da Prevenção e da Reparação dos Danos (arts. 8º a 28)

2.1) Da Responsabilidade pelo Fato/Vício (arts. 12 a 25)

STF Súm. 28. O estabelecimento bancário é responsável pelo pagamento de cheque falso, ressalvadas as hipóteses de culpa exclusiva ou concorrente do correntista.

STJ Súm. 479. As instituições financeiras respondem objetivamente pelos danos gerados por fortuito interno relativo a fraudes e delitos praticados por terceiros no âmbito de operações bancárias.

STJ Súm. 595. As instituições de ensino superior respondem objetivamente pelos danos suportados pelo aluno/consumidor pela realização de curso não reconhecido pelo Ministério da Educação, sobre o qual não lhe tenha sido dada prévia e adequada informação.

2.2) Da Decadência e da Prescrição (arts. 26 a 27)

STJ **Súm. 412.** A ação de repetição de indébito de tarifas de água e esgoto sujeita-se ao prazo prescricional estabelecido no Código Civil.

STJ **Súm. 477.** A decadência do art. 26 do CDC não é aplicável à prestação de contas para obter esclarecimentos sobre cobrança de taxas, tarifas e encargos bancários.

3) Das Práticas Comerciais (arts. 29 a 45)

3.1) Das Práticas Abusivas (arts. 39 a 41)

STJ **Súm. 532.** Constitui prática comercial abusiva o envio de cartão de crédito sem prévia e expressa solicitação do consumidor, configurando-se ato ilícito indenizável e sujeito à aplicação de multa administrativa.

STJ **Súm. 609.** A recusa de cobertura securitária, sob a alegação de doença preexistente, é ilícita se não houve a exigência de exames médicos prévios à contratação ou a demonstração de má-fé do segurado.

3.2) Da Cobrança de Dívidas (arts. 42 a 42-A)

STF **Súm. 159.** Cobrança excessiva, mas de boa-fé, não dá lugar às sanções do art. 1.531 do Código Civil.

3.3) Dos Bancos de Dados e Cadastros de Consumidores (arts. 43 a 45)

STJ **Súm. 323.** A inscrição do nome do devedor pode ser mantida nos serviços de proteção ao crédito até o prazo máximo de cinco anos, independentemente da prescrição da execução.

STJ **Súm. 359.** Cabe ao órgão mantenedor do cadastro de proteção ao crédito a notificação do devedor antes de proceder à inscrição.

STJ **Súm. 385.** Da anotação irregular em cadastro de proteção ao crédito, não cabe indenização por dano moral, quando preexistente legítima inscrição, ressalvado o direito ao cancelamento.

STJ **Súm. 404.** É dispensável o aviso de recebimento (AR) na carta de comunicação ao consumidor sobre a negativação de seu nome em bancos de dados e cadastros.

STJ **Súm. 548.** Incumbe ao credor a exclusão do registro da dívida em nome do devedor no cadastro de inadimplentes no prazo de cinco dias úteis, a partir do integral e efetivo pagamento do débito.

STJ **Súm. 550.** A utilização de escore de crédito, método estatístico de avaliação de risco que não constitui banco de dados, dispensa o consentimento do consumidor, que terá o direito de solicitar esclarecimentos sobre as informações pessoais valoradas e as fontes dos dados considerados no respectivo cálculo.

STJ **Súm. 572.** O Banco do Brasil, na condição de gestor do Cadastro de Emitentes de Cheques sem Fundos (CCF), não tem a responsabilidade de notificar previamente o devedor acerca da sua inscrição no aludido cadastro, tampouco legitimidade passiva para as ações de reparação de danos fundadas na ausência de prévia comunicação.

4) Da Proteção Contratual (arts. 46 a 60)

4.1) Disposições Gerais (arts. 46 a 50)

STJ **Súm. 322.** Para a repetição de indébito, nos contratos de abertura de crédito em conta corrente, não se exige a prova do erro.

4.2) Das Cláusulas Abusivas (arts. 51 a 53)

STJ **Súm. 302.** É abusiva a cláusula contratual de plano de saúde que limita no tempo a internação hospitalar do segurado.

STJ **Súm. 381.** Nos contratos bancários, é vedado ao julgador conhecer, de ofício, da abusividade das cláusulas.

STJ **Súm. 597.** A cláusula contratual de plano de saúde que prevê carência para utilização dos serviços de assistência médica nas situações de emergência ou de urgência é considerada abusiva se ultrapassado o prazo máximo de 24 horas contado da data da contratação.

STJ **Súm. 638.** É abusiva a cláusula contratual que restringe a responsabilidade de instituição financeira pelos danos decorrentes de roubo, furto ou extravio de bem entregue em garantia no âmbito de contrato de penhor civil.

4.3) Das Sanções Administrativas (arts. 55 a 60)

STJ **Súm. 285.** Nos contratos bancários posteriores ao Código de Defesa do Consumidor incide a multa moratória nele prevista.

STJ **Súm. 543.** Na hipótese de resolução de contrato de promessa de compra e venda de imóvel submetido ao Código de Defesa do Consumidor, deve ocorrer a imediata restituição das parcelas pagas pelo promitente comprador – integralmente, em caso de culpa exclusiva do promitente vendedor/construtor, ou parcialmente, caso tenha sido o comprador quem deu causa ao desfazimento.

5) Da Defesa do Consumidor em Juízo (arts. 81 a 104)

5.1) Disposições Gerais (arts. 81 a 90)

STF **Súm. Vinculante 27.** Compete à justiça estadual julgar causas entre consumidor e concessionária de serviço público de telefonia, quando a Anatel não seja litisconsorte passiva necessária, assistente, nem opoente.

STJ **Súm. 601.** O Ministério Público tem legitimidade ativa para atuar na defesa de direitos difusos, coletivos e individuais homogêneos dos consumidores, ainda que decorrentes da prestação de serviço público.

5.2) Das Ações Coletivas (arts. 91 a 100)

STJ **Súm. 489.** Reconhecida a continência, devem ser reunidas na justiça federal as ações civis públicas propostas nesta e na justiça estadual.

REPERCUSSÃO & REPETITIVOS

STF **Rep. Geral 1075.** I. É inconstitucional a redação do art. 16 da Lei 7.347/1985, alterada pela Lei 9.494/1997, sendo repristinada sua redação original. II. Em se tratando de ação civil pública de efeitos nacionais ou regionais, a competência deve observar o art. 93, II, da Lei 8.078/1990 (Código de Defesa do Consumidor). III. Ajuizadas múltiplas ações civis públicas de âmbito nacional ou regional e fixada a competência nos termos do item II, firma-se a prevenção do juízo que primeiro conheceu de uma delas, para o julgamento de todas as demandas conexas. *RE 1101937, 8.4.2021.*

STJ **Repetitivo 1061.** Na hipótese em que o consumidor/autor impugnar a autenticidade da assinatura constante em contrato bancário juntado ao processo pela instituição financeira, caberá a esta o ônus de provar a autenticidade (CPC, arts. 6º, 369 e 429, II). *REsp 1846649, 24.11.2021.*

STJ **Repetitivo 1095.** Em contrato de compra e venda de imóvel com garantia de alienação fiduciária devidamente registrado em cartório, a resolução do pacto, na hipótese de inadimplemento do devedor, devidamente constituído em mora, deverá observar a forma prevista na Lei n. 9.514/1997, por se tratar de legislação específica, afastando-se, por conseguinte, a aplicação do Código de Defesa do Consumidor. *REsp 1891498, 26.10.2022.*

JURISPRUDÊNCIA EM TESES

1) Disposições Gerais (arts. 1º a 3º)

STJ **JurisTese 39-1.** O Superior Tribunal de Justiça admite a mitigação da teoria finalista para autorizar a incidência do Código de Defesa do Consumidor – CDC nas hipóteses em que a parte (pessoa física ou jurídica), apesar de não ser destinatária final do produto ou serviço, apresenta-se em situação de vulnerabilidade.

STJ **JurisTese 39-8.** Não se aplica o Código de Defesa do Consumidor à relação contratual entre advogados e clientes, a qual é regida pelo Estatuto da Advocacia e da OAB – Lei n. 8.906/94.

STJ **JurisTese 39-12.** É descabida a aplicação do Código de Defesa do Consumidor alheia às normas específicas inerentes à relação contratual de previdência privada complementar e à modalidade contratual da transação, negócio jurídico disciplinado pelo Código Civil, inclusive no tocante à disciplina peculiar para o seu desfazimento.

STJ **JurisTese 74-1.** A relação entre concessionária de serviço público e o usuário final para o fornecimento de serviços públicos essenciais é consumerista, sendo cabível a aplicação do Código de Defesa do Consumidor.

STJ **JurisTese 74-12.** As normas do Código de Defesa do Consumidor são aplicáveis aos contratos do Sistema Financeiro de Habitação – SFH, desde que não vinculados ao Fundo de Compensação de Variações Salariais – FCVS e posteriores à entrada em vigor da Lei 8.078/90.

STJ **JurisTese 74-13.** O Código de Defesa do Consumidor não é aplicável aos contratos locatícios regidos pela Lei n. 8.245/91.

STJ **JurisTese 74-14.** Não incide o Código de Defesa do Consumidor nas relações jurídicas estabelecidas entre condomínio e condôminos.

STJ JurisTese 74-17. O Código de Defesa do Consumidor não se aplica ao contrato de plano de saúde administrado por entidade de autogestão, por inexistir relação de consumo.

STJ JurisTese 83-4. As cooperativas de crédito são equiparadas às instituições financeiras, aplicando-se-lhes o Código de Defesa do Consumidor, nos termos da Súmula n. 297/STJ.

STJ JurisTese 160-6. O serviço prestado por laboratórios na realização de exames médicos em geral, a exemplo do teste genético para fins de investigação de paternidade e do HIV, está sujeito às disposições do Código de Defesa do Consumidor.

STJ JurisTese 160-8. O Código de Defesa do Consumidor – CDC, em regra, é inaplicável aos contratos administrativos, tendo em vista as prerrogativas já asseguradas pela lei à administração pública.

STJ JurisTese 160-9. Em situações excepcionais, a administração pública pode ser considerada consumidora de serviços (art. 2º do CDC) por ser possível reconhecer sua vulnerabilidade, mesmo em relações contratuais regidas, preponderantemente, por normas de direito público, e por se aplicarem aos contratos administrativos, de forma supletiva, as normas de direito privado (art. 54 da Lei n. 8.666/1993).

STJ JurisTese 160-10. O Código de Defesa do Consumidor é inaplicável a contrato acessório de contrato administrativo, pois não se origina de uma relação de consumo.

STJ JurisTese 161-5. Não há relação de consumo entre a instituição financeira e a pessoa jurídica que busca financiamento bancário ou aplicação financeira para ampliar o capital giro ou fomentar atividade produtiva.

STJ JurisTese 161-6. As normas do Código de Defesa do Consumidor são aplicáveis às atividades de cooperativas que são equiparadas àquelas típicas de instituições financeiras.

STJ JurisTese 161-10. As regras do CDC não se aplicam aos contratos firmados no âmbito do Programa de Financiamento Estudantil – FIES, pois não se trata de serviço bancário, mas de programa governamental custeado pela União.

STJ JurisTese 162-3. Aplica-se o Código de Defesa do Consumidor aos contratos relativos a aplicações em fundos de investimento celebrados entre instituições financeiras e seus clientes.

STJ JurisTese 162-12. O Código de Defesa do Consumidor não se aplica à relação jurídica instaurada entre postos de combustível e distribuidores, pois aqueles não se enquadram no conceito de consumidor final, estabelecido no art. 2º da referida lei.

STJ JurisTese 165-1. A condenação por danos a mercadoria ou carga em transporte aéreo internacional está sujeita aos limites previstos nas convenções e tratados internacionais, sendo inaplicável o Código de Defesa do Consumidor – CDC.

2) Dos Direitos Básicos do Consumidor (arts. 6º a 7º)

STJ JurisTese 39-2. A inversão do ônus da prova, nos termos do art. 6º, VIII, do CDC, não ocorre "ope legis", mas "ope iudicis", vale dizer, é o juiz que, de forma prudente e fundamentada, aprecia os aspectos de verossimilhança das alegações do consumidor ou de sua hipossuficiência.

STJ JurisTese 39-5. Em demanda que trata da responsabilidade pelo fato do produto ou do serviço (arts. 12 e 14 do CDC), a inversão do ônus da prova decorre da lei ("ope legis"), não se aplicando o art. 6º, inciso VIII, do CDC.

3) Da Qualidade de Produtos e Serviços, da Prevenção e da Reparação dos Danos (arts. 8º a 28)

3.1) Da Responsabilidade pelo Fato/Vício (arts. 12 a 25)

STJ JurisTese 39-10. Considera-se consumidor por equiparação ("bystander"), nos termos do art. 17 do CDC, o terceiro estranho à relação consumerista que experimenta prejuízos decorrentes do produto ou serviço vinculado à mencionada relação, bem como, a teor do art. 29, as pessoas determináveis ou não expostas às práticas previstas nos arts. 30 a 54 do referido código.

STJ JurisTese 42-3. A instituição de ensino superior responde objetivamente pelos danos causados ao aluno em decorrência da falta de reconhecimento do curso pelo MEC.

STJ JurisTese 42-4. A instituição de ensino superior responde objetivamente pelos danos causados ao aluno em decorrência da falta de reconhecimento do curso pelo MEC, quando violado o dever de informação ao consumidor.

STJ JurisTese 42-5. É cabível indenização por dano moral quando o consumidor de veículo zero-quilômetro necessita retornar à concessionária por diversas vezes para reparo de defeitos apresentados no veículo.

STJ JurisTese 42-6. A constatação de defeito em veículo zero-quilômetro revela hipótese de vício do produto e impõe a responsabilização solidária da concessionária e do fabricante.

STJ JurisTese 42-7. As "bandeiras" ou marcas de cartão de crédito respondem solidariamente com os bancos e as administradoras de cartão de crédito pelos danos decorrentes da má prestação de serviços.

STJ JurisTese 42-11. A agência de turismo que comercializa pacotes de viagens responde solidariamente, nos termos do art. 14 do CDC, pelos defeitos na prestação dos serviços que integram o pacote.

STJ JurisTese 42-14. O roubo no interior de estacionamento de veículos, pelo qual seja direta ou indiretamente responsável a instituição financeira, não caracteriza caso fortuito ou motivo de força maior capaz de desonerá-la da responsabilidade pelos danos suportados por seu cliente vitimado, existindo solidariedade se o estacionamento for explorado por terceiro.

STJ JurisTese 74-2. As empresas públicas, as concessionárias e as permissionárias prestadoras de serviços públicos respondem objetivamente pelos danos causados a terceiros, nos termos do art. 37, § 6º da Constituição Federal e dos art. 14 e 22 do Código de Defesa do Consumidor.

STJ JurisTese 74-5. É objetiva a responsabilidade civil das instituições financeiras pelos crimes ocorridos no interior do estabelecimento bancário por se tratar de risco inerente à atividade econômica (art. 14 do CDC).

STJ JurisTese 74-18. É solidária a responsabilidade entre aqueles que veiculam publicidade enganosa e os que dela se aproveitam na comercialização de seu produto ou serviço.

STJ JurisTese 160-2. A ausência de comunicação acerca da disponibilização/comercialização de informações pessoais do consumidor em bancos de dados configura dano moral presumido ("in re ipsa").

STJ JurisTese 161-7. A ocorrência de fortuito externo afasta responsabilidade civil objetiva das instituições financeiras, por não caracterizar vício na prestação do serviço.

STJ JurisTese 161-8. As instituições financeiras são responsáveis por reparar os danos sofridos pelo consumidor que tenha o cartão de crédito roubado, furtado ou extraviado e que venha a ser utilizado indevidamente, ressalvada as hipóteses de culpa exclusiva do consumidor ou de terceiros.

STJ JurisTese 161-9. As entidades bancárias são responsáveis pelos prejuízos resultantes de investimentos malsucedidos quando houver defeito na prestação do serviço de informação/conscientização dos riscos envolvidos na operação.

STJ JurisTese 162-5. A instituição financeira responde por vício na qualidade do produto ao emitir comprovantes de suas operações por meio de papel termossensível (papel térmico).

STJ JurisTese 162-7. A responsabilidade da instituição financeira deve ser afastada quando o evento danoso decorre de transações realizadas com a apresentação física do cartão original e mediante uso de senha pessoal do correntista.

STJ JurisTese 162-9. O banco não é responsável por fraude em compra on-line paga via boleto de produto não recebido, uma vez que a instituição financeira não pertence à cadeia de fornecimento nem apresentou falha em sua prestação de serviço.

STJ JurisTese 163-9. A ausência de informação qualificada quanto aos possíveis efeitos colaterais e reações adversas de medicação configura defeito do produto, conforme disposto no art. 12, § 1º, II, do CDC, ocasionando responsabilidade objetiva do fabricante/fornecedor

STJ JurisTese 164-1. As agências de turismo não respondem solidariamente pela má prestação do serviço de transporte aéreo na hipótese de compra e venda de passagens sem a comercialização de pacotes de viagens.

STJ JurisTese 164-2. Configura defeito do serviço, a ausência de informação adequada e clara pelas empresas aéreas e agências de viagem aos consumidores, quanto à necessidade de obtenção de visto (consular ou trânsito) ou de compra de passagem aérea de retorno ao país de origem para a utilização do serviço contratado.

STJ JurisTese 164-3. A ausência de condições dignas de acessibilidade de pessoa com deficiência ao interior da aeronave configura má prestação do serviço e enseja a responsabilidade da empresa aérea pela reparação dos danos causados (art. 14 da Lei n. 8.078/1990).

STJ JurisTese 164-4. O atraso ou cancelamento de voo pela companhia aérea não configura dano moral presumido ("in re ipsa"), sendo necessária a demonstração, por parte do passageiro, da ocorrência de lesão extrapatrimonial.

STJ JurisTese 164-6. As indenizações por danos morais envolvendo transporte aéreo internacional de passageiros não estão submetidas à tarifação prevista nas normas e nos tratados internacionais, devendo-se observar, nesses casos, a efetiva reparação do consumidor preceituada pelo Código de Defesa do Consumidor – CDC.

STJ **JurisTese 164-7.** As normas e os tratados internacionais limitadores da responsabilidade das transportadoras aéreas de passageiros prevalecem sobre o Código de Defesa do Consumidor nas hipóteses de indenização por danos materiais.

STJ **JurisTese 164-9.** O provedor de buscas de produtos voltado ao comércio eletrônico que não realiza qualquer intermediação entre consumidor e vendedor não pode ser responsabilizado por vício de mercadoria ou inadimplemento contratual.

STJ **JurisTese 165-7.** Inexiste a obrigação legal de se inserir nos rótulos dos vinhos informações acerca da quantidade de sódio ou de calorias (valor energético) presente no produto.

STJ **JurisTese 165-12.** O estabelecimento comercial responde pela reparação de danos sofridos pelo consumidor vítima de crime ocorrido no "drive-thru".

3.2) Da Decadência e da Prescrição (arts. 26 a 27)

STJ **JurisTese 42-12.** O início da contagem do prazo de decadência para a reclamação de vícios do produto (art. 26 do CDC) se dá após o encerramento da garantia contratual.

STJ **JurisTese 74-8.** A ação de indenização por danos morais decorrente da inscrição indevida em cadastro de inadimplentes não se sujeita ao prazo quinquenal do art. 27 do CDC, mas ao prazo de 3 (três) anos, conforme previsto no art. 206, § 3º, V, do CC/2002.

STJ **JurisTese 160-5.** A pretensão indenizatória do consumidor de receber ressarcimento por prejuízos decorrentes de vício no imóvel se submente ao prazo prescricional previsto no art. 205 do Código Civil.

STJ **JurisTese 161-3.** Aplica-se o prazo prescricional do art. 27 do CDC às ações de repetição de indébito por descontos indevidos decorrentes de defeito na prestação do serviço bancário.

STJ **JurisTese 161-4.** Nas ações de repetição de indébito por defeito do serviço bancário (art. 27 do CDC), o termo inicial da contagem do prazo prescricional é a data em que ocorreu a lesão ou pagamento.

4) Da Desconsideração da Personalidade Jurídica (art. 28)

STJ **JurisTese 162-1.** É suficiente para a aplicação da teoria menor da desconsideração da personalidade jurídica (art. 28, § 5º, do CDC) a existência de obstáculo ao ressarcimento de prejuízos causados aos consumidores.

STJ **JurisTese 162-2.** A desconsideração da personalidade jurídica de sociedade cooperativa, com fundamento no art. 28, § 5º, do CDC (teoria menor), não pode atingir o patrimônio pessoal de membros do Conselho Fiscal sem que haja a mínima presença de indícios de que estes contribuíram, ao menos culposamente, e com desvio de função, para a prática de atos de administração.

5) Das Práticas Comerciais (arts. 29 a 45)

5.1) Da Oferta (arts. 30 a 35)

STJ **JurisTese 160-3.** O clube de turismo e a rede conveniada de hotéis são responsáveis solidariamente pelo padrão de atendimento e pela qualidade dos serviços prestados, em razão da indissociabilidade entre as obrigações de fazer assumidas pela empresa e pelo hotel credenciado (art. 34 do CDC).

STJ **JurisTese 164-10.** É válida a intermediação, pela internet, da venda de ingressos para eventos culturais e de entretenimento mediante cobrança de "taxa de conveniência", desde que o consumidor seja previamente informado do preço total da aquisição do ingresso, com o destaque do valor da referida taxa.

STJ **JurisTese 165-2.** A depender do caso, o erro grosseiro de carregamento no sistema de preços e a rápida comunicação ao consumidor podem afastar a falha na prestação do serviço e o princípio da vinculação da oferta.

5.2) Da Publicidade (arts. 36 a 38)

STJ **JurisTese 165-3.** A ausência de informação relativa ao preço, por si só, não caracteriza publicidade enganosa.

STJ **JurisTese 165-5.** É abusiva a publicidade de alimentos direcionada, de forma explícita ou implícita, ao público infantil.

STJ **JurisTese 165-6.** Constitui prática comercial abusiva e propaganda enganosa o lançamento de dois modelos diferentes para o mesmo automóvel, no mesmo ano, ambos anunciados como novo modelo para o próximo ano.

STJ **JurisTese 165-8.** A inserção de cartões informativos, "inserts" ou "onserts", no interior das embalagens de cigarros não constitui prática de publicidade abusiva apta a caracterizar dano moral coletivo, por não transmitir nenhum elemento de persuasão ao consumidor.

5.3) Das Práticas Abusivas (arts. 39 a 41)

STJ **JurisTese 74-9.** Considera-se abusiva a prática de limitar a liberdade de escolha do consumidor vinculando a compra de produto ou serviço à aquisição concomitante de outro produto ou serviço de natureza distinta e comercializado em separado, hipótese em que se configura a venda casada.

STJ **JurisTese 74-19.** A diferenciação de preços para o pagamento em dinheiro, cheque ou cartão de crédito caracteriza prática abusiva no mercado de consumo.

STJ **JurisTese 162-4.** É ilícito o investimento de risco realizado pela instituição financeira sem autorização expressa do correntista, nos termos dos arts. 6º, III, e 39, III e VI, ambos do Código de Defesa do Consumidor, sendo cabível a indenização por danos materiais e morais decorrentes da operação realizada.

STJ **JurisTese 164-5.** É abusiva a prática comercial consistente no cancelamento unilateral e automático de um dos trechos da passagem aérea, em virtude da não apresentação do passageiro para embarque no voo antecedente (no show), configurando dano moral.

STJ **JurisTese 164-8.** Não é abusiva a cobrança de uma diária completa de 24 horas em hotéis, pois os serviços de limpeza e organização do espaço de repouso estão abrangidos pelo contrato de hospedagem, razão pela qual a garantia de acesso aos quartos pelo período integral da diária não é razoável nem proporcional.

STJ **JurisTese 165-13.** Nos contratos de telecomunicação com previsão de permanência mínima, é abusiva a cobrança integral da multa rescisória de fidelização, que deve ser calculada de forma proporcional ao período de carência remanescente.

5.4) Da Cobrança de Dívidas (arts. 42 a 42-A)

STJ **JurisTese 39-7.** A devolução em dobro dos valores pagos pelo consumidor, prevista no art. 42, parágrafo único, do CDC, pressupõe tanto a existência de pagamento indevido quanto a má-fé do credor.

STJ **JurisTese 74-3.** É obrigatória a restituição em dobro da cobrança indevida de tarifa de água, esgoto, energia ou telefonia, salvo na hipótese de erro justificável (art. 42, parágrafo único, do CDC), que não decorra da existência de dolo, culpa ou má-fé.

5.5) Dos Bancos de Dados e Cadastros de Consumidores (arts. 43 a 45)

STJ **JurisTese 59-1.** A inscrição indevida em cadastro de inadimplentes configura dano moral "in re ipsa".

STJ **JurisTese 59-2.** É possível que o magistrado, no âmbito da execução de alimentos, adote as medidas executivas do protesto e da inscrição do nome do devedor nos cadastros de restrição ao crédito, caso se revelem eficazes para o pagamento da dívida.

STJ **JurisTese 59-6.** Somente após a concessão da recuperação judicial, com a homologação do plano e a novação dos créditos, é possível promover a retirada do nome da recuperanda dos cadastros de inadimplentes.

STJ **JurisTese 59-10.** É cabível a aplicação de multa diária como meio coercitivo para o cumprimento de decisão judicial que determina a exclusão ou impede a inscrição do nome do devedor em cadastro de restrição de crédito.

STJ **JurisTese 59-15.** Os débitos de natureza tributária, inscritos em dívida ativa, podem ser inseridos nos cadastros de proteção ao crédito, independentemente de sua cobrança mediante execução fiscal.

STJ **JurisTese 59-16.** O Sistema de Informações de Crédito do Banco Central – Sisbacen possui natureza semelhante aos cadastros de inadimplentes, tendo suas informações potencialidade de restringir a concessão de crédito ao consumidor.

STJ **JurisTese 59-17.** A data em que o consumidor tem ciência do registro indevido de seu nome nos cadastros de inadimplentes é o termo inicial da prescrição para o ajuizamento da demanda indenizatória.

STJ **JurisTese 59-18.** A ação de indenização por danos morais decorrente da inscrição indevida em cadastro de inadimplentes não se sujeita ao prazo quinquenal do art. 27 do CDC, mas ao prazo de 3 (três) anos previsto no art. 206, § 3º, V, do CC/2002.

STJ JurisTese 59-19. Não existindo anotação irregular nos órgãos de proteção ao crédito, a mera cobrança indevida de serviços ao consumidor não gera danos morais presumidos.

STJ JurisTese 74-7. Não existindo anotação irregular nos órgãos de proteção ao crédito, a mera cobrança indevida de serviços ao consumidor não gera danos morais presumidos.

STJ JurisTese 160-4. É possível a flexibilização da orientação contida na Súmula n. 385/STJ, para reconhecer dano moral decorrente de inscrição indevida do nome do consumidor em cadastro restritivo de crédito, quando existentes nos autos elementos aptos a demonstrar a ilegitimidade da preexistente anotação.

6) Da Proteção Contratual (arts. 46 a 60)

6.1) Disposições Gerais (arts. 46 a 50)

STJ JurisTese 162-10. A legislação consumerista impede a adoção prévia e compulsória da arbitragem no momento da celebração do contrato, mas não proíbe que, posteriormente, em face de eventual litígio, havendo consenso entre as partes, seja instaurado o procedimento arbitral.

6.2) Das Cláusulas Abusivas (arts. 51 a 53)

STJ JurisTese 39-9. Não é abusiva a cláusula de cobrança de juros compensatórios incidentes em período anterior à entrega das chaves nos contratos de compromisso de compra e venda de imóveis em construção sob o regime de incorporação imobiliária.

STJ JurisTese 162-6. É abusiva e ilegal cláusula prevista em contrato de prestação de serviços de cartão de crédito que autoriza o banco contratante a compartilhar dados dos consumidores com outras entidades financeiras ou mantenedoras de cadastros positivos e negativos de consumidores, sem que haja opção de discordar daquele compartilhamento, por desrespeitar os princípios da transparência e da confiança.

STJ JurisTese 162-8. Nos contratos de locação de cofre particular, não se revela abusiva a cláusula limitativa de valores e de objetos a serem armazenados, sobre os quais recairá a obrigação de guarda e de proteção do banco locador.

STJ JurisTese 162-11. É lícita a estipulação de cláusula de fidelização em contrato de serviços de telecomunicação, considerando-se os benefícios concedidos pelas operadoras aos assinantes, assim como a necessidade de garantir um retorno mínimo do investimento realizado pela empresa.

STJ JurisTese 163-4. Não é abusiva a cláusula de tolerância nos contratos de promessa de compra e venda de imóvel em construção que prevê prorrogação do prazo inicial para a entrega da obra pelo lapso máximo de 180 (cento e oitenta) dias, desde que observado o direito de informação ao consumidor.

STJ JurisTese 165-10. É abusiva, por falha no dever geral de informação ao consumidor (art. 6º, III, do CDC), cláusula de contrato de seguro limitativa da cobertura apenas a furto qualificado que deixa de esclarecer o significado e o alcance do termo técnico-jurídico específico e a situação referente ao furto simples.

6.3) Das Sanções Administrativas (arts. 55 a 60)

STJ JurisTese 82-6. O Programa de Proteção e Defesa do Consumidor – PROCON detém poder de polícia para impor sanções administrativas relacionadas à transgressão dos preceitos ditados pelo Código de Defesa do Consumidor – art. 57 da Lei n. 8.078/90.

STJ JurisTese 82-7. O PROCON tem competência para aplicar multa à Caixa Econômica Federal – CEF por infração às normas do Código de Defesa do Consumidor, independentemente da atuação do Banco Central do Brasil.

STJ JurisTese 165-4. É possível o redirecionamento da condenação de veicular contrapropaganda imposta a posto de gasolina matriz à sua filial, respondendo esta pela prática de propaganda enganosa ou abusiva ao consumidor (art. 60 da Lei n. 8.078/1990).

7) Da Defesa do Consumidor em Juízo (arts. 81 a 104)

7.1) Disposições Gerais (arts. 81 a 90)

STJ JurisTese 39-4. A vedação à denunciação da lide prevista no art. 88 do CDC não se restringe à responsabilidade de comerciante por fato do produto (art. 13 do CDC), sendo aplicável também nas demais hipóteses de responsabilidade civil por acidentes de consumo (arts. 12 e 14 do CDC).

STJ JurisTese 160-1. Na ação consumerista, o Ministério Público faz jus à inversão do ônus da prova, independentemente daqueles que figurem como autores ou réus da demanda.

STJ JurisTese 165-11. Em ação redibitória, o consumidor que teve restituição do valor pago pelo fornecedor deve devolver o bem considerado inadequado ao uso.

7.2) Das Ações Coletivas (arts. 91 a 100)

STJ JurisTese 74-10. O Ministério Público é parte legítima para atuar em defesa dos direitos difusos, coletivos e individuais homogêneos dos consumidores.

STJ JurisTese 74-11. O Ministério Público tem legitimidade para ajuizar ação civil pública visando tutelar direitos dos consumidores relativos aos serviços públicos.

STJ JurisTese 165-9. Configura dano moral coletivo "in re ipsa" a exploração de jogos de azar, por constituir atividade ilegal da qual resultam relações de consumo que transcendem os interesses individuais dos frequentadores das casas de jogo.

INFORMATIVOS

STF Lei estadual: SAC e atendimento telefônico gratuito. É válida lei estadual que obrigue empresas prestadoras de serviços de televisão por assinatura e estabelecimentos comerciais de vendas no varejo e no atacado – que já possuam Serviço de Atendimento ao Consumidor (SAC) – a fornecerem atendimento telefônico gratuito a seus clientes. Sem que haja previsão normativa federal a desautorizar, o norte exegético do princípio federativo atrai solução que preserve a competência do ente federado menor à luz do art. 24 da CF . O exercício da competência concorrente está chancelado pelos §§ 1º e 2º do art. 24 da CF, haja vista o nítido caráter de suplementação do arcabouço jurídico protetivo das relações de consumo que a obrigação de gratuidade no serviço de atendimento telefônico traduz. *ADI 4118, Pleno, 25.2.2022. Inf 1045.*

STJ CDC. Teoria finalista mitigada. Seguro de responsabilidade civil de conselheiros, diretores e administradores de sociedade empresária (Seguro RC D&O). Inaplicabilidade. Pessoa jurídica que não atua como destinatária final do seguro. Insumo às atividades da sociedade. Não há relação de consumo em contrato de seguro de responsabilidade civil de conselheiros, diretores e administradores de sociedade empresária (Seguro RC D&O). *REsp 1926477, 3ª T, 27.10.2022. Inf 761.*

STJ Transporte aéreo internacional. Extravio de mercadoria. Falta de especificação do valor. Indenização tarifada. Convenção de Montreal. Cabimento. A responsabilidade civil decorrente de extravio de mercadoria importada objeto de contrato de transporte celebrado entre a importadora e a companhia aérea se encontra disciplinada pela Convenção de Montreal. *EREsp 1289629, 2ª S, 25.5.2022. Inf 738.*

STJ Tumulto em estádio de futebol. Artefato explosivo. Falha na segurança. Estatuto do torcedor. CDC. Falha na segurança. Fato do serviço. Culpa de terceiros. Não configuração. Em partida de futebol, se houver tumulto causado por artefatos explosivos jogados contra a torcida visitante, o time mandante deve responder pelos danos causados aos torcedores. *REsp 1773885, 3ª T, 30.8.2022. Inf 747.*

STJ Serviços educacionais. Licenciatura plena em Educação Física. Separação entre bacharelado e licenciatura. Falha no dever de informar. Danos morais devidos. Responsabilidade objetiva. Constitui dever da instituição de ensino a informação clara e transparente acerca do curso ofertado, orientando e advertindo seus alunos acerca da separação entre bacharelado e licenciatura. *AgInt no REsp 1738996, 3ª T, 2.6.2022. Inf 746.*

STJ Plano de Previdência Complementar. Entidade aberta de previdência privada. Pecúlio. Aplicabilidade do CDC. Diferença entre o valor informado ao instituidor do benefício e o montante pago administrativo. Vinculação à oferta e à informação prestada. Obtenção de vantagem econômica. Cumprimento de dever correspondente. A promessa, reiterada periodicamente, acerca do valor da prestação previdenciária deve ser honrada perante o consumidor que não foi comprovada e oportunamente avisado do alegado erro de cálculo. *REsp 1966034, 4ª T, 24.5.2022. Inf 738.*

STJ Revisão de contrato de financiamento. Título executivo. Condenação dos litisconsortes. Solidariedade não presumida. Responsabilidade. Rateio proporcional. A previsão de solidariedade prevista no art. 25, § 1º, do CDC deve ser interpretada restritivamente. *REsp 1647238, 1ª T, 17.5.2022. Inf 737.*

STJ Procedimento cirúrgico. Falecimento do paciente. Riscos. Consentimento genérico ("blanket consent"). Insuficiência. Consentimento informado. Autodeterminação do paciente. Imprescindibilidade. Falha no dever de informação. Responsabilidade civil do médico. O médico é civilmente responsável por falha no dever de informação acerca dos riscos de morte em cirurgia. *REsp 1848862, 3ª T, 8.4.2022. Inf 733.*

STJ Comercialização de ingressos on-line. Evento cancelado ou adiado. Ausência de comunicação adequada, prévia e eficaz aos consumidores. Falha na prestação do serviço (fato do serviço). Dano moral configurado. Responsabilidade solidária. A sociedade empresária que comercializa ingressos no sistema on-line responde civilmente pela falha na prestação do serviço. *REsp 1985198, 3ª T, 7.4.2022. Inf 733.*

STJ Viagem internacional. Bloqueio do cartão de crédito. Danos morais. Ação indenizatória. Mãe. Ilegitimidade ativa. Não tem legitimidade ativa para propor ação indenizatória por danos morais a mãe de pessoa impossibilitada de usar cartão de crédito em viagem internacional. *REsp 1967728, 3ª T, 25.3.2022. Inf 729.*

STJ Matéria jornalística. Fatos desabonadores atribuídos à instituição financeira. Clientes com nomes citados na reportagem. Responsabilização por dano moral em face do banco. Ausência de nexo causal. Descabimento. É descabido reputar à instituição financeira, que foi mencionada em matéria jornalística retratando fatos que lhe eram desabonadores, responsabilidade por reparar danos morais suportados por clientes que tiveram seus nomes citados nessa mesma reportagem. *REsp 1761078, 3ª T, 22.2.2022. Inf 727.*

STJ Danos materiais e morais. Acidente de consumo. Falecimento de integrante da plateia. Empresa patrocinadora de evento. Não integrante da cadeia de fornecimento. Responsabilidade afastada. A empresa patrocinadora de evento, que não participou da sua organização, não pode ser enquadrada no conceito de fornecedor para fins de responsabilização por acidente de consumo ocorrido no local. *REsp 1955083, 3ª T, 18.2.2022. Inf 727.*

STJ Compra e venda de automóvel. Vício do produto. Resolução do contrato de financiamento. Responsabilidade de agente financeiro não vinculado à montadora. Não cabimento. Exceção. Banco integrante do grupo econômico da montadora. Os agentes financeiros ("bancos de varejo") que financiam a compra e venda de automóvel não respondem pelos vícios do produto, subsistindo o contrato de financiamento mesmo após a resolução do contrato de compra e venda, exceto no caso dos bancos integrantes do grupo econômico da montadora ("bancos da montadora"). *REsp 1946388, 3ª T, 17.12.2021. Inf 722.*

STJ Agências bancárias. Caixas eletrônicos inoperantes. Falta de numerário. Desabastecimento. Excessiva espera em filas por tempo superior ao limite previsto em lei municipal. Reiteração das condutas. Teoria do desvio produtivo. Dano moral coletivo. Caracterização. A inadequada prestação de serviços bancários, caracterizada pela reiterada existência de caixas eletrônicos inoperantes, sobretudo por falta de numerário, e pelo consequente excesso de espera em filas por tempo superior ao estabelecido em legislação municipal, é apta a caracterizar danos morais coletivos. *REsp 1929288, 3ª T, 24.2.2022. Inf 726.*

STJ Ação de indenização por danos morais e materiais. Ingestão de produto contendo corpo estranho. Fato do produto. Responsabilidade solidária. Inexistência. Acordo celebrado com o comerciante. Extensão às fabricantes. Impossibilidade. Art. 844, § 3º, do CC. Inaplicabilidade. A inexistência de responsabilidade solidária por fato do produto entre os fornecedores da cadeia de consumo impede a extensão do acordo feito por um réu em benefício do outro. *REsp 1968143, 3ª T, 8.2.2022. Inf 724.*

STJ Bens do administrador não sócio. Incidente de desconsideração da personalidade jurídica. Teoria menor. Interpretação extensiva. Impossibilidade. Para fins de aplicação da teoria menor da desconsideração da personalidade jurídica, o § 5º do art. 28 do CDC não dá margem para admitir a responsabilização pessoal de quem não integra o quadro societário da empresa (administrador não sócio). *REsp 1860333, 4ª T, 11.10.2022. Inf 754.*

STJ Aquisição de passagens aéreas. Programa de fidelidade. Resgate por pontos. Serviço disponível por meio da internet. Cancelamento e reembolso de passagens. Impossibilidade de uso do mesmo canal. Abusividade. A empresa aérea que disponibilizar a opção de resgate de passagens aéreas com "pontos" pela internet é obrigada a assegurar que o cancelamento ou reembolso destas seja solicitado pelo mesmo meio. *REsp 1966032, 4ª T, 16.8.2022. Inf 745.*

STF Normas estaduais sobre inclusão e exclusão de consumidores em cadastros de proteção ao crédito. A adoção de sistema de comunicação prévia a consumidor inadimplente por carta registrada com aviso de recebimento configura desrespeito à CF. A norma impugnada transgride o modelo geral (CDC, art. 43, § 2º). Além disso, afeta ostensivamente relações comerciais e consumeristas que transcendem os limites territoriais do ente federado, bem como transfere todo o ônus financeiro da inadimplência da pessoa do devedor para a sociedade em geral. //É inconstitucional a previsão, por lei estadual, de "prazo de tolerância" a impedir que o nome do consumidor inadimplente seja imediatamente inscrito em cadastro ou banco de dados. O tempo do pagamento e os efeitos da mora são matérias de direito civil e comercial, reservadas à União (CF, art. 22, I). //A supressão da verificação prévia quanto à existência do crédito, exigibilidade do título e inadimplência do devedor não caracteriza violação do princípio da vedação ao retrocesso. *ADI 5224, 8.3.2022. Inf 1046.*

STF Lei estadual e vedação à inscrição em cadastro de proteção ao crédito. É inconstitucional lei estadual que vede a inscrição em cadastro de proteção ao crédito de usuário inadimplente dos serviços de abastecimento de água e esgotamento sanitário. Não compete aos estados legislar sobre normas gerais de proteção ao consumidor ou concessão de serviço público. As normas gerais sobre consumo, editadas pela União, não preveem qualquer restrição quanto aos tipos de débitos que possam ser inscritos nos bancos de dados e cadastros de consumidores. *ADI 6668, Pleno, 11.2.2022. Inf 1043.*

STJ Programa de fidelidade com plano de benefícios (milhas aéreas). Contrato de adesão. Cláusula que proíbe a transferência dos pontos/bônus por ato "causa mortis". Validade. Obrigação "intuito personae". Demonstração da abusividade ou desvantagem exagerada. Não configurada. Contrato unilateral e benéfico. Não é abusiva a cláusula constante de programa de fidelidade que impede a transferência de pontos/bônus de milhagem aérea aos sucessores do cliente titular no caso de seu falecimento. *REsp 1878651, 3ª T, 7.10.2022. Inf 753.*

STJ Contrato de arrendamento mercantil. Inadimplemento do arrendatário. Cláusula que prevê o vencimento antecipado da dívida. Abusividade. Não configuração. Não é abusiva a cláusula de contrato de arrendamento mercantil que prevê o vencimento antecipado da dívida em decorrência do inadimplemento do arrendatário. *REsp 1699184, 4ª T, 25.10.2022.*

STJ Ação Civil Pública. Abusividade contratual. Viabilidade. Demonstração dos fatos constitutivos mediante apresentação ou indicação de início de prova. Necessidade. É inviável o ajuizamento de ação coletiva, que tenha como causa de pedir abusividade contratual, sem que seja colacionado aos autos uma única prova documental. *REsp 1583430, 4ª T, 23.8.2022. Inf 748.*

STJ Ação civil pública. Inversão do ônus de sucumbência sem a afirmação da ocorrência de má-fé. Impossibilidade. Violação literal da Lei 7.347/85 e do CDC. Nos termos dos arts. 18 da Lei 7.347/85 e 87 do CDC, não há condenação em honorários advocatícios na ACP, salvo em caso de comprovada má-fé. *AR 4.684, 2ª S, 19.5.2022. Inf 738.*

STJ Ação civil pública. Produtos alimentícios. Obrigação de informar a presença ou não de glúten. Associação brasileira de defesa do consumidor. Legitimidade ativa. Pertinência temática. Flexibilização. Direito humano à alimentação adequada. Demonstração. Necessidade. O juízo de verificação da pertinência temática para a proposição de ACP's há de ser responsavelmente flexível e amplo, em contemplação ao princípio constitucional do acesso à justiça, mormente a considerar-se a máxima efetividade dos direitos fundamentais. *AgInt nos EDcl no REsp 1788290, 4ª T, 24.5.2022. Inf 738.*

STJ Interesses individuais homogêneos. Execução coletiva. Associação. Legitimidade ativa subsidiária. Recuperação fluida ("fluid recovery"). Art. 100 do CDC. A legitimidade subsidiária da associação e dos demais sujeitos previstos no art. 82 do CDC em cumprimento de sentença coletiva fica condicionada, passado um ano do trânsito em julgado, a não haver habilitação por parte dos beneficiários ou haver em número desproporcional ao prejuízo, nos termos do art. 100 do CDC. *REsp 1955899, 3ª T, 21.3.2022. Inf 730.*

STJ Ação civil pública. Execução coletiva. Art. 98 do CDC. Direitos individuais homogêneos. Ausência de legitimidade do Ministério Público. O MP não possui legitimidade para promover a execução coletiva do art. 98 do CDC por ausência de interesse público ou social a justificar sua atuação. *REsp 1801518, 3ª T, 16.12.2021. Inf 722.*

STJ Nulidade de tarifas bancárias. Pedido amplo. Trânsito em julgado. Posterior ação de repetição de indébito. Juros remuneratórios incidentes sobre a mesma tarifa. Impossibilidade. Existência de coisa julgada. A declaração de ilegalidade de tarifas bancárias, com a consequente devolução dos valores cobrados indevidamente, em ação ajuizada anteriormente com pedido de forma ampla, faz coisa julgada em relação ao pedido de repetição de indébito dos juros remuneratórios incidentes sobre as referidas tarifas. *REsp 1899115, 3ª T, 8.4.2022. Inf 733.*

STF Atualização do rol de procedimentos e eventos em saúde suplementar. São constitucionais os prazos para conclusão dos procedimentos administrativos de atualização do rol de procedimentos e eventos em saúde suplementar (Lei 9.656/98, art. 10, §§ 7º e 8º), por inexistir incompatibilidade entre a sua definição e a urgência dos pacientes na obtenção de um tratamento. O formato adotado para a composição da Comissão de Atualização do Rol de Procedimentos e Eventos em Saúde Suplementar não fere a CF, ante a ausência da alegada exclusão de participantes usuários de planos de saúde ou discriminação de qualquer natureza. São constitucionais os critérios a serem considerados no relatório elaborado pela referida Comissão, uma vez que não há submissão do direito à saúde à interesses econômicos e financeiros. *ADI 7088, 9.11.2022. Pleno. Inf 1075.*

STF Obrigações impostas aos planos de saúde e competência legislativa privativa da União. É formalmente inconstitucional lei estadual que estabelece obrigações referentes a serviço de assistência médico-hospitalar que interferem nas relações contratuais estabelecidas entre as operadoras de planos de saúde e seus usuários. Esses temas são relativos a direito civil e concernem à política de seguros, matérias conferidas constitucionalmente à competência legislativa privativa da União, nos termos do art. 22, I e VII, da CF. *ADI 7029, 6.5.2022. Pleno. Inf 1053.*

STJ Operadora de plano de saúde. Cooperativa de trabalho médico. Autodissolução. Efeitos da liquidação extrajudicial. Suspensão pelo prazo de 1 (um) ano. Prorrogação por igual período. Aprovação por assembleia-geral. Demandas em fase de execução. Ativos garantidores. Penhora prévia. Irrelevância. Necessidade de sustação do feito. A sustação de quaisquer ações judiciais ajuizadas contra a entidade cooperativa é decorrência da publicação da ata da Assembleia-Geral que deliberou pela sua liquidação extrajudicial, pelo prazo de 1 ano, prorrogável por igual período, sendo vedadas diversas prorrogações sucessivas, haja vista que a suspensão da ação judicial não pode perdurar por prazo indeterminado. *REsp 1888428, 3ª T, 24.6.2022. Inf 749.*

STJ Contrato de plano de saúde. Rescisão por inadimplemento. Pagamento de todas as parcelas devidas com correção monetária e juros de mora. Ofensa à boa-fé objetiva. Comportamento contraditório da operadora. É abusiva a rescisão do contrato de plano de saúde pela operadora com fundamento na inadimplência, se quando da notificação exigida pela Lei 9.656/98 o consumidor não mais se encontra inadimplente, tendo adimplido todas as parcelas devidas com correção monetária e juros de mora. *REsp 2001686, 3ª T, 18.8.2022. Inf 746.*

STJ Plano de saúde coletivo empresarial. Direito de manutenção. Contratação de empregado já aposentado. Ausência de contribuição para o plano de saúde a título de mensalidade. Manutenção do usuário por tempo indeterminado por força de documento escrito (termo de opção). Exclusão unilateral do usuário após dois anos de permanência sob o argumento de contrariedade à lei. Abusividade da exclusão É abusiva a exclusão unilateral do usuário, quando seu direito de manutenção tem amparo contratual, pactuado/firmado no "Termo de Opção", e o rompimento unilateral do vínculo somente seria admitido nas hipóteses previstas na RN ANS 195/08. *REsp 1940391, 3ª T, 23.6.2022. Inf 742.*

STJ Agência Nacional de Saúde Suplementar. Rol de Procedimentos e Eventos em Saúde Suplementar. Taxatividade. Operadora de plano ou seguro de saúde. Tratamento não constante do Rol da ANS. Não obrigatoriedade. Admissão em hipóteses excepcionais e restritas. 1. O rol de Procedimentos e Eventos em Saúde Suplementar é, em regra, taxativo; 2. A operadora de plano ou seguro de saúde não é obrigada a arcar com tratamento não constante do rol da ANS se existe, para a cura do paciente, outro procedimento eficaz, efetivo e seguro já incorporado ao rol; 3. É possível a contratação de cobertura ampliada ou a negociação de aditivo contratual para a cobertura de procedimento extra rol; 4. Não havendo substituto terapêutico ou esgotados os procedimentos do rol da ANS, pode haver, a título excepcional, a cobertura do tratamento indicado pelo médico ou odontólogo assistente, desde que (i) não tenha sido indeferido expressamente, pela ANS, a incorporação do procedimento ao rol da Saúde Suplementar; (ii) haja comprovação da eficácia do tratamento à luz da medicina baseada em evidências; (iii) haja recomendações de órgãos técnicos de renome nacionais (como Conitec e Natjus) e estrangeiros; e (iv) seja realizado, quando possível, o diálogo interinstitucional do magistrado com entes ou pessoas com expertise técnica na área da saúde, incluída a Comissão de Atualização do rol de Procedimentos e Eventos em Saúde Suplementar, sem deslocamento da competência do julgamento do feito para a Justiça Federal, ante a ilegitimidade passiva ad causam da ANS. *EREsp 1886929, 2ª S, 8.6.2022. Inf 740.*

STJ Plano de saúde. Segmentação hospitalar sem obstetrícia. Atendimento de urgência. Complicações no processo gestacional. Negativa de cobertura indevida. Dano moral. Cabimento. A operadora de plano de saúde tem o dever de cobrir parto de urgência, por complicações no processo gestacional, ainda que o plano tenha sido contratado na segmentação hospitalar sem obstetrícia. *REsp 1947757, 3ª T, 11.3.2022. Inf 728.*

STJ Plano de saúde. Tratamento previsto na cobertura. Profissionais e estabelecimentos não credenciados. Reembolso pelo usuário. Cabimento. Limitação. Preço de tabela. É devida a limitação do reembolso, pelo preço de tabela, ao usuário que utilizar para o tratamento de terapia coberta, os profissionais e estabelecimentos não credenciados, estejam eles dentro ou fora da área de abrangência do município/área geográfica e de estar ou não o paciente em situação de emergência ou urgência. *AgInt no REsp 1933552, 4ª T, 15.3.2022. Inf 730.*

STJ Neonato. Tratamento terapêutico superior a 30 dias. Plano de saúde. Usuário por equiparação. Recolhimento de quantias correspondentes a mensalidades de sua categoria. Após o prazo de 30 dias do nascimento, o neonato submetido a tratamento terapêutico e não inscrito no plano de saúde deve ser considerado usuário por equiparação, o que acarreta o recolhimento de quantias correspondentes a mensalidades de sua categoria. *REsp 1953191, 3ª T, 23.2.2022. Inf 727.*

STJ Internação domiciliar superior a 30 dias por ano. Não decorrência de transtornos psiquiátricos. Plano de saúde. Cobrança de coparticipação em forma de percentual. Ilegalidade. É ilegal a cobrança, pelo plano de saúde, de coparticipação em forma de percentual no caso de internação domiciliar não alusiva à tratamento psiquiátrico. *REsp 1947036, 3ª T, 24.2.2022. Inf 727.*

QUESTÕES DISCURSIVAS

42. (Consulplan/TJ/MG/Cartórios/Ingresso/2016) João Silva, que sempre teve aparente boa saúde, participava de uma festa de aniversário familiar, quando sofreu mal súbito. Socorrido a tempo pelo SAMU, com primeiros socorros, foi levado ao Hospital São Geraldo, que fazia parte de seu seguro saúde, onde teve de se submeter a uma cirurgia de emergência para retirada da vesícula biliar, sendo operado pela equipe do cirurgião Dr. Joaquim, do corpo clínico daquele nosocômio, que tinha título de especialista em cirurgia, cardiologia e clínica geral. Tudo correu bem no ato cirúrgico. Ocorre que, quando foi levado para a sala de repouso, o paciente sofreu um infarto fulminante, voltou de imediato para o bloco cirúrgico e, no curso no novo procedimento operatório, veio ele a óbito. A família de João Silva ingressou com ação de indenização por danos materiais e morais contra o médico e o hospital, já que o paciente estava sob a responsabilidade de ambos os réus e a eles cabia zelar pela saúde, bem-estar e segurança do paciente. Com base no caso narrado, disserte acerca da obrigação de meio e da obrigação de resultado, com enfoque para sua natureza jurídica, seu conceito e a responsabilidade civil do médico e do hospital frente ao Código Civil e Código de Defesa do Consumidor e, ao final, fundamente se deveriam ser condenados ambos os réus, apenas um deles ou nenhum deles.

43. (Cespe/TJ/PI/Cartórios/2013) "Nos artigos 2º, caput, e 3º do Código de Defesa do Consumidor (CDC), são apresentados, respectivamente, os conceitos de consumidor padrão e fornecedor de serviços ou produtos. De acordo com o mesmo diploma legal, as normas que regem o direito do consumidor incidem diretamente sobre os órgãos públicos ou sobre suas empresas, concessionárias, permissionárias e demais modalidades de empreendimento de caráter público. O tema sempre gerou discussões doutrinárias e jurisprudenciais, que desencadearam o surgimento de três interpretações: (i) a extensiva; (ii) a de que a prestação do serviço deve ser remunerada e (iii) a de que os serviços custeados por tributos não estão sob a incidência do CDC. Tal divergência também é aplicada aos serviços notariais e de registro, uma vez que o artigo 236 da Constituição Federal estabelece que as atividades devem ser exercidas em caráter privado, por delegação do poder público, enquadrando-se, por conseguinte, no conceito abrangente de serviços públicos". Com base nas informações do texto acima, disserte sobre as correntes atualmente existentes acerca da matéria, abordando, necessariamente, os fundamentos jurídicos que as amparam e a possibilidade de aplicação do CDC aos serviços públicos e às atividades praticadas por notários e registradores.

QUESTÕES OBJETIVAS

451. (Ieses/TJ/TO/Cartórios/Remoção/2022) Os fornecedores respondem solidariamente pelos vícios de quantidade do produto sempre que, respeitadas as variações decorrentes de sua natureza, seu conteúdo líquido for inferior às indicações constantes do recipiente, da embalagem, rotulagem ou de mensagem publicitária, podendo o consumidor exigir, alternativamente e à sua escolha:

I. O abatimento proporcional do preço.
II. A substituição do produto por outro da mesma espécie, marca ou modelo, sem os aludidos vícios.
III. Complementação do peso ou medida.
IV. A restituição imediata da quantia paga, monetariamente atualizada, sem prejuízo de eventuais perdas e danos.

A sequência correta é:

a) Apenas a assertiva II está incorreta.
b) Apenas as assertivas I, II e III estão corretas.
c) Apenas as assertivas II e IV estão corretas.
d) As assertivas I, II, III e IV estão corretas.

452. (Vunesp/TJ/SP/Cartórios/Ingresso/2022) Leia o texto a seguir para responder à questão. Propõe-se o Estado, de maneira eficiente, a coibir e a reprimir todos os abusos praticados no mercado de consumo (CDC, art. 4º, VI), e essa atuação deve abranger todas as esferas de governo: Executivo, Legislativo e, também, o Judiciário. Como já se registrou em obra doutrinária, o Estado, incumbido de defender o consumidor, não pode, em hipótese alguma, desrespeitá-lo. Se o desrespeito parte do próprio Estado, faltar-lhe-á legitimidade para cobrar o respeito por parte de outrem. (...) O correr frouxo do mercado, indutor da impunidade, deve ceder à firme, eficiente e implacável atuação, preventiva e repressiva, no combate aos abusos, autêntico desestímulo a prováveis violações. Esse abuso, em geral, materializa-se em práticas ou em cláusulas contratuais e nas cobranças de dívidas (Teoria geral das relações de consumo. São Paulo: Saraiva, 2014, p. 85/86). A partir desse silogismo, é correto afirmar, sobre as práticas e as cláusulas abusivas, que:

a) o exame do postulado da transparência, com a outorga de informação adequada e clara ao consumidor, inclusive a lhe dar oportunidade de tomar conhecimento prévio do conteúdo do contrato, antecede a valoração da abusividade das suas cláusulas.
b) uma cláusula abusiva, portanto nula de pleno direito, não pode ser modificada – mesmo se assim desejar o consumidor – para equilibrar a desproporção nela inscrita.
c) o direito do consumidor e o direito ambiental não se relacionam de modo direto, cada um dotado de esfera de proteção autônoma e independente.
d) o fornecedor não pode condicionar a aquisição de produtos a limites quantitativos, pois deve atender às demandas dos consumidores na exata medida da sua disponibilidade de estoque.

453. (Ieses/TJ/RO/Cartórios/Ingresso/2021) O Código de Defesa do Consumidor (Lei n. 8.078/1990) apresenta garantias ao consumidor, entre elas a responsabilidade do fornecedor sobre produtos e serviços. A respeito do assunto, leia as assertivas a seguir e responda:

I. O fabricante, o produtor, o construtor, nacional ou estrangeiro, e o importador respondem, independentemente da existência de culpa, pela reparação dos danos causados aos consumidores por defeitos decorrentes de projeto, fabricação, construção, montagem, fórmulas, manipulação, apresentação ou acondicionamento de seus produtos, bem como por informações insuficientes ou inadequadas sobre sua utilização e riscos.
II. O fornecedor de serviços responde, independentemente da existência de culpa, pela reparação dos danos causados aos consumidores por defeitos relativos à prestação dos serviços, bem como por informações insuficientes ou inadequadas sobre sua fruição e riscos.
III. Os fornecedores respondem solidariamente pelos vícios de quantidade do produto sempre que, respeitadas as variações decorrentes de sua natureza, seu conteúdo líquido for inferior às indicações constantes do recipiente, da embalagem, rotulagem ou de mensagem publicitária.

Considerando as assertivas acima, assinale a alternativa correta:

a) Apenas a assertiva II está correta.
b) Apenas a assertiva I está correta.
c) Estão corretas as assertivas I, II, III.
d) Apenas estão corretas as assertivas I e II.

454. (Ieses/TJ/RO/Cartórios/Remoção/2021) Qualquer modalidade de informação ou comunicação de caráter publicitário, inteira ou parcialmente falsa, ou, por qualquer outro modo, mesmo por omissão, capaz de induzir em erro o consumidor a respeito da natureza, características, qualidade, quantidade, propriedades, origem, preço e quaisquer outros dados sobre produtos e serviços é considerada pelo Código de Defesa do Consumidor como:

a) enganosa.
b) abusiva.
c) ilegal.
d) arbitrária.

455. (Consulplan/TJ/MS/Cartórios/Ingresso/2021) O Direito do Consumidor encontra-se inserido no Art. 5º da Constituição da República no capítulo que trata Dos Direitos e Garantias Fundamentais. Assim, a Lei nº 8.078/90 dispõe sobre a proteção ao consumidor, assumindo a denominação de Código de Defesa do Consumidor. Assinale a afirmativa que contemple previsão distinta do que estabelece o Código de Defesa do Consumidor.

a) Na seara consumerista não se aplica o reconhecimento de culpa exclusiva do consumidor.
b) O direito de reclamar pelos vícios aparentes ou de fácil constatação decai em 30 (trinta) dias, tratando-se de fornecimento de serviço e de produtos não duráveis.
c) Do direito à informação decorre a possibilidade de que o fornecedor seja demandado, a fim de promover ações que assegurem ao consumidor pleno conhecimento das características do produto consumido ou posto à sua disposição.
d) Para fins de resguardar os interesses do consumidor, o fornecedor, na publicidade de seus produtos ou serviços, manterá, em seu poder, para informação dos legítimos interessados, os dados fáticos, técnicos e científicos que dão sustentação à mensagem.

456. (Consulplan/TJ/MS/Cartórios/Remoção/2021) Fabricantes, produtores, construtores e importadores respondem pela reparação dos danos causados aos consumidores por defeitos decorrentes de projeto, fabricação, construção, montagem, fórmulas, manipulação, apresentação ou acondicionamento de seus produtos, bem como por informações insuficientes ou inadequadas sobre sua utilização e risco. Não indica uma hipótese em que, excepcionalmente, os personagens supramencionados deixarão de ser responsabilizados:

a) Ao provarem que não colocaram o produto no mercado.
b) Ao provarem que houve culpa exclusiva do consumidor ou de terceiro.
c) Ao provarem que, embora tenham colocado o produto no mercado, o defeito inexiste.
d) Quando o produto apresentar comportamento imprevisível e não detectado antes do seu consumo.

457. (Consulplan/TJ/MS/Cartórios/Remoção/2021) Na sistemática da Lei nº 8.078/90 (Código de Defesa do Consumidor), especiais condições do ofendido estão previstas em desfavor do autor do fato. Nesse contexto normativo, é incorreto afirmar que configura agravante do crime consumerista ser ele praticado em detrimento de:

a) Operário ou rurícola.
b) Menor de 18 (dezoito) ou maior de 60 (sessenta) anos.
c) Pessoa portadora de deficiência mental, ainda que não interditada.
d) Pessoa portadora de deficiência física, nas relações de consumo de produtos ou serviços relacionados à respectiva deficiência.

458. (UFPR/TJ/PR/Cartórios/Remoção/2019) As espécies contratuais derivam do gênero negócio jurídico e se distinguem por apresentar peculiaridades no tocante à sua interpretação. Sobre os contratos bancários e a aplicação do Código de Defesa do Consumidor, identifique como verdadeiras (V) ou falsas (F) as seguintes afirmativas:

I. O Código de Defesa do Consumidor é aplicável às instituições financeiras.
II. Serviço é qualquer atividade fornecida no mercado de consumo, mediante remuneração, inclusive as de natureza bancária, financeira, de crédito e securitária, também as decorrentes das relações de caráter trabalhista.
III. Os contratos que regulam as relações de consumo obrigarão os consumidores, se lhes for dada a oportunidade de tomar conhecimento prévio de seu conteúdo, ainda que os respectivos instrumentos tenham sido redigidos de modo a dificultar a compreensão de seu sentido e alcance.
IV. A garantia contratual é complementar à legal e será conferida mediante termo escrito.

Assinale a alternativa que apresenta a sequência correta, de cima para baixo.

a) V, V, V, F.
b) V, V, F, F.
c) F, F, V, V.
d) F, V, F, V.
e) V, F, F, V.

459. (Ieses/TJ/AM/Cartórios/Ingresso/2018) O art. 2º , caput, do Código de Defesa do Consumidor dispõe que "Consumidor é toda pessoa física ou jurídica que adquire ou utiliza produto ou serviço como destinatário final". Ainda acerca da figura do Consumidor, e, também, segundo o disposto na Lei n. 8.078/90, assinale a alternativa correta:

a) segundo a Lei n. 8.078/90 em sede de Responsabilidade Civil pelo Fato do Produto e do Serviço as vítimas do evento danoso não são equiparadas aos consumidores.
b) equipara-se a consumidor todas as vítimas do evento que implique Responsabilidade Civil por vício do Produto e do Serviço.
c) equipara-se a consumidor a coletividade de pessoas, ainda que indetermináveis, tenham ou não intervindo nas relações de consumo.
d) equipara-se a consumidor a coletividade de pessoas, ainda que indetermináveis, que haja intervindo nas relações de consumo.

460. (Ieses/TJ/AM/Cartórios/Ingresso/2018) Segundo a Lei n. 8.078/90, são Direitos Básicos do Consumidor:

I. a educação e divulgação sobre o consumo adequado dos produtos e serviços, asseguradas a liberdade de escolha e a igualdade nas contratações.
II. a informação adequada e clara sobre os diferentes produtos e serviços, com especificação correta de quantidade, características, composição, qualidade, tributos incidentes e preço, bem como sobre os riscos que apresentem.
III. a adequada e eficaz prestação dos serviços públicos em geral.

É correto o que se afirma em:

a) apenas as assertivas I e III.
b) apenas as assertivas I e II.
c) as assertivas I, II e III.
d) apenas as assertivas II e III.

461. (Consulplan/TJ/MG/Cartórios/Ingresso/2017) Stanislau, após fazer pesquisa de preços, acabou comprando uma geladeira e dividiu o pagamento da mesma em 24 prestações iguais e mensais de R$200,00 reais. Pagou corretamente todas as prestações e após 20 dias do último pagamento recebeu um boleto da loja cobrando-lhe R$500,00 a título de encargos moratórios, sendo que o boleto deveria ser pago em 48 horas, sob pena de remessa do nome do Stanislau para os órgãos de proteção de crédito. Com receio de "sujar" o seu nome, Stanislau efetuou o pagamento. Nos exatos termos da Lei n. 8.078/90 (Código de Defesa do Consumidor), Stanislau:

a) não terá nenhum valor a ser ressarcido.
b) receberá o valor de R$500,00, acrescido de correção monetária e juros legais, salvo hipótese de erro justificável.
c) receberá o valor de R$1.000,00, acrescido de correção monetária e juros legais, salvo hipótese de erro justificável.
d) receberá o valor de R$1.500,00, acrescido de correção monetária e juros legais, salvo hipótese de erro justificável.

462. (Vunesp/TJ/RS/Cartórios/Remoção/2019) O Código de Defesa do Consumidor estabelece normas de proteção e defesa do consumidor, de ordem pública e interesse social, estabelecendo, na seara processual e cumulativamente civil, que:

a) o juiz poderá decretar a desconsideração da personalidade jurídica do fornecedor, sempre que sua personalidade for, de alguma forma, obstáculo ao ressarcimento de prejuízos causados aos consumidores.
b) para a defesa dos direitos e interesses individuais dos consumidores, devem ser usadas necessariamente as espécies de ações capazes de propiciar sua adequada e efetiva tutela, desde que previstas expressamente no Código em questão.
c) a inversão do ônus da prova ocorrerá em favor do consumidor, quando, a critério do juiz e cumulativamente, for verossímil a sua alegação e for ele hipossuficiente, segundo as regras ordinárias de experiências.
d) as entidades e órgãos da Administração Pública, direta ou indireta, desde que possuam personalidade jurídica, são legitimadas para a tutela coletiva do consumidor.
e) nas ações coletivas nele tratadas haverá adiantamento de custas, mas não honorários periciais e quaisquer outras despesas.

463. (Vunesp/TJ/RS/Cartórios/Remoção/2019) A respeito da desconsideração da personalidade jurídica prevista no Código Civil e no Código de Defesa do Consumidor, é correto afirmar que o:

a) Código Civil adotou a denominada Teoria Mista, que permite a desconsideração da personalidade jurídica por fraude ou por insolvência.
b) Código de Defesa do Consumidor adotou a teoria menor, podendo haver a desconsideração da personalidade jurídica em razão da mera insolvência, mesmo sem a ocorrência de fraude.
c) Código de Defesa do Consumidor adotou a denominada Teoria Maior da desconsideração da pessoa jurídica que exige, além da comprovação de desvio de finalidade da pessoa jurídica ou a confusão patrimonial, a insolvência.
d) Código Civil e o Código de Defesa do Consumidor adotaram a teoria subjetiva, de modo que, para desconsideração da

personalidade jurídica, é necessária confirmação da prática de fraude.

e) Código Civil adotou a Teoria Menor que permite a desconsideração da personalidade jurídica com a mera insolvência do devedor, mesmo sem a ocorrência de fraude.

464. (Ieses/TJ/SC/Cartórios/Ingresso/2019) Com relação à responsabilidade civil:

I. O regime jurídico do Código de Defesa do Consumidor é o da responsabilidade civil objetiva, comportando exceção relativamente aos profissionais liberais, para os quais vige o regime da responsabilidade civil subjetiva.

II. Tratando-se de uma relação de consumo, havendo responsabilidade civil, o juiz de direito é obrigado a inverter o ônus da prova.

III. A responsabilidade contratual do transportador aéreo por acidente com o passageiro não é elidida por culpa de terceiro, contra o qual tem ação regressiva.

IV. O incapaz não responde pelos prejuízos que causar, se as pessoas por ele responsáveis não tiverem obrigação de fazê-lo ou não dispuserem de meios suficientes.

Com base nessas assertivas, assinale a alternativa que corresponda às afirmativas verdadeiras:

a) I e II.
b) I e III.
c) II e III.
d) III e IV.

465. (Cespe/TJ/DFT/Cartórios/Ingresso/2019) Um médico-cirurgião, empregado de determinado hospital, durante a realização de uma cirurgia, amputou a perna de Maria, que, muito abalada, ajuizou uma ação contra o referido médico e o hospital. Em contestação, o médico afirmou que havia realizado o procedimento para salvar a vida da paciente e que uma possível responsabilidade que pudesse ser a ele atribuída necessitaria de comprovação da culpa. Por sua vez, o hospital sustentou não ter nenhuma responsabilidade no caso em discussão, que decorreu de conduta exclusiva do médico. Considerando que tenha sido comprovado o dano suportado pela paciente e causado pela conduta do médico, assinale a opção correta acerca da relação jurídica estabelecida entre as partes e a responsabilidade civil no Código de Defesa do Consumidor.

a) A relação jurídica estabelecida entre Maria e o hospital tem natureza civil.
b) A responsabilidade civil do médico somente poderá ser aferida mediante a comprovação da culpa.
c) A responsabilidade civil do hospital é subjetiva, em razão da natureza contratual da relação jurídica.
d) A responsabilidade civil é objetiva e incidirá somente sobre o hospital.
e) A relação jurídica estabelecida entre Maria e o médico é uma relação jurídica de consumo.

466. (Cespe/TJ/DFT/Cartórios/Ingresso/2019) Acerca da propositura de ação de natureza coletiva por associação, entidade de classe ou organização sindical, assinale a opção correta à luz do entendimento do STF.

a) As associações e os sindicatos possuem legitimidade para propor a ação em defesa de seus filiados, na qualidade de substitutos processuais, independentemente de autorização expressa ou de procuração individual por eles fornecida.
b) Durante a fase de cumprimento de sentença, os associados que não tenham conferido autorizações para a propositura da demanda podem se beneficiar do título executivo judicial constituído na fase de conhecimento.
c) A expressão contida no art. 5º, XXI, da Constituição Federal de 1988 (CF), refere-se à substituição processual e não à representação processual.
d) Os sindicatos possuem ampla legitimidade para atuar como substitutos processuais dos integrantes da categoria que representem, mesmo na fase de cumprimento de sentença, independentemente de autorização dos sindicalizados.
e) Na hipótese de mandado de segurança coletivo, as associações atuam como representantes processuais daqueles filiados que busquem defender os interesses de seus membros ou associados.

467. (Vunesp/TJ/RS/Cartórios/Remoção/2019) Dentre os principais objetivos que norteiam a legislação sobre contratações no comércio eletrônico, no âmbito de relações de consumo, estão incluídos(as):

a) o direito a informações claras, o direito ao arrependimento do consumidor e o cumprimento das condições da oferta.
b) a ampla liberdade e a autonomia das partes quanto à forma e elementos da contratação.
c) a vinculação irretratável das partes ao acordo e o cumprimento das condições da oferta.
d) o barateamento de preços ao consumidor e o fomento ao comércio eletrônico.
e) a redução dos níveis de inadimplência e o cumprimento das obrigações tributárias.

468. (Vunesp/TJ/RS/Cartórios/Ingresso/2019) Em relação às disposições relativas à contratação no comércio eletrônico, é correto afirmar:

a) Os sítios eletrônicos ou demais meios eletrônicos utilizados para oferta ou conclusão de contrato de consumo devem disponibilizar, em local de fácil acesso e visualização, dentre outras informações, o texto integral do Código de Defesa do Consumidor.
b) O exercício do direito de arrependimento será comunicado em até 48 horas pelo fornecedor à instituição financeira ou à administradora do cartão de crédito ou similar, para que a transação não seja lançada na fatura do consumidor, ou seja efetivado o estorno do valor, caso o lançamento na fatura já tenha sido realizado.
c) Os sítios eletrônicos ou demais meios eletrônicos utilizados para ofertas de compras coletivas, individuais ou modalidades análogas de contratação, deverão conter informações, de forma clara e ostensiva, alertando aos pais ou responsáveis, quanto a inadequação do consumo pelo público infantil e adolescente.
d) O fornecedor deve enviar ao consumidor em até 24 (vinte e quatro) horas a confirmação do recebimento da manifestação de arrependimento.
e) Para garantir o atendimento facilitado ao consumidor no comércio eletrônico, o fornecedor deverá, dentre outras providências, confirmar imediatamente o recebimento da aceitação da oferta.

469. (Cespe/TJ/DFT/Cartórios/Remoção/2019) Em um contrato de compra e venda de imóvel mediante pagamento em prestações, foi estabelecida cláusula de perda total das prestações pagas em favor do vendedor no caso de, em razão do inadimplemento do comprador, o vendedor pleitear a resolução do contrato e a retomada do produto negociado. Considerando-se essa situação hipotética e as disposições do Código de Defesa do Consumidor, é correto afirmar que a referida cláusula:

a) invalida totalmente o contrato, por ser abusiva.
b) é nula de pleno direito, por ser abusiva.

c) é válida, pois tem como objeto a proteção do vendedor.
d) poderá ser anulada caso seja comprovada má-fé do vendedor.
e) é válida, porque não se trata de hipótese de abusividade contratual.

470. (Ieses/TJ/SC/Cartórios/Remoção/2019) Tratando-se de relação de consumo:

I. O consumidor cobrado em quantia indevida tem direito à repetição do indébito, por valor igual ao dobro do que pagou em excesso, acrescido de correção monetária e juros legais, salvo hipótese de engano justificável.
II. São nulas de pleno direito, entre outras, as cláusulas contratuais relativas ao fornecimento de produtos e serviços que estabeleçam inversão do ônus da prova em prejuízo do consumidor.
III. O direito de reclamar pelos vícios aparentes ou de fácil constatação caduca em sete dias, tratando-se de fornecimento de serviço e de produtos não duráveis.
IV. Consumidor é somente toda pessoa física que adquire ou utiliza produto ou serviço como destinatário final.

Com base nessas assertivas, assinale a alternativa que corresponda às assertivas falsas:

a) III e IV.
b) II e III.
c) II e IV.
d) I e IV.

471. (Ieses/TJ/AM/Cartórios/Remoção/2018) Os fornecedores respondem solidariamente pelos vícios de quantidade do produto sempre que, respeitadas as variações decorrentes de sua natureza, seu conteúdo líquido for inferior às indicações constantes do recipiente, da embalagem, rotulagem ou de mensagem publicitária, podendo o consumidor exigir, alternativamente e à sua escolha:

I. o abatimento proporcional do preço.
II. complementação do peso ou medida.
III. a substituição do produto por outro da mesma espécie, marca ou modelo, sem os aludidos vícios.
IV. a restituição imediata da quantia paga, monetariamente atualizada, sem prejuízo de eventuais perdas e danos.

A sequência correta é:

a) apenas a assertiva IV está correta.
b) as assertivas I, II, III e IV estão corretas.
c) apenas as assertivas I e II estão corretas.
d) apenas as assertivas II e IV estão incorretas.

472. (Ieses/TJ/AM/Cartórios/Ingresso/2018) Acerca da Publicidade e sua disciplina na Lei n. 8.078/90, considere as seguintes afirmações:

I. é enganosa, dentre outras a publicidade discriminatória de qualquer natureza, a que incite à violência, explore o medo ou a superstição, se aproveite da deficiência de julgamento e experiência da criança, desrespeita valores ambientais, ou que seja capaz de induzir o consumidor a se comportar de forma prejudicial ou perigosa à sua saúde ou segurança.
II. a publicidade é enganosa por omissão quando deixar de informar sobre dado essencial do produto ou serviço.
III. o ônus da prova da veracidade e correção da informação ou comunicação publicitária cabe a quem as patrocina. A experiência comum, não se costuma assinar, como livros empresariais e assentos domésticos.

É correto o que se afirma em:

a) apenas as assertivas II e III.
b) as assertivas I, II e III.
c) apenas as assertivas I e III.
d) apenas as assertivas I e II.

473. (Ieses/TJ/CE/Cartórios/Remoção/2018) A modalidade de informação ou comunicação de caráter publicitário, inteira ou parcialmente falsa, ou, por qualquer outro modo, mesmo por omissão, capaz de induzir em erro o consumidor a respeito da natureza, características, qualidade, quantidade, propriedades, origem, preço e quaisquer outros dados sobre produtos e serviços é considerada pelo Código de Defesa do Consumidor como:

a) enganosa.
b) arbitrária.
c) dissimulada.
d) abusiva.

474. (Ieses/TJ/AM/Cartórios/Remoção/2018) Contrato de adesão é aquele cujas cláusulas tenham sido aprovadas pela autoridade competente ou estabelecidas unilateralmente pelo fornecedor de produtos ou serviços, sem que o consumidor possa discutir ou modificar substancialmente seu conteúdo. No que se refere a este instituto de direito podemos afirmar:

I. as cláusulas que implicarem limitação de direito do consumidor deverão ser redigidas com destaque, permitindo sua imediata e fácil compreensão.
II. nos contratos de adesão não se admite cláusula resolutória.
III. a inserção de cláusula no formulário desfigura a natureza de adesão do contrato.
IV. os contratos de adesão escritos serão redigidos em termos claros e com caracteres ostensivos e legíveis, cujo tamanho da fonte não será inferior ao corpo doze, de modo a facilitar sua compreensão pelo consumidor.

A sequência correta é:

a) apenas a assertiva IV está incorreta.
b) as assertivas I, II, III e IV estão corretas.
c) apenas as assertivas I e IV estão corretas.
d) apenas as assertivas II e IV estão incorretas.

475. (Consulplan/TJ/MG/Cartórios/Remoção/2018) Em sede do Código de Defesa do Consumidor, o prazo para reclamar sobre vício oculto de produto durável é de:

a) 30 (trinta) dias a contar da entrega do produto.
b) 90 (noventa) dias a contar da aquisição do produto.
c) 45 (quarenta e cinco) dias a contar da entrega do produto.
d) 90 (noventa) dias a contar do momento em que ficar evidenciado o defeito.

476. (Ieses/TJ/RO/Cartórios/Ingresso/2017) É certo afirmar:

I. vícios redibitórios e vícios de qualidade e quantidade tratam da mesma espécie de defeito.
II. a estipulação em favor de terceiro é o negócio jurídico por meio do qual se ajusta uma vantagem pecuniária em prol de pessoa que não o celebra, mas se restringe a colher seus benefícios.
III. a lei consumerista adotou o mesmo critério do Código Civil, uma vez que estabelece que os prazos de reclamação pelo vício intrínseco são de natureza decadencial, pouco importando se o pedido deduzido em juízo será o da redibição ou da estimação.
IV. uma das regras básicas da promessa de fato de terceiro é de que uma vez notificado, o terceiro deve declarar se concorda ou não em integrar o vínculo, na condição de devedor de uma obrigação de fazer.

Analisando as proposições, pode-se afirmar:

a) somente as proposições II e IV estão corretas.
b) somente as proposições III e IV estão corretas.
c) somente as proposições I e III estão corretas.
d) somente as proposições I, e II estão corretas.

477. (Consulplan/TJ/MG/Cartórios/Remoção/2017) Nos termos do Código de Proteção do Consumidor, o direito de reclamar pelos vícios aparentes ou de fácil constatação caduca em:

a) quarenta e cinco dias, tratando-se de fornecimento de serviço e de produtos não duráveis.
b) trinta dias, tratando-se de fornecimento de serviço e de produtos não duráveis.
c) cento e vinte dias, tratando-se de fornecimento de serviço e de produtos duráveis.
d) cento e oitenta dias, tratando-se de fornecimento de serviço e de produtos não duráveis.

478. (Ieses/TJ/RO/Cartórios/Remoção/2017) O direito de reclamar pelos vícios aparentes ou de fácil constatação presentes em produtos ou serviços caduca em:

a) 30 (trinta) dias, para serviço e de produtos não duráveis e 90 (noventa) dias, para serviço e de produtos duráveis.
b) 45 (quarenta e cinco) dias, para serviço e de produtos não duráveis e 90 (noventa) dias, para serviço e de produtos duráveis.
c) 30 (trinta) dias, para serviço e de produtos não duráveis e 60 (sessenta) dias, para serviço e de produtos duráveis.
d) 90 (noventa) dias, para serviço e de produtos não duráveis e 180 (cento e oitenta) dias, para serviço e de produtos duráveis.

479. (Consulplan/TJ/MG/Cartórios/Ingresso/2017) Em relação aos contratos que regulam as relações de consumo, é correto afirmar, exceto:

a) as cláusulas contratuais serão interpretadas de maneira mais favorável ao consumidor.
b) as declarações de vontade constantes de escritos particulares, recibos e pré-contratos relativos às relações de consumo vinculam o fornecedor.
c) a garantia legal é complementar à contratual e será conferida mediante termo escrito.
d) o consumidor pode desistir do contrato, no prazo de 7 dias a contar de sua assinatura ou do ato de recebimento do produto ou serviço, sempre que a contratação de fornecimento de produtos e serviços ocorrer fora do estabelecimento comercial, especialmente por telefone ou a domicílio.

480. (Consulplan/TJ/MG/Cartórios/Remoção/2017) Quanto ao contrato de adesão, previsto no artigo 54, do Código de Defesa do Consumidor, Lei n. 8.078/90, é correto afirmar que:

a) nos contratos de adesão não se admite cláusula resolutória.
b) nos contratos de adesão não há necessidade de os escritos serem redigidos com caracteres ostensivos e legíveis, e nem há necessidade de se observar tamanho da fonte ou corpo desta.
c) as cláusulas que implicarem limitação de direito do consumidor deverão ser redigidas da mesma forma que as demais, já que a fácil compreensão se apura é com a leitura e não com a redação.
d) a inserção de cláusula no formulário não desfigura a natureza de adesão do contrato.

481. (Consulplan/TJ/MG/Cartórios/Remoção/2017) José da Silva adquiriu imóvel na planta da Construtora Alfa em prestações mensais, combinando além de pagamento de uma entrada e saldo devedor a ser financiado pelo SFH. O contrato previa multa de 2%, mais juros de mora e correção monetária pelo IPCA contra José da Silva, em caso de inadimplência, sendo redigida essa cláusula de forma clara e destacada. Mas o contrato não tinha nenhuma cláusula equivalente contra a Construtora, para caso de inadimplência desta. Como José da Silva atrasou algumas parcelas, a empresa fez a cobrança da multa de 2%, e José pagou. No entanto, a empresa não entregou o imóvel no prazo fixado, mesmo após o prazo de tolerância contratado de 60 dias. José, então, lhe cobrou a mesma multa, e a empresa disse que o contrato não dispunha nada nesse sentido, portanto, não era devida a parcela. Nesse caso, é correto afirmar que:

a) mesmo não tendo previsão de multa contratual para a inadimplência da construtora, é ela devida, face à reciprocidade de obrigações que deve haver entre os contratantes, para efetivo equilíbrio das obrigações.
b) como não tem previsão contratual, não é possível fazer extensão de obrigação, sob pena de violar a liberdade de contratar e também pelo princípio do pacta sunt servanda.
c) como a cláusula foi redigida de forma clara e direta, conhecida pelo consumidor quando assinou o contrato, não pode dizer que foi prejudicado, ou que faltou transparência.
d) não é devida a multa, porque a inadimplência de José da Silva foi sobre pagamento de parcelas e a inadimplência da construtora decorreu na demora de entrega do imóvel, portanto, situações fáticas diferentes, não comportando interpretação extensiva.

482. (Cetro/TJ/RJ/Cartórios/Remoção/2017) Um funcionário da serventia extrajudicial apareceu na sala do chefe para pedir uma opinião acerca de uma minuta de contrato por adesão envolvendo relação de consumo que alguém deixou para autenticar firma. De acordo com o entendimento do STJ acerca do tema, assinale a alternativa correta:

a) há nulidade da cláusula mesmo se o fornecedor demonstrar que não impôs a utilização compulsória.
b) a cláusula compromissória é inválida mesmo com a apresentação de consentimento por parte do consumidor em qualquer momento do procedimento arbitral.
c) a cláusula compromissória prevista no referido contrato somente terá eficácia se o consumidor der início ao procedimento arbitral ou se vier a ratificar posteriormente a sua instituição quando instalado concretamente o litígio.
d) para o caso de contrato por adesão envolvendo relação de consumo, dispensa-se a avaliação de eventual existência de vulnerabilidade do consumidor.
e) de acordo com recente entendimento do STJ, o CDC se opõe à utilização de arbitragem na resolução de conflitos envolvendo relação de consumo.

483. (Cetro/TJ/RJ/Cartórios/Ingresso/2017) No que se refere aos crimes contra as relações de consumo, de acordo com o entendimento jurisprudencial do STJ, assinale a alternativa correta:

a) o fato de o agente ser sócio-proprietário de estabelecimento onde se verificou a ocorrência do delito é suficiente para que seja, contra ele, oferecida denúncia, dado que responde solidariamente.
b) ter em depósito para venda mercadoria imprópria para consumo constitui crime formal, de perigo abstrato, sendo suficiente, para a sua aplicação, a complementação legal do Código de Defesa do Consumidor referente ao tipo penal.
c) a configuração de crime contra a relação de consumo, por exemplo, exposição à venda de produto impróprio ao consumo, necessita da demonstração inequívoca da impropriedade do produto por meio de exame de corpo de delito direto.
d) o laudo de constatação de autoridade sanitária é meio suficiente para determinação da ocorrência do crime contra as relações de consumo.
e) a denúncia, para os casos de crime contra as relações de consumo, pode ser oferecida em descrição constante de auto de infração lavrado por autoridade tributária, no formato de prova emprestada.

9.2. Estatuto da Criança e do Adolescente (Lei 8.069/90)

SÚMULAS

1) Das Medidas de Proteção (arts. 98 a 102)

STJ Súm. 594. O Ministério Público tem legitimidade ativa para ajuizar ação de alimentos em proveito de criança ou adolescente independentemente do exercício do poder familiar dos pais, ou do fato de o menor se encontrar nas situações de risco descritas no art. 98 do Estatuto da Criança e do Adolescente, ou de quaisquer outros questionamentos acerca da existência ou eficiência da Defensoria Pública na comarca.

2) Da Prática de Ato Infracional (arts. 103 a 130)

STJ Súm. 108. A aplicação de medidas socioeducativas ao adolescente, pela prática de ato infracional, é da competência exclusiva do juiz.

STJ Súm. 265. É necessária a oitiva do menor infrator antes de decretar-se a regressão da medida socioeducativa.

STJ Súm. 338. A prescrição penal é aplicável nas medidas socioeducativas.

STJ Súm. 342. No procedimento para aplicação de medida socioeducativa, é nula a desistência de outras provas em face da confissão do adolescente.

STJ Súm. 492. O ato infracional análogo ao tráfico de drogas, por si só, não conduz obrigatoriamente à imposição de medida socioeducativa de internação do adolescente.

STJ Súm. 605. A superveniência da maioridade penal não interfere na apuração de ato infracional nem na aplicabilidade de medida socioeducativa em curso, inclusive na liberdade assistida, enquanto não atingida a idade de 21 anos.

3) Do Acesso à Justiça (arts. 141 a 224)

STJ Súm. 383. A competência para processar e julgar as ações conexas de interesse de menor é, em princípio, do foro do domicílio do detentor de sua guarda.

STJ Súm. 594. O Ministério Público tem legitimidade ativa para ajuizar ação de alimentos em proveito de criança ou adolescente independentemente do exercício do poder familiar dos pais, ou do fato de o menor se encontrar nas situações de risco descritas no art. 98 do Estatuto da Criança e do Adolescente, ou de quaisquer outros questionamentos acerca da existência ou eficiência da Defensoria Pública na comarca.

4) Dos Crimes e das Infrações Administrativas (arts. 225 a 258)

STJ Súm. 338. A prescrição penal é aplicável nas medidas socioeducativas.

STJ Súm. 500. A configuração do crime previsto no artigo 244-B do ECA independe da prova da efetiva corrupção do menor, por se tratar de delito formal.

REPERCUSSÃO & REPETITIVOS

STJ Repetitivo 1052. Para ensejar a aplicação de causa de aumento de pena prevista no art. 40, VI, da Lei n. 11.343/2006 ou a condenação pela prática do crime previsto no art. 244-B da Lei n. 8.069/1990, a qualificação do menor, constante do boletim de ocorrência, deve trazer dados indicativos de consulta a documento hábil – como o número do documento de identidade, do CPF ou de outro registro formal, tal como a certidão de nascimento. *REsp 1619265, 18,5.2020.*

STJ Repetitivo 1058. A Justiça da Infância e da Juventude tem competência absoluta para processar e julgar causas envolvendo matrícula de menores em creches ou escolas, nos termos dos arts. 148, IV, e 209 da Lei n. 8.069/1990. *REsp 1846781, 10.2.2021.*

JURISPRUDÊNCIA EM TESES

1) Dos Direitos Fundamentais (arts. 7º a 69)

STJ JurisTese 27-1. A observância do cadastro de adotantes não é absoluta, podendo ser excepcionada em prol do princípio do melhor interesse da criança.

STJ JurisTese 27-2. A jurisprudência tem excepcionado o entendimento de que o "habeas corpus" não seria adequado para discutir questões relativas à guarda e adoção de crianças e adolescentes.

STJ JurisTese 27-3. O acolhimento institucional ou familiar temporário não representa o melhor interesse da criança mesmo nos casos de adoção irregular ou "à brasileira", salvo quando há evidente risco à integridade física ou psíquica do menor.

STJ JurisTese 27-4. É possível a adoção póstuma quando comprovada a anterior manifestação inequívoca do adotante.

STJ JurisTese 27-6. Eventuais irregularidades na adoção podem ser superadas em virtude da situação de fato consolidada no tempo, desde que favoráveis ao adotando.

STJ JurisTese 27-7. O reconhecimento do estado de filiação constitui direito personalíssimo, indisponível e imprescritível, podendo ser exercitado sem qualquer restrição, fundamentado no direito essencial à busca pela identidade biológica.

STJ JurisTese 27-8. Nas disputas de custódia de crianças e adolescentes devem ser evitadas sucessivas e abruptas alterações de guarda e residência, ressalvados os casos de evidente risco.

STJ JurisTese 27-9. Compete à Justiça Federal o julgamento dos pedidos de busca e apreensão ou de guarda de menores quando fundamentados na Convenção de Haia sobre os Aspectos Civis do Sequestro Internacional de Crianças.

STJ JurisTese 27-10. Nos casos em que o Ministério Público promove a ação de destituição do poder familiar ou de acolhimento institucional não é obrigatória a nomeação da Defensoria Pública como curadora especial.

STJ JurisTese 27-11. A falta da citação do pai biológico no processo de adoção não obsta a homologação da sentença estrangeira, nos casos em que se verifica o abandono ou desinteresse do genitor.

STJ JurisTese 27-12. É possível o deferimento da guarda de criança ou adolescente aos avós, para atender situações peculiares, visando preservar o melhor interesse da criança.

STJ JurisTese 27-13. Não é possível conferir-se a guarda de criança ou adolescente aos avós para fins exclusivamente financeiros ou previdenciários.

STJ JurisTese 27-14. Não há óbice à adoção feita por casal homoafetivo desde que a medida represente reais vantagens ao adotando.

2) Das Medidas de Proteção (arts. 98 a 102)

STJ JurisTese 54-2. A existência de relatório técnico favorável à progressão ou extinção de medida socioeducativa não vincula o juiz.

STJ JurisTese 54-3. É possível a incidência do princípio da insignificância nos procedimentos que apuram a prática de ato infracional.

STJ JurisTese 54-4. A medida socioeducativa de internação está autorizada nas hipóteses taxativamente previstas no art. 122 do ECA, sendo vedado ao julgador dar qualquer interpretação extensiva do dispositivo.

STJ JurisTese 54-5. A aplicação da medida de semiliberdade, a despeito do disposto no art. 120, § 2º, do ECA, não se vincula à taxatividade estabelecida no art. 122 do mesmo estatuto.

STJ JurisTese 54-6. A internação provisória prevista no art. 108 do ECA não pode exceder o prazo máximo e improrrogável de 45 dias, não havendo que se falar na incidência da Súmula n. 52 do STJ.

STJ JurisTese 54-7. A internação-sanção, imposta em razão de descumprimento injustificado de medida socioeducativa, não pode exceder o prazo de 3 (três) meses.

STJ JurisTese 54-8. A atenuante da confissão espontânea não tem aplicabilidade em sede de procedimento relativo à apuração de ato infracional.

STJ JurisTese 54-10. A superveniência da maioridade penal ou civil não afasta a possibilidade de aplicação de medida socioeducativa, devendo-se levar em consideração a idade do menor ao tempo do fato.

STJ JurisTese 54-11. A maioridade penal não implica a liberação compulsória do menor infrator, fato que somente se dá aos 21 anos nos termos do art. 121, § 5º, do ECA.

STJ JurisTese 54-12. O cumprimento de medida socioeducativa de internação em estabelecimento prisional viola o art. 123 do ECA, ainda que em local separado dos maiores de idade condenados.

STJ JurisTese 54-13. A gravidade do ato infracional equiparado ao crime de ameaça (art. 147 do CP) não se subsume à grave ameaça exigida para a aplicação da medida de internação (art. 122,1, do ECA).

STJ JurisTese 54-14. O prazo para interpor agravo contra decisão denegatória de recurso especial em matéria penal é de cinco dias (art. 28 da Lei n. 8.038/90), aplicando-se às hipóteses de apuração de ato infracional.

STJ JurisTese 54-16. O Estatuto da Criança e do Adolescente não estipulou um número mínimo de atos infracionais graves para justificar a internação com base na reiteração (art. 122, II, do ECA), não havendo que se falar, portanto, no número mínimo de três atos infracionais.

STJ JurisTese 54-17. Os atos infracionais compreendidos na remissão não servem para caracterizar a reiteração nos moldes do art. 122, II, do ECA.

STJ JurisTese 54-18. A reiteração capaz de ensejar a incidência da medida socioeducativa de internação (art. 122, II, do ECA) só ocorre quando praticados, no mínimo, dois atos infracionais graves anteriores.

STJ JurisTese 131-51. Configura ofensa ao princípio da proteção integral a aplicação de medida de semiliberdade ao adolescente pela prática de ato infracional análogo ao crime previsto no art. 28 da Lei n. 11.343/2006.

INFORMATIVOS

STJ Acolhimento institucional de menor de tenra idade. Aparente adoção à brasileira e indícios de burla ao cadastro nacional de adoção. Ilegalidade. Primazia do acolhimento familiar. Ausência de risco à integridade física ou psíquica do infante. Princípio do melhor interesse e de proteção integral da criança e do adolescente. Perigo de contágio pelo coronavírus (covid-19). O risco real de contaminação pelo coronavírus (covid-19) em casa de abrigo justifica a manutenção de criança de tenra idade com a família substituta, apesar da suposta irregularidade/ilegalidade dos meios empregados para a obtenção da guarda da infante. *Proc. segredo justiça, 3ª T, 23.6.2022. Inf 742.*

STJ Ação de adoção de pessoa maior. Pedido formulado pela mãe biológica em relação à filha adotada anteriormente na infância. Consentimento dos pais adotivos e da adotanda. Possibilidade jurídica do pedido. Finalidade protetiva das normas relacionadas ao ECA. O pedido de nova adoção formulado pela mãe biológica, em relação à filha adotada por outrem, anteriormente, na infância, não se afigura juridicamente impossível. *Proc. segredo justiça, 4ª T, 24.10.2022. Inf 754.*

STJ Ato infracional análogo ao crime de homicídio qualificado, ocultação de cadáver e furto. Extinção de medida socioeducativa pelo juízo das execuções. Decisão cassada em segunda instância sob o fundamento de gravidade abstrata do ato infracional. Impossibilidade. Ausência de unidades de internação para o regime de semiliberdade. Manutenção da internação de Adolescente em regime de execução mais gravoso que o devido. Descabimento. A gravidade do ato infracional cometido, dissociada de elementos concretos colhidos no curso da execução da medida socioeducativa, não é fundamento suficiente para, por si, justificar a manutenção de adolescente em internação. *Proc. segredo justiça, 6ª T, 30.8.2022. Inf 749.*

STJ Execução de medida socioeducativa de internação. Superveniência de determinação para tratamento médico de doença mental, em ambiente hospitalar, com suspensão da medida socioeducativa. Art. 64, § 4º, da Lei 12.594/12. Contagem do período de tratamento no prazo máximo de 3 anos da medida de internação (art. 121, § 3º, do ECA). Necessidade. Princípios da punição mitigada, brevidade, intervenção mínima e não discriminação. Na execução de medida socioeducativa, o período de tratamento médico deve ser contabilizado no prazo de 3 anos para a duração máxima da medida de internação, nos termos do art. 121, § 3º, do ECA. *REsp 1.956497, 5ª T, 5.4.2022. Inf 732.*

STJ Favorecimento da prostituição ou outra forma de exploração sexual de criança ou adolescente. Exigência de habitualidade para tipificação da conduta. Desnecessidade. Crime instantâneo. Proteção integral da pessoa humana em desenvolvimento. O delito de favorecimento à exploração sexual de adolescente não exige habitualidade. Trata-se de crime instantâneo, que se consuma quando o agente obtém a anuência para práticas sexuais com a vítima menor de idade, mediante artifícios como a oferta de dinheiro ou outra vantagem, ainda que o ato libidinoso não seja efetivamente praticado. *Proc. segredo justiça, 6ª T, 29.9.2022. Inf 754.*

STJ ECA. Arts. 6º, 240, 241-B e 241-E da Lei 8.069/90. Expressão "cena de sexo explícito ou pornográfica". Exposição de órgãos genitais das vítimas. Prescindibilidade. Contexto obsceno, poses sensuais, e a finalidade sexual das imagens. Suficiência. O art. 241-E do ECA, ao explicitar o sentido da expressão "cena de sexo explícito ou pornográfica" não restringe tal conceito apenas às imagens em que a genitália de crianças e adolescentes esteja desnuda. *Processo sob segredo judicial, 6ª T, 15.3.2022. Inf 730.*

STJ Representação por infração administrativa. Aplicação de multa por descumprimento de dever inerente ao poder familiar. Hipossuficiência financeira ou vulnerabilidade familiar. Fixação do valor abaixo do patamar legal. Possibilidade. Caráter sancionador e também preventivo, coercitivo e disciplinador. É admissível a redução do valor da multa do art. 249 do ECA, inclusive aquém do mínimo legal de três salários mínimos. *Proc. segredo justiça, 3ª T, 25.8.2022. Inf 746.*

QUESTÕES DISCURSIVAS

44. (Vunesp/TJ/SP/Cartórios/2021) Qual o papel do Registro Civil na aplicação das medidas de proteção previstas no Estatuto da Criança e do Adolescente?

QUESTÕES OBJETIVAS

484. (Ieses/TJ/TO/Cartórios/Remoção/2022) Nenhuma criança ou adolescente menor de 16 (dezesseis) anos poderá viajar para fora da comarca onde reside desacompanhado dos pais ou dos responsáveis sem expressa autorização judicial. Entretanto, a autorização não será exigida quando:

I. Tratar-se de comarca contígua à da residência da criança ou do adolescente menor de 16 (dezesseis) anos, se na mesma unidade da Federação, ou incluída na mesma região metropolitana.

II. A criança ou o adolescente menor de 16 (dezesseis) anos estiver acompanhado de ascendente ou colateral maior, até o quarto grau, comprovado documentalmente o parentesco.

III. A criança ou o adolescente menor de 16 (dezesseis) anos estiver acompanhado de pessoa maior, expressamente autorizada pelo pai, mãe ou responsável.

IV. A criança ou o adolescente menor de 16 (dezesseis) anos estiver acompanhado de ascendente ou colateral maior, até o terceiro grau, comprovado documentalmente o parentesco.

A sequência correta é:

a) Apenas as assertivas I e III estão corretas.
b) Apenas as assertivas I, II e III estão corretas.
c) Apenas a assertiva II está incorreta.
d) As assertivas I, II, III e IV estão corretas.

485. (Ieses/TJ/RO/Cartórios/Ingresso/2021) O Estatuto da Criança e do Adolescente (Lei n. 8.069/1990) regulamenta o processo de adoção. Sobre este tema, leia as assertivas a seguir e responda:

I. O vínculo da adoção constitui-se por sentença judicial, que será inscrita no registro civil mediante mandado do qual não se fornecerá certidão. Esta sentença conferirá ao adotado o nome do adotante, mas não poderá determinar a modificação do prenome.

II. A pedido do adotante, o novo registro poderá ser lavrado no Cartório do Registro Civil do Município de sua residência.

III. O adotado tem direito de conhecer sua origem biológica, bem como de obter acesso irrestrito ao processo no qual a medida foi aplicada e seus eventuais incidentes, após completar 18 (dezoito) anos, ou antes de completar esta idade, a seu pedido, assegurada orientação e assistência jurídica e psicológica.

Considerando as assertivas acima, assinale a alternativa correta:

a) Todas as assertivas estão corretas.
b) Apenas estão corretas as assertivas I e III.
c) Apenas estão corretas as assertivas I e II.
d) Apenas estão corretas as assertivas II e III.

486. (Ieses/TJ/RO/Cartórios/Remoção/2021) Segundo o preconizado pelo Estatuto da Criança e do Adolescente a respeito da matéria de Adoção é correto afirmar:

I. Podem adotar os maiores de 18 (dezoito) anos, independentemente do estado civil.

II. Os divorciados, os judicialmente separados e os ex-companheiros podem adotar conjuntamente, contanto que acordem sobre a guarda e o regime de visitas e desde que o estágio de convivência tenha sido iniciado na constância do período de convivência e que seja comprovada a existência de vínculos de afinidade e afetividade com aquele não detentor da guarda, que justifiquem a excepcionalidade da concessão.

III. O adotante há de ser, pelo menos, vinte anos mais velho do que o adotando.

IV. A adoção não poderá ser deferida ao adotante que, após inequívoca manifestação de vontade, vier a falecer no curso do procedimento, antes de prolatada a sentença.

A sequência correta é:

a) Apenas as assertivas I e II estão corretas.
b) Apenas as assertivas I, II e III estão corretas.
c) As assertivas I, II, III e IV estão corretas.
d) Apenas a assertiva II está incorreta.

487. (Consulplan/TJ/MS/Cartórios/Remoção/2021) Sobre a proteção da criança e do adolescente, assinale a afirmativa que traduz aplicação de procedimento inadequado ao menor.

a) O poder familiar não pode ser suprimido tendo por causa única a carência de recursos materiais.
b) Somente por adoção admite-se a colocação da criança ou adolescente em família substituta estrangeira.
c) Compete ao poder público, às instituições e aos empregadores promover em condições adequadas ao aleitamento materno, inclusive aos filhos de mães submetidas à medida privativa de liberdade.
d) De acordo com o Estatuto da Criança e do Adolescente, a permanência destes em programa de acolhimento institucional não se prolongará por mais de 36 (trinta e seis) meses, salvo comprovada necessidade que atenda ao seu superior interesse, devidamente fundamentada pela autoridade judiciária.

488. (Consulplan/TJ/MS/Cartórios/Remoção/2021) O Estatuto da Criança e do Adolescente assegura que é dever da família, da comunidade, da sociedade em geral e do poder público assegurar, com absoluta prioridade, a efetivação dos direitos referentes à vida, à saúde, à alimentação, à educação, ao esporte, ao lazer, à profissionalização, à cultura, à dignidade, ao respeito, à liberdade e à convivência familiar e comunitária. Sobre a garantia da prioridade, assinale, em consonância com o que dispõe o Estatuto da Criança e do Adolescente, a alternativa incorreta.

a) A garantia de prioridade compreende a primazia de receber proteção e socorro em quaisquer circunstâncias.
b) A garantia de prioridade compreende a preferência na formulação e na execução das políticas sociais públicas.
c) A garantia de prioridade compreende prioridade de atendimento nos serviços públicos ou privados que tenham relevância social.
d) A garantia de prioridade compreende a destinação privilegiada de recursos públicos nas áreas relacionadas com a proteção à infância e à juventude.

489. (Vunesp/TJ/RS/Cartórios/Remoção/2019) José, no curso do procedimento de adoção de Pedro, faleceu em 01/01/2019. Antes do falecimento já havia, diversas vezes, manifestado o desejo de adotar Pedro. Todos os requisitos legais para a adoção já estavam devidamente comprovados nos autos do processo de adoção. Foi prolatada a sentença de adoção em 10/02/2019. Tendo em vista a disciplina constante do Estatuto da Criança e do Adolescente, é correto afirmar que:

a) a sentença é válida, somente produzindo efeitos a partir do trânsito em julgado, por ter natureza constitutiva.
b) a sentença somente será válida se os sucessores de José concordarem em dar continuidade ao processo de adoção.
c) a sentença deve ser revista, tendo em vista que a morte do adotante impede a continuidade do processo de adoção.
d) a sentença é nula de pleno direito, tendo em vista que não pode constituir uma relação jurídica de uma parte que já faleceu.
e) a sentença é válida, retroagindo à data do óbito de José.

490. (Cespe/TJ/DFT/Cartórios/Remoção/2019) À luz do disposto no Estatuto da Criança e do Adolescente, é correto afirmar que o acolhimento familiar é uma medida de proteção:

a) irrevogável, utilizada como medida para posterior colocação em família substituta.
b) provisória e excepcional, utilizada como forma de transição para reintegração familiar ou colocação em família substituta.
c) irrevogável e excepcional, que atribui à criança acolhida a condição de filho.
d) irrevogável, que atribui à criança acolhida a condição de dependente.
e) provisória, utilizada como forma de adaptação da criança à família para posterior adoção.

491. (Cespe/TJ/DFT/Cartórios/Remoção/2019) Uma gestante, pretendendo entregar para adoção o seu filho que vai nascer, dirigiu-se ao cartório de registro civil. Nessa situação hipotética, de acordo com o Estatuto da Criança e do Adolescente, a gestante deverá ser encaminhada para:

a) o Ministério Público local.
b) a justiça da infância e da juventude local.
c) assistente social cadastrado na serventia.
d) o conselho tutelar local.
e) o conselho de direitos da criança e do adolescente local.

492. (UFPR/TJ/PR/Cartórios/Ingresso/2019) Um dia antes de completar dezoito anos, Alfonso pratica um latrocínio, um estupro e uma extorsão mediante sequestro. A sentença condenatória do caso é proferida dois anos depois, quando Alfonso já possui quase vinte anos de idade. Nesse caso, aplica-se:

a) a pena prevista para os delitos, diminuída em razão da idade precoce.
b) a pena prevista para os delitos praticados sem redução.
c) medida socioeducativa com restrição da liberdade de no máximo três anos.
d) nove anos de medida socioeducativa porquanto se trata de três delitos.
e) seis anos de medida socioeducativa.

493. (Ieses/TJ/AM/Cartórios/Ingresso/2018) Acerca da disciplina e das disposições da Lei n. 8.069/90, considere as seguintes afirmações:

I. considera-se criança, para os efeitos desta Lei, a pessoa até doze anos de idade incompletos, e adolescente aquela entre doze e vinte e um anos de idade.

II. o reconhecimento do estado de filiação é direito personalíssimo, indisponível e imprescritível, podendo ser exercitado contra os pais ou seus herdeiros, sem qualquer restrição, observado o segredo de Justiça.

III. a guarda obriga a prestação de assistência material, moral e educacional à criança ou adolescente, conferindo a seu detentor o direito de opor-se a terceiros, inclusive aos pais, e confere à criança ou adolescente a condição de dependente, para todos os fins e efeitos de direito, exceto previdenciários.

Esta integralmente correto o que se afirma em:

a) apenas a assertiva III.
b) apenas a assertiva I.
c) apenas a assertiva II.
d) as assertivas I, II e III.

494. (Ieses/TJ/AM/Cartórios/Ingresso/2018) Relativamente à figura jurídica da adoção e sua disciplina segundo o disposto na Lei n. 8.069/90, considere as seguintes afirmações:

I. a adoção é medida excepcional e irrevogável, à qual se deve recorrer apenas quando esgotados os recursos de manutenção da criança ou adolescente na família natural ou extensa, na forma do parágrafo único do art. 25 da Lei 8.069/90.
II. é vedada a adoção por procuração.
III. podem adotar os maiores de 18 (dezoito) anos, independentemente do estado civil.

Esta integralmente correto o que se afirma em:

a) apenas as assertivas I e III.
b) apenas as assertivas I e II.
c) nenhuma das alternativas.
d) as assertivas I, II e III.

495. (Ieses/TJ/AM/Cartórios/Ingresso/2018) Relativamente ao conselho tutelar e sua disciplina segundo o disposto na Lei n. 8.069/90, considere as seguintes afirmações:

I. o Conselho Tutelar é órgão permanente e autônomo, não jurisdicional, encarregado pela sociedade de zelar pelo cumprimento dos direitos apenas dos adolescentes, conforme definido nesta Lei.
II. para a candidatura a membro do Conselho Tutelar, serão exigidos os seguintes requisitos: reconhecida idoneidade moral; idade superior a vinte e um anos; residir no município.
III. para a candidatura a membro do Conselho Tutelar, serão exigidos os seguintes requisitos: reconhecida idoneidade moral; idade superior a dezoito anos; residir no município.

Esta integralmente correto o que se afirma em:

a) apenas as assertivas I e III.
b) apenas a assertiva II.
c) apenas a assertiva III.
d) as assertivas I, II e III.

496. (Ieses/TJ/AM/Cartórios/Remoção/2018) Conforme preconiza a Lei n. 8.069/90 (Estatuto da Criança e do Adolescente) no que diz respeito ao instituto da adoção, é correto afirmar:

a) podem adotar os maiores de 21 (vinte e um) anos, desde que casados ou vivam em união estável.
b) podem adotar os maiores de 18 (dezoito) anos, desde que casados ou vivam em união estável.
c) podem adotar os maiores de 18 (dezoito) anos, independentemente do estado civil.
d) podem adotar os maiores de 21 (vinte e um) anos, independentemente do estado civil.

497. (Consulplan/TJ/MG/Cartórios/Remoção/2018) A colocação de criança e adolescente em família substituta estrangeira:

a) é absolutamente vedada.
b) é admitida em todas as modalidades.
c) constitui medida excepcional, somente admissível na modalidade de guarda.
d) constitui medida excepcional, somente admissível na modalidade de adoção.

498. (Consulplan/TJ/MG/Cartórios/Remoção/2017) A criança ou o adolescente podem ser retirados da convivência familiar e colocados em família substituta. A família substituta é aquela que advém por meio da:

a) curatela e guarda.
b) guarda e adoção, exclusivamente.
c) guarda, adoção, tutela e, excepcionalmente, curatela.
d) guarda, tutela e adoção.

499. (Consulplan/TJ/MG/Cartórios/Ingresso/2017) Analise as afirmativas abaixo

I. os pais que arruinarem os bens dos filhos podem sofrer suspensão do poder familiar.
II. o poder familiar é exercido em igualdade de condições entre a mãe e o pai, sendo que as pendências serão resolvidas judicialmente.
III. a falta ou carência de recursos materiais é motivo suficiente para a suspensão ou perda do poder familiar.

Está correto apenas o que se afirma em:

a) I e II.
b) I e III.
c) II.
d) II e III.

500. (Consulplan/TJ/MG/Cartórios/Ingresso/2017) As regras do Estatuto da Criança e do Adolescente podem ser aplicadas:

a) às crianças e, excepcionalmente, aos adolescentes.
b) apenas às crianças e aos adolescentes.
c) excepcionalmente aos adultos com idade entre 18 e 21 anos.
d) somente às crianças e aos adolescentes, mas jamais aos adultos.

501. (Consulplan/TJ/MG/Cartórios/Ingresso/2017) No que toca ao Estatuto da Criança e do Adolescente – Lei n. 8.069/1990, analise as seguintes assertivas, e assinale a alternativa correta:

I. a remissão prevista no Estatuto da Criança e do Adolescente pode ser aplicada em qualquer fase do procedimento menorista, mas uma vez iniciado o procedimento, não prescinde de comprovação da materialidade e da autoria do ato infracional, pois implica em reconhecimento de antecedentes infracionais.
II. não ocorre violação dos princípios do contraditório e da ampla defesa quando a proposta de remissão oferecida pelo Ministério Público é homologada antes da oitiva do adolescente.
III. não há constrangimento ilegal quando a remissão é cumulada com medida de internação, desde que aplicada pelo Juiz, após iniciado o procedimento, pois esse instituto pode ser aplicado juntamente com outras medidas que não impliquem restrição da liberdade do menor, nos exatos termos do art. 127 do Estatuto da Criança e do Adolescente.
IV. a medida aplicada por força da remissão poderá ser revista judicialmente, a qualquer tempo, mediante pedido expresso do adolescente ou de seu representante legal ou do Ministério Público, uma vez que não se trata de medida definitiva, estando sujeita a revisões, de acordo com o comportamento do menor.

Está correto apenas o que se afirma em:

a) I e II.
b) II e III.
c) I e IV.
d) II e IV.

502. (Cetro/TJ/RJ/Cartórios/Ingresso/2017) Uma serventia extrajudicial que cuida do registro civil de pessoas naturais recebe um ofício judicial solicitando informação acerca do registro de nascimento de uma criança. Do que se depreende do teor do referido ofício, é uma ação penal referente a envio de criança ao exterior, tipo penal tratado pelo ECA (Estatuto da Criança e do Adolescente – Lei Federal n. 8.069/1990). Acerca do referido tipo penal, assinale a alternativa correta:

a) é punível tanto aquele que promove ou quanto o que auxilia o envio de criança para o exterior, com intuito de lucro, independentemente da finalidade do envio, para fins lícitos ou ilícitos.
b) o tipo penal estabelecido no ECA é da modalidade material, ou seja, necessita do efetivo envio da criança ao exterior para que se dê a consumação.
c) aquele que auxilia nos atos destinados ao envio de criança ao exterior, sem observação das formalidades legais, incorre em tipo penal diverso, todavia, daquele estabelecido no ECA.
d) o mero uso de passaporte falso perante autoridade de imigração estrangeira com a intenção de reunir a família no exterior se enquadra no tipo penal estabelecido pelo ECA.
e) a utilização de fraude para o envio de criança para o exterior configura falsidade material e ideológica empregada contra a Administração Pública e seus agentes, tão somente.

9.3. Estatuto do Idoso (Lei 10.741/03)

JURISPRUDÊNCIA EM TESES

STJ JurisTese 100-1. O Estatuto do Idoso (Lei n. 10.741/2003) tem aplicação imediata sobre todas as relações jurídicas de trato sucessivo, ainda que firmadas anteriormente à sua vigência, por se tratar de norma cogente.

STJ JurisTese 100-2. O art. 88 do Estatuto do Idoso, que prevê a possibilidade de pagamento das custas processuais ao final do processo, aplica-se somente às ações referentes a interesses difusos, coletivos e individuais indisponíveis ou homogêneos.

STJ JurisTese 100-3. É desnecessária a intervenção do Ministério Público na qualidade de fiscal da lei em demandas que não envolvam direitos coletivos ou em que não haja exposição de idoso aos riscos previstos no art. 43 da Lei n. 10.741/2003.

STJ JurisTese 100-4. Tratando-se de serviço diretamente vinculado ao lazer, o idoso faz jus à benesse legal relativa ao desconto de 50% (cinquenta por cento) no valor do ingresso.

INFORMATIVOS

STF Gratuidade de acesso às salas de cinemas para idosos. É inconstitucional – por tratar de matéria que diz respeito a norma de direito econômico e contrariar a disciplina conferida a benefício já previsto no art. 23 da Lei 10.741/03 (Estatuto do Idoso) – lei municipal que institui o acesso gratuito de idosos às salas de cinema da cidade, de segunda a sexta-feira. A competência para legislar sobre direito econômico é concorrente entre a União, os estados-membros e o DF, e que, inexistindo legislação federal a dispor sobre o tema, o ente federado pode se utilizar de sua competência plena. O poder legislativo municipal possui competência para suplementar a legislação federal e estadual no que couber (CF, art. 30, II). Contudo, é necessário que haja algum elemento de localidade afeto à disciplina legislativa, o que não se vê no caso analisado. O legislador municipal dispôs sobre matéria já prevista em lei federal, não de forma a complementá-la, mas de substituí-la. *ARE 1307028, 2ª T, 22.11.2022. Inf 1077.*

STJ Concessão da justiça gratuita. Associação sem fins lucrativos prestadora de serviços hospitalares. Entidade filantrópica ou sem fins lucrativos destinada à prestação de serviços à pessoa idosa. Art. 51 da Lei 10.741/03 (Estatuto da Pessoa Idosa). Hipossuficiência financeira. Demonstração. Desnecessidade. Às entidades beneficentes prestadoras de serviços à pessoa idosa, em razão do seu caráter filantrópico ou sem fim lucrativo e da natureza do público atendido, é assegurado o direito ao benefício da assistência judiciária gratuita, independentemente da comprovação da insuficiência econômica. *REsp 1742251, 1ª T, 23.8.2022. Inf 746.*

STJ Estatuto da Pessoa Idosa. Violação dos arts. 2º, 3º e 37. Doação. Imóvel rural. Cláusulas de inalienabilidade e impenhorabilidade. Cancelamento. Art. 1.848 do CC. Para o cancelamento de cláusulas de inalienabilidade e de impenhorabilidade em imóvel rural, os dispositivos protetivos do Estatuto da Pessoa Idosa devem ser analisados em conjunto com a exigência de justa causa para manutenção ou levantamento dos gravames. *REsp 2022860, 3ª T, 30.9.2022. Inf 753.*

QUESTÕES OBJETIVAS

503. (Ieses/TJ/TO/Cartórios/Remoção/2022) Segundo o Estatuto do Idoso, aos maiores de (____), fica assegurada a gratuidade dos transportes coletivos públicos urbanos e semiurbanos, exceto nos serviços seletivos e especiais, quando prestados paralelamente aos serviços regulares.

a) 65 (sessenta e cinco) anos.
b) 75 (setenta e cinco) anos.
c) 60 (sessenta) anos.
d) 70 (setenta) anos.

504. (Ieses/TJ/RO/Cartórios/Ingresso/2021) O Estatuto do Idoso (Lei nº 10.741/2003 e suas alterações) inseriu no ordenamento jurídico uma série de normas de proteções ao idoso. A respeito do assunto, leia as assertivas a seguir e responda:

I. Considera-se idosa toda pessoa com idade igual ou superior a 65 (sessenta e cinco) anos.
II. Dentre os idosos, é assegurada prioridade especial aos maiores de 80 (oitenta) anos, atendendo-se suas necessidades sempre preferencialmente em relação aos demais idosos.
III. Considera-se crime induzir pessoa idosa sem discernimento de seus atos a outorgar procuração para fins de administração de bens ou deles dispor livremente, punível com reclusão.
IV. É infração administrativa lavrar ato notarial que envolva pessoa idosa sem discernimento de seus atos, sem a devida representação legal, não sendo punido criminalmente.

Considerando as assertivas acima, assinale a alternativa correta:

a) Apenas estão corretas as assertivas II e III.
b) Apenas estão corretas as assertivas II, III e IV.
c) Apenas a assertiva II está correta.
d) Estão corretas as assertivas I, II, III e IV.

505. (Ieses/TJ/RO/Cartórios/Remoção/2021) De acordo com o estabelecido no Estatuto do Idoso, fica assegurada a gratuidade dos transportes coletivos públicos urbanos e semiurbanos, exceto nos serviços seletivos e especiais, quando prestados paralelamente aos serviços regulares, aos maiores de:

a) 65 (sessenta e cinco) anos.
b) 75 (setenta e cinco) anos.
c) 60 (sessenta) anos.
d) 70 (setenta) anos.

506. (Consulplan/TJ/MS/Cartórios/Ingresso/2021) O Estatuto do Idoso, Lei nº 10.741/2003, contempla disposições voltadas a assegurar os direitos das pessoas idosas, sendo certo que o processo de envelhecimento varia de acordo com a cultura e sociedade em que o indivíduo se insere, dependendo, ainda, da época em que a pessoa vive e dos fatores que a circundam. Acerca da proteção legal conferida ao idoso, assinale a afirmativa que seja contrária à lei mencionada.

a) Por força do caráter solidário do dever de alimentos, o idoso pode optar entre os prestadores.
b) Nos termos da legislação em comento é considerado idosa a pessoa com idade igual ou superior a 65 (sessenta e cinco) anos.
c) Caracteriza dependência econômica para efeitos legais, o acolhimento de idosos em situação de risco social por núcleo familiar.
d) Assegura-se aos maiores de 65 (sessenta e cinco) anos a gratuidade dos transportes coletivos públicos urbanos e semiurbanos, exceto nos serviços seletivos e especiais, quando prestados paralelamente aos serviços regulares.

507. (Consulplan/TJ/MS/Cartórios/Remoção/2021) Como se sabe, ao idoso que esteja no domínio de suas faculdades mentais é assegurado o direito de optar pelo tratamento de saúde que lhe for reputado mais favorável. Entretanto, há situações em que o idoso não se encontra em condições de proceder à opção quando, então, a lei permite que pessoas determinadas façam a escolha do tratamento a ser observado pelo idoso. Assinale a alternativa incorreta por indicar pessoa não autorizada por lei a atuar, em substituição ao idoso, na hipótese descrita.

a) O curador, quando o idoso for interditado.
b) Os familiares, quando o idoso não tiver curador ou este não puder ser contactado em tempo hábil.
c) O próprio médico, quando ocorrer iminente risco de vida e não houver tempo hábil para consulta a curador ou familiar.
d) Pessoa de confiança do idoso, que já tenha atuado em seu favor, ainda que, espontaneamente, ao tempo em que o idoso estava em pleno domínio de suas faculdades mentais.

508. (Cespe/TJ/DFT/Cartórios/Remoção/2019) De acordo com as disposições do Estatuto do Idoso em relação aos procedimentos na administração pública, é assegurada a prioridade de atendimento somente às pessoas com idade a partir de:

a) sessenta e cinco anos, não havendo qualquer prioridade especial.
b) sessenta anos, não havendo qualquer prioridade especial.
c) sessenta e cinco anos, havendo prioridade especial aos maiores de oitenta anos.
d) setenta anos, não havendo qualquer prioridade especial.
e) sessenta anos, havendo prioridade especial aos maiores de oitenta anos.

509. (Consulplan/TJ/MG/Cartórios/Remoção/2017) Em relação ao Estatuto do Idoso (Lei n. 10.741/2003), é correto afirmar:

a) nos programas habitacionais, públicos ou privados subsidiados com recursos públicos, o idoso goza de prioridade na aquisição de imóvel para residência própria, observada a reserva de pelo menos 2% (dois por cento) das unidades habitacionais residenciais para o atendimento aos idosos.
b) ao idoso, com idade superior a 60 (sessenta) anos, fica assegurada a gratuidade do transporte coletivo público urbanos e semiurbanos.
c) o atendimento preferencial imediato e individualizado ao idoso será realizado junto aos órgãos públicos, sendo facultativo nos órgãos privados.
d) na admissão do idoso em qualquer trabalho ou emprego, é vedada a discriminação e a fixação de limite máximo de idade, inclusive para concurso, ressalvados os casos em que a natureza do cargo exigir.

510. (Consulplan/TJ/MG/Cartórios/Remoção/2017) É obrigação assegurar ao idoso, com absoluta prioridade, a efetivação de direitos à vida, à saúde, à alimentação, à educação, à cultura, ao esporte, ao lazer, ao trabalho, à cidadania, à liberdade, à dignidade, ao respeito e à convivência familiar e comunitária. Assim, tais obrigações são:

a) da família e poder público.
b) da comunidade e poder público.
c) da família, sociedade e comunidade.
d) da sociedade, da família, do poder público e da comunidade.

511. (Consulplan/TJ/MG/Cartórios/Ingresso/2017) Ao idoso que esteja no domínio das suas faculdades mentais é assegurado o direito de optar pelo tratamento de saúde que for reputado mais favorável. Porém, não estando o idoso em condições de proceder a opção, está será feita

I. pelo vizinho ou amigo próximo, caso o idoso não tenha familiares.
II. pelo médico, quando ocorrer iminente risco de vida e não houver tempo hábil para consultar o curador ou familiar.
III. pelos familiares, quando o idoso não tiver curador ou este não puder ser contatado em tempo hábil.

Completa corretamente o enunciado:

a) somente a afirmação III.
b) as afirmações I e III.
c) as afirmações II e III.
d) todas as afirmações.

512. (Consulplan/TJ/MG/Cartórios/Ingresso/2017) Nos termos do Estatuto do Idoso, as entidades governamentais de atendimento que descumprirem as suas determinações ficarão sujeitas às seguintes penalidades, exceto:

a) multa.
b) advertência.
c) afastamento provisório de seus dirigentes.
d) afastamento definitivo de seus dirigentes.

9.4. Lei de Alienação Fiduciária em Garantia (DL 911/69)

JURISPRUDÊNCIA EM TESES

STJ **JurisTese 14-1.** É necessária a cientificação do garante acerca da venda do bem dado em alienação fiduciária para que persista sua responsabilidade por eventual saldo devedor.

STJ **JurisTese 14-10.** A mora do devedor, nos contratos de alienação fiduciária, constitui-se "ex re", decorrendo do simples vencimento do prazo para pagamento.

STJ **JurisTese 16-4.** O procedimento da busca e apreensão do Decreto-Lei n. 911/69 somente é aplicável quando o credor fiduciário for instituição financeira lato sensu ou pessoa jurídica de direito público titular de créditos fiscais e previdenciários.

STJ **JurisTese 16-8.** O credor fiduciário responde pelas despesas de guarda e conservação em pátio privado de veículo alienado fiduciariamente em virtude de cumprimento de liminar de busca e apreensão.

STJ **JurisTese 16-10.** Admite-se a manutenção dos bens garantidores da alienação fiduciária na posse do devedor se demonstrada a indispensabilidade de tais bens para o exercício da empresa.

QUESTÕES OBJETIVAS

513. (Ieses/TJ/SC/Cartórios/Ingresso/2019) Segundo o Decreto-Lei n. 911/69:

I. A mora nas obrigações contratuais garantidas por alienação fiduciária decorre do simples vencimento do prazo para pagamento e poderá ser comprovada por carta registrada com aviso de recebimento, não se exigindo que a assinatura constante do referido aviso seja a do próprio destinatário.
II. A disciplina quanto à aplicação do valor obtido com a venda da coisa alienada fiduciariamente, e bem assim a sistemática para constituição em mora do devedor fiduciário, aplicam-se às operações de arrendamento mercantil.
III. Da sentença proferida no respectivo procedimento cabe apelação apenas no efeito devolutivo.
IV. O pedido de recuperação judicial ou extrajudicial pelo devedor nos termos da Lei n. 11.101/05 não impede a busca e apreensão do bem.

É correto o que se afirma em:

a) Apenas I.
b) Apenas I, II e III.
c) I, II, III e IV.
d) Apenas I e II.

514. (Vunesp/TJ/RS/Cartórios/Ingresso/2019) Sr. João, após trabalhar por muitos anos, guardou R$ 200.000,00 (duzentos mil reais) para aquisição de seu imóvel próprio. Encontrou, em Porto Alegre, um apartamento que gostou muito e negociou a compra e venda com o então proprietário, André, pelo valor de R$ 350.000,00 (trezentos e cinquenta mil reais). Do valor total, R$ 200.000,00 (duzentos mil reais) seriam pagos à vista e o saldo (R$ 150.000,00) seria pago ao André por meio de um financiamento bancário. Assim, o Sr. João providenciou o financiamento bancário perante uma renomada instituição financeira, de modo que todas as partes assinaram instrumento contratual de venda e compra com pacto de alienação fiduciária em garantia. Sr. João efetivamente pagou as 10 (dez) parcelas iniciais do financiamento e, após, perdeu seu emprego. Passado o prazo de carência de 3 (três) meses, previsto no contrato, a instituição financeira requereu ao Cartório de Registro de Imóveis (CRI) competente a intimação do fiduciante para purgar a mora. O CRI delegou o ato ao Cartório de Registro de Título e Documentos, que, após diversas tentativas de intimação do fiduciante, constatou efetiva suspeita de ocultação do Sr. João (que não queria receber a intimação pois não tinha recursos para purgar a mora), intimando-o por hora certa. Escoado o prazo para purgar a mora, consolidou-se a propriedade em nome da fiduciária, nomeando-se leiloeiro para realização de público leilão, em duas hastas. Assim, a fiduciária enviou correspondência ao Sr. João, via correios e e-mail, informando-o sobre as datas, horários e locais dos leilões. O imóvel objeto do financiamento é o único de propriedade do Sr. João e onde ele efetivamente reside com sua família. Nesse cenário, assinale a alternativa correta.

a) É possível que o ato de intimação seja delegado do Cartório de Registro de Imóveis para o Cartório de Registro de Título e Documentos, mas a intimação por hora certa é nula, na medida em que esta modalidade de intimação deve ser realizada exclusivamente pela via judicial.
b) Certificado que o Sr. João não possui outros bens imóveis de sua titularidade, não poderia ocorrer a consolidação da propriedade em nome da fiduciária, na medida em que o bem é protegido pela impenhorabilidade inerente ao bem de família.
c) A intimação para purgar a mora é válida, mas é nula a intimação sobre as datas, horários e locais dos leilões, na medida em que a intimação deveria se dar pessoalmente, ainda que houvesse necessidade de intimar o fiduciante novamente por hora certa.
d) O Sr. João tem a prerrogativa de adquirir novamente o imóvel, pelo valor da dívida, somado aos encargos e despesas, até a data do segundo leilão.
e) A intimação para purgar a mora é nula, na medida em que o Cartório de Registro de Imóveis não poderia delegar o ato ao Cartório de Registro de Títulos e Documentos.

515. (Consulplan/TJ/MG/Cartórios/Remoção/2019) Com base na Lei nº 9.514/1997, analise as afirmativas sobre alienação fiduciária de bens imóveis e o procedimento de intimação do devedor fiduciante.

I. A alienação fiduciária poderá ser contratada por pessoa física ou jurídica, não sendo privativa das entidades que operam no SFI, podendo ter como objeto, além da propriedade plena: bens enfitêuticos; o direito de uso especial para fins de moradia; o direito real de uso, desde que suscetível de alienação; a propriedade superficiária.
II. No caso de mora, a intimação far-se-á pessoalmente ao fiduciante, ou ao seu representante legal ou ao procurador regularmente constituído, podendo ser promovida, por solicitação do oficial do Registro de Imóveis, por oficial de Registro de Títulos e Documentos da comarca da situação do imóvel ou do domicílio de quem deva recebê-la, ou pelo correio, com aviso de recebimento.
III. Quando, por duas vezes, o oficial de registro de imóveis ou de registro de títulos e documentos ou o serventuário por eles credenciado houver procurado o intimando em seu domicílio ou residência sem o encontrar, deverá, havendo suspeita motivada de ocultação, intimar qualquer pessoa da família ou, em sua falta, qualquer vizinho de que, no dia útil imediato, retornará ao imóvel, a fim de efetuar a intimação, na hora que designar, aplicando-se subsidiariamente o disposto nos arts. 252, 253 e 254 da Lei nº 13.105, de 16 de março de 2015 (Código de Processo Civil).
IV. Quando o fiduciante, ou seu cessionário, ou seu representante legal ou procurador encontrar-se em local ignorado, incerto ou inacessível, o fato será certificado pelo serventuário encarregado da diligência e informado ao oficial de Registro de Imóveis, que, à vista da certidão, promoverá a intimação por edital publicado durante três dias, pelo menos, em um dos jornais de maior circulação local ou noutro de comarca de fácil acesso, se no local não houver imprensa diária, contado o prazo para purgação da mora da data da última publicação do edital.

Estão corretas as afirmativas:

a) I, II, III e IV.
b) III e IV, apenas.
c) I, II e III, apenas.
d) I, II e IV, apenas.

516. (Vunesp/TJ/RS/Cartórios/Ingresso/2019) Assinale a alternativa correta sobre o direito de propriedade.

a) Na alienação fiduciária em garantia que tenha por objeto bem imóvel, a escritura pública poderá ser substituída por instrumento particular, independentemente do valor do bem.
b) Na prescrição aquisitiva da propriedade imóvel, em regra o possuidor não pode, para o fim de contagem do tempo exigido pela lei, acrescentar à sua posse a posse exercida pelos possuidores antecedentes.
c) Pela regra geral do direito brasileiro, transfere-se a propriedade do bem imóvel, entre vivos, pela confecção do título translativo.
d) O abandono de bem imóvel não configura hipótese de perda definitiva da propriedade, ressalvada a possibilidade de prescrição aquisitiva por terceiros.
e) A escritura pública é instrumento essencial para a validade da transferência da propriedade de bens imóveis, independentemente do valor do bem.

517. (Vunesp/TJ/SP/Cartórios/Ingresso/2018) Em relação à cobrança das prestações vencidas do contrato de alienação fiduciária de imóvel, é correto afirmar que:

a) não cabe ao oficial de registro de imóveis fazer a intimação por hora certa, caso em que o credor fiduciário deverá requerê-la por via judicial.
b) quando o fiduciante for domiciliado em comarca diversa à da situação do imóvel, a intimação deverá ser sempre feita pelo oficial de registro de títulos e documentos da comarca do domicílio de quem deva recebê-la.
c) nos condomínios edilícios ou outras espécies de conjuntos imobiliários com controle de acesso, a intimação poderá ser feita ao funcionário da portaria responsável pelo recebimento da correspondência.
d) a intimação será feita pessoalmente ao fiduciante, ou ao seu representante legal ou procurador regularmente constituído, exceto nos casos de suspeita motivada de ocultação ou quando se encontrar em lugar ignorado, incerto ou inacessível, hipóteses em que a intimação será, respectivamente, feita por hora certa ou por edital.

518. (Ieses/TJ/AM/Cartórios/Ingresso/2018) Relativamente a figura jurídica da Alienação Fiduciária e ao seu procedimento, previstos no Decreto-Lei n. 911/69, assinale a alternativa correta:

a) o pedido de recuperação judicial ou extrajudicial pelo devedor nos termos da Lei n. 11.101, de 9 de fevereiro de 2005, impede a distribuição e a busca e apreensão do bem.

b) da sentença proferida no respectivo feito cabe apelação com efeitos suspensivo e devolutivo.

c) os procedimentos previstos no caput do art. 2 do Decreto-Lei n. 911/69 e no seu § 2º não se aplicam às operações de arrendamento mercantil previstas na forma da Lei n. 6.099, de 12 de setembro de 1974.

d) a mora decorrerá do simples vencimento do prazo para pagamento e poderá ser comprovada por carta registrada com aviso de recebimento, não se exigindo que a assinatura constante do referido aviso seja a do próprio destinatário.

519. (Consulplan/TJ/MG/Cartórios/Remoção/2017) De acordo com o Decreto-Lei n. 911, de 1º de outubro de 1969, que dispõe sobre a alienação fiduciária, assinale a alternativa correta:

a) a alienação fiduciária somente se prova por escrito e seu instrumento, público ou particular, qualquer que seja o seu valor, será obrigatoriamente arquivado, por cópia ou microfilme, no tabelionato de Notas do domicílio do credor, sob pena de não valer contra terceiros.

b) é nula a cláusula que autoriza o proprietário fiduciário a ficar com a coisa alienada em garantia, se a dívida não for paga no seu vencimento.

c) a mora decorrerá do simples vencimento do prazo para pagamento e poderá ser comprovada por carta registrada expedida por intermédio do cartório de Títulos e Documentos ou pelo protesto do título, a critério do credor.

d) é vedada a apreciação de pedido de busca e apreensão em plantão judiciário.

520. (Consulplan/TJ/MG/Cartórios/Remoção/2017) Quanto à constituição em mora em contrato de Alienação Fiduciária, regida pelo Decreto-lei n. 911/69, é correto afirmar:

a) a mora decorrerá do simples vencimento do prazo para pagamento e poderá ser comprovada por carta registrada com aviso de recebimento, não se exigindo que a assinatura constante do referido aviso seja a do próprio destinatário.

b) a mora decorrerá do simples vencimento do prazo para pagamento e poderá ser comprovada por carta registrada com aviso de recebimento, mas se exigindo que a assinatura constante do referido aviso seja a do próprio destinatário.

c) a mora decorrerá do simples vencimento do prazo para pagamento e deverá ser comprovada por notificação feita através de Cartório de Títulos e Documentos, estabelecido na Comarca onde mora ou reside o devedor.

d) a mora decorrerá do simples vencimento do prazo para pagamento e deverá ser comprovada mediante notificação feita através de Cartório de Títulos e Documentos, de qualquer localidade, desde que o devedor a receba pessoalmente.

521. (Consulplan/TJ/MG/Cartórios/Ingresso/2017) Pelo Decreto-Lei n. 911/69, que rege a Alienação Fiduciária em Garantia, após deferida e cumprida a medida liminar de busca e apreensão, é correto afirmar:

a) quinze dias após executada a liminar, consolidar-se-ão a propriedade e a posse plena e exclusiva do bem no patrimônio do credor fiduciário, cabendo às repartições competentes, quando for o caso, expedir novo certificado de registro de propriedade em nome do credor, ou de terceiro por ele indicado, livre do ônus da propriedade fiduciária.

b) no prazo de cinco dias, o devedor fiduciante poderá pagar a integralidade da dívida pendente, segundo os valores apresentados pelo credor fiduciário na inicial, hipótese na qual o bem lhe será restituído livre do ônus.

c) o devedor fiduciante apresentará resposta, defesa ou contestação no prazo de cinco dias da execução da liminar.

d) se o devedor optar em pagar a integralidade da dívida no prazo fixado pelo Decreto-Lei n. 911/69, não poderá apresentar resposta, defesa ou contestação, porque reconheceu a dívida, ficando preclusa a oportunidade de discutir a obrigação contratada com o agente financeiro.

522. (Consulplan/TJ/MG/Cartórios/Remoção/2017) Sobre a alienação fiduciária de bens imóveis, assinale a afirmativa correta:

a) a alienação fiduciária não poderá ser contratada por pessoa física, sendo privativa das entidades que operam no Sistema Financeiro Imobiliário.

b) a alienação fiduciária poderá ter como objeto o direito real de uso, desde que suscetível de alienação, mas não poderá ter como objeto o direito de uso especial para fins de moradia.

c) o contrato que serve de título ao negócio fiduciário conterá o valor do principal da dívida, o prazo, dentre outros requisitos; mas não necessita conter a indicação, para efeito de venda em público leilão, do valor do imóvel e dos critérios para a respectiva revisão.

d) vencida e não paga, no todo ou em parte, a dívida e constituído em mora o fiduciante, consolidar-se-á a propriedade do imóvel em nome do fiduciário; mas, purgada a mora no registro de imóveis, convalescerá o contrato de alienação fiduciária.

9.5. Lei de Direitos Autorais (Lei 9.610/98)

SÚMULAS

STJ Súm. 63. São devidos direitos autorais pela retransmissão radiofônica de músicas em estabelecimentos comerciais.

STJ Súm. 228. É inadmissível o interdito proibitório para a proteção do direito autoral.

STJ Súm. 261. A cobrança de direitos autorais pela retransmissão radiofônica de músicas, em estabelecimentos hoteleiros, deve ser feita conforme a taxa média de utilização do equipamento, apurada em liquidação.

STJ Súm. 403. Independe de prova do prejuízo a indenização pela publicação não autorizada de imagem de pessoa com fins econômicos ou comerciais.

STJ Súm. 502. Presentes a materialidade e a autoria, afigura-se típica, em relação ao crime previsto no artigo 184, § 2º, do CP, a conduta de expor à venda CDs e DVDs piratas.

STJ Súm. 574. Para a configuração do delito de violação de direito autoral e a comprovação de sua materialidade, é suficiente a perícia realizada por amostragem do produto apreendido, nos aspectos externos do material, e é desnecessária a identificação dos titulares dos direitos autorais violados ou daqueles que os representem.

REPERCUSSÃO & REPETITIVOS

STJ Repetitivo 1066. a) A disponibilização de equipamentos em quarto de hotel, motel ou afins para a transmissão de obras musicais, literomusicais e audiovisuais permite a cobrança de direitos autorais pelo Escritório Central de Arrecadação e Distribuição – ECAD". b) A contratação por empreendimento hoteleiro de serviços de TV por assinatura não impede a cobrança de direitos autorais pelo Escritório Central de Arrecadação e Distribuição – ECAD, inexistindo "bis in idem". *REsp 1870771, 24.3.2021.*

INFORMATIVOS

STF Isenção do pagamento de direitos autorais em eventos sem fins lucrativos. É inconstitucional lei estadual que isenta o pagamento de direitos autorais pela execução de obras musicais em eventos sem fins lucrativos promovidos no âmbito de seu território. Os direitos autorais se inserem no ramo do Direito Civil, razão pela qual a norma estadual impugnada é formalmente inconstitucional, pois afronta competência privativa da União para dispor sobre o tema (CF, art. 22, I). Verifica-se, ainda, ter havido o estabelecimento de novas hipóteses de limitação patrimonial não previstas na Lei 9.610/98 (Lei do Direito Autoral), que é a legislação federal específica sobre o tema e que não é passível de alteração por norma estadual ou municipal. *ADI 6151, 7.10.2022. Pleno. Inf 1071.*

STJ Direito autoral. Utilização indevida de obra. Ferramenta de busca na Internet. Formato de apresentação dos resultados. Não valoração por razões estéticas. Ausência de proteção. Formato novo. Utilização comercial admitida. Plágio afastado. A idealização de um novo formato gráfico para apresentação de resultados de buscas na rede mundial de computadores, a despeito do seu registro em Cartório de Títulos e Documentos, não possui proteção dos desenhos industriais e não pode ser conceituada como obra autoral, afastando a eventual caracterização de plágio. *REsp 1561033, 4ª T, 20.9.2022. Inf 750.*

STJ Masters de obra musical. Propriedade. Gravadora. Legalidade. É legal a cláusula contratual que confere à gravadora a propriedade dos masters de obra musical. *REsp 1727950, 3ª T, 8.3.2022. Inf 728.*

STJ Direitos autorais. Paródia. Previsão legal expressa. Requisitos. Art. 47 da Lei 9.610/98. Divulgação do nome do autor da obra originária. Ausência de obrigatoriedade. Ofensa a direito moral do autor. Inocorrência. É lícita a divulgação de paródia sem a indicação do autor da obra originária. *REsp 1967264, 3ª T, 18.2.2022. Inf 725.*

QUESTÕES OBJETIVAS

523. (Ieses/TJ/RO/Cartórios/Remoção/2021) Conforme dispõe a legislação sobre direitos autorais, são obras intelectuais protegidas as criações do espírito, expressas por qualquer meio ou fixadas em qualquer suporte, tangível ou intangível, conhecido ou que se invente no futuro, tais como:

I. As composições musicais, tenham ou não letra.
II. As conferências, alocuções, sermões e outras obras da mesma natureza.
III. Os programas de computador.
IV. Os textos de obras literárias, artísticas ou científicas.

A sequência correta é:

a) Apenas as assertivas I e II estão corretas.
b) Apenas a assertiva II está incorreta.
c) As assertivas I, II, III e IV estão corretas.
d) Apenas as assertivas I, II e III estão corretas.

524. (Cetro/TJ/RJ/Cartórios/Remoção/2017) Carlos recebeu uma boa proposta para cessão parcial de seus direitos de autor sobre uma obra que lhe foi encomendada. Acerca de como proceder no caso e com base no que dispõe a Lei Federal n. 9.610/1998, analise as assertivas abaixo.

I. é condição "sine qua non", para proteção legal referente aos direitos autorais, que Carlos efetue o registro de sua obra.
II. a cessão parcial dos direitos de autor de Carlos deverá ser efetuada por escrito, presumidamente onerosa, pelo período máximo de 5 (cinco) anos.
III. a averbação da cessão dos direitos de Carlos deve ser posta à margem do registro das obras na Biblioteca Nacional, obrigatoriamente, sendo o registro do instrumento em Cartório de Títulos e Documentos complemento facultativo.

É correto o que se afirma em:

a) II, apenas.
b) II e III, apenas.
c) I, II e III.
d) I e II, apenas.
e) I e III, apenas.

9.6. *Lei de Introdução às Normas do Direito Brasileiro (DL 4.657/42)*

QUESTÕES OBJETIVAS

525. (Ieses/TJ/RO/Cartórios/Ingresso/2021) A Lei de Introdução às normas do Direito Brasileiro (Decreto-Lei nº 4.657 / 1942 e suas alterações) apresenta regras a respeito da aplicação da lei o tempo e lugar. A respeito do assunto, leia as assertivas a seguir e responda:

I. As autoridades consulares brasileiras poderão celebrar a separação consensual e o divórcio consensual de brasileiros, não havendo filhos menores ou incapazes do casal e observados os requisitos legais quanto aos prazos, devendo constar da respectiva escritura pública as disposições relativas à descrição e à partilha dos bens comuns e à pensão alimentícia e, ainda, ao acordo quanto à retomada pelo cônjuge de seu nome de solteiro ou à manutenção do nome adotado quando se deu o casamento.
II. Tratando-se de brasileiros, são competentes as autoridades consulares brasileiras para lhes celebrar o casamento e os mais atos de Registro Civil e de tabelionato, exceto o registro de nascimento e de óbito dos filhos de brasileiro ou brasileira nascido no país da sede do Consulado.
III. A sucessão de bens de estrangeiros, situados no País, será regulada pela lei brasileira em benefício do cônjuge ou dos filhos brasileiros, ou de quem os represente, sempre que não lhes seja mais favorável a lei pessoal do de cujus.
IV. O regime de bens, legal ou convencional, obedece à lei do país em que tiverem os nubentes domicílio, e, se este for diverso, a do primeiro domicílio conjugal.

Considerando as assertivas acima, assinale a alternativa correta:

a) Apenas estão corretas as assertivas II e III.
b) Apenas a assertiva I está correta.
c) Estão corretas as assertivas I, II, III e IV.
d) Apenas estão corretas as assertivas I, III e IV.

526. (Consulplan/TJ/MS/Cartórios/Ingresso/2021) Um estado da federação legislou concedendo medida de incentivo à doação de sangue, por meio da garantia de pagamento de meia entrada para doadores regulares de sangue em todos os estabelecimentos mantidos pelas entidades e órgãos da administração pública e privada daquele ente. Para tanto o texto de lei em questão esclareceu que se consideram doadores regulares de sangue aqueles registrados no hemocentro e nos bancos de sangue dos hospitais do Estado, identificados por documento oficial expedido pela Secretaria de Estado da Saúde – SESA. Considerando a situação hipotética de lei posterior que cuide de estabelecer disposições especiais pertinentes à lei mencionada no caput, tem-se por correta a afirmativa acerca da vigência do texto de lei inicial:

a) A especialidade das previsões de nova lei implica a revogação do texto de lei anterior.
b) A lei nova apenas modifica a lei anterior, em razão da previsão de disposições especiais.
c) O texto de lei inicial é revogado, tendo em vista a especialidade das disposições contempladas na lei posterior.
d) Permanece vigente e inalterado o texto de lei original, vez que lei nova que preveja disposições gerais ou especiais consoantes as existentes não tem força para alterá-lo ou retirar-lhe vigência.

527. (Consulplan/TJ/MG/Cartórios/Ingresso/2019) Tendo em vista as disposições da Lei de Introdução às Normas do Direito Brasileiro, assinale a alternativa correta.

a) Nos estados estrangeiros, a obrigatoriedade da lei brasileira, quando admitida, se inicia sessenta dias depois de oficialmente publicada.

b) A lei brasileira será aplicada ao casamento de estrangeiros realizado no Brasil, quanto aos impedimentos dirimentes e às formalidades da celebração.

c) Somente nas hipóteses em que estabeleça disposições gerais a par das já existentes a lei nova não revoga nem modifica a lei anterior, posto que se a lei nova estabelecer disposições especiais a par das já existentes, revogará a lei anterior.

d) O estrangeiro casado, que se naturalizar brasileiro, pode, independentemente de anuência do cônjuge, requerer ao juiz, no ato da entrega do decreto de naturalização, que se apostile ao mesmo a adoção do regime de comunhão parcial de bens, respeitados os direitos de terceiros e dada esta adoção ao competente registro.

528. (Consulplan/TJ/MG/Cartórios/Ingresso/2019) Considerando a disciplina saída da Lei de Introdução às Normas do Direito Brasileiro, assinale a alternativa correta.

a) A lei do último domicílio do falecido regula a capacidade para suceder.

b) A sucessão de bens de estrangeiros, situados no país, será regulada pela lei brasileira em benefício do cônjuge ou dos filhos brasileiros, mesmo nas hipóteses em que a lei pessoal do falecido lhes seja mais favorável.

c) As organizações destinadas a fins de interesse coletivo, como as sociedades e as fundações, obedecem à lei do Estado em que se constituírem, mas só poderão ter filiais no Brasil depois que os seus atos constitutivos forem aprovados pelo Governo brasileiro, ficando sujeitas à lei brasileira.

d) Os governos estrangeiros, bem como as organizações de qualquer natureza, que eles tenham constituído, dirijam ou hajam investido de funções públicas, poderão adquirir no Brasil bens imóveis além daqueles destinados à sede de sua representação, desde que essa aquisição seja precedida de autorização do Senado Federal.

529. (UFPR/TJ/PR/Cartórios/Remoção/2019) Recentemente, foi publicada a Lei 13.655/18, que alterou alguns dispositivos da Lei de Introdução às Normas do Direito Brasileiro. Foram inseridas disposições sobre segurança jurídica e eficiência na criação e na aplicação do direito público que impactam diretamente o controle da Administração Pública. Com base nessa modificação legislativa, assinale a alternativa correta.

a) Nas esferas administrativa, controladora e judicial, está vedada a decisão com base em valores jurídicos abstratos.

b) Na interpretação de normas sobre gestão pública, serão considerados os obstáculos e as dificuldades do gestor, bem como as exigências das políticas públicas, não sendo relevante, para esse fim, a existência de prejuízo aos direitos dos administrados.

c) A motivação fica dispensada de demonstrar a adequação exata da medida imposta nos casos de invalidação de contrato administrativo, desde que respeitado o devido processo legal.

d) Em decisão sobre a regularidade da conduta administrativa, serão consideradas as circunstâncias práticas que se impuseram à condição do agente.

e) A nova legislação passa a permitir a incidência do bis in idem na aplicação de sanções administrativas.

530. (UFPR/TJ/PR/Cartórios/Remoção/2019) Pierre, após ser aprovado em Concurso Público de Provas e Títulos, assume o cargo de juiz federal. Movido por profunda paixão acadêmica, percebe a ampla possibilidade, adquirida com a assunção ao cargo, de aplicar em suas decisões judiciais todos os seus valores morais mais nobres em direção à realização da Justiça Social. Suas decisões judiciais passam a contar com teses inovadoras e profundamente vanguardistas, contudo, elas não observam as consequências práticas advindas da aplicação daqueles postulados. Sem perceber, inexperiente, Pierre produz uma série de danos à sociedade e ao povo brasileiro ao decidir sem tomar em conta os impactos econômicos e sociais. A fim de evitar situações como a descrita, a Lei de Introdução às Normas do Direito Brasileiro sofreu algumas alterações. Levando em consideração algumas de suas principais modificações, assinale a alternativa correta.

a) Nas esferas administrativa, controladora e judicial, não se decidirá com base em valores jurídicos abstratos sem que sejam consideradas as consequências práticas da decisão.

b) A motivação demonstrará a necessidade e a adequação da medida imposta ou da invalidação de ato, contrato, ajuste, processo ou norma administrativa, ressalvadas as possíveis alternativas.

c) Pierre poderá indicar de modo expresso as consequências jurídicas e administrativas de sua decisão, ficando isento de responsabilidade para esses casos.

d) Se Pierre estiver decidindo acerca de um caso que envolva certa e determinada política pública, sua tese, ainda que vanguardista, não poderá levar em consideração os obstáculos e as dificuldades reais do gestor que as administra e implementa.

e) As modificações na Lei de Introdução às Normas do Direito Brasileiro foram produzidas atendendo-se à eficiência, ainda que em desfavor da segurança jurídica das decisões, que podem, a qualquer tempo, sofrer modificações, a fim de se adequarem à realidade.

531. (Vunesp/TJ/RS/Cartórios/Ingresso/2019) É correto afirmar que a repristinação, no direito brasileiro, é:

a) permitida, desde que haja expressa previsão sobre a restauração de vigência da lei outrora revogada.

b) vedada, com o objetivo de preservar a segurança jurídica, não se admitindo em qualquer hipótese.

c) permitida e presumida, restaurando-se a vigência da lei outrora revogada tão logo a lei revogadora tiver perdido sua vigência.

d) permitida, mas limitada aos casos em que a lei revogadora é de vigência temporária.

e) permitida, desde que a haja vacatio legis de pelo menos 45 (quarenta e cinco) dias para que a lei outrora revogada tenha sua vigência restabelecida.

532. (Cespe/TJ/DFT/Cartórios/Ingresso/2019) Sinésio, turista brasileiro em Las Vegas, compareceu a um cassino naquela cidade norte-americana, cuja atividade é lícita, e contraiu dívida de U$ 1.000.000. Ao encerrar a jogatina, Sinésio saiu do local sem efetuar o pagamento e, no dia seguinte, retornou ao Brasil. Passado algum tempo, ele foi comunicado da existência de uma ação de cobrança proposta no Brasil pela sociedade empresária administradora do cassino. A autora da ação alega que a obrigação regularmente contraída nos Estados Unidos da América não foi paga. Inconformado, Sinésio sustenta que a cobrança é ilícita, pois o jogo explorado por cassinos é proibido pela legislação brasileira. Além disso, segundo Sinésio, por ser esse um jogo proibido, a dívida é inexigível judicialmente, e entender o fato de modo diverso geraria violação à soberania brasileira. Considerando-se essa situação hipotética, o entendimento do STJ e as previsões contidas na Lei de Introdução às Normas do Direito Brasileiro (LINDB), é correto afirmar que:

a) a dívida de jogo contraída por Sinésio é uma obrigação natural e, portanto, exigível judicialmente.

b) a dívida de jogo contraída por Sinésio é uma obrigação civil, porém a sua exigibilidade afronta a soberania brasileira.

c) a dívida de jogo contraída por Sinésio no exterior é exigível no Brasil, pois deve ser observada a legislação do país de origem da dívida.

d) a dívida de jogo contraída no exterior por Sinésio, por violar os bons costumes nacionais, não poderá ser exigida no Brasil.
e) a dívida de jogo contraída por Sinésio no exterior não pode ser cobrada no Brasil, pois afronta a ordem pública brasileira.

533. (Ieses/TJ/SC/Cartórios/Remoção/2019) Assinale a alternativa incorreta:

a) Quando a lei for omissa, o juiz decidirá o caso de acordo com a analogia, os costumes e os princípios gerais de direito.
b) A lei posterior revoga a anterior quando expressamente o declare, quando seja com ela incompatível ou quando regule inteiramente a matéria de que tratava a lei anterior.
c) Ninguém se escusa de cumprir a lei, alegando que não a conhece.
d) A lei revogada se restaura sempre por ter a lei revogadora perdido a vigência.

534. (Ieses/TJ/CE/Cartórios/Remoção/2018) Considerando o disposto na Lei de Introdução às Normas do Direito Brasileiro, podemos afirmar que:

I. não se destinando à vigência temporária, a lei terá vigor até que outra a modifique ou revogue.
II. as correções a texto de lei já em vigor consideram-se lei nova.
III. a lei nova, que estabeleça disposições gerais ou especiais a par das já existentes, revoga a lei anterior.
IV. a Lei em vigor terá efeito imediato e geral, respeitados o ato jurídico perfeito, o direito adquirido e a coisa julgada.

A sequência correta é:

a) as assertivas I, II, III e IV estão corretas.
b) apenas a assertiva I está incorreta.
c) apenas as assertivas I, II e IV estão corretas.
d) apenas as assertivas I e IV estão corretas.

535. (Ieses/TJ/AM/Cartórios/Remoção/2018) Conforme preconiza a Lei de Introdução às Normas do Direito Brasileiro, é correto afirmar:

I. ninguém se escusa de cumprir a lei, alegando que não a conhece.
II. salvo disposição contrária, a lei começa a vigorar em todo o país noventa dias depois de oficialmente publicada.
III. na aplicação da lei, o juiz atenderá aos fins sociais a que ela se dirige e às exigências do bem comum.
IV. as correções a texto de lei já em vigor consideram-se lei nova.

A sequência correta é:

a) apenas as assertivas I e IV estão corretas.
b) apenas a assertiva III está correta.
c) as assertivas I, II, III e IV estão corretas.
d) apenas a assertiva II está incorreta.

536. (Ieses/TJ/AM/Cartórios/Remoção/2018) Segundo a Lei de Introdução às Normas do Direito Brasileiro será executada no Brasil a sentença proferida no estrangeiro, que reúna os seguintes requisitos, exceto:

a) haver sido proferida por juiz competente e terem sido as partes citadas ou haver-se legalmente verificado à revelia.
b) ter passado em julgado e estar revestida das formalidades necessárias para a execução no lugar em que foi proferida.
c) estar traduzida por intérprete autorizado.
d) ter sido homologada pelo Superior Tribunal de Justiça.

537. (Ieses/TJ/RO/Cartórios/Ingresso/2017) A Lei de Introdução regula as questões relativas à aplicabilidade de normas relativas às questões familiares e sucessórias de estrangeiros no Brasil. Com base nisso, responda as questões:

I. o regime de bens, legal ou convencional, obedece às regras do país em que tiverem os nubentes domicílio, e, se este for diverso, o do primeiro domicílio conjugal.
II. a sucessão de bens de estrangeiros, situados no país, obedecerá à lei do país em que era domiciliado, independentemente da existência ou não de filhos ou cônjuge brasileiro.
III. caso o casamento seja realizado no Brasil, as regras de impedimentos e formalidades da celebração serão as da lei brasileira.

Assinale a correta:

a) todas as assertivas são verdadeiras.
b) todas as assertivas são falsas.
c) apenas a assertiva III é verdadeira.
d) apenas as assertivas I e III são verdadeiras.

9.7. Lei de Locações de Imóveis Urbanos (Lei 8.245/91)

SÚMULAS

STF **Súm. 158.** Salvo estipulação contratual averbada no registro imobiliário, não responde o adquirente pelas benfeitorias do locatário.

STF **Súm. 374.** Na retomada para construção mais útil, não é necessário que a obra tenha sido ordenada pela autoridade pública.

STF **Súm. 409.** Ao retomante, que tenha mais de um prédio alugado, cabe optar entre eles, salvo abuso de direito.

STF **Súm. 410.** Se o locador, utilizando prédio próprio para residência ou atividade comercial, pede o imóvel locado para uso próprio, diverso do que tem o por ele ocupado, não está obrigado a provar a necessidade, que se presume.

STF **Súm. 411.** O locatário autorizado a ceder a locação pode sublocar o imóvel.

STF **Súm. 442.** A inscrição do contrato de locação no registro de imóveis, para a validade da cláusula de vigência contra o adquirente do imóvel, ou perante terceiros, dispensa a transcrição no registro de títulos e documentos.

STF **Súm. 449.** O valor da causa, na consignatória de aluguel, corresponde a uma anuidade.

STF **Súm. 483.** É dispensável a prova da necessidade, na retomada do prédio situado em localidade para onde o proprietário pretende transferir residência, salvo se mantiver, também, a anterior, quando dita prova será exigida.

STF **Súm. 486.** Admite-se a retomada para sociedade da qual o locador, ou seu cônjuge, seja sócio, com participação predominante no capital social.

STJ **Súm. 214.** O fiador na locação não responde por obrigações resultantes de aditamento ao qual não anuiu.

STJ **Súm. 268.** O fiador que não integrou a relação processual na ação de despejo não responde pela execução do julgado.

STJ **Súm. 335.** Nos contratos de locação, é válida a cláusula de renúncia à indenização das benfeitorias e ao direito de retenção.

JURISPRUDÊNCIA EM TESES

STJ **JurisTese 53-1.** O Código de Defesa do Consumidor não é aplicável aos contratos locatícios regidos pela Lei n. 8.245/91.

STJ **JurisTese 53-2.** É inadmissível a oposição de embargos de terceiros em execução de sentença prolatada em ação de despejo, ressalvada a hipótese de comprovada sublocação legítima, com ausência de intimação do sublocatário.

STJ **JurisTese 53-3.** Na ação de despejo por falta de pagamento, não se admite a cumulação do pedido de purgação da mora com o oferecimento de contestação, motivo pelo qual não se faz obrigatório o depósito dos valores tidos por incontroversos.

STJ **JurisTese 53-4.** É indispensável a notificação pessoal do locatário por meio de mandado de despejo, no qual conste o prazo de 30 dias disposto no art. 74 da Lei n. 8.245/91, para que proceda à desocupação do imóvel em execução provisória.

STJ **JurisTese 53-5.** A Lei n. 12.112/2009, que alterou regras e procedimentos sobre locação de imóvel urbano, por se tratar de norma processual tem aplicação imediata, inclusive a processos em curso.

STJ JurisTese 53-6. Havendo mais de um locatário, é válida a fiança prestada por um deles em relação aos demais, o que caracteriza fiança recíproca.

STJ JurisTese 53-10. Se o fiador não participou da ação de despejo, a interrupção da prescrição para a cobrança dos aluguéis e acessórios não o atinge.

STJ JurisTese 53-11. Na vigência da Lei n. 8.245/91, havendo mais de um locador ou locatário, presume-se a existência de solidariedade entre eles, salvo estipulação contratual em contrário, nos termos do art. 2º do referido diploma.

STJ JurisTese 53-12. Nas ações de despejo, renovatória ou revisional o recurso de apelação terá apenas efeito devolutivo, nos termos do art. 58, V, da Lei n. 8.245/1991.

STJ JurisTese 53-13. Em casos excepcionais, o relator pode atribuir efeito suspensivo à apelação interposta nas ações de despejo, renovatória ou revisional – art. 558, parágrafo único, do CPC.

STJ JurisTese 53-14. O art. 19 da n. Lei 8.245/91, ao regular a revisão judicial do aluguel, consagrou a adoção da teoria da imprevisão no âmbito das locações urbanas, disponibilizando aos contratantes instrumento jurídico para a manutenção do equilíbrio econômico do contrato.

STJ JurisTese 53-15. O prazo máximo de prorrogação do contrato locatício não residencial estabelecido em ação renovatória é de cinco anos.

STJ JurisTese 53-16. O direito à indenização pelo fundo de comércio – art. 52, § 3º, da Lei n. 8.245/91 – está intrinsecamente ligado ao exercício da ação renovatória prevista no art. 51 do referido diploma.

STJ JurisTese 53-17. A locação de imóvel urbano para a exploração de serviço de estacionamento não afasta a incidência do Lei n. 8.245/91.

STJ JurisTese 53-19. Aplicam-se, por analogia, os direitos de indenização e retenção previstos no art. 35 da Lei de Locações às acessões edificadas no imóvel locado.

STJ JurisTese 53-20. Nas ações de despejo, o direito de retenção por benfeitorias deve ser exercido no momento em que apresentada a contestação, admitindo-se ainda, que a matéria seja alegada por meio de reconvenção.

STJ JurisTese 53-21. O contrato de locação com cláusula de vigência, ainda que não averbado junto ao registro de imóveis, não pode ser denunciado pelo adquirente do bem, caso dele tenha tido ciência inequívoca antes da aquisição.

STJ JurisTese 53-22. O prazo prescricional da pretensão de cobrança de aluguéis e acessórios do contrato de locação é de três anos – art. 206, § 3º, I, do CC/2002, sujeitando-se o termo inicial à entrada em vigor do referido Código, nos termos do art. 2.028.

STJ JurisTese 133-12. O direito real de adjudicação somente será exercitável se o locatário efetuar o depósito do preço do bem e das demais despesas de transferência; formular o pedido de adjudicação no prazo de 6 (seis) meses do registro do contrato de compra e venda do imóvel; bem como promover a averbação do contrato de locação assinado por duas testemunhas na matrícula do bem no Cartório de Registro de Imóveis, 30 (trinta) dias antes da referida alienação.

INFORMATIVOS

STF Covid-19: Retomada das ações de reintegração de posse suspensas em razão da pandemia. Em face do arrefecimento dos efeitos da pandemia, cabe adotar um regime de transição para a retomada das reintegrações de posse suspensas em decorrência da doença, por meio do qual os tribunais deverão instalar comissões para mediar eventuais despejos antes de qualquer decisão judicial, a fim de reduzir os impactos habitacionais e humanitários em casos de desocupação coletiva. *ADPF 828 TPI-4ª-Ref, 2.11.2022. Pleno. Inf 1075.*

STJ Ação renovatória de contrato de locação comercial. Pretensão do locador de ver repetido o prazo do contrato original. Impossibilidade. Prazo máximo de prorrogação de cinco anos. O prazo máximo da renovação compulsória do contrato de locação comercial será de cinco anos, ainda que a vigência da avença locatícia supere esse período. *REsp 1990552, 4ª T, 17.5.2022. Inf 737.*

STJ Ação renovatória de locação. Diferenças dos aluguéis vencidos. Termo inicial dos juros de mora. Prazo fixado na sentença transitada em julgado. Intimação para o cumprimento de sentença. O termo inicial dos juros de mora relativos às diferenças dos aluguéis vencidos será a data para pagamento fixada na própria sentença transitada em julgado (mora "ex re") ou a data da intimação do devedor – prevista no art. 523 do CPC – para pagamento no âmbito da fase de cumprimento de sentença (mora "ex persona") *REsp 1929806, 3ª T, 13.12.2021. Inf 722.*

STJ Ação renovatória. Locação de imóvel não residencial. Diferença dos aluguéis. Juros moratórios. Termo inicial. Trânsito em julgado (mora "ex re"). Intimação do devedor (mora "ex persona"). O termo inicial dos juros de mora incidentes sobre as diferenças entre os valores do aluguel estabelecido no contrato e aquele fixado na ação renovatória será a data para pagamento fixada na própria sentença transitada em julgado (mora "ex re") ou a data da intimação do devedor para pagamento na fase de cumprimento de sentença (mora "ex persona"). *REsp 1888401, 3ª T, 5.4.2022. Inf 732.*

STJ Alienação de imóvel. Vigência de contrato de locação. Denúncia pelo adquirente. Pretensão de retomada do bem. Ação de despejo. Necessidade. Arts. 5º e 8º da Lei 8.245/91. Para a retomada da posse direta por adquirente de imóvel objeto de contrato de locação, o rito processual adequado é o da ação de despejo, sob pena de malferir o direito de terceiro que regularmente ocupa o bem. *REsp 1864878, 3ª T, 5.9.2022. Inf 751.*

STJ Condomínio. Uso exclusivo por um dos coproprietários. Inadimplência. Obrigação indenizatória. Pagamento de aluguel. Natureza "propter rem" da obrigação. Impenhorabilidade do bem de família. Afastamento. A obrigação do coproprietário de pagar alugueres de imóvel que este utiliza com exclusividade, como moradia por sua família, em favor do outro configura-se como "propter rem" afastando, assim, a impenhorabilidade do bem de família. *REsp 1888863, 3ª T, 20.5.2022. Inf 748.*

STJ Contrato de locação comercial. Caução. Imóvel pertencente a sociedade empresária. Empresa de pequeno porte. Moradia do sócio. Proteção da impenhorabilidade. Cabimento. Art. 3º, VII, da Lei 8.009/90. Inaplicabilidade. O imóvel dado em caução em contrato de locação comercial, que pertence a determinada sociedade empresária e é utilizado como moradia por um dos sócios, recebe a proteção da impenhorabilidade de bem de família. *REsp 1935563, 3ª T, 3.5.2022. Inf 735.*

STJ Contrato de locação comercial. Lei 8.245/91. Prazo de 60 dias. Faculdade do locatário para exigir prestação de contas. Prazo sem natureza decadencial. O prazo de 60 dias para exigir prestação de contas, previsto no art. 54, § 2º, da Lei 8.245/91, refere-se a um intervalo mínimo a ser respeitado pelo locatário para promover solicitações desta natureza e, portanto, não é decadencial. *REsp 2003209, 3ª T, 30.9.2022. Inf 753.*

STJ Locação não residencial. Empresa de coworking. Superveniência de fato imprevisível ou extraordinário. Desequilíbrio estrutural na relação entre as partes. Efeitos da pandemia pela Covid-19. Revisão contratual. Cabimento. É cabível revisão judicial de contrato de locação não residencial – empresa de coworking – com redução proporcional do valor dos aluguéis em razão de fato superveniente decorrente da pandemia da Covid-19. *REsp 1984277, 4ª T, 16.8.2022. Inf 745.*

QUESTÕES OBJETIVAS

538. (Ieses/TJ/TO/Cartórios/Ingresso/2022) De acordo com a Lei de Locações (Lei 8.245/91), analise as assertivas:

I. Os contratos de locação com prazo superior a dez anos dependem de vênia conjugal.
II. Morrendo o locatário, extingue-se a locação.
III. Morrendo o locador, a locação transmite-se aos herdeiros.

Com base nas assertivas acima, assinale a alternativa correta:

a) Apenas a assertiva II está correta.
b) Apenas a assertiva III está correta.
c) Todas as assertivas estão corretas.
d) Estão corretas apenas as assertivas I e III.

539. (Ieses/TJ/RO/Cartórios/Remoção/2021) No contrato de locação, segundo a Lei nº 8.245/91, pode o locador exigir do locatário as seguintes modalidades de garantia:

I. Cessão fiduciária de quotas de fundo de investimento.
II. Fiança.
III. Seguro de fiança locatícia.
IV. Caução.

A sequência correta é:

a) Apenas as assertivas I e III estão corretas.
b) Apenas a assertiva II está incorreta.
c) Apenas as assertivas I, II e III estão corretas.
d) As assertivas I, II, III e IV estão corretas.

540. (Consulplan/TJ/MS/Cartórios/Remoção/2021) Anita locou a Léo um imóvel residencial pelo período de 36 (trinta e seis) meses pelo valor mensal de R$ 350,00 (trezentos e cinquenta reais), reajustáveis anualmente pelo IGPM, com vencimento a todo dia 10 (dez), iniciando-se em 10/01/2017. Ocorre que, ultrapassado o prazo contratual, Léo permaneceu no imóvel sem qualquer provocação por Anita, que, em 03/03/2020, veio a notificá-lo para desocupação do imóvel em 24 (vinte e quatro) horas em razão do término do prazo contratual em janeiro de 2020. Atentando-se a que a Lei nº 8.245/91 rege as locações dos imóveis urbanos, assinale a alternativa correta aplicável à situação hipotética exposta.

a) Anita deveria ter denunciado o contrato, concedendo o prazo de 30 (trinta) dias para desocupação por Léo.
b) Léo deve desocupar o imóvel no prazo estabelecido por Anita, pois, com a prorrogação do contrato, Anita poderia denunciá-lo a qualquer tempo.
c) Léo deve desocupar o imóvel, pois o contrato foi celebrado por prazo determinado, tornando-se infrator ao permanecer no imóvel por prazo superior ao estabelecido.
d) A providência de Anita é indevida, pois deveria ao 35º (trigésimo quinto) mês notificar Léo do encerramento do contrato no 36º (trigésimo sexto) mês, para que houvesse a devolução do imóvel.

541. (Ieses/TJ/SC/Cartórios/Ingresso/2019) Segundo a Lei de Locações de imóveis urbanos:

I. É livre a convenção do aluguel, vedada a sua estipulação em moeda estrangeira e a sua vinculação à variação cambial ou ao salário mínimo.
II. O direito de preferência do locatário caducará se não manifestada, de maneira inequívoca, sua aceitação integral à proposta, no prazo de quarenta e cinco dias.
III. Considera-se locação para temporada aquela destinada à residência temporária do locatário, para prática de lazer, realização de cursos, tratamento de saúde, feitura de obras em seu imóvel, e outros fatos que decorrem tão-somente de determinado tempo, e contratada por prazo não superior a noventa dias, esteja ou não mobiliado o imóvel.
IV. O despejo não poderá ser executado até o trigésimo dia seguinte ao do falecimento do cônjuge, ascendente, descendente ou irmão de qualquer das pessoas que habitem o imóvel.

É correto o que se afirma em:

a) I e II.
b) I, II e III.
c) I, III e IV.
d) II, III e IV.

542. (Ieses/TJ/SC/Cartórios/Ingresso/2019) A respeito da locação de imóveis urbanos regida pela Lei 8.245, de 18.10.1991:

I. O locatário poderá denunciar a locação por prazo indeterminado mediante aviso por escrito ao locador, com antecedência mínima de trinta dias.
II. Salvo disposição contratual em contrário, as benfeitorias necessárias e úteis introduzidas pelo locatário, ainda que não autorizadas pelo locador, serão indenizáveis e permitem o exercício do direito de retenção.
III. É vedada, sob pena de nulidade, mais de uma das modalidades de garantia num mesmo contrato de locação.
IV. Não estando a locação garantida por qualquer das modalidades, o locador poderá exigir do locatário o pagamento do aluguel e encargos até o décimo dia útil do mês vincendo.

Aponte as afirmativas falsas:

a) II e IV.
b) II e III.
c) I e II.
d) III e IV.

543. (Vunesp/TJ/SP/Cartórios/Ingresso/2018) Sobre as ações de despejo decorrentes de locação de imóvel residencial urbano, é correto afirmar que:

a) se fundadas em falta de pagamento, caberá liminar para desocupação se o contrato trouxer somente a fiança como garantia.
b) a execução provisória do despejo por infração legal ou contratual dependerá de caução, real ou fidejussória, não inferior a seis meses nem superior a doze meses do aluguel.
c) devem sempre estar instruídas com a prova da propriedade do imóvel ou do compromisso, ainda que seja por denúncia vazia.
d) é competente para conhecer e julgar tais ações o foro do lugar da situação do imóvel, salvo se outro houver sido eleito no contrato.

544. (Consulplan/TJ/MG/Cartórios/Remoção/2017) No contrato de locação, pode o locador exigir do locatário, num mesmo contrato, as seguintes modalidades de garantia, exceto:

a) fiança.
b) cessão fiduciária de quotas de fundo de investimento.
c) caução.
d) seguro de fiança locatícia e caução.

545. (Consulplan/TJ/MG/Cartórios/Ingresso/2017) Apesar da Lei de Locação, continuam os seguintes tipos de locações sendo regidos pelo Código Civil, exceto:

a) imóveis de propriedade da União.
b) imóveis de propriedade do Estado-membro.
c) imóveis de propriedade das fundações privadas.
d) vagas autônomas de garagem.

546. (Consulplan/TJ/MG/Cartórios/Ingresso/2017) Acerca de locação, é correto afirmar:

a) considera-se locação residencial quando o locatário for pessoa jurídica e o imóvel destina-se ao uso dos seus titulares, diretores, sócios, gerentes e empregados.
b) nas locações residenciais ajustadas por escrito e por prazo inferior a trinta meses, a resolução do contrato ocorrerá findo o prazo estipulado, independentemente de notificação ou aviso.
c) o locatário somente terá direito à renovação do contrato nas locações de imóveis destinados ao comércio, se o contrato a renovar tenha sido celebrado por escrito e com prazo determinado.
d) a locação residencial prosseguirá automaticamente com o cônjuge ou companheiro(a) que permanecer no imóvel, em caso de separação de fato ou dissolução de união estável, devendo a sub-rogação ser comunicada por escrito ao locador e fiador, se esta foi a modalidade de garantia locatícia.

547. (Consulplan/TJ/MG/Cartórios/Ingresso/2017) Quanto à locação urbana, regida pela Lei n. 8.245/91, é correto afirmar que:

a) é cabível a medida liminar de despejo em caso de falta de pagamento, independentemente de caução, desde que provada a mora do locatário.
b) é cabível a medida liminar de despejo em caso de falta de pagamento, independentemente de caução, desde que provada a mora do locatário e que não tenha nenhuma garantia em favor do locador.

c) não há previsão específica na Lei n. 8.245/91 de concessão de medida liminar em despejo por falta de pagamento, mas são aplicadas subsidiariamente as normas do CPC para tal fim.

d) é cabível medida liminar de despejo em caso de contrato sem nenhuma garantia, desde que o locador preste caução em juízo de valor equivalente a 3 meses do valor da locação.

548. (Consulplan/TJ/MG/Cartórios/Remoção/2017) Quanto à locação urbana, regida pela Lei n. 8.245/91, é lícito ao locador pedir ao locatário as seguintes modalidades de garantias:

a) caução cumulada com um seguro residencial.

b) fiança cumulada com uma caução.

c) cessão fiduciária de quotas de fundo de investimento.

d) seguro de fiança locatícia com caução de bens móveis ou imóveis.

549. (Consulplan/TJ/MG/Cartórios/Remoção/2017) Sobre as ações de despejo fundadas na falta de pagamento de aluguel e acessórios da locação, assinale a única afirmativa incorreta:

a) o pedido de rescisão da locação poderá ser cumulado com o pedido de cobrança dos aluguéis e acessórios da locação.

b) conceder-se-á liminar para desocupação em 15 (quinze) dias, independente da audiência da parte contrária e desde que prestada a caução no valor equivalente a 3 (três) meses de aluguel, mesmo se o contrato estiver garantido por fiança.

c) o locatário e o fiador poderão evitar a rescisão da locação purgando a mora, no prazo de 15 (quinze) dias, contados da citação.

d) julgada procedente a ação, o mandado de despejo conterá o prazo de 15 (quinze) dias, se entre a citação e a sentença de primeira instância houver decorrido mais de 04 (quatro) meses.

9.8. Lei do Bem de Família (Lei 8.009/90)

SÚMULAS

STJ **Súm. 205.** A Lei 8.009/1990 aplica-se à penhora realizada antes de sua vigência.

STJ **Súm. 364.** O conceito de impenhorabilidade de bem de família abrange também o imóvel pertencente a pessoas solteiras, separadas e viúvas.

STJ **Súm. 449.** A vaga de garagem que possui matrícula própria no registro de imóveis não constitui bem de família para efeito de penhora.

STJ **Súm. 486.** É impenhorável o único imóvel residencial do devedor que esteja locado a terceiros, desde que a renda obtida com a locação seja revertida para a subsistência ou a moradia da sua família.

STJ **Súm. 549.** É válida a penhora de bem de família pertencente a fiador de contrato de locação.

REPERCUSSÃO & REPETITIVOS

STF **Rep. Geral 1127.** É constitucional a penhora de bem de família pertencente a fiador de contrato de locação, seja residencial, seja comercial. *RE 1307334, 8.3.2022.*

STJ **IAC 12.** A) É presumido, em regra, o rateio em partes iguais do numerário mantido em conta corrente conjunta solidária quando inexistente previsão legal ou contratual de responsabilidade solidária dos correntistas pelo pagamento de dívida imputada a um deles. B) Não será possível a penhora da integralidade do saldo existente em conta conjunta solidária no âmbito de execução movida por pessoa (física ou jurídica) distinta da instituição financeira mantenedora, sendo franqueada aos cotitulares e ao exequente a oportunidade de demonstrar os valores que integram o patrimônio de cada um, a fim de afastar a presunção relativa de rateio. *REsp 1610844, 15.6.2022.*

STJ **Repetitivo 1091.** É válida a penhora do bem de família de fiador apontado em contrato de locação de imóvel, seja residencial, seja comercial, nos termos do inciso VII, do art. 3º da Lei n. 8.009/1990. *REsp 1822040, 8.6.2022.*

JURISPRUDÊNCIA EM TESES

STJ **JurisTese 44-1.** A impenhorabilidade do bem de família prevista no art. 3º, III, da Lei n. 8.009/90 não pode ser oposta ao credor de pensão alimentícia decorrente de vínculo familiar ou de ato ilícito.

STJ **JurisTese 44-2.** Os integrantes da entidade familiar residentes no imóvel protegido pela Lei n. 8.009/90 possuem legitimidade para se insurgirem contra a penhora do bem de família.

STJ **JurisTese 44-3.** A proteção contida na Lei n. 8.009/1990 alcança não apenas o imóvel da família, mas também os bens móveis indispensáveis à habitabilidade de uma residência e os usualmente mantidos em um lar comum.

STJ **JurisTese 44-7.** A impenhorabilidade do bem de família é oponível às execuções de sentenças cíveis decorrentes de atos ilícitos, exceto nas hipóteses em houve o prévio reconhecimento do ato na esfera penal.

STJ **JurisTese 44-8.** A exceção à impenhorabilidade prevista no artigo 3º, II, da Lei n. 8.009/90 abrange o imóvel objeto do contrato de promessa de compra e venda inadimplido.

STJ **JurisTese 44-9.** É possível a penhora do bem de família para assegurar o pagamento de dívidas oriundas de despesas condominiais do próprio bem.

STJ **JurisTese 44-10.** O fato de o terreno encontrar-se desocupado ou não edificado são circunstâncias que sozinhas não obstam a qualificação do imóvel como bem de família, devendo ser perquirida, caso a caso, a finalidade a este atribuída.

STJ **JurisTese 44-11.** Afasta-se a proteção conferida pela Lei n. 8.009/90 ao bem de família, quando caracterizado abuso do direito de propriedade, violação da boa-fé objetiva e fraude à execução.

STJ **JurisTese 44-12.** A impenhorabilidade do bem de família hipotecado não pode ser oposta nos casos em que a dívida garantida se reverteu em proveito da entidade familiar.

STJ **JurisTese 44-13.** A impenhorabilidade do bem de família não impede seu arrolamento fiscal.

STJ **JurisTese 44-14.** A preclusão consumativa atinge a alegação de impenhorabilidade do bem de família quando houver decisão anterior acerca do tema.

STJ **JurisTese 44-16.** É possível a penhora do bem de família de fiador de contrato de locação, mesmo quando pactuado antes da vigência da Lei n. 8.245/91, que acrescentou o inciso VII ao art. 3º da Lei n. 8.009/90.

STJ **JurisTese 44-17.** A impenhorabilidade do bem de família é questão de ordem pública, razão pela qual não admite renúncia pelo titular.

STJ **JurisTese 44-18.** A impenhorabilidade do bem de família pode ser alegada em qualquer momento processual até a sua arrematação, ainda que por meio de simples petição nos autos.

STJ **JurisTese 200-1.** Os bens de família legal (Lei n. 8.009/1990) e voluntário/convencional (arts. 1.711 a 1.722 do Código Civil) coexistem de forma harmônica no ordenamento jurídico; o primeiro, tem como instituidor o próprio Estado e volta-se para o sujeito de direito (entidade familiar) com o propósito de resguardar-lhe a dignidade por meio da proteção do imóvel que lhe sirva de residência; já o segundo, decorre da vontade de seu instituidor (titular da propriedade) e objetiva a proteção do patrimônio eleito contra eventual execução forçada de dívidas do proprietário do bem.

STJ **JurisTese 200-2.** O bem de família legal dispensa a realização de ato jurídico para sua formalização, basta que o imóvel se destine à residência familiar; o voluntário, ao contrário, condiciona a validade da escolha do imóvel à formalização por escritura pública ou por testamento.

STJ **JurisTese 200-3.** A impenhorabilidade conferida ao bem de família legal alcança todas as obrigações do devedor indistintamente, ainda que o imóvel tenha sido adquirido no curso de demanda executiva, diversamente, no bem de família convencional, a impenhorabilidade é relativa, visto que o imóvel apenas estará protegido da execução por dívidas subsequentes à sua constituição.

STJ **JurisTese 200-4.** Nas situações em que o devedor possua vários imóveis utilizados como residência, a impenhorabilidade poderá incidir sobre imóvel de maior valor caso tenha sido instituído, formalmente, como bem de família, no Registro de Imóveis (art. 1.711 do CC/2002) ou, na ausência de instituição voluntária, automaticamente, a impenhorabilidade recairá sobre o imóvel de menor valor (art. 5°, parágrafo único, da Lei n. 8.009/1990).

STJ **JurisTese 200-5.** É possível a penhora de fração ideal de bem protegido pela Lei n. 8.009/1990, desde que o desmembramento não descaracterize o imóvel.

STJ **JurisTese 200-6.** É possível mitigar a proteção legal conferida ao bem de família quando o imóvel possuir frações com destinações distintas e separadas uma da outra, permitida a penhora da fração de uso comercial.

STJ **JurisTese 200-7.** É possível a penhora de imóvel contíguo ao bem de família, que possua matrícula própria no Registro de Imóveis, sem que se viole o parágrafo único do art. 1º da Lei do Bem de Família.

STJ **JurisTese 200-8.** É válido acordo judicial homologado no qual devedor oferta bem de família como garantia de dívida, portanto a posterior alegação de impenhorabilidade do imóvel prevista na Lei n. 8.009/1990 contraria a boa-fé e a eticidade.

STJ **JurisTese 200-9.** São taxativas as hipóteses de exceção à regra da impenhorabilidade do bem de família previstas na Lei n. 8.009/1990, logo não comportam interpretação extensiva.

STJ **JurisTese 200-10.** É inviável a interpretação extensiva do art. 5º da Lei n. 8.009/1990 para abrigar bem que não ostenta característica de "moradia permanente", pois o propósito da lei é evitar a blindagem de imóveis de uso eventual ou recreativo, não afetado à subsistência da entidade familiar.

STJ **JurisTese 201-2.** É impenhorável o bem de família oferecido como caução em contrato de locação de imóvel residencial ou comercial.

STJ **JurisTese 201-3.** É impenhorável o bem de família pertencente a sociedade empresária de pequeno porte oferecido como caução em contrato de locação e utilizado como moradia de sócio ou de sua família.

STJ **JurisTese 201-4.** É penhorável o bem de família quando os únicos sócios da empresa devedora são os titulares do imóvel hipotecado, logo cabe aos proprietários o ônus de demonstrar que a família não se beneficiou dos valores auferidos.

STJ **JurisTese 201-5.** É impenhorável o bem de família dado em garantia real por um dos sócios da pessoa jurídica devedora, cabe ao credor o ônus de provar que o proveito se reverteu à entidade familiar.

STJ **JurisTese 201-6.** A desconsideração da personalidade jurídica, por si só, não afasta a impenhorabilidade do bem de família, ressalvadas as exceções previstas na Lei n. 8.009/1990.

STJ **JurisTese 201-7.** É impenhorável o bem de família para o pagamento de honorários advocatícios ou de profissionais liberais, pois não se assemelham à pensão alimentícia para efeito da exceção do art. 3º, III, da Lei n. 8.009/1990.

STJ **JurisTese 201-8.** É possível a penhora do bem de família em favor do credor de pensão alimentícia, ainda que se trate de bem indivisível, desde que respeitada a quota-parte do coproprietário não devedor da prestação.

STJ **JurisTese 201-9.** Para a incidência da exceção à impenhorabilidade do bem de família, prevista no inciso VI do art. 3º da Lei n. 8.009/1990, é imprescindível a existência de sentença penal condenatória transitada em julgado.

STJ **JurisTese 201-10.** A exceção à impenhorabilidade contida na 1ª parte do inciso VI do art. 3º da Lei n. 8.009/1990: bem imóvel "adquirido com produto de crime", não pressupõe a existência de sentença penal condenatória, assim, é suficiente a prática de conduta definida como crime e que o bem tenha sido adquirido com produto da ação criminosa.

STJ **JurisTese 202-1.** A impenhorabilidade do bem de família não pode ser afastada em cobrança de dívida fundada em contribuições criadas por associações de moradores, por se tratar de obrigação de direito pessoal, não equiparada a despesas condominiais.

STJ **JurisTese 202-2.** A obrigação do coproprietário de pagar alugueres por uso exclusivo de imóvel comum, que utiliza como moradia, tem fundamento no direito real e possui natureza de obrigação "propter rem", de modo a afastar a impenhorabilidade do bem de família.

STJ **JurisTese 202-3.** A proteção conferida ao bem de família não implica inalienabilidade do imóvel, de forma que é possível sua disposição pelo proprietário no âmbito de alienação fiduciária.

STJ **JurisTese 202-4.** O bem de família alienado fiduciariamente não pode ser penhorado em execução promovida por terceiro contra o devedor fiduciante, pois o imóvel pertence ao credor fiduciário.

STJ **JurisTese 202-5.** É possível a penhora dos direitos decorrentes do contrato de alienação fiduciária de bem de família, pois possuem expressão econômica.

STJ **JurisTese 202-6.** Os direitos do devedor fiduciante decorrentes do contrato de alienação fiduciária de imóvel dado em garantia são impenhoráveis, quando afetados à aquisição do bem de família e se tratar de único imóvel utilizado por ele ou por sua família para moradia.

STJ **JurisTese 202-7.** A penhora de direitos do devedor fiduciante decorrentes do contrato de alienação fiduciária sobre o bem de família prescinde de anuência do credor fiduciário.

STJ **JurisTese 202-8.** É possível penhorar bem de família para saldar débito originado de contrato de empreitada global que viabilizou a construção do imóvel.

STJ **JurisTese 202-9.** A dívida contraída em razão da compra de material destinado à construção de bem de família, por si só, não afasta a impenhorabilidade do imóvel, pois as exceções estão limitadas às hipóteses do inciso II art. 3º da Lei n. 8.009/1990.

STJ **JurisTese 202-10.** A exceção à impenhorabilidade do bem de família prevista para o crédito decorrente de financiamento destinado à construção ou à aquisição do imóvel se estende ao novo imóvel adquirido com os recursos oriundos da venda do bem primitivo penhorável.

STJ **JurisTese 203-1.** Para se reconhecer a impenhorabilidade do bem de família não é exigido que o devedor prove que o imóvel onde reside é o único de sua propriedade.

STJ **JurisTese 203-2.** É impenhorável o bem de família de devedor que sirva de residência para os seus familiares, ainda que aquele habite em outro imóvel.

STJ **JurisTese 203-3.** É possível atribuir o benefício da impenhorabilidade a mais de um imóvel do devedor, desde que pertencentes a cada uma das entidades familiares formadas após a dissolução da união estável ou da separação ou do divórcio.

STJ **JurisTese 203-4.** A impenhorabilidade do bem de família da Lei n. 8.009/1990 remanesce ainda que se trate de imóvel de alto padrão ou de luxo, independentemente do seu valor econômico.

STJ **JurisTese 203-5.** A pequena propriedade rural trabalhada pela entidade familiar é impenhorável, ainda que oferecida em garantia hipotecária pelos respectivos proprietários.

STJ **JurisTese 203-6.** O falecimento do devedor não faz cessar automaticamente a impenhorabilidade do imóvel caracterizado como bem de família, pois a proteção legal deve ser estendida em favor da entidade familiar.

STJ **JurisTese 203-7.** A proteção instituída pela Lei n. 8.009/1990 impede a penhora de direitos hereditários no rosto do inventário do único bem de família que compõe o acervo sucessório.

STJ **JurisTese 203-8.** É penhorável o bem de família ofertado como garantia para ingresso no Programa de Recuperação Fiscal – REFIS quando o devedor atua de maneira fraudulenta, com abuso do direito de propriedade e manifesta violação à boa-fé objetiva.

STJ **JurisTese 203-9.** Os bens móveis que guarnecem o bem de família são impenhoráveis, excetuados aqueles em duplicidade, por não se tratar de utensílios necessários à manutenção básica da unidade familiar.

STJ **JurisTese 203-10.** Os bens móveis que guarnecem a residência do devedor, enquanto não quitados, não se integram ao bem de família protegido pela Lei n. 8.009/1990, logo são passíveis de penhora.

STJ **JurisTese 204-1.** Não é possível que medida cautelar fiscal de indisponibilidade de bens recaia sobre bem de família, em razão da proteção contida no art. 1º da Lei n. 8.009/1990.

STJ **JurisTese 204-2.** Decidida a questão da impenhorabilidade do bem de família, nos termos da Lei n. 8.009/1990, não é permitido ao Judiciário, ao seu arbítrio, em razão da preclusão consumativa, proferir novo pronunciamento sobre a mesma matéria.

STJ **JurisTese 204-3.** O protesto contra alienação do bem de família não possui o objetivo de obstar ou anular o negócio jurídico de venda do imóvel impenhorável, mas tão somente de informar terceiros de boa-fé a respeito da pretensão do credor de penhora do bem.

STJ **JurisTese 204-4.** A ausência de averbação da hipoteca no cartório de registros de imóveis, por si só, não afasta a exceção à regra de impenhorabilidade prevista no art. 3º, V, da Lei n. 8.009/1990.

STJ **JurisTese 204-5.** Tratando-se de execução proposta por credor diverso daquele em favor do qual fora outorgada a hipoteca, é inadmissível a penhora do bem imóvel destinado à residência do devedor e de sua família, pois não incide a regra excepcional do art. 3º, V, da Lei n. 8.009/1990.

STJ **JurisTese 204-6.** Para aplicar a exceção à impenhorabilidade do bem de família prevista no art. 3º, IV, da Lei n. 8.009/1990 é preciso que o débito de natureza tributária seja proveniente do próprio imóvel que se pretende penhorar.

STJ **JurisTese 204-7.** A alienação, pelo executado, de imóvel considerado bem de família, após a constituição do crédito tributário, não caracteriza fraude à execução fiscal, pois a transferência do imóvel não afasta a cláusula de impenhorabilidade do bem.

STJ **JurisTese 204-8.** A impenhorabilidade do bem de família não pode ser arguida, em ação anulatória da arrematação, após o encerramento da execução.

STJ **JurisTese 204-9.** O afastamento da exceção à impenhorabilidade prevista no art. 3º da Lei n. 8.009/1990 não se estende ao saldo remanescente do produto da arrematação, de forma que, quitada a dívida, o crédito excedente não perde seu caráter de bem de família.

STJ **JurisTese 204-10.** É possível a penhora do bem de família de condômino, na proporção de sua fração ideal, na hipótese de inexistir patrimônio próprio do condomínio para responder por dívida decorrente de danos a terceiros.

STJ **JurisTese 204-11.** A instituição do imóvel como bem de família não constitui motivo impeditivo ao aperfeiçoamento da usucapião, na hipótese de mudança ou abandono.

INFORMATIVOS

STJ **Penhora de terreno com unidade habitacional em fase de construção. Intencionalidade na fixação de residência. Bem de família. Reconhecimento da impenhorabilidade. Possibilidade.** O terreno cuja unidade habitacional está em fase de construção, para fins de residência, está protegido pela impenhorabilidade por dívidas, por se considerar antecipadamente bem de família. *REsp 1960026, 4ª T, 11.10.2022. Inf 753.*

STJ **Bem de família. Lei 8.009/90. Imóvel adquirido no curso da execução. Obrigações preexistentes à aquisição do bem. Impenhorabilidade.** Para o bem de família instituído nos moldes da Lei 8.009/90, a proteção conferida pelo instituto alcançará todas as obrigações do devedor, indistintamente, ainda que o imóvel tenha sido adquirido no curso de uma demanda executiva. *REsp 1792265, 4ª T, 14.12.2021. Inf 723.*

STJ **Nulidade de compra e venda imobiliária. Simulação em detrimento da partilha de bens do casal. Negociação entre empresas de "fachada". Existência de subordinação e parentesco entre os sócios das empresas envolvidas. Simulação manifestamente demonstrada.** O reconhecimento de simulação na compra e venda de imóvel em detrimento da partilha de bens do casal gera nulidade do negócio e garante o direito à meação a ex-cônjuge. *REsp 1969648, 3ª T, 21.10.2022. Inf 754.*

QUESTÕES DISCURSIVAS

45. (Cespe/TJ/DFT/Cartórios/Ingresso/2019) João reside em um apartamento próprio, localizado no mesmo prédio em que ele tem uma vaga de garagem, também de sua propriedade, com matrícula própria. Ele não tem outros imóveis. José é produtor rural e possui uma pequena propriedade agrícola, que cultiva com sua família, e uma casa urbana. Ele reside em ambos os imóveis. Além desses, ele não tem outros imóveis. Júlio é proprietário de dois imóveis residenciais, em um dos quais reside, estando o outro alugado. João, José e Júlio têm dívidas com credores privados, que pretendem promover execuções para o recebimento dos seus créditos. Considerando essa situação hipotética, o conceito de bem de família e a legislação e a doutrina aplicáveis, discorra a respeito da possibilidade de os imóveis de cada um dos três servir às execuções que serão propostas – imóveis de João; imóveis de José; imóveis de Júlio. Por fim, indique qual é o meio de constituir um bem imóvel como bem de família.

46. (Consulplan/TJ/MG/Cartórios/Ingresso/2017) Em momentos de crise econômica, alguns institutos do direito são muito procurados, pois visam proteger e garantir ao menos uma habitação para as famílias endividadas. Esse é o caso do instituto do bem de família. Disserte, fundamentadamente, acerca do bem de família legal, do bem de família voluntário, suas diferenças, instituição, requisitos, objeto e peculiaridades junto aos registros públicos.

47. (Ieses/TJ/PB/Cartórios/2014) Como se dá a instituição e quais os efeitos do bem de família convencional? Qual a importância e abrangência do instituto, considerando o panorama jurídico atual?

QUESTÕES OBJETIVAS

550. (Ieses/TJ/TO/Cartórios/Remoção/2022) A instituição do bem de família far-se-á por:

a) ata.
b) escritura particular.
c) escritura pública.
d) declaração.

551. (FGV/TJ/SC/Cartórios/Remoção/2021) Jane possui inúmeras dívidas inadimplidas: deve a restituição de um empréstimo bancário, juros do cheque especial, financiamento de um automóvel, condomínio do apartamento que possui e mensalidade de seu curso universitário. Ela, contudo, não teme os processos de execução, pois o único bem de valor mais significativo que possui é o imóvel em que reside com sua família, que acredita ser impenhorável. Entre os vários credores que o pretendem, entretanto, há um em favor do qual é possível a penhora, mesmo diante das circunstâncias descritas. O credor em favor de quem é possível penhorar o imóvel em que Jane reside com sua família é o titular do crédito de:

a) empréstimo bancário.
b) cheque especial.
c) financiamento de automóvel.
d) condomínio.
e) mensalidade do curso universitário.

552. (Consulplan/TJ/MS/Cartórios/Remoção/2021) A Lei nº 8.009/90 define o bem de família e determina, por regra, a sua impenhorabilidade. Entretanto, este mesmo dispositivo legal indica, em seu Art. 3º, exceções a esta regra; por conseguinte, tornando o bem de família penhorável. Assinale a hipótese em que o bem de família poderia ser penhorado, em sua totalidade, sem limitações legais:

a) Por ter sido adquirido com produto de crime, ainda que o fato não fosse do conhecimento do cônjuge de boa-fé.
b) Para execução de hipoteca sobre o imóvel oferecido como garantia real, ainda que a garantia tenha sido dada por apenas um dos cônjuges e o bem seja comum ao casal.
c) Por crédito decorrente de pensão alimentícia, independentemente de direitos relativos a eventual coproprietário, inclusive nos casos de copropriedade conjugal ou decorrente de união estável.
d) Para cobrança de impostos, predial ou territorial, taxas e contribuições devidas em decorrência de qualquer imóvel da família, mesmo que distinto daquele que é considerado bem de família.

553. (Consulplan/TJ/MG/Cartórios/Remoção/2019) Com base nas disposições do Código Civil e da Lei nº 8.009/90, analise as afirmativas a respeito do bem de família.

I. A instituição do bem de família voluntário, observados os requisitos legais, gera a inalienabilidade e a impenhorabilidade do prédio residencial urbano ou rural, com suas pertenças e acessórios, destinando-se em ambos os casos a domicílio familiar.
II. Considera-se constituído o bem de família, quer instituído pelos cônjuges, quer por terceiro, mediante o registro de seu título no Registro de Imóveis.
III. O bem de família voluntário é isento de execução por dívidas anteriores e posteriores à sua instituição, salvo as que provierem de tributos relativos ao prédio, ou de despesas de condomínio.
IV. A dissolução da sociedade conjugal, em vida ou por morte, acarreta a extinção do bem de família convencionado.

Estão corretas as afirmativas:

a) I, II, III e IV.

b) I e II, apenas.
c) I, III e IV, apenas.
d) II, III e IV, apenas.

554. (Ieses/TJ/SC/Cartórios/Ingresso/2019) Com relação ao bem de família:

I. Podem os cônjuges, ou a entidade familiar, mediante escritura pública ou testamento, destinar parte de seu patrimônio para instituir bem de família, podendo o terceiro igualmente instituir bem de família por testamento ou doação, independentemente da aceitação expressa de ambos os cônjuges beneficiados ou da entidade familiar beneficiada.
II. Os cônjuges, ou a entidade familiar, podem destinar parte de seu patrimônio para instituir bem de família, desde que não ultrapasse um terço do patrimônio bruto existente ao tempo da instituição.
III. O bem de família é isento de execução por dívidas posteriores à sua instituição, salvo as que provierem de tributos relativos ao prédio, ou de despesas de condomínio.
IV. O bem de família, quer instituído pelos cônjuges, ou pela entidade familiar, quer por terceiro, constitui-se pelo registro de seu título no Registro de Imóveis.

Aponte as afirmativas corretas:

a) I e IV.
b) II e III.
c) III e IV.
d) I e II.

555. (Vunesp/TJ/RS/Cartórios/Remoção/2019) Pode-se corretamente afirmar, sobre o bem de família, que:

a) o fato de o terreno encontrar-se desocupado ou não edificado são circunstâncias que sempre obstam a qualificação do imóvel como bem de família.
b) a impenhorabilidade do bem de família abrange o imóvel objeto do contrato de promessa de compra e venda inadimplido, mas não abrange os bens móveis, mesmo que indispensáveis à habitabilidade de uma residência ou usualmente mantidos em um lar comum.
c) a impenhorabilidade do bem de família é matéria disponível, razão pela qual admite renúncia pelo titular e não abrange o imóvel pertencente a pessoas solteiras, separadas e viúvas.
d) é impenhorável o único imóvel residencial do devedor que esteja locado a terceiros, desde que a renda obtida com a locação seja revertida para a subsistência ou a moradia da sua família; a vaga de garagem que possui matrícula própria no registro de imóveis constitui bem de família para efeito de penhora.
e) a impenhorabilidade do bem de família não pode ser oposta ao credor de pensão alimentícia decorrente de vínculo familiar ou de ato ilícito; entretanto, é oponível às execuções de sentenças cíveis decorrentes de atos ilícitos, salvo se decorrente de ilícito previamente reconhecido na esfera penal.

556. (Ieses/TJ/CE/Cartórios/Ingresso/2018) Sobre a instituição do bem de família, responda as questões:

I. o terceiro poderá instituir bem de família por testamento ou doação, dependendo a eficácia do ato da aceitação expressa de ambos os cônjuges beneficiados ou da entidade familiar beneficiada.
II. dissolvida a sociedade conjugal pela morte de um dos cônjuges, o sobrevivente poderá pedir a extinção do bem de família, se for o único bem do casal.
III. extingue-se, igualmente, o bem de família com a morte de ambos os cônjuges e a maioridade dos filhos, desde que não sujeitos a curatela.

Assinale a correta:

a) apenas a assertiva II é verdadeira.
b) apenas as assertivas I e II são verdadeiras.
c) todas as assertivas são verdadeiras.
d) todas as assertivas são falsas.

557. (Consulplan/TJ/MG/Cartórios/Remoção/2017) José da Silva e sua mulher foram fiadores de João Mafra em contrato de locação, com cláusula expressa de renúncia a benefício de ordem. No curso do contrato, João Mafra deixou de pagar os aluguéis e encargos. Então, o locador entrou com despejo e cobrança de aluguéis e ganhou a causa, com condenação solidária do locador e fiadores em pagar as parcelas vencidas e encargos locatícios. Na fase de cumprimento de sentença, o locador indicou à penhora a casa de moradia do casal fiador, único bem que possuíam e sem executar o locatário. Foi, então, feita a penhora. O casal entrou com impugnação ao cumprimento de sentença, alegando impenhorabilidade, na forma da Lei n. 8.009/90 e que deveria, antes, também ter se esgotado a procura de bens para penhora do locatário. A esse respeito, é correto afirmar:

a) a penhora do imóvel não pode ser efetivada, já que o contrato de locação não está acima do que dispõe a lei que protege o bem de família.
b) a penhora do imóvel não pode ser deferida porque é inconstitucional norma ou contrato que autorize penhora de imóvel residencial único do casal, já que a moradia se trata de um direito social previsto no artigo 6º da CF/88.
c) a penhora do imóvel somente poderia ser efetivada se antes se esgotasse a procura de bens do devedor/afiançado e frustrada a busca, já que ele é o devedor principal da obrigação executada.
d) a penhora do imóvel residencial, ainda que único bem do fiador, pode ser efetivada porque se trata de fiança locatícia.

9.9. Lei Geral de Proteção de Dados Pessoais (Lei 13.709/17)

QUESTÕES OBJETIVAS

558. (Vunesp/TJ/GO/Cartórios/Ingresso/2021) É "controlador" para os fins da Lei Geral de Proteção de Dados Pessoais – Lei nº 13.709/17:

a) pessoa natural ou jurídica, de direito público ou privado, que realiza o tratamento de dados pessoais em nome do operador.
b) órgão da administração pública responsável por zelar, implementar e fiscalizar o cumprimento desta Lei em todo o território nacional.
c) pessoa natural ou jurídica, de direito público ou privado, a quem competem as decisões referentes ao tratamento de dados pessoais.
d) pessoa natural a quem se referem os dados pessoais que são objeto de tratamento.

559. (Vunesp/TJ/GO/Cartórios/Remoção/2021) É considerado "dado pessoal sensível" para os fins da Lei Geral de Proteção de Dados Pessoais – Lei nº 13.709/17

a) qualquer informação relacionada a pessoa natural ou jurídica, desde que identificada.
b) dado pessoal sobre origem racial ou étnica, convicção religiosa, opinião política, filiação a sindicato ou a organização de caráter religioso, filosófico ou político, dado referente à saúde ou à vida sexual, dado genético ou biométrico, quando vinculado a uma pessoa natural.
c) qualquer informação relacionada a pessoa natural identificada ou identificável.
d) dado relativo a titular que não possa ser identificado, considerando a utilização de meios técnicos razoáveis e disponíveis na ocasião de seu tratamento.

4

DIREITO COMERCIAL

VOLUME DE QUESTÕES

MÉDIO

1. DO EMPRESÁRIO

QUESTÕES OBJETIVAS

1. (Ieses/TJ/TO/Cartórios/Ingresso/2022) O Código Civil regulamenta a capacidade para exercer a atividade de empresário. Considerando o regulamentado no Código Civil, leia as assertivas:

I. O sócio incapaz pode exercer a administração na sociedade desde que devidamente representado ou assistido.

II. Um dos pressupostos legais para se admitir o registro de sociedades com sócios incapazes é que o capital social esteja totalmente integralizado.

III. É possível aos cônjuges contratar sociedade entre si desde que não sejam casados no regime de separação total de bens, ou na comunhão universal de bens.

Com base nas assertivas acima, assinale a alternativa correta:

a) Apenas as assertivas I e III estão corretas.
b) Apenas a assertiva III está correta.
c) Todas as assertivas estão corretas.
d) Apenas a assertiva II está correta.

2. (FGV/TJ/SC/Cartórios/Remoção/2021) A despeito de o direito brasileiro exigir o pleno gozo da capacidade civil para o exercício de empresa, há regra diversa para a participação de incapazes, que podem integrar a sociedade empresária, desde que:

a) se trate de sociedade por ações, o capital social esteja totalmente integralizado e o incapaz tenha somente ações sem direito a voto.
b) o sócio incapaz não exerça a administração da sociedade, tenha apenas quotas ou ações sem direito a voto e haja prévia autorização judicial.
c) haja prévia autorização judicial e o sócio relativamente incapaz esteja assistido e o absolutamente incapaz esteja representado por seus representantes legais.
d) se trate de sociedade do tipo limitada e o sócio relativamente incapaz esteja assistido e o absolutamente incapaz esteja representado por seus representantes legais.
e) o sócio incapaz não exerça a administração da sociedade, o capital social esteja totalmente integralizado, o sócio relativamente incapaz esteja assistido e o absolutamente incapaz esteja representado por seus representantes legais.

3. (FGV/TJ/SC/Cartórios/Ingresso/2021) Luiz, empresário registrado na Junta Comercial, e sua noiva Emma realizaram processo de habilitação para o casamento perante o oficial do Registro Civil. Após os esclarecimentos prestados aos nubentes sobre os fatos que podem ocasionar a invalidade do casamento, bem como sobre os diversos regimes de bens, Luiz e Emma decidiram optar pelo regime da separação de bens, fazendo-se o pacto antenupcial por escritura pública. Em relação ao pacto antenupcial celebrado por empresário, de acordo com o Código Civil, esse documento:

a) não deve ser arquivado e averbado em qualquer registro.
b) deve ser arquivado e averbado tão somente no Registro Civil.
c) deve ser arquivado e averbado tanto no Registro Civil quanto no Registro Público de Empresas Mercantis, a cargo das Juntas Comerciais.
d) pode ser arquivado e averbado em qualquer registro público, de escolha livre do empresário.
e) deve ser arquivado e averbado tão somente no Registro Público de Empresas Mercantis, a cargo das Juntas Comerciais.

4. (Consulplan/TJ/MS/Cartórios/Remoção/2021) Sabe-se que empresário individual é a pessoa física que exerce profissionalmente atividade econômica organizada para produção ou circulação de bens ou de serviços (Art. 966 do Código Civil). Assim, quanto aos empresários individuais, o Código Civil estabeleceu algumas vedações ao exercício individual de empresa. Essas vedações decorrem ou de proibições que a legislação estabelece ou da incapacidade do agente econômico. O Art. 972 do referido diploma legal assim estabelece "podem exercer a atividade de empresário os que estiverem em pleno gozo da capacidade civil e não forem legalmente impedidos". Sobre o empresário individual, é correto afirmar que:

a) A pessoa legalmente impedida de exercer atividade própria de empresário, se a exercer não responderá pelas obrigações, sendo estas nulas de pleno direito.
b) Só pode exercer empresa quem é capaz, quem está no pleno gozo de sua capacidade civil, não podendo, em hipótese alguma, o incapaz ser empresário individual.
c) O empresário individual pode, independentemente de prévia autorização conjugal, conferindo o imóvel ao patrimônio da empresa, alienar ou gravar de ônus real o imóvel utilizado no exercício da empresa.
d) A proibição é para o exercício de empresa, não sendo vedado, que alguns impedidos sejam sócios de sociedades empresárias, uma vez que quem exerce a atividade empresarial é a própria pessoa jurídica e não seus sócios, pessoas físicas.

5. (Vunesp/TJ/RS/Cartórios/Ingresso/2019) Em relação à caracterização, inscrição e capacidade do empresário, dispõe o Código Civil:

a) Faculta-se aos cônjuges contratar sociedade, entre si ou com terceiros, desde que não tenham casado no regime da comunhão parcial de bens, ou no da separação total, e, a sentença que decretar ou homologar a separação judicial do empresário e o ato de reconciliação podem a qualquer tempo, ser opostos a terceiros.
b) A lei assegurará tratamento favorecido, diferenciado e simplificado ao empresário rural, ao pequeno empresário e ao titular da EIRELI, quanto à inscrição e aos efeitos daí decorrentes, desde que o faturamento anual não seja superior a R$ 81.000,00.
c) O empresário casado não pode sem a outorga conjugal, salvo se no regime da separação total de bens, alienar os imóveis que integrem o patrimônio da empresa ou gravá-los de ônus real.
d) Se o representante ou assistente do incapaz for pessoa que, por disposição de lei, não puder exercer atividade de empresário, nomeará, com a aprovação do juiz, um ou mais gerentes, cuja aprovação não exime o representante ou assistente do menor ou do interdito da responsabilidade pelos atos dos gerentes nomeados.
e) É obrigatória a inscrição do empresário no Registro Público de Empresas Mercantis da respectiva sede, no prazo máximo de até 30 dias após o início de suas atividades, sendo que eventuais alterações, serão averbadas à margem da inscrição, no prazo máximo de 15 dias de sua ocorrência.

6. (Consulplan/TJ/MG/Cartórios/Ingresso/2019) Segundo o art. 966 do Código Civil, considera-se empresário quem exerce profissionalmente atividade econômica organizada para a produção ou a circulação de bens ou de serviços. À luz do Código Civil, a respeito da atividade de empresário, analise as afirmativas a seguir.

I. Antes do início de sua atividade, é obrigatória a inscrição do empresário no Registro Público de Empresas Mercantis da respectiva sede.
II. Desde que esteja devidamente representado ou assistido, a incapacidade superveniente não impede o empresário de dar continuidade à empresa.
III. A outorga conjugal não é condição para que o empresário casado possa alienar imóveis que integram o patrimônio da empresa.
IV. A sentença que decreta ou homologa a separação judicial do empresário não pode ser oposta a terceiros antes de arquivada e averbada no Registro Público de Empresas Mercantis.

Está correto o que se afirma em:

a) I, II, III e IV.
b) I e II, apenas.
c) III e IV, apenas.
d) I, II e IV, apenas.

7. (Vunesp/TJ/AL/Cartórios/Ingresso/2019) Josefina Souza, engenheira da computação, atua como desenvolvedora de software, sem o concurso de auxiliares ou colaboradores, e presta serviços para grandes empresas de tecnologia. Por exigência das contratantes, realizou seu registro como empresária na Junta Comerciai do Estado, ocasião em que declarou que sua profissão intelectual constitui elemento de empresa, bem como providenciou sua inscrição no Cadastro Nacional de Pessoas Jurídicas – CNPJ. Assinale a alternativa correta sobre a situação de Josefina Souza.

a) Não pode ser considerada empresária, porque exerce profissão intelectual.
b) Deve ser considerada empresária por exercer profissionalmente atividade econômica organizada para a produção ou a circulação de bens ou de serviços.
c) Não pode ser considerada empresária porque presta serviço sem o concurso de auxiliares ou colaboradores.
d) Deve ser considerada empresária, porque possui inscrição no CNPJ e, portanto, é pessoa jurídica.

8. (Cespe/TJ/DFT/Cartórios/Ingresso/2019) A respeito de empresário e atividade empresarial, assinale a opção correta.

a) O exercício de atividade econômica de forma esporádica não descaracteriza a atividade empresarial.
b) A responsabilidade dos sócios pelas obrigações de uma sociedade empresária que explore irregularmente sua atividade econômica está limitada ao valor do capital social.
c) É obrigação de todo empresário fazer sua inscrição na junta comercial antes de dar início à exploração de sua atividade empresarial.
d) O exercício profissional da atividade econômica pressupõe, entre outras características, o monopólio das informações relativas aos bens e serviços oferecidos ao mercado pelo empresário.
e) São considerados empresários todos aqueles que exerçam profissão intelectual, de natureza científica, literária ou artística, com o concurso de auxiliares ou colaboradores.

9. (Consulplan/TJ/MG/Cartórios/Remoção/2019) Segundo o art. 966 do Código Civil, considera-se empresário quem exerce profissionalmente atividade econômica organizada para a produção ou a circulação de bens ou de serviços. Ainda, à luz do Código Civil, a respeito da atividade de empresário, analise as afirmativas a seguir.

I. As cooperativas podem submeter-se ao regime jurídico empresarial, desde que optem por registrar-se no Registro Público de Empresas Mercantis.
II. O empresário é obrigado a inscrever-se no Registro Público de Empresas Mercantis, mas a falta da inscrição não lhe retira a condição de empresário e a sua submissão ao regime jurídico empresarial.
III. Aquele que, mesmo impedido, exerce atividade empresarial, responderá pelas obrigações contratadas, no limite do patrimônio da pessoa jurídica.
IV. O empresário que tenha como a principal profissão a atividade rural deve se registrar na Junta Comercial, caso em que ficará equiparado, para todos os efeitos, ao empresário sujeito a registro.

Assinale a alternativa correta.

a) Apenas a afirmativa II é verdadeira.
b) Apenas as afirmativas I e III são falsas.
c) As afirmativas I, II e III são verdadeiras.
d) Apenas as afirmativas I e II são verdadeiras.

10. (Consulplan/TJ/MG/Cartórios/Remoção/2019) Segundo o art. 966 do Código Civil, considera-se empresário quem exerce profissionalmente atividade econômica organizada para a produção ou a circulação de bens ou de serviços. À luz do Código Civil, a respeito da atividade de empresário, assinale a alternativa correta.

a) O absolutamente incapaz não pode ser empresário e nem sócio de sociedade empresarial.
b) O menor, nomeado para cargo público efetivo, pode ser empresário individual, desde que autorizado judicialmente.
c) O médico pediatra, que em seu consultório contrata secretária, faxineira e auxiliar de serviços gerais, exerce atividade empresarial.

d) As cooperativas, cujos atos constitutivos prevejam a responsabilidade limitada dos seus sócios, não se submetem ao regime jurídico-empresarial.

11. (Consulplan/TJ/MG/Cartórios/Remoção/2018) Considera-se empresário:

a) aquele que exerce atividade comercial ou industrial.
b) aquele que exerce atividade exclusivamente artística.
c) aquele que exerce atividade exclusivamente científica.
d) aquele que exerce atividade exclusivamente intelectual.

12. (Consulplan/TJ/MG/Cartórios/Remoção/2018) Assinale a alternativa correta quanto ao exercício de empresa:

a) o sócio incapaz pode exercer a administração da sociedade.
b) poderá o incapaz continuar a empresa antes exercida quando capaz.
c) a continuidade do exercício empresarial do incapaz prescinde de autorização judicial.
d) se exercer atividade de empresário, mesmo legalmente impedido, responderá pelas obrigações contraídas.

13. (Consulplan/TJ/MG/Cartórios/Remoção/2017) Nos termos do Código Civil marque a afirmativa incorreta acerca da definição de empresário:

a) é aquele que exerce profissionalmente atividade econômica organizada para a produção ou a circulação de bens ou de serviços.
b) é aquele que exerce profissionalmente atividades em cooperativas sendo um dos cooperados.
c) é aquele cuja atividade rural constitua sua principal profissão, desde que seja inscrito no Registro Público de Empresas Mercantis da respectiva sede.
d) é aquele que exerce atividade empresarial individual de responsabilidade limitada, por uma única pessoa titular da totalidade do capital social.

14. (Consulplan/TJ/MG/Cartórios/Ingresso/2017) De acordo com o Código Civil, assinale a afirmativa correta sobre a constituição do empresário e da sociedade empresária:

a) é facultativa a inscrição do empresário no Registro Público de Empresas Mercantis da respectiva sede antes do início de suas atividades.
b) decai em cinco anos o direito de anular a constituição das pessoas jurídicas de direito privado, por defeito do ato respectivo, contado o prazo da publicação de sua inscrição no registro.
c) o processo de abertura, registro, alteração e baixa do microempreendedor individual, bem como qualquer exigência para o início de seu funcionamento deverão ter trâmite especial e simplificado.
d) o empresário que instituir sucursal, filial ou agência em lugar sujeito à jurisdição de outro Registro de Empresas Mercantis, deverá inscrevê-la apenas no Registro da empresa sede.

15. (Consulplan/TJ/MG/Cartórios/Remoção/2017) O Código Civil brasileiro adotou, de forma indireta, uma definição para o termo jurídico "empresa". Levando em conta, esta definição, amplamente aceita e adotada pela doutrina pátria, a palavra-chave que está presente nesta definição é:

a) atividade.
b) pessoa.
c) coisa.
d) instituição.

16. (Consulplan/TJ/MG/Cartórios/Ingresso/2017) Segundo o Código Civil, considera-se Empresário:

a) quem exerce profissionalmente atividade com fins lucrativos, independentemente da atividade.
b) quem exerce profissionalmente atividade econômica organizada para a produção ou a circulação de bens ou de serviços.
c) quem seja sócio controlador de Sociedades Anônimas.
d) quem exerce, ainda que não profissionalmente, atividade com fins lucrativos, organizada, para a execução de serviços, produção de produtos industrializados ou participando da cadeia de circulação destes produtos.

17. (Ieses/TJ/RO/Cartórios/Remoção/2017) Considera-se (___) quem exerce profissionalmente atividade econômica organizada para a produção ou a circulação de bens ou de serviços:

a) empresário.
b) vendedor.
c) empresa.
d) sociedade.

18. (Consulplan/TJ/MG/Cartórios/Ingresso/2017) Possui(em) capacidade para ser empresário, exceto:

a) os que estiverem em pleno gozo da capacidade civil e não forem legalmente impedidos.
b) o incapaz, desde que representado ou assistido, poderá continuar a empresa antes exercida por ele enquanto capaz.
c) faculta-se aos cônjuges contratar sociedade, entre si ou com terceiros, desde que não tenham casado no regime da comunhão universal de bens, ou no da separação obrigatória.
d) o falido não reabilitado.

2. DA SOCIEDADE

2.1. Disposições Gerais

INFORMATIVOS

STJ **Sucessão empresarial irregular. Comprovação formal. Desnecessidade. Prosseguimento na exploração da mesma atividade econômica, no mesmo endereço e com o mesmo objeto social. Presunção.** A caracterização da sucessão empresarial fraudulenta não exige a comprovação formal da transferência de bens, direitos e obrigações à nova sociedade, admitindo-se sua presunção quando os elementos indiquem que houve o prosseguimento na exploração da mesma atividade econômica, no mesmo endereço e com o mesmo objeto social. *AgInt no REsp 1837435, 4ª T, 10.5.2022. Inf 737.*

QUESTÕES DISCURSIVAS

1. (Consulplan/TJ/MG/Cartórios/Ingresso/2017) São requisitos comuns à generalidade dos contratos: agente capaz, objeto lícito, possível, determinado ou determinável e forma prescrita ou não defesa em lei, conforme art. 104, CC. Para a constituição de qualquer sociedade, outros quatro requisitos são indispensáveis. Discorra acerca desses requisitos.

QUESTÕES OBJETIVAS

19. (Consulplan/TJ/MS/Cartórios/Ingresso/2021) A pessoa jurídica não tem vontade própria e não age por si. Desta forma demanda seres humanos para decidir o que fará e para executar suas ações. Assim, o contrato social ou o estatuto social, de acordo com o caso, confere a determinadas pessoas, sócias ou não, poderes para que ajam em seu nome. O Código Civil atribui a estas pessoas nomeadas o cargo de administrador da sociedade, cabendo a elas a coordenação "interna corporis", incluindo a regência da coletividade social, a prática dos atos registrais e a representação social. No que tange à administração da sociedade, assinale a afirmativa correta.

a) A administração da sociedade, nada dispondo o contrato social, compete ao sócio majoritário.

b) A administração atribuída no contrato social a todos os sócios estende-se automaticamente aos que posteriormente adquirirem esta qualidade.

c) O sócio nomeado administrador poderá exercer o mister através de outorga de procuração, podendo o mandato ser conferido com amplos poderes para o fiel exercício das atividades.

d) O administrador, nomeado por instrumento em separado, deve averbá-lo à margem da inscrição da sociedade, e, pelos atos que praticar, antes de requerer a averbação, responde pessoal e solidariamente com a sociedade.

20. (Consulplan/TJ/MG/Cartórios/Ingresso/2019) A respeito das sociedades empresariais, assinale a alternativa incorreta.

a) A inscrição do contrato social no órgão competente confere capacidade jurídica às sociedades, exceto à sociedade em nome coletivo.

b) Para a formação do capital social da sociedade limitada empresária, é facultada ao sócio a contribuição que consista em prestação de serviços.

c) O ato de transformação importa na obediência às normas de constituição e inscrição próprias do tipo em que a sociedade vai converter-se.

d) De acordo com a teoria ultra vires, no silêncio do contrato social, o administrador somente pode praticar atos de gestão previamente autorizados pelos sócios.

21. (Vunesp/TJ/RS/Cartórios/Ingresso/2019) Em relação à sociedade, é correto afirmar:

a) Independentemente de seu objeto, considera-se empresária a sociedade por ações e por quotas de responsabilidade limitada; e, simples, a cooperativa e a em comandita.

b) A sociedade empresária e cooperativa deve constituir-se segundo um dos tipos regulados em lei; a sociedade simples deve constituir-se de conformidade com qualquer tipo societário, e, não o fazendo, subordina-se às normas das estabelecidas para as associações, ficando ressalvada a sociedade em comandita por ações, constituída através de lei especial.

c) A sociedade que tenha por objeto o exercício de atividade simples e própria de empresário rural e seja constituída ou transformada, de acordo com um dos tipos de sociedade empresária, deve, obedecendo as formalidades legais, requerer inscrição no Registro Civil das Pessoas Jurídicas da sua sede, caso em que, depois de inscrita, ficará equiparada, para todos os efeitos, à sociedade empresária.

d) A sociedade adquire personalidade jurídica com a inscrição, no registro próprio e na forma da lei, dos seus atos constitutivos, sendo que as sociedades simples vinculam-se ao Registro Público de Empresas Mercantis a cargo das Juntas Comerciais, e a sociedade empresária ao Registro Civil das Pessoas Jurídicas.

e) Salvo as exceções expressas, considera-se empresária a sociedade que tem por objeto o exercício de atividade própria de empresário sujeito a registro, e, simples, as demais.

22. (Ieses/TJ/SC/Cartórios/Remoção/2019) Alvorada Negócios Imobiliários Ltda tem seu quadro societário composto por 4 sócios: (i) Alvaro que é titular de quotas correspondentes a 70% do capital social; (ii) João, Manoel e Lucas que titularizam quotas correspondentes a 10%, cada um. Lucas, que é administrador da sociedade, realizou vendas de alguns imóveis no exercício regular de gestão dos negócios. Todavia, entenderam os demais sócios que as vendas foram concretizadas por valor bem inferior ao de mercado e que tal conduta favorecia flagrantemente o adquirente, pessoa jurídica que tem como um dos seus sócios o cunhado de Lucas. Com fundamento em tal conduta, Alvaro, João e Manoel decidem excluí-lo da sociedade, chegando a impedir seu acesso à sede da sociedade. Considerando a situação exposta, seria acertado dizer que:

I. Lucas só poderia ser excluído da sociedade por decisão judicial proferida em ação de dissolução parcial da sociedade, até mesmo para que Lucas tivesse a oportunidade de exercer o contraditório.

II. Somente na hipótese de exclusão de Alvaro se faria indispensável intervenção judicial para exclusão de sócio por justa causa, mostrando-se, assim, perfeitamente possível a imediata expulsão de Lucas a partir da deliberação de João e Manoel.

III. Se mostra válida a deliberação dos sócios pela exclusão de Lucas, desde que ele tenha sido cientificado, e oportunizado o direito de defesa, segundo previsto no contrato social.

IV. A deliberação pela exclusão de Lucas, com alteração do contrato social, deve ser tomada por sócios que representem mais da metade do capital social, não necessitando de maioria qualificada de ¾.

Analisando as proposições acima, assinale a alternativa correta:

a) Somente as proposições III e IV estão corretas.

b) Somente as proposições II e IV estão corretas.

c) Somente as proposições I e III estão corretas.

d) Somente as proposições I e II estão corretas.

23. (Ieses/TJ/SC/Cartórios/Remoção/2019) Com base nas normas aplicáveis às sociedades contratuais, é incorreto afirmar que:

a) A incapacidade superveniente é causa de exclusão de sócio, impondo-se a propositura de ação judicial caso a maioria dos demais sócios assim delibere.

b) Não haverá mudança de nacionalidade de sociedade brasileira sem o consentimento unânime dos sócios.

c) Admite-se aos cônjuges contratar sociedade, desde que casados pelo regime de separação absoluta de bens, comunhão parcial e participação final nos aquestos.

d) O menor, absoluta ou relativamente incapaz, pode ser sócio, desde que não tenha poder de administração.

24. (Ieses/TJ/SC/Cartórios/Ingresso/2019) Rodrigo, Sheila e Arlete, sócios da Casa Cerealista Fazenda Natural Ltda, decidem transferir o estabelecimento e, assim, firmam o contrato de transferência e cessão de direitos e obrigações de estabelecimento empresarial com Roberto, Janaína e Bons Grãos Alimentos Naturais Ltda. Um dos fatores determinantes para a realização do negócio pelos adquirentes era o uso das marcas de titularidade do alienante. Em relação aos credores do alienante, as obrigações contratuais e a responsabilidade das partes envolvidas no negócio, é correto afirmar que:

a) O alienante não poderá restabelecer-se no mesmo ramo, em hipótese alguma, pelo prazo máximo de 5 anos subsequentes à transferência, sob pena de responder por concorrência desleal.

b) O contrato de locação do imóvel é transferido automaticamente para o adquirente do estabelecimento, permitindo a continuidade na exploração do estabelecimento.

c) O alienante responderá solidariamente com o adquirente pelo prazo de 1 ano, pelas dívidas vencidas e vincendas, variando o termo inicial de contagem do prazo de acordo com a data de vencimento.

d) As marcas de titularidade do alienante não poderiam ser cedidas isoladamente, razão pela qual se mostrava imprescindível sua transferência simultânea à do estabelecimento.

25. (Consulplan/TJ/MG/Cartórios/Remoção/2019) O contrato social é o instrumento através do qual se materializa o encontro de vontade dos sócios da sociedade empresária. A respeito dos requisitos e elementos de validade do contrato social da sociedade empresária, analise as assertivas a seguir.

I. São requisitos do contrato social: agente capaz; objeto possível e lícito; forma prescrita ou não defesa em lei; todos os sócios devem contribuir para a formação do capital social e participarão dos resultados, positivos ou negativos.

II. É nula a cláusula que exclua algum dos sócios dos lucros ou da participação nas perdas, bem como que estabeleça distribuição desproporcional à participação de cada um no capital social.

III. A falta de pluralidade dos sócios ensejará a dissolução da sociedade, no prazo de cento e oitenta dias, desde que haja previsão contratual quanto ao prazo.

IV. São cláusulas essenciais ao contrato social: tipo societário; objeto social; capital social; responsabilidade dos sócios; qualificação dos sócios; nomeação de administrador; nome empresarial; sede e foro; prazo de duração.

Assinale a alternativa correta.

a) Todas as assertivas são verdadeiras.
b) As assertivas I, II e IV são verdadeiras.
c) As assertivas II e III não são verdadeiras.
d) Apenas as assertivas I e III são verdadeiras.

26. (Vunesp/TJ/AL/Cartórios/Ingresso/2019) As sociedades empresárias podem ser:

a) de capital e indústria.
b) anônimas ou cooperativas.
c) personificadas ou não personificadas.
d) simples ou limitadas.

27. (Ieses/TJ/CE/Cartórios/Remoção/2018) Dissolve-se a sociedade quando ocorrer:

I. o vencimento do prazo de duração, salvo se, vencido este e sem oposição de sócio, não entrar a sociedade em liquidação, caso em que se prorrogará por tempo indeterminado.

II. a falta de pluralidade de sócios, não reconstituída no prazo de cento e oitenta dias.

III. o consenso de três quartos dos sócios.

IV. a extinção, na forma da lei, de autorização para funcionar.

A sequência correta é:

a) apenas a assertiva II está incorreta.
b) apenas as assertivas I, II e IV estão corretas.
c) as assertivas I, II, III e IV estão corretas.
d) apenas as assertivas II e III estão corretas.

28. (Consulplan/TJ/MG/Cartórios/Ingresso/2017) Os cônjuges podem contratar entre si sociedade:

a) independentemente do regime de casamento adotado.
b) desde que não tenham casado no regime de separação de bens, seja este obrigatório ou voluntário.
c) em nenhum caso, independentemente do regime de casamento adotado.
d) desde que não tenham casado no regime de comunhão universal de bens ou no de separação obrigatória.

2.2. Da Sociedade não Personificada

QUESTÕES OBJETIVAS

29. (Ieses/TJ/TO/Cartórios/Remoção/2022) A sociedade na qual a atividade constitutiva do objeto social é exercida unicamente pelo sócio ostensivo, em seu nome individual e sob sua própria e exclusiva responsabilidade, participando os demais dos resultados correspondentes, é denominada:

a) sociedade em comandita simples.
b) sociedade em conta de participação.
c) sociedade em nome coletivo.
d) sociedade limitada.

30. (Consulplan/TJ/MS/Cartórios/Ingresso/2021) A sociedade em conta de participação é uma modalidade de contrato de sociedade não personificada. A ausência de personalidade é um elemento essencial, vez que a sua constituição diz respeito tão somente entre os sócios que a compõem. Na sociedade em conta de participação haverá a figura do sócio que atuará diretamente com os terceiros, sócio ostensivo, e a figura do sócio que não participa destas relações, sócio oculto ou participante. No que tange à sociedade em conta de participação, assinale a afirmativa correta.

a) Na sociedade em conta de participação, o objeto social é exercido unicamente pelo sócio participante.
b) A falência do sócio ostensivo não acarreta na dissolução da sociedade ou liquidação da respectiva conta.
c) Ausência de registro do contrato social na Junta Comercial é causa suficiente para a extinção da sociedade.
d) A contribuição do sócio participante constitui, com a do sócio ostensivo, patrimônio especial, objeto da conta de participação relativa aos negócios sociais.

31. (FGV/TJ/SC/Cartórios/Ingresso/2021) Três sociedades empresárias constituíram uma sociedade em conta de participação designando a primeira como sócio ostensivo. Os sócios elaboraram instrumento particular de constituição e o submeteram, para sua conservação, ao oficial do Registro de Títulos e Documentos (RTD). Em atenção à disciplina legal do tipo societário em tela, é correto afirmar que:

a) é vedada a inscrição ou transcrição do contrato de sociedade em conta de participação em qualquer registro, sendo ilegal a pretensão dos sócios.
b) a inscrição ou transcrição do ato de constituição de uma sociedade em conta de participação no RTD lhe confere personalidade jurídica, mesmo estando dispensada das formalidades aplicáveis aos demais tipos societários.
c) é permitida a eventual inscrição ou transcrição do instrumento contratual em qualquer registro, porém tal ato não confere personalidade jurídica à sociedade.
d) é incompetente o oficial do RTD para o ato pretendido pelos sócios, porque o instrumento público é essencial para a validade da constituição da sociedade em conta de participação.
e) o ato constitutivo da sociedade em conta de participação deve ser arquivado na Junta Comercial diante da qualidade de sociedade empresária do sócio ostensivo, sob pena de se caracterizar uma sociedade em comum.

32. (Consulplan/TJ/MS/Cartórios/Remoção/2021) A sociedade é um sujeito de direitos, ou seja, como ente autônomo dotado de personalidade distinta da pessoa dos seus sócios e com patrimônio também autônomo que não se confunde com o patrimônio dos sócios. Com efeito, a conclusão a que se chega é a de que a pessoa jurídica é um ente dotado de personalidade própria e seu patrimônio não se confunde com o patrimônio dos sócios que a integram. O Código Civil divide as sociedades em dois grandes grupos: sociedades personificadas e sociedades não personificadas. Dentre as sociedades elencadas a seguir, assinale aquela pertencente ao grupo das sociedades não personificadas.

a) Sociedade limitada.
b) Sociedade em comum.
c) Sociedade em nome coletivo.
d) Sociedade em comandita simples.

33. (Vunesp/TJ/RS/Cartórios/Ingresso/2019) Em relação à sociedade em conta de participação, dispõe o Código Civil:

a) A falência do sócio ostensivo ou participante acarreta a dissolução da sociedade e a liquidação da respectiva conta, cujo saldo constituirá crédito com privilégio geral.
b) O contrato social produz efeito somente entre os sócios, e a eventual inscrição de seu instrumento em qualquer registro confere personalidade jurídica à sociedade, passando o sócio participante a responder ilimitadamente pelas obrigações sociais.
c) Aplica-se à sociedade em conta de participação, subsidiariamente e no que com ela for compatível, o disposto para a sociedade empresária, e a sua liquidação rege-se pelas normas relativas à gestão de negócios, na forma da legislação aplicável.
d) A contribuição do sócio participante constitui, com a do sócio ostensivo, patrimônio especial, objeto da conta de participação relativa aos negócios sociais.
e) Poderá o sócio ostensivo a qualquer tempo admitir novo sócio sem o consentimento expresso dos demais e, havendo mais de um sócio participante, as respectivas contas serão prestadas e julgadas no mesmo processo.

34. (Vunesp/TJ/RS/Cartórios/Ingresso/2019) Em relação à sociedade em comum, dispõe o Código Civil:

a) Enquanto não inscritos os atos constitutivos, reger-se-á a sociedade, inclusive por ações em organização, pelo disposto em lei, observadas, subsidiariamente e no que com ele forem compatíveis, as normas da sociedade empresária.
b) Todos os sócios respondem solidária e ilimitadamente pelas obrigações sociais, respeitado o benefício de ordem, quando for o caso, aquele que contratou pela sociedade, possuindo ou não, poderes específicos de gestão.
c) Os sócios, nas relações entre si ou com terceiros, somente por escrito podem provar a existência da sociedade, mas os terceiros podem prová-la de qualquer modo.
d) Os bens sociais respondem pelos atos de gestão praticados por qualquer dos sócios, independente de pacto expresso limitativo de poderes, aproveitando a quem com a sociedade contratou, mediante comprovação de dolo ou culpa.
e) Os bens e dívidas sociais não constituem patrimônio especial, do qual os sócios são titulares em comum.

35. (Vunesp/TJ/RS/Cartórios/Remoção/2019) Assinale a alternativa correta sobre a sociedade em comum e a sociedade em conta de participação.

a) Exceto pelo contrato social escrito, a constituição de sociedade em conta de participação independe de qualquer outra formalidade.
b) São sociedades não personificadas, passíveis de registro facultativo no registro público de empresas mercantis.
c) Na sociedade em comum, todos os sócios respondem solidária e ilimitadamente pelas obrigações sociais, assegurado a todos eles, entretanto, o direito de que os bens sociais sejam executados anteriormente aos seus bens particulares.
d) Em caso de danos causados a terceiros em decorrência de atividade empresarial exercida em sociedade em conta de participação, o sócio ostensivo responderá individual e exclusivamente perante terceiros, mas poderá pleitear contribuição proporcional do sócio participante, se assim pactuado no contrato social.
e) A responsabilidade do sócio participante é limitada à sua contribuição ao patrimônio especial e adicionalmente ao que dispuser o contrato social, sem prejuízo do seu direito de fiscalizar a gestão dos negócios sociais e de tomar parte nas relações do sócio ostensivo com terceiros.

36. (Ieses/TJ/CE/Cartórios/Remoção/2018) Modalidade de sociedade na qual a atividade constitutiva do objeto social é exercida unicamente pelo sócio ostensivo, em seu nome individual e sob sua própria e exclusiva responsabilidade, participando os demais dos resultados correspondentes. A este tipo de sociedade se dá o nome de:

a) sociedade em conta de participação.
b) sociedade em comum.
c) sociedade personificada.
d) empresa individual de responsabilidade limitada.

37. (Consulplan/TJ/MG/Cartórios/Ingresso/2017) É uma forma societária não personificada:

a) sociedade em conta de participação.
b) sociedade simples.
c) sociedade em comandita simples.
d) sociedade em nome coletivo.

2.3. Da Sociedade Personificada

2.3.1. Simples, Nome Coletivo, Comandita Simples

QUESTÕES DISCURSIVAS

2. (Consulplan/TJ/MG/Cartórios/Remoção/2018) Uma sociedade simples conta com 9 (nove) sócios e não consta do contrato social qualquer menção a medidas jurídicas a serem tomadas em razão do falecimento de um deles. Ocorre que um dos sócios faleceu inesperadamente, deixando 2 (dois) herdeiros. Quais as alternativas legais disponíveis para os sócios remanescentes tomarem com relação a esta sociedade? A quem caberá a responsabilidade pelas obrigações sociais?

QUESTÕES OBJETIVAS

38. (Vunesp/TJ/SP/Cartórios/Ingresso/2022) Sobre a participação de menor incapaz na atividade empresarial, assinale a alternativa correta.

a) Admite-se sua participação em comandita simples, desde que não seja responsável pela administração.
b) Admite-se sua participação em sociedade limitada, inclusive como sócio-gerente, desde que representado pelo responsável.
c) Admite-se sua participação em sociedade em nome coletivo, em comandita por ações, mesmo que o capital social não esteja totalmente integralizado.
d) Não se admite a possibilidade de que adquira ações de companhia aberta, nem mesmo por intermédio de representante.

39. (Vunesp/TJ/GO/Cartórios/Remoção/2021) Quanto à dissolução de sociedade simples, assinale a alternativa correta.

a) Ocorrerá a dissolução da sociedade por falta de pluralidade de sócios, não reconstituída no prazo de 120 (cento e vinte) dias, sem que haja a transformação do registro da sociedade para empresário individual ou para empresa individual de responsabilidade limitada.

b) A deliberação dos sócios por maioria absoluta, na sociedade de prazo determinado, poderá dissolver a sociedade.

c) A sociedade será dissolvida sempre que ocorrer o vencimento do seu prazo de duração.

d) Qualquer sócio pode requerer que a sociedade seja dissolvida judicialmente quando anulada a sua constituição.

40. (Vunesp/TJ/RS/Cartórios/Ingresso/2019) Em relação à sociedade simples, dispõe o Código Civil:

a) O sócio participa dos lucros e das perdas, na proporção das respectivas quotas, mas aquele, cuja contribuição consiste em serviços, somente participa dos lucros na proporção da média do valor das quotas, vedada qualquer estipulação em contrário.

b) O sócio, cuja contribuição consista em serviços, não pode, salvo convenção em contrário, empregar-se em atividade estranha à sociedade, sob pena de ser privado de seus lucros e dela excluído.

c) Nos dez dias subsequentes à sua constituição, a sociedade deverá requerer a inscrição do contrato social no registro competente, sendo ineficaz em relação aos sócios, qualquer pacto separado, contrário ao disposto no instrumento.

d) São irrevogáveis os poderes do sócio investido na administração por cláusula expressa do contrato social, salvo justa causa, a pedido da maioria dos sócios, sendo ainda, irrevogáveis, os poderes conferidos a sócio por ato separado, ou a quem não seja sócio, cujos atos aproveitam a terceiros.

e) A sociedade adquire direitos, assume obrigações e procede judicialmente, por meio de administradores com poderes especiais, ou, não os havendo, em conjunto por todos os sócios, sendo que o sócio, admitido em sociedade já constituída, fica eximido das dívidas sociais anteriores à admissão.

41. (Vunesp/TJ/RS/Cartórios/Remoção/2019) Na sociedade simples, os atos praticados por administradores com excesso de poderes:

a) sempre vinculam a sociedade perante terceiros se a limitação de poderes não estiver expressa no contrato social ou em suas alterações devidamente inscritas ou averbadas no registro próprio da sociedade.

b) sempre vinculam a sociedade perante terceiros, conforme teoria da aparência, cabendo à sociedade ou aos seus sócios demandarem perdas e danos do referido administrador.

c) sempre vinculam a sociedade perante terceiros, conforme teoria da aparência, mas, diante da prova do excesso de poderes, caberá ao terceiro demandar perdas e danos do administrador e, somente na insuficiência dos bens pessoais deste, executar os bens da sociedade.

d) não vinculam a sociedade se a limitação de poderes estiver expressa no contrato social inscrito no registro próprio da sociedade, se, independentemente da limitação expressa, houver prova de que a limitação era conhecida do terceiro, ou ainda tratando-se de operação evidentemente estranha aos negócios da sociedade.

e) não vinculam a sociedade perante terceiros apenas em se tratando de operação evidentemente estranha aos negócios da sociedade.

42. (Cespe/TJ/DFT/Cartórios/Remoção/2019) Uma sociedade simples deseja instituir uma sucursal em comarca diversa daquela onde está inscrita a sua sede. Com referência a essa situação, de acordo com o Código Civil, assinale a opção correta.

a) A sucursal deverá ser inscrita na circunscrição do registro civil de pessoas jurídicas onde se estabelecerá, e sua constituição será averbada no registro da respectiva sede.

b) A sucursal deverá ser inscrita na circunscrição do registro público de empresas mercantis onde se estabelecerá, e sua constituição será averbada no registro da respectiva sede.

c) A sucursal deverá ser inscrita no registro civil de pessoas jurídicas onde ocorreu a inscrição originária da sede.

d) A sociedade simples e a sucursal deverão estar inscritas na mesma circunscrição do registro público de empresas mercantis.

e) A nova inscrição é desnecessária, em razão da existência de registro da sede da sociedade simples.

43. (Ieses/TJ/AM/Cartórios/Remoção/2018) Segundo o Código Civil brasileiro é correto afirmar quanto aos direitos e obrigações dos sócios de sociedades simples:

I. o sócio não pode ser substituído no exercício das suas funções, sem o consentimento dos demais sócios, expresso em modificação do contrato social.

II. a cessão total ou parcial de quota, sem a correspondente modificação do contrato social com o consentimento dos demais sócios, não terá eficácia quanto a estes e à sociedade.

III. as obrigações dos sócios começam imediatamente com o contrato, se este não fixar outra data, e terminam quando, liquidada a sociedade, se extinguirem as responsabilidades sociais.

IV. até três anos depois de averbada a modificação do contrato, responde o cedente solidariamente com o cessionário, perante a sociedade e terceiros, pelas obrigações que tinha como sócio.

A sequência correta é:

a) apenas as assertivas II e IV estão incorretas.

b) apenas as assertivas I e IV estão corretas.

c) as assertivas I, II, III e IV estão corretas.

d) apenas a assertiva IV está incorreta.

44. (Ieses/TJ/AM/Cartórios/Remoção/2018) Segundo o Código Civil brasileiro é correto afirmar quanto aos direitos e obrigações dos sócios de sociedades simples:

I. o sócio não pode ser substituído no exercício das suas funções, sem o consentimento dos demais sócios, expresso em modificação do contrato social.

II. a cessão total ou parcial de quota, sem a correspondente modificação do contrato social com o consentimento dos demais sócios, não terá eficácia quanto a estes e à sociedade.

III. as obrigações dos sócios começam imediatamente com o contrato, se este não fixar outra data, e terminam quando, liquidada a sociedade, se extinguirem as responsabilidades sociais.

IV. até três anos depois de averbada a modificação do contrato, responde o cedente solidariamente com o cessionário, perante a sociedade e terceiros, pelas obrigações que tinha como sócio.

A sequência correta é:

a) apenas as assertivas II e IV estão incorretas.

b) apenas as assertivas I e IV estão corretas.

c) as assertivas I, II, III e IV estão corretas.

d) apenas a assertiva IV está incorreta.

45. (Consulplan/TJ/MG/Cartórios/Ingresso/2017) Um contrato social de uma Sociedade Simples não determina qualquer quórum especial para a alteração do contrato social. Neste caso, querendo os sócios alterarem o contrato social, para que um sócio que tenha 25% passe a ter 30% das quotas e outro que tenha 35% passe a ter, também, 30%, o quórum necessário para esta modificação será:

a) maioria simples dos sócios.
b) unanimidade dos sócios.
c) 2/3 do capital social.
d) apenas a aquiescência dos dois sócios envolvidos.

46. (Consulplan/TJ/MG/Cartórios/Remoção/2017) A Sociedade Simples deverá requerer a inscrição do contrato social no Registro Civil das Pessoas Jurídicas, no local de sua sede, no prazo máximo de quantos dias da sua constituição?

a) 10.
b) 15.
c) 30.
d) 60.

2.3.2. Limitada, Anônima, Comandita por Ações

ATENÇÃO: ESTE TEMA É MUITO EXIGIDO NOS CONCURSOS!

SÚMULAS

STJ **Súm. 389.** A comprovação do pagamento do "custo do serviço" referente ao fornecimento de certidão de assentamentos constantes dos livros da companhia é requisito de procedibilidade da ação de exibição de documentos ajuizada em face da sociedade anônima.

STJ **Súm. 551.** Nas demandas por complementação de ações de empresas de telefonia, admite-se a condenação ao pagamento de dividendos e juros sobre capital próprio independentemente de pedido expresso. No entanto, somente quando previstos no título executivo, poderão ser objeto de cumprimento de sentença.

INFORMATIVOS

STJ **Responsabilização civil de controladores. Acionistas minoritários. Legitimidade extraordinária (ação social "ut singuli"). Inércia da companhia. Configuração. Imprescindibilidade.** Os acionistas minoritários não têm legitimidade extraordinária para promover procedimentos arbitrais destinados à responsabilização civil dos controladores, com base no art. 246 da Lei 6.404/76, (ação social "ut singuli") enquanto não caracterizada a inércia da companhia, o que se verifica quando, convocada assembleia geral para deliberar sobre a responsabilidade destes, há deliberação autorizativa e não são promovidas as medidas cabíveis dentro dos três meses subsequentes ou quando há deliberação negativa. *Proc. segredo justiça, 2ª S, 30.6.2022. Inf 749.*

QUESTÕES DISCURSIVAS

3. (Cetro/TJ/RJ/Cartórios/Ingresso/2017) A Sociedade Empresária S/A, em Assembleia Geral Extraordinária, aprovou a emissão pública de 10.000 debêntures nominativas, não conversíveis em ações, com valor total correspondente a R$ 100.000,00, com garantia flutuante que assegura privilégio geral sobre ativo da companhia. Na escritura de emissão, consta como data de emissão 12/5/2011 e como data de vencimento 12/5/2016. Após a mencionada data de vencimento, Ana, investidora que adquiriu as referidas debêntures, procura, sem sucesso, a Sociedade Empresária S/A para recebimento do seu crédito. Qual a ação cabível para que Ana possa cobrar judicialmente seu crédito consubstanciado nas debêntures emitidas pela Sociedade Empresária S/A? Justifique.

4. (Ieses/TJ/PA/Cartórios/2016) Sendo omisso o contrato social de determinada sociedade limitada, explique as regras aplicáveis para a modificação do contrato social, apontando todas as possibilidades e respectivas formalidades que necessitam ser adotadas.

5. (Faurgs/TJ/RS/Cartórios/2015) Alberto, brasileiro, solteiro, menor de idade e emancipado, Bruno, brasileiro, solteiro, maior de idade e capaz, e Carlos, brasileiro, solteiro, menor de idade e absolutamente incapaz, resolvem celebrar entre si contrato de sociedade limitada. Dentre as diversas cláusulas e condições do contrato social estabelecido entre os três, estão: (a) o capital social será de R$ 30 mil, dividido em 30 mil quotas, subscrevendo cada sócio 10 mil quotas e integralizando-as no ato; Carlos integraliza as suas através de dinheiro, e Alberto e Bruno, através de bens incorpóreos, cuja avaliação é realizada pelos próprios sócios, dispensando-se laudo pericial; (b) a administração da sociedade competirá exclusivamente a Alberto, que terá poderes para realizar todos os atos de gestão; (c) Bruno e Carlos participarão no resultado da empresa na proporção de 50% (cinquenta por cento) cada, e Alberto receberá, a título de "pro labore", a remuneração fixa de R$ 5.000,00 (cinco mil reais) por mês; (d) as quotas poderão ser vendidas a terceiros estranhos ao quadro social sem a anuência dos demais sócios e sem que se observe direito de preferência. Apenas Carlos foi representado por seus pais no ato, tendo os demais firmado pessoalmente o contrato social. Considerando-se os fatos acima narrados e de acordo com a legislação vigente, indique se existe(m) nulidade(s) ou anulabilidade(s) no negócio jurídico celebrado por Alberto, Bruno e Carlos, e, em caso positivo, qual o seu fundamento.

6. (Ieses/TJ/PB/Cartórios/2014) O artigo 1.054 do Código Civil prescreve que o contrato social da sociedade limitada mencionará, no que couber, as indicações do artigo 997 do mesmo diploma. Indique quais os pontos do artigo 997 são incompatíveis com a sociedade limitada e que, portanto, não podem ou não necessitam compor o contrato social deste tipo societário. Justifique cada um deles.

QUESTÕES OBJETIVAS

47. (Ieses/TJ/TO/Cartórios/Ingresso/2022) Nos termos da Lei nº 6.404/76 (Lei das Sociedades por Ações), analise as sentenças abaixo e assinale a opção correta com relação aos requisitos preliminares para a constituição de uma companhia:

I. Subscrição, pelo menos por 1 (uma) pessoa, de todas as ações em que se divide o capital social fixado no estatuto.
II. Depósito, no Banco do Brasil S/A., ou em outro estabelecimento bancário autorizado pela Comissão de Valores Mobiliários, da parte do capital realizado em dinheiro.
III. Realização, como entrada, de 20% (vinte por cento), no mínimo, do preço de emissão das ações subscritas em dinheiro.
IV. Arquivamento do ato constitutivo, em 3 (três) vias, com a execução da assinatura dos acionistas mediante o devido reconhecimento de firma.

a) Apenas a assertiva II está correta.
b) Todas as assertivas estão corretas.
c) Apenas as assertivas II e III estão corretas.
d) Nenhuma assertiva está correta.

48. (Ieses/TJ/TO/Cartórios/Ingresso/2022) De acordo com a legislação brasileira vigente sobre Sociedade Anônima, analise as sentenças abaixo e assinale a alternativa correta:

I. Na operação de transformação, a sociedade que teve o tipo transformado é extinta.
II. Na omissão do estatuto, contrato social ou eventual acordo de acionistas ou quotistas, a transformação da sociedade exige o consentimento da unanimidade dos sócios ou acionistas.
III. A incorporação, fusão ou cisão podem ser operadas entre sociedades de tipos iguais ou diferentes.
IV. A cisão com versão de parcela de patrimônio em sociedade já existente obedecerá às disposições sobre incorporação.

a) Todas as assertivas estão corretas.
b) Apenas as assertivas III e IV estão corretas.
c) Apenas as assertivas II, III e IV estão corretas.
d) Nenhuma assertiva está correta.

49. (Vunesp/TJ/SP/Cartórios/Ingresso/2022) Qual das seguintes matérias confere ao acionista dissidente o direito de retirar-se de uma Sociedade Anônima?

a) O aumento do dividendo obrigatório.
b) A criação de ações preferenciais ou o aumento de classe de ações preferenciais existentes, sem guardar proporção com as demais classes de ações preferenciais, salvo se já previstas ou autorizadas pelo estatuto.
c) O aumento do Capital Social mediante a emissão de novas ações pela companhia.
d) A rejeição das contas dos administradores.

50. (Vunesp/TJ/GO/Cartórios/Remoção/2021) O Superior Tribunal de Justiça vem firmando jurisprudência acerca da desconsideração da personalidade jurídica; assim, de acordo com esse Tribunal, na hipótese em que haja o pedido de desconsideração inversa de sociedade limitada modesta, na qual as únicas sócias sejam mãe e filha, cada uma com metade das quotas sociais, é possível responsabilizar pelas dívidas dessa sociedade a sócia que, de acordo com o contrato social, não exerça funções de gerência ou administração?

a) Sim, uma vez que a jurisprudência busca subverter a lei a favor de proteger o consumidor, de modo a criar responsabilidade a todos os sócios, mesmo afastados das decisões sociais.
b) Não, pois o interessado deve comprovar, também, a fraude, o abuso de personalidade e/ou a confusão patrimonial, os quais podem ser considerados os principais pressupostos para aplicação do instituto da desconsideração da personalidade jurídica.
c) Sim, porque, na situação fática, a titularidade de quotas e a administração da sociedade se confundem, situação em que as deliberações sociais, na maior parte das vezes, ocorrem no dia a dia, sob a forma de decisões gerenciais.
d) Não, já que a fraude caracteriza-se pela utilização ilícita da autonomia patrimonial da sociedade empresarial, como subterfúgio para ocultar bens e deixar de cumprir com suas obrigações.

51. (FGV/TJ/SC/Cartórios/Ingresso/2021) A prática de atos jurídicos por parte de uma sociedade empresária deve estar pautada na legitimidade da atuação de seu órgão de administração e nos poderes que lhe forem atribuídos pelo contrato ou ato separado, inclusive perante os tabeliães e oficiais de registro. No tocante às sociedades limitadas, o uso do nome empresarial, de modo a obrigar a pessoa jurídica, é:

a) uma faculdade dos atuais sócios, sejam ou não administradores da sociedade.
b) uma faculdade apenas do administrador ou do sócio majoritário no capital, administrador ou não.
c) uma faculdade de todos os sócios, atuais e futuros, pois a administração se estende de pleno direito a novos sócios.
d) privativo dos administradores que tenham os necessários poderes e não pode ser delegado a sócio não administrador ou a terceiro, nem mesmo como mandatário da sociedade.
e) privativo dos administradores que tenham os necessários poderes, todavia, é possível a constituição de mandatários da sociedade pelo administrador nos limites de seus poderes.

52. (FGV/TJ/SC/Cartórios/Ingresso/2021) Concluída a subscrição particular das ações de uma companhia em organização, os subscritores preferiram adotar a forma pública para o ato constitutivo e solicitaram ao tabelião de notas a lavratura da escritura. Considerando-se tratar de documento público, formal e solene, a escritura pública de constituição de companhia deve conter:

a) a transcrição dos acordos de acionistas.
b) a transcrição do prospecto da subscrição.
c) a transcrição do laudo de avaliação dos peritos, caso tenha havido subscrição do capital social em bens.
d) a assinatura de subscritores que representem, no mínimo, metade das ações em que foi dividido o capital social.
e) a nomeação dos conselheiros fiscais e, se for o caso, dos primeiros administradores, que poderá ser feita em documento privado em separado.

53. (Ieses/TJ/RO/Cartórios/Ingresso/2021) Analise as assertivas abaixo e assinale a alternativa correta sobre Sociedade Limitada de acordo com Código Civil:

I. Os sócios poderão integralizar o capital social em bens ou serviços.
II. O capital social divide-se em quotas, que poderão ser iguais ou desiguais, cabendo uma ou diversas a cada sócio.
III. Se o contrato social for omisso, o sócio poderá ceder suas quotas a quem seja sócio, independentemente da audiência dos outros sócios.
IV. A sociedade poderá ser constituída com uma quota, de titularidade uma única pessoa.

a) Apenas a assertiva I está incorreta.
b) As assertivas I e IV estão incorretas.
c) Todas as assertivas estão corretas.
d) As assertivas II e III estão incorretas.

54. (Ieses/TJ/RO/Cartórios/Remoção/2021) No que concerne a Lei nº 6.404, que dispõe sobre as Sociedades por Ações, é correto afirmar:

I. A companhia ou sociedade anônima terá o capital dividido em ações, e a responsabilidade dos sócios ou acionistas será limitada ao preço de emissão das ações subscritas ou adquiridas.
II. É permitida a emissão de ações por preço inferior ao seu valor nominal.
III. Para os efeitos desta Lei, a companhia é aberta ou fechada conforme os valores mobiliários de sua emissão estejam ou não admitidos à negociação no mercado de valores mobiliários.
IV. O estatuto da companhia fixará o valor do capital social, expresso em moeda nacional.

A sequência correta é:

a) Apenas as assertivas I e II estão corretas.
b) Apenas as assertivas I, II e III estão corretas.
c) Apenas a assertiva II está incorreta.
d) As assertivas I, II, III e IV estão corretas.

55. (Consulplan/TJ/MS/Cartórios/Ingresso/2021) O Código Civil em vigor dispõe que, na sociedade limitada, a responsabilidade de cada sócio é restrita ao valor de suas quotas, mas todos respondem solidariamente pela integralização do capital social. Assim, a sociedade, por ser pessoa jurídica a quem o ordenamento jurídico confere existência individual, possui em consequência, responsabilidade patrimonial própria. Aqui tem-se o chamado princípio da autonomia patrimonial das pessoas jurídicas. No que tange à responsabilidade dos sócios na sociedade limitada, assinale a afirmativa correta.

a) O sócio, admitido em sociedade já constituída, se exime das dívidas sociais anteriores à admissão.
b) A responsabilidade do sócio na sociedade limitada é sempre subsidiária não podendo, em hipótese alguma, o sócio responder com seus bens pessoais por dívidas empresariais.
c) Os herdeiros do cônjuge de sócio, ou o cônjuge do que se separou judicialmente, podem exigir desde logo a parte que

lhes couber na quota social, liquidando-se a sociedade antecipadamente.

d) O credor particular de sócio pode, na insuficiência de outros bens do devedor, fazer recair a execução sobre o que a este couber nos lucros da sociedade, ou na parte que lhe tocar em liquidação.

56. (Vunesp/TJ/GO/Cartórios/Ingresso/2021) Nas sociedades limitadas, serão tomadas por votos correspondentes a, no mínimo, três quartos do capital social as deliberações dos sócios que se refiram:

a) à designação de administradores não sócios, enquanto o capital não estiver integralizado, à designação dos administradores sócios quando feita em ato separado e a destituição dos administradores.
b) à modificação do contrato social e à incorporação, fusão e dissolução da sociedade, ou cessação do estado de liquidação.
c) à modificação do contrato social, à designação dos administradores sócios quando feita em ato separado e a destituição dos administradores.
d) à designação de administradores não sócios, enquanto o capital não estiver integralizado, e à incorporação, fusão e dissolução da sociedade, ou cessação do estado de liquidação.

57. (Consulplan/TJ/MG/Cartórios/Ingresso/2019) A respeito das sociedades por cotas de responsabilidade limitada, analise as proposições a seguir.

I. A exclusão de sócio remisso depende de previsão em cláusula resolutória do contrato social.
II. Falecendo um dos sócios, o ingresso dos herdeiros na sociedade é obrigatório, desde que haja cláusula contratual expressa.
III. Admite-se a redução do capital social, bastando que haja deliberação de todos os sócios e a devida modificação do contrato e correspondente averbação.
IV. O sócio-administrador pode delegar o uso da firma a terceiro mesmo que a isso se oponha o contrato social; neste caso, responderá pessoalmente pelas obrigações contraídas pelo seu delegatário.

Assinale a alternativa correta.

a) As proposições I e III são falsas.
b) As proposições I e IV são falsas.
c) As proposições II e III são verdadeiras.
d) As proposições III e IV são verdadeiras.

58. (Vunesp/TJ/RS/Cartórios/Ingresso/2019) Em relação às sociedades por quotas de responsabilidade limitada, dispõe o Código Civil:

a) A assembleia dos sócios deve realizar-se ao menos uma vez por ano, nos três meses seguintes ao término do exercício social, com o objetivo, dentre outros, de tomar as contas dos administradores e designar membros do conselho fiscal.
b) Pode a sociedade reduzir o capital, mediante a correspondente modificação do contrato, depois de integralizado, se houver perdas irreparáveis, e, se excessivo em relação ao objeto da sociedade.
c) A assembleia será presidida e secretariada por sócios estabelecidos no contrato social, e a cópia da ata autenticada pelos administradores, ou pela mesa, será, nos trinta dias subsequentes à reunião, apresentada ao Registro Público de Empresas Mercantis para arquivamento e averbação.
d) Sem prejuízo dos poderes da assembleia dos sócios, pode o contrato instituir conselho fiscal composto de dois ou mais membros e respectivos suplentes, necessariamente sócios, residentes no País, eleitos na assembleia anual ou extraordinária.
e) Ressalvado o disposto no contrato social, integralizadas as quotas, pode ser o capital aumentado, com a correspondente modificação do contrato, e até vinte dias após a deliberação, terão os sócios preferência para participar do aumento, na proporção das quotas de que sejam titulares.

59. (UFPR/TJ/PR/Cartórios/Ingresso/2019) "A assembleia geral constitui o órgão máximo da companhia, de caráter exclusivamente deliberativo, que reúne todos os acionistas, com ou sem direito a voto ou com voto restrito. Trata-se, a assembleia, do locus no qual o acionista pode exercer o direito de voz e voto. Pode ser definida como o conjunto de acionistas reunidos, mediante convocação e instalação realizadas de acordo com a Lei das S.A. e o estatuto, para deliberar sobre matéria de interesse social. A assembleia tem competência para decidir todos os negócios relativos ao objeto da companhia e tomar as resoluções que julgar convenientes à sua defesa e desenvolvimento. Constitui um órgão deliberativo, na medida em que o processo de formação da vontade dá-se, necessariamente, por meio da reunião de seus membros, decidindo o órgão por votação majoritária dos acionistas" (EIZIRIK, 2015). À luz do exposto e do que acerca de assembleias dispõe a Lei nº 6.404/1976, assinale a alternativa correta.

a) É competência concorrente da assembleia geral e do conselho de administração, quando a companhia for aberta, a reforma do estatuto social.
b) A convocação far-se-á mediante anúncio publicado por 3 (três) vezes, no máximo, contendo, além do local, data e hora da assembleia, a ordem do dia e, no caso de reforma do estatuto, a indicação da matéria.
c) Nas companhias fechadas, o acionista que representar 5% (cinco por cento), ou mais, do capital social poderá solicitar ser convocado por telegrama ou carta registrada, dispensando-se as publicações dos anúncios.
d) Em regra, a assembleia geral se instalará, em primeira convocação, com a presença de acionistas que representem, no mínimo, metade do capital social com direito de voto e, em segunda convocação, desde que presentes acionistas que representem ao menos um quarto do capital social com direito a voto.
e) As deliberações da assembleia geral, ressalvadas as exceções previstas em lei, serão tomadas por maioria absoluta de votos, não se computando os votos em branco.

60. (UFPR/TJ/PR/Cartórios/Ingresso/2019) Sobre as sociedades limitadas, é correto afirmar:

a) Na omissão do contrato, o sócio pode ceder sua quota, total ou parcialmente, a quem seja sócio, independentemente de audiência dos outros, ou a estranho, se não houver oposição de titulares de mais de três quartos do capital social.
b) A sociedade limitada é administrada por uma ou mais pessoas designadas no contrato social ou em ato separado, sendo que a administração atribuída no contrato a todos os sócios não se estende de pleno direito aos que posteriormente adquiram essa qualidade.
c) É assegurado aos sócios majoritários, que representarem pelo menos um quinto do capital social, o direito de eleger, separadamente, um dos membros do conselho fiscal e o respectivo suplente.
d) A contribuição para a integralização do capital social poderá ser em dinheiro, bens ou em prestação de serviços.
e) Na sociedade limitada, a responsabilidade de cada sócio é restrita ao valor de suas quotas, mas todos respondem subsidiariamente pela integralização do capital social.

61. (Ieses/TJ/SC/Cartórios/Remoção/2019) No que se refere aos órgãos sociais da sociedade anônima, é correto afirmar que:

a) Os poderes da assembleia geral são absolutos e ilimitados.

b) O Conselho de Administração é órgão de presença obrigatória na sociedade anônima.
c) Compete ao Conselho Fiscal opinar sobre as propostas dos órgãos de administração.
d) É de competência privativa da assembleia deliberar sobre a inserção de cláusula no estatuto que restrinja as hipóteses de recesso.

62. (Ieses/TJ/SC/Cartórios/Ingresso/2019) A sociedade Bonafonte Agronegócios S.A., necessitando expandir sua área de pesquisa em métodos de inovação e desenvolvimento tecnológico, decide aumentar seu capital social através da emissão pública de novas ações. Para levar a efeito a operação, os administradores devem necessariamente observar certas exigências legais, dentre elas:

a) O Conselho Fiscal, se estiver em funcionamento, deverá ser necessária e obrigatoriamente ouvido antes de qualquer deliberação sobre o aumento de capital.
b) O aumento de capital mediante a emissão de novas ações sempre exige deliberação assemblear e alteração estatutária.
c) O capital social deve estar totalmente integralizado, sob pena de a CVM não autorizar o aumento de capital.
d) Nas companhias com capital autorizado o Conselho de Administração poderá deliberar sobre o aumento de capital, se assim dispuser o estatuto.

63. (Vunesp/TJ/RS/Cartórios/Remoção/2019) São órgãos obrigatórios em toda e qualquer sociedade anônima:

a) a assembleia de acionistas, o conselho de administração e a diretoria.
b) o conselho de administração, o conselho fiscal e a diretoria.
c) a assembleia de acionistas, o conselho de administração e o conselho fiscal.
d) a assembleia de acionistas e a diretoria.
e) a assembleia de acionistas, o conselho de administração, a diretoria e o conselho fiscal.

64. (Vunesp/TJ/RS/Cartórios/Remoção/2019) Com relação à responsabilidade dos sócios na sociedade limitada, é correto afirmar que:

a) é equivalente à responsabilidade limitada oferecida aos acionistas de sociedade anônima, ou seja, é limitada ao capital subscrito, ressalvada apenas a responsabilização extraordinária do sócio pelas dívidas da sociedade nas hipóteses que autorizam a desconsideração da personalidade jurídica ou em razão de legislação especial, nas circunstâncias ali previstas, como em matéria ambiental, tributária ou trabalhista.
b) é limitada durante a vigência da sociedade, mas o sócio poderá ser demandado por todas as obrigações remanescentes da sociedade após a dissolução e liquidação desta, caso os bens da sociedade não tenham sido suficientes para quitação das obrigações perante terceiros.
c) é equivalente à limitação de responsabilidade oferecida aos sócios da sociedade simples cujo contrato social, devidamente inscrito no registro próprio de tal sociedade, não impõe solidariedade aos respectivos sócios.
d) é limitada ao valor de sua quota, com as ressalvas legais, mas tal limitação de responsabilidade não se aplica ao sócio que acumula a função de administrador.
e) é limitada ao valor de sua quota, ressalvada a responsabilidade solidária dos sócios pelo capital não integralizado ou ainda a responsabilização extraordinária do sócio pelas dívidas da sociedade nas hipóteses que autorizam a desconsideração da personalidade jurídica ou em razão de legislação especial, nas circunstâncias ali previstas, como em matéria ambiental, tributária ou trabalhista.

65. (Cespe/TJ/DFT/Cartórios/Remoção/2019) De acordo com a legislação pertinente, compete privativamente à assembleia geral das sociedades anônimas:

a) deliberar sobre a emissão de ações.
b) manifestar-se a respeito das contas da diretoria.
c) autorizar a emissão de partes beneficiárias.
d) examinar as demonstrações financeiras do exercício social.
e) denunciar fraudes que sejam descobertas.

66. (Consulplan/TJ/MG/Cartórios/Remoção/2019) A respeito das sociedades anônimas e à luz da Lei nº 6.404/1976, analise as proposições a seguir.

I. Ações em circulação no mercado são todas as ações da companhia aberta, salvo as de propriedade do acionista controlador, de diretores, de conselheiros de administração e as em tesouraria.
II. Podem emitir ações de fruição, que constituem títulos que podem ser atribuídos aos acionistas após suas ações serem integralmente amortizadas.
III. Pode exercer a sua atividade sob firma ou razão social, da qual só farão parte os nomes dos sócios-diretores ou gerentes.
IV. As companhias abertas e as de capital autorizado terão, obrigatoriamente, Conselho de Administração.

Aponte a alternativa correta.

a) Apenas as proposições I e II estão corretas.
b) Apenas as proposições I e III estão corretas.
c) Apenas as proposições II e IV estão corretas.
d) Apenas as proposições I, II e IV estão corretas.

67. (UFPR/TJ/PR/Cartórios/Remoção/2019) A subsidiária integral é uma modalidade de sociedade anônima unipessoal reconhecida pelo ordenamento jurídico brasileiro. Sobre as subsidiárias integrais, assinale a alternativa correta.

a) A companhia pode ser constituída, mediante escritura pública, tendo como acionista única uma sociedade brasileira ou estrangeira.
b) A Comissão de Valores Mobiliários estabelecerá normas especiais de avaliação e contabilização aplicáveis às operações de incorporação de ações de subsidiária integral que envolvam sociedades anônimas abertas ou fechadas.
c) Na proporção das ações que possuírem no capital da companhia, os acionistas terão direito de preferência para subscrever aumento de capital da subsidiária integral, se a companhia decidir admitir outros acionistas.
d) Na proporção das ações que possuírem no capital da companhia, os acionistas terão direito de preferência para adquirir ações do capital da subsidiária integral, se a companhia decidir aliená-las em parte, mas não no todo.
e) É vedado que uma sociedade anônima constituída por dois ou mais acionistas seja convertida em subsidiária integral.

68. (UFPR/TJ/PR/Cartórios/Remoção/2019) As sociedades empresariais são essenciais ao exercício da atividade econômica. As sociedades limitadas são as mais utilizadas no Brasil. Sobre as sociedades limitadas, considere as seguintes afirmativas:

I. O capital social de uma sociedade poderá ser fixado no contrato social em moeda ou em bens suscetíveis de avaliação.
II. É inadmissível o exercício do direito de retirada de sócio quotista em razão do princípio da preservação da empresa.
III. Uma sociedade limitada cujo ato constitutivo não tenha sido registrado é considerada sociedade irregular, reputada como inexistente no Direito brasileiro, equiparando-se, para todos os efeitos, à sociedade ficta.

IV. O direito de voto do sócio encontra limites em seu exercício pautados em sua utilização em benefício dos interesses da sociedade, podendo, em determinadas situações, ser considerado abusivo, sujeitando o sócio às hipóteses de responsabilização pessoal.

Assinale a alternativa correta.

a) Somente a afirmativa III é verdadeira.
b) Somente a afirmativa IV é verdadeira.
c) Somente as afirmativas I, II e III são verdadeiras.
d) Somente as afirmativas I, II e IV são verdadeiras.
e) As afirmativas I, II, III e IV são verdadeiras.

69. (UFPR/TJ/PR/Cartórios/Remoção/2019) À luz das normas acerca dos deveres e responsabilidades dos administradores de sociedades anônimas, assinale a alternativa correta.

a) É vedado ao administrador intervir em operação social na hipótese de interesse conflitante com o da companhia, bem como na deliberação que a respeito tomarem os demais administradores, cumprindo-lhe cientificá-los do seu impedimento, não lhe cabendo, porém, a obrigação de fazer consignar em ata a natureza e extensão do seu interesse, em vista do sigilo comercial.
b) O estatuto pode estabelecer que o exercício do cargo de administrador deva ser assegurado, pelo titular ou por terceiro, mediante penhor de ações da companhia ou outra garantia, sendo-lhe assegurado o direito ao levantamento da garantia a partir da data em que deixar o cargo.
c) O administrador se exime de responsabilidade por atos de outros administradores se, verbalmente ou por escrito, der conhecimento imediato do ato que reputa inidôneo ao órgão da administração, ao conselho fiscal, se em funcionamento, ou à assembleia geral.
d) Os administradores são solidariamente responsáveis pelos prejuízos causados em virtude do não cumprimento dos deveres impostos por lei para assegurar o funcionamento normal da companhia fechada, ainda que, pelo estatuto, tais deveres não caibam a todos eles.
e) Compete à companhia, mediante prévia deliberação da assembleia geral, a ação de responsabilidade civil contra o administrador, pelos prejuízos causados ao seu patrimônio, cuja propositura exclui a possibilidade de proposição de demanda de responsabilidade pessoal e direta pelo acionista.

70. (Vunesp/TJ/AL/Cartórios/Ingresso/2019) Considere as seguintes afirmações sobre as debêntures e, a seguir, assinale a alternativa correta.

a) As ações preferenciais são aquelas que dão origem às debêntures na incorporação ou fusão.
b) Podem ser emitidas por escrituras públicas lavradas no Registro do Comércio.
c) São títulos emitidos pelas sociedades anônimas, que conferem um direito de crédito ao seu titular.
d) Conferem direitos especiais ao portador, como eleição em separado para cargo de administradores ou direito de veto para determinadas matérias.

71. (Ieses/TJ/CE/Cartórios/Ingresso/2018) Analise as assertivas abaixo e, de acordo com o que dispõe a Lei das Sociedades Anônimas (Lei 6.404/76) vigente, assinale a alternativa correta:

I. se o estatuto social for omisso, os titulares de ações preferenciais não terão direito de voto.
II. o conselho de administração é órgão da administração de existência obrigatória e a diretoria órgão da administração de existência facultativa, de acordo com a organização da companhia.
III. só poderão exercer cargos de diretor pessoais naturais, brasileiros ou estrangeiros, residentes no país.
IV. o acionista só responde pelos danos causados pelo exercício abusivo do direito de voto, caso seu voto haja prevalecido:

a) as assertivas I e IV estão corretas.
b) as assertivas II e III estão corretas.
c) apenas a assertiva III está correta.
d) todas as assertivas estão corretas.

72. (Consulplan/TJ/MG/Cartórios/Remoção/2018) A sociedade limitada não é obrigada a adotar denominação integrada com a palavra final "limitada" ou "Ltda.", contudo a ausência desta denominação final acarretará:

a) a responsabilidade solidária e ilimitada dos administradores que assim empregarem a firma ou a denominação da sociedade.
b) a responsabilidade solidária e ilimitada do administrador principal que assim empregar a firma ou a denominação da sociedade.
c) a responsabilidade solidária e limitada dos administradores que assim empregarem a firma ou a denominação da sociedade.
d) a responsabilidade subjetiva e ilimitada dos administradores que assim empregarem a firma ou a denominação da sociedade.

73. (Consulplan/TJ/MG/Cartórios/Remoção/2017) A limitação da responsabilidade de um sócio, em uma sociedade limitada, por regra, é:

a) capital social total prometido pela sociedade e ainda não integralizado de forma solidária entre os sócios.
b) capital social individualmente prometido por casa sócio e ainda não integralizado de forma subsidiária para os demais sócios.
c) o capital social prometido, independentemente de estar integralizado ou não, sendo obrigação dos sócios integralizar novamente, caso a sociedade não tenha patrimônio em caso de falência.
d) o capital real que a sociedade tiver, não sendo relevante o capital integralizado ou não. Os sócios jamais são obrigados a completar o capital social, salvo existência de crime falimentar.

74. (Consulplan/TJ/MG/Cartórios/Ingresso/2017) Pedro, sócio minoritário em uma Sociedade Limitada, integralizou R$10.000,00, sua parte do capital social, referente a 10% do capital social. Os demais sócios desta sociedade não integralizaram os 90% restantes do capital e a sociedade é devedora de quantia superior a R$ 100.000,00. Relativamente à responsabilidade de Pedro por esta dívida, uma vez que a sociedade não possui qualquer patrimônio, é correto afirmar que ele:

a) não é responsável por nenhuma dívida, por regra, visto que já integralizou sua cota parte, não respondendo, salvo fraude, pelo descumprimento da obrigação de seus sócios.
b) é responsável solidário aos demais sócios, por regra, até o valor total da dívida, visto que a não integralização gera, por mandamento legal expresso, a desconsideração automática da responsabilidade jurídica.
c) é responsável subsidiariamente aos seus sócios, por regra, até o valor do capital social prometido, podendo invocar o benefício de ordem, para que primeiro sejam cobrados os sócios, visto que ele já havia integralizado o capital social.
d) é responsável solidário aos demais sócios, por regra, até o valor integral do capital social prometido, podendo regressar por este valor contra os sócios, caso venha a pagar.

75. (Consulplan/TJ/MG/Cartórios/Remoção/2017) Carlomíndio quer ser sócio de uma sociedade limitada, que é composta, atualmente, por outros 2 sócios, com 50% do capital social cada um, sendo estes Mervivaldo e Adinalberto. O primeiro, Mervivaldo, deseja vender suas quotas para Carlomíndio e o segundo não quer Carlomíndio como seu novo sócio. Considerando que não há qualquer cláusula no contrato social que fale da alienação de quotas da sociedade, é correto afirmar que:

a) Adinalberto não poderá impedir a venda, visto que no contrato social não há qualquer determinação sobre o mérito.
b) como Adinalberto possui mais do que 1/4 do capital social, ele pode se opor a esta transferência e a mesma não poderá, pelo texto de lei, ser realizada.
c) Adinalberto pode obrigar Carlomíndio a comprar, também suas quotas, nas mesmas condições que vai fazê-lo de Mervivaldo.
d) Adinalberto terá o direito legal expresso de preferência para a aquisição das quotas. Caso não o exerça, não poderá obstar a venda.

76. (Vunesp/TJ/SP/Cartórios/Ingresso/2018) Na sociedade limitada, os poderes do sócio, conferidos por ato separado, são:

a) revogáveis, a qualquer tempo, mediante deliberação dos sócios tomada pelos votos correspondentes a, no mínimo, dois terços do capital social, salvo se o contrato exigir quórum mais elevado.
b) revogáveis, a qualquer tempo, mediante deliberação dos sócios tomada pela maioria de votos dos presentes, salvo se o contrato exigir quórum mais elevado.
c) irrevogáveis, salvo justa causa, reconhecida judicialmente, a pedido de qualquer dos sócios.
d) revogáveis, a qualquer tempo, mediante deliberação dos sócios tomada pelos votos correspondentes a mais da metade do capital social, salvo se o contrato exigir quórum mais elevado.

77. (Consulplan/TJ/MG/Cartórios/Remoção/2017) Considerando a Lei n. 6.404, de 15 de dezembro de 1976, que dispõe sobre as sociedades por ações, assinale a alternativa incorreta:

a) a denominação da companhia, enquanto não concluído o seu processo de constituição, deverá ser aditada pela expressão "em organização".
b) os fundadores e as instituições financeiras que participarem da constituição da companhia por subscrição pública, responderão no âmbito das respectivas atribuições, pelos prejuízos resultantes da inobservância de preceitos legais.
c) os fundadores entregarão aos primeiros administradores eleitos, os papéis, documentos e livros pertinentes à constituição da companhia ou de propriedade desta.
d) se a companhia tiver sido constituída por escritura pública, deverão ser arquivados no Registro do Comércio, além da certidão do instrumento; um exemplar do estatuto social assinado por todos os subscritores; a relação completa, autenticada pelos fundadores ou pelo presidente da assembleia, dos subscritores do capital social; duplicata das atas das assembleias realizadas para a avaliação de bens, quando for o caso e duplicata da ata da assembleia geral dos subscritores que houver deliberado a constituição da companhia.

78. (Consulplan/TJ/MG/Cartórios/Remoção/2017) Segundo a Lei n. 6.404/1976, os principais órgãos da companhia são a assembleia geral, o conselho de administração, a diretoria e o conselho fiscal. Assinale abaixo, a definição que não condiz com a definição de cada órgão:

a) assembleia geral é o órgão máximo da sociedade anônima, de caráter deliberativo, que reúne todos os acionistas com ou sem direito a voto.
b) o conselho de administração é órgão colegiado, de caráter deliberativo, ao qual a lei atribui parcela de competência da assembleia geral, com vistas a agilizar a tomada de decisões de interesse da companhia. Este órgão é obrigatório nas sociedades anônimas abertas, nas de capital autorizado e nas de economia mista.
c) a diretoria é órgão de representação legal da companhia e de execução das deliberações da assembleia geral e do conselho de administração. O estatuto deverá prever, que o prazo de duração do mandato dos diretores será de quatro anos, não sendo permitida a reeleição.
d) o conselho fiscal é órgão destinado à fiscalização dos órgãos de administração, atribuição que exerce para a proteção dos interesses da companhia e de todos os acionistas.

79. (Consulplan/TJ/MG/Cartórios/Ingresso/2017) Considerando a Lei n. 6.404, de 15 de dezembro de 1976, que dispõe sobre as sociedades por ações, assinale a alternativa correta:

a) a constituição da companhia depende da subscrição, pelo menos por sete pessoas, de todas as ações em que se divide o capital social fixado no estatuto.
b) nenhuma companhia poderá funcionar sem que sejam arquivados e publicados seus atos constitutivos.
c) a incorporação de imóveis para a formação do capital social exige escritura pública.
d) o subscritor não pode se fazer representar na assembleia geral de constituição por procurador com poderes especiais.

80. (Consulplan/TJ/MG/Cartórios/Ingresso/2017) Valores Mobiliários são títulos de investimento que a sociedade anônima emite para a obtenção dos recursos de que necessita. Segundo a Lei n. 6.404/1976, a companhia poderá emitir os seguintes valores mobiliários, exceto:

a) warrants autônomos.
b) ações.
c) debêntures.
d) bônus de subscrição.

81. (Cetro/TJ/RJ/Cartórios/Ingresso/2017) Em análise de documentos referentes a sociedades anônimas em cartório de Títulos e Documentos, foram verificadas as situações indicadas nas alternativas abaixo. Assinale a correta:

a) sociedade anônima de capital aberto pode ser constituída tanto por meio de ato estatutário quanto por escritura pública lavrada perante cartório, não havendo impedimento, pelo formato do ato constitutivo, para que suas ações sejam negociadas em mercado de Bolsa.
b) em havendo interesse por parte da companhia de capital fechado em abrir seu capital, ela deverá abrir mão da firma social adotada.
c) em remanescendo menos de 5% (cinco por cento) do total das ações quando de uma oferta pública para fechamento de capital, a assembleia geral pode deliberar o resgate dessas ações pelo valor da oferta, sob a condição de depositar o valor de resgate em instituição financeira autorizada pela Comissão de Valores Mobiliários (CVM), à disposição de seus titulares.
d) o critério legal referendado pela Comissão de Valores Mobiliários (CVM), para definição de preço da oferta pública para cancelamento de registro de companhia aberta para negociação de ações de sua emissão, é o de preço de mercado.
e) a abertura de capital de uma sociedade anônima é definida pelos sócios em assembleia geral, havendo, posteriormente, a

mera necessidade de comunicação da deliberação assemblear à Comissão de Valores Mobiliários (CVM) e à Bolsa de Valores.

82. (Consulplan/TJ/MG/Cartórios/Ingresso/2017) Faça o julgamento das seguintes afirmativas:

I. ações preferenciais sem direito a voto não podem ser admitidas à negociação no mercado de valores mobiliários em nenhum caso.
II. ações preferenciais nunca possuem direito a voto.
III. uma das vantagens expressamente prevista em lei, relativa às ações preferenciais, é que esta preferência pode ser a prioridade no reembolso do capital, com prêmio ou sem ele.

Está correto apenas o que se afirma em:

a) I e III.
b) III.
c) II.
d) I e II.

83. (Consulplan/TJ/MG/Cartórios/Remoção/2017) Quanto às partes beneficiárias em uma Sociedade por Ações, marque a alternativa correta:

a) partes beneficiárias conferem aos seus titulares direito eventual de crédito contra a companhia, constante na participação nos lucros anuais.
b) não podem ser emitidas por companhias fechadas, apenas pelas abertas.
c) podem conferir direitos exclusivos aos acionistas da S/A, inclusive o direito de fiscalização e voto.
d) o prazo de validade deste título é, por força legal, sempre de 10 anos.

84. (Cetro/TJ/RJ/Cartórios/Remoção/2017) Em análise de documentação, na serventia extrajudicial envolvendo alterações societárias, verificou-se a ocorrência de situações indicadas nas alternativas abaixo. Diante do exposto, assinale aquela cujo teor é correto:

a) conforme a Lei das Sociedades Anônimas, na incorporação, diferentemente da fusão, extingue-se a sociedade incorporada, sem o surgimento de uma nova sociedade.
b) o pedido de mudança de registro de sociedade para empresário individual decorrente da concentração de todas as quotas nas mãos do sócio remanescente configura hipótese de transformação da pessoa jurídica.
c) a deliberação referente à transformação do tipo societário exige votação por maioria simples, de acordo com a Lei das Sociedades Anônimas, independentemente de constar tal item no contrato ou estatuto social da empresa.
d) a convalidação de assinatura falsificada do sócio controlador e a ausência de vício no objeto da cessão de quotas sociais afastam a necessidade de renovação de registro do referido ato perante a Junta Comercial.
e) para o caso de fusão entre sociedade limitada e sociedade cooperativa, aplica-se, pela especialidade, a Lei das Sociedades Anônimas.

85. (Cetro/TJ/RJ/Cartórios/Remoção/2017) Foi recebida, no Cartório de Títulos e Documentos, uma notificação extrajudicial a ser entregue a uma Sociedade Anônima com ações listadas em Bolsa de Valores. Em leitura rápida do documento, viu-se que o notificante dizia ser detentor de ações preferenciais com os dados indicados nas assertivas abaixo. Acerca do tema, marque V para verdadeiro ou F para falso e, em seguida, assinale a alternativa que apresenta a sequência correta.

I. as ações preferenciais sem direito de voto adquirem o exercício desse direito caso a companhia deixe de pagar os dividendos fixos ou mínimos a que fizerem jus no prazo superior de 3 (três) exercícios consecutivos.
II. os titulares de ações preferenciais sem direito a voto, ou com voto restrito, têm direito a eleger, em votação em separado, 1 (um) membro e respectivo suplente ao Conselho Fiscal da companhia.
III. as ações preferenciais detêm prioridade na distribuição de dividendo, fixo ou mínimo, ou prioridade no reembolso do capital, com ou sem prêmio, não podendo, no entanto, haver acumulação dessas preferências ou vantagens:

a) F, F, F.
b) V, V, F.
c) V, V, V.
d) F, V, V.
e) F, F, V.

2.3.3. Cooperativa, Coligada, Dependente de Autorização

QUESTÕES OBJETIVAS

86. (Vunesp/TJ/SP/Cartórios/Ingresso/2022) Com relação às sociedades cooperativas, é correto afirmar que elas se caracterizam:

a) pelo fato de serem aptas a auferir lucro e, quando isso ocorre, distribuí-lo aos cooperados de acordo com sua participação no capital social da cooperativa.
b) pelo fato de cada cooperado ter direito de voto proporcional à sua participação no capital da cooperativa.
c) pela divisibilidade do fundo social entre os sócios.
d) pela distribuição dos seus resultados proporcionalmente ao valor das operações efetuadas pelo sócio com a sociedade.

87. (Vunesp/TJ/AL/Cartórios/Ingresso/2019) Segundo o Código Civil, no tocante às sociedades cooperativas, é correto afirmar.

a) cada sócio tem direito a tantos votos quantas quotas tiver na sociedade até o prazo de um ano da assembleia.
b) o capital social é variável, podendo inclusive ser dispensado.
c) na omissão do estatuto social, aplicam-se as disposições da Lei de Sociedades por Ações.
d) os seus sócios respondem pelas dívidas da sociedade até o limite de cinquenta por cento das retiradas individuais do ano anterior.

88. (UFPR/TJ/PR/Cartórios/Ingresso/2019) As sociedades em conta de participação e as sociedades cooperativas são previstas e disciplinadas no Código Civil brasileiro. Sobre essas espécies societárias, é correto afirmar:

a) Na sociedade cooperativa, assim como nos demais tipos societários, é obrigatória a limitação quanto ao número máximo de sócios.
b) Na sociedade cooperativa, há a possibilidade de dispensa de fixação do capital social em seu ato constitutivo.
c) Na sociedade em conta de participação, a atividade constitutiva do objeto social é exercida pelo sócio ostensivo e pelos sócios ocultos capitalistas.
d) Os sócios, nas relações entre si ou com terceiros, somente por escrito podem provar a existência da sociedade em conta de participação, mas os terceiros podem prová-la de qualquer modo.
e) A sociedade em conta de participação cujo ato constitutivo seja levado a registro adquire personalidade jurídica.

2.3.4. Liquidação, Transformação, Incorporação, Fusão e Cisão

QUESTÕES OBJETIVAS

89. (Vunesp/TJ/RS/Cartórios/Ingresso/2019) Em relação à liquidação da sociedade, dispõe o Código Civil:

a) Aprovadas as contas, encerra-se a liquidação, e a sociedade se extingue, ao ser averbada no registro próprio a ata da assembleia, tendo o dissidente o prazo de noventa dias para promover a ação anulatória, a contar da publicação da ata devidamente averbada.

b) Sem estar expressamente autorizado pelo contrato social, ou pela aprovação da unanimidade dos sócios, não pode o liquidante gravar de ônus reais os móveis e imóveis, transigir ou contrair empréstimos, salvo quando indispensáveis ao pagamento de obrigações inadiáveis, facultada a possibilidade de prosseguir, para facilitar a liquidação, na atividade social.

c) Encerrada a liquidação, o credor não satisfeito só terá direito a exigir dos sócios, individualmente, o pagamento do seu crédito, até o limite da soma por eles recebida em partilha, e a propor contra o liquidante ação de perdas e danos.

d) No curso de liquidação judicial, o juiz convocará, se necessário e no prazo de 30 (trinta) dias, reunião ou assembleia para deliberar sobre os interesses da liquidação, a ser presidida pelo liquidante, resolvendo sumariamente as questões suscitadas, devendo os originais das atas das assembleias, devidamente averbadas, apensadas ao processo judicial.

e) Constituem deveres do liquidante, dentre outros, convocar assembleia dos quotistas, cada três meses, para apresentar relatório e balanço do estado da liquidação, prestando conta dos atos praticados durante o trimestre, ou sempre que necessário.

90. (Ieses/TJ/SC/Cartórios/Ingresso/2019) Visando reduzir custos de manutenção e despesas, a Companhia Ouro Velho Mineração decide alterar o seu tipo societário para limitada, e está ciente de que o procedimento de reorganização deverá obedecer a formalidades previstas em lei. No que se refere à operação societária em questão, correto afirmar que:

a) O acionista dissidente da deliberação que aprovar a transformação, poderá exercer o direito de retirada, a menos que tenha renunciado expressamente ao exercício deste direito.

b) Não haverá alteração no patrimônio social, não havendo sucessão em direitos ou obrigações.

c) O quórum para aprovação da operação societária pretendida é a unanimidade dos acionistas, com ou sem direito de voto.

d) Para a efetivação da operação, nos termos da Lei 6.404/76, se faz necessária a elaboração de um Protocolo, além da Justificação, que é uma exposição de motivos para a realização da operação.

91. (Vunesp/TJ/RS/Cartórios/Ingresso/2019) Em relação à transformação, incorporação, fusão e cisão das sociedades, dispõe o Código Civil:

a) Até trinta dias após publicados os atos relativos à incorporação, fusão ou cisão, o credor anterior, por ela prejudicado, poderá promover judicialmente a anulação deles, cuja consignação em pagamento, suspenderá o processo de anulação.

b) Na fusão, incorporação ou cisão, em reunião ou assembleia dos sócios de cada sociedade, após a competente aprovação do projeto do ato constitutivo da nova sociedade, bem como o plano de distribuição do capital social, serão nomeados os peritos para a avaliação do patrimônio da sociedade, cujo laudo será votado pelos sócios ou acionistas das sociedades de que façam parte, ficando dispensada a avaliação, mediante aprovação da maioria absoluta dos sócios, na forma estabelecida para os respectivos tipos.

c) A transformação não modificará, prejudicará ou beneficiará os direitos dos credores, salvo no caso de falência da sociedade objeto de transformação, incorporação, fusão ou cisão, que produzirá efeitos em relação aos sócios, administradores e acionistas, independente da forma societária anteriormente constituída, se o pedirem os titulares de créditos anteriores à sua alteração, beneficiando a todos os credores.

d) A fusão determina a extinção das sociedades que se unem, para formar sociedade nova, que a elas sucederá nos direitos e obrigações e será decidida, na forma estabelecida para os respectivos tipos, pelas sociedades que pretendam unir-se.

e) Constituída a nova sociedade, aos sócios, acionistas ou administradores incumbe fazer inscrever, no registro próprio da sede das respectivas sociedades, os atos relativos à fusão ou transformação, no prazo de 45 dias.

92. (UFPR/TJ/PR/Cartórios/Ingresso/2019) O empresário pode se valer de operações societárias como uma estratégia para a redução de seus custos e melhoria da lucratividade. Sobre transformação, cisão, incorporação e fusão, assinale a alternativa correta.

a) A incorporação, fusão ou cisão não podem ser operadas entre sociedades de tipos diferentes.

b) Se a incorporação, fusão ou cisão envolverem companhia aberta, as sociedades que a sucederem serão também abertas, devendo obter o respectivo registro e, se for o caso, promover a admissão de negociação das novas ações no mercado secundário.

c) A transformação é a operação pela qual uma ou mais sociedades são absorvidas por outra, que lhes sucede em todos os direitos e obrigações.

d) A incorporação é a operação pela qual se unem duas ou mais sociedades para formar sociedade nova, que lhes sucederá em todos os direitos e obrigações.

e) A transformação dará ao sócio dissidente da deliberação o direito de retirada, independentemente de previsão no contrato social de renúncia prévia ao seu exercício.

93. (Ieses/TJ/SC/Cartórios/Ingresso/2019) A Chicken Fry International Alimentos S.A. e a Green World Alimentos Naturais S.A., ambas sociedades anônimas brasileiras de capital fechado, iniciam tratativas para atuar em parceria no segmento de fast food e delivery. Os acionistas majoritários da Chicken Fry querem manter o poder decisório sobre os negócios e propõe à Green World a incorporação da totalidade de suas ações. Os fundadores da Green World querem orientação sobre o tratamento legal dado à operação proposta pela Chicken Fry, podendo, assim, ser à eles afirmado que:

a) Uma vez incorporada a totalidade das ações da Green World, a sociedade será extinta, permanecendo a Chicken Fry como titular do patrimônio da incorporada.

b) Para que a operação seja implementada, deverá ser submetida previamente à deliberação da assembleia geral da Chicken Fry, não se mostrando essencial a deliberação assemblear da incorporada.

c) Considerando que a aprovação da operação implicará aumento de capital da Chicken Fry realizado com as ações da Green World, os acionistas da incorporadora terão direito de preferência para subscrever esse aumento de capital.

d) A Green World permanece com o seu patrimônio, mas os seus acionistas passarão a ser acionistas da Chicken Fry que, por força da incorporação das ações, atuará como controladora.

94. (Ieses/TJ/CE/Cartórios/Remoção/2018) O ato que determina a extinção das sociedades que se unem, para formar sociedade nova, que a elas sucederá nos direitos e obrigações é definido pelo Código Civil como:

a) transformação.
b) cisão.
c) fusão.
d) incorporação.

95. (Ieses/TJ/RO/Cartórios/Remoção/2017) O instituto civilista que autoriza que uma ou várias sociedades sejam absorvidas por outra, que lhes sucede em todos os direitos e obrigações é chamado de:

a) cisão.
b) incorporação.
c) transformação.
d) fusão.

3. DO ESTABELECIMENTO

SÚMULAS

STF Súm. Vinculante 38. É competente o município para fixar o horário de funcionamento de estabelecimento comercial.

STF Súm. Vinculante 49. Ofende o princípio da livre concorrência lei municipal que impede a instalação de estabelecimentos comerciais do mesmo ramo em determinada área.

STF Súm. 419. Os municípios têm competência para regular o horário do comércio local, desde que não infrinjam leis estaduais ou federais válidas.

QUESTÕES OBJETIVAS

96. (Ieses/TJ/RO/Cartórios/Remoção/2021) Em conformidade com as normas que regem o direito empresarial brasileiro é correto afirmar, exceto:

a) O empresário e a sociedade empresária vinculam-se ao Registro Público de Empresas Mercantis a cargo das Juntas Comerciais, e a sociedade simples ao Registro Civil das Pessoas Jurídicas, o qual deverá obedecer às normas fixadas para aquele registro, se a sociedade simples adotar um dos tipos de sociedade empresária.
b) Considera-se estabelecimento todo complexo de bens organizado, para exercício da empresa, por empresário, ou por sociedade empresária.
c) O nome empresarial não pode ser objeto de alienação.
d) Não havendo autorização expressa, o alienante do estabelecimento não pode fazer concorrência ao adquirente, nos três anos subsequentes à transferência.

97. (Vunesp/TJ/SP/Cartórios/Ingresso/2022) Acerca da responsabilidade do alienante do estabelecimento, quanto aos passivos preexistentes à alienação, pode-se afirmar que ela:

a) é solidária, pelo prazo de um ano, a partir, quanto aos créditos vencidos, da publicação na imprensa oficial do contrato de alienação, e, quanto aos outros, da data do vencimento.
b) pode ser contratualmente elidida, isentando-o.
c) é exclusiva e não pode ser transferida ao adquirente do estabelecimento.
d) é inexistente, já que, com a alienação, o adquirente assume todos os passivos do estabelecimento.

98. (Consulplan/TJ/MS/Cartórios/Remoção/2021) O Código Civil Brasileiro define estabelecimento como todo complexo de bens organizados para exercício da empresa, por empresário, ou por sociedade empresária. Ou seja, o conjunto de bens corpóreos ou incorpóreos que são dispostos para o funcionamento de uma empresa. Em relação à negociação do estabelecimento de forma unitária, assinale a alternativa correta.

a) O contrato de trepasse irregular não poderá, em hipótese alguma, ensejar a decretação de falência do empresário.
b) O adquirente do estabelecimento empresarial responde pelas dívidas já existentes, desde que regularmente contabilizadas.
c) Quanto às dívidas assumidas pelo adquirente, o alienante permanecerá como devedor solidário destes débitos pelo prazo de 2 (dois) anos.
d) O contrato que tenha por objeto a alienação, o usufruto ou o arrendamento do estabelecimento não precisa ser averbado no registro público de empresas mercantis.

99. (Vunesp/TJ/GO/Cartórios/Remoção/2021) Com relação à alienação de estabelecimento empresarial, assinale a alternativa correta.

a) Se ao alienante não restarem bens suficientes para solver o seu passivo, a eficácia da alienação do estabelecimento depende do pagamento de todos os credores, ou do consentimento destes, de modo expresso ou tácito, em 15 (quinze) dias a partir de sua notificação.
b) O contrato que tenha por objeto a alienação do estabelecimento somente produzirá efeitos quanto a terceiros depois de averbado à margem da inscrição do empresário, ou da sociedade empresária, no Registro Público de Empresas Mercantis, também necessitando ser publicado na imprensa oficial.
c) O adquirente do estabelecimento responde pelo pagamento dos débitos anteriores à transferência, desde que regularmente contabilizados, continuando o devedor primitivo solidariamente obrigado pelo prazo de 2 (dois) anos, a partir, quanto aos créditos vencidos, da publicação, e, quanto aos outros, da data do vencimento.
d) Não havendo autorização expressa, o alienante do estabelecimento não pode fazer concorrência ao adquirente, nos 3 (três) anos subsequentes à transferência.

100. (Vunesp/TJ/RS/Cartórios/Ingresso/2019) Em relação ao estabelecimento empresarial, é correto afirmar:

a) Pode o estabelecimento ser objeto unitário de direitos e de negócios jurídicos, translativos ou constitutivos, que sejam compatíveis com a sua natureza.
b) Não havendo autorização expressa, o alienante do estabelecimento não pode fazer concorrência ao adquirente, nos dois anos subsequentes à transferência, aplicando-se tal proibição no caso de cessão, arrendamento ou usufruto do estabelecimento, pelo prazo de três anos.
c) Independentemente de não restarem bens suficientes para solver o passivo do alienante, a eficácia da alienação do estabelecimento depende do pagamento de todos os credores, ou do consentimento destes, de modo expresso em 60 dias a partir de sua notificação.
d) A transferência não importa a sub-rogação do adquirente nos contratos estipulados para exploração do estabelecimento, mesmo se não tiverem caráter pessoal, podendo os terceiros rescindir o contrato em trinta dias a contar da assinatura do instrumento.
e) O adquirente do estabelecimento responde pelo pagamento dos débitos anteriores à transferência, desde que regularmente contabilizados, continuando o devedor primitivo solidariamente obrigado pelo prazo de dois anos, a partir, quanto aos créditos vencidos, da publicação, ficando exonerado perante os devedores, em relação aos vincendos.

101. (Vunesp/TJ/RS/Cartórios/Remoção/2019) A cisão de sociedade limitada:

a) produz efeitos perante terceiros desde o registro das atas de assembleia que a tenham deliberado pela sociedade cindida e pelas sociedades que tenham absorvido o patrimônio cindido, conforme o caso, mas os titulares de créditos contra a sociedade cindida, anteriores à cisão, poderão promover judicialmente a anulação da cisão no prazo de noventa dias contados da publicação dos respectivos atos relativos à cisão.

b) não se aproveita da disciplina legal da cisão em sociedades anônimas, ainda que supletivamente.

c) embora válida entre as partes desde a sua deliberação, só produz efeitos perante terceiros após o decurso do prazo de noventa dias assegurado à eventual oposição de credores, decurso esse que é condição para o registro das atas de assembleia que tenham aprovado a cisão.

d) acarreta a extinção da sociedade cindida e a versão de seu patrimônio para duas ou mais sociedades que a sucederão, não se admitindo portanto a subsistência da sociedade cindida.

e) deve resultar na emissão de novas ações ou quotas, pelas sociedades que absorverem patrimônio cindido, em favor dos quotistas da sociedade cindida, na mesma proporção da participação por eles detidas anteriormente à cisão, não se admitindo, portanto, a cisão desproporcional.

102. (Vunesp/TJ/RS/Cartórios/Remoção/2019) A sociedade empresária ABC Manufaturas Ltda. possui diferentes divisões de negócios no Brasil. Decidindo descontinuar determinada divisão para concentrar-se em outras consideradas mais rentáveis, aliena a planta fabril correspondente, assim como direitos, bens e obrigações atrelados à respectiva divisão. Como resultado da alienação, a sociedade resulta financeiramente ainda mais sólida. Considerando este caso, é correto afirmar que:

a) os contratos de longo prazo celebrados pela sociedade alienante para a venda dos produtos fabricados a partir do estabelecimento alienado só poderão ser assumidos pelo adquirente por meio de acordo de cessão contratual, com aprovação expressa das respectivas contrapartes.

b) o negócio jurídico celebrado qualifica-se como trespasse do estabelecimento comercial, é válido entre as partes desde a sua celebração, mas sua eficácia perante terceiros requer averbação no registro público de empresas mercantis e publicação na imprensa oficial.

c) além da averbação no registro público competente e publicação na imprensa oficial, a eficácia da alienação depende ainda do pagamento de todos os credores do alienante ou do consentimento expresso ou tácito destes.

d) a sociedade alienante poderá ainda ceder ao adquirente, como parte do negócio jurídico celebrado, os créditos já contabilizados em decorrência da exploração do estabelecimento; neste caso, após a publicação da transferência do estabelecimento na imprensa oficial, a contraparte devedora (cliente) que pagar o crédito cedido à sociedade alienante não será considerada liberada de sua obrigação, independentemente de qualquer outra providência por parte do adquirente.

e) o adquirente do estabelecimento responde pelos débitos associados ao estabelecimento alienado e anteriores à alienação, tenham sido eles contabilizados ou não.

103. (UFPR/TJ/PR/Cartórios/Remoção/2019) O Código Civil brasileiro disciplina o empresário, as sociedades e o estabelecimento empresarial. Com relação à disciplina vigente, assinale a alternativa correta.

a) A sociedade de advogados é considerada sociedade empresária, por estar associada ao exercício profissional de atividade econômica organizada para a produção e circulação de serviços.

b) O empresário cuja atividade rural constitua sua principal profissão fica obrigado, por expressa determinação legal, a requerer inscrição no Registro Público de Empresas.

c) O empresário casado não pode, sem a outorga conjugal, qualquer que seja o regime de bens, alienar os imóveis que integrem o patrimônio da empresa ou gravá-los de ônus real.

d) Não havendo autorização expressa, o alienante de estabelecimento comercial não pode fazer concorrência ao adquirente, nos cinco anos subsequentes à transferência.

e) O empresário, a sociedade empresária e a sociedade simples vinculam-se ao Registro Público de Empresas Mercantis, a cargo das Juntas Comerciais.

104. (Vunesp/TJ/AL/Cartórios/Ingresso/2019) Em relação ao trespasse de estabelecimento, é correto afirmar.

a) o alienante do estabelecimento não pode fazer concorrência ao adquirente nos cinco anos subsequentes à transferência, salvo autorização expressa no contrato.

b) a sociedade empresária poderá ter mais de um estabelecimento, no entanto, para fins de direito, ou de negócios jurídicos translativos ou constitutivos, todos os estabelecimentos devem ser considerados de forma conjunta.

c) a alienação de estabelecimento produzirá efeitos quanto a terceiros desde a assinatura do contrato.

d) a eficácia da alienação do estabelecimento não depende do pagamento ou anuência de todos os credores, mesmo que o alienante se tome insolvente em razão do trespasse.

105. (Ieses/TJ/AM/Cartórios/Remoção/2018) O complexo de bens organizado, para exercício da empresa, por empresário, ou por sociedade empresária é chamado de:

a) estabelecimento.

b) estoque.

c) empresário.

d) empresa.

106. (Consulplan/TJ/MG/Cartórios/Remoção/2017) O adquirente do estabelecimento empresarial responde pelo pagamento dos débitos anteriores à transferência, desde que regularmente contabilizados. Por qual prazo continua o devedor primitivo solidariamente obrigado quanto aos créditos vencidos e os por vencer?

a) 2 anos da publicação ou do vencimento.

b) 3 anos da publicação ou do vencimento.

c) 1 ano da publicação ou do vencimento.

d) 5 anos da publicação ou do vencimento.

107. (Cetro/TJ/RJ/Cartórios/Remoção/2017) Acerca do estabelecimento empresarial, de acordo com o Código Civil e a jurisprudência do STJ, assinale a alternativa correta:

a) considera-se estabelecimento empresarial o ponto, bem imaterial, em que o empresário exerce sua atividade.

b) a sede de uma sociedade empresarial não só pertence ao patrimônio da sociedade como também sempre integra o estabelecimento empresarial, dado que está afetada ao exercício de sua atividade-fim.

c) é composto por patrimônio material (bens corpóreos essenciais à exploração comercial) e imaterial (bens e direitos industriais).

d) mercadorias em estoque não constituem elemento material de um estabelecimento empresarial, haja vista que não são consideradas parte do patrimônio de afetação.

e) a filial de uma sociedade empresarial não constitui parte do acervo patrimonial de uma empresa, sendo entendida, portanto, como estabelecimento empresarial distinto e independente para qualquer efeito.

4. DOS INSTITUTOS COMPLEMENTARES

SÚMULAS

STF Súm. 260. O exame de livros comerciais, em ação judicial, fica limitado às transações entre os litigantes.

STF Súm. 390. A exibição judicial de livros comerciais pode ser requerida como medida preventiva.

STJ Súm. 389. A comprovação do pagamento do "custo do serviço" referente ao fornecimento de certidão de assentamentos constantes dos livros da companhia é requisito de procedibilidade da ação de exibição de documentos ajuizada em face da sociedade anônima.

QUESTÕES DISCURSIVAS

7. (Consulplan/TJ/MG/Cartórios/Remoção/2017) São espécies de nome empresarial a firma individual, a firma social e a denominação. A partir dessa premissa, apresente o conceito de cada uma delas, bem como um exemplo de cada nome empresarial e a respectiva sociedade empresarial ou empresário a que pertence.

8. (Consulplan/TJ/MG/Cartórios/Ingresso/2016) As sociedades, para adquirirem existência legal, devem levar a registro seus atos constitutivos. Tal registro pode ser realizado na Junta Comercial ou no Cartório de Registro Civil das Pessoas Jurídicas. Aponte, de forma fundamentada e justificada, onde as diversas formas societárias devem fazer seu registro e os critérios para registro em um local e em outro.

QUESTÕES OBJETIVAS

108. (Vunesp/TJ/RS/Cartórios/Ingresso/2019) Em relação ao registro e o nome empresarial, dispõe o Código Civil:

a) O ato sujeito a registro, ressalvadas disposições especiais da lei, não pode, antes do cumprimento das respectivas formalidades, ser oposto a terceiro, salvo prova de que este o conhecia.
b) O registro dos atos sujeitos à formalidade exigida para o empresário e para as sociedades simples e empresárias, será requerido pelo sócio com poderes de gestão, e, no caso de omissão ou demora, por qualquer um dos sócios, sendo que os documentos necessários ao registro deverão ser apresentados no prazo de vinte dias, contado da lavratura dos atos respectivos.
c) Para fins de registro, cumpre à autoridade competente, a qualquer tempo, verificar a autenticidade e a legitimidade do signatário do requerimento, bem como fiscalizar a observância das prescrições legais concernentes ao ato ou aos documentos apresentados, obrigando-se a comunicar no prazo de 30 dias ao representante do Ministério Público, eventuais indícios de fraudes detectadas.
d) É vedada a utilização de firma na sociedade anônima e na sociedade em comandita por ações, que obrigatoriamente deverão adotar denominação designativa do objeto social, aditada da expressão "sociedade anônima" e "comandita por ações", por extenso ou abreviadamente.
e) O nome empresarial não pode ser objeto de alienação, exceto se o adquirente do estabelecimento, por ato entre vivos, exercer a mesma atividade empresarial de seu antecessor, mediante autorização expressa do alienante no contrato social e declaração da quitação do preço.

109. (Vunesp/TJ/RS/Cartórios/Ingresso/2019) Em relação à escrituração empresarial, é correto afirmar:

a) A escrituração será feita em idioma e moeda corrente nacionais e em forma contábil, por ordem cronológica de dia, mês e ano, sem intervalos em branco, nem entrelinhas, borrões, rasuras, emendas ou transportes para as margens, salvo se devidamente ressalvadas, sendo vedado o uso de código de números ou de abreviaturas.
b) Além dos demais livros exigidos por lei, é indispensável o Diário, que pode ser substituído por fichas no caso de escrituração mecanizada ou eletrônica, ficando dispensado em tal circunstância o uso de livro apropriado para o lançamento do balanço patrimonial e do de resultado econômico.
c) O empresário ou sociedade empresária que adotar o sistema de fichas de lançamentos poderá substituir o livro Diário pelo livro Balancetes Diários e Balanços, observadas as mesmas formalidades extrínsecas exigidas para aquele.
d) A escrituração ficará sob a responsabilidade de contabilista, administrador ou economista legalmente habilitado, podendo ser substituído por sócio que apresente uma das referidas qualificações, sendo lançados no Diário o balanço patrimonial e o de resultado econômico, podendo ser assinado por bacharel em Ciências Contábeis legalmente habilitado, ficando dispensada, nesse caso, a anuência do empresário ou sociedade empresária.
e) O juiz poderá autorizar a exibição integral dos livros e papéis de escrituração quando necessária para resolver quaisquer pendências judiciais, mediante requerimento fundamentado da parte adversa cuja recusa tipifica crime de desobediência e de responsabilidade fiscal.

110. (UFPR/TJ/PR/Cartórios/Ingresso/2019) De acordo com as disposições do Código Civil de 2002, o registro é instituto complementar do direito de empresa. Com relação ao assunto, assinale a alternativa correta.

a) Não há óbices para que seja levado a registro e arquivamento o contrato social de sociedade empresária que disponha sobre a possibilidade de alienação do nome empresarial, independentemente da previsão de regramento quanto à possibilidade de utilização do nome empresarial pelo adquirente do estabelecimento em caso de trespasse.
b) O ato sujeito a registro não pode, antes do cumprimento das respectivas formalidades, ser oposto a terceiro, ante a inexistência do arquivamento e do efeito de publicidade exigido em lei, não se admitindo exceções.
c) As sociedades constituídas para o exercício de profissional intelectual, de natureza científica, vinculam-se ao Registro Civil das Pessoas Jurídicas, salvo se o exercício da profissão constituir elemento de empresa.
d) As pessoas obrigadas a requerer o registro não responderão por perdas e danos em caso de omissão ou demora, ante a natureza iminentemente declaratória do registro empresarial, o que faz com que a situação pretérita ao arquivamento seja reconhecida pelo Direito, nas condições da lei.
e) As cooperativas poderão ser empresariais ou simples, e, na primeira hipótese, estarão sujeitas ao registro empresarial.

111. (Vunesp/TJ/RS/Cartórios/Remoção/2019) Os sócios de determinada sociedade em nome coletivo, cuja administração é confiada a sócio administrador único, realizaram assembleia de sócios em 20 de dezembro de 2018, por meio da qual foi acordada a retirada imediata de um dos sócios. A ata lavrada na data da própria assembleia foi então apresentada a registro pelo sócio administrador da sociedade em 15 de fevereiro de 2019. Nesse contexto, assinale a alternativa correta.

a) A retirada do sócio em questão é válida e eficaz desde a data da assembleia e lavratura da respectiva ata.
b) O sócio administrador não poderá ser responsabilizado pelos prejuízos porventura sofridos pelo sócio retirante, em razão da demora na apresentação do registro, tendo em vista que

o próprio sócio retirante, assim como qualquer interessado, estava legitimado a promovê-lo.

c) Considerando a responsabilidade ilimitada e solidária de todos os sócios na sociedade em nome coletivo, credor de obrigação incorrida e inadimplida pela sociedade entre 20 de dezembro de 2018 e 15 de fevereiro de 2019 poderá demandar o seu crédito do sócio retirante, independentemente de ter tomado conhecimento da sua retirada desde a data da respectiva deliberação.

d) A retirada do sócio em questão é válida e eficaz a partir de 15 de fevereiro, independentemente da data de concessão do registro.

e) A pessoa obrigada a requerer o registro responderá por perdas e danos que a demora na apresentação a registro poderá acarretar ao sócio retirante.

112. (Vunesp/TJ/RS/Cartórios/Remoção/2019) A respeito das sociedades, assinale a alternativa correta.

a) Tanto a sociedade empresária como a sociedade simples (não-empresária) estão sujeitas à inscrição no registro público competente, ressalvadas as sociedades não personificadas.

b) São requisitos da sociedade, dentre outros, a celebração por escrito de contrato de sociedade, o exercício de atividade econômica como objeto social e a partilha dos resultados.

c) Todos os tipos de sociedades podem ou não ter fins lucrativos; caso determinada sociedade não tenha fins lucrativos, deverá especificar os objetivos e resultados a serem perseguidos em seu contrato social.

d) Independentemente do tipo societário escolhido, será empresária apenas a sociedade que tenha por objeto o exercício de atividade própria de empresário.

e) A sociedade adquire personalidade jurídica por meio da celebração de seus atos constitutivos, tornando-se pública pelo registro.

113. (Cespe/TJ/DFT/Cartórios/Ingresso/2019) A respeito do registro de empresários e de sociedades, assinale a opção correta.

a) As sociedades simples devem ser inscritas no registro público de empresas mercantis, ainda que não exerçam atividade econômica organizada.

b) Os empresários devem ser inscritos no registro público de empresas mercantis em razão da natureza meramente intelectual inerente à sua atividade.

c) As sociedades simples devem ser inscritas no registro civil de pessoas jurídicas quando exercerem atividades profissionais e intelectuais.

d) Os empresários devem ser inscritos no registro civil de pessoas jurídicas, haja vista que exercem atividade econômica organizada.

e) As sociedades empresárias devem ser inscritas no registro civil de pessoas jurídicas, tendo em vista o exercício de atividade econômica organizada.

114. (UFPR/TJ/PR/Cartórios/Remoção/2019) Maria e João, amigos da época de faculdade, formados em administração de empresas, resolveram estabelecer entre si sociedade para o desenvolvimento de software como serviço (SaaS), com início imediato da atividade empresarial. Passados 6 meses do início das atividades, em 01 de janeiro de 2019 assinaram o contrato social de constituição da sociedade empresária, apresentando-o para arquivamento na Junta Comercial competente em 03 de fevereiro de 2019. Em 15 de fevereiro de 2019, foi concedido o registro e arquivamento dos atos constitutivos. Levando em consideração os dados apresentados, assinale a alternativa correta.

a) Considerando a data da assinatura do contrato social e a data de apresentação dos atos constitutivos para registro, os sócios responderão solidária e ilimitadamente pelas obrigações sociais até a data do despacho concessivo do arquivamento.

b) Não existe sociedade antes da concessão do registro e arquivamento do contrato social, porquanto constitutivo de direito o ato registral.

c) O contrato social e demais documentos exigidos em lei deverão ser apresentados a arquivamento na junta, dentro de 20 dias contados de sua assinatura, a cuja data retroagirão os efeitos do arquivamento.

d) Os efeitos do arquivamento dos atos constitutivos da sociedade empresária constituída por Maria e João retroagirão à data de 01 de janeiro de 2019.

e) A personalidade jurídica da sociedade empresária constituída por Maria e João coincide com a data do início da atividade empresarial.

115. (Consulplan/TJ/MG/Cartórios/Ingresso/2018) "João e Maria criaram a empresa de prestação de serviços 'A Bruxa Doce', porém não levaram os atos constitutivos a registro no prazo previsto em lei." Diante dessa situação hipotética, assinale a alternativa correta:

a) passado o prazo de 30 (trinta) dias, o registro somente produzirá efeito a partir da data de sua concessão.

b) passado o prazo de 90 (noventa) dias, o registro somente produzirá efeito a partir da data de sua concessão.

c) passado o prazo de 60 (sessenta) dias, o registro somente produzirá efeito a partir da data de sua concessão.

d) passado o prazo de 45 (quarenta e cinco) dias, o registro somente produzirá efeito a partir da data de sua concessão.

116. (Consulplan/TJ/MG/Cartórios/Ingresso/2017) A respeito do nome empresarial, assinale a alternativa correta:

a) o empresário individual, a sociedade em nome coletivo e a comandita simples podem adotar em seu nome, a firma ou a denominação.

b) a sociedade comandita por ações somente poderá adotar em seu nome a denominação.

c) a sociedade empresária de qualquer tipo que tenha ingressado em juízo com a medida de recuperação judicial deve acrescer ao seu nome, em todos os atos, contratos e documentos, a expressão "em Recuperação Judicial".

d) a empresa individual de responsabilidade limitada adotará em seu nome apenas a firma.

5. CONTRATOS MERCANTIS/BANCÁRIOS

SÚMULAS

1) Arrendamento Mercantil

STJ Súm. 138. O ISS incide na operação de arrendamento mercantil de coisas móveis.

STJ Súm. 293. A cobrança antecipada do valor residual garantido (VRG) não descaracteriza o contrato de arrendamento mercantil.

STJ Súm. 369. No contrato de arrendamento mercantil (leasing), ainda que haja cláusula resolutiva expressa, é necessária a notificação prévia do arrendatário para constituí-lo em mora.

STJ Súm. 564. No caso de reintegração de posse em arrendamento mercantil financeiro, quando a soma da importância antecipada a título de valor residual garantido (VRG) com o valor da venda do bem ultrapassar o total do VRG previsto contratualmente, o arrendatário terá direito de receber a respectiva diferença, cabendo, porém, se estipulado no contrato, o prévio desconto de outras despesas ou encargos pactuados.

2) Alienação Fiduciária

STJ Súm. 28. O contrato de alienação fiduciária em garantia pode ter por objeto bem que já integrava o patrimônio do devedor.

STJ Súm. 72. A comprovação da mora é imprescindível à busca e apreensão do bem alienado fiduciariamente.

STJ Súm. 92. A terceiro de boa-fé não é oponível a alienação fiduciária não anotada no certificado de registro do veículo automotor.

STJ Súm. 245. A notificação destinada a comprovar a mora nas dívidas garantidas por alienação fiduciária dispensa a indicação do valor do débito.

STJ Súm. 384. Cabe ação monitória para haver saldo remanescente oriundo de venda extrajudicial de bem alienado fiduciariamente em garantia.

3) Contratos Bancários

3.1) Código de Defesa do Consumidor

STJ Súm. 285. Nos contratos bancários posteriores ao Código de Defesa do Consumidor incide a multa moratória nele prevista.

STJ Súm. 297. O Código de Defesa do Consumidor é aplicável às instituições financeiras.

STJ Súm. 477. A decadência do art. 26 do CDC não é aplicável à prestação de contas para obter esclarecimentos sobre cobrança de taxas, tarifas e encargos bancários.

STJ Súm. 479. As instituições financeiras respondem objetivamente pelos danos gerados por fortuito interno relativo a fraudes e delitos praticados por terceiros no âmbito de operações bancárias.

3.2) Comissão de Permanência

STJ Súm. 30. A comissão de permanência e a correção monetária são inacumuláveis.

STJ Súm. 294. Não é potestativa a cláusula contratual que prevê a comissão de permanência, calculada pela taxa média de mercado apurada pelo Banco Central do Brasil, limitada à taxa do contrato.

STJ Súm. 296. Os juros remuneratórios, não cumuláveis com a comissão de permanência, são devidos no período de inadimplência, à taxa média de mercado estipulada pelo Banco Central do Brasil, limitada ao percentual contratado.

STJ Súm. 472. A cobrança de comissão de permanência – cujo valor não pode ultrapassar a soma dos encargos remuneratórios e moratórios previstos no contrato – exclui a exigibilidade dos juros remuneratórios, moratórios e da multa contratual.

3.3) Conta Corrente

STJ Súm. 247. O contrato de abertura de crédito em conta corrente, acompanhado do demonstrativo de débito, constitui documento hábil para o ajuizamento da ação monitória.

STJ Súm. 259. A ação de prestação de contas pode ser proposta pelo titular de conta corrente bancária.

STJ Súm. 300. O instrumento de confissão de dívida, ainda que originário de contrato de abertura de crédito, constitui título executivo.

STJ Súm. 322. Para a repetição de indébito, nos contratos de abertura de crédito em conta corrente, não se exige a prova do erro.

3.4) Juros

STJ Súm. 379. Nos contratos bancários não regidos por legislação específica, os juros moratórios poderão ser convencionados até o limite de 1% ao mês.

STJ Súm. 530. Nos contratos bancários, na impossibilidade de comprovar a taxa de juros efetivamente contratada – por ausência de pactuação ou pela falta de juntada do instrumento aos autos –, aplica-se a taxa média de mercado, divulgada pelo Bacen, praticada nas operações da mesma espécie, salvo se a taxa cobrada for mais vantajosa para o devedor.

STJ Súm. 539. É permitida a capitalização de juros com periodicidade inferior à anual em contratos celebrados com instituições integrantes do Sistema Financeiro Nacional a partir de 31.3.2000 (MP 1.963-17/00, reeditada como MP 2.170-36/01), desde que expressamente pactuada.

STJ Súm. 541. A previsão no contrato bancário de taxa de juros anual superior ao duodécuplo da mensal é suficiente para permitir a cobrança da taxa efetiva anual contratada.

3.5) Tarifas

STJ Súm. 565. A pactuação das tarifas de abertura de crédito (TAC) e de emissão de carnê (TEC), ou outra denominação para o mesmo fato gerador, é válida apenas nos contratos bancários anteriores ao início da vigência da Resolução-CMN n. 3.518/2007, em 30.4.2008.

STJ Súm. 566. Nos contratos bancários posteriores ao início da vigência da Resolução-CMN n. 3.518/2007, em 30.4.2008, pode ser cobrada a tarifa de cadastro no início do relacionamento entre o consumidor e a instituição financeira.

3.6) Temas Esparsos

STJ Súm. 286. A renegociação de contrato bancário ou a confissão da dívida não impede a possibilidade de discussão sobre eventuais ilegalidades dos contratos anteriores.

STJ Súm. 298. O alongamento de dívida originada de crédito rural não constitui faculdade da instituição financeira, mas direito do devedor, nos termos da lei.

STJ Súm. 381. Nos contratos bancários, é vedado ao julgador conhecer, de ofício, da abusividade das cláusulas.

4) Outros Contratos Mercantis

STF Súm. 151. Prescreve em um ano a ação do segurador sub-rogado para haver indenização por extravio ou perda de carga transportada por navio.

STJ Súm. 109. O reconhecimento do direito a indenização, por falta de mercadoria transportada via marítima, independe de vistoria.

STJ Súm. 371. Nos contratos de participação financeira para a aquisição de linha telefônica, o Valor Patrimonial da Ação (VPA) é apurado com base no balancete do mês da integralização.

REPERCUSSÃO & REPETITIVOS

STJ Repetitivo 1085. São lícitos os descontos de parcelas de empréstimos bancários comuns em conta-corrente, ainda que utilizada para recebimento de salários, desde que previamente autorizados pelo mutuário e enquanto esta autorização perdurar, não sendo aplicável, por analogia, a limitação prevista no § 1º do art. 1º da Lei n. 10.820/2003, que disciplina os empréstimos consignados em folha de pagamento. *REsp 1863973, 2ª S, 9.3.2022.*

JURISPRUDÊNCIA EM TESES

STJ JurisTese 48-1. É inviável a utilização da taxa referencial do Sistema Especial de Liquidação e Custódia – SELIC como parâmetro de limitação de juros remuneratórios dos contratos bancários.

STJ JurisTese 48-5. É válido o contrato celebrado em moeda estrangeira desde que no momento do pagamento se realize a conversão em moeda nacional.

STJ JurisTese 48-8. O simples fato de os juros remuneratórios contratados serem superiores à taxa média de mercado, por si só, não configura abusividade.

STJ JurisTese 48-13. Os empréstimos com desconto em folha de pagamento (consignação facultativa/voluntária) devem limitar-se a 30% (trinta por cento) dos vencimentos do trabalhador, ante a natureza alimentar do salário e do princípio da razoabilidade.

STJ JurisTese 48-16. As cooperativas de crédito e as sociedades abertas de previdência privada são equiparadas a instituições financeiras, inexistindo submissão dos juros remuneratórios cobrados por elas às limitações da Lei de Usura.

STJ JurisTese 48-17. As instituições financeiras não se sujeitam à limitação dos juros remuneratórios estipulada na Lei de Usura (Decreto 22.626/33).

STJ JurisTese 83-6. Não há relação de acessoriedade entre o contrato de compra e venda de bem de consumo e o de financiamento bancário com alienação fiduciária destinado a viabilizar a aquisição do bem.

STJ JurisTese 83-10. É possível a revisão de contratos bancários extintos, novados ou quitados, ainda que em sede de embargos à execução, de maneira a viabilizar, assim, o afastamento de eventuais ilegalidades, as quais não se convalescem.

STJ JurisTese 83-11. O contrato de mútuo bancário ou o de abertura de crédito fixo constitui título executivo extrajudicial.

STJ JurisTese 83-14. As cédulas de crédito rural, comercial e industrial submetem-se a regramento próprio (Lei n. 6.840/1980 e Decreto-Lei n. 413/1969), que confere ao

Conselho Monetário Nacional – CMN o dever de fixar os juros a serem praticados; no entanto, havendo omissão desse órgão, adota-se a limitação de 12% ao ano prevista no Decreto n. 22.626/1933 (Lei de Usura).

INFORMATIVOS

STJ Arrendamento mercantil (leasing). Sociedade arrendadora. Bens arrendados integrantes do ativo (não circulantes). Propriedade. Art. 3º da Lei 6.099/74. Durante a vigência do arrendamento mercantil, a sociedade empresária arrendadora é proprietária dos bens arrendados, os quais integram o seu ativo permanente (não circulante), nos termos do art. 3º da Lei 6.099/74. *REsp 1747824, 1ª T, 29.11.2022. Inf 759.*

STJ Factoring. Natureza jurídica do contrato. Descaracterização para mútuo feneratício pelo tribunal de origem. Empréstimo de dinheiro (mútuo feneratício) entre particulares. Possibilidade. Juros de 12% ao ano e capitalização apenas anual. Art. 591 do CC. Lei da usura. Incidência. Empréstimo concedido por sociedade empresária de factoring que não é instituição financeira. Ausência de nulidade. Embora não constitua instituição financeira, não é vedado à sociedade empresária de factoring celebrar contrato de mútuo feneratício, devendo apenas serem respeitadas as regras dessa espécie contratual aplicáveis aos particulares, especialmente quanto aos juros devidos e à capitalização. *REsp 1987016, 3ª T, 13.9.2022. Inf 750.*

STJ Cédulas de crédito bancário. Correção monetária lastreada no índice do Certificado do Depósito Interbancário. CDI. Inaplicabilidade da Súmula 176/STJ. Legalidade da pactuação. Não há vedação à adoção da variação dos Certificados de Depósitos Interbancários – CDI como encargo financeiro em contratos bancários, devendo o abuso ser observado caso a caso, em cotejo com as taxas médias de mercado regularmente divulgadas pelo Banco Central do Brasil para as operações de mesma espécie, o que não ocorre na espécie. *REsp 1630706, 4ª T, 13.6.2022. Inf 742.*

STJ Arrendamento mercantil. Extinção dos contratos. Resilição. Impossibilidade no caso de mora. Abuso de direito. No arrendamento mercantil, a resilição não poderá ser exercida se o contratante se encontrar em mora, devendo, nesses casos, o devedor, suportar todos os riscos de sua inadimplência, sob pena de configurar-se abuso do direito por parte do contratante que pretende resilir. *REsp 1699184, 4ª T, 25.10.2022.*

STJ Contrato de distribuição. Lista de clientela. Marketing do fabricante. Qualidade do produto e notoriedade da marca. Informações contratuais. Know-how. Apropriação indevida. Inocorrência. Nos contratos de distribuição de bebidas, as informações relativas à formação da clientela estão associadas às estratégias de marketing utilizadas pelo fabricante, à qualidade do produto e à notoriedade da marca, e não ao esforço e à dedicação do distribuidor. *REsp 1727824, 3ª T, 8.4.2022. Inf 733.*

QUESTÕES DISCURSIVAS

9. (Consulplan/TJ/MS/Cartórios/2022) José, empresário, pretendendo utilizar uma máquina em sua planta industrial, mas sem dinheiro para tal e não pretendendo realizar um financiamento, resolve realizar um arrendamento mercantil. Qual o seu conceito e natureza jurídica? Quais seus normativos de regência? Em que difere da compra e venda ou do aluguel de móveis? Quais as possibilidades do arrendatário ao final do contrato?

QUESTÕES OBJETIVAS

117. (Ieses/TJ/TO/Cartórios/Ingresso/2022) De acordo com a legislação brasileira vigente, analise as sentenças abaixo e assinale a alternativa correta:

I. As diversas formas de infração da ordem econômica implicam a responsabilidade da sociedade empresária, mas a responsabilidade dos sócios, dirigentes e administradores se dá de forma subsidiária.

II. O representante comercial só poderá exercer sua atividade para mais de uma empresa se houver expressa autorização contratual;

III. Nos contratos de franquia celebrados em território nacional, as partes só poderão optar no contrato pelo foro também em território nacional.

IV. Pelo contrato de cessão fiduciária em garantia, a titularidade do crédito a ser cedido pelo devedor é transferida ao credor após o inadimplemento da dívida garantida.

a) Nenhuma assertiva está correta.
b) Todas as assertivas estão corretas.
c) Apenas as assertivas II e IV estão corretas.
d) Apenas a assertiva IV está correta.

118. (FGV/TJ/SC/Cartórios/Ingresso/2021) A microempresária individual Rosa celebrou, com escopo de garantia, contrato de alienação fiduciária de duas máquinas para uso em sua empresa. Sendo certo que as máquinas descritas no contrato são bens móveis infungíveis, constitui-se tal propriedade:

a) com o registro do contrato que lhe serve de título no Registro de Títulos e Documentos do domicílio do devedor.
b) com a entrega das máquinas ao credor fiduciário, que exercerá doravante a posse direta e indireta sobre os bens alienados até a quitação da dívida.
c) com a assinatura do contrato, independentemente de qualquer formalidade complementar, inclusive a tradição dos bens alienados.
d) com a publicação do contrato que lhe serve de título, após averbação no Registro Público de Empresas Mercantis do domicílio do credor.
e) com o registro do contrato, que deve ser por instrumento público, no Registro de Imóveis do lugar da localização dos bens alienados.

119. (Consulplan/TJ/MS/Cartórios/Remoção/2021) O arrendamento mercantil pode ser definido como o negócio jurídico realizado entre uma pessoa jurídica, na qualidade de arrendadora, e pessoa física ou jurídica na qualidade de arrendatária e que tenha por objeto o arrendamento de bens adquiridos pela arrendadora, segundo especificações da arrendatária e para uso próprio desta. Em relação ao arrendamento mercantil, assinale a alternativa correta.

a) Os contratos de arrendamento mercantil celebrados com entidades domiciliadas no exterior serão submetidos a registro no Banco Central do Brasil.
b) No contrato de arrendamento mercantil, existindo cláusula resolutiva expressa, não é necessária a notificação prévia do arrendatário para constituí-lo em mora.
c) O arrendamento mercantil somente pode ter como objeto os bens móveis, podendo estes serem de fabricação nacional ou estrangeira, desde que autorizados pelo Conselho Monetário Nacional.
d) Existem duas espécies de leasing: financeira e operacional, sendo que no primeiro caso o arrendatário não tem intenção de adquirir o bem ao final do contrato; enquanto na segunda modalidade, sim.

120. (Vunesp/TJ/GO/Cartórios/Ingresso/2021) A alienação fiduciária em garantia de aeronave:

a) deve ser feita por instrumento público ou particular e só tem validade e eficácia após a inscrição no Registro Aeronáutico Brasileiro e no Cartório de Registro de Imóveis onde se situa o hangar da aeronave alienada fiduciariamente.
b) deve ser feita por instrumento público ou particular, e só tem validade e eficácia após a inscrição no Registro Aeronáutico Brasileiro.
c) deve ser feita por instrumento público ou particular e só tem validade e eficácia após a inscrição no Cartório de Registro de Imóveis onde se situa o hangar da aeronave alienada fiduciariamente.

d) deve ser feita apenas por instrumento público, e só tem validade e eficácia após a inscrição no Registro Aeronáutico Brasileiro e no Cartório de Registro de Imóveis onde se situa o hangar da aeronave alienada fiduciariamente.

121. (Vunesp/TJ/GO/Cartórios/Remoção/2021) No que se refere aos contratos empresariais, sobre os contratos de colaboração, é correto afirmar que:

a) são aplicáveis à comissão, no que couber, as regras sobre agência.
b) o crédito do comissário, relativo a comissões e despesas feitas, goza de privilégio especial, no caso de falência do comitente.
c) têm por objeto a aquisição ou a venda de bens pelo comissário, em nome do comitente.
d) o comissário não responde pela insolvência das pessoas com quem tratar, exceto em caso de culpa ou se do contrato constar cláusula "del credere".

122. (Cetro/TJ/RJ/Cartórios/Ingresso/2017) Sobre os contratos bancários, assinale a alternativa correta:

a) é legítima a cobrança de tarifas de abertura de crédito e emissão de carnê, sem necessidade de indicação expressa no contrato bancário, uma vez que a cobrança dessas tarifas está incutida na natureza da atividade bancária.
b) na ausência de fixação de taxa de juros remuneratórios em contrato de mútuo com disponibilização imediata de capital, prevalecerá a taxa média de mercado, independentemente de ser a mais vantajosa para o cliente.
c) dado que aos contratos bancários aplica-se o Código de Defesa do Consumidor (CDC), por ser norma de ordem pública, é facultado ao julgador conhecer, de ofício, abusividade de cláusula neles prevista.
d) cláusula de cobrança de comissão de permanência é admitido apenas no período de inadimplência, bem como não cumula com os encargos normais do contrato, bem como de mora.
e) com base no texto constitucional, as taxas de juros reais aplicadas no mercado não podem ser superiores a 12% (doze por cento) ao ano, sendo crime de usura a cobrança de juros acima deste limite.

123. (Consulplan/TJ/MG/Cartórios/Ingresso/2017) José Representações Ltda. tem contrato de Representação comercial com Iogurtes Ltda., e fez para esta várias vendas a diversos supermercados em área de sua atuação, mas depois a contratante Iogurtes cancelou as vendas, alegando problemas de logísticas. No contrato entre as partes, havia cláusula determinado que, se canceladas as vendas por qualquer motivo, não seriam devidas as comissões. Mas José Representações Ltda. insiste em receber os seus alegados créditos a título de comissões, entrando com cobrança em juízo. Sobre esse caso hipotético, marque a afirmativa correta:

a) pode a empresa deixar de pagar as comissões já que tem contrato com cláusula expressa assim autorizando, e a lei não interfere nessa relação contratual privada.
b) pode a empresa deixar de pagar a comissão somente se notificou o Representante Comercial de sua intenção de não mais manter as vendas, porque neste caso não ficou em mora e nem causou surpresa ao contratado.
c) a lei de representação comercial não trata desse assunto especificamente, de forma que tem de se aplicar regras gerais do Código Civil para ser dirimido o conflito de interesse.
d) não pode a empresa que contrata o Representante Comercial deixar de pagar as comissões em caso de cancelamento das vendas, sendo ineficaz a cláusula contratual firmada.

124. (Cetro/TJ/RJ/Cartórios/Remoção/2017) Uma duplicata foi apresentada para protesto por uma empresa especializada em fomento mercantil ("factoring") no cartório. Sobre o referido tipo contratual, analise as assertivas abaixo.

I. a atividade de factoring não se confunde com a de agiotagem, uma vez que a primeira é atividade desenvolvida por instituição devidamente autorizada pelo Banco Central a desenvolver serviços de administração de crédito, e as operações realizadas podem ser constantes ou esporádicas.
II. diferentemente do fomento mercantil convencional, o "maturity factoring" é aquele em que há a antecipação dos valores referentes aos créditos do ente faturizado.
III. em um contrato de faturização, a cláusula de totalidade é aquela que possibilita ao faturizador, dentre os créditos do faturizado, escolher os que irá garantir.

É correto o que se afirma em:

a) I, apenas.
b) I e II, apenas.
c) I, II e III.
d) II, apenas.
e) III, apenas.

6. LEI DE RECUPERAÇÃO E FALÊNCIA (LEI 11.101/05)

6.1. Falência

ATENÇÃO: ESTE TEMA É MUITO EXIGIDO NOS CONCURSOS!

SÚMULAS

1) Crimes Falimentares

STF Súm. 592. Nos crimes falimentares, aplicam-se as causas interruptivas da prescrição, previstas no Código Penal.

2) Regras Processuais

STJ Súm. 25. Nas ações da Lei de Falências, o prazo para a interposição de recurso conta-se da intimação da parte.

STJ Súm. 264. É irrecorrível o ato judicial que apenas manda processar a concordata preventiva.

STJ Súm. 480. O juízo da recuperação judicial não é competente para decidir sobre a constrição de bens não abrangidos pelo plano de recuperação da empresa.

3) Requerimento de Falência

STJ Súm. 29. No pagamento em juízo para elidir falência, são devidos correção monetária, juros e honorários de advogado.

STJ Súm. 248. Comprovada a prestação dos serviços, a duplicata não aceita, mas protestada, é título hábil para instruir pedido de falência.

STJ Súm. 361. A notificação do protesto, para requerimento de falência da empresa devedora, exige a identificação da pessoa que a recebeu.

4) Restituição de Adiantamento de Contrato de Câmbio

STF Súm. 193. Para a restituição prevista no art. 76, parágrafo 2, da Lei de Falências, conta-se o prazo de quinze dias da entrega da coisa e não da sua remessa.

STF Súm. 417. Pode ser objeto de restituição, na falência, dinheiro em poder do falido, recebido em nome de outrem, ou do qual, por lei ou contrato, não tivesse ele a disponibilidade.

STF Súm. 495. A restituição em dinheiro da coisa vendida a crédito, entregue nos quinze dias anteriores ao pedido de falência ou de concordata, cabe, quando, ainda que consumida ou transformada, não faça o devedor prova de haver sido alienada a terceiro.

STJ Súm. 36. A correção monetária integra o valor da restituição, em caso de adiantamento de câmbio, requerida em concordata ou falência.

STJ Súm. 133. A restituição da importância adiantada, a conta de contrato de câmbio, independe de ter sido a antecipação efetuada nos quinze dias anteriores ao requerimento da concordata.

STJ **Súm. 307.** A restituição de adiantamento de contrato de câmbio, na falência, deve ser atendida antes de qualquer crédito.

REPERCUSSÃO & REPETITIVOS

STJ **Repetitivo 1022.** É cabível agravo de instrumento contra todas as decisões interlocutórias proferidas nos processos de recuperação judicial e nos processos de falência, por força do art. 1.015, parágrafo único, CPC. *REsp 1717213, 10.12.2020.*

STJ **Repetitivo 1092.** É possível a Fazenda Pública habilitar em processo de falência crédito tributário objeto de execução fiscal em curso, mesmo antes da vigência da Lei 14.112/2020, e desde que não haja pedido de constrição de bens no feito executivo. *REsp 1872759, 18.11.2021.*

INFORMATIVOS

STJ **Falência. Medidas executivas atípicas. Apreensão e retenção de passaportes. Ocultação de patrimônio. Possibilidade. Aplicação subsidiária do CPC. Decisão fundamentada. Direito ao contraditório.** É cabível a medida coercitiva atípica de apreensão de passaportes, em sede de processo de falência, quando constatados fortes indícios de ocultação de patrimônio. *HC 742879, 4ª T, 13.9.2022. Inf 749.*

STJ **Contrato garantido por hipoteca. Constrição do bem dado em garantia. Insuficiência. Pedido de falência. Cabimento.** Em contrato garantido por hipoteca, a efetivação de penhora sobre o bem dado em garantia, por si só, não impede que o credor requeira a falência do devedor com fundamento no art. 94, II, da Lei 11.101/05. *REsp 1698997, 4ª T, 16.8.2022. Inf 748.*

STJ **Convenção de arbitragem. Cláusula compromissória. Afastamento. Falência. Hipossuficiência financeira. Impossibilidade. Incompetência do juízo estatal.** Quando houver cláusula arbitral, em regra, submete-se ao tribunal arbitral qualquer questão que envolva a existência, validade e eficácia da cláusula compromissória. *REsp 1959435, 3ª T, 30.8.2022. Inf 747.*

STJ **Alienação de bens da massa falida. Adoção excepcional de modalidade. Rejeição da proposta pela assembleia-geral de credores. Autorização do juízo de falências. Possibilidade. Conformidade com a regra expressa no § 3º do art. 145, da Lei 11.101/05.** É possível o juízo de falência autorizar modalidade alternativa de alienação de ativos, mesmo diante da rejeição da proposta pela assembleia-geral de credores. *Proc. segredo justiça, 4ª T, 4.10.2022. Inf 754.*

STJ **Personalidade jurídica. Desconsideração. Bens. Restituição. Massa falida. Possibilidade. Ação própria. Desnecessidade.** É possível a desconsideração da personalidade jurídica incidentalmente no processo falimentar, independentemente de ação própria, verificada a fraude e a confusão patrimonial entre a falida e outras empresas. *REsp 1686123, 3ª T, 22.3.2022. Inf 729.*

STJ **Cooperativa de crédito. Liquidação pelo Banco Central do Brasil. Submissão ao processo de falência. Cabimento. Especialidade da Lei 6.024/74 ante a Lei 11.101/05.** É possível a submissão de cooperativa de crédito ao processo de falência. *REsp 1878653, 3ª T, 17.12.2021. Inf 722.*

STJ **Autofalência. Ausência de protestos contra a devedora. Termo legal da falência. Noventa dias antes da distribuição do pedido.** Na hipótese de autofalência, inexistindo protestos contra a devedora, o termo legal deve ser fixado em até 90 dias antes da distribuição do pedido. *REsp 1890290, 3ª T, 22.2.2022. Inf 726.*

QUESTÕES DISCURSIVAS

10. (Vunesp/TJ/SP/Cartórios/2021) Explique os conceitos de massa falida subjetiva e massa falida objetiva.

QUESTÕES OBJETIVAS

125. (Ieses/TJ/TO/Cartórios/Remoção/2022) Segundo a Lei nº 11.101/05, que regula a recuperação judicial, a extrajudicial e a falência do empresário e da sociedade empresária, o Comitê de Credores será constituído por deliberação de qualquer das classes de credores na assembleia geral e terá a seguinte composição:

a) 2 (dois) representantes indicados pela classe de credores trabalhistas, com 1 (um) suplente; 1 (um) representante indicado pela classe de credores com direitos reais de garantia ou privilégios especiais, com 2 (dois) suplentes, 2 (dois) representantes indicados pela classe de credores quirografários e com privilégios gerais, com 2 (dois) suplentes, 1 (um) representante indicado pela classe de credores representantes de microempresas e empresas de pequeno porte, com 2 (dois) suplentes.
b) 2 (dois) representantes indicados pela classe de credores trabalhistas, com 2 (dois) suplentes; 2 (dois) representantes indicados pela classe de credores com direitos reais de garantia ou privilégios especiais, com 2 (dois) suplentes; 2 (dois) representantes indicados pela classe de credores quirografários e com privilégios gerais, com 2 (dois) suplentes; 2 (dois) representantes indicados pela classe de credores representantes de microempresas e empresas de pequeno porte, com 2 (dois) suplentes.
c) 1 (um) representante indicado pela classe de credores trabalhistas, com 1 (um) suplente; 1 (um) representante indicado pela classe de credores com direitos reais de garantia ou privilégios especiais, com 1 (um) suplente; 1 (um) representante indicado pela classe de credores quirografários e com privilégios gerais, com 1 (um) suplente; 1 (um) representante indicado pela classe de credores representantes de microempresas e empresas de pequeno porte, com 1 (um) suplente.
d) 1 (um) representante indicado pela classe de credores trabalhistas, com 2 (dois) suplentes; 1 (um) representante indicado pela classe de credores com direitos reais de garantia ou privilégios especiais, com 2 (dois) suplentes; 1 (um) representante indicado pela classe de credores quirografários e com privilégios gerais, com 2 (dois) suplentes; 1 (um) representante indicado pela classe de credores representantes de microempresas e empresas de pequeno porte, com 2 (dois) suplentes.

126. (Ieses/TJ/TO/Cartórios/Ingresso/2022) De acordo com a legislação brasileira vigente sobre Falências, analise as sentenças abaixo e assinale a alternativa correta:

I. A decisão que decreta a falência da sociedade também acarreta a falência dos sócios da responsabilidade ilimitada.
II. O devedor poderá pedir a suspensão da falência e requerer a recuperação judicial até o momento imediatamente anterior ao início da liquidação dos ativos.
III. A desconsideração da personalidade jurídica da sociedade falida não implica a suspensão da falência, nos termos dos Código de Processo Civil.
IV. O acionista pode pedir a falência da própria sociedade, na forma da lei ou do ato constitutivo da sociedade.

a) Apenas as assertivas I, III e IV estão corretas.
b) Apenas a assertiva III está correta.
c) As assertivas I e II estão corretas.
d) Todas as assertivas estão corretas.

127. (FGV/TJ/SC/Cartórios/Ingresso/2021) Decretada a falência de uma sociedade empresária no dia 10 de julho de 2020, o administrador judicial verificou a existência de registro relativo à alienação fiduciária em garantia de imóvel de propriedade do falido após a decretação da falência. Em relação ao ato realizado, é correto afirmar que é:

a) objetivamente ineficaz em relação à massa falida, por ter sido feito após a decretação da falência, salvo se tiver havido prenotação anterior.
b) nulo de pleno direito, diante de sua prática após a decretação da falência, haja ou não prenotação anterior.
c) válido e eficaz em relação à massa falida, pois a ineficácia objetiva só incide para atos praticados dentro do termo legal.
d) nulo de pleno direito, por ter sido feito após a decretação da falência ou dentro do termo legal, salvo se tiver havido prenotação anterior.

e) ineficaz em relação à massa falida, diante de sua prática após a decretação da falência, mas a decretação da ineficácia depende da prova do conluio fraudulento entre o devedor e o terceiro.

128. (FGV/TJ/SC/Cartórios/Remoção/2021) O administrador judicial da massa falida de sociedade empresária, em cumprimento a seus deveres legais, foi obrigado a contrair despesas para ultimar a arrecadação, como pagamento de custas da expedição de certidões de registro de imóveis, extraídas posteriormente à decretação da falência. Essa despesa com a arrecadação constitui crédito:

a) extraconcursal.
b) fiscal, de titularidade da União.
c) subordinado.
d) com privilégio geral.
e) com privilégio especial.

129. (Ieses/TJ/RO/Cartórios/Ingresso/2021) Analise as assertivas abaixo e assinale a alternativa correta sobre falência, de acordo com a Lei 11.101/2005:

I. Com a decretação da falência, a sociedade empresária falida passa a ser administrada pelo administrador judicial.
II. Com a decretação da falência, a sociedade empresária falida se transforma em massa falida.
III. A massa falida e a sociedade falida são sujeitos de direito distintos.
IV. A decretação da falência da sociedade empresária implica a falência também dos sócios de responsabilidade limitada ou ilimitada.

a) Apenas a assertiva IV está incorreta.
b) Apenas a assertiva III está correta.
c) As assertivas I e II estão corretas.
d) Todas as assertivas estão corretas.

130. (Consulplan/TJ/MS/Cartórios/Ingresso/2021) Segundo a Lei de Falências e de Recuperação de Empresas, a falência, ao promover o afastamento do devedor de suas atividades, visa preservar e otimizar a utilização produtiva dos bens, ativos e recursos produtivos, inclusive os intangíveis da empresa. Assim, estando o devedor empresário em estado de insolvência, estará traçado o caminho para que se inicie o processo especial de execução concursal do seu patrimônio, sendo certo que esta execução somente se inicia com a prolação de sentença declaratória da falência, respeitando-se o devido processo legal. Acerca da falência, assinale a afirmativa correta.

a) Da decisão que decreta a falência caberá apelação.
b) A decretação de falência exime o falido de examinar e dar pareceres quanto às contas do administrador judicial.
c) A falência do devedor somente pode ser requerida pelos credores, cônjuge sobrevivente, inventariante e herdeiros do devedor.
d) O devedor em crise econômico-financeira, que julgue não atender aos requisitos para pleitear sua recuperação judicial, deverá requerer ao juízo sua falência, expondo as razões da impossibilidade de prosseguimento da atividade empresarial.

131. (Consulplan/TJ/MS/Cartórios/Remoção/2021) Ao disciplinar o procedimento especial para a persecução dos crimes falimentares, a Lei nº 11.101/2005 prevê: "Art. 187: Intimado da sentença que decreta a falência ou concede a recuperação judicial, o Ministério Público, verificando a ocorrência de qualquer crime previsto nesta Lei, promoverá imediatamente a competente ação penal ou, se entender necessário, requisitará a abertura de inquérito policial. § 1º O prazo para oferecimento da denúncia regula-se pelo Art. 46 do (...) Código de Processo Penal, salvo se o Ministério Público, estando o réu solto ou afiançado, decidir aguardar a apresentação da exposição circunstanciada de que trata o Art. 186 desta Lei, devendo, em seguida, oferecer a denúncia em 15 (quinze) dias." Considerando o sistema processual da Lei de Recuperação Judicial e Falência, assinale a alternativa correta.

a) Decorrido o prazo a que se refere o Art. 187, § 1º, se o Ministério Público, em vez de oferecer denúncia, requisitar a instauração de inquérito policial para apuração de autoria de crime falimentar, qualquer credor habilitado poderá apresentar queixa perante a autoridade policial, a fim de interromper o prazo decadencial de 6 (seis) meses.
b) Decorrido o prazo a que se refere o Art. 187, § 1º, sem oferecimento de denúncia pelo Ministério Público, somente o administrador judicial, de ofício ou mediante representação de qualquer credor habilitado, poderá apresentar queixa subsidiária perante o Juiz criminal da jurisdição de domicílio do réu, observado o prazo prescricional.
c) Decorrido o prazo a que se refere o Art. 187, § 1º, sem oferecimento de denúncia pelo Ministério Público, qualquer credor habilitado ou o administrador judicial poderá apresentar queixa subsidiária perante o Juiz criminal da jurisdição onde tenha sido decretada a falência, concedida a recuperação judicial ou homologado o plano de recuperação extrajudicial, observado o prazo decadencial de 6 (seis) meses.
d) Decorrido o prazo a que se refere o Art. 187, § 1º, sem oferecimento de denúncia pelo Ministério Público, qualquer credor habilitado poderá representar perante o juiz criminal da jurisdição onde tenha sido celebrado o contrato de que se origina o crédito, requerendo à autoridade judiciária que presida o inquérito falimentar, que poderá nomear o administrador judicial (da recuperação ou da falência) como delegatário dos atos investigativos.

132. (Consulplan/TJ/MS/Cartórios/Remoção/2021) A partir do momento em que o Direito passou a consagrar a responsabilidade patrimonial do devedor, em substituição às antigas regras de responsabilidade pessoal, passou a ser responsabilidade do credor buscar a satisfação do seu crédito dentro do patrimônio do devedor. Ocorre que, em determinados casos, o patrimônio do devedor não é suficiente para adimplir todos os débitos contraídos, de modo que somente alguns credores conseguirão receber os valores pleiteados, o que deu origem ao concurso formal de credores dentro de um processo falimentar. Sobre o processo falimentar instituído na Lei nº 11.101/05, assinale a alternativa correta.

a) A falência de sociedades anônimas será decretada logo após a liquidação e partilha do seu ativo.
b) A decretação de falência, ao contrário do deferimento do processamento do pedido de recuperação judicial, não suspende o curso da prescrição.
c) O falido fica inabilitado para exercer qualquer atividade empresarial a partir da decretação da falência e até a sentença que extingue suas obrigações.
d) Será decretada a falência do devedor que, sem relevante razão, não paga, no vencimento, obrigação líquida materializada em título ou títulos executivos protestados, cuja soma ultrapasse o equivalente a 20 (vinte) salários-mínimos na data do pedido de falência.

133. (Vunesp/TJ/GO/Cartórios/Ingresso/2021) A sentença que decretar a falência do devedor, dentre outras determinações:

a) fixará o termo legal da falência, sem poder retrotraí-lo por mais de 90 (noventa) dias contados do pedido de falência, do pedido de recuperação judicial ou do 1º (primeiro) protesto por falta de pagamento, excluindo-se, para essa finalidade, os protestos que tenham sido cancelados; ordenará ao Registro Público de Empresas e à Secretaria Especial da Receita Federal do Brasil que procedam à anotação da falência no registro do devedor, para que dele constem a expressão "falido", a data da decretação da falência e a inabilitação para exercer qualquer atividade empresarial.

b) ordenará ao falido que apresente, no prazo máximo de 10 (dez) dias, relação nominal dos credores, indicando endereço, importância, natureza e classificação dos respectivos créditos, se esta já não se encontrar nos autos, sob pena de desobediência; fixará o termo legal da falência, sem poder retrotraí-lo por mais de 60 (sessenta) dias contados do pedido de falência, do pedido de recuperação judicial ou do 1º (primeiro) protesto por falta de pagamento, excluindo-se, para essa finalidade, os protestos que tenham sido cancelados.

c) fixará o termo legal da falência, sem poder retrotraí-lo por mais de 60 (sessenta) dias contados do pedido de falência, do pedido de recuperação judicial ou do 1º (primeiro) protesto por falta de pagamento, excluindo-se, para esta finalidade, os protestos que tenham sido cancelados; ordenará ao Registro Público de Empresas e à Secretaria Especial da Receita Federal do Brasil que procedam à anotação da falência no registro do devedor, para que dele constem a expressão "falido", a data do pedido da falência e a inabilitação para exercer qualquer atividade empresarial.

d) ordenará ao falido que apresente, no prazo máximo de 10 (dez) dias, relação nominal dos credores, indicando endereço, importância, natureza e classificação dos respectivos créditos, se esta já não se encontrar nos autos, sob pena de desobediência; fixará o termo legal da falência, sem poder retrotraí-lo por mais de 90 (noventa) dias contados do pedido de falência, do pedido de recuperação judicial ou do 1º (primeiro) protesto por falta de pagamento, excluindo-se, para essa finalidade, os protestos que tenham sido cancelados.

134. (Vunesp/TJ/RS/Cartórios/Remoção/2019) Assinale a alternativa que descreve os créditos ou obrigações com maior prioridade de recebimento na falência, dentre os descritos.

a) Créditos derivados da legislação do trabalho que superem 150 salários-mínimos por credor.

b) Créditos com garantia real até o limite do bem gravado.

c) Créditos tributários (excetuadas as multas).

d) Obrigações resultantes de atos jurídicos válidos praticados durante a recuperação judicial ou após a decretação da falência.

e) Créditos com privilégio especial e privilégio geral.

135. (Consulplan/TJ/MG/Cartórios/Remoção/2019) A sociedade empresária Pneus Reformados Ltda. é a única credora da Sociedade empresária Borracharia da Esquina Ltda. de uma duplicata no valor de R$ 35.000.00 (trinta e cinco mil reais). Indignada com essa situação, a gerente da credora procura o Tabelionato de Protestos com a finalidade de buscar a falência da devedora lastreada no art. 94, I da Lei de Falências. Considerando esse contexto, analise as afirmativas a seguir.

I. Caberá ao apresentante indicar o endereço do domicílio da sede do devedor, devendo a intimação ser entregue nesse local a qualquer pessoa independente de identificação.

II. Por se tratar de protesto para fins falimentares, na contagem do prazo, será incluído o dia do começo e excluído o dia do vencimento.

III. O registro do protesto, por ter fins falimentares, será escriturado em livro especial.

IV. Conquanto seja possível o protesto para fins falimentares, a credora não terá sucesso no seu pleito falimentar.

Está(ão) correta(s) apenas a(s) afirmativa(s)

a) IV.

b) I e III.

c) I e IV.

d) II e III.

136. (Vunesp/TJ/RS/Cartórios/Ingresso/2019) Em relação aos efeitos da decretação da falência sobre as obrigações do devedor, dispõe a lei falimentar:

a) Os contratos bilaterais se resolvem pela falência, devendo ser cumpridos pelo administrador judicial em qualquer circunstância, mediante autorização da Assembleia de Credores.

b) A decretação da falência sujeita todos os credores, que poderão exercer os seus direitos sobre os bens do falido e de todos os sócios, independentemente do tipo de constituição societária, na forma prescrita na lei civil.

c) Compensam-se, com preferência sobre todos os demais credores os créditos transferidos após a decretação da falência, inclusive em caso de sucessão por fusão, incorporação, cisão ou morte.

d) Nas relações contratuais, se o devedor vendeu coisas compostas e o administrador judicial resolver não continuar a execução do contrato, poderá o comprador pôr à disposição da massa falida as coisas já recebidas, pedindo perdas e danos.

e) Os mandatos conferidos pelo devedor, antes da falência, para a realização de negócios e para a representação judicial do devedor, cessarão seus efeitos com a decretação da falência, ficando imediatamente revogados, cabendo ao mandatário prestar contas de sua gestão.

137. (Vunesp/TJ/RS/Cartórios/Remoção/2019) São ineficazes em relação à massa falida:

a) a venda ou transferência de estabelecimento feita sem o consentimento expresso ou o pagamento de todos os credores, a esse tempo existentes, independentemente de ter restado ou não ao devedor bens suficientes para solver o seu passivo.

b) os registros de direitos reais e de transferência de propriedade entre vivos, por título oneroso ou gratuito, ou a averbação relativa a imóveis realizados dentro do termo legal.

c) o pagamento de dívidas vencidas e exigíveis realizado dentro do termo legal, por qualquer forma que não seja a prevista pelo contrato, tenha ou não o credor conhecimento do estado de crise econômico-financeira do devedor, seja ou não intenção deste fraudar credores.

d) o pagamento de dívidas não vencidas realizado pelo devedor dentro do termo legal, por qualquer meio extintivo do direito de crédito, sempre que o credor tenha conhecimento do estado de crise econômico-financeira do devedor.

e) a constituição de direito real de garantia, inclusive a retenção, dentro do termo legal, independentemente de quando tenha sido contraída a dívida.

138. (Consulplan/TJ/MG/Cartórios/Remoção/2019) A empresa A teve sua falência decretada, no dia 10/07/2018, pelo Juiz da Vara Empresarial da Comarca de Belo Horizonte, após reprovação do plano de recuperação judicial por ela apresentado, em Assembleia-Geral de credores. À luz da Lei nº 11.101, de 10/07/2018, e da situação hipotética anterior, assinale a alternativa correta.

a) Os créditos trabalhistas da empresa A serão classificados de forma preferencial, por sua natureza, sendo indevida qualquer equiparação à condição de quirografários.

b) As cláusulas penais dos contratos unilaterais não serão atendidas e classificadas de acordo com a sua natureza, se as obrigações neles estipuladas se vencerem em virtude da falência.

c) A decisão de decretação da falência da empresa A suspende o curso da prescrição e de todas as execuções em face do devedor, exceto aquelas dos credores particulares do sócio solidário.

d) O administrador judicial na falência pode dar cumprimento aos contratos bilaterais que visem à manutenção e preservação de seus ativos, desde que tais contratos não aumentem o passivo da massa falida.

139. (Vunesp/TJ/RS/Cartórios/Ingresso/2019) Em relação ao administrador judicial e comitê de credores, dispõe a Lei Falimentar:

a) O administrador judicial que não apresentar, no prazo estabelecido, suas contas ou qualquer dos relatórios legalmente previstos será intimado pessoalmente a fazê-lo no prazo de 10 (dez) dias, sob pena de desobediência, após o qual, será nomeado substituto, mediante manifestação do comitê de credores.

b) Não poderá integrar o Comitê ou exercer as funções de administrador judicial quem, nos últimos 2 (dois) anos, no exercício do cargo de administrador judicial ou de membro do Comitê em falência ou recuperação judicial anterior, foi destituído, deixou de prestar contas dentro dos prazos legais, teve a prestação de contas desaprovada ou sofreu condenação com trânsito em julgado por crime ocorrido no exercício do cargo.

c) Os membros do comitê terão sua remuneração custeada pelo devedor ou pela massa falida, e as despesas realizadas para a realização de ato legalmente previsto, se devidamente comprovadas e com a autorização do administrador judicial, serão ressarcidas em caráter prioritário.

d) Na recuperação judicial e na falência, o comitê de Credores terá como atribuição além de outras legalmente estabelecidas, exigir dos credores, do devedor ou seus administradores quaisquer informações e fiscalizar a administração das atividades do devedor, apresentando, a cada 90 (noventa) dias, relatório de sua situação.

e) Na falência, ao administrador judicial compete, sob a fiscalização do juiz e do Comitê, além de outros deveres legalmente estabelecidos, apresentar ao juiz para juntada aos autos, até o 10º (décimo) dia do mês seguinte ao vencido, conta demonstrativa da administração, que especifique com clareza a receita e a despesa.

140. (Vunesp/TJ/AL/Cartórios/Ingresso/2019) De acordo com a Lei nº 11.101/05, é correto afirmar ser causa para a decretação da falência:

a) a falta de pagamento, de depósito ou de nomeação de bens à penhora do executado por quantia líquida que ultrapasse o equivalente a quarenta salários-mínimos na data do pedido de falência.

b) a prática de atos de falência, mesmo que façam parte de plano de recuperação judicial.

c) a falta de pagamento, ainda que com relevante razão de direito, no vencimento, de obrigação líquida materializada em título ou títulos executivos protestados cuja soma ultrapasse o equivalente a quarenta salários-mínimos na data do pedido de falência.

d) a falta de pagamento, de depósito ou de nomeação de bens à penhora do executado por qualquer quantia líquida.

141. (UFPR/TJ/PR/Cartórios/Remoção/2019) Falência é o regime jurídico aplicável à empresa que esteja em dificuldade e sem potencialidade para a recuperação. Com relação à disciplina legal da falência, assinale a alternativa correta.

a) A Lei nº 11.101, de 2005, não se aplica à empresa pública, à sociedade de economia mista e ao empresário individual.

b) Na falência, não são exigíveis do devedor as obrigações a título gratuito, nem as despesas dos credores para tomar parte na falência e as custas judiciais decorrentes de litígio com o devedor.

c) O proprietário de bem arrecadado no processo de falência ou que se encontre em poder do devedor na data da decretação da falência poderá pedir sua restituição.

d) É necessária a intimação do Ministério Público nas modalidades de alienação dos ativos da massa falida que não envolvam a manifestação da assembleia de credores, sendo que a ausência de tal intimação acarreta nulidade.

e) O prazo prescricional relativo às obrigações do falido recomeça a correr a partir da data da sentença do encerramento da falência.

142. (Ieses/TJ/CE/Cartórios/Ingresso/2018) Analise as assertivas abaixo e, de acordo com o que dispõe a lei de falências e recuperação de empresas (Lei 11.101/2005) vigente, assinale a alternativa correta:

I. nas falências de sociedade limitada, são considerados falidos a sociedade e os seus sócios.

II. as obrigações civis do falido só se extinguem mediante o pagamento de todos os créditos.

III. na falência do espólio, ficará suspenso o processo de inventário, cabendo ao administrador judicial a realização de atos pendentes em relação aos direitos e obrigações da massa falida.

IV. a falência do locador não resolve o contrato de locação:

a) todas as assertivas estão corretas.

b) as assertivas III e IV estão corretas.

c) apenas a assertiva II está incorreta.

d) apenas a assertiva III está correta.

143. (Ieses/TJ/AM/Cartórios/Remoção/2018) A Lei n. 11.101, disciplina a recuperação judicial, a recuperação extrajudicial e a falência do empresário e da sociedade empresária. Estão fora do alcance da referida Lei as seguintes instituições:

I. empresa pública e sociedade de economia mista.

II. instituição financeira pública ou privada, cooperativa de crédito, consórcio.

III. entidade de previdência complementar, sociedade operadora de plano de assistência à saúde, sociedade seguradora.

IV. sociedade de capitalização e outras entidades legalmente equiparadas.

A sequência correta é:

a) apenas as assertivas II e IV estão incorretas.

b) apenas as assertivas I e IV estão corretas.

c) apenas a assertiva IV está incorreta.

d) as assertivas I, II, III e IV estão corretas.

144. (Consulplan/TJ/MG/Cartórios/Remoção/2017) Acerca da recuperação judicial, extrajudicial e falência do empresário e da sociedade empresária, assinale a alternativa correta, nos termos da Lei n. 11.101, de 09 de fevereiro de 2005:

a) a Lei n. 11.101/2005 não se aplica à cooperativa de crédito, consórcio e sociedade de capitalização.

b) a decretação da falência interrompe o curso da prescrição e de todas as ações e execuções em face do devedor, inclusive aquelas dos credores particulares do sócio solidário.

c) os títulos e documentos que legitimam os créditos poderão ser exibidos em cópias simples, no procedimento de habilitação de créditos.

d) os credores terão o prazo de 10 (dez) dias, contados da publicação do edital de processamento da recuperação judicial, para apresentar ao administrador judicial suas habilitações ou suas divergências em relação aos créditos relacionados.

145. (Consulplan/TJ/MG/Cartórios/Remoção/2017) Em conformidade com a Lei n. 11.101/2005, assinale a alternativa correta, no que se refere à ordem de classificação dos créditos na falência:

a) extraconcursais; derivados da legislação trabalhista até 150 (cento e cinquenta) salários mínimos por credor e os decorrentes de acidente de trabalho; garantia real; tributários, excetuadas as multas; privilégio especial; privilégio geral; quirografários; multas contratuais; subordinados.
b) derivados da legislação trabalhista até 150 (cento e cinquenta) salários mínimos por credor e os decorrentes de acidente de trabalho; tributário, excetuadas as multas; garantia real; privilégio especial; privilégio geral; extraconcursais; quirografários; multas contratuais; subordinados.
c) extraconcursais; derivados da legislação trabalhista até 150 (cento e cinquenta) salários mínimos por credor e os decorrentes de acidente de trabalho; tributário, excetuadas as multas; garantia real; privilégio geral; privilégio especial; quirografários; subordinados; multas contratuais.
d) derivados da legislação trabalhista até 150 (cento e cinquenta) salários mínimos por credor e os decorrentes de acidente de trabalho; extraconcursais; garantia real; tributários, excetuadas as multas; privilégio geral; privilégio especial; quirografários; multas contratuais; subordinados.

146. (Consulplan/TJ/MG/Cartórios/Remoção/2017) Segundo a Lei n. 11.101/2005, podem requerer a falência do devedor, exceto:

a) o próprio devedor.
b) terceiro interessado, mesmo não sendo credor do devedor.
c) o cônjuge sobrevivente, qualquer herdeiro do devedor ou o inventariante.
d) o cotista ou acionista do devedor.

147. (Consulplan/TJ/MG/Cartórios/Remoção/2017) De acordo com a Lei n. 11.101/2005, são efeitos específicos da condenação por crime previsto nesta legislação, exceto:

a) a inabilitação para o exercício de atividade empresarial.
b) o impedimento para o exercício de cargo ou função em conselho de administração, diretoria ou gerência das sociedades sujeitas à Lei n. 11.101/2005.
c) a impossibilidade de gerir empresa por mandato ou por gestão de negócio.
d) o impedimento para o exercício da função de administrador judicial ou membro do Comitê de credores.

148. (Consulplan/TJ/MG/Cartórios/Ingresso/2017) Segundo a Lei n. 11.101/2005, são considerados atos de falência, exceto:

a) proceder à liquidação precipitada dos ativos ou lançar mão de meio ruinoso ou fraudulento para realizar pagamentos.
b) praticar negócio simulado com o objetivo de retardar pagamentos ou fraudar credores.
c) transferir o estabelecimento a terceiro, credor ou não, sem o consentimento de todos os credores, mesmo havendo bens suficientes para solver seu passivo.
d) deixar de cumprir, no prazo estabelecido, obrigação assumida no plano de recuperação judicial.

149. (Consulplan/TJ/MG/Cartórios/Ingresso/2017) Segundo a Lei n. 11.101/2005, extinguem-se as obrigações do falido, exceto:

a) o pagamento de todos os créditos.
b) o pagamento, depois de realizado todo o ativo, de mais de 60% (sessenta por cento) dos créditos quirografários.
c) o decurso do prazo de 5 (cinco) anos, contado do encerramento da falência, se o falido não tiver sido condenado pela prática de crime falimentar.
d) o decurso do prazo de 10 (dez) anos, contado do encerramento da falência, se o falido tiver sido condenado por crime falimentar.

150. (Consulplan/TJ/MG/Cartórios/Ingresso/2017) Aplica-se a Lei de Falência a:

a) instituições financeiras.
b) sociedades operadoras de planos de saúde.
c) sociedades seguradoras.
d) empresário Individual de Responsabilidade Limitada.

151. (Consulplan/TJ/MG/Cartórios/Remoção/2017) No que tange à falência, marque a opção correta:

a) caso não existam títulos protestados contra o réu, não é possível a decretação de falência.
b) caso o réu faça o depósito elisivo, nos termos da lei e nos valores corretos, o processo falimentar irá continuar. Entretanto, não poderá ser decretada a falência ao final.
c) caso o autor faça o pedido falimentar de maneira vil, sabendo que o réu não se encontra insolvente, o réu poderá pleitear uma indenização. Entretanto, esta requer processo separado autônomo, cuja competência não é necessariamente do juiz da falência.
d) o prazo legal para a defesa em um processo falimentar segue a regra geral do CPC, sendo de 15 dias úteis.

152. (Ieses/TJ/RO/Cartórios/Remoção/2017) Será decretada a falência do devedor que sem relevante razão de direito, não paga, no vencimento, obrigação líquida materializada em título ou títulos executivos protestados cuja soma ultrapasse o equivalente a:

a) 60 (sessenta) salários-mínimos na data do pedido de falência.
b) 30 (trinta) salários-mínimos na data do pedido de falência.
c) 50 (cinquenta) salários-mínimos na data do pedido de falência.
d) 40 (quarenta) salários-mínimos na data do pedido de falência.

153. (Consulplan/TJ/MG/Cartórios/Ingresso/2017) Sobre a Lei de Falências (Lei n. 11.101/05), assinale a afirmativa correta:

a) para o recebimento de denúncia por crime falimentar é exigida a prolação de sentença que decreta a falência, concede a recuperação judicial ou concede a recuperação extrajudicial.
b) compete ao Juiz da Falência o recebimento da denúncia por crime falimentar.
c) o prazo prescricional dos crimes falimentares é de dois anos, contados do trânsito em julgado da sentença de falência.
d) a Lei n. 11.101/05 se aplica à sociedade de economia mista.

154. (Consulplan/TJ/MG/Cartórios/Remoção/2017) Quanto a Lei de Falências, assinale a alternativa incorreta:

a) a prática de ato fraudulento que possa resultar prejuízo aos credores depois da sentença de falência não é crime.
b) os administradores e conselheiros de fato e de direito, bem como o administrador judicial, equiparam-se ao devedor ou falido para todos os efeitos penais decorrentes da Lei de Falências, na medida de sua culpabilidade.
c) após a intimação da sentença de falência, o Ministério Público poderá aguardar a apresentação da exposição circunstanciada do administrador judicial para oferecimento da denúncia e oferecê-la, no prazo de 15 (quinze) dias.

d) a divulgação de informação falsa sobre devedor em recuperação judicial, com a finalidade de levá-lo a falência ou obter vantagem é tipificada como crime na lei falimentar.

155. (Ieses/TJ/RO/Cartórios/Remoção/2017) Quem praticar, antes ou depois da sentença que decretar a falência, conceder a recuperação judicial ou homologar a recuperação extrajudicial, ato fraudulento de que resulte ou possa resultar prejuízo aos credores, com o fim de obter ou assegurar vantagem indevida para si ou para outrem, pratica crime e esta sujeito a:

a) pena – reclusão, de 3 (três) a 6 (seis) anos, e multa.
b) pena – reclusão, de 6 (seis) a 9 (nove) meses, e multa.
c) pena – reclusão, de 6 (seis) a 9 (nove) anos, e multa.
d) pena – reclusão, de 1 (um) a 3 (três) anos, e multa.

156. (Consulplan/TJ/MG/Cartórios/Remoção/2017) O protesto para fins falimentares, para que produza o efeito desejado em relação à ação falimentar, deve ter o seu valor, ou a soma dos valores, caso seja mais do que um título:

a) igual a 40 salários mínimos vigentes no momento do pedido de falência.
b) superior a 40 salários mínimos vigentes no momento do pedido de falência.
c) superior a 40 salários mínimos vigentes no momento da lavratura do protesto.
d) igual a 40 salários mínimos vigentes no momento da lavratura do protesto.

6.2. Recuperação Judicial/Extrajudicial

SÚMULAS

STJ **Súm. 480.** O juízo da recuperação judicial não é competente para decidir sobre a constrição de bens não abrangidos pelo plano de recuperação da empresa.

STJ **Súm. 581.** A recuperação judicial do devedor principal não impede o prosseguimento das ações e execuções ajuizadas contra terceiros devedores solidários ou coobrigados em geral, por garantia cambial, real ou fidejussória.

REPERCUSSÃO & REPETITIVOS

STJ **Repetitivo 1022.** É cabível agravo de instrumento contra todas as decisões interlocutórias proferidas nos processos de recuperação judicial e nos processos de falência, por força do art. 1.015, parágrafo único, CPC. *REsp 1717213, 10.12.2020.*

STJ **Repetitivo 1051.** Para o fim de submissão aos efeitos da recuperação judicial, considera-se que a existência do crédito é determinada pela data em que ocorreu o seu fato gerador. *REsp 1843332, 9.12.2020.*

STJ **Repetitivo 1145.** Ao produtor rural que exerça sua atividade de forma empresarial há mais de dois anos é facultado requerer a recuperação judicial, desde que esteja inscrito na Junta Comercial no momento em que formalizar o pedido recuperacional, independentemente do tempo de seu registro. *REsp 1905573, 3.8.2022.*

JURISPRUDÊNCIA EM TESES

STJ **JurisTese 35-1.** A recuperação judicial é norteada pelos princípios da preservação da empresa, da função social e do estímulo à atividade econômica, a teor do art. 47 da Lei n. 11.101/2005.

STJ **JurisTese 35-2.** Para fins do art. 3º da Lei n. 11.101/2005, principal estabelecimento é o local do centro das atividades da empresa, não se confundindo com o endereço da sede constante do estatuto social.

STJ **JurisTese 35-4.** O juízo da execução individual é competente para ultimar os atos de constrição patrimonial dos bens adjudicados antes do deferimento do pedido de recuperação judicial.

STJ **JurisTese 35-5.** Promovida a adjudicação do bem penhorado em execução individual, em data posterior ao deferimento da recuperação judicial ou decretação da falência, o ato fica desfeito em razão da competência do juízo universal.

STJ **JurisTese 35-6.** O simples decurso do prazo legal de 180 dias de que trata o art. 6º, § 4º, da Lei n. 11.101/2005, não enseja a retomada automática das execuções individuais.

STJ **JurisTese 35-7.** Os bens dos sócios das sociedades recuperandas não estão sob a tutela do juízo da recuperação judicial, salvo se houver decisão expressa em sentido contrário.

STJ **JurisTese 35-8.** Classificam-se como extraconcursais os créditos originários de negócios jurídicos realizados no período compreendido entre a data em que se defere o processamento da recuperação judicial e a decretação da falência.

STJ **JurisTese 35-9.** A competência para promover os atos de execução do patrimônio da empresa recuperanda é do juízo em que se processa a recuperação judicial, evitando-se, assim, que medidas expropriatórias prejudiquem o cumprimento do plano de soerguimento.

STJ **JurisTese 35-10.** Na vigência da atual legislação de recuperação e falência, a intervenção do Ministério Público ficou restrita às hipóteses expressamente previstas em lei.

STJ **JurisTese 35-11.** São devidos honorários advocatícios quando o pedido de habilitação de crédito for impugnado, em recuperação judicial ou na falência, haja vista a litigiosidade do processo.

STJ **JurisTese 35-12.** A ação de despejo (Lei n. 8.245/1991 – Lei do Inquilinato) movida contra o sujeito em recuperação judicial, que busca, unicamente, a retomada da posse direta do imóvel locado, não se submete à competência do juízo universal da recuperação.

STJ **JurisTese 35-13.** É inexigível certidão de regularidade fiscal para o deferimento da recuperação judicial, enquanto não editada legislação específica que discipline o parcelamento tributário no âmbito do referido regime.

STJ **JurisTese 35-14.** A Segunda Seção do STJ é competente para julgar conflitos de competência originados em recuperação judicial, envolvendo execuções fiscais movidas contra empresários e sociedades empresárias, a teor do art. 9º, § 2º, IX, do RISTJ.

STJ **JurisTese 37-1.** Embora o juiz não possa analisar os aspectos da viabilidade econômica da empresa, tem ele o dever de velar pela legalidade do plano de recuperação judicial, de modo a evitar que os credores aprovem pontos que estejam em desacordo com as normas legais.

STJ **JurisTese 37-2.** Os créditos decorrentes de arrendamento mercantil ou com garantia fiduciária – inclusive os resultantes de cessão fiduciária – não se sujeitam aos efeitos da recuperação judicial, nos termos § 3º do artigo 49 da Lei n. 11.101/2005.

STJ **JurisTese 37-3.** Apenas após a homologação do plano de recuperação judicial é que se deve oficiar aos cadastros de inadimplentes para que providenciem a baixa dos protestos e inscrições em nome da recuperanda.

STJ **JurisTese 37-4.** Os institutos da recuperação judicial e da falência, a despeito de instaurarem o juízo universal, não acarretam a atração das ações que demandam quantia ilíquida – art. 6º, § 1º, da Lei n. 11.101/05.

STJ **JurisTese 37-5.** O crédito advindo de adiantamento de contrato de câmbio não está sujeito aos efeitos da recuperação judicial.

STJ **JurisTese 37-6.** O crédito proveniente de responsabilidade civil por fato preexistente ao momento do deferimento da recuperação deve ser incluído no respectivo plano.

STJ **JurisTese 37-7.** Os bens de capital essenciais à atividade da empresa em recuperação devem permanecer em sua posse, enquanto durar o período de suspensão das ações e execuções contra a devedora, aplicando-se a ressalva final do § 3º do art. 49 da Lei n. 11.101/2005.

STJ **JurisTese 37-8.** O deferimento da recuperação judicial não suspende a execução fiscal, mas os atos que importem em constrição ou alienação do patrimônio da recuperanda devem se submeter ao juízo universal.

STJ **JurisTese 37-11.** A homologação do plano de recuperação judicial opera novação sui generis dos créditos por ele abrangidos, visto que se submete à condição resolutiva.

STJ **JurisTese 37-12.** Estão sujeitos à recuperação judicial os créditos existentes na data do pedido, não se submetendo aos seus efeitos os créditos posteriores ao pleito recuperacional.

STJ **JurisTese 59-6.** Somente após a concessão da recuperação judicial, com a homologação do plano e a novação dos créditos, é possível promover a retirada do nome da recuperanda dos cadastros de inadimplentes.

INFORMATIVOS

STJ Recuperação judicial. Assembleia geral de credores. Credor que se abstém de votar. Cômputo como voto positivo. Descabimento. Não composição do quórum de deliberação. Equiparação a credor ausente. Na apuração do resultado de votação em assembleia geral de credores, somente serão computados os votos daqueles que efetivamente se manifestaram pela aprovação ou rejeição do plano de recuperação, não se considerando a abstenção para qualquer efeito. *REsp 1992192, 4ª T, 6.12.2022. Inf 760.*

STJ Recuperação judicial. Opção do credor por não habilitar seu crédito. Sujeição aos efeitos desta. Novação do crédito. O credor que optar por não se habilitar na recuperação judicial sofrerá os seus respectivos efeitos, caso em que o crédito será considerado novado e o credor deverá recebê-lo em conformidade com o previsto no plano, ainda que em execução posterior ao encerramento da recuperação judicial. *EDcl no REsp 1851692, 4ª T, 9.9.2022. Inf 749.*

STJ Recuperação judicial. Limitação do tratamento preferencial (Lei 11.101/05, art. 83, I). Possibilidade. Previsão no plano. É possível, por deliberação da Assembleia Geral de Credores, a aplicação do limite previsto no art. 83, I, da Lei 11.101/05 às empresas em recuperação judicial, desde que devida e expressamente previsto pelo plano de recuperação judicial, instrumento adequado para dispor sobre forma de pagamento das dívidas da empresa em soerguimento. *REsp 1785467, 4ª T, 16.8.2022. Inf 745.*

STJ Recuperação judicial. Habilitação de crédito. Honorários advocatícios. Natureza alimentar. Crédito trabalhista por equiparação. Os créditos resultantes de honorários advocatícios têm natureza alimentar e equiparam-se aos trabalhistas para efeito de habilitação em falência ou recuperação judicial. *REsp 1785467, 4ª T, 16.8.2022. Inf 745.*

STJ Recuperação judicial. Homologação de plano. Agravo de instrumento. Desistência. Anuência da parte contrária. Desnecessidade. Julgamento de ofício pelo tribunal. Impossibilidade. Não cabe ao Tribunal indeferir o pedido de desistência em agravo de instrumento e julgar o recurso de ofício, ainda que que as questões nele veiculadas sejam ordem pública e de interesse da coletividade dos credores da empresa em recuperação judicial. *REsp 1930837, 3ª T, 25.10.2022.*

STJ Recuperação judicial. Homologação de crédito. Prosseguimento de ação revisional. Possibilidade. A habilitação do crédito e a posterior homologação do plano de recuperação judicial não impede a rediscussão do seu valor em ação revisional de contrato relativa à mesma dívida. *REsp 1700606, Terceira Turma, 13.6.2022.*

STJ Recuperação judicial. Habilitação de crédito. Faculdade. Execução após o encerramento da recuperação judicial. Valor integral do crédito. Impossibilidade. Necessidade de observância das condições do plano aprovado. O credor não indicado na relação inicial de que trata o art. 51, III e IX, da Lei 11.101/05 não está obrigado a se habilitar, mas não terá o direito de receber seu crédito pelo valor integral, devendo se submeter às condições estabelecidas no plano de recuperação judicial aprovado. *REsp 1655705, 2ª S, 25.5.2022. Inf 738.*

STJ Recuperação judicial. Impugnação à habilitação de crédito. Contagem do prazo. Dias corridos. O prazo de 10 dias, previsto no art. 8º da Lei 11.101/05, para apresentar impugnação à habilitação de crédito, deve ser contado em dias corridos. *AgInt no REsp 1830738, 4ª T, 24.5.2022. Inf 739.*

STJ Produtos agrícolas – soja e milho. Bens de capital. Não caracterização. Parte final do § 3º do art. 49 da Lei 11.101/05. Não incidência. Produtos agrícolas – soja e milho – não são bens de capital essenciais à atividade empresarial, não incidindo a norma contida na parte final do § 3º do art. 49 da Lei 11.101/05. *REsp 1991989, 3ª T, 5.5.2022. Inf 735.*

STJ Recuperação judicial. Habilitação de crédito. Não obrigatoriedade. Direito disponível. Recebimento fora da recuperação. Excepcionalidade. Reconhecimento posterior. Trânsito em julgado. Sentença de encerramento. O credor que não foi citado na relação inicial de que trata o artigo 51, III e IX, da Lei 11.101005 não está obrigado a se habilitar, pois o direito de crédito é disponível, porém não terá como receber seu crédito fora da recuperação, salvo quando a decisão que reconhece estar o crédito submetido a seus efeitos for posterior ao trânsito em julgado da sentença de encerramento da recuperação judicial. *REsp 1655705, 2ª S, 27.4.2022. Inf 734.*

STJ Empresa incorporada a grupo empresarial em recuperação judicial. Crédito constituído anteriormente. Controle dos atos de constrição. Juízo universal. O crédito constituído anteriormente à incorporação de empresa a grupo empresarial em recuperação judicial deve se submeter ao juízo universal. *REsp 1972038, 3ª T, 1.4.2022. Inf 733.*

STJ Recuperação judicial. Assembleia geral de credores. Rejeição do plano. Declaração de falência. Inocorrência. Faculdade do juiz. "Cram down". Cabimento. Art. 58 da Lei 11.101/05. Período anterior à Lei 14.112/20. É cabível a homologação pelo juízo do plano de recuperação judicial rejeitado pelos credores em assembleia ("cram down"), cumpridos os requisitos legais previstos no art. 58 da Lei 11.101/05. *REsp 1788216, 3ª T, 22.3.2022. Inf 729.*

STJ Recuperação Judicial. Associações civis sem fins lucrativos. Finalidade e atividades econômicas. Legitimidade ativa. Associações civis sem fins lucrativos com finalidade e atividades econômicas detêm legitimidade para requerer recuperação judicial. *AgInt no TP 3654, 4ª T, 15.3.2022. Inf 730.*

STJ Empresa em recuperação judicial. Execução fiscal. Constrição judicial dos bens da recuperanda. Conflito de competência. Materialização da oposição concreta à efetiva deliberação do Juízo da recuperação judicial. Imprescindibilidade. A caracterização de conflito de competência perante o STJ pressupõe a materialização da oposição concreta do juízo da execução fiscal à efetiva deliberação do juízo da recuperação judicial a respeito do ato constritivo. *CC 181190, 2ª S, 7.12.2021. Inf 722.*

QUESTÕES DISCURSIVAS

11. (Vunesp/TJ/SP/Cartórios/2018) A respeito da cessão fiduciária de recebíveis, discorra sobre sua forma de constituição, natureza do eventual registro e seus efeitos na recuperação judicial.

12. (Consulplan/TJ/MG/Cartórios/Remoção/2016) O periódico "El País – Brasil" publicou em 27 de junho de 2016: "Governo brasileiro teme 'efeito Oi' no mercado. Nos primeiros cinco meses deste ano, o número de pedidos de recuperações judiciais foi quase o dobro (95,1% maior) do que o registrado no mesmo período do ano passado". (Disponível em: http:/brasil.elpais.com/brasil/2016/06/23/economia/1466714653_565261.html.) À luz da Constituição da República de 1988 e da Lei n. 11.101, de 9 de fevereiro de 2005, disserte acerca dos princípios constitucionais não escritos da Função Social e da Preservação da Empresa, relacionando-os com os institutos da Recuperação Judicial, Extrajudicial e da Falência, fazendo um paralelo com a manutenção dos interesses dos credores, na satisfação do crédito.

QUESTÕES OBJETIVAS

157. (Vunesp/TJ/SP/Cartórios/Ingresso/2022) Havendo objeção de qualquer credor ao plano de recuperação apresentado pelo devedor, assinale a alternativa que corresponda ao procedimento a ser adotado pelo juiz, à luz da legislação de regência (Lei nº 11.101/05).

a) Deve imediatamente convolar a recuperação judicial em falência.
b) Deve intimar, somente, os maiores credores de cada classe para se manifestarem.
c) Deve designar audiência, convocando o Comitê de Credores, se houver, ou, na falta dele, o administrador judicial, o devedor e os credores que impugnaram o plano de recuperação.
d) Deve convocar assembleia geral de credores para deliberar sobre o plano de recuperação.

158. (FGV/TJ/SC/Cartórios/Remoção/2021) O plano de recuperação judicial de uma companhia previu a alienação judicial de um dos estabelecimentos empresariais e todos os bens nele incluídos. Após a aprovação do plano pelos credores e trânsito em julgado da decisão concessiva da recuperação, será publicado o edital do leilão, modalidade de realização desse ativo. Sabendo-se que o imóvel em que está situado o estabelecimento estava hipotecado antes da data do pedido de recuperação em favor de uma instituição financeira, é correto afirmar que o imóvel objeto da alienação:

a) permanecerá gravado com a hipoteca após sua alienação, mas não haverá sucessão do arrematante nas obrigações do devedor.
b) estará livre de qualquer ônus, e não haverá sucessão do arrematante nas obrigações do devedor.

c) permanecerá gravado com a hipoteca após sua alienação, e haverá sucessão do arrematante nas obrigações do devedor.
d) estará livre de qualquer ônus, se assim for autorizado pelo credor da garantia, mas não haverá sucessão do arrematante nas obrigações do devedor.
e) estará livre de qualquer ônus, mas haverá sucessão do arrematante nas obrigações do devedor.

159. (Ieses/TJ/RO/Cartórios/Remoção/2021) A Lei nº 11.101/05, que regula a recuperação judicial, a extrajudicial e a falência do empresário e da sociedade empresária não se aplica a:

I. Instituição financeira pública ou privada, cooperativa de crédito, consórcio, entidade de previdência complementar.
II. Empresa pública e sociedade de economia mista.
III. Sociedade operadora de plano de assistência à saúde.
IV. Sociedade seguradora, sociedade de capitalização.

A sequência correta é:

a) Apenas a assertiva II está incorreta.
b) As assertivas I, II, III e IV estão corretas.
c) Apenas as assertivas I, II e III estão corretas.
d) Apenas as assertivas I e II estão corretas.

160. (Consulplan/TJ/MS/Cartórios/Ingresso/2021) A recuperação judicial foi criada em razão dos efeitos ruinosos que as crises de empresas podem gerar. Tal instituto é um meio da sociedade empresária se recuperar de crise econômico-financeira momentânea, reorganizando seu passivo. As diretrizes, quanto ao processo recuperacional, encontram-se disciplinadas na Lei nº 11.101/05. A respeito da recuperação judicial, analise as afirmativas a seguir.

I. A concessão de prazos e condições especiais para pagamento das obrigações vencidas e vincendas, o aumento de capital social e o trespasse são meios de recuperação judicial.
II. Para ingressar com o pedido de recuperação judicial é obrigatória a apresentação das demonstrações contábeis relativas aos 5 (cinco) últimos exercícios sociais.
III. O Plano de Recuperação Judicial deverá conter discriminação pormenorizada dos meios de recuperação a ser empregados; demonstração de sua viabilidade econômica; e, laudo econômico-financeiro e de avaliação dos bens e ativos do devedor, subscrito por profissional legalmente habilitado ou empresa especializada.
IV. Concedida a recuperação judicial, o devedor poderá permanecer em recuperação até que se cumpram todas as obrigações previstas no plano que se vencerem até no máximo 2 (dois) anos depois da concessão recuperação, independentemente de eventual período de carência.
V. O plano de recuperação judicial poderá sofrer alterações na assembleia geral de credores, independentemente de concordância do devedor.

Está correto o que se afirma em:

a) I, II, III, IV e V.
b) I, III e IV, apenas.
c) II, IV e V, apenas.
d) I, II, III e V, apenas.

161. (Consulplan/TJ/MS/Cartórios/Remoção/2021) Segundo a Lei nº 11.101/05, a recuperação judicial tem por objetivo viabilizar a superação de crise econômico-financeira do devedor, a fim de permitir a manutenção da fonte produtora, do emprego dos trabalhadores e dos interesses dos credores, promovendo, assim, a preservação da empresa. Sobre o pedido de recuperação judicial, assinale a alternativa que apresenta parte ilegítima a requerê-lo.

a) O credor trabalhista.
b) O sócio remanescente.
c) O cônjuge sobrevivente.
d) O devedor que exerça sua atividade regularmente há mais de 2 (dois) anos e que atenda aos requisitos da Lei.

162. (Consulplan/TJ/MG/Cartórios/Ingresso/2019) A Lei nº 11.101, de 09/02/2005, traz a regulamentação dos procedimentos de falência e de recuperação judicial de empresas. À luz dessa legislação, é correto afirmar que:

a) O plano de recuperação judicial não implica novação dos créditos anteriores ao pedido.
b) De regra, o plano de recuperação judicial acarreta o prejuízo das garantias em favor dos credores a ele sujeitos.
c) Se o plano de recuperação judicial envolver alienação de filiais ou unidades produtivas isoladas, antes, o juiz deve ouvir o administrador judicial e atender orientações do comitê de credores.
d) O deferimento do processamento do pedido de recuperação judicial não impede que o devedor dele desista, mesmo quando o plano de recuperação for aprovado pela assembleia geral de credores.

163. (Vunesp/TJ/RS/Cartórios/Ingresso/2019) Em relação aos institutos da recuperação judicial e extrajudicial das empresas, dispõe a Lei Falimentar:

a) O plano de recuperação extrajudicial não poderá contemplar o pagamento antecipado de dívidas nem tratamento desfavorável aos credores que a ele não estejam sujeitos, e, após a distribuição do pedido de homologação, os credores não poderão desistir da adesão ao plano, salvo se ainda não publicado o edital de convocação de todos os credores do devedor, para apresentação de suas impugnações ao plano de recuperação extrajudicial.
b) Na recuperação extrajudicial, no prazo do edital, deverá o devedor comprovar o envio de carta a todos os credores sujeitos ao plano, que terão prazo de 30 (trinta) dias, contado da publicação do edital de convocação dos credores do devedor, para impugnarem o plano, juntando a prova de seu crédito, cuja impugnação, uma vez apresentada, será aberto prazo de 5 (cinco) dias para que o devedor sobre ela se manifeste.
c) O plano de recuperação judicial não poderá prever prazo superior a 90 (noventa) dias para o pagamento, até o limite de 5 (cinco) salários-mínimos por trabalhador, dos créditos de natureza estritamente salarial vencidos nos 6 (seis) meses anteriores ao pedido de recuperação judicial.
d) No procedimento da recuperação judicial, havendo objeção de qualquer credor ao plano de recuperação judicial, o juiz convocará a assembleia geral de credores para deliberar sobre o plano de recuperação, cuja data não excederá 120 (cento e vinte) dias contados do deferimento do processamento da recuperação judicial, o qual será aprovado pelo comitê de credores.
e) Deferido o processamento da recuperação judicial, os credores poderão, no prazo de 30 (trinta) dias, requerer a convocação de assembleia geral para a constituição do Comitê de Credores ou substituição de seus membros, não podendo o devedor desistir do pedido de recuperação judicial após o deferimento de seu processamento, salvo se obtiver aprovação por unanimidade do Comitê de Credores.

164. (Vunesp/TJ/RS/Cartórios/Remoção/2019) A decisão que defere o processamento da recuperação judicial em favor de determinada sociedade limitada devedora:

a) suspende o curso da prescrição e de todas as ações e execuções em face do devedor, inclusive aquelas dos credores particulares do sócio.

b) enseja a nomeação do administrador judicial e, portanto, a suspensão dos direitos de administração e representação até então exercidos pelos administradores nomeados pelas instâncias deliberativas da sociedade.
c) será publicada na imprensa oficial, a partir de cuja data tem início o prazo de cento e oitenta dias para que a sociedade devedora apresente o plano de recuperação.
d) autoriza desde logo o administrador judicial a promover a venda e alienação dos ativos da sociedade devedora, visando assegurar os direitos de credores a serem apurados ao longo do processo recuperacional.
e) acarreta a suspensão de todas as ações e execuções contra o devedor, ressalvadas as ações trabalhistas até apuração do referido crédito, as ações ilíquidas até sua liquidação, ações e execuções de natureza fiscal, bem como créditos não submetidos aos efeitos da recuperação judicial tais como créditos garantidos por propriedade fiduciária.

165. (Cespe/TJ/DFT/Cartórios/Remoção/2019) Uma sociedade empresária realizou pedido de recuperação judicial. O pedido foi processado e deferido pelo juízo competente, e, no mesmo ato, foram ordenadas algumas providências. Nessa situação hipotética, no decorrer do processo de recuperação judicial, o magistrado poderá:

a) prorrogar, em situações excepcionais, o prazo de cento e oitenta dias previsto na lei que dispõe sobre recuperação judicial caso o retardamento do feito não possa ser imputado ao devedor.
b) ordenar a suspensão do curso da prescrição e das ações e execuções, que se estende até mesmo aos coobrigados do devedor.
c) ordenar o cancelamento da negativação do nome do devedor em órgãos de proteção ao crédito e em tabelionatos de protestos, em razão do processamento do feito.
d) extinguir o processo no caso de pedido de desistência do devedor, independentemente de aprovação desse pedido na assembleia geral de credores.
e) dispensar a sociedade recuperanda da apresentação de contas demonstrativas mensais enquanto perdurar a recuperação judicial.

166. (UFPR/TJ/PR/Cartórios/Ingresso/2019) Sobre a empresa em dificuldade, "o instituto da recuperação vem desenhado justamente com o objetivo de promover a viabilização da superação desse estado de crise, motivado por um interesse na preservação da empresa desenvolvida pelo devedor. Enfatize-se a figura da empresa sob a ótica de uma unidade econômica que interessa manter, como um centro de equilíbrio econômico social. (...) A sua manutenção consiste em conservar o 'ativo social' por ela gerado. A empresa não interessa apenas ao seu titular – o empresário –, mas a diversos outros atores do palco econômico, como os trabalhadores, os investidores, os fornecedores, as instituições de crédito, ao Estado e, em suma, aos agentes econômicos em geral" (CAMPINHO, 2009). Sobre o instituto da recuperação judicial e extrajudicial, assinale a alternativa correta.

a) O devedor poderá desistir do pedido de recuperação judicial após o deferimento de seu processamento, independentemente da aprovação da desistência pela assembleia geral dos credores.
b) Se garantida a manutenção do emprego, o plano de recuperação judicial poderá prever prazo superior a 1 (um) ano para pagamento dos créditos derivados da legislação do trabalho vencidos até a data do pedido de recuperação judicial.
c) O devedor permanecerá em recuperação judicial até que se cumpram todas as obrigações previstas no plano, sem limitação de prazo.
d) O devedor que há menos de cinco anos obteve concessão de recuperação judicial não é elegível a novo pedido de recuperação judicial, até que transcorrido esse prazo.
e) O devedor poderá negociar com parte de seus credores plano de recuperação extrajudicial, ficando, contudo, obrigado a requerer sua homologação em juízo.

167. (Cespe/TJ/DFT/Cartórios/Ingresso/2019) À luz da Lei nº 11.101/2005, que regulamenta a recuperação judicial, a extrajudicial e a falência do empresário e de sociedade empresária, é correto afirmar que:

a) a decretação da falência suspende o curso de todas as ações e execuções em face do devedor, incluídas aquelas que demandam quantia ilíquida.
b) estão sujeitas à falência a empresa pública, a sociedade de economia mista e a instituição financeira pública ou privada.
c) os créditos tributários, de acordo com a classificação legal dos créditos concursais na falência, têm preferência sobre os demais.
d) devedor que exercer regularmente suas atividades há pelo menos um ano e não tiver obtido a concessão da recuperação judicial há menos de três anos poderá requerer o benefício.
e) as microempresas e as empresas de pequeno porte poderão apresentar plano especial de recuperação judicial, desde que afirmem essa intenção no pedido inicial de recuperação judicial.

168. (Ieses/TJ/SC/Cartórios/Remoção/2019) Como medida para superar crises econômico-financeiras da empresa, a Lei 11.101/2005 prevê a recuperação judicial, sujeitando-se aos seus efeitos todos os créditos existentes à data do pedido. Há, no entanto, certos créditos que não se sujeitarão aos efeitos do pedido de recuperação judicial, dentre eles:

a) Os créditos existentes, mas ainda não vencidos na data do pedido de recuperação.
b) Os créditos de titulares que não aprovarem o Plano e votarem por sua rejeição na assembleia de credores.
c) Os créditos do titular da posição de proprietário fiduciário de bens móveis ou imóveis.
d) Os créditos em moeda estrangeira.

169. (Ieses/TJ/CE/Cartórios/Ingresso/2018) Analise as assertivas abaixo e, de acordo com o que dispõe a lei de falências e recuperação de empresas (Lei 11.101/2005) vigente, assinale a alternativa correta:

I. a recuperação judicial pode ser requerida por empresário individual, por EIRELI – empresa individual de responsabilidade limitada ou por sociedade, simples ou empresária.
II. após a concessão da recuperação judicial, o devedor poderá alienar ou onerar bens ou direitos de seu ativo permanente previamente relacionados no plano de recuperação judicial.
III. após o deferimento da recuperação judicial, o administrador judicial assume a condução dos negócios, cabendo ao devedor, se desejar, exercer a fiscalização.
IV. o devedor permanecerá em recuperação judicial durante o período até o cumprimento de todas as obrigações do plano de recuperação judicial homologado judicialmente:

a) apenas as assertivas III está incorreta.
b) todas as assertivas estão incorretas.
c) apenas a assertiva II está correta.
d) todas as assertivas estão corretas.

170. (Ieses/TJ/AM/Cartórios/Ingresso/2018) Relativamente à disciplina e às disposições da Lei n. 11.101/05, considere as seguintes afirmações:

I. a recuperação judicial tem por objetivo viabilizar a superação da situação de crise econômico-financeira do devedor, a fim de permitir a manutenção da fonte produtora, do emprego dos trabalhadores e dos interesses dos credores, promovendo, assim, a preservação da empresa, sua função social e o estímulo à atividade econômica.

II. segundo o disposto no art. 48 da Lei que regula a recuperação judicial, a extrajudicial e a falência do empresário e da sociedade empresária (Lei n. 11.101/05), poderá requerer recuperação judicial o devedor que, no momento do pedido, exerça regularmente suas atividades há mais de 2 (dois) anos.

III. estão sujeitos à recuperação judicial todos os créditos existentes na data do pedido, desde que vencidos.

Está integralmente correto o que se afirma em:

a) apenas as assertivas I e III.
b) nenhuma das assertivas.
c) apenas as assertivas I e II.
d) as assertivas I, II e III.

171. (Consulplan/TJ/MG/Cartórios/Ingresso/2017) Considerando a Lei n. 11.101/2005, assinale a alternativa incorreta em relação à recuperação judicial:

a) poderá requerer a recuperação judicial o devedor que, no momento do pedido, exerça regularmente suas atividades há mais de 2 (dois) anos.
b) estão sujeitos à recuperação judicial todos os créditos existentes na data do pedido.
c) constituem meios de recuperação judicial, dentre outros, a alteração do controle societário, a constituição de sociedade de credores e a administração compartilhada.
d) rejeitado o plano de recuperação judicial pela assembleia geral de credores, o juiz decretará a falência do devedor.

172. (Consulplan/TJ/MG/Cartórios/Ingresso/2017) Segundo a Lei n. 11.101/2005, é atribuição do Comitê de Credores, na recuperação judicial, exceto:

a) fiscalizar as atividades e examinar as contas do administrador judicial.
b) comunicar ao juiz, caso detecte violação dos direitos ou prejuízo aos interesses dos credores.
c) aprovar, rejeitar ou modificar o plano de recuperação judicial apresentado pelo credor.
d) requerer ao juiz a convocação da assembleia geral de credores.

173. (Cetro/TJ/RJ/Cartórios/Ingresso/2017) Ao se dirigir ao cartório para mais um dia de trabalho, o Notário depara-se com a seguinte notícia no celular: "Tribunal concede recuperação judicial a conglomerado econômico situado no Rio de Janeiro, inclusive para suas subsidiárias estrangeiras". Tomando-se por base o caso, marque V para verdadeiro ou F para falso e, em seguida, assinale a alternativa que apresenta a sequência correta.

I. A recuperação judicial alcança tanto os bens e créditos existentes em território nacional quanto aqueles que estiverem em nome das empresas subsidiárias no exterior, desde que não haja ação em trâmite perante tribunal estrangeiro, de modo a evitar litispendência relacionada à questão falimentar.

II. O processamento de recuperação judicial de grupo transnacional não consta da lei falimentar brasileira, devendo tal lacuna legislativa ser sanada por meio do uso da equidade.

III. a recuperação judicial não pode alcançar subsidiárias que são constituídas para estruturar financiamento da controladora nacional, emissão de títulos e otimização de garantias na contratação de financiamento no exterior, dado que fogem da atividade principal da recuperanda:

a) V, F, V.
b) V, V, F.
c) F, F, V.
d) V, F, F.
e) F, V, F.

7. DOS TÍTULOS DE CRÉDITO

7.1. Disposições Gerais

SÚMULAS

STF Súm. 189. Avais em branco e superpostos consideram-se simultâneos e não sucessivos.

STF Súm. 387. A cambial emitida ou aceita com omissões, ou em branco, pode ser completada pelo credor de boa-fé antes da cobrança ou do protesto.

STF Súm. 600. Cabe ação executiva contra o emitente e seus avalistas, ainda que não apresentado o cheque ao sacado no prazo legal, desde que não prescrita a ação cambiária.

STJ Súm. 26. O avalista do título de crédito vinculado a contrato de mútuo também responde pelas obrigações pactuadas, quando no contrato figurar como devedor solidário.

STJ Súm. 60. É nula a obrigação cambial assumida por procurador do mutuário vinculado ao mutuante, no exclusivo interesse deste.

STJ Súm. 475. Responde pelos danos decorrentes de protesto indevido o endossatário que recebe por endosso translativo título de crédito contendo vício formal extrínseco ou intrínseco, ficando ressalvado seu direito de regresso contra os endossantes e avalistas.

JURISPRUDÊNCIA EM TESES

STJ JurisTese 56-1. Os títulos de crédito com força executiva podem ser cobrados por meio de processo de conhecimento, execução ou ação monitoria.

STJ JurisTese 56-2. O prazo para ajuizamento de ação monitoria em face do devedor principal do título de crédito prescrito é quinquenal nos termos do art. 206, § 5º, I, do Código Civil, independentemente da relação jurídica fundamental.

STJ JurisTese 56-4. O devedor do título crédito não pode opor contra o endossatário as exceções pessoais que possuía em face do credor originário, limitando-se tal defesa aos aspectos formais e materiais do título, salvo na hipótese de má-fé.

STJ JurisTese 56-5. O devedor pode alegar contra a empresa de factoring as exceções pessoais originalmente oponíveis contra o emitente do título.

STJ JurisTese 56-8. O avalista não responde por dívida estabelecida em título de crédito prescrito, salvo se comprovado que auferiu benefício com a dívida.

STJ JurisTese 56-9. É válido o aval prestado por pessoa física nas cédulas de crédito rural, pois a vedação contida no § 3º do art. 60 do Decreto-Lei n. 167/67 não alcança o referido título, sendo aplicável apenas às notas promissórias e duplicatas rurais.

STJ JurisTese 56-10. A autonomia do aval não se confunde com a abstração do título de crédito e, portanto, independe de sua circulação.

INFORMATIVOS

STJ Interrupção de prazo prescricional pelo protesto de duplicatas. Posterior ajuizamento de ação declaratória de inexistência de débito. Art. 202 caput do CC. Impossibilidade de nova interrupção da prescrição. Não é possível a interrupção do prazo prescricional em razão do ajuizamento de ação declaratória de inexigibilidade dos débitos pelo devedor quando já tiver havido anterior interrupção do prazo prescricional pelo protesto das duplicatas. *REsp 1963067, 3ª T, 24.2.2022. Inf 727.*

STJ Concurso de credores. Múltiplas penhoras. Idêntico privilégio. Forma de rateio. Proporcionalidade em relação ao valor dos respectivos créditos. A solvência dos créditos privilegiados detidos por credores concorrentes (concurso particular) independe de se perquirir acerca da anterioridade da penhora, devendo o rateio do montante constrito ser procedido de forma proporcional ao valor dos créditos (art. 962 do CC). *REsp 1987941, 3ª T, 5.5.2022. Inf 735.*

QUESTÕES OBJETIVAS

174. (Ieses/TJ/TO/Cartórios/Remoção/2022) O pagamento de título de crédito, que contenha obrigação de pagar soma determinada, pode ser garantido por:

a) aval.
b) endosso.
c) fiança.
d) abono.

175. (Ieses/TJ/TO/Cartórios/Remoção/2022) Os títulos de crédito são documentos necessários ao exercício do direito literal e autônomo neles contidos, somente produzindo efeito quando preenchidos os requisitos da lei. Em relação a essa matéria, é correto afirmar:

a) Consideram-se não escritas no título a cláusula de juros, a proibitiva de endosso, a excludente de responsabilidade pelo pagamento ou por despesas, a que dispense a observância de termos e formalidade prescritas, e a que, além dos limites fixados em lei, exclua ou restrinja direitos e obrigações.
b) O título não poderá ser emitido a partir dos caracteres criados em computador ou meio técnico equivalente, mesmo que constem da escrituração do emitente.
c) O título de crédito pode ser reivindicado do portador que o adquiriu de boa-fé e na conformidade das normas que disciplinam a sua circulação.
d) A omissão de qualquer requisito legal, que tire ao escrito a sua validade como título de crédito, implica a invalidade do negócio jurídico que lhe deu origem.

176. (Vunesp/TJ/SP/Cartórios/Ingresso/2022) Assinale a alternativa correta sobre os títulos de crédito.

a) Considera-se o lugar da emissão e do pagamento, quando não indicado no título, o do domicílio do emitente.
b) O aval posterior ao vencimento do título não produz efeitos.
c) A omissão de qualquer requisito legal, no preenchimento do título, implica a invalidade do negócio jurídico que lhe deu origem.
d) Para validade do aval dado no anverso do título, não é suficiente a simples assinatura do avalista, devendo constar a expressão 'por aval'.

177. (Ieses/TJ/RO/Cartórios/Remoção/2021) Títulos de crédito são documentos necessários para o exercício do direito, literal e autônomo, nele mencionado. No tocante a este instituto é correto afirmar, exceto:

a) A transferência do título de crédito implica a de todos os direitos que lhe são inerentes.
b) É à vista o título de crédito que não contenha indicação de vencimento.
c) Enquanto o título de crédito estiver em circulação, só ele poderá ser dado em garantia, ou ser objeto de medidas judiciais, e não, separadamente, os direitos ou mercadorias que representa.
d) É permitido o aval parcial.

178. (Consulplan/TJ/MS/Cartórios/Ingresso/2021) Em relação aos títulos de crédito, analise as afirmativas a seguir.

I. Título ao portador é aquele que circula pela mera tradição, não sendo identificado o credor de forma expressa; enquanto título nominal, por sua vez, é aquele que identifica expressamente o seu titular, ou seja, o credor.
II. Títulos de créditos podem ser classificados quanto ao seu modelo, podendo ser livre ou vinculado. Exemplo de título livre é a letra de câmbio, enquanto a nota promissória é um título vinculado.
III. O endosso pode ser lançado no verso ou anverso do próprio título, sendo nulo o endosso parcial. IV. O cancelamento do protesto após a quitação do débito é ônus do devedor.

Está correto o que se afirma em:

a) I, II, III e IV.
b) II e III, apenas.
c) I, II e III, apenas.
d) I, III e IV, apenas.

179. (Consulplan/TJ/MS/Cartórios/Remoção/2021) Título de crédito é o documento necessário ao exercício do direito literal e autônomo nele contido, somente produzindo efeito quando preencha os requisitos previstos em Lei. Ressalta-se, ainda, que títulos de créditos são documentos formais, considerados bens móveis, são títulos de apresentação, bem como constituem títulos executivos extrajudiciais. Sobre os títulos de crédito, assinale a alternativa incorreta.

a) Tanto a letra de câmbio quanto a nota promissória são promessas de pagamento.
b) A letra de câmbio que não contém cláusula de ordem não pode ser transferível por endosso.
c) O avalista do título de crédito vinculado a contrato de mútuo também responde pelas obrigações pactuadas, quando no contrato figurar como devedor solidário.
d) Os avais simultâneos estabelecem entre os coavalistas relação fundada na solidariedade de direito comum e não cambiária. Contudo, se um deles pagar a dívida não terá o direito de exigir do outro a quota-parte que caberia a este.

180. (Vunesp/TJ/GO/Cartórios/Remoção/2021) Analise as proposições sobre o pagamento do título ou documento de dívida e assinale a alternativa correta.

a) Tratando-se de título ou documento de dívida sujeito a qualquer tipo de correção, o pagamento será feito pela conversão vigorante no dia do registro do protesto, no valor indicado pelo apresentante.
b) Tratando-se de título ou documento de dívida sujeito a qualquer tipo de correção, o pagamento será feito pela conversão vigorante no dia da apresentação, no valor a ser apurado pelo Tabelião de Protesto.
c) Tratando-se de título ou documento de dívida sujeito a qualquer tipo de correção, o pagamento será feito pela conversão vigorante no dia do registro do protesto, no valor a ser apurado pelo Tabelião de Protesto.
d) Tratando-se de título ou documento de dívida sujeito a qualquer tipo de correção, o pagamento será feito pela conversão vigorante no dia da apresentação, no valor indicado pelo apresentante.

181. (Ieses/TJ/SC/Cartórios/Remoção/2019) O endosso é o ato típico de transmissão dos títulos de crédito, dentre eles a Letra de Câmbio. A respeito do endosso, prevê o Anexo I do Decreto 57.663/66:

a) É admitido o endosso parcial.
b) O endossante poderá inserir cláusula que subordine o endosso ao cumprimento de uma condição.
c) A partir do endosso, o endossante sempre responderá pelo aceite e pelo pagamento do título, inevitavelmente.
d) O endosso posterior ao vencimento produz os mesmos efeitos que o anterior.

182. (Consulplan/TJ/MG/Cartórios/Ingresso/2019) Quanto aos títulos de crédito, assinale a alternativa correta.

a) São títulos e crédito causais, a letra de câmbio, a duplicata e a cédula de crédito industrial.
b) O endosso próprio transmite a propriedade do título de crédito e se completa com a assinatura do endossante.
c) A obrigação do avalista se mantém, mesmo no caso de a obrigação que ele garantiu ser nula, exceto se essa nulidade for decorrente de vício de forma.
d) Uma vez riscado o aceite antes da restituição da letra de câmbio, o sacado se desincumbe da obrigação, mesmo se tiver comunicado o aceite, por outra forma, a um dos signatários do título.

183. (UFPR/TJ/PR/Cartórios/Remoção/2019) O crédito, entendido em seu aspecto econômico como a troca de um bem presente por outro futuro, sempre foi fundamental para o desenvolvimento da atividade empresarial, na medida em que o empresário pode dele se utilizar, especialmente quando se trata de recursos financeiros, aplicando-os em suas atividades mesmo antes do vencimento da obrigação. A respeito do assunto, considere as seguintes afirmativas:

I. O título de crédito, documento necessário ao exercício do direito literal e autônomo nele contido, somente produz efeito quando preenche os requisitos da lei.
II. A omissão de qualquer requisito legal, que tire ao escrito a sua validade como título de crédito, não implica a invalidade do negócio jurídico que lhe deu origem.
III. A transferência do título de crédito não implica a de todos os direitos que lhe são inerentes.
IV. Em razão do princípio da literalidade, considera-se escrito o aval cancelado.

Assinale a alternativa correta.

a) Somente a afirmativa III é verdadeira.
b) Somente as afirmativas I e II são verdadeiras.
c) Somente as afirmativas I e IV são verdadeiras.
d) Somente as afirmativas II, III e IV são verdadeiras.
e) As afirmativas I, II, III e IV são verdadeiras.

184. (Consulplan/TJ/MG/Cartórios/Remoção/2019) De acordo com as normas de direito cambiário, assinale a opção que não espelha um ato cambial:

a) saque.
b) fiança.
c) intervenção.
d) aceite parcial.

185. (Consulplan/TJ/MG/Cartórios/Remoção/2019) Analise as proposições e, em seguida, aponte a alternativa correta.

I. O aval pode ser lançado no anverso do título, desde que assinado pelo avalista.
II. O aceite é ato pelo qual o sacador se constitui como devedor principal do título e o sacado como coobrigado.
III. O "prazo de respiro" constitui uma faculdade atribuída ao sacado, que pode pedir que o título lhe seja apresentado no dia seguinte, para checagem de informações ou meditação acerca da conveniência de aceitá-lo ou recusá-lo.
IV. O saque tem como efeito constituir o emitente como coobrigado pelo título.

a) Todas as afirmativas estão corretas.
b) Somente as afirmativas I e III estão corretas.
c) Somente as afirmativas II e III estão corretas.
d) Somente as afirmativas I, III, IV estão corretas.

186. (Consulplan/TJ/MG/Cartórios/Remoção/2018) A ausência de qualquer dos requisitos legais para a caracterização do título de crédito:

a) não retira sua validade e invalida o negócio jurídico de origem.
b) retira sua validade como título de crédito e invalida o negócio jurídico de origem.
c) retira sua validade como título de crédito e não invalida o negócio jurídico de origem.
d) não retira sua validade como título de crédito e não invalida o negócio jurídico de origem.

187. (Ieses/TJ/AM/Cartórios/Remoção/2018) De acordo com os preceitos do direito civilista relacionados aos títulos de créditos é correto afirmar, exceto:

a) é à vista o título de crédito que não contenha indicação de vencimento.
b) deve o título de crédito conter a data da emissão, a indicação precisa dos direitos que confere, e a assinatura do emitente.
c) a transferência do título de crédito implica a de todos os direitos que lhe são inerentes.
d) o pagamento de título de crédito, que contenha obrigação de pagar soma determinada, não pode ser garantido por aval.

188. (Ieses/TJ/CE/Cartórios/Ingresso/2018) Analise as assertivas abaixo e, de acordo com o que dispõe a legislação vigente, assinale a alternativa correta:

I. para a validade do aval, é suficiente a simples assinatura do avalista no anverso do título.
II. o endosso parcial é nulo.
III. são inválidos os títulos de crédito que não indicarem o local de pagamento.
IV. é válido o título de crédito que não contenha a indicação do vencimento, considerando-se à vista o seu vencimento:

a) apenas a assertiva IV está correta.
b) apenas a assertivas III está incorreta.
c) apenas a assertiva I está correta.
d) todas as assertivas estão incorretas.

189. (Consulplan/TJ/MG/Cartórios/Remoção/2017) João Lima recebeu uma promissória do emitente e devedor Pedro Silva, que não foi paga, mas não a executou e nem a protestou. Passados 6 anos da data do vencimento do título, o credor entrou com uma ação monitória de cobrança, visando receber seu crédito. Pedro Silva, em embargos, alegou somente a tese de prescrição, sem maior detalhe ou especificação. João Lima, em resposta aos embargos, disse que não ocorreu prescrição, já que o prazo de cobrança somente teria iniciado após os 3 anos para a ação de execução, que se somariam aos anos subsequentes, ou seja, a prescrição seria em 8 anos, ou então em 10 anos, já que se trata de direito pessoal, sem prazo específico na lei para fins de prescrição. É correto afirmar que:

a) o prazo prescricional para ajuizamento de ação de cobrança ou monitória em face do emitente de nota promissória sem força executiva é de 8 anos, já que o credor tem antes o prazo de 3 anos para promover a execução do título, prazo que não é computado para dar início ao procedimento monitório ou de cobrança, portanto não prescrita a pretensão.
b) o prazo prescricional para ajuizamento de ação de cobrança ou monitória em face do emitente de nota promissória sem força executiva é quinquenal, a contar do dia seguinte ao vencimento do título, portanto prescrita a pretensão.
c) o prazo prescricional para ajuizamento de ação de cobrança ou monitória em face do emitente de nota promissória sem força executiva é de 10 anos (decenal), já que o Código Civil

não fixou especificamente prazo menor, portanto não prescrita a pretensão.

d) o prazo prescricional para ajuizamento de ação monitória ou de cobrança em face do emitente de nota promissória sem força executiva é de 3 anos, já se discute a pretensão de ressarcimento de valor em pretensão que envolve enriquecimento sem causa, portanto prescrita a pretensão.

190. (Ieses/TJ/RO/Cartórios/Remoção/2017) Segundo institui o Código Civil brasileiro, o título de crédito, documento necessário ao exercício do direito literal e autônomo nele contido, somente produz efeito quando preencha os requisitos da lei. Acerca do tema podemos afirmar, exceto:

a) deve o título de crédito conter a data da emissão, a indicação precisa dos direitos que confere, e a assinatura do emitente.
b) a omissão de qualquer requisito legal, que tire ao escrito a sua validade como título de crédito, implica a invalidade do negócio jurídico que lhe deu origem.
c) é à vista o título de crédito que não contenha indicação de vencimento.
d) considera-se lugar de emissão e de pagamento, quando não indicado no título, o domicílio do emitente.

191. (Consulplan/TJ/MG/Cartórios/Remoção/2017) Acerca do protesto de duplicata, assinale a alternativa correta:

a) o fato de não ter sido exercida a faculdade de protestar o título, por falta de aceite ou de devolução, elide a possibilidade de protesto por falta de pagamento.
b) comprovada a prestação dos serviços, a duplicata não aceita, mas protestada, é título hábil para instruir pedido de falência.
c) a duplicata é protestável por falta de pagamento, mas não por falta de aceite.
d) o portador que não tirar o protesto da duplicata, em forma regular e dentro do prazo de 30 (trinta) dias, manterá o direito de regresso contra os endossantes e respectivos avalistas.

192. (Cetro/TJ/RJ/Cartórios/Ingresso/2017) Sobre o protesto das cédulas de crédito, assinale a alternativa incorreta:

a) o protesto das Cédulas de Crédito Rural é sempre facultativo, até mesmo para executar endossante e seus avalistas.
b) o protesto da Cédula de Produto Rural é facultativo contra avalistas e endossantes.
c) a Cédula de Crédito Bancário poderá ser protestada por indicação, desde que o credor apresente declaração de posse da sua única via negociável.
d) o protesto da Cédula de Crédito Bancário é sempre facultativo para garantir o direito de cobrança contra endossantes, seus avalistas e terceiros garantidores.
e) o protesto da Cédula de Crédito Industrial e o da Cédula de Crédito Comercial são facultativos.

7.2. Dos Títulos em Espécie

ATENÇÃO: ESTE TEMA É MUITO EXIGIDO NOS CONCURSOS!

SÚMULAS

1) Cheque

STF Súm. 28. O estabelecimento bancário é responsável pelo pagamento de cheque falso, ressalvadas as hipóteses de culpa exclusiva ou concorrente do correntista.

STF Súm. 600. Cabe ação executiva contra o emitente e seus avalistas, ainda que não apresentado o cheque ao sacado no prazo legal, desde que não prescrita a ação cambiária.

STJ Súm. 299. É admissível a ação monitória fundada em cheque prescrito.

STJ Súm. 370. Caracteriza dano moral a apresentação antecipada de cheque pré-datado.

STJ Súm. 388. A simples devolução indevida de cheque caracteriza dano moral.

STJ Súm. 503. O prazo para ajuizamento de ação monitória em face do emitente de cheque sem força executiva é quinquenal, a contar do dia seguinte à data de emissão estampada na cártula.

STJ Súm. 531. Em ação monitória fundada em cheque prescrito, ajuizada contra o emitente, é dispensável a menção ao negócio jurídico subjacente à emissão da cártula.

2) Cédula de Crédito Rural

STJ Súm. 16. A legislação ordinária sobre crédito rural não veda a incidência da correção monetária.

STJ Súm. 93. A legislação sobre cédulas de crédito rural, comercial e industrial admite o pacto de capitalização de juros.

3) Duplicata

STJ Súm. 248. Comprovada a prestação dos serviços, a duplicata não aceita, mas protestada, é título hábil para instruir pedido de falência.

4) Nota Promissória

STJ Súm. 258. A nota promissória vinculada a contrato de abertura de crédito não goza de autonomia em razão da iliquidez do título que a originou.

STJ Súm. 504. O prazo para ajuizamento de ação monitória em face do emitente de nota promissória sem força executiva é quinquenal, a contar do dia seguinte ao vencimento do título.

JURISPRUDÊNCIA EM TESES

1) Cheque

STJ JurisTese 62-4. A relação jurídica subjacente ao cheque ("causa debendi") poderá ser discutida nos casos em que não houver a circulação do título.

STJ JurisTese 62-5. O negócio jurídico subjacente à emissão do cheque pode ser discutido em sede de embargos monitórios.

STJ JurisTese 62-6. A investigação da causa debendi é admitida nas hipóteses em que o cheque é dado como garantia, bem como nos casos em que o negócio jurídico subjacente for constituído em flagrante desrespeito à ordem jurídica.

STJ JurisTese 62-7. A ação de locupletamento ilícito (art. 61 da Lei n. 7.357/1985) não exige comprovação da causa debendi e deve ser proposta no prazo de até dois anos contados do fim do prazo prescricional da execução do cheque.

STJ JurisTese 62-8. A ação de cobrança prevista no artigo 62 da Lei n. 7.357/85 está fundamentada na relação jurídica subjacente ao cheque, sendo imprescindível a comprovação da causa debendi.

STJ JurisTese 62-9. O foro competente para a execução do cheque é o local do pagamento – lugar onde se situa a agência bancária em que o emitente mantém sua conta corrente – sendo irrelevantes os locais de domicílio do autor e do réu.

STJ JurisTese 62-10. O banco sacado não responde pela emissão de cheques sem fundos que geram prejuízos a terceiros.

STJ JurisTese 62-11. É indevida a inscrição do nome do cotitular de conta bancária conjunta nos órgãos de proteção ao crédito se este não emitiu o cheque sem provisão de fundos.

STJ JurisTese 62-12. A instituição financeira é responsável pelos danos resultantes de extravio de talonários de cheques utilizados fraudulentamente por terceiros.

STJ JurisTese 62-13. O estabelecimento bancário não está obrigado a verificar a autenticidade das assinaturas dos endossantes, mas tem o dever de atestar a regularidade formal da cadeia de endossos.

STJ JurisTese 62-15. A pretensão executiva do cheque dirigida contra os endossantes deve ser precedida de protesto realizado dentro do prazo de apresentação (protesto obrigatório).

STJ JurisTese 62-16. A diferenciação de preços para o pagamento em dinheiro, cheque ou cartão de crédito caracteriza prática abusiva no mercado de consumo.

STJ **JurisTese 62-19.** É razoável o valor da compensação por danos morais fixado em até 50 (cinquenta) salários mínimos para a hipótese de devolução indevida de cheque.

STJ **JurisTese 62-20.** Os juros moratórios decorrentes de dívidas representadas em cheque devem ser fixados a partir da data da primeira apresentação do título para pagamento, independentemente de a cobrança ter sido buscada por meio de ação monitória.

2) Duplicata

STJ **JurisTese 56-3.** As duplicatas virtuais possuem força executiva, desde que acompanhadas dos instrumentos de protesto por indicação e dos comprovantes de entrega da mercadoria e da prestação do serviço.

3) Nota Promissória

STJ **JurisTese 56-17.** A vinculação da nota promissória a um contrato retira-lhe a autonomia de título cambial, mas não a sua executoriedade, desde que a avença seja líquida, certa e exigível.

INFORMATIVOS

STJ **Cédula de crédito rural hipotecária. DL 73/66. Ausência de prévia contratação de seguro por morte. Morte do mutuário. Quitação do contrato. Não ocorrência.** No contrato de financiamento garantido por cédula rural hipotecária, na forma do DL 73/66, a ausência de previsão específica do seguro por morte não conduz à quitação do contrato. *AgInt nos EDcl no AgInt no AREsp 954650, 4ª T, 10.5.2022. Inf 736.*

STJ **Nota promissória. Duplicidade de datas de vencimento. Defeito sanável. Prevalecimento da data posterior. Vontade do emitente. Presunção.** Na aposição de datas de vencimentos distintas em nota promissória, sendo uma coincidente com a emissão do título, deve prevalecer, por presunção de que se trata da efetiva manifestação de vontade do devedor, a data posterior. *REsp 1964321, 3ª T, 18.2.2022. Inf 725.*

QUESTÕES DISCURSIVAS

13. (Vunesp/TJ/GO/Cartórios/2021) Discorra de forma objetiva sobre a função econômica e jurídica da cédula de crédito bancário. Analise seus aspectos notariais, em especial, a competência para lavratura do protesto, a apresentação, o procedimento, a publicidade e as medidas de incentivo à quitação ou à renegociação de dívidas.

14. (Vunesp/TJ/SP/Cartórios/2018) Disserte a respeito da duplicata e a teoria geral dos títulos de crédito. Requisitos, características, remessa e devolução. Cobrança e protesto. Duplicata virtual. Função dos títulos de crédito na economia moderna.

15. (Consulplan/TJ/MG/Cartórios/Remoção/2017) Em uma letra de câmbio, Juca é o sacado, Marta é a tomadora e Hugo, o sacador. Na hipótese de a letra de câmbio não ser aceita, ou não ser paga (considere as duas hipóteses), responda: (a) Quem pode protestar esta letra de câmbio? (b) Supondo que cada um destes tenha residência em cidades diferentes e o local de pagamento seja em uma quarta cidade, onde será feito o protesto? (c) A letra de câmbio tem sua previsão em mais de um instrumento legal. Indique a ordem de aplicação subsidiária dessas normas legais. (d) Por que o Código Civil, sendo a lei mais nova, não se aplica às letras de câmbio de forma direta, tendo revogado as leis anteriores? Justifique.

16. (Consulplan/TJ/MG/Cartórios/Ingresso/2014) Com base na Lei 5.474, de 18 de junho de 1968, indique pelo menos dois motivos pelos quais o sacado poderá deixar de aceitar uma duplicata de prestação de serviços.

QUESTÕES OBJETIVAS

193. (Ieses/TJ/TO/Cartórios/Ingresso/2022) Com base no previsto no Decreto nº 413/69 assinale a alternativa incorreta:

a) O financiador abrirá, com o valor do financiamento conta vinculada à operação, que o financiado movimentará por meio de cheques, saques, recibos, ordens, cartas ou quaisquer outros documentos, na forma e no tempo previstos na cédula ou no orçamento.
b) A cédula de crédito industrial é título executivo judicial, exigível pela soma dela constante ou do endosso, além dos juros, da comissão de fiscalização, se houver, e demais despesas que o credor fizer para segurança, regularidade e realização de seu direito creditório.
c) Importa em vencimento antecipado da dívida resultante da cédula, independentemente de aviso ou de interpelação judicial, a inadimplência de qualquer obrigação do eminente do título ou, sendo o caso, do terceiro prestante da garantia real.
d) A cédula de crédito industrial é promessa de pagamento em dinheiro, com garantia real, cedularmente constituída.

194. (Ieses/TJ/TO/Cartórios/Ingresso/2022) Sobre a cédula de crédito rural, assinale a alternativa correta:

a) A cédula de crédito rural é título civil, líquido e certo, transferível e de livre negociação, exigível pelo seu valor ou pelo valor de seu endosso, além dos juros, da comissão de fiscalização, se houver, e das demais despesas feitas pelo credor para a segurança, a regularidade e a realização de seu direito creditório.
b) A cédula de crédito rural não poderá ser aditada, ratificada e retificada por meio de menções adicionais e de aditivos, datados e assinados pelo emitente e pelo credor.
c) Uma das denominações e modalidades da cédula de crédito rural é a cédula comercial.
d) A cédula de crédito rural não poderá ser emitida sob a forma escritural em sistema eletrônico de escrituração.

195. (Ieses/TJ/TO/Cartórios/Remoção/2022) A cédula de crédito rural é promessa de pagamento em dinheiro, sem ou com garantia real cedularmente constituída, sob as seguintes denominações e modalidades:

I. Cédula Rural Pignoratícia.
II. Cédula Rural Hipotecária.
III. Cédula Rural Pignoratícia e Hipotecária.
IV. Nota de Crédito Rural.

A sequência correta é:

a) Apenas as assertivas I e IV estão corretas.
b) Apenas a assertiva III está incorreta.
c) As assertivas I, II, III e IV estão corretas.
d) Apenas as assertivas I e II estão corretas.

196. (Ieses/TJ/TO/Cartórios/Ingresso/2022) Com base na Lei nº 8.929/94 assinale a alternativa incorreta:

a) O produtor rural pode emitir Cédula de produto rural.
b) Um dos requisitos da cédula de produto rural é data da entrega ou vencimento e, se for o caso, cronograma de liquidação.
c) Os bens vinculados em garantia serão descritos de modo detalhado e, quando for o caso, serão identificados pela sua numeração própria e pelo número de registro ou matrícula no registro oficial competente, exigida, no caso de imóveis, a indicação das respectivas confrontações.
d) A Cédula de Produto Rural será considerada ativo financeiro, para os fins de registro e de depósito em entidades autorizadas pelo Banco Central do Brasil a exercer tais atividades.

197. (FGV/TJ/SC/Cartórios/Ingresso/2021) João subscreveu uma nota promissória em favor da sociedade empresária XY Ltda., tendo sido prestado aval em branco por parte de Dionísio. O tomador realizou endosso do título contendo a menção "valor em penhor" em favor de outra sociedade empresária. Considerando o endosso realizado e sua eficácia em relação a terceiros, ao credor pignoratício da nota promissória e ao subscritor, e ao avalista, é correto afirmar que:

a) a sociedade empresária endossatária pode exercer todos os direitos emergentes da nota promissória, mas um endosso feito por ela só vale como endosso a título de procuração.
b) o endosso, para se produzir efeito erga omnes, depende da transcrição da nota promissória e das declarações cambiais no Registro de Títulos e Documentos, por se tratar de constituição de penhor sobre bem móvel.
c) é necessária a transcrição da nota promissória com declarações cambiais nela mencionadas no Registro de Títulos e Documentos para que o endosso seja oponível aos obrigados cambiários, exceto em relação ao avalista.
d) por ser a nota promissória um título de crédito insuscetível de incorporar direitos reais em favor do beneficiário, é nula a cláusula de penhor inserida no endosso.
e) o efeito erga omnes do endosso pignoratício da nota promissória depende da inscrição do título no Registro de Imóveis da circunscrição do lugar do pagamento, tal qual a nota promissória rural.

198. (FGV/TJ/SC/Cartórios/Remoção/2021) A instituição financeira XX concedeu crédito para que a sociedade empresária Alfa pudesse adquirir dois imóveis com o objetivo de futura instalação de indústrias no local. Ato contínuo, XX emitiu Cédulas de Crédito Imobiliário (CCIs) fracionárias, que não excederam a 200% do respectivo crédito. Essa emissão ocorreu de forma escritural, por meio de instrumento particular, sendo preenchidos os demais requisitos legais. O crédito imobiliário não foi garantido por direito real e foi realizada a averbação das CCIs no Registro de Imóveis. Considerando a sistemática legal vigente, a narrativa acima:

a) não apresenta qualquer incorreção.
b) é incorreta em razão da emissão das CCIs em montante superior ao crédito e da impossibilidade de terem sido averbadas no Registro de Imóveis.
c) é incorreta em razão da emissão das CCIs por meio de instrumento particular e da impossibilidade de terem sido averbadas no Registro de Imóveis.
d) é incorreta em razão da impossibilidade de emissão das CCIs quando o devedor for pessoa jurídica, vício que se estende às demais operações descritas na narrativa.
e) é incorreta em razão da emissão das CCIs de forma escritural e por meio de instrumento particular, procedimento a ser adotado apenas em relação às Letras de Crédito Imobiliário.

199. (FGV/TJ/SC/Cartórios/Remoção/2021) A sociedade empresária XX decidiu aumentar a produção de bens destinados à exportação, mas, para tanto, necessitava obter financiamento de uma instituição financeira, sendo informada sobre a existência da Cédula de Crédito à Exportação (CCE) e da Nota de Crédito à Exportação (NCE). Para subsidiar o seu juízo de valor, procurou um advogado e solicitou que fosse esclarecida a distinção entre as figuras. O advogado respondeu, corretamente, que:

a) enquanto a CCE é emitida por pessoas jurídicas, a NCE o é por pessoas naturais, sendo que ambas devem ser matriculadas em livro próprio no Registro de Imóveis.
b) enquanto a CCE exige garantia real, podendo ser inscrita no Registro de Imóveis, o mesmo não ocorre com a NCE, sendo possível que a sociedade XX emita ambas.
c) a CCE e a NCE só se harmonizam com a garantia pessoal, sendo registradas no Registro de Títulos e Documentos, mas a primeira deve ser emitida por instituição financeira.
d) a CCE e a NCE exigem garantia real, mas enquanto a primeira exige escritura pública, a última é veiculada em instrumento particular, podendo ser emitidas pela sociedade XX.
e) ambas podem ser emitidas pela sociedade XX, mas a CCE exige garantia real, enquanto a NCE só se compatibiliza com a garantia fidejussória, e as duas não carecem de registro.

200. (FGV/TJ/SC/Cartórios/Remoção/2021) O protesto de título, quando o devedor for pessoa física ou jurídica enquadrada como microempresário ou empresa de pequeno porte, está sujeito a condições especiais em razão do tratamento favorecido e simplificado destinado a essas pessoas pela Constituição da República de 1988 (art. 179). Nesse sentido, é correto afirmar que:

a) em razão da hipossuficiência do devedor microempresário ou empresário de pequeno porte, é defeso ao tabelionato de protestos cobrar-lhe as despesas de correio, condução e publicação de edital para realização da intimação.
b) somente será cancelado o protesto pelo pagamento do título com a declaração de anuência do credor, inclusive no caso de impossibilidade de apresentação do original protestado pelo devedor ou seu representante legal.
c) não poderá ser exigido do devedor, para o pagamento do título em cartório, cheque de emissão de estabelecimento bancário, mas, feito o pagamento por meio dessa espécie de cheque, ou de outra espécie, a quitação dada pelo tabelionato será condicionada à efetiva liquidação do cheque.
d) para obter condições especiais quanto ao protesto de títulos, é dispensável que o devedor empresário prove sua qualidade de microempresa ou de empresa de pequeno porte perante o tabelionato de protestos de títulos mediante documento expedido pela Junta Comercial.
e) serão suspensos pelos cartórios, mediante mandado judicial, pelo prazo de seis meses, todos os benefícios previstos para o devedor, independentemente da lavratura e registro do respectivo protesto, quando o pagamento do título ocorrer com cheque sem provisão de fundos.

201. (FGV/TJ/SC/Cartórios/Remoção/2021) A Transportadora WXZ Ltda. contratou o depósito de mercadorias com uma sociedade empresária que explora a atividade de Armazéns Gerais. Após receber os títulos de crédito referentes ao depósito, a depositante se dispõe a endossar o warrant, reservando para si o conhecimento de depósito. Quanto ao endosso do warrant e seus efeitos, analise as afirmativas a seguir.

I. O primeiro endosso do warrant declarará a importância do crédito garantido pelo penhor da mercadoria, a taxa de juros e a data do vencimento.
II. Em caso de não pagamento do warrant, o endossatário poderá promover a cobrança da dívida independentemente de registro do warrant no Cartório de Títulos e Documentos.
III. A ausência de protesto por falta de pagamento do warrant não impede a cobrança do primeiro endossador.

Está correto o que se afirma em:

a) somente I.
b) somente II.
c) somente I e III.
d) somente II e III.
e) I, II e III.

202. (Ieses/TJ/RO/Cartórios/Ingresso/2021) Assinale a alternativa incorreta:

a) A Cédula de Produto Rural é título líquido e certo, exigível pela quantidade e qualidade de produto ou pelo valor nela previsto, no caso de liquidação financeira.
b) A emissão da Cédula de Produto Rural na forma escritural, que poderá valer-se de processos eletrônicos ou digitais, será

objeto de lançamento em sistema eletrônico de escrituração gerido por entidade autorizada pelo Banco Central do Brasil a exercer a atividade de escrituração.

c) A Cédula de Produto Rural conterá como um dos requisitos, lançados em seu contexto, a data da entrega ou vencimento e, se for o caso, cronograma de liquidação.

d) A Cédula de Produto Rural não poderá ser aditada, ratificada e retificada por aditivos.

203. (Ieses/TJ/RO/Cartórios/Ingresso/2021) A cédula de crédito rural é promessa de pagamento em dinheiro, sem ou com garantia real cedularmente constituída. Assinale a alternativa que apresenta uma denominação e modalidade deste tipo de cédula:

a) Nota Promissória.

b) Cédula Rural Hipotecária.

c) Cédula de Produto Rural.

d) Cédula Rural Permanente.

204. (Ieses/TJ/RO/Cartórios/Remoção/2021) Em conformidade com o Decreto-Lei 413 de 1969, a cédula de crédito industrial pode ser garantida por:

I. Penhor cedular.

II. Alienação fiduciária.

III. Fiança. IV. Hipoteca cedular.

A sequência correta é:

a) Apenas a assertiva III está incorreta.

b) Apenas as assertivas II e IV estão corretas.

c) Apenas as assertivas I, II e III estão corretas.

d) As assertivas I, II, III e IV estão corretas.

205. (Ieses/TJ/RO/Cartórios/Remoção/2021) Podem ser objeto de penhor cedular, nas condições do Decreto-Lei 413 de 1969, entre outros:

I. Sal que ainda esteja na salina, bem assim as instalações, máquinas, instrumentos utensílios, animais de trabalho, veículos terrestres e embarcações, quando servirem à exploração salineira.

II. Matérias-primas, produtos industrializados e materiais empregados no processo produtivo, inclusive embalagens.

III. Máquinas e aparelhos utilizados na indústria, com ou sem os respectivos pertences.

IV. Letra de câmbio, promissórias, duplicatas, conhecimentos de embarques, ou conhecimentos de depósitos, unidos aos respectivos " warrants ".

A sequência correta é:

a) Apenas a assertiva III está incorreta.

b) As assertivas I, II, III e IV estão corretas.

c) Apenas as assertivas I, II e III estão corretas.

d) Apenas as assertivas II e IV estão corretas.

206. (Consulplan/TJ/MS/Cartórios/Remoção/2021) Sobre a letra de crédito imobiliário, assinale a alternativa incorreta.

a) A letra de crédito imobiliário poderá contar com garantia fidejussória adicional de instituição financeira.

b) O endossante da letra de crédito imobiliário responderá pela veracidade do título, mas contra ele não será admitido direito de cobrança regressiva.

c) A letra de crédito imobiliário não poderá ter prazo de vencimento superior ao prazo de quaisquer dos créditos imobiliários que lhe servem de lastro.

d) A letra de crédito imobiliário poderá ser atualizada mensalmente por índice de preços, desde que emitida com prazo mínimo de 24 (vinte e quatro) meses.

207. (Vunesp/TJ/GO/Cartórios/Ingresso/2021) Adalberto avalizou uma nota promissória vinculada a um contrato de mútuo firmado por seu irmão, Romualdo, junto ao Banco Baú. Na data de vencimento do empréstimo, Romualdo não pagou as parcelas. O Banco Baú executa Adalberto pelo valor constante da nota promissória e por todos os demais encargos devidos por Romualdo previstos contratualmente. Considerando essas informações, assinale a alternativa correta.

a) O Banco Baú poderá executar Adalberto anteriormente a Romualdo, respondendo Adalberto apenas pelo valor constante da nota promissória, caso não tenha firmado o contrato de mútuo como devedor solidário.

b) O Banco Baú não poderá executar Adalberto antes de esgotadas as ações de cobrança em face de Romualdo, respondendo Adalberto apenas pelo valor constante da nota promissória, ainda que tenha firmado o contrato de mútuo como devedor solidário.

c) O Banco Baú não poderá executar Adalberto antes de esgotadas as ações de cobrança em face de Romualdo e caso Adalberto tenha firmado o contrato de mútuo como devedor solidário.

d) O Banco Baú deverá executar Adalberto e Romualdo concomitantemente, respondendo Adalberto apenas pelo valor constante da nota promissória, ainda que tenha firmado o contrato de mútuo como devedor solidário.

208. (Cespe/TJ/DFT/Cartórios/Ingresso/2019) A cédula de crédito rural:

a) somente será considerada um título líquido e certo se contiver uma garantia real cedularmente constituída.

b) é um título civil, líquido e certo, sendo considerada uma promessa de pagamento em dinheiro mesmo que não contenha uma garantia real cedularmente constituída.

c) é uma promessa de pagamento em dinheiro, a qual deve conter uma garantia real cedularmente constituída, embora não seja um título líquido e certo.

d) somente será considerada líquida e certa se feita na modalidade de nota de crédito rural.

e) é um título civil, líquido e certo, sendo considerada uma promessa de pagamento em dinheiro apenas quando feita na modalidade de nota de crédito rural sem garantia real cedularmente constituída.

209. (Consulplan/TJ/MG/Cartórios/Ingresso/2019) Na cidade de Lavras/MG, Mário produziu e vendeu uma safra de café para Célio, pelo preço de R$ 450,00 por saca de 60 Kg. Em pagamento, Célio emitiu e entregou a Mário um cheque, mas deixou de preencher o valor, que seria aposto pelo próprio vendedor, depois de conferida toda a pesagem do café. No entanto, Mário preencheu o cheque com valor superior ao combinado e, em seguida, o endossou a Carlos, que tinha conhecimento pleno de todos os termos do negócio firmado entre os primeiros. Mas Carlos também endossou o cheque a Paulo, terceiro de boa-fé, que por sua vez endossou a cártula a outro terceiro de boa-fé, Flávio, com a cláusula de que não garantia o pagamento da cártula. Apresentado o cheque para pagamento, o banco o devolveu sob a justificativa de insuficiência de fundos. Diante desse caso e à luz do Direito Cambiário, o credor Flávio poderá cobrar o pagamento do cheque:

a) apenas de Paulo.

b) apenas de Mário e Carlos.

c) de Mário, Célio, Carlos e Paulo.

d) apenas de Mário, Célio e Carlos.

210. (Consulplan/TJ/MG/Cartórios/Ingresso/2019) Joaquim emitiu um cheque no valor de R$ 500,00 (quinhentos reais), valor este indicado por extenso no campo próprio, mas no valor de R$ 5.000,00 (cinco mil reais), indicado no campo dos algarismos. O título foi emitido em razão de uma compra e venda mercantil realizada na empresa E, pelo mesmo valor indicado no campo dos algarismos (cinco mil reais). A empresa E transmitiu o cheque ao fornecedor F, terceiro de boa-fé, como forma de pagamento parcial de suas obrigações. O fornecedor F, por sua vez, cruzou o cheque e apostou endosso no título, ressalvando sua obrigação cambial apenas em relação a 50% do crédito, transmitindo-o, em seguida, a terceiros. Quanto às obrigações cambiais em questão, analise as afirmativas a seguir.

I. O portador do cheque, diante de informações divergentes a respeito da quantia a ser paga, no campo de algarismos e no campo por extenso, deverá se ater sempre à menor quantia dentre elas, para fazer valer o seu crédito.
II. O endosso realizado pelo "fornecedor F" limita sua obrigação cambial, de forma que o endossatário se torna credor de apenas de 50% do valor do título.
III. O fato de o "fornecedor F" ter cruzado o cheque não o impede de transmiti-lo por endosso.
IV. A "causa debendi" pode ser utilizada como óbice para pagamento da quantia expressa no cheque, perante o credor de boa-fé.

Assinale a alternativa correta.

a) As afirmativas I e III estão corretas.
b) Apenas a afirmativa IV está correta.
c) As afirmativas II e III estão corretas.
d) As afirmativas I, II e IV estão incorretas.

211. (Ieses/TJ/SC/Cartórios/Ingresso/2019) Considerando os títulos de crédito do agronegócio criados por lei, assinale a opção correta:

a) O Certificado de Depósito Agropecuário (CDA) é título representativo de promessa de entrega de produtos agropecuários, seus derivados, subprodutos e resíduos de valor econômico, depositados em armazém.
b) O Certificado de Depósito Agropecuário (CDA) não é título executivo extrajudicial, nem mesmo se estiver acompanhado do Warranty Agropecuário.
c) O Certificado de Direitos Creditórios do Agronegócio (CDCA), embora seja título emitido ao portador, não é de livre negociação.
d) A CDA só poderá ser transmitida por endosso conjuntamente com o Warranty Agropecuário, sendo vedada a circulação separada dos títulos.

212. (Vunesp/TJ/RS/Cartórios/Remoção/2019) Assinale a alternativa que descreve corretamente todas as espécies legalmente previstas de debêntures.

a) com garantia fidejussória, com garantia flutuante, sem garantia (quirografária) e subordinadas.
b) com garantia real, com garantia fidejussória, sem garantia (quirografária) e subordinadas.
c) com garantia real, com garantia flutuante, sem garantia (quirografária) e subordinadas.
d) com garantia real, sem garantia (quirografária) e subordinadas.
e) com garantia real, com garantia flutuante e sem garantia (quirografária).

213. (Cespe/TJ/DFT/Cartórios/Remoção/2019) Assinale a opção correta, de acordo com o disposto na legislação relativa a títulos de crédito rural.

a) Entre as modalidades de títulos, somente a cédula de crédito rural poderá ser redescontada no Banco Central, conforme regras estabelecidas pelo Conselho Monetário Nacional.
b) Apenas imóveis rurais podem ser objeto de hipoteca, em razão da especificidade da natureza da cédula rural hipotecária.
c) A duplicata rural e a nota promissória rural gozam de privilégio geral sobre bens elencados nessa modalidade no Código Civil.
d) Para que tenham eficácia em relação a terceiros, as cédulas de crédito rural deverão ser registradas junto ao cartório de títulos e documentos.
e) Poderá ser aplicada à duplicata rural a regra do aval, dispensando-se o protesto para assegurar o direito de regresso contra endossantes e seus avalistas.

214. (Consulplan/TJ/MG/Cartórios/Remoção/2019) Em relação ao direito cambial, é correto afirmar que:

a) Os avais em branco e superpostos presumem-se simultâneos e sucessivos.
b) O avalista, quando executado, pode exigir que o credor execute primeiro o avalizado.
c) A nota promissória deve conter promessa pura simples de pagamento em certa data, admitindo como válido e eficaz o aval parcial.
d) A letra de câmbio, que não contenha expressamente a cláusula "a ordem", não pode ser transmitida por via de endosso, sendo transmissível apenas pela forma e com os efeitos de uma cessão ordinária de créditos.

215. (Cespe/TJ/DFT/Cartórios/Ingresso/2019) A respeito das características do cheque e da nota promissória, assinale a opção correta.

a) É admitida nota promissória ao portador, não sendo requisito essencial de validade desse título de crédito a indicação do nome do credor no documento.
b) O cheque deve ser apresentado para protesto no lugar do pagamento, ou seja, na praça em que é mantida a conta do emitente, ou no local de domicílio do emitente.
c) O cheque apresentado em data anterior àquela nele estipulada deve ser devolvido pela instituição financeira, independentemente da existência de saldo em conta-corrente suficiente para honrá-lo.
d) São requisitos essenciais da nota promissória o local de emissão e o de pagamento.
e) É admitida a emissão de segunda via da nota promissória.

216. (Consulplan/TJ/MG/Cartórios/Ingresso/2019) De acordo com a Lei nº 5.474, de 18 de julho de 1968, e a legislação pertinente, analise as afirmativas a seguir.

I. Os coobrigados de uma duplicata respondem solidariamente não só pelo pagamento, mas também pelo aceite do título.
II. A solidariedade entre os coobrigados de uma duplicata só ocorre caso o título tenha sido protestado.
III. A duplicata pode ser protestada por falta de aceite, de pagamento e de devolução.
IV. O fato de não ter sido a duplicata protestada por falta de aceite ou por falta de devolução inibe o protesto por falta de pagamento.

Assinale a alternativa correta:

a) Apenas a proposição I é verdadeira.
b) As proposições II e III são verdadeiras.
c) As proposições III e IV são verdadeiras.
d) Apenas as proposições I e III são verdadeiras.

217. (Ieses/TJ/SC/Cartórios/Remoção/2019) Tendo como referência o disposto na lei das duplicatas – Lei nº 5.474/68, analise as proposições abaixo:

I. Se o sacado não devolver o título, o protesto poderá ser tirado por simples indicações do portador.
II. Emitida a duplicata, o sacador deve remetê-la ao sacado no prazo de 30 dias, contado da data de sua emissão.
III. A triplicata terá os mesmos efeitos e requisitos e obedecerá às mesmas formalidades da duplicata
IV. O aval dado anteriormente ao vencimento da duplicata produzirá os mesmos efeitos que o anterior.
V. O sacado pode reter a duplicata em seu poder até a data do vencimento, desde que comunique, por escrito, à instituição financeira cobradora, o aceite e a retenção.

Diante das proposições, assinale:

a) São verdadeiras as assertivas II e V.
b) Apenas as assertivas IV e V são falsas.
c) Todas as assertivas são verdadeiras.
d) Todas as assertivas são falsas.

218. (Consulplan/TJ/MG/Cartórios/Ingresso/2018) Com relação à duplicata é correto afirmar que:

a) é protestável por falta de aceite ou de pagamento.
b) o protesto será tirado na praça de pagamento escolhida pelo portador.
c) para que o protesto seja tirado, em todos os casos, é necessária a apresentação da duplicata ou da triplicata.
d) o portador que não tirar o protesto da duplicata no prazo legal perderá o direito de regresso contra os endossantes e respectivos avalistas.

219. (Consulplan/TJ/MG/Cartórios/Ingresso/2018) Em caso de uma letra de câmbio preenchida com valor em algarismo diferente do valor indicado por extenso será considerado o valor por extenso:

a) dispensando a anuência do credor.
b) dispensando a anuência das partes.
c) dispensando a anuência do devedor.
d) não dispensando a anuência das partes.

220. (Consulplan/TJ/MG/Cartórios/Ingresso/2018) No que tange à Cédula de Crédito Bancário, Lei nº 10.931/04, assinale a alternativa correta:

a) a Cédula de Crédito Bancário em favor de instituição domiciliada no exterior deverá ser emitida em moeda nacional.
b) a Cédula de Crédito Bancário somente poderá ser emitida com garantia real ou fidejussória, cedularmente constituída.
c) a instituição credora deve integrar o Sistema Financeiro Nacional, sendo admitida a emissão da Cédula de Crédito Bancário em favor de instituição domiciliada no exterior, desde que a obrigação esteja sujeita exclusivamente à lei e ao foro brasileiro.
d) a Cédula de Crédito Bancário é título de crédito emitido, por pessoa física ou jurídica, em favor de instituição financeira ou de entidade a esta equiparada, representando ordem de pagamento em dinheiro, decorrente de operação de crédito, de qualquer modalidade.

221. (Consulplan/TJ/MG/Cartórios/Remoção/2018) Sobre a letra de câmbio, assinale a alternativa correta:

a) será pagável à vista a letra que indicar a época do vencimento.
b) deve ser apresentada ao sacado ou ao aceitante para o pagamento, no lugar designado e no dia do vencimento.
c) o portador é obrigado a receber o pagamento antes do vencimento da letra sob pena de ser responsabilizado por eventual atraso.
d) sobrevindo caso fortuito ou força maior, a apresentação deve ser feita logo que cessar o impedimento sob pena de perder o portador o direito de regresso contra o sacador, endossadores e avalistas.

222. (Consulplan/TJ/MG/Cartórios/Remoção/2018) A respeito da nota promissória, assinale a alternativa correta:

a) é obrigatória a indicação alternativa de local de pagamento.
b) a denominação "nota promissória" não é requisito essencial do título.
c) pode ser emitida "ao portador" porém não pode ser omitido o nome a quem deve ser paga.
d) é um título de crédito que representa uma promessa de pagamento feita pelo devedor em favor do credor.

223. (Consulplan/TJ/MG/Cartórios/Remoção/2018) Sendo o endosso "em branco" inserido no cheque, assinale a alternativa correta:

a) ao endossante é vedado proibir novo endosso.
b) ao portador é proibido transferir o cheque a um terceiro.
c) ao endossante é proibido endossar novamente o cheque.
d) ao portador é permitido endossar novamente o cheque, em branco ou a outra pessoa.

224. (Consulplan/TJ/MG/Cartórios/Remoção/2018) Sobre a Cédula de Crédito Bancário, está incorreta a seguinte afirmativa:

a) a constituição da garantia poderá ser feita na própria Cédula de Crédito Bancário ou em documento separado, neste caso fazendo-se, na Cédula, menção a tal circunstância.
b) a constituição de garantia da obrigação representada pela Cédula de Crédito Bancário é disciplinada por esta Lei, sendo aplicáveis as disposições da legislação comum ou especial que não forem com ela conflitantes.
c) o bem constitutivo da garantia deverá ser descrito e individualizado de modo que permita sua fácil identificação, e a descrição não poderá ser substituída pela remissão a documento ou certidão expedida por entidade competente.
d) a garantia da Cédula de Crédito Bancário poderá ser fidejussória ou real, neste último caso constituída por bem patrimonial de qualquer espécie, disponível e alienável, móvel ou imóvel, material ou imaterial, presente ou futuro, fungível ou infungível, consumível ou não, cuja titularidade pertença ao próprio emitente ou a terceiro garantidor da obrigação principal.

225. (Ieses/TJ/CE/Cartórios/Ingresso/2018) Analise as assertivas abaixo e, de acordo com o que dispõe a legislação vigente, assinale a alternativa correta:

I. é nulo o cheque emitido com estipulação de juros.
II. como regra, é facultativo o aceite na duplicata.
III. a nota promissória emitida com cláusula não á ordem circula com efeitos de cessão de crédito.
IV. a nota promissória à vista tem o seu vencimento no ato da emissão do título:

a) todas as assertivas estão incorretas.
b) apenas a assertiva III está correta.
c) todas as assertivas estão corretas.
d) apenas a assertiva II está incorreta.

226. (Vunesp/TJ/SP/Cartórios/Ingresso/2018) O portador do cheque:

a) não pode recusar pagamento parcial, e, nesse caso, o sacado pode exigir que esse pagamento conste do cheque e que o portador lhe dê a respectiva quitação.
b) pode recusar pagamento parcial, mas, caso seja feito, o sacado deve exigir que esse pagamento conste do cheque e que o portador lhe dê a respectiva quitação.
c) pode recusar pagamento parcial, mas, caso seja feito, o sacado pode exigir que esse pagamento conste do cheque e que o portador lhe dê a respectiva quitação.
d) não pode recusar pagamento parcial, e, nesse caso, o sacado deve exigir que esse pagamento conste do cheque e que o portador lhe dê a respectiva quitação.

227. (Consulplan/TJ/MG/Cartórios/Remoção/2017) De acordo com a Lei Uniforme de Genebra (Decreto n. 57.663, de 24 de janeiro de 1966), assinale a alternativa incorreta, no que se refere à letra de câmbio:

a) a taxa de juros deve ser indicada na letra; na falta de indicação, a cláusula de juros é considerada como não escrita.
b) se na letra a indicação da quantia a satisfazer se achar feita por mais de uma vez, quer por extenso, quer em algarismos, e houver divergências entre as diversas indicações, prevalecerá a que se achar feita pela quantia superior.
c) se a letra contém assinaturas de pessoas incapazes de se obrigarem por elas, assinaturas falsas, assinaturas de pessoas fictícias, ou assinaturas que por qualquer outra razão não poderiam obrigar as pessoas que assinaram a letra, ou em nome das quais ela foi assinada, as obrigações dos outros signatários nem por isso deixam de ser válidas.
d) se uma letra incompleta no momento de ser passada tiver sido completada contrariamente aos acordos realizados, não pode a inobservância desses acordos ser motivo de oposição ao portador, salvo se este tiver adquirido a letra de má-fé ou, adquirindo-a, tenha cometido uma falta grave.

228. (Consulplan/TJ/MG/Cartórios/Ingresso/2017) De acordo com a Lei Uniforme de Genebra (Decreto n. 57.663, de 24 de janeiro de 1966), assinale a opção incorreta em relação aos prazos prescricionais da letra de câmbio:

a) todas as ações contra o aceitante relativas a letras prescrevem em 3 (três) anos a contar do seu vencimento.
b) as ações do portador contra os endossantes e contra o sacador prescrevem em um ano, a contar da data do protesto feito em tempo útil, ou da data do vencimento, se se tratar de letra que contenha cláusula "sem despesas".
c) as ações dos endossantes uns contra os outros e contra o sacador prescrevem em 6 (seis) meses a contar do dia em que o endossante pagou a letra ou em que ele próprio foi acionado.
d) a interrupção da prescrição produz efeito em relação a todos os coobrigados.

229. (Consulplan/TJ/MG/Cartórios/Ingresso/2017) Em uma nota promissória, lê-se a seguinte frase na promessa, escrita em próprio punho, em uma folha de papel, logo embaixo do título em negrito "Nota Promissória". "Por esta, compromete-se Lindomário Sindovaldo Arcanjo dos Sonhos de Nossa Senhora, CPF 12.345.678-00, a pagar a quantia de quinze mil reais, em moeda corrente, em favor de Perfelinda Rosamélia do Coração de Maria, CPF 01.234.567-89". Na nota, também constam o valor em numerais a ser pago, data e local da assinatura da nota e data e local do pagamento. Nenhum outro dado, além destes. Assim sendo, é correto afirmar:

a) a nota não é válida, é um requisito da mesma que exista a expressão "Nota Promissória" no texto da promessa.
b) a nota é válida, estão presentes todos os requisitos da mesma.
c) a nota não é válida, posto que não consta o endereço do emitente.
d) a nota não é válida, a promissória é um título formal e só é válida se emitida em formulário próprio e nunca feita inteiramente de próprio punho.

230. (Consulplan/TJ/MG/Cartórios/Remoção/2017) Em uma letra de câmbio, Pedrita mandou Barney pagar uma determinada quantia para Fredd, que, por sua vez, através de endosso, transferiu a letra para Vilma. Levando em conta esta estrutura da letra, são respectivamente sacador e endossante:

a) Barney e Fredd.
b) Pedrita e Vilma.
c) Barney e Vilma.
d) Pedrita e Fredd.

231. (Cetro/TJ/RJ/Cartórios/Remoção/2017) Sobre diferentes espécies de títulos de créditos, os quais sempre aparecem na rotina de um cartório, assinale a alternativa correta:

a) a nota de crédito comercial possui garantia real, incorporada à própria cártula.
b) tanto a cédula quanto a nota de crédito industrial são resultantes de financiamento obtido diretamente pelas empresas, sem intermediação do mercado financeiro, exibindo, ambas, garantia real.
c) a emissão da cédula de produto rural se restringe à aquisição de insumos agrícolas e financiamento da safra com o pagamento antecipado do preço.
d) a cédula de crédito bancário detém força executiva mesmo quando representativa de dívida decorrente de contrato de abertura de crédito bancário em conta-corrente.
e) a emissão da letra e da cédula hipotecária pode ser realizada tanto por instituição financeira quanto por associação de poupança e empréstimo, mediante garantia do governo federal.

232. (Consulplan/TJ/MG/Cartórios/Ingresso/2017) Acerca da cédula de crédito bancário, assinale a alternativa correta:

a) a cédula de crédito bancário não poderá ser emitida em moeda estrangeira.
b) a cédula de crédito bancário poderá ser protestada por indicação, desde que o credor apresente declaração de posse da sua única via negociável.
c) não será admitido o protesto parcial da cédula de crédito bancário.
d) é indispensável o protesto da cédula de crédito bancário para garantir o direito de cobrança contra endossantes, seus avalistas e terceiros garantidores.

8. LEIS ESPECIAIS

8.1. Estatuto da Microempresa e da EPP (LC 123/06)

QUESTÕES OBJETIVAS

233. (Ieses/TJ/TO/Cartórios/Remoção/2022) De acordo com a receita bruta auferida em cada ano-calendário, empresas que possuem faturamento igual ou inferior a R$ 360.000,00 (trezentos e sessenta mil reais) são classificadas como:

a) Microempresas.
b) Microempreendedores individuais.

c) Empresas de pequeno porte.
d) Empresas Individual de Responsabilidade Limitada.

234. (FGV/TJ/SC/Cartórios/Ingresso/2021) Com a promulgação da Lei Complementar nº 123/2006, várias disposições contidas nesse diploma trouxeram benefícios às microempresas e empresas de pequeno porte, seja pela eliminação de exigências contidas na legislação, seja pela simplificação dessas. No tocante ao contrato de trespasse do estabelecimento empresarial e sua eficácia em relação a terceiros, tal simplificação consiste em:

a) dispensa da averbação do contrato na Junta Comercial, mas persiste a necessidade de sua publicação na imprensa oficial.
b) dispensa da averbação do contrato no Registro de Imóveis, mas persiste a necessidade de sua publicação na imprensa oficial.
c) dispensa da publicação do contrato de trespasse na imprensa oficial, mas persiste a necessidade de sua averbação no Registro de Imóveis.
d) dispensa da publicação do contrato de trespasse na imprensa oficial, mas persiste a necessidade de sua averbação à margem da inscrição do empresário na Junta Comercial.
e) dispensa da publicação do contrato de trespasse na imprensa oficial, mas persiste a necessidade de sua averbação à margem da inscrição do empresário na Junta Comercial e no Registro de Imóveis.

235. (Vunesp/TJ/GO/Cartórios/Remoção/2021) De acordo com a lei que disciplina a matéria, considera-se microempresa:

a) apenas a sociedade empresária, a sociedade simples e a empresa individual de responsabilidade limitada devidamente registradas no Registro de Empresas Mercantis, desde que aufira, em cada ano-calendário, receita bruta igual ou inferior a R$ 360.000,00 (trezentos e sessenta mil reais), considerando-se receita bruta o produto da venda de bens e serviços nas operações de conta própria, o preço dos serviços prestados e o resultado nas operações em conta alheia, não incluídas as vendas canceladas e os descontos incondicionais concedidos.
b) apenas a sociedade empresária, a sociedade simples, a empresa individual de responsabilidade limitada e o empresário devidamente registrados no Registro de Empresas Mercantis ou no Registro Civil de Pessoas Jurídicas, conforme o caso, desde que aufira, em cada ano-calendário, receita bruta igual ou inferior a R$ 360.000,00 (trezentos e sessenta mil reais), considerando-se receita bruta o produto da venda de bens e serviços nas operações de conta própria, o preço dos serviços prestados e o resultado nas operações em conta alheia, não incluídas as vendas canceladas e os descontos incondicionais concedidos.
c) apenas a sociedade empresária, a sociedade simples a empresa individual de responsabilidade limitada e o empresário devidamente registrados no Registro de Empresas Mercantis ou no Registro Civil de Pessoas Jurídicas, conforme o caso, desde que aufira, em cada ano-calendário, receita bruta igual ou inferior a R$ 360.000,00 (trezentos e sessenta mil reais), considerando-se receita bruta o produto da venda de bens e serviços nas operações de conta própria, o preço dos serviços prestados e o resultado nas operações em conta alheia, incluídas as vendas canceladas e os descontos incondicionais concedidos.
d) apenas a sociedade empresária, a sociedade simples, e a empresa individual de responsabilidade limitada devidamente registradas no Registro de Empresas Mercantis, desde que aufira, em cada ano-calendário, receita bruta igual ou inferior a R$ 360.000,00 (trezentos e sessenta mil reais), considerando-se receita bruta o produto da venda de bens e serviços nas operações de conta própria, o preço dos serviços prestados e o resultado nas operações em conta alheia, incluídas as vendas canceladas e os descontos incondicionais concedidos.

236. (Cespe/TJ/DFT/Cartórios/Ingresso/2019) O Estatuto Nacional da Microempresa e da Empresa de Pequeno Porte – Lei Complementar nº 123/2006 – estabelece tratamento diferenciado e simplificado às microempresas (ME) e às empresas de pequeno porte (EPP) com o objetivo de fomentar o pequeno negócio como forma de geração de empregos e renda. Em relação à simplificação das relações trabalhistas, as ME e EPP estão dispensadas, entre outras, da seguinte obrigação trabalhista:

a) proceder a anotações na carteira de trabalho e previdência social.
b) arquivar os documentos comprobatórios de cumprimento das obrigações trabalhistas e previdenciárias, enquanto tais obrigações não prescreverem.
c) comunicar ao Ministério do Trabalho e Emprego a concessão de férias coletivas.
d) apresentar a guia de recolhimento do fundo de garantia do tempo de serviço e informações à previdência social.
e) apresentar a relação anual de informações sociais e do cadastro geral de empregados e desempregados.

237. (Cespe/TJ/DFT/Cartórios/Remoção/2019) Uma duplicata mercantil no valor de vinte mil reais, cuja devedora é uma empresa de pequeno porte, foi protestada por falta de pagamento. Nessa situação hipotética, a respeito do protesto do título:

a) incidirão sobre os emolumentos do tabelião acréscimos a título de taxas e custas quando do pagamento do serviço.
b) não poderá ser exigido cheque de emissão de estabelecimento bancário para o pagamento do título em cartório.
c) quando do cancelamento do registro de protesto, será exigida a declaração de anuência do credor.
d) se o pagamento do título em cartório for realizado por meio de cheque, a baixa do protesto será imediata, cabendo novo apontamento caso não haja liquidação.
e) se o pagamento do título em cartório ocorrer com cheque sem a devida provisão de fundos, o devedor perderá todos os benefícios para o cancelamento do apontamento após a lavratura e o registro do protesto.

238. (Ieses/TJ/CE/Cartórios/Ingresso/2018) Analise a alternativa correta de acordo com o que dispõe a legislação vigente. São requisitos para que uma sociedade, regularmente registrada, seja considerada microempresa:

a) tenha no máximo um único estabelecimento e, cumulativamente, no máximo dois sócios.
b) tenha no máximo um único estabelecimento e, cumulativamente, aufira, em cada ano calendário, receita bruta anual igual ou inferior a R$ 360.000,00 (trezentos e sessenta mil reais).
c) tenha no máximo um único estabelecimento.
d) aufira, em cada ano calendário, receita bruta anual igual ou inferior a R$ 360.000,00 (trezentos e sessenta mil reais).

8.2. Lei de Propriedade Industrial (Lei 9.279/96)

SÚMULAS

STJ **Súm. 143.** Prescreve em cinco anos a ação de perdas e danos pelo uso de marca comercial.

REPERCUSSÃO & REPETITIVOS

STJ **Repetitivo 1065.** O marco inicial e o prazo de vigência previstos no parágrafo único do art. 40 da LPI não são aplicáveis às patentes depositadas na forma estipulada pelo art. 229, parágrafo único, dessa mesma lei (patentes mailbox). *REsp 1869959, 27.4.2022.*

JURISPRUDÊNCIA EM TESES

STJ **JurisTese 24-1.** A marca de alto renome (art. 125 da Lei de Propriedade Industrial – LPI) é exceção ao princípio da especificidade e tem proteção especial em todos os ramos de atividade, desde que previamente registrada no Brasil e assim declarada pelo INPI – Instituto Nacional de Propriedade Industrial.

STJ **JurisTese 24-2.** A marca notoriamente conhecida (art. 126 da LPI – Lei n. 9.279/96) é exceção ao princípio da territorialidade e goza de proteção especial em seu ramo de atividade independentemente de registro no Brasil.

STJ **JurisTese 24-3.** O atual conceito de marca de alto renome previsto no art. 125 da LPI é análogo ao antigo conceito de marca notória previsto no art. 67 do revogado Código da Propriedade Industrial – Lei n. 5.772/71.

STJ **JurisTese 24-4.** Marcas fracas ou evocativas, constituídas por expressões comuns ou genéricas, não possuem o atributo da exclusividade podendo conviver com outras semelhantes.

STJ **JurisTese 24-5.** Na vigência da Lei n. 5.772/71 (antigo Código da Propriedade Industrial) não poderiam ser objeto de patente produtos químico-farmacêuticos e medicamentos, de qualquer espécie, bem como os respectivos processos de obtenção ou modificação.

STJ **JurisTese 24-6.** O direito de exclusividade ao uso da marca é, em regra, limitado pelo princípio da especialidade, ou seja, à classe para a qual foi deferido o registro.

STJ **JurisTese 24-7.** Para a tutela da marca basta a possibilidade de confusão, não se exigindo prova de efetivo engano por parte de clientes ou consumidores específicos.

STJ **JurisTese 24-8.** Para se conceder a proteção especial da marca de alto renome, em todos os ramos de atividade, (art. 125 da LPI) é necessário procedimento administrativo junto ao INPI.

STJ **JurisTese 24-9.** Cabe ao INPI e não ao Poder Judiciário analisar os requisitos necessários à qualificação da marca como de alto renome.

STJ **JurisTese 24-10.** O termo inicial da prescrição da ação indenizatória por uso indevido de marca surge a partir da violação do direito, prolongando-se no tempo nos casos de violações permanentes ou continuadas.

STJ **JurisTese 24-11.** A ação de nulidade de registro de marca ou patente é necessária para que possa ser afastada a garantia da exclusividade, devendo correr na Justiça Federal ante a obrigatoriedade de participação do INPI.

STJ **JurisTese 24-13.** O prazo prescricional para a ação de abstenção de uso de marca, na vigência do Código Civil de 1916, é de 10 anos entre presentes e 15 anos entre ausentes, aplicando-se o prazo das ações reais previsto no artigo 177, segunda parte, do CC/16.

STJ **JurisTese 24-14.** A declaração de caducidade do registro de marca tem efeitos jurídicos a partir de sua declaração (ex nunc), e não efeitos retroativos (ex tunc).

STJ **JurisTese 24-15.** A não observância dos padrões dos produtos e serviços da marca licenciada demonstra o seu uso indevido e autoriza a tutela inibitória para impedir a utilização.

STJ **JurisTese 24-16.** Para a caracterização da colidência entre marcas, devem ser utilizados os seguintes parâmetros: (i) as marcas devem ser apreciadas sucessivamente, de modo a se verificar se a lembrança deixada por uma influência na lembrança deixada pela outra; (ii) as marcas devem ser avaliadas com base nas suas semelhanças e não nas suas diferenças; e (iii) as marcas devem ser comparadas pela sua impressão de conjunto e não por detalhes.

STJ **JurisTese 24-17.** Não é possível a prorrogação por 5 (cinco) anos do prazo de proteção de 15 (quinze) anos concedido às patentes estrangeiras depositadas em data anterior a 1º de janeiro de 2000, ante a ausência de suporte legal e da inaplicabilidade automática e sem reserva do acordo internacional TRIPs.

STJ **JurisTese 24-18.** A Lei de Propriedade Industrial, em seu art. 230, § 4º, c/c o art. 40, estabelece que a proteção oferecida às patentes estrangeiras, chamadas patentes pipeline, vigora "pelo prazo remanescente de proteção no país onde foi depositado o primeiro pedido", até o prazo máximo de proteção concedido no Brasil – 20 anos – a contar da data do primeiro depósito no exterior, ainda que posteriormente abandonado.

STJ **JurisTese 24-19.** A legislação observa o sistema atributivo para obtenção do registro de propriedade de marca, considerando-o como elemento constitutivo do direito de propriedade (art. 129 da LPI); porém também prevê um sistema de contrapesos, reconhecendo situações que originam direito de preferência à obtenção do registro, lastreadas na repressão à concorrência desleal e ao aproveitamento parasitário.

STJ **JurisTese 24-20.** Vige no Brasil o sistema declarativo de proteção de marcas e patentes, que prioriza aquele que primeiro fez uso da marca, constituindo o registro no órgão competente mera presunção, que se aperfeiçoa pelo uso.

STJ **JurisTese 24-21.** A proteção relativa à designação, por título genérico, de banda ou grupo musical se adequa às regras da propriedade industrial, e não às normas inerentes à personalidade.

STJ **JurisTese 24-22.** O entendimento, extraído do art. 50 da Lei n. 5.772/71 (antigo Código de Propriedade Industrial), de que, não paga a anuidade no prazo estabelecido no art. 25 do mesmo diploma legal, isto é, dentro dos primeiros 180 dias do respectivo período anual, caduca automaticamente a patente, mostra-se incompatível com o devido processo legal, que exige, mesmo nos processos administrativos, a observância dos princípios do contraditório e da ampla defesa (CF, art. 5º, LIV e LV), fazendo-se necessária a prévia notificação do titular.

INFORMATIVOS

STJ **Direito marcário. Comitês oficiais. Utilização do termo "paraolímpico". Instituto com atividades voltadas à inclusão social de pessoas com necessidades especiais e ao incentivo às práticas esportivas. Possibilidade. Art. 3º c/c art. 15, § 2º, da Lei 9.615/98.** É possível o uso da expressão "paraolímpico" por instituto com atividades voltadas à inclusão social de pessoas com necessidades especiais e ao incentivo às práticas esportivas, quando ausentes fins comerciais. *REsp 1691899, 4ª T, 8.11.2022. Inf 756.*

STJ **Violação a direito de marca. Imitação de "trade dress". Concorrência desleal. Inocorrência. Ausência de ineditismo, confusão ao consumidor ou desvio de clientela. Supressio. Perda do direito de apropriar-se da roupagem, por carência de animus. Convivência harmônica entre as marcas, há mais de quarenta anos.** Para a caracterização da infringência de marca, não é suficiente que se demonstrem a semelhança dos sinais e a sobreposição ou afinidade das atividades, é necessário que a coexistência das marcas seja apta a causar confusão no consumidor ou prejuízo ao titular da marca anterior, configurando concorrência desleal. *REsp 1726804, 3ª T, 29.9.2022. Inf 752.*

STJ **Ação de Anulação de Ato Administrativo. Registro de marca. "Rose & Bleu". Uso exclusivo. Impossibilidade. Cores e denominações (LPI, art. 124, VIII). Termos nominativos sugestivos (LPI, art. 124, VI).** Nos termos do art. 124, incisos VI e VIII, da LPI, vocábulos genéricos, de uso comum, e que designam produtos ou serviços inseridos do segmento de atuação da sociedade, bem como as cores e suas denominações, exceto se combinadas de modo peculiar e distintivo, não são registráveis como marca. *REsp 1339817, 4ª T, 11.10.2022. Inf 753.*

QUESTÕES OBJETIVAS

239. (Ieses/TJ/TO/Cartórios/Remoção/2022) Conforme dispõe a Lei de Propriedade Industrial, Lei nº 9.279/96, a patente de invenção vigorará pelo prazo de:

a) 20 (vinte) anos.
b) 30 (trinta) anos.
c) 10 (dez) anos.
d) 15 (quinze) anos.

240. (Ieses/TJ/TO/Cartórios/Ingresso/2022) Analise as sentenças abaixo e assinale a opção correta com relação às definições presentes na Lei nº 9.279/96 (Lei de Propriedade Intelectual):

I. A marca de certificação é aquela usada para atestar a conformidade de um produto ou serviço com determinadas normas ou especificações técnicas, notadamente quanto à qualidade, natureza, material utilizado e metodologia empregada.

II. Constitui indicação geográfica a indicação de procedência ou a denominação de origem. A indicação de procedência é o nome geográfico de país, cidade, região ou localidade de seu território, que se tenha tornado conhecido como centro de extração, produção ou fabricação de determinado produto ou de prestação de determinado serviço.

III. A marca coletiva é aquela usada para identificar produtos ou serviços provindos de membros de uma determinada entidade.

IV. A marca de produto ou serviço é aquela usada para distinguir produto ou serviço de outro idêntico, semelhante ou afim, de origem diversa.

a) Apenas as assertivas II e III estão corretas.
b) Apenas as assertivas I, II e IV estão corretas.
c) Apenas as assertivas I, III e IV estão corretas.
d) Todas as assertivas estão corretas.

241. (Consulplan/TJ/MS/Cartórios/Ingresso/2021) Quanto à Propriedade Industrial, assinale a afirmativa correta.

a) O pedido de patente ou a patente propriamente dita não poderão ser cedidos.
b) As obras literárias, arquitetônicas, artísticas e científicas são consideradas como invenções.
c) Em alguns ramos de atividade, à marca registrada no Brasil considerada de alto renome está assegurada proteção especial.
d) Se dois ou mais autores tiverem realizado a mesma invenção ou modelo de utilidade, de forma independente, o direito de obter patente será assegurado àquele que provar o depósito mais antigo, independentemente das datas de invenção ou criação.

242. (Consulplan/TJ/MS/Cartórios/Ingresso/2021) A marca é um bem de propriedade industrial protegido mediante registro e a LPI – Lei de Propriedade Industrial – a define como sendo os sinais distintivos visualmente perceptíveis não compreendidos nas proibições legais. A legislação em questão traz, em seu Art. 124, um extenso rol de casos não registráveis como marcas, podendo ser citado como exemplo: brasão, armas, letra, data, sinal de caráter genérico, dentre outros. A respeito da classificação das marcas, assinale a afirmativa correta.

a) Marcas de certificação são aquelas usadas para identificar produtos ou serviços provindos de membros de uma determinada entidade.
b) Marcas de certificação são aquelas usadas para distinguir produto ou serviço de outro idêntico, semelhante ou afim, de origem diversa.
c) Marcas de produto ou serviço são aquelas usadas para distinguir produto ou serviço de outro idêntico, semelhante ou afim, de origem diversa.
d) Marcas de produto ou serviço são aquelas usadas para atestar a conformidade de um produto ou serviço com determinadas normas ou especificações técnicas, notadamente quanto à qualidade, natureza, material utilizado e metodologia empregada.

243. (Consulplan/TJ/MS/Cartórios/Remoção/2021) O saber sempre ocupou lugar de destaque na história da humanidade, sendo responsável pelo desenvolvimento da sociedade, mas também por grandes conflitos, como as duas Guerras Mundiais. Frisa-se que somente após a Revolução Industrial, em que houve mudanças nas relações econômicas provocadas pela passagem do sistema artesanal para a indústria, é que a humanidade se atentou para implacável realidade de que a criação era o grande instrumento de poder e riqueza. Assim, com a intensificação da competitividade empresarial, surgiu a preocupação com a proteção da criação humana na área industrial e econômica. Quanto à propriedade industrial, assinale a alternativa correta.

a) Técnicas e métodos operatórios ou cirúrgicos podem ser patenteados no Brasil.
b) Os requisitos de patenteabilidade são exclusivamente: novidade e atividade inventiva.
c) São protegidos pelo direito de propriedade industrial, a invenção, o modelo de utilidade, a marca e o desenho industrial.
d) Os direitos de propriedade industrial são concedidos, no Brasil, pelo Instituto Nacional de Propriedade Industrial, que é uma autarquia estadual, vinculada ao Ministério de Desenvolvimento, Indústria e Comércio Exterior.

244. (Vunesp/TJ/GO/Cartórios/Ingresso/2021) Quanto à Propriedade Intelectual, com relações às indicações geográficas, é correto afirmar que:

a) seu uso é restrito aos produtores e prestadores de serviço que efetuaram seu registro, que deve ser realizado junto ao Cartório de Registro de Imóveis da circunscrição competente.
b) seu uso é restrito aos produtores e prestadores de serviço que efetuaram seu registro, que deve ser realizado junto ao Instituto Nacional da Propriedade Industrial.
c) seu uso é restrito aos produtores e prestadores de serviço estabelecidos no local geograficamente especificado, e seu registro deve ser realizado junto ao Cartório de Registro de Imóveis da circunscrição competente.
d) seu uso é restrito aos produtores e prestadores de serviço estabelecidos no local geograficamente especificado, e seu registro deve ser realizado junto ao Instituto Nacional da Propriedade Industrial.

245. (Cespe/TJ/DFT/Cartórios/Remoção/2019) A respeito de patente, assinale a opção correta, de acordo com o disposto na legislação pertinente.

a) A declaração de nulidade de uma patente produzirá efeitos a partir da data do requerimento do processo administrativo de nulidade, que pode ser instaurado por qualquer pessoa com legítimo interesse.
b) O Instituto Nacional da Propriedade Industrial (INPI) não possuirá legitimidade para prosseguir no processo de caducidade instaurado a requerimento de qualquer pessoa com legítimo interesse caso o requerente desista do processo.
c) A patente vigorará pelo prazo da concessão, contado a partir da data do depósito, que pode ser prorrogado por períodos iguais e sucessivos.
d) A patente ou o pedido de patente, apesar de terem conteúdo indivisível, poderão ser cedidos, total ou parcialmente.
e) A averbação, no Instituto Nacional da Propriedade Industrial (INPI), de contrato de licença para exploração produzirá efeitos em relação a terceiros a partir da data da assinatura do contrato.

246. (Cespe/TJ/DFT/Cartórios/Ingresso/2019) Marca é um sinal distintivo cuja finalidade é identificar produtos e serviços, dando-lhes uma identidade. A marca que identifica produtos ou serviços feitos por membros de associação, cooperativa, sindicato, entre outros, é denominada:

a) marca figurativa.
b) marca nominativa.
c) marca de certificação.
d) marca de alto renome.
e) marca coletiva.

247. (Ieses/TJ/CE/Cartórios/Ingresso/2018) Analise as assertivas abaixo e, de acordo com o que dispõe a legislação vigente, assinale a alternativa correta:

I. os pedidos de patente, de um modo geral, serão mantidos em sigilo até a efetiva concessão da respectiva patente.
II. o depositante da patente, mesmo antes da efetiva concessão, poderá celebrar contrato de licença para exploração.
III. são patenteáveis, atendidos os requisitos legais, a invenção, o modelo de utilidade e a marca.

IV. as obas literárias não são consideradas invenção nem modelo de utilidade:

a) apenas a assertiva III está incorreta.
b) as assertivas II e IV estão corretas.
c) as assertivas I e II estão corretas.
d) apenas a assertiva II está incorreta.

248. (Ieses/TJ/AM/Cartórios/Remoção/2018) Conforme dispõe a Lei n. 9.279 (regula direitos e obrigações relativos à propriedade industrial), a proteção dos direitos relativos à propriedade industrial, considerado o seu interesse social e o desenvolvimento tecnológico e econômico do País, efetua-se mediante:

I. repressão às falsas indicações geográficas, assim como, repressão à concorrência.
II. concessão de registro de marca.
III. concessão de registro de desenho indústria.
IV. concessão de patentes de invenção e de modelo de utilidade.

A sequência correta é:

a) apenas as assertivas II, III e IV estão corretas.
b) apenas as assertivas I e III estão incorretas.
c) apenas a assertiva III está incorreta.
d) as assertivas I, II, III e IV estão corretas.

8.3. Sistema de Franquia Empresarial (Lei 13.966/2019)

INFORMATIVOS

STJ **Contrato de franquia. Violação à cláusula de exclusividade pela franqueadora. Locações realizadas na modalidade "corporate fleet".** O contrato de franquia deve ser interpretado no sentido de dar alcance do direito de exclusividade do franqueado, inclusive em relação às locações realizadas na modalidade "corporate fleet". *REsp 1741586, 3ª T, 13.6.2022. Inf 747.*

QUESTÕES OBJETIVAS

249. (Ieses/TJ/RO/Cartórios/Ingresso/2021) Analise as assertivas abaixo e assinale a alternativa correta, de acordo com a legislação vigente sobre o Sistema de Franquia Empresarial (Lei 13.966/2019):

I. A celebração do contrato de franquia empresarial não caracteriza vínculo empregatício, ainda que durante o período de treinamento.
II. A celebração do contrato de franquia empresarial não caracteriza relação de consumo.
III. No contato de franquia empresarial que autoriza o uso de marca, o franqueador deve ser o titular ou requerente de direitos sobre a marca.
IV. A franquia empresarial poderá ser adotada por empresa privada, empresa estatal ou entidades sem fins lucrativos.

a) Apenas a assertiva III está incorreta.
b) Todas as assertivas estão incorretas.
c) Todas as assertivas estão corretas.
d) Apenas a assertiva IV está incorreta.

250. (FGV/TJ/SC/Cartórios/Remoção/2021) A franquia empresarial é definida, por lei, como sistema pelo qual um franqueador autoriza por meio de contrato, entre outros direitos, o franqueado a usar marcas e outros objetos de propriedade intelectual, sempre associados ao direito de produção ou distribuição exclusiva ou não exclusiva de produtos ou serviços. Sobre o contrato de franquia empresarial, é correto afirmar que:

a) as partes poderão eleger juízo arbitral para solução de controvérsias relacionadas ao contrato de franquia.
b) no contrato de franquia internacional, as partes deverão indicar o foro do Brasil para solução de controvérsias.
c) os contratos que produzirem efeitos exclusivamente no território nacional serão escritos em língua portuguesa ou estrangeira, a critério das partes.
d) o contrato deve ser sempre assinado na presença de duas testemunhas, e sua eficácia erga omnes depende de ser levado a registro no Cartório de Títulos e Documentos.
e) os contratos de franquia internacional serão escritos originalmente em língua estrangeira e terão tradução certificada para a língua portuguesa custeada pelo franqueado.

251. (Ieses/TJ/SC/Cartórios/Remoção/2019) O contrato de franquia estrutura um modelo de negócio acentuado pela licença de uso de marca ou patente com transmissão de métodos e tecnologia necessários para a organização da atividade empresária a ser explorado pelo interessado. No que se refere as disposições legais sobre o contrato de franquia, relevante modalidade de contrato empresarial, é correto afirmar que:

a) Para a formação do contrato, exige-se do franqueador fornecer uma Circular de Oferta de Franquia dez dias após a assinatura do contrato.
b) A Circular de Oferta de Franquia deverá fazer constar as qualidades e requisitos, obrigatórios ou desejados, para o exercício da atividade.
c) O prazo de duração do contrato de franquia sempre será determinado.
d) O contrato deve ser por escrito e terá validade após o efetivo registro perante cartório ou órgão público.

9. TEORIA

QUESTÕES OBJETIVAS

252. (Ieses/TJ/SC/Cartórios/Remoção/2019) Quando se trata da origem e evolução do direito comercial, nos é apontado pela doutrina que:

a) O Código Civil Italiano de 1942 estabeleceu um regime para todas as formas de atividades econômicas, restabelecendo o sistema objetivo de identificação daqueles que se dedicavam ao comércio.
b) O Código Comercial Brasileiro de 1850 tinha um caráter marcadamente subjetivista de identificação do comerciante: seria comerciante aquele que arquivasse os atos constitutivos no Registro Público de Empresas.
c) Os ideais da Revolução Francesa acompanharam o surgimento de um direito unificado, regulando tanto os atos de comércio, que só poderiam ser praticados pelos comerciantes, como os atos de natureza civil.
d) A teoria subjetiva somente considerava comerciantes aqueles que estivessem matriculados em uma das corporações de ofício, os quais dispunham de uma atividade jurisdicional especializada.

5

DIREITO CONSTITUCIONAL

VOLUME DE QUESTÕES

MÉDIO

1. DOS PRINCÍPIOS FUNDAMENTAIS

SÚMULAS

STF Súm. Vinculante 37. Não cabe ao Poder Judiciário, que não tem função legislativa, aumentar vencimentos de servidores públicos sob o fundamento de isonomia.

REPERCUSSÃO & REPETITIVOS

STF Rep. Geral 1120. Em respeito ao princípio da separação dos poderes, previsto no art. 2º da Constituição Federal, quando não caracterizado o desrespeito às normas constitucionais pertinentes ao processo legislativo, é defeso ao Poder Judiciário exercer o controle jurisdicional em relação à interpretação do sentido e do alcance de normas meramente regimentais das Casas Legislativas, por se tratar de matéria "interna corporis". *RE 1297884, 11.6.2021.*

INFORMATIVOS

STF Dia da Consciência Negra: instituição de feriado local por lei municipal. É constitucional a instituição, por lei municipal, de feriado local para a comemoração do Dia da Consciência Negra, a ser celebrado em 20 de novembro, em especial porque a data representa um símbolo de resistência cultural e configura ação afirmativa contra o preconceito racial. Sob múltiplos fundamentos constitucionais, a previsão do feriado assume inegável viés de fomento cultural como ação afirmativa em sentido amplo, de caráter compulsório, cujo respaldo constitucional deriva diretamente do disposto no art. 3º da Constituição Federal. Segundo o texto constitucional, a atuação comissiva do Poder Público há de ser implementada para combater quaisquer formas de discriminação, em especial pelo repúdio ao racismo (CF, arts. 4º, VIII, e 5º, XLII) na promoção do bem de todos, objetivo fundamental da República Federativa do Brasil e competência comum das unidades federativas (art. 23, I e X). *ADPF 634, 30.11.2022. Pleno. Inf 1078.*

QUESTÕES OBJETIVAS

1. (Ieses/TJ/RO/Cartórios/Ingresso/2021) Assinale a alternativa correta.

a) São condições de elegibilidade, dentre outros, na forma da lei: ser brasileiro nato, estar no pleno exercício dos direitos políticos, estar filiado a partido político registrado no Tribunal Superior Eleitoral – TSE e possuir domicílio eleitoral regular.

b) A ação direta de inconstitucionalidade por omissão tem por objetivo provocar legítima reação jurisdicional que, expressamente autorizada e atribuída ao Supremo Tribunal Federal pela própria Carta Política, destina-se a impedir o desprestígio da Lei Fundamental. Assim, uma vez declarada a inconstitucionalidade por omissão de medida para tornar efetiva norma constitucional, será dada ciência ao Poder competente para a adoção das providências necessárias e, em se tratando de órgão administrativo, para fazê-lo em cento e vinte dias.

c) A República Federativa do Brasil tem como fundamentos a soberania, a construção de uma sociedade justa e fraterna, a erradicação da pobreza e a dignidade da pessoa humana.

d) O preâmbulo da Constituição não possui caráter normativo e, pois, não serve como parâmetro de controle de constitucionalidade. Todavia, os valores inseridos no preâmbulo da Constituição orientam a atividade interpretativa e os princípios nele contidos funcionam como normas de controle. Em resumo, afastada a normatividade do preâmbulo, resta reconhecido seu caráter veiculador de princípios e valores a serem defendidos pelo Estado.

2. (Consulplan/TJ/MS/Cartórios/Remoção/2021) Ping Fang é professor de História em escolas públicas mantidas pelo Estado EXCT e defende que seus alunos devem possuir noções de Constituição para poder exercer o direito como cidadãos. Escolhe como um dos temas iniciais o estudo dos princípios constitucionais. Tendo em vista a complexidade do tema, pede aos alunos que realizem pesquisa quanto aos princípios relativos à vida política. Nos termos da doutrina constitucional prevalecente, dentre tais princípios pode ser indicado o da:

a) cidadania.

b) soberania.

c) integração.

d) discriminação.

3. (UFPR/TJ/PR/Cartórios/Remoção/2019) No seu Título I (Dos Princípios Fundamentais), a Constituição da República de 1988 diferencia os fundamentos do Estado de Direito dos seus objetivos fundamentais, bem como dos seus princípios regentes das relações internacionais. Sobre o assunto, assinale a alternativa correta.

a) A dignidade da pessoa humana é um objetivo fundamental da República Federativa do Brasil.

b) A garantia do desenvolvimento nacional é um fundamento do Estado de Direito brasileiro.

c) A prevalência dos direitos humanos é estabelecida pelo texto constitucional expresso tanto como um fundamento do

Estado de Direito quanto como um objetivo da República e, ainda, como um princípio federativo.

d) A soberania é um fundamento do Estado democrático, enquanto a autodeterminação é um princípio das relações internacionais.

e) A erradicação da pobreza é considerada um objetivo fundamental constitucional implícito.

4. (UFPR/TJ/PR/Cartórios/Ingresso/2019) No tocante às suas relações internacionais, a República Federativa do Brasil possui alguns princípios fundamentais. Sobre o assunto, assinale a alternativa correta.

a) O Brasil prima pela sua vinculação às grandes potências internacionais como meio de desenvolvimento nacional.

b) Pode ser considerado um dever da República a busca pela integração econômica, política, social e cultural dos povos da América Latina.

c) Segundo a Constituição brasileira, é prioridade fundamental das relações diplomáticas a promoção do Mercosul.

d) O Brasil repudia o terrorismo e o racismo e tem como política de Estado a negação de asilo político.

e) A prevalência dos direitos humanos implica em seu conteúdo que cabe ao Estado buscar o bem de todos mediante a vedação dos preconceitos de origem, raça, sexo, cor e idade, permitindo, todavia, outras discriminações, tais como as relativas à orientação sexual (cuja vedação é remetida à legislação infraconstitucional).

5. (Ieses/TJ/SC/Cartórios/Ingresso/2019) Marque a alternativa incorreta sobre os Princípios Fundamentais da Constituição Federal de 1988:

a) Todo o poder emana do povo, que o exerce por meio de representantes eleitos ou diretamente, nos termos da Constituição Federativa da República do Brasil de 1988.

b) A República Federativa do Brasil, formada pela união indissolúvel dos Estados e Municípios e do Distrito Federal, constitui-se em Estado democrático de direito.

c) São Poderes da União, independentes e harmônicos entre si, o Legislativo, o Executivo, o Judiciário e o Ministério Público.

d) A República Federativa do Brasil buscará a integração econômica, política, social e cultural dos povos da América Latina, visando à formação de uma comunidade latino-americana de nações.

6. (Cespe/TJ/DFT/Cartórios/Remoção/2019) É fundamento da República Federativa do Brasil:

a) a dignidade da pessoa humana.

b) o desenvolvimento nacional.

c) a independência nacional.

d) a erradicação da pobreza.

e) a solidariedade.

7. (Cespe/TJ/DFT/Cartórios/Ingresso/2019) O Estado brasileiro deve obediência irrestrita à própria Constituição, mas, ainda assim, assumiu, nos termos desse estatuto político, o compromisso de reger-se, nas suas relações internacionais, pelo princípio da:

a) prevalência dos direitos humanos.

b) erradicação de todas as formas de discriminação.

c) dignidade da pessoa humana.

d) redução das desigualdades regionais.

e) inviolabilidade do direito à segurança.

8. (Ieses/TJ/CE/Cartórios/Remoção/2018) Constituem objetivos fundamentais da República Federativa do Brasil:

I. promover o bem de todos, sem preconceitos de origem, raça, sexo, cor, idade e quaisquer outras formas de discriminação.

II. erradicar a pobreza e a marginalização e reduzir as desigualdades sociais e regionais.

III. construir uma sociedade livre, justa e solidária.

IV. garantir o desenvolvimento nacional.

A sequência correta é:

a) apenas as assertivas I, II e III estão corretas.

b) apenas a assertiva II está incorreta.

c) as assertivas I, II, III e IV estão corretas.

d) apenas as assertivas II e IV estão corretas.

9. (Ieses/TJ/CE/Cartórios/Remoção/2018) A República Federativa do Brasil rege-se nas suas relações internacionais pelos seguintes princípios, exceto:

a) independência nacional.

b) igualdade entre os Estados.

c) intervenção quando necessário.

d) concessão de asilo político.

10. (Ieses/TJ/AM/Cartórios/Ingresso/2018) Conforme o disposto na Constituição Federal no Título I "Dos Princípios Fundamentais", é incorreto afirmar:

a) dentre os objetivos fundamentais da República Federativa do Brasil estão construir uma sociedade livre, justa e solidária; garantir o desenvolvimento nacional; erradicar a pobreza e a marginalização e reduzir as desigualdades sociais e regionais.

b) no âmbito das suas relações internacionais, são princípios regentes da República Federativa do Brasil, dentre outros, a independência nacional; a prevalência dos direitos humanos; a autodeterminação dos povos; a defesa da paz; o repúdio ao terrorismo e ao racismo.

c) no âmbito dos objetivos fundamentais da República Federativa do Brasil estão, dentre outros, os de construir uma sociedade livre, justa e solidária; erradicar a pobreza e a marginalização e reduzir as desigualdades sociais e regionais; promover o bem de todos, sem preconceitos de origem, raça, sexo, cor, idade e quaisquer outras formas de discriminação.

d) a República Federativa do Brasil, formada pela união indissolúvel dos Estados e Municípios e do Distrito Federal, constitui-se em Estado Democrático de Direito e tem como fundamentos a independência nacional; a defesa da paz; a dignidade da pessoa humana; os valores sociais do trabalho e da livre iniciativa; o pluralismo político.

11. (Ieses/TJ/AM/Cartórios/Remoção/2018) A República Federativa do Brasil, formada pela união indissolúvel dos Estados e Municípios e do Distrito Federal, constitui-se em Estado Democrático de Direito e tem como fundamentos, exceto:

a) a dignidade da pessoa humana.

b) os valores sociais do trabalho e da livre iniciativa.

c) a soberania e a cidadania.

d) o monismo político.

12. (Consulplan/TJ/MG/Cartórios/Ingresso/2017) São fundamentos da República Federativa do Brasil, exceto:

a) o pluralismo político.

b) a soberania.

c) a cidadania.

d) a erradicação da pobreza e da marginalização e a redução das desigualdades sociais e regionais.

13. (Ieses/TJ/RO/Cartórios/Ingresso/2017) Conforme prevê a Constituição Federal, é correto afirmar que a República

Federativa do Brasil constitui-se em Estado Democrático de Direito e tem como fundamentos:

a) a soberania; a prevalência dos direitos humanos; a dignidade da pessoa humana; os valores sociais do trabalho e da livre iniciativa; a defesa da paz.
b) a soberania; a cidadania; a dignidade da pessoa humana; os valores sociais do trabalho e da livre iniciativa; o pluralismo político.
c) a soberania; a prevalência dos direitos humanos; a dignidade da pessoa humana; a solução pacífica dos conflitos; o pluralismo político.
d) a soberania; a garantia do desenvolvimento nacional; a dignidade da pessoa humana; os valores sociais do trabalho e da livre iniciativa; a defesa da paz.

14. (Ieses/TJ/RO/Cartórios/Remoção/2017) A República Federativa do Brasil, formada pela união indissolúvel dos Estados e Municípios e do Distrito Federal, constitui-se em Estado Democrático de Direito e tem como fundamentos, exceto:

a) os valores sociais do trabalho e da livre iniciativa.
b) bipartidarismo.
c) a dignidade da pessoa humana.
d) a soberania e a cidadania.

15. (Consulplan/TJ/MG/Cartórios/Remoção/2017) Constituem objetivos fundamentais da República do Brasil, exceto:

a) a construção de uma sociedade livre, justa e solidária.
b) a garantia do desenvolvimento nacional, a erradicação da pobreza e da marginalização e a redução das desigualdades sociais e regionais.
c) a promoção do bem de todos, sem preconceito de origem, raça, sexo, cor idade e quaisquer outras formas de discriminação.
d) a defesa da paz, o repúdio ao terrorismo e a independência nacional.

2. DOS DIREITOS E GARANTIAS FUNDAMENTAIS

2.1. Dos Direitos e Deveres Individuais e Coletivos

ATENÇÃO: ESTE TEMA É MUITO EXIGIDO NOS CONCURSOS!

SÚMULAS

STF Súm. Vinculante 1. Ofende a garantia constitucional do ato jurídico perfeito a decisão que, sem ponderar as circunstâncias do caso concreto, desconsidera a validez e a eficácia de acordo constante de termo de adesão instituído pela Lei Complementar 110/2001.

STF Súm. Vinculante 11. Só é lícito o uso de algemas em casos de resistência e de fundado receio de fuga ou de perigo à integridade física própria ou alheia, por parte do preso ou de terceiros, justificada a excepcionalidade por escrito, sob pena de responsabilidade disciplinar, civil e penal do agente ou da autoridade e de nulidade da prisão ou do ato processual a que se refere, sem prejuízo da responsabilidade civil do Estado.

STF Súm. Vinculante 14. É direito do defensor, no interesse do representado, ter acesso amplo aos elementos de prova que, já documentados em procedimento investigatório realizado por órgão com competência de polícia judiciária, digam respeito ao exercício do direito de defesa.

STF Súm. Vinculante 21. É inconstitucional a exigência de depósito ou arrolamento prévios de dinheiro ou bens para admissibilidade de recurso administrativo.

STF Súm. Vinculante 25. É ilícita a prisão civil de depositário infiel, qualquer que seja a modalidade do depósito.

STF Súm. Vinculante 28. É inconstitucional a exigência de depósito prévio como requisito de admissibilidade de ação judicial na qual se pretenda discutir a exigibilidade de crédito tributário.

STF Súm. Vinculante 45. A competência constitucional do tribunal do júri prevalece sobre o foro por prerrogativa de função estabelecido exclusivamente pela constituição estadual.

STF Súm. 1. É vedada a expulsão de estrangeiro casado com brasileira, ou que tenha filho brasileiro, dependente da economia paterna.

STF Súm. 421. Não impede a extradição a circunstância de ser o extraditado casado com brasileira ou ter filho brasileiro.

STF Súm. 654. A garantia da irretroatividade da lei, prevista no art. 5º, XXXVI, da Constituição da República, não é invocável pela entidade estatal que a tenha editado.

STF Súm. 704. Não viola as garantias do juiz natural, da ampla defesa e do devido processo legal a atração por continência ou conexão do processo do corréu ao foro por prerrogativa de função de um dos denunciados.

STJ Súm. 280. O art. 35 do Decreto-lei n. 7.661, de 1945, que estabelece a prisão administrativa, foi revogado pelos incisos LXI e LXVII do art. 5º da Constituição Federal de 1988.

STJ Súm. 419. Descabe a prisão civil do depositário judicial infiel.

STJ Súm. 639. Não fere o contraditório e o devido processo decisão que, sem ouvida prévia da defesa, determine transferência ou permanência de custodiado em estabelecimento penitenciário federal.

REPERCUSSÃO & REPETITIVOS

STF Rep. Geral 455. A exigência de garantia para o exercício da profissão de leiloeiro, prevista nos artigos 6º a 8º do Decreto 21.981/1932, é compatível com o artigo 5º, XIII, da CF/1988. *RE 1263641, 13.10.2020.*

STF Rep. Geral 562. Ante conflito entre a liberdade de expressão de agente político, na defesa da coisa pública, e honra de terceiro, há de prevalecer o interesse coletivo. *RE 685493, 22.5.2020.*

STF Rep. Geral 786. É incompatível com a Constituição a ideia de um direito ao esquecimento, assim entendido como o poder de obstar, em razão da passagem do tempo, a divulgação de fatos ou dados verídicos e licitamente obtidos e publicados em meios de comunicação social analógicos ou digitais. Eventuais excessos ou abusos no exercício da liberdade de expressão e de informação devem ser analisados caso a caso, a partir dos parâmetros constitucionais – especialmente os relativos à proteção da honra, da imagem, da privacidade e da personalidade em geral – e as expressas e específicas previsões legais nos âmbitos penal e cível. *RE 1010606, 11.2.2021.*

STF Rep. Geral 855. A exigência constitucional de aviso prévio relativamente ao direito de reunião é satisfeita com a veiculação de informação que permita ao poder público zelar para que seu exercício se dê de forma pacífica ou para que não frustre outra reunião no mesmo local. *RE 806339, 14.12.2020.*

STF Rep. Geral 922. É inconstitucional o condicionamento da desfiliação de associado à quitação de débito referente a benefício obtido por intermédio da associação ou ao pagamento de multa. *RE 820823, 30.9.2022.*

STF Rep. Geral 944. Os atos ilícitos praticados por Estados estrangeiros em violação a direitos humanos não gozam de imunidade de jurisdição. *ARE 954858, 23.8.2021.*

STF Rep. Geral 1171. Violam o princípio da presunção de inocência o indeferimento de matrícula em cursos de reciclagem de vigilante e a recusa de registro do respectivo certificado de conclusão, em razão da existência de inquérito ou ação penal sem o trânsito em julgado de sentença condenatória. *RE 1307053, 24.9.2021.*

INFORMATIVOS

STF Liberdade de expressão e limites. A liberdade de expressão existe para a manifestação de opiniões contrárias, jocosas, satíricas e até mesmo errôneas, mas não para opiniões criminosas, discurso de ódio ou atentados contra o Estado Democrático de Direito e a democracia. São inadmissíveis manifestações proferidas em redes sociais que objetivem a abolição do Estado de Direito e o impedimento, com graves ameaças, do livre exercício de seus poderes constituídos e de suas instituições. A garantia constitucional da imunidade parlamentar incide apenas sobre manifestações proferidas no desempenho da função legislativa ou em razão desta, não sendo possível utilizá-la como escudo protetivo para a prática de atividades ilícitas. Não configurada "abolitio criminis" com relação aos delitos previstos na Lei de Segurança Nacional (Lei 7.170/83). Quando determinada conduta típica (e suas elementares) permanece descrita na nova lei penal, com a manutenção do caráter proibido da conduta, há a configuração do fenômeno processual penal da continuidade normativo-típica. Observa-se, assim, a ocorrência de continuidade normativo-típica entre as condutas previstas nos arts. 18 e 23, IV, da Lei 7.170/83 e a conduta prevista no art. 359-L do CP, bem como entre a conduta prevista no art. 23, II, da Lei 7.170/83 e o conduta típica prevista no art. 286, par. ún., do CP. *AP 1044, 20.4.2022. Pleno. Inf 1051.*

STF Licença à gestante e à adotante para militares das Forças Armadas. É inconstitucional ato normativo que, ao disciplinar a licença maternidade no âmbito das Forças Armadas, estabelece prazos distintos de afastamento com fundamento na diferenciação entre a maternidade biológica e a adotiva, bem como em função da idade da criança adotada. *ADI 6603, 13.9.2022. Pleno. Inf 1067.*

STF Lei da meia-entrada: entidades emitentes da CIE e liberdade de associação. É inconstitucional exigir das entidades estudantis locais e regionais, legitimadas para a expedição da carteira de identidade estudantil (CIE), filiação às entidades de abrangência nacional. O dever de filiação instituído pela Lei 12.933/13 viola o princípio da liberdade de associação. Admite-se a definição de um modelo único nacionalmente padronizado da CIE, desde que publicamente disponibilizado e fixados parâmetros razoáveis que não obstem o acesso pelas entidades com prerrogativa legal para sua emissão. *ADI 5108, 25.3.2022. Pleno. Inf 1048.*

STJ Estabelecimento comercial. Invasão do imóvel sem mandado judicial. Local aberto ao público. Inviolabilidade de domicílio. Não ocorrência. A abordagem policial em estabelecimento comercial, ainda que a diligência tenha ocorrido quando não havia mais clientes, é hipótese de local aberto ao público, que não recebe a proteção constitucional da inviolabilidade do domicílio. *HC 754789, 6ª T, 6.12.2022. Inf 760.*

STJ Matéria jornalística. Críticas jornalísticas a magistrada. Autoridade pública. Direito de informação, expressão e liberdade de imprensa. Ausência de configuração de abuso no dever de informar. Interesse público. Dano moral. Afastamento. Prevalência da liberdade de informação e de crítica. A divulgação de notícia ou crítica acerca de atos ou decisões do Poder Público, ou de comportamento de seus agentes, não configuram, a princípio, abuso no exercício da liberdade de imprensa, desde que não se refiram a núcleo essencial de intimidade e de vida privada da pessoa. *REsp 1325938, 4ª T, 31.8.2022. Inf 749.*

STJ Busca domiciliar. Habitação em prédio abandonado de escola municipal. Extensão interpretativa do conceito de domicílio. Possibilidade. Art. 5º, XI da CF. A habitação em prédio abandonado de escola municipal pode caracterizar o conceito de domicílio em que incide a proteção disposta no art. 5º, XI da CF. *AgRg no HC 712529, 5ª T, 4.11.2022.*

STJ Crimes contra a honra. Autoridade pública. Jornalista. Críticas pesadas, violentas e grosseiras. Liberdade de imprensa. Ausência de "animus injuriandi". Manifestações por parte da imprensa de natureza crítica, satírica, agressiva, grosseira ou deselegante não autorizam, por si sós, o uso do direito penal para, mesmo que de forma indireta, silenciar a atividade jornalística. *AgRg no HC 691897, 6ª T, 26.5.2022. Inf 738.*

STJ Direito ao esquecimento. Fatos verídicos. Exclusão de matéria jornalística. Impossibilidade. O direito ao esquecimento não justifica a exclusão de matéria jornalística. *REsp 1961581, 3ª T, 13.12.2021. Inf 723.*

STJ Violação de domicílio. Ingresso policial apoiado em atitude suspeita do acusado. Fuga no momento da abordagem. Ausência de justa causa. Aplicação do entendimento firmado no HC 598051. A violação de domicílio com base no comportamento suspeito do acusado, que empreendeu fuga ao ver a viatura policial, não autoriza a dispensa de investigações prévias ou do mandado judicial para a entrada dos agentes públicos na residência. *HC 695980, 6ª T, 25.3.2022. Inf 729.*

STJ Ação coletiva. Associação. Legitimidade ativa "ad causam". Representação processual. Autorização expressa dos associados e respectiva lista juntada à inicial. Necessidade. Precedente do STF. Feito ajuizado antes do julgamento do RE 573232. Abertura de prazo para regularização processual da parte autora. Possibilidade. Situação excepcional. Em ação coletiva proposta por associação, é imprescindível a autorização expressa dos associados e a juntada da lista de representados à inicial, mostrando-se razoável permitir que a parte autora regularize sua representação processual no caso de ajuizamento de ação coletiva em momento anterior ao julgamento do RE 573232, em 14.5.2014. *REsp 1977830, 1ª T, 25.3.2022. Inf 729.*

QUESTÕES DISCURSIVAS

1. (Vunesp/TJ/SP/Cartórios/2014) É possível, de acordo com a atual ordem constitucional brasileira, restringir o direito de reunião em locais abertos ao público?

QUESTÕES OBJETIVAS

16. (FGV/TJ/SC/Cartórios/Ingresso/2021) Determinado deputado federal tencionava apresentar projeto de lei no qual estabelecia requisitos diferenciados em relação a homens e mulheres que desejassem ter acesso a certos serviços públicos. Antes de encaminhar o projeto, solicitou o parecer de sua assessoria jurídica, a qual lhe respondeu, corretamente, que a referida proposição:

a) não afrontaria a ordem constitucional se invocada e demonstrada a incidência da "teoria do impacto desproporcional", indicando que a igualdade formal causaria maior impacto em um grupo historicamente excluído.
b) afrontaria a ordem constitucional, pois a construção da igualdade material, a partir de ações afirmativas, não poderia estar lastreada em distinções de sexo, somente autorizadas nas situações previstas pelo Constituinte.
c) não afrontaria a ordem constitucional, pois as desigualdades sedimentadas pelo Estado Liberal clássico têm sido superadas pelas ações afirmativas típicas do Estado Social contemporâneo.
d) afrontaria a ordem constitucional, pois as concepções de igualdade formal e de igualdade material devem apresentar permanente sobreposição, o que impediria a diferenciação pretendida.
e) não afrontaria a ordem constitucional, já que todo tratamento diferenciado está lastreado na existência de uma "discriminação reversa", buscando construir a igualdade material.

17. (FGV/TJ/SC/Cartórios/Remoção/2021) André e Felipe travaram intenso debate a respeito da relevância do alicerce teórico dos direitos fundamentais em um Estado Democrático de Direito, de modo a identificar o surgimento de possíveis situações de conflito entre eles. André defendia que a teoria externa alicerçava os direitos fundamentais. A partir deles seriam obtidas posições definitivas e teriam natureza principiológica. Felipe, por sua vez, entendia que esses direitos estavam alicerçados na teoria interna. Dariam origem a posições prima facie e teriam a natureza de regras. À luz da forma como os direitos fundamentais têm sido compreendidos na realidade brasileira, é correto afirmar que:

a) André está completamente certo.
b) Felipe está completamente certo.
c) André está parcialmente certo, já que os direitos fundamentais dão origem a posições "prima facie".
d) Felipe está parcialmente certo, já que os direitos fundamentais têm a natureza de princípios.
e) Felipe está parcialmente certo, já que os direitos fundamentais estão alicerçados na teoria interna.

18. (FGV/TJ/SC/Cartórios/Remoção/2021) João, famoso músico brasileiro, com décadas de carreira, tomou conhecimento pela imprensa de que sua biografia fora concluída por Maria, estando com lançamento marcado para o final do mês. Embora tenha sido procurado por Maria em diversas ocasiões, sempre se negara a atendê-la, tendo imaginado que, com esse proceder, impediria o avanço do projeto, já que não o autorizara. Transtornado com a possibilidade de ter a sua vida devassada, principalmente a partir da visão de um terceiro, que não a sua, consultou um advogado a respeito da compatibilidade da conduta de Maria com a ordem constitucional. O advogado respondeu, corretamente, que a conduta de Maria, no contexto descrito, era:

a) ilícita, pois a biografia não autorizada afrontou a intimidade de João.
b) lícita, estando albergada pelas liberdades de pensamento e de expressão.
c) ilícita, em razão do acesso a dados pessoais sem prévia autorização judicial.
d) ilícita, já que os direitos fundamentais de João não podem obstar o exercício dos direitos de Maria.
e) ilícita, pois ultrapassara os limites da liberdade de expressão e avançara nos direitos da personalidade de João.

19. (Consulplan/TJ/MS/Cartórios/Ingresso/2021) Consagrando o Princípio da Inviolabilidade do domicílio, o Art. 5º, XI, da Constituição Federal, diz que "a casa é asilo inviolável do indivíduo, ninguém nela podendo penetrar sem consentimento do morador, ressalvadas algumas situações excepcionais". Dentre as ressalvas do texto constitucional indicadas a seguir, assinale a única que não autoriza, a qualquer hora, o ingresso sem o consentimento do morador:

a) caso de desastre.
b) para prestar socorro.
c) caso de flagrante delito.
d) por determinação judicial.

20. (Vunesp/TJ/GO/Cartórios/Ingresso/2021) Considerando o disposto na Magna Carta brasileira no tocante aos direitos e deveres individuais e coletivos previstos na Constituição Federal, é correto afirmar que:

a) aos autores pertence o direito exclusivo de utilização, publicação ou reprodução de suas obras, direito este transmissível aos herdeiros e insuscetível de limitação temporal pela lei.
b) o direito de propriedade não é absoluto, podendo um bem ser desapropriado, sem contrapartida do poder público, por meio da desapropriação-sanção, quando ele não estiver cumprindo com sua função social.
c) uma associação civil, de fins lícitos, poderá ser criada, independentemente de autorização estatal, e poderá ter suas atividades suspensas por decisão judicial, mesmo antes do seu trânsito em julgado.
d) a sucessão de bens de estrangeiros situados no País será regulada pela lei brasileira em benefício do cônjuge ou dos filhos brasileiros, ainda que lhes seja mais favorável a lei pessoal do de cujus.

21. (Consulplan/TJ/MG/Cartórios/Remoção/2019) Dentre as hipóteses de materialização do princípio da igualdade no texto constitucional, assinale a alternativa incorreta.

a) A prática do racismo constitui crime inafiançável e imprescritível, sujeito à pena de reclusão, nos termos da lei.
b) A lei não excluirá da apreciação do Poder Judiciário lesão ou ameaça a direito, observado o devido processo legal.
c) Licença à gestante, sem prejuízo do emprego e do salário, com a duração de cento e vinte dias, e licença paternidade.
d) O direito de petição aos Poderes Públicos e as Empresas Públicas ou Privadas em defesa de direitos ou contra ilegalidade ou abuso de poder.

22. (Vunesp/TJ/RS/Cartórios/Remoção/2019) Considerando que a Constituição Federal dispõe que são gratuitos para os reconhecidamente pobres, na forma da lei, o registro civil de nascimento e a certidão de óbito, é correto afirmar, nessa matéria, que estaria em consonância com o texto constitucional a seguinte norma:

a) lei federal que estabelece normas gerais, regulamentando o direito à gratuidade dos referidos registros, exigindo a comprovação documental da condição de pobreza e impondo taxa para obtenção das respectivas certidões.
b) lei federal que estabelece normas gerais, regulamentando o direito das pessoas pobres a efetivarem esses registros e à obtenção de suas respectivas certidões, exigindo que a pobreza seja documentalmente comprovada.
c) lei federal que estabelece normas gerais, ampliando o direito à gratuidade dos referidos registros, bem como à primeira certidão, a todos os cidadãos, brasileiros e estrangeiros, independentemente de sua condição ou situação econômica.
d) lei estadual que estabelece normas gerais a partir de lei federal vigente, regulamentando o direito das pessoas pobres a efetivarem esses registros, bem como à obtenção das respectivas certidões.
e) lei estadual que, amparada em norma geral federal, regulamenta o direito das pessoas pobres a efetivarem esses registros, bem como à obtenção das respectivas certidões, exigindo que a condição de pobreza seja comprovada por documentos.

23. (UFPR/TJ/PR/Cartórios/Remoção/2019) A Constituição da República de 1988 representa um importante marco histórico na democratização do processo penal brasileiro. Em seu art. 5º, há um extenso rol de direitos e garantias individuais relativos ao direito processual cuja aplicabilidade normativa é imediata. Sobre o tema, assinale a alternativa correta.

a) A investigação criminal defensiva é direito expresso do indiciado em inquérito policial.
b) É direito da vítima o exercício da ação penal de iniciativa privada nos casos em que o Ministério Público, ao invés de oferecer a denúncia, requer o arquivamento do inquérito policial.
c) As provas ilícitas são inadmissíveis, exceto em relação aos crimes hediondos.
d) Nenhum brasileiro será extraditado, salvo o naturalizado, em caso de crime comum, praticado antes ou depois da naturalização, ou de comprovado envolvimento em tráfico ilícito de entorpecentes e drogas afins.
e) Em relação ao julgamento dos crimes dolosos contra a vida, pelo Tribunal do Júri, são assegurados a plenitude da defesa, o sigilo das votações e a soberania dos vereditos.

24. (UFPR/TJ/PR/Cartórios/Ingresso/2019) "Os direitos fundamentais do homem, ao receberem positivação no Direito Constitucional, passam a desfrutar de uma posição de relevo, no que toca ao ordenamento jurídico interno. Mas a mera declaração ou reconhecimento de um direito não é suficiente, não bastando para sua plena eficácia, porque se torna necessário tutelar esse direito nas situações em que seja violado" (TAVARES, 2012). Levando em consideração a posição do autor, assinale a alternativa correta.

a) Em seu texto, o autor está se referindo à necessidade de regulamentação infraconstitucional dos direitos fundamentais como condição para a sua autoaplicabilidade.
b) Para o autor, direitos fundamentais, pela sua própria natureza, possuem eficácia contida, diferentemente dos demais direitos considerados não fundamentais.
c) O autor defende que os chamados remédios constitucionais não são aptos à tutela de direitos fundamentais nas situações em que sejam violados, razão pela qual é necessário que a legislação processual crie ações específicas para além do que prevê a Constituição.
d) O autor está se referindo em seu texto fundamentalmente às chamadas "garantias constitucionais".
e) O autor está se referindo apenas aos direitos fundamentais de terceira geração, pois os direitos de primeira e segunda geração não necessitam de mecanismos especiais de tutela.

25. (Ieses/TJ/SC/Cartórios/Remoção/2019) Marque a alternativa incorreta sobre os Direitos Fundamentais:

a) São gratuitos para os reconhecidamente pobres, na forma da lei: o registro civil de nascimento; a certidão de óbito; e a certidão de batizado.
b) A todos, no âmbito judicial e administrativo, são assegurados a razoável duração do processo e os meios que garantam a celeridade de sua tramitação.
c) O Estado prestará assistência jurídica integral e gratuita aos que comprovarem insuficiência de recursos.
d) São gratuitos para os reconhecidamente pobres, na forma da lei: o registro civil de nascimento; e a certidão de óbito.

26. (Ieses/TJ/SC/Cartórios/Ingresso/2019) Marque a alternativa incorreta sobre os Direitos Fundamentais:

a) Os tratados e convenções internacionais sobre direitos humanos que forem aprovados, em cada Casa do Congresso Nacional, em dois turnos, por três quintos dos votos dos respectivos membros, serão equivalentes às emendas constitucionais.
b) O Brasil se submete à jurisdição de Tribunal Penal Internacional a cuja criação tenha manifestado adesão.
c) Os direitos e garantias expressos nesta Constituição não excluem outros decorrentes do regime e dos princípios por ela adotados, ou dos tratados internacionais em que a República Federativa do Brasil seja parte.
d) As normas definidoras dos direitos e garantias fundamentais necessitam de legislação complementar para a sua aplicabilidade.

27. (Cespe/TJ/DFT/Cartórios/Remoção/2019) A CF assegura aos cidadãos, independentemente do pagamento de taxas, da comprovação de estado de pobreza ou de insuficiência de recurso:

a) a certidão de casamento.
b) a obtenção de certidões em repartições públicas.
c) a assistência jurídica integral.
d) a certidão de óbito.
e) a criação e a dissolução de associações.

28. (Cespe/TJ/DFT/Cartórios/Ingresso/2019) A Constituição Federal de 1988 garante, entre outros direitos e garantias fundamentais, que:

a) a manifestação do pensamento é livre, sendo garantido o direito ao anonimato.
b) ninguém será privado de direitos por motivo de convicções filosóficas, políticas ou religiosas, salvo se as invocar para eximir-se de obrigação legal a todos imposta.
c) a casa é asilo inviolável do indivíduo, ninguém nela podendo penetrar sem o consentimento do morador, salvo por determinação judicial, a qualquer hora do dia ou da noite.
d) todos podem reunir-se pacificamente, sem armas, em locais abertos ao público, desde que seja concedida permissão por autoridade competente.
e) os autores de inventos industriais terão privilégio de caráter permanente para sua utilização, haja vista a promoção do desenvolvimento tecnológico do país.

29. (Vunesp/TJ/AL/Cartórios/Ingresso/2019) Segundo a Constituição Federal, é correto afirmar:

a) é assegurado a todos o acesso à informação, desde que indicada a fonte pelo jornalista.
b) é livre o exercício de qualquer trabalho, ofício ou profissão, atendidas as qualificações profissionais que as entidades profissionais estabelecerem em regulamento.
c) é livre a locomoção no território nacional em tempo de paz, podendo qualquer pessoa, nos termos da lei, nele entrar, permanecer ou sair com seus bens.
d) é plena a liberdade de associação para todos os fins.

30. (Vunesp/TJ/AL/Cartórios/Ingresso/2019) Em relação ao direito constitucional de propriedade, é correto afirmar que:

a) no caso de iminente perigo público, a autoridade competente poderá usar a propriedade particular, assegurada a indenização prévia.
b) a pequena propriedade rural, assim definida pelo Município, não será objeto de penhora para pagamento de débitos.
c) a desapropriação por necessidade ou utilidade pública ou por interesse social depende da promessa de indenização ulterior.
d) é garantido o seu exercício, devendo a propriedade atender a sua função social.

31. (Consulplan/TJ/MG/Cartórios/Ingresso/2018) Em relação aos direitos e garantias fundamentais, assinale a alternativa correta:

a) é absolutamente livre a manifestação do pensamento, não sendo vedado o anonimato.
b) não é reconhecido aos transgêneros o direito à substituição de prenome e sexo diretamente no registro civil.
c) a garantia do voto secreto, entendida como elemento fundamental do sistema democrático, não pode ser suprimida por meio de emenda.
d) a Constituição não excepciona do dever geral de informar a hipótese de informações imprescindíveis à segurança da sociedade e do Estado, sendo inadmitido o sigilo.

32. (Ieses/TJ/CE/Cartórios/Remoção/2018) Todos são iguais perante a lei, sem distinção de qualquer natureza, garantindo-se aos brasileiros e aos estrangeiros residentes no País a inviolabilidade do direito à vida, à liberdade, à igualdade, à segurança e à propriedade. No que diz respeito ao artigo 5º da CF/88 é correto afirmar:

I. é livre a criação de associações e, na forma da lei, a de cooperativas independem de autorização, sendo permitida a interferência estatal em seu funcionamento.
II. são invioláveis a intimidade, a vida privada, a honra e a imagem das pessoas, assegurado o direito a indenização pelo dano material ou moral decorrente de sua violação.
III. é livre a manifestação do pensamento, sendo consentido o anonimato.
IV. é garantido o direito de propriedade.

A sequência correta é:

a) apenas as assertivas II e IV estão corretas.
b) apenas a assertiva II está incorreta.
c) as assertivas I, II, III e IV estão corretas.
d) apenas as assertivas I, II e III estão corretas.

33. (Ieses/TJ/CE/Cartórios/Remoção/2018) Conforme dispõe a Constituição Federal de 1988 em seu artigo 5º, podemos afirmar que são gratuitas as ações de:

I. "habeas corpus".
II. "habeas data".
III. mandado de segurança.
IV. mandado de injunção.

A sequência correta é:

a) apenas a assertiva IV está incorreta.
b) apenas as assertivas I e II estão corretas.
c) as assertivas I, II, III e IV estão corretas.
d) apenas as assertivas I, II e III estão corretas.

34. (Ieses/TJ/CE/Cartórios/Ingresso/2018) Todos são iguais perante a lei, sem distinção de qualquer natureza, garantindo-se aos brasileiros e aos estrangeiros residentes no País a inviolabilidade do direito à vida, à liberdade, à igualdade, à segurança e à propriedade. Neste sentido, de acordo com a Constituição da República Federativa do Brasil de 1988 é incorreto afirmar que:

a) é inviolável o sigilo da correspondência e das comunicações telegráficas, de dados e das comunicações telefônicas, salvo, no último caso, por ordem judicial, nas hipóteses e na forma que a lei estabelecer para fins de investigação criminal ou instrução processual penal.
b) é livre a expressão da atividade intelectual, artística, científica e de comunicação, independentemente de censura ou licença.
c) é assegurada, nos termos da lei, a prestação de assistência religiosa nas entidades civis e militares de internação coletiva.
d) é livre a manifestação do pensamento, sendo resguardado o anonimato.

35. (Ieses/TJ/AM/Cartórios/Ingresso/2018) Conforme o disposto na Constituição Federal no Título II "Dos Direitos e Garantias Fundamentais", é correto afirmar:

a) aos litigantes e aos acusados em geral, exceto no âmbito administrativo, são assegurados o contraditório e ampla defesa, com os meios e recursos a ela inerentes.
b) todos os brasileiros têm direito a receber dos órgãos públicos informações de seu interesse particular, ressalvadas aquelas de interesse coletivo ou geral ou cujo sigilo seja imprescindível à segurança da sociedade e do Estado.
c) ninguém será privado de direitos por motivo de crença religiosa ou de convicção filosófica ou política, ainda que as invocar para eximir-se de obrigação legal a todos imposta e recusar-se a cumprir prestação alternativa, se fixada em lei complementar específica.
d) os tratados e convenções internacionais sobre direitos humanos que forem aprovados, em cada Casa do Congresso Nacional, em dois turnos, por três quintos dos votos dos respectivos membros, serão equivalentes às emendas constitucionais.

36. (Consulplan/TJ/MG/Cartórios/Remoção/2018) Em relação aos direitos e garantias fundamentais, assinale a alternativa correta:

a) a emenda que suprima a independência de um dos Poderes ou que lhe estorve a autonomia é imprópria.
b) a referência feita a Deus no Preâmbulo tem caráter normativo e compromete o princípio da neutralidade religiosa do Estado, obstacularizando a liberdade de não aderir a religião alguma.
c) ofende o princípio da proporcionalidade lei que isenta os "reconhecidamente pobres" do pagamento dos emolumentos devidos pela expedição de registro civil de nascimento e de óbito, bem como a primeira certidão respectiva.
d) a inviolabilidade da intimidade, da vida privada, da honra e da imagem das pessoas é assegurada como direito absoluto, devendo ser considerada ilegítima qualquer hipótese de intervenção ou ponderação no âmbito de proteção do direito de privacidade.

37. (Ieses/TJ/RO/Cartórios/Ingresso/2017) Sobre os direitos e garantias fundamentais previstos pela Constituição Federal, é correto afirmar:

a) a todos os litigantes, exceto no âmbito administrativo, são assegurados a razoável duração do processo e os meios que garantam a celeridade de sua tramitação.
b) é livre o exercício de qualquer trabalho, ofício ou profissão, vedada a fixação de restrições ou exigências de qualificação profissional diversas daquelas já estabelecidas pela norma constitucional.
c) aos litigantes, em processo judicial ou administrativo, e aos acusados em geral são assegurados o contraditório e ampla defesa, com os meios e recursos a ela inerentes.
d) é livre a manifestação de pensamento, constitucionalmente assegurado o anonimato para proteção geral dos cidadãos contra retaliações em virtude de eventuais denúncias.

2.2. Dos Direitos Sociais

SÚMULAS

STF Súm. Vinculante 4. Salvo os casos previstos na Constituição Federal, o salário mínimo não pode ser usado como indexador de base de cálculo de vantagem de servidor público ou de empregado, nem ser substituído por decisão judicial.

STF Súm. Vinculante 6. Não viola a Constituição da República o estabelecimento de remuneração inferior ao salário mínimo para os praças prestadores de serviço militar inicial.

STF Súm. Vinculante 40. A contribuição confederativa de que trata o artigo 8º, IV, da Constituição Federal, só é exigível dos filiados ao sindicato respectivo.

STF Súm. 675. Os intervalos fixados para descanso e alimentação durante a jornada de seis horas não descaracterizam o sistema de turnos ininterruptos de revezamento para o efeito do art. 7º, XIV, da Constituição.

STF Súm. 677. Até que lei venha a dispor a respeito, incumbe ao Ministério do Trabalho proceder ao registro das entidades sindicais e zelar pela observância do princípio da unicidade.

INFORMATIVOS

STF Medidas para garantir a continuidade de serviços públicos essenciais e direito de greve. São constitucionais o compartilhamento, mediante convênio, com estados, Distrito Federal ou municípios, da execução de atividades e serviços públicos federais essenciais, e a adoção de procedimentos simplificados para a garantia de sua continuidade em situações de greve, paralisação ou operação de retardamento promovidas por servidores públicos federais. Nessa hipótese, não se criam cargos, nem se autoriza contratação temporária. Tampouco delegam-se atribuições de servidores públicos federais a servidores públicos estaduais, ou autoriza-se a investidura em cargo público federal sem a aprovação prévia em concurso público. *ADI 4857, 11.3.2022. Inf 1046.*

STF Congelamento da base de cálculo para desindexação de piso salarial vinculado ao valor do salário mínimo. A fixação do piso salarial em múltiplos do salário mínimo mostra-se compatível com o texto constitucional, desde que não ocorra vinculação a reajustes futuros. *ADPF 53 Ref-MC, Pleno, 18.2.2022. Inf 1044.*

QUESTÕES OBJETIVAS

38. (Cespe/TJ/DFT/Cartórios/Remoção/2019) Com relação à garantia constitucional de tratamento igualitário sem distinção de qualquer natureza, a CF estabelece que:

a) homens e mulheres sejam iguais em direitos, ressalvadas hipóteses de vulnerabilidade da mulher quanto às obrigações.
b) votos de analfabetos são facultativos e, em razão da condição particular desse grupo, não têm o mesmo caráter de sigilo dos votos dos demais cidadãos.
c) a igualdade perante a lei seja garantida aos estrangeiros residentes no Brasil, desde que naturalizados, e aos brasileiros.
d) haja igualdade de direitos entre trabalhador com vínculo empregatício permanente e trabalhador avulso.
e) sejam assegurados à categoria dos trabalhadores domésticos todos os direitos previstos para os trabalhadores urbanos e rurais.

39. (Consulplan/TJ/MG/Cartórios/Remoção/2017) A Constituição Federal do Brasil veda o trabalho do menor de 16 anos; porém, permite que o maior de 14 anos exerça o trabalho na condição de aprendiz. Assim, o aprendiz:

a) não pode trabalhar em horário e locais que não permitem sua frequência na escola.
b) pode realizar qualquer tipo de trabalho, desde que seja até às 23 horas.
c) pode realizar trabalho em local insalubre, desde que devidamente autorizado pelos pais ou responsável.
d) pode realizar excepcionalmente e desde que autorizado pelos pais ou responsável, trabalho após às 23 horas.

2.3. Da Nacionalidade

QUESTÕES OBJETIVAS

40. (Vunesp/TJ/SP/Cartórios/Ingresso/2022) A aquisição da nacionalidade secundária:

a) é obtida por nascido no estrangeiro, desde que descenda de nacional.
b) não é prevista pelo ordenamento jurídico brasileiro, que adota o critério do ius soli.
c) compreende duas espécies, ordinária e extraordinária, segundo os requisitos exigidos em lei e na Constituição.
d) atende os sistemas do ius sanguinis, ius soli e misto.

41. (Consulplan/TJ/MG/Cartórios/Remoção/2019) O estrangeiro "E", brasileiro naturalizado desde 2015, foi citado em uma ação em que seu país de origem "P" solicitou ao Estado Brasileiro a sua extradição. Existe tratado de reciprocidade em matéria de extradição entre o Brasil e o país "P". Argumenta o país "P" que o estrangeiro "E", no ano de 2016, cometeu um crime de estupro naquele país, bem como teria uma condenação, já transitada em julgado, por tráfico ilícito de entorpecentes, datada do ano de 2013. Considerando o tratamento constitucional conferido ao estrangeiro no país, assinale a alternativa correta.

a) As duas hipóteses que fundamentam o pedido permitem a extradição do estrangeiro "E".
b) Sendo o estupro um crime grave e incluído no rol crimes hediondos, este fato, por si só, já autoriza a extradição do estrangeiro "E".
c) O crime de tráfico ilícito de entorpecentes, cometido antes ou após a naturalização e observados os limites da lei, autoriza a extradição do estrangeiro "E".
d) Em se tratando de estrangeiro naturalizado, não será autorizada a extradição em razão da condenação anterior por tráfico ilícito de entorpecentes. Contudo, o estrangeiro "E" será obrigado a cumprir a pena no Brasil, observados os critérios legais.

42. (Vunesp/TJ/AL/Cartórios/Ingresso/2019) São brasileiros natos:

a) os nascidos no estrangeiro de pai brasileiro ou de mãe brasileira, desde que registrados em repartição brasileira competente ou venham a residir na República Federativa do Brasil e optem, em qualquer tempo, depois de atingida a maioridade, pela nacionalidade brasileira.
b) os nascidos na República Federativa do Brasil, ainda que de país estrangeiros, desde que esses estejam a serviço de seu país.
c) os que, na forma da lei, adquiram o nacionalidade brasileira, exigido aos originários de países de língua portuguesa apenas residência por um ano ininterrupto e idoneidade moral.
d) os estrangeiros de qualquer nacionalidade residentes na República Federativa do Brasil há mais de quinze anos ininterruptos e sem condenação penal, desde que requeiram à nacionalidade brasileira.

43. (Vunesp/TJ/AL/Cartórios/Ingresso/2019) Nos termos da Constituição Federal, é privativo de brasileiro nato o cargo de:

a) ministro do Superior Tribunal de Justiça.
b) oficial das Forças Armadas.
c) senador da República.
d) juiz de direito.

44. (Consulplan/TJ/MG/Cartórios/Ingresso/2018) Em relação aos direitos de nacionalidade, assinale a alternativa incorreta:

a) não será concedida extradição de estrangeiro por crime político ou de opinião.
b) não impede a extradição a circunstância de ser o extraditando casado com brasileira ou ter filho brasileiro.
c) o brasileiro naturalizado poderá ser extraditado em caso de crime comum praticado antes da naturalização ou, na forma da lei, de comprovado envolvimento em tráfico ilícito de entorpecentes e drogas afins.
d) a Constituição considera brasileiros natos todos os nascidos no Brasil, ainda que de pais estrangeiros, bem como os nascidos no estrangeiro, de pai e mãe brasileiros, desde que ambos estejam a serviço do Brasil.

45. (Ieses/TJ/CE/Cartórios/Remoção/2018) São privativos de brasileiro nato os seguintes cargos, exceto:

a) da carreira diplomática.
b) de presidente de partido político.
c) de Ministro do Supremo Tribunal Federal.
d) de Presidente e Vice-Presidente da República.

46. (Ieses/TJ/AM/Cartórios/Remoção/2018) São brasileiros natos:

I. os nascidos no estrangeiro de pai brasileiro ou de mãe brasileira, desde que sejam registrados em repartição brasileira competente ou venham a residir na República Federativa do Brasil e optem, em qualquer tempo, depois de atingida a maioridade, pela nacionalidade brasileira.
II. os que, na forma da lei, adquiram a nacionalidade brasileira, exigidas aos originários de países de língua portuguesa apenas residência por um ano ininterrupto e idoneidade moral.
III. os nascidos na República Federativa do Brasil, ainda que de pais estrangeiros, desde que estes não estejam a serviço de seu país.
IV. os nascidos no estrangeiro, de pai brasileiro ou mãe brasileira, desde que qualquer deles esteja a serviço da República Federativa do Brasil.

A sequência correta é:

a) apenas as assertivas I, II e III estão corretas.
b) apenas as assertivas II e IV estão corretas.
c) apenas a assertiva II está incorreta.
d) as assertivas I, II, III e IV estão corretas.

47. (Consulplan/TJ/MG/Cartórios/Remoção/2018) Em relação aos direitos de nacionalidade, assinale a alternativa incorreta:

a) a disciplina sobre emigração e imigração, entrada, extradição e expulsão de estrangeiro é da competência legislativa privativa da União.
b) não impede a extradição a possibilidade de aplicação das penas de morte e de prisão perpétua, ainda que proibidas pela ordem constitucional brasileira.
c) nenhum brasileiro será extraditado, salvo o naturalizado, em caso de crime comum, praticado antes da naturalização, ou de comprovado envolvimento em tráfico ilícito de entorpecentes e drogas afins, na forma da lei.

d) a propriedade de empresa jornalística e de radiodifusão sonora e de sons e imagens é privativa de brasileiros natos ou naturalizados há mais de 10 (dez) anos, ou de pessoas jurídicas constituídas sob as leis brasileiras e que tenham sede no País.

48. (Consulplan/TJ/MG/Cartórios/Remoção/2017) David nasceu em país estrangeiro, mas reside no Brasil há mais de 15 (quinze) anos ininterruptos e adquiriu a nacionalidade brasileira. Com base nesses dados, é correto dizer que, necessariamente:

a) o país de origem de David é de língua portuguesa.
b) mesmo sabendo ler e escrever a língua portuguesa, David não poderá se eleger para a Câmara dos Deputados.
c) David não poderá ocupar cargo de Ministro de Estado.
d) David não poderá ocupar cargo de Ministro do STF.

49. (Cetro/TJ/RJ/Cartórios/Remoção/2017) No que se refere ao tema da nacionalidade, nos moldes do disposto na Constituição Federal de 1988, assinale a alternativa correta:

a) aquele que nasce no Brasil, ainda que um dos pais esteja a serviço de seu país, é brasileiro nato, dado que prevalece a regra do "jus solis".
b) dentre as hipóteses facilitadas de aquisição da nacionalidade brasileira explícitas na Constituição Federal de 1988, está a do estrangeiro que faz curso superior em estabelecimento nacional de ensino.
c) é competente o Ministro da Justiça para rever ato de naturalização que foi cancelado, administrativa ou judicialmente.
d) o brasileiro nascido no exterior, filho de pai e mãe brasileiros, vindo a residir no Brasil, somente pode optar, por conta de seu caráter personalíssimo, pela nacionalidade brasileira depois de atingir a maioridade.
e) o sistema constitucional brasileiro admite a aquisição da nacionalidade, com efeito direto e imediato, por meio do matrimônio.

2.4. Dos Direitos Políticos, dos Partidos Políticos

SÚMULAS

STF Súm. Vinculante 18. A dissolução da sociedade ou do vínculo conjugal, no curso do mandato, não afasta a inelegibilidade prevista no § 7º do artigo 14 da Constituição Federal.

REPERCUSSÃO & REPETITIVOS

STF Rep. Geral 986. É constitucional, à luz dos arts. 1º, inc. I e parágrafo único, 5º, inc. LIV, e 14, caput e § 9º, da Constituição da República, o § 3º do artigo 224 do Código Eleitoral, com a redação dada pela Lei 13.165/2015, no que determina a realização automática de novas eleições, independentemente do número de votos anulados, sempre que o candidato eleito, em pleito majoritário, for desclassificado, por indeferimento do registro de sua candidatura, ou em virtude de cassação do diploma ou mandato. *RE 1096029, 4.3.2020.*

INFORMATIVOS

STF Fundo Partidário e Fundo Eleitoral: vedação de repasse de seus recursos. São constitucionais, visto não ofenderem a autonomia partidária, os dispositivos de Resolução editada pelo TSE que vedam o repasse de recursos do Fundo Partidário e do Fundo Especial de Financiamento de Campanha (FEFC) por partidos políticos ou candidatos não pertencentes à mesma coligação e/ou não coligados. No caso, a atividade normativa do TSE não passou da esfera regulamentar. A vedação prevista pelos dispositivos impugnados encontra amparo direto na Constituição Federal e na legislação eleitoral, revelando-se plenamente razoável, pois leva em conta a finalidade dos repasses de recursos do FEFC e do Fundo Partidário, bem como a necessidade de acabar com as assimetrias causadas pela existência de coligações em eleições proporcionais. Com efeito, o montante dos referidos fundos que será repartido entre as agremiações políticas é definido pelo critério da representatividade no Congresso Nacional, não sendo plausível permitir o repasse de seus recursos a candidatos de partidos distintos não pertencentes à mesma coligação, especialmente em razão da natureza pública dessas verbas. *ADI 7214, 30.9.2022. Pleno. Inf 1070.*

STF Criação do Fundo Especial de Financiamento de Campanha. É constitucional a criação do Fundo Especial de Financiamento de Campanha (FEFC) por meio de norma infraconstitucional, dada a inexistência de obrigação ou proibição sobre o tema na CF. *ADI 5795, 19.8.2022. Pleno. Inf 1065.*

STF Ampliação de gastos com publicidade institucional e princípio da anterioridade eleitoral. A ampliação dos limites para gasto com publicidade institucional às vésperas das eleições pode afetar significativamente as condições da disputa eleitoral, sendo necessário postergar, em obediência ao princípio da anterioridade eleitoral (CF, art. 16), a eficácia de alterações normativas nesse sentido. *ADI 7182, 1.7.2022. Pleno. Inf 1062.*

QUESTÕES OBJETIVAS

50. (Ieses/TJ/TO/Cartórios/Remoção/2022) É livre a criação, fusão, incorporação e extinção de partidos políticos, resguardados a soberania nacional, o regime democrático, o pluripartidarismo, os direitos fundamentais da pessoa humana e observados os seguintes preceitos:

I. Funcionamento parlamentar de acordo com a lei.
II. Caráter nacional.
III. Permissão de recebimento de recursos financeiros de entidade ou governo estrangeiros ou de subordinação a estes.
IV. Prestação de contas à Justiça Eleitoral.

A sequência correta é:

a) Apenas as assertivas II e IV estão corretas.
b) Apenas as assertivas I, II e III estão corretas.
c) As assertivas I, II, III e IV estão corretas.
d) Apenas a assertiva III está incorreta.

51. (Vunesp/TJ/SP/Cartórios/Ingresso/2022) Os partidos políticos adquirem personalidade jurídica:

a) com o registro civil como pessoa jurídica de direito privado na forma da lei civil.
b) com o registro no Tribunal Superior Eleitoral como pessoa jurídica de direito público interno.
c) após a conjugação de dois requisitos, quais sejam, com o registro na forma da lei civil e registro no Tribunal Superior Eleitoral.
d) como pessoa jurídica de natureza mista, independentemente de qualquer registro.

52. (Ieses/TJ/RO/Cartórios/Ingresso/2021) Assinale a alternativa correta.

a) Conforme matéria sumulada, a perda do mandato em razão da desfiliação partidária não se aplica aos candidatos eleitos pelo sistema majoritário.
b) A União não intervirá nos Estados nem no Distrito Federal, exceto exclusivamente para assegurar a observância dos seguintes princípios constitucionais: forma republicana, sistema representativo e regime democrático; direitos da pessoa humana; autonomia municipal; prestação de contas da administração pública, direta e indireta e para garantia da dignidade da pessoa humana, conforme estabelecido em tratados internacionais do qual o Brasil faça parte.
c) Conforme expressamente previsto na Constituição Federal, em se tratando de projeto de lei orçamentária, as emendas individuais impositivas restaram proibidas, uma vez ter-se optado pelo orçamento unificado, devendo as emendas parlamentares ser apresentadas coletivamente, por bloco partidário, observada a proporcionalidade da representação no Congresso Nacional.

d) Um dos métodos interpretativos da Constituição mais utilizados é o hermenêutico concretizador. Por este método, partem os intérpretes de um problema concreto para a norma (Constituição), atribuindo-se à interpretação um caráter prático na busca da solução dos problemas concretizados.

53. (Ieses/TJ/RO/Cartórios/Remoção/2021) Conforme preconiza a Constituição Federal brasileira, a soberania popular será exercida pelo sufrágio universal e pelo voto direto e secreto, com valor igual para todos, e, nos termos da lei, mediante as alternativas abaixo, exceto:

a) referendo.
b) plebiscito.
c) ação popular.
d) iniciativa popular.

54. (Consulplan/TJ/MS/Cartórios/Remoção/2021) Lei Xiao Chen é parlamentar no Estado WW e pretende apresentar projeto para rever a Constituição do seu país por considerá-la desconectada com a realidade social local e mundial. Após contatar vários colegas parlamentares, verificou que sua proposta teria grande possibilidade de aprovação. O único ponto de debate seria o mecanismo que deveria ser utilizado para a reforma, tendo em vista a sua amplitude. Após amplo debate, concluiu-se que deveria prevalecer a tese da representação que, nos termos da doutrina constitucional prevalente, deve ser corporificada através de:

a) eleição direta.
b) plebiscito especial.
c) referendo popular.
d) assembleia constituinte.

55. (Consulplan/TJ/MG/Cartórios/Remoção/2019) Dentre os direitos políticos positivos consagrados na Constituição, que consistem num conjuntos de normas que asseguram ao cidadão o direito subjetivo de participação no processo político e em órgãos governamentais, está o direito ao sufrágio. Sobre o direito ao sufrágio, analise as proposições a seguir.

I. O sufrágio é um direito, não um privilégio, mas pode ser condicionado de acordo com o regime político adotado por uma nação.
II. O sufrágio censitário já foi adotado no Brasil, limitando o direito de voto a Senadores e Deputados, conforme a renda do cidadão.
III. O sufrágio capacitário baseia-se, essencialmente, nas aptidões intelectuais do cidadão, porém, não há experiência da sua utilização no Estado brasileiro.
IV. Quanto aos titulares ao direito ao sufrágio, pode-se afirmar que ninguém é elegível se não for eleitor.

Assinale a alternativa correta.

a) As afirmativas II e III são falsas.
b) Apenas a afirmativa III é falsa.
c) As afirmativas II e III são verdadeiras.
d) Apenas as afirmativas I e IV são verdadeiras.

56. (Ieses/TJ/RO/Cartórios/Remoção/2017) A soberania popular será exercida pelo sufrágio universal e pelo voto direto e secreto, com valor igual para todos, e, nos termos da lei, mediante:

I. plebiscito.
II. iniciativa popular.
III. eleições indiretas.
IV. referendo.

A sequência correta é:

a) apenas a assertiva III está correta.
b) as assertivas I, II, III e IV estão corretas.
c) a assertiva II está incorreta.
d) apenas as assertivas I, II e IV estão corretas.

57. (Ieses/TJ/RO/Cartórios/Remoção/2017) O alistamento eleitoral e o voto são obrigatórios para:

a) os maiores de dezesseis e menores de dezoito anos.
b) os maiores de setenta anos.
c) os maiores de dezoito anos.
d) os analfabetos.

3. DA ORGANIZAÇÃO DO ESTADO

3.1. Da União

SÚMULAS

1) Bens

STF Súm. 477. As concessões de terras devolutas situadas na faixa de fronteira, feitas pelos Estados, autorizam, apenas, o uso, permanecendo o domínio com a União, ainda que se mantenha inerte ou tolerante, em relação aos possuidores.

STF Súm. 479. As margens dos rios navegáveis são domínio público, insuscetíveis de expropriação e, por isso mesmo, excluídas de indenização.

STF Súm. 480. Pertencem ao domínio e administração da União, nos termos dos artigos 4º, IV, e 186, da Constituição Federal de 1967, as terras ocupadas por silvícolas.

STF Súm. 650. Os incisos I e XI do art. 20 da Constituição Federal não alcançam terras de aldeamentos extintos, ainda que ocupadas por indígenas em passado remoto.

2) Competência Legislativa

STF Súm. Vinculante 2. É inconstitucional a lei ou ato normativo estadual ou distrital que disponha sobre sistemas de consórcios e sorteios, inclusive bingos e loterias.

STF Súm. Vinculante 39. Compete privativamente à União legislar sobre vencimentos dos membros das polícias civil e militar e do corpo de bombeiros militar do Distrito Federal.

STF Súm. Vinculante 46. A definição dos crimes de responsabilidade e o estabelecimento das respectivas normas de processo e julgamento são da competência legislativa privativa da União.

STJ Súm. 19. A fixação do horário bancário, para atendimento ao público, é da competência da União.

REPERCUSSÃO & REPETITIVOS

STF Rep. Geral 774. A norma estadual que impõe à concessionária de geração de energia elétrica a promoção de investimentos, com recursos identificados como parcela da receita que aufere, voltados à proteção e à preservação de mananciais hídricos é inconstitucional por configurar intervenção indevida do Estado no contrato de concessão da exploração do aproveitamento energético dos cursos de água, atividade de competência da União, conforme art. 21, XII, "b", da Constituição Federal. *RE 827538, 12.5.2020.*

STF Rep. Geral 1177. A competência privativa da União para a edição de normas gerais sobre inatividades e pensões das polícias militares e dos corpos de bombeiros militares (artigo 22, XXI, da Constituição, na redação da Emenda Constitucional 103/2019) não exclui a competência legislativa dos Estados para a fixação das alíquotas da contribuição previdenciária incidente sobre os proventos de seus próprios militares inativos e pensionistas, tendo a Lei Federal 13.954/2019, no ponto, incorrido em inconstitucionalidade. *RE 1338750, 22.10.2021.*

INFORMATIVOS

STF Prestação e divulgação de contas de sindicatos: exigência por lei distrital. É inconstitucional, por violar o art. 22, I, da CF, norma distrital que obriga os sindicatos a divulgarem na internet a prestação de contas das verbas recebidas a título de contribuição confederativa, sindical e de outros recursos recebidos do Distrito Federal. No caso, a lei invade competência legislativa privativa da União, pois guarda pertinência com o direito coletivo do trabalho, assim como – sob um prisma mais abrangente – o direito civil, enquanto entidades associativas. *ADI 5349, 19.8.2022. Pleno. Inf 1064.*

STF Porte de armas de fogo: presunção do risco da atividade e efetiva necessidade mediante lei estadual. É inconstitucional, por violar competência da União para legislar sobre materiais bélicos, norma estadual que reconhece o risco da atividade e a efetiva necessidade do porte de arma de fogo ao atirador desportivo integrante de entidades de desporto legalmente constituídas e ao vigilante de empresa de segurança privada. *ADI 7189, 23.9.2022. Pleno. Inf 1069.*

STF Serviço de telecomunicação e proibição de oferta e comercialização de serviço de valor adicionado. É inconstitucional, por violar os arts. 21, XI, 22, IV, e 48, XII da CF, norma estadual que proíbe concessionárias de serviços de telecomunicação de ofertarem e comercializarem serviço de valor adicionado (SVA). Embora o SVA não constitua propriamente serviço de telecomunicação, a proibição de sua oferta e comercialização acaba por interferir indiretamente na prestação dos serviços de telecomunicação, porque restringe o plano de negócio das empresas do setor, com possíveis prejuízos para o equilíbrio econômico-financeiro dos contratos de concessão. *ADI 6199, 15.8.2022. Pleno. Inf 1063.*

STF Lei estadual e depósitos judiciais e extrajudiciais de terceiros. É inconstitucional norma estadual que dispõe sobre valores correspondentes a depósitos judiciais e extrajudiciais de terceiros, ou seja, em que o ente federado não é parte interessada. Sob o prisma formal, ao determinar que os depósitos judiciais e extrajudiciais, em dinheiro, à disposição do poder judiciário estadual ou da Secretaria da Fazenda, serão efetuados em Conta Central de Depósitos Procedimentais, o legislador estadual usurpou a competência da União para legislar sobre: (i) o Sistema Financeiro Nacional (CF, art. 21, VIII); (ii) a política de crédito e transferência de valores (arts. 22, VII, e 192); (iii) direito civil e processual (art. 22, I); e (iv) normas gerais de direito financeiro (art. 24, I), atuando, neste último caso, além dos limites de sua competência suplementar, pois previu hipóteses e finalidades não estabelecidas em normas gerais editadas pela União. Quanto ao aspecto material, a disciplina que possibilita o uso e administração, pelo Poder Executivo, de numerário de terceiros, cujo depositário é o Judiciário, viola a separação dos Poderes, dada a clara desarmonia ao sistema de pesos e contrapesos. No caso, o tratamento legal impugnado ainda afronta o direito de propriedade dos jurisdicionados – pois configura expropriação de recursos a eles pertencentes –; caracteriza empréstimo compulsório não previsto no art. 148 da CF; bem como cria endividamento fora das hipóteses de dívida pública permitidas pela Constituição. *ADI 6660, 20.6.2022. Pleno. Inf 1060.*

STF Lei estadual: planos de saúde e limitação de tratamento para pessoas com deficiência. É inconstitucional, por ofensa à competência privativa da União para legislar sobre direito civil e política de seguros, lei estadual que veda, no âmbito de seu território, operadoras de planos de saúde de limitarem consultas e sessões para o tratamento de pessoas com deficiência. A competência legislativa concorrente em matéria de defesa do consumidor não autoriza os estados-membros a editarem normas sobre o tema, nem mesmo em caráter suplementar. *ADI 7172, 17.10.2022, Pleno. Inf 1072.*

STF Covid-19: multa por descumprimento de cláusula de fidelidade contratual nos serviços de telecomunicações. É inconstitucional, por ofensa à competência privativa da União para legislar sobre telecomunicações, lei estadual que veda a aplicação de multa por quebra de fidelidade nos serviços de TV por assinatura, telefonia, internet e serviços assemelhados, enquanto perdurar a pandemia da Covid-19. *ADI 7211, 30.9.2022. Pleno. Inf 1070.*

STF Covid-19 e instituições de ensino: inadimplência, recusa de matrícula e competência legislativa. É inconstitucional, por violação à competência privativa da União para legislar sobre direito civil (CF, art. 22, I), norma estadual que impede as instituições particulares de ensino superior de recusarem a matrícula de estudantes inadimplentes e de cobrar juros, multas, correção monetária ou quaisquer outros encargos durante o período de calamidade pública causado pela pandemia da Covid-19. *ADI 7179, 5.8.2022. Pleno. Inf 1062.*

STF Construção de instalações nucleares e de energia elétrica: imposição de exigências por norma estadual. É inconstitucional norma de Constituição estadual que impõe condições locais para a construção de instalações nucleares e de energia elétrica. Ao disporem sobre os assuntos, incorrem em indevida invasão da competência privativa da União para explorar tais serviços e legislar a seu respeito. *ADI 7076, 24.6.2022. Pleno. Inf 1060.*

STF Competência da União para explorar e legislar sobre atividades nucleares. É inconstitucional norma de Constituição estadual que dispõe sobre serviços de atividades nucleares de qualquer natureza. *ADI 6858, 1.7.2022. Pleno. Inf 1061.*

STF Atividade profissional de despachantes: competência legislativa para regulamentação. É privativa da União a competência para legislar sobre condições para o exercício da profissão de despachante (CF, art. 22, XVI), de modo que a disciplina legal dos temas relacionados à sua regulamentação também deve ser estabelecida pela União. *ADI 6738/GO, 21.11.2022. Pleno. Inf 1076.*

STF Promoção e benefícios a novos clientes e extensão aos preexistentes. É inconstitucional lei estadual que impõe aos prestadores privados de serviços de ensino e de telefonia celular a obrigação de estender o benefício de novas promoções aos clientes preexistentes. A norma promove ingerência em relações contratuais já estabelecidas sem que exista conduta lesiva ou abusiva por parte do prestador. A alteração de forma geral e abstrata do conteúdo de negócios jurídicos caracteriza norma de direito civil, cuja competência legislativa é privativa da União. *ADI 5399, 9.6.2022. Pleno. Inf 1058.*

STF Custas e emolumentos judiciais: majoração e criação de sanções processuais por ente estadual. É inconstitucional norma estadual que institui sanções processuais diversas da legislação federal para litigantes que abusem do seu direito à prestação jurisdicional e um procedimento mais restritivo para requerer o benefício da gratuidade de justiça. Compete à União legislar sobre direito processual (CF, art. 22, I) e já existe, no CPC, expressão legislativa exaustiva sobre a matéria. Custas e os emolumentos classificam-se como tributo da espécie taxa, e não podem ter como fato gerador principal um ato ilícito. *ADI 7063, 3.6.2022. Pleno. Inf 1057.*

STF Obrigações impostas aos planos de saúde e competência legislativa privativa da União. É formalmente inconstitucional lei estadual que estabelece obrigações referentes a serviço de assistência médico-hospitalar que interferem nas relações contratuais estabelecidas entre as operadoras de planos de saúde e seus usuários. Esses temas são relativos a direito civil e concernem à política de seguros, matérias conferidas constitucionalmente à competência legislativa privativa da União, nos termos do art. 22, I e VII, da CF. *ADI 7029, 6.5.2022. Pleno. Inf 1053.*

STF Pessoas desaparecidas e divulgação de fotos em noticiários de TV e em jornais. É inconstitucional lei estadual que fixe a obrigatoriedade de divulgação diária de fotos de crianças desaparecidas em noticiários de TV e em jornais de estado-membro. Na hipótese, a lei estadual invade a competência legislativa da União para dispor privativamente sobre radiodifusão de sons e imagens (CF, art. 22, IV). Além disso, cria obrigação à margem dos contratos de concessão dessas pessoas jurídicas com a União (poder concedente), em contrariedade ao art. 21, XII, da CF. Também em inconstitucionalidade material: primeiro, porque estabelece indevida interferência na liberdade de agentes econômicos privados; segundo, porque ofende a liberdade de informação jornalística dos veículos de comunicação social (CF, art. 220). *ADI 5292, 25.3.2022. Pleno. Inf 1048.*

STF Normas estaduais sobre inclusão e exclusão de consumidores em cadastros de proteção ao crédito. A adoção de sistema de comunicação prévia a consumidor inadimplente por carta registrada com aviso de recebimento configura desrespeito à CF. A norma impugnada transgride o modelo geral (CDC, art. 43, § 2º). Além disso, afeta ostensivamente relações comerciais e consumeristas que transcendem os limites territoriais do ente federado, bem como transfere todo o ônus financeiro da inadimplência da pessoa do devedor para a sociedade em geral. //É inconstitucional a previsão, por lei estadual, de "prazo de tolerância" a impedir que o nome do consumidor inadimplente seja imediatamente inscrito em cadastro ou banco de dados. O tempo do pagamento e os efeitos da mora são matérias de direito civil e comercial, reservadas à União (CF, art. 22, I). //A supressão da verificação prévia quanto à existência do crédito, exigibilidade do título e inadimplência do devedor não caracteriza violação do princípio da vedação ao retrocesso. *ADI 5224, 8.3.2022. Inf 1046.*

STF Lei estadual e vedação à inscrição em cadastro de proteção ao crédito. É inconstitucional lei estadual que vede a inscrição em cadastro de proteção ao crédito de usuário inadimplente dos serviços de abastecimento de água e esgotamento sanitário. Não compete aos estados legislar sobre normas gerais de proteção ao consumidor ou concessão de serviço público. As normas gerais sobre consumo, editadas pela União, não preveem qualquer restrição quanto aos tipos de débitos que possam ser inscritos nos bancos de dados e cadastros de consumidores. *ADI 6668, Pleno, 11.2.2022. Inf 1043.*

STF Concessão de porte de arma de fogo a procuradores estaduais por lei estadual. A concessão de porte de arma a procuradores estaduais, por lei estadual, é incompatível com a Constituição Federal. A CF atribuiu à União a competência material para autorizar e fiscalizar o armamento produzido e comercializado no País. Também outorgou ao legislador federal a competência legislativa correspondente para ditar normas sobre material bélico. *ADI 6985, Pleno, 25.2.2022. Inf 1045.*

QUESTÕES OBJETIVAS

58. (Ieses/TJ/SC/Cartórios/Remoção/2019) Sobre as competências da União, dos Estados, do Distrito Federal para legislar concorrentemente podemos afirmar que:

a) No âmbito da legislação concorrente, a competência da União limitar-se-á a estabelecer normas gerais.
b) Existindo lei federal sobre normas gerais, os Estados exercerão a competência legislativa plena, para atender a suas peculiaridades.
c) A competência da União para legislar sobre normas gerais exclui a competência suplementar dos Estados.
d) A superveniência de lei federal sobre normas gerais não suspende a eficácia da lei estadual, no que lhe for contrário.

59. (Ieses/TJ/SC/Cartórios/Ingresso/2019) Sobre as competências da União, dos Estados, dos Municípios e do Distrito Federal para legislar é correto afirmar que:

a) Compete exclusivamente à União legislar sobre a criação, funcionamento e processo dos juizados especiais civis e criminais.
b) Compete concorrentemente à União, aos Estados, aos Municípios e ao Distrito Federal legislar sobre as custas dos serviços forenses, e a organização, garantias, direitos e deveres das polícias civis.
c) Compete comumente à União, aos Estados, ao Distrito Federal e aos Municípios sobre defesa territorial, defesa aeroespacial, defesa marítima, defesa aeroportuária, defesa civil e mobilização nacional.
d) Compete privativamente à União legislar sobre sistemas de consórcios e sorteios, registros públicos, e propaganda comercial.

60. (Ieses/TJ/CE/Cartórios/Remoção/2018) Compete privativamente à União legislar sobre:

a) produção e consumo.
b) proteção à infância e à juventude.
c) orçamento.
d) nacionalidade, cidadania e naturalização.

3.2. Dos Estados Federados

SÚMULAS

STF Súm. Vinculante 2. É inconstitucional a lei ou ato normativo estadual ou distrital que disponha sobre sistemas de consórcios e sorteios, inclusive bingos e loterias.

STF Súm. Vinculante 45. A competência constitucional do tribunal do júri prevalece sobre o foro por prerrogativa de função estabelecido exclusivamente pela constituição estadual.

STF Súm. Vinculante 46. A definição dos crimes de responsabilidade e o estabelecimento das respectivas normas de processo e julgamento são da competência legislativa privativa da União.

REPERCUSSÃO & REPETITIVOS

STF Rep. Geral 491. Os Estados-Membros e o Distrito Federal têm competência legislativa para estabelecer regras de postagem de boletos referentes a pagamento de serviços prestados por empresas públicas e privadas. *ARE 649379, 17.11.2020.*

INFORMATIVOS

STF Empresas de telefonia e internet: obrigatoriedade de inserção de mensagem nas faturas. É constitucional norma estadual que, a pretexto de proteger a saúde pública, obriga as prestadoras de serviços de telefonia celular e de internet a inserirem, nas faturas de consumo, mensagem incentivadora à doação de sangue. Não há usurpação de competência privativa da União, visto que o valor constitucional primordialmente tutelado pela norma impugnada não é o serviço prestado por concessionárias de telecomunicações, mas a proteção e defesa da saúde, matéria sujeita à competência legislativa concorrente (CF, art. 24, XII). *ADI 6088, 26.8.2022. Pleno. Inf 1065.*

STF Reserva de assentos especiais para pessoas obesas. É constitucional lei estadual que prevê a reserva de assentos especiais a serem utilizados por pessoas obesas, correspondente a 3% dos lugares em salas de projeções, teatros e espaços culturais localizados em seu território e a, no mínimo, 2 lugares em cada veículo do transporte coletivo municipal e intermunicipal. Inexiste qualquer relação com a competência privativa da União referente à regulação de trânsito e transporte (CF, art. 22, IX), de modo que a política de inclusão adotada se enquadra na competência concorrente da União, estados e municípios para promover o acesso à cultura, ao esporte e ao lazer (CF, arts. 6º, 23, V, 24, IX, 215 e 217, § 3º). *ADI 2477, 21.10.2022. Pleno. Inf 1073.*

STF Região metropolitana: saneamento básico, poder decisório e recursos obtidos com a empreitada comum. É inconstitucional norma que prevê a concentração excessiva do poder decisório nas mãos de só um dos entes públicos integrantes de região metropolitana. Nesse mesmo contexto, é inadmissível que a gestão e a percepção dos frutos da empreitada metropolitana comum, incluídos os valores referentes a eventual concessão à iniciativa privada, aproveitem a apenas um dos entes federados. *ADPF 863, 13.5.2022. Pleno. Inf 1055.*

STF Prazo de validade de bilhetes de transporte rodoviário de passageiros e competência legislativa estadual. Compete aos estados-membros a definição do prazo de validade de bilhetes de transporte rodoviário intermunicipal de passageiros. Incumbe aos estados, como titulares da exploração do transporte rodoviário intermunicipal, a definição da respectiva política tarifária, à luz dos elementos que possam influenciá-la, como o prazo de validade do bilhete, nos termos do art. 175 da CF. *ADI 4289, 8.4.2022. Pleno. Inf 1050.*

STF Lei estadual: SAC e atendimento telefônico gratuito. É válida lei estadual que obrigue empresas prestadoras de serviços de televisão por assinatura e estabelecimentos comerciais de vendas no varejo e no atacado – que já possuam Serviço de Atendimento ao Consumidor (SAC) – a fornecerem atendimento telefônico gratuito a seus clientes. Sem que haja previsão normativa federal a desautorizar, o norte exegético do princípio federativo atrai solução que preserve a competência do ente federado menor à luz do art. 24 da CF . O exercício da competência concorrente está chancelado pelos §§ 1º e 2º do art. 24 da CF, haja vista o nítido caráter de suplementação do arcabouço jurídico protetivo das relações de consumo que a obrigação de gratuidade no serviço de atendimento telefônico traduz. *ADI 4118, Pleno, 25.2.2022. Inf 1045.*

STF Concessão de meia-entrada em estabelecimentos de lazer e entretenimento para professores da rede pública estadual e municipais de ensino. É constitucional lei estadual que concede aos professores das redes públicas estadual e municipais de ensino o benefício da meia-entrada nos estabelecimentos de lazer e entretenimento. A competência para legislar sobre direito econômico é concorrente. Assim, como a legislação federal atualmente vigente que trata do benefício em comento (Lei 12.933/13) não contempla a específica categoria profissional abrangida pela norma estadual impugnada, o ente federado pode utilizar-se legitimamente de sua competência normativa supletiva para tanto. A medida não viola o princípio da isonomia. O tratamento desigual criado pela lei está plenamente justificado – constitui estratégia de política pública que se coaduna com a priorização absoluta da educação básica. *ADI 3753, 8.4.2022. Pleno. Inf 1050.*

QUESTÕES OBJETIVAS

61. (FGV/TJ/SC/Cartórios/Ingresso/2021) O Estado Alfa, com o objetivo de aumentar o fluxo de informações e assegurar a completude cadastral do órgão incumbido da emissão da carteira de identidade, editou a Lei nº XX/2020. Esse diploma normativo determinou que os Registros Civis das Pessoas Naturais encaminhassem comunicação de óbito ao referido órgão e à Justiça Eleitoral. Considerando a sistemática constitucional, a Lei estadual nº XX/2020 é formalmente:

a) inconstitucional, pois compete privativamente à União legislar sobre cidadania.
b) inconstitucional, pois compete privativamente à União legislar sobre direito eleitoral.
c) inconstitucional, pois compete privativamente à União legislar sobre registros públicos.
d) constitucional, desde que o projeto de lei tenha sido de iniciativa do chefe do Poder Executivo.
e) constitucional, pois os cartórios atuam no território do Estado e são submetidos à fiscalização do Tribunal de Justiça.

62. (FGV/TJ/SC/Cartórios/Remoção/2021) O litoral do Estado Alfa tinha elevado potencial turístico e grande produção pesqueira. No entanto, era comum que embarcações marítimas despejassem dejetos nas proximidades da costa, o mesmo ocorrendo com as instalações costeiras, o que gerava reflexos diretos no meio ambiente. Diante desse quadro, foi editada a Lei estadual nº XX/2020, que dispôs sobre o controle dessas atividades. À luz da sistemática constitucional vigente, a Lei estadual nº XX/2020 é formalmente:

a) inconstitucional, pois compete privativamente à União legislar sobre o direito civil.
b) constitucional, desde que a União tenha previamente editado normas gerais sobre a matéria.
c) inconstitucional, pois compete privativamente à União legislar sobre direito marítimo.
d) inconstitucional, pois se trata de interesse tipicamente local, de competência privativa dos Municípios.
e) constitucional, pois os Estados possuem competência concorrente para legislar sobre proteção do meio ambiente.

63. (Ieses/TJ/RO/Cartórios/Remoção/2021) Ao Estado de Rondônia compete exercer, em seu território, todos os poderes que, implícita ou explicitamente, não lhe sejam vedados pela Constituição Federal, especialmente:

I. Instituir e arrecadar os tributos de sua competência, bem como aplicar suas rendas e prestar contas.
II. Cuidar da saúde pública, assistência social e proteção das pessoas portadoras de deficiência.
III. Firmar acordos e convênios com a União, os Municípios, os demais Estados e entidades, para fins de cooperação intergovernamental, execução de leis, serviços, decisões, assistência técnica ou aplicação de recursos.
IV. Legislar, de forma privativa, sobre direito tributário, financeiro, penitenciário, econômico e urbanístico.

A sequência correta é:

a) Apenas as assertivas II e III estão corretas.
b) Apenas as assertivas I e II estão corretas.
c) Apenas a assertiva IV está incorreta.
d) As assertivas I, II, III e IV estão corretas.

64. (Vunesp/TJ/RS/Cartórios/Remoção/2019) Considerando as disposições constitucionais a respeito das regiões metropolitanas, aglomerações urbanas e microrregiões, assinale a alternativa correta.

a) A região metropolitana e as microrregiões apresentam-se como região urbana, formada por um grupo de Municípios cujas sedes se unem com continuidade urbana em torno de um Município-Polo.
b) Instituído formalmente o agrupamento de municípios por um dos instrumentos constitucionais, ele será estabelecido como ente político-administrativo autônomo dotado de personalidade jurídica própria.
c) Havendo lei complementar estadual aprovada pela Assembleia Legislativa, será compulsória a participação dos Municípios limítrofes envolvidos numa respectiva região metropolitana criada pela Lei.
d) Aquelas regiões, aglomerações e microrregiões que já existiam antes da Constituição de 1988 e que não haviam sido criadas na forma prevista no novel texto constitucional, foram automaticamente extintas.
e) São criadas por lei federal e se constituem em agrupamentos de municípios limítrofes, para integrar a organização, o planejamento e a execução de funções públicas de interesse comum.

3.3. Dos Municípios

SÚMULAS

STF Súm. Vinculante 38. É competente o município para fixar o horário de funcionamento de estabelecimento comercial.

STF Súm. Vinculante 49. Ofende o princípio da livre concorrência lei municipal que impede a instalação de estabelecimentos comerciais do mesmo ramo em determinada área.

STF Súm. 419. Os municípios têm competência para regular o horário do comércio local, desde que não infrinjam leis estaduais ou federais válidas.

STF Súm. 702. A competência do Tribunal de Justiça para julgar prefeitos restringe-se aos crimes de competência da justiça comum estadual; nos demais casos, a competência originária caberá ao respectivo tribunal de segundo grau.

STF Súm. 703. A extinção do mandato do prefeito não impede a instauração de processo pela prática dos crimes previstos no art. 1º do DL 201/67.

STJ Súm. 208. Compete à justiça federal processar e julgar prefeito municipal por desvio de verba sujeita a prestação de contas perante órgão federal.

STJ Súm. 209. Compete à justiça estadual processar e julgar prefeito por desvio de verba transferida e incorporada ao patrimônio municipal.

STJ Súm. 615. Não pode ocorrer ou permanecer a inscrição do município em cadastros restritivos fundada em irregularidades na gestão anterior quando, na gestão sucessora, são tomadas as providências cabíveis à reparação dos danos eventualmente cometidos.

REPERCUSSÃO & REPETITIVOS

STF Rep. Geral 546. Surge constitucional previsão normativa local voltada a coibir fraude considerado o serviço público de transporte coletivo e inconstitucional condicionar a liberação de veículo apreendido ao pagamento de multas, preços públicos e demais encargos decorrentes de infração. *RE 661702, 4.5.2020.*

STF Rep. Geral 559. A EC nº 57/08 não convalidou desmembramento municipal realizado sem consulta plebiscitária e, nesse contexto, não retirou o vício de ilegitimidade ativa existente nas execuções fiscais que haviam sido propostas por município ao qual fora acrescida, sem tal consulta, área de outro para a cobrança do IPTU quanto a imóveis nela localizados. *RE 614384, 29.4.2022.*

STF Rep. Geral 849. Compete aos municípios legislar sobre a obrigatoriedade de instalação de hidrômetros individuais nos edifícios e condomínios, em razão do preponderante interesse local envolvido. *RE 738481,16.8.2021.*

INFORMATIVOS

STF Isenção de tarifas de água e esgoto: predominância de interesse local e competência legislativa. É inconstitucional, por invadir a competência municipal para legislar sobre assuntos de interesse local (CF, art. 30, I e V), lei estadual que concede, por período determinado, isenção das tarifas de água e esgoto e de energia elétrica aos consumidores residenciais, industriais e comerciais. Segundo as diretrizes nacionais para o saneamento básico, fixadas pela Lei 11.445/07 e atualizadas pela Lei do Novo Marco do Saneamento Básico (Lei 14.026/20), compete aos municípios, responsáveis pela gestão dos assuntos de interesse local e pela edição de leis que digam respeito a esses temas, a titularidade dos serviços públicos de saneamento básico. Ainda que o estado seja o acionista majoritário das empresas concessionárias dos serviços de saneamento básico, não se admite essa interferência. *ADI 6912, 15.8.2022. Pleno. Inf 1063.*

QUESTÕES OBJETIVAS

65. (Consulplan/TJ/MG/Cartórios/Ingresso/2017) Suponha que um novo município foi criado por lei estadual em Minas Gerais. Conforme a Constituição da República, assinale a opção correta:

a) tendo tramitado o projeto e sido promulgada a lei em ano que antecede ao das eleições municipais, a lei de criação desse município afronta diretamente a Constituição da República, na medida em que já se tinha expirado o período estabelecido para tal fim.

b) a Lei Estadual é inconstitucional porque a Constituição da República não prevê a "criação", mas apenas as figuras da incorporação, fusão e desmembramento de municípios.
c) é vedada a criação de Tribunal, Conselho ou órgão de Contas nesse novo município.
d) sua Câmara Municipal não poderá gastar mais de setenta por cento de sua receita corrente líquida com folha de pagamento de pessoal, excluído o gasto com o subsídio de seus Vereadores.

66. (Consulplan/TJ/MG/Cartórios/Ingresso/2017) Em termos de competência legislativa, é correto dizer, com o abono do STF, que:

a) os Municípios têm autonomia para regular o horário do comércio local, desde que não infrinjam leis estaduais ou federais válidas.
b) a imposição legal de um limite ao tempo de espera em fila dos usuários dos serviços prestados pelos cartórios constitui matéria relativa à disciplina dos registros públicos, falecendo aos Municípios competência legislativa para dispor sobre o tema.
c) por tratar de tema de interesse local, não padece de inconstitucionalidade a lei municipal que, na hipótese de transporte urbano clandestino de passageiros, impõe sanção mais gravosa que a prevista no Código de Trânsito Brasileiro.
d) os Estados-membros não têm competência para explorar e regulamentar a prestação de serviços de transporte intermunicipal que, por se tratar de serviço público de interesse local, trata-se de tema albergado pela competência legislativa dos Municípios.

3.4. Do Distrito Federal e dos Territórios

SÚMULAS

STF Súm. Vinculante 2. É inconstitucional a lei ou ato normativo estadual ou distrital que disponha sobre sistemas de consórcios e sorteios, inclusive bingos e loterias.

STF Súm. Vinculante 39. Compete privativamente à União legislar sobre vencimentos dos membros das polícias civil e militar e do corpo de bombeiros militar do Distrito Federal.

STF Súm. 642. Não cabe ação direta de inconstitucionalidade de lei do Distrito Federal derivada da sua competência legislativa municipal.

QUESTÕES OBJETIVAS

67. (Cespe/TJ/DFT/Cartórios/Remoção/2019) Ao definir a organização político-administrativa do Estado brasileiro, o constituinte determinou que o Distrito Federal:

a) deve ser regido por sua Constituição e pelas leis que adotar, observados os princípios da CF.
b) é competente para organizar e manter sua polícia civil, sua polícia militar e seu corpo de bombeiros militar.
c) acumula as competências legislativas reservadas aos estados e aos municípios.
d) é competente para explorar diretamente serviços e instalações de energia elétrica.
e) é competente para legislar sobre a organização administrativa do Poder Judiciário, do Ministério Público e da Defensoria Pública.

68. (Consulplan/TJ/MG/Cartórios/Remoção/2017) Sobre a competência legislativa, assinale a alternativa correta:

a) à União, aos Estados e ao Distrito Federal compete legislar concorrentemente sobre educação, ensino, desporto, ciência e tecnologia, pesquisa, desenvolvimento e inovação.
b) a União é competente para fixar o horário de funcionamento dos postos de gasolina situados nos municípios.
c) à União e ao Distrito Federal compete legislar concorrentemente sobre os vencimentos dos membros das polícias civil e militar e do corpo de bombeiros militar do Distrito Federal.
d) é competência comum da União, dos Estados e do Distrito Federal legislar concorrentemente sobre sistemas de consórcios e sorteios.

3.5. Da Intervenção

SÚMULAS

STF Súm. 360. Não há prazo de decadência para a representação de inconstitucionalidade prevista no art. 8º, parágrafo único, da Constituição Federal.

STF Súm. 614. Somente o Procurador-Geral da Justiça tem legitimidade para propor ação direta interventiva por inconstitucionalidade de lei municipal.

INFORMATIVOS

STF Hipóteses constitucionais de intervenção estadual no município: rol taxativo. É inconstitucional – por violação aos princípios da simetria e da autonomia dos entes federados – norma de Constituição estadual que prevê hipótese de intervenção do estado no município fora das que são taxativamente elencadas no artigo 35 da CF. *ADI 6619, 21.10.2022. Pleno. Inf 1073.*

STJ Ordem judicial de desocupação. Não cumprimento. Medidas cabíveis tomadas pelo ente estatal. Reassentamento das famílias. Pedido de intervenção federal. Medida excepcional. Não cabimento. Princípio da proporcionalidade. A excepcionalidade e a gravidade que circundam a intervenção federal, bem como a complexidade que emana do cumprimento da ordem de desocupação, sobrepõem-se ao interesse particular dos proprietários do imóvel. *IF 113, Corte Especial, 6.4.2022. Inf 732.*

QUESTÕES OBJETIVAS

69. (Consulplan/TJ/MS/Cartórios/Remoção/2021) O estado Syaoran pertencente a Estado federado sofre com momentos de convulsão social, com manifestações violentas, com danos ao patrimônio público e privado e impedimento aos serviços públicos. As forças policiais do Estado não são capazes de controlar a situação que fica caótica, impedindo o funcionamento regular do Estado federado. Nos termos da Constituição Federal, é cabível a intervenção da União nos Estados federados, quando:

a) Existirem manifestações sociais causadoras de risco ao Estado.
b) Ocorrer a reunião de populares nas ruas com finalidades desconhecidas.
c) Sucederem os movimentos da população sem autorização das autoridades.
d) Houver necessidade de por termo a grave comprometimento da ordem pública.

4. DA ORGANIZAÇÃO DOS PODERES

4.1. Do Poder Legislativo

4.1.1. Do Congresso Nacional

SÚMULAS

STF Súm. 245. A imunidade parlamentar não se estende ao corréu sem essa prerrogativa.

STF Súm. 397. O poder de polícia da Câmara dos Deputados e do Senado Federal, em caso de crime cometido nas suas dependências, compreende, consoante o regimento, a prisão em flagrante do acusado e a realização do inquérito.

REPERCUSSÃO & REPETITIVOS

STF Rep. Geral 562. Ante conflito entre a liberdade de expressão de agente político, na defesa da coisa pública, e honra de terceiro, há de prevalecer o interesse coletivo. *RE 685493, 22.5.2020.*

INFORMATIVOS

STF Reeleição ou recondução de membros de Mesa Diretora de Assembleias Legislativas. (i) a eleição dos membros das Mesas das Assembleias Legislativas estaduais deve observar o limite de uma única reeleição ou recondução, limite cuja observância independe de os mandatos consecutivos referirem-se à mesma legislatura; (ii) a vedação à reeleição ou recondução aplica-se somente para o mesmo cargo da mesa diretora, não impedindo que membro da mesa anterior se mantenha no órgão de direção, desde que em cargo distinto; (iii) o limite de uma única reeleição ou recondução, acima veiculado, deve orientar a formação da Mesa da Assembleia Legislativa no período posterior à data de publicação da ata de julgamento da ADI 6.524, de modo que não serão consideradas, para fins de inelegibilidade, as composições eleitas antes de 7.1.2021, salvo se configurada a antecipação fraudulenta das eleições como burla ao entendimento do STF. É permitida apenas uma reeleição ou recondução sucessiva ao mesmo cargo da Mesa Diretora, mantida a composição das mesas das Assembleias Legislativas eleitas antes da data de publicação da ata de julgamento da ADI 6524 (7.1.2021). *ADI 6688, 7.12.2022. Pleno. Inf 1079.*

STF Convocação de autoridades pela Assembleia Legislativa e princípio da simetria. É inconstitucional, por violação ao princípio da simetria e à competência privativa da União para legislar sobre o tema (CF, art. 22, I), norma de Constituição estadual que amplia o rol de autoridades sujeitas à fiscalização direta pelo Poder Legislativo e à sanção por crime de responsabilidade. Isso porque o art. 50, caput, e § 2º, da CF, que prescreve sistemática de controle do Poder Legislativo sobre o Poder Executivo, configura norma de repetição obrigatória pelos estados-membros, motivo pelo qual a ordem jurídica estadual, seguindo essa lógica, deve referir-se a cargos correspondentes ao de ministro de Estado, ou seja, a secretário de Estado ou equivalente em termos de organização administrativa. *ADI 6640, 19.8.2022. Pleno. Inf 1064.*

STF Liberdade de expressão e imunidade parlamentar. A liberdade de expressão não alcança a prática de discursos dolosos, com intuito manifestamente difamatório, de juízos depreciativos de mero valor, de injúrias em razão da forma ou de críticas aviltantes. A garantia da imunidade parlamentar não alcança os atos praticados sem claro nexo de vinculação recíproca entre o discurso e o desempenho das funções parlamentares. *Pet 8242 AgR, 3.5.2022. 2ª T. Inf 1053.*

QUESTÕES OBJETIVAS

70. (Ieses/TJ/TO/Cartórios/Remoção/2022) O Senado Federal compõe-se de representantes dos Estados e do Distrito Federal, eleitos segundo o princípio majoritário. No que concerne ao Senado, é correto afirmar:

I. Cada Estado e o Distrito Federal elegerão três Senadores, com mandato de oito anos.
II. Cada Senador será eleito com dois suplentes.
III. A representação de cada Estado e do Distrito Federal será renovada de quatro em quatro anos, alternadamente, por um e dois terços.
IV. Salvo disposição constitucional em contrário, as deliberações de cada Casa e de suas Comissões serão tomadas por maioria dos votos, presente a maioria simples de seus membros.

A sequência correta é:

a) Apenas a assertiva IV está incorreta.
b) As assertivas I, II, III e IV estão corretas.
c) Apenas as assertivas I, II e IV estão corretas.
d) Apenas as assertivas I e II estão corretas.

71. (Ieses/TJ/RO/Cartórios/Remoção/2021) O Poder Legislativo é exercido pelo Congresso Nacional, que se compõe do(a):

I. Assembleia Legislativa.
II. Câmara dos Deputados.
III. Senado Federal.
IV. Câmara de Vereadores.

A sequência correta é:

a) Apenas as assertivas I, II e III estão corretas.
b) As assertivas I, II, III e IV estão corretas.
c) Apenas a assertiva I está incorreta.
d) Apenas as assertivas II e III estão corretas.

72. (Ieses/TJ/SC/Cartórios/Ingresso/2019) Sobre os Crimes de Responsabilidade do Presidente da República é correto afirmar que:

a) Admitida a acusação contra o Presidente da República, por um terço da Câmara dos Deputados, será ele submetido a julgamento perante o Supremo Tribunal Federal, nas infrações penais comuns, ou perante o Senado Federal, nos crimes de responsabilidade.
b) Admitida a acusação contra o Presidente da República, por dois terços da Câmara dos Deputados, será ele submetido a julgamento perante o Senado Federal, nas infrações penais comuns, ou perante o Supremo Tribunal Federal, nos crimes de responsabilidade.
c) Admitida a acusação contra o Presidente da República, por um terço da Câmara dos Deputados, será ele submetido a julgamento perante o Senado Federal, nas infrações penais comuns, ou perante o Supremo Tribunal Federal, nos crimes de responsabilidade.
d) Admitida a acusação contra o Presidente da República, por dois terços da Câmara dos Deputados, será ele submetido a julgamento perante o Supremo Tribunal Federal, nas infrações penais comuns, ou perante o Senado Federal, nos crimes de responsabilidade.

73. (Consulplan/TJ/MG/Cartórios/Ingresso/2019) A Constituição Federal traz previsão de atribuição ao Legislativo quanto à fiscalização e controle dos atos da Administração Pública direta e indireta, nos moldes do art. 49. Diante da previsão anteriormente referida, assinale a alternativa correta.

a) A fiscalização e o controle atribuídos ao Legislativo são de ordem geral, excluídos atos de ordem política, sob pena de se infringir a harmonia entre os Poderes.
b) O Senado Federal é responsável por tomar as contas do Presidente da República quando não apresentadas ao Congresso Nacional no prazo constitucional.
c) A Câmara dos Deputados e o Senado têm poderes para constituir Comissão Parlamentar de Inquérito, a fim de proceder a apurações acerca de fato específico, sendo que esta deve ter prazo determinado.
d) A Câmara dos Deputados e o Senado têm poderes para, conjuntamente, sendo vedada a atuação isolada, constituir Comissão Parlamentar de Inquérito, a fim de proceder a apurações acerca de fato específico, sendo que esta deve ter prazo determinado.

74. (Cespe/TJ/DFT/Cartórios/Ingresso/2019) A denúncia contra o presidente da República por crime de responsabilidade:

a) para ser admitida, dependerá de quórum de maioria absoluta dos membros da Câmara dos Deputados.
b) uma vez admitida, será julgada pelo Senado Federal.
c) uma vez admitida, será julgada pelo STF.
d) uma vez admitida, resultará na suspensão do exercício de suas funções por até três meses.
e) se não for julgada no tempo constitucionalmente definido, causará interrupção do prosseguimento do processo.

75. (Ieses/TJ/CE/Cartórios/Remoção/2018) O Senado Federal compõe-se de representantes dos Estados e do Distrito Federal, eleitos segundo o princípio majoritário. Segundo a CF/88 cada Estado e o Distrito Federal elegerão:

a) 2 (dois) senadores.
b) 4 (quatro) senadores.
c) 3 (três) senadores.
d) 5 (cinco) senadores.

76. (Consulplan/TJ/MG/Cartórios/Remoção/2017) Quanto aos Deputados Estaduais e Vereadores, é correto afirmar:

a) o subsídio dos Deputados Estaduais será fixado por lei de iniciativa do Governador de Estado, na razão de, no máximo 65% (sessenta e cinco por cento) daquele estabelecido, em espécie, para os Deputados Federais.
b) o total da despesa com a remuneração dos Vereadores não poderá ultrapassar o montante de 10% (dez por cento) da receita do Município.
c) o número de Deputados à Assembleia Legislativa corresponderá ao triplo da representação do Estado na Câmara dos Deputados e, atingido o número de trinta e seis, será acrescido de tantos quantos forem os Deputados Federais acima de doze.
d) os subsídios dos Vereadores serão fixados por lei de iniciativa do Prefeito Municipal em cada legislatura para a subsequente, observado o que dispõe a Constituição da República e, ainda, os critérios estabelecidos na respectiva Lei Orgânica e os limites máximos previstos na Constituição da República.

77. (Ieses/TJ/RO/Cartórios/Ingresso/2017) A Câmara dos Deputados deu início ao processo que determinará se o Supremo Tribunal Federal (STF) poderá ou não investigar o presidente Michel Temer pelo crime de corrupção passiva, a partir da denúncia apresentada pela Procuradoria-Geral da República (PGR). A Constituição Federal determina que, para ser autorizada a abertura da investigação contra um presidente da República, são necessários:

a) três quintos dos membros da casa.
b) três quartos dos membros da casa.
c) dois terços dos membros da casa.
d) um terço dos membros da Casa.

78. (Consulplan/TJ/MG/Cartórios/Remoção/2017) Considerando as regras constitucionais que disciplinam o foro privilegiado que detêm Deputados e Senadores, assinale a afirmativa correta:

a) os membros do Congresso Nacional poderão ser presos em flagrante pela prática de contravenções penais tipificadas na Lei n. 3.688/41.
b) nos casos de prisão em flagrante por crime afiançável, independerá de autorização da Casa respectiva para instauração de inquérito policial.
c) no caso de prisão em flagrante dos membros do Congresso Nacional, por crime inafiançável, a manutenção da prisão dependerá de deliberação da Casa respectiva, pelo voto da maioria de seus membros.
d) o recebimento da denúncia pelo STF contra Deputados e Senadores depende de autorização da Casa respectiva.

4.1.2. Do Processo Legislativo

SÚMULAS

STF Súm. Vinculante 54. A medida provisória não apreciada pelo Congresso Nacional podia, até a Emenda Constitucional 32/2001, ser reeditada dentro do seu prazo de eficácia de trinta dias, mantidos os efeitos de lei desde a primeira edição.

REPERCUSSÃO & REPETITIVOS

STF Rep. Geral 595. É constitucional a promulgação, pelo Chefe do Poder Executivo, de parte incontroversa de projeto da lei que não foi vetada, antes da manifestação do Poder Legislativo pela manutenção ou pela rejeição do veto, inexistindo vício de inconstitucionalidade dessa parte inicialmente publicada pela ausência de promulgação da derrubada dos vetos. *RE 706103, 27.4.2020.*

STF Rep. Geral 1040. Surge constitucional lei de iniciativa parlamentar a criar conselho de representantes da sociedade civil, integrante da estrutura do Poder Legislativo, com atribuição de acompanhar ações do Executivo. *RE 626946, 13.10.2020.*

INFORMATIVOS

STF Medida Provisória e recursos destinados a promoção da cultura e eventos. Devem ser suspensos os efeitos da MPv 1.135/2022 que, ao tratar sobre tema já deliberado pelo Poder Legislativo, alterou a entrega obrigatória de recursos financeiros destinada ao setor de cultura e eventos para mera autorização de repasse de verbas da União aos estados, Distrito Federal e municípios, observada a disponibilidade orçamentária e financeira. A Medida Provisória não satisfez os requisitos de urgência e relevância, atuou com desvio de finalidade e abuso de poder, além de invadir matéria reservada à lei complementar. Esvaziou a finalidade das leis 14.399/22 e 14.148/21 e da LC 195/22, que dispõem sobre ações emergenciais direcionadas ao setor cultural; burlou a livre atuação do Parlamento, que havia derrubado os vetos presidenciais apostos nos referidos diplomas legais; e valeu-se de instrumento extraordinário de criação de normas, para restabelecer a vontade do Poder Executivo sobre a deliberação do Poder Legislativo. *ADI 7232 MC-Ref/DF, 8.11.2022. Pleno. Inf 1075.*

STF Iniciativa de leis sobre a organização do Ministério Público estadual. A atribuição de iniciativa privativa ao Governador do Estado para leis que disponham sobre a organização do Ministério Público estadual contraria o modelo delineado pela Constituição Federal nos arts. 61, § 1º, II, d, e 128, § 5º. *ADI 400, 20.6.2022. Pleno. Inf 1059.*

STF Extemporaneidade do veto presidencial. O poder de veto previsto no art. 66, § 1º, da CF não pode ser exercido após o decurso do prazo constitucional de 15 dias. *ADPF 893, 20.6.2022. Pleno. Inf 1059.*

STF Extinção da pena de prisão disciplinar de policiais e bombeiros militares. É inconstitucional lei federal, de iniciativa parlamentar, que veda medida privativa e restritiva de liberdade a policiais e bombeiros militares dos estados, dos territórios e do Distrito Federal. Compete ao chefe do Poder Executivo local a iniciativa de lei que disponha sobre o regime jurídico de servidores militares estaduais e distritais, por força do princípio da simetria. *ADI 6595, 20.5.2022. Pleno. Inf 1055.*

STF Proposições legislativas e adoção do rito de urgência. É constitucional a previsão regimental de rito de urgência para proposições que tramitam na Câmara dos Deputados e no Senado Federal, descabendo ao Poder Judiciário examinar concretamente as razões que justificam sua adoção. Inexiste violação ao devido processo legislativo, pois as normas dos Regimentos Internos reduzem as formalidades processuais para casos específicos, devidamente reconhecidos pela maioria legislativa, o que é permitido pela própria Constituição. A adoção do rito é matéria "interna corporis", sendo defeso ao STF adentrar em tal seara, o que implicaria indevido controle jurisdicional sobre a interpretação do sentido e do alcance de normas meramente regimentais, infringindo o princípio da separação dos Poderes. *ADI 6968, 20.4.2022. Pleno. Inf 1051.*

STF Substituição de trabalhador privado em greve por servidor público. Não há vício de iniciativa de lei na edição de norma de origem parlamentar que proíba a substituição de trabalhador privado em greve por servidor público. No caso, ainda que a lei distrital impugnada, de iniciativa parlamentar, esteja voltada ao funcionamento da Administração Pública, ela não se sobrepõe ao campo de discricionariedade política que a CF reservou, com exclusividade, ao governador, no que toca a dispor sobre a organização administrativa. *ADI 1164, 1.4.2022. Pleno. Inf 1049.*

STF Quórum para aprovação de emendas constitucionais estaduais. É inconstitucional norma de Constituição estadual que preveja quórum diverso de 3/5 dos membros do Poder Legislativo para aprovação de emendas constitucionais. As regras e parâmetros do processo legislativo federal, como é o caso do processo de reforma constitucional, na forma disposta pela CF, é de reprodução obrigatória nas Constituições estaduais, em estrita observância ao princípio da simetria. *ADI 6453, Pleno, 11.2.2022. Inf 1043.*

QUESTÕES OBJETIVAS

79. (Ieses/TJ/TO/Cartórios/Remoção/2022) Referente à proposta de emenda constitucional, pode-se afirmar que:

a) A matéria constante de proposta de emenda rejeitada ou havida por prejudicada pode ser objeto de nova proposta na mesma sessão legislativa.
b) A Constituição poderá ser emendada mediante proposta de mais da metade das Assembleias Legislativas das unidades da Federação, manifestando-se, cada uma delas, pela maioria absoluta de seus membros.
c) A Constituição poderá ser emendada na vigência de intervenção federal, de estado de defesa ou de estado de sítio.
d) Será discutida e votada em cada Casa do Congresso Nacional, em dois turnos, considerando-se aprovada se obtiver, em ambos, três quintos dos votos dos respectivos membros.

80. (Ieses/TJ/RO/Cartórios/Remoção/2021) Não será objeto de deliberação a proposta de emenda tendente a abolir:

I. A forma federativa de Estado.
II. O voto direto, secreto, universal e periódico.
III. A separação dos poderes.
IV. Os direitos e garantias individuais.

A sequência correta é:

a) Apenas a assertiva I está incorreta.
b) Apenas as assertivas I, II e III estão corretas.
c) Apenas as assertivas II e III estão corretas.
d) As assertivas I, II, III e IV estão corretas.

81. (FGV/TJ/SC/Cartórios/Ingresso/2021) Projeto de lei do Município Alfa, do ano de 2021, de iniciativa da vereadora Maria, propõe a revogação da lei instituidora de certa taxa municipal, para produzir efeitos no mesmo dia da publicação da lei. O projeto é aprovado na Câmara Municipal por voto da maioria simples, com obediência às exigências legais para renúncia de receitas. Contudo, ao seguir para o prefeito, este vetou a lei sob argumento único de inconstitucionalidade formal do projeto de lei. Diante desse cenário, é correto afirmar que as razões do veto pelo prefeito:

a) são adequadas, pois a Constituição da República de 1988 reserva ao chefe do Poder Executivo a iniciativa de leis que afetem matéria tributária.
b) são adequadas, pois a Constituição da República de 1988 exige, para a extinção desse tributo, a votação pelo quórum de maioria absoluta.
c) são adequadas, pois a Constituição da República de 1988 exige, para a extinção desse tributo, que o projeto de lei seja de iniciativa de ao menos um terço dos membros da Casa Legislativa.
d) não são adequadas, pois está presente no caso um vício de inconstitucionalidade material, a saber, a violação do princípio da anterioridade tributária.
e) não são adequadas, pois a Constituição da República de 1988 não exige, para a extinção desse tributo, que o projeto de lei seja de iniciativa do chefe do Poder Executivo.

82. (Consulplan/TJ/MG/Cartórios/Ingresso/2019) A Constituição Brasileira de 1988 estabeleceu a matéria de reforma constitucional, estabelecendo limites materiais e formais ao exercício do poder constituinte derivado. Acerca desses limites para reforma, estabelecidos no texto constitucional, avalie as proposições a seguir.

I. Os limites materiais são imperativos e se dividem em limites de competência, de momento ou temporais e de formalidade.
II. A Constituição não pode ser reformada na vigência de intervenção federal ou estadual, de estado de defesa ou de estado de sítio.
III. No que concerne aos limites temporais, há vedação para votação de proposta de matéria que, na mesma sessão legislativa, tenha sido rejeitada, sem prejuízo da sua rediscussão em comissões permanentes ou especiais do parlamento.
IV. O texto constitucional admitiu a possibilidade de revisão, através de resposta direta do eleitorado, quanto à forma (monarquia ou república) e ao sistema de governo (parlamentarismo ou presidencialismo).

Assinale a alternativa correta.

a) Todas as proposições são falsas.
b) Apenas a proposição IV é verdadeira.
c) Apenas as proposições I e III são falsas.
d) As proposições II, III e IV são verdadeiras.

83. (Vunesp/TJ/RS/Cartórios/Ingresso/2019) Assinale a alternativa correta a respeito do veto presidencial.

a) O veto será apreciado em sessão conjunta, dentro de trinta dias a contar de seu recebimento, só podendo ser rejeitado pelo voto da maioria de dois terços dos Deputados e Senadores.
b) Se o Presidente da República vetar o projeto de lei, total ou parcialmente, deverá comunicar ao Presidente do Senado Federal os motivos do veto, dentro do prazo de quarenta e oito horas.
c) O veto parcial efetivado pelo Presidente da República impede que o todo o projeto de lei venha a ser promulgado e publicado até que o veto seja, eventualmente, derrubado pelo Congresso Nacional.
d) O Presidente da República tem o prazo de 30 dias, contados do seu recebimento, para vetar, total ou parcialmente, o projeto de lei que lhe foi encaminhado para sanção.
e) Se o veto do Presidente da República não for mantido, será o respectivo projeto enviado, para promulgação, pelo Presidente do Congresso Nacional.

84. (Consulplan/TJ/MG/Cartórios/Ingresso/2018) Em relação ao processo legislativo, assinale a alternativa correta:

a) a emenda à Constituição será promulgada pelo Presidente da República, com o respectivo número de ordem.
b) poderá ser objeto de deliberação a proposta de emenda tendente a abolir o voto direto, secreto, universal e periódico.
c) a matéria constante de proposta de emenda rejeitada ou havida por prejudicada não pode ser objeto de nova proposta na mesma sessão legislativa.
d) a proposta de emenda à Constituição será discutida e votada em única sessão conjunta do Congresso Nacional, considerando-se aprovada se obtiver dois terços dos votos dos seus membros.

85. (Consulplan/TJ/MG/Cartórios/Remoção/2018) Em relação ao processo legislativo, assinale a alternativa correta:

a) a iniciativa para a proposta da emenda é mais ampla que a das leis, sendo os deputados e senadores únicos legitimados para apresentação de proposta em ambos os casos.
b) o veto é relativo, podendo ser rejeitado pelo voto da maioria relativa dos membros da Câmara dos Deputados e do Senado Federal em sessão conjunta, em escrutínio secreto.
c) a proposta de emenda da Constituição será discutida e votada pelo Congresso Nacional, considerando-se aprovada se obtiver maioria absoluta dos votos dos respectivos membros.
d) a iniciativa popular pode ser exercida pela apresentação à Câmara dos Deputados de projeto de lei subscrito por, no mínimo, 1% (um por cento) do eleitorado nacional, distribuído pelo menos por 5 (cinco) Estados, com não menos de 0,3% (três décimos por cento) dos eleitores de cada um deles.

86. (Ieses/TJ/CE/Cartórios/Ingresso/2018) De acordo com a Constituição da República Federativa do Brasil de 1988, é incorreto afirmar:

a) a União não intervirá nos Estados nem no Distrito Federal, exceto para, dentre outras hipóteses taxativas, prover a execução de lei federal, ordem ou decisão judicial.

b) o Estado não intervirá em seus Municípios, nem a União nos Municípios localizados em Território Federal, exceto quando, dentre outras hipóteses taxativas, deixar de ser paga, sem motivo de força maior, por dois anos consecutivos, a dívida fundada.

c) a União não intervirá nos Estados nem no Distrito Federal, exceto para, dentre outras hipóteses taxativas, reorganizar as finanças da unidade da Federação que suspender o pagamento da dívida fundada por mais de dois anos consecutivos, salvo motivo de força maior.

d) o decreto que se limita a suspender a execução do ato impugnado, requer prévia apreciação pelo Congresso Nacional ou pela Assembleia Legislativa.

4.1.3. Da Fiscalização Contábil, Financeira e Orçamentária

SÚMULAS

STF Súm. Vinculante 3. Nos processos perante o Tribunal de Contas da União asseguram-se o contraditório e a ampla defesa quando da decisão puder resultar anulação ou revogação de ato administrativo que beneficie o interessado, excetuada a apreciação da legalidade do ato de concessão inicial de aposentadoria, reforma e pensão.

STF Súm. 6. A revogação ou anulação, pelo Poder Executivo, de aposentadoria, ou qualquer outro ato aprovado pelo Tribunal de Contas, não produz efeitos antes de aprovada por aquele tribunal, ressalvada a competência revisora do Judiciário.

STF Súm. 248. É competente, originariamente, o Supremo Tribunal Federal, para mandado de segurança contra ato do Tribunal de Contas da União.

STF Súm. 347. O Tribunal de Contas, no exercício de suas atribuições, pode apreciar a constitucionalidade das leis e dos atos do Poder Público.

STF Súm. 653. No Tribunal de Contas estadual, composto por sete conselheiros, quatro devem ser escolhidos pela Assembleia Legislativa e três pelo chefe do Poder Executivo estadual, cabendo a este indicar um dentre auditores e outro dentre membros do Ministério Público, e um terceiro à sua livre escolha.

REPERCUSSÃO & REPETITIVOS

STF Rep. Geral 47. A competência técnica do Tribunal de Contas do Estado, ao negar registro de admissão de pessoal, não se subordina à revisão pelo Poder Legislativo respectivo. *RE 576920, 14.5.2020.*

STF Rep. Geral 327. A inscrição de entes federados em cadastro de inadimplentes (ou outro que dê causa à negativa de realização de convênios, acordos, ajustes ou outros instrumentos congêneres que impliquem transferência voluntária de recursos), pressupõe o respeito aos princípios do contraditório, da ampla defesa e do devido processo legal, somente reconhecido: a) após o julgamento de tomada de contas especial ou procedimento análogo perante o Tribunal de Contas, nos casos de descumprimento parcial ou total de convênio, prestação de contas rejeitada, ou existência de débito decorrente de ressarcimento de recursos de natureza contratual (salvo os de conta não prestada); b) após a devida notificação do ente faltoso e o decurso do prazo nela previsto (conforme constante em lei, regras infralegais ou em contrato), independentemente de tomada de contas especial, nos casos de não prestação de contas, não fornecimento de informações, débito decorrente de conta não prestada, ou quaisquer outras hipóteses em que incabível a tomada de contas especial. *RE 1067086, 17.9.2020.*

STF Rep. Geral 445. Em atenção aos princípios da segurança jurídica e da confiança legítima, os Tribunais de Contas estão sujeitos ao prazo de 5 anos para o julgamento da legalidade do ato de concessão inicial de aposentadoria, reforma ou pensão, a contar da chegada do processo à respectiva Corte de Contas. *RE 636553, 19.2.2020.*

STF Rep. Geral 899. É prescritível a pretensão de ressarcimento ao erário fundada em decisão de Tribunal de Contas. *RE 636886, 20.4.2020.*

INFORMATIVOS

STF Competência para o julgamento de contas dos Poderes estaduais e simetria federativa. É inconstitucional norma de Constituição Estadual que amplia as competências de Assembleia Legislativa para julgamento de contas de gestores públicos, sem observar a simetria com a Constituição Federal, por violação aos arts. 71, II, e 75 da CF. É inconstitucional – por contrariar o princípio da simetria e o que disposto no art. 71, II, da CF – norma de Constituição estadual que atribui à Assembleia Legislativa competência exclusiva para tomar e julgar as contas prestadas pelos Poderes Legislativo, Executivo e Judiciário. *ADI 6981, 12.12.2022. Pleno. Inf 1079.*

STF TCU: competência para fiscalizar verbas federais complementares ao Fundef/Fundeb. Compete ao TCU fiscalizar a aplicação, por parte dos demais entes da Federação, de verbas federais, transferidas pela União, para complementar o Fundo de Desenvolvimento do Ensino Fundamental e Valorização do Magistério e o Fundo de Manutenção e Desenvolvimento da Educação Básica e de Valorização dos Profissionais da Educação. Os recursos destinados ao Fundef/Fundeb a título de complementação, quando o montante investido pelos estados e pelo Distrito Federal não for suficiente para atingir o mínimo por aluno, são originários da União. A fiscalização da aplicação de recursos federais é atribuição do TCU, conforme disposto na CF e na própria Lei Orgânica do Tribunal (Lei 8.443/92). *ADI 5791, 2.9.2022. Pleno. Inf 1066.*

STF Auditor substituto de conselheiro de Corte de Contas estadual e remuneração proporcional. É constitucional norma estadual que prevê o pagamento proporcional da remuneração devida a conselheiro de Tribunal de Contas para auditor em período de substituição. Por constituir exercício temporário das mesmas funções, admite-se o pagamento dos mesmos vencimentos e vantagens, por critério de isonomia. Não se trata de equiparação ou vinculação das remunerações das duas carreiras. *ADI 6951, 10.6.2022. Pleno. Inf 1058.*

STF Tribunal de Contas estadual: normas gerais sobre prescrição e decadência. É constitucional norma estadual decorrente de emenda parlamentar a projeto de lei de iniciativa do TCE que veicule regras sobre prescrição e decadência a ele aplicáveis. Não obstante a ausência de disciplina expressa no ordenamento jurídico sobre prescrição e decadência no âmbito do TCU, a criação desses institutos pelos Tribunais de Contas nas diversas unidades federativas alinha-se com a interpretação mais consentânea com a CF, notadamente o caráter excepcional das regras de imprescritibilidade. *ADI 5384, 27.5.2022. Pleno Inf 1056.*

STJ Conselheiro de Tribunal de Contas Estadual. Perda do cargo ocupado com garantia de vitaliciedade. Necessidade de decisão judicial transitada em julgado, em ação própria. Arts. 73, § 3º, e 75 da CF. Reintegração imediata do impetrante. Impossibilidade. Cargo ocupado por outro conselheiro vitalício. Colocação em disponibilidade. Inteligência da legislação estadual do Paraná. Conselheiro de TCE, quando não puder ser reintegrado imediatamente, deve permanecer em disponibilidade, conforme legislação estadual, haja vista que a perda do cargo ocupado com garantia de vitaliciedade necessita de decisão judicial transitada em julgado, em ação própria. *RMS 52896, 2ª T, 17.10.2022. Inf 757.*

STJ Danos causados ao erário municipal. TCE. Multa. Execução. Município. Legitimidade. RE 1003433. Tema 642. Adequação de entendimento. O município prejudicado é o legitimado para a execução de crédito decorrente de multa aplicada por TCE a agente público municipal, em razão de danos causados ao erário municipal. *AgInt no AREsp 926.189, 2ª T, 15.2.2022. Inf 725.*

QUESTÕES OBJETIVAS

87. (Vunesp/TJ/SP/Cartórios/Ingresso/2022) Os Tribunais de Contas são órgãos de controle externo da Administração Pública, auxiliares do Poder Legislativo. Acerca de sua definição, atuação e natureza jurídica, assinale a alternativa correta.

a) Os Tribunais de Contas dos Municípios com mais de 4 milhões de habitantes serão criados e mantidos nos termos de Lei Municipal.

b) Os membros dos Tribunais de Contas dos Municípios são julgados, nos crimes comuns, pelo Tribunal de Justiça Estadual correspondente.

c) Os Tribunais de Contas dos Estados, disciplinados exclusivamente pela Constituição Federal, são compostos por sete conselheiros.

d) Os processos de contas obedecem aos princípios processuais de grandeza constitucional, tais como o contraditório e a ampla defesa, mas não são revestidos de natureza jurisdicional.

88. (FGV/TJ/SC/Cartórios/Ingresso/2021) O Tribunal de Contas do Estado Alfa recebeu, para fins de registro, o ato de concessão de aposentadoria de Maria, servidora pública, que fora expedido há quatro anos. Após o exame do setor competente, foi detectada a contagem irregular do tempo de serviço, entendimento que, à luz dos documentos disponíveis, se mostrava correto. No entanto, era possível a concessão da aposentadoria a título diverso. Nesse caso, o Tribunal deve:

a) ouvir previamente Maria e decidir sobre o registro, ou não, do ato.
b) negar-se a registrar o ato e determinar a expedição de outro ato pelo gestor.
c) estabelecer o contraditório com Maria e o órgão de origem, decidindo pelo registro, ou não, do ato.
d) recomendar que o órgão de origem altere o título jurídico da aposentadoria, sob pena de negativa de registro.
e) determinar que o órgão de origem altere o título jurídico da aposentadoria, sob pena de responsabilização do gestor.

89. (FGV/TJ/SC/Cartórios/Remoção/2021) O Tribunal de Contas do Estado Alfa emitiu pareceres a respeito das contas de gestão e de governo do prefeito do Município Beta. Ao receber os pareceres, o presidente da Câmara Municipal aplicou o regimento interno, segundo o qual, decorrido o prazo regimental sem qualquer impugnação, seriam consideradas aprovadas as contas. É correto afirmar que a narrativa acima:

a) não apresenta qualquer irregularidade.
b) somente está errada em relação ao julgamento ficto, pela Câmara Municipal, em razão do decurso do tempo.
c) somente está errada em relação à apresentação de parecer quanto às contas de gestão, que deveriam ter sido julgadas.
d) somente será irregular se os pareceres tiverem concluído pela rejeição das contas, o que impede o julgamento ficto.
e) somente está errada em relação à apresentação de parecer quanto às contas de governo, que deveriam ter sido julgadas.

90. (Consulplan/TJ/MG/Cartórios/Remoção/2018) Assinale a alternativa correta:

a) o Conselho Nacional de Justiça é dotado de competência jurisdicional, além de possuir atribuições de natureza administrativa.
b) a Constituição Federal torna a investigação criminal exclusividade da polícia e afasta os poderes de investigação do Ministério Público.
c) a atividade notarial e de registro, sujeita a regime jurídico de caráter público, é essencialmente similar da exercida por servidores públicos.
d) nos processos perante o Tribunal de Contas da União asseguram-se o contraditório e a ampla defesa quando da decisão puder resultar anulação ou revogação de ato administrativo que beneficie o interessado, excetuada a apreciação da legalidade do ato de concessão inicial de aposentadoria, reforma e pensão.

91. (Ieses/TJ/RO/Cartórios/Remoção/2017) O prazo para o Tribunal de Contas promover a citação ou audiência de responsáveis arrolados em processo de prestação de contas, ou tomada de contas, ou inspeção, sob a pena de responsabilidade solidária, no caso de prestação de contas, será de:

a) um ano, a contar do ato ordinatório da despesa.
b) seis meses, a contar do ato ordinatório da despesa.
c) um ano, a contar da entrada do processo no Tribunal.
d) dois anos, a contar da entrada do processo no Tribunal.

4.2. Do Poder Executivo

INFORMATIVOS

STF Obrigatoriedade de reserva de vagas de estacionamento para advogados em órgãos públicos estaduais. É inconstitucional – por violar o princípio da separação dos Poderes, em decorrência da usurpação da iniciativa exclusiva do Poder Executivo para legislar sobre a organização e a administração dos órgãos da Administração Pública (CF, art. 61, § 1º, II, "e", e art. 84, VI, "a") – lei de iniciativa parlamentar que institui regra de reserva de vagas de estacionamento aos órgãos públicos estaduais. *ADI 6937, 21.11.2022. Pleno. Inf 1076.*

STF Foro por prerrogativa de função: ampliação do rol de autoridades na esfera estadual. É inconstitucional, por violação ao princípio da simetria, norma de Constituição Estadual que confere foro por prerrogativa de função a autoridades que não guardam semelhança com as que o detém na esfera federal. Inconstitucionalidade material das expressões "reitores de universidades públicas" e "diretores presidentes das entidades da administração estadual indireta", previstas em Constituição estadual. *ADI 6511, 13.9.2022. Pleno. Inf 1067.*

STF Chefe do Poder Executivo estadual: dupla vacância do cargo no último biênio do mandato. É inconstitucional, por violação ao princípio democrático, norma de Constituição estadual que, a pretexto de disciplinar a dupla vacância no último biênio do mandato do chefe do Poder Executivo, suprime a realização de eleições. Na hipótese de dupla vacância, no último biênio do mandato, a disciplina sobre o processo de escolha do governador do estado e do prefeito do município compete (a) aos estados-membros e aos municípios, respectivamente, se decorrente de causas não eleitorais; ou (b) à União, se decorrente de causas eleitorais. Assim, muito embora o art. 81, § 1º, da CF não consubstancie norma de reprodução obrigatória, a autonomia organizacional outorgada às unidades da Federação (art. 25, caput, da CF c/c o art. 11 do ADCT) não afasta a indispensabilidade da realização de eleições, sejam diretas (regra), sejam indiretas (exceção), pois, no Brasil, os mandatos políticos são exercidos por pessoas escolhidas pelo povo mediante votação. *ADI 7142, 19.8.2022. Pleno. Inf 1064.*

STF Remanejamento de cargos em comissão de peritos do MNPCT, fragilização do combate à tortura no País e abuso do poder regulamentar. São indevidos, mediante decreto, o remanejamento dos cargos em comissão destinados aos peritos do Mecanismo Nacional de Prevenção e Combate à Tortura (MNPCT), a exoneração de seus ocupantes e a transformação dessa atividade em prestação de serviço público relevante não remunerado. Tais medidas levam ao esvaziamento de políticas públicas previstas na Lei 12.847/13, o que importa em abuso do poder regulamentar e, por conseguinte, desrespeito à separação dos Poderes. *ADPF 607, 25.3.2022. Pleno. Inf 1048.*

STJ Mandado de Segurança. Impetração contra ato do presidente de assembleia legislativa. Inépcia de inicial com pedido de abertura de impeachment de governador. Renúncia ao cargo de governador. Perda do objeto. Recurso prejudicado. A renúncia ao cargo de governador impede o recebimento de pedido de abertura de impeachment. *RMS 68932, 2ª T, 6.9.2022. Inf 753.*

QUESTÕES OBJETIVAS

92. (Ieses/TJ/TO/Cartórios/Remoção/2022) São crimes de responsabilidade os atos do Presidente da República que atentem contra a Constituição Federal e, especialmente, contra:

I. O livre exercício do Poder Legislativo, do Poder Judiciário, do Ministério Público e dos Poderes constitucionais das unidades da Federação; o cumprimento das leis e das decisões judiciais.
II. A existência da União; a segurança interna do País.
III. O exercício dos direitos políticos, individuais e sociais.
IV. A probidade na administração; a lei orçamentária.

A sequência correta é:

a) Apenas as assertivas I, II e IV estão corretas.
b) Apenas as assertivas I e II estão corretas.
c) Apenas a assertiva IV está incorreta.
d) As assertivas I, II, III e IV estão corretas.

93. (Ieses/TJ/SC/Cartórios/Remoção/2019) Sobre os Crimes de Responsabilidade do Presidente da República é correto afirmar que:

a) São crimes de responsabilidade os atos do Presidente da República que atentem contra a Constituição Federal e, especialmente, contra: a existência da União; o livre exercício do Poder Executivo, do Poder Legislativo, do Poder Judiciário, do Ministério Público, da Defensoria Pública e dos Poderes constitucionais das unidades da Federação; o exercício dos direitos políticos, individuais e sociais; a segurança interna do País; a probidade na administração; a lei orçamentária; e o cumprimento das leis e das decisões judiciais.
b) São crimes de responsabilidade os atos do Presidente da República que atentem contra a Constituição Federal e, especialmente, contra: a existência da União; o livre exercício do Poder Executivo, do Poder Legislativo, do Poder Judiciário, do Ministério Público e dos Poderes constitucionais das unidades da Federação; o exercício dos direitos políticos, individuais e sociais; a segurança interna do País; a probidade na administração; a lei orçamentária; e o cumprimento das leis e das decisões judiciais.
c) São crimes de responsabilidade os atos do Presidente da República que atentem contra a Constituição Federal e, especialmente, contra: a existência da União; o livre exercício do Poder Legislativo, do Poder Judiciário, do Ministério Público e dos Poderes constitucionais das unidades da Federação; o exercício dos direitos políticos, individuais e sociais; a segurança interna do País; a probidade na administração; a lei orçamentária; e o cumprimento das leis e das decisões judiciais.
d) São crimes de responsabilidade os atos do Presidente da República que atentem contra a Constituição Federal e, especialmente, contra: a existência da União; o livre exercício do Poder Legislativo, do Poder Judiciário, do Ministério Público, da Defensoria Pública, e dos Poderes constitucionais das unidades da Federação; o exercício dos direitos políticos, individuais e sociais; a segurança interna do País; a probidade na administração; a lei orçamentária; e o cumprimento das leis e das decisões judiciais.

94. (Ieses/TJ/SC/Cartórios/Remoção/2019) Sobre o Conselho da República é correto afirmar:

a) Compete ao Conselho da República pronunciar-se sobre: intervenção federal, estado de defesa, estado de sítio e estado de necessidade; e as questões relevantes para a estabilidade das instituições democráticas. O Presidente da República poderá convocar Ministro de Estado para participar da reunião do Conselho, quando constar da pauta questão relacionada com o respectivo Ministério.
b) Compete ao Conselho da República pronunciar-se sobre: intervenção federal, estado de defesa, estado de sítio, e estado de exceção; e as questões relevantes para a estabilidade das instituições democráticas. O Presidente da República poderá convocar Ministro de Estado para participar da reunião do Conselho, quando constar da pauta questão relacionada com o respectivo Ministério.
c) Compete ao Conselho da República pronunciar-se sobre: intervenção estadual, estado de defesa, estado de sítio e estado de exceção; e as questões relevantes para a estabilidade das instituições democráticas. O Presidente da República poderá convocar Ministro de Estado para participar da reunião do Conselho, quando constar da pauta questão relacionada com o respectivo Ministério.
d) Compete ao Conselho da República pronunciar-se sobre: intervenção federal, estado de defesa e estado de sítio; e as questões relevantes para a estabilidade das instituições democráticas. O Presidente da República poderá convocar Ministro de Estado para participar da reunião do Conselho, quando constar da pauta questão relacionada com o respectivo Ministério.

95. (Ieses/TJ/SC/Cartórios/Ingresso/2019) Sobre o Conselho da República é correto afirmar:

a) O Conselho da República é órgão superior de consulta do Presidente da República, e dele participam: o Vice-Presidente da República; o Presidente da Câmara dos Deputados; o Presidente do Senado Federal; os líderes da minoria na Câmara dos Deputados; os líderes da minoria no Senado Federal; o Ministro da Justiça; e seis cidadãos brasileiros natos, com mais de trinta e cinco anos de idade, sendo dois nomeados pelo Presidente da República, dois eleitos pelo Senado Federal e dois eleitos pela Câmara dos Deputados, todos com mandato de três anos, vedada a recondução.
b) O Conselho da República é órgão superior de consulta do Presidente da República, e dele participam: o Vice-Presidente da República; o Presidente da Câmara dos Deputados; o Presidente do Senado Federal; os líderes da maioria na Câmara dos Deputados; os líderes da maioria no Senado Federal; o Ministro da Justiça; e seis cidadãos brasileiros natos, com mais de trinta e cinco anos de idade, sendo dois nomeados pelo Presidente da República, dois eleitos pelo Senado Federal e dois eleitos pela Câmara dos Deputados, todos com mandato de três anos, vedada a recondução.
c) O Conselho da República é órgão superior de consulta do Presidente da República, e dele participam: o Vice-Presidente da República; o Presidente da Câmara dos Deputados; o Presidente do Senado Federal; o Ministro da Justiça; e seis cidadãos brasileiros natos, com mais de trinta e cinco anos de idade, sendo dois nomeados pelo Presidente da República, dois eleitos pelo Senado Federal e dois eleitos pela Câmara dos Deputados, todos com mandato de três anos, vedada a recondução.
d) O Conselho da República é órgão superior de consulta do Presidente da República, e dele participam: o Vice-Presidente da República; o Presidente da Câmara dos Deputados; o Presidente do Senado Federal; os líderes da maioria e da minoria na Câmara dos Deputados; os líderes da maioria e da minoria no Senado Federal; o Ministro da Justiça; e seis cidadãos brasileiros natos, com mais de trinta e cinco anos de idade, sendo dois nomeados pelo Presidente da República, dois eleitos pelo Senado Federal e dois eleitos pela Câmara dos Deputados, todos com mandato de três anos, vedada a recondução.

96. (Cespe/TJ/DFT/Cartórios/Remoção/2019) De acordo com a Constituição Federal de 1988 (CF), constitui crime de responsabilidade ato do presidente da República que atente contra a CF e contra

I. o livre exercício do Poder Legislativo, do Poder Judiciário, do Ministério Público e dos poderes constitucionais das unidades da Federação.
II. o exercício dos direitos políticos, individuais e sociais.
III. o cumprimento das leis e das decisões judiciais.
IV. a segurança interna do Brasil.

Assinale a opção correta.

a) Apenas os itens I, II e III estão certos.
b) Apenas os itens I, II e IV estão certos.
c) Apenas os itens I, III e IV estão certos.
d) Apenas os itens II, III e IV estão certos.
e) Todos os itens estão certos.

97. (Consulplan/TJ/MG/Cartórios/Ingresso/2017) O Conselho de Defesa Nacional é órgão de consulta do Presidente da República nos assuntos relacionados com a soberania nacional e a defesa do Estado democrático, e dele participam

I. o Vice-Presidente da República.

II. 6 (seis) cidadãos brasileiros natos, com mais de 35 (trinta e cinco) anos de idade, sendo três eleitos pelo Senado Federal e três eleitos pela Câmara dos Deputados, todos com mandato de três anos, permitida uma recondução.

III. o Presidente da Câmara dos Deputados e o Presidente do Senado Federal.

IV. o Chefe da Casa Civil, os líderes da maioria e da minoria no Senado Federal e na Câmara dos Deputados, os Ministros da Justiça, de Estado da Defesa, das Relações Exteriores, do Planejamento, os Comandantes da Marinha, do Exército e da Aeronáutica os Governadores de Estado.

Está correto apenas o que se afirma em:

a) I e II.
b) I e III.
c) II e III.
d) II e IV.

98. (Consulplan/TJ/MG/Cartórios/Remoção/2017) Sobre o Conselho da República e o Conselho de Defesa Nacional, assinale a afirmação correta:

a) o Presidente da República pode convocar Ministro de Estado, Secretário de Estado ou Prefeito para participar de reunião do Conselho da República, quando constar da pauta questão relacionada com o respectivo Ministério, Secretaria ou Município.
b) o Conselho da República é órgão superior de consulta do Presidente da República e a ele compete o estudo, a proposição e o acompanhamento de iniciativas necessárias a garantir a independência nacional e a defesa do Estado democrático e o pronunciamento sobre intervenção federal, estado de defesa e estado de sítio, questões relevantes para a estabilidade das instituições democráticas.
c) o Vice-Presidente da República, o Presidente da Câmara dos Deputados, o Presidente do Senado Federal, o Ministro da Justiça e o Ministro do Planejamento participam como membros natos de ambos os Conselhos.
d) entre as atribuições do Conselho de Defesa Nacional está a de propor os critérios e condições de utilização de áreas indispensáveis à segurança do território nacional e opinar sobre seu efetivo uso, especialmente na faixa de fronteira e nas relacionadas com a preservação e exploração dos recursos naturais de qualquer tipo.

99. (Consulplan/TJ/MG/Cartórios/Ingresso/2017) Considerando as regras constitucionais que disciplinam o foro privilegiado do Presidente da República, Deputados e Senadores, assinale a afirmativa incorreta:

a) o recebimento de denúncia contra Senador ou Deputado pelo Supremo Tribunal Federal independe de autorização da Casa respectiva.
b) o partido político poderá propor a sustação do andamento da ação penal instaurada perante o STF contra Deputados e Senadores, desde que seja a proposta aprovada por maioria dos membros da Casa.
c) o Presidente da República ficará suspenso de suas funções por 180 dias, após o recebimento da denúncia contra pelo STF pela prática de crime comum cometido no exercício da função.
d) a instauração de inquérito contra o Presidente da República pela prática de crime comum praticado no exercício da função presidencial depende de autorização de 2/3 dos membros da Câmara.

100. (Consulplan/TJ/MG/Cartórios/Ingresso/2017) Em relação à eleição do Presidente da República, é correto afirmar que:

a) será considerado eleito Presidente o candidato que, registrado por partido político, obtiver a maioria absoluta de votos, computados os em branco e os nulos.
b) se, antes de realizado o segundo turno, ocorrer morte, desistência ou impedimento legal de candidato, convocar-se-á, dentre os remanescentes, o mais idoso.
c) em caso de impedimento ou vacância dos cargos de Presidente e Vice-Presidente da República serão chamados ao exercício da Presidência o Presidente da Câmara dos Deputados, o do Senado Federal e o do Supremo Tribunal Federal.
d) a eleição do Presidente da República importará a do Vice-Presidente com ele registrado, e ambos, sem licença da Câmara dos Deputados, não poderão se ausentar do País por período superior a dez dias, sob pena de perda do cargo.

101. (Ieses/TJ/RO/Cartórios/Remoção/2017) Dentro das atuais prerrogativas de foro, os governadores estaduais são originalmente julgados pelo(s):

a) tribunais de justiça de seus estados.
b) Supremo Tribunal Federal.
c) tribunal regional federal de sua região.
d) Superior Tribunal de Justiça.

4.3. Do Poder Judiciário

4.3.1. Disposições Gerais

SÚMULAS

1) Garantias dos Juízes

STF Súm. 40. A elevação da entrância da comarca não promove automaticamente o juiz, mas não interrompe o exercício de suas funções na mesma comarca.

STF Súm. 731. Para fim da competência originária do Supremo Tribunal Federal, é de interesse geral da magistratura a questão de saber se, em face da Loman, os juízes têm direito à licença-prêmio.

2) Quinto Constitucional

STF Súm. 627. No mandado de segurança contra a nomeação de magistrado da competência do Presidente da República, este é considerado autoridade coatora, ainda que o fundamento da impetração seja nulidade ocorrida em fase anterior do procedimento.

STF Súm. 628. Integrante de lista de candidatos a determinada vaga da composição de tribunal é parte legítima para impugnar a validade da nomeação de concorrente.

3) Precatórios

STF Súm. Vinculante 17. Durante o período previsto no parágrafo 1º do artigo 100 da Constituição, não incidem juros de mora sobre os precatórios que nele sejam pagos.

STF Súm. Vinculante 47. Os honorários advocatícios incluídos na condenação ou destacados do montante principal devido ao credor consubstanciam verba de natureza alimentar cuja satisfação ocorrerá com a expedição de precatório ou requisição de pequeno valor, observada ordem especial restrita aos créditos dessa natureza.

STF Súm. 655. A exceção prevista no art. 100, caput, da Constituição, em favor dos créditos de natureza alimentícia, não dispensa a expedição de precatório, limitando-se a isentá-los da observância da ordem cronológica dos precatórios decorrentes de condenações de outra natureza.

STJ Súm. 144. Os créditos de natureza alimentícia gozam de preferência, desvinculados os precatórios da ordem cronológica dos créditos de natureza diversa.

STJ Súm. 311. Os atos do Presidente do Tribunal que disponham sobre processamento e pagamento de precatório não têm caráter jurisdicional.

STJ Súm. 406. A Fazenda Pública pode recusar a substituição do bem penhorado por precatório.

4) Reserva de Plenário

STF Súm. Vinculante 10. Viola a cláusula de reserva de plenário (CF, art. 97) a decisão de órgão fracionário de tribunal que, embora não declare expressamente a inconstitucionalidade de lei ou ato normativo do Poder Público, afasta a sua incidência no todo ou em parte.

5) Separação de Poderes

STF Súm. Vinculante 37. Não cabe ao Poder Judiciário, que não tem função legislativa, aumentar vencimentos de servidores públicos sob o fundamento de isonomia.

REPERCUSSÃO & REPETITIVOS

STF Rep. Geral 28. Surge constitucional expedição de precatório ou requisição de pequeno valor para pagamento da parte incontroversa e autônoma do pronunciamento judicial transitada em julgado observada a importância total executada para efeitos de dimensionamento como obrigação de pequeno valor. *RE 1205530, 1.7.2020.*

STF Rep. Geral 361. A cessão de crédito alimentício não implica a alteração da natureza. *RE 631537, 22.5.2020.*

STF Rep. Geral 521. O pagamento parcelado dos créditos não alimentares, na forma do art. 78 do ADCT, não caracteriza preterição indevida de precatórios alimentares, desde que os primeiros tenham sido inscritos em exercício anterior ao da apresentação dos segundos, uma vez que, ressalvados os créditos de que trata o art. 100, § 2º, da Constituição, o pagamento dos precatórios deve observar as seguintes diretrizes: (1) a divisão e a organização das classes ocorrem segundo o ano de inscrição; (2) inicia-se o pagamento pelo exercício mais antigo em que há débitos pendentes; (3) quitam-se primeiramente os créditos alimentares; depois, os não alimentares do mesmo ano; (4) passa-se, então, ao ano seguinte da ordem cronológica, repetindo-se o esquema de pagamento; e assim sucessivamente. *RE 612707, 21.5.2020.*

STF Rep. Geral 792. Lei disciplinadora da submissão de crédito ao sistema de execução via precatório possui natureza material e processual, sendo inaplicável a situação jurídica constituída em data que a antecede. *RE 729107, 8.6.2020.*

STF Rep. Geral 964. A promoção na magistratura por antiguidade precede a mediante remoção. *RE 1037926, 16.9.2020.*

STF Rep. Geral 1037. O enunciado da Súmula Vinculante 17 não foi afetado pela superveniência da Emenda Constitucional 62/2009, de modo que não incidem juros de mora no período de que trata o § 5º do art. 100 da Constituição. Havendo o inadimplemento pelo ente público devedor, a fluência dos juros inicia-se após o 'período de graça. *RE 1169289, 16.6.2020.*

STF Rep. Geral 1142. Os honorários advocatícios constituem crédito único e indivisível, de modo que o fracionamento da execução de honorários advocatícios sucumbenciais fixados em ação coletiva contra a Fazenda Pública, proporcionalmente às execuções individuais de cada beneficiário, viola o § 8º do artigo 100 da Constituição Federal. *RE 1309081, 7.5.2021.*

STF Rep. Geral 1231. (I) As unidades federadas podem fixar os limites das respectivas requisições de pequeno valor em patamares inferiores aos previstos no artigo 87 do ADCT, desde que o façam em consonância com sua capacidade econômica. (II) A aferição da capacidade econômica, para este fim, deve refletir não somente a receita, mas igualmente os graus de endividamento e de litigiosidade do ente federado. (III) A ausência de demonstração concreta da desproporcionalidade na fixação do teto das requisições de pequeno valor impõe a deferência do Poder Judiciário ao juízo político-administrativo externado pela legislação local. *RE 1359139, 2.9.2022.*

INFORMATIVOS

STF Transformação de juízos e juizados e definição de suas respectivas competências. É constitucional – por não violar o princípio da legalidade – lei estadual que prevê que o Órgão Especial do Tribunal de Justiça pode transformar, instalar juizado em substituição a adjunto e fixar a competência dos juizados especiais. A matéria relativa à organização e ao funcionamento dos órgãos jurisdicionais e administrativos não está submetida à disciplina exclusiva da lei (CF, art. 96), uma vez que a Constituição conferiu aos tribunais essa competência. *ADI 4235, 12.12.2022. Pleno. Inf 1079.*

STF Tempo de serviço como critério de desempate para a promoção na carreira da magistratura. É inconstitucional, por disciplinar matéria concernente ao Estatuto da Magistratura, norma estadual que prevê a adoção do maior tempo de serviço público como critério de desempate para a promoção de magistrados. *ADI 6772, 23.9.2022. Pleno. Inf 1069.*

STF Autorização para o prosseguimento de investigações contra magistrados. É inconstitucional norma estadual de acordo com a qual compete a órgão colegiado do tribunal autorizar o prosseguimento de investigações contra magistrados, por criar prerrogativa não prevista na Lei Orgânica da Magistratura Nacional e não extensível a outras autoridades com foro por prerrogativa de função. *ADI 5331, 3.6.2022. Pleno. Inf 1057.*

STF Cancelamento de precatórios e requisições de pequeno valor (RPV) federais não resgatados. É inconstitucional o cancelamento automático – realizado diretamente pela instituição financeira oficial depositária e sem prévia ciência do beneficiário ou formalização de contraditório – de precatórios e RPV federais não resgatados em dois anos. A medida infringe o princípio da separação dos Poderes, já que gestão de recursos destinados ao seu pagamento incumbe ao Judiciário por decorrência do texto constitucional (CF, art. 100), o qual não deixou margem limitativa do direito de crédito ao legislador infraconstitucional. A simples previsão da faculdade do credor requerer posteriormente a expedição de novo ofício requisitório com a conservação da ordem cronológica anterior não repara os vícios inerentes ao cancelamento. Nesse momento processual da tutela executiva a Fazenda Pública não detém a titularidade da quantia, a previsão legal ofende o direito de propriedade, além de conferir tratamento mais gravoso ao credor, criando distinção que deriva automaticamente do decurso do tempo, sem averiguar as reais razões do não levantamento do montante, afastando-se da necessária obediência à isonomia. *ADI 5755, 30.6.2022. Pleno. Inf 1061.*

STJ Precatório. Superpreferência. Superveniência de lei local autorizadora de elevação do teto para obrigações de pequeno valor. Pedido de complementação. Possibilidade. É devido o pedido de complementação do crédito de natureza alimentícia, dotado de superpreferência, na forma dos arts. 100, § 2º, da CF e 102, § 2º, do ADCT, com a adoção dos limites estabelecidos por lei local que majorou o teto para as obrigações de pequeno valor. *RMS 68549, 2ª T, 2.8.2022. Inf 743.*

STJ Precatórios em favor dos Estados e Municípios. Fundef/Fundeb. Juros de mora. Pagamento de honorários advocatícios. Possibilidade. Os juros de mora incidentes sobre o valor do precatório devido pela União em ações propostas em favor dos Estados e dos Municípios relativos às verbas destinadas ao Fundef/Fundeb podem ser utilizadas para pagamento de honorários advocatícios contratuais. *AgInt no REsp 1880972, 2ª T, 3.5.2022. Inf 735.*

QUESTÕES OBJETIVAS

102. (FGV/TJ/SC/Cartórios/Remoção/2021) Com o alegado objetivo de assegurar o pleno exercício da atividade jurisdicional e evitar que o exercício do magistério pudesse vir a comprometer a sua eficiência, o Tribunal de Justiça do Estado Alfa editou resolução estabelecendo os balizamentos a serem observados. À luz da sistemática constitucional vigente, comando dessa natureza é formalmente:

a) constitucional, pois os Tribunais, no exercício de sua autonomia administrativa, podem editar atos normativos internos.
b) constitucional, desde que o ato tenha por objetivo regulamentar lei estadual, aprovada a partir de projeto de iniciativa do referido Tribunal.
c) inconstitucional, pois a matéria é da alçada da lei em sentido formal, editada pelo Estado-membro a partir de projeto de iniciativa do referido Tribunal.
d) inconstitucional, pois a matéria já foi regulada pela ordem constitucional, não sendo possível que a legislação infraconstitucional nela incursione.
e) inconstitucional, pois a matéria é da alçada da lei complementar, editada pela União, a partir de projeto de iniciativa privativa do Supremo Tribunal Federal.

103. (Ieses/TJ/SC/Cartórios/Remoção/2019) Marque a alternativa incorreta sobre o Poder Judiciário:

a) O Superior Tribunal de Justiça compõe-se de, no mínimo, trinta e três Ministros que serão nomeados pelo Presidente da República, dentre brasileiros com mais de trinta e cinco e menos de sessenta e cinco anos, de notável saber jurídico e reputação ilibada, depois de aprovada a escolha pela maioria absoluta do Senado Federal.

b) Os juizados especiais serão providos somente por juízes togados, capacitados e competentes para a conciliação, o julgamento e a execução de causas cíveis de menor complexidade e infrações penais de menor potencial ofensivo, mediante os procedimentos oral e sumaríssimo, permitidos, nas hipóteses previstas em lei, a transação e o julgamento de recursos por turmas de juízes de primeiro grau.
c) A justiça de paz é remunerada, composta de cidadãos eleitos pelo voto direto, universal e secreto, com mandato de quatro anos e competência para, na forma da lei, celebrar casamentos, verificar, de ofício ou em face de impugnação apresentada, o processo de habilitação e exercer atribuições conciliatórias, sem caráter jurisdicional, além de outras previstas na legislação.
d) O Supremo Tribunal Federal compõe-se de onze Ministros, escolhidos dentre cidadãos com mais de trinta e cinco e menos de sessenta e cinco anos de idade, de notável saber jurídico e reputação ilibada. Os Ministros do Supremo Tribunal Federal serão nomeados pelo Presidente da República, depois de aprovada a escolha pela maioria absoluta do Senado Federal.

104. (Cespe/TJ/DFT/Cartórios/Ingresso/2019) No Poder Judiciário, composto majoritariamente por juízes de carreira, há um instituto que visa à oxigenação de ideias, ao ampliar sua representatividade. Todavia, alega-se que o referido instituto pode ser um meio de perpetrar a prática de nepotismo, porque os seus critérios legais para a assunção ao cargo da magistratura são formais, não prevendo requisitos qualitativos. Logo, critérios subjetivos e discricionários podem privilegiar candidatos que detenham heranças de capitais simbólicos. (Willian Carneiro Bianeck. A porta dos fundos do Judiciário: o quinto constitucional e o nepotismo. Internet, com adaptações). É correto afirmar que o quinto constitucional, referido no texto, será composto por membros do Ministério Público e da advocacia que:

a) tenham, pelo menos, dez anos de carreira, para atuar em todos os tribunais superiores.
b) tenham, pelo menos, cinco anos de efetiva atividade profissional e reputação ilibada.
c) sejam indicados em lista tríplice pelos respectivos órgãos de classe.
d) serão nomeados após escolha, pelo Poder Executivo, a partir de lista tríplice enviada pelo respectivo tribunal.
e) serão nomeados após escolha, pelo STJ, a partir de lista sêxtupla indicada pelos órgãos de representação das respectivas classes.

105. (Consulplan/TJ/MG/Cartórios/Ingresso/2017) Considere as assertivas abaixo:

I. nos termos da Constituição da República, é prioritária a distribuição de processos judiciais de natureza registral, cujo trâmite deve ocorrer em regime de plantão mesmo no período de férias coletivas do juízo ou tribunal competente.
II. o Ministério Público estadual tem por chefe o Procurador-Geral de Justiça, nomeado pelo Chefe do Poder Executivo do Estado dentre integrantes da carreira, maiores de trinta e cinco anos, após a aprovação de seu nome pela maioria absoluta dos membros do Assembleia Legislativa estadual, para mandato de dois anos, permitida a recondução.
III. está previsto na Constituição da República o princípio da Magistratura segundo o qual o número de juízes da unidade jurisdicional deve ser proporcional à efetiva demanda judicial e à respectiva população.
IV. o Tribunal de Justiça do Estado de Minas Gerais é competente para processar e julgar originariamente o Vice-Governador e Advogado-Geral do Estado nos crimes comuns, ressalvada a competência das justiças especializadas.

Está correto apenas o que se afirma em:

a) I e II.
b) I e III.
c) II e IV.
d) III e IV.

106. (Consulplan/TJ/MG/Cartórios/Ingresso/2017) Ao Corregedor Nacional de Justiça, dentre outras atribuições, compete:

a) receber as reclamações e denúncias de qualquer interessado, relativas aos órgãos prestadores de serviços notariais e de registro que atuem por delegação do poder público ou oficializados.
b) instaurar sindicância ou processo disciplinar com base em reclamações e denúncias de qualquer interessado, ainda que anônimas ou prescritas.
c) requisitar servidores do Poder Judiciário, do Tribunal de Contas da União, dos Estados e do Distrito Federal, para tarefa especial e prazo certo, para exercício na Corregedoria Nacional de Justiça, podendo delegar-lhes atribuições nos limites legais.
d) exercer a presidência do Conselho Nacional de Justiça nas ausências e impedimentos de seu Presidente.

107. (Consulplan/TJ/MG/Cartórios/Ingresso/2017) Em relação ao Poder Judiciário estadual, é correto afirmar:

a) não compete à Constituição Estadual estabelecer o número de juízes e desembargadores.
b) a competência do Tribunal de Justiça deve ser definida em lei de sua iniciativa privativa.
c) em decorrência dos princípios da imparcialidade e da inércia judicial, é vedado ao juiz fazer-se presente no local do litígio.
d) o Tribunal de Justiça instalará a justiça itinerante, para fins de conciliação e prevenção de litígios, sendo vedada a realização de audiências em processos contenciosos e demais funções privativas da atividade jurisdicional.

4.3.2. Do Supremo Tribunal Federal

SÚMULAS

1) Ação Rescisória

STF Súm. 249. É competente o Supremo Tribunal Federal para a ação rescisória quando, embora não tendo conhecido do recurso extraordinário, ou havendo negado provimento ao agravo, tiver apreciado a questão federal controvertida.

STF Súm. 515. A competência para a ação rescisória não é do Supremo Tribunal Federal, quando a questão federal, apreciada no recurso extraordinário ou no agravo de instrumento, seja diversa da que foi suscitada no pedido rescisório.

2) Competência

STF Súm. 503. A dúvida, suscitada por particular, sobre o direito de tributar, manifestado por dois Estados, não configura litígio da competência originária do Supremo Tribunal Federal.

STF Súm. 691. Não compete ao Supremo Tribunal Federal conhecer de "habeas corpus" impetrado contra decisão do relator que, em "habeas corpus" requerido a tribunal superior, indefere a liminar.

STF Súm. 731. Para fim da competência originária do Supremo Tribunal Federal, é de interesse geral da magistratura a questão de saber se, em face da Loman, os juízes têm direito à licença-prêmio.

QUESTÕES OBJETIVAS

108. (Ieses/TJ/RO/Cartórios/Remoção/2021) O Supremo Tribunal Federal (STF) é o órgão de cúpula do Poder Judiciário, e a ele compete, precipuamente, a guarda da Constituição. No que diz respeito a esta instituição é correto afirmar:

I. Compete ao STF processar e julgar, originariamente, a ação direta de inconstitucionalidade de lei ou ato normativo federal ou estadual e a ação declaratória de constitucionalidade de lei ou ato normativo federal.
II. Compete ao STF processar e julgar, originariamente, a homologação de sentenças estrangeiras e a concessão do "exequatur" às cartas rogatórias.
III. Compete ao STF processar e julgar, originariamente, as causas e os conflitos entre a União e os Estados, a União e o Distrito Federal, ou entre uns e outros, inclusive as respectivas entidades da administração indireta.
IV. Compete ao STF julgar, em recurso ordinário o crime político.

A sequência correta é:

a) Apenas a assertiva II está incorreta.
b) As assertivas I, II, III e IV estão corretas.
c) Apenas as assertivas I e III estão corretas.
d) Apenas as assertivas I, II e III estão corretas.

109. (Consulplan/TJ/MG/Cartórios/Ingresso/2018) Em relação aos Tribunais de Contas e ao Conselho Nacional de Justiça, assinale a alternativa correta:

a) o Conselho Nacional de Justiça, no exercício de suas funções jurisdicionais, pode apreciar e realizar o controle incidental de constitucionalidade dos atos administrativos.
b) o Tribunal de Contas do Estado de Minas Gerais, com sede na Capital do Estado, é composto de nove Conselheiros e tem quadro próprio de pessoal e jurisdição em todo o território do Estado.
c) os Tribunais de Contas da União, Estados e do Distrito Federal são órgãos auxiliares do Executivo no cumprimento do controle interno do patrimônio e fiscalização dos recursos públicos de referidos entes.
d) compete ao Conselho Nacional de Justiça receber e conhecer das reclamações contra atos praticados por serventias e órgãos prestadores de serviços notariais e de registro que atuem por delegação do poder público ou oficializados, sem prejuízo da competência disciplinar e correicional dos tribunais.

4.3.3. Do Conselho Nacional de Justiça

SÚMULAS

STF Súm. 649. É inconstitucional a criação, por constituição estadual, de órgão de controle administrativo do Poder Judiciário do qual participem representantes de outros poderes ou entidades.

INFORMATIVOS

STF Conselho Nacional de Justiça e análise prévia de anteprojetos de lei de criação de cargos, funções e unidades judiciárias dos tribunais de justiça. É constitucional a Resolução 184/13 do CNJ no que determina aos tribunais de justiça estaduais o encaminhamento, para eventual elaboração de nota técnica, de cópia dos anteprojetos de lei de criação de cargos, funções comissionadas e unidades judiciárias. *ADI 5119, 20.6.2022. Pleno. Inf 1059.*

STF CNJ e transferência do sigilo de dados fiscais e bancário. É constitucional a requisição, sem prévia autorização judicial, de dados bancários e fiscais considerados imprescindíveis pelo Corregedor Nacional de Justiça para apurar infração de sujeito determinado, desde que em processo regularmente instaurado mediante decisão fundamentada e baseada em indícios concretos da prática do ato. Contudo, é preciso assegurar a existência de garantias ao contribuinte, de modo que não há espaço para devassa ou varredura, buscas generalizadas e indiscriminadas na vida das pessoas, com o propósito de encontrar alguma irregularidade. *ADI 4709, 27.5.2022. Pleno Inf 1056.*

QUESTÕES OBJETIVAS

110. (Vunesp/TJ/SP/Cartórios/Ingresso/2022) Analisando-se o art. 103-B da Constituição Federal, pode-se afirmar, com relação ao Conselho Nacional de Justiça:

a) no caso de impedimento do Presidente do Supremo Tribunal Federal, a Presidência será exercida pelo Ministro do Supremo mais antigo na corte.
b) dentre suas funções, insere-se o controle da atuação financeira e administrativa do Poder Judiciário.
c) no caso de impedimento do Presidente do Supremo Tribunal Federal, a Presidência será exercida pelo Presidente do Superior Tribunal Federal.
d) dentre suas funções, cabe a representação criminal por abuso de autoridade ao exclusivamente Presidente do Supremo Tribunal Federal.

111. (Consulplan/TJ/MS/Cartórios/Ingresso/2021) Nikolai P é advogado e representa a sociedade empresária Yumi G em litígio que a mesma possui contra a sociedade empresaria Yuri N e recebe a informação de que houve sentença proferida pelo Juízo competente, julgando improcedente o pedido formulado. Por entender que houve decisão equivocada do magistrado sentenciante, apresentou recurso ao órgão revisor competente e também reclamação ao Conselho Nacional de Justiça. Nos termos das normas aplicáveis ao Conselho Nacional de Justiça, pode-se afirmar que:

a) O órgão pode estabelecer diretrizes para as revisões judiciais.
b) O órgão não pode interferir em decisões proferidas em processos judiciais.
c) O órgão que integra o Poder Judiciário pode modificar decisões jurisdicionais.
d) O órgão não tem competência para analisar as decisões administrativas dos juízes.

112. (Consulplan/TJ/MG/Cartórios/Ingresso/2019) Compete ao Conselho Nacional de Justiça o controle da atuação administrativa e financeira do Poder Judiciário, nela inserida a atividade de fiscalização dos serviços notariais e de registro, bem como o controle do cumprimento dos deveres funcionais dos juízes. Sobre a composição, as atribuições e a atuação do CNJ, de acordo com a Constituição da República, é correto afirmar que:

a) Junto ao Conselho oficiarão o Procurador-Geral da República e o Presidente do Conselho Federal da Ordem dos Advogados do Brasil.
b) Em caso de divergência entre a posição do Conselho Nacional de Justiça e do Tribunal de Contas da União, sempre prevalecerá a decisão do CNJ.
c) Os demais membros do Conselho Nacional de Justiça serão nomeados pelo Presidente do CNJ, após aprovação, por maioria absoluta, pelo Senado Federal.
d) O Conselho será presidido pelo Presidente do Supremo Tribunal Federal e, nas suas ausências e impedimentos, pelo Ministro indicado pelo Superior Tribunal de Justiça, que também exerce a função de Corregedor Nacional de Justiça.

4.3.4. Do Superior Tribunal de Justiça

SÚMULAS

1) Competência Cível Originária

STJ Súm. 41. O Superior Tribunal de Justiça não tem competência para processar e julgar, originariamente, mandado de segurança contra ato de outros tribunais ou dos respectivos órgãos.

STJ Súm. 177. O Superior Tribunal de Justiça é incompetente para processar e julgar, originariamente, mandado de segurança contra ato de órgão colegiado presidido por ministro de Estado.

STJ Súm. 236. Não compete ao Superior Tribunal de Justiça dirimir conflitos de competência entre juízes trabalhistas vinculados a tribunais regionais do trabalho diversos.

QUESTÕES OBJETIVAS

113. (Vunesp/TJ/SP/Cartórios/Ingresso/2018) A respeito do Superior Tribunal de Justiça, é correto afirmar que:

a) um terço dos Ministros é composto por juízes dos Tribunais Regionais Federais, indicados em lista tríplice elaborada pelo Superior Tribunal de Justiça.
b) os Ministros são nomeados pelo Presidente da República, dentre brasileiros com mais de quarenta e menos de sessenta anos de idade, de notável saber jurídico e reputação ilibada, depois de aprovada a escolha pela maioria relativa do Senado Federal.
c) um quinto dos Ministros é composto, em partes iguais, de advogados e membros do Ministério Público Federal, Estadual e Distrital, alternadamente.
d) dois quintos dos Ministros é composto por desembargadores dos Tribunais de Justiça, indicados em lista tríplice elaborada pelo próprio Superior Tribunal de Justiça.

114. (Consulplan/TJ/MG/Cartórios/Remoção/2017) Assinale a alternativa correta:

a) o Ministro Corregedor do Conselho Nacional de Justiça fica excluído da distribuição de processos no Superior Tribunal de Justiça, competindo-lhe, além de outras atribuições, requisitar e designar magistrados, delegando-lhes atribuições, e requisitar servidores de juízos ou tribunais, inclusive nos Estados, Distrito Federal e Territórios.
b) compete ao Conselho Nacional de Justiça o controle da atuação administrativa e financeira das instituições que exercem funções essenciais à Justiça, assim definidas na Constituição da República.
c) compete ao STJ processar e julgar, originariamente, conflito de competência instaurado entre o Tribunal Superior Eleitoral e o Tribunal de Justiça do Estado de Minas Gerais.
d) compete ao STJ processar e julgar, originariamente, as ações contra o Conselho Nacional de Justiça que tenham por fundamento o descumprimento de tratado ou lei federal.

115. (Consulplan/TJ/MG/Cartórios/Ingresso/2017) No que diz respeito ao Superior Tribunal de Justiça, é correta a seguinte assertiva:

a) o Superior Tribunal de Justiça compõe-se, de no máximo, 33 (trinta e três) ministros.
b) um ministro do Superior Tribunal de Justiça indicado pelo Supremo Tribunal Federal comporá o Conselho Nacional de Justiça.
c) o Superior Tribunal de Justiça indicará um juiz para compor o Conselho Nacional do Ministério Público.
d) ao Superior Tribunal de Justiça compete julgar, originariamente, os "habeas corpus", quando a autoridade coatora for juiz federal e a extradição solicitada por Estado estrangeiro.

4.3.5. Dos Tribunais e dos Juízes

SÚMULAS

1) Do TST, dos TRT's e dos Juízes do Trabalho

STF Súm. Vinculante 22. A Justiça do Trabalho é competente para processar e julgar as ações de indenização por danos morais e patrimoniais decorrentes de acidente de trabalho propostas por empregado contra empregador, inclusive aquelas que ainda não possuíam sentença de mérito em primeiro grau quando da promulgação da Emenda Constitucional n. 45/04.

STF Súm. Vinculante 23. A Justiça do Trabalho é competente para processar e julgar ação possessória ajuizada em decorrência do exercício do direito de greve pelos trabalhadores da iniciativa privada.

STF Súm. 433. É competente o Tribunal Regional do Trabalho para julgar mandado de segurança contra ato de seu presidente em execução de sentença trabalhista.

STF Súm. 736. Compete à Justiça do Trabalho julgar as ações que tenham como causa de pedir o descumprimento de normas trabalhistas relativas à segurança, higiene e saúde dos trabalhadores.

STJ Súm. 10. Instalada a junta de conciliação e julgamento, cessa a competência do juiz de direito em matéria trabalhista, inclusive para a execução das sentenças por ele proferidas.

STJ Súm. 180. Na lide trabalhista, compete ao tribunal regional do trabalho dirimir conflito de competência verificado, na respectiva região, entre juiz estadual e junta de conciliação e julgamento.

STJ Súm. 225. Compete ao tribunal regional do trabalho apreciar recurso contra sentença proferida por órgão de primeiro grau da justiça trabalhista, ainda que para declarar-lhe a nulidade em virtude de incompetência.

STJ Súm. 367. A competência estabelecida pela EC n. 45/2004 não alcança os processos já sentenciados.

2) Dos Tribunais e Juízes Eleitorais

STF Súm. 72. No julgamento de questão constitucional, vinculada a decisão do Tribunal Superior Eleitoral, não estão impedidos os ministros do Supremo Tribunal Federal que ali tenham funcionado no mesmo processo, ou no processo originário.

STJ Súm. 368. Compete à justiça comum estadual processar e julgar os pedidos de retificação de dados cadastrais da justiça eleitoral.

STJ Súm. 374. Compete à justiça eleitoral processar e julgar a ação para anular débito decorrente de multa eleitoral.

3) Dos Tribunais e Juízes Federais

STF Súm. Vinculante 36. Compete à justiça federal comum processar e julgar civil denunciado pelos crimes de falsificação e de uso de documento falso quando se tratar de falsificação da caderneta de inscrição e registro (CIR) ou de carteira de habilitação de amador (CHA), ainda que expedidas pela Marinha do Brasil.

STJ Súm. 55. Tribunal regional federal não é competente para julgar recurso de decisão proferida por juiz estadual não investido de jurisdição federal.

STJ Súm. 122. Compete à justiça federal o processo e julgamento unificado dos crimes conexos de competência federal e estadual, não se aplicando a regra do art. 78, II, "a", do Código de Processo Penal.

STJ Súm. 147. Compete à justiça federal processar e julgar os crimes praticados contra funcionário público federal, quando relacionados com o exercício da função.

4) Dos Tribunais e Juízes dos Estados

STF Súm. Vinculante 27. Compete à justiça estadual julgar causas entre consumidor e concessionária de serviço público de telefonia, quando a Anatel não seja litisconsorte passiva necessária, assistente, nem opoente.

STF Súm. 330. O Supremo Tribunal Federal não é competente para conhecer de mandado de segurança contra atos dos tribunais de justiça dos Estados.

STF Súm. 498. Compete à justiça dos Estados, em ambas as instâncias, o processo e o julgamento dos crimes contra a economia popular.

STF Súm. 516. O Serviço Social da Indústria (Sesi) está sujeito à jurisdição da justiça estadual.

STF Súm. 522. Salvo ocorrência de tráfico com o exterior, quando, então, a competência será da justiça federal, compete à justiça dos Estados o processo e o julgamento dos crimes relativos a entorpecentes.

STF Súm. 555. É competente o tribunal de justiça para julgar conflito de jurisdição entre juiz de direito do Estado e a justiça militar local.

STF Súm. 702. A competência do tribunal de justiça para julgar prefeitos restringe-se aos crimes de competência da justiça comum estadual; nos demais casos, a competência originária caberá ao respectivo tribunal de segundo grau.

STJ Súm. 34. Compete à justiça estadual processar e julgar causa relativa a mensalidade escolar, cobrada por estabelecimento particular de ensino.

STJ Súm. 42. Compete à justiça comum estadual processar e julgar as causas cíveis em que é parte sociedade de economia mista e os crimes praticados em seu detrimento.

STJ Súm. 55. Tribunal regional federal não é competente para julgar recurso de decisão proferida por juiz estadual não investido de jurisdição federal.

STJ Súm. 224. Excluído do feito o ente federal cuja presença levara o juiz estadual a declinar da competência, deve o juiz federal restituir os autos e não suscitar conflito.

STJ Súm. 238. A avaliação da indenização devida ao proprietário do solo, em razão de alvará de pesquisa mineral, é processada no juízo estadual da situação do imóvel.

STJ Súm. 270. O protesto pela preferência de crédito, apresentado por ente federal em execução que tramita na justiça estadual, não desloca a competência para a justiça federal.

STJ Súm. 363. Compete à justiça estadual processar e julgar a ação de cobrança ajuizada por profissional liberal contra cliente.

STJ Súm. 368. Compete à justiça comum estadual processar e julgar os pedidos de retificação de dados cadastrais da justiça eleitoral.

STJ Súm. 505. A competência para processar e julgar as demandas que têm por objeto obrigações decorrentes dos contratos de planos de previdência privada firmados com a Fundação Rede Ferroviária de Seguridade Social – Refer é da justiça estadual.

5) Dos Tribunais e Juízes Militares

STJ Súm. 53. Compete à justiça comum estadual processar e julgar civil acusado de prática de crime contra instituições militares estaduais.

STJ Súm. 78. Compete à justiça militar processar e julgar policial de corporação estadual, ainda que o delito tenha sido praticado em outra unidade federativa.

STJ Súm. 90. Compete à justiça estadual militar processar e julgar o policial militar pela prática do crime militar, e à comum pela prática do crime comum simultâneo àquele.

REPERCUSSÃO & REPETITIVOS

STF Rep. Geral 358. A competência constitucional do Tribunal para decidir sobre a perda do posto e da patente dos oficiais e da graduação das praças é específica, nos termos do artigo 125, § 4º, não autorizando a concessão de reforma de policial militar julgado inapto a permanecer nas fileiras da corporação. *RE 601146, 8.6.2020.*

STF Rep. Geral 820. A competência prevista no § 3º do artigo 109 da Constituição Federal, da Justiça comum, pressupõe inexistência de Vara Federal na Comarca do domicílio do segurado. *RE 860508, 8.3.2021.*

STF Rep. Geral 859. A insolvência civil está entre as exceções da parte final do artigo 109, I, da Constituição da República, para fins de definição da competência da justiça federal. *RE 678162, 26.3.2021.*

STJ IAC 6. Os efeitos da Lei nº 13.876/2019 na modificação de competência para o processamento e julgamento dos processos que tramitam na Justiça Estadual no exercício da competência federal delegada insculpido no art. 109, § 3º, da Constituição Federal, após as alterações promovidas pela Emenda Constitucional 103, de 12 de novembro de 2019, aplicar-se-ão aos feitos ajuizados após 1º de janeiro de 2020. As ações, em fase de conhecimento ou de execução, ajuizadas anteriormente a essa data, continuarão a ser processadas e julgadas no juízo estadual, nos termos em que previsto pelo § 3º do art. 109 da Constituição Federal, pelo inciso III do art. 15 da Lei n. 5.010, de 30 de maio de 1965, em sua redação original. *CC 170051, 21.10.2021.*

INFORMATIVOS

STF Competência dos Tribunais para supervisionar investigações contra autoridades com foro por prerrogativa de função. É constitucional a norma de Regimento Interno de Tribunal de Justiça que condiciona a instauração de inquérito à autorização do desembargador-relator nos feitos de competência originária daquele órgão. Não há ofensa ao sistema acusatório, pois a previsão regimental decorre da normativa constitucional que determina o foro específico, sujeitando investigações contra determinadas autoridades a maior controle judicial, pela importância das funções que exercem. O mesmo tratamento conferido às autoridades com foro por prerrogativa de função no STF deve ser aplicado, por simetria, àquelas com foro em outros tribunais. *ADI 7083, 13.5.2022. Pleno. Inf 1054.*

QUESTÕES OBJETIVAS

116. (Ieses/TJ/RO/Cartórios/Ingresso/2021) Assinale a alternativa correta.

a) Conforme expressamente previsto na Constituição Federal, à Justiça Militar compete processar e julgar os crimes militares definidos em lei. Sendo assim, a justiça castrense é aplicada somente ao pessoal das forças armadas e policiais militares, não podendo o agente civil ser sujeito ativo de crime militar em tempo de paz.

b) As decisões colegiadas dos Tribunais Regionais Eleitorais são irrecorríveis, por expressa disposição constitucional. Todavia, por construção jurisprudencial, admite-se recurso ao Superior Tribunal Eleitoral, mas ainda assim apenas quando o "thema decidendum" versar sobre inelegibilidade ou expedição de diplomas nas eleições federais ou estaduais, anulação de diplomas ou decretação da perda de mandatos eletivos federais ou estaduais.

c) Conforme expressamente previsto na Constituição Federal, são órgãos da Justiça Eleitoral, apenas: o Tribunal Superior Eleitoral, os Tribunais Regionais Eleitorais e os Juízes Eleitorais.

d) Conforme expressamente previsto na Constituição Federal, são órgãos da Justiça Militar, apenas: o Superior Tribunal Militar e os Tribunais e Juízes Militares instituídos por lei.

4.4. Das Funções Essenciais à Justiça

SÚMULAS

STF Súm. 643. O Ministério Público tem legitimidade para promover ação civil pública cujo fundamento seja a ilegalidade de reajuste de mensalidades escolares.

STJ Súm. 189. É desnecessária a intervenção do Ministério Público nas execuções fiscais.

STJ Súm. 329. O Ministério Público tem legitimidade para propor ação civil pública em defesa do patrimônio público.

STJ Súm. 594. O Ministério Público tem legitimidade ativa para ajuizar ação de alimentos em proveito de criança ou adolescente independentemente do exercício do poder familiar dos pais, ou do fato de o menor se encontrar nas situações de risco descritas no art. 98 do Estatuto da Criança e do Adolescente, ou de quaisquer outros questionamentos acerca da existência ou eficiência da Defensoria Pública na comarca.

STJ Súm. 601. O Ministério Público tem legitimidade ativa para atuar na defesa de direitos difusos, coletivos e individuais homogêneos dos consumidores, ainda que decorrentes da prestação de serviço público.

REPERCUSSÃO & REPETITIVOS

STF Rep. Geral 1074. É inconstitucional a exigência de inscrição do Defensor Público nos quadros da Ordem dos Advogados do Brasil. *RE 1240999, 4.11.2021.*

STJ IAC 13. (...) D) O Ministério Público pode requisitar diretamente ao oficial de registro competente a averbação de informações alusivas a suas funções institucionais. *REsp 1.857098, 11.5.2022.*

JURISPRUDÊNCIA EM TESES

STJ JurisTese 167-12. A atuação de promotores auxiliares ou de grupos especializados, como o Grupo de Atuação Especial de Combate ao Crime Organizado (Gaeco), na investigação de infrações penais, a exemplo do crime de lavagem de dinheiro, não ofende o princípio do promotor natural, não havendo que se falar em designação casuística.

INFORMATIVOS

STF Prerrogativa do Ministério Público de posicionar-se ao lado do magistrado nos julgamentos. A prerrogativa atribuída aos membros do MP de situar-se no mesmo plano e imediatamente à direita dos magistrados nas audiências e sessões de julgamento (LC 75/93, art. 18, I, "a"; e Lei 8.625/93, art. 41, XI) não fere os princípios da isonomia, do devido processo legal, da ampla defesa e do contraditório nem compromete a necessária paridade de armas que deve existir entre a defesa e a acusação. O direito à igualdade das partes é substancial, não figurativa. A atuação do Parquet pode conjugar, simultânea ou alternadamente, os papéis de parte processual e de "custos legis", dada a singela circunstância de sua atribuição em defender o interesse público e a sociedade. Assim, não se pode afirmar que a proximidade física entre o integrante do Ministério Público e o magistrado, por si só, propicie algum tipo de influência ou comprometimento aos julgamentos. *ADI 4768, Pleno, 23.11.2022. Inf 1077.*

STF Ministério Público estadual: movimentação funcional e modelo federal. É inconstitucional lei estadual que prevê movimentação funcional entre membros do Ministério Público, mediante procedimentos e critérios diversos dos estabelecidos pelo modelo federal. *ADI 6328, 15.8.2022. Pleno. Inf 1063.*

STF Inamovibilidade dos membros do Ministério Público da União. É inconstitucional norma que prevê a designação bienal para o exercício de funções institucionais inerentes às respectivas carreiras dos membros do MPU. Dentro da estrutura organizacional do MPU, as unidades de lotação dos integrantes de suas carreiras correspondem aos denominados ofícios, que representam os locais em que exercidas suas atribuições institucionais. Após lotados em determinado ofício, eles gozam da garantia constitucional da inamovibilidade. O deslocamento para outro ofício, sem retorno ao de origem, por meio de designações e redesignações bienais, conduz ao grave risco de movimentações casuísticas. *ADI 5052, 20.5.2022. Pleno. Inf 1055.*

STF Defensoria pública estadual e poder de requisição. É constitucional lei complementar estadual que, desde que observados os parâmetros de razoabilidade e proporcionalidade, confere à Defensoria Pública a prerrogativa de requisitar, de quaisquer autoridades públicas e de seus agentes, certidões, exames, perícias, vistorias, diligências, processos, documentos, informações, esclarecimentos e demais providências necessárias ao exercício de suas atribuições. A moldura constitucional referente à Defensoria Pública foi significativamente alterada com a promulgação das ECs 45/04, 74/13 e 80/14, oportunidade na qual se expandiu o papel, a autonomia e a missão do órgão, aproximando-a do tratamento conferido ao Ministério Público. *ADI 6863, 13.9.2022. Pleno. Inf 1067.*

STF Ouvidoria-Geral das Defensorias Públicas estaduais. É constitucional a norma federal que criou a Ouvidoria-Geral da Defensoria Pública nos estados-membros e estabeleceu suas competências. A LC 80/94 se limitou a instituir diretrizes gerais sobre a organização e a estrutura da Ouvidoria-Geral das Defensorias Públicas estaduais, sem prever qualquer singularidade regional ou especificidade local. *ADI 4608, 13.5.2022. Pleno. Inf 1054.*

STF Recriação de Assistência Jurídica da Justiça Militar. É inconstitucional norma estadual que restabeleça, no âmbito do Poder Judiciário local, cargos de Advogado da Justiça Militar vocacionados a patrocinar a defesa gratuita de praças da Polícia Militar. A função de defesa dos necessitados, quando desempenhada pelo Estado, é própria à Defensoria Pública (CF, art. 134; LC 80/94). *ADI 3152, 26.4.2022. Pleno. Inf 1052.*

STF Constitucionalidade do poder de requisição da Defensoria Pública. A Defensoria Pública detém a prerrogativa de requisitar, de quaisquer autoridades públicas e de seus agentes, certidões, exames, perícias, vistorias, diligências, processos, documentos, informações, esclarecimentos e demais providências necessárias à sua atuação. Ao conceder tal prerrogativa, o legislador buscou propiciar condições materiais para o exercício de suas atribuições, não havendo que se falar em qualquer espécie de violação ao texto constitucional, mas, ao contrário, em sua densificação. *ADI 6852, Pleno, 18.2.2022. Inf 1045.*

QUESTÕES OBJETIVAS

117. (Ieses/TJ/TO/Cartórios/Remoção/2022) Leis complementares da União e dos Estados, cuja iniciativa é facultada aos respectivos Procuradores-Gerais, estabelecerão a organização, as atribuições e o estatuto de cada Ministério Público, observadas, entre outras, a seguinte garantia:

a) Vitaliciedade, após dois anos de exercício, não podendo perder o cargo senão por sentença judicial transitada em julgado.
b) Exercício de atividade político-partidária.
c) Exercício da advocacia.
d) Receber, a qualquer título e sob qualquer pretexto, honorários, percentagens ou custas processuais.

118. (Ieses/TJ/RO/Cartórios/Remoção/2021) Segundo dispõe a Constituição Federal de 1988, a instituição permanente, essencial à função jurisdicional do Estado, incumbindo-lhe, como expressão e instrumento do regime democrático, fundamentalmente, a orientação jurídica, a promoção dos direitos humanos e a defesa, em todos os graus, judicial e extrajudicial, dos direitos individuais e coletivos, de forma integral e gratuita, aos necessitados é denominada de:

a) Advocacia Geral da União-AGU.
b) Defensoria Pública.
c) Juizado Especial.
d) Ministério Público.

119. (Consulplan/TJ/MG/Cartórios/Ingresso/2017) O Ministério Público é instituição permanente, essencial à função jurisdicional do Estado, incumbindo-lhe a defesa da ordem jurídica, do regime democrático e dos interesses sociais e individuais indisponíveis. Sobre a instituição e seus membros é correto afirmar:

a) os Promotores de Justiça, dentro de suas esferas de atribuições, têm legitimidade para impetrar mandado de segurança e "habeas corpus", inclusive perante os tribunais locais, desde que o ato ou a omissão ilegais advenham de juízo de primeira instância em processo em que funcione.
b) na ação popular e no mandado de segurança coletivo, o Ministério Público é parte pública autônoma, incumbindo-lhe velar pela regularidade do processo e, em caso de abandono dessas ações, deverá promover o seu andamento, em lugar do autor/impetrante omisso.
c) o Procurador-Geral da República possui legitimidade ativa para impetrar mandado de segurança em face do Conselho Nacional de Justiça que tenha por objeto o questionamento de decisão que reconheça a prescrição punitiva de outro membro da Instituição em processo disciplinar administrativo.
d) o Ministério Público da União compreende: o Ministério Público Federal, o Ministério Público Militar, o Ministério Público do Trabalho, o Ministério Público do Distrito Federal e dos Territórios e o Ministério Público junto ao Tribunal de Contas da União.

5. DA DEFESA DO ESTADO E DAS INSTITUIÇÕES DEMOCRÁTICAS

5.1. *Do Estado de Defesa e do Estado de Sítio*

QUESTÕES OBJETIVAS

120. (Consulplan/TJ/MS/Cartórios/Ingresso/2021) Aslan Zeki é professor de matemática vinculado ao município CP, que possui cerca de 100 (cem) mil habitantes e testemunha a ocorrência de tremor de terra que causou inúmeros danos, desalojando famílias e provocando graves transtornos na segurança pública com a formação de grupos de saqueadores que passaram a criar insustentável crise no local. As forças de segurança não obtiveram sucesso em debelar a situação. Criou-se grave instabilidade com a invasão dos bens municipais e prédios da Prefeitura e da Câmara Municipal. A ordem pública e a paz social restaram vulneradas. Nos termos da Constituição Federal, para preservar ou prontamente restabelecer, em locais restritos e determinados, a ordem pública ou a paz social ameaçadas por grave e iminente instabilidade institucional ou atingidas por calamidades de grandes proporções na natureza, após ouvidos os devidos Conselhos, deve ser decretado o estado de:

a) sítio.
b) defesa.

c) calamidade.
d) emergência.

121. (Ieses/TJ/SC/Cartórios/Remoção/2019) Sobre a Defesa de Estado e das Instituições Democráticas, no que se refere ao Estado de Defesa é correto afirmar que:

a) Dentre as medidas coercitivas a vigorarem durante o Estado de Defesa temos a ocupação e uso temporário de bens e serviços públicos e privados, na hipótese de calamidade pública, respondendo a União pelos danos e custos decorrentes.
b) Dentre as medidas coercitivas a vigorarem durante o Estado de Defesa temos a ocupação e uso temporário de bens e serviços públicos, na hipótese de calamidade pública, não respondendo a União pelos danos e custos decorrentes.
c) Dentre as medidas coercitivas a vigorarem durante o Estado de Defesa temos a ocupação e uso temporário de bens e serviços públicos e privados, na hipótese de calamidade pública, não respondendo a União pelos danos e custos decorrentes.
d) Dentre as medidas coercitivas a vigorarem durante o Estado de Defesa temos a ocupação e uso temporário de bens e serviços públicos, na hipótese de calamidade pública, respondendo a União pelos danos e custos decorrentes.

122. (Ieses/TJ/SC/Cartórios/Ingresso/2019) Sobre a Defesa de Estado e das Instituições Democráticas, no que se refere ao Estado de Defesa é correto afirmar que:

a) O Presidente da República pode, ouvidos o Conselho da República e o Conselho de Defesa Nacional, decretar estado de defesa para preservar ou prontamente restabelecer, em locais restritos e determinados, a ordem pública ou a paz social ameaçadas por grave e iminente instabilidade institucional ou atingidas por calamidades de grandes proporções na natureza.
b) Dentre as medidas coercitivas a vigorarem durante o Estado de Defesa estão: as restrições aos direitos de: reunião, ainda que exercida no seio das associações; sigilo de correspondência; sigilo de comunicação telegráfica e telefônica; e sigilo de operações financeiras.
c) O Presidente da República pode, ouvidos o Conselho da República e o Conselho de Defesa Nacional, decretar estado de defesa para preservar ou prontamente restabelecer, em locais restritos e determinados, a ordem pública ou a paz social ameaçadas por greve e iminente instabilidade institucional ou atingidas por calamidades de grandes proporções na natureza.
d) Dentre as medidas coercitivas a vigorarem durante o Estado de Defesa estão: as restrições aos direitos de: reunião, ainda que exercida no seio das associações; sigilo de correspondência; sigilo de comunicação telegráfica, telefônica e de mensagens; e sigilo bancário.

123. (Ieses/TJ/AM/Cartórios/Remoção/2018) A fim de preservar ou prontamente restabelecer, em locais restritos e determinados, a ordem pública ou a paz social ameaçadas por grave e iminente instabilidade institucional ou atingidas por calamidades de grandes proporções na natureza o Presidente da República pode decretar o chamado:

a) estado de necessidade.
b) estado de exceção.
c) estado de defesa.
d) estado de sítio.

124. (Vunesp/TJ/SP/Cartórios/Ingresso/2018) O Presidente da República pode, ouvidos o Conselho da República e o Conselho de Defesa Nacional, decretar estado de defesa nas seguintes hipóteses:

a) no caso de comoção grave de repercussão nacional ou ocorrência de fatos que comprovem a ineficácia de medida tomada durante o estado de sítio.
b) para restabelecer, em locais restritos e determinados, a ordem pública ou a paz social ameaçadas por grave e iminente instabilidade institucional ou atingidas por calamidade de grandes proporções da natureza.
c) no caso de declaração de guerra ou resposta à agressão armada estrangeira.
d) para restabelecer a ordem pública ou a paz social, ameaçadas por grave e iminente instabilidade institucional, e no caso da ocorrência de fatos que comprovem a ineficácia de medida tomada durante o estado de sítio.

5.2. Das Forças Armadas

SÚMULAS

STF Súm. Vinculante 6. Não viola a Constituição da República o estabelecimento de remuneração inferior ao salário mínimo para os praças prestadores de serviço militar inicial.

STF Súm. 10. O tempo de serviço militar conta-se para efeito de disponibilidade e aposentadoria do servidor público estadual.

STF Súm. 55. Militar da reserva está sujeito a pena disciplinar.

STF Súm. 673. O art. 125, § 4º, da Constituição, não impede a perda da graduação de militar mediante procedimento administrativo.

STF Súm. 674. A anistia prevista no art. 8º do ADCT não alcança os militares expulsos com base em legislação disciplinar ordinária, ainda que em razão de atos praticados por motivação política.

5.3. Da Segurança Pública

INFORMATIVOS

STF Polícia Civil: enquadramento como exercício de atribuição essencial à função jurisdicional do Estado e à defesa da ordem jurídica. É incompatível com a CF norma de Constituição estadual que estabelece a natureza jurídica da Polícia Civil como função essencial à atividade jurisdicional do Estado e à defesa da ordem jurídica, bem como atribui aos Delegados de Polícia a garantia de independência funcional. O art. 144, § 6º, da CF estabelece vínculo de subordinação hierárquica da Polícia Civil ao governador do estado, mostrando-se inconstitucional a atribuição de autonomia ao órgão ou de independência funcional a seu dirigente, o Delegado de Polícia. O inquérito policial é procedimento pré-processual de natureza administrativa e inquisitória, destinado a colher provas que subsidiem o exercício da ação penal pelo Ministério Público. Nesse contexto, o seu condutor, o Delegado de Polícia, apesar de desempenhar atividades de conteúdo jurídico, não integra carreira propriamente jurídica, pois, se assim o fosse, inviabilizaria o controle externo e o poder requisitório exercidos pelo Parquet. *ADI 5517, 21.11.2022. Pleno. Inf 1076.*

STF Funções desempenhadas por Delegado de Polícia: atribuição de natureza jurídica e caráter essencial ao Estado. É inconstitucional norma de Constituição estadual, oriunda de iniciativa parlamentar, que atribui às funções de polícia judiciária e à apuração de infrações penais exercidas pelo Delegado de Polícia natureza jurídica e caráter essencial ao Estado. Compete exclusivamente ao chefe do Poder Executivo (CF, art. 61, § 1º, II, b e c) a iniciativa de normas sobre a organização administrativa e os servidores públicos, seu regime jurídico e provimento de cargos. O art. 144, § 6º, da CF estabelece vínculo de subordinação hierárquica da Polícia Civil ao governador de estado. Sendo assim, o desenho institucional inserido constitucionalmente não legitima a governança independente da polícia judiciária. *ADI 5528, 21.11.2022. Pleno. Inf 1076.*

STF Lista tríplice para escolha de delegado-chefe da Polícia Civil. É inconstitucional norma de Constituição estadual, oriunda de iniciativa parlamentar, que disponha sobre a nomeação, pelo governador do estado, de ocupante do cargo de diretor-geral da Polícia Civil, a partir de lista tríplice elaborada pelo Conselho Superior de Polícia. A instituição de requisitos para a nomeação do delegado-chefe da Polícia Civil é matéria de iniciativa privativa do chefe do Poder Executivo (CF, art. 61, § 1º, II, c e e), e, dessa forma, não pode ser tratada por emenda constitucional de iniciativa parlamentar. *ADI 6923, 28.10.2022. Pleno. Inf 1074.*

STF Extinção da pena de prisão disciplinar de policiais e bombeiros militares. É inconstitucional lei federal, de iniciativa parlamentar, que veda medida privativa e restritiva de liberdade a policiais e bombeiros militares dos estados, dos territórios e do Distrito Federal. Compete ao chefe do Poder Executivo local a iniciativa de lei que disponha sobre o regime jurídico de servidores militares estaduais e distritais, por força do princípio da simetria. *ADI 6595, 20.5.2022. Pleno. Inf 1055.*

STF Militares estaduais grevistas e anistia das infrações disciplinares. É formalmente inconstitucional norma federal que concede anistia a policiais e bombeiros militares estaduais por infrações disciplinares decorrentes da participação em movimentos reivindicatórios por melhorias de vencimentos e de condições de trabalho. A anistia de competência da União recai sobre crimes. Em matéria de infrações disciplinares, cabe aos entes estaduais concedê-la a seus servidores, em face da autonomia federativa. Quanto aos bombeiros e policiais militares, a competência estadual é realçada nos arts. 42 e 144, § 6º, da CF. *ADI 4869, 27.5.2022. Pleno Inf 1056.*

STF Produção de relatórios de inteligência e vinculação ao interesse público. Os órgãos do Sistema Brasileiro de Inteligência, conquanto necessários para a segurança pública, segurança nacional e garantia de cumprimento eficiente dos deveres do Estado, devem operar com estrita vinculação ao interesse público, observância aos valores democráticos e respeito aos direitos e garantias fundamentais. Nesse contexto, caracterizam desvio de finalidade e abuso de poder a colheita, a produção e o compartilhamento de dados, informações e conhecimentos específicos para satisfazer interesse privado de órgão ou de agente público. *ADPF 722, 13.5.2022. Pleno. Inf 1054.*

STF Polícia civil e independência funcional. É inconstitucional norma estadual que assegure a independência funcional a delegados de polícia, bem como que atribua à polícia civil o caráter de função essencial ao exercício da jurisdição e à defesa da ordem jurídica. A polícia civil está, necessariamente, subordinada ao chefe do Poder Executivo estadual, logo, não é possível atribuir-lhe independência funcional. *ADI 5522, Pleno, 18.2.2022. Inf 1044.*

STF Plano de redução de letalidade policial e controle de violações de direitos humanos. O Estado do Rio de Janeiro deve elaborar, no prazo máximo de 90 dias, um plano para redução da letalidade policial e controle das violações aos direitos humanos pelas forças de segurança, que apresente medidas objetivas, cronogramas específicos e previsão dos recursos necessários para a sua implementação. *ADPF 635 MC-ED, Pleno, 3.2.2022. Inf 1042.*

STJ Tráfico de drogas. Atuação das guardas municipais. Rol taxativo do art. 144 da CF. Busca pessoal. Ausência de relação clara, direta e imediata com a tutela de bens, serviços e instalações municipais. Impossibilidade. As guardas municipais não possuem competência para patrulhar supostos pontos de tráfico de drogas, realizar abordagens e revistas em indivíduos suspeitos da prática de tal crime ou ainda investigar denúncias anônimas relacionadas ao tráfico e outros delitos cuja prática não atinja de maneira clara, direta e imediata os bens, serviços e instalações municipais. *REsp 1977119, 6ª T, 16.8.2022. Inf 746.*

QUESTÕES OBJETIVAS

125. (Consulplan/TJ/MG/Cartórios/Ingresso/2017) Nos termos da Constituição da República, assinale a alternativa correta:

a) a segurança pública tem por objeto a preservação da ordem pública e da incolumidade das pessoas e do patrimônio, sendo exercida, dentre outros órgãos, através do Ministério Público militar.
b) incumbe à polícia federal, à polícia rodoviária federal e à polícia ferroviária federal exercer, com exclusividade, as funções de polícia judiciária da União.
c) as polícias militares e corpos de bombeiros militares de Minas Gerais, forças auxiliares e reserva do Exército, subordinam-se, juntamente com as polícias civis, aos Governador do Estado.
d) em caso de incêndio florestal, catástrofe ou epidemia que coloque em risco a população local, incumbe à Força Nacional planejar e coordenar as atividades de defesa civil a serem executadas pelas polícias florestais e guardas municipais.

126. (Ieses/TJ/RO/Cartórios/Remoção/2017) A segurança pública, constitucionalmente no Estado de Rondônia, é exercida para preservação da ordem pública e da incolumidade das pessoas e do patrimônio, através dos seguintes órgãos, exceto:

a) Polícia Militar.
b) Forças Armadas.
c) Corpo de Bombeiros Militar.
d) Polícia Civil.

6. DA ORDEM ECONÔMICA E FINANCEIRA

6.1. Dos Princípios Gerais da Atividade Econômica

SÚMULAS

STF Súm. Vinculante 38. É competente o município para fixar o horário de funcionamento de estabelecimento comercial.

STF Súm. Vinculante 49. Ofende o princípio da livre concorrência lei municipal que impede a instalação de estabelecimentos comerciais do mesmo ramo em determinada área.

STF Súm. 70. É inadmissível a interdição de estabelecimento como meio coercitivo para cobrança de tributo.

STF Súm. 323. É inadmissível a apreensão de mercadorias como meio coercitivo para pagamento de tributos.

STF Súm. 547. Não é lícito à autoridade proibir que o contribuinte em débito adquira estampilhas, despache mercadorias nas alfândegas e exerça suas atividades profissionais.

INFORMATIVOS

STF Privatização de empresa estatal e transferência de débitos judiciais ao estado. É constitucional norma estadual que prevê a assunção de obrigações financeiras resultantes de sentença judicial proferida após a privatização de sociedade de economia mista prestadora de serviço público pelo respectivo estado. A norma não cria despesas efetivas nem constitui privilégios fiscais concedidos à então estatal. Ela também não viola o princípio da isonomia ou o ato jurídico perfeito. Isso porque, ao determinar a assunção de apenas alguns débitos, o legislador atuou dentro de seu espaço de discricionariedade, visando tornar a operação mais atrativa à luz do interesse público e estimular a aquisição. *ADI 5271, 26.8.2022. Pleno. Inf 1065.*

STF Transporte coletivo interestadual: gratuidade e redução de tarifa para jovens de baixa renda. É constitucional – por não ofender o direito de propriedade e os princípios da ordem econômica e do equilíbrio econômico-financeiro dos contratos administrativos – lei federal que determina a reserva, por veículo, de duas vagas gratuitas e, após estas esgotarem, de duas vagas com tarifa reduzida em, no mínimo, 50%, para serem utilizadas por jovens de baixa renda no sistema de transporte coletivo interestadual de passageiros. A norma impugnada concretiza o direito ao transporte a um grupo vulnerável, economicamente e constitucionalmente tutelado, atribuindo ao poder regulamentar a definição dos procedimentos e critérios para o seu exercício. A CF preceitua que a livre iniciativa e a propriedade privada devem ser compatibilizadas com o objetivo de redução das desigualdades regionais e sociais, de forma a assegurar existência digna a todos, conforme os ditames da justiça social. *ADI 5657, 17.11.2022. Pleno. Inf 1076.*

STF Energia elétrica e regulamentação por medida provisória com posterior conversão em lei. A Medida Provisória 144/03, convertida na Lei 10.848/04, que dispõe sobre a comercialização de energia elétrica, não viola o art. 246 da CF. A EC 6/95 não promoveu alteração substancial na disciplina constitucional do setor elétrico, mas, em razão da revogação do art. 171 da CF, restringiu-se a substituir a expressão "empresa brasileira de capital nacional" pela expressão "empresa constituída sob as leis brasileiras e que tenha sua sede e administração no país", incluída no § 1º do art. 176 da CF pela EC 6/95. O setor elétrico já estava, antes dessa alteração, aberto ao capital privado. Houve apenas ampliação colateral em relação às empresas que poderiam ser destinatárias de autorização ou concessão para explorar o serviço. A MP não se destinou a dar eficácia às modificações introduzidas pela EC 6/95, mas a regulamentar o art. 175 da CF, que dispõe sobre o regime de prestação de serviços públicos no setor elétrico. *ADI 3090, 20.4.2022. Pleno. Inf 1051.*

QUESTÕES OBJETIVAS

127. (Ieses/TJ/TO/Cartórios/Ingresso/2022) Assinale a alternativa correta:

a) Estudar, propor e acompanhar o desenvolvimento de iniciativas necessárias a garantir a independência nacional e a defesa do Estado democrático constitui uma das competências do Conselho da República.

b) Conforme disposto na Constituição Federal, o aproveitamento do potencial de energia renovável de capacidade reduzida não dependerá de autorização ou concessão.
c) A receita de concursos de prognósticos é uma das fontes de financiamento da saúde pública no Brasil, sendo vedada a utilização desses recursos para cobrir o déficit da previdência social, em razão da necessidade de assegurar o equilíbrio atuarial do sistema previdenciário.
d) São imunes de contribuição para a seguridade social os partidos políticos e suas fundações, as entidades sindicais dos trabalhadores, as instituições de educação e de assistência social, sem fins lucrativos, desde que atendam às exigências estabelecidas em lei.

128. (FGV/TJ/SC/Cartórios/Ingresso/2021) O Secretário Municipal de Fazenda observou que a legislação municipal disciplinava:

I. a atuação de empresas públicas e sociedades de economia mista no exercício de atividade econômica em sentido estrito, com a isenção de impostos municipais.
II. a atuação de particulares, mediante autorização, no exercício de atividade econômica em sentido estrito, de interesse público, não sendo realizada licitação, e.
III. a atuação de particulares, mediante concessão ou permissão, no exercício de atividade econômica em sentido amplo, com a prévia realização de licitação.

À luz da sistemática constitucional afeta à ordem econômica, está(ão) correta(s) a(s) situação(ões) descrita(s) em:

a) somente I.
b) somente III.
c) somente I e II.
d) somente II e III.
e) I, II e III.

129. (FGV/TJ/SC/Cartórios/Remoção/2021) Antônio, microempreendedor, desenvolveu um projeto no qual conjugava a comunicação telemática com uma unidade móvel de prestação de serviços eletroeletrônicos. Ao consultar investidores em potencial, foi indagado sobre a existência de autorização dos órgãos competentes para desempenhar a atividade. Como a atividade não estava regulamentada, Antônio procurou o seu advogado e o indagou sobre como deveria proceder, já que somente conseguiria obter alvará de localização da pessoa jurídica que iria constituir, não da atividade propriamente dita. O advogado respondeu, corretamente, que:

a) à mingua de regulamentação legal, a atividade econômica idealizada por Antônio não poderia ser desempenhada.
b) a inexistência de previsão legal de autorização para o desempenho da atividade econômica exime Antônio da necessidade de obtê-la.
c) o poder de polícia do Estado é ínsito e indissociável da atividade econômica, devendo ser aplicada, por analogia, a regulamentação de atividade similar.
d) em razão da inexistência de norma regulamentadora da atividade econômica, o que compromete o seu exercício por Antônio, poderia ser ajuizado o mandado de injunção.
e) toda atividade econômica gera reflexos na esfera individual do empreendedor e no interesse coletivo, o que exige que o poder público a avalie, sob pena de afronta a ambos.

130. (Consulplan/TJ/MS/Cartórios/Ingresso/2021) Gonzalo Raiden atua no ramo empresarial com considerável sucesso, tendo atuado, inicialmente, como microempresário, passando a ingressar no rol das maiores empresas do seu setor de atuação. Buscando devolver à sociedade os benefícios que teve na sua atividade privada geradora de lucros milionários para o seu patrimônio individual, consulta advogado para que seja organizada juridicamente essa distribuição social de benefícios. Nos termos da Constituição Federal, quando sociedade empresária ou empresário atuam na linha preconizada, está sendo realizado o Princípio da:

a) Livre iniciativa individual.
b) Função social da propriedade.
c) Livre concorrência empresarial.
d) Integração nacional econômica.

131. (Vunesp/TJ/GO/Cartórios/Remoção/2021) Assinale a alternativa cujo conteúdo está de acordo com as súmulas vigentes do Supremo Tribunal Federal.

a) A falta de defesa técnica por advogado no processo administrativo disciplinar, por violar a cláusula da garantia do devido processo legal, ofende a Constituição.
b) Ofende o princípio da livre concorrência lei municipal que impede a instalação de estabelecimentos comerciais do mesmo ramo em determinada área.
c) É da competência dos Estados-membros da Federação fixar o horário de funcionamento de estabelecimento comercial, sendo violadora da Constituição lei municipal que trata dessa matéria.
d) O administrador, por meio de edital, tem autonomia para exigir exame psicotécnico e limite de idade para a inscrição em concurso público, este quando possa ser justificado pela natureza das atribuições do cargo a ser preenchido.

132. (Consulplan/TJ/MG/Cartórios/Remoção/2019) Um dos princípios consagrados na Constituição, no campo da ordem econômica, é o da livre iniciativa. Todavia, ela reserva para o Estado o monopólio de algumas atividades econômicas que o constituinte reputou estratégicas. Assinale a alternativa que trata corretamente desse modelo de atividades que são monopolizadas pela União.

a) A refinação e a distribuição do petróleo nacional ou estrangeiro.
b) A importação, a exportação e o comércio interno do petróleo, do gás natural e de seus derivados.
c) O transporte, por meio de conduto, do petróleo bruto, seus derivados e gás natural, de origem nacional ou estrangeira.
d) A União pode contratar com empresas públicas ou privadas, nos termos da lei, para pesquisa, lavra e enriquecimento de minério ou minerais nucleares e seus derivados.

133. (UFPR/TJ/PR/Cartórios/Remoção/2019) No tocante à exploração direta de atividade econômica pelo Estado, a Constituição de 1988 estabeleceu regras claras em favor da liberdade de iniciativa. Sobre o assunto, assinale a alternativa correta.

a) A exploração direta de atividade econômica pelo Estado é uma atividade típica estatal.
b) A exploração direta de atividade econômica pelo Estado pode ser realizada por intermédio de diferentes institutos, tais como a regulação.
c) A exploração direta de atividade econômica pelo Estado depende da criação de entidades da Administração indireta.
d) Na exploração direta de atividade econômica pelo Estado, a Constituição prevê a existência de benefícios fiscais diferenciados daqueles do setor privado.
e) Quando realizada a exploração direta de atividade econômica pelo Estado, no tocante ao regime jurídico da relação, submete-se o Poder Público ao idêntico conjunto de normas que os prestadores de serviços públicos concedidos por delegação ao particular.

134. (UFPR/TJ/PR/Cartórios/Ingresso/2019) A Constituição de 1988 é um documento que reconhece o sistema capitalista, ainda que sob um modelo social, razão pela qual há uma regulação específica para a atuação do Estado como agente do mercado. Sobre o assunto, assinale a alternativa correta.

a) A Constituição contempla diretamente alguns casos em que está prevista a possibilidade de exploração direta de atividade econômica por entes estatais.
b) A Constituição brasileira veda que a lei ordinária possa definir casos de exploração direta de atividade econômica.
c) A exploração da atividade econômica pelo Estado não se submete à função social.
d) Os entes estatais que exploram atividade econômica para o Estado estão submetidos ao regime jurídico próprio de direito público se fundamentados em caso de segurança nacional.
e) Segundo a redação constitucional a respeito do tema, a exploração direta de atividade econômica pelo Estado pode ser realizada pelos instrumentos da concessão e permissão nos casos de relevante interesse coletivo.

135. (Ieses/TJ/SC/Cartórios/Remoção/2019) Sobre os Princípios Gerais da Atividade Econômica é correto afirmar que:

a) A lei disciplinará, com base no interesse nacional, os investimentos de capital estrangeiro, incentivará os reinvestimentos e regulará a remessa de lucros.
b) O atendimento de requisição de documento ou informação de natureza comercial, feita por autoridade administrativa ou judiciária estrangeira, a pessoa física ou jurídica residente ou domiciliada no País não dependerá de autorização do Poder competente.
c) A União, os Estados, o Distrito Federal e os Municípios promoverão e incentivarão o turismo sexual como fator de desenvolvimento social e econômico.
d) A União, os Estados, os Territórios, o Distrito Federal e os Municípios dispensarão às microempresas e às empresas de pequeno porte, assim definidas em lei, tratamento jurídico igualitário em matéria de tributação, visando a incentivá-las pela simplificação de suas obrigações administrativas, tributárias, previdenciárias e creditícias, ou pela eliminação ou redução destas por meio de lei.

136. (Ieses/TJ/RO/Cartórios/Remoção/2017) A ordem econômica, fundada na valorização do trabalho humano e na livre iniciativa, tem por fim assegurar a todos existência digna, conforme os ditames da justiça social, observados os seguintes princípios, entre outros:

I. defesa do consumidor.
II. propriedade privada.
III. tratamento favorecido para as empresas de pequeno porte constituídas sob as leis brasileiras e que tenham sua sede e administração no País.
IV. livre concorrência.

A sequência correta é:

a) as assertivas I, II, III e IV estão corretas.
b) apenas as assertivas II e IV estão corretas.
c) apenas as assertivas II, III, IV estão corretas.
d) apenas a assertiva IV está correta.

137. (Cetro/TJ/RJ/Cartórios/Ingresso/2017) Acerca da aplicação dos princípios da livre iniciativa e da livre concorrência, constantes da ordem econômica (artigo 170 da Constituição Federal de 1988), assinale a alternativa correta:

a) os princípios da livre iniciativa e da livre concorrência não se aplicam, direta ou indiretamente, à atividade notarial e registral.
b) o princípio da livre concorrência é imperativo de ordem constitucional que conduz e coincide, necessariamente, com a livre iniciativa.
c) o serviço de transporte coletivo de passageiros é típico serviço público em que o princípio da livre iniciativa se expressa como faculdade de explorar a atividade econômica a título privado.
d) a fixação de preços em valores abaixo do mercado pelo Estado, ainda que em desconformidade com a regulação setorial, não representa desrespeito ao princípio da livre iniciativa, uma vez que é instrumento superior de política pública.
e) a validade dos programas de ações afirmativas do Estado, operados por ato de adesão ou voluntário, ou vinculação forçada, depende da observância do princípio da livre iniciativa.

6.2. Da Política Urbana, da Política Agrícola e Fundiária e da Reforma Agrária

SÚMULAS

STJ **Súm. 354.** A invasão do imóvel é causa de suspensão do processo expropriatório para fins de reforma agrária.

REPERCUSSÃO & REPETITIVOS

STF **Rep. Geral 961.** É impenhorável a pequena propriedade rural familiar constituída de mais de 1 (um) terreno, desde que contínuos e com área total inferior a 4 (quatro) módulos fiscais do município de localização. *ARE 1038507, 21.12.2020.*

QUESTÕES OBJETIVAS

138. (Vunesp/TJ/SP/Cartórios/Ingresso/2022) A política urbana, definida pelos arts. 182 e 183 da Constituição Federal, foi inserida no texto constitucional por força de uma emenda popular à Constituinte que prosperou num momento em que o Brasil já se afirmava como nação urbana. Sobre sua sistemática normativa, é correto afirmar que:

a) encontra-se em dissonância com os dispositivos que regulamentam a Regularização Fundiária instituídos pela Lei Federal nº 13.465, de 11 de julho de 2017.
b) institui e define o conteúdo substancial da função social da propriedade, direito fundamental inscrito no art. 5º, XXIII, da Constituição Federal.
c) define, de forma autoaplicável, as consequências que incidem sobre o proprietário de imóvel urbano que descumpre a função social da propriedade.
d) houve profunda alteração de seu conteúdo com a publicação da Carta Brasileira das Cidades Inteligentes.

139. (Ieses/TJ/RO/Cartórios/Ingresso/2021) Assinale a alternativa correta.

a) Conforme matéria sumulada, lei que altera o prazo de recolhimento do tributo encontra-se sujeita aos princípios da anterioridade e anualidade.
b) Conforme expressamente previsto na Constituição Federal, a propriedade urbana cumpre sua função social quando atende às exigências fundamentais de ordenação da cidade expressas no plano diretor.
c) Conforme expressamente previsto na Constituição Federal, a competência da União para emitir moeda será exercida exclusivamente pelo banco central, competência essa que poderá ser excepcionalmente delegada a outra entidade governamental em caso de força maior, plenamente justificada, desde que haja prévia anuência do Senado da República.

d) Conforme expressamente previsto na Constituição Federal, leis de iniciativa do Poder Executivo estabelecerão o plano plurianual, as diretrizes orçamentárias, os orçamentos anuais e os orçamentos regionalizados, visando o desenvolvimento local e a redução das desigualdades.

140. (Ieses/TJ/RO/Cartórios/Remoção/2021) A política urbana tem por objetivo ordenar o pleno desenvolvimento das funções sociais da cidade e da propriedade urbana, mediante as seguintes diretrizes gerais:

I. Oferta de equipamentos urbanos e comunitários, transporte e serviços públicos adequados aos interesses e necessidades da população e às características locais.
II. Cooperação entre os governos, a iniciativa privada e os demais setores da sociedade no processo de urbanização, em atendimento ao interesse social.
III. Gestão democrática por meio da participação da população e de associações representativas dos vários segmentos da comunidade na formulação, execução e acompanhamento de planos, programas e projetos de desenvolvimento urbano.
IV. Garantia do direito a cidades sustentáveis, entendido como o direito à terra urbana, à moradia, ao saneamento ambiental, à infraestrutura urbana, ao transporte e aos serviços públicos, ao trabalho e ao lazer, para as presentes e futuras gerações.

A sequência correta é:

a) As assertivas I, II, III e IV estão corretas.
b) Apenas a assertiva IV está incorreta.
c) Apenas as assertivas II e III estão corretas.
d) Apenas as assertivas II, III e IV estão corretas.

141. (UFPR/TJ/PR/Cartórios/Remoção/2019) A segurança urbana e o desenvolvimento das cidades marcam a agenda de discussão das principais políticas brasileiras. Entretanto, para além dessa noção, a garantia de uma vida boa, o direito à água tratada e à moradia digna, à saúde pública de qualidade e ao tratamento de doenças pelo Estado, em conjunto com o acesso à educação básica, configuram direitos consagrados pela Constituição de 1988 e merecem, por essa razão, ser desenvolvidos por políticas públicas decorrentes das leis brasileiras. A respeito do exposto e com base no Estatuto da Cidade, assinale a alternativa correta.

a) São instrumentos da política urbana os planos nacionais, regionais e estaduais de ordenação do território e de desenvolvimento econômico e social das cidades.
b) Os planos estaduais não podem servir de instrumento de políticas públicas urbanas, pois colidem com os interesses regionais das cidades.
c) As políticas urbanas demandam a cooperação entre os governos, a iniciativa privada e os demais setores da sociedade no processo de urbanização, em atendimento ao interesse individual das cidades.
d) Compete aos Estados legislar sobre as normas gerais de direito urbanístico.
e) O Plano Diretor, aprovado por lei federal, é o instrumento básico da política de desenvolvimento e expansão urbana.

142. (UFPR/TJ/PR/Cartórios/Ingresso/2019) O planejamento urbano e as funções sociais da cidade foram preocupações explícitas do constituinte (Título VII – Da Ordem Econômica e Financeira). De modo a garantir o bem-estar dos habitantes da cidade, o Estatuto da Cidade disciplina a política urbana, para a qual o papel dos agentes delegados é essencial. Acerca dos temas apresentados no enunciado, assinale a alternativa correta.

a) Decorridos cinco anos de cobrança do IPTU progressivo sem que o proprietário tenha cumprido a obrigação de parcelamento, edificação ou utilização do solo urbano não edificado, subutilizado ou não utilizado, o Município poderá, mediante registro prévio do número sequencial dos títulos da dívida pública na matrícula do imóvel, proceder à desapropriação.
b) O direito de preempção do Poder Público municipal que garante preferência para aquisição de imóvel urbano objeto de alienação onerosa entre particulares deve ser exercido obrigatoriamente mediante notificação a ser expedida pelo cartório de registro de imóveis, que averbará o comunicado na matrícula.
c) O autor da ação de usucapião especial urbana terá os benefícios da justiça e da assistência judiciária gratuitas, salvo perante o cartório de registro de imóveis.
d) O direito de superfície, que abrange o direito de utilizar o solo, o subsolo ou o espaço aéreo relativo ao terreno, poderá ser concedido a outrem, por tempo determinado ou indeterminado, mediante instrumento particular cujas firmas sejam reconhecidas.
e) A sentença do processo de usucapião especial coletiva de imóvel urbano servirá de título para registro no cartório de registro de imóveis.

143. (Vunesp/TJ/RS/Cartórios/Remoção/2019) Há seis anos, um número considerável de pessoas ocupou uma extensa área urbana que estava abandonada há mais de duas décadas e era utilizada como depósito de lixo irregular. Na comunidade, ninguém sabia quem seriam os proprietários da área. Os ocupantes realizaram, em mutirão, a limpeza da área e construíram suas moradias. Em razão da consolidação das moradias, o Poder Público local realizou obras de infraestrutura e implantou serviços públicos no local. A ocupação, inquestionavelmente, alcançou um relevante interesse social e econômico na região onde se insere. O terreno tem uma extensão de 250.000 m^2 , ocupado por 800 famílias. Cada família ocupa uma área de aproximadamente 300 m^2 . O proprietário tabular da área ajuizou uma ação reivindicatória que deverá ser julgada:

a) improcedente, devendo o juiz fixar a justa indenização devida ao proprietário, que será privado da propriedade, valendo a sentença como título para o registro do imóvel em nome dos possuidores.
b) procedente, tendo em vista que os ocupantes não cumpriram o requisito para a aquisição do imóvel pela usucapião, em razão da extensão da área ocupada, não havendo, assim, qualquer direito dos ocupantes em permanecer na área.
c) procedente, tendo em vista que o direito de propriedade não pode ser restringido por ocupações irregulares, devendo, ainda, o juiz condenar o Poder Público por ter realizado obras de infraestrutura no local e ter se omitido em conter a invasão.
d) improcedente, tendo em vista que a natureza da ocupação indica que houve a aquisição da área pela usucapião coletiva, devendo ser atribuída fração ideal do terreno para cada ocupante.
e) improcedente, tendo em vista que os ocupantes adquiriram a área pela usucapião ordinária, decorrente de posse e trabalho, a qual tem o prazo reduzido pela metade.

144. (Vunesp/TJ/SP/Cartórios/Ingresso/2018) A respeito da Ordem Econômica e Financeira estabelecida na Constituição da República, assinale a resposta correta:

a) aquele que possuir como sua área de terra, em zona rural, não superior a quarenta hectares, por dez anos, ininterruptamente e sem oposição, tornando-a produtiva por seu trabalho ou de sua família, tendo nela sua moradia, adquirir-lhe-á o seu domínio, desde que não seja proprietário de outro imóvel rural ou urbano.

b) as empresas públicas e as sociedades de economia mista poderão gozar de privilégios fiscais não extensivos às do setor privado, na forma da lei.

c) o plano diretor, aprovado pela Câmara Municipal, obrigatório para cidades com mais de vinte mil habitantes, é o instrumento básico da política de desenvolvimento e de expansão urbana.

d) aquele que possuir como sua área urbana de até duzentos e cinquenta metros quadrados, por dez anos, ininterruptamente e sem oposição, utilizando-a como sua moradia ou de sua família, adquirir-lhe-á o domínio, desde que não seja proprietário de outro imóvel urbano ou rural.

6.3. Do Sistema Financeiro Nacional

SÚMULAS

STF **Súm. Vinculante 7.** A norma do parágrafo 3º do artigo 192 da Constituição, revogada pela Emenda Constitucional 40/2003, que limitava a taxa de juros reais a 12% ao ano, tinha sua aplicabilidade condicionada à edição de lei complementar.

7. DA ORDEM SOCIAL

7.1. Da Seguridade Social

REPERCUSSÃO & REPETITIVOS

STF **Rep. Geral 1033.** O ressarcimento de serviços de saúde prestados por unidade privada em favor de paciente do Sistema Único de Saúde, em cumprimento de ordem judicial, deve utilizar como critério o mesmo que é adotado para o ressarcimento do Sistema Único de Saúde por serviços prestados a beneficiários de planos de saúde. *RE 666094, 30.9.2021.*

STF **Rep. Geral 1103.** É constitucional a obrigatoriedade de imunização por meio de vacina que, registrada em órgão de vigilância sanitária, (i) tenha sido incluída no Programa Nacional de Imunizações ou (ii) tenha sua aplicação obrigatória determinada em lei ou (iii) seja objeto de determinação da União, Estado, Distrito Federal ou Município, com base em consenso médico-científico. Em tais casos, não se caracteriza violação à liberdade de consciência e de convicção filosófica dos pais ou responsáveis, nem tampouco ao poder familiar. *ARE 1267879, 17.12.2020.*

STF **Rep. Geral 1161.** Cabe ao Estado fornecer, em termos excepcionais, medicamento que, embora não possua registro na ANVISA, tem a sua importação autorizada pela agência de vigilância sanitária, desde que comprovada a incapacidade econômica do paciente, a imprescindibilidade clínica do tratamento, e a impossibilidade de substituição por outro similar constante das listas oficiais de dispensação de medicamentos e os protocolos de intervenção terapêutica do SUS. *RE 1165959, 8.7.2021.*

JURISPRUDÊNCIA EM TESES

1) Fornecimento de Medicamento pelo Poder Público

STJ **JurisTese 168-2.** É possível submeter ao rito dos Juizados Especiais Federais as causas que envolvem fornecimento de medicamentos/tratamento médico, cujo valor seja de até 60 salários-mínimos, ajuizadas pelo Ministério Público ou pela Defensoria Pública em favor de pessoa determinada.

STJ **JurisTese 168-3.** É cabível a atribuição de efeitos "erga omnes" à decisão de procedência proferida em ação civil pública relativa ao fornecimento de medicamentos, incumbindo a cada titular do direito o ônus de comprovar o seu enquadramento na hipótese prevista pela sentença.

STJ **JurisTese 168-5.** A responsabilidade dos entes federativos (União, Estados, Distrito Federal e Municípios), nas ações que buscam o fornecimento de medicamentos, é solidária, podendo figurar no polo passivo qualquer um deles em conjunto ou isoladamente.

STJ **JurisTese 168-7.** É possível conceder a antecipação dos efeitos da tutela contra a Fazenda Pública para obrigá-la ao fornecimento de medicamento.

STJ **JurisTese 168-9.** O valor da multa cominatória imposta em razão do descumprimento da obrigação de fornecer tratamento e medicamentos adequados ao portador de doença grave deve ser revertido em favor do credor independentemente do recebimento de perdas e danos.

STJ **JurisTese 168-10.** É possível o reconhecimento do direito de sucessores ao recebimento de multa diária imposta em demandas cujo objetivo é a efetivação do direito à saúde, pois referido valor não se reveste da mesma natureza personalíssima que possui a pretensão principal, tratando-se de crédito patrimonial, portanto, transmissível aos herdeiros.

STJ **JurisTese 169-1.** É possível o fornecimento de medicamentos não incorporados em atos normativos do Sistema Único de Saúde – SUS mediante protocolos clínicos, quando comprovada a imprescindibilidade do tratamento prescrito, nos processos iniciados antes de 4.5.2018.

STJ **JurisTese 169-3.** Nas ações em que se busca o fornecimento de medicamentos, a escolha do fármaco compete a médico habilitado e conhecedor do quadro clínico do paciente, podendo ser tanto um profissional particular quanto um da rede pública.

STJ **JurisTese 169-4.** A substituição ou complementação do medicamento pleiteado na inicial não configura inovação do pedido ou da causa de pedir, mas mera adequação do tratamento para a cura da enfermidade do paciente.

STJ **JurisTese 169-5.** Não incorre em condenação genérica a decisão que determina ao Estado o fornecimento de medicamento especificado na inicial, bem como de outros que se mostrem necessários no decorrer do tratamento da doença objeto da ação, desde que devidamente comprovada a necessidade.

STJ **JurisTese 169-6.** Não há julgamento "extra petita" no reconhecimento do direito de receber o medicamento reivindicado conforme prescrito, considerando necessária a apresentação de receita médica como forma de fiscalização, sobretudo em se tratando de sentença sujeita a reexame necessário.

STJ **JurisTese 169-7.** Não há ofensa à coisa julgada quando o autor pleiteia a substituição ou o complemento de medicamento diverso do requerido na petição inicial, desde que relativo à mesma enfermidade, para fins de mera adequação do tratamento, em atenção aos princípios da celeridade processual e da instrumentalidade das formas.

STJ **JurisTese 169-8.** Nas ações em que se busca o fornecimento de medicamentos de forma gratuita, os honorários sucumbenciais podem ser arbitrados por apreciação equitativa, tendo em vista que o proveito econômico, em regra, é inestimável.

STJ **JurisTese 169-9.** Extinta a demanda que objetivava o fornecimento de medicamentos, sem resolução do mérito, em decorrência do falecimento da parte autora, deve o ente estatal responder pelo pagamento das verbas sucumbenciais, em razão do princípio da causalidade.

STJ **JurisTese 169-10.** Nas ações em que se busca o fornecimento de medicamentos, a solidariedade reconhecida em um dos pedidos não se estende aos ônus da sucumbência, pois a regra da proporcionalidade por despesas e honorários apenas será afastada quando decidida expressamente na sentença.

INFORMATIVOS

STF **Produtos fumígenos: restrições à publicidade e inserção de advertências sanitárias nas embalagens.** Não viola o texto constitucional a imposição legal de restrições à publicidade de produtos fumígenos e de inserção de advertências sanitárias em suas embalagens quando se revelarem adequadas, necessárias e proporcionais para alcançar a finalidade de reduzir o fumo e o consumo do tabaco, hábitos que constituem perigo à saúde pública. Prevalece a tutela da saúde (CF, art. 6º), inclusive à luz da proteção prioritária da criança e do adolescente (CF, art. 227), sendo certo que as medidas limitam a livre iniciativa, na dimensão expressiva e comunicativa, visando concretizar os objetivos fundamentais da República (CF, art. 3º). *ADI 3311, 13.9.2022. Pleno. Inf 1068.*

STF **Covid-19: indenização por incapacidade ou morte de profissionais da saúde em razão da pandemia.** É constitucional norma federal que prevê compensação financeira de caráter indenizatório a ser paga pela União por incapacidade permanente para o trabalho ou morte de profissionais da saúde decorrentes do atendimento direto a pacientes acometidos pela Covid-19. A Lei 14.128/21 dispõe sobre política pública social para atender finalidade específica, com fundamento no dever estatal de promover políticas e programas de proteção e defesa da saúde. Ela não representa qualquer interferência sobre o regime jurídico de servidores públicos da União ou a estrutura e atribuições de órgãos da Administração Pública federal, inexistindo suposta violação à iniciativa privativa do Presidente da República (CF, art. 61, § 1º). A indenização prevista não configura despesa obrigatória de caráter continuado, eis que possui como justificativa específica o enfrentamento das consequências sociais e econômicas decorrentes da crise sanitária da Covid-19. Assim, o seu pagamento restringe-se ao período de calamidade pública e se insere no regime fiscal excepcional disposto pelas ECs 106/2020 e 109/2021, através das quais a observância de condicionantes fiscais foi flexibilizada, de modo que desnecessária a apresentação de estimativa do impacto orçamentário e financeiro (ADCT, art. 113). *ADI 6970, 15.8.2022. Pleno. Inf 1065.*

STF Saúde pública: financiamento federal e alteração da forma de cálculo dos recursos mínimos aplicados pela União. São constitucionais – por não violarem o direito à saúde – os arts. 2º e 3º da EC 86/15 ("Emenda do Orçamento Impositivo"), os quais alteraram a forma de cálculo dos recursos mínimos aplicados anualmente, pela União, em Ações e Serviços Públicos de Saúde (ASPS) mediante a instituição de subpisos anuais progressivos, neles incluída a parcela oriunda das receitas de "royalties" de petróleo e de gás natural. Não há comprovação de que a mudança dos parâmetros para a definição do patamar mínimo referente ao financiamento federal desfigura o núcleo essencial de direito fundamental, notadamente do direito à saúde, mesmo sob a ótica da vedação ao retrocesso social, visto ser admitida a regulamentação desses direitos por critérios escolhidos pelo legislador ordinário. *ADI 5595, 17.10.2022. Pleno. Inf 1073.*

STF Ação para o fornecimento de medicamentos: fármaco com registro na Anvisa e na União. É obrigatória a inclusão da União no polo passivo de demanda na qual se pede o fornecimento gratuito de medicamento registrado na Agência de Vigilância Sanitária, mas não incorporado aos Protocolos Clínicos e Diretrizes Terapêuticas do Sistema Único de Saúde. *RE 1286407 AgR-2º, 26.4.2022. 1ª T. Inf 1052.*

STF Covid-19: observância das decisões proferidas pelo STF em relação à obrigatoriedade de vacinação. As notas técnicas objeto de análise, ao disseminarem informações matizadas pela dubiedade e ambivalência, no concernente à compulsoriedade da imunização, podem desinformar a população, desestimulando a vacinação contra a Covid-19. É vedado ao governo federal a utilização do canal de denúncias "Disque 100" do MMFDH para recebimento de queixas relacionadas à vacinação contra a Covid-19, bem como para o recebimento de queixas relacionadas a restrições de direitos consideradas legítimas pelo STF. *ADPF 754 16ª TPI-Ref, 18.3.2022. Inf 1047.*

STJ Plantio e colheita de "cannabis sativa" para fins medicinais. Órgão regulamentador. ANVISA. Ausência de regulamentação. Suprimento pelo Poder Judiciário. Impossibilidade. A ausência de regulamentação do órgão competente acerca do procedimento de avaliação técnica quanto ao preenchimento dos requisitos da autorização do cultivo e colheita de "cannabis sativa" para fins medicinais não pode ser suprida pelo Poder Judiciário. *AgRg no RHC 155610, 5ª T, 13.5.2022. Inf 736.*

STJ Fornecimento de medicamento registrado na Anvisa, mas não constante dos atos normativos do SUS. Tema 793 da repercussão geral. Inexistência de litisconsórcio passivo necessário. Obrigação solidária dos entes da federação. Impetração direcionada apenas contra secretário estadual de saúde. Competência da justiça Estadual. Em ação que pretende o fornecimento de medicamento registrado na Anvisa, ainda que não incorporado em atos normativos do SUS, é prescindível a inclusão da União no polo passivo da demanda. *RMS 68602, 2ª T, 29.4.2022. Inf 734.*

QUESTÕES OBJETIVAS

145. (Consulplan/TJ/MS/Cartórios/Ingresso/2021) Cíntia Emília é servidora pública com experiência em seguridade social já tendo ocupado vários cargos nas áreas federal e estadual. Um dos temas sobre o qual realiza pesquisas diz respeito ao financiamento do sistema de seguridade social. Com base no princípio da solidariedade social, a Constituição permite as contribuições sociais incidentes sobre a receita de:

a) rinhas de galos.
b) jogos de pôquer.
c) corridas de cachorros.
d) concursos de prognósticos.

146. (Vunesp/TJ/GO/Cartórios/Remoção/2021) Sobre o financiamento da seguridade social, é correto afirmar com base na legislação e na jurisprudência nacional que:

a) tem caráter contributivo, na medida em que os benefícios da seguridade social dependem de prévia fonte de custeio e, portanto, de contribuição por parte do beneficiário.
b) apresenta diversidade de fontes, sendo exemplo a receita auferida com a cobrança de contribuições sociais do importador de bens ou serviços do exterior.
c) as receitas dos Estados, do Distrito Federal e dos Municípios destinadas à seguridade social constarão do orçamento da Seguridade Social, não integrando os orçamentos fiscais dos respectivos entes federativos.
d) contribuem também para a previdência social os aposentados e pensionistas por meio de contribuições sociais incidentes sobre aposentadorias e pensões concedidas pelo Regime Geral de Previdência Social.

147. (UFPR/TJ/PR/Cartórios/Remoção/2019) Joana trabalhou numa empresa privada desde 18 de dezembro de 1988 e contribuiu para o Regime Geral da Previdência Social durante o período em que esteve ligada à empresa. Desde janeiro de 1995, após ter sido aprovada em concurso público, exerce a função de oficial de registro de imóveis. Em 18 de dezembro de 2018, Joana reunia os requisitos constitucionais de idade e tempo de contribuição exigidos para a aposentadoria de servidores públicos. Paulo é escrevente juramentado contratado por Joana sob o regime celetista desde que assumiu as funções no cartório. Ambos têm interesse em aposentar-se pelo Regime Próprio de Previdência Social. Levando em consideração a situação relatada, assinale a alternativa correta.

a) Mesmo cumprindo os requisitos de idade e tempo de contribuição exigidos pela Constituição para a aposentadoria dos servidores públicos, Joana não tem o direito de aposentar-se pelo Regime Próprio de Previdência Social, devendo aposentar-se pelo Regime Geral da Previdência Social.
b) Joana se encontra sujeita à aposentadoria compulsória por idade imposta pela Constituição aos servidores públicos.
c) Joana possui o direito de aposentar-se pelo Regime Próprio de Previdência Social pelo fato de ser oficial de registro de imóveis, ao passo que Paulo, por ser escrevente juramentado, só poderá se aposentar pelo Regime Geral da Previdência Social.
d) Se Paulo reunir tanto os requisitos de tempo de contribuição e idade exigidos para a aposentadoria dos servidores públicos quanto aqueles exigidos para a aposentadoria dos trabalhadores celetistas, ele poderá optar entre o Regime Próprio de Previdência Social ou o Regime Geral da Previdência Social.
e) Tanto Paulo quanto Joana terão de se aposentar, uma vez cumpridos os requisitos legais, pelo Regime Próprio da Previdência Social.

148. (Cespe/TJ/DFT/Cartórios/Ingresso/2019) Oficial de cartório tomou posse no cargo em 2010. Não é remunerado pelo poder público, mas por taxas e emolumentos, e mantém em sua estrutura administrativa de cartório funcionários escreventes que lhe prestam serviços. Nessa situação hipotética, o oficial de cartório deve contribuir para o INSS como:

a) segurado facultativo, sendo equiparado a empresa em relação aos escreventes que lhe prestam serviços.
b) segurado obrigatório na qualidade de contribuinte individual, sendo equiparado a empresa em relação aos escreventes que lhe prestam serviços.
c) segurado obrigatório na qualidade de empregado, sendo equiparado a empresa em relação aos escreventes que lhe prestam serviços.
d) segurado obrigatório na qualidade de trabalhador avulso, e não possui responsabilidade de contribuir em favor dos escreventes que lhe prestam serviços.
e) segurado obrigatório na qualidade de contribuinte individual, e não possui responsabilidade de contribuir em benefício dos escreventes que lhe prestam serviços.

149. (UFPR/TJ/PR/Cartórios/Ingresso/2019) Tratando da temática da Ordem Social na Constituição de 1988, Carolina Zancaner Zockun faz interessante observação no sentido de que "a bipartição do mundo em nações desenvolvidas e subdesenvolvidas fez nascer uma outra geração de direitos, assentados sob as ideias de fraternidade e solidariedade" (ZOCKUN, 2009). Levando em consideração a posição da autora, assinale a alternativa correta.

a) A autora refere-se ao fato de que, na atualidade, o sistema jurídico de países subdesenvolvidos como o Brasil passa a incorporar ideias religiosas de caridade e amor seletivo ao próximo tendo como fundamento não apenas a proteção de Deus estabelecida no preâmbulo constitucional, mas também a proteção e orientação governamental da Igreja.
b) Entre as previsões expressas constantes na Ordem Social estabelecida pela Constituição da República de 1988 estão os auxílios para determinadas categorias de servidores, sob os fundamentos da fraternidade e da solidariedade.
c) O Sistema Nacional de Cultura, previsto constitucionalmente, rege-se tendo como um de seus princípios o fomento por intermédio da chamada Lei Rouanet.
d) Como princípio, é vedada constitucionalmente no Brasil a adoção de quaisquer preponderâncias ou discriminações entre as pesquisas destinadas ao desenvolvimento nacional e regional, e aquelas voltadas aos problemas gerais do mundo contemporâneo.
e) As ideias de fraternidade e solidariedade mencionadas pela autora, no sistema positivo brasileiro, são compatíveis com a tríade que compõe o Capítulo da Seguridade Social, composto pela saúde, pela previdência social e pela assistência social, que devem ser tratadas atualmente como direitos subjetivos e não como meros favores estatais.

150. (Cespe/TJ/DFT/Cartórios/Remoção/2019) De acordo com a Constituição Federal de 1988, são isentos(as) de contribuições para a seguridade social os(as)

a) partidos políticos que tenham registro regular no Tribunal Superior Eleitoral.
b) sindicatos de trabalhadores.
c) instituições de educação e ensino devidamente registradas no Ministério da Educação.
d) templos de qualquer culto e as confederações religiosas.
e) entidades beneficentes de assistência social que atendam às exigências estabelecidas em lei.

151. (Ieses/TJ/CE/Cartórios/Ingresso/2018) A seguridade social compreende um conjunto integrado de ações de iniciativa dos Poderes Públicos e da sociedade, destinadas a assegurar os direitos relativos à saúde, à previdência e à assistência social. Sobre a seguridade e de acordo com a Constituição da República Federativa do Brasil de 1988, analise as afirmações a seguir.

I. a assistência à saúde é livre à iniciativa privada.
II. a proposta de orçamento da seguridade social será elaborada de forma integrada pelos órgãos responsáveis pela saúde, previdência social e assistência social, tendo em vista as metas e prioridades estabelecidas na lei de diretrizes orçamentárias, assegurada a cada área a gestão de seus recursos.
III. a seguridade social será financiada por toda a sociedade, de forma direta e indireta, nos termos da lei, mediante recursos provenientes dos orçamentos da União, dos Estados, do Distrito Federal e dos Municípios e de contribuições sociais.
IV. as receitas dos Estados, do Distrito Federal e dos Municípios destinadas à seguridade social constarão dos respectivos orçamentos, integrando, contudo, o orçamento da União.
V. a pessoa jurídica em débito com o sistema da seguridade social, poderá contratar com o Poder Público, mas não poderá dele receber benefícios ou incentivos fiscais ou creditícios.

Estão corretas apenas as afirmações:

a) I, II e III estão corretas.
b) II, III e IV estão corretas.
c) I, III, IV e V estão corretas.
d) todas as afirmativas estão corretas.

152. (Ieses/TJ/AM/Cartórios/Ingresso/2018) Conforme o disposto na Constituição Federal no Título VIII "Da Ordem Social", é correto afirmar:

a) são reconhecidos aos índios sua organização social, costumes, línguas, crenças e tradições, e os direitos originários sobre as terras que tradicionalmente ocupam, competindo aos Estados demarcá-las, proteger e fazer respeitar todos os seus bens, ouvidas as populações dos Municípios envolvidos, nos termos e limites fixados em lei específica da União.
b) a família, base da sociedade, tem especial proteção do Estado, sendo que os direitos e deveres referentes à sociedade conjugal são exercidos prioritariamente pela mulher.
c) dentre os objetivos com base nos quais compete ao Poder Público, nos termos da lei, organizar a seguridade social, estão a universalidade da cobertura e do atendimento; seletividade e distributividade na prestação dos benefícios e serviços; irredutibilidade do valor dos benefícios.
d) as usinas que operem com reator nuclear deverão ter sua localização definida em lei estadual complementar específica, sem o que não poderão ser instaladas.

153. (Ieses/TJ/RO/Cartórios/Remoção/2017) As ações e serviços públicos de saúde integram uma rede regionalizada e hierarquizada e constituem um sistema único, organizado de acordo com as seguintes diretrizes, exceto:

a) vedação à iniciativa privada de atuar na assistência à saúde.
b) participação da comunidade.
c) atendimento integral, com prioridade para as atividades preventivas, sem prejuízo dos serviços assistenciais.
d) descentralização, com direção única em cada esfera de governo.

7.2. Da Educação, da Cultura e do Desporto

SÚMULAS

STF Súm. Vinculante 12. A cobrança de taxa de matrícula nas universidades públicas viola o disposto no art. 206, IV, da Constituição Federal.

STF Súm. 643. O Ministério Público tem legitimidade para promover ação civil pública cujo fundamento seja a ilegalidade de reajuste de mensalidades escolares.

STJ Súm. 34. Compete à justiça estadual processar e julgar causa relativa a mensalidade escolar, cobrada por estabelecimento particular de ensino.

STJ Súm. 570. Compete à justiça federal o processamento e julgamento de demanda em que se discute a ausência de ou o obstáculo ao credenciamento de instituição particular de ensino superior no Ministério da Educação como condição de expedição de diploma de ensino a distância aos estudantes.

REPERCUSSÃO & REPETITIVOS

STF Rep. Geral 548. 1. A educação básica em todas as suas fases – educação infantil, ensino fundamental e ensino médio – constitui direito fundamental de todas as crianças e jovens, assegurado por normas constitucionais de eficácia plena e aplicabilidade direta e imediata. 2. A educação infantil compreende creche (de zero a 3 anos) e a pré-escola (de 4 a 5 anos). Sua oferta pelo Poder Público pode ser exigida individualmente, como no caso examinado neste processo. 3. O Poder Público tem o dever jurídico de dar efetividade integral às normas constitucionais sobre acesso à educação básica. *RE 1008166, 22.9.2022.*

STF Rep. Geral 704. São constitucionais a cota de tela, consistente na obrigatoriedade de exibição de filmes nacionais nos cinemas brasileiros, e as sanções administrativas decorrentes de sua inobservância. *RE 627432, 18.3.2021.*

STF Rep. Geral 958. É constitucional a norma geral federal que reserva fração mínima de um terço da carga horária dos professores da educação básica para dedicação às atividades extraclasse. *RE 936790, 29.5.2020.*

STF Rep. Geral 1154. Compete à justiça federal processar e julgar feitos em que se discuta controvérsia relativa à expedição de diploma de conclusão de curso superior realizado em instituição privada de ensino que integre o Sistema Federal de Ensino, mesmo que a pretensão se limite ao pagamento de indenização. *RE 1304964, 25.6.2021.*

INFORMATIVOS

STF Reserva de vagas para irmãos na mesma escola. É constitucional lei estadual, de iniciativa parlamentar, que determina a reserva de vagas, no mesmo estabelecimento de ensino, para irmãos que frequentem a mesma etapa ou ciclo escolar, pois disciplina medida que visa consolidar políticas públicas de acesso ao sistema educacional e do maior convívio familiar possível. Não viola a competência reservada ao chefe do Poder Executivo lei de iniciativa parlamentar que reafirma ou densifica o conteúdo de direitos fundamentais previstos na própria Constituição Federal e cujo conteúdo é de observância obrigatória pelos estados-membros (CF, art. 61, § 1º, II, e; e art. 84, VI, a). Facilitar o acesso ao sistema de ensino, a medida diminui a evasão escolar, fortalece a convivência familiar e facilita o transporte de alunos, de modo a consolidar o direito fundamental à educação e a proteção aos interesses das crianças e dos adolescentes, em reforço ao que já dispõe o Estatuto da Criança e do Adolescente. *ADI 7149, 23.9.2022. Pleno. Inf 1069.*

STF Salário-educação: critério para a distribuição da arrecadação. À luz da EC 53/06, é incompatível com a ordem constitucional vigente a adoção, para fins de repartição das quotas estaduais e municipais referentes ao salário-educação, do critério legal de unidade federada em que realizada a arrecadação desse tributo, devendo-se observar unicamente o parâmetro quantitativo de alunos matriculados no sistema de educação básica. A partir da EC 53/06, que incluiu o § 6º ao art. 212 da CF, as cotas do salário-educação destinadas aos estados e municípios têm o número de alunos matriculados nas redes públicas de ensino como único critério de distribuição da arrecadação. *ADPF 188, 15.6.2022. Pleno. Inf 1059.*

QUESTÕES OBJETIVAS

154. (FGV/TJ/SC/Cartórios/Ingresso/2021) Os pais de Alexandre, criança com 4 anos de idade, consultaram um advogado sobre a possibilidade de lhe oferecerem educação domiciliar, em vez de o matricularem em uma escola regular. Como os pais tinham formação em pedagogia e ampla experiência com a docência, entendiam que poderiam maximizar o tempo disponível e obter melhores resultados com a educação domiciliar. O advogado respondeu, corretamente, que, de acordo com a ordem constitucional brasileira:

a) a frequência à escola não seria obrigatória, já que Alexandre, em razão de sua idade, ainda se encontrava na educação infantil.
b) o poder familiar permite que os pais escolham a melhor educação para Alexandre, o que não afasta a supervisão dos poderes constituídos.
c) a frequência à escola, embora obrigatória, era alternativa, já que Alexandre tinha o direito subjetivo público de ser educado por seus pais.
d) a matrícula em escola regular, ainda que Alexandre se encontrasse na educação infantil, era obrigatória, o que não poderia ser substituído pela educação domiciliar.
e) a educação pelos pais, no domicílio, embora configure um direito subjetivo de Alexandre, não o exima de se submeter às avaliações formais, conduzidas por uma escola regular.

155. (FGV/TJ/SC/Cartórios/Remoção/2021) O Município Alfa criou, após a promulgação da Constituição da República de 1988, uma universidade pública. Com o objetivo de preservar o equilíbrio das contas públicas, editou lei prevendo que, nos seus cinco primeiros anos de funcionamento, seria cobrada uma taxa de matrícula nos cursos superiores regulares, passível de ser dispensada em relação àqueles que declarassem a sua hipossuficiência. Além disso, também fixou mensalidade a ser cobrada, pelo mesmo período, nos cursos de especialização. Considerando os balizamentos estabelecidos pela ordem constitucional a respeito dessa temática, a narrativa acima:

a) não apresenta qualquer irregularidade.
b) apresenta uma única irregularidade, consistente na cobrança da taxa de matrícula.
c) apresenta uma única irregularidade, consistente na cobrança de mensalidade nos cursos de especialização.
d) apresenta duas irregularidades, presentes na cobrança da taxa de matrícula e das referidas mensalidades.
e) apresenta uma irregularidade de cunho central, já que o Município Alfa não poderia ter criado uma universidade.

156. (UFPR/TJ/PR/Cartórios/Remoção/2019) A professora Carolina Zancaner Zockun esclarece que "a Constituição de 1988 adotou o modelo de um Estado Social e Democrático de Direito, especialmente preocupado com a realidade da justiça social, razão pela qual não serão admitidas medidas que visem a extirpar as garantias advindas do Estado Democrático, do Estado de Direito e principalmente do Estado Social, que se fundem no Estado Brasileiro" (ZOCKUN, 2009). Sobre o assunto, assinale a alternativa correta.

a) Nas disposições regulatórias da educação como um direito social, o ensino deve ser ministrado com base nos princípios da liberdade de aprender, ensinar, pesquisar e divulgar o pensamento, bem como deve ser garantido o pluralismo de ideias e de concepções pedagógicas.
b) A saúde é um direito de todos e deve ser garantido por meio de ações e serviços públicos que componham um sistema diversificado, organizado segundo as diretrizes de centralização e atendimento seletivo de qualidade.
c) A cultura não é considerada uma área com a presença de direitos garantidos constitucionalmente, ainda que seja permitido ao Estado o seu fomento.
d) A Ordem Social estabelecida pela redação constitucional tem como base o primado do capital, bem como a preocupação com o bem-estar dos empresários, considerando a importância do seu papel para o desenvolvimento nacional e a redução das desigualdades.
e) Em que pese o raciocínio citado no texto, nada impede que, por força do voto popular e futura emenda constitucional, seja implantado no Brasil um regime de governo fascista, que propugne pela extirpação de garantias advindas do Estado Democrático, como, por exemplo, o repúdio ao racismo e a proibição de todas as formas de discriminação.

157. (Ieses/TJ/SC/Cartórios/Ingresso/2019) Marque a alternativa incorreta sobre a Prática de Desporto:

a) A justiça desportiva terá o prazo máximo de noventa dias, contados da instauração do processo, prorrogado por igual prazo para proferir decisão final.
b) O poder público incentivará o lazer, como forma de promoção social.
c) O Poder Judiciário só admitirá ações relativas à disciplina e às competições desportivas após esgotarem-se as instâncias da justiça desportiva, regulada em lei.
d) É dever do Estado fomentar práticas desportivas formais e não formais, como direito de cada um.

7.3. Do Meio Ambiente

REPERCUSSÃO & REPETITIVOS

STF Rep. Geral 774. A norma estadual que impõe à concessionária de geração de energia elétrica a promoção de investimentos, com recursos identificados como parcela da receita que aufere, voltados à proteção e à preservação de mananciais hídricos é inconstitucional por configurar intervenção indevida do Estado no contrato de concessão da exploração do aproveitamento energético dos cursos de água, atividade de competência da União, conforme art. 21, XII, "b", da Constituição Federal. *RE 827538, 12.5.2020.*

STF Rep. Geral 970. É constitucional – formal e materialmente – lei municipal que obriga à substituição de sacos e sacolas plásticos por sacos e sacolas biodegradáveis. *RE 732686, 19.10.2022.*

STF Rep. Geral 999. É imprescritível a pretensão de reparação civil de dano ambiental. *RE 654833, 20.4.2020.*

STJ IAC 13. A) O direito de acesso à informação no Direito Ambiental brasileiro compreende: i) o dever de publicação, na internet, dos documentos ambientais detidos pela Administração não sujeitos a sigilo (transparência ativa); ii) o direito de qualquer pessoa e entidade de requerer acesso a informações ambientais específicas não publicadas (transparência passiva); e iii) direito a requerer a produção de informação ambiental não disponível para a Administração (transparência reativa); B) Presume-se a obrigação do Estado em favor da transparência ambiental, sendo ônus da Administração justificar seu descumprimento, sempre sujeita a controle judicial, nos seguintes termos: i) na transparência ativa, demonstrando razões administrativas adequadas para a opção de não publicar; ii) na transparência passiva, de enquadramento da informação nas razões legais e taxativas de sigilo; e iii) na transparência ambiental reativa, da irrazoabilidade da pretensão de produção da informação inexistente; C) O regime registral brasileiro admite a averbação de informações facultativas sobre o imóvel, de interesse público, inclusive as ambientais; D) O Ministério Público pode requisitar diretamente ao oficial de registro competente a averbação de informações alusivas a suas funções institucionais. *REsp 1857098, 11.5.2022.*

INFORMATIVOS

STF Exercício da competência comum para a proteção do meio ambiente. A repartição de competências comuns, instituída pela LC 140/11, mediante atribuição prévia e estática das competências administrativas de fiscalização ambiental aos entes federados, atende às exigências do princípio da subsidiariedade e do perfil cooperativo do modelo de Federação, cuja finalidade é conferir efetividade nos encargos constitucionais de proteção dos valores e direitos fundamentais. É inconstitucional regra que autoriza estado indeterminado de prorrogação automática de licença ambiental. No exercício da cooperação administrativa cabe atuação suplementar – ainda que não conflitiva – da União com a dos órgãos estadual e municipal. *ADI 4757, 12.12.2022. Pleno. Inf 1079.*

STF Supressão de marcos regulatórios ambientais e proibição do retrocesso ambiental. A mera revogação de normas operacionais fixadoras de parâmetros mensuráveis necessários ao cumprimento da legislação ambiental, sem sua substituição ou atualização, compromete a observância do texto constitucional, da legislação vigente e de compromissos internacionais. *ADPF 748, 20.5.2022. Pleno. Inf 1055.*

STF Fundo Clima: funcionamento, destinação de recursos e contingenciamento de verbas. O Poder Executivo tem o dever constitucional de fazer funcionar e alocar anualmente os recursos do Fundo Clima, para fins de mitigação das mudanças climáticas, estando vedado seu contingenciamento, em razão do dever constitucional de tutela ao meio ambiente (CF, art. 225), de direitos e compromissos internacionais assumidos pelo Brasil (CF, art. 5º, § 2º), bem como do princípio constitucional da separação dos poderes (CF, art. 2º c/c art. 9º, § 2º, LRF). A União e os representantes eleitos têm dever constitucional, supralegal e legal de proteger o meio ambiente e de combater as mudanças climáticas. Ademais, os tratados sobre direito ambiental desfrutam de status supranacional, pois constituem espécie do gênero tratados de direitos humanos. Assim, a tutela ambiental possui natureza jurídica vinculante, eis que não inserida em juízo político, de conveniência e oportunidade, do chefe do Poder Executivo, de modo que, acaso evidenciado um contexto de colapso nas políticas públicas atinentes ao tema, o Poder Judiciário deve atuar para garantir obediência ao princípio da vedação ao retrocesso. *ADPF 708, 1º.7.2022. Pleno. Inf 1061.*

STF Composição de órgãos de controle ambiental. São inconstitucionais as normas que, a pretexto de reestruturarem órgãos ambientais, afastam a participação da sociedade civil e dos governadores do desenvolvimento e da formulação de políticas públicas, bem como reduzem, por via de consequência, o controle e a vigilância por eles promovidos. A CF confere ao Poder Público e à coletividade o dever de preservar e defender o meio ambiente. A responsabilidade da coletividade só existe se a ela for viabilizada a participação na formulação, execução e controle das políticas públicas ambientais, razão pela qual a CF também teve o cuidado de estabelecer o dever de o Poder Público promover a educação ambiental, em todos os níveis de ensino, e a conscientização pública para a necessidade de preservação do meio ambiente (CF, art. 225, § 1º, VI). *ADPF 651, 28.4.2022. Pleno. Inf 1052.*

STF Licenciamento ambiental e competência municipal. É inconstitucional interpretação de norma de Constituição estadual de que decorra a supressão da competência dos Municípios para regular e executar o licenciamento ambiental de atividades e empreendimentos de impacto local. Cabe aos municípios promover o licenciamento ambiental das atividades ou empreendimentos que possam causar impacto ambiental de âmbito local. Com amparo nas regras de repartição de competências, o município é competente para legislar sobre o meio ambiente com a União e o estado no limite do seu interesse local e desde que tal regramento seja harmônico com a disciplina estabelecida pelos demais entes federados (CF, art. 24, VI c/c o art. 30, I e II). A Política Nacional do Meio Ambiente, estabelecida pela Lei 6.938/81, expressamente prevê que dependem de licenciamento ambiental a construção, a instalação, a ampliação e o funcionamento de estabelecimentos e atividades utilizadores de recursos ambientais, efetiva ou potencialmente poluidores ou capazes de causar degradação ambiental sob qualquer forma. Nesse contexto, o conjunto normativo e a jurisprudência acerca do tema reforçam a referida competência municipal e a sua importância. *ADI 2142, 24.6.2022. Pleno. Inf 1060.*

STF Alteração dos critérios para dispensa de licenciamento ambiental por meio de norma estadual. É inconstitucional, por invadir a competência legislativa geral da União (CF, art. 24, VI, §§ 1º e 2º) e violar o direito ao meio ambiente ecologicamente equilibrado (art. 225, § 1º, IV), norma estadual que cria dispensa do licenciamento ambiental para atividade potencialmente causadora de significativa degradação do meio ambiente. A legislação exorbitou dos limites expressamente estabelecidos pela legislação federal para o tratamento da matéria, promovendo indevida inovação ao prever o aumento do mínimo de fonte de energia primária idônea a criar uma presunção de significativa degradação ambiental, bem como ao inserir requisito diverso para o licenciamento, consistente na extensão da área inundada. Ao desconsiderar o patamar mínimo estabelecido para a configuração de atividade potencialmente poluidora, violou o direito fundamental ao meio ambiente ecologicamente equilibrado e afrontou a obrigatoriedade da intervenção do Poder Público em matéria ambiental. A norma impugnada, por representar proteção insuficiente, deixa de observar os princípios da proibição de retrocesso em matéria socioambiental, da prevenção e da precaução. *ADI 4529, 21.11.2022. Pleno. Inf 1076.*

STF Área de Preservação Ambiental Permanente e competência legislativa. É inconstitucional lei estadual que legitime ocupações em solo urbano de APP fora das situações previstas em normas gerais editadas pela União. Em matéria de competência legislativa concorrente, vale a regra da predominância do interesse, respeitando-se a legislação estadual sempre (e apenas) que ela promover um aumento no padrão normativo de proteção aos bens jurídicos tutelados. Nesse sentido, se a lei estadual amplia os casos de ocupação antrópica em áreas de preservação permanente previstos na norma federal vigente à época, ela, além de estar em descompasso com o conjunto normativo elaborado pela União, flexibiliza a proteção ao meio ambiente local, tornando-o mais propenso a sofrer danos. *ADI 5675, Pleno, 18.12.2021. Inf 1042.*

STJ Dano ambiental. Responsabilidade civil do Estado. Construção de moradias me área de preservação permanente. Ciência de Município. Inércia por mais de seis anos. Responsabilidade objetiva por omissão. A responsabilidade civil por dano ambiental é objetiva e solidária. E, nos casos em que o Poder Público concorre para o prejuízo por omissão, a sua responsabilidade solidária é de execução subsidiária (ou com ordem de preferência). *AREsp 1756656, 2ª T, 21.10.2022. Inf 758.*

STJ Extração ilegal de recurso natural (areia). Desatendimento às limitações constantes da licença de operação. Pretensão indenizatória da União. Reparação integral do valor obtido com a extração irregular. Oposição de pedido de ressarcimento dos custos operacionais. Descabimento. A empresa que efetua irregularmente a lavra de minério, enriquecendo-se ilicitamente, não pode pretender o ressarcimento dos custos operacionais dessa atividade "contra legem", sob o argumento de que a não remuneração ensejaria o locupletamento sem causa da União. *REsp 1860239, 1ª T, 19.8.2022. Inf 746.*

STJ Ação civil pública. Meio ambiente. Reparação de danos decorrentes de construção. TAC. Deficiência na execução de obrigação. Questões meramente patrimoniais que não se confundem com dano ao meio ambiente. Sujeição à prescrição quinquenal. A pretensão executória de obrigações de fazer previstas em Termo de ajustamento de conduta (TAC) firmado para reparação de danos ambientais decorrentes de empreendimento imobiliário, quando relacionadas a questões meramente patrimoniais, não visando a restauração de bens de natureza ambiental, sujeita-se à prescrição quinquenal. *AREsp 1941907, 1ª T, 9.8.2022. Inf 744.*

STJ **Responsabilidade por dano ambiental. Município. Legitimidade passiva. Omissão fiscalizatória. Canil particular clandestino. Maus-tratos de animais. Contaminação do solo. Ciência por mais de uma década. Inação. Dimensão ecológica da dignidade humana. Competência comum. Federalismo cooperativo ambiental.** A omissão na fiscalização e mitigação dos danos ambientais enseja a imposição judicial de obrigações positivas para o Município a fim de solucionar o problema cuja extensão temporal e quantitativa revela afronta à dimensão ecológica da dignidade humana. *AREsp 2024982, 2ª T, 24.6.2022. Inf 742.*

STJ **Dano ambiental. Ressarcimento ao erário. Indenização fixada pelo Tribunal a quo no montante de 50% do faturamento bruto obtido pela extração ilegal. Necessidade de reparação integral.** A indenização de dano ambiental deve abranger a totalidade dos danos causados, não sendo possível ser decotadas em seu cálculo despesas referentes à atividade empresarial (impostos e outras). *REsp 1923855, 2ª T, 28.4.2022. Inf 734.*

QUESTÕES DISCURSIVAS

2. (Cespe/TJ/ES/Cartórios/Remoção/2013) A 19ª Conferência da Organização das Nações Unidas (ONU) sobre Mudança Climática, realizada em Varsóvia, em novembro de 2013, apesar de poder ser vista como uma preparação de terreno para a reunião de Paris, em 2015, que selará as bases para o novo acordo global de redução da emissão de Gases do Efeito Estufa (GEE) que começa a valer em 2019, é estratégica. Isso porque muitos temem que se os principais pontos de embate entre os países não começarem a ser solucionados, em 2015 não haverá tempo suficiente para fechar um texto consensual. O Globo, 12/11/2013, p. 29 (com adaptações). Considerando que o fragmento de texto acima tem caráter unicamente motivador, redija um texto dissertativo acerca do seguinte tema: "O planeta em perigo: o combate às causas do aquecimento global é tarefa de todos". Ao elaborar seu texto, aborde, necessariamente, os seguintes aspectos: (i) as ações humanas que resultam em alterações climáticas; (ii) o modelo de desenvolvimento e o aquecimento global; (iii) a questão ambiental e a agenda política do mundo contemporâneo.

QUESTÕES OBJETIVAS

158. (Consulplan/TJ/MS/Cartórios/Ingresso/2021) Odin TH é ativista ambiental, tendo se graduado em Biologia e realizado mestrado em Biologia vinculada às florestas. Após angariar vasta experiência em intervenções práticas em várias regiões do país, passa a realizar cursos de conscientização ambiental e, com outros colegas da área de Biologia, organiza uma associação civil que tem por objeto proteger os locais considerados como patrimônio nacional pela Constituição Federal. Dentre eles, pode-se referir a:

a) Zona Costeira.
b) Fronteira do Sul.
c) Serra do Mercado.
d) Terra Quilombola.

159. (UFPR/TJ/PR/Cartórios/Remoção/2019) A Constituição da República de 1988 estabelece um regime jurídico de proteção ao meio ambiente bastante interventivo. Para a efetividade desse sistema, são impostas algumas incumbências ao Poder Público. Sobre o assunto, considere as seguintes afirmativas:

I. Ao Poder Público e à coletividade é imposto o dever de preservação do meio ambiente até mesmo para as futuras gerações.
II. É incumbência estatal a preservação da integridade do patrimônio genético do país.
III. É dever estatal constitucional o controle da produção de agrotóxicos, em sendo substâncias que comportem risco para a qualidade de vida e ao meio ambiente.
IV. Há previsão constitucional expressa para que o explorador de recursos minerais fique obrigado a recuperar o meio ambiente degradado, na forma da lei, e sendo previsto que o órgão público competente exija a solução técnica para o caso.

Assinale a alternativa correta.

a) Somente a afirmativa IV é verdadeira.
b) Somente as afirmativas I e II são verdadeiras.
c) Somente as afirmativas II e III são verdadeiras.
d) Somente as afirmativas I, III e IV são verdadeiras.
e) As afirmativas I, II, III e IV são verdadeiras.

160. (UFPR/TJ/PR/Cartórios/Ingresso/2019) Segundo o texto expresso da Constituição da República de 1988, o regime jurídico de proteção ao meio ambiente é compreendido por algumas características básicas. Sobre o assunto, considere as seguintes afirmativas:

I. Tornam-se bens indisponíveis as terras devolutas ou arrecadadas pelos Estados, por ações discriminatórias, necessárias à proteção dos ecossistemas naturais.
II. A Floresta Amazônica brasileira é patrimônio da humanidade, sendo considerada área útil ao desenvolvimento nacional, mediante sua exploração de forma sustentável.
III. A reparação do dano, segundo a redação constitucional, pode implicar a não sujeição dos infratores a sanções penais e administrativas.
IV. O Estado possui o dever de preservar os processos ecológicos essenciais, porém não possui a obrigação de prover o manejo ecológico dos ecossistemas.

Assinale a alternativa correta.

a) Somente a afirmativa I é verdadeira.
b) Somente as afirmativas I e II são verdadeiras.
c) Somente as afirmativas III e IV são verdadeiras.
d) Somente as afirmativas II, III e IV são verdadeiras.
e) As afirmativas I, II, III e IV são verdadeiras.

161. (Ieses/TJ/SC/Cartórios/Ingresso/2019) Marque a alternativa incorreta sobre o Meio Ambiente:

a) As condutas e atividades consideradas lesivas ao meio ambiente sujeitarão os infratores, pessoas físicas ou jurídicas, a sanções penais e administrativas, independentemente da obrigação de reparar os danos causados.
b) Aquele que explorar recursos minerais fica obrigado a recuperar o meio ambiente degradado, de acordo com solução técnica exigida pelo órgão público competente, na forma da lei, desde que pratique delitos e crimes contra a natureza e o meio ambiente.
c) As usinas que operem com reator nuclear deverão ter sua localização definida em lei federal, sem o que não poderão ser instaladas.
d) São indisponíveis as terras devolutas ou arrecadadas pelos Estados, por ações discriminatórias, necessárias à proteção dos ecossistemas naturais.

162. (Ieses/TJ/AM/Cartórios/Remoção/2018) São denominados patrimônio nacional, segundo a Constituição Federal os seguintes ecossistemas, exceto:

a) floresta amazônica brasileira.
b) caatinga.
c) mata atlântica.
d) pantanal mato-grossense.

7.4. Da Família, da Criança, do Adolescente, do Jovem e do Idoso

QUESTÕES OBJETIVAS

163. (Vunesp/TJ/SP/Cartórios/Ingresso/2022) De acordo com o art. 227, "caput" da Constituição Federal, são considerados direitos fundamentais especiais das crianças e adolescentes:

a) direito à convivência familiar, direito à profissionalização e direito ao lazer.
b) direito à alimentação, de livre exercício de qualquer trabalho e à convivência familiar.
c) direito ao não trabalho, direito ao trabalho protegido e direito à moradia.
d) direito à livre locomoção, direito à profissionalização e direito à educação.

164. (UFPR/TJ/PR/Cartórios/Remoção/2019) A família, a criança, o adolescente, o jovem e o idoso receberam tratamento prioritário na Constituição de 1988, reconhecendo-se, inclusive, a vulnerabilidade como uma característica essencial merecedora de atenção. Sobre o assunto, assinale a alternativa correta.

a) Segundo a redação constitucional, os direitos e deveres da sociedade conjugal são exercidos com igualdade entre o homem e a mulher, ressalvada a natural vocação da mulher para com as obrigações do lar.
b) Nos termos da Constituição da República de 1988, apenas a família é a responsável por colocar a criança a salvo da opressão e da discriminação, não cabendo ao Estado intervir em sua condição, salvo mediante autorização.
c) O texto constitucional atual tornou obrigatória a participação de entidades não governamentais em programas estatais de atenção à saúde da criança, do adolescente e do jovem.
d) O texto constitucional atual impõe como obrigatória a existência de legislação sobre normas de construção dos logradouros e edifícios de uso público, a fim de garantir acesso adequado aos portadores de deficiência.
e) A proteção constitucional especial ao jovem implica a adoção da idade mínima de 12 anos para a admissão ao trabalho.

165. (UFPR/TJ/PR/Cartórios/Ingresso/2019) A vulnerabilidade social de determinados grupos é detalhadamente protegida pelo sistema constitucional estabelecido em 1988. Sobre o assunto, assinale a alternativa correta.

a) Segundo a redação constitucional, a entidade formada por apenas um dos pais e seus descendentes é uma categoria especial semifamiliar, haja vista a falta de um homem ou de uma mulher como condição básica da existência familiar completa.
b) Nos termos da Constituição, o planejamento familiar é um dever estatal inerente às instituições públicas competentes para a intervenção social nessa seara, a fim de serem evitados problemas populacionais.
c) A adoção é um procedimento de livre exercício particular, sendo vedada a assistência estatal, exceto para a adoção por parte de estrangeiros.
d) A Constituição da República prevê o dever de estabelecimento, por lei, de um plano nacional de juventude, política pública a ser articulada entre as esferas estatais e cuja duração será decenal.
e) A Constituição estabelece formalmente o dever dos pais de assistir, criar e educar os filhos menores, porém não existe obrigação constitucional para que os filhos maiores ajudem ou amparem os pais na velhice ou carências – em que pese tal dever tenha sido estabelecido por legislação infraconstitucional.

166. (Ieses/TJ/RO/Cartórios/Ingresso/2017) Sobre a Ordem Social na Constituição Federal, é incorreto afirmar:

a) a família, base da sociedade, tem especial proteção do Estado, sendo que os direitos e deveres referentes à sociedade conjugal são exercidos igualmente pelo homem e pela mulher.
b) o dever da família, da sociedade e do Estado em assegurar à criança, com absoluta prioridade, o direito à vida, à saúde, à alimentação, à educação, ao lazer, à profissionalização, à cultura, à dignidade, ao respeito, à liberdade e à convivência familiar e comunitária, não se estende ao adolescente e ao jovem.
c) a seguridade social compreende um conjunto integrado de ações de iniciativa dos Poderes Públicos e da sociedade, destinadas a assegurar os direitos relativos à saúde, à previdência e à assistência social.
d) as condutas e atividades consideradas lesivas ao meio ambiente sujeitarão os infratores, pessoas físicas ou jurídicas, a sanções penais e administrativas, independentemente da obrigação de reparar os danos causados.

7.5. Dos Índios

SÚMULAS

STF **Súm. 650.** Os incisos I e XI do art. 20 da Constituição Federal não alcançam terras de aldeamentos extintos, ainda que ocupadas por indígenas em passado remoto.

STJ **Súm. 140.** Compete à justiça comum estadual processar e julgar crime em que o indígena figure como autor ou vítima.

INFORMATIVOS

STF **Proteção territorial em terras indígenas não homologadas.** É necessário que a União e a Fundação Nacional do Índio (Funai) executem e implementem atividade de proteção territorial nas terras indígenas, independentemente de sua homologação. Nos termos do art. 231 da CF, a União tem o dever (e não a escolha) de demarcar as terras indígenas. No caso, a não homologação das demarcações dessas terras deriva de inércia deliberada do Poder Público, em afronta ao direito originário dos índios. *ADPF 709 MC-2ª-Ref, Pleno, 25.2.2022. Inf 1045.*

STJ **Certificação de georreferenciamento de imóvel rural. Sobreposição a terra indígena. Processo demarcatório não concluído. Inviabilidade.** A sobreposição da propriedade rural com área indígena, ainda que o processo de demarcação não tenha sido concluído, inviabiliza a certificação de georreferenciamento. *AREsp 1640785, 2ª T, 27.10.2022.*

STJ **Nulidade de processo de demarcação. Discussão da posse indígena de terras. Litisconsórcio passivo necessário. Comunidade indígena. Funai. MPF.** A comunidade indígena cuja posse fundiária é questionada em ação de nulidade de demarcação tem o direito subjetivo de ser ouvida no processo, na qualidade de litisconsorte passivo necessário. *AgInt na Pet no REsp 1586943, 2ª T, 17.05.2022. Inf 737.*

STJ **Aquisição e demarcação de terras indígenas. Legitimidade passiva da união. Fundamento constitucional. Conflito entre as etnias. Constituição de reserva indígena. Intervenção do poder judiciário. Possibilidade.** O Poder Judiciário pode determinar, ante injustificável inércia estatal, que o Poder Executivo adote medidas necessárias à concretização de direitos constitucionais dos indígenas. *REsp 1623873, 1ª T, 28.4.2022. Inf 734.*

QUESTÕES OBJETIVAS

167. (Ieses/TJ/SC/Cartórios/Remoção/2019) Marque a alternativa incorreta sobre os Direitos Indígenas:

a) As terras tradicionalmente ocupadas pelos índios destinam-se a sua posse permanente, cabendo-lhes o usufruto exclusivo das riquezas do solo, dos rios e dos lagos nelas existentes.

b) São reconhecidos aos índios sua organização social, costumes, línguas, crenças e tradições, e os direitos originários sobre as terras que tradicionalmente ocupam, competindo à União demarcá-las, proteger e fazer respeitar todos os seus bens.

c) São terras tradicionalmente ocupadas pelos índios as por eles habitadas em caráter provisório, as utilizadas para suas atividades produtivas, as imprescindíveis à preservação dos recursos ambientais necessários a seu bem-estar e as necessárias a sua reprodução física e cultural, segundo seus usos, costumes e tradições.

d) Os índios, suas comunidades e organizações são partes legítimas para ingressar em juízo em defesa de seus direitos e interesses, intervindo o Ministério Público em todos os atos do processo.

168. (Vunesp/TJ/SP/Cartórios/Ingresso/2018) Sobre os direitos dos índios, dispõe a Constituição da República:

a) é vedada toda e qualquer exploração dos recursos hídricos, incluindo os potenciais energéticos, a pesquisa e a lavra das riquezas minerais em terras indígenas.

b) as terras tradicionalmente ocupadas pelos índios destinam-se à sua posse permanente, cabendo-lhes o usufruto exclusivo das riquezas do solo, das jazidas e dos demais recursos minerais, dos rios e dos lagos nelas existentes.

c) as terras indígenas são inalienáveis e indisponíveis, salvo por deliberação do Congresso Nacional, ouvidas as comunidades locais, ficando-lhes assegurada participação no resultado.

d) é vedada a remoção dos grupos indígenas de suas terras, salvo, "ad referendum" do Congresso Nacional, em caso de catástrofe ou epidemia que ponha em risco sua população, ou no interesse da soberania do país, após deliberação do Congresso Nacional, garantido, em qualquer hipótese, o retorno imediato logo que cesse o risco.

8. DISPOSIÇÕES CONSTITUCIONAIS GERAIS; ADCT

SÚMULAS

STF Súm. 496. São válidos, porque salvaguardados pelas disposições constitucionais transitórias da Constituição Federal de 1967, os decretos-leis expedidos entre 24 de janeiro e 15 de março de 1967.

STF Súm. 687. A revisão de que trata o art. 58 do ADCT não se aplica aos benefícios previdenciários concedidos após a promulgação da Constituição de 1988.

REPERCUSSÃO & REPETITIVOS

STF Rep. Geral 779. Os substitutos ou interinos designados para o exercício de função delegada não se equiparam aos titulares de serventias extrajudiciais, visto não atenderem aos requisitos estabelecidos nos arts. 37, inciso II, e 236, § 3º, da Constituição Federal para o provimento originário da função, inserindo-se na categoria dos agentes estatais, razão pela qual se aplica a eles o teto remuneratório do art. 37, inciso XI, da Carta da República. *RE 808202, 24.8.2020.*

STF Rep. Geral 818. É compatível com a Constituição Federal controle judicial a tornar obrigatória a observância, tendo em conta recursos orçamentários destinados à saúde, dos percentuais mínimos previstos no artigo 77 do Ato das Disposições Constitucionais Transitórias, considerado período anterior à edição da Lei Complementar nº 141/2012. *RE 858075, 14.5.2021.*

STF Rep. Geral 840. A expressão "serviço efetivo, em qualquer regime jurídico", considerado o disposto no artigo 53 do Ato das Disposições Transitórias, não aproveita tempo ficto. *RE 683621, 5.10.2020.*

STF Rep. Geral 1157. É vedado o reenquadramento, em novo plano de cargos, carreiras e remuneração, de servidor admitido sem concurso público antes da promulgação da Constituição Federal de 1988, mesmo que beneficiado pela estabilidade excepcional do artigo 19 do ADCT, haja vista que esta regra transitória não prevê o direito à efetividade, nos termos do artigo 37, II, da Constituição Federal e decisão proferida na ADI 3609. *ARE 1306505, 28.3.2022.*

JURISPRUDÊNCIA EM TESES

STJ JurisTese 115-5. Não é possível estender a estabilidade excepcional do art. 19 do Ato das Disposições Constitucionais Transitórias - ADCT aos servidores contratados sem concurso público após a promulgação da Constituição Federal de 1988.

STJ JurisTese 115-7. Ocorrida a vacância na titularidade da serventia extrajudicial na vigência da atual Constituição Federal, o provimento de novo titular deve ser realizado por meio de concurso público, nos termos do art. 236, § 3º, da CF/1988.

INFORMATIVOS

STF Lei estadual e concessão de benefício fiscal sem prévia estimativa de impacto orçamentário e financeiro. É inconstitucional lei estadual que concede benefício fiscal sem a prévia estimativa de impacto orçamentário e financeiro exigida pelo art. 113 do ADCT. *ADI 6303, 11.3.2022. Inf 1046.*

STF Fundef/Fundeb: precatório e pagamento de pessoal. O caráter extraordinário dos valores de complementação do Fundeb pagos pela União aos estados e aos municípios, por força de condenação judicial, justifica o afastamento da subvinculação prevista nos arts. 60, XII, do ADCT e 22 da Lei 11.949/07. Isso porque a observância à regra da subvinculação implicaria em pontual e insustentável aumento salarial dos professores do ensino básico, que, em razão da regra de irredutibilidade salarial, teria como efeito pressionar o orçamento público municipal nos períodos subsequentes – sem que houvesse receita subsequente proveniente de novos precatórios inexistentes – acarretando o investimento em salários além do patamar previsto constitucionalmente, em prejuízo de outras ações de ensino a serem financiadas com os mesmos recursos. É inconstitucional o pagamento de honorários advocatícios contratuais com recursos destinados ao FUNDEB, o que representaria indevido desvio de verbas constitucionalmente vinculadas à educação. *ADPF 528, 18.3.2022. Inf 1047.*

STF Covid-19: Realocação de recursos vinculados ao Fundeb para ações de combate à pandemia do novo coronavírus. É vedada a utilização, ainda que em caráter excepcional, de recursos vinculados ao Fundeb para ações de combate à pandemia do novo coronavírus. Impossibilidade do uso dos recursos do Fundeb para gastos não relacionados à educação, pois possuem destinação vinculada a finalidades específicas, todas voltadas exclusivamente à área educacional. *ADI 6490, Pleno, 18.2.2022. Inf 1044.*

STF Bens de informática e Zona Franca de Manaus. É constitucional a exclusão dos bens de informática dos incentivos fiscais previstos para a ZFM, promovida pela Lei 8.387/91. A Lei 8.387/91 não reduziu favor fiscal previsto pelo DL 288/67, nem violou o art. 40 do ADCT. Quando a CF foi promulgada, os bens de informática não eram regulados pelo DL288/67, mas pela Lei 7.232/84 (Lei de Informática). Isso se deu em razão da revogação tácita, já que diante da incompatibilidade entre as duas normas, prevaleceu a Lei de Informática por ser lei mais nova e especial em relação ao decreto-lei. *ADI 2399, Pleno, 11.2.2022. Inf 1043.*

QUESTÕES DISCURSIVAS

3. (UFPR/TJ/PR /Cartórios/Remoção/2019) Qual é a posição do Supremo Tribunal Federal a respeito da aposentadoria compulsória de agentes delegados?

4. (Cetro/TJ/RJ/Cartórios/Remoção/2017) Considerando-se as disposições constitucionais sobre os serviços notariais e de registro, aponte: a) a natureza jurídica da função exercida pelos notários e registradores e a forma destes ingressarem na carreira; b) a competência e forma de controle e fiscalização dos serviços notariais e registrais; c) as formalidades exigidas para mudança da instalação física da serventia; d) forma de remuneração dos serviços notariais e registrais, bem como a natureza jurídica desses emolumentos de acordo com o STF. e) finalmente, indique o fundamento para que os notários e registradores não percebam férias e décimo terceiro salário.

QUESTÕES OBJETIVAS

169. (FGV/TJ/SC/Cartórios/Ingresso/2021) Maria e Joana, estudiosas do direito público, estabeleceram intenso debate a respeito da situação daqueles que titularizam serventias direta ou indiretamente ligadas ao Poder Judiciário. Ao fim, concluíram que existem:

I. as serventias do foro judicial estatizadas, cujos titulares estão sujeitos à aposentadoria compulsória;

II. as serventias do foro judicial não estatizadas, com titulares nomeados em momento anterior à Constituição da República de 1988, remunerados exclusivamente por custas e emolumentos, e que estão sujeitos à aposentadoria compulsória; e

III. as serventias extrajudiciais, cujos titulares recebem delegação após aprovação em concurso público, sendo remunerados por emolumentos, e que não estão sujeitos à aposentadoria compulsória.

À luz da sistemática constitucional, está(ão) correta(s) a(s) conclusão(ões):

a) somente I.
b) somente II.
c) somente I e III.
d) somente II e III.
e) I, II e III.

170. (Vunesp/TJ/RS/Cartórios/Remoção/2019) Assinale a alternativa correta, considerando o disposto na Constituição Federal sobre os servidores dos serviços notariais e de registro.

a) O exercício do seu mister corresponde à atividade empresarial, sujeitando-se a um regime de direito público, mas com responsabilidade regida pelo direito privado.
b) Exercem atividades estatais cujo exercício privado se submete à exclusiva fiscalização do Poder Executivo.
c) Suas funções são típicas atividades estatais, consideradas como de execução de serviços públicos.
d) É inconstitucional norma de Constituição local que lhes concede aposentadoria de servidor público e vincula seus proventos às alterações dos vencimentos da magistratura.
e) As suas atividades decorrem e são fundamentadas em atos estatais de concessão como instrumento contratual da delegação do serviço público.

171. (Consulplan/TJ/MG/Cartórios/Ingresso/2019) A respeito do tratamento constitucional conferido aos serviços notariais e de registro, avalie as assertivas a seguir.

I. Lei federal estabelecerá normas especiais para fixação de emolumentos relativos aos atos praticados pelos serviços notariais e de registro.

II. O Estado responde, apenas subsidiariamente, pelos atos dos tabeliães e registradores oficiais que, no exercício de suas funções, causem dano a terceiros, assentado o dever de regresso contra o responsável, nos casos de dolo ou culpa, sob pena de improbidade administrativa.

III. Caberá ao Poder Judiciário fiscalizar os atos dos notários, dos oficiais de registro e de seus prepostos, sem prejuízo da fiscalização exercida pelo Ministério Público e pelos órgãos fazendários.

IV. Apresentam-se como atividades jurídicas que são próprias do Estado, porém, exercidas por particulares, sempre pessoas naturais, mediante delegação ou concessão do Poder Público.

Assinale a alternativa correta.

a) As assertivas III e IV são falsas.
b) As assertivas I, II e IV são falsas.
c) As assertivas I, II e III são verdadeiras.
d) Apenas as assertivas II e IV são verdadeiras.

172. (Vunesp/TJ/AL/Cartórios/Ingresso/2019) Assinale a alternativa correta.

a) Os serviços notariais e de registro são exercidos em caráter público, por delegação do poder competente.
b) O ingresso na atividade notarial e de registro depende de concurso público de provas e títulos, não se permitindo que qualquer serventia fique vaga, sem abertura de concurso de provimento ou de remoção, por mais de seis meses.
c) Lei estadual estabelecerá normas gerais para fixação de emolumentos relativos aos atos praticados pelos serviços notariais e de registro.
d) A lei não regulará as atividades, mas disciplinará a responsabilidade civil e criminal dos notários, dos oficiais de registro e seus prepostos e definirá a fiscalização de seus atos pelo Poder Judiciário.

173. (UFPR/TJ/PR/Cartórios/Remoção/2019) Marcos foi contratado sob o regime celetista como auxiliar de cartório extrajudicial em 1982, permanecendo no exercício de suas funções sob esse mesmo regime até o dia de hoje. O Ato das Disposições Constitucionais Transitórias (ADCT), em seu artigo 19, prevê que "os servidores públicos civis da União, dos Estados, do Distrito Federal e dos Municípios, da administração direta, autárquica e das fundações públicas, em exercício na data da promulgação da Constituição, há pelo menos cinco anos continuados, e que não tenham sido admitidos na forma regulada no artigo 37 da Constituição, são considerados estáveis no serviço público". Levando em consideração os dados apresentados, assinale a alternativa correta.

a) Marcos goza da estabilidade prevista no artigo 19 do ADCT.
b) De acordo com a jurisprudência do Supremo Tribunal Federal, Marcos pode ser considerado como servidor público em sentido estrito.
c) Marcos pode ser considerado como servidor público em sentido estrito, porém não goza da estabilidade prevista no artigo 19 do ADCT.
d) Marcos não pode ser considerado como servidor público em sentido estrito e não goza da estabilidade prevista no artigo 19 do ADCT.
e) O regime jurídico dos auxiliares de cartório é necessariamente estatutário, não se admitindo a sua contratação sob o regime celetista.

9. AÇÕES CONSTITUCIONAIS

9.1. Ação Civil Pública

SÚMULAS

STF Súm. 643. O Ministério Público tem legitimidade para promover ação civil pública cujo fundamento seja a ilegalidade de reajuste de mensalidades escolares.

STJ Súm. 329. O Ministério Público tem legitimidade para propor ação civil pública em defesa do patrimônio público.

STJ Súm. 489. Reconhecida a continência, devem ser reunidas na justiça federal as ações civis públicas propostas nesta e na justiça estadual.

REPERCUSSÃO & REPETITIVOS

STF Rep. Geral 1004. Em ação civil pública proposta pelo Ministério Público do Trabalho em face de empresa estatal, com o propósito de invalidar a contratação irregular de pessoal, não é cabível o ingresso, no polo passivo da causa, de todos os empregados atingidos, mas é indispensável sua representação pelo sindicato da categoria. *RE 629647, 28.10.2022.*

STF Rep. Geral 1075. I. É inconstitucional a redação do art. 16 da Lei 7.347/1985, alterada pela Lei 9.494/1997, sendo repristinada sua redação original. II. Em se tratando de ação civil pública de efeitos nacionais ou regionais, a competência deve observar o art. 93, II, da Lei 8.078/1990 (Código de Defesa do Consumidor). III. Ajuizadas múltiplas ações civis públicas de âmbito nacional ou regional e fixada a competência nos termos do item II, firma-se a prevenção do juízo que primeiro conheceu de uma delas, para o julgamento de todas as demandas conexas. *RE 1101937, 8.4.2021.*

STJ **Repetitivo 948.** Em ação civil pública proposta por associação, na condição de substituta processual, possuem legitimidade para a liquidação e execução da sentença todos os beneficiados pela procedência do pedido, independentemente de serem filiados à associação promovente. *REsp 1438263, 24.3.2021.*

INFORMATIVOS

STJ **Ação Civil Pública. Cumprimento individual de sentença. Prazo prescricional da pretensão objeto da ação.** É de 5 anos o prazo prescricional para ajuizamento da execução individual de sentença proferida em ação civil pública. *EDcl no REsp 1569684, 4ª T, 25.10.2022. Inf 756.*

STJ **Ação civil pública. Vícios na construção de edifícios populares. Alvenaria autoportante. "Prédio-caixão". Natureza dos pedidos formulados na exordial. Litisconsórcio passivo necessário em relação a todos os sujeitos econômicos, direta ou indiretamente, responsáveis. Art. 47 do CPC/1973. Prescindibilidade.** Em ação civil pública que se objetiva apenas a realização de levantamento dos prédios construídos com determinada técnica, a realização de estudo técnico e a reparação de vícios urgentes, não há litisconsórcio necessário de todos sujeitos econômicos, direta ou indiretamente, responsáveis pela construção e segurança dos imóveis. *REsp 1453891, 1ª T, 26.9.2022. Inf 752.*

STJ **Ação civil pública. Prática de atos vexatórios em revistas íntimas para ingresso em centros de detenção. Indenização por danos morais. Associação civil. Estatuto que prevê como finalidade a defesa dos direitos humanos. Legitimidade ativa. Substituição processual. Autorização de todas as pessoas lesadas. Ausência de obrigatoriedade.** Em ação civil pública ajuizada por associação civil, cujo estatuto prevê como finalidade a defesa de direitos humanos, em que se postula por indenização por danos morais decorrentes da prática de atos vexatórios em revistas íntimas para ingresso em centros de detenção, não é obrigatória a juntada de autorização individual de cada uma das pessoas interessadas. *AgInt no REsp 1833056, 1ª T, 24.8.2022. Inf 750.*

STJ **Ação civil pública. Defensoria pública. Legitimidade ativa. Pequeno agricultor familiar. Registro de reserva legal no cadastro ambiental rural. Imposição de fazer. Apoio técnico e jurídico. Hipossuficiência. Presunção legal expressa. Carência do assistido. Comprovação prévia. Inexigibilidade.** A Defensoria Pública possui legitimidade ativa para propor ação civil pública com vista a impor ao Estado o cumprimento de obrigações legais na tutela de pequenos agricultores familiares, sendo prescindível a comprovação prévia e concreta da carência dos assistidos. *REsp 1847.991, 2ª T, 16.8.2022. Inf 748.*

STJ **Ação civil pública. Concurso público. Resultado final homologado. Nomeação e posse de aprovados. Litisconsórcio. Ausência. Nulidade.** O autor da ação civil pública dá causa à nulidade processual quando deixa de indicar no polo passivo as pessoas beneficiadas pelo procedimento e pelos atos administrativos inquinados, deixando de formar o litisconsórcio na hipótese em que homologado o resultado do concurso, com as consequentes nomeação e posse dos aprovados. *REsp 1735702, 2ª T, 20.6.2022. Inf 742.*

STJ **Ação civil pública. Legitimidade ativa "ad causam". Administração pública indireta. Pertinência temática. Necessidade.** A legitimidade ativa na ação civil pública das pessoas jurídicas da administração pública indireta depende da pertinência temática entre suas finalidades institucionais e o interesse tutelado. *REsp 1978138, 4ª T, 22.3.2022. Inf 731.*

STJ **Ação civil pública. Prédio escolar com problemas estruturais. Permanência no ensino. Reformas em estabelecimento de crianças e adolescentes. Competência Absoluta. Justiça da Infância e da Juventude.** Compete à Justiça da Infância e da Juventude processar e julgar causas envolvendo reformas de estabelecimento de ensino de crianças e adolescentes. *AREsp 1840462, 2ª T, 18.3.2022. Inf 730.*

STJ **Ação civil pública. Restituição de valores indevidamente pagos a título de empréstimo compulsório sobre a aquisição de automóveis. Ministério Público. Ilegitimidade ativa ad causam.** O Ministério Público não tem legitimidade ativa para ajuizar ação civil pública objetivando a restituição de valores indevidamente recolhidos a título de empréstimo compulsório sobre aquisição de automóveis de passeio e utilitários. *REsp 1709093, 1ª T, 1.4.2022. Inf 731.*

STJ **Ação civil pública proposta por associação de natureza privada. Art. 18 da Lei 7.347/85. Honorários advocatícios. Princípio da simetria utilizado em benefício do réu. Impossibilidade.** Não se aplica às ações civil públicas propostas por associações e fundações privadas o princípio da primazia na condenação do réu nas custas e nos honorários advocatícios. *REsp 1974436, 3ª T, 25.3.2022. Inf 729.*

QUESTÕES OBJETIVAS

174. (Ieses/TJ/RO/Cartórios/Ingresso/2021) Leia atentamente as proposições abaixo e assinale a que se apresentar correta:

a) Compete ao STF processar e julgar, originariamente, o mandado de injunção impetrado por servidores municipais com o objetivo suprir vácuo normativo deixado por legislador municipal.

b) Têm legitimidade para propor a ação principal e a ação cautelar da ação civil pública, entre outros, a sociedade de economia mista.

c) Consoante estabelece a Lei n. 9.507/1997, a petição inicial do habeas data deve ser instruída, entre outros, com a prova da recusa ao acesso às informações, não se admitindo outro meio de prova de não atendimento do pleito.

d) O habeas data constitui meio idôneo para se obter vista de processo administrativo.

175. (Vunesp/TJ/GO/Cartórios/Ingresso/2021) Assinale a alternativa correta no tocante à Ação Civil Pública.

a) Qualquer pessoa poderá e o servidor público deverá provocar a iniciativa do Ministério Público ou dos demais legitimados, ministrando-lhe informações sobre fatos que constituam objeto da ação civil e indicando-lhe os elementos de convicção.

b) Nas ações de que trata a Lei da Ação Civil Pública, não haverá adiantamento de custas, emolumentos, honorários periciais e quaisquer outras despesas, nem condenação da associação autora, salvo comprovada má-fé, em honorários de advogado, custas e despesas processuais.

c) Entre os legitimados ativos, encontram-se a União, os Estados, o Distrito Federal e os Municípios, contudo compete exclusivamente ao Ministério Público tomar dos interessados compromisso de ajustamento de conduta, que terá eficácia de título executivo extrajudicial.

d) Se, no exercício de suas funções, os juízes e tribunais tiverem conhecimento de fatos que possam ensejar a propositura da ação civil, remeterão peças à autoridade policial competente para a instauração do respectivo inquérito policial.

176. (Cespe/TJ/DFT/Cartórios/Ingresso/2019) De acordo com o entendimento do STJ, assinale a opção correta, a respeito de ação civil pública.

a) O autor, o réu e os litisconsortes da ação civil pública estão dispensados do adiantamento de custas, emolumentos, honorários periciais e outras despesas.

b) A condenação da parte requerida ao pagamento de honorários advocatícios em ação civil pública é incabível, salvo se for comprovada a sua má-fé.

c) A liquidação e a execução individual de sentença genérica proferida em ação civil coletiva não podem ser ajuizadas no foro do domicílio do beneficiário ainda que seja observada a extensão do dano.

d) A eficácia subjetiva da sentença coletiva abrange os substituídos domiciliados em todo o território nacional desde que a ação tenha sido proposta por entidade associativa de âmbito nacional no domicílio de sua sede e seja contra a União.

e) O ajuizamento de ação coletiva relativa à macrolide geradora de processos multitudinários não suspende o curso das respectivas ações individuais, em razão da independência de instâncias entre as ações.

9.2. *Ação Popular*

SÚMULAS

STF Súm. 101. O mandado de segurança não substitui a ação popular.

STF Súm. 365. Pessoa jurídica não tem legitimidade para propor ação popular.

INFORMATIVOS

STJ Ação popular. Prefeito. Ato administrativo. Encaminhamento de projeto de lei à câmara municipal. Inobservância da legislação vigente. Desvio de finalidade. Condenação ao ressarcimento de valores despendidos na realização dos trabalhos desenvolvidos com vista à elaboração de Projeto de Lei. Descabimento. Teoria da interrupção do nexo causal. Não é possível a condenação de prefeito ao ressarcimento de valores despendidos na realização dos trabalhos desenvolvidos com vista à elaboração de projeto de lei, na hipótese em que o ato administrativo encaminhado à Câmara Municipal desconsidera a legislação vigente, e é praticado com desvio de finalidade. *AREsp 1408660, 1ª T, 16.8.2022. Inf 745.*

QUESTÕES OBJETIVAS

177. (Vunesp/TJ/GO/Cartórios/Remoção/2021) Com relação aos remédios constitucionais, considerando a jurisprudência dos tribunais superiores, é correto afirmar que:

a) a norma regulamentadora superveniente produzirá efeitos retroativos em relação aos beneficiados por decisão em mandado de injunção transitada em julgado, salvo se a aplicação da norma editada lhes for mais favorável.
b) a ação popular não pode ser ajuizada por pessoas jurídicas, mas pode ser proposta por portugueses equiparados, e para os brasileiros é exigida a representação de um advogado, exceto se este estiver postulando em causa própria.
c) o mandado de segurança coletivo pode ser impetrado por organizações sindicais, partidos políticos e associações, desde que constituídos e em funcionamento há pelo menos um ano e que atuem na defesa dos interesses dos seus membros ou associados.
d) o habeas data pode ser impetrado em face de entidades governamentais e privadas de caráter público, que detenham informações e dados do impetrante, ainda que não tenha havido recusa à solicitação de informações ou dados pela entidade impetrada.

178. (Cespe/TJ/DFT/Cartórios/Remoção/2019) Um empresário decidiu investir parte de seu patrimônio na construção de um edifício em terreno de sua propriedade, no município onde reside. Como o terreno está localizado ao lado de um imóvel considerado patrimônio histórico, o empresário solicitou autorização do órgão competente para dar início à execução de seu projeto. Com resposta favorável, o empresário foi autorizado a dar início à construção do prédio. Porém, os laudos de peritos técnicos indicaram que a construção causará danos estruturais ao imóvel considerado patrimônio histórico. Nesse caso, a anulação da autorização previamente concedida deverá ser pleiteada por intermédio de:

a) ação popular de iniciativa exclusiva do Ministério Público.
b) ação civil pública, que poderá ser proposta por qualquer cidadão.
c) mandado de segurança, que deverá ser impetrado pelo Ministério Público.
d) mandado de segurança, que poderá ser impetrado por qualquer cidadão.
e) ação popular de iniciativa de qualquer cidadão.

179. (Ieses/TJ/SC/Cartórios/Ingresso/2019) Uma ação popular, após ampla e suficiente produção de provas pelo autor, é julgada improcedente pelo juiz monocrático em cognição exauriente, convencido da improcedência das razões de mérito, nesse caso:

a) A sentença não está sujeita a duplo grau de jurisdição e, ocorrendo trânsito em julgado pela não interposição de recurso, redundará em coisa julgada erga omnes.
b) A sentença não está sujeita a duplo grau de jurisdição e, ocorrendo trânsito em julgado pela não interposição de recurso, redundará em coisa julgada apenas "inter partes".
c) A sentença está sujeita a duplo grau de jurisdição e, confirmada pelo Tribunal, redundará em coisa julgada apenas "inter partes".
d) A sentença está sujeita a duplo grau de jurisdição e, confirmada pelo Tribunal, redundará em coisa julgada erga omnes.

180. (Consulplan/TJ/MG/Cartórios/Remoção/2018) Em relação aos instrumentos constitucionais para a proteção dos direitos fundamentais, assinale a alternativa correta:

a) pessoa jurídica não tem legitimidade para propor ação popular.
b) o mandado de segurança pode ser usado como sucedâneo de ação popular.
c) o "habeas corpus" é o meio adequado para impugnação de pronunciamento em processo administrativo que haja implicado a perda de cargo público.
d) é cabível "habeas corpus" contra decisão condenatória a pena de multa, ou relativo a processo em curso por infração penal a que a pena pecuniária seja a única cominada.

181. (Cetro/TJ/RJ/Cartórios/Ingresso/2017) Francisco e Clara, juridicamente responsáveis pelo Lar dos Bichos, instituição sem finalidade lucrativa que dá acolhida a animais abandonados, decidiram ajuizar ação popular em face do Presidente da República diante da liberação de verba pública para propaganda de consumo de carne de cavalo pela população. Ao final, quando da confecção da peça processual, depararam-se com questões técnicas relacionadas à referida medida judicial, as quais estão retratadas nas assertivas abaixo. Sobre elas, marque V para verdadeiro ou F para falso e, em seguida, assinale a alternativa que apresenta a sequência correta.

I. de acordo com entendimento do STF, faz-se necessária a menção na Petição Inicial e a prova de prejuízo material aos cofres públicos.
II. da mesma forma que o Mandado de Segurança, a competência para julgar ação popular contra ato proveniente do Presidente da República é do STF.
III. a decisão proferida em sede de ação popular é desprovida de força vinculante, em sentido técnico, não se estendendo, portanto, de forma automática, a outros processos de matéria similar:

a) F, V, F.
b) V, F, F.
c) V, V, F.
d) V, F, V.
e) F, F, V.

9.3. *"Habeas Corpus"*

SÚMULAS

1) Competência

STF Súm. 299. O recurso ordinário e o extraordinário interpostos no mesmo processo de mandado de segurança, ou de "habeas corpus", serão julgados conjuntamente pelo Tribunal Pleno.

STF Súm. 691. Não compete ao Supremo Tribunal Federal conhecer de "habeas corpus" impetrado contra decisão do relator que, em "habeas corpus" requerido a tribunal superior, indefere a liminar.

2) Hipóteses de Cabimento

STF Súm. 395. Não se conhece de recurso de "habeas corpus" cujo objeto seja resolver sobre o ônus das custas, por não estar mais em causa a liberdade de locomoção.

STF Súm. 606. Não cabe "habeas corpus" originário para o Tribunal Pleno de decisão de turma, ou do plenário, proferida em "habeas corpus" ou no respectivo recurso.

STF Súm. 692. Não se conhece de "habeas corpus" contra omissão de relator de extradição, se fundado em fato ou direito estrangeiro cuja prova não constava dos autos, nem foi ele provocado a respeito.

STF Súm. 693. Não cabe "habeas corpus" contra decisão condenatória a pena de multa, ou relativo a processo em curso por infração penal a que a pena pecuniária seja a única cominada.

STF Súm. 694. Não cabe "habeas corpus" contra a imposição da pena de exclusão de militar ou de perda de patente ou de função pública.

STF Súm. 695. Não cabe "habeas corpus" quando já extinta a pena privativa de liberdade.

STJ Súm. 648. A superveniência da sentença condenatória prejudica o pedido de trancamento da ação penal por falta de justa causa feito em "habeas corpus".

3) Legitimidade

STF Súm. 208. O assistente do Ministério Público não pode recorrer, extraordinariamente, de decisão concessiva de "habeas corpus".

4) Outros Temas

STF Súm. 344. Sentença de primeira instância concessiva de "habeas corpus", em caso de crime praticado em detrimento de bens, serviços ou interesses da União, está sujeita a recurso "ex officio".

STF Súm. 431. É nulo o julgamento de recurso criminal, na segunda instância, sem prévia intimação, ou publicação da pauta, salvo em "habeas corpus".

JURISPRUDÊNCIA EM TESES

STJ JurisTese 36-1. O STJ não admite que o remédio constitucional seja utilizado em substituição ao recurso próprio (apelação, agravo em execução, recurso especial), tampouco à revisão criminal, ressalvadas as situações em que, à vista da flagrante ilegalidade do ato apontado como coator, em prejuízo da liberdade da paciente, seja cogente a concessão, de ofício, da ordem de "habeas corpus".

STJ JurisTese 36-2. O conhecimento do "habeas corpus" pressupõe prova pré-constituída do direito alegado, devendo a parte demonstrar de maneira inequívoca a pretensão deduzida e a existência do evidente constrangimento ilegal.

STJ JurisTese 36-3. O trancamento da ação penal pela via do "habeas corpus" é medida excepcional, admissível apenas quando demonstrada a falta de justa causa (materialidade do crime e indícios de autoria), a atipicidade da conduta ou a extinção da punibilidade.

STJ JurisTese 36-4. O reexame da dosimetria da pena em sede de "habeas corpus" somente é possível quando evidenciada flagrante ilegalidade e não demandar análise do conjunto probatório.

STJ JurisTese 36-5. O "habeas corpus" é ação de rito célere e de cognição sumária, não se prestando a analisar alegações relativas à absolvição que demandam o revolvimento de provas.

STJ JurisTese 36-6. É incabível a impetração de "habeas corpus" para afastar penas acessórias de perda de cargo público ou graduação de militar imposta em sentença penal condenatória, por não existir lesão ou ameaça ao direito de locomoção.

STJ JurisTese 36-7. O "habeas corpus" não é a via adequada para o exame aprofundado de provas a fim de averiguar a condição econômica do devedor, a necessidade do credor e o eventual excesso do valor dos alimentos, admitindo-se nos casos de flagrante ilegalidade da prisão civil.

STJ JurisTese 36-8. Não obstante o disposto no art. 142, § 2º, da CF, admite-se "habeas corpus" contra punições disciplinares militares para análise da regularidade formal do procedimento administrativo ou de manifesta teratologia.

STJ JurisTese 36-9. A ausência de assinatura do impetrante ou de alguém a seu rogo na inicial de "habeas corpus" inviabiliza o seu conhecimento, conforme o art. 654. § 1º, "c", do CPP.

STJ JurisTese 36-10. É cabível "habeas corpus" preventivo quando há fundado receio de ocorrência de ofensa iminente à liberdade de locomoção.

STJ JurisTese 36-11. Não cabe "habeas corpus" contra decisão que denega liminar, salvo em hipóteses excepcionais, quando demonstrada flagrante ilegalidade ou teratologia da decisão impugnada, sob pena de indevida supressão de instância, nos termos da Súmula n. 691/STF.

STJ JurisTese 36-12. O julgamento do mérito do "habeas corpus" resulta na perda do objeto daquele impetrado na instância superior, na qual é impugnada decisão indeferitória da liminar.

STJ JurisTese 36-13. Compete aos Tribunais de Justiça ou aos Tribunais Regionais Federais o julgamento dos pedidos de "habeas corpus" quando a autoridade coatora for Turma Recursal dos Juizados Especiais.

STJ JurisTese 36-14. A jurisprudência do STJ admite a reiteração do pedido formulado em "habeas corpus" com base em fatos ou fundamentos novos.

STJ JurisTese 36-15. O agravo interno não é cabível contra decisão que defere ou indefere pedido de liminar em "habeas corpus".

STJ JurisTese 36-16. O "habeas corpus" não é via idônea para discussão da pena de multa ou prestação pecuniária, ante a ausência de ameaça ou violação à liberdade de locomoção.

STJ JurisTese 36-17. O "habeas corpus" não pode ser impetrado em favor de pessoa jurídica, pois o writ tem por objetivo salvaguardar a liberdade de locomoção.

STJ JurisTese 36-18. A jurisprudência tem excepcionado o entendimento de que o "habeas corpus" não seria adequado para discutir questões relativas à guarda e adoção de crianças e adolescentes.

INFORMATIVOS

STJ "Habeas corpus". Decreto de Governador de Estado. Apresentação de comprovante de vacinação. Controle abstrato de ato normativo. Via imprópria. O "habeas corpus" não constitui via própria para impugnar decreto de governador de Estado sobre adoção de medidas acerca da apresentação do comprovante de vacinação contra a Covid-19 para que as pessoas possam circular e permanecer em locais públicos e privados. *RDC no HC 700487, 2ª T, 22.2.2022. Inf 726.*

STJ Acordo de não persecução penal. ANPP. Confissão formal e circunstanciada do fato criminoso. Art. 28-A do CPP. Declaração de inconstitucionalidade. "Habeas corpus". Via incompatível para a pretensão. Não é compatível com a via do "habeas corpus" a pretensão de declaração de inconstitucionalidade do art. 28-A do CPP. *Proc. segredo justiça, 6ª T, 10.10.2022. Inf 758.*

QUESTÕES OBJETIVAS

182. (Consulplan/TJ/MG/Cartórios/Ingresso/2017) A Constituição da República Federativa do Brasil/1988 previu diversos remédios constitucionais para a defesa dos direitos fundamentais. Analise as afirmativas abaixo:

I. "habeas data" é o remédio constitucional colocado à disposição da pessoa física ou jurídica com o objetivo de lhe assegurar o conhecimento de registros concernentes ao requerente e constantes de repartições públicas ou particulares acessíveis ao público, para retificação de seus dados pessoais, quando não prefira fazê-lo por processo sigiloso, judicial ou administrativo, bem como para a anotação, nos assentamentos do interessado, de contestação ou explicação sobre dado verdadeiro, mas justificável e que esteja sob pendência judicial ou amigável.

II. o objeto da ação popular é o ato ilegal e lesivo ao patrimônio público e, dessa forma, essa ação se presta a atacar lei em tese e lei de efeitos concretos.

III. órgãos públicos despersonalizados, ainda que dotados de capacidade processual e que possuam prerrogativas ou direitos próprios a defender, não têm legitimidade para impetrar mandado de segurança.

IV. são gratuitas as ações de "habeas corpus" e "habeas data" e o autor da ação popular, salvo comprovada má-fé, ficará isento do pagamento de custas judiciais e do ônus da sucumbência.

Está correto apenas o que se afirmou em:

a) II e III.
b) II e IV.
c) I e II.
d) I e IV.

9.4. "Habeas Data"

SÚMULAS

STJ **Súm. 2.** Não cabe o "habeas data" (CF, art. 5º, LXXII, letra "a") se não houve recusa de informações por parte da autoridade administrativa.

QUESTÕES OBJETIVAS

183. (Ieses/TJ/TO/Cartórios/Remoção/2022) Conforme disposto na CF/88, são gratuitas as ações de:

I. "Habeas-corpus".
II. "Habeas-data".
III. Mandado de segurança.
IV. Mandado de injunção.

A sequência correta é:

a) Apenas a assertiva IV está incorreta.
b) Apenas as assertivas I, II e IV estão corretas.
c) Apenas as assertivas I e II estão corretas.
d) As assertivas I, II, III e IV estão corretas.

184. (Cetro/TJ/RJ/Cartórios/Remoção/2017) No que se refere à legitimidade ativa para a impetração do "habeas data", assinale a alternativa correta:

a) o fato de configurar-se como uma ação de ordem personalíssima não afasta possibilidade de impetração de "habeas data" na modalidade coletiva.
b) a pessoa jurídica nacional detém, e a estrangeira não, legitimidade para impetrar "habeas data".
c) conforme se verifica na lei do "habeas data" (Lei n. 9.507/1997), é atribuído ao Ministério Público legitimidade ativa para a defesa de terceiro hipossuficiente.
d) às pessoas jurídicas de direito público está afastada a eventual legitimidade para impetrar "habeas data".
e) o cônjuge sobrevivente é parte legítima para impetrar "habeas data" referente a interesse do "de cujus".

9.5. Mandado de Injunção

REPERCUSSÃO & REPETITIVOS

STF **Rep. Geral 1038.** I. A Constituição Federal não prevê adicional noturno aos militares estaduais ou distritais. II. Mandado de injunção será cabível para que se apliquem, aos militares estaduais, as normas que regulamentam o adicional noturno dos servidores públicos civis, desde que o direito a tal parcela remuneratória esteja expressamente previsto na Constituição Estadual ou na Lei Orgânica do Distrito Federal. *RE 970823, 18.8.2020.*

QUESTÕES OBJETIVAS

185. (Vunesp/TJ/AL/Cartórios/Ingresso/2019) Quando a falta de norma regulamentadora tonar inviável o exercício dos direitos e das liberdades constitucionais e das prerrogativas inerentes à nacionalidade, à soberania e à cidadania, conceder-se-á:

a) "habeas corpus" coletivo.
b) mandado de injunção.
c) mandado de segurança individual.
d) "habeas data".

186. (Ieses/TJ/CE/Cartórios/Remoção/2018) Os mandados de segurança, os "habeas data" e os mandados de injunção decididos em única instância pelos tribunais superiores, quando denegatória a decisão, serão julgados em recurso ordinário pelo:

a) Superior Tribunal de Justiça.
b) Supremo Tribunal Federal.
c) Tribunal Regional Federal.
d) Tribunal de Justiça.

187. (Consulplan/TJ/MG/Cartórios/Remoção/2017) Assinale a opção incorreta:

a) cabe mandado de injunção quando a existência de norma regulamentadora preveja ou possibilite a restrição às liberdades fundamentais e às prerrogativas inerentes à nacionalidade, à soberania e à cidadania.
b) são recorríveis as decisões do Tribunal Superior Eleitoral denegatórias de mandado de segurança.
c) compete ao Tribunal de Justiça do Estado de Minas Gerais processar e julgar originariamente (ressalvada a competência das justiças especializadas) ato praticado por seu Corregedor Geral de Justiça.
d) não cabe mandado de injunção para discutir suposta lacuna normativa quanto a período anterior à edição de norma regulamentadora em vigor.

9.6. Mandado de Segurança

SÚMULAS

1) Cabimento

STF **Súm. 101.** O mandado de segurança não substitui a ação popular.

STF **Súm. 266.** Não cabe mandado de segurança contra lei em tese.

STF **Súm. 267.** Não cabe mandado de segurança contra ato judicial passível de recurso ou correição.

STF **Súm. 270.** Não cabe mandado de segurança para impugnar enquadramento da Lei 3.780, de 12 de julho de 1960, que envolva exame de prova ou de situação funcional complexa.

STF **Súm. 429.** A existência de recurso administrativo com efeito suspensivo não impede o uso do mandado de segurança contra omissão da autoridade.

STJ **Súm. 202.** A impetração de segurança por terceiro, contra ato judicial, não se condiciona à interposição de recurso.

STJ **Súm. 213.** O mandado de segurança constitui ação adequada para a declaração do direito à compensação tributária.

STJ **Súm. 333.** Cabe mandado de segurança contra ato praticado em licitação promovida por sociedade de economia mista ou empresa pública.

STJ **Súm. 460.** É incabível o mandado de segurança para convalidar a compensação tributária realizada pelo contribuinte.

2) Citação de Litisconsorte

STF **Súm. 631.** Extingue-se o processo de mandado de segurança se o impetrante não promove, no prazo assinado, a citação do litisconsorte passivo necessário.

STF **Súm. 701.** No mandado de segurança impetrado pelo Ministério Público contra decisão proferida em processo penal, é obrigatória a citação do réu como litisconsorte passivo.

3) Coisa Julgada

STF Súm. 268. Não cabe mandado de segurança contra decisão judicial com trânsito em julgado.

STF Súm. 304. Decisão denegatória de mandado de segurança, não fazendo coisa julgada contra o impetrante, não impede o uso da ação própria.

4) Competência

STF Súm. 248. É competente, originariamente, o Supremo Tribunal Federal, para mandado de segurança contra ato do Tribunal de Contas da União.

STF Súm. 330. O Supremo Tribunal Federal não é competente para conhecer de mandado de segurança contra atos dos tribunais de justiça dos Estados.

STF Súm. 433. É competente o Tribunal Regional do Trabalho para julgar mandado de segurança contra ato de seu presidente em execução de sentença trabalhista.

STF Súm. 623. Não gera por si só a competência originária do Supremo Tribunal Federal para conhecer do mandado de segurança com base no art. 102, I, n, da Constituição, dirigir-se o pedido contra deliberação administrativa do tribunal de origem, da qual haja participado a maioria ou a totalidade de seus membros.

STF Súm. 624. Não compete ao Supremo Tribunal Federal conhecer originariamente de mandado de segurança contra atos de outros tribunais.

STJ Súm. 41. O Superior Tribunal de Justiça não tem competência para processar e julgar, originariamente, mandado de segurança contra ato de outros tribunais ou dos respectivos órgãos.

STJ Súm. 177. O Superior Tribunal de Justiça é incompetente para processar e julgar, originariamente, mandado de segurança contra ato de órgão colegiado presidido por ministro de Estado.

STJ Súm. 376. Compete à turma recursal processar e julgar o mandado de segurança contra ato de juizado especial.

5) Direito Líquido e Certo

STF Súm. 625. Controvérsia sobre matéria de direito não impede concessão de mandado de segurança.

6) Honorários Advocatícios

STF Súm. 512. Não cabe condenação em honorários de advogado na ação de mandado de segurança.

STJ Súm. 105. Na ação de mandado de segurança, não se admite condenação em honorários advocatícios.

7) Legitimidade Ativa

STF Súm. 628. Integrante de lista de candidatos a determinada vaga da composição de tribunal é parte legítima para impugnar a validade da nomeação de concorrente.

8) Legitimidade Passiva

STF Súm. 510. Praticado o ato por autoridade, no exercício de competência delegada, contra ela cabe o mandado de segurança ou a medida judicial.

STF Súm. 627. No mandado de segurança contra a nomeação de magistrado da competência do Presidente da República, este é considerado autoridade coatora, ainda que o fundamento da impetração seja nulidade ocorrida em fase anterior do procedimento.

9) Liminares

STF Súm. 405. Denegado o mandado de segurança pela sentença, ou no julgamento do agravo, dela interposto, fica sem efeito a liminar concedida, retroagindo os efeitos da decisão contrária.

STF Súm. 626. A suspensão da liminar em mandado de segurança, salvo determinação em contrário da decisão que a deferir, vigorará até o trânsito em julgado da decisão definitiva de concessão da segurança ou, havendo recurso, até a sua manutenção pelo Supremo Tribunal Federal, desde que o objeto da liminar deferida coincida, total ou parcialmente, com o da impetração.

10) Mandado de Segurança Coletivo

STF Súm. 629. A impetração de mandado de segurança coletivo por entidade de classe em favor dos associados independe da autorização destes.

STF Súm. 630. A entidade de classe tem legitimação para o mandado de segurança ainda quando a pretensão veiculada interesse apenas a uma parte da respectiva categoria.

11) Prazo Decadencial

STF Súm. 430. Pedido de reconsideração na via administrativa não interrompe o prazo para o mandado de segurança.

STF Súm. 632. É constitucional lei que fixa o prazo de decadência para a impetração de mandado de segurança.

12) Recursos

STF Súm. 272. Não se admite como ordinário recurso extraordinário de decisão denegatória de mandado de segurança.

STF Súm. 299. O recurso ordinário e o extraordinário interpostos no mesmo processo de mandado de segurança, ou de "habeas-corpus", serão julgados conjuntamente pelo Tribunal Pleno.

STF Súm. 392. O prazo para recorrer de acórdão concessivo de segurança conta-se da publicação oficial de suas conclusões, e não da anterior ciência à autoridade para cumprimento da decisão.

STJ Súm. 604. O mandado de segurança não se presta para atribuir efeito suspensivo a recurso criminal interposto pelo Ministério Público.

13) Via Processual Adequada

STF Súm. 269. O mandado de segurança não é substitutivo de ação de cobrança.

STF Súm. 271. Concessão de mandado de segurança não produz efeitos patrimoniais, em relação a período pretérito, os quais devem ser reclamados administrativamente ou pela via judicial própria.

14) Teoria da Encampação

STJ Súm. 628. A teoria da encampação é aplicada no mandado de segurança quando presentes, cumulativamente, os seguintes requisitos: a) existência de vínculo hierárquico entre a autoridade que prestou informações e a que ordenou a prática do ato impugnado; b) manifestação a respeito do mérito nas informações prestadas; e c) ausência de modificação de competência estabelecida na Constituição Federal.

REPERCUSSÃO & REPETITIVOS

STF Rep. Geral 1119. É desnecessária a autorização expressa dos associados, a relação nominal destes, bem como a comprovação de filiação prévia, para a cobrança de valores pretéritos de título judicial decorrente de mandado de segurança coletivo impetrado por entidade associativa de caráter civil. *ARE 1293130, 18.12.2020.*

JURISPRUDÊNCIA EM TESES

1) Cabimento

STJ JurisTese 43-14. Admite-se a impetração de mandado de segurança perante os Tribunais de Justiça para o exercício do controle de competência dos juizados especiais.

STJ JurisTese 85-7. Não cabe mandado de segurança para conferir efeito suspensivo ativo a recurso em sentido estrito interposto contra decisão que concede liberdade provisória ao acusado.

STJ JurisTese 85-9. A impetração de mandado de segurança contra ato judicial é medida excepcional, admissível somente nas hipóteses em que se verifica de plano decisão teratológica, ilegal ou abusiva, contra a qual não caiba recurso.

STJ JurisTese 85-10. O cabimento de mandado de segurança contra decisão de órgão fracionário ou de relator do Superior Tribunal de Justiça é medida excepcional autorizada apenas em situações de manifesta ilegalidade ou teratologia.

STJ JurisTese 85-15. O mandado de segurança não pode ser utilizado com o intuito de obter provimento genérico aplicável a todos os casos futuros de mesma espécie.

STJ JurisTese 91-2. É incabível mandado de segurança para conferir efeito suspensivo a agravo em execução interposto pelo Ministério Público.

STJ JurisTese 91-3. O mandado de segurança não pode ser utilizado como meio para se buscar a produção de efeitos patrimoniais pretéritos, uma vez que não se presta a substituir ação de cobrança, nos termos das Súmulas n. 269 e 271 do Supremo Tribunal Federal.

2) Competência

STJ JurisTese 85-1. Compete à justiça federal comum processar e julgar mandado de segurança quando a autoridade apontada como coatora for autoridade federal, considerando-se como tal também os dirigentes de pessoa jurídica de direito privado investidos de delegação concedida pela União.

3) Direito Líquido e Certo

STJ JurisTese 85-5. A verificação da existência de direito líquido e certo, em sede de mandado de segurança, não tem sido admitida em recurso especial, pois é exigido o reexame de matéria fático-probatória, o que é vedado em razão da Súmula n. 7/STJ.

4) Interrupção de Prescrição

STJ JurisTese 91-13. A impetração de mandado de segurança interrompe o prazo prescricional em relação à ação de repetição do indébito tributário, de modo que somente a partir do trânsito em julgado do mandamus se inicia a contagem do prazo em relação à ação ordinária para a cobrança dos créditos indevidamente recolhidos.

STJ JurisTese 91-14. A impetração de mandado de segurança interrompe a fluência do prazo prescricional no tocante à ação ordinária, o qual somente tornará a correr após o trânsito em julgado da decisão.

5) Legitimidade Ativa

STJ JurisTese 85-3. Ante o caráter mandamental e a natureza personalíssima da ação, não é possível a sucessão de partes no mandado de segurança, ficando ressalvada aos herdeiros a possibilidade de acesso às vias ordinárias.

6) Legitimidade Passiva

STJ JurisTese 43-1. A indicação equivocada da autoridade coatora não implica ilegitimidade passiva nos casos em que o equívoco é facilmente perceptível e aquela erroneamente apontada pertence à mesma pessoa jurídica de direito público.

STJ JurisTese 43-4. O Governador do Estado é parte ilegítima para figurar como autoridade coatora em mandado de segurança no qual se impugna a elaboração, aplicação, anulação ou correção de testes ou questões de concurso público, cabendo à banca examinadora, executora direta da ilegalidade atacada, figurar no polo passivo da demanda.

STJ JurisTese 91-10. O Ministro de Estado do Planejamento, Orçamento e Gestão possui legitimidade para figurar no polo passivo de ação mandamental impetrada com o intuito de ensejar a nomeação em cargos relativos ao quadro de pessoal do Banco Central do Brasil – Bacen.

STJ JurisTese 91-11. As autarquias possuem autonomia administrativa, financeira e personalidade jurídica própria, distinta da entidade política à qual estão vinculadas, razão pela qual seus dirigentes têm legitimidade passiva para figurar como autoridades coatoras em ação mandamental.

7) Prazo Decadencial

STJ JurisTese 43-10. O termo inicial do prazo decadencial para a impetração de mandado de segurança, na hipótese de exclusão do candidato do concurso público, é o ato administrativo de efeitos concretos e não a publicação do edital, ainda que a causa de pedir envolva questionamento de critério do edital.

STJ JurisTese 43-11. O prazo decadencial para impetração mandado de segurança contra ato omissivo da Administração renova-se mês a mês, por envolver obrigação de trato sucessivo.

STJ JurisTese 85-4. O prazo decadencial para a impetração de mandado de segurança tem início com a ciência inequívoca do ato lesivo pelo interessado.

STJ JurisTese 91-6. O termo inicial do prazo de decadência para impetração de mandado de segurança contra aplicação de penalidade disciplinar é a data da publicação do respectivo ato no Diário Oficial.

STJ JurisTese 91-7. O termo inicial do prazo decadencial para a impetração de ação mandamental contra ato que fixa ou altera sistema remuneratório ou suprime vantagem pecuniária de servidor público e não se renova mensalmente inicia-se com a ciência do ato impugnado.

STJ JurisTese 91-8. O prazo decadencial para impetração de mandado de segurança não se suspende nem se interrompe com a interposição de pedido de reconsideração na via administrativa ou de recurso administrativo desprovido de efeito suspensivo.

8) Via Processual Adequada

STJ JurisTese 85-6. A ação mandamental não constitui via adequada para o reexame das provas produzidas em processo administrativo disciplinar – PAD.

STJ JurisTese 91-1. Os atos do presidente do tribunal que disponham sobre processamento e pagamento de precatório não têm caráter jurisdicional (Súmula n. 311/STJ) e, por isso, podem ser combatidos pela via mandamental.

STJ JurisTese 91-5. O mandado de segurança é meio processual adequado para controle do cumprimento das portarias de concessão de anistia política, afastando-se as restrições das Súmulas n. 269 e 271 do Supremo Tribunal Federal.

9) Teoria da Encampação

STJ JurisTese 43-3. A teoria da encampação tem aplicabilidade nas hipóteses em que atendidos os seguintes pressupostos: subordinação hierárquica entre a autoridade efetivamente coatora e a apontada na petição inicial, discussão do mérito nas informações e ausência de modificação da competência.

10) Outros Temas

STJ JurisTese 43-9. A impetração de segurança por terceiro, nos moldes da Súmula n. 202/STJ, fica afastada na hipótese em que a impetrante teve ciência da decisão que lhe prejudicou e não utilizou o recurso cabível.

STJ JurisTese 85-2. O impetrante pode desistir da ação mandamental a qualquer tempo antes do trânsito em julgado, independentemente da anuência da autoridade apontada como coatora.

STJ JurisTese 91-4. Não configura ação de cobrança a impetração de mandado de segurança visando a desconstituir ato administrativo que nega conversão em pecúnia de férias não gozadas, afastando-se as restrições previstas nas Súmulas n. 269 e 271 do Supremo Tribunal Federal.

STJ JurisTese 91-9. Admite-se a emenda à petição inicial de mandado de segurança para a correção de equívoco na indicação da autoridade coatora, desde que a retificação do polo passivo não implique alterar a competência judiciária e que a autoridade erroneamente indicada pertença à mesma pessoa jurídica da autoridade de fato coatora.

INFORMATIVOS

STJ Desistência de mandado de segurança após julgamento pelo órgão colegiado. Possibilidade. Outorga de poder para a manifestação. Desnecessidade de anuência da parte ex adversa. Homologação do pedido. É lícito ao impetrante desistir da ação de mandado de segurança, independentemente de aquiescência da autoridade apontada como coatora, e a qualquer tempo, mesmo após sentença de mérito, desde que antes do trânsito em julgado, ainda que lhe seja desfavorável. *Desis nos EDcl no AgInt no REsp 1916374, 1ª T, 27.10.2022. Inf 761.*

STJ Mandado de segurança. Intimação da pessoa jurídica de direito público a que se vincula à autoridade impetrada. Legitimidade recursal. Intimação pessoal da autoridade coatora. Desnecessário. Teoria do órgão ou da imputação. Em mandado de segurança, a legitimidade para recorrer é da pessoa jurídica de direito público, sendo dispensável a intimação da autoridade coatora para fins de início da contagem do prazo recursal. *AgInt no AREsp 1430628, 2ª T, 18.8.2022. Inf 747.*

STJ Concurso público. Cotas. Candidato autodeclarado pardo. Posterior recusa pela comissão especial. Caso concreto. Dilação probatória. Inadequação da via mandamental. É inadequado o manejo de mandado de segurança com vistas à defesa do direito de candidato em concurso público a continuar concorrendo às vagas reservadas às pessoas pretas ou pardas, quando a comissão examinadora de heteroidentificação não confirma a sua autodeclaração. *RMS 58785, 1ª T, 23.8.2022. Inf 746.*

STJ Defensoria Pública. Defesa judicial das prerrogativas institucionais. Mandado de segurança impetrado por Defensor Público. Cabimento. Atribuição não exclusiva do Defensor-Geral. Princípios da unidade e da indivisibilidade. O Defensor Público, atuando em nome da Defensoria Pública, possui legitimidade para impetrar mandado de segurança em defesa das funções institucionais e prerrogativas de seus órgãos de execução, atribuição não conferida exclusivamente ao Defensor Público-Geral. *Proc. segredo justiça, 4ª T, 10.6.2022. Inf 742.*

STJ **Mandado de Segurança Individual. Cumprimento de sentença. Honorários sucumbenciais. Não cabimento. Art. 25 da Lei 12.016/09. Súm. 105/STJ.** No processo de Mandado de Segurança individual, não cabem honorários advocatícios, na esteira do disposto no art. 25 da Lei 12.016/09 e na Súm. 105/STJ, não havendo ressalva à fase de cumprimento de sentença. *AgInt no REsp 1968010, 1ª T, 11.5.2022. Inf 753.*

STJ **Recurso ordinário em Mandado de Segurança. Exclusão de multa coercitiva. Decisão não denegatória. Descabimento. CF.** Não cabe recurso ordinário em mandado de segurança com fundamento no art. 105, II, b, da CF, na hipótese em que houver a concessão da segurança e a parte impugna capítulo que havia tão-somente excluído a multa cominatória para o cumprimento da liminar. *RMS 69727, 2ª T, 18.10.2022.*

STJ **Recurso ordinário. Apelação em mandado de segurança. Fungibilidade. Recebimento como recurso especial. Descabimento.** É incabível a interposição de recurso ordinário contra apelação em mandado de segurança. *RMS 66905, 2ª T, 22.3.2022. Inf 731.*

STJ **Mandado de segurança. Dirigente de Federação Esportiva. Entidade privada que não desempenha atividade pública delegada. Art. 82 da Lei 9.615/98 (Lei Pelé). Ilegitimidade passiva.** É inviável a subsunção de dirigentes, unidades ou órgãos de entidades de administração do desporto ao conceito de autoridade pública ou exercício de função pública, sobressaindo o caráter privado dessas atividades, declarando-se a ilegitimidade passiva a obstar o exame de mérito do mandado de segurança. *REsp 1348503, 4ª T, 22.2.2022. Inf 726.*

STJ **Mando de Segurança. Defesa dos interesses transindividuais e do patrimônio público material ou imaterial. Ministério Público. Legitimidade ativa.** O Ministério Público possui legitimidade ativa para impetrar mandado de segurança a fim de promover a defesa dos interesses transindividuais e do patrimônio público material ou imaterial. *RMS 67108, 2ª T, 5.4.2022. Inf 732.*

QUESTÕES DISCURSIVAS

5. (Consulplan/TJ/MG/Cartórios/Ingresso/2019) O titular do Registro de Imóveis da Comarca de Nova Lima/MG impetrou Mandado de Segurança contra decisão do Juiz Diretor do Foro local que, em sede de processo administrativo, aplicou-lhe as sanções de suspensão e de multa, em virtude da constatação da ausência de recolhimento, aos cofres públicos, de valores correspondentes à Taxa de Fiscalização Judiciária – TFJ, durante os meses de junho e julho de 2019. Requereu a concessão de tutela de urgência, visando ao não afastamento das funções e à suspensão da exigibilidade da multa, durante a tramitação do mandamus. No mérito, pretendeu a anulação do ato sancionador, aos argumentos de que não seria o sujeito passivo da obrigação e que o Juiz Diretor do Foro da Comarca não poderia avocar funções inerentes à fiscalização fazendária, atribuição esta exclusiva da Receita Estadual. Instado a se manifestar, o Ministério Público opinou, preliminarmente, pela inadmissibilidade do Mandado de Segurança, invocando a Súmula 267 do STF, segundo a qual "não cabe mandado de segurança contra ato judicial passível de recurso ou correição" e, no mérito, pela concessão da ordem, por entender tratar-se de ato ilegal, pois emanado de autoridade incompetente. A respeito da situação descrita anteriormente, responda objetiva e fundamentadamente: (a) O mandado de segurança, enquanto remédio constitucional, é admissível para o caso em tela? (b) Há recurso cabível contra tal decisão? Em caso positivo, aponte o recurso e o órgão competente para julgá-lo. (c) Qual a natureza da TFJ e qual a função do titular Registrador nessa relação obrigacional? (d) À luz da argumentação do impetrante, a quem compete a fiscalização sobre o recolhimento da taxa de fiscalização judiciária?

QUESTÕES OBJETIVAS

188. (Ieses/TJ/TO/Cartórios/Ingresso/2022) Marque a alternativa correta no que se refere às normas procedimentais para os processos perante o Superior Tribunal de Justiça e o Supremo Tribunal Federal.

a) Salvo quando a causa tiver por fundamento matéria constitucional, compete ao Presidente do Superior Tribunal de Justiça, a requerimento do Procurador-Geral da República ou da pessoa jurídica de direito público interessada, e para evitar grave lesão à ordem, à saúde, à segurança e à economia pública, suspender, em despacho fundamentado, a execução de liminar ou de decisão concessiva de mandado de segurança, proferida, em única ou última instância, pelos Tribunais Regionais Federais ou pelos Tribunais dos Estados e do Distrito Federal.
b) Finda a instrução, o Tribunal procederá ao julgamento, na forma determinada pelo regimento interno, observando-se que para a acusação e a defesa terão, sucessivamente, nessa ordem, prazo de 02 (duas) horas para sustentação oral, assegurado ao assistente o dobro do tempo da acusação.
c) O recurso ordinário para o Superior Tribunal de Justiça, das decisões denegatórias de Habeas Corpus, proferidas pelos Tribunais Regionais Federais ou pelos Tribunais dos Estados e do Distrito Federal, será interposto no prazo de 30 (trinta) dias, independente das razões do pedido de reforma.
d) Realizadas as diligências, ou não sendo estas requeridas nem determinadas pelo relator, serão intimadas a acusação e a defesa para, sucessivamente, apresentarem, no prazo de 30 (trinta) dias, alegações escritas.

189. (Ieses/TJ/TO/Cartórios/Ingresso/2022) Assinale a alternativa correta:

a) O cargo de Ministro do Superior Tribunal Militar é privativo de brasileiro nato.
b) Conceder-se-á "habeas corpus" sempre que alguém sofrer ou se achar ameaçado de sofrer violência ou coação em sua liberdade de locomoção, por ilegalidade ou abuso de poder, inclusive em relação a punições disciplinares administrativas e militares.
c) O mandado de segurança coletivo pode ser impetrado por partido político, desde que tenha representação no Congresso Nacional, bem como por organização sindical, entidade de classe ou associação legalmente constituída e em funcionamento há pelo menos um ano, em defesa dos interesses de seus membros ou associados.
d) A lei que alterar o processo eleitoral entrará em vigor um ano após a data da sua publicação no Diário Oficial Eletrônico.

190. (Consulplan/TJ/MS/Cartórios/Ingresso/2021) Igor AD apresentou requerimento ao Ministro de Estado da Defesa, vinculado ao Governo Federal, buscando o reconhecimento de direitos individuais, por ter exercido função de confiança durante o período de 10 (dez) anos. Após o prazo regulamentado em lei para analisar os requerimentos administrativos, o Ministro indeferiu o pedido formulado. Inconformado com a negativa e tendo esgotado a via administrativa, Igor, na perseguição aos seus direitos, impetrou mandado de segurança de competência do:

a) Superior Tribunal Militar.
b) Supremo Tribunal Federal.
c) Superior Tribunal de Justiça.
d) Superior Tribunal Administrativo.

191. (Ieses/TJ/SC/Cartórios/Ingresso/2019) Acerca da legitimidade passiva em mandado de segurança, a jurisprudência do Superior Tribunal de Justiça admite a aplicação da Teoria da Encampação para mitigar a indicação errônea da autoridade coatora. Segundo a Súmula n. 628 desse Tribunal, essa teoria tem lugar quando presentes os seguintes requisitos:

a) Cumulativamente i) inexistência de vínculo hierárquico entre a autoridade que prestou informações e a que ordenou a prática do ato impugnado; ii) não manifestação a respeito do mérito nas informações prestadas; e iii) ausência de modificação de competência estabelecida na Constituição Federal.

b) Cumulativamente: i) inexistência de vínculo hierárquico entre a autoridade que prestou informações e a que ordenou a prática do ato impugnado; ii) manifestação a respeito do mérito nas informações prestadas; e iii) modificação de competência estabelecida na Constituição Federal.

c) Alternativamente: i) existência de vínculo hierárquico entre a autoridade que prestou informações e a que ordenou a prática do ato impugnado; ii) manifestação a respeito do mérito nas informações prestadas; e iii) ausência de modificação de competência estabelecida na Constituição Federal.

d) Cumulativamente: i) existência de vínculo hierárquico entre a autoridade que prestou informações e a que ordenou a prática do ato impugnado; ii) manifestação a respeito do mérito nas informações prestadas; e iii) ausência de modificação de competência estabelecida na Constituição Federal.

192. (UFPR/TJ/PR/Cartórios/Remoção/2019) "Entre as garantias constitucionais dos direitos fundamentais encontra-se a ação popular, o mandado de segurança, o mandado de injunção, o "habeas data" e o "habeas corpus". A esse conjunto, a doutrina tem reservado o nome de remédios constitucionais" (Tavares, 2012). A respeito do assunto, assinale a alternativa correta.

a) Segundo a redação estabelecida na Constituição, não será concedido "habeas corpus" contra decisão colegiada do Poder Judiciário.

b) O mandado de segurança coletivo não foi recepcionado pela Constituição de 1988, tendo sua previsão em lei ordinária.

c) O mandado de segurança é a via adequada para a proteção de direitos, se não puder ser amparado por "habeas corpus" ou por "habeas data".

d) A legitimidade ativa da ação popular é reservada aos partidos políticos e às associações constituídas por ao menos um ano.

e) Segundo a redação constitucional expressa, o "habeas data" é uma garantia constitucional que pode ser utilizada para a obtenção de informações pessoais pertencentes tanto a entidades governamentais quanto a entidades privadas, podendo ser de dados caráter público ou privado.

193. (Vunesp/TJ/AL/Cartórios/Ingresso/2019) De acordo com a Lei do Mandado de Segurança (nº 12.016/2009), nessa espécie de ação:

a) as custas judiciais deverão ser cobradas até o limite de 50% da alíquota devida nas demais ações judiciais.

b) não são devidas custas judiciais nem honorários sucumbenciais pelo vencido.

c) não são devidas custas judiciais, mas são devidos honorários sucumbenciais pelo vencido.

d) não são devidos honorários sucumbenciais pelo vencido.

194. (Consulplan/TJ/MG/Cartórios/Ingresso/2018) Em relação ao mandado de segurança, assinale a alternativa correta:

a) é cabível mandado de segurança contra decisão judicial com trânsito em julgado.

b) é possível a utilização do mandado de segurança contra ato praticado no exercício de atividade delegada pelo Poder Público.

c) é possível a impetração de mandado de segurança contra ato administrativo de que caiba recurso administrativo com efeito suspensivo, independente de caução.

d) é cabível mandado de segurança contra lei em tese, entendida a lei em sentido material, compreendendo qualquer ato normativo de caráter e efeitos gerais e abstratos.

195. (Cetro/TJ/RJ/Cartórios/Remoção/2017) Maria, substituta que cuida interinamente de uma serventia extrajudicial, impetrou Mandado de Segurança, perante o próprio Tribunal de Justiça, em face de ato do Presidente do Tribunal de Justiça, que trata da limitação do teto remuneratório e prestação de contas a substitutos interinos em serventias consideradas vagas no estado com base em resolução do Conselho Nacional de Justiça. Com base no caso apresentado e na jurisprudência do STJ, assinale a alternativa correta:

a) há legitimidade passiva "ad causam" do Presidente do TJ no caso, dado que deu causa ao ato ilegal como autoridade coatora, sendo, no entanto, a competência para julgar do juiz de primeira instância.

b) Maria detém legitimidade ativa para impetrar MS em face do Presidente do TJ, no entanto, não ocorre ato ilegal, e sim, ato de execução de ordem oriunda do CNJ e ilegitimidade passiva "ad causam" do Presidente do TJ para responder como autoridade coatora.

c) Maria não detém legitimidade ativa para impetrar MS em face do Presidente do TJ, e a competência para julgar o MS é do STJ.

d) Maria detém legitimidade ativa para impetrar MS em face do juiz corregedor responsável pela serventia extrajudicial, e não do Presidente do TJ por ilegitimidade passiva "ad causam" deste último; a competência para julgar o MS de outro juiz de primeira instância é do corregedor.

e) dado que o ato originário da ilegalidade advém do CNJ, verifica-se a ilegitimidade passiva "ad causam" do Presidente do TJ para responder como autoridade coatora, e a competência para julgar o MS é do STF.

10. CONTROLE DE CONSTITUCIONALIDADE

10.1. Controle Concentrado

SÚMULAS

STF Súm. 360. Não há prazo de decadência para a representação de inconstitucionalidade prevista no art. 8º, parágrafo único, da Constituição Federal.

STF Súm. 614. Somente o Procurador-Geral da Justiça tem legitimidade para propor ação direta interventiva por inconstitucionalidade de lei municipal.

STF Súm. 642. Não cabe ação direta de inconstitucionalidade de lei do Distrito Federal derivada da sua competência legislativa municipal.

STF Súm. 729. A decisão na Ação Direta de Constitucionalidade n. 4 não se aplica à antecipação de tutela em causa de natureza previdenciária.

INFORMATIVOS

STF Procuradorias municipais: legitimidade para interpor recurso em ação de controle de constitucionalidade. A procuradoria jurídica estadual ou municipal possui legitimidade para interpor recurso em face de acórdão de tribunal de justiça proferido em representação de inconstitucionalidade. A ausência de assinatura do chefe do Poder Executivo na petição recursal não constitui óbice para a análise do recurso, sendo suficiente que a peça seja subscrita pelo procurador, que também detém legitimidade recursal em ações de controle de constitucionalidade. *ARE 873804 AgR-2º-ED-EDv-AgR, 13.10.2022, Pleno. Inf 1072.*

QUESTÕES OBJETIVAS

196. (Ieses/TJ/TO/Cartórios/Remoção/2022) Podem propor a ação direta de inconstitucionalidade e a ação declaratória de constitucionalidade, exceto:

a) Conselho Federal da Ordem dos Advogados do Brasil.

b) Deputado Federal, Senador.

c) Governador de Estado ou do Distrito Federal.

d) Presidente da República.

197. (Vunesp/TJ/SP/Cartórios/Ingresso/2022) Na Arguição de Descumprimento de Preceito Fundamental (ADPF) nº 54, proposta perante o STF, postulou-se a possibilidade de antecipação terapêutica do parto de feto anencefálico. Neste julgado, prevaleceu a tese de que:

a) o aborto é moralmente defensável, frente à dignidade da mulher, devendo, inclusive, estender-se a outras hipóteses.
b) a antecipação terapêutica do parto é a medida adequada, tendo em vista as dificuldades que um feto anencefálico terá, em todas as dimensões da vida, quando for adulto.
c) a antecipação terapêutica do parto não se confunde com as hipóteses tipificadas no Código Penal referentes ao aborto, na medida em que o feto anencefálico, tecnicamente, não se equipara à vida viável.
d) o aborto é prática tipificada no Código Penal, mas, neste caso, em virtude do presumido sofrimento da mãe, poderia ser relativizado pela jurisprudência.

198. (FGV/TJ/SC/Cartórios/Ingresso/2021) O Distrito Federal aprovou a Lei nº XX/2020, que dispôs sobre o parcelamento e a ocupação do solo urbano, o que, ao ver do partido político Alfa, era incompatível com a Constituição da República de 1988. Por tal razão, o partido político, que somente contava com representação no Senado Federal, solicitou a manifestação do seu departamento jurídico a respeito da possibilidade de impugnar o referido ato normativo diretamente perante o Supremo Tribunal Federal. O departamento jurídico respondeu, corretamente, que tal:

a) seria possível apenas por meio de ação direta de inconstitucionalidade.
b) seria possível apenas por meio de arguição de descumprimento de preceito fundamental.
c) não seria possível, já que o partido político Alfa não contava com representação na Câmara dos Deputados.
d) não seria possível, pois o controle concentrado de constitucionalidade das leis distritais fica a cargo do Tribunal de Justiça.
e) seria possível por meio da ação direta de inconstitucionalidade ou da arguição de descumprimento de preceito fundamental.

199. (FGV/TJ/SC/Cartórios/Ingresso/2021) Antônio, renomado professor de direito constitucional, foi procurado por um estudante para que analisasse a constitucionalidade de determinada norma. Na ocasião, o estudante expôs ao professor que, ao seu ver, o texto normativo e a norma não apresentavam uma relação de sobreposição, o que conferia especial relevância à atividade intelectiva conduzida pelo intérprete na atribuição de significados aos significantes interpretados. Afinal, sempre que dois ou mais significados pudessem ser atribuídos ao mesmo significante, caberia ao intérprete resolver as conflitualidades intrínsecas da norma constitucional, que refletem justamente a oposição entre grandezas argumentativamente relevantes, e decidir qual deles deveria preponderar, de modo a individualizar a norma. Ao concordar com a explicação do estudante, o professor concluiu, corretamente, que essa era uma das razões pelas quais:

a) as escolas formalistas clássicas tinham conquistado elevada importância, pois valorizavam o papel da hermenêutica, sem descurar da segurança jurídica.
b) deve ser admitida a formulação de pedido, em sede de ação direta de inconstitucionalidade, de declaração de inconstitucionalidade parcial sem redução de texto.
c) a estática textual ganha dinamismo com a realidade, mas apenas no processo de individualização das normas principiológicas, que apresentam maior permeabilidade aos valores.
d) a mutação constitucional não se ajusta às normas-regra, já que estas últimas apresentam reduzida mobilidade semântica, comprimindo, ao ponto de suprimir, o espaço decisório do intérprete.
e) a interpretação conforme a Constituição, realizada em sede de controle concentrado de constitucionalidade, pressupõe a declaração de nulidade da parte do texto que dá origem à norma dissonante da ordem constitucional.

200. (FGV/TJ/SC/Cartórios/Remoção/2021) Certo legitimado ajuizou representação de inconstitucionalidade perante o Tribunal de Justiça do Estado Alfa, visando ao controle concentrado de constitucionalidade da Lei municipal nº XX/2020, que teria afrontado a Constituição da República de 1988. Nesse caso, a representação formulada:

a) não deve ser conhecida, sob pena de usurpação da competência do Supremo Tribunal Federal.
b) só pode ser conhecida caso se trate de preceito fundamental, de reprodução obrigatória, ou não, na Constituição Estadual.
c) só pode ser conhecida caso se trate de norma de reprodução obrigatória na Constituição Estadual e essa reprodução tenha ocorrido.
d) só pode ser conhecida caso se trate de norma de reprodução obrigatória na Constituição Estadual, mesmo que a reprodução não tenha ocorrido.
e) só pode ser conhecida caso se trate de preceito fundamental, de reprodução obrigatória na Constituição Estadual, mesmo que a reprodução não tenha ocorrido.

201. (Ieses/TJ/RO/Cartórios/Ingresso/2021) Assinale a alternativa correta.

a) Por expressa disposição constitucional, apenas os abaixo relacionados podem propor a ação direta de inconstitucionalidade e a ação declaratória de constitucionalidade. São eles: o Presidente da República; a Mesa do Senado Federal; a Mesa da Câmara dos Deputados; a Mesa de Assembleia Legislativa ou da Câmara Legislativa do Distrito Federal; o Governador de Estado ou do Distrito Federal; o Procurador-Geral da República; o Conselho Federal da Ordem dos Advogados do Brasil; partido político com representação no Congresso Nacional; confederação sindical ou entidade de classe de âmbito nacional.
b) Entende-se por mutação constitucional a alteração formal do texto da Constituição da República Federativa do Brasil, o que vem expressamente determinado pelo constituinte originário. Neste caso, a alteração excepcional deve ocorrer após cinco anos, contados da promulgação da Constituição, sendo necessária para sua aprovação a maioria absoluta dos membros do Congresso Nacional, em sessão unicameral.
c) Compete ao STJ – Superior Tribunal de Justiça – processar e julgar, originalmente, o mandado de injunção, quando a elaboração da norma regulamentadora for atribuição do Presidente da República, do Congresso Nacional, da Câmara dos Deputados, do Senado Federal, das Mesas de uma dessas Casas Legislativas, do Tribunal de Contas da União, de um dos Tribunais Superiores, ou do próprio Supremo Tribunal Federal.
d) Por expressa disposição constitucional, a arguição de descumprimento de preceito fundamental será apreciada pelo STF – Supremo Tribunal Federal, exceto se a arguição se der em face de lei municipal, hipótese na qual será apreciada pelo STJ – Superior Tribunal de Justiça.

202. (Ieses/TJ/RO/Cartórios/Remoção/2021) Podem propor a ação direta de inconstitucionalidade, entre outros, exceto:

a) O Conselho Federal da Ordem dos Advogados do Brasil.
b) O Governador de Estado ou o Governador do Distrito Federal.

c) O presidente do Senado Federal.
d) O Presidente da República.

203. (Vunesp/TJ/GO/Cartórios/Remoção/2021) Assinale a alternativa correta no tocante aos efeitos e alcance da declaração de inconstitucionalidade exarada no âmbito da ação direta de inconstitucionalidade (ADI).

a) O Supremo Tribunal Federal, com base no princípio da parcelaridade, pode julgar parcialmente procedente o pedido feito na ADI, sendo vedado, contudo, o expurgo de apenas uma palavra ou expressão.
b) Os efeitos da decisão que julga a ADI são erga omnes, "ex tunc" e vinculante aos órgãos do Poder Judiciário, do Legislativo e da Administração Pública federal, estadual, municipal e Distrital.
c) No direito brasileiro, é admissível a declaração de inconstitucionalidade sem a pronúncia de nulidade, por motivos de segurança jurídica ou de excepcional interesse social.
d) A declaração de inconstitucionalidade terá efeito repristinatório da norma anterior àquela declarada inconstitucional, desde que a sua restauração seja determinada expressamente na modulação da decisão da Excelsa Corte.

204. (Vunesp/TJ/RS/Cartórios/Remoção/2019) Segundo a doutrina pátria e a jurisprudência do Supremo Tribunal Federal (STF), no tocante ao controle de constitucionalidade, um decreto que tinha por fundamento lei declarada inconstitucional em decisão proferida em ação direta de inconstitucionalidade (ADI), pode também ser declarado inconstitucional na mesma decisão, segundo a teoria denominada de:

a) transcendência dos motivos determinantes.
b) inconstitucionalidade por reverberação normativa.
c) transbordamento da "ratio decidendi".
d) decisão de inconstitucionalidade ampliativa.
e) inconstitucionalidade progressiva.

205. (Vunesp/TJ/RS/Cartórios/Remoção/2019) Dentre as diversas ações de controle de constitucionalidade existentes no direito brasileiro, aquela que tem por objetivo transformar uma presunção relativa de constitucionalidade em absoluta é a:

a) ação direta de inconstitucionalidade.
b) ação declaratória de constitucionalidade.
c) representação interventiva federal.
d) arguição de descumprimento de preceito fundamental.
e) ação direta de inconstitucionalidade por omissão.

206. (Vunesp/TJ/RS/Cartórios/Ingresso/2019) No que diz respeito ao controle de constitucionalidade brasileiro, é correto afirmar sobre a pertinência temática na ação direta de inconstitucionalidade (ADI):

a) Os partidos políticos com representação no Congresso Nacional podem ajuizar a ADI, independentemente de seu conteúdo material, eis que não incide sobre as agremiações partidárias a restrição da pertinência temática.
b) Tendo em vista as finalidades institucionais intrínsecas dessa entidade de classe de âmbito nacional em prol da sociedade, a Associação Nacional dos Defensores Públicos dispõe de legitimidade ativa "ad causam" para ajuizamento da ADI, estando dispensada da comprovação da pertinência temática.
c) Os Estados e o Distrito Federal, quando do ajuizamento da ADI, devem comprovar a pertinência temática da pretensão formulada quando impugnarem ato normativo de outro Estado da Federação.
d) Os conselhos de fiscalização profissional equiparam-se às entidades de classe, expressão que designa aquelas entidades vocacionadas à defesa dos interesses dos membros da respectiva categoria ou classe de profissional, estando sujeitos, portanto, ao requisito da pertinência temática.
e) Os Governadores de Estado estão sujeitos à comprovação da pertinência temática na ADI, mas não detém capacidade postulatória, devendo a inicial ser firmada pelo Procurador-Geral do Estado.

207. (Vunesp/TJ/RS/Cartórios/Ingresso/2019) É correto afirmar que, na Ação Direta de Inconstitucionalidade ajuizada perante o Supremo Tribunal Federal:

a) o julgamento da ADI somente será efetuado se presentes na sessão a maioria absoluta dos membros do STF, e a declaração de inconstitucionalidade também dependerá da manifestação desse número mínimo de membros.
b) concedida a liminar na medida cautelar, essa decisão, ainda que proferida com efeitos retroativos, não poderá, por força de expressa vedação legal, tornar aplicável a legislação anterior acaso existente.
c) é cabível a concessão de liminar em sede de medida cautelar, por decisão de pelo menos dois terços dos membros do STF, com eficácia "erga omnes" e efeitos "ex nunc".
d) o não conhecimento da ADI, pela falta de algum dos seus requisitos de admissibilidade, acarreta a declaração de constitucionalidade da norma impugnada, em razão do caráter ambivalente dessa ação.
e) o relator da ADI, dentre outras possíveis decisões, poderá negar seguimento a pedido ou recurso manifestamente inadmissível, deles não conhecer em caso de incompetência manifesta e, ainda, cassar liminarmente acórdão contrário à orientação firmada.

208. (Ieses/TJ/SC/Cartórios/Ingresso/2019) Sobre a ação direta de inconstitucionalidade podemos afirmar que:

a) Podem propor a ação direta de inconstitucionalidade e a ação declaratória de constitucionalidade o Procurador Geral da República e o Advogado Geral da União.
b) Quando o Supremo Tribunal Federal apreciar a inconstitucionalidade, em tese, de norma legal ou ato normativo, citará, previamente, o Procurador Geral da República, que defenderá o ato ou texto impugnado.
c) O Procurador-Geral da República deverá ser previamente ouvido nas ações de inconstitucionalidade e em todos os processos de competência do Supremo Tribunal Federal.
d) Declarada a inconstitucionalidade por omissão de medida para tornar efetiva norma constitucional, será dada ciência ao Poder competente para a adoção das providências necessárias e, em se tratando de órgão administrativo, para fazê-lo em (60) sessenta dias.

209. (Ieses/TJ/SC/Cartórios/Remoção/2019) Sobre a ação direta de inconstitucionalidade podemos afirmar que:

a) Podem propor a ação direta de inconstitucionalidade e a ação declaratória de constitucionalidade: o Presidente da República; a Mesa do Senado Federal; a Mesa da Câmara dos Deputados; a Mesa de Assembleia Legislativa ou da Câmara Legislativa do Distrito Federal; o Governador de Estado ou do Distrito Federal; o Procurador-Geral da República; o Advogado Geral da União; o Conselho Federal da Ordem dos Advogados do Brasil; o partido político com representação no Congresso Nacional; e a confederação sindical ou entidade de classe de âmbito nacional.
b) Podem propor a ação direta de inconstitucionalidade e a ação declaratória de constitucionalidade: o Presidente da República; o Vice-presidente da República; o Presidente do Senado Federal; o Presidente da Câmara dos Deputados; o

Governador de Estado ou do Distrito Federal; o Procurador-Geral da República; o Conselho Federal da Ordem dos Advogados do Brasil; o partido político com representação no Congresso Nacional; e a confederação sindical ou entidade de classe de âmbito nacional.

c) Podem propor a ação direta de inconstitucionalidade e a ação declaratória de constitucionalidade: o Presidente da República; o Vice Presidente da República; a Mesa do Senado Federal; a Mesa da Câmara dos Deputados; a Mesa de Assembleia Legislativa; o Governador de Estado; o Procurador-Geral da República; o Advogado Geral da União; o Conselho Federal da Ordem dos Advogados do Brasil; o partido político com representação no Congresso Nacional; e a confederação sindical ou entidade de classe de âmbito nacional.

d) Podem propor a ação direta de inconstitucionalidade e a ação declaratória de constitucionalidade: o Presidente da República; a Mesa do Senado Federal; a Mesa da Câmara dos Deputados; a Mesa de Assembleia Legislativa ou da Câmara Legislativa do Distrito Federal; o Governador de Estado ou do Distrito Federal; o Procurador-Geral da República; o Conselho Federal da Ordem dos Advogados do Brasil; o partido político com representação no Congresso Nacional; e a confederação sindical ou entidade de classe de âmbito nacional.

210. (Vunesp/TJ/AL/Cartórios/Ingresso/2019) Para a propositura da ação declaratória de constitucionalidade de lei ou ato normativo federal:

a) a ação poderá ser proposta no prazo decadencial de 120 dias.
b) a ação poderá ser proposta no prazo decadencial de 5 anos.
c) a ação podará ser proposta a qualquer tempo.
d) a ação poderá ser proposta no prazo decadencial de 2 anos.

10.2. Controle Difuso

SÚMULAS

STF Súm. Vinculante 10. Viola a cláusula de reserva de plenário (CF, art. 97) a decisão de órgão fracionário de tribunal que, embora não declare expressamente a inconstitucionalidade de lei ou ato normativo do Poder Público, afasta a sua incidência no todo ou em parte.

QUESTÕES OBJETIVAS

211. (Consulplan/TJ/MS/Cartórios/Remoção/2021) Dalai Tai promove ação pelo procedimento comum em face da União Federal, buscando o reconhecimento de pretensão baseada em decreto emitido pelo Chefe do Poder Executivo, regulamentando determinada Lei aprovada regularmente pelo Congresso Nacional. Nesse caso, existindo Lei em vigor, o controle de constitucionalidade exercido pelo Congresso Nacional poderá ser exercido através de:

a) Rejeição de veto apresentado pelo Presidente.
b) Sustação de ato normativo do Poder Executivo.
c) Determinação de modulação dos efeitos do ato.
d) Pronunciamento da Comissão de Constituição e Justiça.

212. (Vunesp/TJ/GO/Cartórios/Ingresso/2021) Assinale a alternativa correta a respeito do controle de constitucionalidade no direito brasileiro.

a) Diferentemente de sistemas de controle de outros países, no direito brasileiro não existe o denominado controle de constitucionalidade político, limitando-se o controle ao aspecto eminentemente jurídico.
b) O denominado controle de constitucionalidade repressivo é função do Poder Judiciário, mas também o Legislativo poderá exercê-lo em determinadas situações, sendo, porém, vedado tal tipo de controle ao Poder Executivo.
c) O controle difuso, também denominado de controle aberto, pode ser realizado por qualquer juízo ou tribunal do Poder Judiciário, desde que viabilizado por meio de um caso concreto e a declaração de inconstitucionalidade seja seu pedido principal.
d) O Judiciário pode exercer o controle preventivo por meio de mandado de segurança impetrado por parlamentar, com o objetivo de garantir a observância do devido processo legislativo constitucional.

213. (Consulplan/TJ/MG/Cartórios/Ingresso/2019) Avalie as proposições relacionadas ao controle de constitucionalidade exercido pelo Poder Judiciário, no direito brasileiro.

I. Só pode ser exercido através do controle difuso.
II. Admite a interposição de recurso extraordinário na arguição de inconstitucionalidade por via incidental, como também na via concentrada, iniciada nos tribunais inferiores.
III. Não admite a concessão de tutela de urgência, nas ações diretas de constitucionalidade, em razão do efeito erga omnes das decisões.
IV. Impõe que a declaração de inconstitucionalidade, havida na ação direta, deve ser comunicada ao Senado Federal, para os fins do artigo 52, X, da Constituição.

Assinale a alternativa correta.

a) As proposições I e IV são falsas.
b) Todas as proposições são falsas.
c) As proposições I, III e IV são falsas.
d) As proposições II e III são verdadeiras.

214. (Consulplan/TJ/MG/Cartórios/Remoção/2019) A respeito do controle de constitucionalidade no direito brasileiro, analise as afirmativas a seguir.

I. A inconstitucionalidade de uma lei resulta tanto da contrariedade pela lei de preceito da Constituição, como pela elaboração de lei em desconformidade com o procedimento estabelecido pela Constituição ou quando elaborada por autoridade competente.
II. O controle concentrado é devido quando se faculta a qualquer órgão do Poder Judiciário o poder de apreciar a alegação de inconstitucionalidade.
III. Adjetiva-se como "em tese" o controle de constitucionalidade apreciado pelo juiz como alegação de defesa de uma parte litigante em um processo.
IV. Lei Municipal que contrariar dispositivo da Constituição Federal deve ter sua inconstitucionalidade declarada pelo método aberto ou reservado, este último de competência dos Tribunais de Justiça.

Está(ão) correta(s) apenas a(s) afirmativa(s)

a) IV.
b) I e II.
c) I e IV.
d) I, III e IV.

215. (Vunesp/TJ/SP/Cartórios/Ingresso/2018) Sobre o controle difuso de constitucionalidade no Brasil, é correto afirmar que:

a) se dá pela arguição de descumprimento de preceito fundamental decorrente da Constituição, de competência do Supremo Tribunal Federal.
b) decorre do ajuizamento da ação direta de constitucionalidade genérica, por qualquer cidadão.

c) o seu exercício se dá por via de exceção, ou seja, qualquer interessado poderá suscitar a inconstitucionalidade, em qualquer processo e em qualquer juízo.

d) se dá pelo veto jurídico de projeto de lei, aprovado no Congresso Nacional, pela Presidência da República.

216. (Cetro/TJ/RJ/Cartórios/Remoção/2017) Acerca da chamada cláusula de reserva de plenário aplicada em julgamentos de controle de constitucionalidade, marque V para verdadeiro ou F para falso e, em seguida, assinale a alternativa que apresenta a sequência correta.

I. exige-se a cláusula da reserva de plenário apenas para as hipóteses de declaração da inconstitucionalidade da lei ou do ato normativo.

II. a chamada regra do tribunal completo ("full bench") deve ser observada pelos tribunais em geral, inclusive órgãos fracionários e turmas recursais de juizados especiais, aplicando-se tanto ao controle difuso quanto ao concentrado de constitucionalidade.

III. a inconstitucionalidade pode ser decretada por órgão fracionário do tribunal, sem a necessidade de remessa dos autos ao plenário, naqueles casos em que houver apreciação anterior da mesma lei ou ato do próprio tribunal:

a) F, V, F.

b) F, F, F.

c) F, V, F.

d) V, F, V.

e) F, F, V.

10.3. Temas Esparsos

QUESTÕES OBJETIVAS

217. (FGV/TJ/SC/Cartórios/Remoção/2021) Com o objetivo de reorganizar as carreiras do funcionalismo público estadual, foi editada a Lei nº XX/2020, do Estado Alfa, que, em seu Art. 1º, unificou as carreiras afetas aos cargos (xxx) e (yyy), que estavam parcialmente ocupados e apresentavam requisitos diferentes de acesso, isto sem aumento da despesa. O Art. 2º disciplinou a progressão funcional dos cargos (www) e (vvv), de modo que os respectivos ocupantes poderiam ascender às classes superiores da carreira, com o correlato aumento estipendial. O Art. 3º dispôs sobre a transformação dos cargos (ppp), de nível médio, quando vagos, em cargos (ttt), de nível superior. Por fim, o Art. 4º dispôs que a incorporação de vantagens, à remuneração do cargo efetivo, pelo servidor público que exercesse função de confiança ou ocupasse cargo em comissão, exigia o lapso temporal mínimo de oito anos contínuos ou dez alternados nestes últimos. Em relação à Lei estadual nº XX/2020, são constitucionais somente os artigos:

a) 1º e 2º.

b) 1º e 4º.

c) 2º e 3º.

d) 1º, 3º e 4º.

e) 2º, 3º e 4º.

218. (Vunesp/TJ/RS/Cartórios/Remoção/2019) O Supremo Tribunal Federal poderá, de ofício ou por provocação, após reiteradas decisões sobre matéria constitucional, editar enunciado de súmula que, a partir de sua publicação na imprensa oficial, terá efeito vinculante em relação aos demais órgãos do Poder Judiciário e à Administração Pública direta e indireta em geral, observando-se, a respeito da súmula vinculante, que:

a) o Município poderá propor, incidentalmente ao curso de processo em que seja parte, a revisão de enunciado de súmula vinculante, o que não autoriza a suspensão do processo.

b) no procedimento para sua edição, o relator poderá admitir, por decisão recorrível, a manifestação de terceiros na questão.

c) a proposta do cancelamento de seu enunciado autoriza a suspensão dos processos em que se discuta a mesma questão.

d) o Procurador-Geral de Justiça, nas propostas que não houver formulado, manifestar-se-á previamente à sua edição.

e) a revisão de seu enunciado dependerá de decisão tomada pela maioria absoluta dos membros do Supremo Tribunal Federal, em sessão plenária.

219. (Ieses/TJ/CE/Cartórios/Remoção/2018) O controle constitucional é o mecanismo pelo qual se controlam os atos normativos, verificando sua adequação aos preceitos previstos na Lei Maior. Este controle pode se dar em dois momentos distinto; controle preventivo, antes do projeto de lei virar lei ou controle repressivo, já sobre a lei, geradora de potenciais ou efetivos. São exemplos de controle preventivo, exceto:

a) político.

b) executivo.

c) judiciário.

d) legislativo.

220. (Consulplan/TJ/MG/Cartórios/Remoção/2017) Acerca das súmulas de efeito vinculante, analise as afirmações:

I. o cancelamento de uma súmula vinculante pode se originar por proposição do Tribunal de Justiça do Estado do Minas Gerais.

II. a proposta de edição, revisão ou cancelamento de enunciado de súmula vinculante implica a suspensão dos processos em que se discuta a mesma questão.

III. podem ser editadas pelo Supremo Tribunal Federal, em relação a questões constitucionais, e pelo Superior Tribunal de Justiça, em relação a questões infraconstitucionais.

IV. é possível a edição de sumula vinculante que tenha por objeto matéria de natureza penal

Está correto somente o que se afirma em:

a) I e III.

b) II e IV.

c) I e IV.

d) III e IV.

11. TEORIA

11.1. Classificação/Conceito de Constituições/Normas

QUESTÕES DISCURSIVAS

6. (Consulplan/TJ/MG/Cartórios/Remoção/2014) De acordo com a doutrina, são diversas as classificações das constituições segundo os mais variados critérios. Assim, as constituições podem ser classificadas quanto: (i) à origem; (ii) ao processo de reforma; (iii) à extensão; (iv) à forma. Considerando os critérios acima, classifique a Constituição da República Federativa do Brasil de 1988, apresentando justificativa.

QUESTÕES OBJETIVAS

221. (Ieses/TJ/TO/Cartórios/Remoção/2022) No tocante à origem da Constituição da República Federativa do Brasil de 1988, pode-se classificá-la como:

a) constituição promulgada.

b) constituição cesarista.

c) constituição outorgada.

d) constituição pactuada.

222. (Vunesp/TJ/SP/Cartórios/Ingresso/2022) Segundo o neoconstitucionalismo, os direitos fundamentais sociais são direitos prestacionais dotados de eficácia plena e aplicação imediata. Assinale a alternativa que melhor espelha o desenho teórico dessa corrente de pensamento sobre esses direitos.

a) Tais direitos estão na base da ideia de mínimo existencial e são potencializados pela ideia de máxima efetividade.
b) Tais direitos são limitados pela reserva do possível e pelas escolhas políticas decorrentes da democracia representativa.
c) Tais direitos se apresentam como direitos fundamentais, estão na base da ideia de vida digna e sujeitam-se à esfera de discricionariedade administrativa independentemente de sua inscrição nas modernas Constituições.
d) Tais direitos referem-se a normas programáticas, que têm o papel exclusivo de orientar o desenvolvimento do Estado.

223. (Consulplan/TJ/MS/Cartórios/Remoção/2021) Liang Akame é pesquisadora no campo das Ciências Sociais, sendo um dos seus objetos de interesse a organização dos textos constitucionais nos diversos países do mundo. Ao se deparar com uma Constituição, em que parte do texto pode ser modificada por procedimentos mais simples e outra parte somente por procedimento com iniciativa e quórum especial e, portanto, com maior dificuldade, configura que essa Constituição deve ser classificada como:

a) semi-rígida.
b) semi-sintética.
c) semi-outorgada.
d) semi-democrática.

224. (Consulplan/TJ/MG/Cartórios/Ingresso/2019) A Constituição, que concentra a fonte de validade de todo o ordenamento jurídico estatal, possui normas que podem ser entendidas em dois sentidos, o material e o formal. Quanto aos sentidos material e formal das normas constitucionais, é correto afirmar que:

a) A norma que disciplina o prazo para julgamentos da justiça desportiva, prevista no parágrafo segundo do art. 217 da Constituição, é materialmente constitucional.
b) A Constituição, em sentido formal, se limita às normas que tratam da organização do Estado, de seus órgãos, de suas competências e dos direitos individuais fundamentais.
c) A exigência de um processo de aprovação mais solene, de quórum qualificado, de iniciativa reservada, são critérios para identificação de uma norma materialmente constitucional.
d) Constituição em sentido material, de acordo com o pensamento kelseniano, corresponde à norma que regula a produção das demais normas, representando o mais alto nível do Direito positivo.

225. (Consulplan/TJ/MG/Cartórios/Ingresso/2018) Em relação à eficácia e aplicabilidade das normas constitucionais, assinale a alternativa incorreta:

a) as normas constitucionais de eficácia plena são suscetíveis de aplicação sem solução de continuidade.
b) as normas definidoras dos direitos e garantias fundamentais têm aplicação diferida, e não aplicação ou execução imediata como as normas programáticas.
c) as normas constitucionais de eficácia limitada não são providas de aplicabilidade direta e imediata, vez que carecem de regulamentação para tornarem-se aplicáveis.
d) as normas constitucionais de eficácia contida não são dotadas de aplicabilidade integral, já que há a possibilidade do alcance do preceito ser reduzido pela legislação ordinária.

226. (Consulplan/TJ/MG/Cartórios/Ingresso/2018) A atual Constituição da República Federativa do Brasil pode ser classificada como:

a) escrita, eclética e analítica.
b) escrita, sintética e ortodoxa.
c) escrita, imutável e preceitual.
d) consuetudinária, sintética e rígida.

227. (Consulplan/TJ/MG/Cartórios/Remoção/2018) A atual Constituição da República Federativa do Brasil pode ser classificada como:

a) escrita, outorgada e liberal.
b) escrita, semântica e sintética.
c) normativa, sintética e cesarista.
d) promulgada, dogmática e analítica.

228. (Cetro/TJ/RJ/Cartórios/Ingresso/2017) Acerca da Constituição classificada, quanto à origem, como cesarista, é correto afirmar que:

a) é constituída derivadamente pelo órgão parlamentar, tendo por instrumento a emenda de reforma ou de revisão.
b) é formada por meio de plebiscito popular sobre um projeto já elaborado.
c) é imposta, sem participação popular, por quem não recebeu poder para tanto.
d) é oriunda dos trabalhos de uma Assembleia Constituinte eleita para tanto.
e) advém de um compromisso instável de duas forças políticas rivais e, se converte, mais adiante, numa estipulação unilateral camuflada.

229. (Consulplan/TJ/MG/Cartórios/Ingresso/2017) Em relação ao critério teleológico ou funcional, as constituições podem ser:

a) garantistas, balanço ou dirigentes.
b) sintéticas ou expansivas.
c) normativas, nominais ou semânticas.
d) democráticas, autoritárias ou híbridas.

230. (Consulplan/TJ/MG/Cartórios/Remoção/2017) A Constituição elaborada por um Estado ou organização internacional para ter vigência em outro Estado é denominada:

a) pactuada.
b) popular.
c) heterônoma.
d) dualista.

231. (Cetro/TJ/RJ/Cartórios/Remoção/2017) Assinale a alternativa que apresenta, dentre as Constituições brasileiras, aquelas consideradas como outorgadas:

a) Constituição de 1891 e Constituição de 1937.
b) Constituição do Império e Constituição de 1967.
c) Constituição de 1969 e Constituição de 1988.
d) Constituição de 1937 e Constituição de 1946.
e) Constituição de 1891 e Constituição de 1946.

11.2. Evolução/História Constitucional

QUESTÕES OBJETIVAS

232. (Vunesp/TJ/SP/Cartórios/Ingresso/2022) Sob o enfoque histórico, a Constituição Federal de 1988 foi o resultado de um processo complexo e fortemente influenciado pela necessidade de instituir um novo projeto jurídico-político de nação.

Do peculiar processo constituinte, extrai-se como correta a seguinte assertiva:

a) O Ato das Disposições Constitucionais Transitórias, elaborado para viabilizar a transição do texto constitucional antigo para o novo, não sofreu alterações após 1988.
b) O anteprojeto elaborado pela Comissão de Sistematização presidida pelo deputado Bernardo Cabral recebeu cerca de 5 mil emendas.
c) O anteprojeto elaborado pela Comissão Afonso Arinos, por determinação do então presidente José Sarney, foi a base oficial de trabalho da Assembleia Constituinte.
d) Referido processo foi protagonizado pelo "Congresso Constituinte" que tomou posse em 1987, opção que prevaleceu frente ao modelo de Assembleia Constituinte exclusiva.

233. (UFPR/TJ/PR/Cartórios/Remoção/2019) Segundo Eneida Desiree Salgado, "a Constituição é o substrato concreto para a luta democrática e o desenvolvimento social. Ainda que não seja o texto tão avançado como poderia (como revelam as discussões e os projetos da Assembleia Nacional Constituinte), nem tão 'puro' quanto o promulgado originalmente, a Constituição representa um passo em direção a um futuro democrático" (SALGADO, 2007). Com relação ao assunto, identifique como verdadeiras (V) ou falsas (F) as seguintes afirmativas:

I. A ação de inconstitucionalidade por omissão foi instituída pela Constituição da República de 1988.
II. A EC 3, de 1993, fez surgir no cenário brasileiro a ação declaratória de constitucionalidade.
III. O princípio constitucional da eficiência foi adotado como princípio geral da Administração Pública brasileira por força da redação inovadora surgida em 1988.
IV. A Constituição de 1988 é fruto de uma Assembleia Nacional Constituinte exclusiva, cujos integrantes foram eleitos para assumirem como constituintes especiais e não também como deputados e senadores regulares.

Assinale a alternativa que apresenta a sequência correta, de cima para baixo.

a) V, V, V, V.
b) V, V, F, F.
c) V, F, V, F.
d) F, V, F, V.
e) F, F, V, V.

234. (Consulplan/TJ/MG/Cartórios/Remoção/2019) Acerca da rigidez constitucional e do sistema de controle de constitucionalidade do nosso país, analise as afirmativas a seguir.

I. O princípio da constitucionalidade que afeta e obriga todos os comportamentos públicos e privados havidos em determinado Estado enseja, paralelamente ao controle de constitucionalidade, a questão da rigidez constitucional.
II. A rigidez constitucional equivale à imutabilidade absoluta da Constituição e deriva da soberania constituinte originária e da supremacia das normas constitucionais.
III. A estabilidade e a mudança constitucionais são realidades necessárias e coexistentes no processo constitucional brasileiro não admitindo níveis de hierarquia interna das normas constitucionais.
IV. As modificações constitucionais podem ser classificadas como formais, denominadas doutrinariamente como reforma ou revisão, ou informais, também denominadas mutações constitucionais. A reforma constitucional faz-se por um processo formal, exercido pelo poder constituinte originário, observados os limites materiais e formais do texto constitucional.

Assinale a alternativa correta.

a) Apenas a afirmativa I é verdadeira.
b) As afirmativas I e III são verdadeiras.
c) As afirmativas I e IV são verdadeiras.
d) As afirmativas I, II e IV são verdadeiras.

235. (Consulplan/TJ/MG/Cartórios/Ingresso/2019) O processo legislativo, consagrado no texto constitucional, consiste no conjunto coordenado de disposições que disciplinam o procedimento a ser estabelecido pelos órgãos competentes na produção de leis e atos normativos que derivam diretamente da própria constituição. Todavia, diante de uma nova ordem constitucional, normas anteriormente vigentes podem ou não receber enquadramento jurídico diverso daquele que dispunham anteriormente. A respeito do advento de uma nova ordem constitucional, assinale a alternativa correta.

a) Repristinação é o fenômeno que se dá quando uma norma revogadora de outra anterior, que, por sua vez, tivesse revogado outra mais antiga, recoloca esta última novamente em estado de produção de efeitos.
b) Recepção consiste no acolhimento, pela nova Carta Constitucional, de leis e atos normativos vigentes na ordem constitucional anterior, mas sobre os quais subsistia dúvida ou insegurança jurídica quanto à sua validade ou constitucionalidade.
c) Desconstitucionalização decorre da manutenção em vigor, perante a nova ordem jurídica, da Constituição anterior, que, porém, perde sua hierarquia constitucional para operar como legislação, mas, ocupando posição hierárquica superior à legislação comum.
d) Convalidação consiste no acolhimento que uma nova constituição dá às leis e atos normativos editados sob a égide da Carta anterior, desde que compatíveis consigo, recebendo materialmente tais leis e atos normativos, como também lhe assegurando conformidade à nova sistemática vigente.

236. (Vunesp/TJ/RS/Cartórios/Ingresso/2019) Considerando o histórico do constitucionalismo, que culmina com o neoconstitucionalismo, e atentando, em especial, para os seus elementos formadores e integrantes, assinale a alternativa que, corretamente, contempla uma afirmação relacionada a uma das particularidades ou características do neoconstitucionalismo.

a) À jurisdição constitucional, no âmbito de sua atuação como intérprete constitucional, é vedado assumir parcela de poder sobre as deliberações políticas de órgãos de cunho representativo.
b) No neoconstitucionalismo atual, o âmbito de poder de deliberação política das maiorias democráticas é amplo e quase que incontrastável.
c) O valor normativo supremo da Constituição surge de pronto no neoconstitucionalismo, como uma verdade autoevidente, latente na norma jurídica, agora reconhecido formalmente.
d) A Constituição caracteriza-se pela absorção de valores morais e políticos, fenômeno conhecido pela materialização da Constituição.
e) Os postulados éticos-morais deixam de ter vinculatividade jurídica, devendo os juízes constitucionais se ater à fundamentação objetiva preestabelecida pelo próprio sistema jurídico.

237. (UFPR/TJ/PR/Cartórios/Ingresso/2019) "A participação popular marca indelevelmente a Constituição brasileira. Ressalta Romeu Felipe Bacellar Filho: 'Diferentemente das sete Constituições anteriores, a atual é fruto da participação de todos os segmentos da sociedade. Ainda que impregnada por determinados vícios, começa com a pessoa, sendo chamada de Constituição Cidadã'" (SALGADO, 2007). Com relação ao assunto, identifique como verdadeiras (V) ou falsas (F) as seguintes afirmativas:

I. Apesar de ter sido convocada por emenda constitucional, a Assembleia Constituinte que deu origem à Constituição da República de 1988 pode ser considerada exemplo de manifestação do poder constituinte originário.
II. É possível afirmar que a Constituição do Império de 1824 recebeu a presença de inspirações liberais francesas e inglesas em sua formulação, diferente do que ocorreria no processo que conduziu à Constituição de 1988.
III. A elevação do princípio da moralidade à categoria de princípio geral da Administração Pública brasileira é uma inovação da Constituição Cidadã.
IV. Assim como em 1988, a Constituição de 1946 procurou redemocratizar o país, porém acabou sendo substituída pela Constituição de 1967 e pela Emenda nº 01/69, que consolidaram a tomada do poder pelo movimento ditatorial de 1964.

Assinale a alternativa que apresenta a sequência correta, de cima para baixo.

a) V, V, V, V.
b) V, V, F, F.
c) V, F, V, F.
d) F, V, F, V.
e) F, F, F, F.

238. (Vunesp/TJ/SP/Cartórios/Ingresso/2018) A respeito das constituições brasileiras, é correto afirmar:

a) a Constituição Federal de 1937 é classificada como semântica, pois atuou como simples instrumento de estabilização do Poder, sem o escopo de organizá-lo ou limitá-lo.
b) a Constituição Federal de 1946 é classificada como dirigente, pois associada a determinada corrente ideológica.
c) a Constituição Federal de 1824 previa normas de organização social.
d) a Constituição Federal de 1934 não seguiu o modelo de constituição política, econômica e social.

239. (Cetro/TJ/RJ/Cartórios/Ingresso/2017) No Brasil, os serviços notariais e registrais foram alçados ao texto constitucional, pela primeira vez, por meio de determinada Constituição. Assinale a alternativa que a apresenta:

a) Constituição do Império de 25 de março de 1824.
b) Constituição da República dos Estados Unidos do Brasil de 24 de fevereiro de 1891.
c) Constituição da República dos Estados Unidos do Brasil de 16 de julho de 1934.
d) Constituição dos Estados Unidos do Brasil de 10 de novembro de 1937.
e) Constituição da República Federativa do Brasil de 24 de janeiro de 1967.

11.3. Hermenêutica Constitucional

QUESTÕES DISCURSIVAS

7. (FMP/TJ/MT/Cartórios/Remoção/2014) Diferencie princípios e regras, segundo a racionalização da jurisprudência dos valores de Robert Alexy.

QUESTÕES OBJETIVAS

240. (Consulplan/TJ/MS/Cartórios/Remoção/2021) Wei Huang é magistrado na Comarca VCXC vinculada ao Estado BNM, onde conduz um processo com questões intrincadas que combinam problemas do Direito Civil e do Direito Constitucional. Desejoso de apresentar um trabalho correto de análise e proceder à melhor decisão para o caso concreto, verifica que deve realizar a aplicação de direitos fundamentais contrapostos, caracterizando a colisão entre os mesmos. Nos termos da teoria constitucional, a colisão entre direitos fundamentais deve ser resolvida através da:

a) presunção.
b) subsunção.
c) ponderação.
d) amalgamação.

241. (UFPR/TJ/PR/Cartórios/Remoção/2019) Segundo Regina Maria Macedo Nery Ferrari, "da supremacia constitucional chega-se à noção de inconstitucionalidade, que resulta do conflito ou confronto de um comportamento, de uma norma ou de um ato normativo com a Constituição, dedutível de uma relação de caráter puramente normativo e valorativo" (FERRARI, 2011). Levando em consideração a posição da autora, assinale a alternativa correta.

a) A supremacia constitucional implica que a sociedade submete-se a um conjunto de normas que não possuem todas o mesmo valor, estando dispostas de forma sistemática e hierárquica.
b) Em que pese a supremacia constitucional, são os tratados internacionais que estão no topo da pirâmide normativa brasileira.
c) As relações normativas e axiológicas internas ao ordenamento constitucional implicam o reconhecimento de que o Brasil não possui uma Constituição rígida.
d) No Brasil, somente é possível ser reconhecida a inconstitucionalidade do ponto de vista formal.
e) A emenda e a revisão constitucional são formas de reconhecimento da inconstitucionalidade superveniente em abstrato.

242. (Consulplan/TJ/MG/Cartórios/Remoção/2019) O ponto de partida de interpretação das normas da Constituição são os princípios constitucionais que a condicionam. A atividade de interpretação da Constituição deve iniciar com a identificação do princípio maior que rege a matéria sob estudo, descendo do mais genérico ao mais específico, até chegar à formulação da regra concreta que vai reger a espécie. São princípios constitucionais condicionantes da interpretação constitucional, exceto:

a) princípio da unidade da constituição.
b) princípio do acesso ao poder judiciário.
c) princípio da interpretação conforme a constituição.
d) princípio da presunção de constitucionalidade das leis e atos do poder público.

243. (UFPR/TJ/PR/Cartórios/Ingresso/2019) "Inconstitucional nada mais é do que a ação ou omissão que conflita, no todo ou em parte, com a Constituição" (FERRARI, 2011). A respeito do tema, assinale a alternativa correta.

a) Quando a ação inconstitucional contraria apenas em parte a Constituição, ela deve ser modulada para não ter efeitos retroativos.
b) A inconstitucionalidade pode ser originária ou superveniente, bem como material ou formal.
c) A omissão constitucional é controlada apenas pelo método difuso.
d) O sistema concentrado de jurisdição constitucional também pode ser denominado como aquele por via indireta.
e) As decisões declaratórias de inconstitucionalidade, quando emitidas por órgão colegiado, possuem efeitos erga omnes.

244. (Cespe/TJ/DFT/Cartórios/Remoção/2019) Apesar de o STF ter determinado a obrigatoriedade de concurso público para designar delegatários para preencher serventias vagas, diversas serventias mantiveram-se temporariamente preenchidas por delegatários não concursados, em razão de medidas liminares. Diante disso, o STF decidiu validar os atos notariais praticados nesse período por esses delegatários não concursados, invocando expressamente o princípio ou a tese da:

a) continuidade do serviço público.
b) celeridade dos atos jurídicos.
c) legalidade.
d) eficácia plena dos atos jurídicos.
e) norma jurídica ainda constitucional.

245. (Vunesp/TJ/SP/Cartórios/Ingresso/2018) Os denominados direitos fundamentais de terceira geração:

a) tutelam a integridade física e moral.
b) consagram o princípio da isonomia.
c) são de titularidade coletiva.
d) correspondem aos direitos econômicos, sociais e culturais.

246. (Consulplan/TJ/MG/Cartórios/Remoção/2017) Considere as assertivas a seguir:

I. quanto à forma de elaboração, a Constituição dita dogmática decorre de um longo processo de construção de ideias e de evolução de valores, tendo por fundamento as tradições de determinada sociedade.
II. pelo princípio da concordância prática (ou harmonização), que se contrapõe à ideia de unidade constitucional, tem-se que, em eventual conflito na proteção de bens jurídicos diversos tutelados pela Constituição, deve-se sempre optar por sacrificar, em sua dimensão prática, aquele com foco apenas na tutela individual em favor de outro com alcance e dimensão coletivos.
III. o método hermenêutico-concretizador de interpretação constitucional caracteriza-se pela praticidade na busca da solução dos problemas, na medida em que considera a Constituição como uma lei comum, em que a solução exegética prioriza elementos objetivos de interpretação e se opera a partir do caso concreto em subsunção ao texto positivado.
IV. no processo de controle de constitucionalidade, a legislação de regência assegura ao "amicus curiae" legitimidade para interpor recurso nas mesmas hipóteses facultadas ao proponente da ação.

Em relação às assertivas acima:

a) todas estão corretas.
b) todas estão incorretas.
c) apenas uma delas está correta.
d) duas delas estão corretas.

11.4. Poder Constituinte

QUESTÕES OBJETIVAS

247. (Vunesp/TJ/AL/Cartórios/Ingresso/2019) Assinala a alternativa correta a respeito do Poder Constituinte.

a) o poder constituinte originário é limitado e condicionado.
b) o objetivo fundamental do poder constituinte derivado é o de criar o novo estado.
c) o poder constituinte originário é inicial, ilimitado e não autônomo.
d) o poder constituinte derivado decorrente é o responsável pela elaboração das novas constituições dos estados-membros.

248. (Vunesp/TJ/RS/Cartórios/Remoção/2019) O poder constituinte, expressão de poder do povo que culmina com a edição de uma nova Constituição, tem estreita e direta ligação com a questão da compatibilidade das normas infraconstitucionais com o novo Texto Maior. Nessa temática, portanto, é correto afirmar que:

a) em decorrência do princípio da contemporaneidade, a lei anterior à nova Constituição pode ser considerada inconstitucional pelo sistema difuso, mas não pelo concentrado.
b) quando houver a possibilidade de a Nova Constituição recepcionar lei anterior com ela compatível, deverá fazê-lo por completo, não podendo recepcionar apenas parte do texto legal.
c) os atos normativos anteriores à nova ordem constitucional e com ela incompatíveis, podem, diferentemente das leis, ser anulados por declaração de inconstitucionalidade superveniente.
d) no sistema jurídico brasileiro, em relação às normas editadas antes do novo texto constitucional, mas revogadas, estas, como regra, retomam a vigência pelo fenômeno da repristinação.
e) pelo sistema da recepção das normas anteriores à nova Constituição, é possível uma lei ordinária compatível com a nova Lei Maior ser recepcionada como lei complementar.

249. (Consulplan/TJ/MG/Cartórios/Remoção/2018) Em relação ao Poder Constituinte, assinale a alternativa incorreta:

a) o Poder Constituinte decorrente é inicial, autônomo e incondicionado juridicamente.
b) a Constituição não poderá ser emendada na vigência de intervenção federal, de estado de defesa ou estado de sítio.
c) o Poder Constituinte derivado é subordinado porque se encontra limitado pelas normas expressas e implícitas do texto constitucional.
d) o Poder Constituinte originário estabelece a Constituição de um novo Estado, organizando-o e criando os poderes destinados a reger os interesses de uma comunidade.

250. (Ieses/TJ/CE/Cartórios/Remoção/2018) O poder constituinte que instaura uma nova ordem jurídica, rompendo por completo com a ordem jurídica precedente é denominado de:

a) poder constituinte originário.
b) poder constituinte derivado decorrente.
c) poder constituinte supranacional.
d) poder constituinte difuso.

6

DIREITO PENAL

VOLUME DE QUESTÕES

BAIXO

1. DA APLICAÇÃO DA LEI PENAL

SÚMULAS

STF Súm. 611. Transitada em julgado a sentença condenatória, compete ao juízo das execuções a aplicação de lei mais benigna.

STF Súm. 711. A lei penal mais grave aplica-se ao crime continuado ou ao crime permanente, se a sua vigência é anterior à cessação da continuidade ou da permanência.

STJ Súm. 501. É cabível a aplicação retroativa da Lei n. 11.343/2006, desde que o resultado da incidência das suas disposições, na íntegra, seja mais favorável ao réu do que o advindo da aplicação da Lei n. 6.368/1976, sendo vedada a combinação de leis.

QUESTÕES OBJETIVAS

1. (Consulplan/TJ/MS/Cartórios/Ingresso/2021) São princípios aplicáveis na solução do conflito aparente de normas penais, exceto:

a) exação.
b) consunção.
c) especialidade.
d) subsidiariedade.

2. (Vunesp/TJ/GO/Cartórios/Ingresso/2021) É característica da lei excepcional ou temporária:

a) aplicar-se aos fatos praticados durante sua vigência, ainda que já decorrido o período de sua duração ou cessadas as circunstâncias que a determinaram.
b) permitir que lei penal mais benéfica, que lhe seja posterior, aplique-se aos fatos excepcionais praticados durante sua vigência.
c) permitir que lei penal mais gravosa, que lhe seja posterior, aplique-se aos fatos excepcionais praticados durante sua vigência.
d) ter efeito ultrativo, regulando fatos praticados depois do seu período de duração ou depois de cessadas as circunstâncias que a determinaram.

3. (Vunesp/TJ/GO/Cartórios/Ingresso/2021) De acordo com o art. 7º do CP, ficam sujeitos à lei penal brasileira, embora cometidos no estrangeiro, ainda que o agente seja absolvido ou condenado no estrangeiro, os crimes:

a) que, por tratado, o Brasil se obrigou a reprimir.
b) que, por convenção, o Brasil se obrigou a reprimir.
c) praticados por brasileiros.
d) de genocídio, quando o agente for domiciliado no Brasil.

4. (Vunesp/TJ/GO/Cartórios/Remoção/2021) Sem prejuízo de convenções, tratados e regras de direito internacional, aplica-se a lei penal brasileira aos fatos praticados em:

a) aeronaves privadas brasileiras que estejam pousadas em território estrangeiro.
b) aeronaves privadas estrangeiras que estejam sobrevoando o território nacional.
c) embarcações mercantes brasileiras que estejam ancoradas em porto estrangeiro.
d) aeronaves privadas brasileiras que estejam sobrevoando território estrangeiro.

5. (Vunesp/TJ/GO/Cartórios/Remoção/2021) Figure que um indivíduo tenha cumprido 6 anos de prisão por um crime cometido no estrangeiro. Por esse mesmo crime, tal indivíduo é regularmente julgado e condenado pela lei penal brasileira à pena de 8 anos de prisão, mas ainda não cumprida. De acordo com a regra do art. 8º do CP, é correto afirmar que ele, em território nacional:

a) não cumprirá qualquer pena.
b) cumprirá 8 anos de prisão.
c) cumprirá 6 anos de prisão.
d) cumprirá 2 anos de prisão.

6. (Ieses/TJ/SC/Cartórios/Ingresso/2019) Quanto à aplicação da lei penal e processual penal no tempo e no espaço, é incorreto afirmar:

a) Com relação ao lugar do crime, para efeito de aplicação da lei brasileira e sem prejuízo de convenções, tratados e regras de direito internacional, o Código Penal adotou a teoria da ubiquidade, nos termos do seu art. 6º, considerando praticado o delito no lugar em que ocorreu a ação ou omissão, no todo ou em parte, bem como onde se produziu ou deveria produzir-se o resultado.
b) Ficam sujeitos à lei brasileira, embora cometidos no estrangeiro, os crimes praticados contra o patrimônio da União, do Distrito Federal, de Estado, de Território, de Município, de empresa pública, sociedade de economia mista, autarquia ou fundação instituída pelo Poder Público, ainda que o agente tenha sido absolvido no estrangeiro.

c) Com relação ao tempo do crime, o Código Penal adotou, nos termos de seu art. 4º, a teoria da atividade, considerando praticado o delito no momento da ação ou omissão, ainda que outro seja o momento do resultado.
d) Ninguém pode ser punido por fato que lei posterior deixa de considerar crime, cessando em virtude dela os efeitos penais da sentença condenatória, salvo se já transitada em julgado.

7. (Cespe/TJ/DFT/Cartórios/Remoção/2019) Acerca das regras de territorialidade e de extraterritorialidade da lei penal, assinale a opção correta.

a) Crime de genocídio praticado fora do território brasileiro poderá ser julgado no Brasil quando cometido contra povo alienígena por estrangeiro domiciliado no Brasil.
b) O brasileiro que praticar crime em território estrangeiro poderá ser punido, devendo ser aplicada ao fato a lei penal brasileira, ainda que o agente não mais ingresse no Brasil.
c) Crime contra a administração pública nacional praticado no exterior ficará sujeito à lei brasileira quando o agente criminoso que estava a serviço da administração regressar ao Brasil.
d) Crime praticado em embarcação de propriedade de governo estrangeiro, quando se encontrar em mar territorial brasileiro, ficará sujeito à lei penal brasileira.
e) Crime praticado em aeronave brasileira de propriedade privada em território estrangeiro não se sujeita à lei penal brasileira, mesmo que não seja julgado no exterior.

8. (Consulplan/TJ/MG/Cartórios/Remoção/2018) Quanto ao tempo do crime, é correto afirmar que o Código Penal brasileiro adotou a teoria do(a):

a) atividade.
b) resultado.
c) ubiquidade.
d) contemporaneidade.

9. (Ieses/TJ/CE/Cartórios/Ingresso/2018) É certo afirmar:

I. para os efeitos penais, consideram-se como extensão do território nacional as embarcações e aeronaves brasileiras, de natureza pública ou a serviço do governo brasileiro onde quer que se encontrem, bem como as aeronaves e as embarcações brasileiras, mercantes ou de propriedade privada, que se achem, respectivamente, no espaço aéreo correspondente ou em alto-mar.
II. não há crime sem lei anterior que o defina; não há pena sem prévia cominação legal; trata-se de princípio geral de que a lei penal nunca retroagirá.
III. considera-se praticado o crime no lugar em que ocorreu a ação ou omissão, no todo ou em parte, bem como onde se produziu ou deveria produzir-se o resultado.
IV. a pena cumprida no estrangeiro agrava a pena imposta no Brasil pelo mesmo crime, quando diversas, ou nela é computada, quando idênticas.

Analisando as proposições, pode-se afirmar:

a) somente as proposições I e III estão corretas.
b) somente as proposições I e IV estão corretas.
c) somente as proposições II e III estão corretas.
d) somente as proposições II e IV estão corretas.

10. (Ieses/TJ/CE/Cartórios/Remoção/2018) Em relação a aplicação da lei penal, é correto afirmar:

I. considera-se praticado o crime no momento do resultado.
II. aplica-se a lei brasileira, sem prejuízo de convenções, tratados e regras de direito internacional, ao crime cometido no território nacional.
III. não há crime sem lei anterior que o defina. Não há pena sem prévia cominação legal.
IV. a lei posterior, que de qualquer modo favorecer o agente, aplica-se aos fatos anteriores, desde que, ainda não decididos por sentença condenatória transitada em julgado.

A sequência correta é:

a) as assertivas I, II, III e IV estão corretas.
b) apenas a assertiva I está incorreta.
c) apenas as assertivas I, II e III estão corretas.
d) apenas as assertivas II e III estão corretas.

11. (Cetro/TJ/RJ/Cartórios/Ingresso/2017) Acerca da aplicação da lei penal no tempo, em especial, "abolitio criminis", assinale a alternativa correta:

a) a anistia ou cancelamento de infração disciplinar ou criminal de servidor público estadual configura hipótese de aplicação de "abolitio criminis", estando, portanto, sob competência exclusiva da União para efeito de concessão do benefício, de acordo com o entendimento do STF.
b) a Lei n. 11.343/2006, que trata de tráfico de drogas, ao revogar a Lei n. 6.368/1976, anterior, aponta para a existência de "abolitio criminis" ao deixar de prever que a associação eventual de menores de 21 (vinte e um) anos incorra em causa de aumento de pena.
c) a chamada "despenalização" da conduta de porte de drogas, de acordo com o entendimento jurisprudencial do STF, constitui hipótese de "abolitio criminis".
d) "abolitio criminis" tem efeito retroativo, atingindo, inclusive, os processos em fase de execução penal e afastando os efeitos civis de reparação do dano causado.
e) a revogação do artigo do Código Penal que tratava do delito de atentado violento ao pudor configura "abolitio criminis", uma vez que a modificação legal posterior não deteve o condão de unificar este tipo penal com o de estupro.

2. DO CRIME

ATENÇÃO: ESTE TEMA É MUITO EXIGIDO NOS CONCURSOS!

SÚMULAS

STF Súm. 145. Não há crime, quando a preparação do flagrante pela polícia torna impossível a sua consumação.

QUESTÕES OBJETIVAS

12. (Ieses/TJ/TO/Cartórios/Remoção/2022) A prática do fato para salvar de perigo atual, que não provocou por sua vontade, nem podia de outro modo evitar, direito próprio ou alheio, cujo sacrifício, nas circunstâncias, não era razoável exigir-se, é considerado:

a) Exercício regular de direito.
b) Estado de necessidade.
c) Estrito cumprimento de dever legal.
d) Legítima defesa.

13. (FGV/TJ/SC/Cartórios/Remoção/2021) Hugo, funcionário de estabelecimento comercial, insatisfeito com seu empregador e querendo causar-lhe prejuízo, devidamente uniformizado e identificado, entrega a Jairo, cliente da loja, um aparelho celular que estava exposto à venda, dizendo tratar-se de um brinde. Jairo, então, coloca o aparelho em seu bolso e sai da loja, quando é imediatamente abordado por seguranças do local, que encontram o objeto em sua posse e o levam à delegacia de polícia, onde foi indiciado pelo crime de furto. Considerando apenas as informações expostas, é correto afirmar que Jairo:

a) poderá ser responsabilizado pelo crime imputado, mas com causa de diminuição de pena, pois agiu em erro de proibição evitável.
b) poderá ser responsabilizado pelo crime imputado, mas apenas na modalidade culposa, pois agiu em erro de tipo acidental.
c) não poderá ser punido pelo crime imputado, pois estará isento de pena em razão de erro de proibição inevitável.
d) não praticou o crime imputado, pois atuou em erro de tipo provocado por terceiro.
e) não praticou o crime imputado, pois atuou em erro de tipo acidental.

14. (FGV/TJ/SC/Cartórios/Remoção/2021) Matheus, inconformado com a participação de Gustavo e Nilza, pais de sua ex-companheira Mariana, no fim de seu relacionamento, decide praticar um crime de roubo na residência do rico casal. Para isso, compra cordas e elásticos, que utilizaria para amarrar as mãos das vítimas, além de um simulacro de arma de fogo. Momentos antes da prática delitiva, quando Matheus se preparava para sair de casa, Mariana liga e demonstra interesse em retomar a relação, o que faz com que Matheus decida não mais ir até a casa de Gustavo e Nilza, mas sim ao encontro de Mariana. Considerando apenas as informações expostas, é correto afirmar que a conduta de Matheus é:

a) típica, mas deve ser reconhecida a causa de diminuição de pena da tentativa em seu patamar mínimo, tendo em vista que o critério a ser observado para definir o quantum de redução de pena é a gravidade do delito.
b) típica, mas deve ser reconhecida a causa de diminuição de pena da tentativa em seu patamar máximo, já que o critério a ser observado no quantum de redução de pena é o iter criminis percorrido.
c) atípica, em razão de não ter sido iniciada a execução.
d) atípica, em razão do arrependimento eficaz.
e) atípica, em razão da desistência voluntária.

15. (Ieses/TJ/RO/Cartórios/Ingresso/2021) Sobre a tipicidade subjetiva dos delitos, é correto afirmar que:

a) O homicídio culposo cometido na direção de veículo automotor encontra previsão no Código de Trânsito Brasileiro, sendo a ele atribuída pena menor que aquela prevista para o homicídio culposo genérico do Código Penal, em razão da sua menor reprovabilidade e do maior risco de sua ocorrência.
b) A análise sobre possibilidade de punição a título de culpa depende das nuances do caso concreto, sendo irrelevante a previsão expressa no tipo.
c) A condenação por delito culposo sempre admite a substituição da pena privativa de liberdade por restritiva de direitos, independente do montante da sanção imposta.
d) A punição a título de culpa constitui causa de diminuição de pena prevista no artigo 18, na parte geral do Código Penal, e é aplicável aos delitos previstos na parte especial do mesmo diploma.

16. (Consulplan/TJ/MS/Cartórios/Ingresso/2021) Durante uma discussão pelo excessivo ciúme demonstrado pelo marido, Maria disse a José que não queria mais viver com ele. Tomado de raiva e paixão, José se apropriou de uma faca na cozinha e desferiu dois golpes contra a mulher. Vendo-a caída ao solo, sangrando, arrependeu-se da reação emotiva, especialmente porque Maria, mesmo ferida e ofegante, repetia que o amava e o perdoava por tudo. José então socorreu a esposa e a levou até o hospital, onde ela, recebendo atendimento médico e intervenção cirúrgica (haja vista a primeira facada haver transfixado o pulmão da vítima), sobreviveu. Recuperada, Maria perdoou José, segundo suas próprias palavras registradas em carta, mas saiu de casa e foi morar com os 5 (cinco) filhos na casa da mãe (que, inclusive, levou os fatos praticados pelo genro ao conhecimento da polícia). José, desde então, caiu em depressão profunda e sucumbiu ao alcoolismo. Quanto à responsabilidade penal de José pelos fatos, é correto afirmar que ele responderá:

a) Apenas pelas lesões causadas na vítima, configurada hipótese de arrependimento eficaz.
b) Por homicídio tentado, descaracterizada a violência doméstica em razão do perdão da ofendida.
c) Por feminicídio tentado, atenuado pelo arrependimento posterior, sendo irrelevante o perdão da ofendida.
d) Por feminicídio tentado, mas poderá receber o perdão judicial, tendo em vista as consequências da infração.

17. (Vunesp/TJ/GO/Cartórios/Ingresso/2021) Nos exatos termos o art. 13, "caput" do CP, o resultado, de que depende a existência do crime, somente é imputável a quem lhe deu causa. Considera-se causa:

a) a conduta humana juridicamente relevante.
b) a ação ou omissão sem a qual o resultado não teria ocorrido.
c) qualquer ação ou omissão que dependa da voluntariedade humana.
d) o fato jurídico penalmente qualificado.

18. (Vunesp/TJ/GO/Cartórios/Ingresso/2021) Assinale a alternativa que completa adequadamente as lacunas, de acordo com os arts. 24, § 1º e 25 do CP: "Não pode alegar estado de necessidade quem (___) ; entende-se em legítima defesa quem, usando moderadamente dos meios necessários, repele injusta agressão, (___), a direito (___)".

a) tinha o dever legal de enfrentar o perigo ... atual ... próprio ou de terceiro.
b) tem condições de enfrentar o perigo ... atual ou iminente ... próprio.
c)) tinha o dever legal de enfrentar o perigo ... atual ou iminente ... seu ou de outrem.
d) expôs-se desnecessariamente ao risco ... atual ... seu ou de outrem.

19. (Vunesp/TJ/GO/Cartórios/Remoção/2021) Assinale a alternativa que completa, correta e respectivamente, a norma do § 1º do art. 13 do CP, no que se refere à "superveniência de causa independente". "A superveniência de causa relativamente independente (___) quando, por si só, produziu o resultado; os fatos anteriores, entretanto, (___) ."

a) atenua a imputação ... imputam-se sem qualquer atenuação.
b) exclui a imputação ... imputam-se a quem os praticou.
c) é irrelevante para a imputação ... deixam de ser imputados a quem os praticou.
d) agrava a imputação ... imputam-se com atenuação.

20. (Vunesp/TJ/GO/Cartórios/Remoção/2021) Nos estritos termos do art. 23 do CP, não há crime quando o agente pratica o fato:

a) em estado de necessidade, em legítima defesa e no exercício regular de direito, apenas.
b) em estado de necessidade, em legítima defesa, em estrito cumprimento de dever legal, no exercício regular de direito e sob ordem não manifestamente ilegal de superior hierárquico.
c) em estado de necessidade, em legítima defesa e em estrito cumprimento de dever legal, apenas.

d) em estado de necessidade, em legítima defesa, em estrito cumprimento de dever legal e no exercício regular de direito, apenas.

21. (Consulplan/TJ/MG/Cartórios/Remoção/2019) Qual a consequência jurídica do erro de tipo permissivo (erro sobre a descriminante putativa) plenamente justificado pelas circunstâncias?

a) exclui a culpabilidade.
b) reduz a pena de 1/6 a 1/3.
c) exclui o dolo, mas permite punição por culpa.
d) permite a punição por crime culposo, sem exclusão do dolo.

22. (Cespe/TJ/DFT/Cartórios/Remoção/2019) A respeito de institutos penais previstos no ordenamento brasileiro, julgue os itens seguintes.

I. A reparação do dano ou a restituição da coisa, por ato voluntário, até o recebimento da denúncia ou da queixa configura o arrependimento eficaz e permite a redução da pena de um a dois terços.
II. Não se admite o arrependimento eficaz após a consumação do delito, de modo que o agente não será beneficiado com a causa de exclusão de tipicidade.
III. Há desistência voluntária quando o agente promove uma nova atitude, diversa da que originou o ato criminoso iniciado, para obstar a produção do resultado, de forma que só responderá penalmente se o resultado se confirmar.

Assinale a opção correta.

a) Apenas o item I está certo.
b) Apenas o item II está certo.
c) Apenas os itens I e III estão certos.
d) Apenas os itens II e III estão certos.
e) Todos os itens estão certos.

23. (Ieses/TJ/SC/Cartórios/Remoção/2019) A respeito das causas excludentes de culpabilidade e de ilicitude previstas no Código Penal, é incorreto afirmar:

a) Entende-se em legítima defesa apenas quem, usando moderadamente dos meios necessários, repele injusta agressão, atual ou iminente, à sua integridade física ou de outrem.
b) A embriaguez, mesmo completa, não exclui a imputabilidade penal, se voluntária ou mesmo culposa. Se preordenada, enseja ainda a aplicação de agravante genérica na segunda fase da dosimetria da pena.
c) A coação moral irresistível exclui completamente a culpabilidade do agente que pratica a conduta típica, sendo punível apenas o autor da coação, embora, no caso de coação resistível, seja punível o agente que, coagido, praticou a conduta, cabendo, nessa segunda hipótese, a aplicação de atenuante genérica na segunda fase de dosimetria da pena.
d) Considera-se em estado de necessidade, o qual exclui a ilicitude, apenas quem pratica o fato típico para salvar de perigo atual, que não provocou por sua vontade, nem podia de outro modo evitar, direito próprio ou alheio, cujo sacrifício, nas circunstâncias, não era razoável exigir-se. Se, porém, era razoável exigir-se o sacrifício do direito ameaçado, a pena poderá ser reduzida de um a dois terços.

24. (Ieses/TJ/SC/Cartórios/Remoção/2019) A respeito da consumação e da tentativa, é incorreto afirmar:

a) Diz-se consumado um crime quando nele se reúnem todos os elementos de sua definição legal.
b) Não é possível a tentativa nos crimes culposos, nem nos omissivos próprios.
c) O crime de extorsão consuma-se independentemente da obtenção da vantagem indevida.
d) De acordo com a Súmula 582 do Superior Tribunal de Justiça, é prescindível a posse mansa e pacífica do bem subtraído para a consumação do crime de roubo, sendo exigível, contudo, para a consumação do delito de furto.

25. (Consulplan/TJ/MG/Cartórios/Ingresso/2019) Quanto à teoria do erro em Direito Penal, assinale a opção correta.

a) o erro de proibição indireto incide sobre causas de justificação.
b) o erro de subsunção constitui hipótese de erro de tipo essencial.
c) a "aberratio criminis" e a aberratio ictus constituem hipóteses de erro de proibição indireto.
d) o erro de tipo permissivo possui consequência de erro de tipo essencial, quando plenamente justificado pelas circunstâncias.

26. (Cespe/TJ/DFT/Cartórios/Remoção/2019) Considerando a relação causal entre conduta e resultado típico, assinale a opção correta.

a) A concausa preexistente absolutamente independente reforça o nexo entre a ação do agente e o resultado, não retirando a consumação do crime praticado pelo ofensor.
b) A causa superveniente relativamente independente não exclui a imputação do fato ao agente, ainda que tenha produzido o resultado por si só.
c) A teoria da imputação objetiva prevê que não haverá nexo de causalidade se o agente atuar dentro do risco permitido, mesmo que a sua conduta gere resultado previsto em lei como crime.
d) A causa preexistente relativamente independente à conduta do agente não configura o nexo causal da ação do sujeito ativo e, por isso, exclui a imputação do resultado.
e) A teoria naturalística, adotada em caso de omissão, dispõe que não há relevância causal entre a conduta omissiva do garantidor e o resultado material ocorrido quando ele poderia e deveria agir.

27. (Cespe/TJ/DFT/Cartórios/Ingresso/2019) No que concerne ao crime impossível, à tentativa, à desistência voluntária, aos arrependimentos eficaz e posterior e à teoria do tipo, assinale a opção correta.

a) O Código Penal brasileiro adotou a teoria objetiva pura para a caracterização do crime impossível, em razão da inidoneidade do objeto ou do meio para a prática do crime.
b) A tentativa incruenta ou branca ocorre quando, iniciados os atos executórios, o agente não consegue a consumação do delito, por força alheia à sua vontade, e nem atinge o objeto material do crime.
c) A resipiscência ocorre quando o agente, durante os atos executórios, abandona a empreitada criminosa, deixando o seu intento inicial, embora com a superveniência do resultado lesivo idealizado.
d) O arrependimento posterior ocorre quando o agente, mesmo em crimes cometidos com violência ou grave ameaça à pessoa ou ao bem tutelado, repara o dano à pessoa ou restitui o bem até a prolação da sentença, por ato voluntário próprio.
e) A elementar normativa do tipo penal incriminador consiste na descrição de elemento que dispensa valoração no caso concreto, porquanto a própria norma se mostra compreensível abstratamente.

28. (UFPR/TJ/PR/Cartórios/Remoção/2019) Relação de causalidade é o liame ou vínculo de causa e efeito entre atos passíveis de serem imputados ao suspeito de determinado delito e seu resultado material. É certo que nosso direito positivo adotou um posicionamento sobre o assunto. A teoria da relação causal adotada pelo Código Penal brasileiro é:

a) causalidade adequada.
b) relevância jurídica.
c) totalidade das condições.
d) causa eficaz.
e) equivalência das condições.

29. (Consulplan/TJ/MG/Cartórios/Remoção/2018) Considerando que o Código Penal brasileiro considera o crime consumado quando nele se reúnem todos os elementos de sua definição legal, assinale a alternativa correta:

a) o crime tentado é considerado contravenção penal.
b) o crime tentado é considerado infração administrativa.
c) ninguém pode ser punido por crime tentado, senão quando o pratica culposamente.
d) o crime tentado é punido com a pena do crime consumado, porém diminuída, salvo disposição em sentido contrário.

30. (Consulplan/TJ/MG/Cartórios/Remoção/2018) Sobre o erro que recai sobre a ilicitude do fato, assinale a alternativa correta:

a) o desconhecimento da lei é escusável, ou seja, isento de pena.
b) o desconhecimento da lei, evitável ou inevitável, atenua a pena.
c) equiparam-se, quanto às consequências jurídicas, o erro de tipo e o erro de proibição.
d) equiparam-se, quanto às consequências jurídicas, o erro que recai sobre a ilicitude do fato e a confissão espontânea da autoria do crime.

31. (Ieses/TJ/CE/Cartórios/Remoção/2018) Segundo o Código Penal Brasileiro, quando o agente der causa ao resultado por imprudência, negligência ou imperícia estará cometendo:

a) crime culposo.
b) crime tentado.
c) crime impossível.
d) crime doloso.

32. (Ieses/TJ/CE/Cartórios/Remoção/2018) A prática de fato típico para salvar-se de perigo atual, que não provocou por sua vontade, nem podia de outro modo evitar, direito próprio ou alheio, cujo sacrifício, nas circunstâncias, não era razoável exigir-se, é denominada de:

a) legitima defesa.
b) exercício regular de direito.
c) estado de necessidade.
d) estrito cumprimento de dever legal.

33. (Ieses/TJ/CE/Cartórios/Ingresso/2018) É certo afirmar:

I. a finalidade do conceito analítico do crime é a análise dos seus caracteres e elementos, por isso seu foco são os elementos ou requisitos do delito, onde é entendido como conduta típica, antijurídica e culpável (conceito tripartido, teoria clássica ou tridimensional), ou apenas conduta típica e antijurídica, ou ainda, como fato típico, antijurídico e punível abstratamente.
II. trata-se de concurso formal quando o agente, mediante mais de uma ação ou omissão, pratica dois ou mais crimes, idênticos ou não, aplicam-se cumulativamente as penas privativas de liberdade em que haja incorrido. No caso de aplicação cumulativa de penas de reclusão e de detenção, executa-se primeiro aquela.
III. na fixação da pena de multa o juiz deve atender, principalmente, à situação social do réu.
IV. a continuidade temporal e espacial não é um requisito invariável do delito continuado, mas pode ser um indício da continuidade.

Analisando as proposições, pode-se afirmar:

a) somente as proposições I e IV estão corretas.
b) somente as proposições II e III estão corretas.
c) somente as proposições I e III estão corretas.
d) somente as proposições II e IV estão corretas.

34. (Ieses/TJ/CE/Cartórios/Ingresso/2018) É certo afirmar:

I. mesmo nos crimes cometidos com violência ou grave ameaça à pessoa, reparado o dano ou restituída a coisa, até o recebimento da denúncia ou da queixa, por ato voluntário do agente, a pena será reduzida de um a dois terços. É o que o Código Penal define como "arrependimento posterior".
II. chama-se "teoria do delito" à parte da ciência do direito penal que se ocupa de explicar o que é o delito em geral, isto é, quais são as características que deve ter qualquer delito.
III. a emoção ou a paixão excluem a imputabilidade penal.
IV. preterdoloso é o crime onde o resultado final é mais grave do que o pretendido pelo agente.

Analisando as proposições, pode-se afirmar:

a) somente as proposições I e II estão corretas.
b) somente as proposições II e IV estão corretas.
c) somente as proposições I e III estão corretas.
d) somente as proposições III e IV estão corretas.

35. (Consulplan/TJ/MG/Cartórios/Ingresso/2017) Durante discussão acontecida na Câmara Municipal de uma cidadezinha do interior, o vereador "A" dispara um tiro contra o vereador "B" com a intenção de matá-lo, porém causa-lhe apenas lesão corporal. Ocorre que o mesmo projétil que atravessou o ombro de "B", atingiu o tórax do presidente da Câmara "C", causando-lhe a morte, resultado não pretendido por "A". É correto afirmar que, nesse caso hipotético, houve:

a) "aberratio ictus", aplicando-se a regra do concurso formal próprio.
b) "aberratio criminis", aplicando-se a regra do concurso formal imperfeito.
c) erro na execução, aplicando-se a regra do concurso formal impróprio.
d) erro "in personae", aplicando-se a regra do concurso formal perfeito.

36. (Ieses/TJ/RO/Cartórios/Remoção/2017) Conforme as normas penais brasileiras, não há crime quando o agente pratica o fato:

I. em estrito cumprimento de dever legal.
II. em legítima defesa.
III. no exercício regular de direito.
IV. em estado de necessidade

A sequência correta é:

a) a assertiva III está incorreta.
b) apenas as assertivas I e IV estão corretas.
c) as assertivas I, II, III e IV estão corretas.
d) apenas a assertiva II está correta.

3. DA IMPUTABILIDADE PENAL

QUESTÕES OBJETIVAS

37. (FGV/TJ/SC/Cartórios/Ingresso/2021) Flávia, pessoa humilde, presta serviços de faxineira em serventia extrajudicial localizada na cidade de Florianópolis. Em determinada data, Flávia foi abordada na saída de sua residência por pessoas ligadas ao tráfico dominante na localidade, que determinaram que ela transportasse e guardasse arma de fogo em seu trabalho, pois terceiro iria no dia seguinte ao local para buscar o material bélico. Os traficantes afirmaram que se Flávia não atendesse àquela determinação, seria expulsa de sua casa, não tendo mais onde morar, bem como que sua mãe também sofreria as consequências. Em razão disso, Flávia transportou um revólver, de calibre de uso permitido, mas com numeração de série suprimida, para o trabalho, escondendo o material em uma lixeira. Após receber denúncia, a autoridade policial determinou a realização de diligência no local. Com autorização dos responsáveis, os policiais civis apreenderam a arma guardada por Flávia, que esclareceu o ocorrido. Considerando apenas as informações expostas, é correto afirmar que Flávia agiu:

a) sob coação moral resistível, devendo ser reconhecida a prática do crime de porte de arma de fogo de uso permitido, com causa de diminuição de pena.
b) sob coação física irresistível, afastando-se a culpabilidade de sua conduta.
c) sob coação moral irresistível, afastando-se a culpabilidade de sua conduta.
d) sob coação moral irresistível, afastando-se a ilicitude de sua conduta.
e) em legítima defesa, afastando-se a ilicitude de sua conduta.

38. (Consulplan/TJ/MG/Cartórios/Ingresso/2019) Quanto à imputabilidade em Direito Penal, assinale a alternativa incorreta.

a) Para o menor de 18 anos, nosso Código Penal adotou o sistema puramente biológico.
b) Para o doente mental, nosso Código Penal adotou um misto do sistema biológico com o sistema psicológico.
c) Para a teoria clássica (teoria psicológica da culpabilidade), o doente mental cometeria crime, uma vez que possui capacidade de dolo e culpa.
d) A embriaguez voluntária ou a culposa não excluem a imputabilidade penal, segundo a "actio libera in causa". Da embriaguez culposa, contudo, só pode advir um crime culposo.

39. (UFPR/TJ/PR/Cartórios/Ingresso/2019) É muito comum nos dias presentes constatar-se entre acadêmicos e até mesmo entre profissionais a confusão entre 'teoria da imputação objetiva, responsabilidade objetiva e imputabilidade'. Entretanto, as três expressões mencionadas são completamente diferentes. Com base na doutrina atual, é correto afirmar que são temas da imputabilidade penal:

a) menoridade, doença mental e embriaguez.
b) coação moral irresistível e obediência hierárquica.
c) erro de proibição direto e indireto.
d) excludentes putativas.
e) excludentes de ilicitude.

40. (Ieses/TJ/CE/Cartórios/Remoção/2018) Conforme dispõe o Código Penal brasileiro em seu artigo 27, são penalmente inimputáveis, ficando sujeitos às normas estabelecidas na legislação especial, os menores de:

a) 18 (dezoito) anos.
b) 19 (dezenove) anos.
c) 20 (vinte) anos.
d) 21 (vinte e um) anos.

4. DO CONCURSO DE PESSOAS

SÚMULAS

STF Súm. 245. A imunidade parlamentar não se estende ao corréu sem essa prerrogativa.

QUESTÕES DISCURSIVAS

1. (Consulplan/TJ/MG/Cartórios/Remoção/2018) Entre os meses de janeiro/2001 a dezembro/2003, o Oficial de um dos cartórios do Ofício de Notas de Juiz de Fora/MG se apropriou de valores públicos devidos ao Estado, de que tinha a posse em razão do cargo ocupado. Restou apurado que o Oficial do cartório recebia os valores pagos pelos usuários do serviço prestado em favor do Estado e não recolhia as respectivas taxas de fiscalização judiciária e demais valores incidentes, instituídos por Portaria Conjunta da Presidência do Tribunal de Justiça de Minas Gerais e da Corregedoria-Geral de Justiça de Minas Gerais, vigente à época dos fatos. Com esse expediente, o Notário se apropriou de mais de R$200.000,00. Desse montante, destinou R$1.500,00 para presentear seu amigo com 1 (uma) caixa de charutos cubanos, da melhor qualidade. Com um certo constrangimento, o amigo recusou o presente, insistindo para que permanecesse na posse do Oficial para que, juntos, gradativamente, fumassem os apreciados charutos. Sabe-se que este seu amigo era um conceituado Contador, de tradicional família da zona da mata mineira, profissional autônomo que, valendo-se da experiência profissional e da amizade íntima entre ambos, dava-lhe costumeiros conselhos quando se encontravam para, semanalmente, fumar charutos numa tabacaria local. Apurou-se, também, que, num desses encontros, o Contador incentivara o Oficial do Cartório a se apropriar dos valores, dando-lhe a ideia originalmente e explicando-lhe como seria possível, na visão dele, fazer isso sem que fosse descoberta a apropriação. Não obstante, a conduta do Oficial do Cartório de Notas foi constatada numa inspeção correcional; ele foi processado e condenado pelo crime de peculato. No caso acima descrito, considerando as regras do concurso de pessoas, o Contador também poderia ser responsabilizado criminalmente? Em caso positivo, por qual delito? Em caso negativo, sob qual justificativa?

QUESTÕES OBJETIVAS

41. (Vunesp/TJ/RS/Cartórios/Ingresso/2019) Pedro e Paulo combinam de furtar uma quitanda. Acertam que, dentro do estabelecimento, um deles distrairá o dono do estabelecimento, fingindo um desmaio, enquanto o outro, sem ser visto, aproximar-se-á da caixa registradora e subtrairá, sorrateiramente, as cédulas de dinheiro que lá se encontram. No dia da ação criminosa, sem que Pedro saiba, Paulo carrega uma arma de fogo consigo. Quando Paulo finge o desmaio o dono da quitanda percebe que ele portava uma arma de fogo e foge, levando consigo a chave da caixa registradora. Paulo, então, dispara e mata o dono da quitanda. Em seguida, Paulo pega a chave, recolhe o dinheiro da caixa registradora e foge, acompanhado de Pedro.

a) Pedro será punido com a pena do furto simples, pois quis participar de crime menos grave.
b) Pedro será punido por roubo qualificado pelo resultado morte, com pena aumentada pelo uso de arma de fogo.
c) Pedro será punido com a pena do furto qualificado, pois quis participar de crime menos grave.
d) Paulo responderá por roubo impróprio, com pena aumentada pelo uso de arma de fogo e pelo resultado morte.
e) Pedro e Paulo, unidos pelo liame subjetivo do concurso de pessoas, estarão sujeitos à mesma pena corporal.

42. (Vunesp/TJ/AL/Cartórios/Ingresso/2019) No tocante ao concurso do pessoas, é correto afirmar que:

a) se entende por partícipe aquele que pratica a conduta descrita no verbo núcleo do tipo penal.
b) quem, de qualquer modo, concorre para o crime incide nas penas para este cominadas, na medida de sua culpabilidade.
c) a participação de menor importância conduz à exclusão da culpabilidade.
d) se algum dos agentes quis participar de crime menos grave, responderá por este ainda que fosse previsível o resultado mais grave.

43. (Consulplan/TJ/MG/Cartórios/Remoção/2017) Com a enorme divulgação dos crimes consistentes na explosão de caixas eletrônicos para a subtração de dinheiro, quatro indivíduos, sem se conhecerem uns aos outros, coincidentemente, às 14 horas, invadiram a mesma agência bancária de uma cidadezinha do interior e praticaram o referido delito. Na hipótese, trata-se de:

a) continência de ações, em razão do concurso de pessoas.
b) conexão intersubjetiva por reciprocidade.
c) conexão intersubjetiva por simultaneidade.
d) conexão objetiva.

44. (Cetro/TJ/RJ/Cartórios/Remoção/2017) O Código Penal brasileiro adota a chamada teoria unitária ou monista para efeito do concurso de pessoas, adotando, no entanto, algumas exceções, tal qual a indicada em uma das alternativas abaixo. Assinale-a:

a) corrupção.
b) falsificação de selo ou sinal público.
c) fraude processual.
d) latrocínio.
e) autoaborto.

5. DAS PENAS

SÚMULAS

1) Das Espécies (arts. 32 a 52)

STF **Súm. Vinculante 26.** Para efeito de progressão de regime no cumprimento de pena por crime hediondo, ou equiparado, o juízo da execução observará a inconstitucionalidade do art. 2º da Lei n. 8.072, de 25 de julho de 1990, sem prejuízo de avaliar se o condenado preenche, ou não, os requisitos objetivos e subjetivos do benefício, podendo determinar, para tal fim, de modo fundamentado, a realização de exame criminológico.

STF **Súm. 716.** Admite-se a progressão de regime de cumprimento da pena ou a aplicação imediata de regime menos severo nela determinada, antes do trânsito em julgado da sentença condenatória.

STF **Súm. 717.** Não impede a progressão de regime de execução da pena, fixada em sentença não transitada em julgado, o fato de o réu se encontrar em prisão especial.

STF **Súm. 718.** A opinião do julgador sobre a gravidade em abstrato do crime não constitui motivação idônea para a imposição de regime mais severo do que o permitido segundo a pena aplicada.

STF **Súm. 719.** A imposição do regime de cumprimento mais severo do que a pena aplicada permitir exige motivação idônea.

STJ **Súm. 269.** É admissível a adoção do regime prisional semiaberto aos reincidentes condenados a pena igual ou inferior a quatro anos se favoráveis as circunstâncias judiciais.

STJ **Súm. 440.** Fixada a pena-base no mínimo legal, é vedado o estabelecimento de regime prisional mais gravoso do que o cabível em razão da sanção imposta, com base apenas na gravidade abstrata do delito.

STJ **Súm. 493.** É inadmissível a fixação de pena substitutiva (art. 44 do CP) como condição especial ao regime aberto.

STJ **Súm. 588.** A prática de crime ou contravenção penal contra a mulher com violência ou grave ameaça no ambiente doméstico impossibilita a substituição da pena privativa de liberdade por restritiva de direitos.

2) Da Cominação/Aplicação (arts. 53 a 76)

2.1) Circunstâncias Agravantes e Atenuantes

STJ **Súm. 231.** A incidência da circunstância atenuante não pode conduzir à redução da pena abaixo do mínimo legal.

STJ **Súm. 241.** A reincidência penal não pode ser considerada como circunstância agravante e, simultaneamente, como circunstância judicial.

STJ **Súm. 442.** É inadmissível aplicar, no furto qualificado, pelo concurso de agentes, a majorante do roubo.

STJ **Súm. 443.** O aumento na terceira fase de aplicação da pena no crime de roubo circunstanciado exige fundamentação concreta, não sendo suficiente para a sua exasperação a mera indicação do número de majorantes.

STJ **Súm. 444.** É vedada a utilização de inquéritos policiais e ações penais em curso para agravar a pena-base.

STJ **Súm. 545.** Quando a confissão for utilizada para a formação do convencimento do julgador, o réu fará jus à atenuante prevista no art. 65, III, d, do Código Penal.

STJ **Súm. 636.** A folha de antecedentes criminais é documento suficiente a comprovar os maus antecedentes e a reincidência.

2.2) Regime Prisional

STJ **Súm. 269.** É admissível a adoção do regime prisional semiaberto aos reincidentes condenados a pena igual ou inferior a quatro anos se favoráveis as circunstâncias judiciais.

STJ **Súm. 440.** Fixada a pena-base no mínimo legal, é vedado o estabelecimento de regime prisional mais gravoso do que o cabível em razão da sanção imposta, com base apenas na gravidade abstrata do delito.

2.3) Substituição da Pena

STJ **Súm. 171.** Cominadas cumulativamente, em lei especial, penas privativa de liberdade e pecuniária, é defeso a substituição da prisão por multa.

STJ **Súm. 493.** É inadmissível a fixação de pena substitutiva (art. 44 do CP) como condição especial ao regime aberto.

2.4) Suspensão Condicional do Processo

STJ **Súm. 243.** O benefício da suspensão do processo não é aplicável em relação às infrações penais cometidas em concurso material, concurso formal ou continuidade delitiva, quando a pena mínima cominada, seja pelo somatório, seja pela incidência da majorante, ultrapassar o limite de um (01) ano.

STJ **Súm. 337.** É cabível a suspensão condicional do processo na desclassificação do crime e na procedência parcial da pretensão punitiva.

2.5) Temas Esparsos

STF **Súm. 715.** A pena unificada para atender ao limite de trinta anos de cumprimento, determinado pelo art. 75 do Código Penal, não é considerada para a concessão de outros benefícios, como o livramento condicional ou regime mais favorável de execução.

STJ **Súm. 74.** Para efeitos penais, o reconhecimento da menoridade do réu requer prova por documento hábil.

STJ **Súm. 501.** É cabível a aplicação retroativa da Lei n. 11.343/2006, desde que o resultado da incidência das suas disposições, na íntegra, seja mais favorável ao réu do que o advindo da aplicação da Lei n. 6.368/1976, sendo vedada a combinação de leis.

3) Do Livramento Condicional (arts. 83 a 90)

STF **Súm. 715.** A pena unificada para atender ao limite de trinta anos de cumprimento, determinado pelo art. 75 do Código Penal, não é considerada para a concessão de outros benefícios, como o livramento condicional ou regime mais favorável de execução.

STJ **Súm. 441.** A falta grave não interrompe o prazo para obtenção de livramento condicional.

STJ Súm. 617. A ausência de suspensão ou revogação do livramento condicional antes do término do período de prova enseja a extinção da punibilidade pelo integral cumprimento da pena.

REPERCUSSÃO & REPETITIVOS

STJ Repetitivo 585. É possível, na segunda fase da dosimetria da pena, a compensação integral da atenuante da confissão espontânea com a agravante da reincidência, seja ela específica ou não. Todavia, nos casos de multirreincidência, deve ser reconhecida a preponderância da agravante prevista no art. 61, I, do Código Penal, sendo admissível a sua compensação proporcional com a atenuante da confissão espontânea, em estrito atendimento aos princípios da individualização da pena e da proporcionalidade. *REsp 1947845, 22.6.2022.*

STJ Repetitivo 1077. Condenações criminais transitadas em julgado, não consideradas para caracterizar a reincidência, somente podem ser valoradas, na primeira fase da dosimetria, a título de antecedentes criminais, não se admitindo sua utilização para desabonar a personalidade ou a conduta social do agente. *REsp 1794854, 1.7.2021.*

STJ Repetitivo 1110. 1. Em razão da "novatio legis in mellius" engendrada pela Lei n. 13.654/2018, o emprego de arma branca, embora não configure mais causa de aumento do crime de roubo, poderá ser utilizado como fundamento para a majoração da pena-base, quando as circunstâncias do caso concreto assim justificarem. 2. O julgador deve fundamentar o novo apenamento ou justificar a não realização do incremento na basilar, nos termos do que dispõe o art. 387, II e III, do CPP. 3. Não cabe a esta Corte Superior a transposição valorativa da circunstância para a primeira fase da dosimetria ou mesmo compelir que o Tribunal de origem assim o faça, em razão da discricionariedade do julgador ao aplicar a "novatio legis in mellius". *REsp 1921190, 26.5.2022.*

JURISPRUDÊNCIA EM TESES

1) Da Cominação/Aplicação (arts. 53 a 76)

1.1) Circunstâncias Agravantes e Atenuantes

STJ JurisTese 29-2. Em observância ao critério trifásico da dosimetria da pena estabelecido no art. 68 do Código Penal – CP, não é possível a compensação entre institutos de fases distintas.

STJ JurisTese 29-4. Incide a atenuante prevista no art. 65, inciso III, alínea "d", do CP na chamada confissão qualificada, hipótese em que o autor confessa a autoria do crime, embora alegando causa excludente de ilicitude ou culpabilidade.

STJ JurisTese 29-5. A condenação transitada em julgado pelo crime de porte de substância entorpecente para uso próprio gera reincidência e maus antecedentes, sendo fundamento idôneo para agravar a pena tanto na primeira como na segunda fase da dosimetria.

STJ JurisTese 29-7. Diante do reconhecimento de mais de uma qualificadora, somente uma enseja o tipo qualificado, enquanto as outras devem ser consideradas circunstâncias agravantes, na hipótese de previsão legal, ou, de forma residual, como circunstância judicial do art. 59 do Código Penal.

STJ JurisTese 29-8. A agravante da reincidência pode ser comprovada com a folha de antecedentes criminais, não sendo obrigatória a apresentação de certidão cartorária.

STJ JurisTese 29-10. Nos casos em que há múltipla reincidência, é inviável a compensação integral entre a reincidência e a confissão.

1.2) Circunstâncias Judiciais

STJ JurisTese 26-1. O aumento da pena-base em virtude das circunstâncias judiciais desfavoráveis (art. 59 CP) depende de fundamentação concreta e específica que extrapole os elementos inerentes ao tipo penal.

STJ JurisTese 26-2. Não há ilegalidade na análise conjunta das circunstâncias judiciais comuns aos corréus, desde que seja feita de forma fundamentada e com base nas semelhanças existentes.

STJ JurisTese 26-3. A culpabilidade normativa, que engloba a consciência da ilicitude e a exigibilidade de conduta diversa e que constitui elementar do tipo penal, não se confunde com a circunstância judicial da culpabilidade (art. 59 do CP), que diz respeito à demonstração do grau de reprovabilidade ou censurabilidade da conduta praticada.

STJ JurisTese 26-4. A premeditação do crime evidencia maior culpabilidade do agente criminoso, autorizando a majoração da pena-base.

STJ JurisTese 26-5. O prazo de cinco anos do art. 64, I, do Código Penal, afasta os efeitos da reincidência, mas não impede o reconhecimento de maus antecedentes.

STJ JurisTese 26-6. Os atos infracionais não podem ser considerados maus antecedentes para a elevação da pena-base, tampouco para a reincidência.

STJ JurisTese 26-7. Os atos infracionais podem ser valorados negativamente na circunstância judicial referente à personalidade do agente.

STJ JurisTese 26-8. Os atos infracionais não podem ser considerados como personalidade desajustada ou voltada para a criminalidade para fins de exasperação da pena-base.

STJ JurisTese 26-10. O registro decorrente da aceitação de transação penal pelo acusado não serve para o incremento da pena-base acima do mínimo legal em razão de maus antecedentes, tampouco para configurara reincidência.

STJ JurisTese 26-12. Havendo diversas condenações anteriores com trânsito em julgado, não há "bis in idem" se uma for considerada como maus antecedentes e a outra como reincidência.

STJ JurisTese 26-13. Para valoração da personalidade do agente é dispensável a existência de laudo técnico confeccionado por especialistas nos ramos da psiquiatria ou da psicologia.

STJ JurisTese 26-14. O expressivo prejuízo causado à vítima justifica o aumento da pena-base, em razão das consequências do crime.

STJ JurisTese 26-15. O comportamento da vítima em contribuir ou não para a prática do delito não acarreta o aumento da pena-base, pois a circunstância judicial é neutra e não pode ser utilizada em prejuízo do réu.

1.3) Concurso Formal

STJ JurisTese 23-1. O roubo praticado contra vítimas diferentes em um único contexto configura o concurso formal e não crime único, ante a pluralidade de bens jurídicos ofendidos.

STJ JurisTese 23-2. A distinção entre o concurso formal próprio e o impróprio relaciona-se com o elemento subjetivo do agente, ou seja, a existência ou não de desígnios autônomos.

STJ JurisTese 23-3. É possível o concurso formal entre o crime do art. 2º da Lei n. 8.176/91 (que tutela o patrimônio da União, proibindo a usurpação de suas matérias-primas), e o crime do art. 55 da Lei n. 9.605/98 (que protege o meio ambiente, proibindo a extração de recursos minerais), não havendo conflito aparente de normas já que protegem bens jurídicos distintos.

STJ JurisTese 23-4. O aumento decorrente do concurso formal deve se dar de acordo com o número de infrações.

STJ JurisTese 23-5. A apreensão de mais de uma arma de fogo, acessório ou munição, em um mesmo contexto fático, não caracteriza concurso formal ou material de crimes, mas delito único.

STJ JurisTese 23-7. No concurso de crimes, o cálculo da prescrição da pretensão punitiva é feito considerando cada crime isoladamente, não se computando o acréscimo decorrente do concurso formal, material ou da continuidade delitiva.

STJ JurisTese 23-8. No caso de concurso de crimes, a pena considerada para fins de competência e transação penal será o resultado da soma ou da exasperação das penas máximas cominadas ao delito.

1.4) Crime Continuado

STJ JurisTese 17-1. Para a caracterização da continuidade delitiva é imprescindível o preenchimento de requisitos de ordem objetiva – mesmas condições de tempo, lugar e forma de execução – e de ordem subjetiva – unidade de desígnios ou vínculo subjetivo entre os eventos (Teoria Mista ou Objetivo-subjetiva).

STJ JurisTese 17-2. A continuidade delitiva, em regra, não pode ser reconhecida quando se tratar de delitos praticados em período superior a 30 (trinta) dias.

STJ JurisTese 17-3. A continuidade delitiva pode ser reconhecida quando se tratar de delitos ocorridos em comarcas limítrofes ou próximas.

STJ JurisTese 17-4. A continuidade delitiva não pode ser reconhecida quando se tratar de delitos cometidos com modos de execução diversos.

STJ JurisTese 17-5. Não há crime continuado quando configurada habitualidade delitiva ou reiteração criminosa.

STJ JurisTese 17-8. O estupro e atentado violento ao pudor cometidos contra a mesma vítima e no mesmo contexto devem ser tratados como crime único, após a nova disciplina trazida pela Lei n. 12.015/09.

STJ JurisTese 17-9. É possível reconhecer a continuidade delitiva entre estupro e atentado violento ao pudor quando praticados contra vítimas diversas ou fora do mesmo contexto, desde que presentes os requisitos do artigo 71 do Código Penal.

STJ JurisTese 17-10. A Lei n. 12.015/09, ao incluir no mesmo tipo penal os delitos de estupro e atentado violento ao pudor, possibilitou a caracterização de crime único ou de crime continuado entre as condutas, devendo retroagir para alcançar os fatos praticados antes da sua vigência, por se tratar de norma penal mais benéfica.

STJ JurisTese 17-11. No concurso de crimes, a pena considerada para fins de fixação da competência do Juizado Especial Criminal será o resultado da soma, no caso de concurso material, ou da exasperação, na hipótese de concurso formal ou crime continuado, das penas máximas cominadas aos delitos.

STJ JurisTese 20-1. Para a caracterização da continuidade delitiva, são considerados crimes da mesma espécie aqueles previstos no mesmo tipo penal.

STJ JurisTese 20-2. É possível o reconhecimento de crime continuado entre os delitos de apropriação indébita previdenciária (art. 168-A do CP) e de sonegação de contribuição previdenciária (art. 337-A do CP).

STJ JurisTese 20-3. Presentes as condições do art. 71 do Código Penal, deve ser reconhecida a continuidade delitiva no crime de peculato-desvio.

STJ JurisTese 20-4. Não é possível reconhecer a continuidade delitiva entre os crimes de roubo (art. 157 do CP) e de latrocínio (art. 157, § 3º, segunda parte, do CP) porque apesar de serem do mesmo gênero não são da mesma espécie.

STJ JurisTese 20-5. Não é possível reconhecer a continuidade delitiva entre os crimes de roubo (art. 157 do CP) e de extorsão (art. 158 do CP), pois são infrações penais de espécies diferentes.

STJ JurisTese 20-6. Admite-se a continuidade delitiva nos crimes contra a vida.

STJ JurisTese 20-8. Na continuidade delitiva prevista no caput do art. 71 do CP, o aumento se faz em razão do número de infrações praticadas e de acordo com a seguinte correlação: 1/6 para duas infrações; 1/5 para três; 1/4 para quatro; 1/3 para cinco; 1/2 para seis; 2/3 para sete ou mais ilícitos.

STJ JurisTese 20-9. Na continuidade delitiva específica, prevista no parágrafo único do art. 71 do CP, o aumento fundamenta-se no número de infrações cometidas e nas circunstâncias judiciais do art. 59 do CP.

STJ JurisTese 20-10. Caracterizado o concurso formal e a continuidade delitiva entre infrações penais, aplica-se somente o aumento relativo à continuidade, sob pena de "bis in idem".

STJ JurisTese 20-11. No crime continuado, as penas de multa devem ser somadas, nos termos do art. 72 do CP.

STJ JurisTese 20-12. No crime continuado, a pena de multa deve ser aplicada mediante o critério da exasperação, tendo em vista a inaplicabilidade do art. 72 do CP.

STJ JurisTese 20-13. O reconhecimento dos pressupostos do crime continuado, notadamente as condições de tempo, lugar e maneira de execução, demanda dilação probatória, incabível na via estreita do "habeas corpus".

STJ JurisTese 153-2. Nas hipóteses em que há imprecisão acerca do número exato de eventos abusivos à dignidade sexual da vítima, praticados em um longo período de tempo, é adequado o aumento de pena pela continuidade delitiva (art. 71 do CP) em patamar superior ao mínimo legal.

2) Do Livramento Condicional (arts. 83 a 90)

STJ JurisTese 184-3. O requisito previsto no art. 83, III, b, do Código Penal, inserido pela Lei n. 13.964/2019 (não cometimento de falta grave nos últimos 12 meses) é pressuposto objetivo para a concessão de livramento condicional, e não limita a valoração do requisito subjetivo, inclusive quanto a fatos anteriores à vigência do Pacote Anticrime, de forma que somente haverá fundamento inválido quando consideradas faltas disciplinares muito antigas.

INFORMATIVOS

STJ Dosimetria da pena. Atenuante. Confissão qualificada. Pluralidade de qualificadoras. Deslocamento de uma qualificadora para a segunda fase da dosimetria. Agravante. Compensação integral. Possibilidade. Circunstâncias igualmente preponderantes. A atenuante da confissão, mesmo qualificada, pode ser compensada integralmente com qualificadora deslocada para a segunda fase da dosimetria em razão da pluralidade de qualificadoras. *AgRg no REsp 2010303, 6ª T, 18.11.2022. Inf 761.*

STJ Falsidade ideológica em documento público. Continuidade delitiva por 15 vezes. Aplicação do aumento do crime continuado no patamar máximo. Adoção de fração de 2/3 no caso de 7 ou mais infrações. Adequada proporcionalidade. Consonância com a jurisprudência do STJ. É proporcional a aplicação da fração máxima de 2/3 na hipótese de a conduta criminosa corresponder a 7 ou mais infrações em continuidade delitiva. *AgRg no REsp 1945790, 6ª T, 13.9.2022. Inf 749.*

STJ Minorante da colaboração premiada. Redução inferior ao ajustado com o Ministério Público. Legalidade. Declarações falsas perante o plenário do júri. Motivação idônea. É justificada a redução da pena do réu colaborador em patamar um pouco inferior ao que havia sido ajustado com o Ministério Público, tendo em vista que o acusado prestou declarações falsas perante o plenário do júri. *REsp 1973397, 5ª T, 6.9.2022. Inf 748.*

STJ Dosimetria da pena. Homicídio qualificado. Concurso de atenuantes e agravantes. Agravante de dissimulação. Atenuante de confissão. Preponderância sobre a dissimulação. Quesitos previstos no CP. Redução da pena. No concurso entre agravantes e atenuantes, a atenuante da confissão espontânea deve preponderar sobre a agravante da dissimulação, nos termos do art. 67 do CP. *HC 557224, 6ª T, 19.8.2022. Inf 745.*

STJ Proposta de alteração da jurisprudência. Súm. 545/STJ. Pretendido afastamento da atenuante da confissão, quando não utilizada para fundamentar a sentença condenatória. Descabimento. Ausência de previsão legal. Princípios da legalidade, isonomia e individualização da pena. Interpretação do CP. Proteção da confiança (vertrauensschutz) que o réu, de boa-fé, deposita no sistema jurídico ao optar pela confissão. O réu fará jus à atenuante do art. 65, III, d, do CP quando houver admitido a autoria do crime perante a autoridade, independentemente de a confissão ser utilizada pelo juiz como um dos fundamentos da sentença condenatória, e mesmo que seja ela parcial, qualificada, extrajudicial ou retratada. *REsp 1972098, 5ª T, 20.6.2022. Inf 741.*

STJ Fixação do regime prisional. Circunstância judicial desfavorável. Pena-base acima do mínimo legal. Condenação à pena igual ou inferior a 4 anos de reclusão. Regime inicial aberto. Possibilidade. Dadas as peculiaridades do caso concreto, admite-se que ao réu primário, condenado à pena igual ou inferior a 4 anos de reclusão, seja fixado o regime inicial aberto, ainda que negativada circunstância judicial. *REsp 1970578, 6ª T, 3.5.2022. Inf 735.*

STJ Homicídio qualificado. Recurso da defesa. Pena-base. Modificação dos institutos jurídicos. Cúmulo material para continuidade delitiva. Pena final inalterada. "Reformatio in pejus". Não ocorrência. O reconhecimento da continuidade delitiva não importa na obrigatoriedade de redução da pena definitiva fixada em cúmulo material, porquanto há possibilidade de aumento do delito mais gravoso em até o triplo, nos termos do art. 71, par. ún., in fine, do CP. *AgRg no HC 301882, 6ª T, 26.4.2022. Inf 734.*

STJ Indeferimento de livramento condicional. Prazo para a reabilitação da falta. Requisito objetivo preenchido. Requisito subjetivo não configurado. Mau comportamento carcerário. Faltas de natureza grave relativamente recentes. Crime cometido com violência ou grave ameaça. O histórico prisional conturbado do apenado, somado ao crime praticado com violência ou grave ameaça (uma condição legal do atual art. 83, p.ú., do CP), afasta a constatação inequívoca do requisito subjetivo para a concessão do livramento condicional. *HC 734064, 5ª T, 9.5.2022. Inf 735.*

STJ Policial militar. Corrupção de testemunha. Violação de dever para com a Administração Pública. Perda do cargo. Art. 92, I, a, do CP. Aplicabilidade. O reconhecimento de que o réu, condenado pelo crime de corrupção de testemunha, praticou ato incompatível com o cargo de policial militar, é fundamento válido para a decretação da perda do cargo público. *HC 710966, 6ª T, 28.3.2022. Inf 731.*

QUESTÕES OBJETIVAS

45. (Ieses/TJ/TO/Cartórios/Remoção/2022) As penas privativas de liberdade deverão ser executadas em forma progressiva, segundo o mérito do condenado. Conforme dispõe o Código Penal Brasileiro, o condenado não reincidente, cuja pena seja superior a 4 (quatro) anos e não exceda a 8 (oito), poderá, desde o princípio, cumpri-la em regime:

a) semiaberto.
b) fechado.
c) domiciliar.
d) aberto.

46. (Ieses/TJ/RO/Cartórios/Remoção/2021) Conforme dispõe o Código Penal sobre as penas privativas de liberdade, é correto afirmar, exceto:

a) O condenado não reincidente, cuja pena seja igual ou inferior a 5 (cinco) anos, poderá, desde o início, cumpri-la em regime aberto.
b) O condenado por crime contra a administração pública terá a progressão de regime do cumprimento da pena condicionada à reparação do dano que causou, ou à devolução do produto do ilícito praticado, com os acréscimos legais.
c) A pena de reclusão deve ser cumprida em regime fechado, semiaberto ou aberto. A de detenção, em regime semiaberto, ou aberto, salvo necessidade de transferência a regime fechado.
d) Considera-se regime aberto a execução da pena em casa de albergado ou estabelecimento adequado.

47. (Consulplan/TJ/MS/Cartórios/Ingresso/2021) Considere as regras previstas no Código Penal para a aplicação da pena, e assinale, dentre as seguintes, a alternativa correta. Na fixação da pena de multa, o Juiz deve atender, principalmente:

a) à culpabilidade.
b) à gravidade do crime.
c) às consequências do crime.
d) à capacidade econômica do réu.

48. (Consulplan/TJ/MS/Cartórios/Ingresso/2021) Considerando os enunciados da jurisprudência sumulada do Superior Tribunal de Justiça - STJ, assinale a afirmativa correta.

a) A folha de antecedentes criminais é documento suficiente a comprovar os maus antecedentes e a reincidência.
b) Para a configuração da violência doméstica e familiar prevista no Art. 5º da Lei nº 11.340/2006 (Lei Maria da Penha) exige-se a coabitação entre autor e vítima.
c) A majorante do tráfico transnacional de drogas (Art. 40, I, da Lei nº 11.343/2006) exige a consumação da transposição de fronteiras, sendo insuficiente para sua configuração a mera comprovação da destinação internacional da droga.
d) A incidência da atenuante da confissão espontânea no crime de tráfico ilícito de entorpecentes baseia-se na simples admissão da posse ou propriedade, ainda que alegada a destinação do uso próprio, não exigindo o reconhecimento da traficância pelo acusado.

49. (UFPR/TJ/PR/Cartórios/Ingresso/2019) O Código Penal estabeleceu no artigo 59 diversos critérios para a fixação da pena, tais como culpabilidade, antecedentes, motivos, circunstâncias e consequências do crime. O referido texto legal também deixou claro que adotou uma posição oficial com relação ao fundamento da pena. Quanto ao fundamento da pena adotado no Código Penal, adota-se a teoria:

a) retributiva como fim da pena.
b) eclética ou mista.
c) da prevenção especial negativa.
d) da prevenção especial positiva.
e) da prevenção geral positiva.

50. (Ieses/TJ/SC/Cartórios/Ingresso/2019) Após regular instrução processual penal na qual o réu Sandro se defendeu de denúncia ofertada pelo Ministério Público dando-o como incurso no art. 155 § 4º, incisos II e III, do Código Penal, comprovou-se que o acusado, pulando um muro de três metros de altura e se utilizando de uma chave falsa, acessou uma residência quando o morador estava viajando e subtraiu de lá um relógio avaliado em aproximadamente R$ 10.000,00. Descoberta a autoria, por um vizinho que conhecia o réu e o viu entrando no local, Sandro foi eventualmente denunciado e, no dia da audiência de instrução, ao ser interrogado, confessou o crime e, por estar respondendo em liberdade, trouxe o relógio íntegro, para devolver para a vítima, se dizendo arrependido. Nesse contexto, é correto afirmar:

a) O réu faz jus ao reconhecimento da atenuante genérica do art. 65, III, "b", do Código Penal, por ter, antes do julgamento, reparado o dano.
b) Está presente a figura do arrependimento posterior, prevista no art. 16 do Código Penal, a qual autoriza a redução da eventual pena de um a dois terços.
c) A devolução do relógio há de ser considerada apenas na primeira fase da dosimetria da pena, nos termos do art. 59 do Código Penal, o qual estabelece que o juiz atentará à culpabilidade, aos antecedentes, à conduta social, à personalidade do agente, aos motivos, às circunstâncias e consequências do crime.
d) Está presente a figura do arrependimento eficaz, prevista no art. 15 do Código Penal, a qual autoriza, no caso em tela, a desclassificação do crime do art. 155, § 4º, incisos II e III, para o crime de invasão de domicílio, do art. 150 do Código Penal.

51. (Ieses/TJ/SC/Cartórios/Ingresso/2019) Em relação ao concurso de crimes, é correto afirmar:

a) No concurso formal de crimes, quando o agente, mediante uma só ação ou omissão, pratica dois ou mais delitos, aplica-se apenas uma das penas, mas aumentada de um sexto até a metade, incidindo, porém, a regra do concurso material se os crimes não forem idênticos.
b) No concurso material, quando o agente, mediante mais de uma ação ou omissão, pratica dois ou mais crimes, aplicam-se cumulativamente as penas privativas de liberdade em que haja incorrido. No caso de aplicação cumulativa de penas de reclusão e de detenção, executa-se primeiro esta.
c) A continuidade delitiva ocorre quando o agente, mediante mais de uma ação ou omissão, pratica dois ou mais crimes da mesma espécie e, pelas condições de tempo, lugar, maneira de execução e outras semelhantes, devem os subsequentes ser havidos como continuação do primeiro, não existindo vedação legal ao reconhecimento da continuidade mesmo em se tratando de delitos hediondos.
d) No concurso formal de crimes, quando presentes os requisitos legais, incide a regra segundo a qual, ao invés de se somarem as penas dos delitos praticados, se aplica à pena de apenas um dos crimes um aumento de um sexto à metade, ainda que o montante venha a exceder o que seria cabível pela regra do concurso material.

52. (Ieses/TJ/CE/Cartórios/Remoção/2018) São circunstâncias que sempre agravam a pena, quando não constituem ou qualificam o crime:

I. ter o agente cometido o crime em estado de embriaguez preordenada.
II. a reincidência.
III. ter o agente cometido o crime contra criança, maior de 60 (sessenta) anos, enfermo ou mulher grávida.
IV. ter o agente cometido o crime quando o ofendido estava sob a imediata proteção da autoridade.

A sequência correta é:

a) apenas a assertiva I está incorreta.
b) apenas as assertivas II e III estão corretas.
c) apenas as assertivas I, II e III estão corretas.
d) as assertivas I, II, III e IV estão corretas.

53. (Ieses/TJ/CE/Cartórios/Remoção/2018) São penas restritivas de direitos, exceto:

a) perda de bens e valores.

b) prestação de serviço à comunidade ou a entidades públicas.

c) limitação de fim de semana.

d) detenção.

54. (Ieses/TJ/CE/Cartórios/Remoção/2018) São circunstâncias que sempre atenuam a pena:

I. ter o agente cometido o crime sob coação a que não podia resistir.

II. ser o agente menor de 21 (vinte e um), na data do fato, ou maior de 70 (setenta) anos, na data da sentença.

III. ter o agente cometido o crime sob a influência de multidão em tumulto, se não o provocou.

IV. ter o agente confessado espontaneamente, perante a autoridade, a autoria do crime.

A sequência correta é:

a) as assertivas I, II, III e IV estão corretas.

b) apenas a assertiva III está incorreta.

c) apenas as assertivas II, III e IV estão corretas.

d) apenas as assertivas II e III estão corretas.

55. (Ieses/TJ/CE/Cartórios/Remoção/2018) O juiz poderá conceder livramento condicional ao condenado a pena privativa de liberdade igual ou superior a 2 (dois) anos, desde que o condenado não seja reincidente em crime doloso, tenha bons antecedentes e já tenha cumprido mais de:

a) um terço da pena.

b) metade da pena.

c) um quarto da pena.

d) dois terços da pena.

56. (Consulplan/TJ/MG/Cartórios/Ingresso/2018) Sobre a reparação do dano ou a restituição da coisa pelo agente após a prática do crime, assinale a alternativa correta:

a) nos crimes de ação penal privada, funcionam como causa de extinção da punibilidade.

b) até o oferecimento da denúncia, nos crimes de ação penal pública, caracterizam hipótese de arrependimento eficaz.

c) até o recebimento da denúncia, nos crimes patrimoniais não violentos, funcionam como causa geral de diminuição de pena.

d) até o recebimento da denúncia, nos crimes de ação penal pública condicionada à representação, produzem os mesmos efeitos jurídicos que a desistência voluntária.

57. (Consulplan/TJ/MG/Cartórios/Remoção/2017) Assinale a alternativa correta:

a) o STJ entende que, para caracterizar o crime previsto no art. 7º, IX, da Lei n. 8.137/1990, delitos contra as relações de consumo, é prescindível a realização de perícia a fim de atestar se as mercadorias apreendidas estavam em condições impróprias para o consumo.

b) é atípica a conduta do agente que desvia e faz circular moeda cuja circulação ainda não estava autorizada, pois constitui elementar do crime de moeda falsa a colocação em circulação de moeda com curso legal no país ou no exterior.

c) nos crimes conexos, a extinção da punibilidade de um deles impede, quanto aos outros, a agravação da pena resultante da conexão.

d) a proibição de exercício de cargo, função ou atividade pública pode ter caráter temporário, com natureza de pena de interdição temporária de direitos, mas pode também ter caráter permanente, se for efeito da condenação.

58. (Ieses/TJ/RO/Cartórios/Remoção/2017) Segundo o Código Penal Brasileiro as penas são classificadas em:

I. pena de multa.

II. pena privativas de liberdade.

III. pena de caráter perpétuo.

IV. pena restritivas de direitos.

A sequência correta é:

a) a assertiva III está incorreta.

b) as assertivas I, II, III e IV estão corretas.

c) apenas as assertivas I e IV estão corretas.

d) apenas a assertiva II está correta.

59. (Consulplan/TJ/MG/Cartórios/Ingresso/2017) Senhor X está preso e denunciado por crime do art. 157, caput, do Código Penal (roubo simples), cometido em 20.12.2016. Considerando-se que Senhor X possui outras três condenações por crimes praticados anteriormente (Sentença 01, proferida em 07.05.2015 e trânsito em julgado em 21.05.2015, enquanto a Sentença 02, proferida em 22.12.2016, ainda não transitada em julgado, e na terceira condenação, Sentença 03, proferida em 20.06.2016, não transitada em julgado), na data da sentença, em 01.03.2017, será considerado para fins de aplicação da pena, nos termos do art. 61, I do Código Penal:

a) sem antecedentes.

b) reincidente.

c) sem antecedentes e reincidente.

d) com maus antecedentes e reincidente.

60. (Consulplan/TJ/MG/Cartórios/Remoção/2017) Senhor X foi denunciado por crime do art. 171, caput, do Código Penal (estelionato), cometido em 21.02.2016. Considerando-se que Senhor X possui outras três condenações (Sentença 01, por crime praticado em 07.05.2015 e trânsito em julgado em 21.05.2015; Sentença 02, por crime praticado em 23.06.2016, sentença proferida em 22.12.2016, ainda não transitada em julgado; Sentença 03, por crime cometido em 15.10.2009, proferida sentença em 24.01.2010, e extinta a punibilidade, pelo cumprimento da pena, em 20.02.2011), na data da sentença, em 01.03.2017, será considerado, para fins de aplicação da pena, nos termos do art. 61, I do Código Penal:

a) com maus antecedentes e reincidente.

b) sem antecedentes e reincidente.

c) reincidente.

d) sem antecedentes.

61. (Consulplan/TJ/MG/Cartórios/Ingresso/2017) São circunstâncias atenuantes, a serem consideradas na aplicação da pena, exceto:

a) ser o agente menor de 21 anos e maior de setenta anos na data do fato.

b) circunstância relevante, anterior ou posterior ao crime, embora não prevista expressamente em lei.

c) o desconhecimento da lei.

d) ter o agente cometido o crime sob a influência de multidão em tumulto, se não o provocou.

6. DAS MEDIDAS DE SEGURANÇA

SÚMULAS

STJ **Súm. 527.** O tempo de duração da medida de segurança não deve ultrapassar o limite máximo da pena abstratamente cominada ao delito praticado.

QUESTÕES OBJETIVAS

62. (Ieses/TJ/AM/Cartórios/Remoção/2018) Segundo o Código Penal Brasileiro, no que se refere às medidas de segurança, é correto afirmar:

I. internação em hospital de custódia e tratamento psiquiátrico são consideradas medidas de segurança.

II. a desinternação, ou a liberação, será sempre condicional, devendo ser restabelecida a situação anterior se o agente, antes do decurso de 1 (um) ano, pratica fato indicativo de persistência de sua periculosidade.

III. extinta a punibilidade, não se impõe medida de segurança nem subsiste a que tenha sido imposta.

IV. se o agente for inimputável, o juiz determinará sua internação; se, todavia, o fato previsto como crime for punível com detenção, deverá o juiz submetê-lo a tratamento ambulatorial.

A sequência correta é:

a) as assertivas I, II, III e IV estão corretas.
b) apenas as assertivas II e III estão incorretas.
c) apenas as assertivas II e IV estão corretas.
d) apenas a assertiva IV está incorreta.

63. (Cetro/TJ/RJ/Cartórios/Remoção/2017) No que se refere às medidas de segurança, assinale a alternativa correta:

a) de acordo com o STF, a medida de segurança a inimputável não obedece a período máximo de aplicação, sujeitando-se apenas aos exames obrigatórios temporários para determinar o período de aplicação.
b) a duração da medida de segurança não se vincula ao limite máximo da pena abstratamente cominada ao delito praticado, apenas ao agente.
c) a falta de vaga em instituto de aplicação de medida de segurança é suprimida com manutenção do agente em prisão comum.
d) a fixação da medida de segurança é vinculada à periculosidade do agente e não à gravidade do delito cometido.
e) ainda que seja considerado sanção penal, o período de cumprimento da medida de segurança não repercute no tempo para o indulto.

64. (Ieses/TJ/RO/Cartórios/Ingresso/2017) De acordo com o Código Penal, assinale a alternativa correta:

a) não se comunicam as circunstâncias e as condições de caráter pessoal, ainda que elementares do crime.
b) considera-se praticado o crime no momento da ação ou omissão, no todo ou em parte, bem como quando se produziu ou deveria produzir-se o resultado.
c) a extinção da punibilidade de crime que é pressuposto, elemento constitutivo ou circunstância agravante de outro não se estende a este. Nos crimes conexos, a extinção da punibilidade de um deles impede, quanto aos outros, a agravação da pena resultante da conexão.
d) tratando-se de Medida de Segurança, a fixação do período de internação ou tratamento ambulatorial não comportará tempo determinado, perdurando enquanto não for averiguada, mediante perícia médica, a cessação de periculosidade. O prazo mínimo, contudo, deverá ser de 1 (um) a 3 (três) anos.

65. (Consulplan/TJ/MG/Cartórios/Remoção/2017) Acerca das medidas de segurança, assinale a alternativa correta:

a) as medidas de segurança aplicam-se no caso de prática de contravenção prevista na Lei n. 3.688/41.
b) o réu deve ser absolvido e aplicada medida de segurança, caso seja constatada a inimputabilidade por doença mental superveniente à prática do fato.
c) as medidas de segurança de internação ou tratamento ambulatorial, quanto aos réus inimputáveis, são aplicáveis por prazo determinado de 01 a 03 anos.
d) após a aplicação de medida de segurança de tratamento ambulatorial poderá ser determinada a internação, no processo de execução, se o acusado praticar novo crime.

7. DA EXTINÇÃO DA PUNIBILIDADE

SÚMULAS

STF **Súm. 146.** A prescrição da ação penal regula-se pela pena concretizada na sentença, quando não há recurso da acusação.

STF **Súm. 497.** Quando se tratar de crime continuado, a prescrição regula-se pela pena imposta na sentença, não se computando o acréscimo decorrente da continuação.

STF **Súm. 592.** Nos crimes falimentares, aplicam-se as causas interruptivas da prescrição, previstas no Código Penal.

STJ **Súm. 18.** A sentença concessiva do perdão judicial é declaratória da extinção da punibilidade, não subsistindo qualquer efeito condenatório.

STJ **Súm. 74.** Para efeitos penais, o reconhecimento da menoridade do réu requer prova por documento hábil.

STJ **Súm. 191.** A pronúncia é causa interruptiva da prescrição, ainda que o tribunal do júri venha a desclassificar o crime.

STJ **Súm. 220.** A reincidência não influi no prazo da prescrição da pretensão punitiva.

STJ **Súm. 338.** A prescrição penal é aplicável nas medidas socioeducativas.

STJ **Súm. 415.** O período de suspensão do prazo prescricional é regulado pelo máximo da pena cominada.

STJ **Súm. 438.** É inadmissível a extinção da punibilidade pela prescrição da pretensão punitiva com fundamento em pena hipotética, independentemente da existência ou sorte do processo penal.

STJ **Súm. 617.** A ausência de suspensão ou revogação do livramento condicional antes do término do período de prova enseja a extinção da punibilidade pelo integral cumprimento da pena.

REPERCUSSÃO & REPETITIVOS

STF **Rep. Geral 150.** Não se aplica para o reconhecimento dos maus antecedentes o prazo quinquenal de prescrição da reincidência, previsto no art. 64, I, do Código Penal. *RE 593818, 18.8.2020.*

STF **Rep. Geral 438.** Em caso de inatividade processual decorrente de citação por edital, ressalvados os crimes previstos na Constituição Federal como imprescritíveis, é constitucional limitar o período de suspensão do prazo prescricional ao tempo de prescrição da pena máxima em abstrato cominada ao crime, a despeito de o processo permanecer suspenso. *RE 600851, 7.12.2020.*

STJ **Repetitivo 931.** Na hipótese de condenação concomitante a pena privativa de liberdade e multa, o inadimplemento da sanção pecuniária, pelo condenado que comprovar impossibilidade de fazê-lo, não obsta o reconhecimento da extinção da punibilidade. *REsp 1785383, 30.11.2021.*

STJ **Repetitivo 1100.** O acórdão condenatório de que trata o inciso IV do art. 117 do Código Penal interrompe a prescrição, inclusive quando confirmatório de sentença condenatória, seja mantendo, reduzindo ou aumentando a pena anteriormente imposta. *REsp 1920091, 10.8.2022.*

INFORMATIVOS

STJ Prescrição da pretensão executória. Art. 112, I, do CP. Termo inicial. Trânsito em julgado para ambas as partes. Entendimento sufragado pelo STF. O Termo inicial da contagem do prazo da prescrição da pretensão executória é o trânsito em julgado para ambas as partes. *AgRg no REsp 1983259, 3ª S, 3.11.2022.*

QUESTÕES OBJETIVAS

66. (FGV/TJ/SC/Cartórios/Ingresso/2021) Antônio, funcionário público, no dia 2 de março de 2015, com 68 anos, praticou um crime de falso reconhecimento de firma em documento particular (pena: reclusão, de 1 a 3 anos, e multa). Descobertos os fatos e constatada a reincidência de Antônio, foi oferecida denúncia pelo Ministério Público, ocorrendo o recebimento da inicial em 10 de outubro de 2015. Após regular instrução, foi publicada sentença condenatória em 4 de abril de 2018, ocasião em que Antônio foi condenado à pena de reclusão de 1 ano e 2 meses, em regime inicial semiaberto. Nem a defesa nem o Ministério Público apresentaram recursos, ocorrendo o trânsito em julgado. Antônio somente veio a ser preso para cumprimento da sanção imposta em 3 de janeiro de 2020. Considerando as informações narradas, é correto afirmar que Antônio deverá:

a) ter reconhecida a extinção da punibilidade em razão da prescrição da pretensão punitiva, que afasta os efeitos penais primários da condenação, mas não os secundários.
b) ter reconhecida a extinção da punibilidade em razão da prescrição da pretensão executória, que afasta os efeitos penais primários e secundários da condenação.
c) ter reconhecida a extinção da punibilidade em razão da prescrição da pretensão punitiva, que afasta os efeitos penais primários e secundários da condenação.
d) cumprir a pena aplicada, pois houve prescrição da pretensão executória, mas essa somente afasta os efeitos penais secundários da condenação.
e) cumprir a pena aplicada, pois não houve prescrição da pretensão punitiva nem da executória.

67. (Ieses/TJ/RO/Cartórios/Remoção/2021) Segundo o artigo 117 do Código Penal brasileiro, o curso da prescrição interrompe-se, entre outros:

I. Pelo início ou continuação do cumprimento da pena.
II. Pela pronúncia.
III. Pela publicação da sentença ou acórdão condenatórios irrecorríveis.
IV. Pela remissão.

A sequência correta é:

a) Apenas a assertiva IV está incorreta.
b) Apenas as assertivas II e III estão corretas.
c) As assertivas I, II, III e IV estão corretas.
d) Apenas as assertivas I e II estão corretas.

68. (Vunesp/TJ/RS/Cartórios/Remoção/2019) É causa de extinção da punibilidade, nos estritos termos do art. 107 do CP:

a) a detração.
b) a absolvição.
c) o indulto.
d) o perdão, ainda que não aceito pelo ofendido, nos crimes de ação privada.
e) a remição.

69. (Ieses/TJ/CE/Cartórios/Ingresso/2018) É certo afirmar:

I. a prescrição, depois da sentença condenatória com trânsito em julgado para a acusação ou depois de improvido seu recurso, regula-se pela pena aplicada, não podendo, em nenhuma hipótese, ter por termo inicial data anterior à da denúncia ou queixa.
II. a representação será irretratável antes de oferecida a denúncia.
III. extingue-se a punibilidade pelo casamento do agente com a vítima, nos crimes contra os costumes, assim definidos pelo Código Penal na sua Parte Especial.
IV. a sentença que conceder perdão judicial não será considerada para efeitos de reincidência.

Analisando as proposições, pode-se afirmar:

a) somente as proposições II e III estão corretas.
b) somente as proposições II e IV estão corretas.
c) somente as proposições I e III estão corretas.
d) somente as proposições I e IV estão corretas.

70. (Consulplan/TJ/MG/Cartórios/Ingresso/2017) São causas interruptivas ou suspensivas da prescrição, exceto:

a) a suspensão do processo, nos termos do art. 89 da Lei n. 9.099/95.
b) a transação penal, prevista no art. 76 da Lei n. 9.099/95.
c) a citação por edital, nos termos do art. 366 do CPP.
d) a pronúncia, ainda que o Tribunal do Júri venha a desclassificar o crime.

8. DOS CRIMES C/ PESSOA

SÚMULAS

STF Súm. 594. Os direitos de queixa e de representação podem ser exercidos, independentemente, pelo ofendido ou por seu representante legal.

STF Súm. 714. É concorrente a legitimidade do ofendido, mediante queixa, e do Ministério Público, condicionada à representação do ofendido, para a ação penal por crime contra a honra de servidor público em razão do exercício de suas funções.

JURISPRUDÊNCIA EM TESES

1) Dos Crimes contra a Honra

STJ JurisTese 130-1. Para a configuração dos crimes contra a honra, exige-se a demonstração mínima do intento positivo e deliberado de ofender a honra alheia (dolo específico), o denominado "animus caluniandi, diffamandi vel injuriandi".

STJ JurisTese 130-2. Nos casos em que a inexistência da intenção específica de ofender a honra alheia é flagrante, admite-se, excepcionalmente, em sede de "habeas corpus", a análise da presença do dolo específico exigido para a caracterização dos crimes contra a honra.

STJ JurisTese 130-3. Para a caracterização do crime de calúnia, é indispensável que o agente que atribui a alguém fato definido como crime tenha conhecimento da falsidade da imputação.

STJ JurisTese 130-4. O crime de calúnia não se contenta com afirmações genéricas e de cunho abstrato, devendo a inicial acusatória conter a descrição de fato específico, marcado no tempo, que teria sido falsamente praticado pela pretensa vítima.

STJ JurisTese 130-5. O juízo de admissibilidade, o processamento e a instrução da exceção da verdade oposta em face de autoridades públicas com prerrogativa de foro devem ser feitos pelo próprio juízo da ação penal originária que, após a instrução dos autos, admitida a "exceptio veritatis", deve remetê-los à instância decorrente da prerrogativa de função para julgamento do mérito.

STJ JurisTese 130-6. Não se admite a exceção da verdade quando o excipiente não consegue demonstrar a veracidade da prática de conduta criminosa do excepto.

STJ JurisTese 130-7. Expressões eventualmente contumeliosas, quando proferidas em momento de exaltação, bem assim no exercício do direito de crítica ou de censura profissional, ainda que veementes, atuam como fatores de descaracterização do elemento subjetivo peculiar aos tipos penais definidores dos crimes contra a honra.

STJ JurisTese 130-8. A ampla liberdade de informação, opinião e crítica jornalística reconhecida constitucionalmente à imprensa não é um direito absoluto, encontrando limitações, tais como a preservação dos direitos da personalidade, nestes incluídos os direitos à honra, à imagem, à privacidade e à intimidade, sendo vedada a veiculação de críticas com a intenção de difamar, injuriar ou caluniar.

STJ **JurisTese 130-9.** A não recepção pela Constituição Federal de 1988 da Lei de Imprensa (Lei n. 5.250/1967) não implicou na "abolitio criminis" dos delitos contra a honra praticados por meio da imprensa, pois tais ilícitos permanecem tipificados na legislação penal comum.

STJ **JurisTese 130-11.** Os deputados federais e os senadores gozam de imunidade parlamentar material, o que afasta a tipicidade de eventuais condutas, em tese, ofensivas à honra praticadas no âmbito de suas atuações político-legislativas (art. 53 da CF/1988), prerrogativa estendida aos deputados estaduais, a teor do disposto no art. 27, § 1º, da CF/1988.

STJ **JurisTese 130-12.** A imunidade em favor do advogado, no exercício da sua atividade profissional, insculpida no art. 7º, § 2º, do Estatuto da OAB (Lei n. 8.906/1994), não abrange o crime de calúnia, restringindo-se aos delitos de injúria e difamação.

STJ **JurisTese 130-13.** A parte não responde por crime contra a honra decorrente de peças caluniosas, difamatórias ou injuriosas apresentadas em juízo por advogado credenciado.

2) Dos Crimes contra a Vida

STJ **JurisTese 75-1.** O ciúme, sem outras circunstâncias, não caracteriza motivo torpe.

INFORMATIVOS

STJ **Homicídio. Aplicação da qualificadora da paga. Mandantes. Inaplicabilidade. Princípio da legalidade. Conduta caracterizadora do concurso de pessoas.** A qualificadora da paga (art. 121, 2º, I, do CP) não é aplicável aos mandantes do homicídio, porque o pagamento é, para eles, a conduta que os integra no concurso de pessoas, mas não o motivo do crime. *REsp 1973397, 5ª T, 6.9.2022. Inf 748.*

STJ **Lesão corporal. Qualificadora. Deformidade permanente. Dano estético. Restrição às lesões físicas. Estresse pós-traumático e alteração permanente da personalidade. Não incidência.** A qualificadora prevista no art. 129, § 2º, IV, do CP (deformidade permanente) abrange somente lesões corporais que resultam em danos físicos. *HC 689921, 6ª T, 14.3.2022. Inf 728.*

STJ **Injúria. Internet. Utilização do "instagram direct". Caráter privado das mensagens. Indisponibilidade para acesso de terceiros. Consumação. Local em que a vítima tomou ciência das ofensas.** O crime de injúria praticado pela internet por mensagens privadas, as quais somente o autor e o destinatário têm acesso ao seu conteúdo, consuma-se no local em que a vítima tomou conhecimento do conteúdo ofensivo. *CC 184269, 3ª S, 9.2.2022. Inf 724.*

QUESTÕES OBJETIVAS

71. (Ieses/TJ/TO/Cartórios/Remoção/2022) Expor a perigo a vida ou a saúde de pessoa sob sua autoridade, guarda ou vigilância, para fim de educação, ensino, tratamento ou custódia, quer privando-a de alimentação ou cuidados indispensáveis, quer sujeitando-a a trabalho excessivo ou inadequado, quer abusando de meios de correção ou disciplina, é considerado crime de:

a) maus-tratos.
b) constrangimento ilegal.
c) redução à condição análoga à de escravo.
d) perseguição.

72. (Vunesp/TJ/SP/Cartórios/Ingresso/2022) Dos delitos previstos no Código Penal, assinale a alternativa que contém o tipo penal que prevê causa de aumento de pena quando o ato for praticado contra mulher em razão da condição do sexo feminino.

a) Constrangimento ilegal, considerando a causa de aumento de pena de até metade.
b) Tráfico de pessoas, considerando-se a hipótese de aumento de pena de um terço até metade.
c) Homicídio, considerando a causa de aumento de pena de até metade do feminicídio.
d) Perseguição, considerando-se a hipótese de aumento de pena de metade.

73. (Ieses/TJ/RO/Cartórios/Remoção/2021) São considerados crimes contra a honra, segundo a legislação penalista brasileira:

I. Injúria.
II. Calúnia.
III. Rixa. IV. Difamação.

A sequência correta é:

a) Apenas a assertiva III está incorreta.
b) As assertivas I, II, III e IV estão corretas.
c) Apenas as assertivas I, II e III estão corretas.
d) Apenas as assertivas II e III estão corretas.

74. (UFPR/TJ/PR/Cartórios/Remoção/2019) Uma mulher que, em razão de acordo verbal com os pais, cuida de uma criança percebe que esta caiu por caso fortuito num poço profundo e, embora esteja viva, precisa ser retirada por adultos. Voluntariamente, a mulher omite dos grupos de busca que tem conhecimento de onde se encontra a criança, que é considerada desaparecida. Passadas algumas horas, a criança morre por falta de alimentação. Assinale a alternativa que identifica o crime praticado pela mulher.

a) homicídio doloso por comissão (tipo comissivo).
b) homicídio doloso por omissão (tipo omissivo impróprio).
c) homicídio doloso por omissão (tipo omissivo próprio).
d) maus-tratos com resultado morte (tipo comissivo ou omissivo preterdoloso).
e) abandono de incapaz com resultado morte (tipo omissivo próprio preterdoloso).

75. (Ieses/TJ/SC/Cartórios/Ingresso/2019) Ricardo e Sueli, ambos maiores de idade, são adeptos de prática consistente em exibicionismo sexual. Extraem prazer em serem vistos por terceiros enquanto praticam sexo. Em certa oportunidade, obrigam a vizinha Juliana, de 16 anos de idade, mediante grave ameaça verbal, mas sem encostarem na adolescente, a observá-los enquanto praticam sexo. A conduta de Ricardo e Sueli encontra adequação típica:

a) no art. 147 do Código Penal, crime de ameaça.
b) no art. 218-A do Código Penal, crime de satisfação da lascívia mediante presença de criança ou adolescente.
c) no art. 215-A do Código Penal, crime de importunação sexual.
d) no art. 146 do Código Penal, crime de constrangimento ilegal.

76. (Ieses/TJ/CE/Cartórios/Remoção/2018) O ato de imputar fato ofensivo à reputação de alguém é tipificado como crime de:

a) difamação.
b) injuria racial.
c) calunia.
d) injuria.

77. (Consulplan/TJ/MG/Cartórios/Remoção/2017) Determinado indivíduo, sabendo que Dorotéia estava grávida, e assumindo conscientemente qualquer consequência que disso pudesse advir, desferiu nela golpes de faca na nuca, matando-a, e provocando também a morte do feto em face do aborto. Nesse caso, conforme jurisprudência consolidada no STJ, é correto afirmar que a hipótese é de:

a) homicídio e aborto provocado por terceiro, sendo que as penas devem ser aplicadas cumulativamente, em decorrência do concurso formal próprio.
b) duplo homicídio, caracterizando-se o concurso material, sendo que as penas devem ser somadas.

c) homicídio e aborto provocado por terceiro, devendo ser aplicada a pena mais grave, aumentada de 1/6 a 2/3, pela regra da continuidade delitiva.
d) homicídio e aborto provocado por terceiro, aplicando-se a pena nos moldes preconizados para o concurso formal imperfeito.

78. (Consulplan/TJ/MG/Cartórios/Remoção/2017) Analise as seguintes assertivas, sobre crimes contra a honra, e assinale a alternativa correta:

I. segundo o que preconiza o Código Penal, as penas cominadas aos crimes de calunia, injúria e difamação aumentam-se em um terço, se qualquer deles é cometido mediante paga ou promessa de recompensa.
II. conforme prevê o Código Penal, responde pelo crime de difamação apenas a pessoa que dá publicidade à ofensa irrogada em juízo, na discussão da causa, pela parte ou por seu procurador.
III. o crime de injúria simples é de natureza privada, e se procede mediante queixa, exceto quando cometido no contexto da Lei Maria da Penha, em que a ação penal é pública condicionada.
IV. no crime de calúnia, a exceção da verdade não é permitida se do crime imputado, embora de ação pública, o ofendido foi absolvido por sentença irrecorrível.

Está correto somente o que se afirma em:

a) I e III.
b) II e IV.
c) II e III.
d) I e IV.

79. (Consulplan/TJ/MG/Cartórios/Ingresso/2017) Acerca dos crimes contra a honra, não é correto afirmar:

a) aumenta-se a pena em 1/3 dos crimes contra a honra (calúnia, injúria e difamação) quando é praticado contra pessoa maior de 60 anos ou portadora de deficiência.
b) a ação é pública condicionada quando o crime contra a honra é praticado contra funcionário público, em razão de suas funções.
c) aplica-se a pena em dobro se o crime contra a honra é cometido mediante paga ou promessa de recompensa.
d) a queixa-crime por crime de calúnia pode ser oferecida por cônjuge, ascendente, descendente ou irmão do falecido ofendido.

9. DOS CRIMES C/ PATRIMÔNIO

SÚMULAS

1) Do Furto

STJ **Súm. 442.** É inadmissível aplicar, no furto qualificado, pelo concurso de agentes, a majorante do roubo.

STJ **Súm. 511.** É possível o reconhecimento do privilégio previsto no § 2º do art. 155 do CP nos casos de crime de furto qualificado, se estiverem presentes a primariedade do agente, o pequeno valor da coisa e a qualificadora for de ordem objetiva.

STJ **Súm. 567.** Sistema de vigilância realizado por monitoramento eletrônico ou por existência de segurança no interior de estabelecimento comercial, por si só, não torna impossível a configuração do crime de furto.

2) Do Roubo e da Extorsão

STF **Súm. 603.** A competência para o processo e julgamento de latrocínio é do juiz singular e não do tribunal do júri.

STF **Súm. 610.** Há crime de latrocínio, quando o homicídio se consuma, ainda que não se realize o agente a subtração de bens da vítima.

STJ **Súm. 96.** O crime de extorsão consuma-se independentemente da obtenção da vantagem indevida.

STJ **Súm. 443.** O aumento na terceira fase de aplicação da pena no crime de roubo circunstanciado exige fundamentação concreta, não sendo suficiente para a sua exasperação a mera indicação do número de majorantes.

STJ **Súm. 582.** Consuma-se o crime de roubo com a inversão da posse do bem mediante emprego de violência ou grave ameaça, ainda que por breve tempo e em seguida à perseguição imediata ao agente e recuperação da coisa roubada, sendo prescindível a posse mansa e pacífica ou desvigiada.

3) Da Apropriação Indébita

4) Do Estelionato e Outras Fraudes

STF **Súm. 246.** Comprovado não ter havido fraude, não se configura o crime de emissão de cheque sem fundos.

STF **Súm. 554.** O pagamento de cheque emitido sem provisão de fundos, após o recebimento da denúncia, não obsta ao prosseguimento da ação penal.

STJ **Súm. 17.** Quando o falso se exaure no estelionato, sem mais potencialidade lesiva, é por este absorvido.

STJ **Súm. 24.** Aplica-se ao crime de estelionato em que figure como vítima entidade autárquica da Previdência Social a qualificadora do § 3º do art. 171 do Código Penal.

STJ **Súm. 48.** Compete ao juízo do local da obtenção da vantagem ilícita processar e julgar crime de estelionato cometido mediante falsificação de cheque.

STJ **Súm. 73.** A utilização de papel moeda grosseiramente falsificado configura, em tese, o crime de estelionato, da competência da justiça estadual.

STJ **Súm. 107.** Compete à justiça comum estadual processar e julgar crime de estelionato praticado mediante falsificação das guias de recolhimento das contribuições previdenciárias, quando não ocorrente lesão à autarquia federal.

REPERCUSSÃO & REPETITIVOS

STJ **Repetitivo 1087.** A causa de aumento prevista no § 1º do art. 155 do Código Penal (prática do crime de furto no período noturno) não incide no crime de furto na sua forma qualificada (§ 4º). *REsp 1890981, 25.5.2022.*

STJ **Repetitivo 1110.** 1. Em razão da "novatio legis in mellius" engendrada pela Lei n. 13.654/2018, o emprego de arma branca, embora não configure mais causa de aumento do crime de roubo, poderá ser utilizado como fundamento para a majoração da pena-base, quando as circunstâncias do caso concreto assim justificarem. 2. O julgador deve fundamentar o novo apenamento ou justificar a não realização do incremento na basilar, nos termos do que dispõe o art. 387, II e III, do CPP. 3. Não cabe a esta Corte Superior a transposição valorativa da circunstância para a primeira fase da dosimetria ou mesmo compelir que o Tribunal de origem assim o faça, em razão da discricionariedade do julgador ao aplicar a "novatio legis in mellius". *REsp 1921190, 26.5.2022.*

STJ **Repetitivo 1144.** 1. Nos termos do § 1º do art. 155 do Código Penal, se o crime de furto é praticado durante o repouso noturno, a pena será aumentada de um terço. 2. O repouso noturno compreende o período em que a população se recolhe para descansar, devendo o julgador atentar-se às características do caso concreto. 3. A situação de repouso está configurada quando presente a condição de sossego/tranquilidade do período da noite, caso em que, em razão da diminuição ou precariedade de vigilância dos bens, ou, ainda, da menor capacidade de resistência da vítima, facilita-se a concretização do crime. 4. São irrelevantes os fatos de as vítimas estarem ou não dormindo no momento do crime, ou o local de sua ocorrência, em estabelecimento comercial, via pública, residência desabitada ou em veículos, bastando que o furto ocorra, obrigatoriamente, à noite e em situação de repouso. *REsp 1979989, 22.6.2022.*

JURISPRUDÊNCIA EM TESES

1) Do Furto

STJ **JurisTese 47-2.** Não há continuidade delitiva entre roubo e furto, porquanto, ainda que possam ser considerados delitos do mesmo gênero, não são da mesma espécie.

STJ **JurisTese 47-3.** O rompimento ou destruição do vidro do automóvel com a finalidade de subtrair objetos localizados em seu interior qualifica o furto.

STJ **JurisTese 47-4.** Todos os instrumentos utilizados como dispositivo para abrir fechadura são abrangidos pelo conceito de chave falsa, incluindo as mixas.

STJ **JurisTese 47-6.** A prática do delito de furto qualificado por escalada, destreza, rompimento de obstáculo ou concurso de agentes indica a reprovabilidade do comportamento do réu, sendo inaplicável o princípio da insignificância.

STJ **JurisTese 47-7.** O princípio da insignificância deve ser afastado nos casos em que o réu faz do crime o seu meio de vida, ainda que a coisa furtada seja de pequeno valor.

STJ **JurisTese 47-8.** Para reconhecimento do crime de furto privilegiado é indiferente que o bem furtado tenha sido restituído à vítima, pois o critério legal para o reconhecimento do privilégio é somente o pequeno valor da coisa subtraída.

STJ **JurisTese 47-9.** Para efeito da aplicação do princípio da bagatela, é imprescindível a distinção entre valor insignificante e pequeno valor, uma vez que o primeiro exclui o crime e o segundo pode caracterizar o furto privilegiado.

STJ **JurisTese 47-11.** Para a caracterização do furto privilegiado, além da primariedade do réu, o valor do bem subtraído não deve exceder à importância correspondente ao salário mínimo vigente à época dos fatos.

STJ **JurisTese 47-12.** O reconhecimento das qualificadoras da escalada e rompimento de obstáculo previstas no art. 155, § 4º, I e II, do CP exige a realização do exame pericial, salvo nas hipóteses de inexistência ou desaparecimento de vestígios, ou ainda se as circunstâncias do crime não permitirem a confecção do laudo.

STJ **JurisTese 47-13.** Reconhecido o privilégio no crime de furto, a fixação de um dos benefícios do § 2º do art. 155 do CP exige expressa fundamentação por parte do magistrado.

STJ **JurisTese 47-14.** A lesão jurídica resultante do crime de furto não pode ser considerada insignificante quando o valor dos bens subtraídos perfaz mais de 10% do salário mínimo vigente à época dos fatos.

STJ **JurisTese 47-15.** Nos casos de continuidade delitiva o valor a ser considerado para fins de concessão do privilégio (artigo 155, § 2º, do CP) ou do reconhecimento da insignificância é a soma dos bens subtraídos.

2) Do Roubo e da Extorsão

STJ **JurisTese 51-3.** Há concurso material entre os crime de roubo e extorsão quando o agente, após subtrair bens da vítima, mediante emprego de violência ou grave ameaça, a constrange a entregar o cartão bancário e a respectiva senha para sacar dinheiro de sua conta corrente.

STJ **JurisTese 51-4.** Não é possível reconhecer a continuidade delitiva entre os crimes de roubo e de extorsão, pois são infrações penais de espécies diferentes.

STJ **JurisTese 51-5.** O roubo praticado em um mesmo contexto fático, mediante uma só ação, contra vítimas diferentes, enseja o reconhecimento do concurso formal de crimes, e não a ocorrência de crime único.

STJ **JurisTese 51-6.** É prescindível a apreensão e perícia da arma de fogo para a caracterização de causa de aumento de pena prevista no art. 157, § 2º, I, do CP, quando evidenciado o seu emprego por outros meios de prova.

STJ **JurisTese 51-7.** Cabe a defesa o ônus da prova de demonstrar que a arma empregada para intimidar a vítima é desprovida de potencial lesivo.

STJ **JurisTese 51-8.** A utilização de arma sem potencialidade lesiva, atestada por perícia, como forma de intimidar a vítima no delito de roubo, caracteriza a elementar grave ameaça, porém, não permite o reconhecimento da majorante de pena.

STJ **JurisTese 51-9.** O crime de porte de arma é absorvido pelo de roubo quando restar evidenciado o nexo de dependência ou de subordinação entre as duas condutas e que os delitos foram praticados em um mesmo contexto fático, o que caracteriza o princípio da consunção.

STJ **JurisTese 51-10.** A gravidade do delito de roubo circunstanciado pelo concurso de pessoas e/ou emprego de arma de fogo não constitui motivação suficiente, por si só, para justificar a imposição de regime prisional mais gravoso, na medida em que constituem circunstâncias comuns à espécie.

STJ **JurisTese 51-11.** Não há continuidade delitiva entre roubo e furto, porquanto, ainda que possam ser considerados delitos do mesmo gênero, não são da mesma espécie.

STJ **JurisTese 51-12.** Não é possível o reconhecimento da continuidade delitiva entre os crimes de roubo e latrocínio pois, apesar de se tratar de delitos do mesmo gênero, não são da mesma espécie, devendo incidir a regra do concurso material.

STJ **JurisTese 51-13.** Há tentativa de latrocínio quando a morte da vítima não se consuma por razões alheias à vontade do agente.

STJ **JurisTese 51-15.** Há concurso formal impróprio no crime de latrocínio nas hipóteses em que o agente, mediante uma única subtração patrimonial provoca, com desígnios autônomos, dois ou mais resultados morte.

STJ **JurisTese 51-16.** Nos crimes de roubo praticados em detrimento da Empresa Brasileira de Correios e Telégrafos a fixação da competência é verificada de acordo com a natureza econômica do serviço prestado na forma de agência própria, cuja competência é da Justiça Federal; ou na forma de franquia, explorada por particulares, hipótese em que a Justiça Estadual terá competência para julgamento dos processos.

STJ **JurisTese 87-1.** O crime de extorsão é formal e consuma-se no momento em que a violência ou a grave ameaça é exercida, independentemente da obtenção da vantagem indevida.

STJ **JurisTese 87-2.** No crime de extorsão, a ameaça a que se refere o caput do art. 158 do CP, exercida com o fim de obter a indevida vantagem econômica, pode ter por conteúdo grave dano aos bens da vítima.

STJ **JurisTese 197-9.** A incidência dos benefícios previstos no art. 159 do Código Penal é obrigatória se preenchidos os requisitos da delação premiada.

3) Do Dano

STJ **JurisTese 87-3.** O delito de dano ao patrimônio público, quando praticado por preso para facilitar a fuga do estabelecimento prisional, demanda a demonstração do dolo específico de causar prejuízo ao bem público ("animus nocendi"), sem o qual a conduta é atípica.

STJ **JurisTese 87-4.** A ausência de menção expressa ao patrimônio do Distrito Federal no art. 163, parágrafo único, III, do Código Penal torna inviável a configuração da forma qualificada do crime de dano quando o bem danificado for distrital, em virtude da vedação da analogia "in malam partem" no sistema penal brasileiro.

STJ **JurisTese 87-5.** Não é possível a aplicação do princípio da insignificância nas hipóteses de dano qualificado, quando o prejuízo ao patrimônio público atingir outros bens de relevância social e tornar evidente o elevado grau de periculosidade social da ação e de reprovabilidade da conduta do agente.

4) Da Apropriação Indébita

STJ **JurisTese 87-6.** O crime de apropriação indébita previdenciária (art. 168-A do CP) é de natureza material e exige a constituição definitiva do débito tributário perante o âmbito administrativo para configurar-se como conduta típica.

STJ **JurisTese 87-7.** O delito de apropriação indébita previdenciária constitui crime omissivo próprio, que se perfaz com a mera omissão de recolhimento da contribuição previdenciária dentro do prazo e das formas legais, prescindindo, portanto, do dolo específico.

STJ **JurisTese 87-8.** A apropriação indébita previdenciária é crime instantâneo e unissubsistente, sendo a mera omissão de recolhimento da contribuição previdenciária dentro do prazo e das formas legais suficiente para a caracterização da continuidade delitiva.

STJ **JurisTese 87-9.** É possível o reconhecimento da continuidade delitiva de crimes de apropriação indébita previdenciária (art. 168-A do CP), bem como entre o crime de apropriação indébita previdenciária e o crime de sonegação previdenciária (art. 337-A do CP) praticados na administração de empresas distintas, mas pertencentes ao mesmo grupo econômico.

STJ **JurisTese 87-10.** O pagamento integral dos débitos oriundos de apropriação indébita previdenciária, ainda que efetuado após o recebimento da denúncia, mas antes do trânsito em julgado da sentença condenatória, extingue a punibilidade, nos termos do art. 9º, § 2º, da Lei n. 10.684/03.

STJ **JurisTese 87-11.** Aplica-se o princípio da insignificância ao crime de apropriação indébita previdenciária, quando, na ocasião do delito, o valor do débito com a Previdência Social não ultrapassar o montante de R$ 10.000,00 (dez mil reais), previsto no art. 20 da Lei n. 10.522/2002.

5) Do Estelionato e Outras Fraudes

STJ **JurisTese 84-2.** O princípio da insignificância é inaplicável ao crime de estelionato quando cometido contra a administração pública, uma vez que a conduta ofende o patrimônio público, a moral administrativa e a fé pública, possuindo elevado grau de reprovabilidade.

STJ **JurisTese 84-4.** O delito de estelionato previdenciário (art. 171, § 3º do CP), praticado pelo próprio beneficiário, tem natureza de crime permanente uma vez que a ofensa ao bem jurídico tutelado é reiterada, iniciando-se a contagem do prazo prescricional com o último recebimento indevido da remuneração.

STJ JurisTese 84-5. O delito de estelionato previdenciário, praticado para que terceira pessoa se beneficie indevidamente, é crime instantâneo com efeitos permanentes, iniciando-se a contagem do prazo prescricional a partir da primeira parcela do pagamento relativo ao benefício indevido.

STJ JurisTese 84-6. Aplica-se a regra da continuidade delitiva (art. 71 do CP) ao crime de estelionato previdenciário praticado por terceiro, que após a morte do beneficiário segue recebendo o benefício regularmente concedido ao segurado, como se este fosse, sacando a prestação previdenciária por meio de cartão magnético todos os meses.

STJ JurisTese 84-7. A devolução à Previdência Social da vantagem percebida ilicitamente, antes do recebimento da denúncia, não extingue a punibilidade do crime de estelionato previdenciário, podendo, eventualmente, caracterizar arrependimento posterior, previsto no art. 16 do CP.

STJ JurisTese 84-8. O ressarcimento integral do dano no crime de estelionato, na sua forma fundamental (art. 171, caput, do CP), não enseja a extinção da punibilidade, salvo nos casos de emissão de cheque sem fundos, em que a reparação ocorra antes do oferecimento da denúncia (art. 171, § 2º, VI, do CP).

STJ JurisTese 84-9. O delito de estelionato é consumado no local em que se verifica o prejuízo à vítima.

STJ JurisTese 84-11. A emissão de cheques pré-datados, como garantia de dívida e não como ordem de pagamento à vista, não constitui crime de estelionato previsto no art. 171, § 2º, VI, do CP, uma vez que a matéria deixa de ter interesse penal quando não há fraude, conforme a Súmula n. 246/STF.

6) Da Receptação

STJ JurisTese 87-12. O delito de receptação (art. 180 do CP), nas modalidades transportar, conduzir ou ocultar, é crime permanente, cujo flagrante perdura enquanto o agente se mantiver na posse do bem que sabe ser produto de crime.

STJ JurisTese 87-13. No crime de receptação, se o bem houver sido apreendido em poder do acusado, caberá à defesa apresentar prova acerca da origem lícita da res ou de sua conduta culposa (art. 156 do CPP), sem que se possa falar em inversão do ônus da prova.

STJ JurisTese 87-14. Talonário de cheques pode ser objeto material do crime de receptação, dada a existência de valor econômico do bem e a possibilidade de posterior utilização fraudulenta para obtenção de vantagem ilícita.

STJ JurisTese 87-15. É inaplicável o princípio da consunção entre os crimes de receptação e porte ilegal de arma de fogo por serem delitos autônomos e de natureza jurídica distinta, devendo o agente responder por ambos os delitos em concurso material.

STJ JurisTese 87-16. Justifica-se a opção do legislador pela imposição de pena mais grave ao delito de receptação qualificada em relação à figura simples pois a comercialização ou industrialização do produto de origem ilícita lesiona o mercado e os consumidores.

INFORMATIVOS

STJ Furto. Não punibilidade. Maus antecedentes. Ausência de habitualidade. Análise singularizada do caso concreto. Princípio da insignificância. Incidência. Admite-se reconhecer a não punibilidade de um furto de coisa com valor insignificante, ainda que presentes antecedentes penais do agente, se não denotarem estes tratar-se de alguém que se dedica, com habitualidade, a cometer crimes patrimoniais. *AgRg no REsp 1986729, 6ª T, 30.6.2022. Inf 744.*

STJ Furto qualificado. Escalada. Prova inconteste. Laudo pericial. Dispensabilidade. Excepcionalmente, presentes nos autos elementos aptos a comprovar a escalada de forma inconteste, a prova pericial torna-se prescindível. *AgRg no REsp 1895487, 6ª T, 2.5.2022. Inf 735.*

STJ Roubo. Circunstâncias do crime. Delito praticado no interior de ônibus vazio. Simulacro de arma de fogo. Periculosidade normal do tipo. Elevação da reprimenda. Inidoneidade. O roubo em transporte coletivo vazio é circunstância concreta que não justifica a elevação da pena-base. *AgRg no HC 693887, 5ª T, 21.2.2022. Inf 727.*

QUESTÕES DISCURSIVAS

2. (Ieses/TJ/AM/Cartórios/2018) "Doberval", na qualidade de advogado constituído por "Admastor", com escritório na cidade de "Algodão Doce", sacou, por RPV, legalmente na boca do caixa o valor de R$ 800,00 (oitocentos reais), junto a agência do Banco do Brasil localizada na cidade de "Pipoca", decorrente de uma ação civil em face da União – Fazenda Nacional em razão de imposto de renda, que correu perante o juizado especial federal localizado na cidade de "Caramelo". Passados seis (6) meses do saque Doberval não prestou contas deste para o seu cliente e nem lhe fez o devido repasse da importância, mesmo tendo sido no seu escritório, por notificação extrajudicial, dele, questionado por Admastor, apresentando, assim, em face do seu patrono um boletim de ocorrência perante a Polícia Federal. Diante do caso acima narrado, pergunta-se: (i) Há na conduta de Doberval matéria de interesse penal? (ii) Havendo "no caso narrado" matéria de interesse penal, qual o tipo penal infringido, aonde e quando se consumou o delito e, quais os critérios legais deve o magistrado considerar para a aplicação de uma eventual pena? (iii) Considerando os fatos e a existência do boletim de ocorrência ofertado, quem detém legitimidade para a investigação criminal? (iv) Explique as suas respostas de forma fundamentada.

3. (Consulplan/TJ/MG/Cartórios/Ingresso/2016) Nos meses de maio, junho e julho de 2013, José e João subtraíram diversos veículos que estavam estacionados em via pública, utilizando uma chave micha, e os repassaram a Joaquim, que era o responsável pelo desmanche. José e João foram presos em 15 agosto de 2013, quando tentavam furtar mais um veículo. Após a prisão, apontaram Joaquim como a pessoa que recebia os veículos furtados pela dupla e que estava aguardando em local combinado, como sempre. Além disso, segundo apurou-se durante o inquérito policial, José, João e Joaquim se conheceram em janeiro de 2013, na Penitenciária, onde estiveram presos, ocasião em que se organizaram e combinaram que, em liberdade, passariam a agir juntos. Como José e João detinham habilidades propícias, seriam responsáveis pelos furtos, enquanto Joaquim, que possuía local apropriado na cidade e detinha conhecimento técnico, seria o responsável pelo desmanche dos veículos, para que fossem revendidas as peças em outra cidade e o lucro partilhado por todos. Os fatos narrados tipificam qual ou quais crimes? Há concurso material com os crimes de "associação criminosa" ou "organização criminosa" e "formação de quadrilha"? Fundamente sua resposta, demonstrando conhecimento acerca dos institutos jurídicos aplicáveis ao caso e indicando os dispositivos legais pertinentes.

QUESTÕES OBJETIVAS

80. (FGV/TJ/SC/Cartórios/Ingresso/2021) Com a ajuda de funcionários de determinada serventia extrajudicial, Pablo obteve certidão com conteúdo falso que permitiria que realizasse diversos negócios jurídicos fraudulentos em prejuízo de terceiros. Com a certidão em mãos, Pablo realizou negócio jurídico com Vitor, vindo a causar neste o prejuízo de R$ 50.000,00, pois apenas após o pagamento dos valores, Vitor tomou conhecimento de que a certidão era falsa e que Pablo não poderia realizar o negócio. Na semana seguinte, no mesmo local e com o mesmo modus operandi, Pablo novamente apresentou a certidão falsa, dessa vez para Vanessa, pretendendo realizar negociação semelhante àquela feita com Vitor. Vanessa, contudo, desconfiou da veracidade da certidão e informou os fatos à autoridade policial, sendo constatada a falsidade antes do pagamento dos valores. Vanessa e Vitor manifestaram interesse em ver Pablo responsabilizado por seus atos. Considerando apenas as informações expostas, é correto afirmar que Pablo deverá ser responsabilizado por:

a) dois crimes de estelionato consumados apenas, diante da natureza formal do delito, não podendo ser reconhecida a continuidade delitiva em razão da pluralidade de vítimas.
b) dois crimes de estelionato consumados, diante da natureza formal do delito, além do crime de falsidade, já que a potencialidade lesiva do falso não se exauriu.
c) dois crimes de estelionato consumados apenas, diante da natureza formal do delito, podendo ser reconhecida a continuidade delitiva.
d) um crime de estelionato consumado e um tentado, além do delito de falsidade, já que a potencialidade lesiva do falso não se exauriu.
e) um crime de estelionato consumado e um tentado, apenas, aplicando-se o princípio da consunção em relação ao falso.

81. (FGV/TJ/SC/Cartórios/Ingresso/2021) A sanção penal é a principal consequência do reconhecimento da prática de um fato típico, ilícito e culpável. Como regra, em sendo punível o crime praticado, surge para o Estado o direito de exercer o poder de punir. O Código Penal prevê sanções penais de diferentes espécies, além de diversas regras para sua aplicação. Sobre o tema, de acordo com as previsões do Código Penal, é correto afirmar que:

a) a pena restritiva de direitos de prestação de serviços à comunidade, quando descumprida injustificadamente, poderá levar à conversão em pena privativa de liberdade, não sendo deduzido o tempo de pena restritiva de direito cumprido.
b) a reparação integral do dano em crime de roubo, de maneira espontânea, antes do recebimento da denúncia, poderá funcionar como atenuante da pena, mas não como causa de diminuição do arrependimento posterior.
c) a agravante da reincidência nunca poderá ser compensada com atenuante da confissão, já que aquela é preponderante.
d) o não pagamento da multa aplicada como pena principal importará em conversão em pena privativa de liberdade.
e) a embriaguez culposa afasta a culpabilidade, enquanto a preordenada funciona como agravante de pena.

82. (FGV/TJ/SC/Cartórios/Ingresso/2021) No interior de serventia extrajudicial, Joana buscava obter determinada certidão. Enquanto aguardava o funcionário, verificou que, do lado de dentro do balcão, havia um compartimento com moedas que eram utilizadas para facilitar a entrega de troco aos clientes. Diante da facilidade da situação, aproveitou para subtrair R$ 60,00 em moedas, valor que seria utilizado para comprar um presente de aniversário para sua filha. Ocorre que a conduta de Joana foi registrada pelas câmeras de segurança, chegando os fatos ao conhecimento da autoridade policial. Foi constatado, ainda, que Joana era primária, sem qualquer envolvimento pretérito com o aparato policial ou judicial. Considerando apenas as informações expostas, a conduta praticada por Joana se adequaria, abstratamente, ao delito de:

a) peculato, sendo inaplicável o princípio da insignificância em razão da natureza de crime contra a Administração Pública.
b) peculato, podendo ser aplicado o princípio da insignificância, que afastaria a tipicidade da conduta.
c) peculato, podendo ser aplicado o princípio da insignificância, que afastaria a culpabilidade da agente.
d) furto, podendo ser aplicado o princípio da insignificância, que afastaria a tipicidade da conduta.
e) furto, podendo ser aplicado o princípio da insignificância, que afastaria a culpabilidade da agente.

83. (Ieses/TJ/AM/Cartórios/Ingresso/2018) O crime descrito no art. 168-A do Código Penal que trata da apropriação indébita previdenciária é classificado como:

a) comissivo próprio.
b) comissivo impróprio.
c) omissivo impróprio.
d) omissivo próprio.

84. (Vunesp/TJ/SP/Cartórios/Ingresso/2018) No roubo, a pena é aumentada:

a) se o agente comete o crime sob coação a que podia resistir.
b) se o agente, ao tempo da ação, se encontrava em estado de embriaguez, voluntária ou culposa, pelo álcool ou substância de efeitos análogos.
c) se o agente mantém a vítima em seu poder, restringindo sua liberdade.
d) durante o repouso noturno.

85. (Ieses/TJ/RO/Cartórios/Ingresso/2017) De acordo com os tipos penais previstos no Código Penal, é incorreto afirmar:

a) visando conferir maior proteção em razão da vulnerabilidade apresentada, o Código Penal determina que a pena deva ser dobrada, caso o crime de estelionato seja cometido contra idoso.
b) exigir ou receber, como garantia de dívida, abusando da situação de alguém, documento que pode dar causa a procedimento criminal contra a vítima ou contra terceiro caracteriza a prática do crime denominado Extorsão Indireta.
c) destruir, inutilizar ou deteriorar coisa alheia por motivo egoístico ou com prejuízo considerável para a vítima constitui crime processado mediante ação penal privada.
d) repetindo previsão específica contida no crime de furto, o legislador pátrio fez incidir no delito de roubo uma qualificadora caso haja subtração de veículo automotor que venha a ser transportado para outro Estado ou para o exterior.

10. DOS CRIMES C/ DIGNIDADE SEXUAL

SÚMULAS

STJ Súm. 593. O crime de estupro de vulnerável se configura com a conjunção carnal ou prática de ato libidinoso com menor de 14 anos, sendo irrelevante eventual consentimento da vítima para a prática do ato, sua experiência sexual anterior ou existência de relacionamento amoroso com o agente.

REPERCUSSÃO & REPETITIVOS

STJ Repetitivo 1121. Presente o dolo específico de satisfazer à lascívia, própria ou de terceiro, a prática de ato libidinoso com menor de 14 anos configura o crime de estupro de vulnerável (art. 217-A do CP), independentemente da ligeireza ou da superficialidade da conduta, não sendo possível a desclassificação para o delito de importunação sexual (art. 215-A do CP). *REsp 1959697, 8.6.2022.*

JURISPRUDÊNCIA EM TESES

1) Dos Crimes contra a Liberdade Sexual (arts. 213 a 216-A)

STJ JurisTese 151-4. Os crimes de estupro e de atentado violento ao pudor foram reunidos em um único dispositivo após a edição da Lei n. 12.015/2009, não ocorrendo "abolitio criminis" do delito do art. 214 do Código Penal – CP, diante do princípio da continuidade normativa.

STJ JurisTese 151-5. Por força da aplicação do princípio da retroatividade da lei penal mais benéfica, a Lei n. 12.015/2009 deve alcançar os delitos previstos nos arts. 213 e 214 do Código Penal, cometidos antes de sua vigência.

STJ JurisTese 151-6. Após o advento da Lei n. 12.015/2009, que tipificou no mesmo dispositivo penal (art. 213 do CP) os crimes de estupro e de atentado violento ao pudor, é possível o reconhecimento de crime único entre as condutas, desde que tenham sido praticadas contra a mesma vítima e no mesmo contexto-fático.

STJ JurisTese 151-11. O beijo lascivo integra o rol de atos libidinosos e configura o crime de estupro se obtido mediante emprego de força física do agressor contra vítima maior de 14 anos.

STJ JurisTese 152-5. É possível a configuração do crime de assédio sexual (art. 216-A do CP) na relação entre professor e aluno.

STJ JurisTese 152-9. O fato de o ofensor valer-se de relações domésticas para a prática do crime de estupro não pode, ao mesmo tempo, ser usado como circunstância judicial desfavorável (art. 59 do CP) e como agravante genérica (art. 61, II, f, do CP), sob pena de "bis in idem".

STJ JurisTese 153-1. Aquele que adere à determinação do comparsa e contribui para a consumação crime de estupro, ainda que não tenha praticado a conduta descrita no tipo penal, incide nas penas a ele cominadas, nos exatos termos do art. 29 do Código Penal.

STJ JurisTese 153-3. Nos crimes de estupro ou de atentado violento ao pudor praticados com violência presumida, não incide a regra da continuidade delitiva específica (art. 71, parágrafo único, do CP), que condiciona a sua incidência às situações de emprego de violência real.

STJ JurisTese 153-12. Reconhecida a existência de crime único entre as condutas descritas nos art. 213 e art. 214 do CP, unificadas pela Lei n. 12.015/2009 na redação do novo art. 213, compete ao Juízo das Execuções o redimensionamento de pena imposta ao condenado, conforme a Súmula n. 611 do Supremo Tribunal Federal.

2) Dos Crimes Sexuais contra Vulnerável (arts. 217-A a 218-B)

STJ JurisTese 151-9. O estado de sono, que diminua a capacidade da vítima de oferecer resistência, caracteriza a vulnerabilidade prevista no art. 217-A, § 1º, do Código Penal – CP.

STJ JurisTese 151-10. No crime de estupro em que a vulnerabilidade é decorrente de enfermidade ou deficiência mental (art. 217-A, § 1º, do CP), o magistrado não está vinculado à existência de laudo pericial para aferir a existência de discernimento ou a possibilidade de oferecer resistência à prática sexual, desde que a decisão esteja devidamente fundamentada, em virtude do princípio do livre convencimento motivado.

STJ JurisTese 152-2. Em razão do princípio da especialidade, é descabida a desclassificação do crime de estupro de vulnerável (art. 217-A do Código Penal – CP) para o crime de importunação sexual (art. 215-A do CP), uma vez que este é praticado sem violência ou grave ameaça, e aquele traz ínsito ao seu tipo penal a presunção absoluta de violência ou de grave ameaça.

STJ JurisTese 152-3. O delito de estupro de vulnerável (art. 217-A do CP) se consuma com a prática de qualquer ato de libidinagem ofensivo à dignidade sexual da vítima.

STJ JurisTese 152-4. A contemplação lasciva configura o ato libidinoso constitutivo dos tipos dos art. 213 e art. 217-A do CP, sendo irrelevante, para a consumação dos delitos, que haja contato físico entre ofensor e vítima.

STJ JurisTese 152-8. No estupro de vulnerável (art. 217-A, caput, do CP), a condição de a vítima ser criança é elemento ínsito ao tipo penal, tornando impossível a aplicação da agravante genérica prevista no art. 61, II, h, do Código Penal Brasileiro, sob pena de "bis in idem".

STJ JurisTese 152-10. No estupro de vulnerável, o trauma psicológico que justifica a valoração negativa das consequências do crime (art. 59 do CP) é aquele cuja intensidade for superior à inerente ao tipo penal.

STJ JurisTese 152-11. No estupro de vulnerável, a tenra idade da vítima pode ser utilizada como circunstância judicial do art. 59 do CP e, portanto, incidir sobre a pena-base do réu.

STJ JurisTese 153-4. A orientação da Súmula n. 593/STJ não importa na retroatividade de lei penal mais gravosa ("novatio legis in pejus") e apresenta adequada interpretação jurisprudencial das modificações introduzidas pela Lei n. 12.015/2009.

STJ JurisTese 153-5. A prática de conjunção carnal ou de atos libidinosos diversos contra vítima imobilizada configura o crime de estupro de vulnerável do art. 217-A, § 1º, do CP, ante a impossibilidade de oferecer resistência ao emprego de violência sexual.

STJ JurisTese 153-7. Com o advento da Lei n. 12.015/2009, o crime de corrupção sexual de maiores de 14 e menores de 18 anos, previsto na redação anterior do art. 218 do CP, deixou de ser tipificado, ensejando "abolitio criminis".

STJ JurisTese 153-6. O avançado estado de embriaguez da vítima, que lhe retire a capacidade de oferecer resistência, é circunstância apta a revelar sua vulnerabilidade e, assim, configurar a prática do crime de estupro previsto no § 1º do art. 217-A do Código Penal.

STJ JurisTese 153-8. No crime de favorecimento da prostituição ou outra forma de exploração sexual (art. 218-B do CP), a vulnerabilidade relativa do menor de 18 anos deve ser aferida pela inexistência do necessário discernimento para a prática do ato ou pela impossibilidade de oferecer resistência, inclusive por más condições financeiras.

STJ JurisTese 153-9. A conduta daquele que pratica conjunção carnal ou outro ato libidinoso com menor de 18 anos e maior de 14 anos em situação de prostituição ou de exploração sexual somente foi tipificada com a entrada em vigor da Lei n. 12.015/2009, que incluiu o art. 218-B, § 2º, I, no CP, não podendo a lei retroagir para incriminar atos praticados antes de sua entrada em vigor.

STJ JurisTese 153-11. O juizado especial de violência doméstica é competente para julgar e processar o delito de estupro de vulnerável (art. 217-A do CP) quando estiver presente a motivação de gênero ou quando a vulnerabilidade da vítima for decorrente da sua condição de mulher.

3) Disposições Gerais (arts. 223 a 226)

STJ JurisTese 151-7. Sob a normativa anterior à Lei n. 12.015/2009, na antiga redação do art. 224, a, do CP, já era absoluta a presunção de violência nos crimes de estupro e de atentado violento ao pudor quando a vítima não fosse maior de 14 anos de idade, ainda que esta anuísse voluntariamente ao ato sexual.

STJ JurisTese 152-6. A prática de crime contra a dignidade sexual por professor faz incidir a causa de aumento de pena prevista no art. 226, II, do Código Penal, por sua evidente posição de autoridade e ascendência sobre os alunos.

STJ JurisTese 152-7. Não há "bis in idem" na incidência da agravante genérica do art. 61, II, f, concomitantemente com a causa de aumento de pena do art. 226, II, ambas do CP, no crime de estupro.

4) Disposições Gerais (arts. 234-A a 234-B)

STJ JurisTese 153-10. O segredo de justiça previsto no art. 234-B do Código Penal abrange o autor e a vítima de crimes sexuais, devendo constar da autuação apenas as iniciais de seus nomes.

QUESTÕES OBJETIVAS

86. (Ieses/TJ/RO/Cartórios/Ingresso/2021) Sobre os crimes contra a dignidade sexual previstos no Código Penal, responda:

a) O tráfico de pessoas para fins de exploração sexual se encontra previsto no Título dos Crimes contra a Dignidade Sexual.
b) A jurisprudência atual dos Tribunais Superiores afasta a tipicidade do delito de Manutenção de Casa de Prostituição, previsto no artigo 229, em função da adequação social da conduta.
c) Os crimes contra a Dignidade Sexual se processam, em regra, por ação penal pública incondicionada, à exceção do crime de estupro, que depende de representação da vítima.
d) O delito de estupro de vulnerável, previsto no artigo 217-A, independe da ocorrência de lesões na vítima, uma vez que a violência é presumida.

11. DOS CRIMES C/ FAMÍLIA

INFORMATIVOS

STJ Inadimplemento de pensão alimentícia judicialmente fixada. Hipossuficiência econômica. Justa causa. Inexistência de dolo. Crime de abandono material. Art. 244 do CP. Não configuração. O inadimplemento de pensão alimentícia apenas configura crime de abandono material quando o agente possui recursos para prover o pagamento e deixa de fazê-lo propositadamente. *Proc. segredo justiça, 6ª T, 17.10.2022. Inf 758.*

QUESTÕES OBJETIVAS

87. (FGV/TJ/SC/Cartórios/Ingresso/2021) Romeu, casado com Julia e residente na cidade do Rio de Janeiro, aceitou uma oferta de emprego para atuar na cidade de Blumenau. Acordou com a esposa que passaria seis meses em Santa Catarina, retornando para o Rio de Janeiro em seguida. Ocorre que, em Blumenau, acabou por se apaixonar por Paola, com ela realizando um casamento civil. Apenas após o registro de seu casamento, Paola tomou conhecimento do casamento anterior de Romeu e informou Julia sobre o ocorrido. Julia, revoltada, levou os fatos ao conhecimento do Ministério Público. Considerando apenas a situação narrada, é correto afirmar que Romeu:

a) não praticou crime de bigamia, mas responderá por falsidade ideológica por ter declarado não ser casado por ocasião da apresentação da documentação exigida.
b) praticou crime de bigamia em concurso de agentes com Paola, que, todavia, responderá pela forma privilegiada, com sanção penal mais branda.
c) praticou crime de bigamia em concurso de agentes com Paola, sendo prevista para ambos a mesma sanção penal em abstrato.
d) não praticou crime algum, mas mero ilícito civil, aplicando-se o princípio da subsidiariedade do Direito Penal.
e) praticou crime de bigamia, sendo atípica a conduta de Paola.

88. (Ieses/TJ/SC/Cartórios/Remoção/2019) É correto afirmar que a conduta de contrair alguém, sendo casado, novo casamento:

a) Constituiu, no passado, crime de bigamia, estando atualmente revogado o tipo penal.
b) Encontra adequação típica formal no delito de bigamia, ainda que esteja separado judicialmente.
c) Constitui crime de bigamia, ainda que posteriormente venha a ser anulado o primeiro casamento, não servindo tal anulação posterior para fazer cessar os efeitos penais do delito já consumado.
d) Não constitui crime de bigamia, se ambos os contraentes já estiverem separados judicialmente e souberem da condição do outro.

12. DOS CRIMES C/ PAZ PÚBLICA

QUESTÕES OBJETIVAS

89. (UFPR/TJ/PR/Cartórios/Ingresso/2019) "O conceito de bem jurídico é bastante recente no Direito Penal, apontando-se o século XIX como o ponto de partida. (RANGEL; BACILA, 2015). Bem jurídico, portanto, é um interesse relevante tutelado pelo direito. É um bem jurídico tutelado no delito de Associação Criminosa previsto no artigo 288 do Código penal:

a) fé pública.
b) patrimônio público.
c) costumes.
d) paz pública.
e) incolumidade pública.

90. (Ieses/TJ/SC/Cartórios/Ingresso/2019) Acerca do delito de associação criminosa, do art. 288 do Código Penal, é correto afirmar:

a) Sua configuração exige a associação de mais de três pessoas para o fim específico de cometer crimes, consumando-se independentemente de prévia condenação de quaisquer de seus membros pela prática de quaisquer dos crimes para os quais a associação foi estabelecida.
b) Sua configuração exige a associação de mais de três pessoas para o fim específico de cometer crimes e a condenação de ao menos um de seus membros por, no mínimo, um desses crimes para os quais a associação foi estabelecida, ainda que não se comprove a reiteração criminosa.
c) Sua configuração exige a associação de três ou mais pessoas para o fim específico de cometer crimes e a condenação de ao menos um de seus membros por, no mínimo, um desses crimes para os quais a associação foi estabelecida, ainda que não se comprove a reiteração criminosa.
d) Sua configuração exige a associação de três ou mais pessoas para o fim específico de cometer crimes, consumando-se independentemente de prévia condenação de quaisquer de seus membros pela prática de quaisquer dos crimes para os quais a associação foi estabelecida.

13. DOS CRIMES C/ FÉ PÚBLICA

SÚMULAS

STJ **Súm. 17.** Quando o falso se exaure no estelionato, sem mais potencialidade lesiva, é por este absorvido.

STJ **Súm. 62.** Compete à justiça estadual processar e julgar o crime de falsa anotação na Carteira de Trabalho e Previdência Social, atribuído a empresa privada.

STJ **Súm. 73.** A utilização de papel moeda grosseiramente falsificado configura, em tese, o crime de estelionato, da competência da justiça estadual.

STJ **Súm. 104.** Compete à justiça estadual o processo e julgamento dos crimes de falsificação e uso de documento falso relativo a estabelecimento particular de ensino.

STJ **Súm. 200.** O juízo federal competente para processar e julgar acusado de crime de uso de passaporte falso é o do lugar onde o delito se consumou.

STJ **Súm. 522.** A conduta de atribuir-se falsa identidade perante autoridade policial é típica, ainda que em situação de alegada autodefesa.

STJ **Súm. 546.** A competência para processar e julgar o crime de uso de documento falso é firmada em razão da entidade ou órgão ao qual foi apresentado o documento público, não importando a qualificação do órgão expedidor.

REPERCUSSÃO & REPETITIVOS

STF **Rep. Geral 1003.** É inconstitucional a aplicação do preceito secundário do art. 273 do Código Penal, com redação dada pela Lei 9.677/1998 (reclusão, de 10 a 15 anos, e multa), à hipótese prevista no seu § 1º-B, I, que versa sobre a importação de medicamento sem registro no órgão de vigilância sanitária. Para esta situação específica, fica repristinado o preceito secundário do art. 273, na redação originária (reclusão, de 1 a 3 anos, e multa). *RE 979962, 24.3.2021.*

QUESTÕES DISCURSIVAS

4. (Consulplan/TJ/MG/Cartórios/Remoção/2019) Mévio, estudante de direito de faculdade privada, mostra-se desgostoso com a longa duração do curso e resolve, por assim dizer, "antecipar" a formatura. Para tanto, adquire de terceira pessoa um diploma da instituição de ensino a que pertence, materialmente falsificado e o utiliza para proceder à inscrição no Exame de Ordem, no qual obtém aprovação. Posteriormente, a fraude é descoberta e Mévio tem o registro cassado, já que sequer colara grau como bacharel. Acerca do fato narrado e das disposições legais e doutrinárias sobre as diversas formas do "falsum", responda, fundamentadamente: (a) Que crime(s) cometeu Mévio? (b) Diferencie falso material de falso ideológico.

5. (FMP/TJ/MT/Cartórios/Ingresso/2014) Disserte sobre os crimes de falsidade e o concurso aparente de normas em sua aplicação prática.

6. (FMP/TJ/MT/Cartórios/Remoção/2014) "A", responsável pelo setor de reconhecimento de firma do Tabelionato X, reconhece, por descuido no momento da conferência, como verdadeira, firma de um documento a qual depois se demonstrou ser falsa. Disserte sobre o enquadramento típico penal do comportamento de "A" com a respectiva solução jurídica.

QUESTÕES OBJETIVAS

91. (Vunesp/TJ/GO/Cartórios/Remoção/2021) De acordo com entendimento do STJ (Súmula nº 522), a conduta de atribuir-se falsa identidade perante autoridade policial:

a) configura hipótese de exclusão da culpabilidade.
b) configura hipótese de exclusão de ilicitude.
c) é típica.
d) é atípica em situação de autodefesa.

92. (Ieses/TJ/SC/Cartórios/Remoção/2019) A respeito dos crimes de falsidade documental constantes do Capítulo III, Título X, da Parte Especial do Código Penal, é incorreto afirmar:

a) Ambos os delitos de falsificação de documento público e de falsificação de documento particular, respectivamente artigos 297 e 298 do Código Penal, são comuns, dolosos e de ação penal pública incondicionada.
b) O delito de falsificação de cartão de crédito, quando realizado para a prática de estelionatos, fica absorvido pelo delito do art. 171 do Código Penal, por ser crime-meio, conforme Súmula 17 do Superior Tribunal de Justiça.
c) Os títulos ao portador ou transmissíveis por endosso e os livros mercantis de sociedades empresárias equiparam-se, para fins penais, a documento público.
d) O delito de falso reconhecimento de firma, tipificado no art. 300 do Código Penal, é crime próprio e que não admite a modalidade culposa.

93. (Vunesp/TJ/RS/Cartórios/Ingresso/2019) É crime próprio quanto ao sujeito:

a) adulteração de peça filatélica (CP, art. 303).
b) falsidade material de atestado ou certidão (CP, art. 301, § 1º).
c) falsidade ideológica (CP, art. 299).
d) falsificação de sinal público (CP, art. 296, I).
e) atestado ideologicamente falso (CP, art. 301).

94. (Vunesp/TJ/AL/Cartórios/Ingresso/2019) A inserção de declaração falsa em documento público ou particular com o fim de prejudicar direito, criar obrigação ou alterar a verdade de fato juridicamente relevante configura:

a) crime de favorecimento pessoal.
b) crime de sonegação de documento.
c) crime de falsidade ideológica.
d) crime de falsidade material.

95. (Consulplan/TJ/MG/Cartórios/Ingresso/2018) O Código Penal brasileiro tipifica o crime de falsificação de documento público em seu artigo 297, cominando pena de reclusão, de dois a seis anos, e multa, para a conduta de "falsificar, no todo ou em parte, documento público, ou alterar documento público verdadeiro". Nesse caso, se o agente é funcionário público, e comete o crime prevalecendo-se do cargo, é correto afirmar que o funcionário público responderá:

a) pelo crime de peculato, pela incidência do princípio da especialidade, por se tratar de crime próprio.
b) pelo crime de falsificação de documento público, porém a pena será majorada, na terceira fase de sua aplicação.
c) pela conduta apenas na esfera disciplinar, sem repercussão criminal, tendo em vista que se trata de hipótese legal de foro por prerrogativa de função.
d) pelo crime na medida de sua culpabilidade, sendo hipótese legal de concurso necessário de agentes, com a pena agravada na segunda fase de sua aplicação.

96. (Cetro/TJ/RJ/Cartórios/Remoção/2017) No tocante ao crime de falsificação de sinal público de tabelião de serventia extrajudicial, assinale a alternativa correta:

a) o tipo penal é de mera conduta, admitindo falsificação grosseira de sinal público estrangeiro.
b) o tipo penal é de mera conduta, alcançando apenas o sinal público brasileiro.
c) o tipo penal depende da ocorrência de prejuízo a terceiro, admitindo a ocorrência de culpa.
d) o tipo penal depende da ocorrência de prejuízo a terceiro, alcançando o sinal público brasileiro e o estrangeiro.
e) o tipo penal não depende da ocorrência de prejuízo a terceiro, admitindo falsificação grosseira de sinal público brasileiro.

14. DOS CRIMES C/ ADMINISTRAÇÃO PÚBLICA

SÚMULAS

1) Dos Crimes Praticados por Funcionário

STJ **Súm. 147.** Compete à justiça federal processar e julgar os crimes praticados contra funcionário público federal, quando relacionados com o exercício da função.

STJ **Súm. 599.** O princípio da insignificância é inaplicável aos crimes contra a administração pública.

2) Dos Crimes Praticados por Particular

STJ **Súm. 147.** Compete à justiça federal processar e julgar os crimes praticados contra funcionário público federal, quando relacionados com o exercício da função.

STJ **Súm. 151.** A competência para o processo e julgamento por crime de contrabando ou descaminho define-se pela prevenção do juízo federal do lugar da apreensão dos bens.

STJ **Súm. 599.** O princípio da insignificância é inaplicável aos crimes contra a administração pública.

STJ **Súm. 645.** O crime de fraude à licitação é formal, e sua consumação prescinde da comprovação do prejuízo ou da obtenção de vantagem.

3) Dos Crimes contra a Administração da Justiça

STJ **Súm. 165.** Compete à justiça federal processar e julgar crime de falso testemunho cometido no processo trabalhista.

STJ **Súm. 599.** O princípio da insignificância é inaplicável aos crimes contra a administração pública.

REPERCUSSÃO & REPETITIVOS

STJ **Repetitivo 1060.** A desobediência à ordem legal de parada, emanada por agentes públicos em contexto de policiamento ostensivo, para a prevenção e repressão de crimes, constitui conduta penalmente típica, prevista no art. 330 do Código Penal brasileiro. *REsp 1859933, 3ª S, 1.4.2022.*

JURISPRUDÊNCIA EM TESES

1) Praticados p/ Funcionário Público c/ Administração em Geral (arts. 312 a 327)

STJ **JurisTese 57-5.** Somente após o advento da Lei 9.983/2000, que alterou a redação do art. 327 do Código Penal, é possível a equiparação de médico de hospital particular conveniado ao Sistema Único de Saúde - SUS a funcionário público para fins penais.

STJ **JurisTese 57-6.** Os advogados dativos, nomeados para exercer a defesa de acusado necessitado nos locais onde não existe Defensoria Pública, são considerados funcionários públicos para fins penais, nos termos do art. 327 do Código Penal.

STJ **JurisTese 57-9.** A elementar do crime de peculato se comunica aos coautores e partícipes estranhos ao serviço público.

STJ **JurisTese 57-10.** A consumação do crime de peculato-apropriação (art. 312, caput, 1ª parte, do Código Penal) ocorre no momento da inversão da posse do objeto material por parte do funcionário público.

STJ JurisTese 57-11. A consumação do crime de peculato-desvio (art. 312, caput, 2ª parte, do CP) ocorre no momento em que o funcionário efetivamente desvia o dinheiro, valor ou outro bem móvel, em proveito próprio ou de terceiro, ainda que não obtenha a vantagem indevida.

STJ JurisTese 57-12. A reparação do dano antes do recebimento da denúncia não exclui o crime de peculato doloso, diante da ausência de previsão legal, podendo configurar arrependimento posterior, nos termos do art. 16 do CP.

STJ JurisTese 57-18. O crime de corrupção passiva praticado pelas condutas de "aceitar promessa" ou "solicitar" é formal e se consuma com a mera solicitação ou aceitação da vantagem indevida.

STJ JurisTese 57-20. Não há flagrante quando a entrega de valores ocorre em momento posterior a exigência, pois o crime de concussão é formal e o recebimento se consubstancia em mero exaurimento.

STJ JurisTese 57-21. Comete o crime de extorsão e não o de concussão, o funcionário público que se utiliza de violência ou grave ameaça para obter vantagem indevida.

2) Praticados p/ Particular c/ Administração em Geral (arts. 328 a 337-A)

STJ JurisTese 57-16. Não há bilateralidade entre os crimes de corrupção passiva e ativa, uma vez que estão previstos em tipos penais distintos e autônomos, são independentes e a comprovação de um deles não pressupõe a do outro.

STJ JurisTese 57-19. O crime de corrupção ativa é formal e instantâneo, consumando-se com a simples promessa ou oferta de vantagem indevida.

STJ JurisTese 81-2. Configura crime de contrabando (art. 334-A do CP) a importação não autorizada de arma de pressão por ação de gás comprimido ou por ação de mola, independentemente do calibre.

STJ JurisTese 81-3. A importação não autorizada de cigarros ou de gasolina constitui crime de contrabando, insuscetível de aplicação do princípio da insignificância.

STJ JurisTese 81-4. A importação clandestina de medicamentos configura crime de contrabando, aplicando-se, excepcionalmente, o princípio da insignificância aos casos de importação não autorizada de pequena quantidade para uso próprio.

STJ JurisTese 81-5. Para a caracterização do delito de contrabando de máquinas programadas para exploração de jogos de azar, é necessária a demonstração de fortes indícios (e/ou provas) da origem estrangeira das máquinas ou dos seus componentes eletrônicos e a entrada, ilegalmente, desses equipamentos no país.

STJ JurisTese 81-6. É desnecessária a constituição definitiva do crédito tributário na esfera administrativa para a configuração dos crimes de contrabando e de descaminho.

STJ JurisTese 81-8. O pagamento ou o parcelamento dos débitos tributários não extingue a punibilidade do crime de descaminho, tendo em vista a natureza formal do delito.

STJ JurisTese 81-10. O crime de sonegação de contribuição previdenciária, previsto no art. 337-A do CP, não exige dolo específico para a sua configuração.

STJ JurisTese 81-11. O crime de sonegação de contribuição previdenciária é de natureza material e exige a constituição definitiva do débito tributário perante o âmbito administrativo para configurar-se como conduta típica.

STJ JurisTese 81-13. O delito de sonegação de contribuição previdenciária não exige qualidade especial do sujeito ativo, podendo ser cometido por qualquer pessoa, particular ou agente público, inclusive prefeitos.

STJ JurisTese 81-14. O crime de falso, quando cometido única e exclusivamente para viabilizar a prática do crime de sonegação de contribuição previdenciária, é por este absorvido, consoante diretrizes do princípio penal da consunção.

3) Crimes c/ Finanças Públicas (arts. 359-A a 359-H)

STJ JurisTese 57-3. A regularidade contábil atestada pelo Tribunal de Contas não obsta a persecução criminal promovida pelo Ministério Público, ante o princípio da independência entre as instâncias administrativa e penal.

4) Dosimetria da Pena

STJ JurisTese 57-2. É possível o agravamento da pena-base nos delitos praticados contra a Administração Pública com fundamento no elevado prejuízo causado aos cofres públicos, a título de consequências do crime.

STJ JurisTese 57-4. A agravante prevista no art. 61, II, g, do Código Penal não é aplicável nos casos em que o abuso de poder ou a violação de dever inerente ao cargo configurar elementar do crime praticado contra a Administração Pública.

STJ JurisTese 57-8. A prática de crime contra a Administração Pública por ocupantes de cargos de elevada responsabilidade ou por membros de poder justifica a majoração da pena-base.

5) Princípio da Insignificância

STJ JurisTese 57-1. O princípio da insignificância é inaplicável aos crimes cometidos contra a Administração Pública, ainda que o valor seja irrisório, porquanto a norma penal busca tutelar não somente o patrimônio, mas também a moral administrativa.

STJ JurisTese 81-7. Aplica-se o princípio da insignificância ao crime de descaminho (art. 334 do CP) quando o valor do débito tributário não ultrapasse o limite de R$ 10.000,00 (dez mil reais), a teor do disposto no art. 20 da Lei n. 10.522/2002, ressalvados os casos de habitualidade delitiva.

STJ JurisTese 81-12. Aplica-se o princípio da insignificância ao crime de sonegação de contribuição previdenciária quando o valor do tributo ilidido não ultrapassa o patamar de R$ 10.000,00 (dez mil reais) previsto no art. 20 da Lei n. 10.522/2002.

6) Outros Temas

STJ JurisTese 57-13. A instauração de ação penal individualizada para os crimes de peculato e sonegação fiscal em relação aos valores indevidamente apropriados não constitui "bis in idem".

INFORMATIVOS

STJ Servidor público. Remuneração de funcionário "fantasma". Valores que já lhe pertenceriam. Peculato-desvio. Atipicidade. Apuração na esfera administrativa. Não é típico o ato do servidor que se apropria de valores que já lhe pertenceriam, em razão do cargo por ele ocupado. *AgRg no AREsp 2073.825, 5ª T, 22.8.2022. Inf 746.*

STJ Denúncia contra desembargador. Circunstância de imposição hierárquica não descrita na peça acusatória. Causa de aumento de pena do art. 327, § 2º, do CP. Não incidência. A mera afirmação de que o denunciado ocupa o cargo de desembargador é insuficiente para a incidência da causa de aumento de pena prevista no art. 327, § 2º, do CP. *AgRg na APn 970, Corte Especial, 4.5.2022. Inf 736.*

STJ Oferecimento de vantagem indevida para evitar a atuação policial. Agente abordado com drogas para uso próprio. Ato de ofício. Corrupção ativa. Ocorrência. Disposições do art. 48, §§ 2º e 3º da Lei de Drogas. Configura o crime de corrupção ativa o oferecimento de vantagem indevida a funcionário público para determiná-lo a omitir ou retardar ato de ofício relacionado com o cometimento do crime de posse de drogas para uso próprio. *AREsp 2007599, 5ª T, 3.5.2022. Inf 735.*

STJ Administração Pública. Contratação direta de serviços de advocacia. Art. 89 da Lei 8.666/93 c/c art. 337-E do CP. Ausência de dolo específico e de efetivo prejuízo aos cofres públicos. Atipicidade da conduta. Para a configuração do crime previsto no art. 89 da Lei 8.666/93, agora disposto no art. 337-E do CP (Lei 14.133/21), é indispensável a comprovação do dolo específico de causar danos ao erário e o efetivo prejuízo aos cofres públicos. *AgRg no HC 669347, 5ª T, 13.12.2021. Inf 723.*

QUESTÕES DISCURSIVAS

7. (Consulplan/TJ/MG/Cartórios/Ingresso/2019) Mévio, servidor público municipal responsável pelo setor, solicita a Tício, empresário, por interposta pessoa, certa quantia em dinheiro para agilizar os procedimentos para a liberação do "habite-se" do imóvel por este construído. A proposta é feita por Caio, motoboy amigo de Mévio, que a transmite a Tício, atendendo a pedido do amigo servidor. Tício, desgostoso com a burocrática tramitação do requerimento que fizera junto ao órgão público, acata a proposta e efetua o pagamento pedido, entregando o numerário a Caio, que o entrega a Mévio e recebe módica gratificação pelo "serviço". O pleito de Tício é rapidamente aprovado junto à Prefeitura. Ocorre que o fato é descoberto da forma como ocorreu, após profícua investigação, até porque Mévio já estava sendo monitorado pela corregedoria do órgão devido a informes diversos envolvendo supostas condutas ilícitas por ele praticadas. A respeito do fato narrado e das disposições legais e doutrinárias acerca do tema, responda, fundamentadamente: (a) Mévio, Tício e Caio cometeram crimes? (b) Diferencie crimes funcionais próprios de crimes funcionais impróprios.

QUESTÕES OBJETIVAS

97. (FGV/TJ/SC/Cartórios/Remoção/2021) Gabriel, funcionário público responsável pela emissão de certidões em órgão público, verificou que o solicitante Pedro tinha extrema urgência na obtenção da certidão solicitada. Informou o fato a seu vizinho Luiz, que estava desempregado, e juntos decidiram ir até a residência de Pedro e exigir R$ 1.000,00 para cada um para que Gabriel agilizasse a concessão da certidão pretendida. Pedro prometeu efetuar o pagamento no dia seguinte, mas decidiu não atender à exigência e comparecer em sede policial para narrar o ocorrido. Considerando as informações expostas, Gabriel deverá responder pelo delito de concussão:

a) na forma consumada, assim como Luiz, apesar de não ser funcionário público e da natureza de crime próprio do delito.
b) na modalidade tentada, assim como Luiz, apesar de não ser funcionário público e da natureza de crime próprio do delito.
c) na forma consumada, enquanto Luiz será responsabilizado pelo crime de extorsão consumado.
d) na modalidade tentada, enquanto Luiz será responsabilizado pelo crime de extorsão tentado.
e) na forma consumada, enquanto Luiz será responsabilizado pelo crime de extorsão tentado.

98. (Consulplan/TJ/MG/Cartórios/Remoção/2019) Sobre o crime de desacato, analise as afirmativas a seguir.

I. O crime de desacato protege apenas o bem jurídico de autoridades da Administração Pública.
II. Por maioria, os ministros da Terceira Seção do Superior Tribunal de Justiça decidiram que desacatar funcionário público no exercício da função ou em razão dela continua a ser crime, conforme previsto no art. 331 do Código Penal.
III. O desacato é um crime contra a honra na legislação penal brasileira.
IV. O crime de desacato é considerado de pequeno potencial ofensivo pela legislação brasileira.
V. A Terceira Seção do Superior Tribunal de Justiça decidiu que cabe à Justiça comum estadual processar e julgar possíveis crimes de desacato e desobediência praticados por militares do Exército que estavam de folga e à paisana contra bombeiros militares durante operação de socorro a um potencial suicida.

Estão corretas apenas as afirmativas:

a) I e II.
b) I, III e IV.
c) II, III e V.
d) II, IV e V.

99. (Consulplan/TJ/MG/Cartórios/Ingresso/2019) A respeito do crime de peculato e suas várias formas de ocorrência, assinale a alternativa correta.

a) No peculato-furto, o funcionário público tem a posse da coisa, aproveitando-se desta condição para subtraí-la.
b) No peculato mediante erro de outrem, somente ocorre a infração penal se o erro do terceiro foi diretamente provocado pelo servidor que se apropria do bem.
c) Caso terceiro estranho à administração pública pratique o crime de peculato-apropriação em concurso com o intraneus, este responderá por peculato e aquele por apropriação indébita.
d) Ocorre peculato na forma culposa quando o servidor público encarregado da guarda e segurança do patrimônio da administração, por negligência, imprudência ou imperícia, infringe o dever de cuidado, permitindo, involuntariamente, que terceiro se aproprie, desvie ou subtraia bem público.

100. (Ieses/TJ/SC/Cartórios/Ingresso/2019) Enzo, um particular que exerce a profissão de jornalista, resolve um dia se passar por Auditor Fiscal da Receita Federal, e, assim se apresentando e portando uma carteira de couro preta com a estampa do brasão da República, entra em um estabelecimento comercial e exige o exame dos livros contábeis, no que é atendido. Analisa os livros, por curiosidade quanto aos ganhos da sociedade empresária, e vai embora. A conduta de Enzo encontra adequação típica:

a) no delito de usurpação de função pública, art. 328 do Código Penal.
b) no delito de falsa identidade, art. 307 do Código Penal.
c) na contravenção de uso ilegítimo de uniforme ou distintivo, art. 46 do Decreto-Lei nº 3.688/1941 (Lei das Contravenções Penais).
d) na contravenção de simulação da qualidade de funcionário, art. 45 do Decreto-Lei nº 3.688/1941 (Lei das Contravenções Penais).

101. (UFPR/TJ/PR/Cartórios/Remoção/2019) Segundo esclareceu o mentor da expressão "criminalidade do colarinho branco", Edwin Sutherland, as teorias sobre o crime falharam porque pretenderam explicá-lo a partir da pobreza ou das doenças mentais, quando na verdade o crime está disseminado em todas as camadas sociais e é praticado por todos os tipos de profissionais, desde os autônomos, empresários, políticos e servidores públicos (SUTHERLAND, 1940). Entretanto, no que se refere aos crimes praticados contra a administração pública, existe um caso ao menos previsto no Código Penal que não é decorrência de vontade de realizar o tipo penal. Assinale a alternativa que apresenta um exemplo de tipo culposo praticado por servidor público contra a administração pública.

a) prevaricação culposa.
b) corrupção passiva culposa.
c) concussão culposa.
d) peculato culposo.
e) destruição de documento por ato culposo.

102. (Ieses/TJ/CE/Cartórios/Ingresso/2018) E certo afirmar:

I. tem-se para o crime de peculato a ação penal pública incondicionada, sendo relevante a sua natureza dolosa ou culposa, podendo, portanto, trata-se de ação penal pública condicionada.
II. promover no registro civil a inscrição de nascimento inexistente, nos termos do Código Penal se constitui em crime com pena prevista de reclusão com o seu mínimo e máximo fixados entre dois e seis anos.
III. prevaricação é o ato de solicitar ou receber, para si ou para outrem, direta ou indiretamente, ainda que fora da função ou antes de assumi-la, mas em razão dela, vantagem indevida, ou aceitar promessa de tal vantagem.
IV. o crime de peculato, recepcionado pelo Código Penal, apresenta as seguintes figuras típicas: peculato-apropriação; peculato-desvio; peculato-furto; peculato-culposo.

Analisando as proposições, pode-se afirmar:

a) somente as proposições III e IV estão corretas.
b) somente as proposições II e IV estão corretas.
c) somente as proposições I e II estão corretas.
d) somente as proposições I e III estão corretas.

103. (Ieses/TJ/CE/Cartórios/Ingresso/2018) É certo afirmar:

I. a tentativa é inadmissível no crime de desacato em razão de exigir prática efetiva pelo sujeito ativo da ofensa ao proferir palavras injuriosas na presença do ofendido.
II. produzir, reproduzir, dirigir, fotografar, filmar ou registrar, por qualquer meio, cena de sexo explícito ou pornográfica,

envolvendo criança ou adolescente se constitui em crime previsto no Código Penal, salvo havendo autorização judicial, em respeito ao direito fundamental à livre expressão da atividade intelectual e artística.

III. o sujeito ativo do crime de inserção de dados falsos em sistema de informações somente pode ser o funcionário público, e especialmente aquele devidamente autorizado a trabalhar com a informatização ou sistema de dados da Administração Pública. O tipo penal, que tipifica crime próprio, tem o especial cuidado de destacar que o sujeito ativo dessa infração penal é o funcionário autorizado, afastando, dessa forma, qualquer outro funcionário que, eventualmente, imiscuir-se indevidamente nos sistemas informatizados ou banco de dados da Administração Pública.

IV. o objeto material do crime de "extravio, sonegação ou inutilização de livro ou documento" é o livro oficial ou qualquer documento público ou privado. Essa documentação pode ser de qualquer natureza, tais como de valor histórico, contábil, patrimonial, registral e protocolar.

Analisando as proposições, pode-se afirmar:

a) somente as proposições II e IV estão corretas.
b) somente as proposições III e IV estão corretas.
c) somente as proposições I e III estão corretas.
d) somente as proposições I e II estão corretas.

104. (Ieses/TJ/CE/Cartórios/Ingresso/2018) É certo afirmar:

I. em que pese compreender doutrina e jurisprudência que a liberdade é um direito inerente ao ser humano, constitui-se crime a evasão do sistema prisional, devidamente tipificado na Lei de Execuções Penais, independendo se tratar de preso definitivo ou provisório.

II. a "auto-acusação falsa" pode ser classificada como crime formal (que não exige resultado naturalístico para sua consumação); comum (que não exige qualidade ou condição especial do sujeito); de forma livre (que pode ser praticado por qualquer meio ou forma pelo agente); instantâneo (não há demora entre a ação e o resultado); unissubjetivo (que pode ser praticado por um agente apenas); plurissubsistente (que, em regra, pode ser praticado com mais de um ato, admitindo-se, em consequência, fracionamento em sua execução).

III. além das hipóteses do Código Penal e da legislação especial, dependerá de representação a ação penal relativa aos crimes de lesões corporais leves e lesões culposas.

IV. considera-se "tergiversação", trair, na qualidade de advogado ou procurador, o dever profissional, prejudicando interesse, cujo patrocínio, em juízo, lhe é confiado.

Analisando as proposições, pode-se afirmar:

a) somente as proposições I e III estão corretas.
b) somente as proposições I e IV estão corretas.
c) somente as proposições II e IV estão corretas.
d) somente as proposições II e III estão corretas.

105. (Ieses/TJ/CE/Cartórios/Ingresso/2018) É certo afirmar:

I. nos termos do Código Penal, constitui-se em crime de usurpação de nome ou pseudônimo alheio atribuir falsamente a alguém, mediante o uso de nome, pseudônimo ou sinal por ele adotado para designar seus trabalhos, a autoria de obra literária, científica ou artística.

II. o crime de apropriação indébita com abuso de confiança pressupõe a atuação do agente com o "animus rem sibi habendi", consubstanciado no dolo de assenhorear-se da coisa cuja posse ou detenção tenha adquirido anteriormente por vias lícitas, seja em proveito próprio ou de outrem.

III. o perdão do ofendido, nos crimes em que somente se procede mediante representação, obsta ao prosseguimento da ação.

IV. a objetividade jurídica dos crimes contra a Administração Pública é a sua normalidade funcional, probidade, moralidade, eficácia e incolumidade. Segundo a doutrina os crimes funcionais podem ser divididos em "próprios" e "impróprios" ou "mistos".

Analisando as proposições, pode-se afirmar:

a) somente as proposições I e III estão corretas.
b) somente as proposições II e IV estão corretas.
c) somente as proposições III e IV estão corretas.
d) somente as proposições I e II estão corretas.

106. (Ieses/TJ/AM/Cartórios/Ingresso/2018) Com base nos crimes contra a administração pública, no processo e julgamento dos crimes de responsabilidade dos funcionários públicos e no Juizado Especial Criminal (Lei n. 9.099/95) assinale a opção incorreta:

a) em conformidade com o Código Penal, exigir, para si ou para outrem, direta ou indiretamente, ainda que fora da função ou antes de assumi-la, mas em razão dela, vantagem indevida, caracteriza o crime de concussão. Já quando solicita ou recebe, para si ou para outrem, direta ou indiretamente, ainda que fora da função ou antes de assumi-la, mas em razão dela, vantagem indevida, ou aceitar promessa de tal vantagem caracteriza o crime de prevaricação.
b) de acordo com o STJ é pacífica a jurisprudência naquela Corte no sentido de não ser possível a aplicação do princípio da insignificância ao crime de peculato e aos demais delitos contra Administração Pública, pois o bem jurídico tutelado pelo tipo penal incriminador é a moralidade administrativa, insuscetível de valoração econômica.
c) quanto à violação do art. 514 do CPP, o STJ tem entendido no sentido de que é desnecessária a resposta preliminar de que trata o referido artigo, na ação penal instruída por inquérito policial. Aplicando a Súmula n. 330 do STJ.
d) a Lei 9.099/95 orienta-se pelos critérios da oralidade, simplicidade, informalidade, economia processual e celeridade e considera como infrações penais de menor potencial ofensivo, para os seus efeitos, as contravenções penais e os crimes a que a lei comine pena máxima não superior a 2 (dois) anos, cumulada ou não com multa.

107. (Ieses/TJ/AM/Cartórios/Remoção/2018) Apropriar-se o funcionário público de dinheiro, valor ou qualquer outro bem móvel, público ou particular, de que tem a posse em razão do cargo, ou desviá-lo, em proveito próprio ou alheio é considerado, segundo o Código Penal vigente crime de:

a) prevaricação.
b) peculato.
c) concussão.
d) corrupção ativa.

108. (Consulplan/TJ/MG/Cartórios/Remoção/2017) Acerca dos crimes em espécie previstos no CP e na legislação especial, assinale a opção correta:

a) segundo entendimento do STJ em relação ao crime de peculato, configura "bis in idem" a aplicação da circunstância agravante de ter o crime sido praticado com violação inerente a cargo.
b) a lei estabelece, com relação ao sistema de vendas ao consumidor em que o preço do produto seja sugerido pelo fabricante, que, se este praticar crime contra as relações de consumo, responderá por esse ato também o distribuidor ou o revendedor.
c) o agente que falsificar e, em seguida, usar o documento falsificado, responderá pelos crimes de falsificação e uso de

documento falso, por se tratar este último de um "post factum" punível.

d) no âmbito da Lei Maria da Penha – Lei n. 11.340/06, a expressão "violência" designa a violência física ou corporal ("vis corporalis"), ou seja, o emprego de força física sobre o corpo da mulher de modo a facilitar a execução de determinado crime, mas não abrange a chamada violência imprópria ("vis compulsiva"), como a grave ameaça.

109. (Consulplan/TJ/MG/Cartórios/Ingresso/2017) Determinado médico particular, contratado por hospital privado, conveniado ao SUS, exigiu honorários de R$ 100,00 (cem reais) de um paciente pela consulta. Nesse sentido, assinale a alternativa correta:

a) a conduta do médico se subsome à do crime de excesso de exação.
b) a conduta em análise é típica do delito de peculato.
c) a narrativa traduz a conduta típica do crime de concussão.
d) o médico cometeu o crime de extorsão.

110. (Consulplan/TJ/MG/Cartórios/Ingresso/2017) O agente da polícia civil denominado "A" dirigiu-se à 32ª Delegacia de Polícia e, valendo-se da sua qualidade de funcionário público, tentou favorecer pessoa acusada de tentativa de homicídio, pedindo ao agente responsável pela oitiva que ajudasse o detido a sair daquela situação. Assim colocada a questão, assinale a alternativa que corresponda ao delito cometido pelo agente "A":

a) condescendência criminosa.
b) tráfico de influência.
c) advocacia administrativa.
d) exploração de prestígio.

111. (Ieses/TJ/RO/Cartórios/Ingresso/2017) Assinale a assertiva correta:

a) a conduta consistente em apropriar-se de dinheiro ou qualquer utilidade que, no exercício do cargo, recebeu por erro de outrem é denominada pela doutrina de peculato estelionato ou peculato mediante erro de outrem.
b) provocar a ação de autoridade, comunicando-lhe a ocorrência de crime ou de contravenção que sabe não se ter verificado constitui crime de denunciação caluniosa.
c) o delito de corrupção ativa (art. 333, do CP) contempla as condutas de oferecer, prometer ou dar vantagem indevida a funcionário público, para determiná-lo a praticar, omitir ou retardar ato de ofício.
d) o crime de exercício arbitrário das próprias razões (art. 345, do CP) somente é processado mediante queixa, ainda que haja o emprego de violência.

15. LEIS ESPECIAIS

15.1. Código de Trânsito Brasileiro (Lei 9.503/97)

SÚMULAS

STF Súm. 720. O art. 309 do Código de Trânsito Brasileiro, que reclama decorra do fato perigo de dano, derrogou o art. 32 da Lei das Contravenções Penais no tocante à direção sem habilitação em vias terrestres.

STJ Súm. 575. Constitui crime a conduta de permitir, confiar ou entregar a direção de veículo automotor a pessoa que não seja habilitada, ou que se encontre em qualquer das situações previstas no art. 310 do CTB, independentemente da ocorrência de lesão ou de perigo de dano concreto na condução do veículo.

REPERCUSSÃO & REPETITIVOS

STF Rep. Geral 486. É constitucional a imposição da pena de suspensão de habilitação para dirigir veículo automotor ao motorista profissional condenado por homicídio culposo no trânsito. *RE 607107, 12.2.2020.*

JURISPRUDÊNCIA EM TESES

STJ JurisTese 114-1. Na hipótese de homicídio praticado na direção de veículo automotor, havendo elementos nos autos indicativos de que o condutor agiu, possivelmente, com dolo eventual, o julgamento acerca da ocorrência deste ou da culpa consciente compete ao Tribunal do Júri, na qualidade de juiz natural da causa.

STJ JurisTese 114-2. O fato de a infração ao art. 302 do Código de Trânsito Brasileiro - CTB ter sido praticada por motorista profissional não conduz à substituição da pena acessória de suspensão do direito de dirigir por outra reprimenda, pois é justamente de tal categoria que se espera maior cuidado e responsabilidade no trânsito.

STJ JurisTese 114-3. A imposição da penalidade de suspensão do direito de dirigir veículo automotor não tem o condão, por si só, de caracterizar ofensa ou ameaça à liberdade de locomoção do paciente, razão pela qual não é cabível o manejo do "habeas corpus".

STJ JurisTese 114-4. Quando não reconhecida a autonomia de desígnios, o crime de lesão corporal culposa (art. 303 do CTB) absorve o delito de direção sem habilitação (art. 309 do CTB), funcionando este como causa de aumento de pena (art. 303, parágrafo único, do CTB).

STJ JurisTese 114-5. Os crimes de embriaguez ao volante (art. 306 do CTB) e o de lesão corporal culposa em direção de veículo automotor (art. 303 do CTB) são autônomos e o primeiro não é meio normal, nem fase de preparação ou de execução para o cometimento do segundo, não havendo falar em aplicação do princípio da consunção.

STJ JurisTese 114-6. O crime do art. 306 do CTB é de perigo abstrato, sendo despicienda a demonstração da efetiva potencialidade lesiva da conduta.

STJ JurisTese 114-7. Para a configuração do delito tipificado no art. 306 do CTB, antes da alteração introduzida pela Lei n. 12.760/2012, é imprescindível a aferição da concentração de álcool no sangue por meio de teste de etilômetro ou de exame de sangue, conforme parâmetros normativos.

STJ JurisTese 114-9. É irrelevante qualquer discussão acerca da alteração das funções psicomotoras do agente se o delito foi praticado após as alterações da Lei n. 11.705/2008 e antes do advento da Lei n. 12.760/2012, pois a simples conduta de dirigir veículo automotor em via pública, com concentração de álcool por litro de sangue igual ou superior a 6 (seis) decigramas, configura o crime previsto no art. 306 do CTB.

STJ JurisTese 114-10. Com o advento da Lei n. 12.760/2012, que modificou o art. 306 do CTB, foi reconhecido ser dispensável a submissão do acusado a exames de alcoolemia, admitindo-se a comprovação da embriaguez do condutor de veículo automotor por vídeo, testemunhos ou outros meios de prova em direito admitidos, observado o direito à contraprova.

STJ JurisTese 114-12. A desobediência a ordem de parada dada pela autoridade de trânsito ou por seus agentes, ou por policiais ou outros agentes públicos no exercício de atividades relacionadas ao trânsito, não constitui crime de desobediência, pois há previsão de sanção administrativa específica no art. 195 do CTB, o qual não estabelece a possibilidade de cumulação de punição penal.

QUESTÕES OBJETIVAS

112. (Consulplan/TJ/MG/Cartórios/Remoção/2017) A respeito dos crimes previstos no Código de Trânsito Brasileiro – Lei n. 9.503/1997, assinale a alternativa correta:

a) nos crimes previstos o Código de Trânsito Brasileiro, a suspensão ou a proibição para se obter permissão ou habilitação para dirigir veículo automotor deve ser imposta cumulativamente com outras penalidades, não como pena autônoma.
b) nos termos da Lei n. 9.503/1997 – Código de Trânsito Brasileiro – a pena de suspensão da habilitação para dirigir veículo automotor deve durar duas vezes o período da pena privativa de liberdade aplicada, e não é iniciada enquanto o sentenciado, por efeito de condenação penal, estiver recolhido a estabelecimento prisional.

c) no caso de réu reincidente em crime de trânsito – Lei n. 9.503/1997, é obrigatório que o magistrado, ao julgar a nova infração, fixe a pena prevista no tipo, associada à suspensão da permissão ou habilitação de dirigir veículo automotor.

d) são circunstâncias que sempre agravam as penas no crime de trânsito praticá-lo perto de faixa de trânsito temporário destinada a pedestre e com a carteira de habilitação vencida.

113. (Consulplan/TJ/MG/Cartórios/Ingresso/2017) Quanto aos crimes de lesão corporal culposa no trânsito (Lei n. 9.503/97), é correto afirmar que:

a) cabe a aplicação da transação penal, prevista na Lei n. 9.099/95, quando o agente estava trafegando em velocidade superior a máxima permitida para a via em 50 km/hora.

b) trata-se de ação penal pública condicionada à representação da vítima quando o agente participava de corrida, disputa ou competição.

c) cabe a suspensão do processo, nos termos do art. 89 da Lei n. 9.099/95, quando o agente era inabilitado para condução de veículos automotores.

d) trata-se de ação penal pública incondicionada, quando o agente era inabilitado.

15.2. Estatuto do Desarmamento (Lei 10.826/03)

SÚMULAS

STJ Súm. 513. A "abolitio criminis" temporária prevista na Lei n. 10.826/2003 aplica-se ao crime de posse de arma de fogo de uso permitido com numeração, marca ou qualquer outro sinal de identificação raspado, suprimido ou adulterado, praticado somente até 23.10.2005.

JURISPRUDÊNCIA EM TESES

1) Posse Irregular de Arma de Fogo de Uso Permitido (art. 12)

STJ JurisTese 102-1. O crime de posse irregular de arma de fogo, acessório ou munição de uso permitido (art. 12 da Lei n. 10.826/2003) é de perigo abstrato, prescindindo de demonstração de efetiva situação de perigo, porquanto o objeto jurídico tutelado não é a incolumidade física e sim a segurança pública e a paz social.

STJ JurisTese 102-7. São atípicas as condutas descritas nos arts. 12 e 16 da Lei n. 10.826/2003, praticadas entre 23.12.2003 e 23.10.2005, mas, a partir desta data, até 31.12.2009, somente é atípica a conduta do art. 12, desde que a arma de fogo seja apta a ser registrada (numeração íntegra).

STJ JurisTese 102-9. A forma qualificada do art. 10, § 3º, IV, da Lei n. 9.437/1997, que foi suprimida do ordenamento jurídico com o advento da Lei n. 10.826/03, não tem o condão de tornar atípica a conduta, mas apenas de desclassificar o delito para a forma simples, prevista no caput do dispositivo legal mencionado.

STJ JurisTese 108-2. A apreensão de ínfima quantidade de munição desacompanhada de arma de fogo, excepcionalmente, a depender da análise do caso concreto, pode levar ao reconhecimento de atipicidade da conduta, diante da ausência de exposição de risco ao bem jurídico tutelado pela norma.

STJ JurisTese 108-3. Demonstrada por laudo pericial a inaptidão da arma de fogo para o disparo, é atípica a conduta de portar ou de possuir arma de fogo, diante da ausência de afetação do bem jurídico incolumidade pública, tratando-se de crime impossível pela ineficácia absoluta do meio.

2) Porte Ilegal de Arma de Fogo de Uso Permitido (art. 14)

STJ JurisTese 102-2. O crime de porte ilegal de arma de fogo, acessório ou munição de uso permitido (art. 14 da Lei n. 10.826/2003) é de perigo abstrato e de mera conduta, bastando para sua caracterização a prática de um dos núcleos do tipo penal, sendo desnecessária a realização de perícia.

STJ JurisTese 102-3. O art. 14 da Lei n. 10.826/2003 é norma penal em branco, que exige complementação por meio de ato regulador, com vistas a fornecer parâmetros e critérios legais para a penalização das condutas ali descritas.

STJ JurisTese 108-1. O simples fato de possuir ou portar munição caracteriza os delitos previstos nos arts. 12, 14 e 16 da Lei n. 10.826/2003, por se tratar de crime de perigo abstrato e de mera conduta, sendo prescindível a demonstração de lesão ou de perigo concreto ao bem jurídico tutelado, que é a incolumidade pública.

STJ JurisTese 185-7. Após alterações promovidas pelo Pacote Anticrime na Lei n. 8.072/1990, o crime de porte ou posse de arma de fogo de uso permitido com numeração, marca ou qualquer outro sinal de identificação raspado, suprimido ou adulterado deixou de ser equiparado a hediondo.

3) Disparo de Arma de Fogo (art. 15)

STJ JurisTese 102-4. O crime de disparo de arma de fogo (art. 15 da Lei n. 10.826/2003) é crime de perigo abstrato, que presume a ocorrência de dano à segurança pública e prescinde, para sua caracterização, de comprovação da lesividade ao bem jurídico tutelado.

STJ JurisTese 102-10. Não se aplica o princípio da consunção quando os delitos de posse ilegal de arma de fogo e disparo de arma em via pública são praticados em momentos diversos e em contextos distintos.

4) Posse ou Porte Ilegal de Arma de Fogo de Uso Restrito (art. 16)

STJ JurisTese 102-5. O crime de posse ou porte ilegal de arma de fogo, acessório ou munição de uso restrito (art. 16, caput, da Lei n. 10.826/2003) é crime de perigo abstrato, que presume a ocorrência de dano à segurança pública e prescinde, para sua caracterização, de resultado naturalístico à incolumidade física de outrem.

STJ JurisTese 102-11. A simples conduta de possuir ou de portar arma, acessório ou munição é suficiente para a configuração dos delitos previstos nos arts. 12, 14 e 16 da Lei n. 10.826/2003, sendo inaplicável o princípio da insignificância.

STJ JurisTese 108-4. A conduta de possuir, portar, adquirir, transportar ou fornecer arma de fogo, seja de uso permitido, restrito ou proibido, com numeração, marca ou qualquer outro sinal de identificação raspado, suprimido ou adulterado, implica a condenação pelo crime estabelecido no art. 16, parágrafo único, IV, do Estatuto do Desarmamento.

5) Comércio Ilegal de Arma de Fogo (art. 17)

STJ JurisTese 108-5. O crime de comércio ilegal de arma de fogo, acessório ou munição (art. 17 da Lei n. 10.826/2003) é delito de tipo misto alternativo e de perigo abstrato, bastando para sua caracterização a prática de um dos núcleos do tipo penal, sendo prescindível a demonstração de lesão ou de perigo concreto ao bem jurídico tutelado, que é a incolumidade pública.

STJ JurisTese 108-6. O delito de comércio ilegal de arma de fogo, acessório ou munição, tipificado no art. 17, caput e parágrafo único, da Lei de Armas, nunca foi abrangido pela "abolitio criminis" temporária prevista nos arts. 5º, § 3º, e 30 da Lei de Armas ou nos diplomas legais que prorrogaram os prazos previstos nos referidos dispositivos.

6) Tráfico Internacional de Arma de Fogo (art. 18)

STJ JurisTese 102-12. Independentemente da quantidade de arma de fogo, de acessórios ou de munição, não é possível a desclassificação do crime de tráfico internacional de arma de fogo (art. 18 da Lei de Armas) para o delito de contrabando (art. 334-A do Código Penal), em respeito ao princípio da especialidade.

STJ JurisTese 108-8. O crime de tráfico internacional de arma de fogo, acessório ou munição, tipificado no art. 18 da Lei n. 10.826/03, é de perigo abstrato ou de mera conduta e visa a proteger a segurança pública e a paz social.

STJ JurisTese 108-9. Para a configuração do tráfico internacional de arma de fogo, acessório ou munição não basta apenas a procedência estrangeira do artefato, sendo necessário que se comprove a internacionalidade da ação.

STJ JurisTese 108-10. É típica a conduta de importar arma de fogo, acessório ou munição sem autorização da autoridade competente, nos termos do art. 18 da Lei n. 10.826/2003, mesmo que o réu detenha o porte legal da arma, em razão do alto grau de reprovabilidade da conduta.

7) Disposições Gerais (arts. 22 a 37)

STJ JurisTese 102-8. A regra dos arts. 30 e 32 da Lei n. 10.826/2003 alcança, também, os crimes de posse ilegal de arma de fogo praticados sob a vigência da Lei n. 9.437/1997, em respeito ao princípio da retroatividade da lei penal mais benéfica.

INFORMATIVOS

STF Flexibilização da aquisição de armas de fogo por meio de decreto presidencial. A flexibilização, via decreto presidencial, dos critérios e requisitos para a aquisição de armas de fogo prejudica a fiscalização do Poder Público, além de violar a competência legislativa em sentido estrito para a normatização das hipóteses legais quanto à sua efetiva necessidade. *ADI 6466 MC-Ref, 20.9.2022. Pleno. Inf 1069.*

STJ **Transporte de arma de fogo. Colecionador com registro para a prática desportiva e guia de tráfego. Autorização de tráfego entre sua residência e clube de tiro. Ausência do porte da guia de trânsito. Atipicidade. Lei 10.826/03 (Estatuto do desarmamento).** É atípica a conduta de colecionador, com registro para a prática desportiva e guia de tráfego, que se dirigia ao clube de tiros sem portar consigo a guia de trânsito da arma de fogo. *AgRg no AgRg no RHC 148516, 5ª T, 15.8.2022. Inf 753.*

QUESTÕES OBJETIVAS

114. (Ieses/TJ/TO/Cartórios/Ingresso/2022) Marque a alternativa correta quanto ao uso e porte de arma conforme leciona a legislação em espécie. O porte de arma de fogo é proibido em todo o território nacional, salvo para os casos previstos em legislação própria e para as seguintes pessoas em decorrência de suas atividades profissionais.

a) Os agentes operacionais da Agência Brasileira de Inteligência, os agentes da Agência Brasileira de Segurança Institucional, e os agentes do Departamento de Segurança do Gabinete de Segurança Institucional da Presidência da República.
b) Os integrantes das entidades de desporto legalmente constituídas, cujas atividades esportivas demandem o uso de armas de fogo, independente da legislação ambiental.
c) Os integrantes do quadro provisório dos agentes e guardas prisionais, os integrantes das escoltas de presos e as guardas portuárias.
d) Os integrantes das Carreiras de Auditoria da Receita Federal do Brasil e de Auditoria-Fiscal do Trabalho, cargos de Auditor-Fiscal e Analista Tributário.

115. (Consulplan/TJ/MG/Cartórios/Ingresso/2018) "O titular do cartório de registro de imóveis de certa localidade mantinha em seu local de trabalho, mais especificamente escondido entre documentos e livros antigos do acervo do estabelecimento extrajudicial, um revólver calibre 22, municiado com apenas um cartucho, com a intenção de se defender, caso surgisse algum cidadão agressivo, por insatisfação com a qualidade do atendimento no cartório. Até porque no cartório só trabalhavam o titular, oficial Substituto (que coincidentemente era o seu próprio pai) e uma faxineira. A arma de fogo, herdada de seu avô, era antiga, mas o titular do cartório periodicamente realizava sua manutenção (limpeza e lubrificação de seus mecanismos). O titular do cartório nunca retirava a arma do interior do estabelecimento, mas nunca se preocupou, também, em registrá-la, porque não tinha autorização para portar arma de fogo e acreditava que, por isso, não conseguiria mesmo registrá-la." Quanto à conduta do titular do cartório, é correto afirmar que constitui:

a) um indiferente penal, porque se trata de legítima defesa preordenada.
b) crime de porte ilegal de arma de fogo, porque se trata de arma de uso proibido.
c) crime de posse irregular de arma de fogo de uso permitido, sendo irrelevante, no caso, a ausência de autorização para o porte de arma de fogo.
d) crime de omissão de cautela na guarda de arma de fogo; porque a arma está custodiada em local acessível a outras pessoas, diversas do responsável legal do estabelecimento.

15.3. Lei de Drogas (Lei 11.343/06)

SÚMULAS

STF **Súm. 522.** Salvo ocorrência de tráfico com o exterior, quando, então, a competência será da justiça federal, compete à justiça dos Estados o processo e o julgamento dos crimes relativos a entorpecentes.

STJ **Súm. 501.** É cabível a aplicação retroativa da Lei n. 11.343/2006, desde que o resultado da incidência das suas disposições, na íntegra, seja mais favorável ao réu do que o advindo da aplicação da Lei n. 6.368/1976, sendo vedada a combinação de leis.

STJ **Súm. 587.** Para a incidência da majorante prevista no art. 40, V, da Lei n. 11.343/2006, é desnecessária a efetiva transposição de fronteiras entre estados da Federação, sendo suficiente a demonstração inequívoca da intenção de realizar o tráfico interestadual.

STJ **Súm. 607.** A majorante do tráfico transnacional de drogas (art. 40, I, da Lei n. 11.343/06) configura-se com a prova da destinação internacional das drogas, ainda que não consumada a transposição de fronteiras.

STJ **Súm. 630.** A incidência da atenuante da confissão espontânea no crime de tráfico ilícito de entorpecentes exige o reconhecimento da traficância pelo acusado, não bastando a mera admissão da posse ou propriedade para uso próprio.

REPERCUSSÃO & REPETITIVOS

STF **Rep. Geral 1178.** A multa mínima prevista no artigo 33 da Lei 11.343/06 é opção legislativa legítima para a quantificação da pena, não cabendo ao Poder Judiciário alterá-la com fundamento nos princípios da proporcionalidade, da isonomia e da individualização da pena. *RE 1347158, 22.10.2021.*

STJ **Repetitivo 1052.** Para ensejar a aplicação de causa de aumento de pena prevista no art. 40, VI, da Lei n. 11.343/2006 ou a condenação pela prática do crime previsto no art. 244-B da Lei n. 8.069/1990, a qualificação do menor, constante do boletim de ocorrência, deve trazer dados indicativos de consulta a documento hábil – como o número do documento de identidade, do CPF ou de outro registro formal, tal como a certidão de nascimento. *REsp 1619265, 18,5.2020.*

STJ **Repetitivo 1139.** É vedada a utilização de inquéritos e/ou ações penais em curso para impedir a aplicação do art. 33, § 4º, da Lei n. 11.343/06. *REsp 1977027, 10.8.2022.*

JURISPRUDÊNCIA EM TESES

1) Das Atividades de Prevenção do Uso Indevido, Atenção e Reinserção Social (arts. 18 a 30)

1.1) Dos Crimes e das Penas (art. 27 ao 30)

1.1.1) Uso, Posse, Porte p/ Consumo Pessoal... (art. 28)

STJ **JurisTese 131-6.** A conduta de porte de substância entorpecente para consumo próprio, prevista no art. 28 da Lei n. 11.343/2006, foi apenas despenalizada pela nova Lei de Drogas, mas não descriminalizada, não havendo, portanto, "abolitio criminis".

STJ **JurisTese 131-7.** As contravenções penais, puníveis com pena de prisão simples, não geram reincidência, mostrando-se, portanto, desproporcional que condenações anteriores pelo delito do art. 28 da Lei n. 11.343/2006 configurem reincidência, uma vez que não são puníveis com pena privativa de liberdade.

STJ **JurisTese 131-8.** O crime de uso de entorpecente para consumo próprio, previsto no art. 28 da Lei n. 11.343/2006, é de menor potencial ofensivo, o que determina a competência do Juizado Especial estadual, já que ele não está previsto em tratado internacional e o art. 70 da Lei n. 11.343/2006 não o inclui dentre os que devem ser julgados pela justiça federal.

STJ **JurisTese 131-9.** A conduta prevista no art. 28 da Lei n. 11.343/2006 admite tanto a transação penal quanto a suspensão condicional do processo.

STJ **JurisTese 131-12.** A comprovação da materialidade do delito de posse de drogas para uso próprio (art. 28 da Lei n. 11.343/2006) exige a elaboração de laudo de constatação da substância entorpecente que evidencie a natureza e a quantidade da substância apreendida.

2) Da Repressão à Produção não Autorizada e ao Tráfico Ilícito de Drogas (arts. 31 ao 64)

2.1) Dos Crimes (arts. 33 ao 47)

2.1.1) Tráfico de Drogas (art. 33)

STJ **JurisTese 131-5.** O princípio da insignificância não se aplica aos delitos do art. 33, caput, e do art. 28 da Lei de Drogas, pois trata-se de crimes de perigo abstrato ou presumido.

STJ **JurisTese 131-13.** O tráfico de drogas é crime de ação múltipla e a prática de um dos verbos contidos no art. 33, caput, da Lei n. 11.343/2006 é suficiente para a consumação do delito.

STJ JurisTese 131-15. Para a configuração do delito de tráfico de drogas previsto no caput do art. 33 da Lei n. 11.343/2006, é desnecessária a aferição do grau de pureza da substância apreendida.

STJ JurisTese 131-16. Não se reconhece a existência de "bis in idem" na aplicação da causa de aumento de pena pela transnacionalidade (art. 40, inciso I, da Lei n. 11.343/2006), em razão do art. 33, caput, da Lei n. 11.343/2006 prever as condutas de "importar" e "exportar", pois trata-se de tipo penal de ação múltipla, e o simples fato de o agente "trazer consigo" a droga já conduz à configuração da tipicidade formal do crime de tráfico.

STJ JurisTese 131-17. O agente que atua diretamente na traficância e que também financia ou custeia a aquisição de drogas deve responder pelo crime previsto no art. 33, caput, da Lei n. 11.343/2006 com a incidência da causa de aumento de pena prevista no art. 40, VII, da Lei n. 11.343/2006, afastando-se, por conseguinte, a conduta autônoma prevista no art. 36 da referida legislação.

STJ JurisTese 131-18. É possível a aplicação do princípio da consunção entre os crimes previstos no § 1º do art. 33 e/ou no art. 34 pelo tipificado no caput do art. 33 da Lei 11.343/2006, desde que não caracterizada a existência de contextos autônomos e coexistentes, aptos a vulnerar o bem jurídico tutelado de forma distinta.

STJ JurisTese 131-19. Quando o agente no exercício irregular da medicina prescreve substância caracterizada como droga, resta configurado, em tese, o delito do art. 282 do Código Penal, em concurso formal com o art. 33, caput, da Lei n. 11.343/2006.

STJ JurisTese 131-20. O § 3º do art. 33 da Lei n. 11.343/2006 traz tipo específico para aquele que fornece gratuitamente substância entorpecente a pessoa de seu relacionamento para juntos a consumirem e, por se tratar de norma penal mais benéfica, deve ser aplicado retroativamente.

STJ JurisTese 131-22. A causa de diminuição de pena prevista no § 4º do art. 33 da Lei de Drogas só pode ser aplicada se todos os requisitos, cumulativamente, estiverem presentes.

STJ JurisTese 131-23. É inviável a aplicação da causa especial de diminuição de pena prevista no § 4º do art. 33 da Lei n. 11.343/2006 quando há condenação simultânea do agente nos crimes de tráfico de drogas e de associação para o tráfico, por evidenciar a sua dedicação a atividades criminosas ou a sua participação em organização criminosa.

STJ JurisTese 131-24. A condição de "mula" do tráfico, por si só, não afasta a possibilidade de aplicação da minorante do § 4º do art. 33 da Lei n. 11.343/2006, uma vez que a figura de transportador da droga não induz, automaticamente, à conclusão de que o agente integre, de forma estável e permanente, organização criminosa.

STJ JurisTese 131-25. Diante da ausência de parâmetros legais, é possível que a fração de redução da causa de diminuição de pena estabelecida no art. 33, § 4º, da Lei n. 11.343/2006 seja modulada em razão da qualidade e da quantidade de droga apreendida, além das demais circunstâncias do delito.

STJ JurisTese 131-32. A Lei n. 11.343/2006 manteve as condutas descritas no art. 12, § 2º, inciso III, da Lei n. 6.368/1976, razão pela qual não há que se falar em "abolitio criminis".

STJ JurisTese 131-45. A natureza e a quantidade da droga não podem ser utilizadas simultaneamente para justificar o aumento da pena-base e para afastar a redução prevista no § 4º do art. 33 da Lei n. 11.343/2006, sob pena de caracterizar "bis in idem".

STJ JurisTese 131-46. A utilização concomitante da quantidade de droga apreendida para elevar a pena-base e para afastar a incidência da minorante prevista no § 4º do art. 33 da Lei de Drogas, por demonstrar que o acusado se dedica a atividades criminosas ou integra organização criminosa, não configura "bis in idem", tratando-se de hipótese diversa da Repercussão Geral - Tema 712/STF.

STJ JurisTese 131-47. Reconhecida a inconstitucionalidade da vedação prevista na parte final do § 4º do art. 33 da Lei de Drogas, inexiste óbice à substituição da pena privativa de liberdade pela restritiva de direitos aos condenados pelo crime de tráfico de drogas, desde que preenchidos os requisitos do art. 44 do Código Penal.

STJ JurisTese 131-48. A utilização da reincidência como agravante genérica é circunstância que afasta a causa especial de diminuição da pena do crime de tráfico, e não caracteriza "bis in idem".

STJ JurisTese 131-55. É vedada a concessão de indulto aos condenados por crime hediondo ou por crime a ele equiparado, entre os quais se insere o delito de tráfico previsto no art. 33, caput e § 1º da Lei n. 11.343/2006, afastando-se a referida vedação na hipótese de aplicação da causa de diminuição prevista no art. 33, § 4º, da mesma Lei, uma vez que a figura do tráfico privilegiado é desprovida de natureza hedionda.

2.1.2) Associação p/ Tráfico (art. 35)

STJ JurisTese 131-26. Para a caracterização do crime de associação para o tráfico de drogas (art. 35 da Lei n. 11.343/2006) é imprescindível o dolo de se associar com estabilidade e permanência.

STJ JurisTese 131-27. Para a configuração do crime de associação para o tráfico de drogas, previsto no art. 35 da Lei n. 11.343/2006, é irrelevante apreensão de drogas na posse direta do agente.

STJ JurisTese 131-28. O crime de associação para o tráfico de entorpecentes (art. 35 da Lei n. 11.343/2006) não figura no rol taxativo de crimes hediondos ou de delitos a eles equiparados.

2.1.3) Financiar ou custear o tráfico (art. 36)

STJ JurisTese 131-30. O crime de financiar ou custear o tráfico ilícito de drogas (art. 36 da Lei n. 11.343/2006) é delito autônomo aplicável ao agente que não tem participação direta na execução do tráfico, limitando-se a fornecer os recursos necessários para subsidiar as infrações a que se referem os art. 33, caput e § 1º, e art. 34 da Lei de Drogas.

2.1.4) Colaboração c/ Tráfico (art. 37)

STJ JurisTese 131-31. O crime de colaboração com o tráfico, art. 37 da Lei n. 11.343/2006, é um tipo penal subsidiário em relação aos delitos dos arts. 33 e 35 da referida lei e tem como destinatário o agente que colabora como informante, de forma esporádica, eventual, sem vínculo efetivo, para o êxito da atividade de grupo, de associação ou de organização criminosa destinados à prática de qualquer dos delitos previstos nos arts. 33, caput e § 1º, e 34 da Lei de Drogas.

2.1.5) Majorantes da Pena (art. 40)

STJ JurisTese 131-33. A Lei n. 11.343/2006 aboliu a majorante da associação eventual para o tráfico prevista no art. 18, III, primeira parte, da Lei n. 6.368/1976.

STJ JurisTese 131-34. A incidência da majorante da segunda parte do inciso III do art. 18 da Lei n. 6.368/1976 – "visar o crime a menores de 21 (vinte e um) anos" –, segue contemplada no art. 40, inciso VI, da nova Lei de Drogas – "sua prática envolver ou visar a atingir criança ou adolescente" –, não restando configurada a "abolitio criminis".

STJ JurisTese 131-35. O art. 40 da Lei n. 11.343/2006 conferiu tratamento mais favorável às causas especiais de aumento de pena, devendo ser aplicado retroativamente aos delitos cometidos sob a égide da Lei n. 6.368/1976.

STJ JurisTese 131-36. Não acarreta "bis in idem" a incidência simultânea das majorantes previstas no art. 40 da Lei n. 11. 343/2006 aos crimes de tráfico de drogas e de associação para fins de tráfico, porquanto são delitos autônomos, cujas penas devem ser calculadas e fixadas separadamente.

STJ JurisTese 131-37. Para a incidência das majorantes previstas no art. 40, I e V, da Lei n. 11.343/2006, é desnecessária a efetiva transposição de fronteiras, sendo suficiente, respectivamente, a prova de destinação internacional das drogas ou a demonstração inequívoca da intenção de realizar o tráfico interestadual.

STJ JurisTese 131-38. É cabível a aplicação cumulativa das causas de aumento relativas à transnacionalidade e à interestadualidade do delito, previstas nos incisos I e V do art. 40 da Lei de Drogas, quando evidenciado que a droga proveniente do exterior se destina a mais de um estado da Federação, sendo o intuito dos agentes distribuir o entorpecente estrangeiro por mais de uma localidade do país.

STJ JurisTese 131-39. O rol previsto no inciso III do art. 40 da Lei de Drogas não deve ser encarado como taxativo, pois o objetivo da referida lei é proteger espaços que promovam a aglomeração de pessoas, circunstância que facilita a ação criminosa.

STJ JurisTese 131-40. A causa de aumento de pena prevista no inciso III do art. 40 da Lei de Drogas possui natureza objetiva e se aplica em função do lugar do cometimento do delito, sendo despicienda a comprovação efetiva do tráfico nos locais e nas imediações mencionados no inciso ou que o crime visava a atingir seus frequentadores.

STJ JurisTese 131-41. A incidência da majorante prevista no art. 40, inciso III, da Lei n 11.343/2006 deve ser excepcionalmente afastada na hipótese de não existir nenhuma indicação de que houve o aproveitamento da aglomeração de pessoas ou a exposição dos frequentadores do local para a disseminação de drogas, verificando-se, caso a caso, as condições de dia, local e horário da prática do delito.

STJ JurisTese 131-42. Para a caracterização da causa de aumento de pena do art. 40, III, da Lei n. 11.343/2006, é necessária a efetiva oferta ou a comercialização da droga no interior de veículo público, não bastando, para a sua incidência, o fato de o agente ter se utilizado dele como meio de locomoção e de transporte da substância ilícita.

STJ JurisTese 131-43. A aplicação das majorantes previstas no art. 40 da Lei de Drogas exige motivação concreta, quando estabelecida acima da fração mínima, não sendo suficiente a mera indicação do número de causas de aumento.

2.1.6) Colaboração Premiada (art. 41)

STJ JurisTese 193-8. A concessão do benefício da delação previsto no art. 41 (causa de diminuição de pena) da Lei n. 11.343/2006 – Lei de Drogas – depende do preenchimento cumulativo dos requisitos legais nele descritos.

STJ JurisTese 196-8. Não é possível aplicar o instituto da delação premiada previsto no art. 41 da Lei n. 11.343/2006 quando a conduta criminosa for praticada por um único agente.

2.1.7) Fixação da Pena (art. 42)

STJ JurisTese 131-44. Para fins de fixação da pena, não há necessidade de se aferir o grau de pureza da substância apreendida uma vez que o art. 42 da Lei de Drogas estabelece como critérios "a natureza e a quantidade da substância".

STJ JurisTese 131-50. O juiz pode fixar regime inicial mais gravoso do que aquele relacionado unicamente com o quantum da pena ao considerar a natureza ou a quantidade da droga.

2.1.8) Restrições aos Benefícios da LEP (art. 44)

STJ JurisTese 131-53. A despeito de não ser considerado hediondo, o crime de associação para o tráfico, no que se refere à concessão do livramento condicional, deve, em razão do princípio da especialidade, observar a regra estabelecida pelo art. 44, parágrafo único, da Lei n. 11.343/2006: cumprimento de 2/3 (dois terços) da pena e vedação do benefício ao reincidente específico.

STJ JurisTese 131-54. É possível a concessão de liberdade provisória nos crimes de tráfico ilícito de entorpecentes.

2.2) Do Procedimento Penal (arts. 48 ao 64)

2.2.1.) Da Investigação (arts. 50 ao 53)

STJ JurisTese 131-3. O laudo pericial definitivo atestando a ilicitude da droga afasta eventuais irregularidades do laudo preliminar realizado na fase de investigação.

STJ JurisTese 131-4. A falta da assinatura do perito criminal no laudo toxicológico é mera irregularidade que não tem o condão de anular o referido exame.

STJ JurisTese 131-14. O laudo de constatação preliminar de substância entorpecente constitui condição de procedibilidade para apuração do crime de tráfico de drogas.

2.2.2) Da Instrução Criminal (arts. 54 ao 59)

STJ JurisTese 131-2. A inobservância do art. 55 da Lei n. 11.343/2006, que determina o recebimento da denúncia após a apresentação da defesa prévia, constitui nulidade relativa quando forem demonstrados os prejuízos suportados pela defesa.

2.2.3) Da Apreensão, Arrecadação e Destinação de Bens do Acusado (arts. 60 ao 64)

STJ JurisTese 131-58. A expropriação de bens em favor da União, decorrente da prática de crime de tráfico ilícito de entorpecentes, constitui efeito automático da sentença penal condenatória.

INFORMATIVOS

STF Porte de drogas para consumo próprio e reincidência. Viola o princípio da proporcionalidade a consideração de condenação anterior pelo delito do art. 28 da Lei 11.343/06, "porte de droga para consumo pessoal", para fins de reincidência. Não é razoável permitir que conduta que possui vedação legal quanto à imposição de prisão possa dar azo à posterior configuração de reincidência. *RHC 178512 AgR, 22.3.2022. 2ª T. Inf 1048.*

STJ Lei 13.964/19. Pacote Anticrime. Tráfico de drogas. Caráter hediondo. Manutenção. Alteração restrita ao tráfico privilegiado. Art. 33, § 4º, da Lei 11.343/06. A Lei 13.964/19, ao promover alterações na Lei de Execução Penal, apenas afastou o caráter hediondo ou equiparado do tráfico privilegiado, nada dispondo sobre os demais dispositivos da Lei de Drogas. *AgRg no HC 754913, 5ª T, 6.12.2022. Inf 760.*

STJ Condutas de plantar maconha para fins medicinais e de importar sementes para o plantio. Limites da prescrição médica do tratamento. Tráfico de drogas. Atipicidade material. Salvo-conduto. Possibilidade. As condutas de plantar maconha para fins medicinais e importar sementes para o plantio não preenchem a tipicidade material, motivo pelo qual se faz possível a expedição de salvo-conduto, desde que comprovada a necessidade médica do tratamento. *Proc. segredo justiça, 5ª T, 22.11.2022. Inf 758.*

STJ Tráfico de drogas. Apreensão de petrechos para a traficância. Afastamento do tráfico privilegiado. Possibilidade. A apreensão de petrechos para a traficância, a depender das circunstâncias do caso concreto, pode afastar a causa de diminuição de pena do art. 33, § 4º, da Lei 11.343/06. *AgRg no HC 773113, 5ª T, 10.10.2022. Inf 752.*

STJ Cultivo doméstico da planta "cannabis sativa" para fins medicinais. "Habeas corpus" preventivo. Risco permanente de constrangimento ilegal. Salvo-conduto. Possibilidade. Anvisa. Ausência de regulamentação específica. Atipicidade penal da conduta. Princípio da lesividade. É cabível a concessão de salvo-conduto para o plantio e o transporte de "cannabis sativa" para fins exclusivamente terapêuticos, com base em receituário e laudo subscrito por profissional médico especializado, e chancelado pela Anvisa. *Proc. segredo justiça, 6ª T, 14.6.2022. Inf 742.*

STJ Tráfico de drogas. Delito equiparado a hediondo. Previsão constitucional. Pacote Anticrime (Lei 13.964/19). Tráfico privilegiado. Caráter hediondo. Afastamento. As alterações providas pelo Pacote Anticrime (Lei 13.964/19) apenas afastaram o caráter hediondo ou equiparado do tráfico privilegiado, previsto no art. 33, § 4º, da Lei 11.343/06, nada dispondo sobre os demais dispositivos da Lei de Drogas. *AgRg no HC 748033, 5ª T, 30.9.2022. Inf 754.*

STJ Associação para o tráfico de drogas. Estabilidade e permanência. Ausência de comprovação. Flagrante do delito de tráfico em local dominado por facção criminosa. Presunção do vínculo. Inversão do ônus probatório. Descabimento. O fato de o flagrante do delito de tráfico de drogas ter ocorrido em comunidade apontada como local dominado por facção criminosa, por si só, não permite presumir que os réus eram associados (de forma estável e permanente) à referida facção, sob pena de se validar a adoção de uma seleção criminalizante norteada pelo critério espacial e de se inverter o ônus probatório, atribuindo prova diabólica de fato negativo à defesa. *HC 739951, 6ª T, 18.8.2022. Inf 753.*

STJ Tráfico de drogas. Proximidades ou nas imediações de estabelecimento de ensino. Covid-19. Situação excepcional. Majorante prevista na Lei 11.343/06. Peculiaridades do caso concreto. Afastamento. No delito de tráfico de drogas praticado nas proximidades ou nas imediações de estabelecimento de ensino, pode-se, excepcionalmente, em razão das peculiaridades do caso concreto, afastar a incidência da majorante prevista no art. 40, III, da Lei 11.343/06. *AgRg no HC 728750, 6ª T, 19.5.2022. Inf 738.*

STJ Tráfico de drogas. Causa de diminuição de pena do art. 33, § 4º, da Lei 11.343/06. Diretrizes firmadas no EREsp 1.887.511/SP. Uso apenas supletivo da quantidade e natureza da droga na terceira fase da dosimetria. Revisão de posicionamento. Manutenção do entendimento consolidado há anos pelas Cortes Superiores, acolhido no ARE 666.334/AM pelo STF. Expressiva quantidade de droga apreendida. Único elemento aferido. Modulação da causa de diminuição. Possibilidade. É possível a valoração da quantidade e natureza da droga apreendida, tanto para a fixação da pena-base quanto para a modulação da causa de diminuição prevista no art. 33, § 4º, da Lei 11.343/06, neste último caso ainda que sejam os únicos elementos aferidos, desde que não tenham sidos considerados na primeira fase do cálculo da pena. *HC 725534, 3ª S, 27.4.2022. Inf 734.*

STJ Tráfico ilícito de entorpecentes. Dosimetria da pena. Natureza e quantidade da droga apreendida. Circunstância preponderante a ser necessariamente observada na primeira fase da dosimetria. Utilização para afastamento do tráfico privilegiado ou modulação da fração de diminuição de pena do § 4º do art. 33 da Lei 11.343/06. Impossibilidade. Caracterização de bis in idem. Indevida presunção de dedicação a atividades criminosas. Configura constrangimento ilegal o afastamento do tráfico privilegiado e da redução da fração de diminuição de pena por presunção de que o agente se dedica a atividades criminosas, derivada unicamente da análise da natureza ou da quantidade de drogas apreendidas. *REsp 1985297, 5ª T, 29.3.2022. Inf 731.*

STJ Associação para o tráfico de drogas. Estabilidade e permanência. Comprovação. Pleito Absolutório. Incursão no acervo probatório. Inviabilidade. Demonstradas pela instância de origem a estabilidade e permanência do crime de associação para o tráfico de drogas, inviável o revolvimento probatório em sede de habeas corpus visando a modificação do julgado. *HC 721055, 5ª T, 25.3.2022. Inf 729.*

QUESTÕES OBJETIVAS

116. (Ieses/TJ/TO/Cartórios/Ingresso/2022) Marque a alternativa correta quanto ao tratamento do Usuário ou Dependente de drogas nos termos da Legislação Antidrogas.

a) A internação voluntária deverá ser precedida de declaração escrita da pessoa solicitante de que optou por este regime de tratamento; e o seu término dar-se-á por determinação do médico responsável ou por solicitação escrita da pessoa que deseja interromper o tratamento.

b) A internação involuntária deve ser realizada após a formalização da decisão por médico responsável e perdurará apenas pelo tempo necessário à desintoxicação, no prazo máximo de 120 (cento e vinte) dias, tendo seu término determinado pelo médico responsável. Mas a família ou o representante legal poderá, a qualquer tempo, requerer ao médico a interrupção do tratamento.

c) Somente as internações involuntárias e suas respectivas altas deverão ser informadas, em, no máximo, de 72 (setenta e duas) horas, ao Ministério Público, à Defensoria Pública e a outros órgãos de fiscalização, por meio de sistema informatizado único.

d) É permitida a realização de qualquer modalidade de internação nas comunidades terapêuticas acolhedoras desde que mediante a autorização de familiares e ou responsáveis e sob a orientação e acompanhamento médico especializado.

117. (Consulplan/TJ/MG/Cartórios/Ingresso/2019) Segundo o atual entendimento dos tribunais superiores quanto à aplicação dos ditames da Lei Antidrogas (Lei nº 11.343/2006), analise as afirmativas a seguir.

I. É inconstitucional a proibição de substituição de pena privativa de liberdade por restritiva de direitos, no chamado tráfico privilegiado (art. 33, § 4º da Lei nº 11.343/2006).

II. É inconstitucional a imposição de regime fechado ao crime de tráfico de drogas pelo simples fundamento de se tratar de crime hediondo.

III. Segundo a Súmula nº 512 do STJ, ainda vigente, o crime de tráfico privilegiado tem natureza hedionda.

IV. A natureza e a quantidade da droga apreendida não preponderam sobre as circunstâncias judiciais genéricas trazidas no art. 59 do Código Penal.

V. O STF reconheceu a repercussão geral da questão envolvendo a descriminalização da posse de drogas para consumo pessoal.

Estão corretas apenas as afirmativas:

a) I, II e V.

b) I, II e III.

c) I, III e IV.

d) II, IV e V.

118. (Vunesp/TJ/RS/Cartórios/Remoção/2019) De acordo com a Lei nº 11.343/06, a conduta de cultivar, para seu consumo pessoal, plantas destinadas à preparação de pequena quantidade de substância ou produto capaz de causar dependência física ou psíquica, é considerada:

a) típica, mas não punível.

b) atípica.

c) típica e punida com pena de reclusão de 5 (cinco) a 15 (quinze) anos, podendo ser reduzida de um sexto a dois terços, desde que o agente seja primário, de bons antecedentes e não integre organização criminosa.

d) típica e punida, por exemplo, com pena de prestação de serviços à comunidade.

e) típica e punida com pena de reclusão de 5 (cinco) a 15 (quinze) anos.

119. (Consulplan/TJ/MG/Cartórios/Ingresso/2017) Sobre os crimes previstos na Lei Antidrogas – Lei n. 11.343/2006, assinale a alternativa correta:

a) o crime de associação para o tráfico, caracterizado pela associação de duas ou mais pessoas para a prática de alguns dos crimes previstos na Lei Antidrogas, é delito equiparado a crime hediondo.

b) segundo o disposto na Lei Antidrogas e na jurisprudência, o crime de associação para o tráfico se consuma com a mera união dos envolvidos, ainda que de forma individual e ocasional.

c) aquele que colaborar, como informante, com grupo, organização ou associação destinados à prática de qualquer dos crimes previstos nos arts. 33, caput e § 1º, e 34 da Lei de Drogas, deverá responder como partícipe do crime de tráfico de drogas.

d) o redutor de pena previsto no art. 46 da Lei n. 11.343/2006 não possui âmbito de incidência restrito aos crimes previstos na lei antidrogas, podendo ser aplicado inclusive na hipótese de roubo, desde que comprovada a semi-imputabilidade do agente.

15.4. Lei de Lavagem de Dinheiro (Lei 9.613/98)

JURISPRUDÊNCIA EM TESES

1) Dos Crimes de "Lavagem" ou Ocultação de Bens, Direitos e Valores (art. 1º)

STJ **JurisTese 166-1.** É desnecessário que o autor do crime de lavagem de dinheiro tenha sido autor ou partícipe da infração penal antecedente, basta que tenha ciência da origem ilícita dos bens, direitos e valores e concorra para sua ocultação ou dissimulação.

STJ **JurisTese 166-3.** A aptidão da denúncia relativa ao crime de lavagem de dinheiro não exige uma descrição exaustiva e pormenorizada do suposto crime prévio, bastando, com relação às condutas praticadas antes da Lei n. 12.683/2012, a presença de indícios suficientes de que o objeto material da lavagem seja proveniente, direta ou indiretamente, de um daqueles crimes mencionados nos incisos do art. 1º da Lei n. 9.613/1998.

STJ **JurisTese 166-4.** O crime de lavagem de dinheiro, antes das alterações promovidas pela Lei n. 12.683/2012, estava adstrito aos crimes descritos no rol taxativo do art. 1º da Lei n. 9.613/1998.

STJ **JurisTese 166-5.** O tipo penal do art. 1º da Lei n. 9.613/1998 é de ação múltipla ou plurinuclear, consumando-se com a prática de qualquer dos verbos mencionados na descrição típica e relacionando-se com qualquer das fases do branqueamento de capitais (ocultação, dissimulação, reintrodução), não exigindo a demonstração da ocorrência de todos os três passos do processo de branqueamento.

STJ **JurisTese 166-6.** O crime de lavagem ou ocultação de bens, direitos e valores, tipificado no art. 1º da Lei n. 9.613/1998, constitui crime autônomo em relação às infrações penais antecedentes.

STJ **JurisTese 166-7.** Embora a tipificação da lavagem de dinheiro dependa da existência de uma infração penal antecedente, é possível a autolavagem – isto é, a imputação simultânea, ao mesmo réu, da infração antecedente e do crime de lavagem –, desde que sejam demonstrados atos diversos e autônomos daquele que compõe a realização da primeira infração penal, circunstância na qual não ocorrerá o fenômeno da consunção.

STJ **JurisTese 166-8.** O crime de lavagem de bens, direitos ou valores, quando praticado na modalidade típica de ocultar, é permanente, protraindo-se sua execução até que os objetos materiais do branqueamento se tornem conhecidos.

STJ **JurisTese 166-9.** A aquisição de bens em nome de pessoa interposta caracteriza-se como conduta, em tese, de ocultação ou dissimulação, prevista no tipo penal do art. 1º da Lei n. 9.613/1998, sendo suficiente, portanto, para o oferecimento da denúncia.

STJ **JurisTese 166-10.** A realização, por período prolongado, de sucessivos contratos de empréstimo pessoal para justificar ingressos patrimoniais como se renda fossem – sem que se esclareça a forma e a fonte de pagamento das parcelas, acrescidas de juros, e sem que isso represente, em nenhum momento, uma correspondente redução do padrão de vida do devedor – é apta a configurar, em tese, ato de dissimulação da origem ilícita de valores, elemento constituinte do delito de lavagem de dinheiro, que extrapole o mero recebimento de vantagens indevidas.

STJ JurisTese 167-4. O reconhecimento da extinção da punibilidade pela prescrição da infração penal antecedente não implica atipicidade do delito de lavagem (art. 1º da Lei n. 9.613/1998).

STJ JurisTese 167-5. O delito de evasão de divisas é autônomo e antecedente ao crime de lavagem de capitais, não constituindo este mero exaurimento impunível daquele, nem havendo consunção entre eles.

STJ JurisTese 167-6. A prática de organização criminosa (art. 1º, VII, da Lei n. 9.613/1998) como crime antecedente da lavagem de dinheiro é atípica antes do advento da Lei n. 12.850/2013, por ausência de descrição normativa.

STJ JurisTese 167-7. Por ser atípico, não se pode invocar a substituição do crime de organização criminosa por associação criminosa (art. 288 do Código Penal – CP), pois este não estava incluído no rol taxativo da redação original da Lei n. 9.613/1998.

STJ JurisTese 167-9. A incidência simultânea do reconhecimento da continuidade delitiva (art. 70 do CP) e da majorante prevista no § 4º do art. 1º da Lei n. 9.613/1998, nos crimes de lavagem de dinheiro, acarreta "bis in idem".

STJ JurisTese 197-7. A concessão do benefício da delação previsto no § 5º do art. 1º da Lei n. 9.613/1998 – Lei de Lavagem de Capitais – depende do preenchimento de pelo menos um dos requisitos legais nele descrito, visto que contempla hipóteses alternativas.

2) Disposições Processuais Especiais (arts. 2º a 6º)

STJ JurisTese 167-14. É possível o deferimento de medida assecuratória em desfavor de pessoa jurídica que se beneficia de produtos decorrentes do crime de lavagem, ainda que não integre o polo passivo de investigação ou ação penal.

STJ JurisTese 167-15. Não há óbice à aplicação imediata das medidas assecuratórias previstas no art. 4º da Lei n. 9.613/1998 e implementadas pela Lei n. 12.683/2012, por se tratar de institutos de direito processual a luz do princípio "tempus regit actum".

3) Da Identificação dos Clientes e Manutenção de Registros (arts. 10 a 10-A)

STJ JurisTese 167-10. Os familiares e parentes próximos de pessoas que ocupem cargos ou funções públicas relevantes – consideradas pessoas politicamente expostas (PPE), nos termos do art. 2º, da Resolução n. 29, de 19.12.2017, do COAF – sujeitam-se ao controle estabelecido nos arts. 10 e 11 da Lei n. 9.613/1998 a fim de ser apurada a possível prática de lavagem de dinheiro.

4) Disposições Gerais (arts. 17-A a 18)

STJ JurisTese 167-13. Nos crimes de lavagem ou ocultação de bens, direitos e valores, a autoridade policial e o Ministério Público têm acesso, independentemente de autorização judicial, aos dados meramente cadastrais de investigados que não são protegidos pelo sigilo constitucional (art. 17-B da Lei n. 9.613/1998).

5) Ação Penal

STJ JurisTese 166-2. Nos crimes de lavagem de dinheiro, a denúncia é apta quando apresentar justa causa duplicada, indicando lastro probatório mínimo em relação ao crime de lavagem de dinheiro e à infração penal antecedente.

STJ JurisTese 167-1. No crime de lavagem de dinheiro que envolve grande quantidade de agentes residentes em diversas unidades da federação, a regra de competência do local onde se realizaram as operações irregulares será afastada para, em homenagem aos princípios da razoável duração do processo e da celeridade de sua tramitação, dar lugar ao foro do domicílio do investigado.

STJ JurisTese 167-2. A autoridade judiciária brasileira é competente para julgar os crimes de lavagem ou ocultação de dinheiro cometidos, mesmo que parcialmente, no território nacional, bem como na hipótese em que os crimes antecedentes tenham sido praticados em prejuízo da administração pública, ainda que os atos tenham ocorrido exclusivamente no exterior.

STJ JurisTese 167-3. Compete ao juízo processante do crime de lavagem de dinheiro apreciar e decidir a respeito da união dos processos (art. 2º, II, da Lei n. 9.613/1998), examinando caso a caso, com objetivo de otimizar a entrega da prestação jurisdicional.

STJ JurisTese 167-11. O art. 1º, § 5º, da Lei n. 9.613/1998 trata da delação premiada, ato unilateral, praticado pelo agente que, espontaneamente, opta por prestar auxílio tanto à atividade de investigação, quanto à instrução procedimental, independente de prévio acordo entre as partes interessadas, cujos benefícios não podem ultrapassar a fronteira objetiva e subjetiva da demanda, dada sua natureza endoprocessual.

6) Aplicação da Pena

STJ JurisTese 167-8. Nos crimes de lavagem ou ocultação de bens, direitos e valores, é legítima a exasperação da pena-base pela valoração negativa das consequências do crime em decorrência da movimentação de expressiva quantia de recursos, que extrapole o elemento natural do tipo.

INFORMATIVOS

STJ Lavagem de capitais. Inépcia da Denúncia. Inicial acusatória que atribui tipos penais sem indicar que conduta praticada pela acusada teria concorrido para o êxito da empreitada criminosa. Ausência de indícios probatórios. Máculas que impedem o exercício do contraditório e da ampla defesa. Trancamento da ação penal. Inexistindo a demonstração do mínimo vínculo entre o acusado e o delito a ele imputado, impossibilitado está o exercício do contraditório e da ampla defesa. *RHC 154162, 6ª T, 22.3.2022. Inf 729.*

STJ Crime de lavagem de capitais e corrupção passiva. Tipicidade formal. Autolavagem. Consunção. Inaplicabilidade. Na autolavagem não ocorre a consunção entre a corrupção passiva e a lavagem de dinheiro. *APn 989, Corte Especial, 22.2.2022. Inf 726.*

QUESTÕES DISCURSIVAS

8. (Consulplan/TJ/MG/Cartórios/Ingresso/2017) A absolvição do autor do delito precedente, em virtude da comprovação da coação moral irresistível, não impede a condenação pelo delito de lavagem de capitais. Por quê? Fundamente.

QUESTÕES OBJETIVAS

120. (Vunesp/TJ/GO/Cartórios/Remoção/2021) No que concerne à lavagem de dinheiro (Lei nº 9.613/98), é correto afirmar que:

a) o processo e o julgamento do crime de lavagem obedecem às disposições relativas ao procedimento comum dos crimes punidos com detenção.
b) a pena será aumentada, de um a dois terços, se a lavagem for cometida de forma reiterada ou por intermédio de organização criminosa.
c) se desconhecido o autor do crime antecedente, não se configura o crime de lavagem.
d) se extinta a punibilidade da infração penal antecedente, não se configura o crime de lavagem.

15.5. Lei dos Crimes Ambientais (Lei 9.605/98)

REPERCUSSÃO & REPETITIVOS

STJ Repetitivo 1036. A apreensão do instrumento utilizado na infração ambiental, fundada na atual redação do § 4º do art. 25 da Lei n. 9.605/1998, independe do uso específico, exclusivo ou habitual para a empreitada infracional. *REsp 1814944, 10.2.2021.*

INFORMATIVOS

STJ Crimes ambientais. Associação criminosa (art. 288 do CP). Descrição insuficiente dos fatos e nexo de causalidade. Múltiplos atores no cargo de administrador. Alta rotatividade. Ausência de precisa individualização da conduta de cada um dos acusados na denúncia. Vínculo associativo permanente não demonstrado. Inépcia reconhecida. Para a caracterização do delito de associação criminosa inserido em contexto societário, é imprescindível que a denúncia contenha a descrição da predisposição comum de meios para a prática de uma série indeterminada de delitos e uma contínua vinculação entre os associados com essa finalidade, não bastando a menção da posição/cargo ocupado pela pessoa física na empresa. *RHC 139465, 6ª T, 31.8.2022. Inf 748.*

STJ Princípio da intranscendência da pena. Crime de poluição (art. 54, § 2º, V, da Lei 9.605/98). Conduta praticada por sociedade empresária posteriormente incorporada por outra. Extinção da incorporada. Responsabilização penal da incorporadora. Descabimento. Ausência de indício de fraude. Aplicação analógica do art. 107, I, do CP. Extinção da punibilidade. O princípio da intranscendência da pena, previsto no art. 5º, XLV da Constituição Federal, tem aplicação às pessoas jurídicas, de modo que, extinta legalmente a pessoa jurídica – sem nenhum indício de fraude –, aplica-se analogicamente o art. 107, I, do CP, com a consequente extinção de sua punibilidade. *REsp 1977172, 3ª S, 24.8.2022. Inf 746.*

QUESTÕES OBJETIVAS

121. (Ieses/TJ/TO/Cartórios/Ingresso/2022) Marque a alternativa correta com observância da legislação que trata dos crimes contra o meio ambiente.

a) As penas restritivas de direitos da pessoa jurídica são a suspensão parcial ou total de atividades; a interdição temporária de estabelecimento, obra ou atividade; e a proibição de contratar com o Poder Público, bem como dele obter subsídios, subvenções ou doações. A proibição de contratar com o Poder Público e dele obter subsídios, subvenções ou doações poderá exceder o prazo de dez anos, se o crime gerar devastação ambiental significativa afetando os recursos hídricos indispensáveis à sobrevivência de comunidades circunvizinhas.

b) Resguardados a soberania nacional, a ordem pública e os bons costumes, o Governo brasileiro prestará, no que concerne ao meio ambiente, a necessária cooperação a outro país, sem qualquer ônus, quando solicitado para a produção de prova; o exame de objetos e lugares; as informações sobre pessoas e coisas; a presença temporária da pessoa presa, cujas declarações tenham relevância para a decisão de uma causa; e/ou outras formas de assistência permitidas pela legislação em vigor ou pelos tratados de que o Brasil seja parte.

c) A perícia de constatação do dano ambiental, sempre que possível, fixará o montante do prejuízo causado para efeitos de prestação de fiança e cálculo de multa. A perícia produzida no inquérito civil ou no juízo cível não poderá ser aproveitada no processo penal, que ocorrerá independente da seara civil, pois ocorre que nas infrações penais previstas nesta lei, a ação penal será pública condicionada.

d) Se o crime ambiental devidamente comprovado tornar uma área, urbana ou rural, imprópria para a ocupação humana; causar poluição atmosférica que provoque a retirada, ainda que momentânea, dos habitantes das áreas afetadas, ou que cause danos diretos à saúde da população; causar poluição hídrica que torne necessária a interrupção do abastecimento público de água de uma comunidade; dificultar ou impedir o uso público das praias; ou ocorrer por lançamento de resíduos sólidos, líquidos ou gasosos, ou detritos, óleos ou substâncias oleosas, em desacordo com as exigências estabelecidas em leis ou regulamentos, a punição de detenção será de dez a quinze anos ou convertida em multa acrescida da responsabilidade de restauração ambiental acompanhada pelo poder público de seu fiel e pleno cumprimento.

122. (Vunesp/TJ/SP/Cartórios/Ingresso/2022) A pesca em período e volume não permitidos ou a utilização de petrechos proibidos é:

a) conduta atípica quando praticada por habitantes locais para a criação em tanques sem produção de mortandade.

b) passível de perdão judicial desde que reconhecida a potencialidade lesiva diminuta.

c) delito de perigo concreto independentemente do prejuízo à fauna e ao meio ambiente.

d) delito que tem por objeto material a proteção do meio ambiente, bem jurídico fundamental, difuso e de difícil reparação.

123. (Vunesp/TJ/SP/Cartórios/Ingresso/2022) Acerca dos princípios fundamentais do direito ambiental, assinale a alternativa correta.

a) O princípio da solidariedade intergeracional comete ao Poder Público, com exclusividade, o dever de defender e preservar o meio ambiente para as presentes e futuras gerações.

b) O princípio "poluidor-pagador" impõe ao poluidor o dever de prevenir a ocorrência de danos ambientais e de repará-los quando decorrentes de sua conduta, de modo a impedir a socialização dos ônus e a privatização dos bônus da atividade econômica.

c) O princípio da natureza pública da proteção ambiental determina ao Estado a realização de esforços para alcançar o equilíbrio dinâmico dos sistemas socioambientais para não vulnerar a função social da empresa.

d) O princípio da função socioambiental da propriedade determina que os estabelecimentos comerciais que decidirem abrigar áreas destinadas exclusivamente aos fumantes devem informá-lo aos frequentadores de forma clara para viabilizar seu consentimento.

124. (Ieses/TJ/RO/Cartórios/Ingresso/2021) Sobre a Lei n. 9.605 de 1998, é incorreto afirmar que:

a) Tipifica condutas que protegem o patrimônio cultural, punindo a prática de todas as espécies de pichações e grafites.

b) A prática de crimes ambientais se trata da única hipótese de responsabilização penal da pessoa jurídica no direito brasileiro.

c) Faz uso das chamadas técnicas legislativas de reenvio, em função de ser complementada por diversas regras de natureza administrativa. Observa-se, principalmente, tipos que constituem leis penais em branco, como o do artigo 38, que criminaliza a utilização de floresta de preservação permanente com infringência das normas de proteção.

d) Prevê, em seus artigos 14 e 15, suas próprias atenuantes e agravantes, que se aplicam aos crimes em espécie previstos na mesma lei.

125. (Consulplan/TJ/MS/Cartórios/Remoção/2021) Sobre o processo criminal por infrações penais ambientais, assinale a alternativa incorreta.

a) É possível a responsabilização criminal da pessoa jurídica, a quem se aplicam, isolada, cumulativa ou alternativamente, as penas de multa, restritivas de direitos e prestação de serviços à comunidade.

b) Aos crimes ambientais de menor potencial ofensivo se aplica, com modificações tendentes a assegurar a comprovação da reparação do dano, a suspensão condicional do processo prevista no Art. 89 da Lei nº 9.099/95.

c) A pessoa jurídica constituída ou utilizada, preponderantemente, com o fim de permitir, facilitar ou ocultar a prática de crime definido na Lei nº 9.605/98 (crimes ambientais), terá decretada sua liquidação forçada, seu patrimônio será considerado instrumento do crime e como tal perdido em favor do Fundo Penitenciário Nacional.

d) Sendo impossível a composição do dano ambiental decorrente da prática de crime ambiental de menor potencial ofensivo, é defeso ao Ministério Público propor a aplicação imediata de pena (transação penal), excluindo-se a tramitação processual do âmbito dos Juizados Especiais Criminais, com a remessa dos autos ao juízo criminal comum.

126. (Cetro/TJ/RJ/Cartórios/Ingresso/2017) Em operação conjunta do Ibama com a Polícia Federal, foi identificada uma área de desmate onde, de acordo com o que consta do registro do imóvel rural, seria de preservação permanente. Com vista à responsabilização da pessoa jurídica e física, nos termos da Lei n. 9.605/1998, que dispõe sobre sanções penais e administrativas de condutas e atividades lesivas ao meio ambiente, assinale a alternativa correta:

a) é possível a responsabilização penal da pessoa jurídica por delitos ambientais independentemente da responsabilização concomitante da pessoa física que agiu em nome da empresa.
b) a responsabilização penal da pessoa jurídica somente poderá se impor se simultaneamente houver a responsabilização da pessoa física, dado que se trata de responsabilidade penal objetiva.
c) em havendo responsabilização penal conjunta da pessoa jurídica e física, a penalização desta última deve seguir a da primeira, uma vez que a elas são atribuídas os mesmos riscos.
d) a responsabilização penal da pessoa física, desvinculada da responsabilização da pessoa jurídica, somente poderá ocorrer em caráter comissivo, não se admitindo o caráter omissivo.
e) a responsabilização penal de membro do conselho de administração não concorre com a do preposto que agiu de forma criminosa pela falta de relação entre as funções exercidas em caráter comissivo, não se admitindo o caráter omissivo.

127. (Consulplan/TJ/MG/Cartórios/Ingresso/2017) Considerando-se a Lei do Meio Ambiente (Lei n. 9.605/98), analise as seguintes afirmações:

I. a suspensão do processo, nos termos do art. 89 da Lei n. 9.099/95, pode ser aplicada a crimes cuja pena máxima não seja superior a três anos.
II. são penas aplicáveis à pessoa jurídica as penas de multa, restritiva de direitos e prestação de serviços à comunidade.
III. os crimes são de ação penal pública incondicionada e pode ser concedida a transação penal, do art. 76 da Lei n. 9.099/95, independentemente da reparação do dano ambiental.

Está correto o que se afirma em:

a) I, apenas.
b) III, apenas.
c) I, II e III.
d) II, apenas.

128. (Consulplan/TJ/MG/Cartórios/Remoção/2017) Considerando-se a Lei do Meio Ambiente (Lei n. 9.605/98) analise as assertivas:

I. nos crimes ambientais, aplica-se a circunstância agravante da reincidência, referente a condenação transitada em julgado por crime de qualquer natureza.
II. nos crimes ambientais, o prazo do benefício da suspensão do processo, nos termos do art. 89 da Lei 9.099/95, pode ser prorrogado por duas vezes.
III. nos crimes ambientais, o baixo grau de instrução ou escolaridade do agente é circunstância atenuante que deve ser considerada na aplicação da pena.

Está correto o que se afirma em:

a) I e II, apenas.
b) I e III, apenas.
c) II e III, apenas.
d) I, II e III.

15.6. Lei dos Crimes c/ Ordem Tributária (Lei 8.137/90)

SÚMULAS

STF Súm. Vinculante 24. Não se tipifica crime material contra a ordem tributária, previsto no art. 1º, incisos I a IV, da Lei n. 8.137/90, antes do lançamento definitivo do tributo.

STF Súm. 609. É pública incondicionada a ação penal por crime de sonegação fiscal.

JURISPRUDÊNCIA EM TESES

1) Dos Crimes c/ a Ordem Tributária (arts. 1º a 3º)

1.1) Dos Crimes Praticados p/ Particulares (arts. 1º e 2º)

STJ JurisTese 90-4. Os delitos tipificados no art. 1º, I a IV, da Lei n. 8.137/90 são materiais, dependendo, para a sua consumação, da efetiva ocorrência do resultado.

STJ JurisTese 90-5. A constituição regular e definitiva do crédito tributário é suficiente à tipificação das condutas previstas no art. 1º, I a IV, da Lei n. 8.137/90, conforme a Súmula Vinculante n. 24/STF.

STJ JurisTese 90-7. O tipo penal do art. 1º da Lei n. 8.137/90 prescinde de dolo específico, sendo suficiente a presença do dolo genérico para sua caracterização.

STJ JurisTese 90-8. O prazo prescricional, para os crimes previstos no art. 1º, I a IV, da Lei n. 8.137/90, inicia-se com a constituição definitiva do crédito tributário.

STJ JurisTese 90-9. A constituição regular e definitiva do crédito tributário é suficiente à tipificação das condutas previstas no art. 1º, I a IV, da Lei n. 8.137/90, de forma que o eventual reconhecimento da prescrição tributária não afeta a persecução penal, diante da independência entre as esferas administrativo-tributária e penal.

STJ JurisTese 90-10. O delito do art. 1º, inciso V, da Lei n. 8.137/90 é formal e prescinde do processo administrativo-fiscal para o desencadeamento da persecução penal, não se sujeitando aos termos da Súmula Vinculante n. 24 do STF.

STJ JurisTese 99-2. Aplica-se o princípio da consunção ou da absorção quando o delito de falso ou de estelionato (crime-meio) é praticado única e exclusivamente com a finalidade de sonegar tributo (crime-fim).

STJ JurisTese 99-3. No contexto da chamada "guerra fiscal" entre os estados federados, não se pode imputar a prática de crime contra a ordem tributária ao contribuinte que não se vale de artifícios fraudulentos com o fim de reduzir ou suprimir o pagamento dos tributos e que recolhe o Imposto sobre Circulação de Mercadorias e Serviços – ICMS segundo o princípio da não-cumulatividade.

STJ JurisTese 99-8. A consumação do crime previsto no parágrafo único do art. 1º da Lei n. 8.137/1990 ocorre com a simples inobservância à exigência da autoridade fiscal.

STJ JurisTese 99-10. A malversação dos recursos administrados pela Superintendência do Desenvolvimento da Amazônia – SUDAM se amolda ao tipo penal previsto no art. 2º, IV, da Lei n.º 8.137/90 e não ao do art. 171, § 3º, do Código Penal.

STJ JurisTese 174-2. A existência de recurso administrativo para impugnar auto de infração que noticia emissão de notas fiscais em desacordo com a legislação não obsta o prosseguimento de inquérito policial que investiga a prática de suposto crime descrito no inciso V do art. 1º da Lei n. 8.137/1990 (crime formal), em virtude da independência das instâncias.

STJ JurisTese 174-3. O crime previsto no art. 2º da Lei n. 8.137/1990 é de natureza formal e prescinde da constituição definitiva do crédito tributário para sua caracterização.

STJ JurisTese 174-4. Para a configuração do crime de apropriação indébita tributária (art. 2º, II, da Lei n. 8.137/1990), basta que o agente deixe de recolher os valores devidos ao fisco de forma consciente (dolo genérico), não sendo necessária a comprovação da intenção de causar prejuízo aos cofres públicos (dolo específico).

STJ JurisTese 174-5. A conduta de não recolher imposto sobre circulação de mercadorias e prestação de serviços – ICMS em operações próprias ou em substituição tributária enquadra-se formalmente no tipo previsto no art. 2º, II, da Lei n. 8.137/1990 (apropriação indébita tributária), desde que comprovado o dolo de apropriação e a contumácia delitiva.

STJ JurisTese 174-6. Para a configuração do delito de apropriação indébita tributária (art. 2º, II, da Lei n. 8.137/1990), o fato de o agente registrar, apurar e declarar, em guia própria ou em livros fiscais, o imposto devido não tem o condão de elidir ou exercer nenhuma influência na prática do delito, pois a clandestinidade não é elementar do tipo.

STJ JurisTese 174-7. O crime de falsificação de documentos para a liberação das parcelas de financiamento de projetos de desenvolvimento da Amazônia, se realizado unicamente como meio para o crime previsto no art. 2º, IV, da Lei n. 8.137/1990, é absorvido por ele, ainda que possua pena mais grave.

STJ JurisTese 176-1. É cabível, no crime previsto no art. 1º, I, da Lei n. 8.137/1990, a criminalização da conduta do sócio-gerente que deixou o quadro societário da empresa antes do lançamento definitivo do crédito tributário, mas que efetivamente praticou o fato típico antes da sua saída.

STJ JurisTese 176-2. A autoria e a participação no crime do art. 1º, I, da Lei n. 8.137/1990 prescindem de que os agentes integrem o quadro da pessoa jurídica ou o polo passivo do procedimento administrativo-fiscal, ou ainda, que sejam responsáveis pelo cumprimento da obrigação tributária, desde que demonstrado o envolvimento com a prática criminosa (art. 11 da Lei n. 8.137/1990).

STJ JurisTese 176-4. Não obstante a hipótese de apenas um dos sócios administradores exercer, rotineiramente, a administração financeira empresarial, há possibilidade de os demais serem considerados autores do crime previsto no art. 1º, I, da Lei n. 8.137/1990, tendo em vista que todos os sócios administradores possuem o dever de evitar o resultado (crime comissivo por omissão), na medida em que aquele não poderia proceder à omissão fraudulenta de recolhimento de tributos e à prestação de informações falsas sem a ciência e o consentimento dos demais.

STJ JurisTese 176-6. Nos crimes previstos no art. 1º, II e III, da Lei n. 8.137/1990, o oferecimento de denúncias tratando de condutas e fatos distintos, ocorridos sucessivamente, no âmbito de uma mesma empresa sonegadora, não enseja litispendência nem "bis in idem".

STJ JurisTese 176-8. A omissão de receitas e a omissão do dever de prestar informações verdadeiras acerca da empresa são condutas ínsitas ao tipo penal descrito no art. 1º, I, da Lei n. 8.137/1990, não se prestando para negativar as circunstâncias do crime.

STJ JurisTese 176-12. Nos crimes do art. 2º, II, da Lei n. 8.137/1990, é possível a exclusão da culpabilidade por inexigibilidade de conduta diversa se ficar comprovada nos autos a crise financeira da empresa.

1.2) Dos Crimes Praticados p/ Funcionários Públicos (art. 3º)

2) Dos Crimes c/ a Economia e as Relações de Consumo (arts. 4º a 7º)

STJ JurisTese 99-9. É indispensável a realização de perícia para a demonstração da materialidade delitiva do crime contra as relações de consumo tipificado no art. 7º, parágrafo único, inciso IX, da Lei n. 8.137/1990.

STJ JurisTese 174-8. A tipificação do crime de formação de cartel previsto no art. 4º, II, da Lei n. 8.137/1990 exige a demonstração de que as empresas, por meio de acordos, ajustes ou alianças, objetivam o domínio do mercado.

3) Das Disposições Gerais (arts. 11 a 23)

STJ JurisTese 90-1. O expressivo valor do tributo sonegado pode ser considerado fundamento idôneo para amparar a majoração da pena prevista no inciso I do art. 12 da Lei n. 8.137/90.

STJ JurisTese 90-2. É possível que o magistrado, na sentença, proceda à "emendatio libelli", majorando a pena em razão da causa de aumento prevista no art. 12, I, da Lei n. 8.137/90, quando houver na denúncia expressa indicação do montante do valor sonegado.

STJ JurisTese 90-3. Nos crimes tributários, o montante do tributo sonegado, quando expressivo, é motivo idôneo para o aumento da pena-base, tendo em vista a valoração negativa das consequências do crime.

STJ JurisTese 176-9. A majorante do grave dano à coletividade, prevista pelo art. 12, I, da Lei n. 8.137/1990, restringe-se a situações de relevante dano, valendo, analogamente, adotar-se para tributos federais o critério já administrativamente aceito na definição de créditos prioritários.

STJ JurisTese 176-10. É possível o reconhecimento simultâneo das causas de aumento de pena relativas à continuidade delitiva (art. 71 do CP) e ao grave dano à coletividade (art. 12, I, da Lei n. 8.137/1990), sem que se configure "bis in idem".

4) Ação Penal

STJ JurisTese 90-6. É possível a aplicação da Súmula Vinculante n. 24/STF a fatos ocorridos antes da sua publicação por se tratar de consolidação da interpretação jurisprudencial e não de caso de retroatividade da lei penal mais gravosa.

STJ JurisTese 90-11. A competência para processar e para julgar os crimes materiais contra a ordem tributária é do local onde ocorrer a consumação do delito por meio da constituição definitiva do crédito tributário.

STJ JurisTese 90-12. O parcelamento integral dos débitos tributários decorrentes dos crimes previstos na Lei n. 8.137/90, em data posterior à sentença condenatória, mas antes do seu trânsito em julgado, suspende a pretensão punitiva estatal até o integral pagamento da dívida (art. 9º da Lei n. 10.684/03 e art. 68 da Lei n. 11.941/09).

STJ JurisTese 90-13. A pendência de ação judicial ou de requerimento administrativo em que se discuta eventual direito de compensação de créditos fiscais com débitos tributários decorrentes da prática de crimes tipificados na Lei n. 8.137/90 não tem o condão, por si só, de suspender o curso da ação penal, dada a independência das esferas cível, administrativo-tributária e criminal.

STJ JurisTese 99-1. Compete à justiça estadual processar e julgar os crimes contra a ordem econômica previstos na Lei n. 8.137/1990, salvo se praticados em detrimento do art. 109, IV e VI, da Constituição Federal de 1988.

STJ JurisTese 99-4. O processo criminal não é a via adequada para a impugnação de eventuais nulidades ocorridas no procedimento administrativo-fiscal.

STJ JurisTese 99-5. Eventuais vícios no procedimento administrativo-fiscal, enquanto não reconhecidos na esfera cível, são irrelevantes para o processo penal em que se apura a ocorrência de crime contra a ordem tributária.

STJ JurisTese 99-6. O pagamento integral do débito tributário, a qualquer tempo, é causa extintiva de punibilidade, nos termos do art. 9º, § 2º, da Lei n. 10.684/2003.

STJ JurisTese 99-7. A garantia aceita na execução fiscal não possui natureza jurídica de pagamento da exação, razão pela qual não fulmina a justa causa para a persecução penal.

STJ JurisTese 174-1. A garantia aceita na execução fiscal não possui a natureza jurídica de pagamento do tributo e, portanto, não fulmina a justa causa para a persecução penal dos crimes previstos na Lei n. 8.137/1990, pois não configura hipótese taxativa de extinção da punibilidade ou de suspensão do processo penal.

STJ JurisTese 174-10. Não se estende aos demais entes federados (Estados, Municípios e Distrito Federal) o princípio da insignificância no patamar estabelecido pela União na Lei n. 10.522/2002 previsto para crimes tributários federais, o que somente ocorreria na existência de legislação local específica sobre o tema.

STJ JurisTese 176-3. Nos crimes societários cometidos no âmbito de aplicação da Lei n. 8.137/1990, admite-se a denúncia geral, a qual, apesar de não individualizar pormenorizadamente as atuações de cada um dos denunciados, demonstra, ainda que de maneira sutil, um liame entre o agir dos sócios ou administradores e a suposta prática delituosa, o que estabelece a plausibilidade da imputação deduzida e permite o exercício da ampla defesa com todos os recursos a ela inerentes.

STJ JurisTese 176-5. O envio dos dados sigilosos pela Receita Federal à Polícia ou ao Ministério Público, após o esgotamento da via administrativa, com a constituição definitiva de crédito tributário, decorre de mera obrigação legal de se comunicar às autoridades competentes a possível prática de ilícito, o que não representa ofensa ao princípio da reserva de jurisdição.

STJ JurisTese 176-7. Após o lançamento definitivo do crédito tributário, eventual discussão na esfera cível, via de regra, não obsta o prosseguimento da ação penal que apura a ocorrência de crime contra a ordem tributária, diante da independência das instâncias de responsabilização cível e penal.

STJ JurisTese 176-11. É possível o deferimento de medida assecuratória contra pessoa jurídica utilizada para fins de ocultação de bens provenientes da prática de crimes previstos na Lei n. 8.137/1990.

INFORMATIVOS

STJ Crime tributário. Inépcia da denúncia. Requisitos do art. 41 do CPP. Condição de diretor-superintendente. Dolo de apropriação. Inúmeros inadimplementos. Ausência de tentativa de regularização. Presunção relativa. Para fins do disposto no art. 2º, II, da Lei 8.137/90, a menção a inúmeros inadimplementos (inscritos em dívida ativa) gera a presunção relativa da ausência de tentativa de regularização. *AgRg no HC 728271, 6ª T, 24.6.2022*

STJ Sonegação fiscal. Dolo genérico. Insuficiência. Necessidade de demonstração da contumácia e do dolo de apropriação. O dolo de não recolher o tributo, de maneira genérica, não é suficiente para preencher o tipo subjetivo do crime de sonegação fiscal (art. 2º, II, da Lei 8.137/90). *HC 569856, 6ª T, 14.10.2022. Inf 753.*

QUESTÕES DISCURSIVAS

9. (Cetro/TJ/RJ/Cartórios/Ingresso/2017) Em sede de fiscalização, a Sociedade Empresária Prestadora de Serviços Ltda. foi autuada pela autoridade tributária por ter omitido, em sua declaração, informações referentes a serviços por ela prestados e respectivas remunerações percebidas. Referida autuação tem por base documentos obtidos por meio de fiscalização anteriormente realizada em clientes da Sociedade Empresária. Ato contínuo, nos termos da legislação pertinente, a Sociedade Empresária protocolizou impugnação administrativa negando as supostas receitas e questionando o lançamento havido. Não obstante o processo administrativo fiscal ainda não tenha sido concluído, há indícios de que Rodrigo, sócio majoritário da Sociedade Empresária, tenha prestado declaração falsa à autoridade tributária. No caso em tela, qual tipo penal Rodrigo teria praticado? Fundamente. É possível a imediata instauração de processo-crime em face de Rodrigo? Justifique.

QUESTÕES OBJETIVAS

129. (Consulplan/TJ/MG/Cartórios/Ingresso/2018) De acordo com a Lei nº 8.137, de 27 de dezembro de 1990, que prevê crimes contra a ordem tributária, constitui crime, exceto:

a) fazer declaração falsa ou omitir declaração sobre rendas, bens ou fatos, ou empregar outra fraude, para eximir-se, total ou parcialmente, de pagamento de tributo.
b) suprimir ou reduzir tributo, ou contribuição social e qualquer acessório, mediante omissão de informação, ou prestação de declaração falsa às autoridades fazendárias.
c) desatender exigência da autoridade fazendária, no prazo de 10 (dez) dias, que poderá ser convertido em horas em razão da maior ou menor complexidade da matéria ou da dificuldade quanto ao atendimento da exigência.
d) suprimir ou reduzir tributo, ou contribuição social e qualquer acessório, negando ou deixando de fornecer, quando solicitada, nota fiscal ou documento equivalente, relativo à venda de mercadoria ou prestação de serviço não realizada.

15.7. Lei dos Crimes Hediondos (Lei 8.072/90)

SÚMULAS

STF Súm. Vinculante 26. Para efeito de progressão de regime no cumprimento de pena por crime hediondo, ou equiparado, o juízo da execução observará a inconstitucionalidade do art. 2º da Lei n. 8.072, de 25 de julho de 1990, sem prejuízo de avaliar se o condenado preenche, ou não, os requisitos objetivos e subjetivos do benefício, podendo determinar, para tal fim, de modo fundamentado, a realização de exame criminológico.

STJ Súm. 471. Os condenados por crimes hediondos ou assemelhados cometidos antes da vigência da Lei n. 11.464/2007 sujeitam-se ao disposto no art. 112 da Lei n. 7.210/1984 (Lei de Execução Penal) para a progressão de regime prisional.

JURISPRUDÊNCIA EM TESES

STJ JurisTese 131-49. Reconhecida a inconstitucionalidade do § 1º do art. 2º da Lei n. 8.072/1990, é possível a fixação de regime prisional diferente do fechado para o início do cumprimento de pena imposta ao condenado por tráfico de drogas, devendo o magistrado observar as regras previstas no Código Penal para a fixação do regime prisional.

STJ JurisTese 185-7. Após alterações promovidas pelo Pacote Anticrime na Lei n. 8.072/1990, o crime de porte ou posse de arma de fogo de uso permitido com numeração, marca ou qualquer outro sinal de identificação raspado, suprimido ou adulterado deixou de ser equiparado a hediondo.

INFORMATIVOS

STJ Tráfico de drogas. Hediondez. Semi-imputabilidade. Não afastamento. Forma privilegiada. Equiparação. Inocorrência. A semi-imputabilidade, por si só, não afasta o tráfico de drogas e o seu caráter hediondo, tal como a forma privilegiada. *AgRg no HC 716210, 6ª T, 13.5.2022. Inf 737.*

QUESTÕES OBJETIVAS

130. (Ieses/TJ/RO/Cartórios/Ingresso/2021) Responda a questão abaixo considerando as disposições da Lei n. 8.072 de 1990:

a) A previsão do artigo 2º, parágrafo 1º, da lei, que dispunha sobre o cumprimento de pena em regime integralmente fechado, foi julgada inconstitucional pelo Supremo Tribunal Federal.
b) O homicídio qualificado tentado não é considerado crime hediondo quando a vítima sofre apenas lesões de natureza leve.
c) O rol de delitos constante no artigo 1º da lei pode ser complementado judicialmente, desde que fundamentado em critérios ligados ao caso concreto em análise.
d) O roubo, por ser crime cometido com violência ou grave ameaça, é considerado crime hediondo em todas as suas modalidades.

131. (Consulplan/TJ/MG/Cartórios/Remoção/2017) Analise as assertivas abaixo, sobre crimes hediondos, e assinale a alternativa correta:

I. a progressão de regime, no caso dos condenados por crimes hediondos, atualmente, dar-se-á após o cumprimento de 2/5 (dois quintos) da pena, se o apenado for primário, ou 3/5 (três quintos), se reincidente em crime da mesma espécie.
II. a liberdade provisória não é permitida nos processos por crimes hediondos, mas o excesso de prazo autoriza o relaxamento da prisão processual.
III. a pena para os crimes hediondos, ou equiparados, será cumprida inicialmente em regime fechado, na hipótese de não cabimento de regimes menos gravosos.
IV. para efeito de progressão de regime no cumprimento de pena por crime hediondo, ou equiparado, não é obrigatório o exame criminológico na avaliação do preenchimento dos requisitos objetivos e subjetivos pelo condenado, mas uma vez exigido, tal decisão deve ser fundamentada.

Está correto somente o que se afirma em:

a) I e IV.
b) II e III.
c) III e IV.
d) I e III.

15.8. Leis Esparsas

QUESTÕES DISCURSIVAS

10. (Vunesp/TJ/SP/Cartórios/2014) Comete ilícito criminal o oficial de registro civil que, hipotecando solidariedade no envio de criança ao exterior, lavra assento de nascimento com base em falsa declaração de nascido vivo? Justifique sua resposta.

QUESTÕES OBJETIVAS

132. (FGV/TJ/SC/Cartórios/Remoção/2021) Valter exercia suas funções em serventia extrajudicial, quando iniciou atendimento a Nathalia, que insistia na obtenção de uma informação que não poderia ser concedida naquele momento. Revoltada, Nathalia passou a afirmar que Valter seria "um negro safado, idiota e incapaz de pensar", ato que teria sido presenciado por duas pessoas, que acionaram a Polícia Militar. Com base na situação apresentada, Nathalia praticou, em tese, o crime de:

a) racismo previsto na Lei nº 7.716/1989, que é imprescritível, mas não há vedação constitucional à concessão de anistia, graça e indulto.
b) racismo previsto na Lei nº 7.716/1989, que é imprescritível e insuscetível de anistia, graça e indulto.
c) racismo previsto na Lei nº 7.716/1989, que não admite anistia, graça e indulto, mas é prescritível.
d) injúria racial ou preconceituosa, não havendo vedação constitucional à concessão de anistia, graça e indulto.
e) injúria racial ou preconceituosa, que é imprescritível e não admite anistia, graça e indulto pela redação do texto constitucional.

133. (FGV/TJ/SC/Cartórios/Remoção/2021) Rômulo, André, Lucas e Fernando, com interesses em comum, reuniram-se e demonstraram a pretensão de obter vantagens financeiras a partir da prática de diversos crimes de falsificação de documento público (pena: reclusão, de 2 a 6 anos, e multa). Todos os domingos, o grupo, sob o comando de Rômulo, funcionário público, se reunia para debater como os delitos seriam praticados, sendo estipulada uma divisão de tarefas. O grupo acordou que, durante o intervalo de 1 (um) ano, aproveitando-se da facilidade obtida a partir do exercício da função pública por Rômulo, falsificariam um documento público por semana, vendendo-o para interessados. No dia 12/06/2020, o primeiro falso foi praticado. Ocorre que a ex-namorada de Rômulo, ao tomar conhecimento dos fatos, informou ao Ministério Público sobre as reuniões que vinham acontecendo e a pretensão do grupo. Considerando apenas as informações expostas, é correto afirmar que Rômulo, André, Lucas e Fernando:

a) praticaram crime de integrar organização criminosa, havendo previsão de causa de aumento de pena em razão da condição de funcionário público de Rômulo, que deverá ser aplicada a todos os agentes.
b) praticaram crime de integrar organização criminosa, havendo previsão de causa de aumento de pena em razão da condição de funcionário público de Rômulo, que somente poderá ser a este aplicada.
c) não praticaram crime de integrar organização criminosa, considerando que só houve efetiva prática de uma infração penal de falso, e não a pluralidade de delitos exigida pelo tipo penal.
d) praticaram crime de integrar organização criminosa, não sendo a condição de funcionário público de Rômulo relevante para fins de aplicação de pena.
e) não praticaram crime de integrar organização criminosa, que exige o caráter transnacional dos delitos praticados.

134. (Vunesp/TJ/RS/Cartórios/Ingresso/2019) A conduta de formar ajuste entre ofertantes, visando à fixação artificial de preços, é tipificada como crime contra:

a) a ordem econômica.
b) as relações de consumo.
c) a ordem tributária.
d) o consumidor.
e) a fé pública.

135. (Ieses/TJ/SC/Cartórios/Remoção/2019) Em relação às contravenções penais, é incorreto afirmar:

a) A prática de crime, depois de condenação prévia transitada em julgado por contravenção penal, não enseja reincidência.
b) As contravenções penais não são punidas com reclusão, nem com detenção.
c) A prática de contravenção penal é punível apenas na modalidade consumada, não se punindo a modalidade tentada.
d) A prática de contravenção, depois de condenação prévia transitada em julgado por crime, não enseja reincidência.

136. (Ieses/TJ/AM/Cartórios/Remoção/2018) Dispensar ou inexigir licitação fora das hipóteses previstas em lei, ou deixar de observar as formalidades pertinentes à dispensa ou à inexigibilidade:

a) pena – detenção, de 2 (dois) a 4 (quatro) anos, e multa.
b) pena – reclusão, de 2 (dois) a 4 (quatro) anos, e multa.
c) pena – reclusão, de 3 (três) a 5 (cinco) anos, e multa.
d) pena – detenção, de 3 (três) a 5 (cinco) anos, e multa.

137. (Cetro/TJ/RJ/Cartórios/Remoção/2017) Acerca da contravenção penal de simulação da qualidade de funcionário público (Decreto-Lei n. 3.688/1941), analise as assertivas abaixo.

I. o tipo penal não exige a intenção de obter vantagem, em proveito próprio ou alheio, ou de causar dano a outrem como ocorre no crime de concussão.
II. agente que apresenta fotocópia de carteira funcional com dados corretos, embora não mais exiba a qualidade de policial militar, incorre em modalidade específica de falsa identidade, e não de contravenção penal de simulação da qualidade de funcionário público.
III. o tipo penal se confunde com o de usurpação de função pública na medida em que exige que o agente, de forma ilegítima, execute ato relacionado à função pública na qual está legalmente investido.

É correto o que se afirma em:

a) I e II, apenas.
b) II e III, apenas.
c) I, apenas.
d) II, apenas.
e) I e III, apenas.

138. (Consulplan/TJ/MG/Cartórios/Ingresso/2017) No que diz respeito aos crimes previstos na Lei que define Organizações Criminosas – Lei n. 12.850/2013, é correto afirmar:

a) aquele que impede ou, de qualquer forma, embaraça a investigação de infração penal que envolva organização criminosa terá, além da pena relativa ao crime de promover organização criminosa, uma causa de aumento de pena.
b) o concurso de funcionário público, valendo-se a organização criminosa dessa condição para a prática de infração penal, é circunstância qualificadora do crime de promover, constituir, financiar ou integrar organização criminosa.
c) a condenação com trânsito em julgado de funcionário público por integrar organização criminosa acarretará sua perda do cargo, função, emprego ou mandato eletivo e a interdição para o exercício de função ou cargo público pelo prazo de 8 (oito) anos subsequentes ao trânsito em julgado da condenação.
d) na ação controlada, prevista na Lei n. 12.850/2013, o retardamento da intervenção policial ou administrativa não exige autorização do juiz competente, que será apenas comunicado previamente e, se for o caso, estabelecerá os seus limites e comunicará ao Ministério Público.

139. (Ieses/TJ/RO/Cartórios/Ingresso/2017) Acerca das infrações penais previstas na Legislação extravagante, assinale a assertiva correta:

a) os crimes contra as patentes previstos na Lei que regula direitos e obrigações relativos à propriedade industrial (Lei 9.279/96) caracterizam-se ainda que a violação não atinja todas as reivindicações da patente ou se restrinja à utilização de meios equivalentes ao objeto da patente.

b) não há previsão expressa de crime culposo na Lei 8.137/90, a qual define crimes contra a ordem tributária, econômica e contra as relações de consumo, e dá outras providências.

c) constitui Contravenção Penal a representação por ato de improbidade contra agente público ou terceiro beneficiário, quando o autor da denúncia o sabe inocente, conforme previsão constante na Lei de Improbidade Administrativa (Lei 8.429/92).

d) conforme disposto na Lei 11.101/05, que regula a recuperação judicial, a extrajudicial e a falência do empresário e da sociedade empresária, a decretação da falência do devedor suspende a prescrição cuja contagem tenha iniciado com a concessão da recuperação judicial ou com a homologação do plano de recuperação extrajudicial.

16. TEORIA E PRINCÍPIOS

SÚMULAS

STJ **Súm. 589.** É inaplicável o princípio da insignificância nos crimes ou contravenções penais praticados contra a mulher no âmbito das relações domésticas.

STJ **Súm. 599.** O princípio da insignificância é inaplicável aos crimes contra a administração pública.

STJ **Súm. 606.** Não se aplica o princípio da insignificância a casos de transmissão clandestina de sinal de internet via radiofrequência, que caracteriza o fato típico previsto no art. 183 da Lei n. 9.472/1997.

INFORMATIVOS

STJ **Multirreincidência específica. Furto de três desodorantes. Princípio da insignificância. Não incidência. Gozo de prisão domiciliar. Contumácia do agente.** A multirreincidência específica somada ao fato de o acusado estar em prisão domiciliar durante as reiterações criminosas são circunstâncias que inviabilizam a aplicação do princípio da insignificância. *REsp 1957218, 6ª T, 23.8.2022. Inf 746.*

QUESTÕES OBJETIVAS

140. (Consulplan/TJ/MS/Cartórios/Remoção/2021) Constituem casos de adequação típica de subordinação mediata, previstos no Código Penal brasileiro, exceto:

a) tentativa (art. 14, ii).

b) crime impossível (art. 17).

c) concurso de pessoas (art. 29).

d) relevância da omissão (art. 13, § 2º).

141. (Vunesp/TJ/GO/Cartórios/Ingresso/2021) De acordo com entendimento do STJ (Súmula 599), o princípio da insignificância é inaplicável aos crimes contra:

a) o meio ambiente.

b) a fé pública.

c) a administração pública.

d) a ordem tributária.

142. (Cespe/TJ/DFT/Cartórios/Remoção/2019) Acerca de classificação de crimes, julgue os itens a seguir.

I. Os crimes de empreendimento exigem a participação de mais de três pessoas, com liame subjetivo, associadas para o cometimento do ilícito.

II. Os crimes unissubsistentes não admitem tentativa, haja vista não ser possível o fracionamento da conduta em atos.

III. O ordenamento brasileiro não prevê punição para delitos multivitimários em razão dos princípios da lesividade e da alteridade, já que esses crimes ocorrem contra vítimas difusas, destituídas de personalidade jurídica.

Assinale a opção correta.

a) Apenas o item I está certo.

b) Apenas o item II está certo.

c) Apenas os itens I e III estão certos.

d) Apenas os itens II e III estão certos.

e) Todos os itens estão certos.

143. (Consulplan/TJ/MG/Cartórios/Remoção/2019) A norma penal incriminadora é formada basicamente por dois preceitos: o preceito primário (ou "preceptum juris"), em que se prevê a conduta abstrata que a sociedade pretende punir, o preceito secundário (ou sanctio juris), em que se fixa a sanção penal correspondente. As normas que necessitam de complementação no preceito secundário, por não trazerem a cominação da pena correspondente à prática da conduta típica são chamadas de normas penais:

a) explicativas.

b) em branco homogêneas.

c) em branco heterogêneas.

d) imperfeitas (ou incompletas "strictu sensu").

144. (Cespe/TJ/DFT/Cartórios/Remoção/2019) A respeito de características do direito penal, assinale a opção correta.

a) Segundo o direito penal, é possível incriminar a simples conduta humana que exponha a perigo bens jurídicos, ainda que não exista vítima determinada e direta.

b) O direito penal tem os princípios como fontes de integração da lei penal, que devem ser utilizados em caso de omissão legislativa, mas cuja aplicação é vedada para desfavorecer o réu.

c) De acordo com o direito penal, a aplicação de nova lei, no caso de esta estabelecer nova causa de diminuição de pena e nova causa de aumento para um tipo penal incriminador existente, deve ser afastada a fato ocorrido antes de sua vigência, ainda que em benefício do réu.

d) Segundo o direito penal, a fato praticado durante a vigência de lei excepcional, quando findo o período de sua duração ou quando cessarem as circunstâncias que a determinaram, não mais se aplica a lei excepcional.

e) O direito penal estabelece, com fundamento na teoria da atividade, que deve ser analisado todo o desdobramento da ação criminosa para se estabelecer o local do delito.

145. (Consulplan/TJ/MG/Cartórios/Ingresso/2019) "Pode-se afirmar que constitui verdadeira barreira ao abuso da intervenção punitiva do Estado, evitando-se o exagero da utilização desmedida do Direito Penal como agente solucionador de conflitos e panaceia de todos os males. Busca restringir o âmbito de atuação do Direito Penal às situações realmente relevantes, em que a ação do Estado seja necessária e outros ramos do Direito não sejam capazes de dar solução adequada ao conflito." Tal assertiva relaciona-se com o Princípio da:

a) lesividade.

b) legalidade.

c) culpabilidade.

d) intervenção mínima.

146. (Cespe/TJ/DFT/Cartórios/Remoção/2019) Segundo a teoria relativa especial negativa:

a) a pena, além de infundir na consciência geral a necessidade de respeito a determinados valores, exercita a fidelidade ao direito e promove a integração social.

b) a reprimenda penal tem a finalidade de ressocializar o apenado e atender a uma função social.
c) a pena deve punir o infrator, por meio de vingança do mal causado; essa teoria não é admitida pelo ordenamento jurídico pátrio.
d) a pena possui um viés retributivo do mal praticado, e não uma função preventiva da reprimenda.
e) a pena tem finalidade social, com aplicação de medidas restritivas de direitos do apenado, de forma a neutralizá-lo.

147. (UFPR/TJ/PR/Cartórios/Remoção/2019) No ano de 1970, o professor alemão Claus Roxin escreveu um artigo em homenagem a Richard Honig. O artigo foi denominado "Reflexões sobre a Problemática da Imputação em Direito Penal". Com o referido texto, foi estabelecida a base contemporânea da Teoria da Imputação Objetiva. Constituem critérios para análise da imputação objetiva:

a) incremento do risco, não diminuição do risco proibido, criação do risco proibido e esfera de proteção da norma.
b) dolo, culpa e imputação subjetiva.
c) imputabilidade, potencial conhecimento do ilícito e exigibilidade de conduta diversa.
d) legítima defesa, estado de necessidade, estrito cumprimento de dever legal e exercício regular de direito.
e) ilicitude, culpabilidade e punibilidade.

148. (Cespe/TJ/DFT/Cartórios/Ingresso/2019) As teorias da pena buscam explicar a finalidade a ser alcançada por meio das sanções penais. Acerca dessas teorias, assinale a opção correta.

a) A teoria da prevenção especial negativa dispõe que a pena tem viés retributivo-preventivo, com vistas a combater a prática de crimes.
b) Segundo a teoria absoluta, a pena tem a finalidade de prevenir o delito, por meio de medidas aflitivas e ressocializadoras, de modo a evitar o cometimento de novos crimes.
c) A teoria unitária da pena define que a finalidade da pena é castigar o indivíduo infrator, desprezando-se sua reintegração à sociedade.
d) Na teoria conciliadora, a pena tem viés vingativo e visa restringir direitos do apenado como forma de retribuir o mal injusto praticado, promovendo a pacificação social.
e) De acordo com a teoria da prevenção geral positiva, a finalidade da pena é levar à comunidade os valores das normas e dos bens jurídicos tutelados pela lei penal.

149. (Cespe/TJ/DFT/Cartórios/Ingresso/2019) Acerca da classificação de crimes, assinale a opção correta.

a) O crime preterdoloso ocorre quando o agente atua com culpa na conduta antecedente, mas o resultado agrava a pena devido a uma conduta dolosa posterior.
b) O alcance e a ocorrência fática da elementar subjetiva prevista no tipo penal são exigidos para a consumação de delito de tendência interna transcendente.
c) O crime plurissubjetivo de condutas convergentes ocorre quando os agentes, desde o início do cometimento do crime, de comum acordo, praticam a conduta descrita no núcleo do tipo penal no sentido de auxílio mútuo, visando ao mesmo fim.
d) O delito atrofiado de dois atos, embora possa ser não transeunte, é praticado pelo agente com a intenção de se praticar outro ato criminoso posterior, malgrado não se exigir esse novo comportamento para a consumação do crime mutilado.
e) O delito gratuito, cuja conduta não admite o fracionamento em diversos atos, contrapõe-se ao crime mercenário, pois o agente o pratica sem contraprestação financeira.

150. (Cespe/TJ/DFT/Cartórios/Ingresso/2019) A respeito da teoria do delito e da ação, assinale a opção correta.

a) A teoria finalista de Hans Welzel define que a ação consiste no mero movimento corporal capaz de alterar o mundo exterior, independentemente da intenção do agente.
b) A ação, no neokantismo, é o movimento corporal impregnado de finalidade para se atingir o propósito consciente almejado pelo agente.
c) A teoria causalista do delito propõe que o dolo e a culpa, por estarem situados na conduta, tornam o injusto penal a parte subjetiva do conceito de crime.
d) A teoria funcionalista radical, de Gunther Jackobs, assevera que a missão do direito penal é a proteção da norma e a punição do indivíduo desviante.
e) A ação, na teoria do funcionalismo sistêmico, de Claus Roxin, designa o exercício de uma atividade final, que direciona a conduta humana ao ato consciente e voluntário para o cometimento do crime.

151. (Cespe/TJ/DFT/Cartórios/Ingresso/2019) Considerando-se o estudo do dolo e da culpa na teoria do delito, é correto afirmar que se está diante:

a) da teoria da decisão contrária ao bem jurídico, no campo das teorias volitivas do dolo, quando o agente produz um resultado típico por integrar a realização de seu plano, diferenciando-se de um mero descuido.
b) da culpa inconsciente, quando o agente não prevê o resultado imprevisível, de modo a retirar a conduta, e, por consequência, não resulta crime por falta de ilicitude.
c) do dolo indireto alternativo objetivo, quando o agente prevê a ocorrência do resultado, mas espera, realmente, que ele não aconteça.
d) da conduta negligente, quando o agente deixa de adotar as cautelas exigíveis, o que elide a ilicitude do fato típico, em razão da ausência do resultado normativo.
e) da conduta imperita, em que o agente conduz uma experiência comum arriscada ou perigosa, aferida pelo comportamento do homem médio, e causa efetiva lesão ao bem jurídico tutelado.

152. (Cespe/TJ/DFT/Cartórios/Ingresso/2019) Acerca dos pensamentos criminológicos e das bases históricas, filosóficas e teóricas do direito penal, assinale a opção correta.

a) O direito penal do inimigo, de Gunther Jakobs, estabelece a proteção da norma jurídica como fator de proteção social, com recrudescimento das medidas penais com vistas à contenção da violência, mas garantindo ao inimigo a postura de sujeito de direito, por meio da observância das garantias constitucionais.
b) O neopunitivismo, como movimento panpenalismo, estabelece baixo nível de seletividade dos fatos criminosos e de seus autores pelas leis penais e máxima garantia ao cidadão contra a intervenção excessiva do Estado punitivista.
c) O direito intervencionista oferece soluções satisfatórias para o enfrentamento da criminalidade, com ampliação do Estado punitivista e imposição de penas mais drásticas na contenção de crimes de perigo abstrato ou contra bens coletivos ou difusos.
d) O Código Criminal do Império foi criado, em 1830, com vistas ao estabelecimento de um ordenamento jurídico penal brasileiro próprio, embora não tenha conseguido seu intento liberal, diante de obstáculos socioeconômicos enraizados na sociedade agrária, escravista e patriarcal existente à época.

e) A criminalização primária, consistente no poder punitivo subjetivo exercido pelo Estado contra pessoas determinadas, caracteriza-se pela seletividade e vulnerabilidade, com fundamento na teoria do etiquetamento.

153. (Cespe/TJ/DFT/Cartórios/Ingresso/2019) Assinale a opção correta, relativa à teoria do delito e ao erro no direito penal.

a) O erro sobre a ilicitude do fato exclui o dolo da conduta, visto que permite a punição do fato a título de culpa, quando escusável.

b) O erro mandamental evitável não exclui a responsabilização penal do agente, que poderá responder pelo crime somente a título de culpa, sem incidência de minorante na pena.

c) A consumação do delito, em crimes formais, ocorre com o mero resultado jurídico, de forma que dispensa a mudança do mundo exterior para a obtenção do resultado típico.

d) Os crimes comissivos, por serem crimes não transeuntes, não admitem tentativa, embora sejam crimes materiais.

e) O crime plástico, por ser unissubsistente, ainda que material, não admite a sua forma tentada.

154. (UFPR/TJ/PR/Cartórios/Remoção/2019) "Mas o que possibilita a 'visão científica no Direito Penal'? O conceito de crime, mais especificamente um conceito denominado analítico, porquanto 'analisa' o crime em partes. É este, na verdade, o conceito mais importante do Direito Penal" (BACILA, 2011). Com base no texto, assinale a alternativa que apresenta o elemento do conceito analítico de crime que descreve a conduta proibida pela norma penal.

a) imputabilidade.

b) culpabilidade.

c) tipo subjetivo.

d) tipo objetivo.

e) potencial conhecimento do ilícito.

155. (Consulplan/TJ/MG/Cartórios/Ingresso/2018) Leia o texto a seguir para responder à questão. O "sistema clássico" foi responsável pela divisão da ação humana em dois segmentos distintos: de um lado, o querer interno do agente; de outro, "o processo causal" visível, isto é, a conduta corporal do agente e o seu "efeito" ou resultado. Situava-se no injusto o encadeamento causal externo e, na culpabilidade, todos os elementos subjetivos, isto é, os elementos internos (anímicos) do agente. Considerando a tradição germânica da teoria geral do crime, é correto afirmar, quanto a essa concepção e respectiva orientação metodológica, que o texto anterior se refere ao modelo:

a) socialista e à filosofia neokantiana.

b) funcionalista e à teoria de sistemas.

c) causalista e ao positivismo naturalista.

d) finalista e à filosofia ontofenomenológica.

156. (Consulplan/TJ/MG/Cartórios/Remoção/2018) Dentre as modernas teorias sobre a imputação penal, cresceu, no Brasil, nos últimos anos, o debate sobre a "teoria da imputação objetiva de Claus Roxin". Quanto às bases do sistema jurídico-penal concebido por Claus Roxin, no panorama da teoria geral do delito, assinale a alternativa correta:

a) a doutrina radical-sistêmica (ou racional-anímica) caracteriza-se pela projeção da tipicidade objetiva como principal elemento da antijuridicidade, no contexto do finalismo.

b) a doutrina teleológico-sistêmica (ou racional-final) caracteriza-se pela projeção da tipicidade subjetiva como principal elemento da culpabilidade, no contexto do neokantismo.

c) a doutrina normativo-teleológica (ou racional-funcional) caracteriza-se pela inserção de elementos político-criminais nas categorias dogmático-penais, no contexto do funcionalismo.

d) a doutrina natural-sistêmica (ou racional-causal) caracteriza-se pela negação de relevância jurídica do erro que incide sobre os pressupostos fáticos do processo causal, no contexto do causalismo.

7

DIREITO PROCESSUAL CIVIL

VOLUME DE QUESTÕES

MÉDIO

1. DAS NORMAS PROCESSUAIS CIVIS

INFORMATIVOS

STJ **Fundamentação de decisão judicial. Concurso público. Polícia militar. Avaliação de estatura mínima. Afastamento do limite. Princípios jurídicos. Falta de razoabilidade e proporcionalidade. Peculiaridades da população local. Conceitos jurídicos indeterminados. Não aplicação de precedente vinculativo do STF. Negativa de prestação jurisdicional. Caracterização.** Incorre em negativa de prestação jurisdicional o tribunal que prolata acórdão que, para resolver a controvérsia, apoia-se em princípios jurídicos sem proceder à necessária densificação, bem como emprega conceitos jurídicos indeterminados sem explicar o motivo concreto de sua incidência no caso. *REsp 1999967, 2ª T, 17.8.2022. Inf 745.*

QUESTÕES OBJETIVAS

1. (Ieses/TJ/RO/Cartórios/Ingresso/2021) Com relação à aplicação da Lei Processual Civil no tempo, é correto afirmar:

a) A norma processual não retroagirá e será aplicável imediatamente aos processos em curso, salvo se mais gravosa (respeitados os atos processuais praticados e as situações jurídicas consolidadas sob a vigência da norma revogada).
b) A norma processual retroagirá sempre, em especial ser for heterotópica (respeitados os atos processuais praticados e as situações jurídicas consolidadas sob a vigência da norma revogada).
c) A norma processual retroagirá e será aplicável imediatamente aos processos em curso (respeitados os atos processuais praticados e as situações jurídicas consolidadas sob a vigência da norma revogada).
d) A norma processual não retroagirá e será aplicável imediatamente aos processos em curso (respeitados os atos processuais praticados e as situações jurídicas consolidadas sob a vigência da norma revogada).

2. (Vunesp/TJ/RS/Cartórios/Ingresso/2019) Nos termos do artigo 4º do Código de Processo Civil, as partes têm o direito de obter em prazo razoável a solução integral do mérito, incluída a atividade satisfativa. Considerando que o processo civil deve ser interpretado conforme os valores e as normas fundamentais estabelecidos na Constituição da República Federativa do Brasil, é correto afirmar que referido dispositivo consagra os seguintes princípios:

a) cooperação processual, proporcionalidade razoabilidade e eficiência.
b) boa-fé objetiva processual, isonomia material e impulso oficial.
c) contraditório comparticipativo, impulso oficial e legalidade.
d) razoável duração do processo, primazia das decisões de mérito e efetividade.
e) inafastabilidade da jurisdição e estimulo a resolução consensual de conflitos.

3. (Consulplan/TJ/MG/Cartórios/Ingresso/2019) Segundo as normas e princípios contidos na Constituição Federal e no Código de Processo Civil, analise as afirmativas a seguir.

I. A instauração do processo depende de provocação das partes e seu desenvolvimento se dá por impulso oficial, salvo as exceções previstas em lei.
II. Em razão do princípio dispositivo, o juiz não pode, de ofício, determinar a produção de provas.
III. O descumprimento das normas reguladoras da competência resulta em violação ao princípio do juiz natural.
IV. Nos procedimentos de jurisdição voluntária, o juiz pode decidir por critérios de equidade.

Estão corretas as afirmativas:

a) I, II, III e IV.
b) II e IV, apenas.
c) I, II e III, apenas.
d) I, III e IV, apenas.

4. (UFPR/TJ/PR/Cartórios/Ingresso/2019) O Estado democrático de direito é caracterizado pela distribuição de suas funções ou poderes e pelo respeito à Constituição Federal. Sobre a função jurisdicional do Estado, assinale a alternativa incorreta.

a) A jurisdição é atividade estatal revestida de imperatividade, e é exercida por agente imparcial.
b) As decisões dos órgãos jurisdicionais têm aptidão para se tornarem indiscutíveis, mas são passíveis de revisão pelas demais funções estatais.
c) Embora dotada de imperatividade, a jurisdição não é o único meio de solução de conflitos reconhecido pelo Estado, podendo o jurisdicionado optar por outros meios, como, por exemplo, a autocomposição.

d) Embora as formas de atuação da jurisdição possam ser divididas, como função exercida pelo Poder Judiciário a jurisdição é una.
e) Pelo princípio da inércia, em regra a jurisdição deverá ser provocada. Depois de instaurada a demanda, o processo se desenvolve por impulso oficial.

5. (Vunesp/TJ/SP/Cartórios/Ingresso/2018) Analise as afirmações a seguir em relação às normas fundamentais do processo civil.

I. todos os sujeitos do processo devem cooperar entre si para que se obtenha, em tempo razoável, decisão de mérito, justa e efetiva.
II. as partes têm o direito de obter em tempo razoável a solução integral do mérito, excluída a atividade satisfativa.
III. o Juiz não pode decidir, em grau algum de jurisdição, com base em fundamento a respeito do qual não se tenha dado às partes oportunidade de se manifestar, excetuando as matérias sobre as quais deva decidir de ofício.
IV. ao aplicar o ordenamento jurídico, o juiz atenderá aos fins sociais e às exigências do bem comum, resguardando e promovendo a dignidade da pessoa humana e observando a proporcionalidade, a razoabilidade, a legalidade, a publicidade e a eficiência.

Assinale a alternativa que contém as afirmações corretas:

a) II e IV.
b) I e III.
c) I e IV.
d) II e III.

6. (Consulplan/TJ/MG/Cartórios/Ingresso/2017) Não é admissível pensar em uma ordem constitucional democrática sem ter presente o processo, na medida em que é instrumento indispensável à tutela de direitos fundamentais e asseguração da dignidade da pessoa humana. No campo do direito probatório, tal conclusão reflete na medida da existência de um direito fundamental à prova, como corolário do devido processo legal. A esse respeito, analise as afirmativas.

I. no CPC/15, o legislador procurou dar efetividade à premissa contida no art. 1º da Carta Constitucional.
II. tentou traduzir para o processo civil o significado de estado democrático de direito. Tal opção foi inserida, inclusive, na Parte Geral do CPC/15.
III. na busca para harmonizar o modelo constitucional do direito processual civil com o princípio da atipicidade da prova Processual, especialmente o conteúdo que trata do direito probatório.

Está correto o que se afirma em:

a) I e II, apenas.
b) II e III, apenas.
c) I e III, apenas.
d) I, II e III.

7. (Consulplan/TJ/MG/Cartórios/Ingresso/2017) Os princípios são importantes para qualquer ramo do direito, posto que indicam um caminho para alcançar o real sentido da norma. Analise os princípios que seguem:

I. princípio da legalidade encontra adoção expressa no art. 8º, do CPC/2015, ao atribuir ao juiz o dever de "aplicar o ordenamento jurídico", atendendo aos fins sociais e às exigências do bem comum.
II. pelo princípio da eventualidade ou da preclusão, cada faculdade processual deve ser exercida dentro da fase adequada, sob pena de se perder a oportunidade de praticar o ato respectivo.
III. o princípio da verdade real consiste na obrigação do juiz de perseguir a veracidade das versões apresentadas, por meio de vários deveres e de uma atuação oficial na condução da produção probatória, sem que isso implique qualquer violação da imparcialidade e da independência do Estado-Juiz.
IV. o princípio do duplo grau de jurisdição não admite que o recurso contra sentença proferida por juiz de primeiro grau seja apreciado por órgão recursal formado por grupo de juízes de primeiro grau.

Está correto o que se afirma em:

a) I, II e III, apenas.
b) II, III e IV, apenas.
c) I e IV, apenas.
d) I, II, III e IV.

8. (Ieses/TJ/RO/Cartórios/Remoção/2017) É correto afirmar no que tangem as normas fundamentais do novo Código de Processo Civil:

I. a conciliação, a mediação e outros métodos de solução consensual de conflitos deverão ser estimulados por juízes, advogados, defensores públicos e membros do Ministério Público, inclusive no curso do processo judicial.
II. os juízes e os tribunais atenderão, obrigatoriamente à ordem cronológica de conclusão para proferir sentença ou acórdão.
III. o processo começa por iniciativa da parte e se desenvolve por impulso oficial, salvo as exceções previstas em lei.
IV. é assegurada às partes paridade de tratamento em relação ao exercício de direitos e faculdades processuais, aos meios de defesa, aos ônus, aos deveres e à aplicação de sanções processuais, competindo ao juiz zelar pelo efetivo contraditório.

A sequência correta é:

a) as assertivas I, II, III e IV estão corretas.
b) apenas as assertivas I, III, IV estão corretas.
c) apenas as assertivas I e IV estão corretas.
d) apenas a assertiva II está correta.

2. DA FUNÇÃO JURISDICIONAL

2.1. Da Jurisdição e da Ação

SÚMULAS

STF Súm. 258. É admissível reconvenção em ação declaratória.

STJ Súm. 181. É admissível ação declaratória, visando a obter certeza quanto à exata interpretação de cláusula contratual.

STJ Súm. 242. Cabe ação declaratória para reconhecimento de tempo de serviço para fins previdenciários.

STJ Súm. 461. O contribuinte pode optar por receber, por meio de precatório ou por compensação, o indébito tributário certificado por sentença declaratória transitada em julgado.

QUESTÕES OBJETIVAS

9. (Ieses/TJ/TO/Cartórios/Ingresso/2022) Quanto à jurisdição e ao direito de ação, considere as seguintes assertivas:

I. Hodiernamente, o direito de ação não se manifesta apenas com a apresentação do pedido pela parte demandante. Ele envolve um conjunto de situações subjetivas que se desenvolvem durante o procedimento e se exaure com a obtenção da tutela jurisdicional adequada ao direito.
II. Também o réu tem direito de ação. E o direito à "ampla defesa" a que se refere o art. 5º., LV, da CF, diz respeito igualmente ao autor. O direito à ampla defesa, nessa linha de compreensão, está compreendido no direito de ação.

III. A jurisdição se movimenta em decorrência da demanda da parte ("nemo iudex sine actore"), ficando, antes disso, inerte ("ne procedat iudex ex officio").

IV. Modernamente, a tutela jurisdicional não pode ser compreendida apenas como resultado, mas igualmente no que toca aos meios tendentes e aptos à sua consecução. O direito de ação, com isso, corresponde ao direito à prestação jurisdicional adequada ao direito substancial. Direito a um processo adequado.

V. A teoria da ação como direito potestativo, de Jellinek, não se emprega no ordenamento jurídico processual brasileiro.

Está correto o que se afirma em:

a) I, II, III e V.
b) Todas estão corretas.
c) I, II, III e IV.
d) I, III, IV e V.

10. (Ieses/TJ/TO/Cartórios/Ingresso/2022) Relativamente aos limites da jurisdição nacional, é incorreto afirmar:

a) Os artigos 21 e 22 do CPC tratam de situações de jurisdição concorrente. Por sua vez, o art. 23 do mesmo Código cuida de hipóteses de jurisdição exclusiva.
b) Independentemente do local da sede da arbitragem, o Poder Judiciário brasileiro pode conhecer de pedido de tutela cautelar pré-arbitral, uma vez presente uma das hipóteses de exercício da jurisdição brasileira, na forma do art. 21 do CPC.
c) Modernamente, para o ordenamento jurídico nacional, a imunidade absoluta de jurisdição do Estado Estrangeiro só ocorre nos atos de império. Nos atos de gestão pode haver submissão à jurisdição brasileira.
d) Não compete à autoridade judiciária brasileira o processamento e o julgamento da ação quando houver cláusula de eleição de foro exclusivo estrangeiro em contratos nacionais e internacionais, arguida pelo réu na contestação.

11. (UFPR/TJ/PR/Cartórios/Remoção/2019) A ação é considerada um direito público, subjetivo e abstrato de provocar a jurisdição. Assim, todos têm o direito de ingressar em juízo, mas só aqueles que preenchem as condições da ação têm direito a uma decisão de mérito. Com relação aos elementos e às condições da ação, identifique como verdadeiras (V) ou falsas (F) as seguintes afirmativas:

I. A causa de pedir, um dos elementos da ação, se desdobra em causa de pedir próxima (a descrição dos fatos da causa) e causa de pedir remota (os fundamentos jurídicos da demanda).

II. Interesse e legitimidade são condições para se postular em juízo.

III. Legitimado ordinário para a ação é aquele que pleiteia em juízo, em seu próprio nome, direito de que se considera titular.

IV. Entre os elementos da ação está o pedido, que se desdobra em imediato (a providência requerida) e mediato (o bem da vida que se quer tutelar).

Assinale a alternativa que apresenta a sequência correta, de cima para baixo.

a) F, V, V, V.
b) V, V, F, V.
c) F, V, F, V.
d) V, F, V, F.
e) V, F, F, F.

12. (Consulplan/TJ/MG/Cartórios/Remoção/2017) Com relação à função jurisdicional (jurisdição e ação), as assertivas abaixo estão corretas, exceto:

a) a impossibilidade jurídica é uma das condições da ação.
b) a jurisdição civil é exercida pelos juízes e tribunais em todo o território nacional.
c) para postular em juízo é necessário ter interesse e legitimidade.
d) ninguém poderá pleitear em nome próprio direito alheio, salvo quando autorizado pelo ordenamento jurídico.

2.2. Da Competência Interna

SÚMULAS

1) Disposições Gerais

STF **Súm. 335.** É válida a cláusula de eleição do foro para os processos oriundos do contrato.

STF **Súm. 363.** A pessoa jurídica de direito privado pode ser demandada no domicílio da agência, ou estabelecimento, em que se praticou o ato.

STJ **Súm. 224.** Excluído do feito o ente federal cuja presença levara o juiz estadual a declinar da competência, deve o juiz federal restituir os autos e não suscitar conflito.

STJ **Súm. 254.** A decisão do juízo federal que exclui da relação processual ente federal não pode ser reexaminada no juízo estadual.

2) Da Competência da Justiça Estadual

STF **Súm. Vinculante 27.** Compete à justiça estadual julgar causas entre consumidor e concessionária de serviço público de telefonia, quando a Anatel não seja litisconsorte passiva necessária, assistente, nem opoente.

STF **Súm. 501.** Compete à justiça ordinária estadual o processo e o julgamento, em ambas as instâncias, das causas de acidente do trabalho, ainda que promovidas contra a União, suas autarquias, empresas públicas ou sociedades de economia mista.

STF **Súm. 508.** Compete à justiça estadual, em ambas as instâncias, processar e julgar as causas em que for parte o Banco do Brasil, S.A.

STF **Súm. 516.** O Serviço Social da Indústria (Sesi) está sujeito à jurisdição da justiça estadual.

STF **Súm. 556.** É competente a justiça comum para julgar as causas em que é parte sociedade de economia mista.

STJ **Súm. 1.** O foro do domicílio ou da residência do alimentando é o competente para a ação de investigação de paternidade, quando cumulada com a de alimentos.

STJ **Súm. 11.** A presença da União ou de qualquer de seus entes, na ação de usucapião especial, não afasta a competência do foro da situação do imóvel.

STJ **Súm. 15.** Compete à justiça estadual processar e julgar os litígios decorrentes de acidente do trabalho.

STJ **Súm. 34.** Compete à justiça estadual processar e julgar causa relativa a mensalidade escolar, cobrada por estabelecimento particular de ensino.

STJ **Súm. 42.** Compete à justiça comum estadual processar e julgar as causas cíveis em que é parte sociedade de economia mista e os crimes praticados em seu detrimento.

STJ **Súm. 206.** A existência de vara privativa, instituída por lei estadual, não altera a competência territorial resultante das leis de processo.

STJ **Súm. 238.** A avaliação da indenização devida ao proprietário do solo, em razão de alvará de pesquisa mineral, é processada no juízo estadual da situação do imóvel.

STJ **Súm. 270.** O protesto pela preferência de crédito, apresentado por ente federal em execução que tramita na justiça estadual, não desloca a competência para a justiça federal.

STJ **Súm. 363.** Compete à justiça estadual processar e julgar a ação de cobrança ajuizada por profissional liberal contra cliente.

STJ **Súm. 368.** Compete à justiça comum estadual processar e julgar os pedidos de retificação de dados cadastrais da justiça eleitoral.

STJ **Súm. 505.** A competência para processar e julgar as demandas que têm por objeto obrigações decorrentes dos contratos de planos de previdência privada firmados com a Fundação Rede Ferroviária de Seguridade Social – Refer é da justiça estadual.

STJ **Súm. 553.** Nos casos de empréstimo compulsório sobre o consumo de energia elétrica, é competente a justiça estadual para o julgamento de demanda proposta exclusivamente contra a Eletrobrás. Requerida a intervenção da União no feito após a prolação de sentença pelo juízo estadual, os autos devem ser remetidos ao tribunal regional federal competente para o julgamento da apelação se deferida a intervenção.

3) Competência da Justiça Federal

STF Súm. 689. O segurado pode ajuizar ação contra a instituição previdenciária perante o juízo federal do seu domicílio ou nas varas federais da capital do Estado-membro.

STF Súm. 517. As sociedades de economia mista só têm foro na justiça federal, quando a União intervém como assistente ou opoente.

STJ Súm. 32. Compete à justiça federal processar justificações judiciais destinadas a instruir pedidos perante entidades que nela têm exclusividade de foro, ressalvada a aplicação do art. 15, II, da Lei 5.010/1966.

STJ Súm. 150. Compete à justiça federal decidir sobre a existência de interesse jurídico que justifique a presença, no processo, da União, suas autarquias ou empresas públicas.

STJ Súm. 324. Compete à justiça federal processar e julgar ações de que participa a Fundação Habitacional do Exército, equiparada à entidade autárquica federal, supervisionada pelo Ministério do Exército.

STJ Súm. 365. A intervenção da União como sucessora da Rede Ferroviária Federal S/A (RFFSA) desloca a competência para a justiça federal ainda que a sentença tenha sido proferida por juízo estadual.

4) Da Modificação da Competência

STF Súm. 335. É válida a cláusula de eleição do foro para os processos oriundos do contrato.

STJ Súm. 235. A conexão não determina a reunião dos processos, se um deles já foi julgado.

STJ Súm. 489. Reconhecida a continência, devem ser reunidas na justiça federal as ações civis públicas propostas nesta e na justiça estadual.

5) Do Conflito de Competência

STJ Súm. 3. Compete ao tribunal regional federal dirimir conflito de competência verificado, na respectiva região, entre juiz federal e juiz estadual investido de jurisdição federal.

STJ Súm. 59. Não há conflito de competência se já existe sentença com trânsito em julgado, proferida por um dos juízos conflitantes.

STJ Súm. 428. Compete ao tribunal regional federal decidir os conflitos de competência entre juizado especial federal e juízo federal da mesma seção judiciária.

6) Incompetência Relativa

STJ Súm. 33. A incompetência relativa não pode ser declarada de ofício.

REPERCUSSÃO & REPETITIVOS

STF Rep. Geral 775. Compete ao tribunal regional federal processar ação rescisória proposta pela União com o objetivo de desconstituir sentença transitada em julgado proferida por juiz estadual, quando afeta interesses de órgão federal. *RE 598650, 11.10.2021.*

STF Rep. Geral 1154. Compete à justiça federal processar e julgar feitos em que se discuta controvérsia relativa à expedição de diploma de conclusão de curso superior realizado em instituição privada de ensino que integre o Sistema Federal de Ensino, mesmo que a pretensão se limite ao pagamento de indenização. *RE 1304964, 25.6.2021.*

STJ IAC 6. Os efeitos da Lei nº 13.876/2019 na modificação de competência para o processamento e julgamento dos processos que tramitam na Justiça Estadual no exercício da competência federal delegada insculpido no art. 109, § 3º, da Constituição Federal, após as alterações promovidas pela Emenda Constitucional 103, de 12 de novembro de 2019, aplicar-se-ão aos feitos ajuizados após 1º de janeiro de 2020. As ações, em fase de conhecimento ou de execução, ajuizadas anteriormente a essa data, continuarão a ser processadas e julgadas no juízo estadual, nos termos em que previsto pelo § 3º do art. 109 da Constituição Federal, pelo inciso III do art. 15 da Lei n. 5.010, de 30 de maio de 1965, em sua redação original. *CC 170051, 21.10.2021.*

JURISPRUDÊNCIA EM TESES

STJ JurisTese 133-1. Por se tratar de competência relativa, a ação que se refira a direitos reais sobre imóvel, excluídos aqueles que expressamente ensejem a competência absoluta do foro em que situada a coisa (art. 47, § 1º, do CPC/2015), poderá ser ajuizada no foro do domicílio do réu ou, se houver, no foro eleito pelas partes.

STJ JurisTese 133-2. Os motivos que justificam a improrrogabilidade da competência das ações reais imobiliárias cedem diante da competência conferida ao juízo indivisível da falência que, por definição, é um foro de atração para o qual convergem a discussão de todas as causas e as ações pertinentes a um patrimônio com universalidade jurídica.

INFORMATIVOS

STJ Competência. Rompimento da barragem de Fundão em Mariana. Vara Federal de Belo Horizonte. Conexão. Ação que tem por objeto apenas a reparação de danos morais e materiais suportados por pescadores. Ausência de discussão acerca da responsabilização do Estado. Competência do foro de residência do autor. facilitação do acesso à Justiça. Em ação que tem por objeto apenas a reparação de danos morais e materiais suportados por pescadores em razão do rompimento da barragem de Fundão em Mariana/MG, não se discutindo a responsabilização do Estado, não prevalece a competência da 12ª Vara Federal de Belo Horizonte, permitindo-se o ajuizamento no foro de residência do autor ou no local do dano. *AgInt no AREsp 1966684, 4ª T, 20.10.2022. Inf 758.*

STJ Conflito negativo de competência. Juízo federal que reconheceu a ilegitimidade passiva de autarquia federal e remeteu os autos à justiça estadual. Execução de honorários advocatícios fixados em favor da autarquia. Prevalência do juízo em que se formou o título executivo. Competência da Justiça Federal. Se, na mesma decisão, é reconhecida a ilegitimidade passiva de autarquia federal e, em razão disso, é determinada a remessa do processo para a Justiça Estadual, a competência para processar o cumprimento quanto aos honorários sucumbenciais nela fixados é da Justiça Federal. *CC 175883, 2ª S, 26.8.2022. Inf 747.*

STJ Conflito negativo de competência. Juízos estadual e federal. Direito à saúde. Não inclusão da União. Opção da parte requerente. Solidariedade dos entes federados. Competência da Justiça Estadual. Em demandas relativas a direito à saúde, é incabível ao juiz estadual determinar a inclusão da União no polo passivo da demanda se a parte requerente optar pela não inclusão, ante a solidariedade dos entes federados. *AgInt no CC 182080, 1ª S, 22.6.2022. Inf 742.*

STJ Acordão proferido pela Justiça Estadual. Habilitação da União na qualidade de assistente simples. Interesse jurídico específico demonstrado. Intervenção anômala não configurada. Deslocamento da competência para a Justiça Federal. Perpetuatio jurisdictionis. Não incidência. Julgamento dos embargos de declaração que compete ao Tribunal Regional Federal. Existindo interesse jurídico da União no feito, na condição de assistente simples, a competência afigura-se da Justiça Federal, conforme prevê o art. 109, I, da CF, motivo pelo qual compete ao TRF o julgamento de embargos de declaração opostos contra acórdão proferido pela Justiça Estadual. *EREsp 1265625, Corte Especial, 30.3.2022. Inf 731.*

QUESTÕES DISCURSIVAS

1. (Consulplan/TJ/MG/Cartórios/Ingresso/2019) Consoante o art. 42, do CPC, "as causas cíveis serão processadas e decididas pelo juiz nos limites de sua competência, ressalvado às partes o direito de instituir juízo arbitral, na forma da lei". As regras de competência submetem-se a regimes jurídicos diversos, quais sejam, as regras de competência absoluta e as regras de competência relativa. A par dessa dicotomia, aponte três distinções entre a competência absoluta e a competência relativa, segundo os princípios e normas que as regem. Aponte, ainda, três diferenças entre a incompetência absoluta e a incompetência relativa, de acordo com essas mesmas normas e princípios. Cite dois exemplos de competência absoluta e dois exemplos de competência relativa.

QUESTÕES OBJETIVAS

13. (Ieses/TJ/TO/Cartórios/Remoção/2022) A incompetência, absoluta ou relativa, será alegada como questão preliminar de contestação. A respeito da matéria, é correto afirmar, exceto:

a) Caso a alegação de incompetência seja acolhida, os autos serão remetidos ao juízo competente.

b) Após manifestação da parte contrária, o juiz decidirá imediatamente a alegação de incompetência.
c) Salvo decisão judicial em sentido contrário, conservar-se-ão os efeitos de decisão proferida pelo juízo incompetente até que outra seja proferida, se for o caso, pelo juízo competente.
d) A incompetência absoluta pode ser alegada em qualquer tempo e grau de jurisdição, porém, não pode ser declarada de ofício.

14. (FGV/TJ/SC/Cartórios/Remoção/2021) Sobre as normas de modificação de competência, é correto afirmar que:

a) o foro contratual não obriga os herdeiros e sucessores das partes.
b) as partes podem modificar a competência em razão do valor, da matéria e do território, elegendo o foro consensualmente.
c) a abusividade da cláusula de eleição de foro poderá ser alegada pelo réu a qualquer tempo, uma vez que se trata de matéria de ordem pública.
d) a reunião das ações ajuizadas em separado far-se-á no juízo prevento, mas não serão decididas simultaneamente, salvo em caso de questão prejudicial.
e) a cláusula de eleição de foro, se considerada abusiva, pode, até a citação, ser reputada ineficaz de ofício pelo juiz, que determinará a remessa dos autos ao juízo do foro de domicílio do réu.

15. (Ieses/TJ/RO/Cartórios/Ingresso/2021) Segundo dispõe o Código de Processo Civil, quando o incapaz for réu, o foro competente será:

a) Do domicílio do representante ou do assistente do incapaz.
b) Do Ministério Público com competência, em tese, para defender os interesses do incapaz.
c) Dos genitores do incapaz, ainda que destituídos do poder familiar.
d) Do local onde se encontra o incapaz.

16. (Consulplan/TJ/MS/Cartórios/Ingresso/2021) Por regra, as ações fundadas em direito real sobre imóvel têm por competente o foro de situação da coisa. Entretanto, o autor pode optar pelo foro de domicílio do réu ou pelo foro de eleição em algumas situações legais específicas. Assinale a opção em que o autor, em ação fundada em direito real sobre imóvel, pode optar pelo foro de domicílio do réu ou pelo foro de eleição.

a) Direito de vizinhança.
b) Ação de demarcação de terra.
c) Ação de nunciação de obra nova.
d) Ação relativa ao direito de superfície.

17. (Consulplan/TJ/MG/Cartórios/Remoção/2019) Segundo as normas e princípios contidos no Código de Processo Civil, analise as afirmativas a seguir.

I. A competência em razão da matéria é derrogável pela vontade das partes.
II. A conexão não determina a reunião dos processos, se um deles já foi julgado.
III. Para se postular em juízo é necessário que se tenha interesse, legitimidade e que o pedido seja juridicamente possível.
IV. É possível ter capacidade de ser parte e não ter capacidade processual.

Estão corretas as afirmativas:

a) I, II, III e IV.
b) II e IV, apenas.
c) I, II e III, apenas.
d) I, III e IV, apenas.

18. (Ieses/TJ/AM/Cartórios/Remoção/2018) Compete à autoridade judiciária brasileira processar e julgar as ações em que:

I. o réu, qualquer que seja a sua nacionalidade, estiver domiciliado no Brasil.
II. o fundamento seja fato ocorrido ou ato praticado no Brasil.
III. de alimentos, quando o credor tiver domicílio ou residência no Brasil.
IV. decorrentes de relações de consumo, quando o consumidor tiver domicílio ou residência no Brasil.

A sequência correta é:

a) as assertivas I, II, III e IV estão corretas.
b) apenas as assertivas II e IV estão incorretas.
c) apenas a assertiva IV está incorreta.
d) apenas as assertivas I e IV estão corretas.

19. (Ieses/TJ/CE/Cartórios/Ingresso/2018) Quando, entre duas ou mais ações, houver identidade quanto às partes e à causa de pedir, mas o pedido de uma, por ser mais amplo, abrange o das demais, estaremos diante do instituto do Código de Processo Civil denominado de:

a) continência.
b) comoriência.
c) conexão.
d) incompetência.

20. (Ieses/TJ/CE/Cartórios/Ingresso/2018) Acerca das regras jurídicas dispostas no Código de Processo Civil e que definem a competência interna, assinale a alternativa incorreta:

a) o foro de domicílio do autor da herança, no Brasil, é o competente para o inventário, a partilha, a arrecadação, o cumprimento de disposições de última vontade, a impugnação ou anulação de partilha extrajudicial e para todas as ações em que o espólio for réu, ainda que o óbito tenha ocorrido no estrangeiro.
b) a ação possessória imobiliária será proposta no foro de situação da coisa, cujo juízo tem competência absoluta.
c) a ação fundada em direito real sobre bens imóveis será proposta, em regra, no foro de domicílio do réu.
d) a ação fundada em direito pessoal será proposta, em regra, no foro de domicílio do réu.

21. (Ieses/TJ/RO/Cartórios/Remoção/2017) Compete à autoridade judiciária brasileira processar e julgar as ações em que:

I. o fundamento seja fato ocorrido ou ato praticado no Brasil.
II. no Brasil tiver de ser cumprida a obrigação.
III. o réu, qualquer que seja a sua nacionalidade, estiver domiciliado no Brasil.
IV. no exterior tiver de ser cumprida a obrigação.

A sequência correta é:

a) as assertivas I, II, III e IV estão corretas.
b) apenas a assertiva II está correta.
c) apenas as assertivas I e IV estão corretas.
d) apenas as assertivas I, II, III estão corretas.

3. DOS SUJEITOS DO PROCESSO

3.1. Das Partes e dos Procuradores

3.1.1. Da Capacidade Processual

SÚMULAS

STJ **Súm. 134.** Embora intimado da penhora em imóvel do casal, o cônjuge do executado pode opor embargos de terceiro para defesa de sua meação.

STJ **Súm. 196.** Ao executado que, citado por edital ou por hora certa, permanecer revel, será nomeado curador especial, com legitimidade para apresentação de embargos.

STJ **Súm. 525.** A Câmara de vereadores não possui personalidade jurídica, apenas personalidade judiciária, somente podendo demandar em juízo para defender os seus direitos institucionais.

INFORMATIVOS

STF **Procuradorias municipais: legitimidade para interpor recurso em ação de controle de constitucionalidade.** A procuradoria jurídica estadual ou municipal possui legitimidade para interpor recurso em face de acórdão de tribunal de justiça proferido em representação de inconstitucionalidade. A ausência de assinatura do chefe do Poder Executivo na petição recursal não constitui óbice para a análise do recurso, sendo suficiente que a peça seja subscrita pelo procurador, que também detém legitimidade recursal em ações de controle de constitucionalidade. *ARE 873804 AgR-2º-ED-EDv-AgR, 13.10.2022, Pleno. Inf 1072.*

QUESTÕES DISCURSIVAS

2. (Ieses/TJ/RO/Cartórios/2021) Indique, e defina, quais os pressupostos processuais às condições da ação, que, se não atendidos, implicam no indeferimento da inicial, bem como defina capacidade processual e capacidade postulatória.

QUESTÕES OBJETIVAS

22. (Ieses/TJ/TO/Cartórios/Remoção/2022) O cônjuge necessitará do consentimento do outro para propor ação que verse sobre direito real imobiliário, salvo quando casados sob o regime de:

a) participação final nos aquestos.
b) comunhão parcial de bens.
c) comunhão universal de bens.
d) separação absoluta de bens.

23. (Ieses/TJ/TO/Cartórios/Remoção/2022) Segundo a legislação processual civilista brasileira, para postular em juízo é necessário ter:

a) possibilidade e legitimidade.
b) necessidade e legitimidade.
c) interesse e legitimidade.
d) adequação e interesse.

24. (FGV/TJ/SC/Cartórios/Remoção/2021) No que tange aos sujeitos do processo, é correto afirmar que:

a) a curatela especial poderá ser exercida por todos os legitimados extraordinários.
b) os Estados e o Distrito Federal serão representados em juízo, ativa e passivamente, por seus governadores ou procuradores, assim como o espólio por seu inventariante.
c) os Estados e o Distrito Federal poderão ajustar compromisso recíproco para a prática de ato processual por seus procuradores em favor de outro ente federado, mediante convênio firmado por seus governadores.
d) o cônjuge necessitará do consentimento do outro para propor ação que verse sobre direito real imobiliário, ainda que se trate de casamento sob o regime de separação absoluta de bens.
e) caso o juiz verifique, na instância originária, a incapacidade processual ou a irregularidade da representação da parte autora, suspenderá o processo e designará prazo razoável para que seja sanado o vício, caso em que, descumprida a determinação, o processo será extinto.

25. (Vunesp/TJ/GO/Cartórios/Remoção/2021) Quanto à capacidade para estar em juízo:

a) serão representados em juízo, ativa e passivamente, a autarquia e a fundação de direito público, por quem os respectivos atos constitutivos designarem ou, não havendo essa designação, por seus diretores.
b) verificada a incapacidade processual ou a irregularidade da representação da parte, o juiz extinguirá o processo se a providência couber ao autor e o réu será considerado revel, se a providência lhe couber.
c) nas ações possessórias, a participação do cônjuge do autor ou do réu somente é dispensável nas hipóteses de composse, independentemente do regime de bens.
d) o cônjuge necessitará do consentimento do outro para propor ação que verse sobre direito real imobiliário, salvo quando casados sob o regime de separação de bens.

26. (Vunesp/TJ/RS/Cartórios/Remoção/2019) Toda pessoa que se encontre no exercício de seus direitos tem capacidade para estar em juízo, ressalvando-se que:

a) o relativamente incapaz será representado por seus pais.
b) estando o réu preso, o juiz necessariamente nomear-lhe-á curador especial.
c) nas ações possessórias, a participação do cônjuge do réu apenas é indispensável nas hipóteses de composse ou de ato por ambos praticado.
d) o cônjuge precisará do consentimento do outro para propor qualquer ação.
e) verificada a incapacidade processual, o juiz, sem suspender o processo, designará prazo razoável para que seja sanado o vício.

27. (Cespe/TJ/DFT/Cartórios/Remoção/2019) A respeito de pressupostos processuais subjetivos, assinale a opção correta.

a) Em regra, pessoas físicas e jurídicas possuem capacidade de serem partes em processo, mas não as pessoas formais, tais como a massa falida, o condomínio edilício e o espólio, por serem entes despersonalizados.
b) As pessoas incapazes de modo absoluto e aquelas que o sejam de modo relativo não possuem capacidade para estar em juízo, razão pela qual precisam ser, respectivamente, assistidas e representadas.
c) Embora o advogado possua capacidade postulatória plena, a parte poderá atuar nos autos sem advogado em casos como nos juizados especiais cíveis em causas de primeira instância cujo valor seja de até vinte salários mínimos.
d) Os magistrados podem ter duas extensões de parcialidade: a suspeição, que é fruto de uma presunção absoluta; e o impedimento, que decorre de uma presunção relativa.
e) No processo, o dever de imparcialidade é do juiz, assim, não se aplicam aos auxiliares da justiça as hipóteses legais de impedimento e de suspeição.

28. (Ieses/TJ/CE/Cartórios/Remoção/2018) O cônjuge necessitará do consentimento do outro para propor ação que verse sobre direito real imobiliário, salvo quando casados sob o regime de separação absoluta de bens, assim como, ambos os cônjuges serão necessariamente citados para a ação:

I. que tenha por objeto o reconhecimento, a constituição ou a extinção de ônus sobre imóvel de um ou de ambos os cônjuges.
II. resultante de fato que diga respeito a ambos os cônjuges ou de ato praticado por eles.
III. que verse sobre direito real imobiliário, salvo quando casados sob o regime de separação absoluta de bens.
IV. fundada em dívida contraída por um dos cônjuges a bem da família.

A sequência correta é:

a) apenas as assertivas I, II e IV estão corretas.
b) apenas as assertivas II e III estão corretas.
c) as assertivas I, II, III e IV estão corretas.
d) apenas a assertiva II está incorreta.

29. (Cetro/TJ/RJ/Cartórios/Ingresso/2017) Sobre situações correlacionadas com o instituto da capacidade postulatória, assinale a alternativa correta:

a) o menor impúbere outorga procuração "ad judicia" por meio de instrumento público, necessariamente.
b) a interposição de agravo regimental em sindicância apresentada por funcionário público não necessita da participação de advogado no arrazoamento.
c) o advogado que se encontra impedido de advogar contra município no início do processo mantém-se impedido mesmo quando renuncia posteriormente ao cargo público.
d) a dispensa à demonstração da representação processual de município por meio de instrumento de mandato somente é possível quando seus procuradores estiverem investidos na condição de servidores municipais.
e) a capacidade postulatória do advogado inscrito na OAB em outro estado está vinculada à inscrição suplementar naquela seccional, sob pena de nulidade processual.

3.1.2. Dos Deveres das Partes e de seus Procuradores

SÚMULAS

1) Das Despesas, dos Honorários Advocatícios e das Multas (arts. 82 a 97)

1.1) Das Despesas

STJ **Súm. 190.** Na execução fiscal, processada perante a justiça estadual, cumpre à Fazenda Pública antecipar o numerário destinado ao custeio das despesas com o transporte dos oficiais de justiça.

STJ **Súm. 483.** O INSS não está obrigado a efetuar depósito prévio do preparo por gozar das prerrogativas e privilégios da Fazenda Pública.

1.2) Dos Honorários Advocatícios

STF **Súm. Vinculante 47.** Os honorários advocatícios incluídos na condenação ou destacados do montante principal devido ao credor consubstanciam verba de natureza alimentar cuja satisfação ocorrerá com a expedição de precatório ou requisição de pequeno valor, observada ordem especial restrita aos créditos dessa natureza.

STF **Súm. 257.** São cabíveis honorários de advogado na ação regressiva do segurador contra o causador do dano.

STF **Súm. 389.** Salvo limite legal, a fixação de honorários de advogado, em complemento da condenação, depende das circunstâncias da causa, não dando lugar a recurso extraordinário.

STF **Súm. 450.** São devidos honorários de advogado sempre que vencedor o beneficiário de justiça gratuita.

STF **Súm. 512.** Não cabe condenação em honorários de advogado na ação de mandado de segurança.

STF **Súm. 616.** É permitida a cumulação da multa contratual com os honorários de advogado, após o advento do Código de Processo Civil vigente.

STJ **Súm. 14.** Arbitrados os honorários advocatícios em percentual sobre o valor da causa, a correção monetária incide a partir do respectivo ajuizamento.

STJ **Súm. 29.** No pagamento em juízo para elidir falência, são devidos correção monetária, juros e honorários de advogado.

STJ **Súm. 105.** Na ação de mandado de segurança, não se admite condenação em honorários advocatícios.

STJ **Súm. 110.** A isenção do pagamento de honorários advocatícios, nas ações acidentárias, é restrita ao segurado.

STJ **Súm. 111.** Os honorários advocatícios, nas ações previdenciárias, não incidem sobre as prestações vencidas após a sentença.

STJ **Súm. 153.** A desistência da execução fiscal, após o oferecimento dos embargos, não exime o exequente dos encargos da sucumbência.

STJ **Súm. 201.** Os honorários advocatícios não podem ser fixados em salários-mínimos.

STJ **Súm. 303.** Em embargos de terceiro, quem deu causa à constrição indevida deve arcar com os honorários advocatícios.

STJ **Súm. 488.** O § 2º do art. 6º da Lei n. 9.469/1997, que obriga à repartição dos honorários advocatícios, é inaplicável a acordos ou transações celebrados em data anterior à sua vigência.

STJ **Súm. 517.** São devidos honorários advocatícios no cumprimento de sentença, haja ou não impugnação, depois de escoado o prazo para pagamento voluntário, que se inicia após a intimação do advogado da parte executada.

1.3) Dos Honorários Periciais

STJ **Súm. 232.** A Fazenda Pública, quando parte no processo, fica sujeita à exigência do depósito prévio dos honorários do perito.

1.4) Dos Ônus Sucumbenciais

STJ **Súm. 326.** Na ação de indenização por dano moral, a condenação em montante inferior ao postulado na inicial não implica sucumbência recíproca.

STJ **Súm. 462.** Nas ações em que representa o FGTS, a CEF, quando sucumbente, não está isenta de reembolsar as custas antecipadas pela parte vencedora.

2) Da Gratuidade da Justiça (arts. 98 a 102)

STF **Súm. 450.** São devidos honorários de advogado sempre que vencedor o beneficiário de justiça gratuita.

STJ **Súm. 481.** Faz jus ao benefício da justiça gratuita a pessoa jurídica com ou sem fins lucrativos que demonstrar sua impossibilidade de arcar com os encargos processuais.

REPERCUSSÃO & REPETITIVOS

STJ **Repetitivo 1076.** I) A fixação dos honorários por apreciação equitativa não é permitida quando os valores da condenação, da causa ou o proveito econômico da demanda forem elevados. É obrigatória nesses casos a observância dos percentuais previstos nos §§ 2º ou 3º do artigo 85 do CPC – a depender da presença da Fazenda Pública na lide –, os quais serão subsequentemente calculados sobre o valor: (a) da condenação; ou (b) do proveito econômico obtido; ou (c) do valor atualizado da causa. II) Apenas se admite arbitramento de honorários por equidade quando, havendo ou não condenação: (a) o proveito econômico obtido pelo vencedor for inestimável ou irrisório; ou (b) o valor da causa for muito baixo. *REsp 1850512, 16.2.2022.*

JURISPRUDÊNCIA EM TESES

1) Dos Honorários Advocatícios

STJ **JurisTese 128-1.** O marco temporal para a aplicação das normas do Código de Processo Civil de 2015, a respeito da fixação e da distribuição dos honorários de sucumbência, é a data da prolação de sentença/acórdão que as impõe.

STJ **JurisTese 128-2.** Não se aplica a regra do art. 85, § 2º, do CPC/2015, direcionada ao arbitramento dos honorários advocatícios sucumbenciais, na hipótese em que a sentença tiver sido proferida na vigência do antigo diploma processual civil.

STJ **JurisTese 128-3.** É inviável o arbitramento de honorários advocatícios de sucumbência, diretamente pelo Superior Tribunal de Justiça - STJ, com base no art. 85 do Código de Processo Civil de 2015, sob pena de configurar supressão de grau de jurisdição e de desvirtuar a competência recursal da Corte.

STJ **JurisTese 128-4.** Somente nos recursos interpostos contra decisão publicada a partir de 18 de março de 2016 será possível o arbitramento de honorários sucumbenciais recursais, na forma do art. 85, § 11, do NCPC.

STJ **JurisTese 128-5.** O § 11 do art. 85 do CPC/2015, que disciplinou a hipótese de majoração da verba honorária em grau de recurso, tem dupla funcionalidade: atender à justa remuneração do patrono pelo trabalho adicional na fase recursal e inibir o exercício abusivo do direito de recorrer.

STJ **JurisTese 128-6.** Os honorários recursais não têm autonomia nem existência independente da sucumbência fixada na origem e representam um acréscimo ao ônus estabelecido previamente, motivo por que na hipótese de descabimento ou de ausência de fixação anterior, não haverá falar em honorários recursais.

STJ **JurisTese 128-7.** Para a majoração de honorários advocatícios na instância recursal, não é exigível a comprovação de trabalho adicional do advogado, que será considerado apenas para a quantificação de tal verba.

STJ **JurisTese 128-8.** Os honorários recursais incidem apenas quando houver a instauração de novo grau recursal e não a cada recurso interposto no mesmo grau de jurisdição.

STJ **JurisTese 128-9.** Os honorários recursais de que trata o art. 85, § 11, do CPC/2015, são aplicáveis tanto nas hipóteses de não conhecimento integral quanto de não provimento do recurso.

STJ **JurisTese 129-1.** Os honorários advocatícios têm natureza alimentar, sendo possível a penhora de verbas remuneratórias para o seu pagamento.

STJ **JurisTese 129-2.** O § 8º do art. 85 do Código de Processo Civil de 2015 transmite regra excepcional, de aplicação subsidiária, em que se permite a fixação dos honorários sucumbenciais por critério de equidade, para as hipóteses em que, havendo ou não condenação: (I) o proveito econômico obtido pelo vencedor seja inestimável ou irrisório; ou (II) o valor da causa seja muito baixo.

STJ **JurisTese 129-3.** Não é possível a compensação de honorários advocatícios quando a sua fixação ocorrer na vigência do CPC/2015 - art. 85, § 14.

STJ **JurisTese 129-4.** A majoração da verba honorária sucumbencial recursal, prevista no art. 85, § 11, do CPC/2015, pressupõe a existência cumulativa dos seguintes requisitos: a) decisão recorrida publicada a partir de 18.03.2016, data de entrada em vigor do novo Código de Processo Civil; b) recurso não conhecido integralmente ou não provido, monocraticamente ou pelo órgão colegiado competente; e c) condenação em honorários advocatícios desde a origem no feito em que interposto o recurso.

STJ **JurisTese 129-5.** Quando devida a verba honorária recursal, mas, por omissão, o relator deixar de aplicá-la em decisão monocrática, poderá o colegiado arbitrá-la "ex officio", por se tratar de matéria de ordem pública, que independe de provocação da parte.

STJ **JurisTese 129-6.** O recurso interposto pelo vencedor para ampliar a condenação - que não seja conhecido, rejeitado ou desprovido - não implica honorários de sucumbência recursal para a parte contrária.

STJ **JurisTese 129-7.** Por critério de simetria, não é cabível a condenação da parte vencida ao pagamento de honorários advocatícios em favor do Ministério Público nos autos de ação civil pública ou de ação coletiva, salvo comprovada má-fé.

STJ **JurisTese 129-8.** São devidos honorários advocatícios nas reclamações julgadas a partir da vigência do Código de Processo Civil de 2015, quando angularizada a relação processual.

STJ **JurisTese 129-11.** Não é possível a modificação do valor de verba honorária fixada em sentença transitada em julgado, sob pena de ofensa à coisa julgada.

STJ **JurisTese 129-12.** São devidos honorários advocatícios sucumbenciais pelo exequente em virtude do acolhimento total ou parcialmente de exceção de pré-executividade.

2) Da Gratuidade da Justiça (arts. 98 a 102)

STJ **JurisTese 148-1.** A Defensoria Pública não detém a exclusividade da prestação de assistência jurídica gratuita na defesa daqueles que não têm meios financeiros para contratar advogado, assim como não existe direito subjetivo de o acusado de ser defendido pela Defensoria Pública.

STJ **JurisTese 148-2.** Não se presume a hipossuficiência econômica para concessão da gratuidade da justiça pelo simples fato de a parte ser representada pela Defensoria Pública, sendo necessário o preenchimento dos requisitos previstos em lei.

STJ **JurisTese 148-3.** Em se tratando de ação penal pública, compete ao Juízo da Execução Penal a análise do estado de miserabilidade jurídica do condenado, visando à concessão do benefício de gratuidade da justiça.

STJ **JurisTese 148-4.** A concessão do benefício de gratuidade da justiça não exclui a possibilidade de condenação do acusado ao pagamento de custas processuais, mas tão somente a suspensão de sua exigibilidade pelo prazo de cinco anos (art. 804 do Código de Processo Penal - CPP)

STJ **JurisTese 148-5.** O beneficiário da justiça gratuita não faz jus à isenção das custas e dos honorários advocatícios, cuja exigibilidade ficará suspensa, nos termos do art. 98, §§ 2º e 3º, do CPC.

STJ **JurisTese 148-6.** O fato de a parte ser beneficiária da gratuidade da justiça não impede a fixação de honorários, no entanto sua exigibilidade ficará suspensa na forma do art. 98, § 3º, do CPC.

STJ **JurisTese 148-8.** O direito à gratuidade da justiça da pessoa jurídica em regime de liquidação extrajudicial ou de falência depende da demonstração de sua impossibilidade de arcar com os encargos processuais.

STJ **JurisTese 148-9.** O beneficiário da assistência judiciária gratuita tem direito à elaboração de cálculos pela Contadoria Judicial, independentemente de sua complexidade.

STJ **JurisTese 148-10.** O art. 12, § 2º, da Lei n. 10.257/2001, que assegura aos autores da ação de usucapião especial urbana os benefícios da assistência judiciária gratuita, incluindo as despesas de registro imobiliário, deve ser interpretado em harmonia com o Código de Processo Civil.

STJ **JurisTese 149-1.** O patrocínio da causa por Núcleo de Prática Jurídica não implica, automaticamente, a concessão dos benefícios da assistência judiciária gratuita, sendo indispensável o preenchimento dos requisitos previstos em lei.

STJ **JurisTese 149-2.** Os advogados dos Núcleos de Prática Jurídica, por se equipararem aos defensores públicos na prestação da assistência judiciária gratuita, serão intimados pessoalmente de todos os atos processuais (art. 5º, § 5º, da Lei n. 1.060/1950).

STJ **JurisTese 149-3.** No âmbito do Superior Tribunal de Justiça - STJ, o benefício da gratuidade de justiça não pode ser deferido em "habeas data", "habeas corpus", recursos em "habeas corpus" e demais processos criminais, salvo a ação penal privada, pois não são devidas custas processuais, nos termos do art. 7º da Lei n. 11.636/2007.

STJ **JurisTese 149-4.** A concessão de gratuidade da justiça ao sindicato é possível, quando demonstrada a sua condição de hipossuficiência que o impossibilite de arcar com os encargos processuais.

STJ **JurisTese 149-5.** O espólio tem direto ao benefício da justiça gratuita desde que demonstrada sua hipossuficiência.

STJ **JurisTese 149-6.** Nas ações ajuizadas por menor, em que pese a existência da figura do representante legal no processo, o pedido de concessão de gratuidade da justiça deve ser examinado sob o prisma do menor, que é parte do processo.

STJ **JurisTese 149-7.** O benefício da assistência judiciária gratuita depende de expresso pedido da parte, sendo vedada sua concessão de ofício pelo juiz.

STJ **JurisTese 149-8.** A ausência de manifestação do órgão julgador a respeito do pedido de assistência judiciária gratuita formulado enseja a presunção da concessão do benefício em favor da parte que o pleiteou, quando acompanhado da declaração de hipossuficiência.

STJ **JurisTese 149-9.** O deferimento do pedido de gratuidade da justiça opera efeitos "ex nunc", ou seja, não alcançam encargos pretéritos ao requerimento do benefício.

STJ **JurisTese 149-10.** A afirmação de pobreza goza de presunção relativa de veracidade, podendo o magistrado, de ofício, indeferir ou revogar o benefício da assistência judiciária gratuita, quando houver fundadas razões acerca da condição econômico-financeira da parte.

STJ **JurisTese 149-11.** A revogação do benefício de assistência judiciária gratuita deve estar fundamentada em fato novo que altere a condição de hipossuficiência da parte.

STJ **JurisTese 149-12.** A revogação da assistência judiciária gratuita não é sanção prevista ao litigante de má-fé, sujeito às hipótese e penalidades dos art. 80 e art. 81 do Código de Processo Civil - CPC.

STJ **JurisTese 150-1.** É inadequada a utilização de critérios exclusivamente objetivos para a concessão de benefício da gratuidade da justiça, devendo ser efetuada avaliação concreta da possibilidade econômica de a parte postulante arcar com os ônus processuais.

STJ JurisTese 150-2. A faixa de isenção do Imposto de Renda não pode ser tomada como único critério para a concessão ou denegação da justiça gratuita.

STJ JurisTese 150-3. A mera declaração de estado de pobreza para fins de obtenção de benefícios da justiça gratuita não é considerada conduta típica, diante da presunção relativa de tal documento, que comporta prova em contrário.

STJ JurisTese 150-4. É típica a conduta praticada por advogado que falsifica assinatura do cliente em documento de declaração de pobreza para fins de obtenção dos benefícios da gratuidade da justiça.

STJ JurisTese 150-5. O benefício da assistência judiciária gratuita, uma vez concedido, prevalece em todas as instâncias e para todos os atos do processo.

STJ JurisTese 150-6. A assistência judiciária gratuita limita-se aos atos de um mesmo processo, não alcançando outras ações próprias e autônomas porventura ajuizadas.

STJ JurisTese 150-7. O benefício da gratuidade da justiça concedido no processo de conhecimento persistirá nos processos de liquidação e de execução, inclusive nos embargos à execução, salvo se revogado expressamente.

STJ JurisTese 150-8. O beneficiário da justiça gratuita não pode opor embargos à execução fiscal sem a prévia garantia do juízo (art. 16, § 1º, da Lei n. 6.830/1980), pois a Lei de Execução Fiscal – LEF tem prevalência sobre o Código de Processo Civil – CPC, em virtude do princípio da especialidade.

STJ JurisTese 150-9. A limitação da responsabilidade financeira do Estado, prevista no art. 95, § 3º, II, do CPC, não exclui do sucumbente beneficiário da gratuidade da justiça o ônus de arcar com o adimplemento de verba honorária pericial remanescente.

STJ JurisTese 150-10. Sob a égide do CPC/1973, o deferimento da gratuidade da justiça não constitui óbice à compensação de honorários advocatícios no caso de sucumbência recíproca.

STJ JurisTese 150-11. Os defensores dativos, por não integrarem o quadro estatal de assistência judiciária gratuita, não dispõem da prerrogativa de prazo em dobro para recorrer.

STJ JurisTese 150-12. O advogado dativo de parte beneficiada pela gratuidade da justiça pode interpor recurso que verse exclusivamente sobre valor de honorários de sucumbência, sem o pagamento de preparo e sem demonstrar direito à gratuidade, não lhe sendo aplicada a vedação contida no § 5º do art. 99 do CPC, expressamente dirigida ao advogado particular.

STJ JurisTese 150-13. A parte possui legitimidade concorrente para recorrer da decisão que fixa os honorários sucumbenciais, a despeito de referida verba constituir direito autônomo do advogado, não ocorrendo deserção se ela litiga sob o pálio da gratuidade da justiça.

STJ JurisTese 150-14. A parte beneficiária da gratuidade de justiça deve comprovar a dispensa do recolhimento do preparo no ato da interposição do recurso.

STJ JurisTese 150-15. O recolhimento das custas é ato incompatível com o pleito de concessão dos benefícios da gratuidade da justiça, pela proibição de a parte adotar comportamentos contraditórios – "venire contra factum proprium".

STJ JurisTese 150-16. É cabível agravo de instrumento contra o provimento jurisdicional que, após a entrada em vigor do CPC/2015, acolhe ou rejeita incidente de impugnação à gratuidade da justiça instaurado em autos apartados na vigência do regramento anterior.

STJ JurisTese 150-17. A concessão de gratuidade da justiça não exclui a responsabilidade do agravante pelo traslado das peças indispensáveis à formação do agravo de instrumento.

STJ JurisTese 150-18. O pedido de gratuidade da justiça formulado no agravo interno não tem proveito para a parte, tendo em vista que o recurso não necessita de recolhimento de custas e que o deferimento da benesse não opera efeitos sobre atos processuais pretéritos.

INFORMATIVOS

STF Quitação de dívida ativa por meio alternativo de cobrança e honorários advocatícios de procuradores estaduais. É constitucional, desde que observado o teto remuneratório, norma estadual que destina aos procuradores estaduais honorários advocatícios incidentes na hipótese de quitação de dívida ativa em decorrência da utilização de meio alternativo de cobrança administrativa ou de protesto de título. *ADI 5910, 27.5.2022. Pleno Inf 1056.*

STJ Honorários sucumbenciais. Incidência do CPC/73. Marco temporal. Sentença. Equidade. Possibilidade. A sentença é o marco temporal para delimitação do regime jurídico aplicável à fixação de honorários advocatícios, de maneira que é indiferente a data do ajuizamento da ação e a data do julgamento dos recursos eventualmente interpostos. *REsp 1926477, 3ª T, 27.10.2022. Inf 761.*

STJ Honorários sucumbenciais. Execução. Penhora de valor depositado a título de caução pelo cliente do causídico. Depósito realizado a título de contracautela. Ressarcimento de eventuais danos advindos da execução da providência antecipada. Valores que não mais pertencem ao cliente do causídico. Possibilidade. É possível que o advogado penhore parte dos valores depositados como caução por seu cliente, a título de contracautela, para satisfação de seu crédito (honorários sucumbenciais). *REsp 1796534, 4ª T, 13.12.2022. Inf 761.*

STJ Jurisdição voluntária. Resistência à pretensão autoral. Não configuração. Pedido autônomo. Inexistência de reconvenção. Concordância expressa com os pedidos formulados na inicial. Ausência de litigiosidade. Honorários advocatícios sucumbenciais. Não cabimento. Em procedimento de jurisdição voluntária, quando a parte ré concorda com o pedido formulado na inicial, mas formula pedido autônomo: (I) se o Juiz não admitir o pedido autônomo como reconvenção e julgar apenas a pretensão autoral, não serão devidos honorários de sucumbência; (II) se o Juiz admitir o pedido autônomo como reconvenção e julgar ambas as pretensões, serão devidos honorários de sucumbência apenas na reconvenção e desde que configurado litígio quanto à pretensão reconvencional. *REsp 2028685, 3ª T, 24.11.2022. Inf 761.*

STJ Exclusão de litisconsorte passivo. Concordância do autor. Extinção do processo em relação à parte ilegítima. Honorários advocatícios. Novas regras: CPC, art. 85, §§ 2º e 8º. Regra geral obrigatória (§ 2º). Regra subsidiária (§ 8º). Aplicação analógica do art. 338, par. ún. do CPC. O arbitramento de honorários advocatícios em caso de exclusão de litisconsorte, ainda no início do trâmite processual, sem qualquer oposição do autor, deve observar a regra do art. 338, par. ún. do CPC. *REsp 1935852, 3ª T, 10.11.2022. Inf 760.*

STJ Honorários advocatícios. Honorários contratuais "ad exitum". Efetivo êxito. Julgamento definitivo da causa. Cobrança antecipada. Descabimento. É descabida a cobrança antecipada de honorários "ad exitum" relativamente a ações ainda não julgadas em definitivo, apenas com base em decisão liminar. *AgInt no AgInt no AREsp 1997699, 4ª T, 24.10.2022. Inf 758.*

STJ Honorários advocatícios. Sentença proferida na vigência do CPC/73. Reforma do julgado na vigência do CPC/15. Inversão da sucumbência. Aplicação das regras do CPC/73. Arbitramento segundo o critério da equidade. Possibilidade. Aplicam-se as regras previstas no CPC/73 para o arbitramento de honorários advocatícios quando a sentença tenha sido proferida na vigência deste diploma, ainda que este título judicial venha a ser reformado, com a inversão da sucumbência, na vigência do CPC/15. *Proc. segredo justiça, 4ª T, 8.11.2022. Inf 756.*

STJ Ação de exigir contas. Primeira fase. Procedência do pedido. Honorários advocatícios de sucumbência. Arbitramento. Proveito econômico inestimável. Critério da equidade. Os honorários advocatícios de sucumbência na primeira fase da ação de exigir contas devem ser arbitrados por apreciação equitativa, conforme disposto no § 8º do art. 85 do CPC. *REsp 1874920, 3ª T, 6.10.2022. Inf 756.*

STJ Honorários de sucumbência. Base de cálculo. Sucumbência recíproca. Recurso exclusivo da parte autora. Provimento. Alteração do critério de fixação. Majoração da verba honorária devida pela recorrente. Impossibilidade. "Reformatio in pejus". Os honorários fixados na sucumbência recíproca são independentes entre si, isto é, trata-se de obrigações de natureza cindível na qual o recurso de uma parte, ou de seu advogado, não pode prejudicar o recorrente, sob pena de se majorar indevidamente a verba honorária já fixada em favor do patrono da parte contrária, não recorrente, resultando em reformatio in pejus. *AgInt no REsp 1944858, 4ª T, 27.9.2022. Inf 751.*

STJ Ação rescisória. Reconhecimento de incompetência. Juízos rescindendo e rescisório. Julgamento por órgãos jurisdicionais distintos. Honorários advocatícios. Fixação pelo Tribunal que realiza o juízo rescindendo. Cabimento. É devida a fixação de honorários advocatícios quando, em julgamento de ação rescisória, o Tribunal reconhece a sua incompetência, realizando apenas o juízo rescindendo, e submete ao órgão jurisdicional competente o juízo rescisório. *REsp 1848704, 2ª T, 23.8.2022. Inf 747.*

STJ Ação de inventário. Pedido de reserva de honorários. Advogado constituído pelo inventariante. Conflito de interesses entre os herdeiros. Não vinculação do espólio. Havendo conflito de interesses entre os herdeiros, as despesas de verba honorária do advogado constituído pelo inventariante não devem ser suportadas pelo espólio. *AgInt no AREsp 1924962, 4ª T, 12.8.2022. Inf 746.*

STJ Ação de cobrança. Autor estrangeiro e não residente no Brasil. Caução. Art. 83 do CPC. Tratado Internacional. Protocolo de Las Leñas. Extensão do tratamento interno para nacionais e residentes nos Estados signatários. O Protocolo de Las Leñas, do qual o Brasil é signatário, não traz dispensa genérica da prestação de caução, limitando-se a impor o tratamento igualitário entre todos os cidadãos e residentes nos territórios de quaisquer dos Estados-Partes. *REsp 1991994, 4ª T, 20.6.2022. Inf 742.*

STJ Honorários advocatícios contratuais. Pagamento com recursos do Fundef/ Fundeb. Vedação. Superveniência da ADPF 528. Modificação do entendimento do STJ. Utilização dos juros moratórios dos precatórios. Possibilidade. Natureza autônoma dos juros em relação à verba principal. Nas demandas envolvendo valores relacionados ao Fundef/Fundeb, é possível a utilização dos juros moratórios dos precatórios para pagamento dos honorários contratuais, ante a natureza autônoma dos juros em relação à verba principal. *AREsp 1369724, 1ª T, 2.8.2022. Inf 743.*

STJ Honorários advocatícios de sucumbência. Fazenda Pública vencedora. Patrimônio da entidade estatal. Direito autônomo do procurador judicial. Inocorrência. Os honorários advocatícios de sucumbência, quando vencedora a Fazenda Pública, integram o patrimônio da entidade estatal, não constituindo direito autônomo do procurador judicial. *AgInt no AREsp 1834717, 2ª T, 19.5.2022. Inf 743.*

STJ Honorários contratuais. Retenção. Verbas do Fundef/Fundeb. Impossibilidade. ADPF 528. Observância obrigatória. Juros de mora. Autonomia. Pagamento. Viabilidade. O reconhecimento da inconstitucionalidade do pagamento de honorários advocatícios contratuais com recursos alocados no Fundef/Fundeb não exclui a possibilidade de adimplemento de tal verba com base no montante correspondente aos juros de mora incidentes sobre o valor do precatório devido pela União. *AgInt no REsp 1874550, 1ª T, 25.10.2022.*

STJ Litisconsorte passivo. Exclusão. Julgamento parcial da lide. Honorários advocatícios sucumbenciais. Fixação de forma proporcional a matéria decidida. Ofensa ao art. 85, § 2º, do CPC não caracterizada. Nas hipóteses de julgamento parcial, como ocorre na decisão que exclui um dos litisconsortes passivos sem colocar fim à demanda, os honorários devem observar proporcionalmente a matéria efetivamente apreciada. *REsp 1760538, 3ª T, 26.5.2022. Inf 738.*

STJ Plano de saúde. Cobertura de tratamento médico. Indenização por danos morais. Honorários advocatícios. Incidência sobre as condenações ao pagamento. Quantia certa. Obrigação de fazer. Nas sentenças que reconheçam o direito à cobertura de tratamento médico e ao recebimento de indenização por danos morais, os honorários advocatícios sucumbenciais incidem sobre as condenações ao pagamento de quantia certa e à obrigação de fazer. *EAREsp 198124, 2ª S, 11.5.2022. Inf 739.*

STJ Honorários advocatícios. Sucumbência recíproca. Bases de cálculo distintas em relação aos litigantes. Distribuição proporcional. Grau de êxito. Art. 85, § 2º, do CPC. Verificada a existência de sucumbência recíproca, os honorários e ônus decorrentes devem ser distribuídos adequada e proporcionalmente, levando-se em consideração o grau de êxito de cada um dos envolvidos, bem como os parâmetros dispostos no art. 85, § 2º, do CPC. *EDcl no AgInt nos EDcl no AREsp 1553027, 4ª T, 6.5.2022. Inf 739.*

STJ Gratuidade de justiça. Microempreendedor individual – MEI e empresário individual. Hipossuficiência financeira. Comprovação. Desnecessidade. Impugnação pela parte adversa e solicitação de documentos pelo magistrado. Possibilidade. A concessão da gratuidade de justiça ao MEI e ao empresário individual prescinde de comprovação da hipossuficiência financeira. *REsp 1899342, 4ª T, 29.4.2022. Inf 734.*

STJ Reclamação. Indeferimento inicial. Comparecimento espontâneo. Angularização. Relação processual. Honorários advocatícios. Cabimento. É cabível condenação em honorários advocatícios no julgamento de reclamação indeferida liminarmente na qual a parte comparece espontaneamente para apresentar defesa. *Rcl 41569, 2ª S, 09.2.2022. Inf 724.*

STJ Honorários advocatícios sucumbenciais. Juros de mora. Termo inicial. Recurso intempestivo. Trânsito em julgado. Dia seguinte ao transcurso do prazo recursal. O termo inicial dos juros de mora incidentes sobre os honorários sucumbenciais dá-se no dia seguinte ao transcurso do prazo recursal, ainda que interposto recurso manifestamente intempestivo. *REsp 1984292, 3ª T, 01.4.2022. Inf 731.*

QUESTÕES OBJETIVAS

30. (Ieses/TJ/TO/Cartórios/Remoção/2022) Além de outros previstos no Código de Processo Civil de 2015, são deveres das partes, de seus procuradores e de todos aqueles que, de qualquer forma, participem do processo:

I. Não formular pretensão ou de apresentar defesa quando cientes de que são destituídas de fundamento.
II. Expor os fatos em juízo conforme a verdade.
III. Cumprir com exatidão as decisões jurisdicionais, de natureza provisória ou final, e não criar embaraços à sua efetivação.
IV. Não praticar inovação ilegal no estado de fato de bem ou direito litigioso.

A sequência correta é:

a) Apenas as assertivas II e IV estão corretas.
b) Apenas as assertivas I, II e III estão corretas.
c) Apenas a assertiva II está incorreta.
d) As assertivas I, II, III e IV estão corretas.

31. (Ieses/TJ/RO/Cartórios/Remoção/2021) Considera-se litigante de má-fé aquele que:

I. Interpuser recurso com intuito manifestamente protelatório.
II. Alterar a verdade dos fatos.
III. Deduzir pretensão ou defesa contra texto expresso de lei ou fato incontroverso.
IV. Usar do processo para conseguir objetivo legal.

A sequência correta é:

a) Apenas as assertivas II e III estão corretas.
b) Apenas a assertiva IV está incorreta.
c) Apenas as assertivas III e IV estão corretas.
d) As assertivas I, II, III e IV estão corretas.

32. (Consulplan/TJ/MG/Cartórios/Remoção/2017) Acerca dos parâmetros de hipossuficiência econômica, marque a alternativa correta:

a) o CPC/15 prevê de maneira expressa o cabimento tanto de caução real quanto de caução fidejussória, o que se torna uma novidade já que não era aceito na vigência do CPC/1973.
b) a hipossuficiência não precisa ser demonstrada nas ações possessórias, uma vez que a simples declaração de hipossuficiência já é suficiente.
c) o CPC/15 inova ao dispensar a parte economicamente hipossuficiente de prestar caução.
d) o CPC/15 também inova ao estabelecer um procedimento diferenciado e adaptado para litígios decorrentes de movimentos sociais, evidenciando a preocupação do legislador quanto às peculiaridades sociais, econômicas e políticas do país. Nesses litígios, dispensa-se a atuação do Ministério Público e da Defensoria Pública.

3.1.3. Dos Procuradores, da Sucessão das Partes e dos Procuradores

SÚMULAS

STF Súm. 644. Ao titular do cargo de procurador de autarquia não se exige a apresentação de instrumento de mandato para representá-la em juízo.

STJ Súm. 644. O núcleo de prática jurídica deve apresentar o instrumento de mandato quando constituído pelo réu hipossuficiente, salvo nas hipóteses em que é nomeado pelo juízo.

QUESTÕES OBJETIVAS

33. (Vunesp/TJ/SP/Cartórios/Ingresso/2018) É correto afirmar que:

a) o adquirente da coisa litigiosa sucede a parte alienante no processo, independentemente do consentimento da parte contrária.
b) o Juiz deve nomear curador especial ao réu preso revel.

c) em ação que verse sobre direito real imobiliário, basta a citação de um dos cônjuges, se casados sob o regime de comunhão parcial de bens.

d) não é cabível requerimento de desconsideração da personalidade jurídica na petição inicial do processo de conhecimento.

3.2. Do Litisconsórcio

SÚMULAS

STF Súm. 631. Extingue-se o processo de mandado de segurança se o impetrante não promove, no prazo assinado, a citação do litisconsorte passivo necessário.

STF Súm. 701. No mandado de segurança impetrado pelo Ministério Público contra decisão proferida em processo penal, é obrigatória a citação do réu como litisconsorte passivo.

STJ Súm. 358. O cancelamento de pensão alimentícia de filho que atingiu a maioridade está sujeito à decisão judicial, mediante contraditório, ainda que nos próprios autos.

JURISPRUDÊNCIA EM TESES

STJ JurisTese 133-4. É necessária a citação de ambos os cônjuges nas ações que versem acerca de direitos reais imobiliários, tratando-se de hipótese de litisconsórcio passivo necessário.

INFORMATIVOS

STJ Ação de reintegração de posse. Composse. Litisconsórcio passivo necessário. Ausência de citação. Nulidade. Vício transrescisório. Alegação em simples petição. Possibilidade. Na hipótese de composse, a decisão judicial de reintegração de posse deverá atingir de modo uniforme todas as partes ocupantes do imóvel, configurando-se caso de litisconsórcio passivo necessário. *REsp 1811718, 3ª T, 5.8.2022. Inf 743.*

QUESTÕES OBJETIVAS

34. (Ieses/TJ/TO/Cartórios/Ingresso/2022) Quanto ao litisconsórcio, é correto afirmar:

a) A figura do litisconsórcio plúrimo não é tratada pelo CPC.

b) Diante do que dispõe o CPC não é possível se falar em litisconsórcio ativo necessário.

c) Doutrinariamente, o litisconsórcio, quanto ao polo em que estão os litisconsortes, pode ser classificado como passivo, ativo ou misto/recíproco. No que diz respeito à necessidade da sua existência, pode ser classificado como facultativo ou necessário. E, em relação à necessidade de uma mesma decisão para os litisconsortes, fala-se em litisconsórcio comum/simples e, ainda, em litisconsórcio unitário.

d) A nulidade a que se refere o art. 115, I, do CPC é relativa, dependendo de demonstração de prejuízo pelo litisconsorte que não integrou o feito.

35. (Ieses/TJ/TO/Cartórios/Remoção/2022) A situação na qual duas ou mais pessoas litigam, no mesmo processo, em conjunto, ativa ou passivamente em virtude da comunhão de direitos ou obrigações, conexão do pedido ou afinidade de questão, é denominada:

a) denunciação da lide.

b) intervenção de terceiros.

c) chamamento ao processo.

d) litisconsórcio.

36. (Consulplan/TJ/MS/Cartórios/Remoção/2021) Duas ou mais pessoas podem litigar em conjunto no mesmo processo; tal instituto jurídico é conhecido por litisconsórcio. Dentre as diferentes classificações que existem para o litisconsórcio, há aquela que o classifica como unitário. Neste sentido, o litisconsórcio será unitário quando:

a) Pela natureza da relação jurídica, o Juiz tiver de decidir o mérito de modo uniforme para todos os litisconsortes.

b) Pela natureza da relação jurídica, houver a formação do litisconsórcio em apenas um dos polos da relação jurídica.

c) O recurso de cada um dos litisconsortes for considerado unitária e separadamente, não aproveitando aos demais, em nenhuma hipótese.

d) Os atos e omissões de um litisconsorte atingir os direitos e obrigações dos demais, inclusive quando prejudicam os direitos daqueles que não se omitiram processualmente.

37. (Vunesp/TJ/RS/Cartórios/Ingresso/2019) De acordo com a nova sistemática estabelecida pelo Código de Processo Civil, a falta de citação de um dos litisconsortes acarreta:

a) nulidade da decisão de mérito, em se tratando de litisconsórcio necessário simples.

b) nulidade da decisão de mérito, em se tratando de litisconsórcio necessário ou facultativo.

c) ineficácia da decisão em relação ao litisconsorte não citado, em se tratando de litisconsórcio necessário unitário.

d) nulidade da decisão de mérito, em se tratando de litisconsórcio facultativo.

e) ineficácia da decisão em relação ao litisconsorte não citado, em se tratando de litisconsórcio necessário simples.

3.3. Da Intervenção de Terceiros

SÚMULAS

STJ Súm. 537. Em ação de reparação de danos, a seguradora denunciada, se aceitar a denunciação ou contestar o pedido do autor, pode ser condenada, direta e solidariamente junto com o segurado, ao pagamento da indenização devida à vítima, nos limites contratados na apólice.

STJ Súm. 553. Nos casos de empréstimo compulsório sobre o consumo de energia elétrica, é competente a justiça estadual para o julgamento de demanda proposta exclusivamente contra a Eletrobrás. Requerida a intervenção da União no feito após a prolação de sentença pelo juízo estadual, os autos devem ser remetidos ao tribunal regional federal competente para o julgamento da apelação se deferida a intervenção.

INFORMATIVOS

STJ Fundo de Investimento em Participações (FIP). Natureza jurídica. Condomínio especial. Desconsideração da personalidade jurídica. Cotas. Constrição judicial. Possibilidade. Fundo de investimento pode sofrer os efeitos da aplicação do instituto da desconsideração da personalidade jurídica. *REsp 1965982, 3ª T, 8.4.2022. Inf 733.*

STJ Pedido de desconsideração inversa da personalidade do sócio executado. Legitimidade e interesse recursal do sócio para recorrer da decisão. Existência. O sócio executado possui legitimidade e interesse recursal para impugnar a decisão que defere o pedido de desconsideração inversa da personalidade jurídica dos entes empresariais dos quais é sócio. *REsp 1980607, 3ª T, 12.8.2022. Inf 744.*

QUESTÕES OBJETIVAS

38. (Vunesp/TJ/SP/Cartórios/Ingresso/2022) Sobre o incidente de desconsideração da personalidade jurídica, é correto afirmar que:

a) não pode ser instaurado na fase de cumprimento de sentença.

b) ele pode ser instaurado em qualquer fase do processo, e é dispensável quando a inicial contiver pedido de desconsideração da personalidade jurídica.

c) ele jamais suspenderá a tramitação do processo.

d) ele é resolvido por uma sentença.

39. (Consulplan/TJ/MS/Cartórios/Ingresso/2021) É admissível o chamamento ao processo, exceto:

a) Do afiançado, na ação em que o fiador for réu.
b) Dos demais fiadores, na ação proposta contra um ou alguns deles.
c) Dos demais devedores solidários, quando o credor exigir de um ou de alguns o pagamento da dívida comum.
d) Daquele que estiver obrigado, por lei ou pelo contrato, a indenizar, em ação regressiva, o prejuízo de quem for vencido no processo.

40. (Vunesp/TJ/GO/Cartórios/Ingresso/2021) No que tange ao incidente de desconsideração da personalidade jurídica, nos termos previstos no ordenamento jurídico brasileiro e da Jurisprudência do Superior Tribunal de Justiça, assinale a alternativa correta.

a) Foi adotada a teoria menor da desconsideração da personalidade jurídica no Direito Brasileiro que exige, mesmo nas relações de consumo, prova de desvio de finalidade e confusão patrimonial.
b) Não é aplicável à EIRELI a desconsideração da personalidade jurídica.
c) Mesmo reconhecido o grupo econômico e verificada confusão patrimonial, não é possível, em cumprimento de sentença, desconsiderar a personalidade jurídica de uma empresa para responder por dívidas de outra, sob pena de ofensa à coisa julgada.
d) Correspondendo o pedido de desconsideração da personalidade jurídica a direito potestativo, sujeito a prazo decadencial, para cujo exercício a lei não previu prazo especial, prevalece a regra geral da inesgotabilidade ou da perpetuidade, segundo a qual os direitos não se extinguem pelo não uso.

41. (Cespe/TJ/DFT/Cartórios/Remoção/2019) Júlio, fiador de Vicente no contrato de aluguel de um imóvel, em certo dia recebeu citação por estar sendo demandado em processo referente ao bem resguardado pela fiança. Ao perceber que Vicente, como devedor principal não compunha o polo passivo da ação, Júlio procurou um advogado para incluir Vicente na demanda. Nesse caso, o procurador de Júlio deverá fazer um pedido de:

a) denunciação da lide.
b) assistência simples.
c) assistência litisconsorcial.
d) chamamento ao processo.
e) "amicus curiae".

42. (Ieses/TJ/AM/Cartórios/Remoção/2018) Pendendo causa entre 2 (duas) ou mais pessoas, o terceiro juridicamente interessado em que a sentença seja favorável a uma delas poderá intervir no processo para assisti-la. A este instituto do direito civil damos o nome de:

a) denunciação da lide.
b) chamamento ao processo.
c) "amicus curiae".
d) assistência.

43. (Consulplan/TJ/MG/Cartórios/Ingresso/2017) Com relação ao incidente de desconsideração da personalidade jurídica, analise as proposições seguintes:

I. o incidente será instaurado a pedido da parte ou do Ministério Público, quando lhe couber intervir no processo.
II. a instauração de incidente suspenderá o processo, salvo se o pedido de desconsideração da personalidade jurídica for formulado na petição inicial.
III. o incidente não se aplica ao processo de competência dos juizados especiais cíveis.
IV. acolhido o pedido, a alienação ou oneração de bens, havida em fraude de execução, será ineficaz em relação à parte que requereu a instauração do incidente.

Está correto o que se afirma em:

a) I e II, apenas.
b) I, II e IV, apenas.
c) III, apenas.
d) I, II, III e IV.

44. (Consulplan/TJ/MG/Cartórios/Ingresso/2017) São formas de intervenção de terceiros previstas no Código de Processo Civil/2015, exceto:

a) assistência.
b) nomeação à autoria.
c) chamamento ao processo.
d) incidente de desconsideração da personalidade jurídica.

45. (Cetro/TJ/RJ/Cartórios/Ingresso/2017) No tocante ao instituto da desconsideração da personalidade jurídica ("disregard of legal entity") na modalidade inversa, assinale a alternativa correta:

a) trata-se de modalidade albergada pela teoria maior da desconsideração da personalidade jurídica que corresponde à hipótese de afastar a autonomia patrimonial do sócio e da empresa ao mesmo tempo, atingindo indistintamente o patrimônio e responsabilizando ambos ao mesmo tempo.
b) trata-se de modalidade albergada pela teoria menor da desconsideração da personalidade jurídica quando se afasta a autonomia patrimonial da empresa, e não do sócio, para atingir o ente coletivo e seu patrimônio social, responsabilizando a pessoa jurídica por obrigações do sócio controlador.
c) trata-se de modalidade albergada pela teoria maior da desconsideração da personalidade jurídica quando se afasta a autonomia patrimonial da empresa, e não do sócio, para atingir o ente coletivo e seu patrimônio social, responsabilizando a pessoa jurídica por obrigações do sócio controlador.
d) trata-se de modalidade albergada pela teoria menor em que a extensão da desconsideração da personalidade jurídica fica limitada ao valor das quotas sociais do sócio a ser atingido.
e) trata-se de modalidade albergada pela teoria maior em que a extensão da desconsideração da personalidade jurídica fica limitada ao valor das quotas sociais do sócio a ser atingido.

46. (Consulplan/TJ/MG/Cartórios/Ingresso/2017) Sobre intervenção de terceiros, todas as assertivas abaixo estão corretas, exceto:

a) o terceiro não é parte da lide enquanto não estiver inserido na relação processual.
b) as formas de intervenção de terceiros poderão se dar por provocação ou voluntariamente.
c) nomeação a autoria é a providência cabível ao réu para corrigir o sujeito passivo da lide.
d) "ad excludendum" e "ad coadjuvandum" são formas que o terceiro irá, respectivamente, auxiliar uma das partes e tentar excluir uma ou as duas.

3.4. Do Juiz e dos Auxiliares da Justiça

SÚMULAS

STF Súm. 72. No julgamento de questão constitucional, vinculada a decisão do Tribunal Superior Eleitoral, não estão impedidos os ministros do Supremo Tribunal Federal que ali tenham funcionado no mesmo processo, ou no processo originário.

STF Súm. 252. Na ação rescisória, não estão impedidos juízes que participaram do julgamento rescindendo.

STJ Súm. 33. A incompetência relativa não pode ser declarada de ofício.

STJ Súm. 121. Na execução fiscal, o devedor deverá ser intimado, pessoalmente, do dia e hora da realização do leilão.

QUESTÕES OBJETIVAS

47. (Ieses/TJ/RO/Cartórios/Remoção/2021) Há suspeição do juiz quando:

a) For parte no processo ele próprio, seu cônjuge ou companheiro, ou parente, consanguíneo ou afim, em linha reta ou colateral, até o terceiro grau, inclusive.
b) Promover ação contra a parte ou seu advogado.
c) For herdeiro presuntivo, donatário ou empregador de qualquer das partes.
d) Qualquer das partes for sua credora ou devedora, de seu cônjuge ou companheiro ou de parentes destes, em linha reta até o terceiro grau, inclusive.

48. (Consulplan/TJ/MS/Cartórios/Ingresso/2021) O impedimento e a suspeição são institutos jurídicos processuais que objetivam garantir a imparcialidade dos julgamentos. O ordenamento jurídico pátrio prevê que os motivos de impedimento e suspeição são aplicáveis aos Juízes, membros do Ministério Público, auxiliares da Justiça, dentre outros. Neste contexto, considera-se suspeito para o direito processual civil aquele que:

a) For tio de uma das partes.
b) For amigo íntimo de uma das partes.
c) For herdeiro de uma das partes presentes no processo.
d) Prestar depoimento como testemunha no processo em questão.

49. (Consulplan/TJ/MG/Cartórios/Ingresso/2017) Com relação ao incidente de impedimento do juiz, avalie as seguintes proposições:

I. há impedimento do juiz, sendo-lhe vedado exercer suas funções no processo de que conheceu em outro grau de jurisdição, tendo proferido decisão.
II. é vedada a criação de fato superveniente a fim de caracterizar impedimento do juiz.
III. no prazo de 15 (quinze) dias, a contar do conhecimento do fato, a parte alegará o impedimento em petição dirigida ao Presidente do Tribunal ao qual o juiz está vinculado.
IV. aplicam-se os motivos do impedimento aos auxiliares da justiça.

Está correto apenas o que se afirma em:

a) I, II e IV.
b) II, III e IV.
c) I, II e III.
d) I e III.

50. (Consulplan/TJ/MG/Cartórios/Ingresso/2017) Relativamente aos deveres-poderes do juiz e a forma de condução do processo, julgue as afirmações:

I. o juiz pode determinar, a qualquer tempo, o comparecimento pessoal das partes, para inquiri-las sobre os fatos da causa, hipótese em que incidirá a pena de confesso.
II. prevenir ou reprimir qualquer ato contrário à dignidade da justiça e indeferir postulações meramente protelatórias.
III. promover, a qualquer tempo, a autocomposição, preferencialmente com auxílio de conciliadores e mediadores judiciais.
IV. dilatar os prazos processuais, adequando-os às necessidades do conflito de modo a conferir maior efetividade à tutela do direito.

Está correto o que se afirma em:

a) I e II, apenas.
b) II, III e IV, apenas.
c) III e IV, apenas.
d) I, II, III e IV.

4. DOS ATOS PROCESSUAIS

4.1. Da Forma, do Tempo e do Lugar

SÚMULAS

STF Súm. 310. Quando a intimação tiver lugar na sexta-feira, ou a publicação com efeito de intimação for feita nesse dia, o prazo judicial terá início na segunda-feira imediata, salvo se não houver expediente, caso em que começará no primeiro dia útil que se seguir.

STF Súm. 641. Não se conta em dobro o prazo para recorrer, quando só um dos litisconsortes haja sucumbido.

QUESTÕES OBJETIVAS

51. (Ieses/TJ/RO/Cartórios/Remoção/2021) Conforme determina o Código de Processo Civil vigente, os atos processuais serão realizados nos prazos prescritos em lei. Em relação a estes prazos é correto afirmar:

I. Quando a lei ou o juiz não determinar prazo, as intimações somente obrigarão a comparecimento após decorridas 72 (setenta e duas) horas.
II. Será considerado intempestivo o ato praticado antes do termo inicial do prazo.
III. Inexistindo preceito legal ou prazo determinado pelo juiz, será de 5 (cinco) dias o prazo para a prática de ato processual a cargo da parte.
IV. Na contagem de prazo em dias, estabelecido por lei ou pelo juiz, computar-se-ão somente os dias úteis.

A sequência correta é:

a) Apenas as assertivas III e IV estão corretas.
b) As assertivas I, II, III e IV estão corretas.
c) Apenas a assertiva II está incorreta.
d) Apenas as assertivas I, II e III estão corretas.

52. (Ieses/TJ/RO/Cartórios/Remoção/2021) Sobre a prática eletrônica de atos processuais é correto afirmar:

I. As unidades do Poder Judiciário deverão manter à disposição dos interessados, a custo acessível, equipamentos necessários à prática de atos processuais e à consulta e ao acesso ao sistema e aos documentos dele constantes.
II. Os tribunais divulgarão as informações constantes de seu sistema de automação em página própria na rede mundial de computadores, gozando a divulgação de presunção de veracidade e confiabilidade.
III. Os atos processuais podem ser total ou parcialmente digitais, de forma a permitir que sejam produzidos, comunicados, armazenados e validados por meio eletrônico, na forma da lei.
IV. As unidades do Poder Judiciário assegurarão às pessoas com deficiência acessibilidade aos seus sítios na rede mundial de computadores, ao meio eletrônico de prática de atos judiciais, à comunicação eletrônica dos atos processuais e à assinatura eletrônica.

A sequência correta é:

a) As assertivas I, II, III e IV estão corretas.

b) Apenas a assertiva III está incorreta.
c) Apenas as assertivas III e IV estão corretas.
d) Apenas as assertivas II, III e IV estão corretas.

53. (Consulplan/TJ/MG/Cartórios/Ingresso/2019) Segundo as normas e princípios contidos no Código de Processo Civil, analise as afirmativas a seguir.

I. A preclusão temporal, que consiste na perda da faculdade ou direito processual pelo seu não exercício no momento oportuno, não depende de declaração judicial.
II. Por força do princípio da instrumentalidade das formas, quando a lei prescrever determinada forma, o juiz considerará válido o ato se, realizado de outro modo, lhe alcançar a finalidade.
III. A citação válida interrompe a prescrição, ainda quando ordenada por juízo incompetente.
IV. O indeferimento da petição inicial é decisão judicial que impede, liminarmente, o prosseguimento do feito e somente ocorrerá antes de determinada a citação do réu.

Estão corretas as afirmativas:

a) I, II, III e IV.
b) II e III, apenas.
c) I, II e IV, apenas.
d) I, III e IV, apenas.

54. (UFPR/TJ/PR/Cartórios/Ingresso/2019) A preclusão é a perda de uma faculdade processual em virtude da conduta omissiva ou comissiva da parte. Sobre a preclusão, identifique como verdadeiras (V) ou falsas (F) as seguintes afirmativas:

I. Na execução por quantia certa de título extrajudicial, a opção pelo parcelamento da dívida implica renúncia ao direito de opor embargos à execução. Trata-se de hipótese de preclusão lógica.
II. A preclusão temporal se aplica também aos juízes, pois também para a prática de atos pelo juiz há prazos legalmente estipulados.
III. Pela preclusão consumativa, à parte não é dado praticar atos processuais quando já houver praticado outros atos incompatíveis com a sua prática.
IV. Questões inerentes à competência relativa são consideradas de ordem pública, portanto não precluem, podendo ser conhecidas de ofício e suscitadas em qualquer tempo e grau de jurisdição.

Assinale a alternativa que apresenta a sequência correta, de cima para baixo.

a) V, F, F, F.
b) V, V, F, V.
c) F, V, F, V.
d) V, F, V, F.
e) F, V, V, V.

55. (Cespe/TJ/DFT/Cartórios/Remoção/2019) Acerca de atos processuais, assinale a opção correta.

a) Embora o processo seja regido pelo princípio da instrumentalidade das formas, não é viável que depoimentos de testemunhas colhidos em audiência sejam registrados somente em sistema de gravação de áudio ou de vídeo, pois, para serem formalizados, devem ser devidamente transcritos.
b) É vedado o lançamento de cotas marginais e interlineares nos autos, e o descumprimento dessa determinação incorrerá na sujeição do infrator à aplicação de multa pela prática de ato atentatório à dignidade da justiça no importe de um a dois salários mínimos.
c) De acordo com o Código de Processo Civil, o curso dos prazos processuais é suspenso entre os dias 20 de dezembro e 20 de janeiro; no entanto, juízes, promotores, defensores, procuradores federais e auxiliares da justiça exercerão atividades normalmente durante o referido período.
d) Durante o período de férias forenses aplicáveis aos tribunais superiores, suspende-se a prática de atos processuais, paralisando-se até mesmo os procedimentos de jurisdição voluntária e os processos de nomeação ou remoção de tutor ou curador.
e) Segundo o Código de Processo Civil, mesmo na hipótese de o juiz e as partes criarem um calendário processual, é essencial que haja a intimação das partes em relação aos atos processuais a serem realizados.

56. (Vunesp/TJ/RS/Cartórios/Ingresso/2019) De acordo com o Código de Processo Civil, os atos processuais serão realizados nos prazos prescritos em lei. Sobre a matéria, assinale a alternativa correta.

a) O juiz proferirá os despachos no prazo de 5 (cinco) dias, as decisões interlocutórias no prazo de 10 (dez) dias e as sentenças no prazo de 20 (vinte) dias.
b) Decorrido o prazo, extingue-se o direito de praticar ou de emendar o ato processual, mediante declaração judicial, ficando assegurado à parte provar que não o realizou por justa causa.
c) Na comarca, seção ou subseção judiciária onde for difícil o transporte, o juiz poderá prorrogar os prazos por até 3 (três) meses.
d) Em qualquer grau de jurisdição, havendo motivo justificado, pode o juiz exceder, por igual tempo, os prazos a que está submetido.
e) Os litisconsortes que tiverem diferentes procuradores, de escritórios de advocacia distintos, terão prazos contados em dobro para todas as suas manifestações, em qualquer juízo ou tribunal, mediante simples requerimento.

57. (UFPR/TJ/PR/Cartórios/Remoção/2019) O negócio jurídico processual envolve manifestações de vontade que, respeitadas as limitações legais, delineiam o conteúdo e/ou as consequências do ato no âmbito do processo. Sobre os negócios jurídicos processuais, assinale a alternativa correta.

a) Negócio jurídico processual é ato exclusivo das partes, que privilegia a autonomia de vontade destas, não se sujeitando ao controle de validade, por parte do juiz.
b) Para a celebração de negócio jurídico processual, não se exige que o sujeito tenha capacidade de ser parte e de estar em juízo.
c) A cláusula de eleição de foro é exemplo de negócio processual atípico.
d) O pressuposto objetivo geral para os negócios jurídicos processuais atípicos é a aptidão de o direito envolvido submeter-se a autocomposição.
e) O negócio jurídico que limita o processo a um único grau de jurisdição é exemplo de pacto meramente procedimental.

58. (Ieses/TJ/AM/Cartórios/Remoção/2018) Os atos processuais serão realizados em dias úteis:

a) das 8 (oito) às 20 (vinte) horas.
b) das 7 (sete) às 19 (dezenove) horas.
c) das 6 (seis) às 18 (dezoito) horas.
d) das 6 (seis) às 20 (vinte) horas.

59. (Vunesp/TJ/SP/Cartórios/Ingresso/2018) Sobre os atos processuais, é correto afirmar:

a) poderão ser concluídos após as 20 horas os atos iniciados antes, quando o adiamento prejudicar a diligência ou causar grave dano.
b) serão realizados em dias úteis, das 6h às 22h.
c) quando o ato tiver de ser praticado por meio de petição em autos eletrônicos, esse deverá ser protocolado no horário de funcionamento do fórum ou tribunal, conforme o disposto na lei de organização judiciária local.
d) as citações, intimações e penhoras poderão realizar-se, desde que com autorização judicial, no período de férias forenses, onde houver, e nos feriados.

60. (Ieses/TJ/AM/Cartórios/Remoção/2018) Os atos processuais são públicos, todavia tramitam em segredo de justiça os processos:

I. em que constem dados protegidos pelo direito constitucional à intimidade.
II. que versem sobre casamento, separação de corpos, divórcio, separação, união estável, filiação, alimentos e guarda de crianças e adolescentes e Usucapião.
III. em que o exija o interesse público ou social.
IV. que versem sobre arbitragem, inclusive sobre cumprimento de carta arbitral, desde que a confidencialidade estipulada na arbitragem seja comprovada perante o juízo.

A sequência correta é:

a) apenas a assertiva IV está incorreta.
b) apenas as assertivas I, III e IV estão corretas.
c) apenas as assertivas II e IV estão incorretas.
d) as assertivas I, II, III e IV estão corretas.

61. (Ieses/TJ/CE/Cartórios/Ingresso/2018) Acerca da regras jurídicas dispostas no Código de Processo Civil e que cuidam da disciplina dos Atos Processuais, considere as seguintes afirmações:

I. ainda que tramitem em segredo de justiça os processos, ao terceiro que demonstrar interesse jurídico é lícito requerer ao juiz certidão do dispositivo da sentença, bem como de inventário e de partilha resultantes de divórcio ou separação.
II. de comum acordo, o juiz e as partes podem fixar calendário para a prática dos atos processuais, quando for o caso; esse calendário vincula as partes e o juiz, de modo que os prazos nele previstos somente serão modificados em casos excepcionais, devidamente justificados.
III. à exceção da desistência da ação, que só produzirá efeitos após a homologação judicial, os atos das partes consistentes em declarações unilaterais ou bilaterais de vontade produzem imediatamente a constituição, modificação ou extinção de direitos processuais.

É correto o que se afirma em:

a) I e III.
b) I e II.
c) I, II e III.
d) II e III.

62. (Ieses/TJ/RO/Cartórios/Remoção/2017) Em se tratando do tempo e do lugar dos atos processuais, segundo o Código de Processo Civil vigente pode-se afirmar, exceto:

a) independentemente de autorização judicial, as citações, intimações e penhoras poderão realizar-se no período de férias forenses, onde as houver, e nos feriados ou dias úteis fora do horário estabelecido no Código de processo Civil, observada a Constituição Federal.
b) os atos processuais serão realizados em dias úteis, das 8 (oito) às 20 (vinte) horas.
c) quando o ato tiver de ser praticado por meio de petição em autos não eletrônicos, essa deverá ser protocolada no horário de funcionamento do fórum ou tribunal, conforme o disposto na lei de organização judiciária local.
d) serão concluídos após as 20 (vinte) horas os atos iniciados antes, quando o adiamento prejudicar a diligência ou causar grave dano.

63. (Ieses/TJ/RO/Cartórios/Ingresso/2017) Acerca dos atos processuais e sua disciplina no Código de Processo Civil, assinale a alternativa correta:

a) o art. 188 do Código de Processo Civil consagra o sistema de instrumentalidade das formas.
b) a regra em se tratando de atos processuais é que sejam realizados e tramitem em segredo de justiça.
c) o uso da língua portuguesa pode ser dispensado na prática de certos atos e termos do processo.
d) não é lícito às partes estipular mudanças no procedimento para ajustá-lo às especificidades da causa e convencionar sobre os seus ônus, poderes, faculdades e deveres processuais, antes ou durante o processo, ainda que verse exclusivamente sobre direitos que admitam autocomposição.

64. (Ieses/TJ/RO/Cartórios/Ingresso/2017) Ainda acerca dos atos processuais e sua disciplina no Código de Processo Civil:

I. os atos das partes consistentes em declarações unilaterais ou bilaterais de vontade produzem imediatamente a constituição, modificação ou extinção de direitos processuais, excetuada a desistência da ação, que só produzirá efeitos após homologação judicial.
II. os atos das partes consistentes em declarações unilaterais ou bilaterais de vontade produzem imediatamente a constituição, modificação ou extinção de direitos processuais, inclusive a desistência da ação, que produz efeitos independentemente de homologação judicial.
III. os atos processuais serão realizados em dias úteis, das 6 (seis) às 20 (vinte) horas.

É correto o que se afirma em:

a) II e III.
b) I e III.
c) I e II.
d) I, II e III.

65. (Consulplan/TJ/MG/Cartórios/Ingresso/2017) Novidade no estatuto é a expressa previsão de que o ato praticado antes do termo inicial do prazo, vencendo assim controvérsia jurisprudencial sobre o ponto, é considerado tempestivo. Trata-se de disposição que vem ao encontro da efetividade e tempestividade do processo, vetores do novo processo civil. Nessa esteira, todas as opções correspondem à nova tendência do CPC/15, exceto:

a) os prazos podem receber regras próprias de acordo com a fonte de sua origem (legais ou judiciais) ou seus destinatários (juiz, órgãos auxiliares da justiça, partes) com consequências distintas sobre o ato processual a ser praticado.
b) a modificação no trato dado aos prazos processuais estabelece nova forma de contagem do prazo em dias (apenas em dias, não podendo ser considerado para prazos meses ou anos), computando-se os dias corridos. Portanto, serão incluídos sábados, domingos e feriados.
c) quanto à origem, os prazos ou são legais ou judiciais, nesses últimos está presente a recomendação de sua fixação de acordo com a complexidade do ato, permitindo, também, por via de consequência, sua eventual dilação, a ser definida pelo juiz, desde que devidamente justificada a postulação de prorrogação.

d) se houver omissão da lei na fixação de prazo e o juiz deixar de fazê-lo, o prazo para a prática do ato retoma à condição de ser fixado por lei, hipótese em que será de 5 (cinco) dias. No que diz respeito, à exigência de comparecimento em juízo, em sendo omissos a lei e o juiz, a parte só se obriga a tanto, se a intimação for antecedida de 48 (quarenta e oito) horas.

66. (Consulplan/TJ/MG/Cartórios/Remoção/2017) O art. 220 do CPC/15 estabelece no seu caput as chamadas férias forenses, que não se confundem com as férias individuais de cada juiz, e os §§ 1º e 2º do dispositivo citado estabelecem que, durante o período entre 20 de dezembro e 20 de janeiro não haja audiências ou sessões, sem prejuízo das demais atividades a serem exercidas pelos juízes, membros do Ministério Público, Defensoria Pública e Advocacia Pública. Destinatários, portanto, da regra os advogados privados. Desta forma, todas as afirmações sobre prazos processuais estão corretas, exceto:

a) o prazo processual em particular pode também restar suspenso ou por obstáculo criado em detrimento da parte ou nos casos de suspensão do processo, quando então o prazo será restituído pelo tempo remanescente, pois não se trata de interrupção, mas, sim, suspensão do prazo, caso em que o tempo já decorrido computa.

b) a dilação do prazo peremptório, em havendo consenso, poderá ser deferida pelo juiz, tudo em favor de um novo modelo de processo que estimula a autocomposição, o negócio jurídico processual, a intervenção mais ativa dos interessados na composição do conflito. Um processo mais participativo e colaborativo em substituição ao processo adversarial.

c) a regra geral para o início e o término da contagem dos prazos foi modificada incluindo-se o dia do começo e excluindo-se o dia do vencimento, desde que dias úteis ou quando o expediente forense for reduzido, hipóteses que autorizam a sua protração para o primeiro dia útil subsequente.

d) mantém-se, também, a regra de que a parte pode renunciar ao prazo que lhe for exclusivo, mas o deverá fazê-lo expressamente.

4.2. Da Comunicação dos Atos Processuais

SÚMULAS

STF Súm. 154. Simples vistoria não interrompe a prescrição.

STJ Súm. 106. Proposta a ação no prazo fixado para o seu exercício, a demora na citação, por motivos inerentes ao mecanismo da Justiça, não justifica o acolhimento da arguição de prescrição ou decadência.

STJ Súm. 204. Os juros de mora nas ações relativas a benefícios previdenciários incidem a partir da citação válida.

STJ Súm. 426. Os juros de mora na indenização do seguro DPVAT fluem a partir da citação.

STJ Súm. 429. A citação postal, quando autorizada por lei, exige o aviso de recebimento.

INFORMATIVOS

STJ Intimação. Substabelecimento com reserva. Ausência de pedido de publicação exclusiva em nome de algum dos advogados substabelecidos. Intimação de qualquer advogado constituído nos autos. Validade. É válida a intimação realizada em nome de advogado constituído nos autos se os poderes a ele outorgados tiverem sido substabelecidos com reserva. *AgInt no AREsp 2098573, 4ª T, 17.11.2022. Inf 761.*

STJ Ausência de citação do executado. Juntada de procuração nos autos. Comparecimento espontâneo. Não configuração. Ausência de poderes para receber citação no instrumento procuratório. O peticionamento nos autos por advogado destituído de poderes especiais para receber citação não configura comparecimento espontâneo apto a suprir tal necessidade. *RHC 168440, 4ª T, 16.8.2022. Inf 745.*

STJ Citação. Pessoa Jurídica. Mudança de endereço comunicada à junta comercial. Ausência de atualização do endereço no sítio eletrônico da internet. Carta citatória entregue no endereço antigo. Nulidade. Inaplicabilidade da teoria da aparência. Não é possível considerar válida a citação de pessoa jurídica em seu antigo endereço, cuja mudança fora comunicada à Junta Comercial, mas sem alteração no sítio eletrônico da empresa. *REsp 1976741, 3ª T, 26.4.2022. Inf 734.*

STJ Ação de fornecimento de suplementação alimentar. Manifestação da União. Envio de ofício ao Ministério da Saúde. Determinação de citação. Ausência. Comparecimento espontâneo. Não configuração. A juntada nos autos de simples manifestação da União informando o envio de ofício, antes de despacho determinando a sua citação para responder a ação, não configura comparecimento espontâneo apto a suprir a falta de citação. *REsp 1904530, 2ª T, 8.3.2022. Inf 728.*

QUESTÕES DISCURSIVAS

3. (Consulplan/TJ/MG/Cartórios/Ingresso/2017) Qual a natureza jurídica e a finalidade da interpelação, da notificação e do protesto, segundo o Código de Processo Civil 2015?

4. (Vunesp/TJ/SP/Cartórios/2014) O que são e quais são as diferenças entre carta precatória, carta rogatória e carta de ordem?

QUESTÕES OBJETIVAS

67. (Ieses/TJ/RO/Cartórios/Remoção/2021) O ato pelo qual são convocados o réu, o executado ou o interessado para integrar a relação processual é denominado de:

a) intimação.
b) assistência litisconsorcial.
c) citação.
d) denunciação a lide.

68. (Consulplan/TJ/MG/Cartórios/Ingresso/2019) De acordo com as normas e princípios contidos no Código de Processo Civil, analise as afirmativas a seguir.

I. A desconsideração da personalidade jurídica poderá ser determinada de ofício pelo juiz, a requerimento da parte, ou do Ministério Público, quando lhe couber intervir no processo.

II. A citação será feita pelo correio e somente ocorrerá de outra forma no caso de requerimento da parte, devidamente justificado.

III. A tutela de urgência de natureza antecipada tem como pressupostos a probabilidade do direito, o perigo de dano ou o risco ao resultado útil do processo e, ainda, a reversibilidade dos efeitos da decisão.

IV. A ata notarial é documento público que serve como meio de prova em juízo e goza de presunção relativa de veracidade.

Estão corretas as afirmativas:

a) I, II, III e IV.
b) III e IV, apenas.
c) I, II e III, apenas.
d) I, II e IV, apenas.

69. (UFPR/TJ/PR/Cartórios/Ingresso/2019) Sobre a comunicação dos atos processuais, assinale a alternativa incorreta.

a) A citação válida induz litispendência, torna litigiosa a coisa e, em regra, constitui em mora o devedor, ainda que ordenada por juízo incompetente.

b) Com a citação ficta – admitida quando não for possível ou tenha sido frustrada a tentativa de citação real –, há a suposição, amparada em lei, de que o citando tomou conhecimento do processo.

c) A legislação processual não privilegia qualquer modalidade de intimação, ficando integralmente à escolha da parte o modo pelo qual serão feitas as comunicações dos atos processuais.
d) É possível, entre outros modos, que a intimação das partes seja realizada em audiência.
e) A comunicação de atos processuais por cartas deverá ser feita, preferencialmente, por meio eletrônico.

70. (Cetro/TJ/RJ/Cartórios/Ingresso/2017) No que se refere à necessidade de intimação de cônjuge e ex-cônjuge quando da penhora de bem imóvel, marque V para verdadeiro ou F para falso e, em seguida, assinale a alternativa que apresenta a sequência correta.

I. é dispensável a intimação de ex-cônjuge que foi casado pelo regime de separação convencional de bens da penhora sobre bem imóvel de propriedade do outro, sobre o qual não detém direito de meação.
II. é dispensável a intimação de ex-cônjuge que foi casado tanto pelo regime de separação convencional de bens quanto pelo regime de comunhão parcial de bens da penhora sobre bem imóvel de propriedade do outro, sobre o qual não detém direito de meação.
III. É obrigatória a intimação de ex-cônjuge que foi casado tanto pelo regime de separação convencional de bens quanto pelo regime de comunhão parcial de bens da penhora sobre bem imóvel de propriedade do outro, ainda que sobre o qual detenha direito de meação.
IV. É dispensável a intimação de ex-cônjuge que foi casado pelos regimes de separação convencional de bens ou comunhão universal da penhora sobre bem imóvel de propriedade do outro, sobre o qual não detém direito de meação:

a) V, F, F, F.
b) F, F, V, F.
c) F, V, F, F.
d) F, F, F, V.
e) F, F, F, F.

71. (Ieses/TJ/RO/Cartórios/Remoção/2017) Segundo preconiza o novo Código de Processo Civil, não se fará a citação, salvo para evitar o perecimento do direito:

I. de doente, enquanto grave o seu estado.
II. de cônjuge, de companheiro ou de qualquer parente do morto, consanguíneo ou afim, em linha reta ou na linha colateral em segundo grau, no dia do falecimento e nos 30 (trinta) dias seguintes.
III. de quem estiver participando de ato de culto religioso.
IV. de noivos, nos 15 (quinze) primeiros dias seguintes ao casamento.

A sequência correta é:

a) apenas a assertiva II está correta.
b) apenas as assertivas I e III estão corretas.
c) as assertivas I, II, III e IV estão corretas.
d) apenas as assertivas I, II, III estão corretas.

72. (Consulplan/TJ/MG/Cartórios/Ingresso/2017) Acerca da citação, todas as afirmações estão corretas, exceto:

a) necessária para a validade do processo.
b) é um pressuposto processual de validade.
c) é matéria de ordem pública, no entanto, só poderá ser alegada sua nulidade ou vício na primeira oportunidade, sob pena de preclusão.
d) ato formal que impõe uma série de requisitos, exigida em nome do contraditório, possibilitando ao réu sua participação no processo.

4.3. Das Nulidades

INFORMATIVOS

STJ Ausência de intimação. Audiência. Recondução de curador provisório. Nulidade do ato processual. Efetivo prejuízo. Demonstração. Necessidade. Princípio "pas de nullité sans grief". Súm. 83/STJ. Ante o consagrado princípio "pas de nullité sans grief", deve-se demonstrar o efetivo prejuízo para comprovar a nulidade processual pela falta de intimação para participar de audiência que reconduziu anterior curador. *Proc. segredo justiça, 4ª T, 20.9.2022. Inf 751.*

STJ Alegação de nulidade. Intimação em nome de causídico diverso. Não ocorrência. Publicação em nome dos advogados constituídos à época do ato processual. Mais de uma oportunidade para registrar o novo patrocínio. É incabível a alegação de nulidade por ausência de intimação na hipótese em que novo causídico, ainda que sem juntada de mandato, omitiu-se em registrar seu efetivo patrocínio em ata de audiência e, sucessivamente, em novo prazo para alegações finais. *AgRg no AREsp 2021072, 6ª T, 13.9.2022. Inf 749.*

QUESTÕES OBJETIVAS

73. (Vunesp/TJ/RS/Cartórios/Remoção/2019) Sobre as nulidades, conforme expressa e literalmente, consta do Código de Processo Civil de 2015, cabe asseverar:

a) é nulo o processo quando o membro do Ministério Público não for citado a acompanhar o feito em que deva intervir.
b) o erro de forma do processo acarreta a anulação de todos os atos neles praticados.
c) a nulidade dos atos, seja lá de que espécie for, deve ser alegada na primeira oportunidade em que couber à parte falar nos autos, sob pena de condenação em litigância de má-fé.
d) quando a lei prescrever determinada forma sob pena de nulidade, a decretação desta pode ser requerida pela parte que lhe deu causa.
e) quando a lei prescrever determinada forma, o juiz considerará válido o ato se, realizado de outro modo, lhe alcançar a finalidade.

74. (UFPR/TJ/PR/Cartórios/Ingresso/2019) Sobre o regime das nulidades processuais, assinale a alternativa incorreta.

a) A nulidade absoluta do ato processual não se convalida durante o trâmite do processo e pode ser reconhecida de ofício.
b) A nulidade relativa do ato processual é passível de convalidação, devendo ser alegada na primeira oportunidade em que couber à parte falar nos autos, sob pena de preclusão.
c) O suprimento é modalidade de saneamento do ato processual, em que a invalidade é corrigida, não havendo necessariamente que se praticar novamente o ato.
d) Reconhecendo o defeito do ato processual, o juiz determinará sua repetição ou retificação, salvo se o vício não tiver prejudicado qualquer das partes.
e) A inexistência jurídica pode ser reconhecida de ofício e só se convalida com o trânsito em julgado.

75. (Ieses/TJ/AM/Cartórios/Remoção/2018) Relativamente ao título das nulidades, disposto no Código de Processo Civil – CPC/15, podemos afirmar que:

I. quando a lei prescrever determinada forma sob pena de nulidade, a decretação desta pode ser requerida pela parte que lhe deu causa.
II. a nulidade dos atos deve ser alegada na primeira oportunidade em que couber à parte falar nos autos, sob pena de preclusão.
III. é anulável o processo quando o membro do Ministério Público não for intimado a acompanhar o feito em que deva intervir.

IV. ao pronunciar a nulidade, o juiz declarará que atos são atingidos e ordenará as providências necessárias a fim de que sejam repetidos ou retificados.

A sequência correta é:

a) as assertivas I, II, III e IV estão corretas.
b) apenas as assertivas II e III estão incorretas.
c) apenas a assertiva IV está incorreta.
d) apenas as assertivas II e IV estão corretas.

76. (Ieses/TJ/CE/Cartórios/Remoção/2018) No que concerne ao título das nulidades disposto no Código de Processo Civil, é correto afirmar, exceto:

a) a nulidade dos atos deve ser alegada na primeira oportunidade em que couber à parte falar nos autos, sob pena de preclusão.
b) quando a lei prescrever determinada forma sob pena de nulidade, a decretação desta não pode ser requerida pela parte que lhe deu causa.
c) a nulidade dos atos deve ser alegada na primeira oportunidade em que couber à parte falar nos autos, sob pena de preclusão.
d) é anulável o processo quando o membro do Ministério Público não for intimado a acompanhar o feito em que deva intervir.

77. (Ieses/TJ/RO/Cartórios/Remoção/2017) No tocante as nulidades processuais, dispostas no ordenamento jurídico brasileiro é correto afirmar:

a) a nulidade dos atos pode ser alegada a qualquer tempo, sempre que couber à parte falar nos autos.
b) é anulável o processo quando o membro do Ministério Público não for intimado a acompanhar o feito em que deva intervir.
c) quando a lei prescrever determinada forma sob pena de nulidade, a decretação desta pode ser requerida também pela parte que lhe deu causa.
d) anulado o ato, consideram-se de nenhum efeito todos os subsequentes que dele dependam, todavia, a nulidade de uma parte do ato não prejudicará as outras que dela sejam independentes.

5. DA TUTELA PROVISÓRIA

SÚMULAS

STJ **Súm. 212.** A compensação de créditos tributários não pode ser deferida em ação cautelar ou por medida liminar cautelar ou antecipatória.

STJ **Súm. 482.** A falta de ajuizamento da ação principal no prazo do art. 806 do CPC acarreta a perda da eficácia da liminar deferida e a extinção do processo cautelar.

INFORMATIVOS

STJ **Medidas executivas atípicas. Medidas coercitivas. Apreensão de passaporte. Limitação temporal. Inexistência de duração pré-estabelecida. Verificação caso a caso.** Não há um tempo pré-estabelecido fixamente para a duração da medida coercitiva atípica, que deve perdurar por tempo suficiente para dobrar a renitência do devedor. *HC 711194, 3ª T, 27.6.2022. Inf 749.*

QUESTÕES OBJETIVAS

78. (FGV/TJ/SC/Cartórios/Ingresso/2021) João, sócio oculto de sociedade em conta de participação, desconfia que a sócia ostensiva, Empreitada Empreendimentos Ltda., não está cumprindo as diretrizes operacionais pactuadas entre as partes, especificamente o repasse dos valores que dizem respeito ao sócio oculto. Ele procura então um advogado para que a situação seja resolvida com a máxima urgência, já que teve notícias de que a sócia ostensiva vem se desfazendo de bens desde o início da pandemia da Covid-19. O advogado consultado considerou que a medida judicial mais adequada para tutelar os interesses de seu cliente seria a tutela cautelar antecedente, a fim de obrigar a sócia ostensiva a cumprir as obrigações assumidas no contrato social. Porém, a tutela cautelar foi indeferida pelo juiz, por entender que não estariam presentes os requisitos autorizadores da medida. Diante dessa situação jurídica, no que diz respeito à tutela cautelar antecedente, é correto afirmar que João:

a) deverá distribuir uma nova ação por dependência para formular os pedidos de mérito.
b) deverá adotar as medidas pertinentes para reverter a situação e obter decisão favorável acerca da tutela cautelar para viabilizar a formulação do pedido principal. Caso não seja possível, deverá desistir dessa ação judicial, ajuizando demanda autônoma para formular os pedidos de mérito.
c) deverá formular o pedido principal nos autos da tutela cautelar antecedente, pois o indeferimento da tutela cautelar não obsta a que a parte formule o pedido principal, podendo cumular os pedidos de obrigação de fazer e cobrança, sob o procedimento comum.
d) deverá formular o pedido principal nos autos da tutela cautelar antecedente, pois o indeferimento da tutela cautelar não impede a formulação do pedido principal. Porém, não poderá cumular o pedido de obrigação de fazer e cobrança, ante a incompatibilidade entre os procedimentos.
e) não precisará formular o pedido principal, pois a sua tutela cautelar antecedente será automaticamente convolada em ação principal, já que a interpretação do pedido considerará o conjunto da postulação e observará o princípio da boa-fé.

79. (Consulplan/TJ/MG/Cartórios/Ingresso/2019) Sabe-se que a tutela provisória pode fundamentar-se em urgência ou evidência. Sendo uma tutela provisória de urgência, cautelar ou antecipada, pode ser concedida em caráter antecedente ou incidental. Neste diapasão, é correto afirmar que:

a) Uma vez antecipada a tutela, ela conserva sua eficácia até o trânsito em julgado da sentença, não podendo ser revogada ou modificada.
b) Não cabe recurso de agravo de instrumento contra a decisão que concede, denega ou posterga indevidamente a apreciação do pedido de tutela provisória.
c) Apenas pode ser concedido provisoriamente aquilo que pode sê-lo definitivamente; entretanto, a técnica antecipatória pode se prestar a uma tutela do direito que se encontra fora da moldura da tutela final.
d) Como o código prevê a possibilidade de estabilização da tutela satisfativa de urgência, o conceito de provisoriedade adequado ao direito brasileiro deve sofrer um acréscimo: provisória é aquela decisão que tendencialmente não dura para sempre e potencialmente será substituída por outra com objeto coincidente no todo ou em parte.

80. (Cespe/TJ/DFT/Cartórios/Remoção/2019) Um estudante de 28 anos de idade do oitavo semestre do curso de direito, foi aprovado em concurso público para o cargo de analista de tribunal superior. Poucos meses depois da aprovação, o concurso foi homologado, e o estudante foi chamado para dar início aos trâmites para sua nomeação e posse. No entanto, por não ter ainda concluído o curso de direito, o universitário ficou impedido de ser nomeado, pois o edital do concurso exigia bacharelado em direito como requisito de investidura no cargo. Com receio de perder a oportunidade, o rapaz procurou um advogado para obter medida liminar que lhe resguardasse o direito de manter sua vaga até a conclusão do curso superior. Nessa situação hipotética, segundo a legislação vigente, o advogado do estudante poderá:

a) requerer tutela antecipada em caráter antecedente que, após estabilizada, poderá ser desconstituída por meio de ação autônoma, que deverá ser ajuizada no prazo de trinta dias a contar da ciência da decisão que tiver extinguido o processo.
b) requerer tutela provisória cautelar, visto que restam configurados os requisitos do periculum in mora e do fumus boni iuris.
c) ajuizar ação de obrigação de fazer cumulada com pedido de tutela provisória cautelar.
d) requerer tutela antecipada em caráter antecedente, a qual, não sendo impugnada ou recorrida, passará a ser estável no mundo jurídico.
e) impetrar mandado de segurança diretamente no STJ.

81. (Consulplan/TJ/MG/Cartórios/Ingresso/2018) Sobre tutela provisória antecipatória assinale a afirmativa incorreta:

a) no caso de estabilização da tutela antecipatória, a formação da coisa julgada poderá ser questionada através da ação rescisória.
b) a execução fundada na decisão estabilizada poderá ser definitiva, considerando que não existe relação entre a execução ser definitiva e a circunstância de se operar a coisa julgada material.
c) a decisão que concede a tutela provisória, mesmo estabilizada pela inércia do Poder Público não está sujeita ao reexame necessário, em que pese seja proferida contra a União, Estados, Distrito Federal e Municípios.
d) uma vez concedida a tutela antecipada requerida em caráter antecedente, a estabilização depende da postura do autor e do réu. Se o autor não aditar a inicial, o processo será extinto sem resolução do mérito, o que implicará revogação da tutela antecipada concedida, inviabilizando a estabilização.

82. (Consulplan/TJ/MG/Cartórios/Remoção/2018) Sobre tutelas provisórias no novo Código de Processo Civil, é incorreto afirmar que:

a) o prazo para aditamento da petição inicial na tutela antecipatória vai depender se a tutela antecipada foi ou não concedida.
b) efetivada a tutela cautelar antecedente, o pedido principal deve ser formulado pelo autor no trintídio legal sob pena de caducidade da medida.
c) não será possível a estabilização da tutela provisória antecipatória ou cautelar caso a parte contrária maneje o respectivo recurso contra a decisão que a concedeu.
d) a tutela provisória da evidência pode ser requerida quando houver tese firmada em julgamento de casos repetitivos ou em súmula vinculante e os fatos possam ser comprovados tão somente por meio de documentos.

83. (Ieses/TJ/AM/Cartórios/Ingresso/2018) Em relação a tutela provisória no Código de Processo Civil, é incorreto:

a) na tutela da evidência será exigido conforme norma expressa no Código de Processo Civil, a demonstração de perigo de dano ou de risco ao resultado útil do processo.
b) na tutela de urgência, deferida em caráter antecedente, o réu será citado e intimado para audiência de conciliação ou de mediação, e não havendo autocomposição, o prazo para contestar terá sua fluência da negativa de acordo.
c) na tutela de urgência, independente da natureza da medida, cautelar ou antecipada os requisitos legais para devida concessão são respectivamente, a probabilidade do direito e o risco de dano ou resultado útil do processo, podendo ser dispensada a caução, caso a parte interessada comprove a sua hipossuficiência.
d) as decisões interlocutórias que dizem respeito a tutela provisória serão recorríveis via agravo de instrumento, já as sentenças que confirmam, concedem, ou revogam a tutela provisória serão recorríveis por meio de apelação, a qual será desprovida de efeito suspensivo.

84. (Consulplan/TJ/MG/Cartórios/Remoção/2017) Relativamente à tutela de urgência, dentre as afirmativas abaixo, apenas uma é incorreta. Assinale-a:

a) será concedida quando houver elementos que evidenciem a probabilidade do direito e o perigo de dano ou risco ao resultado útil do processo.
b) poderá ser concedida liminarmente ou após justificação prévia.
c) em hipótese alguma a caução real ou fidejussória poderá ser dispensada.
d) a tutela de urgência de natureza antecipada não será concedida quando houver perigo de irreversibilidade dos efeitos da decisão.

85. (Cetro/TJ/RJ/Cartórios/Ingresso/2017) No que tange à tutela de evidência do NCPC (Novo Código de Processo Civil – Lei n. 13.105/2015), analise as assertivas abaixo.

I. é vedada a utilização da tutela de evidência para tratar a falta de eficácia da sentença decorrente do efeito suspensivo da apelação.
II. o juiz não pode decidir liminarmente acerca de tutela de evidência fulcrado em caracterizado abuso do direito de defesa ou manifesto propósito protelatório da parte.
III. a não irreversibilidade dos efeitos do provimento é requisito tanto da tutela de urgência quanto da tutela de evidência.

É correto o que se afirma em:

a) I, apenas.
b) II, apenas.
c) II e III, apenas.
d) I e II, apenas.
e) III, apenas.

86. (Consulplan/TJ/MG/Cartórios/Ingresso/2017) Acerca das tutelas de urgência e de evidência, não é correto afirmar:

a) a tutela de cognição sumária pode ser de urgência ou da evidência.
b) a tutela da evidência apresenta requisitos ligados ao juízo de verossimilhança, ao passo que as tutelas de urgência exigem, além do juízo de verossimilhança, um juízo ligado à urgência.
c) no CPC/15, a tutela de urgência segue subdividida em tutela cautelar e tutela antecipada (satisfativa), mas os requisitos são individualizados.
d) ambas as tutelas são denominadas tutelas provisórias.

87. (Consulplan/TJ/MG/Cartórios/Remoção/2017) Analise as afirmações abaixo:

I. o termo tutela provisória não é o mais adequado. Pelas diferenças entre a tutela cautelar e a tutela antecipatória, na esteira da doutrina de Ovídio Baptista da Silva, observa-se, por exemplo, que a tutela cautelar é medida temporária e não provisória, haja vista que tem eficácia enquanto perdurar a situação cautelanda.
II. já a medida antecipatória tem natureza provisória, tendo em vista que antecipa o provimento final de mérito (o qual poderá confirmar e tornar definitiva a tutela provisoriamente antecipada; modificá-la; ou, até revogá-la).
III. o caráter de temporariedade da tutela cautelar demonstra que sua eficácia fática está desvinculada ao tempo da necessidade da função acautelatória, enquanto a tutela antecipada (seja ela de urgência ou da evidência – ambas satisfativas) satisfaz definitivamente o direito do autor.

IV. a tutela antecipada tem o objetivo de se manter eficaz no tempo, mesmo após a decisão final de mérito (caso, evidentemente, a decisão proferida após a cognição exauriente confirme os juízos de verossimilhança e de urgência – sumários ao final). Não tem, pois, um caráter temporário.

São verdadeiras as afirmações:

a) I, II e a III apenas.
b) I, II e a IV apenas.
c) IV apenas.
d) I, II, III e IV.

88. (Consulplan/TJ/MG/Cartórios/Ingresso/2017) Com relação à tutela provisória todas as assertivas abaixo estão corretas, exceto:

a) pode fundamentar-se em urgência ou evidência.
b) cuida-se de medida destinada a acautelar o direito controvertido ou antecipar o direito controvertido.
c) o poder/dever geral de cautela foi extinto no CPC/2015.
d) a efetivação das tutelas provisórias observará as normas referentes ao cumprimento provisório da sentença.

6. DA FORMAÇÃO, DA SUSPENSÃO E DA EXTINÇÃO DO PROCESSO

QUESTÕES OBJETIVAS

89. (Ieses/TJ/CE/Cartórios/Ingresso/2018) Acerca da disciplina da Formação, Suspensão e Extinção do Processo no Código de Processo Civil, considere as seguintes afirmações:

I. extingue-se o processo pela morte ou pela perda da capacidade processual de qualquer das partes, de seu representante legal ou de seu procurador.
II. antes de proferir decisão sem resolução de mérito, o juiz deverá conceder à parte oportunidade para, se possível, corrigir o vício.
III. é causa legal para a suspensão do processo o fato de o advogado responsável, sendo o único patrono da causa, tornar-se pai.

Está correto o que se afirma em:

a) I e II.
b) I e III.
c) I, II e III.
d) II e III.

90. (Ieses/TJ/RO/Cartórios/Remoção/2017) Suspende-se o processo, entre outras possibilidades, pela:

I. arguição de impedimento ou de suspeição.
II. morte ou pela perda da capacidade processual de qualquer das partes, de seu representante legal ou de seu procurador.
III. admissão de incidente de resolução de demandas repetitivas.
IV. convenção das partes.

A sequência correta é:

a) apenas as assertivas I, II, III estão corretas.
b) as assertivas I, II, III e IV estão corretas.
c) apenas as assertivas I e III estão corretas.
d) apenas a assertiva II está correta.

7. DO PROCESSO DE CONHECIMENTO E DO CUMPRIMENTO DE SENTENÇA

7.1. Do Procedimento Comum

7.1.1. Das Disposições Gerais, da Petição Inicial

SÚMULAS

STJ **Súm. 318.** Formulado pedido certo e determinado, somente o autor tem interesse recursal em arguir o vício da sentença ilíquida.

INFORMATIVOS

STJ **Indeferimento da petição inicial. Prequestionamento ficto. Art. 1.025 do CPC. Necessidade de se apontar violação ao art. 1.022 do CPC. Art. 321 do CPC. Emenda à inicial. Imprescindibilidade.** O indeferimento da petição inicial, quer por força do não-preenchimento dos requisitos exigidos nos arts. 319 e 320 do CPC, quer pela verificação de defeitos e irregularidades capazes de dificultar o julgamento de mérito, reclama a concessão de prévia oportunidade de emenda pelo autor, nos termos do art. 321 do CPC. *REsp 2013351, 2ª S, 19.9.2022. Inf 751.*

QUESTÕES OBJETIVAS

91. (Ieses/TJ/RO/Cartórios/Ingresso/2021) Acerca do Pedido (arts. 322 e ss. do Código de Processo Civil), segundo disciplina o Código de Processo Civil, é incorreto afirmar:

a) Até o saneamento do processo, o autor poderá aditar ou alterar o pedido e a causa de pedir, independente de consentimento do réu, assegurado o contraditório mediante a possibilidade de manifestação deste no prazo mínimo de 15 (quinze) dias e facultado o requerimento de prova suplementar.
b) Deve ser determinado, sendo lícito, porém, formular pedido genérico nas ações universais, se o autor não puder individuar os bens demandados.
c) O pedido será alternativo quando, pela natureza da obrigação, o devedor puder cumprir a prestação de mais de um modo.
d) É lícita a cumulação, em um único processo, contra o mesmo réu, de vários pedidos, ainda que entre eles não haja conexão, desde que os pedidos sejam compatíveis entre si, que seja competente para conhecer deles o mesmo juízo e que seja adequado o tipo de procedimento para todos os pedidos.

92. (UFPR/TJ/PR/Cartórios/Remoção/2019) O pedido é núcleo essencial da petição inicial, pois sobre ele deve incidir a decisão judicial. Sobre a petição inicial e o pedido nela formulado, assinale a alternativa incorreta.

a) O pedido deve ser certo, e a certeza diz respeito à clareza do pedido. Se a petição inicial não estiver suficientemente clara, contendo irregularidades no pedido, o juiz determinará que o autor a emende, indicando com precisão o que deve ser corrigido.
b) Nas relações jurídicas de trato sucessivo, o pedido deve ser aditado a cada vencimento das futuras prestações periódicas.
c) A alternatividade quanto ao pedido pode decorrer da própria natureza da obrigação, ou por estratégia processual, em que o autor cumula pretensões alternativas.
d) Pode haver pedidos subsidiários, em que o autor formula um ou mais pedidos subsequentes, que só deverão ser examinados pelo juiz se não acolhidos os pedidos antecedentes.
e) Para que se admita a cumulação de pedidos, não se exige que os pedidos cumulados sejam conexos.

93. (Vunesp/TJ/RS/Cartórios/Ingresso/2019) Sobre as causas de indeferimento da petição inicial, assinale a alternativa correta.

a) O réu será comunicado do resultado do julgamento após o trânsito em julgado de sentença de mérito proferida em favor dele antes da citação.
b) A decisão de indeferimento da petição inicial não faz coisa julgada.
c) Indeferida a petição inicial e não interposta apelação, dispensa-se a intimação do réu sobre o trânsito em julgado da sentença.
d) Indeferida a petição inicial, cabe juízo de retratação no prazo de 10 (dez) dias.
e) O autor poderá interpor recurso de agravo de instrumento contra a decisão que indefere a petição inicial.

94. (Ieses/TJ/AM/Cartórios/Ingresso/2018) Em relação ao procedimento comum é correto afirmar que:

a) a prescrição e decadência são causas de indeferimento da petição inicial, com base na segurança jurídica.
b) na atual sistemática processual, a formulação pelo autor de pedido indeterminado, independentemente da natureza jurídica da causa, acarretará a inépcia da petição inicial.
c) incumbe ao réu, antes de discutir o mérito, alegar na contestação a incompetência absoluta e relativa, já a indevida concessão do benefício de gratuidade da justiça deverá ser impugnada via peça processual apartada, sob pena de nulidade.
d) caso não disponha o autor dos dados completos do réu, poderá o mesmo na petição inicial, requerer ao juiz as diligências necessárias à sua obtenção, não sendo motivo para seu indeferimento.

7.1.2. Da Improcedência Liminar do Pedido

SÚMULAS

STJ Súm. 409. Em execução fiscal, a prescrição ocorrida antes da propositura da ação pode ser decretada de ofício (art. 219, § 5º, do CPC).

QUESTÕES OBJETIVAS

95. (Cespe/TJ/DFT/Cartórios/Remoção/2019) Servidor público de determinado estado da Federação, pelo fato de não receber diversas gratificações a que tinha direito, propôs, com a assistência de advogado, ação de cobrança em desfavor do respectivo estado. No entanto, a pretensão do autor tem como obstáculo súmula do tribunal de justiça local, contrária aos fundamentos que o servidor apresentou em sua demanda. Nessa situação hipotética, o magistrado, com fundamento na referida súmula, deixará de realizar a fase instrutória do processo e:

a) promoverá a citação do réu para que compareça à audiência de conciliação ou mediação.
b) julgará liminarmente improcedente o pedido com base na súmula do tribunal, sendo dispensada a citação do réu.
c) extinguirá o feito em razão da súmula do tribunal, sendo dispensada a citação do réu.
d) promoverá a citação do réu e, em seguida, julgará improcedente o pedido com base na súmula do tribunal.
e) intimará a parte autora a fim de que emende a inicial em razão da incompatibilidade do pedido com a súmula do tribunal.

96. (Consulplan/TJ/MG/Cartórios/Remoção/2018) É incorreto afirmar que o procedimento a ser adotado pelo juiz, segundo as regras do novo Código de Processo Civil no julgamento de improcedência liminar, será:

a) de julgamento de plano da lide independentemente da citação do réu no caso de reconhecer a prescrição e a decadência.
b) de julgamento apenas de parcela da causa liminarmente improcedente, hipótese em que o recurso cabível será o agravo de instrumento.
c) de julgamento de plano de improcedência da lide no caso de aplicação de entendimento firmado em sede de incidente de resolução de demandas repetitivas.
d) de julgamento de plano improcedente a lide, hipótese em que o recurso cabível será a apelação, cujo juízo de retratação será oportunizado, após o estabelecimento do contraditório, com a citação do réu.

7.1.3. Da Audiência de Conciliação ou de Mediação

INFORMATIVOS

STJ Acordo firmado entre as partes. Arrependimento unilateral, antes da homologação pelo judiciário. Impossibilidade. Em regra, é descabido o arrependimento e a rescisão unilateral da transação, ainda que antes da homologação judicial. *AgInt no AREsp 1952184, 4ª T, 25.8.2022. Inf 750.*

QUESTÕES OBJETIVAS

97. (Consulplan/TJ/MG/Cartórios/Remoção/2017) Quanto aos institutos da conciliação e mediação, analise as afirmações seguintes:

I. a conciliação e a mediação são informadas pelos princípios da independência, da imparcialidade, da autonomia, da vontade, da oralidade e da informalidade.
II. as partes não podem escolher o conciliador ou o mediador, devendo sempre submeter-se àqueles cadastrados no tribunal.
III. os conciliadores e mediadores judiciais cadastrados nos tribunais, se advogados, estarão impedidos de exercer a advocacia nos juízos em que desempenhem suas funções.
IV. o conciliador e o mediador ficam impedidos, pelo prazo de 1 (um) ano, contado do término da última audiência em que atuaram, de patrocinar qualquer das partes.

Está correto o que se afirma em:

a) I e II, apenas.
b) III e IV, apenas.
c) I, III e IV, apenas.
d) I, II, III e IV.

7.1.4. Da Contestação, da Reconvenção, da Revelia

SÚMULAS

STJ Súm. 485. A Lei de Arbitragem aplica-se aos contratos que contenham cláusula arbitral, ainda que celebrados antes da sua edição.

INFORMATIVOS

STJ Contestação. Pretensão de declaração de nulidade de cláusula contratual. Possibilidade. Fatos impeditivos, modificativos e extintivos do direito do autor. Defesa substancial indireta. Se a pretensão de cobrança deduzida na inicial é fundada em cláusula contratual, a alegação de nulidade dessa cláusula ou da própria cobrança pode ser manejada em contestação, por caracterizar fato extintivo do direito do autor. *REsp 2000288, 3ª T, 27.10.2022. Inf 757.*

STJ Contestação. Alegação de compensação de valores. Possibilidade. Fatos impeditivos, modificativos e extintivos do direito do autor. Defesa substancial indireta. É possível a compensação ser alegada em contestação, de forma a justificar o não pagamento do valor cobrado ou a sua redução, extinguindo ou modificando o direito do autor. *REsp 2000288, 3ª T, 27.10.2022. Inf 757.*

STJ Contestação. Formulação de pedido de revisão ou rescisão contratual. Impossibilidade. Ressalva quanto à alegação de prévio desfazimento do contrato. Não há como formular, na contestação, pedido de rescisão ou revisão contratual. *REsp 2000288, 3ª T, 27.10.2022. Inf 757.*

QUESTÕES OBJETIVAS

98. (Ieses/TJ/RO/Cartórios/Remoção/2021) Segundo o Código de Processo Civil de 2015, a ausência de contestação por parte do réu é considerada como:

a) desobediência judicial.
b) infração.
c) revelia.
d) confissão.

99. (Consulplan/TJ/MG/Cartórios/Remoção/2019) Segundo as normas e princípios contidos no Código de Processo Civil, analise as afirmativas a seguir.

I. Em face do princípio da eventualidade ou concentração, o réu deve arguir toda a matéria de defesa na contestação, sob pena de preclusão.
II. A reconvenção pode ser meio de ampliação dos sujeitos do processo.
III. Caracterizada a revelia, a presunção de veracidade dos fatos alegados na inicial é relativa.
IV. O juiz apreciará a prova constante dos autos, segundo o sistema da persuasão racional ou convencimento motivado.

Estão corretas as afirmativas:

a) I, II, III e IV.
b) II e IV, apenas.
c) I, II e III, apenas.
d) I, III e IV, apenas.

7.1.5. Das Providências Preliminares e do Saneamento

SÚMULAS

STF Súm. 231. O revel, em processo civil, pode produzir provas, desde que compareça em tempo oportuno.

INFORMATIVOS

STJ Despacho saneador. Matérias preliminares. Questões que se confundem com a pretensão meritória. Postergação do exame. Possibilidade. Não há nulidade no despacho saneador que se limita a postergar o exame das matérias preliminares, quando essas se confundem com a pretensão meritória e há necessidade de prévia instrução probatória. *REsp 1945660, 1ª T, 27.9.2022. Inf 751.*

QUESTÕES OBJETIVAS

100. (Vunesp/TJ/AL/Cartórios/Ingresso/2019) O saneamento do processo pelo magistrado constitui:

a) requisito obrigatório da audiência de conciliação, que demanda a fixação de pontos controvertidos.
b) decisão interlocutória que, se admitir ou inadmitir a intervenção de terceiros, desafia recurso de agravo de instrumento.
c) julgamento antecipado da lide.
d) prolação de despacho ordinatório não sujeito a recurso.

101. (Ieses/TJ/AM/Cartórios/Ingresso/2018) Em relação às "audiências" no processo de conhecimento, procedimento comum, é correto afirmar que:

a) conforme as regras do código de processo civil, a audiência de conciliação ou de mediação será realizada após a apresentação de defesa do réu, com o escopo do Estado promover, sempre que possível, a solução consensual dos conflitos.
b) o juiz, em decisão de saneamento e de organização do processo, se a causa apresentar complexidade em matéria de fato ou de direito, deverá designar audiência para que o saneamento seja feito em cooperação, oportunidade em que, se for o caso, convidará as partes a integrar ou esclarecer suas alegações.
c) o conciliador, que atuará preferencialmente nos casos em que houver vínculo anterior entre as partes, auxiliará aos interessados a compreender as questões e os interesses em conflito, de modo que eles possam, pelo restabelecimento da comunicação, identificar, por si próprios, soluções consensuais que gerem benefícios mútuos.
d) o mediador, que atuará preferencialmente nos casos em que não houver vínculo anterior entre as partes, poderá sugerir soluções para o litígio, sendo vedada a utilização de qualquer tipo de constrangimento ou intimidação para que as partes conciliem.

7.1.6. Do Julgamento Conforme o Estado do Processo

SÚMULAS

STF Súm. 424. Transita em julgado o despacho saneador de que não houve recurso, excluídas as questões deixadas, explícita ou implicitamente, para a sentença.

QUESTÕES OBJETIVAS

102. (Consulplan/TJ/MG/Cartórios/Remoção/2017) Todos os requisitos abaixo se referem ao julgamento conforme o estado do processo, exceto, quando:

a) o processo tenha constituído e desenvolvido regularmente.
b) as questões de fato não reclamem produção de mais provas.
c) a questão de mérito ainda estiver controvertida.
d) a questão de direito e de fato não dependem de provas em audiência.

7.1.7. Das Provas

SÚMULAS

1) Disposições Gerais

STJ Súm. 301. Em ação investigatória, a recusa do suposto pai a submeter-se ao exame de DNA induz presunção "juris tantum" de paternidade.

2) Da Produção Antecipada da Prova

STJ Súm. 368. Compete à justiça comum estadual processar e julgar os pedidos de retificação de dados cadastrais da justiça eleitoral.

3) Da Prova Documental

STF Súm. 225. Não é absoluto o valor probatório das anotações da carteira profissional.

STF Súm. 260. O exame de livros comerciais, em ação judicial, fica limitado às transações entre os litigantes.

STJ Súm. 132. A ausência de registro da transferência não implica a responsabilidade do antigo proprietário por dano resultante de acidente que envolva o veículo alienado.

4) Da Prova Pericial

STF Súm. 261. Para a ação de indenização, em caso de avaria, é dispensável que a vistoria se faça judicialmente.

5) Da Prova Testemunhal

STJ Súm. 149. A prova exclusivamente testemunhal não basta à comprovação da atividade rurícola, para efeito da obtenção de benefício previdenciário.

REPERCUSSÃO & REPETITIVOS

STJ Repetitivo 1000. Desde que prováveis a existência da relação jurídica entre as partes e de documento ou coisa que se pretende seja exibido, apurada em contraditório prévio, poderá o juiz, após tentativa de busca e apreensão ou outra medida coercitiva, determinar sua exibição sob pena de multa com base no art. 400, parágrafo único, do CPC/2015. *REsp 1777553, 1.7.2021.*

INFORMATIVOS

STJ Negócio jurídico processual. Consenso entre as partes para a indicação de perito. Ausência. Profissional recusado. Realização da prova pericial. Impossibilidade. Se não há consenso entre as partes a respeito da escolha do perito, o profissional indicado por uma das partes, mas rejeitado pela outra, não pode realizar a produção da prova como perito do juízo. *REsp 1924452, 3ª T, 10.10.2022.*

STJ Divulgação não autorizada e incompleta de novela. Violação de direitos morais do autor reconhecida. Título executivo judicial que determina fosse levada em consideração a repercussão econômica do ilícito. Cumprimento de sentença. Quantificação dos danos. Perícia técnica. Imprescindibilidade. É imprescindível perícia técnica para quantificar dano moral, ante divulgação não autorizada de obra, reconhecido em título executivo em que se determina que seja considerada a repercussão econômica do ilícito. *REsp 1983290, 3ª T, 26.4.2022. Inf 734.*

QUESTÕES OBJETIVAS

103. (Vunesp/TJ/SP/Cartórios/Ingresso/2022) Sabe-se que o notário, ou tabelião, e o oficial de registro, ou registrador, são profissionais do direito, dotados de fé pública, a quem é delegado o exercício da atividade notarial e de registro (Lei nº 8.935/94, art. 3º), e que aos tabeliães compete a lavratura de atas notariais (Lei nº 8.935/94, art. 7º, III). Logo, e considerando que a fé pública – segundo parte da doutrina – é a garantia que o Estado concede no sentido de que os fatos ou atos jurídicos são verdadeiros, ou seja, autênticos, assinale a alternativa correta.

a) O objeto da ata notarial está restrito à prova da existência ou do modo de existir de algum fato, não alcançando dados representados por imagem ou sons gravados em arquivos eletrônicos.

b) A fé pública gera uma presunção absoluta de veracidade, inclusive a impedir o juiz de se valer – porque inútil – da inspeção judicial.

c) A ata notarial se presta a demonstrar fatos que o tabelião presenciou, não a comprovar a veracidade de declaração feita por testemunhas.

d) Como não está a ata notarial prevista no rol dos meios de prova do CPC, sua aceitação em juízo depende de prévia validação pela corregedoria permanente do tabelião que a lavrou.

104. (FGV/TJ/SC/Cartórios/Ingresso/2021) Antônio se inscreveu no concurso para médico de hospital federal localizado em sua cidade. Classificado para a segunda fase do certame, o candidato compareceu e realizou a prova discursiva. Após a publicação do resultado e a disponibilização do padrão de respostas da segunda etapa, Antônio se surpreendeu com sua eliminação para a terceira fase do certame, uma vez que, segundo ele, suas respostas estavam de acordo com o gabarito fornecido pela comissão organizadora do concurso. Diante disso, Antônio requereu, em sede de recurso administrativo, cópia de sua folha de respostas, com o intuito de demonstrar o equívoco na correção. Porém, o recurso foi negado e sua eliminação foi mantida, sem que fosse disponibilizada a Antônio a cópia de sua folha de respostas. Vale registrar que o acesso a esse documento estava expressamente previsto no edital. Inconformado, Antônio impetrou mandado de segurança para garantir sua participação na terceira fase do concurso, embora não tenha em seu poder a cópia da sua folha de respostas. Após receber a petição inicial, o juízo notificou a autoridade impetrada e determinou a intimação do órgão de representação judicial do impetrado. Nesse caso:

a) deverá o juízo oficiar o Ministério Público solicitando providências necessárias para a obtenção do documento negado na seara administrativa.

b) eventual liminar depende da aquiescência do representante judicial da pessoa jurídica de direito público.

c) deverá o juízo, diante da necessidade de produção de prova documental, que se ache em repartição ou estabelecimento público ou em poder de autoridade que se recuse a fornecê-lo, ordenar, preliminarmente, a exibição desse documento em original ou em cópia autêntica.

d) deverá o juízo dar vista ao Ministério Público para opinar no feito. Em seguida, após a designação de audiência especial e a apresentação das alegações finais das partes, poderá o juízo prolatar sentença, resolutiva ou extintiva.

e) deverá o juízo, diante da necessidade de dilação probatória, dar vista às partes pelo prazo de cinco dias e oportunizar a produção de provas, admitindo-se nesse caso, além da prova documental, a pericial de baixa complexidade. Nada sendo requerido, deverá o magistrado prolatar sentença extintiva.

105. (FGV/TJ/SC/Cartórios/Ingresso/2021) Sobre a produção de provas no Código de Processo Civil e a atividade do notário, é correto afirmar que:

a) o telegrama, o radiograma ou qualquer outro meio de transmissão têm a mesma força probatória do documento particular, desde que o original constante da estação expedidora esteja assinado pelo remetente e haja reconhecimento de firma.

b) as declarações constantes do documento particular escrito e assinado ou somente assinado presumem-se verdadeiras em relação ao signatário, desde que haja reconhecimento de firma.

c) a ata notarial lavrada por tabelião pode atestar a existência e o modo de existir de algum fato, incluindo dados representados por imagem gravados em arquivos eletrônicos.

d) o documento feito por oficial público incompetente ou sem a observância das formalidades legais não possuirá qualquer valor probatório, ainda que subscrito pelas partes.

e) não se considera autêntico o documento quando a autoria estiver identificada apenas por meio de certificação eletrônica.

106. (Ieses/TJ/RO/Cartórios/Ingresso/2021) Quanto às provas (arts. 369 e ss. do CPC), é incorreto afirmar:

a) Sendo determinado, incumbe ao terceiro, em relação a qualquer causa, informar ao juiz os fatos e as circunstâncias de que tenha conhecimento e exibir coisa ou documento que esteja em seu poder.

b) As partes têm o direito de empregar todos os meios legais, bem como os moralmente legítimos, ainda que não especificados no CPC, para provar a verdade dos fatos em que se funda o pedido ou a defesa e influir eficazmente na convicção do juiz.

c) A atribuição dinâmica do ônus probatório tem previsão expressa no atual CPC.

d) Em qualquer caso a parte que alegar direito municipal, estadual, estrangeiro ou consuetudinário provar-lhe-á o teor e a vigência.

107. (Consulplan/TJ/MS/Cartórios/Ingresso/2021) "Art. 384: A existência e o modo de existir de algum fato podem ser atestados ou documentados, a requerimento do interessado, mediante ata lavrada por tabelião." Este é o texto expresso no Código de Processo Civil relativo às provas que podem ser produzidas em processo judicial. Levando em consideração este Art. da Lei, assinale a afirmativa correta.

a) Dados representados por imagens ou som gravados em arquivos eletrônicos poderão constar da ata notarial.
b) Dados representados por imagens ou som gravados em arquivos eletrônicos não poderão constar da ata notarial.
c) Apenas dados representados por imagens gravadas em arquivos eletrônicos poderão constar da ata notarial; aqueles referentes a sons não podem.
d) Apenas dados representados por sons gravados em arquivos eletrônicos poderão constar da ata notarial; aqueles referentes a imagens não podem.

108. (Consulplan/TJ/MS/Cartórios/Remoção/2021) Em um processo judicial foi apresentada uma ata notarial, na qual estava descrito o conteúdo de uma conversa feita através de arquivo de som, pela plataforma de WhatsApp. Considerando que a ata notarial cumpria todos os requisitos legais de validade, podemos afirmar que o valor probatório desta ata prova:

a) O conteúdo, a integridade e a autoria do arquivo de som que foi apresentado ao tabelião.
b) O conteúdo e a integridade do arquivo de som que foi apresentado ao tabelião, não sendo prova da autoria do arquivo em si.
c) O conteúdo do arquivo de som que foi apresentado ao tabelião, não sendo prova da integridade ou autoria do arquivo em si.
d) O conteúdo e a autoria do arquivo de som que foi apresentado ao tabelião, não sendo prova da integridade do arquivo em si.

109. (Cespe/TJ/DFT/Cartórios/Ingresso/2019) Flávia, após descobrir que determinado sítio veiculava suas fotos sem a sua autorização, fez em seu computador a captura da tela com tais imagens e, temendo que o mantenedor da página virtual suprimisse as fotos, decidiu fazer um registro formal. Por isso, ela foi orientada a realizar escritura pública para atender a essa finalidade. Nessa situação:

a) não é cabível nenhuma medida notarial para o registro da situação, uma vez que não há na legislação a possibilidade de consignar o fato em tabelionato.
b) é cabível o registro da situação por ata notarial, na qual o tabelionato de notas descreverá fielmente os fatos, fazendo constar, também, as imagens no referido instrumento.
c) é cabível o registro da situação por meio de escritura pública, na qual o tabelionato de notas descreverá fielmente os fatos, fazendo constar, também, as imagens no referido instrumento.
d) Flávia deverá, por meio de ação judicial, pleitear o registro da situação, que, após determinação do magistrado, será feito por meio de escritura pública.
e) é cabível o registro da situação por meio tanto de ata notarial como de escritura pública em tabelionato de notas, pois ambos os instrumentos servem ao fim pretendido por Flávia.

110. (Ieses/TJ/SC/Cartórios/Remoção/2019) Segundo o disposto no Código de Processo Civil, relativamente à disciplina das provas:

I. As partes têm o direito de empregar todos os meios legais, bem como os moralmente legítimos, ainda que não especificados neste Código, para provar a verdade dos fatos em que se funda o pedido ou a defesa e influir eficazmente na convicção do juiz.
II. Cabe ao juiz, de ofício ou a requerimento da parte, determinar as provas necessárias ao julgamento do mérito.
III. O juiz poderá admitir a utilização de prova produzida em outro processo, atribuindo-lhe o valor que considerar adequado, observado o contraditório.
IV. A parte que alegar direito municipal, estadual, estrangeiro ou consuetudinário provar-lhe-á o teor e a vigência, se assim o juiz determinar.

É correto o que se afirma em:

a) Apenas I, II e III.
b) I, II, III e IV.
c) Apenas II e III.
d) Apenas I, II e IV.

111. (Vunesp/TJ/RS/Cartórios/Remoção/2019) O juiz poderá inspecionar pessoas ou coisas, a fim de se esclarecer sobre fato que interesse à decisão da causa, denominando-se tal ato como inspeção judicial, sendo certo que:

a) para fins de reconstituição dos fatos, as pessoas serão levadas à presença do juiz da causa na sede do juízo.
b) as partes têm direito a assistir à inspeção, porém sem fazer observações.
c) deve ser determinado, apenas por requerimento de uma das partes, podendo ser realizada em qualquer fase do processo.
d) concluída a diligência, o juiz mandará lavrar auto circunstanciado, mencionando nele tudo quanto for útil ao julgamento da causa, o qual poderá ser instruído com desenho, gráfico ou fotografia.
e) ao realizá-la, o magistrado não poderá ser assistido por perito, a fim de que seja mantida a sua imparcialidade.

112. (Ieses/TJ/SC/Cartórios/Remoção/2019) Segundo o disposto no Código de Processo Civil, relativamente à força probante dos documentos:

I. O documento público faz prova não só da sua formação, mas também dos fatos que o servidor declarar que ocorreram em sua presença.
II. Quando a lei exigir instrumento público como da substância do ato, as partes interessadas podem suprir-lhe a falta mediante declaração expressa nos autos.
III. As declarações constantes do documento particular escrito e assinado ou somente assinado presumem-se verdadeiras em relação ao signatário e ao destinatário.
IV. A nota escrita pelo credor em qualquer parte de documento representativo de obrigação, ainda que não assinada, faz prova em benefício do devedor.

É correto o que se afirma em:

a) Apenas III e IV.
b) Apenas II e III.
c) Apenas I e IV.
d) Apenas I, II e IV.

113. (Cespe/TJ/DFT/Cartórios/Remoção/2019) Acerca da audiência de instrução e julgamento e do direito à produção de provas no curso desse ato processual, assinale a opção correta.

a) De acordo com o Código de Processo Civil, as partes são impedidas de fazer perguntas diretamente às testemunhas, bem como de dirigir-lhes questionamentos que induzam as respostas ou tratem de fatos diversos do processo.
b) O não comparecimento injustificado do advogado de qualquer das partes na audiência de instrução e julgamento não implicará a revelia para o réu nem a extinção do processo para o autor; porém, o juiz poderá dispensar a produção de provas requeridas pela parte cujo advogado estiver ausente.
c) Ao réu cabe comprovar fatos constitutivos de seu direito subjetivo; ao autor caberá provar fatos impeditivos, modificativos ou extintivos do direito discutido na demanda.
d) A arguição de falsidade documental, por não ter natureza meritória, será resolvida necessariamente como questão incidental, sendo vedado às partes requerer que o juiz decida esse ponto como questão principal.
e) O juiz poderá proferir a sentença em audiência ou posteriormente, atendendo ao prazo de trinta dias úteis previsto no Código de Processo Civil, fator esse que deve ser observado pelo Judiciário por se tratar de prazo próprio expresso no referido código.

114. (Ieses/TJ/AM/Cartórios/Ingresso/2018) Em relação as normas legais do direito probatório, no diploma processual civil, é incorreto:

a) o juiz poderá distribuir de ofício o ônus da prova de forma diversa daquela prevista na regra geral, em qualquer fase do processo, inclusive, durante a fase decisória, pois se trata de norma de juízo e, não prevista em lei.
b) a produção antecipada da prova não torna prevento o juízo para a ação que, eventualmente vier a ser proposta.
c) na prova empresta, observado o contraditório, o juiz poderá admitir a utilização de prova produzida em outro processo, atribuindo-lhe o valor que considerar adequado.
d) a ata notarial é prova típica a qual constata a existência e o modo de existir de algum fato podem ser atestados ou documentados, a requerimento do interessado, mediante ata lavrada por tabelião. Os dados representados por imagem ou som gravados em arquivos eletrônicos poderão constar da ata notarial. Trata-se de documento público.

115. (Consulplan/TJ/MG/Cartórios/Ingresso/2017) Para que a sentença declare o direito, faz-se necessário que o magistrado se certifique da verdade dos fatos alegados, o que se dá por meio das provas. Com relação às provas, analise as afirmativas abaixo:

I. em hipótese alguma o magistrado pode modificar a ordem legal da produção das provas, sob pena de ferir o princípio da legalidade.
II. a produção antecipada da prova não previne a competência do juízo para a ação que venha a ser produzida.
III. dados representados por imagem ou som gravados em arquivos eletrônicos poderão constar da ata notarial e servir como meio de prova.
IV. o CPC/2015 extinguiu a exigência das reperguntas às testemunhas, cabendo às partes formularem as perguntas diretamente às testemunhas.

Está correto apenas o que se afirma em:

a) I e II.
b) II, III e IV.
c) III e IV.
d) I e III.

116. (Ieses/TJ/RO/Cartórios/Ingresso/2017) Acerca da Prova Documental e sua disciplina no Código de Processo Civil, considere as seguintes afirmações:

I. o documento público faz prova não só da sua formação, mas também dos fatos que o escrivão, o chefe de secretaria, o tabelião ou o servidor declarar que ocorreram em sua presença.
II. as declarações constantes do documento particular escrito e assinado ou somente assinado presumem-se verdadeiras em relação ao signatário, exceto quando contiver declaração de ciência de determinado fato, caso no qual prova a ciência mas não o fato em si, incumbindo o ônus de prová-lo ao interessado em sua veracidade.
III. considera-se autor do documento particular, dentre outras hipóteses, aquele que, mandando compô-lo, não o firmou porque, conforme a experiência comum, não se costuma assinar, como livros empresariais e assentos domésticos.

Está correto o que se afirma em:

a) II e III.
b) I e II.
c) I e III.
d) I, II e III.

117. (Cetro/TJ/RJ/Cartórios/Remoção/2017) No que se refere à prova, tomando-se por base os dispositivos do NCPC (Novo Código de Processo Civil – Lei n. 13.105/2015) e a jurisprudência dos tribunais superiores, assinale a alternativa correta:

a) a iniciativa probatória do magistrado, em busca da veracidade dos fatos, por meio de provas produzidas de ofício, submete-se à preclusão temporal, somente podendo ser realizada até o momento do saneamento do processo.
b) a utilização da inspeção judicial como meio de prova está condicionada ao esgotamento dos demais meios de prova admitidos.
c) a utilização de prova ilícita é expressamente vedada, não se admitindo qualquer interpretação baseada no princípio da proporcionalidade em favor do requerido.
d) o NCPC inova ao indicar que os fatos notórios preferem a necessidade de produção probatória, ainda que esta última exista e possa ser produzida, em vista da celeridade processual.
e) a utilização da prova emprestada deve observar o contraditório no processo de origem, assim como no processo de destino, considerando-se que, no último, a prova mantenha a natureza originária.

118. (Consulplan/TJ/MG/Cartórios/Ingresso/2017) Sobre as provas no processo civil, marque a alternativa correta:

a) as provas são elementos contundentes e indispensáveis à formação da cognição do magistrado que deverá se ater aos elementos objetivos e subjetivos para a formação da persuasão racional.
b) o princípio da persuasão racional é constituído dos elementos de fatos alegados pelas partes na sensibilização do magistrado.
c) o sistema positivo das provas vincula-se ao provimento jurisdicional através da persuasão racional.
d) a convicção pessoal do magistrado deverá ser a condicionante da decisão em virtude do princípio do juízo natural e a imparcialidade do juízo.

119. (Consulplan/TJ/MG/Cartórios/Remoção/2017) A respeito das provas de ofício e completude do material probatório, assinale a alternativa correta:

a) o CPC/15 não deixa dúvidas sobre a manutenção da desejável ideia de que o juiz, de ofício, deve determinar a produção de provas necessárias ao julgamento da causa.
b) o juiz não pode determinar a produção de provas de ofício, pelo princípio da inércia da jurisdição.
c) é defeso ao juiz a iniciativa probatória pela imparcialidade a que o magistrado está submetido.

d) a iniciativa probatória do magistrado em busca da veracidade dos fatos alegados, com realização de provas de ofício, se sujeita a preclusão temporal.

120. (Consulplan/TJ/MG/Cartórios/Remoção/2017) O Enunciado n. 50 do Fórum Permanente de Processualistas Civis é taxativo: "os destinatários da prova são aqueles que dela poderão fazer uso, sejam juízes, partes ou demais interessados, não sendo a única função influir eficazmente na convicção do juiz". Acerca das provas, é correto afirmar:

a) a extensão dos poderes do juiz e a disponibilidade da prova independem da matéria discutida no processo, sendo dever do órgão judicial, em face da natureza pública do processo.
b) exclui-se no CPC/15 o princípio da liberdade na apresentação das provas.
c) o CPC/15 reproduziu a regra de que são meios de provas somente os dispostos em lei.
d) a obtenção e produção das provas não deve encontrar limite no direito, onde há a permissão da prova obtida por meio ilícito, desde que respeitem os princípios da legalidade e devido processo legal.

7.1.8. Da Sentença e da Coisa Julgada

SÚMULAS

1) Disposições Gerais

STF Súm. 216. Para decretação da absolvição de instância pela paralisação do processo por mais de trinta dias, é necessário que o autor, previamente intimado, não promova o andamento da causa.

STJ Súm. 240. A extinção do processo, por abandono da causa pelo autor, depende de requerimento do réu.

STJ Súm. 409. Em execução fiscal, a prescrição ocorrida antes da propositura da ação pode ser decretada de ofício (art. 219, § 5º, do CPC).

2) Elementos e Efeitos da Sentença

STF Súm. 317. São improcedentes os embargos declaratórios, quando não pedida a declaração do julgado anterior, em que se verificou a omissão.

STJ Súm. 318. Formulado pedido certo e determinado, somente o autor tem interesse recursal em arguir o vício da sentença ilíquida.

STJ Súm. 621. Os efeitos da sentença que reduz, majora ou exonera o alimentante do pagamento retroagem à data da citação, vedadas a compensação e a repetibilidade.

3) Remessa Necessária

STF Súm. 423. Não transita em julgado a sentença por haver omitido o recurso "ex ofício", que se considera interposto "ex lege".

STJ Súm. 45. No reexame necessário, é defeso ao tribunal agravar a condenação imposta a Fazenda Pública.

STJ Súm. 325. A remessa oficial devolve ao tribunal o reexame de todas as parcelas da condenação suportadas pela Fazenda Pública, inclusive dos honorários de advogado.

STJ Súm. 490. A dispensa de reexame necessário, quando o valor da condenação ou do direito controvertido for inferior a sessenta salários mínimos, não se aplica a sentenças ilíquidas.

4) Coisa Julgada

STJ Súm. 401. O prazo decadencial da ação rescisória só se inicia quando não for cabível qualquer recurso do último pronunciamento judicial.

INFORMATIVOS

STJ Ação de cobrança de juros sobre taxas administrativas declaradas ilegais em sentença. Trânsito em julgado. Eficácia preclusiva da coisa julgada. Pedido formulado com base nos mesmos fatos e fundamentos jurídicos. Impossibilidade. A eficácia preclusiva da coisa julgada impede a apreciação de questões deduzidas e dedutíveis, ainda que não tenham sido examinadas, desde que atinentes à mesma causa de pedir. *REsp 1989143, 4ª T, 6.12.2022. Inf 761.*

STJ Art. 489, § 1º, VI, do CPC. Decisão judicial. Fundamentação. Precedente. Conceito limitado. Princípio da não-surpresa. Observância. "Iura novit curia". A indicação de julgado simples e isolado não ostenta a natureza jurídica de "súmula, jurisprudência ou precedente" para fins de aplicação do art. 489, § 1º, VI, do CPC. *AREsp 1267283, 1ª T, 26.10.2022. Inf 760.*

STJ Embargos à execução. Título extrajudicial. Contrato de prestação de serviços. Relação de trato continuado. Acórdão que extingue a execução. Observância à limitação de ordem temporal. Alteração fática posterior. Violação da coisa julgada. Inocorrência. Não faz coisa julgada sobre a integralidade da relação jurídica o pronunciamento judicial que aprecia relações de trato continuado que sofrem modificações de ordem fática e jurídica no tempo. *REsp 2027650, 3ª T, 28.10.2022. Inf 759.*

STJ Violação à coisa julgada. Título executivo judicial transitado em julgado que estabelece fase liquidação de sentença. Ausência de comprovação da liquidez da dívida. Cumprimento imediato da sentença. Descabimento. Configura violação à coisa julgada o imediato cumprimento de sentença, quando o título judicial transitado em julgado determina a apuração dos danos materiais sofridos pela parte em liquidação de sentença e esta não apresenta documentação apta a comprovar a liquidez da dívida. *AREsp 1832357, 4ª T, 23.8.2022. Inf 749.*

STJ Valor da indenização por danos morais. Condenação. "Quantum debeatur" inferior ao pedido. Sucumbência recíproca. Não ocorrência. Súm. 326/STJ. Subsistência no CPC. Incide a Súm. 326/STJ, no caso de discrepância entre o valor indicado no pedido e o quantum arbitrado na condenação, não havendo falar em sucumbência dos autores da demanda, vencedores em seu pedido indenizatório. *REsp 1837386, 4ª T, 16.8.2022. Inf 746.*

STJ Conflito de coisas julgadas. Prevalência da última decisão que transitou em julgado. Exceção. Execução ou início da execução do primeiro título. Prevalência da primeira coisa julgada. Nos casos em que já executado o título formado na primeira coisa julgada, ou se iniciada sua execução, deve prevalecer a primeira coisa julgada em detrimento daquela formada em momento posterior. *AgInt nos EDcl no REsp 1930955, 2ª T, 8.3.2022. Inf 728.*

QUESTÕES DISCURSIVAS

5. (Consulplan/TJ/MG/Cartórios/Remoção/2016) Indique os vícios de sentença proferida em primeiro grau de jurisdição, se inobservado o disposto no artigo 492, do NCPC, e aponte as consequências em face de suas respectivas características e/ou medidas que o Tribunal pode adotar em sede de eventual apreciação recursal, excluída a possibilidade de aplicação da teoria da causa madura.

6. (Vunesp/TJ/SP/Cartórios/2014) Determinada ação de investigação de paternidade recebe regular processamento, seguindo-se julgamento de improcedência em razão da insuficiência de provas, produzidas na ocasião apenas de forma oral, caracterizado o trânsito em julgado. Depois, nova ação de investigação de paternidade é ajuizada com requerimento expresso de realização do exame pelo método do "DNA", de conhecida eficiência. É viável, tendo em vista a garantia constitucional da coisa julgada, a nova ação? Caso a resposta seja positiva, a conclusão seria a mesma se, no processo anterior, a improcedência estivesse lastreada em exame efetuado pelo método do "HLA", cujo resultado excluíra a paternidade, considerando-se que esse método possui precisão inferior ao método do "DNA", à época não disponível? Justifique. Caso a resposta seja negativa, apresente, também, a justificativa.

QUESTÕES OBJETIVAS

121. (Ieses/TJ/RO/Cartórios/Ingresso/2021) Quanto à sentença, considere as seguintes assertivas:

I. O juiz não resolverá o mérito quando, em caso de morte da parte, proferir sentença na qual a ação tenha sido considerada intransmissível por disposição legal.

II. O pronunciamento judicial que não resolve o mérito não obsta que a parte proponha de novo a ação. Todavia, a petição inicial não será despachada sem a prova do pagamento ou do depósito das custas e dos honorários de advogado da demanda julgada extinta de forma anômala.

III. A sentença que homologa a renúncia à pretensão formulada na ação ou na reconvenção não resolve o mérito.

É correto o que se afirma:

a) Em todas assertivas.
b) Apenas nas assertivas I e II.
c) Apenas nas assertivas I e III.
d) Apenas na assertiva III.

122. (Ieses/TJ/RO/Cartórios/Ingresso/2021) Para que a questão prejudicial apresentada incidentalmente tenha força de coisa julgada, integrando os limites objetivos da lide originalmente proposta, é necessário, dentre outros elementos, que seja expressamente decidida pelo juiz. Não é, todavia, requisito para tanto:

a) que da resolução da questão prejudicial dependa o julgamento do mérito.
b) que tenha havido expresso requerimento das partes a respeito.
c) que a respeito da questão prejudicial tenha havido contraditório prévio e efetivo, não se aplicando no caso de revelia.
d) que o juízo tenha competência em razão da matéria e da pessoa para resolver a questão prejudicial como questão principal.

123. (Consulplan/TJ/MS/Cartórios/Ingresso/2021) Quanto à remessa necessária, é correto afirmar que:

a) Não existe nos embargos à execução fiscal.
b) Permite o recurso adesivo feito pela parte contrária.
c) Não existe nas decisões proferidas contra as Autarquias e Fundações Públicas, sendo um Instituto pertinente aos órgãos da Administração direta.
d) Existe em processos julgados parcialmente contra o Estado e, caso não exista recurso da outra parte, refere-se apenas a parte onde o Estado tenha sido derrotado.

124. (Consulplan/TJ/MS/Cartórios/Remoção/2021) O princípio dispositivo no Processo Civil brasileiro limita a atuação do Juiz no sentido de:

a) Obrigar o julgador a ouvir ambas as partes e seus argumentos, bem como analisar, um a um, em sua decisão.
b) Apenas poder exercer a jurisdição, utilizando normas expressamente previstas no ordenamento jurídico pátrio.
c) Vedar a disposição de patrimônio das partes envolvidas no litígio antes de decisão terminativa definitiva de mérito.
d) Vedar proferir decisão de natureza diversa da pedida, bem como condenar a parte em quantidade superior ou em objeto diverso do que lhe foi demandado.

125. (Consulplan/TJ/MG/Cartórios/Remoção/2019) De acordo com as normas e princípios contidos no Código de Processo Civil e no Código Civil brasileiro, analise as afirmativas a seguir.

I. A sentença que extingue o processo, sem resolução do mérito, por falta de legitimidade ou de interesse processual, não obsta a que a parte proponha de novo a ação, desde que corrigido o vício.

II. A existência de perempção, de litispendência ou de coisa julgada, que leva à extinção do processo sem resolução do mérito, pode ser conhecida de ofício pelo juiz.

III. O autor pode, com o consentimento do réu, desistir da ação após a prolação da sentença.

IV. O reconhecimento da prescrição e da decadência é decisão de mérito e pode se dar de ofício pelo juiz, independentemente de requerimento da parte, salvo no caso da decadência convencional.

Estão corretas as afirmativas:

a) I, II, III e IV.
b) III e IV, apenas.
c) I, II e III, apenas.
d) I, II e IV, apenas.

126. (Consulplan/TJ/MG/Cartórios/Remoção/2019) Acerca do Novo Código de Processo Civil (Lei nº 13.105/2015) e da atividade notarial e registral, é correto afirmar que:

a) A decisão judicial transitada em julgado não poderá ser levada a protesto.
b) A demarcação e a divisão poderão ser realizadas por escritura pública, em qualquer hipótese.
c) A hipoteca judiciária poderá ser realizada mediante apresentação de cópia da sentença, mesmo antes do trânsito em julgado, perante o cartório de registro imobiliário, independentemente de ordem judicial, de declaração expressa do juiz ou de demonstração de urgência.
d) A alteração do regime de bens do casamento, observados os requisitos legais, poderá ser requerida diretamente ao cartório de Registro Civil das Pessoas Naturais, motivadamente, em petição assinada por ambos os cônjuges, na qual serão expostas as razões que justificam a alteração, ressalvados os direitos de terceiros.

127. (Consulplan/TJ/MG/Cartórios/Ingresso/2019) De acordo com as normas e princípios contidos no Código de Processo Civil, analise as afirmativas a seguir.

I. A publicação da sentença fixa o seu conteúdo e o juiz que a proferiu só pode alterá-la no caso de acolhimento dos embargos de declaração.

II. Os motivos da decisão, contidos na fundamentação, fazem coisa julgada, quando importantes para determinar o alcance da parte dispositiva da sentença.

III. A coisa julgada material abrange o deduzido e o deduzível, tanto em relação ao autor quanto ao réu.

IV. A sentença, proferida contra a União, os Estados, o Distrito Federal, os Municípios e suas respectivas autarquias e fundações de direito público, que estiver fundada em súmula de tribunal superior, não está sujeita ao reexame necessário.

Estão corretas as afirmativas:

a) I, II, III e IV.
b) III e IV, apenas.
c) I, II e III, apenas.
d) I, II e IV, apenas.

128. (Cespe/TJ/DFT/Cartórios/Ingresso/2019) A respeito dos efeitos e do cumprimento das sentenças, assinale a opção correta.

a) Sentença declaratória que reconheça a exigibilidade de obrigação de pagar não possuirá eficácia executiva diante da ausência de condenação.
b) Prolação de sentença sobre relação jurídica sujeita a condição ou termo não é admitida, pois isso impossibilitaria o cumprimento de sentença.
c) Decisão judicial transitada em julgado poderá ser levada a protesto após o prazo de quinze dias para pagamento voluntário.
d) Sentença que julgue improcedente pedido de declaração de inexistência de relação jurídica obrigacional entre demandante e demandado não possuirá eficácia executiva.

e) Execução de sentença arbitral estrangeira que reconheça obrigação de pagar não é admitida pelo ordenamento jurídico brasileiro.

129. (Vunesp/TJ/RS/Cartórios/Ingresso/2019) Nos termos do artigo 495 do Código de Processo Civil, a decisão que condenar o réu ao pagamento de prestação consistente em dinheiro e a que determinar a conversão de prestação de fazer, de não fazer ou de dar coisa em prestação pecuniária, valerão como título constitutivo de hipoteca judiciária. Sobre o tema, assinale a alternativa correta.

a) A hipoteca judiciária poderá ser realizada mediante apresentação de cópia da sentença perante o cartório de registro imobiliário, mediante ordem judicial ou declaração expressa do juiz.
b) A hipoteca judiciária, uma vez constituída, implicará, para o credor hipotecário, o direito de preferência, quanto ao pagamento, em relação a outros credores, observada a prioridade no registro.
c) No prazo de até 10 (dez) dias da data de realização da hipoteca, a parte informá-la-á ao juízo da causa, que determinará a intimação da outra parte para que tome ciência do ato.
d) A decisão produz a hipoteca judiciária, salvo se a condenação for genérica ou se impugnada por recurso dotado de efeito suspensivo.
e) Sobrevindo a reforma ou a invalidação da decisão que impôs o pagamento de quantia, a parte responderá, comprovada culpa, pelos danos que a outra parte tiver sofrido em razão da constituição da garantia, devendo o valor da indenização ser liquidado e executado nos próprios autos.

130. (Vunesp/TJ/AL/Cartórios/Ingresso/2019) Assinale a alternativa correta.

a) É vedada a penhora da sede do estabelecimento comercial.
b) A hipoteca judiciária poderá ser realizada mediante a apresentação de cópia da sentença perante o cartório de registro imobiliário, independentemente de ordem judicial de declaração expressa do juiz ou de demonstração de urgência.
c) Não é admissível a oposição de embargos de terceiro fundados em alegação de posse advinda do compromisso de compra e venda de imóveis sem registro.
d) Segundo o Código de Processo Civil, uma das hipóteses em que se considera autêntico o documento juntado aos autos do processo judicial é aquela em que o tabelião reconheceu a firma do signatário por autenticidade, mas não por semelhança.

131. (Ieses/TJ/CE/Cartórios/Remoção/2018) A decisão judicial da qual já não caiba recurso é denominada de:

a) atos meramente ordinatórios.
b) ato jurídico perfeito.
c) coisa julgada.
d) decisão interlocutória.

132. (Ieses/TJ/RO/Cartórios/Remoção/2017) Não haverá resolução do mérito pelo juiz quando:

I. o processo ficar parado durante mais de 6 (seis) meses por negligência das partes.
II. reconhecer a existência de perempção, de litispendência ou de coisa julgada.
III. decidir, de ofício ou a requerimento, sobre a ocorrência de decadência ou prescrição.
IV. ocorrer renúncia à pretensão formulada na ação ou na reconvenção.

A sequência correta é:

a) apenas a assertiva II está correta.
b) apenas as assertivas I, II, III estão corretas.
c) apenas as assertivas I e III estão corretas.
d) as assertivas I, II, III e IV estão corretas.

7.1.9. Da Liquidação de Sentença

SÚMULAS

STJ Súm. 344. A liquidação por forma diversa da estabelecida na sentença não ofende a coisa julgada.

INFORMATIVOS

STJ Execução de título judicial. Prêmio de Loteria Federal. Sentença omissa quanto aos critérios a serem aplicados para a correção monetária. Expurgos inflacionários na forma prevista no Manual de Cálculos da Justiça Federal. Incidência. Nas liquidações de sentença, no âmbito da Justiça Federal, a correção monetária deve ser calculada segundo os índices indicados no Manual de Orientação de Procedimentos para os Cálculos da Justiça Federal para os meses nos quais houve expurgos inflacionários, salvo decisão judicial em contrário. *REsp 1904401, 3ª T, 14.12.2021. Inf 723.*

QUESTÕES OBJETIVAS

133. (Ieses/TJ/AM/Cartórios/Remoção/2018) Quando a sentença condenar ao pagamento de quantia ilíquida, proceder-se-á à sua liquidação, a requerimento do credor ou do devedor. Acerca da liquidação de sentença é correto afirmar:

I. a liquidação de sentença se dará por arbitramento, quando determinado pela sentença, convencionado pelas partes ou exigido pela natureza do objeto da liquidação.
II. quando na sentença houver uma parte líquida e outra ilíquida, ao credor é lícito promover simultaneamente a execução daquela e, em autos apartados, a liquidação desta.
III. na liquidação é permitido rediscutir a lide ou modificar a sentença que a julgou.
IV. é vetado promover a liquidação na pendência de recurso.

A sequência correta é:

a) apenas as assertivas I e II estão corretas.
b) as assertivas I, II, III e IV estão corretas.
c) apenas a assertiva IV está incorreta.
d) apenas as assertivas II e IV estão incorretas.

134. (Consulplan/TJ/MG/Cartórios/Ingresso/2018) Sobre o instituto da liquidação de sentença, assinale a afirmativa incorreta:

a) o ilíquido não prejudica o líquido, podendo se promover simultaneamente a execução desta e a liquidação daquela.
b) emitida sentença ilíquida, que deveria ser líquida, há omissão da decisão, cumprindo aclará-lo mediante a oposição de impugnação ao cumprimento da sentença.
c) na liquidação pelo procedimento comum, como há necessidade de demonstrar fato novo, pode-se chegar a uma decisão declarativa negativa, tendo-se a situação de liquidação frustrada.
d) a extinta nomenclatura de liquidação por artigos era adotada por fazer referência ao fato de que a petição inicial era elaborada na forma de artigos, isto é, com itens numerados por assunto que seriam comprovados durante a instrução.

135. (Consulplan/TJ/MG/Cartórios/Remoção/2017) Com relação à liquidação e cumprimento de sentença, analise as seguintes assertivas:

I. após o trânsito em julgado e depois de transcorrido o prazo de 15 (quinze) dias para pagamento voluntário, a decisão judicial poderá ser levada a protesto.

II. a requerimento da parte, o juiz pode determinar a inclusão do nome do executado em cadastros de inadimplentes.

III. a multa decorrente do descumprimento de obrigação de fazer ou não fazer depende do requerimento da parte, não podendo ser aplicada de ofício pelo magistrado.

IV. quando na sentença houver uma parte líquida e outra ilíquida, ao credor é vedado promover, simultaneamente, a execução daquela e, em autos apartados, a liquidação desta.

Está correto apenas o que se afirma em:

a) I e II.
b) I, III e IV.
c) II e IV.
d) III e IV.

7.2. Do Cumprimento da Sentença

SÚMULAS

1) Disposições Gerais (arts. 513 a 519)

STJ **Súm. 517.** São devidos honorários advocatícios no cumprimento de sentença, haja ou não impugnação, depois de escoado o prazo para pagamento voluntário, que se inicia após a intimação do advogado da parte executada.

2) Do Cumprimento Definitivo da Sentença que Reconhece a Exigibilidade de Obrigação de Pagar Quantia Certa (arts. 523 a 527)

STJ **Súm. 517.** São devidos honorários advocatícios no cumprimento de sentença, haja ou não impugnação, depois de escoado o prazo para pagamento voluntário, que se inicia após a intimação do advogado da parte executada.

3) Do Cumprimento de Sentença que Reconheça a Exigibilidade de Obrigação de Prestar Alimentos (arts. 528 a 533)

STF **Súm. 490.** A pensão correspondente à indenização oriunda de responsabilidade civil deve ser calculada com base no salário-mínimo vigente ao tempo da sentença e ajustar-se-á às variações ulteriores.

STJ **Súm. 54.** Os juros moratórios fluem a partir do evento danoso, em caso de responsabilidade extracontratual.

STJ **Súm. 246.** O valor do seguro obrigatório deve ser deduzido da indenização judicialmente fixada.

STJ **Súm. 309.** O débito alimentar que autoriza a prisão civil do alimentante é o que compreende as três prestações anteriores ao ajuizamento da execução e as que se vencerem no curso do processo.

STJ **Súm. 313.** Em ação de indenização, procedente o pedido, é necessária a constituição de capital ou caução fidejussória para a garantia de pagamento da pensão, independentemente da situação financeira do demandado.

4) Do Cumprimento de Sentença que Reconheça a Exigibilidade de Obrigação de Pagar Quantia Certa pela Fazenda Pública (arts. 534 e 535)

STJ **Súm. 144.** Os créditos de natureza alimentícia gozam de preferência, desvinculados os precatórios da ordem cronológica dos créditos de natureza diversa.

STJ **Súm. 394.** É admissível, em embargos à execução, compensar os valores de imposto de renda retidos indevidamente na fonte com os valores restituídos apurados na declaração anual.

STJ **Súm. 487.** O parágrafo único do art. 741 do CPC não se aplica às sentenças transitadas em julgado em data anterior à da sua vigência.

INFORMATIVOS

STJ **Cessão de crédito. Liquidação. Retomada do cumprimento de sentença já iniciado. Fracionamento do cumprimento de sentença de único provimento jurisdicional. Impossibilidade. Coisa julgada. Impeditivo de nova demanda.** É incabível a repropositura de cumprimento de sentença de parcela de mesmo crédito que não foi cobrado anteriormente em observância à coisa julgada impeditiva de nova demanda. *REsp 1778638, 4ª T, 7.11.2022. Inf 758.*

STJ **Decisão interlocutória. Penhora de bens. Recurso cabível. Agravo de instrumento. Apresentação prévia de simples petição nos termos do CPC. Desnecessidade. Faculdade do devedor.** Na fase de cumprimento de sentença, não há óbice à interposição direta do recurso de agravo de instrumento contra decisão que determina a penhora de bens sem a prévia utilização do procedimento de impugnação previsto no art. 525, § 11, do CPC. *REsp 2023890, 3ª T, 27.10.2022. Inf 757.*

STJ **Cumprimento de sentença arbitral. Impugnação ao cumprimento de sentença. Depósito para garantia do juízo. Pagamento voluntário. Não ocorrência. Aplicação de multa e de honorários advocatícios. CPC.** A multa e honorários advocatícios a que se refere o § 1º do art. 523 do CPC serão excluídos apenas se o executado depositar voluntariamente a quantia devida em juízo, sem condicionar seu levantamento a qualquer discussão do débito. *REsp 2007874, 3ª T, 6.10.2022. Inf 756.*

STJ **Prisão civil. Nulidade. Pré-existência de ações penais que envolvem o magistrado que decretou a prisão e o suposto devedor de alimentos. Reconhecimento de impedimento e suspeição cumulativamente (inimizade). CPC. Quebra da imparcialidade em processo distinto da execução de alimentos. Produção de efeitos expansivos para todos os processos que envolvem as partes.** A pré-existência de ações penais envolvendo, de um lado, o juiz, e de outro lado, a parte ou o seu advogado, é causa típica de impedimento (art. 144, IX, do CPC) que obsta a eventual decretação de prisão civil por dívida de alimentos, ainda que presentes os requisitos para adoção da medida coativa extrema. *Proc. segredo justiça, 3ª T, 28.10.2022.*

STJ **Prisão civil. Alimentos. Advogado alimentante. Inexistência de sala de estado-maior. Recolhimento em cela separada. Prisão domiciliar. Inadmissibilidade.** A prerrogativa de ser recolhido em sala de estado-maior não pode incidir na prisão civil do advogado devedor de alimentos, desde que lhe seja garantido um local apropriado, separado de presos comuns. *Proc. segredo justiça, 2ª S, 26.10.2022.*

STJ **Obrigação de alimentos. Prisão civil do devedor. Inadequada e ineficaz no caso concreto. Afastamento excepcional. Legalidade.** A prisão civil do devedor de alimentos pode ser excepcionalmente afastada, quando a técnica de coerção não se mostrar a mais adequada e eficaz para obrigá-lo a cumprir suas obrigações. *RHC 160368, 3ª T, 18.4.2022. Inf 733.*

STJ **Execução de alimentos. Inadimplemento. Prisão civil. Pandemia. Covid-19. Retomada do cumprimento em regime fechado. Possibilidade. Análise casuística. Contexto epidemiológico local.** Cabe ao magistrado determinar o regime fechado para cumprimento da prisão civil de acordo com o caso específico e a observância do contexto epidemiológico local. *Processo sob segredo judicial, 4ª T, 5.4.2022. Inf 732.*

STJ **Cumprimento de sentença. Prescrição superveniente. Cabimento. Excepcionalidade.** Apenas a prescrição superveniente à formação do título pode ser alegada em cumprimento de sentença. *REsp 1931969, 3ª T, 11.2.2022. Inf 726.*

QUESTÕES OBJETIVAS

136. (Ieses/TJ/TO/Cartórios/Ingresso/2022) Em relação ao cumprimento de sentença assinale a alternativa correta:

a) A requerimento do executado ou de terceiro interessado, o protesto será cancelado por determinação do juiz, mediante ofício a ser expedido ao cartório, no prazo de 15 (quinze) dias, contado da data de protocolo do requerimento, desde que comprovada a satisfação integral da obrigação.

b) Quando o juiz decidir relação jurídica sujeita a condição ou termo, o cumprimento da sentença independe da demonstração de que se realizou a condição ou de que ocorreu o termo.

c) O cumprimento da sentença que reconhece o dever de pagar quantia, provisório ou definitivo, far-se-á a requerimento do exequente, de terceiro interessado ou do juiz competente.

d) A decisão judicial transitada em julgado poderá ser levada a protesto, nos termos da lei, depois de transcorrido o prazo para pagamento voluntário de 15 dias.

137. (Vunesp/TJ/SP/Cartórios/Ingresso/2022) A partir das regras do cumprimento de sentença, definitivo e provisório, é correto afirmar:

a) mesmo diante de um crédito alimentar, como honorários advocatícios, tem o juiz a possibilidade – não a obrigação – de dispensar a caução para deferir o levantamento de depósito em dinheiro antes do trânsito em julgado.

b) quando o executado alegar que o exequente, em excesso de execução, pleiteia quantia superior à resultante da sentença, cumprir-lhe-á depositar de imediato o valor que entende correto.
c) os 15 dias para o devedor apresentar impugnação se iniciam após intimação específica, pela imprensa oficial, uma vez decorrido o prazo para pagamento voluntário.
d) a sentença condenatória de obrigação de pagar quantia certa poderá, logo que transite em julgado, ser levada a protesto.

138. (FGV/TJ/SC/Cartórios/Ingresso/2021) João ajuizou ação em face de José visando à entrega de um bem. A sentença julgou procedente a ação, ensejando a interposição de apelação cível, pendente de julgamento pelo Tribunal de Justiça. Paralelamente, João instaurou o cumprimento provisório de sentença. Diante da inviabilidade de entrega do bem, o juiz converteu a obrigação de entrega do bem em prestação pecuniária e João já requereu o arresto de bens de José. Diante dessa situação jurídica, João:

a) não poderá se valer da hipoteca judiciária, pois existe recurso dotado de efeito suspensivo pendente de julgamento perante o Tribunal de Justiça.
b) não poderá se valer da hipoteca judiciária, pois já está promovendo o cumprimento provisório da sentença, inclusive com pedido de arresto de bens do devedor.
c) poderá se valer da hipoteca judiciária, desde que comprove ter cientificado previamente o juízo, à luz dos princípios da cooperação e da boa-fé.
d) poderá se valer da hipoteca judiciária, mediante apresentação de cópia da sentença perante o cartório de registro imobiliário, independentemente de ordem judicial.
e) poderá se valer da hipoteca judiciária, ciente de que, em caso de reforma da sentença, responderá, independentemente de culpa, por perdas e danos, em razão da constituição da garantia, devendo o valor ser liquidado em ação própria.

139. (FGV/TJ/SC/Cartórios/Remoção/2021) João ajuizou ação com pedidos independentes e autônomos de obrigação de entregar coisa e indenização por danos materiais em face de José. A ação foi julgada procedente em primeira instância, tendo sido parcialmente reformada pelo Tribunal de Justiça, para afastar a condenação de José a indenizar João pelos danos materiais. Interpostos os recursos para os Tribunais Superiores, João não conseguiu até o momento obter a reforma do acórdão do Tribunal local para incluir na condenação de José o pagamento de indenização por danos materiais. Instaurada a fase de cumprimento provisório de sentença, José não cumpre a obrigação de fazer no prazo assinalado pelo juiz. Diante dessa situação jurídica, João:

a) poderá requerer que o juiz da causa aplique medidas executivas atípicas para pressionar José a cumprir a obrigação de entregar o bem litigioso, ou, ainda, promover desde logo a hipoteca judiciária.
b) deverá requerer a conversão da obrigação de entregar o bem litigioso em perdas e danos antes de requerer a hipoteca judiciária ao juiz da causa, a quem caberá deferir ou não o pedido, em decisão fundamentada, desde que seja demonstrada a urgência.
c) deverá requerer a conversão da obrigação de entregar o bem litigioso em perdas e danos como pressuposto para promover a hipoteca judiciária, devendo comprovar ao tabelião o trânsito em julgado.
d) deverá requerer a conversão da obrigação de entregar o bem litigioso em perdas e danos como pressuposto para promover o protesto, mas, em caso de reforma da decisão, deverá indenizar José pelos danos decorrentes do protesto, cujo valor será liquidado e executado nos próprios autos.
e) deverá requerer a conversão da obrigação de entregar o bem litigioso em perdas e danos como pressuposto para promover a hipoteca judiciária, que deverá ser informada ao juiz da causa e garantirá a João o direito de preferência, em relação a outros credores, observada a prioridade no registro.

140. (Cespe/TJ/DFT/Cartórios/Remoção/2019) Um cidadão ajuizou ação de cobrança em desfavor do município no qual reside. Após o regular trâmite processual, o pedido foi julgado procedente e o município foi condenado ao pagamento de quinze salários mínimos. Como não houve recurso, a sentença transitou em julgado. Porém, em razão do não cumprimento do disposto em sentença pelo município, o advogado do autor apresentou petição de cumprimento de sentença. Uma vez que a petição apresentada está regular, o juiz, à luz do disposto no Código de Processo Civil, deverá determinar:

a) a intimação da procuradoria do município para que apresente impugnação no prazo de trinta dias.
b) a citação da procuradoria do município para que, no prazo de trinta dias, promova o pagamento do valor da condenação ou apresente embargos, sob pena de penhora de bens.
c) a intimação da procuradoria para que, no prazo de quinze dias, promova o pagamento do valor da condenação, sob pena de incidência de multa diária de 2%.
d) a intimação do chefe do executivo do município para que pague o valor da condenação ou demonstre, no prazo de trinta dias, a inclusão desse valor no orçamento municipal do ano seguinte.
e) a expedição de ordem de pagamento no valor integral da condenação, acrescido de multa no percentual de 15% sobre o valor da condenação.

141. (Ieses/TJ/AM/Cartórios/Ingresso/2018) Em relação a tutela executiva ditada pelo Código de Processo Civil é correto afirmar:

a) no cumprimento definitivo da sentença, que delimita condenação em quantia certa, ou já fixada em liquidação, e no caso de decisão sobre parcela incontroversa, a requerimento do exequente, sendo o executado intimado para pagar o débito, no prazo de 10 (dez) dias, acrescido de custas, se houver. Não ocorrendo pagamento voluntário, no referido prazo, o débito será acrescido de multa de quinze por cento e, também, de honorários de advogado de dez por cento.
b) no cumprimento da sentença, a impugnação depende de prévia garantia do juízo sob pena de indeferimento liminar.
c) na fase executiva, é lícito ao réu, antes de ser intimado para o cumprimento da sentença, comparecer em juízo e oferecer em pagamento o valor que entender devido, apresentando memória discriminada do cálculo. Nesse sentido, o autor será ouvido no prazo de 5 (cinco) dias, podendo impugnar o valor depositado, sem prejuízo do levantamento do depósito a título de parcela incontroversa.
d) no cumprimento provisório da sentença condenatória ao pagamento de quantia certa não caberá verba honorária.

142. (Consulplan/TJ/MG/Cartórios/Ingresso/2017) Sobre o cumprimento de sentença que reconheça a exigibilidade de obrigação de prestar alimentos, analise as seguintes assertivas

I. o débito alimentar que autoriza a prisão é o que compreende até as 03 (três) prestações anteriores ao ajuizamento da execução e as que se vencerem no curso do processo.
II. transcorrido o prazo de 03 (três) dias após a intimação do executado, se o mesmo não pagar, não provar que pagou seu débito, ou não justificar a impossibilidade de pagar, o juiz mandará protestar o pronunciamento judicial

III. somente a comprovação de fato que gere a impossibilidade absoluta de pagar justificará o inadimplemento.

IV. o cumprimento da pena exime o executado do pagamento da dívida.

Está correto apenas o que se afirma em:

a) I, II e IV.

b) I e IV.

c) I, II e III.

d) III e IV.

143. (Consulplan/TJ/MG/Cartórios/Remoção/2017) Sobre cumprimento de sentença, não é correto afirmar:

a) a impugnação ao requerimento de cumprimento de sentença, como regra geral, é atribuída de efeito suspensivo, de forma impedindo a continuação do procedimento.

b) poderá o julgador atribuir efeito suspensivo que atingirá total ou parcialmente o objeto da execução, mediante pedido do devedor, cabendo a este demonstrar que o prosseguimento dos atos executivos é capaz de lhe causar grave dano e de difícil reparação.

c) para a obtenção do efeito suspensivo é indispensável que ocorra a devida garantia do juízo (com penhora, caução ou depósito suficientes).

d) a remição da dívida por iniciativa do devedor ocorre quando este comparece ao juízo para o cumprimento da sentença e reconhece a exigibilidade de obrigação de pagar quantia certa, (oferecendo) o pagamento antes de vir a ser provado para este ato, mediante intimação.

7.3. Dos Procedimentos Especiais

ATENÇÃO: ESTE TEMA É MUITO EXIGIDO NOS CONCURSOS!

SÚMULAS

1) Da Ação de Exigir Contas

STJ **Súm. 259.** A ação de prestação de contas pode ser proposta pelo titular de conta corrente bancária.

2) Das Ações Possessórias

STJ **Súm. 228.** É inadmissível o interdito proibitório para a proteção do direito autoral.

STJ **Súm. 637.** O ente público detém legitimidade e interesse para intervir, incidentalmente, na ação possessória entre particulares, podendo deduzir qualquer matéria defensiva, inclusive, se for o caso, o domínio.

3) Dos Embargos de Terceiro

STJ **Súm. 84.** É admissível a oposição de embargos de terceiro fundados em alegação de posse advinda do compromisso de compra e venda de imóvel, ainda que desprovido do registro.

STJ **Súm. 134.** Embora intimado da penhora em imóvel do casal, o cônjuge do executado pode opor embargos de terceiro para defesa de sua meação.

STJ **Súm. 195.** Em embargos de terceiro não se anula ato jurídico, por fraude contra credores.

STJ **Súm. 303.** Em embargos de terceiro, quem deu causa à constrição indevida deve arcar com os honorários advocatícios.

4) Da Ação Monitória

STJ **Súm. 247.** O contrato de abertura de crédito em conta corrente, acompanhado do demonstrativo de débito, constitui documento hábil para o ajuizamento da ação monitória.

STJ **Súm. 282.** Cabe a citação por edital em ação monitória.

STJ **Súm. 292.** A reconvenção é cabível na ação monitória, após a conversão do procedimento em ordinário.

STJ **Súm. 299.** É admissível a ação monitória fundada em cheque prescrito.

STJ **Súm. 339.** É cabível ação monitória contra a Fazenda Pública.

STJ **Súm. 384.** Cabe ação monitória para haver saldo remanescente oriundo de venda extrajudicial de bem alienado fiduciariamente em garantia.

STJ **Súm. 475.** Responde pelos danos decorrentes de protesto indevido o endossatário que recebe por endosso translativo título de crédito contendo vício formal extrínseco ou intrínseco, ficando ressalvado seu direito de regresso contra os endossantes e avalistas.

STJ **Súm. 476.** O endossatário de título de crédito por endosso-mandato só responde por danos decorrentes de protesto indevido se extrapolar os poderes de mandatário.

STJ **Súm. 503.** O prazo para ajuizamento de ação monitória em face do emitente de cheque sem força executiva é quinquenal, a contar do dia seguinte à data de emissão estampada na cártula.

STJ **Súm. 504.** O prazo para ajuizamento de ação monitória em face do emitente de nota promissória sem força executiva é quinquenal, a contar do dia seguinte ao vencimento do título.

STJ **Súm. 531.** Em ação monitória fundada em cheque prescrito, ajuizada contra o emitente, é dispensável a menção ao negócio jurídico subjacente à emissão da cártula.

5) Do Inventário e da Partilha

STF **Súm. 542.** Não é inconstitucional a multa instituída pelo Estado-membro, como sanção pelo retardamento do início ou da ultimação do inventário.

REPERCUSSÃO & REPETITIVOS

STJ **Repetitivo 1074.** No arrolamento sumário, a homologação da partilha ou da adjudicação, bem como a expedição do formal de partilha e da carta de adjudicação, não se condicionam ao prévio recolhimento do imposto de transmissão causa mortis, devendo ser comprovado, todavia, o pagamento dos tributos relativos aos bens do espólio e às suas rendas, a teor dos arts. 659, § 2º, do CPC/2015 e 192 do CTN. *REsp 1896526, 28.10.2022.*

JURISPRUDÊNCIA EM TESES

1) Da Ação Monitória

STJ **JurisTese 18-1.** Considera-se como prova escrita apta à instrução da ação monitória todo e qualquer documento que sinalize o direito à cobrança e que seja hábil a convencer o juiz da pertinência da dívida, independentemente de modelo predefinido.

STJ **JurisTese 18-2.** A prova escrita hábil a instruir a ação monitória não precisa ter sido emitida pelo devedor ou nela constar sua assinatura.

STJ **JurisTese 18-3.** A duplicata ou a triplicata sem aceite são documentos idôneos para instruir a ação monitória.

STJ **JurisTese 18-4.** A nota fiscal, acompanhada da prova do recebimento da mercadoria ou da prestação do serviço, pode instruir a ação monitória.

STJ **JurisTese 18-5.** Não há impedimento legal para que o credor, possuidor de título executivo extrajudicial, utilize o processo de conhecimento ou a ação monitória para a cobrança.

STJ **JurisTese 18-9.** O prazo prescricional para ajuizamento de ação monitória fundada em contrato de abertura de crédito em conta-corrente é quinquenal, na forma do art. 206, § 5º, I, do Código Civil.

STJ **JurisTese 21-1.** Em ação monitória, o termo inicial dos juros moratórios segue a natureza da relação de direito material, contando-se a partir do vencimento nos casos de dívida líquida com termo certo.

STJ **JurisTese 21-2.** É cabível a cobrança de despesas de condomínio por ação monitória, ainda que seja possível o ajuizamento de ação pelo rito sumário.

STJ **JurisTese 21-9.** O avalista não tem legitimidade para ocupar o polo passivo de ação monitória nos casos em que o título de crédito está prescrito.

QUESTÕES DISCURSIVAS

7. (Consulplan/TJ/MG/Cartórios/Remoção/2017) "A Emenda Constitucional ne 66/2010 alterou significativamente o § 6º do art. 226 da Constituição Federal, ao tornar possível o divórcio direto, sem mais condicioná-lo à prévia separação judicial ou a qualquer outro interstício anterior de separação de fato. Com tal modificação, passa a ter vez no Direito de Família a figura da intervenção mínima do Estado, simplificando a ruptura do vínculo matrimonial. Importante ressaltar, outrossim, que o Código Civil de 2002 reconheceu como entidade familiar a união estável entre o homem e a mulher, configurada na convivência pública, contínua e duradoura, estabelecida com o objetivo de constituição de família (art. 1.723). Facilitou, ainda, sua conversão em casamento, mediante simples pedido dos companheiros ao juiz e assento no Registro Civil (art. 1.726). Posteriormente, a união estável e o casamento entre pessoas do mesmo sexo foram reconhecidos pelo STJ e STF (STF, Pleno, ADI 4277, Rel. Min. Ayres Britto, DJ 14.10.2011; STJ, 4ª T., REsp 1.183.378, Rel. Min. Luis Felipe Salomão, DJ 01.02.2012). O STF, ao interpretar o art. 1.723 do Código Civil, afirmou "deve ser excluído qualquer significado que impeça o reconhecimento da união contínua, pública e duradoura entre pessoas do mesmo sexo como família. Reconhecimento que é de ser feito segundo as mesmas regras e com as mesmas consequências da união estável heteroafetiva" (STF, Tribunal Pleno, ADPF 132, Rel. Min. Ayres Britto, DJ 13.10.2011). Nos procedimentos vinculados ao direito de família, as regras aplicáveis aos processos contenciosos se diferem das aplicadas nos processos consensuais. Cite qual(is) o(s) requisito(s) e a(s) diferença(s) acrescentada(s) pelo Código de Processo Civil de 2015 para a realização do procedimento de jurisdição voluntária através da via extrajudicial.

QUESTÕES OBJETIVAS

144. (FGV/TJ/SC/Cartórios/Remoção/2021) João manteve união estável com Maria, que perdurou por muitos anos. Nesse período, reconheceu a paternidade socioafetiva de Pedro, fruto do primeiro relacionamento de Maria e que sequer conhecera o seu pai biológico. Em razão de desavenças do casal, João decidiu sair de casa e dissolver por completo os vínculos com a antiga família. Com base nessa premissa, ingressou com ação negatória de paternidade. De acordo com a jurisprudência predominante, o pedido formulado nessa espécie de ação, nas circunstâncias indicadas:

a) deve ser acolhido, já que a paternidade biológica sempre prepondera sobre a socioafetiva, sendo que esta última não pode prosseguir quando cessado o vínculo afetivo.
b) não deve ser acolhido, já que constituído o estado de filiação entre Pedro e João, caracterizado pelas relações socioafetivas manifestadas durante a convivência familiar.
c) não deve ser acolhido, já que o registro civil de nascimento permanece hígido enquanto não anulado, o que seria uma questão prejudicial à pretensão de João.
d) somente deve ser acolhido caso Maria, que aquiesceu com o reconhecimento da paternidade socioafetiva por parte de João, concorde com o pedido.
e) deve ser acolhido, pois a paternidade socioafetiva, na forma como foi reconhecida, caracteriza ilícito penal, qual seja, a "adoção à brasileira".

145. (FGV/TJ/SC/Cartórios/Remoção/2021) Fábio e Fernando firmaram contrato de compra e venda, em que restou estabelecido o pagamento parcelado da obrigação. De acordo com o instrumento particular, Fábio deveria entregar o bem a Fernando após o pagamento da décima parcela. Quando Fernando foi efetuar o pagamento da décima parcela, justamente aquela que lhe daria direito ao recebimento do bem, Fábio se recusou a receber a quantia. Nesse caso, Fernando:

a) deverá promover a consignação extrajudicial da quantia objeto do contrato, como pressuposto para ajuizamento da futura ação de consignação em pagamento, caso haja recusa expressamente manifestada por Fábio.
b) poderá promover a consignação extrajudicial, depositando o valor que entende devido em estabelecimento bancário. Em seguida, Fernando deverá se dirigir ao tabelionato do local do pagamento para que seja validada a notificação direcionada a Fábio.
c) poderá promover a consignação extrajudicial da quantia. Porém, Fábio, devidamente cientificado, poderá se recusar a receber o valor depositado em instituição bancária, ainda que de forma tácita. A recusa tácita será caracterizada desde que Fábio não efetue o levantamento da quantia no prazo de 1 (um) mês, contado a partir de sua ciência.
d) poderá promover a consignação extrajudicial da quantia. Fábio, devidamente cientificado, poderá se recusar a receber o valor depositado no estabelecimento bancário, mediante manifestação escrita. Nesse caso, Fernando poderá propor, dentro de 1 (um) mês, a ação de consignação, instruindo-se a inicial com a prova do depósito e da recusa.
e) poderá promover a consignação extrajudicial da quantia. Fábio, devidamente cientificado, poderá se recusar a receber o valor depositado no estabelecimento bancário, mediante manifestação escrita. Se Fernando não propuser ação de consignação em pagamento, deverá a instituição financeira transferir o montante para uma conta judicial, cientificando o juiz competente.

146. (Ieses/TJ/RO/Cartórios/Ingresso/2021) Relativamente aos procedimentos especiais de jurisdição contenciosa previstos no Código de Processo Civil, considere as seguintes afirmações:

I. Nas demandas de consignação em pagamento, tratando-se de prestações sucessivas, consignada uma delas, pode o devedor continuar a depositar, no mesmo processo e sem mais formalidades, as que se forem vencendo, desde que o faça em até 5 (cinco) dias contados da data do respectivo vencimento.
II. Na pendência de ação possessória é vedado, tanto ao autor quanto ao réu, propor ação de reconhecimento do domínio, exceto se a pretensão for deduzida em face de terceira pessoa.
III. Proposta ação de manutenção e/ou reintegração de posse depois do prazo de ano e dia da turbação ou do esbulho afirmado na petição inicial a demanda perde o caráter possessório e passa a tramitar pelo procedimento comum.
IV. Os embargos de terceiro opostos pela constrição indevida de bem imóvel podem ser manejados pelo terceiro proprietário, inclusive fiduciário.

Diante das afirmações feitas, é correto o que se afirma:

a) Nas assertivas I, II, III e IV.
b) Apenas nas assertivas I, II e IV.
c) Apenas nas assertivas I, III e IV.
d) Apenas nas assertivas II, III e IV.

147. (Ieses/TJ/RO/Cartórios/Remoção/2021) A interdição pode ser promovida:

I. Pelo cônjuge ou companheiro.
II. Pelos parentes ou tutores.
III. Pelo representante da entidade em que se encontra abrigado o interditando.
IV. Pelo Ministério Público.

A sequência correta é:

a) Apenas as assertivas I, II e III estão corretas.
b) Apenas as assertivas I e II estão corretas.
c) Apenas a assertiva II está incorreta.
d) As assertivas I, II, III e IV estão corretas.

148. (Consulplan/TJ/MS/Cartórios/Ingresso/2021) No caso de ação de divisão e da demarcação de terras particulares, podemos afirmar que:

a) Tratando-se de imóvel georreferenciado, com averbação no registro de imóveis, pode o Juiz dispensar a realização de prova pericial.

b) Caso no registro imobiliário exista uma descrição da área a ser demarcada, antes da ação de divisão e demarcação será necessária uma ação para a anulação do registro público de imóvel.

c) Não existe a possibilidade de ação de divisão e demarcação de terras particulares quando o registro imobiliário indicar que a área a que se refere o registro está cercada e foi adquirida desta forma.

d) A demarcação e a divisão poderão ser realizadas por escritura pública, desde que sejam concordes todos os interessados. No caso de existirem menores ou incapazes entre os interessados, estes participarão na escritura através de seus respectivos representantes legais.

149. (Consulplan/TJ/MG/Cartórios/Remoção/2019) Isabelle P. firmou contrato com obrigação de pagamento em dinheiro e entrega de coisa em favor de Pedro B., com vencimento de prestações a cada mês, com local de pagamento no domicílio do credor (obrigação portável), com fixação de cláusula resolutória em caso de não pagamento e mora. Pedro B., por sua vez, arrependido das condições firmadas entre as partes, tenta recusar o pagamento e receber a coisa, criando embaraços para o recebimento. Ciente das previsões atinentes à consignação em pagamento, é correto afirmar que:

a) Tratando-se de múltiplas obrigações – pagamento em dinheiro e entrega de coisa – Isabelle P. deverá ajuizar a competente ação de consignação em pagamento, vez que não será possível a utilização da via extrajudicial.

b) Tratando-se de obrigação em dinheiro, poderá o valor ser depositado em estabelecimento bancário, oficial onde houver, situado no lugar do pagamento, cientificando-se Pedro B., por carta com aviso de recebimento, assinado o prazo de dez dias para a manifestação da recusa.

c) Tratando-se de obrigação em dinheiro, poderá o valor ser depositado em estabelecimento bancário, oficial onde houver, situado no lugar do pagamento, cientificando-se Pedro B., por carta com aviso de recebimento, assinado o prazo de quinze dias para a manifestação da recusa.

d) Tratando-se de obrigação em dinheiro e entrega de coisa, poderá o valor ser depositado em estabelecimento bancário, oficial onde houver, situado no lugar do pagamento, cientificando-se Pedro B., por carta com aviso de recebimento, assinado o prazo de dez dias para a manifestação da recusa, ajuizando-se a ação de consignação quanto à entrega da coisa após o prazo de um mês.

150. (Consulplan/TJ/MG/Cartórios/Remoção/2019) Segundo a Súmula 247 do STJ, o contrato de abertura de crédito em conta-corrente, acompanhado do demonstrativo de débito, constitui documento hábil para o ajuizamento em juízo de ação de interesse do credor. Nesse diapasão, considerando as diretrizes da referida súmula, é correto afirmar que a ação em questão é:

a) monitória.

b) de cobrança.

c) de execução por quantia certa.

d) de execução em desfavor de devedor insolvente._

151. (Ieses/TJ/SC/Cartórios/Remoção/2019) Segundo o disposto no Código de Processo Civil, relativamente aos procedimentos de jurisdição voluntária, é correto afirmar:

a) Procedimentos de emancipação e sub-rogação, verbi gratia, não são de Jurisdição Voluntária.

b) O juiz não é obrigado a observar critério de legalidade estrita, podendo adotar em cada caso a solução que considerar mais conveniente ou oportuna.

c) Sendo o procedimento de Jurisdição Voluntária, das sentenças proferidas não cabe apelação.

d) O juiz é obrigado a observar critério de legalidade estrita, sob pena de violação ao Princípio da Correlação entre pedido e sentença.

152. (Ieses/TJ/SC/Cartórios/Remoção/2019) Segundo o disposto no Código de Processo Civil, relativamente às ações possessórias:

I. A propositura de uma ação possessória em vez de outra não obstará a que o juiz conheça do pedido e outorgue a proteção legal correspondente àquela cujos pressupostos estejam provados.

II. É lícito ao autor cumular ao pedido possessório o de condenação em perdas e danos e indenização dos frutos.

III. É lícito ao réu, na contestação, alegando que foi o ofendido em sua posse, demandar a proteção possessória e a indenização pelos prejuízos resultantes da turbação ou do esbulho cometido pelo autor.

IV. Na pendência de ação dominial é vedado, tanto ao autor quanto ao réu, propor ação possessória, exceto se a pretensão for deduzida em face de terceira pessoa.

É correto o que se afirma em:

a) Apenas II.

b) Apenas I, II e III.

c) Apenas I, II e IV.

d) I, II, III e IV.

153. (Cespe/TJ/DFT/Cartórios/Remoção/2019) De acordo com a legislação processual civilista, há dois tipos de procedimentos especiais: os de jurisdição contenciosa, que dizem respeito à solução de litígios, e os de jurisdição voluntária, que se referem à administração judicial de interesses privados não litigiosos. A propósito desse assunto, assinale a opção correta.

a) Na via extrajudicial, é admitida a consignação em pagamento em pecúnia ou em objeto diferente de dinheiro.

b) Os embargos de terceiro poderão ser opostos a qualquer tempo no processo de conhecimento enquanto não transitada em julgado a sentença, mas não são oponíveis no cumprimento de sentença nem na execução.

c) Nas ações de usucapião, o Ministério Público deverá ser intimado para se manifestar, sob pena de nulidade dos atos processuais subsequentes.

d) De acordo com o STJ, assim como ocorre para cheque prescrito, admite-se a ação monitória para duplicata sem aceite, sem protesto ou sem comprovante de entrega de mercadoria.

e) São processadas e julgadas pelo procedimento especial previsto no Código de Processo Civil as ações de família, sejam elas contenciosas ou voluntárias.

154. (Vunesp/TJ/RS/Cartórios/Remoção/2019) Quem, não sendo parte no processo, sofrer constrição ou ameaça de constrição sobre bens que possua ou sobre os quais tenha direito incompatível com o ato constritivo, poderá requerer seu desfazimento ou sua inibição por meio de embargos de terceiro, a respeito do qual, é correto afirmar que:

a) o possuidor direto, como autor da demanda, pode alegar a sua posse, mas não o domínio alheio.

b) acolhido o pedido inicial, o ato de constrição judicial indevida será cancelado, porém sem o reconhecimento do domínio, da manutenção da posse ou da reintegração definitiva do bem ou do direito ao embargante.

c) o juiz poderá condicionar a ordem de manutenção ou de reintegração provisória de posse à prestação de caução pelo requerente, ressalvada a impossibilidade da parte economicamente hipossuficiente.

d) os embargos serão distribuídos por dependência ao juízo que ordenou a constrição, correndo nos mesmo autos onde foi emanada a referida ordem.

e) serão legitimados passivos o sujeito a quem o ato de constrição aproveita, assim como a autoridade judicial que determinou a constrição.

155. (Vunesp/TJ/RS/Cartórios/Ingresso/2019) João é casado com Maria, em regime de comunhão parcial de bens. O único patrimônio do casal consiste em um bem imóvel no qual residem. Em dezembro de 2018, João foi condenado pelo crime de estelionato praticado contra Pedro. Por meio de sentença penal transitada em julgado, João foi condenado ao ressarcimento dos valores obtidos ilegalmente. Pedro requereu a liquidação da sentença e, em seguida, o cumprimento desta, oportunidade em que indicou o imóvel residencial de João como passível de penhora. João foi intimado para pagar o débito, mas não o fez voluntariamente, razão pela qual foi expedido mandado de penhora. Considerando a situação hipotética narrada, assinale a alternativa correta.

a) O requerimento de Pedro não poderá ser acolhido pelo fato de Maria também ser proprietária do bem imóvel.

b) Maria não poderá opor a impenhorabilidade do bem de família, por se tratar de bem indivisível.

c) Maria não será intimada da penhora porque a lei processual não lhe estende este direito.

d) Maria poderá opor embargos de terceiro para assegurar sua quota-parte sobre o produto da alienação do bem.

e) João poderá opor a impenhorabilidade do bem imóvel, por se tratar de bem de família.

156. (Vunesp/TJ/RS/Cartórios/Ingresso/2019) Consoante os ditames do Novo Código de Processo Civil, assinale a alternativa correta sobre o procedimento especial de inventário:

a) O processo de inventário e de partilha deve ser instaurado dentro de 3 (três) meses, a contar da abertura da sucessão, ultimando-se nos 12 (doze) meses subsequentes.

b) O tabelião somente lavrará a escritura pública se todas as partes forem capazes e concordes, dispensando-se a assistência por advogado.

c) O inventário e a partilha podem ser feitos por escritura pública, a qual constituirá documento hábil para levantamento de importância depositada em instituições financeiras.

d) Não havendo testamento ou interessado incapaz, proceder-se-á ao inventário judicial.

e) O credor de dívida líquida e certa, ainda que vencida, pode requerer habilitação no inventário.

157. (Cespe/TJ/DFT/Cartórios/Ingresso/2019) Para a propositura de ação de usucapião especial urbano, terá(ão) legitimidade:

a) os possuidores em estado de composse, que terão os benefícios da justiça e da assistência judiciária gratuita, mas não serão dispensados dos gastos com cartório de registro de imóveis.

b) a associação de moradores da comunidade, que terá o benefício da assistência judiciária gratuita, porém não será dispensada dos gastos com cartório de registro de imóveis.

c) o possuidor, isoladamente, que terá os benefícios da justiça e da assistência judiciária gratuita e será dispensado dos gastos com cartório de registro de imóveis.

d) a associação de moradores da comunidade, que não terá os benefícios da justiça e da assistência judiciária gratuita, contudo será dispensada dos gastos com cartório de registro de imóveis.

e) o possuidor, ainda que esteja em litisconsórcio, que não terá os benefícios da justiça e da assistência judiciária gratuita, entretanto será dispensado dos gastos com cartório de registro de imóveis.

158. (Consulplan/TJ/MG/Cartórios/Ingresso/2018) Analise as seguintes afirmativas a partir do novo Código de Processo Civil (Lei nº 13.105/2015).

I. a busca e apreensão passou a ser prevista como medida executiva no cumprimento de sentença das obrigações de fazer, não fazer e entrega de coisa, no inventário e nas execuções de entrega de coisa fundada em título extrajudicial.

II. a posse em nome do nascituro foi absorvida pelo procedimento do inventário.

III. o arresto foi mantido na execução e, para fins acautelatórios, no processo de conhecimento, demanda observância do procedimento próprio para as tutelas provisórias.

IV. a exibição de documento ou coisa passou a ser disciplinada entre os meios de prova.

Estão corretas as afirmativas:

a) I, II, III e IV.

b) I e IV, apenas.

c) I, II e III, apenas.

d) II, III e IV, apenas.

159. (Consulplan/TJ/MG/Cartórios/Ingresso/2018) Acerca de lavratura de escritura pública de divórcio ou inventário e partilha, considerando disposições do Código de Processo Civil (Lei nº 13.150/15) e da Resolução nº 35/2007, do Conselho Nacional de Justiça, assinale a alternativa correta:

a) a gratuidade prevista em lei para escritura de divórcio não pode ser aplicada quando as partes comparecem assistidas por advogado (e não por defensor público).

b) para a lavratura de escritura pública de divórcio ou inventário e partilha, é livre a escolha do tabelião de notas, aplicando as regras de competência do Código de Processo Civil.

c) o companheiro que tenha direito à sucessão será parte na escritura pública de inventário e partilha, sendo suficiente para reconhecimento da união estável com o autor da herança (portanto, dispensável ação judicial para tanto) o consenso desse reconhecimento por todos os demais herdeiros do autor da herança.

d) as escrituras públicas de inventário e partilha, separação e divórcio consensuais, apenas quando homologadas judicialmente, são títulos hábeis para o registro civil e o registro imobiliário, para a transferência de bens e direitos, bem como para promoção de todos os atos necessários à materialização das transferências de bens e levantamento de valores (DETRAN, Junta Comercial, Registro Civil de Pessoas Jurídicas, instituições financeiras, companhias telefônicas, etc).

160. (Cetro/TJ/RJ/Cartórios/Ingresso/2017) Mário, recém-falecido, era brasileiro domiciliado no exterior, sendo que, no Brasil, teve como seu último domicílio o Rio de Janeiro. Do levantamento dos bens, verificou-se a existência deles no exterior, um apartamento no Rio de Janeiro e imóveis em outros estados, sendo o maior substancial uma grande porção de terra em um estado do Centro-Oeste brasileiro. Isso posto, vale mencionar que deixou a viúva, Sibila, e filhos herdeiros, dentre eles, um incapaz quando da morte do pai e emancipado antes da abertura do inventário. De posse dos documentos necessários, Sibila e filhos comparecem a um tabelião de notas do Rio de Janeiro para tratar do caso. Tomando-se por base as regras do NCPC e aquelas aplicadas aos serviços extrajudiciais do estado do Rio de Janeiro, assinale a alternativa correta:

a) o inventário somente poderá ser judicial dado que, quando da abertura da sucessão, um dos filhos era incapaz, sendo competente o Juízo de onde se encontra o bem mais substancial, alcançando os bens havidos apenas em território nacional, desconsiderando-se qualquer eventual bem no exterior.
b) o inventário somente poderá ser judicial dado que, quando da abertura da sucessão, um dos filhos era incapaz, sendo competente o Juízo do Rio de Janeiro por ser o último domicílio dele no Brasil, alcançando os bens havidos apenas em território nacional, sem desconsiderar o valor dos bens no exterior para equalização de quotas patrimoniais.
c) o inventário consensual poderá ser judicial ou extrajudicial, recaindo a fixação do tabelião de notas pela localidade do bem mais substancial, e alcançando apenas os bens em território nacional, sem desconsiderar o valor dos bens no exterior para equalização de quotas patrimoniais; a escritura pública de inventário não dependerá de homologação judicial e é título válido para o registro civil e imobiliário, apenas; e não há a necessidade de as partes serem acompanhadas de advogado.
d) o inventário consensual poderá ser judicial ou extrajudicial, sendo a fixação do tabelião de notas estipulada pelas regras do NCPC, alcançando os bens em território nacional e no exterior; a escritura pública de inventário não dependerá de homologação judicial e é título válido para o registro civil e imobiliário, e transferência de bens e direitos perante quaisquer instituições, inclusive bancária; e as partes devem ser acompanhadas de advogado, podendo este ser indicado pelo tabelião responsável.
e) o inventário consensual poderá ser judicial ou extrajudicial, sendo livre a escolha do tabelião de notas, alcançando apenas os bens em território nacional, desconsiderando o valor dos bens no exterior para equalização de quotas patrimoniais; a escritura pública de inventário não dependerá de homologação judicial e é título válido para o registro civil e imobiliário, e transferência de bens e direitos perante quaisquer instituições, inclusive bancária; e as partes devem ser acompanhadas de advogado, sendo proibida a indicação deste pelo tabelião responsável.

161. (Consulplan/TJ/MG/Cartórios/Ingresso/2017) Sobre os procedimentos especiais, assinale a única afirmativa correta:

a) o CPC/2015 manteve no Título III do Livro I da Parte Especial as ações de exigir e prestar contas.
b) a restauração de autos é um procedimento de jurisdição voluntária.
c) o procedimento comum aplica-se subsidiariamente aos procedimentos especiais.
d) o CPC/2015 extinguiu a divisão entre procedimentos especiais de jurisdição contenciosa e de jurisdição voluntária.

162. (Ieses/TJ/RO/Cartórios/Ingresso/2017) Quanto aos Procedimentos Especiais e sua disciplina no Código de Processo Civil, assinale a alternativa correta:

a) a modalidade de consignação em pagamento extrajudicial prevista no parágrafo primeiro do art. 539 do Código de Processo Civil não é obrigatória, constituindo-se em faculdade do devedor fazer uso dessa ferramenta legal.
b) a ação monitória só é cabível para as obrigações que prevejam o pagamento de quantia em dinheiro.
c) o art. 674 do CPC, ao indicar as hipóteses de constrição judicial, encerra rol taxativo.
d) o princípio da fungibilidade das ações possessórias, expresso no art. 554 do CPC, inclui as ações reivindicatória e de imissão na posse.

163. (Consulplan/TJ/MG/Cartórios/Remoção/2017) O procedimento especial de dissolução parcial de sociedade representa uma inovação trazida pelo CPC/15. Mesmo na contramão do ideal da Comissão de Juristas que elaborou o anteprojeto, que objetivava privilegiar o procedimento comum e reduzir os procedimentos especiais, a inclusão foi muito bem-vinda, já que supre lacuna legislativa existente até então. Assim, a única opção correta é:

a) a primeira etapa do procedimento destina-se à apuração e satisfação dos créditos relativos aos haveres do sócio; já a segunda destina-se à desconstituição do vínculo societário.
b) a ação de dissolução parcial de sociedade pode ter por objeto a resolução de qualquer sociedade empresária em relação ao sócio falecido, excluído ou que exerceu o direito de retirada ou recesso.
c) a petição inicial dispensa a instrução do contrato social consolidado.
d) a ação de dissolução parcial de sociedade pode ter por objeto somente a resolução ou a apuração de haveres.

164. (Consulplan/TJ/MG/Cartórios/Remoção/2017) Sobre ação possessória, não é correto afirmar:

a) existe possibilidade de cumulação de pretensões de direito material, sem prejuízo do procedimento especial possessório.
b) o CPC/15 possibilita expressamente, também, o ajuizamento de ação de reconhecimento de domínio, na pendência de ação possessória, desde que em face de terceiro.
c) novidade não antes admitida nas ações possessórias, o CPC/15 prevê expressamente a possibilidade de requerimento de medidas necessárias e adequadas para a inibição de nova turbação ou esbulho e para que seja cumprida a tutela provisória ou final.
d) a vedação de exceção de domínio na pendência de ação possessória e a irrelevância da alegação de propriedade foram mantidas, uma vez que as ações possessórias se caracterizam pela cognição sumária, de modo que o juiz está restrito ao exame do fato da posse.

165. (Consulplan/TJ/MG/Cartórios/Remoção/2017) O CPC/15 prevê procedimento específico para as ações possessórias coletivas que envolvam propriedade imóvel. Seguirão esse procedimento as ações de força velha ou aquelas nas quais, concedida a liminar, não seja ela executada no prazo de um ano, a contar da data de distribuição. Esse procedimento prevê a possibilidade de solução consensual de conflitos complexos, pois estabelece a necessidade de designação de audiência de mediação, à qual poderão ser intimados para comparecer, também, os representantes dos órgãos responsáveis pelas políticas agrária e urbana dos entes federados quanto à área objeto de litígio. Assim, é correto afirmar:

a) a participação do Ministério Público se torna facultativo em detrimento da participação dos órgãos auxiliares.
b) o Ministério Público se afigura como fiscalizador do ordenamento jurídico e não mais como fiscal da lei.
c) por se tratar de força velha a liminar só poderá ser concedida com audiência de justificação prévia.
d) só irá haver no caso de esbulho possessório a concessão liminar de natureza cautelar, mediante caução real ou fidejussória.

8. DO PROCESSO DE EXECUÇÃO

8.1. Da Execução em Geral

SÚMULAS

1) Disposições Gerais

STJ **Súm. 196.** Ao executado que, citado por edital ou por hora certa, permanecer revel, será nomeado curador especial, com legitimidade para apresentação de embargos.

2) Das Partes

STJ **Súm. 27.** Pode a execução fundar-se em mais de um título extrajudicial relativos ao mesmo negócio.

STJ **Súm. 268.** O fiador que não integrou a relação processual na ação de despejo não responde pela execução do julgado.

3) Dos Requisitos Necessários para Realizar Qualquer Execução

STJ **Súm. 233.** O contrato de abertura de crédito, ainda que acompanhado de extrato da conta corrente, não é título executivo.

STJ **Súm. 248.** Comprovada a prestação dos serviços, a duplicata não aceita, mas protestada, é título hábil para instruir pedido de falência.

STJ **Súm. 258.** A nota promissória vinculada a contrato de abertura de crédito não goza de autonomia em razão da iliquidez do título que a originou.

STJ **Súm. 300.** O instrumento de confissão de dívida, ainda que originário de contrato de abertura de crédito, constitui título executivo.

4) Da Responsabilidade Patrimonial

STJ **Súm. 375.** O reconhecimento da fraude à execução depende do registro da penhora do bem alienado ou da prova de má-fé do terceiro adquirente.

REPERCUSSÃO & REPETITIVOS

STJ **Repetitivo 677.** Na execução, o depósito efetuado a título de garantia do juízo ou decorrente da penhora de ativos financeiros não isenta o devedor do pagamento dos consectários de sua mora, conforme previstos no título executivo, devendo-se, quando da efetiva entrega do dinheiro ao credor, deduzir do montante final devido o saldo da conta judicial. *REsp 1820963, 19.10.2022.*

INFORMATIVOS

STJ **Confissão de dívida. Validade reconhecida. Decisão transitada em julgado. Violação à coisa julgada. Ocorrência. Extinção da execução. Descabimento.** Não é cabível extinção da execução pela ausência de juntada das avenças anteriores e subjacentes ao contrato de confissão de dívida. *REsp 1805898, 3ª T, 4.5.2022. Inf 735.*

STJ **Execução de contrato de honorários advocatícios. Exceção de pré-executividade. Expressa cessão de crédito que se operou entre advogado ingressante e a sociedade de advocacia. Legitimidade da sociedade de advocacia.** A sociedade de advocacia é parte legítima para cobrar honorários contratuais na hipótese de expressa cessão de crédito operada por advogado ingressante. *REsp 2004335, 3ª T, 18.8.2022. Inf 749.*

QUESTÕES OBJETIVAS

166. (Ieses/TJ/TO/Cartórios/Ingresso/2022) Em relação à responsabilidade patrimonial no processo de execução assinale a alternativa incorreta:

a) O fiador, quando executado, tem o direito de exigir que primeiro sejam executados os bens do devedor situados na mesma comarca, livres e desembargados, indicando-os pormenorizadamente à penhora.
b) O devedor responde com todos os seus bens presentes e futuros para o cumprimento de suas obrigações, salvo as restrições estabelecidas em lei.
c) Não são sujeitos à execução os bens do sucessor a título singular, tratando-se de execução fundada em direito real ou obrigação reipersecutória.
d) O sócio que pagar a dívida poderá executar a sociedade nos autos do mesmo processo.

167. (Consulplan/TJ/MG/Cartórios/Remoção/2019) De acordo com as normas e princípios contidos no Código de Processo Civil, analise as afirmativas a seguir.

I. São títulos executivos judiciais somente as sentenças condenatórias proferidas no processo civil que reconheçam a exigibilidade de obrigação de pagar quantia, de fazer, de não fazer ou de entregar coisa.
II. A instauração do cumprimento de sentença que reconheça a exigibilidade de obrigação de fazer ou não fazer e de entregar coisa certa se dará de ofício, pelo juiz, ou a requerimento da parte.
III. O credor, munido de título executivo extrajudicial, está impedido de optar pelo processo de conhecimento, como, por exemplo, a ação de cobrança.
IV. Informam a execução forçada, dentre outros, o princípio de que a finalidade primeira do processo de execução é a plena satisfação do credor e o princípio de que a execução deve realizar-se da forma o menos prejudicial ao devedor.

Estão corretas as afirmativas:

a) I, II, III e IV.
b) II e IV, apenas.
c) I, II e III, apenas.
d) I, III e IV, apenas.

168. (Consulplan/TJ/MG/Cartórios/Ingresso/2019) Giza P. é detentora dos seguintes títulos executivos: uma nota promissória, um cheque e um contrato, prevendo obrigações de pagar e fazer. Giza necessita promover a execução de tais títulos pois, seu devedor, João Gilberto, figura conhecida pela contumácia em não honrar seus compromissos, mais uma vez, não efetuou a tempo e modo o pagamento e tampouco cumpriu a obrigação de fazer. Giza procura um advogado e informa que deseja executar seu devedor, promovendo a execução em juízo de tais títulos. Considerando a situação hipotética, assim como as regras relativas à cumulação de execuções, é correto afirmar que:

a) Giza poderá executar nos mesmos autos João Gilberto, sendo necessário que o ajuizamento preceda de notificação premonitória com a finalidade de constituir o devedor em mora.
b) Admite-se a cumulação de execuções desde que observada a identidade de partes, juízo e forma do processo, o que ocorre com a nota promissória, o cheque e o contrato no que diz respeito à obrigação de fazer.
c) A execução da nota promissória e do cheque poderão ser cumuladas, vez que se trata de títulos cuja forma do processo é idêntica; todavia, quanto ao contrato, ainda que contendo obrigação de pagar, é impossível a cumulação com os demais títulos.
d) Giza obrigatoriamente terá de propor, no mínimo, duas execuções: uma considerando a obrigação de pagar, contida no cheque, nota promissória e contrato; e outra, de obrigação de fazer, também contida no contrato, vez que o requisito da tríplice identidade não se alcança pela ausência de identidade de forma dos processos.

169. (Vunesp/TJ/AL/Cartórios/Ingresso/2019) Assinale a alternativa correta, segundo o Código do Processo Civil.

a) Para presunção absoluta de conhecimento por terceiros, cabe ao exequente providenciar a averbação do arresto ou da penhora no registro competente, mediante apresentação da cópia do auto ou do termo, independentemente de mandado judicial.
b) Não integram as responsabilidades expressamente dispostas no Código do Processo Civil buscar tratamento e apoio apropriados à conquista do autonomia pelo interdito.
c) O tutor ou curador poderá eximir-se do encargo apresentando escusa no registro civil no prazo de cinco dias contados do dia que sobrevier o respectivo motivo, no caso de isso se dar depois de entrar em exercício.
d) Uma vez inscrita a sentença de interdição no registro de pessoas naturais, é nomeado o curador provisório.

170. (Cespe/TJ/DFT/Cartórios/Ingresso/2019) A propósito de fraude à execução, assinale a opção correta.

a) A alienação de bem é considerada fraude à execução se sobre o bem pender ação fundada em direito real, independentemente de averbação desse bem em registro público.
b) A oneração de bem é considerada fraude à execução se tiver sido averbada a pendência do processo de execução no registro do bem sujeito à penhora, arresto ou indisponibilidade.
c) O terceiro adquirente de bem não sujeito a registro tem o ônus de provar que adotou as cautelas necessárias para a sua aquisição por qualquer meio em direito admitido.
d) Após declarar a fraude à execução, o juiz deverá intimar o terceiro adquirente para que se manifeste no prazo de quinze dias.
e) A alienação em fraude à execução é nula em relação ao exequente.

171. (Cetro/TJ/RJ/Cartórios/Remoção/2017) No que se refere aos dispositivos do NCPC (Novo Código de Processo Civil – Lei n. 13.105/2015) acerca dos procedimentos de execução, assinale a alternativa correta:

a) assim como no processo de conhecimento, a desistência no processo de execução passou a depender do consentimento do demandado para ser válida, independentemente da necessidade ou não de pagamento das custas e despesas processuais.
b) o exequente deverá ressarcir, nos autos do próprio processo, os danos causados ao executado, quando a sentença, transitada em julgado, declarar inexistente a obrigação que ensejou a execução.
c) depende de consentimento do executado a substituição processual do concessionário quando o direito resultante do título executivo lhe for transferido por ato entre vivos.
d) no NCPC, a eleição de foro prevalece sobre o domicílio do executado e local dos bens para efeito de determinação do local de trâmite do processo de execução.
e) de acordo com o NCPC, em vislumbrando a ocorrência de comportamento reprovável por alguma das partes, o juiz deverá, antes de aplicar sanção, advertir a parte infratora.

172. (Consulplan/TJ/MG/Cartórios/Ingresso/2017) Para possibilitar a penhora de dinheiro em depósito ou aplicação financeira, os tribunais dispõem de um sistema eletrônico que possibilita a realização da chamada "penhora on line". Analise as proposições abaixo:

I. a penhora em dinheiro é prioritária.
II. o juiz deverá, no prazo de 24 (vinte e quatro) horas, a contar da resposta quanto à ordem de bloqueio de valores, determinar o cancelamento de eventual indisponibilidade excessiva.
III. constitui ônus do executado comprovar que as quantias tornadas indisponíveis são impenhoráveis.
IV. a conversão da indisponibilidade em penhora somente se completa com a lavratura do correspondente termo de penhora, sem o qual a mesma não se considera realizada.

Está correto apenas o que se afirma em:

a) I, II e IV.
b) II, III e IV.
c) I, II e III.
d) I, III e IV.

173. (Ieses/TJ/RO/Cartórios/Remoção/2017) De acordo com as normas processuais vigentes podemos afirmar que são exemplos de títulos executivos judiciais:

I. as sentenças estrangeiras homologadas pelo Superior Tribunal de Justiça.
II. as decisões homologatórias de autocomposição judicial.
III. as sentenças penais condenatórias transitadas em julgado.
IV. as decisões proferidas no processo civil que reconheçam a exigibilidade de obrigação de pagar quantia, de fazer, de não fazer ou de entregar coisa.

A sequência correta é:

a) as assertivas I, II, III e IV estão corretas.
b) apenas as assertivas I e III estão corretas.
c) apenas a assertiva II está correta.
d) apenas as assertivas I, II, III estão corretas.

8.2. Das Diversas Espécies de Execução

SÚMULAS

1) Disposições Gerais

STF **Súm. 150.** Prescreve a execução no mesmo prazo de prescrição da ação.

STJ **Súm. 417.** Na execução civil, a penhora de dinheiro na ordem de nomeação de bens não tem caráter absoluto.

2) Da Execução das Obrigações de Fazer ou de não Fazer

STJ **Súm. 410.** A prévia intimação pessoal do devedor constitui condição necessária para a cobrança de multa pelo descumprimento de obrigação de fazer ou não fazer.

3) Da Execução por Quantia Certa

3.1) Disposições Gerais

STF **Súm. 458.** O processo da execução trabalhista não exclui a remição pelo executado.

3.2) Da Citação do Devedor e do Arresto

STJ **Súm. 375.** O reconhecimento da fraude à execução depende do registro da penhora do bem alienado ou da prova de má-fé do terceiro adquirente.

3.3) Da Penhora, do Depósito e da Avaliação

3.3.1) Do Objeto da Penhora

STJ **Súm. 328.** Na execução contra instituição financeira, é penhorável o numerário disponível, excluídas as reservas bancárias mantidas no Banco Central.

STJ **Súm. 364.** O conceito de impenhorabilidade de bem de família abrange também o imóvel pertencente a pessoas solteiras, separadas e viúvas.

STJ **Súm. 417.** Na execução civil, a penhora de dinheiro na ordem de nomeação de bens não tem caráter absoluto.

STJ **Súm. 449.** A vaga de garagem que possui matrícula própria no registro de imóveis não constitui bem de família para efeito de penhora.

STJ **Súm. 451.** É legítima a penhora da sede do estabelecimento comercial.

STJ Súm. 486. É impenhorável o único imóvel residencial do devedor que esteja locado a terceiros, desde que a renda obtida com a locação seja revertida para a subsistência ou a moradia da sua família.

3.3.2) Da Documentação da Penhora, de seu Registro e do Depósito

STJ Súm. 134. Embora intimado da penhora em imóvel do casal, o cônjuge do executado pode opor embargos de terceiro para defesa de sua meação.

STJ Súm. 319. O encargo de depositário de bens penhorados pode ser expressamente recusado.

3.3.3) Do Lugar de Realização da Penhora

STJ Súm. 375. O reconhecimento da fraude à execução depende do registro da penhora do bem alienado ou da prova de má-fé do terceiro adquirente.

3.3.4) Da Modificações da Penhora

STJ Súm. 406. A Fazenda Pública pode recusar a substituição do bem penhorado por precatório.

3.4) Da Expropriação de Bens

STJ Súm. 121. Na execução fiscal, o devedor deverá ser intimado, pessoalmente, do dia e hora da realização do leilão.

STJ Súm. 128. Na execução fiscal, haverá segundo leilão se, no primeiro, não houver lanço superior à avaliação.

3.5) Da Satisfação do Crédito

STJ Súm. 270. O protesto pela preferência de crédito, apresentado por ente federal em execução que tramita na justiça estadual, não desloca a competência para a justiça federal.

4) Da Execução contra a Fazenda Pública

STF Súm. Vinculante 17. Durante o período previsto no parágrafo 1º do artigo 100 da Constituição, não incidem juros de mora sobre os precatórios que nele sejam pagos.

STF Súm. Vinculante 47. Os honorários advocatícios incluídos na condenação ou destacados do montante principal devido ao credor consubstanciam verba de natureza alimentar cuja satisfação ocorrerá com a expedição de precatório ou requisição de pequeno valor, observada ordem especial restrita aos créditos dessa natureza.

STF Súm. 655. A exceção prevista no art. 100, caput, da Constituição, em favor dos créditos de natureza alimentícia, não dispensa a expedição de precatório, limitando-se a isentá-los da observância da ordem cronológica dos precatórios decorrentes de condenações de outra natureza.

STJ Súm. 144. Os créditos de natureza alimentícia gozam de preferência, desvinculados os precatórios da ordem cronológica dos créditos de natureza diversa.

STJ Súm. 279. É cabível execução por título extrajudicial contra a Fazenda Pública.

STJ Súm. 311. Os atos do Presidente do Tribunal que disponham sobre processamento e pagamento de precatório não têm caráter jurisdicional.

REPERCUSSÃO & REPETITIVOS

STF Rep. Geral 1127. É constitucional a penhora de bem de família pertencente a fiador de contrato de locação, seja residencial, seja comercial. *RE 1307334, 8.3.2022.*

STJ IAC 12. A) É presumido, em regra, o rateio em partes iguais do numerário mantido em conta corrente conjunta solidária quando inexistente previsão legal ou contratual de responsabilidade solidária dos correntistas pelo pagamento de dívida imputada a um deles. B) Não será possível a penhora da integralidade do saldo existente em conta conjunta solidária no âmbito de execução movida por pessoa (física ou jurídica) distinta da instituição financeira mantenedora, sendo franqueada aos cotitulares e ao exequente a oportunidade de demonstrar os valores que integram o patrimônio de cada um, a fim de afastar a presunção relativa de rateio. *REsp 1610844, 15.6.2022.*

STJ Repetitivo 1091. É válida a penhora do bem de família de fiador apontado em contrato de locação de imóvel, seja residencial, seja comercial, nos termos do inciso VII, do art. 3º da Lei n. 8.009/1990. *REsp 1822040, 8.6.2022.*

JURISPRUDÊNCIA EM TESES

STJ JurisTese 59-2. É possível que o magistrado, no âmbito da execução de alimentos, adote as medidas executivas do protesto e da inscrição do nome do devedor nos cadastros de restrição ao crédito, caso se revelem eficazes para o pagamento da dívida.

INFORMATIVOS

STF Inconstitucionalidade do bloqueio e penhora de receitas públicas vinculadas a contratos de gestão firmados entre o Poder Público e entidades do terceiro setor. São inconstitucionais – por violarem os princípios da separação de Poderes, da legalidade orçamentária, da eficiência administrativa e da continuidade dos serviços públicos – decisões judiciais que determinam a penhora ou o bloqueio de receitas públicas destinadas à execução de contratos de gestão para o pagamento de despesas estranhas aos seus objetos. *ADPF 1012, 12.12.2022. Pleno. Inf 1079.*

STF Satisfação de créditos trabalhistas mediante bloqueio de recursos públicos repassados pelo FNDE. Ofendem os princípios da legalidade orçamentária, da separação dos Poderes e da continuidade da prestação dos serviços públicos as decisões judiciais que, com o objetivo de satisfazer créditos trabalhistas, determinam o bloqueio de recursos públicos federais transferidos às Associações de Pais e Professores (APPs) pelo Fundo Nacional de Desenvolvimento da Educação (FNDE) para a implementação do Programa Dinheiro Direto na Escola (PDDE). O montante atribuído às APPs destina-se ao cumprimento de atividades essencialmente públicas, razão pela qual a respectiva execução dos valores deve seguir as regras constitucionais de organização orçamentária das finanças públicas. Os recursos públicos de aplicação compulsória em educação são impenhoráveis e o Poder Judiciário não pode modificar, mediante a imposição de atos constritivos, a destinação de verbas previamente definida pelas autoridades governamentais competentes, por configurar indevida interferência nas atribuições reservadas aos demais Poderes. *ADPF 988, 17.10.2022, Pleno. Inf 1072.*

STJ Execução de alimentos. Prestação alimentícia em favor de ex-cônjuge. Natureza indenizatória. Débito pretérito. Rito da prisão civil. Descabimento. O inadimplemento de alimentos compensatórios, destinados à manutenção do padrão de vida de ex-cônjuge em razão da ruptura da sociedade conjugal, não justifica a execução pelo rito da prisão, dada a natureza indenizatória e não propriamente alimentar. *Proc. segredo justiça, 4ª T, 20.9.2022. Inf 757.*

STJ Penhora de cotas de fundo de investimento. Valorização antes do resgate. Acréscimo transferido ao exequente. Impossibilidade. Excesso de execução caracterizado. A penhora de cotas de fundo de investimento não confere, automaticamente, ao exequente a condição de cotista desse fundo, não sujeitando-se aos riscos provenientes dessa espécie de investimento. *REsp 1885119, 3ª T, 8.11.2022. Inf 756.*

STJ Ação de alimentos. Cumprimento de sentença. Alimentos pretéritos. Técnica da penhora e expropriação. Alimentos atuais. Técnica coercitiva da prisão civil. Cumprimento conjunto no mesmo processo. Possibilidade. É admissível a cumulação, em um mesmo processo, de cumprimento de sentença de obrigação de pagar alimentos atuais, sob a técnica da prisão civil, e alimentos pretéritos, sob a técnica da penhora e da expropriação. *Proc. segredo justiça, 3ª T, 21.10.2022. Inf 756.*

STJ Bloqueio via Bacen Jud. Art. 842 do CPC. Manutenção da natureza acautelatória. Comprovação dos requisitos para efetivação em momento anterior à citação. Necessidade. O CPC não alterou a natureza jurídica do bloqueio de dinheiro via Bacen Jud, permanecendo a natureza acautelatória e a necessidade de comprovação dos requisitos para sua efetivação em momento anterior à citação. *REsp 1664465, 2ª T, 2.8.2022. Inf 743.*

STJ Execução de título extrajudicial. Bloqueio "on line" em conta corrente e poupança. Quantia de até 40 salários mínimos. Impenhorabilidade. Art. 833, X do CPC. É possível ao devedor poupar valores sob a regra da impenhorabilidade no patamar de até quarenta salários mínimos, não apenas aqueles depositados em cadernetas de poupança, mas também em conta corrente ou em fundos de investimento, ou guardados em papel-moeda. *AgInt no REsp 1958516, 4ª T, 14.6.2022. Inf 742.*

STJ Contrato de arrendamento mercantil. Título executivo extrajudicial. Configuração. O contrato de arrendamento mercantil é título executivo extrajudicial apto a instrumentalizar a ação de execução forçada. *REsp 1699184, 4ª T, 25.10.2022.*

STJ Adjudicação. Privilégio de crédito tributário. União (Fazenda Nacional). Art. 5°, par. ún., da Lei 9.469/97. Processo na fase de execução. Intervenção anômala. Impossibilidade. É inviável a intervenção anômala da União na fase de execução ou no processo executivo, salvo na ação cognitiva incidental de embargos. *AgInt no REsp 1838866, 4ª T, 31.8.2022. Inf 754.*

STJ **Pedido de desistência de execução. Embargos de devedor. Condicionamento à concordância do executado. Descabimento. Prévia renúncia ao direito sobre o qual se funda a ação.** O art. 3º da Lei 9.469/97, que condiciona a concordância do Advogado-Geral da União e dirigentes máximos das empresas públicas federais com pedido de desistência de ação à expressa renúncia ao direito em que se funda a ação, não se aplica na execução de título judicial. *REsp 1769643, 1ª T, 14.6.2022. Inf 742.*

STJ **Locação comercial. Bem de família oferecido em caução. Impenhorabilidade.** É impenhorável o bem de família oferecido como caução em contrato de locação comercial. *REsp 1789505, 4ª T, 7.4.2022. Inf 732.*

STJ **Execução. Obrigação de fazer e de pagar. Pretensões autônomas. Independência dos prazos prescricionais.** O ajuizamento de execução da obrigação de fazer não interrompe o prazo para a execução da obrigação de pagar. *AgInt no AREsp 1804754, 1ª T, 15.3.2022. Inf 730.*

STJ **Construção de imóvel. Débito originado de contrato de empreitada global. Bem de família. Penhora. Possibilidade.** Admite-se a penhora do bem de família para saldar o débito originado de contrato de empreitada global celebrado para promover a construção do próprio imóvel. *REsp 1976743, 3ª T, 11.3.2022. Inf 728.*

QUESTÕES DISCURSIVAS

8. (Consulplan/TJ/MG/Cartórios/Remoção/2019) Shirley T., menor impúbere, representada por sua mãe, D. Elisa, ajuizou ação de alimentos em desfavor de seu pai, George Henrique, tendo obtido decisão, transitada em julgado, que fixou obrigação alimentar no importe de 200% (duzentos por cento) do salário mínimo nacional vigente, a partir da publicação da decisão, todo dia 20 de cada mês. Não houve concessão de tutela provisória ao longo da tramitação do feito até a prolação da mencionada sentença, não tendo Shirley promovido o cumprimento de sentença, de imediato. Decorridos 06(seis) meses da fixação dos alimentos, em 21 de setembro de 2019, Shirley inicia o cumprimento de sentença, requerendo a imediata citação de George Henrique, para pagar o débito alimentar, sob pena de prisão civil. Apresenta memorial de cálculo anexo à petição inicial, descrevendo os débitos alimentares, desde a sentença que datou de 20 de outubro de 2018, tendo ajuizado o cumprimento de sentença, requerendo o pagamento dos débitos pretéritos e das parcelas vincendas a partir do ajuizamento do cumprimento. A Inicial fora recebida pelo Magistrado, que ordenou a citação do Executado, na forma legal, para pagar o débito exequendo em 03 dias ou justificar a impossibilidade de fazê-lo. O Executado justificou o inadimplemento e, ato contínuo, indicou bens passíveis de penhora, que foram prontamente aceitos pela exequente, mediante petição. A par de tais informações, e mediante análise dos institutos processuais e da jurisprudência do STJ, indaga-se: (a) Quais os meses poderiam ser objeto de execução pelo rito da prisão civil? (b) Qual a consequência da aceitação pela exequente dos bens indicados à penhora pelo executado? (c) Qual seria, com base na legislação processual civil e em súmula do STJ, o procedimento correto a ser adotado por Shirley (citar a referida súmula).

9. (Cetro/TJ/RJ/Cartórios/Ingresso/2017) Em sede de execução civil promovida em face de Ricardo, são penhorados diversos bens de sua propriedade, necessários à garantia da dívida. Dentre eles, constam uma unidade habitacional e sua respectiva vaga de garagem localizadas no Condomínio Edifício "Viver Bem", ambas com matrículas próprias perante o Oficial de Registro de Imóveis competente. Em sua defesa, Ricardo alega que os imóveis acima identificados são legalmente impenhoráveis, eis que são utilizados para sua residência e de sua família. É possível ao juiz determinar o levantamento da penhora sobre a unidade habitacional e sua respectiva vaga de garagem acima referidas?

QUESTÕES OBJETIVAS

174. (Ieses/TJ/TO/Cartórios/Remoção/2022) Assinale quais alternativas abaixo são exemplos de títulos executivos extrajudiciais:

I. A sentença arbitral.

II. O crédito decorrente de foro e laudêmio.

III. O formal e a certidão de partilha, exclusivamente em relação ao inventariante, aos herdeiros e aos sucessores a título singular ou universal.

IV. O instrumento de transação referendado pelo Ministério Público, pela Defensoria Pública, pela Advocacia Pública, pelos advogados dos transatores ou por conciliador ou mediador credenciado por tribunal.

A sequência correta é:

a) As assertivas I, II, III e IV estão corretas.
b) Apenas as assertivas II e IV estão corretas.
c) Apenas a assertiva II está incorreta.
d) Apenas as assertivas I, II e III estão corretas.

175. (Ieses/TJ/RO/Cartórios/Ingresso/2021) Quanto à penhora, segundo dispõe o Código de Processo Civil, considere as seguintes assertivas:

I. De regra, a ordem de bens/direitos penhoráveis estabelecida no CPC é absoluta e as hipóteses descritas na respectiva regra jurídica são "numerus clausus".

II. De regra, a ordem de bens/direitos penhoráveis estabelecida no CPC é preferencial e as hipóteses descritas na respectiva regra jurídica constituem rol meramente exemplificativo.

III. De regra, a ordem de bens/direitos penhoráveis estabelecida no CPC é absoluta e as hipóteses descritas na respectiva regra jurídica constituem rol meramente exemplificativo.

É correto o que se afirma:

a) Apenas nas assertivas I e III.
b) Apenas nas assertivas II e III.
c) Apenas na assertiva I.
d) Apenas na assertiva II.

176. (Consulplan/TJ/MS/Cartórios/Ingresso/2021) No caso de execução por quantia certa, existe a possibilidade jurídica expressamente prevista no Código de Processo Civil de averbação da execução no registro de imóveis. Assinale a opção que indica, de acordo com o Código de Processo Civil, qual fato é necessário para a obtenção da certidão a ser averbada, segundo o texto expresso da Lei.

a) Admissão da execução por parte do Juiz.
b) Ordem expressa de penhora sobre o imóvel específico.
c) Simples prova de distribuição do processo de execução.
d) Ordem expressa de penhora de bens imóveis, ainda que não especifique um.

177. (Consulplan/TJ/MS/Cartórios/Remoção/2021) São considerados, legalmente, bens impenhoráveis, exceto:

a) Os bens declarados, por ato voluntário, não sujeito à execução.
b) A pequena propriedade rural, assim definida em Lei, desde que trabalhada pela família.
c) Os vencimentos e subsídios, independentemente da natureza da dívida e do valor dos vencimentos e subsídios.
d) Os créditos oriundos de alienação de unidades imobiliárias, sob regime de incorporação imobiliária, vinculados à execução da obra.

178. (UFPR/TJ/PR/Cartórios/Remoção/2019) Na execução por quantia certa, se a penhora houver recaído sobre dinheiro, chega-se mais rapidamente ao final da execução. Recaindo a penhora sobre outros bens, há necessidade de se efetivarem as modalidades de expropriação. Sobre a penhora de bens e as modalidades de expropriação, assinale a alternativa incorreta.

a) A alienação antecipada dos bens penhorados, quando houver manifesta vantagem ou se tratar de bens sujeitos à depreciação ou à deterioração, não se confunde com a alienação por iniciativa particular, que é modalidade de expropriação.
b) Para que possa adjudicar os bens penhorados, o exequente não poderá oferecer preço inferior ao da avaliação.
c) A averbação da penhora no registro competente é providência indispensável para a verificação do direito de preferência sobre os bens penhorados.
d) Havendo, entre os legitimados, mais de um interessado em adjudicar o bem penhorado, haverá licitação entre eles, e a respectiva decisão poderá ser impugnada por meio de agravo de instrumento.
e) Os bens penhorados não poderão ser arrematados por preço vil. Considera-se vil o preço inferior ao mínimo estipulado pelo juiz, ou, não havendo estipulação, inferior a cinquenta por cento do valor da avaliação.

179. (Ieses/TJ/AM/Cartórios/Remoção/2018) São títulos executivos extrajudiciais:

I. a escritura pública ou outro documento público assinado pelo devedor.
II. o contrato de seguro de vida em caso de morte.
III. o crédito decorrente de foro e laudêmio.
IV. a certidão expedida por serventia notarial ou de registro relativa a valores de emolumentos e demais despesas devidas pelos atos por ela praticados, fixados nas tabelas estabelecidas em lei.

A sequência correta é:

a) apenas as assertivas II e III estão incorretas.
b) apenas a assertiva IV está incorreta.
c) as assertivas I, II, III e IV estão corretas.
d) apenas as assertivas II e IV estão corretas.

180. (Consulplan/TJ/MG/Cartórios/Remoção/2018) Sobre a arrematação, de acordo com as regras do novo Código de Processo Civil, é correto afirmar que:

a) o devedor responderá pela evicção ainda que a aquisição se tenha realizado em hasta pública.
b) expedida a carta de arrematação, com a transferência de domínio mediante o registro, torna-se impossibilitado o desfazimento da arrematação pela parte interessada.
c) será declarada ineficaz na hipótese de não ter sido o credor hipotecário intimado do leilão do imóvel dado em garantia, ocasião em que sub-rogará sua preferência no preço pago pelo arrematante.
d) o credor exequente não pode concorrer na arrematação já que, em sendo legitimado para, previamente adjudicar o bem penhorado, tem pelo instituto da "supressio" a preclusão do uso daquela outra forma expropriatória.

181. (Consulplan/TJ/MG/Cartórios/Ingresso/2017) A adjudicação é uma forma indireta de satisfação do crédito do exequente, que se realiza pela transferência do bem penhorado para o credor. A esse respeito, analise as afirmações que seguem:

I. requerida a adjudicação, o executado será intimado para manifestar-se.
II. é licito a terceiros, oferecendo preço não inferior ao valor da avaliação, requerer que lhe sejam adjudicados os bens penhorados.
III. se houver mais de um pretendente à adjudicação, proceder-se-á a licitação entre eles.
IV. considera-se perfeita e acabada a adjudicação com a lavratura e assinatura do auto pelo juiz, pelo adjudicatário, pelo escrivão e, se estiver presente, pelo executado.

Está correto o que se afirma em:

a) I, II e III, apenas.
b) I, III e IV, apenas.
c) II, III e IV, apenas.
d) I, II, III e IV.

182. (Consulplan/TJ/MG/Cartórios/Remoção/2017) Sobre a penhora de frutos e rendimentos de coisa imóvel, assinale a afirmação correta:

a) ordenada a penhora de frutos e rendimentos, o juiz nomeará administrador-depositário, permanecendo o executado com o direito de gozo do bem.
b) o exequente providenciará a averbação no ofício imobiliário mediante a apresentação de certidão de inteiro teor do ato, independentemente de mandado judicial.
c) a penhora terá eficácia perante terceiros com a simples publicação da decisão que a conceda, sendo desnecessária a averbação no ofício imobiliário.
d) o juiz jamais poderá nomear como administrador-depositário o próprio exequente, sob pena de ferir o princípio da isonomia e do tratamento igualitário das partes.

183. (Consulplan/TJ/MG/Cartórios/Remoção/2017) Com relação à alienação em leilão judicial, assinale a única afirmativa correta:

a) a alienação será realizada através de leilão judicial, ainda que o exequente requeira a adjudicação do bem penhorado.
b) havendo necessidade de leilão presencial, o local será indicado pelo exequente.
c) há preferência pela alienação por meio eletrônico.
d) caberá ao juiz a designação do leiloeiro público, que não poderá ser indicado pelo exequente.

184. (Consulplan/TJ/MG/Cartórios/Remoção/2017) Relativamente à execução contra a Fazenda Pública, todas as assertivas abaixo estão corretas, exceto:

a) a Fazenda Pública será citada para opor embargos no prazo de 15 (quinze) dias.
b) não opostos embargos ou transitada em julgado a decisão que os rejeitar expedir-se-á precatório ou RPV – Requisição de Pequeno Valor, nos termos do art. 100, da Constituição da República.
c) nos embargos, poderá ser alegada qualquer matéria que seria lícito deduzir como defesa no processo de conhecimento.
d) aplica-se, no que couber, as disposições atinentes ao cumprimento de sentença que reconheça a exigibilidade de obrigação de pagar quantia certa pela Fazenda Pública.

8.3. Dos Embargos à Execução

SÚMULAS

STJ **Súm. 46.** Na execução por carta, os embargos do devedor serão decididos no juízo deprecante, salvo se versarem unicamente vícios ou defeitos da penhora, avaliação ou alienação dos bens.

INFORMATIVOS

STJ **Embargos à execução de título extrajudicial. Adiantamento de contratos de câmbio (ACC). Encargos. Empresa devedora em recuperação judicial. Sujeição dos créditos ao processo de soerguimento. Inadequação da via eleita. Extinção da execução.** O crédito referente ao efetivo adiantamento do contrato de câmbio deve ser objeto de pedido de restituição nos autos da recuperação judicial e os respectivos encargos reclamam habilitação no quadro geral de credores, por estarem sujeitos ao regime especial, mostrando-se inadequada a execução direta. *REsp 1723978, 3ª T, 22.3.2022. Inf 729.*

QUESTÕES DISCURSIVAS

10. (Consulplan/TJ/MG/Cartórios/Ingresso/2015) À luz do CPC/15, estabeleça a situação em que poderá ser atribuído efeito suspensivo aos embargos à execução pelo juiz de primeiro grau.

QUESTÕES OBJETIVAS

185. (Consulplan/TJ/MG/Cartórios/Remoção/2017) Sobre os embargos à execução, analise as seguintes assertivas:

I. quando houver mais de um executado, o prazo para cada um deles embargar conta-se a partir da juntada do respectivo comprovante de citação, salvo no caso de cônjuges ou companheiros, quando será contado a partir da juntada do último.
II. na execução por carta precatória, os embargos somente podem ser oferecidos no juízo deprecado.
III. somente após o juízo estar garantido por penhora, depósito ou caução, o executado poderá opor embargos.
IV. existe a possibilidade de o executado pagar seu débito de forma parcelada, devendo o juiz ouvir o exequente antes de decidir.

Está correto apenas o que se afirma em:

a) I, II e IV.
b) I e IV.
c) I, II e III.
d) I e III.

9. DOS PROCESSOS NOS TRIBUNAIS E DOS MEIOS DE IMPUGNAÇÃO DAS DECISÕES JUDICIAIS

9.1. Da Ordem dos Processos e dos Processos de Competência Originária dos Tribunais

9.1.1. Disposições Gerais

QUESTÕES OBJETIVAS

186. (Consulplan/TJ/MG/Cartórios/Ingresso/2019) Em relação à ordem dos processos no tribunal, quando o resultado da apelação for não unânime, o julgamento terá prosseguimento em sessão a ser designada com a presença de outros julgadores que serão convocados nos termos previamente definidos no regimento interno do respectivo tribunal, em número suficiente a garantir a possibilidade de inversão do resultado inicial, assegurado às partes e a eventuais terceiros o direito de sustentar oralmente suas razões perante os novos julgadores. A afirmativa anterior trata da regra do julgamento estendido, em que se pode afirmar que:

a) Os julgadores que já tiverem votado não poderão rever seus votos por ocasião do prosseguimento do julgamento.
b) Não se aplica a técnica ao julgamento não unânime proferido em ação rescisória, quando o resultado for a rescisão da sentença.
c) Se aplica a técnica em questão ao julgamento de incidente de assunção de competência e ao de resolução de demandas repetitivas.
d) Sendo possível, o prosseguimento do julgamento dar-se-á na mesma sessão, colhendo-se os votos de outros julgadores que porventura componham o órgão colegiado.

9.1.2. Da Ordem dos Processos no Tribunal

SÚMULAS

STJ **Súm. 253.** O art. 557 do CPC, que autoriza o relator a decidir o recurso, alcança o reexame necessário.

9.1.3. Dos Incidentes (IAC, IAI, IRDR)

SÚMULAS

STF **Súm. Vinculante 10.** Viola a cláusula de reserva de plenário (CF, art. 97) a decisão de órgão fracionário de tribunal que, embora não declare expressamente a inconstitucionalidade de lei ou ato normativo do Poder Público, afasta a sua incidência no todo ou em parte.

INFORMATIVOS

STJ **Cômputo em dobro de pena de presos no complexo do Curado/PE. Resolução da CIDH de 28.11.2018. Alegado excesso de prazo no julgamento de IRDR pelo Tribunal de Justiça. Inexistência. Não ultrapassado o prazo do art. 980 do CPC.** Não há como se reconhecer excesso de prazo no julgamento do Incidente de Resolução de Demandas Repetitivas 0008770-65.2021.8.17.9000 instaurado pelo TJPE, quando não extrapolado o prazo estipulado no art. 980 do CPC, assim como não há ilegalidade na suspensão dos recursos que versam sobre o cômputo em dobro de pena dos presos no Complexo do Curado até a resolução do Incidente. *AgRg no HC 708653, 5ª T, 18.3.2022. Inf 731.*

QUESTÕES OBJETIVAS

187. (Consulplan/TJ/MG/Cartórios/Ingresso/2017) Uma das mais profundas modificações advindas como CPC/2015 foi o Incidente de Resolução de Demandas Repetitivas – IRDR, que quer viabilizar uma verdadeira concentração de processos que versem sobre uma mesma questão de direito no âmbito dos tribunais e permitir que a decisão nele proferida vincule todos os demais casos que estejam sob a competência territorial do órgão julgador. Sobre o IRDR, só não é correto afirmar:

a) o pedido de instauração do IRDR será dirigido ao Presidente do Tribunal.
b) após a distribuição, o juízo de admissibilidade será exercitado pelo órgão colegiado competente para julgar o IRDR, e não somente pelo relator sorteado.
c) do julgamento do mérito do IRDR caberá recurso extraordinário ou especial, conforme o caso.
d) a desistência ou o abandono do processo impede o exame do mérito do incidente.

9.1.4. Da Homologação de Decisão Estrangeira

SÚMULAS

STF **Súm. 381.** Não se homologa sentença de divórcio obtida por procuração, em país de que os cônjuges não eram nacionais.

INFORMATIVOS

STJ **Homologação de sentença estrangeira. Guarda de criança concedida ao pai. Ação judicial posterior, com trânsito em julgado, na jurisdição brasileira. Dispositivos em conflito. Sentença estrangeira não homologada.** A mera pendência de ação judicial no Brasil não impede a homologação da sentença estrangeira, mas a existência de decisão judicial proferida no Brasil contrária ao conteúdo da sentença estrangeira impede a sua homologação. *AgInt na SEC 6362-EX, Corte Especial, 1.6.2022. Inf 739.*

QUESTÕES OBJETIVAS

188. (Consulplan/TJ/MG/Cartórios/Remoção/2019) Considere as afirmativas acerca de sentença proferida no estrangeiro a ser executada no Brasil.

I. A sentença deve ser proveniente de processo no qual a citação ocorreu de forma regular ou verificou-se legalmente a revelia.
II. Ter sido homologada pelo Supremo Tribunal Federal.
III. Estar traduzida por intérprete autorizado.
IV. Ter passado em julgado e estar revestida das formalidades necessárias para a execução no lugar em que deverá ser executada.

Estão corretas apenas as afirmativas:

a) I e IV.
b) I e III.
c) II e IV.
d) I, II e III.

189. (Consulplan/TJ/MG/Cartórios/Ingresso/2019) A homologação de decisão estrangeira é procedimento previsto no Livro III do CPC/2015, em seu título I – Da ordem dos processos e dos processos de competência originária dos tribunais – sendo que sua homologação será requerida por ação de homologação de decisão estrangeira, salvo disposição especial em sentido contrário prevista em tratado. Sobre a homologação de decisão estrangeira e seus requisitos indispensáveis, analise as afirmativas a seguir.

I. Deve ser proferida por autoridade competente.
II. Deve ser precedida de citação regular, ainda que verificada a revelia.
III. Deve estar acompanhada de tradução oficial, ainda que haja dispensa prévia em tratado.
IV. Deve ser eficaz no país em que for proferida.

Estão corretas as afirmativas:

a) I, II, III e IV.
b) I e III, apenas.
c) I e IV, apenas.
d) I, II e IV, apenas.

190. (Vunesp/TJ/RS/Cartórios/Ingresso/2019) Em relação ao reconhecimento e execução de sentenças arbitrais estrangeiras, é correto afirmar:

a) A homologação para o reconhecimento ou a execução da sentença arbitral estrangeira também será denegada se o Supremo Tribunal Federal, constatar que a decisão ofende a ordem pública nacional e as disposições contidas em tratado internacional firmado com o País de origem.
b) A sentença arbitral estrangeira será reconhecida ou executada no Brasil de conformidade com os tratados internacionais com eficácia no ordenamento interno e externo e, na sua ausência, estritamente de acordo com a Lei de Introdução as Normas do Direito Brasileiro.
c) A homologação de sentença arbitral estrangeira será requerida pela parte interessada, devendo a petição inicial conter as indicações da lei processual civil, e ser instruída necessariamente, dentre os requisitos legais, com o original da convenção de arbitragem ou cópia devidamente certificada, acompanhada de tradução oficial.
d) Para ser reconhecida ou executada no Brasil, a sentença arbitral estrangeira está sujeita, unicamente, à homologação do Supremo Tribunal Federal.
e) Dentre outras situações, somente poderá ser negada a homologação para o reconhecimento ou execução de sentença arbitral estrangeira, quando as partes demonstrarem a ausência de cláusula compromissória; a sentença arbitral não se tenha, ainda, tornado obrigatória para as partes ou seja passível de nulidade.

191. (Cetro/TJ/RJ/Cartórios/Ingresso/2017) YZ Ltda., empresa brasileira, negociou, contratou, pagou e teve executado frete entre portos brasileiros por navio da empresa Taking That Ltd. Entrementes, por conta de atraso ocorrido no porto de destino, a Taking That Ltd. cobrou adicionalmente da YZ Ltda. o valor de US$50.000,00. Diante do não pagamento, levou o caso à arbitragem realizada no exterior, que prosseguiu à revelia, tomando-se, por base, minuta de contrato sem justaposição de "ok" ou assinatura. Em saindo vencedor no processo arbitral para receber o valor cobrado e juros moratórios, a Taking That Ltd. decidiu executar a sentença estrangeira no Brasil para recebimento do que entende devido. Com vista do caso e com base no que dispõe a aplicação atual da Lei de Introdução às Normas do Direito Brasileiro e a Lei de Arbitragem, assinale a alternativa correta:

a) dado que o contrato foi celebrado e executado, a ausência de forma escrita de cláusula compromissória não invalida o processo arbitral, uma vez que não há exigência legal brasileira; com isso, a sentença estrangeira foi proferida por autoridade competente, cumprindo requisito indispensável para a sua homologação no Brasil pelo STJ.
b) dado que o contrato foi celebrado e executado, a ausência de forma escrita de cláusula compromissória não invalida o processo arbitral, uma vez que se trata de faculdade legal brasileira; com isso, a sentença estrangeira foi proferida por autoridade competente, cumprindo requisito indispensável para a sua homologação no Brasil pelo STF.
c) ainda que o contrato tenha sido celebrado e executado, a ausência de forma escrita de cláusula compromissória invalida o processo arbitral consoante a teoria da competência-competência criada pela jurisprudência do STF, uma vez que compromete o requisito indispensável de a sentença estrangeira ter de ser proferida por autoridade competente, não impossibilitando, no entanto, a homologação da sentença estrangeira pelo STJ.
d) ainda que o contrato tenha sido celebrado e executado, a ausência de forma escrita de cláusula compromissória, exigência legal brasileira, invalida o processo arbitral, uma vez que compromete o requisito indispensável de a sentença estrangeira ter de ser proferida por autoridade competente, impossibilitando, assim, a homologação da sentença estrangeira pelo STJ.
e) ainda que o contrato tenha sido celebrado e executado, a ausência de forma escrita de cláusula compromissória, exigência legal brasileira, invalida o processo arbitral, uma vez que compromete o requisito indispensável de a sentença estrangeira ter de ser proferida por autoridade competente, impossibilitando, assim, a homologação da sentença estrangeira pelo STF.

9.1.5. Da Ação Rescisória

SÚMULAS

STF Súm. 343. Não cabe ação rescisória por ofensa a literal dispositivo de lei, quando a decisão rescindenda se tiver baseado em texto legal de interpretação controvertida nos tribunais.

STF Súm. 514. Admite-se ação rescisória contra sentença transitada em julgado, ainda que contra ela não se tenha esgotado todos os recursos.

STJ Súm. 33. A incompetência relativa não pode ser declarada de ofício.

STJ Súm. 175. Descabe o depósito prévio nas ações rescisórias propostas pelo INSS.

STJ Súm. 401. O prazo decadencial da ação rescisória só se inicia quando não for cabível qualquer recurso do último pronunciamento judicial.

REPERCUSSÃO & REPETITIVOS

STF **Rep. Geral 775.** Compete ao Tribunal Regional Federal processar ação rescisória proposta pela União com o objetivo de desconstituir sentença transitada em julgado proferida por juiz estadual, quando afeta interesses de órgão federal. *RE 598650, 8.10.2021.*

INFORMATIVOS

STJ **Ação rescisória. Depósito prévio. Requisito de procedibilidade. Dinheiro. Realização por outros meios. Impossibilidade.** Em ação rescisória, o depósito prévio não pode ser realizado por outros meios senão em dinheiro. *REsp 1871477, Quarta T, 13.12.2022. Inf 761.*

STJ **Ação rescisória. Indeferimento da petição inicial por ausência de requisitos. Depósito previsto no art. 968, inciso II, do CPC. Devolução ao autor da demanda. Ausência de julgamento colegiado. Possibilidade.** Extinta a ação rescisória, por indeferimento da petição inicial, sem apreciação do mérito, por meio de deliberação monocrática, o relator poderá facultar, ao autor, o levantamento do depósito judicial previsto no art. 968, II, do CPC. *Proc. segredo justiça, 2ª S, 10.8.2022. Inf 744.*

QUESTÕES DISCURSIVAS

11. (Consulplan/TJ/MG/Cartórios/Ingresso/2018) A quem compete e quais as medidas passíveis de serem tomadas quando é ajuizada ação rescisória contra a sentença judicial protestada? E quando a obrigação é integralmente satisfeita?

QUESTÕES OBJETIVAS

192. (Cespe/TJ/DFT/Cartórios/Ingresso/2019) Com base no disposto no Código de Processo Civil, acerca do instituto da ação rescisória, assinale a opção correta.

a) Admite-se a propositura de ação rescisória para desconstituir acórdão proferido baseado em julgamento de casos repetitivos em que não se tenha considerado a distinção entre a questão discutida no processo e o padrão decisório que lhe tenha dado fundamento.
b) É cabível a ação rescisória quando a decisão de mérito, transitada em julgado, for fundada em erro de fato que represente ponto controvertido sobre o qual o juiz deveria ter se pronunciado.
c) A distribuição da petição inicial da ação rescisória ao relator suspende automaticamente o cumprimento da decisão rescindenda.
d) A escolha de relator poderá recair em juiz que tenha participado do julgamento rescindendo, sendo dispensada a justificativa dessa distribuição pelo tribunal.
e) O autor que, posteriormente ao trânsito em julgado, obtiver prova nova cuja existência ignorava e que for capaz de lhe assegurar pronunciamento favorável terá, para propor a ação rescisória, o prazo máximo de dois anos, contado do trânsito em julgado da última decisão proferida no processo.

9.1.6. Da Reclamação

SÚMULAS

STF **Súm. 734.** Não cabe reclamação quando já houver transitado em julgado o ato judicial que se alega tenha desrespeitado decisão do Supremo Tribunal Federal.

INFORMATIVOS

STJ **Incidente de Resolução de Demandas Repetitivas. Inobservância de tese estabelecida pelo STJ. Equivalência a Recurso Especial Repetitivo. Reclamação. Descabimento. Aplicação da tese delineada na Rcl 36.476/SP.** É descabida a reclamação ao STJ com fundamento em inobservância de acórdão proferido em recurso especial em IRDR. *Rcl 43019, 2ª S, 3.10.2022. Inf 758.*

STJ **Descumprimento de acórdão prolatado em incidente de assunção de competência. Reclamação. Esgotamento da instância ordinária. Não exigência.** Não se exige o esgotamento da instância ordinária como pressuposto de conhecimento da reclamação fundamentada em descumprimento de acórdão prolatado em incidente de assunção de competência (IAC). *Rcl 40617, 2ª S, 24.8.2022. Inf 746.*

QUESTÕES OBJETIVAS

193. (FGV/TJ/SC/Cartórios/Ingresso/2021) Ana ingressou com ação popular em face do Estado Alfa, embasando-se na indevida extensão do direito ao auxílio-alimentação aos servidores inativos, o que estaria em desacordo com a ordem constitucional. Para sua surpresa, o juízo da 1ª Vara Cível da Comarca da Capital julgou improcedente o pedido formulado. Como Ana entende ter sido violada uma súmula vinculante, para que a matéria possa ser conhecida pelo Supremo Tribunal Federal com a maior celeridade possível, considerando a decisão do juízo, será preciso:

a) ajuizar reclamação imediatamente.
b) ingressar com mandado de segurança.
c) exaurir os recursos nas instâncias ordinárias e ajuizar reclamação.
d) exaurir os recursos nas instâncias ordinárias e no Superior Tribunal de Justiça, e ajuizar reclamação.
e) exaurir os recursos nas instâncias ordinárias e no Superior Tribunal de Justiça, e interpor recurso extraordinário.

194. (Consulplan/TJ/MG/Cartórios/Ingresso/2017) O CPC/2015 dedicou o Capítulo IX, do Título I do Livro III (Dos processos nos tribunais e dos meios de impugnação das decisões judiciais) da Parte Especial para tratar da Reclamação. Acerca da Reclamação, todas as afirmações seguintes são verdadeiras, exceto:

a) é admissível a reclamação proposta após o trânsito em julgado da decisão reclamada.
b) caberá reclamação da parte interessada ou do Ministério Público.
c) a reclamação poderá ser proposta perante qualquer tribunal, e não somente perante os tribunais superiores.
d) se não houver formulado a reclamação, o Ministério Público atuará como custos legis.

9.2. Dos Recursos

9.2.1. Disposições Gerais

SÚMULAS

STF **Súm. 322.** Não terá seguimento pedido ou recurso dirigido ao Supremo Tribunal Federal, quando manifestamente incabível, ou apresentando fora do prazo, ou quando for evidente a incompetência do Tribunal.

STF **Súm. 392.** O prazo para recorrer de acórdão concessivo de segurança conta-se da publicação oficial de suas conclusões, e não da anterior ciência à autoridade para cumprimento da decisão.

STF **Súm. 425.** O agravo despachado no prazo legal não fica prejudicado pela demora da juntada, por culpa do cartório; nem o agravo entregue em cartório no prazo legal, embora despachado tardiamente.

STF **Súm. 515.** A competência para a ação rescisória não é do Supremo Tribunal Federal, quando a questão federal, apreciada no recurso extraordinário ou no agravo de instrumento, seja diversa da que foi suscitada no pedido rescisório.

STJ **Súm. 55.** Tribunal regional federal não é competente para julgar recurso de decisão proferida por juiz estadual não investido de jurisdição federal.

STJ **Súm. 99.** O Ministério Público tem legitimidade para recorrer no processo em que oficiou como fiscal da lei, ainda que não haja recurso da parte.

STJ Súm. 202. A impetração de segurança por terceiro, contra ato judicial, não se condiciona à interposição de recurso.

STJ Súm. 226. O Ministério Público tem legitimidade para recorrer na ação de acidente do trabalho, ainda que o segurado esteja assistido por advogado.

STJ Súm. 484. Admite-se que o preparo seja efetuado no primeiro dia útil subsequente, quando a interposição do recurso ocorrer após o encerramento do expediente bancário.

STJ Súm. 568. O relator, monocraticamente e no Superior Tribunal de Justiça, poderá dar ou negar provimento ao recurso quando houver entendimento dominante acerca do tema.

INFORMATIVOS

STJ Agravo em Recurso Especial. Ausência de procuração do advogado subscritor do agravo. Documento nos autos principais. Impossibilidade de conhecimento do recurso interposto para as instâncias superiores. Súm. 115/STJ. A procuração juntada em outro processo conexo ou incidental, não apensado ao principal, não produz efeito em favor do recorrente no STJ. *Proc. segredo justiça, 4ª T, 21.11.2022. Inf 760.*

STJ Rescisão e revisão contratual. Indenização por danos morais e materiais. Efeito expansivo subjetivo dos recursos. CPC. Aplicabilidade às hipóteses de litisconsórcio unitário e às demais que justifiquem tratamento igualitário das partes. A regra do art. 1.005 do CPC não se aplica apenas às hipóteses de litisconsórcio unitário, mas, também, a quaisquer outras hipóteses em que a ausência de tratamento igualitário entre as partes gere uma situação injustificável, insustentável ou aberrante. *REsp 1993772, 3ª T, 13.6.2022. Inf 743.*

STJ Tempestividade. CPC. Contagem do prazo em dias úteis. Suspensão dos prazos por ato administrativo local. Comprovação. Cópia de página do Diário de Justiça Eletrônico. Lei 11.419/06. Documento idôneo. Na contagem realizada conforme o disposto no art. 219 do CPC, não se deve computar o dia em que, por força de ato administrativo editado pela presidência do Tribunal local, os prazos processuais estavam suspensos. A cópia de página do Diário de Justiça Eletrônico, editado na forma do disposto no art. 4º, da Lei 11.419/06, é documento idôneo para comprovar a tempestividade recursal. *AgInt no AREsp 1788341, 4ª T, 3.5.2022. Inf 738.*

STJ Recurso especial. Intempestividade. Feriado de Corpus Christi. Lei federal. Inexistência. Feriado local. Comprovação idônea. Imprescindibilidade. A ausência de expediente forense no dia de Corpus Christi deve ser comprovada pela parte, no momento da interposição do recurso, por meio de documento idôneo. *AREsp 1779552, 4ª T, 6.5.2022. Inf 735.*

STJ Intempestividade recursal. Equívoco do sistema eletrônico do Tribunal de Justiça. Prorrogação do prazo. Demonstração de justa causa. Imprescindibilidade. Para a prorrogação do prazo recursal é necessária a configuração da justa causa, que deve ser demonstrada de maneira efetiva. *AREsp 1837057, 4ª T, 29.3.2022. Inf 733.*

STJ Prazo recursal. Erro de informação pelo sistema eletrônico do Tribunal de origem. Termo final para interposição do recurso que considera feriado local. Ausência de comprovação no ato de interposição do recurso. Mitigação. Princípios da confiança e da boa-fé. O erro do sistema eletrônico do Tribunal de origem na indicação do término do prazo recursal é apto a configurar justa causa para afastar a intempestividade do recurso. *EAREsp 1759860, Corte Especial, 21.3.2022. Inf 729.*

QUESTÕES OBJETIVAS

195. (Vunesp/TJ/GO/Cartórios/Remoção/2021) A respeito das definições da jurisprudência do STJ sobre a técnica do julgamento ampliado, é correto afirmar que:

a) se houver novos julgadores convocados, não poderão analisar integralmente o recurso, limitando-se aos pontos sobre os quais houve inicialmente divergência.
b) a técnica diferenciada de julgamento não é cabível em sede de ação rescisória.
c) a técnica de ampliação do colegiado se aplica também ao julgamento de apelação interposta contra sentença proferida em mandado de segurança.
d) por sua natureza, os embargos de declaração dispensam a necessidade do julgamento ampliado.

196. (UFPR/TJ/PR/Cartórios/Remoção/2019) O relator, entre outras incumbências, exercerá o exame de admissibilidade do recurso a ele distribuído. Sobre esse exame de admissibilidade e demais incumbências do relator, assinale a alternativa correta.

a) O preparo deve ser obrigatoriamente comprovado no momento da interposição do recurso, sob pena de o relator aplicar imediatamente a pena de deserção.
b) O dever de prevenção, consistente na possibilidade de o relator desconsiderar vício formal de recurso ou determinar sua correção, não se aplica aos recursos especial e extraordinário.
c) O relator, no agravo de instrumento, poderá, monocraticamente, independentemente de prévia intimação do agravado, negar seguimento, negar provimento ou dar provimento ao recurso.
d) As decisões monocráticas dos relatores, em sede de agravo de instrumento, são irrecorríveis.
e) Presentes os pressupostos, o relator do recurso poderá atribuir efeito suspensivo ao recurso (se não for o caso de recurso com efeito suspensivo automático) ou antecipar, total ou parcialmente, a tutela recursal.

9.2.2. Da Apelação

SÚMULAS

STF Súm. 320. A apelação despachada pelo juiz no prazo legal não fica prejudicada pela demora da juntada, por culpa do cartório.

STF Súm. 428. Não fica prejudicada a apelação entregue em cartório no prazo legal, embora despachada tardiamente.

STJ Súm. 277. Julgada procedente a investigação de paternidade, os alimentos são devidos a partir da citação.

STJ Súm. 331. A apelação interposta contra sentença que julga embargos à arrematação tem efeito meramente devolutivo.

QUESTÕES OBJETIVAS

197. (Ieses/TJ/RO/Cartórios/Remoção/2021) Da sentença cabe:

a) Embargos de Divergência.
b) Agravo de Instrumento.
c) Apelação.
d) Recurso Extraordinário.

198. (Consulplan/TJ/MG/Cartórios/Remoção/2017) Qual recurso cabível contra sentença proferida por Juiz Federal nas ações em que figurem como parte Estado Estrangeiro ou organismo internacional, de um lado, e do outro, pessoa domiciliada no País?

a) recurso de apelação para o Tribunal Regional Federal.
b) recurso ordinário para o Supremo Tribunal Federal.
c) recurso ordinário para o Superior Tribunal de Justiça.
d) mandado de segurança para o Tribunal Regional Federal.

199. (Consulplan/TJ/MG/Cartórios/Remoção/2017) Sobre os recursos, assinale a única afirmativa correta:

a) a apelação, como regra, não tem efeito suspensivo.
b) as decisões interlocutórias não recorríveis imediatamente por agravo de instrumento deverão ser questionadas em preliminar de recurso de apelação.
c) os embargos infringentes foram preservados no CPC/2015.
d) o juízo de admissibilidade do recurso de apelação deve ser realizado perante o juízo de primeira instância.

200. (Ieses/TJ/RO/Cartórios/Remoção/2017) O apelado será intimado para apresentar contrarrazões no prazo de:

a) 10 (dez) dias.
b) 05 (cinco) dias.
c) 15 (quinze) dias.
d) 30 (trinta) dias.

9.2.3. Do Agravo

SÚMULAS

STF **Súm. 315.** Indispensável o traslado das razões da revista, para julgamento, pelo Tribunal Superior do Trabalho, do agravo para sua admissão.

STJ **Súm. 116.** A Fazenda Pública e o Ministério Público têm prazo em dobro para interpor agravo regimental no Superior Tribunal de Justiça.

STJ **Súm. 118.** O agravo de instrumento é o recurso cabível da decisão que homologa a atualização do cálculo da liquidação.

STJ **Súm. 182.** É inviável o agravo do art. 545 do CPC que deixa de atacar especificamente os fundamentos da decisão agravada.

STJ **Súm. 223.** A certidão de intimação do acórdão recorrido constitui peça obrigatória do instrumento de agravo.

REPERCUSSÃO & REPETITIVOS

STJ **Repetitivo 1022.** É cabível agravo de instrumento contra todas as decisões interlocutórias proferidas nos processos de recuperação judicial e nos processos de falência, por força do art. 1.015, parágrafo único, CPC. *REsp 1717213, 10.12.2020.*

JURISPRUDÊNCIA EM TESES

STJ **JurisTese 182-2.** Em regra, descabe a imposição da multa (art. 1.021, § 4º, do CPC) em razão do não provimento do agravo interno em votação unânime, pois é necessária a configuração da manifesta inadmissibilidade ou improcedência do recurso para autorizar sua incidência.

STJ **JurisTese 182-3.** Dever ser paga à parte contrária a multa do art. 1.021, § 4º, do Código de Processo Civil aplicada na hipótese de agravo interno manifestamente inadmissível ou improcedente.

STJ **JurisTese 182-.4** A interposição de agravo interno contra decisão colegiada constitui erro grosseiro, portanto, é vedada a aplicação do princípio da fungibilidade recursal.

STJ **JurisTese 182-5.** Não é possível aplicar o princípio da fungibilidade recursal para a conversão de embargos de divergência interpostos contra decisão monocrática em agravo interno por constituir erro grosseiro

STJ **JurisTese 182-6.** Não é possível aplicar o princípio da fungibilidade recursal para receber o agravo interno como embargos de declaração, por se tratar de erro grosseiro.

STJ **JurisTese 182-7.** Não é possível aplicar o princípio da fungibilidade recursal à interposição de recurso diverso do agravo interno contra decisão que inadmite, na origem, o recurso especial sob a sistemática dos recursos repetitivos, por se tratar de erro grosseiro.

STJ **JurisTese 182-8.** É permitida a interposição simultânea de agravo interno (art. 1.021 c/c art. 1.030, § 2º, do CPC) e de agravo em recurso especial (art. 1.042 do CPC) contra decisão negativa do juízo de admissibilidade na origem, por sua dupla fundamentação, o que caracteriza exceção ao princípio da unirrecorribilidade.

STJ **JurisTese 182-9.** Constitui erro grosseiro interpor recurso diverso de agravo interno contra decisão que, em atenção à sistemática da repercussão geral, nega seguimento ao recurso extraordinário, o que impossibilita a aplicação do princípio da fungibilidade recursal.

STJ **JurisTese 182-10.** Não é cabível a interposição de agravo interno contra decisão que determina sobrestamento do recurso especial em virtude de repercussão geral de tema reconhecido pelo Supremo Tribunal Federal.

STJ **JurisTese 183-1.** A partir da vigência do Código de Processo Civil de 2015, não se admite comprovação posterior, ainda que em agravo interno, de feriado local ou de suspensão de expediente forense no tribunal de origem, que deve ser demonstrada, por meio de documento idôneo, no ato da interposição do recurso, para aferição de tempestividade, ressalvada a hipótese de comprovação posterior do feriado da segunda-feira de carnaval para os recursos interpostos antes de 18/11/2019, conforme decidido na QO no REsp n. 1.813.684/SP.

STJ **JurisTese 183-2.** A ausência de impugnação, no agravo interno, de capítulo autônomo e/ou independente da decisão monocrática do relator – proferida em recurso especial ou agravo em recurso especial – apenas acarreta a preclusão da matéria não impugnada e não atrai a incidência da Súmula n. 182 do STJ.

STJ **JurisTese 183-3.** Não se conhece de agravo interno que se limita a reproduzir as razões de seu recurso anterior, por violar o princípio da dialeticidade.

STJ **JurisTese 183-4.** A vedação do art. 1.021, § 3º, do CPC/2015 não pode ser interpretada no sentido de se exigir que o julgador tenha de refazer o texto da decisão agravada com os mesmos fundamentos, mas com outras palavras, ainda que a parte agravante não tenha apresentado nenhum argumento novo.

STJ **JurisTese 183-5.** É vedado ao relator limitar-se à reprodução dos fundamentos da decisão agravada para julgar improcedente o agravo interno.

STJ **JurisTese 183-6.** Não é possível a análise de teses alegadas apenas nas razões do agravo interno por se tratar de evidente inovação recursal.

STJ **JurisTese 183-7.** A impugnação tardia dos fundamentos da decisão que negou seguimento ao recurso especial, somente por ocasião do manejo de agravo interno, além de caracterizar imprópria inovação recursal, não afasta o vício do agravo em recurso especial, em face da preclusão consumativa.

STJ **JurisTese 183-8.** Admite-se o recebimento de pedido de reconsideração como agravo interno, desde que tempestivamente apresentado e não represente erro grosseiro ou má-fé do recorrente.

STJ **JurisTese 183-9.** Em observância aos princípios da fungibilidade recursal e da instrumentalidade das formas, é admitida a conversão de embargos de declaração em agravo interno quando a pretensão declaratória possui manifesto caráter infringente.

STJ **JurisTese 183-10.** Eventual nulidade de decisão monocrática fica superada com apreciação da matéria pelo órgão colegiado no julgamento do agravo interno.

STJ **JurisTese 183-11.** Não é cabível a majoração dos honorários recursais no julgamento de agravo interno.

STJ **JurisTese 183-12.** Após a entrada em vigor do CPC/2015, é inviável a determinação de retorno dos autos ao tribunal de origem, para que o agravo em recurso especial inadmitido com base em recurso repetitivo seja apreciado como agravo interno.

STJ **JurisTese 183-13.** Nos termos do art. 159, IV, do Regimento Interno do Superior Tribunal de Justiça – RISTJ, não se admite sustentação oral no julgamento do agravo interno.

INFORMATIVOS

STJ **Agravo interno. Multa. Art. 1.021, §§ 4º e 5º, do CPC. Depósito prévio. Substituição por carta fiança. Possibilidade. Fiador e afiançado na mesma pessoa. Inadmissão.** Nos termos do art. 1.021, § 5º, do CPC, não é possível aceitar carta fiança como depósito prévio do valor da multa em que a instituição financeira figura como fiador e afiançado. *REsp 1997043, 3ª T, 27.10.2022. Inf 758.*

STJ **Agravo regimental no agravo em recurso especial. Inovação introduzida no art. 7º, § 2º-B, III, da Lei 8.906/94 pela Lei 14.365/22. Sustentação oral. Descabimento.** Não cabe sustentação oral no julgamento de agravo regimental no agravo em recurso especial, mesmo após a inovação introduzida no Estatuto da Ordem dos Advogados do Brasil pela Lei 14.365/22. *EDcl no AgRg no AREsp 2170433, 5ª T, 10.10.2022. Inf 752.*

STJ **Recurso. Princípio da dialeticidade recursal. Não impugnação específica dos fundamentos da decisão atacada. Súmula 182/STJ. Agravo interno. Dupla aplicação do art. 932, III, do CPC. Multa. art. 1.021, §§ 1º e 4º do CPC.** O recurso que insiste em não atacar especificamente os fundamentos da decisão recorrida seguidamente é manifestamente inadmissível (dupla aplicação do art. 932, III, do CPC), devendo ser penalizado com a multa prevista no art. 1.021, § 4º, do CPC. *AgInt no AREsp 2092094, 2ª T, 16.8.2022. Inf 745.*

STJ **Habilitação de crédito no inventário. Decisão que indefere o pedido. Art. 1.015, par. ún. do CPC. Recurso cabível. Agravo de instrumento.** Na vigência da nova legislação processual, o pronunciamento judicial que versa sobre a habilitação do crédito no inventário é uma decisão interlocutória a que se impugna por meio de agravo de instrumento com base no art. 1.015, par. ún., do CPC. *REsp 1963966, 3ª T, 5.5.2022. Inf 744.*

STJ **Estatuto da Advocacia. Lei 14.365/22. Prerrogativas. Sustentação oral em recurso interposto contra decisão monocrática de relator. Decisão que defere ou indefere a contracautela em suspensão de liminar e sentença (ou suspensão de segurança). Descabimento.** Não é cabível a sustentação oral no agravo interno interposto contra decisão do Presidente do Tribunal que defere ou indefere a contracautela em suspensão de liminar de sentença ou suspensão de segurança. *QO no AgInt na SLS 2507, Corte Especial, 22.6.2022. Inf 743.*

STJ Agravo de instrumento. Requerimento de expedição de ofícios para apresentação de arquivos. Natureza de exibição de documentos. Art. 1.015, VI, do CPC. Cabimento. É cabível a interposição de agravo de instrumento contra decisões que versem sobre o mero requerimento de expedição de ofício para apresentação ou juntada de documentos ou coisas, independentemente da menção expressa ao termo "exibição" ou aos arts. 396 a 404 do CPC. *REsp 1853458, 1ª T, 2.3.2022. Inf 726.*

STJ Ação de dissolução parcial de sociedade. Exclusão de sócio. Decisão que homologa transação. Natureza jurídica de sentença. Recurso cabível. Apelação. Interposição de agravo de instrumento. Erro grosseiro. Princípio da fungibilidade recursal. Inaplicabilidade. A interposição de agravo de instrumento contra decisão que, em ação de exclusão de sócio, homologa transação quanto à saída da sociedade e fixa critérios para apuração dos haveres constitui erro grosseiro, inviabilizando a aplicação do princípio da fungibilidade recursal. *REsp 1954643, 3ª T, 18.2.2022. Inf 725.*

QUESTÕES OBJETIVAS

201. (Vunesp/TJ/SP/Cartórios/Ingresso/2022) É correto afirmar, a respeito dos recursos:

a) à exceção do agravo interno e dos embargos de declaração, o prazo para interposição dos recursos é de 15 dias, sempre contados da intimação dos advogados pela imprensa oficial.
b) o agravo retido e a reclamação são recursos cabíveis de acordo com a sistemática prevista no novo CPC.
c) o capítulo da sentença que concede ou revoga a tutela provisória é impugnável via agravo de instrumento, sem prejuízo da apelação quanto às demais matérias.
d) tem o agravante o ônus de juntar, nos autos físicos, cópia da petição do agravo de instrumento que manejou, no prazo de 03 dias, contados da interposição, pena de ser reconhecida a sua inadmissibilidade.

202. (Ieses/TJ/AM/Cartórios/Remoção/2018) Consoante as diretrizes do Código de Processo Civil – CPC/15, são cabíveis os seguintes recursos, entre outros, exceto:

a) agravo de instrumento.
b) agravo em recurso especial ou extraordinário.
c) agravo interno.
d) agravo retido.

203. (Cetro/TJ/RJ/Cartórios/Ingresso/2017) Com observância dos dispositivos no NCPC (Novo Código de Processo Civil – Lei n. 13.105/2015), no que se refere aos recursos, assinale a alternativa correta:

a) o Agravo Interno manifestadamente improcedente atrai multa de 1% (um por cento) a 5% (cinco por cento) do valor atualizado da causa em caso de votação unânime do órgão colegiado.
b) o NCPC ampliou as possibilidades de cabimento da reclamação à garantia de observância a acórdão proferido em julgamento de incidente de resolução de demandas repetitivas e restringiu as possibilidades de as partes utilizarem o recurso especial.
c) de acordo com o STJ, é inválida a vedação, carreada no NCPC, de o relator se limitar a reproduzir a decisão agravada para julgar improcedente o agravo de instrumento, uma vez que fere o princípio da economia processual.
d) os embargos de declaração opostos contra decisão do relator deverão ser julgados na sessão subsequente, pelo órgão colegiado.
e) o NCPC manteve a regra do juízo de admissibilidade prevista no anterior para o recurso da apelação, sendo que para o caso de o Juízo a quo não enviar o recurso sob indicação de intempestividade, a decisão deve ser impugnada por meio de mandado de segurança.

9.2.4. Dos Embargos de Declaração

SÚMULAS

STF Súm. 317. São improcedentes os embargos declaratórios, quando não pedida a declaração do julgado anterior, em que se verificou a omissão.

STJ Súm. 98. Embargos de declaração manifestados com notório propósito de prequestionamento não têm caráter protelatório.

STJ Súm. 211. Inadmissível recurso especial quanto à questão que, a despeito da oposição de embargos declaratórios, não foi apreciada pelo tribunal "a quo".

STJ Súm. 579. Não é necessário ratificar o recurso especial interposto na pendência do julgamento dos embargos de declaração quando inalterado o julgamento anterior.

JURISPRUDÊNCIA EM TESES

STJ JurisTese 189-1. Os embargos de declaração não podem ser utilizados para adequar a decisão ao entendimento da parte embargante, acolher pretensões que refletem mero inconformismo ou rediscutir matéria já decidida.

STJ JurisTese 189-2. A contradição que autoriza a oposição de embargos de declaração é a interna, caraterizada pela existência de proposições inconciliáveis entre si.

STJ JurisTese 189-4. Não compete ao Superior Tribunal de Justiça – STJ, ainda que para fim de prequestionamento, examinar dispositivos constitucionais em embargos de declaração, sob pena de usurpação da competência do Supremo Tribunal Federal – STF.

STJ JurisTese 189-5. A oposição de embargos de declaração com notório propósito de prequestionamento não possui caráter protelatório, assim, deve ser afastada a aplicação da multa prevista no art. 1.026, § 2º, do Código de Processo Civil, nos termos da Súmula n. 98/STJ.

STJ JurisTese 189-6. Os embargos de declaração devem ser apreciados pelo órgão julgador da decisão embargada, independentemente da alteração de sua composição, o que não ofende o princípio do juiz natural nem excepciona o princípio da identidade física do juiz.

STJ JurisTese 189-7. Admite-se, excepcionalmente, a oposição de embargos de declaração para obter a juntada de notas taquigráficas aos autos quando indispensáveis à compreensão do acórdão ou ao exercício da ampla defesa.

STJ JurisTese 189-8. É possível a imposição cumulativa de multa por oposição de embargos de declaração protelatórios com multa por litigância de má-fé, pois possuem naturezas distintas.

STJ JurisTese 189-9. Em observância aos princípios da fungibilidade recursal e da instrumentalidade das formas, é admitida a conversão de embargos de declaração em agravo interno quando a pretensão declaratória possui manifesto caráter infringente.

STJ JurisTese 189-10. Não é cabível o recebimento de embargos declaratórios como pedido de reconsideração nem deste como aqueles.

STJ JurisTese 190-1. Na hipótese de concessão de efeito infringente aos embargos de declaração, é necessária intimação prévia do embargado para apresentar impugnação, sob pena de nulidade de julgamento e violação aos princípios do contraditório e da ampla defesa.

STJ JurisTese 190-2. Os embargos de declaração, quando opostos contra decisão de inadmissibilidade do recurso especial proferida na instância ordinária, não interrompem o prazo para a interposição do agravo previsto no art. 1.042 do CPC, único recurso cabível, salvo quando a decisão for tão genérica que impossibilite ao recorrente aferir os motivos pelos quais teve seu recurso negado, de modo a inviabilizar a interposição do agravo.

STJ JurisTese 190-3. Deve-se aplicar a técnica do julgamento ampliado, prevista no art. 942 do CPC, aos embargos de declaração quando o voto divergente puder alterar o resultado unânime do acórdão de apelação.

STJ JurisTese 190-4. Os segundos embargos de declaração estão restritos ao argumento da existência de vícios no acórdão proferido nos primeiros aclaratórios, pois, em virtude da preclusão consumativa, é descabida a discussão acerca da decisão anteriormente embargada.

STJ JurisTese 190-5. Não é possível, em embargos de declaração, adaptar o entendimento do acórdão embargado em razão de posterior mudança jurisprudencial.

STJ JurisTese 190-6. São cabíveis embargos de declaração para, em caráter excepcional, adequar o acórdão embargado à orientação firmada no âmbito de repercussão geral reconhecida pelo Supremo Tribunal Federal e de recurso julgado sob o rito dos repetitivos.

STJ JurisTese 190-7. Embargos de declaração que visam rediscutir matéria já apreciada e decidida pela Corte de origem em conformidade com súmula do STJ ou STF ou, ainda, precedente julgado pelo rito dos recursos repetitivos são considerados protelatórios.

STJ JurisTese 190-8. O julgamento colegiado dos embargos de declaração opostos à decisão monocrática de relator, sem a interposição de agravo interno, não acarreta o exaurimento da instância para efeito de interposição de recurso especial.

STJ JurisTese 190-9. O julgamento monocrático dos embargos de declaração opostos ao acórdão do Tribunal de origem, sem a interposição do agravo interno, não acarreta o exaurimento da instância para efeito de interposição de recurso especial.

STJ JurisTese 190-10. É possível o julgamento monocrático pelo relator de embargos de declaração opostos contra decisão colegiada.

STJ JurisTese 191-1. Não é cabível a majoração dos honorários recursais no julgamento de embargos de declaração.

STJ JurisTese 191-2. Não são cabíveis embargos de declaração contra despacho que determina a intimação da parte para regularizar o preparo recursal, pois tal ato não possui natureza decisória.

STJ JurisTese 191-3. A ausência de manifestação sobre o mérito de recurso que não ultrapassou o juízo de admissibilidade não caracteriza omissão apta a autorizar a oposição de embargos de declaração.

STJ JurisTese 191-4. É desnecessária a intimação para complementar as razões recursais a que se refere o art. 1.024, § 3º, do CPC, quando os embargos de declaração recebidos como agravo regimental impugnam especificamente os fundamentos da decisão monocrática.

STJ JurisTese 191-5. O julgamento dos embargos de declaração independe de inclusão em pauta e intimação da data da sessão de julgamento, mediante publicação na imprensa oficial, pois o feito é apresentado em mesa e não cabe sustentação oral.

STJ JurisTese 191-6. Diante da reiterada oposição de embargos de declaração meramente protelatórios, deve ser determinada a baixa dos autos à origem, independentemente da publicação do acórdão recorrido e da certificação do trânsito em julgado.

STJ JurisTese 191-7. Na hipótese de concessão de efeito suspensivo aos embargos de declaração para interposição de outros recursos, tem-se que este suspende o prazo apenas quanto ao respectivo acórdão embargado, assim, não têm efeitos ultraprocessuais para suspender o prazo em relação a decisões em outros incidentes processuais.

STJ JurisTese 191-8. Os embargos de declaração opostos por uma das partes não interrompem ou suspendem o prazo que a outra dispõe para embargar a mesma decisão, pois o prazo para recorrer é comum entre elas.

STJ JurisTese 192-1. É vedado, em embargos de declaração, ampliar as questões veiculadas no recurso para incluir teses que não foram anteriormente suscitadas, ainda que se trate de matéria de ordem pública, por configurar inovação recursal e revelar falta de prequestionamento, pois o cabimento dessa espécie recursal restringe-se às hipóteses em que existe vício no julgado.

STJ JurisTese 192-2. A ausência de indicação, nas razões dos embargos declaratórios, da presença de quaisquer dos vícios de cabimento do recurso, implica o não conhecimento dos aclaratórios por fundamentação recursal deficiente. (Súmula n. 284 do STF).

STJ JurisTese 192-3. O erro material sanável nos embargos de declaração é aquele evidente, conhecível de plano, que prescinde da análise do mérito, ou que diz respeito a incorreções internas do próprio julgado.

STJ JurisTese 192-4. A oposição de embargos declaratórios intempestivos não interrompe nem suspende o prazo para a interposição de novos recursos.

STJ JurisTese 192-5. Reconhecida a intempestividade do agravo, não se conhece dos embargos de declaração posteriormente opostos que não se insurgem contra referido óbice recursal.

STJ JurisTese 192-6. Nos casos em que o órgão colegiado julga matéria submetida à sistemática da repercussão geral, admite-se, excepcionalmente, a oposição de embargos de declaração para atribuir-lhes efeitos modificativos, anular o acórdão embargado e determinar a devolução dos autos ao Tribunal de origem para exercer juízo de conformação após o julgamento do paradigma.

STJ JurisTese 192-7. Não são admissíveis os segundos embargos de declaração opostos pela mesma parte, contra a mesma decisão, em razão da preclusão consumativa e do princípio da unirrecorribilidade.

STJ JurisTese 192-8. É possível o conhecimento dos embargos de declaração, independentemente do depósito prévio da multa prevista no art. 1.021, § 4º, do CPC, quando o recurso questiona a própria aplicação da penalidade, quanto à sua base de cálculo.

INFORMATIVOS

STJ Pedido de Reconsideração. Interposição contra acórdão. Ausência de previsão legal. Descabimento. Recebimento como embargos declaratórios. Princípio da fungibilidade recursal. Inaplicabilidade. Erro grosseiro. É manifestamente incabível pedido de reconsideração em face de acórdão, bem como o seu recebimento como embargos de declaração ante a inadmissibilidade da incidência do princípio da fungibilidade recursal quando constatada a ocorrência de erro inescusável. *RCD no AgRg no HC 746844, 5ª T, 11.11.2022. Inf 760.*

STJ Sucessivas oposições de embargos de declaração. Nítido caráter protelatório. Repetição dos embargos anteriormente opostos. Abuso de direito caracterizado. Baixa dos autos. Não obstante na esfera penal não ser viável a fixação de multa por litigância de má-fé, é possível, até mesmo antes do trânsito em julgado da condenação, a baixa dos autos à origem, independentemente da publicação do acórdão recorrido. *Proc. segredo justiça, Corte Especial, 25.8.2022. Inf 750.*

QUESTÕES OBJETIVAS

204. (Consulplan/TJ/MS/Cartórios/Remoção/2021) Foi prolatada uma decisão judicial de primeira instância, em que houve condenação recíproca. Verificando os autos, o advogado do autor percebeu que havia um erro material claro na sentença. Desta feita, o mais correto a fazer, frente ao fato, é:

a) Apresentar embargos de declaração para corrigir o erro material presente na sentença.
b) Apelar da decisão, para não perder o prazo e simultaneamente apresentar embargos de declaração para corrigir o erro material.
c) Apelar da decisão e nada fazer sobre o erro material, visto que não se pode recorrer contra erro material por qualquer método previsto em Lei.
d) Apelar da decisão, indicando nesta o erro material, visto que não são cabíveis embargos de declaração da sentença e, sim, apenas em decisões não terminativas.

205. (Ieses/TJ/AM/Cartórios/Remoção/2018) Cabem embargos de declaração contra qualquer decisão judicial para esclarecer obscuridade ou eliminar contradição, suprir omissão de ponto ou questão sobre o qual devia se pronunciar o juiz de ofício ou a requerimento e corrigir erro material. De acordo com as novas diretrizes do Código de Processo Civil vigente os embargos de declaração serão opostos em:

a) 15 (quinze) dias.
b) 8 (oito) dias.
c) 5 (cinco) dias.
d) 10 (dez) dias.

206. (Ieses/TJ/RO/Cartórios/Ingresso/2017) Quanto aos Embargos de Declaração e sua disciplina no Código de Processo Civil, assinale a alternativa correta:

a) quando manifestamente protelatórios, o juiz ou o tribunal, em decisão fundamentada, condenará o embargante a pagar ao embargado multa não excedente a dez por cento sobre o valor atualizado da causa.
b) quando manifestamente protelatórios, o juiz ou o tribunal, em decisão fundamentada, condenará o embargante a pagar ao embargado multa não excedente a cinco por cento sobre o valor atualizado da causa.
c) quando manifestamente protelatórios, o juiz ou o tribunal, em decisão fundamentada, condenará o embargante a pagar

ao embargado multa não excedente a um por cento sobre o valor atualizado da causa.

d) quando manifestamente protelatórios, o juiz ou o tribunal, em decisão fundamentada, condenará o embargante a pagar ao embargado multa não excedente a dois por cento sobre o valor atualizado da causa.

207. (Ieses/TJ/RO/Cartórios/Remoção/2017) Contra qualquer decisão judicial que contiver omissão, obscuridade, contradição, ou erro material caberá:

a) agravo de instrumento.
b) embargos de divergência.
c) embargos de declaração.
d) recurso extraordinário.

208. (Consulplan/TJ/MG/Cartórios/Remoção/2017) Quando forem opostos embargos de declaração em relação à sentença, é correto afirmar que:

a) permanece suspenso o prazo de interposição de outros recursos.
b) só há suspensão do prazo supra referido se o outro recurso for o agravo.
c) fica interrompido o prazo para interposição de outros recursos.
d) nunca fica interrompido o prazo para interposição de outros recursos.

9.2.5. Dos Recursos para o STF e para o STJ

SÚMULAS

1) Embargos de Divergência no STF

STF **Súm. 247.** O relator não admitirá os embargos da Lei 623, de 19.2.49, nem deles conhecerá o Supremo Tribunal Federal, quando houver jurisprudência firme do Plenário no mesmo sentido da decisão embargada.

STF **Súm. 290.** Nos embargos da Lei 623, de 19.02.1949, a prova de divergência far-se-á por certidão, ou mediante indicação do "Diário da Justiça" ou de repertório de jurisprudência autorizado, que a tenha publicado, com a transcrição do trecho que configure a divergência, mencionadas as circunstâncias que identifiquem ou assemelhem os casos confrontados.

STF **Súm. 300.** São incabíveis os embargos da Lei 623, de 19.02.1949, contra provimento de agravo para subida de recurso extraordinário.

STF **Súm. 598.** Nos embargos de divergência não servem como padrão de discordância os mesmos paradigmas invocados para demonstrá-la mas repelidos como não dissidentes no julgamento do recurso extraordinário.

2) Embargos de Divergência no STJ

STJ **Súm. 158.** Não se presta a justificar embargos de divergência o dissídio com acórdão de turma ou seção que não mais tenha competência para a matéria neles versada.

STJ **Súm. 168.** Não cabem embargos de divergência, quando a jurisprudência do Tribunal se firmou no mesmo sentido do acórdão embargado.

STJ **Súm. 315.** Não cabem embargos de divergência no âmbito do agravo de instrumento que não admite recurso especial.

STJ **Súm. 316.** Cabem embargos de divergência contra acórdão que, em agravo regimental, decide recurso especial.

STJ **Súm. 420.** Incabível, em embargos de divergência, discutir o valor de indenização por danos morais.

3) Recurso Especial

3.1) Hipóteses de Cabimento

STJ **Súm. 5.** A simples interpretação de cláusula contratual não enseja recurso especial.

STJ **Súm. 7.** A pretensão de simples reexame de prova não enseja recurso especial.

STJ **Súm. 86.** Cabe recurso especial contra acórdão proferido no julgamento de agravo de instrumento.

STJ **Súm. 123.** A decisão que admite, ou não, o recurso especial deve ser fundamentada com o exame dos seus pressupostos gerais e constitucionais.

STJ **Súm. 126.** É inadmissível recurso especial, quando o acórdão recorrido assenta em fundamentos constitucional e infraconstitucional, qualquer deles suficiente, por si só, para mantê-lo, e a parte vencida não manifesta recurso extraordinário.

STJ **Súm. 203.** Não cabe recurso especial contra decisão proferida por órgão de segundo grau dos juizados especiais.

STJ **Súm. 518.** Para fins do art. 105, III, a, da Constituição Federal, não é cabível recurso especial fundado em alegada violação de enunciado de súmula.

3.2) Divergência Jurisprudencial

STJ **Súm. 13.** A divergência entre julgados do mesmo tribunal não enseja recurso especial.

STJ **Súm. 83.** Não se conhece do recurso especial pela divergência, quando a orientação do tribunal se firmou no mesmo sentido da decisão recorrida.

3.3) Prequestionamento

STJ **Súm. 98.** Embargos de declaração manifestados com notório propósito de prequestionamento não têm caráter protelatório.

STJ **Súm. 211.** Inadmissível recurso especial quanto à questão que, a despeito da oposição de embargos declaratórios, não foi apreciada pelo tribunal "a quo".

3.4) Ratificação

STJ **Súm. 579.** Não é necessário ratificar o recurso especial interposto na pendência do julgamento dos embargos de declaração quando inalterado o julgamento anterior.

4) Recurso Extraordinário

4.1) Fungibilidade

STF **Súm. 272.** Não se admite como ordinário recurso extraordinário de decisão denegatória de mandado de segurança.

4.2) Hipóteses de Cabimento

STF **Súm. 279.** Para simples reexame de prova não cabe recurso extraordinário.

STF **Súm. 280.** Por ofensa a direito local não cabe recurso extraordinário.

STF **Súm. 281.** É inadmissível o recurso extraordinário, quando couber, na justiça de origem, recurso ordinário da decisão impugnada.

STF **Súm. 283.** É inadmissível o recurso extraordinário, quando a decisão recorrida assenta em mais de um fundamento suficiente e o recurso não abrange todos eles.

STF **Súm. 289.** O provimento do agravo, por uma das turmas do Supremo Tribunal Federal, ainda que sem ressalva, não prejudica a questão do cabimento do recurso extraordinário.

STF **Súm. 292.** Interposto o recurso extraordinário por mais de um dos fundamentos indicados no art. 101, III, da Constituição, a admissão apenas por um deles não prejudica o seu conhecimento por qualquer dos outros.

STF **Súm. 389.** Salvo limite legal, a fixação de honorários de advogado, em complemento da condenação, depende das circunstâncias da causa, não dando lugar a recurso extraordinário.

STF **Súm. 399.** Não cabe recurso extraordinário, por violação de lei federal, quando a ofensa alegada for a regimento de tribunal.

STF **Súm. 400.** Decisão que deu razoável interpretação à lei, ainda que não seja a melhor, não autoriza recurso extraordinário pela letra a do art. 101, III, da Constituição Federal.

STF **Súm. 454.** Simples interpretação de cláusulas contratuais não dá lugar a recurso extraordinário.

STF **Súm. 505.** Salvo quando contrariarem a Constituição, não cabe recurso para o Supremo Tribunal Federal, de quaisquer decisões da Justiça do Trabalho, inclusive dos presidentes de seus tribunais.

STF Súm. 513. A decisão que enseja a interposição de recurso ordinário ou extraordinário não é a do plenário, que resolve o incidente de inconstitucionalidade, mas a do órgão (câmaras, grupos ou turmas) que completa o julgamento do feito.

STF Súm. 636. Não cabe recurso extraordinário por contrariedade ao princípio constitucional da legalidade, quando a sua verificação pressuponha rever a interpretação dada a normas infraconstitucionais pela decisão recorrida.

STF Súm. 637. Não cabe recurso extraordinário contra acórdão de tribunal de justiça que defere pedido de intervenção estadual em município.

STF Súm. 638. A controvérsia sobre a incidência, ou não, de correção monetária em operações de crédito rural é de natureza infraconstitucional, não viabilizando recurso extraordinário.

STF Súm. 640. É cabível recurso extraordinário contra decisão proferida por juiz de primeiro grau nas causas de alçada, ou por turma recursal de juizado especial cível e criminal.

STF Súm. 733. Não cabe recurso extraordinário contra decisão proferida no processamento de precatórios.

STF Súm. 735. Não cabe recurso extraordinário contra acórdão que defere medida liminar.

4.3) Medida Cautelar

STF Súm. 634. Não compete ao Supremo Tribunal Federal conceder medida cautelar para dar efeito suspensivo a recurso extraordinário que ainda não foi objeto de juízo de admissibilidade na origem.

STF Súm. 635. Cabe ao presidente do tribunal de origem decidir o pedido de medida cautelar em recurso extraordinário ainda pendente do seu juízo de admissibilidade.

4.4) Prazo

STF Súm. 728. É de três dias o prazo para a interposição de recurso extraordinário contra decisão do Tribunal Superior Eleitoral, contado, quando for o caso, a partir da publicação do acórdão, na própria sessão de julgamento, nos termos do art. 12 da Lei 6.055/74, que não foi revogado pela Lei 8.950/94.

4.5) Prequestionamento

STF Súm. 282. É inadmissível o recurso extraordinário, quando não ventilada, na decisão recorrida, a questão federal suscitada.

STF Súm. 356. O ponto omisso da decisão, sobre o qual não foram opostos embargos declaratórios, não pode ser objeto de recurso extraordinário, por faltar o requisito do prequestionamento.

4.6) Requisitos Formais

STF Súm. 284. É inadmissível o recurso extraordinário, quando a deficiência na sua fundamentação não permitir a exata compreensão da controvérsia.

STF Súm. 287. Nega-se provimento do agravo quando a deficiência na sua fundamentação, ou na do recurso extraordinário, não permitir a exata compreensão da controvérsia.

4.7) Temas Esparsos

STF Súm. 249. É competente o Supremo Tribunal Federal para a ação rescisória quando, embora não tendo conhecido do recurso extraordinário, ou havendo negado provimento ao agravo, tiver apreciado a questão federal controvertida.

STF Súm. 299. O recurso ordinário e o extraordinário interpostos no mesmo processo de mandado de segurança, ou de "habeas corpus", serão julgados conjuntamente pelo Tribunal Pleno.

STF Súm. 325. As emendas ao Regimento do Supremo Tribunal Federal, sobre julgamento de questão constitucional, aplicam-se aos pedidos ajuizados e aos recursos interpostos anteriormente à sua aprovação.

STF Súm. 456. O Supremo Tribunal Federal, conhecendo do recurso extraordinário, julgará a causa, aplicando o direito à espécie.

STF Súm. 515. A competência para a ação rescisória não é do Supremo Tribunal Federal, quando a questão federal, apreciada no recurso extraordinário ou no agravo de instrumento, seja diversa da que foi suscitada no pedido rescisório.

STF Súm. 528. Se a decisão contiver partes autônomas, a admissão parcial, pelo presidente do tribunal "a quo", de recurso extraordinário que, sobre qualquer delas se manifestar, não limitará a apreciação de todas pelo Supremo Tribunal Federal, independentemente de interposição de agravo de instrumento.

STF Súm. 727. Não pode o magistrado deixar de encaminhar ao Supremo Tribunal Federal o agravo de instrumento interposto da decisão que não admite recurso extraordinário, ainda que referente a causa instaurada no âmbito dos juizados especiais.

REPERCUSSÃO & REPETITIVOS

STJ Repetitivo 1071. A discussão acerca da eficácia e efeitos da medida cautelar ou do julgamento de mérito da ADI 2332 não comporta revisão em recurso especial. *Pet 12344, 13.11.2020.*

JURISPRUDÊNCIA EM TESES

1) Embargos de Divergência

STJ JurisTese 170-1. O objetivo dos embargos de divergência é a uniformização interna da jurisprudência do Superior Tribunal de Justiça – STJ, sendo inadmissível, portanto, a colação de acórdãos paradigmas de outros tribunais.

STJ JurisTese 170-2. Não cabem embargos de divergência no âmbito do agravo de instrumento/agravo em recurso especial que não admite recurso especial.

STJ JurisTese 170-3. São admissíveis embargos de divergência quando, embora desprovido o agravo de instrumento/agravo em recurso especial, a fundamentação do julgado examinar o mérito do recurso especial, mitigando-se a incidência da Súmula n. 315/STJ.

STJ JurisTese 170-4. Não são cabíveis embargos de divergência para discutir aplicação de regra técnica de admissibilidade em recurso especial.

STJ JurisTese 170-5. Não há cancelamento tácito das Súmulas n. 315 e 316 do STJ, em razão do disposto no art. 1.043, III, do Código de Processo Civil – CPC, pois somente se deve conhecer da divergência entre acórdão que apreciou o mérito e outro que não conheceu do recurso, quando ambos analisaram a questão objeto da divergência.

STJ JurisTese 170-6. Cabem embargos de divergência contra acórdão que, em agravo regimental/agravo interno, decide recurso especial.

STJ JurisTese 170-7. Não é possível a utilização de decisão monocrática como paradigma em embargos de divergência para comprovar o dissídio jurisprudencial.

STJ JurisTese 170-8. É requisito para a interposição de embargos de divergência que o dissenso ocorra entre acórdão proferido por turma e aresto exarado por outra turma, seção ou pela Corte Especial em recurso especial.

STJ JurisTese 170-9. É inviável a indicação de acórdão da mesma turma julgadora como paradigma de divergência, se, entre a data do julgamento do acórdão paradigma e a data do julgamento do acórdão recorrido, não houve alteração de mais da metade dos membros do órgão colegiado.

STJ JurisTese 170-10. A eventual ausência de um ou mais membros na sessão de julgamento não implica alteração da composição da turma julgadora apta a justificar o preenchimento do requisito quanto ao cabimento de embargos de divergência previsto no § 3º do art. 1.043 do CPC.

STJ JurisTese 171-2. Em embargos de divergência, os acórdãos paradigmas estão restritos a decisões proferidas em recursos e ações de competência originária do STJ, excluídos os acórdãos proferidos em ações com natureza jurídica de garantia constitucional, tais como: "habeas corpus", recurso ordinário em "habeas corpus", mandado de segurança, recurso ordinário em mandado de segurança, "habeas data" e mandado de injunção.

STJ JurisTese 171-3. A concessão de "habeas corpus" de ofício, nos embargos de divergência, encontra óbice tanto no fato de o relator não possuir autoridade para, em decisão monocrática, desconstituir o resultado de acórdão proferido por outra turma julgadora, quanto no fato de a seção não deter competência constitucional para conceder "habeas corpus" contra acórdão de turma do próprio Tribunal.

STJ JurisTese 171-5. Aplica-se o enunciado da Súmula n. 158/STJ, mesmo após a entrada em vigor do Código de Processo Civil de 2015.

STJ JurisTese 171-6. É incabível a interposição de embargos de divergência contra acórdão proferido em anteriores embargos de divergência.

STJ JurisTese 171-7. Para fins de embargos de divergência, é irrelevante a ocorrência de fatos posteriores ao julgamento do recurso especial e que tenham alterado substancialmente a base fática da relação jurídica examinada.

STJ JurisTese 171-8. A admissão de embargos de divergência não enseja o sobrestamento de recursos que versem sobre o mesmo tema.

STJ JurisTese 171-9. É impossível a aplicação do princípio da fungibilidade para que os embargos de divergência sejam convertidos em agravo interno diante da ausência de dúvida objetiva acerca da modalidade recursal a ser interposta contra a deliberação unipessoal, caracterizando-se, portanto, a ocorrência de erro grosseiro.

STJ JurisTese 171-10. É necessário o recolhimento de custas no momento da interposição de embargos de divergência, nos termos da Lei n. 11.636/2007 e das resoluções do Superior Tribunal de Justiça que dispõem sobre as custas judiciais devidas nos processos de competência originária ou recursal.

STJ JurisTese 172-1. A admissão dos embargos de divergência exige que o dissenso interpretativo seja atual, isto é, contemporâneo ou superveniente ao momento da interposição do recurso.

STJ JurisTese 172-2. Tratando-se de discussão travada no plano dos fatos, inadmissíveis são os embargos de divergência, principalmente nas questões fáticas não tratadas no âmbito do acórdão embargado, pois o seu pressuposto é a existência de teses de direito conflitantes incidentes sobre fatos similares.

STJ JurisTese 172-3. É possível interpor embargos de divergência com o propósito de uniformizar teses jurídicas de direito processual, ainda que não haja semelhança entre os fatos da causa tratada no acórdão embargado e os analisados nos acórdãos paradigmas.

STJ JurisTese 172-4. Não incidem os enunciados das Súmulas n. 315 e 316/STJ, que preconizam o não cabimento dos embargos de divergência quando não examinado o mérito do recurso especial, quando o objeto da divergência não é a questão de fundo do apelo especial, mas sim a regra processual relativa ao requisito de admissibilidade recursal.

STJ JurisTese 172-5. A ausência de demonstração de dissídio jurisprudencial nos embargos de divergência, conforme disposto nos art. 1.043, § 4º, do Código de Processo Civil de 2015 (CPC/2015) e art. 266, § 4º, do Regimento Interno do STJ, constitui vício substancial insanável, sendo descabida a incidência do parágrafo único do art. 932 do CPC/2015 para complementação de fundamentação.

STJ JurisTese 172-6. A realização do cotejo analítico entre o acórdão embargado e o aresto paradigma, com a demonstração da similitude fática e jurídica, é requisito de admissibilidade dos embargos de divergência.

STJ JurisTese 172-7. Na análise de admissão de embargos de divergência, considera-se vício substancial insanável a ausência de oportuna juntada de cópia do inteiro teor de acórdãos paradigmas, para a demonstração do dissídio jurisprudencial.

STJ JurisTese 172-8. A simples menção ao Diário da Justiça em que foram publicados os acórdãos paradigmas, sem a indicação da respectiva fonte, quando os julgados encontram-se disponíveis na rede mundial de computadores (internet), não supre a exigência da citação do repositório, oficial ou autorizado, de jurisprudência nem da juntada de certidão ou de cópia autenticada para comprovação de dissídio nos embargos de divergência, uma vez que se trata de órgão de divulgação em que é publicada somente a ementa do acórdão.

STJ JurisTese 172-9. Não é cabível a indicação de julgado proferido em conflito de competência como paradigma para comprovar o dissídio jurisprudencial em embargos de divergência.

STJ JurisTese 172-10. O argumento proferido em "obiter dictum" sobre o mérito no acórdão embargado, por tratar apenas de reforço de argumentação, não tem o condão de caracterizar o dissídio jurisprudencial para o fim de autorizar a interposição de embargos de divergência.

STJ JurisTese 172-11. Não há necessidade da cisão de julgamento dos embargos de divergência na Corte Especial, com remessa à seção, quando o embargante sustenta uma única tese e a suposta divergência também ocorre em relação a julgados de outras seções.

STJ JurisTese 173-2. Na ação penal pública, não há falar em deserção por falta de preparo, razão pela qual se afasta referida exigência em relação aos embargos de divergência (art. 7º da Lei n. 11.636/2007).

STJ JurisTese 173-3. O relator pode indeferir monocraticamente os embargos de divergência, ainda que tenham sido admitidos anteriormente.

STJ JurisTese 173-4. A interposição de recurso extraordinário anterior ou simultânea aos embargos de divergência, pela mesma parte e contra a mesma decisão, obsta o conhecimento destes, em virtude do princípio da unirrecorribilidade, que preconiza a interposição de um único recurso para cada decisão, bem como em consequência da preclusão consumativa.

STJ JurisTese 173-5. São inadmissíveis embargos de divergência que não enfrentam todos os fundamentos do acórdão recorrido, quando subsistir fundamento não atacado suficiente para a manutenção do julgado, por aplicação analógica da Súmula n. 283/STF.

STJ JurisTese 173-6. Acórdãos provenientes do julgamento de medida cautelar não são admitidos como paradigmas em embargos de divergência.

STJ JurisTese 173-7. Acórdãos provenientes do julgamento de reclamação não são admitidos como paradigmas em embargos de divergência.

STJ JurisTese 173-8. É inadmissível a interposição de embargos de divergência contra acórdão proferido em reclamação.

STJ JurisTese 173-9. Com a interposição de embargos de divergência tem início novo grau recursal, sujeitando-se o embargante, ao questionar decisão publicada na vigência do Código de Processo Civil de 2015 – CPC/2015, à majoração dos honorários sucumbenciais, na forma do § 11 do art. 85, quando indeferidos liminarmente pelo relator ou se o colegiado deles não conhecer ou negar-lhes provimento.

STJ JurisTese 173-10. Não se admite a interposição de embargos de divergência para discutir se o valor dos honorários advocatícios é irrisório ou exorbitante, pois essa verificação decorre das particularidades do caso concreto.

STJ JurisTese 173-12. Não se admite a interposição de embargos de divergência para discutir valor estabelecido a título de multa cominatória (astreintes), pois essa verificação decorre das particularidades do caso concreto.

STJ JurisTese 173-13. Não se admite a interposição de embargos de divergência com a finalidade de rever aplicação de multa decorrente da oposição de embargos de declaração protelatórios, diante da inexistência de similitude fática entre arestos que analisam a peculiaridade de cada caso concreto.

STJ JurisTese 173-14. Incabível a interposição de embargos de divergência para verificar ofensa ao art. 1.022 do CPC/2015 ou art. 619 do Código de Processo Penal – CPP, pois inviável a configuração da similitude fática entre o acórdão embargado e o acórdão paradigma.

2) Recurso Especial – Admissibilidade

STJ JurisTese 31-3. Admite-se o prequestionamento implícito para conhecimento do recurso especial, desde que o Tribunal de origem tenha efetivamente debatido a matéria federal invocada, ainda que sem a indicação expressa dos dispositivos legais.

STJ JurisTese 31-4. Não há contradição em afastar a alegada violação do art. 535 do CPC e, ao mesmo tempo, não conhecer do mérito da demanda por ausência de prequestionamento, desde que o acórdão recorrido esteja adequadamente fundamentado.

STJ JurisTese 31-6. O comprovante de agendamento do preparo não serve como prova do seu efetivo recolhimento.

STJ JurisTese 31-11. A assistência judiciária deferida no curso do processo perdura até a decisão final do litígio, sendo desnecessária sua renovação quando da interposição do recurso especial.

STJ JurisTese 31-12. No recurso especial é inviável a análise de contrariedade a ato normativo secundário, tais como resoluções, portarias, regimentos, instruções normativas e circulares, bem como a súmulas dos tribunais, por não se equipararem ao conceito de lei federal.

STJ JurisTese 33-6. O exame de normas de caráter local é inviável na via do recurso especial, em virtude da aplicação analógica da Súmula 280 do STF: "por ofensa a direito local não cabe recurso extraordinário".

STJ JurisTese 33-7. É deficiente o recurso especial quando o dispositivo legal tido por violado não ampara a tese defendida pelo recorrente.

STJ JurisTese 33-10. É inadmissível o especial que deixa de indicar o permissivo constitucional autorizador do recurso ou que não indica o dispositivo infraconstitucional violado.

STJ JurisTese 33-13. A simples transcrição de artigos de lei ou a fundamentação genérica tornam deficiente o recurso especial, devendo o recorrente indicar, com clareza e objetividade, a razão da negativa de vigência da lei e qual a sua correta interpretação.

STJ JurisTese 33-14. Carecendo o acórdão recorrido do devido prequestionamento, cumpre à parte, no recurso especial, suscitar violação do art. 535 do CPC, demonstrando, de forma objetiva, a imprescindibilidade da manifestação sobre a matéria impugnada, sob pena de incidência da Súmula n. 211/STJ.

STJ JurisTese 33-15. É deficiente o recurso especial quando o dispositivo legal tido por violado não ampara a tese defendida pelo recorrente ou não contém normativo suficiente para infirmar o acórdão recorrido.

INFORMATIVOS

STJ Aplicação de precedente qualificado pelo Tribunal de origem. Acórdão que julga agravo interno contra a inadmissibilidade de anterior recurso especial. Interposição de novo Recurso especial. Descabimento. Não cabe novo recurso especial contra o acórdão que julga agravo interno em face de decisão de inadmissibilidade fundada na aplicabilidade de precedente qualificado do STF que teria o condão de impedir o seguimento não apenas de recurso extraordinário como também de recurso especial. *REsp 2028321, 2ª T, 6.12.2022. Inf 760.*

STJ Embargos de divergência ajuizado contra acórdão do STJ proferido em pedido de tutela provisória. Agregação de efeito suspensivo a conflito de competência. Não cabimento. Ausência de análise de mérito de recurso especial. Não há previsão legal acerca do ajuizamento de embargos de divergência contra acórdão do STJ proferido em pedido de tutela provisória para agregar efeito suspensivo a conflito de competência. *AgInt na Pet 14925, Corte Especial, 17.10.2022. Inf 760.*

STJ Juízo de admissibilidade dos Embargos de Divergência. Paradigmas originados de órgãos fracionários vinculados à seções distintas e também à mesma seção. Competência da Corte Especial. Se o embargante invocar, como paradigmas, julgado de órgão fracionário de diferente Seção e também julgado de órgão fracionário da mesma Seção que prolatou o acórdão embargado, caberá à Corte Especial proferir juízo negativo de admissibilidade dos embargos de divergência se ausentes seus requisitos, somente devendo ser cindido o julgamento na hipótese em que for admissível o pronunciamento de mérito da Seção a qual estão vinculados os órgãos fracionários que proferiram os acórdãos paradigma e embargado. *EAREsp 1681737, Corte Especial, 9.8.2022. Inf 744.*

STJ Prequestionamento de dispositivos constitucionais. Recurso Especial. Impossibilidade. Não há possibilidade de manifestação, em sede de recurso especial, ainda que para fins de prequestionamento, a respeito de alegada violação a dispositivos da Constituição Federal. *EDcl no AgInt no RMS 66940, 2ª T, 21.6.2022. Inf 742.*

STJ Incidente de resolução de demandas repetitivas. Acórdão que fixa a tese. Pedido de revisão. Causa decidida. Inocorrência. Recurso especial. Não cabimento. Não cabe recurso especial contra acórdão proferido pelo Tribunal de origem que fixa tese jurídica em abstrato em julgamento do IRDR, por ausência do requisito constitucional de cabimento de "causa decidida", mas apenas naquele que aplique a tese fixada, que resolve a lide, desde que observados os demais requisitos constitucionais do art. 105, III, da CF e dos dispositivos do CPC que regem o tema. *REsp 1798374, Corte Especial, 18.5.2022. Inf 737.*

STJ Dissídio jurisprudencial acerca da possibilidade de conhecimento do recurso especial, mesmo sem indicação expressa do permissivo constitucional em que se funda. Possibilidade, desde as razões recursais demonstrem o seu cabimento de forma inequívoca. Inteligência do art. 1029, II, do CPC. A falta de indicação expressa da norma constitucional que autoriza a interposição do recurso especial (alíneas a, b e c do inciso III do art. 105 da CF) implica o seu não conhecimento pela incidência da Súm. 284/STF, salvo, em caráter excepcional, se as razões recursais conseguem demonstrar, de forma inequívoca, a hipótese de seu cabimento. *EAREsp 1672966, Corte Especial, 20.4.2022. Inf 734.*

STJ Recurso especial. Prequestionamento. Certidão de julgamento. Fundamentação por referência. Impossibilidade. Para comprovação de prequestionamento, não se admite que a certidão de julgamento, de caráter administrativo, subscrita por servidor desprovido de poder jurisdicional, sirva como integrante do acórdão para aferição dos fundamentos do julgado. *AgInt no REsp 1809807, 2ª T, 15.2.2022. Inf 725.*

QUESTÕES OBJETIVAS

209. (UFPR/TJ/PR/Cartórios/Ingresso/2019) Sobre os recursos dirigidos aos Tribunais Superiores, assinale a alternativa correta.

a) O agravo em recurso especial e em recurso extraordinário é cabível contra as decisões do Presidente ou do Vice-Presidente do tribunal local que, por qualquer fundamento, negar seguimento ao respectivo recurso de estrito direito.
b) Os embargos de divergência, cuja finalidade é a uniformização interna nos tribunais superiores, serão cabíveis somente quando houver divergência entre acórdãos de diferentes turmas do respectivo tribunal.
c) A desistência do recurso afetado para julgamento pelo regime dos recursos especial ou extraordinário repetitivos não depende da concordância do recorrido e impede o prosseguimento do julgamento por amostragem.
d) Nos recursos especial e extraordinário repetitivos, o Ministro relator poderá admitir e até solicitar a intervenção de amicus curiae.
e) Em se tratando de recurso especial repetitivo, na hipótese de sobrestamento que a parte repute indevido por considerar que a questão discutida no processo não é idêntica àquela descrita na decisão de afetação, poderá ela requerer o reconhecimento da distinção junto ao juízo em que estiver tramitando o processo sobrestado, que proferirá, a respeito, decisão irrecorrível.

210. (Consulplan/TJ/MG/Cartórios/Ingresso/2018) De acordo com o sistema normativo processual e entendimento doutrinário e jurisprudencial sobre o tema, considera-se erro grosseiro a afastar a aplicação do princípio da fungibilidade em âmbito recursal, a seguinte hipótese:

a) decisão que julga o incidente de arguição de falsidade documental.
b) conhecimento pelo órgão julgador dos embargos de declaração como agravo interno.
c) rejeição parcial da petição inicial com um dos pedidos sendo repelido e o outro processado.
d) conversão do recurso extraordinário em recurso ordinário contra decisões denegatórias de mandado de segurança.

211. (Consulplan/TJ/MG/Cartórios/Remoção/2018) Sobre o instituto da repercussão geral é incorreto afirmar que:

a) há presunção de repercussão geral quando o recurso impugnar acórdão que tenha sido proferido em julgamentos de casos repetitivos.
b) a transcendência da controvérsia constitucional levada ao conhecimento do Supremo Tribunal Federal caracteriza-se por uma perspectiva qualitativa e quantitativa.
c) a interpretação a ser dada ao instituto da repercussão geral no direito brasileiro deve ser a mais extensiva e ampliativa possível, oposta à interpretação restritiva e discricionária do "certiorari" norte-americano.
d) a criação do instituto da repercussão geral veio para evitar o julgamento de casos repetitivos e não uma apreciação discricionária dos casos que possam ser levados a julgamento, tal qual ocorre no "certiorari".

212. (Consulplan/TJ/MG/Cartórios/Ingresso/2017) A respeito dos recursos nos tribunais superiores, marque a alternativa correta:

a) o recurso extraordinário será recebido no efeito devolutivo e o especial será recebido nos efeitos suspensivo e devolutivo.
b) os recursos extraordinário e especial serão recebidos nos efeitos suspensivo e devolutivo.
c) o recurso especial será recebido no efeito devolutivo e o extraordinário será recebido nos efeitos suspensivo e devolutivo.
d) os recursos extraordinário e especial serão recebidos somente no efeito devolutivo.

213. (Consulplan/TJ/MG/Cartórios/Ingresso/2017) Quando em recurso especial ou extraordinário houver diversidade de entendimento pertinente à mesma matéria entre as turmas julgadoras, poderá o interessado interpor:

a) embargos de divergência.

b) agravo interno.
c) embargos de declaração.
d) agravo de instrumento.

10. LEI ESPECIAIS

10.1. Lei de Arbitragem (Lei 9.307/96)

JURISPRUDÊNCIA EM TESES

STJ **JurisTese 122-1.** A convenção de arbitragem, tanto na modalidade de compromisso arbitral quanto na modalidade de cláusula compromissória, uma vez contratada pelas partes, goza de força vinculante e de caráter obrigatório, definindo ao juízo arbitral eleito a competência para dirimir os litígios relativos aos direitos patrimoniais disponíveis, derrogando-se a jurisdição estatal.

STJ **JurisTese 122-2.** Uma vez expressada a vontade de estatuir, em contrato, cláusula compromissória ampla, a sua destituição deve vir através de igual declaração expressa das partes, não servindo, para tanto, mera alusão a atos ou a acordos que não tenham o condão de afastar a convenção das partes.

STJ **JurisTese 122-3.** A previsão contratual de convenção de arbitragem enseja o reconhecimento da competência do Juízo arbitral para decidir com primazia sobre Poder Judiciário, de ofício ou por provocação das partes, as questões relativas à existência, à validade e à eficácia da convenção de arbitragem e do contrato que contenha a cláusula compromissória.

STJ **JurisTese 122-4.** O Poder Judiciário pode, em situações excepcionais, declarar a nulidade de cláusula compromissória arbitral, independentemente do estado em que se encontre o procedimento arbitral, quando aposta em compromisso claramente ilegal.

STJ **JurisTese 122-6.** O prévio ajuizamento de medida de urgência perante o Poder Judiciário não afasta a eficácia da cláusula compromissória arbitral.

STJ **JurisTese 122-7.** O árbitro não possui poder coercitivo direto, sendo-lhe vedada a prática de atos executivos, cabendo ao Poder Judiciário a execução forçada do direito reconhecido na sentença arbitral.

STJ **JurisTese 122-9.** A atividade desenvolvida no âmbito da arbitragem possui natureza jurisdicional, o que torna possível a existência de conflito de competência entre os juízos estatal e arbitral, cabendo ao Superior Tribunal de Justiça – STJ o seu julgamento.

STJ **JurisTese 122-10.** Não configura óbice à homologação de sentença estrangeira arbitral a citação por qualquer meio de comunicação cuja veracidade possa ser atestada, desde que haja prova inequívoca do recebimento da informação atinente à existência do processo arbitral.

STJ **JurisTese 122-11.** A legislação consumerista impede a adoção prévia e compulsória da arbitragem no momento da celebração do contrato, mas não proíbe que, posteriormente, em face de eventual litígio, havendo consenso entre as partes, seja instaurado o procedimento arbitral.

STJ **JurisTese 122-12.** Diante da força coercitiva de convenção condominial com cláusula arbitral, qualquer condômino que ingressar no agrupamento condominial está obrigado a obedecer às normas ali constantes, de modo que eventuais conflitos condominiais deverão ser resolvidos por meio de arbitragem, excluindo-se a participação do Poder Judiciário.

STJ **JurisTese 122-13.** Não existe óbice legal na estipulação da arbitragem pelo poder público, notadamente pelas sociedades de economia mista, para a resolução de conflitos relacionados a direitos disponíveis.

STJ **JurisTese 122-14.** A legitimidade para a impetração de mandado de segurança objetivando assegurar o direito ao cumprimento de sentença arbitral relativa ao Fundo de Garantia por Tempo de Serviço – FGTS é somente do titular de cada conta vinculada, e não da Câmara Arbitral ou do próprio árbitro.

INFORMATIVOS

STJ **Pedido de habilitação de crédito. Controvérsia acerca da existência do crédito e apuração de seu quantum devido. Reconhecimento da existência de cláusula compromissória arbitral. Suspensão da habilitação do crédito sob a pendência de apuração no Juízo arbitral.** É possível suspender a habilitação de crédito até que se resolva a controvérsia quanto à existência dele, bem como a seu respectivo valor em juízo arbitral, em observância a cláusula compromissória estabelecida entre as partes. *REsp 1774649, 3ª T, 3.11.2022. Inf 759.*

STJ **Conflito de competência. Tribunais arbitrais vinculados à mesma Câmara de Arbitragem. Questão que não é objeto de disciplina regulamentar. Competência do Superior Tribunal de Justiça.** Compete ao STJ conhecer e julgar o conflito de competência estabelecido entre Tribunais Arbitrais vinculados à mesma Câmara de Arbitragem, quando a solução para o impasse criado não é objeto de disciplina no regulamento desta. *Proc. segredo justiça, 2ª S, 30.6.2022. Inf 749.*

STJ **Arbitragem. Alegação de nulidade. Impugnação ao cumprimento de sentença ou ação de nulidade. Prazo decadencial de 90 dias. Art. 33 da Lei 9.307/96.** A escolha entre a ação de nulidade e a impugnação ao cumprimento de sentença em nada interfere na cristalização ou não da decadência, de modo que, escoado o prazo de 90 dias para o ajuizamento da ação de nulidade, não poderá a parte suscitar as hipóteses de nulidade previstas no art. 32 da Lei de Arbitragem pela via da impugnação. *REsp 1928951, 3ª T, 18.2.2022. Inf 727.*

QUESTÕES OBJETIVAS

214. (Vunesp/TJ/GO/Cartórios/Remoção/2021) No que diz respeito à arbitragem, assinale a alternativa correta.

a) Não é válida a cláusula compromissória que excepcione do juízo arbitral certas situações especiais a serem submetidas ao Poder Judiciário.
b) O Poder Judiciário não pode declarar a nulidade de compromisso arbitral quando o vício for detectável prima facie.
c) No atual estágio legislativo, não há dúvidas acerca da possibilidade da adoção da arbitragem pela Administração Pública, direta e indireta.
d) Não é possível a penhora no rosto dos autos de procedimento de arbitragem.

215. (Vunesp/TJ/RS/Cartórios/Remoção/2019) Um acordo de acionistas da Companhia WXYZ S.A., devidamente arquivado na sua sede, possui a seguinte cláusula arbitral: "Quaisquer conflitos ou disputas entre os Acionistas e relativos ou oriundos ao presente Acordo de Acionistas serão dirimidos, em definitivo, por meio de arbitragem, a qual será regida pela Lei nº 9.307 de 1996 (Lei de Arbitragem), pelas leis substantivas do Brasil, bem como pelo Regulamento de Arbitragem da Câmara de Comércio Internacional – a CCI (o "Regulamento"), conforme vigente na presente data, observadas as disposições da presente cláusula. O tribunal arbitral será composto por 3 árbitros, sendo um nomeado pelo(s) Acionista(s) requerente(s), outro pelo(s) Acionista(s) requerido(s), e o terceiro árbitro, que atuará como o presidente do tribunal, nomeado de comum acordo pelos árbitros nomeados pelas partes, no prazo de até 15 dias contados da confirmação da nomeação destes. A arbitragem será conduzida na língua portuguesa e terá sede na Cidade de São Paulo. Caso requerente ou requerido deixe de nomear o seu árbitro no prazo para tanto assinalado no Regulamento, ou caso os dois árbitros inicialmente escolhidos não logrem nomear de comum acordo o terceiro árbitro, tais nomeações competirão à Corte Internacional de Arbitragem da Câmara de Comércio Internacional." A respeito da referida cláusula arbitral, é correto afirmar:

a) a cláusula arbitral obsta a execução judicial de obrigações previstas no Acordo de Acionistas sem um laudo arbitral que a respalde, mesmo que o Acordo se qualifique como um título executivo extrajudicial e mesmo que as obrigações a serem executadas já tenham sido contratualmente quantificadas e delimitadas.
b) não obstante a escolha do Regulamento e a indicação da Corte Internacional de Arbitragem, em caso de divergência entre as partes litigantes, competirá necessariamente ao poder judiciário a nomeação de árbitros não tempestivamente nomeados pelas partes ou por seus árbitros, nos termos do art. 7º da Lei nº 9.307/96.

c) a cláusula arbitral vincula todos os acionistas da Companhia, independentemente de terem firmado e integrado o acordo de acionistas.

d) a cláusula arbitral exclui a competência do poder judiciário para dirimir o mérito de quaisquer disputas relativas ao Acordo de Acionistas e que versem sobre direitos patrimoniais disponíveis, bem como para apreciar medidas acautelatórias que possam ser submetidas ao tribunal arbitral, após a sua instituição.

e) a cláusula arbitral exclui a competência do poder judiciário para dirimir quaisquer disputas relativas ao Acordo de Acionistas e que versem sobre direitos patrimoniais disponíveis, inclusive medidas acautelatórias, quando quer que sejam postuladas.

216. (Vunesp/TJ/RS/Cartórios/Ingresso/2019) Em relação às disposições relativas à arbitragem, é correto afirmar:

a) A arbitragem obedecerá ao procedimento estabelecido pelas partes na convenção de arbitragem, que poderá reportar-se às regras de um órgão arbitral institucional ou entidade especializada, facultando-se, ainda, às partes delegar ao próprio árbitro, ou ao tribunal arbitral, regular o procedimento.

b) A parte que pretender arguir questões relativas à competência, suspeição ou impedimento do árbitro ou dos árbitros, bem como nulidade, invalidade ou ineficácia da convenção de arbitragem, poderá fazê-lo a qualquer tempo, antes ou após a instituição da arbitragem.

c) Existindo cláusula compromissória e havendo resistência quanto à instituição da arbitragem, poderá a parte interessada requerer a intimação da outra parte para comparecer em juízo a fim de lavrar-se o compromisso, designando o juiz audiência de instrução e julgamento, e, não comparecendo o réu à audiência, caberá ao juiz, ouvido o autor, julgar antecipadamente o feito nomeando um ou mais árbitros a critério do requerente.

d) Pode ser árbitro qualquer pessoa capaz e que tenha a confiança das partes, e, sendo nomeados vários árbitros, estes, por maioria simples, elegerão o presidente do tribunal arbitral, e, não havendo consenso, será designado presidente o que possuir inscrição mais antiga no tribunal no exercício do cargo.

e) Poderá o árbitro ou o tribunal arbitral requerer o depoimento das partes, ouvir testemunhas e determinar a realização de perícias ou outras provas que julgar necessárias, mediante autorização expressa das partes e apresentação prévia das despesas decorrentes de tais procedimento, sendo vedada tais determinações de ofício.

217. (Ieses/TJ/CE/Cartórios/Ingresso/2018) Analise as assertivas abaixo e, de acordo com o que dispõe a legislação vigente sobre arbitragem (Lei 9.307/96), assinale a alternativa correta:

I. as pessoas capazes poderão contratar a arbitragem para dirimir litígios relativos a direitos patrimoniais, disponíveis ou indisponíveis.

II. a administração pública direta poderá contratar a arbitragem para dirimir litígios relativos a direitos patrimoniais disponíveis.

III. a cláusula compromissória arbitral escrita pode estar inserta no próprio contrato ou em documento apartado que a ele se refira.

IV. o árbitro deverá ser capaz e ter concluído curso superior:

a) todas as assertivas estão incorretas.

b) todas as assertivas estão corretas.

c) as assertivas II e III estão corretas.

d) apenas a assertiva I está incorreta.

218. (Ieses/TJ/CE/Cartórios/Remoção/2018) Em relação à Lei de Arbitragem, é correto afirmar, exceto:

a) poderão as partes escolher, livremente, as regras de direito que serão aplicadas na arbitragem, desde que não haja violação aos bons costumes e à ordem pública.

b) é vedada a administração pública direta e indireta utilizar-se da arbitragem para dirimir conflitos relativos a direitos patrimoniais disponíveis.

c) a arbitragem poderá ser de direito ou de equidade, a critério das partes.

d) as pessoas capazes de contratar poderão valer-se da arbitragem para dirimir litígios relativos a direitos patrimoniais disponíveis.

219. (Ieses/TJ/RO/Cartórios/Remoção/2017) Lei n. 9.307, de 23 de setembro de 1996, que dispõe a sobre arbitragem, elenca em seu texto itens que devem constar, obrigatoriamente, do compromisso arbitral, quais sejam:

I. a matéria que será objeto da arbitragem.

II. o nome, profissão e domicílio do árbitro, ou dos árbitros, ou, se for o caso, a identificação da entidade à qual as partes delegaram a indicação de árbitros.

III. o lugar em que será proferida a sentença arbitral.

IV. o nome, profissão, estado civil e domicílio das partes.

A sequência correta é:

a) apenas as assertivas I e IV estão corretas.

b) apenas a assertiva III está incorreta.

c) as assertivas I, II, III e IV estão corretas.

d) apenas a assertiva II está correta.

10.2. Lei de Execução Fiscal (Lei 6.830/80)

SÚMULAS

1) Competência

STJ Súm. 58. Proposta a execução fiscal, a posterior mudança de domicílio do executado não desloca a competência já fixada.

STJ Súm. 66. Compete à justiça federal processar e julgar execução fiscal promovida por conselho de fiscalização profissional.

STJ Súm. 349. Compete à justiça federal ou aos juízes com competência delegada o julgamento das execuções fiscais de contribuições devidas pelo empregador ao FGTS.

2) Despesas e Honorários Advocatícios

STJ Súm. 153. A desistência da execução fiscal, após o oferecimento dos embargos, não exime o exequente dos encargos da sucumbência.

STJ Súm. 190. Na execução fiscal, processada perante a justiça estadual, cumpre à Fazenda Pública antecipar o numerário destinado ao custeio das despesas com o transporte dos oficiais de justiça.

STJ Súm. 400. O encargo de 20% previsto no DL n. 1.025/1969 é exigível na execução fiscal proposta contra a massa falida.

3) Embargos

STJ Súm. 392. A Fazenda Pública pode substituir a certidão de dívida ativa (CDA) até a prolação da sentença de embargos, quando se tratar de correção de erro material ou formal, vedada a modificação do sujeito passivo da execução.

STJ Súm. 394. É admissível, em embargos à execução, compensar os valores de imposto de renda retidos indevidamente na fonte com os valores restituídos apurados na declaração anual.

4) Extinção

STJ Súm. 409. Em execução fiscal, a prescrição ocorrida antes da propositura da ação pode ser decretada de ofício (art. 219, § 5º, do CPC).

5) Legitimidade Ativa

STJ **Súm. 139.** Cabe à Procuradoria da Fazenda Nacional propor execução fiscal para cobrança de crédito relativo ao ITR.

6) Leilão

STJ **Súm. 121.** Na execução fiscal, o devedor deverá ser intimado, pessoalmente, do dia e hora da realização do leilão.

STJ **Súm. 128.** Na execução fiscal, haverá segundo leilão se, no primeiro, não houver lanço superior à avaliação.

7) Penhora

STJ **Súm. 406.** A Fazenda Pública pode recusar a substituição do bem penhorado por precatório.

STJ **Súm. 451.** É legítima a penhora da sede do estabelecimento comercial.

8) Petição Inicial

STJ **Súm. 558.** Em ações de execução fiscal, a petição inicial não pode ser indeferida sob o argumento da falta de indicação do CPF e/ou RG ou CNPJ da parte executada.

STJ **Súm. 559.** Em ações de execução fiscal, é desnecessária a instrução da petição inicial com o demonstrativo de cálculo do débito, por tratar-se de requisito não previsto no art. 6º da Lei n. 6.830/1980.

9) Responsabilidade Tributária

STJ **Súm. 251.** A meação só responde pelo ato ilícito quando o credor, na execução fiscal, provar que o enriquecimento dele resultante aproveitou ao casal.

STJ **Súm. 430.** O inadimplemento da obrigação tributária pela sociedade não gera, por si só, a responsabilidade solidária do sócio-gerente.

STJ **Súm. 435.** Presume-se dissolvida irregularmente a empresa que deixar de funcionar no seu domicílio fiscal, sem comunicação aos órgãos competentes, legitimando o redirecionamento da execução fiscal para o sócio-gerente.

STJ **Súm. 554.** Na hipótese de sucessão empresarial, a responsabilidade da sucessora abrange não apenas os tributos devidos pela sucedida, mas também as multas moratórias ou punitivas referentes a fatos geradores ocorridos até a data da sucessão.

10) Suspensão

STJ **Súm. 314.** Em execução fiscal, não localizados bens penhoráveis, suspende-se o processo por um ano, findo o qual se inicia o prazo da prescrição quinquenal intercorrente.

STJ **Súm. 583.** O arquivamento provisório previsto no art. 20 da Lei n. 10.522/2002, dirigido aos débitos inscritos como dívida ativa da União pela Procuradoria-Geral da Fazenda Nacional ou por ela cobrados, não se aplica às execuções fiscais movidas pelos conselhos de fiscalização profissional ou pelas autarquias federais.

11) Temas Esparsos

STJ **Súm. 189.** É desnecessária a intervenção do Ministério Público nas execuções fiscais.

STJ **Súm. 393.** A exceção de pré-executividade é admissível na execução fiscal relativamente às matérias conhecíveis de ofício que não demandem dilação probatória.

STJ **Súm. 414.** A citação por edital na execução fiscal é cabível quando frustradas as demais modalidades.

STJ **Súm. 515.** A reunião de execuções fiscais contra o mesmo devedor constitui faculdade do Juiz.

REPERCUSSÃO & REPETITIVOS

1) Despesas e Honorários Advocatícios

STJ **Repetitivo 961.** Observado o princípio da causalidade, é cabível a fixação de honorários advocatícios, em exceção de pré-executividade, quando o sócio é excluído do polo passivo da execução fiscal, que não é extinta. *REsp 1764405, 29.3.2021.*

STJ **Repetitivo 1054.** A teor do art. 39 da Lei n. 6.830/1980, a fazenda pública exequente, no âmbito das execuções fiscais, está dispensada de promover o adiantamento de custas relativas ao ato citatório, devendo recolher o respectivo valor somente ao final da demanda, acaso resulte vencida. *REsp 1858965, 22.9.2021.*

2) Exceção de pré-executividade

STJ **Repetitivo 961.** Observado o princípio da causalidade, é cabível a fixação de honorários advocatícios, em exceção de pré-executividade, quando o sócio é excluído do polo passivo da execução fiscal, que não é extinta. *REsp 1764405, 29.3.2021.*

3) Legitimidade Ativa/Passiva

STF **Rep. Geral 559.** A EC nº 57/08 não convalidou desmembramento municipal realizado sem consulta plebiscitária e, nesse contexto, não retirou o vício de ilegitimidade ativa existente nas execuções fiscais que haviam sido propostas por município ao qual fora acrescida, sem tal consulta, área de outro para a cobrança do IPTU quanto a imóveis nela localizados. *RE 614384, 29.4.2022.*

4) Responsabilidade Tributária

STJ **Repetitivo 962.** O redirecionamento da execução fiscal, quando fundado na dissolução irregular da pessoa jurídica executada ou na presunção de sua ocorrência, não pode ser autorizado contra o sócio ou o terceiro não sócio que, embora exercessem poderes de gerência ao tempo do fato gerador, sem incorrer em prática de atos com excesso de poderes ou infração à lei, ao contrato social ou aos estatutos, dela regularmente se retirou e não deu causa à sua posterior dissolução irregular, conforme art. 135, III do CTN. *REsp 1377019, 24.11.2021.*

STJ **Repetitivo 981.** O redirecionamento da execução fiscal, quando fundado na dissolução irregular da pessoa jurídica executada ou na presunção de sua ocorrência, pode ser autorizado contra o sócio ou o terceiro não sócio, com poderes de administração na data em que configurada ou presumida a dissolução irregular, ainda que não tenha exercido poderes de gerência quando ocorrido o fato gerador do tributo não adimplido, conforme art. 135, III, do CTN. *REsp 1645333, 25.5.2022.*

STJ **Repetitivo 1049.** A execução fiscal pode ser redirecionada em desfavor da empresa sucessora para cobrança de crédito tributário relativo a fato gerador ocorrido posteriormente à incorporação empresarial e ainda lançado em nome da sucedida, sem a necessidade de modificação da certidão de dívida ativa, quando verificado que esse negócio jurídico não foi informado oportunamente ao fisco. *REsp 1848993, 9.9.2020.*

5) Temas Esparsos

STJ **Repetitivo 1026.** O art. 782, § 3º, do CPC é aplicável às execuções fiscais, devendo o magistrado deferir o requerimento de inclusão do nome do executado em cadastros de inadimplentes, preferencialmente pelo sistema Serasajud, independentemente do esgotamento prévio de outras medidas executivas, salvo se vislumbrar alguma dúvida razoável à existência do direito ao crédito previsto na certidão de dívida ativa – CDA. *REsp 1807180, 11.3.2021.*

STJ **Repetitivo 1092.** É possível a Fazenda Pública habilitar em processo de falência crédito tributário objeto de execução fiscal em curso, mesmo antes da vigência da Lei 14.112/2020, e desde que não haja pedido de constrição de bens no feito executivo. *REsp 1872759, 18.11.2021.*

STJ **Repetitivo 1012.** O bloqueio de ativos financeiros do executado via sistema Bacenjud, em caso de concessão de parcelamento fiscal, seguirá a seguinte orientação: (i) será levantado o bloqueio se a concessão é anterior à constrição; e (ii) fica mantido o bloqueio se a concessão ocorre em momento posterior à constrição, ressalvada, nessa hipótese, a possibilidade excepcional de substituição da penhora online por fiança bancária ou seguro garantia, diante das peculiaridades do caso concreto, mediante comprovação irrefutável, a cargo do executado, da necessidade de aplicação do princípio da menor onerosidade. *REsp 1696270, 8.6.2022.*

JURISPRUDÊNCIA EM TESES

1) Competência

STJ **JurisTese 157-3.** Compete à Segunda Seção do STJ julgar conflito de competência relativo à constrição praticada em execução fiscal que atinja o patrimônio de empresa em recuperação judicial.

STJ JurisTese 158-6. É absoluta a competência do Juízo de direito da comarca do domicílio do devedor para processar e julgar as execuções fiscais, persistindo nas ações ajuizadas antes da revogação do art. 15, I, da Lei n. 5.010/1966 pela lei n. 13.043/2014.

STJ JurisTese 159-1. O devedor não tem o direito a ser executado no foro de seu domicílio quando presentes quaisquer das hipóteses previstas no art. 578, parágrafo único do CPC/1973 (arts. 46, § 5º e 781 do CPC/2015).

2) Despesas e Honorários Advocatícios

STJ JurisTese 52-5. É cabível a fixação de honorários de sucumbência quando a exceção de pré-executividade for acolhida para extinguir total ou parcialmente a execução fiscal.

STJ JurisTese 150-8. O beneficiário da justiça gratuita não pode opor embargos à execução fiscal sem a prévia garantia do juízo (art. 16, § 1º, da Lei n. 6.830/1980), pois a Lei de Execução Fiscal - LEF tem prevalência sobre o Código de Processo Civil - CPC, em virtude do princípio da especialidade.

3) Embargos

STJ JurisTese 52-15. O prazo para oposição de embargos inicia-se a partir da intimação do depósito, para que se dê conhecimento ao juiz e ao exequente do ato praticado.

STJ JurisTese 156-6. A garantia do juízo é condição de procedibilidade dos embargos de devedor nos exatos termos do art. 16, § 1º, da Lei n. 6.830/80.

STJ JurisTese 156-7. A garantia parcial da execução não pode obstar a admissibilidade dos embargos do devedor.

STJ JurisTese 156-9. O prazo para oferecimento de embargos à execução fiscal inicia-se a partir da intimação do depósito, após sua formalização e redução a termo.

4) Leilão

STJ JurisTese 155-10. Na execução fiscal, o preço vil caracteriza-se pela arrematação do bem por quantia inferior a 50% do valor da avaliação.

STJ JurisTese 158-4. Na execução fiscal, afasta-se a necessidade de intimar pessoalmente o devedor da hasta pública (Súmula n. 121/STJ) quando comprovada a impossibilidade de sua realização e após esgotados os meios de localização do executado ou quando demonstrada a inequívoca ciência da alienação judicial por meio de seu advogado.

5) Penhora

STJ JurisTese 155-4. A Fazenda Pública pode, a qualquer tempo, requerer a substituição do bem penhorado por outro de maior liquidez - art. 15, II da Lei n. 6.830/1980.

STJ JurisTese 155-5. O exequente pode recusar a penhora de bem quando este for de difícil ou onerosa alienação, pois a execução é feita no interesse do credor.

STJ JurisTese 155-6. É facultado a Fazenda Pública requerer a remoção de bens penhorados (art. 11, § 3º, da LEF), cabendo ao juízo, quando demandado, manifestar-se para avaliar a existência de motivos que autorizem o pedido e assegurar que a execução se faça pelo modo menos gravoso.

STJ JurisTese 155-7. É admissível a penhora por termo nos autos, consoante previsto no art. 659, §§ 4º e 5º, do CPC/73 (art. 845, § 1º, do CPC/15), por ser esse procedimento compatível com o artigo 13 da LEF, que prevê a avaliação no termo ou auto de penhora.

STJ JurisTese 155-8. Impugnada a avaliação do imóvel penhorado, pelo executado ou pela Fazenda Pública (art. 13, § 1º da LEF), o magistrado pode indeferir, fundamentadamente, o pedido de reavaliação do bem, mesmo quando avaliado por oficial de justiça.

STJ JurisTese 155-11. Em execução fiscal, o executado deve ser intimado pessoalmente sobre a penhora.

STJ JurisTese 156-4. O exequente tem direito ao reforço ou à substituição da penhora em qualquer fase do processo (art. 15, II, da LEF) para fazê-la obedecer à ordem legal estabelecida no art. 11 da LEF ou arts. 655 e 656 do CPC/73 (art. 835 CPC/15), sendo irrelevante se foi anteriormente aceita.

STJ JurisTese 156-5. Recaindo a penhora sobre bem imóvel de devedor casado, o prazo para opor embargos à execução fiscal é contado a partir da intimação do cônjuge.

6) Petição Inicial

STJ JurisTese 158-1. A certidão de dívida ativa - CDA goza de presunção de certeza e liquidez, assim, compete ao executado o ônus de juntar aos autos executório fiscal a cópia de peças do processo administrativo capaz de ilidir tal presunção (art. 41 da LEF).

7) Suspensão

STJ JurisTese 157-4. O deferimento da recuperação judicial não tem, por si só, o condão de suspender as execuções fiscais (art. 6º, § 7º, da Lei n. 11.105/2005, art. 187 do CTN e art. 29 da Lei n. 6.830/1980).

STJ JurisTese 159-2. Antes da edição da Lei n. 13.874/2019, as execuções fiscais promovidas pela União e relativas a débitos iguais ou inferiores a R$ 10.000,00 (dez mil reais) deveriam ter seus autos arquivados, sem baixa na distribuição.

8) Temas Esparsos

STJ JurisTese 52-1. A pessoa jurídica não tem legitimidade para interpor agravo de instrumento no interesse dos sócios contra decisão que determinou o redirecionamento de execução fiscal.

STJ JurisTese 52-6. Nas execuções fiscais, a interrupção do prazo prescricional retroage à data da propositura da ação - a teor do art. 219, § 1º, do CPC -, desde que ocorrida em condições regulares, ou que, havendo mora, seja esta imputável aos mecanismos do Poder Judiciário.

STJ JurisTese 59-15. Os débitos de natureza tributária, inscritos em dívida ativa, podem ser inseridos nos cadastros de proteção ao crédito, independentemente de sua cobrança mediante execução fiscal.

STJ JurisTese 155-9. A inércia do executado em impugnar o valor da avaliação conduz à preclusão.

STJ JurisTese 156-17. A multa moratória, por constituir pena administrativa, não incide sobre a massa falida nas execuções fiscais, em processos de falência ajuizados anteriormente à vigência da Lei n. 11.101/2005.

STJ JurisTese 159-6. O depósito integral do débito tributário para garantia do juízo afasta a incidência dos juros de mora a partir da data em que foi efetivado.

STJ JurisTese 159-7. É possível a utilização do seguro garantia judicial como caução em execução fiscal, conforme art. 835, § 2º, do CPC/2015 c/c art. 9º, II, da Lei n. 6.830/1980, alterado pela Lei n. 13043/2014.

STJ JurisTese 159-8. Em execução fiscal, a conversão do depósito em renda ou o levantamento da garantia só é possível após o trânsito em julgado, nos termos do art. 32, § 2º, da Lei n. 6.830/1980.

STJ JurisTese 159-9. Quando a demanda administrativa versar sobre objeto menor ou idêntico ao da ação judicial, ocorre a renúncia ao poder de recorrer na esfera administrativa e a desistência do recurso interposto, nos termos do art. 38, parágrafo único, da Lei n. 6.830/1980.

INFORMATIVOS

STF Execução fiscal: antecipação de pagamento de despesa com diligência de oficial de justiça pela Fazenda Pública. É inconstitucional, por violar competência legislativa privativa da União, lei estadual que obriga a Fazenda Pública a antecipar o pagamento das despesas com diligências dos oficiais de justiça. A lei versou sobre norma de processo civil, incidindo, portanto, em inconstitucionalidade formal. Todavia, a declaração de inconstitucionalidade não importa, por si só, na dispensa da referida antecipação. Isso porque subsiste a orientação do STJ acerca da interpretação do artigo 39 da Lei 6.830/80 - cuja uniformização da jurisprudência culminou na edição da Súm. 190. *ADI 5969, 30.9.2022. Pleno. Inf 1070.*

STJ Execução fiscal. Exceção de pré-executividade. Ilegitimidade passiva. Acolhimento. Honorários devidos com base no proveito econômico. Valor da dívida proporcional ao número de executados. Em se tratando de exceção de pré-executividade acolhida para excluir sócio do polo passivo de execução fiscal, o proveito econômico corresponde ao valor da dívida executada, devendo ser esta a base de cálculo dos honorários advocatícios de sucumbência com aplicação do art. § 3º do art. 85 do CPC. *AREsp 2231216, 2ª T, 9.12.2022. Inf 760.*

STJ OAB. Anuidades. Execução judicial. Valor inferior a R$2.500,00. Impossibilidade. Art. 8º da Lei 12.514/11. Aplicabilidade. A OAB submete-se à disposição contida no art. 8º da Lei 12.514/11, a limitação de execução judicial de anuidades, quando o valor for inferior a R$2.500,00. *AREsp 2147187, 2ª T, 8.11.2022. Inf 756.*

STJ **Concurso singular de credores. Fazenda Pública. Execução movida por terceiro. Habilitação no produto de arrematação de bem. Ausência de penhora anterior realizada pela autarquia fazendária sobre o mesmo bem. Preferência. Levantamento. Certeza, a liquidez e a exigibilidade da obrigação encartada no título executivo. Execução Fiscal. Imprescindibilidade. Não existência de execução fiscal. Reserva da totalidade (ou de parte) do produto da penhora.** Em concurso singular de credores, a Fazenda Pública possui preferência na habilitação no produto de arrematação de bem, ainda que sem ter perfectibilizado prévia constrição juntamente com os demais credores, estando, todavia, o levantamento deste valor condicionado à ordem de pagamento a ser exarada em demanda que certifique a certeza, a liquidez e a exigibilidade da obrigação encartada no título executivo. Na hipótese de não existir execução fiscal aparelhada, garante-se o exercício do direito do credor privilegiado mediante a reserva da totalidade (ou de parte) do produto da penhora levada a efeito em execução de terceiros. *EREsp 1603324, Corte Especial, 21.9.2022. Inf 750.*

STJ **Execução fiscal. Embargos à execução. Fazenda Pública vencida. Valores referentes à contratação de seguro garantia. Ressarcimento. Indevido.** É descabido o ressarcimento de valor despendido com a apresentação de seguro garantia para viabilizar a oposição de embargos à execução opostos contra pretensão da Fazenda Pública. *REsp 1852810, 2ª T, 19.9.2022. Inf 750.*

STJ **Fazenda Pública. Não sujeição ao pagamento de custas e emolumentos. Despesas com o deslocamento de oficiais de justiça. Distinção. Depósito Prévio. Imprescindibilidade.** A isenção prevista em favor da Fazenda Pública no art. 39 da Lei 6.830/80 não pode ser estendida às despesas com o deslocamento dos oficiais de justiça para a prática do ato citatório. *AgInt no REsp 1995692, 1ª T, 25.8.2022. Inf 747.*

STJ **Execução fiscal. Valor da causa. 50 ORTNS. Alçada. Agravo de instrumento. Não cabimento.** Não cabe agravo de instrumento em execuções fiscais cujo valor não supere cinquenta Obrigações Reajustáveis do Tesouro Nacional. *AREsp 1751847, 2ª T, 16.8.2022. Inf 745.*

STJ **Falência. Execução Fiscal anteriormente ajuizada. Redirecionamento da execução. Ineficácia dos negócios jurídicos decretada pelo Juízo Universal da Falência que não prejudica o feito executivo.** A ineficácia do negócio jurídico decretada no juízo falimentar não impede prosseguimento da execução fiscal. *REsp 1822226, 2ª T, 27.9.2022. Inf 753.*

STJ **Execução fiscal. Adesão a programa de parcelamento. Prescrição intercorrente. Interrupção.** A adesão a programa de parcelamento tributário é causa de suspensão da exigibilidade do crédito e interrompe o prazo prescricional. *REsp 1922063, 2ª T, 21.10.2022. Inf 754.*

STJ **Execução fiscal. Oferecimento de seguro-garantia. Prazo de validade determinado. Impossibilidade. Garantia inidônea.** A apólice de seguro-garantia com prazo de vigência determinado é inidônea para fins de garantia da execução fiscal. *AgInt no REsp 1924099, 1ª T, 24.5.2022. Inf 738.*

STJ **Execução fiscal. Responsabilidade do sócio. Dissolução regular. Micro e pequena empresa. Ausência de certidão de regularidade fiscal. Incidência do art. 134, VII, do CTN.** No caso de micro e pequenas empresas é possível a responsabilização dos sócios pelo inadimplemento do tributo, com base no art. 134, VII, do CTN, cabendo-lhes demonstrar a insuficiência do patrimônio quando da liquidação para exoneração da responsabilidade pelos débitos. *REsp 1876549, 2ª T, 6.5.2022. Inf 735.*

STJ **Execução fiscal. IPTU. Parcelamento do crédito tributário. Promitente comprador. Responsabilidade solidária. Presunção de renúncia. Inexistência.** O parcelamento tributário requerido por um dos devedores solidários não importa em renúncia à solidariedade em relação aos demais coobrigados. *REsp 1978780, 2ª T, 5.4.2022. Inf 732.*

QUESTÕES DISCURSIVAS

12. (Cetro/TJ/RJ/Cartórios/Remoção/2017) Disserte sobre o protesto de certidões de dívida ativa, ressaltando sua função social e os seguintes pontos: permissão legal para apresentação a protesto e documento(s) hábeis para apresentação a protesto; relação com as ações de execução fiscal; forma de pagamento dos emolumentos devidos pelo procedimento de protesto e seu cancelamento adotado pelo Estado do Rio de Janeiro.

13. (Consulplan/TJ/MG/Cartórios/Remoção/2017) O Estado de Minas Gerais ajuizou ação de execução fiscal contra a sociedade Débito's Ltda., por dívida inscrita de ICMS declarado e não pago. Quando do cumprimento do mandado de citação e penhora, o oficial de justiça certificou que a sociedade não mais funcionava no endereço constante dos cadastros do Fisco e da Junta Comercial. Em seguida, nas buscas realizadas, não foram encontrados bens penhoráveis da sociedade, o que motivou a Fazenda Pública a requerer a inclusão dos sócios-gerentes João e Maria, integrantes do quadro societário na data da diligência do oficial de justiça, no polo passivo da execução. Citados os sócios, foi arguida nos autos da execução fiscal exceção de pré-executividade, tanto pelos sócios quanto pela sociedade, insurgindo-se contra o redirecionamento da pretensão executiva aos coobrigados, sob a alegação de que não agiram com culpa ou dolo. Responda, justificadamente, à luz da jurisprudência dominante do Superior Tribunal de Justiça: (a) a sociedade é parte legítima para arguir a exceção de pré-executividade? (b) situação fática acima retratada, é possível o redirecionamento da execução aos sócios?

QUESTÕES OBJETIVAS

220. (Vunesp/TJ/GO/Cartórios/Remoção/2021) Em se tratando de execução fiscal, assinale a alternativa que apresenta o melhor entendimento.

a) Não é possível a fixação de honorários advocatícios, em exceção de pré-executividade, quando o sócio é excluído do polo passivo da execução fiscal, que não é extinta.
b) A ação cautelar de caução prévia à execução fiscal enseja condenação em honorários advocatícios em desfavor de qualquer da partes.
c) Em execução fiscal, cabem medidas atípicas aflitivas pessoais, tais como a suspensão de passaporte e da licença para dirigir.
d) Não cabe a condenação em honorários advocatícios por débito quitado após ajuizamento da execução fiscal e antes da citação.

221. (Ieses/TJ/SC/Cartórios/Ingresso/2019) Com relação ao processo de execução fiscal, assinale a alternativa incorreta:

a) Não sendo embargada a execução fiscal ou sendo rejeitados os embargos à execução fiscal, no caso de garantia prestada por terceiro, será este intimado, sob pena de contra ele prosseguir a execução nos próprios autos, para, no prazo de 15 (quinze) dias: (i) remir o bem, se a garantia for real; ou (ii) pagar o valor da dívida, juros e multa de mora e demais encargos, indicados na Certidão de Dívida Ativa pelos quais se obrigou se a garantia for fidejussória.
b) Se houver penhora sobre imóvel, no curso de processo de execução fiscal, far-se-á intimação ao cônjuge, observadas as normas previstas para a citação.
c) Segundo a Lei de Execução Fiscal, a arrematação será precedida de edital, afixado no local de costume, na sede do Juízo, e publicado em resumo, uma só vez, em jornal de grande circulação. O prazo entre as datas de publicação do edital e do leilão não poderá ser superior a 30 (trinta), nem inferior a 5 (cinco) dias.
d) O executado só poderá indicar e o terceiro oferecer bem imóvel à penhora, no âmbito de processo de execução fiscal, com o consentimento expresso do respectivo cônjuge.

222. (Ieses/TJ/SC/Cartórios/Remoção/2019) Em relação às ações judiciais em matéria tributária, assinale a alternativa correta:

a) Créditos da Fazenda Pública de natureza não tributária, regularmente inscritos em Dívida Ativa, não podem ser cobrados por meio de Execução Fiscal, nos termos da Lei nº 6.830/80.
b) A Execução Fiscal não pode ser promovida contra o fiador, segundo disposição expressa da Lei de Execução Fiscal.
c) A Ação de Repetição de Indébito pode ser ajuizada, dentre outras hipóteses, no caso de pagamento espontâneo de

tributo maior que o devido em face da legislação tributária aplicável.

d) A Ação de Consignação em Pagamento pode ser ajuizada em face do tabelião somente nos casos em que o tributo discutido seja de competência da União.

223. (Consulplan/TJ/MG/Cartórios/Remoção/2017) À luz do entendimento sumulado pelo Superior Tribunal de Justiça em matéria tributária, assinale a alternativa incorreta:

a) a decretação da indisponibilidade de bens e direitos, na forma do art. 185-A do CTN, pressupõe o exaurimento das diligências na busca por bens penhoráveis, o qual fica caracterizado quando infrutíferos o pedido de constrição sobre ativos financeiros e a expedição de ofícios aos registros públicos do domicílio do executado, ao Denatran ou Detran.

b) em ações de execução fiscal, a petição inicial não pode ser indeferida sob o argumento da falta de indicação do CPF e/ou RG ou CNPJ da parte executada.

c) quando não houver declaração do débito, o prazo decadencial quinquenal para o Fisco constituir o crédito tributário conta-se exclusivamente na forma do art. 173, I, do CTN, nos casos em que a legislação atribui ao sujeito passivo o dever de antecipar o pagamento sem prévio exame da autoridade administrativa.

d) a petição inicial da ação de execução fiscal deve ser instruída com o demonstrativo do cálculo do débito.

10.3. Lei de Medição (Lei 13.140/15)

QUESTÕES OBJETIVAS

224. (FGV/TJ/SC/Cartórios/Ingresso/2021) João e Maria, casados sob o regime de comunhão parcial de bens e sem filhos, decidem se divorciar. Porém, o casal firmou pacto pré-nupcial em cartório, estabelecendo que, em caso de separação, não poderiam requerer imediatamente o divórcio, devendo aguardar o prazo de seis meses e, não havendo reconciliação, estariam obrigados a se submeter à mediação extrajudicial antes de requerer medidas judiciais ou extrajudiciais para concretizar o divórcio. Nessa hipótese, é correto afirmar que:

a) caso Maria concorde em respeitar o prazo pactuado, mas se recuse a participar da sessão de mediação com João, a vontade de Maria deve ser respeitada, pois a autonomia da vontade das partes deve ser aferida no momento da realização do ato, sob pena de subverter os princípios norteadores da mediação.

b) o acordo firmado entre as partes viola o princípio constitucional de acesso à justiça, o que macula todos os seus termos, incluindo o prazo e a necessidade de as partes se submeterem à mediação extrajudicial, pois não se admitem condicionantes para acesso ao Poder Judiciário.

c) João e Maria estão vinculados aos termos do pacto pré-nupcial, sendo obrigados a cumprir o prazo de seis meses e a comparecer a, ao menos, uma sessão de mediação extrajudicial como condição para procurarem o Poder Judiciário ou um cartório para formalizar o divórcio.

d) o acordo não pode ser considerado válido quanto à previsão de mediação extrajudicial, diante da ausência de previsão contratual completa em relação aos prazos, local, critérios de escolha do mediador e penalidade em caso de não comparecimento da parte à primeira reunião de mediação.

e) caso João opte por não observar os termos do acordo pré-nupcial e ingresse com divórcio judicial, o juiz da causa, ao tomar ciência da existência desse instrumento, deverá julgar desde logo extinto o feito, sem julgamento de mérito, por falta de interesse de agir do autor.

225. (Ieses/TJ/SC/Cartórios/Ingresso/2019) Segundo o disposto na Lei n. 13.140/2015, são elementos mínimos da cláusula de mediação:

a) Prazo mínimo e máximo para a realização da primeira reunião de mediação, contado a partir da data de recebimento do convite; termo expresso de imparcialidade do mediador; termo expresso de confidencialidade da mediação; penalidade em caso de não comparecimento da parte convidada à primeira reunião de mediação.

b) Prazo mínimo e máximo para a realização da primeira reunião de mediação, contado a partir da data de recebimento do convite; local da primeira reunião de mediação; critérios de escolha do mediador ou equipe de mediação; penalidade em caso de não comparecimento da parte convidada à primeira reunião de mediação.

c) Isonomia entre as partes; oralidade; imparcialidade do mediador; autonomia da vontade das partes; boafé; confidencialidade e busca do consenso.

d) Isonomia entre as partes; oralidade; termo expresso de imparcialidade do mediador; termo expresso de confidencialidade da mediação; penalidade em caso de não comparecimento da parte convidada à primeira reunião de mediação; autonomia da vontade das partes.

226. (Ieses/TJ/CE/Cartórios/Ingresso/2018) Ainda acerca da mediação e segundo o disposto na Lei n. 13.140/15, é correto afirmar:

a) nenhuma das alternativas.

b) a propositura de ação judicial em que figurem concomitantemente nos polos ativo e passivo órgãos ou entidades de direito público que integrem a administração pública federal deverá ser previamente autorizada pelo Procurador Geral da República.

c) observados os requisitos apontados na própria Lei de Mediação, as controvérsias jurídicas que envolvam a administração pública federal direta, suas autarquias e fundações poderão ser objeto de transação por adesão.

d) é obrigatório aos Estados, ao Distrito Federal e aos Municípios, suas autarquias e fundações públicas, bem como às empresas públicas e sociedades de economia mista federais, submeter seus litígios com órgãos ou entidades da administração pública federal à Advocacia-Geral da União, para fins de composição extrajudicial do conflito.

227. (Ieses/TJ/CE/Cartórios/Ingresso/2018) Relativamente à figura jurídica da mediação, segundo o disposto na Lei n. 13.140/15, assinale a alternativa incorreta:

a) aplicam-se ao mediador as mesmas hipóteses legais de impedimento e suspeição do juiz.

b) a Mediação será orientada, dentre outros, pelos princípios da isonomia entre as partes, da informalidade, da confidencialidade e da boa-fé.

c) não podem ser objeto de mediação os conflitos que versem sobre direitos indisponíveis, ainda que admitam transação.

d) na mediação judicial, os mediadores não estarão sujeitos à prévia aceitação das partes.

10.4. Leis dos Juizados Especiais

SÚMULAS

STF Súm. 640. É cabível recurso extraordinário contra decisão proferida por juiz de primeiro grau nas causas de alçada, ou por turma recursal de juizado especial cível e criminal.

STF Súm. 727. Não pode o magistrado deixar de encaminhar ao Supremo Tribunal Federal o agravo de instrumento interposto da decisão que não admite recurso extraordinário, ainda que referente a causa instaurada no âmbito dos juizados especiais.

STJ **Súm. 203.** Não cabe recurso especial contra decisão proferida por órgão de segundo grau dos juizados especiais.

STJ **Súm. 376.** Compete à turma recursal processar e julgar o mandado de segurança contra ato de juizado especial.

STJ **Súm. 428.** Compete ao tribunal regional federal decidir os conflitos de competência entre juizado especial federal e juízo federal da mesma seção judiciária.

REPERCUSSÃO & REPETITIVOS

STJ **Repetitivo 1029.** Não é possível propor nos juizados especiais da fazenda pública a execução de título executivo formado em ação coletiva que tramitou sob o rito ordinário, assim como impor o rito sumaríssimo da Lei 12.153/2009 ao juízo comum da execução. *REsp 1804186, 12.8.2020.*

STJ **Repetitivo 1030.** Ao autor que deseje litigar no âmbito de Juizado Especial Federal Cível, é lícito renunciar, de modo expresso e para fins de atribuição de valor à causa, ao montante que exceda os 60 (sessenta) salários mínimos previstos no art. 3º, caput, da Lei 10.259/2001, aí incluídas, sendo o caso, as prestações vincendas. *REsp 1807665, 28.10.2020.*

STJ **Repetitivo 1053.** Os Juizados Especiais da Fazenda Pública não têm competência para o julgamento de ações decorrentes de acidente de trabalho em que o Instituto Nacional do Seguro Social figure como parte. *REsp 1866015, 10.3.2021.*

JURISPRUDÊNCIA EM TESES

STJ **JurisTese 89-1.** O processamento da ação perante o Juizado Especial Estadual é opção do autor, que pode, se preferir, ajuizar sua demanda perante a Justiça Comum.

STJ **JurisTese 89-2.** Em se tratando de litisconsórcio ativo facultativo, para que se fixe a competência dos Juizados Especiais, deve ser considerado o valor da causa individualmente por autor, não importando se a soma ultrapassa o valor de alçada.

STJ **JurisTese 89-3.** A necessidade de produção de prova pericial, por si só, não influi na definição da competência dos Juizados Especiais.

STJ **JurisTese 89-4.** É da competência dos Juizados Especiais Federais e dos Juizados Especiais da Fazenda Pública a defesa de direitos ou interesses difusos e coletivos exercida por meio de ações propostas individualmente pelos seus titulares ou substitutos processuais.

STJ **JurisTese 89-5.** É possível submeter ao rito dos Juizados Especiais Federais as causas que envolvem fornecimento de medicamentos/tratamento médico, cujo valor seja de até 60 salários mínimos, ajuizadas pelo Ministério Público ou pela Defensoria Pública em favor de pessoa determinada.

STJ **JurisTese 89-6.** Compete ao Juizado Especial a execução de seus próprios julgados, independentemente da quantia a ser executada, desde que tenha sido observado o valor de alçada na ocasião da propositura da ação.

STJ **JurisTese 89-9.** Admite-se a impetração de mandado de segurança perante os Tribunais de Justiça e os Tribunais Regionais Federais para o exercício do controle de competência dos Juizados Especiais Estaduais ou Federais, respectivamente, excepcionando a hipótese de cabimento da Súmula n. 376/STJ.

STJ **JurisTese 89-10.** Por força do art. 6º da Resolução n. 12/2009 do STJ, são irrecorríveis as decisões proferidas pelo relator nas reclamações destinadas a dirimir divergência entre acórdão prolatado por turma recursal estadual e a jurisprudência do STJ.

STJ **JurisTese 89-11.** O prazo para o ajuizamento de reclamação contra acórdão de Turma Recursal de Juizados Especiais inicia-se com a ciência, pela parte, do acórdão proferido pela Turma Recursal no julgamento do recurso inominado ou dos subsequentes embargos de declaração, e não da decisão acerca do recurso extraordinário interposto (art. 1º da Resolução n. 12/2009 do STJ).

STJ **JurisTese 89-12.** É incabível o ajuizamento de reclamação fundada na Resolução n. 12/2009 do STJ para atacar decisão de interesse da Fazenda Pública, ante a existência de procedimento específico de uniformização de jurisprudência previsto nos arts. 18 e 19 da Lei n. 12.153/2009.

STJ **JurisTese 89-13.** É inviável a discussão de matéria processual em sede de incidente de uniformização de jurisprudência oriundo de juizados especiais, visto que cabível, apenas, contra acórdão da Turma Nacional de Uniformização que, apreciando questão de direito material, contrarie súmula ou jurisprudência dominante no STJ.

STJ **JurisTese 89-14.** Compete ao Superior Tribunal de Justiça o exame dos pressupostos legais do pedido de uniformização, não prevendo a lei a existência de juízo prévio de admissibilidade pela Turma Recursal.

STJ **JurisTese 89-15.** A negativa de processamento do pedido de uniformização dirigido ao STJ enseja violação do art. 18, § 3º, da Lei n. 12.153/2009 e usurpação da competência da Egrégia Corte, que pode ser preservada mediante a propositura da reclamação constitucional (art. 105, I, "f", da CF/88).

INFORMATIVOS

STJ **Juizados Especiais da Fazenda Pública. Pedido de Uniformização de Interpretação de Lei – PUIL. Art. 18 da Lei 12.153/09. Divergência entre decisões proferidas por turmas recursais de diferentes estados. Turma recursal. Juízo prévio de admissibilidade. Descabimento. Usurpação de competência.** Não é possível a Turma Recursal nos Juizados Especiais da Fazenda Pública realizar juízo prévio de admissibilidade de Pedido de Uniformização de Interpretação de Lei (PUIL) a ser julgado pelo STJ. *Rcl 42409, 1ª S, 29.6.2022. Inf 743.*

STJ **PUIL. Cabimento. Direito processual. Impossibilidade.** Não cabe pedido de uniformização de interpretação de lei federal – PUIL em questões de direito processual. *AgInt no Puil 1192, 1ª S, 25.5.2022. Inf 738.*

QUESTÕES OBJETIVAS

228. (Ieses/TJ/SC/Cartórios/Remoção/2019) São princípios informadores específicos do processo nos Juizados Especiais Cíveis, segundo o disposto na Lei n. 9.099/95:

a) Oralidade, simplicidade, informalidade, economia processual, boa-fé e confidencialidade.
b) Oralidade, simplicidade, informalidade, economia processual, boa-fé, celeridade e confidencialidade.
c) Oralidade, simplicidade, informalidade, economia processual e celeridade.
d) Oralidade, simplicidade, informalidade, economia processual e boa-fé.

229. (Vunesp/TJ/RS/Cartórios/Remoção/2019) É de competência dos Juizados Especiais da Fazenda Pública processar, conciliar e julgar causas cíveis de interesse dos Estados, do Distrito Federal, dos Territórios e dos Municípios, até o valor de 60 (sessenta) salários-mínimos. A respeito do procedimento de trâmite dos processos perante o Juizado em apreço, assinale a alternativa correta.

a) No foro onde estiver instalado, a sua competência é relativa.
b) Não se incluem na sua competência, dentre outras, as ações de mandado de segurança, de desapropriação e de divisão e demarcação.
c) O cumprimento da sentença que imponha obrigação será efetuado mediante citação do ente público por mandado, na pessoa de seu representante legal ou do chefe do executivo respectivo.
d) O juiz poderá, desde que haja requerimento das partes ou do conciliador, deferir quaisquer providências cautelares e antecipatórias no curso do processo, para evitar dano de difícil ou de incerta reparação.
e) Para efetuar o exame técnico necessário ao julgamento da causa, o juiz nomeará pessoa habilitada, que apresentará o laudo até 48 (quarenta e oito) horas antes da audiência.

230. (Consulplan/TJ/MG/Cartórios/Ingresso/2017) Sobre os Juizados Especiais Cíveis, instituídos pela Lei n. 9.099/95, é correto afirmar, exceto:

a) as pessoas jurídicas qualificadas como organização da sociedade civil de interesse público, nos termos da Lei n. 9.790/99, são admitidas a propor ação perante o Juizado Especial.

b) a ação rescisória nas causas sujeitas ao procedimento instituído pela Lei n. 9.099/95 deve ser ajuizada no prazo de 02 (dois) anos a contar do trânsito em julgado da sentença ou acórdão.

c) o réu, sendo pessoa jurídica ou titular de firma individual, poderá ser representado por preposto credenciado, munido de carta de preposição com poderes para transigir, sem haver necessidade de vínculo empregatício.

d) os atos processuais serão públicos e poderão realizar-se em horário noturno, conforme dispuserem as normas de Organização Judiciária.

11. TEORIA E PRINCÍPIOS

QUESTÕES OBJETIVAS

231. (Ieses/TJ/RO/Cartórios/Ingresso/2021) Em relação à equidade enquanto critério de julgamento, e segundo expressamente dispõe o Código de Processo Civil, é correto afirmar:

a) Nos procedimentos de Jurisdição Contenciosa, o Juiz pode se afastar do critério de legalidade estrita e aplicar a Equidade.

b) O juiz pode utilizar a Equidade, já que prevista na LINDB.

c) Nos procedimentos de Jurisdição Voluntária, o Juiz pode se afastar do critério de legalidade estrita e aplicar a Equidade.

d) O juiz não pode julgar por Equidade em nenhuma hipótese.

232. (Ieses/TJ/RO/Cartórios/Ingresso/2021) Relativamente ao princípio da "perpetuatio jurisdictionis", assinale a alternativa correta:

a) Impõe que modificação do estado de fato ou de direito, desde que posterior ao ajuizamento da ação, importa na alteração da competência.

b) Não encontra mais previsão no atual Código de Processo Civil (2015).

c) É aplicável às hipóteses de competência absoluta.

d) Tem como "ratio essendi" a competência territorial (relativa).

233. (Consulplan/TJ/MG/Cartórios/Ingresso/2018) Considerando a existência das ações heterotópicas como formas de defesa do devedor à atividade jurisdicional satisfativa executória, é correto afirmar sua exemplificação na seguinte hipótese:

a) ação rescisória de sentença; objeção de pré-executividade e embargos do devedor.

b) ação de "querela nullitatis", ação anulatória de ato judicial e impugnação ao cumprimento de sentença.

c) ação rescisória de sentença; ação anulatória de ato judicial; ação declaratória de inexistência da relação jurídica.

d) ação declaratória de inexistência de relação jurídica, ação de consignação em pagamento e embargos à execução fiscal.

234. (Consulplan/TJ/MG/Cartórios/Ingresso/2018) Sobre o sistema de precedentes adotado pelo novo Código de Processo Civil é incorreto afirmar que:

a) o sistema de precedentes no ordenamento processual brasileiro objetiva a eficácia persuasiva que dita a conotação do instituto para todo o Judiciário.

b) o conceito de ratio decidendi mostra que é a tese jurídica suficiente a decidir o caso concreto e não a parte dispositiva da decisão que produz a eficácia vinculante.

c) a primordial justificativa da utilização pragmática dos precedentes é ditada pelo princípio da universalidade ou da justiça formal, para fins de um tratamento isonômico.

d) o obiter dictum não se presta para ser invocado como precedente vinculante em caso análogo, embora possa perfeitamente ser referido como argumento de persuasão.

235. (Consulplan/TJ/MG/Cartórios/Ingresso/2018) Sobre a função nomofilática dos tribunais adotada pelo novo Código de Processo Civil, assinale a afirmativa incorreta:

a) extirpa com a ideia de que o convencimento judicial é absolutamente livre.

b) tem como pressuposto lógico e inafastável a força expansiva ultra partes das decisões dos Tribunais.

c) a opção legislativa processual está diretamente relacionada ao princípio da isonomia de tratamento judicial.

d) estabelece como premissa não ser a lei vocacionada a ter um só entendimento, dentro de uma mesma situação histórica, de sorte que a diversidade de entendimentos proposta pela função nomofilática propicia uma resposta judiciária igualitária, tempestiva e de boa qualidade para todos.

236. (Consulplan/TJ/MG/Cartórios/Ingresso/2018) Acerca do tema relativo à tipicidade na execução é incorreto afirmar que:

a) a preocupação em conter o poder executivo do juiz está intimamente ligada aos valores do estado democrático de direito.

b) o princípio da tipicidade objetiva garantir o jurisdicionado contra a possibilidade de arbítrio na utilização da modalidade executiva.

c) as cláusulas gerais executivas se mostram como um método eficaz para concretizar o direito material utilizando-se do meio executivo mais adequado ao caso.

d) a diversidade das situações de direito material implica a tomada de consciência da imprescindibilidade de um tratamento diferenciado no processo, especialmente em relação aos meios de execução.

237. (Consulplan/TJ/MG/Cartórios/Remoção/2018) Pelo princípio dispositivo há proibição da "reformatio in pejus" que, contudo, é afastado nas seguintes situações:

I. diante da sentença que ao julgar extinto, o processo sem resolução do mérito por ilegitimidade da parte, ocasião em que a parte autora recorre e a instância revisora reconhece a existência da coisa julgada.

II. diante da sentença que, no reexame necessário, ante a translatividade plena à instância revisora eleva a condenação imposta à Fazenda Pública.

III. diante da sentença que rejeita a prescrição e acolhe parcialmente pedido indenizatório, ocasião em que a parte autora, ao apelar para obter a majoração da verba condenatória, tem contra si reconhecida a prescrição pela instância revisora.

IV. diante da sentença que não manifestou sobre a incidência dos juros, situação em que o recorrente poderá ter sua situação piorada independentemente do efeito da apelação.

Estão corretas as afirmativas:

a) I, II, III e IV.

b) II e IV, apenas.

c) I, III e IV, apenas.

d) II, III e IV, apenas.

238. (Consulplan/TJ/MG/Cartórios/Remoção/2018) Sobre o sistema de precedentes do "common law" adotado em certa medida pelo Novo Código de Processo Civil, assinale a afirmativa incorreta:

a) pelo método dedutivo adotado se extraem as generalizações a partir dos casos particulares.

b) não opera com verdades preestabelecidas, de validade universal e inflexível para chegar às conclusões derivadas delas.
c) cada caso novo é uma experiência, e se as regras aceitas, provavelmente aplicáveis, conduzem a resultado que se sente injusto, a regra é reconsiderada.
d) as regras e princípios do direito consuetudinário nunca foram tratadas como verdades finais, mas como hipóteses de trabalho, continuamente reexaminadas nos grandes laboratórios do direito que são os tribunais.

239. (Consulplan/TJ/MG/Cartórios/Remoção/2018) Sobre as técnicas processuais e a tutela dos direitos no processo civil, é incorreto afirmar que:

a) a atividade de execução pode ser fundada em cognição sumária ou exauriente.
b) somente se admitem técnicas processuais que sacrifiquem a efetividade da prestação jurisdicional quando isso tiver por intuito a preservação de direitos fundamentais da parte contrária.
c) a tutela de direitos perpassa em primeiro na verificação das técnicas processuais adequadas para sua efetiva proteção, para depois analisar as situações de direito material que se pretende proteger por meio do exercício da ação.
d) o legislador pode, para a tutela dos direitos, prever procedimentos diferenciados, podendo determinar cortes na cognição no plano horizontal para limitação do debate a certas questões, sem que se cogite de cerceamento de defesa.

240. (Consulplan/TJ/MG/Cartórios/Ingresso/2017) "Ação que busca a imposição de uma sanção à pretensão". Quanto ao tipo e provimento, é correto afirmar que essa ação é:

a) constitutiva.
b) declaratória.
c) condenatória.
d) mandamental.

241. (Consulplan/TJ/MG/Cartórios/Remoção/2017) Com relação às fontes do direito processual civil brasileiro, avalie as seguintes proposições:

I. o processo civil será interpretado conforme os valores e normas fundamentais estabelecidos na Constituição da República Federativa do Brasil.
II. os tratados internacionais em que o Brasil seja parte não são fontes para aplicação do direito processual civil.
III. a lei, os costumes, a doutrina e a jurisprudência são consideradas fontes do direito processual civil.
IV. a doutrina e a jurisprudência são importantes fontes do direito processual civil, seja para a elaboração das normas jurídicas, seja para a solução do litígio que se apresenta ao Poder Judiciário.

Está correto apenas o que se afirma em:

a) I, III e IV.
b) II, III e IV.
c) I, II e III.
d) I e II.

8

DIREITO PROCESSUAL PENAL

VOLUME DE QUESTÕES

BAIXO

1. DISPOSIÇÕES PRELIMINARES

QUESTÕES OBJETIVAS

1. (Vunesp/TJ/RS/Cartórios/Ingresso/2019) Imagine que, no curso de uma ação penal, nova lei processual extinga com um recurso que era exclusivo da defesa, antes da prolação da decisão anteriormente recorrível. A esse respeito, é correto afirmar que:

a) poderá ser manejado o recurso, por se tratar de possibilidade exclusiva da defesa.
b) não será possível manejar o recurso, pois a lei processual penal aplicar-se-á desde logo.
c) poderá ser manejado o recurso, pois o fato criminoso foi cometido sob a vigência da regra estabelecida pela lei anterior.
d) não será possível manejar o recurso, pois a nova lei busca a igualdade processual (paridade de armas).
e) poderá ser manejado o recurso, pois o processo se iniciou sob a vigência da regra estabelecida pela lei anterior.

2. DO INQUÉRITO POLICIAL

SÚMULAS

STF Súm. Vinculante 14. É direito do defensor, no interesse do representado, ter acesso amplo aos elementos de prova que, já documentados em procedimento investigatório realizado por órgão com competência de polícia judiciária, digam respeito ao exercício do direito de defesa.

STF Súm. 524. Arquivado o inquérito policial, por despacho do juiz, a requerimento do Promotor de Justiça, não pode a ação penal ser iniciada, sem novas provas.

INFORMATIVOS

STJ Excesso de prazo para a conclusão de inquérito policial. Investigação que perdura por mais de 9 anos. Investigado solto. Complexidade não evidenciada. Suposta acusação ligada ao exercício profissional. Estigmatização decorrente da condição de suspeito de prática delitiva. Constrangimento ilegal. Trancamento da investigação. Razoável duração do processo. Há excesso de prazo para conclusão de inquérito policial, quando, a despeito do investigado se encontrar solto e de não sofrer efeitos de qualquer medida restritiva, a investigação perdura por longo período e não resta demonstrada a complexidade apta a afastar o constrangimento ilegal. *HC 653299, 6ª T, 25.8.2022. Inf 747.*

QUESTÕES OBJETIVAS

2. (Vunesp/TJ/GO/Cartórios/Ingresso/2021) Em consonância com o art. 7º do CPP, para verificar a possibilidade de haver a infração sido praticada de determinado modo, a autoridade policial poderá proceder à reprodução simulada dos fatos:

a) desde que o acusado e a vítima concordem com a realização e compareçam ao ato.
b) desde que esta não contrarie a moralidade ou a ordem pública.
c) após representação, para tanto, junto ao Juiz de Garantias.
d) devendo, para tanto, realizar a prévia notificação do patrono constituído do acusado.

3. (Vunesp/TJ/GO/Cartórios/Remoção/2021) Em consonância com os estritos termos do art. 13 do CPP, sem prejuízo das demais funções, incumbirá à autoridade policial:

a) fornecer às autoridades judiciárias as informações necessárias à instrução e ao julgamento dos processos, realizar as diligências requisitadas pelo juiz ou pelo Ministério Público, cumprir os mandados de prisão expedidos pelas autoridades judiciárias, apenas.
b) fornecer às autoridades judiciárias as informações necessárias à instrução e ao julgamento dos processos e realizar as diligências requisitadas pelo juiz ou pelo Ministério Público, apenas.
c) fornecer às autoridades judiciárias as informações necessárias à instrução e ao julgamento dos processos, realizar as diligências requisitadas pelo juiz ou pelo Ministério Público, cumprir os mandados de prisão expedidos pelas autoridades judiciárias e representar acerca da prisão preventiva.
d) fornecer às autoridades judiciárias as informações necessárias à instrução e ao julgamento dos processos, apenas.

4. (Cespe/TJ/DFT/Cartórios/Ingresso/2019) O Código de Processo Penal, em diversos dispositivos, utiliza a expressão indiciado para indicar a pessoa em relação à qual existe inquérito policial em curso. Assinale a opção correta, acerca do indiciamento no âmbito do procedimento policial.

a) Quando ausente ou deficiente, vicia o inquérito policial e, consequentemente, contamina também o processo criminal a que se destina.
b) Poderá ser viabilizado após o recebimento da denúncia.

c) Vincula o ofendido ao oferecimento da queixa na hipótese de ação penal privada.
d) Deverá ser formulado pela autoridade policial quando requisitado pelo Ministério Público.
e) Poderá ser formalizado de forma indireta ante a não localização do investigado.

5. (Cespe/TJ/DFT/Cartórios/Ingresso/2019) João, de 19 anos de idade, foi vítima de crime de calúnia praticado por Maria. Ciente da autoria do ato delituoso, João relatou os fatos informalmente ao delegado de polícia e solicitou orientação sobre as providências a serem adotadas. Considerando essa situação hipotética, assinale a opção correta, acerca de crime que se apura mediante ação penal privada.

a) Em face do princípio da oficiosidade, o delegado de polícia deverá instaurar o procedimento investigatório, independentemente da formalização do requerimento de João.
b) A instauração do inquérito policial suspende a fluência do prazo decadencial para o ingresso da ação penal em juízo até a completa apuração dos fatos.
c) Caso João venha a falecer após a instauração do inquérito policial e antes da ação penal, o direito de oferecer queixa-crime passará ao cônjuge, ascendente, descendente ou irmão.
d) Por ser João menor de 21 anos de idade, o direito de queixa poderá ser exercido por ele ou por seu representante legal.
e) Instaurada a ação penal competente e havendo inércia de João, o Ministério Público poderá dar prosseguimento à referida ação.

6. (Ieses/TJ/SC/Cartórios/Remoção/2019) É incorreto afirmar que o inquérito policial poderá ser iniciado:

a) Por requisição da autoridade judicial ou do Ministério Público, ou por requerimento do ofendido ou seu representante, nos crimes de ação pública incondicionada.
b) Por requerimento do ofendido, nos crimes de ação pública condicionada à representação, ainda que não a ofereça de pronto, devendo fazê-lo, contudo, no prazo decadencial de seis meses, sob pena de arquivamento do inquérito instaurado.
c) Apenas por requerimento do ofendido ou seu representante, nos crimes de ação penal privada.
d) De ofício, pela autoridade policial, nos crimes de ação pública incondicionada.

7. (Vunesp/TJ/RS/Cartórios/Remoção/2019) Nos estritos termos do art. 18 do CPP, é correto afirmar que depois de ordenado o arquivamento do inquérito pela autoridade judiciária, por falta de a base para a denúncia:

a) não existe mais possibilidade de a autoridade policial investigar o fato.
b) fica a autoridade policial impedida de investigar o mesmo indiciado com relação ao mesmo fato, podendo, contudo, continuar com a investigação de novos suspeitos.
c) apenas mediante nova requisição ministerial ou judicial específica a autoridade policial pode proceder a novas investigações.
d) a autoridade policial tem autonomia para seguir nas investigações, complementando-as, mas não pode repetir a produção das provas que já constam dos autos.
e) a autoridade policial poderá proceder a novas pesquisas, se de outras provas tiver notícia.

8. (Ieses/TJ/CE/Cartórios/Remoção/2018) De acordo com o Código de Processo Penal, se o indiciado tiver sido preso em flagrante, ou estiver preso preventivamente, o inquérito policial deverá terminar no prazo de:

a) 10 (dez) dias.
b) 05 (cinco) dias.
c) 15 (quinze) dias.
d) 30 (trinta) dias.

9. (Ieses/TJ/CE/Cartórios/Ingresso/2018) É certo afirmar:

I. a acareação é prova eminentemente processual não comportando ser utilizada pela Autoridade Policial no curso do inquérito.
II. a peça acusatória é uma exposição narrativa e demonstrativa. Narrativa, porque deve revelar o fato com todas as suas circunstâncias, apontando o seu autor (quis), os meios que empregou (quibus auxiliis), o mal que produziu (quid), os motivos (cur), a maneira como o praticou (quo moto), o lugar (ubi) e o tempo (quando).
III. o inquérito policial tem natureza administrativa. São seus caracteres: ser escrito, sigiloso e inquisitivo, já que nele não há o contraditório.
IV. o inquérito deverá terminar no prazo de 30 dias, se o indiciado tiver sido preso em flagrante, ou estiver preso preventivamente, contado o prazo, nesta hipótese, a partir do dia em que se executar a ordem de prisão, ou no prazo de 90 dias, quando estiver solto, mediante fiança ou sem ela.

Analisando as proposições, pode-se afirmar:

a) somente as proposições II e III estão corretas.
b) somente as proposições II e IV estão corretas.
c) somente as proposições I e III estão corretas.
d) somente as proposições I e IV estão corretas.

10. (Consulplan/TJ/MG/Cartórios/Remoção/2018) Quanto ao inquérito policial, assinale a alternativa correta:

a) nos crimes em que a ação pública depender de representação, o inquérito não poderá ser iniciado sem ela.
b) nos crimes de ação privada, a autoridade policial somente poderá proceder a inquérito por requisição do Ministério Público ou a requerimento de quem tenha qualidade para a propositura da ação penal.
c) se o Delegado de Polícia, ao concluir as investigações, não reunir prova da existência do crime ou indícios suficientes de sua autoria, deverá, em homenagem ao princípio constitucional da ampla defesa, promover o arquivamento do inquérito policial.
d) para deflagrar a instauração de inquérito policial, qualquer pessoa do povo que tiver conhecimento da existência de infração penal em que caiba ação pública poderá comunicá-la à autoridade policial, desde que o faça por escrito, tendo em vista a vedação constitucional do anonimato.

11. (Ieses/TJ/RO/Cartórios/Ingresso/2017) Assinale a alternativa que destoa do contido no Código de Processo Penal:

a) atinente às medidas assecuratórias, O juiz, de ofício, a requerimento do Ministério Público ou do ofendido, ou mediante representação da autoridade policial, poderá ordenar o sequestro, em qualquer fase do processo ou ainda antes de oferecida a denúncia ou queixa.
b) depois de ordenado o arquivamento do inquérito pela autoridade judiciária, por falta de base para a denúncia, a autoridade policial poderá proceder a novas pesquisas visando à obtenção de novos indícios, ainda que não tenha notícia de novas provas.
c) instaurado o Inquérito Policial, o ofendido, ou seu representante legal, e o indiciado poderão requerer qualquer diligência, que será realizada, ou não, a juízo da autoridade policial.

d) dentre outras hipóteses, poderá o juiz substituir a prisão preventiva pela domiciliar quando o agente for homem, caso seja o único responsável pelos cuidados do filho de até 12 (doze) anos de idade incompletos.

12. (Cetro/TJ/RJ/Cartórios/Ingresso/2017) No que se refere às questões relacionadas à nulidade no Inquérito Policial, assinale a alternativa correta:

a) a inobservância das formalidades legais impostas por lei ao Inquérito Policial, para reconhecimento pessoal do acusado, implica nulidade do processo.

b) erro de grafia na lavratura do termo de flagrante, ainda que desconsiderado e corrigido quando da apresentação da denúncia, nulifica o Inquérito Policial.

c) o reconhecimento, em Inquérito Policial, realizado sem a descrição da pessoa que deve ser reconhecida, configura hipótese da teoria das árvores dos frutos envenenados, com isso, nulificando o Inquérito Policial.

d) é nulo o Inquérito Policial instaurado a partir da prisão em flagrante do acusado, ainda que a autoridade policial tenha se inteirado previamente dos fatos por meio de denúncia anônima, com vista da presunção de inocência.

e) a juntada, em autos do Inquérito Policial, de documentos confidenciais de empresa obtidos sem conhecimento desta, por ex-empregado, ainda que autorizada por sentença em mandado de segurança impetrado por integrante do Ministério Público, é nula.

3. DA AÇÃO PENAL/CIVIL

SÚMULAS

STF Súm. 524. Arquivado o inquérito policial, por despacho do juiz, a requerimento do Promotor de Justiça, não pode a ação penal ser iniciada, sem novas provas.

STF Súm. 554. O pagamento de cheque emitido sem provisão de fundos, após o recebimento da denúncia, não obsta ao prosseguimento da ação penal.

STF Súm. 594. Os direitos de queixa e de representação podem ser exercidos, independentemente, pelo ofendido ou por seu representante legal.

STF Súm. 609. É pública incondicionada a ação penal por crime de sonegação fiscal.

STF Súm. 696. Reunidos os pressupostos legais permissivos da suspensão condicional do processo, mas se recusando o promotor de justiça a propô-la, o juiz, dissentindo, remeterá a questão ao procurador-geral, aplicando-se por analogia o art. 28 do Código de Processo Penal.

STF Súm. 709. Salvo quando nula a decisão de primeiro grau, o acórdão que provê o recurso contra a rejeição da denúncia vale, desde logo, pelo recebimento dela.

STF Súm. 714. É concorrente a legitimidade do ofendido, mediante queixa, e do Ministério Público, condicionada à representação do ofendido, para a ação penal por crime contra a honra de servidor público em razão do exercício de suas funções.

STJ Súm. 234. A participação de membro do Ministério Público na fase investigatória criminal não acarreta o seu impedimento ou suspeição para o oferecimento da denúncia.

STJ Súm. 542. A ação penal relativa ao crime de lesão corporal resultante de violência doméstica contra a mulher é pública incondicionada.

STJ Súm. 648. A superveniência da sentença condenatória prejudica o pedido de trancamento da ação penal por falta de justa causa feito em "habeas corpus".

JURISPRUDÊNCIA EM TESES

STJ JurisTese 184-9. A exigência de representação da vítima como condição de procedibilidade para a ação penal por estelionato, inserida pela Lei n. 13.964/2019, não alcança os processos cuja denúncia foi apresentada antes da vigência de referida norma.

STJ JurisTese 184-10. A retroatividade da representação da vítima no crime de estelionato, inserida pelo Pacote Anticrime, deve se restringir à fase policial, pois não alcança o processo.

STJ JurisTese 185-1. O acordo de não persecução penal – ANPP, previsto no art. 28-A do Código de Processo Penal, aplica-se a fatos ocorridos antes da Lei n. 13.964/2019, desde que não recebida a denúncia.

STJ JurisTese 185-2. O acordo de não persecução penal – ANPP não constitui direito subjetivo do investigado, assim pode ser proposto pelo Ministério Público conforme as peculiaridades do caso concreto, quando considerado necessário e suficiente para reprovar e prevenir infrações penais.

STJ JurisTese 185-3. O controle do Poder Judiciário quanto ao pedido de revisão do não oferecimento do acordo de não persecução penal – ANPP deve se limitar a questões relacionadas aos requisitos objetivos, não é, portanto, legítimo o exame do mérito a fim de impedir a remessa dos autos ao órgão superior do Ministério Público.

STJ JurisTese 185-4. O Ministério Público não é obrigado a notificar o investigado no caso de recusa de oferecimento de acordo de não persecução penal – ANPP.

INFORMATIVOS

STJ Acordo de não persecução penal. Denúncia recebida. Aplicação retroativa. Inviabilidade. O acordo de não persecução penal (ANPP), inserido pela Lei 13.924/19, aplica-se retroativamente desde que não tenha havido o recebimento da denúncia. *AgRg no REsp 2006523, 5ª T, 26.8.2022. Inf 761.*

STJ Acordo de não persecução penal. Art. 28-A, § 6º, do CPP. Execução penal. Competência. Juízo que homologou o acordo. Investigado residente em jurisdição diversa. Penas restritivas de direitos. Acompanhamento e fiscalização do cumprimento. Deprecação. Possibilidade. A competência para a execução do acordo de não persecução penal é do Juízo que o homologou. *CC 192158, 3ª S, 18.11.2022. Inf 757.*

STJ Acordo de não persecução penal. Ausência dos requisitos subjetivos legais. Recusa no oferecimento do acordo por parte do Ministério Público. Fundamentação idônea. Legalidade. Constitui fundamentação idônea para o não oferecimento de ANPP a existência de vários registros policiais e infracionais, embora o réu seja tecnicamente primário, bem como a utilização de posição de liderança religiosa para a prática de delito de violação sexual mediante fraude. *Proc. segredo justiça, 5ª T, 8.8.2022. Inf 750.*

STJ Acordo de não persecução penal – ANPP. Pleito de realização do acordo. Não cabimento após o recebimento da denúncia. Faculdade do Parquet. Recusa devidamente fundamentada. A possibilidade de oferecimento do ANPP é conferida exclusivamente ao Ministério Público, não cabendo ao Poder Judiciário determinar ao Parquet que o oferte. *RHC 161251, 5ª T, 16.5.2022. Inf 739.*

STJ Abandono de incapaz com resultado morte. Dever de assistência. Assunção fática da posição de garante. Atipicidade penal não configurada de plano. Necessidade de prosseguimento da ação penal. Não há falar em trancamento da ação penal quando a complexidade dos fatos e da adequação típica das condutas a eles, na conformidade da plausível articulação de juízos normativos preliminares da denúncia, implicam a conveniência da instrução probatória. *RHC 150707, 5ª T, 15.2.2022. Inf 725.*

QUESTÕES DISCURSIVAS

1. (Consulplan/TJ/MG/Cartórios/Ingresso/2015) "Caio, sexagenário, e Ester, quinquagenária, eram irmãos, inimigos e viviam às turras sob o mesmo teto, em Belo Horizonte/MG. Em abril de 2016, Caio, irritado com as manias da irmã, subtraiu, para si, o valioso anel de diamante, lesando o patrimônio de Ester. Tício, septuagenário, vizinho de Caio e Ester, tomou conhecimento do fato e noticiou o crime ao Promotor de Justiça, no mês de maio de 2016, para que fosse oferecida denúncia em face de Caio". Nesse caso, a ação penal pública depende ou não de representação da ofendida? Justifique sua resposta.

QUESTÕES OBJETIVAS

13. (Cespe/TJ/DFT/Cartórios/Ingresso/2019) Joaquim foi vítima de crime de lesão corporal de natureza grave praticado, em tese, por Francisco, o que resultou em sérios prejuízos patrimoniais à vítima bem como em instauração de processo criminal contra o suposto autor do delito. Com referência a essa situação hipotética, assinale a opção correta, considerando os dispositivos processuais que regem a ação civil "ex delicto".

a) Joaquim deverá aguardar o trânsito em julgado da sentença penal condenatória, para, somente depois, executá-la na esfera cível.
b) A absolvição de Francisco com base no reconhecimento de causa exculpante faz coisa julgada no juízo cível.
c) Joaquim poderá propor ação civil "ex delicto", de caráter cognitivo, valendo-se de cautelares do Código de Processo Penal para assegurar o patrimônio do réu que garanta indenização conferida pelo juízo cível.
d) A requerimento de Joaquim, caso ele seja pobre, a ação civil poderá ser promovida pelo Ministério Público.
e) A sentença penal absolutória que reconhecer, categoricamente, que a conduta de Francisco é materialmente atípica não impedirá a propositura da ação civil por Joaquim.

14. (UFPR/TJ/PR/Cartórios/Ingresso/2019) Em relação ao tema da ação processual penal, considere as seguintes afirmativas:

I. Seja qual for o crime, quando praticado em detrimento do patrimônio ou interesse da União, Estado e Município, a ação penal será pública.
II. A representação pode ser retratada até o recebimento da denúncia.
III. Por se tratar de procedimento preparatório ao exercício da ação penal, o inquérito policial não pode ser dispensado pelo membro do Ministério Público.
IV. No caso de crime praticado contra a honra de servidor público em razão do exercício de suas funções, é concorrente a legitimidade do ofendido, mediante queixa, e do Ministério Público, condicionada à representação do ofendido.

Assinale a alternativa correta.

a) Somente a afirmativa III é verdadeira.
b) Somente as afirmativas I e IV são verdadeiras.
c) Somente as afirmativas II e III são verdadeiras.
d) Somente as afirmativas I, II e IV são verdadeiras.
e) As afirmativas I, II, III e IV são verdadeiras.

15. (Vunesp/TJ/RS/Cartórios/Remoção/2019) Nos crimes processados mediante ação penal pública condicionada à representação, esta é:

a) irretratável, depois de oferecida a denúncia.
b) retratável, porém, apenas até 6 (seis) meses depois de cometido o fato criminoso.
c) irretratável, como regra, nos crimes hediondos.
d) retratável, até o recebimento da denúncia.
e) retratável, porém, apenas até 6 (seis) meses depois da ciência da autoria do fato criminoso.

16. (UFPR/TJ/PR/Cartórios/Remoção/2019) Na internet, em uma rede social, o empresário José Alfredo foi vítima de um crime de calúnia. A publicação caluniosa foi vista, curtida e comentada por milhares de pessoas. Todavia, o ofendido não tem certeza em relação à autoria do crime. Com base nessas informações, considere as seguintes afirmativas:

I. O prazo para o oferecimento da queixa será de 6 meses, contado da data em que a vítima vier a saber quem é o autor do crime.
II. Em relação aos crimes de ação penal de iniciativa privada, a vítima pode requerer a instauração de inquérito policial.
III. A queixa, ainda quando a ação penal for privativa do ofendido, poderá ser aditada pelo Ministério Público.
IV. Caso o crime tenha sido praticado por mais de uma pessoa, a queixa contra qualquer dos autores do crime obrigará ao processo de todos.

Assinale a alternativa correta.

a) Somente a afirmativa I é verdadeira.
b) Somente as afirmativas II e III são verdadeiras.
c) Somente as afirmativas III e IV são verdadeiras.
d) Somente as afirmativas I, II e IV são verdadeiras.
e) As afirmativas I, II, III e IV são verdadeiras.

17. (Ieses/TJ/CE/Cartórios/Remoção/2018) A manifestação do ofendido, ou de seu representante legal, indicando que não está mais interessado em continuar com a ação penal privada, após ter dado início a ela, é denominado de:

a) perempção.
b) renúncia.
c) perdão.
d) retratação.

18. (Consulplan/TJ/MG/Cartórios/Ingresso/2018) No sistema jurídico brasileiro, considerando-se a modalidade de ação penal e a terminologia adequada dos institutos processuais, é correto afirmar que:

a) nos crimes de ação penal privada, a queixa deve ser apresentada exclusivamente perante a Autoridade Judiciária, mediante assistência técnica de advogado.
b) nos crimes de ação penal pública, a queixa deve ser apresentada pelo ofendido perante o Delegado de Polícia, funcionando como causa de suspensão da prescrição.
c) nos crimes de ação penal privada, a denúncia deve ser apresentada pelo Ministério Público, perante o Juiz de Direito, até 6 (seis) meses após a representação do ofendido.
d) nos crimes de ação penal privada, a queixa deve ser apresentada por advogado perante o Delegado de Polícia, funcionando como causa de interrupção da prescrição.

19. (Cetro/TJ/RJ/Cartórios/Remoção/2017) Sobre as formas de ação penal admitidas no direito brasileiro, assinale a alternativa correta:

a) O princípio da indivisibilidade da ação penal é aplicado apenas às ações penais privadas, de natureza disponível e facultativa, mas não às ações penais públicas.
b) Para os crimes contra os costumes, uma vez caracterizada a pobreza da vítima, a legitimidade para a representação fica condicionada à Defensoria Pública, não podendo o Ministério Público alçar a ação à modalidade de pública condicionada.
c) O esgotamento de processo disciplinar constitui condição "sine qua non" de procedibilidade para exercício da ação penal pública incondicionada.
d) para que possa prosseguir a ação penal privada, o oferecimento de queixa-crime depende de procuração outorgada pelo querelante ao seu advogado com poderes específicos, inclusive descrição pormenorizada do fato criminoso.
e) tanto para as ações penais públicas quanto para as ações penais privadas, a intervenção de terceiros em sede de "habeas corpus" deve ser avaliada pelo juiz, após oitiva do Ministério Público quanto à sua conveniência.

4. DA COMPETÊNCIA

SÚMULAS

1) Competência por Prerrogativa de Função

STF Súm. Vinculante 45. A competência constitucional do tribunal do júri prevalece sobre o foro por prerrogativa de função estabelecido exclusivamente pela constituição estadual.

STF **Súm. 451.** A competência especial por prerrogativa de função não se estende ao crime cometido após a cessação definitiva do exercício funcional.

STF **Súm. 702.** A competência do tribunal de justiça para julgar prefeitos restringe-se aos crimes de competência da justiça comum estadual; nos demais casos, a competência originária caberá ao respectivo tribunal de segundo grau.

STF **Súm. 703.** A extinção do mandato do prefeito não impede a instauração de processo pela prática dos crimes previstos no art. 1º do DL 201/67.

STF **Súm. 704.** Não viola as garantias do juiz natural, da ampla defesa e do devido processo legal a atração por continência ou conexão do processo do corréu ao foro por prerrogativa de função de um dos denunciados.

STJ **Súm. 164.** O prefeito municipal, após a extinção do mandato, continua sujeito a processo por crime previsto no art. 1º do Decreto-lei n. 201, de 27.2.67.

STJ **Súm. 208.** Compete à justiça federal processar e julgar prefeito municipal por desvio de verba sujeita a prestação de contas perante órgão federal.

STJ **Súm. 209.** Compete à justiça estadual processar e julgar prefeito por desvio de verba transferida e incorporada ao patrimônio municipal.

2) Competência Justiça Comum vs. Justiça Militar

STF **Súm. 555.** É competente o tribunal de justiça para julgar conflito de jurisdição entre juiz de direito do Estado e a justiça militar local.

STJ **Súm. 53.** Compete à justiça comum estadual processar e julgar civil acusado de prática de crime contra instituições militares estaduais.

STJ **Súm. 78.** Compete à justiça militar processar e julgar policial de corporação estadual, ainda que o delito tenha sido praticado em outra unidade federativa.

STJ **Súm. 90.** Compete à justiça estadual militar processar e julgar o policial militar pela prática do crime militar, e à comum pela prática do crime comum simultâneo àquele.

3) Competência Justiça Federal vs. Justiça Estadual

STF **Súm. Vinculante 36.** Compete à justiça federal comum processar e julgar civil denunciado pelos crimes de falsificação e de uso de documento falso quando se tratar de falsificação da caderneta de inscrição e registro (CIR) ou de carteira de habilitação de amador (CHA), ainda que expedidas pela Marinha do Brasil.

STF **Súm. 498.** Compete à justiça dos Estados, em ambas as instâncias, o processo e o julgamento dos crimes contra a economia popular.

STF **Súm. 522.** Salvo ocorrência de tráfico com o exterior, quando, então, a competência será da justiça federal, compete à justiça dos Estados o processo e o julgamento dos crimes relativos a entorpecentes.

STJ **Súm. 38.** Compete à justiça estadual comum, na vigência da Constituição de 1988, o processo por contravenção penal, ainda que praticada em detrimento de bens, serviços ou interesse da União ou de suas entidades.

STJ **Súm. 42.** Compete à justiça comum estadual processar e julgar as causas cíveis em que é parte sociedade de economia mista e os crimes praticados em seu detrimento.

STJ **Súm. 62.** Compete à justiça estadual processar e julgar o crime de falsa anotação na Carteira de Trabalho e Previdência Social, atribuído a empresa privada.

STJ **Súm. 73.** A utilização de papel moeda grosseiramente falsificado configura, em tese, o crime de estelionato, da competência da justiça estadual.

STJ **Súm. 104.** Compete à justiça estadual o processo e julgamento dos crimes de falsificação e uso de documento falso relativo a estabelecimento particular de ensino.

STJ **Súm. 107.** Compete à justiça comum estadual processar e julgar crime de estelionato praticado mediante falsificação das guias de recolhimento das contribuições previdenciárias, quando não ocorrente lesão à autarquia federal.

STJ **Súm. 122.** Compete à justiça federal o processo e julgamento unificado dos crimes conexos de competência federal e estadual, não se aplicando a regra do art. 78, II, "a", do Código de Processo Penal.

STJ **Súm. 140.** Compete à justiça comum estadual processar e julgar crime em que o indígena figure como autor ou vítima.

STJ **Súm. 147.** Compete à justiça federal processar e julgar os crimes praticados contra funcionário público federal, quando relacionados com o exercício da função.

STJ **Súm. 546.** A competência para processar e julgar o crime de uso de documento falso é firmada em razão da entidade ou órgão ao qual foi apresentado o documento público, não importando a qualificação do órgão expedidor.

4) Competência pelo Lugar da Infração

STJ **Súm. 48.** Compete ao juízo do local da obtenção da vantagem ilícita processar e julgar crime de estelionato cometido mediante falsificação de cheque.

STJ **Súm. 200.** O juízo federal competente para processar e julgar acusado de crime de uso de passaporte falso é o do lugar onde o delito se consumou.

5) Temas Esparsos

STF **Súm. 603.** A competência para o processo e julgamento de latrocínio é do juiz singular e não do tribunal do júri.

STJ **Súm. 59.** Não há conflito de competência se já existe sentença com trânsito em julgado, proferida por um dos juízos conflitantes.

STJ **Súm. 151.** A competência para o processo e julgamento por crime de contrabando ou descaminho define-se pela prevenção do juízo federal do lugar da apreensão dos bens.

STJ **Súm. 165.** Compete à justiça federal processar e julgar crime de falso testemunho cometido no processo trabalhista.

JURISPRUDÊNCIA EM TESES

1) Competência Justiça Federal vs. Justiça Estadual

STJ **JurisTese 57-14.** Compete à justiça federal o julgamento do crime de peculato se houver possibilidade de utilização da prova do referido delito para elucidar sonegação fiscal consistente na falta de declaração à Receita Federal do recebimento dos valores indevidamente apropriados.

STJ **JurisTese 57-15.** Compete à justiça federal processar e julgar desvios de verbas públicas transferidas por meio de convênio e sujeitas a fiscalização de órgão federal.

STJ **JurisTese 72-2.** A mera previsão do crime em tratado ou convenção internacional não atrai a competência da justiça federal, com base no art. 109, inciso V, da CF/88, sendo imprescindível que a conduta tenha ao menos potencialidade para ultrapassar os limites territoriais.

STJ **JurisTese 72-3.** O fato de o delito ser praticado pela internet não atrai, automaticamente, a competência da justiça federal, sendo necessário demonstrar a internacionalidade da conduta ou de seus resultados.

STJ **JurisTese 72-9.** Inexistindo conexão probatória, não é da justiça federal a competência para processar e julgar crimes de competência da justiça estadual, ainda que os delitos tenham sido descobertos em um mesmo contexto fático.

STJ **JurisTese 72-11.** Compete à justiça federal processar e julgar crimes relativos ao desvio de verbas públicas repassadas pela União aos municípios e sujeitas à prestação de contas perante órgão federal.

STJ **JurisTese 72-13.** As atribuições da Polícia Federal não se confundem com as regras de competência constitucionalmente estabelecidas para a justiça federal (arts. 108, 109 e 144, § 1º, da CF/88), sendo possível que uma investigação conduzida pela Polícia Federal seja processada perante a justiça estadual.

STJ **JurisTese 72-14.** Compete à justiça comum estadual processar e julgar crime em que o índio figure como autor ou vítima, desde que não haja ofensa a direitos e a cultura indígenas, o que atrai a competência da justiça federal.

STJ **JurisTese 72-19.** A ofensa indireta, genérica ou reflexa praticada em detrimento de bens, serviços ou interesse da União, de suas entidades autárquicas ou empresas públicas federais não atrai a competência da justiça federal (art. 109, IV, da CF/88).

STJ **JurisTese 108-7.** Compete à justiça federal o julgamento do crime de tráfico internacional de arma de fogo, acessório ou munição, em razão do que dispõe o art. 109, inciso V, da Constituição Federal, haja vista que este crime está inserido em tratado internacional de que o Brasil é signatário.

2) Competência pelo Lugar da Infração

STJ **JurisTese 72-6.** A competência é determinada pelo lugar em que se consumou a infração (art. 70 do CPP), sendo possível a sua modificação na hipótese em que outro local seja o melhor para a formação da verdade real.

3) Conflito de Competência

STJ **JurisTese 72-4.** Não há conflito de competência entre Tribunal de Justiça e Turma Recursal de Juizado Especial Criminal de um mesmo Estado, já que a Turma Recursal não possui qualidade de Tribunal e a este é subordinada administrativamente.

STJ JurisTese 72-7. Compete ao Tribunal Regional Federal ou ao Tribunal de Justiça decidir os conflitos de competência entre juizado especial e juízo comum da mesma seção judiciária ou do mesmo Estado.

STJ JurisTese 72-16. Há conflito de competência, e não de atribuição, sempre que a autoridade judiciária se pronuncia a respeito da controvérsia, acolhendo expressamente as manifestações do Ministério Público.

4) Temas Esparsos

STJ JurisTese 72-1. Compete ao Superior Tribunal de Justiça o julgamento de revisão criminal quando a questão objeto do pedido revisional tiver sido examinada anteriormente por esta Corte.

STJ JurisTese 151-1. É facultado aos Tribunais de Justiça atribuir às varas da infância e da juventude competência para processar e julgar crimes de natureza sexual praticados contra crianças e adolescentes.

INFORMATIVOS

STF Competência penal originária do STF e "mandatos cruzados". A competência penal originária do STF para processar e julgar parlamentares alcança os congressistas federais no exercício de mandato em casa parlamentar diversa daquela em que consumada a hipotética conduta delitiva, desde que não haja solução de continuidade. Dessa forma, quando o investigado ou acusado não tiver sido novamente eleito para os cargos de deputado federal ou senador, a competência do STF deve ser declinada. *Inq 4342 QO, 1º.4.2022. Pleno. Inf 1049.*

STJ Crimes no mesmo contexto fático. Mera descoberta fortuita. Ausência de conexão intersubjetiva. Identidade de modus operandi. Insuficiência para o reconhecimento da conexão nos termos do art. 76 do CPP. A verificação dos crimes no mesmo contexto fático configura mera descoberta fortuita e não implica, necessariamente, conexão probatória ou teleológica entre eles. *AgRg no AgRg no RHC 161096, 5ª T, 17.10.2022. Inf 761.*

STJ Crime eleitoral ou conexão do delito comum com delito eleitoral. Inocorrência. Justiça eleitoral. Incompetência. Não tendo havido imputação de crime eleitoral ou a ocorrência de conexão de delito comum com delito eleitoral, não se justifica o encaminhamento do feito à Justiça Eleitoral. *HC 746737, 5ª T, 12.9.2022. Inf 749.*

STJ Homofobia. Racismo em sua dimensão social. Conteúdo divulgado no Facebook e no Youtube. Abrangência internacional. Competência da Justiça Federal. Compete à Justiça Federal processar e julgar o conteúdo de falas de suposto cunho homofóbico divulgadas na internet, em perfis abertos da rede social Facebook e na plataforma de compartilhamento de vídeos Youtube, ambos de abrangência internacional. *CC 191970, 3ª S, 14.12.2022. Inf 761.*

STJ Incidente de deslocamento de competência (IDC). Grupo de extermínio. Grave violação de direitos humanos. Incapacidade de agentes públicos na condução de investigações. Casos conhecidos como "Maio Sangrento" e "Chacina do Parque Bristol". Omissão na apuração dos fatos. Incapacidade nas instâncias locais. Risco de responsabilização internacional. Excepcionalidade demonstrada. Competência da Justiça Federal. A Terceira Seção deferiu o incidente de deslocamento de competência para a Justiça Federal em razão da incapacidade dos agentes públicos na condução de investigações, de identificar os autores dos homicídios/execuções cometidos nos casos conhecidos como "Maio Sangrento" e "Chacina do Parque Bristol". *IDC 9, 3ª S, 10.8.2022. Inf 744.*

STJ Crime praticado quando o acusado não possuía foro por prerrogativa de função. Superveniente posse no cargo de prefeito. Deslocamento da competência para o Pleno do Tribunal de Justiça. Impossibilidade. Não sendo o crime praticado em razão e durante o exercício do cargo ou função, as regras de competência não são alteradas pela superveniente posse no cargo de prefeito municipal. *REsp 1982779, 6ª T, 20.9.2022.*

STJ Imputação de participação em duas organizações criminais. Alegação de litispendência. Não verificação. Condutas independentes e autônomas. Prolação de sentença na Justiça Estadual. Impossibilidade de reunião dos processos. Art. 82 do CPP. A imputação de dois crimes de organização criminosa ao agente não revela, por si só, a litispendência das ações penais, se não ficar demonstrado o liame entre as condutas praticadas por ambas as organizações criminosas. *RHC 158083, 5ª T, 20.5.2022. Inf 737.*

STJ Estelionato. Competência. Hipóteses descritas no § 4º do art. 70 do CPP. Ausência. Regra geral prevista do art. 70, caput, do CPP. Incidência. No crime de estelionato, não identificadas as hipóteses descritas no § 4º do art. 70 do CPP, a competência deve ser fixada no local onde o agente delituoso obteve, mediante fraude, em benefício próprio e de terceiros, os serviços custeados pela vítima. *CC 185983, 3ª S, 13.5.2022. Inf 736.*

STJ Conexão. Reunião dos processos. Faculdade do julgador. Organização criminosa. Lavagem de dinheiro. Causa de aumento de pena. Soma ou unificação ulterior. Juízo da execução. A eventual incidência da causa de aumento descrita na parte final do § 4º do art. 1º da Lei de Lavagem de Dinheiro, na redação dada pela Lei 12.683/12, não constituiu empecilho para o juiz manter a separação dos feitos, nos termos do art. 80 do CPP. *RHC 157077, 5ª T, 3.5.2022. Inf 735.*

STJ Desvio de verbas públicas do SUS. Competência da Justiça Federal. Teoria do juízo aparente. Avaliação da validade da prova determinada pelo Juízo incompetente. Atribuição do Juízo Federal. É aplicável a teoria do juízo aparente para ratificar medidas cautelares no curso do inquérito policial quando autorizadas por juízo aparentemente competente. *AgRg no RHC 156413, 5ª T, 8.4.2022. Inf 733.*

STJ Estelionato. Tentativa de saque com apresentação de cheque fraudulento. Hipótese não prevista na Lei 14.155/21. Consumação do crime no local onde a vítima possui conta bancária. O crime de estelionato praticado por meio saque de cheque fraudado compete ao juízo do local da agência bancária da vítima. *CC 182977, 3ª S, 14.3.2022. Inf 728.*

QUESTÕES DISCURSIVAS

2. (Consulplan/TJ/MG/Cartórios/Remoção/2017) Duas ou mais pessoas, todas maiores e civis, andando pela estrada veem um caminhão tombado. Sua carga: aparelhos de TV e Informática. Sem qualquer entendimento entre elas, cada uma apanha o que pode. Pergunta-se: Quantos e quais crimes foram cometidos? Qual a modalidade de continência ou conexão ocorreu na hipótese? Qual o efeito prático do reconhecimento da continência ou conexão?

3. (Consulplan/TJ/MG/Cartórios/Remoção/2017) João e Maria cometeram um crime de roubo, na comarca de Contagem/MG, em 07.05.2016. Cinco dias depois, em 12.05.2016, cometeram novo roubo em Betim/MG, com as mesmas características. Em 22.05.2016, praticaram novo roubo, nas mesmas condições dos anteriores, na comarca de Vespasiano/MG, quando, então, subtraíram um talão de cheques, com o qual foram a um supermercado em Belo Horizonte, onde emitiram um cheque, falsificando a assinatura, para adquirir uma geladeira duplex para a residência do casal. Instaurado inquérito para apuração do crime praticado em Belo Horizonte, foram determinadas diligências, dentre elas a busca e apreensão no endereço de entrega do bem e, ainda, a interceptação telefônica, através da qual também se apuraram os demais roubos ocorridos na região metropolitana, com relação aos quais tramitavam inquéritos, mas que ainda não estavam concluídos. Qual ou quais os crimes e os foros competentes para julgar a ação da dupla criminosa? Fundamente sua resposta, demonstrando conhecimento acerca dos institutos jurídicos aplicáveis ao caso e indicando os dispositivos legais pertinentes.

QUESTÕES OBJETIVAS

20. (FGV/TJ/SC/Cartórios/Ingresso/2021) José, magistrado vinculado à Vara Criminal de Joinville, na condição de juiz auxiliar da Corregedoria do Tribunal de Justiça de Santa Catarina, compareceu a cartório extrajudicial localizado em Florianópolis para realizar diligência no exercício de sua função. Durante a diligência, veio a se desentender com Breno, funcionário do cartório que dificultava o ato, acabando por desferir socos e bater com a cabeça da vítima na quina de uma mesa. Em razão dos golpes, Breno veio a falecer. Após oitiva de testemunhas, o Ministério Público entendeu que teria havido, por parte de José, dolo eventual em relação ao resultado morte, de modo que José deveria responder por homicídio. Considerando apenas as informações expostas na situação hipotética apresentada, diante da conclusão do Ministério Público, deverá ser oferecida denúncia em face de José perante:

a) a Vara Criminal Comum da Comarca de Florianópolis.
b) o Tribunal de Justiça do Estado de Santa Catarina.
c) o Tribunal do Júri da Comarca de Florianópolis.
d) o Tribunal do Júri da Comarca de Joinville.
e) o Superior Tribunal de Justiça.

21. (Consulplan/TJ/MG/Cartórios/Remoção/2019) Quanto às regras de competência, assinale a alternativa incorreta.

a) O concurso entre crime comum e militar constitui causa de separação obrigatória de processos.
b) Para definição da competência territorial, nosso ordenamento jurídico adotou a teoria da atividade.
c) A conexão instrumental ocorre quando a prova de uma infração influi na prova de outra e recomenda a reunião de processos.
d) Será prorrogada a competência do juiz presidente do tribunal do júri em caso de desclassificação em plenário para crime não doloso contra a vida.

22. (Ieses/TJ/SC/Cartórios/Ingresso/2019) Com relação às regras de competência, é incorreto afirmar:

a) Não sendo conhecido o lugar da infração, a competência será regulada pelo domicílio da vítima, nos termos do art. 72 do Código de Processo Penal.
b) A competência para o processo e julgamento de latrocínio é do Juiz singular e não do Tribunal do Júri.
c) A competência para processo e julgamento das contravenções penais é, após a Constituição de 1988, da Justiça Estadual, ainda que a contravenção tenha sido praticada em detrimento de bens da União.
d) A competência será, de regra, determinada pelo lugar em que se consumar a infração, ou, no caso da tentativa, pelo lugar em que for praticado o último ato de execução, conforme art. 70 do Código de Processo Penal.

23. (UFPR/TJ/PR/Cartórios/Remoção/2019) Sobre o tema da competência territorial em matéria penal, de acordo com o estabelecido no Código de Processo Penal, assinale a alternativa incorreta.

a) Tratando-se de crime continuado ou permanente, a competência territorial será determinada pela prevenção.
b) Se, ocorrendo duas ou mais infrações, houverem sido praticadas, ao mesmo tempo, por várias pessoas em concurso, embora diverso o tempo e o lugar, a unidade do processo decorrerá da conexão intersubjetiva.
c) Em relação aos crimes tentados, a competência territorial é determinada pelo lugar em que for praticado o primeiro ato de execução.
d) No caso de concurso de agentes, a unidade do processo decorre da continência por cumulação subjetiva.
e) No caso de concurso formal de crimes, a unidade do processo decorre da continência por cumulação objetiva.

24. (UFPR/TJ/PR/Cartórios/Remoção/2019) Sobre o tema da competência territorial em matéria penal, de acordo com o estabelecido no Código de Processo Penal, assinale a alternativa incorreta.

a) Tratando-se de crime continuado ou permanente, a competência territorial será determinada pela prevenção.
b) Se, ocorrendo duas ou mais infrações, houverem sido praticadas, ao mesmo tempo, por várias pessoas em concurso, embora diverso o tempo e o lugar, a unidade do processo decorrerá da conexão intersubjetiva.
c) Em relação aos crimes tentados, a competência territorial é determinada pelo lugar em que for praticado o primeiro ato de execução.
d) No caso de concurso de agentes, a unidade do processo decorre da continência por cumulação subjetiva.
e) No caso de concurso formal de crimes, a unidade do processo decorre da continência por cumulação objetiva.

25. (Consulplan/TJ/MG/Cartórios/Ingresso/2017) Assinale a alternativa que demonstra hipótese em que o instituto da prevenção não é utilizado para a fixação do foro competente:

a) quando não houver, mesmo no caso de conexão, foro prevalente, por serem os delitos da mesma categoria de jurisdição e tiverem as mesmas penas.
b) quando houver mais de uma Vara para a qual o inquérito possa ser direcionado, porém antes da distribuição, algum juiz pratica ato relevante relacionado ao delito investigado.
c) quando desconhecido o lugar da infração e o réu tiver duas residências.
d) quando for cometido crime permanente no território de duas ou mais comarcas.

26. (Consulplan/TJ/MG/Cartórios/Ingresso/2017) Assinale a alternativa que não corresponda a uma das modalidades em que se dá a conexão intersubjetiva:

a) concursal.
b) ocasional.
c) consequencial.
d) por reciprocidade.

27. (Cetro/TJ/RJ/Cartórios/Remoção/2017) Assinale a alternativa que apresenta, duplamente, a competência criminal exclusiva da Justiça Federal:

a) auditor fiscal inativo que apresenta identidade falsa; e Gerente da Petrobras em situação de crime contra a vida de terceiro, envolvendo bens e serviços da empresa.
b) empresário que emite duplicatas simuladas em face do Banco do Brasil; e Gerente da Caixa Econômica Federal que, em meio a processo de renegociação de dívida, por telefone, chama a pessoa de "sem-vergonha", "mau-caráter" e "pilantra".
c) gerente da Caixa Econômica Federal que, em meio a processo de renegociação de dívida, por telefone, chama a pessoa de "sem-vergonha", "mau-caráter" e "pilantra"; e Funcionário da ECT que sofre tentativa de homicídio enquanto dirigia veículo da empresa.
d) empresário que emite duplicatas simuladas em face do Banco do Brasil; e Auditor Fiscal Inativo que apresenta identidade falsa.
e) funcionário da ECT que sofre tentativa de homicídio enquanto dirigia veículo da empresa; e Gerente da Petrobras em situação de crime contra a vida de terceiro, envolvendo bens e serviços da empresa.

28. (Ieses/TJ/RO/Cartórios/Remoção/2017) Em conformidade com o preconizado pelo Código de Processo Penal, no que se refere à competência jurisdicional podemos afirmar, que entre outras, ela é determinada pelo (a):

I. a prerrogativa de função.
II. a natureza da infração.
III. o lugar da infração.
IV. a conexão ou comoriência.

A sequência correta é:

a) as assertivas I, II, III e IV estão corretas.
b) apenas a assertiva III está correta.

c) apenas as assertivas II e III estão corretas.
d) apenas as assertivas I, II, III estão corretas.

5. DAS QUESTÕES E PROCESSOS INCIDENTES

QUESTÕES OBJETIVAS

29. (FGV/TJ/SC/Cartórios/Remoção/2021) O Ministério Público ofereceu denúncia em face de Carlos pela suposta prática do crime de falsidade ideológica em documento público. Após livre distribuição, a ação penal foi distribuída para juízo em que atua o magistrado Caio, que vem a ser casado com a irmã do promotor de justiça responsável pelo oferecimento da inicial acusatória. Caio somente tomou conhecimento dos fatos após o recebimento da denúncia. Considerando apenas as informações narradas, a defesa técnica de Carlos:

a) não poderá buscar o afastamento de Caio, considerando que o magistrado não possui vínculo consanguíneo com o promotor de justiça responsável pelo oferecimento da denúncia.
b) poderá alegar que Caio está impedido de atuar no feito em razão do vínculo por afinidade com o promotor de justiça que ofereceu a inicial acusatória.
c) não poderá buscar o afastamento de Caio, pois, apesar da presença de causa de suspeição legal, já houve recebimento da denúncia.
d) poderá alegar a presença de causa de suspeição do magistrado, apesar de não haver causa de impedimento legal.
e) poderá apresentar exceção de incompetência do juízo, em razão do vínculo de parentesco entre magistrado e promotor.

30. (Vunesp/TJ/GO/Cartórios/Ingresso/2021) Assinale a alternativa correta no que se refere ao incidente de falsidade (CPP, arts. 145 a 148).

a) A decisão do incidente faz coisa julgada em detrimento de ulterior processo civil ou penal.
b) A arguição da falsidade pode ser feita pela parte ou procurador, independentemente de poderes especiais.
c) Pode ser a falsidade arguida por escrito ou oralmente, mediante redução a termo.
d) Pode ser instaurado por requerimento da parte ou de ofício, pelo Juiz.

31. (Vunesp/TJ/GO/Cartórios/Remoção/2021) Assinale a alternativa correta no que se refere ao sequestro (CPP, art. 125 a 144).

a) O sequestro só é cabível após o oferecimento da denúncia ou queixa.
b) Caberá o sequestro dos bens imóveis, adquiridos pelo indiciado com os proventos da infração, a menos que já tenham sido transferidos a terceiro.
c) Para a decretação do sequestro, são necessários indícios claros de autoria criminosa e indícios veementes da proveniência ilícita dos bens.
d) O sequestro poderá ser embargado pelo acusado, sob o fundamento de não terem os bens sido adquiridos com os proventos da infração.

32. (Consulplan/TJ/MG/Cartórios/Remoção/2019) No curso da ação penal pública, foi realizado, a pedido da defesa, incidente de verificação de sanidade mental, o qual concluiu pela inimputabilidade do denunciado, em virtude de doença mental. O respectivo laudo foi juntado aos autos e homologado pelo juízo. A partir deste momento processual, o que ocorre com o processo?

a) Será extinto sem julgamento do mérito, com aplicação de medida de segurança.
b) Será extinto com julgamento do mérito, mediante sentença de absolvição própria ou imprópria, aplicando-se medida de segurança.
c) Terá curso regular até sentença final, onde, independentemente das provas colhidas durante a fase de instrução, o réu será absolvido impropriamente, já que inimputável.
d) Terá curso regular até sentença final, onde, comprovadas autoria e materialidade delitivas e não havendo excludentes de ilicitude ou dirimentes de culpabilidade, salvo a inimputabilidade por doença mental, o réu será alvo de absolvição imprópria.

33. (Ieses/TJ/SC/Cartórios/Ingresso/2019) Sobre as medidas assecuratórias previstas no Código de Processo Penal, é correto afirmar:

a) A hipoteca legal sobre os imóveis do indiciado poderá ser requerida em qualquer fase do processo pelo ofendido, desde que haja certeza da infração e indícios suficientes de autoria.
b) Caberá o sequestro dos bens imóveis adquiridos pelo indiciado com os proventos da infração, salvo se já tiverem sido transferidos a terceiros.
c) O sequestro dos bens imóveis adquiridos com os proventos da infração poderá ser ordenado em qualquer fase do processo, mesmo antes de oferecida a denúncia ou queixa, por requerimento do Ministério Público, do ofendido ou da autoridade policial, mas não de ofício pelo Juízo.
d) Sempre que os bens sequestrados ou apreendidos estiverem sujeitos a qualquer grau de deterioração ou depreciação, ou quando houver dificuldade para a manutenção, o juiz determinará a alienação antecipada. Não alcançados os valores estipulados pela avaliação judicial no primeiro leilão, os bens poderão ser alienados, em novo leilão a ser realizado com intervalo mínimo de cinco dias, por valores não inferiores a 60% da avaliação.

34. (Cetro/TJ/RJ/Cartórios/Ingresso/2017) Mandado judicial, oriundo de processo criminal, contempla sequestro como medida cautelar de constrição de bens, que determina: anotação em cartório de registro de imóveis do estado do Rio de Janeiro, bloqueio de ações negociadas em mercado de Bolsa de Valores, bloqueio, via Bacenjud, de contas bancárias e, via Renajud, de veículos em nome de Xisto, casado com Ceres. Com base nos fatos indicados no caso, analise as assertivas abaixo.

I. Ceres pode se valer de embargos de terceiro para defender a sua meação, de boa-fé, havendo de comprovar que os bens em seu nome foram adquiridos a título oneroso, cujo julgamento não está, necessariamente, vinculado ao término da ação penal.
II. o sequestro em face de Xisto correrá nos autos da ação principal, sendo que o mandado judicial referente a imóvel deverá ser encaminhado para o registro de imóveis para registro/averbação sem necessidade de remessa do valor dos emolumentos devidos ao cartório de registro de imóveis.
III. para as ações negociadas em mercado de Bolsa de Valores, o mandado deverá ser encaminhado para a instituição financeira que faz escrituração das ações das companhias emissoras e para a entidade que presta serviço de custódia fungível das ações negociadas em Bolsa para bloqueio/anotação do gravame.

É correto o que se afirma em:

a) I e II, apenas.
b) II, apenas.
c) I e III, apenas.

d) II e III, apenas.
e) I, II e III.

35. (Consulplan/TJ/MG/Cartórios/Ingresso/2017) Considerando a medida cautelar de sequestro, que consiste na constrição de bens imóveis, excepcionalmente, de bens móveis, adquiridos com os proventos de uma prática infracional, é correto afirmar:

a) o sequestro de bens imóveis adquiridos com proventos da infração é cabível, desde que recebida a denúncia, ainda que os bens já tenham sido transferidos para terceiros.
b) o julgamento dos embargos interpostos contra o sequestro, opostos pelo acusado ou por terceiros, independe do julgamento da ação penal.
c) as Comissões Parlamentares de Inquérito – CPI podem determinar o sequestro de bens, dentre as medidas assecuratórias possíveis para garantia da eficácia de eventual sentença condenatória.
d) o Juiz poderá determinar o sequestro de bens, de ofício, antes do oferecimento da denúncia ou queixa.

6. DA PROVA

SÚMULAS

STF Súm. Vinculante 14. É direito do defensor, no interesse do representado, ter acesso amplo aos elementos de prova que, já documentados em procedimento investigatório realizado por órgão com competência de polícia judiciária, digam respeito ao exercício do direito de defesa.

STF Súm. 361. No processo penal, é nulo o exame realizado por um só perito, considerando-se impedido o que tiver funcionando anteriormente na diligência de apreensão.

STJ Súm. 74. Para efeitos penais, o reconhecimento da menoridade do réu requer prova por documento hábil.

STJ Súm. 273. Intimada a defesa da expedição da carta precatória, torna-se desnecessária intimação da data da audiência no juízo deprecado.

STJ Súm. 455. A decisão que determina a produção antecipada de provas com base no art. 366 do CPP deve ser concretamente fundamentada, não a justificando unicamente o mero decurso do tempo.

REPERCUSSÃO & REPETITIVOS

STF Rep. Geral 1041. Sem autorização judicial ou fora das hipóteses legais, é ilícita a prova obtida mediante abertura de carta, telegrama, pacote ou meio análogo. *RE 1116949, 21.8.2020.*

JURISPRUDÊNCIA EM TESES

1) Disposições Gerais (arts. 155 a 157)

STJ JurisTese 105-1. As provas inicialmente produzidas na esfera inquisitorial e reexaminadas na instrução criminal, com observância do contraditório e da ampla defesa, não violam o art. 155 do Código de Processo Penal - CPP visto que eventuais irregularidades ocorridas no inquérito policial não contaminam a ação penal dele decorrente.

STJ JurisTese 111-7. É ilícita a prova colhida mediante acesso aos dados armazenados no aparelho celular, relativos a mensagens de texto, SMS, conversas por meio de aplicativos (WhatsApp), e obtida diretamente pela polícia, sem prévia autorização judicial.

STJ JurisTese 153-14. Na apuração de suposta prática de crime sexual, é lícita a utilização de prova extraída de gravação telefônica efetivada pelo ofendido, ou por terceiro com a sua anuência, sem o conhecimento do agressor.

STJ JurisTese 193-9. A gravação ambiental realizada por colaborador premiado, um dos interlocutores da conversa, sem o consentimento dos outros, é lícita, ainda que obtida sem autorização judicial, e pode ser validamente utilizada como meio de prova no processo penal.

2) Do Exame do Corpo de Delito, da Cadeia de Custódia e das Perícias em Geral (arts. 158 a 184)

STJ JurisTese 105-2. Perícias e documentos produzidos na fase inquisitorial são revestidos de eficácia probatória sem a necessidade de serem repetidos no curso da ação penal por se sujeitarem ao contraditório diferido.

STJ JurisTese 105-5. A incidência da qualificadora rompimento de obstáculo, prevista no art. 155, § 4º, I, do Código Penal, está condicionada à comprovação por laudo pericial, salvo em caso de desaparecimento dos vestígios, quando a prova testemunhal, a confissão do acusado ou o exame indireto poderão lhe suprir a falta.

STJ JurisTese 111-8. É desnecessária a realização de perícia para a identificação de voz captada nas interceptações telefônicas, salvo quando houver dúvida plausível que justifique a medida.

STJ JurisTese 111-9. É necessária a realização do exame de corpo de delito para comprovação da materialidade do crime quando a conduta deixar vestígios, entretanto, o laudo pericial será substituído por outros elementos de prova na hipótese em que as evidências tenham desaparecido ou que o lugar se tenha tornado impróprio ou, ainda, quando as circunstâncias do crime não permitirem a análise técnica.

STJ JurisTese 111-10. O laudo toxicológico definitivo é imprescindível para a configuração do crime de tráfico ilícito de entorpecentes, sob pena de se ter por incerta a materialidade do delito e, por conseguinte, ensejar a absolvição do acusado.

STJ JurisTese 111-11. É possível, em situações excepcionais, a comprovação da materialidade do crime de tráfico de drogas pelo laudo de constatação provisório, desde que esteja dotado de certeza idêntica à do laudo definitivo e que tenha sido elaborado por perito oficial, em procedimento e com conclusões equivalentes.

STJ JurisTese 111-12. É prescindível a apreensão e a perícia de arma de fogo para a caracterização de causa de aumento de pena prevista no art. 157, § 2º-A, I, do Código Penal, quando evidenciado o seu emprego por outros meios de prova.

3) Do Interrogatório do Acusado (arts. 185 a 196)

STJ JurisTese 194-6. É possível a oitiva de coautor colaborador, constante ou não do processo, exige-se, contudo, que a condição de favorecido com acordo de colaboração premiada seja de conhecimento do acusado.

4) Do Ofendido (art. 201)

STJ JurisTese 111-3. Em delitos sexuais, comumente praticados às ocultas, a palavra da vítima possui especial relevância, desde que esteja em consonância com as demais provas acostadas aos autos.

STJ JurisTese 111-4. Nos delitos praticados em ambiente doméstico e familiar, geralmente praticados à clandestinidade, sem a presença de testemunhas, a palavra da vítima possui especial relevância, notadamente quando corroborada por outros elementos probatórios acostados aos autos.

STJ JurisTese 151-2. Em delitos sexuais, comumente praticados às ocultas, a palavra da vítima possui especial relevância, desde que esteja em consonância com as demais provas acostadas aos autos.

STJ JurisTese 153-13. Nos crimes sexuais praticados contra criança e adolescente, admite-se a oitiva da vítima por profissional preparado e em ambiente diferenciado na modalidade do "depoimento sem dano", prevista na Lei n. 13.431/2017, medida excepcional que respeita sua condição especial de pessoa em desenvolvimento.

5) Das Testemunhas (arts. 202 a 225)

STJ JurisTese 105-6. É válido e revestido de eficácia probatória o testemunho prestado por policiais envolvidos em ação investigativa ou responsáveis por prisão em flagrante, quando estiver em harmonia com as demais provas dos autos e for colhido sob o crivo do contraditório e da ampla defesa.

STJ JurisTese 105-10. O registro audiovisual de depoimentos colhidos no âmbito do processo penal dispensa sua degravação ou transcrição, em prol dos princípios da razoável duração do processo e da celeridade processual, salvo comprovada demonstração de necessidade.

STJ JurisTese 111-1. É possível o arrolamento de testemunhas pelo assistente de acusação (art. 271 do Código de Processo Penal), desde que respeitado o limite de 5 (cinco) pessoas previsto no art. 422 do CPP.

STJ JurisTese 111-2. O réu não tem direito subjetivo de acompanhar, por sistema de videoconferência, audiência de inquirição de testemunhas realizada, presencialmente, perante o Juízo natural da causa, por ausência de previsão legal, regulamentar e principiológica.

STJ JurisTese 111-5. É possível a antecipação da colheita da prova testemunhal, com base no art. 366 do CPP, nas hipóteses em que as testemunhas são policiais, tendo em vista a relevante probabilidade de esvaziamento da prova pela natureza da atuação profissional, marcada pelo contato diário com fatos criminosos.

STJ JurisTese 111-6. Não há cerceamento de defesa quando a decisão que indefere oitiva de testemunhas residentes em outro país for devidamente fundamentada.

STJ JurisTese 194-5. O colaborador beneficiado com delação premiada pode ser ouvido em juízo como testemunha, desde que não figure como réu no mesmo processo.

6) Do Reconhecimento de Pessoas e Coisas (arts. 226 a 228)

STJ JurisTese 105-7. O reconhecimento fotográfico do réu, quando ratificado em juízo, sob a garantia do contraditório e ampla defesa, pode servir como meio idôneo de prova para fundamentar a condenação.

7) Dos Documentos (arts. 231 a 238)

STJ JurisTese 105-8. A folha de antecedentes criminais é documento hábil e suficiente a comprovar os maus antecedentes e a reincidência, não sendo necessária a apresentação de certidão cartorária.

8) Dos Indícios (art. 239)

STJ JurisTese 105-4. A propositura da ação penal exige tão somente a presença de indícios mínimos de materialidade e de autoria, de modo que a certeza deverá ser comprovada durante a instrução probatória, prevalecendo o princípio do "in dubio pro societate" na fase de oferecimento da denúncia.

INFORMATIVOS

STF Procedimento para reconhecimento de pessoas. A desconformidade ao regime procedimental determinado no art. 226 do CPP deve acarretar a nulidade do ato e sua desconsideração para fins decisórios, justificando-se eventual condenação somente se houver elementos independentes para superar a presunção de inocência. O reconhecimento de pessoas, presencial ou por fotografia, deve observar o procedimento previsto no art. 226 do CPP, cujas formalidades constituem garantia mínima para quem se encontra na condição de suspeito da prática de um crime e para uma verificação dos fatos mais justa e precisa. *RHC 206846, 2ª T, 22.2.2022. Inf 1045.*

STJ Audiência de instrução. Ausência de membro do Ministério Público. Inquirição de testemunhas pelo juiz. Ofensa ao artigo 212 do CPP. Ocorrência. A ausência do membro do Ministério Público na oitiva de testemunhas da acusação durante audiência de instrução não permite que o magistrado formule perguntas diretamente a estas, assumindo função precípua do Parquet. *REsp 1846407, 6ª T, 13.12.2022. Inf 761.*

STJ Busca domiciliar. Consentimento válido do morador. Prévia prisão em flagrante. Ausência de defesa técnica. Ausência de esclarecimento sobre seus direitos. Coação ambiental/circunstancial. Vício na manifestação de vontade. Mesmo se ausente coação direta e explícita sobre o acusado, as circunstâncias de ele já haver sido preso em flagrante pelo porte da arma de fogo em via pública e estar detido, sozinho – sem a oportunidade de ser assistido por defesa técnica e sem mínimo esclarecimento sobre seus direitos -, diante de dois policiais armados, poderiam macular a validade de eventual consentimento para a realização de busca domiciliar, em virtude da existência de um constrangimento ambiental/circunstancial. *HC 762932, 6ª T, 30.11.2022. Inf 760.*

STJ Denúncia anônima. Porte de arma de fogo. Prisão em flagrante distante do domicílio. Busca domiciliar subsequente. Antecedente por tráfico de drogas. Ausência de fundadas razões. Fundamento inidôneo. Consentimento válido do morador. Inexistência. Coação ambiental/circunstancial. Vício na manifestação de vontade. "Fishing expedition". Configuração. O simples fato de o acusado ter antecedente por tráfico de drogas não autoriza a realização de busca domiciliar, porquanto desacompanhado de outros indícios concretos e robustos de que, nesse momento específico, ele guarda drogas em sua residência. *HC 762932, 6ª T, 30.11.2022. Inf 760.*

STJ Busca e apreensão. Diligência na residência de detentor de foro por prerrogativa de função. Investigado não detentor da prerrogativa de foro. Incomunicabilidade do resultado da diligência. Mandado de busca e apreensão específico ao investigado. Nulidade. Não ocorrência. A prerrogativa de foro não se estende a terceiro que compartilhe imóvel com autoridade não investigada. *Proc. segredo justiça, 5ª T, 7.11.2022. Inf 759.*

STJ Invasão de domicílio. Denúncia anônima. Ausência de outras diligências. Inexistência de fundadas razões. Vício na autorização do morador. Ilicitude das provas. Havendo controvérsia entre as declarações dos policiais e do flagranteado, e inexistindo a comprovação de que a autorização do morador foi livre e sem vício de consentimento, impõe-se o reconhecimento da ilegalidade da busca domiciliar. *AgRg no HC 766654, 5ª T, 19.9.2022. Inf 759.*

STJ Reconhecimento fotográfico. Inobservância do procedimento previsto no art. 226 do CPP. Demais provas produzidas sob o crivo do contraditório e da ampla defesa. Fonte independente e suficiente. Condenação mantida. Ainda que o reconhecimento fotográfico esteja em desacordo com o procedimento previsto no art. 226 do CPP, deve ser mantida a condenação quando houver outras provas produzidas sob o crivo do contraditório e da ampla defesa, independentes e suficientes o bastante, para lastrear o decreto condenatório. *AgRg nos EDcl no HC 656845, 6ª T, 17.10.2022. Inf 758.*

STJ Prova testemunhal. Depoimento dos policiais. Mesmo valor probatório que qualquer outra prova testemunhal. Coerência interna. Coerência externa. Sintonia com demais provas dos autos. Superação do standard probatório mínimo. Livre convencimento motivado. Avaliação crítica da prova. O testemunho prestado em juízo pelo policial deve ser valorado, assim como acontece com a prova testemunhal em geral, conforme critérios de coerência interna, coerência externa e sintonia com as demais provas dos autos. *AREsp 1936393, 5ª T, 8.11.2022. Inf 756.*

STJ Advogado. Apresentação de "notitia criminis" ao Ministério Público. Delação. Ausência de justa causa. Violação ao dever de sigilo profissional. Ilicitude das provas obtidas. São ilícitas as provas obtidas em acordo de delação premiada firmado com advogado que, sem justa causa, entrega às autoridades investigativas documentos e gravações obtidas em virtude de mandato que lhe fora outorgado, violando o dever de sigilo profissional. *RHC 164616, 5ª T, 30.9.2022. Inf 751.*

STJ Mandado de busca e apreensão. Requisitos. Art. 243 do CPP. Detalhamento do que pode ou não ser arrecadado. Desnecessidade. São lícitas as provas obtidas com a apreensão de bens não discriminados expressamente em mandado ou na decisão judicial correspondente, mas vinculados ao objeto da investigação. *Proc. segredo justiça, 5ª T, 22.8.2022. Inf 750.*

STJ Investigação criminal. Quebra de sigilo telemático. Provedora de aplicação. Facebook. Recusa de fornecimento de dados armazenados em seus servidores. Utilização de cooperação jurídica internacional. Desnecessidade. Crime praticado em território nacional mediante serviço ofertado a usuários brasileiros. Opção por armazenamento em nuvem. Irrelevante. Empresas que prestam serviços de aplicação na internet em território brasileiro devem necessariamente se submeter ao ordenamento jurídico pátrio, independentemente da circunstância de possuírem filiais no Brasil e/ou realizarem armazenamento em nuvem. *RMS 66392, 5ª T, 19.8.2022. Inf 750.*

STJ Audiência de inquirição de testemunhas. Defensor dativo. Ausência de contato prévio com o réu. Cerceamento de defesa. Prejuízo demonstrado. No âmbito da audiência de inquirição de testemunhas, a ausência de contato prévio entre o réu e seu defensor dativo configura cerceamento de defesa. *REsp 1794907, 6ª T, 13.9.2022. Inf 749.*

STJ Tráfico de drogas. Denúncia anônima de traficância local. Fundada suspeita da posse de corpo de delito. Demonstração de nervosismo e inquietude em razão da aproximação da guarnição policial. Circunstâncias autorizadoras de busca pessoal. Art. 244 do CPP. O ato de dispensar uma sacola na rua ao notar a aproximação da guarnição, somado ao nervosismo demonstrado e à denúncia anônima pretérita de que o acusado estava praticando o crime de tráfico de drogas no local, indica a existência de fundada suspeita de que o recipiente contivesse substâncias entorpecentes e de que o réu estivesse na posse de mais objetos relacionados ao crime. *HC 742815, 6ª T, 31.8.2022. Inf 749.*

STJ Crimes contra a dignidade sexual. Revaloração da prova ou de dados suficientes para solução do caso concreto. Afastamento do óbice da Súm. 7/STJ. Possibilidade. Vedação ao reexame do material de conhecimento. Inocorrência. Em crimes contra a dignidade sexual, admite-se, excepcionalmente, o afastamento do óbice da Súm. 7/STJ estritamente para a revaloração da prova ou de dados explicitamente admitidos e delineados no decisório recorrido. *Proc. segredo justiça, 5ª T, 26.8.2022. Inf 747.*

STJ Reconhecimento fotográfico. Distância temporal dos fatos. Inexistência de outras provas além do depoimento da vítima. Reconhecimento em juízo. Enviesamento cognitivo. Convalidação. Inviabilidade. Nulidade. Configuração. É nula a condenação fundamentada em reconhecimento fotográfico que, além de ter sido realizado com grande lapso temporal dos fatos, encontra-se em contradição com os depoimentos prestados pela vítima, não sendo possível a sua convalidação em juízo. *HC 664537, 6ª T, 19.8.2022. Inf 746.*

STJ Audiência de instrução e julgamento. Inquirição diretamente pelo magistrado. Protagonismo judicial e abstenção do Ministério Público. Irregularidade.

Questão de ordem suscitada na audiência pela defesa. Prejuízo evidenciado. Art. 212 do CPP. Violação. Nulidade dos atos processuais. A inquirição de testemunhas diretamente pelo magistrado que assume o protagonismo na audiência de instrução e julgamento viola o art. 212 do CPP. *HC 735519, 6ª T, 16.8.2022. Inf 745.*

STJ Chip telefônico. Descarte em via pública. Acesso. Quebra do sigilo telefônico. Inocorrência. O acesso ao chip telefônico descartado pelo acusado em via pública não se qualifica como quebra de sigilo telefônico. *HC 720605, 5ª T, 9.8.2022. Inf 744.*

STJ Busca domiciliar. Habitação em prédio abandonado de escola municipal. Extensão interpretativa do conceito de domicílio. Possibilidade. Art. 5º, XI da CF. A habitação em prédio abandonado de escola municipal pode caracterizar o conceito de domicílio em que incide a proteção disposta no art. 5º, XI da CF. *AgRg no HC 712529, 5ª T, 4.11.2022.*

STJ Roubo majorado. Reconhecimento fotográfico. Procedimento previsto no art. 226 do CPP. Obrigatoriedade. Nova orientação jurisprudencial do STJ. Ausência de riscos de um reconhecimento falho. "Distinguishing". No caso em que o reconhecimento fotográfico na fase inquisitorial não tenha observado o procedimento legal, mas a vítima relata o delito de forma que não denota riscos de um reconhecimento falho, dá-se ensejo a "distinguishing" quanto ao acórdão do HC 598886, que invalida qualquer reconhecimento formal – pessoal ou fotográfico – que não siga estritamente o que determina o art. 226 do CPP. *REsp 1.969032, 6ª T, 20.5.2022. Inf 739.*

STJ Violação de domicílio. Presença de justa causa para o ingresso forçado de policiais. Informações obtidas por inteligência policial. Diligências prévias. Atitude suspeita. Exercício regular da atividade investigativa. Fundadas razões. A investigação policial originada de informações obtidas por inteligência policial e mediante diligências prévias que redunda em acesso à residência do acusado configura exercício regular da atividade investigativa promovida pelas autoridades policiais. *AgRg no HC 734423, 5ª T, 26.5.2022. Inf 738.*

STJ Busca pessoal. Art. 244 do CPP. Ausência de fundada suspeita. Alegação vaga de "atitude suspeita". Insuficiência. Ilicitude da prova obtida. A mera alegação genérica de "atitude suspeita" é insuficiente para a licitude da busca pessoal. *RHC 158580, 6ª T, 25.4.2022. Inf 735.*

STJ Tráfico de drogas. Denúncia anônima. "Disque-drogas". Diligências que constataram a veracidade das informações prévias. Fundadas razões para o ingresso na residência do acusado. Violação de domicílio. Inocorrência. A denúncia anônima acerca da ocorrência de tráfico de drogas acompanhada das diligências para a constatação da veracidade das informações prévias podem caracterizar as fundadas razões para o ingresso dos policiais na residência do investigado. *AgRg nos EDcl no RHC 143066, 5ª T, 22.4.2022. Inf 734.*

STJ Reconhecimento pessoal. Vítima capaz de identificar o autor do fato. Dúvida na individualização do agente. Inocorrência. Instauração do procedimento do art. 226 do CPP. Desnecessidade. Se a vítima é capaz de individualizar o autor do fato, é desnecessário instaurar o procedimento do art. 226 do CPP. *HC 721963, 6ª T, 19.4.2022. Inf 733.*

STJ Quebra de sigilo de dados estáticos. Serviço de geolocalização. Marco Civil da Internet. Não violação. Extrapolação da decisão de quebra de sigilo em face de número indeterminado de pessoas. Princípio da proporcionalidade. Não observância. Não é possível a quebra de sigilo de dados informáticos estáticos (registros de geolocalização) nos casos em que haja a possibilidade de violação da intimidade e vida privada de pessoas não diretamente relacionadas à investigação criminal. *RMS 68119, 5ª T, 28.3.2022. Inf 729.*

STJ Domicílio. Expressão do direito à intimidade. Asilo inviolável. Exceções constitucionais. Interpretação restritiva. Ausência de fundadas razões. Desvio de finalidade e "fishing expedition". Nulidade das provas obtidas. Admitir a entrada na residência especificamente para efetuar uma prisão não significa conceder um salvo-conduto para que todo o seu interior seja vasculhado indistintamente, em verdadeira pescaria probatória ("fishing expedition"), sob pena de nulidade das provas colhidas por desvio de finalidade. *HC 663055, 6ª T, 22.3.2022. Inf 731.*

STJ Reconhecimento fotográfico realizado na fase do inquérito policial. Inobservância do procedimento previsto no art. 226 do CPP. Prova inválida como fundamento para a condenação. É inválido o reconhecimento pessoal realizado em desacordo com o modelo do art. 226 do CPP, o que implica a impossibilidade de seu uso para lastrear juízo de certeza da autoria do crime, mesmo que de forma suplementar. *HC 712781, 6ª T, 15.3.2022. Inf 729.*

STJ Interrogatório. Perguntas do juiz condutor do processo. Art. 186 do CPP. Manifestação do desejo de não responder. Encerramento do procedimento. Exclusão da possibilidade de questionamentos do defensor técnico. Ilegalidade. É ilegal o encerramento do interrogatório do paciente que se nega a responder aos questionamentos do juiz instrutor antes de oportunizar as indagações pela defesa. *HC 703978, 6ª T, 7.4.2022. Inf 732.*

STJ Dados fiscais. Requisição pelo Ministério Público. Autorização judicial. Ausência. Ilegalidade. É ilegal a requisição, sem autorização judicial, de dados fiscais pelo Ministério Público. *RHC 82233, 3ª S, 9.2.2022. Inf 724.*

STJ Conteúdo das interceptações telefônicas. Formato escolhido pela defesa. Ônus atribuído ao Estado. Inocorrência. Ilegalidade. Ausência. A conversão do conteúdo das interceptações telefônicas em formato escolhido pela defesa não é ônus atribuído ao Estado. *AgRg no RHC 155813, 5ª T, 21.2.2022. Inf 731.*

STJ Compartilhamento de dados de movimentações financeiras da própria instituição bancária ao Ministério Público. Violação ao sigilo de dados bancários. Inocorrência. Não há ilicitude das provas por violação ao sigilo de dados bancários, em razão do compartilhamento de dados de movimentações financeiras da própria instituição bancária ao Ministério Público. *RHC 147307, 6ª T, 29.3.2022. Inf 731.*

STJ Busca e apreensão. Domicílio como expressão do direito à intimidade. Asilo inviolável. Exceções constitucionais. Interpretação restritiva. Ausência de fundadas razões. Ausência de consentimento válido do morador. Indução a erro. Vício da manifestação de vontade. Provas obtidas. Nulidade. A indução do morador a erro na autorização do ingresso em domicílio macula a validade da manifestação de vontade e, por consequência, contamina toda a busca e apreensão. *HC 674139, 6ª T, 15.2.2022. Inf 725.*

STJ Busca pessoal. Nervosismo do averiguado. Percepção por parte de agentes públicos. Excesso de subjetivismo. Fundada suspeita. Insuficiência. A percepção de nervosismo do averiguado por parte de agentes públicos é dotada de excesso de subjetivismo e, por isso, não é suficiente para caracterizar a fundada suspeita para fins de busca pessoal. *REsp 1961459, 6ª T, 8.4.2022. Inf 732.*

QUESTÕES OBJETIVAS

36. (Cespe/TJ/DFT/Cartórios/Remoção/2019) Francisco, por estar em lugar incerto e não sabido, após ser denunciado pelo Ministério Público, foi citado por edital. No referido processo criminal, atribui-se a ele a prática de um crime doloso, cuja pena máxima é de quatro anos de reclusão. Considerando essa situação e o entendimento jurisprudencial e doutrinário, assinale a opção correta.

a) Caso Francisco constitua defensor, ficarão suspensos o processo e o prazo prescricional.
b) De acordo com o entendimento do STJ, a suspensão do prazo prescricional não poderá ultrapassar quatro anos, que é a pena máxima do delito em razão do qual Francisco foi denunciado.
c) O juiz poderá, fundamentadamente, determinar a produção antecipada de provas, mesmo sem a presença do réu.
d) Se Francisco estiver preso na mesma unidade da Federação, a citação por edital realizada continuará válida.
e) Se for levada aos autos a informação de que Francisco está em país estrangeiro, o juiz determinará a citação por carta rogatória, sendo reestabelecida a fluência do prazo prescricional a partir da expedição da ordem.

37. (Ieses/TJ/SC/Cartórios/Remoção/2019) Com relação à colheita da prova oral em juízo no processo penal, é correto afirmar:

a) As testemunhas prestarão depoimento sob o compromisso de dizerem a verdade, nos termos dos art. 203 do Código de Processo Penal. Não se deferirá o compromisso, contudo, aos menores de 16 anos de idade, ao cônjuge, aos ascendentes, descendentes, e demais parentes consanguíneos ou afins, em linha reta ou colateral até o terceiro grau, do acusado ou da vítima.
b) Antes de iniciar o interrogatório, o juiz observará ao réu que, embora não esteja obrigado a responder às perguntas, seu silêncio poderá ser interpretado em prejuízo de sua defesa.
c) A todo tempo o juiz poderá proceder a novo interrogatório, de ofício ou a pedido fundamentado de qualquer das partes.

d) Se o réu for menor de 21 anos proceder-se-á ao interrogatório necessariamente na presença de curador, salvo se defendido por advogado constituído.

38. (Vunesp/TJ/RS/Cartórios/Ingresso/2019) "A maioria do plenário do Supremo Tribunal Federal (STF) decidiu, na tarde desta quinta-feira (14.6.2018), por impedir a decretação de conduções coercitivas para levar investigados e réus a interrogatório policial ou judicial em todo o país." (Internet). A decisão do STF teve origem em ações protocoladas pelo PT e pela OAB que alegaram que:

a) o réu tem o direito de não produzir provas contra si mesmo como querem os juízes que autorizam a condução coercitiva.
b) a condução coercitiva só é válida para obrigar testemunhas a deporem em juízo em caso de crimes hediondos.
c) a inviolabilidade de domicílio, garantida pelo Código Civil, é desrespeitada quando há condução coercitiva.
d) a condução coercitiva de investigados não é compatível com a liberdade de ir e vir garantida pela Constituição Federal.
e) o instituto da condução coercitiva, de acordo com o Código Penal, só se aplica a casos de homicídio e roubo seguido de morte.

39. (Vunesp/TJ/AL/Cartórios/Ingresso/2019) Em relação à prova documental no processo penal, assinale a alternativa correta.

a) As cartas particulares, ainda que interceptadas ou obtidas por meios criminosos, podem ser utilizadas em juízo.
b) Quando contestada a sua autenticidade a letra e a firma dos documentos particulares serão submetidas a exame pericial.
c) Os documentos com língua estrangeira, sem prejuízo de sua juntada imediata, sempre devem ser traduzidos por tradutor público, ou, na falta, por pessoa idônea nomeada pela autoridade.
d) Somente a pedido das partes o juiz poderá providenciar a juntada aos autos de documento relativo a ponto relevante da acusação ou da defesa.

7. DOS SUJEITOS DO PROCESSO

SÚMULAS

STF Súm. 208. O assistente do Ministério Público não pode recorrer, extraordinariamente, de decisão concessiva de "habeas corpus".

STF Súm. 210. O assistente do Ministério Público pode recorrer, inclusive extraordinariamente, na ação penal, nos casos dos arts. 584, § 1º e 598 do Código de Processo Penal.

STF Súm. 448. O prazo para o assistente recorrer, supletivamente, começa a correr imediatamente após o transcurso do prazo do Ministério Público.

STJ Súm. 234. A participação de membro do Ministério Público na fase investigatória criminal não acarreta o seu impedimento ou suspeição para o oferecimento da denúncia.

STJ Súm. 644. O núcleo de prática jurídica deve apresentar o instrumento de mandato quando constituído pelo réu hipossuficiente, salvo nas hipóteses em que é nomeado pelo juízo.

INFORMATIVOS

STJ Exceção de suspeição. Inimizade entre juiz e advogado reconhecida pelo próprio excepto e pelo tribunal de origem em determinados processos, porém rejeitada em outros. Incoerência que ofende o art. 926 do CPC. Inaplicabilidade do art. 256 do CPP. Simples habilitação de advogado rival do magistrado como defensor de um dos réus. Prerrogativa conferida ao causídico pelo art. 7º, I, da Lei 8.906/94. Cabimento da representação apud acta. Incidência do art. 266 do CPP. Exceção de suspeição caracterizada. A hipótese excepcional do art. 256 do CPP somente pode ser reconhecida se o magistrado ou o Tribunal, atendendo a elevado ônus argumentativo, demonstrar de maneira inequívoca que o excipiente provocou dolosamente a suspeição. *AREsp 2026528, 5ª T, 7.6.2022. Inf 740.*

QUESTÕES OBJETIVAS

40. (Ieses/TJ/SC/Cartórios/Remoção/2019) Em relação à figura do assistente da acusação, prevista nos artigos 268 e seguintes do Código de Processo Penal, é correto afirmar:

a) O corréu no mesmo processo poderá, ainda antes da sentença, intervir como assistente do Ministério Público, o qual será ouvido previamente sobre a admissão.
b) A realização das provas propostas pelo assistente de acusação poderá ser deferida pelo juiz caso o Ministério Público não manifeste objeção.
c) O assistente será admitido a qualquer tempo até a prolação de sentença em primeiro grau, recebendo a causa, contudo, no estado em que se achar.
d) Ao assistente será permitido, entre outras ações, propor meios de prova, requerer perguntas às testemunhas, participar dos debates orais, interpor recurso de apelação quando o Ministério Público não o fizer no prazo legal, bem como arrazoar os recursos interpostos pelo Ministério Público.

41. (Consulplan/TJ/MG/Cartórios/Ingresso/2017) A respeito da legitimidade do assistente do Ministério Público e do recurso em geral, no processo penal, assinale a alternativa correta:

a) o assistente do Ministério Público só poderá interpor recurso extraordinário nos casos de impronúncia e extinção da punibilidade, ou apelação supletiva, e desde que não se trate de decisão concessiva de "habeas corpus".
b) diz-se restrita a legitimidade recursal do assistente porque, mesmo nas hipóteses em que pode se insurgir, fica ele condicionado a que não tenha o Ministério Público recorrido da respectiva decisão, começando a correr o seu prazo na mesma data do órgão ministerial.
c) o recurso de apelação, nos processos afetos ao Tribunal do Júri, tem a devolutividade ampla, de modo que, por essa razão, mesmo as matérias não submetidas ao crivo da Corte Estadual, podem ser conhecidas pelos Tribunais Superiores.
d) a renúncia do réu ao direito de apelação, manifestada sem a assistência do defensor, não impede o conhecimento da apelação por este interposta, mas a desistência, ainda que sem a aquiescência do patrono, torna prejudicado o recurso aviado.

8. DA PRISÃO, DAS MEDIDAS CAUTELARES E DA LIBERDADE PROVISÓRIA

SÚMULAS

1) Da Prisão (arts. 301 a 320)

STF Súm. Vinculante 11. Só é lícito o uso de algemas em casos de resistência e de fundado receio de fuga ou de perigo à integridade física própria ou alheia, por parte do preso ou de terceiros, justificada a excepcionalidade por escrito, sob pena de responsabilidade disciplinar, civil e penal do agente ou da autoridade e de nulidade da prisão ou do ato processual a que se refere, sem prejuízo da responsabilidade civil do Estado.

STF Súm. 397. O poder de polícia da Câmara dos Deputados e do Senado Federal, em caso de crime cometido nas suas dependências, compreende, consoante o regimento, a prisão em flagrante do acusado e a realização do inquérito.

STJ Súm. 21. Pronunciado o réu, fica superada a alegação do constrangimento ilegal da prisão por excesso de prazo na instrução.

STJ Súm. 52. Encerrada a instrução criminal, fica superada a alegação de constrangimento por excesso de prazo.

JURISPRUDÊNCIA EM TESES

1) Da Prisão em Flagrante (arts. 301 a 310)

STJ **JurisTese 120-2.** O tipo penal descrito no art. 33 da Lei n. 11.343/2006 é de ação múltipla e de natureza permanente, razão pela qual a prática criminosa se consuma, por exemplo, a depender do caso concreto, nas condutas de "ter em depósito", "guardar", "transportar" e "trazer consigo", antes mesmo da atuação provocadora da polícia, o que afasta a tese defensiva de flagrante preparado.

STJ **JurisTese 120-3.** No flagrante esperado, a polícia tem notícias de que uma infração penal será cometida e passa a monitorar a atividade do agente de forma a aguardar o melhor momento para executar a prisão, não havendo que se falar em ilegalidade do flagrante.

STJ **JurisTese 120-4.** No tocante ao flagrante retardado ou à ação controlada, a ausência de autorização judicial não tem o condão de tornar ilegal a prisão em flagrante postergado, vez que o instituto visa a proteger o trabalho investigativo, afastando a eventual responsabilidade criminal ou administrava por parte do agente policial.

STJ **JurisTese 120-5.** Para a lavratura do auto de prisão em flagrante é despicienda a elaboração do laudo toxicológico definitivo, o que se depreende da leitura do art. 50, § 1º, da Lei n. 11.343/2006, segundo o qual é suficiente para tanto a confecção do laudo de constatação da natureza e da quantidade da droga.

STJ **JurisTese 120-6.** Eventual nulidade no auto de prisão em flagrante devido à ausência de assistência por advogado somente se verifica caso não seja oportunizado ao conduzido o direito de ser assistido por defensor técnico, sendo suficiente a lembrança, pela autoridade policial, dos direitos do preso previstos no art. 5º, LXIII, da Constituição Federal.

STJ **JurisTese 120-7.** Uma vez decretada a prisão preventiva, fica superada a tese de excesso de prazo na comunicação do flagrante.

STJ **JurisTese 120-8.** Realizada a conversão da prisão em flagrante em preventiva, fica superada a alegação de nulidade porventura existente em relação à ausência de audiência de custódia.

STJ **JurisTese 120-9.** Não há nulidade da audiência de custódia por suposta violação da Súmula Vinculante n. 11 do STF, quando devidamente justificada a necessidade do uso de algemas pelo segregado.

STJ **JurisTese 120-10.** Não há nulidade na hipótese em que o magistrado, de ofício, sem prévia provocação da autoridade policial ou do órgão ministerial, converte a prisão em flagrante em preventiva, quando presentes os requisitos previstos no art. 312 do Código de Processo Penal – CPP.

STJ **JurisTese 120-11.** Com a superveniência de decretação da prisão preventiva ficam prejudicadas as alegações de ilegalidade da segregação em flagrante, tendo em vista a formação de novo título ensejador da custódia cautelar.

2) Da Prisão Preventiva (arts. 311 a 316)

STJ **JurisTese 32-1.** A fuga do distrito da culpa é fundamentação idônea a justificar o decreto da custódia preventiva para a conveniência da instrução criminal e como garantia da aplicação da lei penal.

STJ **JurisTese 32-2.** As condições pessoais favoráveis não garantem a revogação da prisão preventiva quando há nos autos elementos hábeis a recomendar a manutenção da custódia.

STJ **JurisTese 32-3.** A substituição da prisão preventiva pela domiciliar exige comprovação de doença grave, que acarrete extrema debilidade, e a impossibilidade de se prestar a devida assistência médica no estabelecimento penal.

STJ **JurisTese 32-4.** A prisão preventiva poderá ser substituída pela domiciliar quando o agente for comprovadamente imprescindível aos cuidados especiais de pessoa menor de 06 (seis) anos de idade ou com deficiência.

STJ **JurisTese 32-5.** As medidas cautelares diversas da prisão, ainda que mais benéficas, implicam em restrições de direitos individuais, sendo necessária fundamentação para sua imposição.

STJ **JurisTese 32-6.** A citação por edital do acusado não constitui fundamento idôneo para a decretação da prisão preventiva, uma vez que a sua não localização não gera presunção de fuga.

STJ **JurisTese 32-7.** A prisão preventiva não é legítima nos casos em que a sanção abstratamente prevista ou imposta na sentença condenatória recorrível não resulte em constrição pessoal, por força do princípio da homogeneidade.

STJ **JurisTese 32-8.** Os fatos que justificam a prisão preventiva devem ser contemporâneos à decisão que a decreta.

STJ **JurisTese 32-9.** A alusão genérica sobre a gravidade do delito, o clamor público ou a comoção social não constituem fundamentação idônea a autorizar a prisão preventiva.

STJ **JurisTese 32-10.** A prisão preventiva pode ser decretada em crimes que envolvam violência doméstica e familiar contra a mulher, criança, adolescente, idoso, enfermo ou pessoa com deficiência, para o fim de garantir a execução das medidas protetivas de urgência.

STJ **JurisTese 32-11.** A prisão cautelar deve ser fundamentada em elementos concretos que justifiquem, efetivamente, sua necessidade.

STJ **JurisTese 32-12.** A prisão cautelar pode ser decretada para garantia da ordem pública potencialmente ofendida, especialmente nos casos de: reiteração delitiva, participação em organizações criminosas, gravidade em concreto da conduta, periculosidade social do agente, ou pelas circunstâncias em que praticado o delito (modus operandi).

STJ **JurisTese 32-13.** Não pode o tribunal de segundo grau, em sede de "habeas corpus", inovar ou suprir a falta de fundamentação da decisão de prisão preventiva do juízo singular.

STJ **JurisTese 32-14.** Inquéritos policiais e processos em andamento, embora não tenham o condão de exasperar a pena-base no momento da dosimetria da pena, são elementos aptos a demonstrar eventual reiteração delitiva, fundamento suficiente para a decretação da prisão preventiva.

STJ **JurisTese 32-15.** A segregação cautelar é medida excepcional, mesmo no tocante aos crimes de tráfico de entorpecente e associação para o tráfico, e o decreto de prisão processual exige a especificação de que a custódia atende a pelo menos um dos requisitos do art. 312 do Código de Processo Penal.

STJ **JurisTese 184-5.** O prazo de 90 dias previsto no parágrafo único do art. 316 do CPP para revisão da prisão preventiva não é peremptório, de modo que eventual atraso na execução do ato não implica reconhecimento automático da ilegalidade da prisão, tampouco a imediata colocação do custodiado cautelar em liberdade.

STJ **JurisTese 184-6.** A revisão periódica e de ofício da legalidade da prisão preventiva disciplinada no parágrafo único do art. 316 do CPP, incluída pela Lei n. 13.964/2019, não se aplica aos tribunais, quando em atuação como órgão revisor.

STJ **JurisTese 184-7.** Não é possível a decretação da prisão preventiva de ofício em face do que dispõe a Lei n. 13.964/2019, mesmo se decorrente de conversão da prisão em flagrante.

STJ **JurisTese 184-8.** A posterior manifestação do órgão ministerial ou da autoridade policial pela conversão ou decretação de prisão cautelar supre o vício de não observância da formalidade do prévio requerimento para a prisão preventiva decretada de ofício.

STJ **JurisTese 185-6.** O Pacote Anticrime, atento à jurisprudência dominante do Superior Tribunal de Justiça e do Supremo Tribunal Federal, introduziu, no § 1º do art. 315 do CPP, o requisito da contemporaneidade dos fatos como fundamento para decisão que decretar, substituir ou denegar prisão preventiva ou qualquer outra medida cautelar diversa da prisão, vedada a exposição de motivos genéricos e abstratos.

STJ **JurisTese 185-9.** Antes da entrada em vigor do Pacote Anticrime, não é ilegal a decretação de prisão preventiva de ofício, ainda que decorrente de conversão da prisão em flagrante, pois as normas de natureza processual sujeitam-se ao princípio "tempus regit actum" e não retroagem para atingir atos praticados antes da sua vigência.

3) Das Outras Medidas Cautelares (arts. 319 e 320)

STJ **JurisTese 185-11.** A busca e apreensão é medida cautelar real, assim, diferentemente das cautelares pessoais, independe, para sua concessão, da comprovação do requisito da contemporaneidade dos fatos introduzido pelo Pacote Anticrime no § 1º do art. 315 do CPP.

INFORMATIVOS

STF **Conversão dos autos de prisão em flagrante em diligência.** É inconstitucional norma do provimento do Conselho da Magistratura estadual que proíbe o juiz de converter os autos de prisão em flagrante em diligência. Isso porque, a norma, além de desbordar dos limites do poder regulamentar, invade a competência privativa da União para legislar sobre direito processual penal (CF, art. 21, I). A possibilidade de ordenar diligências prévias consiste em prerrogativa inafastável do magistrado. *ADI 4662, 15.8.2022. Pleno. Inf 1063.*

STF Prisão preventiva: prazo nonagesimal para a sua revisão e respectiva competência jurisdicional. O transcurso do prazo previsto no par. ún. do art. 316 do CPP não acarreta, automaticamente, a revogação da prisão preventiva e, consequentemente, a concessão de liberdade provisória. O CPP estabelece, tão somente, a necessidade de uma reanálise dos requisitos que fundamentaram o decreto prisional. A exigência da revisão nonagesimal quanto à necessidade e adequação da prisão preventiva aplica-se até o final dos processos de conhecimento. *ADI 6581, 8.3.2022. Inf 1046.*

STJ Prisão preventiva. Réu em situação de rua. Descumprimento de medida cautelar alternativa. Ausência de fundamentação concreta acerca da cautelaridade. Descabimento. Medidas cautelares alternativas. Observância da Resolução 425/CNJ. Na análise do cabimento da prisão preventiva de pessoas em situação de rua, além dos requisitos legais previstos no CPP, o magistrado deve observar as recomendações constantes da Res. 425/CNJ, e, caso sejam fixadas medidas cautelares alternativas, aquela que melhor se adequa a realidade da pessoa em situação de rua. *HC 772380, 6ª T, 16.11.2022. Inf 757. Inf 757.*

STJ Operação "Contágio". Organização Criminosa. Diversos crimes. Prisão preventiva decretada. Gravidade real dos fatos. Insuficiência de medidas cautelares diversas. Novos crimes mesmo após a deflagração da operação. Necessidade de interrupção do ciclo delitivo da organização criminosa. Motivação idônea e contemporânea. Manutenção da custódia. A necessidade de interrupção do ciclo delitivo de associações e organizações criminosas é fundamento idôneo para justificar a custódia cautelar e a garantia da ordem pública. *HC 730721, 6ª T, 23.8.2022. Inf 746.*

STJ Prisão em flagrante. Requerimento do Ministério Público para aplicação de medidas cautelares mais brandas. Magistrado que determina a decretação da prisão preventiva. Impossibilidade. Atuação de ofício. Constrangimento ilegal. Se o requerimento do MP limita-se à aplicação de medidas cautelares ao preso em flagrante, é vedado ao juiz decretar a medida mais gravosa – prisão preventiva –, por configurar uma atuação de ofício. *AgRg no HC 754506, 5ª T, 22.8.2022. Inf 746.*

STJ Tráfico de drogas. Prisão Preventiva. Fundamentação concreta. Grande quantidade de drogas. Mãe de filho menor. Prisão domiciliar. Cabimento. Proteção à criança. A apreensão de grande quantidade e variedade de drogas não impede a concessão da prisão domiciliar à mãe de filho menor de 12 anos se não demonstrada situação excepcional de prática de delito com violência ou grave ameaça ou contra seus filhos, nos termos do art. 318-A, I e II, do CPP. *AgRg no HC 712258, 6ª T, 1.4.2022. Inf 733.*

STJ Prisão em flagrante. Pedido de conversão do flagrante em cautelares diversas pelo Ministério Público. Magistrado que determina a cautelar máxima. Possibilidade. Prisão preventiva de ofício. Não ocorrência. Anterior provocação do Ministério Público. A determinação do magistrado pela cautelar máxima, em sentido diverso do requerido pelo Ministério Público, pela autoridade policial ou pelo ofendido, não pode ser considerada como atuação "ex officio". *RHC 145225, 6ª T, 15.2.2022. Inf 725.*

STJ Prisão preventiva. Crime de violação sexual mediante fraude. Ausência dos requisitos do art. 312 do CPP. Crime praticado no exercício da medicina. Condições pessoais favoráveis. Suficiência das medidas cautelares do art. 319 do CPP. Não se justifica a prisão preventiva se, considerando o modus operandi dos delitos, a imposição da cautelar de proibição do exercício da medicina e de suspensão da inscrição médica, e outras que o Juízo de origem entender necessárias, forem suficientes para prevenção da reiteração criminosa e preservação da ordem pública. *HC 699362, 5ª T, 8.3.2022. Inf 728.*

STJ Art. 316, p. ú., do CPP. Prisão preventiva. Acusado foragido. Dever de revisão periódica da custódia cautelar. Inexistência. Quando o acusado encontrar-se foragido, não há o dever de revisão "ex officio" da prisão preventiva, a cada 90 dias, exigida pelo art. 316, p. ú., do CPP. *RHC 153528, 5ª T, 1.4.2022. Inf 731.*

STJ Delitos descritos na Lei 12.850/13. Prisão preventiva. Imposição automática. Ilegalidade. Necessidade de demonstração da imprescindibilidade da medida. Art. 312 CPP. A mera circunstância de o agente ter sido denunciado em razão dos delitos descritos na Lei 12.850/13 não justifica a imposição automática da prisão preventiva, devendo-se avaliar a presença de elementos concretos, previstos no art. 312 do CPP. *HC 708148, 5ª T, 5.4.2022. Inf 732.*

STJ Medidas cautelares diversas da prisão. Retenção do passaporte e proibição de deixar o país. Circunstâncias do caso concreto. Alegação de excesso de prazo. Irrazoabilidade. Não há disposição legal que restrinja o prazo das medidas cautelares diversas da prisão, as quais podem perdurar enquanto presentes os requisitos do art. 282 do CPP, devidamente observadas as peculiaridades do caso e do agente. *AgRg no HC 737657, 5ª T, 14.6.2022. Inf 741.*

STJ Prisão em flagrante. Ministério Público. Manifestação pela concessão de liberdade provisória com pagamento de fiança. Magistrado que impôs cautelar de recolhimento noturno. Atuação de ofício. Não ocorrência. A escolha pelo Magistrado de medidas cautelares pessoais, em sentido diverso das requeridas pelo Ministério Público, pela autoridade policial ou pelo ofendido, não pode ser considerada como atuação "ex officio". *AgRg no HC 626529, 6ª T, 3.5.2022. Inf 735.*

QUESTÕES OBJETIVAS

42. (Vunesp/TJ/SP/Cartórios/Ingresso/2022) Poderá o juiz substituir a prisão preventiva pela domiciliar quando o agente for:

a) homem, com filho de até 12 (doze) anos de idade incompletos.
b) imprescindível aos cuidados especiais de pessoa menor de 5 (cinco) anos de idade ou com deficiência.
c) mulher, com filho de até 12 (doze) anos de idade incompletos.
d) maior de 70 (setenta) anos.

43. (FGV/TJ/SC/Cartórios/Ingresso/2021) Após receber documentações que indicavam que, em determinada serventia extrajudicial, estariam ocorrendo diversos crimes de falsificação de documento público (pena: reclusão, de 2 a 6 anos, e multa), a autoridade policial determinou, de ofício, a instauração de inquérito policial para apurar os fatos. No curso do procedimento, determinou a oitiva dos funcionários do cartório, bem como do delegatório, que, em um primeiro momento, foi indiciado. Considerando as informações expostas, é correto afirmar que:

a) o juiz, considerando a gravidade, em concreto, do caso, o risco de reiteração e constatando a prova da materialidade e indícios de autoria, poderá, antes do oferecimento da denúncia, decretar a prisão preventiva do indiciado após representação da autoridade policial, ainda que não haja requerimento do Ministério Público.
b) o juiz poderá fundamentar eventual e futura sentença condenatória exclusivamente com base nesses elementos informativos produzidos durante inquérito policial, tendo em vista que se adota no Brasil o sistema do livre convencimento motivado.
c) a autoridade policial, caso conclua pela inexistência de prova da materialidade e indícios de autoria, deverá elaborar relatório conclusivo e determinar diretamente o arquivamento do inquérito policial.
d) o inquérito policial tem como uma de suas características o sigilo, de modo que não poderá a defesa técnica do indiciado ter acesso aos elementos já documentados antes do oferecimento da denúncia.
e) a autoridade policial não poderia ter instaurado, de ofício, inquérito policial, dependendo de requisição da autoridade judiciária ou do Ministério Público.

44. (FGV/TJ/SC/Cartórios/Ingresso/2021) Ana, funcionária pública, figura como ré em ação penal onde se imputa a prática de diversos crimes de peculato e de organização criminosa. Inicialmente, foi decretada sua prisão preventiva em razão do risco de reiteração destacado pelo magistrado. Foram acostadas ao procedimento certidões de nascimento indicando que Ana seria mãe de adolescente de 13 anos de idade e de criança de 10 anos. O Ministério Público, por sua vez, demonstrou que os filhos estariam sob os cuidados do pai. Com base nas informações expostas, é correto afirmar que, de acordo com a legislação processual penal, Ana:

a) tem direito à prisão domiciliar, ainda que não seja a única responsável pelos cuidados da criança, não podendo, além disso, ser aplicada a cautelar de suspensão do exercício da função pública.

b) tem direito à prisão domiciliar, desde que demonstre sua imprescindibilidade ao sustento financeiro da criança, podendo ser aplicada a cautelar de suspensão do exercício da função pública.
c) tem direito à prisão domiciliar, ainda que não seja a única responsável pelos cuidados da criança, podendo, todavia, ser aplicada a cautelar de suspensão do exercício da função pública.
d) não terá direito à prisão domiciliar, pois figura como denunciada em procedimento em que se imputa a prática de crime de natureza hedionda.
e) não terá direito à prisão domiciliar pois os filhos são maiores de 6 anos e estão sob os cuidados do pai.

45. (Consulplan/TJ/MS/Cartórios/Remoção/2021) Sobre a disciplina geral das medidas cautelares no Código de Processo Penal brasileiro, é correto afirmar que:
a) São irrelevantes as condições pessoais do acusado, observando-se o princípio do direito penal do fato.
b) Deverão ser aplicadas observando-se, dentre outros fatores, a adequação da medida à gravidade do crime, como expressão do princípio da proporcionalidade.
c) A necessidade para aplicação da Lei Penal, para a investigação ou a instrução criminal, é presumida no caso de flagrante pela prática de crime hediondo, observado o princípio da vedação de proteção deficiente.
d) O Juiz, ao receber o pedido de medida cautelar, independentemente da argumentação de urgência ou de perigo de ineficácia da medida, poderá decretar medida cautelar sem oitiva prévia da parte contrária, à luz do princípio do poder geral de cautela.

46. (UFPR/TJ/PR/Cartórios/Remoção/2019) Sobre a prisão em flagrante, assinale a alternativa correta.
a) No caso em que o agente é perseguido, logo após o fato, pela autoridade, pelo ofendido ou por qualquer pessoa, em circunstâncias que façam presumir ser autor da infração, a situação de flagrância durará pelo prazo de 24 horas, depois do qual não será mais possível a prisão em flagrante.
b) Não há crime quando a preparação do flagrante pela polícia torna impossível a sua consumação.
c) A falta de testemunhas da infração impedirá a autuação da prisão em flagrante.
d) A comunicação da prisão ao juiz competente, ao Ministério Público e à família do preso, ou à pessoa por ele indicada, deve ser feita em até 24 horas.
e) Se for o caso de liberdade provisória, ao receber o auto da prisão em flagrante, o juiz a relaxará.

47. (Ieses/TJ/CE/Cartórios/Remoção/2018) Considera-se em flagrante delito quem:
I. é encontrado, logo depois, com instrumentos, armas, objetos ou papéis que façam presumir ser ele autor da infração.
II. está cometendo a infração penal.
III. é perseguido, logo após, pela autoridade, pelo ofendido ou por qualquer pessoa, em situação que faça presumir ser autor da infração.
IV. acaba de cometer a infração penal.

A sequência correta é:
a) apenas a assertiva I está incorreta.
b) apenas as assertivas II e III estão corretas.
c) apenas as assertivas I, II e III estão corretas.
d) as assertivas I, II, III e IV estão corretas.

48. (Ieses/TJ/CE/Cartórios/Remoção/2018) Segundo dispõe o Código de Processo Civil, são caso de não concessão de fiança, exceto:
a) crimes de racismo.
b) crimes de tortura, tráfico ilícito de entorpecentes e drogas afins, terrorismo e nos definidos como crimes hediondos.
c) crimes de usurpação.
d) crimes cometidos por grupos armados, civis ou militares, contra a ordem constitucional e o Estado Democrático.

49. (Ieses/TJ/AM/Cartórios/Ingresso/2018) Em relação as prisões, é correto afirmar:
a) o Código de Processo Penal brasileiro estabeleceu critérios legais de admissibilidade para a imposição da prisão preventiva, os quais devem ser analisados isoladamente. Verificada a existência dos requisitos trazidos pelo art. 312 do Código de Processo Penal – "fumus commissi delicti" e "periculum libertatis" – desnecessário a observância do art. 313 do referido diploma legal.
b) a Lei n. 12.403/2011 estabeleceu a possibilidade de imposição de medidas alternativas à prisão cautelar, possibilitando ao magistrado, perante a singularidade de cada caso concreto, aplicar isolada ou cumulativamente tais medidas, com a necessidade de análise dos critérios de razoabilidade e proporcionalidade.
c) o regime jurídico da prisão domiciliar, especialmente no que pertine à proteção da integridade física e emocional da gestante e dos filhos menores de 12 anos, e as inovações trazidas pela Lei n. 13.257/2016 decorrem, indiscutivelmente, do resgate constitucional do princípio da fraternidade (Constituição Federal: preâmbulo e art. 3º).
d) o STJ vem entendendo que em relação a prisão preventiva o constrangimento ilegal por excesso de prazo resulta de um critério aritmético, levando em conta as peculiaridades do caso concreto.

50. (Ieses/TJ/AM/Cartórios/Remoção/2018) Poderá o juiz substituir a prisão preventiva pela domiciliar nos seguintes casos, exceto:
a) quando o agente for imprescindível aos cuidados especiais de pessoa menor de 6 (seis) anos de idade ou com deficiência.
b) quando o agente for maior de 70 (setenta) anos.
c) quando o agente for mulher com filho de até 12 (doze) anos de idade incompletos.
d) quando o agente for gestante.

51. (Vunesp/TJ/SP/Cartórios/Ingresso/2018) A prisão preventiva poderá ser decretada:
a) para assegurar a aplicação da lei penal, nos crimes dolosos punidos com pena privativa de liberdade máxima superior a 03 (três) anos.
b) por conveniência da instrução criminal, nos crimes dolosos ou culposos.
c) como garantia da ordem econômica, nos crimes dolosos punidos com pena privativa de liberdade máxima superior a 04 (quatro) anos.
d) como garantia da ordem pública, nos crimes dolosos punidos com pena privativa de liberdade máxima superior a 02 (dois) anos.

52. (Cetro/TJ/RJ/Cartórios/Ingresso/2017) De acordo com a jurisprudência do Supremo Tribunal Federal acerca do instituto da prisão preventiva, assinale a alternativa correta:

a) a prisão preventiva daquele que obstaculiza a apuração dos fatos de um Inquérito Policial somente poderá se dar mediante atuação direta do investigado.
b) é permitida a decretação de nova prisão preventiva de réu que deixa de cumprir os compromissos estabelecidos perante o Juízo.
c) as circunstâncias judiciais, tais como gravidade do crime, motivação, frieza, premeditação, emprego de violência, desprezo pelas normas regentes da vida em sociedade conferem, com vista à garantia da ordem pública, a decretação da prisão preventiva independentemente se tais elementos refletirão, ou não, na futura fixação da pena.
d) em respondendo por outros inquéritos policiais, bem como sendo processado por outros crimes, configura hipótese de manutenção da prisão preventiva com vistas da preservação da ordem pública e proteção das testemunhas e vítimas.
e) a recusa da parte em se manifestar é considerada em seu desfavor para efeito de decretação de prisão preventiva, conforme o estabelecido na Convenção Americana sobre Direitos do Homem.

9. DAS CITAÇÕES E INTIMAÇÕES

SÚMULAS

1) Das Citações

STF Súm. 351. É nula a citação por edital de réu preso na mesma unidade da federação em que o juiz exerce a sua jurisdição.

STF Súm. 366. Não é nula a citação por edital que indica o dispositivo da lei penal, embora não transcreva a denúncia ou queixa, ou não resuma os fatos em que se baseia.

STF Súm. 701. No mandado de segurança impetrado pelo Ministério Público contra decisão proferida em processo penal, é obrigatória a citação do réu como litisconsorte passivo.

STJ Súm. 415. O período de suspensão do prazo prescricional é regulado pelo máximo da pena cominada.

STJ Súm. 455. A decisão que determina a produção antecipada de provas com base no art. 366 do CPP deve ser concretamente fundamentada, não a justificando unicamente o mero decurso do tempo.

2) Das Intimações

STF Súm. 155. É relativa a nulidade do processo criminal por falta de intimação da expedição de precatória para inquirição de testemunha.

STF Súm. 431. É nulo o julgamento de recurso criminal, na segunda instância, sem prévia intimação, ou publicação da pauta, salvo em "habeas corpus".

STF Súm. 707. Constitui nulidade a falta de intimação do denunciado para oferecer contrarrazões ao recurso interposto da rejeição da denúncia, não a suprindo a nomeação de defensor dativo.

STF Súm. 708. É nulo o julgamento da apelação se, após a manifestação nos autos da renúncia do único defensor, o réu não foi previamente intimado para constituir outro.

STF Súm. 710. No processo penal, contam-se os prazos da data da intimação, e não da juntada aos autos do mandado ou da carta precatória ou de ordem.

STJ Súm. 273. Intimada a defesa da expedição da carta precatória, torna-se desnecessária intimação da data da audiência no juízo deprecado.

REPERCUSSÃO & REPETITIVOS

STF Rep. Geral 438. Em caso de inatividade processual decorrente de citação por edital, ressalvados os crimes previstos na Constituição Federal como imprescritíveis, é constitucional limitar o período de suspensão do prazo prescricional ao tempo de prescrição da pena máxima em abstrato cominada ao crime, a despeito de o processo permanecer suspenso. *RE 600851, 7.12.2020.*

QUESTÕES OBJETIVAS

53. (Cespe/TJ/DFT/Cartórios/Remoção/2019) Em relação às comunicações e aos prazos no processo penal, assinale a opção correta.
a) Após citação pessoal do acusado, o prazo para as providências atinentes à defesa será contado a partir da juntada do mandado de citação aos autos.
b) Os prazos do Ministério Público são contados a partir da entrega do processo em setor administrativo do órgão, bastando que a carga seja formalizada pelo servidor competente.
c) A intimação do defensor constituído pelo réu acerca de sentença condenatória deverá ocorrer pessoalmente, sendo contado o prazo recursal a partir desse ato intimatório.
d) A intimação pessoal feita pelo escrivão no momento da audiência não dispensará a publicação do ato judicial no órgão oficial de publicidade.
e) Ainda que a defesa seja intimada da expedição da carta precatória que trate de oitiva de testemunhas a ser realizada em outra comarca, será obrigatória a intimação do advogado constituído para conhecimento da data da audiência.

54. (Consulplan/TJ/MG/Cartórios/Remoção/2019) Com relação ao ato de citação no processo penal, assinale a alternativa incorreta.
a) A citação do militar far-se-á por intermédio do chefe do respectivo serviço.
b) Segundo o STF, é constitucional a citação por hora certa prevista no art. 362 do Código de Processo Penal.
c) Réu citado por edital, nos termos do art. 361 do Código de Processo Penal, terá o prazo de quinze dias para apresentar Resposta à Acusação, contados da publicação do edital.
d) Quando o réu reside em local certo e sabido, mas diverso do local deprecado, o juiz responsável poderá encaminhar a carta à comarca correta, oficiando ao juiz deprecante sobre o fato. Esta modalidade de carta precatória é denominada itinerante.

55. (Cetro/TJ/RJ/Cartórios/Ingresso/2017) No tocante às intimações no processo penal, marque V para verdadeiro ou F para falso e, em seguida, assinale a alternativa que apresenta a sequência correta.
I. a entrega dos autos devidamente formalizada em setor administrativo do Ministério Público não afasta a necessidade da intimação via mandado do Ministério Público, uma vez que esta consta dentre as modalidades de intimação pessoal.
II. o adiamento do julgamento para sessão de julgamento de recurso de apelação, mesmo que não implique retirada de pauta, não dispensa a necessidade de regular intimação da Defensoria Pública, sob risco de ocorrência de vício processual insanável.
III. o fato de o réu ser representado por mais de um advogado, inclusive com domicílio em comarca diversa, faz-se necessária a intimação pessoal de todos os advogados, sob pena de nulidade processual:
a) F, F, F.
b) F, V, F.
c) V, V, V.
d) V, V, F.
e) V, F, V.

10. DA SENTENÇA

SÚMULAS

STF Súm. 453. Não se aplicam à segunda instância o art. 384 e parágrafo único do Código de Processo Penal, que possibilitam dar nova definição jurídica ao fato delituoso, em virtude de circunstância elementar não contida, explícita ou implicitamente, na denúncia ou queixa.

STJ Súm. 337. É cabível a suspensão condicional do processo na desclassificação do crime e na procedência parcial da pretensão punitiva.

REPERCUSSÃO & REPETITIVOS

STJ Repetitivo 1110. 1. Em razão da "novatio legis in mellius" engendrada pela Lei n. 13.654/2018, o emprego de arma branca, embora não configure mais causa de aumento do crime de roubo, poderá ser utilizado como fundamento para a majoração da pena-base, quando as circunstâncias do caso concreto assim justificarem. 2. O julgador deve fundamentar o novo apenamento ou justificar a não realização do incremento na basilar, nos termos do que dispõe o art. 387, II e III, do CPP. 3. Não cabe a esta Corte Superior a transposição valorativa da circunstância para a primeira fase da dosimetria ou mesmo compelir que o Tribunal de origem assim o faça, em razão da discricionariedade do julgador ao aplicar a "novatio legis in mellius". *REsp 1921190, 26.5.2022.*

INFORMATIVOS

STJ "Emendatio libelli". Fato já descrito na denúncia. Definição diversa atribuída pelo magistrado singular. Prazo para aditamento. Desnecessidade. Ofensa ao princípio da correlação. Não ocorrência. É lícito ao juiz alterar a tipificação jurídica da conduta do réu no momento da sentença, sem modificar os fatos descritos na denúncia, sendo desnecessária a abertura de prazo para aditamento. *AgRg no HC 770256, 5ª T, 4.11.2022. Inf 761.*

QUESTÕES OBJETIVAS

56. (FGV/TJ/SC/Cartórios/Remoção/2021) Após instrução probatória e apresentação de alegações finais pelas partes, no momento de proferir sentença, o magistrado competente entendeu que a conduta narrada na denúncia e provada melhor se adequaria à capitulação jurídica diversa daquela que constava na inicial acusatória. Com base nas informações expostas, é correto afirmar que o magistrado:

a) não poderá condenar o réu por crime diverso do que consta na inicial sem que haja correção da capitulação por parte do Ministério Público, exigindo-se nova instrução probatória, ainda que não alterados os fatos.
b) não poderá condenar o réu por crime diverso do que consta na inicial em razão do princípio da correlação, bem como não poderá ocorrer aditamento da denúncia por parte do Ministério Público.
c) poderá condenar o réu como incurso nas sanções penais do crime que entende ter sido efetivamente praticado, ainda que mais grave, desde que considere os fatos descritos na denúncia.
d) poderá condenar o réu pela prática de crime diverso do imputado na denúncia, considerando os fatos descritos na inicial, desde que o novo delito seja de menor ou igual gravidade.
e) poderá condenar o réu por crime diferente do imputado, desde que haja aditamento da denúncia, sendo desnecessária nova instrução probatória ou oitiva da defesa.

57. (Consulplan/TJ/MG/Cartórios/Ingresso/2019) Ao receber uma denúncia por crimes de furto qualificado e estelionato, lastreada em inquérito policial, o juiz entendeu que os fatos apurados no procedimento inquisitório não configuravam os crimes em apreço, mas apenas furto simples. Assim, rejeitou a denúncia quanto aos dois delitos, recebendo-a somente quanto ao crime de furto simples. A decisão judicial foi:

a) Correta, porém, se dela discordar o Ministério Público, poderá interpor recurso.
b) Incorreta, pois, verificando a inadequação da peça acusatória aos fatos apurados, cumpria-lhe determinar a devolução dos autos ao Ministério Público para que este providenciasse denúncia substitutiva.
c) Acertada, pois a denúncia expressa mero juízo provisório de culpa (lato sensu), cabendo, tanto ao Ministério Público, no momento de ofertá-la, quanto ao juiz, no momento de recebê-la, a correta adaptação legal da conduta delituosa.
d) Incorreta, pois o juiz pode receber parcialmente a denúncia, rejeitando-a em parte, mas não pode alterar, neste momento, a classificação jurídica do crime. Não haveria problemas se a recebesse por furto qualificado, rejeitando-a pelo estelionato, sendo recorrível tal decisão.

58. (Ieses/TJ/SC/Cartórios/Ingresso/2019) O Ministério Público oferece denúncia contra Kleber da Silva, funcionário público lotado na Secretaria de Obras de uma determinada municipalidade, acusando-o do crime de apropriação indébita e dando-o como incurso no art. 168 do Código Penal. Narra a inicial, com suficiência de detalhes, que o acusado se apropriou de valores dos quais teve a posse em razão do cargo público que exerce. Após regular processamento, nos termos dos artigos 513 e seguintes do Código de Processo Penal, e regular instrução, a prova dos autos acaba por demonstrar a responsabilidade de Kleber pelos fatos narrados na inicial acusatória. O Ministério Público pede, nos debates orais, a condenação nos termos da denúncia, ao passo que a defesa pugna, no mérito, pela absolvição por falta de provas, sem alegar matérias preliminares. Nesse contexto, é correto afirmar:

a) Aplica-se ao caso o art. 384 do Código de Processo Penal ("mutatio libelli"), devendo o Ministério Público aditar a denúncia, podendo arrolar até três novas testemunhas, após o que a defesa, em até cinco dias, se manifestará, podendo arrolar a mesma quantidade de testemunhas, e finalmente o juiz, admitindo o aditamento, designará audiência em continuação para oitiva das testemunhas e novo interrogatório do réu, seguindo-se novos debates orais e, então, sentença.
b) Embora o art. 383 do Código de Processo Penal ("emendatio libelli") permita que o juiz, sem modificar a descrição do fato contida na denúncia, lhe atribua definição jurídica diversa, não se faz possível a condenação direta de Kleber pelo crime de peculato, do art. 312 do Código Penal, sem a prévia emenda à inicial pelo Ministério Público, após o que o feito poderá ser sentenciado sem nulidades, pois a pena de tal delito é mais alta que aquela do crime de apropriação indébita do art. 168 do Código Penal, tipificação que constou expressa na inicial.
c) Aplica-se ao caso o art. 384 do Código de Processo Penal ("mutatio libelli"), devendo o Ministério Público aditar a denúncia, após o que o juiz receberá o aditamento, dará vista à defesa para se manifestar a respeito, e, só então, poderá sentenciar o feito e eventualmente condenar o acusado pelo crime de peculato, art. 312 do Código Penal, sob pena de nulidade da sentença.
d) O juiz poderá condenar diretamente o réu Kleber pelo crime de peculato, art. 312 do Código Penal, independentemente de emenda à inicial, nos termos do que autoriza o art. 383 do Código de Processo Penal ("emendatio libelli"), pois, sem modificar a descrição do fato contida na denúncia, o juiz pode lhe atribuir definição jurídica diversa, ainda que tenha de aplicar pena mais grave.

59. (Consulplan/TJ/MG/Cartórios/Remoção/2017) Segundo as normas do Código de Processo Penal e jurisprudência dominante, assinale a afirmativa incorreta:

a) é possível o trancamento de inquérito policial através de "habeas corpus" em caso de atipicidade do fato investigado.
b) é obrigatória a citação do réu, como litisconsorte passivo, nos mandados de segurança interpostos pelo Ministério Público.
c) é possível o oferecimento de nova denúncia pelos mesmos fatos narrados em denúncia rejeitada pela inépcia.
d) é efeito da sentença condenatória o lançamento do nome do réu no rol dos culpados.

11. DO PROCESSO COMUM

11.1. Da Instrução Criminal

SÚMULAS

STJ Súm. 21. Pronunciado o réu, fica superada a alegação do constrangimento ilegal da prisão por excesso de prazo na instrução.

STJ Súm. 52. Encerrada a instrução criminal, fica superada a alegação de constrangimento por excesso de prazo.

STJ Súm. 64. Não constitui constrangimento ilegal o excesso de prazo na instrução, provocado pela defesa.

INFORMATIVOS

STF Delatado e direito de falar por último. Havendo pedido expresso da defesa no momento processual adequado (art. 403 do CPP e art. 11 da Lei 8.038/90), os réus têm o direito de apresentar suas alegações finais após a manifestação das defesas dos colaboradores, sob pena de nulidade, desde que o requeira expressamente e no momento adequado, ou seja, quando da abertura dessa fase processual (CPP, art. 403; e Lei 8.038/90, art. 11). *HC 166373, 30.11.2022. Pleno. Inf 1078.*

QUESTÕES OBJETIVAS

60. (Cespe/TJ/DFT/Cartórios/Ingresso/2019) Considerando os dispositivos processuais penais, julgue os itens subsecutivos, relativos à resposta à acusação.

I. A resposta à acusação é uma peça processual de oferecimento obrigatório pelo acusado pessoalmente citado.
II. É exigível a resposta à acusação somente nos processos que tratam de crimes para os quais se aplica o procedimento comum ordinário.
III. A resposta à acusação viabiliza o julgamento antecipado da lide e a consequente absolvição sumária do acusado na hipótese de inimputabilidade do agente por doença mental.
IV. Consiste a resposta à acusação em uma oportunidade processual na qual, entre outros pedidos, deve ser indicado o rol de testemunhas e requerida as suas oitivas, sob pena de preclusão.

Estão certos apenas os itens:

a) I e II.
b) I e IV.
c) II e III.
d) I, III e IV.
e) II, III e IV.

61. (Cespe/TJ/DFT/Cartórios/Remoção/2019) Em relação aos procedimentos comum e especial, julgue os itens a seguir.

I. As hipóteses de absolvição sumária previstas para o procedimento ordinário e sumário são aplicáveis a todos os processos penais desenvolvidos em primeiro grau de jurisdição, ainda que estes não sejam regulados pelo Código de Processo Penal.
II. No procedimento comum ordinário, o juiz, logo após o recebimento da denúncia, determinará a citação do réu para comparecer à audiência de instrução do feito.
III. No procedimento sumaríssimo, oferecida a denúncia e não sendo encontrado o autor do fato para ser citado, o juiz encaminhará o feito ao juízo comum, devendo, então, ser observado o rito sumário.
IV. O procedimento comum sumário é cabível quando a ação penal tiver por objeto crime cuja pena máxima privativa de liberdade seja igual ou inferior a quatro anos.

Estão certos apenas os itens:

a) I e III.
b) I e IV.
c) II e IV.
d) I, II e III.
e) II, III e IV.

62. (Ieses/TJ/CE/Cartórios/Ingresso/2018) É certo afirmar:

I. o procedimento será o sumário para as infrações penais de menor potencial ofensivo, assim consideradas na forma da lei.
II. a ação penal é um direito autônomo, que não se confunde com o direito material que se pretende tutelar.
III. nos procedimentos ordinário e sumário, oferecida a denúncia ou queixa, o juiz, se não a rejeitar liminarmente, recebê-la-á e ordenará a citação do acusado para responder à acusação, por escrito, no prazo de 15 (quinze) dias.
IV. ao tratar das medidas assecuratórias tem-se no Código de Processo Penal que o processo de especialização da hipoteca e do arresto correrão em auto apartado.

Analisando as proposições, pode-se afirmar:

a) somente as proposições I e III estão corretas.
b) somente as proposições II e IV estão corretas.
c) somente as proposições I e II estão corretas.
d) somente as proposições III e IV estão corretas.

63. (Ieses/TJ/CE/Cartórios/Ingresso/2018) É certo afirmar:

I. a possibilidade do magistrado em absolver sumariamente ao réu só se observa no procedimento sumário em razão da simplicidade dos delitos da sua competência.
II. os crimes de responsabilidade dos funcionários públicos, cujo processo e julgamento competirão aos juízes de direito, a queixa ou a denúncia será instruída com documentos ou justificação que façam presumir a existência do delito ou com declaração fundamentada da impossibilidade de apresentação de qualquer dessas provas.
III. no rito ordinário, aberta a instrução processual com a designação da necessária audiência, nela, primeiramente se interrogará ao réu, ouvindo a vítima após (caso seja possível ou necessário) e as testemunhas de acusação e defesa.
IV. praticar, antes ou depois da sentença que decretar a falência, conceder a recuperação judicial ou homologar a recuperação extrajudicial, ato fraudulento de que resulte ou possa resultar prejuízo aos credores, com o fim de obter ou assegurar vantagem indevida para si ou para outrem constitui-se em fraude a credores.

Analisando as proposições, pode-se afirmar:

a) somente as proposições I e II estão corretas.
b) somente as proposições II e IV estão corretas.
c) somente as proposições I e III estão corretas.
d) somente as proposições III e IV estão corretas.

64. (Ieses/TJ/AM/Cartórios/Ingresso/2018) A respeito dos procedimentos ordinário e sumário, no Processo Penal, e de acordo com o CPP e o STJ, assinale a opção correta:

a) no procedimento ordinário a audiência de instrução e julgamento deve ser realizada no prazo máximo de 90 dias, proceder-se-á à tomada de declarações do ofendido, à inquirição das testemunhas arroladas pela acusação e pela defesa, nesta ordem, ressalvado o disposto no art. 222 deste Código, bem como aos esclarecimentos dos peritos, às acareações e ao reconhecimento de pessoas e coisas, interrogando-se, em seguida, o acusado.

b) a decisão que não absolve o réu sumariamente deve ser fundamentada, a bem do art. 93, IX, da Constituição Federal, mas não há de ser exaustiva, sob pena de antecipar indevidamente juízo de mérito que deve ser realizado ao término da instrução criminal.

c) a quantidade de testemunhas que poderão ser arroladas na instrução do rito comum ordinário corresponde até 8 (oito) para acusação e até 8 (oito) para a defesa conforme art. 401 do CPP. Já na instrução do rito sumário a quantidade de testemunhas é de até 3 (três) para acusação e 3 (três) para a defesa, em consonância com o art. 532 do CPP.

d) no procedimento sumário a audiência de instrução e julgamento, a ser realizada no prazo máximo de 60 dias, proceder-se-á à tomada de declarações do ofendido, se possível, à inquirição das testemunhas arroladas pela acusação e pela defesa, nesta ordem, ressalvado o disposto no art. 222 deste Código, bem como aos esclarecimentos dos peritos, às acareações e ao reconhecimento de pessoas e coisas, interrogando-se, em seguida, o acusado e procedendo-se, finalmente, ao debate.

11.2. Do Tribunal do Júri

SÚMULAS

STF Súm. Vinculante 45. A competência constitucional do tribunal do júri prevalece sobre o foro por prerrogativa de função estabelecido exclusivamente pela constituição estadual.

STF Súm. 156. É absoluta a nulidade do julgamento, pelo júri, por falta de quesito obrigatório.

STF Súm. 206. É nulo o julgamento ulterior pelo júri com a participação de jurado que funcionou em julgamento anterior do mesmo processo.

STF Súm. 603. A competência para o processo e julgamento de latrocínio é do juiz singular e não do tribunal do júri.

STF Súm. 712. É nula a decisão que determina o desaforamento de processo da competência do júri sem audiência da defesa.

STF Súm. 713. O efeito devolutivo da apelação contra decisões do júri é adstrito aos fundamentos da sua interposição.

STJ Súm. 21. Pronunciado o réu, fica superada a alegação do constrangimento ilegal da prisão por excesso de prazo na instrução.

STJ Súm. 191. A pronúncia é causa interruptiva da prescrição, ainda que o tribunal do júri venha a desclassificar o crime.

JURISPRUDÊNCIA EM TESES

1) Da Pronúncia, da Impronúncia e da Absolvição Sumária (arts. 413 a 421)

STJ JurisTese 75-3. Na fase de pronúncia, cabe ao Tribunal do Júri a resolução de dúvidas quanto à aplicabilidade de excludente de ilicitude.

STJ JurisTese 75-4. A exclusão de qualificadora constante na pronúncia só pode ocorrer quando manifestamente improcedente e descabida, sob pena de usurpação da competência do Tribunal do Júri.

STJ JurisTese 75-8. A simples leitura da pronúncia no plenário do júri não leva à nulidade do julgamento, que somente ocorre se a referência for utilizada como argumento de autoridade que beneficie ou prejudique o acusado.

STJ JurisTese 75-9. Na intimação pessoal do réu acerca de sentença de pronúncia ou condenatória do júri, a ausência de apresentação do termo de recurso ou a não indagação sobre sua intenção de recorrer não gera nulidade do ato.

STJ JurisTese 75-10. A sentença de pronúncia deve limitar-se à indicação da materialidade do delito e aos indícios de autoria para evitar nulidade por excesso de linguagem e para não influenciar o ânimo do Conselho de Sentença.

STJ JurisTese 75-11. É possível rasurar trecho ínfimo da sentença de pronúncia para afastar eventual nulidade decorrente de excesso de linguagem.

STJ JurisTese 75-12. Reconhecida a nulidade da pronúncia por excesso de linguagem, outra decisão deve ser proferida, visto que o simples envelopamento e desentranhamento da peça viciada não é suficiente.

STJ JurisTese 78-3. As nulidades existentes na decisão de pronúncia devem ser arguidas no momento oportuno e por meio do recurso próprio, sob pena de preclusão.

2) Da Composição do Tribunal do Júri e da Formação do Conselho de Sentença (arts. 447 a 452)

STJ JurisTese 75-5. A complementação do número regulamentar mínimo de 15 (quinze) jurados por suplentes de outro plenário do mesmo Tribunal do Júri, por si só, não enseja nulidade do julgamento.

STJ JurisTese 78-7. Eventuais nulidades ocorridas em plenário do júri, decorrentes de impedimento ou suspeição de jurados, devem ser arguidas no momento oportuno, sob pena de preclusão.

3) Da Reunião e das Sessões do Tribunal do Júri (arts. 453 a 472)

STJ JurisTese 78-1. O emprego de algemas deve ser medida excepcional e a utilização delas em plenário de júri depende de motivada decisão judicial, sob pena de configurar constrangimento ilegal e de anular a sessão de julgamento.

4) Dos Debates (arts. 476 a 481)

STJ JurisTese 75-7. A ausência do oferecimento das alegações finais em processos de competência do Tribunal do Júri não acarreta nulidade, uma vez que a decisão de pronúncia encerra juízo provisório acerca da culpa.

STJ JurisTese 78-4. A leitura em plenário do júri dos antecedentes criminais do réu não se enquadra nos casos apresentados pelo art. 478, incisos I e II, do Código de Processo Penal, inexistindo óbice à sua menção por quaisquer das partes.

5) Do Questionário e sua Votação (arts. 482 a 491)

STJ JurisTese 78-9. Após as modificações no rito do Tribunal do Júri introduzidas pela Lei n. 11.689/2008, o quesito genérico de absolvição (art. 483, III, do CPP) não pode ser tido como contraditório em relação ao reconhecimento da autoria e da materialidade do crime.

STJ JurisTese 78-10. Possíveis irregularidades na quesitação devem ser arguidas após a leitura dos quesitos e a explicação dos critérios pelo Juiz presidente, sob pena de preclusão (art. 571, inciso VIII, do CPP).

STJ JurisTese 78-11. É nulo o julgamento quando os quesitos forem apresentados com má redação ou quando forem formulados de modo complexo, a ponto de causarem perplexidade ou de dificultarem o entendimento dos jurados.

6) Da Sentença (arts. 492 a 493)

STJ JurisTese 75-2. Cabe ao Tribunal do Júri decidir se o homicídio foi motivado por ciúmes, assim como analisar se referido sentimento, no caso concreto, qualifica o crime.

STJ JurisTese 75-14. Compete ao Tribunal do Júri decretar, motivadamente, como efeito da condenação, a perda do cargo ou função pública, inclusive de militar quando o fato não tiver relação com o exercício da atividade na caserna.

STJ JurisTese 78-5. O exame de controvérsia acerca do elemento subjetivo do delito é reservado ao Tribunal do Júri, juiz natural da causa.

STJ JurisTese 185-10. Apesar da alteração legislativa promovida pela Lei n. 13.964/2019 no art. 492, I, e, do Código de Processo Penal – CPP, a jurisprudência do Superior Tribunal de Justiça e do Supremo Tribunal Federal entende que é ilegal a execução provisória da pena como decorrência automática da condenação proferida pelo Tribunal do Júri, salvo quando demonstrados os fundamentos da prisão preventiva.

7) Recursos

STJ JurisTese 75-6. Viola o princípio da soberania dos veredictos a anulação parcial de decisão proferida pelo Conselho de Sentença acerca da qualificadora sem a submissão do réu a novo júri.

STJ JurisTese 78-2. Compete às instâncias ordinárias, com base no cotejo fático carreado aos autos, absolver, pronunciar, desclassificar ou impronunciar o réu, sendo vedado em sede de recurso especial o revolvimento do acervo fático-probatório – Súmula n. 7/STJ.

STJ JurisTese 78-13. Não viola o princípio da soberania dos veredictos a cassação da decisão do Tribunal do Júri manifestamente contrária à prova dos autos.

STJ JurisTese 78-14. A soberania do veredicto do Tribunal do Júri não impede a desconstituição da decisão por meio de revisão criminal.

INFORMATIVOS

STJ Tribunal do júri. Homicídio. Tese defensiva. Desclassificação para lesão corporal seguida de morte. Formulação de quesitos referentes ao dolo direito e ao dolo eventual. Dolo eventual não discutido em plenário. Ofensa ao princípio da amplitude de defesa. Não configuração. Questão abarcada pela tese defensiva. Nulidade. Não ocorrência. No âmbito do Tribunal do Júri, não há nulidade na formulação de quesito a respeito do dolo eventual, quando a defesa apresenta tese no sentido de desclassificar o crime para lesão corporal seguida de morte, ainda que a questão não tenha sido discutida em plenário. *AREsp 1883314, 5ª T, 18.11.2022. Inf 757.*

STJ Tribunal do júri. Fase acusatória ("iudicium accusationis"). Não oferecimento de alegações finais. Comprovação de que isso não ocorreu por desídia do acusado. Prejuízo à defesa. Configuração. Princípio da plenitude de defesa. Nulidade da decisão de pronúncia. O entendimento de que, em processos de competência do júri, o não oferecimento de alegações finais na fase acusatória não é causa de nulidade do processo não se aplica na hipótese em que isso não ocorre por deliberação do acusado. *AgRg no HC 710306, 6ª T, 27.9.2022. Inf 751.*

STJ Tribunal do Júri. Art. 563, III, d, do CPP. Interpretação estrita. Decisão teratológica. Completamente divorciada do conjunto probatório constante do processo. Apelação. Possibilidade. O art. 563, III, d, do CPP deve ser interpretado de forma estrita, permitindo a rescisão do veredicto popular somente quando a conclusão alcançada pelos jurados seja teratológica, completamente divorciada do conjunto probatório constante do processo. *AgRg no HC 482056, 6ª T, 8.8.2022. Inf 752.*

STJ "Modus operandi" do crime. Emboscada. Quesitação acerca da ciência dos mandantes. Ausência. Nulidade. Qualificadoras objetivas. Comunicação aos coautores. Ingresso na esfera de conhecimento. Necessidade. Há nulidade no quesito que não questiona os jurados sobre a ciência dos mandantes do crime em relação ao modus operandi pelos executores diretos – emboscada –, já que as qualificadoras objetivas do homicídio só se comunicam entre os coautores desde que tenham ciência do fato que qualifica o crime. *REsp 1973397, 5ª T, 6.9.2022. Inf 748.*

STJ Incidência de minorantes. Quesitação. Obrigatoriedade. Quantum de diminuição da pena. Competência do juiz sentenciante. Embora seja necessária a quesitação aos jurados sobre a incidência de minorantes, a escolha do quantum de diminuição da pena cabe ao juiz sentenciante, e não ao júri. *REsp 1973397, 5ª T, 6.9.2022. Inf 748.*

STJ Afastamento de qualificadora. Vício de quesitação. Submissão a novo júri. Desnecessidade. Diversamente do que ocorre na hipótese de contrariedade entre o veredito e as provas dos autos (art. 593, § 3º, do CPP), o afastamento de qualificadora por vício de quesitação não exige a submissão dos réus a novo júri. *REsp 1973397, 5ª T, 6.9.2022. Inf 748.*

STJ Tribunal do júri. Veredito condenatório. Manifesta contrariedade às provas dos autos. Cassação da sentença. Submissão dos réus a novo júri. Absolvição imediata. Impossibilidade. O reconhecimento da manifesta contrariedade entre o veredito condenatório e as provas dos autos gera a cassação da sentença e submissão dos réus a novo júri, mas não sua absolvição imediata pelos juízes togados, na forma do art. 593, § 3º, do CPP. *Proc. segredo justiça, 5ª T, 29.6.2022. Inf 747.*

STJ Tribunal do júri. Quesitação deficiente. Formulação composta. Vício de complexidade. Nulidade absoluta do julgamento. Quesitos complexos, com má redação ou com formulação deficiente, geram a nulidade do julgamento do Tribunal do Júri, por violação ao art. 482, par. ún., do CPP. *AREsp 1883043, 5ª T, 15.3.2022. Inf 729.*

STJ Homicídio Qualificado. Execução provisória Pena. Reprimenda igual ou superior a 15 anos de reclusão. Art. 492, I, do CPP. Prisão automática. Ilegalidade. Ausência de elementos de cautelaridade. Repercussão geral. Tema 1068 pendente de julgamento. Pendente de julgamento no STF o Tema 1068, em que se discute a constitucionalidade do art. 492, I, do CPP, deve ser reafirmado o entendimento do STJ de impossibilidade de execução provisória da pena mesmo em caso de condenação pelo tribunal do júri com reprimenda igual ou superior a 15 anos de reclusão. *AgRg no HC 714884, 5ª T, 24.3.2022. Inf 729.*

QUESTÕES OBJETIVAS

65. (Consulplan/TJ/MG/Cartórios/Ingresso/2019) Quanto ao procedimento especial do tribunal do júri, assinale a alternativa incorreta.

a) O desaforamento é permitido na pendência de recurso interposto contra a decisão de pronúncia.
b) A instalação da sessão de julgamento sem o número mínimo legal de quinze jurados acarreta a nulidade do julgamento.
c) A intimação ao réu da sentença de pronúncia em regra é pessoal, mas excepcionalmente pode ser editalícia, permitindo o julgamento à revelia.
d) A sentença de absolvição sumária, prolatada ao fim do "judicium accusationis", constitui hipótese de extinção do feito com julgamento do mérito e faz coisa julgada formal e material, sendo atacada pelo recurso de apelação.

66. (Consulplan/TJ/MG/Cartórios/Remoção/2017) A respeito das nulidades e da competência nos julgamentos pelo Tribunal do Júri, assinale a alternativa incorreta:

a) é absoluta a nulidade do julgamento, pelo júri, por falta de quesito obrigatório.
b) é absoluta a nulidade do julgamento pelo júri, quando os quesitos da defesa não precedem aos das circunstâncias agravantes.
c) a competência para o processo e julgamento de latrocínio é do juiz singular e não do tribunal do júri.
d) a competência constitucional do tribunal do júri prevalece sobre o foro por prerrogativa de função estabelecido exclusivamente pela constituição estadual.

12. DOS PROCESSOS ESPECIAIS

SÚMULAS

STJ Súm. 330. É desnecessária a resposta preliminar de que trata o artigo 514 do Código de Processo Penal, na ação penal instruída por inquérito policial.

13. DAS NULIDADES E DOS RECURSOS EM GERAL

13.1. Das Nulidades

SÚMULAS

STF Súm. 155. É relativa a nulidade do processo criminal por falta de intimação da expedição de precatória para inquirição de testemunha.

STF Súm. 160. É nula a decisão do tribunal que acolhe, contra o réu, nulidade não arguida no recurso da acusação, ressalvados os casos de recurso de ofício.

STF Súm. 351. É nula a citação por edital de réu preso na mesma unidade da federação em que o juiz exerce a sua jurisdição.

STF Súm. 361. No processo penal, é nulo o exame realizado por um só perito, considerando-se impedido o que tiver funcionando anteriormente na diligência de apreensão.

STF Súm. 366. Não é nula a citação por edital que indica o dispositivo da lei penal, embora não transcreva a denúncia ou queixa, ou não resuma os fatos em que se baseia.

STF Súm. 523. No processo penal, a falta da defesa constitui nulidade absoluta, mas a sua deficiência só o anulará se houver prova de prejuízo para o réu.

STF Súm. 706. É relativa a nulidade decorrente da inobservância da competência penal por prevenção.

STF Súm. 707. Constitui nulidade a falta de intimação do denunciado para oferecer contrarrazões ao recurso interposto da rejeição da denúncia, não a suprindo a nomeação de defensor dativo.

STF Súm. 708. É nulo o julgamento da apelação se, após a manifestação nos autos da renúncia do único defensor, o réu não foi previamente intimado para constituir outro.

STF Súm. 712. É nula a decisão que determina o desaforamento de processo da competência do júri sem audiência da defesa.

JURISPRUDÊNCIA EM TESES

1) Intimação

STJ JurisTese 69-4. A ausência de intimação pessoal da Defensoria Pública ou do defensor dativo sobre os atos do processo gera, via de regra, a sua nulidade.

STJ JurisTese 69-5. A nulidade decorrente da ausência de intimação – seja a pessoal ou por diário oficial – da data de julgamento do recurso não pode ser arguida a qualquer tempo, sujeitando-se à preclusão temporal.

STJ JurisTese 69-6. O defensor dativo que declinar expressamente da prerrogativa referente à intimação pessoal dos atos processuais não pode arguir nulidade quando a comunicação ocorrer por meio da imprensa oficial.

STJ JurisTese 69-7. A ausência de intimação da defesa sobre a expedição de precatória para oitiva de testemunha é causa de nulidade relativa.

STJ JurisTese 69-8. A falta de intimação do defensor acerca da data da audiência de oitiva de testemunha no juízo deprecado não enseja nulidade processual, desde que a defesa tenha sido cientificada da expedição da carta precatória.

STJ JurisTese 69-11. Na intimação pessoal do réu acerca de sentença de pronúncia ou condenatória, a ausência de apresentação do termo de recurso ou a não indagação sobre sua intenção de recorrer não gera nulidade do ato.

2) Nulidade Absoluta

STJ JurisTese 69-19. São nulas as provas obtidas por meio da extração de dados e de conversas privadas registradas em correio eletrônico e redes sociais (v. g. whatsapp e facebook) sem a prévia autorização judicial.

STJ JurisTese 69-20. O compartilhamento de dados obtidos pela Receita Federal com fundamento no art. 6º da Lei Complementar n. 105/2001, mediante requisição direta às instituições bancárias no âmbito de processo administrativo fiscal, é considerado nulo, para fins penais, se não decorrer de expressa determinação judicial.

3) Nulidade Inexistente

STJ JurisTese 69-2. As nulidades surgidas no curso da investigação preliminar não atingem a ação penal dela decorrente.

STJ JurisTese 69-3. As irregularidades relativas ao reconhecimento pessoal do acusado não ensejam nulidade, uma vez que as formalidades previstas no art. 226 do CPP são meras recomendações legais.

STJ JurisTese 69-9. A inversão da ordem prevista no art. 400 do CPP, que trata do interrogatório e da oitiva de testemunhas de acusação e de defesa, não configura nulidade quando o ato for realizado por carta precatória, cuja expedição não suspende o processo criminal.

STJ JurisTese 69-14. A ausência do oferecimento das alegações finais em processos de competência do Tribunal do Júri não acarreta nulidade, uma vez que a decisão de pronúncia encerra juízo provisório acerca da culpa.

STJ JurisTese 69-16. A instauração de inquérito policial em momento anterior à constituição definitiva do crédito tributário não é causa de nulidade da ação penal, se evidenciado que o tributo foi constituído antes de sua propositura.

STJ JurisTese 69-18. A utilização da técnica de motivação "per relationem" não enseja a nulidade do ato decisório, desde que o julgador se reporte a outra decisão ou manifestação dos autos e as adote como razão de decidir.

4) Nulidade Relativa

STJ JurisTese 69-10. O falecimento do único advogado, ainda que não comunicado o fato ao tribunal, poderá dar ensejo à nulidade das intimações realizadas em seu nome.

STJ JurisTese 69-12. A inquirição das testemunhas pelo Juiz antes que seja oportunizada às partes a formulação das perguntas, com a inversão da ordem prevista no art. 212 do Código de Processo Penal, constitui nulidade relativa.

STJ JurisTese 69-13. A falta de comunicação ao acusado sobre o direito de permanecer em silêncio é causa de nulidade relativa, cujo reconhecimento depende da comprovação do prejuízo.

STJ JurisTese 69-17. É relativa a nulidade decorrente da inobservância da competência penal por prevenção (Súmula n. 706/STF).

STJ JurisTese 72-5. É relativa a nulidade decorrente da inobservância da competência penal por prevenção, que deve ser alegada em momento oportuno, sob pena de preclusão.

5) Outros Temas

STJ JurisTese 69-1. A decretação da nulidade de ato processual requer prova inequívoca do prejuízo suportado pela parte, em face do princípio "pas de nullité sans grief", previsto no art. 563 do Código de Processo Penal.

STJ JurisTese 69-15. As nulidades existentes na decisão de pronúncia devem ser arguidas no momento oportuno e por meio do recurso próprio, sob pena de preclusão.

STJ JurisTese 194-1. Eventual dilação do término da instrução probatória decorrente de inclusão de novos acordos de colaboração premiada não serve como fundamento para, por si só, configurar excesso de prazo na fase instrutória, pois não indica desídia ou negligência do Poder Judiciário ou do Ministério Público Federal no exercício de suas funções.

INFORMATIVOS

STJ Pedido de reconhecimento de nulidade. Oitiva de testemunha sem a presença do paciente. Nulidade relativa. Ausência de demonstração do prejuízo. Preclusão. Vício só alegado em revisão criminal. Nulidade de algibeira. Impossibilidade. É inadmissível a chamada "nulidade de algibeira" – aquela que, podendo ser sanada pela insurgência imediata da defesa após ciência do vício, não é alegada, como estratégia, numa perspectiva de melhor conveniência futura. *AgRg no HC 732642, 5ª T, 30.5.2022. Inf 741.*

STJ Rol de testemunhas. CPP. Apresentação extemporânea pela defesa. Indeferimento. Nulidade. Inexistência. Inexiste nulidade na desconsideração do rol de testemunhas quando apresentado fora da fase estabelecida no art. 396-A do CPP. *AgRg no RHC 161330, 5ª T, 8.4.2022. Inf 738.*

STJ Julgamento da apelação criminal. Pronunciamento oral do relator para o acórdão. Manifestação desrespeitosa, pejorativa e ofensiva ao acusado. Excesso verbal que exorbita da mera falta de urbanidade. Maltrato ao devido processo legal. Sistema acusatório. Falta de imparcialidade. Hipótese de suspeição. Nulidade. Reconhecimento. Expressões ofensivas, desrespeitosas e pejorativas proferidas pelo magistrado na sessão de julgamento contra a honra do jurisdicionado que está sendo julgado, podem configurar causa de nulidade absoluta, haja vista que ofendem a garantia constitucional da imparcialidade, que deve, como componente do devido processo legal, ser observada em todo e qualquer julgamento em um sistema acusatório. *HC 718525, 6ª T, 26.4.2022. Inf 734.*

STJ Procedimento em curso no STF. Peça sigilosa. Abertura de procedimento investigatório criminal autônomo. Investigação dos mesmo fatos. Ilegalidade. É ilegal a utilização, por parte do Ministério Público, de peça sigilosa obtida em procedimento em curso no STF para abertura de procedimento investigatório criminal autônomo com objetivo de apuração dos mesmos fatos já investigados naquela Corte. *RHC 149836, 5ª T, 15.2.2022. Inf 726.*

QUESTÕES OBJETIVAS

67. (Cespe/TJ/DFT/Cartórios/Ingresso/2019) À luz do entendimento doutrinário e jurisprudencial dos tribunais superiores, assinale a opção correta, acerca de nulidades no processo penal.

a) A falta de assinatura do juiz em decisões judiciais constitui irregularidade formal, desde que não haja dúvidas da autenticidade do ato processual.

b) A falta de recurso de ofício, nos casos em que a lei o tenha estabelecido, é causa de nulidade absoluta e circunstância impeditiva para que se aperfeiçoem a preclusão e o trânsito em julgado da decisão judicial.

c) A inépcia da denúncia implica nulidade dos atos processuais posteriores a ela, razão pela qual é viável a sua arguição mesmo após prolatada a sentença condenatória.

d) No âmbito criminal, é vedado ao magistrado reconhecer de ofício a nulidade relativa sem que haja a devida provocação das partes nesse sentido.

e) No caso de recurso contra sentença absolutória, a nulidade absoluta deverá ser reconhecida de ofício pelo tribunal "ad quem" ainda que não seja alegada pelo órgão da acusação.

13.2. Dos Recursos

SÚMULAS

1) Disposições Gerais (arts. 574 a 580)

STF **Súm. 160.** É nula a decisão do tribunal que acolhe, contra o réu, nulidade não arguida no recurso da acusação, ressalvados os casos de recurso de ofício.

STF **Súm. 344.** Sentença de primeira instância concessiva de "habeas corpus", em caso de crime praticado em detrimento de bens, serviços ou interesses da União, está sujeita a recurso "ex officio".

STF **Súm. 431.** É nulo o julgamento de recurso criminal, na segunda instância, sem prévia intimação, ou publicação da pauta, salvo em "habeas corpus".

STF **Súm. 448.** O prazo para o assistente recorrer, supletivamente, começa a correr imediatamente após o transcurso do prazo do Ministério Público.

STF **Súm. 700.** É de cinco dias o prazo para interposição de agravo contra decisão do juiz da execução penal.

STF **Súm. 709.** Salvo quando nula a decisão de primeiro grau, o acórdão que provê o recurso contra a rejeição da denúncia vale, desde logo, pelo recebimento dela.

STJ **Súm. 604.** O mandado de segurança não se presta para atribuir efeito suspensivo a recurso criminal interposto pelo Ministério Público.

2) Do Recurso em Sentido Estrito (arts. 581 a 592)

STF **Súm. 210.** O assistente do Ministério Público pode recorrer, inclusive extraordinariamente, na ação penal, nos casos dos arts. 584, § 1º e 598 do Código de Processo Penal.

3) Da Apelação (arts. 593 a 606)

STF **Súm. 210.** O assistente do Ministério Público pode recorrer, inclusive extraordinariamente, na ação penal, nos casos dos arts. 584, § 1º e 598 do Código de Processo Penal.

STF **Súm. 705.** A renúncia do réu ao direito de apelação, manifestada sem a assistência do defensor, não impede o conhecimento da apelação por este interposta.

STF **Súm. 713.** O efeito devolutivo da apelação contra decisões do júri é adstrito aos fundamentos da sua interposição.

STJ **Súm. 347.** O conhecimento de recurso de apelação do réu independe de sua prisão.

4) Da Revisão (arts. 621 a 631)

STF **Súm. 393.** Para requerer revisão criminal, o condenado não é obrigado a recolher-se à prisão.

5) Do Recurso Extraordinário (arts. 632 a 638)

STF **Súm. 208.** O assistente do Ministério Público não pode recorrer, extraordinariamente, de decisão concessiva de "habeas corpus".

STF **Súm. 210.** O assistente do Ministério Público pode recorrer, inclusive extraordinariamente, na ação penal, nos casos dos arts. 584, § 1º e 598 do Código de Processo Penal.

6) Disposições Gerais (arts. 791 a 811)

STF **Súm. 710.** No processo penal, contam-se os prazos da data da intimação, e não da juntada aos autos do mandado ou da carta precatória ou de ordem.

JURISPRUDÊNCIA EM TESES

1) Do Recurso em Sentido Estrito (arts. 581 a 592)

STJ **JurisTese 66-5.** Não cabe mandado de segurança para conferir efeito suspensivo ativo a recurso em sentido estrito interposto contra decisão que concede liberdade provisória ao acusado.

STJ **JurisTese 66-7.** A ausência de contrarrazões ao recurso em sentido estrito interposto contra decisão que rejeita a denúncia enseja nulidade absoluta do processo desde o julgamento pelo Tribunal de origem.

STJ **JurisTese 66-8.** Aplica-se o princípio da fungibilidade à apelação interposta quando cabível o recurso em sentido estrito, desde que demonstrada a ausência de má-fé, de erro grosseiro, bem como a tempestividade do recurso.

STJ **JurisTese 66-9.** A decisão do juiz singular que encaminha recurso em sentido estrito sem antes proceder ao juízo de retratação é mera irregularidade e não enseja nulidade absoluta.

STJ **JurisTese 66-12.** O acórdão que julga recurso em sentido estrito deve ser atacado por meio de recurso especial, configurando erro grosseiro a interposição de recurso ordinário em "habeas corpus".

2) Da Apelação (arts. 593 a 606)

STJ **JurisTese 66-1.** O efeito devolutivo amplo da apelação criminal autoriza o Tribunal de origem a conhecer de matéria não ventilada nas razões recursais, desde que não agrave a situação do condenado.

STJ **JurisTese 66-2.** A apresentação extemporânea das razões não impede o conhecimento do recurso de apelação tempestivamente interposto.

STJ **JurisTese 66-4.** Verificada a inércia do advogado constituído para apresentação das razões do apelo criminal, o réu deve ser intimado para nomear novo patrono, antes que se proceda à indicação de defensor para o exercício do contraditório.

STJ **JurisTese 66-10.** O adiamento do julgamento da apelação para a sessão subsequente não exige nova intimação da defesa.

STJ **JurisTese 66-11.** Inexiste nulidade no julgamento da apelação ou do recurso em sentido estrito quando o voto de desembargador impedido não interferir no resultado final.

STJ **JurisTese 66-13.** O julgamento de apelação por órgão fracionário de tribunal composto majoritariamente por juízes convocados não viola o princípio constitucional do juiz natural.

STJ **JurisTese 194-2.** Ante a ausência de previsão normativa, a apelação é o recurso adequado para impugnar decisão de juiz de primeiro grau que recusa homologação do acordo de colaboração premiada.

STJ **JurisTese 194-3.** Não constitui erro grosseiro a interposição de correição parcial, ao invés de apelação, contra a decisão que recusa homologação de acordo de colaboração premiada diante da existência de dúvida objetiva quanto ao instrumento adequado, por aplicação do princípio da fungibilidade recursal.

3) Dos Embargos de Declaração (arts. 619 e 620)

STJ **JurisTese 191-9.** O prazo para oposição de embargos de declaração no âmbito penal é de dois dias, pois possui disciplina própria, o que torna desnecessária a aplicação analógica do Código de Processo Civil.

STJ **JurisTese 191-10.** O prazo para interposição de embargos de declaração contra decisão do juízo criminal que aplicou multa cominatória com amparo no Código de Processo Civil é de cinco dias, pois a multa diária por descumprimento de ordem judicial tem natureza tipicamente cível.

STJ **JurisTese 192-9.** No âmbito penal, são cabíveis embargos de declaração quando houver, na decisão embargada, erro material, por aplicação subsidiária do Código de Processo Civil.

STJ **JurisTese 192-10.** Os embargos de declaração opostos com base no art. 619 do CPP não interrompem o prazo para a interposição de outros recursos quando não conhecidos, incabíveis ou improcedentes.

STJ **JurisTese 192-11.** É possível a aplicação subsidiária do § 1º do art. 1.026 do CPC no âmbito penal, para deferir efeito suspensivo a embargos de declaração.

STJ **JurisTese 192-12.** Embora seja possível ao órgão jurisdicional conceder "habeas corpus" de ofício quando constatada ocorrência de flagrante ilegalidade, tal providência não é impositiva em embargos de declaração, hipótese recursal cabível apenas para sanar ambiguidade, obscuridade, omissão ou contradição.

4) Da Revisão (arts. 621 a 631)

STJ JurisTese 63-1. A revisão criminal não é meio adequado para reapreciação de teses já afastadas por ocasião da condenação definitiva.

STJ JurisTese 63-2. O julgamento superveniente da revisão criminal prejudica, por perda de objeto, a análise do "habeas corpus" anteriormente impetrado.

STJ JurisTese 63-3. Não é cabível "habeas corpus" como sucedâneo recursal ou para substituir eventual revisão criminal.

STJ JurisTese 63-4. O julgamento pelo Supremo Tribunal Federal de "habeas corpus" impetrado contra decisão proferida em recurso especial não afasta, por si só, a competência do Superior Tribunal de Justiça para processar e julgar posterior revisão criminal.

STJ JurisTese 63-5. É assegurada à defesa a sustentação oral em sessão de julgamento de revisão criminal.

STJ JurisTese 63-6. A aplicação do princípio do favor rei veda a revisão criminal "pro societate".

STJ JurisTese 63-7. A Turma Recursal é o órgão competente para o julgamento de revisão criminal ajuizada em face de decisões proferidas pelos Juizados Especiais.

STJ JurisTese 63-8. É possível a correção da dosimetria da pena em sede de revisão criminal.

STJ JurisTese 63-9. A soberania do veredicto do Tribunal do Júri não impede a desconstituição da decisão por meio de revisão criminal.

STJ JurisTese 63-10. O ajuizamento de revisão criminal não importa em interrupção da execução definitiva da pena, tendo em vista a ausência de efeito suspensivo.

STJ JurisTese 63-11. O réu possui capacidade postulatória para propor revisão criminal, nos termos do art. 623 do CPP, que foi recepcionado pela Constituição Federal de 1988 e não foi revogado pela Lei n. 8.906/94 – Estatuto da Advocacia.

STJ JurisTese 63-12. Na revisão criminal prevista no art. 105, I, "e", da CF, apenas a questão federal anteriormente decidida por esta Corte Superior pode ser examinada.

STJ JurisTese 63-13. O acolhimento da pretensão revisional, nos moldes do art. 621, I, do CPP, é excepcional e limita-se às hipóteses em que a contradição à evidência dos autos seja manifesta, dispensando a interpretação ou análise subjetiva das provas produzidas.

STJ JurisTese 63-14. A mudança de orientação jurisprudencial e a interpretação controvertida a respeito de determinado dispositivo legal não são fundamentos idôneos para a propositura de revisão criminal.

STJ JurisTese 63-15. A justificação criminal é via adequada à obtenção de prova nova para fins de subsidiar eventual ajuizamento de revisão criminal.

STJ JurisTese 63-16. A revisão criminal não pode ser fundamentada no arrolamento de novas testemunhas, tampouco na reinquirição daquelas já ouvidas no processo de condenação.

STJ JurisTese 63-17. A retratação da vítima ou das testemunhas constituem provas novas aptas a embasar pedido de revisão criminal.

STJ JurisTese 63-18. O atraso no julgamento da revisão criminal provocado exclusivamente pela defesa não caracteriza excesso de prazo.

5) Outros Recursos

STJ JurisTese 194-4. Ante a ausência de previsão normativa, o agravo regimental é o recurso adequado para impugnar decisão de desembargador relator que recusa homologação do acordo de colaboração premiada.

INFORMATIVOS

STJ Revisão criminal. Ajuizamento contra decisão monocrática no STJ. Possibilidade. É cabível o ajuizamento de revisão criminal em face de decisão unipessoal de relator que dá provimento a recurso especial para restabelecer sentença condenatória. *Proc. segredo justiça, 3ª S, 14.9.2022. Inf 749.*

STJ Revisão criminal. Mero reexame de fatos e provas. Ausência de contrariedade ao texto expresso da lei penal ou à evidência dos autos. Utilização como nova apelação. Não cabimento. Não é cabível revisão criminal quando utilizada nova apelação, com vista a reexame de fatos e provas, não se verificando contrariedade ao texto expresso da lei penal ou à evidência dos autos, consoante previsão do art. 621, I, do CPP. *AgRg na RvCr 5735, 3ª S, 16.5.2022. Inf 746.*

QUESTÕES OBJETIVAS

68. (FGV/TJ/SC/Cartórios/Remoção/2021) Quando as partes se sentem insatisfeitas com determinada decisão, podem combatê-la para buscar sua reforma através dos recursos, que são meios voluntários de impugnação de decisões dentro de uma mesma relação jurídica processual. Sobre o tema e de acordo com as previsões do Código de Processo Penal, é correto afirmar que:

a) o Tribunal de Justiça, ao reconhecer que houve erro na aplicação do quantum da pena pelo reconhecimento de reincidência em sentença condenatória proferida em procedimento do Tribunal do Júri, deverá remeter os autos ao juízo de primeira instância para correção.
b) a decisão proferida pelo juízo da execução que indefere o pedido de progressão de regime deverá ser combatida através de recurso em sentido estrito.
c) os embargos infringentes poderão ser opostos, no prazo de dez dias, pelo Ministério Público em prejuízo do réu, desde que a decisão não seja unânime.
d) a decisão do recurso poderá ser estendida para beneficiar corréu se fundada em motivos de caráter objetivo, que não sejam exclusivamente pessoais.
e) o recurso em sentido estrito interposto para combater decisão de concessão de liberdade provisória não admite juízo de retratação.

69. (Cespe/TJ/DFT/Cartórios/Remoção/2019) É cabível a interposição de recurso em sentido estrito contra despacho, decisão ou sentença que

I. denegar "habeas corpus" na segunda instância.
II. julgar procedentes as exceções, salvo a de suspeição.
III. receber denúncia ou queixa-crime.
IV. cassar fiança em razão de nova classificação jurídica do delito.

Estão certos apenas os itens:

a) I e III.
b) I e IV.
c) II e IV.
d) I, II e III.
e) II, III e IV.

70. (Consulplan/TJ/MG/Cartórios/Remoção/2019) Quanto à teoria geral dos recursos em processo penal, assinale a alternativa correta.

a) A reformatio in pejus indireta impede o agravamento da pena no segundo julgamento quando anulado o primeiro em apelo da acusação.
b) Caso a parte interponha o recurso errado, por mero equívoco e de boa-fé, dentro do prazo para o recurso correto, o juiz o receberá e mandará processá-lo pelo rito do recurso cabível.
c) No caso de concurso de agentes, o pronunciamento relativo a recurso interposto por um dos réus, se fundado em motivos de caráter exclusivamente pessoal, aproveitará aos outros.
d) Havendo conflito de interesses entre o réu e sua defesa técnica acerca do processamento do recurso de apelação, deve prevalecer a vontade do réu, como principal interessado na ação penal, face ao princípio da voluntariedade dos recursos.

71. (Cespe/TJ/DFT/Cartórios/Remoção/2019) Em relação aos recursos no processo penal, assinale a opção correta.

a) No caso de recurso exclusivo da defesa em crime de ação pública, é cabível, em segundo grau de jurisdição, a "mutatio libelli", que implicará o aditamento da denúncia.

b) A regra da voluntariedade dos recursos não é aplicável aos casos em que couber apelação de sentença condenatória quando o réu tiver sido defendido por defensor dativo no processo.
c) Em procedimento de tribunal do júri, caso o Ministério Público não interponha recurso de apelação contra a sentença, o próprio ofendido poderá impugnar a decisão, desde que o faça no prazo legal e esteja devidamente habilitado nos autos como assistente de acusação.
d) Interposto recurso da defesa e da acusação contra sentença condenatória, e entendendo o tribunal "ad quem" pela nulidade do processo desde o seu início por incompetência do juízo que tiver prolatado a sentença, não caberá ao juiz competente impor ao réu uma nova sentença mais gravosa.
e) No caso de decisão condenatória cujos fundamentos admitam, simultaneamente, a apelação e o recurso em sentido estrito, a defesa deverá optar por aviar somente a primeira, ainda que seja cabível o segundo em ponto específico da decisão.

72. (Cetro/TJ/RJ/Cartórios/Remoção/2017) No que se refere aos recursos no processo penal, marque V para verdadeiro ou F para falso e, em seguida, assinale a alternativa que apresenta a sequência correta.

I. o entendimento do STF é o de que a ausência de razões de apelação não é causa de nulidade por cerceamento de defesa se o defensor constituído foi devidamente intimado para apresentá-las.
II. as hipóteses indicadas no Código de Processo Penal para cabimento do recurso em sentido estrito (RSE) são taxativas, não se admitindo interpretação extensiva nem analógica.
III. descabe ao órgão revisor, em sede de recurso em sentido estrito, absolver o agente e impor medida de segurança para crime doloso contra a vida de competência do tribunal do júri:

a) V, F, F.
b) F, V, V.
c) V, V, F.
d) F, V, F.
e) V, F, V.

73. (Consulplan/TJ/MG/Cartórios/Remoção/2017) Caberá recurso em sentido estrito, exceto:

a) da decisão que anular o processo da instrução criminal, no todo ou em parte.
b) da decisão que indeferir o pedido de reconhecimento da prescrição ou de outra causa extintiva da punibilidade da ação penal.
c) da sentença que conceder ou negar a ordem de "habeas corpus".
d) do despacho que receber ou rejeitar a denúncia.

14. DISPOSIÇÕES GERAIS

QUESTÕES OBJETIVAS

74. (Ieses/TJ/SC/Cartórios/Remoção/2019) A respeito da contagem dos prazos penais e processuais penais, é incorreto afirmar:

a) Não se computa, na contagem dos prazos exclusivamente processuais, o dia do começo, incluindo-se, porém, o dia do vencimento, nos termos do art. 798, § 1º, do Código de Processo Penal.
b) No processo penal, contam-se os prazos da data da intimação, e não da juntada aos autos do mandado ou da carta precatória ou de ordem.
c) Na contagem do prazo do sursis (suspensão condicional da pena) não se inclui o dia do começo.
d) Na contagem do prazo prescricional antes de transitar em julgado a sentença, por se tratar a prescrição de um instituto previsto no Código Penal e no Código de Processo Penal, o termo inicial inclui o dia do começo, por ser mais favorável ao acusado. Assim, por exemplo, se determinado crime se consuma às 20h de uma terça-feira útil, tal dia é computado como o primeiro.

15. TEORIA E PRINCÍPIOS

INFORMATIVOS

STJ **Investigação. Atuação do Grupo de Atuação Especial de Combate ao Crime Organizado (GAECO). Solicitação de promotor de justiça vinculado à investigação. Violação do princípio do promotor natural. Não configuração.** Não configura violação ao princípio do promotor natural a atuação do GAECO quando precedida de solicitação do promotor de justiça a quem a investigação foi atribuída. *Proc. segredo justiça, 5ª T, 27.9.2022. Inf 751.*

QUESTÕES OBJETIVAS

75. (Ieses/TJ/CE/Cartórios/Ingresso/2018) É certo afirmar:

I. nos crimes em que a pena mínima cominada for igual ou inferior a um ano, abrangidas ou não pela Lei n. 9.099/95, o Ministério Público, ao oferecer a denúncia, poderá/deverá propor a suspensão do processo, por dois a quatro anos, desde que o acusado não esteja sendo processado ou não tenha sido condenado por outro crime, presentes os demais requisitos que autorizariam a suspensão condicional da pena, por se tratar de um direito subjetivo do Acusado.
II. no processo penal não se admite a extinção da punibilidade de ofício, devendo a mesma ser provocada por quem de direito.
III. se o réu, sendo perseguido, passar ao território de outro município ou comarca, o executor não poderá dar prosseguimento a perseguição, salvo se estiver acompanhado da autoridade local a qual efetuará a prisão sob a sua responsabilidade.
IV. justa causa, para a ação penal, pode ser compreendida como sendo a existência de fundamento jurídico e suporte fático autorizadores do constrangimento à liberdade ambulatória.

Analisando as proposições, pode-se afirmar:

a) somente as proposições I e III estão corretas.
b) somente as proposições I e IV estão corretas.
c) somente as proposições II e III estão corretas.
d) somente as proposições II e IV estão corretas.

76. (Cetro/TJ/RJ/Cartórios/Ingresso/2017) No que se refere ao instituto da extradição afeita ao Processo Penal, assinale a alternativa correta:

a) uma vez que o extraditando seja casado com brasileira ou tenha filho brasileiro, afastada está a extradição, não importando o crime cometido no estrangeiro.
b) o STF pode autorizar a extradição independentemente de o ordenamento jurídico do Estado estrangeiro conceder ao extraditado garantias relacionadas ao devido processo legal.
c) a prisão cautelar, para efeitos extraditórios, é instituto não recepcionado pelo texto constitucional de 1988.
d) a vedação constitucional de extradição de estrangeiro por crime político ou de opinião não se estende a autor de atos delituosos de natureza terrorista.
e) ao STF cabe, constitucionalmente, interpretar cláusula de Tratado de Extradição vinculada ao cometimento de crime no país de origem, vinculando-a, posteriormente, à decisão política de extraditar ou não do Presidente da República.

77. (Cetro/TJ/RJ/Cartórios/Remoção/2017) No que se refere à aplicação dos princípios constitucionais relacionados ao processo penal, assinale a alternativa correta:

a) No entendimento do STF, o juiz não pode negar a produção de prova pericial que visa a demonstrar realidade diversa daquela já realizada e do conjunto probatório constante do processo, dado que consubstancia violação aos princípios do contraditório e da ampla defesa.

b) O uso de algemas durante audiência de instrução e julgamento é inconstitucional, devendo o magistrado determinar, para qualquer situação, meios alternativos para assegurar a proteção do acusado ou das pessoas presentes ao ato.

c) A audiência de custódia viola a Convenção Americana sobre Direitos do Homem e a Constituição Federal de 1988 ao não permitir a deflagração do procedimento legal de "habeas corpus" em sua plenitude, uma vez que, temporariamente, inviabiliza a apreciação da legalidade da prisão pelo juiz.

d) O princípio constitucional da autodefesa não alcança aquele que atribui falsa identidade perante autoridade policial com o intento de ocultar maus antecedentes.

e) A aplicação do princípio da dignidade humana está focada na pessoa do acusado, e não, necessariamente, da vítima do crime.

78. (Consulplan/TJ/MG/Cartórios/Remoção/2017) Analise as afirmativas abaixo, quanto aos princípios do Processo Penal:

I. o princípio da ampla defesa implica em que a defesa técnica seja indisponível e efetiva. Assim, o STF tem entendimento consolidado de que a deficiência da defesa constitui nulidade absoluta, que independe da constatação de prejuízo para o réu.

II. a atração por continência ou conexão do processo do corréu ao foro por prerrogativa de função de um dos denunciados não viola os princípios do juiz natural, da ampla defesa e do contraditório.

III. o princípio "nemo tenetur se detegere" tem aplicação apenas em relação ao mérito do interrogatório, pois o réu tem o dever de informar seu nome e endereço, não sendo aplicável o direito ao silêncio quanto aos dados de qualificação.

IV. segundo o princípio "tempus regit actum" os atos processuais praticados sob a égide da lei anterior são considerados válidos e as normas processuais têm aplicação imediata, independentemente da data do fato imputado na denúncia.

Está correto apenas o que se afirma em:

a) I e III.

b) II e IV.

c) I, II e IV.

d) II e III.

16. LEIS ESPECIAIS

16.1. Lei de Execução Penal (Lei 7.210/84)

SÚMULAS

1) Do Condenado e do Internado (arts. 5º a 60)

STJ **Súm. 40.** Para obtenção dos benefícios de saída temporária e trabalho externo, considera-se o tempo de cumprimento da pena no regime fechado.

STJ **Súm. 441.** A falta grave não interrompe o prazo para obtenção de livramento condicional.

STJ **Súm. 526.** O reconhecimento de falta grave decorrente do cometimento de fato definido como crime doloso no cumprimento da pena prescinde do trânsito em julgado de sentença penal condenatória no processo penal instaurado para apuração do fato.

STJ **Súm. 534.** A prática de falta grave interrompe a contagem do prazo para a progressão de regime de cumprimento de pena, o qual se reinicia a partir do cometimento dessa infração.

STJ **Súm. 535.** A prática de falta grave não interrompe o prazo para fim de comutação de pena ou indulto.

2) Dos Órgãos da Execução Penal (arts. 61 a 81)

STF **Súm. 611.** Transitada em julgado a sentença condenatória, compete ao juízo das execuções a aplicação de lei mais benigna.

STJ **Súm. 192.** Compete ao juízo das execuções penais do estado a execução das penas impostas a sentenciados pela justiça federal, militar ou eleitoral, quando recolhidos a estabelecimentos sujeitos à administração estadual.

STJ **Súm. 639.** Não fere o contraditório e o devido processo decisão que, sem ouvida prévia da defesa, determine transferência ou permanência de custodiado em estabelecimento penitenciário federal.

3) Da Execução das Penas em Espécie (arts. 105 a 170)

3.1) Das Penas Privativas de Liberdade (arts. 105 a 146)

3.1.1) Dos Regimes (arts. 110 a 119)

STF **Súm. Vinculante 26.** Para efeito de progressão de regime no cumprimento de pena por crime hediondo, ou equiparado, o juízo da execução observará a inconstitucionalidade do art. 2º da Lei n. 8.072, de 25 de julho de 1990, sem prejuízo de avaliar se o condenado preenche, ou não, os requisitos objetivos e subjetivos do benefício, podendo determinar, para tal fim, de modo fundamentado, a realização de exame criminológico.

STF **Súm. Vinculante 56.** A falta de estabelecimento penal adequado não autoriza a manutenção do condenado em regime prisional mais gravoso, devendo-se observar, nesta hipótese, os parâmetros fixados no Recurso Extraordinário (RE) 641320.

STF **Súm. 715.** A pena unificada para atender ao limite de trinta anos de cumprimento, determinado pelo art. 75 do Código Penal, não é considerada para a concessão de outros benefícios, como o livramento condicional ou regime mais favorável de execução.

STF **Súm. 716.** Admite-se a progressão de regime de cumprimento da pena ou a aplicação imediata de regime menos severo nela determinada, antes do trânsito em julgado da sentença condenatória.

STF **Súm. 717.** Não impede a progressão de regime de execução da pena, fixada em sentença não transitada em julgado, o fato de o réu se encontrar em prisão especial.

STJ **Súm. 439.** Admite-se o exame criminológico pelas peculiaridades do caso, desde que em decisão motivada.

STJ **Súm. 471.** Os condenados por crimes hediondos ou assemelhados cometidos antes da vigência da Lei n. 11.464/2007 sujeitam-se ao disposto no art. 112 da Lei n. 7.210/1984 (Lei de Execução Penal) para a progressão de regime prisional.

STJ **Súm. 491.** É inadmissível a chamada progressão "per saltum" de regime prisional.

STJ **Súm. 534.** A prática de falta grave interrompe a contagem do prazo para a progressão de regime de cumprimento de pena, o qual se reinicia a partir do cometimento dessa infração.

3.1.2) Das Autorizações de Saída (arts. 120 a 125)

STJ **Súm. 40.** Para obtenção dos benefícios de saída temporária e trabalho externo, considera-se o tempo de cumprimento da pena no regime fechado.

STJ **Súm. 520.** O benefício de saída temporária no âmbito da execução penal é ato jurisdicional insuscetível de delegação à autoridade administrativa do estabelecimento prisional.

3.1.3) Da Remição (arts. 126 a 130)

STF **Súm. Vinculante 9.** O disposto no artigo 127 da Lei n. 7.210/1984 (Lei de Execução Penal) foi recebido pela ordem constitucional vigente, e não se lhe aplica o limite temporal previsto no caput do artigo 58.

STJ **Súm. 341.** A frequência a curso de ensino formal é causa de remição de parte do tempo de execução de pena sob regime fechado ou semiaberto.

STJ **Súm. 562.** É possível a remição de parte do tempo de execução da pena quando o condenado, em regime fechado ou semiaberto, desempenha atividade laborativa, ainda que extramuros.

3.1.4) Do Livramento Condicional (arts. 131 a 146)

STF Súm. 715. A pena unificada para atender ao limite de trinta anos de cumprimento, determinado pelo art. 75 do Código Penal, não é considerada para a concessão de outros benefícios, como o livramento condicional ou regime mais favorável de execução.

STJ Súm. 441. A falta grave não interrompe o prazo para obtenção de livramento condicional.

STJ Súm. 617. A ausência de suspensão ou revogação do livramento condicional antes do término do período de prova enseja a extinção da punibilidade pelo integral cumprimento da pena.

3.2) Das Penas Restritivas de Direito (arts. 147 a 155)

STJ Súm. 643. A execução da pena restritiva de direitos depende do trânsito em julgado da condenação.

3.3) Da Suspensão Condicional (arts. 156 a 163)

STF Súm. 499. Não obsta a concessão do "sursis" condenação anterior a pena de multa.

4) Dos Incidentes de Execução (arts. 180 a 193)

STJ Súm. 535. A prática de falta grave não interrompe o prazo para fim de comutação de pena ou indulto.

STJ Súm. 631. O indulto extingue os efeitos primários da condenação (pretensão executória), mas não atinge os efeitos secundários, penais ou extrapenais.

5) Do Procedimento Judicial (arts. 194 a 197)

STF Súm. 695. Não cabe "habeas corpus" quando já extinta a pena privativa de liberdade.

STF Súm. 700. É de cinco dias o prazo para interposição de agravo contra decisão do juiz da execução penal.

REPERCUSSÃO & REPETITIVOS

STF Rep. Geral 758. O reconhecimento de falta grave consistente na prática de fato definido como crime doloso no curso da execução penal dispensa o trânsito em julgado da condenação criminal no juízo do conhecimento, desde que a apuração do ilícito disciplinar ocorra com observância do devido processo legal, do contraditório e da ampla defesa, podendo a instrução em sede executiva ser suprida por sentença criminal condenatória que verse sobre a materialidade, a autoria e as circunstâncias do crime correspondente à falta grave. *RE 776823, 7.12.2020.*

STF Rep. Geral 941. A oitiva do condenado pelo juízo da execução penal, em audiência de justificação realizada na presença do defensor e do Ministério Público, afasta a necessidade de prévio procedimento administrativo disciplinar (PAD), assim como supre eventual ausência ou insuficiência de defesa técnica no PAD instaurado para apurar a prática de falta grave durante o cumprimento da pena. *RE 972598, 4.5.2020.*

STF Rep. Geral 1169. Tendo em vista a legalidade e a taxatividade da norma penal (art. 5º, XXXIX, CF), a alteração promovida pela Lei 13.964/2019 no art. 112 da LEP não autoriza a incidência do percentual de 60% (inc. VII) aos condenados reincidentes não específicos para o fim de progressão de regime. Diante da omissão legislativa, impõe-se a analogia "in bonam partem", para aplicação, inclusive retroativa, do inciso V do artigo 112 da LEP (lapso temporal de 40%) ao condenado por crime hediondo ou equiparado sem resultado morte reincidente não específico. *ARE 1327963, 17.9.2021.*

STJ Repetitivo 1084. É reconhecida a retroatividade do patamar estabelecido no art. 112, V, da Lei n. 13.964/2019, àqueles apenados que, embora tenham cometido crime hediondo ou equiparado sem resultado morte, não sejam reincidentes em delito de natureza semelhante. *REsp 1910240, 31.5.2021.*

STJ Repetitivo 1106. Sobrevindo condenação por pena privativa de liberdade no curso da execução de pena restritiva de direitos, as penas serão objeto de unificação, com a reconversão da pena alternativa em privativa de liberdade, ressalvada a possibilidade de cumprimento simultâneo aos apenados em regime aberto e vedada a unificação automática nos casos em que a condenação substituída por pena alternativa é superveniente. *REsp 1918287, 27.4.2022.*

STJ Repetitivo 1120. Nada obstante a interpretação restritiva que deve ser conferida ao art. 126, § 4º, da LEP, os princípios da individualização da pena, da dignidade da pessoa humana, da isonomia e da fraternidade, ao lado da teoria da derrotabilidade da norma e da situação excepcionalíssima da pandemia de Covid-19, impõem o cômputo do período de restrições sanitárias como de efetivo estudo ou trabalho em favor dos presos que já estavam trabalhando ou estudando e se viram impossibilitados de continuar seus afazeres unicamente em razão do estado pandêmico. *REsp 1953607, 14.9.2022.*

STJ Repetitivo 1155. 1) O período de recolhimento obrigatório noturno e nos dias de folga, por comprometer o "status libertatis" do acusado, deve ser reconhecido como período a ser detraído da pena privativa de liberdade e da medida de segurança, em homenagem aos princípios da proporcionalidade e do "non bis in idem". 2) O monitoramento eletrônico associado, atribuição do Estado, não é condição indeclinável para a detração dos períodos de submissão a essas medidas cautelares, não se justificando distinção de tratamento ao investigado ao qual não é determinado e disponibilizado o aparelhamento. 3) As horas de recolhimento domiciliar noturno e nos dias de folga devem ser convertidas em dias para contagem da detração da pena. Se no cômputo total remanescer período menor que vinte e quatro horas, essa fração de dia deverá ser desprezada. *REsp 1977135, 28.11.2022.*

JURISPRUDÊNCIA EM TESES

1) Do Condenado e do Internado (arts. 5º a 60)

1.1) Do Trabalho (arts. 28 a 37)

STJ JurisTese 144-5. A prática de falta grave durante o cumprimento da pena não acarreta a alteração da data-base para fins de saída temporária e trabalho externo.

STJ JurisTese 146-15. A falta grave disciplinar deve ser sopesada pelo órgão jurisdicional na análise do requisito subjetivo para fins de concessão de trabalho externo, nos termos do art. 37 da LEP.

1.2) Dos Deveres, dos Direitos e da Disciplina (arts. 38 a 60)

1.2.1) Dos Direitos (arts. 40 ao 43)

STJ JurisTese 131-59. Não viola o princípio da dignidade da pessoa humana a revista íntima realizada conforme as normas administrativas que disciplinam a atividade fiscalizatória, quando houver fundada suspeita de que o visitante esteja transportando drogas ou outros itens proibidos para o interior do estabelecimento prisional.

1.2.2) Da Disciplina (arts. 44 a 60)

1.2.2.1) Disposições Gerais (arts. 44 a 48)

STJ JurisTese 146-1. É necessária a individualização da conduta para reconhecimento de falta grave praticada pelo apenado em autoria coletiva, não se admitindo a sanção coletiva a todos os participantes indistintamente.

STJ JurisTese 146-9. A falta grave pode ser utilizada a fim de verificar o cumprimento do requisito subjetivo necessário para a concessão de benefícios da execução penal.

1.2.2.2) Das Faltas Disciplinares (arts. 49 a 52)

STJ JurisTese 7-1. Após a vigência da Lei n. 11.466, de 28 de março de 2007, constitui falta grave a posse de aparelho celular ou de seus componentes, tendo em vista que a "ratio essendi" da norma é proibir a comunicação entre os presos ou destes com o meio externo.

STJ JurisTese 131-10. A posse de substância entorpecente para uso próprio configura crime doloso e quando cometido no interior do estabelecimento prisional constitui falta grave, nos termos do art. 52 da Lei de Execução Penal – LEP (Lei n. 7.210/1984).

STJ JurisTese 144-6. A posse de fones de ouvido no interior do presídio é conduta formal e materialmente típica, configurando falta de natureza grave, uma vez que viabiliza a comunicação intra e extramuros.

STJ JurisTese 144-7. É prescindível a perícia de aparelho celular apreendido para a configuração da falta disciplinar de natureza grave do art. 50, VII, da Lei n. 7.210/1984.

STJ JurisTese 144-8. O reconhecimento de falta grave prevista no art. 50, III, da Lei n. 7.210/1984 dispensa a realização de perícia no objeto apreendido para verificação da potencialidade lesiva, por falta de previsão legal.

STJ JurisTese 144-10. A posse de drogas no curso da execução penal, ainda que para uso próprio, constitui falta grave.

STJ JurisTese 145-10. O rol do art. 50 da Lei de Execuções Penais (Lei n. 7.210/1984), que prevê as condutas que configuram falta grave, é taxativo, não possibilitando interpretação extensiva ou complementar, a fim de acrescer ou ampliar o alcance das condutas previstas.

STJ **JurisTese 146-3.** A desobediência aos agentes penitenciários configura falta de natureza grave, a teor da combinação entre os art. 50, VI, e art. 39, II e V, da Lei de Execuções Penais.

STJ **JurisTese 146-4.** A inobservância do perímetro estabelecido para monitoramento de tornozeleira eletrônica configura falta disciplinar de natureza grave, nos termos dos art. 50, VI, e art. 39, V, da LEP.

STJ **JurisTese 146-5.** A utilização de tornozeleira eletrônica sem bateria suficiente configura falta disciplinar de natureza grave, nos termos dos art. 50, VI, e art. 39, V, da LEP.

STJ **JurisTese 146-6.** O rompimento da tornozeleira eletrônica configura falta disciplinar de natureza grave, a teor dos art. 50, VI e art. 146-C da Lei n. 7.210/1989 – LEP.

STJ **JurisTese 146-7.** A fuga configura falta grave de natureza permanente, porquanto o ato de indisciplina se prolonga no tempo, até a recaptura do apenado.

STJ **JurisTese 146-16.** Consoante previsão dos art. 50, VI, e art. 39, V, da LEP, configura falta grave a recusa pelo condenado à execução de trabalho interno regularmente determinado pelo agente público competente, não havendo que se confundir o dever de trabalho, referendado pela Convenção Americana de Direitos Humanos (art. 6º), com a pena de trabalho forçado, vedada pela Constituição Federal – art. 5º, XLVIII, c.

1.2.2.3) Da Aplicação das Sanções (arts. 57 a 58)

STJ **JurisTese 7-8.** Com o advento da Lei n. 12.433, de 29 de junho de 2011, o cometimento de falta grave não mais enseja a perda da totalidade do tempo remido, mas limita-se ao patamar de 1/3, cabendo ao juízo das execuções penais dimensionar o quantum, segundo os critérios do art. 57 da LEP.

1.2.2.4) Do Procedimento Disciplinar (arts. 59 a 60)

STJ **JurisTese 7-3.** Diante da inexistência de legislação específica quanto ao prazo prescricional para apuração de falta grave, deve ser adotado o menor lapso prescricional previsto no art. 109 do CP, ou seja, o de 3 anos para fatos ocorridos após a alteração dada pela Lei n. 12.234, de 5 de maio de 2010, ou o de 2 anos se a falta tiver ocorrido até essa data.

STJ **JurisTese 131-11.** É imprescindível a confecção do laudo toxicológico para comprovar a materialidade da infração disciplinar e a natureza da substância encontrada com o apenado no interior de estabelecimento prisional.

STJ **JurisTese 144-9.** É imprescindível a confecção do laudo toxicológico para comprovar a materialidade da infração disciplinar e a natureza da substância encontrada com o apenado no interior de estabelecimento prisional.

STJ **JurisTese 145-1.** A decisão proferida pela autoridade administrativa prisional em processo administrativo disciplinar – PAD que apura o cometimento de falta grave disciplinar no âmbito da execução penal é ato administrativo, portanto, passível de controle de legalidade pelo Poder Judiciário.

STJ **JurisTese 145-2.** A decisão que reconhece a prática de falta grave disciplinar deverá ser desconstituída diante das hipóteses de arquivamento de inquérito policial ou de posterior absolvição na esfera penal, por inexistência do fato ou negativa de autoria, tendo em vista a atipicidade da conduta.

STJ **JurisTese 145-3.** No processo administrativo disciplinar que apura a prática de falta grave, não há obrigatoriedade de que o interrogatório do sentenciado seja o último ato da instrução, bastando que sejam respeitados o contraditório e a ampla defesa, e que um defensor esteja presente.

STJ **JurisTese 145-4.** A palavra dos agentes penitenciários na apuração de falta grave é prova idônea para o convencimento do magistrado, haja vista tratar-se de agentes públicos, cujos atos e declarações gozam de presunção de legitimidade e de veracidade.

STJ **JurisTese 145-5.** No processo administrativo disciplinar instaurado para apuração de falta grave supostamente praticada no curso da execução penal, a inexistência de defesa técnica por advogado na oitiva de testemunhas viola os princípios do contraditório e da ampla defesa e configura causa de nulidade do PAD.

STJ **JurisTese 145-6.** A ausência de defesa técnica em procedimento administrativo disciplinar instaurado para apuração de falta grave em execução penal viola os princípios do contraditório e da ampla defesa e enseja nulidade absoluta do PAD.

STJ **JurisTese 145-7.** É dispensável nova oitiva do apenado antes da homologação judicial da falta grave, se previamente ouvido em procedimento administrativo disciplinar, em que foram assegurados o contraditório e a ampla defesa.

STJ **JurisTese 146-2.** A imposição da falta grave ao executado em razão de conduta praticada por terceiro, quando não comprovada a autoria do reeducando, viola o princípio constitucional da intranscendência (art. 5º, XLV, da Constituição Federal).

STJ **JurisTese 146-8.** O marco inicial da prescrição para apuração da falta grave em caso de fuga é o dia da recaptura do foragido.

2) Da Execução das Penas em Espécie (arts. 105 a 170)

2.1) Das Penas Privativas de Liberdade (arts. 105 a 146)

2.1.1) Dos Regimes (arts. 110 a 119)

STJ **JurisTese 7-5.** A prática de falta grave pode ensejar a regressão cautelar do regime prisional sem a prévia oitiva do condenado, que somente é exigida na regressão definitiva.

STJ **JurisTese 7-6.** O cometimento de falta grave enseja a regressão para regime de cumprimento de pena mais gravoso.

STJ **JurisTese 7-7.** A prática de falta grave interrompe a contagem do prazo para a obtenção do benefício da progressão de regime.

STJ **JurisTese 131-56.** O requisito objetivo necessário para a progressão de regime prisional aos condenados em crime de tráfico ilícito de entorpecentes (delito equiparado a hediondo), praticados antes do advento da Lei n. 11.464/2007, deve ser o previsto no art. 112 da Lei de Execução Penal (Lei n. 7.210/1984), qual seja, 1/6 (um sexto); posteriormente, passou-se a exigir o cumprimento de 2/5 da pena pelo réu primário e 3/5 pelo reincidente.

STJ **JurisTese 144-1.** Faltas graves cometidas em período longínquo e já reabilitadas não configuram fundamento idôneo para indeferir o pedido de progressão de regime, para que os princípios da razoabilidade e da ressocialização da pena e o direito ao esquecimento sejam respeitados.

STJ **JurisTese 144-3.** O cometimento de falta grave durante a execução penal autoriza a regressão do regime de cumprimento de pena, mesmo que seja estabelecido de forma mais gravosa do que a fixada na sentença condenatória (art. 118,1, da Lei de Execução Penal – LEP), não havendo falar em ofensa à coisa julgada.

STJ **JurisTese 144-4.** Quando não houver regressão de regime prisional, é dispensável a realização de audiência de justificação no procedimento administrativo disciplinar para apuração de falta grave.

STJ **JurisTese 146-10.** A prática de falta grave no curso da execução penal constitui fundamento idôneo para negar a progressão de regime, ante a ausência de preenchimento do requisito subjetivo.

STJ **JurisTese 146-11.** O cometimento de falta disciplinar de natureza grave no curso da execução penal justifica a exigência de exame criminológico para fins de progressão de regime.

STJ **JurisTese 146-18.** A prática de falta grave durante a execução permite a regressão de regime de pena "per saltum" (art. 118, I, da LEP), sendo desnecessária a observância da forma progressiva estabelecida no art. 112 da mesma lei.

STJ **JurisTese 184-1.** Após a entrada em vigor do Pacote Anticrime, reconhece-se a retroatividade do patamar estabelecido no art. 112, V, da Lei n. 7.210/1984, àqueles apenados que, embora tenham cometido crime hediondo ou equiparado sem resultado morte, não sejam reincidentes em delito de natureza semelhante.

STJ **JurisTese 184-2.** Após a entrada em vigor do Pacote Anticrime, o condenado por crime hediondo ou equiparado com resultado morte, que seja reincidente genérico, deverá cumprir ao menos 50% da pena para a progressão de regime prisional, pelo uso da analogia "in bonam partem".

STJ **JurisTese 185-8.** Após revogação expressa do art. 2º, § 2º, da Lei n. 8.072/1990 pelo Pacote Anticrime, a progressão de regime para os condenados pela prática de crime hediondo ou equiparado passou a ser regida pelo art. 112 da Lei n. 7.210/1992 (LEP), que modificou a sistemática com o acréscimo de critérios e percentuais distintos e específicos para cada grupo, conforme a natureza do crime.

2.1.2) Das Autorizações de Saída (arts. 120 a 125)

STJ **JurisTese 144-5.** A prática de falta grave durante o cumprimento da pena não acarreta a alteração da data-base para fins de saída temporária e trabalho externo.

STJ **JurisTese 146-14.** O cometimento de falta grave é motivo idôneo para o indeferimento do benefício da saída temporária, por ausência de preenchimento do requisito subjetivo.

2.1.3) Da Remição (arts. 126 a 130)

STJ **JurisTese 12-1.** Há remição da pena quando o trabalho é prestado fora ou dentro do estabelecimento prisional, uma vez que o art. 126 da Lei de Execução Penal não faz distinção quanto à natureza do trabalho ou quanto ao local de seu exercício.

STJ **JurisTese 12-2.** O tempo remido pelo apenado por estudo ou por trabalho deve ser considerado como pena efetivamente cumprida para fins de obtenção dos benefícios da execução, e não simplesmente como tempo a ser descontado do total da pena.

STJ **JurisTese 12-3.** Não há remição da pena na hipótese em que o condenado deixa de trabalhar ou estudar em virtude da omissão do Estado em fornecer tais atividades.

STJ **JurisTese 12-4.** Nos regimes fechado e semiaberto, a remição é conferida tanto pelo trabalho quanto pelo estudo, nos termos do art. 126 da Lei de Execução Penal.

STJ **JurisTese 12-5.** No regime aberto, a remição somente é conferida se há frequência em curso de ensino regular ou de educação profissional, sendo inviável o benefício pelo trabalho.

STJ **JurisTese 12-6.** A remição pelo estudo pressupõe a frequência a curso de ensino regular ou de educação profissional, independentemente da sua conclusão ou do aproveitamento satisfatório.

STJ **JurisTese 12-7.** A decisão que reconhece a remição da pena, em virtude de dias trabalhados, não faz coisa julgada nem constitui direito adquirido.

STJ **JurisTese 12-8.** Cabe ao juízo da execução fixar a fração aplicável de perda dos dias remidos na hipótese de cometimento de falta grave, observando o limite máximo de 1/3 (um terço) do total e a necessidade de fundamentar a decisão em elementos concretos, conforme o art. 57 da Lei de Execução Penal.

STJ **JurisTese 144-2.** O cometimento de falta de natureza especialmente grave constitui fundamento idôneo para decretação de perda dos dias remidos na fração legal máxima de 1/3 (art. 127 da Lei n. 7.210/1984 – Lei de Execução Penal).

STJ **JurisTese 145-8.** A nova redação do art. 127 da Lei de Execução Penal – LEP, que prevê a limitação da perda dos dias remidos a 1/3 (um terço) do total no caso da prática de falta grave, deve ser aplicada retroativamente por se tratar de norma penal mais benéfica.

STJ **JurisTese 145-9.** O reconhecimento de falta grave no curso da execução penal justifica a perda de até 1/3 do total de dias trabalhados pelo apenado até a data do ato de indisciplina carcerária, ainda que não haja declaração judicial da remição, consoante a interpretação sistemática e teleológica do art. 127 da LEP.

2.1.4) Do Livramento Condicional (arts. 131 ao 146)

STJ **JurisTese 146-12.** Os efeitos da prática de outra infração penal, no curso do livramento condicional, submetem-se às regras próprias deste benefício e, portanto, não se confundem com os consectários legais da falta grave.

STJ **JurisTese 146-13.** A falta disciplinar grave impede a concessão do livramento condicional, por evidenciar a ausência do requisito subjetivo relativo ao comportamento satisfatório durante o resgate da pena, nos termos do art. 83, III, do Código Penal – CP.

3) Dos Incidentes de Execução (arts. 180 a 193)

3.1) Da Anistia e do Indulto (arts. 187 a 193)

STJ **JurisTese 7-10.** A prática de falta grave não interrompe o prazo para aquisição do indulto e da comutação, salvo se houver expressa previsão a respeito no decreto concessivo dos benefícios.

STJ **JurisTese 139-1.** O instituto da graça, previsto no art. 5º, XLIII, da Constituição Federal, engloba o indulto e a comutação de pena, estando a competência privativa do Presidente da República para a concessão desses benefícios limitada pela vedação estabelecida no referido dispositivo constitucional.

STJ **JurisTese 139-2.** A sentença que concede o indulto ou a comutação de pena tem natureza declaratória, não havendo como impedir a concessão dos benefícios ao sentenciado, se cumpridos todos os requisitos exigidos no decreto presidencial.

STJ **JurisTese 139-3.** O deferimento do indulto e da comutação das penas deve observar estritamente os critérios estabelecidos pela Presidência da República no respectivo ato de concessão, sendo vedada a interpretação ampliativa da norma, sob pena de usurpação da competência privativa disposta no art. 84, XII, da Constituição e, ainda, ofensa aos princípios da separação entre os poderes e da legalidade.

STJ **JurisTese 139-4.** A análise do preenchimento do requisito objetivo para a concessão dos benefícios de indulto e de comutação de pena deve considerar todas as condenações com trânsito em julgado até a data da publicação do decreto presidencial, sendo indiferente o fato de a juntada da guia de execução penal ter ocorrido em momento posterior à publicação do referido decreto.

STJ **JurisTese 139-5.** A superveniência de condenação, seja por fato anterior ou posterior ao início do cumprimento da pena, não altera a data-base para a concessão da comutação de pena e do indulto.

STJ **JurisTese 139-6.** O indulto e a comutação de pena incidem sobre as execuções em curso no momento da edição do decreto presidencial, não sendo possível considerar na base de cálculo dos benefícios as penas já extintas em decorrência do integral cumprimento.

STJ **JurisTese 139-7.** Para a concessão de indulto, deve ser considerada a pena originalmente imposta, não sendo levada em conta, portanto, a pena remanescente em decorrência de comutações anteriores.

STJ **JurisTese 139-8.** O cumprimento da fração de pena prevista como critério objetivo para a concessão de indulto deve ser aferido em relação a cada uma das sanções alternativas impostas, consideradas individualmente.

STJ **JurisTese 139-9.** Compete ao juízo da execução fiscal a apreciação do pedido de indulto em relação à pena de multa convertida em dívida de valor.

STJ **JurisTese 139-10.** Não dispondo o decreto autorizador de forma contrária, os condenados por crimes de natureza hedionda têm direito aos benefícios de indulto ou de comutação de pena, desde que as infrações penais tenham sido praticadas antes da vigência da Lei n. 8.072/1990 e suas modificadoras.

STJ **JurisTese 139-11.** É possível a concessão de comutação de pena aos condenados por crime comum praticado em concurso com crime hediondo, desde que o apenado tenha cumprido as frações referentes aos delitos comum e hediondo, exigidas pelo respectivo decreto presidencial.

STJ **JurisTese 139-12.** É possível a concessão de indulto aos condenados por crime de tráfico de drogas privilegiado (§ 4º do art. 33 da Lei n. 11.343/2006), por estar desprovido de natureza hedionda.

STJ **JurisTese 139-13.** O indulto humanitário requer, para sua concessão, a necessária comprovação, por meio de laudo médico oficial ou por médico designado pelo juízo da execução, de que a enfermidade que acomete o sentenciado é grave, permanente e exige cuidados que não podem ser prestados no estabelecimento prisional.

STJ **JurisTese 146-17.** A falta disciplinar de natureza grave praticada no período estabelecido pelos decretos presidenciais que tratam de benefícios executórios impede a concessão de indulto ou de comutação da pena, ainda que a penalidade tenha sido homologada após a publicação das normas.

4) Do Procedimento Judicial (arts. 194 a 197)

STJ **JurisTese 72-18.** A mudança de domicílio pelo condenado que cumpre pena restritiva de direitos ou que seja beneficiário de livramento condicional não tem o condão de modificar a competência da execução penal, que permanece com o juízo da condenação, sendo deprecada ao juízo onde fixa nova residência somente a supervisão e o acompanhamento do cumprimento da medida imposta.

INFORMATIVOS

STF **Execução penal: estudo a distância e remição da pena.** A ineficiência do Estado em fiscalizar as horas de estudo realizadas a distância pelo condenado não pode obstaculizar o seu direito de remição da pena, sendo suficiente para comprová-las a certificação fornecida pela entidade educacional. *RHC 203546, 28.6.2022. 1ª T. Inf 1061.*

STJ **Execução penal. Primeira execução extinta antes da segunda condenação. Unificação. Retificação do cálculo de benefícios. Impossibilidade.** A pena integralmente cumprida não interfere nos cálculos de benefícios em nova execução penal. *HC 762729, 6ª T, 10.10.2022. Inf 761.*

STJ **Livramento condicional. Requisito subjetivo. Lei 13.964/19. Ausência de falta grave nos últimos 12 meses. Fato por si só insuficiente.** A ausência de falta grave nos últimos 12 meses não é suficiente para satisfazer o requisito subjetivo exigido para a concessão do livramento condicional. *AgRg no HC 776645, 6ª T, 3.11.2022. Inf 756.*

STJ **Coleta compulsória de material orgânico de suspeitos para fins de identificação criminal. Art. 5º-A da Lei 12.037/09. Incluído pela Lei 12.654/12. Ausência de consentimento. Material não descartado. Pessoas definitivamente não condenadas. Coleta ilegal. Direito à não autoincriminação. RE 973.837/MG. Repercussão Geral 905/STF.** É nula, para fins de identificação criminal, a coleta compulsória de material orgânico não descartado de pessoas definitivamente não condenadas. *RHC 162703, 6ª T, 13.9.2022. Inf 750.*

STJ **Execução penal. Art. 126 da LEP. Realização de cursos profissionalizantes. Modalidade à distância. Ausência de credenciamento no Ministério da Educação (MEC). Exigência da Lei de Diretrizes e Bases da Educação Nacional. Remição por**

estudo. Impossibilidade. A remição de pena em virtude de curso profissionalizante, realizado pelo apenado na modalidade à distância (EaD), exige a apresentação de certificado emitido por entidade educacional devidamente credenciada perante o Ministério da Educação (MEC). *AgRg no HC 722388, 6ª T, 15.8.2022. Inf 748.*

STJ Prisão domiciliar. Mãe com filhos de até 12 anos incompletos. Art. 318, V, do CPP. Crime sem violência ou grave ameaça. Não cometimento contra os próprios filhos. Imprescindibilidade de cuidados maternos presumida. Execução definitiva da pena. Art. 117 da LEP. Regime semiaberto. HC coletivo n. 143.641/SP do STF. Interpretação extensiva. A concessão de prisão domiciliar às genitoras de menores de até 12 anos incompletos não está condicionada à comprovação da imprescindibilidade dos cuidados maternos, que é legalmente presumida. *AgRg no HC 731648, 5ª T, 23.6.2022. Inf 742.*

STJ Cumprimento de pena privativa de liberdade. Progressão de regime. Crime hediondo com resultado morte praticado por reincidente genérico. Condenação anterior à entrada em vigor da Lei 13.964/19. Aplicação retroativa do art. 112, VI, "a", da Lei de Execução Penal com a redação da Lei 13.964/19. Possibilidade. Aplica-se se o percentual previsto no art. 112, VI, "a", da Lei 7.210/84 (LEP) para a progressão de regime ao condenado por crime hediondo com resultado morte e reincidente genérico, quando a condenação tenha ocorrido antes da entrada em vigor da Lei 13.964/19 (Pacote Anticrime). *AgRg no REsp 2015414, 5ª T, 25.10.2022.*

STJ Execução penal. Indulto. Decreto Presidencial 9.246/97. Prisão cautelar. Detração penal. Impossibilidade. O indulto é instituto da execução penal, não se estendendo os benefícios da norma instituidora aos presos cautelarmente com direito à detração penal. *AgRg no AREsp 1887116, 6ª T, 6.5.2022. Inf 736.*

STJ Execução definitiva de pena em regime inicial fechado. Concessão de prisão domiciliar. Possibilidade. Proteção integral à criança. Prioridade. HC coletivo STF 143641. Excepcionalmente, admite-se a concessão da prisão domiciliar às presas dos regimes fechado quando verificado pelo juízo da execução penal, no caso concreto, a proporcionalidade, adequação e necessidade da medida, e que a presença da mãe seja imprescindível para os cuidados da criança ou pessoa com deficiência, não sendo caso de crimes praticados por ela mediante violência ou grave ameaça contra seus descendentes. *RHC 145931, 3ª S, 9.3.2022. Inf 728.*

QUESTÕES DISCURSIVAS

4. (Consulplan/TJ/MG/Cartórios/Remoção/2016) "Tício foi condenado a uma pena de três anos de detenção, em regime inicial aberto, pela prática do crime previsto no art. 121, § 3º, do Código Penal, bem como foi condenado a uma pena de dois anos e oito meses de reclusão, em regime inicial aberto, pela prática do crime previsto no art. 155, § 5º, c/c art. 14, II, do Código Penal. Os crimes foram praticados em concurso material, o que foi reconhecido na sentença, que transitou em julgado, no dia 16 de maio de 2016". Nos limites do enunciado e, observado o Código Penal Brasileiro (Decreto-Lei n. 2.848, de 7 de dezembro de 1940), indique, entre as penas acima, qual será executada em primeiro lugar. Justifique sua resposta.

QUESTÕES OBJETIVAS

79. (Ieses/TJ/TO/Cartórios/Remoção/2022) Conforme dispõe a Lei de Execuções penais, o condenado por crime doloso praticado com violência grave contra a pessoa, bem como por crime contra a vida, contra a liberdade sexual ou por crime sexual contra vulnerável, será submetido, obrigatoriamente, à identificação do perfil genético, mediante extração de DNA (ácido desoxirribonucleico), por técnica adequada e indolor, por ocasião do ingresso no estabelecimento prisional. Em relação a este procedimento, é correto afirmar:

I. A autoridade policial, federal ou estadual, poderá requerer ao juiz competente, no caso de inquérito instaurado, o acesso ao banco de dados de identificação de perfil genético.

II. Deve ser viabilizado ao titular de dados genéticos o acesso aos seus dados constantes nos bancos de perfis genéticos, bem como a todos os documentos da cadeia de custódia que gerou esse dado, de maneira que possa ser contraditado pela defesa.

III. A identificação do perfil genético será armazenada em banco de dados sigiloso, conforme regulamento a ser expedido pelo Poder Executivo.

IV. A regulamentação deverá fazer constar garantias mínimas de proteção de dados genéticos, observando as melhores práticas da genética forense.

A sequência correta é:

a) Apenas as assertivas II e IV estão corretas.
b) Apenas as assertivas I, II e III estão corretas.
c) As assertivas I, II, III e IV estão corretas.
d) Apenas a assertiva II está incorreta.

80. (Ieses/TJ/RO/Cartórios/Remoção/2021) De acordo com a Lei de Execuções Penais de 1984, o trabalho do preso será remunerado, mediante prévia tabela, não podendo ser inferior a:

a) 1/2 (metade) do salário-mínimo.
b) 1 (um) salário-mínimo.
c) 2 (dois) salários-mínimos.
d) 3/4 (três quartos) do salário-mínimo.

81. (Consulplan/TJ/MS/Cartórios/Remoção/2021) De acordo com as regras da Lei nº 7.210/84 (Lei de Execução Penal) sobre o trabalho do condenado, assinale a alternativa correta.

a) O produto da remuneração pelo trabalho deverá atender ao ressarcimento ao Estado das despesas realizadas com a manutenção do condenado.
b) O produto da remuneração pelo trabalho terá como prioridade a indenização dos danos causados pelo condenado ao ofendido, independentemente de determinação judicial específica.
c) As tarefas executadas como prestação de serviço à comunidade pelo condenado, no curso da execução, serão remuneradas, e o produto da remuneração revertido para o Fundo Previdenciário Especial destinado ao custeio do auxílio-reclusão.
d) O produto da remuneração pelo trabalho será depositado integralmente para constituição do pecúlio, em Caderneta de Poupança, que será entregue à família do condenado, se este possuir descendentes menores, quando posto em liberdade.

82. (Cespe/TJ/DFT/Cartórios/Remoção/2019) De acordo com a legislação pertinente e a jurisprudência dos tribunais superiores, transitada em julgado a sentença penal condenatória ou absolutória imprópria e iniciada a fase da execução penal:

a) o condenado deverá ser citado no processo de execução da pena se tiver sido condenado a pena privativa de liberdade.
b) o processo de execução deverá desenvolver-se mediante provocação da parte, sendo vedado o provimento por impulso oficial do juízo da execução.
c) será facultada ao ofendido ou aos seus sucessores a participação nas fases jurisdicionais do procedimento executório mediante habilitação nos autos.
d) competirá ao juízo estadual de execução penal a execução das penas impostas aos sentenciados pela justiça militar quando estes forem recolhidos em estabelecimentos prisionais estaduais.
e) poderá o juízo da execução dar início ao processo de execução forçada da sanção pecuniária se a pena aplicada for exclusivamente de multa e o condenado não efetuar o pagamento no prazo legal.

83. (Ieses/TJ/CE/Cartórios/Remoção/2018) O abatimento na pena privativa de liberdade e na medida de segurança, do tempo de prisão provisória, no Brasil ou no estrangeiro, o de prisão administrativa e o de internação em hospital de custódia, ou outro estabelecimento adequado é chamado de:

a) remição.
b) retração.
c) redução da pena.
d) detração.

84. (Ieses/TJ/AM/Cartórios/Remoção/2018) Está obrigado ao trabalho na medida de suas aptidões e capacidade, segundo a Lei de Execução Penal, o condenado à:

a) pena alternativa de liberdade.
b) pena de multa.
c) pena restritiva de direitos.
d) pena privativa de liberdade.

85. (Consulplan/TJ/MG/Cartórios/Remoção/2017) A respeito da detração penal, analise as seguintes assertivas:

I. o tempo de prisão provisória, de prisão administrativa ou de internação, no Brasil ou no estrangeiro, será computado para fins de determinação do regime inicial de pena privativa de liberdade.
II. admite-se atualmente, tanto na jurisprudência quanto na doutrina, a detração por prisão ocorrida em outro processo, desde que o crime pelo qual o sentenciado cumpre pena tenha sido praticado anteriormente a seu encarceramento, numa espécie de fungibilidade da prisão.
III. à luz do disposto no artigo 42 do CP e artigo 111 da Lei de Execução Penal, somente se admite a detração de prisão processual ordenada em outro processo em que absolvido o sentenciado ou declarada tenha sido a extinção da sua punibilidade, quando a data do cometimento do crime de que trata a execução seja posterior ao período pleiteado.
IV. computa-se, igualmente, o tempo indevidamente cumprido, relativo à condenação por crime posterior, invalidado em decisão judicial recorrível, em favor do réu, como meio de compensar o período de encarceramento decorrente de delito pelo qual restou absolvido.

Está correto somente o que se afirma em:

a) III e IV.
b) I e II.
c) I, III e IV.
d) II e III.

86. (Consulplan/TJ/MG/Cartórios/Remoção/2017) Segundo o que preconiza a Lei de Execuções Penais (Lei n. 7.210/1984), o condenado poderá remir, por trabalho ou por estudo, parte do tempo de execução da pena. Nesse sentido, é correto afirmar que:

a) segundo entendimento do STJ, o período de atividade laboral do apenado que exceder o limite máximo da jornada de trabalho (8 horas) deve ser computado para fins de remição, de forma que a cada 6 (seis) horas extras realizadas equivalha a 1 (um) dia remido.
b) o condenado que cumpre a pena em regime fechado poderá remir, por estudo a distância, parte do tempo de execução da pena, fazendo-se a contagem à razão de 1 (um) dia de pena a cada 24 (vinte e quatro) horas de frequência escolar, vedada essa possibilidade apenas ao sentenciado em regime aberto.
c) o preso que cumpre pena em regime aberto ou semiaberto e o que usufrui liberdade condicional poderão remir, pela frequência a trabalho, parte do tempo de execução da pena ou do período de prova, à razão de 1 (um) dia de pena a cada 3 (três) dias de trabalho.
d) o STJ entende que o preso que se acidenta quando está se deslocando para o trabalho, ficando, assim, impossibilitado de prosseguir na atividade, continuará a beneficiar-se com a remição durante todo o período em que estiver afastado do serviço em razão do acidente.

87. (Cetro/TJ/RJ/Cartórios/Remoção/2017) Acerca de temas relacionados à aplicação da Lei de Execução Penal (Lei Federal n. 7.210/1984), analise as assertivas abaixo.

I. as autorizações de saída temporária do preso que cumpre pena em regime semiaberto para visitar a família e participar de atividades que concorram para o retorno ao convívio social, se limitadas a 5 (cinco) vezes durante o ano, observam o prazo mínimo de 45 (quarenta e cinco) dias de intervalo entre uma e outra.
II. é constitucional o alojamento conjunto de presos dos regimes semiaberto e aberto com presos do regime fechado na hipótese de inexistir vaga em estabelecimento designado ao regime do condenado.
III. o trabalho extramuros, com vistas à ressocialização do preso, não detém o condão de ilidir o benefício da remição de parte da pena.

É correto o que se afirma em:

a) III, apenas.
b) II e III, apenas.
c) I, apenas.
d) I e II, apenas.
e) I e III, apenas.

88. (Cetro/TJ/RJ/Cartórios/Ingresso/2017) Acerca da apuração de conduta do detento preso e da identificação da falta e aplicação de eventual sanção, de acordo com o que dispõe a Lei das Execuções Penais e a jurisprudência acerca do tema, marque V para verdadeiro ou F para falso e, em seguida, assinale a alternativa que apresenta a sequência correta.

I. de acordo com entendimento majoritário do STJ, é prescindível a instauração de procedimento administrativo pelo diretor do estabelecimento prisional para apuração de falta grave quando já instaurado procedimento judicial, com oitiva do preso e a presença do advogado.
II. Com base na Súmula Vinculante n. 5 do STF, a falta de defesa técnica por advogado no processo administrativo disciplinar, inclusive, aqueles referentes à execução penal, não ofende a Constituição.
III. cabe ao diretor do presídio utilizar-se de procedimento administrativo, quando se identificarem tipos de falta leve ou média, comunicando o caso, ato contínuo, ao juiz da Vara das Execuções Penais para decidir acerca da sanção a ser imposta ao detento:

a) V, V, V.
b) F, F, F.
c) V, F, V.
d) F, V, V.
e) V, F, F.

16.2. Lei de Proteção a Testemunhas (Lei 9.807/99)

JURISPRUDÊNCIA EM TESES

STJ **JurisTese 193-7.** A concessão dos benefícios da delação previstos nos arts. 13 (perdão judicial) e 14 (causa de diminuição de pena) da Lei n. 9.807/1999 – Lei de Proteção a Vítimas, Testemunhas e Réus Colaboradores – depende do preenchimento cumulativo dos requisitos legais neles descritos.

STJ **JurisTese 195-9.** A delação premiada prevista na Lei n. 9.807/1999 – Lei de Proteção a Vítimas, Testemunhas e Réus Colaboradores – não se restringe a nenhum crime específico.

STJ **JurisTese 197-8.** A incidência dos benefícios previstos no art. 14 da Lei n. 9.807/1999 é obrigatória se preenchidos os requisitos da delação premiada.

QUESTÕES OBJETIVAS

89. (UFPR/TJ/PR/Cartórios/Ingresso/2019) Em relação à Lei nº 9.807/99 (Programa de Proteção a Vítimas e Testemunhas), assinale a alternativa correta.

a) Os condenados que estejam em cumprimento de pena e os indiciados ou acusados sob prisão cautelar estão excluídos dos programas de proteção previstos na Lei nº 9.807/99, ainda que caiba, em tais casos, a prestação de medidas da preservação da integridade física desses indivíduos por parte dos órgãos de segurança pública.

b) A admissão em programa de proteção, por interessar apenas ao cidadão, prescinde de manifestação prévia do Ministério Público.

c) A exclusão de indivíduo do programa de proteção prescinde de manifestação prévia do Ministério Público.

d) Em casos envolvendo o réu colaborador, é incabível a extinção da punibilidade pelo perdão judicial.

e) O juiz competente para a instrução do processo criminal não tem legitimidade para solicitar o ingresso de indivíduo em programa de proteção.

90. (Cetro/TJ/RJ/Cartórios/Remoção/2017) Sobre a Lei n. 9.807/1999, que estabelece sobre a proteção de réus colaboradores, analise as assertivas abaixo.

I. não há óbice para a aplicação dos benefícios legais, por analogia, a outros tipos penais além do crime de extorsão mediante sequestro.

II. é necessário que se cumpram cumulativamente os requisitos requeridos pela lei – identificação de comparsas, localização da vítima e recuperação do produto do crime para concessão do benefício do perdão judicial, no entendimento do STJ.

III. para a concessão do benefício, basta que o delator colabore, independentemente de a condenação ser alcançada por meio de outras provas existentes nos autos da ação penal.

É correto o que se afirma em:

a) I e II, apenas.

b) I e III, apenas.

c) I, apenas.

d) II, apenas.

e) III, apenas.

16.3. Lei dos Juizados Especiais (Lei 9.099/95)

SÚMULAS

STF Súm. Vinculante 35. A homologação da transação penal prevista no artigo 76 da Lei 9.099/1995 não faz coisa julgada material e, descumpridas suas cláusulas, retoma-se a situação anterior, possibilitando-se ao Ministério Público a continuidade da persecução penal mediante oferecimento de denúncia ou requisição de inquérito policial.

STF Súm. 640. É cabível recurso extraordinário contra decisão proferida por juiz de primeiro grau nas causas de alçada, ou por turma recursal de juizado especial cível e criminal.

STF Súm. 696. Reunidos os pressupostos legais permissivos da suspensão condicional do processo, mas se recusando o promotor de justiça a propô-la, o juiz, dissentindo, remeterá a questão ao procurador-geral, aplicando-se por analogia o art. 28 do Código de Processo Penal.

STF Súm. 723. Não se admite a suspensão condicional do processo por crime continuado, se a soma da pena mínima da infração mais grave com o aumento mínimo de um sexto for superior a um ano.

STF Súm. 727. Não pode o magistrado deixar de encaminhar ao Supremo Tribunal Federal o agravo de instrumento interposto da decisão que não admite recurso extraordinário, ainda que referente a causa instaurada no âmbito dos juizados especiais.

STJ Súm. 203. Não cabe recurso especial contra decisão proferida por órgão de segundo grau dos juizados especiais.

STJ Súm. 243. O benefício da suspensão do processo não é aplicável em relação às infrações penais cometidas em concurso material, concurso formal ou continuidade delitiva, quando a pena mínima cominada, seja pelo somatório, seja pela incidência da majorante, ultrapassar o limite de um (01) ano.

STJ Súm. 337. É cabível a suspensão condicional do processo na desclassificação do crime e na procedência parcial da pretensão punitiva.

STJ Súm. 376. Compete à turma recursal processar e julgar o mandado de segurança contra ato de juizado especial.

STJ Súm. 428. Compete ao tribunal regional federal decidir os conflitos de competência entre juizado especial federal e juízo federal da mesma seção judiciária.

JURISPRUDÊNCIA EM TESES

1) Da Competência e dos Atos Processuais (arts. 63 a 68)

1.1) Da Competência (art. 63)

STJ JurisTese 72-10. No concurso de infrações de menor potencial ofensivo, afasta-se a competência dos juizados especiais quando a soma das penas ultrapassar dois anos.

STJ JurisTese 93-1. Compete aos Tribunais de Justiça ou aos Tribunais Regionais Federais o julgamento dos pedidos de "habeas corpus" quando a autoridade coatora for Turma Recursal dos Juizados Especiais.

STJ JurisTese 96-10. Na hipótese de apuração de delitos de menor potencial ofensivo, deve-se considerar a soma das penas máximas em abstrato em concurso material, ou, ainda, a devida exasperação, no caso de crime continuado ou de concurso formal, e ao se verificar que o resultado da adição é superior a dois anos, afasta-se a competência do Juizado Especial Criminal.

STJ JurisTese 96-11. O crime de uso de entorpecente para consumo próprio, previsto no art. 28 da Lei n. 11.343/06, é de menor potencial ofensivo, o que determina a competência do juizado especial estadual, já que ele não está previsto em tratado internacional e o art. 70 da Lei n. 11.343/06 não o inclui dentre os que devem ser julgados pela justiça federal.

1.2) Da Intimação (art. 67)

STJ JurisTese 93-3. No âmbito dos Juizados Especiais Criminais, não se exige a intimação pessoal do defensor público, admitindo-se a intimação na sessão de julgamento ou pela imprensa oficial.

2) Da Fase Preliminar (arts. 69 a 76)

2.1) Da Transação Penal (art. 76)

STJ JurisTese 93-7. A transação penal não tem natureza jurídica de condenação criminal, não gera efeitos para fins de reincidência e maus antecedentes e, por se tratar de submissão voluntária à sanção penal, não significa reconhecimento da culpabilidade penal nem da responsabilidade civil.

STJ JurisTese 93-9. O prazo de 5 (cinco) anos para a concessão de nova transação penal, previsto no art. 76, § 2º, inciso II, da Lei n. 9.099/95, aplica-se, por analogia, à suspensão condicional do processo.

STJ JurisTese 93-11. Nos casos de aplicação da Súmula n. 337/STJ, os autos devem ser encaminhados ao Ministério Público para que se manifeste sobre a possibilidade de suspensão condicional do processo ou de transação penal.

STJ JurisTese 96-2. É cabível a suspensão condicional do processo e a transação penal aos delitos que preveem a pena de multa alternativamente à privativa de liberdade, ainda que o preceito secundário da norma legal ultrapasse os parâmetros mínimo e máximo exigidos em lei para a incidência dos institutos em comento.

STJ JurisTese 96-5. Opera-se a preclusão se o oferecimento da proposta de suspensão condicional do processo ou de transação penal se der após a prolação da sentença penal condenatória.

STJ JurisTese 96-12. A conduta prevista no art. 28 da Lei n. 11.343/06 admite tanto a transação penal quanto a suspensão condicional do processo.

3) Disposições Finais (arts. 88 a 92)

3.1) Da Suspensão Condicional do Processo (art. 89)

STJ JurisTese 3-1. É possível a revogação da suspensão condicional do processo, ainda que expirado o período da suspensão do curso do processo, desde que comprovado que houve o descumprimento das condições impostas ou que o beneficiado passou a ser processado por outro crime no curso do prazo da suspensão.

STJ JurisTese 3-4. Não é possível aplicar a suspensão condicional do processo nos crimes praticados com violência doméstica e familiar contra a mulher.

STJ JurisTese 3-5. É inadmissível o pleito da suspensão condicional do processo após a prolação da sentença, ressalvadas as hipóteses de desclassificação ou procedência parcial da pretensão punitiva estatal.

STJ JurisTese 3-6. A extinção da punibilidade do agente pelo cumprimento das condições do sursis processual, operada em processo anterior, não pode ser sopesada em seu desfavor como maus antecedentes, personalidade do agente e conduta social.

STJ JurisTese 3-7. O descumprimento das condições impostas na suspensão condicional do processo, conquanto não se preste a fundamentar o aumento da pena-base no tocante à personalidade do agente, pode justificar validamente a exasperação com base na conduta social, ensejando, do mesmo modo, a majoração da pena em igual patamar.

STJ JurisTese 3-8. Não cabe a concessão do benefício da suspensão condicional do processo se o acusado, no momento do oferecimento da denúncia, responde a outro processo criminal, mesmo que este venha a ser posteriormente suspenso ou que ocorra a superveniente absolvição do acusado.

STJ JurisTese 93-2. A aceitação pelo paciente do benefício da suspensão condicional do processo, nos termos do art. 89 da Lei n. 9.099/95, não inviabiliza a impetração de "habeas corpus" nem prejudica seu exame, tendo em vista a possibilidade de se retomar o curso da ação penal caso as condições impostas sejam descumpridas.

STJ JurisTese 93-5. A perda do valor da fiança constitui legítima condição do sursis processual, nos termos do art. 89, § 2º, da Lei n. 9.099/95.

STJ JurisTese 96-1. A Lei n. 10.259/01, ao considerar como infrações de menor potencial ofensivo as contravenções e os crimes a que a lei comine pena máxima não superior a 2 (dois) anos, não alterou o requisito objetivo exigido para a concessão da suspensão condicional do processo prevista no art. 89 da Lei n. 9.099/95, que continua sendo aplicado apenas aos crimes cuja pena mínima não seja superior a 1 (um) ano.

STJ JurisTese 96-3. A suspensão condicional do processo não é direito subjetivo do acusado, mas sim um poder-dever do Ministério Público, titular da ação penal, a quem cabe, com exclusividade, analisar a possibilidade de aplicação do referido instituto, desde que o faça de forma fundamentada.

STJ JurisTese 96-7. A existência de inquérito policial em curso não é circunstância idônea a obstar o oferecimento de proposta de suspensão condicional do processo.

4) Disposições Finais

STJ JurisTese 96-8. A extinção da punibilidade do agente pelo cumprimento das condições do sursis processual, operada em processo anterior, não pode ser valorada em seu desfavor como maus antecedentes, personalidade do agente e conduta social.

STJ JurisTese 96-9. É constitucional o art. 90-A da Lei n. 9.099/95, que veda a aplicação desta aos crimes militares.

INFORMATIVOS

STF Competência para a lavratura de termo circunstanciado. É constitucional norma estadual que prevê a possibilidade da lavratura de termos circunstanciados pela Polícia Militar e pelo Corpo de Bombeiro Militar. A CF conferiu aos estados e ao Distrito Federal, competência concorrente para editar normas legislativas que garantam maior eficiência e eficácia na aplicação da Lei 9.099/95, que viabiliza a lavratura do termo por qualquer autoridade legalmente reconhecida. *ADI 5637,11.3.2022. Inf 1046.*

STJ Suspensão condicional do processo ofertada pelo Ministério Público. Reparação do dano à vítima. Desacordo quanto ao valor a ser pago. Inviabilidade do benefício legal. A falta de acordo entre as partes quanto ao valor a ser pago a título de reparação do dano inviabiliza o benefício legal da suspensão condicional do processo. *RHC 163897, 6ª T, 21.10.2022. Inf 754.*

QUESTÕES OBJETIVAS

91. (Ieses/TJ/TO/Cartórios/Ingresso/2022) Marque a alternativa correta quanto aos Juizados Especiais Criminais Federais.

a) Quando a orientação acolhida pela Turma de Uniformização, em questões de direito material, contrariar súmula ou jurisprudência dominante no Superior Tribunal de Justiça, a parte interessada não poderá provocar a manifestação deste.

b) Os representantes judiciais da União, autarquias, fundações e empresas públicas federais, além das partes poderão designar, por escrito, representantes para a causa, advogado ou não, estão impedidos de conciliar, transigir ou desistir, nos processos da competência dos Juizados Especiais Federais.

c) Caberá pedido de uniformização de interpretação de lei federal quando houver divergência entre decisões sobre questões de direito material proferidas por Turmas Recursais na interpretação da lei. O pedido fundado em divergência entre Turmas da mesma Região será julgado em reunião conjunta das Turmas em conflito, sob a presidência do Juiz Coordenador.

d) Os Tribunais Regionais, o Superior Tribunal de Justiça e o Supremo Tribunal Federal, no âmbito de suas competências, não possuem competência para expedir normas regulamentando a composição dos órgãos e os procedimentos a serem adotados para o processamento e o julgamento do pedido de uniformização e do recurso extraordinário. Cabendo ao Conselho Nacional de Justiça a respectiva competência dentre as suas atribuições originárias.

92. (FGV/TJ/SC/Cartórios/Ingresso/2021) Francisco foi denunciado pela suposta prática do crime de falsidade ideológica de documento público (pena: reclusão, de 1 a 5 anos, e multa). Por ocasião da denúncia, o Ministério Público juntou a Folha de Antecedentes Criminais de Francisco, onde constavam três ações penais em que figura como denunciado por crimes da mesma natureza, nenhum deles, contudo, com sentença condenatória com trânsito em julgado. Considerando apenas as informações narradas e com base nas previsões da Lei nº 9.099/1995, o Ministério Público:

a) não poderá oferecer proposta de suspensão condicional do processo, considerando que Francisco responde a outras ações penais por crimes da mesma natureza, apesar de não haver vedação com fundamento na pena em abstrato prevista.

b) poderá oferecer proposta de suspensão condicional do processo, já que tecnicamente primário e de bons antecedentes, além de ser possível aplicação do instituto com base na pena prevista abstratamente.

c) não poderá oferecer proposta de suspensão condicional do processo, pois não se trata de infração de menor potencial ofensivo, apesar de não haver vedação pelo fato de responder a outras ações penais.

d) não poderá oferecer proposta de suspensão condicional do processo, pois responde a outras ações penais e em razão de a pena máxima do delito ultrapassar 4 anos de reclusão.

e) poderá oferecer proposta de suspensão condicional do processo, apesar de portador de maus antecedentes, já que a pena mínima prevista para o delito é de 1 ano.

93. (Consulplan/TJ/MS/Cartórios/Ingresso/2021) Sobre a resposta do réu, de acordo com a disciplina da Lei nº 9.099/95, no âmbito do procedimento sumaríssimo dos Juizados Especiais Criminais, é correto afirmar que:

a) Será apresentada oralmente ou por escrito pelo defensor, após a oitiva formal da vítima na audiência de instrução.

b) Será admitida a reconvenção para formular pedido de indenização por danos morais decorrentes de abuso de autoridade de agente estatal.
c) Será apresentada oralmente pelo defensor no início da audiência de instrução e julgamento, antes da decisão sobre o recebimento da denúncia.
d) Comparecendo a vítima na audiência preliminar, o autor do fato deverá apresentar todas as razões de fato e de direito que pretender alegar em sua defesa, sob pena de preclusão.

94. (Consulplan/TJ/MS/Cartórios/Remoção/2021) Considerando os enunciados da jurisprudência sumulada do Supremo Tribunal Federal, assinale a alternativa incorreta.

a) No processo penal, contam-se os prazos a partir da data da intimação, e não da juntada aos autos do mandado.
b) Só é lícito o uso de algemas em casos de resistência e de fundado receio de fuga ou de perigo à integridade física própria ou alheia, por parte do preso ou de terceiros, justificada a excepcionalidade por escrito.
c) Admite-se a suspensão condicional do processo por crime continuado ainda que a soma da pena mínima da infração mais grave com o aumento mínimo de um sexto seja superior a um ano, por se tratar, o crime continuado, de uma ficção jurídica unitária.
d) A homologação da transação penal prevista no Art. 76 da Lei nº 9.099/1995 faz apenas coisa julgada formal e, descumpridas suas cláusulas, retoma-se a situação anterior, possibilitando-se ao Ministério Público a continuidade da persecução penal mediante oferecimento de denúncia ou requisição de inquérito policial.

95. (UFPR/TJ/PR/Cartórios/Ingresso/2019) Sobre os institutos previstos na Lei nº 9.099/95, Lei dos Juizados Especiais, assinale a alternativa correta.

a) Segundo a jurisprudência do STF, admite-se a suspensão condicional do processo por crime continuado, mesmo quando a soma da pena mínima da infração mais grave com o aumento mínimo de um sexto for superior a um ano.
b) Os crimes cuja pena mínima cominada em abstrato seja igual ou inferior a um ano serão processados e julgados pelo procedimento sumaríssimo.
c) Segundo jurisprudência do STJ, o benefício da suspensão do processo é aplicável em relação às infrações penais cometidas em concurso material ou concurso formal, ainda que a pena mínima cominada, seja pelo somatório, seja pela incidência da majorante, ultrapasse o limite de um ano.
d) Aos crimes praticados com violência doméstica e familiar contra a mulher, independentemente da pena prevista, não se aplicam o procedimento previsto na Lei nº 9.099/95 e os benefícios da transação penal e da suspensão condicional do processo.
e) Os crimes cuja pena mínima cominada em abstrato seja igual ou inferior a dois anos serão processados e julgados pelo procedimento sumaríssimo.

96. (Consulplan/TJ/MG/Cartórios/Ingresso/2019) Com relação ao procedimento sumaríssimo e às regras aplicáveis ao Juizado Especial Criminal, assinale a alternativa correta.

a) Contra as decisões da Turma Recursal, cabe recurso ordinário ao Tribunal de Justiça.
b) A denúncia/queixa será recebida tão logo inicie a audiência de instrução e julgamento.
c) Se houver, por qualquer motivo, remessa do feito do juizado especial para o juízo comum, o rito a ser aplicado será o sumário.
d) Descumprido pelo autor do fato o acordo feito em transação penal, a ação penal não mais pode ser intentada, cabendo apenas a execução da medida acordada.

97. (Cespe/TJ/DFT/Cartórios/Ingresso/2019) À luz dos dispositivos da Lei nº 9.099/1995 bem como da doutrina e jurisprudência dos tribunais superiores, assinale a opção correta.

a) É considerado crime de menor potencial ofensivo a infração penal cuja pena máxima de privação da liberdade seja superior a dois anos, mas que tenha previsão alternativa de pena de multa.
b) Havendo divergência entre o órgão acusador e o magistrado quanto à aplicação da suspensão condicional do processo, poderá o juiz conceder, de ofício, o instituto despenalizador.
c) É cabível a apelação contra a decisão de rejeição da denúncia ou da queixa-crime, devendo o recurso ser interposto no prazo de dez dias por petição ou termo nos autos.
d) Compete exclusivamente ao seu titular, na ação penal privada, propor a transação penal ao querelado, não cabendo ao Ministério Público a prerrogativa de ofertá-la, mesmo diante da inércia do titular.
e) Compete ao tribunal de justiça local processar e julgar revisão criminal proposta pelo réu contra sentença homologatória de transação penal proferida em juizado especial criminal.

98. (Vunesp/TJ/RS/Cartórios/Remoção/2019) Assinale a alternativa cuja pena, hipoteticamente, atrairia a competência dos Juizados Especiais Criminais, nos termos do art. 61 da Lei nº 9.099/95.

a) detenção de 1 a 3 anos.
b) prisão simples de 2 a 4 anos, e multa.
c) detenção de 2 a 4 anos, e multa.
d) reclusão de 1 a 3 anos, e multa.
e) reclusão de 1 a 2 anos.

99. (Vunesp/TJ/RS/Cartórios/Ingresso/2019) Nos estritos termos do art. 63 da Lei nº 9.099/95, a competência dos Juizados Especiais Criminais é determinada:

a) pelo lugar em que a ocorrência policial foi registrada.
b) pelo lugar do domicílio do acusado ou da vítima.
c) pelo lugar em que foi praticada a infração penal.
d) pela matéria.
e) pela prevenção.

100. (Consulplan/TJ/MG/Cartórios/Ingresso/2018) De acordo com a jurisprudência sumulada do Supremo Tribunal Federal, assinale a alternativa correta:

a) é relativa a nulidade de julgamento pelo Júri, por falta de quesito obrigatório.
b) o efeito devolutivo da apelação contra decisões do Júri é amplo, não se restringindo aos fundamentos da sua interposição.
c) não se admite a suspensão condicional do processo por crime continuado, se a soma da pena mínima da infração mais grave com o aumento mínimo de um sexto for superior a um ano.
d) a competência constitucional por prerrogativa de função estabelecida pela Constituição Estadual prevalece sobre a competência do Tribunal do Júri, tendo em vista o princípio federativo e a autonomia dos Estados.

101. (Ieses/TJ/CE/Cartórios/Remoção/2018) Os juizados especiais criminais, são competentes para a conciliação, o julgamento e a execução das infrações penais de menor potencial ofensivo. Segundo a Lei 9.099/95 são consideradas infrações penais de menor potencial ofensivo, as contravenções penais e os crimes a que a lei comine pena máxima não superior a:

a) 3 (três) anos, cumulada ou não com multa.
b) 1 (um) ano, cumulada ou não com multa.
c) 6 (seis) meses, cumulada ou não com multa.
d) 2 (dois) anos, cumulada ou não com multa.

102. (Ieses/TJ/CE/Cartórios/Ingresso/2018) É certo afirmar:

I. dentre o rol de testemunhas legalmente previsto no Código de Processo Penal, em número de oito (8), encontram-se compreendias aquelas que não prestam compromisso legal.
II. a autoridade que ordenar a prisão fará expedir o respectivo mandado.
III. tratando-se de juizado especial criminal o recurso de apelação será interposto por petição escrita no prazo de dez (10) dias do qual constarão as razões e o pedido do recorrente.
IV. nos crimes falimentares o magistrado pode deixar de aplicar a pena constatando que o devedor possui instrução insuficiente e caso explore comércio exíguo.

Analisando as proposições, pode-se afirmar:

a) somente as proposições I e III estão corretas.
b) somente as proposições II e IV estão corretas.
c) somente as proposições II e III estão corretas.
d) somente as proposições I e IV estão corretas.

103. (Ieses/TJ/CE/Cartórios/Ingresso/2018) É certo afirmar:

I. tratando-se de crime falimentar, a ação penal não poderá iniciar-se antes de declarada a falência e extinguir-se-á quando reformada a sentença que a tiver decretado, sendo, inclusive causa de extinção prevista no Código Penal.
II. para a configuração do tipo penal "divulgação de informações falsas" previsto na Lei n. 11.101/2005, faz-se necessário que o agente obtenha vantagem indevida com o "boato" destinado a auxiliar no eventual recebimento de crédito.
III. inepta é a denúncia que não descreve a infração que classifica, deixando de indicar as circunstâncias de fato que iriam caracterizá-la, cerceando, desse modo, a defesa.
IV. o Juizado Especial Criminal, provido por juízes togados ou togados e leigos, tem competência para a conciliação, o julgamento e a execução das infrações penais de menor potencial ofensivo, respeitadas as regras de conexão e continência.

Analisando as proposições, pode-se afirmar:

a) somente as proposições I e III estão corretas.
b) somente as proposições II e IV estão corretas.
c) somente as proposições III e IV estão corretas.
d) somente as proposições I e II estão corretas.

104. (Consulplan/TJ/MG/Cartórios/Ingresso/2017) No que concerne aos Juizados Especiais Criminais – Lei n. 9.099/1995, é correto afirmar que impede a transação penal:

a) a condenação definitiva anterior pela prática de crime, independentemente da pena imposta.
b) a condenação definitiva anterior à pena de multa pela prática de crime.
c) a condenação anterior ainda não definitiva à pena de reclusão.
d) a condenação definitiva anterior à pena de detenção.

105. (Cetro/TJ/RJ/Cartórios/Remoção/2017) Acerca da competência dos Juizados Especiais Criminais, assinale a alternativa correta:

a) quando a apreensão de substância entorpecente ocorre em zona de fronteira, ainda que ocorra a desclassificação de delito de tráfico internacional de entorpecentes para delito de posse para consumo próprio, a competência da Justiça Federal não se desloca para o Juizado Especial Criminal.
b) para estabelecer a competência do Juizado Especial Criminal, há de se considerar a soma das penas máximas em abstrato em concurso material, sendo que o resultado da adição não pode ser superior a 2 (dois) anos, conforme jurisprudência do STJ.
c) a determinação de que os delitos, em apuração, são de menor potencial ofensivo desloca, de plano, a competência para o Juizado Especial Criminal.
d) a complexidade da causa não afasta a competência para o Juizado Especial Criminal julgar o caso.
e) a competência para julgar caso envolvendo apreensão de pássaro constante do rol de espécies ameaçadas de extinção, com ou sem interesse do IBAMA na causa, é do Juizado Especial Criminal do local da ocorrência da apreensão, conforme entendimento do STJ.

106. (Ieses/TJ/RO/Cartórios/Remoção/2017) De acordo com a Lei n. 9.099 de 26 de setembro de 1995, que dispõe sobre os Juizados Especiais Cíveis e Criminais, no que tange a competência e os atos processuais é correto afirmar, exceto:

a) a prática de atos processuais em outras comarcas poderá ser solicitada por qualquer meio hábil de comunicação.
b) a competência do Juizado será determinada pelo lugar em que foi praticada a infração penal.
c) os atos processuais serão públicos e poderão realizar-se em horário noturno, mas apenas em dia úteis, conforme dispuserem as normas de organização judiciária.
d) serão objeto de registro escrito exclusivamente os atos havidos por essenciais. Os atos realizados em audiência de instrução e julgamento poderão ser gravados em fita magnética ou equivalente.

16.4. Lei Maria da Penha (Lei 11.340/06)

SÚMULAS

STJ Súm. 536. A suspensão condicional do processo e a transação penal não se aplicam na hipótese de delitos sujeitos ao rito da Lei Maria da Penha.

STJ Súm. 542. A ação penal relativa ao crime de lesão corporal resultante de violência doméstica contra a mulher é pública incondicionada.

STJ Súm. 588. A prática de crime ou contravenção penal contra a mulher com violência ou grave ameaça no ambiente doméstico impossibilita a substituição da pena privativa de liberdade por restritiva de direitos.

STJ Súm. 600. Para a configuração da violência doméstica e familiar prevista no artigo 5º da Lei n. 11.340/2006 (Lei Maria da Penha) não se exige a coabitação entre autor e vítima.

JURISPRUDÊNCIA EM TESES

STJ JurisTese 41-1. A Lei nº 11.340/2006, denominada Lei Maria da Penha, objetiva proteger a mulher da violência doméstica e familiar que lhe cause morte, lesão, sofrimento físico, sexual ou psicológico, e dano moral ou patrimonial, desde que o crime seja cometido no âmbito da unidade doméstica, da família ou em qualquer relação íntima de afeto.

STJ JurisTese 41-2. A Lei Maria da Penha atribuiu às uniões homoafetivas o caráter de entidade familiar, ao prever, no seu artigo 5º, parágrafo único, que as relações pessoais mencionadas naquele dispositivo independem de orientação sexual.

STJ JurisTese 41-3. O sujeito passivo da violência doméstica objeto da Lei Maria da Penha é a mulher, já o sujeito ativo pode ser tanto o homem quanto a mulher, desde que fique caracterizado o vínculo de relação doméstica, familiar ou de afetividade, além da convivência, com ou sem coabitação.

STJ JurisTese 41-4. A violência doméstica abrange qualquer relação íntima de afeto, dispensada a coabitação.

STJ JurisTese 41-5. Para a aplicação da Lei n. 11.340/2006, há necessidade de demonstração da situação de vulnerabilidade ou hipossuficiência da mulher, numa perspectiva de gênero.

STJ JurisTese 41-6. A vulnerabilidade, hipossuficiência ou fragilidade da mulher têm-se como presumidas nas circunstâncias descritas na Lei n. 11.340/2006.

STJ JurisTese 41-7. A agressão do namorado contra a namorada, mesmo cessado o relacionamento, mas que ocorra em decorrência dele, está inserida na hipótese do art. 5º, III, da Lei n. 11.340/06, caracterizando a violência doméstica.

STJ JurisTese 41-8. Os Juizados de Violência Doméstica e Familiar contra a Mulher têm competência cumulativa para o julgamento e a execução das causas decorrentes da prática de violência doméstica e familiar contra a mulher, nos termos do art. 14, da Lei n. 11.340/2006.

STJ JurisTese 41-9. O descumprimento de medida protetiva de urgência não configura o crime de desobediência, em face da existência de outras sanções previstas no ordenamento jurídico para a hipótese.

STJ JurisTese 41-10. Não é possível a aplicação dos princípios da insignificância e da bagatela imprópria nos delitos praticados com violência ou grave ameaça no âmbito das relações domésticas e familiares.

STJ JurisTese 41-11. O crime de lesão corporal, ainda que leve ou culposo, praticado contra a mulher no âmbito das relações domésticas e familiares, deve ser processado mediante ação penal pública incondicionada.

STJ JurisTese 41-12. É cabível a decretação de prisão preventiva para garantir a execução de medidas de urgência nas hipóteses em que o delito envolver violência doméstica.

STJ JurisTese 41-13. Nos crimes praticados no âmbito doméstico e familiar, a palavra da vítima tem especial relevância para fundamentar o recebimento da denúncia ou a condenação, pois normalmente são cometidos sem testemunhas.

STJ JurisTese 41-15. É inviável a substituição da pena privativa de liberdade por restritiva de direitos nos casos de violência doméstica, uma vez que não preenchidos os requisitos do art. 44 do CP.

STJ JurisTese 41-16. O "habeas corpus" não constitui meio idôneo para se pleitear a revogação de medidas protetivas previstas no art. 22 da Lei n. 11.340/2006 que não implicam constrangimento ao direito de ir e vir do paciente.

STJ JurisTese 41-17. A audiência de retratação prevista no art. 16 da Lei n. 11.340/06 apenas será designada no caso de manifestação expressa ou tácita da vítima e desde que ocorrida antes do recebimento da denúncia.

INFORMATIVOS

STF Lei Maria da Penha e afastamento do agressor por delegados e policiais. É válida a atuação supletiva e excepcional de delegados de polícia e de policiais a fim de afastar o agressor do lar, domicílio ou local de convivência com a ofendida, quando constatado risco atual ou iminente à vida ou à integridade da mulher em situação de violência doméstica e familiar, ou de seus dependentes (Lei 11.340/06, art. 12-C). *ADI 6138, 23.3.2022. Pleno. Inf 1048.*

STJ Lei Maria da Penha. Medidas protetivas de urgência. Art. 22, I, II e III, da Lei 11.340/06. Natureza de tutela provisória cautelar. Caráter eminentemente penal. Citação do requerido para oferecimento de contestação. Descabimento. Efeitos da revelia em caso de omissão. Inaplicabilidade. As medidas protetivas de urgência previstas nos incisos I, II e III do art. 22 da Lei Maria da Penha têm natureza de cautelares penais, não cabendo falar em citação do requerido para apresentar contestação, tampouco a possibilidade de decretação da revelia, nos moldes da lei processual civil. *REsp 2009402, 5ª T, 8.11.2022. Inf 756.*

STJ Violência doméstica. Medida protetiva tornada definitiva na sentença condenatória. Natureza perpétua. Ilegalidade. Avaliação periódica da pertinência da medida. Imprescindibilidade. É ilegal a fixação "ad eternum" de medida protetiva, devendo o magistrado avaliar periodicamente a pertinência da manutenção da cautela imposta. *HC 605113, 6ª T, 8.11.2022. Inf 756.*

STJ Violência doméstica. Medidas protetivas de urgência. Conclusão do inquérito policial sem indiciamento do recorrente. Revogação. É indevida a manutenção de medidas protetivas na hipótese de conclusão do inquérito policial sem indiciamento do acusado. *Proc. segredo justiça, 6ª T, 20.9.2022. Inf 750.*

STJ Violência contra a mulher. Art. 16 da Lei 11.340/06 (Lei Maria da Penha). Designação de audiência para retratação da representação. Manifestação da vítima em momento anterior ao recebimento da denúncia. Necessidade. A realização da audiência prevista no art. 16 da Lei 11.340/06 somente se faz necessária se a vítima houver manifestado, de alguma forma, em momento anterior ao recebimento da denúncia, ânimo de desistir da representação. *AgRg no REsp 1946824, 5ª T, 17.6.2022. Inf 743.*

STJ Estupro. Crime perpetrado contra criança e adolescente no contexto de violência doméstica e familiar. Critério etário inapto a afastar a competência estabelecida na Lei 11.340/06. Advento da Lei 13.431/17. Competência da Vara Especializada em Crimes contra a Criança e Adolescente e, de forma subsidiária, da Vara Especializada em Violência Doméstica. Após o advento do art. 23 da Lei 13.431/17, nas comarcas em que não houver vara especializada em crimes contra a criança e o adolescente, compete à vara especializada em violência doméstica, onde houver, processar e julgar os casos envolvendo estupro de vulnerável cometido pelo pai (bem como pelo padrasto, companheiro, namorado ou similar) contra a filha (ou criança ou adolescente) no ambiente doméstico ou familiar. *Proc. segredo justiça, 3ª S, 26.10.2022.*

STJ Imóvel em condomínio. Posse direta e exclusiva exercida por um dos condôminos. Privação de uso e gozo do bem por coproprietário em virtude de medida protetiva contra ele decretada. Arbitramento de aluguel pelo uso exclusivo da coisa pela vítima de violência doméstica e familiar. Descabimento. Incabível o arbitramento de aluguel em desfavor da coproprietária vítima de violência doméstica, que, em razão de medida protetiva de urgência decretada judicialmente, detém o uso e gozo exclusivo do imóvel de cotitularidade do agressor. *REsp 1966556, 3ª T, 8.2.2022. Inf 724.*

STJ Violência doméstica contra mulher trans. Aplicação da Lei 11.340/06. Lei Maria da Penha. Afastamento de aplicação do critério exclusivamente biológico. Distinção entre sexo e gênero. Identidade. Relação de poder e modus operandi. Alcance teleológico da lei. A Lei 11.340/06 (Maria da Penha) é aplicável às mulheres trans em situação de violência doméstica. *Processo sob segredo judicial, 6ª T, 5.4.2022. Inf 732.*

STJ Violência doméstica. Crime praticado na presença de filho menor de idade. Ameaça. Dosimetria. Valoração negativa da culpabilidade. Cabimento. Ameaçar a vítima na presença de seu filho menor de idade justifica a valoração negativa da culpabilidade do agente. *AREsp 1964508, 5ª T, 1.4.2022. Inf 731.*

QUESTÕES DISCURSIVAS

5. (Consulplan/TJ/MG/Cartórios/Ingresso/2018) A Comarca de São João da Ponte não dispõe, atualmente, de Juiz de Direito ou Promotor de Justiça titulares. Duas vezes por semana, autoridades de localidade vizinha respondem pelo expediente, em regime de cooperação. Também não há Delegado de Polícia com atuação exclusiva. Num ensolarado amanhecer de quarta-feira, o Oficial do Cartório de Títulos e Documentos de São João da Ponte foi procurado por um Guarda Municipal, acompanhado de uma mulher com visíveis escoriações e lesões pelo corpo, que narrava que a referida mulher havia sido vítima de violência doméstica, perpetrada por seu ex-marido, de quem recentemente se separara. Segundo o Guarda Municipal, o agressor, um Policial Civil aposentado, ameaçara a vítima de morte, fato que se consumaria, segundo ele, naquele mesmo dia, caso a mulher não restabelecesse o convívio amoroso. O Oficial do Cartório, então, adotou a seguinte providência: ao argumento de que a Lei Maria da Penha prevê, em seu art. 9o, a atuação das políticas públicas de proteção emergencial, e em seu art. 20, a possibilidade de decretação de prisão preventiva "de ofício", expediu notificação extrajudicial ao agressor, determinando, como medidas protetivas de urgência, que entregasse qualquer arma de fogo que tivesse em seu poder à Guarda Municipal, e que se mantivesse afastado da ofendida a uma distância mínima de 200 (duzentos) metros, proibindo-o, ainda, de comparecer à casa da ex-mulher e à Igreja que a ofendida, diariamente, frequentava. Ao final da notificação extrajudicial, advertiu o agressor que o descumprimento das medidas acarretaria a decretação de sua prisão preventiva, entregando-a ao Guarda Municipal para que executasse a notificação, colhendo o "ciente" do agressor, em respeito ao art. 21, parágrafo único, da Lei Maria da Penha. Em relação aos aspectos processuais penais da Lei nº 11.340, de 7 de agosto de 2006 (Lei Maria da Penha), as providências adotadas pelo Oficial do Cartório de Títulos e Documentos foram corretas?

QUESTÕES OBJETIVAS

107. (FGV/TJ/SC/Cartórios/Remoção/2021) João e Maria compareceram ao cartório com o objetivo de formalizar a união estável em que vivem. Enquanto estavam no local, iniciaram uma discussão sobre a previsão de divisão de bens, ocasião em que João, para que Maria aceitasse suas vontades, desferiu dois fortes chutes na perna da companheira. Ao presenciar os fatos, um funcionário entrou em contato com a Polícia Militar, que efetuou a prisão em flagrante de João. Maria foi encaminhada para exame de corpo de delito, que constatou a existência de lesões de natureza leve. Maria demonstrou, em um primeiro momento, interesse em ver o companheiro responsabilizado pelos fatos. Em audiência de custódia, foi concedida liberdade provisória a João. Arrependida, Maria compareceu à delegacia e informou não mais ter interesse em ver o companheiro responsabilizado. Com base apenas nas informações expostas e nas previsões do Código de Processo Penal e da Lei nº 11.340/2006 (Lei Maria da Penha), é correto afirmar que:

a) a retratação da representação de Maria somente produzirá efeitos, gerando a extinção da punibilidade, se realizada até o recebimento da denúncia, em audiência especial, na presença do magistrado e ouvido o Ministério Público.
b) a representação, nos crimes praticados no contexto de violência doméstica e familiar contra a mulher, independentemente da natureza da ação penal, é irretratável após o oferecimento da denúncia.
c) o desinteresse de Maria em ver João responsabilizado é irrelevante para fins processuais penais e não poderá gerar a extinção da punibilidade, podendo o Ministério Público oferecer denúncia.
d) a retratação, nos crimes praticados no contexto de violência doméstica e familiar contra a mulher, exige a formalidade de reconhecimento de firma em cartório.
e) o desinteresse de Maria em ver João responsabilizado, por ser demonstrado antes do recebimento da denúncia, gera a extinção da punibilidade do autor do fato.

108. (Ieses/TJ/RO/Cartórios/Remoção/2021) Para os efeitos da Lei nº 11.340 (Lei Maria da Penha), configura violência doméstica e familiar contra a mulher qualquer ação ou omissão baseada no gênero que lhe cause morte, lesão, sofrimento físico, sexual ou psicológico e dano moral ou patrimonial. A respeito do tema é correto afirmar:

I. A violência doméstica e familiar contra a mulher constitui uma das formas de violação dos direitos humanos.
II. A violência moral, entendida como qualquer conduta que configure calúnia, difamação ou injúria é considerada como uma forma de violência doméstica e familiar contra a mulher.
III. É direito da mulher em situação de violência doméstica e familiar o atendimento policial e pericial especializado, ininterrupto e prestado por servidores – preferencialmente do sexo feminino – previamente capacitados.
IV. Poderá o juiz, quando necessário, sem prejuízo de outras medidas, encaminhar a ofendida e seus dependentes a programa oficial ou comunitário de proteção ou de atendimento.

A sequência correta é:

a) Apenas a assertiva III está incorreta.
b) Apenas as assertivas II e III estão corretas.
c) Apenas as assertivas I, II e III estão corretas.
d) As assertivas I, II, III e IV estão corretas.

109. (Consulplan/TJ/MS/Cartórios/Ingresso/2021) De acordo com o sistema de proteção da Lei nº 11.340/2006 (Lei Maria da Penha), verificada a existência de risco atual ou iminente à vida ou à integridade física da mulher em situação de violência doméstica e familiar, ou de seus dependentes, o agressor será imediatamente afastado do lar, domicílio ou local de convivência com a ofendida, pelas seguintes autoridades, exceto:

a) Autoridade judicial.
b) Promotor de Justiça, quando a comarca estiver desprovida de Juiz titular ou estiver ausente, por qualquer motivo, a autoridade judicial.
c) Delegado de polícia, quando o município não for sede de comarca, comunicando-se ao Juiz no prazo máximo de 24 (vinte e quatro) horas, que decidirá, em igual prazo, sobre a manutenção ou a revogação da medida aplicada, devendo dar ciência ao Ministério Público concomitantemente.
d) Policial, quando o município não for sede de comarca e não houver delegado disponível no momento da notícia do crime, comunicando-se ao Juiz no prazo máximo de 24 (vinte e quatro) horas, que decidirá, em igual prazo, sobre a manutenção ou a revogação da medida aplicada, devendo dar ciência ao Ministério Público concomitantemente.

110. (Consulplan/TJ/MG/Cartórios/Remoção/2017) Mulher que foi vítima de lesões corporais perpetradas por seu marido, firmou representação perante a autoridade policial e requereu medidas protetivas previstas na Lei 11.340/06. O Juiz, na análise das medidas protetivas requeridas, poderá determinar, exceto:

a) afastamento da ofendida do lar conjugal.
b) revogação das procurações conferidas pela ofendida ao agressor.
c) prestação de caução provisória, mediante depósito judicial.
d) proibição temporária de celebração de atos e contratos de compra, venda e locação de propriedade em comum.

16.5. Leis Esparsas

INFORMATIVOS

STF Fixação de condições obrigatórias e cumulativas para a decretação da prisão temporária. A decretação de prisão temporária somente é cabível quando (i) for imprescindível para as investigações do inquérito policial; (ii) houver fundadas razões de autoria ou participação do indiciado; (iii) for justificada em fatos novos ou contemporâneos; (iv) for adequada à gravidade concreta do crime, às circunstâncias do fato e às condições pessoais do indiciado; e (v) não for suficiente a imposição de medidas cautelares diversas. *ADI 3360, Pleno, 11.2.2022. Inf 1043.*

STF Art. 38 da Lei 9.430/96: representação fiscal para fins penais e crimes contra a Previdência Social. A representação fiscal para fins penais relativa aos crimes de apropriação indébita previdenciária e de sonegação de contribuição previdenciária será encaminhada ao Ministério Público depois de proferida a decisão final, na esfera administrativa, sobre a exigência fiscal do crédito tributário correspondente. *ADI 4980, 10.3.2022. Inf 1047.*

STJ Transferência de preso para Sistema Penitenciário Federal. Pedido de prorrogação do prazo. Possibilidade. Lei 11.671/08. Necessidade de fundada motivação pelo juízo de origem. Persistência do motivo ensejador do pedido de transferência originário. Fundamentação suficiente. Se devidamente motivado pelo Juízo estadual o pedido de manutenção de preso, em presídio federal, não cabe ao Magistrado federal exercer juízo de valor sobre a fundamentação apresentada, mas, apenas, aferir a legalidade da medida. *CC 190601, 3ª S, 30.9.2022. Inf 751.*

STJ DL 3.240/41. Recepção pela CF. Levantamento de sequestro de bens. Garantia de ressarcimento de prejuízo causado ao erário. Possibilidade de recair sobre quaisquer bens. Desnecessidade que sejam produtos ou proveito do crime. Desnecessidade de demonstração de "periculum in mora". A teor do art. 4º do DL 3.240/41, o qual foi recepcionado pela CF, a medida de sequestro para garantir o ressarcimento do prejuízo causado, bem como o pagamento de eventuais multas e das custas processuais, pode recair sobre quaisquer bens e não apenas sobre aqueles que sejam produtos ou proveito do crime, bastando, para tal, indícios de prática criminosa. *AgRg no RMS 67164, 5ª T, 31.3.2022Inf 732.*

QUESTÕES OBJETIVAS

111. (Ieses/TJ/TO/Cartórios/Remoção/2022) A prisão temporária será decretada pelo Juiz, em face da representação da autoridade policial ou de requerimento do Ministério Público e terá o prazo de:

a) 5 (cinco) dias, prorrogável por igual período em caso de extrema e comprovada necessidade.
b) 15 (quinze) dias, prorrogável por igual período em caso de extrema e comprovada necessidade.
c) 30 (trinta) dias, prorrogável por igual período em caso de extrema e comprovada necessidade.
d) 10 (dez) dias, prorrogável por igual período em caso de extrema e comprovada necessidade.

112. (FGV/TJ/SC/Cartórios/Remoção/2021) Durante investigações em relação a gravíssimo crime de organização criminosa que envolveria funcionários públicos, o Ministério Público constatou, após realização de diversas diligências, a indispensabilidade de interceptação das conversas telefônicas dos investigados. Em razão disso, apresentou requerimento ao Poder Judiciário para que fosse decretada tal interceptação, antes mesmo do oferecimento da denúncia. O magistrado competente deferiu o requerimento do Ministério Público, destacando que a interceptação deveria durar quinze dias, além de decretar a prisão temporária de dois dos investigados ao verificar a imprescindibilidade para as investigações e confirmar a gravidade do caso, criticando o Ministério Público pela ausência de pedido nesse sentido. Considerando as informações expostas, a decisão do magistrado foi:

a) válida em relação à prisão temporária, mas inválida no que tange à interceptação telefônica, pois não poderia ter sido prevista pelo prazo inicial de quinze dias, apesar de poder ser decretada durante as investigações.
b) totalmente correta, pois possível a interceptação telefônica durante as investigações, e a prisão temporária foi válida, tendo em vista que a imprescindibilidade para a investigação é um de seus fundamentos.
c) inválida em relação à interceptação telefônica, que não poderia ocorrer durante as investigações, antes do oferecimento da denúncia, mas válida em relação à prisão temporária.
d) totalmente equivocada, pois não poderia ter determinado a interceptação telefônica durante as investigações nem decretado a prisão antes do oferecimento da denúncia.
e) válida em relação à interceptação telefônica, que poderá ocorrer durante as investigações, mas inválida em relação à decretação da prisão temporária.

113. (Vunesp/TJ/GO/Cartórios/Ingresso/2021) No que concerne à interceptação telefônica (Lei nº 9.296/96), é correto afirmar que:

a) ao juiz não cabe decidir qual a forma de execução da diligência, cabendo à autoridade policial tal decisão técnica.
b) excepcionalmente, o juiz poderá admitir que o pedido seja formulado verbalmente.
c) é legalmente admitida ainda que a prova possa ser feita por outros meios disponíveis.
d) o juiz não pode determiná-la de ofício.

114. (Cespe/TJ/DFT/Cartórios/Remoção/2019) De acordo com a doutrina, a legislação pertinente e a jurisprudência dos tribunais superiores, assinale a opção correta, em relação às regras aplicadas à prisão temporária.

a) O magistrado não poderá determinar de ofício a prorrogação do prazo da prisão temporária, ainda que comprovada pela autoridade judiciária a necessidade da referida medida.
b) A lei de regência prevê a legitimidade do ofendido para requerer a prisão temporária no curso das investigações policiais em que se apure crime de ação penal privada.
c) A eventual ilegalidade de decreto que tenha determinado a prisão temporária torna nulas as provas derivadas da segregação.
d) A prisão temporária poderá ser convertida, após a sua decretação, em medida cautelar menos gravosa, a exemplo da liberdade provisória, com ou sem fiança.
e) Estando em curso a prisão temporária do indiciado, o juiz deverá aguardar o termo final da custódia para o recebimento da denúncia, caso oferecida pelo Ministério Público.

115. (UFPR/TJ/PR/Cartórios/Ingresso/2019) Sobre as disposições processuais penais da Lei nº 9.605/98 (Proteção ao Meio Ambiente), assinale a alternativa correta.

a) Em relação aos crimes ambientais, ainda que de menor potencial ofensivo, é incabível a transação penal.
b) A ação penal em relação aos crimes ambientais está condicionada à representação oferecida por um dos órgãos ambientais integrantes do SISNAMA (Sistema Nacional de Meio Ambiente).
c) A ação penal em relação aos crimes ambientais está condicionada à representação oferecida pela vítima.
d) Nos casos de suspensão condicional do processo, a declaração de extinção da punibilidade dependerá da apresentação de laudo de constatação de reparação do dano ambiental, ressalvados os casos de impossibilidade de reparação.
e) De acordo com a Lei nº 9.605/98, em relação aos crimes ambientais, é incabível a suspensão condicional da pena.

116. (Cespe/TJ/DFT/Cartórios/Ingresso/2019) Em relação à prova obtida por meio de interceptação telefônica e ao sigilo telefônico, assinale a opção correta, tendo como referência a Lei nº 9.296/1996 e o entendimento doutrinário e jurisprudencial dos tribunais superiores.

a) A prova obtida por força de interceptação telefônica judicialmente autorizada poderá, a título de prova emprestada, subsidiar denúncia em outro feito que investigue crime apenado com detenção.
b) A quebra do sigilo de dados telefônicos pertinentes aos dados cadastrais de assinante e aos números das linhas chamadas e recebidas submete-se à disciplina da referida legislação.
c) A referida lei de regência condiciona a possibilidade de imposição da medida de interceptação telefônica na fase de investigação criminal à instauração do inquérito policial competente.
d) Para a determinação da interceptação telefônica, é necessário juízo de certeza a respeito do envolvimento da pessoa a ser investigada na prática do delito em apuração.
e) Gravação telefônica realizada por um dos interlocutores sem o conhecimento do outro e sem autorização judicial caracteriza meio ilícito de prova por violar o direito à intimidade constitucionalmente protegido.

117. (Consulplan/TJ/MG/Cartórios/Remoção/2018) De acordo com a Lei nº 6.766, de 19 de dezembro de 1979, que disciplina o parcelamento do solo urbano, constitui crime, exceto:

a) registrar loteamento ou desmembramento não aprovado pelos órgãos competentes.
b) registrar o compromisso de compra e venda, a cessão ou promessa de cessão de direitos de loteamento ou desmembramento não registrado.
c) fazer ou veicular em proposta, contrato, prospecto ou comunicação ao público ou a interessados, afirmação falsa sobre a

legalidade de loteamento ou desmembramento do solo para fins urbanos, ou ocultar fraudulentamente fato a ele relativo.

d) recusar-se, o loteador ou o seu mandatário, a receber notificação ou a dar recibo, ou se furtar ao recebimento de notificação expedida pelo Município ou pelo cartório de registro de imóveis, quando houver impugnação formal, pelo comprador de parcela de imóvel urbano, do processo de regularização de loteamento.

118. (Consulplan/TJ/MG/Cartórios/Remoção/2018) De acordo com a disciplina legal da prisão temporária (Lei nº 7.960, de 21 de dezembro de 1989), assinale a alternativa correta:

a) a prisão temporária somente poderá ser executada depois da expedição do respectivo mandado judicial.

b) a prisão temporária pode ser decretada em qualquer infração penal cuja pena mínima cominada seja superior a 02 (dois) anos.

c) a prisão em flagrante deve ser convertida em prisão temporária quando o autuado não firmar o termo de comparecimento perante os Juizados Especiais Criminais.

d) o juiz pode, na sentença condenatória que reconhece a responsabilidade por crime hediondo, decretar a prisão temporária do condenado, como condição de prelibação para o juízo de admissibilidade do recurso de agravo, ainda que o réu tenha respondido ao processo em liberdade provisória.

9

DIREITO TRIBUTÁRIO

VOLUME DE QUESTÕES

MÉDIO

1. COMPETÊNCIA TRIBUTÁRIA

SÚMULAS

STF Súm. 503. A dúvida, suscitada por particular, sobre o direito de tributar, manifestado por dois Estados, não configura litígio da competência originária do Supremo Tribunal Federal.

STJ Súm. 353. As disposições do Código Tributário Nacional não se aplicam às contribuições para o FGTS.

QUESTÕES OBJETIVAS

1. (FGV/TJ/SC/Cartórios/Remoção/2021) A União concede isenção de IPI a um setor produtivo. Em virtude disso, vários Municípios ajuízam ações contra o ente federal, sob alegação de lesão de seus interesses, por diminuição da arrecadação do IPI, o que afetará a parcela arrecadada deste imposto a ser entregue ao Fundo de Participação dos Municípios (FPM). Diante desse cenário, é correto afirmar que:

a) a vedação constitucional de isenção heterônoma proíbe tal concessão em detrimento dos Municípios.

b) tal medida é inconstitucional, por violação da autonomia financeira dos Municípios.

c) somente o FPM, fundo constitucional destinatário das verbas, e não os Municípios individualmente considerados, teria legitimidade para contestar a concessão de tal isenção.

d) a União pode conceder tal benefício fiscal, desde que obedecidos os requisitos constitucionais e legais para concessão de isenções, em razão do livre exercício de sua competência tributária.

e) a parcela do IPI entregue ao FPM constitui receita originária dos Municípios, configurando direito subjetivo de índole constitucional, razão pela qual tal concessão de isenção pela União é inconstitucional.

2. (FGV/TJ/SC/Cartórios/Remoção/2021) Projeto de lei complementar federal pretende delegar a uma entidade privada integrante do chamado "sistema " (serviços sociais autônomos) a fiscalização e cobrança de uma contribuição já existente voltada para o custeio das atividades de tal entidade. Na Comissão de Constituição e Justiça e de Cidadania da Câmara dos Deputados, um dos membros da referida comissão sustenta a impossibilidade de tal delegação, por transferir a uma entidade privada funções tributárias privativas do poder público. Diante desse cenário, é correto afirmar que:

a) tais contribuições somente poderiam ser cobradas pela Secretaria da Receita Federal do Brasil, órgão da União responsável pela cobrança de tributos federais.

b) dada a natureza privada de tais contribuições, a possibilidade de sua cobrança exigiria a celebração de convênio entre os contribuintes e a entidade privada integrante do "sistema "

c) a capacidade para fiscalizar e cobrar tais contribuições pode ser delegada a pessoas jurídicas de direito privado.

d) a fiscalização de tais contribuições pode ser delegada a pessoas jurídicas de direito privado, mas sua cobrança compete apenas a pessoas jurídicas de direito público.

e) as entidades privadas integrantes do "sistema " não podem receber delegação para cobrança direta de tais contribuições, sendo apenas beneficiárias do produto da arrecadação.

3. (Consulplan/TJ/MG/Cartórios/Ingresso/2019) Sobre a competência tributária, assinale a alternativa correta.

a) O Estado de Minas Gerais não possui competência para a instituição de contribuições de melhoria.

b) A competência tributária do Estado de Minas Gerais não compreende o imposto sobre operações relativas ao transporte intermunicipal.

c) Para atender a despesas extraordinárias, decorrentes de calamidade pública, a União pode instituir empréstimo compulsório, mediante lei complementar.

d) A União, por meio de lei ordinária, poderá instituir impostos não previstos na Constituição Federal, desde que sejam não-cumulativos e não tenham fato gerador ou base de cálculo próprios dos nela já discriminados.

4. (Consulplan/TJ/MG/Cartórios/Remoção/2019) Assinale a alternativa incorreta.

a) A Constituição Federal, além de conter regras voltadas à discriminação das competências tributárias, igualmente contempla normas instituidoras de tributos.

b) A expressão "Fazenda Pública", nos termos do Código Tributário Nacional, abrange a Fazenda Pública da União, dos Estados, do Distrito Federal e dos Municípios.

c) São normas complementares das leis, dos tratados e das convenções internacionais e dos decretos, as decisões dos órgãos singulares ou coletivos de jurisdição administrativa, a que a lei atribua eficácia normativa.

d) De acordo com o Código Tributário Nacional, a pessoa natural ou jurídica de direito privado que adquirir de outra, por qualquer título, fundo de comércio ou estabelecimento comercial, industrial ou profissional, e continuar a respectiva exploração, sob a mesma ou outra razão social ou sob firma ou nome individual, responde pelos tributos, relativos ao fundo ou estabelecimento adquirido, devidos até a data do ato, integralmente, se o alienante cessar a exploração do comércio, indústria ou atividade.

5. (UFPR/TJ/PR/Cartórios/Ingresso/2019) Sobre a Competência Tributária atribuída aos entes federativos pela Constituição da República Federativa do Brasil, identifique como verdadeiras (V) ou falsas (F) as seguintes afirmativas:

I. Os seguintes impostos foram inseridos na Competência Municipal: ISS (Imposto sobre Serviços), ITBI (Imposto sobre Transmissão de Bens Imóveis), IPTU (Imposto sobre Propriedade Predial e Territorial Urbana) e ITCMD (Imposto sobre Transmissão Causa Mortis e Doações).

II. Os seguintes impostos foram inseridos na Competência Estadual: ICMS (Imposto sobre Circulação de Mercadorias e Serviços), ITCMD (Imposto sobre Transmissão Causa Mortis e Doações) e IPVA (Imposto sobre Propriedade de Veículos Automotores).

III. Competência Tributária é o Poder Tributário já repartido pela Constituição da República Federativa entre os entes políticos da Federação.

IV. Os seguintes impostos foram inseridos na Competência Estadual: ICMS (Imposto sobre Circulação de Mercadorias e Serviços), IPI (Imposto sobre Produtos Industrializados), IOF (Imposto sobre Operações Financeiras), ITR (Imposto Territorial Rural), IPTU (Imposto sobre Propriedade Predial e Territorial Urbana) e ITCMD (Imposto sobre Transmissão Causa Mortis e Doações).

V. Os seguintes impostos foram inseridos na Competência Distrital (Distrito Federal): ICMS (Imposto sobre Circulação de Mercadorias e Serviços), IPVA (Imposto sobre Propriedade de Veículos Automotores), ITCMD (Imposto sobre Transmissão Causa Mortis e Doações), IPTU (Imposto sobre Propriedade Predial e Territorial Urbana), ITBI (Imposto sobre Transmissão de Bens Imóveis) e ISS (Imposto sobre Serviços).

VI. Os seguintes impostos foram inseridos na Competência Federal: IPI (Imposto sobre Produtos Industrializados), IR (Imposto de Renda), ITR (Imposto Territorial Rural, II (Imposto de Importação), IE (Imposto de Exportação), IOF (Imposto sobre Operações Financeiras) e ITBI (Imposto sobre Transmissão de Bens Imóveis).

VII. Os seguintes impostos foram inseridos na Competência Municipal: IPTU (Imposto sobre Propriedade Predial e Territorial Urbana), ITBI (Imposto sobre Transmissão de Bens Imóveis) e ISS (Imposto sobre Serviços).

Assinale a alternativa que apresenta a sequência correta, de cima para baixo.

a) V, F, V, V, F, V, F.
b) F, V, V, F, V, F, V.
c) F, V, F, V, F, V, V.
d) V, V, F, F, V, V, V.
e) V, F, V, V, V, F, F.

6. (UFPR/TJ/PR/Cartórios/Remoção/2019) Sobre a competência tributária, assinale a alternativa correta.

a) É possível delegar a competência tributária e atribuir as funções de legislar, arrecadar ou fiscalizar tributos, ou mesmo de executar leis, serviços, atos ou decisões administrativas em matéria tributária, conferida por uma pessoa jurídica de direito público a outra.

b) Dentre os atributos ou características da competência tributária destaca-se a incaducabilidade. Por esse atributo, o ente federado que receber a competência atribuída pela Constituição Federal manterá essa competência independentemente de exercê-la (por exemplo, através da criação de tributos).

c) O Código Tributário Nacional impede que haja o cometimento, a pessoas de direito privado, do encargo ou da função de arrecadar tributos.

d) Como regra geral, o ente competente para instituir tributos será aquele que figura na relação tributária como sujeito ativo (credor). Contudo, há exceções, como é o caso da extrafiscalidade, na qual outras pessoas jurídicas poderão ser sujeitos ativos da relação tributária.

e) Uma importante característica ou atributo da competência tributária é a liberdade que o ente federativo possui de livremente renunciar a competência tributária atribuída pela Constituição Federal, pois não pode ser obrigado a exercê-la.

7. (Ieses/TJ/CE/Cartórios/Ingresso/2018) A Constituição Federal delimitou a competência tributária da União, estabelecendo limites e requisitos para o seu exercício. Assinale a alternativa correta:

a) a União poderá instituir, mediante lei complementar, impostos não previstos na Constituição Federal, respeitando alguns requisitos relativos à questão de não-cumulatividade, fato gerador e base de cálculo.

b) a União poderá instituir, na iminência ou no caso de guerra externa, impostos extraordinários, limitados à sua competência tributária.

c) a União poderá instituir empréstimo compulsório mediante lei ordinária.

d) compete à União, mediante lei ordinária, instituir imposto sobre grandes fortunas.

8. (Ieses/TJ/CE/Cartórios/Remoção/2018) Compete à União instituir impostos sobre:

a) transmissão "causa mortis" e doação, de quaisquer bens ou direitos.

b) operações relativas à circulação de mercadorias e sobre prestações de serviços de transporte interestadual e intermunicipal e de comunicação, ainda que as operações e as prestações se iniciem no exterior.

c) operações de crédito, câmbio e seguro, ou relativas a títulos ou valores mobiliários.

d) propriedade de veículos automotores.

9. (Ieses/TJ/AM/Cartórios/Ingresso/2018) Analise as sentenças abaixo e assinale a opção correta com relação às regras de competência tributária estabelecidas no Código Tributário Nacional:

I. os tributos cuja receita seja distribuída, no todo ou em parte, a outras pessoas jurídicas de direito público pertencerá à competência legislativa daquela a que tenham sido atribuídos.

II. é vedado aos Estados, ao Distrito Federal e aos Municípios estabelecer diferença tributária entre bens de qualquer natureza, em razão da sua procedência ou do seu destino.

III. é vedado à União, aos Estados, ao Distrito Federal e aos Municípios, estabelecer limitações ao tráfego, no território nacional, de pessoas ou mercadorias, por meio de tributos interestaduais ou intermunicipais:

a) apenas a alternativa I está correta.

b) apenas as alternativas II e III estão corretas.
c) apenas I e III estão corretas.
d) todas as alternativas estão corretas.

10. (Consulplan/TJ/MG/Cartórios/Ingresso/2018) Sobre os tributos, assinale a afirmativa correta:

a) atribuição de responsabilidade pelo pagamento do tributo decorrente de instrumento particular é oponível à Fazenda Pública.
b) tributo pode ser conceituado como prestação pecuniária, sancionatória de ato ilícito, cobrada mediante atividade vinculada.
c) a Constituição Federal não cria o tributo, mas, sim, outorga competência tributária ao ente federativo para criá-lo com base no princípio da reserva legal.
d) nos tributos vinculados, sua instituição independe de uma prestação estatal relativa ao contribuinte, pois não integra à respectiva hipótese de incidência qualquer prestação do Estado em favor do contribuinte.

11. (Consulplan/TJ/MG/Cartórios/Ingresso/2017) A partir da classificação doutrinária da competência tributária, é correto afirmar:

a) a competência privativa refere-se, basicamente, ao poder de instituir os tributos discriminados no texto constitucional, sendo privativa justamente porque a Constituição discrimina, em favor de cada entidade tributante, os principais impostos de sua competência.
b) a competência concorrente é aquela com base na qual determinado ente político pode instituir certo imposto que, a princípio, seria da incumbência de outra esfera de governo, sendo assim, determinada entidade tributante acumula, por força da Constituição Federal, uma competência que ordinariamente não seria sua.
c) a competência residual é o poder de a União inovar e instituir imposto novo e contribuição para a seguridade social nova, desde que por meio de lei complementar.
d) a competência extraordinária consiste no poder de a União e os Estados instituírem empréstimo compulsório no caso de guerra externa ou sua iminência.

12. (Consulplan/TJ/MG/Cartórios/Remoção/2017) Acerca dos princípios gerais do Sistema Tributário Nacional, previstos na Constituição Federal, é correto afirmar que:

a) competem à União, em Território Federal, os impostos estaduais e, se o Território não for dividido em Municípios, cumulativamente, os impostos municipais; ao Distrito Federal cabem os impostos municipais.
b) a instituição da contribuição de melhoria, decorrente de obras públicas, é privativa dos Municípios.
c) as taxas instituídas pelos Estados e pelo Distrito Federal, relacionadas ao exercício do poder de polícia, poderão ter a mesma base de cálculo própria de impostos, caso haja a autorização do Senado Federal.
d) cabe à lei ordinária estabelecer, em normas gerais, o adequado tratamento tributário ao ato cooperativo praticado pelas sociedades cooperativas.

13. (Ieses/TJ/RO/Cartórios/Ingresso/2017) Assinale a alternativa que apresenta exclusivamente impostos cuja instituição é de competência dos Estados:

a) IPVA, ICMS e ITCMD.
b) IPI, IPVA, ICMS, ITBI.
c) IPTU, ITCMD e ICMS.
d) IPVA, ICMS e ISS.

14. (Ieses/TJ/RO/Cartórios/Remoção/2017) Compete à União instituir impostos sobre:

a) IPI (imposto sobre produto industrializado).
b) ITBI (imposto sobre a transmissão de bens imóveis e de direitos).
c) ICMS (imposto sobre circulação de mercadorias e prestação de serviços).
d) IPTU (imposto predial e territorial urbano).

2. ESPÉCIES DE TRIBUTO

ATENÇÃO: ESTE TEMA É MUITO EXIGIDO NOS CONCURSOS!

SÚMULAS

1) Contribuições Especiais

STF Súm. Vinculante 40. A contribuição confederativa de que trata o artigo 8º, IV, da Constituição Federal, só é exigível dos filiados ao sindicato respectivo.

STF Súm. 659. É legítima a cobrança da Cofins, do PIS e do Finsocial sobre as operações relativas a energia elétrica, serviços de telecomunicações, derivados de petróleo, combustíveis e minerais do país.

STF Súm. 732. É constitucional a cobrança da contribuição do salário-educação, seja sob a Carta de 1969, seja sob a CF/1988, e no regime da Lei 9.424/96.

STJ Súm. 423. A Contribuição para Financiamento da Seguridade Social – Cofins incide sobre as receitas provenientes das operações de locação de bens móveis.

STJ Súm. 468. A base de cálculo do PIS, até a edição da MP n. 1.212/1995, era o faturamento ocorrido no sexto mês anterior ao do fato gerador.

STJ Súm. 499. As empresas prestadoras de serviços estão sujeitas às contribuições ao Sesc e Senac, salvo se integradas noutro serviço social.

STJ Súm. 508. A isenção da Cofins concedida pelo art. 6º, II, da LC n. 70/1991 às sociedades civis de prestação de serviços profissionais foi revogada pelo art. 56 da Lei n. 9.430/1996.

STJ Súm. 516. A Contribuição de Intervenção no Domínio Econômico (Cide) para o Incra (Decreto-Lei 1.110/70), devida por empregadores rurais e urbanos, não foi extinta pelas leis 7.787/89, 8.212/91 e 8.213/91, não podendo ser compensada com a contribuição ao INSS.

STJ Súm. 584. As sociedades corretoras de seguros, que não se confundem com as sociedades de valores mobiliários ou com os agentes autônomos de seguro privado, estão fora do rol de entidades constantes do art. 22, § 1º, da Lei n. 8.212/1991, não se sujeitando à majoração da alíquota da Cofins prevista no art. 18 da Lei n. 10.684/2003.

2) Taxas

STF Súm. Vinculante 12. A cobrança de taxa de matrícula nas universidades públicas viola o disposto no art. 206, IV, da Constituição Federal.

STF Súm. Vinculante 19. A taxa cobrada exclusivamente em razão dos serviços públicos de coleta, remoção e tratamento ou destinação de lixo ou resíduos provenientes de imóveis, não viola o artigo 145, II, da Constituição Federal.

STF Súm. Vinculante 29. É constitucional a adoção, no cálculo do valor de taxa, de um ou mais elementos da base de cálculo própria de determinado imposto, desde que não haja integral identidade entre uma base e outra.

STF Súm. Vinculante 41. O serviço de iluminação pública não pode ser remunerado mediante taxa.

STF Súm. 595. É inconstitucional a taxa municipal de conservação de estradas de rodagem cuja base de cálculo seja idêntica à do imposto territorial rural.

STF Súm. 665. É constitucional a taxa de fiscalização dos mercados de títulos e valores mobiliários instituída pela Lei 7.940/89.

STF Súm. 667. Viola a garantia constitucional de acesso à jurisdição a taxa judiciária calculada sem limite sobre o valor da causa.

STJ Súm. 178. O INSS não goza de isenção do pagamento de custas e emolumentos, nas ações acidentárias e de benefícios, propostas na justiça estadual.

REPERCUSSÃO & REPETITIVOS

1) Contribuições Especiais

STF Rep. Geral 325. As contribuições devidas ao Sebrae, à APEX e à ABDI com fundamento na Lei 8.029/1990 foram recepcionadas pela EC 33/2001. *RE 603624, 23.9.2020.*

STF Rep. Geral 495. É constitucional a contribuição de intervenção no domínio econômico destinada ao Incra devida pelas empresas urbanas e rurais, inclusive após o advento da EC nº 33/2001. *RE 630898, 7.4.2021.*

2) Taxas

STF Rep. Geral 696. É constitucional a aplicação dos recursos arrecadados por meio de contribuição para o custeio da iluminação pública na expansão e aprimoramento da rede. *RE 666404, 18.8.2020.*

STF Rep. Geral 919. A instituição de taxa de fiscalização do funcionamento de torres e antenas de transmissão e recepção de dados e voz é de competência privativa da União, nos termos do art. 22, IV, da Constituição Federal, não competindo aos Municípios instituir referida taxa. *RE 776594, 2.12.2022.*

STF Rep. Geral 1085. A inconstitucionalidade de majoração excessiva de taxa tributária fixada em ato infralegal a partir de delegação legislativa defeituosa não conduz à invalidade do tributo nem impede que o Poder Executivo atualize os valores previamente fixados em lei de acordo com percentual não superior aos índices oficiais de correção monetária. *RE 1258934, 10.4.2020.*

STJ Repetitivo 1123. O art. 3º da Resolução RDC 10/2000 estabeleceu, em concreto, a própria base de cálculo da Taxa de Saúde Suplementar – especificamente na modalidade devida por plano de saúde (art. 20, I, da Lei 9.961/2000) –, em afronta ao princípio da legalidade estrita, previsto no art. 97, IV, do CTN. *REsp 1872241, 23.11.2022.*

JURISPRUDÊNCIA EM TESES

STJ JurisTese 82-10. É legítima a cobrança da taxa de localização, fiscalização e funcionamento quando notório o exercício do poder de polícia pelo aparato administrativo do ente municipal, sendo dispensável a comprovação do exercício efetivo de fiscalização.

INFORMATIVOS

STF Taxas de fiscalização da atividade de mineração. É constitucional a instituição, por meio de lei estadual, de taxas de controle, monitoramento e fiscalização de atividades de pesquisa, lavra, exploração e aproveitamento de recursos minerários (TFRM). Os estados-membros possuem competência administrativa fiscalizatória sobre recursos hídricos e minerais, desde que informado pelo princípio da subsidiariedade, emanado de uma concepção própria do federalismo cooperativo brasileiro, de modo que é possível desempenharem, quando traduzível em serviço público ou poder de polícia, atividade administrativa remunerada mediante taxa. A base de cálculo das taxas minerárias deve guardar razoável proporcionalidade entre a quantidade de minério extraído e o dispêndio de recursos públicos com a fiscalização dos contribuintes, observados os princípios da proibição do confisco e da precaução ambiental. *ADI 4787, 1.8.2022. Pleno. Inf 1062.*

STF Parâmetros para o cálculo das custas judiciais e emolumentos. É válida a cobrança das custas judiciais e emolumentos tendo por parâmetro o valor da causa ou do bem ou negócio objeto dos atos judiciais e extrajudiciais, desde que definidos limites mínimo e máximo e mantida uma razoável e proporcional correlação com o custo da atividade. Essa forma de cálculo é plenamente admitida, visto que os parâmetros fixados não constituem a base de cálculo da taxa respectiva, mas apenas um critério para a sua incidência, haja vista ser impossível aferir, em cada caso, o efetivo custo do serviço. *ADI 2846, 13.9.2022. Pleno. Inf 1067.*

STF Cobrança de taxa de segurança para eventos. É inconstitucional a cobrança de taxa de segurança para eventos, visto que a segurança pública deve ser remunerada por meio de impostos, já que constitui serviço geral e indivisível, devido a todos os cidadãos, independentemente de contraprestação. *ADI 2692, 30.9.2022. Pleno. Inf 1070.*

STF Lei estadual: militares estaduais e instituição de contribuição para custear serviços de saúde. É inconstitucional preceito de lei estadual que institui contribuição compulsória de bombeiros e policiais militares estaduais para compor fundo de assistência, com o objetivo de custear serviços de saúde a eles prestados. Contudo, o legislador estadual pode estabelecer contribuição facultativa com o aludido fim. O texto constitucional atribui à União a competência exclusiva para a instituição de contribuições sociais, de intervenção no domínio econômico e de interesse das categorias profissionais ou econômicas (CF, art. 149). Vale lembrar que os entes estaduais só podem instituir contribuição para custear o regime previdenciário tratado no art. 40 da CF. *ADI 5368, 28.10.2022. Pleno. Inf 1074.*

STF Custas e emolumentos judiciais: majoração e criação de sanções processuais por ente estadual. É constitucional norma estadual que fixa custas processuais mais elevadas para causas consideradas de alto valor ou alta complexidade. Há pertinência entre o valor das custas e o custo do serviço judicial prestado, o que se revela como efetiva progressividade tributária. No entanto, a determinação de "dobra de custas" sem a necessária correlação entre o valor da taxa e o custo dos serviços prestados constitui afronta ao texto constitucional (CF, art. 145, II). Portanto, se o critério adotado é a qualidade do usuário do serviço, resta evidente a falta dessa referibilidade. *ADI 7063, 3.6.2022. Pleno. Inf 1057.*

STJ Contribuição ao salário-educação. Pessoa física titular de cartório. Inexigibilidade. As pessoas físicas titulares de serviços notariais e de registro não se enquadram na definição de sujeito passivo da contribuição para o salário-educação. *AgInt no REsp 2011917, 2ª T, 11.11.2022. Inf 760.*

QUESTÕES DISCURSIVAS

1. (Consulplan/TJ/MS/Cartórios/2022) Em determinado Estado da Federação foi editada Lei que regulamenta taxas, custas e emolumentos cobrados no âmbito do Poder Judiciário. Confiram-se os dispositivos da Lei a seguir: "Art. 1º As custas devidas nos processos judiciais e os emolumentos cobrados pelos Serviços Notarial e de Registro são fixados na proporção do valor da causa, segundo a natureza do feito ou de acordo com a espécie de recurso ou do ato praticado, conforme tabela fixada nos termos da legislação estadual em vigor. § 1º Em nenhum feito judicial poderá o valor das custas judiciais ultrapassar a 5% (cinco por cento) do valor atribuído à causa ou a condenação, prevalecendo, para este efeito, a importância de maior valor e respeitados os valores mínimos e máximos. § 2º os recursos arrecadados com o recolhimento das custas serão convertidos em receita do Poder Judiciário. Art. 2º O valor da Taxa pela Utilização dos Serviços Públicos Notariais ou de Registro fica estabelecido nos seguintes percentuais sobre o valor do título: I – Nos atos notariais e registrais sobre títulos e documentos sem valor declarado em que os emolumentos forem estabelecidos em valores fixos, a Taxa pela Utilização dos Serviços Públicos Notariais ou de Registro corresponderá a 20% (vinte por cento) do valor desses emolumentos." Pergunta-se: A) Há compatibilidade entre a instituição da taxa judiciária em comento, com o sistema tributário nacional, em especial quanto à limitação de seu valor? B) As custas e emolumentos estariam sendo cobrados com base própria de imposto, por serem fixados com base no valor da causa? C) Há usurpação de competência pelo Estado, quando legisla sobre fixação de emolumentos para os serviços notarias e de registro? D) A destinação dos recursos como receita do Poder Judiciário fere norma que determina que a destinação do valor das taxas deve ser a de remunerar o próprio serviço?

2. (Cespe/TJ/DFT/Cartórios/Remoção/2014) O tribunal de justiça de determinado estado da Federação editou ato, de caráter normativo, atualizando monetariamente os valores dos emolumentos relativos aos atos praticados pelos respectivos serviços notariais e de registro, tendo-o publicado oficialmente em 10 de novembro de 2013. A atualização foi feita com base na inflação apurada nos doze meses anteriores à publicação do ato, conforme índice de correção indicado em lei estadual. À luz da jurisprudência relativa à matéria, redija um texto dissertativo, com a devida justificação, apontando a natureza jurídica dos emolumentos decorrentes da prática de atos notariais e de registro e o momento a partir do qual os novos valores previstos no ato editado pelo referido tribunal poderão ser cobrados dos interessados e indicando o entendimento do STF a respeito da possibilidade de se utilizar o valor do imóvel apurado na cobrança do IPTU como base de cálculo para o valor dos emolumentos relativos à transferência de imóveis.

QUESTÕES OBJETIVAS

15. (Ieses/TJ/TO/Cartórios/Remoção/2022) Na iminência ou no caso de guerra externa, a União pode instituir, temporariamente, impostos extraordinários compreendidos ou não entre os referidos no Código Tributário Nacional, suprimidos, gradativamente, no prazo máximo de:

a) 5 (cinco) anos, contados da celebração da paz.
b) 3 (três) anos, contados da celebração da paz.
c) 2 (dois) anos, contados da celebração da paz.
d) 1 (um) ano, contado da celebração da paz.

16. (Ieses/TJ/TO/Cartórios/Remoção/2022) O tributo cuja obrigação tem por fato gerador uma situação independente de qualquer atividade estatal específica, relativa ao contribuinte, é denominado de:

a) Imposto.
b) Contribuição de Melhoria.
c) Taxa.
d) Tarifa.

17. (FGV/TJ/SC/Cartórios/Ingresso/2021) O registrador José, em agosto de 2021, exigiu do adquirente de um imóvel que, para realizar o registro, apresentasse certidão de quitação da taxa estadual anual de segurança contra incêndio, cobrada em razão da utilização, efetiva ou potencial, de serviço de combate a incêndios pelo Corpo de Bombeiros Militar. O adquirente recusou-se, requerendo que o registrador, nos termos do Art. 198 da Lei nº 6.015/1973, suscitasse dúvida perante o juiz competente, o qual decidiu dando razão ao registrador. Diante desse cenário, o juiz decidiu:

a) corretamente, uma vez que tal obrigação constitui obrigação "propter rem".
b) equivocadamente, uma vez que o tabelião somente poderia exigir certidão de quitação de tal tributo do alienante.
c) equivocadamente, uma vez que o serviço de combate a incêndio não constitui fato gerador de taxa.
d) equivocadamente, uma vez que apenas é responsável tributário por dívidas da referida taxa o titular anterior da propriedade.
e) corretamente, já que o Código Tributário Nacional estabelece a responsabilidade dos tabeliães, escrivães e demais serventuários de ofício pelos tributos devidos sobre os atos praticados por eles, ou perante eles, em razão do seu ofício.

18. (FGV/TJ/SC/Cartórios/Ingresso/2021) Projeto de lei ordinária federal pretende criar empréstimo compulsório para fazer frente aos vultosos gastos decorrentes do estado de calamidade pública causado pela Covid-19. Dada a urgência da captação de recursos, o projeto prevê que tal empréstimo compulsório será devido desde a data da publicação da lei. Diante desse cenário, tal empréstimo compulsório:

a) deveria ser veiculado por lei complementar.
b) deveria obedecer ao princípio da anterioridade anual.
c) deveria obedecer ao princípio da anterioridade nonagesimal.
d) deveria obedecer ao princípio da anterioridade anual e nonagesimal.
e) poderia ser instituído por Medida Provisória, em razão da situação de grande relevância e urgência.

19. (FGV/TJ/SC/Cartórios/Remoção/2021) Lei do Município Alfa de agosto de 2021 instituiu a Taxa de Aprovação de Projetos de Construção, tendo por fato gerador a análise de projetos de sistemas de prevenção contra incêndio e pânico, serviço prestado pelo Corpo de Bombeiros Estadual Militar. João, prestes a iniciar construção em terreno de sua propriedade, foi informado pelo engenheiro responsável pela obra que teria de recolher o valor dessa taxa. Diante desse cenário, a cobrança é:

a) indevida, pois o serviço prestado não é específico e divisível.
b) indevida, pois o serviço público por ela financiado é de competência estadual.
c) indevida, pois tal serviço não pode ser prestado pelo Corpo de Bombeiros Estadual Militar.
d) devida, por se tratar de serviço de precípuo interesse local.
e) devida, pois o serviço prestado é específico e divisível.

20. (Ieses/TJ/RO/Cartórios/Remoção/2021) Conforme preconiza a legislação tributária pátria, em casos excepcionais, como exemplo: guerra externa, ou sua iminência, conjuntura que exija a absorção temporária de poder aquisitivo, qual dos entes federados abaixo pode instituir empréstimos compulsórios?

a) Distrito Federal.
b) Estados.
c) União.
d) Municípios.

21. (Consulplan/TJ/MS/Cartórios/Remoção/2021) Trata-se de exação cuja materialidade do fato gerador ou de sua hipótese de incidência é sempre e necessariamente um fato produzido pelo Estado, na esfera jurídica do próprio Estado, em referibilidade ao administrado ou uma atuação estatal diretamente referida ao contribuinte. A assertiva anterior diz respeito a:

a) Taxa.
b) Imposto.
c) Contribuição social.
d) Contribuição de melhoria.

22. (Cespe/TJ/DFT/Cartórios/Remoção/2019) Custas judiciais e emolumentos auferidos por titulares de cartórios possuem natureza:

a) tributária, e o serviço notarial é exercido em caráter privado.
b) tributária, e o serviço notarial é exercido em caráter público.
c) não tributária, e o serviço notarial consiste em atividade pública não essencial.
d) não tributária, e o serviço notarial é exercido em caráter privado.
e) não tributária, e o serviço notarial consiste em atividade pública essencial.

23. (Vunesp/TJ/RS/Cartórios/Ingresso/2019) A jurisprudência do Supremo Tribunal Federal firmou orientação no sentido de que as custas judiciais e os emolumentos concernentes aos serviços notariais e registrais possuem natureza:

a) não tributária, sendo classificadas como preço público.
b) pública, sendo classificadas como tarifas remuneratórias de serviços públicos.
c) tributária, qualificando-se como taxas remuneratórias de serviços públicos.
d) tributária, qualificando-se como preço público.
e) privada, qualificando-se como tarifas remuneratórias de serviços públicos.

24. (Consulplan/TJ/MG/Cartórios/Remoção/2019) Sobre a contribuição de melhoria, assinale a alternativa incorreta.

a) O lançamento da contribuição de melhoria sobre determinados imóveis deve ser realizado quando já executada a obra em sua totalidade ou em parte suficiente para justificar a exigência.

b) O sujeito passivo da obrigação tributária da contribuição de melhoria é o proprietário do imóvel, sendo nula a cláusula do contrato de locação que atribua ao locatário o pagamento, no todo ou em parte, da contribuição de melhoria lançada sobre o imóvel.
c) A cobrança da contribuição de melhoria, resultante de obras executadas pela União, situadas em áreas urbanas de um único Município, poderá ser efetuada pelo órgão arrecadador municipal, em convênio com o órgão federal que houver realizado as referidas obras.
d) O texto constitucional (art. 145, III) deixou de se referir expressamente à valorização imobiliária, ao cogitar de contribuição de melhoria. Com isso, o acréscimo do valor do imóvel localizado nas áreas beneficiadas direta ou indiretamente por obras públicas deixou de figurar como fato gerador da contribuição.

25. (Ieses/TJ/SC/Cartórios/Remoção/2019) No que atine ao conceito de tributo e às espécies tributárias, assinale a alternativa correta:

a) Tributo é toda prestação pecuniária compulsória, em moeda ou cujo valor nela se possa exprimir, que não constitua sanção de ato ilícito, instituída em lei e cobrada mediante atividade administrativa discricionária.
b) Imposto, de acordo com o Código Tributário Nacional, é o tributo cuja obrigação tem por fato gerador uma situação independente de qualquer atividade estatal específica, relativa ao contribuinte.
c) A contribuição de melhoria não é um tributo.
d) As taxas são tributos de competência privativa da União, dos Estados e do Distrito Federal.

26. (Vunesp/TJ/RS/Cartórios/Remoção/2019) Nos termos do que dispõe o Código Tributário Nacional, a utilização de serviço público específico e divisível, prestado ao contribuinte ou posto à sua disposição, enseja a cobrança de:

a) imposto.
b) taxa.
c) tarifa.
d) contribuição social.
e) preço público.

27. (Vunesp/TJ/RS/Cartórios/Ingresso/2019) A espécie tributária instituída para fazer face ao custo de obras públicas de que decorra valorização imobiliária para os imóveis beneficiados denomina-se:

a) taxa de acréscimo patrimonial.
b) taxa de serviço público.
c) contribuição social decorrente de obra pública.
d) contribuição de melhoria.
e) taxa de valorização imobiliária.

28. (UFPR/TJ/PR/Cartórios/Remoção/2019) Sobre o conceito legal de tributo, identifique como verdadeiras (V) ou falsas (F) as seguintes afirmativas:

I. Tributo é prestação pecuniária em moeda ou cujo valor nela se possa exprimir, ainda que se admita também o pagamento do tributo através de dação por bens móveis.
II. O tributo é uma prestação compulsória, pois, quando houver a ocorrência ao fato gerador, aquele que o praticou será obrigado, independentemente de sua vontade, ao pagamento do tributo devido.
III. O tributo deve ser prioritariamente instituído por lei. Porém é possível que, em certas situações, as alíquotas sejam estabelecidas por Decreto do Poder Executivo Federal, como é o caso do Imposto de Importação.
IV. O tributo, ainda que não constitua sanção decorrente de ato ilícito, em certos casos, também pode ser identificado como uma penalidade ou multa.
V. O tributo é cobrado mediante atividade administrativa discricionária pela autoridade fiscal.

Assinale a alternativa que apresenta a sequência correta, de cima para baixo:

a) F, V, V, F, F.
b) V, V, V, F, F.
c) F, V, F, V, V.
d) V, F, F, V, V.
e) V, F, V, V, F.

29. (UFPR/TJ/PR/Cartórios/Remoção/2019) Sobre as espécies tributárias, assinale a alternativa correta.

a) Imposto é o tributo cuja obrigação tem por fato gerador uma situação vinculada a uma atividade estatal específica, relativa ao contribuinte.
b) São exemplos de Contribuições Sociais: CIDE (Contribuições de Intervenção no Domínio Econômico), CICES (Contribuição de interesse de categorias econômicas e sociais), as Contribuições de Melhoria e as Contribuições Previdenciárias (Seguridade Social).
c) Empréstimos Compulsórios devem ser instituídos por lei ordinária e têm por causas as seguintes situações: despesas extraordinárias decorrentes de calamidade pública, guerra externa ou sua iminência e investimento público de caráter urgente e de relevante interesse nacional.
d) Taxa é o tributo exigível em razão do exercício do poder de polícia ou pela utilização efetiva ou potencial de serviços públicos específicos e divisíveis, prestados ao contribuinte ou postos à sua disposição.
e) Contribuição de Melhoria é o tributo exigível em decorrência de obra pública que implique valorização imobiliária e destina-se a custear a obra realizada, já que a lei autoriza que o valor arrecadado de Contribuições de Melhoria dos contribuintes seja superior ao custo da obra pública, sem prejuízo para a legalidade e a legitimidade da cobrança do referido tributo.

30. (UFPR/TJ/PR/Cartórios/Remoção/2019) Sobre o conceito legal de tributo, identifique como verdadeiras (V) ou falsas (F) as seguintes afirmativas:

I. Tributo é prestação pecuniária em moeda ou cujo valor nela se possa exprimir, ainda que se admita também o pagamento do tributo através de dação por bens móveis.
II. O tributo é uma prestação compulsória, pois, quando houver a ocorrência ao fato gerador, aquele que o praticou será obrigado, independentemente de sua vontade, ao pagamento do tributo devido.
III. O tributo deve ser prioritariamente instituído por lei. Porém é possível que, em certas situações, as alíquotas sejam estabelecidas por Decreto do Poder Executivo Federal, como é o caso do Imposto de Importação.
IV. O tributo, ainda que não constitua sanção decorrente de ato ilícito, em certos casos, também pode ser identificado como uma penalidade ou multa.
V. O tributo é cobrado mediante atividade administrativa discricionária pela autoridade fiscal.

Assinale a alternativa que apresenta a sequência correta, de cima para baixo:

a) F, V, V, F, F.
b) V, V, V, F, F.

c) F, V, F, V, V.
d) V, F, F, V, V.
e) V, F, V, V, F.

31. (Vunesp/TJ/AL/Cartórios/Ingresso/2019) Em face do conceito previsto no art. 3º do Código Tributário Nacional, não se caracteriza como tributo:

a) o pagamento do imposto sobre a transmissão "inter vivos" a qualquer título, por ato oneroso, de bens imóveis.
b) os emolumentos pagos pela prestação de serviços notariais e de registro.
c) o contribuição de melhora cobrada em razão de valorização imobiliária decorrente da execução de obra pública.
d) a multa pelo pagamento fora do prazo do imposto sobre serviços de qualquer natureza.

32. (Ieses/TJ/CE/Cartórios/Remoção/2018) Segundo o Código Tributário Nacional, toda prestação pecuniária compulsória, em moeda ou cujo valor nela se possa exprimir, que não constitua sanção de ato ilícito, instituída em lei e cobrada mediante atividade administrativa plenamente vinculada é denominada de:

a) encargos.
b) emolumentos.
c) subsídios.
d) tributo.

33. (Ieses/TJ/AM/Cartórios/Remoção/2018) Tributo é toda prestação pecuniária compulsória, em moeda ou cujo valor nela se possa exprimir, que não constitua sanção de ato ilícito, instituída em lei e cobrada mediante atividade administrativa plenamente vinculada. São consideradas espécies de tributos, exceto:

a) contribuições de melhoria.
b) tarifa.
c) taxas.
d) impostos.

34. (Ieses/TJ/CE/Cartórios/Ingresso/2018) Sobre a contribuição de melhoria, assinale a alternativa incorreta:

a) é de competência da União, Estados, Distrito Federal e Municípios no âmbito de suas respectivas atribuições.
b) nos termos do CTN, a contribuição de melhoria possui um limite global, correspondente ao valor da despesa realizada na obra e um limite individual, que impede que seja exigido do contribuinte valor maior do que o efetivo acréscimo de valor que seu imóvel sofreu.
c) a contribuição de melhoria é instituída em decorrência de obra pública da qual resulte em valorização imobiliária, sendo que a inexistência desta valorização impediria a cobrança do tributo.
d) a lei relativa à contribuição de melhoria deve conter, dentre outros requisitos, o memorial descritivo do projeto e a delimitação da zona beneficiada, podendo conceder e fixar de prazo para impugnação pelos interessados de qualquer dos requisitos exigidos para a lei.

35. (Ieses/TJ/AM/Cartórios/Remoção/2018) O tributo instituído para fazer face ao custo de obras públicas de que decorra valorização imobiliária, tendo como limite total a despesa realizada e como limite individual o acréscimo de valor que da obra resultar para cada imóvel beneficiado é intitulado de:

a) taxa.
b) contribuição de melhoria.
c) imposto sobre serviços de qualquer natureza.
d) imposto extraordinário.

36. (Ieses/TJ/CE/Cartórios/Remoção/2018) A União poderá instituir empréstimos compulsórios mediante:

a) emenda à constituição.
b) lei complementar.
c) resolução.
d) medida provisória.

37. (Consulplan/TJ/MG/Cartórios/Remoção/2018) Em relação às taxas, assinale a alternativa correta:

a) os emolumentos por não terem natureza tributária caracterizam-se como preço público.
b) a União não pode conceder isenção da taxa estadual de emolumentos dos serviços extrajudiciais.
c) é imprescindível para a cobrança de taxa decorrente do exercício do poder de polícia a prestação potencial de futuro serviço público.
d) a vinculação das taxas judiciárias e dos emolumentos a entidades privadas ou mesmo a serviços públicos diversos daqueles a que tais recursos se destinam não subverte a finalidade institucional do tributo.

38. (Ieses/TJ/CE/Cartórios/Remoção/2018) Conforme dispõe o Código Tributário Nacional, somente a União, nos seguintes casos excepcionais, pode instituir empréstimos compulsórios:

I. conjuntura que exija a absorção temporária de poder aquisitivo.
II. guerra externa, ou sua iminência.
III. intervenção.
IV. calamidade pública que exija auxílio federal impossível de atender com os recursos orçamentários disponíveis.

A sequência correta é:

a) apenas a assertiva III está incorreta.
b) apenas as assertivas II e IV estão corretas.
c) as assertivas I, II, III e IV estão corretas.
d) apenas as assertivas I, II e III estão corretas.

39. (Consulplan/TJ/MG/Cartórios/Ingresso/2018) Em relação às taxas, assinale a alternativa correta:

a) a taxa pode ser instituída em razão de prestação de serviço indivisível, potencial e de existência futura.
b) os emolumentos devidos em contrapartida aos serviços notariais e registrais têm natureza jurídica de taxa.
c) os serviços que se apresentem constitucionalmente como deveres do Estado e direito de todos dão ensejo à instituição de taxas.
d) para a criação da taxa relativa ao poder de polícia é necessária uma atividade privada ou pública dirigida à coletividade que será custeada pelo tributo.

40. (Consulplan/TJ/MG/Cartórios/Remoção/2017) A partir da definição de tributo, é correto afirmar:

a) o tributo é compulsório, mas essa característica não possui nenhuma relação com a garantia constitucional segundo a qual ninguém é obrigado a fazer ou deixar de fazer algo senão em virtude da lei.
b) a orientação jurisprudencial do Supremo Tribunal Federal firmou-se no sentido da possibilidade de medida provisória ser veículo idôneo para a instituição de tributo.
c) admite-se a edição de medida provisória sobre matéria reservada a lei complementar.
d) medida provisória não pode instituir imposto.

41. (Consulplan/TJ/MG/Cartórios/Ingresso/2017) A partir da definição legal de tributo, considerando-se o art. 3º e outras disposições constantes do Código Tributário Nacional, é correto afirmar:

a) tributo é toda prestação pecuniária, podendo constituir sanção de ato ilícito.
b) tributo é prestação em moeda ou cujo valor nela se possa exprimir, sendo vedado o uso de unidades fiscais para indexação.
c) tributo é pagável em dinheiro, mas também em bens imóveis, nos termos da lei.
d) a característica de ser prestação compulsória denota a natureza de receita originária do tributo.

42. (Consulplan/TJ/MG/Cartórios/Ingresso/2017) De acordo com as características do tributo, é correto afirmar:

a) tributo é cobrado mediante atividade administrativa discricionária, mas vinculada à lei.
b) a lei outorga às autoridades administrativas incumbidas da cobrança margem de opção sobre exigir ou não o tributo, ou, ainda, sobre escolher de quem ou quanto exigir.
c) os emolumentos, em sendo a remuneração da atividade desempenhada pelo titular da serventia extrajudicial, devido à sua natureza tributária, não podem ser dispensados, total ou parcialmente, pelo seu destinatário legal.
d) tributo não constitui sanção de ato ilícito, motivo pelo qual não incide imposto de renda quando o banqueiro de jogo de bicho (autor de contravenção penal) aufere renda oriunda dessa atividade ilícita.

43. (Ieses/TJ/RO/Cartórios/Ingresso/2017) Analise as sentenças abaixo e assinale a opção correta considerando as disposições expressas do Código Tributário Nacional:

I. os tributos são impostos, taxas e contribuições de melhoria.
II. a natureza jurídica específica do tributo é determinada pelo fato gerador da respectiva obrigação.
III. a expressão "legislação tributária" compreende as leis, os tratados e as convenções internacionais, os decretos e as normas complementares que versem, no todo ou em parte, sobre tributos e relações jurídicas a eles pertinentes:

a) todas as alternativas estão corretas.
b) apenas a alternativa III está correta.
c) apenas as alternativas I e II estão corretas.
d) apenas I e III estão corretas.

44. (Consulplan/TJ/MG/Cartórios/Remoção/2017) Sobre as espécies tributárias, é correto afirmar:

a) o dever de pagar tributo decorre de um ajuste contratual entre o Estado e o contribuinte.
b) além do nome, as espécies tributárias são definidas pelas características do fato gerador da respectiva obrigação.
c) as taxas e a contribuição de melhoria são tributos contraprestacionais, na medida em que o fato gerador da obrigação de pagar se relaciona com uma atividade estatal em direção ao contribuinte, sintetizando uma ideia de custo-benefício.
d) o pagamento de imposto dá, em favor de quem os paga, direito a algum tipo de atividade estatal, cuja falha na prestação exime do dever de pagamento.

45. (Ieses/TJ/RO/Cartórios/Remoção/2017) É instituída para fazer face ao custo de obras públicas de que decorra valorização imobiliária, tendo como limite total a despesa realizada e como limite individual o acréscimo de valor que da obra resultar para cada imóvel beneficiado. A sentença acima define:

a) a contribuição de melhoria.
b) taxa.
c) imposto.
d) tarifa.

46. (Consulplan/TJ/MG/Cartórios/Ingresso/2017) A propósito das contribuições especiais, assinale a alternativa correta:

a) o Supremo Tribunal Federal já assentou que as contribuições de intervenção no domínio econômico podem ser cobradas de pessoas que não integram o grupo econômico que é objeto de intervenção.
b) as contribuições sociais da seguridade social de natureza residual podem ser instituídas pela União, mediante lei ordinária.
c) segundo o Supremo Tribunal Federal, a contribuição interventiva em favor do INCRA não pode ser exigida das empresas urbanas.
d) a contribuição para custeio do serviço de iluminação pública, de competência dos Municípios e do Distrito Federal, possui natureza jurídica de taxa.

47. (Consulplan/TJ/MG/Cartórios/Ingresso/2017) Compete exclusivamente à União instituir contribuições sociais, de intervenção no domínio econômico e de interesse das categorias profissionais ou econômicas, como instrumento de sua atuação nas respectivas áreas. Sobre as contribuições sociais e de intervenção no domínio econômico, é incorreto afirmar que:

a) incidirão sobre a importação de serviços.
b) poderão ter alíquotas específicas, tendo por base a unidade de medida adotada.
c) incidirão sobre a importação de produtos estrangeiros.
d) poderão ter alíquotas "ad valorem", tendo por base o faturamento, a receita bruta ou o valor da operação e, no caso de importação e de exportação, o valor aduaneiro.

48. (Consulplan/TJ/MG/Cartórios/Ingresso/2017) À luz do entendimento sumulado pelo Supremo Tribunal Federal, assinale a alternativa incorreta:

a) é ilegítima a incidência da contribuição previdenciária sobre o 13º salário.
b) o serviço de iluminação pública não pode ser remunerado mediante taxa.
c) viola a garantia constitucional de acesso à jurisdição a taxa judiciária calculada sem limite sobre o valor da causa.
d) ainda quando alugado a terceiros, permanece imune ao IPTU o imóvel pertencente a qualquer das entidades referidas pelo art. 150, VI, "c", da Constituição Federal, desde que o valor dos aluguéis seja aplicado nas atividades para as quais tais entidades foram constituídas.

49. (Consulplan/TJ/MG/Cartórios/Remoção/2017) Relativamente aos empréstimos compulsórios, é certo afirmar:

a) são provisórios, podendo a lei instituidora determinar, ou não, o prazo de duração.
b) no caso de investimento público de caráter urgente e de relevante interesse nacional, o empréstimo compulsório submete-se ao princípio da anterioridade anual.
c) são restituíveis, devendo a lei determinar a forma de devolução em títulos públicos.
d) podem ser instituídos em conjuntura que exija a absorção temporária de poder aquisitivo.

50. (Consulplan/TJ/MG/Cartórios/Ingresso/2017) Relativamente aos empréstimos compulsórios, é certo dizer:

a) são de competência da União e do Distrito Federal.
b) são instituídos, via de regra, por lei complementar.
c) a guerra externa ou sua iminência, a calamidade pública ou ainda o investimento público de caráter urgente e de relevante interesse nacional constituem fato gerador do empréstimo compulsório.
d) a aplicação dos recursos arrecadados é vinculada às despesas que fundamentaram sua instituição.

51. (Consulplan/TJ/MG/Cartórios/Ingresso/2017) Sobre os empréstimos compulsórios, à luz da disciplina constante da Constituição Federal, é incorreto afirmar:

a) a sua instituição deve ocorrer mediante lei complementar.
b) podem ser instituídos no caso de investimento público de caráter urgente e de relevante interesse nacional, vedada a cobrança no mesmo exercício financeiro em que haja sido publicada a lei que os instituiu.
c) a sua instituição pelos Estados deve ser previamente autorizada pelo Senado Federal.
d) a aplicação dos recursos provenientes de empréstimo compulsório será vinculada à despesa que fundamentou sua instituição.

52. (Consulplan/TJ/MG/Cartórios/Ingresso/2017) Relativamente às taxas, assinale a alternativa correta:

a) a Constituição Federal menciona quais as taxas que são de competência das entidades tributantes, obedecendo-se ao critério de repartição de atribuição administrativa para a prestação do serviço.
b) a taxa de serviço público específico e divisível possui, como fato gerador, a utilização efetiva ou potencial desse mesmo serviço, podendo ainda ser instituída para repartir os custos de serviço estatal efetivamente existente ou para angariar recursos para a sua implantação.
c) o serviço de iluminação pública pode ser remunerado mediante taxa.
d) a taxa cobrada exclusivamente em razão dos serviços públicos de coleta, remoção e tratamento ou destinação de lixo ou resíduos provenientes de imóveis, não viola o art. 145, II, da Constituição Federal.

53. (Consulplan/TJ/MG/Cartórios/Remoção/2017) Em relação às taxas, assinale a alternativa correta:

a) o exercício regular do poder de polícia pelas entidades tributantes, segundo as atribuições administrativas previstas na Constituição Federal, pode, excepcionalmente, acarretar a imposição de taxas, por parte de cada uma delas, considerando a fiscalização de determinada atividade, como é o caso da proteção ao meio ambiente.
b) as taxas de polícia instituídas e cobradas pelas entidades tributantes, tendo como fato gerador a atividade fiscalizadora incidente sobre uma mesma matéria, regulando a prática de ato ou a abstenção de fato, configuram "bis in idem" e destoam das atribuições administrativas inseridas na Constituição Federal.
c) considera-se irregular o poder de polícia quando desempenhado pelo órgão competente nos limites da lei aplicável, com observância do processo legal e, tratando-se de atividade que a lei tenha como discricionária, sem abuso ou desvio de poder.
d) considera-se poder de polícia a atividade da Administração Pública que, limitando ou disciplinando direito, interesse ou liberdade, regula a prática de ato ou abstenção de fato, em razão de interesse particular específico, no que concerne à segurança, à higiene, à ordem, aos costumes, à disciplina da produção e do mercado, ao exercício de atividades econômicas dependentes de concessão ou autorização do Poder Público, à tranquilidade pública ou ao respeito à propriedade e aos direitos individuais ou coletivos.

54. (Ieses/TJ/RO/Cartórios/Ingresso/2017) Sobre as taxas, assinale a alternativa incorreta:

a) as taxas têm como fato gerador o exercício regular do poder de polícia, ou a utilização, efetiva ou potencial, de serviço público específico e divisível, prestado ao contribuinte ou posto à sua disposição.
b) considera-se poder de polícia atividade da administração pública que regula a prática de ato ou abstenção de fato, em razão de interesse público concernente à segurança, à higiene, à ordem, aos costumes, à disciplina da produção e do mercado, ao exercício de atividades econômicas dependentes de concessão ou autorização do Poder Público, à tranquilidade pública ou ao respeito à propriedade e aos direitos individuais ou coletivos.
c) a taxa pode ter base de cálculo ou fato gerador idênticos aos que correspondam a imposto e ser calculada em função do capital das empresas.
d) considera-se regular o exercício do poder de polícia quando desempenhado pelo órgão competente nos limites da lei aplicável, com observância do processo legal e, tratando-se de atividade que a lei tenha como discricionária, sem abuso ou desvio de poder.

3. LEGISLAÇÃO TRIBUTÁRIA

QUESTÕES OBJETIVAS

55. (Ieses/TJ/TO/Cartórios/Remoção/2022) Na ausência de disposição expressa, a autoridade competente para aplicar a legislação tributária utilizará sucessivamente, na ordem indicada:

a) A analogia; os princípios gerais de direito tributário; os princípios gerais de direito público; a equidade.
b) A equidade; os princípios gerais de direito tributário; os princípios gerais de direito público; a analogia.
c) Os princípios gerais de direito público; a analogia; a equidade; os princípios gerais de direito tributário.
d) Os princípios gerais de direito tributário; os princípios gerais de direito público; a analogia; a equidade.

56. (Ieses/TJ/TO/Cartórios/Ingresso/2022) Sobre as definições e regras referentes à Legislação Tributária contidas no Código Tributário Nacional, analise as sentenças abaixo e assinale a opção correta:

I. Entram em vigor no primeiro dia do exercício seguinte àquele em que ocorra a sua publicação os dispositivos de lei, referentes a impostos sobre o patrimônio ou a renda que instituem ou majoram tais impostos.
II. A lei aplica-se a ato ou fato pretérito, em qualquer caso, quando seja expressamente interpretativa, excluída a aplicação de penalidade à infração dos dispositivos interpretados.
III. Na ausência de disposição expressa, a autoridade competente para aplicar a legislação tributária utilizará inicialmente a equidade.
IV. Interpreta-se da maneira mais favorável a legislação tributária que disponha sobre suspensão ou exclusão do crédito tributário.

a) Nenhuma afirmativa está correta.
b) Apenas as afirmativas I e II estão corretas.
c) Apenas as afirmativas III e IV estão corretas.
d) Apenas as afirmativas I, II e III estão corretas.

57. (Consulplan/TJ/MS/Cartórios/Ingresso/2021) Com referência à vigência da lei tributária, analise as afirmativas a seguir.

I. Salvo disposição em contrário, os convênios celebrados entre os Estados da Federação Brasileira vigem a partir da data da publicação.

II. Os atos normativos expedidos pelas autoridades administrativas têm vigência a partir da data neles prevista, exceto se de outra forma dispor aquele que os expedir.
III. As práticas reiteradas, quanto a seus efeitos normativos, 30 (trinta) dias após a data de sua publicação; exceto se houver disposição em contrário.

Está correto o que se afirma apenas em:

a) II.
b) III.
c) I e II.
d) I e III.

58. (Consulplan/TJ/MS/Cartórios/Ingresso/2021) Observe o trecho do julgado a seguir: "Havendo regra concessiva da correção monetária para o caso em que o fisco devolve ao contribuinte a quantia que este depositou para garantir as instâncias administrativa e judicial, justo é que tal norma seja invocada para o fim de se conceder a correção monetária quando o fisco devolve o indébito de natureza tributária." (RE 81412/SP). No parágrafo reproduzido faz-se uso do método de integração da legislação tributária denominado:

a) Analógico.
b) Sistemático.
c) Teleológico.
d) Principiológico.

59. (Vunesp/TJ/RS/Cartórios/Remoção/2019) De acordo com o Código Tributário Nacional, uma lei que disponha sobre dispensa do cumprimento de obrigações tributárias acessórias deve ser interpretada:

a) literalmente.
b) extensivamente.
c) teleologicamente.
d) equitativamente.
e) analogicamente.

60. (Consulplan/TJ/MG/Cartórios/Ingresso/2019) Avalie as afirmativas a seguir.

I. O Princípio da Anterioridade veda a cobrança de tributos em relação a fatos geradores ocorridos antes do início da vigência da lei que os houver instituído ou aumentado.
II. O parcelamento suspende a exigibilidade das obrigações acessórias do crédito tributário e impede o lançamento de tributos e penalidades relacionados com as suas obrigações principais e acessórias.
III. É da competência dos Estados e do Distrito Federal estabelecer hipótese de imunidade tributária em relação a fato que esteja sujeito à incidência do imposto sobre propriedade de veículos automotores.
IV. Interpreta-se da maneira mais favorável ao sujeito passivo a legislação tributária que disponha sobre a dispensa do cumprimento de obrigações tributárias acessórias.

Assinale a alternativa correta.

a) Nenhuma afirmativa está correta.
b) Apenas a afirmativa II está correta.
c) Apenas a afirmativa III está correta.
d) Todas as afirmativas estão corretas.

61. (Consulplan/TJ/MG/Cartórios/Ingresso/2019) Considerando os temas vigência e aplicação da legislação tributária, interpretação e integração da legislação tributária, bem como as disposições do CTN, assinale a alternativa correta.

a) O emprego da analogia pode resultar na exigência de tributo.
b) A legislação tributária que trate sobre parcelamento de crédito tributário deve ser interpretada literalmente.
c) A lei tributária é aplicada a fato anterior à sua vigência quando extinguir tributo, pois vem em benefício do contribuinte.
d) Os princípios gerais de direito privado utilizam-se para pesquisa da definição, do conteúdo e do alcance de seus institutos, conceitos e formas, bem como para a definição dos respectivos efeitos tributários.

62. (UFPR/TJ/PR/Cartórios/Ingresso/2019) Sobre as fontes formais (legislação) do Direito Tributário, identifique como verdadeiras (V) ou falsas (F) as seguintes afirmativas:

I. As Leis Complementares são, como regra geral, o veículo normativo capaz de instituir, majorar ou mesmo extinguir tributos, a exemplo do Imposto de Renda (IR).
I. As Leis Ordinárias dispõem sobre conflitos de competência e normas gerais de Direito Tributário. A Lei Ordinária só pode versar sobre assuntos expressamente discriminados pela Constituição Federal.
III. A Constituição da República Federativa do Brasil estabelece a repartição das Competências Tributárias aos entes políticos (União, Estados, Distrito Federal e Municípios) e seus respectivos limites.
IV. As Emendas à Constituição podem alterar, dentro dos limites estabelecidos na CRF/88, princípios e regras que regularão o Sistema Tributário Nacional.
V. O conteúdo e o alcance dos decretos restringem-se aos das leis em função das quais sejam expedidos, devendo observar as regras de interpretação estabelecidas no Código Tributário Nacional.

Assinale a alternativa que apresenta a sequência correta, de cima para baixo.

a) V, V, F, F, F.
b) V, V, V, V, F.
c) V, F, F, V, V.
d) F, V, V, F, V.
e) F, F, V, V, V.

63. (UFPR/TJ/PR/Cartórios/Ingresso/2019) As técnicas de integração da lei tributária encontram previsão expressa na legislação tributária brasileira. Na ausência de disposição legal tributária expressa:

a) autoriza-se ao aplicador da lei tributária o recurso aos princípios gerais de direito tributário, aos princípios gerais de direito público, à equidade e à interpretação construtiva.
b) autoriza-se ao aplicador da lei tributária o recurso à interpretação extensiva, aos princípios gerais de direito público, aos princípios gerais de direito tributário e à equidade.
c) autoriza-se ao aplicador da lei tributária o recurso à analogia, aos princípios gerais de direito financeiro, aos princípios gerais de direito privado e à equidade.
d) autoriza-se ao aplicador da lei tributária o recurso à analogia, aos princípios gerais de direito tributário, aos princípios gerais de direito público e à equidade.
e) o legislador autoriza o uso da analogia para exigir tributo não previsto em lei.

64. (Ieses/TJ/AM/Cartórios/Ingresso/2018) Com relação à Administração Tributária e seu mecanismo de fiscalização, assinale a alternativa incorreta com relação ao previsto no Código Tributário Nacional:

a) os tabeliães, escrivães e demais serventuários de ofício, quando intimados por escrito, são obrigados a prestar à autoridade administrativa todas as informações de que disponham com relação aos bens, negócios ou atividades de terceiros, ressalvadas hipóteses de segredo em razão de seu ofício.

b) os livros obrigatórios de escrituração comercial e fiscal e os comprovantes dos lançamentos neles efetuados serão conservados até que ocorra a prescrição dos créditos tributários decorrentes das operações a que se refiram.

c) a legislação tributária aplica-se às pessoas naturais ou jurídicas, contribuintes ou não, exceto às que gozem de imunidade tributária ou de isenção de caráter pessoal.

d) a Fazenda Pública da União, na forma estabelecida em tratados, acordos ou convênios, poderá permutar informações com Estados estrangeiros no interesse da arrecadação e da fiscalização de tributos.

65. (Consulplan/TJ/MG/Cartórios/Ingresso/2017) À luz do sistema das normas tributárias, indique a assertiva verdadeira:

a) o texto constitucional estabelece princípios e regras que garantem aos contribuintes proteções mínimas, e, ao definir a competência tributária dos entes políticos integrantes da federação, institui os tributos.

b) a lei complementar da União, no que tange ao sistema tributário, regula temas iniciados na Constituição Federal, tratando de matéria afeta a todos os entes tributantes, com eficácia no âmbito federal.

c) a função que sintetiza o papel das leis ordinárias federal, estadual, distrital ou municipal, no Direito Tributário, é a instituição dos tributos.

d) compete à lei ordinária dispor sobre a incidência de ITCD, quando o doador tiver domicílio ou residência no exterior.

66. (Consulplan/TJ/MG/Cartórios/Ingresso/2017) Sobre a interpretação e integração da legislação tributária, assinale a afirmativa correta:

a) interpreta-se analogicamente a legislação tributária que disponha sobre a suspensão ou exclusão do crédito tributário, a outorga de isenção e a dispensa do cumprimento de obrigações tributárias acessórias.

b) relativamente às normas tributárias que definem infrações e penalidades não se aplica o princípio da retroatividade benigna.

c) na integração da legislação tributária, a autoridade competente pode eleger, dentre as modalidades de integração, aquela que se mostre mais adequada para a solução dos casos concretos para os quais não haja disposição reguladora expressa.

d) a lei tributária pode alterar determinado conceito oriundo do direito privado, dando-lhe certa peculiaridade, restringindo-lhe ou ampliando-lhe o alcance, desde que não tenha sido adotado pela Constituição Federal para delimitar a competência tributária.

67. (Ieses/TJ/RO/Cartórios/Ingresso/2017) Considerando as normas gerais de direito tributário estabelecidas pelo Código Tributário Nacional, pode-se afirmar o seguinte sobre a "legislação tributária", exceto que:

a) na ausência de disposição expressa, a autoridade competente para aplicar a legislação tributária utilizará, sucessivamente, a analogia, os princípios gerais de direito tributário, os princípios gerais de direito público e a equidade.

b) a legislação tributária aplica-se imediatamente aos fatos geradores futuros, passados (cuja ocorrência já esteja completa) e aos pendentes, cuja ocorrência tenha tido início mas não esteja completa.

c) a vigência, no espaço e no tempo, da legislação tributária rege-se pelas disposições legais aplicáveis às normas jurídicas em geral, ressalvado o previsto no Código Tributário Nacional.

d) o emprego da analogia não poderá resultar na exigência de tributo não previsto em lei.

4. OBRIGAÇÃO TRIBUTÁRIA

ATENÇÃO: ESTE TEMA É MUITO EXIGIDO NOS CONCURSOS!

SÚMULAS

STJ **Súm. 251.** A meação só responde pelo ato ilícito quando o credor, na execução fiscal, provar que o enriquecimento dele resultante aproveitou ao casal.

STJ **Súm. 360.** O benefício da denúncia espontânea não se aplica aos tributos sujeitos a lançamento por homologação regularmente declarados, mas pagos a destempo.

STJ **Súm. 430.** O inadimplemento da obrigação tributária pela sociedade não gera, por si só, a responsabilidade solidária do sócio-gerente.

STJ **Súm. 435.** Presume-se dissolvida irregularmente a empresa que deixar de funcionar no seu domicílio fiscal, sem comunicação aos órgãos competentes, legitimando o redirecionamento da execução fiscal para o sócio-gerente.

STJ **Súm. 554.** Na hipótese de sucessão empresarial, a responsabilidade da sucessora abrange não apenas os tributos devidos pela sucedida, mas também as multas moratórias ou punitivas referentes a fatos geradores ocorridos até a data da sucessão.

REPERCUSSÃO & REPETITIVOS

STJ **Repetitivo 962.** O redirecionamento da execução fiscal, quando fundado na dissolução irregular da pessoa jurídica executada ou na presunção de sua ocorrência, não pode ser autorizado contra o sócio ou o terceiro não sócio que, embora exercessem poderes de gerência ao tempo do fato gerador, sem incorrer em prática de atos com excesso de poderes ou infração à lei, ao contrato social ou aos estatutos, dela regularmente se retirou e não deu causa à sua posterior dissolução irregular, conforme art. 135, III do CTN. *REsp 1377019, 24.11.2021.*

STJ **Repetitivo 981.** O redirecionamento da execução fiscal, quando fundado na dissolução irregular da pessoa jurídica executada ou na presunção de sua ocorrência, pode ser autorizado contra o sócio ou o terceiro não sócio, com poderes de administração na data em que configurada ou presumida a dissolução irregular, ainda que não tenha exercido poderes de gerência quando ocorrido o fato gerador do tributo não adimplido, conforme art. 135, III, do CTN. *REsp 1645333, 25.5.2022.*

STJ **Repetitivo 1049.** A execução fiscal pode ser redirecionada em desfavor da empresa sucessora para cobrança de crédito tributário relativo a fato gerador ocorrido posteriormente à incorporação empresarial e ainda lançado em nome da sucedida, sem a necessidade de modificação da certidão de dívida ativa, quando verificado que esse negócio jurídico não foi informado oportunamente ao fisco. *REsp 1848993, 9.9.2020.*

STJ **Repetitivo 1118.** Somente mediante lei estadual/distrital específica poderá ser atribuída ao alienante responsabilidade solidária pelo pagamento do imposto sobre a propriedade de veículos automotores – IPVA do veículo alienado, na hipótese de ausência de comunicação da venda do bem ao órgão de trânsito competente. *REsp 1881788, 23.11.2022.*

INFORMATIVOS

STF **Não se admite que ente federativo diverso imponha espécie de obrigação tributária acessória a entes destinatários de exação.** As contribuições recebidas pelos sindicatos têm natureza tributária. Assim, mesmo em se tratando de verba pública – enquanto receita tributária com destinação específica –, não é qualquer ente público que pode estabelecer obrigações ligadas a esse mesmo tributo, mas somente aquele que tem competência normativa: a União (CF, art. 149). *ADI 5349, 19.8.2022. Pleno. Inf 1064.*

STF **Constitucionalidade da chamada "norma geral antielisão".** Não viola o texto constitucional a previsão contida no par. ún. do art. 116 do CTN. Em verdade, ela confere máxima efetividade a esses preceitos, objetivando, primordialmente, combater a evasão fiscal, sem que isso represente permissão para a autoridade fiscal de cobrar tributo por analogia ou fora das hipóteses descritas em lei, mediante interpretação econômica. Nesse contexto, apenas viabiliza que a autoridade tributária aplique base de cálculo e alíquota a uma hipótese de incidência estabelecida em lei e que tenha efetivamente se realizado. *ADI 2446, 8.4.2022. Pleno. Inf 1050.*

STJ **Sucessão empresarial irregular. Comprovação formal. Desnecessidade. Prosseguimento na exploração da mesma atividade econômica, no mesmo endereço e com o mesmo objeto social. Presunção.** A caracterização da sucessão empresarial fraudulenta não exige a comprovação formal da transferência de bens, direitos e obrigações à nova sociedade, admitindo-se sua presunção quando os elementos indiquem que houve o prosseguimento na exploração da mesma atividade econômica, no mesmo endereço e com o mesmo objeto social. *AgInt no REsp 1837435, 4ª T, 10.5.2022. Inf 737.*

STJ **Execução fiscal. Responsabilidade do sócio. Dissolução regular. Micro e pequena empresa. Ausência de certidão de regularidade fiscal. Incidência do art. 134, VII, do CTN.** No caso de micro e pequenas empresas é possível a responsabilização dos sócios pelo inadimplemento do tributo, com base no art. 134, VII, do CTN, cabendo-lhes demonstrar a insuficiência do patrimônio quando da liquidação para exoneração da responsabilidade pelos débitos. *REsp 1876549, 2ª T, 6.5.2022. Inf 735.*

STJ **Tributos estaduais. Pandemia (Covid-19). Pretensão de suspensão temporária de vencimento e de postergação do prazo de pagamento das prestações dos parcelamentos. Discricionariedade dos poderes executivo ou legislativo. Impossibilidade de sua concessão pela via judicial.** Na ausência de legislação estadual específica que conceda o direito à postergação do vencimento ou à suspensão da exigibilidade das prestações dos parcelamentos de tributos estaduais, não há como se estender os efeitos de normas aplicáveis no âmbito dos tributos federais ou do Simples Nacional, ou mesmo benefícios concedidos por outro Estado da Federação, aos tributos devidos em razão da pandemia (Covid-19). *RMS 67443, 2ª T, 18.3.2022. Inf 730.*

QUESTÕES DISCURSIVAS

3. (Vunesp/TJ/SP/Cartórios/2021) Qual a natureza jurídica da responsabilidade tributária do Tabelião? Justifique.

4. (Ieses/TJ/CE/Cartórios/2018) Determinado distribuidor, contribuinte do ICMS, é o responsável pelo recolhimento antecipado do tributo estadual relativo a toda a cadeia subsequente a sua fase. Conforme a legislação aplicável, o distribuidor recolhe o tributo com uma base de cálculo presumida. Realizada a operação em toda sua cadeia, constatou-se que a base de cálculo real do valor da venda foi inferior ao valor da base de cálculo presumida, utilizado para o pagamento do tributo. Assim, o distribuidor, após tentativas administrativas, ajuizou a competente medida judicial visando a devolução do valor pago a mais na apuração presumida da base de cálculo. Com base nas informações acima narradas e com subsídio nas prescrições da Constituição Federal, Código Tributário Nacional e o entendimento firmado pelos tribunais superiores, responda, em um único texto, aos seguintes questionamentos: (i) Conforme a construção doutrinária, a responsabilidade tributária pode ser dividida em duas grandes categorias, considerando a relação entre a consumação do fato gerador e o momento em que determinado responsável tributário assume tal posição. Defina estas duas categorias de responsabilidade, apresentando as diferenças entre elas. (ii) Na hipótese descrita no enunciado, trata-se de qual categoria de responsabilidade? (iii) É devida a restituição da diferença do Imposto sobre Circulação de Mercadorias e Serviços – ICMS pago a mais, conforme requerido pelo distribuidor?

5. (Ieses/TJ/AM/Cartórios/2018) A empresa Y presta serviços no Município Z, local no qual instalou sua sede no ano de 2015. A motivação para instalação da sede no Município Z foi a possibilidade de beneficiar-se de isenção temporária concedida com relação aos tributos municipais. A empresa Y requereu a mencionada isenção, a qual foi deferida ainda no ano de 2015. Em 2017, a empresa Y foi surpreendida com uma autuação e imposição de multa, fundamentada no descumprimento da obrigação de apresentação da documentação contábil da empresa no ano de 2016, nos termos da legislação municipal. Insurgiu-se então a empresa Y apresentando defesa administrativa, a qual aguarda julgamento, afirmando que a isenção concedida afasta a obrigação de apresentação de sua documentação contábil, vez que não há tributos a recolher no Município Z. Com base nas informações acima narradas e com subsídio nas prescrições do Código Tributário Nacional, responda, em um único texto, aos seguintes questionamentos: (i) Qual a definição e diferenças entre obrigação tributária principal e obrigação tributária acessória? Aponte as definições legais, bem como indique o tipo de obrigação que foi descumprida pela empresa Y; (ii) Está correto o entendimento do contribuinte no sentido de que a isenção concedida afasta o dever de cumprimento da obrigação de apresentar a documentação objeto da autuação? Justifique, indicando o dispositivo do Código Tributário Nacional que fundamenta sua resposta; (iii) Discorra sobre a natureza da multa aplicada à empresa Z em relação a teoria das obrigações tributárias, considerando a redação expressa do Código Tributário Nacional.

QUESTÕES OBJETIVAS

68. (Ieses/TJ/TO/Cartórios/Ingresso/2022) Sobre o fato gerador da obrigação tributária, conforme os termos e conceitos do Código Tributário Nacional, analise as sentenças abaixo e assinale a opção correta:

I. Salvo disposição de lei em contrário, considera-se ocorrido o fato gerador e existentes os seus efeitos, tratando-se de situação de fato, desde o momento em que esteja definitivamente constituída, nos termos de direito aplicável.
II. Fato gerador da obrigação acessória é a situação definida em lei como necessária e suficiente à sua ocorrência.
III. Salvo disposição de lei em contrário, considera-se ocorrido o fato gerador e existentes os seus efeitos, tratando-se de situação jurídica, desde o momento em que se verifiquem as circunstâncias materiais necessárias a que produza os efeitos que normalmente lhe são próprios.
IV. Fato gerador da obrigação principal é qualquer situação que, na forma da legislação aplicável, impõe a prática ou a abstenção de ato que não configure obrigação acessória.

a) Nenhuma afirmativa está correta.
b) Apenas as afirmativas I e II estão corretas.
c) Apenas as afirmativas II e IV estão corretas.
d) Todas as afirmativas estão corretas.

69. (Ieses/TJ/TO/Cartórios/Ingresso/2022) Com base nas regras de responsabilidade por infrações dispostas no Código Tributário Nacional, analise as sentenças abaixo e assinale a opção correta:

I. Salvo disposição de lei em contrário, a responsabilidade por infrações da legislação tributária independe da intenção do agente ou do responsável e da efetividade, natureza e extensão dos efeitos do ato.
II. A responsabilidade é excluída pela denúncia espontânea da infração, acompanhada, se for o caso, do pagamento do tributo devido e dos juros de mora, ou do depósito da importância arbitrada pela autoridade administrativa, quando o montante do tributo dependa de apuração.
III. A responsabilidade é pessoal ao agente quanto às infrações conceituadas por lei como crimes ou contravenções, salvo quando praticadas no exercício regular de administração, mandato, função, cargo ou emprego, ou no cumprimento de ordem expressa emitida por quem de direito.
IV. A responsabilidade é pessoal ao agente quanto às infrações que decorram direta e exclusivamente de dolo específico, dos mandatários, prepostos ou empregados, contra seus mandantes, preponentes ou empregadores.

a) Apenas as afirmativas I e IV estão corretas.
b) Todas as afirmativas estão corretas.
c) Apenas as afirmativas I, II e III estão corretas.
d) Nenhuma afirmativa está correta.

70. (FGV/TJ/SC/Cartórios/Remoção/2021) José, registrador, por um lapso na hora de registrar contrato por escritura pública de compra e venda de imóvel, esqueceu-se de exigir a guia de pagamento do ITBI quitada. Nesse local, a responsabilidade de exigir a comprovação de quitação do ITBI é atribuída aos registradores, e não ao tabeliães. O Fisco municipal, contudo, percebeu que o tributo não havia sido recolhido e, tendo realizado o lançamento de ofício, notificou os contribuintes e o registrador para que pagassem o débito. Os contribuintes não o fizeram voluntariamente, ainda que tivessem bens suficientes para o adimplemento da dívida. Diante desse cenário e à luz do CTN, o registrador José:

a) é pessoalmente responsável por tal dívida, podendo ser demandado juntamente com os contribuintes do imposto, sem posterior direito de regresso contra eles.
b) é pessoalmente responsável por tal dívida, podendo ser demandado juntamente com os contribuintes do imposto, com posterior direito de regresso contra eles.
c) é substituto tributário dos contribuintes, devendo a cobrança ser feita apenas em face dele.
d) responde pela dívida por sua omissão, mas apenas nos casos de impossibilidade de exigência aos contribuintes do cumprimento da obrigação principal.
e) por não ser parte no negócio jurídico de compra e venda, não pode ser responsabilizado por tal dívida tributária.

71. (Ieses/TJ/RO/Cartórios/Ingresso/2021) O fato gerador pode ser classificado como instantâneo, periódico ou complexivo, dentro outras formas de classificação. Assinale a alternativa que indica um imposto que não possui fato gerador que pode ser classificado como instantâneo:

a) Imposto Sobre Transmissão de Bens Imóveis – ITBI.
b) Imposto Sobre Operações Financeiras (IOF) – Seguro.
c) Imposto Sobre Serviços de Qualquer Natureza – ISS.
d) Imposto Predial e Territorial Urbano – IPTU.

72. (Consulplan/TJ/MS/Cartórios/Ingresso/2021) Considerando o instituto da obrigação tributária, marque V para as afirmativas verdadeiras e F para as falsas.

I. A obrigação tributária principal surge com a ocorrência do fato gerador e extingue-se juntamente com o crédito dela decorrente.
II. A obrigação tributária acessória tem por objeto as prestações, positivas ou negativas, que visam permitir a melhor arrecadação dos tributos.
III. Não observada a obrigação tributária acessória, esta será convertida em obrigação principal, com referência à multa.

A sequência está correta em:

a) V, F, F.
b) F, V, V.
c) F, V, F.
d) V, F, V.

73. (Consulplan/TJ/MS/Cartórios/Ingresso/2021) Observe as afirmativas a seguir.

I. O domicílio tributário das pessoas naturais é sua residência habitual, acaso não tenha havido escolha por outro.
II. Com referência às firmas individuais, o domicílio tributário, não sendo escolhido, será o local de sua sede.
III. Será a sede da autarquia o seu domicílio tributário, se outro não tiver sido escolhido pela pessoa jurídica em questão.

Está correto o que se afirma apenas em:

a) I.
b) III.
c) I e II.
d) II e III.

74. (Consulplan/TJ/MG/Cartórios/Remoção/2019) Em relação ao domicílio tributário, é incorreto afirmar que:

a) Quanto às pessoas jurídicas de direito público, qualquer de suas repartições no território da entidade tributante.
b) A autoridade administrativa pode recusar o domicílio eleito, quando impossibilite ou dificulte a arrecadação ou a fiscalização do tributo.
c) Quanto às pessoas naturais, considera-se a sua residência habitual, ou, sendo esta incerta ou desconhecida, aquela que a autoridade administrativa eleger.
d) Quanto às pessoas jurídicas de direito privado ou às firmas individuais, considera-se o lugar da sua sede, ou, em relação aos atos ou fatos que derem origem à obrigação, o de cada estabelecimento.

75. (Consulplan/TJ/MG/Cartórios/Ingresso/2019) Sobre os temas fato gerador, capacidade tributária e obrigação tributária, assinale a alternativa incorreta.

a) O judicialmente interditado pode ser sujeito passivo da obrigação tributária.
b) Para o surgimento da obrigação tributária acessória, exige-se, tal como a obrigação principal, a ocorrência do respectivo fato gerador.
c) O cumprimento, por determinado sujeito, de obrigação acessória, não o condiciona, necessariamente, à obrigação tributária principal.
d) Salvo disposição de lei em contrário, considera-se ocorrido o fato gerador e existentes os seus efeitos, tratando-se de situação jurídica, desde o momento em que se verifiquem as circunstâncias materiais necessárias a que produza os efeitos que normalmente lhe são próprios.

76. (UFPR/TJ/PR/Cartórios/Ingresso/2019) Sobre capacidade tributária passiva, assinale a alternativa incorreta.

a) O filho menor de idade possui capacidade tributária para praticar fato gerador e, portanto, pode ser considerado sujeito passivo de obrigação tributária.
b) A empresa irregular que não tenha se registrado na junta comercial pode ser considerada sujeito passivo de obrigações tributárias.
c) O sujeito passivo da obrigação tributária será chamado de contribuinte quando realizar o fato gerador que dará origem à obrigação tributária.
d) O sujeito passivo da obrigação tributária será chamado de responsável quando, ainda que não pratique o fato gerador da obrigação tributária, a lei tributária o inclua como sujeito obrigado ao pagamento do tributo.
e) O proprietário do imóvel é excluído da relação tributária quando o contrato de aluguel estabeleça que o locatário do imóvel assume a obrigação de pagar o IPTU no lugar do proprietário.

77. (UFPR/TJ/PR/Cartórios/Ingresso/2019) Considere as seguintes situações:

I. Maria, pessoa física, sem residência habitual, trabalha em Umuarama (PR), praticando o fato gerador de determinado imposto estadual na cidade de Cascavel (PR), não informa a receita estadual sobre seu domicílio quando solicitada.
II. Souza Empreendimentos, pessoa jurídica de direito privado, possuindo sede em Brasília (DF) e praticando o fato gerador de determinado imposto federal em Blumenau (SC), deixa de

informar seu domicílio tributário para a receita federal quando solicitado.

III. Pedro, pessoa física, possuindo residência incerta, trabalhando em Colombo (PR) e praticando o fato gerador de determinado imposto estadual em Campina Grande do Sul (PR), deixa de informar seu domicílio tributário para a receita estadual quando solicitado.

Sobre as situações descritas acima, assinale a alternativa que corresponde à ordem correta de domicílios tributários para fins de cobrança de tributos.

a) Na situação I, o domicílio tributário de Maria considerado pela legislação tributária será Umuarama (PR) – Na situação II, o domicílio tributário de Souza Empreendimentos será Brasília (DF) – Na situação III, o domicílio tributário de Pedro será Colombo (PR).
b) Na situação I, o domicílio tributário de Maria considerado pela legislação tributária será Cascavel (SC) – Na situação II, o domicílio tributário de Souza Empreendimentos será Blumenau (SC) – Na situação III, o domicílio tributário de Pedro será Campina Grande do Sul (PR).
c) Na situação I, o domicílio tributário de Maria considerado pela legislação tributária será Umuarama (PR) – Na situação II, o domicílio tributário de Souza Empreendimentos será Blumenau (SC) – Na situação III, o domicílio tributário de Pedro será Campina Grande do Sul (PR).
d) Na situação I, o domicílio tributário de Maria considerado pela legislação tributária será Umuarama (PR) – Na situação II, o domicílio tributário de Souza Empreendimentos será Brasília (DF) – Na situação III, o domicílio tributário de Pedro será Campina Grande do Sul (PR) e Colombo (PR), cumulativamente.
e) Na situação I, o domicílio tributário de Maria considerado pela legislação tributária será Cascavel (PR) – Na situação II, o domicílio tributário de Souza Empreendimentos será Brasília (DF) – Na situação III, o domicílio tributário de Pedro será Colombo (PR).

78. (Ieses/TJ/SC/Cartórios/Ingresso/2019) Os tributos, em regra, devem ser exigidos da pessoa que realiza o fato gerador da obrigação tributária. Entretanto, a lei pode atribuir de modo expresso, em determinadas situações, a responsabilidade pelo crédito tributário a terceira pessoa, vinculada ao fato gerador da respectiva obrigação, excluindo a responsabilidade do contribuinte ou atribuindo-a a este em caráter supletivo do cumprimento total ou parcial da referida obrigação. No que tange à responsabilidade tributária, assinale a alternativa incorreta:

a) Nas hipóteses de impossibilidade de exigência do cumprimento da obrigação principal pelo espólio, o inventariante responde solidariamente com este nos atos em que intervier ou pelas omissões de que for responsável, assim como ocorre com os tutores e curadores em relação aos tributos devidos por seus tutelados ou curatelados.
b) Em relação às infrações que decorram direta e exclusivamente de dolo específico, a responsabilidade é pessoal ao agente.
c) Os mandatários, prepostos e empregados não são pessoalmente responsáveis pelos créditos correspondentes a obrigações tributárias resultantes de atos praticados com excesso de poderes ou infração de lei, contrato social ou estatutos, contra seus mandantes, preponentes ou empregadores.
d) De acordo com o entendimento sumulado do Superior Tribunal de Justiça, o inadimplemento da obrigação tributária pela sociedade não gera, por si só, a responsabilidade solidária do sócio-gerente.

79. (Vunesp/TJ/RS/Cartórios/Remoção/2019) A responsabilidade pelos tributos devidos pelo de "cujus" até a data da abertura da sucessão é:

a) pessoal do inventariante.
b) pessoal do inventariante e subsidiária do espólio.
c) dos sucessores a qualquer título e do cônjuge meeiro solidariamente.
d) dos sucessores a qualquer título e do inventariante solidariamente.
e) pessoal do espólio.

80. (Vunesp/TJ/RS/Cartórios/Remoção/2019) Salvo disposição de lei em contrário, tratando-se de situação jurídica, considera-se ocorrido o fato gerador e existentes os seus efeitos, desde o momento em que esteja definitivamente constituída, nos termos do direito aplicável. Para esse fim, os atos ou negócios jurídicos sujeitos a condição suspensiva, reputam-se perfeitos e acabados desde o momento:

a) da prática do ato ou da celebração do negócio.
b) em que se considera constituído o crédito tributário.
c) em que o lançamento tributário correspondente for efetuado.
d) do implemento da condição.
e) em que se verifiquem as circunstâncias materiais necessárias a que produza os efeitos que lhe são próprios.

81. (Vunesp/TJ/RS/Cartórios/Ingresso/2019) Ao dispor acerca da responsabilidade tributária, o Código Tributário Nacional estabelece que são pessoalmente responsáveis:

a) os tutores e curadores, pelos tributos devidos por seus tutelados ou curatelados.
b) os administradores de bens de terceiros, pelos tributos devidos por estes.
c) os tabeliães, escrivães e demais serventuários de ofício, pelos tributos devidos sobre os atos praticados por eles, ou perante eles, em razão do seu ofício.
d) os pais, pelos tributos devidos por seus filhos menores.
e) o adquirente ou o remitente, pelos tributos relativos aos bens adquiridos ou remidos.

82. (UFPR/TJ/PR/Cartórios/Remoção/2019) Sobre a definição do domicílio fiscal do contribuinte, nos termos do Código Tributário Nacional, assinale a alternativa correta.

a) Cabe inicialmente ao Fisco eleger o domicílio fiscal do contribuinte.
b) O domicílio fiscal da pessoa física será, via de regra, o local da prática do fato gerador, ainda que o contribuinte possua residência habitual.
c) Na falta de eleição, pelo contribuinte ou responsável, de domicílio tributário, na forma da legislação aplicável, considera-se domicílio fiscal das pessoas físicas a sua residência habitual, ou, sendo esta incerta ou desconhecida, o centro habitual de sua atividade.
d) Considera-se domicílio fiscal, quanto às pessoas jurídicas de direito público, apenas a repartição pública principal da pessoa jurídica de direito público.
e) A autoridade administrativa não pode recusar o domicílio eleito pelo contribuinte, ainda que impossibilite ou dificulte a arrecadação ou a fiscalização do tributo, prevalecendo a liberdade do contribuinte de escolher seu domicílio para fins fiscais.

83. (UFPR/TJ/PR/Cartórios/Remoção/2019) As disposições legais básicas acerca do sujeito passivo da relação tributária estão previstas no Código Tributário Nacional. Sobre o tema, assinale a alternativa correta.

a) Capacidade tributária passiva depende da capacidade civil das pessoas naturais, da regularidade das pessoas jurídicas, ou de achar-se a pessoa sujeita a medidas que restrinjam o exercício de suas atividades civis.

b) Salvo disposições de lei em contrário, as convenções particulares, relativas à responsabilidade pelo pagamento de tributos, não podem ser opostas à Fazenda Pública para modificar a definição legal do sujeito passivo das obrigações tributárias correspondentes.

c) Sujeito passivo da obrigação tributária acessória é a pessoa obrigada ao pagamento de tributo ou da penalidade pecuniária.

d) Na responsabilidade por substituição, a obrigação constitui-se inicialmente em relação ao contribuinte originário, comunicando-se depois, porém, para o responsável, como é o caso da sucessão tributária.

e) Exemplo de responsabilidade por transferência é a situação em que o empregador é obrigado a recolher o imposto de renda tributado na fonte no lugar do empregado.

84. (Vunesp/TJ/AL/Cartórios/Ingresso/2019) O vínculo que une os sujeitos ativo e passivo em face de uma obrigação pecuniária quantificada por base de cálculo e alíquota é:

a) a capacidade tributária ativa.

b) o fato gerador do tributo.

c) a relação jurídica tributária.

d) a incidência tributária vinculada.

85. (Consulplan/TJ/MG/Cartórios/Remoção/2018) Assinale a alternativa correta:

a) não é possível a tributação de renda obtida em razão de atividade ilícita.

b) a imunidade tributária autoriza a exoneração de cumprimento das obrigações acessórias.

c) as hipóteses de responsabilidade tributária regulada pelo Código Tributário Nacional podem ser alteradas pelo legislador ordinário.

d) a responsabilidade tributária pressupõe duas normas autônomas: a regra matriz de incidência tributária e a regra matriz de responsabilidade tributária, cada uma com seu pressuposto de fato e seus sujeitos próprios.

86. (Vunesp/TJ/SP/Cartórios/Ingresso/2018) De acordo com o Código Tributário Nacional:

a) os princípios gerais de direito privado são utilizados para pesquisa da definição, do conteúdo e do alcance de seus institutos, conceitos e formas, inclusive para a definição dos respectivos efeitos tributários.

b) a obrigação acessória, pelo simples fato de sua inobservância, converte-se em obrigação principal relativamente à penalidade pecuniária.

c) está em conformidade com o conceito de tributo a noção de prestação pecuniária que constitua sanção de ato ilícito.

d) a lei tributária nova pode retroagir, quando for expressamente interpretativa, inclusive para aplicação de penalidade.

87. (Consulplan/TJ/MG/Cartórios/Ingresso/2018) Sobre os tributos, assinale a afirmativa correta:

a) um ato ilícito pode estar descrito na hipótese de incidência de um imposto ou contribuição.

b) o sujeito passivo da obrigação tributária é a pessoa jurídica de direito público, titular da competência para exigir o seu cumprimento.

c) o fato de a pessoa jurídica gozar de imunidade tributária não afasta a necessidade de cumprimento por ela das obrigações acessórias definidas por lei.

d) cabe a restituição do tributo pago indevidamente, quando reconhecido por decisão, que o contribuinte de fato (de facto) não recuperou do contribuinte de direito (de jure) o quantum respectivo.

88. (Consulplan/TJ/MG/Cartórios/Remoção/2017) Acerca da competência tributária, capacidade tributária ativa e competência para legislar sobre Direito Tributário, indique a alternativa correta:

a) a competência tributária é o poder delegável, atribuído pela Constituição e suas Emendas, sem possibilidade de alteração por meio de legislação infraconstitucional, em favor da União, Estados, Distrito Federal e Municípios, para instituir determinado tributo.

b) a capacidade tributária ativa é o poder de cobrar, exigir e fiscalizar o tributo, de maneira que o sujeito ativo da obrigação tributária, credor do tributo, detém capacidade tributária ativa.

c) a competência para legislar sobre Direito Tributário consiste no poder de estabelecer normas gerais em matéria tributária, estabelecendo conceitos básicos que norteiam o sistema tributário e complementam o texto constitucional, sendo, portanto, competência privativa da União.

d) dá-se a parafiscalidade quando houver delegação da capacidade tributária ativa, ressalvando-se que a entidade delegatária não disporá dos recursos arrecadados para a sustentação de suas finalidades institucionais.

89. (Consulplan/TJ/MG/Cartórios/Remoção/2017) Relativamente à obrigação tributária, fato gerador e sujeito passivo, é correto afirmar:

a) na obrigação acessória, o termo "acessória" sugere uma impropriedade, pois a existência de tal obrigação não pressupõe a principal; por exemplo, há situações em que o cumprimento da obrigação acessória é pressuposto para a inexistência da obrigação principal; assim, a doutrina costuma denominá-la de dever instrumental ou formal, dada a autonomia dos respectivos fatos geradores.

b) fato gerador complexivo consiste num estado de direito ou situação de fato que tende a permanecer no tempo; esse tipo de fato gerador não se constitui por um evento instantâneo ou por um conjunto de eventos, mas por um estado de coisas com potencialidade de permanência; utilizado, em geral, nos impostos sobre a propriedade.

c) uma pessoa jurídica paga salário mensal a seu empregado; em relação ao imposto de renda, o empregado e sua empregadora são contribuintes; aquele porque auferiu renda e essa última porque, como fonte pagadora, está obrigada, por lei, a reter e a pagar o imposto, cujo fato gerador tem relação pessoal e direta com o empregado.

d) o proprietário de imóvel, sujeito passivo do IPTU, na qualidade de contribuinte, ao celebrar contrato de locação desse bem e estipular cláusula contratual, segundo a qual ao locatário compete pagar aquele imposto, transforma esse último em responsável tributário e, portanto, em sujeito passivo perante o Fisco.

90. (Consulplan/TJ/MG/Cartórios/Ingresso/2017) Dado que o fato gerador significa um evento e a base de cálculo, a grandeza que o dimensiona numericamente, considerando-se os impostos e as taxas, é correto afirmar:

a) a base de cálculo dos impostos deve ser a grandeza que dimensiona a manifestação de riqueza, sendo também totalmente idônea para regular a taxa, que guarda relação com a contraprestação estatal.

b) é constitucional a adoção, no cálculo do valor de taxa, de um ou mais elementos da base de cálculo própria de determinado imposto, desde que não haja integral identidade entre uma base e outra.
c) não viola a garantia constitucional de acesso à jurisdição a taxa judiciária calculada sem limite sobre o valor da causa.
d) o Supremo Tribunal Federal entendeu pela inconstitucionalidade da taxa de fiscalização dos mercados de títulos e valores mobiliários, cobrada pela Comissão de Valores Mobiliários, cujos montantes, em moeda corrente, são determinados em faixas que variam de acordo com o patrimônio líquido da sociedade ou fundo de investimento sujeito à fiscalização.

91. (Consulplan/TJ/MG/Cartórios/Remoção/2017) À luz das previsões do Código Tributário Nacional, assinale a alternativa correta:

a) a capacidade tributária passiva independe de achar-se a pessoa natural sujeita a medidas que importem privação ou limitação do exercício de atividades civis, comerciais ou profissionais, ou da administração direta de seus bens ou negócios.
b) a solidariedade comporta o benefício de ordem.
c) a interrupção da prescrição, em favor ou contra um dos obrigados, não favorece ou prejudica aos demais.
d) a autoridade administrativa não pode recusar o domicílio tributário eleito pelo contribuinte.

92. (Ieses/TJ/RO/Cartórios/Ingresso/2017) Sobre o sujeito passivo da obrigação tributária, assinale a alternativa incorreta:

a) a capacidade tributária passiva possui como condição a existência de capacidade civil do sujeito, nos termos da legislação civil.
b) a capacidade tributária passiva independe de estar a pessoa jurídica regularmente constituída, bastando que configure uma unidade econômica ou profissional.
c) sujeito passivo da obrigação principal é a pessoa obrigada ao pagamento de tributo ou penalidade pecuniária.
d) sujeito passivo da obrigação acessória é a pessoa obrigada às prestações que constituam o seu objeto.

93. (Consulplan/TJ/MG/Cartórios/Ingresso/2017) O fato gerador da obrigação principal é a situação definida em lei como necessária e suficiente à sua ocorrência. Sobre o fato gerador disciplinado no Código Tributário Nacional, analise as afirmações que seguem:

I. inclui-se na interpretação da definição legal do fato gerador a validade jurídica dos atos efetivamente praticados pelos contribuintes, responsáveis, ou terceiros, bem como a natureza do seu objeto ou dos seus efeitos.
II. fato gerador da obrigação acessória é qualquer situação que, na forma da legislação aplicável, impõe a prática ou a abstenção de ato que não configure obrigação principal.
III. a autoridade administrativa poderá desconsiderar atos ou negócios jurídicos praticados com a finalidade de dissimular a ocorrência do fato gerador do tributo ou a natureza dos elementos constitutivos da obrigação tributária, observados os procedimentos a serem estabelecidos em lei ordinária.
IV. tratando-se de situação de fato, salvo disposição de lei em contrário, considera-se ocorrido o fato gerador e existentes os seus efeitos desde o momento em que o se verifiquem as circunstâncias materiais necessárias a que produza os efeitos que normalmente lhe são próprios.

Está correto o que se afirma em:

a) I e II, apenas.
b) II e III, apenas.
c) II, III e IV, apenas.
d) I, II, III e IV.

94. (Ieses/TJ/RO/Cartórios/Remoção/2017) No que tange a obrigação tributária é correto afirmar:

I. a obrigação tributária é principal ou acessória.
II. a obrigação principal decorre da legislação tributária e tem por objeto as prestações, positivas ou negativas, nela previstas no interesse da arrecadação ou da fiscalização dos tributos.
III. a obrigação acessória, pelo simples fato da sua inobservância, converte-se em obrigação principal relativamente à penalidade pecuniária.
IV. a obrigação acessória surge com a ocorrência do fato gerador, tem por objeto o pagamento de tributo ou penalidade pecuniária e extingue-se juntamente com o crédito dela decorrente.

A sequência correta é:

a) as assertivas I, II, III e IV estão corretas.
b) apenas a assertiva IV está correta.
c) apenas as assertivas I, III, IV estão corretas.
d) apenas as assertivas I e III estão corretas.

95. (Consulplan/TJ/MG/Cartórios/Ingresso/2017) Acerca da responsabilidade tributária por infrações, é correto afirmar:

a) de acordo como o princípio da responsabilidade objetiva, a responsabilidade por infração à legislação tributária, via de regra, independe da intenção do agente, porém a extensão dos efeitos do ato interfere naquela responsabilidade.
b) certa pessoa jurídica é obrigada a entregar a declaração anual de imposto de renda, mas seu respectivo diretor descumpriu tal obrigação tributária acessória e, por ser o agente da infração, responde pessoalmente perante o Fisco.
c) a entrega de declaração pelo contribuinte, reconhecendo o débito fiscal constitui o crédito tributário, todavia não dispensa outras providências por parte do Fisco.
d) o benefício da denúncia espontânea não se aplica aos tributos sujeitos a lançamento por homologação regularmente declarados, mas pagos a destempo.

96. (Consulplan/TJ/MG/Cartórios/Ingresso/2017) À luz do entendimento sumulado pelo Superior Tribunal de Justiça em matéria tributária, assinale a alternativa incorreta:

a) na hipótese de sucessão empresarial, a responsabilidade da sucessora abrange os tributos devidos pela sucedida, excluídas as multas moratórias ou punitivas referentes a fatos geradores ocorridos até a data da sucessão.
b) a taxa de juros de mora incidente na repetição de indébito de tributos estaduais deve corresponder à utilizada para cobrança do tributo pago em atraso, sendo legítima a incidência da taxa Selic, em ambas as hipóteses, quando prevista na legislação local, vedada sua cumulação com quaisquer outros índices.
c) é lícito ao comerciante de boa-fé aproveitar os créditos de ICMS decorrentes de nota fiscal posteriormente declarada inidônea, quando demonstrada a veracidade da compra e venda.
d) os créditos das autarquias federais preferem aos créditos da Fazenda estadual, desde que coexistam penhoras sobre o mesmo bem.

97. (Consulplan/TJ/MG/Cartórios/Ingresso/2017) Sobre a responsabilidade tributária dos sucessores, disciplinada no Código Tributário Nacional, analise as afirmações que seguem:

I. são pessoalmente responsáveis o sucessor a qualquer título e o cônjuge meeiro, pelos tributos devidos pelo "de cujus" até a data da abertura da sucessão, limitada esta responsabilidade ao montante do quinhão do legado ou da meação.
II. os créditos tributários relativos a impostos cujo fato gerador seja a propriedade, o domínio útil ou a posse de bens imóveis,

e bem assim os relativos a taxas pela prestação de serviços referentes a tais bens, ou a contribuições de melhoria, sub-rogam-se na pessoa dos respectivos adquirentes, salvo quando conste do título a prova de sua quitação.

III. a pessoa jurídica de direito privado que resultar de fusão, transformação ou incorporação de outra ou em outra é responsável pelos tributos devidos até à data do ato pelas pessoas jurídicas de direito privado fusionadas, transformadas ou incorporadas.

IV. a pessoa natural ou jurídica de direito privado que adquirir de outra, por qualquer título, fundo de comércio ou estabelecimento comercial, industrial ou profissional, e continuar a respectiva exploração, sob a mesma ou outra razão social ou sob firma ou nome individual, responde pelos tributos, relativos ao fundo ou estabelecimento adquirido, devidos até à data do ato, subsidiariamente com o alienante, se este prosseguir na exploração ou iniciar dentro de seis meses a contar da data da alienação, nova atividade no mesmo ou em outro ramo de comércio, indústria ou profissão.

Está correto apenas o que se afirma em:

a) I e II.
b) II, III e IV.
c) I e III.
d) II e IV.

5. CRÉDITO TRIBUTÁRIO

5.1. Constituição

SÚMULAS

STJ **Súm. 360.** O benefício da denúncia espontânea não se aplica aos tributos sujeitos a lançamento por homologação regularmente declarados, mas pagos a destempo.

STJ **Súm. 436.** A entrega de declaração pelo contribuinte reconhecendo débito fiscal constitui o crédito tributário, dispensada qualquer outra providência por parte do fisco.

STJ **Súm. 446.** Declarado e não pago o débito tributário pelo contribuinte, é legítima a recusa de expedição de certidão negativa ou positiva com efeito de negativa.

STJ **Súm. 555.** Quando não houver declaração do débito, o prazo decadencial quinquenal para o Fisco constituir o crédito tributário conta-se exclusivamente na forma do art. 173, I, do CTN, nos casos em que a legislação atribui ao sujeito passivo o dever de antecipar o pagamento sem prévio exame da autoridade administrativa.

REPERCUSSÃO & REPETITIVOS

STJ **Repetitivo 1048.** O imposto de transmissão "causa mortis" e doação – ITCMD, referente a doação não oportunamente declarada pelo contribuinte ao fisco estadual, a contagem do prazo decadencial tem início no primeiro dia do exercício seguinte àquele em que o lançamento poderia ter sido efetuado, observado o fato gerador, em conformidade com os arts. 144 e 173, I, ambos do CTN. *REsp 1841798, 28.4.2021.*

JURISPRUDÊNCIA EM TESES

STJ **JurisTese 70-4.** A revisão do lançamento tributário pode ser exercida nas hipóteses do art. 149 do CTN, desde que observado o prazo decadencial para a constituição do crédito tributário.

STJ **JurisTese 70-6.** A notificação do contribuinte do auto de infração constitui definitivamente o crédito tributário e dá início ao cômputo do prazo prescricional para a sua cobrança, não havendo que se falar em prazo decadencial.

INFORMATIVOS

STJ **Créditos presumidos de ICMS. Exclusão da base de cálculo do IRPJ/CSLL. Mandado de segurança objetivando a declaração do direito à restituição do indébito na via administrativa. Cabimento.** É possível assegurar, na via administrativa, o direito à restituição do indébito tributário reconhecido por decisão judicial em mandado de segurança. *REsp 1951855, 1ª T, 8.11.2022. Inf 756.*

STJ **ICMS. Substituição tributária. Base de cálculo. Valor efetivo da operação. Restituição de diferença. Art. 166 do CTN. Inaplicabilidade. Juízo de retratação.** É devida a restituição da diferença do ICMS pago a mais no regime de substituição tributária para frente se a base de cálculo efetiva da operação for inferior à presumida, sendo inaplicável a condição de que trata o art. 166 do CTN. *REsp 525625, 2ª T, 9.8.2022. Inf 744.*

STJ **ISSQN. Lançamento por homologação. Recolhimento em favor de município diverso. Decadência. Art. 173, I, CTN. Aplicação.** O recolhimento do tributo a município diverso daquele a quem seria efetivamente devido não afasta a aplicação da regra da decadência prevista no art. 173, I do CTN. *AREsp 1904780, 1ª T, 14.12.2021. Inf 723.*

STJ **Declaração de Crédito Tributário Federal – DCTF. Erro material. Anulação de débito. Prévio requerimento administrativo. Desnecessidade. Interesse de agir. Existência.** Existe interesse de agir para proposição de ação ordinária objetivando a anulação de débito fiscal, com fundamento na ocorrência de erro, perpetrado pelo contribuinte, no preenchimento da DCTF, ainda que inexistente prévio requerimento administrativo. *REsp 1753006, 1ª T, 23.9.2022. Inf 759.*

QUESTÕES OBJETIVAS

98. (UFPR/TJ/PR/Cartórios/Remoção/2019) Sobre o lançamento, segundo o Código Tributário Nacional, assinale a alternativa incorreta.

a) Compete privativamente às autoridades administrativas constituir o crédito tributário pelo lançamento, assim entendido o procedimento administrativo tendente a verificar a ocorrência do fato gerador da obrigação correspondente, determinar a matéria tributável, calcular o montante do tributo devido e, entre outros aspectos, identificar o sujeito passivo da obrigação tributária.
b) Regra geral, o lançamento reporta-se à data da ocorrência do fato gerador da obrigação e rege-se pela lei então vigente, ainda que posteriormente modificada ou revogada.
c) Excepcionalmente, aplica-se ao lançamento a legislação que, posteriormente à ocorrência do fato gerador da obrigação, tenha instituído novos critérios de apuração ou processos de fiscalização, ampliado os poderes de investigação das autoridades administrativas, ou outorgado ao crédito maiores garantias ou privilégios, exceto, neste último caso, para o efeito de atribuir responsabilidade tributária a terceiros.
d) O lançamento e o auto de infração podem ser objeto de anulação se não cumprirem os requisitos legais necessários à sua constituição.
e) O lançamento por declaração ocorre quando a legislação impõe ao sujeito passivo o dever de antecipar o pagamento sem prévio exame da autoridade administrativa, que, nesse contexto, tomando conhecimento da atividade assim exercida pelo obrigado, expressamente concorda com o mesmo ato realizado pelo primeiro.

99. (UFPR/TJ/PR/Cartórios/Ingresso/2019) João viajou para o Canadá com o objetivo de adquirir um aparelho de telefone celular de última geração a preço mais razoável do que o praticado no mercado brasileiro. Retornando ao Brasil, no aeroporto de Curitiba (PR), foi fiscalizado por agentes de fiscalização da Receita Federal do Brasil, para o pagamento de Imposto de Importação. Contudo, primeiramente, para que o tributo seja cobrado pelo Fisco, é preciso que os agentes de fiscalização efetuem o lançamento (e eventual auto de infração). Entretanto, João escondeu a nota fiscal do celular e não informou às autoridades fiscais o valor do bem. Nesse caso, os fiscais realizarão o lançamento:

a) por declaração, isto é, aquele feito pelo fisco quando o contribuinte não possui qualquer participação para a constituição do lançamento.

b) por declaração, isto é, aquele no qual o contribuinte declara e com base na declaração o fisco apura o montante do tributo devido.
c) de ofício, na falta do lançamento por declaração, já que o contribuinte, que deveria prestar as informações para o lançamento de declaração, não o fez de forma adequada; além disso, será elaborado auto de infração pela falta de declaração do contribuinte.
d) por homologação, isto é, aquele que contém participação equilibrada do contribuinte e do fisco para a apuração do crédito tributário.
e) por homologação, isto é, aquele no qual o fisco tem grande participação na apuração do montante do tributo devido, já que o contribuinte não declara, não calcula e nem antecipa o tributo devido.

100. (Cetro/TJ/RJ/Cartórios/Ingresso/2017) A Miradouro Ltda. deve declarar o valor de R$5.000,00 a título de Imposto de Renda (IR) em sua Declaração de Débitos e Créditos Tributários Federais (DCTF), o que não ocorre. Analise as situações expostas nas assertivas abaixo, com vista dos institutos da prescrição e decadência tributária.

I. em a Miradouro declarando, sem fidelidade, R$3.000,00, recolhe-se, integralmente, este valor e o crédito tributário estará extinto com relação a este montante, havendo, no entanto, a possibilidade de o Fisco constituir o crédito tributário por meio de lançamento suplementar referente ao valor residual, subsistindo decadência para o lançamento deste último.
II. em a Miradouro declarando R$5.000,00, recolhe-se R$3.000,00 e discute-se a legalidade do resíduo, R$2.000,00, em processo administrativo; o Fisco poderá constituir crédito tributário de todo o valor antes mesmo da decisão definitiva desse processo administrativo, de modo a evitar a ocorrência da prescrição tributária que concorre com o prazo decadencial, no caso.
III. em a Miradouro declarando, sem fidelidade, R$3.000,00, e nada se recolhendo quanto a este valor, o Fisco pode imediatamente inscrever o valor declarado em dívida ativa, iniciando-se o prazo prescricional para cobrança judicial deste montante; e, quanto ao valor residual, há a possibilidade de o Fisco constituir o crédito tributário por meio de lançamento suplementar referente ao valor residual, subsistindo decadência para o lançamento deste último.

É correto o que se afirma em:

a) III, apenas.
b) I, apenas.
c) I, II e III.
d) II, apenas.
e) I e III, apenas.

101. (Consulplan/TJ/MG/Cartórios/Remoção/2017) Acerca da constituição do crédito tributário, à luz das disposições do Código Tributário Nacional, é incorreto afirmar que:

a) a atividade administrativa de lançamento é vinculada e obrigatória, sob pena de responsabilidade funcional.
b) o lançamento regularmente notificado pode ser alterado em virtude de impugnação do sujeito passivo.
c) o lançamento rege-se pela lei vigente na data de sua efetivação.
d) a modificação introduzida, de ofício ou em consequência de decisão administrativa ou judicial, nos critérios jurídicos adotados pela autoridade administrativa no exercício do lançamento somente pode ser efetivada, em relação a um mesmo sujeito passivo, quanto a fato gerador ocorrido posteriormente à sua introdução.

102. (Ieses/TJ/RO/Cartórios/Ingresso/2017) Com base no Código Tributário Nacional, assinala a alternativa correta sobre o crédito tributário e sua constituição:

a) o crédito tributário decorre da obrigação principal e tem a mesma natureza desta.
b) o lançamento reporta-se à data da ocorrência do fato gerador da obrigação e rege-se pela lei vigente na data do lançamento.
c) o lançamento regularmente notificado ao sujeito passivo não pode ser alterado em hipótese alguma por iniciativa de ofício da autoridade administrativa.
d) a constituição do crédito tributário pelo lançamento, não é de competência privativa da autoridade administrativa.

103. (Consulplan/TJ/MG/Cartórios/Ingresso/2017) Sobre as modalidades de lançamento disciplinadas no Código Tributário Nacional, analise as afirmações seguintes:

I. o lançamento é efetuado com base na declaração do sujeito passivo ou de terceiro, quando um ou outro, na forma da legislação tributária, presta à autoridade administrativa informações sobre matéria de fato, indispensáveis à sua efetivação. A retificação da declaração por iniciativa do próprio declarante, quando vise a reduzir ou a excluir tributo, só é admissível mediante comprovação do erro em que se funde, e antes da efetivação do lançamento pela autoridade administrativa.
II. quando o cálculo do tributo tenha por base, ou tome em consideração, o valor ou o preço de bens, direitos, serviços ou atos jurídicos, a autoridade lançadora, mediante processo regular, arbitrará aquele valor ou preço, sempre que sejam omissos ou não mereçam fé as declarações ou os esclarecimentos prestados, ou os documentos expedidos pelo sujeito passivo ou pelo terceiro legalmente obrigado, ressalvada, em caso de contestação, avaliação contraditória, administrativa ou judicial.
III. o lançamento é efetuado e revisto de ofício pela autoridade administrativa quando deva ser apreciado fato não conhecido ou não provado por ocasião do lançamento anterior.
IV. o lançamento por homologação, que ocorre quanto aos tributos cuja legislação atribua ao sujeito passivo o dever de antecipar o pagamento sem prévio exame da autoridade administrativa, opera-se pelo ato em que a referida autoridade, tomando conhecimento da atividade assim exercida pelo obrigado, expressamente a homologa. Nessa modalidade de lançamento, não influem sobre a obrigação tributária quaisquer atos anteriores à homologação, praticados pelo sujeito passivo ou por terceiro, visando à extinção total ou parcial do crédito, mas esses atos serão considerados na apuração do saldo porventura devido e, sendo o caso, na imposição de penalidade, ou sua graduação.

Está correto o que se afirma em:

a) I, II e III, apenas.
b) II, III e IV, apenas.
c) II e IV, apenas.
d) I, II, III e IV.

5.2. Suspensão

SÚMULAS

STF Súm. Vinculante 21. É inconstitucional a exigência de depósito ou arrolamento prévios de dinheiro ou bens para admissibilidade de recurso administrativo.

STJ Súm. 112. O depósito somente suspende a exigibilidade do crédito tributário se for integral e em dinheiro.

STJ Súm. 373. É ilegítima a exigência de depósito prévio para admissibilidade de recurso administrativo.

INFORMATIVOS

STJ Execução fiscal. Adesão a programa de parcelamento. Prescrição intercorrente. Interrupção. A adesão a programa de parcelamento tributário é causa de suspensão da exigibilidade do crédito e interrompe o prazo prescricional. *REsp 1922063, 2ª T, 21.10.2022. Inf 754.*

QUESTÕES OBJETIVAS

104. (Ieses/TJ/TO/Cartórios/Remoção/2022) De acordo com o Código Tributário Nacional, suspende a exigibilidade do crédito tributário:

a) a transação.
b) as reclamações e os recursos, nos termos das leis reguladoras do processo tributário administrativo.
c) a conversão de depósito em renda.
d) a remissão.

105. (Consulplan/TJ/MS/Cartórios/Ingresso/2021) Determinado contribuinte obteve a suspensão do crédito tributário que devia, através de parcelamento. Nesta hipótese:

a) É possível obter certidão negativa de débitos fiscais.
b) É possível obter certidão positiva, com efeito de negativa.
c) Só é possível obter a certidão negativa se feito depósito prévio do valor executado.
d) Ante a permanência da dívida, que apenas foi parcelada, prevalece a certidão positiva.

106. (Ieses/TJ/SC/Cartórios/Remoção/2019) Considerando as disposições do Código Tributário Nacional a respeito das hipóteses de suspensão e extinção do crédito tributário, assinale a alternativa correta:

a) O parcelamento não está previsto expressamente como hipótese de suspensão do crédito tributário no CTN.
b) A prescrição não extingue o crédito tributário.
c) A impetração de mandado de segurança, por si só, suspende a exigibilidade do crédito tributário.
d) O pagamento constitui hipótese de extinção do crédito tributário.

107. (UFPR/TJ/PR/Cartórios/Remoção/2019) O Código Tributário Nacional estabelece modalidades de suspensão da exigibilidade do crédito tributário. Em relação ao tema, assinale a alternativa que não corresponde a uma das hipóteses elencadas no Código.

a) O depósito do seu montante integral.
b) A dação em pagamento em bens imóveis.
c) A concessão de medida liminar em mandado de segurança, bem como a concessão de medida liminar ou de tutela antecipada, em outras espécies de ação judicial.
d) A moratória.
e) As reclamações e os recursos, nos termos das leis reguladoras do processo tributário administrativo.

108. (Vunesp/TJ/AL/Cartórios/Ingresso/2019) Sobre o parcelamento do crédito tributário, é correto afirmar que:

a) segundo o Supremo Tribunal Federal, não viola a isonomia e o livre acesso à justiça a lei que, concedendo parcelamento, não permite a inclusão de débitos cujo depósito integral foi efetuado em juízo.
b) segundo o Superior Tribunal de Justiça, a confissão irretratável do débito feita pelo contribuinte para adesão a parcelamento alcança os fundamentos jurídicos de eventual inconstitucionalidade da lei instituidora do tributo.
c) salvo a disposição expressa de lei, exclui a incidência de multa.
d) se efetuado após o ajuizamento de execução fiscal, é causa de sua extinção.

109. (Ieses/TJ/CE/Cartórios/Ingresso/2018) Determinado contribuinte, ao receber uma notificação de lançamento na qual identificou dúvida sobre a sua real legitimidade passiva, considerando a legislação aplicável, resolve formular consulta no âmbito administrativo para que a fazenda pública apresente o devido esclarecimento. Sobre o instituto da consulta tributária administrativa, assinale a alternativa incorreta:

a) enquanto pendente a consulta formulada pelo contribuinte ao sujeito passivo não poderão ser impostos os efeitos da mora.
b) a formulação de consulta é hipótese de suspensão do crédito tributário, conforme rol taxativo constante no Código Tributário Nacional.
c) para que seja afastada a imposição da mora no período em que resta pendente a solução da consulta, esta deve ser formulada dentro do prazo para pagamento do tributo.
d) a consulta administrativa é cabível nas hipóteses onde há dúvida razoável, decorrente de omissão, obscuridade ou contradição na legislação tributária.

110. (Ieses/TJ/AM/Cartórios/Ingresso/2018) Sobre o crédito tributário, assinale a alternativa incorreta com relação ao previsto no Código Tributário Nacional:

a) a suspensão do crédito tributário dispensa o cumprimento das obrigações assessórias dependentes da obrigação principal cujo crédito seja suspenso.
b) a anistia é modalidade de exclusão do crédito tributário.
c) são modalidades de extinção do crédito tributário o pagamento, a decadência, a conversão do depósito em renda e a compensação.
d) a moratória é modalidade de suspensão da exigibilidade do crédito tributário.

111. (Ieses/TJ/AM/Cartórios/Remoção/2018) Suspendem a exigibilidade do crédito tributário:

I. a concessão de medida liminar em mandado de segurança.
II. a transação.
III. o pagamento.
IV. a prescrição e a decadência.

A sequência correta é:

a) apenas as assertivas I, II e III estão corretas.
b) apenas a assertiva I está correta.
c) apenas as assertivas II e IV estão incorretas.
d) as assertivas I, II, III e IV estão corretas.

112. (Consulplan/TJ/MG/Cartórios/Ingresso/2017) A propósito do crédito tributário, indique a alternativa correta:

a) extinguem o crédito tributário o pagamento, a compensação, a conversão do depósito em renda, o parcelamento, a transação e a remissão.
b) a moratória concedida em caráter individual gera direito adquirido e, caso o beneficiado deixe de satisfazer os requisitos para a concessão, não serão cobrados juros de mora.
c) a lei concessiva da moratória pode circunscrever sua aplicabilidade a determinada região do território, ou determinada classe ou categoria de sujeitos passivos.
d) suspende a exigibilidade do crédito tributário o depósito do montante que o sujeito passivo considere devido, desde que acrescido dos juros de mora e eventuais multas.

113. (Consulplan/TJ/MG/Cartórios/Ingresso/2017) Acerca da disciplina da moratória no Código Tributário Nacional, é correto afirmar:

a) mediante a expressa previsão na lei que a concede em caráter geral ou autorize a sua concessão em caráter individual, a moratória poderá aproveitar aos casos de dolo, fraude ou simulação do sujeito passivo ou do terceiro em benefício daquele.
b) a lei concessiva de moratória não pode circunscrever a sua aplicabilidade a determinada classe de sujeitos passivos.
c) salvo disposição de lei em contrário, o parcelamento do crédito tributário exclui a incidência de juros e multas.
d) a moratória pode ser concedida em caráter geral pela União, quanto a tributos de competência dos Estados, do Distrito Federal ou dos Municípios, quando simultaneamente concedida quanto aos tributos de competência federal e às obrigações de direito privado.

114. (Consulplan/TJ/MG/Cartórios/Ingresso/2017) Nos termos das previsões do Código Tributário Nacional, a exigibilidade do crédito tributário apenas não é suspensa em caso de:

a) reclamações e recursos, nos termos das leis reguladoras do processo tributário administrativo.
b) concessão de medida liminar em mandado de segurança.
c) consignação em pagamento.
d) parcelamento.

115. (Ieses/TJ/RO/Cartórios/Ingresso/2017) Analise as sentenças abaixo e assinale a opção correta considerando as disposições expressas do Código Tributário Nacional acerca das hipóteses que suspendem a exigibilidade do crédito tributário:

I. a moratória e a concessão de medida liminar em mandado de segurança.
II. o depósito parcial do montante e o parcelamento.
III. a concessão de medida liminar ou tutela antecipada em ação judicial:

a) todas as alternativas estão corretas.
b) apenas as alternativas II e III estão corretas.
c) apenas a alternativa II está correta.
d) apenas as alternativas I e III estão corretas.

116. (Ieses/TJ/RO/Cartórios/Remoção/2017) Suspendem a exigibilidade do crédito tributário, exceto:

a) a prescrição e a decadência.
b) o parcelamento.
c) a concessão de medida liminar em mandado de segurança.
d) a moratória.

5.3. *Extinção*

SÚMULAS

1) Compensação

STJ **Súm. 212.** A compensação de créditos tributários não pode ser deferida em ação cautelar ou por medida liminar cautelar ou antecipatória.

STJ **Súm. 213.** O mandado de segurança constitui ação adequada para a declaração do direito à compensação tributária.

STJ **Súm. 460.** É incabível o mandado de segurança para convalidar a compensação tributária realizada pelo contribuinte.

STJ **Súm. 461.** O contribuinte pode optar por receber, por meio de precatório ou por compensação, o indébito tributário certificado por sentença declaratória transitada em julgado.

STJ **Súm. 464.** A regra de imputação de pagamentos estabelecida no art. 354 do Código Civil não se aplica às hipóteses de compensação tributária.

2) Prescrição e Decadência

STF **Súm. Vinculante 8.** São inconstitucionais o parágrafo único do artigo 5º do Decreto-lei n. 1.569/1977 e os artigos 45 e 46 da Lei n. 8.212/1991, que tratam de prescrição e decadência de crédito tributário.

STJ **Súm. 622.** A notificação do auto de infração faz cessar a contagem da decadência para a constituição do crédito tributário; exaurida a instância administrativa com o decurso do prazo para a impugnação ou com a notificação de seu julgamento definitivo e esgotado o prazo concedido pela Administração para o pagamento voluntário, inicia-se o prazo prescricional para a cobrança judicial.

STJ **Súm. 653.** O pedido de parcelamento fiscal, ainda que indeferido, interrompe o prazo prescricional, pois caracteriza confissão extrajudicial do débito.

3) Repetição de Indébito

STF **Súm. 546.** Cabe a restituição do tributo pago indevidamente, quando reconhecido por decisão, que o contribuinte "de jure" não recuperou do contribuinte "de facto" o "quantum" respectivo.

STJ **Súm. 162.** Na repetição de indébito tributário, a correção monetária incide a partir do pagamento indevido.

STJ **Súm. 188.** Os juros moratórios, na repetição do indébito tributário, são devidos a partir do trânsito em julgado da sentença.

STJ **Súm. 447.** Os Estados e o Distrito Federal são partes legítimas na ação de restituição de imposto de renda retido na fonte proposta por seus servidores.

STJ **Súm. 523.** A taxa de juros de mora incidente na repetição de indébito de tributos estaduais deve corresponder à utilizada para cobrança do tributo pago em atraso, sendo legítima a incidência da taxa Selic, em ambas as hipóteses, quando prevista na legislação local, vedada sua cumulação com quaisquer outros índices.

STJ **Súm. 625.** O pedido administrativo de compensação ou de restituição não interrompe o prazo prescricional para a ação de repetição de indébito tributário de que trata o art. 168 do CTN nem o da execução de título judicial contra a Fazenda Pública.

JURISPRUDÊNCIA EM TESES

STJ **JurisTese 70-7.** A prescrição quinquenal para a cobrança dos tributos sujeitos a lançamento de ofício é contada da data de sua constituição definitiva, ou seja, quando já não caiba recurso administrativo ou findo o prazo para sua interposição.

STJ **JurisTese 70-8.** A confissão espontânea da dívida e seu parcelamento não têm o condão de restabelecer a exigibilidade do crédito tributário extinto pela decadência ou prescrição.

STJ **JurisTese 70-13.** A compensação mediante o aproveitamento de tributo objeto de contestação judicial pelo sujeito passivo, nos termos do art. 170-A do CTN, não exige o trânsito em julgado da respectiva decisão judicial para as ações ajuizadas antes de 10.1.2001.

STJ **JurisTese 70-15.** A compensação de débitos tributários com precatórios vencidos, não pagos e adquiridos de terceiro, só é possível, à luz do art. 170 do CTN, quando houver lei específica autorizadora.

STJ **JurisTese 70-16.** A extinção do crédito tributário por meio de compensação está sujeita à condição resolutória da sua homologação.

QUESTÕES DISCURSIVAS

6. (Consulplan/TJ/MG/Cartórios/Remoção/2017) Indique a regra geral e a correspondente previsão legislativa para a contagem do prazo decadencial em Direito Tributário. Suponha-se que o fato gerador de um tributo tenha ocorrido em maio de determinado ano e que a notificação preparatória do lançamento tributário tenha sido feita ao sujeito passivo em março do ano seguinte. Qual o termo inicial para a contagem do prazo decadencial? Explique.

7. (Consulplan/TJ/MG/Cartórios/Ingresso/2017) Haveria hipótese(s) de suspensão do prazo prescricional no Código Tributário Nacional? Justifique. Indique 4 (quatro) hipóteses de suspensão do prazo prescricional. A má-fé interfere no prazo de suspensão da prescrição? Justifique.

8. (Consulplan/TJ/MG/Cartórios/Ingresso/2016) Tício, proprietário de imóvel urbano, recebeu a guia do IPTU do ano 2000, no dia 1º de janeiro de 2000. Por se encontrar em dificuldade financeira, não pagou o imposto. Em 30 de setembro de 2004, persistindo a inadimplência, o Fisco Municipal inscreveu o débito em Dívida Ativa e, em 20 de outubro de 2004, ajuizou a execução fiscal. A inicial foi despachada, com a prolação da ordem de citação, em 22 de outubro de 2004. A carta de citação foi prontamente expedida, em 24 de outubro de 2004, mas não se mostrou possível a citação pelo correio, por não ter sido Tício encontrado pelo carteiro em sua residência. Intimada imediatamente após a diligência infrutífera, a Procuradoria Municipal recebeu os autos em carga no dia 10 de novembro de 2004 e devolveu o processo em 2 de agosto de 2005, com pedido de citação por oficial de justiça. Deferido o pleito pelo juiz, o mandado foi expedido em 4 de agosto de 2005 e Tício foi citado em 10 de agosto de 2005. O advogado contratado por Tício arguiu nos autos da execução fiscal a exceção de pré-executividade, alegando a ocorrência de decadência e prescrição. Responda, justificadamente, à luz da jurisprudência dominante do Superior Tribunal de Justiça: (a) ocorreu a decadência? (b) ocorreu a prescrição?

QUESTÕES OBJETIVAS

117. (Consulplan/TJ/MS/Cartórios/Ingresso/2021) O pagamento antecipado do tributo devido, no lançamento por homologação:

a) Extingue o crédito tributário.
b) Extingue a obrigação tributária.
c) Fica sujeito à condição resolutória.
d) Suspende a exigibilidade do tributo.

118. (FGV/TJ/SC/Cartórios/Ingresso/2021) Um tabelião deixou de declarar e recolher, na modalidade de lançamento por homologação, ISS incidente sobre serviços notariais por ele prestados de abril a agosto de 2014. Em fevereiro de 2020, o Fisco do município X efetua o lançamento de ofício dos tributos não declarados nem pagos, notificando o tabelião para pagamento em trinta dias. O tabelião então adere a um parcelamento de tais débitos em seis prestações. Concluído o pagamento, é advertido por seu advogado de que este teria sido indevido, pois o crédito tributário parcelado já teria decaído. Diante desse cenário, na data da constituição do crédito tributário, o prazo decadencial:

a) ainda não havia se completado, sendo tal pagamento devido.
b) já havia se completado, mas não o prazo prescricional, sendo tal pagamento devido.
c) já havia se completado, configurando hipótese de extinção do crédito tributário, sendo tal pagamento indevido.
d) já havia se completado, mas o pagamento voluntário de dívida tributária alcançada pela decadência não permite a restituição.
e) já havia se completado, mas a confissão da dívida pelo parcelamento operou uma novação do débito, sendo tal pagamento devido.

119. (Ieses/TJ/RO/Cartórios/Ingresso/2021) Assinale a única alternativa que não indica uma modalidade de extinção do crédito tributário:

a) prescrição.
b) compensação.
c) anistia.
d) conversão de depósito em renda.

120. (Consulplan/TJ/MS/Cartórios/Ingresso/2021) As hipóteses a seguir são formas de extinção do crédito tributário, exceto:

a) remição.
b) prescrição.
c) transação.
d) compensação.

121. (UFPR/TJ/PR/Cartórios/Ingresso/2019) Sobre hipóteses de extinção e de exclusão do crédito tributário, assinale a alternativa correta.

a) A dação em pagamento de bens imóveis e a consignação em pagamento excluem o crédito tributário.
b) A prescrição e a decadência excluem o crédito tributário.
c) O pagamento antecipado extingue o crédito tributário, dependendo de eventual posterior homologação do lançamento.
d) O pagamento e a isenção extinguem o crédito tributário.
e) A compensação e a anistia excluem o crédito tributário.

122. (Vunesp/TJ/RS/Cartórios/Remoção/2019) Passados cinco anos da data em que se tornar definitiva a decisão que houver anulado, por vício formal, o lançamento anteriormente efetuado, é certo que a Fazenda Pública não poderá realizar novo lançamento, em razão do mesmo fato gerador, por ter se operado a:

a) homologação intercorrente.
b) decadência.
c) vinculação temporal.
d) homologação tácita.
e) prescrição.

123. (Vunesp/TJ/RS/Cartórios/Ingresso/2019) De acordo com as disposições do Código Tributário Nacional, decorridos 5 anos contados do primeiro dia do exercício seguinte àquele em que o lançamento poderia ter sido efetuado, opera-se a:

a) decadência.
b) prescrição.
c) homologação tácita.
d) conversão do depósito em renda.
e) moratória.

124. (Ieses/TJ/CE/Cartórios/Ingresso/2018) Determinada empresa deixou de recolher, no ano de 2010, valores declarados com relação ao Imposto sobre a Circulação de Mercadorias e Serviços (ICMS). Diante da omissão no pagamento, o débito foi inscrito em dívida ativa no anos de 2013, sendo ajuizada a competente execução fiscal no ano de 2017. Considerando a situação apresentada e o momento do ajuizamento da execução fiscal, é possível afirmar, com relação ao crédito tributário, que:

a) o prazo decadencial deve ser contado nos termos do art. 173, I do CTN.
b) restava consumada a decadência do crédito tributário.
c) o crédito tributário executado era plenamente exigível no momento do ajuizamento da execução fiscal.
d) já havia ocorrido a prescrição da pretensão de cobrar o crédito tributário.

125. (Consulplan/TJ/MG/Cartórios/Ingresso/2018) O art. 174, parágrafo único, do Código Tributário Nacional, enumera como causa interruptiva do prazo prescricional, exceto:

a) inscrição do crédito tributário em dívida ativa.
b) qualquer ato judicial que constitua em mora o devedor.
c) despacho do juiz que ordenar a citação em execução fiscal.
d) qualquer ato inequívoco, ainda que extrajudicial, que importe reconhecimento do débito pelo devedor.

126. (Consulplan/TJ/MG/Cartórios/Ingresso/2018) Em relação ao crédito tributário, assinale a alternativa correta:

a) a moratória e a remissão suspendem a exigibilidade do crédito tributário.
b) compensação e conversão de depósito em renda são modalidades de extinção do crédito tributário.
c) pagamento e depósito do montante integral estão entre as hipóteses de extinção do crédito tributário.
d) decisão administrativa irreformável e concessão de medida liminar em mandado de segurança suspendem a exigibilidade do crédito tributário.

127. (Consulplan/TJ/MG/Cartórios/Remoção/2018) São hipóteses de extinção do crédito tributário, exceto:

a) compensação e remissão.
b) conversão do depósito em renda e transação.
c) decisão administrativa irreformável e pagamento.
d) pagamento seguido de homologação no caso dos tributos sujeitos a lançamento por declaração e dação em pagamento de bens móveis.

128. (Consulplan/TJ/MG/Cartórios/Remoção/2017) Sobre a extinção do crédito tributário disciplinada no Código Tributário Nacional, assinale a assertiva correta:

a) a lei pode autorizar a autoridade administrativa a conceder, por despacho fundamentado, remissão total ou parcial do crédito tributário, atendendo à sua diminuta importância.
b) a lei pode autorizar a compensação de créditos tributários com créditos ilíquidos do sujeito passivo contra a Fazenda pública.
c) é vedada a celebração de transação entre os sujeitos ativo e passivo da obrigação tributária que, mediante concessões mútuas, importe em extinção de crédito tributário.
d) a prescrição se interrompe pela citação do devedor em execução fiscal.

129. (Consulplan/TJ/MG/Cartórios/Ingresso/2017) O pagamento é modalidade de extinção do crédito tributário. Sobre a sua regulamentação e a do pagamento indevido presentes no Código Tributário Nacional, analise:

I. existindo simultaneamente dois ou mais débitos vencidos do mesmo sujeito passivo para com a mesma pessoa jurídica de direito público, relativos ao mesmo ou a diferentes tributos ou provenientes de penalidade pecuniária ou juros de mora, a autoridade administrativa competente para receber o pagamento determinará a respectiva imputação. No que toca às espécies de tributos, o pagamento considerar-se-á realizado, primeiramente, em relação aos impostos, depois às taxas e, por fim, às contribuições de melhoria.
II. quando a legislação tributária não fixar o tempo do pagamento, o vencimento do crédito ocorre trinta dias depois da data em que se considera o sujeito passivo notificado do lançamento.
III. prescreve em dois anos a ação anulatória da decisão administrativa que denegar a restituição de tributo pago indevidamente.
IV. a restituição de tributos que comportem, por sua natureza, transferência do respectivo encargo financeiro somente será feita a quem prove haver assumido o referido encargo, ou, no caso de tê-lo transferido a terceiro, estar por este expressamente autorizado a recebê-la.

Está correto apenas o que se afirma em:

a) I e II.
b) II e III.
c) IV.
d) II, III e IV.

5.4. Exclusão

SÚMULAS

STF Súm. 539. É constitucional a lei do Município que reduz o imposto predial urbano sobre imóvel ocupado pela residência do proprietário, que não possua outro.

STF Súm. 544. Isenções tributárias concedidas, sob condição onerosa, não podem ser livremente suprimidas.

STF Súm. 581. A exigência de transporte em navio de bandeira brasileira, para efeito de isenção tributária, legitimou-se com o advento do Decreto-lei 666, de 2.7.69.

QUESTÕES DISCURSIVAS

9. (Ieses/TJ/RO/Cartórios/2017) O Município X instituiu, por meio de decreto, isenção do pagamento de ISS (Imposto sobre Serviço) para um determinado grupo de empresas de tecnologia que tem se desenvolvido na região municipal. No mesmo ato também concedeu anistia total em relação à cobrança do crédito tributário, juros e multa para os devedores de IPTU nos últimos 2 (dois) anos. Com base nas informações acima narradas e com subsídio na Constituição Federal e nas prescrições do Código Tributário Nacional, responda, em um único texto, aos seguintes questionamentos: (a) Quais as diferenças fundamentais entre isenção e anistia? (b) Qual o erro cometido pelo Município X que poderá invalidar a isenção concedida? Indique o dispositivo constitucional e legal que fundamentam sua resposta. (c) Qual a abrangência de uma anistia? O Município X respeitou a limitação legal com relação ao objeto da anistia concedida? Fundamente com o respectivo dispositivo legal.

QUESTÕES OBJETIVAS

130. (Ieses/TJ/TO/Cartórios/Ingresso/2022) Analise as sentenças abaixo sobre a Anistia e assinale a opção correta, com base nas disposições do Código Tributário Nacional:

I. A anistia, quando não concedida em caráter geral, é efetivada, em cada caso, por despacho da autoridade administrativa, em requerimento com a qual o interessado faça prova do preenchimento das condições e do cumprimento dos requisitos previstos em lei para sua concessão.
II. A anistia pode ser concedida limitadamente às infrações da legislação relativa a determinado tributo.
III. A anistia abrange exclusivamente as infrações cometidas anteriormente à vigência da lei que a concede.
IV. O despacho da autoridade administrativa para os casos de anistia não concedida em caráter geral gera direito adquirido.

a) Apenas as afirmativas I, II e IV estão corretas.
b) Apenas as afirmativas I e III estão corretas.
c) Apenas as afirmativas I, II e III estão corretas.
d) Todas as afirmativas estão corretas.

131. (Ieses/TJ/RO/Cartórios/Remoção/2021) Exclui o crédito tributário:

a) A remissão.
b) O depósito do seu montante integral.
c) A concessão de medida liminar em mandado de segurança.
d) A isenção.

132. (Consulplan/TJ/MS/Cartórios/Remoção/2021) Em determinado Estado da Federação Brasileira foi fixado por Lei que instituiu a taxa de fiscalização judiciária, que pessoas que requeressem isenção de pagamento deveriam prestar declaração por escrito da situação econômica de carência. No entanto, determinado notário exige que a declaração venha acompanhada por comprovação de renda do interessado na isenção. A exigência é:

a) Legal, até que haja regulamentação da Lei pelo Poder Legislativo.
b) Ilegal, porque só o Poder Judiciário poderia fazer tal exigência.
c) Legal, até que a norma seja regulamentada pelo Poder Judiciário.
d) Ilegal, pois a Lei já prevê ser suficiente a declaração de carência econômica.

133. (Consulplan/TJ/MG/Cartórios/Ingresso/2019) São causas de extinção do crédito tributário, exceto:

a) a anistia.
b) a remissão.
c) a transação.
d) a conversão de depósito em renda.

134. (Vunesp/TJ/RS/Cartórios/Ingresso/2019) É instituto de Direito Tributário que abrange exclusivamente as infrações cometidas anteriormente à vigência da lei que a concede, não se aplicando aos atos qualificados em lei como crimes ou contravenções e aos que, mesmo sem essa qualificação, sejam praticados com dolo, fraude ou simulação pelo sujeito passivo ou por terceiro em benefício daquele e, salvo disposição em contrário, às infrações resultantes de conluio entre duas ou mais pessoas naturais ou jurídicas. Trata-se da:

a) isenção.
b) prescrição intercorrente.
c) remissão.
d) denúncia espontânea.
e) anistia.

135. (Consulplan/TJ/MG/Cartórios/Remoção/2017) Relativamente à imunidade tributária, isenção e não incidência, marque a alternativa correta:

a) as imunidades tributárias estão previstas na Constituição Federal em prol da liberdade de expressão, da liberdade de crença religiosa, da liberdade de convicção ideológica e pluralismo político, entre outros valores, razão pela qual a doutrina adota somente o critério material para a identificação das imunidades tributárias.
b) a Constituição Federal, ao tratar das imunidades tributárias, emprega linguagem precisa e técnica, para bem identificar todas as situações protegidas pelo texto constitucional.
c) as situações que a legislação poderia atingir com a instituição de determinado tributo, na esteira da competência definida na Constituição Federal, mas que, por deliberação do próprio Legislador, ficam à margem do campo de incidência do tributo instituído, constituem hipóteses de não incidência.
d) as imunidades tributárias estão previstas na Constituição Federal de modo exaustivo e tratam de todas as hipóteses de restrição da competência tributária, não sendo necessária qualquer complementação de seu alcance ou sentido, por meio da legislação infraconstitucional.

136. (Consulplan/TJ/MG/Cartórios/Remoção/2017) Excluem o crédito tributário a anistia e a isenção. Sobre a exclusão do crédito tributário prevista no Código Tributário Nacional, analise:

I. a anistia abrange exclusivamente as infrações cometidas anteriormente à vigência da lei que a concede, aplicando-se aos atos qualificados em lei como contravenções.
II. a exclusão do crédito tributário não dispensa o cumprimento das obrigações acessórias dependentes da obrigação principal cujo crédito seja excluído, ou dela consequente.
III. salvo disposição de lei em contrário, a isenção não é extensiva às taxas e às contribuições de melhoria.
IV. a anistia pode ser concedida limitadamente às infrações punidas com penalidades pecuniárias até determinado montante, conjugadas ou não com penalidades de outra natureza.

Está correto apenas o que se afirma em:

a) I e II.
b) II, III e IV.
c) I, III e IV.
d) III e IV.

5.5. Garantias e Privilégios

SÚMULAS

STJ **Súm. 497.** Os créditos das autarquias federais preferem aos créditos da fazenda estadual desde que coexistam penhoras sobre o mesmo bem.

STJ **Súm. 560.** A decretação da indisponibilidade de bens e direitos, na forma do art. 185-A do CTN, pressupõe o exaurimento das diligências na busca por bens penhoráveis, o qual fica caracterizado quando infrutíferos o pedido de constrição sobre ativos financeiros e a expedição de ofícios aos registros públicos do domicílio do executado, ao Denatran ou Detran.

QUESTÕES OBJETIVAS

137. (Ieses/TJ/RO/Cartórios/Ingresso/2021) Considerando os privilégios e garantias do crédito tributário previstos no Código Tributário Nacional, assinale a alternativa correta.

a) A presunção de fraude aplica-se ainda que o sujeito passivo consiga provar que após os atos de alienação ainda irá dispor de bens e renda suficientes para o pagamento do débito tributário.
b) Responde pelo pagamento do crédito tributário a totalidade dos bens e das rendas do sujeito passivo, seu espólio ou sua massa falida, inclusive os gravados por ônus real ou cláusula de inalienabilidade ou impenhorabilidade, seja qual for a data da constituição do ônus ou da cláusula, excetuados unicamente os bens e rendas que a lei declare absolutamente impenhoráveis.
c) A decretação da indisponibilidade de bens e direitos, na forma do art. 185-A do CTN, pressupõe o exaurimento das diligências na busca por bens penhoráveis, o qual fica caracterizado quando infrutífero o pedido de constrição sobre ativos financeiros.
d) Não será presumida fraudulenta a alienação ou oneração de bens ou rendas, ou seu começo, por sujeito passivo em débito para com a Fazenda Pública, quando o ato for praticado entre o momento da inscrição em dívida ativa e o ajuizamento da execução fiscal, ainda que ciente o sujeito passivo quanto à inscrição em dívida ativa.

138. (Vunesp/TJ/GO/Cartórios/Remoção/2021) A empresa "X Ferragens e Peças Ltda." possui débitos junto à Fazenda Pública Estadual em montante equivalente a cerca de R$ 3 milhões, o que corresponde a cerca de 5% do seu lucro líquido anual e a aproximadamente 1% do seu ativo circulante. Com o objetivo de desalavancagem financeira, isto é, de redução do percentual da sua dívida em relação ao seu patrimônio total, a empresa realizou recentemente a alienação de uma planta industrial e pretende, com os recursos obtidos, quitar parcela da sua dívida vincenda junto a bancos. Preocupada com a liquidação de parcela do patrimônio da empresa, porém, após a devida citação da empresa na execução fiscal, e diante da não nem apresentação de bens à penhora no prazo legal, a procuradoria estadual requereu ao juiz a indisponibilidade dos bens da empresa, bem como a de seus sócios. A respeito da situação hipotética descrita é correto afirmar, com base na legislação e na jurisprudência nacional, que:

a) o pedido da procuradoria estadual é correto, pois presume-se fraudulenta a alienação ou oneração de bens ou rendas, ou seu começo, por sujeito passivo em débito para com a Fazenda Pública, por crédito tributário regularmente inscrito como dívida ativa.
b) decretada pelo juiz a indisponibilidade dos bens da empresa, essa deverá atingir a totalidade do ativo circulante e não circulante da empresa, ainda que se trate de valor superior à dívida cobrada.
c) o Código Tributário Nacional apenas autoriza a decretação de indisponibilidade dos bens do devedor caso esse, devidamente citado em execução fiscal, não pague nem apresente bens à penhora no prazo legal e não sejam encontrados bens penhoráveis, situação que não existe no caso descrito.
d) o pedido de indisponibilidade dos bens dos sócios é dispensável no caso, pois presume-se fraudulenta a alienação de bens ou rendas para fins de favorecimento de credor específico por dívida vincenda (no caso, a dívida bancária), em prejuízo da Fazenda Pública.

6. ADMINISTRAÇÃO TRIBUTÁRIA

SÚMULAS

1) Fiscalização

STF Súm. 70. É inadmissível a interdição de estabelecimento como meio coercitivo para cobrança de tributo.

STF Súm. 323. É inadmissível a apreensão de mercadorias como meio coercitivo para pagamento de tributos.

STF Súm. 439. Estão sujeitos à fiscalização tributária ou previdenciária quaisquer livros comerciais, limitado o exame aos pontos objeto da investigação.

STF Súm. 547. Não é lícito à autoridade proibir que o contribuinte em débito adquira estampilhas, despache mercadorias nas alfândegas e exerça suas atividades profissionais.

STJ Súm. 352. A obtenção ou a renovação do Certificado de Entidade Beneficente de Assistência Social (Cebas) não exime a entidade do cumprimento dos requisitos legais supervenientes.

STJ Súm. 612. O certificado de entidade beneficente de assistência social (Cebas), no prazo de sua validade, possui natureza declaratória para fins tributários, retroagindo seus efeitos à data em que demonstrado o cumprimento dos requisitos estabelecidos por lei complementar para a fruição da imunidade.

2) Dívida Ativa

STJ Súm. 392. A Fazenda Pública pode substituir a certidão de dívida ativa (CDA) até a prolação da sentença de embargos, quando se tratar de correção de erro material ou formal, vedada a modificação do sujeito passivo da execução.

3) Certidões Negativas

STJ Súm. 446. Declarado e não pago o débito tributário pelo contribuinte, é legítima a recusa de expedição de certidão negativa ou positiva com efeito de negativa.

REPERCUSSÃO & REPETITIVOS

1) Fiscalização

STF Rep. Geral 1020. É incompatível com a Constituição Federal disposição normativa a prever a obrigatoriedade de cadastro, em órgão da administração municipal, de prestador de serviços não estabelecido no território do Município e imposição ao tomador da retenção do imposto sobre serviços – ISS quando descumprida a obrigação acessória. *RE 1167509, 27.2.2021.*

STF Rep. Geral 1042. É constitucional vincular o despacho aduaneiro ao recolhimento de diferença tributária apurada mediante arbitramento da autoridade fiscal. *RE 1090591, 16.9.2020.*

2) Certidões Negativas

STF Rep. Geral 743. É possível ao Município obter certidão positiva de débitos com efeito de negativa quando a Câmara Municipal do mesmo ente possui débitos com a Fazenda Nacional, tendo em conta o princípio da intranscendência subjetiva das sanções financeiras. *RE 770149, 5.8.2020.*

STJ Repetitivo 1074. No arrolamento sumário, a homologação da partilha ou da adjudicação, bem como a expedição do formal de partilha e da carta de adjudicação, não se condicionam ao prévio recolhimento do imposto de transmissão causa mortis, devendo ser comprovado, todavia, o pagamento dos tributos relativos aos bens do espólio e às suas rendas, a teor dos arts. 659, § 2º, do CPC/2015 e 192 do CTN. *REsp 1896526, 28.10.2022.*

INFORMATIVOS

STJ Mandado de segurança coletivo. Advogados e sociedades de advogados. Cadastro e acesso a informações. Dados fiscais pertinentes ao cálculo do ICMS a ser repassado aos municípios. Impossibilidade. O profissional de advocacia privada constituído por município por mandato com poderes expressos não tem direito líquido e certo para o cadastramento e acesso aos dados utilizados pelos Estados no cálculo do valor adicionado referente ao ICMS. *RMS 68647, 1ª T, 8.11.2022. Inf 757.*

STJ Regime especial de fiscalização. Restrição ou inviabilidade ao exercício da atividade empresarial. Ausência de prova pré-constituída. Inexistência de direito líquido e certo. Precedentes do STF e do STJ. Atendidos os requisitos previstos em lei, é legítima a submissão de empresas a regime especial de fiscalização, salvo comprovação de que as medidas inviabilizem indevidamente o livre exercício da atividade econômica. *RMS 65714, 2ª T, 3.3.2022. Inf 728.*

QUESTÕES OBJETIVAS

139. (Ieses/TJ/TO/Cartórios/Remoção/2022) Uma vez atendidos os requisitos legais necessários, o auditor-fiscal da Receita Federal do Brasil procederá o arrolamento de bem imóvel, por meio do termo de arrolamento de bens e direitos (TABD). Depois de cientificado o sujeito passivo, o Auditor-Fiscal da Receita Federal do Brasil responsável pelo arrolamento, ou o titular da unidade da RFB na qual ocorreu o procedimento, ou outra autoridade da RFB, por delegação de competência, solicitará a averbação ou o registro do arrolamento por meio de ofício ao cartório de registro de imóveis. Em relação ao pagamento das custas e emolumentos relativos ao procedimento acima exposto:

a) O sujeito passivo deverá providenciar o recolhimento das custas e emolumentos cartorários antes da averbação ou do registro.
b) Ocorrerá independentemente do pagamento de custas ou emolumentos.
c) O titular da unidade da Receita Federal do Brasil deverá providenciar o recolhimento das custas e emolumentos cartorários antes da averbação ou do registro.
d) O Auditor-Fiscal da Receita Federal do Brasil deverá providenciar o recolhimento das custas e emolumentos cartorários antes da averbação ou do registro.

140. (Ieses/TJ/TO/Cartórios/Remoção/2022) Em conformidade com a Instrução Normativa da Receita Federal do Brasil nº 2005, de 29 de janeiro de 2021, os serviços notariais e registrais de que trata a Lei nº 6.015, de 31 de dezembro de 1973, são:

a) Obrigados a apresentar a declaração de débitos e créditos tributários federais (DCTF) anualmente.
b) Dispensados da obrigação de apresentar a declaração de débitos e créditos tributários federais (DCTF).

c) Obrigados a apresentar a declaração de débitos e créditos tributários federais (DCTF) trimestralmente.
d) Obrigados a apresentar a declaração de débitos e créditos tributários federais (DCTF) mensalmente.

141. (FGV/TJ/SC/Cartórios/Ingresso/2021) Após reiteradas tentativas de recebimento de determinado crédito junto ao respectivo devedor, a Fazenda Pública do Estado Alfa o inscreveu em dívida ativa, de modo a tornar possível a sua execução em juízo. Apesar disso, a Procuradoria-Geral do Estado encaminhou a respectiva certidão a protesto. O tabelião de protesto de títulos, uma vez protocolizada a certidão de dívida ativa e cumpridos os demais requisitos formais exigidos, deve:

a) expedir a intimação do devedor, oportunizando-lhe a possibilidade de pagar o valor devido, desde que o crédito tenha natureza não tributária.
b) expedir a intimação do devedor, oportunizando-lhe a possibilidade de pagar o valor devido, qualquer que seja a natureza do débito, tributária ou não tributária.
c) reconhecer, de plano, a impossibilidade de ser realizado o protesto, considerando a imediata exequibilidade, via execução fiscal, dos créditos da Fazenda Pública.
d) reconhecer, de plano, a impossibilidade de ser realizado o protesto, considerando a inaplicabilidade, à Fazenda Pública, dos métodos alternativos de solução de conflitos.
e) solicitar ao requerente que comprove a natureza cambial do título inscrito em dívida ativa, única hipótese em que o protesto é admitido, aferindo ainda a sua exigibilidade.

142. (Consulplan/TJ/MS/Cartórios/Remoção/2021) A CDA, Certidão da Dívida Ativa, como ato administrativo, deve conter todos os requisitos dessa espécie de ato jurídico, bem como aqueles especificamente previstos no Código Tributário Nacional – CTN e na Lei de Execuções Fiscais – LEF. Assinale, a seguir, a única alternativa que contempla requisitos obrigatórios para a validade e higidez do termo de inscrição da dívida ativa.

a) Valor da dívida e dos juros compensatórios.
b) Nome do devedor e seu endereço eletrônico.
c) Data do fato gerador e data da inscrição da dívida.
d) Origem e natureza do crédito e dispositivo de Lei que o fundamenta.

143. (UFPR/TJ/PR/Cartórios/Ingresso/2019) Sobre a dívida ativa tributária e as certidões, assinale a alternativa correta.

a) O termo de inscrição da dívida ativa, autenticado pela autoridade competente, indicará facultativamente: 1) o nome do devedor e, sendo caso, o dos corresponsáveis, bem como, sempre que possível, o domicílio ou a residência de um e de outros; 2) a quantia devida e a maneira de calcular os juros de mora acrescidos; 3) a origem e natureza do crédito, mencionada especificamente a disposição da lei em que seja fundado; 4) a data em que foi inscrita; 5) sendo caso, o número do processo administrativo de que se originar o crédito; 6) a indicação do livro e da folha da inscrição.
b) A dívida regularmente inscrita goza da presunção absoluta de certeza e liquidez e possui o efeito de prova pré-constituída.
c) A presunção da dívida ativa regularmente constituída não pode ser ilidida por qualquer meio de prova, a cargo do sujeito passivo ou do terceiro a que aproveite.
d) Constitui dívida ativa tributária a proveniente de crédito dessa natureza, regularmente inscrita na repartição administrativa competente, necessitando, contudo, de que esteja esgotado o prazo fixado para pagamento, pela lei ou por decisão final proferida em processo regular, para que ocorra a constituição da dívida ativa tributária.
e) Aquele que não possuir qualquer débito tributário pode solicitar a certidão de quitação de tributos, também conhecida como certidão positiva de débitos tributários. Contudo, se o contribuinte estiver em dívida tributária para com a Fazenda, mas estiver negociando-a, ou pagando-a em parcelas (parcelamento), poderá exigir a certidão negativa com efeitos de positiva.

144. (Consulplan/TJ/MG/Cartórios/Remoção/2019) Sobre a dívida ativa, assinale a alternativa correta.

a) A inscrição em dívida ativa somente se aplica a créditos tributários.
b) O termo de inscrição da dívida ativa indicará, facultativamente, a maneira de calcular os juros de mora.
c) A inscrição em dívida ativa não é requisito indispensável para a execução judicial do crédito correspondente.
d) A dívida regularmente inscrita goza da presunção de certeza e liquidez e tem o efeito de prova pré-constituída, podendo, entretanto, haver emenda ou substituição da respectiva Certidão, desde que feita até a decisão de primeira instância.

145. (Consulplan/TJ/MG/Cartórios/Remoção/2018) Assinale a alternativa incorreta:

a) a entrega de declaração pelo contribuinte reconhecendo débito fiscal constitui o crédito tributário, dispensada qualquer outra providência por parte do fisco.
b) os sujeitos passivos de obrigações tributárias e de deveres formais, relativos a tributos, devem manter seus livros, documentos e efeitos fiscais durante o prazo de 3 (três) anos.
c) os tabeliães, escrivães e demais serventuários de ofício, mediante intimação escrita, são obrigados a prestar à autoridade administrativa todas as informações de que disponham com relação aos bens, negócios ou atividades de terceiros.
d) para o Código Tributário constitui dívida ativa tributária a proveniente de crédito dessa natureza, regularmente inscrita na repartição administrativa competente, depois de esgotado o prazo fixado, para pagamento, pela lei ou por decisão final proferida em processo regular.

7. IMPOSTOS FEDERAIS

SÚMULAS

1) II/IE

STJ **Súm. 95.** A redução da alíquota do imposto sobre produtos industrializados ou do imposto de importação não implica redução do ICMS.

2) IOF

STF **Súm. 664.** É inconstitucional o inciso V do art. 1º da Lei 8.033/90, que instituiu a incidência do imposto nas operações de crédito, câmbio e seguros – IOF sobre saques efetuados em caderneta de poupança.

STJ **Súm. 185.** Nos depósitos judiciais, não incide o imposto sobre operações financeiras.

STJ **Súm. 569.** Na importação, é indevida a exigência de nova certidão negativa de débito no desembaraço aduaneiro, se já apresentada a comprovação da quitação de tributos federais quando da concessão do benefício relativo ao regime de "drawback".

3) IPI

STF **Súm. Vinculante 58.** Inexiste direito a crédito presumido de IPI relativamente à entrada de insumos isentos, sujeitos à alíquota zero ou não tributáveis, o que não contraria o princípio da não cumulatividade.

STF **Súm. 591.** A imunidade ou a isenção tributária do comprador não se estende ao produtor, contribuinte do imposto sobre produtos industrializados.

STJ Súm. 95. A redução da alíquota do imposto sobre produtos industrializados ou do imposto de importação não implica redução do ICMS.

STJ Súm. 411. É devida a correção monetária ao creditamento do IPI quando há oposição ao seu aproveitamento decorrentes de resistência ilegítima do Fisco.

STJ Súm. 494. O benefício fiscal do ressarcimento do crédito presumido do IPI relativo às exportações incide mesmo quando as matérias-primas ou os insumos sejam adquiridos de pessoa física ou jurídica não contribuinte do PIS/Pasep.

STJ Súm. 495. A aquisição de bens integrantes do ativo permanente da empresa não gera direito a creditamento de IPI.

4) IRPJ/IRPF

STF Súm. 93. Não está isenta do imposto de renda a atividade profissional do arquiteto.

STF Súm. 586. Incide imposto de renda sobre os juros remetidos para o exterior, com base em contrato de mútuo.

STF Súm. 587. Incide imposto de renda sobre o pagamento de serviços técnicos contratados no exterior e prestados no Brasil.

STJ Súm. 125. O pagamento de férias não gozadas por necessidade do serviço não está sujeito à incidência do imposto de renda.

STJ Súm. 136. O pagamento de licença-prêmio não gozada por necessidade do serviço não está sujeito ao imposto de renda.

STJ Súm. 215. A indenização recebida pela adesão a programa de incentivo à demissão voluntária não está sujeita à incidência do imposto de renda.

STJ Súm. 262. Incide o imposto de renda sobre o resultado das aplicações financeiras realizadas pelas cooperativas.

STJ Súm. 386. São isentas de imposto de renda as indenizações de férias proporcionais e o respectivo adicional.

STJ Súm. 447. Os Estados e o Distrito Federal são partes legítimas na ação de restituição de imposto de renda retido na fonte proposta por seus servidores.

STJ Súm. 463. Incide imposto de renda sobre os valores percebidos a título de indenização por horas extraordinárias trabalhadas, ainda que decorrentes de acordo coletivo.

STJ Súm. 498. Não incide imposto de renda sobre a indenização por danos morais.

STJ Súm. 556. É indevida a incidência de imposto de renda sobre o valor da complementação de aposentadoria pago por entidade de previdência privada e em relação ao resgate de contribuições recolhidas para referidas entidades patrocinadoras no período de 1.1.1989 a 31.12.1995, em razão da isenção concedida pelo art. 6º, VII, b, da Lei n. 7.713/1988, na redação anterior à que lhe foi dada pela Lei n. 9.250/1995.

STJ Súm. 590. Constitui acréscimo patrimonial a atrair a incidência do imposto de renda, em caso de liquidação de entidade de previdência privada, a quantia que couber a cada participante, por rateio do patrimônio, superior ao valor das respectivas contribuições à entidade em liquidação, devidamente atualizadas e corrigidas.

STJ Súm. 598. É desnecessária a apresentação de laudo médico oficial para o reconhecimento judicial da isenção do imposto de renda, desde que o magistrado entenda suficientemente demonstrada a doença grave por outros meios de prova.

STJ Súm. 627. O contribuinte faz jus à concessão ou à manutenção da isenção do imposto de renda, não se lhe exigindo a demonstração da contemporaneidade dos sintomas da doença nem da recidiva da enfermidade.

REPERCUSSÃO & REPETITIVOS

1) II/IE

STJ Repetitivo 1014. Os serviços de capatazia estão incluídos na composição do valor aduaneiro e integram a base de cálculo do imposto de importação. *REsp 1799306, 19.5.2020.*

2) IOF

STF Rep. Geral 328. A imunidade assegurada pelo art. 150, VI, 'c', da Constituição da República aos partidos políticos, inclusive suas fundações, às entidades sindicais dos trabalhadores e às instituições de educação e de assistência social, sem fins lucrativos, que atendam aos requisitos da lei, alcança o IOF, inclusive o incidente sobre aplicações financeiras. *RE 611510, 12.4.2021.*

3) IPI

STF Rep. Geral 324. É constitucional o artigo 3º da Lei 7.798/1989, que estabelece valores pré-fixados para o IPI. *RE 602917, 29.6.2020.*

STF Rep. Geral 501. É constitucional a fixação de alíquotas de IPI superiores a zero sobre garrafões, garrafas e tampas plásticas, ainda que utilizados para o acondicionamento de produtos essenciais. *RE 606314, 11.5.2021.*

STF Rep. Geral 906. É constitucional a incidência do Imposto sobre Produtos Industrializados – IPI no desembaraço aduaneiro de bem industrializado e na saída do estabelecimento importador para comercialização no mercado interno. *RE 946648, 28.8.2020.*

4) IRPJ/IRPF

STF Rep. Geral 185. É constitucional o artigo 5º da Lei nº 9.779/1999, no que autorizada a cobrança de Imposto de Renda sobre resultados financeiros verificados na liquidação de contratos de swap para fins de hedge. *RE 1224696, 7.6.2021.*

STF Rep. Geral 699. É constitucional a cobrança, em face das entidades fechadas de previdência complementar não imunes, do imposto de renda retido na fonte (IRRF) e da contribuição social sobre o lucro líquido (CSLL). *RE 612686, 28.10.2022.*

STF Rep. Geral 808. Não incide imposto de renda sobre os juros de mora devidos pelo atraso no pagamento de remuneração por exercício de emprego, cargo ou função. *RE 855091, 13.3.2021.*

STF Rep. Geral 962. É inconstitucional a incidência do IRPJ e da CSLL sobre os valores atinentes à taxa Selic recebidos em razão de repetição de indébito tributário. *RE 1063187, 24.9.2021.*

STJ Repetitivo 878. 1. Regra geral, os juros de mora possuem natureza de lucros cessantes, o que permite a incidência do Imposto de Renda. 2. Os juros de mora decorrentes do pagamento em atraso de verbas alimentares a pessoas físicas escapam à regra geral da incidência do Imposto de Renda, posto que, excepcionalmente, configuram indenização por danos emergentes. 3. Escapam à regra geral de incidência do Imposto de Renda sobre juros de mora aqueles cuja verba principal seja isenta ou fora do campo de incidência do IR. *REsp 1470443, 25.8.2021.*

JURISPRUDÊNCIA EM TESES

1) IPI

STJ JurisTese 118-1. O fato gerador do Imposto sobre Produtos Industrializados – IPI, incidente sobre mercadoria importada, é o desembaraço aduaneiro (art. 46, I, do Código Tributário Nacional – CTN), sendo irrelevante se o bem é adquirido a título de compra e venda ou de arrendamento, incidindo o tributo sobre a base de cálculo proporcional nos casos de ingresso do bem em caráter temporário no território nacional, nos termos do art. 79 da Lei n. 9.430/1996.

STJ JurisTese 118-3. Não incide o IPI sobre alimentos e outras preparações utilizadas na alimentação de cães e gatos quando acondicionados e comercializados em embalagens com peso superior a 10 kg (dez quilos).

STJ JurisTese 118-4. Não incide Imposto sobre Produtos Industrializados – IPI nos serviços de composição e de impressão gráfica.

STJ JurisTese 118-5. Combustíveis, lubrificantes e energia elétrica, embora consumidos durante o processo de industrialização, não podem ser considerados como matéria-prima, insumos ou produtos intermediários, para o fim de inclusão no cálculo do crédito presumido de IPI.

STJ JurisTese 118-6. Não incide Imposto sobre Produtos Industrializados – IPI sobre a venda de produtos, na hipótese em que ocorre roubo ou furto de mercadoria, antes da entrega ao comprador, porquanto não configurado o fator gerador, com a efetivação da operação mercantil.

STJ JurisTese 118-8. Não se admite interpretação extensiva do art. 11 da Lei n. 9.779/1999 para permitir o creditamento de Imposto sobre Produtos Industrializados – IPI, após a sua vigência, dos produtos finais não tributados, pois o benefício somente foi reconhecido pela lei para os produtos finais isentos ou sujeitos ao regime de alíquota zero.

STJ JurisTese 118-9. É legítima a aplicação das alíquotas previstas na Resolução da Comissão de Incentivo à Exportação – CIEX 02/1979, para fins de cálculo do crédito-prêmio do IPI.

2) IRPJ/IRPF

STJ JurisTese 28-2. Incide Imposto de Renda sobre os valores recebidos a título de antecipação dos direitos à Aposentadoria Complementar Móvel Vitalícia – ACMV, pois tais valores decorrem de renúncia de direito trabalhista de natureza remuneratória, configurando acréscimo patrimonial.

STJ JurisTese 28-3. Por força da isenção concedida pelo art. 6º, VII, b, da Lei n. 7.713/88, na redação anterior à que lhe foi dada pela Lei n. 9.250/95, é indevida a cobrança de Imposto de Renda sobre o valor da complementação de aposentadoria e o do resgate de contribuições correspondentes a recolhimentos para entidade de previdência privada ocorridos no período de 01.1.1989 a 31.12.1995.

STJ JurisTese 28-4.) Não incide Imposto de Renda sobre os juros de mora percebidos na situação de rescisão do contrato de trabalho decorrente da perda do emprego, independentemente da natureza da verba principal.

STJ JurisTese 28-6. A restituição do Imposto de Renda incidente sobre a complementação de aposentadoria, sob o regime da Lei n. 7.713/88, exige apenas a comprovação do recolhimento da contribuição para a entidade de previdência complementar, cabendo à Fazenda Nacional fazer prova sobre a tributação dos valores.

STJ JurisTese 28-7. Incide Imposto de Renda sobre os valores recebidos a título de complementação temporária de aposentadoria.

STJ JurisTese 28-9. Não incide Imposto de Renda sobre os valores recebidos a título de licença-prêmio não gozada, verba de natureza indenizatória que não implica acréscimo patrimonial.

STJ JurisTese 28-10. Incide Imposto de Renda sobre os juros de mora decorrentes de verbas previdenciárias pagas a destempo, exceto se o principal era verba isenta de recolhimento da exação.

STJ JurisTese 28-11. Não Incide Imposto de renda sobre a verba paga a título de indenização por rompimento do contrato de trabalho no período de estabilidade provisória.

STJ JurisTese 28-12. Não Incide Imposto de renda sobre os proventos de aposentadoria e pensão dos anistiados políticos, nos termos da Lei n. 10.559/2002.

STJ JurisTese 28-14. A isenção do Imposto de Renda decorrente de doença grave pode ser deferida independentemente de laudo pericial oficial, bastando a existência de provas suficientes nos autos.

STJ JurisTese 28-15. O termo inicial da isenção do Imposto de Renda prevista no art. 6º da Lei nº 7.713/88 deve ser fixado na data em que a moléstia grave foi comprovada através de diagnóstico médico, e não a partir da emissão do laudo oficial.

STJ JurisTese 28-16. É taxativo o rol de moléstias graves previstas no art. 6º, XIV, da Lei n. 7.713/88 que dá direito à isenção do Imposto de Renda sobre os proventos decorrentes de aposentadoria ou reforma.

STJ JurisTese 28-17. A isenção do Imposto de Renda sobre a aposentadoria ou reforma concedida aos portadores de moléstias graves, nos termos do art. 6º, inciso XIV, da Lei n. 7.713/88, não exige do contribuinte a demonstração da contemporaneidade dos sintomas, nem a indicação de validade do laudo pericial, ou a comprovação de recidiva da enfermidade, para o gozo do benefício isencional.

INFORMATIVOS

STF Pensão alimentícia e incidência do imposto de renda. É inconstitucional norma que prevê a incidência do IR sobre valores percebidos pelo alimentado a título de alimentos ou pensão alimentícia. O recebimento de renda ou provento de qualquer natureza pelo alimentante – de onde ele retira a parcela a ser paga ao credor dos alimentos – já configura, por si só, fato gerador do IR. Submeter também os valores recebidos pelo alimentado representa nova incidência do mesmo tributo sobre a mesma realidade, configurando "bis in idem". *ADI 5422, 3.6.2022. Pleno. Inf 1057.*

STJ Valores recebidos em ação judicial contra empresa de telefonia. Complementação de subscrição de ações e bonificações. Apuração de ganho de capital. Imposto de renda. Incidência. A indenização correspondente à variação do preço da participação acionária e das bonificações na emissão de ações no âmbito das privatizações do setor de telefonia são indenizações a título de lucros cessantes correspondentes ao ganho de capital e devem ser tributadas pelo Imposto de Renda. *REsp 1697606, 2ª T, 15.12.2022. Inf 761.*

STJ Crédito presumido de ICMS. Exclusão das bases de cálculo do IRPJ e da CSLL. Aplicação de entendimento firmado pela Seção de Direito Público do STJ (EREsp 1517492). Questão análoga analisada pelo STF sob o rito da repercussão geral. Princípio federativo. Não é possível a inclusão de créditos presumidos de ICMS na base de cálculo do IRPJ e da CSLL, não tendo a LC 60/17 aptidão para alterar a conclusão de que a tributação federal do crédito presumido de ICMS representa violação ao princípio federativo. *REsp 1951855, 1ª T, 8.11.2022. Inf 756.*

STJ Imposto de Renda. Cessão com deságio de precatório. Preço recebido. Não configuração de ganho de capital. Não incidência. Não incide IR sobre o preço recebido em virtude de cessão com deságio de precatório. *REsp 1785762, 2ª T, 29.9.2022. Inf 751.*

STJ IRPJ. Sistemática do lucro real. Dedução de valores destinados ao pagamento de montante em razão da prestação de serviços de administradores e conselheiros. Exigência de que haja valor mensal e fixo. Descabimento. É possível a dedução, na apuração do IRPJ, pela sistemática do lucro real, da soma destinada ao pagamento de montante em razão da prestação de serviços de administradores e conselheiros, ainda que não corresponda a valor mensal e fixo. *REsp 1746268, 1ª T, 16.8.2022. Inf 745.*

STJ IRPJ. CSLL. Transações internacionais com partes vinculadas. Preços de transferência. Base de cálculo. Método do preço de revenda menos lucro – PRL60. Instrução Normativa SRF 243/02. Ilegalidade. Art. 18, II, da Lei 9.430/96. O art. 12, § 11, da IN SRF 243/02 extrapolou a mera interpretação do art. 18, II, da Lei 9.430/96, na medida em que criou conceitos e métricas a serem considerados no cálculo do preço-parâmetro, não previstos, sequer de forma implícita, no texto legal então vigente. *AREsp 511736, 1ª T, 4.10.2022. Inf 754.*

STJ Imposto de renda. Moléstia grave. Art. 6º da Lei 7.713/88. Pessoa diagnosticada com o vírus HIV e ostente sintomas da AIDS. Isenção. Independentemente de a pessoa diagnosticada como soropositiva para HIV ostentar sintomas da AIDS, deve o contribuinte ser abrangido pela isenção do imposto sobre a renda da pessoa física – IRPF. *REsp 1808546, 2ª T, 20.5.2022. Inf 737.*

STJ Atraso no pagamento de remuneração por exercício de emprego, cargo ou função. Juros de mora. Imposto de renda. Não incidência. Tema 808 do STF. Exercício do juízo de retratação. Não incide imposto de renda sobre os juros de mora devidos pelo atraso no pagamento de remuneração por exercício de emprego, cargo ou função. *AgRg no REsp 1494279, 2ª T, 28.4.2022. Inf 734.*

STJ IRPJ. CSLL. Base de cálculo. Incentivo fiscal. Regime especial de pagamento do ICMS. Pretensão de caracterização como renda ou lucro. Impossibilidade. O incentivo fiscal outorgado por Estado-membro por meio de desoneração relativa ao ICMS não integra a base de cálculo do IRPJ e CSLL. *REsp 1222547, 1ª T, 8.3.2022. Inf 728.*

QUESTÕES OBJETIVAS

146. (Ieses/TJ/TO/Cartórios/Remoção/2022) A instituição de imposto sobre a propriedade territorial rural, cujo fato gerador é a propriedade, o domínio útil ou a posse de imóvel por natureza, como definido na lei civil, localização fora da zona urbana do Município, é de competência:

a) do Distrito Federal.
b) dos Estados.
c) da União.
d) dos Municípios.

147. (Vunesp/TJ/SP/Cartórios/Ingresso/2022) O Imposto Territorial Rural é de competência:

a) dos Estados.
b) dos Municípios.
c) da União Federal.
d) dos Estados e dos Municípios.

148. (FGV/TJ/SC/Cartórios/Ingresso/2021) João é proprietário de imóvel rural de grandes dimensões situado no território de dois municípios, sendo 40% da área total do imóvel no Município A e 60% no Município B. A sede do imóvel fica localizada no Município A. Diante desse cenário, para efeitos de enquadramento do imóvel e de fixação do domicílio tributário do contribuinte no Imposto Territorial Rural (ITR), é correto afirmar que o imóvel:

a) deverá ser enquadrado no Município B, mas o domicílio tributário do contribuinte é o Município A.
b) deverá ser enquadrado no Município B, sendo este também o domicílio tributário do contribuinte.

c) deverá ser enquadrado no Município A, sendo este também o domicílio tributário do contribuinte.
d) deverá ser enquadrado no Município A, mas o domicílio tributário do contribuinte é o Município B.
e) deverá ser enquadrado no Município B, mas o contribuinte poderá eleger o domicílio tributário em quaisquer dos municípios.

149. (FGV/TJ/SC/Cartórios/Ingresso/2021) Mário, proprietário de imóvel localizado em área urbana, mas voltado a finalidades de produção agrícola de hortaliças orgânicas, celebra promessa de compra e venda por escritura pública com João, em 2016, transmitindo imediatamente a posse do imóvel e mantida a mesma exploração, mas sem que a escritura tenha sido levada a registro. Em 2020, Mário é surpreendido com cobrança pelo Fisco de imposto incidente sobre a propriedade do imóvel referente aos anos de 2017, 2018 e 2019. Diante desse cenário, o imposto devido é o:
a) ITR, e o promitente vendedor pode ser responsabilizado pelas dívidas posteriores à lavratura da escritura pública de promessa de compra e venda com transmissão da posse.
b) ITR, mas o promitente vendedor não pode ser responsabilizado pelas dívidas posteriores à lavratura da escritura pública de promessa de compra e venda com transmissão da posse.
c) IPTU, e o promitente vendedor pode ser responsabilizado pelas dívidas posteriores à lavratura da escritura pública de promessa de compra e venda com transmissão da posse.
d) IPTU, mas o promitente vendedor não pode ser responsabilizado pelas dívidas posteriores à lavratura da escritura pública de promessa de compra e venda com transmissão da posse.
e) IPTU, e o promitente vendedor pode ser responsabilizado pro rata com o promitente comprador pelas dívidas posteriores à lavratura da escritura pública de promessa de compra e venda com transmissão da posse.

150. (Ieses/TJ/RO/Cartórios/Remoção/2021) O imposto ITR, que incide sobre a propriedade territorial rural tem como fato gerador a propriedade, o domínio útil ou a posse de imóvel por natureza, como definido na lei civil, localização fora da zona urbana do Município, é da competência:
a) da União.
b) dos municípios.
c) dos Estados.
d) do Distrito Federal.

151. (Vunesp/TJ/RS/Cartórios/Ingresso/2019) O Imposto Territorial Rural (ITR), por disposição constitucional, não incide sobre pequenas glebas rurais, definidas em lei, quando as explore o proprietário que não possua outro imóvel. Referida disposição consiste em:
a) fato gerador presumido.
b) imunidade.
c) isenção qualificada.
d) isenção legal.
e) diferimento.

152. (Cespe/TJ/DFT/Cartórios/Remoção/2019) No caso de um titular de ofício de notas que possua inscrição no cadastro nacional de pessoa jurídica não ser remunerado pelo erário e ter renda decorrente de emolumentos e custas, incidirá sobre essa renda o imposto de renda sobre pessoa:
a) jurídica, mediante recolhimento mensal obrigatório.
b) jurídica, mediante recolhimento anual.
c) jurídica, mediante retenção na fonte.
d) física, mediante recolhimento mensal obrigatório.
e) física, mediante recolhimento anual.

153. (Cespe/TJ/DFT/Cartórios/Remoção/2019) Um agricultor rural possui somente duas propriedades – dois imóveis rurais situados no Distrito Federal, um de 10 hectares e outro de 19 hectares. As duas propriedades são exploradas apenas por esse agricultor. Nessa situação hipotética, quanto ao ITR, o agricultor é:
a) obrigado a pagar o referido imposto por previsão legal.
b) isento do pagamento do referido imposto, salvo se contar com a ajuda eventual de terceiros.
c) isento do pagamento do referido imposto, mesmo que conte com a ajuda eventual de terceiros.
d) imune ao pagamento do referido imposto em relação às duas propriedades, pois os imóveis constituem pequena gleba rural.
e) imune ao pagamento do referido imposto apenas em relação à propriedade de 10 hectares.

154. (UFPR/TJ/PR/Cartórios/Remoção/2019) Noé resolve realizar a viagem de seus sonhos para Portugal, e, faltando alguns dias para embarcar, visita uma casa de câmbio no intuito de adquirir 2.000,00 Euros. Uma semana antes de visitar a casa de câmbio, verificou que o imposto sobre operações financeiras (IOF) possuía alíquota de 2% sobre a operação. Considerando o percentual razoável, na semana seguinte, quando retorna à casa de câmbio, faltando 1 dia para a viagem, descobre que a alíquota de IOF elevou-se para 5%. Além disso, Noé descobre que, no dia anterior, a alíquota ainda estava limitada a 2% sobre a operação. Revoltado, Noé paga o tributo, mas passa a considerar ajuizar demanda judicial com o objetivo de questionar a elevação abrupta da alíquota do IOF, reavendo o valor do tributo supostamente indevido. Sobre a situação acima, considere as seguintes afirmativas:
I. Noé não deve ingressar com qualquer medida judicial tributária, pois a alteração abrupta da alíquota do IOF, nesse caso, não contraria o princípio da legalidade tributária.
II. Noé não deve ingressar com qualquer medida judicial, pois a alteração abrupta da alíquota do IOF é permitida pelo fato de o imposto ser exceção ao princípio da anterioridade tributária genérica.
III. Noé não deve ingressar com qualquer medida judicial, pois a alteração abrupta da alíquota do IOF é permitida pelo fato de o imposto ser exceção ao princípio da anterioridade mínima.
IV. Noé deve ingressar com medida judicial visando a repetição de indébito tributário, pois a elevação abrupta da alíquota é situação flagrantemente inconstitucional.
V. Noé deve ingressar com medida judicial buscando a anulação do débito tributário, pois a elevação abrupta da alíquota é prática proibida constitucionalmente ao IOF.
Assinale a alternativa correta.
a) Somente as afirmativas I e II são verdadeiras.
b) Somente as afirmativas I e III são verdadeiras.
c) Somente as afirmativas II e III são verdadeiras.
d) Somente as afirmativas IV e V são verdadeiras.
e) Somente as afirmativas I, II e III são verdadeiras.

155. (Vunesp/TJ/SP/Cartórios/Ingresso/2018) A respeito do imposto sobre propriedade territorial rural (ITR), assinale alternativa correta:
a) não há previsão constitucional para a progressividade do ITR.
b) a base de cálculo do ITR é o valor da terra nua.
c) o ITR será fiscalizado e cobrado pelos municípios que assim optarem, na forma da lei, desde que não implique redução do imposto ou qualquer outra forma de renúncia fiscal.
d) o ITR não incide sobre o imóvel declarado como de interesse social para fins de reforma agrária.

156. (Ieses/TJ/CE/Cartórios/Ingresso/2018) Em relação à matéria tributária sumulada pelos tribunais superiores, assinale a alternativa que representa entendimento sumular já superado, entendendo-se para tanto, o entendimento firmado em súmula cancelada:

a) é inconstitucional a incidência do Imposto sobre Serviços de Qualquer Natureza – ISS sobre operações de locação de bens móveis.

b) as sociedades civis de prestação de serviços profissionais são isentas da Cofins, irrelevante o regime tributário adotado.

c) constitui acréscimo patrimonial a atrair a incidência do Imposto de Renda, em caso de liquidação de entidade de previdência privada, a quantia que couber a cada participante, por rateio do patrimônio, superior ao valor das respectivas contribuições à entidade em liquidação, devidamente atualizadas e corrigidas.

d) é constitucional a adoção, no cálculo do valor de taxa, de um ou mais elementos da base de cálculo própria de determinado imposto, desde que não haja integral identidade entre uma base e outra.

157. (Ieses/TJ/CE/Cartórios/Ingresso/2018) Acerca do IPI – Imposto sobre Produtos Industrializados e sua previsão na Constituição Federal é possível afirmar, exceto que:

a) terá reduzido seu impacto sobre a aquisição de bens de capital pelo contribuinte do imposto, na forma da lei.

b) incidirá sobre produtos industrializados destinados ao exterior.

c) será não-cumulativo, compensando-se o que for devido em cada operação com o montante cobrado nas anteriores.

d) será seletivo, em função da essencialidade do produto.

158. (Cetro/TJ/RJ/Cartórios/Ingresso/2017) Acerca do tributo, espécie imposto, incidente sobre a atividade notarial, marque V para verdadeiro ou F para falso e, em seguida, assinale a alternativa que apresenta a sequência correta.

I. incide ISSQN (Imposto sobre Serviços de Qualquer Natureza) sobre atividades públicas delegadas, tais como os serviços notariais, uma vez que estes não estão albergados pela regra de imunidade recíproca.

II. da base de cálculo do imposto de renda de serviços notariais não se deduzem as chamadas certidões gratuitas, dado que se trata de ônus a ser arcado por aquele que exerce atividade notarial.

III. os emolumentos e custas referentes aos serviços notariais sujeitam-se à retenção na fonte nos casos em que a fonte pagadora for pessoa jurídica:

a) F, F, F.

b) V, F, F.

c) F, V, F.

d) V, V, V.

e) F, V, V.

159. (Cetro/TJ/RJ/Cartórios/Remoção/2017) Xerxes comparece ao cartório de registro de imóveis e, munido de documentação, solicita que seja efetuada a transferência de propriedade rural em seu nome para a empresa XY Agropecuária Ltda., dado que esse imóvel seria sua parte como parte integrante do capital social da referida empresa. Com base no caso e sabendo da eventual necessidade de apresentação de quitação do Imposto sobre a Propriedade Territorial Rural (ITR) na documentação de transferência de titularidade, marque V para verdadeiro ou F para falso e, em seguida, assinale a alternativa que apresenta a sequência correta.

I. a apresentação de Certidão Positiva de Débitos do Imóvel Rural, com Efeito de Negativa, expedida pela Secretaria da Receita Federal (SRF), pode ser feita em substituição de comprovação de recolhimento do ITR, aceitando-se, apenas, certidão emitida 1 (um) mês antes do pedido de registro.

II. é obrigatória a apresentação do pagamento do ITR referente aos 5 (cinco) últimos exercícios, sendo aceita a apresentação de cópia original ou autenticada da guia DARF com o recolhimento do imposto.

III. o cartório de registro de imóveis deve exigir a comprovação do pagamento do ITR até o momento do pagamento final dos emolumentos devidos pelo ato registral de transferência de titularidade:

a) V, F, V.

b) F, V, F.

c) V, V, F.

d) V, V, V.

e) F, F, V.

8. IMPOSTOS ESTADUAIS

SÚMULAS

1) ICMS

STF Súm. Vinculante 32. O ICMS não incide sobre alienação de salvados de sinistro pelas seguradoras.

STF Súm. Vinculante 48. Na entrada de mercadoria importada do exterior, é legítima a cobrança do ICMS por ocasião do desembaraço aduaneiro.

STF Súm. 573. Não constitui fato gerador do imposto de circulação de mercadorias a saída física de máquinas, utensílios e implementos a título de comodato.

STF Súm. 575. À mercadoria importada de país signatário do GATT, ou membro da ALALC, estende-se a isenção do imposto sobre circulação de mercadorias concedida a similar nacional.

STF Súm. 662. É legítima a incidência do ICMS na comercialização de exemplares de obras cinematográficas, gravados em fitas de videocassete.

STJ Súm. 20. A mercadoria importada de país signatário do GATT é isenta do ICM, quando contemplado com esse favor o similar nacional.

STJ Súm. 95. A redução da alíquota do imposto sobre produtos industrializados ou do imposto de importação não implica redução do ICMS.

STJ Súm. 135. O ICMS não incide na gravação e distribuição de filmes e videoteipes.

STJ Súm. 155. O ICMS incide na importação de aeronave, por pessoa física, para uso próprio.

STJ Súm. 163. O fornecimento de mercadorias com a simultânea prestação de serviços em bares, restaurantes e estabelecimentos similares constitui fato gerador do ICMS a incidir sobre o valor total da operação.

STJ Súm. 166. Não constitui fato gerador do ICMS o simples deslocamento de mercadoria de um para outro estabelecimento do mesmo contribuinte.

STJ Súm. 198. Na importação de veículo por pessoa física, destinado a uso próprio, incide o ICMS.

STJ Súm. 237. Nas operações com cartão de crédito, os encargos relativos ao financiamento não são considerados no cálculo do ICMS.

STJ Súm. 334. O ICMS não incide no serviço dos provedores de acesso à internet.

STJ Súm. 350. O ICMS não incide sobre o serviço de habilitação de telefone celular.

STJ Súm. 391. O ICMS incide sobre o valor da tarifa de energia elétrica correspondente à demanda de potência efetivamente utilizada.

STJ Súm. 395. O ICMS incide sobre o valor da venda a prazo constante da nota fiscal.

STJ Súm. 431. É ilegal a cobrança de ICMS com base no valor da mercadoria submetido ao regime de pauta fiscal.

STJ Súm. 432. As empresas de construção civil não estão obrigadas a pagar ICMS sobre mercadorias adquiridas como insumos em operações interestaduais.

STJ Súm. 433. O produto semielaborado, para fins de incidência de ICMS, é aquele que preenche cumulativamente os três requisitos do art. 1º da Lei Complementar n. 65/1991.

STJ Súm. 457. Os descontos incondicionais nas operações mercantis não se incluem na base de cálculo do ICMS.

STJ Súm. 509. É lícito ao comerciante de boa-fé aproveitar os créditos de ICMS decorrentes de nota fiscal posteriormente declarada inidônea, quando demonstrada a veracidade da compra e venda.

STJ Súm. 649. Não incide ICMS sobre o serviço de transporte interestadual de mercadorias destinadas ao exterior.

STJ Súm. 654. A tabela de preços máximos ao consumidor (PMC) publicada pela ABCFarma, adotada pelo Fisco para a fixação da base de cálculo do ICMS na sistemática da substituição tributária, não se aplica aos medicamentos destinados exclusivamente para uso de hospitais e clínicas.

2) IPVA

STJ Súm. 585. A responsabilidade solidária do ex-proprietário, prevista no art. 134 do Código de Trânsito Brasileiro CTB, não abrange o IPVA incidente sobre o veículo automotor, no que se refere ao período posterior à sua alienação.

3) ITCMD

STF Súm. 112. O imposto de transmissão "causa mortis" é devido pela alíquota vigente ao tempo da abertura da sucessão.

STF Súm. 114. O imposto de transmissão "causa mortis" não é exigível antes da homologação do cálculo.

STF Súm. 115. Sobre os honorários do advogado contratado pelo inventariante, com a homologação do juiz, não incide o imposto de transmissão "causa mortis".

STF Súm. 331. É legítima a incidência do imposto de transmissão "causa mortis" no inventário por morte presumida.

STF Súm. 542. Não é inconstitucional a multa instituída pelo Estado-membro, como sanção pelo retardamento do início ou da ultimação do inventário.

STF Súm. 590. Calcula-se o imposto de transmissão "causa mortis" sobre o saldo credor da promessa de compra e venda de imóvel, no momento da abertura da sucessão do promitente vendedor.

REPERCUSSÃO & REPETITIVOS

1) ICMS

STF Rep. Geral 176. A demanda de potência elétrica não é passível, por si só, de tributação via ICMS, porquanto somente integram a base de cálculo desse imposto os valores referentes àquelas operações em que haja efetivo consumo de energia elétrica pelo consumidor. *RE 593824, 27.4.2020.*

STF Rep. Geral 346. (i) Não viola o princípio da não cumulatividade (art. 155, § 2º, incisos I e XII, alínea c, da CF/1988) lei complementar que prorroga a compensação de créditos de ICMS relativos a bens adquiridos para uso e consumo no próprio estabelecimento do contribuinte; (ii) Conforme o artigo 150, III, c, da CF/1988, o princípio da anterioridade nonagesimal aplica-se somente para leis que instituem ou majoram tributos, não incidindo relativamente às normas que prorrogam a data de início da compensação de crédito tributário. *RE 601967, 18.8.2020.*

STF Rep. Geral 456. A antecipação, sem substituição tributária, do pagamento do ICMS para momento anterior à ocorrência do fato gerador necessita de lei em sentido estrito. A substituição tributária progressiva do ICMS reclama previsão em lei complementar federal. *RE 598677, 26.3.2021.*

STF Rep. Geral 490. O estorno proporcional de crédito de ICMS efetuado pelo Estado de destino, em razão de crédito fiscal presumido concedido pelo Estado de origem sem autorização do Conselho Nacional de Política Fazendária (Confaz), não viola o princípio constitucional da não cumulatividade. *RE 628075, 28.8.2020.*

STF Rep. Geral 517. É constitucional a imposição tributária de diferencial de alíquota do ICMS pelo Estado de destino na entrada de mercadoria em seu território devido por sociedade empresária aderente ao Simples Nacional, independentemente da posição desta na cadeia produtiva ou da possibilidade de compensação dos créditos. *RE 970821, 11.5.2021.*

STF Rep. Geral 520. O sujeito ativo da obrigação tributária de ICMS incidente sobre mercadoria importada é o Estado-membro no qual está domiciliado ou estabelecido o destinatário legal da operação que deu causa à circulação da mercadoria, com a transferência de domínio. *ARE 665134, 27.4.2020.*

STF Rep. Geral 689. Segundo o artigo 155, § 2º, X, b, da CF/1988, cabe ao Estado de destino, em sua totalidade, o ICMS sobre a operação interestadual de fornecimento de energia elétrica a consumidor final, para emprego em processo de industrialização, não podendo o Estado de origem cobrar o referido imposto. *RE 748543, 5.8.2020.*

STF Rep. Geral 705. A inadimplência do usuário não afasta a incidência ou a exigibilidade do ICMS sobre serviços de telecomunicações. *RE 1003758, 14.5.2021.*

STF Rep. Geral 817. É constitucional a lei estadual ou distrital que, com amparo em convênio do CONFAZ, conceda remissão de créditos de ICMS oriundos de benefícios fiscais anteriormente julgados inconstitucionais. *RE 851421, 17.12.2021.*

STF Rep. Geral 1012. É constitucional a incidência do ICMS sobre a operação de venda, realizada por locadora de veículos, de automóvel com menos de 12 (doze) meses de aquisição da montadora. *RE 1025986, 5.8.2020.*

STF Rep. Geral 1048. É constitucional a inclusão do Imposto sobre Circulação de Mercadorias e Serviços – ICMS na base de cálculo da Contribuição Previdenciária sobre a Receita Bruta – CPRB. *RE 1187264, 24.2.2021.*

STF Rep. Geral 1052. Observadas as balizas da Lei Complementar n. 87/1996, é constitucional o creditamento de Imposto sobre Operações relativas à Circulação de Mercadorias – ICMS cobrado na entrada, por prestadora de serviço de telefonia móvel, considerado aparelho celular posteriormente cedido, mediante comodato. *RE 1141756, 28.9.2020.*

STF Rep. Geral 1093. A cobrança do diferencial de alíquota alusivo ao ICMS, conforme introduzido pela Emenda Constitucional nº 87/2015, pressupõe edição de lei complementar veiculando normas gerais. *ADI 5469, 24.2.2021.*

STF Rep. Geral 1094. I. Após a Emenda Constitucional 33/2001, é constitucional a incidência de ICMS sobre operações de importação efetuadas por pessoa, física ou jurídica, que não se dedica habitualmente ao comércio ou à prestação de serviços, devendo tal tributação estar prevista em lei complementar federal. II. As leis estaduais editadas após a EC 33/2001 e antes da entrada em vigor da Lei Complementar 114/2002, com o propósito de impor o ICMS sobre a referida operação, são válidas, mas produzem efeitos somente a partir da vigência da LC 114/2002. *RE 1221330, 16.6.2020.*

STF Rep. Geral 1099. Não incide ICMS no deslocamento de bens de um estabelecimento para outro do mesmo contribuinte localizados em estados distintos, visto não haver a transferência da titularidade ou a realização de ato de mercancia. *ARE 1255885, 15.8.2020.*

2) IPVA

STF Rep. Geral 685. Não incide IPVA sobre veículo automotor adquirido, mediante alienação fiduciária, por pessoa jurídica de direito público. *RE 727851, 22.6.2020.*

STF Rep. Geral 708. A Constituição autoriza a cobrança do Imposto sobre a Propriedade de Veículos Automotores (IPVA) somente pelo Estado em que o contribuinte mantém sua sede ou domicílio tributário. *RE 1016605, 16.6.2020.*

STJ Repetitivo 1118. Somente mediante lei estadual/distrital específica poderá ser atribuída ao alienante responsabilidade solidária pelo pagamento do imposto sobre a propriedade de veículos automotores – IPVA do veículo alienado, na hipótese de ausência de comunicação da venda do bem ao órgão de trânsito competente. *REsp 1881788, 23.11.2022.*

3) ITCMD

STF Rep. Geral 825. É vedado aos estados e ao Distrito Federal instituir o ITCMD nas hipóteses referidas no art. 155, § 1º, III, da Constituição Federal sem a intervenção da lei complementar exigida pelo referido dispositivo constitucional. *RE 851108, 27.2.2021.*

STJ Repetitivo 1048. O imposto de transmissão causa mortis e doação – ITCMD, referente a doação não oportunamente declarada pelo contribuinte ao fisco estadual, a contagem do prazo decadencial tem início no primeiro dia do exercício seguinte àquele em que o lançamento poderia ter sido efetuado, observado o fato gerador, em conformidade com os arts. 144 e 173, I, ambos do CTN. *REsp 1841798, 28.4.2021.*

STJ Repetitivo 1074. No arrolamento sumário, a homologação da partilha ou da adjudicação, bem como a expedição do formal de partilha e da carta de adjudicação, não se condicionam ao prévio recolhimento do imposto de transmissão causa mortis, devendo ser comprovado, todavia, o pagamento dos tributos relativos aos bens do espólio e às suas rendas, a teor dos arts. 659, § 2º, do CPC/2015 e 192 do CTN. *REsp 1896526, 28.10.2022.*

JURISPRUDÊNCIA EM TESES

1) ICMS

STJ JurisTese 121-1. Não é possível a inclusão de crédito presumido de ICMS na base de cálculo do imposto de renda da pessoa jurídica – IRPJ e da contribuição social sobre o lucro líquido – CSLL.

STJ JurisTese 121-2. O crédito presumido de ICMS não integra a base de cálculo da contribuição para o programa de integração social – PIS e da contribuição para o financiamento da seguridade social – Cofins.

STJ JurisTese 121-3. O ICMS não compõe a base de cálculo para a incidência do PIS e da Cofins.

STJ JurisTese 121-4. É legítima a inclusão da subvenção econômica instituída pela Lei n. 10.604/2002 na base de cálculo do ICMS sobre a energia elétrica, uma vez que se enquadra no conceito do termo "valor da operação", à luz do disposto nos arts. 12, XII, e 13, VII e § 1º, da Lei Complementar n. 87/1996.

STJ JurisTese 121-7. Nos casos em que a substituta tributária (a montadora/fabricante de veículos) não efetua o transporte nem o engendra por sua conta e ordem, o valor do frete não deve ser incluído na base de cálculo do ICMS, ante o disposto no art. 13, § 1º, inciso II, alínea "b", da Lei Complementar n. 87/1996.

STJ JurisTese 121-8. Não incide ICMS sobre serviço de transporte interestadual de mercadorias destinadas ao exterior.

STJ JurisTese 121-10. O Estado de Minas Gerais por meio do Decreto n. 27.281, de 27.08.1987, que ratificou o Convênio n. 29, de 18.08.1987, revogou expressamente a isenção do ICMS ao peixe seco e salgado nacional, assim, em consequência, finda a isenção do produto nacional, encerra-se, igualmente, no Estado, o benefício concedido ao bacalhau importado de país signatário do GATT, não sendo aplicável o entendimento firmado pelo REsp 871.760/BA, julgado sob o regime dos recursos repetitivos.

STJ JurisTese 121-11. A isenção do ICMS para pescados no âmbito do Estado de Pernambuco foi extinta em 13.3.1997 pelo Decreto estadual n. 19.631, que efetivou a revogação autorizada pelo Convênio ICMS 102/1995, de modo que, a partir de então, não há falar em benefício fiscal em favor do similar importado de país signatário do GATT para referida unidade da federação.

STJ JurisTese 121-13. O valor pago pelo consumidor final a título de seguro de garantia estendida não integra a base de cálculo do ICMS incidente sobre a operação de compra e venda de mercadoria.

STJ JurisTese 175-1. A superveniência da Lei Complementar n. 160/2017, que promoveu alteração no art. 30 da Lei n. 12.973/2014 e passou a enquadrar o incentivo fiscal estadual como subvenção para investimento, não tem o condão de alterar o entendimento de que a tributação federal do crédito presumido de ICMS representa violação do princípio federativo.

STJ JurisTese 175-4. As atividades de panificação e de congelamento de produtos perecíveis realizadas por supermercados não configuram processo de industrialização de alimentos, razão pela qual não existe direito ao crédito do ICMS recolhido em relação à energia elétrica consumida na realização de tais atividades.

STJ JurisTese 175-6. Não incide ICMS sobre a prestação de serviços conexos ao de comunicação por meio da telefonia móvel por assumirem o caráter de atividade meio e não constituírem efetivamente serviço de comunicação (transmissão de informação de qualquer natureza), este sim, passível de incidência de ICMS.

STJ JurisTese 175-7. No regime de substituição tributária, as mercadorias dadas em bonificação e os descontos incondicionais integram a base de cálculo do ICMS.

STJ JurisTese 175-9. Incide ICMS sobre o valor total da operação (preço de venda à vista, acrescido do valor referente ao parcelamento), quando a venda a prazo for realizada sem a intermediação de instituição financeira.

STJ JurisTese 177-1. Não é possível a compensação de débito de ICMS com crédito de precatório cuja titularidade seja de pessoa jurídica distinta da que compõe a relação jurídico-tributária.

STJ JurisTese 177-4. Não incide ICMS sobre as operações financeiras realizadas no Mercado de Curto Prazo da Câmara de Comercialização de Energia Elétrica (CCEE), pois trata-se de cessões de direitos entre consumidores e não de contratos de compra e venda de energia elétrica.

STJ JurisTese 177-5. Não incide ICMS sobre as operações de transferência de excedentes de redução de meta de consumo de energia elétrica, regulamentadas pela Resolução n. 13/2001 da Câmara de Gestão da Crise de Energia Elétrica – CGE.

STJ JurisTese 177-7. Incide ICMS nas operações de produção de embalagens sob encomenda destinadas à integração ou utilização direta em processo subsequente de industrialização ou de posterior circulação de mercadoria.

INFORMATIVOS

STF Redução de alíquota do ICMS para cerveja à base de mandioca. A redução de alíquota do ICMS requer a comprovação do impacto financeiro e orçamentário, além da celebração de convênio entre os estados e o Distrito Federal e a demonstração da essencialidade dos bens e serviços. A redução da alíquota de ICMS exige estimativa do seu impacto orçamentário e financeiro (ADCT, art. 113). A concessão de incentivo fiscal – tal qual a redução de alíquota – é ato complexo que demanda necessariamente a integração de vontades via celebração de convênio entre os diferentes entes federativos, dado o seu caráter nacional, conforme disciplinado nas Leis Complementares 24/75 e 160/17. Ademais, na hipótese, o estabelecimento de renúncia fiscal em razão da matéria-prima não observa qualquer critério de discrímen, acarretando desigualdade inconstitucional (CF, art. 150, II) e desequilíbrio concorrencial (CF, art. 170, II). Também não houve atendimento ao critério da essencialidade do bem, que norteia o princípio da seletividade tributária, segundo o qual se busca uma justa repartição do ônus tributário entre os indivíduos, de acordo com sua capacidade econômica. *ADI 6152, 30.9.2022. Pleno. Inf 1070.*

STF ICMS: fixação de alíquotas sobre operações com energia elétrica e serviços de comunicação em percentuais superiores aos da alíquota geral do tributo. São inconstitucionais normas estaduais que fixam a alíquota do ICMS para operações de fornecimento de energia elétrica e serviços de comunicação em patamar superior à cobrada sobre as operações em geral. Diante do que impõem a seletividade tributária e seu critério da essencialidade, deve ser garantida, nos casos, a aplicação do princípio da seletividade, o qual determina a incidência de alíquotas mais baixas sobre os produtos e serviços considerados essenciais e indispensáveis à subsistência digna dos cidadãos, visando à justiça fiscal. *ADI 7122, 26.8.2022. Pleno. Inf 1065.*

STF IPVA: isenção para veículos adquiridos mediante arrendamento mercantil e utilizados por taxistas. Não afronta o fato gerador do IPVA (propriedade do veículo pela instituição arrendante) e nem altera o sujeito passivo da obrigação tributária a isenção relativa aos veículos adquiridos por meio de arrendamento mercantil ("leasing") e usados no transporte individual de passageiros, na categoria aluguel, prestado por permissionários (taxistas). A Constituição Federal admite a adoção de alíquotas diferenciadas em função do tipo e do uso do veículo, com fins de promover a igualdade fiscal. Nesse contexto, a concessão de isenção, em virtude de o automóvel ser objeto de contrato de arrendamento mercantil convencionado em benefício de taxista, consiste em diferenciação com base na utilidade dada ao veículo. *ADI 2298, 23.9.2022. Pleno. Inf 1071.*

STF ICMS: fixação de alíquotas sobre operações com energia elétrica e serviços de comunicação superiores às das operações em geral. É inconstitucional norma distrital ou estadual que, mesmo adotando a técnica da seletividade, prevê alíquota de ICMS sobre energia elétrica e serviços de comunicação – os quais consistem sempre em itens essenciais – mais elevada do que a incidente sobre as operações em geral. *ADI 7123, 24.6.2022. Pleno. Inf 1060.*

STF Operacionalização da substituição tributária do ICMS por meio de lei ordinária estadual. A instituição de hipótese de substituição tributária do ICMS, imputando-se a estabelecimento atacadista o dever de recolhimento do tributo em relação às operações subsequentes, pode ser feita por meio de lei ordinária estadual, devidamente regulamentada por decreto. A expressão "lei", presente no art. 150, § 7º, da CF, diz respeito à espécie legislativa "lei ordinária", motivo pelo qual a imputação da referida responsabilidade tributária não demanda "lei complementar" (CF, art. 59, II). *ADI 5702, 21.10.2022. Pleno. Inf 1073.*

STF Incidência de ITCMD em relação a inventários e arrolamentos processados no exterior. É vedado aos estados e ao Distrito Federal instituir o imposto sobre transmissão causa mortis e doação nas hipóteses dispostas no art. 155, § 1º, III, da CF (doações e nas heranças instituídas no exterior), sem a edição da lei complementar federal exigida pelo referido dispositivo constitucional. *ADI 6828, 28.10.2022. Pleno. Inf 1074.*

STJ ICMS. Internet. Provedor de acesso. Serviço de inserção em sites de publicidade e veiculação de propaganda. Não incidência. O ICMS não incide sobre o serviço de inserção de publicidade e veiculação de propaganda em sites da internet. *AREsp 1598445, 1ª T, 23.8.2022. Inf 746.*

STJ ICMS. Substituição tributária. Suspensão. Determinação judicial em favor da empresa substituída. Exigência do imposto da empresa substituta. Impossibilidade. Suspenso o regime de substituição tributária por determinação judicial deferida em favor da empresa substituída, não se mostra possível exigir da substituta o pagamento do ICMS/ST que deixou de ser recolhido enquanto vigente essa decisão. *AREsp 1423187, 1ª T, 25.5.2022. Inf 738.*

STJ **Serviço de prestação de capacidade de satélite. Serviço-meio ou suplementar. ICMS-Comunicação. Não incidência.** Não incide ICMS-Comunicação sobre o serviço de prestação de capacidade de satélite. *REsp 1437550, 1ª T, 14.12.2021. Inf 723.*

QUESTÕES DISCURSIVAS

10. (Consulplan/TJ/MG/Cartórios/Remoção/2018) "Art. 155. Compete aos Estados e ao Distrito Federal instituir impostos sobre: I – transmissão causa mortis e doação, de quaisquer bens ou direitos;" (BRASIL. Constituição Federal de 1988). Considerando o texto constitucional, disserte, de forma fundamentada, sobre o "ITCMD – Imposto sobre transmissão causa mortis e doação de quaisquer bens ou direitos". Em seu texto, aborde, necessariamente, os seguintes tópicos sobre o referido tributo: (i) aspectos da hipótese de incidência do ITCMD (material ou fato gerador in abstrato, pessoal, temporal, espacial e quantitativo: base de cálculo e alíquota); (ii) possibilidade de graduação do ITCMD conforme a capacidade contributiva; (iii) responsabilidade tributária dos notários e registradores em relação ao ITCMD.

QUESTÕES OBJETIVAS

160. (Vunesp/TJ/SP/Cartórios/Ingresso/2022) Sobre o Imposto de Transmissão Causa Mortis e Doação de Bens Imóveis (ITCMD), é correto afirmar que:

a) é devido ao Estado onde localizado o bem imóvel, ou ao Distrito Federal.
b) incide em operações de aumento de capital de sociedades, quando o aumento se dá mediante a integralização de bens imóveis.
c) não é devido, na transmissão causa mortis, quando o falecido era domiciliado no exterior.
d) incide em operações de permuta sem torna, quando as partes são residentes em Estados distintos.

161. (FGV/TJ/SC/Cartórios/Ingresso/2021) José, único sucessor de sua falecida esposa, ao calcular o valor a ser pago a título de ITCMD sobre a herança a ele transmitida, surpreende-se ao descobrir que lei estadual prevê alíquotas de ITCMD progressivas, de modo que será aplicada, em seu caso, a alíquota máxima de 8% em virtude do montante dos bens transferidos. José declara ao Fisco estadual o valor dos bens herdados, mas se recusa a efetuar o pagamento do imposto, alegando a inconstitucionalidade da aplicação das alíquotas progressivas. Diante desse cenário, é correto afirmar que:

a) assiste razão a José, pois é constitucionalmente vedada a aplicação de alíquotas progressivas a tributos reais.
b) não assiste razão a José, pois, em virtude do princípio constitucional da capacidade contributiva, é admissível a previsão de alíquotas progressivas ao ITCMD.
c) assiste razão a José, pois, sendo cônjuge e único sucessor, é vedada constitucionalmente a aplicação de alíquota máxima a seu caso.
d) não assiste razão a José, pois, sendo inconstitucional a aplicação das alíquotas progressivas ao ITCMD, deve o pagamento do imposto ser efetuado aplicando-se a alíquota mínima estabelecida em lei.
e) assiste razão a José, pois a alíquota de 8% aplicada ultrapassa o teto estabelecido pela Resolução do Senado Federal constitucionalmente exigida para fixar a alíquota máxima do ITCMD.

162. (FGV/TJ/SC/Cartórios/Remoção/2021) José, domiciliado na capital do Estado Alfa e nela falecido em 10/08/2020, deixou em herança ações com cotação em bolsa de valores (aproximadamente 20% do valor total da herança) e imóveis localizados no Estado Beta (aproximadamente 80% do valor total da herança). No momento do óbito, a alíquota de ITCMD aplicável prevista na legislação do Estado Alfa era de 4%, e no Estado Beta era de 5%. Um ano após o óbito, sua viúva e única herdeira, Maria, procura um tabelionato no Estado Alfa, onde continuou domiciliada, lavrando a escritura pública de inventário e adjudicação de bens de seu falecido marido em 20/09/2021. Na data da lavratura da escritura, a alíquota de ITCMD aplicável no Estado Alfa era de 6%, e no Estado Beta era de 7%. Diante desse cenário, é correto afirmar que:

a) o ITCMD será devido em sua integralidade ao Estado Alfa, domicílio tanto do autor da herança como da única herdeira, aplicando-se a alíquota de 4% prevista na legislação do Estado Alfa à data do óbito.
b) o ITCMD será devido em sua integralidade ao Estado Beta, local em que se concentra a maior parte do valor total da herança, aplicando-se a alíquota de 5%, prevista na legislação do Estado Beta à data do óbito.
c) o ITCMD será devido em sua integralidade ao Estado Alfa, domicílio tanto do autor da herança como da única herdeira, aplicando-se a alíquota de 6%, prevista na legislação do Estado Alfa à data em que foi lavrada a escritura pública de inventário.
d) parcela do ITCMD será devida ao Estado Alfa quanto às ações com cotação em bolsa de valores, aplicando-se a alíquota de 4%, prevista na legislação do Estado Alfa à data do óbito, enquanto a parcela incidente sobre os bens imóveis será devida ao Estado Beta, aplicando-se a alíquota de 5%, prevista na legislação do Estado Beta à data do óbito.
e) parcela do ITCMD será devida ao Estado Alfa quanto às ações com cotação em bolsa de valores, aplicando-se a alíquota de 6%, prevista na legislação do Estado Alfa à data em que foi lavrada a escritura pública de inventário, enquanto a parcela incidente sobre os bens imóveis será devida ao Estado Beta, aplicando-se a alíquota de 7%, prevista na legislação do Estado Beta à data em que foi lavrada a escritura pública de inventário.

163. (Ieses/TJ/RO/Cartórios/Ingresso/2021) Sobre o ITCMD (Imposto de Transmissão Causa Mortis e Doação), assinale a alternativa incorreta:

a) O imposto de transmissão causa mortis (ITCMD) é devido pela alíquota vigente ao tempo da abertura da sucessão.
b) O imposto de transmissão causa mortis (ITCMD) não é exigível antes da homologação do cálculo.
c) O imposto de transmissão causa mortis (ITCMD) é calculado sobre o valor dos bens na data da avaliação.
d) Relativamente aos bens móveis, o Estado competente para recolhimento do ITCMD é o Estado da situação bem.

164. (Vunesp/TJ/GO/Cartórios/Ingresso/2021) Quando se transfere o lançamento e o pagamento do ICMS para etapa posterior à ocorrência do fato gerador da obrigação tributária, ocorre o instituto tributário:

a) do fato gerador presumido.
b) do diferimento.
c) da transação.
d) da não incidência de fato.

165. (Vunesp/TJ/GO/Cartórios/Remoção/2021) João da Silva teve a sua morte presumida declarada por decisão judicial transitada em julgado e devidamente registrada em registro público, como determina o Código Civil. A presunção de morte ocorreu em razão de ter João da Silva embarcado em avião que se acidentou, tendo as buscas por sobreviventes sido esgotadas sem sucesso na identificação dos restos mortais dos passageiros. Entre o momento do acidente aéreo e o trânsito em julgado da decisão que declarou a morte presumida, ocorreu a entrada em vigor de lei estadual que aumentou a alíquota do imposto estadual sobre transmissão causa mortis. Dois anos após o registro da decisão judicial no registro público da sentença que declarou a morte presumida, os herdeiros de João da Silva ingressaram com ação de inventário requerendo a partilha dos bens do de cujus. Um dos herdeiros, entretanto, anteriormente à distribuição da ação de inventário, mas, após a declaração da morte presumida, já havia cedido gratuitamente, mediante escritura pública, a outro herdeiro os seus direitos à sucessão. Com base nessa situação hipotética e na legislação e na jurisprudência nacional, é correto afirmar que:

a) considerando que, no caso em questão, a sucessão definitiva somente ocorrerá após 10 (dez) anos da sentença que declara a morte presumida, apenas nesse momento é que se poderá falar em transmissão dos bens e, por consequência, na incidência do imposto sobre transmissão causa mortis.
b) as alíquotas do imposto estadual sobre transmissão causa mortis e doações são definidas em lei complementar federal, de maneira que se apresentará como inconstitucional qualquer tentativa do Fisco estadual de impor a nova alíquota aos contribuintes do imposto.
c) não é legítima a incidência do imposto sobre transmissão causa mortis no inventário por morte presumida, não havendo, por esse motivo, que se falar obrigação tributária relativa a esse imposto no caso descrito.
d) a cessão gratuita de direito à sucessão aberta é fato gerador do imposto sobre transmissão causa mortis e doações, devendo o tabelião responsável pela lavratura da escritura zelar pela comprovação da quitação do referido imposto, sob pena de responsabilidade solidária.

166. (Consulplan/TJ/MG/Cartórios/Remoção/2019) Sobre a jurisprudência do STJ em matéria tributária, assinale a alternativa correta.

a) Os descontos incondicionais nas operações mercantis se incluem na base de cálculo do ICMS.
b) A confissão espontânea da dívida e seu parcelamento têm o condão de restabelecer a exigibilidade do crédito tributário extinto pela decadência ou prescrição.
c) O valor pago pelo consumidor final a título de seguro de garantia estendida não integra a base de cálculo do ICMS incidente sobre a operação de compra e venda de mercadoria.
d) A notificação do contribuinte do início de qualquer procedimento administrativo ou medida de fiscalização dá início ao cômputo do prazo prescricional para a sua cobrança, não havendo que se falar em prazo decadencial.

167. (Consulplan/TJ/MG/Cartórios/Remoção/2019) Em relação aos impostos sobre transmissão causa mortis, doação e propriedade de veículos automotores, assinale a alternativa correta.

a) Há incidência do ITCMD na permuta de imóveis.
b) A doação de direitos não é hipótese de incidência do ITCMD.
c) O ITCMD só incide sobre doações em que haja aceitação do donatário, seja expressa ou tácita.
d) O Imposto sobre Propriedade de Veículos Automotores (IPVA), de competência dos Estados e do Distrito Federal, terá suas alíquotas mínimas fixadas pelo Congresso Nacional.

168. (Consulplan/TJ/MG/Cartórios/Ingresso/2019) Em relação à jurisprudência do STF em matéria tributária, assinale a alternativa correta.

a) Não incide o IPTU, considerado imóvel de pessoa jurídica de direito público cedido a pessoa jurídica de direito privado, devedora do tributo.
b) O Imposto sobre Circulação de Mercadorias e Serviços (ICMS) não incide sobre a tarifa de assinatura básica mensal cobrada pelas prestadoras de serviço de telefonia.
c) O protesto das Certidões de Dívida Ativa (CDA) constitui mecanismo inconstitucional, por restringir de forma desproporcional direitos fundamentais garantidos aos contribuintes, além de constituir sanção política.
d) É devida a restituição da diferença do Imposto sobre Circulação de Mercadorias e Serviços (ICMS) pago a mais, no regime de substituição tributária para a frente, se a base de cálculo efetiva da operação for inferior à presumida.

169. (Ieses/TJ/SC/Cartórios/Ingresso/2019) Considerando os dispositivos previstos no Código Tributário Nacional e o entendimento sumulado do Supremo Tribunal Federal sobre os impostos vigentes no ordenamento jurídico brasileiro, assinale a alternativa correta:

a) O imposto sobre transmissão causa mortis e doação, de quaisquer bens ou direitos (ITCMD), é calculado sobre o valor dos bens na data da avaliação, enquanto a alíquota aplicável é a vigente ao tempo da abertura da sucessão.
b) O ITBI não incide sobre a transferência onerosa do domínio útil de bens imóveis.
c) A base de cálculo do IPTU é o valor venal do imóvel, devendo ser considerado, para a sua determinação, o valor dos bens móveis mantidos, em caráter permanente ou temporário, no imóvel, para efeito de sua utilização, exploração, aformoseamento ou comodidade.
d) O ITR, de competência dos Municípios, tem como contribuintes o proprietário do imóvel rural, o titular de seu domínio útil, ou o possuidor a qualquer título.

170. (Cespe/TJ/DFT/Cartórios/Remoção/2019) Um cartório de notas, ao registrar uma partilha extrajudicial de dissolução de sociedade conjugal de patrimônio, constatou a existência de excesso de meação na partilha de imóveis, de modo que uma parte do excesso havia sido compensada com a transferência de valores monetários durante a partilha, e a outra parte do excesso havia sido concedida sem qualquer contrapartida a título gratuito. Nessa situação hipotética:

a) o ITBI incide tanto na parte do excesso relativa à compensação quanto na parte do excesso relativa à concessão a título gratuito.
b) o ITCMD incide tanto na parte do excesso relativa à compensação quanto na parte do excesso relativa à concessão a título gratuito.
c) não incide tributo em nenhuma das partes do excesso.
d) o ITBI incide na parte do excesso relativa à compensação, e o ITCMD incide na parte do excesso relativa à concessão a título gratuito.
e) o ITCMD incide na parte do excesso relativa à compensação, e o ITBI incide na parte do excesso relativa à concessão a título gratuito.

171. (Vunesp/TJ/RS/Cartórios/Ingresso/2019) As alíquotas máximas do imposto sobre transmissão causa mortis e doação, de quaisquer bens ou direitos (ITCMD), são fixadas:

a) por lei ordinária estadual.
b) pela Assembleia Legislativa do Estado ao qual competir.
c) pelo Congresso Nacional.
d) pelo Senado Federal.
e) por lei complementar federal.

172. (Vunesp/TJ/AL/Cartórios/Ingresso/2019) Em conformidade com a Constituição Federal, com relação ao imposto sobre transmissão "causa mortis" e doação de quaisquer bens ou direitos, assinale a afirmativa correta.

a) compete aos municípios.
b) no caso de o "de cujus" ter seu inventário processado no exterior, a competência para a sua instituição deve ser regulada por lei complementar.
c) incide sobre bens de qualquer natureza, inclusive móveis; neste último caso, desde que haja contrato por escrito.
d) terá suas alíquotas mínimas fixadas pelo Senado Federal.

173. (Consulplan/TJ/MG/Cartórios/Remoção/2018) Em relação aos impostos em espécie, assinale a alternativa correta:

a) o fato gerador do imposto sobre transmissão "causa mortis" ocorre no momento do óbito.
b) não é legítima a incidência do imposto sobre transmissão "causa mortis" no inventário por morte presumida.
c) o locatário, o arrendante e o comodatário de bens imóveis são também sujeitos passivos tributários, na qualidade de contribuintes, do IPTU.
d) a previsão de que o Imposto sobre a Propriedade Territorial Rural (ITR) não incidirá sobre pequenas glebas rurais (art. 153, § 4º, II, da CF) é regra de isenção.

174. (Ieses/TJ/AM/Cartórios/Remoção/2018) Compete aos Estados e ao Distrito Federal instituir impostos sobre:

a) produtos industrializados.
b) operações de crédito, câmbio e seguro, ou relativas a títulos ou valores mobiliários.
c) transmissão "causa mortis" e doação, de quaisquer bens ou direitos.
d) propriedade predial e territorial urbana.

175. (Vunesp/TJ/SP/Cartórios/Ingresso/2018) Em relação à competência para exigir o pagamento do imposto "causa mortis" e doação, é correto afirmar:

a) tratando-se de bens móveis, títulos e créditos, compete ao Estado onde se processar o inventário ou arrolamento, ou tiver domicilio o doador, ou ao Distrito Federal.
b) terá a competência regulada por lei estadual se o doador tiver domicílio ou residência no exterior.
c) tratando-se de bens móveis, a competência, no caso de doação, é do domicílio do donatário, mesmo se residente no exterior.
d) terá suas alíquotas máximas fixadas por lei complementar estadual.

9. IMPOSTOS MUNICIPAIS

ATENÇÃO: ESTE TEMA É MUITO EXIGIDO NOS CONCURSOS!

SÚMULAS

1) IPTU

STF Súm. Vinculante 52. Ainda quando alugado a terceiros, permanece imune ao IPTU o imóvel pertencente a qualquer das entidades referidas pelo artigo 150, inciso VI, alínea "c", da Constituição Federal, desde que o valor dos aluguéis seja aplicado nas atividades para as quais tais entidades foram constituídas.

STF Súm. 668. É inconstitucional a lei municipal que tenha estabelecido, antes da Emenda Constitucional 29/2000, alíquotas progressivas para o IPTU, salvo se destinada a assegurar o cumprimento da função social da propriedade urbana.

STF Súm. 539. É constitucional a lei do município que reduz o imposto predial urbano sobre imóvel ocupado pela residência do proprietário, que não possua outro.

STF Súm. 583. Promitente-comprador de imóvel residencial transcrito em nome de autarquia é contribuinte do imposto predial territorial urbano.

STF Súm. 589. É inconstitucional a fixação de adicional progressivo do imposto predial e territorial urbano em função do número de imóveis do contribuinte.

STJ Súm. 160. É defeso, ao Município, atualizar o IPTU, mediante decreto, em percentual superior ao índice oficial de correção monetária.

STJ Súm. 397. O contribuinte do IPTU é notificado do lançamento pelo envio do carnê ao seu endereço.

STJ Súm. 399. Cabe à legislação municipal estabelecer o sujeito passivo do IPTU.

STJ Súm. 614. O locatário não possui legitimidade ativa para discutir a relação jurídico-tributária de IPTU e de taxas referentes ao imóvel alugado nem para repetir indébito desses tributos.

STJ Súm. 626. A incidência do IPTU sobre imóvel situado em área considerada pela lei local como urbanizável ou de expansão urbana não está condicionada à existência dos melhoramentos elencados no art. 32, § 1º, do CTN.

2) ISSQN

STF Súm. Vinculante 31. É inconstitucional a incidência do imposto sobre serviços de qualquer natureza – ISS sobre operações de locação de bens móveis.

STF Súm. 588. O imposto sobre serviços não incide sobre os depósitos, as comissões e taxas de desconto, cobrados pelos estabelecimentos bancários.

STF Súm. 663. Os §§ 1º e 3º do art. 9º do DL 406/68 foram recebidos pela Constituição.

STJ Súm. 138. O ISS incide na operação de arrendamento mercantil de coisas móveis.

STJ Súm. 156. A prestação de serviço de composição gráfica, personalizada e sob encomenda, ainda que envolva fornecimento de mercadorias, está sujeita, apenas, ao ISS.

STJ Súm. 167. O fornecimento de concreto, por empreitada, para construção civil, preparado no trajeto até a obra em betoneiras acopladas a caminhões, é prestação de serviço, sujeitando-se apenas à incidência do ISS.

STJ Súm. 274. O ISS incide sobre o valor dos serviços de assistência médica, incluindo-se neles as refeições, os medicamentos e as diárias hospitalares.

STJ Súm. 424. É legítima a incidência de ISS sobre os serviços bancários congêneres da lista anexa ao DL n. 406/1968 e à LC n. 56/1987.

STJ Súm. 524. No tocante à base de cálculo, o ISSQN incide apenas sobre a taxa de agenciamento quando o serviço prestado por sociedade empresária de trabalho temporário for de intermediação, devendo, entretanto, englobar também os valores dos salários e encargos sociais dos trabalhadores por ela contratados nas hipóteses de fornecimento de mão de obra.

3) ITBI

STF Súm. 75. Sendo vendedora uma autarquia, a sua imunidade fiscal não compreende o imposto de transmissão "inter vivos", que é encargo do comprador.

STF Súm. 110. O imposto de transmissão "inter vivos" não incide sobre a construção, ou parte dela, realizada pelo adquirente, mas sobre o que tiver sido construído ao tempo da alienação do terreno.

STF Súm. 470. O imposto de transmissão "inter vivos" não incide sobre a construção, ou parte dela, realizada, inequivocamente, pelo promitente comprador, mas sobre o valor do que tiver sido construído antes da promessa de venda.

STF Súm. 656. É inconstitucional a lei que estabelece alíquotas progressivas para o imposto de transmissão "inter vivos" de bens imóveis – ITBI com base no valor venal do imóvel.

REPERCUSSÃO & REPETITIVOS

1) IPTU

STF Rep. Geral 523. São constitucionais as leis municipais anteriores à Emenda Constitucional n. 29/2000, que instituíram alíquotas diferenciadas de IPTU para imóveis edificados e não edificados, residenciais e não residenciais. *RE 666156, 11.5.2020.*

STF Rep. Geral 559. A EC nº 57/08 não convalidou desmembramento municipal realizado sem consulta plebiscitária e, nesse contexto, não retirou o vício de ilegitimidade ativa existente nas execuções fiscais que haviam sido propostas por município ao qual fora acrescida, sem tal consulta, área de outro para a cobrança do IPTU quanto a imóveis nela localizados. *RE 614384, 29.4.2022.*

2) ISSQN

STF Rep. Geral 247. O art. 9º, § 2º, do DL n. 406/1968 foi recepcionado pela ordem jurídica inaugurada pela Constituição de 1988. *RE 603497, 3.7.2020.*

STF Rep. Geral 296. É taxativa a lista de serviços sujeitos ao ISS a que se refere o art. 156, III, da Constituição Federal, admitindo-se, contudo, a incidência do tributo sobre as atividades inerentes aos serviços elencados em lei em razão da interpretação extensiva. *RE 784439, 29.6.2020.*

STF Rep. Geral 300. É constitucional a incidência de Imposto sobre Serviços de Qualquer Natureza (ISS) sobre contratos de franquia (franchising) (itens 10.04 e 17.08 da lista de serviços prevista no Anexo da Lei Complementar 116/2003). *RE 603136, 29.5.2020.*

STF Rep. Geral 379. No tocante às farmácias de manipulação, incide o ISS sobre as operações envolvendo o preparo e o fornecimento de medicamentos encomendados para posterior entrega aos fregueses, em caráter pessoal, para consumo; incide o ICMS sobre os medicamentos de prateleira por elas produzidos, ofertados ao público consumidor. *RE 605552, 5.8.2020.*

STF Rep. Geral 590. É constitucional a incidência do ISS no licenciamento ou na cessão de direito de uso de programas de computação desenvolvidos para clientes de forma personalizada, nos termos do subitem 1.05 da lista anexa à LC 116/2003. *RE 688223, 3.12.2021.*

STF Rep. Geral 700. É constitucional a incidência de ISS sobre serviços de distribuição e venda de bilhetes e demais produtos de loteria, bingos, cartões, pules ou cupons de apostas, sorteios e prêmios (item 19 da Lista de Serviços Anexa à Lei Complementar 116/2003). Nesta situação, a base de cálculo do ISS é o valor a ser remunerado pela prestação do serviço, independentemente da cobrança de ingresso, não podendo corresponder ao valor total da aposta. *RE 634764, 8.6.2020.*

STF Rep. Geral 1020. É incompatível com a Constituição Federal disposição normativa a prever a obrigatoriedade de cadastro, em órgão da administração municipal, de prestador de serviços não estabelecido no território do Município e imposição ao tomador da retenção do imposto sobre serviços – ISS quando descumprida a obrigação acessória. *RE 1167509, 27.2.2021.*

STF Rep. Geral 1135. É constitucional a inclusão do Imposto sobre Serviços de Qualquer Natureza – ISS na base de cálculo da Contribuição Previdenciária sobre a Receita Bruta – CPRB. *RE 1285845, 18.6.2021.*

3) ITBI

STF Rep. Geral 796. A imunidade em relação ITBI, prevista no inciso I do § 2º do art. 156 da Constituição Federal, não alcança o valor dos bens que exceder o limite do capital social a ser integralizado. *RE 796376, 5.8.2020.*

STF Rep. Geral 1124. O fato gerador do imposto sobre transmissão inter vivos de bens imóveis (ITBI) somente ocorre com a efetiva transferência da propriedade imobiliária, que se dá mediante o registro. *ARE 1294969, 12.2.2021.*

STJ Repetitivo 1113. a) a base de cálculo do ITBI é o valor do imóvel transmitido em condições normais de mercado, não estando vinculada à base de cálculo do IPTU, que nem sequer pode ser utilizada como piso de tributação; b) o valor da transação declarado pelo contribuinte goza da presunção de que é condizente com o valor de mercado, que somente pode ser afastada pelo fisco mediante a regular instauração de processo administrativo próprio (art. 148 do CTN); c) o Município não pode arbitrar previamente a base de cálculo do ITBI com respaldo em valor de referência por ele estabelecido unilateralmente. *REsp 1937821, 3.3.2022.*

JURISPRUDÊNCIA EM TESES

1) IPTU

STJ JurisTese 55-1. É legítima a cobrança do Imposto Predial Territorial Urbano – IPTU sobre imóveis situados em área de expansão urbana, ainda que não dotada dos melhoramentos previstos no art. 32, § 1º, do CTN.

STJ JurisTese 55-2. O cessionário de direito de uso de imóvel público não é contribuinte do IPTU, pois detém a posse mediante relação de natureza pessoal, sem animus domini.

STJ JurisTese 55-7. O locatário, por não ostentar a condição de contribuinte ou de responsável, não tem legitimidade ativa para litigar em ações de natureza tributária envolvendo o IPTU.

STJ JurisTese 55-8. O usufrutuário de imóvel urbano possui legitimidade ativa para questionar o IPTU.

STJ JurisTese 55-9. É possível a utilização da metragem do imóvel como base de cálculo do IPTU e da taxa de coleta de lixo.

STJ JurisTese 55-10. A publicação oficial da planta de valores imobiliários é obrigatória para fins de apuração da base de cálculo do IPTU.

STJ JurisTese 55-12. O ônus de provar que o imóvel não está afetado à destinação institucional da autarquia ou da fundação recai sobre o ente tributante que pretende afastar a imunidade.

STJ JurisTese 55-14. A arrematação em hasta pública exonera a reponsabilidade do adquirente pelo pagamento do IPTU, havendo a sub-rogação do crédito tributário sobre o preço pelo qual foi arrematado o bem (art. 130, parágrafo único, do CTN).

STJ JurisTese 55-15. A previsão expressa no edital acerca da existência de débitos de IPTU sobre o imóvel arrematado transfere ao arrematante a responsabilidade pela sua quitação, o que não acarreta ofensa ao parágrafo único do art. 130 do CTN.

2) ISSQN

STJ JurisTese 64-4. Incide ISSQN e não ICMS nas hipóteses em que são desenvolvidas operações mistas de fornecimento de mercadorias e prestação de serviço, desde que este esteja expressamente previsto na listagem anexa ao DL n. 406/1968 e à LC n. 116/2003.

STJ JurisTese 64-5. O tratamento diferenciado que assegura a alíquota fixa do ISS às sociedades profissionais, nos moldes do art. 9º do Decreto-Lei n. 406/68, não foi revogado pelo art. 10 da Lei Complementar n. 116/03.

STJ JurisTese 64-6. O benefício da alíquota fixa do Imposto sobre Serviços estabelecida no art. 9º, §§ 1º e 3º, do DL n. 406/68 somente é concedido às sociedades uni ou pluripessoais integradas por profissionais que atuam com responsabilidade pessoal e sem caráter empresarial.

STJ JurisTese 64-7. A tributação fixa do ISS não alcança as sociedades constituídas sob a forma de responsabilidade limitada, em razão do caráter empresarial de que se reveste este tipo societário.

STJ JurisTese 64-8. As sociedades simples constituídas sob a forma societária limitada fazem jus ao benefício da tributação por alíquota fixa desde que os seus sócios prestem serviços de forma pessoal e sem caráter empresarial.

STJ JurisTese 64-9. Não incide ISS sobre os serviços de rebocagem na vigência do Decreto-Lei n. 406/68, tanto por ausência de expressa previsão legal (art. 108, § 1º, do CTN), como por não ser serviço congênere ao de atracação.

STJ JurisTese 64-10. A base de cálculo do ISSQN incidente na prestação do serviço público de transporte coletivo é o valor pago pelo usuário no momento da aquisição da passagem, e não o valor da tarifa vigente na data da sua utilização.

STJ JurisTese 64-14. Não se aplica à prestação de serviços de registros públicos cartorários e notariais o regime especial de alíquota fixa do ISS previsto no § 1º do art. 9º do DL n. 406/1968.

STJ JurisTese 64-16. O custo dos materiais empregados na construção civil pode ser deduzido da base de cálculo do Imposto sobre Serviços.

STJ JurisTese 80-4. Não se aplica à prestação de serviços de registros públicos cartorários e notariais o regime especial de alíquota fixa do ISS previsto no § 1º do art. 9º do DL n. 406/1968.

3) ITBI

STJ JurisTese 55-18. O fato gerador do Imposto sobre a Transmissão de Bens Imóveis – ITBI é a transmissão do domínio do bem, não incidindo o tributo sobre a promessa de compra e venda na medida que trata-se de contrato preliminar que poderá ou não se concretizar em contrato definitivo, este sim ensejador da cobrança do aludido tributo.

STJ JurisTese 55-19. O valor venal do imóvel apurado para fins de IPTU não coincide, necessariamente, com aquele adotado para lançamento do ITBI.

STJ JurisTese 55-20. O valor venal do imóvel para efeito de definição da base de cálculo do ITBI, no caso de alienação judicial, é o montante alcançado em hasta pública.

INFORMATIVOS

STF Incidência do ISS sobre prestação de serviço de inserção de materiais de propaganda e publicidade em qualquer meio. É constitucional o subitem 17.25 da lista anexa à LC 116/03, incluído pela LC 157/16, no que propicia a incidência do ISS, afastando a do ICMS, sobre a prestação de serviço de inserção de textos, desenhos e outros materiais de propaganda e publicidade em qualquer meio (exceto em livros, jornais, periódicos e nas modalidades de serviços de radiodifusão sonora e de sons e imagens de recepção livre e gratuita). *ADI 6034, 8.3.2022. Inf 1046.*

STJ ISS. Sociedade uniprofissional. Tratamento tributário diferenciado. Art. 9º, §§ 1º e 3º, do DL 406/1968. O tratamento privilegiado previsto no art. 9º, §§ 1º e 3º, do DL 406/1968 somente é aplicável às sociedades uniprofissionais que tenham por objeto a prestação de serviço especializado, com a atuação direta dos sócios, com responsabilidade pessoal destes e sem caráter empresarial. *AgInt no AREsp 1891277, 2ª T, 30.11.2022. Inf 761.*

STJ ITBI. Cisão de empresa. Recolhimento de tributo. Georreferenciamento posterior. Imóvel pertencente a outro município. Competência para recolhimento do tributo. Fato Gerador. Registro imobiliário. Repetição de indébito devido. O fato gerador de ITBI é o registro no ofício competente da transmissão da propriedade do imóvel, mesmo no caso de cisão de empresa. *AREsp 1760009, 2ª T, 19.4.2022. Inf 734.*

QUESTÕES DISCURSIVAS

11. (Cespe/TJ/DFT/Cartórios/Remoção/2019) Dois anos após a posse de João como oficial de cartório de registro de imóveis situado em determinado estado, o fisco atribuiu-lhe a responsabilidade por débito tributário que havia sido imputado ao seu antecessor, o oficial interino da serventia que funcionava no mesmo local, em decorrência da falta de zelo na verificação da situação fiscal dos registros realizados por esse oficial interino. Preocupado com a possibilidade de ocorrerem outras imputações tributárias, João passou a exigir farta documentação de cidadãos que registrassem promessa de compra e venda onerosa de bem imóvel de propriedade anterior da União. Considerando essa situação hipotética e o entendimento dos tribunais superiores, redija um texto dissertativo, de forma fundamentada, respondendo aos questionamentos dos itens i, ii e iii e atendendo ao que se pede no item iv: (i) O fisco agiu corretamente ao atribuir a João, atual oficial de registro de imóveis, responsabilidade tributária pelo débito imputado ao seu antecessor? (ii) Deverá incidir IPTU, a ser adimplido por promitente comprador, quando do ato de registro de contrato de promessa de compra e venda onerosa de bem imóvel de propriedade anterior da União? (iii) Em que momento ocorrerá o fato gerador do ITBI relativamente a promessa de compra e venda onerosa de bem imóvel de propriedade anterior da União? (iv) Discorra sobre a obrigação do serventuário de comunicar à Receita Federal do Brasil as operações imobiliárias que realizar.

12. (Faurgs/TJ/RS/Cartórios/2015) O oficial de registro público, titular de ofício do registro civil das pessoas naturais de determinada comarca do Estado do Rio Grande do Sul, foi autuado pela fiscalização do município em face do inadimplemento do imposto sobre a prestação de serviços de qualquer natureza (ISS) dos últimos dois anos relativo à sua atividade. Diante desse contexto, responda as questões abaixo, justificando-as e indicando os dispositivos pertinentes constantes na ordem jurídica. a) O imposto é ou não é devido? b) Trata-se de um caso de imunidade?

13. (Consulplan/TJ/MG/Cartórios/Remoção/2014) Para que seja cobrado um tributo é necessário, além da competência para fazê-lo, o atendimento às normas limitadoras que lhe são impostas. Na data de 30 de dezembro de 2003, o Prefeito do Município XYZ, seguindo as diretrizes traçadas por Lei Complementar Federal que dispõe sobre o Imposto sobre Serviços de Qualquer Natureza (ISSQN), LC 116/2003 e lista de serviços anexa, baixou Decreto acrescentando à lista de serviços sujeita a cobrança do ISSQN o item 21.1, autorizando a tributação dos "serviços de registros cartorários e notariais". Fez constar o Prefeito que a eficácia do decreto é imediata, a partir da data da publicação, já sendo válida a cobrança para o ano de 2003. Inconformados com a situação, alguns Notários e Registradores ingressaram judicialmente sob o argumento de que o Decreto violava preceitos Constitucionais, além disso, alegaram que os serviços prestados pelo Cartório são de natureza pública e, portanto, não poderiam ser incluídos no rol de serviços tributáveis, pois estavam imunizados pela denominada imunidade recíproca. Considerando os fatos relatados, responda: (i) os Notários e Registradores deverão ter êxito quanto a alegação de que os serviços cartorários e notariais estão sujeitos à imunidade recíproca? Explique o instituto da imunidade recíproca e discorra sobre a submissão, ou não, conforme posição do STF, dos serviços de registros cartorários e notariais a esta limitação do poder de tributar; (ii) quanto à instituição do tributo, houve ofensa a preceito constitucional?

14. (Ieses/TJ/PB/Cartórios/2014) Dentre os impostos de competência dos municípios, destaca-se o previsto no artigo 156, inciso II da Constituição Federal ("transmissão 'inter vivos', a qualquer título, por ato oneroso, de bens imóveis, por natureza ou acessão física, e de direitos reais sobre imóveis, exceto os de garantia, bem como cessão de direitos a sua aquisição"). Este imposto possui seu contorno delineado nos artigos 35 e seguintes do Código Tributário Nacional. Pergunta-se, portanto, em relação à base de cálculo deste tributo: (i) Havendo arrematação de bem imóvel, a base de cálculo do ITBI será: (i.1) o valor alcançado pelo bem na arrematação? (i.2) o valor da avaliação judicial? ou (i.3) o valor venal de venda no mercado? (ii) Pode Provimento da eg. Corregedoria Geral de Justiça determinar que a autoridade cartorária exija a complementação do ITBI quando o valor do imóvel declarado no contrato apresentar-se superior ao valor de mercado?

15. (FMP/TJ/MT/Cartórios/Remoção/2014) Explique a imunidade tributária do imposto sobre transmissão de bens imóveis (ITBI) sobre a transmissão de bem imóvel incorporado ao patrimônio da pessoa jurídica em realização do capital.

QUESTÕES OBJETIVAS

176. (Ieses/TJ/TO/Cartórios/Ingresso/2022) Sobre o Imposto sobre a Propriedade Predial e Territorial Urbana, considerando as disposições contidas no Código Tributário Nacional, analise as sentenças abaixo e assinale a opção correta:

I. O contribuinte do imposto é o proprietário do imóvel ou o seu possuidor a qualquer título, excluído o titular do seu domínio útil.
II. A base do cálculo do imposto é o valor venal do imóvel.
III. Na determinação da base de cálculo, se considera o valor dos bens móveis mantidos, em caráter permanente ou temporário, no imóvel, para efeito de sua utilização, exploração, aformoseamento ou comodidade.
IV. O imposto, de competência dos Municípios, sobre a propriedade predial e territorial urbana, tem como fato gerador a propriedade, o domínio útil ou a posse de bem imóvel por natureza ou por acessão física, como definido na lei civil, localizado na zona urbana do Município.

a) Apenas as afirmativas I e III estão corretas.
b) Apenas as afirmativas II e III estão corretas.
c) Apenas as afirmativas II e IV estão corretas.
d) Todas as afirmativas estão corretas.

177. (Vunesp/TJ/SP/Cartórios/Ingresso/2022) O Imposto sobre a Propriedade Territorial e Urbana (IPTU) é devido ao Município onde localizado o Imóvel e:

a) não pode ser progressivo no tempo, para imóveis subutilizados ou não utilizados.
b) pode ser progressivo em razão do valor do bem e ter alíquotas diferentes de acordo com a sua localização e uso.
c) incide sobre imóveis rurais.
d) pode ter sua alíquota alterada por decreto.

178. (Vunesp/TJ/SP/Cartórios/Ingresso/2022) O Imposto de Transmissão Inter Vivos de Bens Imóveis (ITBI) não incide:

a) sobre a doação de bens imóveis.
b) na venda e compra entre pai e filho.
c) na integralização do capital social de sociedade que exerça exclusivamente atividade imobiliária.
d) em permuta de bens imóveis.

179. (FGV/TJ/SC/Cartórios/Remoção/2021) A Lei Complementar nº 157/2016 alterou a Lei Complementar nº 116/2003, inserindo a previsão de hipótese de incidência de ISS sobre serviços de aplicação de piercings. O Município Alfa, para inserir a nova hipótese em sua lista local de serviços, alterou, por lei ordinária que tratava também de temas de fiscalização tributária, a lei complementar municipal que institui o ISS municipal e que prevê suas hipóteses de incidência. Diante desse cenário, tal lei ordinária municipal:

a) poderia alterar a lei complementar municipal do ISS, em razão de que a matéria não é reservada à lei complementar.
b) poderia alterar a lei complementar municipal do ISS, desde que a alteração seja ratificada pelo Comitê Gestor do ISS.
c) não poderia alterar a lei complementar municipal do ISS, em razão de não ser lei específica, mas tratar também de matérias estranhas ao ISS.
d) não poderia alterar a lei complementar municipal do ISS, em razão da hierarquia entre lei complementar e lei ordinária.
e) não poderia alterar a lei complementar municipal do ISS, em razão de a alteração da lista de serviços do ISS ser constitucionalmente reservada à lei complementar.

180. (Ieses/TJ/RO/Cartórios/Ingresso/2021) Analise as atividades abaixo e assinale a opção que indica apenas atividades sobre as quais incide o ISS (Imposto Sobre Serviços de Qualquer Natureza):

I. Serviço de locação de bens móveis.
II. Serviço de transporte interestadual.
III. Serviços advocatícios.
IV. Serviço de lavanderia.

a) Apenas I, III e IV estão corretas.
b) Apenas III e IV estão corretas.
c) Apenas a alternativa III está correta.
d) Todas as alternativas estão corretas.

181. (Vunesp/TJ/GO/Cartórios/Ingresso/2021) Acerca de matéria tributária objeto de súmula, é correto afirmar que:

a) nas operações com cartão de crédito, os encargos relativos ao financiamento são considerados no cálculo do ICMS.
b) a prestação de serviço de composição gráfica, personalizada e sob encomenda, ainda que envolva fornecimento de mercadorias, está sujeita, apenas, ao ISS.
c) o mandado de segurança não constitui ação adequada para a declaração do direito à compensação tributária.
d) constitui fato gerador do ICMS o simples deslocamento de mercadoria de um para outro estabelecimento do mesmo contribuinte.

182. (Vunesp/TJ/GO/Cartórios/Ingresso/2021) No que respeita ao Imposto de Transmissão de Bens imóveis, é correto afirmar que incidirá em uma das seguintes situações:

a) na transmissão "inter vivos", a qualquer título, por ato oneroso, de direitos reais de garantia sobre imóveis.
b) sobre a transmissão de bens imóveis ou direitos incorporados ao patrimônio de pessoa jurídica em realização de capital, quando que a atividade preponderante da adquirente não for a compra e venda desses bens ou direitos.
c) na transmissão "inter vivos", a qualquer título, por ato gratuito ou oneroso de bens imóveis.
d) sobre a transmissão de bens imóveis quando a atividade preponderante do adquirente for a de locação de bens imóveis.

183. (Vunesp/TJ/GO/Cartórios/Remoção/2021) Caio e Tício assinaram instrumento particular de compromisso de compra e venda de imóvel situado no Município Y. Desconfortável com o fato de se tratar de um instrumento particular, Caio (o comprador) convence Tício (o vendedor) a tornar o compromisso de compra e venda público mediante escritura pública devidamente lavrada. No momento da lavratura da escritura, contudo, o tabelião exige como condição para a realização do ato a comprovação do pagamento do imposto municipal sobre transmissão de bens imóveis por ato inter vivos (ITBI). A respeito dessa situação hipotética, é correto afirmar, com base na legislação e na jurisprudência tributárias nacionais, que:

a) a exigência do tabelião é correta, pois, embora o ITBI não incida no momento da assinatura do instrumento particular de compra e venda, é suficiente para a ocorrência do fato gerador do imposto a lavratura de escritura de compromisso de compra e venda.
b) a exigência do tabelião é correta, pois os tabeliães, escrivães e demais serventuários de ofício são responsáveis solidariamente pelos tributos devidos sobre os atos praticados por eles, ou perante eles, em caso de omissão.
c) a exigência é incorreta, pois o fato gerador do imposto sobre transmissão inter vivos de bens imóveis (ITBI) somente ocorre com a efetiva transferência da propriedade imobiliária, que se dá mediante o registro da compra e venda no cartório de registro de imóveis.
d) a exigência do tabelião é correta, pois o ITBI incide sobre a transmissão de bens imóveis a qualquer título, sendo o imposto devido desde o momento da assinatura do instrumento particular de compra e venda.

184. (Consulplan/TJ/MG/Cartórios/Ingresso/2019) Acerca da jurisprudência do STJ em matéria tributária, assinale a alternativa incorreta.

a) O usufrutuário de imóvel urbano possui legitimidade ativa para questionar o IPTU.
b) O locatário tem legitimidade ativa para litigar em ações de natureza tributária envolvendo o IPTU.
c) O cessionário de direito de uso de imóvel público não é contribuinte do IPTU, pois detém a posse mediante relação de natureza pessoal, sem animus domini.
d) É legítima a cobrança do Imposto Predial Territorial Urbano – IPTU sobre imóveis situados em área de expansão urbana, ainda que não dotada dos melhoramentos previstos no art. 32, § 1º, do CTN.

185. (Vunesp/TJ/RS/Cartórios/Remoção/2019) No âmbito de sua competência tributária, conforme estabelecida pela

Constituição Federal, podem exigir o Imposto sobre a Propriedade Predial e Territorial Urbana (IPTU)

a) os Estados e os Municípios.
b) os Municípios e o Distrito Federal.
c) a União e os Estados.
d) apenas os Municípios.
e) a União e os Municípios.

186. (Cespe/TJ/DFT/Cartórios/Ingresso/2019) Imóvel situado em condomínio na zona urbana do Plano Diretor do Distrito Federal possui calçamento e abastecimento de água, construídos e mantidos com recursos do próprio condomínio. A única estrutura mantida pelo poder público é a rede de iluminação pública para distribuição domiciliar. Nessa situação hipotética, considerando-se os dispositivos do Código Tributário Nacional, o IPTU:

a) incidirá, pois o condomínio está localizado em zona urbana, conforme plano diretor.
b) incidirá, haja vista a existência de pelo menos um melhoramento no local mantido pelo poder público.
c) incidirá, exceto no caso de o condomínio estar inscrito em cadastro de imóvel rural.
d) não incidirá, pois a quantidade de melhoramentos mantidos pelo poder público não supre o mínimo legal exigido.
e) não incidirá, mesmo que todos os melhoramentos passem a ser mantidos pelo poder público.

187. (Cespe/TJ/DFT/Cartórios/Ingresso/2019) Proprietário de imóvel situado no Distrito Federal solicitou a um tabelião de notas a formalização de transmissão de direito real, com o exclusivo propósito de instituir garantia sobre o referido bem em decorrência de empréstimo que havia realizado na condição de mutuário. Nessa situação, em relação à incidência do ITBI, o notário:

a) não deverá exigir comprovação de pagamento desse tributo, pois não há incidência de ITBI nesse caso.
b) não deverá exigir comprovação de pagamento desse tributo, pois a responsabilidade tributária cabe apenas a cartório de registro de imóveis.
c) deverá exigir comprovação de pagamento desse tributo, embora o notário não possua qualquer responsabilidade em caso de descumprimento da obrigação tributária.
d) deverá exigir comprovação de pagamento desse tributo, sob pena de ter responsabilidade solidária com o cartório de registro de imóveis.
e) deverá exigir comprovação de pagamento desse tributo, sob pena de ter responsabilidade subsidiária com o cartório de registro de imóveis.

188. (Ieses/TJ/SC/Cartórios/Remoção/2019) Os impostos constituem tributos de grande importância arrecadatória. Com relação aos impostos em vigor no sistema tributário brasileiro, assinale a alternativa incorreta:

a) A base de cálculo do IPTU, segundo o Código Tributário Nacional, é o valor venal do imóvel.
b) O ITR é imposto de competência da União.
c) O ITBI tem como fato gerador a propriedade, o domínio útil ou a posse de bem imóvel por natureza ou por acessão física, como definido na lei civil, localizado na zona urbana do Município.
d) A doação de bens e direitos constitui fato gerador do ITCMD.

189. (Vunesp/TJ/RS/Cartórios/Remoção/2019) O imposto de transmissão inter vivos, a qualquer título, por ato oneroso, de bens imóveis, não incide sobre a transmissão de bens ou direitos incorporados ao patrimônio de pessoa jurídica em realização de capital, nem sobre a transmissão de bens ou direitos decorrentes de fusão, incorporação, cisão ou extinção de pessoa jurídica, salvo se, nesses casos, a atividade preponderante do adquirente for a compra e venda desses bens ou direitos, locação de bens imóveis ou arrendamento mercantil. Tendo a pessoa jurídica adquirente iniciado suas atividades anteriormente à aquisição dos bens imóveis, sua atividade será considerada preponderante quando superar 50% de sua receita:

a) operacional, nos 5 anos anteriores e nos 2 anos subsequentes à aquisição.
b) líquida, no exercício anterior e no exercício subsequente à aquisição.
c) operacional, nos 2 anos anteriores e nos 2 anos subsequentes à aquisição.
d) patrimonial, nos 5 anos anteriores e nos 5 anos subsequentes à aquisição.
e) líquida, no ano anterior e nos 2 anos subsequentes à aquisição.

190. (Vunesp/TJ/AL/Cartórios/Ingresso/2019) Com relação ao imposto sobre a transmissão de bens imóveis, de competência dos Municípios e do Distrito Federal, é correto afirmar que:

a) não incide sobre a transmissão de imóveis fora da área urbana do município.
b) segundo o Supremo Tribunal Federal, pode ter alíquota progressiva em razão do valor venal do imóvel.
c) incide também sobre a transmissão não onerosa.
d) segundo o Supremo Tribunal Federal, incide sobre o valor do imóvel ao tempo de transmissão da propriedade.

191. (Ieses/TJ/CE/Cartórios/Ingresso/2018) Nos termos do Código Tributário Nacional, assinale a alternativa correta sobre o Imposto sobre a Propriedade Predial e Territorial Urbana – IPTU:

a) não poderá ter alíquotas diferentes de acordo com a localização e o uso do imóvel.
b) a base do cálculo do imposto é o valor de mercado do imóvel.
c) contribuinte do imposto é sempre o proprietário do imóvel.
d) tem como fato gerador a propriedade, o domínio útil ou a posse de bem imóvel localizado na zona urbana do Município.

192. (Ieses/TJ/CE/Cartórios/Ingresso/2018) Considerando a legislação complementar acerca do Imposto Sobre Serviços – ISS, especialmente a Lei Complementar n. 116/2003, assinale a alternativa incorreta:

a) a base de cálculo do imposto é o preço do serviço, sendo que na execução por empreitada de obras de construção civil considera-se na base de cálculo inclusive o valor dos materiais fornecidos pelo prestador de serviços.
b) não incide sobre as exportações de serviços para o exterior do País.
c) o serviço considera-se prestado, e o imposto, devido, no local do estabelecimento prestador ou, na falta do estabelecimento, no local do domicílio do prestador, exceto nas hipóteses previstas nos incisos do art. 3º da LC n. 116/2003.
d) a alíquota mínima do Imposto sobre Serviços é de 2% (dois por cento).

193. (Vunesp/TJ/SP/Cartórios/Ingresso/2018) Para fins de instituição e cobrança do imposto sobre a propriedade predial e territorial urbana – IPTU, o Código Tributário Nacional exige a implementação por parte do Poder Público Municipal de, pelo menos, dois melhoramentos ali elencados. Assinale a alternativa que contém 02 (dois) melhoramentos previstos no CTN:

a) meio-fio ou calçamento, com ou sem canalização de águas pluviais, e abastecimento de água.
b) sistemas de esgotos sanitários e rede de iluminação pública, com ou sem posteamento para distribuição familiar.
c) sistema de esgotos sanitários e escola primária a uma distância mínima de 05 (cinco) quilômetros do imóvel considerado.
d) abastecimento de água e posto de saúde a uma distância mínima de 10 (dez) quilômetros do imóvel considerado.

194. (Ieses/TJ/AM/Cartórios/Remoção/2018) O tributo, de competência dos Estados, que incide sobre a transmissão de bens imóveis e de direitos a eles relativos é denominado de:

a) ITBI.
b) IPI.
c) IPVA.
d) IPTU.

195. (Vunesp/TJ/SP/Cartórios/Ingresso/2018) A respeito do imposto sobre transmissão "inter vivos" de bens imóveis – ITBI, é correto afirmar que:

a) não incide sobre a transmissão de bens ou direitos decorrentes de fusão, incorporação, cisão ou extinção de pessoa jurídica, mesmo que a atividade preponderante do adquirente seja a compra e venda desses bens ou direitos, locação de bens imóveis ou arrendamento mercantil.
b) sua instituição compete ao Município onde se realiza a transmissão.
c) sua instituição compete ao Estado da situação do bem.
d) não incide sobre a transmissão de bens ou direitos incorporados ao patrimônio de pessoa jurídica em realização de capital.

196. (Consulplan/TJ/MG/Cartórios/Ingresso/2018) Em relação aos impostos em espécie, assinale a alternativa incorreta:

a) o imposto de transmissão "causa mortis" é devido pela alíquota vigente ao tempo da abertura da sucessão.
b) o legislador tributário municipal pode eleger o sujeito passivo do IPTU, contemplando as situações previstas no Código Tributário Nacional.
c) na determinação da base de cálculo do imposto sobre a propriedade predial e territorial urbana, IPTU, se considera o valor dos bens móveis mantidos, em caráter permanente ou temporário, no imóvel.
d) não incide IPTU, mas imposto sobre a propriedade territorial rural (ITR), sobre imóvel localizado na área urbana do Município, desde que comprovadamente utilizado em exploração extrativa, vegetal, agrícola, pecuária ou agroindustrial.

197. (Cetro/TJ/RJ/Cartórios/Ingresso/2017) Um procurador autárquico comparece ao cartório de registro de imóveis requerendo cópias atualizadas das matrículas dos imóveis de titularidade da autarquia, quais sejam: imóvel da sede, imóveis locados e lotes não edificados. Segundo o procurador, as matrículas seriam utilizadas em uma defesa administrativa referente a eventual lançamento de IPTU. Tomando-se por base esses dados, assinale a alternativa correta:

a) incide IPTU sobre todos os imóveis em nome da autarquia, e o ônus da prova de não afetação do bem imóvel é do ente tributante.
b) incide IPTU sobre os imóveis locados em nome da autarquia ainda que a renda esteja relacionada à finalidade essencial dela, e o ônus da prova de não afetação do bem imóvel é da autarquia.
c) incide IPTU sobre os imóveis locados que não atendem à finalidade essencial da autarquia e lotes não edificados em nome da autarquia, e o ônus da prova de não afetação do bem imóvel é do ente tributante.
d) incide IPTU sobre os imóveis locados e os lotes não edificados em nome da autarquia em qualquer circunstância, e o ônus da prova de não afetação do bem imóvel é da autarquia.
e) incide IPTU apenas sobre o imóvel sede da autarquia, e o ônus da prova de não afetação do bem imóvel é do ente tributante.

198. (Cetro/TJ/RJ/Cartórios/Remoção/2017) Acerca do sujeito passivo do IPTU, analise os casos apresentados nas alternativas abaixo e, em seguida, assinale a correta:

a) o enfiteuta de um bem dado em aforamento pela União aproveita a imunidade tributária concedida à última.
b) aquele que detém posse "ad usucapionem" ilegítima não alcança a cobrança de IPTU.
c) tanto o promitente-comprador quanto o promitente-vendedor são contribuintes responsáveis pelo pagamento do IPTU.
d) a mera posse exercida pelo concessionário, com base em contrato de concessão de uso de imóvel, já o transforma em contribuinte principal do IPTU.
e) somente o promitente-vendedor que consta do registro do imóvel pode ser considerado contribuinte do IPTU.

199. (Ieses/TJ/RO/Cartórios/Ingresso/2017) Sobre o fato gerador dos tributos, assinale a alternativa que apresenta a definição incorreta:

a) o imposto, de competência da União, sobre a renda e proventos de qualquer natureza tem como fato gerador a aquisição da disponibilidade econômica ou jurídica.
b) o imposto, de competência da União, sobre a importação de produtos estrangeiros tem como fato gerador a entrada destes no território nacional.
c) o imposto, de competência da União, sobre a exportação, para o estrangeiro, de produtos nacionais ou nacionalizados tem como fato gerador a saída destes do território nacional.
d) o imposto, de competência dos Municípios, sobre a propriedade predial e territorial urbana tem como fato gerador a propriedade, o domínio útil ou a posse de bem imóvel por natureza ou por acessão física, como definido na lei civil, localizado na zona urbana e rural do Município.

200. (Cetro/TJ/RJ/Cartórios/Remoção/2017) No que se refere à competência tributária, analise as situações apresentadas nas alternativas abaixo e, em seguida, assinale a correta:

a) conforme entendimento do Superior Tribunal de Justiça, a competência para cobrar ISSQN (Imposto sobre Serviços de Qualquer Natureza) referente a serviço de informática é da sede da empresa, sendo a cobrança no local da prestação de serviço utilizada para casos excepcionais, como serviços vinculados à construção civil.
b) tanto os limites objetivos quanto os aspectos formais ou subjetivos de definição de poder de tributar da União devem ser instituídos por Lei Complementar.
c) para os serviços de televisão por assinatura, a competência tributária do estado que pode cobrar o ICMS (Imposto sobre Circulação de Mercadorias e Serviços) é definida pelo tempo de utilização do serviço.
d) a competência para instituir base de cálculo referente à contribuição previdenciária de servidor estadual é fixada com base em Lei Federal.
e) o fornecimento de medicamentos manipulados, embora configure operação que envolva mercadoria e serviço, submete-se à competência do município para efeito de cobrança do ISSQN (Imposto Sobre Serviços de Qualquer Natureza), e

não do ICMS (Imposto sobre Circulação de Mercadorias e Serviços) pelo estado.

201. (Ieses/TJ/RO/Cartórios/Ingresso/2017) Sobre o Imposto sobre Serviço – ISS, assinale a alternativa incorreta:

a) o imposto incide sobre as exportações de serviços para o exterior do país.
b) a base de cálculo do imposto é o preço do serviço.
c) a alíquota máxima do ISS é 5% (cinco por cento).
d) o ISS tem como fato gerador a prestação de serviços constantes da lista anexa, ainda que esses não se constituam como atividade preponderante do prestador.

10. LIMITAÇÕES DO PODER DE TRIBUTAR

10.1. Imunidades

SÚMULAS

STF Súm. Vinculante 52. Ainda quando alugado a terceiros, permanece imune ao IPTU o imóvel pertencente a qualquer das entidades referidas pelo artigo 150, inciso VI, alínea "c", da Constituição Federal, desde que o valor dos aluguéis seja aplicado nas atividades para as quais tais entidades foram constituídas.

STF Súm. Vinculante 57. A imunidade tributária constante do art. 150, VI, d, da CF/88 aplica-se à importação e comercialização, no mercado interno, do livro eletrônico (e-book) e dos suportes exclusivamente utilizados para fixá-los, como leitores de livros eletrônicos (e-readers), ainda que possuam funcionalidades acessórias.

STF Súm. 75. Sendo vendedora uma autarquia, a sua imunidade fiscal não compreende o imposto de transmissão "inter vivos", que é encargo do comprador.

STF Súm. 336. A imunidade da autarquia financiadora, quanto ao contrato de financiamento, não se estende à compra e venda entre particulares, embora constantes os dois atos de um só instrumento.

STF Súm. 591. A imunidade ou a isenção tributária do comprador não se estende ao produtor, contribuinte do imposto sobre produtos industrializados.

STF Súm. 657. A imunidade prevista no art. 150, VI, "d", da CF abrange os filmes e papéis fotográficos necessários à publicação de jornais e periódicos.

STF Súm. 730. A imunidade tributária conferida a instituições de assistência social sem fins lucrativos pelo art. 150, VI, "c", da Constituição, somente alcança as entidades fechadas de previdência social privada se não houver contribuição dos beneficiários.

STJ Súm. 612. O certificado de entidade beneficente de assistência social (Cebas), no prazo de sua validade, possui natureza declaratória para fins tributários, retroagindo seus efeitos à data em que demonstrado o cumprimento dos requisitos estabelecidos por lei complementar para a fruição da imunidade.

REPERCUSSÃO & REPETITIVOS

STF Rep. Geral 207. As imunidades previstas nos artigos 149, § 2º, I, e 153, § 3º, III, da Constituição Federal são aplicáveis às empresas optantes pelo Simples Nacional. *RE 598468, 22.5.2020.*

STF Rep. Geral 328. A imunidade assegurada pelo art. 150, VI, 'c', da Constituição da República aos partidos políticos, inclusive suas fundações, às entidades sindicais dos trabalhadores e às instituições de educação e de assistência social, sem fins lucrativos, que atendam aos requisitos da lei, alcança o IOF, inclusive o incidente sobre aplicações financeiras. *RE 611510, 12.4.2021.*

STF Rep. Geral 336. As entidades religiosas podem se caracterizar como instituições de assistência social a fim de se beneficiarem da imunidade tributária prevista no art. 150, VI, 'c', da Constituição, que abrangerá não só os impostos sobre o seu patrimônio, renda e serviços, mas também os impostos sobre a importação de bens a serem utilizados na consecução de seus objetivos estatutários. *RE 630790, 18.3.2022.*

STF Rep. Geral 475. A imunidade a que se refere o art. 155, § 2º, X, "a", da CF não alcança operações ou prestações anteriores à operação de exportação. *RE 754917, 5.8.2020.*

STF Rep. Geral 508. Sociedade de economia mista, cuja participação acionária é negociada em Bolsas de Valores, e que, inequivocamente, está voltada à remuneração do capital de seus controladores ou acionistas, não está abrangida pela regra de imunidade tributária prevista no art. 150, VI, 'a', da Constituição, unicamente em razão das atividades desempenhadas. *RE 600867, 29.6.2020.*

STF Rep. Geral 674. A norma imunizante contida no inciso I do § 2º do art. 149 da Constituição Federal alcança as receitas decorrentes de operações indiretas de exportação caracterizadas por haver participação negocial de sociedade exportadora intermediária. *RE 759244, 12.2.2020.*

STF Rep. Geral 1140. As empresas públicas e as sociedades de economia mista delegatárias de serviços públicos essenciais, que não distribuam lucros a acionistas privados nem ofereçam risco ao equilíbrio concorrencial, são beneficiárias da imunidade tributária recíproca prevista no artigo 150, VI, a, da Constituição Federal, independentemente de cobrança de tarifa como contraprestação do serviço. *RE 1320054, 7.5.2021.*

JURISPRUDÊNCIA EM TESES

STJ JurisTese 70-3. A decisão que reconhece a imunidade tributária possui natureza declaratória e produz efeitos retroativos ao momento em que preenchidos os requisitos legais para a concessão do benefício.

INFORMATIVOS

STF Imunidade recíproca de sociedade de economia mista prestadora exclusiva de serviço público essencial. Sociedade de economia mista estadual prestadora exclusiva do serviço público de abastecimento de água potável e coleta e tratamento de esgotos sanitários faz jus à imunidade tributária recíproca sobre impostos federais incidentes sobre patrimônio, renda e serviços. *ACO 3410, 20.4.2022. Pleno. Inf 1051.*

QUESTÕES DISCURSIVAS

16. (Ieses/TJ/PA/Cartórios/2016) O estado-membro X deseja criar, por meio de uma emenda à constituição estadual, uma nova hipótese de imunidade tributária, não prevista na Constituição Federal, para os impostos estaduais. A referida emenda também prevê que os beneficiários da nova imunidade não poderão ser fiscalizados pela autoridade fazendária, em razão da criação desta nova imunidade. Com base no enunciado responda o que significa a imunidade tributária, abordando na resposta se é possível um Estado Membro criar uma nova hipótese de imunidade e se a imunidade tributária pode afetar as obrigações tributárias acessórias.

17. (Consulplan/TJ/MG/Cartórios/Remoção/2016) Determinada entidade fechada de previdência social privada pretende se enquadrar no conceito de instituição de assistência social para se valer da imunidade prevista no art. 150, VI, "c" da Constituição Federal. Para tanto, declara não ter fins lucrativos, ser mantida por uma sociedade anônima e também receber contribuição anual dos beneficiários. A referida entidade terá direito à imunidade prevista no art. 150, VI, "C" da Constituição Federal?

QUESTÕES OBJETIVAS

202. (Ieses/TJ/TO/Cartórios/Ingresso/2022) Assinale a alternativa correta:

a) O IPTU não incide sobre templos de qualquer culto, ainda que tais entidades abrangidas pela imunidade (templos de qualquer culto) sejam apenas locatárias do bem imóvel.
b) A denominada "taxa de ocupação de terreno de marinha", por se tratar de receita patrimonial decorrente do uso ou exploração de bens públicos em caráter privado, está sujeita às limitações ao poder de tributar previstas na Constituição Federal.
c) O denominado "preço público", por ter sido equiparado doutrinária e jurisprudencialmente às taxas depende, para sua instituição e aumento, de lei específica sujeitando-se, igualmente, às limitações ao poder de tributar previstas na Constituição Federal.

d) É vedado à União, aos Estados, ao Distrito Federal e aos Municípios instituir tributos sobre o patrimônio, renda ou serviços dos partidos políticos, inclusive contribuições sociais e taxas de suas fundações.

203. (FGV/TJ/SC/Cartórios/Remoção/2021) O Município Alfa, localizado no interior do Estado Beta e com menos de 3 mil habitantes, autuou a Empresa Brasileira de Correios e Telégrafos (EBCT) por não estar recolhendo ISS sobre serviços por ela prestados em regime de livre concorrência. A EBCT impugna administrativamente o lançamento de ofício realizado, afirmando que, dada sua peculiar natureza jurídica, não está obrigada ao recolhimento de tal tributo. Diante desse cenário, é correto afirmar que:

a) assiste razão à EBCT, pois, ainda que as atividades que se pretende tributar sejam exercidas em regime de livre concorrência, a imunidade tributária a ela conferida também abarca tais serviços.
b) assiste razão ao Município, pois a EBCT é pessoa jurídica de direito privado, devendo ser tributada como as demais pessoas jurídicas privadas, em virtude do princípio da isonomia tributária e da livre concorrência.
c) assiste razão ao Município, pois a EBCT, não sendo empresa pública municipal, não goza da imunidade tributária que seria conferida a uma empresa pública integrante da Administração Pública municipal.
d) assiste razão ao Município, pois a EBCT apenas goza de imunidade tributária quanto a impostos que recaem sobre o seu patrimônio, mas não sobre serviços por ela prestados.
e) assiste razão à EBCT, pois as empresas públicas federais gozam de imunidade tributária pelo fato de integrarem a Administração Pública.

204. (Ieses/TJ/RO/Cartórios/Remoção/2021) Quanto às limitações da competência tributária fixadas pelo Código Tributário Nacional, é vedado à União, aos Estados, ao Distrito Federa e aos Municípios:

I. Cobrar imposto sobre o patrimônio e a renda com base em lei anterior à data inicial do exercício financeiro a que corresponda.
II. Cobrar imposto sobre o patrimônio, a renda ou os serviços uns dos outros.
III. Estabelecer limitações ao tráfego, no território nacional, de pessoas ou mercadorias, por meio de tributos interestaduais ou intermunicipais.
IV. Cobrar imposto sobre templos de qualquer culto.

A sequência correta é:

a) Apenas as assertivas II, III e IV estão corretas.
b) Apenas a assertiva IV está incorreta.
c) As assertivas I, II, III e IV estão corretas.
d) Apenas as assertivas I e IV estão corretas.

205. (Consulplan/TJ/MS/Cartórios/Remoção/2021) Determinada instituição de ensino, sem fins lucrativos, que não distribui patrimônio ou de renda, a título de lucro ou participação nos resultados e aplica integralmente no país seus recursos na manutenção de seus objetivos institucionais, bem como mantém escrituração de receitas e despesas em livros revestidos de formalidades capazes de assegurar sua exatidão, pretende não ser onerada com o pagamento de contribuição social de 20% incidente sobre a folha de salários. Entretanto, há a exigência disposta na Lei Ordinária Federal XXX/YY de apresentação da Certificação das Entidades Beneficentes de Assistência Social na área da educação que a empresa não possui. Dessa forma, a União não acolheu sua pretensão e requer o pagamento da contribuição sobre a folha. A posição da União, com relação ao caso descrito, é:

a) Ilegal, porque só o legislador constituinte pode limitar imunidade tributária em desfavor do contribuinte.
b) Inconstitucional, porque os requisitos para gozo de imunidade só podem ser fixados por Lei Complementar.
c) Legal, uma vez que a entidade tributante pode fixar limitações para gozo de benefícios fiscais de sua competência.
d) Constitucional, eis que a partir da fixação da imunidade pelo legislador constituinte, cabe ao Ente Tributante fixar as exigências para seu gozo.

206. (Consulplan/TJ/MS/Cartórios/Remoção/2021) Em referência às imunidades, analise as afirmativas a seguir.

I. O princípio da imunidade tributária recíproca não pode ser invocado na hipótese de contribuições previdenciárias.
II. Imóveis ociosos de instituições religiosas, que não estejam sendo utilizados para atender fins sociais, não gozam de imunidade tributária.
III. A imunidade tributária de papel destinado à impressão de jornais, periódicos e livros abrange os serviços prestados por empresas que fazem a distribuição, o transporte ou a entrega destes materiais.

Está correto o que se afirma apenas em:

a) I.
b) III.
c) I e II.
d) II e III.

207. (Consulplan/TJ/MG/Cartórios/Remoção/2019) Sobre a jurisprudência do STF em matéria tributária, assinale a alternativa incorreta.

a) As Caixas de Assistência de Advogados encontram-se tuteladas pela imunidade recíproca prevista no art. 150, VI, "a", da Constituição Federal (CF).
b) As operadoras de planos de saúde realizam prestação de serviço sujeita ao Imposto sobre Serviços de Qualquer Natureza (ISSQN), previsto no art. 156, III, da Constituição Federal/1988.
c) A imunidade tributária constante do art. 150, VI, "d", da Constituição Federal (CF), aplica-se somente ao livro eletrônico ("e-book"), não se estendendo aos suportes exclusivamente utilizados para fixá-lo.
d) A imunidade tributária subjetiva aplica-se a seus beneficiários na posição de contribuinte de direito, mas não na de simples contribuinte de fato, sendo irrelevante, para a verificação da existência do beneplácito constitucional, a repercussão econômica do tributo envolvido.

208. (UFPR/TJ/PR/Cartórios/Ingresso/2019) Sobre princípios constitucionais tributários, imunidades e isenções tributárias, assinale a alternativa correta.

a) A imunidade estabelecida aos livros, jornais e periódicos se estende também aos livros, jornais e periódicos eletrônicos.
b) O princípio da vedação do efeito confisco proíbe que o tributo seja tão baixo que não represente limitação alguma ao patrimônio do indivíduo.
c) A imunidade recíproca refere-se à União, aos Estados e aos Municípios, mas não se estende ao Distrito Federal.
d) A isenção, no tocante às suas atividades essenciais, benefício concedido pela legislação infraconstitucional aos partidos políticos e sindicatos, decorre das relevantes funções políticas e sociais exercidas por essas entidades.
e) A imunidade estabelecida às entidades de assistência social e de educação condiciona-se ao cumprimento de requisitos para fazer jus à imunidade. Porém é permitido a essas entidades

a distribuição de lucros da entidade entre sócios ou associados, sem prejuízo da imunidade tributária referida.

209. (Ieses/TJ/SC/Cartórios/Remoção/2019) A Constituição Federal estabelece expressamente diversas limitações constitucionais ao poder de tributar, exteriorizadas através dos princípios constitucionais tributários e das imunidades tributárias. Sobre a matéria, assinale a alternativa correta:

a) O princípio da legalidade veda de maneira expressa a utilização da medida provisória para tratar de matéria tributária.
b) Os partidos políticos não gozam de imunidade tributária.
c) A imunidade recíproca das entidades políticas abrange, por extensão, as autarquias.
d) O princípio da anterioridade veda que a União, os Estados, o Distrito Federal e os Municípios cobrem taxas em relação a fatos geradores ocorridos antes do início da vigência da lei que os houver instituído ou majorado.

210. (UFPR/TJ/PR/Cartórios/Remoção/2019) A Editora Sapiens S.A., especializada na produção e comercialização de livros, jornais e periódicos impressos, contata seu escritório para obter informações relativas à eventual tributação das atividades relacionadas à impressão, editoração e comercialização de livros, jornais e periódicos. A dúvida da Editora Sapiens S.A. refere-se à existência ou não de tributação sobre toda ou parte de suas atividades. Sobre o assunto, assinale a alternativa correta.

a) A Editora Sapiens S.A. não precisa pagar quaisquer impostos, já que sua atividade, bem como a própria editora, é imune do pagamento de impostos.
b) A Editora Sapiens S.A. possui isenção relativa às suas atividades editoriais, sendo dispensada por lei de qualquer pagamento de impostos.
c) A Editora Sapiens S.A. possui imunidade tributária prevista na Constituição Federal referente tão somente aos livros, jornais e periódicos e no que tange aos materiais destinados à impressão destes, além de livros, jornais e revistas eletrônicos, que também são abrangidos pela imunidade.
d) A Editora Sapiens S.A. possui imunidade tributária prevista na legislação infraconstitucional, referente tão somente aos livros, jornais e periódicos e no que tange aos materiais destinados à impressão.
e) A Editora Sapiens S.A. possui imunidade tributária estabelecida na Constituição Federal, prevendo inclusive a desobrigação do pagamento de impostos como IRPJ (Imposto de Renda de Pessoa Jurídica) e CSL (Contribuição Social sobre o Lucro), incidentes sobre o lucro da empresa.

211. (Consulplan/TJ/MG/Cartórios/Ingresso/2018) Sobre as imunidades tributárias, assinale a afirmativa correta:

a) a imunidade recíproca alcança outras espécies tributárias, como as taxas e contribuições.
b) a imunidade tributária recíproca, prevista no art. 150, VI, a, da Constituição Federal, não é extensiva às autarquias e fundações públicas.
c) apenas a Constituição Federal estabelece imunidades tributárias, em rol taxativo ("numerus clausus"), moldando a própria competência tributária.
d) a imunidade de que trata o art. 150, VI, 'd', da Constituição Federal (livros, jornais, periódicos e o papel destinado a sua impressão) não alcança o livro digital (e-book).

212. (Consulplan/TJ/MG/Cartórios/Remoção/2018) Sobre as imunidades tributárias, é correto afirmar que:

a) as imunidades do art. 150, VI, da Constituição Federal, negam a competência para a instituição de impostos, taxas e contribuições.
b) o § 5º do art. 184 da Constituição ("são isentas de impostos federais, estaduais e municipais as operações de transferência de imóveis desapropriados para fins de reforma agrária") concede isenção, não imunidade.
c) a imunidade prevista no art. 150, VI, alínea c, da Constituição Federal, aplica-se aos bens imóveis, mesmo que temporariamente ociosos, de propriedade das instituições de educação e de assistência social sem fins lucrativos que atendam aos requisitos legais.
d) a imunidade prevista no art. 150, inciso VI, alínea c, da Constituição Federal, a impedir a instituição de impostos sobre patrimônio, renda ou serviços das entidades sindicais dos trabalhadores, das instituições de educação e de assistência social, sem fins lucrativos, beneficia o contribuinte de fato, não alcançando o de direito.

213. (Cetro/TJ/RJ/Cartórios/Remoção/2017) Sobre situações que possam ser visualizadas no dia a dia de uma repartição notarial, concernentes aos institutos da imunidade e isenção tributária, marque V para verdadeiro ou F para falso e, em seguida, assinale a alternativa que apresenta a sequência correta.

I. em sede de execução fiscal, os emolumentos referentes aos serviços notariais são considerados despesas processuais, portanto, alcançados pela isenção de que goza a Fazenda Pública acerca de taxas judiciárias em geral.
II. quando da anotação no registro de uma propriedade rural que foi objeto de desapropriação para fins de reforma agrária, o cartório deve exigir a comprovação de recolhimento do imposto de transferência de imóveis.
III. aos filmes usados para dar resistência às capas dos livros de registro de nascimento e óbitos de pessoas naturais nos cartórios de registro civil estende-se a imunidade que alcança o papel utilizado nesses mesmos livros:

a) F, F, F.
b) V, F, V.
c) V, V, F.
d) V, V, V.
e) F, F, V.

214. (Ieses/TJ/RO/Cartórios/Remoção/2017) Sem prejuízo de outras garantias asseguradas ao contribuinte, é vedado à União, aos Estados, ao Distrito Federal e aos Municípios instituir impostos sobre:

I. patrimônio, renda ou serviços, uns dos outros.
II. templos de qualquer culto, condomínios edilícios.
III. fonogramas e videofonogramas musicais produzidos no Brasil contendo obras musicais ou literomusicais de autores brasileiros.
IV. patrimônio, renda ou serviços dos partidos políticos; livros, jornais, periódicos e o papel destinado à sua impressão.

A sequência correta é:

a) apenas as assertivas I, III, IV estão corretas.
b) apenas as assertivas II e IV estão corretas.
c) as assertivas I, II, III e IV estão corretas.
d) apenas a assertiva IV está correta.

10.2. Princípios

ATENÇÃO: ESTE TEMA É MUITO EXIGIDO NOS CONCURSOS!

SÚMULAS

STF Súm. Vinculante 50. Norma legal que altera o prazo de recolhimento da obrigação tributária não se sujeita ao princípio da anterioridade.

STF Súm. Vinculante 52. Ainda quando alugado a terceiros, permanece imune ao IPTU o imóvel pertencente a qualquer das entidades referidas pelo artigo 150, inciso VI, alínea "c", da Constituição Federal, desde que o valor dos aluguéis seja aplicado nas atividades para as quais tais entidades foram constituídas.

STF Súm. 69. A Constituição Estadual não pode estabelecer limite para o aumento de tributos municipais.

STF Súm. 239. Decisão que declara indevida a cobrança do imposto em determinado exercício não faz coisa julgada em relação aos posteriores.

STF Súm. 667. Viola a garantia constitucional de acesso à jurisdição a taxa judiciária calculada sem limite sobre o valor da causa.

INFORMATIVOS

STF Covid-19: prorrogação de benefício concedido para o enfrentamento da pandemia no âmbito desportivo. É inconstitucional – por violar os princípios da legalidade, da segurança jurídica, da não surpresa dos contribuintes e da isonomia – a interpretação do artigo 1º da Lei 14.117/21 no sentido de condicionar os efeitos da suspensão de exigibilidade dos parcelamentos de dívidas no âmbito do Programa de Modernização da Gestão e de Responsabilidade Fiscal do Futebol Brasileiro (PROFUT) ao término da vigência do Decreto Legislativo 6/2020. *ADI 7015, 2.12.2022. Pleno. Inf 1078.*

STF IPVA: isenção fiscal e tratamento não isonômico. É inconstitucional condicionar o benefício de isenção fiscal do IPVA quanto à propriedade de veículos utilizados para o serviço de transporte escolar com a filiação de seus motoristas profissionais autônomos a sindicato ou cooperativa. A condição imposta pela norma impugnada, de forma indireta, constrange o proprietário de veículo a se filiar às entidades associativas a fim de usufruir da benesse fiscal, e compele os já filiados a permanecerem nessa posição, em evidente afronta aos princípios da isonomia, da liberdade sindical e da liberdade de associação. *ADI 5268, 5.8.2022. Pleno. Inf 1062.*

STF IPVA: contagem de prazos para atendimento dos princípios da anterioridade anual e nonagesimal. I. No caso de um tributo sujeito duplamente à anterioridade de exercício e à noventena, a lei que institui ou majora a imposição somente será eficaz, de um lado, no exercício financeiro seguinte ao de sua publicação e, de outro, após decorridos noventa dias da data de sua divulgação em meio oficial. Logo, a contar da publicação da lei, os prazos transcorrem simultaneamente, e não sucessivamente. II. Não há desvio de finalidade no caso de lei ordinária alterar o aspecto temporal do IPVA para viabilizar, a um só tempo, o respeito à garantia da anterioridade, inclusive nonagesimal, e viabilizar a tributação dos veículos automotores pela alíquota majorada no exercício financeiro seguinte ao da publicação desse diploma legal. Afinal, a finalidade da legislação é lícita e explícita. III. O princípio da igualdade tributária não resta ofendido na hipótese de um veículo automotor novo submeter-se a alíquota distinta de IPVA em comparação a outro automóvel adquirido em anos anteriores no lapso referente aos 90 dias da noventena, em certo exercício financeiro. Sendo assim, pela própria sistemática de tributação do IPVA posta na legislação infraconstitucional, não se cuida de tratamento desigual entre contribuintes que se encontrem em situação equivalente. *ADI 5282, 17.10.2022, Pleno. Inf 1072.*

STF Isenção da taxa de inscrição em concurso público a servidores públicos estaduais. É inconstitucional lei estadual que isenta servidores públicos da taxa de inscrição em concursos públicos promovidos pela Administração Pública local, privilegiando, sem justificativa razoável para tanto, um grupo mais favorecido social e economicamente. *ADI 3918, 13.5.2022. Pleno. Inf 1054.*

QUESTÕES OBJETIVAS

215. (Ieses/TJ/TO/Cartórios/Remoção/2022) Sem prejuízo de outras garantias asseguradas ao contribuinte, é vedado à União, aos Estados, ao Distrito Federal e aos Municípios:

a) Exigir ou aumentar tributo sem lei que o estabeleça.
b) Instituir impostos sobre transmissão causa mortis e doação, de quaisquer bens ou direitos.
c) Instituir impostos sobre operações de crédito, câmbio e seguro, ou relativas a títulos ou valores mobiliários.
d) Instituir impostos sobre renda e proventos de qualquer natureza.

216. (Vunesp/TJ/GO/Cartórios/Remoção/2021) O Prefeito do Município X encaminhou à Câmara Municipal, em 31 de julho, projeto de lei com o objetivo de: (i) revisar o valor venal dos imóveis situados no perímetro urbano do Município para fins de incidência do imposto sobre propriedade predial e territorial urbana às efetivas condições do mercado imobiliário local, o que implicará, em alguns casos, aumentos superiores à inflação acumulada desde a última revisão; (ii) introduzir três diferentes faixas de alíquotas para o imposto (0,5%, 1% e 1,5%), conforme o valor do imóvel, em substituição à alíquota única de 1% até então vigente; (iii) delimitar como zona urbana novas áreas municipais constantes de loteamentos aprovados pelos órgãos competentes, destinados à habitação, à indústria ou ao comércio, até então não consideradas como zonas urbanas. Com base na situação hipotética descrita, na legislação e na jurisprudência tributárias nacionais, é correto afirmar que:

a) a proposta de criação de 3 (três) alíquotas para o IPTU conforme o valor do imóvel é inconstitucional, considerando não haver autorização na Constituição para a progressividade desse imposto em razão do valor do imóvel, mas apenas em razão do seu uso e sua localidade.
b) não é possível a cobrança de IPTU sobre áreas urbanizáveis, ou de expansão urbana, constantes de loteamentos aprovados pelos órgãos competentes, destinados à habitação, à indústria ou ao comércio, pois, por não contarem com serviços públicos disponíveis, não são essas áreas consideradas como urbanas para fins de incidência de IPTU.
c) o envio do projeto de lei para atualização do valor venal dos imóveis é opcional, uma vez que há entendimento sumulado do STJ no sentido de ser autorizado ao Município atualizar a planta genérica de valores para fins de IPTU mediante decreto.
d) eventual renúncia de receita decorrente da criação de faixa de alíquota inferior à até então vigente deverá estar acompanhada de estimativa do impacto orçamentário-financeiro e de medidas de compensação ou da demonstração de que a renúncia foi considerada na estimativa de receita da lei orçamentária e de que não afetará as metas de resultados fiscais.

217. (FGV/TJ/SC/Cartórios/Ingresso/2021) A entidade religiosa ABC Religião, situada no Estado Alfa, requereu à concessionária de energia elétrica que não mais cobrasse ICMS na conta de luz de seu templo, nos termos de lei estadual específica de 2020 que concedeu, sem deliberação dos Estados e do Distrito Federal, tal benefício fiscal. A referida lei previu estimativa de impacto orçamentário-financeiro, bem como as demais exigências legais para concessão de benefício de natureza tributária do qual decorra renúncia de receita. Diante desse cenário, é correto afirmar que:

a) tal entidade religiosa é mera contribuinte de fato, impedindo-a de ser dispensada da cobrança de ICMS no preço da conta de luz.
b) a concessionária de energia elétrica não pode ser proibida de repassar no preço da conta de luz o valor do ICMS.
c) tal benefício fiscal pode ser reconhecido, já que a lei estadual obedeceu à exigência constitucional de estimativa de impacto orçamentário-financeiro e demais exigências legais.
d) tal lei estadual viola a exigência de deliberação dos Estados e do Distrito Federal para concessão de isenção de ICMS.

e) tal entidade religiosa, em razão de sua imunidade tributária de impostos, faz jus a tal benefício fiscal por força da própria Constituição da República de 1988.

218. (Vunesp/TJ/SP/Cartórios/Ingresso/2022) Sobre as limitações ao Poder de Tributar, é correto afirmar que:

a) a alteração de alíquotas ou base de cálculo poderá ocorrer por meio de decreto ou atos de órgãos do Poder Executivo.
b) empréstimos compulsórios poderão ser instituídos por medida provisória, a fim de: atender a despesas extraordinárias, decorrentes de calamidade pública, de guerra externa ou sua iminência; nos casos de investimento público de caráter urgente e de relevante interesse nacional, respeitado o princípio da anualidade.
c) é defeso, ao Município, atualizar o IPTU, mediante decreto, em percentual superior ao índice oficial de correção monetária.
d) a majoração do tributo pode retroagir a ocorrência do fato gerador, sempre que assim determinado por lei.

219. (FGV/TJ/SC/Cartórios/Remoção/2021) Lei do Estado Beta promulgada em 15/09/2019 previu o aumento de certa alíquota de ICMS por um período de 1 (um) ano, a contar de 01/01/2020. Em 28/12/2020, sobreveio outra lei estadual prorrogando por mais 1 (um) ano essa alíquota majorada, a contar de 01/01/2021. Diante desse cenário, é correto afirmar que:

a) a lei estadual de 15/09/2019 não respeitou a anterioridade tributária plena, pois somente poderia entrar em vigor noventa dias após o primeiro dia do exercício financeiro seguinte.
b) a lei estadual de 15/09/2019 não respeitou a anterioridade tributária nonagesimal, pois deveria entrar em vigor noventa dias após sua data de promulgação.
c) a lei estadual de 15/09/2019 não poderia ter elevado a alíquota de ICMS sem prévia deliberação e autorização dos Estados no âmbito do Conselho Nacional de Política Fazendária (Confaz).
d) a lei estadual de 28/12/2020 viola a anterioridade tributária, por exigir tributo aumentado menos de noventa dias antes de sua promulgação.
e) a lei estadual de 28/12/2020 não viola a anterioridade tributária, por se tratar de mera prorrogação de alíquota previamente instituída.

220. (FGV/TJ/SC/Cartórios/Ingresso/2021) Sensível à defasagem dos emolumentos cartorários, o Tribunal de Justiça do Estado Alfa editou ato normativo, logo no início do ano, reajustando os respectivos valores conforme a inflação, os quais deveriam ser imediatamente observados. Além disso, com o objetivo de prestigiar a capacidade econômica dos contribuintes, fixou-os em percentual incidente sobre o valor do respectivo negócio jurídico, em se tratando de escrituras de compra e venda. Considerando a sistemática vigente, o referido ato normativo é:

a) totalmente inválido, já que os emolumentos só podem ser reajustados por lei, devem observar a anterioridade e é vedado o seu cálculo com base em percentual do negócio.
b) totalmente válido, pois os reajustes podem ser realizados por ato do Tribunal, por se tratar de preço público não incide a anterioridade, e podem ser calculados em percentual.
c) parcialmente inválido, já que os emolumentos podem ser reajustados pelo Tribunal, por serem preço público não incide a anterioridade, mas não podem ser calculados em percentual.
d) parcialmente inválido, já que, por se tratar de taxa, embora os emolumentos possam ser reajustados pelo Tribunal, incide a anterioridade e não podem ser calculados em percentual.
e) parcialmente inválido, já que, por se tratar de taxa, incide a anterioridade, e os emolumentos não podem ser reajustados pelo Tribunal, mas podem ser calculados em percentual.

221. (Consulplan/TJ/MS/Cartórios/Remoção/2021) Em determinado Estado da Federação Brasileira foi instituída por decreto nova forma de recolhimento do ICMS, partindo-se de estimativa baseada no valor recolhido do mês anterior ao que o pagamento deveria ser efetivado. Neste caso, a nova sistemática de recolhimento do tributo é:

a) Inconstitucional, por atentar contra o princípio da legalidade.
b) Abusiva, por extravasar o poder regulamentador do Executivo.
c) Constitucional, uma vez que não institui ou majora o tributo devido.
d) Ilegal, porque a sistemática não obedece à regra da não cumulatividade.

222. (Consulplan/TJ/MS/Cartórios/Remoção/2021) Observe as assertivas a seguir.

I. Diz respeito à vedação de qualquer ente político cobrar tributo no mesmo exercício financeiro em que haja sido publicada a Lei que o instituiu ou aumentou.
II. Tem a função de impedir que a tributação deixe de azeitar e construir o direito de propriedade para inviabilizá-lo, pelo excesso de exação.
III. As anuidades dos conselhos profissionais não podem ser majoradas mediante ato infralegal, tendo elas natureza tributária.

São princípios constitucionais a que se referem estas assertivas, na ordem proposta (I, II e III):

a) noventena, legalidade, imunidade.
b) anterioridade, não confisco, tipicidade.
c) anterioridade, não confisco, legalidade.
d) uniformidade, legalidade, anterioridade.

223. (Consulplan/TJ/MS/Cartórios/Remoção/2021) O princípio da progressividade dos impostos, que reflete obediência à capacidade contributiva, diz respeito:

a) A todos os impostos.
b) Aos impostos indiretos.
c) Aos impostos de natureza real.
d) Aos impostos de natureza pessoal.

224. (Vunesp/TJ/GO/Cartórios/Ingresso/2021) Como uma das limitações ao exercício do poder de tributar impõe a Constituição Federal o denominado princípio da anterioridade ao vedar a cobrança de tributos no mesmo exercício financeiro em que for publicada a lei que os instituir ou aumentar. Referida vedação, contudo, não se aplica quando se tratar de um dos seguintes tributos:

a) imposto novo, desde que seja não cumulativo e não tenha fato gerador ou base de cálculo próprio dos discriminados na Constituição.
b) contribuição social de intervenção no domínio econômico.
c) imposto sobre operações de crédito, câmbio e seguro, ou relativas a títulos ou valores mobiliários.
d) empréstimo compulsório no caso de investimento público de caráter urgente e de relevante interesse nacional.

225. (Ieses/TJ/SC/Cartórios/Ingresso/2019) Os princípios constitucionais tributários e as imunidades tributárias impõem limitações relevantes ao poder de tributar, sendo elementos fundamentais do Sistema Tributário Nacional, erigido no Capítulo I do Título VI da Constituição Federal. Quanto aos princípios constitucionais tributários e as imunidades tributárias, assinale a alternativa correta:

a) Segundo entendimento sumulado do Supremo Tribunal Federal, o imóvel pertencente a partidos políticos, inclusive suas fundações, bem como entidades sindicais dos trabalhadores, instituições de educação e instituições de assistência social, sem fins lucrativos, está albergado pela imunidade ao IPTU, mesmo quando alugado a terceiros, desde que o valor dos aluguéis seja aplicado em atividades definidas pelo Município.
b) O princípio da legalidade tributária veda que a União, os Estados, o Distrito Federal e os Municípios exijam ou aumentem tributos em lei que os estabeleça, devendo ser utilizada, em regra, lei complementar para instituir tributos.
c) A imunidade recíproca dos entes federados aplica-se ao patrimônio, à renda e aos serviços, relacionados com exploração de atividades econômicas regidas pelas normas aplicáveis a empreendimentos privados, ou em que haja contraprestação ou pagamento de preços ou tarifas pelo usuário, nem exonera o promitente comprador da obrigação de pagar imposto relativamente ao bem imóvel.
d) O princípio da anterioridade, cuja aplicação alcança o imposto de renda, proíbe a cobrança de tributos no mesmo exercício financeiro em que haja sido publicada a lei que os instituiu ou aumentou.

226. (Ieses/TJ/CE/Cartórios/Ingresso/2018) Determinada prestação de serviços não declarada pelo contribuinte foi objeto de fiscalização, com a competente lavratura de notificação de lançamento de ISS, apurando-se o valor histórico do tributo em R$ 6.250,00 e aplicando-se multa de 500% sobre o valor do tributo. Considerando a situação exposta e que a base de cálculo utilizado foi de R$ 125.000,00, assinale a alternativa correta:

a) a não declaração do imposto a recolher por parte do contribuinte impediu o início da contagem do prazo decadencial para constituição do crédito tributário.
b) o ISS é tributo sujeito ao lançamento por declaração.
c) a alíquota aplicada para apuração do tributo desrespeita o limite máximo expresso no CTN.
d) o princípio do não-confisco, em que pese previsto apenas em relação aos tributos, pode ser utilizado como argumento para afastar judicialmente a multa aplicada.

227. (Ieses/TJ/CE/Cartórios/Remoção/2018) Sem prejuízo de outras garantias asseguradas ao contribuinte, é vedado à União, aos Estados, ao Distrito Federal e aos Municípios:

I. instituir impostos sobre livros, jornais, periódicos e o papel destinado a sua impressão.
II. exigir ou aumentar tributo sem lei que o estabeleça.
III. instituir impostos sobre templos de qualquer culto.
IV. utilizar tributo com efeito de confisco.

A sequência correta é:

a) apenas as assertivas II e IV estão corretas.
b) apenas as assertivas I, II e III estão corretas.
c) as assertivas I, II, III e IV estão corretas.
d) apenas a assertiva II está incorreta.

228. (Consulplan/TJ/MG/Cartórios/Ingresso/2018) Relativamente ao sistema constitucional tributário, é correto afirmar que:

a) conforme previsto no art. 150, I, da Constituição, somente lei complementar é instrumento hábil para a criação e majoração de tributos.
b) a isonomia tributária (CF, art. 150, II) não torna inválidas as distinções arbitrárias entre contribuintes em razão de ocupação profissional ou função por eles exercida.
c) é aplicável a proibição constitucional do confisco em matéria tributária, ainda que se trate de multa fiscal resultante do inadimplemento pelo contribuinte de suas obrigações tributárias.
d) pela garantia constitucional da anterioridade tributária (CF, art. 150, III, b) nenhum tributo será cobrado em cada exercício sem prévia autorização orçamentária, ressalvados, porém, a tarifa aduaneira e o imposto lançado por motivo de guerra.

229. (Consulplan/TJ/MG/Cartórios/Remoção/2018) Relativamente ao sistema constitucional tributário, é correto afirmar que:

a) norma legal que altera o prazo de recolhimento de obrigação tributária não se sujeita ao princípio da anterioridade tributária.
b) a garantia da irretroatividade tributária (art. 150, III, a, da CF) sempre alcança os temas relativos às prerrogativas da administração tributária, como o acesso a dados com quebra de sigilo bancário.
c) o pedágio cobrado pela efetiva utilização de rodovias conservadas pelo Poder Público, cuja cobrança está autorizada pelo inciso V, parte final, do art. 150 da Constituição de 1988, tem natureza jurídico-tributária de contribuição.
d) a isonomia tributária (art. 150, II, da CF) não impede que haja diferenciação tributária arbitrária entre contribuintes que estejam em situação equivalente.

230. (Vunesp/TJ/SP/Cartórios/Ingresso/2018) A Constituição Federal veda que determinados tributos sejam cobrados no mesmo exercício financeiro em que tenha sido publicada a lei que os instituiu ou aumentou. Trata-se de limitação constitucional ao poder de tributar, conhecida por princípio da anterioridade. Assinale a alternativa na qual consta um tributo que excepciona tal princípio:

a) empréstimo compulsório instituído no caso de investimento público de caráter urgente e de relevante interesse nacional.
b) imposto sobre operações de crédito, câmbio e seguro, ou relativas a títulos e valores mobiliários.
c) contribuição social no interesse das categorias profissionais ou econômicas.
d) imposto sobre a propriedade rural.

231. (Consulplan/TJ/MG/Cartórios/Remoção/2018) Relativamente ao crédito tributário, assinale a alternativa incorreta:

a) a concessão de isenções tributárias heterônomas é autorizada pelo art. 151, III, da Constituição Federal, de modo a preservar o pacto federativo.
b) declarado e não pago o débito tributário pelo contribuinte, é legítima a recusa de expedição de certidão negativa ou positiva com efeito de negativa.
c) o benefício da denúncia espontânea não se aplica aos tributos sujeitos a lançamento por homologação regularmente declarados, mas pagos a destempo.
d) a entrega de declaração pelo contribuinte reconhecendo débito fiscal constitui o crédito tributário, dispensada qualquer outra providência por parte do fisco.

232. (Cetro/TJ/RJ/Cartórios/Remoção/2017) Em um simpósio sobre Direito Notarial, em mesa redonda sobre modelagem econômica do setor, foi lançada uma discussão sobre a possível aprovação de norma que facilita as condições para concessão e revogação de benefícios fiscais de ISSQN (Imposto sobre Serviços de Qualquer Natureza) em favor dos notariais. É correto afirmar que o referido benefício deve ser revogado por meio de:

a) portaria.

b) decreto.
c) lei ordinária.
d) lei complementar.
e) emenda constitucional.

233. (Consulplan/TJ/MG/Cartórios/Remoção/2017) Sobre as limitações constitucionais ao poder de tributar reguladas na Constituição Federal, analise as afirmações seguintes:

I. é vedado à União cobrar tributos no mesmo exercício financeiro em que haja sido publicada a lei que os instituiu ou aumentou, salvo em relação aos impostos sobre a importação de produtos estrangeiros, a exportação, para o exterior, de produtos nacionais ou nacionalizados, a renda e proventos de qualquer natureza, os produtos industrializados e as operações de crédito, câmbio e seguro, ou relativas a títulos ou valores mobiliários
II. é vedado à União tributar a renda das obrigações da dívida pública dos Estados, do Distrito Federal e dos Municípios, bem como a remuneração e os proventos dos respectivos agentes públicos, em níveis superiores aos que fixar para suas obrigações e para seus agentes.
III. é vedado aos Estados instituir impostos sobre fonogramas e videofonogramas musicais produzidos no Brasil contendo obras musicais ou literomusicais de autores brasileiros e/ou obras em geral interpretadas por artistas brasileiros bem como os suportes materiais ou arquivos digitais que os contenham, salvo na etapa de replicação industrial de mídias ópticas de leitura a laser.
IV. a lei poderá atribuir a sujeito passivo de obrigação tributária a condição de responsável pelo pagamento de imposto ou contribuição, cujo fato gerador deva ocorrer posteriormente, assegurada a imediata e preferencial restituição da quantia paga, caso não se realize o fato gerador presumido.

Está correto o que se afirma em:

a) I, apenas.
b) II e III, apenas.
c) II, III e IV, apenas.
d) I, II, III e IV.

234. (Ieses/TJ/RO/Cartórios/Ingresso/2017) Nos termos da Constituição Federal, é vedado à União, exceto:

a) utilizar tributo com efeito de confisco.
b) instituir, na iminência ou no caso de guerra externa, impostos extraordinários, compreendidos ou não em sua competência tributária.
c) exigir ou aumentar tributo sem lei que o estabeleça.
d) instituir impostos sobre patrimônio, renda ou serviços dos Estados e Municípios.

235. (Consulplan/TJ/MG/Cartórios/Remoção/2017) À luz do princípio da não afetação, marque a alternativa correta:

a) o regime constitucional atual adota o princípio da não afetação, proibindo a vinculação de receita de impostos a órgão, fundo ou despesa, ressalvadas algumas situações.
b) a Constituição Federal atual veda a afetação da receita, relativamente às taxas e contribuição de melhoria.
c) o Supremo Tribunal Federal não reconhece a possibilidade de a lei estabelecer a afetação de receita de taxa a determinado órgão, fundo ou despesa públicos.
d) o regime constitucional atual veda a vinculação do produto da arrecadação de qualquer tributo a determinado órgão, fundo ou despesa.

236. (Consulplan/TJ/MG/Cartórios/Remoção/2017) Relativamente aos princípios constitucionais tributários, é correto afirmar:

a) o princípio da legalidade tributária, segundo o qual a instituição e majoração de tributos só podem ser realizadas mediante lei, não admite exceções e guarda relação com o princípio constitucional geral de que ninguém é obrigado a fazer ou deixar de fazer algo senão em virtude de lei.
b) são exceções ao princípio da legalidade tributária o II, IE, IOF, IPI e COFINS, na medida em que se faculta ao Poder Executivo, atendidas as condições e os limites estabelecidos em lei, alterar as respectivas alíquotas.
c) o princípio da irretroatividade tributária consubstancia, de modo rígido, a regra de que o tempo rege o fato, estabelecendo a proibição de cobrança de tributo em relação a fato gerador ocorrido antes da vigência da lei que o institui ou majora.
d) o princípio da irretroatividade da lei tributária impera de forma relativa, pois, mesmo não sendo o tributo sanção de ato ilícito, sofre influência da lei tributária posterior mais benéfica em relação ao contribuinte.

237. (Consulplan/TJ/MG/Cartórios/Ingresso/2017) Relativamente aos princípios constitucionais tributários, é correto afirmar:

a) o princípio da anterioridade, também conhecido como princípio da não surpresa, aplica-se aos casos em que o tributo é instituído, majorado ou reduzido.
b) o princípio da anterioridade anual, que impede a cobrança de tributo no mesmo exercício financeiro em que haja sido publicada a lei que o instituiu ou aumentou, aplica-se ao imposto extraordinário de guerra.
c) o princípio da anterioridade nonagesimal, segundo o qual é proibida a cobrança de tributos antes de decorridos noventa dias da data em que haja sido publicada a lei que os instituiu ou aumentou, aplica-se ao imposto extraordinário de guerra e ao IOF.
d) em geral, os tributos submetem-se tanto à anterioridade anual quanto à nonagesimal.

238. (Consulplan/TJ/MG/Cartórios/Remoção/2017) À luz do entendimento sumulado pelo Supremo Tribunal Federal, assinale a alternativa incorreta:

a) na entrada de mercadoria importada do exterior, é legítima a cobrança do ICMS por ocasião do desembaraço aduaneiro.
b) a norma legal que altera o prazo de recolhimento da obrigação tributária se sujeita ao princípio da anterioridade.
c) é inconstitucional a incidência do Imposto sobre Serviços de Qualquer Natureza sobre operações de locação de bens móveis.
d) é inconstitucional a exigência de depósito prévio como requisito de admissibilidade de ação judicial na qual se pretenda discutir a exigibilidade de crédito tributário.

10.3. Repartição de Receitas

REPERCUSSÃO & REPETITIVOS

STF Rep. Geral 364. É dos Estados e Distrito Federal a titularidade do que arrecadado, considerado imposto de renda, incidente na fonte, sobre rendimentos pagos, a qualquer título, por si, autarquias e fundações que instituírem e mantiverem. *RE 607886, 4.5.2021.*

STF Rep. Geral 1130. Pertence ao Município, aos Estados e ao Distrito Federal a titularidade das receitas arrecadadas a título de imposto de renda retido na fonte incidente sobre valores pagos por eles, suas autarquias e fundações a pessoas físicas ou jurídicas contratadas para a prestação de bens ou serviços, conforme disposto nos arts. 158, I, e 157, I, da Constituição Federal. *RE 1293453, 8.10.2021.*

STF Rep. Geral 1187. É inconstitucional a dedução dos valores advindos das contribuições ao Programa de Integração Nacional – PIN e ao Programa de Redistribuição de Terras e de Estímulo à Agroindústria do Norte e do Nordeste – Proterra da base de cálculo do Fundo de Participação dos Municípios – FPM. *RE 1346658, 10.12.2021.*

INFORMATIVOS

STF Covid-19: educação e transferência de recursos para acesso à internet. É constitucional norma federal que prevê a transferência de recursos pela União aos estados e ao Distrito Federal para garantir o acesso à internet, com fins educacionais, por alunos e professores da educação básica em virtude da calamidade pública decorrente da Covid-19. A Lei 14.172/21 está em consonância com a norma constitucional que posiciona a educação como um direito social (art. 205), bem como ao princípio segundo o qual o ensino será ministrado com "igualdade de condições para o acesso e permanência na escola" (art. 206, I), uma vez que objetiva garantir a conectividade a alunos e professores da rede pública de ensino no contexto da pandemia da Covid-19. Não há qualquer contrariedade ao devido processo legislativo, pois (i) a norma não prevê qualquer disposição que implique na criação de órgãos na Administração Pública federal, na sua reorganização ou na alteração de suas atribuições; e (ii) a aprovação do projeto de lei foi precedida da demonstração da viabilidade financeira e orçamentária, em observância ao art. 113 do ADCT, respeitando as limitações legais cabíveis e sem desobedecer ao regime extraordinário fiscal implementado pelas ECs 106/2020 e 109/2021. *ADI 6926, 1.7.2022. Pleno. Inf 1061.*

STF Autonomia municipal e vinculação de parte do ICMS recebido pelo estado. É inconstitucional, por violação à cláusula constitucional da não afetação da receita oriunda de impostos e à autonomia municipal, norma estadual que determina a forma de aplicação dos recursos destinados ao município em razão da repartição constitucional de receitas. É de pleno direito dos próprios municípios a parcela que lhes é devida na repartição constitucional de receitas, de modo que não cabe o estabelecimento de qualquer forma de condicionamento ou retenção pelos estados. *ADI 2355, 16.9.2022. Pleno. Inf 1068.*

QUESTÕES OBJETIVAS

239. (Consulplan/TJ/MS/Cartórios/Ingresso/2021) Determinado Estado da Federação Brasileira pretende que a União lhe restitua valores recolhidos aos cofres públicos federais, relativos ao imposto de renda retido na fonte, incidente sobre a complementação de aposentadorias e pensões paga ao pessoal de empresas públicas e sociedades de economia mista do mencionado Estado. Afirma o Ente Federativo que, na qualidade de fonte pagadora de tais recursos, deveria ter sido beneficiado com os valores relativos a retenção do imposto de renda, indevidamente recolhidos à União Federal. Na hipótese relatada e considerando o que determina a Constituição Federal sobre a Repartição de Receitas Tributárias:

a) O Estado Membro terá direito à restituição, já que na hipótese concreta as empresas estatais são mera repassadoras dos recursos, que advêm do tesouro estadual.
b) O Estado Membro tem direito a receber o valor recolhido como imposto de renda retido na fonte, por ter repassado às empresas estatais valores brutos, sem o desconto do Imposto de Renda.
c) O Estado Membro não tem direito à restituição, já que o produto da arrecadação do imposto de renda incidente na fonte só pertence ao Ente Fracionado se o pagamento houver sido feito à autarquia ou fundação.
d) A pretensão do Estado, baseada na alegação de pagamento indevido, deveria se voltar contra as empresas estatais, porquanto foram elas que não recolheram ao Estado Membro os valores retidos a título de imposto de renda.

240. (Consulplan/TJ/MG/Cartórios/Ingresso/2019) Sobre a repartição de receitas tributárias, assinale a alternativa correta.

a) Dos impostos arrecadados pelos Estados, pertencem aos Municípios 50% do produto da arrecadação do imposto do Estado sobre a propriedade de veículos automotores licenciados em seus respectivos territórios.
b) A União entregará, do produto da arrecadação do imposto sobre produtos industrializados, 10% aos Estados, ao Distrito Federal e aos Municípios, proporcionalmente ao valor das respectivas exportações de produtos industrializados.
c) Dos impostos arrecadados pelos Estados, pertencem aos Municípios 50% do produto da arrecadação do imposto sobre operações relativas à circulação de mercadorias e sobre prestações de serviços de transporte interestadual e intermunicipal e de comunicação – ICMS.
d) Pertencem aos Estados, ao Distrito Federal e aos Municípios, o produto da arrecadação do imposto da União sobre renda e proventos de qualquer natureza, incidente na fonte, sobre rendimentos pagos, a qualquer título, por eles, suas autarquias, empresas públicas e pelas fundações que instituírem e mantiverem.

241. (Ieses/TJ/AM/Cartórios/Ingresso/2018) Considerando as regras da repartição da receita tributária, contidas na Constituição Federal, assinale a alternativa correta:

a) o ouro, quando definido em lei como ativo financeiro ou instrumento cambial, sujeita-se à incidência de IOF, sendo a receita gerada integralmente dividida entre os Estados, conforme origem, os quais ficam com 70% e os Municípios, conforme origem, os quais ficam com 30% do fruto da arrecadação.
b) os Estados devem entregar aos Municípios 25% do produto da arrecadação do imposto sobre operações relativas à circulação de mercadorias e sobre prestações de serviços de transporte interestadual e intermunicipal e de comunicação.
c) ao semiárido do Nordeste dever ser destinado um terço dos recursos destinados à Região por meio das aplicações em programas de financiamento ao setor produtivo das Regiões Norte, Nordeste e Centro-Oeste.
d) a vedação da retenção ou qualquer restrição à entrega e ao emprego dos recursos atribuídos na seção da repartição das receitas tributárias da Constituição Federal não impede à União ou Estados a condicionarem a entrega dos recursos ao cumprimento das regras constitucionais de aplicação de recursos mínimos na área de educação.

10

CONHECIMENTOS GERAIS

VOLUME DE QUESTÕES

MUITO BAIXO

1. ARTES, CULTURA, ESPORTES

QUESTÕES OBJETIVAS

1. (Ieses/TJ/TO/Cartórios/Remoção/2022) A ginasta Rebeca Andrade se tornou a primeira mulher brasileira a vencer duas provas na mesma edição dos Jogos Olímpicos, durante a edição no Japão. Pode-se dizer que Rebeca colocou o mundo todo para dançar ao som do funk carioca no momento de sua apresentação solo. A música utilizada por ela intitula-se:

a) Baile de Favela.
b) Ela veio quente.
c) Festa na Favela.
d) Baile na Favela.

2. (Vunesp/TJ/GO/Cartórios/Ingresso/2021) A Semana de Arte Moderna, que ocorreu em 1922 no Teatro Municipal de São Paulo, foi uma manifestação artístico-cultural que objetivou renovar o ambiente artístico-cultural e mostrar o que havia na escultura, arquitetura, música e literatura brasileira do momento. Para isso, trouxe novas ideias e conceitos artísticos com a declamação de poesias, concerto de músicas, artes plásticas exibidas em telas, esculturas e maquetes de arquitetura. O evento se tornou uma referência do mundo artístico e cultural do século XX. (Fonte: https:/www.educamaisbrasil.com.br/enem/artes/ semana-de-arte-moderna. Acesso em 19 de julho de 2021). No Brasil, o evento citado no excerto é considerado um marco para o:

a) Modernismo.
b) Expressionismo.
c) Impressionismo.
d) Naturalismo.

3. (Ieses/TJ/RO/Cartórios/Remoção/2021) Recentemente um incêndio atingiu a famosa catedral de Notre Dame de Paris. A catedral de Notre Dame, com cerca de 13 milhões de visitantes ao ano, é o monumento histórico mais frequentado da Europa e sua arquitetura representa o estilo:

a) gótico.
b) românico.
c) barroco neoclássico.
d) renascentista.

4. (Consulplan/TJ/MG/Cartórios/Remoção/2019) O Ateneu é um romance publicado em 1888 e conta a história de Sérgio, menino que é enviado para um colégio agropecuário de renome no Rio de Janeiro. O romance é considerado o único exemplar impressionista na literatura brasileira. Quem é o autor da obra "O Ateneu"?

a) Lima Barreto.
b) Raul Pompeia.
c) Graciliano Ramos.
d) Machado de Assis.

5. (Ieses/TJ/SC/Cartórios/Remoção/2019) Assinale a resposta correta:

a) João da Cruz e Sousa, nascido em Nossa Senhora do Desterro (hoje Florianópolis), era filho de escravos alforriados e teve educação primorosa patrocinada pelo Marechal Guilherme Xavier de Sousa e sua esposa, Clarinda Fagundes Xavier de Sousa. Dentre suas importantes obras destaca-se Broquéis, sendo o autor considerado um dos mais dignos precursores brasileiros do movimento literário denominado "simbolismo".
b) "O gigante enterrado", "Não me abandone jamais", "Quando éramos órfãos", "Os vestígios do dia" e "Uma pálida visão dos montes" são algumas das obras do escritor chileno Pablo Neruda, prêmio Nobel de literatura.
c) Helena, Iaiá Garcia, A mão e a luva e O Guarani são romances brasileiros escritos no século XVIII, auge da escola romântica no Brasil, todos eles de autoria de José de Alencar.
d) "Ó mar salgado, quanto do teu sal/ São lágrimas de Portugal!/ Por te cruzarmos, Quantas mães choraram,/ Quantos filhos em vão rezaram!/ Quantas noivas ficaram por casar/ Para que fosses nosso, ó mar!". O trecho acima reproduzido vem retratado na obra máxima de Luís de Camões denominada "Os Lusíadas", pela qual presta o poeta uma homenagem aos intrépidos navegadores portugueses dos séculos XV e XVI.

6. (Ieses/TJ/SC/Cartórios/Ingresso/2019) Assinale a resposta correta:

a) Pela nova sistemática implementada pelo Governo Federal, os cartórios extrajudiciais estão desobrigados de entregar a declaração da RAIS.
b) A construção, ampliação ou reforma de edificações de uso público e privado deve garantir, pelo menos, um dos acessos ao

seu interior, com comunicação com todas as suas dependências e serviços, livre de barreiras e de obstáculos que impeçam ou dificultem a sua acessibilidade. Pela nova legislação em vigor, esta regra de acessibilidade aplica-se somente quando a edificação se localize nas Capitais dos Estados e Distrito Federal e cidades com mais de 300.000 habitantes.

c) Denomina-se "Guerra do Contestado" o conflito armado ocorrido na região Sul do Brasil, entre os anos de 1912 e 1916. O episódio ganha feição messiânica com a participação ativa do monge José Maria que, traindo suas promessas feitas aos caboclos atua, juntamente com Affonso Camargo, a favor dos interesses da empresa que explora a estrada de ferro Rio Grande – São Paulo, a Brazil Railway Company. A favor dos posseiros das terras que se situavam à margem da estrada de ferro (15 km de cada lado) e que foram desapossados pelo governo central, encontram-se os proprietários da Southern Brazil Lumber & Colonization Company, já naquela época preocupados com o desmatamento e reflorestamento da região da erva-mate. O conflito deixou milhares de mortos e foi definitivo para a demarcação das divisas entre os Estados de Santa Catarina e Paraná.

d) No romance Dom Casmurro, de Machado de Assis, o personagem Bentinho (Bento Santiago) casa-se com Capitu (Capitolina), mas o filho do casal, de nome Ezequiel, parece-se fisicamente com o grande amigo de Bentinho, Escobar, o que levanta enormes dúvidas e ciúmes de Bentinho e acaba por trazer infelicidade à família. Um dos personagens dessa trama chama-se José Dias, retratado pelo escritor como usuário habitual de superlativos.

7. (Ieses/TJ/CE/Cartórios/Ingresso/2018) As principais premiações da indústria cinematográfica em 2018, o Globo de Ouro e o Oscar, foram marcadas por manifestações contra o assédio sexual e a favor da igualdade de gênero e da diversidade. A respeito desses dois eventos, é correto afirmar:

a) o filme "Coco", cujo título em português é "Viva – A Vida É uma Festa", novo filme da Pixar ambientado em Cuba e com um elenco totalmente latino, foi o vencedor do Oscar de melhor animação do ano.

b) a atriz Daniela Vega, transexual, ganhou o Oscar de melhor atriz por sua atuação no filme "Uma mulher fantástica". Este foi o primeiro filme estrelado por uma pessoa transexual a levar um Oscar.

c) em uma noite dominada por mulheres e com fortes manifestações contra o assédio sexual e a favor da igualdade de gênero em Hollywood, a minissérie "Big Little Lies" e o filme "Três anúncios para um crime", com quatro prêmios cada, foram os principais ganhadores do Globo de Ouro 2018.

d) o ator Gary Oldman, que fez um trabalho magnífico interpretando Winston Churchill, levou o Oscar de melhor ator por sua atuação no filme "Dunkirk".

8. (Ieses/TJ/CE/Cartórios/Remoção/2018) Em um evento em Estocolmo, na Suécia foi anunciado o ganhador do Prêmio Nobel de Literatura 2016. A opção foi por um músico e não por um escritor de ofício, o que soou incomum. O ganhador do Prêmio Nobel de Literatura 2016 foi:

a) o cantor e compositor Jamaicano Bob Marley.

b) o cantor e compositor inglês Elton John.

c) o cantor e compositor inglês Mick Jagger.

d) o cantor e compositor americano Bob Dylan.

9. (Ieses/TJ/AM/Cartórios/Ingresso/2018) É certo afirmar:

I. Kazuo Ishiguro foi laureado com o Prêmio Nobel de Artes Cênicas no ano de 2016, pela produção de peças como "Não me abandone jamais" e "Vestígios do dia".

II. a todo, 13 pessoas, crianças e adultos, morreram em decorrência da tragédia causada por um segurança que jogou álcool no próprio corpo e no corpo das crianças de uma creche em Janaúba (MG), em outubro de 2017. A professora Heley de Abreu Silva Batista, faleceu como heroína depois de enfrentar o homem e tentar salvar o maior número de crianças.

III. no Grammy de 2017 a cuiabana Bruna Viola levou o prêmio Grammy Latino na categoria Melhor Álbum de Música de Raízes Brasileiras, com "Melodias do Sertão".

IV. através da exposição "Queermuseu" ocorrida no Santander Cultural de Porto Alegra, após a interação de uma criança com o corpo nu de um homem durante a apresentação, reacendeu-se no Brasil as discussões sobre censura e sobre o que é arte?

Analisando as proposições, pode-se afirmar:

a) somente as proposições I e III estão corretas.

b) somente as proposições II e III estão corretas.

c) somente as proposições I e IV estão corretas.

d) somente as proposições II e IV estão corretas.

10. (Consulplan/TJ/MG/Cartórios/Remoção/2017) Ziraldo Alves Pinto, conhecido simplesmente por Ziraldo, é cartunista, jornalista, escritor e humorista. Dentre suas várias obras, ganhou fama nacional o seguinte livro:

a) Macunaíma.

b) O Coronel e o Lobisomem.

c) O Menino Maluquinho.

d) O Ateneu.

11. (Consulplan/TJ/MG/Cartórios/Ingresso/2017) O livro "A Escrava Isaura" conta a história de Isaura, escrava de pele branca, que foi criada como filha na família em que servia. Foi durante muito tempo a protegida da matriarca, que prometeu que após a sua morte a moça deveria ser liberta. Entretanto, esse último desejo não foi satisfeito e Isaura se tornou propriedade de Leôncio, um jovem sem caráter que por ela se interessou, apesar de casado. Assinale a alternativa que corresponde ao nome do autor do livro mencionado:

a) Jorge Amado.

b) Manuel Antonio de Almeida.

c) Bernardo Guimarães.

d) Machado de Assis.

12. (Consulplan/TJ/MG/Cartórios/Remoção/2017) Acerca da literatura brasileira e portuguesa, marque a opção que corretamente relaciona autor e obra:

a) Os Lusíadas, Fernando Pessoa.

b) Grande Sertão Veredas, Mário de Andrade.

c) Vidas Secas, Machado de Assis.

d) Memórias Póstumas de Brás Cubas, Machado de Assis.

2. ATUALIDADES

ATENÇÃO: ESTE TEMA É MUITO EXIGIDO NOS CONCURSOS!

QUESTÕES OBJETIVAS

13. (Ieses/TJ/TO/Cartórios/Remoção/2022) Sobre a eleição presidencial nos Estados Unidos em 2020, pode-se afirmar que:

I. O democrata Joe Biden assumiu a presidência, tomando posse como 46º presidente dos Estados Unidos em cerimônia no Capitólio, sem a presença de Donald Trump.

II. O Congresso Americano foi atacado quando se reunia para certificar a vitória de Joe Biden na eleição presidencial, última etapa formal antes de o democrata tomar posse.

III. A senadora Kamala Harris se tornou a primeira mulher a ser eleita vice-presidente dos Estados Unidos.

IV. A disputa presidencial ocorreu simultaneamente com as eleições para todos os assentos da Câmara dos Representantes e parte dos destinados ao Senado, além de vários cargos tanto em nível estadual quanto local.

A sequência correta é:

a) Apenas a assertiva II está incorreta.
b) Apenas as assertivas I, II e III estão corretas.
c) As assertivas I, II, III e IV estão corretas.
d) Apenas as assertivas III e IV estão corretas.

14. (Ieses/TJ/TO/Cartórios/Remoção/2022) A pandemia mundial de Covid-19, também conhecida como pandemia de coronavírus, foi assim declarada pela Organização Mundial da Saúde (OMS) na data histórica de:

a) 11 de março de 2020.
b) 21 de setembro de 2020.
c) 20 de janeiro de 2020.
d) 31 de dezembro 2019.

15. (Ieses/TJ/TO/Cartórios/Remoção/2022) A respeito da primeira pessoa imunizada, oficialmente, contra a Covid-19 no Brasil, pode-se afirmar o seguinte:

a) A auxiliar de enfermagem Margarete Calinais da Silva foi a primeira pessoa vacinada no Brasil, em 15 março 2021, com uma dose da vacina AstraZeneca.
b) A médica Magali Cabalera Matias foi a primeira pessoa vacinada no Brasil, em 11 de janeiro 2021, com uma dose da vacina Janssen.
c) A enfermeira Mônica Calazans foi a primeira pessoa vacinada no Brasil, em 12 fevereiro 2021, com uma dose da vacina CoronaVac.
d) A aposentada Margaret Keenan foi a primeira pessoa vacinada no Brasil, em 8 de dezembro 2021, com uma dose da vacina Pfizer.

16. (Ieses/TJ/TO/Cartórios/Remoção/2022) No ano de 2021, Jeff Bezos fez sua primeira viagem espacial, a qual durou 10 minutos. Na ocasião, estava acompanhado do irmão, Mark Bezos, da piloto Wally Funk, de 82 anos, que se tornou a pessoa mais velha a ir ao espaço, e do holandês Oliver Daemen, de 18 anos, o mais jovem a realizar uma viagem do tipo. Jeff Bezos é fundador da:

a) Space X.
b) Virgin Galactic.
c) Amazon.
d) AliExepress.

17. (Ieses/TJ/TO/Cartórios/Ingresso/2022) É certo afirmar:

I. Tratada como prioritária por todos os presidentes desde 2011, a linha de transmissão Manaus-Boa Vista, conectando uma das regiões mais isoladas do País ao sistema Interligado Nacional (SIN), somente foi finalizada no ano de 2022, após a privatização do sistema Telebrás.

II. A aprendizagem dos estudantes brasileiros de escolas públicas e particulares piorou durante a pandemia (Coronavírus – Covid-19), em todas as séries avaliadas, principalmente em português e Matemática observado maior prejuízo para as crianças em fase de alfabetização. Os resultados foram divulgados pelo Ministério da Educação (MEC) e se referem a uma prova feita em 2021 através do Sistema de Avaliação da Educação Básica (Saeb).

III. Com a chegada e o início das operações da quinta geração de internet ao Brasil, conhecida como "5G", prospecta o mercado de que haverá mais automação, digitalização, produtividade, eficiência, impactando positivamente, portanto, na internet das coisas e as coisas da internet.

IV. A ascensão de Carlos Alcaraz ao topo do tênis brasileiro não chegou a surpreender os fãs e especialistas da modalidade, sendo por muitos considerado o sucessor natural de Gustavo Kuerten – o Guga.

Analisando as proposições, pode-se afirmar:

a) Somente as proposições II e III estão corretas.
b) Somente as proposições I e III estão corretas.
c) Somente as proposições I e IV estão corretas.
d) Somente as proposições II e IV estão corretas.

18. (Ieses/TJ/TO/Cartórios/Ingresso/2022) Em relação ao atual conflito entre Rússia e Ucrânia é correto afirmar:

I. Os primeiros ataques das forças russas foram à cidade ucraniana de Lviv, nos arredores da Capital Kiev.

II. As regiões de Luhansk e Donetsk, situadas a leste da Ucrânia, fazem parte da área de Donbass.

III. A siderúrgica Azovstal, alvo de ação militar russa, está situada na cidade de Kherson.

IV. Entre as razões apontadas pela Rússia para a invasão à Ucrânia está a defesa dos cidadãos russos, ou com raízes russas, das regiões separatistas do leste da Ucrânia.

a) Apenas os itens I e IV estão corretos.
b) Apenas os itens II e III estão corretos.
c) Apenas os itens II e IV estão corretos.
d) Apenas os itens I e III estão corretos.

19. (FGV/TJ/SC/Cartórios/Ingresso/2021) Ruth Bader Ginsburg continua escrevendo a história dos Estados Unidos. A juíza tornou-se a primeira mulher com cargo público a ser velada na sede do Congresso em setembro de 2020, ou seja, a receber uma homenagem de Estado após seu falecimento. Também é a primeira pessoa judia a receber essa honraria, reservada principalmente a presidentes e heróis de guerra. A câmara-ardente no Statuary Hall, no Capitólio, realizou três dias de homenagens da capital americana à magistrada. (Adaptado de https:/brasil.elpais.com/internacional/2020-09-25). O impacto do desaparecimento de Ruth Bader Ginsburg, em setembro de 2020, deve-se ao fato de a magistrada ter sido:

a) considerada um ícone progressista na Suprema Corte dos Estados Unidos, atuante em questões como igualdade de gênero e casamento igualitário.
b) nomeada pelo presidente democrata Barack Obama para constituir uma maioria liberal moderada entre os quinze juízes da Suprema Corte norte-americana.
c) uma aliada para respaldar legalmente a rígida política imigratória norte-americana, limitando as circunstâncias favoráveis a pedidos de asilo de estrangeiros.
d) a primeira mulher a ser indicada pela Casa Branca e a ser confirmada pela Câmara dos Representantes para exercer o cargo de juiz da Suprema Corte.
e) uma figura pioneira na luta pelos direitos das mulheres, tendo determinado a legalização do aborto nos Estados Unidos, desde que em casos de incesto ou estupro.

20. (FGV/TJ/SC/Cartórios/Ingresso/2021) Em meados de 2019, a tensão entre os Estados Unidos e o Irã ganhou um novo capítulo com a explosão de dois petroleiros – um japonês e outro norueguês – no Estreito de Ormuz, passagem entre o

Golfo Pérsico e o Golfo de Omã. Os Estados Unidos atribuíram os ataques aos iranianos, que negaram a autoria. O incidente, no entanto, aumentou o temor de um possível fechamento desse estreito, principal rota de transporte de petróleo em todo o mundo. A passagem marítima entre Omã e Irã tem apenas 30 quilômetros de largura em seu ponto mais afunilado, mas é de grande importância estratégica. Adaptado de https:/exame.com/revista-exame/o-estreito-de-bilhoes-de-dolares/ (25/06/2019). A respeito do valor estratégico do Estreito de Ormuz para a economia e a geopolítica globais, analise as afirmativas a seguir e assinale V para a(s) verdadeira(s) e F para a(s) falsa(s).

I. O estreito conecta os principais produtores de petróleo do Oriente Médio aos mercados europeu, americano e asiático, incluindo a Índia, a China, o Japão e a Coreia do Sul.
II. O Irã se considera o guardião do Golfo e recusa a presença de forças estrangeiras na região, sobretudo a frota norte-americana estacionada no Bahrein.
III. Um bloqueio do estreito pode prejudicar o escoamento do gás natural liquefeito do Catar, grande produtor mundial, com impactos no mercado de energia e na segurança regional.

A sequência correta é:

a) V, V, F.
b) V, F, V.
c) F, V, V.
d) F, V, F.
e) V, V, V.

21. (Ieses/TJ/RO/Cartórios/Ingresso/2021) É certo afirmar:

I. A tragédia de Brumadinho, com o rompimento da barragem pertencente à mineradora do estado de Minas Gerais, além de ceifar a vida de mais de 100 (cem) pessoas, ocasionou um dos maiores desastres ambientais da história do Brasil.
II. George Floyd, um norte-americano, faleceu após um policial imobilizá-lo com o joelho em seu pescoço. A morte de Floyd causou revolta e levou manifestantes às ruas em mais de 75 cidades dos Estados Unidos, protestos que clamavam pelo fim da violência policial contra pessoas negras. As manifestações deram força ao movimento "Black lives matter" ("vidas negras importam", em tradução livre), que se espalhou pelo mundo todo.
III. João Gilberto, pai da Bossa Nova, tornou-se durante o isolamento social causado pela pandemia do Coronavírus, um dos mais influentes artistas nacionais ao se utilizar das plataformas sociais para divulgar os seus antigos e recentes trabalhos.
IV. Por determinação do Superior Tribunal de Justiça (STJ), o governador do Rio, Wilson Witzel, foi afastado do cargo por suspeita de participação em esquema de corrupção, por supostos desvios nos contratos emergenciais para a Covid-19: em uma das operações suspeitas, havia a contratação de empresas investigadas que deveriam construir hospitais de campanha.

Analisando as proposições, pode-se afirmar:

a) Somente as proposições II e IV estão corretas.
b) Somente as proposições III e IV estão corretas.
c) Somente as proposições I e III estão corretas.
d) Somente as proposições I e II estão corretas.

22. (Ieses/TJ/RO/Cartórios/Ingresso/2021) É certo afirmar:

I. A Organização Mundial de Saúde (OMS) emitiu o primeiro alerta sobre a doença (Coronavírus) em dezembro de 2019, depois que autoridades chinesas notificaram casos de uma misteriosa pneumonia na cidade de Wuran. No mesmo mês, diante da constatação de casos de contaminações em 20 (vinte) países, a OMS emitiu um novo alerta, dessa vez de emergência de saúde internacional.
II. Após 3 (três) décadas no Supremo Tribunal Federal (STF), o juiz decano Marco Aurélio Mello se despediu da corte em razão da sua aposentadoria ao atingir a idade limite do serviço público, de setenta e cinco anos.
III. A Covid-19 está entre as doenças mais fatais da história num curto espaço de tempo, podendo ser comparada à varíola, à Peste Negra e à gripe espanhola.
IV. Ricardo Boechat, conhecido jornalista brasileiro, foi vitimado por uma queda de helicóptero devido ao mau tempo enfrentado na cidade do Rio de Janeiro, RJ.

Analisando as proposições, pode-se afirmar:

a) Somente as proposições II e III estão corretas.
b) Somente as proposições I e III estão corretas.
c) Somente as proposições I e IV estão corretas.
d) Somente as proposições II e IV estão corretas.

23. (Ieses/TJ/RO/Cartórios/Ingresso/2021) É certo afirmar:

I. O britânico Stephen Hawking foi laureado pelo prêmio Nobel de Física no ano de 2019 mediante a sua contribuição às teorias que revolucionaram os estudos sobre o cosmo e as leis do universo.
II. No ano de 2020, debaixo de uma tempestade na capital, Macapá, uma explosão seguida de incêndio comprometeu os três transformadores na mais importante subestação do estado. Em razão, o Tribunal Superior Eleitoral (TSE) autorizou que as eleições no Macapá fossem adiadas.
III. Joe Biden ao vencer a eleição presidencial dos Estados Unidos pelo partido republicano, tornou-se a nova voz mundial de centro-esquerda, com uma pauta progressista para uns e conservadora para outros.
IV. Ao ser canonizada pelo papa Francisco, a religiosa conhecida como Irmã Dulce se tornou a primeira brasileira a ser declarada santa pela Igreja Católica.

Analisando as proposições, pode-se afirmar:

a) Somente as proposições I e III estão corretas.
b) Somente as proposições II e IV estão corretas.
c) Somente as proposições II e III estão corretas.
d) Somente as proposições I e IV estão corretas.

24. (Ieses/TJ/RO/Cartórios/Ingresso/2021) É certo afirmar:

I. Um ataque a faca em outubro de 2020 deixou três mortos na Basílica de Notre-Dame em Nice, no sul da França. Uma das vítimas era brasileira. Após o acontecido, o presidente francês, Emmanuel Macron, falou em uma coletiva de imprensa e classificou o ataque como "terrorismo".
II. O Governo Federal enviou ao Congresso Nacional o Projeto de Lei Orçamentária Anual para 2022, atendendo a todas as demandas sugeridas pelo presidente Jair Bolsonaro, dentre elas a versão turbinada do Bolsa Família.
III. Estudo mundial constatou o aumento explosivo de sintomas de ansiedade e depressão entre crianças e adolescentes, resultado direto dos efeitos perversos da pandemia causada pela Covid-19.
IV. O início de 2020 foi o marco da ruptura definitiva do Reino Unido com a União Europeia, mais de oito anos após os britânicos votarem pelo Brexit. O país já deixara o bloco em janeiro de 2019, mas somente em 2020 chegou ao fim do período de transição, marcando a saída britânica do mercado comum e da união aduaneira.

Analisando as proposições, pode-se afirmar:

a) Somente as proposições I e III estão corretas.
b) Somente as proposições II e III estão corretas.
c) Somente as proposições II e IV estão corretas.
d) Somente as proposições I e IV estão corretas.

25. (Ieses/TJ/RO/Cartórios/Remoção/2021) Em Janeiro de 2019 a barragem de rejeitos de Córrego do Feijão, em Brumadinho (MG), pertencente à mineradora Vale, se rompeu e cerca de 14 milhões de toneladas de lama e rejeitos de minério de ferro percorreram aproximadamente oito quilômetros em poucos dias, poluindo severamente o rio:

a) Paraopeba.
b) Peruaçu.
c) Paraíba do Sul.
d) Piracicaba.

26. (Ieses/TJ/RO/Cartórios/Remoção/2021) Uma explosão no porto de Beirute em 2020, criou uma cratera de 43 metros de profundidade, devastou bairros inteiros, deixando mais de 300.000 pessoas desabrigadas e causando mais de 150 mortes e 6.000 feridos, além de dezenas de desaparecidos. O evento ocorreu em um depósito que armazenava:

a) Nitrato de amônio.
b) Nitrito de potássio.
c) Nitrato de chumbo.
d) Óxido nitroso.

27. (Vunesp/TJ/GO/Cartórios/Ingresso/2021) Em 5 de novembro de 2020, tomou posse como ministro do Supremo Tribunal Federal (STF)

a) Celso de Mello.
b) Ricardo Lewandowski.
c) Maria Thereza de Assis Moura.
d) Kassio Nunes Marques.

28. (Vunesp/TJ/GO/Cartórios/Remoção/2021) O governo brasileiro reconheceu a vitória de Pedro Castillo nesta terça-feira, 20 de julho. Por meio de nota, o Ministério das Relações Exteriores cumprimentou o presidente eleito. Castillo foi declarado vencedor nesta segunda-feira, 19 de julho. As eleições presidenciais no país aconteceram em 6 de junho, mas ações judiciais e pedidos de impugnação atrasaram anúncio do novo presidente. (https:/bityli.com/gyJSm. Acesso em: 23.08.2021. Adaptado). A notícia, publicada em 21 de julho deste ano, trata:

a) do Peru.
b) da Argentina.
c) da Bolívia.
d) do Chile.

29. (Vunesp/TJ/RS/Cartórios/Ingresso/2019) A paquistanesa Malala Yousafzai, premiada em 2014 com o Prêmio Nobel da Paz, anunciou hoje (10.7.2018) que três brasileiras passam a integrar a Rede Gulmakai, uma iniciativa do Fundo Malala que apoia ativistas da área de (Internet)

a) saúde.
b) meio ambiente.
c) educação.
d) liberdade de expressão.
e) direitos da criança.

30. (Cespe/TJ/DFT/Cartórios/Ingresso/2019) Os tamanhos das bancadas dos partidos na Câmara dos Deputados e no Senado Federal já não são os mesmos se comparados ao que se viu após o resultado das eleições de outubro de 2018 no Brasil. Motivadas por decisões judiciais ou por trocas partidárias, as alterações já foram suficientes para aumentar ou reduzir a relevância de algumas das legendas no ano legislativo iniciado em fevereiro de 2019. A composição das bancadas no Congresso Nacional é relevante não só para os partidos, mas também para o governo federal. (Internet). As primeiras alterações nas bancadas dos partidos implicaram uma configuração partidária caracterizada por disputa pela maioria na Câmara dos Deputados entre os partidos:

a) PT e MDB.
b) PSDB e PSL.
c) PT e PSL.
d) PSL e PDT.
e) PSDB e MDB.

31. (Ieses/TJ/SC/Cartórios/Ingresso/2019) Assinale a resposta correta:

a) Numa escola de ensino fundamental, constatou-se que o lanche de uma das crianças ("A") que cursam o 1 º ano sumiu. Considere ter-se certeza de que o lanche de "A" foi comido por outra criança que estava ali naquele momento. Havia apenas 5 crianças ("B", "C", "D", "E" e "F") na sala onde o lanche de "A" desapareceu. Portanto, tem-se certeza de que uma das 5 crianças mencionadas comeu o lanche de "A". O Diretor da escola pergunta aos 5 meninos sobre quem havia comido o lanche de "A". "B" afirmou não ter comido o lanche. "C" disse que "D" foi quem comeu o lanche. "D" disse que "E" foi quem comeu o lanche. "E" afirmou que "B" disse a verdade. Finalmente, "F" alega que "C" mentiu. Considerando que apenas uma das 5 crianças mentiu e que todas as demais falaram a verdade, pode-se concluir que a criança que comeu o lanche de "A" foi "B".
b) Nas hipóteses de grave violação de direitos humanos, o Procurador-Geral da República, com a finalidade de assegurar o cumprimento de obrigações decorrentes de tratados internacionais de direitos humanos dos quais o Brasil seja parte, poderá suscitar, perante o Superior Tribunal de Justiça, em qualquer fase do inquérito ou processo, incidente de deslocamento de competência para a Justiça Federal.
c) O Brasil é o 3º (terceiro) maior país do mundo em extensão territorial, figurando na 4ª (quarta) posição dentre os países com maior população no planeta.
d) O PCMSO – Programa de Controle Médico de Saúde Ocupacional – deverá obedecer a um planejamento em que estejam previstas as ações de saúde a serem executadas durante o ano, devendo estas ações ser objeto de relatório anual, dispensado somente nos casos em que a empresa possua menos de 50 (cinquenta) empregados.

32. (Ieses/TJ/SC/Cartórios/Ingresso/2019) Assinale a resposta correta:

a) A Agência Brasileira de Promoção de Exportações e Investimentos – Apex-Brasil – atua para promover os produtos e serviços brasileiros no exterior e atrair investimentos estrangeiros para setores estratégicos da economia brasileira, estando hoje subordinada direta e exclusivamente ao gabinete do Ministro da Economia.
b) A República Federativa do Brasil rege-se, nas suas relações internacionais, dentre outros, pelo princípio da prevalência dos direitos fundamentais da pessoa humana, assim entendidos aqueles estabelecidos em documentos internacionais. Por esta razão fixou-se, através de emenda constitucional, que os tratados e convenções internacionais sobre direitos fundamentais da pessoa humana que forem aprovados, em cada Casa do Congresso Nacional, em dois turnos, por três quintos dos votos dos respectivos membros, serão equivalentes às emendas constitucionais.
c) A Convenção Americana sobre Direitos do Homem dispõe, em seu artigo 7º, item 5, que "toda pessoa presa, detida ou retida deve ser conduzida, sem demora, à presença de um juiz". Portanto, por possuírem – os tratados internacionais sobre direitos humanos – status jurídico supralegal no ordenamento

jurídico brasileiro, legitimada se encontra a denominada "audiência de custódia".

d) "As armas e os Barões assinalados/ Que da Ocidental praia Lusitana/ Por mares nunca de antes navegados/ Passaram ainda além da Taprobana,/ Em perigos e guerras esforçados/ Mais do que prometia a força humana,/ E entre gente remota edificaram Novo Reino, que tanto sublimaram". Este trecho foi extraído da conhecida obra "A cidade e as serras", do consagrado escritor e diplomata português Eça de Queiroz.

33. (Ieses/TJ/SC/Cartórios/Ingresso/2019) Assinale a resposta correta:

a) O PPRA – Programa de Prevenção de Riscos Ambientais – deverá incluir as seguintes etapas, nesta ordem: 1) estabelecimento de prioridades e metas de avaliação e controle; 2) antecipação e definição dos riscos; 3) monitoramento da exposição aos riscos; 4) implantação de medidas de controle e contraprova dessas medidas em caso de discordância entre o laudo oficial e o contratado pela empresa; 5) avaliação dos riscos e da exposição do projeto e do empreendimento como um todo; 6) registro e divulgação dos dados, exceto os sigilosos definidos pelo Ministério do Meio Ambiente; 7) projeto de interdição e contingência, em casos de grave risco à saúde humana e ao ambiente, especialmente em se tratando de instalações nucleares.

b) O próximo número da sequência lógica "0, 4, 16, 36, 64, 100" é "128".

c) O euro é o símbolo mais concreto da integração europeia: cerca de 341 milhões de pessoas usam-no todos os dias, o que o torna a segunda moeda mais utilizada em todo o mundo. Bulgária, Croácia, República Checa, Hungria, Polônia, Romênia e Suécia não adotaram a moeda única, mas aderirão à zona euro assim que reunirem as condições necessárias. Dinamarca e Reino Unido, de seu lado, optaram por não adotar o euro e manter a sua moeda nacional.

d) Restou definido pelo Instituto Nacional de Tecnologia da Informação que o certificado digital deve ser tratado como um serviço (intangível, pois eletrônico), e não como um produto.

34. (Vunesp/TJ/RS/Cartórios/Remoção/2019) "O plenário da Câmara dos Deputados aprovou por maioria simples a suspensão dos efeitos do decreto do vice-presidente, Hamilton Mourão, assinado no dia 24 de janeiro (2019), que alterava as regras da Lei de Acesso à Informação (nº 12.527/2011)." (Internet). De acordo com o Decreto suspenso:

a) todos os recursos contra negativa de acesso deveriam ser encaminhados à CGU.

b) seria permitido a assessores classificarem dados do governo como secretos ou ultrassecretos.

c) somente os brasileiros natos poderiam solicitar informações sobre temas classificados de secretos e ultrassecretos.

d) os documentos classificados de "Reservado" deixariam de ser confidenciais.

e) as informações de interesse público deveriam ser divulgadas mediante solicitação do interessado.

35. (Vunesp/TJ/RS/Cartórios/Remoção/2019) Em maio de 2018, os Estados Unidos fizeram a mudança de sua embaixada em Israel, que estava sediada em Tel Aviv, para outra cidade. Os palestinos promoveram protestos porque consideram a parte oriental da cidade da nova embaixada americana como capital do futuro Estado Palestino, contrariando a visão israelense que a tem como capital eterna e indivisível. O Brasil também cogita seguir o exemplo americano e mudar a sua embaixada para:

a) Jerusalém, Yerushaláyim em árabe, é uma das cidades mais antigas do mundo.

b) Hebron, que, segundo a tradição judaica, abriga o túmulo dos patriarcas Abraão, Isaac e Jacó.

c) Haifa, o maior porto israelense e terceira maior cidade do país.

d) Acre, que foi tombada como patrimônio histórico pela Unesco.

e) Cesareia, construída no século III antes de Cristo por Herodes, fica entre Tel Aviv e Haifa.

36. (Ieses/TJ/CE/Cartórios/Ingresso/2018) A crise humanitária envolvendo o povo Rohingya, considerada por muitos como a de maior gravidade hoje no planeta, recentemente foi denunciada pela ONU como uma "limpeza étnica", tendo o Alto Comissariado para os Direitos Humanos utilizado o termo "genocídio" para qualificá-la. Sobre essa crise, é correto afirmar:

a) o povo Rohingya, uma minoria católica dentro do Estado de Mianmar, vem sendo massacrado pelo exército daquele país. Tal situação provocou, inclusive, um encontro do Papa Francisco com a ativista birmanesa, a nobel da paz, Augn San Suu Kyi.

b) a presidente Augn San Suu Kyi, renomada ativista pela democracia em Mianmar, Nobel da paz em 1991, vem sendo alvo de várias críticas lançadas inclusive por outros agraciados pelo prêmio Nobel da paz, entre os quais o arcebispo sul-africano Desmond Tutu e a ativista paquistanesa Malala Yousafzai, diante da inação do seu governo frente à "limpeza étnica e os crimes contra a humanidade" sofridos pelos Rohingyas.

c) desde o início da nova onda de repressão ao povo Rohingya, em meados de 2017, a ONU calcula que ao menos 655 mil Rohingya tenham buscado refúgio no Laos, país vizinho.

d) os Rohingyas, povo muçulmano, diferem da maioria budista em sua cultura e religião. Habitam predominantemente o Estado de Rakhine, em Mianmar, antiga Birmânia. Porém, não são reconhecidos pelo governo como cidadãos nem, tampouco, como um dos mais de cem grupos étnicos que compõem o país.

37. (Ieses/TJ/CE/Cartórios/Ingresso/2018) A Cúpula das Américas, criada pelo ex-presidente Bill Clinton em 1994, reúne os chefes de Estado do continente americano e tem como principais objetivos o debate sobre os desafios mais urgentes dos países participantes, fixando uma agenda comum. Sobre esse evento é correto afirmar:

a) a renúncia do presidente peruano, Pedro Pablo Kuczynski, cujas notícias de envolvimento em escândalos de corrupção foram divulgadas há apenas alguns dias do início da reunião, não tirou o brilho e importância do evento, que contou com a presença e participação do presidente norte-americano, Donald Trump.

b) o presidente Michel Temer preferiu não comparecer ao encontro, em função da atual crise política brasileira.

c) a VIII Cúpula das Américas, ocorrida em Lima, Peru, em abril de 2018, adotou como tema principal a "governabilidade democrática frente à corrupção".

d) apesar de ter sido "desconvidado" pelo atual presidente peruano, Martín Vizcarra, o presidente venezuelano, Nicolás Maduro, fez questão de comparecer ao encontro.

38. (Ieses/TJ/CE/Cartórios/Remoção/2018) Um caminhão invadiu uma feira de Natal na segunda-feira, dia 19/12/2016, em Berlim, na Alemanha. Segundo o balanço da polícia, 12 pessoas morreram e 48 ficaram seriamente feridos. O episódio foi tratado como atentado terrorista. A atual chanceler alemã é:

a) Michelle Bachelet.

b) Theresa Mary May.

c) Erna Solberg.
d) Angela Merkel.

39. (Ieses/TJ/CE/Cartórios/Remoção/2018) O fenômeno, criado a partir de 2017, para descrever o ato das pessoas trazem a público acusações de abuso sexual perpetrados por homens famosos ou poderosos ficou conhecido mundialmente como:

a) Weinstein Effect (efeito Weinstein).
b) Oscar Effect (efeito Oscar).
c) Lost-and-found (achados e perdidos).
d) Hollywood Effect (efeito Hollywood).

40. (Ieses/TJ/CE/Cartórios/Remoção/2018) No ano de 2017, morreu aos 68 anos de idade, o ministro do STF (Supremo Tribunal Federal) Teori Zavascki, a época relator da Operação Lava Jato, após a queda de uma aeronave. O acidente fatal ocorreu em:

a) Búzios, litoral do Rio de Janeiro.
b) Porto de Galinhas, litoral de Pernambuco.
c) Paraty, litoral do Rio de Janeiro.
d) Angra dos Reis, litoral do Rio de Janeiro.

41. (Ieses/TJ/AM/Cartórios/Ingresso/2018) É certo afirmar:

I. no ano de 2017, com a instabilidade na Síria e em outros países de maioria muçulmana, iniciou-se a imigração de sírios e curdos na pior crise de refugiados desde a II Guerra Mundial.
II. vitorioso nas eleições presidenciais norte-americanas, Donald Trump desafia a ordem globalizada com um discurso contra o livre-comércio, a cooperação entre nações e os imigrantes.
III. antes da vitória de Donald Trump nas eleições presidenciais norte-americanas, os alicerces da globalização já haviam sofrido os primeiros abalos na Europa. Em plebiscito realizado em junho de 2016, os britânicos votaram pela saída do Reino Unido da União Europeia (EU), o maior e mais importante bloco econômico do planeta.
IV. uma das primeiras ações de Donald Trump como presidente norte-americano foi a assinatura de um decreto que retirou o país do Tratado Norte-Americano de Livre Comércio (NAFTA, na sigla em inglês).

Analisando as proposições, pode-se afirmar:

a) somente as proposições I e IV estão corretas.
b) somente as proposições II e IV estão corretas.
c) somente as proposições I e III estão corretas.
d) somente as proposições II e III estão corretas.

42. (Ieses/TJ/AM/Cartórios/Ingresso/2018) É certo afirmar:

I. com o falecimento de Fidel Castro em 25 de novembro de 2016, sucedeu-lhe no governo de Cuba o seu irmão Raúl Castro, adotando o regime algumas reformas de perfil liberalizante, flexibilizando o comunismo que há mais de cinco décadas vigora no país.
II. a Rússia, o Irã e a milícia libanesa Hezbollah são os principais aliados do governo comandado por Bashar al-Assad na guerra civil que assola a Síria.
III. em 2017 completou-se trinta anos do processo que culminou como o fim do apartheid na África do Norte, a política segregacionista que restringiu direitos sociais, políticos e econômicos dos negros e que vigorou por quarenta e quatro anos no país.
IV. a Venezuela enfrenta a pior crise econômica de sua história, com inflação galopante, recessão e aumento da pobreza. Faltam itens básicos nos supermercados, como alimentos, produtos de higiene e remédios. A dependência do petróleo e o controle do Estado sobre os preços e o câmbio são algumas das razões da crise.

Analisando as proposições, pode-se afirmar:

a) somente as proposições I e II estão corretas.
b) somente as proposições II e IV estão corretas.
c) somente as proposições I e III estão corretas.
d) somente as proposições III e IV estão corretas.

43. (Ieses/TJ/AM/Cartórios/Ingresso/2018) É certo afirmar:

I. o Conselho de Segurança da ONU é composto de cinco membros permanentes e dez rotativos, com mandato de dois anos. Os países atuais para o biênio 2017/2018 são Japão, Egito, Senegal, Brasil e Ucrânia.
II. a delação premiada, difundida através da Operação Lava Jato, é uma técnica de investigação consistente na oferta de benefícios pelo Estado àquele que confessar e prestar informações úteis ao esclarecimento do fato delituoso. Um desses benefícios pode ser a redução da pena.
III. desde que alçado à presidência após o impeachment de Dilma Rousseff, Michel Temer tenta implementar um pacote de reformas em meio a pressões econômicas e escândalos políticos, alcançando sucesso na reforma trabalhista e previdenciária.
IV. nos primeiros nove meses de governo, Michel Temer perdeu seis ministros envolvidos em escândalos políticos.

Analisando as proposições, pode-se afirmar:

a) somente as proposições I e IV estão corretas.
b) somente as proposições I e III estão corretas.
c) somente as proposições II e IV estão corretas.
d) somente as proposições II e III estão corretas.

44. (Ieses/TJ/AM/Cartórios/Ingresso/2018) É certo afirmar:

I. a crise na Petrobras levou a criação de uma lei que retirou da empresa e exclusividade de explorar o petróleo do pré-sal e levantou discussões sobre a perda da soberania nacional no setor.
II. propiciada pelo desenvolvimento tecnológico, a economia colaborativa tem revolucionado a forma de consumo, mas, por ser insipiente ela ainda não afetou setores tradicionais e as relações de trabalho.
III. ainda que o agronegócio tenha apresentado retração em 2016, ele é um dos motores da economia do Brasil, tendo batido recorde na safra de grãos no ano de 2017 ajudando a diminuir a inflação.
IV. a grande razão da superlotação dos presídios no Brasil é a eficiência do seu sistema jurídico condenatório que se vê desacompanhado do sistema executivo em criar novas vagas para os presos assim condenados.

Analisando as proposições, pode-se afirmar:

a) somente as proposições II e III estão corretas.
b) somente as proposições I e IV estão corretas.
c) somente as proposições I e III estão corretas.
d) somente as proposições II e IV estão corretas.

45. (Ieses/TJ/AM/Cartórios/Remoção/2018) Em março de 2017, a Polícia Federal deflagrou sua maior operação da história – ao todo, foram expedidos 27 mandados judiciais de prisão preventiva, 11 de prisão temporária, 77 de condução coercitiva e 194 de busca e apreensão. Além disso, o Ministério da Agricultura afastou 33 fiscais de suas atividades. O alvo foram 21 frigoríficos suspeitos de burlar normas de segurança alimentar, inclusive alguns das maiores empresas de carne do país, como BRF. Isso fez com que vários países suspendessem temporariamente a importação de carne brasileira. O nome dado a essa megaoperação foi:

a) Carne Fraca.
b) Carne Presa.
c) Navalha na Carne.
d) Frio Boi.

46. (Ieses/TJ/AM/Cartórios/Remoção/2018) Os primeiros dias de 2016 foram tumultuados para Joaquim Guzmán Loera, conhecido como "El Chapo". Após diversas fugas da prisão, o traficante mais procurado do século XXI e líder do cartel de Sinaloa foi preso pela terceira vez em 8 de janeiro, na cidade de:

a) Puerto Nariño na Colômbia.
b) Los Mochis, no México.
c) Los Angeles, nos EUA.
d) Belford Roxo, no Brasil.

47. (Consulplan/TJ/MG/Cartórios/Remoção/2017) A denominada "Operação Lava Jato" trata, segundo o Ministério Público Federal, do maior caso de corrupção e lavagem de dinheiro já apurado no Brasil, envolvendo um grande número de políticos, empreiteiros e empresas, como a Petrobras, a Odebrecht, entre outras. O nome do magistrado encarregado do julgamento em primeira instância, dos crimes apurados na mencionada operação é:

a) Sérgio Moro.
b) Rodrigo Janot.
c) Odilon de Oliveira.
d) Gilmar Mendes.

48. (Consulplan/TJ/MG/Cartórios/Ingresso/2017) As cenas da morte do ditador Muammar Kadafi chocaram o mundo, se tornando um dos principais assuntos nas redes sociais na época. Estimulada pela Primavera Árabe, a população foi às ruas iniciando um combate contra Kadafi, ao mesmo tempo em que o ditador usava a violência para calar a voz do próprio povo. Assinale a alternativa que corresponde ao nome do país então governado pelo ditador Kadafi:

a) Líbia.
b) Tunísia.
c) Iêmen.
d) Chipre.

49. (Consulplan/TJ/MG/Cartórios/Remoção/2017) Acerca das atualidades mundiais, assinale a alternativa correta:

a) no início do ano de 2016, a Coreia do Norte realizou um teste com um míssil balístico de médio alcance que chegou a atingir uma ilha do extremo norte das Filipinas.
b) após o falecimento de Fidel Castro, seu irmão, Raúl Castro, assumiu pela primeira vez o cargo de Presidente do Conselho de Estado, posto mais alto no país.
c) os vazamentos de documentos confidenciais do escritório de advocacia Mossack Fonseca revelaram dados que afetaram diversos países do mundo e dezenas de ex-chefes de Estado, estes documentos ficaram conhecidos como Panama Papers.
d) no conflito Sírio, a Rússia manifestou-se abertamente a favor do Presidente Bashar Al Assad dando-lhe suporte financeiro e logístico, mas não enviou tropas ou armamentos ao país árabe.

50. (Ieses/TJ/RO/Cartórios/Ingresso/2017) Nas últimas eleições presidenciais na França, foi eleito um candidato dito "centrista", estamos falando de:

a) Emmanuel Macron.
b) François Hollande.
c) François Mitterrand.
d) Nicolas Sarkozy.

51. (Ieses/TJ/RO/Cartórios/Ingresso/2017) Em agosto de 2014, morre de acidente aéreo um político que estava pleiteando a vaga de Presidente da República no Brasil. Estamos falando de:

a) Aécio Neves.
b) Eduardo Campos.
c) Ulisses Guimarães.
d) Tancredo Neves.

52. (Ieses/TJ/RO/Cartórios/Remoção/2017) O(A) atual Presidente(a) do Supremo Tribunal Federal é o(a) Ministro(a):

a) Rosa Weber.
b) Gilmar Mendes.
c) Dias Toffoli.
d) Cármen Lúcia.

53. (Ieses/TJ/RO/Cartórios/Remoção/2017) Se for seguido o atual rito legal, as próximas eleições para Presidência da República serão realizadas no ano de:

a) 2020
b) 2019
c) 2018
d) 2017

54. (Ieses/TJ/RO/Cartórios/Remoção/2017) Foi escolhido como relator na Comissão de Constituição e Justiça (CCJ) da denúncia contra o presidente da República, Michel Temer, o Deputado:

a) Rodrigo Janot.
b) Rodrigo Pacheco.
c) Sergio Zveiter.
d) Rodrigo Maia.

55. (Ieses/TJ/RO/Cartórios/Ingresso/2017) Assinale a alternativa que apresenta o nome da maior investigação de corrupção e lavagem de dinheiro que o Brasil já teve. A investigação trata dos recursos desviados dos cofres da Petrobras, maior estatal do país:

a) Operação Carne Fraca.
b) Operação Óleo Sujo.
c) Operação Moeda Verde.
d) Operação Lava Jato.

56. (Consulplan/TJ/MG/Cartórios/Ingresso/2017) Acerca das atualidades mundiais, assinale a alternativa correta:

a) a península da Crimeia é atualmente disputada pela Rússia e Bielo-Rússia.
b) a Coreia do Sul, recentemente, envolveu-se em vultosos episódios de corrupção, inclusive envolvendo a Presidente Park Geun-hye.
c) a disputa eleitoral pela presidência dos Estados Unidos ganhou a atenção mundial, especialmente após a vitória do democrata Donald Trump.
d) após referendo popular ter indicado o desejo da maioria dos cidadãos britânicos se retirarem da zona do euro, o Reino Unido voltará a adotar moeda própria.

3. ECONOMIA

QUESTÕES OBJETIVAS

57. (Ieses/TJ/TO/Cartórios/Ingresso/2022) É certo afirmar:

I. Depois de a Alemanha, quarta maior economia do mundo, registrar déficit na balança comercial em maio de 2022 (o que não acontecia havia três décadas), o Japão, terceira maior economia do planeta, registrou déficit na balança comercial, demonstrando que também anda patinando na relação entre exportações e importações.

II. A Lei de Cotas, que reserva vagas de graduação em instituições federais de educação superior para pretos, pardos, indígenas e deficientes, completou no ano de 2022 duas décadas de existência, ajudando a reduzir o abismo entre ricos e pobres, entre pretos e brancos, entre maiorias e minorias nos espaços acadêmicos.

III. Um movimento quase silencioso está preocupando agentes que se dedicam à proteção do Pantanal sul-mato-grossense: está crescendo a compra de terras na planície do bioma por sojicultores. Há receio de que o cultivo da oleaginosa na região possa ser nefasto para um dos biomas mais preservados do mundo.

IV. Com o encarecimento da eletricidade e o risco climático, o abastecimento fotovoltaico virou um investimento estratégico para consumidores e empresas. Essa modalidade atingiu a primeira posição na matriz energética no Brasil.

Analisando as proposições, pode-se afirmar:

a) Somente as proposições I e IV estão corretas.
b) Somente as proposições II e IV estão corretas.
c) Somente as proposições I e III estão corretas.
d) Somente as proposições II e III estão corretas.

58. (Ieses/TJ/TO/Cartórios/Ingresso/2022) Analise os itens abaixo e assinale a alternativa correta.

I. Com o acordo entre Brasil e a Argentina para reduzir em 10% a Tarifa Externa Comum (TEC), do Mercosul, um produto que pague 12% para entrar em algum país integrante do Bloco Econômico passará a pagar 10%.

II. O Brasil mantém relações diplomáticas com Taiwan, com intensa troca econômico-comercial, destacando-se as exportações de soja, milho não moído, minério de cobre, ferro e celulose.

III. Dentre os 10 países com maiores participações nas exportações brasileiras, em 2021, está a Coreia do Sul.

IV. No dia 1º de janeiro de 2022, o Brasil assumiu um dos dez assentos rotativos do Conselho de Segurança da Organização das Nações Unidas (ONU), participando de todas as votações, sem poder de veto, podendo, inclusive, fazer campanha para incluir temas que considere importantes na pauta de discussões.

a) Apenas os itens II e IV estão corretos.
b) Apenas os itens I e III estão corretos.
c) Apenas os itens I e II estão corretos.
d) Apenas os itens III e IV estão corretos.

59. (Ieses/TJ/TO/Cartórios/Ingresso/2022) Analise os itens abaixo e assinale a alternativa correta.

I. Desenvolvimento sustentável é a capacidade de atender às necessidades do presente sem comprometer a habilidade das gerações futuras de suprir suas próprias necessidades.

II. A crise sanitária causada pela pandemia da covid-19 desacelerou o cultivo de commodities no Brasil.

III. Insegurança alimentar diz respeito à falta de acesso físico, econômico e social do indivíduo a alimentos saudáveis e de qualidade para fazer todas as refeições necessárias.

IV. Na busca de eficiência energética nas indústrias, com o objetivo de atender às preocupações da agenda global de sustentabilidade, os motores elétricos, que apresentam o cobre como matéria prima, devem ser substituídos por máquinas de maior eficiência, na medida em que o metal contribuiu para o aumento das emissões de CO^2.

a) Apenas os itens III e IV estão corretos.
b) Apenas os itens I e II estão corretos.
c) Apenas os itens II e IV estão corretos.
d) Apenas os itens I e III estão corretos.

60. (Ieses/TJ/RO/Cartórios/Ingresso/2021) É certo afirmar:

I. Em 2021 foi apresentada a primeira foto real de um buraco negro pelo professor João Steiner, realizada através do Event Horizon Telescope, constituindo-se em uma imagem histórica para a ciência.

II. A economia circular é um modo de produção em que nada se desperdiça e tudo se transforma. Ela parte da premissa de que é necessário reduzir, reutilizar, recuperar e reciclar materiais e energias. Além do impacto ambiental e social, especialistas indicam que o modelo é capaz de incrementar a economia brasileira nas próximas décadas, sendo que o seu interesse cresceu na pandemia causada pelo Coronavírus.

III. A escassez geral de produtos e de mão de obra resultante da pandemia causada pelo Coronavírus, somada aos efeitos Brexit, são as explicações apresentadas ao esvazio de prateleiras nos supermercados britânicos.

IV. As justificativas para uma das piores participações do Brasil nas Paralimpíadas são muitas, mas, a recorrente, é de que na edição de Tóquio faltou tempo para os atletas treinarem em virtude da pandemia e da sua incerta realização.

Analisando as proposições, pode-se afirmar:

a) Somente as proposições I e III estão corretas.
b) Somente as proposições I e IV estão corretas.
c) Somente as proposições II e IV estão corretas.
d) Somente as proposições II e III estão corretas.

61. (Ieses/TJ/RO/Cartórios/Remoção/2017) Tendo por base os produtos internos brutos de 2016 em dólares, a maior economia do mundo é a:

a) da China.
b) da Alemanha.
c) dos Estados Unidos da América.
d) do Brasil.

4. GEOGRAFIA

QUESTÕES OBJETIVAS

62. (Vunesp/TJ/GO/Cartórios/Remoção/2021) A Pesquisa Nacional por Amostra de Domicílios (PNAD) revela que, no Brasil, cerca de 85% da população vive em áreas urbanas. Caracteriza(m) um fator que contribui para esse predomínio:

a) a mecanização da produção agrícola, que reduziu a oferta de trabalho no campo.
b) o elevado uso de agrotóxicos, que estimulou a busca de qualidade de vida nas cidades.
c) a estagnação do agronegócio como motor para a produção no campo.
d) as políticas públicas municipais para atrair mão de obra qualificada.

63. (Cespe/TJ/DFT/Cartórios/Remoção/2019) A respeito das imigrações internacionais, julgue os itens a seguir.

I. A imigração internacional resulta da insatisfação econômica e é também consequência de situações de conflito civil.

II. Muitas das restrições impostas à imigração resultam do receio do impacto cultural que o recebimento de estrangeiros pode provocar em determinadas culturas, além dos possíveis impactos econômicos e sociais.

III. Por ser uma questão humanitária, a imigração internacional é tratada no âmbito dos direitos humanos sem gerar grandes controvérsias na política internacional.

IV. Apesar de não adotar políticas restritivas, o Brasil não é um país de interesse para os imigrantes, sendo os maiores fluxos de imigrantes destinados aos países europeus.

Estão certos apenas os itens:

a) I e II.
b) I e III.
c) III e IV.
d) I, II e IV.
e) II, III e IV.

64. (Vunesp/TJ/AL/Cartórios/Ingresso/2019) A Amazônia Legal brasileira compõe-se dos seguintes estados:

a) Acre, Amapá, Amazonas. Rondônia, Roraima e de parte do Estado de Minas Gerais.
b) Acre, Amapá, Amazonas, Mato Grosso, Pará Rondônia, Roraima e Tocantins e de parte do estado do Maranhão.
c) Acre, Amapá. Amazonas, Rondônia, Roraima e de parte de Iquitos.
d) Amazonas, Roraima. Amapá e Arquipélago de Fernando de Noronha.

65. (Ieses/TJ/CE/Cartórios/Ingresso/2018) A União Europeia é uma união econômica e política que conta atualmente com 28 Estados-membros, entre eles Alemanha, França e o Reino Unido. A respeito da União Europeia e o que se convencionou chamar de "Brexit", é correto afirmar:

a) em junho de 2016, por meio de uma consulta popular, o povo Europeu aprovou o que se denomina "Brexit", ou seja, a divisão da União Europeia em dois blocos, um composto pelos países do norte europeu e outro, por sua vez, composto pelos países do sul europeu, incluindo a Turquia.
b) o acordo "Brexit", que trata das cotas de imigrantes africanos que cada país do bloco europeu deverá receber nos próximos 5 anos, terá seus termos definidos por todos os estados-membros da União Europeia.
c) o termo "Brexit", na verdade, define o fechamento das fronteiras da União Europeia aos imigrantes de países que não fazem parte do bloco Europeu.
d) o "Brexit", que significa a saída do Reino Unido da União Europeia, deverá ser precedido de um amplo acordo com os demais integrantes do bloco Europeu, onde inúmeras questões envolvendo tal transição haverão de ser debatidas. Um dos principais pontos em discussão será o direito de permanência dos cidadãos europeus que hoje residem no Reino Unido.

66. (Ieses/TJ/CE/Cartórios/Ingresso/2018) Segundo relatório da Agência da ONU para Refugiados (ACNUR), ao final de 2016, cerca de 65,6 milhões de pessoas, ou uma em cada 113 em todo mundo, foram forçadas a deixar seus locais de origem por diferentes tipos de conflitos. Desses, cerca de 22,5 milhões são refugiados e 2,8 milhões são solicitantes de reconhecimento da condição de refugiado. O documento mostrou que 55% dos refugiados no mundo vieram dos seguintes países:

I. Líbano.
II. Síria.
III. Afeganistão.
IV. Sudão do Sul.

A sequência correta é:

a) apenas as assertivas II e III estão corretas.
b) apenas as assertivas I e IV estão corretas.
c) as assertivas I, II, III e IV estão corretas.
d) apenas a assertiva I está incorreta.

67. (Ieses/TJ/AM/Cartórios/Remoção/2018) O fluxo migratório recente de venezuelanos ao Brasil em busca de refúgio ou de oportunidades de sobrevivência vem gerando tensão na recepção e acolhimento em cidades do estado fronteiriço de Roraima e leva seus gestores a cobrar medidas do Governo Federal, entre as quais a redistribuição geográfica desses migrantes para outras partes do país. Os venezuelanos acabaram trazendo ao nosso território nacional uma doença que havia sido erradicada no Brasil em 2001. A doença em questão é:

a) a malária.
b) a febre amarela.
c) a dengue.
d) o sarampo.

68. (Consulplan/TJ/MG/Cartórios/Remoção/2018) A presidência do Conselho da União Europeia é exercida em regime rotativo pelos Estados-Membros da UE por períodos de seis meses. Durante cada semestre, a presidência dirige as reuniões a todos os níveis no Conselho, contribuindo assim para garantir a continuidade dos trabalhos da UE no Conselho. Os Estados-Membros que exercem a presidência trabalham em estreita cooperação em grupos de três, chamados "trios". Este sistema foi instituído pelo Tratado de Lisboa em 2009. O trio fixa os objetivos a longo prazo e prepara uma agenda comum que estabelece os temas e as principais questões que o Conselho irá tratar ao longo de um período de 18 (dezoito) meses. Com base nesse programa, cada um dos 3 (três) países prepara o seu próprio programa semestral mais detalhado. O trio atual é constituído pelas presidências da:

a) Itália, da França e da Áustria.
b) Estônia, da Bulgária e da Áustria.
c) Sérvia, da Bulgária e da Alemanha.
d) Alemanha, da Áustria e da Estónia.

69. (Consulplan/TJ/MG/Cartórios/Remoção/2017) Acerca da geografia mundial, assinale a alternativa correta:

a) são todos desertos: Saara, Gobi, Atacama, Saara e Kalahri.
b) Andorra, Montenegro, Letônia, Lesoto e Ucrânia são países Europeus.
c) a Guiana Francesa pertence à França; as ilhas Falkland ou Malvinas, ao Reino Unido; ilha de Páscoa, ao Chile; Gibraltar, à Espanha; e, Cabo Verde, a Portugal.
d) são nações soberanas e independentes: Vaticano, Andorra e Groelândia.

5. HISTÓRIA

QUESTÕES OBJETIVAS

70. (Vunesp/TJ/SP/Cartórios/Ingresso/2022) O que Fernando Henrique Cardoso, José Sarney e Gilberto Gil possuem em comum?

a) Os três são membros da Academia Brasileira de Letras.
b) Os três estudaram juntos no mesmo internato na Suíça.
c) Os três são bacharéis em Direito.
d) Os três são baianos.

71. (Ieses/TJ/RO/Cartórios/Remoção/2021) No dia 1º de janeiro de 2019, em cerimônia realizada no Congresso Nacional em Brasília, foi dado início ao governo de Bolsonaro. Sobre o governo Bolsonaro é correto afirmar:

I. O nome completo do presidente é Jair Antônio Messias Bolsonaro.
II. Bolsonaro elegeu-se à presidência pelo Partido Social Liberal.

III. O nome completo do vice-presidente é Antônio Hamilton Martins Mourão.

IV. Bolsonaro é natural do estado de São Paulo.

A sequência correta é:

a) Apenas as assertivas I e II estão corretas.
b) Apenas a assertiva I está incorreta.
c) Apenas as assertivas I, II e IV estão corretas.
d) As assertivas I, II, III e IV estão corretas.

72. (Ieses/TJ/RO/Cartórios/Remoção/2021) Após mais de três anos de impasses, o Reino Unido oficializou a saída da União Europeia. A saída do Reino Unido da União Europeia (UE) ficou conhecida mundialmente como:

a) Breakue.
b) Brexit.
c) Brics.
d) UKexit.

73. (Vunesp/TJ/GO/Cartórios/Ingresso/2021) O Estado Novo foi arquitetado como um Estado autoritário e modernizador que deveria durar muitos anos. No entanto, seu tempo de vida acabou sendo curto, pois não chegou a oito anos. Os problemas do regime resultaram mais da inserção do Brasil no quadro das relações internacionais do que das condições políticas internas do país. (Boris Fausto, História concisa do Brasil). No contexto apresentado no excerto, o "quadro das relações internacionais" refere-se à:

a) demissão de parte do ministério de Vargas quando, em meio à Segunda Guerra, o governo ditatorial estabeleceu um acordo com o Eixo, permitindo que esse bloco usasse o espaço marítimo do Brasil.
b) pressão diplomática da Argentina para que o Estado brasileiro aderisse às forças aliadas, declarasse guerra aos países do Eixo e mandasse tropas para libertar o Norte da África das forças nazistas.
c) deliberação da I Conferência Internacional de Estados Americanos determinando, apesar da discordância do Brasil, que todas as nações da América deveriam se manter neutras na Segunda Guerra.
d) entrada do Brasil na Segunda Guerra, ao lado dos Aliados, provocando ação de opositores, que começaram a explorar a contradição entre a ditadura Vargas e o apoio do governo brasileiro às democracias.

74. (Vunesp/TJ/GO/Cartórios/Remoção/2021) A política de abertura controlada, iniciada em 1975 pelo governo do general Geisel, também poderia ser a solução para manter a oposição longe do Executivo, de modo a garantir que a alternância de poder se realizasse de maneira tutelada, restrita aos círculos civis aliados e sem riscos institucionais. "Todas as coisas no mundo, exceto Deus, são relativas", reagiu Geisel, em 1977, diante das perguntas dos jornalistas sobre os instrumentos de controle que criou, característicos de um sistema político autoritário. E arrematou: "O Brasil vive um regime democrático dentro de sua relatividade". (Lilia M. Schwarcz e Heloisa M. Starling. Brasil: uma biografia). Em 1977, houve um retrocesso na política de abertura em função do que ficou conhecido como Pacote de Abril, o qual determinou, entre outras medidas:

a) a permissão de coligações entre Arena e MDB nas eleições municipais e a revogação da Lei Falcão, que restringia a propaganda eleitoral no rádio e na televisão.
b) o cancelamento das eleições legislativas de 1978 e o aumento das bancadas de deputados federais de São Paulo e do Rio de Janeiro.
c) a criação da eleição indireta para um terço dos senadores e a ampliação do mandato do presidente sucessor de Geisel de cinco para seis anos.
d) a eleição indireta de todos os prefeitos do país e a extensão do direito ao voto para os maiores de 16 anos e para os analfabetos.

75. (Consulplan/TJ/MG/Cartórios/Remoção/2019) A Segunda Guerra Mundial foi o maior conflito da história da humanidade, e envolveu diversos países em quatro continentes. Os participantes se aliaram em dois grupos, sendo eles os Aliados e os Países do Eixo. Marque a alternativa na qual estão relacionados os Países do Eixo.

a) Alemanha, Itália e Japão.
b) Inglaterra, EUA e Polônia.
c) Alemanha, URSS e Hungria.
d) França, Inglaterra, EUA e URSS.

76. (Consulplan/TJ/MG/Cartórios/Ingresso/2019) A Primavera Árabe começou no final do ano de 2010 com protestos que reivindicavam mudanças e inquiriam certos modelos de governo ditatoriais. Um dos alvos foi o ditador Ali Abdullah Saleh, que era presidente:

a) da Líbia.
b) do Egito.
c) do Iêmen.
d) da Tunísia.

77. (Cespe/TJ/DFT/Cartórios/Ingresso/2019) O instituto Pew de pesquisas foi a campo em 2017 e descobriu que as coisas hoje são piores do que há 50 anos na opinião da maioria dos venezuelanos, mexicanos, argentinos, italianos e brasileiros. Já em muitos outros países, a maioria pensa o contrário: estamos em melhores condições no século XXI para os vietnamitas, indianos, japoneses, turcos e alemães. Na média global, 43% das 43 mil pessoas pesquisadas, de 38 diferentes países, acham que o mundo está melhor, enquanto 38% consideram que está pior – os demais 19% não souberam dizer. A verdade é que existem motivos objetivos para cravar: a humanidade está vivendo o melhor momento de sua trajetória. (Internet). Julgue os itens a seguir relativos aos fatores que comprovam a afirmação apresentada no último período do texto precedente.

I. A incidência de guerras diminuiu, há menos armas nucleares e menos mortes associadas a guerras civis.

II. A pobreza diminuiu e as autocracias prosperaram.

III. A saúde avançou, elevando a expectativa de vida em países desenvolvidos e em desenvolvimento.

IV. A fome diminuiu, a alimentação e a distribuição de alimentos melhoraram e a população mundial é, em sua maioria, alfabetizada.

Estão certos apenas os itens:

a) I e II.
b) I e III.
c) II e IV.
d) I, III e IV.
e) II, III e IV.

78. (Ieses/TJ/SC/Cartórios/Remoção/2019) Assinale a resposta correta:

a) De conformidade com informações colhidas na ANA – Agência Nacional de Águas –, a Região Hidrográfica Amazônica (RH Amazônica) ocupa 35% do território nacional, abrangendo sete Estados (Acre, Amazonas, Rondônia, Roraima, Amapá, Pará e Tocantins). Possui uma extensa rede de rios com grande abundância de água, sendo os mais conhecidos os rios Amazonas, Xingu, Solimões, Madeira e Negro. A densidade populacional é 10 vezes menor que a média nacional. Entretanto, a região concentra 81% da disponibilidade de águas superficiais do país. Cerca de 95% da área da RH Amazônica permanece com cobertura vegetal nativa.

b) Conforme dados oficiais extraídos do IBGE – Instituto Brasileiro de Geografia e Estatística – no ano de 2018, o PIB (Produto Interno Bruto) brasileiro cresceu 5,1% frente a 2017, após alta de 2,1% em 2017, e retrações de 3,5% em 2015, e 3,3% em 2016. Houve altas na Agropecuária (0,1%), na Indústria (0,6%) e Serviços (2,3%). O PIB totalizou R$ 1,8 trilhões em 2018.

c) A Guerra de Canudos, também denominada Revolução de Canudos ou Insurreição de Canudos, constituiu-se no confronto armado entre o movimento popular de fundo sociorreligioso e o Exército da República recém instaurada, ocorrido nos anos de 1896 e1897, na então comunidade de Canudos, no interior do estado da Bahia. Teve como personagens destacados as figuras de Antônio Conselheiro e do Coronel Antônio Moreira César, também conhecido como "corta-cabeças", alcunha que lhe foi atribuída pelo fato de ter mandado executar mais de cem pessoas na repressão à Revolução Federalista em Santa Catarina.

d) A revolução ocorrida no Irã no ano de 1979 e que transformou aquele país em uma república islâmica teocrática (governo dos aiatolás), denomina-se "primavera árabe".

79. (Cespe/TJ/DFT/Cartórios/Ingresso/2019) As ações da política externa brasileira contemporânea voltadas a fortalecer o Brasil no cenário internacional incluem a:

a) demonstração de apoio do país ao golpe de estado no Haiti em 2004.
b) imposição dos valores e da cultura brasileira a países africanos.
c) abertura de novas embaixadas em países com grande expressão econômica e política.
d) participação de capital brasileiro no desenvolvimento de obras de infraestrutura em países do continente africano.
e) projeção do poder brasileiro para os países do Atlântico Norte.

80. (Ieses/TJ/SC/Cartórios/Remoção/2019) Assinale a resposta correta:

a) Ao adotar o prisma histórico, a Declaração de 1789 inovou extraordinariamente a gramática dos direitos humanos, ao introduzir a chamada concepção contemporânea de direitos humanos, marcada pela universalidade e indivisibilidade desses direitos. Universalidade porque clama pela extensão universal dos direitos humanos, com a crença de que a condição de pessoa é o requisito único para a titularidade de direitos, considerando o ser humano como essencialmente moral, dotado de unicidade existencial e dignidade. Indivisibilidade porque, ineditamente, o catálogo dos direitos civis e políticos é conjugado ao catálogo dos direitos econômicos, sociais e culturais. A Declaração de 1789 combina o discurso liberal e o discurso social da cidadania, conjugando o valor da liberdade ao valor da igualdade.

b) O escritor Albert Camus foi agraciado com o prêmio Nobel de literatura no ano de 1957. Dentre suas obras mais importantes e que lhe renderam fama internacional encontram-se "O velho e o mar" e "O nome da rosa".

c) O Programa de Controle Médico de Saúde Ocupacional – PCMSO –, tem como objetivo a promoção e preservação da saúde do conjunto dos trabalhadores e de seu núcleo familiar, aí entendidos os parentes em linha reta e colateral, estes até o 3º grau, inclusive.

d) As constituições brasileiras sempre inscreveram uma declaração dos direitos do homem brasileiro e estrangeiro residente no país. A primeira constituição, no mundo, a subjetivar e positivar os direitos do homem, dando-lhes concreção jurídica efetiva, foi a do Império do Brasil, de 1824, anterior, portanto, à da Bélgica de 1831, a que se tem dado tal primazia.

81. (Vunesp/TJ/RS/Cartórios/Ingresso/2019) "O presidente venezuelano, Nicolás Maduro, diz ter sofrido um atentado com explosivos durante ato militar neste sábado (4.8.2018), em Caracas. (...) Maduro presidia o ato pelo aniversário da Guarda Nacional e, no momento do incidente, falava sobre sua decisão de regular a venda de gasolina, em meio à grave crise socioeconômica que castiga o país petroleiro." (Internet) Pelo atentado, Maduro responsabilizou o:

a) presidente americano Donald Trump.
b) então presidente colombiano Juan Manuel Santos.
c) ex-candidato à presidência Manuel Capriles.
d) seu principal adversário nas últimas eleições, Henri Falcón.
e) autoproclamado presidente interino da Venezuela Juan Guaidó.

82. (Ieses/TJ/CE/Cartórios/Ingresso/2018) A criação do Estado de Israel, oriunda da partição da palestina britânica, completou 70 anos em 2018. O nome do diplomata brasileiro, considerado fundamental na criação do Estado de Israel e que, inclusive, possui uma praça com seu nome no centro de Jerusalém, é:

a) Rui Barbosa de Oliveira.
b) João Augusto de Araújo Castro.
c) Oswaldo Aranha.
d) Antônio Francisco Azeredo da Silveira.

83. (Ieses/TJ/AM/Cartórios/Remoção/2018) Barack Obama, enquanto presidente dos Estados Unidos, viajou para Cuba, consolidando um novo momento na relação diplomática entre os países. Já havia decorrido 88 anos que um líder americano não pisava na ilha, devido aos embargos econômicos e diplomáticos estabelecidos após a revolução comunista de 1959. A visita de Obama a Cuba ocorreu:

a) no primeiro semestre o ano de 2017.
b) no segundo semestre do ano 2015.
c) no primeiro semestre o ano de 2016.
d) no primeiro semestre do ano 2015.

84. (Ieses/TJ/AM/Cartórios/Remoção/2018) O segundo maior poluidor do planeta, os EUA, abandonaram em junho de 2017, o acordo climático que estabelece metas de redução das emissões de gases do efeito estufa. O texto acima se refere a que acordo climático:

a) Acordo Climático de Paris.
b) Acordo Climático de Berlin.
c) Protocolo de Kyoto.
d) Declaração de Copenhague.

85. (Vunesp/TJ/SP/Cartórios/Ingresso/2018) Dentre as minorias étnico-religiosas perseguidas e massacradas mais recentemente ao redor do mundo, destacam-se os rohingyas. Esse conflito ocorre:

a) no Brunei, e os rohingyas fogem para a Indonésia.
b) na Indonésia, e os rohingyas fogem para a Malásia.
c) em Mianmar, e os rohingyas fogem para Bangladesh.
d) na Somália, e os rohingyas fogem para a Etiópia.

86. (Consulplan/TJ/MG/Cartórios/Remoção/2018) A política do café com leite foi um acordo firmado entre as oligarquias estaduais e o governo federal:

a) durante a República Velha para que os presidentes da República fossem escolhidos entre os políticos de São Paulo e Minas Gerais. Portanto, ora o presidente seria paulista, ora mineiro. O nome desse acordo era uma alusão à economia de

São Paulo e Minas, grandes produtores, respectivamente, de café e leite.

b) durante a Nova República para que os presidentes da República fossem escolhidos entre os políticos de São Paulo e Minas Gerais. Portanto, ora o presidente seria paulista, ora mineiro. O nome desse acordo era uma alusão à economia de São Paulo e Minas, grandes produtores, respectivamente, de café e leite.

c) durante a República Velha para que os presidentes da República fossem escolhidos entre os políticos de São Paulo e Minas Gerais. Portanto, ora o presidente seria paulista, ora mineiro. O nome desse acordo era uma alusão à economia de São Paulo e Minas, grandes produtores, respectivamente, de leite e café.

d) durante a Nova República para que os presidentes da República fossem escolhidos entre os políticos de São Paulo e Minas Gerais. Portanto, ora o presidente seria paulista, ora mineiro. O nome desse acordo era uma alusão à economia de São Paulo e Minas, grandes produtores, respectivamente, de leite e café.

87. (Consulplan/TJ/MG/Cartórios/Ingresso/2018) "A cerimônia de posse foi uma cena teatral, de caráter jurídico: uma cerimônia com a intenção cartorial de ser ato de Direito Internacional.(...) participa dessa ficção jurídica: ato cartorial de declaração de propriedade, num lugar onde não havia cartório algum. Declarava-se a propriedade sobre uma ilha, e não havia ilha; não só havia ficção quanto ao objeto, mas se inventava uma repartição pública, para cumprir a ficção de uma partilha papal do planeta, com a ficção de um desvio de rota, pela ficção da vontade divina. O direito de propriedade pretendia basear-se numa posse – o 'uti possidetis' – o 'como possuis' do que não se possuía nem se sabia o que era. A posse do território era uma ficção (...) O sistema de propriedade rural brasileiro constrói-se à base dessa ficção: e com ele o sistema de poder e de organização social." (Fonte: Kothe, Flávio R. O Cânone Colonial. Editora UnB, 1997.) Do trecho transcrito, depreende-se que o autor discorre sobre o documento (omitido na transcrição):

a) a Carta de Pero Vaz de Caminha.

b) a Carta de Doação da Capitania Hereditária do Espírito Santo, cujo território estendia-se do litoral do hoje estado do Espírito Santo até a atual região do Triângulo Mineiro, no estado de Minas Gerais.

c) uma específica Carta de Sesmaria tendo por objeto uma gleba de terras, inicialmente tida por uma ilha, que, mais tarde, adquiriu natureza jurídica de terreno de marinha, localizado no atual estado do Espírito Santo.

d) o Tratado de Tordesilhas, assinado na povoação castelhana de Tordesilhas em 7 de junho de 1494, celebrado entre o Reino de Portugal e a Coroa de Castela para dividir as terras "descobertas e por descobrir" por ambas as Coroas fora da Europa.

88. (Consulplan/TJ/MG/Cartórios/Ingresso/2017) Acerca da História Mundial, marque a alternativa que contém todas as associações corretas:

a) união ibérica foi união política e econômica da península ibérica de 1580 a 1640, resultado da união dinástica entre as monarquias de Portugal e da Espanha.

b) na década de 30 eram líderes de seus países: no Brasil, Getúlio Vargas; Alemanha, Adolf Hitler; União Soviética, Lenin; Itália, Benito Mussolini.

c) na época dos grandes descobrimentos, Vasco da Gama descobriu uma rota marítima para as Índias; e Bartolomeu Dias organizou a primeira viagem de circum-navegação do globo.

d) após a Revolução Francesa, a Monarquia Francesa foi deposta e nunca mais regressou ao poder.

89. (Consulplan/TJ/MG/Cartórios/Remoção/2017) Acerca da História Mundial, assinale a alternativa correta:

a) foi durante o reinado de Alexandre, o Grande, que o Império Romano alcançou o seu apogeu.

b) durante a primeira Guerra Mundial, a chamada tríplice entente compreendia o Reino Unido, a França e o Império Russo.

c) durante a segunda Guerra Mundial, as Potências do Eixo eram a Alemanha, a Itália e a Rússia.

d) atualmente, diversos países que integraram a União Soviética fazem parte da Organização do Tratado do Atlântico Norte – OTAN, inclusive a própria Rússia.

6. INFORMÁTICA

QUESTÕES OBJETIVAS

90. (Vunesp/TJ/GO/Cartórios/Remoção/2021) Assinale a alternativa correta relacionada à Tecnologia da Informação.

a) A Tecnologia da Informação baseia-se no estudo, no desenvolvimento e na prática de sistemas de computador, especialmente no que diz respeito ao software e ao peopleware, de modo que podem rapidamente definir a sua atividade na evolução da computação apoiada por redes de comunicação. O hardware não faz parte da Tecnologia da Informação.

b) A segurança da informação é destinada a avaliar a qualidade dos dados, no sentido de garantir que eles não prejudiquem pessoas ou organizações quando utilizados por programas de computadores, procurando garantir que eles sigam as boas práticas e normas.

c) O conceito de dados, um elemento da tecnologia da informação, é entendido como sendo a representação de fatos ou de instruções, em forma apropriada para armazenamento, processamento ou transmissão por meios automáticos, enquanto a informação é um conjunto de dados com um significado, que reduz a incerteza ou aumenta o conhecimento a respeito de algo.

d) Os sistemas de informação empresariais costumam ser classificados, de acordo com o nível organizacional, como: o Nível de Usuário, o Nível de Supervisão, o Nível Gerencial, o Nível de Controle e o Nível Estratégico.

91. (UFPR/TJ/PR/Cartórios/Remoção/2019) Em relação ao padrão X.509 e suas versões, é correto afirmar:

a) O padrão X.509 é um formato de arquivo para armazenamento e distribuição de chaves privadas.

b) O padrão X.509 é um protocolo de comunicação de rede, que permite estabelecer a relação de confiança entre dois sistemas na web.

c) Segundo o ICP-Brasil, todos os certificados emitidos pela AC responsável, segundo a PC, deverão estar em conformidade com o formato definido pelo padrão ITU X.509 ou ISO/IEC 9594-8.

d) A versão V1 do padrão X.509 define os campos para guarda da chave pública, e a V2, para a guarda da chave privada.

e) Segundo a especificação RFC3279, e atualizações, do Network Working Group, as funções de hash unidirecionais utilizadas nos certificados X.509 são: MD5, SHA-256, SHA-512 e AES.

92. (Ieses/TJ/SC/Cartórios/Remoção/2019) Assinale a resposta correta:

a) O Cadastro Geral de Empregados e Desempregados (CAGED) foi originalmente criado como registro permanente de admissões e dispensa de empregados, sob o regime da Consolidação das Leis do Trabalho (CLT). Atualmente, porém, presta-se também como base de dados para o registro de admissões e dispensas de servidores realizadas no serviço público federal, a fim de controlar os gastos públicos.

b) A certificação digital foi introduzida no Brasil pela Medida Provisória nº 2.200-2, de 24/08/2001, a qual instituiu a Infraestrutura de Chaves Públicas Brasileira – ICP-Brasil.

c) Os microfilmes realizados por empresas particulares só produzem efeitos jurídicos a partir da data de seu arquivamento junto à CMB – central de microfilmagem brasileira –, empresa pública encarregada de armazenar e gerenciar toda a microfilmagem pública documental no país.

d) Atualmente, identificam-se quatro fortes tendências relativas ao recrutamento e seleção de funcionários: 1. diversidade de talentos; 2, retorno aos antigos métodos de entrevista, mais efetivos para verificar a personalidade do candidato; 3. utilização de Big data; 4. customização da seleção e recrutamento, que se dá por segmento, e não mais por região geográfica.

93. (UFPR/TJ/PR/Cartórios/Remoção/2019) Em relação a documentos eletrônicos e assinatura digital, é correto afirmar:

a) A assinatura digital de um documento passa por um processo que gera um resumo (hash) e a encriptação do hash com a chave pública do signatário.

b) O selo cronológico é o mecanismo que comprova que um documento existia num determinado momento.

c) Segundo MP 2.200-2, qualquer documento digital assinado com o certificado emitido por uma Autoridade Certificadora, independentemente do ICP-Brasil, pode ser considerado assinado pela própria pessoa.

d) No processo de validação da assinatura digital constante em um documento, um novo resumo é gerado a partir do documento original e comparado com a versão criptografada do resumo recebido com a chave pública.

e) A infraestrutura de chaves públicas é baseada nos algoritmos de criptografia simétrica.

94. (UFPR/TJ/PR/Cartórios/Ingresso/2019) Em relação à Certificação Digital e à infraestrutura de chaves públicas, é correto afirmar:

a) A Autoridade Certificadora (CA) tem a responsabilidade de receber as requisições de emissão ou revogação de certificado de usuário, confirmar as identidades, validar a requisição e encaminhar os certificados para assinatura pela Autoridade de Registro (AR).

b) Às AC, entidades operacionalmente vinculadas a determinada AR, compete identificar e cadastrar usuários na presença destes, encaminhar solicitações de certificados às AR e manter registros de suas operações.

c) O ITI é a Autoridade Certificadora da Infraestrutura de Chaves Públicas Brasileira.

d) A empresa Correios é a Autoridade Certificadora vinculada à Autoridade Registradora SERPRO RFB, responsável em receber as requisições e emissões dos certificados digitais para pessoas físicas e jurídicas.

e) A AC-Raiz está encarregada de emitir a Lista de Certificados Revogados (LCR) e de fiscalizar e auditar as Autoridades Certificadoras (AC), Autoridades de Registro (AR) e demais prestadores de serviço habilitados na ICP-Brasil.

95. (UFPR/TJ/PR/Cartórios/Remoção/2019) Em relação a documentos eletrônicos e assinatura digital, é correto afirmar:

a) A assinatura digital de um documento passa por um processo que gera um resumo (hash) e a encriptação do hash com a chave pública do signatário.

b) O selo cronológico é o mecanismo que comprova que um documento existia num determinado momento.

c) Segundo MP 2.200-2, qualquer documento digital assinado com o certificado emitido por uma Autoridade Certificadora, independentemente do ICP-Brasil, pode ser considerado assinado pela própria pessoa.

d) No processo de validação da assinatura digital constante em um documento, um novo resumo é gerado a partir do documento original e comparado com a versão criptografada do resumo recebido com a chave pública.

e) A infraestrutura de chaves públicas é baseada nos algoritmos de criptografia simétrica.

7. TEMAS LABORAIS

QUESTÕES OBJETIVAS

96. (Cespe/TJ/DFT/Cartórios/Remoção/2019) Acerca de aspectos relacionados ao impacto da tecnologia no mercado de trabalho, julgue os itens que se seguem.

I. Os impactos da tecnologia no mundo do trabalho não são necessariamente imediatos, mas, a longo prazo, podem implicar no desaparecimento de determinadas profissões.

II. Projeções sobre o futuro do mercado de trabalho dão destaque às profissões de índole criativa no mercado de trabalho dominado pela tecnologia.

III. As revoluções tecnológicas demandam capacidade de inovação para estimular a competitividade, aspecto que tem sido explorado por políticas públicas brasileiras que elevaram a posição do Brasil no ranking internacional de competitividade.

IV. Devido aos impactos resultantes da tecnologia no mercado de trabalho, a maioria das escolas brasileiras da rede privada e pública já tem em seus currículos disciplinas relacionadas a programação e robótica.

Estão certos apenas os itens:

a) I e II.

b) I e IV.

c) III e IV.

d) I, II e III.

e) II, III e IV.

97. (UFPR/TJ/PR/Cartórios/Remoção/2019) A Relação Anual de Informações Sociais (RAIS) é uma das fontes estatísticas mais confiáveis sobre o mercado de trabalho formal. Tendo em vista que a Portaria MTB nº 31, de 16.01.2018, aprovou as instruções da RAIS, instituída pelo Decreto nº 76.900, de dezembro de 1975, bem como o anexo Manual de Orientação da RAIS, relativo ao ano-base 2017, é correto afirmar:

a) No ano de 2018, o término do prazo de entrega das informações da RAIS coincidiu com o prazo final para entrega da RAIS retificadora, sem multa. Assim, dentro desse prazo, caso sejam detectados erros na declaração enviada, seja nos campos dos dados do estabelecimento (CNPJ/CEI), seja nos dados do empregado (PIS/PASEP), proceder-se-á a retificação.

b) Ocupantes de cargos eletivos, desde que tenham feito a opção pelos vencimentos do órgão de origem, diretores sem vínculo empregatício, para os quais o estabelecimento/entidade tenha optado pelo recolhimento do FGTS e cooperados devem estar relacionados na RAIS.

c) O menor de 16 anos, que não seja aprendiz, somente deve ser declarado na RAIS se existir alvará judicial autorizando seu trabalho.

d) Indenização sobre 13º salário, férias indenizadas e ajuda de custo em parcela única, recebida exclusivamente por mudança de local de trabalho, na forma do art. 470/CLT, não devem ser informadas como remunerações mensais na RAIS.

e) A empresa que possuir filiais, agências, sucursais sem empregados, ou sem movimento no ano base, prestará informações na RAIS conjuntamente com a matriz.

98. (Ieses/TJ/SC/Cartórios/Remoção/2019) Assinale a resposta correta:

a) Conforme a Normativa em vigor, as ações do PPRA – Programa de Prevenção de Riscos Ambientais – devem ser desenvolvidas no âmbito de cada estabelecimento da empresa, sob a responsabilidade dos próprios empregados, sob a supervisão direta da CIPA (Comissão Interna de Prevenção de Acidentes), a quem cabe relatar as infrações ao Ministério do Trabalho.

b) Como política de segurança da informação, entre outras, os serviços de notas e de registro deverão: I – ter um plano de continuidade de negócios que preveja ocorrências nocivas ao regular funcionamento dos serviços; II – atender a normas de interoperabilidade, legibilidade e recuperação a longo prazo na prática dos atos e comunicações eletrônicas.

c) A Relação Anual de Informações Sociais (RAIS) tem por objetivo o suprimento às necessidades de controle da atividade trabalhista no país, para identificação dos trabalhadores com direito ao recebimento do abono salarial. Outras funções são o provimento de dados para a elaboração de estatísticas do trabalho e a disponibilização de informações do mercado de trabalho às entidades governamentais. Todas as pessoas jurídicas com CNPJ ativo em qualquer momento do ano anterior e que mantenham contrato de trabalho com pelo menos 5 (cinco) ou mais empregados, são obrigadas por lei a fazer o repasse das informações.

d) Na sequência lógica numérica 1, 1, 2, 3, 5, 8, o próximo número será 14.

99. (Ieses/TJ/SC/Cartórios/Ingresso/2019) Assinale a resposta correta:

a) As principais informações que constam de uma assinatura digitalizada são: chave pública do titular, nome e endereço de e-mail, período de validade do certificado, nome da Autoridade Certificadora – AC que emitiu o certificado, número de série do certificado digital, assinatura digitalizada da AC.

b) Jay Gatsby é o protagonista do romance de autoria de Edgar Allan Poe, intitulado "O grande Gatsby", obra que aborda em sua raiz, assim como ocorre em outros livros do autor, a temática do dinheiro e do poder.

c) O PCMSO – Programa de Controle Médico de Saúde Ocupacional – deve incluir, entre outros, a realização obrigatória dos exames médicos: I) admissional; II) periódico; III) de retorno ao trabalho; IV) de mudança de função; V) demissional.

d) É proibida a utilização dos dados obtidos no CAGED – Cadastro Geral de Empregados e Desempregados – por qualquer órgão público e privado, sem prévia, expressa e justificada autorização do Ministro do Trabalho, inclusive quando destinados a programas governamentais de caráter socioassistencial, como o seguro-desemprego.

100. (Cespe/TJ/DFT/Cartórios/Ingresso/2019) Conforme a CLT, para efeito de indenização e estabilidade, será computado como tempo de serviço:

a) o tempo de permanência do empregado nas instalações da empresa, por sua própria escolha, para descanso.

b) o período em que o empregado estiver afastado do trabalho por motivo de acidente do trabalho.

c) o tempo de permanência do empregado nas instalações da empresa, por sua própria escolha, para realizar higiene pessoal.

d) o período em que o empregado permanecer na empresa, por sua própria escolha, em razão de fato que gere insegurança para sua saída.

e) o tempo de permanência do empregado nas instalações da empresa, por sua própria escolha, para alimentar-se.

101. (UFPR/TJ/PR/Cartórios/Ingresso/2019) O Cadastro Geral de Empregados e Desempregados (CAGED) foi criado pelo Governo Federal, por meio da Lei nº 4.923/65, que instituiu o registro permanente de admissões e desligamentos de empregados sob o regime da Consolidação das Leis do Trabalho (CLT). Sobre o tema, é correto afirmar:

a) As empresas que dispensarem ou admitirem empregados ficam obrigadas a fazer a respectiva comunicação às Delegacias Regionais do Trabalho, mensalmente, até o dia sete do mês subsequente ou como estabelecido em regulamento, em relação nominal por estabelecimento, da qual constará também a indicação da Carteira de Trabalho e Previdência Social ou, para os que ainda não possuírem, nos termos da lei, os dados indispensáveis à sua identificação pessoal.

b) A empresa que, em face da conjuntura econômica se encontrar em condições que recomendem, transitoriamente, a redução de jornada normal ou do número de dias de trabalho, poderá fazê-lo, mediante prévio acordo com a entidade representativa de seus empregados, homologado pela Justiça do Trabalho, por prazo certo, não excedente a 6 meses, prorrogável, nas mesmas condições, se ainda indispensável, e sempre de modo que a redução salarial mensal resultante não seja superior a 25% do salário contratual, respeitado o mínimo regional.

c) As empresas que tiverem autorização para redução de tempo de trabalho, nos termos do artigo 2º e seus parágrafos da Lei nº 4.923, não poderão, até 12 meses depois da cessação desse regime, admitir novos empregados, antes de readmitirem os que tenham sido dispensados pelos motivos que hajam justificado a citada redução ou comprovarem que não atenderam, no prazo de 30 dias, ao chamado para readmissão.

d) As informações relativas a admissões de empregados que estiverem recebendo seguro desemprego, ou cujo requerimento esteja em tramitação, deverão ser prestadas pelo empregador ao CAGED, antes do início da atividade laboral do empregado.

e) Todos os estabelecimentos que tenham admitido, desligado ou transferido empregado com contrato de trabalho regido pela CLT deverão utilizar certificado digital válido padrão ICP Brasil, para transmissão das suas informações, até o sétimo dia útil do mês de movimentação.

102. (UFPR/TJ/PR/Cartórios/Ingresso/2019) O PPRA visa à preservação da saúde e da integridade dos trabalhadores, através da antecipação, reconhecimento, avaliação e, consequentemente, o controle da ocorrência de riscos ambientais existentes ou que venham a existir no ambiente de trabalho, tendo em consideração a proteção do meio ambiente e dos recursos naturais. A respeito do assunto, considere as seguintes afirmativas:

I. Deverá ser efetuada, sempre que necessário e pelo menos uma vez ao ano, uma análise global do PPRA, para avaliação do seu desenvolvimento, realização dos ajustes necessários e estabelecimento de novas metas e prioridades.

II. O empregador deve implementar e assegurar o cumprimento do PPRA como atividade permanente da empresa ou instituição, e os trabalhadores têm como responsabilidades colaborar e participar na implantação e execução do PPRA, seguir as orientações recebidas nos treinamentos oferecidos dentro do PPRA e informar ao seu superior hierárquico direto ocorrências que, a seu julgamento, possam implicar riscos à saúde dos trabalhadores.

III. O empregador deverá garantir que, na ocorrência de riscos ambientais nos locais de trabalho que coloquem em situação de grave e iminente risco um ou mais trabalhadores, estes possam interromper de imediato as suas atividades, comunicando o fato ao superior hierárquico direto para as devidas providências.

IV. Quanto às informações, os trabalhadores interessados terão o direito de apresentar propostas e receber informações e orientações a fim de assegurar a proteção aos riscos ambientais identificados na execução do PPRA.

Assinale a alternativa correta.

a) Somente a afirmativa III é verdadeira.
b) Somente as afirmativas I e IV são verdadeiras.
c) Somente as afirmativas II e IV são verdadeiras.
d) Somente as afirmativas I, II e III são verdadeiras.
e) As afirmativas I, II, III e IV são verdadeiras.

103. (UFPR/TJ/PR/Cartórios/Ingresso/2019) O PPRA visa à preservação da saúde e da integridade dos trabalhadores, através da antecipação, reconhecimento, avaliação e, consequentemente, o controle da ocorrência de riscos ambientais existentes ou que venham a existir no ambiente de trabalho, tendo em consideração a proteção do meio ambiente e dos recursos naturais. A respeito do assunto, considere as seguintes afirmativas:

I. Deverá ser efetuada, sempre que necessário e pelo menos uma vez ao ano, uma análise global do PPRA, para avaliação do seu desenvolvimento, realização dos ajustes necessários e estabelecimento de novas metas e prioridades.

II. O empregador deve implementar e assegurar o cumprimento do PPRA como atividade permanente da empresa ou instituição, e os trabalhadores têm como responsabilidades colaborar e participar na implantação e execução do PPRA, seguir as orientações recebidas nos treinamentos oferecidos dentro do PPRA e informar ao seu superior hierárquico direto ocorrências que, a seu julgamento, possam implicar riscos à saúde dos trabalhadores.

III. O empregador deverá garantir que, na ocorrência de riscos ambientais nos locais de trabalho que coloquem em situação de grave e iminente risco um ou mais trabalhadores, estes possam interromper de imediato as suas atividades, comunicando o fato ao superior hierárquico direto para as devidas providências.

IV. Quanto às informações, os trabalhadores interessados terão o direito de apresentar propostas e receber informações e orientações a fim de assegurar a proteção aos riscos ambientais identificados na execução do PPRA.

Assinale a alternativa correta.

a) Somente a afirmativa III é verdadeira.
b) Somente as afirmativas I e IV são verdadeiras.
c) Somente as afirmativas II e IV são verdadeiras.
d) Somente as afirmativas I, II e III são verdadeiras.
e) As afirmativas I, II, III e IV são verdadeiras.

104. (Vunesp/TJ/RS/Cartórios/Remoção/2019) Quatro meses após ser sancionado pelo presidente Michel Temer, entrou em vigor a nova lei trabalhista trazendo mudanças na Consolidação das Leis do Trabalho (CLT). As novas regras valem para todos os contratos de trabalho vigentes, tanto antigos como novos, segundo o Ministério do Trabalho. (Internet). Entre as principais mudanças, é correto afirmar que:

a) o plano de cargos e salários precisa ser homologado no Ministério do Trabalho e constar do contrato de trabalho.
b) a jornada de trabalho é limitada a 8 horas diárias, 44 horas semanais e 220 horas mensais, podendo haver até 2 horas extras por dia.
c) as férias de 30 dias podem ser fracionadas em até dois períodos, sendo que um deles não pode ser inferior a 10 dias.
d) o pagamento do piso ou salário-mínimo não será obrigatório na remuneração por produção.
e) o trabalhador que exerce a jornada padrão de 8 horas diárias tem direito a no mínimo uma hora e a no máximo duas horas de intervalo para repouso ou alimentação.

GABARITOS

1. REGISTROS PÚBLICOS									
1-B	2-D	3-C	4-D	5-C	6-C	7-B	8-C	9-B	10-C
11-B	12-C	13-C	14-B	15-A	16-D	17-B	18-A	19-D	20-D
21-D	22-A	23-C	24-B	25-D	26-B	27-D	28-A	29-C	30-D
31-B	32-B	33-A	34-D	35-A	36-C	37-A	38-D	39-C	40-A
41-D	42-C	43-B	44-D	45-B	46-A	47-D	48-C	49-D	50-A
51-C	52-C	53-B	54-A	55-B	56-B	57-D	58-C	59-C	60-C
61-B	62-C	63-C	64-D	65-C	66-C	67-B	68-D	69-B	70-C
71-B	72-E	73-B	74-C	75-B	76-A	77-B	78-D	79-C	80-A
81-B	82-B	83-C	84-B	85-B	86-B	87-E	88-A	89-A	90-B
91-A	92-A	93-A	94-A	95-B	96-B	97-D	98-A	99-C	100-B
101-A	102-B	103-D	104-A	105-B	106-C	107-C	108-A	109-C	110-C
111-D	112-B	113-B	114-D	115-E	116-B	117-A	118-D	119-C	120-B
121-D	122-D	123-D	124-B	125-D	126-B	127-A	128-A	129-B	130-D
131-C	132-A	133-D	134-A	135-D	136-A	137-A	138-E	139-D	140-C
141-B	142-A	143-C	144-D	145-C	146-D	147-C	148-D	149-B	150-B
151-B	152-B	153-B	154-C	155-C	156-A	157-D	158-B	159-D	160-C
161-D	162-E	163-C	164-A	165-D	166-A	167-D	168-A	169-B	170-C
171-C	172-A	173-A	174-D	175-C	176-D	177-A	178-B	179-D	180-B
181-D	182-A	183-D	184-A	185-C	186-A	187-E	188-B	189-B	190-C
191-A	192-B	193-E	194-A	195-D	196-D	197-C	198-B	199-C	200-D
201-A	202-D	203-A	204-C	205-D	206-D	207-C	208-C	209-D	210-C
211-B	212-A	213-D	214-C	215-D	216-A	217-C	218-D	219-D	220-D
221-A	222-A	223-D	224-B	225-E	226-A	227-A	228-E	229-B	230-D
231-D	232-D	233-B	234-C	235-D	236-B	237-D	238-A	239-D	240-D
241-B	242-A	243-C	244-C	245-D	246-E	247-D	248-D	249-B	250-A
251-B	252-D	253-D	254-A	255-C	256-D	257-B	258-D	259-C	260-A
261-E	262-A	263-D	264-D	265-B	266-C	267-A	268-C	269-D	270-C

271-B	272-C	273-D	274-B	275-C	276-A	277-A	278-C	279-D	280-B
281-C	282-B	283-A	284-B	285-B	286-D	287-C	288-A	289-A	290-B
291-C	292-C	293-C	294-D	295-D	296-E	297-B	298-B	299-A	300-C
301-E	302-B	303-B	304-C	305-B	306-A	307-B	308-B	309-C	310-D
311-C	312-B	313-C	314-A	315-B	316-B	317-B	318-A	319-B	320-A
321-D	322-B	323-C	324-D	325-C	326-D	327-C	328-B	329-C	330-D
331-C	332-A	333-C	334-B	335-B	336-B	337-B	338-A	339-D	340-C
341-B	342-C	343-A	344-B	345-D	346-A	347-C	348-C	349-B	350-B
351-A	352-A	353-A	354-D	355-C	356-B	357-C	358-A	359-A	360-D
361-A	362-D	363-C	364-A	365-A	366-B	367-A	368-B	369-A	370-B
371-B	372-E	373-B	374-A	375-D	376-B	377-D	378-B	379-C	380-E
381-C	382-C	383-D	384-A	385-D	386-C	387-B	388-A	389-D	390-B
391-A	392-A	393-D	394-D	395-D	396-E	397-C	398-B	399-B	400-C
401-C	402-A	403-E	404-B	405-A	406-D	407-C	408-C	409-A	410-A
411-B	412-C	413-D	414-B	415-D	416-A	417-A	418-B	419-E	420-D
421-D	422-D	423-D	424-D	425-D	426-A	427-A	428-C	429-A	430-E
431-B	432-C	433-D	434-A	435-D	436-C	437-B	438-E	439-D	440-C
441-B	442-C	443-D	444-B	445-B	446-E	447-A	448-C	449-D	450-C
451-B	452-A	453-C	454-D	455-A	456-D	457-B	458-A	459-A	460-B
461-A	462-C	463-C	464-D	465-D	466-D	467-E	468-D	469-D	470-C
471-D	472-A	473-E	474-D	475-C	476-C	477-C	478-C	479-A	480-B
481-D	482-B	483-B	484-E	485-E	486-B	487-B	488-D	489-C	490-A
491-B	492-B	493-B	494-D	495-B	496-C	497-B	498-A	499-B	500-A
501-C	502-B	503-B	504-B	505-C	506-E	507-C	508-D	509-B	510-A
511-A	512-D	513-C	514-C	515-D	516-D	517-D	518-D	519-C	520-B
521-C	522-B	523-D	524-B	525-B	526-C	527-A	528-E	529-A	530-D
531-C	532-D	533-D	534-C	535-D	536-D	537-A	538-D	539-A	540-B
541-A	542-B	543-E	544-C	545-C	546-B	547-E	548-C	549-B	550-C
551-A	552-D	553-A	554-D	555-C	556-A	557-A	558-B	559-B	560-B
561-D	562-A	563-A	564-A	565-D	566-D	567-B	568-A	569-D	570-D
571-A	572-D	573-B	574-A	575-D	576-B	577-A	578-B	579-B	580-D
581-D	582-A	583-D	584-A	585-C	586-B	587-B	588-D	589-D	590-C

591-E	592-D	593-A	594-C	595-C	596-A	597-E	598-D	599-D	600-A
601-C	602-D	603-C	604-B	605-B	606-D	607-B	608-D	609-A	610-C
611-C	612-B	613-A	614-D	615-D	616-A	617-C	618-D	619-C	620-D
621-C	622-A	623-C	624-A	625-A	626-A	627-C	628-B	629-C	630-A
631-C	632-D	633-B	634-C	635-A	636-A	637-D	638-A	639-D	640-B
641-B	642-C	643-B	644-B	645-D	646-D	647-C	648-B	649-D	650-C
651-C	652-C	653-C	654-A	655-B	656-E	657-A	658-D	659-C	660-D
661-A	662-A	663-A	664-B	665-E	666-B	667-C	668-A	669-D	670-A
671-D	672-B	673-A	674-A	675-A	676-D	677-B	678-C	679-A	680-C
681-D	682-C	683-B	684-A	685-E	686-A	687-D	688-A	689-D	690-A
691-B	692-A	693-A	694-A	695-B	696-D	697-B	698-B	699-B	700-C
701-B	702-B	703-D	704-A	705-E	706-C	707-C	708-B	709-D	710-B
711-B	712-C	713-D	714-D	715-C	716-C	717-D	718-A	719-A	720-C
721-B	722-B	723-E	724-A	725-C	726-A	727-D	728-A	729-C	730-A
731-B	732-D	733-C	734-B	735-B	736-C	737-B	738-A	739-D	740-C
741-B	742-C	743-D	744-B	745-B	746-B	747-A	748-B	749-D	750-A
751-A	752-B	753-C	754-B	755-A	756-B	757-A	758-C	759-C	760-C
761-A	762-A	763-B	764-C	765-B	766-D	767-B	768-D	769-C	770-B
771-B	772-C	773-D	774-C	775-D	776-D	777-A	778-A	779-C	780-D
781-B	782-C	783-D	784-B	785-A	786-C	787-B	788-A	789-D	790-A
791-C	792-D	793-C	794-C	795-C	796-A	797-B	798-C	799-C	800-E
801-B	802-D	803-E	804-C	805-D	806-C	807-D	808-A	809-D	810-C
811-C	812-E	813-D	814-C	815-D	816-A	817-C	818-A	819-C	820-D
821-B	822-B	823-B	824-C	825-E	826-D	827-C	828-D	829-C	830-A
831-B	832-B	833-A	834-C	835-A	836-A	837-C	838-A	839-D	840-B
841-D	842-D	843-A	844-B	845-C	846-B	847-C	848-D	849-C	850-D
851-D	852-B	853-D	854-C	855-B	856-A	857-C	858-A	859-D	860-D
861-C									

2. DIREITO ADMINISTRATIVO

1-B	2-B	3-C	4-A	5-C	6-B	7-B	8-D	9-A	10-D
11-D	12-A	13-D	14-C	15-D	16-D	17-A	18-B	19-C	20-B
21-A	22-B	23-B	24-D	25-A	26-D	27-B	28-A	29-A	30-B

31-D	32-A	33-E	34-E	35-A	36-B	37-A	38-D	39-A	40-A
41-B	42-A	43-A	44-D	45-B	46-C	47-B	48-C	49-B	50-B
51-C	52-A	53-B	54-C	55-D	56-A	57-A	58-B	59-A	60-A
61-C	62-B	63-A	64-B	65-D	66-B	67-E	68-D	69-D	70-C
71-E	72-E	73-E	74-E	75-C	76-B	77-D	78-C	79-A	80-D
81-B	82-A	83-A	84-A	85-D	86-B	87-C	88-A	89-D	90-C
91-C	92-C	93-D	94-A	95-C	96-E	97-C	98-C	99-D	100-B
101-C	102-C	103-D	104-C	105-D	106-D	107-C	108-A	109-D	110-A
111-D	112-D	113-B	114-C	115-A	116-A	117-B	118-C	119-B	120-D
121-D	122-D	123-A	124-C	125-C	126-C	127-B	128-C	129-C	130-D
131-C	132-D	133-C	134-B	135-B	136-D	137-C	138-D	139-B	140-C
141-D	142-A	143-A	144-B	145-B	146-C	147-A	148-D	149-C	150-B
151-C	152-A	153-D	154-A	155-B	156-A	157-B	158-E	159-C	160-D
161-A	162-B	163-D	164-B	165-B	166-C	167-B	168-A	169-C	170-B
171-D	172-A	173-A	174-C	175-A	176-D	177-A	178-B	179-B	180-C
181-A	182-B	183-D	184-B	185-C	186-A	187-A	188-A	189-C	190-A
191-D	192-C	193-B	194-A	195-E	196-D	197-D	198-A	199-D	200-C
201-A	202-D	203-A	204-C	205-D	206-B	207-A	208-E	209-C	210-B
211-A	212-D	213-B	214-D	215-D	216-B	217-B	218-C		

3. DIREITO CIVIL

1-A	2-B	3-D	4-D	5-B	6-B	7-B	8-D	9-A	10-E
11-B	12-D	13-A	14-B	15-A	16-C	17-A	18-D	19-A	20-A
21-D	22-A	23-A	24-B	25-D	26-B	27-B	28-C	29-A	30-A
31-C	32-C	33-D	34-B	35-E	36-C	37-B	38-B	39-A	40-C
41-C	42-D	43-B	44-D	45-B	46-B	47-C	48-C	49-C	50-C
51-B	52-B	53-D	54-D	55-D	56-A	57-B	58-A	59-D	60-B
61-A	62-D	63-C	64-C	65-C	66-B	67-C	68-A	69-A	70-A
71-A	72-D	73-C	74-A	75-D	76-A	77-D	78-D	79-C	80-B
81-B	82-D	83-A	84-C	85-B	86-B	87-C	88-E	89-E	90-B
91-B	92-C	93-D	94-C	95-B	96-A	97-B	98-B	99-A	100-B
101-C	102-B	103-C	104-A	105-A	106-C	107-D	108-B	109-D	110-D
111-B	112-D	113-D	114-E	115-C	116-D	117-B	118-D	119-A	120-C

121-C	122-B	123-C	124-A	125-B	126-C	127-D	128-A	129-A	130-C
131-B	132-D	133-A	134-D	135-C	136-B	137-C	138-A	139-C	140-B
141-C	142-D	143-A	144-C	145-D	146-C	147-B	148-B	149-C	150-C
151-B	152-C	153-C	154-D	155-D	156-A	157-A	158-B	159-C	160-A
161-C	162-D	163-D	164-D	165-D	166-C	167-A	168-E	169-B	170-A
171-B	172-B	173-C	174-E	175-B	176-B	177-B	178-C	179-C	180-C
181-C	182-D	183-B	184-C	185-D	186-D	187-D	188-D	189-D	190-C
191-D	192-C	193-A	194-B	195-D	196-A	197-B	198-C	199-A	200-A
201-B	202-B	203-A	204-B	205-A	206-B	207-D	208-D	209-C	210-B
211-A	212-E	213-D	214-C	215-B	216-A	217-C	218-B	219-A	220-D
221-B	222-A	223-A	224-A	225-A	226-B	227-C	228-D	229-D	230-B
231-B	232-A	233-A	234-D	235-A	236-B	237-E	238-C	239-B	240-C
241-A	242-D	243-B	244-A	245-C	246-A	247-D	248-D	249-B	250-D
251-A	252-A	253-E	254-D	255-A	256-B	257-A	258-B	259-D	260-D
261-A	262-C	263-D	264-B	265-A	266-D	267-A	268-E	269-C	270-C
271-C	272-A	273-A	274-D	275-C	276-D	277-C	278-E	279-D	280-D
281-B	282-D	283-B	284-D	285-D	286-A	287-C	288-C	289-B	290-B
291-A	292-B	293-C	294-B	295-C	296-D	297-D	298-B	299-C	300-C
301-E	302-E	303-B	304-B	305-D	306-C	307-C	308-B	309-C	310-D
311-D	312-C	313-C	314-B	315-B	316-E	317-E	318-B	319-B	320-D
321-C	322-D	323-D	324-A	325-A	326-B	327-B	328-C	329-B	330-C
331-B	332-A	333-B	334-C	335-C	336-C	337-C	338-E	339-B	340-C
341-D	342-D	343-D	344-C	345-B	346-A	347-A	348-D	349-D	350-C
351-A	352-A	353-B	354-C	355-B	356-A	357-C	358-B	359-B	360-B
361-D	362-D	363-A	364-C	365-A	366-A	367-B	368-B	369-C	370-E
371-A	372-A	373-A	374-A	375-C	376-D	377-C	378-C	379-C	380-A
381-D	382-A	383-D	384-B	385-A	386-B	387-B	388-B	389-A	390-A
391-D	392-D	393-D	394-D	395-A	396-C	397-C	398-E	399-D	400-C
401-D	402-D	403-C	404-C	405-A	406-C	407-E	408-B	409-E	410-C
411-B	412-B	413-C	414-B	415-D	416-B	417-D	418-A	419-C	420-D
421-D	422-A	423-B	424-C	425-A	426-A	427-D	428-A	429-C	430-D
431-A	432-C	433-D	434-B	435-C	436-B	437-D	438-E	439-C	440-D

441-C	442-C	443-A	444-B	445-B	446-C	447-A	448-B	449-D	450-A
451-D	452-A	453-C	454-A	455-A	456-D	457-D	458-E	459-D	460-C
461-C	462-A	463-B	464-B	465-D	466-D	467-A	468-E	469-B	470-A
471-B	472-A	473-A	474-C	475-D	476-A	477-B	478-A	479-C	480-D
481-A	482-C	483-C	484-C	485-D	486-A	487-D	488-C	489-E	490-B
491-B	492-C	493-C	494-D	495-B	496-C	497-D	498-D	499-A	500-C
501-D	502-A	503-A	504-A	505-A	506-B	507-D	508-E	509-D	510-D
511-C	512-A	513-C	514-D	515-A	516-A	517-D	518-D	519-B	520-A
521-B	522-D	523-C	524-A	525-D	526-D	527-B	528-C	529-D	530-A
531-A	532-C	533-D	534-C	535-D	536-D	537-D	538-D	539-D	540-A
541-C	542-A	543-D	544-D	545-C	546-D	547-D	548-C	549-B	550-C
551-D	552-A	553-B	554-C	555-E	556-C	557-D	558-C	559-B	

4. DIREITO COMERCIAL

1-D	2-E	3-C	4-D	5-D	6-D	7-B	8-D	9-A	10-D
11-A	12-D	13-B	14-C	15-A	16-B	17-A	18-D	19-D	20-A
21-E	22-A	23-D	24-C	25-C	26-C	27-B	28-D	29-B	30-D
31-C	32-B	33-D	34-C	35-D	36-A	37-A	38-A	39-D	40-B
41-D	42-A	43-D	44-D	45-B	46-C	47-A	48-C	49-B	50-C
51-E	52-C	53-A	54-C	55-D	56-B	57-A	58-B	59-E	60-B
61-C	62-D	63-D	64-E	65-C	66-D	67-C	68-B	69-D	70-C
71-C	72-A	73-A	74-D	75-B	76-D	77-D	78-C	79-B	80-A
81-C	82-B	83-A	84-A	85-B	86-D	87-B	88-B	89-C	90-B
91-D	92-B	93-D	94-C	95-B	96-D	97-A	98-B	99-B	100-A
101-A	102-B	103-D	104-A	105-A	106-C	107-C	108-A	109-C	110-C
111-E	112-A	113-C	114-A	115-A	116-C	117-A	118-A	119-A	120-B
121-D	122-D	123-D	124-E	125-D	126-A	127-A	128-A	129-B	130-D
131-C	132-C	133-A	134-D	135-A	136-D	137-C	138-B	139-E	140-D
141-C	142-B	143-D	144-A	145-A	146-B	147-D	148-C	149-B	150-D
151-B	152-D	153-A	154-A	155-A	156-B	157-D	158-B	159-B	160-B
161-A	162-C	163-B	164-E	165-A	166-D	167-E	168-C	169-C	170-C
171-B	172-C	173-E	174-A	175-A	176-A	177-D	178-D	179-C	180-D
181-D	182-C	183-B	184-B	185-D	186-C	187-D	188-B	189-B	190-B

191-B	192-B	193-B	194-A	195-C	196-C	197-A	198-B	199-B	200-C
201-E	202-D	203-B	204-A	205-B	206-D	207-A	208-B	209-D	210-D
211-A	212-C	213-E	214-C	215-B	216-D	217-C	218-D	219-B	220-C
221-B	222-D	223-D	224-C	225-B	226-A	227-B	228-D	229-A	230-D
231-D	232-B	233-A	234-D	235-B	236-C	237-B	238-D	239-A	240-D
241-D	242-C	243-C	244-D	245-D	246-E	247-B	248-A	249-C	250-A
251-B	252-D								

5. DIREITO CONSTITUCIONAL

1-D	2-A	3-D	4-B	5-C	6-A	7-A	8-C	9-C	10-D
11-D	12-D	13-B	14-B	15-D	16-A	17-C	18-B	19-D	20-C
21-D	22-C	23-E	24-D	25-A	26-D	27-B	28-B	29-C	30-D
31-C	32-A	33-B	34-D	35-D	36-A	37-C	38-D	39-A	40-C
41-C	42-A	43-B	44-D	45-B	46-C	47-B	48-D	49-D	50-D
51-A	52-A	53-C	54-D	55-B	56-D	57-C	58-A	59-D	60-D
61-E	62-E	63-C	64-C	65-C	66-A	67-C	68-A	69-D	70-A
71-D	72-D	73-C	74-B	75-C	76-C	77-C	78-C	79-D	80-D
81-E	82-B	83-B	84-C	85-D	86-D	87-D	88-D	89-B	90-D
91-C	92-D	93-C	94-D	95-D	96-E	97-B	98-D	99-D	100-C
101-D	102-E	103-B	104-D	105-C	106-A	107-A	108-A	109-D	110-B
111-B	112-A	113-A	114-A	115-C	116-D	117-A	118-B	119-A	120-B
121-D	122-A	123-C	124-B	125-C	126-B	127-B	128-D	129-B	130-B
131-B	132-C	133-C	134-A	135-A	136-A	137-A	138-B	139-B	140-A
141-A	142-E	143-A	144-C	145-D	146-B	147-A	148-B	149-E	150-E
151-A	152-C	153-A	154-D	155-B	156-A	157-A	158-A	159-E	160-A
161-B	162-B	163-A	164-D	165-D	166-B	167-C	168-D	169-C	170-D
171-B	172-B	173-D	174-B	175-B	176-B	177-B	178-E	179-D	180-A
181-E	182-D	183-C	184-E	185-B	186-B	187-A	188-A	189-C	190-C
191-D	192-C	193-D	194-B	195-B	196-B	197-C	198-B	199-B	200-D
201-A	202-C	203-C	204-B	205-B	206-A	207-E	208-C	209-D	210-C
211-B	212-D	213-C	214-C	215-C	216-D	217-C	218-A	219-A	220-C
221-A	222-A	223-A	224-D	225-B	226-A	227-D	228-B	229-A	230-C
231-B	232-D	233-B	234-A	235-A	236-D	237-A	238-A	239-C	240-C

241-A	242-D	243-B	244-E	245-C	246-B	247-D	248-E	249-A	250-A

6. DIREITO PENAL

1-A	2-A	3-D	4-B	5-D	6-D	7-A	8-A	9-A	10-D
11-C	12-B	13-D	14-C	15-C	16-A	17-B	18-C	19-B	20-D
21-A	22-B	23-A	24-D	25-A	26-C	27-B	28-E	29-D	30-B
31-A	32-C	33-A	34-B	35-A	36-C	37-C	38-D	39-A	40-A
41-C	42-B	43-C	44-A	45-A	46-A	47-D	48-A	49-B	50-A
51-C	52-D	53-D	54-C	55-A	56-C	57-D	58-A	59-C	60-A
61-A	62-D	63-D	64-D	65-A	66-C	67-D	68-C	69-D	70-B
71-A	72-D	73-A	74-B	75-D	76-A	77-D	78-B	79-A	80-D
81-B	82-D	83-D	84-C	85-D	86-D	87-E	88-B	89-D	90-D
91-C	92-B	93-E	94-C	95-B	96-B	97-A	98-D	99-D	100-A
101-D	102-B	103-B	104-D	105-B	106-A	107-B	108-A	109-C	110-C
111-A	112-C	113-C	114-D	115-C	116-A	117-A	118-D	119-D	120-B
121-B	122-D	123-B	124-A	125-D	126-A	127-D	128-C	129-D	130-A
131-C	132-D	133-A	134-A	135-D	136-D	137-C	138-D	139-A	140-B
141-C	142-B	143-D	144-A	145-D	146-E	147-A	148-E	149-D	150-D
151-A	152-D	153-C	154-D	155-C	156-C				

7. DIREITO PROCESSUAL CIVIL

1-D	2-D	3-D	4-B	5-C	6-D	7-A	8-B	9-C	10-D
11-A	12-A	13-D	14-E	15-A	16-D	17-B	18-A	19-A	20-C
21-D	22-D	23-C	24-E	25-D	26-C	27-C	28-C	29-D	30-D
31-B	32-A	33-B	34-C	35-D	36-A	37-E	38-B	39-D	40-D
41-D	42-D	43-B	44-B	45-C	46-D	47-D	48-B	49-A	50-B
51-A	52-D	53-C	54-A	55-C	56-D	57-D	58-D	59-A	60-B
61-C	62-B	63-A	64-B	65-B	66-C	67-C	68-B	69-C	70-A
71-B	72-C	73-E	74-E	75-D	76-D	77-D	78-C	79-D	80-D
81-A	82-C	83-A	84-C	85-B	86-D	87-B	88-C	89-D	90-B
91-A	92-B	93-B	94-D	95-B	96-D	97-C	98-C	99-A	100-B
101-B	102-C	103-C	104-C	105-C	106-D	107-A	108-C	109-B	110-B
111-D	112-C	113-B	114-A	115-B	116-D	117-E	118-A	119-A	120-A
121-B	122-B	123-D	124-D	125-D	126-C	127-B	128-C	129-B	130-B

131-C	132-A	133-A	134-B	135-A	136-D	137-A	138-D	139-E	140-A
141-C	142-C	143-A	144-B	145-D	146-B	147-D	148-A	149-A	150-A
151-B	152-B	153-D	154-C	155-D	156-C	157-C	158-A	159-C	160-E
161-C	162-A	163-A	164-D	165-B	166-C	167-B	168-D	169-A	170-B
171-D	172-C	173-A	174-B	175-D	176-A	177-C	178-C	179-C	180-A
181-D	182-B	183-C	184-A	185-B	186-D	187-D	188-D	189-D	190-C
191-D	192-A	193-C	194-A	195-C	196-E	197-C	198-A	199-B	200-C
201-D	202-D	203-A	204-A	205-C	206-D	207-C	208-C	209-D	210-D
211-A	212-D	213-A	214-C	215-D	216-A	217-C	218-B	219-C	220-D
221-C	222-C	223-D	224-C	225-B	226-C	227-C	228-C	229-B	230-B
231-C	232-D	233-C	234-A	235-D	236-A	237-C	238-A	239-C	240-C
241-A									

8. DIREITO PROCESSUAL PENAL

1-B	2-B	3-C	4-E	5-C	6-B	7-E	8-A	9-A	10-A
11-B	12-E	13-E	14-B	15-A	16-E	17-C	18-A	19-A	20-B
21-B	22-A	23-C	24-C	25-B	26-C	27-C	28-D	29-B	30-D
31-D	32-D	33-A	34-C	35-D	36-C	37-C	38-D	39-B	40-D
41-A	42-C	43-A	44-C	45-B	46-B	47-D	48-C	49-C	50-B
51-C	52-B	53-B	54-C	55-A	56-C	57-D	58-D	59-D	60-B
61-A	62-B	63-B	64-B	65-A	66-C	67-B	68-D	69-C	70-B
71-E	72-E	73-D	74-C	75-B	76-D	77-D	78-B	79-C	80-D
81-A	82-D	83-D	84-D	85-B	86-D	87-E	88-B	89-A	90-C
91-C	92-A	93-C	94-C	95-D	96-C	97-D	98-E	99-C	100-C
101-D	102-C	103-C	104-D	105-B	106-C	107-C	108-D	109-B	110-B
111-A	112-E	113-B	114-A	115-D	116-A	117-D	118-A		

9. DIREITO TRIBUTÁRIO

1-D	2-C	3-C	4-A	5-B	6-B	7-A	8-C	9-D	10-C
11-C	12-A	13-A	14-A	15-A	16-A	17-C	18-A	19-B	20-C
21-A	22-A	23-C	24-D	25-B	26-B	27-D	28-A	29-D	30-A
31-D	32-D	33-B	34-D	35-B	36-B	37-B	38-A	39-B	40-B
41-C	42-C	43-A	44-C	45-A	46-A	47-D	48-A	49-B	50-D
51-C	52-D	53-A	54-C	55-A	56-B	57-B	58-A	59-A	60-A

61-B	62-E	63-D	64-C	65-C	66-D	67-B	68-A	69-B	70-D
71-D	72-D	73-C	74-C	75-D	76-E	77-A	78-C	79-E	80-D
81-E	82-C	83-B	84-C	85-D	86-B	87-C	88-B	89-A	90-B
91-A	92-A	93-C	94-D	95-D	96-A	97-B	98-E	99-C	100-E
101-C	102-A	103-B	104-B	105-B	106-D	107-B	108-A	109-B	110-A
111-B	112-C	113-D	114-C	115-D	116-A	117-C	118-C	119-C	120-A
121-C	122-B	123-A	124-D	125-A	126-B	127-D	128-A	129-D	130-C
131-D	132-D	133-A	134-E	135-C	136-B	137-B	138-C	139-B	140-B
141-B	142-D	143-D	144-D	145-B	146-C	147-C	148-C	149-A	150-A
151-B	152-D	153-C	154-E	155-C	156-B	157-B	158-B	159-B	160-A
161-B	162-D	163-D	164-B	165-D	166-C	167-C	168-D	169-A	170-D
171-D	172-B	173-A	174-C	175-A	176-C	177-B	178-A	179-A	180-B
181-B	182-D	183-C	184-B	185-B	186-D	187-A	188-C	189-C	190-D
191-D	192-A	193-B	194-A	195-D	196-C	197-C	198-C	199-D	200-E
201-A	202-A	203-A	204-A	205-B	206-A	207-C	208-A	209-C	210-C
211-C	212-C	213-A	214-A	215-A	216-D	217-C	218-C	219-E	220-D
221-A	222-C	223-A	224-C	225-D	226-D	227-C	228-C	229-A	230-B
231-A	232-D	233-C	234-B	235-A	236-C	237-D	238-B	239-C	240-A
241-B									

10. CONHECIMENTOS GERAIS

1-A	2-A	3-A	4-B	5-A	6-D	7-C	8-D	9-B	10-C
11-C	12-D	13-C	14-A	15-C	16-C	17-A	18-C	19-A	20-E
21-A	22-A	23-B	24-A	25-A	26-A	27-D	28-A	29-C	30-C
31-B	32-C	33-C	34-B	35-A	36-D	37-C	38-D	39-A	40-C
41-D	42-B	43-C	44-C	45-A	46-B	47-A	48-A	49-C	50-A
51-B	52-D	53-C	54-C	55-D	56-B	57-C	58-D	59-D	60-D
61-C	62-A	63-A	64-B	65-D	66-D	67-D	68-B	69-A	70-A
71-B	72-B	73-D	74-C	75-A	76-C	77-B	78-C	79-D	80-D
81-B	82-C	83-C	84-A	85-C	86-A	87-A	88-A	89-B	90-C
91-C	92-B	93-B	94-E	95-B	96-A	97-C	98-B	99-C	100-B
101-A	102-E	103-E	104-D						

EDITORA
JusPODIVM
www.editorajuspodivm.com.br

RENOVA
GRAF
www.renovagraf.com.br

JUS2609